# 世界经济文化年鉴

## Yearbook of World Economic Cultures

## 1998～1999

人民出版社

# 国际保护臭氧层大会

1999 年 12 月 2 日国际保护臭氧层大会高级别会议在北京开幕。

新华社供稿

# “九九《财富》论坛”年会

1999年9月27日，国家主席江泽民在上海会见参加“九九《财富》论坛”年会的跨国企业家代表。

新华社供稿

# 中美签署关于中国加入世界贸易组织的双边协议

1999年11月15日，中国外经贸部部长石广生和美国贸易代表巴尔舍夫斯基签署了中美关于中国加入世界贸易组织的双边协议。图为石广生与巴尔舍夫斯基等在协议签署后举杯祝贺。

新华社供稿

# 北京市现代化建设新成就

北京市委书记贾庆林(左二),市长刘淇(右二)视察中关村科技园区

国庆之夜

西单文化广场

CNPC

中国石油

# 中国石油

CHINA NATIONAL

总经理：马富才

副总经理：黄 炎 吴耀文 任传俊 蒋金楚

中国石油天然气集团公司（简称：中国石油集团公司，英文缩写CNPC）是国家在原中国石油天然气总公司基础上，于1998年7月成立的特大型石油石化企业集团。

中国石油天然气集团公司是国家授权投资的机构和国家控股公司的试点。在国家宏观调控和监督管理下，依法自主进行各项经营活动。主要从事石油、天然气的勘探、开发以及与油气共生和钻遇的其他矿藏的开采业务，炼油、化工、化纤、化肥等石油化工业务，

# 天然气集团公司

## PETROLEUM CORPORATION

原油、天然气、成品油和石油化工等产品的储运、营销和进出口业务，与石油石化相关的其他业务。同时，经国家批准，依法与外国公司在国内特定区域内合作进行石油、天然气的勘探、开发业务，在境外开展石油、天然气的勘探、开发业务以及境内外的石油化工合资合作业务等。

中国石油天然气集团公司拥有全资企业、控股企业、参股企业及科研院所、院校100余家。主要包括大中型油气田企业、炼化企业、销售企业、管道运输企业、施工作业企业、对外工程和对外贸易企业、科研设计院所和大专院校等。

中国石油天然气集团公司注册资本1149亿元。年原油、天然气产量分别占全国的70%和67%，年原油加工能力占全国的45.6%，年乙烯产量占全国的33.2%。职工人数154万人。

中国石油

# 中国石油

CHINA NATIONAL

"高歌效益曲迈向新世纪" 中国石油天然气集团公司 1999 年工作会议在京召开

钻井激战

# 天然气集团公司

PETROLEUM CORPORATION

马富才总经理会见外宾

采油井组

炼化风姿

浅海钻探

# 中国航空

## ——在改革开放中

▲ 朱育理总经理

▲ K 8 高级教练机灵活机动的飞行表演

’98 中国国际航空航天博览会于 1998 年 11 月 15～22 日在珠海隆重举行。航空工业总公司有“飞豹”（F B C -1）歼击轰炸机、歼 8 ⅡM、歼 7MG 歼击机、强 5C、直 -9 G 武装直升机、直 -9A、直 -11、直 -8、运 7-200 A、运 8F100、运 12 Ⅳ、运 5B、运 7H500、K -8 教练机、歼教 -7、农 -5A 等 17 架飞机及一批发动机和机载设备参展。展示了中国航空工业 47 年来所取得的巨大成就，展现了中国航空工业的整体实力。

▲ 我国自行设计生产的新型发动机

# 工业总公司

## 奋进的中国航空工业

◀“八一”飞行表演队驾驶着新改装的国产歼七EB战斗机翱翔在祖国蓝天上

▲ 中国“飞豹”（FBC－1）首次在’98珠海航展亮相

▲ 中国航空工业馆全景

▲ 国产直9G武装直升机首次在’98珠海航展露面

▲ 各种型号的空空导弹

航空工业是技术密集的高技术产业，也是衡量一个国家科技发展和国防建设水平的重要标志。改革开放以来，航空工业走军民结合的道路取得重要进展，为经济发展、科技进步、国防建设作出了贡献。当前，航空工业在世界激烈竞争中面临着严峻挑战和发展机遇，要大力推进两个根本转变，切实搞好结构调整、技术开发和市场营销工作，把一个崭新的航空工业带向21世纪。

# 中国铁路

总经理秦家铭

中国铁路工程总公司是集勘测设计、施工安装、工业制造、科学研究、技术咨询、工程监理和临管运输为一体的多功能建设集团。下辖铁道部第一、二、三、四、五、大桥、隧道、建厂、电气化工程局，铁道部第一、二、三、四勘测设计院、专业设计院，铁道部山海关、宝鸡、沈阳桥梁厂，铁道部宝鸡、武汉工程机械厂，铁道部武汉工程机械研究所，铁道部咸阳基建干部管理学院，总公司石家庄党校和其它经济技术公司。职工全员28.7万人，其中：中国工程院院士3人，全国勘测设计大师11人，工程技术人员7.2万人，高级技术人员6 000余人（教授级高级工程师297人），是中国国内最大的工程建设集团之一。

四十多年来，新建、改建、扩建铁路干线4万多公里，建设电气化铁路1万多公里，大型桥梁1 800多公里，隧道1 800多公里。还完成了数百项公路、机场、码头、水电、市政、地下铁道、高层建筑、大型厂房等大型土木工程的设计和施工，其中获中国建筑工程鲁班奖（国家优质工程奖）42项；部优质工程奖173项；省部级科技进步奖161项；国家级科技进步奖23项（其中特等奖3项）。98年国家评选出“鲁班工程特别荣誉奖”6家企业，其中中国铁路工程总公司所属两家企业榜上有名。

西安喜来登大酒店（鲁班奖）

# 工程总公司

地铁北京复兴门折返线（荣获北京市科技进步一等奖）

阜阳枢纽小李庄大桥、郭庄桥群（鲁班奖）

合肥五里墩立交桥

衡广复线大瑶山隧道全长14.295公里（荣获国家科技进步特等奖）

局长　侯唯一

# 铁道部电气化工程局

TIE DAO BU DIAN QI HUA GONG CHENG JU

铁道部电气化工程局具有国家一级工程施工总承包资质和对外经济技术合作经营权，通过了ISO9001质量体系认证。是集科研与技术开发、设计、施工、物资供应、专业器材生产、工程咨询、建设监理、多种经营为一体的大型技术密集型企业。下属四个工程处、两个专业设计院、六个专业器材生产工厂及两所专业学校。局总部设在北京，现有职工15 020人，总资产2.7亿元。具有年设计、施工及配套物资供应、专业器材生产1 500公里电气化铁路的综合能力，可承担国内外各类型通信、信号、电力、牵引供电、工业与民用建筑、建筑装饰、市政（城市地下铁道及轨道交通）的设计和工程建设的施工总承包。

香港九广铁路换线工程夜间施工

上海轻轨明珠线的施工场景

电气化局始终奉行“优质、高效、求实、创新”的企业精神，在改革开放的新形势下获得了长足的发展。自1992年起连续6年进入国家建筑业500家最大规模和最佳经济效益先进企业行列，两次荣获了“全国优秀施工企业”称号，并被授予“‘八五’期间工程建筑管理先进企业”、全国建筑行业“百强企业”和“全国质量效益型先进企业”。

工程师在进行SDH光同步数字传输实验测试

广州地铁施工场景

中国第一条高速电气化铁路——广深线

电化局职工在伊朗进行接触网作业

# 谨以此书

献给为实现经济与社会可持续发展而奋力推进现代经济文化建设的人们!

TO

Those who strive to promote the construction of the modern economic cultures for the economic and social sustainable development!

面对着即将来临的21世纪，世界正酝酿着一场新的科技和产业革命。世界将因科技进步和经济全球化而加快发展速度。文化、教育和科技进步对经济增长的作用日益显著。科技教育、人才培育等因素，在综合国力的发展中日益重要，甚至成为决定的因素。经济活动中文化力的地位与作用，日益强烈地表现出来。经济文化一体化发展，已成为现代化建设进程中的历史性潮流。与此同时，人口增长、生态环境、资源利用等问题引起国际社会的重视，可持续发展成为众多国家追求的发展模式。经济与文化的协调演进对于实现可持续发展具有重要的意义。

现代经济文化是一个新的研究课题，主要研究经济活动中文化的作用与功能，研究经济与文化一体化发展的规律，研究经济发展中人们的思想文化价值观念的变化与发展趋势。在现代经济文化研究的基础上，编辑出版的《世界经济文化年鉴》着重反映世界人口、资源、环境、经济、文化、科技、教育的发展状况，以及这些因素在国家和地区发展中的地位与相互作用，以益于从综合的、整体的角度，正确认识世界的发展趋势。

# 《世界经济文化年鉴》编辑委员会

文国运　湖北省劳动厅副厅长
邓　昂　中国科学院学术书刊编审
方　华　中国现代国际关系研究所副研究员
白占群　中共中央党校科研部副主任、教授
卢俊卿　中国管理科学院学术委员会秘书长
龙厚华　贵州省毕节地区行署秘书长
吕日周　山西省体制改革委员会主任、研究员
吕锡文　北京市西城区区长
江惠生　中共英德市委书记
孙文年　中国船舶工业集团公司总经理助理
孙光成　《世界研究与发展》杂志副主编
孙汝春　北京科技美学协会副秘书长
华丽麒　中国统计信息咨询中心副主任
华晓红　对外经济贸易大学国际贸易研究所所长
宋　毅　国家经贸委经济研究中心研究员
宋希友　首都绿化委员会副主任兼办公室主任
李建华　中共北京市门头沟区委书记
李立涛　北京电信管理局宣传部部长
李有荣　国家经贸委办公厅信息处副处长
李艳秋　中国人口信息研究中心办公室主任
李宴武　国家有色金属工业局办公室副主任
李跃进　中国国家图书馆馆员
李雅清　中共北京市西城区委副书记
李　武　中国统计信息咨询中心发展部经理
陈　平　中外经济文化研究委员会编辑部副主任
陈吉元　中国社会科学院农村发展研究所研究员
陈光辉　北京亚太经济文化研究中心研究员
陈建平　中外名人文化研究会副秘书长
陈绪华　北京亚太经济文化研究中心办公室主任

吴　茵　中外经济文化研究委员会编辑部副主任
吴敬华　天津市发展战略研究领导小组办公室主任
沈宝昌　北京市人民政府副秘书长
张汉湘　国家计划生育委员会办公厅副主任
张　炜　西南财经大学经济系教授
张斗文　中外经济文化研究委员会秘书长、研究员
张正常　中国交通安全协会常务副会长
张伯山　南开大学旅游系资料室主任
张晓兰　北京中智文化交流中心编辑室主任
陆学艺　中国社会科学院社会学所研究员
周中厚　人民大学教授
周浩然　北京亚太经济文化研究中心主任、编审
周满生　国家教育发展研究中心比较教育研究室主任
周致廷　四川现代经济文化研究所副所长
姜兴和　中共桂林市委书记
郑文林　中国社会科学出版社编审
郑　毅　北京亚太经济文化研究中心研究员
罗治英　甘肃省政协常委、教授
杨　坚　农业部渔业局局长
林振淦　中国社会科学院世界经济与政治研究所编审
宗锦跃　农业部乡镇企业局副局长
孟凡驰　中国企业文化研究会副秘书长
荣德邻　中国管理科学院哲学所研究员、高级经济师
赵士春　沈阳市国税局局长
赵廷瑶　北京中智文化交流中心副主任
封希德　西南财经大学副校长
顾仲潮　中国航空工业总公司办公厅主任
顾伯平　中外名人文化研究会副会长
郭钟义　《世界经济文化年鉴》编辑部主任、编审

郭　钊　北京亚太经济文化研究中心研究员
徐世仁　中国天然气总公司办公厅主任
徐立宏　北京中智文化交流中心企划部主任
秦家鸣　中国铁路工程总公司总经理
钱来忠　四川省文联党委书记、教授
唐　骅　北京科技美学协会副秘书长
梁传运　中国商标事务所副所长、高级经济师
黄胜强　海关总署办公厅副主任
葛　兰　北京华人经济研究所所长
彭开宇　铁道部办公厅主任
曾　毅　北京大学人口研究所教授
曾呈奎　中国科学院院士、教授
喻锫丹　中国社会科学出版社编审
蒋效愚　中共北京市朝阳区委书记
管华诗　中国工程学院院士、教授
蔡　拓　南开大学教授
漆丹丹　中国利达企业形象策划公司创意总监
翟若愚　东北电力总公司总经理
翟荣凯　中共贵州省委宣传部副部长
熊　焰　江西财经大学教授

总 编 辑　周浩然　喻锫丹
副总编辑　吴　茵　郭钟义　张　炜
编　　辑　许红涛　文宏振　赵基建
　　　　　杨　军　冯天福　满文静
编　　审　郭钟义
校　　对　袁秋沂　郭宇飞
地址：中国·北京市复兴路 83 号　　邮编：100856
电话：(010)68218129　66706792　　传真：(010)68274496

# 编写说明

一、《世界经济文化年鉴》是一部全面汇集世界经济文化研究成果，反映世界人口、资源、环境、经济、文化、科技、教育发展动态的综合性年鉴。

二、本《年鉴》主要内容有：(1)世界经济文化发展综述；(2)国家与地区经济文化概况；(3)世界人口发展与环境保护；(4)现代教育与世界科技；(5)国际投资与财政金融文化；(6)世界贸易与跨国营销文化；(7)世界社会消费与消费文化；(8)世界旅游经济文化；(9)世界经济文化活动；(10)中国经济文化专题介绍；(11)智力资源开发与中外著名企业经营管理；(12)统计资料。

三、本《年鉴》资料来源系各国年鉴、各国政府报告、联合国教科文组织及官方统计资料、世界银行及有关机构出版物。

四、本《年鉴》由中国科学院、中国社会科学院、北京大学、南开大学、对外经济贸易大学、中央财经大学、西南财经大学、江西财经大学、中国国家图书馆、国家经贸委经济研究中心、北京亚太经济文化研究中心、中外经济文化研究委员会、国家统计局信息咨询中心、北京中智文化交流中心、中国对外翻译出版公司、中国现代国际关系研究所、中国人口信息研究中心、《中国消费》杂志社、国家有关部委的负责人、专家学者、研究人员供稿和参加编撰。

五、本《年鉴》由新华书店经销；中国国际书店、中国出版对外贸易总公司办理国外订购。

六、本《年鉴》涉及内容广泛，加之编写时间短促，疏漏与不当之处，敬请广大读者指正。

# EDITOR'S NOTES

Ⅰ. The Yearbook of World Economic Cultures is an annual publication, which comprehensively collects worldwide research achievements concerning economic culture, and reports developmental status and trends of world population, resources, environment, economy, culture, science – technology and education.

Ⅱ. The main contents of this Yearbook include: (1) Review on the Development of the world economic culture, (2) General Survey of Economic Culture in terms of countries and areas; (3) World population growth and environmental protection; (4) Modern education and world science – technology; (5) International investment and financial culture; (6) World trade and transnational marketing culture; (7) World social consumption and consumptive culture; (8) World tourist economic culture; (9) Worldwide economic culture activities; (10) Special introduction to economic culture in China; (11) Development of intellectual resources and business management of renowned enterprises in China and abroad; (12) Statistical data.

Ⅲ. The data sources of this publication are various countries' Yearbooks and governmental reports, statistical data from UNESCO and official sources as well as publications of the World Bank and some organizations concerned.

Ⅳ. The book was written and researchers by experts, scholars and researchers from the Chinese Academy of Sciences , the Chinese Academy of Social Sciences, Beijing University, Nankai University, the University of International Business and Economics, Central Finance and Economic University, Southwest Finance and Economic University, Jiangxi Finance and Economic University, the National library of China, Economic Research Centre of the National Economy and Trade Commission, Beijing Asia – pacific Economic Cultural Research Center, the Chinese and Foreign Economic Cultural Research Commission, the Information Consultant Centre of State Statistical Bureau, Beijing Zhongzhi Cultural Exchange Centre, China Translation and Publishing Corporation, China Institute of Contemporary International Relations, China Population Information and Research Centre, and some Ministries concerned.

Ⅴ. This book is available at Xinhua Bookstore across the country, China International Bookstore and China Overseas Trade Publishing Company.

Ⅵ. This Yearbook is a comprehensive volume with substantial contents, and due to the pressing time, some mistakes and drawbacks are unavoidable. Thus, readers are welcome to make criticisms and comments.

# 前　言

现代经济文化作为科学范畴的提出和作为新兴学科的研究,是在我国改革开放和社会主义市场经济发展、社会经济发展模式和社会结构转型中产生的。现代经济文化理论的探索和实践的发展有深刻的历史原因与现实的基础。由于现代科学技术的发展,人类社会已经步入信息时代,社会生产力的力量源泉已从“物质空间”转向“知识空间”,社会生产力发展的关键也不仅是增加物质投入或资金投入,而是不断增加知识的投入。信息化时代将使传统社会向现代社会的发展过程的快慢同一个国家以智力为核心的现代科技教育水平高低成正比。文化教育和科技进步对经济增长的作用日益显著。科技、教育、人才培育等因素,在综合国力的发展中日益重要,甚至成为决定的因素。人们逐渐认识到,在市场经济条件下,经济活动的主体如果没有行为约束和道德约束,必然陷入无序和混乱。随着经济的发展,商品生产的科技含量和文化附加值正在增长。重视社会消费对商品中文化含量的需求和跨国营销中文化背景的研究,对于参与国际市场竞争已具有重要意义。经济活动中文化力的地位与作用,日益强烈地表现出来。经济文化的内在的客观统一性逐渐被人们所认识。经济文化的协调发展,正在成为现代化建设进程中的历史性潮流。经济文化的相互融合已日益表现为新的历史条件下,人们在改造自然、社会的活动中的新的思维方式、活动方式、价值取向以及实践成果的理论总结。目前,经济文化理论的研究和实践探索已经引起了我国学术界的重视,成为我国现代化进程中一项具有挑战性的现实课题。不少学者认为,经济文化的协调发展是社会全面进步的重要标志。在市场经济发展中,必须发挥文化的先导作用,构建起与社会主义市场经济相适应的价值体系、知识体系、生活方式,使经济的发展植根于经济文化一体化发展的深厚基础之上。

几年来,随着改革向社会各领域、各层面纵深领域的拓展,无论是社会经济领域,还是文化、科技领域的改革都取得了累累硕果。经济文化一体化发展犹如春潮澎湃。现代经济文化研究取得了新的拓展,企业文化、金融文化、生态经济文化等的建设取得了新的成果,并且这些成果正不断丰富着我国现代经济文化的本质内涵,显现出具有中国特色的市场经济发展模式所特有的文化价值背景和文化力量的底蕴——人民坚定不移的信念、中华民族的凝聚力和坚忍不拔的奋斗精神与巨大的创造潜力。

如果从更广阔的视野来分析,我们可以发现,现代经济文化研究不仅植根于中国经济文化建设的实际,而且与人类社会的发展和人类文明的进步有着广泛的联系。

首先,知识经济的兴起进一步证明了现代经济文化研究的学术价值和现实意义。从对历史发展长河根本性作用的意义上来说，当代最重要、最伟大的变革，莫过于席卷全球的高新技术浪潮和科学文化的兴起与发展。自80年代以来，以微电子与信息技术为代表的当代科学技术发展日新月异，科学技术已成为人类文明的基石和动力，深刻地改变着人们的生产方式、生活方式和思维方式，改变着人类社会的面貌。当代经济与社会的发展越来越依赖知识创新。21世纪将是人类全球化知识经济的世纪。知识经济的兴起，是当代新科技革命直接推动的结果。邓小平关于“科学技术是第一生产力”的著名论断，集中地概括了科技革命的本质和知识经济的时代特征。在这个意义上可以说，基于知识和信息的生产、传播和应用基础上的经济，即知识经济，就是科学技术已成为第一生产力的经济。科学生产力是物质力与精神力、经济力与文化力的有机统一。因此，对知识经济的认识和研究，在注重从科学技术是第一生产力所蕴含的物质力、经济力发展方向进行考察外，还需要重视科技生产力的文化内涵，需要从经济与文化的有机统一方向寻找其轨迹。作为推动科技生产发展的精神力量，即科技文化内禀的理性、创新、规范、求真、献身、公平、宽容、效率、协作等科学精神，不仅为科学技术的发展提供了思想理论基础，而且是促进世界各国知识经济时代社会和经济发展的强大精神动力。知识经济创造着新的思维方式，而这种新思维方式又将成为推动新时代发展的巨大的精神动力。可以预见，知识经济将使人类面临着一场伟大的思想解放。因此，有的学者认为，知识经济亦可称作智力经济。因为后者更偏重于对知识的运用与创新、人的潜能的开发、人的精神的复兴和人的素质的提高，从而达到一种文化的自觉，推动科学技术向着有益于为人类服务的方向发展。

其次，我国学术界在企业文化、金融文化、消费文化等现代经济文化的研究取得显著成果的同时，开展了文化力和文化国力的研究，这一研究进一步对现代经济文化一体化发展的趋势作了具体的阐发。从目前已发表的学术著作来看，文化力主要包括以下构成部分：(1)以科技教育和人才培训为基础的智力因素；(2)以社会文化价值观念(包括思想、道德)为主体的精神力量；(3)以信息技术的智能化、国际化、现代化为载体的文化网络；(4)以直接或间接的形式融入市场经济与现代化进程中的传统文化与传统美德。文化国力是指综合国力中的文化力，它是与综合国力系统中的经济力、政治力等因素相对而言，是综合国力的重要组成部分。它体现着一个国家或地区文化发展状况和建设成果，蕴含着推动经济与社会全面发展的精神力量和智力因素。文化国力的基础是科技教育，核心是国民整体素质的提高和人的创造能力的充分发挥。从系统的观点来说，一切现实的系统，不可能脱离环境而独立存在，因而必须是开放性的系统。系统内部以各种要素相互作用，推动着系统的发展变化。文化国力是综合国力系统中的一个子系统，但同时，它又是一个综合性的系统，包含着各种要素，正是这些因素形成一种动态的活力，在经济与社会发展中发挥重大作用。文化国力论的提出建立在现代经济文化一体化发展的基础上，植根于社会主义市场经济的现实，立足于经济、政治、文化的协调发展。离开了以经济建设为中心，离开了以市场经济为取向的经济改革和现代科技与教育的发展，抽象地谈论文化的作用，常常会陷入一些于事无补的争论，并且会重蹈“文化决定论”的覆辙。因此，研究文化国力不能脱离经济、科技等多种因素和它们之间的有机统一。文化国力的研究是现代经济文化理论的运用与拓展。

此外，可持续发展拓展了现代经济文化研究的范围。20世纪，科学技术与社会文明取得巨大的进步。但是，人口、资源、环境问题日益严重；发生在20世纪的两次大战，以及绵延不断的局部战争、种族冲突、政治歧视、恐怖主义、军备竞赛等给人类带来了巨大灾难。随着科学技术与现代文明的高度发展，人类开始重新审视与自然的关系，由征服自然转变为与自然和谐相处，逐步进入人与自然的第四个发展阶段即和谐阶段。人与自然的关系从无知、对立、掠夺又走向新的和谐，即从古代朴素的“天人统一观”到现代科学的“人天统一观”，这一巨大的进步（或回归、飞跃）必然带来人类哲学观念的划时代的转变，引起科学理论、经济决策及经济、文化、科技、政治的相互关系以及一系列社会思想、学术观点的深刻变化，引起人们社会关系的重大调整。人们在领略现代文明愉悦的同时，拖曳着沉重的忧患，进入跨世纪的征程。在这种历史的转型时期，可持续发展逐渐成为人类的共识，成为人类社会发展的历史性抉择。有的学者认为：可持续发展是人类文明的新觉醒，是一种新的文明观。这种文明观的思想立足于经济、社会、生态、文化有机统一，寻求人与自然的和谐发展，坚持科技理性与人文理性并存，实现社会伦理与环境伦理的统一；顺应和平发展的时代主流，寻求对话、合作的方式协调各国、各民族、各集团和组织之间的关系。可持续发展的核心问题是经济与文化的有机统一，是生态文明、物质文明与精神文明的协调发展。可持续发展观的确立，是20世纪人类文明发展的重大成果。可持续发展观或文明观要求人类以最高的智力水准与相应的责任感规范自己的行为，因而，文化是可持续发展的灵魂，要实现可持续发展，首先必须推动社会文化的发展，弘扬实现可持续发展的人文理性精神，制定生态经济文化发展战略。

同时，随着自然科学向社会科学的加紧渗透，在自然科学中富有跨学科性的成果也在自然科学与社会科学之间向更深层次发展，引起人们思想文化观念的深刻变化，推动着人类认识世界的思维水平达到一个新高度。原有的人文科学、自然科学、社会科学的领域不断地被突破，形成了许多边缘性学科和跨学科领域。科学正在走向一种新的综合。着重对现实世界中一系列具有相互联系的众多层次加以综合研究的综合科学认为，跨学科研究与专门科学结合能更全面反映世界的情景。自然界、人类社会、人脑的思维实际上是一个广泛而又普遍联系的连续体，因而对这个连续体进行探索的科学认识，也应该是连续的。这些整体发展观逐渐引起人们的重视，成为思想文化领域里的发展潮流。人们已不再停留于仅用原有的知识和狭窄的视角来认识世界，不再以某些学科的结论、某种单方面发展的传统思维来分析世界，更加重视以整体发展的方法来认识世界。人们越来越认识到，经济文化的融合化、国际化，科学的综合化，人与环境的协调化，逐步实现经济—文化、社会—科技、人类—环境的相互促进、协调发展，已成为不可逆转的大势。鉴于这种发展的协同性，人们已形成一种共识：对于社会发展的战略问题和发展趋势的研究与解决，需要跨越不同的学科领域，需要集体协作、共同参与才能得到较好的解决，从而推动了人类社会经济文化的全面发展和经济文化理论研究的不断深化。

当前，世界正在酝酿着一场新的科技和产业革命。近两年来，基础研究有所突破，生命科学领域成果辉煌，光电子信息技术领域飞速发展，人类探索或开发太空有了新的创举，航天、航空事业在合作与竞争中发展，新能源、新材料研究有重大突破。随着知识经济的来临，科学技术向生产力转化的速度越来越快。科学研究的方向不仅更加微观深入，而且更加宏观系统。科学技术发展的规模更加社会化、国际化。与此同时，世界经济将因科技进步和经济全球化而加快增长速度。随着世界经济的发展，世界各国更加重视文化、教育与科技进步对经济增长的作用。在20世纪初，一些发达国家的经济增长额中，科技进步的贡献仅占10～15%左右，而到70年代，则已上升到60%以上。近几年来，面对科学技术的迅猛发展和激烈的市场竞争，世界主要发达国家在观念上对研究与发展工作采取了更为现实主义的态度，企业尤其是国际性大企业加大了对研究与开发的投资并走上了联合研究开发的道路。合作成为各国科技政策组成部分与国际竞争的必要手段。各国科技投入明显增加。1998年，美国用于研究与开发的总支出为2 200亿美元，比1997年增加了7.3%。日本政府于1996年7月通过了《科学技术基本计划》，提出加大科技预算和加强独创性基础研究，表明日本已从“技术立国”转向“技术创新立国”。1998年日本预算支出首次出现负增长，而科技总预算仍然增长1%；其1999年的科技经费概算为3.1093万亿日元，比1998年增加2.6%。根据1998年在一次OECD国家会议上由世界信息技术与服务联盟(WITSA)公布的报告显示，加拿大人均科技费用高达697美元，仅次于美国的1 207美元，日本的854美元，居世界第三位。在全球范围内，传统的人事管理已成为过去，一场以人力资源开发为主调的人事革命正在到来。世界银行的研究资料表明，劳动者受教育的平均时间增加1年，其国内生产总值可以增加9%。教育在社会发展与全球竞争中的作用日益突出。教育改革的浪潮风起云涌，此起彼伏。教育的终身化、全球化已成为全球性教育改革的热门话题。高等教育规模迅速扩大，教育资源需求总量不断上升。全球高校学生注册人数从70年代初的2 800万人增加到目前的6 000万人。为了适应时代变化的挑战，世界各国对人才培养模式进行深刻变革。各国的培养目标在强调打好科技文化基础的同时，都特别重视创造能力、思考能力和综合能力的培养，重视科学知识的实际运用。几年来，各国政府更加重视教育、发展教育。在西方，“教育平等与教育民主化”是各国政治家喊得最响的口号。德国前总统赫尔佐克强调教育是德国在下世纪知识社会中的立足之本，教育应成为德国全国的“主题”。加拿大总理克雷蒂安指出，一支受过高等教育、掌握先进技术的劳动大军是加拿大在下世纪保持繁荣的惟一可靠保证。加拿大的公共教育经费占国民生产总值的7.3%，居世界首位。90年代初，日本的年教育经费就已达到22.3349万亿日元，占总行政费的17%。美国年教育和培育开支已达5 000亿美元。美国工商界对职业培训极为重视，在美国6 000万就业人员中，有25%左右正在接受职业教育。许多国家加强了教育、培训与就业部门的密切协调与合作，如澳大利亚制定了《通向未来的桥梁——澳大利亚1998～2003年的国家职业教育和培训战略》。这个战略的着眼点在于加强教育界和企业界的合作伙伴关系，努力创造一种适应学生和就业者需求和为终身技能培训打基础的职业教育和培训体制。

在世界各国之间，以经济、科技、文化为主要内容的综合国力的竞争愈演愈烈的同时，各国的经济发展中经济文化领域里相互融合、一体化发展的潮流正以空前的规模出现。无论是发达国家，还是发展中国家，一种与经济发展和科技进步相适应的文化价值观念的重建与社会道德的进步已受到普遍的重视。早在70年代，日本就提出了促进经济发展的民族文化精神战略的设想。指出高速增长既是经济发展的成功，同时也是文化精神进步的标志。经济发展与民族文化进步，互相促进，共同发展。在1984年《日本经济白皮书》里，进一步强调了社会道德和文化教育在经济发展中极其重要的作用。新加坡把西方的经济文化、科技文化与传统的儒家文化沟通融合，形成了多元文化相辅相成的互补结构，同时非常重视教育的投入。美国的有关权威人士指出，如果美国人仅仅满足丰富的物质生活，缺乏高品位的文化价值追求，那么，美国要保持世界的领先地位是非常困难的。震惊世界的亚洲金融危机再次证明了经济文化的内在关联，证明了现代化是一个漫长而艰难的历史进程。这一历史的进程，需要生机勃勃的创造力和稳健持久的建设心理，需要责任感、信心、理智、耐性和毅力，需要推动社会道德进步，激扬民族创新精神。总之，任何国家或地区要想取得经济与社会的持续稳定发展，必须坚持社会改革，构建与市场经济相统一的社会结构和价值观念，重视经济、政治、文化的协调发展和民族文化精神的重建。

中国实行改革开放政策以来，经济建设取得辉煌成就，综合国力显著提高，人民生活得到明显改善。随着社会主义市场经济体制的确立，社会发展产生了根本的变革。在对外开放和市场经济的现实生活中，人民群众创造性的经济文化实践和卓有成效的探索，正不断地推动着现代经济文化的发展，推动经济、文化市场的开发和经济、文化资源的优化配置。中国各地在加速经济建设的同时，更加重视科技文化的投入和经济文化协调发展战略的制定、组织与实施。全国各地区在经济文化建设中，物质文明与精神文明均取得了新的成果。党的十五大关于经济、政治、文化协调发展的科学论断和我国可持续发展战略与科技兴国战略的制定与实施，推动了中国经济文化建设的顺利发展。现代经济文化一体化的发展趋势和综合效应，日益显示出蓬勃的生命力和广阔的发展前景。21世纪的中国必将以富强、民主、文明的社会主义国家的崭新形象屹立于世界民族之林。但是，中国的人均资源贫乏，能源利用率极低，人力资源的开发相对落后，教育的状况仍需大力改善，科技研究与开发(R&D)经费投入强度过低，产业结构不合理，国有大中型企业的改革仍处在艰难的攻关阶段，与市场经济相适应的社会文化价值观念亟须重建。因此，民族的复兴仍然是任重道远的千秋大业。对此不能不引起充分的重视。

《世界经济文化年鉴》是在中国学术界关于现代经济文化研究的基础上编辑、出版的一部全面汇集世界经济文化研究成果，反映世界人口、资源、环境、经济、文化、科技、教育发展动态的综合性年鉴。本《年鉴》自1995年创办以来，受到社会各界的重视。专家学者认为，《世界经济文化年鉴》填补了目前出版的专业性年鉴的一项空白，反映了世界经济文化协调发展的新潮流新成果，是对中国经济文化研究成果的总结，同时也是对中国经济文化研究的一个重要的贡献和有力的推动，其创新价值受到关注。《年鉴》的出版对于正确认识世界的发展状况和发展趋势、实现中国经济文化协调发展具有参考意义。本卷在历卷的基础之上更加突出环境保护、科技、文化、教育在国家与地区经济社会发展中的地位与作用，着重反映科教兴国战略与可持续发展战略对现代化建设的重要意义。

需要指出的是，世界各国的经济文化发展是一个非常复杂的过程。各国经济文化的发展与其历史传统、社会环境等密切相关。在总结现代经济文化发展的共同规律的同时，还应该看到，经济文化的发展在各国也存在不同的发展规律，在发展体制、运行机制和运作方式上表现出自己的特色，出现不同的发展模式。因此，我们在编写本《年鉴》时，尽量保持客观性，力求把各国现代经济文化建设的现实客观地反映出来。此外，本《年鉴》在介绍世界经济文化发展状况的同时，对现代经济文化发展中产生的一些新的领域，诸如智力资源的开发与企业文化建设、金融文化等经济文化活动和学术成果作了专题介绍。我们认为，这些资料对于了解现代经济文化的发展规律，推动中国经济文化全面发展战略的实施和现代企业制度的建立，会有一定的作用。

《世界经济文化年鉴》涉及的内容极为广泛，组织众多作者编撰这本年鉴，确非易事。本《年鉴》的编撰过程，同时也是我们继续探索和学习的过程。书中错漏之处，在所难免，敬请读者批评指正。

本《年鉴》的编辑出版，得到了有关方面的协助与支持，特此表示深深的感谢。

《世界经济文化年鉴》编辑委员会

1999年12月

# 目　录

## 第一篇　世界经济文化发展综述



## 第二篇　国家与地区经济文化概况



## 第三篇　世界人口发展与环境保护

## 环境



# 第四篇　现代教育与世界科技

## 教育



## 科技



# 第五篇　国际投资与财政金融文化



# 第六篇　世界贸易与跨国营销文化



# 第七篇　世界社会消费与消费文化

# 第八篇　世界旅游经济文化



# 第九篇　世界经济文化活动



# 第十篇　中国经济文化专题介绍

## 中国经济文化发展状况



## 中国部分地区与城市经济文化建设

## 中国部分高等院校和科研机构



# 第十一篇　智力资源开发与中外企业(公司)经营管理

## 智力资源开发与企业经营管理评述



## 中外部分著名企业公司经营管理

## 中国部分石油企业发展概况



# 第十二篇　世界经济文化统计资料

# CONTENTS

## CHAPTER 1: REVIEW ON THE DEVELOPMENT OF THE WORLD ECONOMIC CULTURE



## CHAPTER 2: ECONOMIC CULTURE OF COUNTRIES AND AREAS

**Asia:**

## CHPTER 3 WORLD POPULATION GROWTH AND ENVIRONMENT PROTECTION

## CHAPTER 4: MODERN EDUCATION AND WORLD SCIENCE－TECHNOLOGY

**Education**



**Science－technology**



## CHAPTER 5: INTERNATIONAL INVESTMENT AND FINANCIAL CULTURE

## CHAPTER 6: WORLD TRADE AND MULTINATIONAL MARKETING CULTURE



## CHAPTER 7: WORLD SOCIAL CONSUMPTION AND CONSUMPTIVE CULTURE



## CHAPTER 8: WORLD TOURIST ECONOMIC CULTURE

## CHAPTER 9: WORLDWIDE ECONOMIC CULTURE ACTIVITIES



## CHAPTER10: SPECIAL INTRODUCTION TO ECONOMIC CULTURE IN CHINA

**Some Regional and Cities' Economic Cultures Construction in China**

# CHAPTER11: DEVELOPMENT OF INTELLECTUAL RESOURCES AND ENTERPRISES MANAGEMENT IN CHINA AND ABROAD

**Development Survey of Some Petroleum Enterprises in China**

## CHAPTER 12: STATISTICAL DATA OF THE WORLD ECONOMIC CULTURES

# 第　一　篇

# 世界经济文化发展综述

# 迎接知识经济时代，建设国家创新体系

路甬祥

## 迎接知识经济时代

人类经历了数千年的农业经济和200余年的工业经济发展阶段。近半个世纪来，计算机、晶体管、集成电路、个人电脑、全球网络、多媒体通讯等相继出现并迅速发展。一般认为，80年代以来人类已进入了信息化的时代。以微电子与信息技术为代表的当代科学技术发展日新月异，科学技术已成为第一生产力，成为人类文明发展的基石和动力，深刻地改变着人们的生产方式、生活方式和思维方式，改变着人类社会的面貌。当代经济和社会的发展越来越依赖于知识的创新和知识的创造性应用，越来越呈现全球化的态势。可以预计21世纪将是人类进入全球化知识经济和可持续发展的世纪。

在农业经济时代，水、阳光和土地是人类利用的主要自然资源，农业、畜牧业和家庭手工业是主要生产方式，90％以上的社会成员从事农业生产。争夺土地、水和劳动力资源是农业经济时代发生战争的原由。农业经济时代，人类社会经历了原始公社制、奴隶制和封建制三种社会发展形态。知识的积累和传播主要依靠生产实践和少数僧侣、哲人对自然界的观察。科学技术发展比较缓慢。由于交通的阻隔，古代世界的科学技术是多源的，主要发生在古埃及、古巴比伦、古印度和古代中国。

欧洲的文艺复兴运动，把人们的思想从宗教的禁锢下解放出来，欧洲科学开始了新的繁荣时期。环球航行，新大陆的发现，欧亚陆路和海路交通的发展，大大拓宽了人们的视野，推动了商业和经济的发展。中国的四大发明也相继经丝绸之路和海上航路传入欧洲。牛顿力学和以微积分为代表的数学方法为力能和机器制造提供了知识基础。

18世纪中叶，以自动纺织机和蒸汽机为标志的英国工业革命揭开了人类工业时代的序幕。

道尔顿的原子论，法拉第、麦克斯韦尔的电磁场理论为近代化学工业和电机、电器的发明奠定了科学基础。苯环结构的发现，电炉、转炉炼钢，电报、电机、电灯、电话、内燃机、汽车等在19世纪相继发明。人类开始了冶金、化工和电气化的时代。至20世纪初，纺织、冶金、汽车工业、电气工业、化学工业和建筑业已成为欧美的主要支柱产业。

20世纪初创立的量子理论和相对论，为合成化工技术、原子能技术、航天技术和电子技术的发展提供了科学基础。宇宙大爆炸理论和大陆漂移学说的提出，生命科学中DNA双螺旋结构的建立，电子显微镜的发明，核磁共振CT的问世，大型高能物理实验装置的建立和超级陆基或空间望远镜的建成等，使人类对物质世界和生命现象的认识提高到前所未有的程度。20世纪以来科学技术的进步使社会生产力发展到前所未有的水平。

科学发现、技术创新及产业化已成为人类认识自然、改造自然、求得生存和发展的大规模社会活动。教育也已发展成为传播知识、培养社会产业大军的社会公共事业。大学、科学学会、科学院、工程师学会、工业协会等自文艺复兴以来在欧洲相继诞生并不断发展。从19世纪末开始，大学科学研究活动、国立研究机构、企业R&D相继出现并在第二次世界大战中和战后迅速发展成为当代社会宏大的社会建制和公共事业。

工业经济时代迄今还只有250年，却创造了农业经济时代不可比拟的物质文明。工业经济的主要生产要素是自然资源——农业原料和矿物原料、大机器与掌握工业生产知识或技能的工程师、经营经理者和产业工人。主要的生产方式是社会化工业大生产，主要的支柱产业是纺织、冶金、机电、汽车、化工、建筑等物质生产工业和商务、金融、运输、通讯、旅游、财会、法律等服务业。主要的基础设施是水利、交通、能源、通讯和城市基础设施。市场经济伴随着资本主义的发展和交通、通讯技术的进步迅速拓展到全球规模。

20世纪80年代以来，由于微电子光电子技术、计算机技术、光纤和卫星通讯及全球网络技术、多媒体技术的飞速发展，以信息获取、储存、传输、处理、演示技术和装备，以及以信息服务为内容的信息产业迅速崛起为发展最为迅猛、规模最为宏大的新兴产业；由于信息科技对科学技术和社会各行业具有广泛的渗透力，改变了生产、流通、办公室、商业服务、军事国防，乃至人们的日常生活，影响到几乎所有科学技术领域的观察手段和研究方式。导致整个社会的生产方式、生活方式以至文化观念的深刻变化。人类进入了工业化社会的高级发展阶段——信息化时代。信息是符号化的知识。信息化以知识为内涵，又成为知识创新、知识传播和知识的创造性多样化应用的基础。信息化实际上是人类进入知识经济时代的序幕和前奏。（表1展示了17世纪以来科学、技术和产业的重大发展。）我们可以十分清楚地看到“劳动生产率是随着科学技术的不断进步而不断发展的”①。

**表1　工业经济时代以来科学技术与产业发展**

| 科　学 | 技　术 | 产　业 |
|---|---|---|
| | 自动纺织机(1764年) | 纺织工业(1766年) |
| 牛顿力学(17世纪) | 蒸汽机(1765～1784年) | 钢铁冶金(1740年) |
| 微积分(17世纪) | 汽轮机(1884年) | 轮船(1804～1807年) |
| | 转炉炼钢(1856年) | 火车(1814年) |
| | 平炉炼钢(1867年) | 转炉与电炉炼钢(1858～1893年) |
| 电磁场理论(1831年) | 电报(1837年) | |
| 麦克斯威尔方程(1864年) | 电机(1866年) | 电力与电气产业(1866年，1882年) |
| | 电话(1876年) | |
| 达尔文进化论(1859年) | 电灯(1879年) | 有机合成化学工业(1865年) |
| 孟德尔遗传学说(1865年) | 工业化学(1865年) | |
| | 内燃机(1876年，1897年) | 汽车工业(1908年) |
| 量子论(1900～1926年) | | 航空工业(1903年) |
| 泰勒管理学(1903～1911年) | 原子弹、氢弹(1945年，1952年) | 原子能工业(1942年) |
| 相对论(1906年，1915年) | 原子能反应堆(1954年) | 石油化学工业(1946年) |
| 固体物理(1900年) | 电子计算机(1946年) | 计算机产业(1949年，1959年) |
| | 晶体管发明(1946年) | 半导体产业(1950年) |
| | 空间技术(1957年，1965年) | |
| | 集成电路(1959年，1960年) | 航天工业(1960年) |
| | 光缆技术(1970年) | 微电子产业(1960年) |
| DNA双螺旋结构(1953年) | 基因工程(1976年) | |
| 光纤传输物理特性(1966年) | 人机友好介面(1990年) | 基因产业(1978年) |
| | 多媒体(1995年) | 网络产业(1993年) |
| | Windows95在全球发行 | |
| | IP、CDMA技术 | |

进入90年代以来，世界经济发展又呈现了新的变化。世界经济显示出向知识经济转移，科学研究系统在知识经济中起着知识生产、传播和转移的关键作用。据统计，1993～1994年，美国专利所引用的科学

① 《马克思恩格斯全集》第23卷，第664页。

论文有70%来自科研机构和大学的科学研究,只有27%来自企业;1993~1994年专利引用的科学论文是1987~1988年的3倍,而同期专利数只增加了30%。知识的大量生产和应用,促进了知识经济的快速发展。

随着知识经济时代的来临,七八十年代经济高速增长。以技术立国的日本,经济增长减缓,国际竞争力明显下降。而注重知识创新和技术创新的欧美发达国家,尤其是美国,掌握了知识经济时代的主动权,其相对完善的国家创新体系为欧美经济发展不断注入新的活力。美国国家竞争力委员会称,美国在27个关键技术领域中取得24个领先地位。世界经济论坛等发表的国际竞争力报告显示,美国的国际竞争力明显领先于日本。面对知识经济时代的挑战,日本政府调整国策,提出"科技创新立国"的新国策。欧美工业国家、韩国、新加坡等都关注提升本国的创新能力,积极增加科技投入。经济全球化趋势也持续发展,"科学技术突飞猛进,知识经济初现端倪。"知识经济是工业经济之后新的经济发展形态。

知识经济的概念,很早就有人提出来。只是到了90年代才受到广泛重视。

早在1962年,美国学者马克鲁普在《美国知识生产与分配》一书中就提出知识产业的概念。他认为,知识产业包括教育、通讯、计算机、信息服务、研究与发展,知识产业占1958年美国国民生产总值的29%。他讲的知识产业,包括计算机、通讯和信息服务产业。

1977年,美国学者波拉特发表《信息经济》专著。他认为,国民经济可分为农业、工业、服务业和信息业等4个部门,1967年信息相关产业占美国国民生产总值的47%。

1985年,加拿大GALGARY大学成立知识科学研究所,目的是研究知识经济和知识社会的发展规律,提出加拿大面对知识经济的机遇和挑战的对策。

1996年,经济合作与发展组织(OECD)发表《以知识为基础的经济》年度特别报告,分析了知识经济的特点和测度方法。报告指出,知识经济直接依赖于知识和信息的生产、扩散和应用。1996年知识经济占OECD主要成员国国内生产总值的50%以上。

1998年,世界银行推出了《1998年世界发展报告——知识促进发展》。报告分析了知识经济的一些基本特点和规律。报告试图告诉发达国家和发展中国家的政府,如何抓住知识经济带来的机遇。

知识是人类认识世界的产物。知识来源于生产实践、社会实践、科学研究和理论思维。

知识按其性质可分为四类:

Know - What? 这是什么? 是记载事实的知识,如记录事物的形状、结构、性质、时间和位置。一般可由观察而获得;

Know - Why? 这为什么? 是回答事物规律和原由的知识,一般需经科学研究,经实验、分析、归纳、推理和证明而获得;

Know - How? 怎么做? 是关于实施过程的知识和技巧,如工艺技术诀窍、管理知识等;

Know -Who? 谁知道? 是关于谁知道,谁知道为什么,谁知道怎么做,应该请谁来做的知识。这对组织管理者尤其重要。

知识无疑是一种资源,而且是惟一取之不竭、用之不尽并可无限发展的最重要的资源。它与物质资源不同,具有其自身的明显特征:

知识的不可消耗性 物质资源在使用中日渐消耗,许多资源甚至不可再生。知识可重复使用,非但不会因此而消耗,而且往往在使用中增加新的知识——实现知识增值;

知识的可共享性 物质资源一般只能供有限的人享用。知识一旦被人类所掌握,被公开,即不可能再为个人所垄断,即成为公共的资源。任何知识均可同时供无数的人共同享用;

知识的可传播性 知识可经现代通讯方式,快捷、广泛、廉价地传播。传播越广泛使用成本越低廉。人们不但应致力于知识的创造,同时更应注重知识的学习、传播和利用;

创造、传播和利用知识的主体是人 人创造、传播和利用知识的能力取决于人的教育水平、创新意识与能力,取决于人所处的物质和文化环境、条件和组织水平。尊重知识,首先要尊重人才,尊重人的创造精神;

知识的传播主要靠教育、传媒、网络传播 创新实践和创新思维是新知识的源泉和基础。研究基地和教育、网络是知识生产、传播和利用的基本条件和基础设施。

知识经济虽然还处在发展过程之中,但已经可以看到它与传统的工业经济比较确实具有明显的特征:

——知识已成为生产力发展中起决定作用的关键因素,科学技术知识、经营管理知识、市场和社会人文知识已成为现代企业竞争力的决定因素。知识、知识产权、知识劳动者已成为知识经济的核心生产要素;

——知识创新、知识传播和知识的创造性应用已成为国家和地区经济增长和社会文明进步的主要因素。国家和地区的知识创新体系、知识创新能力和应用水平已成为国家、地区和社会发展的重要基础设施和国家竞争力的基础;

——知识经济中工业经济时代的传统支柱产业主要已不再是数量的增长,而是依靠知识创新实行品质的提高和满足多样化的需求。经济增长的支柱将转移到信息、生物技术、新材料、新能源、环保、航空航天产业、海洋高技术、科技教育与文化产业,以及以知识为基础的咨询服务业。

——工业经济是建立在自然资源消耗之上的经济,造成资源耗竭、环境污染、生态破坏。因为知识经济建立于人类知识和智能资源基础之上,因此是可能实现人与自然协调、可持续发展的经济形态。

——知识经济时代产业结构和生产方式的变化决定了社会劳动结构将发生根本性改变。在知识经济时代,不仅简单繁重的体力劳动,而且部分脑力劳动也将被电脑和智能机器所替代。

创造性的智慧劳动,包括 R&D、创造性的经营管理、以知识为基础的服务,乃至文化艺术创作等将成为人类社会劳动的主体和领衔力量,社会将全面知识化。

——知识经济时代的企业管理重点将从工业经济时代对原材料、产品的生产和营销管理的基础上转移到对信息、知识和人才的管理。西方一些大企业已经设置了知识主管。

——知识经济时代的消费将更呈现多样化、个性化、艺术化,加之微电子和信息技术的发展,因而制造业将呈现柔性、全球化、分布式、智能化特点。

——知识经济时代是对工业化社会的继承和扬弃,由于对自然和社会发展规律认识的深化,人们愈来愈自觉地追求生产方式、分配方式、生活方式和发展模式的合理性、协调性和可持续性。人类将更自觉地控制自身的生育和消费,保护地球的生态和环境,最终实现人类的理想。

——由于知识成为经济和社会发展最重要的资源,创新人才成为竞争合作的决定性因素,人们必然会如同农业时代追求土地,工业经济时代追求资本那样去追求知识。知识产权的价值将显著提高,创新人才将成为国际间、企业间争夺的最重要资源。人们将把对教育和科技的投资看成最重要的战略性投资。终身学习将成为时代的潮流。

——知识经济是建筑在信息化、数字化和全球知识共享之上的。它自然具有全球化竞争和合作的特征。知识在全球范围的即时传播和利用,人才在全球范围的流动和竞争,知识化产品全球性的合作、生产与行销,全球性知识产权保护公约和法规,全球化宽带数字多媒体网络,全球化科技文化的交流与合作……全球化已成为知识经济时代的必然特征之一。

## 建设国家创新体系

21 世纪,知识经济将逐步占据国际经济的主导地位。知识经济对发达国家而言,是生产力发展的自然结果;对于处于工业化进程中的发展中国家,则是机遇和挑战并存。

为迎接知识经济的挑战,发展中国家在加速工业化的同时,必须大力发展知识密集型制造业和服务业。经济发展将经历以工业化为主、工业化和知识化并重、知识化为主三个阶段。可以预计,世界科技发展将更加迅猛,从科学发现、技术革命向产业革命的转移周期,以及技术与产品的市场生命周期将更为缩短,发展中国家通过学习、引进别国技术和经验赶上发达国家的困难将增加。如无自主创新能力,“后发优势”的作用即将减弱。

任何缺乏知识储备、不能敏锐而且正确地识别国际知识创新前沿动态、产生积极主动响应能力和创造能力的国家,不仅将失去国际市场竞争力和国内市场竞争的优势,还将失去知识经济带来的机遇。只有拥有持续创新能力和宏大的、高素质人力资源的国家,才具有发展知识经济的巨大潜力。江泽民同志指出:“当今世界上的竞争,核心是知识创新和高技术的产业化。”我国有 12 亿人口,到下世纪 30 年代还将继续增加到 16 亿,要以占世界 1/7 的耕地养活占世界 22%的人口,还要实现达到小康进而要向中等发达水平前进的目标,资源环境的约束也不允许我们重复西方国家工业化的道路和传统技术手段，惟有依靠知识创新才能走出一条具有特色的可持续发展的道路。亚洲一些国家爆发的金融危机，日本的经济衰退都已经给了我们新的警示。

江泽民同志在党的十五大报告中指出，从现在起到下世纪前十年，是我国实现第二步战略目标和向第三步战略目标迈进的关键时期。我们要积极推进经济体制和经济增长方式的根本转变，努力实现“九五”计划和 2010 年远景目标，为下世纪中叶基本实现现代化打下坚实基础；实施科教兴国战略和可持续发展战略，使经济建设真正转移到依靠科技进步和提高劳动者素质的轨道上来。这是我国跨世纪的发展战略和奋斗目标。

贯彻落实十五大精神，高举邓小平理论的旗帜，把握国际发展趋势，深化科技体制改革，建设国家创新体系，提高国家创新能力，是实现“三步走”发展战略的必然选择，是实施科教兴国和可持续发展战略的重大举措。国家创新体系是国民经济可持续发展的基石，创新意识和创新能力关系到中华民族的前途和命运。江泽民同志指出“一个没有创新能力的民族，难以屹立于世界先进民族之林”，“知识经济，创新意识对我国 21 世纪的发展至关重要”。

新中国建立 50 年来，特别是改革开放 20 多年来，我国科技事业取得了长足的进步，国家创新能力有了较大提高，一批重大科技成果在国际上产生了重大影响，为我国经济建设和社会发展解决了大量重大科技问题。在充分肯定成绩的同时，我们也必须清醒地看到，我国创新能力与国家发展需求和国际先进水平相比差距较大，近年来在某些领域甚至还有进一步拉大的迹象。

**我国科技国际竞争力落后于经济国际竞争力** 1996 年我国 GDP 排世界第 7 位，而我国科技国际竞争力排在世界第 28 位。

**我国科技国际竞争力连续下降** 这是我国国际竞争力 8 大类指标中惟一连续下降的指标。1996 年从 1994 年的世界第 23 位下滑了 5 位。由于统计指标的变化，1997 年排位有所提前，但情况仍不容乐观。

**我国知识创新和技术创新效率不高** 1996 年我国从事研究与发展的总人数和企业研究与发展总人数均列世界前 4 名，而我国科学研究和专利指标的国际竞争力分别为世界的第 32 位和第 21 位。我国创新能力不强，一方面与我国的科技投入不足和市场机制发育不完善有关，另一方面也与我国现行创新体制及运行机制不尽合理有关。

当前我国知识创新和科技创新能力不足，知识和科技储备不足，转化率低，对经济和社会发展的支持不力，人才外流，从事基础和高技术前沿研究和重大战略研究的基地建设亟待明确和加强，科研机构和大学之间的分工合作和产学研结合需要加强，企业 R&D 能力和科技中介力量需着力培养和扶持。R&D 投入不足，1997 年仅占 GDP 的 0.5%，远低于中等发达国家的平均水平 1.5% 和发达国家 2.5% 的水平。转化风险投资机制尚未建立完善，短期行为、低水平重复、投资分散的状况需要扭转，政府职能也应向宏观调控方向转移。

如果不及时采取有力措施大幅度提高国家创新能力，势必影响我国在 21 世纪知识经济时代的国际竞争力和国际地位，影响实现第三步战略目标的进程。

世界近现代史表明，一个国家经济发展达到一定的水平后，其经济增长的主要动力来自科技创新。后发国家从技术引进为主，转向技术引进与自主技术创新并重的时间大约为 30 年左右。大幅度提高国家创新能力并非一日之功，而需要数十年和几代人的努力。根据我国“九五”计划和 2010 远景目标，我国经济建设将转移到主要依靠科技进步和提高劳动者素质的轨道上来。21 世纪知识创新的高速度发展将会对我国科技工作者提出更高的要求。深化科技体制改革，建设国家创新体系，增强国家科技战略储备，为 21 世纪我国经济可持续发展奠定坚实的基础，已成为越来越多人的共识和历史的必然。中国科学院正是在这样的背景下，在战略研究的基础上向中央提出了“面向知识经济时代，建设国家创新体系”的研究报告。受到中央的高度重视，江泽民同志批示：“知识经济、创新意识对于我们 21 世纪的发展至关重要。东南亚的金融风波，使传统产业的发展会有所减慢，但对产业结构调整则提供了机遇。1997 年我访问美、加，看到若干世界著名大公司的科技新发展，好多都是华人在主持的，很有创新。其中有些人就是国内去的科技人员。科学院提出了一些设想，又有一支队伍，我认为可以支持他们搞些试点，先走一步。真正搞出我们自己的创新体系”。1998 年 6 月，朱镕基总理亲自主持国务院科教领导小组第一次会议，批准了中国科学院开展“知识创新”工程试点的汇报提纲，决定大幅度增加对科技与教育的投入，并决定于1999年召开全国知识创新工程会议。

建设我国国家创新体系，不仅要把握国际经济和科技发展趋势，尊重经济和科技发展的规律，更重要的是瞄准国家战略目标，适应我国社会主义市场经济发展的需要，分别发挥市场机制和政府行为的合理作用。

建设我国的国家创新体系，要在现有科技体制的基础上改革调整。做到目标明确，宏观有序；分工合作，互相支持；管理规范，精干高效，最大限度地发挥系统的整体效率。

国家创新体系是由与知识创新和技术创新相关的组织机构和社会单元组成的网络体系。其主要组成部分是企业（大型企业集团和高技术企业为主）、科研机构（包括国立科研机构、地方科研机构和民营科研机构）和高等院校等。广义的国家创新体系还包括政府部门、其他教育培训机构、中介机构和起支撑作用的基础设施等。社会创新文化、创新的环境和机制、管理创新等，在创新体系中起着重要作用。

国家创新体系是经济和社会可持续发展的基础和引擎，是培养和造就高素质人才的摇篮，是综合国力和国际竞争力的支柱和后盾。国家创新体系的主要功能是知识创新、技术创新、知识传播和知识应用，具体包括创新活动的组织执行、创新资源（人力、财力和信息资源等）的配置、创新制度的建立、法律保证和相关基础设施建设等。大力促进和广泛进行知识的生产、传播和应用，是国家创新体系的基本任务。

在国家创新体系中，各个组成部分既有分工，又有合作，形成一个相互促进的网络系统。其中，企业以技术创新和知识应用为主，同时进行知识传播；高等院校以知识传递和高素质人才培养为主，同时进行知识创新（相对集中在教学科研型大学里进行）和知识转移；国立科研机构（国家科研机构和部门科研机构）以知识创新为主，同时进行知识传播和知识转移；地方科研机构主要从事与技术创新和技术转移相关的工作；政府的职能，应从目前直接组织创新活动为主，转向以宏观调控、创造良好环境和条件、提供政策指导和服务、促进各组成部分间和国际间的交流与合作为主。其他组成部分为创新活动提供社会环境和支撑条件。

国家创新体系可分为知识创新系统、技术创新系统、知识传播系统和知识应用系统。知识创新是技术创新的基础和源泉，技术创新是企业发展的根本，知识传播系统培养和输送高素质人才，知识应用促使科学知识和技术知识转变成现实生产力。四个系统各有重点，相互交叉，互相支持，是一个开放的有机整体。

知识创新系统是由与知识的生产、扩散和转移相关的机构和组织构成的网络系统。知识创新是指通过科学研究获得新的基础科学和技术科学知识的过程。知识创新系统的核心是国立科研机构（包括国家科研机构和部门科研机构）和教学科研型大学，它还包括其他高等教育机构、企业科研机构、政府部门和起支撑作用的基础设施等。知识创新系统的主要功能是知识的生产、传播和转移，政府行为起主导作用。

技术创新系统是由与技术创新全过程相关的机构和组织构成的网络系统。技术创新是指学习、革新和创造新技术的过程。技术创新系统的核心是企业，它还包括政府部门、科研机构、高等院校、其他教育培训机构、中介机构和基础设施等。发达国家的技术创新更多地由市场机制起作用。我国市场机制发育不完善，企业创新能力和市场竞争能力不强，政府行为起较大作用的现象，还将维持相当长时间，但应通过积极深化经济体制改革等措施促使转变，使市场机制起主要作用。

知识传播系统主要指高等教育系统和职业培训系统，它包括高等院校、科研机构、企业等。其主要作用是培养具有较高技能、最新知识和创新能力的人力资源。政府行为在知识传播中起主导作用，同时应注意利用市场机制和引导作用，充分发挥各方的积极性。

知识应用系统的主体是社会和企业，它包括政府部门、企业、科研机构、其他机构和组织等；其主要功能是知识和技术的实际应用。知识应用主要是市场机制起主导作用，社会和企业是行为主体；政府的作用是制定并执行法律、法规和政策，引导、监督和宏观调控社会及企业的行为，并应用知识作出科学的决策，以提高知识转化成现实生产力的能力和效率，促进我国知识密集型制造业和服务业的发展等。

我国正在实施的多项科技、教育计划和工程，为建设我国国家创新体系打下了良好的基础。例如，国家经贸委和国家科委组织实施的《技术创新工程》，是我国推进企业技术创新工作，提高技术创新能力的战略举措；国家教委组织实施的《211 工程》，是我国提高高等院校的教育质量和科研与管理水平，培养科技人才的战略措施；国家星火计划、火炬计划和重大科技成果推广计划等，促进了新知识和技术的实际应用。同时，国家重点科技攻关计划、高技术研究发展计划(863 计划)和国家自然科学基金等，都对我国知识创新能力和技术创新能力的提高，发挥了重要作用。

根据我国国家创新体系的总体构想，建议在不断完善和继续推进《技术创新工程》、《211 工程》和国家其他重点科技计划的同时，组织实施《知识创新工程》，在国家宏观层面，形成建设国家创新体系完整的总体战略布局。

《技术创新工程》的总目标是："到 2010 年，基本形成适应社会主义市场经济体制和现代企业自身发展规律的技术创新体系及运行机制，大型企业拥有自主知识产权的主导产品、名牌产品和关键技术的开发能力，产品在国内具有较高市场占有率，并在国际市场具有一定的竞争优势；技术进步成为提高我国经济增长质量和效益的主要途径，为实现第三步战略目标奠定坚实的基础。"(引自《技术创新工程》方案)。

《211 工程》的总目标是："经过 10 年或更长一点时间的努力，使相当一批高等学校和重点学科点能够成为培养高层次专门人才和解决国家经济建设、科技和社会发展重大(基础)科技问题(和进行科技前沿探索)的基地，在教育质量、科学研究和管理等方面处于国内先进水平，并有一定国际影响。其中若干所高等学校和部分重点学科点达到或接近世界先进水平。基本形成适应社会主义现代化建设需要、结构布局合理、水平较高、各具特色的重点学科点和示范带头学校，建立适应社会主义市场经济体制和政治、科技体制改革需要的高等教育新体制。"(引自《211 工程》有关文件)。

《知识创新工程》的总目标是：到 2010 年前后，形成符合社会主义市场经济和科技发展规律的、具有支撑国民经济可持续发展能力的、高效运行的国家知识创新系统及运行机制，建设一批国际知名的国家知识创新基地(国立科研机构和教学科研型大学)，不断取得具有国际影响的重大科技成果，培养和造就大批具有创新意识和创新能力的高素质科技人才，使我国知识创新实力达到世界中等发达国家水平；力争我国被《科学论文索引》收录的科学论文总数的排名进入世界前 10 名，专利指标的国际竞争力进入世界前 10 名，中国科技的国际竞争力进入世界前 10 名。

通过实施上述"三大工程"和有关政策措施，实现建设国家创新体系的总体目标：到 2010 年前后，基本形成适应社会主义市场经济体制和符合科技发展规律的国家创新体系及运行机制，基本具备能够支撑我国科技与经济可持续发展的国家创新能力，使我国国家创新实力达到世界中等发达国家水平，促使我国知识经济占国民经济的比例有较大提高，造就一批有国际影响的技术创新企业、国立科研机构和重点高等院校。进而到下世纪中叶，使我国创新能力进入世界的前列。

21 世纪即将来临，现代化建设任重而道远。我们必须抓住机遇，开拓进取，深化科技体制改革，建设国家创新体系，大幅度提高国家创新能力，将我国科技事业和现代化建设全面推向 21 世纪。

# 可持续发展：一种新文明观

南开大学政治学系　蔡　拓

可持续发展已被赋予多重含义，它既是一种发展战略、发展模式，又是一种发展理论、发展观念。本文则认为可持续发展是继原始文明、农业文明、工业文明之后的一种新型文明，从而也是一种新文明观。理论地把握可持续发展文明观，不仅能够促进可持发展的实施，更重要的是有助于防止可持续发展被曲解或功利化，使其仅具有一种表层的或工具的意义。

可持续发展新文明观的要旨可归纳为如下八个方面。

## （一）倡导整体有机论

一种新文明观总有一种新的世界观作支撑，可持续发展文明观的世界观基础是整体有机论。

所谓整体有机论包括两层涵义。首先是整体主义。整体主义认为，世界在客观上是有序变化的整体，整体的性质不能由被机械分割的部分的性质加以说明。相反，部分的性质倒由整体的性质所确定。因此，整体的性质具有首要性、占先性。世界的整体有序不是静态的、结构意义上的，而是动态的、过程意义上的。换言之，整体是变化过程中的整体，有序也是变化过程中的有序。其次是生态主义。生态主义强调万事万物的相互包含与内在联系。世界是一个有机系统，系统关系网络是其组成部分存在的环境，没有任何一个组织部分可以脱离关系网络而独立存在，当然，任何一个组成部分的变化也自然会引起整个关系网络的变化。显然，事物的这种相互包含与内在联系是有机的，同时也是整体的，世界正是由相互关联的复杂网络构成的有机整体。

对于这种整体有机论，系统学看重其整体性、系统性，因此称之为系统世界观，而生态哲学则强调其生态性、有机性，于是冠之以生态世界观。两种说法虽有差异，但本质上是一致的。即把世界看做一个具有内在联系的、有机的整体。整体的性质、事物间的关系、变化的过程，比整体组成部分的性质和系统的结构更重要。

整体有机论的世界观完全区别于机械论世界观。由培根、笛卡尔、牛顿所奠定的主导工业文明的机械世界观的主要之点是，其一，尽可能将世界还原成一组基本要素，用基本要素的性质来解释一切事物与现象。其二，基本要素之间只有外在的机械的相互作用，没有内在的相互联系。换言之，各基本要素都是独立自存的，其性质也是固定不变的。其三，世界、自然被形象地比喻为按照固定规则装配起来的机器。其四，在方法论上推崇还原分析法、数学方法和实验方法。事实证明，以这种机械论世界观审视世界，就难免导致种种偏差与失误，如忽视演变过程中的不可逆性；把决定论简单化为线性的决定论；否认或尽力排除随机性和偶然性；注重静态的结构性分析而忽视动态的过程性研究；片面夸大实验方法而忘记这一方法的先天性缺陷——与环境的隔绝；用单一的机械论模式去认识无限丰富且充满复杂性的世界。所有这些弊病，就使得机械论世界观越来越缺乏解释力，尽管它在现实生活中还有不可低估的影响，但是超越这种世界观已是历史的必然。

整体有机论无疑是对机械论世界观的超越，这种新世界观贯穿于可持续发展的全部理论，成为可持续发展的灵魂。可持续发展是全球整体的发展，是经济、社会、生态、文化复合系统的有机发展。一个国家、一个民族、一个地区不可能实现单独的可持续发展，因为它不仅受制于全球体系，而且受制于与其发生密切关系的其他国家与民族；一个子系统、一个领域也不可能实现单独的可持续发展，因为系统与系统、领域与领域之间已经相互渗透、包含，没有一个置于关系网络之外的系统与领域；在生态因素凸显为影响人类社会发展的决定性因素之后，生态系统的高度有机性和整体性，已成为重要的参照系制约着人类的生产方式与生活方式，这是可持续发展遵循整体有机论的又一缘由与依据。

## （二）寻求人与自然的和谐

人与自然的关系是人类生存、发展的永恒的主题之一。只要地球尚在，人类“种”的生命尚未终结，那么，人就无法回避摆脱与自然的关系。

与人类相继更替的文明相适应，人与自然的关系也经历了不同的阶段，表现为不同的特点。在原始文明时代，人与自然的关系明显表现出混沌不清、主客不分的特点。那时，由于人既不具备与自然分离的物质条件，又缺乏与自然分离的主观意识，所以，人与自然的统一乃是自然本体论上的统一，这种统一以人近乎自愿地归属、服从自然为特征。

在农业文明时代，人与自然的关系仍以自然的主导地位为基本特征，人力与自然力的较量仍以人俯首称臣为结局。与原始文明时代不同的是，人已或多或少从自然本体中挣脱出来，迈出了从主体角度审视自然客体和自身的最初步伐。从实践上讲，农业文明时代的人已开始建造自己生存的人工自然环境，利用生物规律和生态规律进行有机物质再生产,从而使人类的生活较之原始文明时代更有保障,也更为稳定。一方面人与自然的分化尚有限,人与自然的关系还比较狭隘;另一方面人类的生产生存方式又具有某些与生态系统合拍的特点,所以,农业文明时代的人与自然的关系有着远为丰富、复杂的内容,需要作进一步挖掘。

在工业文明时代,由于人类改造自然的物质手段空前发达,社会物质财富空前丰富,因此,人与自然的关系也空前全面与丰富。不言而喻,这种全面性与丰富性是相对前资本主义而言的,它的典型特征是人对自然的征服与占有,并且是基于物质追求的征服与占有,显然,对待自然的这一态度是与机械论世界观联系在一起的。正是机械论世界观强调自然只是为了人而存在,让自然按其特性为人类服务,从而确立了影响至今的"人类中心主义"观念。如果说这一观念在摆脱神学中心主义的方面有过进步意义,在张扬人的主体性,深化对自然的认识,改变对自然的无能为力的境况,推动社会物质生产力的提高方面起过重大历史作用,那么,它所培育的人对自然的主宰欲、占有欲、征服欲又把人类推向毁灭的边缘。

人类正在开始向可持续发展文明转型。从可持续发展新文明观来看,人类在总结、反省以往文明形态的基础上,必须确立起人与自然关系的新观念,以实现人与自然的共生、和谐。

首先,人类是自然的一部分,人类应该学会尊重自然。

人是宇宙进化和生命进化的结果。没有宇宙,没有地球,没有生物,也就没有人类。地球不仅创造了人类,而且恰到好处地为人类的生存提供了适宜的生存环境。整个自然是一种有序的状况,其中存在着恒定的数量比例关系,进行着有条不紊的循环。人只是有序世界的一分子,人要向自然索取氧气、粮食、淡水、能源等维系生命的基本物质。从这个意义上讲,自然是人类的母亲,忘掉了这一点,就从根本上破坏了人与自然的关系。

其次,人类必须自觉约束自己干预自然的行为。

人类对自然永远存有一种依赖性,但人类又是至今为止我们所知晓的生命的最高形式,她具有主观能动性,能够进行创造性的劳动。这种得天独厚的秉赋把人类从直接向自然界索取现成果实提升到按照人的需要改造自然,从而使自然被人化。自然的人化是自然进化和人自身进化的确证,其历史意义毋庸置疑。但正是这种历史性成就同时导致了极大的诱惑,使人误以为可以随心所欲地改造自然、征服自然。殊不知人与自然的关系受到生态系统的制约,并有其脆弱性。因此,人类必须自觉约束对自然的干预。

"自觉约束"当然不等于"自行停止"。人类干预自然的整体性、深刻性,以及干预的负效应对自然自我调节能力的削弱,使得人与自然在很多领域的关系都处于临界或接近临界的状态。任何新的盲目的干预,都会触发难以预料的破坏性连锁反应。所以,当代人类在每一次对自然采取干预行动之前,必须全面深入研究其后果。要反对任何急功近利的行动,按照人与自然和谐的原则取舍人类干预自然的行为,这是历史的选择与结论。

人类自觉约束干预自然的行为,并不是降低自己的主体地位,向任性的自然低头。恰恰相反,它反映了人独有的主体性,因为限制的目的不是迁就自然,而是在更深层次上把握自然,协调自然。人类从片面征服走向全面协调,从强行干预走向理智限制,充分体现了认识的深度,从而表明人在处理与自然关系方面获得了更多的自由。

再次,人类必须把保护环境,保护大自然视做最重要的责任。

人与自然的全面依托、相互和谐,内含着一种保护生态环境的神圣责任,履行这种责任是当代提出的历史要求。在人与自然关系方面,惟有当人们摆脱单纯的功利考虑,而对伦理义务和道德责任表示深切的关注时,保护生态环境,寻求人与自然的协调,才会成为指导人类行为的绝对命令。显然,这种伦理的自觉与道德的责任不能靠法律强制树立,它是深刻求索、领悟的结果,在客观上要求人类用新的尺度、新的思维对待自然。

### (三)在关注人与人关系的同时,凸现人与自然的关系

可持续发展文明观不仅要求人类改变掠夺和征服自然的态度,树立新的自然观,而且第一次在环绕人类全部生存和实践活动的双重关系中,即人与自然和人与人的关系中凸现人与自然关系这一历史主题。

恩格斯指出:"归根到底,自然和历史——这是我

们在其中生存活动并表现自己的那个环境的两个组成部分”。[①] 关于自然，在很长时期内，它对人类生存与发展的影响虽是现实和重要的，但由于这种影响的隐蔽性，某种程度的神秘性，以及人类自身认识和利用自然的局限性，所以，人与自然的关系并未引起人类的足够关切，或者说囿于人类自身的境况，还无暇更多地顾及人与自然的关系。到了工业文明阶段，随着人类拥有了日益强大的物质和技术手段，人与自然的关系又被简单地理解为单向地改造、利用自然的关系。于是从历史上看，人与自然关系的解决或是表现为自然主宰人，或是表现为人主宰自然，总之，以一方压倒另一方为结局，所以两者间的矛盾与冲突并未得到展开，从而也就难以成为人类生活的主题与关注的焦点。

与之相反，人类对制约其生存与发展的社会历史环境却倍加关注，并且无时无处不感受到它的力量。历史是人类活动的记录。讲历史就是讲人的历史，社会的历史，因此历史的关系就是特定时期人与人的关系。人处于无处不在的社会关系网络之中，社会经济、政治、文化、伦理等关系与相应的制度、观念，从各个方面规范着人的行为，也确定着人的社会地位。正是因为社会生活中的不公正、不平等、剥削与压迫，以及种种与人类理想相悖的现象与行为缠绕着人们的现实生活，因此，人与人的关系在各个文明时代和各种社会制度中都居于主导地位。同人与自然关系相比，人与人的关系始终处于第一位。

对于人与自然、人与人这两大关系和两大主题，马克思主义都有精辟的论述，并作出了创造性贡献。在人与自然关系方面，马克思主义提出了“人直接地是自然存在物”，自然的人化，劳动是人与自然之间的特殊联系形式，人与自然的物质变换，人与自然的关系受制于社会历史关系等等光辉思想。这些思想集中到一点，就是强调人与自然关系的具体的历史的统一，因此无论从当时还是今天来看，对人类认识和处理人与自然的关系都有重大的意义。至于人与人的关系，马克思主义更是立足于唯物史观，通过创立政治经济学和科学社会主义，提出了系统而完整的社会政治学说，指导改造社会关系的革命实践。

然而我们不能不指出，尽管马克思主义提出了不少发人深省的有关人与自然关系的精辟见解，并可能在马克思主义的再学习和再研究中挖掘出更多的内容，但关于人与自然和人与人关系的历史定位，马克思和恩格斯同样更关注人与人的关系。甚至应当说，他们比同时代的其他思想家、政治家更鲜明地强调社会关系的革命性变革对于水深火热之中的民众的意义。当然更重要的是，他们也更科学地指明了实现社会变革的途径。

由此可见，在人与自然的关系和人与人的关系何种更具根本意义的问题上，马克思主义的创始人与其同代人一样，把天平倾向人与人的关系。这是时代的必然。因为当时，一则资本主义生产关系的剥削与压迫特征还异常鲜明，社会政治矛盾非常尖锐，对抗激烈；二则工业文明所造成的生态危机还未显露，人们仍然对改造、征服自然持乐观而自信的态度。尽管马克思和恩格斯从来没有忘记“为我们这个世界面临的两大变革，即人同自然的和解以及人同本身的和解开辟道路”，[②] 但就当时而言，他们的选择与导向显然是变革人与人的关系，这无可非议。

今天，人类面临的境况已发生了很大的变化。固然世界范围内的不平等、南北差距、不公正的国际经济与政治秩序、资本主义生产关系等等问题依旧存在，影响着人类的生存与发展。因此，关注和努力解决好人与人的关系仍然具有重要意义。但是，环境污染、生态失衡、资源短缺等严峻问题严重威胁着整个人类的现实生存，人与自然的矛盾已空前地尖锐。从某种意义上讲，这种矛盾的尖锐性已更具全局性、急迫性，人类若不能认清这一点，就可能失去摆脱生态危机与生存困境的最后时机。正是这种严酷的事实，客观地凸现了人与自然的关系，并要求人们给予更多的关注。

可持续发展文明观不仅承认了这一历史事实，而且论证了人与自然关系在当代的首要意义。正如罗马俱乐部创始人佩奇所说：“在这历史的转折时期，在分析有关人类所处的状态及其可能导致的命运等复杂的情况时，应当选择的着眼点必须能射穿整个人类

① 《马克思恩格斯全集》第39卷，第64页。
② 《马克思恩格斯全集》第1卷，第603页。

体系的核心，而且要真正具有全球性的视野。这只有把人与自然的关系放在最优先的地位才有可能。人与自然的关系在最近所经历的巨大变化，以及将来肯定要发生的修正，在左右人的生活方面，必然要比其他任何因素更起决定性的作用。”这样讲，当然不意味着撇开人与人的关系孤立地处理人与自然的关系。因为人与自然的关系被具体而历史地置于各个时代的社会关系之中，无论其表现形式还是解决两者冲突的方式都与特定时代的人与人的关系相关，换言之，受到社会历史关系的制约。事实上，人与自然的 关系和人与人的关系总是交织在一起。只是今天应当强调，由于人与自然的冲突在当代更具全局性，所以在审视当代事务，促进人类发展时，必须改变过去只重视社会历史因素而忽视生态因素的传统思维与观念，确立生态的视角与观念。有了这种新的视角与观念，就会更自觉地反省人与自然的关系，从而一方面改变征服、主宰自然的态度与政策；另一方面又会通过人与人关系的调整，实现遏制生态危机，缓解生态压力，创造良好的社会环境，达到解决人与自然关系的目的。由此看来，在与人类相伴生的两大关系中，当代应凸现人与自然的关系只具有相对意义，是针对特定的情况而言的。最重要的是，在人与人和人与自然关系的相互制约与统一中，实现人与人的和解，人与自然的和谐。

## （四）坚持科技理性与人文理性并存

理性是人类独有的特征，与智慧、伦理、创造性、主观能动性联系在一起；在认识论意义上，则是指一种逻辑的结构和逻辑的认识，具有普遍性、必然性和确定性的特点。

从历史上看，理性曾被启蒙运动所高扬，产生了启蒙精神，而启蒙精神就是一种理性主义精神。这种精神说到底是提倡科学与民主，反对愚昧与迷信，用科学的态度与方法认识事物、改造世界，用民主的精神参与政治、管理国家。于是在理性主义的旗帜下，科学与技术获得令人惊异的进步与成就；自由、民主意识也得到广泛传播。但是，理性主义的内在矛盾，却使其在不断获得对必然、真理认识的同时，越来越远离自由，越来越丧失个体的意义与价值。这样，在启蒙时代和理性主义的狂飙之后，真正得以张扬并影响至今的乃是科技形态的理性，即我们通常所讲的科技理性。而与道德自律、意志自由、生活意义联系在一起的人文理性却受到冷落。尽管非理性主义对以科技理性为主导的理性主义进行了全面的审视与批判，但科技理性与人文理性的失衡仍是当代的一个基本事实。

科技理性之所以受到人类青睐，是因为科学与技术都是通过对真理性知识的追求，把揭示出的规律、必然性用于人类的物质生产实践，从而极大地提高了社会生产力，从根本上改变了人类物质生活的境况。也就是说，科技理性给人类带来了实实在在的物质利益，它是同工业文明的历史性成就密切相关的。但恰恰是这一点，容易产生某种诱惑。不幸的是，由于人类自身失去警觉，工业文明在创造人间奇迹的同时，真的滑向唯物主义、经济主义、消费主义、实利主义。精神追求和生命价值似乎变得无足轻重，甚至滑稽可笑，人文理性面临泯灭的危险。

正是基于这一现实，可持续发展文明观大力倡导人文理性。但是，它更注重科技理性与人文理性的协调与统一。工业文明的弊病并不在于科技理性的过度，从知识经济和可持续发展的要求来讲，科学技术必须有更大发展，物质生产力必须有进一步提高，科技理性必须更加发扬光大。把工业文明的弊病简单地归结为科学技术和科技理性，就从根本上抹杀了科学技术在人类生活中的革命性作用，违背了唯物史观。与此同时又必须看到，科学技术的运用不仅有社会制约性和社会导向性，而且可能产生负效应，甚至酿成灾难性后果。这就提出了变革社会制度和弘扬人文理性的问题。社会制度的变革是政治问题，另当别论。从更具一般意义的文化角度上看，人文理性是对科技理性的限定与补充。

所谓人文理性对科技理性的限定与补充，首先是指在观念上要承认科学技术的运用具有两重性，而两重性的判断与取舍，要以是否有利于生态平衡，有利于人的健康生存与发展为准绳。科学技术上能够做到的事情，未必都符合人性或生态的要求，核技术和克隆技术就是例证。其次，人是文化的存在。人的文化本质决定了人不可能也不应该局限于物质生活的满足，而应有超越物质生活的精神追求，这种追求正是人文理性的精髓。再次，理性本身具有本体论和认识论双重内涵，仅仅肯定和张扬认识论意义上的科技理性，是对完整理性的曲解；仅仅赞扬和倡导人文理性，同样是对完整理性的偏离。

正像当代人类的现实凸现了人与自然的关系一样，从某种意义上讲，它也凸现着人文理性的历史需要，凸现着人类对生命价值和生活意义的追求，但是，这绝不意味着放慢科技发展的步伐，讨伐科技理性。当代人类的惟一正确选择就是，恢复完整的理性，实现科技理性与人文理性的协调、并存。

## (五)改变物质消费型生活方式，实现人的全面发展

这是同科技理性与人文理性关系高度相关的问题。科技理性与人文理性的关系侧重于社会的物质生产与文化发展的定位，而这种定位必然涉及生活方式的选择。由于工业文明高扬科技理性，推崇经济主义、唯物主义，所以导致了物质消费型生活方式。这种生活方式把人的多种需求简化为单一的物质需求，把消费水平的提高作为惟一的追求目标，从而使人成为经济动物、消费动物，日益淡漠甚至忘记了生活意义与价值的人文追求。这样，人就误入了畸形发展的歧途。

可持续发展文明观认为，要改变根深蒂固的物质消费型生活方式，必须注重人的需求的全面性，着力于人的全面发展。

人首先是生物学意义上的人，因此，为了生存与传宗接代，必须满足基本的物质需求。但人同时又是社会的人，文化的人，与人的社会属性和文化本质相应的那些非物质性需求，才是真正属于人的需求。人与社会的进步正是以人在何种程度上追求这些非物质性需求，社会又能在何种程度上保障这些需求得以实现为尺度的。

人的需求不仅有物质需求与非物质需求之分，物质需求本身也是分层次的，可划分为生存性物质需求和享受性物质需求。生存性物质需求是人的物质需求的安全线，在满足这一需求上不应该有丝毫动摇。如果无视人类整体的生存性物质需求的保障去奢谈非物质性需求，或仅仅满足少数人的享受性物质需求，那就是对伦理、道义、人性的嘲弄。享受性物质需求是在基本需求满足基础上，以消费、享受为目的的物质需求。由于人的物质欲望和享受要求并无客观的限度，因此很容易导致享受升级、消费膨胀，最终陷入享乐主义的泥潭。

鉴于此，可持续发展文明观提出适度需求的新观念，即自觉抑制物欲，给人类物质需求制定一个理性的、符合人的尊严和身分的尺度。适度需求的主导倾向是满足人的基本需求，同时兼顾某些正当、可控的享受性物质需求，并充分考虑到需求的历史性。显然，适度需求的生活方式是对物质生活消费型生活方式的挑战，无论其提出还是实施，都需要意志自由的支撑，因为适度需求无法给予必然性的证明，它是人的伦理选择和人文追求。

明确了人的需求的多样性，确立了适度需求(确切地讲是适度物质需求)的新尺度，就为人的全面发展展现了广阔的前景。人的全面发展是人的需求的对应物。当人的视野超越物质需求，转向对真善美的追求、创造性价值的实现、自由的获得、社会参与和管理时，伴随这些非物质性需求的追求，必然是人的各种能力的提高，是人自身价值的充分实现，是人的全面发展。全面发展的人才是符合完满人性的人，才是真正的人。毫无疑问，马克思主义关于人的学说为可持续发展文明观所倡导的新生活方式提供了充分的理论依据。人的全面发展，是马克思主义和可持续发展文明观的共同旗帜。

## (六)协调国家主义与全球主义

国家主义与全球主义的矛盾和冲突是当代的又一基本事实。国家主义就是国家中心、国家本位。属于同一系列的还有阶级中心(阶级本位)、民族中心(民族本位)，用哲学的语言概括就是群体本位；全球主义则是指人类中心、人类本位。这里的人类中心或人类本位，不是以自然、宇宙为参照系的“人类中心主义”，而是相对个体本位，群体本位的类本位。

阶级、民族和国家中心是工业文明的基本特征之一。近代以来人类社会发生的种种变革都是以民族国家为主体进行的，民族国家是人们安身立命的基地，政治效忠的对象，价值维系的中轴。尽管从一个方面看，由于商品经济赋予了个人更多的选择权利与自由，所以相对完全依据于共同体的古代人而言，近代人呈现出个体本位的特征，但这一结论仅限于国内社会。一旦将视野转向国际社会，我们所看到的仍然是国家主义。这表明在审视和探究工业文明特征时，要注意国家主义和个人主义并存的现象。这里的国家主义是以国际社会为参照系的国家主义，指的是处

理国家与国家、国家与整个国际社会的关系时的原则;而这里的个人主义则是以国内社会为参照系的个人主义,反映的是个人对国家共同体的态度及其处理相互关系的原则。由于参照系不同,所以两者的并存是很正常的,不应用一种特征排斥另一种特征。全球主义是一种新的历史现象,也是一种新的价值观。尽管自近代起,市场经济的不断扩张已日益打破地域性界限,埋下了全球主义的种子,并逐步显示出"世界历史"的新景观,但跨国经济、政治、文化现象的强烈冲击波对人类的真正震撼仍然是本世纪50年代以后的事情。全球化、一体化的大潮席卷了各个民族国家。民族经济的发展受到全球市场、全球金融、全球环境以及跨国公司诸多国际因素的制约;国内政治事务受到日益增多的国际干涉;文化主权也受到网络文化、信息穿透力的挑战。面对这种国家主权被侵犯、削弱的无奈事实,每个国家不能不思考国家主义与全球主义的关系。

面对国家主义与全球主义的冲突,一种观点仍坚持传统的国家主义,另一种主张摒弃国家主义,高扬全球主义。可持续发展文明观则认为,国家主义与全球主义的冲突是当代社会生活的现实,也是贯穿21世纪的主题。对于认识和解决这一冲突,非此即彼的思维方式不但无所助益,还会使矛盾复杂化、尖锐化。必须懂得,在相当长时期内,国家仍将是国际社会的基本单元,人类组织社会生活的基本结构,人们价值和情感的寄托之地。它的历史意义尚未终结,必定要发挥其不可或缺的作用。否认了这一基本事实,就会导致激进、荒唐等非理性行为,给人类生存与发展带来消极的、甚至非常有害的影响。

但是人们同时应当看到,全球化与相互依存开辟了人类发展的新时代,更多的人类共同利益正日益显现,全球经济、全球政治、全球文化现象构成了全球社会的新框架。尽管国家至今仍是国际社会的主角,但毕竟有很多事情已为它所不及。承认这一点或许是痛苦的,但不能受感情的束缚。要更自觉地认同全球社会,在此基础上为民族国家合理定位。要逐步从民族国家的视野转向全球视野,从仅仅对民族国家忠诚转向同时对人类负责。如果仍然拘泥于国家主义,抵制甚至拒斥全球主义,那么就会成为落伍者,为时代所抛弃。

总之,可持续发展文明观主张协调国家主义与全球主义,在各自的合理性范围内,充分发挥国家和全球社会的作用。然而可持续发展文明观并不隐晦自己的价值取向,从宏观的历史眼光审视人类社会的发展,人类的共同利益有了更急迫的意义,人类的共同价值有了更现实的基础,人类正迈出从国家本位走向类本位的第一步。因此,人们必须自觉树立全球意识。

### (七)超越对抗型政治,建立合作型政治

国家主义与全球主义的关系涉及人类生活的各个领域,具有价值选择的总体性特征。两者关系在政治上的具体表现,就是建立何种类型的政治。

传统的国家主义片面强调国家利益的排他性,社会制度的差异性,意识形态的对抗性,所以,这种政治思维指导下的政治必定是对抗型政治。政治行为的准则是:"凡是敌人反对的我们就拥护,凡是敌人拥护的我们就反对",以及一方所得必定是另一方所失的"零和博弈"。

对抗型政治有其历史的必然性。总的来说,本世纪50年代以前,由于历史更多地展现了世界的矛盾性、斗争性,所以世界的主题是革命与战争,于是,对抗型政治获得了主导地位。50年代以后,和平与发展问题逐渐提上国际社会的议事日程,但受冷战思维与格局的影响,进展有限,直到雅尔塔体系的瓦解,对抗型政治才受到根本性冲击。

今天,世界更多地展现了其协调性,统一性,和平与发展成为人类社会生活的主题,从而历史地要求超越对抗型政治,走向合作型政治。所谓合作型政治,就是超越社会制度的差异和意识形态的分歧,立足于人类的共同利益,以对话、合作的方式协调各国、各民族、各个集团和组织之间的关系,为人类的生存与发展创造良好政治环境的政治。显然,这种政治要求的是伙伴精神,求同存异、共处竞争的意识,相互尊重的观念,以对及"一荣俱荣,一损俱损"的新交往规则的理解与认同。

合作型政治并不否认差异与矛盾。在谋求发展的历史进程中,由于现有的经济水平、文化条件、历史背景、民族传统的不同,以及在当代国际社会中地位的差异,各国、各民族间也会发生矛盾,有时甚至是很尖锐的冲突。这就要求妥协,建立起新的国际机制,

而更重要的是寻求共同点，在争取共同利益中缓解甚至消除矛盾。

可持续发展是当代人类最大的共同利益。面对日益严峻的全球性问题对人类生存的挑战，社会制度、意识形态、价值观念的不同选择及其所造成的政治冲突已不再居于绝对主导地位。人类必须携手合作，首先摆脱环境污染、生态失衡、资源短缺、核战争叫嚣、毒品泛滥、艾滋病流行、国际恐怖主义猖獗等等共同威胁，求得共同生存，然后才谈得上按照各自的政治选择去生活。如果人类整体的、共同的生存环境被破坏，那么不同的政治选择也就失去意义。

由此不难发现，可持续发展文明观不是要消除政治，而是要赋予政治新的内容与形式。对抗型政治已经落伍，理应被超越。代之而起的是合作型政治，这种政治服务于人类持续发展的共同目标，为人类带来希望。但是，合作型政治不会一蹴而就。对于习惯于对抗性政治的当代人来说，走向合作型政治尚有一个异常曲折、艰难的历程，对此，我们必须有十分清醒的认识。

## （八）从社会伦理扩展到环境伦理

伦理原本是协调人与人或人与社会之间关系的规范、准则，它的主体是人，框架是社会，因此可称之为社会伦理。社会伦理在人类社会中发挥着重要功能，没有伦理的规约与协调，人类的生存与发展难以想象。伦理功能的发挥要受到政治、法律制度的制约，但它毕竟有自身的特点，那就是依托于非强制性的自觉意识，指向人类行为的“应该”境界。

可持续发展文明观充分肯定社会伦理在人类社会生活中的作用，同时又提出从社会伦理向环境伦理扩展的历史性课题。毋庸讳言，在理论上，环境伦理还颇有歧义。一种观点认为环境伦理就是指人与环境之间的伦理关系，另一种观点则认为环境伦理是涉及环境问题的人的伦理。显然，这是两种截然不同的环境伦理观。前者将伦理主体从人扩展到环境，从而意味着对传统伦理观的超越。后者则固守着伦理主体仅仅是人的基点，但认同了伦理关怀的新焦点——环境问题；前者更看重人和自然关系本身，而后者则强调人的自然背后的人与人的关系，认为人与人的关系决定着人与自然的关系；前者一般与非人类中心主义的观点相关联，后者则在对强化的人类中心主义进行严厉批评的同时，以弱化的人类中心主义为立论前提。造成这种差异的主要原因不是现实的因素与考虑，而是对“价值”与“权利”的理论界定的分歧。主张环境伦理是人与自然之间的伦理关系的观点认为，自然具有内在价值，拥有自身权利。换言之，自然价值不以人的需要、评价为存在依据，自然本身就是权利主体；主张环境伦理是涉及环境问题的人的伦理的观点则指出，价值、权利都只同人这个特殊的主体发生关系，离开了人，价值、权利就毫无意义。不言而喻，确立了价值与权利的属人性，自然价值、自然权利之说就不攻自破，进而人与自然之间的伦理关系也就不复存在。

对于环境伦理理论上的分歧与争论，可持续发展文明观并不想作简单的裁决，它更为关注的是寻求环境伦理不同见解中的共同之点。正是下面这些共同之点，显示了环境伦理的实践意义和理论价值。

首先，无论在何种意义上界定和理解环境伦理，均主张重新思考人与自然的关系，改变人类对自然的文化态度与行为模式。那种视自然为掠夺、征服、利用对象的强化人类中心主义已经过时，那种无视环境恶化、资源短缺的生存与发展方式已经落伍。

其次，理论上歧义的环境伦理观都认为人类应关心自然、管理自然，明确对自然应尽的责任和义务，重视人与自然的关系对当代人类及自然进化的影响，而所有这一切，恰恰反映了某种伦理关怀。至于这种关怀是基于更有利于人的生存的功利考虑，还是基于对自然本身价值和权利的承认与尊重，或者两者兼而有之，那另当别论。

再次，不同的环境伦理观都强调应把人对待自然的态度与行为作为衡量人的伦理行为和道德水准的一个新尺度。换言之，即便仅仅从人本身而言，人类认识自身的价值与意义也需要一个新的变量，那就是如何对待自然。

显而易见，从社会伦理向环境伦理的扩展，反映着一种新的文化选择与价值取向，它是与可持续发展文明观的世界观、自然观、技术观、文化观等融为一体的。尽管环境伦理的概念、体系还颇有争议，社会认同度还有待提高，但其所提供的思索无论怎样讲都是有启发意义的。

可持续发展是一种新的文明类型，可持续发展文明观是一种新的文明观。这种新文明和新文明观要求人类在生存方式、生产方式、实践方式、文化模式、发展模式、价值观念、伦理观念等等方面进行历史性变革。对于这次变革的全面性、深刻性以及对人类生存意义的挑战性、超越性，人们的认识还远为不足。必须突破工业文明的视界，必须突破现代化的视界，必须突破把可持续发展仅仅定位于发展观的视界。惟有如此，可持续发展的文明内涵和世界观意义才能显现，从而开启人类不断求索、进取、完善的新历程。

# 经济学的创新与三种文化的统一

尹世杰

## 世界经济文化一体化趋势

经济文化一体化是当代社会发展的大趋势。传统的社会发展观一直认为：社会的发展主要在于经济的增长，主要表现为国民生产总值的增加；新的社会发展观认为：社会的发展不仅在于经济的发展，而且在于社会文化的高度发展，在于社会全面进步。这已成为人们的共识。当代科学技术迅猛发展，物质财富不断涌流。但物质财富的增长，并不是社会繁荣进步的主要标志，也不是人类幸福的最终归结。市场经济不仅是一种经济关系，也是一种文化现象。经济文化协调发展，物质文明精神文明相互辉映，已成为社会全面进步的重要标志，也正体现社会主义市场经济发展的客观要求。众所周知，亚太地区经济的崛起，东亚经济的腾飞，在很大程度上取决于文化的发展。例如，新加坡、韩国、日本等国之所以能取得经济高速增长的成就，是与他们高度重视文化教育分不开的。他们早就提出"文化立国"、"科技兴国"、"教育优先"等口号，狠抓科技、文化教育，国民素质迅速提高，从而形成良好的社会文化环境，带动了经济增长，出现了经济文化一体化的新格局。社会经济和文化的发展是相互促进的，只有经济文化一体化，才能促进社会繁荣和全面进步。

需要强调的是，经济文化一体化，必须以文化为导向。社会经济的发展，必须有正确的方向和明确的目标，这就要有高层次的文化导向来指导经济的发展。应该看到，市场具有比较强烈的自发性，人们的行为也往往具有自发性，会出现一些非理性行为。市场自身的弱点和消极方面，也会反映到消费领域，往往出现一些非理性消费。特别是消费的世界化，国外的消费品和精神文化产品不断侵入，国外的消费倾向、消费风气不断渗透，资本主义腐朽的东西也会趁机而入。在泥沙俱下、鱼龙混杂的情况下，人们更容易出现一些非理性行为，出现一些非理性消费，甚至走入误区。这更说明市场经济的发展，必须有明确的方向，必须有正确的观念形态、价值体系和生活方式，必须把文化意识作为社会机体的内在尺度，使社会主义市场经济扎根于高科技、高文化基础之上，扎根于两个文明建设和互相促进基础之上。"文化是发展的摇篮"。改革的深化，市场经济的进一步发展，呼唤着增强全民文化意识，要求创造良好的社会文化环境。需要用文化标准特别是精神文化来引导经济的发展，提倡文明生产、文明经商、文明消费。要从两个文明建设协调发展的高度来引导社会主义市场经济的发展。只有从文化的高度去审视各种经济现象，才能掌握社会经济发展的趋势和规律。因此，我们强调经济文化一体化，深入研究经济文化一体化问题，具有重要的理论意义和实践意义。

从文化的内部来说，有物质文化、精神文化，还有生态文化。三种文化必须协调发展，实现人与自然之间和谐共荣，这才是社会全面发展的最终目标。但从社会发展的导向来说，应该特别重视精神文化的作用。精神文化是人类文化的本质和核心，是文化的最高层次，是一个民族的灵魂。精神文化消费，是人们消费极重要的内容，是消费的最高层次，是社会主义精神文明重要的组成部分。精神文化消费直接影响人的思想、品德、价值观以及整个精神世界，影响人的整体素质。影响极广，极快，甚至不受时空的限制。健康的精神文化消费，有利于提高消费的文明程度，提高全社会文明程度；有利于净化社会环境，树立良好的社会风尚，促进社会主义精神文明建设。因此，必须强调精神文化的导向作用，从两个文明建设协调发展的高度，来引导社会经济的发展。三种文化统一协调，正是经济文化一体化最重要的体现。

还需要强调：经济文化一体化，必须以人为中心。人是社会的主体，是经济文化的主体，社会经济的发展，文化的发展，其出发点和落脚点都是为了人，为了人的发展，为了更好地满足人们的物质文化需要和生态需要，不断提高人的素质，促进人的身心健康和全面发展。正如马克思所说："为了人并且通过对人的本质……的占有，不应当仅仅被理解为直接的、片面的享受，……作为一个完整的人，占有自己的全面的本质。"① 江泽民同志早就指出：用科学的理论武装人，用正确的舆论引导人，用高尚的精神塑造人，用优秀的作品鼓舞人，这正体现高层次的社会文化的巨大作用，其作用的落脚点在人，在促进人的政治思想素质和科学文化素质的提高，从而提高生产力和消费力，促进经济文化的发展和社会全面进步。

上面这些情况，都和经济学有极密切的关系。它启发我们：经济学应研究什么？如何进行研究？传统经济学只研究经济，不研究文化，不研究经济文化一体化，不以文化为导向来研究经济问题；传统经济学主要研究物，研究商品货币关系，研究商品的运行和资本的增值，很少研究人及人的发展。这些正是传统经济学的最大缺陷。经济学的创新，就要研究经济文化一体化，用高度的文化来引导经济的发展。就不仅要研究物，更要研究人，研究人的发展。现代化的根本内涵，首先是人的现代化。而人的现代化的根本内涵，是人具有高度的文化意识和文化品位，其落脚点在于人的发展。经济学的研究应该以人为中心，应该从人的发展出发，研究如何提高人的素质，发展人的知识和才能，应该研究经济文化一体化，应该研究三种文化的协调发展，应该研究如何实现经济发展与人的发展之间的良性循环，实现物质文明与精神文明之间的协调发展，实现人与自然之间的和谐统一，促进社会主义市场经济的健康发展。

## 跨学科研究的趋势

当代科学研究的主要趋势是高度综合。各门学科在专业化的基础上，通过多方面交叉、渗透，走向综合化和整体化。跨学科的研究，已成为当代科学发展的必然趋势。马克思早就指出："自然科学往后将包括人的科学，正像关于人的科学将包括自然科学一样，这将是一门科学。"② 事实上，有很多问题，牵涉到自然因素、社会因素、经济因素等多方面的错综复杂关系，需要多学科协同作战，进行跨学科研究。例如环境与生态、资源与人口、经济增长与社会发展等问题都牵涉到自然科学、社会科学以及社会科学内部很多学科的问题。社会越发展，新的情况、新的问题不断出现，需要进行新的探索。特别是经济科学，牵涉面最广，更需要进行跨学科研究。21世纪的经济学，应该是社会科学、自然科学相互渗透的科学，应该是社会科学内部相关学科相互渗透、相互交叉的学科。半个世纪以前，数学家约翰·冯·诺依曼与经济学家奥斯卡·摩根斯特恩合著的世界名著《博弈论与经济行为》，就是自然科学家与经济学家合作的典范。多年来，得诺贝尔经济学奖的经济学家，很多都是对自然科学、数学、社会学和经济学很有研究。赫尔曼·卡恩就自称是"一个前任的物理学家和半个经济学家"。美国著名经济学家赫伯特·A·西蒙，运用数学、统计学、社会学、心理学、电子计算机等科学知识深入研究企业管理的一些问题，创立了科学决策理论，因而获得1978年诺贝尔经济学奖。美国著名经济学家加里·S·贝克尔的重大贡献，就在于把经济学的研究领域扩大到人类行为及其相互关系方面，把社会学、人口学、教育学、政治学、法学和社会生物学等学科研究纳入经济学研究领域，形成了人的选择和人类行为的完

① 《马克思恩格斯全集》第42卷，1979年版第123页。
② 《马克思恩格斯全集》第42卷，1979年版第128页。

整理论，因而获得1992年诺贝尔经济学奖。这些例子是很多的。

经济学是研究社会经济发展规律的科学，不仅牵涉到社会经济发展各个方面的问题，而且关系人的经济生活、人的全面发展的一系列问题，关系到社会文明和社会全面进步的一系列问题。经济学的研究，决不能局限于经济的增长、国民生产总值的增长，而必须站在可持续发展的战略高度，站在经济文化一体化的高度进行跨学科研究，系统地研究经济社会文化协调发展的问题，研究三种文化的统一协调，研究在三种文化统一协调中，如何促进社会经济的发展、社会全面发展和人的全面发展，这才是经济学的发展方向。这就需要在融汇相关学科的基础上，对经济学进行创新，实现社会科学与自然科学在经济学中的统一，理论分析与价值判断的统一，特别要建立具有中国文化特色的社会主义市场经济理论体系。经济学的创新，除了精通本专业的学科内容、了解专业发展的前沿外，还必须了解相关学科的内容，运用相关学科的知识进行综合研究，包括运用现代信息技术和信息手段，详细占有材料，进行分析、比较、综合。中国经济学家应该从中国经济体制改革和经济发展实践中，从对各种实际问题的深入调查和探索中，总结一些带规律性的东西，提升为理论，逐步建立具有中国特色的经济学体系，在改革、发展的实践中，不断开拓、不断创新。

## 知识经济与消费文化

物质文化、精神文化、生态文化都具体地体现在消费领域，体现为消费文化，因此，我们从消费领域、从消费文化来分析知识经济条件下三种文化的协调发展问题。

知识经济已初见端倪。知识经济是以知识为基础，建立在知识的生产、分配和消费之上的经济。在农业经济时代，土地是决定的要素；在工业经济时代，资本是决定的要素；在知识经济时代，知识、智力、无形资产起着决定的作用。当代高科技的发展，并不断渗透到各个领域，使整个社会、经济面貌发生极大的变化。从消费领域来说，高科技的发展，特别是信息科学技术的发展，信息高速公路网、计算机和多媒体技术的出现，使人类的消费生活进入一个全新的领域。正如有些人所说的：将出现5个“W”：即任何人(Whoever)、在任何时间(Whenever)、任何地点(Wherever)、任何方式(Whatever)都可以和任何人(Whomever)进行各种信息传递，开展消费活动。这样就出现了一些新情况：由于高新技术渗透到生活领域，人们有了更广阔、更丰富的生活空间，将极大地改变消费方式、工作方式，并使人们的消费更多地向知识化、智能化发展，使消费的科技含量、知识含量不断提高，从而不断提高消费的文明程度，大大有利于发展消费文化，有利于三种文化的协调统一。

在知识经济条件下，高科技的发展，包括信息科学技术、生命科学技术、新材料科学技术、新能源和可再生能源科学技术、空间科学技术、海洋科学技术以及有益于环境的新技术等，迅猛发展，使产业结构、产品结构发生极大的变化。智力密集型、技术密集型产业蓬勃发展，商品更加丰富多彩，新的消费品层出不穷，人们的物质消费得到很大的满足，物质文化不断发展，物质文明不断繁荣，这是可以预计的。

从精神文化来说，由于知识密集型产业、特别是精神文化产业不断增加，消费品和劳务的科技含量、文化含量不断增加，人们的精神文化消费也容易得到满足。这里的关键是如何端正价值导向，用高度的文化、特别是高层次的精神文化来引导人们的消费生活，防止“文化矛盾”。有些发达国家，特别是美国，早已出现了一些“社会病”，出现“文化矛盾”。有些人物质生活丰裕了，产生了“享乐主义”，“消费主义”，以追求个人生理和心理上的享受、追求感官的快乐作为人生的价值所在。人欲横流，物欲横流，造成资本主义社会严重的精神堕落和社会危机。美国著名经济学家丹尼尔·贝尔在《资本主义文化矛盾》一书中，深刻揭露了这种“文化矛盾”：“已使文化日趋粗鄙无聊”，“这不仅突出体现了文化准则和社会结构准则的脱离，而且暴露出社会结构自身极其严重的矛盾”，“出现围困着资产阶级社会的文化危机”，“就是一种精神危机”，“关系到社会存亡”。① 随着知识经济的发展，

① 《资本主义文化矛盾》，第37页、73页、74页、119页、132页，三联书店1989年译本。

有些人还利用高科技进行一些不文明甚至非法活动、犯罪活动。在 发达国家,"电脑黄毒"、电脑上的"红灯区",已严重败坏社会风气。至于"计算机犯罪",在发达国家也很普遍。在伦敦举行的英国"1996 信息安全博览会"的一份报告中指出:自 1986 年计算机病毒问世以来,目前全世界已有约 8 500 种计算机病毒,而且每个月还生产 200 种新的计算机病毒。美国由于计算机犯罪造成的损失每年达 100 亿美元,德国每年经济损失达 150 亿马克。①

这就说明,高科技必须与高文化密切结合,经济的发展,必须以文化特别是精神文化为导向。那些"享乐主义"、"消费主义"以及"电脑黄毒"、"电脑上的红灯区"、"计算机犯罪",都是反文化的,反文明的,也是违反知识经济的本质要求的。消费是经济文化一体化的重要结合点,通过消费,不断提高消费中的文化含量,提高消费质量,这是提高社会文明程度,发展消费文化的一个极其重要方面,这也正是知识经济的客观要求。

知识经济不仅有利于发展物质文化、精神文化,而且有利于发展生态文化。我一直认为:"人们的消费需要,不仅包括物质需要和精神文化需要,还应包括生态需要在内","生态需要对人的生存和发展,对满足人的消费需要,具有极端重要性"。"要发展生态产业","逐步形成生态消费体系"。② 但工业经济时代,环境污染愈益严重,出现生态危机。我们强调文明消费,处理好人与自然的关系,不仅要治理好已污染的环境,而且要培育优美的生态环境,体现生态文化。环境污染是文化上的"熵污染",生态危机是文化上的"熵危机"。生态环境优美,体现生态文化,体现生态文明,使人能享受大自然的丰厚赐予,开拓人的胸怀,陶冶人的情操,发展人的智力、体力,促进人的身心健康和全面发展。这正反映了人与自然的协调发展,反映人的本质要求,也正如马克思所说的,反映"人的复归",是"对人的本质的真正占有","它是人和自然界之间、人和人之间的矛盾的真正解决"。③ 这也应该是知识经济的客观要求。而在知识经济条件下,发展高科技,特别是发展信息科学技术、新能源与可再生能源科学技术、新材料科学技术、有益于环境的高新技术等,合理利用资源,开发新能源,会大大促进生态平衡,更好地满足人们的生态需要。有人说:知识经济是"绿色革命",通过科学技术,使人与自然和谐相处的好梦成真。

以上情况说明:在知识经济条件下,在社会经济、文化各个方面将出现很多新情况,新变化,人们的消费生活和消费文化,也将出现很多新的态势。当代经济学,就应研究这些新情况、新变化、新态势,总结新经验,丰富经济学的内容,这是我们今后一项重要的任务。

## 三种文化的统一

人类社会,应该是三种文化的统一,相互辉映,形成光辉灿烂的文明社会。要实现这种文明社会,必须从可持续发展的战略高度来发展社会经济文化。江泽民总书记在十四届五中全会上强调指出:"在现代化建设中,必须把实现可持续发展作为一个重大战略"。在第四次全国环保会议的讲话中,又指出:"在社会主义现代化建设中,必须把贯彻落实可持续发展战略始终作为一件大事来抓。可持续发展的思想最早源于环境保护,现在已成为世界许多国家指导经济社会发展的总体战略"。近年来,在一些国际会议上,特别是 1992 年 6 月,在联合国环境与发展大会上通过的《关于环境发展的里约宣言》、《21 世纪议程》等重要文件中,强调了可持续发展问题。1994 年中国政府也发表了《中国 21 世纪议程——中国 21 世纪人口、环境与发展白皮书》,把可持续发展作为经济、社会发展的指导思想,作为一个重大的战略,提出了努力寻求一条人口、经济、社会、环境和资源相互协调的可持续发展道路。人们越来越认识到发展是硬道理,但发展必须是"可持续的"。可持续发展就是协调人与自然之间的关系,协调人与人之间的关系。表现为资源和生态的可持续发展、经济的可持续发展和社会的可持续发展,把人口、资源、环境与社会、经济的发展紧

① 转引自李克农等编著:《大十字》,团结出版社 1996 年出版,第 254 页。

② 尹世杰著:《消费需要论》第 287 页、289 页,1993 年湖南出版社出版;1998.1.28《光明日报》。

③ 《马克思恩格斯全集》第 42 卷,1979 年版,第 120 页。

密结合起来。可持续发展是社会系统、经济系统、生态系统和谐发展的过程，反映物质文化、精神文化、生态文化的协调统一，是社会文明的具体体现。

**坚持可持续发展战略，首先要保护、培育优美的生态环境，更好地满足人们的生态需要**

生态需要不仅是最基本、最重要的生存需要，也是很重要的享受需要和发展需要。生态需要得到较好的满足，反映了高层次的生态文化。历史上很多文化名人，特别是诗人，就经常歌颂大自然的丰厚赐予，歌颂生态美而得到的精神享受，写下了生态文化的光辉篇章。“明月松间照，清泉石上流”（王维：山居秋暝）；“天边树若荠，江畔洲如月”（孟浩然：秋登万山寄张五）；“造化钟神秀，阴阳割昏晓”（杜甫：望岳），不是歌颂了大自然的生态美吗？“上下天光，一碧万顷；沙鸥翔集，锦鳞游泳；岸芷汀兰，郁郁青青”（范仲淹：岳阳楼记）；“虹销雨霁，彩彻云衢，落霞与孤鹜齐飞，秋水共长天一色”（王勃：滕王阁序）；“看万山红遍，层林尽染；漫江碧透，百舸争流。鹰击长空，鱼翔浅底，万类霜天竞自由”（毛泽东：沁园春·长沙），不是歌颂在大自然的和谐协调中，万物和谐自由的生态美吗？李白观黄河波涛，发出感慨：“黄河之水天上来，奔流到海不复回”；观庐山瀑布，又发出感慨：“飞流直下三千尺，疑是银河落九天”；苏轼泛舟赤壁，在“清风徐来，水波不兴”、“白露横江、水光接天”的生态美景下，举杯邀明月，“纵一苇之所如，凌万顷之茫然”，出现飘飘欲仙的感觉：“浩浩乎如凭虚御风，而不知其所止；飘飘乎如遗世独立，羽化而登仙。”正如庄子所感慨的：“山林与！泉壤与！使我欣欣然而乐与！”（《庄子》：知北游）。这些不正反映人与自然的契合，反映一些著名诗人、学者赞美自然风光的一种审美享受吗？不正如庄子所说的“得至美而游乎至乐，谓之圣人”（《庄子》：田子方）吗？所有这些，不是一种高雅的生态文化、生态文明吗？这就说明，培育优美的生态环境，发展生态消费，满足生态需要，实现人与自然的共同繁荣，反映了高层次的生态文化，反映了新的生态文明，正反映了经济、社会、人、自然之间的协调，反映了高层次的社会文化，反映了高层次的社会文明，这正是知识发展的客观要求和必然趋势。

要满足生态需要，必须提高全民生态意识，真正认识生态需要的极端重要性，从而自觉地保护、培育优美的生态环境，促进生态平衡。江泽民同志在第四次全国环保会议的讲话中指出：“环境意识和环保质量如何，是衡量一个国家和民族的文明程度的一个重要标志。”我们必须从社会文明的高度来看生态环境和生态消费，树立生态文化意识观。要更好地满足生态消费需要，除了提高全民生态意识和生态文化意识、大力加强环境保护外，还必须利用高科技发展生态产业，建立生态化产业体系。不仅要发展生态化的生产企业，还要发展生态化的营销企业，发展“绿色市场”，发展“绿色食品”、“绿色居室”、“绿色用品”等等，建立全国性的绿色产品开发体系和营销网络，并保证产品质量，使生态消费蔚然成风，升华为生态文化。

长期以来，在经济学中不研究生态问题，不研究人的生态需要，认为这是自然科学的问题。我们认为，经济学应该研究人的生态和发展，研究人的消费需要特别是生态需要。应该研究如何利用生态规律协调人与自然的关系，更好地满足生态需要，促进社会文明，发扬生态文化。

**要在发展高科技的基础上，发展物质文化，发扬物质文明**　坚持可持续发展战略，不仅能从根本上发展生态文化，而且大大有利于发展物质文化和精神文明。这就要利用高科技，促进产业结构的升级和优化，需要加速发展技术密集型、智力密集型产业。近年来，一些发达国家，特别是美国，加速发展智力密集型的高科技产业，包括信息产业。早在1997年，全世界信息产业总投资6 100亿美元，美国就占41.5%，美国正在建设的信息高速公路，总投资将达4 000亿美元。信息高速公路的建成，产业结构更将大为改观。特别是知识产业，将迅猛发展。目前世界市场中知识产品市场已达3万亿美元，占世界产品和服务贸易市场的30%。高科技的发展，产业结构的新变化，将使物质文化、物质文明发生巨大的变化。

当代经济学不仅应该研究人们生态需要的满足，还应该研究高科技带来的产业结构的新变化，应该研究产业结构升级和优化如何促进经济增长，促进物质文化和社会文化发展的一系列问题。

**要从两个文明协调发展的高度来发展精神文化**　要用高层次的精神文化来引导社会经济的发展。发展精神文化，首先要端正价值导向。要用高层次的文化价值观来指导人们的各种消费活动，真正认识社会发展的趋势，认识知识经济对每个人的要求，从价值观念、思维方式、文化意识等方面来个根本性转变，并通过日常的生活消费，提高科技含量和文化含量，提高消费质量。引导人在消费生活中追求高层次精神价值，用高层次的精神文化消费来引导自己，塑造自己，发展自己，坚持反对享乐主义、“消费主义”。要提高消费力，特别是精神消费力。要逐步建立文明、健康、科学的生活方式，培养优良的社会机体，创造良好的社会文化环境。江泽民总书记在党的十五大的报告中强调：“提倡健康文明生活方式，不断提高群众精神文化生活的质量”。我们要以文化，特别是高层次的精神文化为导向，坚持文明消费，不断提高消费质量，提高整个社会的文明程度。发展精神文化，还必须优化消费结构，提高文化消费在消费结构中的比重。而在文化消费中，又要提高高层次的精神文化的比重，这样才能提高消费中的文化品位，提高消费质量。这就要引导广大消费者充分认识精神文化的作用，自觉提高智力性、发展性消费的比重，加大消费中的文化含量和科技含量，提高消费层次和质量。著名经济学家加尔布雷斯早在1958年出版的《丰裕社会》一书中指出：“生活质量”是指“人的生活舒适、便利的程序，精神上所得的享受和乐趣。”生活质量的提高，正反映精神文化的提高。

发展精神文化，还必须净化社会文化环境。要从根本上培育优良的社会机体，培育优良的社会文化环境，净化市场，特别是精神文化市场。党中央关于加强社会主义精神文明建设若干重要问题的决议中明确提出：“文化市场是社会主义精神文明建设的重要阵地，决不允许成为腐朽思想文化滋生蔓延的场所。”要坚持打击市场上的违法行为，包括生产、贩卖伪劣假冒消费品和精神文化产品，加大“扫黄打非”的力度，坚决扫除黄赌毒等社会丑恶现象，使人们真正享受优秀的文化成果，提高精神文化的质量。

当代经济学不仅要研究生态文化、物质文化，更要研究精神文化，研究精神文化在社会经济发展中的作用，研究精神文化如何促进社会文明和社会全面进步，促进人的全面发展。

**社会、经济、文化发展过程中必须以人为中心，三种文化协调发展，落脚点在于促进人的全面发展** 马克思早就提出：人类社会发展的最高阶段，是“建立在个人全面发展和他们共同的社会生产能力成为他们的社会财富这一基础上……”① 1976年联合国教科文组织大会提出了社会发展应“以人为核心的发展”，认为社会发展不局限于经济增长，而是经济、文化、教育和技术相互联系相互协调的发展，社会进步应该是全面的。1979年联合国教科文组织在厄瓜多尔首都基多召开专家会议，讨论和分析新的社会发展理论及方法。受这次会议的委托，法国著名经济学家佩鲁教授于1981年提出了一份名为“新发展观”的报告，明确提出社会发展目标应该是社会—人，是社会—人的需要，包括社会、文化、精神和经济的需要，它的发展应与人的智力体力的发展相一致。而检验社会目标是否合理的标准是一个国家和社会的文化价值。1994年9月在埃及首都开罗召开的世界人口与发展大会，明确提出“可持续发展问题的中心是人”。1995年在哥本哈根举行的世界首脑会议上，通过了《宣言》和《行动纲领》，提出社会发展“以人为中心”、“社会发展的最终目标是改善和提高全体人民的生活质量”、“人民是从事可持续发展的中心课题”（见《行动纲领》第8条、《宣言》第8条）。特别是在知识经济时代，人的作用空前提高了，一切依靠人，依靠人的知识、才能，要求在三种文化协调发展中，以人为中心，促进人的全面发展。应该看到，“人类中心”与“自然中心”是不矛盾的。二者都强调生态平衡，都强调：既要处理好人与自然的关系，也要处理好人与人的关系，实现资源、环境、社会、经济的可持续发展。在工业经济时代，人类征服自然，忽视了生态平衡，已遭受严重的后果。现在人们已越来越认识到：必须尊重自然，保持生态平衡，才能获得自然的丰厚赐予。以人为中心，也就是在尊重自然、尊重自然规律的条件下，谋求人与自然的协调发展，发展物质文化、精神文化和生态文化。而知识经济时代，有利于发展物质文化、精神文化和生态文化，将是三种文化协调发展的新时代。

以人为中心，这就要求从根本上提高人的素质。

① 《马克思恩格斯全集》第46卷上册，1979年版，第104页。

从消费领域来说,当代科学技术、文化艺术迅猛发展,并渗透于消费领域,消费者必须有现代的科学文化知识和艺术修养,才能享受现代科学文化和艺术的丰硕成果。正如马克思所说:一个人"要多方面享受,他就必须有享受的能力,因此他必须是具有高度文明的人"。① 提高消费者的素质,是提高消费质量、促进消费文明、促进社会全面进步的前提条件,也是发展知识经济的前提条件。我们必须下大力气,加强智力开发,培育各种知识化的人才。百年大计,教育为本。这就要全面发展教育事业。可以预计,教育将成为最大的知识产业,是科教兴国的基础工程。文化教育消费将成为人们最重要的消费领域,成为"第一消费力"。② 党的十五大明确提出:"我国现代化建设的进程,在很大程度上取决于国民素质的提高和人才资源的开发",要"使经济建设真正转到依靠科技进步和提高劳动者素质的轨道上来。"这是加速现代化建设、迎接知识经济的挑战的基础工程。马克思在谈到由必然王国向自由王国飞跃时,特别强调人的能力的发展:"在这个必然王国的彼岸,作为目的本身的人类能力的发展,真正的自由王国,就开始了。"③ 不断提高人的知识、智能,发展知识经济,真正实现"科教兴国",这是从必然王国向自由王国飞跃的必要前提。

知识经济时代的根本任务是:知识的创新和传播。江泽民总书记在全国政协九届一次会议和科学家、科技工作者座谈会上指出:"创新是一个民族进步的灵魂,是一个国家兴旺发达的不竭的动力",并要求"树立全民族的创新意识,建立国家的创新体系"。我国当前,面对知识经济的来临,经济体制、经济结构在创新,产业结构、产品结构在创新,我们的经济理论研究也需要创新,经济学的研究也要创新。当代需要一大批掌握现代自然科学、社会科学的基础理论和应用研究的经济学家,研究我国社会经济发展和经济生活中的新情况、新问题,总结新经验,迎接知识经济新世纪的到来。

21世纪经济学应该研究:如何在三种文化协调发展中,以人为中心,从过去以物为中心转到主要以人为中心,在人的全面发展的基础上,促进社会经济、文化的协调发展,研究在三种文化协调发展中,如何不断提高人的知识层次、文化层次,充分发挥人的作用,来促进社会经济文化的发展,促进社会全面进步,通过这些研究,建立经济学的新体系,这才是当代经济学的发展方向。

# 文化国力论纲

周浩然

## 一

文化国力,是指综合国力中的文化力,它是与综合国力系统中的经济力、政治力等因素相对而言,是综合国力的组成部分,它体现着一个国家或地区文化发展状况和建设成果,蕴含着推动经济与社会全面发展的精神力量和智力因素,核心是国民整体素质的提高和人的创造能力的充分发挥。

目前关于综合国力的评价指标,着重突出物质要素指标(即硬指标),而去除精神要素指标(即软指标),这是为了使综合国力的评价指标体系建立在具

① 《马克思恩格斯全集》第46卷上册,1979年版,第392页。

② 尹世杰:《文化教育是第一消费力》,《消费经济》1992年第5~6期。

③ 《资本论》第3卷,1975年版,第927页。

有实感可比的基础上。这一测算方式，是通过量化的标准来测算综合国力的状况与发展趋势，无疑具有合理性和科学价值。但是，随着科学技术的发展和知识经济时代的来临，世界各国，特别是在现代化进程中艰难行进的发展中国家，其民众的现代化素质、科技教育水平、社会的民主与法制建设、社会改革活力、民族文化精神、国家与民族形象等一般被划定为潜在因素或软指标范围内的要素，日益显化为对综合国力具有决定意义的现实因素。文化国力与综合国力中的其他因素相比，具有物质属性与精神属性相结合的特征，具有引导、激励、整合等不可取替的功能，是推动社会与经济全面发展的强大动力。因此，在强调综合国力中各构成要素的协调发展时，应该重视对文化国力的研究。

## 二

从系统论的观点来说，一切现实的系统，不可能脱离环境而独立存在，因而必须是开放性的系统。系统内部以各种要素相互作用，推动着系统的发展变化。文化国力是综合国力系统中的一个子系统，但同时，它又是一个综合性的系统，包含着各种要素，正是这些因素形成一种动态的活力，在经济与社会发展中发挥重大作用。

笔者认为文化国力大致包括以下因素：

*人的现代化素质，是文化国力的决定性因素* 在社会经济文化活动中，人是最活跃的因素。人的素质高低决定着国力强弱。本世纪科学技术的飞速发展，推动着人类进步，也加剧了国际间的以经济、科技实力为主要内容的综合国力的竞争，这种竞争的背后是人才和国民素质的竞争。一个国家的经济与科技发展状况，不是取决于自然资源丰富的程度，而是取决于智力资源的开发，取决于国家现实生产构成系统中智力资源、知识资源的含量与配置。美国著名的社会学家英格尔斯认为：“人的现代化是国家现代化必不可少的因素，是现代制度与经济赖以长期发展并取得成功的先决条件。人的现代化是指与现代科学技术和生产力相适应的人的素质的普遍提高和全面发展。”在即将来临的知识经济时代里，人的素质是知识经济的源泉，具有现代化素质的人的创造性活动，是知识经济发展的动力，是综合国力中最重要的构成要素。邓小平曾经指出，我们国家的发展，国力的强弱，经济发展后劲的大小，越来越取决于劳动者的素质，取决于知识分子的数量和质量。党的十五大报告中指出：“我国现代化建设的进程，在很大程度上取决于国民素质的提高和人才资源的开发”，“必须着力提高全民族的思想道德素质和科学文化素质，为经济发展和社会全面发展提供强大的精神动力和智力支持”。我们可以看出，文化建设对于综合国力发展的重要作用和人的素质的提高在文化国力中的重要地位。

*科技教育是文化国力的基础* 20世纪以来，现代科学的一系列大突破和世界高技术革命的兴起，成为推动现代社会变革的强有力杠杆，也成为促进人的思想观念转变的深刻根源。现代科学的许多成果，通过技术转化为生产力，带来了经济的飞速发展，推动着从经济基础到上层建筑以至思想文化领域里的巨大变革。科学作为一种强大的精神力量，提供了关于客观世界发展规律的理性的认识和系统地认识世界、改造世界的方法，对于现代化文明建设产生着重大的影响。科学技术在改造客观世界的同时，也改造了人的主观世界，加速了人的现代化，推动人的价值观念的更新。事实上，科学是现代文化的基础，是提高国民整体素质的关键。而科学技术的基础是教育，教育是现代化社会的一个不可缺少的关键性因素，是经济与科技赖以持续发展的先决条件，是提高人的综合素质的强有力的影响因素。德洛尔报告指出，教育应促进每个人的全面发展，即身心、智力、审美意识、个人责任感、精神价值观等的全面发展。在中国，教育的目的是要培养有理想、有道德、有文化、有纪律的公民。即将来临的21世纪向全球教育提出了全方位的挑战。世界各国的教育改革不只是教育内容、手段、方法的革新，而且是教育体制、结构模式及教育政策、教育思想、教育观念的变革，还包括教育的综合性、教育的终身性、教育形式的多样化、教育手段的现代化等等。变革的目的，不仅在于满足新技术革命对教育的要求，不仅在于支撑经济与科技的发展，而且在于培养具有良好道德素质、创造能力、思考能力的新型复合型人才，满足人们多层面的文化需求，建立共同的理想和精神支柱，并以文化的力量引导科学技术向着有利于人类文明建设的方向发展。

*文化事业与文化产业是文化国力的重要组成部分* 文学艺术、新闻出版、广播影视等文化事业和文

化产业以及文化市场的发展状况是民族文化精神与力量的直接体现，也是推动社会经济文化发展的重要力量。在世界各国专家测算综合国力时，国家或地区报刊发行量、文化传播工具拥有量、图书馆及藏书量、阅读各类图书人次、人们平均文化消费水平、各种文化媒体收受率、人们平均拥有文化传播工具的种类和数量，均被做为一项重要的指标。因此，我们在强调正确的文艺舆论导向，深化文化体制改革，落实和完善文化经济政策的同时，必须重视对文化建设的投入，激发起民族文化消费的激情，推动各种形式文化产业的发展，营造良好的社会文化生态环境。党的十五大报告指出："营造良好的文化环境，是提高社会文明程度，推进改革开放和现代化建设的重要条件。""坚持为人民服务、为社会主义服务的方向，贯彻百花齐放、百家争鸣的方针，弘扬主旋律，提倡多样化，创作出更多思想性和艺术性统一的优秀作品。"十五大的精神必将推动中国文化事业和文化产业全面发展。

**可持续发展是文化国力的重要内容** 可持续发展理论的出现是人类发展思想史上的一次革命，使人们在对待人与自然的关系、人与社会的关系的认识方面发生了深刻变化。可持续发展观与传统的发展观的根本区别在于：从以单纯的经济增长为目标，转向经济、社会、人口、生态环境的综合发展，尤其是人的发展，要求人们以最高智力水准和相应的素质感规范自己的行为。价值观念是走向可持续发展的基础。要实现可持续发展，首先必须推动社会文化的发展，弘扬实现可持续发展的人文理性精神，制定生态经济文化协调发展新战略。可持续发展是人类文明的新觉醒，实现可持续发展战略，已成为世界各国经济社会协调发展的共识，是中国现代化建设的必然选择，也是中国对联合国等世界组织作出的承诺。这种承诺，不仅是国情发展的需要，同时，也表现出中华民族在跨世纪的历史进程中，以富有建设性的坚忍意志、开放性的博大胸襟、自强不息的创造能力，为人类的共同利益和世界文明的发展做出贡献的伟大的民族精神。

**民族精神是文化国力的支柱** 民族精神与民族传统文化是一个国家和民族的宝贵财富。发达国家在现代化的建设过程中，无不重视弘扬自己的民族精神。美国的"美利坚精神"、法国的"法兰西精神"，在这些国家的现代化进程中，不断融汇了科学与教育的新质内涵，吸收了世界各国文明的成果，促进了民族意识与现代化观念的统一，从而使其民族凝聚力和创造力空前发挥。中华民族精神中的"天下为公"，"先天下之忧而忧，后天下之乐而乐"，"全心全意为人民服务"等精神，是永远指导中国前进的中国精神。这些精神一旦以直接或间接的形式融入现代化建设的进程，与现代科学文化知识相结合，就会产生出推动社会发展的强大的精神力量。团结一致，奋发图强，建设富强、民主、文明的社会主义现代化强国是中华民族精神的具体表现；在市场经济条件下人们头脑中逐渐形成的独立意识、平等意识、竞争意识、民主意识、法制观念等思想文化意识必然为民族精神注入蓬勃的生机和新的精神力量，推动国民经济稳定、快速、持续发展，有利于中华民族振兴的伟大目标的实现。

**民族文化是文化国力的源泉** 任何国家，任何民族，在其文明的发展过程中，都不可能一帆风顺，都可能遇到这种灾害和那种困难，经历社会转型时期的阵痛，这就需要充分调动文化的先导作用和激励作用，使广大群众在实践中增强心理承受力、适应能力和创造能力。50年代，日本关于"文化立国"的倡导，对于增强其民族的凝聚力，促进经济发展起到了重大作用。1998年夏天，中国抗洪救灾表现出来的强劲的民族文化力量，更是举世瞩目。东亚爆发的金融危机，引发了人们关于东方文化的争论；但可以相信，东方文化中的团体意识、忧患意识、国家民族至上等观念，必将有利于东亚各国克服金融危机，并在今后经济、社会发展中发挥积极作用。文化的力量在民族危难时期，在社会改革与转型时期，在经济文化相对发达时期，在能否克服思想文化领域中的一些消极因素，实现经济与社会健康、稳定发展的时期，都显得十分重要。目前在全球范围内，与科技进步、经济发展相适应的文化价值观念的重建已引起国际社会和各国政府的高度重视。此外，文化是一条历史的长河，既不能割裂，也不能静止不变。文化在其动态的发展过程中，不断地吸收、容纳社会历史进程中的各种新的内容，继承传统文化的精华，吸收世界文明的优秀成果，形成现代文化的潮流。中国传统文化源远流长，博大精深，这是民族的宝贵财富，也是文化国力发展的不竭源泉。问题的关键是，弘扬中国优秀的传统文化，离不开人类文明发展的大道，应立足于中国现代化建设的现实，并博采各国文化之长，使中国传统文化的精华有机地溶入中国现代文化之中,成为推动现代经济文化建设的精神力量。

*民族形象是文化国力的重要因素* 形象是本质的外化,形象一旦形成,就会产生一种形象的力量,对社会产生重大的影响。世界组织在全球国际竞争力的测算中,社会改革活力和政府积极进取是其中的重要因素。一个主权国家良好的政府形象,对外可以提高国家的国际地位,对内可以增强人民群众的凝聚力、自豪感、使命感,有效地开发民族的创造力。邓小平历来重视国家与民族形象的建设。邓小平的国家形象思想是邓小平理论的重要组成部分。他认为,在国际国内应树立一个改革开放的形象,一个安定团结的形象,一个和平力量的形象。国家与民族的形象建设包括很多方面的内容,诸如公民形象、干部形象、企业形象、政府形象、地区与城市形象等,需要全民族的共同努力。在国家与民族的形象建设中,塑造一个具有活力、依法奉公、全心全意为人民服务的各级政府形象至关重要。在政府形象中,干部的形象,特别是领导干部的形象又是极为重要的。江泽民总书记在党的十五大报告中谈到,要把实绩突出、清正廉洁的干部及时选拔到领导岗位上来,要培养和造就大批能够跨世纪、担当重任的优秀年轻干部;要坚决地惩治腐败。这正是形成良好的政府形象的重要因素。中国近年来在不少城市和地区开展的形象建设工程,是促进社会主义两个文明建设协调发展的极有意义的探索,有效地激发了广大群众和干部的开拓进取与创造精神,调动了社会各界同心协力地推动经济发展和社会进步的积极性。

*创新是文化国力发展的动力* 江泽民总书记指出:"创新是一个民族进步的灵魂,是国家兴旺发达的不竭动力。"世界经济的发展不断表明,创新意识和创新能力是决定一个国家国际竞争力和国际地位的重要因素。创新包括技术的创新、知识的创新、制度的创新等等。最近,我国学者对关于培育国家创新系统进行了认真的探讨。学者们认为,中国的创新体系应以技术创新为主,这对于坚持以经济建设为中心,促进科技成果向生产力的转化,提高经济效益等都具有重要的意义。作为国家一级的创新体系,更重要的是管理创新,即如何把有限的资金用到最关键的地方,如何把科学工作者的创新能力充分发挥出来,如何利用现代教育手段使广大劳动者素质迅速提高,把科教兴国落到实处。创新体系是一个系统的社会工程。要做到技术创新,需要人们的知识创新、观念创新、制度创新等各种因素的配合。要建立以科技创新为主体的国家创新体系,还需要观念的变革,需要以科学为中心的现代文化的推动。管理的创新、制度的创新,需要全民族创新意识、创新能力的普遍提高和建立有利于创新的文化环境。中国的改革已走过20年的历程,人民群众的创新意识和创造性实践是推动改革前进的动力源泉。在当前激励社会活力、培育创新能力仍然是深化改革、扩大开放的需要。

*民主与法制建设是提高文化国力的重要保障* 民主与法制直接关系到一个现代化国家的发展状况。人民当家作主,是社会主义的本质要求和属性。邓小平同志曾强调民主与法制的重要性和相互关联性,他强调:"必须使民主制度化、法制化","使人民群众有更多的民主权利",同时,"法制是民主的保障"。党的十五大报告指出:"没有民主就没有社会主义,就没有社会主义现代化","发展民主必须同健全法制紧密结合,实行依法治国"。发展社会主义民主,健全社会主义法制,依法治国,建立社会主义法制国家,不仅是社会主义市场经济发展的需要,也是社会主义民主政治、社会主义经济文化建设以及保障国家长治久安的需要。人民群众积极性的调动、整个社会精神面貌、社会道德水平的提高同民主与法制的建设有着密切的联系。

## 三

文化国力论的提出是建立在现代经济文化一体化发展的基础上,它植根于社会主义市场经济的现实,立足于经济、政治、文化的协调发展。离开了以经济建设为中心、离开了以市场经济为取向的经济改革和现代科技与教育的发展,抽象地谈论文化的作用,常常会陷入一些于事无补的争论,并且会重蹈"文化决定论"的覆辙。实际上,无论是在历史上还是在今天,关于文化国力的评价都有一些值得重视的观点。《左传》上记载的季札观周乐,就是通过季札对春秋时代各国音乐与舞蹈的评价来预测其国运的兴衰。这种测算和评估,在综合国力的测算已经相当发达的今天,显然已失之偏颇。美国著名学者基缪尔·亨廷顿在《文明的冲突与世界秩序重建》一书中强调将来的世界不是西方文明的独尊，而是一种不同文明的共存，无疑是极有价值的。但是，在这本书中他忽视了经济发展、科技进步对不同文明本身的影响，忽略了不同文明本身的发展历程和人类文明多元性与趋同性并存的趋势。研究文化国力不能脱离经济、科技等多种因素和它们之间的紧密联系。随着科技与经济的发展，文化在经济活动中的作用日益强烈地显现出来，经济文化的协调发展，已成为现代化建设中的历史性潮流。在中国，自改革开放以来在市场经济中悄然兴起的企业文化、商业文化、社区文化、消费文化等现代经济文化现象，丰富了现代文化的内容，成为推动经济与社会发展的强大动力，因而也是文化国力的重要构成要素。在现时代，一个国家的发展很大程度上取决于企业的状况。在某种程度上，企业既是社会的经济支柱，也是社会文化的重要载体。企业的文化环境、企业职工的科技文化素质与思想文化素质，直接关系到社会物质文明和精神文明的建设。因此，我们在从事文化国力研究时，必须对企业文化等现代经济文化现象予以高度的重视。同时，国家的政治状况、政治活力、社会的稳定和持续发展又是文化国力发展的基本前提。改革开放 20 年来，中国思想文化已发生了深刻变化，综合国力显著提高，就是最有力的证明。党的十五大报告指出“我国经济体制改革的深入和社会主义现代化建设跨世纪的发展，要求我们在坚持四项基本原则的前提下，继续推进政治体制改革”。深化改革，扩大开放是增强民族自信心，激发民族文化精神力量的关键，政治体制改革同经济体制改革与文化建设紧密配合，相互促进，是社会主义现代化事业取得成功的保证。

## 四

在文化国力的研究中，会遇到指标量化的难度以及软指标量化的可信度和有效度问题，但这并不是不可克服的障碍。第一，文化国力的某些构成因素，比如教育与科技水平等投入、文化事业与文化产业发展状况、社会职业培训、社会人文指数等均是可以通过指标量化加以测算的，并可以通过可信度较强的数据测算出其发展状况与发展趋势；第二，随着经济、科技的全球化和信息化社会的到来，各种反映文化国力的数据的传播速度、透明度、可比性均会增强，从而为文化国力的测算提供了较有利的条件；第三，某些精神文化的因素，也不断通过一些物质文化现象、社会现象显现出来。可以通过社会调查和社会舆论监督力度的强化来推动对文化国力发展的测算。通过对文化国力的测算，有利于我们克服经济与文化相互对立、精神文明与物质文明相互脱离的现象，从而充分发挥文化国力在现代化建设中的重要作用。

由于文化国力是综合国力的重要组成部分，它既是综合国力的子系统，又具有相对的独立性，因此，文化国力具有自己独立的指标体系和框架结构，笔者认为，这种框架构成应包括以下要素：

一、科教文化

- 1．教育文化
  - (1)学前教育入学率
  - (2)初等教育入学率
  - (3)中等教育入学率
  - (4)学前、初等和中等教育师资
  - (5)高等教育在校生人数
  - (6)各级学生的百分比
  - (7)每 10 万居民中的学生人数
  - (8)各专业学生和研究生的百分比
  - (9)公共教育经费占 GDP%
  - (10)成人教育与职业教育
- 2．科学技术
  - (1)研究与开发经费占 GDP%
  - (2)人均研究与开发经费
  - (3)科学家与工程师人数
  - (4)人均拥有科学家与工程师人数
  - (5)国家申请专利数
  - (6)高科技投入人口额占 GDP%
  - (7)综合科技指数
  - (8)科研经费收入

- 二、人文发展
  - 1. 结构指标
    - (1)总人口数
    - (2)人口增长率
    - (3)受抚养人口比例
    - (4)城市人口
    - (5)出生时预期寿命指数
    - (6)总生存率
    - (7)婴儿死亡率
  - 2. 文化环境
    - (1)城市面积、人口和健康状况
    - (2)主要城市道路和公园情况
    - (3)城市公用事业专利情况
    - (4)卫生设施与医疗费用支出
    - (5)安全饮水人口比例
    - (6)二氧化碳排放水平
    - (7)城市住宅
    - (8)社区文化设施与社区文化投入
  - 3. 人文发展指数
    - (1)成人识字率
    - (2)初等、中等、高等教育综合入学率
    - (3)人均实际国内生产总值
    - (4)居民的文化构成
    - (5)人文发展指数
- 三、文化产业与文化事业
  - 1. 文化设施
    - (1)地区或国家拥有广播、电视或报刊数
    - (2)图书馆数和藏书量
    - (3)城市博物馆、体育馆以及文化设施、娱乐设施数
    - (4)城市影剧院数
  - 2. 文化传播
    - (1)城市邮电和通讯
    - (2)电话机数
    - (3)传真机和移动电话数
  - 3. 文化消费
    - (1)居民文化构成
    - (2)新闻纸和其他印刷书写用纸的消耗量(人均公斤数)
    - (3)日报发行量(个人拥有数)
    - (4)每千人拥有收音机数
    - (5)每千人拥有电话数
    - (6)每千人拥有电视机数
    - (7)每千人拥有电脑数
- 四、人力资源
  - 1. 人口的文化结构
    - (1)地区或国家人口数量
    - (2)经济活动人口
    - (3)劳动人口中知识分子比例
    - (4)初、中、高等教育人员比例
  - 2. 人口质量
    - (1)健康人口指标
    - (2)千人拥有学生数
    - (3)千人拥有科学家与工程师数
    - (4)高科技人才占人口总数百分比
  - 3. 人事管理
    - (1)人才市场结构
    - (2)人才流动结构与比例
    - (3)职业选择趋势
    - (4)管理运作
    - (5)人才开发投入

上述指标体系并不能包括文化国力的全部内容，例如文化国力中某些精神文化要素以及企业文化建设、企业无形资产等方面的指数，但它为我们测算和评估文化国力的发展水平提供了可靠的依据。由上述文化国力指标体系的框架结构可以看出文化国力主要由四大部分组成，这四部分是科教文化、人文社会发展指数，文化产业和文化事业以及人力资源开发状况。每一部分可以细分为更具体的方面，这些细的方面相互融合交错，从而形成文化国力统一的体系框架。从该框架的构成及运行等方面来看，文化国力的指标体系具有以下特点：

从文化国力体系图可以看出，该结构由四个大的方面组成，每部分又可以分成更小的层次，从而形成70多个层次各异、相互独立的指标。这些分层排列的指标单位构成了文化国力评价的量化标准，从而把无形的文化现象通过有形的指标具体显示出来，达到测评各国文化国力强弱的目的。同时，由框架图可以看出，文化国力评价的各个指标虽然分层排列，具有相对的独立性，但他们又相互融合，相互渗透，而且每个指标的作用发挥都有赖于其他指标的参照作用。例如，在教育文化的指标体系中，初等教育是一个重要的指标，而它必须融入科学技术、人文社会发展指数以及文化事业的各种设施的指标体系中并借助于它们才能得到体现。

由文化国力框架图可以看出，文化国力不像综合国力的其他方面如经济、军事等可以通过具体的数字

指标体系和强大的外在表现显现，文化国力的构成大都是精神方面的因素，这些因素的组成对国家和社会的影响是潜在的，是整个国家历史积淀和现实创造的内在人文精神和科技力量的统一。由于文化国力的构成要素具有精神方面的特点，因此它们的变化具有相对的稳定性和缓慢性，对它的评估也不能一概地用经济指标的观点进行衡量，而只能从其自身的文化价值因素和对国家进步作用的影响等方面进行判断。

对文化国力指标体系的研究目的是这种文化国力的大小和它同其他国家文化国力比较时的轻重位置。因此，有必要对文化国力的各要素进行量化测评，而这种测评不能在精神文化的范围内寻找标准，而只有通过其他途径，在非精神文化因素中寻找评判文化国力各指标的因素，所以在文化国力的评测中，常涉及到交通、城市建设、社会秩序、政治、经济等方面的因素，这对有效而正确测评文化国力的各要素的指标数量及其在体系中的位置，是有重要作用的。例如，为了测评科学技术的发展程度，则要从人均研究开发经费，国家申报专利比例、科研经费等等各个方面对其进行评测从而量化出结果。

## 五

开展文化国力的研究具有较深刻的历史根源。这首先是由于经济文化的协调发展已成为现代进程中的历史性潮流。面对着即将来临的21世纪，文化教育和科技进步对经济增长的作用日益显著。科技教育、人才培育等因素在综合国力发展中日益重要，甚至成为决定性的因素。人们逐渐认识到，在市场经济条件下，经济活动的主体如果没有行为约束和道德约束，必然陷入无序的混乱。因此，在全球范围内，一种与经济发展、科技进步相适应的文化价值观念的重建受到普遍重视。同时，经济的发展，促进了科技产业和文化产业的迅速发展，生产中的科技含量和文化附加值正在增长，经济活动中文化力的地位和作用日益强烈表现出来。在中国自80年代以来，伴随着社会主义商品经济理论市场取向的改革理论，建设有中国特色的社会主义发展理论的研究，学术界开始了现代经济文化理论的研究。不少学者认为，经济文化的相互促进、协调发展是当代社会发展的一种趋势，是社会全面进步的重要标志。在市场经济发展中，必须发挥文化的先导作用，以可持续发展的思路构建起与当代社会主义市场经济相适应的价值体系、知识体系、生活方式，使经济的发展植根于经济文化一体化发展的深厚基础上。不言而喻，中国学术界关于现代经济文化的研究成果，其中特别是关于市场经济发展中的文化力研究的深化与拓展，为文化国力的研究提供了一定的基础，为我们从整体的角度、新的视野研究文化力在综合国力中的作用和功能提供了必要的思想准备。

其次，近些年来，国内外的专家学者对综合国力进行了大量的研究工作。世界上有不少知名学者从不同的角度出发，选择不同的经济社会指标，构造类型各不相同的评价指标体系，来评价世界各主要国家的综合国力。中国的一些学者，把综合国力的基本指标分别列为：资源能力；经济实力；对外经济活力；教科文能力；社会发展程度。在其各种指标中，人力资源的开发，教科文能力，社会人文水平发展等在很大程度上属于我们所要研究的以人的素质为核心的“文化国力”的研究范畴。显然，国内外学术界关于综合国力的研究方法和研究成果，为我们把文化力作为综合国力系统中的一个子系统加以综合性的研究提供了依据。

更重要的是，党的十五大报告第一次将建设有中国特色社会主义的文化，作为党在社会主义初级阶段的基本纲领的重要组成部分提出，把文化建设提到了前所未有的高度，拓展了文化研究的视野，是中国今后一个时期进行文化建设的指导方针和行动纲领。十五大报告中关于经济、政治、文化相互关系中人的素质的提高、人才资源的开发、教育科学是文化建设的基础工程等论述，对于文化国力的研究具有重要的指导意义。

对文化国力的研究具有重要的现实意义。由于冷战结束，在21世纪，新的格局和平衡将在激烈的竞争中才能实现。国际竞争，从表面看来是国家间经济与科技的较量，而实际上它是现代经济文化整体力量的竞争。这种整体力量是国民经济整体素质、民族凝聚力、现代产业生产力、文化生产力、社会改革活力等，这是综合国力的主要表现。这一趋势，日益反映出文化国力在综合国力中的重要作用，我们可以从世界各国在科技、文化上的投入和措施充分地认识到这点，同时也日益感受到对文化国力的研究的重要性和迫切性。需要指出的是，在这种情况下，发展中国家除了在经济、技术上要努力缩短与发达国家的距离，更要立足于自己的国情，促进文化国力的发展，这不仅关系国家经济与社会的可持续发展，也关系国家长治久安和民族的兴衰。

中国是发展中国家，不但具有一般发展中国家的特点，还具有人口多、底子薄、人均资源匮乏等特点。通过长期的努力，中国可以在国民经济总值上逐步赶上世界发达国家，可以在整体综合国力上缩短与发达国家的距离，但在人均国民产值和人们的物质消费水平上与发达国家相比仍将存在很大的差距。因此，我们必须高度重视社会文化价值观的重建。必须发挥民族文化精神的作用，全面实施科教兴国战略，努力增强文化国力，以国民经济持续健康发展，人们生活相对富裕，科技文化发达，社会稳定，对外开放和富有改革活力的社会主义国家形象屹立于世界民族之林。

六

本文是《文化国力论》一书部分内容的提要，曾在1999年1月20日的《工人日报》发表，《新华文摘》1999年第4期作了转载。

《文化国力论》一书是我和李荣启同志合著，即将由辽宁人民出版社出版。现将该书的《后记》摘要如下：

立足于经济文化协调发展，研究文化在经济与社会发展中的作用，这是我十多年来始终关注的问题。在编写《现代经济文化丛书》、《世界经济文化年鉴》等学术著作的过程中，更加深了这一认识：文化对综合国力的发展具有重要的作用。要真正认识到文化国力的作用，需要作到两点：一是必须立足改革开放和市场经济的现实，拓展文化研究的视野；二是应该把文化国力作为综合国力系统中的一个子系统加以研究，要充分认识到文化国力系统中的各种构成要素及其相互关系。在我与西南财经大学经济系的张炜教授合著的《现代经济文化导论》一书中以及我近年来发表的《论文化力在综合国力中的作用》等文章里曾经对上述问题作了一些探讨，但尚未全面展开。直到最近两年，才开始作了一些比较认真的研究。

全书写作框架和大纲由我拟定。李荣启同志撰写了第二章、第三章、第六章以及第一章部分内容。其余章节由我负责主笔。侯书森等同志在协助我搜集和整理资料方面作了大量的工作。全书最后由我统一修改定稿。

文化国力的研究是一个综合性与专业性均很强的新课题，要求有丰富的知识，要求对文化研究的领域有新的突破，要求对世界经济、文化、科技、教育发展有较深刻的认识和专门知识。譬如，本书关于文化国力评估的指标量化的问题，就需要作长期的、细致的专门研究，因此作为我来说，承担本书的主笔，实在有些勉为其难。在写作过程中，由于工作和身体状况的原因，又几度辍笔，但最后还是尽力完成了本书的写作。这不仅仅是个人研究兴趣的驱使，也是一种历史责任感使然。因为对于文化国力是否重视，在很大程度上关系着我国改革与现代化的进程和命运。

限于水平，本书在分析、介绍、把握文化国力的理论问题上，难免有偏颇、失误之处。严格说来，对文化国力的研究刚刚起步，本书最多只能算一个起步。我们期待着来自各方面的批评与指教，希望关于文化国力的研究能引起社会各界的关注和重视。

# 文化力与社会发展

顾伯平

现代社会，越来越多的人们在实践和思考的过程中逐渐地达成共识，文化力是人类社会发展和进步的内在驱动力。无论是世界历史还是中国历史，举凡重大的社会动荡和变革，无一不是文化力的作用推动社会最终完成质的飞跃。发达的希腊、罗马文化将欧洲由奴隶社会推进到封建社会；繁荣的先秦文化拉开了中国封建社会的序幕；如果没有16世纪的“文艺复兴”运动，欧洲的资本主义社会还将在黑暗中徘徊若干年月；如果没有20世纪初的“五四”新文化运动，中国人民摆脱半封建半殖民地斗争和新民主主义革命的胜利还将有更多的摸索。当今世界，由于农业经济和工业经济的高度发展，使人们陷入了环境和资源问题的困境，不得不又一次地依靠文化力来解决问题，“知识经济”迅速崛起就是文化力的有形体现。在以往的社会生活和学术研究过程中，人们比较注重经济力、政治力对社会生活和社会发展强大的牵引，而较易忽略文化力对社会发展进步的内在驱动。十分可喜和令人振奋的是，近几年来，随着智力经济或曰知识经济的迅速发展，许多有识之士都已注意到文化力对社会发展的巨大作用。他们指出：“21世纪的经济赛局，将在很大程度上取决于‘文化力’的较量。”① “当今世界上国力的较量，归根到底是知识的较量。只有在知识上领先的国家，最终才能在新文明中立于不败之地。”② “一个民族，一个国家，一个人种，其最终意义不是军事的、地域的、政治的，而是文化的。”③ 今天，在人类社会处于两个世纪、两个千年的交汇点上，在我们社会主义现代化建设正处于关键的时刻，应当有理由认为对文化力与社会发展的关系加以深入研究，对于促进文化建设和实施科教兴国战略，实现我国跨世纪发展和可持续发展都具有非常积极而深远的意义。

## 文化力是促进<br>人的解放的重要杠杆

文化与人、社会与生俱来。在漫长的人类发展史上，文化发展与社会进步成正比。文化作为人的创造物，一旦形成就对作为社会关系总和的人产生巨大的反作用。

首先，文化发展帮助人完成自己本质的实现。人类在蒙昧社会中先是用木棒、石器显示自己与动物不同的本质和特征，接着用火、特别是弓箭的发明和使用显示自己特殊的智能和本领；到了野蛮时代，人类学会了制陶术以及驯养、繁殖动物和种植植物，成为万物的灵长，在野蛮时代的高级阶段，人类掌握了铁器的制造以及由此而来的火器的应用和文字的发明，把自己推向一个文明时代，从而显示自己作为人的才能和本领。美国人类学家摩尔根认为，“人类是从发展阶梯的底层开始迈进，通过经验知识的缓慢积累，才从蒙昧社会上升到文明社会的。”④ 摩尔根在这里所说的知识经验就是文化。

其次，文化具有塑造人的功能。人一出生，就处在特定的文化背景中，面对该时该地文化的状况，受该时该地文化的熏陶。该文化氛围中普遍流行的价值观、伦理观、生活方式、组织方式等都会在他身上得到充分体现，进而影响他的物质生活、思维方式、价值标准、伦理原则和行为取向。正如美国人类学家本尼迪克特所说：“个体生命史首先是适应他的共同体世代相传的方式和标准。从他出世时候起，他出入其中的风俗习惯就塑造他的经验和行为。到他会讲话时，他已经成为他所属文化的小小创造物，到他长大并且能参加它的活动时，它的习惯就是他的习惯，它的信念就是他的信念，它的不可能就是他的不可能。”⑤ 个别历史人物可以创造历史事件，可以暂时改变某种政治进程，但他不能超越时代，特别是不能超越该时代的文化发展水平。对于一定时代的人们来说，由于受文化发展的时代性和民族性的制约，寻求自身解放的历程只能以当时当地的文化发展为内在动力。

再次，文化帮助人提高各方面的素质。文化的发展使人在生产劳动和社会生活的基础上，不断挖掘自己的精神潜能，扩大精神视野，纯化感情，锤炼意志，提高自己各方面的素质。大家知道，文化的发展是通过人的创造活动来实现，文化的发展过程就是人的才能、潜力不断发挥和实现的过程。每一件文化产品，从大的工业品到看似漫不经心磨制而成的小玩具，都凝聚着人们的创造才能和创造力量，因而文化的发展是人的解放的确证和表现。同时，文化的发展不断挖掘自己的潜能，开拓新的创造领域。文化的“每一种

① 贾春峰：《文化力观》，群众出版社，1997年版，扉页。
② (美)阿尔温·托夫勒、海蒂·托夫勒《创造一个新的文明》，上海三联书店，第2页。
③ 余秋雨：《文化苦旅》，知识出版社，1992年版，第245页。
④ (美)摩尔根：《古代社会》，第3页。
⑤ (美)露丝·本尼迪克特：《文化模式》，华夏出版社，第36页。

功能都开启了一个新的地平线，并且向我们展示了人性的一个新方面。"①

最后，文化的发展为人的解放提供手段和工具。人的创造活动需要一定的生活资料作前提，需要一定的劳动对象、劳动资料以及提高劳动者本身素质的一些教育、服务设施作为手段和条件，如上代人及同代人创造的文化成果——科学、书籍、机器、概念等。"人们自己创造自己的历史，但是他们并不是随心所欲地创造，并不是在他们自己选定的条件下的创造，而是在直接碰到的、既定的、从过去继续下来的条件下创造。"② 所以，上代人创造的文化越发达，后辈们所面对的生活和生产资料会越丰富，手段、工具会越来越先进。

## 文化力是影响社会政治发展的重要一极

一个国家、社会的政治、上层建筑主要取决于一定的经济基础，但是一定的政治、法律思想对于政治制度和法律规范的形成与演变却发生着直接影响，其具体表现为：

**第一，文化制约社会制度的选择**　不同的社会制度，有的可以加速社会发展进程，有的阻滞或延缓社会发展进程。按照一般规律，社会制度由生产力的性质和水平决定，并不依人们的主观意志为转移，因而人类社会大致沿着原始社会、奴隶社会、封建社会、资本主义社会、社会主义社会这一轨迹运行，直到将来进入共产主义社会。但人类社会发展的一般规律，丝毫不排斥个别发展阶段在发展的形式或顺序上表现出特殊性。这个特殊性则在很大程度上受到民族文化传统和文化观念的影响与制约。西方人崇尚个性自由，追求个人价值的实现，以个人主义的价值观为核心。因此，虽然西方产生了马克思主义学说，虽然有自柏拉图起至欧文的空想社会主义思想绵延不绝，但终究没有产生社会主义制度的国家和社会，巴黎公社不过是昙花一现。包括原苏联在内的东方国家，由于崇尚群体聚合，注重团体利益的实现，以集体主义价值为核心，因而很早就产生了"不同"的思想观念和国家所有制度。到了20世纪初期和中期，尽管俄国和中国的生产力相当落后，但在人类社会的历史上，创造了社会主义的经济制度和政治制度，把千百年来人们梦寐以求的理想变成活生生的现实。所以，从一定意义上讲，社会主义在西方发达国家长期不能取得突破，而在不发达的东方国家由理论飞跃为实践，文化力起着巨大的隐形作用。

**第二，文化发展对社会政治变革起前导作用**　在人类社会的发展进程中，似乎有一条这样的规律：观念形态的哲学常常对社会政治变革起前导作用。历览古今中外许许多多划时代的历史变革，无一不是以文化发展所带来的自由空气为发端，以文化对社会现象的质疑为线索，引发出从生产关系到生产力的巨大变革。当今的西方各国较之世界其他地区率先进入工业文明的历程，有其深厚的文化背景。中世纪的欧洲，基督教神学被推到至高无上、统御一切的地位。人们思想遭到禁锢，社会生机受到窒息。它的社会发展程度要远远落后于中国等文明古国。为反叛中世纪精神权威和旧的价值观念，让活泼的人生和妍丽多姿的大自然展示出来，人们借助古希腊、罗马文化，掀起了一场亘古未有的文艺复兴运动。这场思想解放运动打破了欧洲中世纪黑暗沉闷的局面，奠定了近代欧洲精神文明的基础。往后，西欧大地上又开展了一场规模空前的宗教改革运动，产生了一支迥异于中世纪神学的新教(包括清教)。关于新教的意义，西方社会学理论的奠基人马克斯·韦伯有过深刻论述。他认为，新教伦理就是资本主义经济社会发展的文化力。"天职"的观念形成资本主义特有的劳动道德观；经济合理主义赋予谋取利润的经营活动以善的属性与动力；而理性禁欲主义则培养了资本主义的积累精神。以上三个方面的组合形成新教伦理这种资本主义特有的文化合力，构成资本主义独特的精神品格，以此为中介，推动资本主义经济社会的发展。至于法国爆发资产阶级大革命，更能体现哲学理论对社会政治变革的前导作用。在大革命的前夜，一批代表资产阶级利益的启蒙思想家，如伏尔泰、卢梭、拉·美特尔、爱尔维修、狄德罗、霍尔巴赫等人，站在反封建专制的立

① 卡尔西：《人类》，上海译文出版社，第288页。

② 《马克思恩格斯选集》第1卷，1972年版，第603页。

场，无情揭露和鞭笞维护封建专制的宗教神学，竭力宣扬资产阶级的自由和平等，推崇“天赋人权”，抨击中世纪的社权和王权。正是这些把矛头直接指向封建统治的新思想、新观念，为法国资产阶级大革命起了启蒙和开拓作用。可以毫不夸张地说，如果没有这一次次思想观念的变革，决不可能产生资本主义精神和制度，断然不会有今天发达的西方世界。中国的情况也不例外。从19世纪中叶起，西方列强蜂拥而至，中国社会日益陷入半封建半殖民地的深渊。中华民族面临着求得民族独立和人民解放、国家繁荣富强和人民共同富裕两大历史任务。向西方寻求真理的人们在器物层、制度层都不能找到完成任务的切入点。一批仁人志士把聚焦集注到文化心理层面，掀起中国20世纪第一次思想解放运动——五四新文化运动。这场思想革命具有深远的意义和影响。倡导这场运动的人们高举“德先生”和“赛先生”两大旗帜，对封建旧思想、旧文化、旧礼教大张挞伐，其声势和威力唤醒了亿万沉睡的人们，对属于西方文化的马克思主义在中国的传播、生根、开花、结果起到开路先锋的作用。值得指出的是，文化力不像经济力、政治力那样直接、具体，它的作用和影响往往要经过一段较长的时间才能显现出来。如果把这场思想革命置之于中国20世纪的全过程加以审视，毛泽东思想、邓小平理论正是它结出的丰硕成果。倘若没有这场观念革命，很难想象会有后来中国共产党领导的新民主主义革命和社会主义建设时期的改革开放，也就难以想象中华民族会实现独立民主富强文明的目标。

第三，文化发展是建立民主政治的必要条件　政治走向民主是人类社会发展的必然趋势，而民主政治的建立有赖于社会全体成员民主法制意识的增强。从政治领导阶层来说，民主法制意识的增强意味着民主施政、民主决策、民主管理、依法施政、依法办事、依法行为。从社会大众来说，民主法制意识的增强意味着民主议政、民主参政、依法办事、依法行为。显然，在一个文盲众多、科学不发达、文化落后的国度中，是难以实现政治生活、经济管理和整个社会生活的民主化的。因此，一个国家、社会要建立民主政治，就必须加强政治文化建设，增强全体社会成员的法制意识，为民主政治的建立和发展创造必要条件。

## 文化力是整合社会的重要软件

民族团结和社会稳定有序是社会发展的又一必要条件，而文化整合社会的功能在维护民族团结和保持社会稳定有序方面扮演着极为重要的角色。

第一，它是凝聚社会的黏合剂　文化虽说属于精神范畴，但它可以依附语言和其他文化载体，超越具体的历史时代和个别人的心理，形成一种社会文化环境，对生活于其中的每个人产生同化作用。特别是一个社会的主体文化，能培养起一代代人对该社会制度的归属感和认同感，使人们在社会生活的主要方面形成大体一致的价值观念，成为维系一个社会、一个民族的巨大力量。中华民族在过去几千年历史长河中，虽然经历过大约1/3时间的分裂动荡，但最终形成世界上没有任何国家可以比拟的高度统一，各民族互相依存、互相促进和共同发展，其功当归之于文化力。产生于先秦时期的儒家学说，在长期的历史发展和功能作用过程中，糅合其他各派思想精华，形成一个超稳定的文化价值模式，发展成为中华民族特殊的文化价值和心理定势，如安土地、尊祖宗、崇人伦、尚道德、重礼仪等。这些对稳定社会、凝聚和延续民族起了巨大作用。一个国家或民族，甚至一个企业，如果不想出现颓废、涣散、不安和动乱状态，就必须树立起能够增强向心力和凝聚力的国魂、民族魂、企业魂。这方面，日本堪为典型。日本之所以能够在较短时间里，取得举世瞩目的成就，跻身经济大国行列，与强调爱国主义和集体主义，按照儒家意识形态进行管理，培植一种群体同类价值意识密不可分。在日本的企业管理模式中，资本家与雇员都是被一种共同的命运和共同的利益紧紧联系在一起，形成一种强烈、深刻的同类价值意识，雇员之间真诚团结，相互合作，创造了极高的生产率，促进了企业的发展。可见，文化对凝聚国家社会团体起到了黏合剂的作用。

第二，它是调节社会的润滑剂　社会成员的互动是社会存在的基本方式，无论私人生活，还是公共生活，都表现为一种互动关系。在这种互动过程中，不可避免地存在人与自然、人与社会和人与人之间的矛盾，也存在着人自身的情感欲望和理智的矛盾。调节这种种矛盾，以求社会和谐、稳定地发展，光依靠法律、行政等硬性控制手段往往难以奏效，还必须依靠精神文化建设这一重要环节。因为单纯地采取法律、行政等强制性手段,常常会引发剧烈的社会动荡,解构社会的凝聚力,中断社会发展进程,而且有些精神、情绪方面的问题,诸如烦恼、痛苦等,法律、行政措施往往无能为力。具有教化和化解功能的精神文化,可以补法律、行政等强制性措施之不足。它可以潜移默化地影响人们的思想素质和道德尺度,将社会的各种规范内化为人们的自觉意识和自觉行为,极大地缓解社会成员的许多摩擦和矛盾,化掉人们心中的苦闷和不安,在一定程度上增强社会的整合性。我们的老祖宗相当重视文化的社会教化功能。早在《易经·贲卦》当中,就有“观乎人文,以化成天下”的说法。《孟子·尽心上》认为:“仁言不如仁声之入人心也;善政不如善教之得民也。善政民畏之,善教民爱之。善政得民财,善教得民心。”西汉时的刘向在《说苑·指武》中指出:“圣人治天下,先文德而后武力。凡武之兴,为不服也,文化不改,然后加诛。”晋束皙认为:“文化内辑,武功外悠。”① 在中国历史上,精神文化的教化功能对社稷确实发挥过重大作用。至于文化的化解功能,就是通过文化的形式,运用文化手段,来使人们宣泄情绪、安抚痛楚、消除忧愁、平衡心态、松弛紧张、缓和冲突、保持自我。有人研究发现,中国传统文化中的书法、诗、悲剧等文化形式和手段,具有独特的化解功能。书法有一种遣兴抒怀的作用。人一旦感到失落、痛苦、不安和无所凭依时,书法的那种静谧、自然、明澈和畅逸的气息,对躁动的灵魂有安抚和镇定的作用。诗歌作为一种精神文化的形式,特别适宜于人们宣泄情绪、平衡心态。郭沫若认为,情绪的色彩便是诗,诗的文字便是情绪自身的表现。悲剧作品的功能在于能够提供“一个更大的忧愁”的情景,让人们通过真实的或虚构的“别人的更大不幸”的演绎,来化掉自己的痛楚或情绪。解决这类问题,自然是法律、行政手段所不能及。由此看来,精神文化对于调节各种社会矛盾,使社会进入和谐状态而产生凝聚力,有着其不可替代的作用。

## 文化力是推动社会经济发展的强大驱动力

如同文化是一定社会政治的反映,并给予一定社会政治以巨大的影响和作用一样,文化也是一定社会经济的反映,并给予一定社会经济以巨大的精神动力和智力支持,从而通过文化的能动作用推动经济的发展,国家综合实力的增强,这是文化的又一价值所在。

**第一,科技文化是推动经济发展的重要力量** 经济发展的质量和速度,取决于生产力的状况和水平,最根本的取决于科学技术。科学是指人们对自然规律和社会规律的认识,属于知识形态,是潜在的生产力;技术一般是指自然科学知识在生产实践中的具体运用和发展,泛指各种工艺操作方法、技术装备和生产技能等,最终成为物质形态,是直接的生产力。无论科学还是技术都属于文化的范畴。纵观人类社会发展历史,科学技术的进步和发展,必然会带动经济的长足发展。农业社会,土地是中心资源,农业劳动是经济、社会发展的主要动力,科学技术水平低,社会经济发展速度缓慢。近代社会,工业资本是中心资源,大机器生产是主要动力,科学技术获得重大突破,这一阶段的生产力超过过去一切时代创造的全部生产力的总和,社会经济发展速度大大快于农业社会。20世纪后半期以来,随着工业经济已近尾声,一种以高科技产业为第一支柱产业,以智力资源为主要依托的知识经济迅速崛起,人才资源便成了社会经济发展的中心资源,科技文化投入成为社会发展的主要动力,科学—技术—生产的过程日趋缩短,社会经济发展一日千里。一方面,科技文化的进步使劳动者素质迅速提高,在生产的操作水平和新工具的创造运用上,与现代生产条件相适应,使人类改造自然、取得财富的能力与数量迅速增加;另一方面,科技文化的发展扩大劳动对象的广度和深度,使第一自然作为生产对象的领域愈来愈广,甚至扩大到南极、地球内部和太空,使人工自然作为生产对象的数量和深度越来越大,与此同时,又使人与自然保持协调、和谐的关系。大量事实证明,在现代,科技进步对社会生产力的发展越来越具有决定作用,并且正在对人类社会生活的各个领域发生广泛而深刻的影响,正如江泽民总书记在党的十五大报告中所指出的,“科学技术是第一生产力,科技进步是经济发展的决定性因素。要充分估量未来科学技术特别是高技术发展对综合国力、社会

① 《文选·补亡诗·由仪》。

经济结构和人民生活的巨大影响,把加速科技进步放在经济社会发展的关键地位,使经济建设真正转到依靠科技进步和提高劳动者素质的轨道上来。"这是对发展科技文化同发展社会经济以及增强综合国力相互关系的科学论断。

第二,文化教育是提高人的素质的重要途径　文化教育既是文化的传播过程,又是文化的再生产过程。它是通过提高劳动者的整体素质来改造和发展社会生产力,促进社会经济迅速、持续、健康发展。大家知道,人是生产力中最积极、最活跃的力量,是生产力诸要素中的核心要素。人的素质如何,决定着生产力的状况和水平。这是因为,劳动工具是由人来使用和创造的。人的素质低,不但不会使用既有的劳动工具,更谈不上创造新的劳动工具和劳动工艺;劳动对象是人们获取财富的源泉,而人们究竟能从劳动对象中获得多少和什么质量的财富,则取决于劳动者对劳动对象的认识和利用程度。劳动者素质低,劳动对象则在很大程度上永远是自在之物。文化教育事业及文化教育过程,一方面能够把经过人们头脑加工整理后的关于劳动对象运动变化的规律、性质与特点,关于劳动工具的运行原理、操作规程、维修技术和改进方法,都传播给现实和未来的劳动者,使人们能够熟练使用劳动工具去改造劳动对象,获得生产和生活资料,这无疑是文化生产的一种形式、一种方法;另一方面,文化教育过程实际又是在埋下文化生产的种子,打好文化生产的基础,准备文化再生产的条件。如果从文化生产的全过程来看,文化教育无疑是文化再生产的一个阶段、一个环节。这个生产过程的产品,无论是劳动者素质的提高,还是文化再生产的准备和进行,都必然促进生产力水平的提高和经济的发展。经验表明,经济的发展离不开文化教育的推动。日本著名政治家吉田茂在总结日本战后几年的发展经验时曾指出,教育在现代化中发挥了主要作用,这大概可以说是日本现代化的最大特点;高超的教育程序成了战后复兴的巨大力量。

第三,优秀的文化作品是激励劳动者热情的重要手段　如果说,在革命时期,在战争年代,面对无数艰难困苦,需要一股决不屈服的革命精神,一种战胜困难的拼命精神,那么,在建设时期,在和平年代,同样需要理想和信念,激发起人们的潜能,最大限度地调动人们的积极性和创造性。这就需要运用艺术手段,通过优秀文化作品的形式调动广大劳动群众参加两个文明建设的积极性,激发他们的劳动热情。因为,在一定的条件下,人们巨大的精神能量的释放与创造力的爆发都与某种文化的激化有着密切的关联。优秀的文化作品通过艺术的感染力和主题的生命力,通过入情入理的、知识丰富的、令人愉悦的内容,去教育、启发和引导人们的思想和行为,促进人们素质的全面发展,造就出推动时代进步的优秀人才,这就不能不促进社会生产力的提高和经济建设的发展。尤其是那些能把握时代脉搏、贴近生活实际、积极向上的作品,犹如知时好雨,孕育出思想健康、情趣高尚、大有作为的一代新人,引导他们以高度的使命感和强劲的开拓精神去奋斗、创造,推动现代化建设事业的健康发展。正因为如此,江泽民总书记明确指出,要以科学的理论武装人,以正确的舆论引导人,以高尚的精神塑造人,以优秀的作品鼓舞人。由此看来,文化力是推动社会经济发展的强大驱动力。可以说,没有文化的经济,其发展就会丧失后劲和内在活力,最终走向畸形、停滞和倒退。

综上所述,文化力是社会发展的强大驱动力,其作用是经济力、政治力所不能替代的。它是促进人的解放的重要杠杆,是影响社会政治发展的重要一极,是整合社会的重要软件,是推动社会经济发展的强大驱动力。当今时代,科学技术发展日新月异,知识经济初见端倪,以经济和科技为基础的综合国力的较量愈益激烈。因此,我们除了要大力发展经济,进行政治体制改革外,还必须切实加强有中国特色社会主义文化建设。江泽民总书记在十五大报告中明确指出,"面对科学技术迅猛发展和综合国力剧烈竞争,面对世界范围各种思想文化相互激荡,面对小康社会人民群众日益增长的文化需求,全党必须从社会主义事业兴旺发达和民族振兴的高度,充分认识文化建设的重要性和紧迫性。"这是以江泽民同志为核心的党中央的高瞻远瞩和伟大号召,也是全国各族人民责无旁贷的历史使命。我们任重道远。

# 知识经济的发展与文化建设

张守一

## 知识经济的兴起

知识经济的兴起绝非偶然现象，它是知识积累到一定阶段后的产物，是知识、特别是高科技和制度、组织、管理创新在经济中的作用发生革命性变革后而形成的一种新型的经济形态。知识经济产生于知识与经济的融合，它是在两种相辅相成的趋势中体现出来的：知识的经济化和经济的知识化。

### (一)知识的经济化表现

**人类社会的总体知识的增长越来越受到市场的推动与制约**

以往，整个人类社会的总体知识的增长，主要来自于科技研究人员的自发性创造，科技进步的方向选择和成功与否，首先取决于研究人员是否对它感兴趣和他们是否有能力完成在相应领域的创造性工作。科技进步的资金来源、人力投入或需求问题，科研人员都可以自行解决，或通过科研人员向政府或企业的游说解决。即使是企业自设的研究机构，这些科研人员为了科技本身的目的而进行的自主选择(为技术而技术)的特征是相当明显的。

20世纪以来，这种局面逐渐在发生变化，市场在决定科研的人力、物力、财力投入的方向和力度上起着越来越大的作用。从长期来看，发展科技成为加强企业(公司)竞争力的惟一有效的工具受到了突出的重视。为此，科技的地位日益提高，科研人员的工作也相应由市场规则来给予报酬。同时，知识增长方案选择的成败与资本配置、劳动力投入的成败一样由市场标准进行检验，符合市场要求的知识增长将得到越来越多的智力资源投入以及相应的资本和人力投入，不符合市场要求的知识增长方向将难以为继，只有一些具有长远经济利益和社会利益的项目才能够得到政府的支持。

**日常生产和知识创新产生了高度分工**

这种分工使得知识系统具有复杂的内部结构，因此知识资源配置成为市场资源配置的重要一环，对经济系统的运作效率有着决定性的作用。

随着知识对经济系统运作的影响越来越大，知识不仅成为生产的一大要素，而且是第一生产力，在决定生产的规模和效益上起着决定性的作用。但是，知识资源分散掌握在每个人手中，如何有效地进行配置就是市场资源配置的重大问题。

人类社会发展到今天，知识的爆炸性增长使得一个人不可能掌握即使是某一特定领域内的所有知识，所以知识创新者的高度分工成为必然。在当今社会，没有一个人能够掌握生产一种即便是最微小的工业产品(如一个螺丝)所需要的全部知识。为此，需要有效率地组织知识资源，这并不是计划所能有效完成的工作。一个人掌握的知识是多方面的，没有纯粹的单方面的专家，个人的知识水平和广度只有自己才清楚(甚至有时自己也不很清楚)，一个人接受特定领域知识的能力也是不同的。由于这些因素的存在，计划者不可能获知全部信息，单纯的计划不可能有效地将个人组织起来，并调动每个知识创新者和获取者的全部潜能。为此只能通过市场机制的引入，让知识资源自主地、有选择性地寻找能够获得自己最大报酬的地方，才能更有效地配置知识资源，并发挥每个人知识增长的最大潜力，获得最大的回报。

这种知识资源市场依附于劳动力市场，可以称为一种影子市场，由于它的存在，知识经济中的劳动力市场不能再被看作是同质商品（劳动力）的市场，而应该看作是一种商品之间存在巨大差异、质量不同的市场。

**知识的私人占有使得知识的转让和交易成为巨大的市场**

知识资源的创造性劳动产生了纯知识产品，例如专利、技巧、秘诀以及各种各样的新想法、新点子等等。社会承认和保护这种私人占有，让知识产品有偿转移，使它们能够发挥最大的经济效益，对应的技术转让形成了有形的或无形的巨大市场。

值得注意的是，除了技术转让这种显性的市场交易之外，还存在知识的隐性交易。由于知识掌握在个人和公司手中，往往在高级人才流动和企业兼并之中存在着知识的隐性交易，事实上在现实经济生活中，很多公司之所以以优厚的待遇吸引人才（特别是所谓"挖墙角"及猎头公司）和以高昂的价格兼并某些小公司，很大程度上是为了获得知识资源。也就是说，在人才流动和企业兼并之中存在一种知识溢价。这种隐含交易的数额难以进行估计，技术转让等显形交易只是冰山的一角，而真正大规模的知识转让和流动隐含在各种形式的市场行为之中。

### （二）经济的知识化表现

生产的日常进行已经离不开知识资源的参与，知识成为又一大生产要素，是第一生产力。

长期来看，公司（企业）拥有的私有知识增长是提高竞争力的惟一途径，知识战略和知识策略的选择适当与否成为决定公司（企业）在长期是否能够生存与发展的最关键的因素。

对国家而言，知识资源和知识增长是决定其经济系统未来走势和命运的关键。高科技竞争的重要性已经被每个国家的领导者所认识，为此知识资源的培养和利用、知识增长的短期和长期规划，成为每个国家日常工作的一个重要课题。当前，为了在21世纪开展综合国力竞争，无论是发达国家、新兴工业化国家和地区，还是发展中国家和地区均在改革自己的科技体制，调整科技发展战略，根据各自国家和地区所具备的基础、优势和国际上科技发展的态势来制定自己的发展计划。

## 外国知识经济的发展

### （一）发达国家的知识经济

**美国**：在200多年的历史中，美国知识经济的生产要素不断增加，逐步形成了知识创新机制，是目前世界上知识经济最发达的国家。除以蒸汽机为代表的第一次技术和产业革命外，以电动机为代表的第二次、以电脑和原子能为代表的第三次、以生物和网络技术为代表的第四次技术与产业革命都发生在美国，这个问题值得深思。

1992年以来，美国经济连续8年增长，GDP、资本开支、收入、股票价格、就业人数、出口、消费者和企业家信心，都上升了；失业率、通货膨胀率和利率，都下降了。美国这次"新经济"的增长，主要原因是科技进步。科技靠人才，80年代以来，美国的科学家和工程师的增长速度为劳动力的4.3倍，他们占劳动力的比例，从80年代初期的2.3%上升到90年代初期的4%左右，特别是在计算机、生命科学、电气电子和机械制造业等高科技领域，科学家和工程师队伍更是发展迅速。与其他国家相比，美国所拥有的科学家和工程师在数量上具有压倒优势，是日本的近2倍，是德国的近5倍，比日本、德国、法国和英国的总合还要多。美国在培养本国科技人才的同时，还大量引进科技人才，节省了数百亿美元的教育经费。

人才来源于教育。高等教育是反映一个国家的教育水平和知识成果创造能力的主要标志之一。美国的大学实力雄厚，不仅是传授知识、培养人才的场所，同时也是开展基础科研的重要基地，承担着全国3/5以上的基础研究工作。在大学里，集中了许多杰出的科技人才。美国是世界上获得诺贝尔奖最多的国家，获奖者中有90%左右出自大学。从表1所反映出来的教育投资、教育质量和整体教育水平来看，美国的教育实力在世界上是遥遥领先的。

另外，美国卓越的高等教育吸引着越来越多的外国学生，攻读研究生的外国学生迅速增长，占美国研究生的比例由80年代的20%上升到90年代的近30%。外国学生在几乎所有学科领域的增长速度均快于美国本国学生，其中有相当部分学成后滞留美国，为美国的教育和科技队伍增添了有生力量。美国通过大学教育向社会源源不断地输送高质量的科技人才和引进外国科技人才，造就了一支高水平的科技队伍。

表1 1994年美国前10名国家级大学的概况

| 名次 | 学校 | 总分 | 学术声誉排名 | 学生选择排名 | 教师资源排名 | 经费资源排名 | 优秀生源比例% | 博士学位教师比例% | 学生/教师 | 学生平均教育开支(美元/年) | 毕业率% |
|---|---|---|---|---|---|---|---|---|---|---|---|
| 1 | 哈佛大学 | 100 | 1 | 1 | 3 | 7 | 90 | 97 | 11/1 | 37 219 | 97 |
| 2 | 普林斯顿大学 | 98.9 | 4 | 4 | 5 | 11 | 90 | 96 | 8/1 | 28 320 | 95 |
| 3 | 耶鲁大学 | 98.7 | 4 | 3 | 11 | 4 | 95 | 96 | 10/1 | 40 386 | 95 |
| 4 | 麻省理工学院 | 98.1 | 1 | 5 | 4 | 8 | 96 | 99 | 10/1 | 33 541 | 91 |
| 5 | 斯坦福大学 | 97.5 | 1 | 6 | 7 | 6 | 88 | 99 | 14/1 | 33 629 | 93 |
| 6 | 杜克大学 | 97.1 | 9 | 8 | 6 | 14 | 90 | 96 | 12/1 | 27 206 | 94 |
| 7 | 加州理工学院 | 96.8 | 9 | 2 | 1 | 1 | 98 | 100 | 7/1 | 62 469 | 80 |
| 8 | 达特默斯学院 | 95.4 | 16 | 9 | 18 | 12 | 87 | 99 | 9/1 | 29 619 | 95 |
| 9 | 哥伦比亚大学 | 95.3 | 9 | 12 | 10 | 10 | 78 | 98 | 11/1 | 30 639 | 95 |
| 10 | 芝加哥大学 | 94.7 | 4 | 26 | 2 | 9 | 68 | 99 | 7/1 | 36 854 | 87 |

* 优秀生源指每个中学班上前10%的优秀高中毕业生。

美国高科技研究除政府机构和国家实验室发挥巨大的作用外,企业是一支重要力量,它们在科学技术R&D方面起到了不可估量的作用。在美国的R&D总经费中,企业提供的资金超过联邦政府预算提供的资金。工业R&D经费占美国R&D经费的70%以上,而其中由企业提供的约占2/3。美国工业企业提供R&D经费,从其所占销售额的比重来看,低于日本、德国、法国和英国,但从绝对额来看,基本上与日本的全部R&D相等,并远远高于德国、法国、英国。由于新技术研究与开发投入越来越大,风险也越来越高,因而往往迫使R&D机构相互之间采取合作的方式共同进行,美国联邦政府开始估量企业R&D新技术的联合,还直接参加了一系列旨在促进美国科技发展的集体合作项目中去。以美国电话电报公司(AT&T)的技术公司——贝尔实验室为例,该公司创建于1925年,是当代世界第一流的科研机构,是20世纪、21世纪世界科技尤其是知识经济的先驱者和推动者。目前,贝尔实验室在美国的8个州和世界9个国家设有研究机构,汇集了来自40多个国家近3万名富有才干的科研人员,其中有4 000多人获得了博士学位,近百名是诺贝尔奖和国家科学奖获得者、美国国家科学院和工程院院士。贝尔实验室创立以来,发明了一系列对人类文明进程有重大影响的科技成果:晶体管、集成电路、超导体、传真机、远距离电视传输、有声电影、光纤通信、通讯卫星、移动无线电话、可视电话、计算机、光处理器、光转换器、语音识别系统、太阳能器、激光器等,70年代获得了2万多项专利,平均几乎每天一项,最高的年份高达近1 000项。贝尔实验室的研究成果由AT&T迅速开发、推广、应用,使AT&T长期保持了世界通信技术领域的主导地位。

下面(表2)是美国1991年R&D投资最多的10家公司。

表2 美国R&D投资最多的10家公司

| 名次 | 公司名称 | R&D投资额(亿美元) | 年增长率(%) | 占销售额比例(%) |
|---|---|---|---|---|
| 1 | 通用汽车 | 58.87 | 10 | 4.8 |
| 2 | 国际商用机器 | 50.01 | 2 | 7.7 |
| 3 | 福特汽车 | 37.28 | 5 | 4.2 |
| 4 | 美国电话电报 | 31.14 | 6 | 7.0 |
| 5 | 数字设备 | 16.94 | 2 | 11.9 |
| 6 | 柯达 | 14.49 | 12 | 7.7 |
| 7 | 惠普 | 14.63 | 7 | 10.1 |
| 8 | 波音飞机 | 14.17 | 71 | 4.8 |
| 9 | 通用电气 | 14.02 | -5 | 2.4 |
| 10 | 杜邦 | 12.98 | -9 | 3.4 |

执技术创新之牛耳的高新技术制造业在美国工业研究与开发中占有极其重要的地位。从80年代末、90年代初的情况来看,占研究开发经费居第一位的是航空与导弹制造业,其次是电气设备制造业,居第三位的是机械制造业,化学制品及相关产品制造业排行第四,这四大制造业占美国研究开发总经费的2/3还要多。

美国知识创新体系是非常发达的。美国是世界上首屈一指的科技成果高产国,美国发表论文的篇数占世界论文总数的35%,相当于第2名英国的4.3倍,第3名日本的4.9倍。论文的学科分布状况合理,与经济发展的需求基本适应,专利申请数量在世界上也名列前茅。

1993年美国制定了"国家信息基础结构行动计划"(即NII计划),揭开了数字化革命的序幕。人们常常把1993年看成是第四次技术与产业革命的开始。1994年7月七国首脑会议,接受了克林顿的一项计划:推动全球信息高速公路的发展。1995年世界信息网迅速发展,被称之为世界互联网年。一年之后,互联网以超乎寻常的速度进入了整个世界,上网人数不断增加,人类创造网络,网络改造世界。

1996年5月23日,美国首家电子银行——"证券第一网络银行"在华尔街上市,顾客足不出户便可存款、转账、付账。条件是:有一台运算速度较高的电脑、调制调节器及进入国际互联网的账户。这将引发一场货币革命,从纸币发展到电子现金。1996年世界第一家电子图书馆——纽约21世纪图书馆投入使用,它被称为21世纪超前型电子图书馆,代表着一种划时代的改革和概念的更新。馆内没有目录柜和书架,操纵一切的主角是各类先进的电脑。这个图书馆用高新技术存储了150多万本图书、10多万种杂志,当今最新的科技资料样样都有,去此一家,便可遍览世界今日之科技。

美国政府为了发展边缘学科和解决跨学科的重大问题,积极在大学发展跨学科研究,建立了许多实验室和研究中心。由于美国大学具有丰富的科技资源,在它们的吸引下,一些著名的高科技产业区——研究园逐渐在它们的周围形成,并迅速发展壮大起来。据粗略统计,到90年代中期,有一定规模的美国研究园已达120多个。研究园把大学与企业界、地方政府紧密地联系在一起,为美国高科技产业的发展作出了重大贡献。大学的科技成果转让给企业,企业为大学提供研究与开发资金,双方的合作促进了技术商品化的发展。美国政府从1978年起就开始实行"企业大学合作研究计划",并采取各种措施为双方合作创造良好的环境。大学与企业界的合作,繁荣了美国的地区经济,形成了一个又一个高科技发展区,在扩大就业、提高劳动生产率等方面发挥了重要作用。

**日本**:它的经济总量居世界第二位,人均GDP超过美国,在自然资源十分贫乏的条件下,能够建成世界经济强国,靠的是教育、人才、引进、开放、开发。

日本的现代化是从明治维新开始的。1868年西乡隆盛、伊藤博文等发动政变,推举睦仁天皇为国家元首,年号为明治。睦仁上台后实行了一系列改革,例如废藩置县,废除等级制度,对外开放,实行土地和租税改革,这就是有名的明治维新,使日本一跃成为二战前的经济、军事强国之一。

日本在二战中被打败,经济、军事被摧垮,人民生活困苦。美国占领军对日本进行了许多改革,例如废除财阀,实行土地改革,为资本主义的发展奠定了基础。在经济迅速恢复到战前水平后,日本提出了"加工贸易立国"的国策,进口原材料,利用国内劳动力加工成产品,然后出口,这种以出养进、以进促出的办法,加快了经济的发展。在1950～1975年期间,用60亿美元从国外引进2.5万多项先进技术,加快了技术进步的速度。据估计,国外研制、开发这些技术,至少花费了2000亿美元,日本节省了97%的科研、开发费用,充分说明了"后发优势"的巨大威力。

日本在技术引进中,重点是购买专利和设计图纸等软件技术,所花费资金占引进资金的80%。通过吸收、消化、改进、创新,生产出新的技术,除国内使用外,还大量出口。在出口中,与生产操作、工程技术、生产管理、产品质量管理有关的技术合同,占出口的很大部分。它不是以初级产品去换国外的中高级产品,而是用中高级产品去换国外的中高级产品,使技术引进形成了良性循环。在技术引进中,政府发挥了重要的指导作用,当出现重复引进时,政府先后制定了《外汇和外贸管理法》、《外贸法》,建立了引进补贴制度,成立了外资审议会,加强政府对技术引进和外贸的控制。

从50年代至1973年,日本经济的高速增长,与国防费用少有很大的关系。长期以来美国负责保护日本的安全,使后者的国防费用很少,例如1996年美国的国防费用占中央财政支出的15.88%,日本仅占4.11%,前者为后者的3.9倍,使日本可以把大量的资金用于经济建设,促进了经济的高速增长。在美国侵略朝鲜和越南期间,日本是美国的后方基地,使它发了“战争财”。

日本从明治维新开始,就十分重视发展教育,虽然它在二战中经济被摧垮,但保留了管理人员的知识和劳动者的技能,这是它能够迅速恢复和发展经济的重要原因。目前日本成人识字率高达99%;在25岁以上人口中,大学文化程度占21.2%,高中占44.5%,小学占34.3%,消灭了文盲。80年代末,每100万人就拥有科学家和工程师5 677人,比美国高46.6%;拥有技术人员869人。日本发展教育的经费主要由家庭负担,一项统计数据表明,公共教育经费只占学龄前教育经费的3.3%,占小学的26.0%,占中学的32.2%,占大学的22.5%。

日本的严格管理在世界上是很有名的。美籍日裔威廉·大内教授根据日本管理经验总结出来的Z理论,主要内容包括长期雇佣,职工参与决策,实行个人负责制,管理者关心职工,对职工进行培训,稳定提拔,以及控制机制不正规,但监测手段正规。

需要指出的是,日本的企业管理是建立在市场经济模式上的,在工业经济的发展中发挥了巨大的作用,但在知识经济的发展中不如美国那样充满活力。虽然它们都是资本主义国家,但市场模式有很大的区别,例如美国企业的资本结构除自有资金外,越来越大的部分来自证券和股票等直接融资,投资者对公司管理者实施直接的压力;日本企业的资金主要来自商业银行,属于间接融资,居民等投资者稳拿利息,对公司管理者没有压力。美国职工的流动性很大,他们在流动期间会浪费劳动时间,但能使劳动力得到较好的配置,能够使他们充分发挥全部潜力;日本的职工是终生雇佣,虽然职工不担心失业,但劳动力不能流动,很难发挥他们的全部潜在能力。美国企业对职工是按绩提拔,按绩付酬,日本是稳定提拔,按年功序列付酬,前者有利于中青年发挥创新能力,后者不利于他们发挥这种能力。美国在企业设置和金融创新方面表现出很大的灵活性,日本在这些方面显得比较保守。这些事实说明,与日本相比,美国的经济体制更加适应知识经济发展的需求,这是它近8年来新经济增长的重要原因,也是日本近年来经济萧条的原因之一。不过,日本是一个善于学习的民族,它正在进行改革,企图重振雄风。

当日本的技术水平接近、甚至超过发达国家时,“加工贸易立国”国策就暴露出严重的弱点,集中表现在能从国外引进的技术越来越少,而国内的基础研究力量薄弱,具有国际领先的科研成果很少。日本当局认识到,如果让这种局势发展下去,它在经济素质和科技水平上只能是二等国家。80年代日本将“加工贸易立国”改为“技术立国”,后又改为“科学技术创造立国”,比“技术立国”增加了科学和创造,这是发展知识经济的核心内容。

1992年4月,日本科技会议提出了“科技政策大纲”,经内阁会议批准后正在实施。大纲除强调环境保护、振兴地方科技、提高生活质量和加强国际合作外,在加强基础科学研究方面将采取以下措施:增加政府的科研投资,达到发达国家的水平;培养科技人才,扩大硕士、博士招生名额;更新科研设备,建立一批具有国际一流的科研中心;制定和调整大型科研计划。

日本经济企划厅设立了2010年技术预测会,选择9大类100项将对日本经济产生重大影响的关键技术进地了预测。9大类是电子、新材料、生命科学、新能源、通信、自动化、环保、交通、空间技术。在电子技术方面,列出了生物计算机、神经计算机;在生物技术方面列出了下一代骨髓库、病毒治疗药物、治癌药、治爱滋病药;在自动化方面,列出了智能型机器人、自动加工系统、复合加工中心等等。

**西欧**: 我们先对德国、英国、法国的知识经济作些分析,然后对“尤利卡”计划作些介绍。

德国 一贯重视科学技术的研究与开发,在1901～1950年期间,它的基础研究获得的成果占世界的26%,技术成果占43%,其他成果占63%,合计占36%。

战后在美国的扶植下,德国迅速医治了战争创伤,在社会市场经济体制的推动下,经过20多年的努力,一举跃居世界第三大经济强国的地位。1955年联邦德国设立了原子能部,1962年改为科学研究部,1974年又改为研究与技术部。

1993年研究与技术部发表了研究技术政策大纲。这个大纲有两个突出的特点：一是强调用高新技术对传统产业进行改造，德国政府把80%的工业研究和开发经费投入化学、钢铁、建筑和机械工程、电器工业、精密仪器和化学仪器等传统产业，发挥高新技术与传统产品相结合的优势；二是开发21世纪的技术。研究与技术部委托弗朗霍夫系统技术和技术创新研究所，在调查研究的基础上，提出了16个重点科技领域，即材料及其工艺、电子技术、生命科学、核和基本粒子、海洋和地球、原料和水资源、能源、生态和环境、农林渔业、建筑和城市建设、通信技术、航天、交通、医学、社会文化与技术，从中选择出1 147个项目，将其中164个列为重点项目。在1 147个项目中，大约10%在20世纪完成，40%在21世纪初完成，1/3左右在2010年完成，其余在2010年后完成。

英国　它是工业革命的发源地，18世纪和19世纪80年代以前被称为“世界工厂”和“日不落帝国”，19世纪80年代被美国、20世纪初又被德国超过。英国在第一次和第二次世界大战中大伤元气，地位遭到削弱，技术进步缓慢，经济增长不快，成为“欧洲病夫”。撒切尔夫人上台后，实行货币主义政策，推行私有化，限制工会权力，发展教育和职业培训，鼓励科技进步，使英国的面貌有所改善。

英国是世界科技强国之一，诺贝尔奖获得者的人数仅次于美国，居第二位，按照人均计算，居世界第一位；技术发明也很多，1952年发现了脱氧核糖核酸的分子结构，1978年诞生了第一个试管婴儿，1997年克隆出“多莉羊”，等等。但是，英国存在重科学、轻技术，重理论、轻应用的不良倾向，科技成果不能及时转化为生产力。为了解决这些问题，英国制定了面向21世纪的科技政策，其中主要有：实行科技政策倾斜，重视应用科学研究，重视工程技术；教育重点从艺术转向自然科学，工程和技术的研究、应用。英国在新的科技政策指导下，已经取得了一些成绩，例如日本的高清晰度电视是一种崭新的技术，如果采用，家庭和电视台都要更换全套设备；为了与日本抗衡，英国研制出与现有电视兼容的新电视，可以接收高清晰度电视节目，现有的电视摄象、发射设备可以照常使用。又如，只要在电视机上安装一个转换器，家庭就可以免费收到电视报纸等等。

1993年英国发表了《运用我们的潜力：科学、工程和技术战略》的白皮书，其中强调继续保持和发展杰出的科技能力；科学、工程和工业界之间建立更好的伙伴关系；最大限度地发挥科技潜力，为经济服务，为国家创造财富，为提高居民生活质量作出贡献。白皮书认为，政府在作科技经费预算时，要在科学家受好奇心驱使的研究与国家引导的研究之间保持均衡。这是很有远见的看法。

法国　就面积与人口来说，法国是一个中等国家，由于经济、军事、文化比较发达，是联合国常任理事国，成为世界强国之一。

二战结束以来，法国经济发展较快，特别是在高新技术方面取得了长足的进步。航空、航天是法国的强项，曾与英国合作研制成功超音速飞机，后与一些西欧国家合作，研制、生产“空中客车”系列飞机，与美国飞机制造业抗衡。法国的军用飞机是比较先进的，“幻影2000”、“超美洲豹”等都是高性能飞机。它与其他西欧国家合作，研制了系列“阿丽亚娜”火箭，在南美圭亚那多次成功地发射了卫星，是仅次于美国、俄罗斯的宇航大国，这既能满足本国军事战略的需要，又能争夺商业卫星发射市场。

法国核能技术先进，掌握了铀矿的勘探、开采、加工到核电设备的制造、运营管理、核安全、核废料处理和存储等几乎全部核电技术，核电占国内发电量的70%以上，而且大量出口核电站设备。21世纪，法国将把核能技术作为重点研究与发展的领域，继续在这方面保持国际领先地位。

此外，法国在生物工程、微电子、新材料等领域分别制定了国家计划，进行了大量的投资。由于国力有限，它将实行发挥本国优势、突出重点、与西欧合作的战略。例如，在生物工程方面，把重点放在微生物机理、遗传性能、化学和新陈代谢过程的研究；在生物计算机方面，重点放在建立基因数据库和蛋白质数据库，以及利于这些数据库开发的一系列软件。

*尤利卡计划*　由于西欧单个国家的面积、人口、市场有限，它们分别要在高科技方面超过美国、日本是困难的，出路是加强西欧的合作。这些合作计划，内容很多，这里只对“尤利卡”计划作些介绍。据说，“尤利卡(EUREKA)”一词的含义是“有了！有办法了！”，起源于古希腊阿基米德发现浮力等于物体所排除的液体重量定理。1985年法国向欧洲各国提出建立“技术欧洲”的计划时，采用了“尤利卡”一词。80年

代根据日本200多位专家的调查，在30项高新技术中，西欧只有快中子增殖堆和发酵技术处于国际领先，8项与美国持平，其余均落后于美国，这是提出“尤利卡”计划的背景。

这项计划的目标是，创建将欧洲联合在一些巨大科研计划项目周围的条件，以便摆脱过去由于各国间竞争所造成的不利局面，并通过在高技术领域中加强企业与研究机构的合作，提高欧洲工业和国民经济的生产率、在世界市场上的竞争能力，巩固持久繁荣富裕的基础。计划由成员国企业申报，项目可大可小，开发时间可长可短，申报时间可早可晚；国家不是这个计划的领导者，而是指导者、协调者、资助者；技术开发项目强调面向市场，注重可行性、实用性、盈利性，不同于美国的“星球大战”计划、日本的“人类新领域研究”计划。经过十几年的合作研究、开发，已经取得了许多成果，并在成员国企业中得到了应用，产生了很高的经济效益。1999年1月1日欧元的起动，将对“尤利卡”计划的实施产生积极的影响。

**发达国家发展知识经济的经验教训** 发达国家在发展知识经济时，积累了许多经验，也有一些教训。主要经验是：

*知识经济的发展要求制度、组织、管理创新，最重要的是理顺经济机制之间的关系* 虽然美国充满阶级、民族、种族的矛盾与斗争，但国情不保守，比较有活力，竞争充分。例如，80年代美国出现了150万家小公司，90年代又出现了180万家小公司，其中很大一部分是高新技术公司，为知识经济的发展注入了新鲜血液。美国大银行十分保守，官僚主义严重，没有开拓和冒险精神，按照信誉等级发放贷款，95%小公司不符合条件。面对这种情况，迅速出现了金融制度创新，其中很大一部分是风险资金，向小公司投资，使它们得到了快速的发展，成为“新经济”增长的重要内容。日本和其他发达国家看到了经济体制僵化的一面，正在进行各项改革，随着改革的深入，它们的知识经济将获得比以前更快的发展。

*发展知识经济靠人才，人才靠教育* 发达国家之所以发达，其基础是重视发展教育。上面我们介绍了美国的教育、特别是高等教育，从中可以看出，它能够在第二次、第三次、第四次技术和产业革命中处于领先地位，全靠教育的支撑。日本、西欧的知识经济比较发达，无一不是发展教育获得的成果。

*发达国家的知识经济比较发达，与它们比较完整的知识创新体系有密切的关系* 政府机构、企业、科研院所组成的创新体系，分工比较明确，例如政府主要负责投资大、风险大、推进科技进步潜力大的项目，大学主要从事基础研究，企业主要从事技术研究与开发。政府对科技的投资很多，但不垄断，前面介绍的“尤利卡”计划就是一个很好的例子。

*发达国家十分重视科研成果向生产力的转化* 撒切尔夫人上台后，发现科技研究与企业生产脱节，许多科研成果不能转化为生产力。为了改变这种现象，政府对教育和科研体制进行了深刻改革。改革计划明确指出，硕士生和大部分博士生毕业后的就业岗位是公司，加强了他们的职业教育。在科技计划中，端正了重科学、轻技术，重理论、轻应用的倾向。

*发达国家的知识经济比较发达，是因为它们在经济与教育、科技之间能够形成“良性循环”* 国家和社会高度重视教育，向它投入大量的资金，教育向社会源源不断地供应高素质的人才，促进科技进步，反过来回报经济，提高企业和国家的竞争力和经济效益。

发达国家在发展知识经济的过程中有一些值得重视的教训，其中主要有：

*知识经济、特别是高新技术是一把“双刃剑”，既能提高国家的竞争力，增加国家的财富，改善居民的生活，又能用于军事* 例如，在冷战期间，美国在军备竞赛上花去了4万多亿美元，几乎与国债相等，是造成财政赤字和国际收支赤字的基本原因。1991年以来，由于苏联瓦解，国际局势有所缓和，但美国作为惟一的超级大国，以“世界警察”自居，横行霸道，动辄对别国实行经济、军事制裁。其他发达国家、特别是英国，以美国为榜样，紧跟其后，打着维护世界和平的旗号，四处干涉别国的内政，是造成世界局势动荡不安的重要原因，使世界人民对未来的展望蒙上了一层阴影。

*除法国外，其他发达国家在军事订货、政府科研拨款方面有计划，其余方面基本上是无计划* 上面所列的长期计划，都只具有指导性，作用是有限的。政府、企业、基金会、私人捐款等等，由于缺少必要的统一与协调，必然出现重复劳动，造成一定的浪费。

*发达国家发展知识经济最沉重的教训，是没有使它与社会之间找到一条协调发展的道路* 一方面是

部分人的收入高、高科技人才多、科技进步较快；另一方面是收入分配的差距在扩大，阶级、民族、种族矛盾尖锐，犯罪、贩毒吸毒、黄色制品泛滥等等，这种尖锐的对立在美国表现得最为明显。

## (二)发展中国家的知识经济

在当今世界，中国、印度和巴西是三个最大的发展中国家，我们以印度、巴西为例，对它们发展知识经济的情况作些分析。

**印度**：它是世界文明古国之一，独立以来，比较重视发展教育事业。1992年国家投入教育的经费达2 601.7亿卢比，其中日常经费占98.9%，投资仅占1.1%，充分说明了教育经费的紧张状况。1996年印度有综合性大学184所，注册学生430余万人，教师26.4万人；专科院校8 800余所，为国家不断地培养高素质的人才。

印度为了发展教育事业，还建设了许多图书馆和博物馆，1993年新德里有图书馆187座，是北京的8倍多；此外，海德拉巴和马德拉斯还有271座，仅马德拉斯的145座图书馆每年接纳的读者就在700万人以上。

知识创新需要大量的投入，否则就成为无源之水，无本之木。表3列出了印度研究开发经费的情况。

表3 研究开发经费的来源分布

| 年份 | 中央政府 | | 联邦政府 | | 私营企业 | |
|---|---|---|---|---|---|---|
| | 亿卢比 | % | 亿卢比 | % | 亿卢比 | % |
| 1987 | 197.9 | 81.3 | 16.5 | 6.8 | 29.2 | 12.0 |
| 1988 | 235.9 | 82.7 | 18.4 | 6.4 | 31.0 | 10.9 |
| 1989 | 267.6 | 79.9 | 25.4 | 7.6 | 41.8 | 12.5 |
| 1990 | 293.4 | 78.7 | 30.1 | 8.1 | 49.1 | 13.2 |
| 1991 | 332.8 | 79.5 | 33.2 | 7.9 | 52.6 | 12.6 |
| 1992 | 382.7 | 79.2 | 37.2 | 7.7 | 63.1 | 13.1 |

印度研究开发经费的结构与发达国家相反，政府、特别是中央政府起主要作用，私营企业虽有投资，但所占比例不大。这是发展中国家的普遍情况，由于企业规模较小，无力拿出更多的力量从事开发与应用研究。

印度1957年建立了以“原子能之父”巴巴命名的原子能研究中心，以后又建立了3个这样的中心。巴巴中心可以生产约400种放射性元素及其衍生物，每年向国内外提供约5 000个放射性同位素和设备；其他3个中心开展核能实验研究，如快速反应堆，1974年爆炸了核装置；1985年德鲁瓦快中子增殖反应堆是当时世界上最大的这种反应堆，是世界上第一个提供钚碳化合物驱动燃料的国家，可以使用本国丰富的钍资源。1969年印度在塔拉普尔建立了第一座核电站，以后不断发展，对于石油短缺的印度来说，意义很大。在149个国家签订全面禁止核试验条约和核不扩散条约之后，1998年5月印度和巴基斯坦进行了核试验，遭到了世界各国的反对。

1962年印度开始研究空间技术，建立了空间部和由6个中心组成的空间研究体系，掌握了运载火箭、人造卫星、返回地面技术。到目前为止，印度发射了许多卫星，将它们用于通信和电视转播。1979年发射了SLV-3火箭，用自己的火箭将卫星送入太空；到21世纪初，印度可能发射航天飞机。

印度电子工业发展很快，电子企业不少于2 500家，能够生产模拟地震仪、数字录音地震仪、纯度很高的镓和光栅电子显微镜，特别是软件研制方面能够集中力量，形成研究开发中心，使软件成为出口创汇的较大行业。印度决心在微电子、硅技术、光导技术和软件研制等方面进入世界前列。

1966年印度成立了国家海洋研究所，海洋开发部除管理中央的研究机构外，还管理3个地方研究中心，共有400多位科学家从事海洋研究。1981年海洋研究所进军南极，1982年建立了永久性考察站，被接收为南极条约、南极研究学术委员会和南极海洋生物资源保护委员会成员。

综上所述，印度知识经济的发展取得了一定的成绩，但研究开发经费仅为美国的1.5%，专利申请量只有2.2%，科技力量的综合评价仅为9.4%。在人类进入知识经济时代时，发展中国家明显处于不利地位。

**巴西**：巴西政府十分重视发展教育，在这方面采取了许多措施：(1)大抓基础教育，大力扫除文盲。教育部还明文规定：各州市的基础教育经费由原来占教育总经费的50%提高到60%，并拨出5亿克鲁塞罗专项贷款用于调整和提高初等学校教师的工资。(2)增加教育经费。(3)推进卫星教学计划，并积极推广电脑教育。(4)提供优惠贷款,鼓励家长自办教育合作社。

为配合"新工业政策"的实施,巴西成立了直属总统府的科技处,以取代原有的科学技术部。1988年将全国工业发展委员会由原隶属工商部升格为由工商、财政、科技、内政和总统府计划协调部部长组成的机构,负责制定和执行工业发展规划。对于技术进步实行各种优惠,如凡是从事新技术、新产品开发的企业,可免交8%的所得税;为技术开发进口的设备、仪器和材料免交90%的进口税等等。

巴西政府不断增加科技经费,所占GNP的比例从1990年的0.7%上升到1995年的1.65%(中国近几年为0.5%)。建立了"支持科技发展基金",银行系统向"支持本国工业技术发展计划"、"风险技术革新计划"、"培养研究人才计划"提供优惠贷款。还制定了工业竞争力的计划,旨在发展先进技术,使它们的生产成本与产品(服务)质量达到国际标准。

经过几十年的发展,巴西已经形成了由政府与民间研究机构、高校和部分企业构成的科技研究开发体系(知识创新体系),在许多科技领域具有了一定的实力,是拉美地区的一个科技大国。

巴西非常重视核技术的研究。他们认为,这种技术是物理、化学、数学、工程技术等领域所拥有知识的总和。1974年成立了巴西核公司,它制定了一个庞大的计划,其中包括修建63座核电站、一个核工程公司、一家钚处理厂,以及铀矿开采、核工业设备制造、维修和其他配套工程。巴西有160多个核技术研究机构,有1 100多个利用核技术的机构。1985年建成了第一个核能发电站,它掌握了核潜艇技术,可以制造核武器,但不打算制造。

巴西航空航天技术比较先进。1969年成立航空工业公司,飞机制造能力居世界前十位。70年代初成立了航天委员会、航空航天技术中心和航天研究所,通过研制卫星来推动光学、精密仪器、自动化技术等的发展。1984年开始发射火箭,它打算21世纪初发射航天飞机。

巴西十分重视微电子工业的发展,它认为向美国、日本让出微电子市场,就是让出21世纪。由此它不仅向微电子行业投入巨资,而且保护本国电子市场。1984年颁布了"信息法",限制进口计算机及其配件。1985年成立了全国信息和自动化委员会,在其下面成立了微电子公司、电子元件公司,集中力量发展计算机、光纤通信、微波通信和卫星通信。巴西宣称,它将成为继美国、日本之后的第三大电子强国。

巴西科技综合实力只占美国6.4%,比印度低3个百分点,特别是研究开发经费只有美国的0.5%,科技论文数量只占1.3%。因此,巴西的知识经济要进入发达国家的行列,还有很长一段路要走。

## 从知识经济的角度看文化建设

### (一)文化的范围

在汉字当中,知识、科技、文化是含义最广、层次最多、最难分清界限的概念。据说文化有260多个定义,这里不必分析。"实际上,现实生活中人们对'文化'理解呈现很强的层次性。通过分类归并,我们对'文化'的定义依次排一个顺序如下:(1)学文化的'文化'……;(2)文化修养的'文化'……;(3)文化部门主管的'文化',这主要是指图书、文博、艺术等……;(4)观念形态的'文化',除了政治、经济、军事等都可以称为文化……;(5)大众化'概念'的文化,它包括人类生活中全部的物质财富和精神财富"。国家统计局将文化事业分为艺术、图书馆、群众文化、艺术教育和其他;与文化事业并列的是文物事业和出版发行事业;此外,还单独列出了广播电视。虽然这是从不同角度对文化所作的分类,但它们之间具有某种同一性。

我们把知识经济的内容分为科学成果,制度、组织、管理创新成果(社会科学和软科学成果),技术研究成果,文化成果。在历史唯物主义著作中,把上层建筑分为政治与法律、科学与哲学、文艺等。由于政治与法律、科学与哲学可以列入科学和制度、组织、管理创新的范围,技术成果需要单列一类,所以这里的文化成果包括国家统计局确定的文化、文物和出版发行、广播电视。

### (二)面对知识经济如何开展文化建设

人除了物质需求外,还有精神需求,随着物质需求的逐步满足,精神需求的数量不断增加,质量不断提高。事实证明,物质需求是有限的,精神需求是无限的。

如上所述,对发展中国家来说,知识经济的兴起既是机遇,又是挑战,如果它们能够采取正确的路线、方针、政策,抓住机遇,迎接挑战,发挥"后发优势",21世纪有可能逐步赶上发达国家。否则,就有可能陷入"知识殖民地"、"文化殖民地",政治丧失独立,经济被摧垮,军事被削弱,信息被窃听,语言、文化被取代,变成知识发达国家的产品销售市场、原料供应地和污染物堆集场。随着知识经济时代的来临,发达国家除用原有的图书、报刊、广播、电视等传播手段外,将越来越多地采用互联网宣传它们的道德、文艺、宗教,发展中国家在文化战线上如何保护、建设民族文化,是一个十分迫切的重大问题。如果面对知识经济的兴起,发展中国家不保护、不建设自己的民族文化,发达国家将以它们的文化、意识形态取代发展中国家的文化、意识形态,这是实实在在的威胁。

对中国来说,面对知识经济的兴起,文化建设的关键是人才,人才靠教育。因此,文化建设数量的扩大和质量的提高,都需要教育先行一步。

对12亿人口来说,目前我国文化规模远远不能满足需求,特别是在后进农村,农民一年看不上一场电影,看不到一场文艺表演,文化生活枯燥。统计数据表明,随着经济改革的深入,政府要求文艺团体自负盈亏,文化规模不是在扩大,而是在缩小,例如电影故事片的产量从1992年的170部减少到1997年的88部,下降了48.3%,特别是科教片从383(1986)部减少到34部,下降了91.2%,这不符合科教兴国战略的要求。在文化战线上,积极向上的东西不占领阵地,消极的东西必然去占领。由于后进农村的文化活动少,在市场经济的冲击下,一些农民希望早日发财,但没有一技之长,致富无门,所以就游手好闲,或者赌博、偷盗,走上犯罪的道路。因此,要使这些农民明白,发财的愿望是好的,但要通过勤劳致富,只有多学习文化和科技,才能尽快走上致富的道路。除文化数量不足外,质量不高是更大的问题。为了解决这个问题,有关部门提出了"精品战略",近几年取得了一些成绩,但还要继续努力解决精品不多和发展不平衡的问题。

### (三)文化的经济化

上面我们对上层建筑进行了经济考察,其目的是为了分析文化的经济化问题。文化经济不仅是知识经济的重要组成部分,而且是应当加快发展的部分。

1990年我在讨论信息经济时说过:"信息无处不在,在上层建筑、生产关系和生产力的各个方面,都有人在活动,都有信息,因此信息经济学要扩大经济学的研究对象,不仅要研究生产关系中的信息经济问题,而且要研究上层建筑和生产力中的经济问题"。① 现在研究知识经济,同样存在这个问题。由于文化属于上层建筑,更加需要讨论这个问题。

以前我们对经济基础与上层建筑的理解非常机械,将它们划分为绝然分开的两个板块,经济问题属于生产关系(其总和构成经济基础),上层建筑中没有经济问题。马克思主义是从功能与关系的角度来分析经济基础与上层建筑的,前者决定后者,后者又反作用于前者。但这种分析并不排除上层建筑中存在经济问题。1970年在财政支出中,行政管理费为52.9亿元,1997年增加到995.5亿元,为1970年的18.8倍(按现行价格计算),1995年还从预算外资金中支付行政事业费742.2亿元。有些经济不发达的省份,财政收入全部用于行政管理费还不够。在行政管理费如此大规模增加的情况下,乱收费、乱罚款仍然屡禁不止,充分说明上层建筑中不仅存在经济问题,而且十分严重。

经济理论中有一条原理:居民在预算约束下,追求效用最大化。所谓恩格尔定理,是指随着收入的增加,在新增加的收入中用于食品消费的比重下降,用于非食品的比重上升。现在人们发现,当居民收入较少时,他们的收入主要用于购买物质产品,满足生存需要;随着居民收入水平的提高,在新增加的收入中,居民将越来越多的部分用于购买精神产品,满足发展和享受的需要。有了需求,一般就有供给。1997年我国城市居民消费调查资料可以证明这个规律,低收入家庭娱乐教育文化服务占消费支出的比重为9.2%,中等收入家庭为10.5%,高收入家庭为12.0%,收入越高,精神消费的比重也越高。这既是恩格尔定理的扩大,也是文化经济产生与发展的基本原因。

文化建设需要投资,需要费用,在计划经济条件下,主要是靠财政拨款。随着市场经济的发展,文化

① 张守一:《信息经济学初探》,《数量经济技术经济研究》1990年第5期,第31~32页。

日益市场化，文化成果变成商品，在市场上进行等价交换。这是一个总的趋势，但实际进展并不理想。我国文化经济统计重实物指标，轻价值指标，但艺术表演团体的资料比较齐全，列为表4。

**表4 艺术表演团体的经费收支(亿元)**

| 项 目 | 1986年 | 1997年 | 97/86(%) |
|---|---|---|---|
| 总收入 | 5.3 | 20.6 | 388.6 |
| 其中：国家拨款 | 3.5 | 12.5 | 357.1 |
| 演出收入 | 1.3 | 4.0 | 307.6 |
| 总支出 | 5.3 | 20.2 | 381.1 |
| 自给率(%) | 34.0 | 37.8 | |

艺术表演团体经过11年的改革，经费自给率仅仅提高了3.8个百分点，主要原因是没有解决社会效益与经济效益之间的关系问题。如果主管部门不对艺术表演团体严加控制，那么它们为了追求经济利益，演出就会只顾数量，不顾质量，甚至上演黄色的、宣传迷信的、及至反动的节目。看来行政控制限制了文艺事业的繁荣，不是长久之计，而应当走上法治的道路，在划清各种界限的基础上制定相应的法律、法规，做到有法必依，执法必严，违法必究。

上面我们对文化事业和文化经济作了一些初步的分析，有些观点需要进一步探索。我们希望经济理论工作者来研究文化经济，取得更多、更好的成果。

# 金融危机：社会转型中的文化冲突

上海复旦大学 杨帆
西南财经大学 卢勇

提要：金融危机使东亚各国遭受重创，韩国、印尼损失尤为惨重。笔者认为造成这一现象的原因在于：高度集权的体制导致政治腐败，决策效率低下；家族式统治造成裙带主义盛行；关系型融资致使金融风险大规模积累。而上述三方面特征都深深植根于几千年封建自然经济所孕育出来的以家庭本位为核心的文化体系中，这与东亚国家所进行的市场经济改革是不相吻合的，市场经济本质上是与以个人本位主义为核心的文化体系相匹配的。随着市场经济的深入发展，两种文化体系必然会产生冲突，而投机资本的冲击最终使得这种冲突首先以金融危机的方式表现出来。

1997年7月2日泰国货币当局宣布放弃联系汇率制，让其本币铢自由浮动，随着铢的应声下跌，一场金融风暴迅速在东亚及全球蔓延。马来西亚的林吉特、印度尼西亚的盾、南韩的韩元及日本的日元等货币相继一路下跌，各国股市也相应下滑，突然加重的外债及巨额不良债权使大量银行被迫关闭，货币危机升级为金融危机并有继续加重之势，东亚经济前景一片黯淡。而韩国、印尼局势尤其令人担忧。韩元兑美元的汇率一度从1996年的平均汇率842:1跌至2 067:1，贬值近60%，而股指亦从1997年初的700点下滑至366点，金融资产缩水近一半。印尼局势更糟，印尼盾兑美元从2 400:1猛降至17 000:1，贬值近80%。大量企业被迫停产，失业率骤升至16.8%，贫困人口亦从2 250万增至总人口2.02亿的一半以上，大量人口生活环境的恶化最终必然导致社会动荡。1998年5月13日下午到15日凌晨，其首都雅加达发生严重骚乱，造成1 180多人死亡，几千座建筑物及1 000多部车辆被毁，造成了至少10亿美元的经济损失。印尼当年的经济增长率也迅速降至－13.7%，其经济衰退程度比泰国高出近1倍。预计印尼1999年的经济增长率还将继续下滑至－15%。

## 一

始于泰国的金融危机为何却使韩国、印尼遭受了更为惨痛的重创呢?

经常项目逆差、资本项目管制放开过快、与美元的联系汇率过于僵硬等等经济体制方面的问题在这些国家都存在,它们都是导致各国货币对外贬值及经济衰退的原因,但是,它们却都无法解释为何相同的问题在各国造成的严重程度却大不一样,而且韩国、印尼并不是此次金融风暴的"震源"国,但却遭受到了比前者更为惨重的损失。其道理何在呢?

详细比较韩国、印尼两国在金融风暴中遭受重创的原因,我们不难发现两国皆存在下列问题:

### (一)政治经济权力的高度集中导致政府专制、腐败及决策系统僵化

韩国、印尼都是实行总统制的国家,总统拥有非常大的权力。以印尼为例,该国"四五"宪法规定,总统既是国家元首又是政府首脑,并兼任武装部队的最高统帅,权力极大且缺乏相应的监督机构。同时,该宪法也未对总统的任期进行限制,可连选连任。而且,总统并非经过人民直接选举产生,而是由人民协商会议协商产生的,所以只要控制了人民协商会议,就能保证被选上总统。此外,印尼还实行强制性的政党管制,不准私下结党,苏哈托上台伊始便把当时存在的9个政党合并成两个。另外,又建立了由军政官僚控制的专业集团(实际上也是个政党)来牵制这两个党。专业集团由于主要受军政官僚控制,所以力量强大。在历届大选中,它总是得票最多,在立法机构中占有最多的议席,并且一直保持执政党的地位。由于立法机构主要由专业集团控制,所以每次总统选举,总是苏哈托当选为总统。高度集权的体制减少了政策制定、执行方面的争执,为国家全面干预经济生活提供了稳定的政治环境。

韩国、印尼虽然都是严格意义上的市场经济国家,但与发达国家相比,其政府对经济的干预程度却远比前者深。以韩国为例,在朴正熙、全斗焕当权的军政府时代,韩国一直在"为了实现开发政策,采取强权措施也在所不惜"的口号下,强制推行全面经济改革。政府通过增大国有企业规模直接调节生产结构,通过控制金融机构或所谓的"官制金融"来引导资金流向,改变社会投资结构,并制定多种经济政策来规定企业、产业的发展方向。例如在整个70年代及80年代初期,在占据了韩国商业银行资产的80%的韩国商业银行、汉城银行、韩国第一银行等银行中,政府皆持有主要股份,这在相当程度上保证了政府对金融信贷及经济体系的绝对控制权。虽然韩国后来实行了商业银行民营化,但政府对金融经济体系的影响力仍然是巨大的。两国政府对经济的干预,有利于集中国内有限的经济资源来优先发展其核心工业,并以此带动整个国民经济的发展。同时,政府的干预也加快了资本积累和技术进步步伐,并强制性地把国民经济拉上了"出口导向"的战略轨道上来,毋庸置疑,政府的统制式管理在经济发展初期对两国经济增长均发挥了显著的促进作用,这已被两国及东亚其他国家战后长达几十年的高速增长所证明。但随着市场经济的不断发展、深化,这种体制也暴露出了越来越多的弊端,显得越来越不适应经济持续性增长的需要。

**军人化的官僚政治**　高度集权的政治经济体制要想得以顺利运转,必须配备强有力的保障体系,韩国、印尼皆选择军队作为其政权的坚强后盾。朴正熙、苏哈托均为军人出身,而且都是依靠军事力量才得以上台,并都直接以军事强权来推行其统治。他们的上台使军人对政权的介入得以深化,并合法化。例如,苏哈托上台后,为了继续得到军人的支持,制定了军人的"双重职能"法律,规定军人不仅有军事职能,而且有参政职能,这就为军人参政敞开了大门。所以,无论是在印尼的立法机构还是政府机构中,军人都拥有众多的席位,从而左右着印尼的政局。军人政权虽然为集权体制的运作提供了有力保障,但是其固有的独裁性及专制性极大地阻碍民主经济的发展,同时军人政权极易导致的政变为社会经济的稳定发展埋下了隐患,一旦有危机爆发,军人政权的这种不稳定性更会加剧社会动荡的破坏性。

**政治腐败**　权力的高度集中、政府对经济的全面干预使得企业与政府的关系成为决定企业兴衰成败的重要因素,与政府关系越好得到的优惠政策自然就越多。在利益机制诱导下,企业纷纷开始了大规模的"寻租"活动,不惜花费重金来拉拢官员,争取优惠政策,而官员们也需要企业界的金钱支持来为自己的

晋升铺路。这种态势发展的结果必然是政治的腐败，在韩国、印尼皆出现了严重的行贿受贿、官商勾结现象，甚至连总统也被拉下水。韩国前总统全斗焕、卢泰愚均因在其任期内收受巨额贿赂、向企业提供优惠政策而分别受到判处无期徒刑、罚款2 205亿韩元和有期徒刑17年、罚款2 826亿韩元的处罚。两位总统受贿金额均在5 000亿韩元以上。而即使以大力提倡反腐倡廉的金泳三政权也不断爆出贪污受贿丑闻。先是其国防部长李养镐因购买军用直升飞机受贿而辞职，然后是其保健部长李圣洁因受贿丑闻而下台，随之是韩宝集团行贿政界33名要员以谋求巨额贷款被揭露，使得包括金泳三公子在内的“太子派系”和包括议长在内的政府要员都受到牵连。官商的紧密勾结使稀缺的经济资源不是流向效益最好的或国家最需要发展的产业上，而是优先流向与政府要员紧密勾结的企业中，这不仅会造成资源配置效率低下，形成浪费，而且极易因企业的短视使资源过度流入某些短期收益率高的行业从而将国民经济引入畸形发展的轨道上去，为经济的长远发展埋下隐患。

**决策系统效率低下**　在政治经济权力高度集中的情况下，政府垄断着几乎一切的决策权，但要保证其决策的科学性、高效性，必须满足以下几个条件：(1)政府具备充分的与决策相关的信息。(2)政府具有准确的判断力。(3)决策能适时地得到实施并适时地发生作用。但事实上，这几个条件都是难以满足的。计划经济国家几十年失败的实践已证明，经济系统的复杂性使获得充分的信息不仅成本巨大，而且根本不可能；而在裙带主义、官僚主义盛行，政治腐败的情况下，政府自身素质的低下也使其难以保持准确的判断力；而决策时滞、政策实施时滞的存在又为政策的适时制定、实施及发生作用设置了重重障碍，甚至使得政策的作用结果与其实施意图恰好相反。一方面决策权高度集中于政府，另一方面受主客观因素的影响，政府又难于保证决策的科学性，这自然就为经济的健康运行埋下了隐患。事实也证明，韩国、印尼政府宏观经济政策的失当是造成两国爆发金融危机的重要原因。如在两国生产成本显著提高的情况下，不及时调整产业结构及出口结构，仍然支持大企业集团发展市场已饱和的劳动密集型产业及部分资本密集型产业；在经常项目长期出现逆差但缺乏风险管理经验情况下，过快地放松对资本项目的管制，企图单纯地通过外资的流入来弥补逆差；当大量外资涌入时，又忽视对其期限结构及流向的监管，致使大量短期资金过度流向房地产和证券市场；在资本项目开放，即将本币推向国际市场接受供求力量定价的条件下，却又人为地实行僵硬的固定汇率制……等等。

**市场机制的发展被制约**　在经济发展初期，市场刚发育时，权力高度集中的“强大政府”倾向于全面介入市场，通过鼓励出口、提供信息、支持技术进步等一系列措施来模拟市场以弥补其市场发育不成熟的缺陷，促进经济有序增长。但是，如果当市场经济已发展到相当程度，“强大政府”却不适时地退出的话，则它的存在必定会成为自由市场机制发育和成熟的障碍。由于韩国、印尼政府未及时地从经济领域退出，仍一如既往地推行其“政府主导型”市场经济，致使两国皆出现企业对政府依赖过强、独立地适应国际市场的能力较差、市场作用未能得以充分发挥导致资源配置效率不佳、产业结构畸形发展等现象。

### (二)家族式统治导致裙带主义泛滥

家族式统治在东亚各国普遍存在，而在韩国、印尼尤甚。从政治层面看，当权者都在尽力将自己的亲戚或关系密切的朋友拉进政府机构。如在印尼1998年3月大选中，苏哈托再次当选为总统后，即将他的长女任命为社会事务部长，而其好友哈任则出任贸易和工业部长，内政部长哈托诺和财政部长巴瓦齐尔等皆与苏哈托关系密切。在韩国，情形也大致相同，在全斗焕当上总统后，也先后将其弟及一干亲戚拉入政坛。

若从经济层面考察，家族式统治更为显著。这首先表现在两国存在的大量财阀上。所谓财阀是指家族通过控股和支配经营管理权而实际掌握的一系列企业的联合体，即企业集团。以韩国为例，在其政府扶持下，韩国国内先后崛起了一大批诸如三星、大韩、现代、大宇等为代表的企业集团，他们都规模庞大、实力雄厚，掌握着韩国的经济命脉，而这些企业集团通常都是被某个家族直接或间接地控制着。例如，在现代集团中，郑氏家族直接掌握着核心企业的主要股权，其家族持股率在“现代建设”中为55%，在“现代汽车服务”中为46.4%，在“现代水泥”中为45.2%，在“现代综合事务”中为29.1%。再如三星集团，李氏家族的总持股率达33%,占据了绝对的优势。1985年韩国营业额最高的30家企业都是财阀系企业。韩国不仅大企业由家族控制,其大量的中小企业也大都由家族或个人支配着。在印尼,不仅企业界情况基本相似,而且苏哈托家族更是把这种家族式统治发挥到了无以复加的地步。苏哈托几乎把印尼视为自家产业,让其子女广泛介入经济领域,一方面为家族聚敛财富,另一方面增强着对经济体的直接控制力。其长女掌管印尼主要的收费公路公司,同时还拥有中央亚洲银行32%的股权;次子班邦是联合大企业比曼塔拉的主席;小儿子胡托名下的公司负责为印尼庞大的石油工业提供基础建设,同时垄断国产车的生产,此外,他还把持着利润丰厚的丁香业的垄断权;长子西吉特拥有努桑巴集团10%的股份,该集团是印尼最大的汽车制造公司阿斯特拉国际公司的最大股东,并且他也控制着中央亚洲银行32%的股权;次女西蒂·普拉博沃拥有多家银行与建筑公司的股份;幼女胡塔米则拥有雅加达海滨填土工程的部分股权。据《亚洲华尔街日报》报道,苏氏家族的家产高达400亿美元,拥有分属于20家大集团的1 247家公司。除苏氏的三儿三女及他们的配偶外,苏氏同母异父兄弟、表兄弟以及孙辈们也掌管着印尼的大部分经济。

家族式统治对于协调组织内部矛盾,整合组织内各种力量等方面具有明显的促进作用,但是,随着社会的发展、市场经济的不断深化,这种统治方式已暴露出了越来越大的弊端:

**家族式统治必然造成任人唯亲、朋党政治的盛行** 全斗焕上台即将其亲戚朋友领入政坛,苏哈托将其长女及好友引入内阁已证明了这一点。任人唯亲使得选拔官员不以其才能、品德、社会声誉为标准,而仅仅以与当权者的关系好坏为准绳,这必然造成大批有才之士被排除在政府机构之外,而才能较差甚至不学无术之辈却反能在政坛立足,这直接会降低政府机构的效率;同时,由于只要与当权者关系好就可以升官晋爵,从而导致进入了仕途并想有所发展的人不把主要精力放在发展经济上,而是放在如何与上级搞好私人关系上,这不仅不利于经济的成长,而且对社会风气也影响极坏。更为严重的是,“任人唯亲”的结果必然是“朋党政治”的盛行,各级官员皆按照血缘、地缘等其他关系拉帮结派,自成一体,这不仅会增加内耗,加大政策制定和执行的难度,而且在制定和执行政策时,“朋党政治”往往首先考虑小集团利益,而不以国家及社会整体利益为重。例如,1998年5月印尼发生了严重的骚乱,其导火索就是政府在人民生活水平急剧下降的时候却错误地大幅度提高燃油及电力价格。虽然这是IMF所提出的一揽子改革建议的一部分,但政府之所以敢冒天下大不韪而率先实施取消这两种上游产品的津贴的改革,极可能是因为燃油和电力行业与苏氏家族紧密相关。苏哈托长女刚与香港合和实业有限公司合建了一座价值17.7亿美元的火力发电厂。而印尼国营石油天然气公司也已查明,它们的承包商和供应商中,至少有120家与苏哈托家族有关。由于印尼盾贬值,进口原材料价格上升、外债负担加重,从而使上述二行业利益受损,为了补亏,苏氏家族自然愿意首先采纳提高电力、燃油价格的建议。事实一再证明,这样的“朋党政治”所孕育出的既得利益集团不仅经常成为社会经济发展的绊脚石,而且严重时会直接诱发社会动荡。

**家族式统治不仅会造成宏观经济决策权限高度集中于中央政府,而且从微观层面分析它也易于使企业或企业集团选择集权式管理体制** 这种体制在企业规模较小时,可以在不削弱决策科学性的情况下,减少决策的制定和实施时滞,增强企业对市场的适应能力。但是由于决策几乎都由企业内部的“家长”作出,从而其决策的科学性很大程度上就依赖于该家长一个人的判断力,客观上增大了企业的经营风险。随着企业规模的不断扩大、分支机构的不断增加,集权式决策的时效性受到削弱,其科学性也受到严重威胁。由于所有信息都要从市场经由分支机构流向最终决策者——“家长”,信息传递时间随着分支机构的增多而显著加长了,决策的时滞也自然随之延长;更糟糕的是,由于中介环节增加了,信息传递中的失真、扭曲现象会日益明显,这直接会降低决策的科学性。受此限制,家族式企业的规模一般都难以扩大,其竞争力也难于逐步提高。而如果这种家族式企业在外界或政府的帮助下成功地扩大了规模后,仍旧保持原有决策体制(实际上,由于惯性的存在,这种体制短期内是很难改变的),则因决策失误而导致企业破产的悲剧迟早会发生。例如,韩国的韩宝集团就是因为在国际钢铁市场已基本饱和的情况下却不惜运用各种手段贷款5万亿韩元来扩大对这一“夕阳工业”的投资，最终只能以申请破产保护了事。

**家族式统治使企业内部经营透明度极低** “家长们”不愿让外界知晓企业的运作状况，为了保持控制权，他们也不愿让外人来参与经营，因此，在企业需要资金以扩大规模时，他们一般都倾向于间接融资——主要是向银行贷款，通过负债来实现规模扩张。据韩国有关方面统计，韩国前30家大企业自有资产在总资产中所占的比例平均为18.2%，负债率高达449%，是美国的2.8倍、日本的5.2倍。这种高杠杆的财务结构在经济持续快速发展、市场需求旺盛时，会给股东带来高收益。但一旦经济衰退，市场疲软，则会由于巨额财务费用的支付使股权资本收益率大幅下滑，如果这种状况持续上一两年，则企业会因无力还本付息而迅速陷入濒临破产倒闭的境地。

**家族式统治最为严重的是会阻碍企业管理素质的提高** 封闭式的家族管理使企业出资者、经营者合二为一，所有权与经营权未实现有效分离，经营管理权限长期集中在“家长们”手中，而不管他们是否还具备相应的管理才干，是否还能适应外部市场环境的迅速变化。而且，由于在这种家族式企业中，人事安排上一般都“任人唯亲”，毫无商业经验的儿子可以接掌重权而家族外的优秀人才很难进入管理层，即使有幸进入了，也几乎不可能成为最高决策者。而身为最终决策者的“家长们”，随着时间的推移，年龄的增长，知识结构的老化，他们创业初期的创新精神已逐渐消失，最后必然会滑入不求无功，但求无过的保守状态，无疑，在激烈的竞争条件下，尤其是在崇尚创新的知识经济时代，这种心态只能使企业的竞争力越来越弱，最终成为昙花一现，以亏损、破产了事。

### （三）关系型融资盛行，金融风险大规模积累

所谓关系型融资是指出资者在一系列信息事先未明的情况下面向企业融资，或者说银行愿意在缺乏融资安全性等重要信息的情况下向企业融资，在韩国、印尼等国发展初期，关系型融资是以政府主导型融资形式存在的，即是指韩国、印尼等发展中国家为了赶超发达国家，直接利用官办金融机构或引导私人金融机构为重点行业的大企业融资。政府主导型融资保证了有限的资金优先流入国民经济急需发展的核心工业，如钢铁行业、煤炭行业及机械制造业等。核心工业的发展促进了相关行业的增长，从而有力地带动了国民经济的总体发展。由于核心工业都是生产生产资料的行业，因此在经济发展初期，其市场需求十分旺盛，这些行业的投资回报率都很高，金融资产几乎没什么风险可言。但随着国民经济结构的建立、健全，整个国家对钢铁、机械、煤炭等基本生产资料的需求已逐渐萎缩，这时银行贷款的风险开始显露出来。但是，由于经过几十年的扩张，核心工业的规模早已变得十分庞大，它们对整个国民经济体系及社会的稳定都具有举足轻重的作用，出于审慎的考虑，政府也不得不直接或间接地出面要银行继续为这些行业贷款。由于无形之中政府成了企业的信用担保，同时为了获得信息租金、特殊关系租金以及声誉等好处，银行也愿意放弃监督贷款的有效运用的权力，成为政府的出纳。而且，在高度集权的体制下，银行也只能这样做，否则其业务发展必定受限，严重时甚至会有生存的危险。至于银行向企业贷款额度的多少也并不是以企业的真实资产或项目的收益、风险为依据，而主要是由出面“担保”贷款的政府官员的级别来决定的，级别越高，银行敢于贷款的数目就越大。而由于政府官员不可能（估计也不想）有充分的信息对每一笔贷款进行审查和监督，因此这种贷款从一开始就是风险巨大的。

既然企业能融到的资金数量与其融资项目及财务指标无关，则企业必定会减少在选择投资项目和改善财务状况上的资源投入，而把主要精力和本应转化为生产性资源的资金用于“拉关系”、“走后门”上。在韩国、印尼，企业获得贷款数量的多少除了受到与官员的关系好坏的影响外，还受到企业规模大小的制约。为了迅速增强国际竞争力，政府一般愿意优先扶持大企业。为了获得政府的支持，争取更多的贷款，各企业都拼命地扩张规模，这一点在韩国表现得尤为突出。如韩国生产汽车的起亚集团的经营领域就早已扩展到了与汽车生产毫无关系的特殊钢、建筑甚至公寓清扫等领域。韩国人把企业集团的扩张形容为“章鱼腕足式扩张”，意指企业只要能扩大规模就不顾一切。

关系型融资下孕育出来的大企业集团由于外部缺乏有效的出资者——银行的监督，而其内部改善经营的动力又不足，再加之整个集团的管理水平又受到

家族式统治的局限,这必然会导致企业经济效益下降,财务指标恶化。而一旦企业集团运作困难受到破产的威胁,国家又会为了避免大企业破产所造成的恶劣影响而要求或暗示银行为其追加贷款。银行一次次的救助行动不断强化着企业对银行未来也会追加贷款的预期,这样在预期普遍化的情况下,银行不会坐视企业破产而不加帮助就成为一种非正式的制度,其结果必然是造成大量资金流入质量不高甚至本应破产的企业,致使大量贷款不能按时归还,最终成为不良债权甚至坏账。在韩国、印尼,商业银行的呆账和坏账分别高达贷款总额的12%和11%。而这种不良债权的存在也很难使银行破产,一方面由于这些贷款是由政府直接或间接担保的,另一方面,由于银行破产具有巨大的外部效应,处理不当极易引发金融恐慌甚至社会动荡,所以政府也不敢轻易让银行倒闭。一旦某家银行出现流动性不足,政府一般会出面让其他银行支援,若还不行,它会委托相关金融管理机构予以接管。因此,在关系型融资下,政府实际上是在以自身的信用来担保企业和银行的正常运作,从而把国家信用、企业信用、银行信用捆绑在一起,政府成为所有风险的最终承受者。显然,政府的参与有利于整个经济金融体系的稳定运行,在一般情况下,为数不多的投资失误、金额不太大的不良债权很难对整个体系形成恶性冲击。但是一当爆发突发性恐慌,或某个大企业财务危机引起了连锁反应以至于某些大银行亦无力承受时,则最终必然诱发金融危机或信用危机的爆发。这时受到损失的不仅仅是公众对企业集团和银行体系的信心,同时,社会公众对国家的信心也会急剧下降。公众对国家信心的丧失最终必然表现为在外汇市场上疯狂地抛售本币,套取外币,从而导致本币过度贬值。印尼盾80%的贬幅及韩元近60%的降幅正是政府信用严重受损的反映。

高度的集权主义,政府主导型的市场经济体制,“裙带资本主义”的泛滥和关系型融资的盛行不仅仅出现在韩国、印尼,其实在绝大多数东亚国家都存在。集权体制所孕育的政府主导型经济体制从来就是所谓的“东亚模式”的重要特征;在危机的策源地——泰国也同韩国、印尼一样具有军人干预政权的特点,甚至有过之而无不及,不仅其政府内阁常常成为军人政权的附属,而且其经济政策也只有在军队上层人物的帮助下才能起到作用。在日本,财阀资本几乎垄断着国民经济的命脉,虽在战后初期被美军强制解散,但美军一撤走,财阀犹如雨后春笋般又破土而出。而且,关系型融资在日本更是十分盛行,其金融体制中广泛存在的“主银行制”本质上就是一种关系型融资。在马来西亚、新加坡等国都具备或部分具备上述特征,但只有在韩国、印尼才表现得最为全面、最为突出,正因如此,他们遭受的损失才最为严重,一半以上的国民财富(以美元计值)短时间内即化为乌有。其他国家损失的程度虽然较轻,但其损失的财富的绝对量也是惊人的。看来,集权制、裙带主义和关系型融资随着社会经济的发展已成为阻碍东亚经济进一步发展的绊脚石了。

## 二

东亚国家为什么会具有上述几种特点呢?我们认为,这直接是由他们国民文化体系中根深蒂固的家庭本位主义决定的。东亚国家在20世纪50年代以前,大都处于封建经济占统治地位的时代,而延续了千多年的封建经济本质上是一种封闭的自给自足的自然经济。家庭是最为基本的最为核心的生产单位。每个个体都必须依附于家庭才能存在,倘若被逐出家门,不仅社会难容,而且连生存都成问题。家庭的兴衰荣辱直接决定着每个个人的兴衰荣辱。个人为人处世皆须以家庭为重,若只为自己着想,必被斥为大逆不道。在每个家庭或家族中都有一个行政首脑——家长或族长,他是宗族权力的集中代表,总管宗族一切事务。他不仅主持祭祖、修编族谱,而且还拥有对违反家规的族人秉公处断之大权,对严重违反家法者,他甚至有权将其活埋、沉潭或立刻处死。此外,家长或族长还有宣讲族规、教育族人、调解族内纠纷、对外交涉等多种权力,他几乎控制着家族内部的一切生活内容。这使得每个家长、族长在家族中具有不可动摇的专制地位。任何家庭成员在他面前都只能卑躬屈膝、惟命是从。生活在家族中的个人,其个性几乎被完全抹杀,每个人都必须通过牺牲自己去恪守祖传的家规、家法。长期生活在这种文化氛围下的个人会自然产生对专制、集权的认同,甚至会产生依赖感,即使部分采纳和实施了资本主义的政治经济制度,这种文化心态依旧会在相当长一段时期存在并发生作用,从而使整个国家极易形成高度集权的政治经济体制。

传统家庭一般都按血缘关系组成，人们在家族中结成纵式人际关系结构，家族之间的横向交流很少。在家族内部，长期的交往使成员之间相互尊重、相互信任，而对于非本家族的成员，则由于接触较少而持普遍的不信任感，这种不信任感的存在反过来又阻碍了跨家族的交往，使得横向的社会交流障碍重重，横向的社会信用、社会信任感的建立也无从谈起。这种对非家族成员的不信任感导致东亚各国政府、企业在人事管理上，在选才用才上皆“任人唯亲”，造成裙带主义泛滥。

家庭本位主义下，由于家族长大权在握，缺乏有效的约束监督机制，从而使家族长可按自己的意图解释家法、族规，视成员与自己关系的亲、疏而采取不同的处理方法。与家族长关系好，则可获从轻处罚；反之，则难逃重责。这种缺乏制衡机制的集权最终必然导致“人治”，公平的法制很难建立。同时，由于同一家族的成员长期生活在一起，人与人之间易于形成稳定的关系，产生情感，从而也进一步促成了家族内部重情不重理的特点。既然法规皆可因人不同、因情不一，这使得人们行为处世时养成对人不对事的惯性，只要关系到了，再大风险的事也敢做。这种思维惯性在市场经济条件下必然表现为银行贷款看关系、企业融资拉关系的关系型融资的盛行。而长期的家族生活使人们之间的相互信任仅仅限于纵式家族内部，横向的跨家族的社会信任很难建立，这不仅使得大规模的直接融资活动难于展开，即使是有银行参与的间接融资也发展受限。在这种情况下要提高金融效率就必须寻求一个大家都共同信任的第三者作担保，毫无疑问，在这种文化环境下，只有政府才是惟一合格的，也是最佳的人选。所以，在东亚国家里，关系型融资直接地或间接地都是由政府信用来担保的。显然，价值取向上的家庭本位主义易于导致集权主义、家族式统治及关系型融资，而家庭本位主义其本质上是一种与农业社会或更准确地说是与封建自然经济相适应的价值取向，它是与当时的生产力状况及生产方式等客观物质条件相一致的。生产力发展到封建社会，已脱离了原始社会必须依靠部落全体的联合才能生存，才能进行物质资料生产的状态，单个家庭作为最基本最核心的经济单位已完全可以获得充分的生存和发展空间，以家庭为单位进行生产成为当时的普遍现象。人们的几乎一切经济行为：生产、分配、交换、消费等都在家庭或家族内部完成，只有极少的交换行为才是在非家庭或非家族成员间完成的。这种模式在东亚国家持续了上千年之久，一切以家庭为中心的价值取向自然会成为封建主义文化体系的核心。以家庭为基本单位，出于共同的政治经济利益的考虑，以血缘或地缘为纽带结成家族，再按相似的规则，家族再结成更大的家族甚至国家，在这个过程中家庭本位主义的内涵也逐渐扩展。日本是东亚各国中“家”文化最为典型的国家，从小家到国家这一扩展过程在日本表现得尤为清晰。具体而言，在日本，这主要是通过层层寄进来实现的。小农户为求得政治、经济和人身方面的庇护往往通过订立契约的形式，将土地甚至部分家产转让给血缘关系较近或地理位置相邻的庄园主或直接成为其“分家”，而后，又依契约条例为其管理庄园，这就是所谓的寄进。小庄园主再将部分土地以同样的方式寄进给大庄园主或成为其“分家”，由此形成直至幕府的层层寄进的封建庄园制和“家族”互动链条。在这个链条中，国家是最大的“家”，幕府将军是家长。随着家的范围的不断扩大，家庭本位主义也相应放大为家族本位主义及国家本位主义，家长也“升级”为族长、总统或国家行政首脑，家长制所固有的专制主义也随之扩散到家族及国家内部，而且在扩散过程中，得到显著增强。家庭本位主义孕育出了家族主义、国家主义，而后二者的出现又反过来强化了家庭本位主义，在这一点上，国家的作用尤为突出。因为国家可利用舆论工具、法律制度以及暴力机器来加深、强化这种思想，使之深植民心。

## 三

但毕竟，自然经济是无法与包含着更为先进生产方式的市场经济相抗衡的，工业化时代较高的生产力水平提高了个体的生存竞争力，使个人拥有了比过去更多的机会和更广阔的生存发展空间，个体脱离家庭也能正常地生活。家庭亦不再是必然的基本生产单位，其经济功能已弱化，家庭本位主义赖以存在的物质经济条件已逐渐消失，家庭本位主义思想在民众心中的地位也相应削弱。而随着市场经济逐步建立起其主导地位，它所内涵的自由、平等、民主及法制等观念也广泛在民间传播、扎根，以人为中心、提倡人性解放、强调独立的个体意识的个人本位主义文化体系也开始确立了它的主体地位。尤其是经过战后几十年高速发展或所谓的“东亚奇迹”,东亚各国市场经济已达到很高的水平,物质生活水平也得到极大地提高,民众的自我意识、平等意识、民主意识都显著地增强了,但是,作为最大的“家长”的政府仍旧采取封建的本质上是家庭本位主义的集权主义专制体制来统治国家,其结果必然会造成内部频繁的文化冲突。例如,在韩国,在金泳三总统任职的短短5年间,政府改组就达7次之多;而在金融危机的发源地——泰国,过去10年中就发生了8次政府组阁;在日本,自从自民党一党执政被迫结束后,总理大臣就像走马灯似的你上我下。表面上是代表不同利益集团的政党之间的斗争,其实质却是民主经济与集权体制的冲突,是以个人本位主义的文化体系同家庭本位主义的文化体系在政治层面的冲突。这种文化冲突是内生的,是东亚国家文化体系自我更新、进化所必经的过程,并且这种变迁过程是非常缓慢的,一方面是因为要剥离上千年的文化积淀本身就是一个困难的过程,更重要的是,东亚国家市场经济的推行往往又是利用国家专制集权主义来实现的。而后者——国家专制集权主义本质上不过是家庭本位主义的最高表现形式,因此在以它为中心来推进经济文化体系的变迁过程中,则必然又间接地强化着家庭本位主义,从而增大了文化体系转型的难度,尤其是使得政治层面的文化转型更是难上加难! 正是从这个意义上,我们认为东亚各国政治、经济层面的制度文化转型与英国、法国等欧洲国家有着很大区别。欧洲国家整个资本主义政治经济体制的转变是自然演进的结果,尤其是政治民主制度的最终建立更是经过长时期的思想观念、价值信仰的改变以及生产方式革新等方面准备,并经历多次反复才得以最终确立的。从时间上看,欧洲国家的文化转型始于14世纪末,首先发端于东西方陆路贸易的枢纽——意大利,东西方贸易的发展及规模的扩大诱发了资本主义性质的简单协作和手工工场制度在威尼斯、米兰、佛罗伦萨的产生,并迅速向意大利其他城市及欧洲其他国家传播,生产方式与经济制度的的改变潜移默化地影响着人们的思想观念,并对旧的文化体系形成强大冲击。以此为背景,以人文主义为实质内容的文艺复兴运动在欧洲大陆广泛开展起来了。文艺复兴运动强调以人为中心,提倡个性解放,追求知识和技术,旗帜鲜明地反对神性及蒙昧主义。这一运动的开展不仅给意大利也给整个欧洲大陆进行了一次精神洗礼,为资本主义的进一步发展创造了有利的思想文化环境,使欧洲资产阶级的势力日益强大。而地理大发现则直接为英国资本主义经济的发展提供了巨大助推力,使英国资产阶级首先成熟壮大起来。经济地位提高了的资产阶级迫切需要对自己的前途具有发言权,需要一种能反映自身利益的政治制度。因此以推翻封建君主专制为目标的资产阶级革命首先在英国爆发,英吉利共和国也于1649年成立。但由于资本主义生产方式并未在经济生活中占据主要地位,所以以封建经济为经济基础的专制体制和以商品生产为经济基础的民主政治体制在共和国成立之后又有多次较量。先是斯图亚特王朝的复辟,然后又出现乔治三世复辟以及以要求实施广泛民主选举为核心内容的“宪章运动”,这种政治层面的文化冲突一直持续到英国完成工业革命,资本主义生产方式把封建自然经济彻底扫出了历史舞台,具有现代意义的民主议会制度才在英国真正建立起来。而法国大革命的实质内容也是资产阶级民主制度的确立。这次革命最重要的成果是在确认了由启蒙运动者提出的人民主权原则的同时,对法国议会制进行了三方面重大变革:议会成员由等级推选或君主指定改为民选;议会构成由封建等级法权代表变成多成分、多层次代表;议会职能由处于从属地位的临时机关转化为常设性的最高权力机关。这三方面的改造使法国议会已基本具备了现代议会制的特征。正如英国一样,由于资本主义生产方式并未占据绝对的主导地位、工业革命尚未完成,所以政治层面的文化转型在法国也历经多次反复。先后经历了热月反动、拿破仑军事独裁和君主制复辟等,被1793年宪法写在纸面上的普选制到1848年才第一次被付诸实施;被国民公会在1792年宣布的共和制直到1875年才最终得到承认。政治制度转型的反复造成经济环境的极端不稳定,而且每一次政治的反动不仅明显地压抑了资本主义生产方式的顺利发展,而且也使整个社会出现倒退。然而一旦其整个政治层面的文化转型得以顺利完成、与新型的更为高级的生产方式获得协调一致后,它们的经济都步入了健康、稳定的增长轨道,整个社会也才真正由封建的农业社会完全转型为现代化的工业社会。英、法两国的实践证明,政治层面的文化转型不仅是社会成功转型的必经过程,而且也是最为关键、最为困难的一个环节，它往往是一个国家是否完成社会转型的重要标志。正因如此，这种转型也必然是一个长期的过程，英法两国即使经过革命的洗礼也并未一蹴而就，其中也经历了多次的冲突、反复。在这个转型过程中，有两个因素是至关重要的：生产方式的转型速度；原专制政府的控制力的强弱。生产方式转型速度越快，则新型社会赖以存在的经济物质条件的发展也就越快，社会转型的速度也会相应提高。而原专制政府控制力越强，则制约政治制度的转型的反动力就越大，整个社会的转型速度也相应降低。但应该看到，在上述二因素中，第一个因素是主要的、决定性的因素。正如曾经指出的那样，东亚各国的转型过程与欧洲国家是不一样的，东亚社会的转型是在集权制政府的强制推行下进行的，这种所谓的“亚洲模式”虽然在一定程度上加快了生产方式的转变，加快了资本主义经济物质条件的建立，但由于政府对经济全面过深地介入，使其势力及对经济的控制力也随着经济增长而日益强大，这无疑又增大了最为重要的政治层面的文化转型的难度，使社会的整体转型更具长期性。

但不可否认，“亚洲模式”抓住了社会转型过程中最为关键的因素，它对促进社会生产方式的转变，以及国家发展初期的经济增长起到了显著的作用，这已被战后东亚经济持续的高速增长所证实。但随着社会经济改革的深入发展，民众民主意识的逐渐提高，政府却未及时改变其行为方式，依旧牢牢地控制着经济的运行，仍一如既往地推行集权体制，直接或间接地强化着落后的家庭本位主义文化体系，最终必然不可避免地会阻碍社会的进一步发展，成为各种内部冲突的根源所在。

因此，在新旧文化体系交替之际，尤其是在市场经济已确立了主体地位，而政治层面依旧囿于旧文化体系时，则集权式家长作风必然会在经济社会各层面蔓延，从而显现出许多与市场经济不相和谐的现象，为内部冲突的产生埋下隐患。如：市场经济是平等、民主的经济，但国家却依然采取高度集权的体制；市场经济是开放的经济，要求通过资源的自由流动来提高经济效率，而整个社会却依然延续着封闭而低效的家族式管理模式；市场经济强调资源的优化配置，要让稀缺的资源流入效益高的企业，而关系型融资却把经济资源引入到与担保人关系好的企业中去等等。这种种不和谐反映了新旧文化体系在政府、银行、企业等经济主体行为方式方面的不同内涵。随着市场经济的深入发展这种不和谐现象显得越来越突出，以至于时刻存在着从不同层面诱发整个社会体系激烈的文化冲突的可能性。这种冲突既可以从政府层面的政党斗争、政权更替开始，也能够由企业层面的大量企业集团破产而引发，更可能自银行层面的金融危机而发端。由于投机资本的冲击首先使得银行及其他金融机构呆账、坏账增加，从而使得文化冲突最终通过金融危机的方式直接表现出来。因为各个国家在政府、企业、银行各层面的文化冲突程度不同，所以在金融危机的传播过程中，各国首先受到波及或被传染的层面也不同，固有的文化冲突越激烈的层面首先被传染的可能性越大。如，韩国的金融危机最初是由大企业集团接二连三的破产开始的，而泰国、日本则是从大量关系型融资坏掉导致金融机构关闭而被拉下水的；印尼则主要是因为公众对政府丧失了信心而陷入剧烈的社会动荡。无论危机从哪个层面开始，最终都会导致整个体系的震荡，都会表现为大量企业破产，大量银行及金融机构被关闭或接管直至政权更替，这已远远不是金融危机所能涵盖得了的。因此，金融危机本质上是一种内部危机，是东亚各国从农业社会向工业社会转型，从家庭本位主义文化体系过渡到个人本位主义文化体系过程中的文化冲突的一种表现形式，投机资本的冲击只不过是把东亚各国的这种文化冲突通过金融危机的形式昭然于世。

由于文化变迁的滞后性与迟缓性，使得这种内部的文化冲突还将持续相当长一段时期，一直到带有“家长制”作风的政治体制被彻底摒弃掉。认识到这一点，为了加快现代化进程，韩国、印尼等国经过金融危机的洗礼，痛定思痛后，都把改革的焦点首先放在政治体制上。金大中上台伊始便着手修改宪法，改总统制为内阁制；而印尼各界现在讨论的焦点也集中在“四五宪法”的修改、总统任期的设置、选举方式的改革及政党制度的革新等等。虽然步履蹒跚，代价沉重，但毕竟迈出了可喜的一步。这一步对于任何从农业社会向工业社会，从自然经济向市场经济转型的国家而言，都是难以逾越的，而且随着世界经济逐步迈入知识经济时代，这种转化的要求已日益迫切。因为知识经济是高知识含量、高技术含量的经济，在这个时代，一国的国际竞争力不仅取决于其占有的知识存量,更重要的是还取决于该国的知识、技术的创新能力,而这种能力是与国民的创新意识、创新动力紧密相关的。易于产生专制主义的家庭本位主义的文化体系对个体的创新约束远远大于个人本位主义的文化体系(美国之所以成为头号科技大国,这与它所孕育出来的个体的强烈的创新意识有着密切的联系),因此,要想增强一国竞争力,首先就必须逐步把国民从压抑他们个性的文化体系中解放出来,激发并承认他们独立的个体意识,鼓励甚至逼迫他们创新,只有这样,国家民族才能保持旺盛的生命力,常盛不衰!

总之,东亚金融危机展示社会转型中的文化冲突。这次危机给东亚国家带来了强烈的震荡和巨大的损失,同时,也是对这些国家社会变革的一次有力的推动,揭示了在经济社会发展中,经济文化密切联系的内在关系。

**参考文献:**

[1]青木昌彦、瑟达尔·丁克:《关系型融资及其在竞争中的可行性》,《经济社会体制比较》1997年6期。

[2]王跃生:《金融压抑与金融自由化条件下的企业融资制度》,《经济社会体制比较》1999年1期。

[3]姜秀玉:《东亚金融危机的文化根源》,《理论学习与探索》1998年4期。

[4]袁东:《金融危机与一国(地区)经济问题的深层思考》,《上海证券报》1998年2月20日。

[5]金英姬:《韩国大企业集团接连倒闭原因探析》,《世界经济研究》1998年1期。

[6]刘渝梅:《东南亚金融危机的政治思考》,《世界经济与政治》1998年1期。

[7]汤平山:《苏哈托垮台对印尼政局的影响》,《当代亚太》1998年8期。

[8]陈晓律、张硕:《发展与腐败》,《南京大学学报:哲学·人文·社科版》1998年2期。

[9]杨帆:《国际直接投资中的文化冲突》,《世界经济文化年鉴1997/1998》,人民出版社。

# 海外华人经济与世界华商

中国社会科学院 林振淦

## 海外华人经济的地位

1993年在香港召开的第二届世界华商大会提出,全球华人包括三个方面:第一是中国大陆,第二是亚洲四小龙中的新加坡、台湾和香港地区,第三是散居东南亚其他国家和世界各地的华人。

关于"海外华人"的定义,一般有广义狭义两种。多数华人认为"海外华人"是指中国大陆、台湾和香港以外的华人,所以会有"海外华人人口3 000万"这句口头禅;西方学者则往往把中国大陆以外的华人统算为"海外华人",因此海外华人人口就变成5 500万至5 700万了。在中国本土以外的海外华人,90%以上已经加入其所在国的国籍,他们因此别于未加入所在国国籍的"华侨"的"华人",所以海外华人一般又连称"华侨华人"。海外华人分布在全世界168个国家和地区。

根据台湾侨委会于1998年4月8日公布的调查估计结果,截至1997年底,海外华侨、华人的人口数为3 324万余人,分布在世界五大洲,其中以亚洲地区人数最多,共有2 691万人,占81%;其次是美洲地区,共有473万人,占14.2%;其余依次为欧洲地区近94万人,大洋洲近54万人,非洲12万人。与往年公布的调查估计资料不同,因香港回归祖国,这项调查的数据已不包括香港华人。这年全球华侨华人的人数较上年增加48万人,增长1.46%。

二次大战后,海外华人的经济、科技力量发展很快。进入90年代,按照英国《经济学人》杂志、台湾侨务委员会和美国俄亥俄大学海外华人问题中心等的估计,海外华人(广义,包括港澳台)的资产约在1.5万亿至2万亿美元之间,"此数字估计为中国大陆国民生产总值的5倍,加拿大流动资金的2至3倍,美国流动资产的1/3”。尽管这些数字因其界定范围不一，对资金、资产的界限模糊不清，因而有被夸大的可能，但是，海外华人资本的崛起已经成为当今国际资本市场的劲旅，是无庸置疑的。

还有一些不同范围的估计。1994年10月日本《经济新闻报导》从东南亚各国华人企业占所有上市公司（不包含公营事业及外资企业）股票市价总值的比率估算，中国大陆、台湾以外的海外华人的总生产值将达7 172亿美元。

海外华人的资本和企业，在东南亚国家比较集中。1995年8月中旬，澳大利亚外交与贸易部发表了一份长达350页的海外华人经济网络研究报告，称逾七成的东南亚上市公司控制在海外华人手中。东京富士通研究所发现，亚洲许多股票上市公司绝大多数都由华人经营，在新加坡华人经营的公司占股票上市公司80%，在印尼占73%，在马来西亚占62%，在菲律宾占50%。据香港《亚洲周刊》1996年11月刊载的股票市价在1.85亿美元以上的“国际华商500家”资料，东盟五国（马、新、印尼、泰、菲）华商有230家，占46%；如按股票时价计算，五国华商占股票市值的41.5%。同上刊物1997年11月刊载的市价在2.657亿美元以上的华商500家，东盟五国有205家，占41%；其他的百分比均为香港、台湾所有。

在亚洲的新兴国家中，华人众多，占各国人口的比例不等，拥有比人口比例大得多的经济实力。据近年的有关资料，在马来西亚，华裔人数550万人，占当地人口的32%，其经济实力占当地经济实力的50%；泰国华裔人数610万人，占当地人口的10%，印尼华裔650万人、菲律宾华裔80万人，都只占当地人口3%，但这三个国家中华裔都占当地经济实力的50%以上；惟新加坡大部分是华人，华裔人口200万人，占当地人口76%，当然也拥有很大份额的经济力量。

关于华人经济实力在东南亚国家中所占的比重，存在着不少争议。以印尼为例，占印尼总人口3%的华人控制着该国70%的经济活动，这种六七十年代的说法目前仍普遍沿用。有些估算是根据华人占上市公司的市值份额来测算的，宣称华人占印尼非土地私人资本的73%，或华人占除国营和外资企业以外印尼上市公司总市值的75%。1996年有专家分析认为，由于华人企业上市比率较高，仅以印尼全国不过300多家上市公司的市值来推测华人的经济份额是不足取的。由于历史的原因，华人资本及其企业在印尼私营部门中占有突出的地位，华人资本在印尼当前经济发展中的作用也日益提高，是印尼经济建设和发展中最重要的国内私人资本。但如果从整个国民经济的角度看，由于国营企业的垄断地位、土著财团的兴起以及外资对印尼经济参与程度的提高，华人资本及其企业并没有达到控制印尼经济的程度。如果一定要把印尼各种经济集团的经济份额区分开来，其基本估计应该是：在整个国民经济中，国营占60%，华人占20%，土著与外资各占10%。但在私营部门中，华人企业及其资本的作用却不应低估。

显然，海外华人经济和华人企业，在东南亚国家的经济中具有重要的地位与作用。但是，这些国家中的华人经济成分并不是“外来经济”，也不是独立于这些国家国民经济之外的经济，而是其民族经济的一个有机的组成部分。综合学者们的论述，大致有以下一些理由。

（1）历史上华人离乡背井移居东南亚，主要是为了谋生，逃避天灾人祸，也有被暴力剽掠或利诱拐贩而流寓海外以至定居立业，这跟西人（包括日本人）向海外扩展、移居由始至终都在政府以武力和资金协助之下，完全不同。华人出洋是为了三餐一宿，自发移民定居；而西人则是为了掠夺当地资源，是殖民政策的结果。华人经济的发展不靠侵略，大多数是几代人的勤俭积累所得。

（2）海外华人落足异国他乡已经经历了两三代人，在那里落地生根，绝大多数人已加入所在国的国籍，成为所在国的正式公民，与当地民族认同，许多人与当地人通婚同化。当地华人承担作为所在国公民的义务，也应平等享有所在国公民的权利。广大海外华人热爱祖国，同时也效忠于他们的入籍国。

（3）华人经济根本不是自成体系、独立于华人所在国经济体系之外，而是融入各国经济体系之中。从根本上看，东南亚华人企业集团的形成和发展，是战后东南亚国家推行工业政策发展本国民族经济的产物。这一政策，在60年代导致华人经济从流通领域进入生产领域，在70年代导致出现一批出口型的新兴华人企业集团，在80年代导致一批大型华人工业集团的出现。到90年代，华人企业成为外资在东南亚的重要合作伙伴，许多华人大企业扩大经营领域和范围，发展成多元化经营的跨国企业集团。此中，东南亚华人企业与经济，都是当地民族经济发展的有机组成部分，它们是支撑当地民族经济迅速发展的主要承担者，民营企业的主要力量。

(4)在某些东南亚国家，虽然华人财富和经营实力主要集中在为数不多的华人大财团手中，其家族财产、营业规模及公司市值等在全部华人企业中占了很大的比重，但另一方面，由于这些财团及其企业与政府资本、土著资本及外国资本的结合越来越密切，其华人资本的属性逐渐淡化，成为种族界限逐渐模糊的该国民族资本。

除东南亚地区外，在美洲、欧洲和澳洲，华人经济活动也占重要地位，其中北美和澳大利亚，则是海外华人及其经济活动比较显要的地区。

作为美国的亚裔少数民族的一部分，全美有200万华人。美国第一代的华人移民是以开矿山、筑铁路为主的劳力苦工，第二代华人移民以餐饮、车衣为两个基本行业。据美国商务部于1991年7月公布的报告，依据1987年调查资料统计，华人经济事业共8.97万家，营业收入共96亿美元，平均每户每年收入10.7万美元；据台湾侨务委员会估计，1992年美国华侨华人经济事业达16万家。近年来，美国华人经济朝多元化发展，投入到美国经济的主流中去。这些新兴行业包括金融业、房地产业、珠宝业、旅游业、外贸和高科技产业等。据1995年底资料，华商经营银行、财务公司、证券公司、投资顾问公司、保险业及经纪商等增至1 700余家，已有1 000余家华人地产业公司，从业人员达4 000余人。进入80年代以后，华人高科技产业获得突飞猛进的发展，遍及电子及电器制造工业、生物科技及制药工业、稀有金属冶炼及其制造工业、石油化工等领域，全美华人创办了上千家高科技企业。美国第二代华人移民中出现了诸如王安、蔡志勇、唐仲英、邝友良等一批著名企业家；如今第三代的华人企业家正在崛起。第三代华人在中餐业和车衣业维持两大社会支柱的同时，已在美国主流社会的各个方面显露身手，并在美国富人榜上占有显要的地位。

加拿大是由移民组成的国家，移民对加国的经济发展有巨大的贡献。1967年全加华侨华人仅有7.9万人，1991年人口普查的数字增至58.6万人，1996年全国人口普查华人人口达81万，占全国有色族裔人口总数的27%和全加人口的3%。华裔中63.2万人即76%是70年代以后的新移民，其中71%是1980年以后到达的。据不完全统计，1967年全加华侨华人的房地产、农场、工厂及一切实业的总值约有2.8亿加元，有华人商号、企业4 600家，以中西餐馆、杂货店为主，还有制造厂、农场、进出口公司等。与30年前情况相比，现在加国华人经济的地位大有提高。华人人数增加与素质提高影响华人社区的一系列变化。近十年来，境外华人资金源源不断地流入，从香港、台湾、中国大陆和东南亚国家来了许多带来不少资金的投资移民；香港、台湾、东盟国家华人财团的资金越洋而来。华人资金投放于餐馆业、房地产业和百货业，致使酒楼饭店向高档化、现代化发展，华埠扩充，楼价攀升，超级市场、连锁商店雨后春笋出现于华人社区。据加拿大帝国商业银行估计，近几年每年约有20～40亿美元的香港资金流入，这些资金也使加国得以减轻经济衰退的冲击。港台华人资本进军加拿大还与加国资本联合投资，这种结合对于壮大加拿大华人经济实力和推动加国的经济增长，都有积极的意义。

1995年8月澳大利亚外交和贸易部发表的报告说，目前澳大利亚共有20多万华人和他们组成的200多个团体，海外华人在澳大利亚的房地产投资已经超过22亿澳元(约合16亿美元)。这些华人财团多来自新加坡、马来西亚、印尼、台湾和香港等地。华人财团能够在澳站稳脚跟的原因之一是他们与当地华人社会的联系，这使得他们了解市场，制定正确的策略。海外华人商界不仅给澳大利亚注入巨额投资，而且由于华人与亚洲各地的密切联系，使他们成为澳企业打入亚洲和世界市场的理想的重要合作伙伴。

## 海外华商企业发展的趋势

在20世纪初期以中介贸易和商业经营为中心的海外华人中小企业，有一部分经过40年代到70年代的成长期，并通过80年代的企业兼并，开始集团化，向大企业发展。

从60年代起，东南亚一些国家开始实行进口替代和出口导向型战略发展经济，调动私人资本的积极性。同时一些国家开始改变其对待华人资本的态度，由原先的排斥、歧视政策转而实行限制、利用和保护政策。80年代中期以来，东南亚各国普遍放宽经济管制，推行经济自由化政策，经济取得了迅速增长；这一时期,东南亚华人经济和华商企业也取得较快的发展,其经济实力迅速增长,各国涌现出一批颇具规模的华人企业集团。诸如新加坡的丰隆集团、远东机构、大华银行集团、华侨银行集团、美罗控股集团,马来西亚的郭氏兄弟集团、云顶集团、丰隆(马)集团、东方实业集团,泰国的正大卜蜂集团、盘谷银行集团,印尼的三林集团、力宝集团、金光集团、哈拉班集团,菲律宾的亚洲世界集团、陈永栽企业集团、SM集团等等。这些华人企业集团已在各国经济中居显要地位,成为当地民族经济发展的重要力量。

海外华人大企业集团近年的新趋向是,纷纷在国内或海外上市,使企业社会化。澳大利亚研究报告指出,华人企业集团属下的公司在本区域内的股市上市,是近几年来才有的事情。这主要是由于在股市筹资较易且成本低,以及一些国家的华人企业集团有分散所有权的迫切政治要求。三林集团和力宝集团,马来西亚丰隆、加里、成功集团,新加坡丰隆集团,泰国卜峰集团等,都已在香港成立上市公司,作为国际扩展的融资手段。印尼华人企业集团为改善财务结构及响应当局有关股权大众化的号召,纷纷把属下的子公司上市;在马来西亚,很多华人大企业里马来人参股都大约已达30%。

根据前述《亚洲周刊》"国际华商500家"资料,1996年上市在1.85亿美元以上的东盟五国华人企业集团的总资产达4 229亿美元,其中总资产在10亿美元以上的有67家。这年国际华商500家在马来西亚、新加坡、泰国、印尼和菲律宾的企业数量分布,分别为19.6%、11.6%、6.0%、5.6%和3.0%;其股票时价总额分布,分别为13.6%、11.4%、8.2%、5.2%和3.1%。

80年代中期以来,东南亚各个国家和地区加快了产业结构的调整,华人企业随其规模的不断扩大,其经营范围日趋多元化,从传统的商业部门转向现代化的工业和服务业部门,许多华人企业集团还投入巨额资金,参与重大工业项目和基础设施建设,投资于高新科技产业。以农牧业为主的泰国正大集团,从1984年起进行了大规模的综合多元化拓展,将投资触角伸向了工业圈,以摩托车为起点,还大举向房地产、石油化工、金融证券、电讯等领域拓展业务;菲律宾工业巨子吴奕辉,除了成功经营其旗舰公司巅峰控股和食品行业之外,业务还伸向电信、航空、石油等行业。

东南亚各国华人企业集团的跨国经营不断扩展。随着资本规模和经济实力的扩大,他们通过在海外收购企业,直接投资设厂以及经营合资项目等方式,迅速建立起以香港为海外投资基地的跨国经营网络。印尼三林集团1982年收购香港第一太平金融有限公司,易名第一太平集团,借壳上市。1983年,第一太平收购在阿姆斯特丹上市的跨国贸易商行克马洋行,随后第一太平在亚洲地区的摊子越铺越大,其企业已遍布25个国家和地区,除了贸易分销之外,电讯服务、房地产投资和管理银行都占一席之地,1994年三林集团约有40%的收入来自海外。马来西亚郭氏兄弟集团总部转移到香港,在香港收购《南洋早报》和香港电视,还在中国大陆各大城市兴建香格里拉酒店;该集团业务范围广大,包括传媒、房地产、种植业等,地点则遍及新加坡、中国大陆、泰国、菲律宾和香港等地。许多东南亚华人企业除将业务成功扩展到东南亚其他国家和地区以及中国大陆,还把脚迈进澳洲、北美、拉美和南非等地。

海外华人企业在经营管理上有一套独特的管理和运作模式。其一是维持家族式经营。大多数企业依靠家庭资金和家庭成员的劳动力与关系网而创立,出任管理层者多为家族信赖的成员。一个或少数最高领导人为公司的统治核心,进行所有重大决定;核心以外是一个由日后继承企业的近亲所组成的决策层;远亲和朋友们组成的管理层则负责日常运作事务和一些具体工作。其次是企业对于经济环境变化适应能力极强。由于企业命运与家族的命运紧密相连,决策层和管理层多长于应变。但是,传统家族式的经营不适应华人企业的进一步扩大与发展。家族成员可能在兴趣及能力上达不到企业的实际要求,或专长不在家族经营的生意上。华人大企业除了在筹资上走出家族特征之外,在管理上也迅速地从家族式管理走向专业化、现代化管理。海外华人企业创业者的第二三代,几乎都在欧美接受过教育,他们在企业经营管理上倾向西方现代的"任人唯能"模式。参与高层管理的家族之外的人,包括来自欧美的雇员越来越多,这些人均为专业人士。当然,即使管理层由专业人士组成,但决策层一般由该家族年轻一代受过欧美教育的来接班。东南亚华人经济发轫之初就是家庭或家族、同族经营基础再利用华人网络关系共谋发展而成,随着华人企业的扩大规模和国际化,华人企业虽逐渐以现代股份公司的形式出现，但仍保留浓厚的家族或同族经营的色彩。

## 华商文化与经济网络

战后亚洲经济的高速发展和海外华人在经济上的成就，以及中国大陆改革开放以来内地与港澳台商及海外华人经济联系的加强，使人们对海外华人与世界华商的经济网络，产生了浓厚的兴趣。

现代中国海外华人经济网络是在世界资本主义发展、许多国家的经济网络扩展到全球各地的背景下，由中国移民在中国境外建立起来的；如今，华人经济网络通行国内国外，世界华商把他们的网络扩展到全世界。

19世纪中叶以后，被资本主义洪流卷到世界各地的中国海外移民，规模巨大，足迹遍及五大洲数十个国家。这种情况的出现，与中国内部的天灾人祸也有直接关系。中国移民的绝大多数来自广东和福建两省，他们在各移民地建立了以方言为基础的群体，形成各系商帮，并在“帮”内建立了以地缘、血缘为纽带的同乡会和宗亲会组织。这些宗乡组织成了早期华人经济网络的基础。各地华人会馆作为华商集会的重要场所，成了后来成立的“中华商会”这个业缘组织的基础。从1904年起，各地开始建立“中华商会”之类的业缘组织，作为联系和协调各帮关系的机构，其他业缘组织也随之纷纷出现。华商间的网络联系不断加强。

二次大战后，东南亚各国获得独立，发展民族经济。当地政权普遍实行扶植原住民经济而限制、排斥华人经济政策。50年代中期，华侨纷纷加入所在国的国籍，成为所在国的公民。60年代起，随着进口替代和出口导向型战略的实施，私人资本受到鼓励，一些国家开始转变对华人资本的态度；华人资本利用外国资金和技术从流通领域转向生产领域特别是制造业。这样，进入70年代后，东南亚华人网络逐步适应本国民族经济的发展的新要求和国际分工的新特点，由原先“中介商”的商业网络发展为资本技术引进型的工商网络。同时，各国华人经济成为所在国民族经济的有机组成部分，华人经济网络也为多国公民所共享。

1978年中国大陆实行改革开放政策后，港澳台商及海外华人的资本开始拥入。中国大陆与国外及海外地区在政治制度和经济体制上仍然存在较大差异，使许多事情一时不易达成官方协议。这时港、台等地中小资本便利用华人之间的关系，通过民间的网络设法将资金、设备和技术引进大陆，促进了台湾、香港、澳门和中国大陆经济的高速发展；东南亚各国的华商也纷纷以香港为据点，利用华人商贸打入了中国市场。而中国大陆则通过无与伦比的华人网络的方便条件，引进了大量外资。

港澳台商及东南亚华人资本的投资从一开始就相对集中在广东、福建等省，其中一个重要原因是投资者的出身地大都在传统的侨乡。泰国华人投资相对集中于广东、海南岛，印尼、菲律宾华人投资相对集中于福建，马来西亚华人企业集团的投资也相对集中在广东、福建两省。这反映出投资效益与投资者的文化背景有着主要的关系，选择在故乡投资，有共同的语言、风俗习惯，容易沟通，更重要的是有着天然的血缘、地缘关系网络可以利用，有利于企业的经营。近年来，海外华人企业的投资已经向内陆省份扩展。

随着世界经济的发展，华人经济网络的开放度不断提高。华人企业分布世界各地。新一代华人企业家通晓当地语言和西方语言，有较高当代文化科学知识及多国联系，具有多元文化的素质和开阔的视野，他们不但是联系中国与东南亚国家的桥梁，也是中国、东南亚国家联系西方发达国家的桥梁。亚洲经济高速持续发展和中国市场的开放，引起全世界的关注。北美和欧洲各国进一步开拓亚洲市场，开始重视华人网络的作用。同时，东南亚一些大企业集团也开始走出亚洲。随着世界华人经济的发展，近30年来，东南亚、港澳地区，先后出现了60多个世界性的地缘、血缘、业缘和其他类型的华人社团。

华商与华商组织遍布全球，不断加强他们在世界范围的网络联系。人们希望，通过某种形式，把东亚、东南亚华人网络和原处在半隔离状态的欧美华人网络以及香港、台湾和中国大陆华人网络联接起来。第一届世界华商大会1991年8月在新加坡召开，来自30个国家、地区70多个城市的800多名商界代表，踊跃出席了这次盛会。此后世界华商大会每两年举行一次，分别在香港、泰国曼谷和加拿大温哥华市举行。第四届世界华商大会走出亚洲，以“电子通讯与资讯新技术对环球市场的影响”为主题，口号是“华粹展北美，商网结全球”，与会人数近1 400人。下一届世界华商大会，将于1999年8月在澳洲墨尔本举行盛会。

在1993年第二届世界华商大会上，华商领袖、新加坡内阁资政李光耀建议建立"世界华商电脑网络"，1995年12月这个网络正式开通，现在中华全国工商业联合会也加入了这个连接全世界华商的电子信息网络系统。专家们认为，当今传真机、国际直拨电话、超音速飞机等通讯运输科技的普及和电子网络的出现，必将赋予华人网络新的内容和意义。同时，随着各国经济的发展和华人企业实力的增强，华人经济网络的运用将越来越多地由被动转为主动，由自发转为自觉。

近年来，学者们研究华人的"缘"文化，讨论"亲缘、地缘、神缘、业缘、物缘"为内涵的"五缘"社会网络，称为华人的"五缘文化"。亲缘包括血亲、姻亲和假亲，核心是宗族亲戚关系；地缘就是邻里乡党关系，通俗称之为小同乡或大同乡；神缘就是共同的宗教信仰关系；业缘指同学、同行关系；物缘以物为媒介，实质是商品经济背后的人际关系。"五缘"相互之间既区别又联系，既传承又变异。五缘文化突出的功能在于起调谐内部、整合社会的作用，其对海外华人社会的影响尤为深刻，因为海外华人不但受中国传统文化的影响，同时受到海外移民特殊环境的制约，他们依赖五缘文化获得生存和发展。五缘文化成为海外华人和全世界华商经济网络的精神和纽带。

当然，还应该看到，华商文化的重要方面还包括其他中国文化，其中甚含中国传统儒学思想的影响。此外，海外华人还认同和发扬了所在国的当地文化及当代西方文化。

美国未来学家约翰·奈斯比特形象地把华人网络比喻为电子计算机互联网。他说，那是很隐形的、复杂微妙的网络。华人家族企业其实就是宗族和同乡之网，许许多多小网交织成一大面铺盖全球的网络。我们可以借电脑国际网络(Internet)的例子来说明，国际网络由数万个网络串连而成，全球华人网络也是由成千上万的网络组成的。国际网络可以与无数网络用户连接，华人网络也可以无限扩张。

让我们借用李光耀先生的一句话的意思来结束全文：如果我们不利用华商网络扩大和掌握我们面对的机会，那将是很愚蠢的。

**参考资料：**

[1]香港《亚洲周刊》1995年10月22日：《华商从新起点腾飞》。

[2]台湾《宏观报》1998年4月9日：《台湾侨委会公布去年底华侨总人数》。

[3]香港《大公报》1997年8月28日：《全球华商的盛会》。

[4]台湾《中央日报》1997年10月17日：《华人经济实力全球排前五名》。

[5]游仲勋：《亚洲经济的飞跃与华商经济》，《世界华商经济年鉴》1997/1998年版。

[6]齐民：《印尼华人经济实力及地位评析》，《世界华商经济年鉴》1996/1997年版。

[7]黄静：《美国华人高科技产业的发展》，《世界华商经济年鉴》1996/1997年版。

[8]邢武：《1967年以来加拿大华人经济的发展》，《世界华商经济年鉴》1996/1997年版。

[9]马来西亚《亚洲日报》1997年8月25日：《华人经济势力不可低估》。

[10]《经济参考报》1995年8月24日：《华人社会给澳大利亚带来巨大投资机会》。

[11]王岩：《东南亚华人发展新趋势》，《厦门晚报》1996年1月18日。

[12]《中国经济时报》1996年1月12日：《华商，东南亚奇绩的功臣》。

[13]邱燕翎：《泰国的正大集团》，《世界华商经济年鉴》1997/1998年版。

[14]鲁虎：《华人网络网住亚太世纪?》，《中国经济时报》1996年3月29日。

[15]邱立本：《从历史的角度看东南亚华人网络》，《华侨华人历史研究》1998年第3期。

[16]李光耀：《建立有作用的网络》，香港《大公报》1993年11月22日。

# 第　二　篇

# 国家与地区经济文化概况

# 中国经济文化概况

1997/1998年中国大陆的经济、科学与技术、教育及文化事业稳步发展。在经济文化一体化的经济文化方面,诸如在当代中国经济思想指引下的经济体制改革和所有制结构变化,经济与文化密切结合的一些产业(如旅游业、广告业),品牌与商标管理文化,市场与企业管理文化等等,也发生了重要的发展变化并取得显著的成就。本文着重简述1998年的概况。

## 经　济

1997年中国国民经济保持适度快速增长,全年国内生产总值74 772亿元,比上年增长8.8%。市场价格涨幅持续走低,全年商品零售价格比上年上涨0.8%,居民消费价格上涨2.8%,涨幅分别比上年回落5.3个和5.5个百分点,这主要得益于正确的宏观调控和农业连续丰收。

1998年中国国民经济总体运行良好,改革与发展的各项目标基本实现。这年中国外有亚洲金融危机,内有严重洪涝灾害,但由于中央政府实施一系列积极的增加投资、扩大内需的财政政策,加上全国人民的共同努力,使国民经济扭转了上半年增幅回落的状况,保持了较快增长态势。全年国内生产总值79 553亿元,比上年增长7.8%。全年社会劳动生产率11 401元,比上年提高6.9%。市场价格总水平下降,全年居民消费价格总水平比上年下降0.8%,商品零售价格总水平比上年下降2.6%。劳动就业工作有所加强,再就业工程有了重大进展。国际收支平衡,人民币汇率稳定。

1998年国民经济和社会发展中存在的主要问题是:由于多年重复建设,大多数行业生产能力偏大,产品供过于求,经济结构矛盾突出;部分国有企业经济困难,经济效益不好;部分群众生活仍然比较困难,农民收入增长缓慢,下岗职工基本生活保障和社会就业压力较大;市场特别是农村市场销售不旺。

### 工业

1998年工业生产稳定增长,全年全部工业增加值33 541亿元,比上年增长8.9%。国有工业企业及年产品销售收入500万元以上的非国有工业企业增加值20 046亿元,比上年增长8.8%。全年轻工业增加值8 984亿元,重工业增加值11 062亿元,分别比上年增长9.1%和8.5%。产品结构继续得到改善,科技含量高、附加值大的电子、信息、通讯产品等生产增长较快,微型电子计算机、程控交换机、载波通讯设备、光通讯设备、移动通讯设备等生产比上年增长16.9%至53.7%;水泥、平板玻璃、钢、钢材等投资类产品增长4.7%至7.7%;市场供大于求的一些纺织产品、一般耐用消费品,部分机电产品生产增长有所减慢。工业经济效益有所下滑。全年工业企业实现销售收入比上年增长4.1%,实现利润下降17%,亏损企业亏损额增加21.1%,年末产品库存增长5.5%。

### 农业

1998年部分地区遭受历史罕见的洪涝灾害,但全年粮食生产形势仍好于上年。由于低温多雨和洪涝灾害,夏粮减产1 460万吨;进入秋季,综合气候条件大大好于上年,同时高产作物玉米种植面积扩大,秋粮增产较多。全年粮食总产量达到4.9亿吨以上,与上年基本持平。经济作物产量有增有减。棉花产量440万吨,比上年减产20万吨;油料、糖料、茶叶和水果等作物的产量有所增长;烤烟产量210万吨,比上年减少,降幅达46%。畜牧业和渔业生产稳定发展。天然林资源保护工程开始启动,林业投入进一步扩大。农业水利建设得到加强,全年新增有效灌溉面积110万公顷,新增节水灌溉面积180万公顷。

### 国内商业

1998年国内市场商品销售平稳增长。全年社会消费品零售总额29 153亿元,比上年增长6.8%;分城乡看，城市消费品零售额 17 825 亿元，县及县以下地区消费品零售额 11 328 亿元，分别增长 7.1%和 6.4%；分行业看，批发零售贸易业增长 6.0%，餐饮业增长 15.7%。生产资料市场偏淡，全国大中型批发零售贸易业生产资料销售总额比上年下降 12.7%；集贸市场发展平稳，全年商品交易额比上年增长 13.8%。大型商业企业经济效益依然不好。

### 对外贸易

1998 年对外贸易受亚洲金融危机的冲击，出口增长明显放慢，全年出口总额 1 838 亿美元，增长 0.5%，其中一般贸易出口下降 4.8%，加工贸易出口增长 4.9%；受国内需求等因素的制约，进口下降，全年进口总额 1 402 亿美元，下降 1.5%。全年进出口总额 3 240 亿美元，比上年下降 0.4%；进出口相抵，贸易顺差 636 亿美元。进出口商品结构进一步优化，机械及运输设备出口增长 14.9%，占出口总额的比重上升到 27.3%；进口增长 7.6%，占进口总额的比重上升到 40.5%。进一步推进市场多元化战略。全年对亚洲出口虽然下降 9.9%，但对欧洲及北美出口增长 15.7%，对非洲及拉丁美洲出口增长 20.1%，对大洋洲出口增长 11%。此外，对外承包工程，劳务合作和设计咨询业务保持增长势头。

### 金融保险

1998 年货币供应量适度增长，年末广义货币($M_2$)为 104 499 亿元，比上年末增长 15.3%；狭义货币($M_1$)为 38 954 亿元，增长 11.9%；市场现金流通量为 11 204 亿元，增长 10.1%。全部金融机构各项存款余额比上年末增长 16.1%，各项贷款余额增长 15.5%。证券市场在逐步规范和加强管理中初步发展，全年在上海、深圳证券交易所发行 A 股 109 只，筹资 440 亿元；年末境内上市公司数量由上年末的 745 家增加到 851 家。全年发行国债(不含财政部向四大国有独资商业银行发行的特别国债)3 891 亿元，到期国债兑付圆满结束。保险事业稳步发展，全年保费收入 1 247 亿元(含外资机构)，增长 14%；支付各类赔款 556 亿元。在国际金融危机的条件下，维持了人民币不贬值，为稳定世界经济作出重要的贡献。

### 人民生活

1998 年全年净增人口 1 184 万人，自然增长率 9.53‰，比上年下降 0.53 个千分点，年末全国总人口 12.481 亿人。全年全国城乡居民人均可支配收入 5 425元，考虑价格下降因素，实际增长 5.8%；农村居民人均纯收入 2 160 元，实际增长 4.3%。全年竣工住宅面积城镇有 4 亿平方米，农村有 8.1 亿平方米。社会保障事业发展迅速，年末 99%的国有企业下岗职工进入再就业服务中心，全国有 8 505 万职工参加了基本养老保险，2 735 万离退休人员参加了离退休费社会统筹；1 590 万职工参加了大病医疗费用社会统筹。

## 科学与技术

1998 年科技队伍稳定发展，年末国有企事业单位共有各类专业技术人员 2 918 万人，比上年末增长 2.0%；全国共有县级以上国有独立研究开发机构、高等院校办科研机构、大中型工业企业办科研机构 19 918个，从事科技活动人员 286 万人，其中科学家和工程师 167 万人。

科技经费投入增加，全年全国科技活动经费支出总额为 1 177 亿元，比上年增长 10.7%；其中研究与发展经费支出 526 亿元，增长 9.2%。基础研究工作得到加强，国家技术创新取得新进展。全年国家基础研究投入 37 亿元，比上年增长 26%；组织了一批技术创新项目和新产品试产，完成了 15 项重大技术装备研制并鉴定验收。企业、高校、研究机构之间的合作进一步加强。

科学研究和技术开发取得新的成果。全年共取得省部级以上重大科技成果 2.8 万项，其中基础理论成果 2 500 项，应用技术成果 2.4 万项，软科学成果 1 500项，达到国际先进水平的科学成果 543 项。围绕经济建设中的重大关键和共性技术展开科研攻关取得一批新的成就，数字蜂窝移动通讯、高清晰度电视功能样机、8 英寸直拉硅单晶抛光片、窑法磷酸工艺等自主开发成功，大天区面积多目标光纤光谱望远镜等重大科研基础设施开始建设。全年 6 次成功发射卫星。

全年受理国内外专利申请 12.1989 万件，授权专利 6.7889 万件，分别比上年增长 6.8%和 33.1%。技术市场更加活跃，全国共签订技术合同 28 万份，技术合同成交金额 430 亿元，比上年增长 22.8%。

质量、标准化、计量工作和天气预报等项服务进一步加强。全国共有产品质量检验机构 4 500 个，其中国家检测中心 228 个；国家监督抽查 6 265 家企业 200 类 7 804 种产品和商品。全国共有法定计量技术机构 3 875 个，全年强制检定计量器具 2 212 万台件。全国共有城乡天气预报服务网发射站点 1 313 个，卫星云图接收站 235 个；地震台站 1 267 个，遥测台网 28 个；1 403 个海洋观测、监测站点，共获得 2 082 万组海洋数据。测绘部门公开出版地图 1 070 种。

## 教育与文化

1998 年各级各类教育出现新的发展局面，实现普及九年义务教育的人口地区达到 73%，青壮年文盲率下降到 5.5%，职业教育和成人教育健康发展；高校管理体制改革取得突破性进展，650 多所高校按照“共建、调整、合作、合并”方针进行了不同形式的管理体制改革；高等教育“211 工程”进入实施阶段。中小学学校布局进一步调整。

年末全国普通高校 1 022 所，招生 108 万人，在校生 341 万人；研究生培养单位 736 个，招生 7.3 万人，在学研究生 19.9 万人；成人高校 962 所，招生 100 万人，在校生 282 万人。普通高中 1.3948 万所，在校生 938 万人。各类中等职业学校 1.7106 万所，在校生 1 126万人，占高中阶段在校生总数的 55%。全国初中在校生 5 450 万人，初中入学率达 87.3%；小学在校生 13 954 万人，小学学龄儿童入学率达 98.9%。成人中等专业学校在校学生 251 万人，成人技术培训学员 8 682 万人次。

文化事业健康有序发展。年末全国共有艺术表演团体 2 635 个，文化馆 2 915 个，公共图书馆 2 721 个，博物馆 1 289 个；中、短波广播发射台和转播台 743 座，广播人口覆盖率 88.2%，1 000 瓦以上电视发射台和转播台 1 283 座，电视人口覆盖率 89%。全国各类电影放映单位 6.9 万个；全年生产电影故事片 82 部，向国内销售影片（含复映片）221 部，向国外销售 143 部；有 10 部影片在各类国际电影节上获 12 项奖。全年出版全国性和省级报纸 195 亿份，各类杂志 25 亿册，图书 73 亿册（张）。年末全国共有档案馆 3 706个，已开放各类档案 3 305 万卷（件）。

体育事业蓬勃发展。在国内外的各项比赛中，中国运动健儿获得了 83 个世界冠军，30 人 3 队 68 次创 31 项世界记录；在第 13 届曼谷亚运会上获得金牌 129 枚，奖牌总数 274 枚，从而三次蝉联金牌与奖牌数亚洲第一。

以伟大抗洪精神的形成为标志，社会主义精神文明建设再上新台阶。

## 环境保护

1998 年环境保护事业加快发展。年末全国环境保护单位共有 11 万人，各级环境监测站 2 144 个，环境监测人员 5.7 万人。自然保护工作取得了新的成就，生态示范区建设试点单位总数已达 111 个；全国自然保护区达到 926 个，其中国家级自然保护区达到 136 个。环境法制建设取得新进展，执法力度进一步加大。到年末，已制定各类环境保护标准 395 项。年内设立的建设项目环境影响评价制度执行率达 88.0%，当年投产的建设项目同时建设防治污染设施的占 90%。全年完成环境污染限期治理项目 9 575 个，总投资 10.1 亿元。全国 513 个城市建成了 2 606 个烟尘控制区，面积达 1.5 万平方公里；402 个城市中建成了 1 994 个环境噪声达标区，面积达 8 684 平方公里。

重点流域和区域污染防治工作全面展开。对太湖流域日排水 100 吨以上的 1 035 家排污企业进行了限期治理，全流域共投入治理资金 14.5 亿元，878 家企业完成达标治理任务，14 家企业停产治理，关停取缔了 143 家污染严重又治理无望的企业。年末太湖流域已基本实现全流域工业污染源达标排放的目标，太湖水质趋于好转。污染物总量控制计划与跨世纪绿色工程规划的实施工作有序进行，至 1998 年 8 月止，已竣工项目 323 个，完成投资额 189.9 亿元。

全国环境形势依然严峻。一些大中城市污染加剧，垃圾、农药、化肥等污染仍然严重，水土流失、沙漠化、森林和草地功能衰退等生态问题比较突出。

## 经济文化一体化

1997 年中共十五大以邓小平理论为指导，进一步论述了当代中国经济是由不同层次、不同形式的公有制和公有制以外的多种所有制构成的，是一种混合的经济结构。在一个相当长的时期内，非公有制经济仍将作为中国社会主义市场经济的重要组成部分,发挥应有的积极作用。这样,以十五大为标志,中国个体、私营等非公有制经济被纳入中国大陆基本经济制度之内,实现了由社会主义市场经济的"有益补充"到"重要组成部分"的重大转变。中国非公有制经济进入一个崭新的发展时期。

在改革开放20年中,中国私营企业经历了从无到有,从小到大的发展过程。1998年,在中共十五大精神的指引下,私营企业增长速度再次加快,面临又一次发展机遇。年底,私营企业户数达120.1万户,比上年底净增24万户,增长25.01%;从业人员1 709.08万人,比上年净增359.82万人,增长26.67%,其中雇工人数1 445.26万人,比上年底净增300.18万人,增长26.21%;注册资本7 198.06亿元,比上年底净增2 057.94亿元,增长40.04%。较大幅度的增长,扭转了私营企业发展速度连续3年趋缓的势头。私营企业在总量扩大的同时,经营规模同步扩大,实力不断增强,取得良好的经济效益和社会效益。截至1998年底,全国私营企业户均注册资本已达59.94万元,比上年底增长12%;其中注册资本在100至500万元的私营企业10.78万户,比上年底净增3.29万户,增长43.85%;注册资本在500万元以上的私营企业1.7万户,比上年底净增6 973户,增长69.7%;私营企业集团1 563户,净增564户,比上年度增长56.46%。全年私营企业共创总产值5 853.25亿元,比上年同期增长49.22%;实现营业收入5 323.75亿元,比上年同期增长71.92%;社会消费品零售额3 059.35亿元,比上年同期增长64.95%。在吸纳下岗职工再就业,支持国有企业改革方面私营企业也发挥了积极作用。在全国1 700多万私营企业从业人员中,城镇私营企业从业人员已达972.58万人,比上年新增222.99万人,增长29.75%,占私营企业从业人员总数的56.91%。

1998年全国个体工商业稳健发展。截至12月底,全国个体工商业户户数已达3 120.2万户,比上年净增269.34万户,增长9.45%;从业人员6 114.4万人,比上年底净增672.55万人,增长12.36%;注册资金3 120.31亿元,比上年底净增546.32亿元,增长21.22%。个体工商户的发展带来良好的经济效益。这年全国个体工商业共创造总产值5 960.35亿元,比上年同期增长30.92%;实现营业收入17 500亿元,比上年同期增长23.49%;社会消费品零售额9 780.46亿元,比上年同期增长21.14%。

1994年4月,10名民营企业家联名向全国非公有制经济人士发出倡议:"让我们投身到扶贫的光彩事业中来";历时5年,光彩事业取得了突出成绩。全国参与实施光彩事业重大项目的非公有制经济企业家已达2 669人,实施光彩事业项目3 589个,到位资金75亿元,培训人员33万人,安排就业38万人,帮助153万多人解决了温饱问题。在光彩事业实施过程中,涌现出大批先进人物,受到社会各界的广泛赞誉。光彩事业体现了社会主义物质文明建设和精神文明建设的有机结合,体现了中华民族扶贫济困的传统美德和社会主义市场经济规律的内在统一。可以说,光彩事业是当今中国特有的经济文化现象。

**旅游业**

旅游业是20世纪后半叶迅速发展起来的经济与文化最明显结合的产业。在中国大陆,旅游业的迅速发展应该说是与改革开放相伴行的最近20年的事。旅游业誉称"无烟工业",以自然景观、文物景观、风俗景观等文化消费为依托,营造经济产业带动地区经济,促进国民经济的发展。

改革开放以后,中国旅游业作为第三产业的重要组成部分,在旅游、住宿、饮食、购物、娱乐等多个门类的建设中取得了辉煌的成就。截至1997年底,全国总共拥有5 200余座旅游涉外饭店,其中包括2 700余座星级饭店,客房总数为71万余间,分别比1980年的203座涉外饭店、客房3万余间增长了24倍多和20倍多。全国共有旅行社5 496家,比1988年增加2倍多。入境旅游和国内旅游的人数都在不断增加,以国内旅游为基础的边境旅游和本国公民的出境旅游也在蓬勃发展。1997年全年到中国旅游的境外游客达5 758.79万人次,为1978年的31.83倍,在全世界排第5位;在国内旅游的游客数量达6.44亿次,出境旅游的游客达到532.39万次。这年旅游业创造的外汇收入达到120.74亿美元,居世界第8位;国内旅游所创造的收入高达人民币2 112.7亿元。1998年国际旅游业有所发展,全年海外游客入境数6 384万人次,比上年增长10.2%,其中港、澳、台胞5 625万人次,增长12.4%,外国游客711万人次,下降4.3%;国际旅游收入达126亿美元,增长4.4%。

相对于其他行业，中国旅游业成长迅速，但同时经济发展水平决定的需求跟不上供给的增长速度。近几年，中国旅游增长速度已明显放缓。继1997年后，1998年整个行业的整体业绩下滑幅度较大，但旅行社和人工景点旅游呈现稳定增长的局面。

## 广告业

广告的本身是一种文化现象，广告促销的作用越来越被人们所认识，不少成功的企业不惜巨资投入广告宣传，促使其企业获利和飞黄腾达。广告文化形成的力量，是一种显而易见的“文化力”。而广告活动自身，也形成一个很赚钱的经济产业。

中国大陆的广告业从1979年开始恢复。80年代，中国广告业在低起点的基础上迅速发展起来，1981年全国广告营业额1.18亿元，1989年发展到19.99亿元，增长了近16倍，平均年增长率为42.99%。这个期间广告经营单位由1 160户增加到11 142户，增长了8.6倍；但人均广告营业额从7 302元增加到15 592元，只增长1倍多，这表明广告经营的素质发展得并不很快。进入90年代，中国广告业又经历近10年的发展，基本步入了成熟期。到1997年底，全国广告经营单位达57 024户，从业人员54.5万多人，广告营业额461.9亿元。广告营业额占国民生产总值的比例从1990年的0.13增长到1997年的0.6。广告营业额的年增长速度趋缓，从80年代平均40～50%降至30～25%，开始了相对平稳的发展。众多而力量分散的广告公司开始集中，广告经营单位的平均每年的增长速率从80年代的34%下降到90年代的25%，1995年以后的3年间分别为12.7%、10%和7.9%。目前大型广告公司开始出现，广告公司之间联合趋势也有抬头，中国广告市场前8名大广告公司的营业额占全国广告公司营业额的比重1997年已达26.05%。已形成的中国广告联合总公司和中国外贸广告企业群体两个实力较强的国有广告企业集团，包括大中型综合广告公司100多家，经营额超过全国广告公司经营额的1/3。

截至1998年6月底，全国广告经营单位56 957户，广告从业人员536 146人，分别比上年底下降0.1%和1.7%，广告经营额240.7亿元，比上年同期增长27%。其中广东省经营单位户数仍居全国之首，达7 540户；北京、上海、广东广告经营额仍居全国前三位，其中北京59.2亿元(含国家机关单位登记部分)，上海40.2亿元，广东25.9亿元，分别占全国广告经营额的24.6%、16.75%和10.8%。从广告业的基本构成来看，上半年广告公司29 650户，经营额109.5亿元，占全国广告经营额的53.5%；在电视、报纸、电台、杂志四大媒体中，电视广告经营额居第一位，达57.4亿元，其他依次为报纸47.2亿元，电台7.5亿元，杂志3.3亿元。在四大媒体经营单位户数中，除杂志比上年底增长1.7%外，其他媒体均有不同程度下降，而相应的广告经营额仍呈上升趋势。

世纪之交时，中国政府确立了促进广告业发展的基本方针：通过法律、行政、行业自律等手段，建立一个公平、有序的广告市场环境，以市场为导向，不断引导广告企业提高服务水平和质量，到下世纪初培育出一支面向国内外市场，与国民经济发展要求相适应，具有全面品牌管理能力和社会主义精神风貌，以世界最新科技成果装备的市场推广产业大军。

## 商标保护与品牌文化

商标的注册与保护，是保护生产优良商品的厂商的合法权益与促进市场竞争的重要手段，驰名商品形成的品牌效应，具有很大的“文化力”，促进企业发展与盈利，优秀品牌也因此价值连城。

中国自1983年3月1日《商标法》实施以来，广大消费者认牌购物形成风尚，企业的商标法律运作能力进一步提高，各级政府积极推行“名牌”工程，争创驰名商标的观念深入人心。

商标注册工作迅猛发展。截至1997年底，全国有效注册商标已达86万多件，各类商标年申请量已近21万件；来中国注册的国家和地区已增加到92个，其注册商标累积达到15万多件。中国已进入世界十大商标注册国。国家工商局商标局已成功地进行了商标注册用商品和服务由国内分类向国际分类的转换，商标受理形式由核转制度发展成为国际通行的商标代理制度，商标注册审查方式由过去的手工作业更新为现代的电子计算机检索查询。

商标行政执法成效显著。1993年至1997年底，全国各级工商机关共查处商标侵权案件和假冒商标案件18万多件；5年间罚款总额达3亿多元，责令赔偿被侵权人经济损失2 801万元，收缴和消除侵权商标标识20亿件。商标国际交流与合作日益加强。自

1980年加入世界知识产权组织以后，中国先后加入了《保护工业产权巴黎公约》、《马德里协定》等一系列国际知识产权协定，签署了《商标法条约》；同时，积极开展对外友好合作，缔结了中法、中日、中泰、中俄等双边知识产权合作协议。活跃的商标国际往来，使中国在世界知识产权界的地位和作用不断提高，从一个侧面扩大了中国改革开放的国际影响，为建立良好的外商投资环境发挥了促进作用。

品牌就是商誉。无论商品还是服务，质量是品牌的决定因素，品牌是消费者长期认同的结果。一个品牌价值几亿，几十亿，几百亿，不是品牌本身具有价值，而是能为其所代表的商品或服务实现价值，带来社会平均利润水平之上的利润。品牌价值可以成为资本，可供入股、利用和积累，增加资本总量，品牌还是竞争力，打倒一个品牌，等于打下了一片市场；树立一个品牌很难，保住一个品牌不易。品牌是一个企业综合素质的集中体现。

中国最有价值的品牌研究从1994年开始进行，1995年首次发布研究结果，至今已作出4个年度报告。这项研究是中国质量万里行杂志社与北京名牌资产评估事务所借鉴世界通行的品牌价值评价方式，结合中国市场竞争的实际，以自己独创的方法进行的一项研究。在大量数据分析的基础上，每年得出一些重要的判断及结论，成为中国经济研究的重要参考。中国最有价值品牌研究发布的1998年研究成果显示，红塔山品牌价值386亿元人民币，仍然是中国价值最高的品牌，其次是长虹245亿元，海尔192亿元，春兰105亿元，一汽76.29亿元，等等(见下表)。

**1998年中国最有价值品牌**

(单位：人民币 亿元)

| 品　牌 | 企业名称 | 品牌价值 | 品　牌 | 企业名称 | 品牌价值 |
|---|---|---|---|---|---|
| 红塔山 | 玉溪红塔烟草(集团)有限公司 | 386 | 999 | 三九企业集团 | 47.33 |
| 长虹 | 四川长虹电子集团公司 | 245 | 青岛 | 青岛啤酒股份有限公司 | 37.12 |
| 海尔 | 海尔集团公司 | 192 | 小天鹅 | 无锡小天鹅股份有限公司 | 36.85 |
| 春兰 | 春兰集团公司 | 105 | 美菱 | 合肥美菱集团控股有限公司 | 36.76 |
| 一汽 | 中国第一汽车集团公司 | 76.29 | 美的 | 广东美的集团股份有限公司 | 33.80 |
| KONKA | 康佳集团股份有限公司 | 63.03 | 轻骑 | 中国轻骑集团有限公司 | 31.02 |
| 五粮液 | 四川省宜宾五粮液酒厂 | 60.62 | 古井贡 | 安徽古井贡酒股份有限公司 | 29.27 |
| 联想 | 联想集团公司 | 58.8 | 鄂尔多斯 | 内蒙古鄂尔多斯羊绒制品股份有限公司 | 26.28 |
| TCL | TCL集团有限公司 | 56.38 | 燕京 | 北京燕京啤酒集团公司 | 24.55 |
| 科龙 | 广东科龙(容声)集团有限公司 | 55.50 | 嘉陵 | 中国嘉陵工业股份有限公司(集团) | 23.60 |

说明：该成果是一项品牌比较价值研究，不同于商标评估，未具备产权变动的法律效力。

## 企业管理文化

中国企业长期以来在计划经济体制下运行，企业管理有着许多不合理地方，如决策慢、机构庞大、政企不分、平均主义分配等，极大地阻碍着企业的有效运行；如何解决这些问题，人们积极地探索着一条有效的途径。另一方面，随着中国迈入了市场经济的轨道，如何适应市场经济的需要，对于企业的管理也提出了新的课题。

中共十五大提出建立现代企业制度，成为解决中国企业目前所面临问题的途径。建立现代企业管理制度是其中重要的一个环节。

从经济运行的客观现实中，不断地提出改善企业管理的迫切要求。朱镕基总理指出过，根据对一些省市工业企业的调查，国有企业亏损半数以上，这主要是企业经营管理不善造成的。在企业改革中，一项成功的最终能为企业带来效益的并购，要求母公司必须用先进的管理模式与子公司内部管理基础有机融合。许多民营企业曾经通过发挥其机制灵活、决策快捷、善于抓住市场机遇等长处，完成了资本原始积累的企业发展初级阶段；但由于其管理模式大多是家族式的，这种管理模式不能适应企业继续扩大的要求，因此一些知名企业因缺乏有效管理而昙花一现，各领风骚三两年；更多的企业因其管理机制未能留住人才或缺乏监督机制而出现漏洞，致使企业长不大。

专家指出，使企业持续发展的最有效的方法之一就是加强企业内部管理；中国企业需要有一套自己的、科学的管理模式。现代企业管理制度起源于西方。学习、借鉴西方先进的成功经验是必要的也是必须的，但并不是说中国的企业一定要照搬西方企业的管理模式。结合中国实际进行的创新是中国企业管理所面临的任务。在这方面，已经涌现出了许多成功的管理方法，它们在国内的企业中已经得到了实践检验，证明是十分有效的。比如海尔的管理、赛特的管理，都在中国的企业中获得成功。

90年代末，在市场经济条件下，中国企业管理最基本和最重要的特征是"面向市场"，市场成了企业生存和发展的关键环节和企业管理的起点和归宿。资本经营在中国企业界开始盛行，追求企业的价值增值，股票上市，促使中国企业从实物管理走向价值管理。由于所面对的竞争环境复杂多变，因而只有整体配置企业所有资源，相关伙伴协同行动，才能形成竞争优势，完成企业目标，从而要求现时的企业管理必须是整合的管理、系统化的管理。国际化经营的企业，不仅面临国际市场政策、文化、法律等社会因素的制约，同时企业的运营，包括财务资金运作、会计体系、质量体系、营销网络、人力资源、信息系统、知识产权等，也发生重大变化，从而促使许多中国企业走向国际化管理的轨道。

（中国社会科学院　林振淦）

# 香港地区经济文化概况

香港特别行政区面积1 075平方公里，人口650万，国内生产总值1 720亿美元，人均国民生产总值2.6499万美元，①货币汇率1美元＝7.735港元。

## 人文地理

香港包括香港岛、九龙及新界地区，位于中国大陆南部、珠江口以东，西与澳门遥遥相望，北与深圳经济特区比邻，距广州市200公里。

香港岛于1842年被英国占领，全岛面积75.62平方公里，是香港商业活动中心和行政公署所在地。港岛地势陡峻，向南倾斜，太平山高551米，是全岛最高峰。北岸与九龙半岛相对，维多利亚港在港岛与九龙市区之间，面积6 000公顷，海港阔度1.6～9.6公里，吃水12米，远洋船舶可自由进出，同时停泊150艘巨轮，是世界最优良港口之一，也是最繁忙最高效的海港。

港岛对岸的九龙，在界限街以南大陆部分，是南九龙半岛，连同西面的小岛，面积10.62平方公里，这块地方于1860年10月被英国占领。九龙的尖沙嘴、油麻地和旺角是香港工商活动另一中心，港岛与九龙之间交通，过去依靠轮渡沟通，海底隧道与地铁通车后，两地已连成一体。

九龙界限街以北到深圳河以南称北九龙，英租借后称为新界，是香港地区面积最大的部分，连同附近的235个小岛屿，总面积达959.3平方公里，约占香港总面积的92%。新界是1898年6月被英国强租去的，租期99年。新界丘陵起伏，是全区地势最高的地方。新界居民，过去以农业为主，随着经济发展，出现了许多新市镇。

香港虽处热带，但又与热带地区不同，一年四季分明，雨量充沛，四季花香，春湿多雾、夏热多雨、秋日晴和、冬微干冷。香港地区大部是山区，丘陵起伏，大多是从东北向南延伸。这里没有大的河流和湖泊，加上地下水源有限，随着经济发展，人口增多，食水是个

① 《人民日报》1999年9月3日第7版

长期不易解决的难题,直到1960年,突破以往筑塘蓄水办法,从深圳引东江水供港,才使淡水供应有了可靠保证。

香港从100多年前一个仅有数千渔民的渔港小村,发展为今天拥有630万人口的现代化都市,其人口多数是不同时期以不同条件与方式由内地迁入,因而这里的居民语言文化和社会习俗与内地一脉相传。目前这里是世界人口最稠密的地区之一,占全港面积16.5%的港九市区,每平方公里人口密度达2.6万人。近年来人口分布状况变化较大,1962~1992年,30年间新界人口已由50万上升为257万。香港人口年龄结构较轻,但近年已出现微弱老化趋势。1971~1981年间,大量移民入境,劳动人口年增率达4.5%,但近10年间,移民入境相对减少,加上出生率下降,劳动人口增加趋缓,随着经济发展,劳动力短缺现象日益严重。

## 经济发展简况

第二次世界大战后,香港经济取得举世瞩目的成就。1950~1991年间,本地产值由31.5亿港元增加为6 330亿港元,41年增长了近200倍,年递增率达13.8%。同一期间,对外贸易总额由75亿港元增加到15 448亿港元,增长了近205倍,年递增率达13.9%。40多年来,香港经济发展经历了经济恢复时期(1947~1952年)、工业化时期(1952~1970年)、经济多元化时期(1970~1982年)和经济稳定增长时期(1982年至今)等阶段。

进入80年代,曾经80年代初西方经济衰退的打击,步入相对低速结构调整期,但在内地经济迅速增长的带动下,仍有多年达到双位数增长记录。1979~1996年间,香港本地生产总值由1 118亿港元上升为11 999亿港元,增长9倍多;对外贸易总值由1 168亿港元上升为29 339港元,增长24.1倍多。据甫华证券公司董事罗祥国博士乐观估计,1997年以后,若能保持5.5%年增长率,届时人均产值将超过3.3万美元,基本赶上美、日当年水平,如果这一进程顺利的话,那么从1946年开始,香港只用半个世纪时间,即赶上西方最发达国家的水平。

总之,经过近二三十年发展,香港经济转型已大致底定,已由轻工业向服务业为主城市过渡,"无烟工业"成为经济主要支柱。

## 国际贸易与金融中心的形成与确立

从70年代开始,香港在制造业结构变动与升级的同时,贸易、金融及其他服务业发展迅速,其经济多元化步伐大大加快,日益成长为亚太地区及国际贸易与金融中心。

### 国际贸易中心的形成

优越的地理位置,自由港的体制,加之近10多年来中国对外开放,与东亚周边国家地区的经济振兴,促使着香港在转口贸易基础上迅速成长为亚太乃至世界重要贸易中心。

香港成长为国际贸易中心是与其对外贸易迅速扩大同步进行的,60年代转向加工贸易后,对外贸易发展迅速,年增长率从50年代的5%上升为13%。70年代高达19.3%,80年代更高达21.5%。1973年对外贸易额为100亿美元,而到1996年则高达3 628亿美元①,在世界贸易中的地位从1959年的27位上升为1998年的第9位,按人均计算其出口水平已高于美国、日本、西欧等发达国家和地区。

香港成长为国际贸易中心经历了转口贸易型向加工贸易型转变的过程,早在战前香港就是东方一大转口贸易港。1959年开始,香港从以转口贸易为主的海岛型经济逐渐转向转口贸易与加工贸易并举,并以加工贸易为主的新兴工业出口地区,在长达20年时间内本地加工出口值一直占总出口的七成以上。然而80年代以后,随着产业升级与调整,大量出口加工业转移内地,在大陆对外开放的推动下,转口贸易发展迅速,1981~1995年间转口贸易在总出口中比重由34.1%上升为83%。值得引起人们关注的是,近年来随着香港制造业向祖国大陆转移和大陆港口设施的完善,转口贸易增速趋缓,而港商将大陆或第三地产品付运到海外市场,即香港接单、第三地出口,包括经

① 《国际经贸消息》,1999年4月29日第1版。

香港转运或直接付运的离岸贸易增长迅速，1991～1997年间，离岸贸易与转口贸易之比，已由50％上升为85％。[①]

### 国际金融中心的形成

香港作为亚太地区主要国际金融中心的崛起，是伴随着70年代制造业的起飞和80年代经济转型发展的必然结果。基于经济结构调整及现代工业和经济发展的需要，香港当局于1978年开始宣布中止不再增发银行牌照的禁令，积极推动香港作为地区性金融中心的扩展。以在香港安排组合的贷款额，外资和金融机构的数量及规模考察，香港是仅次于伦敦和纽约的世界第三大国际金融中心，同时从集境内和离岸金融业务于一身看，香港和伦敦同是集成性的金融中心，即从处理国际金融业务层面考察，这里是实质的“功能中心”，而不是提供注册和记账，以达到逃避税收的场所。其从事的国际金融业务，除传统的存贷、汇兑和财务咨询等一般银行业务外，众多的金融中介机构还积极参与各种类型的银行金融活动。总之，从各个层面看，这里作为国际金融中心的规模虽不及纽约、伦敦，但其功能齐备、服务多样。这里金融机构功能的发挥，境内境外不受任何限制，其金融业务从一开始就属于地区性、国际性的。作为地区和国际金融中心，主要表现在如下一些方面：

*这里聚集了大批国际银行及其他金融机构* 80年代以来的香港一直是除伦敦、纽约外，外国银行最多，世界第三银行中心。目前世界最大的100家银行中有82家在香港设有分行。

*香港黄金市场久已蜚声世界* 80年代以来，一直同伦敦、纽约及苏黎世并列世界4大黄金市场。

*危机前，香港外汇交易量居世界第5位* 1995年4月外汇日均交易量达910亿美元，每天有100多家国际性机构参与投资和投机，与东京、新加坡同为亚洲最大外汇市场。受金融危机影响，据国际清算银行调查，1998年香港外汇日平均交易量降为824亿美元，世界排名降至第7位。

*香港证券市场居世界前列* 从70年代开始，特别是1986年4家证券交易所合并以来，发展迅速，目前香港共有上市公司622家，上市证券1 485种。1998年股票交易额达17 011亿港元，年末上市公司股票总市值达26 617亿港元，折合3 412亿美元，居世界第8位，亚洲第2位。

## 面向新世纪：
## 香港与内地经济合作

随着祖国大陆的改革开放与香港贸易与金融中心地位的巩固与发展，70年代末以来，香港与祖国大陆的经贸关系取得长足进展。“九七”回归面向新世纪，两地经济发展面临诸多的挑战与机遇，必须通力合作作出正确的抉择。

### 两地间的贸易规模迅速扩大与香港转口港功能的发挥

香港凭借其良好的商贸环境和高效率的服务扮演着内地对外贸易的中介角色，内地50％对外贸易通过这里进行。1978～1996年间香港与内地间的贸易总值从108亿港元上升为10 489亿港元，增长了近96倍多[②]。香港和内地互为重要的经贸伙伴，内地是香港最大的出口市场和最大的进口来源地；香港是内地最大的出口市场和第二大贸易伙伴。[③] 香港与内地间的贸易占香港外贸总值的比重由9.1％上升为34.8％，其中香港对内地的转口占其转口总值的88.5％，随着两地贸易尤其是转口贸易的迅速扩展，香港在世界贸易中的排名从第23位上升为第8位。

### 两地间生产合作迅速发展，形成“前厂后店”格局

祖国大陆的对外开放与香港当地劳工土地成本上升，使香港制造业的劳动密集工序北移，约八成的香港厂商在内地设有生产设施，聘用数百万内地工人，形成了香港设计、开发、营销、服务和内地进行产品生产加工的“前厂后店”格局，使香港从静态比较优势中获取丰厚利润，成为其保持和增强国际竞争力的重要条件。同时，香港在内地的加工工业及其他经济

---

① 台湾《经济日报》，1999年9月5日。

② 《人民日报》，1997年3月31日第11版。

③ 香港《经济导报》，1999年第26期第10页。

活动的加强，也带动和促进了香港有关服务业的发展，推动着香港向高增值经济的转型。

### 两地间相互投资规模的扩大，给结构调整、产业转移以有力的推动

近20年来，与祖国大陆改革开放及香港劳动密集产业北移同步，陆港两地间的资本流动加速，相互投资规模迅速扩大。1979～1997年间，香港对内地的实际投资额达1 199亿美元，占内地实际利用外资总额的54.06%。① 香港投入内地的巨额资金及带来的生产技术、管理经验、经济信息和市场网络，对祖国改革开放及经济现代化起着重要作用。与此同时，内地在香港的投资活动亦迅速扩展，为香港的繁荣稳定提供实质性支持。

### 两地间的金融联系日益增强，有利于香港国际金融中心地位的巩固与发展

陆港两地贸易与投资联系的迅速扩展，为香港金融业的拓展提供了日益广阔的活动空间，对香港国际金融中心地位的巩固与发展起着重要作用。突出反映在内地将香港作为筹集建设资金的重要基地，而香港则把内地作为投放资金的重要场所。内地对香港金融市场的强劲需求，不仅刺激了香港债券银团贷款等的金融市场的发展，也活跃了香港的黄金保险和证券市场的交投，吸引日益增多的境外金融机构在港设立分支，开拓祖国大陆的市场，巩固和发展香港作为亚太国际金融中心的地位。

**1978～1998年香港与祖国大陆关系的经济指标**

(单位：亿港元)

| | 1978年 | 1980年 | 1990年 | 1998年 |
|---|---|---|---|---|
| 香港对祖国大陆的贸易 | | | | |
| 进口 | 630.56 | 1 116.56 | 6 425.30 | 6 083.76 |
| 港品出口 | 407.11 | 681.71 | 2 258.75 | 560.66 |
| 转口 | 131.97 | 300.72 | 1 109.08 | 4 073.66 |
| 旅游(万人) | | | | |
| 内地来港人数 | 2.39 | 3.69 | 75.44 | 259.74 |
| 港人进出内地人数 | 28.09 | 78.16 | 1 668.84 | 3 914.05 |
| 内地在香港投资 | | | | |
| 制造业 | … | … | 32.88 | 34.63① |
| 非制造业② | 92.4 | 104.6 | 111.6 | 138.9 |

注：…表示缺少数据。

①1997年数字。

②该栏数字顺次年份为1994、1995、1996、1997年。

资料来源：香港《经济导报》第18期，(1999年5月3日)。

## 1997～1998经济进入痛苦的调整期

在金融危机猛烈的冲击下，港府采取种种措施迎击投机客屡屡进犯，坚持了联系汇率，但也付出一定代价，产生负面影响，香港经济进入了痛苦的调整期，1998年出现5.5%的负增长的历史记录。《远东经济评论》专家预测，1999年经济增长率仍将维持在-2.0%到0.5%的低谷。② 当前，香港经济调整与衰退表现在如下一些方面：

**股市行情** 在危机的冲击下，香港恒生指数从1997年8月7日16 820点，猛跌至1998年8月13日的6 544点，跌幅达61%，超过1987年的大股灾，同

① 香港《经济导报》1998年第26期第10页。

② 台湾《经济日报》，1999年2月26日。

80年代初经济低潮期相似。自1998年8月中下旬，特区政府动用1 180亿港元财政储备买入大量蓝筹股后，随着空仓回补、基金增持和外资流入，到1999年初，恒生指数已回升至万点。1999年5月初，冲破1.3万点。然而，目前基本因素仍不足以持续支撑新一轮牛市到来，后市仍隐藏着较大风险。

**房地产市场** 1997年中以来，香港楼市累积跌幅达5成以上，私人楼房平均价格，由1997年6月每平方英尺7 395港元，暴跌至1998年10月的3 662港元。随着港府暂停卖地、弹性处理建屋目标等措施的推出，楼价已暂时找到支撑。1998年10月以来，成交增加，楼价回升。然而，短期内发展商售楼套现压力仍大，加之市民收入增幅放缓，都将抑制需求，近期楼市再度迅速攀升可能性不大。

**对外贸易** 受金融危机影响，1998年总出口下降7.4%，进口下降11.5%。[①]近期内，随着内地经济发展更多依赖内需，香港转口贸易，将难以再现先前跳跃式增长局面，而港品出口，由于周边经济疲软和西方经济放缓，也难以恢复快速增长。

**旅游市场状况** 1997年游客和旅游收入，分别比上年减少11%和14.7%；1998年头3季，又分别比1997年同期下降12.2%和28.8%。但从1998年下半年开始，旅游业逐渐走出谷底，出现恢复性增长。7～11月访港游客较上年同期上升6.7%，酒店入住率由1月间的67%上升至11月的81%。[②]

**消费市场状况** 自1997年11月至1998年10个月，连续12个月出现负增长。1998年头10个月，零售价格指数较上年同期下降16.5%，在减薪浪潮与旅游业未出现根本性改变以前，消费市场仍将维持低迷状态。

**就业市场状况** 在金融危机的冲击下，香港出现了近10年来罕见的裁员减薪浪潮。1998年头11个月，失业人数增加1倍多，失业率由2.4%上升为年末的5.8%。与此同时，各行业工资增幅放缓，不少企业还减少了职工薪酬。

**银行信贷紧缩** 1998年12月，香港银行贷放总额较上年同期萎缩19.8%，尽管香港政府推出中小企业保证贷款的方案，仍无法刺激银行放贷意愿。银行贷放减少，造成货币供给萎缩，1998年12月$M_1$较上年同期下降5%。[③]

当前，香港经济复苏面临的紧迫性还在于，同周边国家地区相较，香港经济调整起步晚，动作也欠迅速。东南亚各地经过1998年调整，工资地价及其他经营费用已下调5～7成。最新一项国际调查显示，香港工资水平较新加坡高35%，但劳工价格下调困难不小。[④]与此同时，当前香港同东南亚周边竞争中的明显弱势还在于，危机后周边各地货币大多已贬值3～5成，在坚持港元联系汇率的情况下，出口贸易必将处于不利的竞争地位。目前，韩国、新加坡和台湾等的经济调整已有长足进展，香港务必急起直追，企业要减少劳工及其他经营费用，政府和公营部门应着手减少税项和收费。此外，政府还应为企业营造有利的经营环境，特别是在支持中小企业的发展上。总之，惟有有关各方同心协力，积极进取，为提高香港经济竞争力作贡献，香港经济复苏与新的振兴才会早日实现。

展望前景，当前香港经济的一些不利因素正在化解，有利因素正在形成与发展，最困难时期即将过去，复苏只是时间迟早问题。具体反映在，外部环境方面，1999年主要贸易伙伴经济将逐渐趋向稳定，有利深受外围因素困扰的香港经济走向复苏。预计，1999年下半年开始好转，2000年开始恢复正增长。香港企业在危机中深受利率高之苦，1998年8月后，西方各国陆续进入减息周期，美国已3次降息，外围环境为香港降息创造条件。在联系汇率下美元强势给港元压力大，1998年8月后，美元见顶回落，东南亚货币见底回稳，人民币继续坚挺，使港元再受狙击可能性减少。风暴中对冲基金流窜与冲击，是危机起伏与蔓延的重要动因，1998年秋后，老虎、量子和长资等基金损兵折将，暂且偃旗息鼓，也使得这些基金再次狙击港元可能性减少。然而，一些不利因素也不容忽视，野

① 台湾《经济日报》1999年1月29日
② 香港《经济导报》1999年第4期
③ 台湾《经济日报》1999年2月26日
④ 香港《经济导报》1999年第5期

村证券国际研究部认为，全球利率仍面临上涨压力，中国大陆经济增长减缓，香港实质利率上扬，房地产价格疲软等因素，对香港经济和股市稳定与复苏都将是不利的。同时，应当看到，经过风暴的考验，香港虽然在东亚地区显示出其独特的优势，然而也暴露出它的弱项，产业过度倾斜服务业，导致结构不稳，抗力偏软，重塑合理结构尚待时日。

## 展望前景：多元发展，推进经济振兴

在金融危机的猛烈冲击下，香港经济发展进入了十分严峻的调整期。总结以往，瞻望未来，内中有外围因素、周期影响，亦有内部结构问题。实践显示，强本固基、科技创新和进一步健全活跃金融市场是应对外部冲击与提高危机抗御能力，保持香港繁荣稳定的重要方略。

为了迎接新世纪的挑战，增强应对种种危机的抗御能力，当前，香港在推动结构调整、振兴经济和保持稳定与繁荣的进程中，正通过远近结合多种措施应对挑战，这在特区政府1999～2000年财政预算案中，即可寻觅到一些踪迹。

### 远近结合，多元发展

从近期看，现时香港整体环境不佳，为提振市民信心，实行退税措施，退还1997～1998度的薪俸税、物业税、利得税和1999年7～9月50%差饷，总退税额约达85亿港元。同时，对商业活动的收费亦作适当调整，间接税未大幅增加，只调整隧道税、泊车费和驾驶罚款，将其对民生的影响降到最低限度。从长远看，无论是迪士尼、数码港、三所合并及振兴债市措施，均是香港发展多元化社会的必需。总之，从香港1999～2000年预算考察，特区政府既顾及香港长远发展的基础，亦对市民近期诉求予以充分的关注。

### 三所合并和启动债市，进一步健全与活跃金融市场

新预算中提出将联合交易所、期货交易所及中央结算公司合并，这种合并无疑将使股票期货运作更加顺畅，降低股市运行费用和成本，有利于吸引投资者，适应世界金融市场的发展趋势。

与此同时，在公众储蓄转为建设性投资过程中，债务市场是金融的重要渠道，但香港由于多种因素的限制，债务市场不发达，过分依赖银行业和资本市场，为促进金融市场自由、安全和有效运转，启动债市，推进金融市场多样化，在所必然。为此，最近香港联交所、金管局和中央结算有限公司签订了外汇基金债券上市协议，根据计划超过340亿港元已发行的外汇基金债券将于1999年8月16日在香港联交所上市。预期，外汇基金债券上市，及其他公共机构和公司的类似上市活动，将对香港债务市场的发展起积极推动作用。此外，由于债券要支付固定利息，因而随着强制性公积金计划的实施，估计将有更多的资金投向风险低的香港债务市场。

### 加强政府的指导与帮助，推进结构调整和产业升级，建立科技创新中心

半个世纪以来，香港经历了几度明显的经济转型。第一次从50年代开始，由转口贸易转向加工贸易；第二次从80年代开始，从加工贸易转向地产和金融服务业。经过此次危机的洗礼，人们痛感到，香港作为一个国际金融中心和经济上相对独立的特别行政区，不能没有自己的制造业基础，不能没有一个实在的、工业的和高增值的制造业。世纪之交，香港开始启动第三次经济转型，拓展走向创新科技的新征程。

高新技术的竞争是走向新世纪世界经济发展的突出特点，谁能率先夺取高新技术阵地，谁就能迅速登上新台阶，执世界经济之牛耳。香港制造业原先多属劳动密集型，近年来正逐渐向高增值的制造业和服务业转型，面对激烈的市场竞争，昔日以成本生产作竞争筹码的优势逐渐式微，必须增强以科技为基础的高增值产业的开发力度。基于高新技术产品高回报率，在科技创新日新月异的今天，倘若能营造一个良好的环境，使香港成为发展创新科技的地区，许多海外乃至香港本地和祖国内地的资金、技术和人才必将蜂拥而至。

香港特首董建华在1998年施政报告中，提出了加强香港资讯科技的发展，使“香港跻身于资讯科技发展的前列”，成为“世界一流的电讯中心”等一系列目标。为此，1998年董建华任命美国加州大学教授田长霖为香港科技创新委员会主席，要求在18个月内提出香港发展创新科技和提高竞争力的报告，最终报

告已于1999年6月完成，报告认为按目前的趋势，香港将在3～5年内取得具体成绩，10年内获得丰硕成果，使香港成为科技创新中心，成为面向亚洲市场的研究发展基地。

在1999～2000年新的财政预算案中，财政司宣布了发展数码港的计划，1999年将拨款50亿港元，成立科技发展基金，协助发展科技产业。数码港将成为香港推动科技产业发展的中心点，未来将以数码港为中心点，将科技创新扩散到一般产业。目下全球20多家资讯科技公司已同意租用数码港发展业务。以此为始点，不少世界著名的电脑资讯公司纷纷派员到港考察，科技股乘势而起。与此同时，中药港计划亦在紧锣密鼓地酝酿中，科技园建议亦按计划展开。亚太汉鼎计划投资12亿美元在香港建立硅港，采用类似台湾新竹园的模式。

## 教育事业

香港教育水准同工业发达国家相比并不算高，但是70年代以来，为适应经济发展和国际市场竞争角逐中的领先地位，教育日益成为推动经济发展的重要因素，教育事业日趋现代化与多样化。进入80年代，一个以九年义务教育为基础，大力推广工业教育、职业教育和发展高等教育的全面教育体系，逐渐取代过去旨在培养少数为殖民统治服务的精英教育。

从整体智力教育结构看，香港教育大致由公共教育、工业教育与训练及大专教育三个系统组成，教育的重点逐步从数量增长转向质量提高。进入90年代，为进一步发展大专教育，形成了以香港大学、香港中文大学、香港理工学院和香港科技大学为主导，其他大专学校为辅的高等教育体系，一个教育普及、机会均等的"学历社会"已逐步形成。

1978年9月开始，香港实施9年免费强迫普及教育，规定从1980年9月开始，年龄在6岁以上，15岁以下或未完成中三课程的学童，均须接受全日制初中教育，1981年全港中小学生占同龄儿童的87%，基本普及了小学及初中三年义务教育，在这基础上进一步加强工业教育与训练，培养具有大专程度的专业人才。

工业教育与职业训练在香港也有很大发展，而且有不断加强的趋势。香港的中小学及大专学校分别由教育署、大学及理工教育资助委员会负责财政拨款，但有关各项教育事宜由教育统筹委员会统一策划。香港的工业教育则在该教委的指导下，由官方资助的职工训练局具体策划及管理，目前该局属下的工业学院（相当内地的高级技术专科学校），为青年人提供政府资助的工业教育，对象为中学五年毕业学生，分技工和技术员课程，其特点是理论学习与实际操作并重。

另外，政府还开设学徒训练计划，凡是14～18岁的学徒，如在42个指定行业中任职而又未接受过完整学徒训练者，均需订学徒合约，并需参加3～4年学徒训练。这种多层次、多种形式的工业教育与职工训练体制，无疑对促进人力资源的开发，提供了必要条件。

## 社会文化及设施

香港在社会生活方式、思想文化、伦理道德及至经济价值观念诸方面，都具有东西方融合的特征。不过，从社会学观念考察，由于年龄层次、职业、阶层、教育及个人所得方面的差异，人们的文化倾向则不尽相同。

香港虽然在历史上曾经蒙受了100多年殖民统治，长期与祖国大陆社会生活脱节，西方资本主义及随之而来的西方物质文明填补了这一段文化历史真空；然而，这里毕竟是个华人社会，加上地线相接，使得港人的文化根茎依然是在中国。这样，就使得香港人的一般文化观念形态，一方面在社会和物质观念上接近西方开放社会；而在伦理道德、文化观念、社会习俗等方面，则更与内地、特别是粤闽地区一脉相承。

随着经济发展，香港的传播媒介与文化艺术事业发展较快，而且日益具有国际化的特征。

目前在香港注册登记的报纸有60多种，期刊杂志100多种，其中每周印行6天的英文报纸2家，5天的3家，中英对照的1家。每天出版的综合性中文报纸26家，此外还有晚报、影视报和日文报等数十家。

香港电视分别由享有专利权的香港电视广播有限公司及亚洲电视有限公司经营，这两家公司各自拥有中英文电视台两个，电视已成为香港市民主要传播娱乐工具之一。由于香港电讯事业发达、位置适中，近年来，不少国际电台、电视台、报刊、杂志及通讯社都以香港作为东南亚业务基地，合众社、美联社、法新社、路透社等120多家外国传媒机构都在这里设立总部或分社，使其成为亚太地区重要新闻集散中心。

市政局在现行政制体制下，既是政制的一个组成部分，又充当行政管理角色，除了负责为数万市民提供各种康乐文体活动设施外，还负责管理全港公共图书馆、博物馆、科学馆、艺术馆和文化中心。位于尖沙嘴的香港文化中心，于1989年11月开幕，这里除建筑风格别致、地处海旁、风景优美外，室内设有2 100个座位的音乐厅，两个分别容纳1 700个座位和500个座位的剧场。

## 医疗卫生与社会福利

近年来，香港当局为配合社会经济发展，缓和舆论压力，日益重视改善居民的医疗卫生服务，积极扩充各种类型医疗保健机构的数量和注意提高医疗质量，增添设备，发展医学教育事业，使香港医疗卫生事业逐步走向现代化，目前香港的各种现代化医疗设备、住院病床、医生配备及基层卫生保健服务的医疗技术水平和各种工业职业病、精神病防治等，在亚洲各地中均属水平较高的地区之一。

香港医院分官办、官方补助和私人开办三种，1987年政府决定将官方医院及辅助医院实行一体化管理，统一由法定的医院管理局管辖，1991年12月1日起正式接管所有公立医院。

据1991年统计，香港规模较大、设备先进的官办医院和官方补助医院35家，政府属下诊所66家，连同私人医院共有病床2 500多张，平均10万居民有6.6个诊所，每1 000居民有病床4.4张，较美、日、西欧水平低，但高于马来西亚和新加坡。目前香港医生主要来自香港大学和香港中文大学医学院的毕业生，以西医为主，中医、中药事业较发达，是东南亚地区中药材重要集散地。

香港社会福利主要包括两大部分，一是由公共财政支持的福利开支，二是在政府鼓励支持下，私人机构开展的多种公益金筹款举办的社会福利事业。由政府公共开支支持的“社会保障制度”，70年代初开始逐步推行，主要分公共援助制、社会保险制和企业劳资强行储蓄制。目前由社会福利署提供的社会保障计划，主要有公共援助计划，特别需要津贴计划、暴力及执法伤亡赔偿计划、交通意外伤亡援助计划及紧急救济计划。除了实施政府公布的“社会保障计划”外，还有300多家民间慈善福利团体，也积极参与各项社会福利事业，资金来源主要来自各种大型筹款的积累，1990～1991年度的公益金超过1亿港元，主要是固定或临时用于医疗老人、服务伤残病人士、戒毒及防治艾滋病等特别资助。

（中国社科院亚太所　魏燕慎）

# 台湾地区经济文化概况

地名：台湾省

面积：3.57万平方公里

国民生产总值：2 621亿美元（1998年）

人均国民生产总值：12 059美元（1998年）

## 人文地理

台湾省位于中国大陆架东南缘的海洋上，由台湾本岛、澎湖群岛及其他大小附属86个岛屿组成。台湾省地形结构属山地型，海拔500米以上的高地占陆地面积的45%，大体分台东山地、台中丘陵、台西平原三部分，属热带亚热带气候，年平均气温22℃，年降雨量在2 000毫米以上。

台湾省岛内物产资源比较优越，农林资源丰富，森林占全岛面积1/2，是世界樟脑主要产地。这里由于气候适中、雨量充沛，盛产稻米、甘蔗、茶叶和热带亚热带水果及鱼类。但矿产资源有限，特别是现代工业所需金属矿产与油气等十分贫乏。

全岛人口中汉族占绝大多数，高山民族仅占百分之几。80年代以来，人口增长大大趋缓。

## 经济概述

60年代以前，台湾经济以农业为主。进入60年代后，随着出口加工业的发展，生产力布局发生较大变化，形成如下几大工业区块：

以台北市为中心的北部工业区　包括台北县和基隆、桃园。该区是台湾最大的工业区，有工商企业10多万家，约占全岛工商企业总数的1/3，职工人数的一半，资产总值的3/4以上，以纺织、电子和机械工业为主。

以高雄市为中心的南北工业区　包括高雄县、台南县、台南市、屏东县及澎湖县等。该区工商企业为全岛的1/4和职工总数的1/5，及资产总值的1/10以上，以大型钢铁、造船和石油化工为主，是台湾主要重工业基地。

中部工业区　以台中市为中心，包括台中县、澎化县、南投县。工商企业约为全岛1/5，职工总数为16%，资产总值为1/10。

战后，台湾经济经历了恢复时期(1946～1952)、稳定发展时期(1953～1960)、经济"起飞"时期(1961～1973)、经济调整时期(1974～1982)和经济增长时期(1983至今)5个阶段。经过40多年发展，经济取得长足进展，1952～1991年间，国民生产总值从16.79亿美元上升为1 802.68亿美元，人均国民生产总值从137美元上升为8 815美元，年经济增长率为8.8%。人均收入与美国的差距由1951年的29倍，缩小为1990年的2.6倍。

目前，台湾省的国民经济结构已得到较大程度的改善，形成了以重工业为龙头，和轻工业及其配套工业为主体的工业生产体系。1953～1996年间农业比重由38.3%降为5.5%，工业比重由17.7%上升为43.1%，服务业比重由44%上升为61.1%。制造业内部比例亦在优化，1952～1996年间，轻重工业的比例由75.2%与24.8%调整为32.3%与67.7%①；若按技术密集程度划分，1986～1998年间，传统工业由40.4%降为22.5%，技术密集工业由24%上升为42.8%。②

进入90年代，受各种因素作用的影响，经济增长有所放缓，但基本保持6%上下的速率增长。1997年金融危机的影响未显现，经济增长率高达6.8%。1998年，在危机影响加重、外需不振的冲击下，增长率仅达4.65%，较上年滑落两个多百分点。1998年人均GNP为12 059美元，较上年减少1 139美元，是历年最大减幅。1998年经济不景气的主要成因是：

首先，带动经济增长的出口滑坡，贡献率大大减少　在危机的冲击下，1998年台湾对亚洲地区的出口减少18%，其中对东盟的出口萎缩三成以上，使按美元计算的出口下滑9.4%。1998年，出口对经济增长的贡献率，由上年的4.36个百分点降为2.12个百分点。

其次，企业经营困难，扩大投资乏力　1998年企业倒闭数较上年翻番，到12月失业率超过3%，是1986年以来的最高记录。1998年第四季度民间投资出现3.8%负增长，全年民间投资增幅低于预期，仅为11.9%，1999年将进一步下滑。

第三，财务危机频仍，金融动荡加剧　1998年9月开始，先后有数十家企业出现财务危机，引发金融挤兑和股市重挫。1998年底，股市以6 408.43点收盘，较上年同期下跌1 769点，是全球12大严重衰退股市。1999年初，更突破6 000点防线。1999年2月挤兑风潮中，与海山集团有关的板桥信托商业银行数日内被挤提53亿台币。

## 对外经济关系

### 对外贸易的扩展

台湾60年代初开始实行出口导向战略以来，对外贸易发展迅速。到70年代中期，对外贸易依存度已上升到GNP的70%以上。1976年开始，对外贸易一直保持顺差，并呈扩大趋势，1986～1990年间，连续5年出超处于120亿美元水平以上，1987年曾一度高达187亿美元。1981年进出口贸易额达440亿美元，开始跻身于世界20个贸易大国的行列。1991年达1 390亿美元，升居第13位。1998年达2 154亿美元，较上年下降8.9%，是44年来最大跌幅，退居第14位。

目前，台湾的170多个贸易伙伴中，主要集中于18个国家地区，其中又高度集中于美国、香港、日本和德国4地。1986年上述地区合占台湾外贸总额的

① 台湾《经济日报》1997年3月16日。
② 中央社台北1999年9月5日电。

67.2%，形成对少数国家地区的高度依赖。近年来，随着贸易多元化方针的推进，这种依赖有所减弱。1984～1998年间，美国在台湾出口贸易中的比重由48.8%下降为26.6%；与此同时，亚洲地区的比重则迅速上升，香港成为其第二大出口市场，1998年比重已达22.5%，直逼美国。

在对外贸易的商品构成方面，随着经济发展，发生了重大变化。60年代中期以前，农产品及农产加工品在出口中占绝大比重；随后，工业品的比重迅速上升，1952～1970年间，由8.1%上升为78.6%，1990年达95.5%。随着产业升级，在工业品的出口中，资本技术密集产品的比重迅速上升，1990～1996年间，高科技产品比重由36%上升为46%。

### 利用外资与对外投资

侨外资引进

60年代后，随着出口导向策略的推进，引进外资政策的制定，进入台湾的侨外资有较大增长。1970～1980年间，引进外资额由1.63亿美元上升为4.66亿美元，1989年达24.18亿美元高峰。80年代末以来，随着岛内投资环境恶化，外资引进处于不稳定的增长期，1993年降至12.1亿美元低点。1994年，随着欧美景气回升，入岛外资出现1990年以来首次增长，较上年增34%，达16.3亿美元。1995年持续增长，达29.2亿美元。1996年略为下降。1952～1997年间核准外资290亿美元，1997年引进外资43亿美元，较上年增长73%。1998年头11月，引进外资较上年同期下降近20%。

日本和美国是台湾外资的主要来源，1952～1997年的45年间，日、美占台湾引进侨外资总额的比例，分别为25.5%和25.1%。在引进外资的部门构成方面，六七十年代以制造业为主，通常比例在75～80%之间。进入80年代，特别是80年代后期开始，随着与美国的贸易摩擦加剧，要求开放岛内市场与服务业，外商对金融、运输、服务及商业的投资增长迅速。近年来，电子业的外来投资的增长也很迅速。

对外投资

与吸引外资相较，台湾对外投资起步晚、规模小。进入80年代，随着外汇存底的增加与岛内投资环境的恶化，对外投资增长较快，1980年为3.03亿美元。1990～1995年间在15亿美元水平上下波动（不含对大陆投资部分），1996年超过20亿美元。1998年达32.96亿美元，其中，受危机影响对东南亚的投资减少一半以上。

台湾对外投资从东南亚地区起步，到80年代中期，开始转向北美，“远程化”趋势延续到80年代后期。随之又出现新的调整，即向中国大陆和香港的投资迅速增加，对东南亚的投资亦增长迅速，而对北美的投资则相对下降。据台湾投审会统计，截至1998年6月，累积对外投资达292.13亿美元，其中对亚洲地区投资为181.92亿美元，占总数的62.27%；对美洲的投资为100.44亿美元，占总数的34.38%①。

## 两岸经贸关系的发展

1978年以前，海峡两岸即或是通过第三地的间接经贸往来亦十分有限，1970～1978年间，经香港转口的累积贸易额仅1亿多美元，1978年后发展迅速，大致分三个阶段：

试探性阶段（1979～1987）　这一阶段经贸交流以贸易为主，台商到大陆投资人数少、规模小，一般属回收期短的行业。

全面启动阶段（1988～1991）　双方政策的调整，促使两岸经贸交流全面启动，两岸贸易大幅增长的同时（从27.2亿美元上升为57.9亿美元），出现台商投资大陆第一次高潮。

加速发展阶段（1992年至今）　邓小平视察南方讲话后，祖国大陆改革开放步伐加快。这一阶段两岸经贸交流出现以台商单向投资为主导特征，台商大企业成为进军大陆的主体，投资目的由转移生产基地变为占领消费市场，内销企业上升为42.7%，全部外销企业仅占14.6%。投资领域从制造业向农业、金融、流通、高科技和基础设施扩展。两岸间的贸易亦稳定增长。从1992年的74.07亿美元，上升为1998年的225.11亿美元。

---

①　按所在地统计，截止1998年6月台湾对外投资累积达886.22亿美元，亚洲占87.61%，美洲占10.62%。台湾《经济日报》1998年11月17日。

近 20 年来，两岸经贸关系发展的主要特点是：

*两岸间接贸易增长迅速，但仍有不少潜力* 1979～1998 年间，两岸贸易额由 0.7 亿多美元上升为 225 亿美元，基本呈逐年增长趋势；1979～1986 年间，除 1985 年外每年都在 10 亿美元以下；1987～1994 年间，上升为两位数，从 15 亿美元上升为 98 亿美元；1995～1998 年间，上升到三位数水平，由 114 亿美元上升为 225 亿美元。两岸贸易虽已达到相当规模，但依然只占双方贸易总额中的较小部分，即 1/10 以下，仍有不少发展余地。

*两岸贸易顺差增长迅速* 对大陆的贸易顺差，由 1980～1986 年的一位数，上升为 1987～1995 年的两位数和 1996～1998 年的三位数，对台湾经济的发展起着重要的支撑作用。

*台商对大陆的投资起步晚，但增长迅速* 1988～1998 年间，协议投资额由 6 亿美元上升为 416.03 亿美元，累积实际投资由 0.22 亿美元上升为 216.47 亿美元。①

*依然处于台商单向投资的不平衡状态* 目下台商对大陆的协议投资额，已占台湾对外投资总额的 40%，为台湾产业转移与升级创造有利条件；而在大陆引进的外来投资中，台资虽已占一定份额，但比例依然有限。

## 科研开发

面向新世纪，为迎接知识经济的挑战，台湾主要从以下一些方面着手，使台湾的科研开发进入全面发展与重点突破的新时期。

*首先，加大科技投入，为科技创新创造有利条件* 据瑞士国际管理发展研究院资料，1992 年台湾研究开发经费为 30 亿美元，落在日本和韩国之后，与发达国家相较仍有相当差距。80 年代末，发达国家研发经费占 GDP 的比率在 1.7～2.9% 之间，而台湾仅为 1.38%。1995 午台湾达 1.81%，而韩国和日本分别为 1.83% 和 2.01%。为改变这一状况，台湾当局决定增加科技投入，计划 2000 年科研经费占 GDP 比率达2.5%，为 2002 年前达 2.8% 奠定基础。

*其次，积极培养与引进科技人才，构建支持科技发展的知识群体* 1995 年台湾的科学家和工程师达 6.3 万余人，仅及韩国的一半，其间世界级的著名科学家更是寥寥无几。面对科技人才严重短缺窘境，台湾除从岛内加强人才培养与提高培养质量入手外，则面向海外广招贤士。重视推动国际科技交流，重视科技人才培养、延揽与奖励，包括遴选科技人员研究进修，加强专题科技教学，并设立研究奖励制度，鼓励科技人员进取。计划到 2002 年每万人口中科研人员数，由 1992 年的 23.3 人提高到 35 人。

*其三，建立科学工业园区，推进科技创新和高新技术产业的发展* 划定特定区域，建立科学工业园区，是 70 年代以来世界各地发展高新技术产业的重要举措。1980 年 12 月 15 日，台湾第一座科学园区——新竹科学园区成立。新竹科学园区占地 480 公顷，另有 100 公顷待开发。新竹科技园自 1980 年成立以来，已进行了两次扩建，1983～1994 年间，产值已由 3 亿新台币猛增为 3 186 亿台币（近达 100 亿美元），目前正进行第三阶段开发，2003 年以前进行第四阶段开发，未来 10 年计划园区整体产值可超过 1 万亿台币（约 300 亿美元），在世界科技社群中占一席之地。目前入区公司已由 7 家增至 221 家，从业员工达 6.04万人。② 其中集成电路和电脑两大产业产值约占园区总产值 90%，成为园区科技开发的主体，目前园区生产的鼠标和影像扫描器的产量居世界第一，网络卡和终端机产量居世界第二，个人电脑居世界第三，集成电路居世界第五。

为尽快发展高科技产业，第二个科学工业园区——台南科学工业园区也于 1996 年 1 月破土动工，占地 680 公顷。1997 年 7 月 8 日正式挂牌。为配合进驻厂商的水电道路等基础设施需求，将原定两期共 15 年的计划一并开发，到 2010 年进驻厂商可达 200 多家，年产值可达 9 000 亿新台币。目前申请进驻台商达 40 多家，美日英等海外厂商也有浓厚兴趣。

*第四，突出重点，大力推进四大尖端科技产业化*

信息技术。1994 年夏，台湾正式确立了“资讯基础建设计划”（NII），预定 6 年内完成。1994 年 8 月 15

---

① 《经济参考报》1999 年 4 月 9 日。

② 《日本工业新闻》1997 年 11 月 7～12 日：《台湾的硅谷——新竹科学工业园区》。

日,“NII计划专案推动小组”正式成立。近年,政府每年拨款200亿新台币推动信息高速公路建设,民间厂商也迅速行动,斥巨资掀起“全民上网运动”。

电子技术。电子技术是台湾“经济科技的生命力”,1996年台湾的资讯工业产值为275亿美元,其中资讯硬件产值达242亿美元(不含海外),仅次于美日居世界第三位。预计1999年资讯工业产值将达465亿美元。

生物技术。1995年9月,成立由产、学、研、官跨“部分”组成的“生物技术产业指导小组”。1994年2月,在花莲县兴建的第一座生物技术专业区,于1997年底竣工。1997年8月,提出《2005年生物技术工业产值概要》规划,按此计划2005年生物技术产值,将从1995年的130亿新台币提高到800亿新台币。

航天技术。台湾认为航天技术是集政治、经济和科技“强权的产业”。1991年10月,制定了《太空科技发展长程计划》,1997年10月进行了修订,确定了第二阶段航天技术的发展目标:建立自主的太空科技能力,持续推动太空科学研究,促进太空产业发展;参与国际合作,提高国际竞争力。由美国TRW公司研制的台湾“中华一号”科学实验卫星,经一年多组装整合和测试于1999年上半年发射升空。

**第五,加强国际合作,积极引进海外先进科技成果**　为加强国际合作,引进海外先进科技成果,台湾主要通过在科技发达的国家和地区设立常驻机构,签订双边协定,与海外科技机构联合和合作,以及直接参与一些国家和地区的某项高科技开发计划等。如1984年,台湾“国科会”在美国的硅谷设立了代表处;1998年3月31日,台湾宣布决定参加日本的“Spring-8”同步辐射加速器研制计划,5年内兴建3条台湾专属的光速线。

## 人力资源开发利用与企业文化

台湾现行教育制度分为正规教育和技术职业教育两大体系,其中正规教育分为“国民教育”、高级中等教育和高等教育三个阶段,技术职业教育包括初等技术职业教育和高等技术职业教育两个阶段。在正规教育之外,还包括幼稚教育和社会教育。总的说来,台湾教育事业发展较快。1950年共有各级各类学校3 132所,在校学生103万。到1996年底,各级各类学校总数已达7 357所,6～12岁学龄儿童就学率达99.9%,初等教育的净在学率达99.31%,中等教育的净在学率达84.61%,高等教育的净在学率达25.61%,基本做到了普及初等、中等教育。

统计数字显示,80年代后期(1985～1989),台湾文化教育指数,除个别项目有所下降外,其余大都持续增长,尤其是大学生在人口中比例增长幅度较大。以1989学年指标同世界平均水平比较,台湾教育发展已超过世界平均水平,各级教育经费总额占GNP比率达5.6%,接近发达国家水平。多年来,随着教育事业的发展,台湾人口的文化素质得到较大程度提高。据1996年统计,在6岁以上的人口中,中小学学历者占58.86%,高中高职学历者占11.18%,专科以上学历者占15.32%,上述各项指标均居世界前列。

近二三十年,台湾经济发展迅速,除其他有关因素外,主要得益于人力资源结构与素质的完善,适应着国民经济调整与升级的需要。具体而言,进入80年代,随着人口自然增长率的下降,体力好、经验丰富的30～49岁年龄段的青壮年比重上升,预计1981～1996年间将从39%上升为52.2%。并且随着教育发展与普及,90年代人口教育体系将进一步改善,高职及大专以上文化占15岁以上人口的比率提高较快,由1981年的23.8%上升为1990年的35.3%和1996年的41.3%,即接近15岁以上人口的半数。上述人口结构的变化,对增加专业技术与管理人才,促进经济结构重组与升级起着积极作用。

在与人力资源开发相关的企业文化研究方面,台湾的管理学界和企业界把企业文化的研究归结为寻求中国式的管理模式,认为“即使在现代世界中,中国社会与中国人仍有着与众不同的特点,而这些特点则是传统旧文化与外来新文化相互调节与整合的结果”。因此,其研究的宗旨是创造与实行崭新的中国式管理。台湾交通大学教授曾化强的观点比较有代表性,他认为,中国式的管理“即中国精神的企业文化”,具有以下特征,即,中国式的管理是:中国式的现代化的、行之有效的管理,不断创造的管理,仁爱的管理,修己安人的管理,发展经营理念的管理。他指出,要达到管理的中国化,就必须使中国化与现代化相结合,一方面吸收外国的优点,另一方面使传统文化适合现代化。中国化的管理是“现行管理制度的自我创新”,对原有制度通过质与量的改进与创新,建立中国式的管理风格。近几年来,台湾企业文化的研究与开发取得了较大进展,但也表现出一些缺陷与不足。即,在企业文化的内容上,他们主张以儒家思想为中心,比较重视学习西方管理方法,而轻视其管理理论;在企业文化的研究上,尚停留在个案研究、典籍研究方面,创造性的研究较少。

(中国社科院亚太所 魏燕慎)

# 韩国经济文化概况

韩国,全称为大韩民国,对于中国人民来讲是一个崭新的名字。中国人民更为熟悉的名字是南朝鲜,领亚洲“四小龙”龙头的南朝鲜。1992年8月24日,中韩正式建立大使级外交关系后,大韩民国的国名才为国人熟知。虽然建交时间不长,但是中国人民对于韩国商品和文化的熟悉程度却不亚于对日本的了解。中国城市商场里的韩国服装款式新潮,价格合理。韩国的电视及音响设备在中国的商场占据了相当位置,三星、大宇、乐喜金星成为中国人熟悉的外国品牌。韩国汽车质量可靠,价格比美国、日本车便宜。香港凤凰台每晚播出的韩国电视剧,情节动人,演技出色。韩国的大学生纷纷拥入中国的名牌大学。韩国的足球、韩国的围棋,在亚洲居于压倒优势,号称为“高丽虎”。这就是中国人心目中的韩国,一个几乎一夜崛起的韩国,一个生机勃勃的国家,一个古老而又年轻的国家,一个经济发展的典型。

大韩民国历史不长,国土不广,人口不多。现代的大韩民国建立于1950年,建国时间还不到50年。但作为朝鲜古国的一部分,韩国的历史可以向上追溯到几千年前。国土面积为99 173平方公里,人口约4 650万人,99%以上为朝鲜族,也有少量的华人。面积与人口仅相当于我国重庆和北京的总和。但其目前经济实力在亚洲已跃居第三,仅次于日本和中国,在世界居第11位。国土位于朝鲜半岛的南部。三面临海,东临日本海,西隔黄海与我国山东省相望,南面与日本以朝鲜海峡相隔,北部以“三八线”为界与朝鲜民主主义人民共和国对峙。多山地,一般海拔在1 500米以下。地势东北高西南低,西部和南部大陆坡度平缓。多河流,短而急,水力资源丰富。沿着河流有种种类型的平原、丘陵和盆地。气候:北部为温带季风性气候,南部为温带海洋性气候,降雨量充沛,大部分地区年降水量超过1 000毫米。首都为汉城,人口1 000多万,其他主要城市为釜山、大丘、仁川、光州、大田等。主要信仰佛教、基督教、撒满教及儒教。

韩国是一个文明古国,有5 000多年的文明史。其民族起源于传说中的檀君。在朝鲜建国史研究上,有一种流行的观点是“箕子朝鲜”,即在我国商周时期,周武王封箕子于朝鲜,于公元前1122年建立了古朝鲜国。在中国的隋唐时期进入“三国”时期,朝鲜半岛分为高句丽、新罗、百济三国。7世纪时,新罗统一了朝鲜,仿效中国唐朝建立了中央集权制。公元10世纪时建立高丽王朝。公元14世纪李成桂统一半岛,建立了李朝,改国名为朝鲜。李朝创造了谚文,即朝鲜文,此前朝鲜的书面语为汉语。朝鲜语的创立为形成统一的朝鲜民族起了重要作用,统一的文化使朝鲜族成为朝鲜半岛上的单一民族。古代朝鲜与中国始终保持一种密切的关系。中国的文化对朝鲜影响至深,中国的文学、艺术、史学、宗教、政治思想一直影响着朝鲜,目前连韩国的国旗用的也是中国道教的“太极”图,借此显示出这个国家文化的古老与精深。中国的儒家思想影响了朝鲜民族的性格。但是朝鲜民族也有自己独特之处。朝鲜善于吸收中国文化并在经济文化上保持了连续性,在狭小的半岛保持自己文化、经济的相对先进。只是到了近代,和中国一样逐渐落伍于西方,也落伍于日本,成为它们宰割的对象。19世纪后期,日本通过“明治维新”,国力增强,迅速对朝鲜进行侵略,通过一系列不平等条约将朝鲜变成了日本的殖民地,并于1910年通过《日韩合并条约》,吞并了朝鲜。在日本统治期间,朝鲜人民进行了艰苦卓绝的抗日斗争,直到 1945 年 8 月日本战败投降。1945 年 8 月日本投降后的朝鲜又成为美国与苏联进行冷战较量的战场。苏美将朝鲜沿北纬 38 度线分为两个占领区。1948 年 9 月 9 日,金日成领导的朝鲜劳动党在平壤建立了朝鲜民主主义人民共和国。1950 年 8 月 15 日李承晚在美国支持下建立大韩民国。1950 年 6 月,朝鲜战争爆发,直到 1953 年 7 月 27 日,中朝美韩签定《朝鲜停战协定》,在“三八线”的南北出现了两个相互敌对的国家。朝鲜分裂了。朝鲜半岛成为冷战开始后世界局势最不稳定的地区之一。三年的战争使朝鲜南北经济受到严重破坏,数百万人死伤。美国从此在韩国常驻军队数万人,对韩国也给予一定的援助,仅在 1954～1960 年美国就向韩国提供了 18.8 亿美元的援助,这是韩国经济起飞的基本条件。

韩国矿藏有煤、铁、铅、铜、钨、锌、金、石墨、云母等。沿海盛产鱼、盐。农作物主要有水稻、小麦、小豆、玉米等。此外还盛产苹果、人参。

## 经　济

韩国是世界新兴的工业化国家。几十年的高速发展已使之从一个落后的发展中国家变成为一个较为发达的工业国,目前正向发达的国家迈进。1996 年韩国的国内生产总值达到 4 945 亿美元,人均国内生产总值达到 10 750 美元,是世界第十一大工业国,亚洲第三大经济强国。

二战前的韩国处于日本的殖民统治之下,由于日本殖民者的残酷掠夺,韩国经济落后,民族经济极不发达。及至朝鲜战争结束,韩国更是满目疮痍。1953 年,韩国人均国民生产总值不足 60 美元,失业率高达 80%,被列为世界上最贫穷落后的国家之一。它不像日本,战争虽然毁灭了它的经济,但它的人民却是一个高素质的民族,一个工业化的民族,战后日本经济的发展实际上是明治维新的延续。而韩国基本是一个农业国,农民占绝大部分,它的发展是从建国后开始的。它的近几十年来的发展更具有传奇性。

1953 年,韩国政府开始利用美援来恢复破败的经济。面对本国薄弱的经济基础,李承晚政府制定了以美国援助为主要支柱的“经济复兴计划”。主要点为:一、发展消费品(轻工业)生产,实现面向国内市场的工业化。二、通过消费品工业的发展,带动生产资料工业(机器制造业和材料工业)的发展,逐步实现生产要素的自给。三、利用美援进行生产性投资和大批购买机器设备。这就是所谓进口替代战略。在施行这一战略的同时,韩国政府还采取了许多具有浓厚保护主义色彩的政策措施,以保护民族工业的生成:一、设置关税和非关税壁垒。对于本国能生产的产品征收高关税,使民族工业得到保护;对于发展本国工业所需的原料及急需的机械设备则征收低关税乃至免征关税。二、以外汇管制和多重汇率实行奖出限入政策,使得出口有利可图,进口无利可图。三、在信贷和投资政策上实行倾斜,鼓励替代进口工业发展。以上做法效果明显,韩国经济开始恢复和发展。1953～1962 年,韩国的国民生产总值年均增长率为 5.1%,其中工业生产总值增长率年均达到 10.8%,恶性通货膨胀得到控制,经济步入良性循环。随着进口替代工业的发展,韩国的经济结构也开始出现变化,表现为农业在国民经济中的地位在下降,单一的农业经济结构出现了积极的变化。一方面,韩国农业得到长足发展,总产量有了大幅度增长;另一方面,农业总产值在国民生产总值中的比重不断降低,从 1953 年的 50.4%降至 1962 年的 45.2%,同时期新兴工业所占比重从 10.6%上升到 17.1%,经济结构趋于多元化、现代化。这一时期,韩国的产业结构变化也促进了贸易结构的合理化,初级产品出口比重从 1955 年的 81.6%降到 1963 年的 11%,工业制成品的出口比重则大幅度上升。进口替代战略也促进了韩国人民就业结构的变化,农业人口不断拥进工厂,食品、轻纺等劳动密集型产业得到迅速发展。这一系列的变化都为日后韩国经济的腾飞打下基础。这一时期的韩国经济发展虽不太为世人所瞩目,但它却是一个农业社会迈向工业社会的必经阶段。

韩国经济腾飞的第二个阶段是出口导向战略阶段。这是韩国经济的起飞阶段。由于进口替代导致经济内向,局限于国内市场,且效率不高,效益低下,从 60 年代初,韩国政府不满足于进口替代,开始制定了出口导向的经济发展战略。韩国开始投身于国际市场的竞争。韩国走这条路有一定条件,一是劳动力资源丰富,成本低廉;二是经过进口替代阶段的发展,韩国有了一定工业基础,在食品、纺织品方面有竞争力，化工和钢铁工业也初见成效；三是十年生聚，国民有了一定储蓄，加之源源不断的美援都为韩国实施出口导向战略提供了充裕的资金；四是西方国家面临产业转移，由劳动密集型产业转移到资本密集和技术密集型产业，其腾出来的市场可供像韩国这种发展水平的国家来填充。同时新科技革命在六七十年代已开始迅速发展，落后国家若能直接引用就可以出现经济发展和科技水平迅速升级。韩国政府抓住这一难得历史机遇，发展外向型经济，开拓国际市场，进入了经济的起飞阶段。在60年代国际上还出现了一种趋势，即国际贸易和投资自由化，发达国家的关税水平不断降低，为韩国商品打进欧美国家市场提供了可能。同时国际上大量游资存在也为韩国吸引外国投资提供了条件。

为了扩大对外出口和吸引外资，韩国政府创办了大量的出口工业区和出口自由贸易区。韩国政府先后制定了《出口产业基地开发建设法》、《出口自由区设置法》。这两个法律大大促进了韩的出口工业发展并吸引大量的外资，在不到10万平方公里的国土上，居然建立了40多个出口工业区和出口自由区。韩国设立这些工业园区比较注重上规模上效益，没有出现过多的大而全、小而全，大多数企业生产规模占全国同行业的一半以上，形成了拳头，在国际竞争上也逐渐站稳了脚跟。韩国的汽车、钢铁、造船奇迹般地发展起来了。到1987年，韩国的造船业就已直追日本，出口量居世界第二位。韩国的蒲项钢铁公司已成为世界第二大钢铁生产企业。在韩国迅速成长的产业中值得一提的还有纺织工业。由于韩国政府重视运用本国丰富的人力优势，大力扶持，韩国的纺织工业出现惊人的发展，1962年其纤维出口总值仅为300万美元，而在24年后的1986年就达到87.34亿美元，增长了2 900多倍！韩国的电子工业从50年代的第一台电子管收音机起步，1959年金星公司开始组装生产收音机。经过10年发展，具备了生产收音机、电话机及电子原件的能力。韩国政府也把电子工业作为国家的战略工业而大力扶持，鼓励企业加大投资，不断引进最新技术改造产品。到了90年代韩国的电子工业已跃居世界前10强，产品包括录像机、VCD、摄像机、彩电、初级机器人、微电脑等，产品更新换代极为迅速。

韩国汽车工业的发展也是一个奇迹。韩国汽车工业始于1962年，晚于中国。但韩国汽车工业在六七十年代就开始与发达国家的汽车厂家合作，并形成了一套有“韩国特色”的生产管理模式和产业发展格局，产品多样化，质量和国产化水平大大提高。韩国政府又于70年代制定了《汽车工业发展计划》和《汽车工业长期振兴计划》，提出了雄心勃勃的汽车国产化和进军国际市场的口号，使韩国汽车工业飞速发展。为了避免重复建设，韩国政府严格规定了各厂家的产品类型和生产范围。韩国的汽车工业迅速地走到了世界的前列，目前汽车产量已跃居世界的第五位。

除了以上所提的几样产品外，韩国还有很多产品世界有名，如服装、家电等。与中国不同的是，韩国企业在世界牢牢站稳脚跟，用的都是韩国品牌。韩国的产品质量已与最发达国家的产品质量日益接近。

为什么韩国企业会取得如此迅速的发展？除了以上所提到的政府制定了雄心勃勃的合理的计划外，韩国人民高度的民族自尊心，强烈的爱国热情和不断创新的精神也是最根本的因素之一。韩国企业家敢于到世界市场上拼搏，不甘于小富即安、永不满足的企业家品质十分可贵。

## 从亚洲金融危机中率先站起来的韩国

1997年，亚洲发生了严重的金融危机，印尼、泰国、马来西亚、菲律宾、香港等国家和地区都发生了严重的经济危机。作为亚洲经济发展“优等生”的韩国也未能幸免于难，由于多年高速经济增长所积累的种种矛盾集中爆发而成为受金融危机影响较重的国家之一。由于多年来韩国企业盲目扩张、拼命借债以及政府宏观调控失败，没有及时对韩国的金融机构进行改革，在国际金融市场上“对冲基金”的冲击下，出现矛盾总爆发。当年，韩国的一些企业诸如韩宝、起亚、金龙等接二连三地倒闭。由于这些企业发展缺乏资本金，基本上是靠银行的贷款过日子，它们的倒闭又导致了韩国金融机构呆账、坏账大量增加，金融机构的声誉严重下降，形成了恶性循环。再加之受到东南亚金融危机的影响，1997年10月，韩国终于发生严重的金融危机，物价飞涨，股市急剧下跌，韩元大幅贬值，一度贬值过半。韩国的外汇储备一度降至30多亿美元。诸多金融机构倒闭。在百般无奈的情况下，韩国政府向国际货币基金组织等国际金融机构申请巨额经济援助。经过谈判，国际货币基金组织同意向韩国提供总额达570亿美元的资金援助，但同时附加了苛刻条件，要求韩国进行一系列重大改革，如下调经济增长率，对金融机构进行改革等。韩国的经济危机使金泳三政府在1998年3月的总统选举中遭到失败。新上台的金大中政府把摆脱经济危机，使韩国恢复经济增长作为政府的首要任务，并为之采取了一系列的政治、经济改革。政治上主要是搞好与美国的盟友关系；与日本实现和解，解决历史遗留问题，并争取日本的经济援助；对朝鲜民主主义人民共和国采取"阳光政策"；和中国搞好关系，争取中国对其外交政策的支持，为国内恢复经济增长创造较好的外部环境。经济方面实行自由化政策。按国际货币基金组织要求进行金融体系改革；促进中小企业发展，努力扩大出口以求达到收支平衡；发展旅游业，金大中以一国元首之尊在CNN上为韩国旅游业做广告，"到韩国来吧，韩国在变化！"韩国人民在这场空前的金融危机中显示出高度的爱国热情和很高的素质，妇女们为国家捐出自己所有的金银首饰，韩国工人也甘愿降薪。举国一致，共同努力，加之韩国是亚洲各国经济基础最雄厚的国家之一，韩国经济出人意料地开始了恢复。在危机刚爆发后，几乎全世界的著名学者都认为韩国需数年时间才能恢复元气；还有人称"韩国模式"已经失败，并预言韩国奇迹已成历史。但事实的发展却超出人们想象。韩国又站起来了。

经过1997年年底和1998年上半年的衰退，韩国经济在1998年下半年开始走出低谷，1999年更出现恢复性增长。韩国财政经济部长官康奉均6月5日公布，韩国1999年上半年经济增长率将超过5%。根据这一预测，政府决定继续保持低利率政策，将通货膨胀率控制在3%以内，并在年底将失业率从4月底的7.2%降低到6%。韩国的外汇储备也从危机最严重时的36亿美元急剧增长到1999年5月份的500多亿美元。韩国终于摆脱了建国以来最严重的经济危机，经过艰苦调整，韩国经济重新得以增长。由于韩国在向最发达国家迈进的道路上已经进入良性循环，其政治不断走向民主化，经济不断自由化，成为世界经济强国之势难挡。韩国极有可能在10年左右的时间内人均GDP达到20 000美元。以2010年韩国人口5 000万计算，韩国的国内生产总值将突破10 000亿美元，估计将成为世界第9大经济强国。

**农业** 韩国有可耕地195万公顷，主要分布在西部和南部平原、丘陵地区。1996年，农业人口约有470万人，占全国人口的10.2%。1997年谷物总产量为603万吨。

**旅游业** 旅游业是韩国的重要经济产业。在经过亚洲金融危机之后，韩国政府高度重视旅游业，旅游业成为韩国发展最快的部门之一。到韩国旅游的人以美国、中国（含港澳台）、日本和欧洲人居多。韩国地处温带大陆性气候和海洋性气候过渡地带，风景优美，有诸多文化历史遗产，有独特的民族风情，旅游资源丰富。国内饭店业发达，相当多已达国际水平。由于韩国民航业相当发达，与世界主要城市都通航，宜于吸引外国游客。韩国的主要风景点有：汉城景福宫、德寿宫、昌庆宫及昌德宫，国立博物馆、江华岛、板门店、济州岛等。

**交通运输** 韩国的交通业比较发达。随着经济的快速增长，交通业的现代化程度不断提高。全国已建成了铁路网和高速公路网。目前有铁路近6 600公里；有地铁260多公里，汉城市的地铁长度近220公里。全国有公路61 300公里，高速公路1 600公里，拥有机动车1 040万辆，居世界第15位。海上运输业发展，1997年港口总吞吐量达7亿多吨，有船舶1 280万吨。主要港口有仁川、釜山等。韩国的空运业发达，到1997年底，共开通国际航线116条，可飞往33个国家和80个城市。有三个国际机场，即汉城金浦国际机场、釜山金海国际机场、济州岛国际机场。国内较大的城市也有航班。拥有飞机近270架，客机占一半。1996年国际航线客运量达1 540万人次，货运量达132万吨；国内航线客运量达2 360万人次，货运量达34.5万吨。

**对外贸易** 韩国1997年的进出口总额为2 832亿美元，其中出口额为1 366亿美元，进口总额为1 446亿美元，全年贸易逆差为80亿美元。进出口总额居世界第12位，对外贸易依存度达到60%，和世界上160多个国家和地区有经贸关系，其中美国、日本、中国、香港、德国和台湾及东南亚为主要贸易伙伴。近年外贸进出口情况是：1995年，进口额为

1 351.2亿美元,出口为1 250.6亿美元,逆差100.6亿美元;1996年进口为1 502.1亿美元,出口为1 298.3亿美元,逆差为203.8亿美元;1997年进口为1 446.4亿美元,出口为1 366.3亿美元,逆差为80.1亿美元。韩国主要进口产品有机械产品、运输设备,如半导体、电力设备、飞机、通讯设备及办公室器械设备等。原材料如原油、煤、焦炭、原棉、铝、原木、化学原料等。主要出口产品为电子、纺织品、钢铁产品、化工产品、汽车、船舶及机械等,以制成品为主。

**对外投资** 韩国经过几十年的快速发展,国内资金相对充裕,已开始对国外大力进行投资。主要投资领域有汽车、家电、化学、纺织及食品工业。中国、东欧(波兰)、东南亚是其主要投资对象。据韩国财政经济部统计,韩国企业1997年向海外投资56.54亿美元,投资项目达1 535项,比1996年62.8亿美元减少了9.1%,投资项目减少259项。中国仍是韩国企业最主要的投资对象国。

**吸收外资** 80年代起韩国逐步放宽了对外资的投资限制,外资开始增加。1997年韩国共吸收外资达69.7亿美元,多于韩国对外投资的56.54亿美元。亚洲金融危机后,韩国政府更加重视外资的作用。

**人民生活** 韩国人均国民生产总值1996年为10 750美元,1997年因亚洲金融危机影响,下降到9 511美元。人均住房面积1995年为9.5平方米。平均寿命1995年为男性67岁,女性73岁。小汽车拥有量为6.6人/辆。电话普及率为每百人43部。失业人数1998年1月份为123.5万人。

## 科学技术

韩国比较重视科学技术的发展。对于韩国这样一个经济基础薄弱、资源贫乏的国家,要跻身于世界强国之林必须依靠科学技术的发展。为此韩国政府提出了"科技立国"的口号,其对科技的投资也在不断加大。1971年韩国的研究与开发经费仅占GNP的0.4%,今天却已接近美日等最发达国家,达到GNP的2%。由于韩国的国民生产总值在不断增加,韩国对科技的投资总量也在不断地增加。韩国政府出于赶超先进国家的目的,不断增加科技投入在国民生产总值中的比例。1991年韩国的R&D投入已占GNP的3%,计划在2000年达到5%。

韩国的企业对科技与开发的投入在不断增加,目前韩国科技研究与开发的资金70%来自于民间企业。韩国的民间科学技术研究机构也迅速增加到500多个。这些机构的绝大部分研究项目与生产密切相连,为推动韩国产品的科技水平提高作了巨大贡献。

在韩国发展过程中,大力引进外国先进科学技术起到了良好作用,但是韩国政府并不满足于此,着力培养自己的科技力量,提高科技创新能力。为了培养科技人才,韩国建立了独立的科技教育系统。这一系统是科技中学—科技大学—科技研究院(所)。此外,韩国政府还特别立法,规定学生毕业后可以免服兵役,直接进入国营及民营的科研单位进行研究工作。韩国在美欧等国有数万名留学生,韩国政府非常重视吸引留学人才回国效力。这些学生带回了最先进的科学技术,为韩国的科技进步起了至关重要的作用。

近年来,韩国的高科技产业取得了令人瞩目的成就。从80年代起,韩国劳动力成本日益上升和韩元不断升值,使得韩国产品成本上升。这对韩国出口产品十分不利。为了增加韩国产品在国际市场上的竞争力,加快产业结构的调整,促进产品由劳动密集型向知识技术密集型转化,从世界廉价产品市场迈进高档商品市场,韩国努力发展高科技产业,不断增强韩国自身的科研与创新能力,以便能在较短时期内和世界发达国家在技术水准方面一比高低。韩国通过技术开发和产业调整,逐渐实现产业的升级。其中微电子、新材料、生物工程等尖端技术产业方面都取得可喜进步。特别是在机械、电子和汽车工业方面形成了规模效益,并带动高科技产业不断发展。

## 教　育

**教育** 韩国是一个高度重视教育的国家。据统计,1997年韩国的成人识字率高达98%,基本上消灭了文盲。对于一个只有不到50年建国历史的发展中国家,这是一个了不起的成绩。韩国的大学生入学率也相当高。1996年15岁以上人口中大学入学率已高达53.6%,就比例上来说,已与美、日、德、英、法等国不相上下。1997年,全国拥有各类学校1.9万所,有学生1 173万人,占全国人口的1/4。有小学生378.4

万人,初中生 218.2 万人,高中生 233.7 万人;有大学生 136.8 万人,专科生 72.5 万人。全国有教师 44 万多人。1997 年度,政府教育预算为 15 万亿韩元,约占政府开支的 25%,在世界上几乎是最高的。

韩国的教育是在基础很薄弱的情况下发展起来的。由于日本在长期殖民统治期间对韩国人民实行愚民政策,不允许韩国人民使用自己的语言,故韩国在解放以前,文化上是一片荒芜。1945 年“8.15”光复时,韩国文盲高达 80%左右。韩国建国后,几十年来把教育放在最优先发展的位置上,依靠教育提高人口素质,借助人口素质提高促使国家发展。韩国教育从本国实际出发,讲求实用性与民族性,注重振奋民族精神,使教育的效果直接在国民的精神风貌和国家的经济起飞上体现出来。二战结束后,韩国即兴办了大量各类学校,但素质不太高。朴正熙上台后,进行教育改革,期望借此实现“民族中兴”。他于 1968 年制定了《国民教育宪章》,确定今后的教育发展方向和政策,使韩国教育走上正规化。进入 70 年代以后,韩国政府把教育视为经济发展的动力,在国家预算中不断增加教育经费,采取了许多开发教育的措施,如推行全民 9 年制义务教育等。多年来韩国教育经费以两位数速度增长,并高于其经济增长速度。韩国的教育投入相当于同等人均收入国家的 3 倍。60 年代韩国的教育经费即占年均国民生产总值的 9%左右,当前已达到 25%左右,这在世界上也是罕见的。对教育的大量投资使得韩国的教育处于较高水平,为产业部门提供了高质量的人才。这样的人才能够迅速掌握高新技术,而且工作有创造性,这也是韩国经济能够多年来以两位数发展,产品质量的国际竞争力不断提高的最重要原因。

为了不断改良和发展国家教育计划,政府先后成立了多个特殊教育研究机构,如国立教育研究院、韩国教育开发院等。这些研究机构不断向政府提供教育方面的建议,使政府的教育政策不断趋于合理。

**新闻出版** 截至 1997 年初,韩国共有新闻机构 210 多家,从业人员 4 万多人。有报社 60 多家,其中中央综合报纸有 10 家。《东亚日报》、《朝鲜日报》、《中央日报》、《韩国日报》、《汉城新闻》和《京乡新闻》是六大全国性报纸,其中《朝鲜日报》和《东亚日报》的发行量超过 100 万份,在全国有较大影响。韩国的最大通讯社是联合通讯社,是韩国所有新闻媒体共办的一个合作性通讯社。韩国所有的日报、电台和电视台都拥有该社的股份。

韩国的主要广播公司有韩国广播公司(KBS)、文化广播公司(MBC)、基督教广播公司等。

## 环境保护

与所有发展中国家一样,韩国也面临着环境保护问题。几十年来,由于韩国经济高速发展,昔日的青山绿水也受到严重污染。80 年代以前,韩国把发展经济作为优先目标,不太注意环境保护。在发展经济过程中,不少美丽的自然风景遭到了破坏。韩国人民也深受其苦,环境保护意识也日益增强,并成立了 200 多个群众性环保团体。韩国政府也成立了环境部,加大环境保护的力度。主要措施之一是对垃圾进行分类回收,充分利用废弃的资源。1994 年,韩国的垃圾回收再生品销售额达 9.3 万亿韩元,相当于 1995 年 GNP 的 2.6%。韩国人有土葬的传统,占据了大量的国土,到 1995 年,韩国的墓地总面积达 982 平方公里,竟占全国总面积的 1%! 为了纠正这一不良习惯,珍惜国土资源,韩国政府制定了墓葬制度改革方案,减少墓地面积,并向全国人民推广火葬。韩国还在全国范围内搞城市美化工程,搞大规模的国土治理,建立生态保护林,种植多种果树。目前韩国的森林面积已达 67%。对于只有不到 10 万平方公里国土,却有 4 600万人口的韩国,既要解决粮食问题,却又能有如此高的森林覆盖率真是了不起的成绩。韩国是个汽车大国,汽车尾气污染也是一个严重问题,韩国政府为此制定了较为严格的尾气净化标准,努力减少污染。由于不间断地努力,韩国在发展经济的同时基本上使本国的环境污染问题得到了控制。这不仅为韩国人民提供了良好的生活环境,使得其经济发展建立在可持续的基础上,也为本国发展旅游业提供了根本保证。

## 韩国与中国的关系

韩国与中国有悠久的友好合作史。在长达数千年的文明交流史上，中韩之间相互促进，共同发展。韩国的文化受到中国古老文化的极大影响，儒家文化成为两国共同的文化财富。韩国与中国在近现代史上曾经多次共同抗御日本封建主和后来的帝国主义的入侵。在韩国建国之时，由于发生了朝鲜战争，中韩之间正式建交较晚，但这并不能阻止中韩两国的关系发展。1992 年 8 月 24 日，中韩正式建立大使级外交关系。这极大促进了两国关系的全面发展，特别是两国经贸总额飞速上升。仅仅建交几年，两国贸易额已从无到有，迅速发展到 1997 年的 240 亿美元。这主要是因为两国都有较强的经济实力，经济互补性很强。韩国对华投资也逐渐增多，到 1997 年底，韩国对华投资项目达 9 870 项，协议金额达 132 亿美元，实际到位 57.6 亿美元。主要投资地为大连、天津、烟台、广东等省市。中国已成为吸引韩国投资最多的地方。

自 1992 年两国建交以来，韩国的三任总统卢泰愚、金泳三和金大中均访问过中国。中国的主要领导人也访问过韩国。1998 年，金大中在当选为总统后来华访问，中韩两国决定建立面向 21 世纪的合作伙伴关系。

附表：

**韩国以部门计算的国民生产总值**

（单位：10 亿韩元）

| 种类 | 1995 年 | 1996 年 | 1997 年 |
|---|---|---|---|
| 农、渔和林业 | 16 987 | 17 685 | 18 103 |
| 占 GNP 的百分比 | 6.6 | 6.4 | 6.2 |
| 采矿业 | 863 | 817 | 814 |
| 占 GNP 的百分比 | 0.3 | 0.3 | 0.3 |
| 制造业 | 77 134 | 82 875 | 88 032 |
| 占 GNP 的百分比 | 30.0 | 30.1 | 30.3 |
| 建筑业 | 29 163 | 31 087 | 31 945 |
| 占 GNP 的百分比 | 11.3 | 11.3 | 11.0 |
| 电力、天然气和水 | 6 218 | 6 982 | 7 729 |
| 占 GNP 的百分比 | 2.4 | 2.5 | 2.7 |
| 批发与零售商业、旅馆与饭店业 | 32 285 | 34 164 | 33 885 |
| 占 GNP 的百分比 | 12.5 | 12.4 | 11.6 |
| 运输、储存和交通业 | 20 208 | 22 715 | 26 157 |
| 占 GNP 的百分比 | 7.8 | 8.2 | 9.0 |
| 金融和商业 | 44 330 | 47 436 | 50 173 |
| 占 GNP 的百分比 | 17.2 | 17.2 | 17.2 |
| 政府服务业 | 14 832 | 15 284 | 15 585 |
| 占 GNP 的百分比 | 5.8 | 5.5 | 5.4 |
| 总计 | 257 501 | 575 691 | 290 888 |

（中国现代国际关系研究所 曹富森）

# 日本经济文化概况

## 概 况

日本国位于亚洲东部太平洋上，是一个群岛国家。西隔东海、黄海、朝鲜海峡、日本海同中国、朝鲜、俄罗斯相望，东临太平洋。领土由本州、北海道、九州、四国四个大岛和 3 900 多个小岛组成，面积 37.8 万平方千米。地形多山地，约占总面积的 76%，且由于位于太平洋西岸火山地震带，火山众多，地震频繁，有“地震国”之称。与此相关，温泉遍布全国各地，有温泉约 1 200 处。河流短小，水量充沛，水势湍急，水力资源丰富，但不利航行。地下资源种类繁多，但储量少且分布零散。海岸蜿蜒曲折，全长为 3.4 万千米，是世界上单位面积海岸线最长的国家之一，每平方千米海岸线 90 米左右，而且多海湾、良港，这成为日本获取资源、能源及运销各种商品的有利条件。第二次世界大战后，日本最重要的工业区大都形成在沿海地带，尤其是太平洋沿岸。气候属温带海洋性季风气候，6月多梅雨，夏秋季多台风。人口12 617万，[①]城市人口占3/4，分布极不平衡，多数密集于各岛沿海平原和沿河地带，以东京、大阪、名古屋三大城市为中心的地区集中了全国人口的一半。除北海道和北方领土有少数阿伊努人外，几乎全是大和民族。国花是樱花，传统服装为和服。

公元4世纪中叶出现统一的国家——大和国。645年发生大化改新，建立起以天皇为绝对君主的封建中央集权制国家。12世纪末进入"幕府"时期，即武士阶级掌权的军事封建制国家。17世纪中叶起，实行了长达200多年的闭关锁国。1868年革新派推翻幕府统治，实行"明治维新"，发展资本主义，并走上对外侵略扩张道路，成为一个军事的、封建帝国主义国家。1945年，日本在第二次世界大战中战败，接受《波茨坦公告》宣布无条件投降。1947年实施新宪法，由绝对天皇制国家转变为以天皇为国家象征的资本主义议会内阁制国家。

二战后日本政局总的来说比较稳定，基本上是保守政党自民党掌握实权，但在1993年自民党曾一度被联合政权取代，沦为在野党。此后，日本政界各种力量之间的合纵连横不断。自民党在1994年6月，以社民党挂帅、自己掌权的形式重返政坛，1996年更重组单独内阁，以图再握大权。1998年5月社民党、先驱新党退出维持了4年多的联合政权，自民党独立执政，但势力仍十分单薄。7月的参议院大选，自民党又以失败告终，导致桥本龙太郎下台。在日本政坛出现"朝小野大"局面之际，自民党总裁小渊惠三临危受命，重新组阁。组阁后的小渊政权，调整朝野政策，分化、瓦解倒阁势力，联合自由党和公明党，以确保在众参两院均保持超过半数。这一策略奏效后，小渊政权基本稳定。今后日本政坛"保守政党与中道政治"两大势力的斗争将日趋明朗化，朝野斗争将更趋激烈。

## 人口发展与环境保护

在对日本经济作长期展望时，人口问题和环境问题有很重要参考作用。从人口发展来看，日本的人口老龄化问题将继续存在并恶化。而保护环境也将成为日本的一个基本政策。

**人口发展** 日本人口在分布上存在着一定的不平衡性，城市人口过密，占人口总数的3/4，而且主要集中在关东、京畿、东海3个地区。但从中长期看，日本国内面临的突出问题还是人口结构的老龄化问题。二战后，日本人的平均寿命以工业国家前所未有的速度增长，而生育率（总生育率）下降的速度则与其他国家相差无几，这就造成社会迅速老龄化。不久的将来日本数量越来越少的"孩子"将赡养数量不断增大的长寿老人。据厚生省的《1995年寿命简表》显示，日本男性的平均寿命是76.36岁，女性是82.84岁。这是日本男性连续第10年，女性连续第11年成为世界上最长寿的民族。而在生育方面，1995年为118.7万人，比1994年少了5万人。总生育率（是指妇女一生中所生育的孩子总数）降至1.43，是历来最低的。截至1995年，日本65岁以上的人口占14.5%；预计到2025年，这个比率将上升至25.8%。[②]目前，每一位老人和小孩的生活由5个成人分担，但根据厚生省的预测，到2025年，这个重担将只能由2个成人承担。

这种人口结构的老龄化，势必引起日本社会及经济结构的一系列连锁性变化。(1)社会福利负担的加重，需要通过合理的税制改革等来加以解决；(2)年轻劳动力短缺，今后将延长老年人就业年限、吸收妇女就业、适当向国外开放劳动力市场等予以弥补；(3)消费市场发生变化，从住房到医疗保健服务、保健食品等市场将扩大。

面对这种前景日本政府采取了一系列措施，在1990年推行一项10年的"黄金计划"，旨在扩大和促进看护老人的社会服务，计划到2000年将"家庭服务员"增加到10万人，照料生活不能自理的老人；在全国建立1万个"家庭看护支援中心"，使人们24小时可以得到专家级护理的咨询和指导。1995年政府探讨了有关计划，并把它改成"新黄金计划"，旨在进一步扩大各项服务。到2000年希望落实新的老年人看护保险制度，以提供各种福利，资助老年人的看护费用。

① 据联合国《人口年鉴》与日本《经济统计年鉴》，人口数为年中推算人口，截至1997年10月1日。

② 厚生省人口问题研究所《日本人口预测》，1992年。

从1991年4月起，日本政府规定所有20岁以上的国民都加入强制性的国家养老制度。1997年1月起，政府分配给公共保险计划的成员一个"基本保险号"，供其一生使用，改变了以前更换职业就得更换号码的做法，以助收纳工作和稳固养老金制度，同时也有效地保障了个人利益。

**环境保护** 工业化革命使现代社会进入大量生产、消费和废弃的时代，同时也带来了诸多的环境问题。日本在经济高速增长时期曾为工业化付出了很大的代价，引起水质污染、大气污染、噪音污染等环境污染，还曾引起水俣病、四日市的大气污染病、富山市的疼痛病等众多公害疾病，给国民生活带来极大困难。60年代中期，日本认识到这一问题的严重性，地方各自治团体开始制定防止公害的条例，反对公害的市民运动也风起云涌。1967年，日本政府制定《公害对策基本法》，1971年又设立环境厅，开始致力于环境保护。

多年来，日本政府一方面从技术革新入手保护环境，如在开发新技术时注意避免给环境带来更大负担并开发各种环保技术等。另一方面，从制度改革入手保护环境，并采取了以下措施：(1)制定法律、法规等强制措施，让公众清楚污染与受害间的因果关系，提高环保意识。如日本在1990年制定《防止地球温暖化行动计划》，提出要达到2000年以后日本人均二氧化碳排放量仍将稳定地保持在1990年的水平上；在1993年制定《环境基本法》，1996年制定《环境基本计划》，强调建立以良性循环为基调的经济社会体制；实现人与自然的共同生存；积极参加环保行动并承担责任；推进国际性环保运动发展。(2)充实环保预算，1997年日本的环保总预算为28 211亿日元，同1996年度相比增加了770亿日元，2.8%。(3)通过补助金、税收、融资等经济手段促使各经济实体加强环保意识，合理分配资源。(4)调整基础设施的建设。为使社会体制向良性循环的方向发展，调整基础设施的建设。如，诱导企业在中长距离的运输中，不用大卡车，而用二氧化碳排出量小的铁道机车、船只运输等。

日本的环保工作取得了很大成效，其环境的基本状况如下：

*大气污染状况* 近年来，日本空气中的二氧化硫、一氧化碳的污染程度不严重，状况良好，但由浮游粒子等造成的光化学氧化性烟雾较为严重。从二氧化碳等造成的温室效应上看，1994年浓度为350PPM，1995年二氧化碳总排放量为33 200万吨，人均排放量2.65吨，同1990年相比总量增加2 500万吨，人均增加0.17吨。噪音等的投诉也由1992年的15 539件减少到1993年的15 094件，约减少了2.9%。

*水污染状况* 日本的水质状况基本上符合环境标准，对于水中有害物的改善，尤其是湖泊等封闭性水域的改善都在顺利进行。

*排放废弃物状况* 1991年，全国的产业废弃物排放总量为39 800万吨，比1990年增加了约1%。

日本的自然生态状况较为良好，绿色植被覆盖全国土地的92.7%，森林占67.5%。但环境问题，特别是像地球升温、臭氧层被破坏、酸雨等全球性环境问题，今后仍将是日本必须参与合作，与其他国家共同加以治理的重要问题。

## 经　济

**日本基本经济状况** 1997年度日本的国民生产总值42 437亿美元，[①] 国内生产总值为41 902亿美元，[②] 1996年度日本GDP占世界GDP的15.8%，仅次于美国的25.4%，位居世界的第二位。主要工业部门有电子、钢铁、汽车、电机、造船、石油化学、纺织等，工业产值占工农业总产值的90%。1997年度钢铁产量为10 455万吨，[③] 产量位居世界前列；生产汽车1 097.5万辆，其中乘用车849.1万辆；[④] 1991年造船700万总吨，造船吨位长期位居世界首位，有"造船王国"之称。纺织工业和电器电子工业在工业中占有一定地位。工业临海分布是日本经济地

① 为名义国民生产总值，按年末汇率折算。据国际货币基金组织《国际金融统计年鉴》。
② 据日本《经济统计年鉴》。
③ 据联合国《统计月报》。
④ 据联合国《统计月报》。

理的一大特点，工业生产73%集中在太平洋沿岸地区。从本州的东京湾到九州的北部是日本最重要的工业地带，其中以东京区（东京—横滨）、大阪区（大阪—神户）、名古屋区和九州北部区为4个最重要的工业区。东京—横滨工业区以造船、飞机制造、汽车制造、冶金、化学和轻工业最发达，首都东京是最大工业中心；近年来东京附近的千叶成了以钢铁工业为主的重工业中心。大阪—神户工业区是全国最大的纺织工业基地，化学、冶金、造船、机械制造等工业很发达。名古屋工业区历来以面粉、纺织、陶瓷等工业部门为主，现在新发展了汽车制造等工业。九州北部工业区是在本地煤炭资源的基础上，进口矿石和废铁而发展起来的日本最早的钢铁工业基地，现在仍然是日本最大的钢铁产地，北九州的八幡是全国最大的钢铁工业中心。横须贺、神户、长崎、大阪是主要造船工业中心。四国北部的别子以产铜闻名。北海道造纸工业发达。

日本农业用地面积狭小，农业生产集约化程度很高。主要农作物是稻子，稻田面积约占全部耕地面积的一半。1995年度产稻谷1343.5万吨。① 小麦多分布在太平洋沿岸和濑户内海区域，年产量约100万吨。其他有马铃薯、甘薯、荞麦等。粮食自给不足，谷物自给率仅达29%。丘陵地区普遍种植桑和茶，茶叶为日本传统的出口商品。海洋渔业发达，常年捕鱼量在1 000万吨以上，位居世界前列，北海道的函馆和本州的下关是最大的渔业基地。

主要贸易对象是美国、中东和亚洲。出口钢铁、机械、船只、汽车、电视机、纺织品、鱼产品等。绝大部分工业原料均依靠进口，铁矿石、锰矿石、铜、铅、锌、铝、镍、煤、原油等9项最重要的工业原料对进口的依靠程度超过50%，其中原油、铁矿石、铝、镍等几乎全部依靠进口。此外，还进口废钢铁、羊毛、小麦、糖及其他工业原料。

交通运输发达，已形成了以海运为主的海陆空密切结合的现代化交通运输体系。拥有强大的船队，与世界各地有航线相通。横滨、神户、东京、大阪、北九州、名古屋是重要港口。铁路全长为46 000多千米，其中电气化高速铁路2 000千米，主要铁路干线多分布在沿海一带。全国有公路110多万千米，现代化高速公路4 900千米。

**经济处于二战后的第三个转折期**　二战后，日本经济曾持续近20年高速增长。在第一次石油危机后进入低速增长，基本上维持着年平均3～4%的增长率。进入90年代以后，“泡沫经济”崩溃，日本经济发展速度急剧下降，并一直难于摆脱困境，甚至还出现了负增长，被称为“平成不景气”（平成这一年号从1989年开始使用）。1992～1994年日本经济连续3年为零增长，其中在1993年10月底一度出现过景气复苏的局面；但在1994年10～12月期间，由于个人消费、住宅投资减少等现象出现，又使景气复苏的速度减慢。1995年景气开始略有回升，但由于日元升值、美国经济减速、阪神大地震、地铁沙林事件等不安定因素，又导致年中的景气复苏停滞，但年增长率仍为2.3%，是1992年以来首次摆脱零增长。1996年日本经济又略有起色，景气继续回复，年增长率为2.9%。但这并没有为日本经济带来新的复苏。1997年、1998年日本经济又连续两年有所回落，1997年GDP年增长率为0.2%，1998年增长率更为-2.5%。②

“平成不景气”是二战后日本经济的第三个转折时期。第一个转折时期是1955～1956年，为战后的复兴期画了一个句号，并拉开了高速增长期的序幕。第二个转折时期是石油危机，从1975年3月日本经济进入谷底以后，开始转入年平均3～4%的缓慢增长期。而现在的“平成不景气”将成为日本的第三个转折时期。这是由于日本经济在二战后迅速进入工业化社会，发展到一定程度的日本经济面临着进入后工业化社会的转变。也就是说，进入了经济成熟期的日本，若不改变原来日本型体制就无法期待经济的顺利增长。“平成不景气”正是这一转变造成的，而典型的日本型体制如年功序列制与终身雇用制的开始崩溃正是这一转变的表现。

**1998年日本的经济状况**　1998年日本经济继续衰退，主要景气指标均是战后最糟。在这一年中，企业和政府信用继续削弱，经济活动仍陷于缩小再生产的泥潭。最突出的矛盾是供需总量严重失衡，

---

① 据联合国《统计月报》。

② 据《东洋经济》的《统计月报》1999.4。

信用萎缩势头加剧，二者交织起来，恶性循环，使实体经济、金融体系、市场连遭重创，陷入周期性、体制性、结构性的复合危机。其主要表现为：①国内生产总值(GDP)出现－2.5%的负增长，生产大幅下滑。工矿业生产在1997年增幅下降到1.2%，1998年上半年更下降到6.2%，开工率也由1997年7月的104.9下降到1998年5月的93.5。建筑业大幅下降，建筑工程订货量在1997年下降8.9%的基础上，1998年上半年又下降11.1%。②企业倒闭不断，失业率急剧攀升。1997年日本企业倒闭1.75万家，1998年仅上半年就已倒闭1.02万家，全年可能会突破2万家。从失业率看，1998年由年初的4.1%上升到4.4%，失业人口达284万，几乎使"终身雇用制"发生动摇。③银行资不抵债，纷纷回收融资，造成滞贷加剧，长期信用银行被迫实行国有化，东京三菱银行等大银行也裁员减薪，收缩海外业务。④消费不振。由于对泡沫经济崩溃带来的个人资产减少和对经济前景的不安，个人消费持续不振。实际消费由1997年的－0.2%的增长率，进一步下降到1998年上半年的－2%。大荣、西友、三越、高岛屋等名牌商家也经营吃紧，严重亏损，有的甚至关门、倒闭。⑤财政赤字严重。1998年度日本国债发行量突破30万亿日元，创战后年度发行量的最高记录，财政赤字占GDP的9.2%，为西方国家之最。⑥股市低徊，一度跌破13 000关口，创1986年以来的最低点。⑦美元疲软导致日元虚升，由1美元兑换147日元激升到112日元，严重影响出口。

日本经济的不景气主要是受设备投资、雇用、坏账三种因素的困扰。民间设备投资的持续减少、因国内生产能力过剩造成供大于求，进而造成雇用过剩，失业率攀升和消费过剩导致的大量呆账、坏账是日本以内需为主导的景气对策进展缓慢的原因。而因金融危机的影响，日本对亚洲出口的持续不振，则导致外需对经济恢复的牵引力也不大。因此，尽管日本经济实力依旧存在，也还有潜力，日本也在加大经济调整的力度，但要想马上走出困境，其难度仍然很大。

## 科学技术

### (一)科技促进了日本经济的发展

一国的科技实力是指该国在科技领域的投入产出能力，主要包括科研能力、科技转化能力和科技市场占有率。二战后，日本在这三方面都取得了较大的成绩。科技的发展在促进日本经济飞速发展，使其成为经济大国的同时，也由于日本经济实力的增强，使科技自身也得到了进一步的发展。

二战后初期到70年代，日本采取的以引进外国技术为主，开发"自主技术"为辅的科技政策，对促进经济发展起到了重大作用。据日本经济企划厅的测算，80年代，在推动经济增长的资本、劳动力和技术三大因素中，技术的贡献率已接近资本所起的作用。1980年至1989年日本经济的年均实际增长率为4.2%，其中技术进步的贡献度平均为1.7%，资本和劳动的贡献分别为1.9%和0.6%。80年代，日本经济增长的40.5%是靠科技进步实现的，而同一时期美国的科技进步对经济增长的推动作用还不到29.6%。1985年至1990年期间，日本的科技进步贡献度更增至45%，远远超过了美国的17%。1995年日本政府制定了《科学技术基本法》，并据此于1996年制定了《科学技术基本计划》，明确提出面向21世纪发展高科技的方针和基本政策。按照这种政策，政府将在到2000年前对高科技投资17万亿日元，比现有规模增长1倍。同时建立一批世界一流的大学与研究所，并大力培养有创造性的年轻研究人员，培养1万名博士后。

### (二)日本科研的特点

从科研能力上看，日本的主要特点是基础研究能力提高缓慢，应用研究能力十分出色，开发研究能力亦步亦趋。日本的应用研究能力十分出色，主要表现为以引进的科技成果为基础，加以吸收、改造，达到实用化的能力出色，这使日本可以迅速地将技术转化为产品，号称可以生产世界上最好的产品。但日本的基础研究比较薄弱，且侧重于目的性基础研究。据统计，在过去10年里，日本的基础研究费用占全部研究开发费用的比率只增长了13～14%，比美国的15%，法国、德国的20%要低。假设美国1992年的独创性基础技术研究水平为100，则同一时期欧共体为80，日本仅为40。其基础研究经费在国民生产总值中所占的比重也比欧美主要发达国家普遍的1%偏低，只占0.45%。日本的大学虽然主要从事基础研究，但其基础研究经费的增长速度仍比其他发达国家低，而日本的企业则把大部分资金用于获利较快的开发研究和应用研究领域。1992年度日本企业的科技研究经费中,开发研究与应用研究两项合计达93.7%,而基础研究只占6.3%。日本政府对此颇感不安,一方面用政策加以保证,在1992年制定的《科学技术政策大纲》中,特别提出要加强基础性研究,尤其是要加强尖端性基础科学技术的研究;一方面通过推进产学结合的合作开发研究体制,具体加大对基础研究的投入。1994年度,政府科研经费中基础研究的比例已比1993年增加16.6%。1997年政府更制定跨世纪的"战略性基础研究计划",涉及新材料、新能源、信息、通信、生命工程、海洋开发等15个领域的100多个项目,并设计了相应的科技体制改革方案和战略措施。

从研究经费上看,80年代以来,日本的科技研究经费增长迅速。1980年至1992年度科研经费总额由52 462亿日元上升到139 095亿日元,增长1.7倍,年均增长速度达9%,但是这一增长主要靠民间企业支撑,民间企业的科研经费占全国科研经费的68.7%。为此日本政府曾明确提出应增加政府的研究开发负担。1993年政府所负担比率增至20%。据统计,日本1994年的科技预算为23 585万日元,其中科技厅预算增加6%,1995年增加9.2%。1996年度日本的研究费支出总额为1 531.8亿美元,其中企业等为998.9亿美元,研究机构为215.8亿美元,大学等为317.1亿美元。① 从日本科学技术厅的统计看,日本研究费总额同GDP的比率为2.8%,美国为2.4%、德国为2.6%、法国为2.4%,日本与其他国家相比并不逊色,但从实际金额上看,日本只有13.6万亿日元,相当于美国的4成。且日本的民间研究开发费用从1993年度以来已连续4年减少,包括政府预算在内的国家整个研究投资已经连续五六年减少。另外科学技术预算对GNP的比率,1994年度日本为0.52%,美国为0.91%,德国为0.95%,法国为1.1%,相比之下日本的差距很大。

从科研人员的数量上看,日本并不落后于欧美主要发达国家,仅次于美国,居世界第二位。根据日本科技厅统计,1994年日本的科研人员为64.1万人,比1980年的36.3万人增加了27.8万人,15年间共增长了76%。1997年日本的研究人员总数更增加到99.8万人,其中专职研究人员68万人。

### (三)日本科技今后的课题

80年代日本的科学技术特别是在制造业领域,很多技术已经和美国并驾齐驱。但是由于日本在科研开发上重应用轻基础,投入"民高官低",导致进入90年代以后开始后劲不足。而美国则因积极支持民间革新技术,增大对信息通信、环境技术等领域的投资,使其对日优势重又明显起来。从比较世界各国在计算机、电话、电视等利用状况方面的信息化指数看,首位是美国,日本只居第13位。从今后维持和提高技术水平的观点考虑,这种状况很令人担心。再加上日本的青年人对科技失去兴趣,这对日本科技今后的发展无异于雪上加霜。目前在世界范围内日本科技的现状是:

**在尖端技术领域落后于欧美** "技术立国"曾是日本强盛的象征,但据日本科技厅《1995年科学技术白皮书》:日本的研究水平逐年下降,在大部分尖端技术领域落后于美国,在有些领域甚至也已落后于欧洲。在对研究机构和大学的1 500名尖端科技人员就"遗传工程等生命科学、晶体学等物质和材料、信息和电子、海洋和地球学、机器人工程、航空工程等6个领域中,谁处于领先地位"的问卷调查结果中:

从基础研究领域看,在生命科学及海洋和地球科学这两个领域,日美相差悬殊。在其余的物质和材料、信息和电子这两个领域,美国也远远超过了日本。而且与1994年、1991年的调查相比,日美之间的差距进一步拉大。日欧间差距虽没有日美那么大,但在有些领域已被欧洲追上或超过。

从应用与开发的研究领域来看,在日美之间差距虽不像基础研究那样大,但在上述6个领域的应用与开发中仍全部落后于美国。在1994年的调查中,日本在生产和机械领域尚领先于美国,但在这次调查中,日本在上述两个领域中已落后于美国。从日欧的情况来看,日本在生命科学、海洋和地球科学领域落后于欧洲,在能源领域两者不相上下,在物质和材料、信息和电子、生产和机械等3个领域日本保持着领先地位。在20个研究项目的比较中,日本占优势的仅

① 据日本《经济统计年鉴》截止至1997年4月1日的实际数字。

有3个项目,而且同1994年的调查比较,其差距也有所缩小。

另外,从自然科学者获得诺贝尔奖的人数上看,美国诺贝尔奖获得者有175人,德国有61人,日本仅有5人。从发表论文篇数上看,1992年美国的论文占全部论文的1/3以上,而日本论文所占的比率还不到10%。

**对服务产业的研究开发投资在西方七国中最低** 据日本经济合作开发机构的研究报告,日本在通信、金融、流通等服务产业上的研究开发投资在西方七国中最低。由于日本企业和产业政策过于偏重于制造业,导致服务业生产力水平下降,生产成本提高,以至影响制造业的国际竞争力。

从1993年各国民间研究开发费用中服务产业所占比重看,美国为26.1%,加拿大为30.6%,而日本仅仅占2.3%,除未参加统计的联邦德国外最低。1981年,日本的该比率为3.1%,而美国也仅仅为4.2%,日本相差不多,但在此后的12年间美国上升了21.9%,而日本非但不升,反而有所下降。

进入90年代以来,美、英、加等国以情报通信为支柱,迅速提高了产业竞争力,这与服务产业研究开发费用的比重高有密切联系,而日本由于在放宽服务产业部门限制方面做得不够,同时根深蒂固的"创造实物"的信念,限制了服务产业的增长。

**西方主要国家科学技术费用比较**

| | 92年度 | 93年度 | 94年度 | 95年度 | 96年度 |
|---|---|---|---|---|---|
| 日本 | 2 1375 | 22 663 | 23 585 | 24 995 | 26 721 |
| | 2.96 | 3.13 | 3.23 | 3.25 | 3.56 |
| 美国 | 82 010 | 76 036 | 67 915 | 65 763 | – |
| | 4.7 | 4.9 | 4.5 | 4.5 | – |
| 德国 | 13 987 | 11 276 | 10 524 | 11 234 | – |
| | 4.0 | 3.7 | 3.5 | 3.5 | – |
| 法国 | 19 112 | 15 749 | 14 759 | – | – |
| | 6.0 | 5.9 | 5.6 | – | – |
| 英国 | 11 278 | 8 991 | 8 683 | 8 502 | – |
| | 3.2 | 3.2 | 3.2 | 3.2 | – |

注:日本科学技术厅调查,上一行为科学经费,单位为亿日元;下一行为占各国一般会计预算的比率,单位为%,德国的仅为联邦政府预算。

## (四)实现21世纪"科技立国"的目标

1997年6月,日本为实现《科学技术基本法》提出的"科技立国"目标而制定了《科学技术基本计划》。该计划的主要内容如下:

**扩大和充实科技投人** 计划到2000年把科技预算增加到4.3万亿日元,为1996年度的1.6倍。在实施该计划的5年间,科技预算总投入为17万亿日元。在增加科技预算的同时,扩充多元式的研究资金,如迅速扩充竞争式的资金、重点资金,切实充实基础资金等。进一步完善研究与开发的设施、设备,大力充实能进行世界水平研究与开发的高级研究设施和最尖端的研究设备,为研究与开发奠定基础,创造良好的研究环境。

**培养和确保研究人员、技术人员和研究后援人员等** (1)扩充研究生院的研究生人数,使其增加到1992年的两倍左右。推进联合研究生院等灵活的、开放式的教育研究。(2)把1/3左右的在读硕士生和2/3左右的在读博士生作为享受奖学金的对象。(3)确保研究人员的待遇。(4)完成"博士后万人支援计划"。(5)培养和确保优秀的研究管理人员及带头人。(6)在今后10年中,以每位研究人员有一位后援者为目标,从根本上扩充国立大学和国立试验研究机构的研究后援人数。

**建立新的研究与开发体制** (1)创造灵活、竞争、开放式的研究与开发环境;在国立试验研究机构引进任期制;扩充可灵活运用的资金,并使其多样化。特别是要迅速扩充竞争式的资金,为民间企业向大学等提供资金创造条件。为使研究机构灵活机动地管理,扩充大学校长及研究机构拥有使用权的研究资金。改善研究机构,以吸引国内外研究人员。(2)进一步培养并确保优秀的研究人员、特别是年轻研究人员。充实研究生院等的教育研究,加强对年轻研究人员等的援助,确立专业训练制度。(3)提高除国家研究机构外的各研究机构的创造性研究能力。扩大对私立大学和地方研究机构的援助,对有活力的中小企业的研究与开发予以支持。最大限度地充分利用民间的创造性及研究与开发能力,扩充产业界和官方分担资金与风险,共同推进研究与开发的机制。(4)在大幅度地扩充重点资金的同时充实从事基础研究的基本资金。(5)加强各部门、地区及国际间的合作与交流体制。为了更好地将人力、物力及知识资源结合在一起，要促进各部门之间的人员交流，完善从事共同研究的人员顺利调动所需的制度，放宽对兼职的限制；促进产业界、大学和官方研究机构等在地方上的合作与交流；谋求国际合作与交流，充实和加强国内外研究机构和行政机构间的合作；积极而广泛地推进有助于解决全球性问题的国际合作，并积极推进在基础研究上的合作；扩充同亚太国家等发展中国家的共同研究与开发；加强接收外国研究人员的制度，扩大接收外国研究人员的规模，加强对外国研究人员在生活上的援助。通过扩大到海外去的旅费数额等，增加研究人员派往海外的机会。

**推进研究与开发的基本方向** (1)推进有助于开创信息产业等新产业的科学研究与开发。(2)推进有助于解决地球环境、粮食和资源等全球性问题的科技研究与开发。(3)推进有助于健康，预防与治疗疾病，并有助于防止灾害等问题的科技研究与开发。(4)积极振兴基础研究，加强旨在揭示物质构成和宇宙中各种现象、发现新法则和原理、预测未知现象的基础研究。

## 教 育

二战后，日本政府把教育视为国家和社会发展的基础，是“立国之本”，大力兴办教育事业，企业和家庭也十分重视“智力投资”。这为振兴日本经济提供了丰富的、素质较高的人力资源，在经济发展中发挥了相当大的作用。日本教育的主要特色可以概括为以下几点：

**高度重视教育，视之为“立国之本”** 历届日本政府都能够紧紧抓住教育不放，把教育视为日本经济政策的重要一环来加以考虑。1947 年，在国家财政还极为困难的情况下，日本政府毅然决定将义务教育由 6 年延长至 9 年，而且多年来一直彻底地贯彻了普及义务教育。1995 年高中入学率达96.7%，大学的升学率也高达 45.2%。教育质量也受到国际舆论界的高度评价，在教育领域经常名列前茅或接近榜首，尤其是在数学和电脑方面。

**扩大教育投资，强调教育先行** 60 年代，日本的财界就非常重视教育与现代化的关系，认为“国际间的经济竞争就是技术竞争，而技术竞争又归结为教育竞争”。1963 年，日本经济审议会明确将“人力开发”作为发展经济的根本政策。政府也主张“教育先行”，把教育计划纳入经济计划，通过预测一定经济发展时期内所需人才的数量和规格，为教育提出发展方向和明确任务，然后再进行教育改革，保证及时供应人才。

为促进教育事业的发展，日本的各级政府还大幅度增加教育投入，教育经费在整个国民经济中所占的比例较高。从 60 年代到 80 年代初，就政府开支的教育费占国民收入的比重增长速度来看，日本增长了 54%，仅次于法英两国，居世界第三。1980 年至 1992 年，文部省掌握的预算约占国家总预算的 8%左右。1992 年文部省的教育预算为 5.319 万亿日元，占政府一般预算的 7.4%，比 1991 年度的 5.056 万亿日元增加了 2 630 亿日元，增长率为 5.1%。1992 年度的公共教育费总额(是指学校教育、社会教育及教育行政上支出的教育费总额)为 223 349 亿日元，占国民生产总值的 4.75%，占国民收入的 6.21%，占总行政费的 17%。

**改革教育，加强国际化、信息化及环境问题教育** 为了使教育更能适应经济的发展，培养 21 世纪日本所需的面向世界、国际化的人才，日本积极进行教育改革，优化教育结构。为培养更多能适应新形势需要的人才，日本政府根据国际化、高度知识化、信息化、技术集约化的原则，从终身教育的观点出发，重新探讨各种教育机构之间以及它们同职业训练机构之间的配合与联系，对高等教育，给学校以极大的自由度和自主权，力图克服过去强行划一的模式，形成各自的特点。

为适应社会变化，把教育的基本点放在培养人的“活的”能力上，除严选教学内容外，更超出教材，开展各种教育活动。如为适应日趋国际化的形势，培养理解外国文化，能够与持有外国文化的人良好合作的精神，采取加强外语教学中的听、说等交际能力，创造接触外国文化的环境，改善驻日外国人子女的教育等措施。再如为培养适应高度信息化社会的人才，加强信息化教育，加强学校的 INTERNET 网络等基础设施的建设，培养孩子们对科学的兴趣等。

**以"终身教育"为目标，加强职业教育** 日本历来有重视社会教育的传统，早在明治时期就建立过一些社会教育设施。1949年日本专门制定了《社会教育法》，70年代后提出"终身教育"设想。1988年，日本文部省将"社会教育局"改为"终身学习局"，并使该局居于各局之首，主要负责制定有助于发展社会教育的政策并付诸实施。1992年度社会教育费用达25 055亿日元。

在日本的企业教育中，企业内职业教育应算最成功、最有特色的部分，它在使日本迅速完成经济的恢复并进入高速增长中功不可没。它不仅培养出大批精通业务的经营管理干部，而且还造就了一支素质较高的劳动力大军。目前，企业的职业教育已极为普遍，大企业就更加严格。这种职业教育涵盖面广，无论普通工人、一般职员还是高级管理人员和企业领导均在培训之列。同时，这种培训还具有连续性，即企业除了对在职职工进行定期培训外，还要求职工变动工作或提升后，根据新的工作岗位需要，对他们进行"再教育"。可以说，日本企业的这种职业教育实际上是一种与科技日益发展的信息社会相适应的一种"终身教育"。

## 日本文化的特质

从日本生产、生活的历史看，日本属于农耕文化圈，再具体又属于稻作文化圈，长于精耕细作，对自然有特别的感情。虽然随着科学的进步，尤其是近代产业革命以后，这种以地域划分的文化圈的方法已不再适用，但经历了上千年历史的文化传统，已沉积在民族文化的底层，对民族的发展仍有着相当持久的影响。日本的文化特质主要有以下几点：

**善于改良、精于做工** 同对畜牧依存度较大的欧洲人重视自然不同，日本人亲近自然，在日本的文学艺术中，尤其像俳句这类传统的日本文艺中，往往充满着对自然界的深情陶醉。日本的庭园景观也多追求与自然界的和谐，主张融人事于自然中。欧洲人千方百计地利用畜力代替人力，提高劳动生产力，而日本人则善于利用别人的劳动力或通过不断地改良植物栽培来达到这种目的。可以说，日本的全部历史几乎就是一部有效吸收、改良世界先进文化的历史。在历史上，日本就曾成功地利用中国的古代文明发展了自己，当西方的近代科学大规模传入日本后，大和民族的这一特点就更充分地得到了发挥，无论是江户时代日本工匠的精巧手工制品，还是今天遍布世界的精致、实用的日本电器都是最好的说明。善于改良、精于做工的特点至今仍是日本经济发展的一大特点。

**封闭与开放并存** 回顾日本列岛形成统一国家后1000多年的历史，直到二战后美军占领，日本从未受到过外族武力入侵和征服。这种相对封闭的环境对日本文化的形成与发展有着很深的影响。它使日本文化中封闭与开放并存，一方面使日本人养成一种特殊的民族本位意识，对本民族生就一种亲切感，而对外民族有一种天然的排斥感，认为"内外有别"，是封闭的。另一方面则使日本人对外界的先进文化充满新奇感，对吸收外来文化抱有极大的热情，又是开放的。

这种以"内外有别"为典型表现的封闭性，除体现在日本人与外国人之间外，甚至还体现在日本社会内部，体现在各集团、利益群体之间；体现在日本人区分敬语、谦语的语言习惯上。而其开放性则主要表现在日本积极吸收外来先进文化，并为我所用上，从古代对中国儒家文化、印度佛教文化到近代对西方文明的吸收都是这种开放的表现。日本文化的开放性还表现在它对外来文化的吸收更注重其实用性，而不拘泥于它究竟为何种文化，只要对我有益，我就吸收，甚至改良。这一点，在二战后日本利用西方先进科技、管理经验发展经济上表现得十分突出。看似矛盾的封闭与开放，在日本文化中却水乳交融、密不可分，使日本在许多领域都能够做到"师夷之技以制夷"。

**以"家"为单位的社会结构** 日本的公司、学校、社会等各种群体等级森严，人与人之间、团体与团体之间都有明确的上下级关系，甚至在学生之间也有上下级关系，低年级学生尊称高年级学生为"先辈"，在礼节上十分注意。这种上下、长幼分明的纵式社会结构与日本传统的家庭主义、家庭本位观念密不可分。虽然现代化了的日本社会，同封建时期相比已发生了翻天覆地的变化，但人们在长期的社会历史中形成的家庭观念作为一种意识的沉淀，仍然存在于人们的心中，继续发挥着作用。过去"一切为了家"的观念，转化为一切为本公司、本集团的思想。日本学者中村元曾说过，西方社会的单位是个人，由个人而组成国家，而日本的社会单位是家庭，由家庭而组成国家。现代日本人把过去的这种家庭观念推而广之，视为以企业、团体为家。在“家”中，上下级间的责任与义务非常明确，上级有权利，但同时也要承担相应的义务；下级忠于职守、尽心尽力，但也从中获得相对稳定的保障，彼此信赖。在这个强调共同利益的“家”中，双方协调一致，为了一个共同的目标奋斗。这种文化底蕴可以说是日本战后经济腾飞的一个重要因素。虽然，现在世界越来越开放，日本的这种“家”的观念在一定程度上也受到一定冲击，但是做为一种深层的文化心理，它在日本社会生活中的影响仍将长期存在。

## 企业文化

一个国家、民族的社会文化特征对社会生活的影响是深层次的，其影响也是极为广泛的，除表现在社会生活、文学艺术等领域，也表现在企业文化这样的经济生活中。日本企业文化是东西方文化的融合，带有鲜明的日本色彩，是日本经济腾飞的重要因素。其企业文化既具有民族特色，强调团队意识、家庭精神，表现为“社风”、“社训”、“社魂”、“经营原则”、“企业使命感”等，同时又不断汲取欧美文化的营养，建立起和谐统一的价值观，并以此为基础，建立了民族主义的、家长式的和反个人主义的企业文化。

**日本企业文化形成的主要原因是**：(1)日本民族结构意识和行为趋向同一，具有相同的民族习惯；(2)日本战后的改革为日本企业文化的发展创造了适当的环境和条件；(3)日本社会的恩耻意识强化了企业内部人员的一体化的观念，成为孕育日本企业文化的深厚土壤；(4)外来文化是日本企业文化重要的营养来源。日本企业文化将外来文化与本国文化相结合，融人情与效率于一体，形成了既有原则，又有“信条”和“精神”的企业文化。

**同其他国家相比较，日本企业文化的主要特点是**：(1)日本传统文化与现代文化相结合。通过解散财阀等改革，以及引进欧美先进思想和体制，抛弃了封建糟粕，在建立自己的企业文化中保留了民族的特点。日语中“和魂洋才”这一词，恰到好处地反映了这一特征。“和魂”即大和民族之魂，也就是日本的民族精神。“和魂”是日本企业文化的核心，其内容可归纳为：“和”，重视人和，强调人际关系的亲密和谐、相互信任、彼此依赖；“同”，同心、同德、同力；“忠”，职工对企业要忠诚，尽职守责、荣辱与共。“和魂”的核心是重视人的作用，强调集体精神。“洋才”是指西洋技术。二战后，日本企业继承了明治维新时代的传统，注意吸纳欧美的先进生产技术、管理技术和管理方法及讲求效率的工作作风等。日本企业文化是以日本化的中国儒家文化为核心的“和魂”与先进的欧美技术为内容的“洋才”结合而成的。(2)“家庭主义”的管理方式。日本强调企业是一个大家庭，雇员、管理人员、经理之间有一种亲属式的关系，使雇员把自己的命运和企业命运捆在一起，增强了对“家庭”的责任心，自觉地把工作放在首位。(3)培养职工对企业的忠诚。日本企业十分重视培养职工的向心力，养成“生产报恩”的牢固观念，要求职工尽忠职守，拼命工作，树立为企业、社会和国家效力的使命感、荣誉感和自豪感。这一点构成了日本经营的核心。(4)增强企业内部凝聚力。为了使全体员工遵循共同的价值观和奋斗目标，企业不遗余力地采用多种形式，如通过“社训”、“经营原则”等使员工的价值观趋于一致；终身雇用制和年功序列制使职工的终生利益同企业紧密相连。(5)注重发挥群体优势。日本企业注重群体作用，不重个人作用，强调个人必须融入群体之中，为发挥群体优势尽力，并以此判断职工对企业贡献的大小。

目前，日本企业正在以“精神革新”为主轴，从革新组织风尚、改善企业形象、改革商品与服务等方面进行新的尝试，创建面向21世纪的新的企业文化，其主要思想是对人的培养，主张经营即教育。这是日本松下电器公司总裁松下幸之助最早提出的思想，后来成为日本企业文化建设的重要内容。他指出“造物必先造人”，“人的智慧、科学知识和实践经验都属于社会财富，而且比黄金更有价值”，所以要重视教育，重视经验。日本企业在生产经营活动中，非常重视教育，着力提高人的素质，以促进企业发展。随着日本社会、经济生活的发展，日本的企业文化今后也将发生新的变化。　(中国现代国际关系研究所　徐学群)

## 附：文化是市场经济发展的底蕴和前瞻①

### ——日本国会议员、原宝琢歌剧团著名女演员但马久美先生访谈录

**童新政(以下简称“童”)**：日本是世界上有数的经济大国，但就文化方面怎样评价日本才好呢？

**但马久美(以下简称但马)**：我认为日本既是经济大国，也是文化大国。所以这么说是基于以下理由：一是在实现经济大国的同时，日本政府清楚地认识到，在经济构造的变革中，文化不仅具有其本身存在的重要意义，还能以其发展过程中产生出来的丰富的感性和崭新的价值观，对社会和经济等其他领域的发展给予重大的积极影响，因此适时地确立了文化立国的战略方针。平成8年(1996年)7月，在文化厅召开的，由学术、文化相关学者和学术家组成的文化政策推进会议的充分讨论的基础上，向政府提出了21世纪文化立国企划，将振兴文化摆在国家“最重要的课题”的位置上，重点对文化事业进行投资，对各种文化基础设施进行根本性的改善等，并具体地提出了实现文化立国的措施。主要包括：1. 面向世界创造新文化；2. 充实国民参与文化事业的机会；3. 大力继承和发展传统文化；4. 建设充满文化气息的街区；5. 通过振兴文化来促进产业和社会的生机。日本政府采纳了这些意见。二是大力发展文化活动的据点——美术馆、博物馆、图书馆，使之真正成为陶冶国民健康美好情操的场所。现在所有的大小城市都建有自己的博物馆或美术馆；图书馆则更是普及到每个町、村。三是国民的文化意识相当浓厚。国民中间浓厚的文化意识是促进文化事业发展的最根本的基础条件。四是建立健全了完整的文物保护体系。文物是正确了解一个国家、民族历史和文化不可缺少的佐证；亦是未来文化发展的基础之一，国家将文物根据其形态分为有形文物、无形文物、民俗文物和纪念文物几类，又根据其重要程度分为重要文物乃至国宝。对于有形文物，国家在保存、修理和收购等方面予以补助；对于无形文物，则由国家培养继承人，记录其制成或表演方法。当然，说日本是文化大国并不等于在文化事业方面不存在问题了。

**童**：先生在讲到文物保护时提到的无形文物上，令人很有感触。中国历史悠久，民族众多，除了各种有形的文物之外，大量由个人所了解和掌握的技能如汗牛充栋，难以胜数，对于这些散落民间的技能技术，如果能提到无形文物的高度来认识，来收集发掘，并花不了多少钱，但却是可以大大地丰富中华民族悠久优秀文化的内涵，促进国民文化意识的升华。先生列举的事实说明日本是文化大国，那么日本是如何解决发扬本国固有文化和学习吸收外国传来文化之间的关系的呢？

**但马**：我想首先要强调的是，文化的本质含意是开放的、包容的而非封闭的、排他的。日本是个四面环海的岛国，这种地理环境决定了他比较容易沉累和保存本国的原有文化。而历史上的日本又因学习东亚中国的隋、唐文化，继而学习荷兰的欧洲传统文化，后来是学习以美国为代表的现代西方文化，形成了一种“广学博采他国文化为己用”的传统思维定势，吸收国外优秀文化方面很少有意识上、心理上或文化上的阻力。大多数国民都明白：吸收和学习外国文化的目的在于充实本国文化的含量，刺激本国文化的发展，至于本国固有文化是否会因此而湮灭，根本原因不在于外国文化的吸收引入，而在于本国文化是否植根于国民的心底。所以在西装成为常服的同时，和服则成为展示人们文化品味和教育素养的高级标志；高层建

① 摘选自《现代日本经济》1999年第2期。

筑林立的同时,和式装修体现着东洋文明的韵律;交响乐、摇滚乐如潮似涛翻卷列岛的同时,歌舞伎和“能乐”如泣如诉不绝于耳,多种文化自然地交流互融在一起。其次,在积极引进外来文化的同时,大力扶植本国文化事业。对被指定为重要文物的建筑物免征固定资产税,对其敷地免征地价税,并对其管理者提供管理文物方面所必要的优惠措施。除此之外,对书籍、杂志、报刊、音乐磁带、音乐激光盘等,从昭和28年(1953年)以来便一直实施“再贩卖价格制度”。再贩制度,就是出版社、报社、激光盘制作会社等对于这些文化商品的批发商,要求其在转卖时显示并维持转卖价格,不得随意加价。第三是以多种形式大力普及民族文化。为提高国民的文化活动水准,从昭和61年(1986年)起,每年由各地方轮换承办一次全国规模的国民文化节活动,检阅和交流各地方的文化事业成就和经验。平成6年(1994年)11月公布了为振兴音乐文化整备学习环境法,并根据该法将每年10月1日规定为国际音乐日;平成8年(1996年)开始实施音乐日,当天,在全国各地举行由市民参加的演出、演奏会。另外,为活用各美术馆、博物馆的馆藏文化精品,国家出资组织国立博物馆、美术馆所藏名品巡回展。为了从小培养国民的高品位文化素质,针对不同年龄层,分别组织实施儿童艺术剧场(10～13岁)、青少年艺术剧场(14～19岁)活动,将优秀的舞台艺术送到全国各地的儿童和青少年面前。第四是积极组织实施内外文化交流。政府设有艺术家在外研修制度,为年轻的艺术家提供海外研修机会和资助。同时还设有海外艺术家招聘研修制度,招聘国外希望来我国研修的青年艺术家来日本研修并提供资助。最后一点是国家设有文化勋章、文化功劳赏制度,日本艺术院会员的任命、恩赐赏、日本艺术院赏、艺术选奖文部大臣赏、新人赏以及艺术节赏(包括大赏、优秀赏和新人赏),对在内外文化交流和宏扬本国文化活动中成绩突出的艺术家进行表彰奖励。

**童**:文化事业本身就是一个全社会性的事业,又是超越国境、超越民族的精神陶冶事业。强调其为全社会、为全体国民服务,就必然要求文化事业的形式多样,内容丰富,表现角度各异,实际上是为国民提供一个可供其按照自己的喜好加以选择的“精神套餐”。而按照自己的自由意志对事物做出选择正是现代民主构成的核心内容。如果过于强调文化事业为某一部分人服务,某种意义上会使另一部分人,哪怕是人数不占多数的人,失去选择的标的物,失掉文化生活。随着市场经济的日益成熟,科学技术的日益进步,人们生活工作的节奏也日趋加快,这些都使人们的精神层面的紧张感日益加剧,这些都要求文化事业更加发挥其独有的社会功能。我常想到这样一个问题,即继成熟的市场经济之后,人类社会会进入到何种新的经济形态中。我的结论是,社会经济形态将由市场经济发展过渡到文化经济中去。

**但马**:这提法很有意思。市场经济的确已相当成熟了,而成熟的另一层意思就是需要有更好的新事物来替代它了。你能把这个提法的依据说一下吗?

**童**:市场经济的一个突出的特点,是以刺激人们的消费来带动社会商品的生产。在市场经济中科学技术又是构成社会生产力的重要因素,而我始终觉得,人们的消费欲望和科学技术都有两重性,人们的消费欲望一方面可以刺激社会生产的发展,推进社会向更高级的阶段演进;另一方面消费欲望又是无限扩张的,如果不加约束,势必会大量耗费地球这体积有限的星体上蕴藏的有限资源,而许多资源又是不可再生的,一旦消耗殆尽,那么人类自身的生存也就变得困难了。同样,科学技术一方面是重要的社会生产力,科学技术的发达会极大地提升人类改造客观世界的能力;但另一方面,科学技术如果失却了道义良知的引导和法律规范的约束也会变为大规模破坏自然,杀伤甚至毁灭人类的魔器。现在世界上已经在一些方面出现了市场经济和科学技术失控发展的负面现象。因此,就需要一种力量来制衡、调控和导引市场经济和科学技术向健康的方向发展,而文化就是最好的选择。因为文化的内涵是向善求美维真,不存在“好”或“坏”的两面性。人类历史发展证明,文化越发达,对人们的精神情操的陶冶越自然、越深刻,使人们在经济活动中能自觉地约束自己的过度消费欲望,做到各取实需,适度消费,而避免比“阔”斗富,穷奢极欲;在发展科学技术的过程中,能从维护人类长远、全体利益的立场出发,将研究成果用于造福于人类,而防止科研成果异化为危害人类的武器。从这个意义上,我坚信文化经济是市场经济的底蕴和前瞻,是人类未来的新的经济形式。

**但马**:我同意你的这些见解。我曾因演出到过世界上许多国家,亲身感受到这样一个道理:许多国家的经济发展程度有先进和落后之分，历史有长短之分，风俗习惯和语言文字也各异，科学技术有高精和低粗之分，但对文化和艺术却是心有灵犀一点通，对于美的善的文化艺术都能理解和接受。这说明文化是沟通各国人们心灵的桥梁，许多 政治层面上相当对立的问题，转到文化层面上便变得容易沟通了。所以文化在长远的视点上看更有震撼力，更具影响力。以求美向善维真的文化做统括经济和科技的枢纽，以文化经济替代市场经济，将是人类社会继续发展进步的趋势。

# 越南经济文化概况

越南社会主义共和国，面积 329 556 平方公里，人口 7 690 万(1999 年 3 月)，国民生产总值为 1 310 亿美元，人均国民收入 280 美元。

越南位于中南半岛东部，东南和南面临海，北部与中国云南、广西接壤，西部和西南部与老挝和柬埔寨为邻。陆地边界总长 3 920 多公里。海岸线长 3 260公里。属热带、亚热带季风气候，气温高、湿度大、风雨多，年均气温 24℃左右，北方分春、夏、秋、冬四季。7～11 月多台风。南方一年分雨季和旱季，5～10 月为雨季，11 月～次年 4 月为旱季。平原年均降水量为 1 500 毫米以上，高原 2 300 毫米，山区可达 3 000毫米。

越南于公元 10 世纪开始建立封建国家，1884～1940 年沦为法国殖民地，1940～1945 年被日本占领。1945 年 9 月 2 日宣布独立，成立越南民主共和国。同年 9 月法国重新入侵。1954 年 7 月签订关于恢复印度支那和平的日内瓦协定，越南北方获得解放，南方仍由法国(后成立由美国扶植的南越政权)统治。1965～1976 年为抗美救国战争和越南的统一时期，期间 1973 年 1 月，越美在巴黎签订关于在越南结束战争，恢复和平的协定，美军从南方撤走。1975 年 5 月南方全部解放。1976 年 4 月，越南选出统一的国会，7 月宣布全国统一，定国名为越南社会主义共和国。

## 经　济

越南南北统一后直到 1986 年实行改革开放，经济陷入困境，粮食连年减产，工业产值急剧下降；财政金融形势严峻，通货膨胀率不断上升；"新经济区计划"严重受挫。1996 年越共"八大"继续坚持革新开放政策，1997 年经济发展较好，国内生产总值增长约 9%，粮食生产创历史最高水平。东南亚金融危机越南没有受到直接冲击，但受到一定影响。1998 年越南经济受自然灾害影响和地区经济危机影响，经济增长速度放慢，其增长率为 5.8%，出口投资和财政收支受直接影响大。

1999 年越南提出发展经济的指导思想和总体目标是：继续进行革新事业，发挥各种国内力量，限制地区经济危机的消极影响，保持经济、社会稳定。其措施是：(1)加强农业和农村经济的发展；(2)调整投资政策——优先集中发展农村、渔业和农村经济，特别是水利、种子、加工和出口环节；(3)调整出口市场；(4)整顿财政、货币政策；(5)解决失业问题。

**工业**　近年来发展较快。1997 年工业产值约 110 亿美元，占国民生产总值的 32.5%。1998 年工业产值比 1997 年增长 12.1%。1998 年工业领域的外资企业增长 23%，是非外资企业增长速度的 3 倍。工业的外资企业和产值在工业产值中由 1997 年的 28.7%上升到 1998 年的 31.5%。1997 年原油产量达 980 万吨，钢产量 70.8 万吨，发电量 190 亿度，水泥产量达 750 万吨，纸张 24.9 万吨，布匹产量 2.85 亿米。

**农业**　越南是传统农业国，农业人口占总人口的 80%，林地及耕地占全部土地 6%，以生产粮食和经济作物为主。粮食作物有稻米、玉米、马铃薯、番薯、木薯等；经济作物有咖啡、香蕉、腰果、茶叶、花生、蚕丝等。1988年4月政府作出关于革新农业经济管理第十号决议,即"10号承包制"(相当于中国的家庭联产承包制)。内容是:革新农业管理工作,实行承包到社员家庭的承包制,承认农民为自主经济单位,取消原来农业合作社计划经济的统购销。承包制一实行,粮食生产即有起色,当年粮食产量就比1987年增产200多万吨,达1 958万吨。从1988年到1999年粮食产量除1990年持平外,年年都增长。1987年起农业连续9年丰收,1997年粮食首次超过3 000万吨,达3 060万吨。从1988至1997年粮食产量平均每年增产129万吨,平均年增长率为5.6%。人均粮食占有量从1987年的280公斤,增加到1997年的398公斤。1998年粮食产量达3 130万吨,比1997年增产70万吨。其中稻谷产量为2 840万吨,比1997年增加90万吨,人均粮食占有量超过400公斤。1997年大米出口达360多万吨,1998年为380多万吨。从此,越南由长期缺粮国变成世界第二大米出口国。1998年杂粮产量为290万吨。橡胶1997年产量为17万吨,咖啡40.5万吨,茶叶4.5万吨,水产品150万吨。粮食生产的发展促进了饲养业的发展,据农业与农村发展部统计,越现有家畜和家禽近1.9亿只,其中家禽1.6亿只,猪1 800万头。

**交通运输** 1991年至1995年越南交通运输基础设施有所好转,近年来交通运输重新组合后提高了服务质量,取得了较好的经济效益。但交通运输仍然是越南经济中的薄弱环节。

**铁路** 越南的铁路线路密度低,有6条干线和一些支线,总长3 220公里,干线全长27 000公里,通车线路有河内—胡志明市、河内—海防、河内—友谊关(中国)约167公里;河内—老街、河内—管潮等10条;还有通往国外的国际铁路线。

**公路** 是越南运输部门的主力,但其质量差,柏油和水泥路占公路总长度10%。公路总长为10多万公里,其中1万公里国道,1.5万公里省道,3 000公里街道,其余是连接各县乡的公路,主要干线是1～29号公路。能全年通车的公路约5万公里。有通往中国云南、广西的公路。

**水路** 越南有3 200多公里长的海岸线和众多天然良港,有利于发展海洋运输业。水路总长7 000公里。内河运输在交通运输中起着举足轻重的作用,现有1 370艘拖船,6 360艘货船,3 760艘驳船。海运有55艘货船,6艘驳船。交通部管辖的7大港口,其中西贡港是吞吐量最大的港口,有20个泊位,每天可装卸货物27 000吨,每年吞吐货量为1 000万吨,岘港年吞吐量为360万吨;海防港年吞吐量340万吨。

**航空** 越南民用航空事业起步较早。民用航空和空军基础设施尚未划分清楚。现有大小机场60个,民用机场15个,国际机场3个。还有河内市的内排机场、岘港机场和胡志明市的新山一机场。民用航空约有飞机30架,大都是前苏联制造,性能低,现已开始向国外公司购买和租用飞机。

**财政金融** 90年代,越南实施金融自由化过程中为使依赖国有银行的金融趋于多样化,培育民间企业,设立了50多家商业银行,它们大都是半官半民的股份公司。但由于未改变旧的金融机构,导致银行缺乏信誉、融资混乱以及资本过少等问题。此外,6 000家国有企业中也有近半数出现亏损。1997年国家财政收入50多亿美元,只完成计划的94%,连续3年未完成计划指标;财政支出增长10.1%,财政赤字占国内生产总值的4.8%,超过预算赤字2亿多美元。

1998年秋,越南开始实施金融改革,对所有金融机构重新实施最低资本制度。1999年越南预定近期内完成银行"划分等级"工作,按融资和决算内容将所有商业银行的经营分5个等级。

**对外贸易** 越南和世界上100多个国家和地区建立了贸易关系,有60多个国家和地区在越南有投资,30个国家设有商务处。80年代后期越南实施改革开放,对外经济也采取多元化和多样化政策,开展与亚太地区和西方国家经济合作和贸易往来。东盟是越南的重要贸易伙伴。1996年越南东盟双向贸易额达52.01亿美元,占越南出口总额29%。至1997年底东盟对越南投资项目共363个,合同投资总额达86.348亿美元,占越外资总额的1/4。东盟国家中新加坡是越最大贸易伙伴,其贸易额占越南在东盟贸易额的76.23%,现在越有177个投资项目,合同投资额为63.25亿美元。越与马来西亚经贸关系较密切,1996年贸易额达2.78亿美元,现在越有投资项目59个,合同投资额为13.72亿美元。与泰国经贸合作关系发展较快。截至1997年12月,泰在越投资项目有78个,合同投资总额为10.56亿美元。亚洲金融危机后没有增加投资。与印尼的贸易额1996年为1.95亿美元,印尼在越现有投资项目13个,合同投资总额为2.43亿美元。

1998年越参加亚太经济合作组织后,更广泛地参与国际论坛和经济活动。该组织也成为越对外经济合作最重要的伙伴。越南和亚太组织成员国的进出口贸易占越对外贸易总额的70%,而亚太组织成员国对越的投资额占越外资总额的76%,向越提供经济发展援助占越从外国的国际组织获得的援助总数的50%以上。

1998年越原先确定的出口增长率为10%,因受亚洲金融危机影响出口额只达93.5亿美元,比1997年增长0.9%。1998年出口产品情况如下:纺织品出口创汇13.5亿美元;原油出口1 210万吨,创汇12.46亿美元;大米出口380万吨,创汇10.4亿美元;鞋类出口创汇9.6亿美元;电脑及电脑零件出口4.04亿美元。农村产品出口创汇约28.66亿美元,比1997年同期增长10%,约占出口总金额28～29%。

1998年越南进出口总额达113.9亿美元,比1997年同期下降3%。外贸逆差为20.5亿美元,相当于出口额的2.1%。

**外国投资** 1998年外国在越投资项目260个,合同投资资金为40.5亿美元,加上一些项目增加投资,合同投资资金达48亿美元。1998年新增外资项目和合同投资项目分别比1997年下降21.5%和10.1%。

**与中国的经济、文化关系** 越南西北部与中国的云南省南部都是多民族聚居区。越滇之间有长达130多公里的共同边界,有壮、彝、哈尼、布依、苗、瑶等10多个民族跨境而居,他们有相同或相近的文化、风俗习惯甚至亲戚关系。他们之间的经济文化交往从未中断。70年代由于某些原因,越滇之间经贸文化交往受到影响,80年代末逐渐恢复经贸交往。近年来又发展到规模较大的地方政府之间的贸易。据中国海关总署统计,1997年中越两国进出口贸易额为14.36亿美元。

## 科学技术

1986年越共六大通过和发表革新政策。1994年颁布新宪法,1997年越迎来第六个五年计划(1996至2000年)的第一个年度。越南国会在1996年度强调了科学技术、环境保护问题。1992年12月越新设立科学技术环境部。科学技术环境部下设科学技术预测战略研究所、科学技术管理研究所、越南原子能研究所和技术应用研究所。此外,还设以下公司:科学和技能出版所,专利国营公司,科学技术尖端应用中心,航空技术国营公司,原子能应用开发国营公司和新技术进出口公司等10个公司。

## 文化教育

**教育** 越南1991年教育经费占财政预算的12%,文盲人数占总人口的9%,1998年识字率为91.9%。越全国已基本建立完整的教育体系。

1993年越南对教育体系进行调整。1995年拟定并出版《越南教育和培训指导报告》。报告明确指出实现社会经济目标最重要的国家课题是发展科学技术教育。教育培训部根据国家教育战略将教育体系的管理和监督与其他各部委联合起来进行。

根据《越南教育和培训指导》,越南基本学制小学5年,初中4年,高中3年,大学本科4至6年,研究生课程2年,博士课程2年。从职业教育或技术教育高中学校毕业的学生拥有大学入学资格。经过1993年的改革,越南的大学基本都变成综合大学。改革后,大学分为国立大学、准国立大学和私立大学。1997年河内有综合大学和学院8所,工科大学及学院9所,加上高等教育研究所合计为103所。每年平均招生8万名。全国在校大学生为32万人。著名高等院校有河内国家大学、胡志明市国家大学、顺化大学、太原大学、岘港大学等。

越南在教育方面与原苏联保持密切的合作关系,向苏联派遣2万多名本科生,6 000多名研究生和3 500名博士生接受科学技术等方面培训。越南也接纳原苏联的学生。

近几年,随着经济形势的好转,越南政府要求本世纪末实现全国普及小学教育,大部分青少年达到初高中文化程度并扫除文盲。截至1997年,学前教育有1.294万所,学生有254.4520万人,教师14.4067万人。普通教育有学生164.4069万人。

**新闻出版** 越新闻法规定报纸由国家控制。中央及地方出版社有48家。1995年出版各种图书1.5亿册。主要出版社有政治出版社、文化出版社、文学出版社、科技出版社、教育出版社和世界出版社。越南共有报刊500多种,报社150家,其余为行业小报。每年报刊发行量为4 200万份。通讯有国家通讯社,全国各省市均设有分社,有驻外分社16个。广播电台有"越南之声",用越语和数种少数民族语言对内广播,另外也用中国普通话、广东语、俄语、英语、法语、西班牙语、印尼语、老挝语、柬埔寨语等。电视台有越南中央电视台。

**越南经济数据表**

| | 1997年 | 1998年 |
|---|---|---|
| 国内生产总值(亿美元) | 261.6 | 1 310 |
| 人均国内生产总值(美元) | 270 | 280 |
| 国内生产总值增长率(%) | 9 | 5.8 |
| 通货膨胀率(%) | 3.1 | 8.9 |
| 出口额(亿美元) | 88.5 | 93.56 |
| 进口额(亿美元) | 112 | 113.9 |
| 经常项目(亿美元) | -16.96 | -180 |
| 外汇储备(亿美元) | 22.41 | 26.75 |

(现代国际关系研究所 吴秀慧)

# 缅甸经济文化概况

缅甸位于中南半岛西部,北界中国,西北与孟加拉国、印度为邻,西南濒临孟加拉湾,东和老挝、泰国接壤,是东南亚中南半岛上最大的国家。全国领土面积约67万平方公里,人口3 755万。多民族国家,语言方面分属三大语系,即汉藏语系、南亚语系和南岛语系。

## 经济概况

缅甸是一个历史悠久的农业国。1948年独立前,由于长期受英国的殖民统治,缅甸成为稻谷单一作物制的国家,经济基础非常薄弱。1948年独立后,缅甸政府采取了一系列恢复生产、发展经济的措施,但因政策失误,社会动荡不安,经济发展缓慢。1987年12月被联合国列入最不发达国家行列。农业人口占全国人口的70%以上。1988年9月,以苏貌为首的"国家治安建设委员会"接管政权,开始施行经济领域的各项改革,使缅甸经济重新进入了一个新的发展阶段。1989年3月缅甸军政府颁布《国营企业法》,实行市场经济及对外开放政策,使缅甸经济很有起色。从1992~1993年度起,开始执行"经济发展年"计划,重点发展农业,使粮食生产获得重大突破;工业上则强调重点发展基础产业,改善国内投资环境,并与中、美、英、法、德、泰等国的公司签订了涉及交通运输、能源矿产、邮电通讯、冶金机械及汽车修理等领域的合作协议;在金融领域,政府准许私人和合作社开办银行,并建立了以国家银行为主、合作社与个人为辅的新金融体制;在旅游业方面,新成立了国家旅游部,强调促进旅游服务业发展,计划在1995年吸引外国游客80万人;在吸引外资上也取得了可喜的成就。另一方面,尽管缅甸政府通过实行巩固国营企业,鼓励和发展私人经济,积极吸引外资,全方位对外开放等一系列政策,使经济有所好转,近几年国内生产总值达到较高的增长率,但目前缅甸经济仍存在着许多严重的障碍和问题:国营企业经济效益不佳,农业上的经济改革方案还没有全部出台,财政入不敷出,外债过多等。

**矿产及制造业** 缅甸的矿藏非常丰富,矿产资源种类繁多。外国公司在各地勘探或开采,与缅甸政府先后签订了十多项勘探石油的协议,勘探范围达8万多平方公里,包括亲敦江流域、伊洛瓦底江三角洲、锡唐河流域和安达曼海湾大陆架等地区。缅甸现有的主要油田有仁安羌油田、兰濑油田、仁安佳油田、曼油田、仁安马油田以及苗旺油田等。产油区还储有丰富的天然气。1994年9月,美国加利福利亚联合石油公司与缅签订了一份价值5亿美元的大型工程项目合约，承建缅、泰之间的天然气输送管道。缅甸与法国的一家石油公司也签订了一个合约，共同开发缅近海石油，投资总额达10亿美元。

近年来，缅甸的工业已开始扭转滑坡趋势，民族工业取得一定增长，基础设施渐趋完善。工业生产自1992年后，发展速度已很快，其中矿业和电力的增幅最大。

**交通、通讯业** 交通、电力和通讯等基础设施极其薄弱。迄今，缅甸全国公路总长度为29 844公里，其中，国道公路干线仅为18 321公里。全国铁路总长仅为5 790公里，其铁路设备大都是第二次世界大战前后生产的，极其陈旧，轨宽0.915米，一般称“米轨”。牵引机车以内燃机车为主，大部分机车已老旧，现有的铁路系统远远不能满足经济发展的需要。

缅甸只有一个可供较大型飞机起降的国际机场——仰光机场。缅甸航空公司仅有能载客40多人的小型飞机10架，飞国际航线的波音737－400型客机还是从马来西亚航空公司租来的。缅甸航空业的特点是机场多、飞机小、运量小。缅甸共有大小37个机场。航空业务都由国营的“缅甸航空公司”经营。该公司拥有福卡F27S飞机5架、福卡F28S飞机3架和直升机两架。缅甸的国际航空运输业务主要由在缅甸开展国际航运业务和设有机构的外国航空公司来承担。美国的“泛美”和“东方航空公司”以及荷兰、法国、泰国、中国、孟加拉、俄罗斯和新西兰等国的航空公司在仰光都设有机构。

缅甸全国发电装机容量仅有1 572兆瓦，供电严重不足，致使工厂的开工率不足50%，甚至连驻此间的外交使团用电都无法保证，经常停电。缅甸全国共有电话232 017门，其中，国际直拨电话仅有2 907门。基础设施严重滞后影响了外资的流入。

缅甸的通讯设施一直十分落后，直到1992年初政府才组织成立了邮电通讯部。自1989年以来，国家采取投资和吸引外资相结合的办法，努力发展国内通讯事业，耗资1.301亿缅元，建立了国内卫星通讯地面站，结束了长期边远城镇无法与内地通讯联络的历史。近年来，缅甸通讯公司还分别与德国西门子公司和韩国大宇公司合作发展电讯，有两项电讯工程正在进行之中，竣工后缅甸与国际上的电讯联系将有改观。

缅甸国内河流众多，水运很发达，可通航的内河航线长达8 000多公里。伊洛瓦底江、钦敦江的主流以及伊洛瓦底江三角洲的各支流和河网均可通航，是缅甸重要的通航区。伊洛瓦底江是纵贯缅甸南北的水上大动脉。

缅甸的沿海港口虽然较多，但海运并不发达，国际贸易港口有仰光港、勃生港、毛淡棉港和若开港，其中最主要的是仰光港。仰光港共有13个码头的泊位，设计年吞吐能力为500万吨，但港口设施较差，装卸效率低下。缅甸的远洋海运业务由国营的“缅甸五星轮船公司”经营。该公司共有11艘万吨以上的远洋船只，并在许多国家设有办事机构。

**财政金融** 新政府执政后，大胆实行开放的金融政策，改革财政金融体制，使国内金融形势趋于好转。政府在金融领域也已开始对外资银行开放，并计划发展多元化的金融体系。除国有银行外，现已允许外国银行在缅开业，设立办事处，开办外国银行的分行或合资银行。截至1994年8月，已有泰国军人银行、新加坡发展银行、华联银行、泰国家民银行等8家外国银行在缅甸开业。近年来缅甸工农业生产发展趋于好转，金融领域的改革初见成效，使缅甸财政金融状况得到了较大改善，外汇储备已达18.04亿缅元(3亿美元)，比前几年有较大增加。

自1988年9月以来，缅甸对金融制度进行了较大的改革。目前全国共有6个国家级的银行：缅甸中央银行、缅甸经济银行、缅甸投资与商业银行、缅甸外贸银行、缅甸农业和农村发展银行。缅甸中央银行前身为1948年成立的缅甸联邦银行，它负责管理国家财政，指导、监督和调控银行体制；向经济部门提供财政和货币情况的资讯；稽查账目；实施对黄金和外汇的管制；发行证券，制定票据贴现率、利率；发行货币等。缅甸政府授权中央银行允许外国银行在缅甸开业。惟有中央银行可以印刷钞票。

缅甸政府现已允许成立私人银行，从1993年11月缅甸出现第一家私人银行至1994年9月，缅甸共建立了10家私人银行。外汇管理工作主要通过缅甸外贸银行，由外汇管理员和外汇管理部负责。以计划财政部长为首的外汇管理委员会负责分配外汇。《缅甸外汇法》规定，任何人未经外汇管理局负责人的许可，在国内不得买卖、借贷、兑换外汇。国家规定缅币不得出入国境。但在中缅边境地区，根据贸易部(91第7号令)，边贸可以使用人民币和缅币。

## 奉行积极和独立的外交政策并逐步开放

缅甸自从1948年1月4日获得独立以来，奉行积极和独立的外交政策，本着联合国宪章和和平共处五项原则，同世界各国，尤其是同邻国保持和发展友好关系。缅甸所奉行的积极和独立的外交政策的主要内容和原则是：尊重人民平等和国家平等；对国际问题采取中立和独立的立场；“愿与任何国家为友、但不与任何国家结盟”；支持和积极参与联合国及其机构所开展的各项工作；实施互利、双边和多边合作计划；在地区的经济和社会事务方面开展区域性协商和互利合作；积极参与维护世界和平和安定，反对帝国主义和新老殖民主义，反对干涉、侵略一个国家和对另一个国家的支配；创造公平合理的国际经济环境，接受对国家发展有益的和不附带任何条件的外援。缅甸政府认为，联合国是解决国际上一切政治、经济和社会问题以及维护世界和平和安全的最好讲坛。迄今，缅甸已同72个国家建交，其中，亚洲太平洋地区22个，中东和非洲地区13个，欧洲23个，拉美地区14个。缅甸在国外设有30多个使馆。

缅甸同意联合国秘书长安南提出的联合国改革建议，并希望通过改革使联合国得以加强。关于扩大和改革联合国安理会问题，缅甸反对将不结盟运动成员国排除在安理会之外的做法，并声称，安理会中新增加的成员不得少于11个，安理会的扩大应建立在国家主权平等、公平的地理分布的原则基础之上。缅甸呼吁联合国安理会有限制地使用否决权，并对南非总统曼德拉提出的完全取消否决权的建议表示欢迎。缅甸是不结盟运动的创始国之一。考虑到不结盟运动偏离了其最初的轨道，因此，缅甸于1979年退出了不结盟运动。由于缅甸后来对不结盟运动有了新的认识，因此，它于1992年重返不结盟运动。冷战结束后，缅甸仍忠实地奉行中立的不结盟的政策。

缅甸于1997年7月加入东盟。缅甸入盟后，它同其他东南亚国家之间的高层互访更加频繁，并同东盟众多国家签署了包括互免签证，经济、技术、贸易、旅游和禁毒合作在内的诸多协定。迄今，缅甸已吸引来自东盟成员国的外资36.9亿美元，占缅甸吸引外资总额的52.28%。此外，缅甸还于1998年8月加入了南亚次地区经济合作组织，即孟加拉国、印度、缅甸、斯里兰卡、泰国组成的孟加拉湾沿岸国家经济合作组织，并在地区事务中发挥着日益重要的作用。

为了对缅甸的对外关系进行协调和对外交政策的执行情况进行监督，缅甸于1992年10月成立了以缅甸国家和平与发展委员会第一秘书钦纽中将挂帅的缅甸外交政策委员会。

缅甸过去曾竭力避免与国外接触，现在已立足本地区，积极促进它同中国、印度和东盟的关系地区之间的关系。亚洲经济危机大大地减少了资本流入缅甸。

在过去10年里，新加坡、泰国和马来西亚分别是缅甸的第二、第三和第四大投资国，对缅甸的投资总额达28亿美元。缅甸政府希望依靠自身的能力，利用缅甸的独特之处，与东盟、印度和中国建立贸易关系。缅甸的另外一个计划是在改善东盟与中国的关系中扮演“中间人”的角色。至于贸易关系是否令人满意以及中国和东南亚国家是否会反对通过中间人接触都没关系。

## 东南亚金融危机后政治经济形势恶化

1998年是缅甸军政府政变上台执政10周年，亦是缅甸主要反对党全国民主联盟(以下简称民盟)建党10周年，还是缅甸举行的首次由多党参加的全国大选8周年。对缅甸军政府来说，这一年是其上台执政以来度日如年、处境最为艰难的一年。

在政治方面，在1990年全国大选中获得压倒性胜利的民盟，在忍耐和等待8年均无济于事之后，于1998年向缅甸军政府进行了最后摊牌。9月民盟单方面成立了一个由10人组成的缅甸人民议会代表委员会，由民盟主席吴昂瑞任主席，成员包括民盟副主席吴丁吴和总书记昂山素季。此举得到了已同缅甸军政府实现和解的四支民族武装组织的支持，这四个组织分别是掸邦人民解放组织、克伦人民解放组织、新孟邦党和新克耶邦党。缅甸人民议会代表委员会于16日举行了第一次会议，并在此次会议上组建了缅甸人民议会，同时选举若开民主联盟主席吴梭妙昂为人民议会议长。该委员会在其第一号声明中宣布，缅甸军政府1988年9月18日执政以来颁布的一切法律为非法，呼吁军政府无条件释放一切政治犯，并要求军队履行国防职责、尊重人民的意愿。

缅甸军政府在获悉民盟成立了人民议会后发表声明称，它将继续肩负起管理国家的重任，并警告说，如果民盟召开人民议会会议，缅甸就有可能分裂成若干个小国。军政府还威胁说，如果民盟召开人民议会会议，政府将取缔民盟，宣布该党为非法，并要逮捕该党领导人。针对民盟对军政府发起的一次又一次严峻的挑战，军政府对民盟成员进行史无前例的大拘捕。据民盟中央公布的统计数字，自1998年5月以来，军政府逮捕的民盟成员已多达921人，其中民盟当选议员200人，民盟从中央到地方各级组织委员721人。此举使原本就动荡不安的政局更趋紧张。尽管如此，民盟成员及其支持者仍不顾军政府的镇压，走上街头或校园举行反对军政府的抗议游行和示威。

军政府的举动遭到了缅甸国内外的强烈谴责。不久前，美国、英国、法国、意大利、德国、日本、韩国和澳大利亚8国驻缅甸大使代表本国政府发表8国致缅甸外交部联合声明，对军政府对民盟及其总书记昂山素季的作法表示抗议，并要求今后不再发生类似事件，敦促缅甸军政府加快民主进程。与此同时，联合国秘书长安南亦致信缅甸军政府首脑丹瑞大将，表示愿意派联合国特使赴缅甸调解军政府和民盟之间的冲突，但是，丹瑞断然拒绝了安南的要求。现在，军政府已陷入空前的外交孤立。

在经济方面，1998年对缅甸军政府来说同样是难熬的一年。在这一年里，包括缅甸经济的支柱产业农业在内的绝大多数部门均未完成计划指标。缅甸中央统计局公布的统计数字显示，外贸也不景气，1998年上半年，外贸进出口总额仅为18.98亿美元，出口额仅为5.13亿美元；预计全年的贸易逆差将达17亿多美元，大大超过去年的12.4亿美元。外汇严重短缺是困扰经济的又一大难题。官方公布的统计数字称，外汇和黄金储备为2.72亿美元，但实际的外汇和黄金储备仅为0.6亿美元。物价飞涨是缅经济的又一大特点，通货膨胀率由金融危机前的16.2%猛升到29.5%，货币贬值超过50%，远远超过了老百姓的承受能力。自1997年以来，缅币对美元的汇率大幅下跌，现在的市价汇率为1美元兑换380缅元，比1997年翻了一番还多。迄今，缅甸的外债总额已高达55亿美元，许多外债都早已到期，但至今仍无力偿还。包括世界银行、国际货币基金组织和亚洲开发银行在内的国际金融机构自1987年以来就停止了向缅甸提供贷款。世界银行最近宣布，由于缅甸尚未偿还其过去所欠的贷款，缅甸没有资格获得新的贷款。被政治和经济双重危机夹击的缅甸军政府，迄今仍无应付良策。

## 外国在缅甸投资现状

缅甸军政府于1988年9月18日政变上台后，颁布和实施了外国投资法。截至1997年12月31日，共有23个国家和地区在缅甸投资，这些国家和地区的公司在缅甸成立了共计293家独资或合资公司，外资总金额达66.15亿美元；其中，英国在缅甸的投资居各个国家和地区之首，达13.22亿美元；其次是新加坡，为13.13亿美元。其他国家和地区的投资金额分别为：泰国11.65亿美元，马来西亚5.87亿美元，美国5.82亿美元，法国4.70亿美元，荷兰2.38亿美元，印度尼西亚2.36亿美元，日本2.06亿美元，香港1.1亿美元，韩国9 600万美元，澳大利亚7 600万美元，奥地利7 200万美元，加拿大3 500万美元，巴拿马3 000万美元，中国2 926万美元，德国1 500万美元，丹麦1 337万美元，菲律宾667万美元，孟加拉国296万美元，以色列240万美元，澳门240万美元，斯里兰卡100万美元。

缅甸引进的外资主要分布在石油和天然气、制造业、房地产业、饭店旅游业、矿业、交通及通信业和畜牧渔业等领域。其中，石油和天然气领域引进的外资最多，达22.96亿美元；其次是制造业，12.69亿美元；房地产业9.97亿美元，饭店旅游业7.70亿美元，矿业4.99亿美元。

由于受亚洲金融危机的影响，缅甸吸引外资的金额呈逐年下降的趋势。缅甸1997年引进的外资金额仅为13亿美元，比1996年减少10亿美元；1998年引进的外资则更少，仅为3亿多美元。而且缅甸迄今虽已批准了来自23个国家和地区的外资70亿美元，但实际到位额不足40%。

在缅甸引进的外资中，东盟约占50%。近年来，流入缅甸的外资之所以锐减，主要由于包括新加坡和泰国在内的东盟成员国以及韩国等亚洲国家在缅甸的投资剧减。据新加坡驻缅甸大使馆商务处官员透露,迄今,新加坡在缅甸的投资为15亿美元,实际到位的资金仅占27%至28%。在1996/1997财政年度(1996年4月1日至1997年3月31日),新加坡流入缅甸的外资为6亿美元,投资项目为12个;但是,在1997/1998财政年度,新加坡投入缅甸的外资仅为1亿美元,投资项目仅为1个,即在缅甸南部的德林达依省高东建一个设有赌场的高级饭店。

流入缅甸的外资不但逐年锐减,更为严重的是,已在缅甸投资的外国公司纷纷撤离。新加坡有公司曾考虑用信贷方式在缅甸建发电站,但经过核算,对建成后收回成本无信心,因此,最终只好放弃。迄今,有3家泰国银行驻缅甸办事处已撤走。1998年以来韩国已从缅甸撤走的公司多达6家,此外韩国还撤走了3家银行办事处。除了东盟成员国和其他亚洲国家纷纷从缅甸撤走公司外,包括美国、荷兰和日本等国在内的公司亦纷纷从缅甸撤离,其中,美国撤走了两家石油公司,日本撤走了3家银行办事处,荷兰撤走了一家啤酒厂。

1999年初,缅甸政府实行了一些吸引外资的措施,改革经济。首先,加速国有企业私营化步伐。在缅甸国有企业中越来越多的企业经营不善,国家决定将这些亏损企业租赁或拍卖给资金雄厚、技术力量强、经营管理好的私营企业。其次,鼓励国人生产和使用进口替代商品。国家提高了奢侈品的进口关税,从1999年1月1日起,政府对使用外汇销售和购买的商品征收8%的外汇商业税。第三是拓宽集资渠道。宣布发行由政府担保的抵押债券、公司债券,或通过其他方式从国内外集资,解决经济建设资金不足的问题。

## 发展农业　促进经济发展

缅甸是一个农业国家,农业劳动力占该国就业人口总数的62.68%,达1 151万人,农业产值占其国内生产总值的36%,农产品出口值占该国出口总值的35%。由于农业是缅甸经济的支柱产业,缅甸政府采取了各种措施来促进农业的发展。

增加农业投资对促进农业的发展至关重要,缅甸政府近年来逐渐增加了对农业的投入。据缅甸官方公布的统计数字,在1998年3月结束的1997－1998财政年度,缅甸对农业的投资达1.16亿美元,比上一年度增加3600万美元。该财政年度,政府还向农民发放了总共17.5亿美元的贷款,比上一年度增加1亿美元。为了让资金困难的农户及时种植国家所需的诸如黄麻、烟草等工业原料作物,政府每年还向农户发放工业原料预购金。自1988年底缅甸实行经济开放政策以来,缅甸在农业方面还积极引进外资。截至1998年6月底,缅甸在农业领域引进的外资达1 435万美元。

在发展农业方面主要采取以下措施:一是扩大农作物种植面积。在1997－1998财政年度,缅甸农作物种植面积达1 251万公顷,比上一年度增加189 540公顷。在这一年里,缅甸还把14 692公顷荒地租赁给108家私营企业经营,比上一年租赁的荒地增加8 297公顷。1999年1月,又将大量荒地和沼泽地租赁给私人经营,并已在包括仰光在内的6个省内展开,租出国家土地46.7万公顷。二是增建农业灌溉设施,这是确保农业丰收必不可少的重要条件。在1988年至1998年的10年间,缅甸共兴建包括水坝、水库在内的水利设施90个,可灌溉农田546 750公顷。三是刺激农民种田的积极性,缅甸曾先后提高了农产品的收购价格,尤其是稻谷的收购价格。在20世纪50年代和60年代的20年间,缅甸每100箩稻谷(合2 090公斤)的收购价格仅为60美元,70年代初提高到150美元,90年代初期升至250美元。四是提倡科学种田,增加农业的科技含量,这是缅甸加速农业发展的重要途径。近年来,缅甸加强了同日本、印度等国在农业科技领域的合作,在外国的援助下,实施高产优质种子库工程计划,并派遣农业科技人员赴国外的农业研究所和大学进行培训。五是加速农业机械化进程,并已把23个村庄列为全国农业机械化模范村,把农机设备列为14种优先进口商品之一。

由于采取了上述诸多切实可行的措施,1997～1998财政年度,缅甸农业总产值比上一年度增加2.9%,稻谷总产量达1 730万吨,比1992～1993财政年度增产247万吨。

## 社会文化:贩毒、禁毒、旅游

自从缅甸军政府于1988年9月上台执政以来,它取得了两个巨大的成就。这两个巨大的成就是,缅甸军政府已使该国 17 支反政府武装组织同政府实现了和解,并成功地使盘踞在金三角地区的鸦片大王坤萨和由他领导的有 1.5 万人的贩毒武装组织蒙泰军于 1996 年 1 月无条件地向政府投降。取得如此大的成就在缅甸近代史上尚属首次。已经同政府实现和解的这 17 支武装组织包括瓦族、撣族、克钦族、孟族、若开族等在内的 10 个少数民族武装组织。根据双方达成的和解协议,这些已同政府实现和解的少数民族武装组织仍被允许持有武器,以用于"自卫和地区防务"。

在从 1988 年以来的过去 10 年间,尽管美国停止了对缅甸的禁毒援助,缅甸仍避免了价值 450 亿美元的海洛因流入美国。美国和西方世界不仅拒绝承认和鼓励缅甸的禁毒努力,而且还通过对缅甸实行武器禁运的办法为缅甸禁毒设置障碍。缅甸的贩毒集团使用的武器精良,而政府军使用的武器陈旧,致使政府军在禁毒中伤亡惨重。在 1974 年至 1988 年的 14 年间,缅甸同美国在禁毒方面进行过合作。其间,美国曾向缅甸提供过 6 800 万美元的禁毒援助,该援助主要用于培训缅甸禁毒官员和购买禁毒所需的设备。

缅甸佛塔林立,素有"千塔之国"之称。仰光大金塔建于公元 16 世纪,有 360 米高,比泰国的晨光塔高出 180 米,比美国纽约自由女神像高 68 米,比埃及金字塔只低 120 米,是中南半岛最美丽的塔,堪称"塔王",为世界一大奇观,吸引着大批游客。此外,缅甸手工业相当发达,从业人员在本世纪 60 年代就有 200 多万人,其中绝大多数是专业手工业者,75%是缅人。除制陶、银器、首饰外,缅人最擅长编织,其竹编织品从全套家具到部分劳动用具,精美绝伦,亦为旅游胜景之一。 (现代国际关系研究所 方牧菲)

# 菲律宾经济文化概况

菲律宾共和国,面积约 29.97 万平方公里,耕地面积 1 200 万公顷,人口 7 200 万人(1998 年统计)。1990 年人均国内生产总值为 3 520 美元,人均国民收入为 1 203 美元。

菲律宾位于亚洲大陆东南部,北隔巴士海峡与中国台湾省遥遥相对,南与西南隔苏拉威西海、苏禄海、巴拉巴克海峡与印度尼西亚、马来西亚相望,西濒南中国海,东临太平洋。全国由 7 170 个岛屿组成,其中主要岛屿占全国总面积的 96%,山地占全国面积约 3/4 以上,森林占 1/3,有活火山十几个,常发生地震。海岸线约长 18 533 公里,11 月至第二年 4 月为旱季,6～11 月多台风。马尼拉年均气温 27.6℃。

菲律宾人的祖先是亚洲大陆的移民。1521 年,麦哲伦率领西班牙远征队到达该岛。1565 年被西班牙殖民者占领。1896 年在博尼法西奥领导下进行了反西班牙殖民者武装起义。1898 年 6 月 12 日,菲律宾宣告独立,成立菲历史上第一个共和国。同年美国通过对西班牙战争后签订的"巴黎条约"占领了菲律宾。1935 年 11 月,美国被迫准许建立以奎松为总统的自治政府。1942～1945 年被日本占领。二次大战结束后,菲律宾再次沦为美国殖民地。1946 年 7 月 4 日,美国被迫同意菲律宾独立。1965 年马科斯出任第六任总统并连任三届。1983 年 8 月,菲反对党领导人贝尼格诺·阿基诺被谋杀,导致政局动荡。1986 年 2 月提前举行总统选举,科拉松·阿基诺出任总统。1992 年 5 月举行大选,拉莫斯当选菲第八任总统。1998 年 6 月埃斯特拉达接替拉莫斯出任总统。

## 经　济

菲独立后几届政府执政期间经济发展缓慢。60 年代后期菲政府采取经济开放、吸引外资政策后,经济上有一定发展。1982 年被世界银行列为"中等收入国家"。80 年代初受西方经济衰退影响,加上政局动荡,经济形势恶化,1984 年、1985 年连续两年负增长。1992 年拉莫斯出任总统后,政局相对稳定。政府推行自由化政策后,经济逐渐恢复增长,国内生产总值从 1991 年负增长到 1996 年的 5.5%的增长。1997 年东南亚金融危机冲击了菲律宾的经济，比索贬值了34%，为有史以来最低点，股市跌落2 000点大关，物价上涨，失业人数增多。1998年6月埃斯特拉达接任总统后延续前政府的政策，废除政府垄断，卖掉国有企业，开放银行和电信系统，并采取以下政策：(1)财务政策——减免税务，加快收回过期积欠税款；(2)改革货币和金融政策——恢复外汇储备，不让比索过分贬值，通货膨胀率控制在5%左右；(3)出口投资——重新审查对外国资本的规定，开放一些经济领域；(4)农业——打破国家粮食局对大米进口的垄断。

1997年5.8%的经济增长显示出金融危机对菲经济损害不大。1998年7月菲律宾比索贬值后，菲中央银行在争取稳定汇率的同时采取金融改革措施：限制房地产贷款规模；调整银行买卖外汇限额；加强对金融机构分支和附属机构的管理以及稳定汇率；控制通货膨胀和刺激经济增长；财政部也加强了财政系统的工作。

各系统采取措施后，菲金融形势逐渐好转。1998年4月比索汇率稳定，股市综合指数也回升20%，达到2 200点，金融业基本保持健康，银行利润和贷款数额都有所上升，高利率逐渐回落，外汇储备也增加到108亿美元。

菲自1963年以来一直向国际货币基金组织寻求贷款，35年来共与其签订了22个贷款协议；到1998年3月，菲才脱离国际货币基金组织的监管。

**农业** 菲律宾农业人口占总人口的2/3以上，1997年农业产值281亿美元，占国内生产总值的31.8%。粮食作物和经济作物分别占农产品产值的53%和47%。1996年农牧渔业增长率5%，粮食作物主要是稻谷和玉米。椰子、甘蔗、马尼拉麻和烟草是菲四大经济作物。

1998年上半年农业生产出现了20年来严重衰退。以1985年不变价格计算，1998年上半年农业产值只达1 158亿比索，比1997年同期的1 247亿比索下降了7.5%。农作物产值总额为571亿比索。

1998年上半年稻米产量为356万吨，大米230万吨。稻米产值117.09亿比索。玉米产量为104万吨，产值33.87亿比索。甘蔗、菠萝、香蕉等产量也下降。菲森林资源丰富，有红木、樟木等名贵木材。由于无计划砍伐，每年森林砍伐率或森林覆盖面积损失约19万～20万公顷。

畜牧业1998年产值1 578亿比索。家禽业1998年产量为45.32万吨，产值1 686亿比索。渔业现已开发的海水、淡水渔场面积为2 080平方公里。捕捞技术比较落后。1995年水产量为210万吨，总产值占国民生产总值的18%。

**工业** 菲律宾的工业产值占国民生产总值的35%。1997年工业产值为184亿美元，包括制造业、矿业与建筑业，其增长率为5.7%。1996年主要矿产品产量如下：铜矿256.5吨，镍8.6吨，铬117.9吨。目前只有7家大规模矿务公司从事铜、金、镍、铬生产，17家中型公司生产金、镍、铬。

制造业是工业中最重要的部门，占国民生产总值25%。1996年增长5.6%，1997年增长4%，1998年出现4%的负增长。

**服务业** 在菲国民经济中占有主要地位，其产值占国民生产总值的40%，其增长率为5.6%。1997年其产值为411亿美元，比1996年增长5.6%。

建筑业受金融危机打击最大。1997年增长率为16.3%，而1998年下降到5%。

旅游业是菲外汇收入重要来源之一。1997年接待游客222万人次，比1996年增长8%。主要旅游点有：百胜滩、蓝色港湾、碧瑶市、马荣火山、伊富高省原始梯田等。

**交通运输与通讯** 菲以公路运输为主，承担60%的货运量和80%的客运量。铁路不发达，有3条运输线，1条在吕宋岛，全长1 200公里，由国营公司经营；另外两条总长1 200公里。航空运输较为发达，1994年有机场353个，其中87个为国营机场，266个为私人机场，主要机场有贝日阿基诺国际机场、宿务市和马克丹国际机场及达沃机场等；国际航线总长3 996.9万公里。1997年航空运输增长率为4.6%。水路运输业1997年增长3.78%；1993年有商船3 665艘，总吨位为9 500.4万吨，港口414个，总吞吐量为3.815亿吨。政府还鼓励外商投资港口建设。

由于菲政府解除对电话业的垄断，增加了电话线路，1998年菲38.6人就拥有1部电话机。

**财政金融** 1997年7月东南亚金融危机爆发后，菲金融状况恶化，财政收支出现3.7亿美元赤字；债务负担沉重，内债高达190亿美元，外债也高达510亿美元。银行呆账约达34亿美元，占总贷款额的

8.8%,已有4家银行倒闭。银行利率也处于20%左右的高水平,加上银行减少贷款,使公司和企业减产、停产或倒闭。企业经营不佳也使失业严重。1997年失业人口达100万人,失业率达9.6%,是7年来最高水平。物价上涨,通货膨胀率达11.6%。1998年上半年外汇储备为110亿美元,国际收支盈余为18亿美元,经常项目赤字为-30.8亿美元。经常项目的赤字是由于每年对外贸易赤字超过120亿美元的原因。如不是每年有70亿美元的海外劳工汇款,经常项目赤字要超过国民生产总值5%。

**对外经济关系** 非与150个国家有贸易关系,主要贸易伙伴是美国、日本、新加坡、荷兰、香港、德国、英国等。菲上届政府积极开展对外贸易,促进出口商品多样化和外贸市场多元化,改变了出口商品结构,成衣、电子产品、工艺品、家具、化肥等非传统出口商品的出口额超过传统商品出口额。由于1997年菲货币贬值,出口增长率从1996年的9.3%上升到1997年的15.2%,其主要出口产品有椰油、半导体、成衣、冻虾、香蕉、铜锭、鱼等。而进口额则从20%下降到8.7%,其主要进口产品为原油及燃料油、非电动机械及配件、交通运输设备、化工产品等。消费品进口比重下降,生产资料进口比重增加。

## 科学技术

菲科学技术研究在第二次世界大战前已初具规模,建立了不少现代科技研究机构,其研究机构的建立比东南亚其他国家要早。第二次世界大战期间,菲研究机构遭到破坏。独立后政府经过整顿和筹建,成立了新的科研机构,增加了科研经费和培养了科技人员。菲科学技术部制定科技研究与开发的联合与强化等相关政策,并负责人才、有形资源与财政的开发以及管理,还有研究与开发成果的推广和应用。1998年埃斯特拉达总统上台后提出将国内生产总值的1%用于国家研究和开发经费。

## 教 育

菲政府重视教育,宪法规定中小学实行义务教育。鼓励私人办学,为私立学校提供长期低息贷款,并免征财产税。埃斯特拉达总统提出要增加教育经费,提高教师工资和素质。菲是亚洲识字率最高国家之一,1998年识字率为94%。1995年全国有小学35 671所,中学6 055所,大学2 457所;在校生中,小学生1 090.3万,中学生476.29万,大学生165.19万。著名高等院校有菲律宾大学、亚典尼奥大学、东方大学、远东大学、圣托玛斯大学等。

## 文 化

**音乐舞蹈** 菲律宾人酷爱音乐,全国几十个民族都有自己独特风格的民族音乐和舞蹈。菲政府为发扬民族文化,从1973年起每年7月举行"菲律宾民间艺术节"。

**电影** 菲是亚洲最早拥有电影业的国家之一,产品数量在亚洲也名列前茅。现有电影院1 200家,每天观众约165万人;电影制片公司近10家,每年拍130～160部故事片。除国产片外,菲每年还从美国等国家进口200多部影片,美国影片在菲很受欢迎。菲从1982年开始每年举办马尼拉国际电影节,专门放映亚洲的优秀电影。

**新闻出版** 1994年菲律宾出版报刊79种,其中报刊9种,期刊22种,科技期刊48种。发行量最多、最大的是英文日报,有《马尼拉公报》、《菲律宾星报》、《菲律宾询问日报》、《自由报》、《马尼拉时报》、《马尼拉纪事报》;菲文日报有《消息报》、《菲律宾快报》;华文日报有《世界日报》、《商报》、《菲华时报》、《联合日报》等。菲律宾通讯社是官方通讯社,与中国、马来西亚、印尼、泰国、巴基斯坦、日本等15个国家和地区的通讯社有新闻交换关系。

新闻组织有菲全国新闻记者俱乐部、菲新闻摄影家协会、菲出版者协会等。全国有257家出版机构;有300个广播电台,66家电视台,分属100家广播公司,其中广播局和人民电视台属官方性质,其余均为私人所有。菲电视普及率为9.8人有1台电视机。

## 经济文化一体化发展

菲律宾是一个多民族的国家。他加禄族是菲律宾各民族中经济、文化最发达的民族,政府把他加禄语定为国语，在国内政治、经济和文化上一直处于优势地位。他加禄族主要从事农业，种植水稻、旱稻、玉米等粮食作物，还栽种香蕉、椰子、芒果、咖啡、各种蔬菜以及马尼拉麻、甘蔗、烟草、橡胶等。他加禄族居民大都经商或在政府机构工作。对于少数民族中的华人，1975年以来政府对其实行同化政策，鼓励华人加入菲律宾国籍。1976年开始把华文学校纳入菲律宾国民教育，取得很大成功，使华人在政治、经济、文化等方面基本融入菲律宾社会，成为菲律宾具有重大影响的少数民族。

菲律宾华人经济是菲律宾经济的重要组成部分，80年代已占菲律宾产业资本投资额20～30%。菲律宾华人有125.1万人，他们在与当地人民共同开发菲律宾过程中有很大贡献。菲现有华人组织的商会3个，即菲华联合总商会、菲华工商总商会和中华总商会。菲华联合总商会理事长陈永栽为发展经济，向埃斯特拉达总统提出开发经济与发展农业的建议。该商会以捐建"农村学校"闻名菲律宾。该会自1954年成立以来已捐建1 900个农村学校，每个学校造价都不低。菲政府对该会热心于教育事业的行动大加赞扬。菲华人经营的杂货店和贸易行超过8 000家；经营的金融业，以银行为主，有13家，占菲律宾商业银行的43%；经营的保险公司，以人寿保险为主，有23家，占菲律宾保险市场的40%；经营航运及仓储业有12家；经营药业有1 000家；经营的旅游服务业，主要从事大酒店、旅行社、夜总会、歌厅、观光游览车及旅游商店等。华人经营的传统行业有纺织、烟草、木材加工和建材业、农业、畜牧业等。华资在纺织品和服装业中占75%左右。华商还经营钢铁、电子、化工、汽车装配、房地产业。1997年东南亚金融危机后，华人经济受影响较小。

**菲律宾经济数据表**

| | 1997年 | 1998年 |
|---|---|---|
| 国民生产总值(亿美元) | 883 | 2 580 |
| 人均国民生产总值(美元) | 1 091 | 3 520 |
| 人均国民收入(美元) | 1 130 | 1 203 |
| 通货膨胀率(%) | 4.6 | 9.9 |
| 失业率(%) | 8.3 | 9 |
| 出口值(亿美元) | 252 | 350 |
| 进口值(亿美元) | 359 | |
| 经常项目(亿美元) | -3.5 | 5 |
| 外汇储备(亿美元) | 88 | 104 |
| 外债(亿美元) | 373 | 510 |
| 汇率 | 1美元=35比索 | 1美元=39比索 |

资料来源：1997～1998年菲律宾国家统计协调局公布。

（现代国际关系研究所　吴秀慧）

# 印度尼西亚经济文化概况

印度尼西亚共和国，简称印尼，地处亚洲东南部，位于东经94°45′至141°05′，北纬6°08′至南纬11°15′之间。东西长约5 000公里，南北距离约2 000公里，海岸线长3.5万公里，面积190.443万平方公里。

印尼北与马来西亚、文莱相连；西北隔着马六甲海峡与马来西亚和新加坡相望；东北隔着苏拉威西海、巴拉巴克海峡与菲律宾相邻；东与巴布亚新几内亚连接；东南与澳大利亚相对；西南与西面是印度洋；东面与北面是太平洋。它由17 508个大小岛屿组成，其中约6 000个有人居住。

印尼地跨赤道，属热带雨林气候，年平均气温25～27℃，分雨季和旱季，11月到第二年的4月为雨季。5月至10月是旱季。全年平均雨量为2 000～3 000毫米。公元3世纪至7世纪建立了一些分散的王朝。13世纪末14世纪初爪哇形成强大的麻喏巴歇封建帝国。15世纪先后遭葡萄牙、西班牙和英国的入侵。1596年荷兰人入侵印尼。1602年在印尼成立具有政府职权的"东印度公司"，开始长达300多年的殖民统治。1942年日本入侵,1945年日本投降后爆发8月革命,8月17日宣告独立,成立印度尼西亚共和国。

## 经 济

印尼1945年8月独立后的经济发展经过苏加诺、苏哈托和哈比比政府。苏加诺时期经济上主要是改变旧的生产关系,即所有制结构,政府通过国有化和扶助民族私营工商业来发展民族经济。印尼的民族经济,特别是国营企业在国民经济中占有了主导地位。但由于政治斗争、社会动荡,印尼的工农业生产发展很慢,经济结构变化不大,农业产值仍占50%以上;人均国民收入由1949年的30美元上升到60多美元。

1965年“9.30事件”后苏加诺于1966年3月签署“移交行政权力”法令,由苏哈托开始执政。由于“9.30事件”引起的社会动荡,使印尼国民经济受到破坏。1965年工业开工率只有20%,农村土地荒芜,出口大量减少,财政赤字高达15 656亿盾,通货膨胀率达650%。苏哈托经过3年的经济恢复,1968年通货膨胀率降到85%。与此同时开始进行建设,并制定和实施五年建设计划。80年代调整经济结构和产品结构后,经济发展取得了成就。1994年4月印尼进入经济起飞阶段。政府制定了一系列新政策:放松对生产和外贸的管制,鼓励非石油天然气产品出口;放宽投资条件,积极引进外资,鼓励国内私人投资;放宽金融管制,搞活资金市场。这些政策使印尼1997年国民生产总值达到1 902亿美元,人均国民生产总值为1 080美元,通货膨胀率为11.05%,经济增长率为4.7%,但经济发展过热、负债过重,经常项目赤字增加,基础设施落后、科技基础薄弱,地区发展不平衡的问题没能很好解决,加上1997年的东南亚金融危机的影响,1998年印尼国民经济严重衰退。国民生产总值降到755亿美元,人均国民生产总值下降为998美元,通货膨胀率为70.7%,经济出现负增长为-17.4%。

**工业** 印尼工业落后,各种工业消费品及生产器材和设备,依赖进口,为发展本国工业,苏哈托政府重点发展“进口替代工业,特别是轻纺工业,还利用油气收入发展石化、钢铁、汽车、造船等工业。同时还建立炼油、钢铁、化肥、水泥、汽车和造船厂等。其工业发展的方向是加强外向型的制造业。”主要部门有制造、采矿、纺织、轻工、加工业等。工业产值占国内生产总值比重从1993年的22.5%上升到1996年的25.5%。矿业产值中,1997/1998年度煤产量5 400万吨,其中出口量为3 930万吨,是亚太地区第三大产煤国和世界第三大煤炭出口国。1996/1997年度,主要工业品产量:胶合板736.3万立方米,化肥(尿素)619万吨,水泥2 510.9万吨,纸制品401.4万吨。1996年主要矿产品产量:锡为5 102.4万吨,铝矾土84.2万吨,铜175.9万吨,镍342.7万吨。

**农业** 至1990年全国耕地面积为2 200万公顷。过去印尼政府致力于国家工业化进程,对农业重视不够,投入比例减少,使农业产值在国民经济的比重不断下降。1996年农业总产值629 370亿盾,约占国内生产总值的15.2%,包括从事林业和渔业人口,全国农业人口约占总人口的55%。通过东南亚金融危机,印尼政府意识到农业在国民经济中的重要地位。70年代,政府引进高产种子和改善灌溉设施,1984年终于实现粮食自给,但随着人口的增长,加上政府把重点转移到工业部门,大量农田被占用,粮食单产徘徊不前,粮食生产赶不上消费增长,1994年政府只能重新进口粮食。1998年进口小麦420万吨,大米430~460万吨,玉米50万吨。受金融危机打击最严重的是工业化程度最高、经济较为发达的爪哇岛,爪哇岛以外的以农业经济为主的地区影响不大。由于印尼盾对美元比值大幅贬值,使经济作物出口收购价格上涨,农民收入增加,生产有了改善,部分农村地区购买力的提高缓解了印尼经济危机。农业产值在大灾之年实现小幅增长,其增长率0.26%。1998年粮食产量4 600万吨。

**旅游业** 政府重视旅游业,注意开发旅游点,兴建饭店,培训人员和简化手续,对比利时、巴西、台湾等42个国家和地区的游客免办签证,外国游客逐年增加,旅游业已是仅次于石油、天然气、纺织品和木材的第五大创汇项目。1997年1~10月外国游客353万人次,旅游外汇收入46亿美元。主要旅游点有巴厘岛、婆罗浮屠佛塔、印尼缩新公园,日惹皇宫、多巴湖等。

**交通运输** 印尼铁路总长约6 500公里,5 000

公里在爪哇,1 300 公里在苏门答腊岛;1995/1996 年度客运量 10 600 万人次,货运量 1 770 万吨。公路 1995 年总长 372 414 公里,良好的公路为 144 724 公里。1995/1996 年度有机动车 1 702.7 万辆。水路交通在印尼占重要的地位,尤其在苏门答腊和加里曼丹。1995/1996 年度内河(湖)客运量为 6 720 万人次,货运量3 280万吨;岛际、远洋货运量为 6 083 万吨。拥有各类河运、海运船 4 932 艘,港口总数 392 个。主要港口有雅加达的丹戎不碌国际港、泗水的丹戎佩拉和棉兰的勿老湾。航空运输近 10 年来有显著发展。最大的是印尼鹰记航空公司。其次是鸽记和辛巴迪航空公司,均经营国内国际航班。1996 年国内客运量 1 686.2 万人次,货运量 35 万吨;国际客运量5 050万人次,货运量 95 万吨。有 179 个民用机场,有 6 个可起降宽体客机。苏加诺－哈达机场为国内最大的机场。

**财政金融** 政府实行财政预算平衡政策。东南亚金融危机后,印尼盾币值急剧下跌,从 1997 年初的 2 400 盾兑换 1 美元下跌到 1998 年初的 1.7 万盾兑换 1 美元。为了增强币值,中央银行 1998 年最后一季度开始每天抛出 500 万到 1 000 万美元,把印尼盾推到 1999 年 3 月 8 910 盾兑换 1 美元。1997 年 6 月雅加达股票交易所市场资本额为 1 000 亿美元,现剩下 110 亿美元左右。

哈比比 1998 年 5 月从苏哈托手中接过国家最高权力后,领导"改革建设内阁",采取了一系列措施,整顿和恢复经济取得一定成效。

哈比比政府首先寻求国际合作,除国际货币基金组织答应筹措 430 亿美元外,巴黎俱乐部同意印尼政府推迟偿还 42 亿美元债务。政府还从世界银行、亚洲开发银行和其他国家筹措资金。在国际货币基金组织帮助下,政府大力整顿 200 多家国营和私营银行,冻结 10 家经营不善的银行,并把最大的私营银行中亚细亚银行等 24 家银行置于政府监督之下。1998 年 4 月和 10 月受政府监督的 24 家银行中有 10 家已清理完毕,政府为此花费了 2.26 亿美元。世界银行同意提供1 080万美元贷款帮助印尼清理银行,其中 400 万美元已经到位。政府还拿出 257.5 万亿盾(约 300 亿美元)帮助 70 家商业银行调整资本结构,使国家银行体系重新运转。1998 年印尼外汇储备 227.1 亿美元,经常性项目赤字 40 亿美元,外债 650 亿美元。

**对外贸易** 外贸在印尼国民经济中占重要地位。近年来,政府采取一系列措施,鼓励和推动非油气产品出口,简化出口手续,降低关税,对外贸易有较大发展。1997 年 7 月受东南亚金融危机影响,盾币贬值促进了出口,减少了进口,增加了贸易盈余。1998 年印尼出口值 507 亿美元,进口值 316 亿美元。货物和劳务出口仍是经济增长的主要动力。

印尼经济存在的问题:(1)外债负担沉重,其外债中有 40%是日元贷款。1990 年外债占国民生产总值的 66.4%;(2)经济发展不平衡;(3)人口问题;(4)基础设施不敷所需。

## 科学技术

印尼重视科学研究,设立各种科研机构。科研工作由政府的研究与技术部门管理,并由该部根据国家需要制定科技研究与发展政策。各部门设立服务于本部门和工作需要的研究机构或中心。还成立非部属的研究与开发机构。现有印度尼西亚科学院、科学和技术发展中心、国家原子能机构、国家航天研究院、技术评价与应用局、中央统计局和国家测绘局,这些机构由"国家研究委员会"领导。1991 年研究开发经费总额为 5 000 亿盾,占国内生产总值的 0.2%,政府占 62%,企业占 33%,其他占 5%。1991 年研究人员为 1.7 万人,每万人中有 0.9 人,政府占 32%,企业占 22%,大学占 46%。

## 文化教育

**教育** 随着印尼经济的发展,政府也积极投入教育事业。

印尼实行小学义务教育。各类学校学制为:学前教育幼儿园 2 年;初级教育即小学 6 年;中等教育分初中和初中中技以及高中和高中中技,学制均为 3 年;高等教育即高等院校,学制 5 年。小学分普通小学和伊斯兰小学。

学校分国立和私立。国立由政府主办,多数为中小学,办学质量较高。私立学校主要由政党、社团和私营企业以及基金会创办。幼儿园及高等院校较多，办学质量一般较差，接受文教部和创办单位双重领导。1996/1997年度教育经费为3 207亿盾。1998年识字率为84.4%，1995/1996年度小学在校生2 944.8万人，入学率94%；初高中生1 105.9万人，入学率32.1%；大学生234.4万人，入学率10.3%。现有小学14.7万所，中学3.21万所，国立大学49所，私立大学950所。大学教师93 500人。著名大学有雅加达的印度尼西亚大学、日惹的卡查马达大学、泗水的艾尔朗卡大学、万隆的帕查查兰大学。

**新闻出版业** 印尼的新闻出版事业较为发达。现主要的日报有76种，周刊89种，杂志113种，日报发行量1994～1995年为4 774.5万份。主要报纸有：《专业集团之声》、《武装部队报》、《战斗报》、《明灯报》、《罗盘报》、《希望之光报》、《印度尼西亚日报》(官方出版的惟一华文报)。较为有名的报纸有：《独立报》、《自由印尼报》、《印尼观察报》、《印尼时报》、《印尼每日新闻》、《印尼先驱报》等。主要杂志有：政论性的《论坛》、《分析》；综合性的《英迪沙里》；妇女方面的《卡蒂尼》；经济方面的《印尼经济与财政》、《自力更生》；科技方面的《技术》；保健方面的《沙蒂卡》；旅游方面的《印尼旅游》；文学方面的《地平线》、《基础》；社会科学方面的《棱镜》。

印尼广播事业较为发达。现有印度尼西亚共和国广播电台、商业广播电台、地方政府广播电台以及对外广播电台。印度尼西亚之声广播电台是政府的国际广播电台，用印度尼西亚、马来西亚、英、法、阿拉伯、德、西班牙、泰、华语进行广播。

国管印度尼西亚共和国电视台1962年8月17日正式运营，有12个分台，328个转播器。1993/1994年度每天播放11.6小时，观众1.52亿，占印尼总人口81%。1976年该台使用国内通讯卫星。1987年发射“帕拉帕”B2通信卫星，在全国各地建立电视广播站，到1994～1995年全国有343个电视广播站，电视播放半径81.87万平方公里，电视观众达1.629亿人。1988年开始，政府允许开办私营商业电视台。现有私营电视台为拉扎瓦里、苏尔雅·吉特拉、安达拉斯等电视台。1991年由私营公司建立教育电视台。

通讯社有印尼新闻部主管的安塔拉通讯社，它和东盟各国及日本、中国、印度、美国、英国、法国、荷兰、澳大利亚等国家的通讯社建立关系，同世界各大通讯社均有工作联系。还有私营的印度尼西亚民族通讯社及国防与安全部主办的武装部队新闻社。

**印度尼西亚经济数据表**

| | 1997年 | 1998年 |
|---|---|---|
| 国民生产总值(亿美元) | 1 902 | 755 |
| 人均国民生产总值(美元) | 1 043 | 818 |
| 国民生产总值增长率(%) | 4.9 | -19.5 |
| 通货膨胀率(%) | 11.05 | 53.4 |
| 出口总值(亿美元) | 563 | 524 |
| 进口总值(亿美元) | 462 | 316 |
| 经常项目(亿美元) | -40.9 | 30 |
| 外汇储备(亿美元) | 165.9 | 238 |
| 汇率 | 1美元=5 072盾 | 1美元=1.01万盾(1999年3月1美元=8 910盾) |

(中国现代国际关系研究所 吴秀慧)

# 孟加拉国经济文化概况

孟加拉人民共和国位于南亚次大陆东北部，即北纬23～27度，东经88～92度，领土面积约为147 570平方公里，是世界上最大的三角洲平原，由恒河和布拉马普特拉河冲积而成，东、西、北三面与印度接壤，东南与缅甸相交，南临孟加拉湾，海岸线长644公里。孟加拉国以农村地区为主，经常受到洪水、旋风、干旱和海啸等各种自然灾害的危害。地势以平坦的冲积平原为主，东北和东南为丘陵地带。

孟加拉国人口为1.25亿，人口年增长率为1.9%。民族语言和宗教都比较单一，83%人口信仰伊斯兰教。人数较少的民族和部落有查克马、桑塔尔等族，他们有自己的宗教和文化。有些群体是佛教徒和改宗的基督教徒。

孟加拉国是世界人口最稠密的国家之一，1997年人口密度为每平方公里920人。首都为达卡（人口1 000万），其他主要城市有：吉大港（280万人），库尔纳（180万人），拉杰沙希（100万人）。根据联合国开发计划署《1998年人类发展报告》，孟加拉国属低度人类发展国家，其人类发展指数（HDI）在所统计的174个国家中名列第147位。1995年孟加拉人出生时预期寿命为56.9岁，成人识字率为38.1%，各级教育合并总入学率为37%，按购买力平价统计的人均GDP为1 382美元，预期寿命指数为0.53，教育指数为0.8，GDP指数为0.21，人类发展指数值为0.371，实际人均GDP名次减去HDI名次为-4。孟加拉国1995年时的粗出生率为26.8%，粗死亡率为10.4%，总生育率为3.3，全国50%人口生活在绝对贫困线以下，大约40%的有效劳动力处于失业状态。按目前的增长率，人口将于2 037年翻番。另根据1991年人口普查，人口中5岁以下者占16%，15岁以下者占45.15%，65岁以上者占3.23%。人口增长迅速，年龄结构年轻，不仅对妇幼保健造成了压力，而且对学前教育和整个家庭结构也造成了压力，同时也是解决孟加拉国社会经济状况及普遍贫穷的关键。

孟加拉国实行议会民主制，以总理为首的内阁向拥有立法权的一院制议会负责，议会在300个民选议席以外，另设30个妇女保留议席。司法系统是根据英国模式建立的民事法庭制；全国有30～40个活跃的政党，公民18岁获得选举权。新一届政府是1996年产生的，以沙哈布丁·阿迈德（Shahabuddin Ahmed，任期至2001年）为总统，以谢克·哈希那（Sheikh Hasina）为总理，对外奉行独立自主和不结盟政策；对内继续实行经济自由化，加快经济过渡。

## 经　济

孟加拉国是出现强有力增长的最不发达国家之一，由于农业获得丰收，1997年财政年度GDP增长率达到5.7%，比上年度增加了0.4个百分点，预计1998年增长率在经历小幅度调整，达到5.6%之后，未来两年将以每年0.2个百分点的幅度递增。

孟加拉国经济以农业为主，近年来工业和制造业部门因自营职业、服务业与微型制造业部门增多而有所增长，但工业部门的增长率1997年仅为3.6%；农业、工业与制造业部门在GDP中所占的比率分别为30%、18%和10%。现代和有组织的制造与服务大多集中在城市地区。支持运输、通信和能源供应的基础设施虽然处在改善之中，但还很落后。孟加拉国的煤炭与石油资源有限，但天然气储量丰富。工业基础虽然薄弱，但非熟练劳动力价廉且充裕。

孟加拉国在经济上实施依赖私营企业，面向市场，以出口为导向的工业化战略。近年来在工业、金融、国企以及贸易和汇率政策方面进行了某些结构性改革。金融改革包括取消贷款上限，更多地依赖现金和流动资产储备额来调节清偿力。政府对国内工业的保护已经降低，国企被给予更大的行政、管理自主权，着手实施非国有化和私有化，降低国家对农业投入、产出市场的干预；实行贸易与关税的自由化，取消对进口的禁令和数量限制，为私人投资创造适宜的环境。近年来孟加拉国已多次利用国际证券市场。另外，达卡股票交易所已较为完善，并可视为一个重要的新兴市场。一些针对孟加拉国的国别资金已经确立（例如一些以香港为基地的资金）。

孟加拉国拥有丰富和多种多样的自然和矿物资源，特别是天然气和水资源目前正在开始吸引大量的外国直接投资，从而导致了大量合资企业的建立。到1996年，在孟加拉国的直接投资已达1 394亿美元，加之与区域伙伴的贸易得到加强，这些将有助于维持有力的经济增长。

1997年孟加拉国GNP达到332亿美元，名列世界第52位；人均GNP为270美元，名列第116位。由于进口高于出口，每年国际收支皆呈逆差。但近年工人出国就业日增，有助于调整贸易赤字，1994年工人侨汇高达商品出口值的49%，使净差额从逆差变为顺差。加上国内资源的调动，过去4年间政府能以自己的资源提供1/3以上的预算。

自1971年独立以来，孟加拉国已从国外捐助者那里收到了300多亿美元的赠款援助和贷款承诺，其中约150亿美元已经支付。主要捐助者包括世行、亚行、联合国开发计划署及美、日、沙特阿拉伯和西欧国家。

自1973年以来,孟加拉国已完成了4个五年计划和1个两年计划,第四个五年计划(1990～1995年)的目的是加速经济增长;扶贫和加强自力更生。目前正在实施第五个五年计划(1997～2002年)。由于孟是一个最不发达国家,约48%的农村人口和44%的城市人口生活在世界卫生组织/粮农组织专家小组界定的南亚地区的绝对贫困线以下,因此其任何一个发展计划均以发展经济和减少贫穷为宗旨。

目前国内储蓄和外汇奇缺仍然是孟加拉国发展的主要瓶颈。生产力水平低下所导致的低人均收入限制了国内投资的规模,创汇能力受到资源贫乏的束缚,国内有限的资源只能用于维持少数几种传统商品的生产,结果出口收入几乎全部依赖于少数几种产品,而其中相当一部分易受到国内供应的冲击和国际价格波动的影响。与此同时,国家进口广泛的产品,包括粮食、制成品和燃料。根据世行统计,在1997年GDP分布中,国内投资总额占17%,虽然比1974年水平翻了一番,但仍很微弱;国内储蓄总额占10%(1995年为8%);商品和劳务出口额占16%(1995年为14%)。近年来,经济增长势头良好,政府税收已从80年代占GDP的9%升至12.2%(1993/94年),预算赤字从1986/87年时占GDP的8.4%降至1993/94年的6%,但尚未跳出低收入—低储蓄,低投资—低增长—低收入的怪圈。目前资金缺口仍占GDP的8%,国内发展预算资金主要靠外援,1996年人均官方发展援助为10美元(1991年为17美元),占GNP的3.9%(1991年为8%)。巨额的外援使孟加拉国背上了沉重的负担,到1996年外债总额已达到160.83亿美元,占GNP的30%。

**工业** 1997年工业增加值占GDP的17%,工业就业人口占全国总劳动力的11%。主要类型为服装和针织品、黄麻制品、冻鱼和海鲜食品、纺织品、肥料、糖、茶、皮革、拆船、制药、陶瓷餐具和新闻纸。1990～1997年工业增加值年均增长率为6.8%,工业生产指数以1990年为100,1997年为164.7,其中制造业增长最快,为165.7,到1998年6月已达到199.4,电力部门为165.9,矿业为169.9。

**近几年主要工业品产量(千吨)**

| | 1995年 | 1996年 | 1997年 |
|---|---|---|---|
| 天然气(太拉焦尔) | 270 418 | 263 676 | 262 944 |
| 电力(百万度) | 11 689 | 11 880 | 12 252 |
| 化肥 | 1 043 | 1 055 | |
| 棉纱 | 49.1 | 50.5 | 52.8 |
| 黄麻制品(百万 $m^2$) | 896.7 | 852.8 | |
| 水泥 | 316 | 420 | 528 |
| 新闻纸 | 43 | 28 | |

来源:联合国《工业商品统计年鉴》1998年;粮农组织《肥料年鉴》1998年。

**农业** 1997年农业增加值占GDP的30%(1980年为50%),1990～1997年年均增长率为1.7%,农业就业人口占总劳动力的74%。1996年可耕地与多年生作物用地面积为8 820千公顷,人均0.07公顷,加之封建土地关系束缚农业生产力,自然灾害频繁,农民靠天吃饭,因此粮食不能自给。在作物部门中,稻谷占主导地位,平均占所有作物总产值的71%,畜牧和渔业的比重占农业增加额的22%。

**近年来主要农产品产量(千吨)**

| | 1995年 | 1996年 | 1997年 |
|---|---|---|---|
| 稻米 | 25 249 | 26 531 | 28 183 |
| 黄麻及黄麻类纤维 | 739 | 883 | 883 |
| 小麦 | 1 245 | 1 369 | 1 454 |
| 甘蔗 | 7 446 | 7 165 | 7 521 |
| 渔获量(公吨活量) | 851 362 | 874 347 | |

资料来源:FAD《生产年鉴》、《渔业年鉴》1998年。

**服务业** 1997年服务业增加值占GDP的53%,1990～1997年年均增长率为5.8%,就业人口占总劳力的15%。1997年商业服务呈现逆差(-5.964亿美元),总出口为6.873亿美元,进口为12.837亿美元。其中运输服务出口与进口分别为9 080万美元和8.502亿美元;旅游出口与进口分别为6 220万美元和1.782亿美元,其他服务(包括通信,建筑,保险,金融,计算机与信息,专利权和特许费,其他商业服务,个人,文化和娱乐,政府)出口与进口分别为5.343亿美元和2.553亿美元。

**贸易** 1997年商品出口为37亿美元,主要出口商品有服装和针织品、冻鱼、黄麻及黄麻制品、皮革及皮革制品、茶、尿素、陶瓷餐具。对美国出口占30%。1997年进口额为67.60亿美元,主要进口资本货物、粮食、石油、纺织品、化学品、植物油。美国商品进口占3%。

孟加拉国是世界上黄麻原麻及黄麻制品,包括地毯麻背、麻绳和麻袋的主要出口国。它占世界黄麻纤维出口的85%和黄麻制品出口的44～55%。1984～1985年占出口总收入54%的黄麻产业因受到人造替代品的有力竞争,10年内出口收入已降至11%。服装行业作为出口创汇行业于1987～1988年超过黄麻行业,成为该国最重要的出口部门。服装出口占1994/1995年度出口收入的57%,而10年前为11%。但由于外商投资者的投资支出较高,使资本商品的进口需求迅速增长,因而孟加拉国有可能出现贸易逆差拉大的现象。对于GDP的持久扩大而言,这种贸易赤字被证明是有益的。

## 科学技术

孟加拉国正处于正式承认科技在发展中作用的阶段,1983年该国公布了第一个国家科技政策,但由于缺少支持未能实施。3年后政府又推出了第二个科技政策。政府建立了科学技术委员会(NCST),由总理任主席,其职权是提出国家科技政策和优先事项,通过研究计划、方案以及协调R&D活动与相关事务的建议性措施。同时成立了国家科委执行委员会,由科学与技术部(MOST)主管部长负责监督国家科委的指令与决定的实施。

孟加拉国没有私立或机构内部的研究所。研究组织包括孟加拉国原子能委员会(BAEC)和孟加拉国科学与经济理事会(BCSIR)。此外它有3个实验室,大学、试验与研究实验室,研究兼医院的医学中心以及由12个部组成的科学支援服务组织。

培养科技人员的高等院校也是科技体制基础结构的一部分。在孟加拉国,除了18个研究所外,还有4所工程学院,9所工业大学和54个职业培训所。孟加拉国正在建立一所科技大学。目前,大学的研究活动非常有限,大约95%的科学与工程博士是国外培养的,尽管大学部门声称已开设了博士课程,但国内博士极少。孟加拉国距取得真正的国家科技能力尚有很长的路要走。缺少研究资金,实验室设施不足,与工业联系松散以及缺乏对研究成果进行论证的小规模试验厂,所有这些导致了孟加拉国R&D的低水平。

由于科技的迅速发展,采用培训和再培训师资的办法来加强大学基础科学教育已成为当务之急。孟加拉国已认识到硬科学和数学培训计划的重要性,培训基础科学方面的专家越来越成为政府关心的问题。孟加拉国引进了生物化学教学,并建议建立国家生物技术研究中心。国家科技政策注重对新出现的技术和生物技术、遗传工程、微电子学、新能源和可再生能源的支持。

技术能力弱,人力资源量少质低,缺乏创业、管理和技术技能是限制孟加拉国制造业发展的主要因素。除此以外,由于国内市场有限,资金不足,出口导向工业所需的机械设备、零配件和除农产品以外的工业原料依赖进口,使得技能利用率非常低。鉴于以上原因,联合国贸发会议建议技能和企业家才能的发展应成为优先事项,需要非选择性措施,如一般职业教育和培训;也需要选择性措施,如专业性高等教育,通过再培训提供具体技能,通过对当地R&D能力进行投资来加强本地的能力建设。此外,需要有选择地保护进口,同时让进程较为简单和学习阶段较短的公司接受更多的外来竞争,以此促进企业进入技术更复杂、风险更大、学习阶段更长的制造业活动。

## 教育

《孟加拉国宪法》规定政府采取有效措施,建立一套统一的、面向大众的普及教育制度,并让所有儿童接受免费的义务教育。

普及小学教育及扫除文盲是政府的优先工作。为了确保人人接受教育和扫除文盲,1992年设立了一个叫做小学和大众教育司的机构,直属于总理。小学教育按照《1990年小学义务教育法》规定成为义务教育。

孟加拉国的人口识字率(7岁以上)是32.4%,其中男子为38.9%,女子为25.5%,成人文盲率1995年为61.9%。虽然现政府重视教育,但普及基础教育及扫盲工作任重而道远。

**学前教育** 学前教育始于5岁,为期1年,是5年义务教育(5～10岁)的开端。根据联合国教科文组织1997年出版的统计,1998年时孟加拉国有学前教育机构51 495所,全部为私立园所;有教师63 054人,女性占18%;有注册儿童2 317 181人,女童占45%。

**小学教育** 免费小学教育共5年(6～10岁)。1993年全国有小学50 429所,注册生13 175 452人(1995年达到1 640万);有教师215 923人,女教师占19%;小学总入学率1996年为73%,略高于最不发达国家平均值(70.3%),与撒南非洲相近(74.3%),与发展中国家的整体水平(103%)相距甚远。在孟加拉国,教师严重不足,以1990年的统计为例,每名教师平均要负责63名学生,而世界平均水平为27名,发达国家为16名,欠发达国家为30名,由此可见孟加拉国教师负担的沉重。1990年各年级学生比例分配如下:1年级占30%,2年级占23,3年级占20%,4年级占15%,5年级占13%。小学阶段复读生比例占7%。

由于存在严重的重男轻女观念,在农村家庭的教育支出中,仅1/4用于女童。虽然女童的入学率已经上升,但辍学率相当高。小学毕业率男女童均增至60%,但在较高年级中,女童结业率便下降。

小学女教师比例过低直接影响到女童的入学率和保持率。在孟加拉国,女教师仅占20%,在世界上属最低水平,远远低于发展中国家50%的平均值。到目前为止,女教师人数和担任教育管理工作的妇女数非常之少,尚不足以影响决策。

鉴于文盲率很高,《第四个五年计划》列入了普及小学教育和非正规教育的目标,以减少大众文盲。计划中增列教育部门的教育开支。2000年前分阶段把普教方案扩及全国。

《全国教育行动计划》(1990～2000年)制定了下列目标:将小学的毛入学率从76%提高到95%(孟加拉国的统计明显高于联合国教科文组织和美国公共交流署的统计);将小学女生的毛入学率提高到94%;将小学结业率从40%提高到70%;将成人识字率从35%提高到62%;在2000年前将妇女识字率从24%提高到50%。

**中学教育** 初中5年(11～15岁),高中2年(16～17岁)。1993年全国有中学11 456所,有学生4 115 865人,女生占25.1%(1995年)。1996年中学入学率世界为58.9%,最不发达国家为18.8%(Unesco),孟加拉国为17%(美国公共交流署)。另据孟加拉国教育统计,女生高中入学率1972年为10%;1990年增至28%;初中教育入学率1990年为33.8%,1995年增至45.7%。初中注册生中,1993年公立学校占6%,非公立学校占94%。1993年全国有中学教师133 650人,女教师不足20%。

根据联合国教科文组织按学校类别提供的统计,1990年孟加拉国普通中学有教师128 389人,女性占10%;注册生3 562 194人,女生占33%。师范中学有教师502人,女性占18%;注册生5 010人,女生占47%。职业教育有教师2 058人,女性占2%;注册生25 791人,女生占8%。中学总入学率为13%。

**大学教育** 1994年孟加拉国有大学600余所,教师2万余人,学生100万人。每10万人口有大学生1990年为399人,比1985年减少了14%。在Unesco选定的南亚8国比较中,孟加拉国排列于巴基斯坦(291人)之后,居倒数第二,仅为蒙古和伊朗的30%。1990年孟加拉国传统大学有教师2 959人,女性占12%;有注册生51 775人,女生占20%。遥授学院有学生3 211人(1985年)。其他第三级教育学院有教师19 488人,女性占13%;有注册生382 534人,女生占15%。

根据Unesco的统计,1989年,全国高校注册生人数为370 900人,大学本科生占92%,研究生占8%。按学科划分注册生数居前五位的依次是:人文与宗教专业110 836人,占30%;社会与行为科学87 267人,占24%;自然科学75 503人,占20%;商业管理47 712人,占13%;法律19 022人,占5%。由此可见,学文科的学生占到70%以上,而只有20%的学生选修自然科学(1992年上升到25%),作为农业国,学农的仅占1%。在高等院校中,1994/95年女性占注册人数的25%,占教师总数的14%。1990年高校入学率为4.4%,比1985年低0.4个百分点,已高于最不发达国家的平均水平(3.7%)。近年来,妇女在高等教育方面的入学率一直稳步上升,但在授予学位的学院和医学院方面的增加较多。大学入学率也在增加。妇女接受教育一向不多,全国只有一所妇女综合技术学院,1994年包括它在内的全部综合技术学院的注册生为655人。一般认为,以男子为主的农业和工程等技术学科中,妇女学生的比例极低,在技术大学中仅占9%。由于理科教育的落后,孟加拉国的经济发展受到严重的制约。

1993/94年孟加拉国在50个东道国就读的留学生共计5 426人,其中海外留学生中,美国占60%,英国占7.7%,日本占7.8%。

**教育开支** 1996年孟加拉国公共教育开支达到381.15亿塔卡,占GNP的2.9%,高于最不发达国家平均值(2.5%),已接近于东亚/大洋洲的整体水平(3%),但与欠发达国家的平均水平(4.1%)还有很大距离。1996年经常性教育开支为222.94亿塔卡,占总额的58.5%,占GNP的1.7%;教育资本开支达到158.21亿塔卡,超过1990年的5倍。另据孟官方资料,教育部门的拨款1991～1992年占公共支出的11%,1994～1995年增至16%,这在预算中的任一部门都是最大一笔拨款。经常性教育经费在各级教育中分配比例为:小学占44.8%;中学占43.8%(其中普教和师范占41.8%,职业技术占2%);大学占7.9%;其他类型教育占3.5%。按资金用途划分,在1991年138.16亿经常性开支中,非人员行政开支占1.6%,各类人员开支占59%,教学用具开支占0.1%,奖学金占0.5%,其他开支占0.3%,未列入的津贴占38.6%。由此可见人员开支和津贴几乎高达97.6%,相比之下,学习用具和奖学金投入明显不足,在世界上属最低之列。

近年来为加强基础教育,政府采取的主要措施包括:提高学生与教师比率并采用两部制,从而显著减少资本费用;减少对高等教育的开支(从1980年的13%减至1996年的7.9%),而增加对中小学的供资,拨出经费以征聘女教师,填补小学60%的缺额。现正努力征聘7 000名初中女教师,即至少每所学校有两名女教师;政府已制定目标,为80%注册私立学校的教师提供薪金,在每一个领地至少设立一所女子初中;设立一项全国初中女生奖学金方案,资助6～10年级在大都会区以外认可的学校上学的女生;推行以粮食促进教育方案,以提高入学率和降低辍学率,即向经常上学的学生每月提供小麦。一项研究发现,上学率因此增加14.7%,辍学率下降7.6%。市区以外免费接受到十年级初中教育;家住市区以外的独生女孩将有机会免费接受学位一级的教育。政府最近决定也使女生接受高中教育;为初中女生提供职业技能培训;通过广播、电视节目提高公众对女孩教育的意识。

此外,非政府组织在扫盲和普教方面也发挥了重要作用。其中非正规教育指导委员会在1992～1996年间使30万名女青少年上学。农村促进会在孟加拉国农村设立了3.6万所非正规学校,共有学生130万人,其中每所学校至少有70%学生为女生。

## 文 化

孟加拉国有着丰富的历史和文化遗迹,它融入了德拉维人、印度—亚利安人、蒙古人、莫卧儿人、阿拉伯人、波斯人、土耳其人和西欧的文化。孟加拉国居民中98%为孟加拉族,讲孟加拉语,他们被称为孟加拉人。讲乌尔都语非孟加拉印裔穆斯林以及各种部落族,多数生活在吉大港丘陵地带,构成了人口的其余部分。多数孟加拉人(约83%)是穆斯林,少数民族的大多数(16%)信奉印度教。国内也有少数佛教徒、基督徒和泛灵论者。城市地区和知识分子普遍讲英语。

孟加拉国的文化发展表现在许多方面,从联合国教科文组织的文化统计中大致可了解到近年来它的发展脉络。

### 印刷品

**图书馆** 孟加拉国有国家图书馆1座,1995年馆藏图书1.4万册,其他图书馆资料590件。年经常性开支1 000万塔卡,员工开支占23%;国家馆有员工16人。

全国有公共图书馆57个(1989年),服务网点61处,馆藏图书52.1万册,年增图书2.66万册。年经常性开支1 669万塔卡,员工开支占58%。公共图书馆共有员工341人。

**报纸** 1996年孟加拉国有日报37种,比上年度减少了14种,发行量为111.7万份,比上年度增加了17.6%,千人拥有量为9份(1995年为8份);与1995年的国际数据相比,是最不发达国家的2.67倍,但仅为欠发达国家的20.5%和世界平均水平的6.7%。

1990年孟加拉国从国外进口图书的支出达310万美元;报刊贸易持平,进出口均为20万美元。

**文化纸张** 1995年以来文化纸张的消费量呈快速上升的趋势,由于产量自1985年以来一直稳定在4.6～4.8万吨之间,因此进口量急剧增加,1994年仅进口2吨,而1996年则进口了2.94万吨,使消费量达到了7.74万吨的历史新高,人均消费量达到0.645

公斤，超过了南亚的平均水平(0.5公斤)，但仅为欠发达国家平均水平的53.8%。其他印刷书写纸张随着消费量从1995年的6.78万吨增至7.46万吨，进口量也从1.78万吨增至2.46万吨，人均消费达到0.621公斤，是最不发达国家的3.1倍，但尚不足发展中国家平均水平的1/4。

**电影与电影院** 孟加拉国每年首演商业影片70～80部，每部片长为4 000米。

**广播** 1996年孟加拉国有收音机600万台，千人拥有量为50台，仅为最不发达国家平均水平的43%，是发展中国家平均水平的25%。1996年孟加拉国有电视机75万台，千人拥有量为6.2台，仅为最不发达国家平均水平的52%，是发展中国家的4%。

**1991年政府广播、电视节目播放总时数及百分比分配**

| | 总时数 | 信息 | 教育 | 文化 | 宗教 | 广告 | 娱乐 | 未列入节目 |
|---|---|---|---|---|---|---|---|---|
| 广播 | 32 875 | 4.0 | 1.7 | … | 0.9 | 13.9 | 68.9 | 10.6 |
| 电视 | 2 795 | 22.1 | 7.0 | 5.3 | 6.9 | 9.0 | 44.4 | 5.2 |

资料来源：Unesco《统计年鉴》。

从统计中可以看出，广播平均每天播放90小时，电视7.66小时。娱乐节目播放时间最长，以音乐和影视节目为主；其次是广播中的广告类节目和电视中以新闻为主的信息类节目。娱乐、信息和广告在广播中占86.8%，在电视中占75.5%。相比之下，教育节目所占比例较低，分别为1.7%和7%。全国广播从业人员为2 626人，其中节目制作人员占8%，记者占2.5%，技术人员占26.3%，行政人员占63.1%；电视从业人员为1 520人，其中节目制作人员占27.8%，记者占3.8%，技术人员占34.8%，行政人员占18%，其他人员占15.6%。1991年广播电台年收入为2.37亿塔卡，其中政府基金占89%，收听特许费占7.2%，广告费占3.4%，其他收入占0.4%；电视台总收入为2.53亿塔卡，其中收视费占38.6%，广告费占61.2%，其他收入占0.2%。1991年电台收支达到平衡；电视台收支状况良好，获盈余0.83亿塔卡。

**文化遗产** 1997年孟加拉国有2处景观被列入世界遗产目录。沿A41号亚洲公路达卡—吉大港路段有一组7～12世纪佛寺的考古遗址，即Salban Vihara、Kotila Mura、Charpatra Mura等。Salban Vihara附近的遗址博物馆收藏有Chandra和Deva皇朝时期的陶制匾、青铜塑像和箱子、硬币与珠宝用具等大量文物。距博格拉(Bogra)城18公里的Mahasthangarh是一个公元前3世纪考古遗址所在地。它是一座佛教城堡，其长度为1 524米，宽1 371米，平均高出周围稻田4.5米。

## 环　境

1995年土地面积为13 017千公顷，森林和林地占土地面积的7.8%。1990～1995年森林平均消失率为0.8%，1980～1990年年均植树率达7%。1994年国家保护区占总面积的0.7%。1998年人均国内再生水资源10 940立方米。1987～1995年淡水抽取量占水资源的1.7%，人均217立方米。1995年人均$CO_2$排放量为0.2吨，仅为发展中国家平均水平的1/10。1980～1990年沿海红树林损失高达73%。

(中国国家图书馆　李跃进)

# 印度经济文化概况

印度共和国，国土面积298.47万平方公里，耕地面积1.66亿公顷，1995年人口9.29亿，国内生产总值为3 240.82亿美元，人均国内生产总值为340美元。货币名称印度卢比，1999年1美元=42卢比。

印度有悠久的文化历史，为四大文明古国之一。有文献记载的历史自公元前1700年雅利安人入主次大陆起，开始了吠陀时代。公元前6世纪，形成了16国争雄局面。公元前321年第一次形成统一的奴隶制国家——孔雀王朝。此后进入更多的外族入侵时期，国家四分五裂。公元7世纪起穆斯林向南亚次大陆渗透，势力日益强大，1526年建立了莫卧尔帝国，为印度有史以来最强大的王朝，也是当时世界上最强盛的国家之一。1600年英国入侵，建立东印度公司；1849年印度沦为英国的殖民地。1947年印巴分治，印度独立。1950年生效的印度的宪法规定印度为联邦国家，是主权的、社会主义的、世俗的民主共和国，采取英国式的议会民主制。独立后的半个世纪中，印度国大党统治的时间最长。

## 经　济

印度有丰富的煤矿、铁矿、锰矿和石灰石，但其他矿产资源藏量很小。石油资源严重短缺，按目前开采量，只能维持15年。森林覆盖面积占土地面积的22%。

**表1 可开采矿藏量(至1997年1月1日)**

| 名　称 | 可采藏量 | 可采年限 | 名　称 | 可采藏量 | 可采年限 |
|---|---|---|---|---|---|
| 石油(亿吨) | 7.63 | 15 | 天然气(亿立方米) | 6.97 | 23 |
| 铁矿(亿吨) | 97.54 | 135 | 煤矿(亿吨) | 589.49 | 219 |
| 焦煤(亿吨) | 83.06 | 213 | 铝矿(亿吨) | 22.53 | 281 |
| 锰矿(万吨) | 6 550 | 36 | 镁矿(亿吨) | 2.15 | 294 |
| 铬矿(亿吨) | 1.24 | 51 | 铜矿(万吨) | 352 | 64 |
| 锌矿(万吨) | 589 | 38 | 铅矿(万吨) | 136 | 14 |
| 金矿(万吨) | 8 600 | 46 | 石灰石(亿吨) | 684.77 | 678 |

资料来源：塔塔服务公司经济统计部编《印度统计概要1998～1999年度》。

独立后尼赫鲁总理为改变以农业为主的落后的殖民地性质的经济，实行公营与私营并存的混合经济体制，通过国家对经济的干预，强化国营经济，以实现经济高速增长，到20世纪末实现工业化。1956年执行第二个五年计划时，印度仿效苏联实行优先发展国营重工业的战略，并通过1956年工业政策决议把所有重工业、基础工业和国防工业划归国营，私营和外商只能向其他工业投资，而且要受工业许可证制度的约束。60年代末70年代初，国家又对私营大商业银行、保险公司、煤矿和石油企业实行国有化。1974年颁布《外汇管理条例》对外国投资进行约束，以保护民族工业。这一战略的主要成就是：(1)国民经济结构有很大改善，1950～1951年度，农业占国内生产总值的59%，工业占15%，服务业占26%；1990～1991年度农业只占31.7%，工业占24.6%，服务业占43.7%。(2)国营经济在国民经济中占居主导地位，国家不仅垄断了铁路、邮电、港口、国防工业、银行和保险，而且在重工业中占绝对优势。(3)打下了工业化的基础。(4)绿色革命的推广，实现了粮食基本自给。但是在半管制、半封闭的状况下，国营企业体制僵硬，管理不善，效益很低；私营企业的积极性受挫，经济发展缓慢。1951至1980年的30年中，经济平均年增长率只有3.5%。人民生活贫困。

80年代英·甘地总理和拉·甘地总理用扩大政府开支、大量举借外债和部分放松对私营和外商限制的办法刺激经济，使经济年均增长率达5.6%。但宏观管理失控，财政收支和国际收支双失衡。1990年在海湾危机的冲击下爆发了有史以来最严重的外汇危机。由于石油进口开支激增，侨汇剧减，1991年6月外汇储备降至10亿美元，仅够维持两周的进口，财政赤字占国内生产总值的8.4%，经济濒临崩溃的边缘。1991年7月国大党政府大力推行经济改革，彻底抛弃苏联发展模式，把半封闭半管制的经济变为开放的自由市场经济，与世界经济接轨。经济改革设计者曼·辛格称之为印度经济的"第二次革命"。在工业领域除15种工业外，取消许可证制度，除涉及国防、安全、铁路、原子能、矿产和有污染的6种工业外全部向私营开放；外商向35种优先发展的工业投资持股51%

以下自动核准。在贸易领域，实行卢比贬值和国际收支经营项目卢比可兑换，最高关税率由1991年的300%逐年降至110%、85%、65%和50%。财政、金融、税收和农业等领域也进行初步改革。经过5年的改革，印度经济已取得很大成就，GDP增长率从1991～1992年度不到1%上升到1994～1995年度的7.8%和1995～1996年度的7.2%。财政赤字降至占GDP的5.9%。通货膨胀率由17.6%下降到8%，外汇储备上升到170亿美元。

1996年国大党政府下台时，经济改革开放已形成不可逆转之势。其后，历届政府都阐明要加快经济改革开放，进一步鼓励外国投资，以保持7%的经济增长率。目前外商向35种优先发展的工业投资持股74%以下自动核准，保险部门部分开放。但是印度政府的不断更替和东南亚金融危机使印度经济发展受挫。1997～1998年度GDP增长率为5%，1998～1999年度为5.8%。

**表2 印度国内生产增长率和部门构成**

| 部 门 | 增长率% | | | 占GDP% | | |
|---|---|---|---|---|---|---|
| | 1995～1996年 | 1996～1997年 | 1997～1998年 | 1980～1981年 | 1996～1997年 | 1997～1998年 |
| 农业 | -3.0 | 7.9 | -1.5 | 38.1 | 26.1 | 24.5 |
| 工业 | 12.5 | 6.6 | 5.8 | 20.9 | 26.8 | 26.9 |
| 服务业 | 10.4 | 7.8 | 8.3 | 41.0 | 47.1 | 48.6 |
| 总计 | 7.2 | 7.5 | 5.0 | 100.0 | 100.0 | 100.0 |

资料来源：印度中央统计局。

**农业** 农业占国内生产总值的24.5%，农业劳动力占全国劳动力的66%。50年代印度粮食危机四伏。自60年代中期推广墨西哥矮脚小麦等高产种子以来，绿色革命使印度的“讨饭碗变成了面包篮子”。粮食产量由1965～1966年度的7 235万吨增至1997～1998年度的1.9 243亿吨。重要经济作物有棉花、甘蔗、茶叶、黄麻、咖啡、烟草、橡胶和香料。畜牧业占农业产值的25%，牛存栏数居世界第一位，1996年为2.7亿头。70年代印度开始增产牛奶的“白色革命”，在联合国粮农组织的合作下实施“使牛奶成河”计划，1996～1997年度牛奶产量达6 850万吨，仅次于美国居世界第二位。80年代印度开展扩大渔业资源的“灰色革命”，发展增产淡水鱼虾技术和养殖珍珠的技术，同时扩大海洋渔业资源，目前鱼产量约5 000万吨。

**工业** 工业占国内生产总值的27%，门类齐全，有自我装备能力。1997～1998年度工业增长率为6.6%，其中制造业增长率为6.7%，矿产增长率为5.9%，电力增长6.7%。机械工业占工业生产指数的30.5%，从生产简单的钢铁制品到成套设备和大型计算机。主要工业产量：钢材2 272万吨，煤2.959亿吨，石油3 382.6万吨，石油产品6 513.1万吨，发电量4 204.05亿度，水泥8 316万吨，化肥1 306.2万吨。纺织业是就业人数最多的传统工业，近几年来有很大起色。1996～1997年度纺织品出口值为78.29亿美元。计算机软件是发展最快的产业，全国有1 000家电脑软件开发公司，软件产值平均年增长率达55%，60%的软件出口，1997年度出口值为17.5亿美元。但是基础设备不足一直妨碍工业发展。过去公营部门垄断了基础设施的发展，现在政府鼓励私营和外商投资。

**旅游业** 印度名胜古迹遍布全国，种族、宗教、民俗繁多，丰富多彩的集市和节日，崇山峻岭，长河大川，漫长的海岸线，形成了一道道独特的风景线，为旅游业的开发创造了有利的条件，旅游人数日益增多。1951年外国游客只有16 829人，1996～1997年度达228.786万人，外汇净收入20.2亿美元。旅游业已成为外汇收入的重要来源。主要旅游景点有：阿格拉的泰姬陵，为世界第六奇迹；马哈拉施特拉邦的阿旃陀、埃洛拉岩洞、大象洞，奥里萨邦的科纳克太阳神庙、扎干斯庙，中央邦的卡朱拉霍庙，旁遮普的金庙，克什米尔的毗湿奴德维庙，果阿的基督教堂，还有各地的印度教庙、佛教寺庙、清真寺以及斋浦尔王宫等。但是目前的旅游服务设施还跟不上需要。至1996年底,全国有1 100家旅馆,共计61 974个房间。卫生条件差,接待人员素质不高,加上交通不便,影响了旅游潜力的发挥。旅游业有时还受到教派冲突、恐怖主义活动乃至鼠疫的影响。

**表3 印度旅游业发展**

| | 1991～1992年 | 1992～1993年 | 1993～1994年 | 1994～1995年 | 1995～1996年 | 1996～1997年 |
|---|---|---|---|---|---|---|
| 游客人数(万人) | 178.19 | 182.08 | 187.13 | 191.00 | 219.00 | 228.79 |
| 增长率(%) | 10.40 | 2.20 | 2.80 | 2.50 | 14.60 | 4.20 |
| 外汇净收入(亿美元) | 15.12 | 17.13 | 17.25 | 14.25 | 15.00 | 20.20 |

资料来源:印度储备银行公报1996年8月;印度广播信息部:《印度1998》。

**财政金融** 印度实行赤字财政政策,同时采取措施控制通货膨胀。1997～1998年度预算总开支为23 524.5亿卢比,财政赤字为8 634.5亿卢比,占GDP的6.1%。国防开支为4 137亿卢比,占预算总开支的13.6%。财政赤字主要靠发行公债和市场借款填补,至1998年3月内债总额为71 829.9亿卢比,占GDP的50.8%;外债944.04亿美元。由于紧缩开支,降低货币供应量,增加税收等宏观措施得力,1995～1996年度通货膨胀率降至4.4%,1997～1998年度为5%。1999年3月外汇储备达279亿美元。

**对外贸易** 在东南亚金融危机的影响下,1997～1998年度出口额为339.8亿美元,仅增长2.6%;进口额为407.79亿美元,增长5.8%,逆差达67.99亿美元。制成品现占印度出口的74.8%。其中纺织品所占份额为23.7%,受西方配额限制和亚洲发展中国家的强烈竞争,1997～1998年度仅增长3%。机械品占出口的14.7%,比上年度增长0.3%。珠宝占出口的15.1%,增长7.6%。农产品占出口的18.8%,出口额为64.04亿美元,下降6%。石油和石油产品一直是大宗进口商品,1996～1997年度的进口额达100.36亿美元,占进口总额的26.1%。1997～1998年度因世界石油价格下跌,进口额为72.99亿美元。

印度建立了全方位的对外贸易关系。向190个国家出口7 500种商品,从140个国家进口6 000种商品。1996～1997年度经合组织国家占印度出口的55.7%和进口的49.2%。其中美国占印度出口的19.8%和进口的8.8%;欧盟占印度出口的25%和进口的25.6%;日本占印度出口的6%和进口的5.7%;俄罗斯占印度出口的2.4%和进口的1.6%;石油输出国占印度出口的9.7%和进口的26.4%。美国是印度最大的贸易国,1997～1998年度双边贸易额超过100亿美元。

**外国投资** 自1991年9月以来外国直接投资持续增长。至1998年2月,外国直接投资协议金额共计472亿美元,实际投资额为100.05亿美元。外国证券投资到1998年2月共计79.55亿美元。受东南亚金融风暴冲击,印度在国外上市的股票价值从1996～1997年度13.66亿美元降至1997～1998年度6.45亿美元;同期外国机构投资者对印度的证券投资从19.26亿美元减少到9.79亿美元。

**表4 外国对印度直接投资协议金额与实际投资**

(单位:亿美元)

| | 1991年 | 1992年 | 1993年 | 1994年 | 1995年 | 1996年 | 1997年 | 总计 |
|---|---|---|---|---|---|---|---|---|
| 协议金额 | 3.25 | 17.81 | 35.59 | 43.32 | 112.45 | 111.42 | 148.58 | 472.42 |
| 实际投资额 | 1.55 | 2.33 | 5.74 | 9.58 | 21.00 | 23.83 | 31.05 | 95.08 |
| 实际投资占协议金额% | 47.7 | 13.1 | 16.1 | 22.1 | 18.7 | 21.4 | 20.9 | 20.1 |

资料来源:印度政府《1997～1998年度经济调查》。

自1991年8月至1997年底,印度共批准外国技术合作协定5 358项,合营企业7 407家。核心部门和基础设施占外国投资的57.4%,消费品工业占14.1%,服务部门占9.6%。

**表5 主要投资国和地区的实际投资**

(单位:百万美元)

| 国别 | 1995~1996年 | 1996~1997年 | 1997~1998年 |
|---|---|---|---|
| 毛里求斯 | 507.3 | 846.4 | 900.4 |
| 美国 | 194.6 | 241.6 | 687.4 |
| 韩国 | 23.9 | 6.3 | 333.1 |
| 日本 | 60.9 | 96.7 | 163.5 |
| 荷兰 | 49.8 | 123.7 | 158.9 |
| 德国 | 99.7 | 166.2 | 151.4 |
| 英国 | 70.9 | 54.2 | 125.8 |
| 香港 | 100.0 | 41.5 | 62.4 |

注:不包括印侨通过印度储备银行的直接投资。

资料来源:印度储备银行《1997~1998年度报告》第95页。

## 科学技术

公元前2500年印度河流域文明给印度古代科学技术的发展奠定了基础。独立后历届政府重视发展与国家优先战略目标和资源相适应的本国技术。经过50年的奋斗,印度的科技发展水平名列第三世界国家前茅。

**科技政策** 印度先后公布3个科技政策决议。1958年颁布的《科学政策决议》,阐明向科学家提供良好的工作条件和服务条件,按照科学家的地位给予信誉;鼓励并尽快地执行培训科技人员的计划,以满足科学、教育、农业、工业和国防的需要。1983年正值新技术革命在世界范围兴起之际,为赶上世界科技发展步伐,政府又颁布了《技术政策声明》,强调在战略和关键科技领域实现自力更生,开发具有国际竞争力,特别是具有出口潜力的技术。印度的计算机软件工业正是在这一政策影响下发展起来的。1994年科技部根据经济改革开放的需要和工业应用技术落后状况,又制定《新技术政策》,强调加大工农业和基础设施的科技含量,科研与生产相结合,在自力更生的基础上加强国际交流与合作,注重对引进技术的消化、吸收和创新,加速科研成果商品化。

**科学管理系统** 各门类科研有归口管理机构。全国有农业、工业和医学研究机构2 962个,其中中央一级的研究机构有130多个,大学214个,国立实验室400个。管理机构有:印度国家科学院、印度农业研究委员会、印度科学与工业研究委员会、印度原子能委员会、印度医学研究委员会、国家空间研究委员会、科学技术部、内阁科学技术委员会,其他归口管理机构还有电子部、生物技术部、环境部、海洋开发部、非传统能源部和国防研究开发组织。

**科研经费** 印度用于研究与开发的费用不断增加,近几年维持在占GDP的0.8~0.9%,在世界平均水平之上。1997~1998年度的科技预算为817.1亿卢比,对科研部门和机构的预算分别是:原子能部183.653亿卢比,占总额的22.5%;航天部116.76亿卢比,占14%;国防研究与开发组织168.3亿卢比,占21%;其他13个部门共占42.5%。这说明在走向21世纪之际,上述3个战略高科技部门仍将是科研的重点。另外,从这一年各部门增加拨款幅度看,海洋开发居第一位,从6.438亿卢比增至10.595亿卢比,增加65%;生物技术部从9.187亿卢比增至11.387亿卢比,增加24%;非传统能源从28.482亿卢比增至34.188亿卢比,增加20%;电子部从12.877亿卢比增至15.306亿卢比,增加19%,均超过平均增加幅度。这种变化体现了印度政府根据形势的发展需要在拨付经费上对这些部门的倾斜。

**科技人力资源** 科技兴国,人才为本。小学生数学基础好。除了有大量的中等技术学校外,大学生与人口的比例超过中国。据印度官方数字,科技人员有340万,仅次于美国、俄罗斯,居世界第3位。有许多科学家享誉世界。另一方面,印度科技人员外流严重。科技人口与总人口的比例很低,每1 000人中只有0.09人,而美国为2.68人,德国为2.87人,俄国为3.72人,波兰为4.98人。印度科技人才相对不足。为鼓励外流人才回归,国内设立了许多设施完善的科技园。

**科技成就** 印度有18种科学杂志被收入《最新刊物目录》,这是一本汇集全世界具有一定水平的科学杂志的刊物。据该刊在1995年的统计,印度学者在国际权威科学刊物上发表的论文相当于亚洲其他发展中国家发表论文的总和。印度的科技成就突出地反映在原子能研究与应用、空间技术、电脑软件、分子生物、太阳能应用等高科技领域和前沿科学方面。

**原子能研究** 印度把核能作为缓解能源不足和加强国防的战略工业，早在1948年就开始和平利用原子能的研究，现已建立起从核燃料探测、开采、提炼、重水生产、反应堆到核废料处理的完整的生产体系。核电居亚洲第三位。目前有10个核发电反应堆在运转，1996～1997年度核电装机容量为222.5万千瓦，占全国电力装机容量8 594万千瓦的2.59%；核电量为90.1亿度，占该年度发电量3 944.9亿度的2.28%。到2001年印度核电能力将达7 700兆瓦。鉴于钍藏量有36万吨，而铀藏量只有7万吨，原子能部制定了以快中子反应堆为核心的核电技术战略。一旦充分利用钍资源，理论上就相当于拥有6 000亿吨煤的发电量，21世纪下半叶核电能力就可以达到35 000兆瓦。巴巴原子能中心的一座30千瓦铀233快中子研究堆已于1996年10月28日运行，下世纪初一座500兆瓦快中子反应堆将投入商用。目前印度是第三世界中惟一有设计快堆能力的国家。

核能已公开用于国防。印度有8个研究反应堆进行各种试验。1974年印度在拉贾斯坦博克兰进行了第一次核装置爆炸，为1.2～1.5万吨TNT当量。1998年5月11日和13日，印度又在同一地点进行了5次地下核试验，爆炸核裂变装置、低能量装置和热核装置等。第一个装置的当量仅1 000吨TNT；第二个装置的当量为1.2万吨TNT，相当于在广岛扔下的原子弹；第三个装置为4.3万吨TNT当量，爆炸的能量相当于里氏4.7级地震，是一枚氢弹；第四和第五个装置的当量分别为200吨TNT和600吨TNT，可用于战术核弹头。印度是世界上第六个有能力制造核武器的国家。

**空间技术** 航天事业始于60年代末，迄今已发射"亚里亚哈塔"卫星(主要进行太阳物理和高层大气物理学试验)、地球观测卫星、地球同步通信卫星、"罗希尼"卫星(用于验证SLV－3型火箭和地面测控系统的性能)、广播电视卫星和印星系列、印度遥感卫星等6类20多颗卫星，并研制了四代运载火箭。1994年10月15日，印度首次利用自己研制的PSLV－2D第三代运载火箭，将一颗地球遥感卫星送入极地轨道。这标志着印度成为继美俄中法日之后第六个具备把卫星送入极地轨道能力的国家。1996年3月又用极地运载火箭将IRS－1C发射入轨，有14个国家的地面站可以接收到这颗卫星传来的信息资料。1999年4月3日印度发射造价为5 000万美元的Insat-2E卫星，其覆盖面从中亚扩展到中国和澳大利亚。印度还从俄罗斯进口2台低温发动机用于地球同步卫星运载火箭GSLV。到2000年印度将用自制的低温发动机装备GSLV。第三代PSLV和第四代GSLV的研制表明印度已有制造洲际弹道导弹的能力。现在印度正积极参与国际航天市场竞争，其强项是发射低空轻量级卫星。

**信息技术** 随着80年代以来世界信息技术飞速发展，拉·甘地提出要用电子革命把印度带入21世纪，大力扶持计算机产业。印度研制的大型计算机已达到世界先进水平。1998年完成的Param－1000，每秒运算1 000亿次，可与美国任何一台克莱超级计算机相比。印度有软件人才25万，计算机软件已享誉世界。1997年美国《幸福》杂志所列美国最大的500家公司中有158家采用印度的软件。1987年印度建立了国家信息中心网络。该机构是一个以计算机为基础的全国卫星通讯网络，同美国和其他国家国际网络相联接，并与全国90个城市联网。这就是印度开通的第一条国际信息高速公路。此外印度还有6条专业性国际信息高速公路。

**生物技术** 农业部负责人指出，到20世纪末要养活10亿人，未来的农业出路主要取决于生物技术的研究与应用，如基因工程生物固氮、光合作用和生态环境等。可持续农业的战略提上了日程，今后提高农业生产率将不再主要依靠化肥和农药。下世纪印度注定要成为生物技术大国。近几年来生物技术已从古老的酿造、食品加工、药品生产向现代遗传工程、动植物细胞合成、酶的应用、生物冶金、无性繁殖、疫苗和细菌等方面发展。

**海洋研究** 印度占有地理条件的便利，除海岸线长外，在印度洋中还有一些岛屿，研究的项目有海底碳氢化合物的开采、矿产开采、渔业开发、气象调查和环境污染等。从孟买近海开采的石油占全国石油产量的2/3。在彭地治理岛开采的天然气也已用于生产。1982年联合国承认印度为深海"开拓投资国",1987年把印度洋中部150 000平方公里的海底矿藏划给印度开发。同年印度就勘探开采印度洋中的锰矿制定了大型开发计划,从此加入了工业发达国家掌握深海开采技术"俱乐部"。主要成就是从印度洋采掘含铜、镍、钴的聚合金属。进行商业开采的其他矿物资源有盐、沙、金砂、珊瑚、石灰、贝壳、锡、钛和铁;从海洋提取的有碘、氯、锰、溴、磷酸钙和钾。1984年印度在南极建立永久性"达克辛干戈特里"考察站,1989年建立全年住人的"迈特里"考察站。现在印度不仅是南极研究科学委员会以及南极供给和管理委员会的成员,也是南极海洋生态环境保护条约和南极条约组织签约国。但是印度科研与生产脱节,高等院校、国立实验室、工业及其他领域取得的科研成果没有得到充分的利用,科研成果商品化很差。印度人的专利非常少,足以说明应用科学落后。1995年申请在印度注册专利共计6 566件,其中本国人的专利仅1 545件,占23.5%;外国人的专利为5 021件,占76.5%。印度在外国注册的专利更是微不足道。

## 教 育

1947年独立后,印度政府对教育十分重视,教育事业发展迅速。1986年印度政府通过《国家教育政策》,决定加强普及初等教育,开展成人扫盲运动。印度政府打算在第8个五年计划期间(1992~1997)普及初级小学并消灭年龄段在15~35岁之间的文盲。1990年学龄儿童入学率几乎达100%,但中途辍学率较高。1991年统计表明,印度识字人口达3.5亿,文盲为3.24亿。1995年据联合国教科文组织估计,印度成人文盲率平均为48%,其中男性为34.5%,女性为62.3%。

**1996~1997年度各级学校学生及教师数**

| | 学校(万所) | 学生(万人) | 教师(万人) |
|---|---|---|---|
| 小学 | 59.83 | 11.039 | 178 |
| 初级中学 | 17.67 | 4 106 | 119 |
| 高级中学 | 10.21 | 2 703 | 154 |
| 高等学校 | 0.87 | 589 | 26.5 |

注:为1993年数字。

资料来源:1996/1997年度印度统计资料。

根据印度宪法规定,14岁以下儿童一律实行免费教育。印度政府规定实行中小学实施15年正规教育体系。各邦规定学龄前教育2年,中小学10年,中等专业教育或预科教育2年,高等教育3年。10年中小学教育即5年小学、3年初中和2年高中。这10年一贯制中小学的高中,称为初级高中,如果再加上2年中等职业教育或预科教育,则称为高级中学,或称12年一贯制。如念大学,进2年预科学校学习。印度大学教育连同研究生和博士生实行8年高等教育,即3年大学本科(学士)课程,2年高级学位(硕士)课程及3年专业研究(博士)课程。

**印度教育经费主要来源** 中央政府和各邦政府的预算拨款,地方机构的资助,学生的学费以及私人和外国的赠款。印度独立后中央和各邦政府的预算拨款在教育经费中所占比重不断扩大,从1950~1951年度占当年经费比重的51%,上升到1980年的80%以上。教育经费占国民生产总值的比重由1950~1951年的1.2%上升到1996年的接近4%。1997~1998年印度教育经费为389.5亿卢比,人均教育经费为40.5卢比。印度的初等和中等教育经费均由各邦政府和地方机构负责筹款,其教育经费的绝大部分由各邦政府负责提供,中央政府仅提供少量补贴。中央政府预算中教育经费主要用于高等教育及其他教育计划。

印度独立后,由于政府对高等教育极为重视,高等教育发展迅速。独立前,印度仅有15所综合性大学,在校学生20万人;截至1996年,印度全国拥有综合性大学228所,大专院校约8 700所,大学生总数接近600万。印度已成为第三世界国家中高等教育最发达国家之一。印度拥有训练有素的高级人才、工程师和科学家估计有200万人,各类大学毕业生1 000多万,受到高级中等教育、掌握流利英语者达5 000余万人。

### 印度的著名大学

德里大学 印度最著名的国立综合性大学,创立于1922年,设在新德里。该校以数学、医学和经济等学院最负盛名,现有78个学院,在校学生达22.5万人(包括函授学院),研究生1.9万人,教员7 500人,职员3 000人;校图书馆藏书130万册。

贾瓦哈尔·尼赫鲁大学 国立综合性大学。该校以印度首任总理贾瓦哈尔·尼赫鲁命名,1969年成立,设在新德里。该校以研究当代国际政治、经济关系和汉语教学闻名,下设7个学院,24个研究中心,在校学生3 800余人,有教职员工1 700余人,藏书近46万册。

国际大学　国立综合性大学,创办于1924年,前身为印度著名诗人泰戈尔1901年创办的“寂介书院”,设于西孟加拉邦比尔布姆县。1937年4月,该校设立中国学院并建有中国图书馆。抗日战争期间,中国著名学者谭平山、许地山和著名画家徐悲鸿及教育家陶行知等先后在此任教。现有在校学生6 100余人,教职员工约2 000人,藏书60余万册,杂志2 800余种。

阿利加尔穆斯林大学　国立综合性大学,1920年创立,前身为英国—东方伊斯兰学院,设于北方邦阿利加尔市。该校历史系高级研究中心享有较高地位,现有在校学生近2万名,教职员工7 000余人;下设6个学院,包括医学、工程学院,11个专业,92个系,藏书88万余册。该校尤以收藏和保存伊斯兰原始手稿和珍贵文献资料而著称。

贝拿勒斯印度教徒大学　国立综合性大学,1916年创立,设于瓦纳腊西。该校下设3个学院:医学院、技术学院和农学院,14个专业,114个学科,在校学生1.47万人,教职员工8 000余人,藏书65万册。该校尤以对东方学、神学、艺术学科研究最负盛名。1997～1998年度新开设阿拉伯语和波斯语高等学位课程。

加尔各答大学　邦立综合性大学,创建于1957年,为印度历史最悠久的3所大学之一。理科以物理、电子系著名,文科以博物馆专业著称。在校学生19万,藏书60万册。

马德拉斯大学　邦立综合性大学,1857年创建,印度最早的3所大学之一。在校学生11万人,藏书40万册。

东北山大学　邦立综合性大学,创建于1973年,总校设在梅加拉亚邦西隆。该校拥有26个研究生系,6个分校下设7个研究中心;在校学生达3.6万名,藏书15.27万册。

海德巴德大学　1974年创建,是印度国内一所研究生培训和研究院校。大学的学术研究活动通过下属8所院校进行。在校学生2 017名,其中女生690名,占总数35.5%。该校拥有师资197名(65名教授、73名高级讲师和59名讲师)。英迪拉·甘地纪念图书馆设在该校,图书借阅完全实行自动化和电脑化。

英迪拉·甘地国立开放大学　1985年建立。该校是一所从事远距离教学的开放性大学,其宗旨是给处于社会地位不利人群,如妇女、贫穷落后山区的学生提供学习机会,采用当面授课及通过卫星电视教学的函授教育方式进行。新开设3门课程:母婴保健硕士学位课程、电脑应用硕士学位课程以及英语师资证书课程。1997年该校学生辅助服务网包括17个地区中心和296个学习中心。目前参加全校各类学习计划注册学生达16万人。

## 文　化

**语言**　印度是世界上使用语言种类最多的国家,全国使用语言多达180种,另有方言700多种。印度宪法承认正式语言有15种。语言不统一是印度社会发展的一大障碍。独立后,印度政府在宪法中规定印地语为官方语言,但政府事务、公文仍可使用英语。但是,1965年1月印度政府宣布以印地语作为惟一国语和官方语言,废除英语。这一决定引起了非印地语地区,特别是南印度人们的极大不满和对立。为此,印度政府被迫推迟实施这一计划,实行按语言划邦的政策,并允许各邦可将本地区语言规定为本邦官方用语,但正式的全国性官方语言仍是印地语和英语,官方报刊、图书、公文、讲话、教科书中有很大部分均使用英语。全国人口中约有2～3%的人(约2 000多万人)主要是印度的中上层人士、知识分子、军官一般都会讲英语。

印度语言可分四大语系,即印欧语系、达罗毗荼语系、汉藏语系和南亚语系。前两种是主要语系。

印欧语系　亦称“印度—雅利安语系”,包括早期的吠陀语和梵语,为当今印度国内广大地区通行的语言,它包括印地语、旁遮普语、拉贾斯坦语、马特拉语和孟加拉语,但最广泛使用的是印地语。如按地区划分,印地语又可分为:东部印地语,它是印度主要官方语言,使用人数近3亿;西部印地语,从13世纪起成为德里苏丹国和莫卧儿帝国穆斯林上层社会和军队官兵使用语言,它吸收了大量阿拉伯语和波斯语并以波斯文书写,形成乌尔都语,使用人数在8 000万左右。

达罗毗荼语系　源于印度次大陆土著达罗毗荼人的语言。现为南部印度主要民族所使用的语言，包括泰米尔语、泰卢固语、卡纳达语、马拉雅拉姆语等，使用人数约1亿以上。

汉藏语系　主要是藏缅语系，有数百种方言，主要分布在东北边境、喜马拉雅山麓一带和阿萨姆邦。

南亚语系　是印度最古老居民使用的语言之一，主要分布在中央邦各地、比哈尔邦及安达罗群岛和尼科巴群岛，使用人口不到1 000万。

**文化**　印度是一个有着悠久历史的文明古国，它拥有丰富灿烂的庞大古典文学遗产，在世界文学史上占有重要地位。印度历史上最早文学巨著《吠陀》是印度教经典，此外还产生了颇有世界影响的《摩诃婆罗多》和《罗摩衍那》两部史诗，它们集中反映了古代印度社会和文学创作的巨大成就。古代印度民间文学也很发达，其中以《朋友的决裂》、《朋友的获得》等5卷书流传最广，影响最大。

印度近代文学的代表则是20世纪印度文学泰斗、伟大的诗人和哲学家泰戈尔，其创作对印度文学发展产生了重大影响，1931年获诺贝尔文学奖，成为非西方作家荣获此奖的第一人。他的主要作品有诗集《吉檀迦利》、《新月集》、《园丁集》等，长篇小说有《小沙子》、《沉船》，剧本有《摩吉多塔拉》、《邮局》等。它们集中反映了印度人民在殖民统治和封建的种姓制度双重压迫下的悲惨生活，揭露了帝国主义和官僚的专制、蛮横，也反映了民主思想与印度教之间的冲突和矛盾。他所写诗歌《人民的意志》，在印度独立后被定为印度国歌。

在印度现代文学中，除了泰戈尔，普烈姆昌德(1880～1936年)、克里山·钱达尔(1914～1977年)也都作出了杰出的贡献。

印度的绘画艺术，尤其是以阿旃陀壁画为代表的壁画、细密画，其他如音乐、舞蹈、雕刻、建筑及电影艺术等也都闻名世界。

**博物馆**　印度拥有各类博物馆375个，它们大致分为国家和地方博物馆、私人博物馆和名人纪念馆三类。主要博物馆有：

印度国家博物馆　为全国最重要的博物馆之一，1948年成立，设在新德里，是专门收藏艺术史、肖像画、佛教文物和文献资料的博物馆。

印度博物馆　1814年建于加尔各答，是印度历史悠久的博物馆之一。全馆由地质、考古、生态、工业和人种等部门组成，其中地质展品属亚洲最大。钱币厅收藏的印度钱币之丰富举世闻名。

萨拉尔·詹博物馆　1950年建立于海德拉巴市，系印度的国家艺术和考古博物馆。该馆原为海德拉巴纳民布(宰相)萨拉尔·詹三世(1823～1853年任职)的私人收藏馆，是世界上私人藏品最好的博物馆。馆内收藏品达4 500多种，其中不少为稀有珍宝。中国收藏馆内藏有明清瓷品和康熙皇帝亲笔题名的一幅画像。

尼赫鲁纪念馆和图书馆　设于新德里，原为英印军总司令的官邸，独立后成为首任总理尼赫鲁寓所和办公楼。1964年尼赫鲁去世后，印度政府将此改建成纪念馆。馆内分别展出印度国大党领导人甘地和尼赫鲁等人领导印度人民抗英争取独立斗争的历史性照片和文献。1994年在该馆旁建成一座图书馆，藏书近10万册。

**图书馆**　独立后，印度政府对图书馆建设极为重视，拨出专款培训各级图书馆管理人才并应用电脑对图书馆信息进行储存和检索。目前，印度全国有大小图书馆6万多个。印度图书馆大致可分为4类。

国立图书馆　原为1903年成立的帝国图书馆，藏书160万册，外文期刊800多种。印度全国现有如此规模的国立重点图书馆10个。

大学和学术图书馆　全国有100多个，主要分布在105所大学、16个研究协会和10所全国性学术机构，其中以加尔各答、孟买和马德拉斯3所大学的图书馆尤为历史悠久。

公共图书馆　属地方图书馆，分别由各邦、区、市、县、乡管辖，此类图书馆在全国共有大小4 000多所。

专业图书馆　主要由政府部门提供经费。目前各类专业图书馆约有5 000余个。著名的有尼赫鲁纪念馆和图书馆、印度历史研究理事会图书馆等。

除此以外，首都新德里还设有著名的国家档案馆。

**新闻与出版**　印度的新闻机构是由宣传广播部新闻局主管的。该局设有首席新闻官1名，对外联络主任6名,副首席新闻官10名,下设新闻处,分别驻在各邦首府及一些重要城市。

通讯社　主要新闻机构与通讯社有以下几个:(1)新闻发布署:实际上相当于印度政府中央通讯社,它拥有派驻国内外记者1 300多名,电传网覆盖全印度,向全国8 000余家新闻单位供稿,下设8个地区总分社和27个分社;(2)印度报业托拉斯:印度最大通讯社,半官方性质。1947年8月成立于孟买,后兼并印联合通讯社和路透社印度支社,于1949年元旦正式营业。国内设有136个分社,国外有11个分社,每日英文发稿量10万字以上;(3)印度联合新闻社:印度第二大通讯社,系报业同仁合股企业。1959年成立,总部设在新德里,现有国内分社100多个。目前向4个海湾国家、新加坡和毛里求斯提供新闻服务,在迪拜、新加坡和华盛顿设有分社,在22个国家派驻了记者;(4)印度斯坦通讯社:私营,1949年成立,总社设在新德里,各邦设有分社。主要用印地文、马拉地文、古吉拉特文和尼泊尔文发新闻稿。

广播　全印广播电台系官方广播机构,隶属印度宣传广播部,在全国各地设有96个广播中心,广播网覆盖全国人口95%以上,对内使用23种语言广播,对外用25种语言广播,每日播音75小时,国内拥有101名记者,向7个国家派有常驻记者。

电视　全印电视台,1959年成立,1976年脱离全印广播电台成为独立机构,隶属宣传广播部,1983年开始播彩色节目,电视网覆盖全国人口的86%。全国现有18家电视台,6个邦开通了卫星电视接收。

报刊　印度报刊大多为私营。截至1993年底,印度全国共有96种文字报刊33 612种,发行总数达6 761多万份,印地文报刊发行量占首位(占总数的37%),英文报刊次之(占16%)。全国最大报刊分别为《印度时报》、《马拉雅拉娱乐报》和《古吉拉特新闻》。印地文报刊主要有《旁遮普之狮报》、《今天日报》、《印度斯坦报》等。英文报刊主要有《印度快报》、《印度斯坦时报》、《政治家报》、《印度教徒报》等。此外还有反映印度共产党观点的日报,如《爱国者报》和印共机关报《人民民主》周刊等。

出版　印度出版事业相当发达,80年代起印度出版图书量就名列世界前10名,它所出版的英文图书的数量仅次于美、英,居世界第三位。

## 宗教与种姓

印度是个极富宗教传统的国家,是世界两大宗教印度教和佛教的发祥地,全国绝大部分人口信仰宗教。信仰的主要宗教分别为:印度教(占总人口的83%)、伊斯兰教(占11%)、基督教(占3%)、锡克教(占2%),其余分别为佛教、耆那教、袄教和犹太教。上述宗教中,印度教、佛教、耆那教和锡克教为传统宗教,起源于本国,其余宗教皆由国外传入。

**印度教**　世界上最古老的宗教之一。渊源于古代的吠陀教(产生于公元前2000年左右)和婆罗门教(约形成于公元前7世纪),并吸收耆那教和佛教等教义以及民间信仰演变而来。它的基本教义是神定种姓、因果报应、生死轮回及禁欲、非暴力等,主张灵魂永生不死,可以再生或转世。教徒们要通过自我修身苦行、自我克制等方式达到"梵我一如"(即宇宙灵魂同个人灵魂达到一致)。印度教拥有广泛的群众基础、浓厚的传统影响,它渗透到印度社会和政治生活各个方面,从中央到地方各级政府在制定法律时均要考虑到印度教的法规和习俗。不少团体和政党均以印度教的形式出现。从19世纪末以来,随着印度教徒的外迁,目前印度教已流传到亚洲、东南亚、南非甚至西欧、北美等几十个国家。据不完全统计,国外印度教徒达3 500万人。

**伊斯兰教**　印度第二大宗教,公元前7世纪传入印度,12至13世纪席卷北印度,成为伊斯兰封建统治的主要精神武器,曾被一度统治全印度的德里苏丹国和后来的莫卧儿帝国定为国教。伊斯兰教的基本教义是"五大信仰",即信真主安拉、信天使、信经典、信先知、信末日;主要特征是"五功",即念清真言、礼拜、斋戒、纳天课、朝觐,简称念、礼、斋、课、朝五功。印度境内有伊斯兰教徒近8 000万,大多集中在北方邦、西孟加拉邦、比哈尔邦、安德拉邦,属逊尼派。

**基督教**　公元4世纪传入印度。其基本教义认为上帝(天主)创造并主宰世界,耶稣基督是上帝的儿子,降世拯救人类,人类犯有"原罪",只有信仰上帝才能获救。印度基督教徒主要集中在喀拉拉邦和西海岸孟买、果阿等地,约有教徒2 000余万人。

**锡克教**　16世纪以来在印度流行。创始人是那纳克(1469～1539)。锡克教最初是印度教改革派——虔诚派运动的一翼,后来发展成为一支独立宗教。它的基本教义是在神面前人人平等,提倡自我修行;提倡五反,即反对禁欲、反对种姓制度,但歧视妇女。锡克教徒尚武,是印度军队士兵的主要来源。目前锡克教徒约有1 500万,大部分居住在旁遮普邦、泰米尔纳德邦和加尔各答等地。除印度外,在东南亚、东非和欧美国家也有少量锡克教徒。

**佛教** 起源于公元前6～5世纪时的印度,创始人是古印度迦毗罗卫国净饭王子悉达多·乔答摩,后人尊称其为“释迦牟尼”,意即“释迦族的圣人”。佛教的基本教义是众生平等,苦海无边。认为人生为一个因果轮回的苦海,为了摆脱苦海,必须断欲念,求解脱,通过自我修道,进入涅槃境界,即不生不灭,永远超脱的最高理想境界。公元前3世纪起佛教向外传播,发展成为世界性宗教。可是印度本国佛教自9世纪起逐步衰落,13世纪初几乎消灭,19世纪稍有复兴。印度独立后,广大贱民为了摆脱种姓制度下的摧残和压迫,争取平等的人身权利,掀起了大规模脱离印度教,改信佛教运动,使印度佛教得到较大发展。目前印度全国约有500万佛教徒,大部分居住在马哈拉施特拉邦地区。

**种姓制度** 印度社会的一个重要特征。种姓制度等级森严,它把人分成四类等级,即“婆罗门(僧侣贵族)、刹帝利(贵族、武士)、吠舍(商人、农民、平民)和首陀罗(被征服的奴隶)。此外,还有一个种姓之外的贱民阶级,也称“不可接触者”。贱民属于社会的最低层,任人歧视和蹂躏,个人生命财产毫无保障。种姓制度保留至今已有3 000多年历史,对印度社会、政治和经济发展造成很大障碍,并造成种姓相互仇恨和斗争。独立后,1950年印度宪法明确宣布废除种姓制度和贱民阶级。虽然种姓制度已逐步趋向消除和打破隔阂,然而种姓压迫和歧视现象迄今依然存在。据统计,目前印度有800多个主要种姓,5 000多个亚种姓,贱民阶级人数达6 000万以上。

(现代国际关系研究所　华碧云　沈志勋)

# 斯里兰卡经济文化概况

斯里兰卡民主社会主义共和国是南亚次大陆南端的一个岛国,与印度隔海相望,面积6.6万平方公里,1997年人口为1 855万,人口密度为每平方公里280人。1997年GNP为148亿美元,列世界第67位,1996～1997年年均增长率为6.9%;人均GNP为800美元,名列世界第83位,年均增长率为5.8%,但若按购买力平价计算,人均则高达2 460美元,居世界第75位。这种巨大的反差是斯里兰卡历届政府长期以来推行一整套福利政策,实行免费教育、免费医疗以及食品、住房、交通等多项补贴的结果,正是这种从殖民主义时期建立起来的福利政策使其人口的生活质量处于相对较高的地位:人均寿命1996年达到了73岁,成人识字率超过了90%;第一、二、三级教育合并入学率为67%;每10万例活产婴儿的产妇死亡率为30。以上各项指标均优于发展中国家的平均水平。1998年其人类发展指数(HDI)在174国中名列第90位,属中等人类发展国家,构成HDI的三项指数值(以1为最高值)分别为:预期寿命0.79,教育0.83,GDP0.53;1995年HDI值为0.716,实际人均GDP(购买力平价美元)名次减去HDI名次为9。在经历了独立后的快速人口增长期后,目前年增长率已降至1%。城市化率仍保持在22%的低水平,反映出乡村地区相当有利的经济状况。

斯里兰卡在政体上实行议会民主制,议会中有僧伽罗议员175名,泰米尔族议员29名,穆斯林议员20名,帕西族议员1名。在225个议席中,人民联盟党占105席,统一国民党占94席,其余6个政党占26席。斯里兰卡政府对外奉行独立和不结盟政策,在经济上推行自由竞争和对外开放。

## 经　济

斯里兰卡传统上是一个以种植园经济为主的农业国，由于单一种植园经济的局限性，现代经济起步较晚。80年代以来，由于受到东亚和东南亚以出口为导向的强劲增长的鼓励，执政的统一国民党开始实施经贸改革，从此开始由单一种植园经济转向多样化经济；由内向型转向外向型；由福利型转向增长型；由发展工业靠国有企业转向靠私有企业。

斯里兰卡训练有素的劳动人口，丰富的自然资源加之优越的地理位置，非常有利于经济的快速发展。与同一收入水平的其他国家一样，斯国内大量劳动力从事于农、渔和矿业。在这些领域以出口为目的的生产，特别是种茶和宝石加工与占很重要地位的生存农业并存。尽管如此，斯拥有现代化的制造业和服务设施，工人在这些领域所创的人均附加值大大高于农业。但由于市场狭小，经济的规模化发展受到了限制，大量工人流向国外，估计目前至少有50万斯里兰卡人（几乎占劳动力的1/10）在海外工作，主要在中东地区。他们的侨汇占斯国民收入的4～6%。

斯里兰卡的经济腾飞在很大程度上有赖于劳动密集型出口产业，主要是成衣和宝石加工业，90年代以来曾经有3次经济增长超过6%（1990年、1993年和1997年）。1997年尽管受到亚洲金融危机的不利影响，但实际经济增长却从1996年的3.8%反弹到6.4%；传统农产品（茶和稻米）出现了有力复苏，制成品产出与出口较高，服务部门继续维持好的绩效。估计1998年GDP增长率将下降至5.5%。茶叶与水稻的增加使得总的农业产出增长了3.5%。另一方面，对从东亚和东南亚国家进口的许多工业品如陶瓷制品，塑料及其制品，钻石和木板制品的疲软需求，使得工业部门的增长率从1997年的7.9%降至6.6%。该区域的经济危机对旅游也构成了不利影响，1998年1～8月来自东亚和东南亚的游客人数比上一年减少了29.5%；估计1998年服务部门的增长率将达到5.5%，而1997年则为6.7%。国内资本构成总额估计将有较大的增加，作为这种结果，估计国内投资与GDP的比率将从1997年的24.4%上升到1998年的26.5%。国内储蓄率据估计将从1997年占GDP的16.5%增至1998年的17.5%。

在斯里兰卡，1998年净资本流入估计将达到5.29亿美元，包括政府在国际资本市场所借到的1亿美元。国外直接投资净流入估计将增加12%达到1.45亿美元，增长率低于1997年。1998年净有价证券投资估计将为负数，因为外国人继续在科伦坡股票交易所出售他们的股票，反映出在本地区主要新兴市场金融震动的蔓延效应。1998财政年度的官方储备总额估计为20.29亿美元，相当于5.3个月的进口。

1997年斯里兰卡最重要的宏观经济成就是通货膨胀从上一年度15.9%的高记录降到了一位数（9.6%）。尽管如此，1998年上半年科伦坡的消费价格指数增加了12.2%，增幅高于1997年。供应因素是价格上涨的主要原因。由于天气原因导致了减产，蔬菜和一些补贴性粮食的价格大幅度上扬。此外，1997年9月电费上调的直接和间接影响一直延续到1998年。然而也存在着阻止价格上升的因素，货币扩充率最终与上一年相平，未引起任何额外的需求压力。另一方面，尽管名义汇率贬低了6%，但小麦、糖和石油等主要进口商品价格在国际市场的下降缓解了国内价格的压力。1998年通胀率估计为10%，略高于上一年。

**工业与资源**　1995年工业产值占GDP的25%，就业人口占劳动力的21%（1990年）。主要产品有：服装，化学品，精炼石油，木制品，基本金属制品和纸制品。政府通过优惠的税收减让，鼓励从农业加工向以出口为导向的制造业的转移，经过20多年的改革，现已形成以科伦坡为中心的门类较为齐全的制造业体系。目前政府正在开发工业用地，提供基础设施，鼓励乡村中小企业的发展。1995年制造业产值为38.29亿美元，占GDP的16%。

斯里兰卡宝石和半稀有宝石储量丰富，仅宝石品种就达30多个。采矿和采石部门占商品出口（包括非稀有矿）的3.5%，相关产品如宝石和钻石之类另占7%。宝石至今在生产和出口方面是采矿业中最大的子部门。其他矿物资源包括石墨、钛铁矿、铁矿和硅石，石墨几乎全部以原料形式出口。1994年采矿和采石业产值占GDP的2%，占就业的1.9%。

**农业**　农业是传统的主导产业，1996年全国有耕地及多年生作物用地188.7万公顷，农业产值占

GDP的23%,农业吸收的劳力占全部经济活动人口的46.3%。多数农民从事以小农户为主的生存农业,主要生产稻米和其他主食作物。大规模的种植园从事以出口为主的茶叶和橡胶生产。3/4的茶叶和橡胶生产以及少量的椰子生产供出口,近年来部分稻米仍需进口。

近3年主要农产品产量(单位:千吨)

| | 1995年 | 1996年 | 1997年 |
|---|---|---|---|
| 稻谷 | 2 810 | 2 062 | 2 610 |
| 甘蔗 | 1 273 | 1 448 | 1 448 |
| 椰子 | 2 000 | 2 000 | 2 000 |
| 茶 | 246 | 258 | 277 |
| 木薯 | 290 | 290 | 290 |
| 橡胶 | 106 | 113 | 106 |

资料来源:FAO《生产年鉴》1998年。

**服务业** 1995年服务业产值占GDP的52%,占就业人口的31%(1990年),1998年年均增长率为5.5%,比1997年低1.2个百分点。近几年服务业的扩充主要受到占GDP6.8%份额的银行、保险和房地产服务的驱动,受国内部分地区安全状况的影响,国防和其他政府服务几乎占服务部门就业的一半。

斯里兰卡注重发展旅游业,游客人数已从1990年的29.8万上升到1997年的36.6万;同期旅游收入从1.32亿美元升至2.12亿美元,占GDP的1.4%。

斯里兰卡基础设施良好,全国有铁路1 491公里,1994年客运量为32.64亿人/公里,货运量为1.44亿吨/公里。全国还拥有发达的公路网,长度为25 879公里(1993年数据);全国商船队总登记吨位为29.4万吨,1994年海运装货量为589.2万吨,卸货量为958.8万吨;民航旅客周转量为36.83亿/人公里,民航货物周转量为1.162亿/吨公里。

**对外贸易** 斯里兰卡,1998年前7个月商品出口比上年同期增加了8.4%。同期纺织品和服装出口以14.3%的较高比例增加。斯里兰卡的服装出口主要受多边纤维安排配额制的调节,虽然地区经济危机引发了许多东亚和东南亚国家币值的大幅度贬值,斯货币下调幅度很小,但未影响到服装部门的出口绩效。农业出口居支配地位,茶叶出口按美元计增加了17%。然而由于地区经济危机导致需求的大幅度下降,1998年前7个月宝石和珠宝的出口减少了42.3%。1997年东亚和东南亚国家包括日本占斯里兰卡珠宝出口的80%,宝石出口的67%和钻石出口的12%。1998年全年总出口估计将增长6.7%,低于1997年13.9%的增长率。

1998年前7个月商品进口增加了13%,反映出国内投资的增加,投资货物和中间货物的进口也出现了良性增长。尽管有种种进口的增加,但食糖、小麦和石油价格的大幅度下降有助于抑制进口的支出。与上年相比,1998年全年商品进口的增幅减少了0.9个百分点,达到7%。地区经济危机的影响在一定程度上也波及到进口:由于危机国家对钻石需求的下降,用于再出口的钻石进口大幅度减少。尽管如此,1997年已有所改善的贸易逆差仅从占GDP的8%上升至8.1%。服务业收入1998年出现了6%的适度增长,而1997年的增幅则高达14%。由于地区经济危机的不确定性以及对国内安全的忧虑,外国游客人数的停滞增长已成为服务收入缓慢增长的主要原因之一。1998年经常账户逆差估计占GDP的3.1%,比上年度增加了0.2个百分点。

近几年对外贸易情况(单位:百万美元)

| | 1995年 | 1996年 | 1997年 |
|---|---|---|---|
| 出口 | 3 798 | 4 095 | 4 666 |
| 进口 | 5 307 | 5 412 | 5 839 |
| 差额 | -1 509 | -1 317 | -1 173 |

资料来源:联合国统计月报,1998年12月。

斯里兰卡的服装在总出口中的比例已从1980年的10.5%增至50%,产品主要输往美国和欧盟;茶叶主要销往中东,茶叶出口占世界的17.89%;制成品出口所占份额已从1980年的19%增至1996年的73%。在进口方面,大米和其他食品所占份额已从1975年时的50%降至10%左右。主要供应方有日本、印度、香港、韩国、台湾、英国、美国和新加坡。

**政府财政** 斯政府预算依赖于狭小的岁收基础,1998年预算赤字占GDP的6.3%,高于上年度的4.5%,表明银行系统的赤字财政的上升。此外,高赋税阻碍了产值达GDP半数以上的非正规部门的一体化。内战加剧了财政负担,近年对进口和某些消费品所征收的国防税已从原来的3.5%升至4.5%。在

1996年GDP百分比分布中，经常性税收收入占16.9%，比1980年低2.2个百分点；经常性非税收收入占2.1%，高出1980年1.0个百分点；经常性支出占22.2%，比1980年低2.5个百分点，但资本支出下降幅度较大，从16.7%降至5.2%。在中央政府财政支出中，1996年商品和服务支出占36.9%；社会服务支出占33.4%；补贴和其他经常性转移支付占22%。军费支出已从1985年时占GDP的2.9%升至1995年时的4.6%。1996年时外债达到79.95亿美元，占GNP的11%；国际储备总额为20.38亿美元；人均官方发展援助为27美元，比1991年减少了一半，官方发展援助占GNP的3.6%，远低于1991年的水平(10%)。

## 科学与技术

在斯里兰卡，主管科技的政府机构是科学、技术和人力资源开发部，它每年向斯科学促进协会拨出科研捐助金和一些设备，在必要时也向各类专业协会拨出少量赠款。该部下属的自然资源、能源和科学管理局(NARESA，即资料管理局)的职能是就有关管理和开发国家自然资源的政策与措施向部长提出咨询意见，促进和资助科研。它还设有年度科研赠款方案，各科研机构和科研人员可提出申请。此外，它还承担收集与传播科技信息并就此类事务向公众开展宣传和教育的工作。传播科学进步信息的渠道是各类科学刊物，例如《锡兰医学杂志》和《资料管理局通讯》等科普刊物。

在斯里兰卡日益增长的研究领域包括：生物技术；计算机科学；能源效率和再生能源；地质信息系统；环境研究；食品科学；营养以及性问题。

根据NARESA提供的资料，1996年斯里兰卡国内研发总开支(GERD)为14.1亿卢比(2300万美元)，人均研发开支约为1.28美元。近年GERD占GDP的比例一直很低(0.18%)，是南亚地区中最低的。私人部门对GERD的贡献也是微不足道的。按资金来源划分，1996年GERD的构成如下：政府占69.6%，国外资源占23%，私人占1.5%，其他来源占5.9%。斯里兰卡科学的另一特征是基础研究占有重要地位，在1996年的各类研究中，应用研究占61%，试验开发占7%，基础研究占32%。

斯里兰卡仍维持着以农业为基础的经济，政府研发资助重点表明，1996年对农研的支持高达46%，居首位，对其余6个重点领域的资助金比例为：教育占27%，科技占19%，卫生占4%，能源、工业和电信占2%，运输占1%，内源医学占1%。1996年受到研发资助的主要国家研究机构有：椰子研究所(6 000万卢比)，橡胶研究所(5 000万卢比)，糖研究所(4 400万卢比)，茶研究所(2 900万卢比)和水稻研发所(2 700万卢比)。

合格人才的短缺已成为国家发展的障碍，在灌溉、微生物、能源、工程设计与模型以及在加工技术方面合格人才不足。1998年2月对两家有前途的国有研究所的调查揭示，锡兰科学与工业研究所(CISIR)在加工工程学、材料技术、计算机科学和化学技术领域，合格人才匮乏。该所1997年花费了9 730万卢比的R&D经费，其中包括2 400万非政府资源，雇佣了49位研究员和92位技术员。近年来，废物管理和电子学在该所已获得重点研究领域的地位。80年代末和90年代初有大量研究人员出走，如今人才外流已不再成为该所的问题。国家工程研究与开发中心(NERDC)痛感可再生能源、电气和电子、农业工程学与收获后技术领域合格人才的不足，作为扭转这种局面的一部分，近年来，它使所有这些领域获得了重点资助的地位。在该中心，人才外流仍然是一个紧要的问题。1997年该中心雇佣了42位研究员和20位技术员，花费了4 150万卢比R&D经费。

根据联合国的统计，1994～1996年斯每百万人口有全日制科学家和工程师193人，高于印度(149)和巴基斯坦(54)，但仅为发展中国家平均值的64%和世界平均值的19%。又根据斯资料管理局1998年2月的调查，1997年该国有科学家7 781人，工程师5 116人。作为研究人员的全日制科学家和工程师共计3 448人(其中女性为1 103人)；按研究领域划分，社会科学969人，自然科学(包括数学和计算机)857人，医学823人，农学595人，工程学204人。

在高等教育部门，作为国家科研后备力量的研究生在学科选择方面出现了严重的失衡，医学和农学成为热门专业，在选修科学技术的学生中，1995年有一半的学生学医。与1991年相比，学习科技的研究生人数从1 216人上升至1 730人，4年间上升了42%。但自然科学却失去了大量学生，1995年它吸收的学生

(87 人)仅接近于 1991 年学生数(281 人)的 1/3。而在天平的另一端,学农的学生在 4 年间从 70 人猛增至 430 人,增长了 6 倍,这种趋势与国家最优先资助方向是一致的。近年来,女生纷纷涌向医学专业,1991 年她们尚不足该专业研究生的 8%,4 年后其比例已升至 40%。主修农学的女生人数的大量增加并不能掩盖与 1991 年相比较低的女生参与率,当年几乎半数农学研究生为女性。这种逆转也反映在自然科学领域,按照绝对人数骤减而算出的结果,女生在该领域的参与率仅略有提高。1995 年全国理工科注册生占研究生总人数的 21.42%,这在南亚属于低水平。

根据对国内两家研究单位的调查,在 R&D 产出方面,CISIR 在为促进启动需求的研发活动和国际竞争性技术服务方面所取得的最新成果包括:通过在可控大气环境下的热处理提高低品质宝石的附加值;在蒸馏室以及在纺织和食品加工业中的废物最小化和废物管理;工业噪声和振动的减轻;为提高本地水果附加值进行的加工;利用本地谷物和豆科植物生产方便的婴儿食品;用于出口的热带果菜、观叶植物和花蕊的收获后管理;药用及芳香植物的栽培、利用与增值。

NERDC 最近注册了两项专利,而且 1996 年它在日内瓦举办的一次国际展览会上脱颖而出——因一项有益于环境的发明(dry - batch bio - gas)而荣获银奖。

## 教　育

斯里兰卡早在 1946 年就确立了免费教育制度,并向所有人提供平等教育的机会。学校网络遍及全国各地,现有 10 193 所政府办的学校,79 所私立学校和 488 所教会学校,总共为 10 760 所学校。学校普遍开始实行免费发放教科书,免费提供午餐,免费提供校服。免费教育使得各级教育的入学率迅速上升,成人识字率从 1946 年时的 58%提高到 1970 年的 80%、1984 年时的 86%和 1995 年时的 90%。

斯现行教育制度规定儿童从 5 岁起开始上学,中学毕业后学生有资格接受高等教育。儿童 4 岁开始接受 1 年学前教育,5～15 岁为 11 年义务教育阶段,小学 1～5 年级,学制 5 年;初中分为两个阶段:第一阶段 6～8 年级 3 年,第二阶段 9～11 年级 3 年,高中 12～13 年级 2 年。学年从 1 月份开始至12 月份结束,分为 3 个学期,每学期约 12 周,每个学年的就读日为 200 至 210 天。

**小学教育**　5～9 岁为小学教育阶段,1996 年全国有小学 9 554 所,教师 66 339 人,其中女性占 96%;有注册生 1 843 848 人,女生占 48%。师生比为 1:28。小学总入学率为 109%。根据 Unesco 发表的 1993 年"各国进步情况"报告,斯里兰卡接受小学教育达 5 年级的儿童百分率为 91%,居南亚之首。

**中学教育**　10～17 岁为中学教育阶段。1995 年全国有中学教师 103 572 人,女性占 62%;有注册生 2 314 054 人,女生占 51%。总入学率为 75%,高于 1996 年世界平均水平(58.9%),甚至高于美洲(71.6%)和东亚/大洋洲(64.6%)的水平。初中各年级注册生比例分配如下:6、7 年级各占 15%;8、9 年级各占 14%;10 年级占 3%;11 年级占 18%;高中阶段 12 年级占 5%,13 年级占 6%。

虽然斯里兰卡取得了较高程度的识字率和入学率,但教育质量还有待提高。

**大学教育**　18～22 岁为大学教育阶段。1996 年每 10 万人口有大学生 474 人,是印度的 81%,但尚不足伊朗和蒙古的 1/3。1995 年大学总入学率为 5.1%,低于南亚的平均水平(6.5%),不足世界平均水平的 1/3。教育设施的不足严重阻碍了高等教育的发展。按规定凡通过考试取得通考(高等类)教育证书资格者只要达到分数线即可上大学,但由于设施有限,许多有资格的学生被排挤在大学校门之外。仅以 1994 年为例,在 148 984 名考生中,有 56 738 名取得了上大学的资格,但全国各大学只能招收 9 013 名。

根据联合国教科文组织的统计,1995 年全国有高校教师 2 636 人,女性占 34%;注册生 63 660 人,女性占 44%。其中传统综合性大学有教师 2 344 人,学生 40 035 人;遥授学院有教师 206 人,学生 20 601 人;其他第三级教育院校有教师 86 人,学生 3 024 人。1995 年接受国际标准教育分类(ISCED)各层次教育的在校生人数及比例分配如下:第五层次 17 574 人,占 27.6%;第六层次 38 013 人,占 59.7%;第七层次 8 073人,占 12.7%。各类大学生中,注册生人数居前五位的学科依次是:商业管理占 17.2%;人文与宗教占16.3%;自然科学占12.6%;工程学占10.7%;社会与行为学占10.2%。与1990年相比,主修社会与行为学的在校生已从首位(20.9%)落至第五位;人文与宗教注册生明显增多,其比例从4.9%升至16.3%;自然科学与工程学注册生增加了1.8个百分点,达到23.3%,已接近于印度的水平(24.5%),但低于伊朗(26.2%)和中国(38.9%)。1989~1993年间斯里兰卡出国留学生占国内大学生的10%。

**教育开支** 斯里兰卡政府每年投入大量经费资助各级教育,1996年公共教育经费总额达260.57亿卢比,是近年来的最高投入,占GNP的3.4%(1995年为3%),但低于南亚平均水平(4.3%),仅相当于世界平均水平(4.9%)的3/5。教育开支占政府开支总额的8.9%。1996年经常性教育开支为216.09亿卢比,占总开支的82.9%,占GNP的2.9%,占经常性政府开支的11.6%;教育资本开支为44.49亿卢比。1996年经常性教育开支在各级教育中的比例分配如下:学前及中小学教育占74.8%,高等教育占9.3%,其他类型教育占1.7%,未分配部分占14.2%。

## 文 化

斯里兰卡具有民族、语言和宗教的多样性,僧伽罗人占人口的74%,他们居住在人口稠密的西南部;锡兰泰米尔人占12%,主要居住在北部和东部,印度泰米尔人占6%,居住在中南部的"茶乡"。其他少数民族包括穆斯林(摩尔人和马来人),约占人口的7%;柏格人,他们是欧洲殖民者的后裔,主要来自荷兰和英国;以及土著民韦达人。多数僧伽罗人是佛教徒;多数泰米尔人是印度教徒。斯里兰卡的穆斯林绝大多数为逊尼派。多数基督徒信仰罗马天主教。

僧伽罗人的实际起源笼罩着神话色彩,多数人认为他们在公元前6世纪期间自印度北部迁至斯里兰卡。300年后佛教自次大陆传入并很快传播开来。佛教及复杂的灌溉系统成为古代僧伽罗文化(公元前200年至公元1200年)的支柱,这种文化在该岛的中北部蓬勃发展起来。来自印度南部的侵犯,加之自相残杀,使得僧伽罗王国南迁。

16世纪(1505年),葡萄牙人成了最早来到该岛的欧洲人,他们随之带来天主教。17世纪(1658年)荷兰人紧随其后来到这里,尽管英国于1796年驱逐了荷兰人,但荷兰法律依然是斯里兰卡法学的重要部分。1815年英国人打败了最后一位土著统治者康提国王,建立了英国殖民地锡兰。他们建立了种植园经济。1931年英国给予锡兰有限的自治和公民权。1948年2月4日斯里兰卡以和平方式获得独立。

作为多元文化国家,斯政府确认文化是全面规划的一个关键性组成部分,并且是民族融合的媒介。人们从建立和平及民族发展概念的视角来看待文化,政府采取了各种措施发展和维护文学、建筑、音乐、舞蹈、戏剧和其他现存的文化形式。宗教和文化事务部负责落实政府的文化政策。该部下设考古司;文化事务司;民族博物馆司;民族档案司;印度文化和宗教事务司;穆斯林文化和宗教事务司;中央文化基金;塔厅文化基金会;公演事务委员会。国家为该部的拨款约占政府开支的15%。

斯设有许多维持、发展和传播文化事业的机构,最著名的是锡兰艺术理事会,它成立于1952年,其宗旨是深化发展对美术知识的理解及学习;增进民众对艺术作品的接触;提高美术作品的制作水平;维护、介绍和鼓励斯里兰卡土著艺术和手工艺作品的发展;就有关上述各项目标向各政府部门、地方当局和机构提供咨询意见并与之合作。此外还成立了康提艺术协会,Mahanuwara,僧伽罗文化学会以及一个名为"斯里兰卡 Sahitya Mandalaya"的文学社团。

斯里兰卡的土著手工艺是国家文化遗产的重要组成部分之一,它包括制陶、织编、席编、木雕、金属制器、藤编等体现艺术与劳动相结合的艺术作品。乡村工业部与其下属的全国手工艺理事会、全国设计中心和斯里兰卡手工艺委员会均投入到保持和发展这项传统技能的工作。

除现有的文化机构外,文化和宗教事务部还提出了一系列文化发展方案,包括:建立全国文化政策理事会,由所有族裔、宗教和区域的代表组成;建立文献汇编中心,以收集统计数据、普查文化需求和文化资源。在国家的资助下,制定全国艺术理事会及15个具体文化领域小组的活动;协助戏剧界成立全国戏剧研究所;在每个行政区域建立文化中心和图书馆;在首都建立印度文化中心等。

文化发展的现状亦反映在印刷品、电影、广播和文化遗产等领域的统计指标中。

**图书馆** 根据联合国教科文组织的统计，1993年斯有国家图书馆1座，馆藏图书15.7万册，馆藏缩微制品9 084件，其他图书馆资料17 209件。1993年经常开支为910万卢比。国家馆有员工128人，拥有文凭者5人。1989年时有公共图书馆15座，服务网点154个，馆藏图书48.1万册，架位长度为3 030米，年增图书10 500册，年读者量为98 006人(Unesco)。另据斯里兰卡政府1996年发表的统计，称目前全国约有467座公共图书馆。根据Unesco的统计，1990年斯有大学图书馆11座，服务网点36个，馆藏图书82.9万册，缩微制品5 212件，声像资料1 706件，其他载体馆藏5 841件。年增加量图书为26 321册，其他载体11件。年读者量为30 727人，外借461 881册(件)，馆际互借421册(件)。年度经常经费为1.1亿卢比，其中员工开支占42.3%。全国各大学图书馆共有员工415人，有文凭者28人，接受过岗位培训的55人。

**图书**

按国际十进分类法(UDC)统计的图书出版量

| | | 总数 | 普通 | 哲学 | 宗教 | 社科 | 语言学 | 纯科学 | 应用科学 | 艺术 | 文学 | 史地 |
|---|---|---|---|---|---|---|---|---|---|---|---|---|
| 种 | 1995年 | 3 933 | 350 | 29 | 306 | 2 082 | 137 | 63 | 368 | 69 | 489 | 140 |
| | 1996年 | 4 115 | 338 | 29 | 28 | 2 505 | 139 | 55 | 390 | 33 | 483 | 115 |
| 册 | 1997年 | 19 650 | 470 | 122 | 2 266 | 6 318 | 3 976 | 1 155 | 2 064 | 107 | 1 615 | 1 557 |

资料来源：教科文组织《统计年鉴》1998年。

由此可见，发行量最大的是社会科学类图书，语言和宗教类次之。斯里兰卡对语言有着广泛深入的研究，各大学设有阿拉伯语、古典语言、现代语言、僧伽罗语、泰米尔语、英语和梵文等课程，文学作品使用3种语言出版。近年来，应用科学类图书发行量增长很快，1995年总册数比1994年增加了84%，应用科学与纯科学合并已占到当年图书发行册数的16.4%，说明对科学的重视程度在提高。1996年斯里兰卡出版了94种教科书和132种儿童读物(包括12种书，120种小册子)。斯里兰卡图书贸易量不大，1994年出口创汇20万美元，进口额为830万美元，逆差810万美元。

**报纸** 1996年全国有日报9种，发行量53万份，千人拥有量为29份，仅为发展中国家平均水平的66%和世界平均水平的30%。1996年全国有非日报40种，发行量为266.5万份，千人拥有量为147份。1994年报刊出口额为70万美元，进口额为110万美元，逆差为40万美元。

**文化纸张** 国内新闻纸消费全部靠进口，1996年消费量为28 700吨，人均消费量为1.59公斤，是南亚国家的2.3倍，是发展中国家平均水平的88%和世界平均水平的26%。其他印刷书写纸张主要靠进口，1996年产量为11 000吨，进口17 300吨，消费量为28 300吨，人均消费1.56公斤，高于南亚水平(1.2公斤)，接近于发展中国家平均水平的一半，但仅为世界平均水平的11%。

**电影和电影院** 斯全国约有250座电影院，座位容量为14.3万个，每千人拥有8个座位；年观众量为2 720万，年人均观影1.5次；1993年总票房收入为2.23亿卢比。每年放映140部电影，这一数字不包括斯里兰卡拍摄的约25部僧伽罗语影片以及全国影业公司引进的80部英语片和30部泰米尔语、印度语影片。此外，全岛约有125座戏剧院。这一数字包括了政府、半政府、民间和学校剧院(场)。

**广播与通讯** 1996年斯里兰卡投入使用的收音机为380万台，千人拥有量为210台，高于发展中国家平均水平(198台)，约为世界平均水平的55%。斯里兰卡广播公司设有针对僧伽罗族、泰米尔族和穆斯林听众的3个各自不同的播放台。斯里兰卡Rupavahini广播公司开设了用僧伽罗语、泰米尔语和英语播放的各套节目。

1996年全国投入使用的电视机为150万台，千人拥有量为83台，比1990年增加了1倍，是南亚平均水平的1.63倍，但仅为发展中国家平均水平的54%，世界平均水平的35%。1991年斯政府电视台总的节目播放时间为2 695小时,各类节目播放时数百分比分配如下:信息节目占25.6%,教育节目占4.7%,文化节目占0.3%,宗教节目占4.6%,广告占10.5%,娱乐占27.7%,未分类节目占26.7%。政府电视台有员工678人,其中节目编制人员和记者占18.4%,各类技术人员占29.8%,行政人员占33.2%,其他人员占18.6%。

此外,1996年下列信息、通讯工具每千人的拥有量分别为:电话主线为14,移动电话为4,个人电脑为3.3。1997年7月因特网用户比例每万人为0.33。

**文化遗产** 文化与宗教事务部下属的考古司负责维护斯里兰卡的文化遗产,该部的中央文化基金管理着7个具有重大历史意义的遗址,其中6个被宣布为世界遗产:Abhayagiriya寺院;Jetavana寺院;波隆纳鲁沃古城;锡吉里亚古城;Dambulla画窟;康提圣城。1982年被列入世界遗产目录的锡吉里亚古宫是公元5世纪国王卡西亚帕一世建于一块高180米的巨大岩石顶部的一座有防御工事的宫殿式建筑。岩石上凿有台阶,拾级而上,直通宫殿。台阶起步处是一只蹲伏于岩石下的巨狮的前半身雕像。西面峭壁上半部雕刻着称为"云海仙女"的21个美丽少女的岩画。对它的保护工作在Unesco的帮助下展开。

斯里兰卡还积极地增进对泰米尔和穆斯林两族社区文化遗产的保护、展示和研究。

政府还通过博物馆向民众传播其本族文化遗产和进行教育。科伦坡国立博物馆是斯最老最大的博物馆,馆中收藏了大量古今文化作品和手工艺品。首都还设有自然历史博物馆及荷兰殖民期博物馆。斯还有5个省级博物馆、一些民间艺术博物馆和流动博物馆。

**环境** 斯里兰卡土地面积为646.3万公顷,1995年森林和林地面积占土地的27.8%,1990～1995年森林年消失率为1.1%,1980～1990年植树率为6%。1994年国家级保护区为8 000平方公里,占土地面积的12.3%。1996年人均拥有淡水资源2 361立方米,年淡水抽取量为63亿立方米,占水资源总量的14.6%。水资源的96%被用于农业,工业和家庭用水各占2%。

1995年商业能源的总使用量(石油当量)为246.9万吨,人均136公斤,比低收入国家的用量(198公斤)还要低,是全世界人均值的9.2%;1980～1995年年均增长率为2.7%。1995年每千克能源使用所产生的GDP(按1987年美元)为3.8,高于高收入国家平均水平(3.3);能源净进口量占商业能源使用量的84%;1995年$CO_2$总排放量为590万吨,人均排放量为0.3吨,居世界最低水平之列。

(中国国家图书馆 李跃进)

# 伊朗经济文化概况

伊朗全称伊朗伊斯兰共和国,位于亚洲西南部,北濒里海,西北与亚美尼亚、阿塞拜疆接壤,东北与土库曼斯坦交界,西邻伊拉克、土耳其,东接巴基斯坦和阿富汗,南隔波斯湾和阿曼湾与阿拉伯半岛诸国相望。面积164.5万平方公里,海岸线长1 833公里。境内多高原,东部为盆地和沙漠。大部分地区属大陆性气候,冬冷夏热,干燥少雨,只有里海沿岸一带为亚热带气候,炎热潮湿,年均降水量达1 000毫米以上。人口6 200万(1998年估计),首都德黑兰。

伊朗是世界文明古国之一,史称波斯。公元前6世纪,居鲁士大帝建立波斯帝国,盛极一时。公元7世纪,随着阿拉伯人的入侵,伊朗开始了漫长的异族统治历程。继阿拉伯人后,土耳其人、蒙古人和阿富汗人纷至沓来,直到18世纪初,那第尔·汗才领导伊朗人民推翻了阿富汗人的统治,恢复了自己的国家。但不久,伊朗又成为西方列强争夺的焦点之一,并逐步被英、俄瓜分,沦为殖民地。1925年,礼萨·汗建立巴列维王朝,并于1934年正式改国名为伊朗。

1941年，礼萨·汗将王位让与其子穆罕默德·礼萨。1978年初，伊朗爆发由宗教领袖霍梅尼领导的“伊斯兰革命”。1979年2月11日，巴列维王朝覆灭。同年4月1日，伊朗伊斯兰共和国正式宣布成立。从此，伊朗成为一个政教合一的国家，宗教领袖是最高领导人。1989年6月3日霍梅尼病逝后，哈梅内伊被专家会议推举为新领袖。

## 经　济

伊朗伊斯兰共和国建立以前，巴列维王朝一直推行“西方化”和“现代化”政策。特别是从1963年起，穆罕默德·礼萨发动“白色革命”，大力推动土地改革和“现代化”，从而促进了伊朗资本主义生产关系的建立和发展，伊朗经济进入一个快速发展时期。但是，伴随经济繁荣也出现不少问题：一是70年代后，石油工业在国民经济中的比重迅速提高，使伊朗经济日益受制于国际石油市场的变化，经济发展的脆弱性和不稳定性明显增加；二是农业因遭忽视而发展滞后，农产品大量依靠进口，许多农民破产；三是社会财富分配不均现象严重，两极分化日益加剧。由于这些问题未能及时得到解决，而其他社会矛盾又不断激化，巴列维王朝最终被一场新的“革命”推翻。

伊朗伊斯兰共和国成立后，新政权彻底否定了“西方化”，制定了“自力更生”、争取经济独立的经济发展战略。其具体目标和做法是：在金融和工业领域实施“国有化”，进一步加强国家和经济生活中的作用；推动非石油部门的发展，实现经济多样化，以减少国家经济对石油和天然气工业的依赖；重视农业生产，恢复农业在国民经济中的重要地位，实现粮食自给自足等等。但是，由于在新政权建立的第二年(即1980年9月)就爆发了两伊战争，伊朗的经济发展被纳入战时轨道，因此政府既定的许多经济计划未能得到落实。相反，这场历时8年的战争使伊朗遭受巨大损失，到1988年8月战争结束时，伊朗经济已陷入严重危机，许多商品严重短缺，物价上涨，人民生活水平下降，一些分析家甚至认为，伊朗经济发展因此被推迟了20～30年。

两伊战争后，伊朗国内百废待兴，政府为此制定了战后重建计划，即“第一个五年计划”(1989～1994年)。1989年7月当选的新总统拉夫桑贾尼上任后，更推出经济改革新举措，主要有：奉行“经济自由化”政策，努力减少政府对经济的干预，鼓励私营经济的发展；加强基础设施建设；停止国家对部分生活必需品的价格补贴；统一汇率；设立自由贸易区，鼓励对外贸易，并积极吸引外资和先进技术。上述这些措施很快就收到成效，1990年和1991年，伊朗国内生产总值年均增长率都在10%以上。但是，由于缺乏经验，伊朗对外举债数额偏高，且多为利息较高的国际短期商业贷款，结果很快便背上近300亿美元的债务包袱。加上1993年世界石油价格急剧下跌，伊朗经济增长速度明显放慢，经济形势再度严峻。

为缓解经济危机，拉夫桑贾尼在其第二任期内(1993年6月获连任)被迫放慢经济改革步伐，而采取了一系列紧缩措施，如恢复双重汇率、限制进口以及将应于1994年3月开始的“第二个五年计划”推迟1年实施。同时，政府还积极与债权国谈判，对部分到期债务进行延期安排。但这些努力只能说是权宜之计，它在短期内虽使债务危机得到缓解，并抑制了经济的继续下滑，但却无法从根本上解决伊朗经济的结构性弊病，特别是对油气工业的过分依赖。因此，伊朗经济一直难以恢复“元气”，近几年来基本上是在低谷徘徊。

1997年8月，以温和观点著称的哈塔米就任新总统后，许多伊朗人再次燃起振兴国家经济的希望。1998年8月，即哈塔米执政1周年之际，他发表电视讲话，宣布了政府的经济调整计划。该计划的具体目标是：解决就业与失业问题；保证投资来源；消除垄断；改善政府财政收入结构不合理的状况；控制和消除通货膨胀；保证人民的购买力和保障人民的最低生活水准；保证国家外汇收支平衡。具体政策是：用经济和社会观点看经济问题，要强调人民的参与，在经济事务中要以人民为中心；优先考虑社会公正；努力创造就业机会；简化投资方面的有关规章制度，积极吸引私人投资和海外投资，鼓励竞争；改革税收结构，提高税收；对物价进行适度管控，基本日用品价格由政府确定，其他商品价格将根据市场供求情况来确定，政府不进行干预，但进行监督；政府对主要日用品、食品和药品提供补贴；鼓励和发展非石油产品的出口；继续推行私有化政策，减少政府部门对经济的干预；实现货币政策与财政政策的分离，推动经济结构改革；适度放松外汇管制，出口外汇归出口商所有，可进入市场进行交易，国内外的伊朗银行可为外汇所有者开设外汇账户，等等。

但是，哈塔米发布政府经济调整计划的时候，也正是伊朗经济出现新的危机的时候。根据伊朗中央银行有关报告，由于1998年世界油价再次狂跌，伊朗上半年的石油收入减少30亿美元(该财政年度始于1998年3月)，通货膨胀率上升为21.6%。英国经济情报所甚至估计，1998年伊朗经济可能是负增长，约为-2.3%，经常项目则出现巨额赤字。由此可见，目前伊朗的经济形势并不乐观，哈塔米政府的上述经济调整计划在落实中面临许多困难和阻力，伊朗经济重新崛起仍需时日。

| 主要经济指标 | 1995年 | 1996年 | 1997年 |
|---|---|---|---|
| GDP(万亿伊朗里亚尔) | 178.9 | 232.7 | 280.3 |
| GDP(增长率%) | 2.7 | 5.2 | 2.9 |
| 出口(亿美元) | 183.6 | 223.9 | 183.6 |
| 进口(亿美元) | 127.7 | 149.9 | 141.2 |
| 外债(亿美元) | 219.4 | 211.8 | 145.0 |

资料来源：英国《经济季评——伊朗》1999年第一季度。

**石油和天然气** 伊朗的国家经济命脉。已探明的石油储量为937亿桶，居世界第五位。已探明的天然气储量为21万亿立方米，仅次于俄罗斯，居世界第二位。1995年，石油工业产值占伊朗国内生产总值的15.6%，石油和天然气共出口创汇151.4亿美元，占当年伊朗外汇总收入的82%。

伊朗的石油工业起源于20世纪初，1951年以前一直被英伊石油公司控制(或称盎格鲁—伊朗公司，即英国石油公司的前身)。该公司成立于1909年，最初命名为“盎格鲁—波斯”公司，1913年获得在伊朗进行石油勘探、生产、提炼和出口的许可证，1935年正式更名为英伊石油公司。50年代初，伊朗国内掀起石油国有化运动。1951年3月，伊朗议会通过《石油国有化法案》。同年4月，“民族阵线”领袖摩萨台出任首相后，没收了英伊石油公司，并成立伊朗国家石油公司取而代之。1953年8月，在美国中央情报局策动下，伊朗发生政变，摩萨台被推翻，“石油国有化运动”因此受挫，伊朗的石油工业再次被英、美等国的大石油公司所操纵。直到1979年伊斯兰革命胜利后，伊朗石油才真正实现国有化，由伊朗国家石油公司统管伊朗石油的勘探、生产、提炼和销售业务。

在两伊战争中，伊朗的石油工业曾遭沉重打击，石油生产和运输设施遭严重破坏，产量大幅下降，由70年代的日产500万桶降到日产150～250万桶。1988年战争结束后，伊朗立即投入石油工业的重建工作，并制定了石油工业“十年发展规划”(1989～1999年)。结果，石油生产迅速得到恢复，1990年产量提高到日产320万桶。自1994年以来，伊朗的石油产量一直保持在日产360万桶左右，与石油输出国组织为其规定的生产配额基本吻合。

伊朗全国共有24个大油田，主要分布在西南部地区。伊朗国家石油公司拥有8个炼油厂，每天可处理110万桶原油。近年来，这些炼油厂一直在努力更新设备，不久其提炼能力有望提高到日处理原油170万桶。伊朗伊斯兰共和国成立以来，伊朗原油的主要买主是德、意、荷、西等欧洲国家，以及日本和其他一些亚洲国家。

1992年伊朗制定了天然气工业“20年发展计划”，对国内销售、对外出口、天然气井的开发等问题作出具体规定。1996年8月，伊朗与土耳其达成一项价值200亿美元的天然气合作协议，规定伊朗从1999年起在22年内向土耳其提供1 900亿立方米的天然气，同时双方还将在两国间合作铺设一条长1 420公里的油气管道。伊朗还计划向土库曼斯坦、阿塞拜疆、格鲁吉亚和乌克兰出口天然气。

**制造业** 主要有石油化工、钢铁、汽车、食品加工、纺织、造纸和传统手工艺品。其中传统手工艺品的生产仍占重要地位，1994年伊朗地毯出口创汇21.3亿美元，占非石油产品出口额的44%。

石化工业兴起于60年代。1965年伊朗国家石油化学工业公司宣布成立，并在伊朗南部大油田附近建立了一批石化企业，其中最著名的是设拉子石油化学厂。这些石化企业主要生产肥料、化纤、洗涤剂、氨、硫、碳黑、液化石油气等石化产品，除供国内消费外，还有部分出口。两伊战争中，一些石化厂遭到破坏，石化工业发展受阻。但是，战争结束后，随着重建工作的展开以及新石化厂的建成开工，伊朗的石化工业得到迅速发展。石化产品的国内销售额从1989年的2 600万美元增加到1995年的12亿美元，同时25～30%的石化产品还出口到国外，年出口创汇额已从80年代末的1亿美元增加到1996年的5亿美元。

伊朗于60年代中期才开始建立自己的钢铁工业，伊斯兰革命前钢铁年产量只有100万吨。两伊战争结束后，伊朗积极采取措施振兴钢铁工业，通过引进外资和私人资本兴建新的钢铁厂，扩大生产能力，1995年钢铁产量已提高到470万吨。伊朗国家钢铁公司计划继续提高钢铁产量，并扩大对外出口，其目标是2006年钢铁年产量达到1 750万吨。

**农业** 伊朗农业历史悠久，全国可耕地面积为4 900万公顷，占国土面积的30%，而实际耕地面积仅有1 900万公顷，占国土面积的11.5%。主要农作物有小麦、稻谷、玉米、棉花、甜菜、茶叶、烟草等，并盛产各种水果。但是，60年代以后，农业因未受足够重视而发展滞后：资金投入严重不足，农业机械化水平不高，技术人员缺乏，经营管理不善，粮食不能自给自足。伊斯兰共和国成立后，政府对农业的重视程度明显提高。特别是两伊战争结束后，拉夫桑贾尼政府在“第一个五年计划”中，向农业部门共投入资金42亿美元。1996年，农业总产值占国内生产总值的21.2%。1997年，农业总产值比上年增长4.5%，达到250亿美元，农产品出口占非石油产品出口的30%。全国劳动力中有28%从事农业。不过，粮食至今仍未实现自给自足，每年需进口约30%的食品。

畜牧业产值占农业总产值的1/3。1995年有绵羊5 000万头，山羊2 570万头，牛820万头，水牛44万头，骆驼14万峰，马25万匹。

伊朗原有森林面积1 800万公顷，但近年来森林覆盖率急剧下降，据联合国粮农组织估计，1994年其森林面积仅为1 140万公顷。其中有许多具有重要经济价值的林木，主要分布在里海沿岸和扎格罗斯山脉。伊朗还是世界上开心果的最大产地之一，年出口额达4亿美元，是继地毯之后伊朗第二大非石油出口创汇“大户”。

伊朗渔业资源丰富，北部的里海水域盛产鲑鱼和鲟鱼，南部的波斯湾水域盛产沙丁鱼、鲭鱼和虾。伊朗生产的鱼子酱闻名世界，90年代以来年均出口额为3 100万美元。

**对外贸易** 尽管伊朗政府一直致力于经济的多样化，但石油和天然气仍是主要出口商品，占总出口额的80%以上。此外，伊朗还出口地毯、鱼子酱、干鲜果、皮革、矿产品、化工产品和纺织品等。主要进口商品有机械、汽车、钢材、食品、药品和化工产品等。1997年，伊朗对外贸易总额为324.8亿美元，其中出口183.6亿美元，进口141.2亿美元，顺差42.4亿美元。目前，德国、日本、意大利、法国等是伊朗的主要贸易伙伴。日本是伊朗最大的出口对象国，90年代以来对日出口占伊朗总出口额的14%。德国是伊朗最大的进口国，1991～1995年伊朗从德国进口的商品占其总进口额的18%。

**对外贸易**

(单位：亿美元)

| | 1991年 | 1992年 | 1993年 | 1994年 | 1995年 |
|---|---|---|---|---|---|
| 出口额 | 186.61 | 198.68 | 180.80 | 194.34 | 183.75 |
| 石油和天然气 | 160.12 | 168.80 | 143.33 | 146.03 | 151.41 |
| 其他 | 26.49 | 29.88 | 37.47 | 48.31 | 32.34 |
| 进口额 | 251.90 | 232.74 | 192.87 | 126.17 | 126.78 |
| 差额 | −65.29 | −34.06 | −12.07 | 68.17 | 56.97 |

资料来源：英国《经济季评——伊朗》1997～1998年。

**主要贸易伙伴(1997年)**

| 出口对象国 | 百分比 | 进口国 | 百分比 |
|---|---|---|---|
| 日本 | 15.1 | 德国 | 12.8 |
| 意大利 | 7.7 | 意大利 | 11.0 |
| 韩国 | 6.0 | 日本 | 6.5 |
| 希腊 | 5.9 | 法国 | 5.4 |
| 法国 | 4.0 | 阿根廷 | 4.9 |
| 西班牙 | 3.5 | 英国 | 4.8 |

资料来源：英国《经济季评——伊朗》1999年第一季度。

**交通运输** 公路是伊朗国内运输的主要承担者。1993年公路总长5.9万公里，另有土路4.5万公里。铁路系统以首都德黑兰为中心，共有4条主干线，总长7 500公里，其运营能力尚不能满足国内需要。近年来,伊朗政府很重视铁路建设,已在"第二个五年计划"中在这方面投入相当资金。进出口货物主要依靠海运。哈尔克岛为原油输出港,储油能力为1 000万桶。主要港口有:波斯湾沿岸的阿巴斯、霍拉姆沙赫尔、布什尔和恰巴哈尔,里海沿岸的安扎里和诺沙尔。伊朗有德黑兰、阿巴斯、阿巴丹3大国际机场,10个一级机场和11个二级机场。近年来,在哈什姆岛和基什岛两个自由贸易区内也分别建立了国际机场,并已投入使用。伊朗航空公司和阿瑟曼航空公司是伊朗第一和第二大航空公司,设有飞往海湾、亚洲和欧洲的国际航线。90年代以来,伊朗各地机场进出旅客人数每年近1 200万。

## 人口和环境保护

伊朗是中东地区人口最多的国家之一。据1995年伊朗官方统计数字,人口总数为6 060万人,人口年均增长率为2.5%。目前,伊朗有一半人口在20岁以下,人均寿命68.6岁。60年代以来,伊朗人口的城市化步伐不断加快。1995年有58%的人口生活在城镇中,而这一数字在50年代仅为31%。

伊朗是个多民族国家,其中波斯人占总人口的66%,阿塞拜疆人占25%,库尔德人占5%,还有一些阿拉伯人、土库曼人等。官方语言为波斯语。伊斯兰教为国教,98.8%的居民信奉伊斯兰教,其中91%为什叶派,7.8%为逊尼派。此外,还有少数基督教徒、犹太教徒和拜火教徒。根据1979年颁布的《伊斯兰宪法》,伊朗人享有宗教信仰自由,少数宗教派别依法受到保护。

伊朗是亚洲较早重视环境保护的国家之一。早在60年代初,伊朗就开始实施环保计划,1967年还专门成立了环境部。从那时起,伊朗开始有计划地在全国建立各种国家公园和自然保护区,迄今已建成70处。多年来,伊朗一直是近东和中东最大的候鸟栖息地。但是,随着经济的发展,环境污染问题越发严重,滥捕滥杀野生动物的现象时有发生,伊朗的环保形势依然严峻。1979年伊朗伊斯兰共和国成立以来,政府在保护环境方面主要采取了以下几项措施:严格执行有关环境保护的法令法规,任何企业只有符合各项环保标准才许开工,否则将被吊销经营执照;对破坏环境的事件进行立案调查并依法进行惩处;在排污重点地区和部门加紧建立污水净化系统;严格控制捕猎证件的颁发,加重对偷猎、偷捕者的处罚;加强环保知识的宣传教育;等等。

## 教　育

1979年伊斯兰革命前,伊朗的学校分为私立和公办两种,在公办学校中学生享受免费教育。伊朗伊斯兰共和国成立后,议会于1980年8月2日通过一项法律,规定全国都实行免费教育,所有的教育机构和学校归国家所有。1986年,议会对上述法规进行了修改,放松了对私立教育机构的限制。

伊朗学生在进入大学之前必须接受12年的教育,其中小学5年,初中3年,高中4年。宪法规定,所有6岁以上的儿童必须上学。目前,伊朗的识字率较高。据伊朗官方统计,1995年6岁以上人口的识字率为79.3%,而6岁以上、29岁以下的人口识字率高达92.8%。城镇人口识字率则高于农村人口,前者在80%以上,后者只有60%。为在成年人中开展扫盲工作,政府特别实施了"成人教育计划"。1996年,伊朗政府的教育预算近8万亿里亚尔,占全部财政预算的13.1%。

伊朗的高等教育体制在伊斯兰革命后发生的变化最大。1980年,宗教领袖霍梅尼提出在伊朗进行"文化革命",为此伊朗各大学通通被关闭。霍梅尼任命一个7人委员会专门负责高等教育"改革"。在此背景下,"文化革命中心"应运而生,其主要职责是:为社会规定文化指导方针;制定和实施国家教育原则;负责有关院校的重组;修订教科书;重新评估教学人员;改革高等教育的内容和形式。经过两年的紧张工作,伊朗的高等院校从1982年11月起陆续得以恢复。目前,伊朗共有大学36所,以及其他各类高等院校上百所,如高等教育学院、高等技术学院、教师进修学院、农学院等。1996年,伊朗各高等院校共有学生57.9万。此外,为使更多的人能接受高等教育,伊朗还于80年代后期开设了"伊斯兰开放式大学",其入学条件比正规大学低得多,例如它不要求申请人必须有高中毕业证书,也无年龄限制,但学生要交纳学费。该大学在大多数城市都设有分校,每年吸收学生的数量相当于所有正规大学录取学生的总和。

目前,伊朗教育面临的主要困难是缺乏资金和师资力量,难以满足人口的迅速增长。1980年到1988年,伊朗新建学校27 500所(主要在农村地区),但是由于每年有上万适龄儿童入学,还需建大批学校方能满足需求。

## 文 化

伊朗悠久的历史孕育出灿烂的文化。伊朗有许多历史古迹,有些甚至可追溯到3 000年前;古伊朗人在数学、天文和医学方面颇有建树,为人类科学的发展作出很大贡献;伊朗的文学、艺术遗产非常丰富,波斯古诗作品尤为优秀,历史上涌现出一批文学巨匠,同时伊朗的书法和袖珍画也很著名。

伊斯兰革命后,伊朗新政权推行一种全新的文化政策,强调建立和发展伊斯兰文化,"艺术必须为伊斯兰和革命服务",要保持文化上的"独立",抵御西方文化的侵蚀。为此,国家为新闻、出版业制定了严格的审查制度,一切违背伊斯兰原则的报刊、书籍和电影都严禁出版、发行。伊朗妇女的服装也有严格规定,妇女外出必须头披黑纱,禁止穿红戴绿,女性袒露肌肤被认为大逆不道,严重者也可能被处以极刑。不过,随着时间的推移和形势的变化,伊朗政府也适当地作出一些政策调整。特别是拉夫桑贾尼于1989年上台后,注重对伊朗传统文化的继承和发展,强调伊斯兰文化与伊朗传统文化的统一,文化政策从保守逐渐趋于温和。1997年继任的哈塔米总统思想更加开明,自他执政以来,伊朗的文化氛围更趋宽松。伊朗有各类报纸、期刊170余种,大部分在德黑兰出版。主要报纸有:《世界报》、《消息报》、《伊斯兰共和国报》、《虔诚者报》、《使命报》、《和平报》和英文版的《德黑兰时报》及《世界报》国际版。全国共有出版社近300家,平均每年出版各类书籍4 000余种。1990年,伊朗有图书馆488家。

伊朗伊斯兰共和国通讯社是惟一的官方通讯社,1979年革命前称波斯通讯社。伊朗国家广播电视台成立于1966年,1979年更名为伊朗伊斯兰共和国广播中心,开办5套电视节目和3套广播节目。电台还有波斯语、阿拉伯语、英语、法语、德语及汉语等多种语言对外广播。

伊朗是中东地区少数几个电影业较为发达的国家之一。1979年前,年产电影90~100部,多为喜剧片和音乐片。伊斯兰革命后,电影业曾一度陷入低潮,年产电影仅10几部。但从1988年起,电影业开始复兴,影片的数量和质量都大幅提高,票房收入也明显增加。近年来,伊朗影片多次在国际电影节上获奖,德黑兰每年都举办一次国际电影节以及戏剧节。

(中国现代国际关系研究所 李莉)

# 以色列经济文化概况

## 简 况

以色列北邻黎巴嫩,东邻约旦,东北是叙利亚,西南是埃及,西濒地中海,处于疆界和停火线之内的以色列面积为10 840平方英里(27 800平方公里)。以色列领土形状狭长,长度约为280英里(450公里),最宽处约为85英里(135公里)。整个国家可分为4个地理区域:从北到南的3个平行地带和南半部的大面积基本干旱区。

截至1997年10月,以色列总人口为586.3万人,其中犹太人为470多万(占总人口的80.2%),穆斯林87.2万人(14.9%),基督徒约为19万人(3.2%),德鲁兹和其他教派成员约为10万人(1.7%)。以色列人口在1996年增长了14万人,其中8.8万人为犹太人,增长率低于1995年。1990~1991年期间是来自独联体移民人数最多的时期,平均年增长率为25万人。自1990年以来,以色列人口增长了26.3%。

1995年以色列的出生率为21.1‰，婴儿死亡率为6.8‰。截至1993年，以色列男性的预期寿命为75.3岁，女性为79.5岁。总生育率为2.9‰。14岁以下的人占总人口的29.7%，65岁或65岁以上的人占9.5%。以色列的识字率为95%以上。

希伯来语和阿拉伯语是以色列的官方语言，其他常用语言有英语、俄语和阿姆哈拉语。

以色列是多党议会制民主国家，由立法、行政和司法分支组成。其各个机关分别为总统、议会、政府(内阁)、司法机构和国家审计长办公厅。总统为国家元首，任期5年，不得超过两任。总理是政府首脑，同时也是内阁最高长官。议会有120个席位，主要职能是立法，法律保障司法系统的绝对独立性。总统根据由最高法院法官、律师界成员和知名人士组成的特别提名委员会的建议任命法官。国家审计长就公共行政的合法性、规律性、经济、效率、效力和廉政情况进行外部审计并提出报告，以确保公务责任制的落实。

以色列没有正式的宪法，但未来宪法的大部分已经拟就，并作为基本法颁布。到目前为止，以色列制定出了11部基本法，它们在以色列政治中的作用是不容置疑的。

## 经 济

以色列在建国50周年的时候已在显著的经济繁荣道路上走了一大段路了。1997年以色列GNP达到876亿美元，列世界第37位，人均1.581万美元，居世界第22位，按购买力平价衡量的人均GNP为1.696万美元，排在第19位。以色列属于先进工业国之列，现在的通货膨胀率为30年来最低。它的高技术产品可以同美国、德国和日本成功地进行竞争。

过去10余年以色列经济发生了巨大变化。继大规模的移民潮使全国人口几乎增长了20%后不久，1985年的稳定计划开始启动，这项计划使恶性通货膨胀在1年内从185%降至20%。尽管最初失业率从6.5%升至11%以上，但新的熟练劳动力很快就被吸收，其结果是，随着产出在过去6年里以40%的幅度扩充，失业率再次回落，以致到1996年经济已出现过热。此后，由于采取收紧财政政策来控制通货膨胀和减少外贸逆差，并且由于和平进程令人担忧造成投资减退，经济增长率从1990～1995年期间平均每年6%急剧降到1996年的3.8%。1997年以后经济进一步减退，因为财政和金融政策仍然收紧，旅游业的收入也低。1997年实际GDP增长仅为2.2%，1998年更低至1.6%，失业率1997年升至7.7%，1998年达到9%，对以色列来说，这几乎是前所未有的，但通货膨胀已降至5%以下。经济增长慢下来的眼下影响是移民几乎完全停止下来，移民是这个犹太国家的生命线。不过，资本账户顺差继续稳升，1997年资本转移收入达到17.78亿美元；金融账户(不含储备资产)增势良好，1997年达到103.27亿美元，直接投资从1996年的14.22亿美元猛增至1997年的20.41亿美元。需求压力的减轻使得最近货币政策得以放松，但金融市场几乎未受到其他新兴市场混乱的影响。继1998年5月资本账户自由化以来，持续的结构调整，伴随着新的财政清理将开创利率进一步下降以及持续增长恢复的局面。

**工业** 由于国内资源匮乏，以色列大力发展以知识为基础的高新技术产业，到目前为止，主要工业部门包括电子、军火、钻石加工、化工、纺织、电机、建材等工业。

根据联合国工发组织的资料，1995年制造业总产值达到389.74亿美元，创附加值135.21亿美元，制造业企业1万多家，就业人口达35.8万人，收益率在总产出中的比例分配为：中间投入占65%；工资占24%；总经营盈余加净税占11%。1995年主要产业创造附加值情况如下：电力机械为30.61亿美元，居首位；金属制品16.23亿美元，居第二位；食品加工13.94亿美元，居第三位；工业化学品7.52亿美元，居第四位；印刷与出版7.4亿美元，居第五位。近年主要工业品产量如下(单位：千吨)：钾盐2 214(1995年)，聚乙烯127(1994年)，氨41(1995年)，水泥6 723(1997年)，电力35 052百万度(1997年)。

**农业** 1996年以色列有可耕地和多年生作物用地43.7万公顷，其中可耕地35.1万公顷，多年生作物用地8.6万公顷；非可耕地和多年生作物用地162.5万公顷。1995年农田占土地面积的21%，1994～1996年水浇地占农田的44.6%，人均可耕地0.06公顷。

1997年以色列农业就业人口为7.5万人，占全部经济活动人口的3.1%，农业产值约占GDP的2.5%，其中大约有1/4出口(约占出口总额的7%)。

柑橘是主要出口农产品之一,占农业总产量的6.5%,占所有新鲜农产品的26%。鲜花和观赏性植物占以色列农业总产值的7.6%。1997年,鲜花产量超过15亿株,其中90%出口。目前出口100多种鲜花。以色列的水果和蔬菜能够满足国内的大部分需求,该国还出口鳄梨、葡萄、柿子、海枣、荔枝、芒果和其他水果。蔬菜产量大约占全部园艺产量的17%,其中有10%供出口;出口的大部分是加工后的产品。以色列有21万公顷土地用于种植大田作物。这些土地中有16万公顷种植冬季作物,如小麦、豆类和做红花油用的红花;9万公顷种植夏季作物,如棉花、花生、葵花子、玉米、嫩豌豆和西瓜。1997年以色列蔬菜和瓜产量为179.8万吨,水果(不包括瓜)产量为158.4万吨,小麦产量为14万吨,棉花13.1万吨。此外,奶制品和牛群占农业总产值的16.5%以上,家禽占农业总产值的19%。

**服务业** 1997年服务业出口额为84.26亿美元,进口为110.68亿美元,获逆差26.42亿美元。1997年运输服务出口创汇20.75亿美元,以货运为主,达11.98亿美元,客运达4.67亿美元;运输服务进口额为38.22亿美元,其中客运6.44亿美元,货运15.44亿美元,其他16.33亿美元。旅游出口29.06亿美元,其中商业旅游1.65亿美元,个人旅游27.41亿美元;旅游进口40.24亿美元,其中商业旅游4.53亿美元,个人旅游35.7亿美元。其他服务出口(进口)为34.46(32.22)亿美元,其中通信2.36(-3.2)亿美元,保险0.29(2.91)亿美元,专利使用权和许可证转让费1.87(1.83)亿美元,其他商业服务29.05(22.28)亿美元,政府0.89(2.01)亿美元。

**对外贸易** 以色列由于资源与市场狭小,经济的发展和人民生活的改善在很大程度上要靠国际贸易,并且常年呈现逆差。1997年货物出口达218.94亿美元,进口277.42亿美元,逆差58.48亿美元。根据IMF1998年4月的资料,以色列的出口构成如下:农产品占4.1%;工业品(不含钻石)占68.3%,其中金属、机械、电子占27.2%,化学品占10.3%,矿产品占1.5%,食品、饮料和烟草占2%,纺织品、衣物和皮革占3.5%,其他轻工产品占6.1%;钻石出口占25.9%;其他出口占1.7%。主要出口地及其所占份额为:欧盟占30.1%,美洲占35.2%(美国占31.3%),日本占4.8%,其他亚洲国家占7.7%。以色列进口构成如下:消费品占13.5%,非耐用品占5.4%,耐用品占4.8%,投入产品占69.9%,投资产品占17.1%,其他进口占0.4%。进口来源如下:欧洲占59.5%(其中欧盟占50.7%),南北美洲占21.1%(美国占19.1%),亚洲10.8%,其中日本占3.7%,其他占8.6%。

**政府财政** 1996年中央政府财政在GDP中的比例分配为:经常性税收收入占33.4%,经常性非税收收入占5.1%;经常性支出占40.9%;资本支出占3.9%;总赤字占4.7%。在总支出中,商品和服务占33%;社会服务占54.5%。1997年国际储备总额为200.03亿美元。近年来,政府财政赤字扩大,债务沉重,1996年内债达2 770.34亿新谢克尔,外债达836.73亿新谢克尔。近年来财政收支情况如下:

**1995~1998年国家预算平衡**

(单位:百万新谢克尔)

| | 1995年 | 1996年 | 1997年 预算 | 1997年 估计数额 | 1998年 预算 |
|---|---|---|---|---|---|
| 总收入(不含赠款) | 104 469 | 116 648 | 139 363 | 133 946 | 148 588 |
| 总支出 | 120 516 | 141 099 | 159 801 | 153 801 | 168 850 |
| 预算平衡(赠款前) | -16 047 | -24 451 | -20 438 | -19 855 | -20 262 |
| 外国赠款 | 5 126 | 12 985 | 10 695 | 10 390 | 11 070 |
| 预算平衡(赠款后) | -10 921 | -11 466 | -9 743 | -9 465 | -9 192 |

资料来源:《国际货币基金组织成员国家报告——以色列》,1998。

## 科学技术

以色列虽然国土面积狭小，自然资源匮乏，国防负担沉重，但凭借着其丰富的人力资源，在“科技立国”思想的指导下，50年来，不但彻底改变了建国初期满目疮痍的破败状况，而且创造出了许多令人瞩目的奇迹。

以色列研究与发展的基本结构于50年代由世界著名科学家和以色列第六任总统伊弗雷姆·卡齐尔领导的一个高级委员会缔定。该委员会建议各部在自己的公共责任领域内负责研究与发展；所有研究与发展活动由一名主任科学家指导和协调。政府于1968年采纳了委员会的建议。因此而采取了两个层次的处理办法，即各部仍然可以自由推行自己的研发议程，但同时设立了两个高级论坛。这两个论坛都由科学部长负责。此外，咨询性质的全国研究与发展委员会在统一安排综合性的国家研发政策方面向政府提出建议，并协助政府确定向科学机构和项目拨出资源。1994年，全国研发委员会为了确定优先领域建立了一个临时委员会，即国家科技战略研究规划执行委员会，通称13人委员会。

**研究与开发投资**　以色列民用研发投资在90年代一直以年均6.8%的速度增长，其占GDP的比例已从1990年的2.25%升至1994年的2.35%。这种民用研发的高比例在1993年仅落后于瑞典(3%)和日本(2.9%)，而其他研究与开发(R&D)投入相对较高的国家(占GDP的1.7%以上)都没有达到以色列的水平。的确，对经合组织国家而言，自1990年以来，R&D开支实际已下降了1%。

1994年按业务部门分列的民用研发开支的比例分配为：私人非营利机构占7.3%，高等教育占35.4%，政府占11.2%，工业占46.1%。与主要研发投资国相比，以色列研究体系中的不平衡是很明显的。具体表现在它对大学部门的投入很高，但对工业的投入不足。需要提到的是，以色列的数据不包括与国防有关的研发，它主要在工业部门进行。若将国防研发包括进去，这种不平衡将有所调整。尽管如此，以色列大学研发开支仍然很高，1994年它占到GDP的0.83%，而美、英、日、法均只占0.38%。同样的，以色列工业的民用R&D(占GDP的1.08%)与一些欧洲小国总的工业R&D开支相当，例如丹麦(1.05%)、荷兰(1.06%)以及挪威(0.93%)。以上分析采用的是一些相对数字，因此所获得的有关R&D规模的印象是抽象的，如审查绝对数字，情况就会有所不同。尽管1994年以色列民用R&D开支达到了20亿美元，比上一年增长了28%，但此项投入尚不足美国、西欧和日本某些大公司的R&D开支。从这个角度看，竞争的问题便突显起来。那么以色列是怎样凭借如此有限的资源在激烈竞争、耗费巨大的科技领域展开工作的呢？

**基础研究**　基础研究由教育、文化和体育部负责。一般性的基础研究预算政策不是由该部自己决定，而是由一个独立的高等教育委员会决定，该委员会由教育部长担任主席。委员会还设有一个由6名成员组成的规划和预算委员会，负责向大学和其他高等教育机构实际拨出政府基金的批准事项。教育部在履行职责时还得到另一个咨询委员会——以色列科学和人文研究院——的咨询意见，该研究院是一个法定机构，由一些重要学者组成。

事实上，在以色列最早发展的研究部门正是大学。的确，以色列科学研究的历史是犹太人回归祖国的一个主要部分。国家的创业者旨在使大学不但成为犹太人民物质，而且成为精神和科学的中心。在这种思想指导下，国家两个主要学术机构——以色列理工学院和耶路撒冷希伯来大学——分别于1924和1925年成立，几乎比建国早1/4世纪。声望很高的魏兹曼科学院建于1934年，也远早于立国。

从一开始，这些机构就是建立在教学与研究相统一的哲学基础上，并把促进知识的进步和对新一代科学家的培养作为中心目标。最初几乎完全是靠移民科学家和犹太社团的支助，这些机构由于博采众长，富于世界性的观点，从那时起便成为科学领域的中坚力量。

建国以后，学生开始源源不断地流入大学。在直到1975年前后的时期是迅速扩充期，四所新的大学拔地而起：国家中部的Bar－IIan大学(1955年)和特拉维夫大学(1956年)，北部的海法大学(1963年)和南部内盖夫本一古里安大学。所有这些都是高度面向研究的高等学府。此外，魏兹曼科学院于1958年开办了自然科学的研究生院。在这期间,大学基础设施与就学人数同步增长。

到70年代初,大学部门已发展成熟,并因其在国家研究体系和世界科学中所处的地位而扬名天下。除了这时开办的七所大学外,以后再没有增加新的研究大学,并且也没有这方面的计划,尽管现在学生人数已经扩充。大学曾一度是从事高等教育(学士以上学位)和基础研究的惟一机构,但自从新的专科和综合性非研究性学院在全国各地出现以来,特别是近年来,它们已放弃了对高等教育的垄断。尽管如此,大学仍主宰着基础研究活动和那些能在国际科学刊物中产生重要影响的应用与战略研究。到70年代初,以色列在世界科学文献中的产出就接近了1%,此后一直保持或超过这一比例。此时大学部门约占国家总的民用R&D开支的60%,这一比例就连发达的西方国家也无法比拟。

大学中的研究通常由一位研究人员带一个研究生和技术小组来进行。这种研究随着80年代大科学和跨学科以及跨国研究的出现逐渐失去竞争力,于是大学中教学与研究的功能开始分离。近年来,以色列基础研究领域的科学家增长缓慢,年龄老化,平均年龄为52.2岁,而英国为45.7岁,美国为47岁。

90年代前半叶来自独联体的智力移民为以色列基础研究注入了新的活力,大学里的高级学术人员上升了12%,初级学术人员上升了17%,博士生上升了39%。独联体移民科学家在大学中获得的全日制短期研究职位从1991年的100个上升到1995年的700个;博士后会员职位从1987年的150个增至1995年的近600个;1991~1994年间研究赠款和合同增长了30%,1994年达到了2亿美元。

**战略与应用研究和开发** 战略类的研发由科学部监督。以色列政府于1996年6月正式公布通用战略计划和实施方案。其目的是进一步加强科技基础设施建设,缩短开发新技术所需时间,力争在5~7年内开发出能够在工业生产中广泛应用的新的通用技术,并培养和造就新一代年轻的学科带头人。该计划的优先领域包括:生物技术、电光学、微电子、先进材料、电讯和信息技术。

应用工业的研发属于工业和贸易部的权力范围。该部通过它的主任科学家办公室进行这方面的工作,对认为有商业利用价值的具体研发项目提供支持。以色列工业在长期的研发方面向来投资不足。工商部门对研发的平均投资为国民总支出的36%,而经合组织各国平均为51%。为弥补这种不足,科学部决定对优先领域增加研发投入,以促进科研成果的商业化。工贸部决定向较短期的以工业为出发点的开发工作提供资金,并支持工厂和其他工矿企业对研发作投资。该部通常提供经批准项目研究费用的66%。

战略类研究只占政府研发国民预算的8%,相比之下,基础研究得到34%的预算,应用工业研究通过工贸部主任科学家办公室得到38%。

**国际合作** 以色列科学家与国际科学界的关系非常密切。以色列人撰写的自然科学与技术文章的96%是在国外刊物上发表的,其中1/3是与外国科学家合作完成的。90年代超过40%的大学研究赠款和合同资助,以及超过16%的总的大学研究开支来自国外资源。以色列人在国内外获得博士的比例为3.2:1。博士后研究生在开始研究生涯之前大多在国外世界级研究中心呆上一至两年。

以色列政府已经与包括中国在内的40多个国家签订了50多个政府间科技合作协议,同美国、加拿大以及西欧一些国家建立了科技合作研究基金。以色列目前参加的最大的国际科学合作项目是《欧盟第四次研发框架方案》。根据协定,以色列每年支付4 000万美元的成员费,以色列的科研单位和企业在欧盟资助的研发活动中与欧盟成员国享受同等待遇,并可从欧盟100亿美元项目经费预算中申请合作研究项目资金。科学部协调以色列参与若干国际组织和研究设施,如CERN(欧洲核能研究中心)、EMBO(欧洲分子生物学组织)、EMBL(欧盟分子生物学试验所)和教科文组织等。

## 教 育

在以色列,教育是政府和国家最重要的职能之一,历届政府一直把发展教育放在首位,把教育视为以色列财富之源和开创未来的关键,视为维系犹太民族生存和发展的纽带。

以色列的教育制度包括幼儿园、小学、中学(职业学校和普通学校),有时分为初中和高中,师范学院,中学后的进修和职业学校以及大专院校。1学年约为10个月。教育政策反映出以色列社会的需要，包括吸收移民学生、提高处于不利地位群体的地位以及社会和学习方面的融合。法律规定了两种公立教育方向：公立学校和公立宗教学校。后者在教学和课程方面享有自主权。在公立学校系统之外还有"认可"的独立学校，其中大多数提供极端保守的犹太宗教教育或基督教教育。独立学校作为非盈利组织经营，由政府提供经费。根据《1949年义务教育法》，国家对5岁(义务制幼儿园)起至15岁(第10年级)止的所有儿童实行义务教育；到17岁止一直提供免费教育，对尚未完成11年级的18岁学生也提供免费教育。

**学前教育** 学前教育体系由幼儿园网络组成。在1996年，幼儿园体系涉及年龄在2～5岁的32万名儿童，他们在市政、公共和私立机构受教育。年龄更小的儿童通常上类似的日托机构或由保姆照看。早期儿童教育的目标是奠定教育基础，包括开发语言和思维、学习和创造能力、社会和运动技能。据统计，有90%以上的儿童接受学前教育，这在世界上是名列前茅的。

**小学** 直到1968年，以色列学校体系分为小学(1～8年级)和中学(9～12年级)。1968年改为三级教育制：小学(1～6年级)，初中(7～9年级)，高中(10～12年级)。但到1996年仍有27%的学生在旧体制之下。1996年小学1～8年级在校生人数为69万，入学率达96%。在小学生中，犹太人为54万，占78%；阿拉伯人为10.8万，占15.7%；贝都因人2.6万，占3.8%；德鲁兹人为1.6万，占2.3%。1996年小学有全日制教师39 920人，其中希伯来教育占82%，阿拉伯教育占16%。目前，小学教育正处于改革阶段，学校将在按传统的课程表授课和现代的跨学科教学法之间加以平衡。按后一种办法，学校享有更多的自主权，教育、文化和体育部的作用限于制定指导方针。

**中学** 1996年初中(7～9年级)在校生为19.3万人，高中(9～12年级)28.8万人，入学率为90%。在初中和高中就读生中，犹太人占78.8%和85.4%；阿拉伯人占14.5%和11.5%；贝都因人占3%和1.4%；德鲁兹人占3.6%和1.7%。1996年以色列有全日制初中教师14 380人，高中教师24 710人，其中希伯来教育的教师分别占82%和88%。学校教育除注重语言、圣经以及民族文化外，还重视科学技术的传授。以公立初中教育为例，7～9年级每周总课时为111小时，其中语言32小时(希伯来语、英语、阿拉伯语/法语)，占总课时的29%；数学与科学技术分别为14小时和18小时，两项合计占总课时的29%；圣经14小时，占12.6%；历史、地理、人文和社会科学16小时，占14.4%；其他17小时，占15.3%。

在以色列，初中后期便开始分轨，学生按辅导员的指导升读技术学校或普通高中，参加大学入学考试的大多数学生在普通高中就读。

**高等教育** 以色列高等教育体系由包括特拉维夫的开放大学在内的8所大学组成。此外，还有若干其他非大学高等教育机构，它们仅在若干具体领域授与学士学位，如工商管理、法律、技术、艺术与工艺和教师培训。高等教育制度还包括地区学院，它们开设学术课程，由大学领导并由大学承担学术责任。

入大学和专科学院凭高中毕业证书和心理检查结果。1997年以色列高等教育在校生人数达到13.5万人，比1996年增加了9.8%，其中专科学生3.65万人，大学学生9.85万人。根据联合国教科文组织的统计，1995年以色列每10万人口中大学生数为3 598人，大学入学率为41.4%。犹太人口中受过高等教育的人数在1980至1995年间增长约63%(从占总人口的20.8%增加到33.9%)；在非犹太人口中，增长约65%(从占总人口的7.7%增加到12.7%)。由于能提供一系列大学教育的普通学院的增多，到2000年，高校学生人数预期将比1995年增加16%。

1995年，统计数字表明，以色列55%的本科生为女生，世界上只有法国同以色列一样。此外，以色列所有研究生中50%以上为女生。这一比例超过了美国以外的所有国家，只有在获得第三学位的学生中，女生人数不足一半。1992/1993年，女生占所有大学本科生的56.2%，占研究生的53.6%，占博士生的43.8%。女生多集中于人文科学，占71.4%，而男生研读商业、数学、电脑的人较多。根据以色列中央统计局的资料，1994/1995年度获得大学各种学位者的人数为18 339人，其中女生占54.7%。在女生所获得的全部学位中，第一学位占71.7%，第二学位占20.5%，第三学位占3.2%，证书占4.6%。同年度获得开放性大学第一学位者为650人，女生占58%。

1994/1995 年度非大学高等院校攻读第一学位人数为 3 476 人，其中师范教育类学生为 2 177 人，占 63%，经济和商业管理占 16.8%，法律占 7.3%，科学技术占 4%，艺术和设计占 9.3%。

**教育经费** 以色列教育系统主要由中央政府和地方教育当局提供资金。近年来全国教育经费始终保持在国民生产总值的 8.5%，但是，由于教育的优先地位有了提高，估计国民总产值中分配给教育的份额会增加。1994 年国家教育预算为 116 亿新谢克尔，实际数额为 106 亿；1995 年为固定数额 138 亿；1996 年预算为 151 亿，实为 164 亿。1994～1996 年教育预算实际增长为 30%；名义增长为 55%。1995 年，教育开支在各级教育中的比例分配为：学前与小学教育占 42.2%，中学占 31.7%，大学占 17.2%。在各级教育中，教师薪金占经常性教育开支总额的 73.1%；每名学生所占有的国家教育开支 1996 年估计为13 038新谢克尔。

近年，教育、文化和体育部拨出特别预算用于为移民建设新校舍以及扩大和维修校舍。1996 年这部分开支达 6.09 亿新谢克尔。

## 文　化

以色列是世界上惟一的犹太人国家。它既古老又年轻，在拥有 4 000 年犹太文化遗产、2 000 年的流散经历、近 1 个世纪的锡安主义运动和“流亡者会聚”经历的同时，作为一个现代国家，它只走过了半个世纪的历程。以色列人民来自世界各地，在语言、文化、意识形态、价值观念、宗教习俗和生活方式等方面存在着很大的差异，是被视为犹太民族根基的希伯来文化把世界各地的犹太人凝聚到了一起。

以色列政府鼓励拥有不同文化背景的社会集团在保持和自由发展自己原有文化的同时，承认别的文化的价值并从中汲取和借鉴有益的东西；在广泛的艺术领域中不断探索、发挥各自蓬勃创造力的同时，共同培养和创造一种集东西方文化精华为一体、将传统和革新融为一体，既有以色列特色又符合普遍标准，既能体现艺术自由又能迎合公众口味的新型文化。①

以色列人民和政府对文化活动的资助是非常慷慨的，1990 年以来，对文化的国民支出，除 1991 年为 4.9%外，均在 5%以上，1994 年达到 5.7%。根据最新的详细数据，1993 年以色列筹集到的文化、娱乐和体育开支达到 98.906 亿新谢克尔，按供资部门统计，非盈利机构占 2%，地方当局占 13.7%，政府和国家机构占 6.4%，家庭占 77.9%。1994 年文化开支上升到 120.549 亿新谢克尔。

以色列教育、文化和体育部负责促进文化发展，支持与文化有关的项目，发起文化领域的主动行动，在以色列各地区为各人口群体主办文化活动，鼓励业余艺术家的追求，协助各文化群体维护自己的遗产和扶持自己的文化。它在财政方面直接援助的文化艺术机构约有 300 个。1997 年教育、文化和体育部的文化预算达 445 398 新谢克尔，用于资助 23 类文化活动，其中占预算额居前五位的活动及比例为：以色列社区中心协会，占 28%；剧院占 16%；音乐（管弦乐队、歌剧、合唱组、机构）占 11%；博物馆、造型艺术占 7%；正统派犹太教文化企业占 6%。政府的资助有时以文化活动的主办者和制作者（如大众剧场和博物馆）提供赠款或贷款，有时直接资助从事文化活动的艺术家个人。教育、文化和体育部还颁发若干种奖励，其中包括绘画和雕塑奖，颁发给年轻雕塑艺术家和教师的奖，每年向赋有创造力的作家、诗人和翻译家拨款。市政当局、公私基金、私人、基金会和公司等机构也向文化活动提供财政资助。

以色列各艺术文化机构的运作、政策的制定由教育、文化和体育部下设的一个专门文化管理机构负责。该机构下设若干协商公会，如文化艺术公会、公共图书馆委员会和博物馆委员会等。以色列文化是一种全面的、完整的文化，它包括报纸、书籍、图书馆、博物馆、音乐、艺术、电影、文化遗产等诸多方面，它们的发展变化反映出以色列文化事业的动态与脉络。

**日报** 1996 年以色列有日报 36 种，发行量为 165 万份，千人拥有量为 291 份。事实上，绝大多数以色列人每天都要阅读 1 份以上的报纸。主要报纸有希伯来文《国土报》、总工会主办的《言论报》、新闻工作者主办的《晚报》，以及在世界上有很大影响的英文报纸

---

① 参见徐向群、余崇健主编《第三圣殿——以色列的崛起》，第 381 页。

《耶路撒冷邮报》。1996年以色列报刊出口额为170万美元，进口额为920万美元，逆差高达750万美元。

**图书** 以色列人被称为嗜书的人民，14岁以上的以色列人平均每月读1本书。各种书籍很容易在全国许多书店买到，也可以在图书馆借到。“希伯来语书籍周”是每个城市都举办的书市，这是每年一次的群众性活动。以色列还举办国际书市，如耶路撒冷国际图书博览会。1995年以色列图书出口额为2 360万美元，进口额为3 490万美元，获逆差1 130万美元。

**新闻纸** 新闻纸全部靠进口，1996年进口128 400吨，人均消费22.67公斤。其他书写印刷纸张产量为95 000吨，进口76 000吨，出口4 600吨，消费166 400吨，人均29.34公斤。

**图书馆** 以色列有国家图书馆1座，1995年馆藏图书300万册，拥有缩微平片155 848件，声像资料182件，其他载体文献11 084件。国家馆年增图书34 779册，年增其他载体文献7 578件。1995年外借人数为2 176人，外借量为22 922册/件；馆际互借3 138册/件；年经常开支2 475.3万谢克尔，员工开支占80%。国家馆有员工176人，有文凭者132人。

以色列现拥有约950所公共图书馆，几乎每一个市或镇都至少有1所公共图书馆。图书馆的藏书有希伯来语、英语、阿拉伯语、俄语、德语、法语、西班牙语、罗马尼亚语和匈牙利语等各种语言的书籍。还有一些流动图书馆，专门为武装部队的成员和边远定居点和居民点的居民服务。根据联合国教科文组织的统计，1993年以色列有公共图书馆服务点1 180处，馆藏图书1 124.2万册，年增789 564册，此外还有视听资料24 520件；年读者量737 565人，外借1 194.8万册/件，经常开支4 522.8万新谢克尔，员工开支占66%，全国公共馆有员工1 393人，拥有文凭者为640人。根据1975年《公共图书馆法》，图书馆有资格获得公共基金。1997年教育、文化和体育部将文化机构预算的3%（14 867新谢克尔）划拨给公共图书馆。

**博物馆** 博物馆在以色列人的文化生活中占有十分重要的地位，在这个仅有600万人口的国家中现拥有180所各类博物馆，分别展示考古学、人种史、自然、历史、艺术、科学与技术以及其他专题。以色列的一些博物馆着重于各种人口群体和保护他们的独特文化：世界散居犹太人博物馆，陈列从犹太人被逐出家园以来的独特经历和文化，陈列以色列人民的历史、传统和遗产；巴比伦遗产（即耶胡达）中心，陈列伊拉克犹太人的文化、艺术、历史和民族；阿拉伯民族博物馆陈列阿拉伯人的传统艺术和民间物品；东方犹太人和西班牙系犹太人遗产融合中心是了解犹太文化的另一条信息渠道。

**表演艺术** 以色列约有50个音乐组织，包括17个管弦乐团、以色列歌剧院、10个合唱团和各种音乐学校。以色列交响乐团是世界上最好的交响乐团之一。在以色列，几乎每个大城镇至少有一个音乐厅，主办各种各样的音乐表演。此外还举行多种户外音乐活动。每年一度的音乐节有：Abu Gosh声乐节、Zimriz民歌节、Arad以色列流行音乐节、Eilat爵士音乐节、Rubinstein国际钢琴赛。以色列有20个舞蹈团、若干舞蹈学院和舞蹈表演中心，既有专业的芭蕾舞团，也有现代舞团，主要的有Bat－Sheva、以色列芭蕾舞团、Bat Dor和U' dmama（由聋人演出）。还有一些舞蹈团专门表演民间舞蹈。全国各地每年要举行特别舞蹈节。其中最重要的有Carmiel民间舞蹈节。此外，以色列拥有21个被确认的剧团，在全国各地的剧场演出。全国每年还举办一些专门的戏剧节，最显著的是Teatronetto（特拉维夫的单独表演节）。

**电影** 1994年全国有固定影院266个，座位容量为62 500个，年观众量1 000万，每千人拥有影院座位11.5个，年人均观影1.8次。近年来，以色列每年约制作10部故事片，30部纪录片。全国许多影院放映各种国内外电影。1993年进口故事片152部，其中美国占80.3%，法国4.6%，英国3.9%。耶路撒冷和海法每年举办国际电影节。一些大学和电影学校设有电影制片课程。

**广播电视** 1995年以色列每千人拥有收音机489台，1980～1995年年均增长7.7%；每千人拥有电视机290台，1980～1995年年均增长1.7%。以色列广播委员会和全国有线电视委员会是以色列的两个广播机构。为了规范广电事业的发展，以色列制定了一系列相关法律，如1965年《广播管理局法》，该法对负责若干电视和电台频道的广播管理局的活动作出规定。1982年《Bezeq法》主要涉及在以色列进行电缆电视和卫星电视广播的问题。它规定在播放电视节目时必须考虑以色列社会多元文化和以色列各地区的需要。1990年《广播电视第二管理局法》规定该局负责商业电视第二频道和地区性电台。其作用是表达以色列社会和少数民族的各种文化以及各种国际文化。

广播、电视极大地丰富了以色列人民的文化生活,许多节目专门反映艺术、文学、电影、戏剧、犹太文化和其他种族的文化。教育、文化和体育部设有一个教育电视服务处,提供文化艺术、科学、通讯和其他领域的学问和知识,加强对教育、文化和社会问题的介入,宣传以色列公民文化遗产的方方面面。

**文化遗产** 以色列非常注重保护和展示文物和历史遗址,它加入了《关于在武装冲突情况下保护文化遗产公约和协定书》(1954年5月14日)。

包括以色列在内的巴勒斯坦地处欧、亚、非三大洲交汇之地,不同的古老文明在这里起源、发展、碰撞、融合,无数次战争、征服、起义在这里发生,使得这一片两万多平方公里的土地"每一寸都浸透了历史"。在耶路撒冷这狭小的空间里,发生过犹太教、基督教和伊斯兰教这三大宗教历史上最重要的事件,因此,三大宗教都声称耶路撒冷为自己的圣地。

以色列文物管理局负责展示公元1700年前的文物。它根据1978年《文物管理局法》开展工作。该管理局处理挖掘、保护、发展和修复文物和文物遗址,监督考古挖掘,负责国家文物财富的管理、保护和监督以及视察防止违反《文物法》的情况等问题。

《死海古卷》是1947~1956年期间在死海附近的库姆兰地区和马萨达发现的一批珍贵的希伯来古典宗教文献。这批古经卷是公元前140~132年居住在库姆兰的犹太社团遗留下来的。它有11部、600多卷经书手抄本和万余件经书残片,它是本世纪最伟大的考古发现。《死海古卷》等许多重要的发现陈列于各博物馆和文化中心。

保护遗址政府委员会负责保护公元1700年后有历史价值的遗址和建筑(如立国前阿特利特的"非法"移民营和特拉维夫按包豪斯建筑风格设计的建筑)。

国家公园、自然保护区和纪念性遗址委员会负责维修和管理马萨达遗址、奈巴提遗址和拜占廷遗址、罗马剧院、古代犹太教堂和史前洞穴等遗址。

**公共假日** 以色列保持着许多犹太人传统的宗教习俗,又汇入了世界上许多地区的文化特色。1997年仅国家公共假日就多达24天,除2月外,每月都有节日,9月份假日最多,为7天。民间和宗教节日如逾越节、五旬节、棚舍节、赎罪日、普珥节等一个接一个,庆祝活动丰富多彩。

## 环　境

以色列大部分地区为干旱、半干旱气候,全国60%的土地属于干旱地区。经过半个世纪的改造,以色列在贫瘠的土地上建起了成片的柑橘园、鳄梨园、油橄榄园、蔬菜大棚,内盖夫沙漠也出现了片片绿洲,工业也有了长足发展,以色列已将破败不堪、满目疮痍的家园建设为中东地区除产油国外最富有的工业化国家。

1988年,以色列政府为加强对环境的管理成立了环境部,全权负责环境方面的事务。

为了解决好制约发展的水资源问题,以色列早在1959年就颁布了"水法",以后又两次进行了修正,将水资源纳入了国家统一管理,对主要水源和地下水建立了红线制度,即对水质和用水量进行严格控制。据联合国的统计,1996年以色列人均占有淡水资源为299立方米,年淡水抽取量为19亿立方米,占水资源总量的108.8%。部门用水量的比例为:农业占79%,工业占5%,家庭占16%。一方面是用水量严重不足,另一方面是污水排放量的不断增加已构成了对环境及地下水和其他淡水资源的污染危害。为了防治水污染,以色列设立了行政管理单位,负责控制废水污染地下水与河流以及促进河流的恢复。经过处理的废水主要供农业使用。对废水质量标准严格监督,防止给公共健康和作物带来损害。以色列通过对城市废水进行处理用于灌溉,已使其污水再利用达到30%,成为世界上废水利用率最高的国家之一。这样做不仅节省了宝贵的淡水资源,而且极大地防止了任意排放污水对环境的破坏。据统计,以色列每天有机水污染物释放量已从1980年的43 544公斤减少到1993年的33 417公斤,下降幅度为23%,现每个工人日均释放量为0.17公斤。有机水污染物排放的工业份额为:食品及饮料占44.3%,纺织品占12.3%,初级金属占4.1%，纸和纸浆占19.3%，化学工业占8.4%，宝石、陶瓷和玻璃占0.2%，木材占2.1%，其他占9.3%。

此外，以色列已制定了可持续的能源、交通与工业政策，积极治理主要空气污染源。1994年制定了一项新的全国空气质量政策，规定将环境考虑纳入实际规划、常规监测和定期控制制度、立法和执行(包括环境和排放标准)，减少污染源和减少机动车辆的污染物排放。随着经济的发展，商业能源使用量不断上升，按石油当量计算，1995年使用量达到1 665万吨，人均3 003公斤，1980～1995年年均增长率为5%。每千克能耗产生的GDP为3.5美元，能源净进口量占商业性能源使用量的97%。1995年二氧化碳总排放量为4 630万吨，人均8.4吨。从矿物燃料燃烧向大气层释放的污染来看，二氧化硫和铅的含量下降，但二氧化碳、一氧化碳、二氧化氮和碳氢化合物的含量上升。悬浮颗粒物含量没有变化。以色列政府计划用50个新的空气质量监测站来加强现有的63个，该网络将在3年内建成。

为了改善环境，以色列积极发展新能源和可再生能源，它建立了世界上最大的太阳能电站，太阳能接收器已广泛应用于工农业生产和家庭生活。无论是城市还是乡村，几乎每所住宅顶上都装有太阳能热水器。此外，对风能和地热等替代能源的开发也取得了显著成果。

以色列政府每年投入约1 000万美元作为环境R&D预算，约占政府每年R&D总投资的0.5%。其中环境部掌管14%，科技部掌管36%，工贸部掌管42%，其余由农业部等其他部门掌管。此外，政府每年拿出150万美元用于环境科研基础设施建设，该项目由环境部和科技部共同掌管。以政府把沙漠化治理、太阳能综合利用、水资源管理、工业废水及废弃物处理与循环利用作为环境科研和技术开发的重点领域，列入长期发展规划。

## 经济文化一体化

以色列是个建立在创新机制上具有民主和平等文化特色的国家。

今日以色列经济社会文化的蓬勃发展是建立在先驱者们所开创的事业之上的，先驱者的精神被后来者所继承、发扬，并融入到经济文化生活的方方面面，成为推动以色列蒸蒸日上的一种无形财富。

基布兹是先驱时代一个最重要的创造，是典型的“犹太事物”，是最能反映犹太人平等和共济思想的社会组合，是当初在极度的经济困难条件下，生存需要和思想意识独特结合的产物。基布兹的生产方式为：生产资料公有制，集体生产和生活；各尽所能，按需分配；平等的人际关系和民主管理。基布兹的孩子从小生活在同龄人中，接受的是集体主义的教育。人人皆有服兵役的义务，为此进行的教育有助于形成一种平等的意识。基布兹非常注重教育，这里各行各业的专家云集，为以色列经济的发展奠定了坚实的基础。以色列农业生产的另一种重要形式是莫沙夫，它是建立在合作基础上的农业定居点。基布兹和莫沙夫都强调社会平等、共同合作和互相帮助，它们是目前以色列农业生产的主要组织形式，提供80%左右的鲜活农产品。如今基布兹人已将他们的活动扩展到了工业、科学、贸易等农业以外的领域，有些成员还离开了基布兹，流入了城市，但无论身处何地，做什么工作，他们都始终高举共同利益高于个人利益这一基布兹的传统旗帜。

尽管存在着多种形式的集体，但无论是在社会环境中还是在商业环境中，人们都重视个人的首创精神和成就。以色列是一个严重缺水的国家，为了在灌溉领域利用好每一滴水，以色列开发出了滴灌、埋藏式灌溉、喷洒式灌溉、散布式灌溉等一系列新技术，这些技术现已成功地进入了国际市场。同样，可耕地缺乏引发了无土栽培、工厂化室内栽培、种子种苗生产等新型农业的发展。

基布兹的互助、合作、重教和创新精神，经过历史的沉淀，已经形成一种文化，成为对以色列经济社会发展长期起作用的因素。

尊重科学，重视教育的传统以及向犹太人敞开国门的政策，使以色列吸引到了大批科学家、工程师和技术员，他们为以色列高新技术的发展注入了新的活力，这些新来的移民与土生土长的以色列犹太人结合在一起，形成了一个观念荟萃、创新密集和企业家精神活跃的大市场。在以色列，每年有1 000家公司注册启动，其中有许多是跨行业的，推动创新的风险资本正以大约35%的年率增长。1998年有超过40亿美元的高风险资本实现创新启动，与投资于硅谷的风险资本量相差无几。以色列人民在半个世纪里凭着自己的勤劳、创新和对科学和市场的尊重创造了经济发展奇迹,但由于和平进程令人担忧,以阿矛盾尚未消除,以色列的发展道路上仍潜伏着危机。

（中国国家图书馆 李跃进）

# 埃及经济文化概况

阿拉伯埃及共和国地跨亚、非两大洲,大部分国土在非洲东北部,只有苏伊士运河以东的西奈半岛位于亚洲的西南。面积100.2万平公里。全境96%为沙漠,尼罗河从苏丹入境贯穿南北,流经1 350公里的埃及国土,两岸形成宽约3～16公里的狭长河谷,入地中海形成2.4万平方公里的三角洲,99%的人口集居在仅占国土面积4%的河谷和三角洲地带。全境大部分地区属热带沙漠气候,干燥少雨。尼罗河三角洲和北部沿海地区属地中海型气候。

埃及是世界四大文明古国之一。公元前6世纪后,长期为外来民族所统治。公元640年后成为阿拉伯国家,以后曾被土耳其、法国和英国占领。1922年2月28日宣布独立。1952年7月23日,以纳赛尔为首的"自由军官组织"推翻法鲁克王朝。1953年6月18日成立埃及共和国。1954年纳赛尔当选为总统,1970年9月病故。1970年10月15日萨达特继任总统,1981年10月6日遇刺身亡。现总统穆罕默德·胡斯尼·穆巴拉克自1981年10月当选后已连任三届。执政党为民族民主党,穆巴拉克总统任主席。人口6 330万(1998年),其中信奉伊斯兰教的阿拉伯人约占87%,信奉基督教的科普特人约占11.8%。首都开罗,人口约1 500万(1997年)。主要资源有石油、天然气、磷酸盐、铁,此外还有锰、煤、金、锌、铬、银、钼、铜和滑石等。埃及的阿斯旺水坝是世界7大水坝之一,全年可发电100亿度。

## 经　济

近40多年来,埃及3个不同历史时期经济发展的不同特点是:

**纳赛尔时期的前苏联经济发展模式**　1952年纳赛尔推翻法鲁克王朝后,对原有较大的工业、商业、银行、保险业、运输业和进出口贸易实行国有化,为发展民族经济打下了基础。同时,还实行了土地改革,改造沙漠,修建举世闻名的阿斯旺高水坝,推行工业化政策。并从1960年起,先后制定和执行了几个经济发展计划。1968年国内生产总值为50.3亿美元,人均国内生产总值159美元。总之,埃及经济发展政策从50年代到60年代这一时期几乎是封闭式的经济。

1968年埃及开始进行有关经济改革的必要准备工作。当年7月1日在《金字塔经济学家》专刊上发表了纳赛尔总统制定的有关经济改革的重要文件和报告。这两个文件是埃及走向变革道路上的两个突出的标志,初步找到了经济复兴之路。

**萨达特总统实行改革开放,采取"消费型的开放政策"**　70年代初期,开始向开放式的经济转变,对经济管理实行弹性政策。70年代中期,埃及的经济开放政策已基本形成。1974年,颁布了《阿拉伯与外国投资和自由区》第43号法令。1977年又颁布了第32号法令,对前法令进行了补充与修改,从而建立了对外开放政策的法律体系。实施开放政策的目的是引进阿拉伯及其他国家的资金和技术,期望利用外资和外援来发展国民经济。同时动员本国资金投入,发挥私人资本在国民经济中的重要作用,以活跃经济,增强国力。采取的主要措施是建立合营企业,引进外资并实行优惠政策,实行进口自由化,改革外贸体制,改变贸易集中于前苏联和东欧国家的作法,向多方位贸易发展,建立自由贸易区,形成了一套开放经济政策体系。

由于实行改革开放政策,使埃及经济在70年代有了迅速的发展,经济增长的主要指标都高于一般发展中国家。1970～1979年埃及国内生产总值平均增长率高达7.6%,工业年平均增长率为7.8%,制造业为8.2%,人均收入的年增长率达6.7%。1980年国内生产总值为221亿美元,人均国内生产总值为523美元。

萨达特总统的开放政策给埃及经济发展带来一定的效益,同时也出现了一些问题:社会财富分配不均,贫富悬殊,据世界银行关于70年代埃及经济情况的报告指出,埃及20%的家庭占有国民收入的50%,其余的50%由80%的家庭来分配;使用外国贷款的目的不明确,将大笔外汇用于进口高档消费品和本国可以生产的日用品;政府没把投资重点放在工农业生产上;自由贸易区管理不善,未能实现发展制造业和增加出口的愿望;投机倒把现象严重等。故埃及经济学家们认为,这一阶段埃及执行的是"消费型开放政策"。

**穆巴拉克总统执政后,采取了妥当的内外政策,并把发展国民经济作为中心任务,既搞五年计划,又着重进行全面的经济改革** 连续执行了3个五年经济发展计划。目标是提高经济增长率、改善过去被忽视的基础设施、强调经济改革和保持经济稳定发展。

"一五"计划(1982～1987年),计划投资总额364亿埃镑,要求国内生产总值年平均增长8.5%。执行结果,根据国际货币基金组织的统计,这5年的实际增长率分别为9.9%、8%、7.4%、4.8%和4.2%。增长率逐年下降的主要原因是当时国际经济环境恶化导致石油、苏伊士运河通行税和侨汇等外汇收入的减少。

"二五"计划(1987～1992年),强调继续进行经济改革和保持经济稳定发展。计划到1992年投资总额465亿埃镑,其中180亿埃镑计划来自私营部门,即占39%。该计划要求国内生产总值年平均增长5.8%。据英国《经济季评——埃及》1993年第一期材料表明,1988～1992年埃及国内生产总值净增长率分别为3.9%、3%、2.6%、2.3%、2.8%,未达到预期的年平均增长率。但国内生产总值已由1988年的545.5亿埃镑增加到1992年的1 185.6亿埃镑,增加了1倍多。

"三五"计划(1992～1997年),计划投资总额1 540亿埃镑,其中私营部门投资700亿埃镑,占投资总额的一半。1993～1997年国内生产总值增长率分别为1.5%、3.8%、4.6%、5.1%和5.9%。1997年私营部门的产值已超过国内生产总值的65%。

穆巴拉克总统同时重视埃及的经济改革开放,首先确定了把"消费型开放政策"变为"生产型开放政策"的总政策方针,鼓励和引导外国资本和本国私人资本用于生产项目投资,以加速本国工农业的发展。同时改进国营企业经营管理,继续放宽对私营部门的限制;调整外贸政策,鼓励出口,限制进口;较重视发展农业,继续改造沙漠为农田;紧缩开支,抑制消费;加强外汇管理,增加外汇收入;改变过分依靠美援的做法,开展"全方位、多层次"的经济技术合作,积极配合经济政策的贯彻,而进行"全方位"的外交活动。上述政策已取得了一定的成效。

1991年5月埃及又与国际货币基金组织签订协议,推行全面经济改革计划,旨在改革埃及经济状况,减少预算和国际收支赤字,降低通货膨胀率等,转向以私营企业为主的市场经济发展战略。1991年5月至1993年6月为改革第一阶段,着重财政和货币改革,效果较好,从而为1993年7月开始的为期3年的第二阶段改革的完成打下了良好基础。第二阶段主要是继续减少预算赤字、通货膨胀率,放开外贸、鼓励出口,促进投资,加快国营部门改革和私有化,鼓励私营企业发展和增加就业。总之,全面经济改革成绩较为显著:国内生产总值增长率由1991年的2.3%增至1997年的5.9%;1996～1997年度国内生产总值达756亿美元,人均国内生产总值为1 233美元;外汇储备1997年增至204亿美元;预算赤字由1991年前占国内生产总值17%降至1997年的1%,通货膨胀率也由25%降至4.6%;统一了外汇市场和汇率,将曾并行的国家、外贸和自由市场3种汇率,变成由中央银行控制下的统一外汇市场和汇率,并使美元对埃镑比价保持在1:3.3～3.4;交通、通讯等基础设施也有较大发展。

同时,鉴于埃及基本执行了同国际货币基金组织签订的协议并取得显著成果,根据协议"巴黎俱乐部"债权国分3次免除了埃及100亿美元的债务。

值得指出的是,埃及积极抓住有利时机寻求国际支持,尽力开展经济合作,以促进其经济发展。除不断加强与扩大同美国的经济技术合作外,埃及还积极参与了地区经济合作,并同世界各经济集团建立了经贸联系。而且穆巴拉克总统积极倡导和推行全方位灵活而务实的经济外交，充分利用埃及重要的战略地位及在阿拉伯世界、非洲和中东和平进程等国际事务中所起的重大作用，采取恰当的政策和举措，不但为埃及经济改革和发展创造了有利的环境，还不失时机地为埃及谋取了巨大的经济实惠。如在1990年8月至1991年3月的海湾危机和海湾战争中，埃及坚决支持科威特并带头参加了以美国为首的多国部队，不但帮了科威特和美国的大忙，也使埃及得到了丰厚的回报，美国等西方国家和国际组织共减免埃及550亿美元外债的一半（约250亿美元）。海湾阿拉伯国家除免除埃及债务、向其提供了多种赠款和援助外，在海湾战争后还使埃及重返并扩大了在海湾国家的劳务，致使1994年埃及的劳工侨汇高达60.85亿美元，名列埃及4大外汇收入之首。

但埃及经济改革也面临不少难题：机构臃肿，办事效率低，国营企业改革和私有化步履维艰；农业滞后，外贸逆差大；伊斯兰原教旨主义极端势力不时进行的恐怖活动对旅游业等的严重影响。这些问题如能妥善解决，将有利于埃及实现奔向21世纪所提出的14项全民计划目标。

**农业** 埃及是农业国，农村人口占全国总人口的56%，农业劳动力占总劳动力的32%。可耕地面积为766万费丹（1费丹合0.42公顷），约占全国总面积的3.5%，这在非洲国家中属人均占有可耕地面积最低者之列。主要农作物有棉花、小麦、水稻、高粱、玉米、甘蔗、亚麻、花生、水果、蔬菜等。70年代初期埃及食品生产可以自给有余，为农产品净出口国。但由于国家广泛不当地干预控制农作物的种类、价格与购销等，打击了农民的积极性，农业出现衰退，到80年代初在农产品进出口贸易中净逆差达30亿美元。自1986年以来，政府对所有农作物的控制都逐渐取消。特别是经过近几年的改革，农业成为经济中最开放的部门，农业生产稳定增长，产量大幅度提高，粮食从1982年的800万吨增至1993年的1 500万吨，其中小麦和水稻产量创最高记录，水稻、水果、豆类和蔬菜的出口也有较大增长。棉花是埃及最重要的出口农产品，长期得到广泛补贴，在种子、肥料、灌溉、病虫害控制和信贷等诸多方面可获得优惠价格和服务。1996年2月起，私营企业首次获准出口棉花。1996年农业产值占国内生产总值17.3%，农产品约占出口产品的14%。多年来，埃及政府重视开垦沙漠扩大耕地面积，1981年至1996年约有160万费丹的沙漠被开垦。1997年建成的西奈半岛“和平渠”引水工程，开发南部河谷地区的“托西基”工程，都是扩大农业耕地的重大措施。但同时由于人口压力增大、工业化和城市化的加速，平均每年又有2～3万费丹的农田用于非农业部门，所以种植面积实际上未增加多少。另外，农业灌溉水平低，现有耕地只有2%是靠现代化设备灌溉的，水源主要靠尼罗河，但这一宝贵水源的利用率仅为50%，低于国际标准。

**工业** 以纺织和食品加工等轻工业为主，占工业总产值的一半以上。近些年来石油、建材、水泥、钢铁、电力、化肥、机械、电子、成衣和药品等发展较快。石油工业发展尤为迅速，年产石油4 000万吨以上，为非洲第四大产油国。埃及铝材公司是目前中东最大的铝材生产厂。同时，埃及是世界上最重要的产棉国之一，发展棉纺织业条件优越。但近年来，由于生产技术落后等原因，棉纺织业生产不景气。工矿、石油、电子和建筑业的产值约占1996～1997年度国内生产总值的32.6%。

埃及工业以国营为主体，曾有300多家国营公司，职工56万人，产值占工业产值的70%。但大多机构臃肿，效益差，债务沉重（1995年总额达560亿埃镑）。自1991年底实施全面经济改革后，特别是近年来加快国营部门改革和私有化，至1997年底已有近100家国有企业通过股份制改造、股票上市和拍卖等多种形式实现了私有化。私有化也使外国在埃及的直接投资从1995年的4.32亿美元，增加到1997年的15亿美元。

**外汇来源** 石油、旅游、侨汇和苏伊士运河通行税是埃及4大经济支柱和主要的外汇来源。

*石油* 1998年1月已探明原油储量为11.87亿吨，原油产量已由1973年的850万吨升至1997～1998年度的4 070万吨。石油在埃及经济中占有很大比重，在初级能源消费中石油占92%。国内石油年消费量约2 240万吨，发电总量的79%靠石油。1981年至1988年埃及石油生产总额共达1 050亿美元，其中国内消费650亿美元，出口400亿美元。主要油田在苏伊士湾，该地生产埃及81%的原油。

埃及天然气目前已探明的储量达36万亿立方英

尺,天然气及副产品产量由1975年的3.3万吨上升到1997～1998年度的1 320万吨。天然气管线现长3 015公里。天然气被认为是取代液体石油产品的具有极高经济价值、最洁净的环保型燃料,提高天然气在能源消费中所占的比例既出于环保考虑,又是国家经济和社会发展战略目标的需要。所以政府制定了一整套长期发展战略,鼓励本国和外国公司在勘探、开采和发展天然气方面投资。政府将在今后数年内投资24亿美元,发展西部沙漠、南部和西奈半岛以南地区的6个新的大型天然气田。埃及是中东地区石油天然气勘探活动最活跃的国家。1997年阿拉伯石油输出国组织共完成35项石油勘探活动,其中埃及占63%;在20项天然气勘探活动中,埃及占77%。石油天然气勘探覆盖面积达埃及国土的60%。在优惠政策吸引下,目前有19个国家的49家公司在埃及勘探石油和天然气。

*旅游* 埃及是一个有7 000年历史的文明古国,文化灿烂。名胜古迹很多,旅游资源丰富,有举世闻名的金字塔、狮身人面像、保存完好的拉美西斯二世等11具法老和王后的木乃伊、爱资哈尔清真寺、亚历山大灯塔遗址、卢克索神庙、卡尔纳克神庙、国王谷、王后谷、阿斯旺水坝和绮丽的尼罗河风光等。政府重视发展旅游业,旅游业收入是埃及第二大外汇来源,1996～1997年度旅游收入为36.4亿美元。1996年游客总数达389万人次,客房入住率64%。游客主要来自德国、英国、美国、法国、意大利、以色列、日本和沙特阿拉伯等。埃及旅游部门的工作人员达14万人。全国有五星级饭店32家,有5万多个新客房在建设之中,新建旅游项目263个。但旅游基础设施不足、服务质量低和恐怖活动时有发生等因素均影响了埃及旅游业的发展和潜力的充分发挥。

*侨汇* 近年来埃及劳工侨汇收入一般年约40亿美元,这对保持埃及经常项目顺差起了重要作用。1996年侨汇收入为43亿美元。

*苏伊士运河* 苏伊士运河连接地中海与红海,全长169公里。运河区内的苏伊士和塞得港等城市是重要的工农业和居民区,也是自由贸易区的所在地。70年代运河加深工程完工后超级油轮可通行。1996年6月埃及宣布了进一步加深运河的新计划,到1999年将使吃水77英尺的船只顺利通过运河。1995年通过运河的船只达15 000多艘。1996年苏伊士运河通行税的收入为21亿美元。

**交通运输** 埃及陆、海、空运输都很便利。

*铁路* 总长7 000公里,年客运量约10亿人次,年货运量25亿吨公里。开罗地铁全长42.5公里。

*公路* 总长48 000公里。1993年全国汽车总数约500万辆。

*水运* 内河航道总长3 100公里。有7条国际海运航线。主要港口有亚历山大、塞得港、苏伊士等7个,1996年吞吐量约5 000万吨。1994年有商船145艘,总载重量为156万吨。

*空运* 埃及是中东地区重要的空中枢纽,有国际机场7个,其中开罗机场最大,可通航世界主要城市,并能进行大规模货运。有民航飞机58架。国营的埃及航空公司是本地区第二大航空公司,每年运送300万乘客和4.3万吨货物。

*管道运输* 1998年天然气管线长达3 015公里。1990年石油管道总长4 210公里。

*对外贸易* 埃及政府注意改革外贸体制,促进外贸发展。1991年颁布了新的进出口法。对进口逐渐取消非关税限制,简化进口手续。一些因特殊条件和有关方面批准才可进口的商品清单从过去的55种减少为9种。在管理进口和保护本国生产方面,已经用价格手段取代了数量限制,最重要的价格手段是实际的汇率、海关税率和标准化等技术手段。同时提倡发展民族工业,生产更多的进口替代商品,对消费性制成品的进口有所限制。对出口取消了多种不利的限制。为鼓励出口,成立了由总理领导的出口事务最高委员会,建立了"埃及保障出口信贷公司"、"出口保险公司"等。由于出口商品少,外贸连年出现几十亿美元的逆差,如1995年贸易逆差高达82.9亿美元。自80年代以来,主要出口商品为石油及其制成品。制造业的主要产品棉纺织品和成衣在出口中的比重也不断上升,如1993～1994年占总出口额的24.2%。经济改革的目标之一就是将出口商品多元化,扩大制成品的出口。1994～1995年度非石油出口品总额比上一年度增加了70%。埃及同120多个国家和地区有贸易关系,主要贸易伙伴是美国、德国、意大利、法国、英国和日本等。

## 人口和环境保护

人口已达6 330万的埃及在80年代其人口增长

率超过3%。由于实行了广泛的计划生育政策，近几年人口增长率已降到2.1%。目前一半人口年龄在20岁以下，这造成巨大的就业压力，使较严重的失业问题难以解决。1997年官方统计的失业率为8.8%，但非政府机构估计实际数字更高。由于人口和经济等因素，许多埃及人都谋求到海外工作。据官方估计，在海外工作的总人数1983年为328万，其中286万在邻近的中东国家。世界银行的数字表明，1988～1989年最高峰时在外工作的人占劳动力总数的13%。近几年，在海外工作的人数一般达260多万。

如何不断加强环保意识和措施是埃及政府和民众共同面临的重要课题。埃及已被世界银行定为"水源紧张"，而且正在滑向"水源缺乏"的国家。近90%的废水未加处理，80%的工业废水不受监控即随便排放。空气污染也很严重，尤其是人口稠密、车水马龙的开罗，其空气含铅量居世界首位，为国际安全值的8倍。工业废渣的排放量为每分钟10吨，其中的危险物占1%。面对环境的日益被污染恶化，在世界银行的支持下，1992年埃及颁布了第一个环保计划，号召保护环境和古迹。1994年1月公布了新的环保法，将以前的《空气保护法》和《海洋环境法》合二为一，又增加对危险物排放的限制与处罚规定，鼓励建设对环境有益的项目，并加强了埃及环保署的职权。为了减少污染，埃及目前在开发和利用环保型燃料——天然气方面已走在中东和北非诸国的前列，有1万辆汽车已改装成油气两套动力系统，全国各省已建成21个车用天然气加气站。政府计划在两年内再在全国增设75座加气站。

## 科 技

历史悠久的埃及有着辉煌的古代科技。远在古王国时期，浅浮雕和圆柱的石雕技术已很完美，开罗近郊吉萨的大狮身人面像和第五王朝(公元前2465～2323年)皇家群雕等早已达到这一技术的顶峰。古埃及在建筑和几何学等专门知识方面所具有的高超水平与卓越的成就充分展现在从第一王朝左塞国王的梯形金字塔(约公元前2649年)到世界七大奇迹之一的吉萨大金字塔上(约公元前2550年)。

当代科学技术突飞猛进，埃及的科技水平同世界一些国家相比已差距较大，但与阿拉伯和非洲国家相比都处于领先地位。据联合国教科文组织统计，1991年埃及共有科技人员4.6万，其中科学家和工程师2.64万。在专职的科学家与工程师中，自然科学领域占17%，工程技术占15%，医学占23%，农业占17%，社科、人文科学和其他领域占28%。穆巴拉克执政后较重视科技工作，特意把每年的5月29日定为科研日。1981年以来科技投入1亿埃镑，而收益约达700亿埃镑。全国有318个科技中心，主要服务于高等教育、制造业和服务业领域。邻近开罗的新兴工业城市——"10月6日城"设有全部由埃及技术人员管理和控制的卫星地面站，10多个频道的自办电视节目通过本国的广播电视通信卫星传向全国。

## 教 育

埃及实行普及小学义务教育制度。1992年6岁儿童入学率达98.5%，女童入学率也达到92.3%。自60年代以来教育事业有了较大发展，1960年在校小学生、中学生、大学生的总人数分别为270万、55万、13.4万，到1994～1995学年已分别达到1 070万、810万、82.6万。1998年全国接受初、中级正规教育和职业技术教育的人数达1 500多万人，由政府和私人兴办的大学、各类高等技术学校已有397所。全国有综合性大学13所，其中著名的有开罗大学、亚历山大大学、爱资哈尔大学和艾因·舍姆斯大学等，有大学教师3万名。中学共2.5万所，教师75万名。1993～1994年度教育经费为66.25亿埃镑，占预算总支出的10.1%。1998年全国已有2 200所学校引入了计算机课程。

但由于人口增长率较高，给教育带来巨大的压力和困难有待克服：文盲约占全国人口的一半，教育资金不足，校舍陈旧，设备短缺，教师收入不高，人才流失。

## 文 化

古埃及文化在人类文明发展史上留下了光辉的篇章。古埃及的亚历山大图书馆代表着亚历山大时代人类文明的精华。该馆藏有古希腊文学作品的全部手抄本和其他文种优秀作品的抄本，并从世界各地收集到各种图书，是有史以来第一座真正的世界性图书馆、文化和科学中心，曾为当时的科学家和哲学家等提供服务。联合国教科文组织和开发计划署帮助埃及政府于80年代末修复了这座著名的图书馆。

埃及政府重视新闻出版、广播电视、图书馆、文化宫、艺术中心和博物馆等文化基础设施的建立和发展。现有日报7家，各种期刊70多种，大多用阿拉伯文发行。主要阿拉伯文报刊及其发行量为：《消息报》，100万份；《金字塔报》，30万～50万份；《共和国报》，30～44万份；《金字塔经济学家》周刊，50万份；《最后一点钟》周刊，10万份；《鲁兹·优素福》周刊，10万份；《图画》周刊，8万份。法文报刊主要有：《埃及日报》，3万份；《埃及前进报》，1.5万份。中东通讯社是惟一的国家通讯社，1956年成立。国家广播电台创建于1928年，用阿拉伯语及30多种外语向国内外广播。中东广播电台建于1964年，主要为商业服务。此外还有用阿拉伯语播音的亚历山大广播电台。国营的埃及电视台建于1960年，主要用阿拉伯语播放，也有固定的频道和时间用英、法语播放新闻节目。公共图书馆1988年时已有836座，馆藏852.3万册；国家级图书馆一个，1990年馆藏211.7万册。一些城市设有文化中心、博物馆等。1989年又拨出巨额资金，创办了中东地区最大的影视艺术城，具有每年可拍摄100部影片和数千小时电视节目的能力。

处于人类文明不断被赋予新的时代内涵的今天，埃及努力提高全民族的科学文化素质。网络信息扩大了人们的视野，为幼童设立的“小太阳神网站”，内有300多页埃及7 000年文明的信息和图片，也有现代埃及经济、文化和社会生活现状等图片。在一些大学和研究机构，国际互联网已较广泛应用，国家信息服务中心、《金字塔报》等单位还开设了各自的网站，用阿拉伯文和英文向全世界发布动态信息。

## 附：

**表1　经济指数**

| 经济指数 | 1994年 | 1995年 | 1996年 | 1997年 | 1998年 |
|---|---|---|---|---|---|
| 国内生产总值以市场价计(亿埃镑) | 1 750 | 2 050 | 2 283 | 2 563 | 2 802 |
| 国内生产总值增长率(%) | 3.8 | 4.6 | 5.1 | 5.9 | 5.7 |
| 通货膨胀率(%) | 8.2 | 15.7 | 7.2 | 4.6 | 3.8 |
| 人口(百万) | 57.85 | 59.23 | 60.60 | 62.01 | 63.30 |
| 出口(10亿美元) | 4.04 | 4.67 | 4.78 | 5.53 | 5.37 |
| 进口(10亿美元) | 10.00 | 12.27 | 13.17 | 14.16 | 16.19 |
| 经常项目平衡(10亿美元) | 0.03 | −0.25 | −0.19 | −0.71 | −3.40 |
| 外债(10亿美元) | 32.4 | 33.4 | 31.4 | 28.9 | 30.1 |
| 债务偿还率(%) | 13.6 | 13.3 | 12.3 | 10.9 | 10.9 |
| 汇率(1美元:埃镑) | 3.39 | 3.39 | 3.39 | 3.39 | 3.39 |

资料来源：英国经济季评《国家概况：埃及1999年第一季度》。

**表2　1997/1998年主要进出口**

| 主要出口 | 百万美元 | 主要进口 | 百万美元 |
|---|---|---|---|
| 石油及其产品 | 1 278 | 运输设备和机械 | 4 530 |
| 棉线、纺织品、服装 | 759 | 畜产品、食物和饮料 | 2 506 |
| 工程、冶金产品 | 445 | 脂肪、矿物(包括燃料) | 2 188 |
| 其他农产品 | 140 | 化工、橡胶、皮革 | 1 840 |
| 原棉 | 103 | 木材、纸、纺织品 | 1 566 |
| 总额 | 4 930 | 总额 | 14 718 |

资料来源：英国经济季评《国家概况：埃及1999年第一季度》。

表 3 1997/1998 年与主要贸易国家进出口总额的比例

| 出口国家 | 占总出口额比例(%) | 进口国家 | 占总进口额比例(%) |
|---|---|---|---|
| 美国 | 41.0 | 美国 | 19.0 |
| 欧洲 | 32.0 | 欧洲 | 42.0 |
| 阿拉伯国家 | 11.0 | 亚非国家 | 17.0 |
| 亚非国家 | 9.0 | | |

资料来源:英国经济季评《国家概况:埃及 1999 年第一季度》。

(中国现代国际关系研究所 王宝孚)

# 坦桑尼亚经济文化概况

坦桑尼亚位于非洲东部,赤道以南,北界肯尼亚与卢旺达,南与赞比亚和马拉维、莫桑比克接壤,西与卢旺达、布隆迪和扎伊尔为邻,东临印度洋,大陆海岸线长 840 公里。国土面积 945 087 平方公里,相当于大不列巅的 4 倍,主要由坦桑尼亚大陆、桑给巴尔岛、奔巴岛和马菲亚岛组成。资源蕴藏丰富,有钻石、黄金、煤、铁、磷酸盐、天然气等,为非洲第四大矿储国,已探明主要矿藏量为钻石 200 万吨(含量 6.5 克拉/吨),金矿 35 万吨,煤 3.24 亿吨,铁 1.3 亿吨,磷酸盐 1 000 万吨,天然气 300 亿立方米。交通运输以公路为主,公路总长 8.19 万公里;铁路线总长 4 460 公里。主要港口有达累斯萨拉姆、姆特瓦拉、坦噶和桑给巴尔。主要国际机场有达累斯萨拉姆、乞力马扎罗和桑给巴尔,主要飞往莫桑比克、印度和英国等十几个国家。

坦桑尼亚曾是古人类发源地之一,目前被联合国列为最不发达的国家之一。经济以农业为主,农业人口占总人口的 87%,农业产值占国内生产总值的 60%以上,农产品出口收入占外汇收入的 80%左右。从 1986 年起,坦桑尼亚政府接受国际货币基金组织的经济调改方案,大幅度调整经济政策,改革经济体制,向市场经济转轨。在西方政府的援助和监督下,实行了 3 个“三年经济恢复计划”。

## 难民问题日趋严重

非洲大陆战乱频仍,冲突不断,使大批难民拥入坦桑尼亚,给这个平静而贫困的东非国家带来一系列社会、经济和环境问题。这些难民问题近来有日趋严重之势。

在坦桑尼亚的外国难民已超过 33 万,他们主要来自布隆迪、刚果(金)、卢旺达、索马里等国,大多数被安置在坦桑尼亚西北部的卡盖拉省和西部的基戈马省。1998 年 1 月到 9 月,卡盖拉省发生了 375 起抢劫案,比去年同期增加 41 起;强奸案 154 起,比去年增加 16 起;纵火案 151 起,比去年增加 108 起。与此同时,该省还发生了 152 起凶杀和 180 起偷牛事件。在基戈马省,也经常发生武装抢劫。

坦桑尼亚政府官员认为,邻国局势动荡、难民大量拥入是导致这些犯罪案件上升的主要原因。自 1998 年 8 月初刚果(金)发生武装叛乱以来,短短 4 个月已有 1.7 万多难民逃入坦桑尼亚,现在仍以每天平均 50 人的速度递增。另外,布隆迪自 1993 年 10 月第一位民选总统恩达达耶(胡图族人)被图西族人刺杀以来，胡图族人与握有兵权的图西族人的内战一直持续。目前在坦桑尼亚的布隆迪难民约有27万，且人数仍与日俱增。随着战争的进行，武器也随难民流入坦桑尼亚，给社会治安带来严重威胁。一些非法难民四处流窜，勾结匪徒，为非作歹。当地政府由于财力和警力有限，对犯罪案件的上升显得束手无策。例如，卡盖拉省的一些路段经常发生匪徒武装拦劫车辆抢劫乘客事件，地方政府只能采取权宜之计，在这些路段让警察护送车辆经过，同时建议车辆不要在晚上7:30以后上路。

难民不仅使社会治安恶化，而且还给坦桑尼亚带来环境和经济压力。为了维持基本生活，难民不得不砍伐森林做燃料或修建住房、仓库、教室等设施，这使得当地环境状况恶化。一些难民还偷猎野生动物，破坏了生态系统。多年来，周边国家战火连绵，坦桑尼亚接待了一批又一批难民，向他们提供避难场所和食品、水、医疗等有关服务，并派警察维持治安，背负了沉重的经济负担。联合国难民事务高级专员办事处、世界粮食计划署、世界卫生组织以及有关国家和非政府组织虽对难民给予了不少援助，但有时仍显不足。

坦桑尼亚曾一度为大湖地区局势趋于稳定而松了口气：1996年12月约50万卢旺达难民回国，1997年5月卡比拉上台后，在坦桑尼亚避难的10万前扎伊尔难民有5.3万人得以遣返。然而好景不长，1998年8月刚果武装叛乱使一度消退的难民潮重新涌起，坦桑尼亚不得不再次为此感到忧虑。

坦桑尼亚是世界上最为贫困的国家之一，面对日趋严重的难民问题，已产生不满情绪。坦桑尼亚外交和国际合作部长1998年10月，呼吁国际社会为大湖地区的冲突找到出路，并为解决难民问题尽到应有的责任。1998年11月初，坦桑尼亚对1966年颁布的难民法进行了修改，通过一部新的难民法。该法虽然遵照有关国际法规保障了难民的权利，但其核心内容在于加强难民资格审查、限制难民的自由活动。卡盖拉省的恩加拉县法院根据这部新出台的难民法，对擅自离开难民营的200名难民判处2年监禁或者罚款5万先令（约合74美元）。坦桑尼亚政府还表示将遣返非法难民。

## 发展问题：政治腐败和粮食危机

1998年透明国际在对85个国家进行调查后评出了最腐败的国家，坦桑尼亚和尼日利亚一起排在最腐败国家名单中的第4位。分析家们说，由于东非地区的人均年收入在200美元到300美元之间，腐败现象给已经相当贫困的社会增添了无法承受的负担。东非是全球最贫困的地区之一，可能也是最腐败的地区之一。在坦桑尼亚，腐败现象和普遍的官僚作风造成一种不利的投资环境。1996年一个总统委员会对腐败现象进行调查之后并未采取什么后续行动。据一些分析家说，司法部门、行政部门和整个社会对反腐败斗争都没有什么兴趣。

同时，受拉尼娜气候影响，坦桑尼亚自1998年10月发生干旱，严重影响了粮食生产，许多地区开始发生饥荒，大陆20个省中13个省缺粮，其中8个省已处于饥荒的边缘，30万人受到影响。据报道，在缺粮形势严峻的多多马省，很多人开始以野果等为食，并有人死于营养不良。与此同时，坦桑尼亚农业部副部长伊瓦塔2月4日在议会发言时透露，由于饲料不足，全国有120万头牲畜饿死。世界粮食计划署和粮农组织最近经过实地调查，预计1998年小雨季（10月～12月）的玉米产量将下降60%。这场干旱初步预计已造成20亿先令（约290万美元）的损失。据政府公布的数字，1998年上半年坦桑尼亚估计大约缺粮60万吨，而国家粮食储备寥寥无几。为了解决粮食危机，坦桑尼亚总统姆卡帕宣布，取消1月至3月的玉米进口税。

坦桑尼亚屡屡出现粮食问题的原因主要有以下几个方面：首先，政府对农业不够重视。坦桑尼亚是以农业为主的国家，农村人口占全国的80%，农业产值占国内生产总值的55%左右，多年来农业投入仅占国内生产总值的2%，而国际平均水平接近12%。坦桑尼亚经常发生水灾或旱灾，基本上是靠天吃饭，粮食生产不稳定。坦桑尼亚各地区收成不一，加上洪水破坏了公路、铁路和桥梁，丰产区粮食很难运往欠产区赈济灾民。另外，坦桑尼亚经济落后，多山地高原，无力修建大型水利设施。联合国粮农组织、国际农业发展基金、一些非政府组织近年来帮助坦桑兴建了一些波形灌溉设施，但它们仅分布在全国1/4的地区。在一些大型农场，灌溉设施年久失修，导致灌溉面积减少，粮食减产。坦桑每年从国际上获得大量贷款，却疏于发展水利。但坦桑尼亚对发展农业也采取了一些优惠措施，例如农机具、兽药的进口税只有5%，但这并不能从根本上解决农业和粮食问题。农民们还反映买不起化肥和农具,要求政府提供贷款和科技培训等有关服务。

其次,农业生产方式原始落后。据农业和合作社部一份报告介绍,坦桑尼亚农业基本仍停留在刀耕火种状态。农民生产粮食基本为了养家糊口,没有更多富余粮食。再者,粮食损失较大。由于打谷、脱粒等设备落后,粮仓里的虫害、鼠害严重,因此而损耗约有20%的粮食。而粮食流通不畅也是一个问题。负责农产品收购、加工的农业合作社由于拖欠银行贷款、水电费等纷纷关闭。由于交通不发达,很多地方农民生产的粮食无人收购,影响了粮食流通。在一些靠近边境的省份,生产的粮食甚至流向邻国。另外,不注意储粮也易引起饥荒。农民收获粮食后往往很快吃光卖光。专家们建议农民改变消费观念,每村每户都应修建足够的储粮设施,保证全年有存粮。政府的粮食储备也显不足。坦桑尼亚1991年建立起国家粮食储备制度,预定储粮15万吨。由于缺乏资金购买粮食,储备量从未达到预定标准。

第三,人口增长较快。坦桑尼亚在60年代,人口只有1 000多万,粮食不仅能自给而且还可出口,而现在人口达到3 000多万,且增长率保持在2.8%。坦桑尼亚在25年内人口将翻一番。

坦桑尼亚河流、湖泊多,土地资源丰富,然而自80年代以来,坦桑尼亚缺粮现象严重。农业专家们认为,坦桑尼亚如不认真对待农业,粮食问题将变得日益突出。

## 积极参与东非经济一体化

坦桑尼亚、肯尼亚、乌干达三国政治家正在构想自己的经济联盟,目标是恢复单一市场和单一货币,以便把投资吸引到这个平均工资每天还不到1美元的地区。

在地图上,肯尼亚、乌干达和坦桑尼亚紧紧地环绕着浩瀚的维多利亚湖。但是从政治上讲,它们占据着不同的领域。东非共同体于1967年成立,但是10年后由于它的领导人在意识形态上背道而驰而瓦解了。坦桑尼亚在前总统朱利叶斯·尼雷尔的领导下走的是社会主义道路,而资本主义的肯尼亚在已故总统乔莫·肯雅塔的领导下则向西方讨好。混乱无序缠住了乌干达,在那里,伊迪·阿明于1971年夺取了政权。坦桑尼亚外长基奎特1999年在一次研讨会上表示冷战时期,这些国家难以通力合作。如今这3个国家的政府全都渴望同国际货币基金组织和像欧洲联盟这样的捐赠者合作。国际货币基金组织支持自由贸易。而像欧洲联盟这样的捐赠者则鼓励实现地区一体化。今天肯尼亚总统丹尼尔·阿拉普·莫伊、乌干达总统约韦里·穆塞韦尼和坦桑尼亚总统本杰明·姆卡帕仍然存在着分歧。但是与阿明和尼雷尔不同,他们乐意一起摆出姿势让摄影师拍照,而阿明和尼雷尔从1978年11月到1979年6月打了一场战争。如果这3位总统的兄弟般的形象能够持久的话,他们就必须小心翼翼地分享合作的成果。由于肯尼亚在东非地区经济居优势地位,使周围国家一直对肯尼亚所处的支配地位怀有怨恨,因此该地区的政治一体化是一个难以解决的问题。据经济学家情报社估计,1997年坦桑尼亚和乌干达的最高国内生产总值各为60至70亿美元。这个地区的贫富悬殊使得乌干达和坦桑尼亚惟恐开放它们的市场会让更加便宜的肯尼亚商品进入。

但是,全球化会推动地区经济一体化的发展。东非国家现在不得不承认它们的共同利益与工业化世界有关。当坦桑尼亚和肯尼亚喜欢把它们自己描绘成非洲"稳定岛"时,乌干达却陷入了同刚果民主共和国和苏丹的代价高昂的战争。无论政治见解如何,东非大约8 000万人中的许多人已经非正式地跨越边界,他们的联系已由于共同的文化和共同的语言斯瓦希里语而加深了。该地区的领导人正盼望加快正式重新一体化的缓慢步伐,斯瓦希里语中的一句老话可能会鼓励他们:"山与山决不会再见,但是人与人却会再见。"

1999年1月22日,肯尼亚、乌干达和坦桑尼亚的国家元首们在阿鲁沙(坦桑尼亚)决定,从即日起至7月末建立一个东非经济共同体。该共同体的目标是从现在起到2000年消除该地区内的关税壁垒,并且到2005年实行共同的对外关税。这一决定是在东非的政治经济历史正处于关键时刻作出的。1998年9月,东非国家和欧盟就续订洛美协定问题开始进行谈判。贸易方面的谈判谈到了欧洲和非加太各地区(即非洲、加勒比和太平洋各地区)建立自由贸易区问题。

肯尼亚、乌干达和坦桑尼亚将决定是否应从现在起到2005年向几乎所有的欧洲产品开放自己的边界。坦桑尼亚也是南部非洲发展共同体的成员国，在以东非经济共同体成员国的身分还是以南部非洲发展共同体成员国的身分参加与欧盟建立的自由贸易区问题上，它必须作出选择。

欧盟是东非经济共同体的主要合作伙伴，东非经济共同体从欧盟的进口占进口总额的38%，向欧盟的出口占出口总额的46%。对于东非3国来说，同欧盟建立自由贸易区很可能主要表现为对国际收支和税收收入进行调整。欧盟已经向非加太的主要产品开放了自己的边界，欧盟委员会已要求好几个研究机构就贸易互惠原则对非洲、加勒比和太平洋各地区的影响问题进行评估。地区一体化的发展将有利于自由贸易区的建立。

据一项研究报告表明，乌干达和坦桑尼亚将不会受贸易自由化协议的影响，因为它们是最不发达国家，并且由于处于这种地位，它们即使不在欧洲—非加太地区经济合作协定上签字，也可以从洛美协定中得到一些优惠。另外，它们还可以利用肯尼亚竞争力的丧失(由于它向欧洲出口的产品被征收关税)而得到一些市场份额。

由于关税的降低，自由贸易区的建立将导致东非经济共同体市场上欧盟产品的价格降低。欧盟竞争力的增加将使该地区内贸易额的变化转而有利于欧洲，在乌干达更是如此(在该地区内，乌干达的进口额很大)。乌干达在该地区内的进口占其总进口的22.1%，坦桑尼亚和肯尼亚在该地区内的进口则分别只占其总进口的4.5%和1.1%。研究报告的作者根据统计的结果指出，肯尼亚向欧洲的出口有可能替代它向东非经济共同体其他国家的所有出口。

变得更有竞争力的欧盟产品将会取代从该地区或“世界其他地区”的某些进口产品。报告估计，肯尼亚、乌干达和坦桑尼亚从欧盟的进口将分别增加181%、188%和77%。欧洲商品将对东非各国的制成品行业造成极大的竞争威胁。该地区工业化程度最高的肯尼亚受到的影响将最大。油、碳氢燃料、铁、钢、鞋、塑料、玻璃等产品的生产都将受到威胁。欧洲—非加太地区经济合作协定可能会加强国际分工：发达国家将主要从事高附加值产品的生产，而发展中国家主要从事农产品的生产。

对东非3国来说，对从欧盟进口的产品实行免税将使关税收入大幅度减少。在坦桑尼亚，国家总税收会减少20%，在乌干达和肯尼亚则分别将减少16%和12%。至于在欧盟和中部非洲国家之间建立自由贸易区所带来的影响，研究报告的作者认为，税收的变化幅度超过14%的国家“将不大会从2020年以前完全实行的欧洲—非加太地区经济合作协定中获得经济上的好处”。如果拿这种标准来衡量东非经济共同体，大幅度地调整税收将会使乌干达和坦桑尼亚拒绝同欧盟签订贸易自由化协议。

## 文化教育及环保

坦桑尼亚重视发展民族文化，大力推广斯瓦希里语。国内有国家艺术委员会和音乐委员会。首都达累斯萨拉姆是经济和文化中心，设有国立中央图书馆和历史博物馆。主要刊物有英文《每日新闻》，发行量8万份，其他还有斯瓦希里文《自由报》、《民族主义者报》、《工人日报》等。

坦桑尼亚政府重视教育事业，小学实行免费义务教育，对中学教育提供一定的鼓励费。学制小学为7年，初中4年，高中2年，大学4年。几乎所有的小学都是国立的。近年来由于国家财政拮据，教育经费严重不足，不少中学面临关闭的威胁。为此，政府提出教育改革的政策，鼓励私人或集体办校，主张农村和边远地区在政府的资助下创办自己的学校，以便让更多的孩子就近入学。

坦桑尼亚境内野生动物资源十分丰富，全国有11个国家公园，占地面积近3万平方公里，近10个野生动物保护区和50个野生动物控制区。丰富的自然资源推动了该国旅游业的发展，这里有世界著名的乞力马扎罗山和东非大裂谷。坦政府计划到2000年接待游客100万人次。

附：

**表1 经济指数**

| 经济指数 | 1994年 | 1995年 | 1996年 | 1997年 | 1998年 |
|---|---|---|---|---|---|
| GDP(10亿坦先令) | 1 823 | 2 395 | 2 999 | 3 649 | 5 523 |
| GDP增长率(%) | 3.3 | 29.8 | 19.7 | 16.1 | 3.8 |
| 消费通货膨胀率(%) | 33.2 | 29.7 | 30.6 | 31.5 | 13.5 |
| 人口(百万) | 28.8 | 683 | 764 | 715 | 32.4 |
| 出口(亿美元) | 5.19 | 6.83 | 7.64 | 7.15 | 9.52 |
| 进口(亿美元) | 13.09 | 13.4 | 12.13 | 11.64 | 14.62 |
| 财政收支平衡(亿美元) | -7.11 | -6.46 | -5.11 | -7.08 | -5.63 |
| 外汇储备(亿美元)(不包括黄金储备) | 3.321 | 2.702 | 4.401 | 6.221 | 5.4 |
| 外债(亿美元) | 72.57 | 74.3 | 74.12 | 78.79 | 83.43 |
| 外债偿还率(%) | 19.0 | 17.7 | 18.2 | 13.7 | 10.6 |
| 咖啡(千吨) | 48.5 | 43.5 | 52.0 | 123 | |
| 棉花(千吨) | 48.4 | 44.5 | 84.2 | | |
| 汇率(1坦先令:1美元) | 510 | 575 | 580 | 612 | 665 |

资料来源：英国经济学家情报部《国家报告：坦桑尼亚》1998～1999，其中1998年数据为预测。

**表2 各产业部门在GDP中所占的比例**

| 部　门 | 1996年(%) | 部　门 | 1994年(%) |
|---|---|---|---|
| 农、林、渔业 | 55.7 | 私人消费 | 89.6 |
| 矿业 | 1.4 | 政府消费 | 7.7 |
| 制造业 | 6.5 | 总固定资产构成 | 27.5 |
| 建筑 | 7.0 | 股市增长 | 3.2 |
| 贸易和旅馆 | 7.1 | 出口 | 26.4 |
| 交通与通信 | 14.7 | 进口 | -54.4 |

资料来源：英国经济学家情报部《国家报告：坦桑尼亚》1998～1999。

**表3 1997年与主要贸易国家的进出口占总额的比例(%)**

| 出口国家 | 占总出口额比例 | 进口国家 | 占总进口额比例 |
|---|---|---|---|
| 印度 | 11.6 | 南非 | 12.8 |
| 德国 | 7.2 | 肯尼亚 | 10.6 |
| 日本 | 6.5 | 英国 | 7.8 |
| 马来西亚 | 6.2 | 沙特阿拉伯 | 5.7 |
| 卢旺达 | 5.3 | 日本 | 4.8 |
| 荷兰 | 4.7 | 中国 | 4.1 |

资料来源：英国经济学家情报部《国家报告：坦桑尼亚》1998～1999。

**表4 1996年主要进出口**

| 出口产品 | 百万美元 | 进口产品 | 百万美元 |
|---|---|---|---|
| 咖啡 | 137.8 | 机械和交通设备 | 458.5 |
| 棉花 | 137.6 | 消费品 | 361.8 |
| 制造 | 110.8 | 工业原材料 | 349.3 |
| 梵如树坚果 | 93.8 | 石油及石油产品 | 158.4 |
| 矿产 | 50.4 | 建筑材料 | 42.5 |

资料来源：英国经济学家情报部《国家报告：坦桑尼亚》1998～1999。

(中国现代国际关系研究所　方牧菲)

# 南非经济文化概况

南非共和国(The Republic of South Africa)位于非洲大陆最南端,从南大西洋到印度洋横贯3 000公里,面积122.1万平方公里。北部与纳米比亚、博茨瓦纳和津巴布韦接壤,东北部和莫桑比克、斯威士兰王国相邻。东、南、西三面临海,扼两大洋交通要冲,地理位置极为重要,海岸线长2 954公里。该国绝大部分地区为高原,海拔高度在1 200~1 800米之间。内陆高原的外缘有一"大断崖"将高原与沿海平原隔开。西北部是沙漠,东南部绵亘着德拉肯斯堡山脉。南非地处温带,年降雨量平均511毫米,但是各年各地区的差别很大,从东到西雨量逐渐减少。东部雨量充沛,是主要的农业区。内陆高原有丰富的草坡,是优良的天然牧场。

南非有3个首都。比勒陀利亚为行政首都;开普敦为立法首都;布隆方丹为司法首都。其他主要城市包括:约翰内斯堡,德班,伊丽沙白港。

南非是一个多种族国家,1997年人口为3 800万,年均增长率为1.51%。在人口构成中,黑人占75%;白人占14%;有色人种占9%;亚洲人(印度人)占2%。官方语言包括:阿非里卡语、英语、恩德贝勒语、北索托语、南索托语、斯威士语、聪加语、茨瓦纳语、文达语、科萨语和祖鲁语。居民中多数人信奉基督教,此外有部分人信奉非洲原始宗教、印度教、穆斯林教和犹太教。

根据联合国开发计划署(UNDP)《1998年人类发展报告》,南非的人类发展指数(HDI)在174个国家的排序中列第89位,属中等人类发展国家。

南非政体历经了几次变革:1910年5月31日建立南非联邦;1934年在英帝国管辖范围内成为主权国家;1961年5月31日成立共和国;1968年10月脱离英联邦。1994年4月27日非种族、民主宪法生效;同年5月重返英联邦。

南非现政府实行分权管理。行政——由国民大会选出任期5年的总统(国家元首);立法——由490名议员构成两院制议会。国民议会设400席,按比例代表制选出,全国各省代表委员会有90名代表,由各省各派一个10人代表团组成;司法——由宪法法院和最高诉讼法院组成。

全国主要政党有:非国大、国民党、因卡塔自由党、自由阵线、民主党、泛非大、非洲人基民党、团结民主运动、阿扎尼亚人民组织和保守党。

## 经　济

南非具有若干发达国家的特点,例如基础设施良好、工业技术先进和金融体制健全,但却显示出许多与发展中国家相联系的特征,包括正规部门与非正规部门的分工,财富与收入分配的不均衡。正规部门以采矿、制造、服务、农业为基础,非常发达。南非人均GNP1997年达到3 210美元,按购买力平价则高达7 190美元,已接近于中上等收入水平的国家。但人均收入较高的情况却掩盖了少数白人和大多数黑人间存在的巨大的贫富差距。因此,尽管南非拥有一些现代化的部门,但基本上是一个第三世界国家,它正在着手处理大部分发展中国家面临的问题,例如人口增长率高、失业增多、生活水平下降、扫盲率不够、迅速城市化、对促进社会—经济发展计划的需求增加。

1994年南非大选产生的联合政府把非国大提出的"重建与发展计划"作为新政府的基本政策和急待实施的首要任务。该计划旨在动员全体人民和国家的资源,彻底根除种族隔离的后果,创造一个民主的、无种族和性别歧视的未来。其主要内容包括通过在5年内提供100万套住房、基本服务、教育和保健以改善绝大多数人口的生活水平。但由于该计划进展缓慢,目标难以兑现,1996年6月,南非议会通过了"增长、就业和再分配:宏观经济战略",该战略强调:以私营部门/市场为基础的措施;私有化;实施保守的财政与货币政策以便加速经济增长;开创就业和加速贸易自由化。南非旨在保持一种富有吸引力的商业环境并鼓励国内外投资。

未来几年预计南非的GDP还将逐渐增加。自1994年以来,年GDP增长率在1.5~3.4%之间波动,政府估计,只有当经济达到6%的最低增长才有可能抵消目前官方公布的30%左右的失业率。在一项繁荣经济增长和加速开创就业的努力中,为促进特定地区的发展,政府建立了特别投资走廊并鼓励中小型及微型企业的发展。非国大政府的一项了不起的成功是使维持了20年的两位数的通货膨胀得到了有效控制,到1997年12月通货膨胀已降至6.1%。同时,政府还对减少财政赤字,增加外汇储备进行干预。事实上这种积极的努力自1997年下半年以来又受到了亚洲金融危机、矿物与金属——尤其是黄金价格下跌的影响。黄金——仍然是南非最重要的出口商品——的价格降到差不多20年来最低点。从1998年8月底开始,约翰内斯堡股票交易所的所有股票指数从4月份的最高点猛降42%,长期债券的收益率提高了20%,直接投资减少。作为在很大程度上依靠矿产品出口和外国资本流入的新兴市场,南非正面临着现代史上最严重的经济现实之一。IMF估计,1998年GDP年增幅仅为0.2%,但世行的统计则乐观得多,认为增幅为1%。

南非的结构性弱点包括:通货膨胀率仍然大大高于其贸易伙伴,劳动力成本较高,以及政府对几乎肯定能够以较低成本提供较有效服务的部门实行干预。此外令投资者感到沮丧的还有犯罪率居高不下、实行私有化速度缓慢以及法律的不健全。

**工业** 1997年南非工业占GDP的37%,其中制造业约占24%。南非几乎拥有除石油和铝矾土以外所有的基础资源,它是世界最大的铂、黄金和铬生产国,同时也生产大量的煤炭。对矿物进行创造附加价值的加工,生产铁合金、不锈钢及其类似产品是其主要的工业和重要的增长领域。该国制造业门类齐全,其中铁路车辆、合成燃料和采矿机械设备居世界领先地位。资源型产业结构,依赖外资和外国先进技术,工业布局过于集中,制造业生产高附加值产品不强是南非工业的主要特征。1996年制造业创造的附加值为267.29亿美元,其中食品、饮料与烟草占15%;纺织与服装占8%;机械和运输设备占20%;化学制品占9%;其他制成品占48%。与1980年相比,除食品工业附加值比例上升了3个百分点外,其他变化不大。

**近年来主要工业品产量**

单位:千吨

| | 1995年 | 1996年 |
|---|---|---|
| 铂 | | |
| 黄金(公斤) | 53 820 | 497 583 |
| 铬 | 1 525 | 1 505 |
| 钻石(千克拉) | 5 070 | 5 360 |
| 煤 | 196 000 | |
| 化肥 | 827 | 935 |
| 货车(辆) | 147 792 | 131 183 |
| 客车(辆) | 275 000 | 271 000 |
| 水泥 | 7 437 | 7 664 |

资料来源:联合国《工业商品统计年鉴》,1998年。

**近年来农业产量**

单位:千吨

| | 1995年 | 1996年 | 1997年 |
|---|---|---|---|
| 玉米 | 4 866 | 10 168 | 8 657 |
| 小麦 | 1 977 | 2 712 | 2 294 |
| 高粱 | 291 | 536 | 361 |
| 甘蔗 | 16 714 | 20 951 | 22 510 |
| 葵花籽 | 539 | 784 | 468 |
| 烟草 | 21 | 22 | 26 |
| 鲜奶 | 2 794 | 2 592 | 2 720 |
| 羊毛 | 61 | 66 | 67 |
| 水果 | 4 063 | 4 345 | 4 388 |

资料来源:粮农组织《生产年鉴》1998年。

**农业** 南非农业极端二元化。以白人为主、由资本密集的大农场组成的商业性部门与以黑人为主、主要从事自给性生产的贫穷小农部门并存,农业占GDP的比例呈下降趋势,1997年占5%。南非土地面积为122.1万平方公里,平均每平方公里可耕地养活134人。1996年耕地占土地面积的12.3%,多年生作物用地占土地面积的0.7%。1994~1996年人均拥有可耕地0.38公顷,是世界平均水平的1.58倍,已接近于高收入国家的水平。水浇地占农地的8.1%;1995~1997年谷物种植面积为617.6万公顷;每公顷可耕地使用化肥51.1公斤;1994～1996年每千名农业工人拥有拖拉机69台,是世界平均水平的3.45倍;每百公顷耕地拥有拖拉机87台,仅为世界平均水平的87%。1995～1997年每名工人创造的农业附加值为3 355美元,超过欧洲和中亚的水平(2 202美元)。主要作物包括柑橘和落叶水果、谷物、小麦、奶制品、甘蔗、烟草、酒和羊毛。南非有许多发达的灌溉设施,总的说来是粮食净出口国。

**服务业** 服务业目前已成为南非最重要的经济部门,1997年其产值占GDP的58%,商业股份出口与进口额分别达到50.66亿美元和62.44亿美元。各主要部门出口与进口的比例分配如下:运输占24%和44%;旅游占56.5%和31.2%;通信、计算机、信息与其他服务占10.3%和16.7%;保险与金融服务占9.1%和8.1%。南非的运输基础设施十分发达,支持着国内和地区,约翰内斯堡国际机场是连接其他南部非洲国家的空港。国内电信基础设施向城市地区提供现代化、高效的服务,包括移动电话和互联网服务。1997年,Telkom(南非电信),已部分实现了私有化,与一家拥有两大公司的财团形成了战略伙伴关系。南非政府承诺再投资10亿美元给Telkom以加速网络现代化,并将服务范围扩大到未覆盖地区。

**对外贸易** 进出口占南非GDP的44%。主要出口黄金、其他矿物和金属、农产品。进口商品主要为机械、运输设备、化工、石油产品、纺织品和科学仪器。1997年各大类商品出口与进口的比例分配如下:粮食占11%和6%;农业原料占4%和2%;燃料占11%和10%;矿物和金属占12%和1%;制成品占55%和72%。南非的主要贸易伙伴包括英国、美国、德国和日本。南非与其他撒南非洲国家,尤其是与那些南部非洲国家的贸易已大幅增加。南非是南部非洲关税联盟(SACU)和南部非洲发展共同体(SADC)的成员。1996年8月南非与它的SADC伙伴签订了区域贸易议定书,并继续为降低关税,实现区域经济一体化进行谈判。

**金融政策** 南非有着完善的金融结构,其大型活跃的股票交易所在市场资本化总额方面列世界第19位。南非储备银行(SARB)行使中央银行的全部职能,但它又是独立的,它通过调节提供给私营部门银行的基金的利率,影响利率,管理负债。南非政府已采取步骤逐步减少现存的主要适用于本国居民的外汇管制,现在居民个人可一次性在海外账户投资20万兰特并可在南非银行自由持有外币账户。1998年1月财政部取消了商业银行外汇持有的上限。为了鼓励外资流入,南非政府在1995年3月10日取消了实行多年的双重汇率制。宣布取消金融兰特,实行单一货币体制,到1997年私人投资占到国内固定投资总额的72.9%;外国直接投资占国内投资总额的8.4%,占GDP的1.3%。1996年中央政府经常性收入占GDP的28.8%,总支出占GDP的34.7%,总预算赤字包括赠款占GDP的-5.8%。1997年国际储备总额为47.99亿美元,外债总额达到252.22亿美元。

**近几年政府财政状况**

单位:百万兰特

| | 1995年 | 1996年 | 1997年 |
|---|---|---|---|
| 收 入 | 134 208 | 156 441 | 175 790 |
| 支 出 | 164 182 | 188 544 | 201 098 |
| 差 额 | -29 974 | -32 103 | -25 308 |

资料来源:IMF《政府财政统计年鉴》,1998年。

## 科学技术

南非具有科学研究的传统,其研究事业极为发达,遍布众多的领域,它不仅成为非洲科学技术的先锋,而且在采矿、冶炼、地质数据资料、水利、医学、能源等方面的研究成果都居于世界领先水平。1994年以非国大为核心的民族团结政府成立以后,科学事业又有了新的发展。新政府建立了艺术、文化、科技部(DACST),此外,为确保不同政府部门在设计、战略规划和实施方面的有效协调,又组建了由副总统挂帅的内阁科技部长委员会(MCST)。在议会内,则成立了艺术、文化、语言和科技综合委员会,它有一个特别科技小组。同年又设立了国家科技论坛(NSTF),它由官、产、学、研等各方面人士组成。

1994年后南非政府一方面进一步完善了促进科技发展的政策性机构,另一方面继承了以往政府建立起来的科技基础设施,这种设施是随着1995年科学与工业研究院(CSIR)的建立而奠定的。直接参加两次世界大战的经历使南非工业有了长足发展,为了支持技术的发展，南非逐渐开始有组织地进行科学研究。1948年南非马兰政府将种族歧视政策加剧以后，在国际社会受到了普遍谴责和制裁，1990年以前的历届政府均实施在种族隔离的基础上，在少数白人中大力发展科学、工程和技术教育与研究。

**新的科技政策措施** 1996年DACST发表了科技白皮书，提出在整个南非社会开创支持创造性与创新的环境。白皮书引入了国家创新体制(NSI)的概念，它实际上是为配合实现共同的经社目标而建立的一整套职能机构、组织和政策，其目的是促进国家科技体制所产生的知识、技术、产品和工艺的商业性转化，增加国家财力，改善全体社会成员的生活质量。

**国家创新顾问理事会** 国家创新顾问理事会(NACI)是个立法机构，应艺术、文化、科技部的要求，处理有关NSI职责的质询、研究和咨询。

**国家研究基金会** 政府通过两种方式资助高等教育部门的研究，一是从教育部的教育预算中直接划拨给高等院校；二是从源于科技预算并由DACST支付的独立编制的研究基金预算流入自身创造附加值的机构。

目前有4个重要的研究委员会，它们在各自的授权下将内部研究工作与高校部门的外部研究资助相结合，这些委员会包括农研委员会(ARC)，医学研究委员会(MRC)，人类科学研究委员会(HSRC)和矿物技术委员会(MINTEK)。研究开发基金会(FRD)有权资助自然科学、工程学和技术领域的研究与教育并管理着3个国家研究设施，这些设施装配着需要高额资本投入、单个高校无力建造与管理的实验室，它们是国家加速器中心、南非宇航观测站以及Hartebeesthoek无线电宇航观测站。

国家研究基金会向科学界提供竞争性赠款。

**国家研究与技术审核** 1997年底以前，DACST进行了一次国家研究与技术审核，其目的是为了解南非科技体系的优势与劣势，以便更好地了解本国未来长时期内从事科技活动的实力，为日后更进一步制定规划、方案及决策提供参考依据。前瞻工作与审核同时展开，其目的是系统地查清在较长时期内可能对南非社会经济产生最大好处的科技领域和新兴的遗传技术。为了寻求使技术政策与广泛的国家目标相结合，研究与技术前瞻囊括了各类经济部门。

**工业组群研究** 贸工部(DTI)负责工业组群的研究，其目的是了解行业组群在国内外市场的竞争力状况，提出加强这些组群、鼓励新发展的建议，帮助政府制定行业政策并引入行业合作与持续升级机制。

**南非科学院** 南非科学院成立于1996年，其目标是通过主要科学家在所有领域的协力行动，促进和推广具有普遍意义的科学思想，消除人民之间的障碍，确保全体人民最大限度地发挥其聪明才智，提供有效的建议，促进与所有南非人的集体需求和南非人民面临的威胁、机会及挑战相关问题的行动。目前科学院正在寻求法律承认。

**目前的科学结构**

*研究与开发组织* 自从战后初期，CSIR作为全部设施出现以来，南非的科学基础设施已发展得非常庞大、复杂和尖端。当初南非所拥有的9所大学仅承担有限的研究。如今，南非已拥有21所大学和15所技术院校，是国家研究的中坚力量。此外，国家资助的研究委员会已从1975年的1个(CSIR)增至9个(包括原子能公司和CSIR本身)。

*对研究的资助* 1995/1996年政府科技预算拨款估计数为73.25亿兰特，其中教育部门的科技拨款占一半以上(55.7%)，其他11个部门在1.8～8.8%之间。然而，最近一项未公布的商业调查数据估计，1995年南非总的研究与开发(R&D)投资为32.43亿兰特，这项开支比1993/1994年南非R&D调查所报告的25.94亿兰特高25%。这些总投资应以国家预算为背景进行评估，1996/1997年和1997/1998年国家预算分别为1 770亿兰特和1 900亿兰特。1996年GDP和GNP分别达到5 430亿兰特和5 310亿兰特。

国内研发总开支占GDP的比例1991/1992年为1.04%，1993/1994年降至0.75%。这种下降部分地可解释为用于衡量R&D开支的方法和抽样调查方式各年有所不同。据艺术、文化与科技部提供的资料，1997/1998年度政府对南非各科研委员会的拨款为11.78亿兰特，其中地质科学委员会占5.5%；医学研究委员会占5.6%，南非标准局占5.7%；矿物技术委员会占7%；人类科学研究委员会占7.6%；开发基金会占13.8%；农研委员会占27.9%；科学与工业研究院占26.9%。另据联合国教科文组织报告，1993年南非R&D开支为25.94亿兰特，按供资渠道划分，政府基金占 42.7%；生产性企业基金和特别基金占 54.4%；国外基金占 1%；其他基金占 1.8%。研发开支在部门间的比例分配如下：生产性部门占 52.7%；高等教育占 16%；综合性服务占 31.2%。在主要应用性研究中，贸易与工业、综合性知识升级、农业、采矿与采掘、运输与通信、能源以及医学服务占到全部 R&D 开支的 78%。

科技工作者　最新获得的南非劳动力资料表明，1994 年全国有 21.9986 万名科学家和工程师，占经济活动人口（1 429.7048 万）的 1.5%，占专业工作者（57.9129 万）的 38%。在全部 R&D 人员中，生产性部门占 35%；高等教育占 36%；综合性服务部门占 29%。

## 教　育

南非种族主义统治时期长期实行种族主义教育制度，设有 4 个“教育部”，分别负责白人、黑人、有色人和亚洲人的教育。新政府成立后致力于建立种族、性别平等的教育体制，成立了全国统一的教育部和部长办公室，负责制定国家教育培训政策。为提高在校生的学习质量，新政府强调教育与培训应达到国家学习合格标准，职业技术教育和远程教育、成人教育得到了特别的重视与发展。国家人力资源战略以不分种族、不分性别、平等、补偿为原则，以致力于公民毕生学习为目标。

南非现行教育基本上已形成了一个现代化的教育制度。正规教育包括公共普通学校教育、国家资助的普通学校教育、私立普通学校教育、专业学校教育、技术专科教育、教师培训、技术院校和大学教育。南非现实行的中小学教育，分别为：小学 7 年，初中 3 年，高中 2 年。

**学前教育**　学前教育始于 5 岁，为期 1 年。1996 年全国有学前教育机构 4 596 所，有教师 13 996 人，女性占 99%；有注册儿童 329 070 人，男女童各占一半，学前教育注册率为 31%。

**小学教育**　6～12 岁为小学受教育阶段。1996 年全国有小学 20 863 所，有教师 224 896 人，女性占 74%；有注册生 8 159 430 人，女生占 49%。小学总入学率为 115%，净入学率为 95%，师生比为 1∶36。小学各年级学生比例分配如下：1 年级占 21%，2 年级占 15%，3、4 年级各占 14%，5 年级占 13%，6 年级占 12%，7 年级占 11%。南非小学复读生比例较高，现有的资料表明，1991 年复读生占 12%。

**中学教育**　13～17 岁为中学受教育阶段。1994 年全国有中学教师 128 784 人，女性占 64%；有注册生 3 571 395 人，女生占 54%；就读于普通中学和职业中学的学生分别占 98.7%和 1.3%。到 1996 年，中等普通教育的教师人数和在校生数已分别达到 128 611人和 3 749 449 人。1996 年中学各年级在校生比例分配为：初一占 26%，初二占 23%，初三占 19%，高一占 17%，高二占 15%。

**高等教育**　18～22 岁为高等教育阶段。1995 年每 10 万人拥有大学生 1 664 人，高于世界平均水平（1 451 人），是发展中国家平均水平的 2 倍。

60 年代南非为满足工商业快速增长对有技能的人力资源的需求，于 1967 年颁布了高等技术教育法案，建立了一批培养技术合格毕业生的高等院校，目前南非拥有 15 所这样的院校，叫做 technikons，1995 年有注册生 163 113 人。相比之下，21 所综合性大学中的在校生则高达 381 290 人。另据联合国教科文组织统计，1994 年全国高校有教师 27 099 人，女性占 37%；有注册生 617 897 人，女生占 48%。其中综合性大学及同等院校有教师 13 326 人，有学生 353 958 人；其他第三级院校有教师 13 723 人，有学生 263 939 人。大学入学率为 15.2%，接近于世界平均水平。1995 年大学生中学习自然与应用科学的学生占 57%，① 居世界前列，相当于经合组织（OECD）公布的平均水平的 2 倍。按学科分，1994 年所有层次全日制注册生人数居前 5 位的依次是：教育学占 20.7%；商业管理占 20.2%；社会与行为学占 13.5%；人文与宗教占 11%；法律占 7.9%。②

---

① 联合国开发计划署《1998 年人文发展报告》。

② 联合国教科文组织《统计年鉴 1998 年》。

**按 ISCED 划分的各层次注册生、毕业生人数与比例**

| 年度 | 第 5 层次 | | 第 6 层次 | | 第 7 层次 | | 所有层次 |
|---|---|---|---|---|---|---|---|
| 1994 | 人数 | % | 人数 | % | 人数 | % | 人数 |
| 注册生① | 218 892 | 46.8 | 213 372 | 45.6 | 35 822 | 7.6 | 468 086 |
| 毕业生 | 92 287 | 62.6 | 32 597 | 22.1 | 22 507 | 15.3 | 147 391 |

①仅为全日制学生数及比例。

资料来源:联合国教科文组织《统计年鉴》1998 年。

1994 年南非共接受了 12 625 名外国留学生,同时有 3 634 名南非学生在国外学习。

**教育开支** 南非政府极为重视教育,1996 年公共教育开支占到 GNP 的 7.9%,比上年增长了 1.1 个百分点,超过了工业化国家的平均水平(5.2%),已达到发展中国家平均比例的 2 倍。教育开支占政府开支总额的比例自 1994 年以来一直超过 20%,1996 年达到 23.9%。1996 年公共教育开支为 420.53 亿兰特,经常性教育开支为 399.10 亿兰特,占 94.9%,经常开支占 GNP 的 7.5%;资本开支为 2.143 亿兰特。1996 年经常性开支在各级教育中的比例分配为:学前教育占 1.4%;小学占 42.1%;中学占 9.5%;大学占 14.3%;其他类型教育占 5.5%;未分配部分占 7.1%。在经常性开支中,各类人员薪金的比例高达 87.6%,其中行政人员开支占 12.1%,教员开支占 75.5%。相比之下,教学用具开支仅占 3.8%,其他开支占 8.6%。

## 历史与文化

人们居住在南部非洲的历史可追溯到数千年以前,克伊桑语族的成员是延续下来的居住在这片土地上的最悠久的居民,然而在今日的南非,他们的人数已所剩不多,现居住在西部地区。多数现今的南非黑人属班图语族,他们从中部非洲迁至南部,于公元 100 年前定居在德兰士瓦地区。到 1500 年,祖鲁人与科萨人的祖先恩戈尼语族占据了东部海岸的大部分地区。

葡萄牙人于 1488 年到达好望角,他们是最早到来的欧洲人。然而白人永久地迁居至此是 1652 年以后的事,当时荷兰东印度公司在开普建立了一个临时的航运补给站。在随后的几十年里,受到宗教迫害的法国胡格诺派教徒、荷兰人和德国人开始定居于开普,共同的信仰使他们迅速融合。他们构成了今日南非人口中的阿非里卡人。到 1779 年,欧洲殖民者扩充到整个开普南部,东至大鱼河的地区,荷兰人和科萨人展开了第一次边境战争。

18 世纪末,英国人获得了对好望角的控制。随后,英国殖民者及统治标志着阿非里卡人和英国人长期冲突的开始。为逃避英国统治和文化霸权,同时也是对英殖民当局废除奴隶制的不满,从 1836 年起许多阿非里卡农民(布尔人)开始北迁,即闻名于世的“大迁徙”。这次迁移使他们与这一地区的非洲部族发生了联系和冲突,祖鲁人成为他们难以战胜的对手。在杰出领袖恰卡的领导下(1787～1828 年),祖鲁人征服了从德拉肯斯山至海边(现在的夸祖鲁—纳塔尔)的大部分地区。1828 年恰卡遇刺,由他的异父(母)兄弟丁刚接替。1838 年丁刚在“血河之战”中被大迁徙中的人所打败并被驱逐,但祖鲁人保存了实力,他们在 1879 年最终被征服之前曾大败英军。1852 年和 1854 年,独立的德兰士瓦布尔人共和国和奥兰治自由邦分别成立,共和国与其政府关系紧张。1870 年钻石在金伯利以及 1886 年大型金矿在德兰士瓦的威特沃特斯兰地区被发现,引起了大批欧洲人(主要是英国人)的拥入和投资,许多黑人也迁至矿区工作。矿主兴建宿舍和住房进而控制工人的做法成为一种模式,并在这一地区扩展开来,布尔人对这种流入以及对英国政治阴谋的反应导致了 1880～1881 年及 1899～1902 年两次英布战争。英军在冲突中获胜,布尔人共和国并入英帝国。1910 年 5 月,两个共和国和开普与纳塔尔的英国殖民地组成了南非联邦,联邦宪法规定将政治权利把掌在白人手中。

1912 年南非土著人国民大会在布隆方丹成立并最终成为非洲人国民大会(ANC),其目的是消除以肤色为基础的各种限制,给予黑人公民权和议会代表权。尽管作出了种种努力,但政府继续通过限制黑人权利和自由的法律。1948 年在全部白人大选中获胜,并开始通过立法推行更严厉的白人统治政策和种族隔离。

60年代初，震惊世界的沙佩维尔抗义爆发后，非国大和泛非大被禁止，大批领导人被捕，非国大和泛非大被迫转入地下，通过游击战和不合作等形式反抗种族隔离。1961年5月南非共和国成立，取代了南非联邦，此后不久，因国际社会对种族隔离的反对，南非退出了英联邦。

1984年新宪法生效，白人允许有色人和亚裔人在国家政府中发挥有限的作用，并在特定地区管理自己的事务。然而，最终所有的权利仍掌握在白人手中，黑人实际上依旧没有公民权。1976年和1985年发生在黑人和有色人城镇的大规模起义促使一些国民党成员认识到变革的必要，1986年这些人开始与纳尔逊·曼德拉举行秘密讨论。1990年2月，南非总统德克勒克宣布解除对非国大、泛非大和所有其他反种族主义组织的禁令。两周后曼德拉从监狱中获释。1991年《集团住区法》、《土地法》和《人口登记法》——所谓最后的种族隔离支柱——被废除。随后，经过长期的一系列的谈判，1993年12月新宪法出台，1994年4月26～29日全国举行了首次不分种族的大选，纳尔逊·曼德拉于1994年5月10日任总统，一个种族平等、政治统一的新南非诞生了。1999年6月2日在第二届不分种族的大选中，非国大再次获胜，曼德拉的接班人姆贝基出任总统。

悠久的历史，辽阔的地域，富饶的物产以及社会种族的千变万化，使得南非的文化呈现出绚丽多彩的景象。南非传统的美术、舞蹈、口头文学及建筑都留有卓越的珍品，黑人传统文化与其他外来文化的自然交融使得南非文化具有了一种独特性。新南非诞生以后，为了繁荣南非文化与科学的发展，1994年新政府成立了艺术、文化和科学技术部，使南非的文化发展进入了一个崭新阶段。

**图书馆** 南非拥有1个国家图书馆，即政府图书馆；670个公共图书馆；370个专业图书馆；90个政府部门图书馆；88个高等院校图书馆。藏书共4 700万册/件。

政府图书馆建于比勒陀利亚，该馆除为南非公众提供信息外，还承担对外文化交流、信息资料交换等工作。该馆学习服务部主要从事函授教育，对不能进入学校和公共图书馆服务的学生进行教育；编辑《北索托文献目录》和多种国家书目，致力于统一民族文化的发展。1995年该馆拥有藏书80.7万册，缩微制品36.3493万件，视听文献202件，其他图书馆资料3.5万件。图书年增加量为25 744册，年增其他资料11 462件，年馆际互借量为4 054册。1995年经常性开支为961万兰特，员工开支占75%。政府图书馆有员工51人。

位于开普敦的南非图书馆历史非常悠久，它于1818年起开始收集资料，1873年成为一个公共图书馆。它是国家资料中心，收藏包括珍本、善本、孤本和手抄本在内的广泛文献，作为国家惟一的专门保护书面文字资料的部门，保护所有种族文化的书面遗产。

**图书** 根据联合国教科文组织的统计，1995年南非发行图书5 418种，31 349册。与上年相比，种数上升了18.5%，但册数却下降了16.5%。1995年发行册次居前5位的分别是：语言学占24.4%，文学占22.7%，宗教占12.8%，应用科学占11.3%，纯科学占11.0%。由此可见，科学出版物在总发行量中仅占1/5强。此外，1995年南非还出版了教科书285种，1 166万册；出版儿童读物593种，219万册。

**1995年按国际十进分类法(UDC)统计的图书出版量**

| | 总数 | 普通 | 哲学 | 宗教 | 社科 | 语言学 | 纯科学 | 应用科学 | 艺术 | 文学 | 史地 |
|---|---|---|---|---|---|---|---|---|---|---|---|
| 种次 | 5 418 | 136 | 33 | 516 | 1 262 | 566 | 330 | 1 002 | 156 | 1 227 | 190 |
| 册次 | 31 349 | 86 | 101 | 4 013 | 2 129 | 7 663 | 3 460 | 3 543 | 572 | 7 108 | 2 674 |

资料来源：联合国教科文组织《统计年鉴》，1998年。

**日报** 1996年南非拥有日报17种，发行量为128.8万份，千人拥有量为30份，低于发展中国家平均水平(44份)，不足世界平均水平的1/3。南非拥有非日报12种，发行量为180万份，千人拥有量为42份。

**文化纸张** 南非是新闻纸的生产与出口国。

1996 年产量为 44 万吨，出口 14 万吨，进口 4 100 吨，年消费 30.41 万吨，人均消费 7.17 公斤，高于世界平均水平（6.0 公斤），是发展中国家平均水平的 3.98 倍。其他印刷与书写纸张不能完全自给，需部分进口，1996 年产量为 30.1 万吨，进口 13.37 万吨，出口9 300吨，消费 42.54 万吨，人均消费 10 公斤，是发展中国家平均水平的 4 倍。

**广播与电视** 1996 年南非有投入使用的收音机 1 340 万台，千人拥有量为 316 台，是发展中国家平均水平的 1.6 倍。到 90 年代初，南非已有 47 家电台，其中 23 家是南非广播公司提供的。电台用 11 种官方语言广播，如今每周已有 35.5 万听众收听立体声广播，大约 1 400 万听众收听每天广播。1996 年南非有投入使用的电视机 500 万台，千人拥有量为 118 台，相当于阿拉伯国家的平均水平，仅为世界平均水平的一半。南非的电视传播起步较晚，第一个电视节目开播于 1976 年 1 月 5 日。进入 90 年代，南非已用 9 种语言播出了 3 套电视节目。电视节目 50% 是在南非制作的，收费电视是南半球收视率最高的收费电视网，1994 年中期已超过 88 万人，每年大约有1 100 万成人看电视，南非拥有非洲最大的电视观众群。

**文化遗产** 南非土著居民创作的岩石艺术技艺精湛，色彩鲜艳，其历史可追溯到石器时代，大多数岩画表现内容为动物、狩猎、舞蹈、战争、宗教仪式和移民等场面。最著名的布须曼人的洞穴壁画与岩壁雕刻是人类原始艺术的瑰宝，也是南非现代艺术的组成部分，记录了从远古的狩猎到现代的原始部落的非洲黑人生存的篇章。这一艺术遍布南非，已发现 3 000 多处有石刻艺术的遗址。

**环境保护** 南非政府极为关注以一种负责任的、持久的方式管理国家丰富多样的自然资源。1997 年它批准了《联合国气候变化框架公约》。许多非政府组织积极投身到有关气候变化、生境保护和可持续发展的公共政策辩论之中。南非的环境研究由环境事务和旅游部环境管理组负责。项目包括：废物处理、自然保护、河流、海岸、海洋和大气层。1994 年制成国家环境潜能地图，提供了南非环境资源状况，为环境保护与资源开发提供参考依据。1993 年国家环保开发开支为 7 254.4 万兰特，占国内研发开支总额的 2.8%。

南非土地面积为 12 210.4 万公顷，1995 年森林和林地面积占 7%，国家保护区占总面积的 5.7%。1990～1995 年森林消失了 1 000 平方公里，占森林总面积的 1%；1980～1990 年植树率为 2%；1980～1990 年沿海红树林丧失了 50%。1995 年人均二氧化碳释放量为 7.4 吨，为世界平均水平的 1.8 倍，发展中国家平均水平的 3.7 倍。1998 年年人均拥有再生水资源 1 011 立方米；1987～1995 年年淡水抽取总量占水资源的 29.7%，人均年抽取量为 359 立方米，相当于世界平均水平的 57%。

## 经济文化一体化

南非经济高度依赖外部世界。在 80 年代，该国的外贸平均占国内生产总值的 50% 以上，目前虽有所下降，但仍占 44%，而以投资或贷款形式的外国资本的流入则是该国的经济增长所必不可少的。南非经济长期以来具有明显的二重性，即先进的“白人经济”与落后的“黑人经济”并存。种族主义统治时期，占全国总人口不足 13% 的白人占有全国 87% 的土地和 80% 的财富；白人通过国家政权，以“公营”的方式，把持着经济命脉。制造业是影响南非国内生产总值的主要部门，新南非诞生以前的 1993 年它占国内生产总值的 25%，但该部门因南非的教育制度而受到损失，南非的教育制度已导致熟练工人和技术工人严重短缺。这反过来使重大的研究与发展无法进行，也形成不了国内技术能力。为此，新政府已制定了扭转这种局面的方案。与此同时，在“黑人家园”中还普遍存在着分散经营、原始落后的生存农业经济和为数不多的个体工商业者。据统计，80 年代中南非黑人区有 260 万个体经营者。黑人中还有少数收入较高的医生、律师、公务员、企业职工、演员。90 年代初还出现了少数黑人大企业家。民主南非建立以后，新政府实行企业私有化和自由开放的政策，国际制裁取消了，资本、技术、人才纷至沓来，黑人中小企业迅速发展起来。在约翰内斯堡股票市场上，1995 年有 10 家上市公司，1996 年增至 17 家，总资本约 58 亿美元。黑人的私人企业家队伍在不断扩大，二元经济的鸿沟正在缩小。在姆贝基总统的领导下，1999 年南非经济将走出下降的阴影，黑人教育的改善将为未来经济文化的一体化发展注入新的活力。 （中国国家图书馆　李跃进）

# 俄罗斯经济文化概况

俄罗斯联邦，或称俄罗斯。国土面积 1 707.54 万平方公里，居世界第一。人口 1.47 亿(截至 1998 年)。首都莫斯科。官方语言俄语。国家元首，俄罗斯联邦总统鲍里斯·尼古拉耶维奇·叶利钦(1991 年 6 月 12 日当选，1996 年 7 月选举连任)。

**民族**　俄罗斯是个多民族国家，境内有 130 多个民族，其中俄罗斯族占 82.5%，约 1.2 亿人，主要集中在俄罗斯欧洲部分。其他主要少数民族有鞑靼、乌克兰、楚瓦什、巴什基尔、白俄罗斯、摩尔多瓦、日耳曼、乌德穆尔特、亚美尼亚、阿瓦尔、马里、哈萨克、奥塞梯、布里亚特、雅库特、卡巴尔达、犹太、科米、列兹根、库梅克、印古什、车臣等。主要宗教为东正教、伊斯兰教和佛教。

**自然地理**　俄罗斯位于欧亚大陆北部，领土包括欧洲东半部和亚洲北部，北邻北冰洋，东濒太平洋，西接大西洋。东西长约 9 000 公里，南北宽约 4 000 公里。陆地邻国西北面有挪威、芬兰，西面有爱沙尼亚、拉脱维亚、立陶宛、波兰、白俄罗斯，西南面是乌克兰，南面是格鲁吉亚、阿塞拜疆、哈萨克斯坦，东南面有中国、蒙古、朝鲜。东面隔海与日本和美国相望，北部领土中 36% 在北极圈内。海岸线长达 33 807 公里。国土地形以平原为主，平原、低地和丘陵占总面积的 60%，其欧洲部分大部分为东欧平原，亚洲部分主要为西伯利亚大平原。全国大部分地区处于北温带，气候多样，但以大陆性气候为主。温差普遍较大，1 月平均温度为 -1℃ 至 -50℃，7 月平均温度为 1℃ 至 25℃。年均降水量为 150～1 000 毫米。

**自然资源**　俄罗斯是世界上自然资源十分丰富的国家，种类多，储量大，自给能力强。石油探明储量达 63 亿吨，天然气储量占世界第一位。森林覆盖率为国土面积的 40%，林材蓄量约 800 亿立方米。水力、电力、铁矿石、煤炭、黄金、银、铜、锌、锡、铝、钨、镍、钴、铂、钼、锰、铬、钛、金刚石、铀等储量亦居世界前列。

**历史沿革**　俄罗斯的祖先是东斯拉夫人罗斯部族。公元 6 世纪末期，东斯拉夫氏族社会开始解体，形成地域性的部落联盟。公元 882 年，奥列格先后征服斯摩棱斯克和基辅，建立了以基辅为中心的大公国，史称基辅公国或“基辅罗斯”。到 10 世纪，基辅罗斯逐渐形成封建国家。12 世纪罗斯全境又分裂成许多独立公国，基辅罗斯瓦解，俄国历史进入封建割据时期。1240 年起，蒙古对俄进行了长达两个多世纪的统治(1240～1480 年)。14 世纪后罗斯各公国逐渐又被莫斯科公国所统一。1462 年，莫斯科大公伊凡三世即位，建立了中央集权国家。1480 年蒙古军队撤离罗斯，罗斯摆脱蒙古统治。公元 1533 年，伊凡四世即位。1547 年他宣布自己为全俄罗斯“沙皇”，莫斯科公国也改称为“沙皇俄国”。从此沙皇俄国开始了不断对外扩张，版图不断扩大。1612 年俄国贵族院选举罗曼诺夫家族的米哈依尔·罗曼诺夫为沙皇，从此开始了俄国历史上到 20 世纪初长达 300 多年的罗曼诺夫王朝统治。1721 年彼得一世(彼得大帝)改国号为俄罗斯帝国，定都圣彼得堡。彼得一世为改变俄国落后于西方的状况，对国内政治、经济、军事、文化等各方面进行全面改革，使俄罗斯一跃而成为欧洲列强之一。1762 年女皇叶卡捷琳娜二世即位后，不断派出军事和地理远征队，使俄势力范围和领土迅速扩展到了外高加索、中亚和远东地区。1861 年俄国废除农奴制，大大促进了资本主义的发展。到 19 世纪末 20 世纪初，俄国已成为一个军事封建帝国主义国家。1917 年 3 月(俄历 2 月)，俄国资产阶级推翻了罗曼诺夫王朝的最后一个沙皇尼古拉二世，沙皇专制统治宣告结束。1917 年 11 月 7 日(俄历 10 月)，列宁领导十月革命，建立了历史上第一个社会主义政权。1922 年 12 月 30 日，苏维埃社会主义共和国联盟(简称苏联)成立。1990 年 6 月 12 日，俄罗斯联邦最高苏维埃通过并发表《主权宣言》，宣布俄罗斯联邦拥有“绝对主权”，实际上等于宣布脱离苏联而独立。1991 年 6 月 12 日，叶利钦在全民选举中当选为俄罗斯联邦第一任总统。1991年12月8日,俄罗斯、白俄罗斯和乌克兰3国领导人在明斯克达成建立"独立国家联合体"协议,21日除波罗的海三国和格鲁吉亚外,原苏联11个加盟共和国领导人在阿拉木图签署《阿拉木图宣言》,正式成立独立国家联合体(简称独联体)。12月25日,苏联总统戈尔巴乔夫发表电视讲话,宣布解散苏联。自此俄罗斯联邦成为完全独立的国家,并作为原苏联的继承国取代其在联合国等国际组织的地位。1993年12月25日,俄罗斯独立后第一部宪法经全民公决通过并生效,它确定俄罗斯为总统制的联邦国家政治体制。宪法规定,俄罗斯实行联邦制,总统为国家元首和执行权力机关最高首脑;立法权力机关是经选举产生的联邦会议(议会),它由"联邦委员会"(上院)和"国家杜马"(下院)两院组成。1992年和1994年俄总统先后宣布,6月12日为"独立日"和"国庆日"。

## 经　济

俄罗斯是原苏联的核心,经济势力最强大,国内生产总值占原苏联的70%。独立后,由计划经济向市场经济转轨,由于政局动荡不稳,经济改革战略和策略上的连连失误,致使生产持续下降,目前国内生产总值仅有1990年的一半。1997年经济首次出现0.4%的增长率,但1998年又下降4.6%,到1999年年中尚无明显起色。1997年经济之所以出现转机,主要原因是因为1995年初,切尔诺梅尔金政府曾强烈地意识到扶持生产的重要性,银根随即略有松动,下半年经济下滑势头和通货膨胀均得到明显遏制,1996年国内生产总值和工业总产值均降幅稳定到了一位数,预算赤字也显著减少。1997年形势继续好转,多项经济指标首次停止下降,并出现微弱的增长苗头。工业产值增长1.9%,农业产值增长0.1%,全年通货膨胀率仅为11%。但是,一方面由于政府的银根松动有限,金融市场贷款利息基本保持在30%以上,企业融资仍然困难。另一方面,几年来大多数企业生产下降,无力向政府纳税,同时,政府的税收改革严重滞后,税收不合理的问题基本没有解决,结果政府税收状况仍在继续恶化,而为应付社会压力支付不断攀升,财政赤字日益扩大,经济中潜在的威胁迅速上升。为弥补财政亏空,应付不断加剧的支付危机,政府只好用向金融市场发行短期高利债券的方式,筹集日常开支所需资金。这一做法虽使政府渡过了一次次的支付危机,但它直接导致两大后患:一是吸纳大量本来可能投向生产的资金,加大了企业通过金融市场融资的难度;二是政府财政很快积累了约700亿美元的债务,尤其是短期债务比例达到20%,为金融危机的发生埋下祸根。

1998年以来由于东南亚经济危机继续加深,国际市场石油价格继续维持低迷,3月份切尔诺梅尔金政府突然被更换等消极因素与俄经济中多年积累的税收不力、滥发国债和生产回升乏力等"顽症"相结合,引发了自5月以后日益频繁与严重的金融和经济危机,使俄经济上年底刚刚出现的"好转迹象"几乎化为乌有。1~7月国内生产总值同比下降1.1%,6月和7月分别下降1.6%和4.5%,创造了1996年9月以来的最差记录。同期的工业总产值下降1.3%,其中7月份降幅达9.4%,创下1994年12月以来降幅最大的记录。卢布贬值达30~50%,居民实际收入下降8.9%,国家经济再次濒临崩溃边缘。为了缓和危机,8月17日,俄罗斯政府与中央银行联合宣布,即日起至年底,实行1美元兑6.2~9.5卢布的新浮动汇率"走廊制",放弃年初以来固守的1美元兑6.128~7卢布的浮动汇率,并且重新安排短期国债的偿还办法。这表明俄政府和央行面对金融市场的国内外巨大压力,在IMF的默许下,试图用让卢布贬值的"险招"来渡过面临的危机。但是由于俄经济积累的问题十分严重,仅用这两项政策已远不能摆脱困境,8月21日,叶利钦总统只好宣布解散基里延科政府,整治俄经济的重任落到了普里马科夫肩上。

普里马科夫政府上台后,把政府工作的中心放在稳定金融,稳定经济和振兴民族工业上。政府一方面整顿银行,清理不良债务;另一方面扩大税收来源,加大税收执法力度,增加预算收入,同时适当减免工业企业的税赋,降低贷款利率,以保持工业企业正常生产。经过3个月的综合治理,8月金融危机的惯性被遏制,金融市场趋向平稳,卢布兑美元的汇率也被控制在20:1的政府目标以内,避免了国外预测的大约50:1比率出现。全年通货膨胀率为84.4%,没有像西方预料的超过100%。政府还通过适当增加货币发行量等手段,偿还了大部分先前拖欠的退休金和其他津贴,使社会矛盾得到缓解。生产形势也开始出现好转迹象。正如叶利钦总统在1999年3月向议会发表的国情咨文中所承认的，普里马科夫政府“全面地稳住了经济，为经济的继续好转创造了条件”。1999年初，普里马科夫政府的政策进一步奏效，第一季度许多工业部门生产出现增长，通货膨胀率也降到月均3%的水平，金融市场稳定，投资者的信心开始逐步恢复。正当政府满怀信心准备让1999年成为经济增长年，并且刚刚向国家杜马提交了一揽子振兴经济的计划和措施，5月12日，叶利钦总统又以本届政府已完成“稳定经济”的使命，但对新的改革没有提出正确而有效的计划和方案为由将其解散，同时提名原第一副总理兼内务部长斯捷帕申为总理，这项任命于19日获得国家杜马通过。从1998年3月起到1999年5月不到14个月的时间，俄政府换了4位总理，俄国内外对政府的这种频繁更迭感到茫然，不知本届政府又会在何时和以什么理由被解散，对1999年的俄经济前景也不敢抱太大的希望。

**表1 主要宏观经济指标比较**

| 项目 | 1996年 | 1997年 | 1998年 |
|---|---|---|---|
| 国内生产总值 | 2 200(万亿卢布) | 2 563(万亿卢布) | 2 685(10亿卢布) |
| 与上年之比% | 96.5 | 100.4 | 95.4 |

注：1998年1月1日起用新卢布，与旧卢布以1:1000换新。

**工业** *总产值增幅不大*

1997年工业产值为1 576万亿卢布，较上年增加1.9%；1998年为1.658万亿新卢布，比上年减少5.2%。

*所有制关系发生重大变化* 绝大多数国有企业通过各种形式的私有化实现了产权关系转换，从而基本取消了国家对不动产和生产设备所有权的垄断。到1998年初，大约有13万家国营企业转为私营，使非国有企业已由改革前的不到5%上升到80%左右，成为工业经济中的主力军。除1 350家具有战略意义的大型生产企业由国家通过“黄金股”进行控制外，所剩国有企业中，国有成份超过50%的仅有286家，占25～50%的有1 037家，占25%以下的有331家。

*经营机制尚未理顺* 产权关系的迅速转换并没有与企业管理体制的变革同步进行，多数企业的管理体制或者停留在原来水平，或者正处在新旧体制的过渡和胶着状态，不少企业中原管理班子与新控股人任命的班子并存，“双重政权”相互争斗，难分输赢，从而严重影响企业的正常生产。

*技术落后速度加快* 科技人员流失和技术开发经费不足使俄罗斯同西方工业之间的技术差距大幅扩大。除部分军工产品外，俄在世界技术产品市场上已完全丧失竞争力。

*工业结构更加畸形* 1990年和1997年相比，在工业生产总值中，能源工业的比重由11%增加到37%，冶金由11%增加到16%，而机器制造、食品和轻工业分别由30%、16%和12%减少到17%、11%和2%。俄自产商品总量在逐步减少，而国内市场上进口轻工商品和食品的比例在不断扩大，莫斯科等大城市进口商品甚至达到50～70%。

**农业** 1997年总产值335万亿卢布，比上年增加1.3%，占国内生产总值的12.52%。1998年总产值比上年减少12.3%，是近5年来最差的1年。1997年粮食产量8 850万吨，1998年锐减至不到7 000万吨。农业人口980万，占劳动力总数的14.8%；可耕地面积1.3亿公顷，占国土面积的30%。主要农作物有小麦、大麦、燕麦、玉米、水稻和豆类。经济作物以亚麻、向日葵和甜菜为主。畜牧业以养羊、牛、马、猪为主。农业的所有制结构也已发生重大变化，国有农场和集体农庄数量在减少，合作农场、个体农场在增加。个体和合作农场的土地经营面积、从业人口和农产品，分别已由1990年的1.8%、9.9%和26%增加到1997年的19.6%、39%和46%。

**服务业** 服务业在国民经济中的作用逐年上升，现已由1994年的47.9%上升到1998年的51.0%。1996年、1997年、1998年服务业的产值分别达到200.2万亿卢布、268.4万亿卢布和3.19万亿新卢布，比上年分别减少4%、增长3.3%和减少1%。

**投资** 投资规模不断减少，现在俄近一半的工业设备已经损坏，还在运转的设备平均年限也达15年，比发达国家的同类指标高出1～1.5倍，设备更新速度7年来缩减了1/4。然而投资危机还在继续，现在资本投入不到1990年的1/4(见表2)；国家和居民的投资潜力几近枯竭(见表3)，且投资多集中在能源、燃料和其他“创汇”的原料部门，这直接影响国家产业调整，钳制着国家经济摆脱“停滞”。1997年外国直接投资62亿美元，1998年减少到仅为12亿美元。

表 2 俄基本投资变化(与上年相比%)

| | 1992 年 | 1993 年 | 1994 年 | 1995 年 | 1996 年 | 1997 年 |
|---|---|---|---|---|---|---|
| 国内生产总值 | 86 | 91 | 87 | 96 | 95 | 100.4 |
| 工业生产总值 | 82 | 86 | 79 | 96.7 | 96 | 101.9 |
| 基本建设投资 | 60 | 88 | 76 | 87 | 82 | 94.5 |
| 其中 用于生产 | 56 | 81 | 67 | 83 | 85 | 98.5 |
| 非生产性 | 70 | 101 | 89 | 93 | 77 | 88.1 |
| 投资占 GDP 的比重(按 1992 年价格计算) | 14.1 | 13.6 | 11.9 | 10.8 | 9.3 | 9.1 |

表 3 俄经济投资潜力变化

| | 1991 年 | 1992 年 | 1993 年 | 1994 年 | 1995 年 | 1996 年 | 1997 年 |
|---|---|---|---|---|---|---|---|
| 国民总储蓄率 | 100 | 78.9 | 47.2 | 26.5 | 26.7 | 19.8 | 21.6 |
| 资本总积累率 | 100 | 58.5 | 43.4 | 32.1 | 28.0 | 23.2 | 22.3 |

资料来源:引自沃加诺夫“投资危机:后果和克服的途径”,俄《经济学家》杂志,1998 年第 5 期。

**财政金融** 1997 和 1998 年俄罗斯国内财政状况日益严重,国际收支严重失衡。到 1998 年底预算财政收入占国内生产总值的比例不到 10%,外债总额达 1 490 亿美元,相当于国内生产总值的 45.3%。包括黄金储备在内的外汇储备仅为 115 亿美元。

**对外贸易** 俄罗斯对外开放贸易自 1992 年以来一直呈现增长趋势,但是 1998 年,受国际能源市场价格下跌及东南亚和俄自身经济危机的影响,以石油、天然气等能源和原材料为主要出口产品的俄对外贸易受到直接冲击,进出口均明显下降。与 1997 年相比,1998 年出口下降 16%,仅为 725 亿美元,进口下降 18%,为 441 亿美元。从商品结构看,基本没有大变化,仍与过去一样其拳头产品是石油、天然气占近一半,其余为冶金、机械制品、化工产品和木材。进口商品中食品和农业原料约占 30%,机械设备的比例呈上升趋势。主要贸易伙伴国依次为德国、乌克兰、白俄罗斯、美国、意大利、荷兰、哈萨克斯坦、中国、芬兰和英国。

**人民生活** 俄罗斯人民的生活水平从官方统计资料看近两年变化比较大,但据有关专家研究测算,实际收入自 1996 年后没有明显变化。比如 1997 年居民月平均名义收入为 96.5 万卢布,约合 162 美元,1998 年月均 1 095 新卢布,约合 101 美元;1999 年 2 月平均工资额为 1 225 卢布,按 1 美元兑换 24 卢布的比例,仅为 51 美元。但是由于不同时期的通货膨胀率水平不同,实际购买力有较大区别,加之隐性收入在逐年增加,所以,生活总水平仍基本保持稳定。全国生活在政府规定贫困线以下的居民 1996 年、1997 年和 1998 年分别为 3 590 万人、3 240 万人和 3 300 万人,与上年同比占总人口的 24.2%、22%和22.5%。失业人口 3 年来不断增加,分别达 700 万、790 万和 840 万,约占劳动人口的 9.6%、10.8%和 11.5%。

## 科　技

**科技** 经济与科技相辅相成,密不可分,俄经济的全面衰退直接影响着国家科技力量的发展,科技落后又使国家经济恢复乏力。俄具有发达国家的科技基础,如科学家人数占世界科学家总数的 12%,资源占世界总量的 22~28%,但科技产品仅占世界总数的 0.3%,劳动生产率和技术水平分别只有发达国家的 10%和 0.12~0.4%,仅在特种金属和冶金工业方面与发达国家 0.7%的水平相接近。从 80 年代中期起,前苏联与世界尖端技术距离拉大,基本停留在以加工工业为中心的发展阶段,而此时发达国家已开始朝发展知识产业挺进。进入 90 年代后,7 个工业大国逐步成为采用计算机逻辑智能技术的后工业经济国家,它们不仅在计算机软硬件的研制生产上突飞猛进,其他工业领域也实现了计算机管理化,劳动生产率平均提高20～25倍。而同期的俄罗斯随着经济不断恶化,科技景况不仅没有好转,而且江河日下,除少数军工产品外,俄科技与世界科技发展的距离正继续拉大。近年来俄从事基础科学研究的人员减少54.2%,技术研究人员减少65.8%,研究辅助人员减少52.2%。1998年俄继续从事科技工作的人员只有93万,每年到国外工作和定居的科学家约4 500人。据有关专家预测,到2001年,俄罗斯科学家总人数有可能降到70万人。

俄科技投入占国内生产总值的比例由1991年的1.43%下降到1992～1996年的平均0.79%;1997年虽上升到占国内生产总值的1.23%,但与同年美国科技投入占国内生产总值的2.54%、日本占3%、法国占2.34%、德国占2.26%相比,仍然很低,投资数额更是难以相比。以1996年为例,美国的研究与开发总支出额为1 689.67亿美元,而俄只有37.33亿美元,约等于美国的0.02%。科技投入不足导致科技水平加速落伍。由于科技投入减少,人员流失严重,俄科技水平不断下滑,其科技产品在世界科技产品市场所占份额越来越少。今天世界市场上科技产品的年销售额约2.3万亿美元,而俄仅占0.3%。以当代科技的主导性产业计算机行业为例,世界计算机软件市场销售总额达50亿美元,而俄仅2 050万美元,其中俄自产软件产品220万美元。设在瑞士洛桑的国际管理发展研究院1998年4月21日发表一项调查报告指出,根据经济实力、对国际贸易的开放程度、政府政策、金融服务、基础设施、管理、科学技术、教育和培训几项标准,对世界46国和地区竞争力年报进行的最新排名表明,美国、新加坡和香港与1997年一样分属第1、2和3名,中国从27位跃居第24位,而俄罗斯和前几年一样仍排第46名,即最后。

## 教 育

俄罗斯是教育普及率排在前列的国家之一,全国居民的识字率在99%以上,基本扫除了文盲。政府对中、小学教育提供免费,对于盲、聋、哑等受特殊教育的孩子以及孤儿政府还为他们承担学习和生活的全部费用。随着市场经济改革的深入,俄罗斯传统教育也发生了重大变化,多种形式办学已成为基本国策。特别是非国立办学机构的蓬勃发展,使得教育不再是传统意义上的社会义务福利事业,而是正在一步步地朝着教育经济和教育产业的方向发展。

**教育结构** 幼儿教育仍以国家为主,属于国家教育部门办的幼儿园占总数的79%,其余为合作和个人创办。1997/98教学年度俄共有67 900所普通中小学,2 170万学生,其中有1 034所完全中学。1998年有初级职业学校4 100所,学生166万人;中等专业学校2 600所,学生201万人;高等专业学校578所,学生304万人。1997年高校招生74.8万人,毕业43.6万人。全日制大学生占62%,函授生占32%,夜大生占6%。参加高考学生与录取人数比例为1.8:1。每万人中大学生人数为207人。

**专业调整与高级人才培养** 为适应社会发展和市场经济的需要,高校的专业课程设置不断调整,人文专业学生人数由1992年的12%增加到1997年的19%,同期经济和管理专业的学生由13%增加到了21%。企事业单位与高校联合办学的方式已取得成绩,1997/98学年在合同制基础上培养的学生达11.8万人。1998年在校学习的研究生有88.2万人。1991～1995年研究生毕业人数每年减少7～9%,1997年却增加了18.5%,其中自然科学领域的研究生毕业人数增加了14.7%,医学15.6%,经济学25.9%,教育学24.2%,法学19.3%,语言学11.0%。

**办学条件** 俄罗斯经济的持续衰退限制了国家对教育的财政拨款,1996年教育拨款占国内生产总值的3.7%,约84万亿卢布,合60亿美元。由于经费不足,一些学校只好靠出租校舍来补充。教育经费的严重不足,教师工资拖欠等已成为俄全社会关注的问题。到1998年11月,仅国家拖欠教师的工资就达62亿新卢布,其中99%是因教育拨款不到位所致。与国立学校经费严重不足的状况相反,近年来非国立学校办得红红火火,经费也比较充足。1997/98学年私立中等专业学校有60多所,学生1.88万人;私立高校达302所,学生20万人。私立学校所设专业都是社会急需和热门专业,如经济、金融、法律、财会、银行、商业等,收费也比较高。

## 文化、人口、环境

**文化** 俄罗斯是具有悠久文化传统的国家,它在文学艺术、新闻出版、广播电视、博物馆建设等方面都有着骄人的成绩。俄罗斯经济的长期不景气对文化事业也有着直接影响,国家财政拨款不足的问题也同样突出。

据1996年的统计资料,俄出版的各类杂志和期刊为2 751种,共发行38 800万份;报纸4 881种,全年发行80亿份。俄有各级各类图书馆25.6万个,藏书总量达30亿册;博物馆1 000多个。主要的新闻社有:俄通社－塔斯社,俄罗斯新闻社,国际文传电讯社。主要广播电台有:第一广播电台,俄罗斯广播电台,俄罗斯之声广播电台及"灯塔"、"青春"和莫斯科"回声"电台。主要电视台有:俄罗斯国家电视广播公司(亦称俄罗斯电视台或国家电视台),公共电视台,独立电视台等。

**人口** 近年来俄人口基本处于下降状态,登记死亡人口高于出生人口约1.5倍。虽然从原苏联其他国家来的移民每年达20万人左右,可以部分弥补死亡与出生人口之间的比例所产生的人口下降数,但绝对人口下降仍是基本趋势。主要原因是国家经济不景气,导致人民的总体生活水平下降,特别是老年和儿童的生存环境质量恶化,缺医少药,营养不足在老年人和婴幼儿中特别突出。生活环境恶化也使人们的精神状况不稳定,吸毒、自杀以及社会暴力犯罪率上升,直接影响了人口数量的减少。全国人口平均寿命呈逐年下降趋势,到1998年女性平均72岁,男性64岁,在欧洲国家中是最低的。

**环境** 俄罗斯面临的环境形势相当严峻,近年来由于经济危机,生产下降,环境保护和治理工作几乎处于停顿状态。工业废气和废弃物的排放不断增加,江河湖水污染加剧。全国只有约15～20%的城市大气污染程度符合标准。伏尔加河、鄂毕河及西伯利亚和远东地区的许多河流被严重污染。油气管道年久失修,无钱更换,油气泄漏和爆炸事件时有发生。核废料等放射性污染物的管理也因经费紧张而不能严格保障。森林面积在不断减少。

(中国现代国际关系研究所　王郦久)

# 波兰经济文化概况

波兰共和国(Republic of Poland)位于欧洲中部,西连德国,南与捷克、斯洛伐克接壤,东与俄罗斯、立陶宛、白俄罗斯、乌克兰交界,北濒波罗的海,海岸线长528公里。国土面积为312 683平方公里,耕地面积占60%,人口3 865万(1997年年中),波兰人占全国人口的98%。官方语言为波兰语。境内少数民族包括乌克兰、白俄罗斯、立陶宛、俄罗斯、德意志和犹太人群体。全国约90%的居民信奉罗马天主教,此外有部分人信奉合并教派、东正教和新教。首都为华沙,1996年人口为220万,其他主要城市有卡托维兹(340万人)、罗兹(100万人)。地势除沿南部边界为山区外,以平原为主,属温和大陆性气候。

根据联合国开发计划署《1998年人类发展报告》,波兰的人类发展指数(HDI)在174个国家中排在第52位,属高度人类发展国家。

波兰实行两院议会体制。众议院(下院)议员460人,参议院(上院)议员100人。总统为国家元首,总理为政府首脑。司法包括最高法院、省和地方法院、宪法法庭。主要政党有:民主左翼联盟、波兰农民党、民主同盟、自由联盟、劳工联盟、独立波兰联合会以及支持改革的非党派集团。波兰现政府在经济上继续推进向市场经济过渡,在对外关系上,前几年重点是争取"返回欧洲",即加入欧盟和北约,现在这一目标初步实现。今后波兰将加强同亚洲特别是同中国的关系。

## 经　济

波兰是惟一一个增长够快且持续时间够长,从而使其测定产出高于前中央计划制度最高峰的转型期经济体。波兰是于1997年达到这一基准的。尽管7月份发生了水灾,但1997年的经济活动仍保持了兴旺。然而,由于80年代后期生产组成急剧变化,这一成果也带着不稳定的因素。国内和出口的强大需求刺激了增长,不过1998年的增长速度已放慢,但实际投资仍以两位数增长。还有,尽管特别是对西欧的出口增长强劲,进口增长则更加强劲,不断扩大的往来账户赤字成为一个关注的焦点。尽管如此,由于资本长期大量流入,通货膨胀和失业率降低,预算赤字不太多,货币又出现一定程度的贬值,因而使波兰独一无二地维持了全面有利的局势。据世界银行统计,1997年波兰国民生产总值(GNP)达到1 389亿美元,居世界第28位,1996～1997年年均增长率为6.8%;人均GNP为3 590美元,居世界第43位,年均增长率为6.7%。由于持续的出口扩充、强有力的国内市场以及相当稳定的宏观经济环境,强劲的增长已得到巩固。一般说来,1998年上半年产出绩效继续有力,然而二季度出现了一些下降迹象,三季度变得更加明显。1998年一季度工业产出增长为11%,二季度增长率降至6%,三季度仅为4.3%。工业产出绩效的疲软是GDP增长减速的主要因素,GDP增幅从一季度的6.5%落到二季度的5.3%,使得1998年上半年平均增长率达到5.9%。在同一时期,国内需求继续保持强劲,零售贸易量持续两年以两位数的比例增长。1998年工业产出增长的减速在一定程度上可归因于不利的需求震荡。此外,其他一些外部因素,例如全球需求疲软,商品价格的下降也对波兰一系列制造业具有不利影响。

1997年中央银行为抑制经济过热迹象而采取的通货紧缩政策已取得了预期的效果,消费价格通货膨胀从1997年9月的9.6%降至1998年9月的6.9%。由于经济继续增长,波兰已连续5年保持了高就业增长。1998年近2%的就业增长主要集中在建筑、尤其是服务部门,该部门增长了3%;农业和工业的就业人数继续下降,尽管幅度不大。在截至1998年9月的12个月里,失业显著下降,8月份达到的9.5%的失业率是1991年以来的最低记录。

在波兰,支持GDP增长的条件已从早年几乎完全依赖出口转移到较快的消费,尤其是投资上。自1992年波兰的投资首次出现0.7%的正增长以来,每年的增幅都在增加,到1995年年均增长率已升至两位数,达18.5%,1996年进一步升至19.2%。波兰给予家庭和企业的国内信贷急剧扩展,鼓励了国内的需求:1997年给予企业的信贷总额实际增长29%,给予家庭的信贷则增长56%,1997年达到183.68亿兹罗提。

有力的经济增长和良好的投资环境,为外资的拥入铺平了道路。1995年资本流入开始加速增长,达到27亿美元,到1998年上半年波兰吸引了71亿美元外资,超过该地区净流入量的40%,这其中60%以上为短期基金:未入账资本,驻外银行调回的外汇储蓄,在波兰的新的外币存款以及有价证券投资。外国直接投资(FDI)继续平稳地增长,1997年流入量为30.77亿美元,1998年势头更猛,仅上半年FDI流入就达到了20.93亿美元,人均FDI流入从80美元升至108美元,FDI流入占GDP的比例已达到2.7%,累积流入也达到106.89亿美元。1998年上半年外汇储备增至241.7亿美元,相当于5.7个月的进口额;1997年底外债总额为385亿美元。

**近年工业品产量**

单位:百万吨

| | 1995年 | 1996年 | 1997年 |
|---|---|---|---|
| 硬煤 | 137 | 136 | 138 |
| 天然气(10亿焦耳) | 145 956 | 150 876 | 148 212 |
| 发电(10亿度) | 139 | 143 | |
| 原钢 | 11.9 | 9.96 | |
| 磷肥 | 429 | 442 | |
| 氮肥 | 1 469 | 1 535 | |
| 小轿车(千辆) | 366 | 440 | |
| 水泥 | 13.9 | 13.9 | |
| 棉织品(百万米) | 205 | 236 | |

资料来源:联合国《工业商品统计年鉴》1998年。

**工业** 波兰的工业基础二战前集中在煤炭、纺织、化工、机械、钢铁部门,今天它已扩大到肥料、石化、机床、电机、电器和造船。1997年国内工业产值为3 226.86亿兹罗提,工业增加值占GDP的39%,1990～1997年年均增长率为4.7%,1997年职工人数占劳动力的36%。1996年制造业产值达到2 383.79亿兹罗提,附加值为728.8亿兹罗提,固定资本构成总额为172.15亿兹罗提。1996年私人投资占国内固定投资的81.9%,股票市场市值已从1990年1.44亿美元升至1997年的121.35亿美元,上市公司从9家增至83家。

**农业** 波兰从事农业的人很多,但效率并不高,农业占劳动力的1/4,但仅占GDP的6.6%。1995年波兰有农用土地1 862.2万公顷,公营部门占10.2%,其中国营农场占7.3%,国营农场产值仅占总农业产出的4.5%。到1996年初,国营农场的土地已全部被农业和私有化机构(APA)所接管,但仅售出了7%的土地。1995年全国有合作农场2 061个,私营农场204.8万个,平均规模为6.7公顷。根据粮农组织的统计,1995年波兰农田占土地面积的48%,水浇地占农田的0.7%,人均耕地为0.37公顷;1994～1996年每个农业工人创造的农业附加值(按1987年美元)为1 359美元,每公顷农地创造的农业附加价为366美元;粮食生产指数以1989～1991年为100,1994～1996年为83。

**服务业** 1997年服务业增加值占GDP的55%,1990～1997年年均增长率为3%,服务业职工占就业的43%。1997年服务业净产值为3.172亿美元,其中服务业出口创汇8.986亿美元,进口额为5.814亿美元。在总的服务业产值中,1997年运输净产值为15.22亿美元,旅游净额为17.08亿美元(其中旅游收入22.97亿美元,支出5.89亿美元),其他服务贸易(通讯、建筑、保险、金融、计算机与信息,专利转让与特许费,其他商业服务,人员,文化和娱乐,政府服务)获逆差5 800万美元。

**对外贸易** 贸易在波兰经济中居重要地位,1997年货物和服务出口占GDP的29%,进口占34%。贸易的扩充于1995年达到了创记录的高度,进出口增长率分别达到32.8%和34.6%,但仍呈现逆差。目前增长率已调整到较平稳的水平,1998年上半年出口与进口增长率分别为7.5%和10.3%,快于经济的增长。波兰的外贸以制成品为主,1998年1～6月制成品出口占80%,按国际标准贸易分类(ISTC),化学制品与中间货物(5～6类)占34%,机械和运输(7类)占20%,其他制成品(8～9类)占21%;而ISTC5－9类的进口占总进口的81%。其他大类商品的出口与进口结构分别为:食品、饮料和农产品(0+1+4类)占11%和8%;原料(2类)占3%和4%;燃料(3类)占6%和7%。贸易伙伴主要为发达国家,特别是欧盟。对发展中国家的进出口不大,1997年分别为11.5%和6.6%。由于进口的不断扩大,近年来贸易逆差增长很快,1997年达到－165.56亿美元,比1991年增加了25.7倍。

**近年商品进出口情况**

单位:10亿美元

| | 1995年 | 1996年 | 1997年 | 1998年 |
|---|---|---|---|---|
| 出口 | 22.887 | 24.440 | 25.751 | 26.300 |
| 进口 | 29.043 | 37.137 | 42.308 | 48.000 |
| 差额 | －6.156 | －12.697 | －16.556 | －21.700 |

资料来源:联合国欧经会:《欧洲经济概览》,1998年第3期。

## 科学技术

在波兰的经济转轨中,科学技术起着极为重要的作用,波兰的目标是通过引进外资和现代技术,加速国内科研能力建设,争取在10～20年内使波兰经济在国际市场具有竞争能力。为达到这一目标,波兰于1991年1月12日颁布了国家科学委员会(KBN)法案。KBN既是一个负责阐述和实施国家科技政策的政府机构,同时也是代表科学界的全国理事会。其主要任务是:拟定并向部长理事会提出国家科技政策,包括建设性科学预算草案;决定科研的主要领域;拟定并向财政部提出与科学有关的部门预算计划草案;以政府总体规划为依据,拟定并向部长理事会提出与科研范围及其资金相关的建议,与双边及多边政府间科技合作相关的建议;制定划拨资金标准和程序;分发资金,尤其是划拨给KBN下属两个委员会及其小组的基金;对所支助的科研项目的进展进行评估,并对开支进行监督;对与科技进步有关的法案及经济－财务计划进行介绍与评论。

KBN的最高层是由19人组成的政府控制的委员会,包括1名由议会任命的主席,1名由总理任命的秘书和5名从部长理事会中指定的成员,12名科学界选出的成员。KBN下设的基础研究委员会有34名成员,其中28人由科学界产生;应用研究委员会由42人组成,其中30人由科学界产生。这两个委员会负责确定评估研究与开发(R&D)机构及其财务需求的标准。

KBN办公室是该委员会两个专业委员会及其工作小组的行政机构，它拥有230名全日制职员，分为7个部：主席顾问团；研究部；科学政策部；经济部；国际合作部；行政部和法律部。

**波兰科学院(PAN)**　波科院成立于1952年，它既是科学机构或学术团体，也是国家研究中心的总机构。作为科学机构，PAN现有304名国家成员，代表着所有科学界，是从全国科学家中选出的。155人来自高等院校，117人来自PAN机构，32人来自工业机构。此外，波科院还有187名外籍成员。国家成员大会通过秘密投票选出主席、副主席以及任期3年的常务委员会成员。常务委员会制定科学院的科技政策。大会成员附属于不同科学门类的常设司。在科学院的领导下，有104个科学委员会，有来自产、学、研机构的4 062名专家。PAN在全国还有6个分支机构。波科院的主要任务是：通过院士和院研究所的研究员指导研究，向科研机构划拨政府根据它的提议所投入的预算基金；应政府或议会的请求，就广泛的科学、社会和文化问题，经济与法律问题以及国际政策提出建议；组织国内国际会议；确保波兰科学界对外交往渠道的畅通；培养年轻的科学家，用他们作助手，组织博士课程；传播科学知识和R&D成果。

在本世纪80年代末到90年代中期，以居民专利申请量和国内研发总开支(GERD)衡量的波兰总的创新水平出现了急剧下降，这一方面是早年在这一领域"过多投资"的降温，同时也是由于人才的外流。波兰发明家提出的专利申请和专利授予都减少了一半。经过这次大的回落之后，90年代中期以来，CERD和R&D部门的就业已逐渐上升，1996年GERD达到27.61亿兹罗提，相当于20.304亿美元(购买力平价)，年增长率达到9.3%。GERD占GDP的0.76%，与匈牙利的水平相同，但仅为经合组织(OECD)平均水平的40%。

1996年波兰全日制R&D人员比上年度减少了0.3%，为83 348人，每千名劳动力中有R&D人员48人。1996年全国有全日制研究员(或大学毕业生)5.2474万人，年均增长率为4.1%，千人拥有量为3.1人。

GERD主要由政府预算支助，按资金来源划分，1996年政府占56.8%；工业占38.9%；其他国内来源占1.9%；海外资源占1.4%。按实施科研的部门划分，GERD的比例分配如下：企业占40.9%；高等教育部门占27.8%；政府部门占31.1%；私人非盈利机构占0.1%。

1996年波兰企业研发开支(BERD)为11.3亿兹罗提，按购买力平价折合8.31亿美元，年均增长率为15.5%。BERD占国内工业产值的0.43%，仅为OECD平均水平的1/4，占GDP的0.31%。1996年企业拥有全日制R&D人员2.3536万人，占全国总数的28.2%，年变化率为-10.4%。1996年企业有全日制研究员(或大学毕业生)1.0365万人，占全国总数的19.8%，年变化率为-7.1%。按BERD的不同来源划分，工业占70.7%，年增长率为26.2%；工业支助的BERD占工业产值的0.3%，为OECD平均水平的1/5；政府支助部分占28.2%；其他国内来源占0.1%；海外资源占0.9%。按行业划分，BERD比例分配如下：航天工业占3.8%；电子工业占10.4%；制造业占8.7%，非制造业占28.8%。

1996年波兰高等教育研发开支(HERD)为7.69亿兹罗提，按购买力平价折合5.651亿美元，占GDP的0.21%，年增长率为15.6%。1996年高等教育有全日制研发人员3.9046万人，年增长率为9.6%。同年有全日制研究员(或大学毕业生)3.1133万人，占全国总数的59.3%，年增长率为11.1%。

1996年政府内部研发开支(GOVERD)为8.59亿兹罗提，按购买力平价折合6.318亿美元，占GDP的0.24%，年变化率为-2.7%。1996年政府机构有全日制研发人员20 744万人，年变化率为-4.3%；同年政府机构有研究员(或大学毕业生)1.0954万人，占全国总数的20.9%，年变化率为-2.6%。

1995年政府研发预算拨款或开支(GBAORD)为13.44亿兹罗提，按当年购买力平价折合9.955亿美元。

1996年国家专利申请量为2.7313万件，其中居民申请量为2 411件，比上年减少了7%；非居民申请量为2.4902万件，比上年增加了28%；居民的国外专利申请量为621件；依赖率(非居民/居民专利申请量)为10.33；自足率为0.09；发明系数为0.6；传布率为0.24。1996年技术贸易出口达5.5亿兹罗提，进口10.69亿兹罗提，获逆差5.19亿兹罗提。

## 教　育

波兰实行8年小学义务教育，学制为8～4～5年，即小学8年，中学4年，大学5年，居民受教育程度较高，1995年每10万人有大学生2 220人。

**学前教育**　根据1991年9月7日的教育制度法，学前教育由为3～6岁儿童组织的幼儿园和公立、免费义务性小学提供。1993/1994年度波兰有学前机构2.1326万个，1995/1996年度有教师7.3867万人，注册儿童98.3489万人。

**小学**　小学系统包括7～15岁儿童上的公立、义务小学；残疾或患慢性疾病儿童上的特殊小学；初级义务学校以及为15岁以下的孩子开办的职业小学。波兰儿童99.8%履行了上学的义务。1994/1995学年，全国有小学2.0214万所，1995/1996年度有教师32.5601万人，注册生502.1378万人，女生占48%，师生比为1∶15，小学复读生占1%。

**中学教育**　1994/1995年度全国有中学1.3507万所。根据联合国教科文组织（Unesco）的统计，1995/1996年度有教师12.1301万人，注册生253.9138万人，女生占49%。近年来普通中学教育获得进一步发展，新建立的社区和私立中学，以及职业学校普教班都是影响这一进程的因素。1989年只有22%的年轻人在普通中学学习，1994/1995年度，有29%的小学毕业生就读普通中学，注册人数达到75.6023万人，女生占68%；教师人数同期从2.2508万人增至3.4758万人。由于教育经费的减少以及在1991年实行调整计划，与其他部门相比，教师工资呈下降趋势，中学师范教育急转直下，教师从1990/1991年度的2 267人减为1994/1995年度的69人，同期注册生数从2.5886万人减至921人，女生从占90%的优势变为仅占30%的劣势。就职业教师而言，教育制度保留了从60年代起便已经存在的职业学校类型，即：以小学为基础的职业学校，提供3年的普通和职业教育，达到合格工人的水平，并有可能继续完成中学教育；以小学为基础的职业中学，提供3～5年普通中学教育、职业教育和以中学为基础的中学后教育，每年大约有68%的小学毕业生就读职业中学；大约26%的中学毕业生就读中学后职业教育。1994/1995年度全国有职业学校近9 000所，有教师8.4839万人，注册生172.8149万人，女生占41%。1993/1994年度，非公立中专（职业学校、中专、高专）共有379所，占总数的3.9%。

**大学教育**　到1994年底，全国有高校159所，其中103所为公立，56所为天主教大学。1990年9月12日高等教育法确定：国立高等教育机构的全日制学生不必支付任何学费（除非由于成绩不佳留级）。高校学生人数近年来呈现稳步上升趋势，1995/1996年度波兰有大学教师7.5432万人，有注册生72.0267万人，女生占57%。大学生中，62.5%为全日制学生，37.5%参加夜校或校外课程的学习。大学生中学习自然与应用科学的学生占29%，与OECD国家相同，高于日本（23%）和法国（24%）。按学科分，所有层次注册生人数居前5位的依次是：工程学11.9912万人，占16%；商业管理11.9413万人，占16%；教育学10.3794万人，占13.9%；人文与宗教8.1401万人，占10.9%；医学7.6463万人，占10.2%。

**按ISCED划分的各层次注册生、毕业生人数与比例**

| 年度 | 第五层次 | | 第六层次 | | 第7层次 | | 所有层次 |
|---|---|---|---|---|---|---|---|
| 1993/1994 | 人数 | % | 人数 | % | 人数 | % | 人数 |
| 注册生 | 110 861 | 14.8 | 561 955 | 75.1 | 74 822 | 10.0 | 747 638 |
| 毕业生① | 41 092 | 31.3 | 60 224 | 45.8 | 33 051 | 25.2 | 131 367 |

①毕业生为1994年统计数

资料来源：联合国教科文组织《统计年鉴》1998年。

1995年波兰共接收了5 202名外国留学生，同时有1.3544万名波兰学生在50个国家中学习。

**教育开支**　1992～1994年，国家预算用于教育的百分比分别为10.39、10.30和11.17。以上数字反映了这期间实行的组织上的变化。与此同时,教育部门的供资制度也改变了。1991 至 1992 年间,部分教育工作移交地方当局负责,从国家预算向地方当局的预算转移了用于该项目的适当资金。此外,1992～1993 年期间,已由地方当局接管的小学,资金在一般补助金中划拨,因此,没有列入教育支出。但 1994 年,根据 1993 年 12 月 10 日有关地方当局资金来源的法律,这笔钱再次列入教育开支。在评估教育制度的财政情况时,不应忽视在这一领域地方当局从它们本身的盈利中支付的费用。这笔经费每年都在增加,1992～1994 年高等教育支出占国家预算的比例依次为 2.65%、2.53% 和 2.36%。

另根据 Unesco 的统计,1995 年波兰公共教育开支为 149.42 亿兹罗提,占 GNP 的 5.2%,与高度人类发展国家平均水平持平。各级教育所占的资金份额如下:学前教育占 9.4%,小学占 42.8%,中学占 20.2%,大学占 14.6%,其他类型教育占 13.1%。

教育领域也开始在组织和财务方面作改革。小学逐渐由 gminas 接管。公立学校主要由预算供资。也可以从额外来源(如基金、赞助者)获得收入。根据关于教育的宪法规定,学校日益增加家长委员会现有的付款额,它们还增加或采取对义务教育方案(它已受到严格限制)外活动付款的办法。非公立学校的数量在增加,这些学校除自筹资金外,还得到预算的补贴(公立学校学生人均费用的 50%)。

## 文 化

波兰文化政策的既定优先问题是支持作者和出版人,鼓励阅读,保护文化遗产和促进文化教育。根据 1991 年 10 月 25 日组织和开展文化活动法,文化活动包括发展和保护文化。为此,建立了文化活动室、中心俱乐部等场所,通过艺术促进文化教育。它们还为开展业余艺术活动,增进对科学和艺术的兴趣,发展民间文化,以及民间和艺术创作提供了适当的场所。它们还起到了承认、加强和满足文化需要及兴趣的作用。1993 年,共有文化活动室、中心、俱乐部等场所 3 792 个,较 1991 年少 310 个。其中 88% 为国有,仅 12% 为私营。其中大部分是地方当局开设的机构(城市 77.6%,农村 97.9%)。458 所私营机构中,94% 设在城市。大部分是由地方社区建立的。这些机构雇用了 2.623 万位兼职人员,另有一部分为全职人员。尽管中心的数目有所减少,但在此期间艺术团体的数目却从 1.2091 万个增至 1.331 万个。这种团体大部分为乐器演奏团和音乐团(4 442 个)、舞蹈团体(2 943 个)和剧团(2 144 个)。民间剧团(1 968 个)以及声乐和合唱团(1 688 个)的活动继续开展。这类团体的人数在 1993 年达到 20.84 万人,其中 12.6 万人是儿童和青少年。艺术活动由 7 200 名高级教师辅导员、舞蹈编剧和伴奏人员负责。

作为儿童和青少年文化教育各学科计划的一部分开办了各种音乐(6.15 万个)、戏剧(2.22 万个)和艺术(3.45 万个)班。参加的学龄儿童和青年大约有 87 万人。

近年来成立了很多新的地区性团体。1994 年 9 月在弗罗茨瓦夫的第五届地区文化团体大会上,在波兰乡土文化历史上首次签署了《波兰乡土文化宪章》。为保护民间文化和民间创作活动制定了一个称为"夕阳专业"的计划,该计划于 1993 年开始执行,目的在于防止独特民间和手工艺的失传和对其加以保护。为发展和传播民间文化已经建立了一个民间文化中心电台。文化和艺术部赞助各种论及民间文化题目的科学和大众化刊物,如 Troczosc《民间创作》、Polska Sztuka Ludowa《波兰民间艺术》、Lud《人民》和 Literatura Ludowa《民间文学》。

在波兰,大多数文化机构是公立的,主要有图书馆、文化活动室、剧院和博物馆。私人开办的机构主要有美术馆和电影院以及电视台和广播电台。

近年来,随着经济的持续增长,人民精神文化生活也在不断改善。根据联合国提供的统计,在波兰,1995 年下列文化、信息与通信产品的千人拥有量分别为:公共图书馆图书为 3 545 册,收音机 454 台,电视机 408 台,日报 140 份,书写与印刷纸张消费 17 吨,电话直线 148 条,公共付费电话 1 个,人均国际电话 9.9 分钟,传真机 1 部,蜂窝移动电话用户 2 个,因特网使用者 6.5 人,个人电脑 28 人。上述大部分指标超过了世界平均值,特别是公共图书馆图书千人拥有量居世界前列。

波兰非常注重保护民族文化遗产,1997 年它有 6 处所有地被列入世界遗产目录,其中文化景观 5 处,自然景观 1 处;另有 11 处被列入世界遗产所有地临时名目。1997 年世界遗产委员会认定有 1 处,1996

年世界遗址基金认定有3处濒危遗产所有地。波兰是世界遗产公约缔约国,历史名城克拉科夫,维耶利奇卡盐矿,奥斯威辛集中营,比亚洛维耶扎国家公园,历史名城华沙和扎莫希奇的旧城等各种景观已成为人类共有的遗产。过去几年,波兰得到欧盟的财政支持以保护 Marienberg 城堡(1992年)、华沙皇宫华园(1993年)、Lancut 宫廷剧院和 Lazienki Krolewskie 露天剧场(1994年)。1993年波兰有遗址和人文与自然景观50万处,有动物园1 426处,有博物馆567座。

## 环 境

波兰土地面积为3 044.2万公顷,森林和林地占28.7%,1998年人均年拥有可再生资源1 278立方米;1990~1995年林业消失率为0.1%;1991年落叶树占全部树木的45%;1992~1993年人均二氧化硫释放量为70.9千立方米;1995年二氧化碳释放总量为3.38亿吨,人均8 800吨,占世界总释放量的1.5%,每1美元GDP释放量为6公斤,是世界平均水平的5倍,是高度人类发展国家的8.57倍。1996年主要保护区占国土面积的9.3%;1991~1994年产生有害废物386.6万吨;1995年人均产生城市垃圾290公斤。90年代中期污染减轻与控制开支(PAC)占GDP的1.1%,其中公共部门占0.3%,商业部门占0.8%;人均PAC开支为61美元,其中公共部门19美元,商业部门42美元。

## 经济文化一体化

波兰的文化历来能够接受西方的信息,随着向自由化和私有化的迈进,波兰出现了一种孕育企业家的环境,在这种环境下,许多中小企业和新的公司如雨后春笋般应运而生,波兰近年来的增长绩效在很大程度上是建立在这种企业家精神基础之上的。如同多数其他国家那样,中小企业构成了全国220万注册非农企业的绝大部分:99%以上为中小企业(雇工在250人以下的企业),而且几乎90%为微型企业(雇工1~5人)。1995年,中小企业几乎创造了GDP的1/3,雇用了58%的非农劳动力。生产率和收益率的指标表明中小企业在整体上比起大企业来效率更高,工作时间占所耗时间的比例也更高,表明假期和病假较短。据报旅馆、餐馆、贸易、建筑和修理业中小企业的密度最大。

资金短缺是企业发展的主要障碍,尤其是对小企业和新企业而言。在过渡的初期阶段,由于缺少担保条件,企业获得银行信贷非常有限,利用风险资本运作的融资仍处于初期阶段。劳工基金贷款虽有助于新的小企业的创立和现有中小企业的发展,但程度非常有限,因此为启动一家企业所划拨的资源通常来自私人储蓄或财产。尽管如此,近年来制定了一些改进性的措施:1994年,对个人企业家的征税已趋向合理化,因为就某些种类的收入而言,他们可以选择一次总缴的人头税,其他种类实行低统一费率,这种措施大大减少了繁杂、拖拉的公事程序和偷漏税的发生;建立了几个中小企业信贷保证基金(Hubner, 1997);1996年以立法的形式规定设立可移动财产置留权中心登记,消除多边担保风险;将建立计算机商务登记,使之与地方法院登记相联。此外,由国外发起的各种方案(包括 PHARE, Stmder, CARE, 波兰-美国企业基金以及技能基金)也向中小企业提供咨询和财政援助。

在波兰,企业发展的另一个障碍是政策法规的不稳定性。1994年底至1996年中,对76项管理企业活动的立法法案进行了不下128次的修正,且常常是以一纸简要通知的形式下发。对小企业尤为不利的是许多立法缺乏透明度,由执行部门的代表随意解释,有时还加有立法者的个人意志。

随着改革的不断深化,企业所有制的转移已取得了决定性的进展,国有企业已从1989年的7 337家减至3 369家,而同期私营企业却从15 252家增至106 743家,即从占总数的67.5%升至97%;私营部门的雇工人数则从1993年的58.9%升至65.1%;私有化收入已从1991年的1.71亿兹罗提增至1997年的65.38亿兹罗提,增加了37倍多。以市场为导向的经济、文化已开始植根于波兰人民的心中。

(中国国家图书馆 李跃进)

# 德国经济文化概况

德国位于欧洲中部,北邻丹麦,西部与荷兰、比利时、卢森堡和法国为邻,南边是瑞士和奥地利,东部与捷克和波兰接壤。国土面积为35.7万平方公里。1998年上半年全国人口为8 201.6万人,其中外国人为734.9万人,占9%。

德意志联邦共和国基本法是1949年5月23日在德国西部地区公布实施,1990年10月3日德国统一后对整个德国有效。德意志联邦共和国由16个州组成:巴登—符腾堡、巴伐利亚、柏林、勃兰登堡、不来梅、汉堡、黑森、梅克伦堡—前波莫瑞、下萨克森、北莱茵—威斯特法伦、莱茵兰—法耳茨、萨尔、萨克森、萨克森—安哈特、石勒苏益格—荷尔斯泰因和图林根。立法机构是联邦议院(每4年选举一次,最近一次选举是1998年9月27日,德国社会民主党、德国基督教民主联盟、基督教社会联盟、绿党、自由民主党和民主社会主义党共有6个政党进入)和联邦参议院(16个联邦州的代表机构,由各州政府成员或其全权代表组成)。国家的行动主要由联邦政府和联邦总理(联邦总理是惟一由议会选出的内阁成员,他拥有组阁权,从1998年10月起为社民党人格哈德·施罗德)以及联邦总统(任期5年,可连任一次,从1994年起为基民盟人罗曼·赫尔佐格)担负。基本法的司法职能由联邦宪法法院执行,共有16名法官,由联邦议院和联邦参议院各选一半,任期12年,不能连任。

## 经济状况

德国是国际上发达的工业国之一,其综合经济能力居世界第三位,在世界贸易中甚至居第二位。

**社会市场经济制度** 德国的这种经济制度既不同于美国的自由市场经济制度,又屏弃了国家在经营与投资方面做决定的经济统制。在国家尽可能只给予必要干预的口号下,国家在市场经济中主要负有调节的任务。国家规定市场活动的基础条件,而生产什么和消费什么原则上由各个企业和家庭自由和独立地做出决定。生产什么样的货物和生产多少以及谁从中得到多少,这个问题主要由市场决定。国家不对价格和工资形成进行直接干预。竞争是市场机制运作的前提。没有竞争就不可能有市场经济。竞争推动进取精神,迫使企业通过优惠的价格,更好的产品质量、有利的支付与供货条件以及附加的服务项目兴旺发达。同时竞争还要求革新工序和生产,迫使企业合理化和节约使用紧缺资源。在劳动市场上,原则上也是各种力量的自由较量起决定性作用。雇员和雇主在工资自治的框架内自由谈判商定劳资合同,其规定工资额、工作时间、休假天数以及一般的工作条件。因此在经济生活中工会和雇主联合会具有重要意义。它们之间的斗争能够对经济制度的运作产生深刻影响。社会保障制度是德国社会市场经济制度的一个重要组成部分。在市场经济中也会出现违人心愿的发展。国家必须通过预算、税收、社会福利和竞争政策来抵制这些发展。1967年的稳定法就是国家来抵制经济发展趋势中的偏差的一种手段。国家经济发展理事会(由联邦经济部长和财政部长、每个州政府一名成员以及联邦银行的代表组成)谋求经济景气政策的所有参加者尽可能一致的行动。财政计划理事会,其组成与经济发展理事会相似,主要任务协调联邦、各州和地方的财政计划。联邦和各州要制定几年的财政计划,以便公共收支同国民经济的能力与要求协调一致。鉴定宏观经济发展专家理事会由5位不偏不倚的专家组成,每年秋季提出一份关于宏观经济状况及预测其发展的鉴定书,便于各经济负责部门和公众做出判断。每年1月份联邦政府向联邦议院和联邦参议院提交年度经济报告。

1990年德国统一以来,德国必须在改革西德深受高失业率和结构变化困扰的市场经济的同时,还要把东德经济改造为适应市场经济。

**经济发展综述** 1995/96年德国经济呈现一

度不景气之后,1997年经济稳定发展,1998年上半年仍有继续发展。1995年德国国内生产总值实际增长1.8%,1996年仅增长1.3%,1997年增长2.2%,1998年上半年增长2.9%。自德国统一以来,1997年东德经济增长率首次低于西德经济增长率。在西德,1996年国内生产总值增长1.3%,1997年增长2.3%,1998年上半年增长3.1%;在东德,1996年国内生产总值增长1.9%,1997年增长1.7%,1998年上半年增长1.8%。

**德国国内生产总值和国民生产总值**

| 年　度 | 1991年价格 | | | 当年价格 | | |
|---|---|---|---|---|---|---|
| | 国内生产总值 | 来自外国收入差额 | 国民生产总值 | 国内生产总值 | 来自外国收入差额 | 国民生产总值 |
| | 亿马克 | | | | | |
| 1995 | 34 428 | －162 | 34 266 | 29 962 | －142 | 29 820 |
| 1996 | 35 235 | －260 | 34 975 | 30 348 | －226 | 30 120 |
| 1997 | 36 240 | －239 | 36 001 | 31 014 | －205 | 30 809 |
| 1998上半年 | 18 211 | －165 | 18 046 | 15 552 | －142 | 15 410 |
| | 与上年相比增长率% | | | | | |
| 1996 | ＋2.3 | | ＋2.1 | ＋1.3 | | ＋1.0 |
| 1997 | ＋2.9 | | ＋2.9 | ＋2.2 | | ＋2.3 |
| 1998上半年 | ＋3.8 | | ＋3.5 | ＋2.9 | | ＋2.6 |

资料来源:德国《经济与统计》杂志1998年第9期。

近年来德国的就业人数逐年减少,1995年为3 486.0万人,1996年为3 442.3万人,1997年减少为3 396.2万人,1998年上半年进一步降为3 369.7万人。德国登记的失业人数1995年为361.2万人,1996年为396.5万人,1997年增为438.5万人,1998年上半年进一步增为453.0万人。德国的劳动生产率(按就业人数平均计算的国内生产总值)1996年增加2.7%,1997年增加3.6%,1998年上半年增加3.3%。

德国的单位工资成本费用(雇员劳动总收入与劳动生产率的比例关系)1997年比上年下降1.8%,其中在西德下降1.6%,在东德下降2.4%;这是德国统一以来最大幅度的下降。按照1997年价格计算,东德的单位工资成本费用1997年尚比西德的平均水平高23%,1996年高24%。

**工业是德国经济的支柱**　1997年德国拥有工业企业大约5.1万家和雇用职工约700万人,超过其他经济部门。然而工业在德国国民经济中的比重明显下降。1997年工业在各经济部门的总增值中的比重已降至31.6%(1970年至少为41%)。工业中发展迅速的行业如信息和通信技术、航空和航天工业无法补救纺织工业或钢铁生产这些老工业部门的衰退。德国工业主要是由数量众多的中小企业组成,但作用越来越大的还是大型工业企业。世界著名而且也在世界各地设有分支机构的大型工业企业有大众汽车公司、巴伐利亚发动机厂、戴姆勒一奔驰股份公司、化学康采恩赫希斯特·拜耳和巴斯夫、鲁尔煤炭股份公司、西门子电子康采恩、费巴能源康采恩和博施集团。1996年工业总产值下降1.4%,1997年增加2.6%,1998年上半年进一步增加4.3%。加工工业是工业的支柱,约占工业总产值的3/4,其总产值1996年下降0.7%,1997年增加4.2%,1998年上半年增加6.9%。汽车工业是德国最重要的加工工业部门。德国是世界上第三大汽车生产国,仅次于日本和美国。1997年德国生产汽车475.6万辆,其中大约59%出口国外。德国的机器和设备制造业极为发达,其机器和设备出口约占西方工业国机器和设备出口总量的1/5。化学工业是德国原材料和生产资料工业最重要的部门。由于最现代化的技术和用于研究的巨额费用,其在世界上居领先地位。电机工业也是德国工业部门中的先进行业。精密机械和光学工业在国际上的许多领域居强有力地位。航空和航天工业起步较晚，规模虽小，但技术是最现代化的，是面向未来的行业。能源和采矿业是近年来发展最不景气的部门，其产值 1996 年下降 1.7%，1997 年下降 1.6%，1998 年上半年进一步下降 4.1%。1997 年全德发电量5 470亿度，硬煤产量 4 679 万吨，褐煤产量17 820万吨，原油产量 282 万吨。钢铁工业由于现代化科学技术的发展导致塑料等代用品日益代替钢铁，近年来陷于困难境地，正在调整内部结构，增加优质钢和合金钢的生产。1997 年用于炼钢的生铁产量 3 046 万吨，原钢产量 3 563 万吨。

**德国就业人数、失业者和劳动生产率**

| | 就业人数 | | 失业者 | 国内生产总值(1991 年价格) | | |
|---|---|---|---|---|---|---|
| | 总人数 | 其中雇员数 | | 总计 | | 每个就业者 |
| **德国** | | | | | | |
| 年份 | 万人 | | | 亿马克 | 1991＝100 | |
| 1995 | 3 486.0 | 3 124.6 | 361.2 | 30 138 | 105.6 | 111.0 |
| 1996 | 3 442.3 | 3 080.1 | 396.5 | 30 346 | 106.0 | 113.0 |
| 1997 | 3 396.2 | 3031.4 | 438.5 | 31 014 | 109.0 | 117.0 |
| 1998 上半年 | 3 369.7 | 3 003.2 | 453.0 | 15 552 | 109.0 | 118.0 |
| **与上年相比增长率%** | | | | | | |
| 1996 | −1.3 | −1.4 | +9.8 | +1.4 | +2.7 | |
| 1997 | −1.3 | −1.6 | +10.6 | +2.2 | +3.6 | |
| 1998 上半年 | −0.4 | −0.5 | +2.2 | +2.9 | +3.3 | |
| **西德** | | | | | | |
| 年份 | 万人 | | | 亿马克 | 1991＝100 | |
| 1995 | 2 846.4 | 2 536.5 | 256.5 | 27 337 | 103.3 | 106.0 |
| 1996 | 2 815.6 | 2 505.2 | 279.6 | 27 476 | 104.0 | 108.0 |
| 1997 | 2 788.4 | 2 477.0 | 302.1 | 28 095 | 106.0 | 111.0 |
| 1998 上半年 | 2 774.4 | 2 462.1 | 303.7 | 14 138 | 107.0 | 112.0 |
| **与上年相比增长率%** | | | | | | |
| 1996 | −1.1 | −1.2 | +9.0 | +1.3 | +2.4 | |
| 1997 | −1.0 | −1.1 | +8.0 | +2.3 | +3.3 | |
| 1998 上半年 | −0.1 | −0.1 | +1.4 | +3.1 | +3.1 | |
| **东德** | | | | | | |
| 年份 | 万人 | | | 亿马克 | 1991＝100 | |
| 1995 | 639.6 | 588.1 | 104.8 | 2 801 | 136.0 | 156.0 |
| 1996 | 626.7 | 574.9 | 116.9 | 2 870 | 139.0 | 163.0 |
| 1997 | 607.8 | 554.4 | 136.4 | 2 919 | 142.0 | 171.0 |
| 1998 上半年 | 595.3 | 541.1 | 149.4 | 1 414 | 137.0 | 169.0 |
| **与上年相比增长率%** | | | | | | |
| 1996 | −2.1 | −2.2 | +11.6 | +1.9 | +4.2 | |
| 1997 | −3.0 | −3.6 | +16.6 | +1.7 | +4.9 | |
| 1998 上半年 | −1.8 | −2.2 | +10.6 | +1.8 | +3.6 | |

资料来源：德国《经济与统计》杂志 1998 年第 9 期。

**农林渔业** 德国土地总面积为 3 570 万公顷，大约一半用于农业。德国不仅是一个高度发达的工业国，而且也拥有高效率的农业。农畜产品种类繁多，质量优异。在西德，1950 年以来农业企业减少了大约 100 万家，许多农民转入工业或服务性企业。农民经营的家庭企业始终是西德农业的特点。企业经营的土地面积平均不到 50 公顷。牲畜饲养也主要是在较小规模内进行的。在东德，战后大约有农业企业 60 万家，逐步都参加了农业生产合作社，在集体所有制基础上统一经营。80 年代末种植业生产合作社平均经营 4 500 公顷土地，而与此严格分开的畜牧生产合作社平均饲养 1 000 头奶牛或 10 000 头催肥猪。统一后东德农业重新私有化。虽然还经常存在产权关系未澄清的情况，但已有大批农户决定自主经营一个农业企业，同时原有的农业生产合作已转成注册的合作社、私人公司或股份公司。

随着 60 年代欧共体共同农业市场的建立，在许多领域里的农业政策转由欧洲的机构负责制定。这主要包括市场与价格政策、外贸政策以及结构政策。近年来重要的农畜产品如谷物和牛肉已供过于求。减轻农产品市场压力如今已成为欧盟农业政策的首要目标。主要措施是从数量上规定牛奶和糖的份额以及耕地休闲，对主要农畜产品市场价格的资助。

今天虽然大部分的农业政策方面的决定由欧洲联盟作出，但是德国联邦政府与各州对建造重要的排水与供水设备、农村道路建筑以及农田和林庄重划等计划用水措施给予资助，对自然条件差的地区的农业企业提供特别资助。

德国农业发达。农畜产品可满足本国需要的约 85%。德国农业的特点是以畜牧业为主，种植业与畜牧业相结合。1997 年全德生产谷物 4 548.6 万吨，马铃薯 1 165.9 万吨，牛存栏数 1 520 万头，猪存栏数约 2 480 万头。

德国的森林覆盖面积为 1 070 万公顷，占国土面积的将近 1/3。国内对木材及木制品的需要的 2/3 靠就地取材解决。虽然德国历来是木材及木制品净进口国，但它在出口方面仍占重要地位。

德国最重要的捕鱼区是北海，其次是波罗的海，西不列颠和格陵兰水域。

**交通运输业** 德国的交通运输业十分发达，是国民经济的重要组成部分。西德的交通运输业高度现代化，运输量大，速度快，效率也比较高。东德的交通运输业虽比西德差些，但也很发达。为扩建和新建东西德之间的联系，逐步完成德国统一交通运输网，国家自 1991 年起就对铁路、公路和内河航道交通方面的 17 个特别重要的项目进行资助，到 2000 年将基本竣工。1997 年全德共有铁路 46 756 公里，其中电气化铁路 18 515 公里；跨地区公路约 23 万公里，其中高速公路 1.1 万公里；内河航道 5 000 多公里，其中运河航道 1 600 多公里；管道约 2 500 公里。铁路、公路、水路、航空与管道相互联接，组成密如蛛网的运输体系，承担着繁重的运输任务，为经济发展提供了极其有利的条件。

铁路始终是大宗货物运输以及联运和客运交通方面特别有利于环境保护的不可缺少的交通工具。1994 年德国联邦铁路和德国国营铁路合二为一，成为德国铁路股份公司，实现了私有化。

公路运输是德国运输体系中最重要的组成部分。多年来德国修建、扩建了原有的公路，形成了以高速公路为主干的比较完整的公路网，逐步实现了公路运输现代化。

海运发达，拥有世界上最现代化和最安全的商船队，1997 年它拥有 1 250 艘商船，6 000 万登记吨位。在集装箱船和装船运输方面，德国是领先的国家之一。德国最大的海港是汉堡，它是大型海轮也能在短时间内装卸完毕的快速港口。杜伊斯堡是最大的内河港口。运输的货物主要是煤和铁钢制品、矿石和石油。

**邮政与电信** 90 年代初德国联邦邮电部的企业管理任务移交给了邮政业务、邮政银行和电信 3 个新创建的公共企业，它们拥有相对的独立性和较大的企业活动余地。1995 年初德国的邮政与电信脱离了国家的保护，成立德国电信股份公司，德国邮政股份公司和德国邮政银行股份公司。新成立的德国联邦邮电署作为公法控股公司通过咨询协调 3 家企业及其 60 多万名职工，但不得干预企业的活动。

德国电信股份公司制造和经营用于交换信息与数据的几乎所有的电信设备以及通过卫星在全世界范围内的通讯。电缆电视已发展为第二大电信业务。

德国邮政股份公司是电信与运输业中的服务性

企业,在国内和国际上将信件和托运邮件送至任何指定地点。

德国邮政银行股份公司除进行储蓄业务外,还进入同私人客户的信贷交易、提供股票基金、中期地接受房地产筹资以及建房互助储金业务。

**财政金融业** 德国联邦、各州和乡镇在1997年的公共财政支出为11 031亿马克,约占国内生产总值的30%,如果加上社会保险支出6 748亿马克(占国家财政总支出的38.0%)则为17 779亿马克,占国内生产总值的49.1%。在德国公共财政收入中,税收一直是最重要的来源,1997年占93.5%。其中联邦得48.1%,各州得34.2%,乡镇得12.8%,欧盟得4.9%。除税收外,接受贷款是为公共财政支出筹措资金的另一个可能性,主要在70年代和德国统一后,联邦和各州不得不越来越多地利用资本市场。1993年德国公共预算中的债务高达约14 000亿马克,此外还有铁路债务658亿马克、邮政债务1 045亿马克以及托管债务约3 000亿马克。1990年到现在,从西德往东德的财政拨款总额已超过10 000亿马克。这是德国的财政制度随着国家的重新统一面临的特殊问题。

德国马克几十年来一直是世界上最稳定的货币之一,是欧洲货币体系中一个稳固的定锚货币,是仅次于美元的第二大储备货币。德意志联邦银行是德国的发行银行,其在行使联邦银行法赋予的职权时不受联邦政府指令的影响,拥有4个基本职权:在德国发行货币;作为银行的银行监督对各信贷机构提供中央银行货币的情况,依靠其货币政策的手段决定货币政策的方向,照管银行对支付往来的处理;是国家的开户银行;管理德国的货币储备。联邦银行主要是通过控制货币流通量来确保货币稳定,同时为经济发展的筹资提供必要的支付手段。为此,它首先利用最低储备金、再筹资以及开放市场等政策手段。德国的银行业务是多种多样的,但其发展总趋势是急剧集中。多年来私人商业银行在所有银行的总营业额中占33%,公法储蓄银行占将近50%,合作社大约占15%。德国所有信贷机构的活动都受联邦信贷监督局的监督。如一家信贷机构陷入困境,信贷业的存款担保机构就会出面保护储户,使之免受损失。近年来德国的金融业蓬勃发展,无现款的转账、储蓄存款、证券持有额和信贷等德国金融市场的所有指标都急剧上升。德国的有价证券交易分散在柏林、法兰克福、汉堡、慕尼黑等8个交易所所在地进行。但是,法兰克福交易所已成为主要市场。在世界仅次于纽约和东京,和伦敦争夺第三名。

1979年以来,德国是欧洲货币体系的成员国,并属于它的汇率机制。每种货币的所谓主导汇率在那里确定。它们的市场汇率可以在主导汇率最多为15%的幅度内上下浮动。如果出现了更大的浮动,各国的中央银行就收购或抛售相应的货币,以此稳定汇率。然而欧洲货币体系只约束参加欧盟各国的货币,在与如美元或日元等第三种货币的关系中,汇率可在外汇市场上自由形成。欧洲货币单位(埃居)在欧洲货币中的各种货币之间起连接作用,并作为结算单位,但它不是独立的货币,而是欧盟15国货币的货币篮子,其中德国马克占33%,法国法郎占21%,英镑占11%,荷兰盾占10%。

自1999年1月1日起德国是欧洲货币联盟成员国,是欧元创始国之一。依据马约规定,在2002年欧元纸钞与硬币推出之前,欧元对11个创始成员国的货币汇率将固定不变,1欧元将值1.95583德国马克。企业和个人在1999年到2001年既可以使用欧元,又可以使用德国马克。但在此期间,现金交易只能使用德国马克进行。欧元纸钞和硬币将在2002年投入使用,德国马克最晚要在2002年7月1日停止流通。1998年6月在德国法兰克福建立了欧洲中央银行,为新建立的欧元区确定货币政策的利率。

**对外经济** 在德国的经济生活中,对外经济贸易起着决定性作用。德国的对外贸易额居世界第二位,仅次于美国。德国声称其对外贸易政策的基本原则是,以国际分工代替自给自足经济,以竞争代替贸易障碍,以利益均衡代替经济对峙。德国对国外市场的依赖甚为突出。1997年全德商品和劳务的出口为9 718亿马克,占国内生产总值的26.8%,进口商品和劳务9 169亿马克,盈余549亿马克。这是对外贸易拉动德国经济增长的突出一年,按1991年价格计算,1997年全德出口增长11.1%,其中商品出口增长11.5%,劳务出口增长7.8%;全德进口增长8.1%,其中商品进口增长8.8%,劳务进口增长5.3%,均快于国内生产总值的增长速度(+2.2%)。

近年来德国几乎1/3的就业人员为出口工作。

最重要的出口货物是机动车、机器和设备、化工产品和电器等工业品。最主要的进口货物为农产品和纺织品、机动车、电器和机器。随着欧洲联盟经济一体化的进一步发展，欧洲内部贸易获得了蓬勃发展。1997年德国对外贸易额的大约55%是与欧洲联盟国家进行的。德国最重要的贸易伙伴是法国，然后是荷兰、意大利、英国和美国以及日本。

目前德国的对外投资额约达近3 000亿马克，外国在德国的投资约为2 000亿马克。在相互投资关系方面，美国是最重要的伙伴国，然后是荷兰、瑞士、法国和英国。为保护投资不受政治与经济危机影响，德国已同100多个国家签订了投资促进与保护条约。

中国是德国在发展中国家最重要的贸易伙伴之一，而德国也是中国在欧洲的最大的贸易伙伴。多年来两国经济贸易关系的发展总的来讲是有成效的，但双边贸易额占各自进口总额的比重甚微，中国仅占德国对外贸易总额的大约1%，德国也只占中国对外贸易总额的5%左右；到1997年底，德国在中国直接投资项目达1 500多项，协议金额50多亿美元，实际投资为15亿多美元，在各国对华投资中仅占约1%，位居第8位。两国之间的经济贸易关系尚有巨大的发展潜力。

## 教育事业

根据基本法，德国的教育事业接受国家监督。按照德国的联邦制结构，教育事业的管辖权在联邦和各州之间进行分配。教育事业中的立法与行政管理的绝大部分职权归各州所有，尤其在中小学教育、高等教育以及成人教育和进修等方面。根据德国各州关于统一教育事业的协定，各州对义务教育、组织形式、考试的承认等问题作出了有约束力的规定。德国各州文教部长例行会议通过补充决定，使各州的教育事业进一步协调一致，如关于重新安排高中，中学毕业考试中的统一要求以及关于相互承认保证教育事业中的统一性与可比性的各项协议。在德国统一后，根据基本法、德国各州关于统一教育事业的协定和各州文教部长例行会议的有关协议，德国东部地区的5个州颁布了新的学校法。

1997年德国有5.2万多所学校，学生1 200多万人，授课的职业教师大约有72万名。

德国的义务教育从6周岁开始至18岁，共实行12年。在此期间必须有9年(在有的州为10年)上全日制学校，然后为了完成职业教育义务必须上非全时的职业学校或者继续上全时学校。所有公立学校都是免费的。教学用具主要是教科书，一部分也是免费提供，一部分是借给学生使用的。如欲将教学用具归己所有，则要求家长部分地从收入中自行支付。根据基本法，除无教派学校外，宗教课是正式科目。学生从14岁起可以自己决定是否上宗教课。德国可以建立和经营私立学校，但需要国家的批准，在财政上得到所在州的资助。

**学校体制** 儿童6岁开始上小学，一般为4年，在柏林和勃兰登堡两个州为6年。在大多数州内，开始的两个年级不打分，而只给一个报告形式的评语，借以描述在各个学习科目中个人的进步与弱点。第5、6年级学生可以决定继续上哪一种类型学校，也可以变更。大约1/3儿童在小学毕业后升入普通中学。在普通中学9年或10年毕业后，大多数学生开始职业培训。普通中学毕业通常被用作录取进行双元制职业培训，并开辟了通向手工业和工业中的许多职业培训的道路。实科中学介于普通中学和文理中学之间，对学生进行扩展的普通教育，它是经济界和公共事业中等生涯的前提。这种中学毕业的学生约为全体中学生的40%。文理中学一般为9年制(5年级至13年级)，对学生进行深化的普及教育。在高中阶段(11年级至13年级)实行课程制，以取代传统的班级制。学生在直至通过毕业考试从而高中毕业的每一个年级中都必须无例外地从语言—文学—艺术、社会科学和数学—自然科学—技术的每一个领域中选读课程。必修课还包括宗教课和体育。文理中学高中以4个科目的考试结束学习。通过考试者获得读完13年级升入普通高等院校资格证书。持此证书即可在高等院校的任何专业学习。另外一种类型学校是综合学校。学生通常在这种学校从5年级上到10年级。由于残疾而在普通学校里不能得到充分照顾的青少年在特殊学校里学习。

**职业教育** 中学毕业后不谋求上大学资格的年轻人通常决定接受一种职业教育，但是也有许多文理中学毕业生接受一种职业教育。大部分人在双元制中培训，即企业中的实践培训与职业学校的理论培训相结合,也就是私人经济与国家共同对职业教育负责。国家方面由联邦负责校外的职业教育,而职业学校则为各州管辖。目前有160多万年轻人正在大约450种得到承认的培训职业中接受培训。对男青年来说,最喜爱的培训职业是汽车机械工、电器装配工、机械技工或是批发及外贸商,而女青年优先选择的职业则是医生助理、零售部门女营业员、理发师以及办公室工作人员。除了在企业中接受培训外,青年学徒还必须在3年中每周有一二天上职业学校,学习专业理论知识,学习成绩录入毕业证书。职业学校是所有职业培训中的未满18岁、不上其他学校的青年人的义务教育学校。除了学徒和职业学校外,还有其他可供年轻人选择的职业教育途径,如上职业专科学校学习1至3年。在德国,原则上不应该有一个青年人不经培训就开始职业生涯。

**高等院校**　60年代适龄青年只有不到1/10上大学,现在申请大学学习名额的约占1/3。1996/97年冬季学期德国大学生的人数大约增加到200万名。1996/97年中有将近25万人入学。国家试图通过扩建与新建高等院校、增添教学人员以及大幅度增加经费来解决60年代教育扩张以来学生人数剧增的问题,开设了新的专业,学习更加注重对口。但是扩建跟不上学生人数的增加,致使德国各大学最近几年的教学状况并不理想,学习时间过长。因此,目前联邦和各州正在商议如何方能通过教学结构改革,以改善高等院校的效率和教学效果。

在德国,高等院校一般由各州管辖。联邦只规定高等教育事业的一般原则,并参加为高等院校建设和研究筹资。而高等院校却享有自治权,它在法律的范围内有自己的校规。在大多数州里大学生的事务由他们自己管理。大学生不交纳学费,并通过高等院校参加事故保险,和以优惠的大学生保险费用参加医疗及护理保险。如果大学生或主要是他们的父母无力负担其生活及学习费用,大学生有权根据联邦教育促进法获得国家的助学金,其中一半作为奖学金,另一半作为无息贷款,通常在资助最长期限到期后5年归还。

高等教育事业质量上最重要的支柱是综合性大学,在这些大学里的学习以通过学士考试,硕士考试或国家考试而结束,有几门学科只以硕士或博士考试结束。高等专科学院作为最年轻,但是越来越具有吸引力的高等院校,主要在工程技术、经济、社会学、设计以及农业等学科内安排更多的与实践有关的学习,以学士考试结业。今天,几乎1/3的新生选择这种高等院校,这里的正常在校学习时间比综合性大学较短。

目前德国有将近15万名外国学生。

**成人教育**　在德国,每年约有1 000万人参加成人教育,因为工作岗位上的要求越来越高,并且在发生变化。不少人在一生中须多次更换职业。德国约有1 050所业余大学和众多的分校,其创办者一般是乡镇和县或注册协会、州提供补贴。业余大学是超党派和超教派的,绝大多数是业余夜大学,也有提供为期数天或更长时间讲座的寄宿业余大学。进修与深造的人数不断增加,目前每3名雇员中就有1人参加了讲座和培训班。在深造期间参加者获得补贴或贷款等形式的资助。

## 科学技术

**对科学、技术与经济相互关系的认识**　在德国,一般认为科学是指理论和知识形态上的生产力,而技术则是指应用的直接生产力。技术是现实的生产力,是劳动技能、生产经验和科学知识相结合的产物,是科学与生产联系的纽带,是改造自然的方法和手段。技术和经济是人类社会进行物质生产活动中并存的两个方面,经济发展的需要是技术进步的动力,技术进步是推动经济发展的重要手段,技术是不能脱离经济的,技术的发展总是在一定的经济条件下实现的。为了满足社会不断发展的需要,现代经济的发展越来越依靠科学和技术的进步。因此,德国极端重视科学研究和技术开发工作,并采取一系列措施使科学技术与生产实践相结合,从而有力地促进了企业的技术进步和生产发展。

**科技政策是国家总政策的重要组成部分**　德国在战后初期就曾提出经济要科学化和科学要经济化的口号,一方面大力引进先进的外国科学技术,另一方面积极开展科学研究与技术开发工作,经济的恢复和发展很快。多年来德国科技政策的目标和主要任务一直是实现国民经济现代化,强调当前的世界经济竞争，本质上是科技竞争，把加速科技进步作为国家发展的基本国策。德国虽然竭力强调社会市场经济，但却注意加强对产业结构的调整和对发展高技术的干预和管理。德国强调科技政策必须同政府在经济、财贸、工业、社会等方面的政策结合起来统一制定。国家要扶植直接服务于经济发展的科学研究的新技术开发工作。德国还特别强调加强欧洲各国相互之间科技合作的重要性，希望各国之间打破技术边界，促进企业之间的科学技术交流。为此，德国正在积极参加欧洲国家联合开发高技术的尤里卡计划。估计德国经济增长额中的2/3左右是直接或间接地来自科学研究与技术开发。

**科技体制** 在德国，从事科学研究与技术开发工作的机构多种多样，大致可分为高等院校，高等院校以外属于国家和由国家资助的科学研究与技术开发机构，广大企业的科学研究与技术开发机构三大类。国家通过教育与科学部和研究与技术部直接管理和协调前两类的科学研究与技术开发机构，对于大量后一类的科学研究与技术开发机构，则主要通过政策和规划进行管理和协调。

高等院校进行科学研究工作是德国的老传统，多年来从事接近于基础研究工作，即与应用研究有密切的关系，促进着新学科的开辟，着眼于新苗头、新动向，一般不搞大型、长期花钱多和具体应用的研究课题，很少参与全国性国家科学研究任务。在工业部门委托的研究任务中，高等院校大约承担10%。在教师中约有1/3从事科学研究工作，在高等院校经费中约有40%用于科学研究工作。高等院校的经费由各州来提供。这项经费只能满足高等院校科学研究所需经费的70%，其余30%靠德意志研究联合会、各种为公众服务的科学基金会和企业提供。

德国没有联邦一级的科学院，但有7个由所在州提供资金的科学院（哥丁根、巴伐利亚、海德堡、美茵兹、莱茵兰—威斯特伐伦、来比锡、柏林—勃兰登堡），这些科学院联合成立了德国科学院联合会，它是布鲁塞尔国际科学院的成员。这些科学院主要从事长远性的系统的自然科学理论和人文科学的研究，但规模都较小。

马克斯·普朗克学会是高等院校外进行科学技术研究的最大机构。该学会有60多个研究所，主要是进行自然科学的基础理论研究，重点是医学、生物学和物理学，近年来人文科学和社会科学也被列为研究重点。该学会总部设在慕尼黑。该会经费的主要部分由联邦和各州分别提供一半。

弗朗霍费学会受国家和经济部门的委托，从事自然科学和工程科学的研究和发展工作，大致分为工艺和生产技术、结构和设备中的材料、建筑业和木材工艺、环境研究和环境技术、信息处理和固体电子学以及系统技术和技术转让等6个专业范围。该学会拥有60多个研究所，总部设在慕尼黑。经费是来自委托单位和联邦及各州对应用研究的资助。

目前德国从事尖端科学领域的基础研究和技术开发的，主要是联邦和各州所属的16个大研究中心，如德意志电子同步加速器研究中心（汉堡）、德意志航空和航宇研究院（科隆）、德意志癌症研究中心（海德堡）、造船和船运运用核能研究中心（汉堡）、数学和数据处理研究中心（波恩）、生物工艺研究中心（不伦瑞克）、重离子研究中心（达姆斯塔特）、辐射和环境研究中心（诺伊堡）、哈恩—迈特纳核研究所（柏林）、海恩利希—赫茨信息技术研究所（柏林）、马克斯·普朗克等离子体物理研究所（慕尼黑）等。这些大研究中心的显著特点是，与工业部门有着密切的联系，而且同所在州能密切地进行合作。同时这些大研究中心在监察机构、科学界和企业界只派少数代表参加管理就行。国家主要是通过其在大研究中心监察机构里的代表施加影响，而不是单纯地依靠行政命令，这样就保证了大研究中心的独立性和责任感，因为在科学技术问题上一定要尊重科学技术界人士的意见。大研究中心经费的90%由联邦承担，其余10%由有关州提供。

企业界中有很多科学研究与技术开发机构，主要从事应用科学研究和技术开发，目的是推出新技术、新工艺和新产品，拥有强大的科技力量，人数和经费都约占全国的2/3。大企业一般都设有科学研究与技术开发机构，中小企业组织联合研究或委托有关单位进行研究。

**资助科学研究的机构** 德意志研究联合会（波恩）是一个全国性的独立科学管理机构。联邦和各州分别为其提供一半经费，德国科学基金联合会也提供一些经费，蒂森基金会还资助重点科研计划。大众汽车厂基金会(汉诺威)是德国的一个独立的民法基金会,其任务是推动、资助科学和技术、研究和教学工作。该基金会拥有自己的基金能力,决定问题是独立自主的。该基金会基金总额为10亿马克。每年提供的资助经费首先来自基金资本的利息。其次是来自每年联邦和下萨克森州股份的盈利。德意志学术交流中心(波恩)的任务是促进国外的科学交往关系。它作为私人法律形式的机构,主要由公益经费资助。该中心为联邦、各州及其各成员大学完成文化和科学外事政策提供服务以及帮助发展中国家发展教育事业。洪堡基金会(波恩)是由联邦政府、德意志科学基金联合会、蒂森基金会和大众汽车厂基金会以及化学工业联合会等资助的。该基金会的任务是为外国优秀的青年科学家到德国的大学和其他科研单位进行科研工作提供奖学金,这些科学家相当于德国的博士,可不受性别、种族、世界观和宗教信仰的限制,挑选的标准是申请者的学术水平。

## 文化

德国的文化生活丰富多彩,联邦制结构在文化生活领域表现得更为突出。德国的大多数文化设施由城镇经管。除少数例外,各州在文化事务方面执行立法工作。各州都有自己独立的文化生活,建立了大大小小的文化中心。小城市和乡镇的文化生活也在不断发展,在文化方面没有偏僻闭塞的落后地区,人们无需为了观看优秀戏剧或听精彩音乐会而驱车百里。有些较小的城市也有珍贵的图书馆和饶有趣味的艺术品收藏馆。德国拥有许多文化中心和各种文化机构。法兰克福、莱比锡和柏林设有联邦直辖的国家图书馆。联邦档案馆的中央馆址在科布伦茨,并在柏林、波茨坦、弗莱堡和拜罗伊特都设有分馆。汉堡是新闻媒介最集中的地方,科隆、杜塞尔多夫和卡塞尔是当代艺术活动的3个中心。柏林的剧院数量居首位。最有价值的博物馆分布在柏林、希尔德斯海姆、慕尼黑、哈勒、纽伦堡、科隆和斯图加特。两所最重要的文学档案馆在马尔巴赫和魏玛。

德国文化理事会是文化方面的咨询和中介办事机构,成员包括8个部门:德国音乐理事会、表演艺术理事会、文学工作组、艺术理事会、建筑文化理事会、设计部门、电影/视听部门和社会文化理事会。德国文化经纪组织主要负责进行同国外的文化合作以及国际文化交流。它们作为对外文化政策的一部分,从外交部的预算中得到资助。最主要的有歌德学院、德国学术交流中心、汉堡基金会、对外关系学会和国际交流中心。1999年德国城市魏玛被欧盟选为欧洲的文化首都,该市1999年同时欢庆德国最伟大的全才学者和诗人歌德诞辰250周年。

**图书业与图书馆** 德国的图书出版量在国际上占第三位,仅次于英国和中国。2 000多家出版社中,营业额在2 500万马克以上的有100家。法兰克福的德国书商交易所协会是联合德国图书出版社、书籍中间商和书籍零售业的图书行业组织,在该协会的倡议下,1964年成立了展览会和博览会股份有限公司,其主要任务是举办法兰克福书展,该书展是国际书业每年突出的大事。第二个重要的书展每年春天在莱比锡举办,对东欧各国的中介人起着特殊作用。

德国与其他国家不同,没有规模宏大、历史达数百年的国家图书馆。1913年才在莱比锡建立了国家图书馆。后因分裂1947年在法兰克福又建立了一个国家图书馆,在西部承担莱比锡图书馆的任务。这两家图书馆都是由书商建立的。法兰克福国家图书馆从1969年起是一个联邦机构。随着1990年8月统一条约的签订,两个图书馆合并为"德意志图书馆"。它是德国全部德语书籍的总档案馆和民族史资料中心,总藏书约1 400万册。慕尼黑巴伐利亚国家图书馆是德国最重要的科学图书馆,藏书600多万册。柏林普鲁士文化财产国家图书馆藏书约400万册。另外,国立、州立和大学图书馆也拥有大量藏书。除了这些普通科学图书馆外,还有专业图书馆,如科隆的中央医学图书馆。沃尔芬比特尔的奥古斯特公爵图书馆是德国图书馆中的一件瑰宝,藏书66万多册,其中1.2万册是珍贵的中世纪手抄本。德国向读者开放的公共图书馆大约有1.35万座,藏书超过1.29亿册。这些图书馆主要由乡镇和教会经管。许多图书馆通过举办作家朗诵会、展览会等活动而成为积极的文化中心,在许多较小的乡镇甚至是当地惟一的此类中心。不少城市和乡镇还有流动图书馆,使人们在郊区和农村也能借阅图书。

**收藏与博物馆** 收藏范围不同的各种博物馆起源于德国社会与文化的发展。德国州立的、市立的、协会的、地方的和私人的博物馆共有3 000多座。此外还有珍宝馆,教区的、大教堂的、官邸的、城堡的、宫殿的和露天的博物馆。这些博物馆都是过去几百年里在王公贵族、教会以及后来的市民收藏的基础上形成的。德国的博物馆遍布全国,使大部分居民都有参观的机会。博物馆的建筑多姿多彩,从19世纪的庙宇式到今天的像法兰克福现代艺术博物馆那样的新式建筑,令人赏心悦目。

德国重要的博物馆有:亚琛的大教堂珍宝馆、德累斯顿的"绿色苍穹"等25个艺术博物馆;波恩的莱茵州立博物馆等7个文化史博物馆;不来梅的德国航海博物馆、多特蒙德的生物学博物馆等8个自然科学和技术博物馆;另外,在基尔、格廷根等地还有10个人类学博物馆。其中波恩的"德意志联邦共和国艺术展览馆"和"德意志联邦共和国历史馆"每年都吸引着成千上万的国内外参观者。柏林的"德意志历史博物馆"展示的是德国直至当代的全部历史。独一无二的慕尼黑"德意志博物馆"以实物和模型展示了世界上技术和自然科学的发展。纽伦堡的日尔曼民族博物馆陈列了从史前到20世纪德国艺术和文化的最丰富的收藏。除了柏林的博物馆,斯图加特的林登博物馆和希尔海斯海姆的罗马-佩利采乌斯博物馆也受到了人们的特别重视。

德国没有一个中央的博物馆机构。1917年成立的德国博物馆联合会联合了德国所有的博物馆,负责协调博物馆之间的合作。

**音乐** 德国是世界著名音乐大师贝多芬的故乡。音乐是德国人文化生活重要的一部分。德国有121座国家资助的歌剧院和141个职业乐队。最古老的汉堡歌剧院建于1678年。仅柏林就有3座歌剧院。慕尼黑的国家剧院和德累斯顿的森佩尔歌剧院具有意大利文艺复兴全盛时期的建筑风格,是建筑艺术的珍品。柏林爱乐乐团和慕尼黑交响乐团闻名遐迩。另外,班贝格交响乐团、莱比锡音乐厅交响乐团、德累斯顿国家小乐队等也都蜚声四海。

德国有30多万作曲、演奏和音乐教育方面的专业人员。有23所音乐大学、11所音乐学院和专科学校、9所教堂音乐学校和4所教堂音乐大学、50个专门培训的场所和40个进修学院。有4万个合唱团,2.5万个业余的或专业乐团和为数众多的歌舞团。大约每4个德国年轻人中就有1人会演奏一种乐器,或在一个合唱团里唱歌。每年在德国售出的本国的和国际上生产的激光唱盘、磁带和唱片达2.4亿张。

**戏剧** 德国有许多质量很好的剧院。有些是17和18世纪的德国各地诸侯建造的宫廷剧院。目前德国大约有160座国家的、州的和市的戏剧院和190家私人戏剧院。除此之外,还有很多自由社团和业余剧院。剧院的经费基本上由各州和地方承担。国家对剧院和乐团的资助很少,只占全部支出的0.2%。

**电影** 德国电影在20年代和30年代早期享有世界盛名,玛莲娜·迪特里希领衔主演的《蓝色天使》,曾风靡世界。60和70年代德国的电影事业经历了一个新的繁荣时期。制成了一系列值得重视的,体裁和题材极其多样的影片。例如以精湛的手法将虚构的和有真凭实据的素材结合在一起的影片《告别昨天》和扣人心弦的喜剧片《丽娜·布拉克》等。80年代,德国的电影在国际上越来越成绩卓著。文德尔斯因在影片《事态》和《巴黎、德克萨斯》出演沉默寡言的主人公1984年在嘎纳电影节获得"金桐奖"。1987年文德尔斯创造的《柏林的上空》又出人意料地获嘎纳电影节最佳导演奖。另外,德国的导演们将伟大的文学作品搬上银幕的成绩斐然。最近一些年,德国的电影制作者逐渐地敢于接触喜剧和讽刺剧。非常成功的是导演赫尔穆特·迪特勒及其辛辣的社会讽刺:在《施通克》中,他以《明星》画报所谓发现了希特勒的日记作为嘲笑的靶子。在《罗西尼》中,他揭露了慕尼黑电影界花花公子的空虚自负。关系喜剧在德国已成为最受喜爱的电影种类,如1985年的调皮轻佻的三角故事《男人们》和1995年上映的《没人爱我》都很受欢迎。

尽管德国电影成绩斐然,但在影剧院放映计划中占统治地位的仍然是不惜工本地生产的好莱坞影片。此外,德国电影还面临着电视和其他媒体的激烈竞争。尤其是同私人电台、卫星电视、收费电视和录像等不断发展的娱乐节目抗争中求生存。

德国大约有3 500家电影院,每年有上亿观众。目前,拥有多达18个银幕、5 000多个座位的多倍剧场已在许多大城市出现,至2000年,德国的电影院业主们将为建立此类大型影院再投资12亿马克。

众多的电影节大大地提高了德国电影行业在国

外的声望。除了曼海姆、奥伯豪森和莱比锡的国际短片节等，1951 年成立的"柏林电影节"是国际电影业在德国聚会的最主要的场所。

**节日文艺会演** 在德国节日文艺会演并非大城市的特权。许多富有魅力的活动往往是在具有独特风格的小城镇举行。节日文艺会演丰富多彩，有歌剧会演，戏剧会演，音乐会演等。历史最悠久的节日文艺会演是每 10 年一次的耶稣受难剧演出。每年德国仅音乐会演就有 100 多个，几乎每一座大城市都举办音乐会演：慕尼黑 7 月的歌剧文艺节；法兰克福 9 月的文艺节；八九月斯图加特的欧洲音乐节；11 月柏林爵士音乐节。另外，每隔 3 年的 9 月在波恩举办贝多芬音乐节；八九月在奥格斯堡举行"莫扎特之夏"音乐会等。众多的一流独奏家和乐团会聚一堂，精湛的演出给人们带来了高水平的艺术享受。

**新闻媒体** 德国新闻媒体十分发达。报刊种类繁多。每年发行的报纸和周刊达 400 多种，由 380 家出版社和 135 家编辑部负责出版发行，总发行量约 3 240 万份，人均报纸占有量居世界第四位，仅次于日、英和瑞士。杂志有 1 600 多种，总发行量约 1.4 亿份。各种专业刊物 8 000 多种。施普林格股份公司和贝尔特尔斯曼股份公司是德国出版业销售额最大的两家公司。发行量最大的报纸是"图片报"，每天的印刷量为 470 万份。全国性报纸主要有：《法兰克福汇报》、《世界报》、《每日镜报》、《商报》、《时代》周报等。政治影响较大、发行量在 100 万份以上的周刊有：《明镜》、《明星》、《焦点》等。

德国有两大通讯社：德意志新闻社成立于 1949 年，是德国新闻传媒的主要消息来源，属世界大通讯社之列。总部设在汉堡，图片新闻编辑总部在法兰克福，在国内 50 多个城市设有分社或编辑部，在世界 80 多个国家派驻记者或雇用撰稿人。德意志电讯社 1971 年成立，总部在波恩，主要向国内报纸提供新闻稿。两德统一后，该社与原东德的德通社合并。此外，德国还有一些专门的通讯社，如体育新闻社、联合经济新闻社等。

德国的广播和电视不掌握在国家手里。德国的广播事业实行"二元广播制"，即公法性广播事业和私营广播事业协调并存。德国有 2 个联邦公法性广播电视台和 11 个州公法性广播电视台。最大的广播电视台是位于科隆的西德意志广播电视台，工作人员约 4 400 人。最小的是勃兰登堡东德意志广播电视台和不来梅电台，职工各为 600 人和 640 人。广播理事会、电视理事会、管理理事会和台长负责领导和监督公法性广播电视台的工作。公法性广播电视台费用主要来自听众和观众缴纳的广播电视费。另外，"德国之声"是惟一的联邦广播电视台，经费由联邦提供，其法定任务是主办对国外的广播电视节目，向国外全面介绍德国的政治、经济以及文化生活情况。

从 1985 年美因兹的卫星一台（SAT.1）作为德国第一家私营电视台开始播放节目起，目前德国已有 10 几家私营电视台和 185 家私营电台。与公法性广播电视台不同的是，私营广播电台和电视台仅靠广告收入、赞助及捐赠筹资。

## 环境保护

德国把环境保护列为国家的目标。坚持不懈地保护空气、水域和土地，从长远看是经济健康发展的重要前提。在德国直接与间接从事环境保护工作的有 70 多万人，发展起了一个能提供防止和消除环境受损的先进技术的现代化环保工业。

**环境保护政策** 它包括 3 个原则：预防的原则——环境保护政策的制定应做到防微杜渐；肇事者责任原则——不是公众，而是给环境造成影响或损害的人要负责任，并承担避免或消除环境受损的费用；合作的原则——国家吸收经济界、公民以及社会团体参与解决环境问题，因为保护环境人人有责。国家的任务是为企业和个人在保护自然的生存基础方面的行动划定范围，制定了一整套环境保护政策措施。联邦政府的目标是，尽快在全德国创造高水平的生态环境，为此要投资清理工业旧废料场、褐煤和铀矿以及扩建和新建净化设备。因为空气、河流、海洋受污是无国界之分的，如气候的改变、臭氧层的崩解以及生物多样性的退化等全球性的环境问题，所以，联邦政府也在国际上，尤其在欧盟内部以及众多的国际组织中奉行积极的环境政策。

**保持空气的清洁** 德国的空气受到主要来自工业和手工业企业、交通、供暖以及发电站有害物质的污染。针对空气污染问题，德国通过《大型燃烧设备规定》以及《空气净化技术指南》等措施促使发电站经营者和工业界迅速改装其设备，使之达到最新技术水准，从而降低二氧化硫和二氧化氮排放量。在交通方面，通过越来越多的使用无铅汽油使环境污染减轻，并通过采用净化废气的三通调节催化器使二氧化氮、碳氢化合物和一氧化碳对空气的污染日益减少。保持空气的清洁也是一项国际性任务。德国已停止生产对臭氧层越来越严重破坏的氟氯烃(FCKW)。

**防噪音** 噪音，尤其是交通噪音，首先在人口密集地区已成为对居民的一种严重危害。因此，德国正在采取措施，把民住区街道改造成为交通安宁区，降低街道车辆的噪音极限值，并鼓励使用噪音小的飞机，建造新公路要带有消音层，在交通道路旁安装防噪设备，在工业和建筑业中使用降噪音技术。

**保护水域和海洋** 德国主要是加强废水排导和建造新的净化设备，制定关于工业与乡镇废水处理的规定，实行废水征税法，严格规定饮用水的极限值，北海和波罗的海沿岸国家决定停止向海洋倾泻工业废料和燃烧废料以及淤泥。

**保护自然和风景** 德国力争将全国面积的10～15%规定为自然保护的优先区。迄今德国已有12个特别值得加以保护的辽阔地区被开辟为国家公园，此外还有大约5 200个自然保护区以及12个为联合国教科文组织承认的生物圈自然保护区。为各地的自然和风景区保护法确立了框架的联邦自然保护法目前正在修改中。德国还积极参与国际自然保护协议的制定与落实。

**废料处理与土地保护** 根据1986年的废料法，尚未进行回收再处理的那部分废料将来不准许再任意存放，而必须首先进行处理。主要是在燃烧装置内解决，对所谓的特种废料，即含毒或危险的废料处理有严格规定和专门设备。对缺乏原料的德国来说，废料的再利用具有特殊意义。根据1995年制定的循环经济法和废料法以及商品包装条例的规定，商品包装的生产者和经营者有义务收回和利用使用过的产品。经济界为商品包装废料建立了私人经济组织的德国二元系统，其任务是从消费者那里收集使用过的包装材料，并作为再生材料使用。费用打入商品价格。1995年德国提出了土地保护法草案，将土地保护规定为人类、动物和植物的自然生存基础。为了保护土地多种多样的自然功能，法律应保护土地使之不受有害物质的影响。土地使用应为环境所能承受，而不造成损害。

## 企业伙伴

**雇员与雇主** 工人、职员、公务员和受培训者简称为雇员，约占就业人数的90%，雇主为独立开业者，股份公司、联邦、州、乡镇及其他共公机构。德国工会联合会及其所属16个行业工会、德国职员工会、德国公务员联合会和德国基督教工会联合会代表雇员利益，其组织程度平均不到50%；雇主联合会的组织程度约为80%，远超过雇员。它包括工业、商业、手工业、银行、保险业、农业直至交通业的全部经济部门。但是，它只以雇主的身分，即作为工会的谈判伙伴代表企业。

各个工会与雇主联合会或者个别雇主商定的劳资协定基本上有两种。工资与薪金协议规定工人与职员的报酬，它们通常一年签订一次。以几年为期的劳资框架协定规定如工作时间、休假天数、解约通知期限、加班费以及其他种种一般问题。除此之外还有以特殊规定作为内容的专门的劳资协定(工资与薪金和劳动条件协议，规定职业培训、附加的养老金、合理化保护等问题)。

在德国，劳资斗争只允许围绕着签订劳资协定问题进行，因此也只有劳资谈判双方才能互相进行斗争。为了避免劳资斗争，劳资伙伴经常规定有调解程序。工会只有特定的多数方能决定罢工，与此相对立的是雇主有解雇罢工者的权利。国家在劳资斗争中持中立态度。因此罢工者与暂时被解雇者不能从失业保险金中领取失业金。工会会员的工资损失由工会罢工基金补偿，非工会会员则一无所得。

雇主和雇员不只是对手，他们也以多种方式进行合作。例如受培训者结业考试委员会中就有企业伙伴双方的代表参加，在裁决劳资关系中的纠纷的各级劳工法院中都有来自雇主和雇员的名誉陪审员，失业保险、医疗保险、事故保险和养老金保险的理事会和代表大会由雇主代表和雇员代表各占一半组成。

**企业章程法与参与决定权** 1992年开始实施的企业章程法规定了企业内部的制度，其中特别是每个雇员以及企业职工代表机构参与协作与决定的权利和工会在企业章程法范围内的权利。

企业职工委员会代表雇员对雇主的利益。在至少有5名雇员的所有私人经济企业中就可选举企业职工委员会，其委员是名誉职务，而且通常是兼职的，但是雇用职工人数在300人以上的较大的企业有义务让1名或几名委员脱产。企业职工委员会的任务之一是关心对雇员有效的法律、规章、防止工伤事故的规定、签订的劳资协定以及企业中的各种协议得到遵守，雇主必须在每一次解雇人员时听取职工委员会意见，否则解雇就无效。

雇员在企业中的参与决定权是德国社会制度得以稳定的因素。大中型企业中的雇员可以通过他们在监事会中的代表对企业的政策产生影响。监事会中的这种共决权包括企业活动的一切领域。例如监事会委任企业领导，也可以再罢免他；有权要求全面了解关于企业一切事务的情况；使企业的重要决定都取决于其同意。

## 社会保障

德国的社会保障目标不是对人的全面供养和照料，相反它是建立在自己获得的个人要求之上。为实现这一目标，国家制定了一系列社会保障法，从对生病、事故以及年老时的保障直至子女补助、住房补贴或失业金。此外，国家还保证基本的生活条件。

**养老金保险**　法定的养老金保险是德国社会保障的支柱。它保证就业者退出职业生活之后能够保持适当的生活水平。根据法律所有工人和职员都参加养老保险。无义务保险者，可自愿参加养老金保险。目前法定养老金保险费为工人和职员每月总收入的19.2%，交纳保险费最高界限为每月总收入8 000马克(德国东部地区为6 800马克)，由雇员和雇主各付一半。领取养老金的前提是起码参加过最低年限的保险。通常年满65岁者即可领取养老金。在某些前提下，年满63岁或60岁即可领取。德国一位平均收入的普通职工参加保险45年后的养老金，大约为雇员平均纯收入的70%。如投保者死亡，其家属得到死者一定百分比的养老金。许多企业自愿为其职工支付额外的老年补贴，企业职工即使在达到退休年龄前离开企业，只要他们在离职时至少已35岁和此项允诺已满10年，或者他们在企业中已工作12年和此项允诺已满3年，也仍然可以要求支付已允诺的企业养老金。

**医疗保险**　几乎所有的德国公民都参加医疗保险。在法定的医疗保险公司里为所有工人设立义务保险。此外，也有对收入在一定界限以下的职员和一些其他行业的人员设立的保险义务。参加医疗保险的还有领养老金者、失业者、受培训者和大学生。雇员按各自的职业系统在各种保险公司参加保险。所有的投保者都可在被允许的医疗保险医生和牙科医生中自由选择。有保险义务者以及自愿投保的职员的保险费由投保者和雇主各支付一半。目前的平均保险率为有缴纳保险义务者总收入的约13.5%。医疗保险机构支付医生和牙医的治疗费用，此外还有药品、药物和辅助工具以及住院医疗费用。保险机构承担医疗的全部或部分费用。病假如不超过6周，雇员有权要求雇主照发工资或薪金。在此之后，医疗保险机构支付相当于基本工资80%的病休补贴，最长期限为78周。

**事故保险**　在发生工伤事故以及职业病的情况下，法定的事故保险提供保护和帮助。在德国，所有雇员和农民按法律规定都参加事故保险，其他的独立工作者可自愿投保。大学生、学生和幼儿园儿童也都被纳入受保险保护的范围。承办事故保险的单位主要是各职业合作社。它们分别包括某一地区一个职业部门的所有企业，通过企业支付的保险费筹资。在发生伤亡事故以及因职业病引起疾病或死亡时，投保者可要求支付保险赔偿金，上下班途中发生的事故也算作劳动事故。投保者如因事故受伤，事故保险公司承担全部医疗费用。如果他丧失劳动能力，就得到伤残补贴。如果他从此不能工作或因事故伤亡或死于职业病，保险公司就支付养老金、丧葬费及亲属抚恤金。

**社会救济金**　在德国，无力自助和无法从其他方面获助者得到社会救济金。根据社会救济法，德国每一个处于此类困境中的居民都可要求提供社会救济，包括生活费用补助或在如伤残、疾病或照料等特殊生活状况中的补助。社会救济金主要由地方提供。

(中国社会科学院世界经济与政治研究所　白靖宸)
(中国现代国际关系研究所　孙春玲)

# 法国经济文化概况

法国全名法兰西共和国，首都巴黎系世界著名大都市之一，有“世界花都”之誉。法国领土面积为551 602平方公里，仅次于俄罗斯居欧洲第二位。本土人口5 900万人，加上海外省和海外领地人口达6 130万人(截至1999年1月1日)。人口密度为每平方公里105人，低于德国(228人/平方公里)和英国(239人/平方公里)。占总人口81%的法兰西民族为法国人口的主体，阿尔萨斯人、布列塔尼人和科西嘉人等当地民族约占总人口7.9%，还有8%的人为外国移民。法国传统上是个天主教国家，79%的人信奉天主教，其次是新教(80万教徒)、犹太教(25万教徒)及穆斯林教(210万教徒)，随着外藉移民的拥入，信奉伊斯兰教和佛教的人也逐步增多。

法国位于欧洲大陆西部，呈不规则六边形，三面通海，三面连陆，地理位置较其他西欧国家优越。3 100公里的海岸线占国境线总长的60%，西北方经英吉利海峡和多佛尔海峡抵英国的多佛港仅33公里之遥，西方经大西洋的比斯开湾直通西非和南、北美洲，东南方经地中海不但可达北非及南欧，还可穿越苏伊士运河直抵印度洋和太平洋沿岸诸国。自东北下西南，有8个国家与其接壤，北连比利时和卢森堡，东界德国和瑞士，东南与意大利和摩纳哥相接，西南与西班牙和安道尔毗邻。法国基本上属于平原国家，平原和丘陵占领土的4/5，地势东南高西北低：东部和南部为山区，是阿尔卑斯山的西段，主峰勃朗峰海拔4 810米，为欧洲最高点；西部和北部为平原和丘陵区；中部东南一带为中央高原地区，系法境内河流的主要发源地。广阔的平原加上多样性的气候以及适中的气温和降水，为法国经济活动提供了得天独厚的自然条件。法国的矿业资源并不丰富，但与其他西欧国家相比尚占优势，铝土和铀矿储量居欧盟国家首位，前者储量有9 000余万吨，后者约5～10万吨。铁矿储量居西方发达国家的第三位，约为70万吨，但因法国铁矿含铁量低而含磷量高，故所需铁矿石的相当部分仍依赖进口。钾盐储量2.7亿吨，仅次于德国居西欧和二位，萤石1 000万吨，居欧洲第三位，此外还有铌、钨、铅、硫磺等。一般有色金属和稀有金属奇货可居。能源贫乏。

## 经　济

法国为发达工业国家，综合经济实力属世界强国之列，是世界第四大工业生产国，第二大服务产业出口国，第四大商品出口国，第三大国际投资国，第四大科技强国，国民生活水平居世界前列。1998年国内生产总值达84 270亿法郎，比1997年增长3%，仅次于美国、日本和德国。

### (一)经济特点

法国经济是建立在资本主义私有制基础之上的，人们根据市场竞争机制实现各自的利益，各个利益集团通过协商制定法律对市场进行组织和管理，同时国家也通过各种干预活动对市场进行调节和保护。因此其经济特点具有双重性：一方面，它属于自由市场经济体制，私有经济占有主导地位；另一方面，为维护国家主权，保障市场经济的更好运行，国家加强了干预活动，建立庞大的国有部门，对关键性行业或战略性部门进行控制。法国经济的这种特性被称为“混合型经济”。

戴高乐曾说过：“市场有积极面，它使人们变得活跃，给优秀者褒奖，并鼓励人们去超越他人和自我。但是，市场也带来不公正，造成垄断，为弄虚作假者提供方便。因此，对市场不能盲目，不能认为什么问题都可以依靠市场去解决。市场不应凌驾于民族和国家之上，而应该由民族和国家对市场来调控。”为了加强对市场的宏观调控，法国从1946年起开始制定国家计划，这是一种建立在市场经济基础上的指导性计划，一般每个计划为期5年。当然，法国的国家计划是以生产资料私有制为基础的，其目的是为了在减少市场对社会经济的自发破坏作用的同时,又发挥市场机制的优点,以促进经济增长。法国的国家计划有两个特点:一是计划制定的协调性。它集中地体现在计划的整个制定过程中,“协调原则”也成为法国计划化的一个创举。二是计划实施过程由政府通过各种手段、途径进行检查监督和影响引导,但计划对企业,特别是私营企业没有法律上的强制性,执行与否企业可自行决定,而且在实施过程中可以根据情况调整计划的指标和重点。从某种意义上说,法国的国家计划具有指导性与象征性的特质。

### (二)二战后的经济发展状况

法国经济从1945年二战结束后经历30年“辉煌时期”,70年代中期转入“低落”,进入90年代,世界格局巨变,世界各国在经济领域的竞争日趋激烈,法国政府进行战略调整,90年代后期宏观经济得到改善。

**战后30年“辉煌时期”** 法国经济在二次大战期间遭受严重破坏,战后面临的主要任务是“经济重建”和“现代化”。为此,法政府采取一系列紧急措施,包括对大银行、煤炭工业实行监控,对天然气、电力和部分工业原材料实行配给制,对企业实行国有化等。内需的扩大促进了经济的发展,从40年代末起,法国经济进入初步发展时期,到50年代末期,实现了以重工业为基础的初步工业化,此后又用了15年时间,实现了经济现代化。1950～1958年,法国国内生产总值年均增长率达4.6%,从1958年至1973年,年均增长率达5.5%,超过同期德国(4.8%)和美国(3.9%)的年均实际增长率,工业年均增长率5.7%,排日本和意大利之后居世界第三位。

**在经济景气循环中徘徊** 1973年第一次石油危机后,法国经济困难重重,内在的经济弊端日益显露。法国政府这一时期政策的重点主要放在经济调整上,力图控制通货膨胀、缓和就业矛盾,逐步改善各方面的失调现象。但由于国际环境不利,加之经济政策不稳,法国经济出现了战后以来严重的衰退局面。特别是1981年政策失误,采取以扩大支出刺激需求来带动经济增长的经济膨胀政策,以致西方国家在1983年至1985年经济普遍复苏时,法国经济发展却停滞不前,国内生产总值增长率只达到西方主要工业国平均值的一半左右。80年代后期,法国政府执行带有浓厚自由主义色彩的经济改革方针,使法国经济逐步进入低通货膨胀率下的低增长时期。但是由于不断受到经济景气性周期的影响,法国经济缺乏活力,生产性投资不足,私人消费疲软。特别是90年代初,西方国家经济再次出现衰退,法国经济出现负增长。1994年法国经济出现回升,并在1995年保持了一定的增长率(增长率2.2%),出口增长5.9%,成为经济发展的主要动力。

**经济复苏加快,发展有后劲** 1996年1月底,法国政府经过与德国政府磋商和协调,颁布了通过以鼓励消费和住房的发展来刺激经济的一揽子计划。同年10月,希拉克总统宣布实行两年的经济紧缩,目标是把财政赤字占国民生产总值中的比重在1996年降到4%,1997年降到3%。1997年,法国左翼联合政府成立,若斯潘总理一再表明新政府首批加入欧元区的愿望和决心,继续实行以赤字为本的紧缩财政政策,同时大力促进产业结构调整。这年法宏观经济继续改善,国内生产总值81 280亿法郎,经济增长率为2.3%,1998年这两个指数分别为84 270亿法郎和3%。此外,1998年法国公共赤字占国内生产总值的2.9%,失业率降为11.8%,家庭消费增长3.4%。1999年2月2日,经济合作与发展组织公布的研究调查结果指出:“法国经济形势是处于10年来最佳状态,这有助于在国内良好的宏观经济条件下走向货币联盟。”法国政府预计1999年经济增长率为2.7%(各经济预测机构的“共识”为1999年增长2.2%,2000年增长2.7%),企业投资增加5.6%,失业率降至11.2%,家庭消费增加2.6%,公共赤字降到2.4%。简言之,法国90年代以来为了参与经济全球化,提高产品竞争力,加快经济复苏,对产业和工业结构进行调整,推动了经济的可持续性发展,加上美元对法郎比价上升,国际国内市场需求旺盛,提高了国内外投资者的信心,增加投资,使法国经济复苏加快,并具备了发展的后劲。

### (三)世纪之交面临的挑战及对策

在20世纪后10年中,世界格局发生了重大变化,世界各国在经济领域的竞争日益激烈,使法国经济中的问题日益显露出来,“混合型经济”发展模式受到更为激烈的冲击。法国政府审时度势,大刀阔斧地进行经济领域的改革,以保持和加强法国在国际经济中的地位。

**挑战** (1)经济全球化的挑战:法国内市场受到美国、日本等发达国家商品的冲击,国外市场则受到西方伙伴国和“新兴工业国”的冲击。(2)欧盟内部的挑战:欧盟是法国最大的对外贸易市场和最大的外资市场,由于德国经济实力的强大,法国在竞争中处于劣势。此外,1999年1月1日欧洲统一货币的诞生给法国经济带来的不仅是机遇,同时也是挑战。(3)国内经济发展中的挑战:经济发展动力不足问题仍然存在,高失业率既威胁法国政治社会的稳定,也制约了经济的发展,社会福利赤字居高不下,国营企业亏损严重。除此之外,法国税收过多,其税收收入占到国内生产总值的45.6%。国际管理发展研究院的调查报告认为,尽管法国目前的经济状况很好,但因法企业纳税负担沉重难以提高自身竞争实力,致使法国竞争力在世界排行榜上由1993年的12位降至1998年的第21位,目前只有5个欧盟国家位于其后。

**对策** (1)实施宏观调控政策:改革财政、税收、货币和就业政策,以确保经济总量方面的平衡,保持经济持续增长,增加就业。(2)进一步调整产业结构:从1986年开始,法国共4届政府分别对30多个国有企业实行资本开放,通过让出资本共获得3 290亿法郎资金,减轻了政府的负担,同时也增强了企业的活力和竞争力。法国政府计划进一步加快国有企业开放资本的步伐,以保证国民经济的不断发展;重组国防工业,通过私有化和大军工企业的合并与重组,把过于分散的国防工业集中起来,建立一个能与美国大军火公司竞争的欧洲工业支柱;调整农业发展战略。(3)推行“积极进取”的对外贸易政策,开发“新兴市场”:调整外贸布局,加强在东欧、亚洲和拉美的存在;协调出口管理机构的工作,帮助企业占领国外市场;强化外交为经贸服务的思想。

## (四)主要产业

**能源** 法国99%的能源靠进口。随着1973年第一次石油危机的爆发,法国政府开始扩大能源供应国范围,鼓励开发能源经济,加速建设核电站。这一政策减少了石油进口,节约了能源开支。法国能源工业主要有石油、煤炭、电力和原子能工业。

*石油* 石油消费在法国只占能源消费的40%强。法国政府在70年代虽然扩大了能源供应国的范围,但仍有46%的原油来自中东,其他部分来源于非洲(尼日利亚、阿尔及利亚、加蓬和刚果)。法国石油公司(CFP-TOTAL)和埃尔夫集团(ELF)是法国最大的两家石油集团,在法国石油领域和能源开发研究领域中起决定性作用。

*电力* 法国的电力主要来源于核电、火电和水电,净发电量达4 530千瓦/时。到90年代中期,法国电力生产比1970年增加了3倍多,向欧盟邻国出口总额达140亿法郎。这一成果主要得益于战后核能工业的发展。法国是于1974年开始实施核电站一揽子计划的,90年代初法国核电已占总电力的79%,仅次于美国成为世界第二大核电生产国。1999年春,核电站计划中的最后一座核电站落成,这预示着若干年内将不会再建造新站。为此,法马通公司、核材料总公司以及法国电力公司等大型核能公司准备采取联合行动,进行核电领域的结构调整,以应付“核冬季”的冲击。

*其他能源* 天然气用途广泛、污染较少,且价格低廉,故法国天然气生产发展迅速。法国天然气公司系国有企业,基本垄断了全国天然气生产和销售。煤炭消费在1970年占能源消费的27%,到90年代中期下降至6%,近1/3的煤由美国、澳大利亚和南非进口。地热、太阳能和碳氢燃料等新能源近年来均有发展。

**农林牧副渔** 法国不仅是农业大国,还是世界第二大农业食品出口国,农产品和食品的大量出口在外贸平衡中发挥了重要作用,但农产品严重过剩,尤其是谷物、奶类和黄油等大量剩余。1997年从业人员97.6万人。1996年农业产值为3 000亿法郎,约占国内生产总值的3.8%。法国同时还是欧盟第一大畜牧生产国和第四大水产品生产国。

*农业* 法农业用地面积3 150万公顷,占领土面积的55%(森林占27%,非农业用地占12%),其中农耕地占60%,草地占36%,葡萄、水果占4%。农业人口118.74万,占总劳动人口的6%左右。1960年和1962年提出的农业政策法改变了法国的土地使用状况,粮食和油料种植面积分别缩小到47%和16%,而休闲农田面积扩大到180万公顷。科学利用土地和农场现代化,促进了农业生产的快速发展,从60年代初至今40多年时间里,法国失去了400万从事农业的劳动力,但农业生产力却增长了6.5倍,农作物产

品的数量几乎增长了3倍，畜牧产品数量增长1倍。谷物、油料、蔬菜、甜菜及其他经济作物大都集中在中部和庇卡底等地，山区主要种植饲料作物，地中海沿岸和西南部地区主要是葡萄、水果等。农业食品业在法国经济中占居重要位置，发展迅速，主要产品有饮料和酒、粮食产品、奶和奶制品，法国的奶酪举世闻名。

林业　战后法国本土上的森林面积扩大了1倍，除海外省和海外领地的850万公顷森林之外，本土的森林面积达1 500万公顷，相当于整个国土面积的26%，占欧盟国家森林面积的25%。大部分森林集中在西南部和山区。据统计，法国树木的品种多达136种，2/3属于阔叶树种，1/3属于含树脂的树种。从原木的砍伐到木材的细加工，林业从业人员近55万人，营业额4 350亿法郎。但法国森林存在条块分割现象，全国森林中的2/3(约1 000公顷)分别属于380万个私营产业主，这给木材的采集带来了困难。此外，掌握着180万公顷国有森林和260万公顷市镇森林的森林管理局，由于管理体制僵化，近几年一直处于亏损状态。为此，现任农业部长格拉瓦尼准备制定森林战略文件，扩大森林管理局的权限，修改森林法，建立一个公共森林保护区网络，以加强对自然林地的保护，并提高法国林业生产竞争力。

畜牧业　法国的畜禽产品主要有牛、猪、羊和乳制品，畜产量居欧盟国家首位。牛的饲养地主要在布列塔尼、卢瓦尔、下诺曼底和奥布莱地区，约2 000余万头；全国98%的猪肉来源于西部地区；羊的饲养量约1 000余万头，主要集中在比利牛斯和阿基坦地区。

渔业　年捕鱼量在欧盟国家居丹麦、西班牙和英国之后排第四位，但产值却居丹麦之前，主要出产沙丁鱼、牙鳕和黍鲱等。水产品的产量远远不能满足国内需求，鲑鱼和虾类主要靠进口。

**工业**　法国工业居世界第五位，工业人口占劳动人口的30%，工业投资占全国投资的40%，全国出口的80%。经过20多年的结构调整，工业人口减少了150万人(大部分转入第三产业)，但工业生产却增加了4倍。在法国工业结构中，中间产品工业占32.8%，专业设备工业占26.8%，消费品生产占25.9%，汽车业占13.1%，家用产品占1.4%。国有企业的年营业额占全国总营业额的20%，出口额的28%，但这些数字随着私有化的发展而逐年下降。500名员工以上的大企业占全国就业的46%，销售额的56%，出口的72%。与其他欧洲国家相比，法国的中小企业(职工人数在10人以上499人以下)比较多，主要从事农业食品业、建筑业和制造业。法国的传统工业主要有汽车制造、铁路器材、精细化工、服装、香水和化妆品等，高科技工业主要有核电、电讯、航天航空等。

中间产品工业(法文BIENS INTERMEDIAIRES，指钢铁、铝和化学工业)　法国钢铁业位居世界第11位，欧盟居德国和意大利之前，但远远落后于美国和日本，1997年从业人员达107.6万人。从1974年以来，由于经济危机以及铝和塑料等生产的发展，钢铁业减产近1/3。法国的钢铁业主要集中在北部地区、洛林区和里昂区，最大的生产基地是北部的敦刻尔克，阿尔卑斯地区主要生产特种钢。铝生产基地开始在临近核电生产中心的阿尔卑斯和比利牛斯，后来迁移到更加适合的港口附近，以利于进口来源于澳大利亚、非洲和巴西的铝土矿。坐落于敦刻尔克的PECHINEY是法国最大的铝生产企业。法国的化学生产居世界第四位，从业人员29.8万人，主要化学生产企业有罗纳－普朗公司(1988年与德国的赫希斯特公司合并，成为世界最大的生命科学集团之一)、埃尔夫－阿托化学公司和液化气化学公司。主要的石化企业有法国石油公司(CFP－TOTAL，与PETROFINA合并后成为世界第五大石油集团)和埃尔夫－阿基坦公司。

建筑业　建筑业包括公共工程建筑和住房建筑，该行业1997年拥有141万雇员，营业额在6 000亿法郎左右(110亿美元)。公共工程建筑领域几乎被布伊盖集团和SGE公司垄断，这两家公司也是欧洲最大的公共工程建筑公司，主要修筑和建造国内高速公路、快速列车、核电站和艺术工程(雷岛大桥和诺曼底大桥)等，国外业务也非常活跃。住房建筑领域状况正好相反，有3万家中小住房建筑企业，国家每年为住房建筑提供巨额补贴。为了提高竞争力，这些企业非常注重提高自身的工业化程度。

专业设备　法国汽车产量约占世界总产量的1/10，居世界第四位，就其增长速度来说，仅次于日本和德国居第三位，该行业直接从业人员为30万人，相关企业的从业人员近200万人。法国最大的汽车工业企业为雷诺集团和 PSA 集团。前者在法国市场的占有率达 30%。1999 年 3 月 27 日,该集团和日本日产汽车公司签署了资产重组协定,两家企业合二为一,其生产规模继通用、福特和丰田之后居世界第四位,年产汽车约 480 万辆。后者主要生产标致和雪铁龙汽车。电气电子工业比较发达,位居世界第四位,从业人员 35 万多人,主要产品包括专业电子设备、电子计算机、电气设备和家用电器以及军火工业等,主要企业有阿尔卡泰尔－阿尔斯通公司、汤姆逊股份有限公司、施奈德集团和布尔公司等。航天工业是法国的第三大工业,也是法国的骄傲,居世界第三位,从业人员约 10 万人,主要集中在大巴黎区和西南部地区,其中最大的企业为法国航空航天工业公司、SNECMA 公司(国营飞机发动机研制公司)等。法国是世界最大的武器出口国之一,从业人员达 25 万人,主要企业有 GIAT 工业公司、汤姆逊－CSF 公司、法国航空航天工业公司和马特拉高科技公司。1999 年 2 月 16 日,法国总理若斯潘在法国航空航天工业公司私有化法令上签字,这一私有化行动为该公司和马特拉高技术公司的合并创造了条件,两大军火企业重组后,新的航天－马特拉公司在世界军火工业方面将位居第五位。

消费品　法国是世界第四大消费品出口国,1997 年从业人员达 97.5 万人。医药生产年营业额达法国精细化学部门总营业额的 1/4,主要大企业有罗纳－普朗卫生制品公司、EMIEAUX 和赛诺菲公司(1998 年与合成实验室公司合并,资本总额达 300 亿美元),此外还有众多中小企业。纺织业和制衣业雇员 30 万,营业额约 1 800 亿法郎,其中纺织企业为了应付国际竞争,不断进行更新设备,并进行财经和技术的重组。制衣业大多为中小企业,主要集中在北加来海峡、罗纳－阿尔卑斯和法兰西岛。法国高级时装业世界驰名,伊夫－圣罗兰、夏奈特、克里斯蒂昂·迪奥、皮埃尔·卡丹和克里斯蒂昂·拉克鲁瓦等公司都是世界时装新潮流的领导者,这些企业大部分还同时从事香精化妆品和珠宝业。

**服务业**　主要包括金融和保险、商业、电讯、运输、旅馆、餐馆、供水、环卫和旅游等部门,随着服务业在经济中的比重的上升,从业人口也随之大幅度增加,现占总劳动力的 61%。

金融和保险　法兰西银行是法国的中央银行,创建于 1800 年,曾经历过 4 次决定性的改革:1936 年 7 月 24 日的法律加强了国家的领导权;1945 年 12 月 2 日的法律实现中央银行的国有化;1973 年实现机构现代化管理;根据 1994 年 8 月 4 日的法律,该行实现独立,翌年 1 月由行长、2 名副行长和 6 名委员会组成货币政策委员会,制定货币政策,但 5 年后的 1999 年 1 月起,货币政策的接力棒交给欧洲中央银行,法兰西银行本身仍负责印制钞票、管理支付制度、掌管国库账目等业务。法国银行本体除各类银行外,还包括其他一些专业信贷机构和私营的金融公司,最大的 4 家银行是:(1)农业信贷银行,法国最大的银行,有“世界银行巨人”之誉,银行组织结构呈三层金字塔形,基层组织约 3 100 家地方金库,中层组织有近百家地区金库,最高层是银行中央机构;(2)里昂信贷银行,法国最大的商业银行之一,国内分支机构 1 951 家,在 60 多个国家设有分行或代办处,政府决定里昂信贷银行在 1999 年内实现私有化;(3)巴黎国民银行,在法国银行业中居第 3 位;(4)兴业银行,法国三大商业银行之一,国内拥有 1 779 个分行,国外 64 个国家和地区设有分行。1999 年兴业银行、巴黎巴银行和巴黎国民银行相继参与到合并竞争之中。保险业约有 600 家企业,大保险公司在 90 年代中期开始私有化进程,1994 年 UAP 私有化,1996 年 AGF,1997 年 GAN。AXA 保险公司于 1997 年成功收购 UAP 后,成为欧洲最大的保险公司,1999 年 2 月又收购了英国第三大保险公司 GRE 保险公司。

商业　60 年代以来,随着商业的迅速发展,其结构也发生了重大变化,企业不断向集中化方向发展,超级市场、特级商场和连锁店最具活力,几乎占全部商业活动的一半。在大的居民区里均设有庞大的商业中心,中心内拥有超级市场、专卖店、电影院和餐馆。但是,一些地方政府为保证居民日常生活,对诸如面包店、食品杂货店和肉店等小商店提供资助,城市小食品商以延长服务时间和优质服务等方法招徕邻近居民,而独立的专卖店则靠品牌商品吸引顾客。

旅游业　法国是旅游大国,其自然资源和人文景观丰富,服务设施完备。法国有旅馆约 2 万家,还有 8 000个露营地,755 个度假村。从事旅游业的人数近 46 万人。

运输业　法国铁路始建于 1825 年,现铁路总长度达 37 000 多公里,呈放射性网状,四通八达,交通方便。铁路事业由法国国营铁路公司(SNCF)管理。为提高运输能力,高速列车从1981年开始运行,将时速从原来的180公里提高到380公里,90年代时某些线路高速列车的时速 达513公里。1999年春法国的摆式高速列车样车出厂,这实质上是将法国的高速列车和意大利等国的摆式列车进行结合的一项重大技术创新。法国现有的高速铁路线全长1 280公里,另有4 500公里的既有线也可跑高速列车。公路总长96万多公里,其中高速公路7 000多公里(1993年数字)、国道9条(3条南北向,6条东西向)、省辖公路34万公里,市镇辖公路42万公里。公路运输发达,客运量占全部客运量的90%,货运量占全部货运量近60%。水运包括内河运输和海上运输:内河航道8 568公里,主要港口巴黎自治港和斯特拉斯堡自治港;海运业由国家和私人共同经营,共55家公司,75%的进口物资和20%的出口物资通过海运,主要港口有马赛自治港和勒阿弗尔自治港等。航空分为国际航空、国内航空和地区性航空公司,约有10多家公司,70多条航线,国际航空业务大于国内航空业务。最大的法兰西航空公司曾长期严重亏损,经过5年的整顿,1996～1997会计年度收支恢复平衡,1997～1998年开始盈利。1999年客货运业务兴旺,市场不断扩张,同年2月进入股市,开始部分私有化进程。

**通讯业** 法国是电信业十分发达的国家,共拥有电话3 290万门,普及率达平均每1.5人拥有一台,仅次于美国和加拿大。1998年西欧电信市场全面开放,迫使法国政府采取相应措施,对电信业的经营管理模式进行调整和改造,走上逐步开放本国电信市场的道路,其做法是:对移动电话市场实行开放经营;降低通话费;法国电信公司与欧美各国同行结盟,共同开发市场。法国电信公司原为政府下属的行政机构,1990年转变成独立自主、企业性质的公益服务事业单位,现成为世界第四大电信集团,职工17万人,政府决定对国家掌握的部分资本实行开放,以增强公司的财政实力和经营活动。法国邮政总局负责全国的邮政业务,邮政管理先进,其特点之一是邮件发送安全、快捷。此外还开展特快传递、邮政储蓄等服务。

## 科研开发

法国是世界第四大科研大国,居美、日、德之后,科研范围广泛,特别是在航空、航天、精密仪器、汽车、医药、化学、能源等领域居领先地位。重要科学成果有空中客车、阿里亚娜火箭、深海潜水器、高速列车等。同时,法国在工程科学方面发表的论文数目居中,但实力较强。受工程科学的带动,法国在应用数学和物理学方面都有上乘的表现。在生物科学方面,特别是在生物化学和临床医学方面相对较弱,但在心理科学方面成绩突出。

法国十分重视科研事业,政府在宏观经济发展战略中一直强调科技的动力作用。为推动科学技术的发展,80年代还设立了研究技术部,制定了科技法,采取了一系列措施以促进科技的发展,并在大量增加科研经费的同时,利用现有的手段使国家的科研成果尽可能在私营企业实验室中得到开发,国家实验室也现实地对待企业每天遇到的问题。法国企业积极开展和参与科研及新技术开发,大型企业都有自己的研究中心和实验室。法国中小企业从总体上看科研投入水平不高,但是技术革新、创造发明活动却十分活跃。法国政府认为,高技术是经济增长必不可少的条件,1998年法国经济增长的95%是靠新科技实现的。所以,高技术的发展今后将得到政府的支持。为了鼓励风险投资,法国政府1999年已决定运用6亿法郎资金(这些资金来源于法国电信公司私有化收入),加上欧洲投资银行3亿法郎和有关方面追加的投入,已达11亿法郎,用于鼓励风险投资。这些资金由公共风险投资基金会负责管理。国家现已确定了3个投资计划,同时还鼓励支持地区投资。过去为大型工业集团的革新项目提供补贴的技术研究基金现在已开始转向资助新技术中小企业。新技术中小企业在1998年获得公共风险投资基金1/3的资助革新项目资金。1999年,此类中小企业将获得该资金的1/2。其中相当一部分资金将用于奖赏创办技术企业的优胜者。

作为世界第二大农产品出口国,法国一直致力于科技兴农,把化学、生物、电子、机械等领域内的科技进步迅速转化为农业生产力。法国调整农业科研重点,由提高作物产量转向提高产品质量;由扩大农田转向休耕地的综合利用;由注重主要农作物转向多种经营;由注重生产技术转向经营技术。法国虽然在科技兴农中有长足发展,但在某些领域还存在着差距,如10年前法国在生物农业领域名列欧盟国家榜首,可如今仅排名第四位。近年来,法国政府加大向生物农业转变的力度,“生物农业”经营者人数从4年前的3 500个增加到6 200个,种植面积从11.8万公顷扩大到22万公顷。经过10年的努力,法国的农业信息化也进入到迅速发展阶段:在1998年,作为这一领域的先驱者和领头人的农用信息服务公司(ISAGRI)的营业额已连续两年递增18%,越过了1亿法郎大关。在法国的70万农场中,有10%的农场使用了电脑,而在美国使用电脑的已达25%。在1993年由博韦高级农业研究所的一个专家小组创立的ISAGRI公司如今在法国和国外拥有300名工作人员,专门向人们提供农业方面的专业技术,并拥有30套适合不同情况的专业管理软件。

法国不定期向那些在欧洲联盟第四个研究与发展计划范围内进行的大的科研项目提供经费,如在未来汽车、未来火车、疫苗等方面。法国还积极参与实施欧洲尤里卡计划,该计划项目总数1 107个,法国参加了403项,投入资金总额176亿美元。其中,法国参与的主要是环境、生物技术、机器人、信息技术和新材料。

科技投入是确保科技进步和经济增长的重要因素。1999年法国预算中的民用科研开发预算为539亿法郎,占国内生产总值的2.01%,比1998年度的531亿法郎增长了1.6%,在政府各部中的增长率属于中下程度。如果加上军事研究开发预算和企业的投入,预计1999年度的科技总投入约1 800多亿法郎,占国内生产总值的2.3%以上。长期以来,法国政府的科技投入一直高于企业的投入,但进入90年代后,法政府认为由国家财政全部延揽并非上策,国家财政应该支持具有示范和催化作用的科技计划和项目,而由企业去开展大多数技术研究和开发创新活动,因而法国与绝大多数西方国家一样不同程度地减弱了政府对R&D投入的势头,R&D占国内生产总值的百分比也呈下降趋势。从1995年起,法国企业对R&D的投入首次超过了国家的公共投入,成为研究与发展的主力军。法国除积极参与欧洲联盟的科技发展计划外,还组织本国企业相互之间以及与外国企业之间的科技合作。例如,在农业种子基因工程领域,法国研究单位与企业正在进行的三大合作项目成效显著。法国政府对法国企业的联合与技术合作在政策上给予了积极的引导和支持。

为迎接新世纪的到来,法国政府在90年代初就对科研发展方针重新进行深入思考,制定新的科研发展战略。1993年6月至1994年4月间,法国政府组织了一场关于法国科研发展方向的“全国性大讨论”,在此基础上,政府于1994年6月向国民议会递交了《法国研究之报告》,提出12项旨在促进科研发展的政策和措施纲要。1996年10月,法国政府召开了有关研究与发展的部际委员会会议,专门研究法国今后科研发展计划和配套措施。这是法国政府12年来首次召开这样的会议。委员会最终确定了科研工作规划与相关措施。1997年7月国民教育和科研部以及经济、财政和工业部责成研究成果推广署调查科研创新状况。1998年4月起,在全国九大城市陆续举行一系列全国性的技术创新研讨会,听取研究人员、大学教师、企业负责人和专家对法国研究和创新活动的意见、希望和设想。同年7月,法国成立了技术开发协商委员会,11位专家在教育科研部技术局主任直接领导下,根据全国技术创新大会确定的方向和目标,制定有关技术开发和技术创新新政策。1999年1月,政府通过了《技术创新与科研法》(草案),对战后已运行了几十年的科研体制进行全国的调整,使之能适应21世纪带来的机遇和挑战。

## 教育

法国的教育分三等,即初等教育、中等教育和高等教育。法国习惯上把一个学年分为3个学期,全学年32至36周。中小学周三和周末均不上学,由于节假日较多,全学年实际上课天数不满200天。现行体制是6至16岁为义务教育,公立小学和中学除实行免费教育外,小学和初中的教材也是免费的,高等教育只交少量的注册费。

**初等教育** 初等教育共8年分二个阶段,第一阶段为母育教育阶段,法国的“母育学校”始建于1887年,虽然接受的是2至6岁的儿童,但不同于一般意义上的托儿所和幼儿园,是由小学教师授课任教。这一阶段的教育属非义务教育,学校注重生活能力和个性的培养,同时还教授语言实践能力和阅读能力,故受到广大家长的欢迎,有99%的儿童选择进“母育学校”受教育。第二阶段为小学教育阶段,属义务教育的初级阶段。小学学制为5年,分三级班,除极个别情况外，儿童6岁进预备班，7岁至8岁接受一级和二级基础课程教育，9岁至10岁接受一级和二级中级课程教育。

**中等教育** 中等教育为7年，分初中和高中两个阶段。初中学习共4年，在第二年学习结束后，成绩优秀者继续进行初中教育，中等成绩准备接受职业教育，成绩较差者在完成义务教育后即参加就业。约70%的学生能够在第三年的学习中通过学区考试委员会的考试获得"初中证书"。初中教育结束后，学生经过短期指导分别进入长期和短期两类学校。前者相当于中国的高中，分别为1年级、2年级和毕业班，学生毕业时需参加中学毕业会考，成绩合格者（业士）才有资格进入高等教育机构继续学习，也有少部分学生在会考及格后也可以得到等项技术员的称号。后者为中等技术学校和职业教育中学，相当于中国的中等专科学校，学生毕业后可获得职业能力证书。此类学校在法国有增多的趋势。1999年2月23日，法国总统希拉克在拉吕埃勒圣让参观职业教育学校办学情况时说："我对职业教育深信不疑，最好再加上职业培训，这比没有出路、且与经济世界毫无联系的大学第一阶段的学习更实用。"他还希望政府关注职业教育中学的发展，并提供必要的办学资金。现法国有30%的中学生接受职业教育。

**高等教育** 1984年《高等教育法》规定，法国高等教育是指中等教育后的所有科学、文化职业性公共教育机构，包括综合性大学、高等学校、短期技术大学和大型科学文化教育机构四种类型。第一类称大学校，是政府官员、企业领导人、工业研究人员、工程技术人员、金融和商业管理人员的培养基地，这类学校规模不大，但部分学校名气极大，教学质量高，是法国青年最向往的高等学府。由于大学校毕业生找工作容易，所以入学竞争激烈，需参加各校组织的入学考试。法国有300所专业大学校，较著名的有综合工科学校、国立行政学校、巴黎高等师范学校、巴黎政治学院、中央高等工艺学校、高等商业学校、巴黎矿业学校和国立桥梁公路学校等。第二类是综合性大学，法国高等教育的主体，大多历史悠久、学科齐全，是从事高等教育和科学研究的主要场所，培养教师、研究人员、文职人员、律师、医生等专门人才，学生获得业士文凭后可自由入学。法国目前约有80所大学，其中最著名的综合性大学为巴黎大学，原名索邦大学，1968年后逐渐分为13所大学，即巴黎一大至巴黎十三大，巴黎大学是这13所大学的统称。第三类短期技术大学主要是两至三年制的高等技术学院，目前约有100所这类学校，办学宗旨是培养高中级技术人才。第四为大型公共科学文化教育机构，包括法兰西学院（1530年）、国立自然历史博物馆（1626年）、巴黎天文台（1667年）、国立工艺博物馆（1794年）、高等研究实践学校（1868年）等。这是法国高等教育中的一个特殊组成部分，其主要任务是传播科学文化知识，举办各种学术讲座和专题研讨会，开展成人教育和继续教育，同时也从事与大学相类似的教育活动，并授予相应的国家文凭。

法国目前有大学生140万左右，每年接待的外国留学生达14万，其中近一半来自北非和法语非洲国家。大学生中13.9%学习法律，6.8%学习经济，35.1%学习文学和人文科学，19.4%学习自然科学，7.8%学习医学，还有部分学习体育、药学和牙医等学科。大学分长期和短期两种学制。长期学制包括普通和技术科目专业培训及保健科目培训两个系统。前一系统的普通科目学制分三个阶段：第一阶段两年，修满学分者获普通大学学习文凭(DEUG)；第二阶段也是两年，第一年获学士文凭（相当于中国的大学三年级），第二年获硕士文凭（相当于中国本科学士文凭）；第三阶段的第一年，可有两种选择，一种为高等专业教育文凭(DESS)，一种为深入教育文凭(DEA)，这两种文凭均相当于我国的硕士文凭。技术科目的学制也分三个阶段：获得DEUG第一年学习文凭后，即进入职业高等学校(IUP)学习，时间为3年，毕业后进行第三阶段的学习以获取技术文凭(DRT)，时间1年。工程师和商科则在大学两年学习后，用3年时间才能获得工程师专业或商科专业文凭，也相当于第三阶段第一年的学习文凭。在所有第三阶段第一年的学位文凭中，只有获得DEA文凭的学生，才有资格修博士学位，时间为3年至4年，博士学位也属第三阶段的学习。保健科目培训则有单独体系，医学最高学位医科专业医学博士学位前后需11年时间。短期学制为两年，可分别获得工艺学院毕业文凭(DUP)或高级技术员合格证书(BTS)。大学实行宽进严出政策，采取逐级淘汰制，但每一阶段或每一专业的学习都可获得相应的证书或证明，学生可根据自己的实际情况选择深造或谋职。

法国在教育方面实行中央集权制，地方教育行政单位是大学区，有27个。此外，从中央到地方还有咨询单位，负责向教育行政部门提供意见和建议。法国在50年代和60年代进行了两次重大的教育改革，此后各届政府均把教育改革放在重要位置上。1991至1995年，法国政府共投资64亿美元，以实施“2000年大学计划”，但仍无法满足实际需要。1995年11月，法国各地数万名大中学生举行示威，提出改革教育制度，提高高等教育在预算中的比例，并使教育制度为学生毕业后加入劳动市场提供方便。当时的教育部长贝鲁为此推出“紧急计划”，增加大学拨款及教师人数。1997年上台的左翼政府也致力于全面改革教育体系，使法相对落后的教育体系能够跟上现代化的步伐。1998年8月，教育部宣布进行教育改革方案，主要在中学进行，改革重点放在减轻教学负担上，重点改革项目有：(1)合并课程，调整过于繁杂的教学大纲，增强学科设置，同时引入新的教学内容。(2)减少课时，中学生由过去每周29课时减少到27课时，同时教学方式重在让学生自己动脑动手，以达到“巩固知识”和“学以致用”的目的。(3)提高教师工作能力，鼓励集体备课，要求因材施教，同时相应调整教师的工作内容和方式，教师每周18小时工作中须用3小时进行具体的学生工作，加强对学生的辅导，尤其是困难学生。阿莱格尔的教育改革在法国引起激烈争论，大部分中学生和学生家长表示支持，而代表中等教育领域80%人员的4家教师工会则在今年2月联合签署了“为建立民主中学宣言”，反对目前正进行的改革。在强大的压力面前，阿莱格尔不得不把原定于1999年进行的高等教育改革延后至2000年。虽然教育改革困难重重，但教育部长阿莱格尔发表讲话，详尽指出一个名为“建立21世纪学校”的宪章主要原则，他强调说，学校的目的是使孩子们获得最大的成功，让所有的孩子在接受文化和接触世界的开放方面拥有平等的机会。

## 文　化

法国在国际上的形象与其文化有着密不可分的关系，历史悠久的诗歌、争艳斗奇的戏剧流派、19世纪的现实主义文学、20世纪的小说，还有电影艺术、音乐艺术、绘画艺术和雕塑艺术都在世界文化史上独树一帜，享有盛誉。当外国旅游者落脚巴黎时，绝大多数人都会前往卢浮宫或蓬皮杜中心去瞻仰世界艺术珍品或享受一下法国文化气息，甚至到巴士底歌剧院或法兰西喜剧院欣赏高水平的歌剧演出。法国文化之所以如此深入人心，得益于国家对历史文化的保护和传播政策。从17世纪开始，国家便尽力充当文化艺术的“保护者”、“收藏者”和“传播者”，每年向文化部的拨款一般占国家预算的1%左右。国家雇佣12 000人，分别负责文化遗产、博物馆、档案馆、剧院、造型艺术、电影、音乐舞蹈、图书等部门的工作，在1993年还建立了国家文化遗产学校，专门为这些文化部门培养专家。同时，法国建立了一个广泛的、资金充裕的全球文化网络，其中包括9 000名法国官员以及1.5万名非法国籍职员，设置法国课程的中小学300所，132个文化中心和学院，25个研究所和遍布140个国家的2 000个法国文化学会。每年有5.6万名顾问、作家、艺术家和学生参加与法国的文化交流活动。

**文化遗产**　法国有上千个博物馆，其中33个为国家博物馆，如世界驰名的卢浮宫、奥塞19世纪艺术博物馆、凡尔赛宫等。200多年来，存放在各博物馆的艺术品达10万多件，是法国宝贵的文化财富，每年接待的参观人数达4 600多万人次。从80年代末起，法国每年9月的第三个周末为文化遗产日，届时全国公共博物馆，包括总统府、总理府、各政府部门、参议院和高等法院等有历史意义的建筑物一律可免费参观，私立博物馆也减价开放。参加这一活动的人数逐年增加，90年代中期为600万人次，到1998年达1 500万人次。由于秋季文化活动频繁，法国政府决定从1999年始将此活动改在春天举行，并易名为“博物馆之春”，3月14日首届“博物馆之春”活动拉开帷幕，各地近700余家博物馆敞开大门，免费迎接参观者。1994年法国文化部曾作过一项调查表明，法国人一致支持文化遗产日活动，认为文化遗产是民族的财富，应该严格认真地保护起来。同年，法国成立了一个由国家、社会团体及私人共同出资组成的独立的“文化遗产基金会”，其宗旨是帮助维修私人博物馆。从1981年起，全国共实施了400多项博物馆的大型修建、扩建和更新工程。1999年文化部还决定成立“博物馆研究和修复中心”，在让历史文化艺术品走进民众之中的同时，更好地保护文化珍品。

**语言** 法语是国际上最有影响的语言之一。自拿破仑以来的法国领导人，都把法语的传播视为树立法国国际形象和谋求大国地位的工具。目前以法语为母语的人有9 000多万，是法国人口的两倍，世界各国学习或在学习法语的人数也有近1亿人。但是，自80年代以来，法国学校中学习英语的人数已经翻了4番，法国的科学家也经常用英语出版他们的著作，在法国召开的国际会议上散发的也常是英文论文，甚至那些不懂法语的人，只要会英语就可以在法国境内畅行无阻。在欧盟国家中，讲法语的仅占14%，居英语、俄语和德语之后排第四位。在法国国内，学英语已成为青年人的时尚，因为英语现在是寻找工作的必须技能。英语的扩张还表现在影视作品上，作为电影诞生地的法国，国内市场上的法国片只占30%，而美国片却占了59%。为了维护法语的纯洁度及其在世界上的地位，法国领导人提出“保卫法语”的口号。1975年议会通过了“巴斯－罗利尔法”，规定贸易名称、广告以及在接待中必须使用法语。1983年，法语语言全国高等委员会宣布抵御在视听领域出现英文，并禁止在政府的讲话和出版物、学校的课本以及司法活动中使用英语单词。1994年，法国议会通过了《图邦法案》，规定在法国行销的所有商品，其标签、说明书、广告及商店招牌都必须使用法语。1995年法国最高视听委员会又宣布，自1996年1月起，对所有广播电台实施法语歌曲播出数量最低限制，规定法语歌曲不得少于40%。1996年3月法国举办了“法语周”，全国各中小学校、学术机构都被动员起来参加这一活动。法国每年还举办一次“全国大听写”活动，参加人数多达百万。为在国际上维护、传播和教授法语，法国从60年代起就陆续建立了一些国际机构，如法语高级委员会、法语议员协会、国际法语教师联合会、国际法语委员会会议、文化技术合作办事处和法语国家高级委员会等。1986年，在密特朗总统倡议下，举行首届法语国家首脑会议以维护法语的地位。1997年11月第七次河内法国国家首脑会议上，确定将法国国家共同体建设成一个“政治、经济和文化的集团”。希拉克总统还大力展开文化外交，在驻外使馆设立语言专员，现法国驻外使馆里共有1 300名语言专员，其任务就是向法语教师和2 500万学法语的人提供帮助。

**图书馆** 法国人有着良好的读书习惯，对于书的使用率居欧洲第一位，年借阅书籍达1 650多万册。法国共有公共图书馆3 100多座，各地区、省、市、大学都有自己的图书馆。单单是巴黎的20个区即有67座图书馆，约30万人登记借书。最著名的有蓬皮杜文化中心，国家级图书馆之一，其藏书之丰、座位之多、管理现代化程度之高在法国是数一数二的，每天门庭若市，挤满借阅图书的人。还有法国国立图书馆，现有图书1 200万册，每年要接待读者35.2万人，年借阅量达110万册。1995年3月20日，法国总统密特朗在任期即将届满之时，亲自为法国国立图书馆的落成剪彩。图书馆坐落在巴黎塞纳河边，由4幢L型塔楼组成，每幢高80米，各20层，其架位长度超过400公里，估计藏书能力可达到容纳今后100年的出版物。该馆建设历时3年，投资达16亿美元。

**新闻出版** 法国有法文日报136种，除《世界报》和《十字架报》为下午出版外，其他均为上午版。总体来说，每种报纸都带有某种政治倾向，如《法兰西晚报》和《费加罗报》比较倾向保守派，而《解放报》、《世界报》以及《西部法兰西》则较倾向于社会党左翼党派观点。还有一些报纸属政党机关报，如《民族信息》为保卫共和联盟组办，《人道报》是法国共产党的喉舌。最大的3家日报是(1)《世界报》，创办于1940年，每天下午1点发行，最辉煌的1973年发行量达50万份，现只有38万份上下。(2)《费加罗报》，创办于1826年，属法国最大的报纸集团埃尔桑集团，该报编辑部还发行3份周刊，即《费加罗杂志》、《费加罗太太》和《费加罗电视》。该报原观点极为保守，现属中间偏右，发行量42万份。(3)《解放报》，由极左派人士创办于1973年，现观点中间偏左。该报的文字在法国广受称赞。法国还有数目不少的地方报纸：《西部法兰西报》，79.5万份，是法国发行量最大的报纸；《北方之声》，37.2万份。许多受过教育的法国人喜欢读某些政治、经济周刊，如《快报》、《观点》、《新观察家》、《巴黎竞赛》等。还有一份另类周刊——《鸭鸣报》，该杂志创办于1916年，文笔辛辣，以揭露丑闻和批判时政吸引读者。近些年，越来越多的人已经转向从电视和广播里获取新闻和信息。法国有6家广播电台、17个独立的地方台和对外广播的法国国际台。1982年，法国取消国家对电台的垄断，允许私人和团体设立电台,目前有私营电台近 1 300 家。全国性电视台有 6 家,2 台和 3 台为国营台,1、4、5、6 台为私营台。

### 环境保护

法国在经济发展过程中一直优先考虑治理环境,1971 年 1 月 27 日,法国设立自然与环境保护部,成为世界首批建立环境保护专业管理部门的国家之一。1971 年至 1990 年间,法国相继成立各级专业机构,解决废料处理和回收、空气质量和能源控制等问题。1990 年经过议会辩论和政府批准的国家环保计划是法国第一个较全面完整的环境保护计划。1991 年以来,相继成立了 26 个地区环保领导机构,其中 4 个设在海外省和海外领地。1993 年 3 月,成立环保部际委员会,该委员会的创立使中央和地方各行政部门加大了环保工作的力度。此外,在环保方面的资金投入也逐年增加。至 90 年代中期,国家在环保上的投入达 16 亿法郎(3 000 万美元),地方行政部门以及公共集体机构投入达 630.6 亿法郎(110.5 亿美元),其中大部分投入来源于地方集体机构(490 亿法郎,90 亿美元),因此可以说,地方集体机构是处理法国环保问题的主力军。如果加上工业和家庭投入,国家在环保问题上的投入高达 1 390 亿法郎(250 亿美元)。从 1983 年权力下放法实施以来,地方集体单位在环保方面发挥了主要作用,可饮用水的供给、清洁卫生、土地占用、废料收集和处理以及车辆行驶等问题都由市长负责。环保经费的支出,特别是水和废料的管理的支出不断增加。越来越多的大中城市都设立了专门机构,其中近百个中心机构专门制定城市环保计划,进行统筹管理。全民总动员是法国环保工作的一个特点,20 年来创办了近 4 万个环保协会。1977 年 7 月 7 日,政府认可的那些民间环保协会被作为官方合作伙伴参与讨论国家政策,国家为其提供活动经费。

经过 20 多年的治理,法国的环境保护政策成效显著。工业已渡过高污染阶段,大型企业大都已迁到郊区,而且法国规定企业的污染必须由企业自己负责。国家拨出专款治理水污染,1997～2001 年第七个水源治理计划拨款 210 亿美元(1991～1996 年拨款 180 亿美元),主要解决 2000 人以下小镇的水净化系统。农业方面,从 1994 年起法国政府主要是帮助农户改进农业耕作和灌溉方法,费用由国家水源管理部门支付。法国还通过了针对城市污染的《空气法》,承认公民有呼吸新鲜空气的权利,是法国环境立法中首部以健康为主的法律。该法规定在 2000 年以前建成遍及全国的空气检测网,并采取一系列限制措施以保护市民的健康。近几年来,法国市场上印有生物农业 AB 标记的无污染食品不断增加。同时,法国政府在 1994 年就已决定实施两个十年计划——卢瓦尔河的整治和维护计划与预防自然灾害计划。这两个计划需要投资 25 亿美元,由国家和地方机构来提供资金。另外,在环境保护方面的拨款也逐年增加。

(中国现代国际关系研究所 江穗春)

# 意大利经济文化概况

意大利共和国(The Republic of Italy, La Republica Ialiana),位于欧洲南部,形状像一只长筒皮靴,领土包括亚平宁半岛及西西里岛、撒丁岛等岛屿。北以阿尔卑斯山为屏障与法国、瑞士、奥地利、斯洛文尼亚接壤,东、南、西三面分别濒临地中海的属海亚得里亚海、爱奥尼亚海和第勒尼安海。面积为 301 230 平方公里(根据《当代世界领导人》杂志编《国家概况》1998 年 6 月号),国土南北狭长,海岸线长约 7 200 公里。全国大部分地区属于亚热带地中海气候。北部阿尔卑斯山脉南麓和波河平原属于温带大陆性气候,夏季炎热,冬季寒冷;南部的亚平宁半岛、西西里岛和撒丁岛等属于亚热带地中海式气候。人口为 5 753 万人(1997 年统计,资料来源同上),主要是意大利人,此外还有少数德意志人、法兰西人和阿尔巴尼亚人,绝大多数人说意大利语，个别边境地区讲法语和德语。大部分居民信仰天主教。成人识字率为98%。

意大利是世界闻名的文明古国。公元前509年在亚平宁半岛的台伯河平原上建立了罗马共和国，它继承了古代希腊的灿烂文化，创造了能与之媲美的罗马文化，成为近现代西方文明的另一个源头。出现了西塞罗这样著名的古代民主政治家，他的民主传统为近代西方民主提供了典范。

公元前27年，恺撒义子屋大维废除了罗马共和国，建立罗马帝国。面积广阔的罗马帝国西起西班牙、不列颠，东达中东“两河流域”，南自非洲北部，北迄多瑙河、莱因河一带，地中海成为帝国的内海。此时的罗马帝国被我国称为“大秦”。罗马帝国延续了500多年(公元前27年～公元476年)，公元395年分为西罗马和东罗马帝国，西罗马帝国于公元476年灭亡。后者(又称拜占庭帝国)延续了近千年，直到中世纪末期的1453年，被奥斯曼土耳其帝国灭亡。

14～16世纪，在文艺复兴时期，意大利的一大批思想家、文学家、画家从中世纪神权的黑暗统治下挣脱出来，高张人性解放的“人文主义”旗帜，创造了一大批优秀的作品，为近代欧洲资本主义的产生作了文化上的准备。但丁的《神曲》，薄伽丘的《十日谈》，马基雅弗利的《君主论》，阿奎那的《神学大全》，达·芬奇的《最后的晚餐》、《蒙娜丽莎》，米开朗基罗的雕塑及伽利略的科学成就等都使意大利闻名世界。它既有恺撒的文治武功，也出现了斯巴达克斯这样的反抗奴隶制的斗士。近代的意大利是一个多灾多难的国家。12～13世纪起，意大利又分裂成许多王国、公国、自治城市和小封建领地，著名意大利旅行家马可·波罗就是在这一时期(1271～1292)来到中国的，他的《马可波罗行记》激发了欧洲人对中国文明和财富的倾慕，甚至导致了新航路和新大陆的发现。16世纪起意大利先后被法国、西班牙、奥地利占领。1861年3月在原撒丁王国的基础上建立了意大利王国。著名的政治家、撒丁国宰相加富尔支持撒丁国王发动统一战争，并利用了卓越军事家、意大利民族英雄加里波第“红衫军”起义，最终于1870年获得统一，结束了长期分裂的局面，从此意大利国力蒸蒸日上，成为欧洲大国之一。意大利统一后，资本主义得到一定发展，开始走上对外侵略之路，并与法、奥、英等国进行争夺，先后发动意土战争、意埃战争，并在北非夺得部分殖民地。及至1922年10月墨索里尼上台，意大利成为法西斯主义的最早发源地，对外政策更富侵略性。然其国力有限，工业生产能力在欧洲大国中是最薄弱的，故实力弱于英、法、德等国，只能是一个制衡性力量。在二战前，墨索里尼统治下的意大利成为干涉西班牙内战的急先锋，不久又参加柏林—罗马核心，最终组成法西斯同盟，成为发动二战的三大元凶之一。1943年9月，意大利首先战败投降，并参加了同盟国家作战，因此避免了德、日那样被占领的命运。战后，意大利政府更迭频繁，平均不到一年就换一届政府，但其经济和社会发展政策却能维持相当的连续性，并取得较为明显的进步。

意大利矿产资源贫乏，仅有水力、地热、天然气、大理石、汞、硫磺等资源及少量的铅、铝、锌和铝钒土等。发展工业所需的能源和原料主要依赖国外进口，是世界主要资源进口国之一。但经过多年努力，目前，意大利已是世界七大工业国之一。1998年国内生产总值为2 040万亿里拉(合11 964.8亿美元)，比1997年增长了1.4%，人均20 776美元(材料出自EIU国家报告)。

## 经　济

意大利是发达资本主义工业国。国民生产总值仅次于美、日、德、法，居世界第五位。

意大利经济在战后得到长足发展。二战时期的法西斯独裁统治和连年的战争使意大利本来就不发达的经济遭到严重破坏。1945年，意大利国民收入只及1938年的55%，全国财富损失约1/3，经济极端困难。经过举国上下艰苦奋斗和美国的援助，到1950年意大利已完成恢复经济的任务。在5年的经济恢复期内，意大利政府实行财政紧缩政策，贯彻保守的复兴计划，大力加强基础工业和促进大企业的技术改造，把“马歇尔计划”给予意大利的16亿美元援助用于支持大垄断企业，提高其生产效率并带动中小企业，提高它们的国际竞争力。意大利政府还对农业进行了一系列改革，调整农业生产关系，分配没收的土地给无地农民，借此来援和阶级矛盾。大力开发南部地区，解决南北发展不平衡的问题。在外贸上改变了墨索里尼的闭关自守政策，实行对外开放。这一系列政策措施调整了生产关系，大大促进了生产力发展，为日后的经济起飞奠定了基础。意大利经济从1950年后出现了连续13年的快速增长,平均速度达6%,其中工业生产在整个50年代的平均增长率为8.8%,在西方主要资本主义国家中仅次于日本、德国,而比美国、英国、法国发展快。60年代,其工业发展速度平均达7.2%,在西方仅次于日本,被认为是意大利的"第一次经济奇迹"。1963年,意大利钢产量突破1 000万吨,成为世界主要产钢国,同年生产轿车110万辆,是战前的18倍。70年代初期,意经济陷入"滞胀",从1974～1981年国内生产总值每年仅增长2.2%。80年代中期,意大利出现了所谓"第二次经济奇迹",自1983年下半年摆脱了"滞胀",工业实现了连续6年的稳定增长。1986年意大利国内生产总值、人均国内生产总值均超过了老牌资本主义国家英国,跃居世界第五大经济强国。90年代初,受国际经济环境以及国内因素的影响,意大利经济很不景气,1992年国内生产总值只增长0.6%,1993年为-1.2%。1994年走出衰退,全年增长2.1%,1994年达3.1%,高于主要西方国家,1995年GDP增长率达2.9%,高于欧盟国家平均增长率(2.6%)。1996年经济增长再次下跌,只有0.7%,1997年为1.5%,1998年为1.4%。到1998年底意大利的国内生产总值已达到近12 000亿美元,人均GDP近21 000美元,成为世界主要富国,并于1999年初第一批加入欧元体系。

半个世纪以来,意大利经济之所以有此长足进步,主要有以下几个原因:一、实行开放政策,大力吸收外资和外国先进技术。1950年至1981年的22年间,仅美国私人企业就向意大利投资53亿美元。截至1994年,世界各国有868家企业向意大利1 474家企业投资,这些企业的职工达50万人,年营业额在1 000亿美元以上。二、积极推动欧洲一体化,全面参与欧洲市场的合作与竞争。意大利是西欧一体化的主要推动者,是欧洲联盟的创始国之一。欧洲一体化给意大利经济带来巨大好处。欧盟的共同市场政策使意大利获得稳定的出口市场。意大利50%的外贸是在欧盟范围内进行的,其70%的出口是面向欧盟国家。此外,意大利还从欧盟得到各种补贴和优惠贷款。根据欧盟计划,意大利从1994年至1999年可从欧盟的结构基金中获得60亿美元的资助,以发展其落后的南方。三、发挥本国传统产业和中小企业的特长和优势,做到"小而好","积少成多"。纺织、服装、皮革、机械制造、医药化工在意大利国民经济中占有突出地位,中小企业在引进先进技术和扩大出口方面具有优势。意大利对传统产业和中小企业的发展采取积极鼓励的政策,使它们在国民经济发展中起到举足轻重的作用。当前,意大利服装年出口额在200亿美元以上,皮鞋出口额达100多亿美元,家具出口额达50多亿美元,金银首饰出口额达40多亿美元。这些产品的出口企业绝大部分是中小企业。四、实行科技兴国的发展战略,增强经济增长的潜力。意大利的科技水平一度落后于其他主要西方国家,为此,意大利政府实施"借用战略"。从本国实际出发,大规模地从国外"借用"新技术和新工艺,走引进技术的道路,不仅促进了意大利科技水平的提高,还使意大利的传统产业及中小企业焕发了生机,从而增强了国家的经济实力和产品的国际竞争力。

意大利经济也有一系列问题,主要有:一是高赤字。在欧盟各国,意的财政赤字是最高者之一,最高时达国内生产总值的15.5%。但近几年意大利政府下大力气降低财政赤字,已降至2.7%,效果比较明显。二是政府债务持高不下。1998年达国内生产总值的118.7%。主要原因是财政赤字持续增长,致使国债基数日益增加;意大利里拉一路狂跌,迫使银行不得不保持相对的高利率,而高利率又使国债利息大大增加,国债目前已高达14 202.2亿美元。三是失业率高达2位数。1997年意大利失业人数高达200多万,占全部就业人口的12.4%。严重的失业问题不仅使意大利社会福利费用日益膨胀,影响意大利经济的健康发展,也给社会带来一系列问题。四是南北经济发展不平衡。意大利经济的南北地区差别之大,不亚于西德东德。米兰地区是意大利最发达的地区,是欧洲最富的地区,而意大利南部是全国最穷,也是欧洲落后的地区之一。从1950年到1992年,意大利政府注入南部地区的特别发展资金已达2 000多亿美元,对于只有5 000多万人口的意大利来说是一笔巨大的开支。但目前差别仍然很大,南方经济的造血功能仍旧很低。南北经济发展的失衡,不利于全国经济发展,加剧了南北居民之间的矛盾,导致以"北方联盟"为代表的极端政治势力要求北方独立,建立"北方共和国"。南北发展的巨大差别已成为意大利经济和政治中的极大难题。五、政府更换太快,不利于经济政策的长期稳定。

**工业**　意大利是世界主要的原料进口国。原油99%需要进口，其他如煤炭、铁矿砂、棉花、羊毛、皮革、木材等绝大部分依赖进口。意工业产品1/3供出口，因此意大利工业具有明显的出口加工特征。

意大利国家参与制企业(即国有企业或国家控制企业)比较发达。伊利、埃尼、埃菲姆是三大国营财团，在全国工业产值中约占1/3，经营范围涉及钢铁、造船、机械、石油、化工、军火等部门。意大利炼油能力居欧洲第一，规模巨大的国家碳化氢公司(即埃尼集团)扮演了关键性角色。意大利钢铁工业有完整的循环工艺流程，生产水平很高，国营企业生产的钢铁占整个行业总产量的75%，其中伊利集团的产量最高。汽车工业在意大利机械工业中地位突出，发展很快，二战前最高年产量仅为5.9万辆，1956年达到28万辆，1963年便达到110万辆，成为世界主要的汽车生产国之一。1992年意大利小汽车产量为174.2万辆。著名的菲亚特公司是意大利汽车制造业最大的垄断集团。此外，意大利还是世界上第四大机床出口国，意机械出口额1997年达850亿美元。

意大利经济的另一个主要特色是中小企业占绝对多数。纺织、服装、制鞋、家具等产业在意大利经济中占有很大比重，而这些传统产业又多以中小企业为主。因此，传统产业在创造国民生产总值、提供就业机会、出口创汇诸方面占有重要地位。80年代后期，意大利全国中小企业产值已占全国工业总产值的2/3，出口额占全国出口总额的1/2左右，因此意大利的中小企业被认为是意大利经济的“中流砥柱”。意大利中小企业技术先进，它们讲究产品质量，注重投资效益，在传统手工艺的基础上积极采用各种新技术，在服装、制革、制鞋、针织、家具、首饰等领域的技术和设备具有世界先进水平。目前，意大利中小企业已经形成了许多专业化的企业群，发挥了集团优势，取得了规模经济效益，其方式是：一个地区的同一行业进行联合，在联合的基础上进行分工和专业化生产，在地区的范围内形成规模效益。在对外贸易中，中小企业采取联营经销网和销售联合体的方式，1/3以上的中小企业与国外有直接贸易合作关系。意大利政府也一直在推行开放的经济政策，对中小企业实行一系列优惠办法，不断采取措施支持中小企业的发展和保护中小企业的国际竞争力。

近几年来，意大利经济形势不太好。许多国家参与制企业经营不力，亏损严重。政府正逐步推行对主要国有企业进行私有化的政策。中小企业在意大利经济中的地位越来越重要。

**农林渔业**　1997年意大利的农业产值占国内生产总值的3.4%，从事农业的人口占总就业人口的5%，可耕地占全国总面积的30%，农业用地为11%。大部分食物能够自给。主要农作物为水果、蔬菜、葡萄、土豆、甜菜、黄豆、谷物、橄榄，水产品主要是鱼类。

**旅游业**　意大利是世界主要旅游大国之一。独特的自然条件、悠久的历史与丰富的文化艺术遗产以及优美的风景和民风习俗使意大利成为最能吸引外国游客的国家之一，每年来自全世界的国外游客占全部旅游者的1/3以上。近年来，每年有200万以上外国游客光顾意大利。旅游收入也成为意大利重要的经济来源。1994年意大利的旅游营业额高达110万里拉(约合700亿美元)。1995年意大利的旅游总收入为215.77亿美元，仅次于美国，成为世界第二旅游大国。主要旅游城市是罗马、佛罗伦萨、威尼斯等。1995年接待客人达3.9亿人次。

**交通运输**　意大利国内运输主要靠公路，公路担负客运量的2/3，货运量的70%。

铁路　意大利目前的铁路总长度约2万公里，对于这个面积只有30万平方公里的国家来说，是比较密集的。其中国营铁路占80%，私人铁路占20%。1992年的客运量为484亿人/公里，货运量6 880万吨。铁路部门就业人员1994年为14万人。

公路　目前意大利的公路总长度已突破30万公里，其中高速公路有6 200公里。

水运　1993年抵港货物为2.79亿吨。来自国外的货物为2.2亿吨。主要港口有热那亚、那不勒斯、威尼斯、的里雅斯特、塔兰托等。

空运　1994年乘飞机出入意大利的旅客共有2 630万人次，入境1 310万人次，出境1 320万人次。

**财政金融**　意大利近年来财政入不敷出，巨额赤字和公共债务一直是意大利经济的两大难题。意大利弥补财政赤字的主要办法是发行政府债券。截止至1998年，意大利的国债高达118.7万亿里拉(14 202亿美元)，居西方7个主要资本主义国家之首。

**对外贸易**　意大利是世界上进出口大国，1998

# 大庆石油管理局

图片说明:

·

1969年4月毛泽东主席和周恩来总理在人民大会堂亲切接见了"铁人"王进喜。

·

1961年7月23日、1964年7月17日、1978年9月14日，邓小平同志先后三次视察大庆油田。

·

1990年2月25日至27日，中共中央总书记、中央军委主席江泽民视察大庆。

# 大庆石油管理局

大庆石油管理局局长　苏树林

**大**庆油田是中国目前最大的油田。地处黑龙江省西部、松嫩平原北部，油南北长138公里 ，东西宽73公里，含油面积3 673平方公里。勘探范围包括龙江省全境和内蒙古自治区呼伦贝尔盟，区域面积72万平方公里。

大庆石油管理局是以油气生产为主的国有特大型骨干企业。现有职工28.99人，其中专业 技术人员70 911人，国家、省部级和局级科技专家366人，高级技术干部23 868人。油田自1960年投入开发建设以来，在党中央、国务院的切关怀下，经过广大职工的不懈努力，已逐步发展成为以生产原油和天然气为主多元经济全面发展的特大型工业企业，两个文明建设取得了丰硕成果，为国家作了突出的贡献。

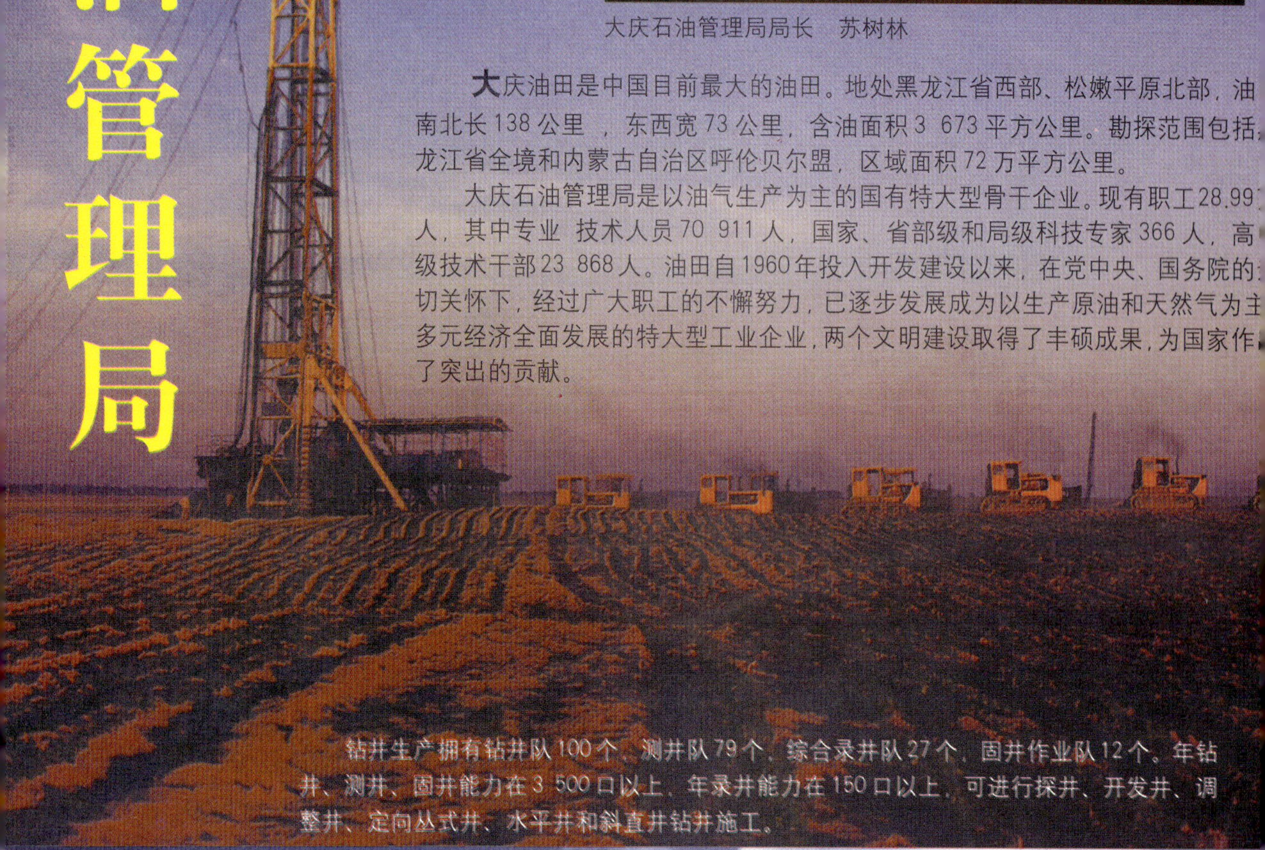

钻井生产拥有钻井队100个、测井队79个、综合录井队27个、固井作业队12个。年钻井、测井、固井能力在3 500口以上，年录井能力在150口以上，可进行探井、开发井、调整井、定向丛式井、水平井和斜直井钻井施工。

大庆石油管理局办公楼

# 中国石油天然气建设辉煌成就

大庆石油管理局党委书记　张树平

油气勘探拥有地震队20个，具有年施工二维地震测线1.2万公里、资料解释2万公里，三维地震面积1 500平方公里、资料解释1 500平方公里，录井37.5万米的施工作业能力。

大庆油田发现井——松基三井

油田地面工程建设具有承担油气田产能、油气加工、油气储存、油气长输管道、炼油化工、石油工程的设计和建设能力。

# 大庆石油

众志成城抗洪魔，齐心协力保稳产

大庆油田职工靠“爱国、创业、求实、奉献”的大庆精神铸就了昔日的辉煌，凭着这种精神，在二次创业中也必将走向新的胜利。

## 大庆油田计算机网络

大庆油田计算机网络初具规模

大庆油田在创造巨大物质财富的同时，也创造出以“大庆精神”和“铁人精神”为主要内容的宝贵精神财富

多元经济不断发展，初步形成了以油气生产为主，石油装备生产、石油化工、建材、机械、电子、轻纺、商贸和农副产品加工等多元开发的格局。

江泽民总书记“发扬大庆精神，搞好二次创业”的题词极大地激发了全油田职工投身二次创业伟大实践的积极性。

依靠科学技术大幅度提高油田采收率见到明显效果

# 管 理 局

大庆石油管理局常务副局长
敬(右一)在检查指导工作

油田开发形成了以稳油控水为主要内容的一整套精细地质研究、综合调整、开发指标优化、水淹层测井、调整井固井及防窜封窜、找水堵水、限流法压裂和多裂缝压裂、套管防护在修及地面工程等9项技术系列。

江泽民总书记1990年和1998年先后两次视察塔里木油田

指挥廖永远

# 塔里木石油勘探开发指挥部

Talimu Shiyou Kantan Kaifa Zhihuibu

Talimu Shiyou Kantan Kaifa Zhihuibu

塔里木盆地位于中国新疆南部，总面积56万平方千米。其中塔克拉玛干沙漠面积33万平方千米，占盆地总面积的60%。据中国有关部门资源评价，全盆地石油资源蕴藏量为107.5亿吨，天然气资源蕴藏量为84 000亿立方米，油气总资源量191.5亿吨；与松辽盆地和渤海湾盆地一起并列为中国油气资源量大于100亿吨的三大盆地之一，也是唯一的勘探程度很低的大型含油气盆地。因此，塔里木盆地被称为中国石油工业的希望。

沙漠钻井

塔里木石油勘探开发指挥部（简称塔指）成立于1989年4月，是隶属于中国石油天然气集团公司、以石油天然气勘探开发销售为主的国有大型石油企业。基地坐落于中国新疆库尔勒市风光旖旎的孔雀河畔，共有员工4 400人。勘探开发作业区域遍及塔里木盆地南疆五地州20多个县市，主要集中在盆地的塔北隆起、库车坳陷和中央隆起，勘探面积达30多万平方千米。目前在塔里木探区共有45个深井钻井队、35个地震队、16个井下作业队等乙方作业队伍。

1992年至1997年先后建成塔中至轮南，轮南至库尔勒输油气管线，年输油800万吨，输气18亿立方。

1989年塔指的成立，标志着塔里木盆地的勘探进入了一个新的历史时期，大规模的油气勘探工作由盆地边缘塔北隆起逐步向沙漠腹地挺进，不断取得重大突破。

# 塔里木石油勘探开发指挥部

Talimu Shiyou Kantan Kaifa Zhihuibu

塔里木盆地先后三次分 14 个区块向国外招标▶

塔里木采取边勘探边开发的工作方针，到目前已累计生产 2 000 多万吨原油 ▼

沙漠旅游

塔里木投资修建全长523公里沙漠公路，横穿塔克拉玛干大沙漠

# 塔里木石油勘探开发指挥部

Talimu Shiyou Kantan Kaifa Zhihuibu

▲ 油田夜景

塔里木石油工人已在沙漠腹地绿化160多亩▼

沙漠油田开发▼

Talimu

# 青海石油管理局

QINGHAI SHIYOU GUANLIJU

青海石油管理局局长、法人代表黄立功

青海石油管理局党委书记周铭涛

青海石油管理局(简称青海油田),现有职工25 740人,拥有固定资产76.3亿元,各类专业设备10 000多台(套)。下属地球物理勘探、钻井、测录井、井下作业、综合研究、勘察设计、油气开发、油气化工、油田建设、汽车运输、管道运输、机械工程、建筑安装、通信工程、商饮旅游、文教卫生、后勤服务53个二级单位。是以石油、天然气勘探开发为主体,多业并举,上下游统一经营的国有大型企业。目前已形成年产原油200万吨、天然气3亿立方米的生产能力和100万吨原油加工能力,年销售收入24亿元,年创利税23 461万元,是省内最大的国有企业。

青海油田的勘探开发区域主要在柴达木盆地。柴达木盆地位于青海省的西北部,盆地东西长约800公里,南北宽约300公里,总面积24万平方公里,沉积面积12万平方公里,其中具有石油远景的中、新生界沉积面积约9.6万平方公里。素有"聚宝盆"之称的柴达木盆地蕴藏着极其丰富的矿产资源,石油总资源量达41.5亿吨,天然气总资源量10 500亿立方米,目前油气勘探开发程度还很低,具有广阔的发展前景。除石油和天然气外,盆地已发现各类矿产84种,其中探明储量的达57种,有7种矿产储量居全国之首,为油田实施多元开发战略提供了得天独厚的资源优势。

局长　王福成

党委书记　宋道堂

# LIAOHE SHIYOUKANTANJU

# 辽河石油勘探局

辽河石油勘探局（辽河油田）是一个以石油天然气勘探开发为主，油气加工、多种经营为辅的国有特大型联合企业，是中国第三大油田，在全国500家最大企业中位居前列，1996年盈利额列全国国有大中型企业前10名。原油生产能力1 500万吨以上，天然气生产能力17亿立方米，1998年销售总收入158.6亿元人民币。

辽河油田勘探开发领域地跨辽宁省、内蒙古自治区13个市县（旗），包括辽东湾海域总面积10.43万平方公里。勘探开发领域分布在盘锦、沈阳、锦州、鞍山、辽阳一带。辽河油田东接沈大公路、北穿沈山铁路、腹过沟海铁路。大连、营口、锦州、鲅鱼圈港近在咫尺。

辽河油田地下构造复杂，油气储量丰富，油品性质多样。经过近30年的探索，辽河石油人掌握了一整套勘探开发复式油气藏的理论和工艺技术。综合地质理论研究、地震资料采集与解释、录井和测井、井下压裂、丛式井水平井钻井技术均列全国前茅，稠油、高凝油开发技术已达国际先进水平。在持续、稳定发展油气生产的同时，辽河油田实施“一业为主，多元开发”的战略，已形成化工、建材、机械制造等辅助产业，年销售收入已达30多亿元人民币。

辽河油田稠油、高凝油开发工艺居世界领先水平

# 中国石油天然气建设辉煌成就

辽河油田企业资本运营取得了突破性进展，"辽河油田"金马股票在深圳上市成功，确定了"中国油田第一股"的地位，为企业直接融资7.4亿元人民币。同香港BECKBURY国际有限公司合作开发冷家油田，对方注入资金10.08亿元人民币。这些成功的作法和实践，不仅拓宽了企业融资渠道，而且对于推动油田进一步转换经营机制，提高管理水平，加快进入国内外两个市场起到了有力促进作用。◀

采油平台▲

辽河油田与荷兰壳牌公司签订清22深A井钻井合同▼

油田勘探开发数据处理中心▼

荣获全国管理效益最高奖—"金马奖"▼

辽河下游湿地滩涂

石油开发与环境保护并重是企业发展的前提，30年来辽河油田累计生产原油2.35亿吨，但仍然为人类保存一个独具特色的国家级自然保护区▼

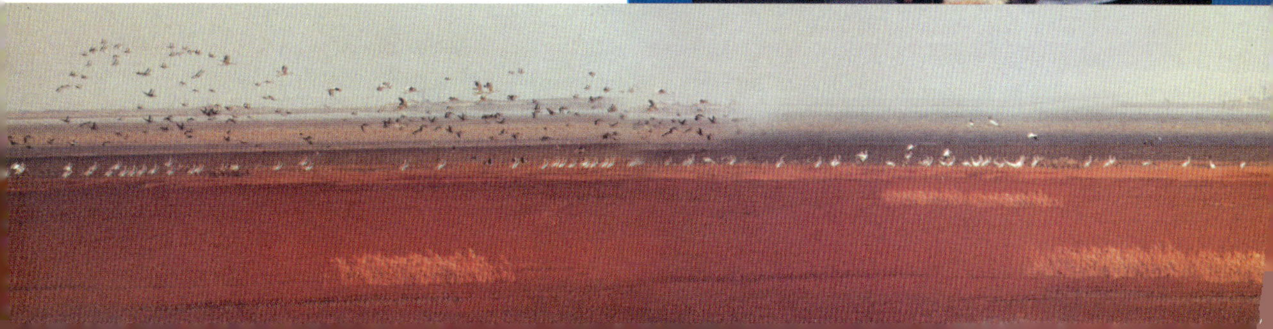

# 中国石油天然气管道局

zhongguo shiyou tianranqi guanDaoju

中国石油天然气管道局经国务院批准于1973年组建成立，是中国石油天然气集团公司开展上下游、内外贸和产销一体化经营的重要组成部分，是中国最大的专门从事管道勘察设计、施工建设、运营管理、科技开发和技术服务的集团企业，承担着中国陆上主要油、气田的油气外输任务，在中国管道运输领域占有主导地位。

中国石油天然气管道局除了主营业务之外，还拥有大口径钢管制造、石油机械加工、电力通讯工程及设计、油气储罐工程及设计等相关产业；具有国际工程总承包资质及能力；可为各种介质管道提供内检测、在线开孔、封堵、换管等特种作业服务。

中国石油天然气管道局有严密、科学、完整的管理制度和质量保证体系，注重引进消化当代世界管道储运新技术、新工艺和科研独创，经过25年的努力，使管道运输业成为与铁路、公路、水运、航空等运输方式并驾齐驱的新兴运输行业，在国内外赢得了良好的信誉，累计上缴利税136亿元，为国民经济发展做出了突出贡献，1997年被国务院确定为全国重点国有企业。

中国石油天然气管道局的宗旨是：依托中国石油工业的综合实力和自身专业化优势，立足国际、国内两个市场，加强与国内外管道运输、金融、工商企业的合作关系，不断扩展主业领域，为实现中国石油天然气集团经营战略和发展中国管道运输业做出贡献。

陈吉庆局长在管道局工作会上

管道输油站及储罐

输油管道及储罐

管道输油泵站加热设备

管道输油泵站

管道输油泵站阀室

院设计室一角

管道建设施工现场

原油装船码头

管道局原油储罐群

华北石油管理局党委书记于英太　　华北石油管理局局长刘海胜

# 华北石油管理局

## Huabei Shiyou Guanliju

华北石油管理局(又称华北油田)位于京、津、石、沧、保中心的河北省任丘市，紧靠京九铁路和京开高等级公路，是中国石油天然气集团公司所属的从事石油天然气勘探开发、综合利用和经营销售的特大型国有企业，因拥有中国最大的碳酸盐岩高产大油田——任丘油田，第一条向北京输送天然气的管道和开发初期最多的日产千吨以上的高产油井而在国内外享有较高的知名度。

华北油田第一炼油厂

1976年诞生的华北油田，到1998年底，油田累计生产原油1.95亿吨，天然气43亿立方米；共取得重大科技成果762项，其中获国家奖41项，获省、部级奖335项，获国家专利121项，资产总额14.32亿元、年销售总值16亿元和亿元以上的利税。

改革开放以来，油田走上了〞以油为主、多元开发、多种经营〞的发展道路，向综合性上下游一体化大型石油企业方向发展。近年，华北油田凭借雄厚的实力和良好的信誉，积极开拓对外工程承包、进出口贸易、对外合资合营、科技协作、技术转让与服务等市场。钻井、测井、测试、地面工程建设等施工作业队伍已走向全国，进入国际市场。

(背景图）开发内蒙古二连盆地油气资源

任丘油田任一联合集输站

华北石油购物中心

# 中国石油天然气建设辉煌成就

华北石油通信大厦

华北油田信息中心

向北京输气工程北京东郊门站

Huabei Shiyou Guanliju

## 华北石油管理局

油井喜喷高产油流

建设输油管道

在油田体育场隆重举行的职工运动会开幕式

油田 BHNK 钻杆有限公司生产的钻杆

华北油田任丘总部基地一角

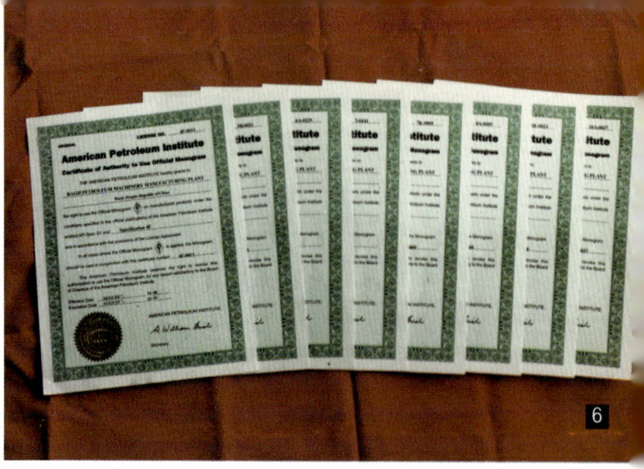

CERTIFICATE OF REGISTRATION

REGISTERED FIRM

Certificate of Registration No: 0026

*This certifies that the quality management system of:*

BAOJI PETROLEUM MACHINERY
MANUFACTURING PLANT
2 Dongfeng Road
Baoji, Shaanxi Province
People's Republic of China
*has been assessed by*
*the American Petroleum Institute Quality Registrar (APIQR)*
*and found it to be in compliance with the following quality system standard:*

ISO 9001:1994(E)

*The scope of this registration*
*and the approved quality management system applies to the:*
Design, Manufacture, Repair, Remanufacturing and Servicing of Oil Production Equipment and Parts
Under US SIC Codes 34 and 35

Effective Date: November 9, 1998

Possession of this Certificate indicates continued validity and remains valid as long as the above registered supplier continually meets all the requirements of APIQR's Registration Program and the requirements of the Registration Agreement. Registration is maintained and regularly monitored through scheduled surveillance audits.

QUALITY REGISTRAR

Manager of Operations, APIQR

This Certificate has been issued from APIQR offices in Washington, D.C., U.S.A.

# 宝鸡石油机械厂

baoji shiyou jixiechang

宝鸡石油机械厂创建于1937年5月，是中国石油天然气集团公司直属的规模最大的石油机械制造企业，为国有大型一档企业。该厂下设铸造、锻压、热处理、铆焊、齿轮、钻机、设备、配件、工具、机修10个生产分厂和设计、工艺、热工、计量、计算机等科技开发机构，工厂设计制造的成套石油钻机、采油设备、井口装置、井控系统、特种工程车、钻井工具及配件达53个大类，600多个品种，1 000多个规格。该厂"宝石牌"产品遍布全国各油气田及地质和煤炭系统，受到用户的良好赞誉，部分产品出口到北美、中东、东南亚等地区，1998年出口创汇达1 100万美元。1998年末固定资产原值41 249万元，年生产能力3.4万吨。

宝鸡石油机械厂厂长　张冠军

1. 2 000米钻机在油田使用
2. 1986年获全国企业管理优秀奖（金马奖）
3. F系列泥浆泵待发往油田
4. 钻采配件生产线
5. 1998年通过了ISO9001质量保证体系换证
6. 8大类55项产品获得了美国石油学会API会标使用权

宝鸡石油机械厂

baoji shiyou jixiechang

年出口达 2 382 亿美元,进口为 1 913 亿美元,顺差为 469 亿美元。意大利 1997 年的主要出口产品依次为机械产品,850 亿美元;纺织品、服装和皮革制品,393 亿美元;运输设备,234 亿美元;化工产品,205 亿美元;食品、饮料和香烟,98 亿美元;矿产品和有色金属,96 亿美元;非金属矿产品,93 亿美元。1997 年的主要进口产品依次是机械产品,490 亿美元;化工产品,292 亿美元;运输设备,292 亿美元;石油产品,219 亿美元;纺织品、服装和皮革,157 亿美元;食品、饮料和香烟,145 亿美元。

## 意大利的企业文化

意大利企业文化的显著特点是:明确的企业发展战略、目标以及远大抱负,并以坚忍不拔的毅力去实现;努力培养职工忠于企业、忠于职守的观念,让职工在企业中愉快地工作,把企业传统文化与现代文化和科学技术相结合,形成一种新的文化观念;成功的企业建构成功的企业文化,而成功的企业文化使企业进一步取得成功。

意大利菲亚特汽车公司是意大利企业文化的突出代表。该公司把企业文化重点放在把握国际市场,实施公司战略上。为此,他们制定了适合本公司特点的大规模投资计划,实现生产合理化、目标化,提高销售网络的效率和积极性,用精美的设计、新颖的产品、高质量的服务以及低价格吸引消费者。为了运行这一切,公司在辅助方面还采取大量"软措施"来配套,从而保证了企业目标得以实现。

## 意大利的科学技术状况

1993 年意大利的国内研究与开发(R&D)总投资约为 218 910 亿里拉(约为 140 亿美元),占国内生产总值的 1.4%左右,其中公共拨款(公共研究机构、公共管理部门和大学)占全部拨款的 42.9%。1992 年全国有全日制研究人员 74 422 人,每万名劳动者中有 30 名,主要集中在公共部门。按经合组织统计,1992 年意大利政府研究开发拨款按购买力平价法计算,在西方七大国中仅多于加拿大。

意大利的科研基地主要是大学和公共研究机构。意大利有 64 所大学,基本上都是公立大学。高等教育部门研究和开发开支约占全国 R&D 总开支的 20%。公共研究机构包括国家研究委员会(CNR),国家新技术、能源和环境机构(ENEA)和其他专门研究机构。CNR 通过一个由近 300 个研究所和中心组成的网络开展工作,并对大学、私立实验室以及定向研究项目进行资助。ENEA 是一个多学科机构,目前分为环境、能源、新技术 3 个部门,它们负责实施政府各部的定向研究项目。意大利太空署(ASI)成立于 1988 年,任务是资助并协调国内国际和欧洲太空署(ESA)的空间活动及进行相关的科研任务。

意大利是技术净进口国。在过去 30 多年里,在与其他国家的技术贸易中,意大利有着巨额贸易逆差。为了促进技术革新,意大利政府多年来制定了多项措施,出台一系列鼓励性方案,如应用研究基金、技术革新以及对购买先进机械进行援助的立法等。

## 教　育

意大利宪法规定 6~14 岁儿童享受义务教育。1993~1994 学年,全国有中小学生近 300 万人,初中生近 200 万人,高中生近 270 万人,技术学校学生近 120 万人,高等学校学生 135 万多人。1994 年著名大学情况如下:罗马大学,建于 1303 年,学生约 18.4 万人,教师 2 600 人,是欧洲最古老和最大的大学之一。米兰的博可尼大学,建于 1902 年,有学生 10 900 名,教师 660 名。波伦亚大学,建于 11 世纪,学生 9 万人,教师 2 677 名。帕多瓦大学,建于 1222 年,学生 62 781名,教师 2 180 名。那不勒斯大学,建于 1224 年,学生 10 万人,教师 1 883 名。比萨大学,建于 1343 年,学生 2.8 万人,教师 1 300 名。佛罗伦萨大学,建于 1321 年,学生 60 931 名,教师 1 467 名。

## 文　化

**图书馆**　意大利有非专业图书馆 34 个,目前藏书达 800 多万册。

**新闻出版社**　主要报纸为:《共和国报》,发行量约为 80 万份;《晚邮报》,约 80 万份;《新闻报》,约 55 万份;《21 小时太阳报》,45 万份;《信使报》,31 万份;《今日报》,28 万份;《时代报》,19 万份;另外,各政党均有自己的机关报。

主要综合性期刊有《展望》周刊、《快报》周刊、《时代》周刊、《欧洲人》周刊，还有最大的宗教性期刊《基督教家庭》。

安莎通讯社是意大利国家级通讯社，成立于1945年。意大利广播公司为国营伊利垄断集团所控制，对邮电部负责。该广播电台有3套节目，年播音1.8万小时；有3个电视台，年播节目6 000小时。此外，意大利还有大量私人广播电台和电视台。

**电影院** 意大利电影业不景气，年产量由1970年的240部下降到90年代的不到100部。每年都进口大量影片，其中绝大部分是美国影片。

**文化遗产** 意大利是世界上文化遗产最为丰富的国家之一。意大利也是保护世界文化和自然遗产公约的缔约国之一。截止至1987年底，全意大利共有6处文化遗址、天然名胜及综合型遗址被列入世界遗产目录，它们是：卡莫尼卡谷地岩画、历史名城罗马、珍藏达·芬奇《最后的晚餐》的圣玛丽亚·德拉·格拉齐耶教堂、历史名城佛罗伦萨、威尼斯及其泻湖、比萨中央教堂广场。

## 人口与环境保护

**人口** 意大利人口1998年为5 753万人，年增长率为0.2%；1990年男子平均寿命为73岁，女子平均寿命为80岁；成人识字率达到98%。目前，人口出生率为0.97%，结婚率也在下降。人口结构日渐老化，老龄人口日益增加。意大利人口结构另外一个特点是女多男少。主要原因是女性寿命长于男性。就业结构上，第一产业劳动人口为5%，第二产业为29%，第三产业为66%，已是典型的发达国家就业结构。

意大利在1870年统一以后，由于原意大利各地之间经济关系改变，许多人纷纷外迁以摆脱经济关系变动带来的压力，首先迁往法国、瑞士、突尼斯等邻近国家，后来，尤其是在19世纪最后20年，转向美国、阿根廷、乌拉圭、巴西等美洲国家。除了战争年代之外，这一趋势一直持续到一战后的初期。意大利农村人口急剧减少。1875～1925年间，总计约1 000万意大利人离开了本国。但到现在为止，由于意大利经济日益发展，已有近500万人返回意大利。

**环境保护** 意大利是世界旅游大国，意政府非常重视环境保护。由于意大利人口较多，而国土面积狭小，其植被覆盖率80年代初仅为21.2%，但目前有所上升。意大利政府在30万平方公里的国土上建立了5个国家公园。它们是：大帕拉迪索国家公园，面积7万公顷；斯特尔奥国家公园，面积13.7万公顷；阿布鲁佐国家公园，面积4万公顷；彻尔切奥国家公园，面积8 000公顷；卡拉布里亚国家公园，面积1.8万公顷。此外，意大利农林部还直接管理不同类型的若干自然保护区，其总面积略大于10万公顷。一些自然公园和自然保护区也由地区有关部门管理。

除了保护自然环境外，国家公园和自然保护区还保护典型的意大利动物群。意大利的地中海海滨丛林中有许多野猪，国家公园也为野山羊、小羚羊、赤鹿等动物提供了栖身之所。小啮齿动物、小哺乳动物、爬行动物及鸟类数量不少，但是大的野生动物如熊、野狼等由于过度捕杀，在意大利现已不多见。

## 经济文化及一体化外交

意大利是欧洲联盟（原欧洲共同体）的最早成员之一。几十年来致力于欧洲经济一体化，不仅加入了欧共体，还是以下各个国际组织的成员国。这些组织是欧洲煤钢联营、欧洲原子能联营、欧洲理事会、北大西洋公约组织、欧洲合作与发展组织、经合组织（OECD）、西方七国集团、联合国及下属各机构等。

当前意大利对外政策的基本特点是：立足点是西欧，积极推动欧洲一体化进程，主张欧洲应建立共同的外交和防务政策；忠于北约，重视同美国的传统关系；强调建立公正合理的国际新秩序，主张世界多极化和加强地区性合作；认为联合国应在世界新秩序中发挥主导作用；支持欧盟和北约向中东欧国家开放；主张进一步发展南北对话并增加对第三世界国家的援助。关注科索沃危机及中东和地中海事务，对于美国在1999年3月份发起的轰炸南联盟有自己的立场，与美、英的强硬态度有一定区别，主张外交解决科索沃危机。重视同亚太地区国家的关系，积极推动欧盟与中国发展全面合作关系，并积极促进中意关系发展。强调维护人权和自由权。意大利重视联合国在国际事务中的作用，积极参加联合国的维和行动，先后向柬埔寨、莫桑比克、索马里、萨尔多瓦和黎巴嫩及阿尔巴尼亚等国派遣了数千名维和人员，还提供了大量的人道主义及经济援助。

意大利重视发展同中国的关系，是西方七大国中与我关系较好的国家。1970年11月6日与中国建立了大使级外交关系。意大利重视中国在国际事务中所起的作用，把我国视为一个应大力开拓的新兴市场。主张与我国发展全面关系，特别是经贸合作关系。多年来，中意两国签署了海关、民航、商标注册、科技文化、保护投资、领事、互免双重征税等协议或条约。中意两国经济合作关系发展势头良好。1996年中意双边贸易额为50多亿美元。意大利已经成为中国在欧盟的第二大贸易伙伴国。双边政治关系发展良好。1989年"六·四"事件后，意大利是西方国家中第一个同我国实现两国总理互访的国家。近年来，双方高层交往频繁。政治经济关系不断扩大。1996年李鹏总理访问意大利，1997年乔石委员长访问意大利，均受到了热烈的欢迎。1998年意大利总统斯卡尔法罗访问中国。1997年4月意大利决定支持法国提出的不以欧盟名义在联合国人权会议上搞反华提案，使美国十分孤立。1999年4月，当美国再次老调重弹，在联合国人权会议上搞反华提案时，意大利再次没有参与共同提案国。这也反映了意大利要与我国进一步发展友好关系的愿望。

1999年3月20～25日，应意大利总统斯卡尔法罗的邀请，江泽民主席首次对意大利进行为期5天的国事访问。江主席说，中国和意大利两国虽然相距遥远，社会制度、文化传统、经济发展程度也存在差异，但两国关系很好。中国政府一贯重视发展同意大利的友好关系，中国人民对意大利人民怀有友好感情。现在两国合作的深度与广度不断扩大。意大利是中国在欧洲的重要贸易伙伴，也是中国在欧盟国家中第二大技术引进国。两国经济互补性强，双方开展经贸合作潜力很大。中国政府支持和鼓励中国企业界同意大利同行多往来，使两国经贸合作更富成果。意大利总统表示，意大利支持中国加入世界贸易组织，希望中国尽早成为世贸组织成员。意大利希望中国更多地参与国际合作，共同对付人类所面临的共同挑战，这些合作包括保护环境、防止核武器扩散、反对贩毒和有组织犯罪、预防流行病的科学研究等。在双边关系方面，意大利的目标一直是加强对话，推动经济合作，增加贸易和科技交流。尤其是希望发展符合两国传统的文化交流。江主席还与意大利总理达莱马及其他意大利领导人进行了会见。

附：

**表1　意大利的主要经济指标**

| 经济指标 | 1994年 | 1995年 | 1996年 | 1997年 | 1998年(估计) |
|---|---|---|---|---|---|
| 国内生产总值(单位:万亿里拉) | 1 639 | 1 772 | 1 873 | 1 951 | 2 040 |
| 以欧元计算的国内生产总值(单位:10亿欧元) | 856.2 | 831.5 | 956.1 | 1 010.9 | 1 033 |
| 国内生产总值实际增长率 | 2.2 | 2.9 | 0.7 | 1.5 | 1.4 |
| 通货膨胀率(百分比) | 3.9 | 5.4 | 3.9 | 1.7 | 1.8 |
| 人口(百万) | 57.2 | 57.3 | 57.4 | 57.5 | 57.6 |
| 出口总值(10亿美元) | 191.4 | 234.0 | 252.0 | 238.2 | 238.2 |
| 进口总值(10亿美元) | 155.8 | 189.2 | 191.2 | 191.3 | 191.3 |
| 经常项目(10亿美元) | 13.2 | 25.1 | 41.1 | 33.5 | 28.7 |
| 外汇储备(不含黄金,单位10亿美元) | 32.3 | 34.9 | 45.9 | 55.7 | 36.9 |
| 政府赤字占国内生产总值的百分比 | 9.7 | 7.7 | 6.7 | 2.7 | 2.7 |
| 政府公共债务占GDP的百分比 | 124.9 | 124.2 | 124.0 | 121.6 | 118.7 |
| 汇率(里拉:美元,年平均) | 1 612.4 | 1 628.9 | 1 542.9 | 1 703.1 | 1 739.1 |
| 汇率(里拉:欧元,年平均) | 1 913.89 | 2 131.32 | 1 958.59 | 1 929.66 | 1 974.4 |
| 汇率(美元:欧元,年平均) | 1.19 | 1.31 | 1.27 | 1.13 | 1.14 |

注:1999年1月1日,1936.27里拉兑1美元,990里拉兑1德国马克;1月29日,1705里拉兑1美元,1.136美元兑1欧元。

**表 2**

| 1997 年市场增加值的来源 | （百分比） |
|---|---|
| 农业、林业和渔业 | 3.4 |
| 矿业、制造业及公共事业 | 28.0 |
| 建筑业 | 5.0 |
| 商业性服务业 | 50.4 |
| 非商业性服务业 | 13.2 |
| 总计 | 100.0 |

**表 3**

| 1997 年主要出口产品 | （10 亿美元） | 1997 年主要进口产品 | （10 亿美元） |
|---|---|---|---|
| 机械设备 | 85.0 | 机械设备 | 49.0 |
| 纺织品、服装及皮革制品 | 39.3 | 化工产品 | 29.2 |
| 运输设备 | 23.4 | 运输设备 | 25.2 |
| 化工产品 | 20.5 | 石油 | 21.9 |
| 食品、饮料及香烟 | 9.8 | 矿藏及有色金属 | 19.0 |
| 矿藏和有色金属 | 9.6 | 纺织品、服装及皮革制品 | 15.7 |
| 非金属矿藏 | 9.3 | 食品、饮料及香烟 | 14.5 |

**表 4**

| 1997 年主要出口对象国 | （占总数的%） | 1997 年主要进口对象国 | （占总数的%） |
|---|---|---|---|
| 德国 | 16.4 | 德国 | 18.0 |
| 法国 | 12.2 | 法国 | 13.2 |
| 美国 | 7.9 | 英国 | 6.7 |
| 英国 | 7.1 | 荷兰 | 6.2 |
| 西班牙 | 5.2 | 美国 | 5.0 |
| 荷兰 | 2.8 | 比利时－卢森堡 | 4.7 |
| 欧盟 | 54.5 | 欧盟 | 60.6 |

（中国现代国际关系研究所　曹富森）

# 保加利亚经济文化概况

保加利亚共和国（The Republic of Bulgaria）位于欧洲巴尔干半岛东南部。东濒黑海，陆上与土耳其、希腊、南斯拉夫、马其顿、罗马尼亚接壤。土地面积 110 600 平方公里，其中农业面积占 55.5%，1997 年人口为 831.2 万，密度为每平方公里 76 人，1990～1997 年人口年均增长率为－0.7%。人口中 88% 以上为保加利亚族，保加利亚语为官方语言和通用语言，居民多信奉东正教，少数人信奉伊斯兰教。首都索非亚，人口 111.6 万，议会为国民议会（一院制），共 240 席，由 7 个党派组成。

根据联合国开发计划署《1998 年人类发展报告》，保加利亚的人类发展指数（HDI）在 174 个国家中排在第 67 位，属中度人类发展国家。

保加利亚 1989 年发生了社会变革，建立了多元政治并增进了民主和法治。1991 年确定的新《宪法》确立了基于民主、政治多元化、法治、经济企业自由原则的政府和公共活动。保抛弃了中央集权、计划调节经济，走向自由经济体制。通过推行货币改革战略，国民经济大幅度自由化。保加利亚为走向社会现代化和个人全面发展的新阶段创造了司法、体制和文化上的先决条件，但在过渡期内也付出了较高的经济代价。

## 经　济

与其他中东欧国家相比，保加利亚于 1989 年开始变革时处境相当不利——债台高筑，极端中央经济，高度依赖前苏联及东欧国家出口市场。1990年经济急转直下，跌入低谷，实际GDP年变化率为-9.1%，直到1994年才走出衰退，GDP增长率达到1.8%，1995年继续呈现2.1%的低速增长。但1995年底，随着几家银行因呆账的累积而资不抵债后，银行偿债能力问题突出地表现了出来。由于70%的贷款不履约，25%无法收现，银行资产净值已成负数，高达GDP的10%，银行系统的信誉开始下降；随着几家银行的倒闭，信誉进一步减弱，到1996年中，整个金融系统都出现了挤兑及有价证券的变现。从1995年12月至1996年12月间，列弗存款占GDP的比例减少了一半，外币存款提取总量近9亿美元，相当于未偿付存款的40%。这场危机迫使保国家银行在巨大压力之下向州一级银行提供大量的清账支持，并提出了针对其他许多银行的清账程序。到1997年年中，原有的10家州立银行中的4家和原国内私人银行中的14家已经倒闭，这些银行占危机前总存款量的1/3。1996年的这场金融危机使保加利亚受到了严重挫折，1996年GDP下降了10.1%，1997年又下降了7%。这场危机是货币和财政纪律不严，银行部门呆账累积，企业改革拖延的结果。危机促使包括1997年7月成立货币管理局和实施全面结构改革方案的激烈政策措施出台。在货币局的帮助下，年初失控的通货膨胀得到了缓和，月通胀率从1997年2月的近250%下降到最后一季的不足1%。1998年前9个月消费价格上升了2.8%，大大低于政府规定的年终目标(16%)。新制度下的汇率也较稳定，国内国外都恢复了信心，这表现在保加利亚银行的储蓄部分回笼，外国直接投资流入也有所增加。此外，政府决定加速私有化。1997年私有化的收入是前一年的1倍以上。

以总理伊万·科斯托夫为首的中左翼政府自1997年4月上台以来，在恢复经济方面创造了奇迹。1997年GNP达到97.5亿美元，居世界第74位，人均1 170美元。按需求结构统计的内产总值分布如下：私人消费占71%；一般政府消费占12%；国内投资总额占14%；国内储蓄总额占17%；商品和服务出口占65%；进出口余额占3%，经常账户余额从1996年的0.16亿美元升至1997年的4.16亿美元。但俄罗斯的经济衰退对它产生了不良影响，许多拟定的私有化计划被搁置。1998年上半年的外国直接投资为1.35亿美元，而按计划全年应达到10亿美元。虽然经济呈增长势头，但1998年可望获得的最高增幅只有1.5%，而1月份政府曾希望达到4～5%。然而保加利亚在某些方面也取得了长足进步。预计通货膨胀将低于10%，预算赤字预计在内产总值中仅占1%。

保加利亚中期经济调整和改革计划(1998年7月至2001年6月)旨在取得有力的经济增长、较高的生活水准以及建立在可持续基础之上的外部生存能力，同时加速向竞争性市场经济过渡的步伐，强调社会与基础设施的需求，维持广泛平衡预算的基本财政立场，1999～2010年间对结构改革和较高公共基建投资的过渡性成本的实际赤字津贴达到GDP的2%。中期计划将年增长目标定为4～5%，通胀率到2001年将降至5%左右，大幅减少债务负担。

**工业** 保加利亚的主要工业产品有钢铁、化工、机械、金属制品、食品和纺织品。1995年工业增加值占GDP的34%(1997年占26%)，1990～1995年工业部门年均衰退7.5%。1996年制造业有企业28 242家，有职工261.13万，产值达到15 244.31亿列弗，附加值为3 666.35亿列弗，固定资本构成总额为241.93亿列弗。1997年，工业增长值占GDP的33%，1990～1997年年均衰退4.9%，1997年工业产值减少了10.2%。在经历了1998年1～3月份的快速增长(6.2%)之后，又出现了衰退，1～6月呈现出-0.7%的增长，1～9月呈现出-6.7%的增长。在1996年制造业的附加值分配中，食品、饮料和烟草占19%；纺织与服装占10%；机械和运输设备占12%；其他占58%。

**近几年主要工业品产值**

单位：百万列弗

| | 1994年 | 1995年 | 1996年 |
|---|---|---|---|
| 食品 | 52 605 | 78 052 | 169 211 |
| 纺织品 | 19 143 | 27 998 | 65 015 |
| 工业化学品 | 23 968 | 45 362 | 123 603 |
| 石油与煤炭产品 | 61 458 | 93 782 | 275 371 |
| 钢铁 | 29 261 | 51 076 | 108 580 |
| 有色金属 | 15 697 | 27 000 | 62 382 |
| 非电力机械 | 20 377 | 37 939 | 101 595 |
| 电力机械 | 20 218 | 31 560 | 66 529 |

资料来源：联合国工发组织《国际工业统计年鉴》1999年。

**农业**　保加利亚土地面积为11.1万平方公里，1996年耕地占土地面积的38%，多年生作物用地占土地面积的1.8%。1994～1996年人均拥有耕地0.49公顷，是世界平均水平的2倍；水浇地占作物用地的18.7%；1995～1997年用于谷物生产的土地为197.5万公顷；1994～1996年每千名农业工人拥有拖拉机61台，每百公顷耕地拥有拖拉机64台，比1979～1981年减少了60%。1997年农业增长值占GDP的23%，超过1980年的1.6倍，农业就业占经济活动人口的8.6%。以1989～1991年农业产出为100衡量，则1995～1997年作物生产指数为70，粮食生产指数为68.3，畜牧生产指数为59.4。1995～1997年每公顷谷物产量2 687公斤；每个工人产生的农业附加值为4 351美元。

**近年来主要农业产量**

单位：千吨

| | 1995年 | 1996年 | 1997年 |
|---|---|---|---|
| 谷物 | 6 515 | 3 383 | 6 353 |
| 向日葵籽 | 767 | 530 | 446 |
| 蔬菜与瓜类 | 1 837 | 1 215 | 1 215 |
| 水果(不含瓜类) | 1 153 | 1 130 | 1 130 |
| 烟草 | 19 | 40 | 80 |
| 猪肉 | 259 | 276 | 160 |
| 鲜奶 | 221 479 | 215 773 | 213 399 |
| 羊毛(带脂) | 9 | 9 | 9 |
| 羊毛(脱脂) | 4 | 4 | 4 |

资料来源：粮农组织《生产年鉴》1998年。

**服务业**　1997年保服务业净产值为1.71亿美元，比上年度增长了42.5%，服务业增加值占GDP的一半。服务业总的出口与进口分别为13.38亿美元和-11.67亿美元，各主要部门出口与进口的比例分配如下：运输占33.6%和42.8%；旅游占27.5%和19%；通信、计算机、信息和其他服务占31.5%和29.1%；保险和金融服务占7.5%和9%。

旅游是国家外汇收入的重要来源，保加利亚同30多个国家签有旅游协定，并与国外1 000余家旅游公司有业务联系。近年来，外国游客人数呈下降趋势，1990年为450万人，到1997年仅为268.4万人。但同期旅游收入却略有上升，即从3.2亿美元增至3.91亿美元。1997年旅游收入占出口的6.3%，旅游支出占进口的3.9%。

**对外贸易**　1997年商品与服务贸易(按购买力平价衡量)占GDP的24.6%，贸易差额出现了90年代以来第二次顺差(第一次为1991年7.32亿美元)，但很微弱，仅为0.28亿美元。对发达市场经济体的出口从1996年的-8.8%骤升至12.2%，对发达国家的出口也走出了衰退，但对其他转型国家的出口仍继续大幅度下降(-16%)。1997年全年出口增长率达到0.5%。进口的下降幅度已经减弱，但1998年上半年贸易的良好势头已荡然无存，与上年同期相比，进口增加了5.4%，出口减少了9.3%，逆差达2亿美元。

**近年外贸情况**

单位：十亿列弗

| | 1995年 | 1996年 | 1997年 |
|---|---|---|---|
| 进口额 | 5.638 | 5.074 | 4.886 |
| 出口额 | 5.345 | 4.890 | 4.914 |
| 差额 | -0.293 | -0.184 | 0.028 |

资料来源：联合国欧经会《欧洲经济概览》1998年第3期。

按商品划分，保加利亚1998年上半年出口与进口结构如下：食品、饮料和农产品占14%和8%；原料(不含燃料)占5%和29%；燃料占5%和22%；化学制品和中间产品占46%和33%；机械和运输设备占13%和19%；其他制成品占17%和10%。由此可见，制成品在出口与进口中分别占到76%和62%，化学制品和中间产品是出口的强项，同时它与燃料一起构成了进口的一半以上。

保加利亚的贸易伙伴主要是经合组织国家和中东欧，前者占其贸易量的一半左右。俄罗斯依然是保重要的贸易伙伴和能源供应国。巴尔干地区的重大风云变化，特别是波黑战争以及科索沃危机都使保的出口蒙受了巨大损失。

**政府财政与债务**　1996年中央政府财政各项指标占GDP的比例如下：经常性收入占32.5%，总支出占48.1%，预算赤字总额(包括赠款)占-15.4%，国外融资占-1.9%，国内融资占17.3%，利息占经常性收入的62%。1996年中央政府的开支结构为：货物与劳务占19%，工资占4%，利息支付占42%，补贴与其他经常性转移占36%，资本开支占3%；1996年中央政府的各项岁收在经常性岁收总额中的比例分配为:收入、利润与资本收益税占19%,社会保障税占21%,货品与劳务税占26%,国际贸易税占7%,其他税收占2%,非税收收入占25%。

1997年保外债总额达98.58亿美元,占GNP的96%;占商品与劳务出口的144%;债务还本付息总额占GNP的9.6%,占商品与劳务出口的14.4%;公共与公共担保的债务还本付息占中央政府经常性岁收的22.6%;短期债务占债务总额的7.8%。

## 科学与技术

保加利亚宪法将人人享有科学进步及其应用带来的好处规定为一项基本公民权利。《宪法》第54条第二款和第三款规定“法律承认和保护艺术、科学和技术创作的自由,保护发明人、著作人和各种类似权利”。一些法律和部长理事会的规章规定了促进科学技术创作自由及相关权利,这些法律包括1973年《科学学位和科学职称法》、1993年《版权和类似权利法》、1993年《专利法》以及其他法律。尽管有法律上的保障,但由于转轨阶段所面对的巨大的社会变革和普遍的经济危机,保加利亚的科学院、大学及应用研究受到了极大的冲击。以从事研究与开发(R&D)的人数为例,变革前处于不断上升时期,变革后由于工资低下、研究经费缺乏和科学的基础设施不断恶化,大批科学家迁往国外,有前途的年轻科学家改行从事科学以外的事业。根据统计,1987年保从事R&D人数已达到96 471人,1992年减至48 577人,仅相当于1970年的水平;到1996年又进一步降至26 158人,仅略高于1987年的1/4。1996年R&D人员中,科学家和工程师为14 751人,技术员8 169人,辅助人员为3 238人。每百万人有科学家和工程师1 742人,有技术员965人,每名科学家或工程师拥有技术员0.6人。在R&D人员中,生产性部门占14.1%,大学占26.6%,综合性服务部门占59.2%。

由于经济困难,政府已削减科研经费,国内研发开支占GDP的比例已从1989年时的2.7%降至1994年的0.3%。1996年R&D开支为91.48亿列弗,约合0.776亿美元;比1990年减少了84%,尚不足1985年的1/10。

根据现行立法,国家对从事科研和创作活动学术团体与专业协会的管制已经放宽,但科研活动仍由国家资助。过去几年的经济拮据已使一些应用性科研机构被关闭,年轻创造人员特别是科学领域的年轻创造人员的工作受到很大影响,国家不得不大幅度减少拨给重要经济和科研活动的经费。

在1996年R&D开支中,经常性开支为88.65亿列弗,占总额的96.9%;资本开支为2.83亿列弗,占3.1%。按资金来源划分,政府基金占35.1%;生产性企业基金和特别基金占60.5%;国外基金占0.1%;其他基金占4.2%。按从事科研的部门划分,R&D的经费分配如下:生产性部门占58.9%;高等教育占7.9%,综合性服务占33.2%。

政府认为有必要作出努力,打破科学和应用研究及技术发展领域的停滞局面。目前正起草将成为国家计划基础的科学和应用研究战略。政府将鼓励建立技术转让组织,并推动公营机构、经济企业和其他机构的倡议和行动。此外,政府将审查预算拨款的形式,研究和采取其他形式的财政援助,以缓解财政负担。

## 教 育

在保加利亚,对不满16岁的儿童的教育(初级教育)是义务性的,国立和市立学校的教育是免费的,学制为小学8年,中学4年,大学5年。保加利亚有重视教育的传统,每年5月24日的保加利亚教育和文化日及斯拉夫文字日被定为公共假日。国民受教育程度较高,1996年预期受教育年限为12.2年,文盲率仅为1.7%。25岁以上人口中,未受过正规学校教育者占4.7%,具有小学文化程度者占44.4%,具有中学文化程度者占35.7%,具有中学(不含中学)以上文化程度者占15%。

**学前教育** 学前教育年龄为3～6岁。1996/1997年度全国有学前教育机构3 713所,有教师23 353人,女性占94%;有注册儿童247 015人,注册率为62%。

**小学教育** 儿童7～14岁接受小学教育。1996/1997年度,全国有小学3 170所,有教师25 860人,女性占89%;有注册生431 790人,女生占48%。师生比为1∶17,小学入学率为99%,复读生比例占3%。

**中学教育** 国立和市立学校提供的中等教育包括技术及专业技术教育，这类向所有人开放，不收学费。如果经考试证明学生成绩好或确有物质困难，国家给予奖学金和助学金。1994/1995年度全国有中学601所，1996/1997年度中等教育有教师67 088人，女性占72%；有注册生733 362人，女生占49%；中学入学率为76%。与1994/1995年度相比，师生数均翻了一番，这主要是因为普通教师有了大的发展。普通中学有两种类型，一种为9～12年级学校，一种是1～11年级中小学连贯下来的学校。1996/1997年度有71.4%的学生就读于普通中学，另有28.6%的学生就读于职业中学(包括专业技术学校、特殊教育学校，职业学校和艺术学校)。

**高等教育** 1996年保每10万人口有大学生3 721人，居世界前列。在保加利亚，高等教育向所有完成中等教育，并通过了学生录取考试(包括竞争性考试、测验和其他类似要求)的公民开放。1994/1995年度保有41所高等院校和47所高等专科学校。国家高校中包括21所大学，培养人文、社会、经济、技术、农业、医学和药学学科的人才；4所医学、农业科学和粮食工业科学领域的学院；6所经济、艺术和体育领域的学院；7所培养国家安全干部的专门高等学校。1996/1997年度全国各类高校有教师26 303人，女性占41%；有注册生262 757人，女生占61%。其中传统大学和同等学历学院有教师23 285人，女性占39%；有学生237 776人，女生占60%；其他高等学院(师范与技术类)有教师3 018人，女性占54%；有注册生24 981人，女生占75%。在所有学科中，按学科分，注册生人数居前五位的依次是：商业管理，占24.7%；工程学(含运输与通信)占15.9%；教育学占14.2%；社会与行为学占6.9%；医学占7.2%。由此可见，在前五类中，绝大多数学生选择了文科。事实上大学生中选学自然科学与应用科学的仅占注册生的1/4，其中与信息技术密切相关的数学与计算机专业的注册生仅占1.4%，这势必对国家的发展潜力产生不利影响。

**按ISCED划分的各层次注册生、毕业生人数与比例**

| 年度 | 第5层次 | | 第6层次 | | 第7层次 | | 所有层次 | |
|---|---|---|---|---|---|---|---|---|
| 1996/1997 | 人数 | % | 人数 | % | 人数 | % | 人数 | % |
| 注册生 | 24 981 | 9.5 | 235 701 | 89.7 | 2 075 | 0.79 | 262 757 | 100 |
| 毕业生① | 8 018 | 22 | 28 171 | 77.26 | 274 | 0.75 | 36 463 | 100 |

①毕业生为1997年统计数

资料来源：联合国教科文组织《统计年鉴》1998年。

根据联合国教科文组织(Unesco)的统计，1996年在保加利亚就学的外国留学生数为8 496人，同时，保有6 241名大学生在世界50个国家就读。

**教育开支** 过去几年在向市场经济过渡期间，国内的政治和经济危机影响到接受教育的权利。财政赤字不断加大，预算中拨款失衡，致使新学校的建设停止，现有教育设施的维修和翻新中止。结果学生的医疗保健、休息和娱乐以及夏令营被忽视，对各级学生的健康状况有着不良影响。国立学校的教育和教学服务收费增加，越来越成为许多家长的负担。教师工资与教学质量均出现下降。据Unesco统计，1996年保公共教育开支总额为534.17亿列弗，折合30 028万美元，每名学生平均教育经费为210美元，比1995年减少了39%，仅相当于世界平均水平的1/6和较发达国家的1/25，已降至欠发达地区1995年的水平(217美元)。1996年教育经费占GNP的3.3%，比上年度减少了1个百分点，远低于世界平均水平(4.8%)，介于南亚(3%)和拉美/加勒比(3.7%)之间。1996年总的教育开支占政府开支总额的7%，经常性教育开支为510.08亿列弗，占总额的95.5%，占GNP的3.1%，占经常性政府开支的6.9%。资本开支为24.09亿列弗。经常性经费在各级教育中的比例分配如下：学前教育占21.3%；中小学教育占52.4%；大学教育占18%，比前些年明显加强(1990～1995年平均为15.8%)；其他类型教育占8.2%，比1990年减少了近一半。各级教育经费中，按用途划分,各类人员薪金占 66.3%,奖学金占 3.1%,福利服务占 0.1%,其他开支占 30.5%。

为了克服当前的不利情况,政府已确定了教育领域应采取的紧急措施:继续进行教改,最大限度地使教育符合国家传统,摆脱意识形态的垄断和短期政治考虑;提高教师的社会地位,解决关于教师资格的紧迫问题;制定国家中学的教育要求和评估系统。目前正在实施国家计划——"保加利亚 21 世纪学校教育",强调外语教学、公民教育和教养、娱乐和自由时间的管理、保健和生态教育意识、职业定向和教育。

## 文 化

人人有权参加文化生活和表达他或她自己的文化,这是保加利亚共和国《宪法》规定的一项基本权利。为了确保这一权利,国家制定了《文化遗产和博物馆法》、《创作基金法》、《人民文化中心法令和法律》以及《国家艺术中心条例》等。一些新规范也在起草之中,如关于保护不可移动的文化遗产法案、关于图书馆的法令等。在保加利亚,文化部是主管文化工作的国家级政府机构,它负责调整筹资、各领域创作工作者对竞争活动的参与、文化特点的保护,以及文化和世界价值的保护与传播等方面的工作。在文化领域,政府政策的主要原则是维护、丰富和弘扬文化遗产。有关措施包括创造条件,保护文化和历史遗址及档案,维护保加利亚的文学、绘画、电影、戏剧和音乐,建立文化俱乐部和图书馆,提高国家艺术学校的水平。精神文化领域的重要原则是社会各阶层根据其需求享受文化成果。一项特别重要的任务是保护保加利亚创作者和从事艺术创作的人员。

为执行促进民众参与文化的政策而设立的体制性基础设施包括文化中心、博物馆、图书馆、影剧院、传播民间艺术和文化遗产协会。此外,国家通过图书报刊、广播、电视等多种手段传播文化。

在保加利亚,文化娱乐和教育活动的基本中心是人民文化中心。在全国有 4 200 余个这样的中心,遍及全国各地,它们拥有来自各年龄层次、社会经济、专业和民族群体的会员 22 万余人。目前共有7 748个业余艺术团体,15 228 个民间艺术团体,参加者总共有 16 000 人。有国家戏剧团体 54 个,分布于全国各地,其中剧团 35 个,木偶剧团 19 个。在首都索非亚,有 4 个市级剧团,10 个独立剧团。

为了繁荣文化艺术,保加利亚专科高中、高等专科学校和大学提供这方面的职业教育。克拉斯泰勒—撒哈福夫国家戏剧和电影艺术学院是戏剧艺术领域的主要教育机构,每年约有 30 名艺术家获得戏剧表演证书,约有 10~15 人获得木偶剧表演证书,5~6 人获得电影、戏剧和木偶戏导演证书。

根据保加利亚文化部提供的资料,全国有图书馆 8 300 个,总藏书量超过 1 亿件,其中图书 8 169.7 万册。国家馆、科学中心图书馆、高等院校图书馆以及地区图书馆提供所有知识领域的专题和最新资料。人民文化中心有 3 700 个图书馆,约接待读者 100 万,中小学校图书馆超过 3 000 个。根据 Unesco 的统计,1995 年保加利亚有国家图书馆 1 个,公共图书馆 3 748个,高校图书馆 81 个,非专业图书馆 27 个。1995 年圣西里尔·梅索迪斯国家图书馆有藏书 237.9 万册,缩微制品 218 444 件,视听文献 71 490 件,其他图书馆资料 4 216 404 件。年增加量图书为 58 546 册,其他资料 18 361 件,年读者登记量为 26 931 人,外借 651 851 册。年经常性开支为 6 421.2 万列弗,员工薪金占 68%。国家馆有员工 248 人,有文凭者为 223 人,其余 25 人接受过岗位培训。1995 年全国公共图书馆馆藏量为图书 4 726.6 万册,缩微制品 65 119件,视听文献 651 765 件,其他图书馆资料 624 386件。每千人拥有公共图书馆藏书5 555册,在世界上居中上等水平。

在文化艺术领域,过去几年最重要的发展是促进创作自由。1996 年共发行图书 4 840 种,20 317 册。按国际十进分类法,发行册数居前五位的依次是:社会科学占 36%,文学占 35.7%,应用科学占 6.3%,综合类图书占 5.3%,哲学占 3.9%。1996 年全国共发行教科书 913 种,745.3 万册,发行儿童读物 342 种,335.1 万册。

1996 年保加利亚有日报 17 种,发行量为2 145 万份,千人拥有量为 253 份,是世界平均水平的 2.6 倍,已接近于发达国家的水平。同年有非日报 869 种,年发行量为 579.1 万份,千人拥有量为 684 份;有期刊 772 种,发行量为 174 万册,千人拥有量为 205 册。

保加利亚的文化纸张消耗主要依赖进口,1996 年新闻纸消费量为 6 200 吨,人均消费量为 0.73 公斤,仅为世界平均水平的 12%,略高于非洲的平均水平。

同年,其他印刷书写纸张产量为4 500吨,进口25 900吨,出口700吨,消费29 700吨,人均消费量为3.5公斤,是世界平均水平的1/4。

自国家变革以来,电影业一蹶不振,影院数从1990年的2 174个下降到1995年的229个,放映场次从7.02亿场减至1.61亿场(1994年),观众人数从4 769.2万人次减至470万人次。1995年保生产了11部影片,仅相当于1990年时的1/3,其中5部是合作拍摄的。同年保进口了134部影片,其中美国片占88.1%,法国片占3.7%,意大利片占2.2%,英国片占0.7%,香港片占0.7%,其他国家来源占4.5%。

1996年全国有投入使用的收音机450万台,千人拥有量为531台,高于世界平均水平,但仅为发达国家平均水平的一半;同年全国投入使用的电视机为330万台,千人拥有量为390台,高于世界平均水平(236台)。广电节目以娱乐和信息为主,1994年它们在两种媒体中的播放分别占到80.4%和64.5%。

1993年保加利亚拥有各种博物馆221处,其中艺术馆50处,考古与历史馆117处,自然历史与自然科学馆5处,科技馆5处,人种学与人类学馆7处,专业博物馆37处,收藏400多万件可移动文化遗物。全国博物馆年参观记录为343.5万人次,年收入为19 732.2万列弗,其中考古与历史馆年参观人数与收入两项指标最佳,分别占54%和67%。

除博物馆外,保加利亚还有39 399处遗址和其他自然与人文景观,被列入世界遗产目录的文化遗址和天然名胜包括博亚那教堂,马达腊骑士浮雕,卡赞勒克的色雷斯古墓,伊万诺沃石凿教堂,内塞伯尔古城,里拉修道院,斯雷巴那自然保留地,皮林国家公园,斯维什塔里的色雷斯墓。其中的内塞伯尔古城坐落在一个多岩石的小岛上。在这座具有3 000年历史的活的博物馆里,色雷斯人、希腊人、罗马人和拜占庭人都留下了许多杰出的遗迹,其中有多座精美的教堂。1983年作为目睹几种文明消失的杰出的文化遗产而被列入世界遗产目录。

目前在保加利亚,维护、发展和传播文化主要还是靠预算拨款,国家预算确保每年给予补贴,协助博物馆、画廊的活动,促进艺术,并帮助保存可移动的文化遗产。但由于全面的经济危机,文化拨款在国家预算中所占的比例从1989年的1.6%降至1994年的0.6%。物质基础因未恢复而受到严重影响,结果有203个文化遗址遭到不可挽回的损失,总面积达21.1万平方米。由于危机,电影生产、图书馆基金和图书发行都有较大幅度的下降。

## 环　境

保加利亚土地面积为11.1万平方公里,其中森林面积3.2万平方公里,1990～1995年度森林砍伐为-6平方公里,年变化率为0。1996年国家级保护区为4 900平方公里,占土地面积的4.4%。1996年生物多样性环境如下:全国有哺乳动物81种,濒危13种;有鸟类240种,濒危12种;有高导管植物3 572种,濒危106种;有爬行动物33种,濒危1种;有两栖动物17种。

1997年人均拥有淡水资源24 663立方米,年淡水抽取量139亿立方米,占水资源总量的6.8%;农业用水量占22%,工业用水量占76%,家庭用水量占3%。1996年有机水污染物日释放量为93 669公斤,每个工人日释放量为0.14公斤。有机水污染物的行业释放比例如下:初级金属占13.9%,纸和纸浆占8.7%,化学品占11%,食品与饮料占38.4%,石材、陶瓷和玻璃占0.3%,纺织品占16.1%,木材占2.1%,其他行业占18.9%。

1996年商业能源产量为1 034.8万吨(石油当量),使用总量为2 260.5万吨,1980～1996年均增长率为-2.4%;人均用量为2 705公斤,年均增长率为-2%;净能源进口占商业能源用量的54%。每千克能源使用所产生的GDP为0.5美元,其效率属世界最低之列;传统燃料使用占总能源用量的0.8%。1996年二氧化碳释放总量为5 530万吨,人均6.6吨,每1美元GDP的释放量为4.7公斤,是世界平均水平的6.7倍。

1996年全国发电总量为415亿度,按电力来源划分,水利发电占4%,燃煤占41.9%,燃油占3.2%,燃气占7.2%,核能占43.6%。

1997年城市人口为570万,占总人口的69%。1995年百万以上城市集聚区人口占总人口的16%,2015年将占到20%。1995年最大城市人口占城市总人口的21%。1993年首都索非亚人口为129.4万;住房价格与收入的比率为5.8,人均住房面积为16.7平方米;乘公交车上班的人占75%,上班耗费时间为35分钟。获得下列服务的居民户比例为:下水占98%,

定期垃圾收集占 95%，饮用水占 100%。

1997 年保交通道路情况如下：每千人拥有机动车 238 辆，每公里道路有机动车 54 辆；每千人拥有轿车 208 辆，高于世界平均水平(90 辆)；每千人拥有两轮车 63 辆。每千辆车交通事故伤亡记录为 4 人。

1995 年首都索非亚每立方米空气污染状况如下：人口 118.8 万，总悬浮颗粒物为 195 毫克，二氧化硫为 39 毫克，二氧化氮为 122 毫克。

保加利亚政府加入了下列国际环境公约：气候变化(1995 年)，保护臭氧层(1991 年)，CFC 控制(1991 年)，海洋法(1996 年)，生物多样性(1996 年)。

(中国国家图书馆　李跃进)

# 加拿大经济文化概况

## 概　况

### 地理

面积：加拿大位于北美洲北半部，面积 997.061 万平方公里，居世界第二位。

城市：首都——渥太华(人口 100 万)。其他城市——多伦多(人口 420 万)、蒙特利尔(人口 330 万)、温哥华(人口 180 万)。

地势：西部多为山间平原，东南部为低地。

气候：跨越温带和寒带。

### 人民

人口：3 029 万，年增长率为 1.5%。

民族：英裔居民占 28%，法裔居民占 23%，其他欧洲人口占 15%，亚洲/阿拉伯/非洲人占 6%，土著印第安人和爱斯基摩人占 2%，混合背景群体占 26%。

宗教：罗马天主教占 42%，基督教新教占 40%。

语言：英语、法语。

教育：识字率——15 岁以上人口中占 99%，至少受过 9 年教育。

健康：婴亡率——7/1 000。预期寿命——男性为 75 岁，女性为 82 岁。

劳动力：1 500 万。其中贸易占 17%；制造业占 15%；运输与通讯占 8%；金融占 6%；公共行政管理占 6%；建筑占 5%；农业占 4%；林业和采掘业占 2%；其他服务业占 37%。

### 政府

类型：议会民主制联邦。

独立：1867 年 7 月 1 日。

宪法：根据 1867 年《不列颠北美法案》，加拿大于当年获得内部自治权，1982 年 4 月 17 日加议会从英国手里收回全部宪法权力，成为法律上完全独立的国家。

分支：行政——英国女王伊丽莎白二世(国家元首，由其派出的总督行使权力)，总理(政府首脑)，内阁。立法——两院制议会(下院 301 席，上院 104 席)。司法——最高法院。

政党：自由党、改良党、魁北克集团、新民主党、进步保守党。

区划：10 个省，2 个地区。

## 经　济

加拿大经济在 1998 年秋季以前几乎经历了两年坚实的增长，此后逐渐受到亚洲危机的影响。1997 年 GDP 达到 8 662.52 亿加元，年均增长率超过 1996 年的 3 倍，达到 3.7%，预计 1998 年、1999 年增长率将分别减缓至 3% 和 2.5%。

近年来，加拿大经济已走出衰退，进入一个稳步增长期。政府收支自 1975 年以来于 1997 年首次出现了 111.32 亿加元的盈余，该年度各级政府收入为 4 000.93亿加元，支出为 3 889.61 亿加元。加拿大政府的宏观经济(货币和财政)政策侧重于建立经济信心和确保政府高优先方案可持久执行。财政政策行动正使政府年度预算赤字朝着较为可持久的水平发展。政府正努力在头3年内将赤字从占GDP的6%降到3%;政府1998~1999年赤字占GDP1%的目标,意味着预期在5年内赤字将减少几乎80%。政府货币政策的重点在于将年通货膨胀率保持在1~3%之间;这样将通过尽量维持低利率鼓励投资。1997年通货膨胀GDP减缩指数及物价年度变化均为1990年以来最低点,分别达0.5%和1.4%,因为经济仍存在较大过剩能力。在劳动力市场方面,强劲的增长迄今为止只使得失业率出现少许和缓慢的下降,即从1996年的9.7%降至1997年的9.2%,就业人口从1 367.6万上升到1 394.1万,预计未来两年失业率将由于政府正在采取的刺激劳动力更大需求的微观经济政策而进一步降至8.4%。

加拿大的经济活动主要集中在东南部约300公里的狭长地带,其中最发达的地区是安大略和魁北克两省,尤其是多伦多和蒙特利尔附近地区。此两省面积仅占全国的1/4,但却集中了全国3/5的人口和4/5的加工工业及重大城市。这一带是全国最大的机器制造工业区,伐木、采矿、水电业发达。加拿大地大物博,石油、天然气、水电、金属与矿藏、鱼类、森林和野生动物十分丰富,为以资源为基础的经济奠定了坚实的基础。

**工业** 种类——汽车及零件,机械和设备,飞机

**表1 近几年主要工业品产量**

| | 1995年 | 1996年 | 1997年 |
|---|---|---|---|
| 汽车(千辆) | 2 150 | 2 182 | 2 408 |
| 原油(千立方米) | 114 361 | 117 621 | 123 677 |
| 天然气(百万立方米) | 148 203 | 152 985 | |
| 煤(千吨) | 74 967 | 75 809 | 78 425 |
| 发电度(千瓦小时) | 538 416 | 548 964 | 513 776 |
| 水泥(千吨) | 10 600 | 11 033 | 11 790 |
| 铜(千吨) | 701 | 653 | 649 |
| 镍(千吨) | 172 | 182 | 181 |
| 铅(千吨) | 204 | 242 | 171 |
| 锌(千吨) | 1 095 | 1 163 | 1 021 |
| 金(公斤) | 150 866 | 164 660 | 168 346 |
| 银(公斤) | 1 244 606 | 1 242 805 | 1 205 570 |
| 铀(公斤) | 10 293 | 11 396 | 11 166 |

资料来源:《1997/98年度加拿大经济观察家》。

及配件,其他各种制造业,渔业和林业产品,加工与未加工矿物。

1996年工业雇用劳动力为339.7万(1997年为352.3万),国内工业产值为5 656.48亿加元,占GDP的71.6%。近几年主要工业品产量见表1。

**农业** 加拿大是个农业发达国家,1997年农业就业人口为42.3万,占全国就业人口的3%,占全国总人口的1.4%。1997年农庄现金收入达295.14亿加元,占GDP的3.4%。加拿大可耕地面积为4 536万公顷,占全国土地面积的4.9%。近几年主要农产品产量见表2。

**表2 主要农产品产量**

(单位:千吨)

| | 1995年 | 1996年 | 1997年 |
|---|---|---|---|
| 小麦 | 15 017 | 29 802 | 24 270 |
| 大麦 | 13 035 | 15 562 | 13 647 |
| 油菜籽 | 6 436 | 5 062 | 6 198 |
| 粗粮 | 24 297 | 28 482 | 25 346 |
| 肉 | 3 104 | 3 168 | 3 260 |
| 全脂鲜牛奶 | 7 920 | 7 890 | 7 800 |
| 烟草 | 70 | 70 | 70 |
| 水果 | 833 | 811 | 814 |
| 蔬菜+瓜 | 2 118 | 2 099 | 2 099 |

资料来源:粮农组织《生产年鉴》,1998年。

**服务业** 1997年商业服务产值(1992年价格)为3 362.77亿加元,按当年美元计算为652亿美元,其中出口为293亿美元,进口为359亿美元。商业服务产值占GDP的11%,从业人口为999.49万人(1996年),占73%。1997年在服务业出口创汇中,运输部门为60亿美元,占20.5%;旅游创汇88亿美元,旅游收入列世界第11位,国际游客到达量为1 761万人,占服务业收入的29.9%;其他商业服务创汇145亿美元,占49.6%。

**对外贸易** 1997年出口额为2 143.5亿美元(见表3),占GDP的35.8%。主要出口产品为汽车及零件、木板、木质纸浆和新闻纸、天然及加工金属、天然气、原油、小麦。主要贸易伙伴——美国82.5%,欧盟5.1%,日本3.7%。

表 3 近几年对外贸易情况

(单位:10 亿美元)

| | 1995 | 1996 | 1997 | 1998 |
|---|---|---|---|---|
| 出口额 | 192.16 | 201.57 | 214.35 | 214.30 |
| 进口额 | 164.33 | 171.01 | 196.00 | 205.00 |
| 差额 | 27.83 | 30.56 | 18.35 | 9.30 |

注:进口额按离岸价格计算

资料来源:WTO 国际贸易统计

1997 年进口额为 1 960.1 亿美元,主要进口产品为汽车及零件、工业机械、原油、化学制品、农机。贸易伙伴——美国 67.6%,欧盟 9.9%,日本 4.6%。

## 科学与技术

在过去 20 年里,加拿大的研究与开发(R&D)活动已大有增加,但其投入却远落后于其他一些工业化国家。受联邦政府财政紧缩政策的影响,科技经费自 1993 年以来就基本呈持平或减少的趋势,近年来预算削减幅度在 10%左右,对大多数研究和联邦实验造成极为不利的影响。由于经费不足,长期核子研究设施已经关闭,甚至一些极重要的国际科学合作方案也无法落实。除此之外,目前加拿大还面临着研究基础设施陈旧,高技术产品缺乏足够的竞争力,高技术人才严重不足等问题。据认为造成这种现象的部分原因是,加拿大的工业是资源工业结构,对 R&D 的支出需求相对较小,还有一种可能是它的制造业外国拥有的比例较高。

为了改变科学技术相对落后的局面,1996 年 3 月,加拿大颁布实施了有史以来第一个联邦科技发展战略——“面向新世纪的科学技术”。其主旨是与私营部门、学术机构和政府结成伙伴关系,建设更强有力的加拿大革新体系,保持并提高生活质量,推动科学进步。该战略提供了一套实现政策、方案和机构协调的管理机制,最大限度地实现加拿大对科学和技术直接投资带给它的价值。该项战略要求联邦各部和机构每年向议会报告它们在科技方面的支出、活动和优先事项。

**体制结构** 为了有效地适应科学和革新的迅速发展,更好地管理科技方面的支出和绩效,近年来,联邦政府改组了它在科学方面的部分机构。产业部取代了产业、科学和技术部。新成立的部职权范围更广,要通过扶持企业的发展,帮助加拿大提高竞争力;发展公平和高效率的市场;鼓励科学研究和技术推广。它是负责政策制定和执行的主要部门,主要是在工业和技术、贸易和商业、科学、消费者事务、公司和公司债券、竞争和贸易限制、知识产权、投资等方面。通信研究中心主要是通过新的革新研究和发展计划,更加强调新技术和知识的推广。

1996 年国家科学技术咨询局被国家科学技术咨询委员会取代,它由加拿大各领域的精英组成,该机构参与“内阁经济发展政策委员会”举行的有关科技政策和科技发展优先项目的审议工作会议,审议科技发展情况,在重要的科学、技术和革新问题上向总理和内阁提出意见。

联邦政府的职责为资助和开展研究工作,其下属有 152 个从事自然科学研究的科研机构。各省级政府有 70 多个科研机构。大学系统有 240 多个研究机构。为加速科技发展,联邦政府制定了一系列新举措,其中包括:联邦政府在 1997～1998 年度预算中,投资 8 亿加元建立加拿大研究发展中心,以更新高校和研究机构的陈旧设施;增加研究经费,鼓励私人企业参与合作研究;创造条件,放宽政策,改善科技工作者的工作环境,以达到保留和吸引科技人才的目的。

**重大科技计划** 杰出成就中心网络计划是一套全新的办法,在官、产、学之间建立伙伴关系,共同解决对加拿大具有重要战略意义的问题。在计划的第二阶段,这个价值达 1.97 亿加元的计划资助了全国 14 个多学科网络,包括的领域从生物技术到电信。第一阶段最初的 10 个网络,是根据一个独立的专家审查选择委员会的建议,同时又作了延长。另有 4 个新的网络,在 1995 年被选定。杰出成就中心网络计划取得了重要发现,并推动了大学与工业之间富有活力和成果的合作,帮助加速了技术的发展和应用。1991 年以来,各网络已建立了 27 个新办企业。

联邦政府继续为科学文化方案下的科技工作和加拿大高级研究所的重点研究项目提供资金。加拿大皇家学会开展的研究工作,现由其他机构提供资金。

联邦政府设立了一个国家科学技术周,目的是纪念在科学、技术、工程和数学方面取得的成就。每年

10月都有10天时间在全国各地举行数以千计的活动。通过各界的共同努力，科技周提高了人们对科学、技术、工程和数学给加拿大日常生活及加拿大经济繁荣带来深远影响的了解；科技周鼓励年轻人考虑在这些领域里的职业机会；它也帮助在科技伙伴与有关方面之间建立联系，提高它们的知名度。

加拿大校网是一项联邦、省和地区性的联合计划，其内容是将全国各地的学校和图书馆与因特网相连。这项计划，为加拿大的教育工作者、图书馆管理人员和学生提供了宝贵的电子学习手段和服务，鼓励发展信息技术。到1998年底，学校网将使加拿大的所有学校、图书馆、学院和大学与因特网相连。此外，为了帮助向农村社区提供廉价的上网条件，以及有效利用因特网技术，已建立了社区入网站的全国性网络，创造了新的增长点和就业机会。通过竞争，由社区入网计划管理，挑选了一些社区在费用低的公共场所，如学校和图书馆，建立和经营对公众开放的网站，作为信息高速公路的"入境坡道"。该项计划的目的，是鼓励所有5 000个农村社区都与信息高速公路相连，并在1998年底以前在加拿大各地建立至少1 500个公共接入点。

## 主要科技指标

根据经合组织的统计，加拿大国内研究与开发总开支(GERD)1997年达到133.83亿加元，按购买力平价折合110.29亿美元，年增长率为1%，呈现出自1993年(6.3%)以来增长乏力的趋势。国内人均R&D总开支按购买力平价为357.2美元，低于经合组织的平均水平(420.4美元)，略接近于美国的一半。1997年GERD占GDP的1.62%，低于1996年的1.66%，仅相当于美国的60%。

1995年从事R&D的全日制人员为134 600人，年均增长率为1.9%，几乎比1993年减少了一半。每千名劳动力有R&D人员9人。全日制研究人员(或大学毕业生)总数为82 240人，年均增长率为3%，每千名劳动力中有研究人员5.5人，高于经合组织平均水平的5.1人。

根据不同的资金来源，1997年GERD比例构成如下：工业资助部分占49.8%，政府资助部分占31.7%，其他国内资助部分占5.4%，海外资助部分占13.2%。按研究与开发的从事部门划分，1997年GERD比例分配如下：企业实施部分占64.5%，高校实施部分占21.1%，政府实施部分占13.2%，私人非盈利部分占1.2%。

1997年企业研究与开发开支(BERD)为86.27亿加元，按购买力平价折合71.10亿美元，年均增长率为4.8%。1996年BERD占国内工业产值的1.44%，低于经合组织(OECD)的平均水平(1995年为1.75%)。1997年BERD占GDP的1.04%，虽然自1990年以来呈上升趋势，但仍低于OECD平均水平(1996年为1.49%)。

1995年企业拥有全日制研究与开发人员72 070人，年均增长率为6.8%。企业占全国研发总人数的53.5%。同年企业拥有全日制研究人员(或大学毕业生)43 030人，年均增长率为7.4%，占全国研究人员总人数的52.3%。

按支助来源分，1997年BERD的构成如下：工业占73%，年均增长率为4.8%，工业支助部分占国内工业产值的1.05%(1996年)；政府支助部分占7%；海外支助部分占20%。按实施研发的行业划分，1996年BERD比例分配如下：航天工业占10.4%，电子工业占24.6%，办公机械和计算机业占3.9%，制药业占6%，所有其他制造业占15.9%，非制造业占39.2%。

为了鼓励企业进行R&D活动，联邦政府在所得税上制定了刺激措施。企业在加拿大进行符合条件的R&D，可在实际支出的那一年减去所有它们符合条件的R&D的经常和资本支出，或将其转结到之后的任何一个纳税年。此外，大部分R&D支出都可获得20%或35%的投资税额减免，这部分减免可向后追溯3年，或向前转结10年。较高的比例只提供给较小的加拿大控制的私人公司，通常这35%可全部退还。加拿大议会委员会在1994年的一份报告中认为，加拿大的减税制度在工业化国家中是最慷慨的。

加拿大高等教育研发开支(HERD)自1993年以来基本保持平稳，1995年后出现小幅度下降，1997年总额达28.28亿加元，按购买力平价折合23.31亿美元，年均增长率为－1.8%，HERD占GDP的0.34%。1995年全国高校拥有全日制R&D人员42 360人，年均增长率为－1%。同年高校拥有全日制研究人员(或大学毕业生)30 840人，占全国研究人员的

37.5%,年均增长率为-0.3%。

1997年,政府内部研发开支(GOVERD)17.68亿加元,按购买力平价折合14.57亿美元,年均增长率为-10.5%,GOVERD占GDP的0.21%。1995年政府部门拥有全日制R&D人员18 250人,年均增长率为-8.7%。同年,政府部门拥有全日制研究人员(或大学毕业生)7 740人,年均增长率为-5.3%,政府研究人员(或大学毕业生)占全国总数的9.4%。

1997年政府研发预算拨款或支出(GBAORD)为36.91亿加元,按购买力平价折合30.42亿美元,其中国防R&D预算占4.5%;民用R&D预算占95.5%。在民用GBAORD中,经济发展方案占33.2%;卫生与环境方案占20.9%;太空方案占5%;非定向研究方案占5.2%;综合性大学基金占20.9%。

目前,联邦政府仍在继续执行很多方案和活动,直接或间接地由政府或大学向工业转让技术。比如,"工业研究援助方案"是一项与政府、大学和其他私营部门合作的方案,在技术的确定、开发和使用许可方面提供协助。此外,"加拿大工业"正在与各大学合作,在加拿大高级研究所的协助下,促进大学研究成果的转让和商业化。自然科学和工程学研究委员会的技术伙伴关系方案,是一套将大学的研究成果迅速转移给市场的新方案,它提供资金资助大学进行应用研究与开发。

在技术贸易方面,1995年收入为17.28亿加元,支出13.56亿加元,技贸余额为3.72亿加元。

## 教　育

在加拿大,教育是各省的责任,教育经费基本靠自筹,但联邦政府负责住在印第安人保留地或皇家土地上的儿童的教育。而且政府继续通过给各省和地区的财政拨款资助大学的研究、学生助学金和进行其他形式的帮助,为中学后的教育提供支持。

与一些亚洲国家不同,加拿大的教育并不把升学作为主要目标,在那里,学校教育尤为重视个性和尊严的充分发展。比如,不列颠哥伦比亚省为学生订出了三个目标:智力发展、人文和社会发展、前途发展。学校鼓励学生重视和尊重自己和他人,学会做出负责任的决定并力争过健康和平衡的生活。教育制度的目的在于使所有学习者开发其个人潜力,掌握知识、技能和应有的态度以便为健康、民主和多元社会和繁荣持久的经济作出贡献。

根据经合组织的资料,1995年加拿大25～64岁年龄段人口平均受教育年数为13.2年,高于发达国家平均水平的11.9年。其中文化程度为高中以上学历的占75%,大学水平者占47%。加拿大的教育无论在教育开支占GDP比例方面,还是在人均教育经费、中等及高等教育入学等方面均居工业化国家前列,近年来国内主要教育状况如下:

**学前教育**　多数加拿大儿童在4～5岁期间接受学前教育。1995年学前教育总入学率为63%,师生比为1:39。加拿大人一生中平均接受正规学校教育17.8年。

**中小学教育**　加拿大实行10年制义务教育。小学6年,初中高中各3年。1996/1997年全国有中小学16 096所,有全日制学生551万,教师超过30.6万。净入学率小学为94%,中学为91%。师生比分别为16和19。

加拿大是个移民国家,针对多样化人口许多省制定出方案以满足所有学生的需求,其中包括那些因地理、身体、智力、感情或社会因素,而面临特别挑战的学生。一项新的语言政策要求5～8年级之间必须进行4年的第二外语训练;确保进行若干欧洲和亚洲语言的考试。为了减少退学率并承认学生的不同需求,教学计划中包括留在学校内方案,为需要有更灵活的学习方法的学生提供备选办法。向公立和私立学校学生提供远距离教育。远距离教育方式经修改后,在过去的5年中使这一课程的注册人数增加了1倍。社区学习网以电子方式将各学校联网以确保农村学生同样掌握知识。此外,对于所有有特殊需要的学生,其中包括天资聪明的学生和学习能力差或不守纪律的学生提供专门的教育辅导。

加拿大认识到,科学、技术、工程和数学的能力强,是取得经济成就和社会美满的关键因素。1993年,加拿大提出了一项计划,授予一些杰出的中小学教师荣誉:科学、技术和数学出色教学总理奖。该项计划向375名教师和其他教育工作者颁授了荣誉地位,他们对学生在科学、技术和数学方面的成绩和兴趣起了重要和实在的影响,每年在国家、省、地区和地方各级颁发的奖金总额为58.5万加元。1994年共颁发了87份奖金。

**高等教育** 1995年加拿大每10万人口中有大学生6 984人，总入学率为102.9%，是发达国家平均水平的1.73倍，居世界之冠。1995年接受国际标准教育分类(ISCED)不同层次教育的学生比例为：第五层次占49%；第六层次占45%；第七层次占6%。

根据加拿大政府的统计，在1977/1978至1993/1994年间的16年里，大学入学人数激增。1977年全国大约有38.3万全日制和22.09万半工半读大学生。此后的15年里，大学入学人数以年均3.3%的速度递增，到1992年，全日制大学生已达到58.71万，半工半读学生达到33.88万。1993年半工半读大学生降至32.3万，但全日制学生继续上升至59.2万。

学位持有人数迅速增长。1976年加拿大有109万人拥有大学学位，该数字占20岁以上人口的7%。到1991年，这项指标升至12%，并且在总的成年人口中有240万学位拥有者。总之，在同一时期内这项指标增加了123%。

外国留学生再次上升。1977年在加拿大学习的外国留学生为2.32万人，到1993年留学生人数增加了25%，达到2.9万人。过去16年里，留学生占大学就学人数的3～6%，多数外国留学生来自香港和中国大陆。

1993年加拿大大学授予了14.7万个大学生学位和2.66万个研究生学位。在大学学位中，其中8.57万(占58%)授予了女生。但获得研究生学位的男性比例仍高于女性，占53%。

1977年加拿大各大学有全日制教职工3.03万人，到1993年已达到3.69万人，其中正教授14 779人，副教授12 722人，助教7 787人，其他1 621人。总增长率为21%，但比起同期全日制大学生55%的增长率显得较低。

**教育开支** 1995年公共教育开支占GNP的7.3%，占政府开支的13.7%。1985～1995年年均增长率为3.3%。1995年教师薪金占总的经常性开支的80.2%，经常性开支在各级教育中的比例分配如下：小学和中学占65.5%，大学占34.6%。每个学生经常性开支占人均GNP的比例小学和中学为26%，大学为36%。

从幼儿园到大学，联邦和省政府每年用于教育的开支超过500亿加元，这使得教育成为继健康和社会服务以外吸引公共基金高居第三位的领域。1993～1994年度花在大学教育上的开支接近于90亿加元，相当于总教育开支的1/6。每个全日制学生的总开支从新斯科舍省的7 100加元的低点到魁北克省的1.2万加元不等。省大学活动总开支平均为个人总收入的1%。省政府将总开支的4%用于与大学活动相关的活动。

1995年以来，根据《北美自由贸易协定》的精神，加、美、墨3国进行了《北美高等教育交流计划》。该项计划旨在加强3国高等教育/培训机构和私营部门之间学生在学业和工作上的交流。1995/1996年期间，批准了20项合作活动，在3年内有400多名学生参加。一项类似的计划——加拿大-欧洲共同体高等教育和培训合作计划，也在1995年12月提出。这是一个为时3年的试验计划。1996年选择了6个合作项目，在3年时间里将有150多名加拿大学生参加。

## 人力资源开发

加拿大政府和人民极为重视人力资源的开发与培养，无论是一般人的基本阅读能力，还是理解与使用、处理书面信息的能力，在工业化国家中均表现不俗。根据加拿大统计局1996年9月发表的《加拿大国际成人识字情况调查报告》(IALS)，加拿大人的散文读写能力如下：在第一级，22%的加拿大人有严重阅读困难。他们掌握的基本技巧或办法十分有限，无法解读文章。在第二级水平上，26%的加拿大人只掌握非常有限的技能，他们可以阅读，但不能深入。在第三级水平上，33%的加拿大人掌握基本技能，这种能力在很多国家被视为有效的工作水准。20%的加拿大人属于第四和第五级，有很高的文学水平，掌握了广泛的技能。

如今，从正规学校教育到社会教育和企业教育，各种提高人力资源素质的方案层出不穷，以职业教育与培训为例，中学设有许多促进就业与个人发展的职业教育课程，包括传统的会计和新出现的计算机绘图和影视生产领域。所有11年级和12年级的学生都必须从事前途和个人计划，它要求学生获得工作经验并完成个人和前途发展的某些课程作业。不列颠哥伦比亚省的主要技能培训计划“现在就掌握技能”，通过到公司、劳工团体和教育机构——学院、大学和技校实习而使学校与工作岗位更紧密地结合在一起。

1989年以来，加拿大政府通过《劳动力开发战略》，更多地利用了就业保险金，促进中学和中学后教育。索取就业保险金的人有更多的机会得到就业保险金，用于取得相当于中学的教育或掌握中学后程度的职业技术，以提高就业能力，减少日后依赖就业保险计划的时间。上述资金现在也提供用于识字和算术培训项目。

1994/1995年，又建立了两个新的项目："学习计划基金"和"学习技术办公室"。前者是为了支持一些行动计划，促进发展更注重结果的、面向大众的、适当的和认真负责的学习制度。后者是为了与加拿大各地的伙伴一道，通过技术扩大新的学习机会。可能的伙伴包括各种大学、学院和其他教学机构、行业理事会、劳工、私营部门协会和商会，所有各级政府、非政府组织和社会团体。"学习技术办公室"的设想是促进在加拿大培养一种活到老学到老的文化。它的主要目标是促进有效利用学习技术；支持与使用上述技术有关的估评、研究和测试，增加提供及分享有关学习技术的知识及高质量信息。"学习技术办公室"目前正在通过若干项计划努力实现上述目标，其中包括咨询、建立伙伴关系、建立一个信息数据库和一个因特网网址等等。

由于工人接受教育与培训的长度与他们所提合理化建议的比重和劳动生产率的改善成正比，加拿大花在劳动力市场培训方案的公共开支1995年已占到GDP的0.29%，仅与OECD平均值相差0.05个百分点。其中各项公共开支占GDP的比例分配如下：对失业成人的培训占0.25%；对在职成人的培训占0.01%；失业青年培训占0.01%；残疾人职业康复占0.02%。此外，根据一项对十个发达国家所做的调查，1994～1995年加拿大25～64岁在职成人的职业培训参与率占37.5%，人均受训时间为119.8小时；失业者参加职业培训的比例占22%。按文化程度分，参加职业培训的比例如下：高中以下学历者占20.8%，高中学历者占28.9%，大学学历者占52.7%。按年龄划分，25～34岁占41.4%，35～44岁占39.7%，45～64岁占31.6%。该年龄组人口在工作寿命内的平均失业时间为2.8年，其中高中以下学历者为4.1年，高中学历者为2.8年，大学学历者为2.3年。由此可见，学历高、年龄低者参加培训的比例较高，学历低者失业时间相对较长。

另据报道，加拿大25～64岁年龄组人口参加继续教育与培训的人员比例为：在职职工占41.9%；失业者占30.1%；非经济活动人口占23.1%。

## 文 化

文化事务部的职责已由废设的通信部转由最近设立的加拿大遗产部接管。加拿大遗产部还接管了一些其他职责，包括原先由多种文化和公民资格部负责的人权、多种文化和官方语言等，该部也已废设。

加拿大的官方语言为英语和法语，以英语为母语的人占61%，以法语为母语的略超过15%，大约有16%的人可用两种语言进行交流，他们倾向于尊重对方的文化。作为一个移民国家，除官方语言外，加拿大人使用的语言已超过50种。1994年8月，政府为执行它对官方语言少数民族作出的承诺，批准制定一套责任制。根据《官方语言法》，联邦政府承诺在加拿大社会中鼓励全面承认和使用英语和法语，以及在全国加强官方语言少数群体的活力。这项承诺要求不仅保证那些社区可用它们自己的语言得到各种服务，而且还要求所有联邦机构扶持它们的发展。

加拿大遗产部负责执行1998年颁布的《加拿大多种文化法》。该法旨在通过发展一个有各种背景的全体人民在内的社会来加强加拿大，那些人民的特征都得到尊重和承认。作为发展加拿大特征的重要因素，使他们有一种归属感和对国家的亲切感，全身投入加拿大社会。

**自然与文化遗产** 加拿大的遗产机构包括公园、博物馆、档案馆、图书馆和自然与文化遗产。1994～1995年政府对非盈利性遗产机构的总开支为11.1亿加元，自1991～1992年以来基本保持稳定，其中联邦开支占56%，省/地区开支占41%，其余3%来自市政(包括地、市、乡和其他地方政府)。

加拿大有80万平方公里的陆地被河流、湖泊所覆盖，是世界最大的淡水来源，成千上万的动植物物种生活在39个陆地和29个海洋自然区内。对非盈利性遗产机构的调查表明，1993～1994年有5 600万人参观了169个自然公园和保护区，总收入达31

291.1万加元，总支出为26 291万加元。如今加拿大遗产部管理着38个国家公园和2个海洋保护区，覆盖着加拿大2.25%的国土。沃特敦冰川国际和平公园被指定为世界遗产遗址，它是一个跨越加拿大和美国的公园，教科文组织将其指定为进行研究、教育和保持生物多样性的生物圈保留地。沃特敦湖国家公园保护着南部艾伯塔的525.8平方公里地面，加拿大政府在1895年开辟该公园，较冰川地区在美国取得同样地位早15年。

1997年加拿大共有12处所有地被列入世界遗产目录，其中文化5处，自然7处，另有13处被列入世界遗产所有地临时名录。

加拿大文化博物馆公司的任务是促进加拿大的文化遗产，宣传加拿大的各种文化，增进那些文化之间的相互了解和加强加拿大人对它们文化历史的了解。加拿大文化博物馆设在赫尔，1989年6月29日正式开馆。该馆收藏400多万件艺术品，包括世界上收藏量最大的图腾柱；安大略艺术馆在加拿大艺术博物馆中名列前茅，永久性藏品超过1.6万件；安大略皇家博物馆为北美第二大博物馆，收藏了600多万件人工制品。

加拿大人酷爱他们的多元文化，1988～1994年每百人年均参观博物馆94次，每个博物馆员工日均接待参观者10人次。根据一项对1 738个博物馆、美术馆、档案馆和其他遗产机构的调查，1993～1994年参观者达到了3 791万，总收入达83 458.2万加元，总支出达82 654.4万加元。

**文化产业与活动** 1994～1995年政府影视开支为31 730.3万加元，其中联邦为24 104.1万加元，省/地为7 626.2万加元。全国有影视听产品制造商706家，总产量达13 991部/集，以电视产品为主，电影年产量仅为38部，但每年进口片高达1千多部，占总上映的98%。1994/1995年影视听收入已超过11亿加元，比1991/1992年增加了61.3%。

1994/1995年政府广播开支达179 282.2万加元，其中联邦157 503.3万加元，省/地21 778.9万加元。加拿大人平均每周看电视23.2小时，每周听广播21小时。1995年加拿大广播公司（CBC）的净经营开支为14.77亿加元，商业收入为3.65亿加元。省公共广播总收入为1.81亿加元，总支出为1.99亿加元。CBC有员工11 524人，其他公共广播员工为1 595人。根据对90家提供报告的私立电视的统计，1995年经营收入达到15.3亿加元，支出14.39亿加元。同年495家私立广播机构的总收入为7.8亿加元，总支出为7.64亿加元。加拿大电缆电视和间歇性服务电视的合并收入达到25亿加元，支出为23.5亿加元。收费和专业电视服务年收入1995年为5.76亿加元，支出为4.71亿加元，有员工1 978人。

1994～1995年政府对文学艺术的开支为1.86亿加元，其中联邦开支1.64亿加元，省/地开支2 165万加元。

**图书馆** 政府划拨给图书馆的开支超过18亿加元/年。图书馆的资助方主要是市政府，但联邦和省/地也负有重要责任，比如联邦政府负责资助国家图书馆。根据全国核心图书馆统计署的资料，1994年接受调查的1 719座图书馆共有馆藏2.75亿件（包括图书和其他载体形式）。年流通2.66亿件，周转率接近于年均每册周转1次。1994年加拿大公共图书馆人均支出为27加元，学术馆支出平均为296加元。加拿大共有5 493名全日制专业馆员就职于接受调查的1 719座图书馆中，此外加拿大在图书馆还有20 081个非馆员全日制员工岗位。1994年图书馆业将62%的预算用于员工工资。

**出版业** 1994～1995年加拿大出版业有书商326家，有全日制员工6 808人，年出版新书11 096种，再版7 477种，总收入达185 184.1万加元，支出172 859.5万加元。同年有期刊1 404种，总净发行3 880万册，总年发行5.119亿册；每种期刊年均发行364 595册，总收入达86 686万加元，总支出达80 003.1万加元，广告销售占总收入的60.2%。加拿大每千人拥有日报166份。1993年加拿大报业总收入几乎达到30亿加元，日报收入占76%，社区报纸收入占14%。日报74%的收入来自广告，26%来自报纸销售；社区报纸由于大部分是在当地邻里中免费投递的，因此其收入几乎全部（94%）靠广告，只有6%的收入来自直接销售。

**表演艺术** 1994～1995年加拿大有493个非盈利专业表演艺术团体，近1 400万加拿大人和3.7万名外国人观看了他们的演出。政府的财政支持对表演艺术的发展起着尤为重要的作用，但近年来除市政府的拨款增加 10.6%以外,联邦和省/地拨款分别减少了 12.7%和 10.7%。1994/1995 年总的政府开支为 27 889.7 万加元,其中联邦为 10 588.6 万加元,省/地为 13 422.9 万加元,市政府拨款为 3 878.2 万加元。当年演出团体的总收入为 3.941 亿加元,支出为 3.95 亿加元。

**录制音乐** 1996 年加拿大人录制音乐的人均消费为 37.4 美元。按销售类型分,国内流行乐仅占 10%,国际流行乐占 85%,古典音乐占 5%。1995 年盗版录制的音乐占 3%;合并税率为 13%。每百户有激光唱机 53 台。1996 年总销售额达到 6.385 亿加元,比 1993 年增加了 21.6%,其中 9.7%的收入来自专辑的销售。

**政府文化开支** 1994/1995 财政年度,加拿大各级政府用于文化的开支约为 58.39 亿加元。联邦政府开支 28.75 亿加元,各省和地区政府 18.24 亿加元,市级政府 14.26 亿加元(上述数字中需减去 2.86 亿加元的政府间拨款,以避免重复计算)。各级政府的支出总额从 1989/1990 年到 1994/1995 年增加了 8.6%。

## 环境保护

联邦环境部(又称环境加拿大)创建于 1971 年,除 5 个地方办公室外,还有 5 个职能处。在联邦管辖范围内,其主要关注点为环境预防、管理与自然养护,联邦环境部有雇员 5 700 人。

由于省对环保负有绝大部分责任,每个省设一个环境部,它被赋予与污染减轻、自然养护、自然资源管理有关的行政权。在一些省还建立了促进可持续发展的内阁或高级别委员会。加拿大环境部长理事会(CCME)是就国家、地方和国际关注的环境问题进行讨论与合作的主要的政府间论坛。来自全国 10 个省,联邦政府和两个地区的环境部长每年至少聚会两次。此外国家环境与经济圆桌会议也是一个探讨和解决环境问题的重要场所。

1988 年 6 月 30 日颁布生效的《加拿大环境保护法》为治理环境提供了一个法律框架,从此,加拿大环境政策、投资和公民意识有了显著提高,环境与经济的关系趋于成熟。到 1995 年污染减轻与控制开支已占 GDP 的 1.2%,人均达到 238 美元。1995/1996 年联邦环境部的实际开支为 6.51 亿加元,1996/1997 年大致保持相同水平。

作为联邦政府可持续发展的政策框架和行动计划,1990 年推出了“绿色计划”。最近联邦政府又推出了一项新的方案——《21 世纪行动》,帮助加拿大人采取行动,支持有益健康的环境。它包括两部分:对非政府、非盈利性组织的社区资助计划和公共教育计划,鼓励加拿大人选择他们日常生活的环境。

由于加拿大的经济以资源为基础,其每千美元 GDP 氧化硫释放量(5.7 公斤)是 OECD 平均值的 261 倍,氮氧化物和二氧化碳的释放量分别是 OECD 平均值的 1.5 倍和 1.3 倍。废物的排放量也相对较高,加之森林减少和濒危动植物上升等问题已引起了政府的足够重视。近年来立法工作得到加强,1992 年制定了《能源效率法》和《危险货物运输法》,1994 年 6 月 23 日批准了《候鸟公约法》。此外,1973 年通过的《加拿大野生动物法》使得政府得以进行野生动物的研究,并开展各种与之有关的保护活动,1994 年对该法进行了修订,以纳入野生植物和其他微生物,以及海洋生物。新法加重了对违法行为的惩罚力度。《野生动植物保护和国际及省际间贸易规定法》于 1996 年 5 月 14 日生效。该法禁止野生动物的异地间贸易,禁止进口对加拿大生态系统有害的物种。《替代燃料法》于 1995 年 6 月 22 日批准,该法旨在减少在运输上依赖石油为基础的燃料。它要求确保在 2004 年以前,经过七年的分阶段过程,联邦政府各部门和机构所用车辆的 75%使用替代燃料。同样的规定也适用于所有国营公司。1992 年 6 月 23 日批准的《加拿大环境评估法》于 1995 年 1 月 19 日生效。

加拿大加入了多项国际环境公约,并与许多国家订有若干项双边协议。如与美国订有《空气质量法》(1991 年),以及与中国(1993 年)、俄罗斯(1993 年)、智利(1995 年)和韩国(1995 年)的双边环境合作协议。在三边范围内,加、美、墨 1992 年签订了《北美环境合作协议》,并建立了起监督作用的北美环境合作委员会。

## 经济文化一体化

加拿大是个多民族移民国家,有英国人、法国人、伊努伊特人、印第安人、德国人等。移民占总人口的

15.5%。作为历史上英、法的殖民地，加拿大的主流文化来自欧洲，但由于与美国有着 8 900 公里的共同边界，且由于气候和地理原因，大多数加拿大人居住在该国最南端的大城市里，也就是距美国边境 200 公里的狭长地带内，这一地区介于温莎、安大略和魁北克城之间，被称为温莎—魁北克走廊。因此，加拿大在许多方面受到美国的影响。近年来，华人移民（主要来自港台地区）增长很快，已占到加拿大总人口的 2.5%，成为第三大民族，人口约 70 万。在全球经济文化一体化加速发展的今天，大批受过良好教育，携带资金前往的移民，为加拿大经济带来了活力，同时在经济文化交往中也反映出了丰富多彩的文化背景。

据联合国教科文组织的一项调查，加拿大人具有容忍的胸怀，良好的风度，极强的责任感，同时还具有较独立意识和无私的品质。但勤俭、想象力和服从的品质相对较弱。

总的说来，加拿大人信息灵通，对合乎情理的讨论也是坦率的。在谈判中，事实被人们认为作为基本证据而加以接受，几乎不相信感情因素。但讲法语的魁北克省人并非那么坦率。他们善于分析，重视客观信息要胜过主观臆断，处理问题更多地是根据普遍性法则，而不是根据所涉及到的人的特定的观点来对待。讲法语的魁北克省具有与加拿大其他省份截然不同的价值体系。用户第一主义在所有省份都很流行。决策方面存在着极为强烈的个人主义倾向，这反映了加拿大人的独立意识，但人们必须遵循公司的决策。由于受到赏识是对个人莫大的奖赏，人们希望有竞争性的行为。在各级机构中，专家们都是依靠的对象。加拿大人具有平等的意识，多数人认为上司和下属都是"像我一样的人"。

虽然讲英语的加拿大人的习俗与讲英语的美国公民的习俗相似，但加拿大人具有自己的个性，他们从英国人那里继承了一种"非美国"习惯，就是鄙弃新的服饰。在城市里，守旧的办公衣着最佳，而身穿新颖时髦的服装可能会有相反的效果。

作为加拿大第三大种族的华人，他们以中国人特有的勤奋、聪明、节俭、守法、独立、果断和责任感融入了加拿大社会。随着祖国大陆经济实力的不断强大，国际地位的日益提高，中加两国的交往日益频繁，旅加华人对于加强两国交流，促进经贸联系起到了桥梁和纽带的作用。

（中国国家图书馆　李跃进）

# 美国经济文化概况

## 经　济

自克林顿 1993 年就任总统以来，美国经济进入了一个稳定的增长期，实现了美国政府多年以来梦寐以求的可持续发展。

1998 年世界经济的动荡与美国经济的强势增长显示出一种较为鲜明的对比态势。东南亚金融危机引起了世界性金融、经济形势的动荡，但是，美国经济不仅在发达国家中一枝独秀，也使 90 年代上半期曾充满活力而今多遭金融危机冲击的新兴市场经济相形失色。1998 年，美国经济仍继续维持着强势增长，保持着 90 年代以来的"增长速度和竞争力上升"的两个优势。1998 年美国经济规模继续扩大，国民生产总值已达到了 7.56 万亿美元。在经济运行态势上，美企业设备开工率高达 82.5%，总体经济增长率达 3.6%，同时宏观经济环境继续改善；失业率为 4.5%，通货膨胀率为 1.4%到 1.9%，联邦财政自 70 年代以来首次出现盈余，达 692 亿美元。

尽管美国经济增长态势未变，但并非一片坦途，忧虑之处依然可见。第一，美国经济增长的稳健态势似在发生不同以往的一些变化，季度间的波动幅度增大。一季度美国实际经济增长率高达 5.5%，第二季度猛降至 1.8%，第三季度又回升至 3.3%。这种现象说明美国经济增长存在着不稳定和不确定性。至少有理由认为，近年来一直备受关注的美国"新经济"的持续增长性正受到冲击，以信息技术带动的美国经济的后劲可能亦趋于弱化状态。第二，股票市场牛市虽然是主流，但8月底卢布大幅贬值后，各国对世界经济前景的担忧加剧，美国股市受到冲击出现大跌。8月31日，道琼斯工业股票平均指数从7月17日的最高点狂跌近20%，扯平了年初以来上升的部分。第三，曾被克林顿总统认为是"前进道路上的小小绊脚石"的外部金融危机对美国经济增长的不利影响在上升。新兴市场的沉沦状况使美国出口受到影响，对亚太地区的出口下降；外部资金对美国经济的支撑作用下降。

为刺激经济增长，美联储多年来坚持的政策思想已出现变化，即以反通货膨胀为主要任务的货币政策取向在新形势下进行调整。1998年上半年美联储主席格林斯潘强调美联储政策将以反通胀为己任，但态度已趋缓和。在9月底、10月16日和11月18日，美联储三次下调利率，其刺激经济的货币政策取向是显而易见的。在对付金融危机方面，克林顿总统完全意识到其对美国经济与日俱增的影响，视其为美国及国际社会世纪之交面临的最大挑战。

1998年，美国在国际贸易和金融方面有以下一些动态：经常项目的赤字有较大增加，这主要是由商品贸易的赤字导致的；资本流动大幅度减少，尤其是下半年受到国际金融危机的影响之后，减少的程度更大；美国银行对国际银行市场提供的资金有所减少，同时从国外银行的借款数量也在下降；另外，国外对美国直接投资连续第七年增加。

以下是美国经济活动的一些主要指标。

**工业** 1998年6月工业生产指数为130.8（以1990年为100），其中制造业为135，矿业为103.4，电力和天然气行业为112.3。1997年制造业就业人口为18 773千人，年人均工资为39 291美元，年产值为13 789亿美元，占GDP的17%，其中工业机械和设备、电子和其他电力设备以及化学及相关产品对GDP的贡献较大，分别占2%、1.9%和2%。近几年部分工业品产量见表1。

**表1 近几年部分工业品产量**

| | 1995年 | 1996年 | 1997年 | 1998年 |
|---|---|---|---|---|
| 煤（百万吨） | 1 033 | 1 064 | 1 088 | 1 122 |
| 原油（百万桶/天） | 9.399 | 9.445 | 9.429 | 9.439 |
| 发电量（亿度） | 33 453 | 34 627 | | |
| 粗钢（千吨） | 94 956 | 95 004 | | |
| 轿车（千辆） | 6 466 | 6 194 | 5 879 | 5 570 |
| 新闻纸（千吨） | 6 352 | 6 304 | | |
| 水泥（千吨） | 75 324 | | | |

资料来源：联合国《统计月报》，1998年第9期；美国商业部《现代商业概览》1998年12月；美国商业部《美国工业与贸易展望》，1999年。

**农业** 1997年农林渔业就业人数为334.5万，其中农场就业人数为184.6万，农业服务、林业和渔业就业人数为150万，农业部门年人均工资为19 951美元。1997年农林渔业总产值为1 317亿元，占GDP的1.6%，其中农场产值为902亿美元，占GDP的1.1%，扣除固定资本消费266亿美元后，净产值为636亿美元。近几年主要农产品产量见表2。

**表2 近几年主要农产品产量**

（单位：千吨）

| | 1995年 | 1996年 | 1997年 |
|---|---|---|---|
| 小麦 | 59 400 | 62 192 | 68 761 |
| 大麦 | 7 829 | 8 616 | 8 153 |
| 玉米 | 187 305 | 236 064 | 237 897 |
| 高粱 | 11 694 | 20 397 | 16 727 |
| 大米 | 7 887 | 7 771 | 8 115 |
| 大豆 | 59 243 | 64 838 | 74 224 |
| 籽棉 | 10 110 | 10 604 | 10 690 |
| 烟草 | 575 | 688 | 762 |
| 马铃薯 | 20 122 | 22 618 | 20 861 |

资料来源：联合国粮农组织《生产年鉴》。

**服务业** 1997年服务业就业人口为7 888.3万人，占私营产业就业的62%，总产值为51 791亿美元，占GDP的63.8%，其中运输与公共设施部门产值为6 763亿美元，占GDP的8.3%；批发与零售业产值为12 757亿美元，占GDP的15.7%；金融、保险和房地产的产值为15 703亿美元，占GDP的19.4%；服务部门的产值为16 568亿美元，占GDP的20.4%。1997年商业服务出口额为2 392.15亿美元，其中旅游创汇732.68亿美元，商业服务进口额为1 562.36亿美元。

**财政金融** 在克林顿第一个任期开始的时候，联邦政府预算赤字达到了创记录的2 900亿美元，经济陷于衰退之中，而1998年将出现自1969年以来的首次财政盈余,见表3。

表3 联邦财政收支情况

单位:亿美元

| | 1995年 | 1996年 | 1997年 | 1998年(估计数) |
|---|---|---|---|---|
| 预算收入 | 13 518 | 14 531 | 15 793 | 17 038 |
| 预算支出 | 15 157 | 15 605 | 16 012 | 16 647 |
| 赤字或盈余 | -1 639 | -1 075 | -219 | 391 |
| 联邦债务 | 49 210 | 51 819 | 53 697 | 55 021 |

资料来源:美国《经济指标》1998年8月。

**对外贸易** 美国外贸逆差自1993年以来逐年大幅上升,1997年已达到1980亿美元。1998年第一季度,贸易逆差从1997年第四季度的498亿美元升至557亿美元;同期经常项目赤字从第四季度的450亿美元升至第一季度的472亿美元。美国主要出口品为化工、机械、车辆、飞机、电子设备、武器等制成品,主要进口品为食品、服装等轻工产品及多种原材料,同时也进口汽车、电子器材等机电产品。

表4 近几年美国对外贸易情况

单位:亿美元

| | 1995年 | 1996年 | 1997年 | 1998年 |
|---|---|---|---|---|
| 出口额 | 5 758.45 | 6 119.83 | 6 793.25 | 6 830 |
| 进口额 | -7 495.74 | -8 033.20 | -8 872.79 | -9 446 |
| 外贸差额 | -1 737.29 | -1 913.37 | -1 979.54 | -2 616 |
| 经常项目差额 | -1 152.54 | -1 349.15 | -1 552.15 | |

## 科学与技术

美国拥有世界上最庞大的科学技术研究体系,在其发展过程中,联邦政府发挥了关键作用。过去讲,美国是建立在车轮上的经济;如今,美国的经济已在逐步转向高科技轨道,也就是现在讲的知识经济。在美国科研体系中,基础研究主要由政府科学家来执行,即由国家实验室和大学来实施,政府通过全国科学基金会(NSF)和全国卫生研究所(NIH)等机构提供经费。美国的应用研究主要由企业来进行,但联邦政府和州政府通过实施经济、制度和贸易政策、支持研发活动、以及自身采购技术等,在增强民用技术基础及其应用方面发挥着重要作用。

美国的科研采用竞争机制,NSF等供资机构只为最新、最有发展前景的科研项目提供经费。因此,美国科学家无时无刻不处在竞争中,这种竞争推动着科研不断向新的方向和领域高效率地发展。

美国内研究与开发总开支(GERD)在经过几年的不断下降后自1994年起开始持续回升:1996年为1 938亿美元,1997年为2 065亿美元,1998年将达到2 206亿美元的破记录水平。扣除通货膨胀后,1998、1997和1996年的实际增长率分别为5.3%、2.8%和4.7%,在所估计的1998年2 206亿美元研发开支中有244亿美元是用于基础研究,498亿美元用于应用研究,1 364亿美元用于开发。

为了保持美国在世界经济和科技上的领先地位,保持经济继续快速增长,克林顿政府比历届美国政府都更加重视发展科技,促进技术创新与科技产业化。除了原有的总统科技顾问委员会和白宫科技政策办公室两机构以外,克林顿于1993年下令成立国家科学技术委员会,并亲自担任该委员会主席。克林顿1998年2月在美国科学年会上发表讲话指出,保持美国科技优势是美国全社会的任务和职责。克林顿总统在其2000财政年度预算提案中,呼吁国会继续增加科研投入,其中建议将信息技术研究投入增加3.66亿美元,增幅高达28%。

美国政府还建立了发展高科技产业的全国性协调机构——国家标准与技术研究所;同时为提高美国工业竞争力和为基础研究成果向商业化过渡提供资金;降低税收以促进工业部门增加对研究与开发的资金投入,特别是对高技术产品开发实行税收减免优惠政策。克林顿总统在提出2000年度预算时宣布,政府将把对高技术免征税收的措施延长1年,以支持和鼓励新技术开发,这相当于政府在未来5年里增加24亿美元的科研投入。

以硅谷为代表的大量高科技工业园区,是美国实施官产学研一体化的重要成果。硅谷已成为科技工业园区的成功典范,自1992年以来创造了20万人就业机会。仅在1997年,硅谷的风险资本投资额就增长了54%,新建公司大约3 500家,硅谷企业市值超过4 500亿美元,已成为美国经济新的发动机。

为了直接推动企业对风险很大的高新技术的研究

和开发,美国从1990年开始由商务部牵头实施一个国家科技创新体系“先进技术规划”(ATP)。该规划是政府与私人企业间的一种独特的合作形式,是政府、私人企业和独立研究机构在研究和开发高风险技术领域里的一种联合行动。ATP项目的资金一半以上来自企业,其余由政府提供。

在ATP框架内,企业不仅拥有发言权,还对开发成果拥有使用权。目前已获得通过并实施的ATP项目,涉及化学、新材料、离散制造、能源与环境、生物技术、信息、电脑与通信、电子等多个领域。美国商务部对1997年3月以前完成的39项ATP项目进行了一次评估,认为实施先进技术规划所创造的经济效益,远远超过了对这一规划的投入,如果没有这项科技创新规划,美国的许多产业如生物技术产业、电子产业、制造业、软件业都难以达到今天的技术水平。

要想在世界经济竞争中始终占据领先地位,必须要比其他国家更早地发展高新技术产业,必须开发大量的具有持续创新能力和高素质的高技术人才资源,美国对这一点认识得很充分。美国的高技术人才资源开发战略包括两个方面,一是在本土大力培养和造就具有创新意识和创新能力的高素质科技人才,二是在整个世界范围内与其他国家进行激烈的高技术人才争夺战,努力吸引更多的外国优秀人才。

从80年代中期开始到现在,由于高科技的迅速发展,受过良好教育和训练有素的工程技术人才深感不足,尤其是在计算机、微电子学和工程领域。为此,美国政府一直都在积极采取措施,加速培养急需的工程技术人才。

为使美国在下一个世纪确保世界科技领先地位,美国政府还非常注重提高全民科技素质。克林顿在国情咨文里强调,国家应该首先增加对教育的投资,提高教育质量,学校要加强数学和其他科学的教育。美国科学促进协会通过举办年会,开展科普活动,激发美国公众特别是青少年对科学技术的兴趣,以促进更多的优秀科技人才脱颖而出。

## 教 育

**学前教育** 学前教育期为3～5岁,1995年总注册率为68%,其中男童注册率为70%,女童为67%,私立园所注册率占34%。克林顿政府推广了“学前教育”计划,使83万个孩子从中受益。1995年小学教育的外显吸收率为106%(含复读生入学人数)。学生在正规学校的预期受教育年限为15.8年,其中男生为15.4年,女生为16.2年。

**中小学教育** 美国中小学人数众多,形式多样。50个州和哥伦比亚特区(即华盛顿市)的14 772个学区大约有5 170万名在校生,教师约310万名。为学校提供的资金总额为2 875亿美元,其中93%是由各州或地方提供的。美国的教育基本上是由各州和当地而不是由联邦政府控制的。

美国实行十年制义务教育,小学6年。1995年全国有小学学龄儿童2 298.7万,总入学率为101%,净入学率为96%。小学师生比为1:16,中学为1:15;女教师在小学教育中占86%,在中学占56%。1995年每千名非农劳力中有教师(所有级别)31人。

美国学校重视信息技术的传播与使用。目前已有10个州对中学生提出了计算机达标的要求。1998年年中,克林顿总统呼吁各州政府把会使用计算机作为对希望上中学的12岁儿童的要求,并许诺在今后3年拿出1.8亿美元,训练数批“技术专家”型教师,这些教师反过来又可以帮助训练其他教师。那些应允把技术能力作为入中学条件的州将获得这笔经费。白宫已经提出一个议案:在今后5年拿出20亿美元建立一种技术扫盲基金,帮助各州把美国所有的教室都与因特网联接起来。为了加速计算机的普及,穷学校上网可享受最高达90%的优惠,预计到1999年,将有50%的学校与因特网相联。

美国学校的硬件可以说是一流的,但其软件即教师的素质却参差不齐。据联合国教科文组织的报告,超过12%的新教师在进入教室前未受过任何正规培训,另有14%的教师未能完全达到州立标准的要求。尽管如此,由于美国教育对学生独立性与创造性的培养超过对知识的灌输,因此它造就了大批创新性人才。以加州的中学生为例,虽然其考试成绩在全美名列第40至45名,但由于加州的教育制度更注重鼓励学生的创造性思维,因而加州的学生更勤于动脑和善于动脑,更富于创新精神,就业后适应力强,发明专利多。这是加州在科技、经济等方面处于领先地位的一个重要原因。

**高等教育** 美国的高等教育系统由3 600所

高校中的1 440万名学生和大约90万名教师组成。每年用于高等教育的资金总额大约为1 920亿美元,其中88%来自联邦政府以外的来源。

1995年美国每10万人有大学生5 395人,总入学率为81.1%,其中男生入学率为71%,女生为91.7%。按国际标准教育分类(ISCED),就读于各层次的学生比例如下:第五层次占39%,第六层次占47%,第七层次占14%。按学科分布的毕业生构成如下:教育占10%,人文占17%,法律和社会科学占38%,自然科学、工程学和农学占19%,医学占11%。另根据美国国家科学局的统计,1993年美国高等教育的学生获得了210万个学位,其中理工类50.1万个,包括25 438个博士,86 435个硕士,336 035个学士学位和23 420个大学上完两年的肄业证书。

**教育经费** 1995年美国公共教育开支占GNP的5.3%,比10年前提高了0.4个百分点,但是占政府开支的比例却从1985年的15.5%降至14.2%,10年间教育开支年均增长率为3.5%。美国每年花在教育上的开支超过5 000亿美元,教师薪金占去半数以上(1995年为52.9%),这其中许多被浪费掉了。根据美国《新闻周刊》1998年8月10日一期的报道,4月份马萨诸塞州首次对申请教师工作的人员进行了考试,内容包括基本的读写能力和在某一学科的基本水平,参加者包括1 795名最近毕业或即将毕业的大学生。考试结果令人失望,59%的人不及格。教师这一行业仍难以吸引优秀的学生,师范学校的教育质量往往不尽人意。一方面,学生很容易进入大学,学习积极性不高,致使大学学历也在贬值;另一方面大学学费昂贵,有经济能力读完4年大学者不多,仅占27%。美国既有世界上最好的学校和最优秀的教师,同时也有着最差的一面。根据教科文组织的统计,1995年经常性教育开支在各级教育中的比例分配如下:学前和小学教育占40.2%,中学占36.6%,大学占23.3%;每个学生经常性开支占人均GNP的比例如下:学前和小学教育占19%,中学占24%,大学占23%。

## 人力资源

根据经合组织(OECD)对其成员国人力资本状况的调查,1995年美国25~64岁年龄组人口文化程度达到高中以上者占86%,居OECD国家之首,其中拥有大学程度者占33%,仅次于加拿大(47%)居第二位,该年龄组人均受教育年数达13.5,居首位。美国5岁儿童预期接受正规教育的时期为15.8年,17岁大学生平均接受正规教育3.3年。

像其他许多发达国家那样,美国不但视教育为"立国之本",还重视在职培训和终生教育。美国总统克林顿在1997年的公开演讲中一再谈到"知识经济"。他说,我们迈向21世纪的知识经济,需要一种新的经济战略,而实现教育领先将比以往任何时候都更为重要。他说:"终生教育是知识经济的成功之本"。

美国企业用于职业培训的开支1996年时已占到劳工成本的1.8%。各公司还对他们的人力资本增加投资。例如,通用电气公司将投入3~4亿美元用于职工通过"6希格玛"培训计划,这个质量培训计划带来的累积净利到2000年底可能达到50亿美元;美国摩托罗拉公司每年用于职工培训开支超过10亿美元。此外,为了协调培训工作,并确保职工获得有关的最新技能,美国企业创办的大学已达到1 600所,其中最优秀的摩托罗拉大学现有专职教师400多名,兼职教师800名。这所大学每年培训10万多学生,其中22%是该公司以外的人。大学的主要任务是开设业务课,以实现公司的培训目标:所有的员工每年至少要接受培训40个小时。

根据OECD的统计,1994~1995年,美国25~64岁成人参与职业培训的人占该年龄组就业人口的45.6%,每人平均受训时间达98.1小时;这样就业人口的平均受训期就达到了44.6小时。他们参加其他继续教育的比例为3.5%;该年龄组失业人口参加所有类型培训的比例达30.2%;非经济活动人口的相关比例为17.1%。按文化程度划分,在职员工参加职业培训的情况如下:大学程度者占63.1%,高中程度者占34.4%,高中以下程度者占17.4%。按年龄划分,参与率从高到低依次是:35~44岁占48.1%,25~34岁占46.2%,45~64岁占43.3%。25~64岁不同文化程度的职工在工作寿命内的预期失业年数分别为:高中以下程度者为3年,高中程度者1.7年,大学程度者1.1年。1995年按种类划分的综合大学男(女)性教育回报率分别为:私人回报率为11%(12%),财政回报率为9%(9%),社会回报率为10%(11%)。

不同文化程度男(女)性就业人员的年教育回报率为:高中26.3%(22.9%),非综合大学第三级教育8.9%(10.5%),大学教育12.6%(12.6%)。商业资本回报率为18.3%。美国的教育回报率除第三级教育中的非大学类外,均高于OECD平均水平。

## 文 化

美国作为一个"大熔炉",目前正经历着百年以来最大的一次移民潮,这次移民潮也是美国有史以来最多样化的一次。移民带来了斑斓多姿的文化,使美国迅速变成一个"世界性国家",移民代表着形成这个国家的精神:奋发图强争取成功,家庭责任感强以及向往更加美好的生活,移民是这个国家无可比拟的技术、文化和经济活力的真正源泉——是美国成为"思想帝国"(温斯顿·丘吉尔语)的人力基础。但移民也改变着美国人口的民族构成,据报道,目前土著人只占总人口的0.8%左右,欧洲血统的美国人占70.5%,非洲裔美国人占12.1%。根据官方数字,拉美裔美国人占9.4%,但实际数字大概更接近于11%(由于非法移民的缘故)。来自亚太地区的人占3%。占全国总人口(2.65亿)中的其余4.2%由将近600万犹太人(占世界犹太人1/3,是以色列犹太人的1.3倍)、300万阿拉伯人、100万亚美尼亚人和90万伊朗人构成。

当前"西班牙美洲人"社会扩展迅速,美国拉美人达2 900万,也就是说,每10个美国人中就有1人是操西班牙语的。由于与美国人通婚者增多,据估计,50年后,每5个美国公民中就会有一个是"西班牙美洲人"。近年来,越来越多的美国黑人为强调自己与信仰犹太教和基督教的美国白人的区别,纷纷皈依伊斯兰教,他们与其他有着与美国不同文化、社会和宗教传统的移民分散在全美各地。正如克林顿所说:"历史上还没有别的哪个国家在这么短的时间里经历这么大的人口变化。它既可能成为加强和统一美国的力量,也可能削弱和分裂我们。"

作为一个多民族的国家,美国的文化生活是丰富多彩的,以下的一些说明和指标反映了近年来美国文化活动的概况。

**报纸、书籍和图书馆** 美国每千人拥有日报218份,低于工业化国家平均水平的297份。报纸发行量从1996年的5 699万份下降到1997年的5 672万份。自1993年以来下降了5.2%,近10年中,发行量下降了10%,相当于减少了600万读者。但广告收入并没有像报纸销量那样下降,作为世界主要的广告市场,美国的广告收入一年内增长了6%,1993年至今增长了16.8%。美国报纸的广告收入为413亿美元。由于读者减少,报纸同其他媒体相比所占的市场份额为37%。

1991~1994年,美国每10万人平均出版图书20种,远低于工业化国家的平均水平(54种)。

根据盖洛普民意测验结果,1997年有64%的美国人至少去过一次图书馆,比1978年增加了13个百分点。美国人中2/3的人有借书证,1/10的人1997年去图书馆至少25次。尽管在信息技术高度发达的美国,获得图书的途径已经很多,但图书馆仍是美国人阅读的首选,有81%的人去图书馆是为了借书。据《图书馆杂志》报道,1997年美国兴建或扩建了225个图书馆,其中包括耗资6 700万美元的克利夫兰公共图书馆扩建项目,也包括在堪萨斯州芒特霍普兴建的一个新图书馆。

**文化纸张** 1994年,美国文化纸张人均消耗量为143公斤,是工业化国家平均水平的1.7倍多。

**广播、电视和电影** 1995年,美国每千人拥有收音机2 093台,1980~1995年间年均增长0.4%;每千人拥有电视机805台,1980~1995年间年均增长1.2%。每台电视机相对应的收音机数为2.6台。两年前,美国还只有3套晚间新闻节目、1个有线新闻台和几套一周一次的综合新闻节目。现在,美国则有3套晚间新闻节目、10套一周一次、长达1小时的综合新闻节目、3个有线新闻台、3个有线商业新闻台、2个体育新闻台和3个配有图像的新闻网址。在过去两年中,美国全国广播公司每天电视新闻播出的时间从3小时增加到了27小时,外加随时更新的网络新闻。不久前,有线新闻电视公司还把全球视为自己新闻覆盖的领地。除反映热点,满足公众的需求外,电视新闻已成为一种商业行为。除新闻以外,电视台还播放大量的娱乐节目、商业节目和广告,无休止地传播着美国生活方式,影响着人们的消费行为和价值观。美国家庭现在平均拥有2.5台电视,高于3年前的2.25

台。近3年来普通美国人看电视的时间稍稍减少了一些,大约每天3.7小时,1年加起来就是56天,在72岁的平均寿命中占11年,以至于每年4月美国民间都要开展“关闭电视周”运动,如今这项活动已经开展了4年。

1990～1995年,美国人年人均观看电影3.9次,过去10年里去电影院的次数略有减少;年均生产长片420部,进口长片118部,进口片占总发行量的22%。美国虽未完全征服国内市场,但却统治着世界电影市场。1996年美国在欧盟电影市场的总体占有率为70%,比1987年的56%的占有率有所增加;即使在日本,美国也占据着一半以上的电影市场。不仅如此,好莱坞帝国似乎年年在扩张。目前,其半数以上收入来自海外。在1995～1996年间,欧洲同美国在电影领域的贸易逆差从48亿美元增至56.5亿美元。

**音乐制品**　在音乐制品方面,1995年美国的销售额达121亿美元,占世界的30%,人均消费46美元,1996年达46.8美元。按销售类型分,古典乐仅占3%,其余为流行乐,但在该领域美国从未有过 电影领域那样的统治地位,因此不得不和英国分享全球市场。此外,美国每年购买价值约20亿美元的西班牙音乐制品。1995年美国音乐制品的销量为10.35亿件,人均合3.9件。盗版音乐制品占3%;合并税率(包括销售税,国际进口额和特别附加税)为5%;1996年每百户拥有激光唱机67台。

**表演艺术**　1980～1985年美国每百万人拥有演艺机构8.6个。

**档案与博物馆**　1982～1988年美国每千人拥有传统档案1.7米,每万人年均借用8.3次,每个员工年均接待115人次。美国国家档案馆收藏着“自由宪章”,它是《美国宪法》、《独立宣言》和《权利法案》三者的统称。200多年后它们还起着良好作用,为了保护这些羊皮纸文件,国家档案馆已申请480万美元用于设计和建造新的柜子。以即将到来的新的千年为契机,白宫宣布了“拯救美国国宝”计划,将斥资千百万美元用于星条旗、宪法文本和其他国家艺术品的保护。其中的星条旗存放于国家历史博物馆中,它制于1813年,这面用羊毛织成的30英尺宽42英尺高的国旗上有15颗星和15道条纹,代表了当时美国州的数目。

**世界遗产地**　1997年美国有20处所有地被列入世界遗产目录,其中自然景观12处,文化景观8处。另有82处被列入世界遗产所有地临时目录。1997年世界遗产委员会认定2处、世界遗址基金认定7处为濒危遗产地。

**文化贸易**　1991年文化贸易额达388.48亿美元,占世界总额的19.8%;人均贸易额为153美元;贸易额占GNP的0.7%;文化出口占总文化贸易的36%。1991年各类文化贸易的构成如下:图书与小册子占9.2%(不排除再进口,1990～1994年),报刊占3.3%(1990～1994年),音乐相关产品占38.7%,视频艺术产品占7.3%,电影及图片占18.1%,收音机与电视机占23.4%。

**国际旅游**　1996年外国游客到达量占国内居民的17%,游客主要来自加拿大和墨西哥,来自每位游客的国际旅游收入为1 415元。每百人去海外旅游者为15人,主要目的地为墨西哥和加拿大,每位国民的国际旅游支出为1 088美元。

**通信与新技术**　1994～1995年每10万人有邮局19个,每人寄信684封,居世界之首,每人寄往国外的信为2.5封。1995年每千人有电话直线627部,排在瑞典之后,居世界第二;国际电话年人均通话时间为60分钟,主要打往加拿大。1995年每万人拥有移动式蜂窝电话1 284部,拥有传真机539台(1992～1995年),拥有个人电脑3 280台,拥有互联网用户384个。

**环境**　美国土地面积为915.9万平方公里,人口密度为每平方公里29人。1994年国家保护区占总面积的11.1%。1995年总森林面积占总土地面积的23%,1990～1995年森林消失率为2.9万平方公里,占总森林面积的1.5%。

90年代中期美国污染减轻与控制开支占GDP的1.6%,其中公共部门占0.7%,商业部门占0.9%;人均开支为422美元,居世界首位,其中公共部门人均177美元,商业部门人均246美元。1996年美国环境技术部门拥有11.52万家公司,雇用着130万工人。美国是世界环境货品和服务的最大生产国和消费国。1995年美国环境产业的收入为1 808亿美元,1997年为1 846亿美元,年均增长率为2.1%。在总收入中服务占48.7%,资源占24%,设备占27.3%。1996年在总的环境工业收入中,美国市场占95%,出口占8.8%,进口占3.7%,贸易差额为92亿美元。

## 经济文化一体化

自从美国人弗雷德里克·温斯洛·泰勒将知识应用于时间与行为的研究,创造出适合于大工业生产的管理学以来,科学严谨的管理就成为企业乃至整个社会进步的保障。在知识经济日新月异、经济全球化迅猛发展的今天,确立美国企业经营管理模式已成为美国对巨大的市场、遥远的距离、民族的多样性以及各类挑战所采取的对策。此外,支配企业界的是合同和法律,而不是亲属关系和风俗习惯;不是长子继承权,而是不受个人感情影响的货币化的市场经济,以及对技术和科学管理的信念。90年代美国经济的繁荣除得益于对技术的利用以及技术的高效率外,"严谨、务实、敬业、创新"的企业文化也起到了巨大的推动作用。

在美国,一切都有规则,所有问题的解决都依赖专家,美国人主张根据数字和统计资料来制定政策。在美国,最受重视的是工作成就。美国人很敬业,似乎人生下来就是为了工作,值得称道的品质是精益求精和决策能力。物质进步比人类的精神进步重要得多。但近年来,通过与日本成功企业的比较,美国对企业员工的重视程度有了一些提高,比如在对人员实行再培训和培训商业人才方面每年的投入已接近1 000亿美元。10年前从日本学来的培养企业员工团队精神的游戏活动如今已更务实,更具美国味。这种有组织的集体游戏有助于培养团队意识,克服沟通障碍,树立公司的形象。同时,促使雇员采取换位思考方式、互相配合和保持灵活的头脑,也是当代对员工的基本要求。

美国是一个多种族的国家,它乐于接受任何外来信息,人们的思维方式多为分析型。世界上没有哪个国家的人像美国人那样容易接受自立、自我改进乃至自我革新的精神,并把这种精神带到商业领域。1997年3月3日美国《财富》杂志定期评出美国最受推崇的企业,创新精神正是其评选标准中的一个重要部分。在其排行榜中,几乎所有创新精神方面取得高分的公司都对本行业产生了重大影响,包括安龙天然气公司、克莱斯勒、3M、辉瑞制药、英特尔等。近年来,由因特网市场和风险资本市场引起的技术激增开创了一种导致高效益创新企业的环境。投资者看重的是个人的能力和事业的发展前景。美国每年都会有10万、20万个风险企业从这种土壤中诞生。创业者多是一些较小的公司,由于它们的灵活性、采取对策迅速、开放性、革新精神和能够吸引最优秀的人员而显示出竞争力。1998年6月美国《福布斯》杂志在全球200大富豪排行榜中特别挑出10位最具企业家精神的富豪,美国占了6位,其中微软公司董事长比尔·盖茨连续4年名列榜首。他的财产净值达到510亿美元。

目前,自由竞争所孕育的创业精神正在造就更多的比尔·盖茨。

(中国国家图书馆　李跃进)
(中国现代国际关系研究所　王文峰)

# 墨西哥经济文化概况

## 概　述

**自然概况**　墨西哥合众国(The United States Of Mexico),面积1 967 183平方公里(1995/1996年度经济季评),人口9 470万(1997年数字),首都墨西哥城。墨西哥位于北美大陆南部,北邻美国,东南与伯利兹、危地马拉相接,东濒墨西哥湾和加勒比海,西、南临太平洋,是拉丁美洲地区重要国家之一。全国划分为31个州和一个联邦区,国旗由绿、白、红3个垂直长方形构成,国徽图案是一只雄鹰嘴里叼着一条蛇,停在一棵仙人掌上。现任总统埃内斯托·塞迪略。

墨西哥领土呈羊角形,面积5/6是高原和山地,平均海拔约1 800米。东、西、南三面为马德雷山脉环绕,中间是较平坦的墨西哥高原,高原南部多火山雪峰,地震频繁,只有墨西哥湾、加利福尼亚湾和太平洋沿岸有狭长的平原,颇似两条花边镶嵌在“羊角”边缘。墨西哥全境都在北纬33度以南,北部地处亚热带,南部地处热带,但由于多高原和山地,垂直气候带较为显著。除少数高山地区外,各地最冷月平均气温都在12摄氏度以上。大部分地区有旱、雨季之分,雨季从6月持续至10月中旬,集中了全年75%的降水量,70%的地方气候干燥或半干燥。墨西哥河流分为三大水系:大西洋水系、太平洋水系和内流水系。主要河流是布拉沃河、乌苏马辛塔河、格里哈尔瓦河、巴尔萨斯河等。墨西哥地下蕴藏着金、银、铅、铜、锌、锑、汞、铁等资源;动力资源有石油、煤;战略资源有铀、锰、钨、钒等;非金属矿物有硫磺、石墨和萤石等。墨西哥的银、萤石、天青石、盐产量占世界第一位;铋、石墨产量占世界第二位。森林覆盖面积为4 500公顷,约占领土总面积的1/4。海产主要有金枪鱼、海蝎、沙丁鱼等。

**人文历史** 墨西哥是世界著名文明古国之一。印第安人创造了举世文明的古玛雅文化、托尔特克文化和阿兹特克文化。玛雅人创造了象形文字和二十进位制计算方法,最早使用零,还修造了宏伟壮观的金字塔。玛雅文化在公元10世纪突然消失,11世纪以后,玛雅文化在尤卡坦半岛北部得到复兴,史称玛雅后期文化。

1519年西班牙殖民者入侵墨西哥,1521年西班牙人攻陷特若奇蒂特兰城(今墨西哥城),墨西哥开始了近300年被殖民的屈辱历史。1810年9月16日,伊达尔戈在多若雷斯发动起义,揭开了独立战争的序幕。1821年宣告独立,1824年成立联邦共和国。19世纪中期,美国入侵墨西哥,强占了墨西哥一半以上的领土。1910年墨西哥爆发资产阶级革命,推翻了迪亚斯的寡头统治。1917年颁布第一部资产阶级民主宪法,宣布国名为墨西哥合众国。20年代末,革命制度党开始上台执政至今。主要反对党有国家行动党、民主革命党。联邦议会由参众两院组成,行使立法权。1994年塞迪略出任总统。1998年1月政府进行了改组。

**政治外交军事** 近年来由于经济改革的深入和政治改革的进展,墨西哥国内政治格局正在发生重大变化,革命制度党“一党独大”的局面逐渐由“多党竞争”取代。在1997年的中期选举中,执政的革命制度党虽获得了众议院相对多数并保住了全国第一大党的地位,但失去了在众议院和首都联邦区政府的领导权。在恰帕斯印第安人问题上,墨政府致力于民族和解,维护政局稳定。

墨西哥对外政策的基点是:强调“务实”和“多元”外交,在重视对美关系的同时,强调独立自主,反对霸权主义和强权政治,大力推动南北对话,加强南南合作,主张建立国际经济新秩序。1972年2月14日与中国建交,两国领导人多次互访,并签订了多项协定。1997年11月30日至12月3日,江泽民主席对墨西哥进行了国事访问。宪法规定总统为武装力量最高统帅。国防部和海军部为政府中的两个部,是最高军事指挥机构。实行义务兵和志愿兵相结合的制度,18～45岁的男性公民必须服兵役,义务兵服役期一年,志愿兵3～9年。1997年总兵力18.35万人,其中陆军13万人,海军3.7万人,空军1.6万人。1996年国防预算为17亿美元。

## 人口发展和环境保护

**人口** 9 470万(1997年统计)。墨西哥是个多民族国家,在长达300年的殖民统治中,西班牙人、印第安人和黑人不断融合,逐渐形成一个新兴的民族——墨西哥族。其中印欧混血人种占90%;印第安人约1 000万,主要分布在中部、南部地区和尤卡坦半岛等经济落后的地区;外国侨民19万,主要是美国人、西班牙人、危地马拉人,以及少量的中国人和日本人。

**环境保护** 在墨西哥追求快速工业化进程中,环境问题未予以足够重视,加上人口的急剧增长,致使环境污染严重,生态系统受到严重破坏。全国的热带雨林仅存10%,其余全部被毁,江河湖泊几乎全部受到污染。首都墨西哥城已成为世界上污染最严重的首都之一,该城烟雾严重超标,大量居民呼吸困难、头疼、眼睛不适,当局多次宣布进入环境紧急状态。墨西哥严重缺水,墨全国127个主要水库蓄水量已下降了67%,500多个地下水源有90个处于超量开采状态。墨城因超量开采地下水，导致这座高原古都的地表平均每年下降17厘米；由于缺水，墨西哥受到荒漠化侵袭的土地总面积已超过100万平方公里。

墨西哥政府从90年代初开始制定了一系列环保措施和法律，如“生态保护纲要”、“反污染整体计划”、“生态平衡与环境保护法”、“汽车每周停驶一天计划”、“环保应急计划”和“环境紧急状态”等。1996年年初，塞迪略总统宣布了该国迄今第一项全国环境计划，即1996～2000年全国环境计划，旨在保护更多的土地免予开发，授予各州更多的管理国立公园的权力，调整本地的工业布局。该计划还要求制定全国土地利用计划，即根据各地区的生态条件调整开发规划，建立跟踪有毒废物排放的数据库体系，对非法排放废物的行为予以惩罚，督促造成污染的公司出钱治理它们对森林、河流和空气的破坏。

根据上述有关法规，墨西哥政府对城区的3.5万家企业进行了废气排放检查，果断地搬迁、关闭或整顿污染严重的工厂和服务企业，对超过环保指标的工厂和企业实行严厉的经济制裁；在全国禁止使用含铅汽油，推广使用对环境危害少的新型燃料，定时对汽车进行排污检测，严禁排污超标的车辆上街行驶；与此同时，加强植树造林，扩大绿地面积，增强城区“肺部”功能。为节约水资源，1998年墨城还推出了对浪费用水者处以拘留的严厉举措。

1996年墨西哥用于环保的投资为21亿美元，占国民生产总值的0.6%，墨西哥还计划在2000年将环保投资提高到占国民生产总值的1%。

## 经　济

在西班牙殖民统治时期，墨西哥经济发展十分缓慢，独立革命的胜利，特别是外国资本的进入，一定程度上推动了资本主义的发展。19世纪30年代，已完成产业革命的英国，开始将资本转移到墨西哥，铁路、电讯、采矿等行业发展很快。后来美国资本取代英国资本，逐步控制了墨西哥经济命脉，而民族工业发展缓慢。1910～1917年的资产阶级革命为民族工业的发展开辟了道路，卡德纳斯执政时期，实行“国有化”政策，将外国资本控制的石油矿山收归国有，墨西哥民族工业化进程进入了一个新的时期。

第二次世界大战结束以后，墨西哥经济得到了持续稳定发展。但是到70年代，由于建设速度过快，制约经济发展的重重矛盾日益激化，加之世界经济危机的影响，墨西哥经济发展受到严重挫折。1976年经济危机中上台的波蒂略总统，希望依靠石油繁荣摆脱危机，推行“膨胀增长”政策，财政赤字日益严重，只得放手举借外债，结果通货膨胀和外债膨胀同时恶性发展，到1981年官方外债达到570亿美元，成为世界最大的负债国之一。世界市场石油价格突降，导致石油出口收入锐减，外汇储备急剧减少，政府继续靠举借外债填补亏空，1982年8月，政府宣布无力偿还外债，由此爆发了巨大的债务危机。墨西哥经济严重衰退，不得不进行经济调整。1980～1989年，国内生产总值的年均增长率仅为0.7%，1987年通货膨胀率达到创记录的159.2%。1988年萨利纳斯上台，推行“新自由主义”改革：大力推进私有化进程；改革外贸体制，扩大对外开放，积极引进外资；开放金融市场；实施社会发展计划和政治革新。墨西哥开始出现恢复和增长的良好势头，1989年～1991年，经济增长幅度分别为3.3%、4.4%、3.6%。

1994年1月1日，墨西哥正式加入北美自由贸易区后，贸易投资持续增加，但也面临外贸和经常项目赤字庞大、中小企业倒闭、经济增长率低等问题。1999年12月，墨西哥爆发严重的金融危机：比索狂跌，外资大量抽逃、股市暴跌。危机引起全球的普遍关注和不安。1995年国内生产总值下降近7%，年通货膨胀率达51.9%，全国有1.5万家企业倒闭，150万劳动者失业。塞迪略政府在美国和国际金融机构的大量紧急贷款援助下，采取了严肃财政纪律，整顿金融体制，进一步调整经济结构和实施中长期经济发展计划等措施，使墨经济逐步复苏，金融市场好转，货币市场稳定，国际收支改善。1997年国内生产总值增长7%，人均国内生产总值4 386美元，失业率3.7%，通货膨胀率15.72%。

**工矿业**　墨西哥工业门类比较齐全，但发展不平衡，制造业占首要地位，主要有钢铁、造纸、木材、化工、纺织、化肥、汽车制造、食品饮料等。石油化学工业和采矿业也占重要地位。墨西哥主要大公司有：墨西哥石油公司、墨西哥高炉公司、拉萨罗卡德拉斯－特鲁恰斯钢铁公司、蒙特雷冶炼公司、墨西哥钢管厂等。1996年工业和矿业产值分别占国内生产总值的

25.4%和1.5%。1997年石油产品居世界第8位,平均日产原油342万桶。

**农牧业** 全国有可耕地3 560万公顷,其中已耕地2 300万公顷,农村人口2 500万,占全国人口的27%。主要种植玉米、高粱、小麦、大豆、水稻、棉花等,剑麻产量居世界前列。全国牧场占地面积7 900万公顷,可放牧面积占全国面积的48%,主要饲养牛、猪、羊、马等,畜产品部分出口。林业、渔业在国民经济中的比重较小。近10年来,墨西哥发挥其优越的地理条件,大力发展以出口为主的外向型农业生产,取得了显著的成果。

**墨西哥主要农产品产量**

(单位:万吨)

| 农产品 | 1995年 | 1996年 |
|---|---|---|
| 玉米 | 1 835.3 | 1 794.6 |
| 小麦 | 346.8 | 337.1 |
| 大豆 | 19 | 6.1 |
| 大麦 | 48.7 | 58.6 |
| 蔗糖 | 454 | 480 |
| 稻米 | 36.7 | 38.6 |
| 菜豆 | 127.1 | 134.7 |

来源:1997/1998年度经济季评。

**交通运输业** 交通运输业较发达,以公路交通和航运为主,近年来铁路运输服务质量提高,客运量有所增加。公路总长312 301公里(1996年),其中包括国家级干线49 513公里,州级公路59 193公里。墨西哥和美加两国一起修建联结3国的超级高速公路网,还设想把这条公路网建成"绿色公路",即无污染的公路。铁路总长26 623公里(1996年),货运量5.248万吨(1996年),地铁总长178公里。全国共有大小港口码头198个,同欧美、中南美和加勒比地区、远东地区、地中海地区设有定期和不定期的客货运班轮,主要港口有墨西哥湾的阿尔塔米拉、韦腊克鲁斯和太平洋沿岸的曼萨尼略、拉萨罗—卡德拉斯。在空运方面,有民航飞机约6 225架,同欧美、日本及中南美洲许多国家通航,有国际机场53个。主要机场有墨西哥城、瓜达拉哈拉、蒂华纳、坎昆等城市的机场。

**财政金融** 1998年初,外汇储备286亿美元。1997年12月,外债总额1 440亿美元,公共外债792亿美元。主要银行:墨西哥银行,成立于1925年,为中央银行,1997年拥有纯资产105.19亿美元。

**对外贸易** 对外贸易是墨经济复苏和增长的主要动力之一,近年贸易额显著增长,其中出口总额已占国内生产总值的1/3左右。墨西哥同100多个国家保持贸易关系。美国是墨西哥最重要的贸易伙伴,墨美贸易额占墨贸易总额的2/3以上,其次是欧盟和拉美国家,墨也十分重视与亚太国家的贸易往来。主要出口商品为原油、汽车、汽车配件、咖啡豆、蔬菜、钢材及化工、机械产品。主要进口商品为汽车材料、电器、化工产品、食品、饮料、纸浆、石化产品。近几年对外贸易情况如下:

**墨西哥对外贸易情况表**

(单位:亿美元)

| 进出口额 | 1995年 | 1996年 | 1997年 |
|---|---|---|---|
| 进口额 | 724.53 | 896 | 1 098.08 |
| 出口额 | 795.42 | 959 | 1 104.31 |

**外国投资** 1989年制定新的外资法,进一步放宽对外国投资者的限制,简化审批手续。1994年底,墨宣布比索大幅贬值,爆发金融危机,外资大量抽逃。由于政府采取了得力的金融稳定措施,近几年吸引的外资有大幅回升。

**墨西哥外国投资情况表**

(单位:亿美元)

| | 1995年 | 1996年 | 1997年 |
|---|---|---|---|
| 直接投资 | 55 | 76.18 | 110 |
| 外资总额 | 153 | 217.72 | 200 |

资料来源:1997/1998年度经济季评。

## 科 技

墨西哥是拉丁美洲科学技术比较发达的国家。自1940年起,墨西哥开始工业化建设,大量引进国外技术,本国的科技研究也随之发展起来。80年代以来,墨西哥的科技事业取得了长足的进步,形成了比较广泛的科研机构网。墨西哥的科研机构大致分为5

个方面,即:联邦政府各部的科研机构、联邦直属机关的科研机构、高等院校的科研机构、国营企业的科研机构和私人企业的科研机构。全国科学技术委员会是墨西哥政府的科研活动领导机构,主任由总统任命,其任务是:对外执行双边、多边和国际机构的科技合作协定,对内促进人才培训、信息交流、科技活动的发展,对全国生产部门和教育部门的技术与生产状况进行调查,就科技问题向政府提供咨询,并负责制定科技长期规划和中短期计划。重要的科研机构有:科学研究院、石油研究院、全国农业研究所、核能研究所等。科研经费由国家拨给,预算每年增长约为5.4%,经费开支约占国民生产总值的1%,全国高级科研人员近万名。在利用遥感技术、生物技术、近海石油勘探及开采、食品加工等方面取得重大科研成果。

## 教　育

墨西哥是美洲地区最先发展教育事业的国家。早在1523年,佩德罗德甘特神父就于特司科科创立了美洲第一所印第安人学校,1533年,殖民当局创建了美洲第一所大学——墨西哥大学,1867年华雷斯总统颁布第一部教育法令,规定小学实行免费义务教育。自1910～1917年墨西哥革命后,历届墨西哥政府均对教育事业比较重视,教育经费在政府历年预算中始终占有很高的比例。二战以后,墨西哥经济发展很快,现在墨西哥已成为第三世界中工业比较发达、经济实力比较雄厚的国家,这与墨西哥政府一贯重视教育是分不开的。目前,墨西哥的学制为:小学6年,初中3年,高中3年,大学一般为5年。现政府强调深化教育改革,注重提高教育质量。为了提高人民文化水平,政府正积极推广成人基础教育计划。为解决越来越多的失业人员的就业问题,墨计划举行各种培训班,帮助失业者建立各种"家庭企业",如木工、水暖、电器维修等。墨每10万人中拥有大学生1 543名。著名的大学有:墨西哥国立自治大学、国立理工学院、墨西哥学院等。其中墨西哥国立自治大学有近30万名学生,3.5万名教师,是拉丁美洲最古老、最大的高等学府。其次是国立理工学院,有18.8万多名学生,1.3万多名教师。墨1996年教育经费达1 200亿比索,占国内生产总值的5.3%。

**1996/1997 年度教育情况**

| | 学校(所) | 学生(万人) | 教师(万人) |
|---|---|---|---|
| 学前 | 63 319 | 323.83 | 14.62 |
| 小学 | 95 855 | 1 565.05 | 52.49 |
| 初中 | 24 402 | 480.93 | 27.53 |
| 技校 | 1 900 | 38.38 | 3.61 |
| 高中 | 6 380 | 222.23 | 14.61 |
| 大学 | 1 786 | 132.97 | 14.3 |

资料来源:墨公共教育部1996/1997年度工作报告。

## 社会文化

**宗教与语言**　主要宗教为天主教,居民中92.6%信奉天主教,3.3%的居民信奉基督教新教。天主教会有严密的组织,势力相当强大,教堂遍布全国城乡。天主教会经常就国内重大问题公开表达意见并支持一些政党,对国内政治有一定的影响。官方语言为西班牙语,属印欧语言的罗曼语族,墨西哥全国约有11个方言区,但语言间的差异不大。除官方语言外,印第安人还讲各种印第安语,但由于这种语言非常繁复,加上在社会上受到歧视,印第安青年一代使用本族语言的越来越少,因此有濒临消亡的危险。

**人民生活**　贫富悬殊严重,占人口30%的人拥有全国总收入的一半以上,穷人占总人口的46.3%。最低工资每月150美元。80年代起,政府通过人民必需品公司低价出售农产品,以保证人民基本生活水平。1995年,由于金融危机的影响,国民购买力和生活水平空前下降,中产阶级的生活亦受到严重影响。全国共有医务人员20多万名,90%以上集中在城市。主要医疗系统:社会保险委员会,平均每千人1.07名医生;国家职工与社会服务委员会,平均每千人1.652名医生,0.9张病床。

**新闻出版**　全国有270种报纸和100多种全国性刊物,平均每百人订报14.4份。主要报刊有:《至上报》,1917年创刊,以合作社方式经营,日发行量20余万份;《国民报》,1929年创刊,现为官方报纸;《金融家报》,日发行量14.5万份;《墨西哥先驱报》,与教会联系较多;《墨西哥太阳报》;《宇宙报》等。墨西哥通讯社为官方通讯社,属内政部。墨报刊国际消息90%来源于美联社、合众社和法新社。全国有广播电台 1 365 家,电视台 556 家。

**风俗饮食** 墨西哥人的衣着保留了鲜明的民族风格,遐迩闻名的墨西哥"恰罗士"由紧身衣裤、粗腰带和宽边帽组成,还在裤缝缀上两排闪闪发光的金属圆片,在帽沿上用金钱绣出复杂的花纹,在别国人的心目中,它是墨西哥的代表服。在大城市中,居民的衣着普遍欧化,但不少男子仍穿着带绣花衣襟的白衬衫。农村男子平时上着白衬衣,下穿白色或米色长裤,头戴草帽,脚穿牛皮凉鞋,妇女则常穿色彩鲜艳的绣花长裙和衬衣。

墨西哥的主要节日有:三王节,每年 1 月 6 日,是传说中东方三王向圣婴耶稣献礼的日子,父母要向未成年子女赠送礼品。晚上亲友团聚,分食"三王面包圈"。圣船节,每年 6 月 29 日,渔民举行象征性的"圣徒"划船比赛,晚上举行游行集会。瓜达卢佩圣母节,每年 12 月 12 日,是墨西哥最重要的宗教节日。这一天,天主教会在特佩亚克山下的瓜达卢佩圣母大教堂举行盛大的宗教仪式,数百万信徒赶来参观圣母原像。各地教堂要举行宗教仪式。节日前后,印第安族教徒要表演传统的民族舞蹈,按自己的方式祭祀圣母。庆祝活动要持续 1 个月左右。客店节,每年 12 月 16 日始,传说"圣灵怀胎"的贞女玛利亚随父到祖籍登记户口,因城中客店客满,结果在客店的马棚中生下耶稣,"客店节"是圣诞节的一部分。

墨西哥菜是在印第安传统菜基础上,吸收西班牙烹饪技术发展起来的,在美洲地区享有盛誉。墨西哥风味以辣为主,玉米、菜豆和辣椒是膳食的三大基本原料,最著名的菜为辣酱炖肉,家常蔬菜素炒仙人掌和仙人球最富特色。以烤玉米面薄饼为主食,包上各种馅料,油炸成形状各异的风味小吃。墨西哥人热情好客,宾客上门,习惯先以酒招待。用龙舌兰叶酿造的特基拉烧酒闻名于世,但价格昂贵。劳动人民普遍饮用印第安人的传统饮料。墨西哥人在工间或饭后有饮茶习惯,茶的种类较多,较普遍的有咖啡茶、红茶、巧克力茶、母菊花茶和香子兰茶等。

**旅游** 旅游业是墨西哥继客户加工业和石油工业之后的第三大外汇来源。墨全国现有 9 000 多家旅馆、40 多万套客房、1.7 万家旅游餐馆、4 000 多家旅行社。1997 年墨西哥旅游收入达 76 亿美元,接近外汇总额的 9%,跻身世界八大旅游国家之列。墨西哥气候宜人,风光秀丽,名胜古迹甚多,来该国旅游的人每年达 300 至 400 万人次。墨西哥城、阿卡普尔科、蒂华纳、坎昆等为著名旅游胜地。瓜纳华托古城、帕伦克古城等被联合国列入世界遗产名录。墨西哥城的"三种文化"广场是印第安、欧洲和墨西哥文化共处的缩影。玛利雅奇音乐和萨巴特奥舞蹈融合了西班牙和印第安音乐舞蹈的特色。墨西哥壁画享有世界声誉。90 年代,骷髅艺术盛行全国,从亡灵节的骷髅艺术制品到各种形状骷髅糖果随处可见,骷髅艺术是墨西哥传统民族文化中一个别具魅力的组成部分。

**电影** 墨西哥电影具有浓郁的民族特色,有百余年的悠久历史。墨西哥 1994～1995 年的金融危机一度将墨民族电影工业抛进低谷,1996 年随着经济形势逐渐好转,政府增加了对电影事业的投资。特别是著名中青年导演迭戈·洛佩斯出任"墨西哥电影委员会"主席之后,提出了明确的方针,为重振民族电影带来了希望。1996 年墨西哥各类影片获国际奖 37 项,其中一流国际电影节 17 项,二流国际电影节 14 项。资深导演阿图罗·里普斯坦执导的《深色胭脂红》截至 1996 年共获 7 项大奖,著名青年导演卡洛斯·卡雷拉执导的动画短片《英雄》获 1994 年嘎纳电影节金棕奖和其他多项国际奖。墨近年来推出的优秀电影还有:《谁是寄信人》、《欢迎,欢迎》、《祖祖辈辈》、《如果我不再看到你》等。近年墨西哥涌现出许多独立制片公司以及由官方支持、民间集资的半官半民的制片公司,它们广泛吸引外资,并逐渐进入良性循环。"特莱维萨影视公司"是墨最大的私人制片公司,影片的高质量和商业性是其运行宗旨。它拍摄的影片征服了墨西哥的广大观众,如丹尼尔·格鲁内尔执导的《超自然》表现了一对沉迷于邪教的年轻人的变态生活,被称为是一部富有"黑色魔幻"色彩的心理悬念片。

## 经济文化一体化

**旅游文化** 墨西哥的旅游文化向来丰富多彩,近年来又不断推陈出新,吸引了越来越多的游客,创造了很高的经济效益,被誉为"面向 21 世纪的旅游文化"。(1)文化探古旅游。墨西哥最具特色的旅游项目。玛雅文化闻名世界,其古迹深受外国青睐。政府计划投资 3 900 万美元,在维护现有名胜古迹之外再开发一些新的历史文化景点。根据旅游部门的经验，随着人们文化水平不断提高，对知识的渴求也越来越强烈，旅游部门应把握这种潮流，推出更多的文化旅游项目。(2)体育旅游。墨旅游专家认为，随着城市人口增加，居民生活节奏加快，生活水平提高，“阳光加海滩”等静养旅游的观念已经过时，人们需要体育运动来调节单调疲乏的城市生活。墨西哥旅游部门在完善服务的基础上，推出了海底探秘、丛林历险、极限运动和沙滩排球等多种旅游项目。(3)生态旅游。生态旅游是墨西哥近年才发展起来的旅游新项目，但一经推出立即受到游客的普遍欢迎，显示了强劲的发展势头。在坎昆市有著名的希尔哈生态公园。生态旅游使人们回到自然环境中，充分领略大自然的美丽可爱，进而激发人们保护生态环境，爱护野生动植物的自觉性。

**地铁文化** 墨西哥城地铁是世界上规模最大的地铁之一。从运营人数看，墨西哥城地铁排在世界第三位，仅次于东京和莫斯科地铁；从通车里程看，排在世界第五。但墨城地铁最大的特色是其独特的文化氛围。从1984年起，一个名为“地铁—文化空间”的计划就开始启动，墨西哥人每天在乘坐地铁的同时都在参观展览和一些特别展出。1996年墨城地铁共举办过上百次展览，从现代艺术、摄影、传统绘画到儿童美术，内容丰富多彩。地铁还向上班的墨西哥人朗读诗歌，每两个月介绍墨西哥一位新诗人。

（中国现代国际关系研究所 杨首国）

# 巴西经济文化概况

**自然概况** 巴西面积为854.7403万平方公里，是拉丁美洲最大的国家，几乎占南美的一半，是面积仅次于俄罗斯、加拿大、中国和美国的世界第五大国。赤道线在巴西北部的马卡帕附近横穿而过，南回归线在南部的圣保罗附近穿过。巴西国土大部位于南半球；南北最长为4 394公里，东西最宽为4 319公里。巴西北邻法属圭亚那、苏里南、圭亚那、委内瑞拉和哥伦比亚，西靠秘鲁、玻利维亚，南接巴拉圭、阿根廷和乌拉圭，东濒大西洋。整个南美洲只有厄瓜多尔和智利不与巴西接壤。

巴西的地貌可分为两大部分：即面积为400万平方公里的亚马逊平原和高度在海拔300到500米之间的巴西高原，中间还点缀着一些低矮的山脉。高原的东部是陡峭的悬崖，并有几座海拔2 500米以上的山峰。峭壁下面便是狭长的大西洋沿岸平原。北方靠近委内瑞拉边境的内布里拉山峰(3 014米)，是巴西最高山峰。

巴西境内有8大河流系统，是世界上河网发育最好的国家之一。北部的亚马逊河流域和图康廷斯—阿拉瓜亚河流域占巴西灌溉面积的56%。亚马逊河是世界上水量最丰富的河流。全长6 577公里，仅次于尼罗河。亚马逊河在巴西境内流长3 615公里，海轮可航行直达秘鲁的伊基托斯市。南部有巴拉那—巴拉圭河流域。巴西境内最长的河流是圣法兰西斯科河，它由南往北再往东流入大西洋。

巴西共分三个气候带：亚马逊平原和圭亚那高原属于热带雨林气候，全年湿润多雨，年平均气温达27～28度；巴西高原的大部分处于热带草原气候，长夏无冬，四季变化不明显，只分干湿两季；巴西南部和东南部的大部分地区属于亚热带气候，四季分明，夏季炎热冬季寒冷，年平均气温在20度左右。全国土地的90%处在热带，但占人口60%的居民居住在受海拔高度或季风影响的地区，气温宜人。

巴西降水量各地分布很不均匀，降水量最多的是贝伦市附近的亚马逊河入海口处和亚马逊河的上游广大地区，年降水量达2 000毫米以上。最干旱的是占全国总面积的10%的东北部，被视为“旱灾多发区”。该地区雨量极少，蒸发量却很大，农作物难以存活。

巴西的自然资源十分丰富。森林面积为580万平方公里，占国土面积的68%，仅亚马逊丛林的木材就占世界总蕴藏量的45%。主要矿藏有铁、锰、铝、煤、锌、铬和金。其中铁矿砂已探明储量650亿吨,占世界总储量的1/3,产量和出口量均为世界第一。而且品位极高,大多是含铁60%的赤铁矿。此外,铌、钽、石墨、石棉储量也是世界第一。铀、铝矾土和锰矿战略资源的储量均占世界第三。尽管巴西石油储量只有1.77亿立方米,但水力资源丰富,仅三大河系估计就有21.3万千瓦,开发利用的潜力巨大。位于巴西和巴拉圭交界的巴拉那河上的依泰普水电站,在中国三峡水电站建成之前将一直是世界最大水电站。(装机容量1 000多万千瓦)。

**人文历史** 据考古发现,巴西领土上出现人类是公元前8000至7000年左右。到16世纪,居住在巴西境内的印第安人,总数为80~100万左右,主要从事捕鱼和耕种,处于原始公社的各个不同阶段。

1500年,葡萄牙航海家佩德罗·阿·卡布拉在巴西沿海登陆。他将这块大陆称为圣十字地,并宣布这些土地为葡萄牙的领地。后来他们在这里发现了一种叫做巴西木的珍贵红木树种,并将这块土地也命名为巴西。葡萄牙人通过残酷剥削印第安人和与竞争对手法国人、荷兰人进行长期争夺,到1654年,彻底占领巴西。1807年拿破仑入侵葡萄牙,葡王室逃至巴西,巴西成为葡帝国的中心。1815年巴西取得王国地位。1820年8月葡萄牙本土发生了资产阶级革命,导致了巴西独立运动的重新高涨。1822年9月7日,巴西宣告成立,建立巴西帝国,这一天便成为巴西的国庆日。1824年3月,巴西第一部宪法生效。根据宪法规定,巴西被宣布为君主立宪国。又经过长期的斗争,1889年11月15日巴西成立联邦共和国,1891年定国名为巴西合众国,同年,通过联邦宪法。直至1930年被热图利奥·瓦加斯(1930~1944年任总统)领导的革命运动所推翻,这一时期被称为"第一共和国"。1946年新的民主宪法颁布,并沿用至1967年,后于1964年被通过武装政变上台的军人政府废除。1969年10月改为现国名"巴西联邦共和国"。从1964年到1985年,巴西又经历了长达20多年的军人独裁统治。1985年1月,新的文人总统当选,结束了军人独裁。此后又有4位总统执政。1988年巴西通过了现行的新宪法,后来经过几次修正,使之更加完善。1998年10月卡多佐以绝对多数连任总统,任期4年。目前,巴西已进入了政治和经济历史的新阶段,即政治不断民主化,经济逐渐对外开放的新阶段。

**政治、外交和军事** 巴西是一个总统制的联邦国家。全国共分为26个州和1个联邦区(巴西利亚)。议会是国家的最高权力机关。由参、众两院组成。两院议长、副议长两年改选一次。参议员每州3人任期8年,众议员任期4年,每州最多不超过70名,最少不低于8名。现任参议长安·卡·马加良斯,众议长为米歇尔·特梅尔。巴西的司法机构由最高联邦法院、联邦上诉法院、高级法院、各联邦地区法院及联邦劳工、选举、军事等专门法院构成。最高法院由11名大法官组成,最高法院院长为塞尔索·德梅洛。巴西议会于1997年初投票通过连任案,允许总统、州长、市长连选连任。

巴西奉行独立自主、不干涉他国内政、和平友好的外交政策。主张国际关系多极化和民主化,反对世界单极化和霸权主义,要求建立一个公正、民主、全面尊重人权、特别是发展权的国际新秩序。同时主张对联合国安理会进行改革,希望成为安理会常任理事国。在对外经济关系上,奉行多元化和维护自由贸易的原则。

巴西重视同美国和欧洲的关系。巴美的政治、经贸关系历来密切,美国是巴最大贸易、投资和债权国。巴一方面与美国在知识产权、贸易保护和对古巴制裁等问题上有磨擦,另一方面在经济上又不离开美国,只是希望在互相尊重和平等的基础上,同美建立新型的"负责任的伙伴关系"。欧盟是巴西主要的贸易伙伴和投资者。巴西作为拉美大国,奉行睦邻友好政策,重视同拉美各国的关系,大力推动地区一体化,积极倡议建立南美乃至整个美洲自由贸易圈。同亚洲的关系,目前尚主要集中在经贸领域,重点是加快发展与中国、印度、日本和东南亚的合作关系。从1974年8月15日巴西与中国建交之后,两国在各个领域的合作发展顺利,双方高层互访频繁。巴西是里约集团、南方共同市场、七十七国集团、十五国集团的成员国和不结盟运动观察员。到1995年6月巴已与155个国家建立正式外交关系。

巴西军队总兵力31.47万,陆军20万人,海军6.5万人,空军5万人;预备役部队116万人。1997年军费开支不到国家预算的3.6%。

## 人口发展与环境保护

**人口** 巴西人口约1.6亿(1995年),居世界第六。其中29岁以下的年轻人占总人口的62%。人口主要集中在东南诸州的大西洋沿岸。全国人口中,白种人占55%,黑人占5%,混血人占39%,其他人种如亚裔、印第安人只占0.5%左右。亚裔人以日本后裔和韩国后裔为多。中国人大多居住在圣保罗、里约热内卢,多以经商为主,其中也不乏学术界、政界和演艺界人士。葡萄牙语为巴西官方语言,88%的居民信奉天主教,此外,新教、犹太教、伊斯兰教和一些原始宗教如"伏都教"也有很多信徒。巴西的劳动力约6 500万,52%在服务行业,23%为农业劳力,22%在工业领域。

**环境** 据生物学家估计,全世界生物共有500~1 000万种,而巴西的亚马逊地区就多达100万种。全世界已知植物种类有1/4在巴西均能找到,且巴西独有的植物有1.2万种,在亚马逊丛林中大约有1.5万多种动物,其中8 000多种为巴西独有。但巴西政府曾大力鼓励移民到亚马逊流域的热带雨林地区,这后来导致了严重的环境问题,使44.44万平方公里的森林遭到破坏。1992年6月3日~14日,联合国环境与发展大会在里约热内卢举行。140多个国家的代表包括80多个国家的元首和政府首脑来此共商爱护环境和保护生物多样性大计。巴西后来也提出了以保护生态环境为中心的可持续发展战略;采取措施控制该地区的发展,并禁止出口原木。同时对亚马逊森林进行卫星监控,成立了由巴西、欧共体、美国和其他10多个国家组成的巴西热带雨林保护计划署。

## 经　济

巴西的经济实力居拉美首位,西方世界第8位。在殖民地时期,经济发展受宗主国和外国资本的束缚,国家经济单一性非常突出。19世纪初,英、法、美、比利时等国的经济势力相继进入巴西。1945年后美国资本逐渐占了统治地位。二战之后,巴西实行了进口替代战略,采用控制进口,多种汇率和高关税的办法保护本国工业,同时又将运输、动力、食品、教育特别是技术人员的培训列为国家发展的重点项目;工业化和基础设施建设取得很大进展,成为发展水平较高的经济大国。1948~1980年间,巴西国民经济年平均增长7%,国民经济生产总值达3 500亿美元。这一时期被称为"巴西奇迹"。

但进入80年代后,经济出现严重衰退,10年中,国内生产总值又增长17.2%,而人均产值却下降了5.5%,外债由550亿美元上升到1 200亿美元,通货膨胀率由100%上升为1 700%。几届政府为使经济摆脱困境,曾进行过多次正统和非正统的经济调整和改革,先后颁布过"克鲁扎多"计划、"夏季计划"和"新克鲁扎多计划",但均告失败。因此,80年代对于包括巴西在内的拉美各国来说是"失去的10年"。1990年之后,科洛尔总统制定了"新巴西计划",制止通货膨胀,为经济的恢复和发展创造条件。

1993年年底,佛朗哥政府实施了以恢复国民经济、遏制通货膨胀、增加社会福利、改革税收为主要内容的新经济计划"雷亚非拉尔计划"。首先,政府从平衡预算入手,大刀阔斧地砍掉22亿美元的预算开支,使收支达到平衡。此后,推出"实际价值单位"(URV)作为全国各经济部门统一参考指数。URV的价值由中央银行根据通涨变化情况每天进行调整,并与美元比价同步增减,1个URV实际上等于1个美元。尽管巴西原货币克鲁塞罗雷亚尔仍作为支付手段,但工资、最低薪标准、职工退休金及所有的公共服务收费一律折算成URV。将URV引入货币体系的主要目的是利用它在新旧货币之间形成过渡。第三步,从7月1日起,新货币雷亚尔取代URV。美元仍不能自由兑换或在国内作为支付手段。该计划的实施降低了惯性通货膨胀,刺激了投资,带动了生产的发展。

1994年上半年,月通胀还为40%,下半年就降成2%以下。该年的国内生产总值增长率为5.67%,创1986年以来的最好水平。该计划的设计者,佛朗哥政府的财政部长,费尔南多·恩里克·卡多佐在1995年当选总统之后,继续执行、稳定该经济政策,并不断深化改革,取得显著成效。1995年的通胀率只有20%,1996年更降到10%以下,1997年为4.2%。巴西经济开始进入稳步调整阶段,1998年经济增长2%。但由于外贸赤字和政府财政赤字居高不下且节节攀升,同时雷亚尔与美元的过高比率削弱了巴西出口的竞争力。1998年下半年,受亚洲和俄罗斯金融危机影响,巴西股汇市遭到重创,反映了投资者对巴西克服经济困难没有信心。尽管卡多佐政府采取了一系列应对措施:提高利率,削减开支,减少进口,增加税收。但由于巴西财政和贸易赤字过高,这些措施没能从根本上解决这一经济隐患。终于在1999年1月,雷亚尔大幅下挫9%,引发了"巴西金融危机"。目前雷亚尔已稳定在1.6~1.71的范围,巴西正在稳步复苏。

**工矿业** 实力和水平均位于拉美之首,工业产值早已超过农业,占国民生产总值30%。70年代建成了比较完整的工业体系。1997年工业增长率为5.28%。主要工业部门有钢铁、汽车、石油化工、水泥、冶金、建筑等,核电、通讯、电子、飞机制造、军工等,已跨入世界先进国家行列。机器设备的自给率达80%以上。矿业产品的出口是巴西外汇收入的重要来源之一。矿业中的大户是铁矿开采。

**1997年主要工业产品产量**

| | | | |
|---|---|---|---|
| 钢(万吨) | 2 615.1 | 黄金(吨) | 63 |
| 汽车(万辆) | 206.8 | 水泥(万吨) | 3 109.5 |
| 纸张(万吨) | 647.54 | | |

**农牧业** 巴西农业比较发达,在国民经济中居有重要地位。农牧业产值占国内生产总值的13%。咖啡、甘蔗、柑桔居世界第一,其中橙汁占世界市场的85%。可可、大豆产量为世界第二,玉米产量居世界第三。除小麦部分尚需进口外,粮食基本自给。畜牧业也很发达。巴西全国已耕地面积约9 000万公顷,可耕地面积约4亿公顷,牧场2亿公顷。

**1997年主要农产品产量**

| | | | |
|---|---|---|---|
| 稻谷(万吨) | 933.4 | 咖啡豆(万吨) | 233.9 |
| 可可(万吨) | 29.3 | 大豆(万吨) | 2 664.8 |
| 小麦(万吨) | 244.97 | 玉米(万吨) | 3 461.05 |
| 柑桔(千只) | 11 500 | 牛肉(万吨) | 593 |

**交通运输业** 巴西的交通运输以公路为主,占全国运输总量的85%,铁路运量越来越小,水路不足10%。公路总长299.4万公里,几乎所有的州府之间,都有柏油公路相通。与此同时,航空业尤其是国内航线发展越来越快,越来越多的人喜欢乘座短途飞机。巴西现有8家航空公司,均为私营。

**财政金融** 巴西近几年来财政收支一直出现赤字。国营企业与地方州、市收支恶化。1998年,外汇储备为近700亿美元。外债总额2 200亿美元,内债也近3 000亿美元。在巴西金融危机后,与国际货币基金组织签署的总计415亿美元一揽子贷款援助的第一、二笔到位之后,巴西目前外汇储备约400多亿,收支状况有所改善。

**对外贸易** 90年代以来,巴西政府逐步取消了实行近40年的以高额关税和出口奖励补贴为内容的"进口替代"政策。鼓励提高产品质量和加强出口竞争机制,并宣布开放市场,5 000种商品免征或减征进口税。但同时又对一些商品动辄进行反倾销惩罚,如对中国的一些铅笔、自行车等轻工产品实行高关税限制。自1995年起贸易开始变为逆差,1998年贸易赤字约60亿美元。巴西主要进口石油、化工原料、光学仪器、小麦等;出口钢材、铁矿砂、纸浆、交通运输设备、咖啡大豆等农产品。巴西的主要贸易伙伴为南方共同市场、美国、欧盟、日本、中东、东南亚及其他拉美国家。随着全球化和地区一体化进程的加快,巴西与南方共同市场国家的贸易往来越来越大。

**经济一体化** 随着经济全球化的到来,巴西也加快了地区一体化进程。倡议成立了南方共同市场。该联盟由阿根廷、巴西、乌拉圭和巴拉圭4国组成,于1995年1月1日正式成立。在这一关税同盟内,4国商品的85%免税,其余的15%将逐步减免,直至形成一个完全的自由贸易区。同时4国还确定了共同的对外关税。现在的南方共同市场拥有约1.9亿人口,面积1 200万平方公里,年国内生产总值达到8 000亿美元。1996年,南共市又与玻利维亚和智利签署条约,两国加入该关税同盟,但尚未成正式成员国。现在正在拟议中的南美自由贸易圈由南方共同市场和安第斯集团组成,然后再和北美自由贸易区共同组成美洲贸易区。

## 科　技

巴西于1969年成立科技发展基金会,后又成立科技部,统管科技工作。科研工作的重点是应用科技,在防治热带疾病、水电、选矿、钢铁等方面具有相当水平。巴西原子能科学的研究水平居拉美之冠。空间技术已进入世界先进国家之列。巴西和中国从1984年,就开始在钢铁、宇航、原子能、农业方面加强密切合作,并成立巴中科学技术混合委员会。巴西的主要研究机构有太空技术中心、巴西石油公司研究与发展中心、圣保罗毒蛇研究所等。

巴西政府于1996年年中公布了巴西1996～1999年4年科技发展规划。该规划旨在结合本国客观实际需要,重新组织科技研究、开发和服务。规划共包括13个领域和战略目标,预计总耗资182亿美元。该规划的主要内容是:加强对科学技术人员和工程师的培养;完善和加强科技基础设施;重建和巩固重点研究中心;研究开发和提高具有竞争能力的技术;发展信息自动化技术;加强前沿技术研究;加强航天科技的开发和利用;研究开发解决社会问题的科技;为了持续发展建立几个大的生态体系;促进城市环境持续发展;制定全国区域发展规划;重新组织全国科技体系;协调和维护科技行政管理等。

## 教 育

巴西的教育机构有公立的(联邦的、州立的和市立的)和私立的两种。教育等级分学前、初级、中级、大学和研究生院。对7岁到14岁的儿童实行义务教育。各级公立学校都免费。非赢利的私立学校可以接受公共资金。巴西的1998年宪法规定把州和地方税收的25%分给教育事业。全国现有初级学校近20万所,在校学生约3 000万人;中等教育学校有12 445所,在校学生约400万人;高等院校有873所,在校生约160万人。全国63%的高校集中在东南部,能进大学的仅占适龄人总数的40%弱。著名高等学府有圣保罗大学(理工科)、里约热内卢联邦大学(综合类)、巴西利亚大学等。几乎所有的高等教育最终都由教育部掌管,确定标准的机构是联邦教育委员会。联邦政府在每个州都至少设立一个联邦公立大学。不管是公立还是私立的大学,都要求通过入学考试;完成学业后,大学生可获得学士学位。巴西文盲率很高,现有文盲3 277万人,占全国人口的20%。巴西对职业教育一向比较重视。全国设有工业人员进修管理局、商业人员进修管理局、高级职员进修管理局以及全国教师进修中心、全国农牧业研究中心等负责职业教育的机构。巴西的成人教育以官办民助为主。在职人员都得通过考试,主要形式是电化教育。

## 社会文化

**民俗习惯** 巴西人由于地处热带,因此服装比较简单。男人平常只穿长袖衬衣或短衬衫,妇女着连衣裙或套裙,但色彩比较鲜艳。人们只是在正式社交场合才穿西服、礼服。

巴西的饮食习惯深受移民国的影响。如南方的圣卡塔利娜州,饮食以德国风味为主;圣保罗州则受意大利烹饪术的影响;东北的巴伊亚州是巴西黑人最早的居住地,那儿的食谱则有浓厚的非洲特色,以海味为主,味道辛辣;而北部神秘的亚马逊大森林的食物多为野味——野兽和野菜;在南部的几个州,当地特色则是"巴西烤肉",以前只是在野外露天烧烤,而今已走入世界许多高级饭店,享有盛誉;巴西人平常吃得最多的家常饭就是"豆饭"——用牛肉、口条、薰肠、猪耳朵和蒜、辣椒等调味品配置的煮豆,制作简单,别有风味。此外,巴西啤酒被许多国际旅游者认为是西半球最好的。多年来,所有的巴西大啤酒厂都有来自德国和荷兰的专家监督制造。"瓜拉那"是巴西独有的饮料,是用亚马逊地区的水果酿成。而用甘蔗酿成的"卡查萨"——一种朗姆酒也很受欢迎。

巴西素有"咖啡王国"的美称,因此喝咖啡自然是人们的一种日常习惯。三餐都离不开咖啡,连工休间歇也被称为"喝咖啡时间",招待客人自然也是一杯又浓又香的巴西咖啡。

巴西人的家庭观念很强,旧式的几代同堂的大家庭仍有不少,农村和边远地区更多,那儿的人们住在用支架支撑起来离地面很高的圆筒形草房;在东北部地区大多数是木制房屋,在东南部地区人们用的是石屋、木屋和土屋。在大城市里家庭成员之间由于住房条件的限制虽不能住在一起,但也要尽可能搬入同一公寓或同一条街道,以便保持密切的关系。

巴西的节日分宗教和非宗教两种。狂欢节是巴西人民的传统节日,起源于古罗马人和古希腊人迎新春的典礼,于每年的四旬斋前(2月中、下旬)举行,持续3天。其中最有特色的是桑巴学校的游行队伍。

参加游行的人大多是城郊的广大穷人。每年狂欢节，每个桑巴学校之间要进行比赛，评委对他们进行打分。每个学校的表演必须有一个主题，如某个历史事件或历史人物，或从巴西文学作品中选择某个故事或传说，服装、道具、布景和歌词也都必须符合故事情节。这无疑有助于巴西民间艺术的发展。而里约热内卢的狂欢节是世界上规模和名声最大的狂欢活动，吸引了世界各地的游客云集此地。

**文学** 按书名数目计算，巴西的小说、诗歌和戏剧占拉美全部的一半。巴西文学的发展史大致与巴西的两个主要历史阶段相符：殖民地阶段，从1500年至1822年独立，多数作品具有巴罗克和卡狄亚风格；1822年以来为民族风格阶段，其作品多描写巴西土著民族的风俗人情和印弟安人战争。在后一阶段的一些重要的文学动态与国家的政治和社会发展密切相关，如，罗曼蒂克文学大致与五六十年的帝国阶段相对应，在巴西独立后，文学作品的内容多以揭露和抨击奴隶制度和反映巴西下层人们的生活为主；高蹈派和现实主义文学则在共和国早期几十年里非常繁荣，内容以反映巴西社会问题居多；到上个世纪末和本世纪初，印象派文学兴旺起来，在20世纪，具有先锋派唯美主义思想的先锋主义或现代主义运动占了支配地位。1922年举行的闻名于世的圣保罗现代艺术周就高度赞美了这一文学形式；该艺术周的成功不仅对巴西的文学，也对绘画、雕塑、音乐和建筑带来深刻的影响。

在殖民时期的许多著名作家是耶稣会会士，他们中间杰出人物有乔期·安奇塔神父(1534～1597)，他的诗歌主要是对印第安人宣讲福音；还有大名鼎鼎的传教士安东尼奥·维埃拉(1608～1689)与写抒情诗和阿卡狄亚风格的诗人克劳迪奥·曼·科斯塔。1808年，葡萄牙王室迁居巴西，带来了欧洲早期罗曼蒂克派的思想。巴西的作家开始强调个人自由、主观主义，并开始关心社会问题，最后发展到颂扬巴西的热带气候及其印第安人的独特性，对非洲奴隶命运的关心，以及描写城市生活。这一时期著名的人物如诗人卡斯特罗·阿尔维斯和被誉为巴西传奇小说的始祖曼纽尔·安·阿尔梅达斯。至于乔斯·阿兰卡(1829～1877)有描写印第安人的小说《伊拉赛玛》、《欧·瓜拉尼》，还有乔基姆·曼·马沙多(1820～1882)等作家至今仍有许多读者。

马沙多·阿西斯(1839～1908)被广泛誉为19世纪巴西最伟大的作家。他的小说和文章以内容丰富和广泛著称。他至今仍是巴西最重要和有影响的小说家。他的作品既有罗曼蒂克风格，也有现实主义风格，有点像法国的左拉和葡萄牙的盖伊洛斯。这个时代的其他著名作家还有尤·库尼亚(1866～1908)、诗人克鲁斯·苏萨(1861～1893)、阿·吉马拉恩斯(1870～1921)。

进入20世纪后，巴西的艺术家们变得有创新思维，掀起一场歌颂民族自豪感，描写本国民间艺术、历史和祖先的艺术革命运动。这一运动最重要的领导人是马利奥·安德拉德(1893～1945)。他在诗歌、散文上颇有造诣，著名作品是长篇叙事诗《马古乃马》。其他知名的同时代作家有讽刺诗人卡洛斯·德·安德拉德(1902～1987)和通俗诗人曼纽尔·班迪拉(1886～1986)。现代著名小说家有乔斯·阿·阿尔梅达(1887～1969)，他描写东北部地区艰苦生活的小说《巴加塞拉》改变了现代小说的形式和内容。随之而来的是若热·阿马多。他的第一部小说受马克思主义的思想影响很深，集中描写他的家乡巴伊亚州的可可种植园工的苦难及海边渔民的贫困，此书被译成33种语言。在阿马多写的小说中，最有名的是《加布里埃拉》和《弗洛尔和她的两个丈夫》。同样，乔欧·吉马良斯·罗莎被认为是同代中最具有创新的作家，他的小说(《萨拉加那》、《穷乡魔鬼付钱》)中的词语可说是一场语言革命。还有许多值得一提的现代作家，吉尔伯特·弗里尔(1900～1987)是一位以华丽的文笔而著称的作家，也是巴西社会学新文学派的先驱。他的小说《主人与奴隶》对巴西社会做了透彻的研究。而若昂·卡·梅洛·尼托则是巴西最有名的诗人之一，他的诗歌用词准确、认真得像工程师使用建筑材料。

**音乐和电影** 巴西是天生的音乐王国。印第安人爱吹芦笛、葡萄牙人爱唱歌、非洲人爱敲各种激动人心的手鼓；而巴西音乐深受这三种文化传统的影响。早期的巴西音乐是伊比伊利音乐和非洲黑人音乐结合的产物，而且主要是黑人音乐在很长时期内成为典型的音乐形式。直到19世纪末，出生在圣保罗的卡洛斯·戈梅新(1836～1896)才创作了几个属于意大利风格的歌剧，其中《伊尔·瓜拉尼》最为有名。同期的另一位音乐家布拉希利奥·伊蒂贝利则采用本国民间主题作曲;1869年他创作的“乡村女佣”由钢琴家李斯特演奏后,声名大震。

和文学、绘画一样,1922年的“圣保罗现代艺术周”也为巴西的音乐带来了革命性的变化,并使许多新涌现的作曲家成名。以维拉·洛博斯(1887～1959)为首的新作曲家从欧洲引进了先锋派技巧,并且大胆地把巴西民间曲调和节拍移植到交响曲中。不久巴西音乐的两个支派变得泾渭分明:以作家马利奥·安德拉德为首的“民族主义派”,以汉斯·凯尔鲁特和克·桑托罗(1919～1990)为首的“生活乐团派”,后者主张音乐仅仅是音乐,不要添加额外的东西。进入20世纪以来,巴西的流行音乐与古典音乐同时发展起来。30年代最有名望的三位作曲家是诺埃尔·罗莎、拉马丁·巴博和阿里·巴罗索(1903～1963)。到60年代中期,一曲《伊帕尼亚姑娘》把“博萨·诺瓦”音乐运动和巴西音乐推向世界。该音乐是一种巴西的桑巴节奏与美国的爵士乐混合在一起的音乐。此后,“博萨·诺瓦”就成为一种新的音乐形式——带点伤感的、歌词占十分重要地位音乐的统称。如今流行的巴西音乐是一种把国际音乐(如拉美的敲打乐和摇滚乐)和巴西的节拍乐融合在一起的音乐,与“博萨·诺瓦”相比,它的节拍更快,旋律更丰富。

在巴西的地方和流行音乐中,有东北地区的乡村舞蹈——弗洛,里约地区的器乐合奏——“小泪珠”;还有世界闻名的“兰巴达”舞,这是一种性感的、快节奏的舞蹈,此名字源于葡萄牙语中的“鞭打”,因为跳这种舞时,两条大腿相互击拍,发出响声。但最代表巴西流行音乐的要属韵律迷人的桑巴舞;有人认为桑巴来自里约热内卢街头,是葡萄牙宫廷歌曲、非洲舞乐和印第安人快速舞步这三种不同文化的结合。也有人认为是从非洲人舞蹈“巴图克”演变而来的。

当1896年卢米埃尔兄弟第一次试验电影机之后不到一年,这种机器就出现在里约热内卢。1906年上映了巴西第一部故事片《厄杀者》。此后1930年马里奥·佩伊肖特的《界限》成为巴西电影史上的一个里程碑。40年代巴西电影业初具规模。当时最有影响的是“维拉·克鲁兹”电影公司,到其1954年关闭前,制作了些很有价值的影片,其中《土匪》在1953年在加内斯电影节上获得“最佳惊险片”。到50年代,巴西电影受意大利新现实主义影响,选材和拍摄方式都发生了根本性变化。这时期的优秀电影有1962年安塞尔蒙·杜阿特制作的《许愿》,在嘎纳电影节上获得“金棕榈奖”;佩雷拉·桑托斯导演的《荒野的生命》;格劳伯·罗查导演的《热土上的上帝和魔鬼》。60年代末,“热带派”思潮支配着巴西的音乐、戏剧和艺术舞台。最有代表性的乔阿昆·佩德罗·安德拉德制作的《马古乃马》。与此同时,巴西还出现了一个叫“边缘电影”的派别。在这些电影中值得一提的是内维尔·达尔梅达的《里约巴比伦》。在70年代和80年代期间,大部分电影是由政府的电影机构“恩布拉电影”制片或提供资金的。但是80年代后,随着电视的普及和电影水平的下降,电影业陷入困境。进入90年代以来,电影业开始复兴。获得1996年奥斯卡最佳外语片奖的《四个人》就是最好的明证。1998年拍摄的受政府支持的影片《中央车站》获得巨大影响,在嘎纳影展和奥斯卡金像奖中都获得最佳影片提名,女主角费尔南达也因此进入最佳女主角提名,最后惜败于《恋爱中的莎士比亚》的女主角。

**美术和民间艺术** 巴西的美术史是跟欧洲密切相连的;尽管1922年的“圣保罗现代艺术周”给美术界带来冲击,但并未使之兴盛起来。直到第二次世界大战之后,艺术博物馆和作品数量才有大量增加。现在,巴西的画家、雕塑家和版画家在巴西和世界各地的美术馆和博物馆展出他们的作品。当代艺术家们有:莱加·帕皮、阿米利亚·托勒托、杰克·利尔那、鲁本·瓦伦丁等等。

作为三种文化的有机结合,巴西民间艺术可以说是西半球最丰富多彩的民间艺术了。东北部的陶瓷和雕塑工艺早在葡萄牙人来之前就已经在印第安人中间流传。其工艺之复杂、图案之美丽皆闻名于国内外。

**建筑** 巴西的早期建筑源自葡萄牙,后深受法国的影响。现在巴西的建筑艺术已是世界最有特色的派系之一。巴西现代建筑的典范有圣保罗和里约热内卢的艺术博物馆、里约机场和贝洛奥里藏特教堂等等。当然,最有名的当属巴西的新首都——巴西利亚。卢西奥·科斯塔和奥斯卡·尼埃梅尔的精彩合作使巴西利亚的设计——大飞机型——成为大型建筑史上的一块里程碑。

**体育** 巴西尽管不能称之为体育大国,但其在某些项目上是绝对的强手。如足球、排球、赛车等项目。巴西全国共有8 000多个体育俱乐部。为1950年世界杯而建的位于里约的马拉卡南体育场,可容纳20万观众,目前仍是世界上最大的体育场。而巴西队是世界上第一个连续4届(1958、1962、1970、1994)获世界杯冠军的足球队。除此之外还有5个可容纳10万人的大型足球场。连不爱好足球的人都知道贝利、罗马利奥、贝贝托、李瓦尔多、罗纳尔多。在1998年世界杯足球赛中,巴西队一路过关斩将,最后却在决赛中莫名其妙地输给本土作战士气正高的法国队。男、女排球也是世界强队之一;至于沙滩排球更是巴西的强项。使巴西获得很高声望的另一项运动是赛车,著名选手有1981、1983和1988年获世界冠军的内尔森·皮盖以及1988、1990和1991年获世界冠军的艾尔顿·赛纳。因为后者给祖国带来了荣誉,在其不幸遇难后巴西给了他最高级的国葬。此外巴西人在划船、帆船和篮球比赛中也有突出表现。

### 经济文化一体化

**旅游业** 旅游业较发达。1994年产值占国内生产总值的55.2%,比1993年增加4%。巴西是世界10大旅游创汇国之一。游客来自拉美、欧洲和美国。1995年外国游客达185万人次,净收入约18亿美元。1995年政府制定了"1996~1999年国家旅游政策",计划将游客数目增加1倍。全国注册旅行社有6 600家,拥有大型宾馆1 400家。全国主要旅游点有:最为著名的狂欢节的昔日首都里约热内卢,最大的经济金融中心、南美最大城市圣保罗,拥有雄伟的教堂和古老的建筑最早的殖民地和保留历史传统最好的城市萨尔瓦多,规划最好的高原首都巴西利亚以及南方风景秀丽的伊瓜苏瀑布和现今世界最大的伊泰普水电站,还有北部神秘的亚马逊热带雨林和新兴的工业区马瑙斯自由区等。

**巴西 INTERNET 网现状** 巴西的互联网是1995年正式建立的。开始时,大约有4万用户。但从那时起,有了很大发展。到1996年10月,共出现600多家网上服务公司(PROVEDER),30多万用户。至1996年底,用户数估计可达到100万。

巴西现有以下几个大型网络服务商:

第一大网络是埃菲网(EFNET),网上用英语,现有81个网上服务公司组成。第二大网络是"巴西聊天网"(INTERNET RELAY CHAT OF BRASIL),用葡萄牙语,现有55个网上服务公司组成。该公司的发展潜力巨大。第三大网络是UNDERNET,由43个服务公司组成。第四大网络是DALNET,由31个服务公司组成。

(中国现代国际关系研究所 孙岩峰)

# 智利经济文化概况

智利,全称智利共和国(Repúblicade Chile),位于南美洲西南部,安第斯山脉西麓。智利北部和东北部分别与秘鲁和玻利维亚接壤,东部与阿根廷相邻,西濒太平洋。智利是世界上形状最狭长的国家,南北长4 200公里,东西宽96.8~362.3公里。除大陆本土以外,太平洋上的胡安·费尔南德斯群岛、复活节岛、圣费利克斯岛、圣安布罗西奥岛、萨拉—戈麦斯岛等岛屿也是智利的领土。智利领土面积为756 626平方公里,首都圣地亚哥,人口500万。其他城市包括康塞普西翁—塔尔卡瓦诺(人口84万);比尼亚德尔马—瓦尔帕莱索(80万);安托法加斯塔(24.5万);特木科(23万)。

智利是个多山的国家,山地面积约占全国总面积的80%。东部边界是巍峨的安第斯山脉,西部是低矮断续的海岸山脉,中间地带是肥沃的中央谷地,北部是沙漠,南部有星罗棋布的高原湖泊和一系列壮观的火山,以及高低不平、错综复杂的海岸。北部为干旱性气候,中部为地中海型气候,南部凉爽、湿润。1997年人口为1 460万,人口增长率为1.6%。智利的居民基本上由印欧混血种人、欧洲人和印第安人组成,其中绝大多数为印欧混血种人。智利80%的人信奉罗马天主教,16%的人信奉基督教新教。官方语言为西班牙语,受过良好教育的商人和从事旅游的人们讲英语。此外,农村和边远地区的印第安人还使用马普切语。

智利政体为共和制,国家于1810年9月18日获得独立,1980年全民公决通过了新宪法。总统负责治理国家。总统既是国家元首,也是政府首脑。国家实行三权分立,立法权属于议会,上院拥有48个席位,下院拥有120个席位。司法包括最高法院、上诉法院、军事法庭。主要政党有:基民党,民族革新党,争取民主党,激进党,社会党。

智利现政府把经济增长、社会发展和政治民主作为基本国策。这三者的结合确保了社会稳定和经济持续增长,使智利跻身于近10年中在世界上出现的最有希望的新兴经济的行列。1998年联合国开发计划署将智利列为高度人类发展国家,其人类发展指数(HDI)在所评价的174国中名列第31位。

另据1999年3月世界银行出版的图表集,1997年智利GNP为705.1亿美元,人均4 820美元,在世界210个国家和地区的统计中,名列第72位;按购买力平价计算,人均GNP为12 240美元,居世界第55位。正如智利总统爱德华多·弗雷所说,在经历了多次深刻的社会经济变革之后,"今天我们是一个观念一致的国家,一个自然资源丰富并达到中等发达程度的国家,一个实现了政治稳定并对一项宏伟的共同方略形成了共识的国家。"

## 经　济

智利实行多样化自由市场经济,其劳动力是拉美地区受教育程度最高的。经济主要依靠铜、鱼粉饲料、新鲜水果、纸浆等自然资源和初级产品的出口。智利是世界最大的铜生产和出口国,储量估计占世界总量的20%。1998年前的10年里,非铜出口的迅速增长已使铜在总出口中所占的比例降到了40%,国际铜价继续对总的经济绩效产生着影响。

1990～1997年间,智利取得了持久的经济进步,这期间每年均GDP增长率达到8.3%,比整个80年代提高了1倍,通货膨胀从27.3%降至6.1%。1990年经济出现衰退以后,为使通胀得到抑制,政府采取了紧缩性财政与货币政策,于是,经济又开始增长,1992年曾达到1998年前的10年中最高增长率(12.3%)。尽管如此,在经历了另一个调整期后,GDP增长又降到了5.7%。面对墨西哥危机后困难的国际经济环境,1995年智利又出现了有力的复苏:实际产出增至10.6%,通货膨胀从1994年的8.9%降到了1995年的8.2%。1997年经济继续以7.1%的幅度增长,通货膨胀降至6.1%。但是像多数严重依赖商品出口的南美经济体那样,价格的下降损害了出口收益和政府财政。由于严重依赖铜出口,智利所受影响尤为突出,据联合国贸发会估计,因铜价下降,1998年智利的出口收入和国内总产值将分别下降9.9%和2.6%。同时,由于智利30%的出口输往亚洲,而这部分销售因该地区经济下降也蒙受了损失。此外,它的另一个出口创汇的来源渔粉因漫长的太平洋海岸线受到厄尔尼诺现象的破坏而损失惨重。在GDP的部门构成中,工、农业的份额有所下降,服务业的份额有了较大的提高。

近年来,商品价格的疲软又导致了国外资本在受影响行业投资的延期或取消,结果对外汇储备和兑换率构成了压力。智利对短期资本流动的管制曾被誉为新兴市场经济体脱离短期"游资"资本流动的楷模,但是为了缓解国际收支逆差,智利已不得不放松了这些管制。预计智利1998～1999年的增长将分别达到4.5%和2.0%,1998年商品与劳务出口与进口增长率分别为6.0%和9.8%,与产出增长一样均明显低于1997年。经常账户逆差占GDP的比例已从1997年的5.3%升至1998年的7.2%。1998年国际储备总额为155.18亿美元,可支付进口额的月数为7.1。1998年名义兑换率为1美元兑换473.8比索,年增幅为7.7%;货币和准货币年均增长率为10.9%;国内贷款总额年增长率为12.4%;实际利率年增长率为14%。1997年短期债务占出口的45.9%。1997年外债总额为314.4亿美元,占GNP的41%,占货币与劳务出口的140%,仅还本付息就占货币与劳务出口的20.4%。

**工矿业**　工矿业在国民经济中占有重要地位,1997年工业占GDP的31%,其中制造业占15%。主要工业类型包括:矿物精炼,金属制造,食品加工,鱼类加工,纸和木制品,成衣等。根据联合国工发组织1999年出版的统计,1995年智利有制造业企业1 879

家,职工 337 622 人;制成品产值为 147 968 亿比索,附加值为 65 616 亿比索;固定资本构成总额为 7 355 亿比索。尽管经济已日益多样化,但矿业继续发挥着关键性作用。智利铜产量和储量均占世界首位,储量约占世界总量的 20%。此外,智利还是金、银、钼、铁矿和铀、碘等非金属矿的重要出口国。由于自从亚洲危机爆发以来,世界市场上的原料价格全线崩溃,原料价格指数一年内下跌了近 25%,铜下降了 28%。价格的下跌给智利带来了灾难性的后果,经济增长陷入新的低谷。

**近年来主要工矿产品产量**

单位:千吨

| | 1995 年 | 1996 年 |
|---|---|---|
| 铜 | 2 509.6 | 3 114.2 |
| 金(公斤) | 44 585 | 53 098 |
| 银(吨) | 1 041 | 1 147 |
| 铁 | 5 233 | 5 621 |
| 钼(吨) | 17 899 | 17 415 |
| 煤 | 1 038 | 1 380 |
| 新闻纸 | 201.6 | 171.6 |
| 铜导线 | 5.6 | |
| 水泥 | 3 304 | 3 627 |
| 啤酒(百万升) | 355.1 | 345.9 |

资料来源:联合国《工业商品统计年鉴》,1998 年;联合国《统计月报》,1999 年 1 月。

**农业** 1990 年以来,智利的耕地面积有所减少,1996 年为 340 万公顷,仅占土地面积的 4.5%,多年生作物用地占 0.4%。1994~1996 年人均耕地为 0.24 公顷,比 1979~1981 年减少了 33%;水浇地面积有所增加,占耕地的 32.6%。1994~1996 年每千名农业工人拥有拖拉机 44 台,超过世界平均水平的 2 倍;每百公顷耕地拥有拖拉机 119 台,为世界平均水平的 64%。1995~1997 年每名工人创造的农业附加值为 5 211 美元。

经过农业改革,政府的干预已大为减少,加之优越的自然资源,先进的生产技术,已得到完善的销售渠道。自 1980 年以来,智利的农业生产已经翻了一番,虽然过去 20 年里,水果和蔬菜等出口农业的种植面积已经扩大,但传统农业(谷物、甜菜籽等)仍发挥着重要作用。在智利的 30 万家农场中,大约一半种植小麦。同时智利也拥有重要的畜牧业。智利是净

**近年来主要农产品产量**

单位:千吨

| | 1995 | 1996 | 1997 |
|---|---|---|---|
| 小麦 | 1 384 | 1 227 | 1 562 |
| 油菜籽 | 26 | 34 | 30 |
| 甜菜 | 3 744 | 3 109 | 2 707 |
| 苹果 | 850 | 880 | 940 |
| 葡萄 | 1 526 | 1 630 | 1 650 |
| 马铃薯 | 870 | 828 | 1 305 |
| 牛(千头) | 3 814 | 3 858 | 4 142 |
| 牛奶 | 1 890 | 1 924 | 2 040 |
| 猪(千头) | 1 490 | 1 486 | 1 722 |
| 鸡(百万只) | 62 | 68 | 68 |

资源来源:粮农组织《生产年鉴》,1998 年。

农业出口国,出口超过进口的两倍以上。新鲜及加工果菜占农场出口的 70%以上。全部农业部门的产值 1995 年为 66.71 亿美元,其中水果占 28%,蔬菜占 13%,大田作物占 16%,林业占 15%,畜牧占 28%。智利是南半球最大的鲜果出口国,是世界第二大人工养殖大马哈鱼的生产国和出口国。

**服务业** 自 1990 年以来,服务业对 GDP 的贡献已经稳定在 58%左右。商业是最重要的子部门,它们的份额在服务业 GDP 产值中超过了 30%,接下来重要的子部门为金融服务(21.4%)和运输与电信(14%)。其他子部门对 GDP 的贡献大致为:建筑业占 9.5%;电、煤气、水占 4.3%;公共管理占 4.1%;劳务占 10.6%;住房占 6%。国家没有给予服务业特别的优惠,但私有化、经济的普遍开放以及外资的增加提高了服务部门的效率。根据 IMF 的统计,1997 年智利服务业出口为 36.85 亿美元,进口为 40.01 亿美元,净产值为 -3.16 亿美元。商业性服务在出口与进口方面所占份额分别为:运输占 37.8%和 49.6%;旅游占 28.2%和 21.6%;通信、计算机、信息和其他服务占 30.7%和 25.3%;保险和金融服务占 3.4%和 3.5%。国际旅游 90 年代以来呈现上升的势头,1997 年入境人数达到 169.3 万,出境人数达到 126.3 万;国际旅游收入达 10.8 亿美元,占出口额的 5.2%;支出达 9.46 亿美元,占进口额的 4.3%。

**中央政府财政** 1996 年中央政府经常性收入

占 GDP 的 23.2%；总支出占 GDP 的 21%；预算赤字总额(包括赠款)占 GDP 的 2.3%；中央政府的还债额占 GDP 的 16.6%；利息支付占经常收入的 2.5%。税收收入一直是国家财政收入的主要来源。1996 年在经常性收入总额中收入、利润与资本利得税占 19%；社会保障税占 6%；商品与劳务税占 46%；国际贸易税占 9%；其他税占 4%；非税收收入占 15%。进入 90 年代以来，随着收入的增加，支出也不断扩大。1996 年中央政府下列项目的开支在总开支中的比例分配为：货物与劳务占 29%；工资占 19%；利息支付占 3%；补贴与其他经常性转移占 52%；资本开支占 17%。

**近年政府财政状况**

单位：10 亿比索

| | 1995 年 | 1996 年 | 1997 年 |
|---|---|---|---|
| 收入 | 5 754.04 | 6 633.87 | 7 366.64 |
| 支出 | 5 137.05 | 5 982.77 | 6 695.35 |
| 差额 | 616.99 | 651.1 | 671.29 |

资料来源：IMF《政府财政统计年鉴》，1998 年。

1997 年国际储备总额为 173.06 亿美元，外债总额为 314.40 亿美元。

**对外贸易** 近年来，智利采取一些措施以开放国内外市场，1991 年以来进口税已稳定在 11%。智利已与墨西哥、哥伦比亚和委内瑞拉签订了自由贸易协定，继续促进与厄瓜多尔的贸易往来，并期望与南锥共同体的 4 个成员国就贸易自由化协定进行谈判。智利还与欧盟、拉美及一些亚洲国家签署了投资保护协定，智利期望成为下一个与美国签订自由贸易协定的国家。

**近几年外贸情况**

单位：100 万美元

| | 1995 年 | 1996 年 | 1997 年 |
|---|---|---|---|
| 出口 | 16 137 | 15 353 | 16 875 |
| 进口 | 15 914 | 17 828 | 19 860 |
| 差额 | 223 | －2 475 | －2 985 |

资料来源：WTO《1998 年世界贸易统计》。

外贸在经济中占有重要地位，1996 年商品与劳务进出口几乎占到 GDP 的 90%。智利是初级产品主要出口国，粮食、林业和矿产品的出口占总出口的 80% 以上。进口产品以制成品为主，1997 年机械、运输设备等制成品进口占总进口的 79%。90 年代智利的贸易伙伴主要是欧盟和美国，如今它已丧失了这两块市场的很大份额，相比之下，拉美和亚洲变得更加重要起来。

## 科学与技术

在智利，全国的科学技术研究工作是在国家科学院、全国科学技术研究委员会和智利核能委员会等机构的领导下展开的。高等教育一直是研究的主力，1843 年 9 月智利大学正式开始了学术研究工作，首开大学研究之先河。1888 年创办的智利天主教大学成为智利科研活动的又一个重要中心。1936 年智利大学创办了第一个专业研究所——生物研究所。50 年代以后，创建了大学校长理事会，负责制定优先发展的科研项目和协调科学研究计划。

目前智利的 R&D(研究与开发)人数以及资金投入在拉美居中等以上水平，但与世界相比相差甚远。1995 年智利有全日制 R&D 人员 6 370 人，每百名经济活动人口中有研究科学家 0.12 人，是墨西哥的 2.4 倍，但仅为古巴的 1/5。按部门划分的 R&D 人员比例分配为：生产性部门占 2.9%，高等教育占 92.3%，综合性服务部门占 4.8%。1995 年 R&D 开支占 GDP 的 0.78%，比 1990 年提高了 0.21 个百分点，在本区域属中上等水平，已高于葡萄牙的水平(0.59%)，但仅为加拿大的 1/2 和美国的 1/3。按资金来源划分，政府是主要的供资方，1995 年占 68.5%；生产性企业基金和特别基金占 20.2%；国外基金占 11.3%。R&D 开支在各部门中的比例分配如下：政府占 41.4%，企业占 17.7%，高等教育占 40.9%。

另据世界银行的资料，1997 年智利高技术产品出口为 4.8 亿美元，占制成品出口的 19%；专利与特许费收入为 8 300 万美元，支出 5 300 万美元。1996 年居民专利申请量为 189 件，非居民为 1 771 件。

## 教 育

智利是拉丁美洲文化教育事业比较发达的国家

之一,1996 年居民平均受教育年限为 12.6 年;中小学合并入学率为 93%;每 10 万人口有大学生 2 546 人。1992 年,25 岁以上人口中未受过学校教育者占 5.8%;小学文化程度者占 48%;中学文化程度者占 33.9%;大学文化程度者占 12.3%。

智利早在 1920 年就颁布了小学义务教育法,实行开放教育。二战后,教育设施得到了很大发展,六七十年代教育管理机构趋于完善。1979 年教育现代化被列入国家的首要任务,其目的是:建立一个现代化的教育体制,以保证智利人享受教育机会均等的权利;使受教育者体、智、德全面发展;提供国家社会经济发展所需的人才;繁荣国家的传统文化。1994 年弗雷政府执政后继续把发展跨世纪的教育摆在首位,提出了教育的 4 大任务,即:教学内容现代化;教育的实效性;提高低收入家庭子女的中学入学率;改善教育系统的管理,以保证资金的有效使用。

智利现行学制分为学前教育、初级教育、中级教育和高等教育。学前教育从 5 岁开始,为时 1 年;初等教育 8 年,为义务教育阶段;初中和高中各两年;高等教育学制一般为 4～5 年,医科 7 年。此外,还有研究生教育,一般为 2～3 年。

**学前教育** 学前教育机构大多附设在小学校内,为 6 岁以下儿童提供早期教育。1995 年智利有学前教育机构 4 779 所,注册儿童为 283 061 人(1996 年减至 274 365 人);有教师 9 296 人,女性占 97%。学前教育入学率达 92%。

**初等教育** 6～13 岁为学生接受初等教育阶段。1995 年智利有初等教育机构 8 702 所。1996 年有教师 73 960 人,女性占 72%;有注册生 2 241 536 人,女生占 48%;师生比例为 1:30;初等教育总入学率为 101%。1996 年复读生占注册生的 5%。

**中等教育** 14～17 岁为学生接受中等教育阶段。1995 年智利有中学教师 51 042 人,女性占 52%;有学生 679 165 人,1996 年增至 739 316 人,女生占 51%。1996 年普通教育注册生为 415 919 人,占 56.3%;职教注册生为 323 397 人,占 43.7%。智利中等教育的总入学率为 78%,高于美洲的平均水平(71.6%)。智利普通高中毕业生可进入高等院校继续学习或参加工作。职业高中分商业、工业、农业和师范等类,毕业后除就业外,也可进入大学深造。

**高等教育** 智利的大学实行自治,各大学有学术、经济和行政管理权。大学可以招收中学毕业生或具有同等学历的学生。智利全国有大学 12 所,专业学院 10 所。1996 年全国大学在校生人数达到 367 094人,比 1995 年增加了 7.1%,女大学生占 45%;传统大学和资历学院有注册生 305 193 人,占 83.1%;遥授学院有注册生 483 人,占 0.13%;其他第三级教育学院有注册生 61 418 人,占 16.7%。智利的大学总入学率为 30.3%,在拉美和加勒比地区居前列,已接近于世界平均水平的 2 倍。按照国际标准教育分类,各层次注册生的比例分配如下:第五层次占 22.9%;第六层次占 74.6%;第七层次占 2.5%。在全部大学生中,注册生人数居前 5 位的依次是:工程学(包括贸易、工艺和工业课程的注册生数)占 25.7%;商业管理占 18.9%;社会与行为科学占 14.3%;教育学和农学各占 7.7%。在智利,学习自然科学与应用科学的注册生人数占在校生的 42%,这个比例比工业化国家还要高 9 个百分点,与世界最高水平的东欧和独联体相比仅差一个百分点。

**教育经费** 1996 年智利公共教育开支总额为 9 271.51 亿比索,占 GNP 的 3.1%,低于拉美和加勒比地区平均水平(3.7%),近年来,虽然这项比例在缓慢上升,但比起整个 80 年代的水平来还相差甚远。1980 年时教育开支占 GNP 的比例曾高达 4.6%,相当于今天中度人类发展国家的水平。1996 年教育开支占政府开支总额的 14.8%,已接近于 1985 年时的高水平(15.3%)。1996 年经常性教育开支占总开支的 93.9%,占 GNP 的 2.9%,占经常性政府开支的 16.5%。同年教育资本开支为 563.42 亿比索。经常性公共教育开支在各级教育中的比例分配如下:

学前教育占 7.5%;小学占 52.9%;中学占 18.9%(其中普通教育占 9.1%,职业教育占 9.8%);大学教育占 16.4%;其他类型教育占 3%;未分配部分占 1.3%。由此可见,中小学教育仍是政府扶持的重点。在各级教育中,每个学生所拥有的开支占人均 GNP 的比例分配为:小学占 10.1%;中学占 10.8%;大学占 18.8%,在世界上处于较低水平。

## 文　化

智利作为一个独立国家存在还不到 200 年,但智利的历史却是相当久远的。大约在1万年前,漂泊的印第安人沿着安第斯山脉迁移,他们在肥沃的山谷和沿着现在属于智利的海岸定居下来,印加人曾短暂地把他们的帝国扩展到北部,但该地区的偏僻阻碍了广泛的定居。

最初在智利定居的欧洲人是为寻找黄金和白银的西班牙探险家,他们是在1533年印加帝国被打败后来到智利的。尽管西班牙人没有发现他们梦寐以求的金银,但是他们却看中了智利中央谷地的农业潜力,从此智利成了秘鲁总督辖区的一部分。

1808年拿破仑一世出兵占领西班牙本土以后,南美各国摆脱西班牙统治的斗争蓬勃开展起来。伯纳多·奥希金斯是智利著名的爱国者,从1810年至1818年,他领导人民展开了争取独立的斗争,并于1818年2月12日正式宣布国家独立。智利民族具有百折不挠的意志,勤劳智慧的土著人民给这片文明的沃土涂上了印第安的底色。殖民者的黄金欲和宗教狂热摧毁了古老文明的殿堂,殖民统治的300年间,西班牙和葡萄牙人不仅带来了铁器和马匹,小麦和咖啡,生与死的哲学体系,音乐绘画的美学观念,还传来基督教的福音,并使这里成了拉丁化的世界。在这里西方文明与古老的印第安文明融汇在一起,形成了独特的印第安美洲文化。

智利不但是奎卡舞、青金石和基阿诺(俗称"印加小麦")的发祥地或原产地,而且有许多文化璀璨之谜:复活节岛上众多的祭坛、巨大的"莫阿伊斯"石雕以及刻有文字符号的说话板。这些都为该岛的历史涂上了一层扑朔迷离的色彩。与久负盛名的《鲁宾逊飘流记》的故事密切相关的马斯地岛神秘莫测,令人神往……

智利人因在许多文化领域所取得的成就而享有很高的声誉。文学、社会科学以及绘画被视为颇有声望的研究领域。近年来,智利文化发展状况如下:

**图书馆** 智利国立图书馆是南美洲最大的图书馆,它有4个服务点,90年代初藏书量为120万册。1995年架位长度达到31 504米;馆藏缩微制品20 000件,声像文献5 000件,其他图书馆资料900件;年增加量:图书为24 978册,其他资料1 499件;年外借443 515册/件;国立图书馆有员工187人,其中持有文凭者59人,接受过岗位培训的5人。1992年智利有公共图书馆289个,藏书量为112.1万册;有声像资料15 182件;年接待读者2 221 889人;外借图书5 536 292册。此外,智利还拥有一些重要的图书馆,例如国会图书馆、智利大学图书馆、瓦尔帕莱索天主教大学图书馆等。

**图书发行** 1995年全年共发行图书2 469种,按照国际十进分类法,发行种数如下:文学860种;社会科学707种;史/地类222种,应用科学261种;宗教158种;艺术80种;纯科学71种;哲学59种;语言33种;综合类图书18种。此外,1995年智利发行了185种教科书和292种儿童读物。

**日报** 1996年智利全国有日报52种,比上一年减少了4种。1995年总发行量为140万份,千人拥有量为99份,高于世界平均水平(1994年为96份),是发展中国家平均水平的2.25倍。1992年智利有非日报48种,发行量为10.2万份,千人拥有量为8份;有期刊417种,发行量为345万册,千人拥有量为255册。

1995年图书出口创汇4 650万美元,进口4 900万美元,逆差250万美元。报刊贸易近年呈现良好势头,1995年出口5 370万美元,进口仅为960万美元,顺差高达4 410万美元。

**文化纸张** 智利是新闻纸张的出口国,1995年生产和消费均达到90年代以来的最高水平。1996年略有减缓,产量为19.8万吨,进口1.7万吨,出口13.82万吨,消费量为7.68万吨,年人均消费5.3公斤,低于世界平均水平,是发展中国家平均水平的2.9倍。其他印刷书写纸张的消费近年来增长很快,国内来源只能满足一半左右的需求。1996年产量为8.3万吨,进口7.59万吨,出口0.34万吨,年消费量为15.55万吨,人均消费10.8公斤。

**电影和电影院** 智利于1910年拍摄了庆祝独立100周年的第一部纪录片后,由于国内市场狭小和外国影片的冲击,直到1945年第一部故事片《安第斯山的磨坊》才问世。1993年智利共进口了220部故事片,按原产地统计,美国占59.5%,法国占5%,意大利和英国各占6.4%,俄罗斯和日本各占0.9%,联邦德国占1.8%,其他国家占19.1%。1993年智利有133家电影院,主要放映进口片;全国影院座位容量为7.59万个;年观众量为800万人次。

**广播** 1996年智利投入使用的收音机为510万台，千人拥有量为354台，略低于世界平均水平(379台)，是发展中国家平均水平的1.79倍。智利主要电台有国家电台、矿业电台、农业电台、波塔莱斯电台、合作电台以及历史最悠久的智利电台。同年，智利投入使用的电视机为310万台，千人拥有量为215台，高于拉美平均水平(204台)，是发展中国家平均水平的1.4倍。智利目前有4家电视台：国家电视台，又称“七台”，是智利最大的电视台，下设108个转播电台，拥有固定观众400万；智利大学电视台，又称“九台”，收看范围仅限于首都和瓦尔帕莱索；天主教大学电视台，又称“十三台”，收看范围为首都和中部地区；瓦尔帕莱索天主教大学电视台，又称“四台”，收看范围为瓦尔帕莱索和圣地亚哥省。

**文化遗产** 1997年时智利有1处文化景观被列入世界遗产目录，有3处被列入世界遗产所有地临时目录，有3处被世界遗址基金列为濒危遗产地。

1993年，智利有博物馆26座，其中艺术馆4座，考古与历史馆7座，自然历史与自然科学馆3座，人种学与人类学馆4座，专业博物馆3座，地区博物馆5座。在25座提供业务统计的博物馆中，年观众量达64.8万人次。

## 环 境

智利土地面积为74.9万平方公里，森林面积7.9万平方公里，占10.5%。1996年国家保护区为14.13万平方公里，占土地面积的18.9%。全国有哺乳动物91种，濒危16种；有鸟类296种，濒危18种；导管植物5 284种，濒危329种；爬行动物72种，濒危1种；两栖动物41种，濒危3种。

1997年智利人均拥有淡水资源32 007立方米，是世界平均水平的3.8倍。年淡水抽取量为168亿立方米，占水资源总量的3.6%，其中农业用水占89%，工业占5%，家庭占6%。获得安全饮用水的居民，城市占99%，乡村占47%。1996年有机水污染物日排放量为78 917公斤，每个工人的日排放量为0.23公斤。

1996年商业能源的产量为7 843千吨(石油当量)；使用量为20 456千吨，1980～1996年均增长5.4%；人均商业能源用量为1 419公斤，低于世界平均水平(1 684公斤)，1980～1996年均增长3.7%；1996年净能源进口占商业能源使用量的62%。1996年每千克能源使用所产生的GDP为3.1美元，相当于世界平均水平，但仅为欧盟的一半。传统燃料的使用占能源使用总量的13.3%。1996年二氧化碳总排放量为4880万吨，人均排放量为3.4吨，相当于低中收入国家的排放水平；每产生1美元GDP相应的排放量为0.8公斤，略高于世界平均水平。

智利城市化水平很高，1997年城市人口占全国人口的84%，城市地区95%的人口可获得卫生设施。1993年首都圣地亚哥拥有人口482万；每户年均收入为8 043美元，收入离差为16.6；房屋价格与收入的比率为2.4；人均居住面积为14.4平方米；乘公共交通工具上班的人占54%，上班所耗时间为36分钟。获得下列服务的居民户的比例为：下水占92%，定期垃圾收集占95%，饮用水占98%。

1997年智利交通情况如下：每千人拥有机动车110辆，每公里道路有机动车7辆；每千人拥有轿车3辆，两轮车8辆；1997年每千辆车交通伤亡记录为33人。

1995年圣地亚哥空气污染状况如下：每立方米含二氧化硫29毫克，含二氧化氮81毫克。

智利政府1987年发表了国家环境状况，1993年进行了生物多样性评估，制定了相关战略。智利政府加入了气候变化公约(1995年)，CFC控制(1990年)和生物多样性公约(1994年)。

## 经济文化一体化

智利人的文化就像其人口构成那样是欧洲人与美洲印第安人的交融，他们通过联姻的方式将所有欧洲文化同化成他们的社会文化。智利人在政治、经济和社会态度方面普遍持保守的准则，他们高度评价诚实和正直，欣赏幽默感，但一般希望具有认真、有条不紊的行为方式。

决策主要是由高层总裁或总经理来完成。在商务谈判中，智利人正直坦率，相当认真，硬行推销的做法是行不通的，要将盈亏底线和其他条款清楚地拟定出来。在谈判时，事实远不如感情重要，真理往往是主观的和个人的。由于大家庭的重要性，因此，亲属关系和友谊在业务交往中发挥着主要作用。一旦建立关系，无论距离相距多么遥远，智利人都愿意向客户提供持久的服务。时至今日，男子汉气概仍是智利文化中的一个重要方面，因此女实业家相对来说处于劣势。

（中国国家图书馆 李跃进）

# 澳大利亚经济文化概况

澳大利亚联邦位于南太平洋和印度洋之间，是一个地广人稀、资源丰富、风光旖旎、文化多元的后发资本主义国家。占地面积 768 万平方公里，人口 1 800 万，人口密度仅为每平方公里 2.4 人。全国 85%的人口生活在城市地区，尤其集中在东部沿海地区。资源丰富是澳经济迅速发展的原因之一，铝、铁、镍、铀的储量均占世界前列。澳农牧业也十分发达，素有骑在羊背上的国家之称，盛产羊、牛、小麦和蔗糖。

## 亚洲金融危机后经济发展稳健

1998 年 10 月澳大利亚总理约翰·霍华德的保守派政府以微弱多数赢得连任，同时保住了它对国家税制进行改革的机会，本届政府将继续主持悉尼 2000 年奥运会的各项工作、组织 2001 年的澳大利亚百年国庆活动，以及领导澳大利亚进入新的千年。霍华德倡导的税制改革是要简化澳大利亚自 30 年代“大萧条”时起逐步形成的陈旧税制。另外，削减所得税，使澳大利亚的经济继续保持每年 3.5%的增长速度，以便联邦预算保持盈余。国际货币基金组织预计，澳大利亚 1998 年的经济增长率约为 2.25%，1999 年的经济增长率将为 2.5%。1998 年失业率已从 1993 年的 10.9%降到了 7.4%。

1998 年澳大利亚的国内生产总值增长 4.8%，其增长率高于欧洲和美国，创造了一个小小的经济奇迹：有力的经济增长率、低通货膨胀率和失业率下降。澳大利亚取得成就的关键是，灵活的货币政策，对国家预算的整顿，以广泛的结构改革提高经济的灵活性。澳大利亚货币发行银行作出的大胆的决定使本国的经济免遭亚洲病毒的感染。澳大利亚货币发行银行在 1996 年中，即在亚洲危机爆发 1 年前已经放松控制。原因是：作为在这之前发生的高利率政策的后果，澳大利亚呈现出景气减弱的首批迹象。货币发行银行之所以能降低利率，也是因为通货膨胀率重新降到了货币发行银行所谋求的 2～3%的目标。后来货币发行银行进一步降低利率，到 1997 年夏天亚洲危机爆发时，货币发行银行分 5 个步骤使指导利率总共下降 2.5 个百分点，降到 5%。这为国内需求的有力复苏奠定了基础。由于澳大利亚的货币主要对美元和欧洲国家的货币贬值，所以可以通过增加向美国和欧洲的出口来弥补在亚洲贸易中遭受的损失。例如 1998 年，澳大利亚向东亚的出口下降约 7%，而向美国和欧洲的出口分别增长 41%和 25%。东亚国家在澳大利亚出口中所占的比例从 60%降到 50%。现在澳大利亚政府打算进一步减少澳大利亚出口商对亚洲接受国的依赖性。此外，澳大利亚政府打算开辟新的销售市场，在南美和东欧国家建立贸易代表处。

为澳大利亚经济持续繁荣作出贡献的还有财政政策的节约方针。以霍华德总理为首的执政联盟在 1996 年接管政府工作之后不是通过公共预算的高赤字加重资本市场的负担和推动利率上升，而是马上整顿国家预算。例如不是提高税额，而是要求其部长们大力节约开支。公共管理部门被精简，对向失业人员和大学生提供的补助作出了更加严格的规定。这样做的成果是：1997 年政府在这 10 年里首次使国家预算出现盈余。在今后几年里，财政部打算通过严格的开支纪律使国家预算保持盈余。到 2001/2002 预算年，国家的收入盈余应从目前的占国内生产总值的

0.5%提高到2%。用这些资金偿还国债和资助迫切需要的税收改革。目前的税收制度有错综复杂的例外规定,并且税率很高,必须彻底改革。一揽子税收改革计划的核心部分是:降低所得税。公民和经济界的欠税总的来说将减少。例如政府计划实行10%的增值税,但同时取消其他大多数销售税。由于增值税完全流入联邦州,将来联邦州不能要求堪培拉政府提供财政援助。科斯特洛打算通过收入等级的改革减缓所得税的累进作用。据说将通过提高免税额减轻家庭负担。财政部长的改革计划也包括将企业税率从36%降到30%。

劳工市场改革的核心是制定新的劳动法,新的劳动法在1997年初开始生效。它放宽了过去呆板的规定,过去的法律对每个职业团体的工作条件和工资都作了详细的规定。现在可以在企业一级或通过单独合同商定工资和薪水。放宽对劳工市场的控制也结出了首批硕果。据霍克曼估计,1999年澳大利亚的失业率将降到7%。

因此,澳大利亚在亚洲危机期间取得的巨大经济成就实际上并不是奇迹,而是正如唐纳外长所说的那样,是"艰苦劳动"的结果。长久以来被亚洲国家看作外人的澳大利亚,抓住亚洲发生金融危机这一时机,提高它在该地区的地位。

## 电信改革初见成效

1989年,根据澳联邦议会通过的《1989年电信条例》,澳成立了澳大利亚电信管理局,负责受理和颁发电信经营许可证,规范行业技术标准和频谱资源的分配。条例还放开了用户设备和电信增值服务市场。1991年澳《1991年电信条例》颁布实施。这一条例允许电信公司从事电信业务的批发。条例还取消了经营国际电信业务的一些限制,允许成立新的电话公司。这些公司不一定拥有自己的电信基础设施网络,他们依靠有偿利用澳大利亚电话公司、奥普图斯公司的网络经营国际电话业务。同年,澳大利亚电信公司和澳国际电信公司合二为一,取名为澳大利亚国际电信公司(1993年更名为澳大利亚电话公司)。1992年,澳政府将澳大利亚卫星公司以6亿澳元(3.6亿美元)的价格出售。买主是由英、澳等国的几家公司出资组建的奥普图斯公司,并获得政府颁发的执照,经营固定和移动电话业务。英国的沃达丰公司获准在澳经营移动电话业务。上述两个条例的制定为澳大利亚从1997年7月1日起将竞争引进澳整个电信网络奠定了法律基础。

电信改革开始后,电信企业(国有企业除外)可以自行确定价格,为适应新的形势,反对价格垄断和不公平竞争,澳通过立法,授权澳大利亚竞争和消费者委员会负责处理电信价格方面的争议和仲裁。1996年,在政府的提议下,澳议会通过《1996年电信条例》,决定从1997年7月1日起,取消对电信公司数目的一切限制,外国企业投资电信行业不受限制(澳大利亚电话公司除外)。两年前,澳大利亚电话公司1/3股份上市时,澳立法规定外资拥有的澳大利亚电话公司股份不得超过5%。这一最新条例还取消了电话公司必须租借澳大利亚电话公司、奥普图斯线路和其他设施才能从事国际电话业务的规定,允许他们从其他渠道租赁国际电信业务设施。在此之前,澳大利亚电话公司、奥普图斯出租的线路和其他设施要价昂贵。

鉴于澳大利亚电话公司一家独大,其他电信公司对其基础设施的依赖,澳还制定相关法令,创造尽可能平等的竞争环境。比如,其他电信公司可以有偿利用澳大利亚电话公司的基础设施,价格由双方议定。澳大利亚电话公司的客户如选择其他电信公司,可以保留原来使用的电话号码。这就为顾客按照服务质量和价格选择电信公司提供了极大的方便。澳还通过有关实施细则,授权澳大利亚竞争和消费者委员会依法进一步规范电信市场,鼓励竞争,维护消费者权益。对触犯这些规定的电信公司可以处以600万美元的罚款,在违法行为结束之前,每天加收60万美元的罚金。澳大利亚电话公司如有垄断行为,奥普图斯等其他公司可以依法向澳竞争和消费者委员会控告。

最近,该委员会依法发布了一个处罚草案,拟对澳大利亚电话公司处以600万美元的罚款。这个委员会计划打破澳大利亚电话公司对市内电话市场的垄断(市场份额占95%)。该委员会还发布了一个针对澳大利亚电话公司的竞争通知书,认定它向其他电信公司和用户收取的通话接通费过高,力图迫使澳大利亚电话公司主动下调收费标准,否则将依法进行处理。目前其他电信公司利用澳大利亚电话公司的网络设施,每通话一次,澳大利亚电话公司均收取0.15澳元的接通费。

截至1998年6月,澳拥有执照的电信公司已有23家,不过,在这些企业中,仍然是澳大利亚电话公司一家独大,其网络承担澳90%的通话量。澳大利亚电话公司拥有遍及全国的电信基础设施和电信网络,此外它还占据着移动电话市场份额的55%,年经营额在100亿美元左右,年资产增值额达60亿美元,占澳国内生产总值的2.4%。排行第二的奥普图斯公司自称在移动通信领域拥有170万个用户,长话用户接近200万,但近几年仍处于亏损状态,年毛利润不过4亿美元。第三大公司澳联社电信公司年销售收入不过1.2亿美元。这两家的业务目前主要集中在省会城市的中心商业区,其余20家公司均为中小型企业,实力更弱。1997年澳电信改革全面推开后,澳大利亚电话公司曾表示将体面地让出一些市场份额。但商场如战场,电信行业的竞争仅仅才开始。澳大利亚电话公司的效益依然不错,从1993年至今,其税前利润(剔除非正常开支)年均增长率达16%。

7年前,私营的奥普图斯通信公司获得政府颁发的电信营业执照,成为澳第二家电信公司。从此,国有电信企业澳大利亚电话公司对澳电信市场的独家垄断不复存在。7年来,尽管澳大利亚电话公司仍是澳电信行业的老大哥,拥有市场份额的绝大部分,但几十家中小竞争对手的出现已经给消费者带来很多的实惠。按可比价格计算,8年来,澳大利亚电话公司的国内长途电话价格下降了37%,国际电话价格下降了一半,市内电话也出现下降的趋势,其他公司的价格还要低一些。目前澳电话普及率达96%,1 800万人口中28%拥有移动电话。

## 建立科技创新体系

**创新体系组织机构** 澳大利亚是联邦制的国家体制,由1个国家议会和9个分立的州或领地的议会或立法机构组成。澳国家创新政策的制定主要由联邦政府来完成,州政府在这方面所起的作用极有限。在国家议会这一最高层次,总理科学、工程和创新理事会(PMSEIC)和政府首席科学家负责向议会提交有关科技和创新方面的咨询和建议报告。澳大利亚现政府有16个部,政府内阁由这16个部的部长组成,成为制定政府政策的核心机构。一般而言,在澳大利亚,各行业科技政策由各部根据各自的工作重点自行决定,跨部之间的协调工作由科学和技术协调委员会来完成,该机构挂靠工业、科学和资源部。联邦工业、科学和资源部主要负责澳创新战略的制定,而澳教育部则在资助大学创新研究活动方面扮演重要角色,新组建的通信和信息技术部则负责有关信息战略的制定。

**法律法规** 澳大利亚的创新活动主要受到以下一些法规的约束和影响。如:1981年的公司法、1989年的合作公司法、1990年的专利法和1939年的专利、商标、设计和版权法等。例如:合作公司法限制了未上市的小公司从公共投资者方面吸收风险资本的能力。国家知识产权组织澳知识产权局负责管理知识产权,它虽然是一个政府组织,但通过收取专利注册费实现自收自支。

**工业研究开发** 根据最近的统计资料,在1994~1995至1995~1996年间,澳大利亚工业研究开发支出增长了19%,是自80年代以来增长率最快的经合组织国家之一。但是,澳大利亚工业研究开发支出的整体水平与经合组织国家相比仍然偏低。从整个支出情况看,大公司占据了工业研究开发支出的较大份额,其中研究开发支出最多的两家公司(澳大利亚电话公司和布罗肯希尔土地兴业公司)占总支出的12%,排名前10位的研究开发支出最多的公司占总支出的30%。澳工业研究开发支出集中于通信、采矿、矿产加工和汽车制造业。按人均和占销售额的比例而言,在生物技术、医学研究、制药和能源领域的小公司的研究开发支出最高。

澳大利亚统计局的资料表明,在制造业,80%的雇员所在的企业从事某些创新活动。在14个选择的服务业中,这个比例为53%。

澳大利亚有各种工业协会,其规模和范围不一。它们开展的活动包括:促进行业发展和市场推广,确定国家标准等。在推动创新活动方面也开展许多工作。商会在促进政府制定有益于他们的政策过程中起着重要的游说作用。澳大利亚工商会是澳大利亚各种商会的最高理事会,代表了全国35万家工商企业。目前该会的活动正逐步侧重于对政府政策的制定施加更多的影响,而不是健全自己的网络、改善商业活动。

**技术联合和促进计划** 合作研究中心计划为研究人员和技术用户之间建立一种密切的长期合作伙伴关系提供经费支持，以推进研究部门的科研成果迅速转移到企业生产中去。支持的研究活动重点为面临挑战的领域，促进现有或新兴行业的发展。合作研究中心采取了“大学＋研究机构＋企业(集团)”的组织模式。政府对合作研究中心提供50%的经费，其余由参与合作研究中心项目的机构提供。由于参加合作研究中心的机构大多为政府资助的大学和公共研究机构，因此，政府的经费投入实际上高于50%。

1998年4月，工业、科学和旅游部新设了技术扩散计划，该计划有3个主要部分：技术联盟，重点促进工业界国际合作；技术转让，改善工业界对新技术的获取；网上商业，鼓励电子商务手段的应用。该计划特别针对中小企业。

澳大利亚现有20个科技工业园，其大多与大学紧密结合。最早的两个科技园建于80年代初期，目前分别有50和70家机构在这两个园区内。其他园区则相对较小。州政府对园区提供一些经费支持，而联邦政府没有任何经费支持，科技园区刚刚成立一个全国性的协会。

商业孵化器的发展在澳相对处于初级阶段，据1996年的统计，52个孵化器中，只有5个为技术孵化器。政府对建立孵化器给予一定支持主要是为了创造就业机会。为促进研究机构同企业建立合作关系，政府制定了这一目标。如澳大利亚联邦科学和工业研究组织对外创收收入(工业研究合同、许可和转让费等)应占总预算的30%。

**风险资本计划** 在鼓动风险资本投入方面，澳大利亚主要有3个计划。一是联合开发基金计划，它鼓励向中小企业提供长期的风险投资。在该计划下，私营公司向联合开发基金注册委员会登记注册，符合有关注册条件后(主要是规定投资方向和领域)，就可以吸收私人投资成立基金，向适合的中小企业投资，投资所获得的利润按规定可享受优惠所得税率，股东的分红也可免征税。自1992年该计划实施以来，已有大约60家这类的基金公司在注册中，其中21家已筹集到资本，并已向120家中小企业投入了1亿澳元资金。二是澳大利亚技术集团公司。该公司由政府于1993年组建，但完全按照私营企业方式运作，为企业提供种子和启动资本，用于澳大利亚技术的商业化。联邦政府曾提供3 000万澳元作为该公司的启动资本，以期吸引私人资本入股。作为澳早期风险资本的最大投资经营企业，该公司已经投资了820万澳元，并将继续投入400万澳元用于10个已选的项目，另外还有1 700万澳元的资本储备用于投资今后的项目。三是创新投资基金。该基金作为研究开发启动计划的一部分，其目的是增加对高新技术公司的股份资本投入。政府提供1.3亿澳元，按照2比1的比例吸引私人资本匹配，形成1.95亿澳元的基金。政府根据严格的标准，选择5家私营投资管理公司经营该基金。该计划为期10年，通过出售和撤出所投资项目，将资本和收益返还投资者和基金管理人。政府宣布将在下一年度再投入1亿澳元用于该基金。

澳大利亚的创新政策和措施较为协调一致，尽可能将各种计划集成起来运作，政府正继续朝这方面努力。例如，澳工业局的成立，就是将所有联邦政府支持工业企业创新活动的计划置于同一个机构下面，使企业能享受“一站式服务”。在科学和工程基础方面，澳大利亚产出的科研论文占世界总量的2.5%，按人均则与美国和英国处于同等水平，高于法国、德国和日本。澳大利亚在地质科学、植物和动物科学、农业和生态方面的研究按论文总数和其影响来说，有很强优势。此外，澳学术界与海外保持着密切的联系，特别是欧洲、北美是他们最重要的合作地区，近几年与亚洲国家特别是日本和中国的合作正在加强。

在澳大利亚工业结构中，服务业占澳工业主导地位，占GDP的60%，制造业则占GDP的15%，为第二大行业。澳大利亚的服务业比较重视研究开发活动，其研究开发密集程度比其制造业高。澳制造业集中于低技术领域，仍然极大地依赖进口机器和设备并倾向于进口新技术。

在知识和技术创新密集型的工业领域，澳产品贸易实质为赤字，出口产品中仍然是采矿和农业行业的初级产品以及低技术密集型制成品特别是金属制品占主导地位。在涉及技术转化和吸收以及创新机构联合等环节方面，澳大利亚存在明显的薄弱环节。首先，澳公共研究机构和企业之间的交流和技术转让不够；其次，按国际标准，澳企业间的相互合作程度较低。虽然有40%的制造业企业出现不同程度的合作创新活动和联合，在信息技术、通信和医药业该比例略高，为55%。另外，澳企业界与国外的联系不那么紧密。这些因素都制约技术的扩散和创新活动的开展。

在企业创新方面，澳工业研究开发支出与其他发达国家相比，仍然偏低。虽然自80年代以来企业研究开发让税政策的实施促进了澳工业研究开发支出的显著增长，但总体而言，澳研究开发经费的增长主要集中于中低或低技术密集型行业，在中高或高技术方面的投入和商业化水平仍然较低。一系列研究还表明，澳大利亚需要加强创新管理的培训和人力资源的开发，创新管理水平的高低将直接影响企业能否成为创新主力军。另外，澳大利亚企业采用新技术的比例远落后于其他国家，近年来政府虽然撤消了对金融机构的管制，但这并没有改变私营风险资本对技术密集型企业投入不足的情况。缺乏风险资本阻碍了澳高技术企业的创新和研究成果在现有企业的商业化开发。

为加强澳创新体系中的薄弱环节、提高澳大利亚的整体创新能力，1997年底，联邦政府将国家最高科技咨询机构——总理科学和工程理事会改组为科学、工程和创新理事会，以加强对创新活动的领导。1998年以来，政府制定了一些新的战略计划，增加了对现有计划和项目经费的投入，简化和调整了对项目的申请和审批规定。如为加强在研究和开发密集型领域的创新活动，联邦政府分别制定了医药业、生物技术业、信息技术业和汽车业等行业的近10个行动计划，旨在促进这些行动成为澳经济发展的新增长点。为加强企业间、企业与公共研究机构的创新活动，政府对研究开发启动计划增加3.38亿澳元。为吸引私人资本对技术风险项目的投资、促进高新技术的商业化，1998年7月份政府对创新投资基金追加投入5 700万澳元，使得政府总投入达2.3亿澳元，加上政府与私营按2比1匹配，该基金总额达3.5亿澳元。

## 大力发展电子商务

因特网和电子商务的迅猛发展大大推动澳大利亚社会和经济的进步，政府和经济界目前面临着一场根本性的变革。因特网的发展正迅速地扩大电子商务的范围，采用电子商务的公司可以大幅度提高工作效率，具有更大的灵活机动性，加强供销双方的合作关系并及时了解顾客的需求。电子商务将给许多行业带来根本性变化。

澳高度重视发展电子商务，一个重要的原因就是电子商务对澳公司、特别是中小企业开拓国际市场十分有利，借助于因特网，任何小企业可以同全世界上网的公司或个人做买卖。澳人口稀少、幅员辽阔，国民经济对外贸依赖程度较高。澳中小企业没有大公司在全国乃至全世界设立营销办事处的能力，开拓国际市场心有余而力不足。现代化的通信技术和因特网的出现，使中小企业通过开展电子商务能够广招天下客、参与国际市场的竞争。为促进电子商务的发展，推动企业开展网上咨询、广告和营销活动，澳政府制定了“网上商业计划”，将在全国范围内向企业提供培训和示范服务，帮助他们掌握开展网上交易的新技术。

此外，澳政府至少每6个月发布一次电子商务最新统计信息，以便使人们更好地了解澳在相关领域的进展，以及与国际竞争对手之间的差距。

**发展电子商务的得天独厚条件** 澳大利亚是一个经济比较发达的资本主义国家，就发展电子商务而言，澳大利亚无论在国民的文化教育水平，还是在电信基础设施和经济发展水平方面均处于世界先进国家的行列，具备较好的基础。澳人均电脑占有率同世界各国相比，仅次于美国，位居世界第二位。澳国家信息办公室提供的数字表明：在人口只有1 800万的澳大利亚，1998年年底的电脑总量估计上升到690万台，相当于平均每3人1台电脑；全国96%的家庭都拥有电话。据澳统计局1999年5月末公布的数字，在1997年2月至1998年2月期间，澳全国人口中，18岁以上的公民进入过因特网的人数达300多万，占澳成人的23%。若按年龄组统计，18～24岁的年轻人中，使用因特网的比例高达42%，居各年龄组榜首；在上网者中，有100万人是通过家庭电脑上网（比1996年增加了3倍），130万人通过工作单位的电脑上网，还有80多万人通过邻居、朋友的家庭电脑上网；如果按性别划分，300多万上过网的人当中，男性为170万，女性为130万。

澳电脑普及率和上网率如此之高，除了澳经济发展水平比较高、国民所受教育良好和重视接受先进技术等原因外，还有一个重要原因，即语言上的优势。

就人口规模、经济实力而言，澳大利亚远远不能同美国相比。不过，和美国一样，澳也曾是英国的殖民地，绝大部分人口是英国和其他英语国家移民的后裔。在英语独霸因特网的今天，澳大利亚人上网交流、查找资料、从事电子商务，都不存在语言上的障碍。澳首都堪培拉社区图书馆均配备有上网的电脑，在那里成人和儿童都可以免费上网冲浪，免费使用图书馆里各种多媒体教育软件等。

**营造宽松政策环境** 1997年，澳政府根据澳信息产业研究小组和信息政策咨询理事会的建议，出台了面向2010年的信息经济发展规划，确定政府要做到以下两点：(1)发挥强有力的领导作用，如建立包括许多部长在内的部长理事会，制定全国信息和网上经济发展战略，设立信息经济部；(2)采取切实措施，鼓励更多的企事业和个人上网。

为促进电子商务发展，澳政府拟对因特网上传输的信息不征税，在因特网上定购并在网上交货的商品(如音乐制品和电子书籍)免除关税；政府还研究制定政策，确保网上交易安全，保护个人隐私和消费者的正当权益，保护知识产权，避免未成年人受不健康内容的影响。政府还将就信息经济中的税收问题进行研究。

澳贸易部长费希尔不久前表示，澳外交和贸易部将与有关产业部门共同制定一项网上贸易的计划，以利用因特网积极开拓国际市场。澳还表示将积极参与国际社会制定有关网上贸易规章制度的工作，就网上"过境"贸易的关税和非关税壁垒及知识产权保护等问题同有关各方协商，最大限度地维护澳国家利益。

**政府带头上网** 为了吸引更多的企业和个人开展电子商务，澳政府还制定了为期两年的宣传计划，并要求政府部门积极发挥示范带头作用。澳政府1998年决定：(1)到2001年，澳联邦政府目前提供的各种适合电子化的服务全部通过网上作业；(2)到2000年，联邦政府的开支要做到可以在网上支付。

澳政府许多部门早已上网。以澳大利亚税务局为例，使用电子化纳税系统后，工作效率大大提高。澳税务局得以裁减税务1 000人，节省了大笔开支；对于纳税人来说，通过上网的电脑交税更加便捷，无需专门请假到税务部门纳税。

此外，澳政府决定将原来的通信部更名为通信、信息经济部。1999年5月，澳通信、经济信息部长阿尔斯顿宣布从1999年开始，将每年的9月5日定为全国信息经济日。届时，政府将开展大规模的宣传活动，为发展电子商务、促进信息经济的发展大造舆论。

为帮助广大的农村和边远地区解决上网和通信问题，澳政府将通过地区电信基础设施基金这笔专项资金，改善农村的通信条件。这样，农民也能用上因特网，在网上捕捉商机、推销农产品。

据澳联邦工业、科学和技术部1998年5月底公布的电子商务统计报告，澳1997年电子交易量(含金融、证券等业务)达15亿笔之多，交易金额9.6万亿美元。但澳消费者在因特网上的消费额仅为3 300万美元(在过去一年半的时间里却增加了2倍)。澳发展电子商务虽然拥有许多优势，但也受制于其国内市场较小和全球电子商务尚未规范化等问题，还有保密、防止欺诈、安全等一系列问题有待解决。因此，澳许多企业和个人上网开展贸易或购物的积极性不高。目前，澳大利亚在因特网上建立主页的企业仅占企业总数的11%。尽管如此，澳在发展电子商务方面拥有得天独厚的物质和文化方面的条件，加上政府的鼎力扶持，其潜力不容忽视。据预测，到1999年末，澳公司和消费者之间的电子贸易额就将增加3倍。

## 因特网发展迅速
## 上网收费制度较为健全

在澳大利亚，电脑上网的收费价格(含上网时的电话费)比较公平合理，一般用户每个月只要从当月工资中拿出百分之一，每天就可以随意地进行"网上冲浪"了。值得一提的是，尽管电信行业打破垄断的改革刚刚开始，市场垄断和垄断价格在许多领域仍严重存在，但相对于老百姓的支付能力而言，澳上网费用还是很低廉的。澳大利亚一直实行市话不计时收费制度。用户只需每月缴纳14澳元(1澳元合人民币5元)的线路租用费，话费按通话次数而不是按照通话时间计算。一次市内电话，无论是几分钟还是几小时，话费价格是一样的，不超过0.25澳元，而其人均月收入(税后)则为3 000澳元。

电脑用户一般向本市的因特网服务商服务器拨号上网，用的是市内电话。因此，在澳大利亚上网时的电话费开支很少,基本可以忽略不计。澳电信市场1997年放开后,一些新成立的电话公司收费标准还有所降低。

澳大利亚电话公司一位发言人说,澳大利亚电话公司多年来一直是盈利的。同大量的通话量相比,一次通话时间很长的毕竟占少数。据澳大利亚电话公司最高主管布朗特披露的数字,这家公司1998年纯利润为28亿澳元(140亿人民币)。1993～1997年利润(剔除非正常亏损)每年以16%的速度递增。澳第二大电信公司奥普图斯公司聘请过美国专家测算澳市内电话的成本。这家公司在自己的网址上披露说,澳大利亚电话公司市内电话收费标准为一次0.25澳元,但它的基础成本只有0.076澳元。

据澳官方一个专家委员会1997年编撰的《澳国际电信改革》一书透露,澳大利亚电话公司的国际电话收费价格是成本价的5倍(近几年由于竞争激烈,该公司的国际电话价格下降了一半)。

澳大利亚电话公司向澳因特网服务商收取信息通信费,价格比美国的要高一些,但没有一些发展中国家那么贵,这也有助于服务商降低成本。实践证明,澳目前的这种收费制度比较公平合理,有利于普通消费者和中小企业上网,减轻了消费者和企业的负担,促进了信息经济的发展。

据澳统计局的资料,到1998年8月,人口只有1 800万的澳大利亚有124万个家庭电脑上网,比同年5月和2月分别增加18%和46%。在过去的一年,420万成年人(占成年人总人口的1/3)上过网。澳上网率如此之高,除了该国电话电脑十分普及、国民文化素质高之外,低廉的收费价格显然功不可没。澳政府各部门、大公司基本都上网,资料丰富。几年来各行各业的方针、政策、公开的文化、领导人的讲话稿、新闻稿、公司的年度经营情况报告等应有尽有,查找起来十分方便。澳政府还大力提倡通过网上办公,开展电子业务、如税务局在网上办理纳税业务。这些也在一定程度上鼓励居民上网。

澳650多家因特网公司推出的上网计划多种多样,主要分计时制、月租制两大类。许多中小因特网服务商一般向澳大利亚电话公司租用线路和设备。尽管澳电信市场垄断程度比较高,电信市场自由化改革刚刚起步,但没有听说过有消费者抱怨市话和电脑上网收费不合理的。

澳因特网服务商不少,竞争比较激烈,但对这一行业看好的人不在少数。在区区30万人口的堪培拉,一位刚刚成立的因特网服务商老板说,堪培拉因特网服务商是不少,但随着网民的增加,市场也在扩大,在这一领域投资仍有不少机遇。

附:

**表1 经济指数**

| 经济指数 | 1994年 | 1995年 | 1996年 | 1997年 | 1998年 |
|---|---|---|---|---|---|
| GDP(亿澳元) | 4 627 | 4 905 | 5 190 | 5 466 | 5 698 |
| GDP(亿美元) | 3 383 | 3 636 | 4 061 | 4 056 | 3 601 |
| GDP增长率(%) | 5.5 | 3.7 | 3.7 | 3.8 | 4.2 |
| 消费通货膨胀率(%) | 1.9 | 4.7 | 2.6 | 0.3 | 0.8 |
| 人口(百万) | 17.8 | 18.1 | 18.3 | 18.5 | 18.7 |
| 出口(亿美元) | 473.71 | 532.2 | 603.97 | 648.67 | 557.96 |
| 进口(亿美元) | 506.48 | 574.43 | 610.32 | 630.53 | 609.22 |
| 财政收支平衡(亿美元) | −174.28 | −196.67 | −157.62 | −125.08 | −181.32 |
| 外汇储备(亿美元)(不包括黄金储备) | 112.85 | 118.96 | 145.34 | 168.45 | 149.25 |
| 外债(亿美元) | 1 764 | 1 933 | 2 024 | 2 172 | 1 980 |
| 债务偿还率(%) | 30.9 | 30.6 | 29.5 | 31.3 | 39.5 |
| 汇率(澳元:1美元) | 1.368 | 1.349 | 1.278 | 1.347 | 1.600 |

资料来源:英国经济学家情报部《国家报告:澳大利亚》,1999年第一季度,其中1998年数据为预测。

表 2 1997 年各产业部门在 GDP 中所占的比例(%)

| | | | |
|---|---|---|---|
| 原材料生产和矿业 | 8.3 | 私人消费 | 60.8 |
| 制造业 | 16.2 | 政府消费 | 16.2 |
| 建筑业 | 6.3 | 固定投资 | 24.1 |
| 商业 | 18.7 | 股市增长 | -1.2 |
| 交通通讯 | 9.5 | 出口 | 25.2 |
| 财政和商业服务 | 14.0 | 进口 | -25.3 |
| 公共管理 | 3.3 | | |
| 居民住宅 | 9.6 | | |

资料来源:英国经济学家情报部《国家报告:澳大利亚》,1999 年第一季度。

表 3 1997 年与主要贸易国家的进出口占总额的比例(%)

| 出口国家 | 占出口总额比例 | 进口国家 | 占进口总额比例 |
|---|---|---|---|
| 发展中国家 | 47.7 | 发展中国家 | 29.2 |
| 日本 | 19.5 | 英国 | 24.9 |
| 亚洲 | 15.5 | 美国 | 22.6 |
| 英国 | 10.3 | 日本 | 13.0 |
| 美国 | 7.0 | 亚洲 | 10.5 |

资料来源:英国经济学家情报部《国家报告:澳大利亚》,1999 年第一季度。

表 4 1997 年主要进出口

| 出口产品 | 亿美元 | 进口产品 | 亿美元 |
|---|---|---|---|
| 铁矿石及矿产 | 124 | 机械 | 181 |
| 煤、焦炭和石油 | 107 | 消费产品 | 135 |
| 机械 | 83 | 交通设备 | 106 |
| 黄金 | 57 | 燃料及润滑剂 | 38 |
| 谷物及预制品 | 45 | 化工 | 21 |

资料来源:英国经济学家情报部《国家报告:澳大利亚》,1999 年第一季度。

(中国现代国际关系研究所 方牧菲)

# 新西兰经济文化概况

## 概 述

新西兰是一个风光秀丽的南太平洋国家,到处绿草如茵,有人形容“整个新西兰是个高尔夫球场”。新西兰位于太平洋西南部,扼南太平洋的海、空交通要冲,战略位置十分重要。介于赤道和南极之间,东经 170～180 度间,纬度 30～48 度间,全部国土由北、南两大岛及诸小岛组成,总面积为 26 8112 平方公里,与日本、英国、意大利相近。北、东、南三面均为浩瀚的太平洋,内陆任何一点距海边都不超过 120 公里。新西兰地形地貌有其独特的特征。全境多山,山地面积占全国面积 1/2,山地和丘陵合占全国面积 3/4 以上;平原狭小,草原面积占全国面积的一半,约 1 400 多万公顷;河流多,但短而湍急,河网密度较高。热泉资源丰富。北岛蕴藏有温度很高的地下水、热泉和蒸汽,其中，白岛约长240公里，宽48公里，是世界三大地热区之一。全国有温泉64处，为大洋洲温泉最多的国家。有水温高达摄氏120度的高温热泉，有喷出地面15～30米的热蒸汽，有沸腾的泥浆地，有地热发电站(是世界上第二个建成的地热电站)。两个大岛都有许多肥沃的低地牧场、大片的森林、多沙的海滩、湍急的河流。多天然良港。两岛隔山相望。属温热带海洋性气候，阳光充足，气候宜人。最热月2月平均气温不到20摄氏度，冬季最低温度也在12摄氏度左右，因此夏无酷暑，冬无严寒。

新西兰是一个以移民为主体的社会，在全国人口中，欧洲移民后裔占81.8%，毛利族占12.5%，还有来自太平洋岛国主要是萨摩亚和库克群岛的波利尼西亚人占3.5%，官方语言和文字也是英语和英文。

## 经济发展概况

新西兰是一个经济发达国家。但新西兰经济的发展经历了一个曲折的过程。过去，农牧业在新国民经济中的位置相当重要，农牧业产品是新的主要外汇收入来源，并且为新西兰的加工业提供原料。第二次世界大战以后，新西兰对制造业实行保护政策，促进了国民经济的转轨。

80年代中期以后，新西兰经济进入自由化的改革时期。1984年朗伊政府上台以后，抛弃了凯恩思主义政策，主张减少国家对经济生活的干预，发展私人企业，鼓励竞争，拓展国际市场等，进而推行了减少国家干预、发展市场经济、改革税收制度和增加财政收入等一系列经济改革政策。主要措施有：(1)加速国有企业私有化。将效率低、连年亏损的国有企业出售给私人，既提高企业的竞争力，又卖掉国有企业固定资产以偿还日益增多的外债。(2)进行经济机构改革。1987年4月，将林业、电力、煤炭、土地测量、邮电和铁路等9个政府部门改为国营公司，实行企业化管理，使其自负盈亏。(3)逐步取消或减少国家对畜牧业和制造业的补贴和援助。这不仅减轻了国家财政负担，又能促进生产成本的降低和产品竞争力的提高。(4)对金融税制进行改革。一方面大量削减公共开支，紧缩银根，限制货币发行量，以抑制通货膨胀，同时实行货币贬值、放宽银行业管制、增加中央银行自主权、实行自由浮动的汇率和利率政策，另一方面还废除了大部分商品的进口许可证和关税，改革税制，以稳定市场和增加出口；降低公司和个人的所得税，税率从66%递减至48%，以鼓励储蓄和投资，发展生产。在这样大刀阔斧的经济改革中，新西兰经济和社会经受了强烈的变动和阵痛，致使工党政府连换了3任总理。但到80年代末，经济改革已初见成效，国民经济有所好转，外贸开始出现顺差，国际收支经常项目逆差减少，通货膨胀率明显下降，高利率也得到了控制。

1990年11月国民党的博尔格政府上台执政后，继承了工党实行的自由经济政策，在以农、牧、林业为主体的情况下，依次发展农畜产品加工业、机器制造和旅游业；企业自主经营政策，使企业可自主经营和按需调配资金，刺激经济发展和增加就业机会；继续削减政府开支，推行低通胀、低利率的政策，同时推行"面向亚洲"、拓宽国际市场的出口政策，以促进投资和外贸出口。目前，这些政策已取得明显效果。不仅实现了通货膨胀率0～2%和利率一位数的目标，进而推动汇率下降，刺激出口，使外贸顺差不断增加，而且整个国民经济已摆脱80年代末90年代初的不景气状况。但是，改革中的新西兰经济仍然面临着许多新的困难和难题。农牧业和制造业仍未摆脱不景气；外债有增无减。大量商业行业萎靡不振，建筑业和制造业仍呈降势。亚洲金融危机后，新西兰经济也遭重创，新西兰的外债已经达到创记录的990亿新西兰元，比上一年增加了24%。新西兰的失业率1999年年初以来从6.7%上升到了7.1%。变得悲观的企业主目前在采取紧缩措施。惠灵顿的三菱公司上周停止了汽车生产，使几千新西兰人失业。这家工厂最兴旺的时候有1.5万名职工。

新西兰经济模式在世界经济中也别具一格。80年代彻底的改革把富裕国家当中的这个管制最严和最为封闭的经济体改造成了最积极地奉行自由市场政策的国家之一，其税率最低，贸易壁垒最低，私有化很普及。但贫富差距急剧拉大。

**资源丰富** 矿藏主要有煤、金、铁、天然气、银、锰、钨、磷酸盐、石油等。但除石油和天然气外，其他矿藏储量都不大。石油储量3 000万吨，不能满足国内需求，要进口。为了弥补本国石油的短缺，新西兰正在逐步用浓缩天然气代替石油用作汽车的燃料。天然气主要分布在北岛的塔腊纳基区新普利默斯附近,储量较大,约为2 340亿立方米,是世界上最大的20个天然气田之一。煤的产量保持在200～300万吨,大部分供本国消费,少量出口日本。金属矿物除铁矿砂外,开采有限。年产铁矿砂约2 000万吨左右,除满足国内钢铁厂需要外,也供出口。从铁矿砂中分离出来的钒,占世界市场供应量的10～20%。采金业是一个发展较早的矿业部门。近年在科罗曼代尔和南岛开发了新的金矿,黄金产量有所增加。此外,还有银、锰、钨。非金属矿物有硅石、硫磺。近海海底探明有磷酸盐,但尚未开发。

新西兰水力、地热资源丰富。利用水利资源的水力发电每年约300亿度,占总发电量的比重一直在80%左右。地热发电占4%,其余为火力发电(煤、石油、天然气)。水力发电的2/3在南岛,有海底电缆将电力输送到北岛。煤炭储量不大,年产量约250万吨,可自给。

森林资源丰富,面积约740万公顷,覆盖率28%,其中天然林620万公顷,人工林120万公顷。其林业是建立在人工林区的基础上,主要树种是引进的针叶树——辐射松,98%是可采伐的圆木,有经济价值的木材约200万公顷。每年种植人造林4万公顷。

新西兰四面环海,渔业资源相当丰富。1978年4月实行200海里专属经济区,使新西兰控制了约410万平方公里周围水域的渔业资源。经济区内捕鱼潜力估计每年可达50万吨。

**工业** 冶金工业是60年代以后发展起来的,现有企业118家,年产值1.54亿新元。化学工业包括工业化学、化肥、炼油、橡胶、塑料等行业,主要集中在几个大城市,产品以满足国内消费为主。纺织工业主要是毛纺厂,产值占纺织业的1/2,是新西兰历史最悠久的工业部门之一。

电力工业是新西兰增长较快的工业部门,全国已形成统一的输电网。水力发电主要集中在北岛的怀塔托河、怀卡基河和克卢萨河上,年发电量占全国发电总量的79.1%。在北岛,主要是利用地心热力发电,北岛中部的威奥拉谷地的怀拉基地热发电所,是世界上第二大地热发电厂,可以发电10.926万千瓦,最多可达15万千瓦。

**农业** 农业在新西兰国民经济中占有十分重要的地位,是其对外贸易的基础。新西兰农产品主要有小麦、大麦、燕麦和水果等。畜牧产品有奶制品、种畜、肉类产品。新西兰粮食不能自给自足,缺额部分主要从澳大利亚进口。畜产品及其加工品除满足国内需求外大部分供出口。1991年水果、活畜、奶制品、肉类出口为110.63亿新元,占当年出口额166.77亿新元的66.3%。水果和蔬菜除满足国内的需要外,还大量出口。各种新鲜、制成罐头以及冷冻的水果和蔬菜共占新西兰农产品出口的11%。猕猴桃产量居世界第一位。近年来猕猴桃出口量迅猛增长,大约每年翻一番。

**畜牧业** 新西兰有“世界最大的牧场”之称。发达的畜牧业是新西兰经济的基础,并在世界上占有重要地位。新西兰羊毛和乳制品出口量居世界第一位,羊毛出口量居第二位。至1989年6月,共有牧场82 687个,占地面积1 640万公顷。其中牧羊场24 387个,占总数29%;奶牛场16 672个,占总数20%;肉羊场10 562个,占总数13%。羊肉出口量居世界第一位,羊毛出口量居第二位,粗羊毛产量占世界总产量的40%。1989/1990年度,生产羊毛30.9万吨,肉类101.2万吨。

**渔业和水产养殖业** 主要养殖品种有:绿贝青口、太平洋龙虾和鲑鱼,其他还有鲜贝、鲍鱼和大虾。

**林业** 林业是新西兰第三大出口产业。1993年林业产量净重达19.3万吨,1991年出口达17亿美元,占商品出口总额的10.7%,仅次于肉制品和奶制品。预计今后10年木制品出口将增长40%。新西兰出口的原木主要是人工种植的辐射松。1992年锯木出口量比上一年增长18.1%,金额增长31.7%;原木和木柱出口量增长15.4%,金额增长16.5%。最大的进口国是澳大利亚,购买的林产品价值达6.54亿新元,占新西兰林产品出口总额的34.4%,其余10大买主中的9家是亚洲国家和地区。

**住房建筑业** 新西兰住房建筑及其他建筑业是国民经济中的重要组成部分,也是居民,特别是中下层收入者资金投向的主要市场。

**交通通讯业** 国内公路和铁路四通八达。但作为一个海洋岛国,距大陆较远,与外界交通联系主要依靠海、空交通。

**公路运输** 公路网比铁路网更稠密,四通八达,已伸入到铁路不能到达的各个地区。到1994年,新西兰公路总长度为92 306公里(包括国家高速公路和地方公路)。其中混凝土路面5 000余公里。据1993年3月31日统计,注册车辆包括出租汽车、货车等各种车辆共计有240万辆,其中小轿车约150万辆。1989年成立了新的陆上运输机构,取代了原有的国家公路局和城市运输委员会,使公路管理系统化。

铁路　铁路在新西兰的国民经济中占有重要地位。但由于经营不善,几乎连年亏损。直到1993年几乎所有的铁路都是国营。1993年6月铁路的50%开始私营化,由美国与当地一家合资公司经营。目前全国铁路总长约有4 450公里,年货运量约900万吨,客运1 500万人次。平原沿海铁路线路稠密。从整体上北岛以奥克兰、惠灵顿之间的干线为主,东西分出若干支线;南岛铁路集中在岛的东侧,从皮克顿长驱直下,抵达南端布拉夫。在南岛、北岛之间有火车轮渡相连接。

内河航运　新西兰内河航运不发达。

海运是新西兰运输的重心　现有航线9条,港口40多个。其中4个集装箱港,近年港口装货量约为1 140万吨,卸货量约765万吨。海运分沿海及远洋两类。国营新西兰船运公司营运沿海及部分远洋运输任务。远洋贸易轮船只航行于塔斯曼豚太平洋岛屿。远去太平洋沿岸各国、美国、欧洲等地货物运输由外籍船舶承担。目前约有远洋运输货轮(不包括沿海运输)3 740艘,运输量3 095万净吨。远洋运输的货物主要有矿产、农牧产品、木材、化肥、机械钢铁和酒精燃料。运输吞吐量在100万吨以上的大港有奥克兰、璜阿雷、陶朗阿、惠灵顿、特阿腊罗阿、韦弗利、利特尔顿和奥塔戈。这些大港吞吐之间的差别很大,明显地分为以输入为主的港口和以输出为主的港口。沿海运输的港口大都分布于东海岸,北岛北部的璜阿雷港是全国沿海运输的最大港。海运业集中在北岛,按来往船舶的净吨位计,北岛占总数的70%;按港口吞吐量计,北岛占78%。新西兰吞吐量100万吨以上的10大港口,前5名都在北岛。

航空业　新西兰航空业的发达程度居于世界前列。空运业务十分繁忙,全国各大城市均有机场,有定期航班往来。奥克兰、克赖斯特彻奇、惠灵顿三个城市设有国际机场,有国际航班直接飞往美国、加拿大、德国、日本、新加坡、泰国、马来西亚、南太诸国和香港的航班。新西兰与澳大利亚各主要城市之间还有定期航班。年空运货物约为17万吨。国内航线客运量约达445万人次,货运量4 290万吨;国际航线客运量约达330万人次,货运量14 612万吨。共有机场156个。新西兰航空公司经营国内及国际民用航空业务;国内航线由多家航空公司共管,其中最著名的是马温特科克航空公司。一些较小的航空公司也被允许经营零星的民航业务。同时允许外国航空公司经营新西兰的国内民航业务,与新西兰的航空公司竞争。

电信　新西兰电信业务十分发达,电信网络遍及全国,现有的电信服务项目包括:电子排版、移动电话、电传系统和传真。此外,还有数据传播服务,如电子通讯、数据出租线路、数据包括整体转换以及录像文字显示、电子资金转移服务等。现有电话约240万余部,平均每2人有1台电话,国际电话可直拨150个国家和地区。

旅游业　旅游业是新西兰经济收入的来源之一。近年来旅游业年产值约在38亿新元左右。旅游业对创造就业的机会和地区发展十分重要。据统计,1991年约有1 200万旅客到新西兰旅游,其中亚洲地区和国家增长最快。韩国、台湾省、香港和新加坡1991年分别增长115%、55%、25%和14%。

## 政局不稳经济出现衰退

在政治上,1998年以来,执政的新西兰国民党和第一党在联合政府里争吵不断,两党在政策主张上基本上相左,在施政过程中矛盾迭出。1998年8月联合政府垮台,这是新西兰政坛上发生的一次不大不小的“地震”,接着余震不断。希普利总理为建立国民党一党执政的少数议席政府,推行了一系列“往前发展的政策”。但就在这关键时刻,希普利错误地首先抛出了养老退休金改革计划,决定将由公众拨款的养老金由原来的平均薪金的65%降到60%。新西兰是一个老年人口较多的国家,据统计,在将近380万人口中有45万人靠养老金过日子。新计划一宣布,全国哗然,老年人成立“银灰力量”组织,进行集会示威,抗议政府降低发放养老退休金的措施。工党和其他一些反对党抓住机会发起一连串攻势,指责希普利总理把节约政府开支的重任嫁祸于无依无靠的老人。工党宣布,一旦它上台就要恢复原来养老退休金的标准。养老退休金改革计划使国民党的支持率从41%骤降至31%。而工党的支持率由42%猛升至48%。这一上一下,使两党的差距高达17个百分点。尽管国民党又相继抛出有关降低房租、增加教育和医疗保险投资、刺激经济活动、增加移民等一系列政策,但人们对国民党的"往前发展的政策"反应平平。

在经济上,东亚一些国家相继发生经济危机和政治动乱给新西兰经济带来不小损失。一年多来,来自亚洲的旅游者和投资者锐减,仅出口贸易一年就损失5亿新元。据当地澳新银行估算,亚洲危机使新西兰的国内生产总值下挫1.2个百分点。新西兰政府1998年初在制定经济指标时,预测国内生产总值能保持2.8%的增长速度,政府财政会有13亿新元的盈余。可是,第一季度国内生产总值下挫1%,第二季度又接着下滑0.8%,使1998年结束多年来的上升势头,出现1.5%的负增长。外贸也不景气,1998年上半年进出口贸易额比一年前减少1.2%。由于出口减少,进口势头未得到相应遏制,国际贸易收支连连出现赤字,第一季度为5.84亿新元,第二季度猛增到17亿新元,是最近13年来最糟糕的情况。

经济活动萧条,外贸不景气,致使大批企业破产倒闭。据官方公布的材料,1998年头3个季度里宣布破产的企业已达2 445家。1997年,破产企业总数为2 658家,是最近10年来破产企业最多的年头。另外,高失业率多年来困扰新西兰。据官方公布的材料,第三季度失业人数为13.8万人,失业率为7.4%,比1997年同期高出将近1个百分点。官方预测,1999年失业率有可能上升到8.5%或9.4%,也就是说失业人数会超过17.5万人。

衰退的经济也反映在股市交易上。1998年10月,新西兰40种主要股票的指数跌到1 668点,为最近5年来的最低点,比一年前下跌1 000点。这也就是说,这40种股票的总值从600亿新元下降到370亿新元。新元对美元的比值在这一年中也下挫10%左右。新西兰1999年的经济状况将在很大程度上取决于全球经济形势,当然亚洲经济情况仍会对它有很大影响。

首先受到亚洲金融危机冲击的是新西兰的木材出口和旅游业。韩国是新西兰的主要木材进口国,金融危机使韩国进口商无法从银行得到信用证,造成新西兰大量已经砍伐的木材无法出口。目前,新西兰生产的木材约有一半销往韩国,其主要的木材公司正在考虑暂时停止砍伐树木。近几年来,亚太地区已成为新西兰海外游客人数增长最快的地区,但危机发生之后,游客人数骤然减少。新西兰统计局公布的数字显示,1998年12月,亚洲游客人数比前年同月下降了29%,其中韩国游客减少了78%,泰国游客减少了55%,印度尼西亚游客减少了49%。亚洲市场的萎缩导致全部游客人数下降了12%。

其次,留学人员减少。亚洲金融危机的影响还给其他领域造成不利后果。如出口下降,商界信心低落,在新西兰各教育机构学习的许多亚洲留学生纷纷回国,使学校收益大减。最新数字显示,1997年的经济增长率只有2.3%,为4年来的最低速度。据政府估计,亚洲金融危机将使新西兰1998年经济增长速度下降0.5个百分点。原先预计出现的经济增长反弹至少要推后1年,同时,政府的财政盈余将减少3亿新元。从1998年年底以来,新西兰储备银行已经两度放松货币政策,任凭新元汇价下跌,以新元贬值的办法抵销亚洲金融危机的冲击。

尽管亚洲金融危机已经给新西兰经济的各个领域带来了不利后果,使许多大公司去年的利润下降,但卡特·霍特·哈维公司、雄狮公司和狮王啤酒公司等新西兰的主要大企业都表示将不会放弃亚洲市场。1998年1月,新西兰副总理兼国库部长温斯顿·彼得斯呼吁新西兰的商人不要离开亚洲市场。他说,在危机中,亚洲国家会比其他地区作出更大的牺牲,总结教训,重新开始。最近,外交部长唐·麦金农也再次表示,新西兰已经坚定地把眼光转到了亚太地区,不会在亚洲国家遇到金融危机时抛弃这些伙伴。

目前,新西兰的前10大贸易伙伴有7个在亚洲。在新西兰经济的4大支柱行业中,旅游和林业出口严重依赖亚洲,肉类和乳品对亚洲的依赖也日益增大,韩国和印度尼西亚发展成为重要市场。新西兰出口的主要都是初级产品,由于对欧洲和北美的出口受到配额的限制,不大可能有很大的增加。亚洲地区人口众多,近年经济增长迅速,不仅使新西兰在贸易上获益匪浅,还得到了大量急需的投资。因此,人口稀少、既需要市场又需要资金的新西兰,不可能也无法离开亚洲。

## 教　育

新西兰有很好的教育条件，但近几年由于经济徘徊不前，教育水准有所下降。新西兰法律规定，父母如果不将学龄儿童送往学校接受教育就是违法行为，但父母有权将子女送入自费私立学校。小学毕业后，除需要受特殊教育的学生以外，一般均应升入中学。入大学需要经过考试。所有中等以上学校的学生，由政府发给辅助金。

新西兰国立中小学实行免费普及教育，小学入学年龄为5岁，6～15岁青少年享受义务教育。目前超过35%的15岁以上的青少年进入大学或属于专科学校继续读书。近几年中小学教育在管理体制上发生了很重要的变化，学校管理从旧的教育部门管理转向新的学校委托保管人管理的体制。专科以上学校教育的结构和款项也发生了变化。所有综合性工艺学校和大学，在为每个学生提供基本的资金方面要互相竞争。再者，学习期间还要缴纳各项费用。而且大部分的学生助学金现在也由政府贷款提供，代替从前完全给予的作法。1991～1992年度政府教育预算支出为45.69亿新元，比上年度增加3.38亿新元，占预算总支出的15.5%。全国有7所高等院校：奥克兰大学、维多利亚大学、坎特伯雷大学、梅西大学、奥塔哥大学、林肯农学院、维凯多大学。现有大学生人数约20余万，平均每100人中有大学生约7人，1994/1995年度全国人口识字率高达99.8%，文盲率仅0.2%。

**目前学校和学生数**

| | 学生(人) | 学校(所) | 教师(人) |
|---|---|---|---|
| 小学 | 43.6万 | 3 332 | 2.1万 |
| 中学 | 23.4万 | 415 | 1.35万 |
| 专科学校 | 12.48万 | 27 | 2 700 |
| 师范 | 4 874 | 6 | 400 |
| 大学 | 7.23万 | 7 | 2 700 |

## 社会文化

新西兰是经济发达国家，也是典型的“三高”国家：即高福利、高消费、高通货膨胀。国民经济对出口高度依赖。人民生活水平居世界前列。新西兰居民几乎每家都有汽车、彩电、冰箱、洗衣机、收音机。家家都有电炉或煤气炉，城市取暖及做饭主要用电炉。

新西兰气候温和，一年四季都可以在室外进行各式各样的体育运动，因此该国人也特别热爱体育活动。除橄榄球运动外，足球、高尔夫球、曲棍球、板球、网球等运动也很流行。赛车、赛马，也很受欢迎。爬山、滑雪、滑冰、划艇、驾驶帆船、游泳及冲浪等运动也很普遍。另外，新西兰人也很喜欢钓鱼和打猎。但为了保护生态平衡和自然环境，该国对这两项娱乐活动有一些严格的规定，对地区、季节、捕获物的大小、数量等都作了具体的明文规定。

毛利族女性的舞蹈柔美舒缓，婀娜多姿。“波依舞”是他们的代表舞蹈。“波依”是一种用马蔺草纺织的白色小球，小球的一端用细绳牵动，在音乐的伴奏下，演员将小球有节奏地上下舞动，左右绕行，像水流星一样在空中划出变化多端的优美弧线。小球还不时地碰击演员的头部和身体，发出悦耳的声响。男子的舞蹈称为“哈卡”，以表现战争题材的勇士著称。演员脸上模仿古人文面，赤裸上身，下着黑黄两色相间的草裙，舞蹈动作粗犷有力。有时，还手持武器，刀剑相击，铿锵作响，并伴以高声喊叫。

新西兰享有“医疗保健之王”的美誉。它的卫生保健条件优良，医疗技术水平全国普遍较高。实行免费医疗。在过去3年里，新西兰政府已为医疗机构分拨额外的资金，而且可能不得不承担一定的医疗事业的债务。1994年6月底政府用于医疗的开销达41亿新元，约占预算总支出的16%。目前共有病床约2.75万张，每1万人拥有病床95张，每332人有1名医生。近几年新西兰私人医疗保险有增加的趋势。随着各项改革的推进，医疗机构的管理也于1989年开始改革。医疗体制的改革集中在提高效率、限制开销、增加私人医疗、促进健康和防止疾病。卫生部负责管理法规和资金。医疗机构的一般设备以往经常是由14个地方的卫生局落实，部分资金由政府提供。1991年6月，上述单位已被4个地区当局取代，它们负责掌握医疗机构的价格。

附：

**表1　经济指数**

| 经济指数 | 1994年 | 1995年 | 1996年 | 1997年 | 1998年 |
|---|---|---|---|---|---|
| GDP(亿新元) | 853 | 904 | 946 | 976 | 984 |
| GDP(亿美元) | 506 | 593 | 650 | 645 | 528 |
| GDP增长率(%) | 6.1 | 3.3 | 2.7 | 3.1 | -0.2 |
| 消费通货膨胀率(%) | 1.7 | 3.7 | 2.3 | 1.1 | 1.3 |
| 人口(百万) | 3.5 | 3.7 | 3.7 | 3.8 | 3.8 |
| 出口(亿美元) | 121.76 | 134.78 | 141.66 | 138.58 | 133.3 |
| 进口(亿美元) | 107.69 | 125.84 | 136.74 | 134.53 | 124.11 |
| 财政收支平衡(亿美元) | -23.85 | -30.77 | -38.85 | -55.66 | -40.66 |
| 外汇储备(亿美元)(不包括黄金储备) | 37.09 | 44.1 | 59.53 | 44.51 | 44.94 |
| 外债(亿美元) | 441 | 488 | 564 | 550 | 554 |
| 汇率(新元:1美元) | 1.687 | 1.524 | 1.455 | 1.512 | 1.863 |

资料来源：英国经济学家情报部《国家报告：新西兰》，1999第一季度，其中1998年数据为预测。

**表2　1997年各产业部门在GDP中所占的比例(%)**

| | | | |
|---|---|---|---|
| 农、林、渔及矿业 | 8.7 | 私人消费 | 63.3 |
| 工业 | 24.7 | 政府消费 | 15.1 |
| 服务业 | 45.6 | 总固定资产构成 | 20.4 |
| 总的政府开销 | 10.5 | 股市增长 | 0.8 |
| 已居住房 | 7.6 | 出口 | 28.3 |
| 未住房 | 2.9 | 进口 | -28.0 |

资料来源：英国经济学家情报部《国家报告：新西兰》，1999第一季度。

**表3　1997年主要进出口**

| 出口产品 | 亿美元 | 进口产品 | 亿美元 |
|---|---|---|---|
| 日常用品 | 24 | 机械和交通设备 | 21 |
| 肉 | 18 | 汽车飞机 | 17 |
| 木材 | 15 | 电子设备 | 14 |
| 水果蔬菜 | 7 | 矿燃料 | 9 |
| 鱼 | 7 | | |

资料来源：英国经济学家情报部《国家报告：新西兰》，1999第一季度。

**表4　1997年与主要贸易国家的进出口占总额的比例**

| 出口国家 | 占总出口额比例(%) | 进口国家 | 占总进口额比例(%) |
|---|---|---|---|
| 澳大利亚 | 20.2 | 澳大利亚 | 27.4 |
| 日本 | 14.5 | 美国 | 19.1 |
| 美国 | 10.4 | 日本 | 12.3 |
| 英国 | 6.2 | 英国 | 5.5 |

资料来源：英国经济学家情报部《国家报告：新西兰》，1999第一季度。

（中国现代国际关系研究所　方牧菲）

# 第　三　篇

# 世界人口发展与环境保护

# 世界人口发展状况

中国人口信息研究中心 汤梦君

## 世界人口的规模与增长

### (一)世界人口

20世纪是历史上人口增长最多最快的世纪。1750年,世界总人口估计为7.91亿,人口增长率在0.5%以下。在18世纪以后的年份和19世纪,人口增长率一直在0.6%以下,而一进入20世纪,人口就加速增长,在60年代后期人口增长率出现了历史最高值2.04%。因此,20世纪世界人口迄今已突破了4个"10亿人"的关口,世纪初世界人口为16.5亿,1927年突破20亿,1960年突破30亿,1974年达40亿,1987年达50亿。根据美国人口咨询局编制的1998年世界人口数据表,1998年中世界总人口为59.26亿,其中发达地区11.78亿,欠发达地区47.48亿。与1900年相比,总人口增长了42.76亿。

20世纪世界人口的增长经历了一个由缓到急,由急变缓的过程。二战以前,人口增长较慢,而二战后,随着各国经济的复苏,卫生医疗条件的好转,世界人口进入了急剧增长的阶段。在1965~1970年,世界人口增长最快。70年代后,这种快速增长的势头才慢慢消失,取而代之的是人口缓慢地增长。现在,世界人口增长还处于这一阶段。1998年,年自然增长率为1.4%,发达国家为0.1%,而欠发达国家为1.7%。

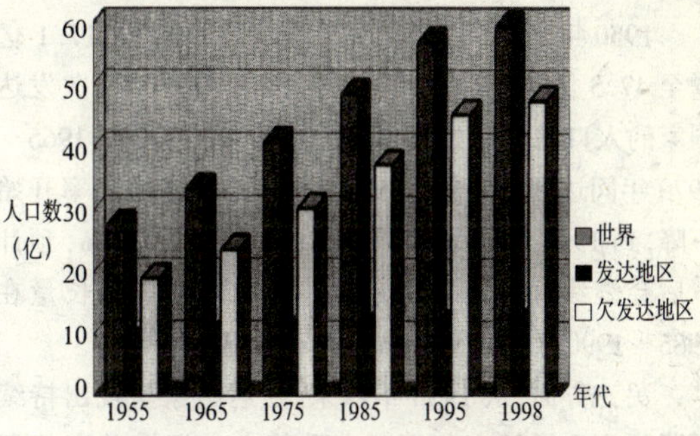


**图1 二战后世界人口数量的增长**

从图1中可以看出二战后世界人口规模的增长。从1950年至1998年,世界人口总量增长了135%。从人口年增长量来看,1985~1990年间世界人口年增长量达到了历史上的最高值,而在1990年之后开始下降。这是本世纪人口增长中的一个历史性标志。

**表1 二战后世界人口平均年增长量和增长率的变化**

| | 1950~1955 | 1955~1960 | 1960~1965 | 1965~1970 | 1970~1975 | 1975~1980 | 1980~1985 | 1985~1990 | 1990~1995 |
|---|---|---|---|---|---|---|---|---|---|
| 年增长量(百万) | 47 | 54 | 63 | 72 | 76 | 73 | 80 | 87 | 81 |
| 年增长率(%) | | | | | | | | | |
| 世界 | 1.78 | 1.85 | 1.99 | 2.04 | 1.95 | 1.72 | 1.72 | 1.72 | 1.48 |
| 发达国家 | 1.21 | 1.18 | 1.10 | 0.81 | 0.79 | 0.65 | 0.57 | 0.60 | 0.40 |
| 欠发达国家 | 2.05 | 2.15 | 2.36 | 2.52 | 2.37 | 2.08 | 2.08 | 2.04 | 1.77 |

## (二)发达国家与欠发达国家

20世纪50年代以后,不论是发达国家还是欠发达国家,人口的增长都经历了一个从加速到放慢的过程。50到60年代是世界第三次人口浪潮兴起的时期。在这一时期,发达国家出现了一个历时数十年的"婴儿激增"阶段,一方面出生率回升,一方面死亡率趋于下降;欠发达国家由于大部分实现了民族独立,医疗卫生事业获得了突破性进展,人口死亡率第一次破天荒从长期保有的高水平持续地、不可逆转地跌落下来,导致人口增长迅速。进入70年代后,发达国家的人口出生率和增长率愈加下降,主要的原因是,欠发达国家在60年代掀起了"家庭生育计划"的高潮,纷纷采取了控制人口增长的政策。因此,从70年代开始,尤其是进入80年代以来,世界人口的增势一退再退。

1950年至1998年,欠发达国家的人口从17.1亿增至47.5亿,增长了178%。在1950~1970年,欠发达国家的人口增长率始终保持着上升的趋势,在1965~1970年间达到最高值2.52%。之后,人口增长率开始下降,到1995年降为1.77%,1998年降为1.7%,预计以后会继续保持下降的趋势。平均年人口增长量在1985~1990年间出现峰值后也开始下降。

另一方面,从1950年以来,发达国家呈现出持续下降的人口增长率与不断上升的人口规模并存的局面。从1950~1998年,发达国家的人口从8.13亿增至11.8亿,增加了45.1%。增长率从1950~1955年的1.21%下降至1990~1995年的0.4%。

在许多发达国家,人口早已进入了负增长阶段,尤其在北欧和东欧国家。1998年,乌克兰和拉脱维亚的人口以0.6%的速度减少。而在许多欠发达国家,人口自然增长率仍在3%以上。1998年全世界范围人口自然增长率最高的是亚洲的阿曼,为3.9%。发达国家与欠发达国家在增长率上显著的不同导致它们的人口在世界人口中所占的比例也在发生着显著的变化。在1950年,世界上几乎每3个人中就有1人生活在发达国家(32%),1998年这一数值变为每5个人中有1个(20%),据估计,将来发达国家人口所占的比例将继续减少,到2050年将仅有12%的人口生活在发达国家。

## (三)主要地区的人口增长

在1950~1970年,人口增长最快的地区是拉丁美洲与加勒比海地区,平均每年增长2.67%。在1970年以后,非洲取而代之,并且有望保持这种状况直至2050年。

在1950年到1998年间,非洲人口从2.24亿增至7.63亿,平均每年增长2.6%。拉丁美洲与加勒比海地区是另一个自1950年以来人口年增长率在2%以上的地区。在2.32%人口增长速度下,拉丁美洲与加勒比海地区的人口从1950年的1.66亿升至1998年的5亿。另一方面,欧洲是1950~1998年间年增长率在1%以下惟一的地区。

在1990~1995年,世界人口平均每年增加8 100万人,有63%来自亚洲,22%来自非洲。亚洲的两个最大的国家——中国和印度在1990~1995年间为世界人口增加了2 860万人口,占世界人口平均年增长量的35.4%。

**表2 1750~1998年主要地区的人口状况**

(单位:百万)

| | 1750 | 1800 | 1850 | 1900 | 1950 | 1998 |
|---|---|---|---|---|---|---|
| 世界 | 791 | 978 | 1 262 | 1 650 | 2 524 | 5 926 |
| 非洲 | 106 | 107 | 111 | 133 | 224 | 763 |
| 亚洲 | 502 | 635 | 809 | 947 | 1 402 | 3 604 |
| 欧洲 | 163 | 203 | 276 | 408 | 547 | 728 |
| 拉美加勒比海地区 | 16 | 24 | 38 | 74 | 166 | 500 |
| 北美洲 | 2 | 7 | 26 | 82 | 172 | 301 |
| 大洋洲 | 2 | 2 | 2 | 6 | 13 | 30 |

### (四)主要国家的人口状况

从世界十大人口国的排序可以清楚地看出20世纪后半期人口发展的趋势。从量上看,1950年,人口最多的为中国,为5.55亿人口。当时人口超过1亿的国家只有4个。而1998年,有10个国家的人口超过了1亿,它们的人口约占世界人口的60%。最大的两个国家,中国12.43亿,印度9.88亿,这两个国家的人口约占世界人口的38%。在不到50年的时间里,世界人口大国的次序已发生了很大的变化。1950年,前十位中还有6个发达国家,而1998年,发达国家只余下3个,其余的3个位置则被亚非欠发达国家所代替。

**表3 1950年与1998年人口大国的排序**

| 1950年排序 | 国 家 | 人口数(百万) | 1998年排序 | 国 家 | 人口数(百万) |
|---|---|---|---|---|---|
| 1 | 中国 | 555 | 1 | 中国 | 1 243 |
| 2 | 印度 | 358 | 2 | 印度 | 988 |
| 3 | 美国 | 158 | 3 | 美国 | 270 |
| 4 | 苏联 | 102 | 4 | 印度尼西亚 | 207 |
| 5 | 日本 | 84 | 5 | 巴西 | 162 |
| 6 | 印度尼西亚 | 80 | 6 | 俄罗斯 | 147 |
| 7 | 德国 | 68 | 7 | 巴基斯坦 | 142 |
| 8 | 巴西 | 54 | 8 | 日本 | 126 |
| 9 | 英国 | 51 | 9 | 孟加拉 | 123 |
| 10 | 意大利 | 47 | 10 | 尼日利亚 | 122 |

## 生育与死亡水平

出生与死亡水平是决定人口自然增长的关键因素。二战后的出生率一样也经历了一个由低到高,由高向低的过程。在1960～1965年,发达国家和欠发达国家的人口出生率都达到了20世纪的最高值,之后就进入了缓慢的下降阶段。1998年世界人口的出生率下降为23‰,其中发达国家11‰,欠发达国家26‰。世界上出生率最低的国家是欧洲的拉脱维亚,为8‰,最高的国家为非洲的乍得,为50‰。

**表4 二战后世界人口出生率的变化**

(单位:‰)

| | 1950～1955 | 1955～1960 | 1960～1965 | 1965～1970 | 1970～1975 | 1975～1980 | 1980～1985 | 1985～1990 | 1990～1995 |
|---|---|---|---|---|---|---|---|---|---|
| 世界 | 37.4 | 35.6 | 35.3 | 33.8 | 30.9 | 28.3 | 27.5 | 26.8 | 24.1 |
| 发达地区 | 22.0 | 21.1 | 19.6 | 17.3 | 16.1 | 14.9 | 14.5 | 13.9 | 12.4 |
| 欠发达地区 | 44.5 | 42.0 | 41.8 | 40.3 | 36.3 | 32.8 | 31.5 | 30.5 | 27.2 |

在20世纪90年代的前五年,大约每年有5 100万人死亡,其中1 200万在发达国家,3 900万在欠发达国家。这一时期,全球的粗死亡率为9.3‰,比1950～1955年降低了20个千分点。1998年世界人口死亡率为9‰,其中发达国家10‰,欠发达国家9‰。世界上死亡率最高的是非洲塞拉利昂,为30‰,最低的是西亚的科威特、卡塔尔和阿拉伯联合酋长国,均为2‰。

与出生率所显现的差异不同,发达国家的平均死亡率比欠发达国家还高一个千分点。发达国家19世纪就开始了死亡率的急剧下降,而欠发达国家晚了约一个世纪。1950～1995年,发达国家的死亡率几乎没有发生任何变化。而欠发达国家却发生了第一次人口革命,从此结束了非正常死因占死亡主因的时代,出现了正常死因跃上主因的新局面,人口死亡率从长期保有的40‰以上的高水平急剧下降,大多锐降到15‰左右或更低的水平。目前,发达国家已进入了人口老龄化时期,总死亡率在降到低水平后开始出现稍许回升,这是人口年龄结构变动的影响。老年人口的死亡水平高于其他年龄组,当老年人口在总人口中的比例增大后,总死亡率水平就会有所提升。在一些欠发达国家,如非洲一些国家,其死亡率还在15‰以上,这是因为这些国家受战争影响,或受艾滋病传播的影响。

**表5 1950～1995粗死亡率的变化**

(单位:‰)

| | 1950～1955 | 1955～1960 | 1960～1965 | 1965～1970 | 1970～1975 | 1975～1980 | 1980～1985 | 1985～1990 | 1990～1995 |
|---|---|---|---|---|---|---|---|---|---|
| 世界 | 19.8 | 17.3 | 15.6 | 13.4 | 11.7 | 11.0 | 10.3 | 9.6 | 9.3 |
| 发达地区 | 10.2 | 9.6 | 9.4 | 9.4 | 9.4 | 9.5 | 9.6 | 9.6 | 10.1 |
| 欠发达地区 | 24.2 | 20.8 | 18.2 | 15.0 | 12.5 | 11.5 | 10.5 | 9.6 | 9.1 |

直到60年代末期,全球的总和生育率还保持在5左右,但70年代以来就开始迅速地下降。1980～1985到1990～1995年间,世界平均总和生育率继续下降,并且下降的速度有所加快。在这一时期,全世界的总和生育率下降了17%,从3.6降为3.0。亚洲、拉丁美洲与加勒比海地区都在发生着广泛而快速的生育率转变,每个妇女平均一生生育的孩子数从1970～1975年的5个下降为1990～1995年的不到3个。在北部非洲,生育率也从6.3的高水平降为4.1。1998年世界总和生育率已下降为2.9,其中发达国家1.6,欠发达国家3.3。1998年总和生育率最高的是尼日尔,为7.4,而最低的是中国香港行政区,只有1.1。

受欠发达国家生育率转变的影响,全球总和生育率在70年代和80年代早期迅速下降,从1965～1970年的4.9降为1990～1995年的3.0。同时,发达国家与欠发达国家在生育水平上的差异从1970～1975年的3.3降为1990～1995年的1.6。世界上各个地区不同的生育水平的差异反映出各个地区社会、经济发展水平以及避孕节育方法使用的不同程度。而全球的平均数值恰恰掩盖了这些差异。事实上,1990～1995年间,欠发达国家的总和生育率仍为发达国家的2倍。南部欧洲的总和生育率已低于更替水平,仅为1.4,而东部、中部和西部非洲的生育率转变才刚刚开始,总和生育率还在6.4。见图2。

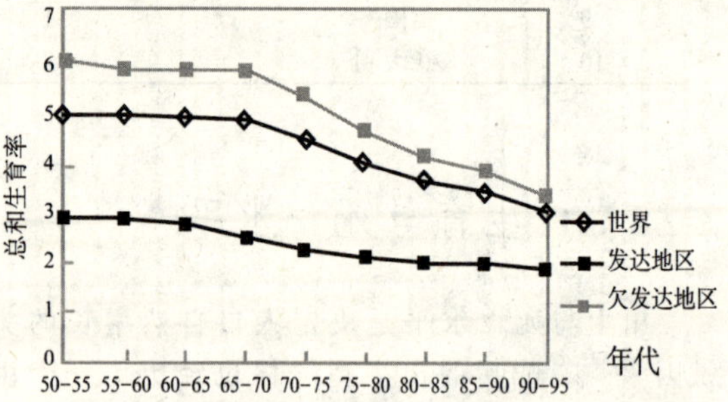


**图2 世界人口总和生育率的变化**

# 世界人口结构

## (一)人口年龄结构

由于世界人口在战后经历一个快速增长、继而缓慢增长的过程,人口年龄结构也受其影响,在60到70年代间出现了较为明显的年龄结构年轻化的趋势。但近些年来,随着人口增长速度的放慢,死亡率继续保持在很低的水平,出生率的大幅度下降,人口年龄结构出现了老龄化的趋势。65岁以上老年人口的绝对数量和占总人口的比重正在以前所未有的速度增加。从抚养比的变动来看,15岁以下人口抚养比在下降,而65岁以上老人的抚养比在上升。

表 6 1950～1995 年世界总抚养系数的变化

（单位：%）

| | 1950 | 1955 | 1960 | 1965 | 1970 | 1975 | 1980 | 1985 | 1990 | 1998 |
|---|---|---|---|---|---|---|---|---|---|---|
| 世界 | 65.5 | 68.9 | 73.1 | 75.5 | 75.3 | 74.1 | 69.9 | 65.0 | 62.6 | 63.9 |
| 发达国家 | 54.4 | 55.3 | 57.8 | 57.5 | 56.0 | 53.8 | 51.8 | 49.4 | 49.5 | 50.8 |
| 欠发达国家 | 71.4 | 76.0 | 80.7 | 84.0 | 83.8 | 82.4 | 76.7 | 70.3 | 66.7 | 66.7 |

从表 6 可以看出，1965 年是世界总抚养系数最高的年份，之后就开始下降，但近些年又有了略微上升的趋势。1998 年世界总抚养系数达到 63.9。在非洲一些欠发达国家，由于高生育率导致了人口的急速增长，15 岁以下少年儿童所占比重在 40% 以上。而在欧洲，大部分国家面临的首要问题却是人口的老化，65 岁以上人口占总人口的 15% 左右。虽然面临的问题不同，但总抚养系数的上升给经济发展带来的影响却是共同的。在欠发达国家，政府逐步推广家庭生育计划，为育龄人群提供必要的生殖保健和计划生育服务，努力降低生育水平，这一行动正在逐步地取得成效。在发达国家，鉴于老年人口数量的不断增加，许多工业化国家正在考虑体制改革，诸如提高领取养老金资格的年龄等等。

## （二）世界人口性别构成

20 世纪世界人口的性别构成总的来说是较为稳定的。在 50 年代初期，总人口中男性所占比重略低，之后总人口的性别构成便基本保持稳定，男性比重略高于女性。发达国家与欠发达国家间存在着一些差异。发达国家由于人口老龄化，女性平均预期寿命又高于男性，因此总人口的性别比一直偏低。而欠发达国家的性别比一直保持在正常的水平。

表 7 不同年份总人口中的性别比

（单位：%）

| | 1950 | 1955 | 1960 | 1965 | 1970 | 1975 | 1980 | 1985 | 1990 | 1995 |
|---|---|---|---|---|---|---|---|---|---|---|
| 世界 | 99.6 | 99.6 | 99.8 | 100.1 | 100.4 | 100.8 | 101.0 | 100.9 | 101.5 | 101.5 |
| 发达国家 | 91.0 | 91.7 | 92.2 | 92.8 | 93.0 | 93.4 | 93.7 | 93.9 | 94.4 | 94.7 |
| 欠发达国家 | 104.5 | 103.5 | 103.3 | 103.3 | 103.3 | 103.5 | 103.5 | 103.6 | 103.5 | 103.4 |

# 世界人口素质

## （一）身体素质

20 世纪 50 年代以来，随着经济水平的提高、医疗卫生条件的好转，人口的身体素质大大增强，婴儿死亡率、儿童死亡率迅速下降。1998 年世界人口的婴儿死亡率为 58‰，其中发达国家为 8‰，而欠发达国家为 64‰，是发达国家的 8 倍。1997 年，全球 5 岁以下儿童死亡率男童为 82‰，女童为 81‰。发达国家和欠发达国家的差异十分显著。发达国家 5 岁以下男童的死亡率已下降为 15‰，女童为 11‰；而欠发达国家 5 岁以下男童和女童死亡率均为 90‰。

全球的出生平均预期寿命在缓慢上升，从 1950～1955 年的 46.5 岁提高到了 1998 年的 66 岁。欠发达国家出生平均预期寿命的提高幅度大于发达国家，40 多年来提高了 20 多岁，从 1950～1955 年的 40.9 岁提高到 1998 年的 63 岁。发达国家在这一期间提高了近 10 岁，1998 年为 75 岁。目前，出生平均预期寿命最高的国家为日本，平均预期为 80 岁，其中男性为 77 岁，女性为 84 岁。女性的平均预期寿命一般高于男性，1998 年，全球男性出生平均预期寿命为 64 岁，而女性为 68 岁，发达国家男性为 71 岁，女性为 79 岁，而欠发达国家男性为 62 岁，女性为 65 岁。二战以来，男女出生平均预期寿命的差异在发达国家比欠发达国家显著。

**表 8 二战后世界出生平均预期寿命的变化**

（单位：岁）

| | 1950～1955 | 1955～1960 | 1960～1965 | 1965～1970 | 1970～1975 | 1975～1980 | 1980～1985 | 1985～1990 | 1990～1995 |
|---|---|---|---|---|---|---|---|---|---|
| 世界 | 46.5 | 49.6 | 52.3 | 56.0 | 57.9 | 59.7 | 61.3 | 63.1 | 64.3 |
| 发达国家 | 66.5 | 68.5 | 69.8 | 70.5 | 71.2 | 72.2 | 73.0 | 74.0 | 74.2 |
| 欠发达地区 | 40.9 | 44.4 | 47.7 | 52.2 | 54.7 | 56.7 | 58.6 | 60.6 | 62.1 |

## (二)世界人口文化素质

1998年,世界15岁以上人口的文盲率平均为22.5%,其中男性为16%,女性为29%。发达国家由于社会经济的发展,义务教育的普及,文盲率已下降到了极低的水平,15岁以上人口中仅有1%的男性,2%的女性为文盲。而在欠发达国家,15岁以上人口中,还有21%的男性,38%的女性目不识丁。

# 世界人口分布与迁移

## (一)世界人口的地理分布

1998年世界人口的地理分布还是基本保持原状,仍处于不均衡状况。世界人口的90%居住在仅占地球面积2.9%的土地上,并且在长期的发展中,愈益集中到一些自然条件好的地区。世界人口主要集中在以下地区:东南亚、印度次大陆、西欧和美国东北部和加拿大南部。国家之间的人口密度大小很悬殊。1998年,孟加拉国的人口密度为每平方英里2 454人,而西撒哈拉,人口密度仅为每平方英里2人。从图3可以看出,1998年亚洲人口占世界人口的61%,而大洋洲人口占1%。

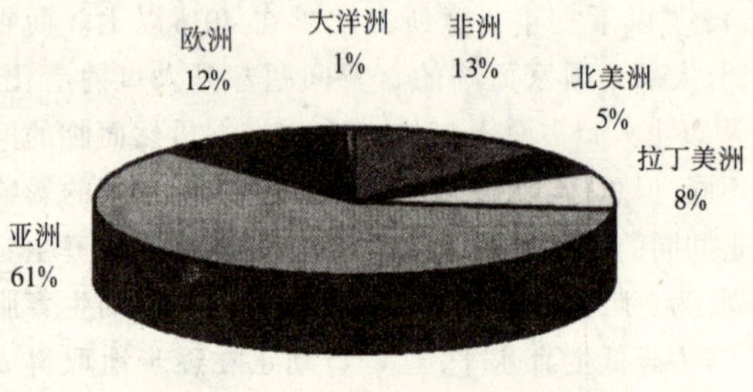


**图 3 1998 年各大洲人口分布**

无论从历史还是现实的角度来看,不同地区人口的分布与增长都有着很大的差别。非洲、亚洲以及拉美及加勒比海地区的人口占世界人口的比重在20世纪呈上升趋势,非洲从世纪初的8.1%上升到1998年的13%,亚洲从55.6%上升到61%。欧洲人口所占比重则逐渐下降,欧洲从世纪初的24.7%降为12%。北美洲和大洋洲人口所占比重在20世纪总的来说变化不大。这间接地反映了发达地区与欠发达地区人口增长速度的差异。

**表 9 世界人口地区分布的变动**

（单位：%）

| | 1750 | 1800 | 1850 | 1900 | 1950 | 1960 | 1970 | 1980 | 1998 |
|---|---|---|---|---|---|---|---|---|---|
| 世界 | 100 | 100 | 100 | 100 | 100 | 100 | 100 | 100 | 100 |
| 非洲 | 13.4 | 10.9 | 8.8 | 8.1 | 8.9 | 9.3 | 9.8 | 10.7 | 12.9 |
| 亚洲 | 63.5 | 64.9 | 64.1 | 57.4 | 55.6 | 56.2 | 58.0 | 59.4 | 60.8 |
| 欧洲 | 20.6 | 20.8 | 21.9 | 24.7 | 21.7 | 20.0 | 17.7 | 15.6 | 12.3 |
| 拉美加勒比海 | 2.0 | 2.5 | 3.0 | 4.5 | 6.6 | 7.2 | 7.7 | 8.1 | 8.4 |
| 北美洲 | 0.3 | 0.7 | 2.1 | 5.0 | 6.8 | 6.7 | 6.3 | 5.7 | 5.1 |
| 大洋洲 | 0.3 | 0.2 | 0.2 | 0.4 | 0.5 | 0.5 | 0.5 | 0.5 | 0.5 |

## (二)世界人口的城乡分布

目前,人口城市化成了全球现象,一个蓬蓬勃勃的人口城市化活动正在全世界范围向广度和纵深发展。世界人口城市化的进程反映在全世界城市人口比例的增长上。1800年,世界城市人口比例不到1%,1900年增加到13.6%,1950年又升至了28.4%,1980年为43%,1998年,在全世界范围内,已有44%的人口居住在城市。在发达国家,73%的人口属于城市人口,而在欠发达国家,城市人口占总人口的比重已达到了36%。

二战以后城市的发展出现了不少新特点:(1)欠发达国家和地区出现了人口城市化猛烈推进的崭新现象,其城市人口增长的速度要快于发达国家。(2)在发达国家,二战后都充分实现了人口城市化。如丹麦,1950年城市人口比例为49.2%,而在1986年已升为84%,1998年为85%。(3)百万人口以上的大城市猛增。1900年,在全世界范围内,百万以上人口的大城市还凤毛麟角,到1975年,已猛增到了181个。现在,百万人口的城市已不足为奇,千万以上的大城市也出现了许多,如纽约、东京、上海等。

## (三)世界人口迁移

近些年来,国际人口迁移在发达国家表现为迁入较多,在欠发达国家表现为迁出较多。从表10可以看出,1985~1990年发达国家6‰的人口增长中有1.6‰来源于国际迁入,这意味着发达国家年增长的人口数量有1/4来自于国际人口迁入。1990~1995年,国际人口迁移对发达国家人口增长的贡献更大。在这一时期,迁入人口约占发达国家增长的人口的45%。相比之下,国际人口迁移对降低欠发达国家的人口增长率的作用就相应地小了。

**表10　发达国家与欠发达国家的国际人口迁移**

| | 1985~1990 | | | 1990~1995 | | |
|---|---|---|---|---|---|---|
| | 净迁移率(‰) | 人口增长率(‰) | 迁移对人口增长作用(%) | 净迁移率(‰) | 人口增长率(‰) | 迁移对人口增长作用(%) |
| 发达国家 | 1.6 | 6.0 | 26.7 | 1.8 | 4.0 | 45.0 |
| 欠发达国家 | -0.5 | 20.4 | -2.5 | -0.5 | 17.6 | -2.8 |

以上的数据说明,国际人口迁移的方向一般是由欠发达国家迁往发达国家。发达国家的人口年龄结构老化导致了劳动力的短缺。许多劳动力资源短缺的国家都通过制定有关政策来鼓励人口迁入。另一方面,在欠发达国家,相对较高的生育率以及婴儿死亡率、儿童死亡率的下降使人口年龄结构较年轻,劳动适龄人口数量庞大,如果本国的就业机会不相应地增加,劳动力的就业就比较困难,这为大量劳动力流向国外创造了条件。在欠发达国家之间也存在着一定量的人口流动,这时,人口输出地和输入地往往都有很高的生育率水平和较年轻的年龄结构。在海湾地区的石油生产国、西非和南非,以及拉丁美洲的墨西哥,由于经济发展创造了许多的就业机会,它们逐步成为经济迁移人口的聚集地。同时,还有一个显著的迁移流发生在两个低生育率的国家间,如从东欧到西欧。

**参考文献**

[1]美国人口咨询局:《1990~1998年世界人口数据表》。
[2]联合国:《世界人口展望1996》。
[3]联合国:《世界人口年龄、性别分布》。
[4]联合国人口基金:《世界人口状况1997年》。

# 21世纪人口发展趋势

中国人口信息研究中心 刘鸿雁

目前世界人口的发展特点表现在四个方面:(1)人口数量的变化;(2)出生率的变化;(3)死亡率的变化;(4)人口老化程度的变化。

## 人口数量的变化

目前世界人口的一个共同发展趋势是人口总量不断增加,但递增的速度逐渐减缓。但从不同地区来看,变化情况又有所不同。在发达地区和欠发达地区人口递增的速度在不断减慢,特别是发达地区,减慢的速度很明显,其增长速度由1950～1955年的1.21%降低到1990～1995年的0.40%,其人口总数由1950年的8.13亿增加到1995年的11.7亿。欠发达地区的增长速度由1950～1955年间的2.05%降低到1990～1995年间的1.77%,人口总数由1950年的17.11亿增加到1995年的45.16亿。在1950年欠发达地区的人口总数占世界人口总数的67.8%,到1995年该比例上升为79.4%,也就是说,目前世界人口增长速度最快的地区为欠发达地区。

从不同洲际间的人口发展情况来看,非洲的人口总量增长最快,递增速度最快;亚洲的人口总数最多,但递增速度已经明显低于非洲;欧洲的人口数量略多于非洲,但在不断的发展过程中,递增速度不断下降,近些年人口已经出现负增长。非洲总人口由1950年的2.24亿增加到1995年的7.19亿,增加了3倍多。从人口增长速度看,从80年代起,人口增长的速度开始稍有减缓,但其1990～1995年间的增长速度仍为2.68%,保持较高水平。亚洲的人口总量由50年代初的14.02亿,增加到1995年的34.38亿,其人口增长速度由1950～1955年间的1.91%增加到1965～1970年间的最高峰值为2.44%,而后逐渐下降到1990～1995年间的1.53%。欧洲的人口总量在最近40年的时间内增加缓慢,由1950年的5.47亿增加到1995年的7.28亿,1990～1995年间的人口已经出现负增长,为-0.02%。

据联合国人口署的预测,生活在欠发达地区人口的比例呈上升趋势,非洲人口将一直保持较高的增长趋势,亚洲的人口数仍占世界首位,但与非洲的距离不断缩短。欧洲的人口已经出现负增长。

据联合国人口署的中方案预测,到2000年世界人口的总数将超过60亿,2015年人口将超过70亿,到2050年人口将超过90亿。在这90亿人口中,80%多生活在欠发达地区,只有10%多生活在发达地区,也就是说,生活在欠发达国家的人口比例呈不断增加的趋势。非洲人口总量的增长最大,将由1995年的7.19亿增加到2050年的20.46亿,增加近3倍。亚洲人口总数将由1995年的34.38亿增加到2050年的54.43亿,增加近2倍。尽管亚洲人口的增长速度低于非洲,但在世界上,亚洲的人口总数始终位于第一位。欧洲的人口总数将由1995年的7.28亿降低到2050年的6.38亿,是各大洲中惟一人口总数下降的洲。

据联合国人口署的中方案预测,世界人口增长速度处于不断降低的趋势,到2000～2005年,世界的人口增长速度为1.27%,到2045～2050年世界人口的增长速度将降为0.45%。发达国家的人口增长速度将由2000～2005年的0.26%降低到2025～2030年的-0.13%,以后一直保持负增长趋势。从各大洲的情况看,尽管非洲的人口增长速度呈递减趋势,但还将一直保持高增长势头,将由1995～2000年间的2.61%降低到2045～2050年间的1.08%;亚洲的人口增长速度将由1995～2000年间的1.41%降低到2045～2050年间的0.34%,即将达到负增长;而欧洲将由1995～2000年间的0.03%降低到2045～2050年间的-0.41%。

**表 1 不同地区总人口及增长率**

| 年代 | 发达国家 | | 欠发达国家 | | 世界 | |
|---|---|---|---|---|---|---|
| | 总人口(亿) | 增长率(%) | 总人口(亿) | 增长率(%) | 总人口(亿) | 增长率(%) |
| 1950 | 8.13 | | 17.11 | | 25.24 | |
| 1956(1950～1955) | 8.63 | 1.21 | 18.95 | 2.05 | 27.59 | 1.78 |
| 1960(1955～1960) | 9.16 | 1.18 | 21.11 | 2.15 | 30.27 | 1.85 |
| 1965(1960～1965) | 9.68 | 1.10 | 23.75 | 2.36 | 33.43 | 1.99 |
| 1970(1965～1970) | 10.08 | 0.81 | 26.94 | 2.52 | 37.02 | 2.04 |
| 1975(1970～1975) | 10.48 | 0.79 | 30.33 | 2.37 | 40.81 | 1.95 |
| 1980(1975～1980) | 10.83 | 0.66 | 33.65 | 2.08 | 44.47 | 1.72 |
| 1985(1980～1985) | 11.14 | 0.57 | 37.33 | 2.08 | 48.47 | 1.72 |
| 1990(1985～1990) | 11.48 | 0.60 | 41.34 | 2.04 | 52.82 | 1.72 |
| 1995(1990～1995) | 11.71 | 0.40 | 45.16 | 1.77 | 56.87 | 1.48 |
| 2000(1995～2000) | 11.87 | 0.26 | 49.04 | 1.65 | 60.91 | 1.37 |
| 2005(2000～2005) | 11.91 | 0.17 | 52.93 | 1.53 | 64.91 | 1.27 |
| 2010(2005～2010) | 12.06 | 0.15 | 56.84 | 1.43 | 68.91 | 1.20 |
| 2015(2010～2015) | 12.14 | 0.13 | 60.72 | 1.32 | 72.86 | 1.12 |
| 2020(2015～2020) | 12.19 | 0.07 | 64.53 | 1.22 | 76.72 | 1.03 |
| 2025(2020～2025) | 12.20 | 0.03 | 68.19 | 1.10 | 80.39 | 0.94 |
| 2030(2025～2030) | 12.12 | -0.13 | 71.59 | 0.97 | 83.72 | 0.81 |
| 2035(2030～2035) | 12.01 | -0.18 | 74.68 | 0.84 | 86.69 | 0.70 |
| 2040(2035～2040) | 11.89 | -0.21 | 77.41 | 0.72 | 89.30 | 0.59 |
| 2045(2040～2045) | 11.75 | -0.23 | 79.84 | 0.62 | 91.59 | 0.51 |
| 2050(2045～2050) | 11.62 | -0.23 | 82.05 | 0.55 | 93.66 | 0.45 |

注:年平均增长率以年代区间表示。2000 年以后数据为中方案预测值;发达地区为北美、欧洲、日本、澳大利亚和新西兰。欠发达地区包括非洲、拉丁美洲、亚洲(包括日本)、加勒比海、美拉尼西亚、密克罗尼西亚和波利尼西亚。

资料来源:United Nations, Department for Economic and Social Information and Policy Analysis, Population Division, World Population Prospects the 1996 Revision Annex: Ⅰ。

## 出生率的变化

经常用来表示育龄妇女生育水平的指标一般有出生率和总和生育率。出生率可看出相对于总人口的出生变化状况,总和生育率可以看出相对于每个育龄妇女的出生变化状况。

从世界范围看,出生率呈逐渐下降趋势,发达国家下降得比较明显,欠发达国家下降的幅度略低。发达国家的出生率由 1950～1955 年间的 22.0‰下降到 1990～1995 年间的 12.4‰,欠发达国家的出生率由 1950～1955 年间的 44.5‰下降到 1990～1995 年间的 27.2‰。

从各大洲的情况看,非洲的出生率高居首位,由 1950～1955 年间的 49.2‰缓缓降到 1990～1995 年间的 41.2‰,仍然处于极高的水平。在 20 世纪中叶(1950～1955 年),亚洲的出生率也非常高,为42.8‰,但到了 20 世纪末叶(1990～1995 年),出生率已经降到了 24.1‰。在 20 世纪中叶(1950～1955 年),欧洲的出生率便在 20‰左右徘徊,到了 20 世纪末(1990～1995 年),欧洲的出生率已经降到了 11.5‰。

据联合国人口署的中方案预测,在 21 世纪全世界的出生率将进一步下降，出生率的下降主要是由欠发达国家的出生率下降所致，发达国家的下降不明显。全世界的出生率将由1995～2000年的22.6‰下降到2045～2050年间的14.2‰。在21世纪的上半叶，发达国家的出生率变化将不甚明显，在一个微弱的下降后，又缓缓上升，将由1995～2000年间的11.4‰下降到2020～2030年间的10.8‰左右，到2045～2050年间，将维持在11.4‰；欠发达国家的出生率由1955～2000年间的25.4‰下降到2045～2050年间的14.6‰。从各大洲的情况看，非洲出生率降低的速度将会较快，预计将由1995～2000年的39.2‰降低到2045～2050年的17.5‰。亚洲的出生率也将有较大幅度的降低，将由1995～2000年的22.3‰下降到2045～2050年的13.6‰。欧洲、北美的出生率变化将不会有太明显的改变。

近半个世纪以来，世界各地的总和生育率变化较为明显，从1950～1955年间的5.00下降到1990～1995年间的2.96。也就是说，20世界50年代初，在全世界范围内，每个育龄妇女平均生育5个孩子，到了20世纪末每个育龄妇女平均生育不到3个孩子。发达国家总和生育率的水平已经很低，1950～1955年其总和生育率在2.77，到1990～1995年其总和生育率已经降低到1.68，既每个育龄妇女生育不足2个。欠发达国家的总和生育率由1950～1955年的6.17下降到1990～1995年间的3.30，下降的速度比较快。非洲地区的总和生育率下降不太明显，由20世纪上半叶的6.64，下降到20世纪末的5.71，也就是说，直到20世纪末，非洲地区每位育龄妇女平均生育的孩子数仍在6个左右。亚洲、拉丁美洲的总和生育率下降迅速，由20世纪中叶的6左右降低到20世纪末的不足3。下降最低的是欧洲，到20世纪末其总和生育率仅为1.57，已经明显低于更替水平的2.1。

据联合国人口署的中方案预测，在下一世纪的上半叶，全世界的总和生育率还将继续下降，将由21世纪初的2.79下降到21世纪中叶(2045～2050年)的2.09。其中发达国家的总和生育率开始出现回升，将由21世纪初的1.59上升到2045～2050年的2.06左右，欠发达国家的总和生育率略有下降，由1995～2000年的3.08下降到2045～2050年的2.10。也就是说，到21世纪中叶，发达国家与欠发达国家的总和生育率渐趋一致。据联合国人口署的预测，在21世纪中叶，无论是欧洲、亚洲、非洲、拉丁美洲，还是大洋洲，育龄妇女的生育趋势均向更替水平靠近。

## 死亡指标的变化

一个国家或地区用来表示死亡水平的指标通常有死亡率和平均期望寿命。死亡率是指每千人口中死亡的人数。平均期望寿命是指每一个人可能存活的年龄，平均期望寿命指标是一个综合性指标，可表示一个国家或地区的健康状况。

从20世纪下半叶的情况看，死亡率的变化呈逐渐下降趋势，由1950～1955年的19.8‰下降到1990～1995年的9.3‰。发达国家死亡率水平较低，下降的速度也比较缓慢，由1950～1955年的10.2‰下降到1990～1995年的10.1‰，基本维持在一个稳定的水平。而欠发达国家的死亡率水平变化较大，降低速度较为明显，由1950～1955年间的24.2‰下降到1990～1995年的9.1‰，由此也可看出，世界范围内的死亡率下降主要由欠发达地区的死亡率下降所致。

据联合国人口署预测，21世纪上半叶世界范围内的死亡率水平将不会有很大的变化，经过一定时间的下降后，由于人口年龄结构的老化，死亡率呈上升趋势。据中方案预测，全世界的死亡率水平将由1995～2000年的8.9‰维持到2015～2020年的8.0‰后，开始缓慢上升，上升到2045～2050年的9.7‰。发达国家的死亡率将由1995～2000年的10.3‰上升到2045～2050年的13.6‰，上升的幅度略大。欠发达国家的死亡率将由1995～2000年的8.5‰上升到9.2‰，上升的幅度低于发达国家。

据中方案预测，除非洲外，亚洲、欧洲、北美洲、拉丁美洲和大洋洲的死亡率水平均呈上升趋势。非洲的死亡率将由1995～2000年的12.9‰下降到2045～2050年的6.7‰，其它各洲均有不同程度的上升。

从平均期望寿命看，无论是发达国家，还是欠发达国家，其平均期望寿命均增长很快。从世界范围看，其平均期望寿命由1950～1955年的46.5岁增加到1990～1995年的64.3岁，增加了17岁多，其中女性增加的更为明显，约增加了19岁。从发达国家的情况看，在50年代初其平均期望寿命已经达到较高水平，男女合计在66.5岁，其中男性为63.9岁，女性为69.0岁，男女之间的差异较大，达8岁多。到20世纪末(1990～1995),发达国家的平均期望寿命已经达到 74.2 岁,比 50 年代初提高了约 4 岁。男性为 70.4 岁,女性为 78.0 岁,接近 80 岁,男女间的差异未有明显变化。在欠发达国家,50 年代初的平均期望寿命仅 40.9 岁,其中男性为 40.1 岁,女性为 41.8 岁,男女之间的差异很小,不到 2 岁。到 20 世纪末,欠发达国家的平均期望寿命增加到 62.1 岁,与 50 年代初相比提高了约 21 岁,相对发达国家来说,提高的速度快,幅度大,男女之间的差异略有扩大,女性比男性高 3 岁。

从各洲的情况看,亚洲和非洲国家的平均期望寿命提高较快。亚洲由 50 年代初的 41.3 岁提高到 90 年代初的 64.5 岁,是各洲中提高速度最快的一个洲,男女之间的差异由 50 年代初的 1.4 岁扩大到 90 年代初的 2.8 岁。非洲的平均期望寿命由 50 年代初的 37.8 岁提高到 90 年代初的 51.8 岁,提高的速度较快。欧洲、北美和大洋洲在 50 年代初的平均期望寿命就已经达到 60 岁左右,其中欧洲和北美在 50 年代初的水平已经高于亚洲和非洲 90 年代初的平均期望寿命。

据联合国人口署预测,到 2045～2050 年,整个世界的平均期望寿命将达到 76.6 岁,其中发达国家的平均期望寿命将由 20 世纪末的 74.5 岁提高到 21 世纪中叶的 81.0 岁,男女之间的差异缩小,将由 1995～2000 年的 7.8 岁降低到 2045～2050 年的 6 岁。欠发达国家的平均期望寿命将发生较大变化,将由 20 世纪 90 年代的 63.6 岁提高到 21 世纪中叶的 75.8 岁,男女间的差异将由 1995～2000 年的 3.1 岁增加到 2045～2050 年的 4.6 岁。

从各洲的预测情况看,亚洲的平均期望寿命将由 1995～2000 年的 66.2 岁提高到 2045～2050 年的 77 岁,非洲的平均期望寿命将由 1995～2000 年的 53.8 岁提高到 2045～2050 年的 72.4 岁,欧洲的平均期望寿命将由 1995～2000 年的 72.6 岁提高到 2045～2050 年的 80.1 岁。

**表 2　人口类型指标**

| 人口类型 | 老年人口比例 | 青少年人口比例 | 老少比 |
|---|---|---|---|
| 年轻型 | <4% | >40% | <15% |
| 成年型 | 4～7% | 30～40% | 15～30% |
| 老年型 | >7% | <30% | >30% |

**表 3　不同地区青少年、老年比例**

| 年代 | 发达地区 | | 欠发达地区 | | 中国 | |
|---|---|---|---|---|---|---|
| | 少年比例 | 老年比例 | 少年比例 | 老年比例 | 少年比例 | 老年比例 |
| 1950 | 27.3 | 7.9 | 37.7 | 3.9 | 33.5 | 4.3 |
| 1955 | 27.4 | 8.2 | 39.3 | 3.9 | 37.1 | 4.4 |
| 1960 | 28.1 | 8.6 | 40.7 | 3.9 | 38.9 | 4.6 |
| 1965 | 27.5 | 9.1 | 41.8 | 3.8 | 40.2 | 4.2 |
| 1970 | 26.0 | 9.9 | 41.8 | 3.8 | 39.7 | 4.1 |
| 1975 | 24.2 | 10.7 | 41.3 | 3.9 | 39.5 | 4.2 |
| 1980 | 22.5 | 11.7 | 39.3 | 4.1 | 35.5 | 4.5 |
| 1985 | 21.4 | 11.6 | 37.1 | 4.2 | 30.3 | 4.9 |
| 1990 | 20.6 | 12.4 | 35.6 | 4.4 | 27.4 | 5.3 |
| 1995 | 19.6 | 13.5 | 34.4 | 4.7 | 26.4 | 5.7 |
| 2000 | 18.3 | 14.2 | 32.8 | 5.0 | 24.9 | 6.3 |
| 2005 | 17.1 | 15.0 | 30.8 | 5.4 | 21.9 | 6.8 |
| 2010 | 16.6 | 15.5 | 29.3 | 5.7 | 20.4 | 7.1 |
| 2015 | 16.6 | 16.8 | 28.0 | 6.2 | 19.7 | 8.0 |
| 2020 | 16.6 | 18.4 | 26.8 | 7.1 | 19.7 | 9.7 |
| 2025 | 16.5 | 20.2 | 25.7 | 8.1 | 19.5 | 10.9 |
| 2030 | 16.3 | 21.8 | 24.6 | 9.4 | 18.9 | 12.6 |
| 2035 | 16.3 | 22.9 | 23.5 | 10.7 | 18.4 | 14.6 |
| 2040 | 16.6 | 23.7 | 22.4 | 11.9 | 18.2 | 16.1 |
| 2045 | 16.8 | 24.2 | 21.6 | 12.8 | 18.4 | 16.1 |
| 2050 | 17.0 | 24.8 | 21.0 | 13.8 | 18.7 | 16.1 |

资料来源:United Nations, Department for Economic and Social Information and Policy Analysis, Population Division, World Population Prospects the 1996 Revision Annex: Ⅰ, 1996, Oct.

## 人口老化指标的变化

一个国家或地区的人口老龄化程度通常用该地区老年人口占总人口的比重、老少比、年龄中位数等指标来综合确定。如果一个人群中 65 岁以上老年人口的比重在 4% 以下,0～14 岁青少年人口的比重在 40% 以上,老少比在 15% 以下,则认为这个人群为年轻型人口;如果一个人群中 65 岁以上老年人口的比重在 4～7% 之间,0～14 岁青少年人口的比重在

30～40%之间，老少比例在15～30%，则认为这个人群为成年型人口；如果一个人群中65岁以上老年人口的比重超过7%，0～14岁少年儿童比重低于30%，老少比重在30%以上，一般来讲，就认为这个人群是一个老龄化的人群。按照这个标准来衡量的话，发达地区的人口类型已为老年型人口类型，欠发达地区的人口类型仍处于成年型甚至年轻型。

世界不同地区人口老化状况是不一样的。从表3可看出，发达地区的人口老龄化程度较高，1950年其65岁以上老龄人口比重已近8%，青少年儿童比重不到30%，老少比接近30%，到1995年其65岁以上老年人口已经达到13.5%，而青少年人口比重已经降到19.6%，老少比近乎70%，其人口老龄化程度已很高。根据联合国经济社会及政策分析部的预测，到2050年，世界上发达地区65岁以上老年人口的比重将达到24.8%，青少年人口比重为17.0%，老少比已经超过100%，即老年人口将超过青少年人口；发达地区老年人口的比重将达到欠发达地区(13.8%)的一倍，不发达地区(7.6%)的三倍。尽管欠发达地区的老龄化程度相对较低，但已经能够看出其人口老龄化的趋势。根据联合国经济社会及政策分析部的预测，到21世纪20年代欠发达地区的65岁以上老人比重将突破7%，青少年人口比重为26.8%，其老少比接近30%。在世界不发达地区，65岁以上的老年人口比重也呈不断上升趋势，只是其人口老化程度较低、老化速度较慢，预计到21世纪中叶，其65岁以上老龄人口将超过7%，青少年比重将为24.3%，其老少比也将超过30%。从上述分析可看出，人口老龄化是全球性的发展趋势。

中国属于欠发达地区，但自80年代开始，65岁以上老龄人口的比重上升速度较快，预计到2010年，中国的老年人口将超过7%，青少年比重降至20.4%，老少比已经超过30%，到2050年，中国的老年人口比重将达到16.1%，青少年人口比重将为18.7%，老少比将超过85%，对于一个发展中国家来说，老龄化程度已经很高，从这一点可看出，中国的老龄化速度较快。

21世纪以前，发达地区老龄人口呈稳定增加趋势，21世纪后，发达地区老龄人口增加的速度加快；21世纪以前，欠发达地区的老龄人口增长缓慢，但21世纪以后，老龄人口急速增加。

在几大洲中，非洲的人口老化速度最慢，其65岁以上老年人口比例由1995年的6.0%上升到2025年的6.9%，到2050年，该比例将上升为11.6%；欧洲的人口老化速度最快，也是人口老化程度最高的地区，该地区65岁以上老年人口的比例将由1995年的20.6%上升到2025年的31.4%，到2050年，该比例将上升到44.6%，几乎达到总人口的一半；亚洲的人口老化势头不容忽视，其经济发展速度尚较慢，老龄人口比例过快的增加，极易对经济的发展产生剧烈影响。亚洲65岁以上的老年人口比重将由1995年的8.5%上升到2050年的24.7%。其老化程度明显高于非洲，低于欧洲。

# 部分国家人口发展的经济文化背景分析

中国人口信息研究中心　刘鸿雁

近年来，无论是发达国家，还是欠发达国家，世界上不同地区的人口发展表现出一个共同的趋势：婴儿死亡率降低，生育率下降，平均预期寿命延长，人口城市化速度加快，国际迁移增加以及人口老化程度升高。特别值得一提的是，近十余年来，AIDS病在世界范围内广为传播，由于AIDS病的死亡率高、缺乏有效的治疗途径，因而对世界人口格局的变化发展起到重要的影响作用。本分析主要探讨部分国家生育率降低、人口老化、国际迁移的经济文化因素。

## 生育率降低的经济文化因素

在世界范围内，生育率的下降非常明显，总和生育率由20世纪50年代后期的5.00下降到90年代后期的2.96，即每个育龄妇女平均生育的子女数几乎减少了2个。发达国家减少得更多，每个育龄妇女在1990～1995年间的总和生育率不足2，明显低于更替水平之下。欠发达国家的总和生育率由1950～1955年的6.17下降到1990～1995年的3.30，尽管没有发达国家下降的明显，但下降的幅度也很大，在半个世纪的时间内几乎每个育龄妇女少生了3个子女。

发达国家生育率下降的因素主要有4个：(1)孩子的抚养成本上升。在发达国家，从孕期开始到孩子成长为18岁，每一过程付出的努力、费用都明显高于欠发达国家。其支出部分包括：孕期保健、孕期营养、新生儿出生费用、母亲保健费用、学龄前期和学龄期教育费用、接受高等教育费用、从出生到成年的医疗保健费用、父母精力的支出。较高的费用支出使得孩子的抚养成本上升，这样每个家庭就要在孩子数量与孩子的发展之间寻找平衡，也就是在数量与质量之间找到一个支点。在发达国家，大多家庭为了维持孩子的正常发展，选择了孩子的质量，而限制了孩子的数量。(2)孩子的经济效用降低。在传统社会中，父母与子女的抚养关系是双向的，父母养育孩子的重要作用之一就是依靠孩子成人后(甚至未成人前)所带来的经济效益以及父母年老时子女对父母尽赡养的义务。在发达国家，父母与子女的抚养关系是单向的，孩子年满18岁以后，获得独立生活的能力，子女没有赡养父母的义务。孩子的经济效用降低使得发达国家的父母不必依赖自己的子女养老，这也为父母选择少生子女提供了基础。(3)妇女参与社会、经济活动增多。在20世纪初，大多数育龄妇女呆在家里，参与社会、经济活动者仍为少数。随着社会经济的发展，妇女越来越多地参与到各项社会经济活动中。随着社会、经济活动的增多，妇女的经济收入不断增多，如果生育的孩子数多，增加收入的时间相应减少，生活水平将会降低，因而为了维持相应的生活水平，育龄妇女必将在生育子女与维持生活水平之间做出选择。这一因素降低了育龄妇女的生育需求。(4)避孕药具的广泛应用。在发达国家妇女的生育意愿已降至较低水平，而避孕药具的提供为育龄妇女满足少生的愿望提供了客观条件。从各种避孕药具的研制与发展过程可看出，大多数避孕药具均为发达国家所研制，目前发达国家能够提供的避孕方法种类较多：避孕套、避孕膜、宫内节育器、避孕针剂、避孕药、男性结扎、女性结扎、皮下埋植等，避孕方法的广泛应用，使得育龄妇女的生育数大大减少。从育龄妇女的避孕需求中我们还可以发现，与欠发达国家育龄妇女避孕节育的被动性需求不同，发达国家育龄妇女的避孕需求是一个自觉过程，避孕方法的提供在客观上满足了育龄妇女的要求，因而发达国家的生育率下降速度较快。

欠发达国家生育率降低的因素主要有3个：(1)政策性原因。倡导计划生育政策是欠发达国家生育率下降的主要原因。在美国人口咨询局1998年的世界人口数据表中，在182个欠发达国家中有84个国家认为自己国家的生育水平太高。在欠发达国家的经济发展还没有达到一定水平时，人们的生育需求仍然很高，考虑到经济发展与人口发展的平衡关系，大多数欠发达国家政府倡导降低生育率的计划生育政策。欠发达国家面对的人口问题是政府提倡避孕节育，但育龄妇女的生育需求较高，因而，对于欠发达国家来说，相当一部分的生育率下降是政府的决策行为，而不是育龄妇女的主动行为。(2)初级卫生保障体系逐渐完善。卫生保健体系不完善，婴幼儿死亡率高是欠发达国家生育率较高的一个重要因素。当生育的孩子成活率较低时，人们就要设法以多生孩子来补偿孩子的损失。当欠发达国家的初级卫生保健体制逐步完善时，婴幼儿的死亡率迅速下降，以高生育率补偿孩子死亡的心理得以抑制，因而生育率下降。如非洲国家的婴儿死亡率由1950～1955年间的185‰下降到1990～1995年间的94‰，其总和生育率相应地由6.64下降到5.71(其总和生育率仍然保持较高水平，是因为其婴儿死亡水平仍然保持较高水平，育龄妇女的补偿心理依然存在)；亚洲的婴儿死亡率由1950～1955年间的150‰下降到1990～1995年间的62‰，总和生育率相应地由5.90下降到2.84，下降的幅度很大。(3)生育观念的改变。近些年来，欠发达国家的妇女受教育程度逐渐提高，参与社会、经济活动的比例逐渐上升，其妇女地位不断提高，这为改变生育观念，降低生育率起到关键作用。另外，随着社会经济的发展，抚养孩子的成本上升，孩子的经济效用降低，这也是促使育龄妇女生育观念转变的原因之一。

## 人口老化的经济文化原因

人口老化的决定性原因主要包括三个方面：生育率的变化、死亡率的变化以及人口的迁移变动。人口的自然变动（即出生、死亡的变化）是人口老化的最根本原因。人口老龄化首先在发达地区开始，是因为其人口发展发生了重要的变化：死亡率迅速降低，平均期望寿命延长，因而老年人口比重增加；育龄妇女的生育率迅速下降，人口出生数量迅速减少，青少年比重明显降低，使得老年人口比重相对增高；人口的移动对人口年龄结构也会产生强烈的影响，青壮年人口的移动性较强，对移出地来讲，年龄结构相对老化，而对移入地来讲，年龄结构相对年轻。对于发达国家来说，青壮年劳动力的移入相对较多，可在一定程度上减缓老年人口持续增长带来的压力。从表1可看出，无论是发达地区，还是欠发达地区，在人口老化的发展过程中，均伴随着青少年人口比重的下降。只是在不同地区，表现的强度略有差异。

社会经济的发展、医疗技术水平的提高、生育观念的转变对人口老化过程起到了促进作用。医疗技术水平的提高，降低了死亡率，使得人类的平均期望寿命得以延长。在医学界起到里程碑作用的是抗菌素的发现、疫苗的使用。抗菌素和疫苗有效地控制了传染病的蔓延和发生，从而使死亡率大幅度下降，平均期望寿命得以迅速延长，发达地区的平均期望寿命由1950年的66.5岁（其中男性为63.9岁，女性为69.0岁），提高到1995年的74.2岁（其中男性为70.4岁，女性为78.0岁），欠发达地区的平均期望寿命也由1950年的40.9岁（其中男性为40.1岁，女性为41.8岁），提高到1995年的62.1岁（其中男性为60.6岁，女性为63.7岁）；社会经济发展对人口老化的影响是多方面的，它可以通过提高妇女的教育水平、改变妇女地位、促进女性参与劳动、转变育龄妇女的生育观念等诸多方面的影响，降低生育率。在1950～1955年间，发达地区平均每个育龄妇女一生生育2.77个孩子，至1990～1995年间，发达地区平均每个育龄妇女一生已经生育不到2个孩子（仅1.68个孩子），远远低于更替水平[①]；欠发达地区的生育水平还较高，但也明显地表现出下降的趋势，由1950～1955年间的6.17下降到1990～1995年间的3.30，在40年间生育率下降了一半。据预测，欠发达地区的生育率到2020～2045年间也将达到更替水平。中国的生育水平下降较快，特别在80年代以后下降迅速，由1950～1955年间的6.22，下降到1980～1985年间的2.55，随后又迅速下降到1990～1995年间的1.92，即已降到更替水平以下。

从发达地区看，其人口老化的社会文化原因在于随着社会经济的发展，生育意愿迅速降低，随着医疗技术水平的提高，死亡率迅速下降，因而青少年人口迅速减少，平均期望寿命不断提高，老龄人口的相对数、绝对数均得以提高。在发达国家的人口老化过程中，人为干预的因素较小，发展过程比较自然、平缓。而且其人口老化过程是在其经济高度发展的基础上发生的，即发达国家的人口老化是在经济发达的条件下或伴随着经济社会的现代化而到来的。

从欠发达地区的人口老化过程看，其发生原因主要也是由于青少年人口迅速下降、平均期望寿命迅速提高所致。但是，如图1所示，在欠发达地区，其青少年人口比重下降的速度明显快于发达地区，而其老年人口比重增长的速度则明显慢于发达地区。欠发达地区的经济基础较弱，医疗保健措施较差，因而其在降低死亡率、延长平均期望寿命方面明显弱于发达国家，老年人口的绝对增长明显低于发达国家。但由于欠发达地区普遍实行计划生育政策，该地区的生育率迅速下降，导致近年来的出生人口迅速减少，老年人口的相对增长高于发达国家，因而其人口老化的速度并不亚于发达国家。但是，值得注意的是，与发达国家的情况不同，在欠发达地区，其人口的老化并不是在国家经济现代化的环境中发生的，也未与国家的现

① 更替水平指下一代子女能够替代母亲一代的生育水平。如果一个妇女一生能够生育一个女儿，即可认为其达到了更替水平。一般来讲，在一个群体中，如果要达到更替水平，则总和生育率要达到2.1左右，即平均每个育龄妇女要生育2.1个孩子（因为要考虑到死亡及不孕的影响，故更替水平的生育率不是2）。

代化同步到来，而是超前于国家的现代化而发展的。该地区的人口老化过程发生时，其经济尚未发展起来，社会保障体系尚不能应付快速增长的老龄人口，因此，从某种意义上来说，欠发达地区的人口老化带来的挑战将更为严峻。

## 生育率下降、人口老化对社会发展的影响

生育率下降、人口老化对社会发展的影响主要表现在劳动力缺乏及老年保障两个方面。尽管发达地区及欠发达地区存在着同样问题，但在发达地区和欠发达地区生育率下降、人口老化对社会发展的影响表现截然不同。

发达地区的工业化过程完成较早，社会经济水平稳步提高，其社会养老保障机制比较完善，因而由于人口老化带来的老年福利保障问题并不严重；相反，由于生育率迅速下降，青少年人口比重极低，劳动力人口缺乏成为日益困扰发达国家的重要问题。

从表1可看出，尽管发达地区的青少年抚养系数① 呈不断下降趋势，但随着老年人口比重的迅速上升，老年抚养系数上升速度很快，其总的抚养系数也在不断上升，即每一个劳动力所负担的人口不断增多。尽管欠发达地区在70年代以前、不发达地区在90年代以前也同样经历了抚养系数不断上升、劳动者负担不断加重的历史(80年代不发达国家的抚养系数甚至达到了92%，即每一个劳动者几乎要负担一个老人或一个小孩)，但在这些地区一则工业化程度较低，大多数地区处于农业劳动阶段，抚养成本较低，劳动力的负担并不严重；二则有充分的劳动后备军会在短时间内填补到劳动大军中，弥补了这些地区的劳动力补给问题。但发达国家则明显不同，抚养成本较高，使得劳动力的负担过重；另外，一个更为紧迫的原因是，青少年人口减少，又不能像欠发达地区那样有足够的劳动力后备军及时弥补其劳动力不足问题。发达国家要解决好这个问题，一是设法提高生育水平，二是大力提倡移民，改善其人口结构不合理的一面(但在一些发达国家，移民问题已经成为另一个新的人口问题)。

**表1 世界不同地区的抚养系数(%)：1950～2050年**

| 年代 | 发达地区 | | | 欠发达地区 | | |
|---|---|---|---|---|---|---|
| | 少儿系数 | 老年系数 | 抚养系数 | 少儿系数 | 老年系数 | 抚养系数 |
| 1950 | 42.2 | 12.2 | 54.4 | 64.7 | 6.7 | 71.4 |
| 1955 | 42.5 | 12.8 | 55.3 | 69.1 | 6.9 | 76.0 |
| 1960 | 44.3 | 13.5 | 57.8 | 73.6 | 7.1 | 80.7 |
| 1965 | 43.3 | 14.3 | 57.6 | 77.0 | 7.0 | 84.0 |
| 1970 | 40.6 | 15.4 | 56.0 | 76.8 | 7.0 | 83.8 |
| 1975 | 37.2 | 16.5 | 53.7 | 75.3 | 7.1 | 82.4 |
| 1980 | 34.1 | 17.7 | 51.8 | 69.5 | 7.2 | 76.7 |
| 1985 | 32.0 | 17.4 | 49.4 | 63.1 | 7.2 | 70.3 |
| 1990 | 30.8 | 18.6 | 49.4 | 59.4 | 7.4 | 66.8 |
| 1995 | 29.3 | 20.2 | 49.5 | 56.4 | 7.7 | 64.1 |
| 2000 | 27.1 | 21.0 | 48.1 | 52.7 | 8.1 | 60.8 |
| 2005 | 25.2 | 22.1 | 47.3 | 48.2 | 8.4 | 56.6 |
| 2010 | 24.5 | 22.8 | 47.3 | 45.1 | 8.7 | 53.8 |
| 2015 | 25.0 | 25.3 | 50.3 | 42.5 | 9.4 | 51.9 |
| 2020 | 25.6 | 28.4 | 54.0 | 40.6 | 10.8 | 51.4 |
| 2025 | 26.0 | 31.9 | 57.9 | 38.8 | 12.3 | 51.1 |
| 2030 | 26.4 | 35.3 | 61.7 | 37.2 | 14.2 | 51.4 |
| 2035 | 26.9 | 37.7 | 64.6 | 35.7 | 16.3 | 52.0 |
| 2040 | 27.7 | 39.6 | 67.3 | 34.2 | 18.2 | 52.4 |
| 2045 | 28.4 | 41.0 | 69.4 | 32.9 | 19.5 | 52.4 |
| 2050 | 29.2 | 42.5 | 71.7 | 32.2 | 21.1 | 53.3 |

资料来源：United Nations, Department for Economic and Social Information and Policy Analysis, Population Division, World Population Prospects the 1996 Revision Annex：Ⅰ. 1996, Oct.

① 少儿抚养系数为0～14岁的青少年人口与15～64岁的劳动力人口之比，其意指每100名15～64岁的劳动力人口抚养的0～14岁的青少年人口数。

老年抚养系数为65岁以上老年人口与15～64岁劳动力人口之比，其意指每100名15～64岁的劳动力人口抚养的65岁以上老年人口数。

抚养系数为0～14岁的青少年人口及65岁以上的老年人口之和与15～64岁的劳动力人口之比，其意指每100名15～64岁的劳动力人口抚养的0～14岁的青少年人口与65岁以上老年人口数之和。

尽管欠发达地区并未面临劳动力缺乏的问题(尽管老年人口也在不断增加,但劳动人口仍能从青少年人口及时得到补充),对于这些地区来说,更为紧迫的挑战是老年保障问题。绝大多数欠发达地区的经济发展水平较低,其社会保障体系尚不成熟,特别在农村地区,养老多依靠家庭。但随着生育率的急剧下降,家庭规模日趋缩小,家庭的养老负担日益增加,家庭养老模式已经不能适应人口结构的变化,继之而来的是对社会养老的需求。但欠发达地区的经济发展滞后于人口老化的发展,社会养老保障体制不可能在一夜之间建立,因而,欠发达地区和不发达地区的社会养老问题成为一个伴随人口老化而来的严重的社会问题。迅速膨胀的老龄人口,要求经济的持续稳定发展、社会保障机制及早建立和逐步完善,形成必要的积累,以支撑即将到来的巨大需求。

随着人口年龄结构的日趋老化,社会需求和服务也将不断地发生改变。社会需要提供相应的便利老人的服务设施,如:建立老年人再就业机制,为有技术、有能力的老人提供继续工作的机会;建立老年人护理保障体系,在可行的情况下,将社区的老人组织起来,建立低龄(健康)老人护理高龄(病弱)老人、老年人护理老年人的互助机制;发展社区志愿者服务,动员社区内的力量,为老人提供义务生活照顾;尽力维护部分家庭养老方式,特别在一些欠发达地区,养老体制不健全,绝大多数老人还需要在家庭中安度晚年。

## 国际迁移的经济文化因素

从表2可看出,不同地区的迁移量有所不同。总的来说,迁移的趋势是由不发达地区向发达地区迁移、由自然资源贫瘠地区向自然资源丰富地区迁移。亚洲、非洲、拉丁美洲的人口向欧洲、北美洲、大洋洲迁移。我们从不同地区的迁移率可看出,亚洲、非洲、拉丁美洲的人口增长率很高,人口迁出对本地区的人口增长率的影响并不大。但欧洲、北美洲、大洋洲的人口增长率处于很低水平,人口迁入对该地区的人口增长影响很大。欧洲的人口增长中有87.5%是由人口迁入所形成,而北美的人口增长中有33.7%是由人口迁入所形成。

从表2的数据可看出,人口迁入的原因主要有:(1)迁入国的经济需求。迁入人口不但对发达国家的人口增长起到了重要的促进作用,更为重要的是促进了发达国家的经济发展。众所周知,70年代中期到80年代中期,德国的人口自然增长率已经达到负值且其人口老化程度较高,从1950年起,其65岁及以上人口的比例即占9.7%,到1995年该比例上升为15.2%。由于大量外来人口的存在,其人口增长率保持在5.5‰的水平,且人口老化缓慢递增。如果没有外来人口的及时补充,发达国家的人口将高度老化并大量缺乏劳动力。外来人口的加入,为繁荣德国、美国、加拿大等发达国家的经济做出了极大的贡献。(2)移民的经济需求。我们从移民的流动趋势可以看出,流入地多为经济发达地区和自然资源比较丰富地区,不发达地区的人口迁移到发达地区后,绝大多数人的经济状况将会有所改观,因而近年来,亚洲、非

**表2 部分国家、地区1990~1995年间人口迁移情况**

| 国家或地区 | 净迁入率‰ | 人口增长率‰ |
|---|---|---|
| 地区: | | |
| 非洲 | -0.2 | 26.7 |
| 亚洲 | -0.4 | 15.3 |
| 欧洲 | 1.4 | 1.6 |
| 拉丁美洲 | -1.2 | 17.0 |
| 北美洲 | 3.4 | 10.1 |
| 大洋洲 | 2.4 | 13.7 |
| 国家: | | |
| 美国 | 3.3 | 10.0 |
| 德国 | 7.2 | 5.5 |
| 俄罗斯 | 2.4 | 0.2 |
| 瑞士 | 6.9 | 9.5 |
| 加拿大 | 4.2 | 11.3 |
| 阿富汗 | 29.1 | 57.0 |
| 也门 | 15.0 | 51.6 |
| 巴基斯坦 | -3.5 | 26.8 |
| 卢旺达 | -57.7 | -58.3 |
| 印度尼西亚 | -0.8 | 15.4 |
| 泰国 | -2.6 | 9.4 |
| 阿塞拜疆 | -6.8 | 10.1 |
| 罗马尼亚 | -4.4 | -4.2 |

资料来源:United Nations, Department for Economic and Social Information and Policy Analysis , Population Division, World Population Prospects the 1996 Revision Annex: Ⅰ. 1996, Oct.

洲、拉丁美洲等地居民到发达地区寻找就业机会者增多。而由不发达地区向发达地区的偷渡现象时有发生,偷渡客也成为移民潮流中的一支重要队伍。另外,亚洲地区的“邮购新娘”也是近年来较多移民形式的一种。(3)二次世界大战后各民族间的文化融合现象增多,这为国际移民提供了客观条件。像美国有“国际大熔炉”之称,加拿大有“马赛克拼版”之称,这些国家集中了各种肤色的人种,各民族在互相接触,对对方的文化开始理解和包容,互相之间敌视的现象逐渐削弱,形成了多民族共居的景象。各民族间的理解、包容,同时也促进了国际迁移的发展。(4)政治原因。最典型的例子就是前苏联解体后,导致了独联体间的大规模人口迁徙。俄罗斯本国的人口增长率仅为0.2%,但人口的净迁入率却高达2.4%,也就是说,由迁移形成的人口增长比自然增长高12倍。俄罗斯的移民主要为前苏联各加盟共和国境内居民向俄罗斯迁移。如在苏联解体后,相当一部分定居在阿塞拜疆及其他加盟共和国的俄罗斯人开始向俄罗斯或其它独联体迁移。从阿塞拜疆的人口净迁出率为6.8%可看出,人口大量迁出,这部分人的主要流向是俄罗斯。另外,东欧一些国家在社会主义体制解体后,也形成了大规模的人口迁移,其流出方向主要是西欧等国家。(5)战争原因。受战争的影响,一部分人为躲避战争逃离家园,一些人在战后回到家园。如非洲国家卢旺达,近年来该国的战争频仍,大批居民携家带口迁出该地,其净迁出率达到57.7%,其人口增长更达到-58.3%。也就是说,有一半多的人口受战祸之累,别居他乡,而且其国内的死亡人数已经明显超出出生人数。另外,我们可以看到,阿富汗1990~1995年的人口净迁入率较高,达到29.1%。这主要是因为经过前几年的战争之后,阿富汗开始国内经济建设,大批迁居国外的人口开始回迁所致。

# 20世纪关于人口问题研究状况与学术成果综述

中国人口信息研究中心　林晓红

人类历史进入20世纪以来,随着社会经济的迅速发展,在世界各国专家、学者及理论与实际工作者的共同努力下,积极探索解决人口问题的新途径与新举措,人口问题研究取得了丰硕的成果。

## 人口史研究

第二次世界大战(以下简称“二战”)以来,人口史在国外已逐步发展成为一门独立的新兴学科。二战以后,随着全球性人口增长速度明显加快,面对日益增大的人口压力及人口问题带来的一系列社会后果,迫使人们对人口问题进行历史性的研究。几十年来,国外日益深入地运用了一些新的研究方法,其中最为突出的是计量分析法。一些学者开始将教区记录同其他情报资料结合起来,利用计算机处理卡片并进行深入的分析,研究范围包括恢复人口数字的实况,主要利用保存的教区档案包括出生、结婚和死亡的登记材料以及与之相关的税收、财政、财产、物价统计等记录,同时还利用家谱、遗迹、墓碑等史料,加深研究的广度和深度。目前,越来越多的人口史学家日益注重研究死亡率、移民、城市人口等以往被忽视的方面,尤其是研究那些随着人口史的进展而发掘的新课题,如人口的构成、思想状态、性别特征以及家庭结构等。同时,越来越多的人类学家、社会学家、地理学家及心理学家也对此产生了极大的兴趣,使人口史日益成为一门涉及多学科的交叉学科,向综合性的方向发展。

中国人口史研究的主要成果,从论著及总体研究看,已出版了几部专著。有关中国人口史总体研究,主要从户口统计、人口与土地的关系、人口移民与人口分布、民族形成与变迁问题以及中国地方人口史等方面,专题介绍了相关的论文及研究进展。从断代人口史的研究看,分别介绍了从秦汉至民国时期的人口问题研究与进展。

## 生育率与死亡率研究

人口基本理论的核心是人口再生产理论,特别是生育理论的研究已经有了比较成熟的观点。近年来,中介因素论已风靡多时,但生育理论仍缺少一个比较完整的体系。从人口理论发展历史来看,一直存在着两种理论模型及其综合:一是从人口增长与经济增长相互关系来研究人口发展过程的总人口理论,一是从人口内在变量的相互关系来研究人口变动的人口变动因素理论。近年来,生育率研究在方法论上有很大进展:一是间接分析方法的提出与发展,有以模型生命表为核心的生存研究方法,以中介变量为核心的量化分析,以及系统动力分析方法;二是多层次分析模型,包括回归分析和途径分析;三是长期分析方法,包括横向分析与纵向分析。同缺乏一元化的世界生育转变理论模型相一致,生育率研究在方法论上也缺乏一种一元化的分析模型。今后生育率的研究趋势是:生育率长期处于更替水平条件下的生育控制、转型时期的最优生育模式及男性生育模式等。

有关死亡率的研究,在以下方面也取得了很大进展,主要包括:死亡率的发展趋势及其阶段性特点;死因分析;死亡率转变的社会经济因素分析;人口素质和死亡率水平的相互关系;死亡率与平均预期寿命测定方法;采用长期分析方法考察历史人口的死亡率水平及其变动等。从生物人口学与医学人口学的角度研究死亡率将成为新的研究热点,死亡率中介因素及高度老龄化社会死亡率等理论模型将受到关注。

## 生育政策研究

从20世纪中叶开始,伴随着国际政治和社会经济的巨大变动,世界人口以前所未有的速度发展,为此各国政府和人口学者对如何制定有效的生育政策进行了深入的探讨。在生育政策研究的出发点上,无论是鼓励生育政策还是限制生育政策,都是从经济、政治、民族、军事、生存空间等多方面进行全方位考虑的。在研究如何采取综合性措施这一问题时,主要从宣传教育措施、经济措施及行政立法措施三方面进行探讨。

虽然鼓励生育或限制生育政策的目标是今后各国家庭计划项目研究的中心点,但重点应转移到人口发展的质量方面。通过对各国生育政策综合分析研究表明:生育政策的制定必须紧密结合本国的国情;面对尖锐的人口经济矛盾,采取限制生育政策的国家,既要采取促进人口经济协调发展的战略,也要采取短期行之有效的方案措施;国民人口教育的普及推广,是顺利贯彻人口控制政策的基础;生育政策的法制化是实现人口控制目标的关键所在,必须强化法律法规和政策的引导;国家和政府应在年度预算和中长期投资中积极支持、鼓励或限制生育政策的实施。

## 人口素质研究

人口素质是人口生活质量的重要组成部分,由于人口素质指标涉及面较广,迄今为止,学术界尚无一致公认比较理想的衡量人口素质的综合指标。

1975年美国海外发展委员会提出PQLI(The Physical Quality of Life Index)指标,目的在于衡量和评价一国或地区的物质生活质量,即社会经济发展水平。由于其包含的三项指标即婴儿死亡率、平均预期寿命和识字率均与人口素质有关,人口学界以此作为衡量和评价人口素质的综合性指标,因而也被译为人口生命素质指数或人口质量指数。根据PQLI指标计算结果,世界人口素质可划分为三种类型:低于平均值65属于低人口素质,70~80属于中等水平,80以上属于高素质人口。从各国发展的实践看,经济发达程度同人口素质有着极为密切的联系,但并不完全同步。由于这一指标的设计以发展中国家为背景,侧重于产出状况,不以投入为目标,避免了种族及国家类型的差异,有利于国际间的比较。但用于发达国家人口素质横向或纵向比较,效果不是十分理想。

为衡量发展中国家满足基本需要的程度,美国健康协会提出了ASHA(即美国健康协会America Social Health Association的缩写)指标。它由就业率、识字率、平均预期寿命、人均GNP增长率、人口出生率、婴儿死亡率等指标构成,反映了人口素质重要方面的几个内容。但作为衡量人口素质的综合指标,缺乏国家或地区间的可比性。

鉴于以上两种指标的局限性,中国人口学界于 90 年代初提出了人口素质综合指数(CIPQ),用于衡量人口素质的整体发展水平,包括平均预期寿命、婴儿死亡率、残疾人占总人口的比重、总和生育率、男性成人识字率、女性成人识字率、受过高等教育人数占总人口的比重、城市人口比重及 15～64 岁人口比重。将上述九项指标及其统计数据借助于系统聚类分析等方法,组成一套评价指标体系的取值阵,求得基点数据,并进行同度量处理,再计算出人口素质综合指数,评价效果比较理想。

## 人口迁移研究

国内外学者对人口迁移的研究采用了较新的研究方法,除了比较普遍使用的简单相关和回归分析方法外,还建立或应用了人口模型,如地区人口迁入模型、生育率测度模型、人口经济模型等,使用因素分析法对所研究的地区小城镇发展范围和水平等进行探索,并借鉴寿命表、生育率表等研究方法对年龄别迁移率、总和迁移率和预期迁移模式进行分析。

国外学者对国际迁移和发展中国家的国内迁移十分关注,对人口迁移问题的研究主要集中在以下几方面:国际迁移在迁入国和迁入区产生的后果,移民的法律地位和福利,迁移与教育,国际迁移对迁出国和迁出区的影响,迁入国移民安置及移民的人口行为,国际迁移的度量和建模问题,美国的亚洲移民问题,发展中国家国内迁移的国际比较研究,社会性别与女性移民问题等。

中国学者对人口迁移的研究,主要通过迁移调查数据的收集、整理、汇总,研究中国人口迁移的现状、中国人口迁移与城市化的模式和特点、区域性人口迁移及人口迁移和城市化的影响。在存在判定分歧的情况下,对如何界定人口迁移和城市化的概念问题,提出了通过人口迁移时间、迁移空间、迁移群体的经济与社会功能及人口居住的数量与密度等界定,尽量弱化行政方面的界定。中国城镇人口迁移过程表现为波动性的进程、近似性的构成及呆滞性的机制,并存在着逆城市化运动。这种迁移发生在以自然经济为主的前工业社会向工业社会转变的时期,以农村人口迁移为主流,向城市历史性地大迁移,并大多要经历两次转变才能实现,这也是中国人口城市化的突出特点。影响中国人口迁移最主要的因素是经济因素,与目前人口迁移动因正常化的进程相适应,波动性迟早会消失。

## 老龄研究的进展与发展趋势

从 50 年代以来,在老年学研究中使用纵向调查资料进行纵向研究日益得到广泛的认同。进入 90 年代以来,全球人口老龄化的加剧推动着国际人口老龄研究的深入,开展老龄研究的国家及各种范围的老龄纵向调查迅速增加。尤其在人口转变较快的发展中国家,人口老龄化与老龄问题已成为影响社会经济持续发展的重要问题。在研究方式上,正在从单个个人研究转向跨部门、多学者共同参与。在老龄研究题目的选择上,无论在宏观还是在微观层次上,都围绕着问题转。在宏观方面,人们日益关注经济、健康和社会福利,尤其是关注国家财政是否能够为今天的老年人及下个世纪初迅速增加的老年人提供社会保障;在微观方面,人们的注意力集中于人生各个重要阶段的生活调整,尤其是如何适应晚年生活中有关健康、婚姻、家庭等方面的变化。

1964 年,学者们在平均预期寿命的基础上,结合患病率与伤残率构建了健康预期寿命的研究,它在 70 年代和 80 年代关于人口老龄化过程中人口健康状况的争论中得到了广泛的应用。80 年代末期以来,除原有的常规生命表计算方法之外,以肯尼斯·曼顿为代表的美国学者建立了多状态生命表计算方法,从而使这一指标更为完善。1993 年,健康的老龄化开始成为老龄研究的新热点,世界卫生组织也开展了世界范围的"健康的老龄化研究"的调查研究项目。

目前,世界各国人口学者主要从生物人口学角度研究人口老化过程和长寿问题,从经济学角度研究退休问题、社会保障问题、老年贫困问题及劳动力市场转变问题,从社会学角度研究老年人在家庭中的角色、作用及老年人的照料等问题,研究与人口老化有关的家庭关系和居住方式的变化问题,祖父母在孩子教育和家庭生活中的作用,老年人的健康与贫困问题及迁移问题等。老龄研究的发展趋势是:发展老年学研究,开展人口老龄化前瞻性研究,加强老年学各学科的合作研究。

中国老龄研究始于80年代初,研究热潮至今方兴未艾。虽然根据不同的生育率、死亡率、平均预期寿命及预测基数等参数进行了不同的预测,但多数学者对中国老龄人口的现状与发展趋势基本持相同的观点。目前,还没有人专门从老年人口死亡率或预期寿命来研究其对人口老龄化的影响,一般都是从总人口死亡率和预期寿命进行分析。人口老龄化对中国社会经济发展产生的不利影响,主要表现在国民收入分配、生产发展及储蓄、投资与消费等方面。对中国人口老龄化对策的研究,主要从经济发展、老年社会保障及控制人口老龄化速度三方面进行探讨。对中国人口老龄化问题的认识,存在三种观点:一是认为人口老龄化是社会进步的标志之一,没有必要为此担忧;二是认为中国人口老龄化形势严峻;三是认为计划生育加速人口老化只是问题的一面,实行计划生育有利于应付老龄化的挑战,能调节人口老化过程,使人口老化速度相对均匀和合理。

## 性别比研究

出生婴儿性别比一直是人口学者和社会所关注的问题。中国关于出生性别比的研究开始于80年代实行严格控制人口发展的政策之后,研究发现80年代中期以后出生性别比有明显升高的趋势。多数学者侧重从地理区域、父母受教育程度、孩次、胎次、原存活子女性别、统计资料质量的角度,分析80年代以来出现的非正常出生性别比现象,并作出了一些具有说服力的解释,同时提出了防止出生性别比偏高的对策与方法。

出生性别比失调并非是中国特有的现象,世界许多国家和地区都有类似的问题。很多学者从生物行为、人口行为特点等不同角度,研究造成人口出生性别比偏高的原因。直接因素的研究包括直接作用于受孕的诸多因素,如精子和卵子成熟的时间及本身的特点,X、Y精子在体内的存活时间的长短、体积的大小、游离速度的快慢及适合精子结合类型的环境等;间接因素的研究包括任何直接因素以外而影响直接因素的因素。一些学者通过研究得出以下结论:性生活频率与出生性别比的高低呈正相关关系;出生性别比随着胎次的提高和父母年龄的增大而降低;父母的职业直接影响婴儿性别比;社会经济因素影响出生性别比,虽然家庭经济状况的改善对出生性别比本身的影响可能性不是很大,但父母可以利用医疗技术与服务来提高胎儿的存活机会,间接地影响出生性别比;出生性别比的差异可能代表的不仅仅是一个范围,而是随着地区、人群、时间的改变而变化。

## 社会性别与女性问题研究

全球有关社会性别与女性问题的研究主要包括以下几方面:发展中国家的妇女赋权及其人口学后果问题;社会性别与童工及儿童受教育问题;社会性别与劳动力、教育及婚姻家庭问题;妇女就业、生育率与孩子的照料问题;社会性别、社会制度及其生殖方面的后果问题;发达国家与发展中国家教育中的性别不平等问题;社会性别和户结构的国际比较研究;社会性别范式及其对生育、避孕决策的影响;公共政策、迁移和安置中的性别问题;妇女教育、经济机会与生育率问题;发展中国家的妇女就业、收入及孩子养育问题等。

妇女与发展研究主要有三种理论流派:社会学的家庭研究、妇女发展理论、妇女与国家研究流派。家庭研究具有较长的历史渊源,妇女发展、妇女与国家研究则随着全球政治经济格局的变化在70~80年代应运而生。妇女发展研究领域着重研究经济发展对妇女地位变化的影响,近期研究偏重将社会等方面融入发展,更注重微观层次性别关系和家庭的研究,同时将男女不平等问题置于更广泛的研究视野。从80年代早期起,学者们开始考虑国家因素、经济发展政策及其后果对妇女及其家庭的影响,通过对性别和比较政治的研究,揭示了政治化和妇女权益增加是如何对国家政策的形成发生作用。

对妇女地位变迁的研究也形成了三种不同的理论思路:实力派学说、文化派学说及经济派学说。在整合模型下,文化因素与经济因素是独立变量,它们制约着中介变量实力因素及其运作,并共同制约着妇女地位的形成与变迁。从整合模型的观点出发,妇女地位变迁以生产力发展为动力。中国妇女研究主要表现为:行动与决策研究得到加强与深化,"性别观点"及如何"将性别观点纳入决策主流"备受关注,科际整合进一步加强,研究方法与研究领域进一步拓展,社会性别分析方法贯穿其中。

## 生殖健康研究

生殖健康作为1994年国际人口与发展会议提出的新概念，引起世界的广泛关注，它包含了计划生育、妇幼保健及防止性病传播，并体现了妇女的生殖权利。美国人口行动国际提出了妇女生殖风险系数，以十项指标作为评估各国妇女生殖健康状况的标准，首先将各项指标评分或评出等级，然后再将各项评分加以总评，较好地反映了联合国关于生殖健康的基本内容。各国学者对生殖健康的研究主要包括以下方面：家庭计划和性病、艾滋病的预防及相应的服务；青少年的生育及避孕问题；家庭计划和生殖健康的社会支持；迁移者的生殖健康问题及服务；性态度和性行为问题；发展中国家性模式及青少年的生殖健康问题；社会性别和家庭户结构对生殖健康的影响；生殖健康的服务及社会组织结构问题；艾滋病的社会和地理分布问题；21世纪生殖健康项目的组织和经费问题等。

虽然科学家已绘出艾滋病病毒逆转录酶图像，国际艾滋病疫苗计划正加快艾滋病疫苗研究，但到目前为止，还没有研究出艾滋病特效生物性预防手段。最新的一项研究显示，即时治疗可延后艾滋病发作，即在病人感染艾滋病病毒之后一两周内立刻使用抗病毒药物来治疗，可以延后艾滋病发作的时间。因此，目前对艾滋病只有采取有效的社会性预防措施。

中国生殖健康研究在探讨了生殖健康概念的起源、发展、内涵和外延的基础上，分析了生殖健康同计划生育的辩证关系，以及生殖健康问题的提出对人口学研究的深刻影响。同时，通过对妇女生殖健康项目的调查，客观地评价了中国妇女生殖健康状况及妇幼保健工作的开展，探索了适合中国国情的生殖保健服务模式：实行基层妇女与计划生育服务有机结合，开展避孕措施的知情选择，为人们提供恋、婚、孕、产、育、教一条龙服务。此外，通过计划生育和妇女地位对生殖健康的影响因素分析表明，中国的计划生育对生殖健康具有积极的促进作用，提高妇女地位是实现妇女生殖健康的根本保证，实行生殖健康全方位优质服务，必须将生殖健康的每项具体实施方案与国家社会经济发展总体目标相结合。

## 人口与可持续发展研究

可持续发展是20世纪70年代开始酝酿，80年代正式提出的发展新战略，90年代初受到全球的普遍关注。国际机构、各国政府、社会团体和学术界对可持续发展的研究取得了很大进展，召开了一系列国际会议，对以下几方面进行了探讨：可持续发展的概念与内涵，可持续发展战略计划和政策的制定与组织实施，消除贫困及增加就业和社会和睦，人类和自然的关系，人类生存和发展与行为规范之间的关系，人口、资源、环境和发展的关系等。在可持续发展实践活动方面，175个国家和地区开展了可持续发展项目，组织推行计划生育服务，开展技术培训，创造工作机会，向穷人提供基本卫生保健，组织妇女识字班和就业技巧学习班，组建生态苗圃，改善自然环境。可持续发展是环境保护压力与经济增长动力相妥协或矛盾的统一，实现可持续发展的环境保护途径是：实行环境保护效益与经济效益的统一，政府对市场经济进行必要的干预；制定政策，改变发达国家发展过程中的环境质量与经济增长的倒“U”型关系。同时，为实现可持续发展，必须加强资源的效率利用与市场优化配置，探讨环境管理的市场途径及行政途径等。

中国人口与可持续发展的理论研究主要探讨了可持续发展的概念内涵，人口增长、计划生育与可持续发展，人口控制与可持续发展，人口素质与可持续发展的关系，同时还探讨了人口与可持续发展的研究方法，从可持续发展的五个基本要素（地球表层系统提供的资源承载能力，地球表层系统提供的环境承受能力，满足人类不断增长的物质需求生产能力，人类社会系统的管理能力，发展的稳定能力）出发，在宏观层次上，建立了以人力资源开发和经济发展为中心，以人口、资源、环境、资本、劳动多要素的动态投入产出相关联的各子系统相互作用模型，应用最优化方法得出模型系统在所追求的目标下的动态运行轨迹。要实现中国的可持续发展战略，必须以发展为核心，严格控制人口增长，提高人口素质，优化人口结构，提高生产力水平，加速经济发展，加强资源合理利用与环境保护，将消除贫困作为人口发展战略的重要目标，切实提高妇女的经济地位与社会地位。

## 中国少数民族人口及其他热点研究

改革开放以来,民族人口研究才正式展开,90年代前半期取得了很大的进展。近些年来,主要是对少数民族的发展历史、人口规模与数量、文化教育、家庭与婚姻、生育、死亡、就业、迁移状况及变化、人口发展趋势、宗教信仰和民风民俗、人口素质与生活质量以及少数民族地区的社会经济发展与环境状况、人口流动与民族关系、商品经济发展对生育观念的影响等方面进行了深入的探讨。在某些基础理论和定量、定性研究方面有所突破,探索了民族人口学研究的新方法,特别是问卷调查与田间工作相结合、民族因素分析方法、民族人口增长的多因素定量分析方法、民族人口文盲分析方法等;把民族繁荣划分为传统和现代两种类型,前者与传统经济和人口再生产类型相适应,后者与现代经济、现代人口再生产类型相适应,并以此作为存在的基础和前提。同时,首次澄清了民族人口社会变动的定量核实与民族人口自然增长状况,测定了各民族人口死亡率和平均预期寿命,计算出民族通婚指标,将各少数民族人口指标与汉族进行比较研究,并对民族人口预测方案和各民族人口长期发展趋势进行了探讨。

随着市场经济的发展,中国人口研究又出现了一些新的热点:如何搞好计划生育"三结合"载体建设,如何加强流动人口及企业下岗职工的计划生育管理,城市贫困人口及社会保障问题,计划生育投入与产出效益问题,人力资源开发及独生子女问题等,中国学者及实际工作者均对此进行了深入的探讨,并提出了相应的对策与措施。

**参考文献**

[1]行龙:《二战以来国外人口史研究及其现状》,《人口研究》,1998.1。

[2]侯春燕:《中国人口史研究概述》,《人口学与计划生育》,1996.1。

[3]谭琳:《目前北美人口科学研究的热点问题》,《人口研究》,1998.5。

[4]王玉海:《中国人口迁移与城市化国际学术讨论会综述》,《中国人口科学》,1990.1。

[5]王正鸣:《迎接银色浪潮的挑战》,《中国人口科学》,1990.1。

[6]王先益:《中国人口老龄化问题研究综述》,《人口学刊》,1990.5。

[7]李竞能:《21世纪上半叶中国人口理论研究面临的挑战》,《中国人口科学》,1997.4。

[8]周云:《国际出生性别比的研究》,《人口研究》,1997.4。

[9]胡苏云:《妇女与发展理论》,《人口》,1997.2。

[10]孙戎:《妇女地位变迁研究的理论思路》,《妇女研究论丛》,1997.4。

[11]郑晓瑛:《计划生育、妇女地位与生殖健康:生殖健康的影响因素探讨》,《人口与经济》,1996.6。

[12]顾兴林、倪尚芳:《知情选择避孕措施和计划生育健康教育》,《人口研究》,1996.5。

[13]夏海勇:《人口素质综合指数的构造设想与评价》,《人口学刊》,1992.4。

[14]刘鸿雁:《中国人口论坛》,《中国人口论坛》,1997.3。

[15] 张天路:《中国民族人口研究的新进展》,《中央民族大学学报》,1997.2。

# 联合国关于人口问题的重大活动及文献内容综述

中国人口信息研究中心 郭维明

联合国人口基金是世界上最大的人口援助资金来源,在世界上160多个国家开展工作,1997年提供了大约3.20亿美元的人口援助资金。

1997年人口基金的全部活动主要是贯彻落实

1994年9月在开罗举行的"国际人口和发展大会"上通过的《行动纲领》,开始对开罗会议以来取得的进展进行评估,并进一步推进会议精神的活动,这项活动被称为"人发大会五年",人口基金和联合国各相关组织机构,以及政府和非政府组织,民间社会的其他成员都投入了这项活动。

联合国关于人口问题的重大活动主要围绕以下几方面开展:

## 青少年生殖健康

人口基金过去十年来加大对青少年活动的支持,包括计划生育在内的生殖健康是1997年人口基金工作的中心,其中青少年生殖健康更是重点。在区域和全球一级,青少年生殖保健都受到关注。例如,为了促进政策制订和方案实施,联合国人口基金、世界卫生组织和联合国儿童基金一道发表了青少年卫生行动宣言:迈向共同的目标。这个宣言由联合研究小组发起。共同宣言是为了给在国家一级加速联合制订青少年健康方案提供一个框架。联合国人口基金也为促进青少年生殖健康发行了两种重要的出版物:一个是与国际计划生育联合会共同出版的《97年的一代人:年轻人说性和生殖健康》,书中收录了对54个国家600个年轻人关于友谊、爱情和人际关系、性行为、避孕、怀孕和为人父母及冒险行为的问题调查结果;另一个是《联合国人口基金和青少年》,该书用平实的语言探讨了编制青少年生殖健康方案和如何利用战略联盟的问题。

联合国人口基金与几个非政府组织密切合作,促进特殊青少年群体包括难民的生殖健康。在基金的帮助下,世界女孩向导和女童子军联合会及家庭健康国际开始在三个国家开展工作,编制一套工作方法,促进女青少年的健康,包括生殖健康,该方法可以适用于指导全世界女孩向导联合会的难民工作。1997年12月1~3日,联合国人口基金在哥斯达黎加的圣约瑟召开了区域会议,从政府和非政府部门以及国际发展机构召集到150多位高级代表与会,审核在国家一级所取得的进展,并宣布了在拉丁美洲区域改善年轻人生殖和性健康的承诺。与会者强调了提供咨询和适合于青少年的特别服务的重要性,并做出在公共政策、信息与服务和战略伙伴等方面的多项行动建议。

在1997年6月23~25日召开的欧洲区域会议上,对转型国家青年生殖健康的关注成为会议的主题,这次会议由联合国人口基金、丹麦政府和世界卫生组织欧洲区域办事处合作组织召开,大约70个来自中东欧、独联体和波罗的海国家的非政府和政府代表交流了处理青少年生殖健康和性健康问题的经验。与会者突出了青少年所面临问题的严重性和迫切性,并提出了如何满足这一地区青少年具体需要的建议。此次会议的建议将指导联合国人口基金向这些国家提供援助。

人口基金与联合国妇女地位委员会(UNDAW)、联合国儿童基金以及非洲经济委员会资助于1997年10月在亚的斯亚贝巴召开的关于青少年女子及其权利的专家会议。会议对青少年女子就以下方面提出了不少有深远意义的建议:创造有利的环境,提供生殖健康服务,界定需要关注的特殊女青少年群体。联合国人口基金也资助了1997年5月在旧金山召开的第二届家庭法律和儿童青年权利世界大会。50个国家的500多名代表出席了会议,会议通过的一项决议指出,所有夫妇、个人包括青少年都应该有获得生殖健康信息和服务的途径。

在生殖保健领域,由人口基金援助的活动主要致力于对新的安全有效的避孕方法的研究,开发诊断性传播疾病的工具,扩大提供避孕药具的范围和提供更多的信息,使技术人员和管理人员参与生殖保健服务。在1997年,基金还在一个被认为是高度重视的领域——青春期生殖保健领域为其研究和有关活动提供了援助。

## 降低孕产妇死亡率

联合国人口基金提供援助的一个重要目标是降低孕产妇死亡率。在制定监测孕产妇保健方案时,联合国人口基金已与世界卫生组织和联合国儿童基金密切合作,并与世界卫生组织一道对导致孕产妇死亡的流行病因素进行了研究。另外,来自世界卫生组织、联合国儿童基金和世界银行的技术专家和其他技术专家参加了基金组织的关于实施生殖健康的区域磋商会。

为帮助开展妇产科服务,联合国人口基金向一个由国际妇产科联合会执行的创意项目提供援助。这个项目被称为“救助母亲”，正在7个国家实施。这些国家的孕产妇死亡率高，但有妇产科民间团体的存在，而且政府做出了改善妇女健康的承诺。这个项目的目的是为了表明如何利用现有的资源更好地组织和扩大为孕产妇提供的服务，有效地进行早期发现、转诊和处理在怀孕和生育期间危及生命的并发症。在各国地区一级将设计、执行和测试这一项目。

## 对难民提供紧急援助

1997年是联合国人口基金全面开展向难民地区提供生殖健康援助工作的一年。联合国人口基金和主要的人道主义援助机构建立了密切的业务关系，尤其是同联合国难民署和国际红十字会，以及与世界卫生组织和联合国儿童基金的合作。

1997年联合国人口基金在21个国家开展了30个项目解决难民的生殖健康需要。7个在非洲；5个在亚太地区；5个在阿拉伯国家；4个在欧洲。其中，10个项目解决一般人口和归侨人口的需要；12个是针对难民；8个是针对本国被迫流浪人口。有22个项目主要是为了建立、恢复和改善生殖健康服务；4个项目是为满足青少年的需求；3个是关于宣传方面的内容；1个项目进行了难民健康和社会经济因素调查；1个项目搞了含有生殖健康和培训内容的小额信贷业务。

1998年人口基金工作的另一个重要特色是为紧急情况地区发放生殖保健工具箱。难民地区生殖健康工作组根据大湖地区的危机情况准备了这种药箱。第一次感到需要合适的生殖健康药箱是在1992年波斯尼亚危机期间。这次和以后的紧急情况经验表明，由于计划外和强迫性行为，怀孕和生育期间保健不足或贫乏，法律和秩序丧失以及与之伴随的强奸、性侵犯和性剥削的危险增加，发生了成千上万起对妇女的性暴力和意外怀孕事件。发放这个药箱的目的是为了确保在各种情况包括紧急和危机情况下，希望或需要生殖健康服务的男女都有获得服务的途径。但更重要的是它们挽救了妇女的生命。在阿尔巴尼亚、波斯尼亚－黑塞哥维纳和卢旺达这样的国家，药箱在处理紧急生殖健康需求时有很重要的作用。根据广泛流通的药箱手册，联合国人口基金驻柬埔寨、刚果民主共和国、马达加斯加、斯里兰卡、苏丹、乌干达和越南的代表处增加了如何使用的内容。在阿富汗和刚果共和国的两个新项目中，配备药箱作为生殖健康基本设备的一部分。为保证药箱的及时供应，联合国人口基金拨款50万美元在荷兰仓库储备了药箱，其目的是为了在订货一周后即把药箱运到。

## 生育调节与避孕

联合国人口基金与世界卫生组织和人口理事会共同援助了若干个关于生育调节方法的项目。人口理事会继续在几个避孕方法中展开研究，其中包括针对妇女的避孕环、皮下埋植剂以及杀精剂和杀微生物的避孕方法。在研究妇女使用的新型针剂的同时，也在开展有关男性避孕药具的研究活动，如抑制产生精子的激素避孕药和从植物中提取避孕产品。紧急避孕方法的研究工作继续进行。在防止和诊断性传播疾病的领域，人类生殖研究、发展和研究培训特别规划署(HRP)与联合国艾滋病署和几个非政府组织以及其他机构合作研究新的屏障避孕法、阴道杀微生物剂和一种抗生殖道衣原体感染疫苗的可行性和预防性传播疾病的性能。卫生技术项目中心(帕斯)指导了一步准检测诊断梅毒和淋病的研究和现场试验。

作为加强生殖健康方案的一部分，人口基金正与世界卫生组织合作开展一个项目，该项目将编制若干手册，内容涉及预防、早期诊断和治疗宫颈癌；预防、治疗包括艾滋病在内的性传播疾病；提高计划生育的服务质量。为向各国提供避孕药具，人口基金所做的主要工作就是开展“发展中国家避孕药具的需求和后勤管理需要的全球行动”。

联合国人口基金将继续支持国家间在生殖健康方面的南南合作。南南合作中心分别建在印度尼西亚、墨西哥、泰国和突尼斯，这些中心的建立是基于它们成功地实施了生殖健康方面的国家方案，并能与其他国家分享其成功经验。在最后一年期间，由人口基金资助，每个中心帮助培训了来自其他发展中国家的方案管理人员和服务人员。

## 人体免疫缺损病毒/艾滋病

1997年，联合国人口基金资助了132个国家进行预防人体免疫缺损病毒/艾滋病的活动，1996年资助了124个国家,1995年132个国家。根据各国人体免疫缺损病毒/艾滋病政策和方案以及联合国全球艾滋病战略方案(UNAIDS),基金继续提供支持。1997年基金参与了119个国家的UNAIDS组织,并由8个国家牵头.

1997年联合国人口基金制定的生殖健康原则规定了基金在人体免疫缺损病毒/艾滋病领域所能提供的支助类型:供应和分发避孕套;向初级卫生保健机构提供设备和物品;校内外的教育活动;向从事生殖健康信息和服务的人员提供培训;把人体免疫缺损病毒/艾滋病的宣传教育作为人口和生殖健康方案的一部分;进行实用研究,将人体免疫缺损病毒/艾滋病预防活动融入初级卫生生殖健康方案,并研究这种流行病的社会和经济后果。

联合国人口基金在大约96个国家采用了创新的方法,满足校内外年轻人、年轻妇女、男劳动力、警察和军队的雇佣者和女囚犯的需求。利用现代和传统的传播媒介提高政策制定者和一般民众的意识。例如,在肯尼亚,在UNAIDS工作组框架内,利用援助,在农村集镇和市场中心以娱乐和交流的方式进行"公路表演",向公众传递信息。

1997年联合国人口基金向55个国家提供了1 728万只避孕套,价值550万美元,而且代表其他机构另购158万只避孕套;向两个国家提供了女用避孕用具;还提供了手术用手套和设备,使诊所安全开诊。

## 人口和发展战略

联合国人口基金通过提供正确的信息和分析,提高受援国制定人口方案的能力,努力寻求社会经济和人口动态之间的平衡。1997年联合国人口基金发布了修改后的资助人口和发展战略原则,确定了联合国人口基金对这一领域的承诺,通过以人为中心达到经济稳步和可持续发展,反映了国际人发大会的发展目标。

可靠、定期和及时的关于人口和发展的数据资料对有效地制定政策和实施方案至关重要。在这一领域,基金寻求帮助发展和加强各国挖掘和分析相关信息的能力。为达到这一目标,基金向2000年进行人口普查的国家提供广泛的资助。基金还同荷兰跨学科人口研究所(NIDI)开展合作项目,收集和分析人口方案资金资源流程的国际和各国内部的数据。合作的结果是创建了资源流程数据库,成为评测执行国际人发大会重要方面的有用工具。

在全球一级,联合国人口基金继续通过积极参与联合国和其他国际会议、集会和研讨会实施人口和发展战略。联合国人口基金组织召开了人口与可持续发展全球培训方案的专家会议,建立了一个工作机制,将帮助把国际人发大会的优先领域和建议作为全球培训的新内容。会议强调,关注人口、经济持续增长和可持续发展之间的内在联系的重要性,重点放在扶贫、男女平等、脆弱和被冷落群体的境况,关心青少年的生殖健康、人口迁移和环境恶化的问题上。

联合国人口基金继续资助人口信息技术领域中两个重要的项目:联合国人口信息网(POPIN)及人口活动计算机软件和支持(POPIN)。POPIN已成为互联网使用最多的国际人口信息站点。1997年POPIN继续加强和协调在国际、地区和国家一级的人口信息活动,向联合国区域委员会提供了技术援助,该委员会又将技术转让给各国机构。各国的专家在本国的人口机构建立了互联网站点以增强技术能力,拓展获得地方人口信息资源的途径。1997年中期,虽然POPIN仍继续负责POPIN国际互联网站点,但一些发展中国家的机构正在贡献各自的资料,联合国人口基金各国代表处和在亚洲和非洲的国家支助队也提供了资料。在这一领域,1997年又批准了另外两个项目:一个项目是人口教育学软件包、人口表和人口图,它将成为建造人口和发展意识的重要宣传和教育工具,另外一个项目是建立关于人口和环境关系的联机信息服务。

人口基金的一些项目致力于传播人口的研究成果。人口基金与哈佛大学联合出版了20卷的《人口法年度回顾》,而设在约翰－QD霍普金斯大学的交流方案中心则为发展中国家分发了有250 000个文献摘要、可供查询的激光只读光盘。为获得人口与生殖数据并保证其质量,自1997年11月3～8日,人口基金在亚的斯亚贝巴召开了一个关于数据库管理和数据传播的新技术应用研讨会。来自非洲和加勒比海地区的32个国家的与会者参加了研讨会。另外人口基金还资助国际人口科学联盟在北京召开了第23届人口会议,大会期间特为人发大会行动纲领的实施召开了一次特别会议。

人口和可持续发展的全球培训方案是人口基金在人口与发展领域的一个主要活动内容,为此,1997年2月人口基金主持召开了一个专家组会议。专家组针对课程编定存在的一些具体问题及有关方案的经营和管理提出了一些建议。随后,1997年6月科学顾问委员会在摩洛哥的拉巴特开会,研究专家组会议建议的后续行动问题。这次会议涉及范围很广,讨论到方案的实质性内容,以及如何为来自不同背景和知识水平的受训者讲授课程的问题。会议审查了所有的教材,并强调有必要进行修改以使之能更明确地反映出人发大会行动纲领的精神。会议也研究了在现有的九个月一期的常规教程外,是否有可能在所选择的中心提供关于人口和可持续发展专题的短期证书课程。

## 宣 传

宣传至关重要,它加强广泛的政治承诺,并且为人口和生殖健康活动筹集资金。若将人口问题置于发展日程,宣传必不可少。国际人发大会以后,基金宣传工作的重点放在处于国际人发大会行动纲领中心的全球优先领域。除其他外,这些重点包括影响态度和行为,建立政策和制定方案,促进选择和获得生殖健康服务,男女平等,环境管理和与之有关的消费方式。

为了对国别方案活动提供行之有效的指导,人口基金第一次举行了实施国家级人口与发展方案宣传活动专家级磋商会,以总结经验、吸取教训。来自国内、国际的非政府组织代表、双边机构、联合国机构、专家、培训人员和国别支持队的专家参加了于1997年11月3～5日在纽约总部召开的这次磋商会。此次会议达成的协议中包括:人口基金应着手在基金内树立一种宣传文化;人口基金的国别方案应该有助于其新的合作伙伴加强对人发大会《行动纲领》的宣传能力,特别是在生殖健康、生殖权利及性别平等领域;对宣传活动给予充足及固定的资金分配。

人口基金为支持各国不同级别展开的宣传活动制作了内容广泛的出版物、海报以及电子宣传物,并举办了各种各样的展览。在1997年,人口基金环球网络上的网址也得到了扩展,并以新的面目重新设计,这已引起人们更多的关注。

宣传领域的几项研究活动已经启动。一个由联合国教科文组织负责执行的项目着眼于研究社会文化因素对人口行为的影响,以及对人口政策和方案的形成和实施的作用。而国际发展协会则对生殖健康、提高权利和政策问题开展研究。人口基金支持了一些非政府组织在信息传播方面的研究,其中包括对人口研究所、格特麻彻研究所、行星21和环球时代给予资助。发展和人口活动及青年宣传中心参与了几项关于培训和典型宣传材料开发的活动,包括女童教育、青少年问题、男性参与及青少年生殖健康数据库的建立等问题。另外,人口基金还对世界劳工组织的项目给予支持,以提高世界劳工组织在劳工界的合作伙伴的兴趣,并提高其能力,进而促进家庭生活责任感、对两性平等权利和生殖健康的认识。

在教育方面,1997年人口基金以联合国教科文组织为主要合作伙伴开展的几个项目已经完成。人人享有教育论坛指导委员会会议已于1997年10月在巴黎召开,这次会议审议了人人享有教育活动的几个重要领域的进展情况。会议讨论的结果表明,对未成年母亲讲解儿童早期发育知识会有助于她们减少怀孕。这是一个闻所未闻的新观点,还需要进一步研究。人口基金与联合国教科文组织合作的另一个领域是一个关于促进大学人口教育的区域间项目,并于1997年内开展了一些活动。由联合国教科文组织、联合国人口基金以及联合国儿童基金发起的"九个多人口国家活动"旨在让世界关注人口大国面临挑战时所采取的行动,并给他们提供机会相互交流解决问题的做法。从此以后,部长和其他官员会议便定期举行。1997年10月,在伊斯兰堡举行了一次部长级审议会议,会议报告如下:(1)尼日利亚已制定法律禁止女童因婚嫁而退学;(2)墨西哥强调女童学前教育,并认为此举有助于避免女童辍学现象;(3)埃及已为教师培训建立了一个遍及26个偏远中心的电视互授课程方案。

在"成人教育:21世纪的关键课题——第五届成人教育国际会议"上,人口基金资助了一个高级工作组会议。人口基金为"成人人口教育和发展"撰写的关于成人人口教育的文章被列为大会的背景文件。这份文件和人口基金此后在全体大会上的发言把生殖生命周期作为切入点,阐述了把健康和教育系统相结合的重要意义。

## 提高妇女权利和性别问题

对性别问题的关注一直贯穿所有人口基金的援助方案，这已经反映在人口基金国别方案和国家一级的活动中。为达到此目的，人口基金在1997年的各项工作中把妇女问题作为重点，力图在一个人权的框架中促进妇女的生殖健康、性健康及其权利，并提高妇女权益，促进两性平等，在人口基金的各项政策、方案中加强对性别问题的关注。

人口基金与生殖权益政策中心合作，为亚洲、非洲、欧洲及中东51个国家的国家级法律、政策事务方面的非政府组织提供资助，以加深它们的宣传力度，增强其研究能力，促进政策和立法以提高妇女的生殖权利，并提高妇女地位。有关重点领域的正式法律条文及政策的区域报告正在准备之中，这将为有关生殖健康和妇女权益的宣传活动提供基础。人口基金还继续与多个国际非政府组织合作，比如妇女环境与发展组织(WEDO)、国际妇女健康联合会(IWHC)，力图加强全球、区域及各国非政府组织之间的协调网络，以宣传、监督政府在实施人发大会和第四次世界妇女大会通过的协议、决议方面的进展工作。人口基金还出资帮助各国非政府组织代表参加国际会议，比如于1997年2月在华盛顿召开的小额信贷首脑会议。

作为人口基金于1996年组织的有关女性外生殖器切割问题技术磋商会的后续活动，人口基金执行主任就人口基金在消灭女性割礼这种陋习方面所起的作用专门发布了信息通报，其中包括在技术磋商会的报告中制订的方案框架。另外，人口基金对有关国家还存在的女性外生殖器切割活动进行了调查。从人口基金驻地代表处的初步反馈表明了政府正在宣传、教育、咨询领域展开铲除女性割礼陋习的行动。1997年，世界卫生组织、联合国儿童基金会、联合国人口基金会发布了有关女性外生殖器切割问题的联合声明。

此外，为了确定已被重点考虑的指标并对有关性别问题的监督工作提供指导原则，人口基金正在对13个国家的把性别问题和妇女问题纳入人口基金援助的项目和方案的进展情况进行评审。

人口基金继续与联合国机构和组织就双方感兴趣的项目进行合作。人口基金还积极参与了很多机构间以各种性别问题、发展问题为主题的各种各样的研讨会。例如，为世界卫生组织提供援助，用于全球妇女健康委员会在孕产妇发病率、产妇死亡率、女童和妇女健康教育及针对女性的暴力行为等方面的研究活动。人口基金资助了联合国开发计划署组织的于1997年7月在纽约举行的“关于可持续增长和公正政府的国际会议”，会议期间联合国妇女组织、联合国开发计划署和联合国人口基金共同组织了关于性别和政府管理方面的特别小组讨论会。

## 人发大会5年

遵循执行局97/14决议，联合国人口基金根据其活动宗旨，开始着手准备对国际人口发展大会行动方案实施情况的评估活动。另外，根据97/14决议，执行局主席通过经社理事会向联大第52届常会提交进行全面评估的建议，联大将考虑此建议并对今后的进程和模式做出决定。

根据第52次常会52/188决议，联大决定在1999年6月30日至7月2日召开一个联大特别会议，全面评估国际人口发展大会行动方案实施的情况，并组成第32届人口与发展委员会，作为该特别会议的准备委员会。另外还决定秘书长的综合报告应包括全面评估实施国际人口发展大会行动方案已取得的进展和所面临的各种困难，以及对将来采取行动的建议，在第53届联大会议上，秘书长应提交关于准备特别会议的进展报告。

联合国系统的所有机构应积极而广泛的参与准备联大特别会议“人发大会5年”的各种活动。为了这一目标，联合国人口基金已同经济和社会事物部的人口司进行协商。在行政协调委员会内正规交换信息，而非正式信息交流的方式是通过联合国人口基金组织的定期机构间汇报。同样，信息也可通过简报和其他的通信方式与非政府组织交流。与人口发展大会相关的准备活动的信息可在定期更新的人口基金的因特网上找到（网址：WWW. UNFPA. ORG/ICPD.）。

在1997年，联合国人口基金继续帮助世界各地区推行人口与发展大会行动纲领。基金的主要工作集中在三个优先领域：包括性健康与计划生育的生殖健康；人口与发展策略；宣传。人口基金的工作中心包括：满足青年人对生殖健康的需求；促进生殖权利；

提高获取生殖健康服务的范围和质量;鼓励与非政府组织和其他民间组织的合作。提高妇女地位和两性问题贯穿在基金的所有工作中。

联合国人口基金继续扩大与其他联合国组织在所有区域内进行的合作与协调。通过定期召开性别问题、环境问题和人体免疫系统缺乏/艾滋病问题等各种各样的主题会议,加强了联络与合作。像往年一样,联合国人口基金在所有驻地积极参加联合国驻地协调系统,参与了联合国儿童基金、联合国开发计划署、联合国难民署、联合国艾滋病署、世界卫生组织和世界银行发起的活动,还加强了与国际和区域的非政府组织的合作。

# 21世纪的水荒及其避免的途径

郭钟义

21世纪地球上的水是否会枯竭,全球性水危机是否可以避免,围绕这个问题目前在国际上正引起一场大论争。这个论争的意义十分重大,它不仅向人们反复敲响着水短缺的警钟,而且还将引导人们走出水危机的困境,因此,本文想就这个问题作些介绍。

## 水是人类生命之源

人类同水有着十分特殊的关系。水不同其他资源,它不仅仅是一种原材料,而且对生命至关重要。人类的祖先来源于水,至今胎儿仍在母体的羊水中成长,人体的60%是液体,其中主要是水。水对人体健康至关重要,一旦失去体内水分10%,生理功能即严重紊乱;失去水分20%,人很快就会死亡。水对人类以外的生命也是如此,它是一切生命之源,人类在外星球寻找生命,首先是找水。水对经济而言不可或缺,农作物无水会枯死,工业无水不能生产。水蕴含的象征意义丰富多样,能引发出激情澎湃的回响,是人类一切文明之源。联合国教科文组织水学处干事和国际水文计划秘书安德拉·瑟勒希一纳吉说得好:把"全球所有的电脑加起来也无法表达出水的真正价值,弄清水与人类的相互关系。"因此,研究预测水的前景,科学地解决人类对水的需求,理应引起所有国家的政府官员、科学家和全体地球居民的高度关注。

## 地球上还有多少水

地球上的水很多很多,据估计水的总体积约为13.8亿立方公里。如果将这些水平均分布于地球表面,就相当于地球整个表面覆盖着一层平均深度为2 650米的水。但是十分可惜,这些水98%是咸水,主要分布在海洋中。淡水只占地球水总量的2%,约有3 000万立方公里,而这2%的淡水也不能全为人类所应用,因为它的88%被冻在两极的冰帽和冰川里,剩下的12%即河流、湖泊和能开采的浅层地下水才可为人类应用,其中绝大多数又为地下水,不开采不能应用,可直接应用的河流湖泊中的水,只占淡水总量的0.04%。地球上的水,总是处在变化之中,海洋和陆地上的水蒸发到大气中,再形成雨或雪落回大地,滋养万物,补充河流、湖泊或注入大海。水还会渗入地下,汇入地下蓄水层。极深的地下水不能补充,也不能开采,被称为原生水,因而不能再生。正因为水资源的这种流动性质,所以才形成陆地的水涝或干旱,造成水资源分布不均衡。世界上超过40%的河水、水库和湖水仅集中在六个国家:巴西、俄罗斯、加拿大、美国、中国和印度。同时,在40%的地球板块上只有2%的河水、水库水和湖水。具体到一个国家也是如此,如中国和印度,部分地区降水偏多,几乎年年造成洪涝灾害,而另一些地区又干旱少雨,甚至严重荒漠化。按淡水资源人均立方米计算,拥有量最多的前

15位的国家依次是:刚果共和国(345 619立方米)、巴布亚新几内亚(181 993立方米)、加蓬(145 778立方米)、加拿大(95 097立方米)、新西兰(89 959立方米)、挪威(87 651立方米)、巴拿马(53 852立方米)、中非共和国(42 166立方米)、玻利维亚(39 936立方米)、尼加拉瓜(38 862立方米)、委内瑞拉(38 367立方米)、塞拉利昂(34 557立方米)、几内亚(33 416立方米)、智利(32 458立方米)、巴西(32 163立方米)。国际上确定缺水国家的标准是依据瑞典水文学家马林·法尔肯马克所下的定义,即:如果一个国家所拥有的可更新的淡水供应量在每人每年1 700吨以下,那么这个国家就会定期或经常处于少水的情况下;如果每人每年水供应量在1 000吨以下,那就会感到水紧缺。目前平均年每人供应水1 000立方米以下的国家有15个。在这些国家中马耳他年均每人只有82立方米,其缺水情况位居缺水国家之首。除马耳它之外,最缺水的国家还有卡塔尔(年均只有91立方米)、科威特(95立方米)、利比亚(111立方米)、巴林(162立方米)、新加坡(180立方米)、巴巴多斯(192立方米)、沙特阿拉伯(249立方米)、约旦(318立方米)、也门(346立方米)、阿尔及利亚(527立方米)、布隆迪(594立方米)、佛得角(777立方米)、阿曼(874立方米)、阿联酋(902立方米)、埃及(936立方米)。预计到21世纪中,这些国家的水将比石油还贵。那时,马耳他的人均拥有水量将为68立方米。

人均用水量随着人类工业化水平和生活水平的提高而相应增加。由于生活水平和生产方式的不同,水的消费差别也很大。世界各地每人每天平均消费的水为:美国600升、欧洲200升,以色列260升、巴勒斯坦70升、非洲仅为30升。美国人为非洲人用水量的20倍。1998年8月,美国马里兰州约翰斯·霍普金大学公共健康小组发表了一份报告说:1996年人类使用的淡水占全球淡水总量的54%,在未来的30年,这一数字将增加到70%,甚至更多。世界水文理事会主席马哈茂德·阿布一扎依德说:“在50年代,只有少数几个国家缺水,但是到了90年代后期就有26个国家的3亿人口缺水,预计到2050年,约有占世界人口的2/3的66个国家将由一般缺水发展为严重缺水。目前全世界有12亿人口没有饮用水,29亿人喝不上干净的饮用水。水的污染更使已经紧缺的水资源雪上加霜,在亚洲,统计数字更触目惊心,约有2.6亿人没有充足的饮用水,3.44亿人没有水的卫生设备,印度首都70%的饮用水被污染。全球由此而产生的经水传染的疾病每年使1 500万人丧生,其中大部分是儿童,仅腹泻每年就造成四五万婴儿和差不多相同的成年人死亡。世界上的一些著名科学家们几十年来一直在研究世界水的前景,他们的共同结论是形势十分严峻。他们提醒人们,如果水资源消耗殆尽,人类的健康,经济发展以及生态系统都将受到威胁。在今后50年,我们会看到,导致国与国、人与人之间剧烈冲突的诱因,将不是石油,而是水。

## 全球水危机的原因及避免的途径

上述情况表明全球性水危机的确是严重的,它不是危言耸听,而是严酷的现实,如果不警惕,不采取强有力的措施和高度的科学态度,水荒就会降临。但是水危机又是可以避免的,关键是转变观念,引起重视,并采取全球性保护措施。特别是如何运用政府制定的各项政策,企业的运行机制以及提供各种技术。十分可喜的是,国际社会不但已警钟常鸣,而且正迈开步伐,采取行动。1992年里约热内卢地球首脑会议(即联合国环境与发展大会)以后已引起各国政府的重视。此后,联合国对全球水资源状况进行了为期五年的调查研究并提出了报告。1998年3月19日“水和可持续发展”国际会议在巴黎联合国教科文组织总部开幕,来自84个国家的几十位部长和政府有关方面的负责人及50多个非政府组织的代表出席会议。会议分别就政府政策与技术开发问题展开研讨,并达成一致。会议倡议者法国总统希拉克在会上讲话说:水是生命的源泉,但这一源泉正在日益枯竭。为了未来,为了下一代人的福祉,国际社会,特别是在南北之间,应建立新的伙伴关系。联合国还把每年的3月22日定为世界水日,每年均提出一个主题进行活动,1998年的主题为“地下水:隐形资源”。1998年还先后在马拉喀什、开罗、柏林和日内瓦召开了多次有关水的国际会议。各国各地区也采取了一些积极措施。

综合世界各地信息,目前人类避免水危机所采取的行动主要有以下几个方面:

**第一是控制人口增长** 水短缺与人口增长

成反比，即人口增加越多，水越短缺。据调查，世界人口的增加和城市化程度的加速，严重影响着水资源的形势。自本世纪以来，人类用水速度随着人口的不断增加而迅猛增长。世界人口50年代为25亿，1999年为60亿，50年增加了1.2倍。与此同时农业用水则增加了5倍，工业用水增长了26倍，市政用水（城乡地区的家庭及生活用水）增加了18倍。现在世界人口正以每年8 600万的速度递增，预计2050年将达到94亿，水的需求也将随之成倍增长，形势会更加紧张。

但是也有些权威人口专家认为，人口形势随着人们文化与生活水平的提高，随着计划生育工作的开展，也可能出现新的变化。世界上一些最优秀的人口学家已开始对人口作出惊人的重新评估，他们正认真考虑这样一种可能性，即在我们有生之年，世界人口增长将达到顶峰，然后开始无定期下降。联合国有关机构统计，在比较发达地区，今天的出生率已从90年代初的1.7左右下降到1.5。如果这一模式证明是准确的，下一个10年中，生育率将会稳定在1.4左右，40年后，全球人口将开始减少，2040～2050年，世界人口将减少8 500万。此后，世界人口每一代将递减大约25%。实际上在有些国家已经出现多年停滞或负增长，如俄罗斯从1992～1997年已连续6年负增长，这6年共减少人口340万。发达国家90年代以来人口自然增长率已从0.6降至0.1，其中意大利1996年为0.0，德国为－0.1。果真如此发展，水的短缺也会随之获得缓解。

**第二是改变观念，确实把水作为一种稀有资源来管理** 这种观念上的转变可能节约大量水。例如，在一些第三世界国家的某些城市，60%的饮用水同水管生锈或者管路的搭接违犯规定而流失。马尼拉市自来水总管的泄流量已达供水总量的58%，而在管理较为完善的新加坡，水管泄漏损失平均只有8%。联合国的一项调查报告显示，英国和美国浪费水的比例约有12%，工业化国家因渗漏造成的浪费约有10%，个别地区通过采取节约用水措施和循环用水的措施甚至可以节省更多的水。安装水表，用水付钱，可促进改变观念，提高对宝贵水资源的认识，鼓励消费者节约用水。还必须把保护珍惜这一日益稀少的资源的使用权纳入公众的视角。教科文组织总干事费德里科·马约尔因此而呼吁建立"一种有关水的新道德，表明我们已认识到公平地分配水，建立伙伴关系以及分享水资源的必要性。"湄公河、巴拉圭河和塞内加尔河等河流是资源共享共同管理的良好例子。然而非洲、中东和拉丁美洲因水源造成的一触即发之势至少有70多起。目前尚未发生一起水战争，但人口的增加和人们生活水平的提高而增加的用水的需求，上游地区对下游地区的控制（上游控制河水流量）等种种因素都可能会点燃蓄积已久的冲突。目前世界上有215条国际河流，有若干个国家共同分享的300处地下水流域和地下蓄水层，这些地方均十分需要建立这种良好的伙伴关系。

**第三，运用高新技术，代替或改进传统的工农业用水方式** 人类使用水资源的方式也是加剧水资源紧张的重要原因。在消耗的水资源中市政占8%，工业用水占22%，农业灌溉用水占70%，后两项合计用水占92%。发展中国家每公顷灌溉农田的用水量是工业化国家的两倍，但产量仅为后者的1/3。原因就是方式不同，一个是采取漫灌式，一个是采取喷灌式或地下管浇法。前者由于气候炎热，有一半的水在贮存地区或流经露天灌溉渠时就蒸发掉了（一般蒸发1/8）。漫灌法还会导致土壤退化（盐碱化）。联合国粮农组织指出，采取更有效的灌溉方法可以节省10～30%的农业用水。如伊朗、智利以及北非的埃及等绿洲地区，自古以来就一直使用地下水渠，它可以把水从数公里以外的水井引来。以色列则采用更科学的方法——现代地下滴灌技术。以色列是个最缺水的国家，在那里"水比牛奶贵"，买一瓶矿泉水要花1.25美元，而这1.25美元能买4瓶牛奶。为了解决水贫乏，以色列长期以来致力于开发新技术。在那里，只要是在有绿田的地方，准会有滴灌，这是一种高新技术，那根根细细的管道，会定时定点地从小眼中喷出水滴，准确地浇到植物的根部，只浇植物不浇土地，一滴不浪费。在以色列还发明了埋藏式滴灌法、喷洒式滴灌法、散布式滴灌法等。所有这些滴灌法都由计算机控制操作，同时配有传感器，它只能通过检测植物的茎和果实的直接变化来决定对植物的灌溉间隔。当需要灌溉时，它会自动打开灌溉系统进行操作，不需要时会自动关闭。这种技术不仅大大节约了用水，而且完全满足了作物的需求。

现代工业不象农业那样耗水，但仍要用掉大量的水。工业用水主要用于三个目的:冷却、制造(产品购成的一部分或加工处理)以及加热(以产生水蒸汽或确保制造过程顺利进行)。这三个目的就耗水量和污染程度而言差别极大。把未经处理的工业废水直接排入环境的作法十分普遍,这一方法既造成社会环境污染,又造成水资源的极大浪费。变废水为纯净水,然后再用于灌溉或工业循环用水是减少工业废水污染的惟一途径,并且已被许多工业企业所采用。在发达国家,这项技术已完全成熟,早在数年甚至十多年前已经全部使污染的河水变清。以色列每年大约要将2.3亿立方米的废水改良成为农业用水,并且这个数字还在扩大。而谁污染谁治理的原则,则促使这一方法迅速推广落实。

**第四,兴修水利拦洪蓄水,植树造林保护植被、含蓄水源** 1998年夏天,中国长江大洪水流量为6.82万立方米每秒(第五次洪峰),从7月2日第一次洪峰到9月2日洪水开始回落,共历时三个月,它不仅造成洪涝灾害,还使珍贵的水资源白白流失。与此同时北方和南方的部分地区又少雨干旱。这件事使人们更加认识到兴修水利、变害为利的重要性。兴修水利、变害为利,在国际上有两个被人们公认的范例,一个是西班牙的巴伦西亚地区。这里是世界著名的农业区,他们千百年来一直保留着古老的阿拉伯式灌溉系统,合理地用水和合理的配水也一直是他们自觉遵守的"铁的法则",因而能够抗过历史上一次次的特大天灾。90年代西班牙南部地区出现了干旱,但巴布亚地区因贮存了两年的用水从而幸免于这次百年不遇的旱灾。他们的水管理经验已引起世界的关注。联合国教科文组织特地召集了30多个国家的权威水利专家汇集这里对水文化进行探讨。再一个是美国的密西西比河,它是用现代系统工程整治江河的突出例子。密西西比河全长6 262公里,平均年径流量5 800亿立方米,流域面积322万平方公里,是世界上第四大河,流域内居住着美国约一半人口,上游有3.4万平方公里在加拿大。从1928年5月,美国国会通过密西西比河防洪法令后,开始正式治理,现已成为包括防治江河洪涝灾害;开发利用江河水资源(发电、灌溉、航运、水产、供水、旅游等);流域水土保持及植树造林、保护植被、水源保护、生态环境保护等功能齐全的水利工程范例。它能防御100~150年一遇的洪水,每年通航时间为325天,货运量从1950年的1.38亿吨增加到1980年的5.85亿吨。流域内灌溉面积713万公顷,其中喷灌面积157万公顷。该流域已开发大小水电站1 127座,总装机容量2 844万千瓦,平均发电量983亿千瓦,占美国全国的18.6%。在其支流修建水库150余座,其中6座库容大于45亿立方米,有效库容超过700亿立方米。

1998年被世人称为"水年"、"高温年"。这一年有55个国家发生了96场水灾;这一年平均气温比1991年高0.82摄氏度,它是自有气象记录的1860年以来气温最高的一年。这一年,与气候有关的自然灾害给全世界造成了890亿美元的损失,比整个80年代自然灾害造成的经济损失的总和还高出340亿美元,它使3.2万人丧生,3亿人被迫逃离家园。水涝、高温等自然灾害的一个重要原因是植被的破坏。据科学家试验,一棵25年生的天然树木每小时可吸收150毫米降水,22年生人工水源林每小时可吸收300毫米水。而裸露地每小时仅吸收5毫米。林地的降水有60%为林冠截留或蒸发,30%变为地下水。而在裸露地面,约有55%的降水变为地表水流失,40%暂时保留或蒸发,仅有5%渗入土壤。林地涵养水源的能力比裸露地高7倍。一片10万亩面积的森林,相当于一个200万立方米的水库。中国森林的年水源涵养量为3 473亿吨,相当于中国现有水库总容量的75%。森林的这种"能吞能吐"的功能,古代人称之为"能兴云致雨,以利天下",现代科学家则称之为"吞水吐雨器"、"天然绿色水库"。但是十分可惜,世界在1980年至1995年间,却失去了1.8亿公顷的森林,近200年间地球上的森林已有1/3以上被采伐或毁掉。目前,虽然世界森林面积减少的趋势未被止住,但确实已引起了高度重视。"保护环境"、"可持续发展"的口号已响遍全球。各国一系列强有力的措施陆续出台,在一些国家已取得卓著成效。仅以中国而论,1998年的绿色新闻十分突出:中国科学院、中国工程院151位院士联名呼吁:行动起来,拯救黄河;国家新森林法颁布实施;国家天然林保护工程启动;中国领导批示根治北京大气污染,加快京津及周围地区的绿化步伐;国务院批准实施《全国生态环境建设规划》;国务院发出《保护森林资源,制止毁林开垦和乱占林地》的紧急通知,跨世纪保护绿色行动启动;高等法院等中央五部门决定严厉打击破坏森林资源的违法活动；中国生态系统研究网络启动；亚太议员环发大会第六届年会签署《桂林宣言》；21世纪城市水资源国际学术研讨会在京举行等。

**第五，兴办水产淡水业，变海水为淡水**

如前所述，海水占地球总水量的98%，可以说是取之不尽、用之不竭，而许多国家又均临大海，人类从海水中获取淡水，则是一条理想之路。但迄今为止，海水淡化技术一般是用蒸馏、电渗析法，因能耗大、水纯度低已被逐渐抛弃。随着地球淡水日趋短缺，以及科学技术事业的发展，海水淡化这一千年梦想将变为现实，21世纪可能会出现一个新型的大行业——未来水产业。目前全球有1.1万家海水淡化厂，经过淡化处理的海水日产量已有53.6亿加仑左右，其中25.9%是沙特阿拉伯生产的，居全球第一。美国占总产量的15.2%，居第二位。海湾国家经过处理的海水已能满足这些国家将近2/3的饮用水需要。而30年前全世界生产能力的总和每天还不到2亿加仑，这证明了海水淡化产量正在以几何数增长。但海水淡化资金投入相当大，仅海湾国家即已投入1 000多亿美元，其中包括数十亿美元的用于海水淡化设施运转和维修的资金。不久前，又出现了一种"反渗透法"，这种方法是由一层层卷起的薄膜或一束束空纤维构成，当海水或待处理的水从一头压进去后，另一头出来的就是可饮用的淡水或纯水。法国塞纳河畔的一家公司（纳甲LAL公司）已开发成功手动泵式海水淡化装置，10分钟内可将1公升海水变成一公斤淡水。目前这种装置只能造福于海岛、渔村、渔船的需要，它的下一步发展，有可能形成大规模海水淡化技术。据国际原子能机构的资料称，在缺水国家中，利用核能来进行海水去盐正在引起人们的兴趣。1997年由国际原子能机构主办、国际海水去盐协会和地球技术发展中心协办的"利用核能去盐海水"国际研讨会在韩国召开。来自30个国家和国际组织的250名代表参加会议，俄罗斯、日本、印度、哈萨克斯坦等分别介绍了本国利用核能去盐海水的进展情况。为联合攻克海水去盐技术难关，中东海水去盐研究中心1997年在安曼成立。其他类似研究也正在取得进展。这样人类就可以从根本上缓解21世纪世界淡水短缺问题。水产淡水业还包括作两极及冰上的文章。澳大利亚计划用塑料布覆盖国内冰山，以减少蒸发。海湾六国则计划从北冰洋用船拖冰山到海湾，然后融化成淡水。

## 中国也是个缺水的国家

从整体上讲中国的水不是多而是少。江泽民主席1998年冬在省部级领导干部金融研究班上的讲话中指出："缺水的危害性不亚于水患。解决我国一些地区水资源严重短缺的问题，要尽快放上议事日程。"中国水资源总量为2.8万多亿立方米，人均水量不足2 400立方米，仅为世界人均拥有水量的1/4。中国可用水储量只有1.1万亿立方米，而用水量增加很快，自1949年以来，平均每10年增加1 000亿立方米，目前已达5 600亿立方米。在全国600多座城市中，有400多座城市缺水，其中严重缺水的城市有108个。因为缺水，全国工业产值平均每年减少2 000多亿元。在中国各种自然灾害中，旱灾对中国农业产量影响最大，近年每年受害面积都在5亿亩以上，预计到2000年，中国城市缺水量将猛增至180多亿立方米，农业缺水将增加到600亿立方米。要实现党中央、国务院提出的到2000年中国粮食总产1万亿公斤的目标，就必须新增供水600～800亿立方米。另外，中国水污染也很严重，目前日排放污水已超过1亿吨，其中80%以上未经任何处理，便直接排入水域。中国工业用水重复率虽然已从1980年的20%提高到了现在的30%左右，但还是比发达国家低许多，一些重要产品的单位耗水量比国外先进水平高几倍、甚至几十倍。

新中国成立之后，政府十分重视水利工程建设并取得了举世瞩目的成就。1992年联合国环发大会之后，政府又制定了《中国21世纪议程》，将水资源可持续利用列为中国环境保护与可持续发展最重要的一个问题，并采取了一系列法律、行政、经济、技术与宣传等措施，以实现水资源开发、利用和保护的协调发展。从1998年12月28日起，水利部又开展了"跨世纪节水行动"，这个计划，将用三年时间开展一系列以节水为重点的社会行动，以提高社会的节水意识和公众参与的程度。水利部副部长周文智说："中国水资源供需形势的严峻局面将长期存在，节约用水已成为实现经济、社会发展宏伟蓝图至关重要的战略问题。我们相信，经过长期努力，水的难题也将会有所缓解。"

总之，世界水资源短缺形势是十分严峻的，但是也是可以解决的。

# 大气环境问题概述

中国环境科学研究院 杨新兴 王文兴

## 地球大气圈及环境问题

### (一)大气圈的形成及演变

在地壳的外围,积聚着一层厚厚的气态物质,我们把它叫做地球的大气圈(atmosphere circle)。地球大气圈的形成和演变经历了漫长的过程。我们居住的地球,已经度过46亿年的高龄。在茫茫宇宙里,尘埃和气体的凝聚曾经形成了最原始的星云。正是那些原始宇宙星云的结合和变迁,才形成了早期的地球以及整个太阳系。早期的地球是一个不大的凝聚态的物质体系。后来由于质量和体积的加大,引力作用逐渐增强,终于能够把宇宙中更多的气体吸附在自己的周围,形成了原始的地球大气层(atmospheric mantle),这就是所谓的地球第一代大气。

随着地球体积的继续增大,地球内部的温度也越来越高。地球内部圈层变化过程产生的气体不断向地表游离;地质早期大规模的火山活动,也向地表喷发大量的气体。这时的大气物质成分的组成和数量,已经不同于原始的大气,它的主要成分是水蒸气、二氧化碳、一氧化碳、甲烷和氮气等,人们将它称为第二代大气。在第二代大气诞生的时候,第一代大气几乎已经全部散逸到太空里去了。

大约距今天30亿年以前,地球上出现了最早的生物——蓝藻。蓝藻能够在阳光作用下,把水和二氧化碳合成碳水化合物,同时释放出氧气。氧气的出现,给较高级生物体的产生提供了重要条件。大约在14亿年前,地球上又出现了绿藻。绿藻具有更强的光合作用能力,它能够合成更多的有机物质,释放出更多的氧气。约在6亿年前,高等绿色植物开始在海洋里出现。2亿年以后,陆地上也出现了绿色植物。由于大气中氧气的增加,氧化过程加快,一氧化碳逐渐被氧化成二氧化碳,甲烷变成二氧化碳和水,氨变成水汽和氮气。由于绿色植物的增多,光合作用大规模地持续进行,氧气逐渐成为大气中仅次于氮气的第二个主要成分。这就是以氮和氧为最主要成分的近代大气,人们将它称之为第三代大气。

自从近代工业革命以来,生产力空前发展,人们把大量的天然资源变为自己的消费品,同时也把一部分资源变成污染物排入大气。目前排入大气的污染物数量增长速度,已经超出了大气的自然净化能力。因此,不但大气原有的某些成分($CO_2$)的数量增加了,同时还增加了一些新的物质成分(氯氟烃等)。现代的大气已经是被严重污染的大气。大气污染不仅危害人体的健康,而且对于地球上的整个生态环境系统已经构成了巨大威胁。

### (二)大气圈与人类的关系

大气圈是保护地球上的人类和万物生灵的天然屏障。大气圈的形成和存在,对地球表面的物理状况和生态环境具有极其重要的意义。太阳辐射被大气圈所吸收,不但使地表生命免遭紫外线的伤害,而且还提供了适合生命存在的温度环境。如果没有大气圈提供的保护层,我们的地球表面的气温将可能比现在低27~56℃;如果没有大气圈的保温,在撒哈拉大沙漠里将会降下皑皑白雪,亚马逊河上的流水将会结成厚厚的冰层,地球上的绝大部分地区将是冰天雪地。

地球大气圈是一个巨大的资源宝库。空气中的氧气是人体和动植物呼吸过程必不可少的气体。一个成年人平均每分钟呼吸16次,每次呼吸量0.5公升,每天需要空气11 520公升,约合13~15公斤。一个人可以5天不喝水,一个星期不吃饭,但断绝空气5分钟就会窒息死亡。动植物的呼吸也离不开空气。全世界燃料燃烧所消耗的空气量每年约为180亿吨。

此外,大气中的二氧化碳是绿色植物进行光合作用的主要物质基础,地球上的绿色植物每年从大气里索取623亿吨二氧化碳。

当今世界,由于人口数量的急剧膨胀以及经济的高速增长,大量的自然资源被变成消费品,同时又把过多的污染物排放到大气里。大气环境污染,已经成为威胁人类生存的严重问题。目前,光化学烟雾、大气气溶胶、酸雨、臭氧层破坏、气候变暖、物种灭绝等问题,已经对地球的生态环境造成了严重的破坏。

大气圈是人类目前赖以生存的惟一空间环境,但是人类自己的活动却正在加速对它的污染和破坏。

## 酸 雨

### (一)酸雨的概念

大气中的酸性物质或者致酸性物质与水汽或者水滴结合,形成酸性稀溶液,这些酸性稀溶液将会成为雨水的成分,于是近于中性的雨水便呈现弱酸性。空气中二氧化碳浓度约为316ppm。在自然界里,雨水中由于空气中的二氧化碳的溶解,而呈现微弱的酸性,pH值接近于5.6,但是人们并不把它叫做“酸雨”。如果雨水中的酸度pH<5.6,那么正常的雨水就变成了通常人们所说的“酸雨”(acid rain)。

“酸雨”的概念是英国化学家史密斯(R.A.Smith)1872年在《空气和降雨:化学气候的开端》一书中首先提出的。他指出,降水的化学性质已经受到燃煤和有机物分解产物的影响,并发现了酸雨对植物和材料的危害作用。20世纪50年代中期,美国水生生态学家E.戈勒姆发现了湖水的酸性和土壤的酸性都与降水的酸度有关系,并证明降水的酸度与矿物燃料的燃烧和某些矿物的冶炼过程排放的二氧化硫有关系。20世纪60年代,瑞士土壤学家S.奥登根据农学、湖沼学和大气化学的有关资料,进行了综合分析研究,发现酸性降水在欧洲是一种大范围的现象,并且随着降水中的酸性的增加,地面水的酸度也上升了。后来,人们发现含硫和含氮的污染物在欧洲的空中可以输送上千公里。1972年瑞典政府向世界人类与环境会议提出一份报告:《穿越国界的大气污染:大气和环境中的硫对环境的影响》。从此,更多的国家开始关注酸雨问题,酸雨问题的研究规模不断扩大。1975年在美国俄亥俄州立大学举行了第一次国际酸性降水和森林生态系统研讨会。1982年6月在瑞典斯德哥尔摩召开了国际环境酸化会议。尽管如此,酸雨最终还是成了当前全球性的重大环境污染问题。

酸性物质对大气的污染,不仅影响到降雨的酸度,实际上对所有降水的性质都会产生影响。因此,酸性降水的概念包括降雨、降雪、雾、霜、露以及冰雹等各种的降水形式。所有这些酸性降水形式,统称为酸性湿沉降。与此相对应,人们把大气中的所有酸性固体颗粒物的沉降,称为酸性干沉降。酸性湿沉降和酸性干沉降,合称为大气污染物的酸沉降。

除了酸性物质的影响之外,人们还发现碱性物质对降水也产生了显著影响。在中国的西南部地区和在美国南部的得克萨斯州地区都曾经发现过碱性雨。

### (二)酸雨的成因

大气中酸性物质的增加,是形成酸雨的直接原因。这些酸性物质通常来自天然过程和人类活动的排放。根据测算,自然界每年向大气排放的二氧化硫约为0.5～2.84亿吨(Moller等,1984),氮氧化物约0.2～0.9亿吨(Bolin等,1983)。人类活动每年排放的二氧化硫约为1.1～1.5亿吨(OECD,1985),氮氧化物约0.53～0.69亿吨。参与形成酸雨的酸性物质和潜在的致酸性物质,主要有下面几类:

(1)硫的化合物及其基团　二氧化硫($SO_2$)、三氧化硫($SO_3$)、硫化氢($H_2S$)、二甲基硫(DMS)($(CH_3)_2S$)、二甲基二硫(DMDS)($(CH_3)_2S_2$)、氧硫碳(COS)、二硫化碳($CS_2$)、硫酸根离子($SO_4^{+2}$)、硫酸($H_2SO_4$)、甲基硫醇($CH_3SH$);

(2)氮的化合物及其基团　一氧化氮(NO)、一氧化二氮($N_2O$)、二氧化氮($NO_2$)、亚硝酸根离子($NO_2^-$)、硝酸根离子($NO_3^-$)、硝酸($HNO_3$);

(3)氯的化合物及其基团　氯离子($Cl^-$)、盐酸(HCl);

(4)碳的化合物及其基团　二氧化碳($CO_2$)、一氧化碳(CO)、碳酸氢根离子($HCO_3^-$)、碳酸根离子($CO_3^{-2}$)、碳酸($H_2CO_3$)等。

矿物燃料燃烧排放的大量污染物中,有很大一部分属于致酸性物质,在大气里它们经过复杂的化学变化过程,最后形成各种酸性物质。这些酸性物质与大气中的水汽结合,成为降水的成分,伴随降水过程,沉降到地面。对降水影响最大的酸性物质主要是两个强无机酸,即硫酸($H_2SO_4$)和硝酸($HNO_3$)。形成硫酸的主要前体物是二氧化硫($SO_2$)和三氧化硫($SO_3$),通常称为硫氧化物($SO_x$);形成硝酸的主要前体物是一氧化氮(NO)和二氧化氮($NO_2$),通常称为氮氧化物($NO_x$)。$SO_x$ 和 $NO_x$ 的天然源分布在全球,而人为排放源则仅限于局部区域或者地区。在大气中,$SO_2$ 转化成硫酸主要有两条途径:

(1)二氧化硫通过气相反应,生成硫酸:

催化剂

$2SO_2 + O_2 = 2SO_3$

$SO_3 + H_2O = H_2SO_4$

(2)二氧化硫通过液相反应,生成亚硫酸,或硫酸:

$SO_2 + H_2O = H_2SO_3$

$2H_2SO_3 + O_2 = 2H_2SO_4$

在矿物燃料燃烧过程中,$N_2$ 和 $O_2$ 的气体混合物在高温下形成氮氧化物,其最初形式主要是一氧化氮(NO),NO 在大气中被氧化成二氧化氮,然后与水结合生成硝酸和亚硝酸:

$2NO + O_2 = 2NO_2$

$2NO_2 + H_2O = HNO_3 + HNO_2$

## (三)酸雨的成分

酸性降水中酸性物质的主要成分是硫酸、硝酸和盐酸。由于它们在水中完全电离,所以对降水酸度的影响很大。在多数地区,硫酸影响最大,硝酸次之,盐酸影响最小。例如,在美国东部地区,酸雨中硫酸占65~70%,硝酸占24~30%,其他酸类不足5%;在美国西部地区,硫酸和硝酸各占近一半;在美国南部地区,硫酸占80%。煤炭中的氯化物,在煤炭燃烧时,以氯化氢的形式释放出来,与雨水结合后成为盐酸。

酸雨中还存在一定数量的弱酸,例如,有机酸中的甲酸、乙酸、乳酸、柠檬酸,以及无机酸中的碳酸($H_2CO_3$)等。这一类酸在 pH<5 时,几乎不电离,所以它们对降水的酸性影响不大,通常不会超过10%。

降水中的主要离子成分有两类,即阴离子和阳离子。阴离子主要包括 $SO_4^{-2}$、$NO_3^-$、$Cl^-$、$HCO_3^-$;阳离子包括 $NH_4^+$、$Ca^{+2}$、$Na^+$、$K^+$、$Mg^{+2}$、$H^+$ 等。降水中的阳离子是进入降水中的碱性物质,它对酸性物质起中和作用。

## (四)酸雨的分布

欧洲和北美洲地区,是世界上工业和经济最发达的地区,在这些地区,人们燃烧掉了世界上生产的绝大部分矿物燃料,与此同时这些地区也就成为世界上最大的污染物排放源。因此,世界上最大的两个酸雨区,就出现在欧洲和北美地区。

大气中酸雨的地理分布状况,除了与污染物排放源的位置有关外,还与大气输送过程有密切关系。通常,硫和氮的化合物在污染源附近以干沉降的形式落回地面,经过长距离输送之后,则有一部分会转化成硫酸和硝酸,形成酸性降水,以湿沉降形式落回地面。欧洲斯堪的纳维亚半岛是最早发现酸雨的地区,早在20世纪40年代就已经发现酸雨。到了70年代中期,降水 pH 值降低到4.0~4.5。例如,1970~1973年瑞典南部降水中的年均 pH 值低到4.2~4.5;挪威沿海地区1972~1975年降水年均 pH 值低到4.3~4.5;南部数千个湖泊的水 pH 值降到4以下。在斯堪的纳维亚半岛的皮宁苏拉(lower Scandinavian penninsula),降水的 pH 值曾经降低到2.8。斯堪的纳维亚地区大气中的酸性物质,多半都是来自欧洲大陆和大不列颠岛。

1964年11月,美国东北部地区,降水的 pH 值低到2.1,它的酸度和柠檬汁一样。1970~1971年,在纽约州和新汉普郡(New Hampsphire)的7个观测点上年均降水的 pH 约等于4。在得克萨斯(Texas)州中部地区还发现了碱性沉降物,pH=5.8~7.3。

英国环境部1984年公布的资料证明,英国本土上的全部降水都已经酸化,西部地区降水年均 pH 值为4.4~4.7,东部地区 pH 为4.1~4.3。英国酸雨沉降量最大的地区在西部的高原以及苏格兰南部地区。

中国的酸雨监测工作开始于70年代末期。监测数据表明,pH<5.6 的降水在中国南部地区也已经出现。特别是在四川、贵州和广西的局部地区,降水中的年均 pH 值低于5.0。

## (五)酸雨的危害

酸雨的直接影响是引起江河、湖水和土壤的酸化,危及水生生物和陆地植物的正常生长,导致渔业、林业、农业和畜牧业的物质产量下降。酸性降水还可能腐蚀和毁坏房屋、桥梁、堤坝、管道、电缆等各种设施和材料。特别是对文物古迹、雕塑绘画、人文景观等的破坏作用尤其显著。铜、镍、碳素钢、镀锌铁以及砂石、石灰石、大理石等物质材料，都会受酸性降水的淋洗而加快其腐蚀的速度。

### (六)酸雨的控制

控制酸性降水的根本途径是大量削减人为活动排放的污染物数量。为此，人们必须改变目前以矿物燃料为主要能源的经济发展模式，开发利用水能、风能、太阳能、地热能和生物质能等清洁能源，替代和减少矿物燃料的消耗数量；同时，还应该大力提高燃料的燃烧效率，强化推广节能技术和排污治理技术。只有采取这样的措施，才有可能有效地削减向大气排放污染物的数量，减少形成酸雨的前体物，避免或者减少酸雨的出现。

## 臭氧层的破坏及臭氧洞

### (一)臭氧层的概念

在20公里以下的低层大气里，氧元素的绝大部都以氧分子($O_2$)形式存在，而在20～40公里的高空平流层里，则以臭氧分子($O_3$)的形式存在。人们把臭氧分子密度最高的一层薄薄气体层，叫做地球的臭氧层。在臭氧层里，集中了地球大气中90%以上的臭氧气体。臭氧密度最高的区域在30公里上下的高度层上。虽然它的密度一般不超过10ppm，但它却吸收了大量太阳紫外线UV－C(Ultra Violet－C，波长小于0.295微米)以及大部分的UV－B(Ultra Violet－B，波长在0.295～0.320微米之间)。大气臭氧层是保护地球上的人类和动植物免遭太阳强紫外线伤害的一道天然屏障。

臭氧是1839年首先在试验室里被发现的，后来又发现臭氧具有强烈地吸收紫外线的功能。一个臭氧分子是由三个氧原子组成的气体，在大气里，它是一种化学性质不太稳定的物质。

### (二)臭氧层的形成

臭氧($O_3$)是有三个氧原子(O)组成的氧分子，它不同于由两个氧原子组成的氧分子($O_2$)。地球上空的臭氧，在20～40公里的高度范围里，形成了一个脆弱的保护层。如果将它压缩，使之与海平面上的大气压力等同，那么这个保护层则只有几个毫米的厚度。氧元素是大气中的第二个重要组成成分，在干洁大气里，氧所占大气质量的体积比约为20.946%。在20公里以上的高空里，太阳紫外线的辐射强度比低层大气高得多。在高强度太阳紫外线照射下，氧分子分解为氧原子。游离态的氧原子具有十分活泼的化学性质，很容易与未分解的氧分子结合形成臭氧分子。它们的反应过程如下：

$$O_2 = 2O^*$$

$$O_2 + O^* = O_3$$

在地球上空20～40公里的大气层里，由于氧元素的绝大部分都被分解成臭氧分子($O_3$)，于是就形成了一个以存在大量臭氧分子为特征的臭氧层。

### (三)臭氧层的分布及变化

臭氧在大气空间里的分布，随时间和地区的不同会有很大差异，而且有很大的年际波动。臭氧层的高度是随季节变化的，通常在春季明显较高，秋季则较低。臭氧层的高度在高纬度地区较低；在低纬度地区较高。在同一纬度上臭氧层的高度差别不大。臭氧层里臭氧分子密度的高低是由自然过程调节的，通常不发生太大的变化。臭氧的生成过程和消亡过程的速率基本上相等，臭氧密度保持在一个动态范围之内。大气中臭氧密度的改变取决于光化学反应的强弱程度和大气的运动状态。影响光化学反应强弱程度的主要因素，是大气中的太阳紫外线辐射强度、氧和微量物质成分以及大气的温度结构。大气的运动状态主要是指大范围的环流特征，它会改变臭氧在大气中的分布情况。太阳活动的变化会引起紫外线辐射强度的改变，进而影响到光化学反应的强弱程度。人为活动排放的氯氟烃化合物，是参与光化学反应，破坏臭氧的一类重要物质，因此它们也会改变臭氧分子的密度。大气臭氧密度的变化是上述诸多因子综合影响的结果。

目前全球大气臭氧层中的臭氧密度，平均每年约下降1%，而高纬度地区和两极地区下降幅度则更大。南极臭氧洞的出现是大气臭氧层变化的典型实例。1956年英国人在南极建立了观测站(HALLEY BAY，南纬度75°40′)。观测结果表明，70年代中期以前南极大气臭氧浓度基本稳定，但是，到1987年却下降了40%。这一现象被后来的地球卫星观测所证实。1998年9月8日，智利麦哲伦大学臭氧层监测机构宣称，南极上空的臭氧层，已经降到220～225个多布森单位(1个多布森单位是指在标准情况状态下，0.001

厘米厚度)。

1994年是人类活动排放氯氟烃化合物最多的一年,大气层底部的氯氟烃浓度也最高。由于这些物质被排放出来以后,需要经历6年的时间,才能被输送到平流层内,因此这些物质对臭氧层臭氧分子的破坏,改变臭氧分子密度也只是在2000年以后才能发生。

## (四)臭氧层对人类的保护作用

由于地球大气层的存在,地球上的生命才得以生存繁衍。上层大气中的臭氧层是一道吸收和阻挡太阳紫外线的天然屏障,保护我们免受太阳强紫外线照射的伤害。臭氧在紫外区有两个吸收带,在0.20～0.30微米之间有一个强吸收带,称为HARTLEY吸收带;在0.30～0.35微米之间有一个弱吸收带,叫HUGGINGS吸收带。在红外区,臭氧还有一个强吸收带。太阳向地球辐射的紫外线,绝大部分被大气中的臭氧吸收,到达地面的太阳紫外线的强度很弱。太阳发出的紫外线,特别是科学上称之为紫外线-B(Ultra Violet-B)的辐射,对生物能产生较大的伤害。因此,能够吸收紫外线辐射的臭氧层,便为地球上的万物生灵提供了一个必不可少的天然保护屏障。

如果臭氧层里的臭氧分子遭到大量破坏,臭氧的分子密度将会减小,吸收紫外线的功能将会大大降低。这样,就会有更多的太阳紫外线直接到达地球表面。紫外线辐射量的增加,不仅伤害人的眼睛,而且还将诱发人类皮肤的癌病变。高强度的紫外线辐射对植物、海藻、人和动物的食物链以及整个地球的生态系统将会产生严重的负面影响。

如果臭氧层的臭氧密度降低1%,那么到达地球表面的0.28～0.32微米波段的太阳紫外线的辐照强度将会增加2%,同时皮肤癌的发病率增加4%。

近地层的臭氧,是一种污染气体。高浓度的臭氧对人体和动物呼吸系统,将产生严重的伤害作用。当地表臭氧密度达到0.1ppmv时,就会使人的呼吸道发炎;当浓度达到5ppmv时,将会危及人的生命。地表臭氧密度的增加也是造成森林植被大片死亡的一个重要原因。因此地球上空臭氧的减少和地面臭氧密度的增加对人类都会产生不利影响。

## (五)大气臭氧层的破坏

### 臭氧层破坏的状况

在20世纪60年代,人们就已经开始意识到人为活动可能破坏臭氧层的问题。大气臭氧的含量取决于太阳辐射强度、大气的化学成分以及大气的运动情况。人类活动的影响主要表现在对大气成分的改变方面。人类的活动已经明显地改变了大气中微量成分的数量。人类的活动,例如工业生产和交通,特别是燃油的汽车和超音速飞机,向大气排放大量的氮氧化物,这些氮氧化物在平流层里,与臭氧发生化学反应,大量消耗平流层的臭氧,导致平流层内的臭氧密度降低。

根据地球气象卫星的高空观测数据分析,全球大气层内的臭氧密度正在降低。在过去20多年里,人类活动排放的氯氟烃化合物(CFCs),加速了高空臭氧消亡的过程,破坏了臭氧的生成和消亡的自然平衡状态。CFCs是由氯(Cl)、氟(F)和碳(C)元素构成的一组化合物的简称。人们使用的冰箱、空调等制冷设备中的一种叫氟里昂的制冷剂就是CFCs的一种。CFCs具有非常稳定的化学特性,在大气层的底部不易遭到破坏。但是通过大气层的物质混合和上下交换过程,CFCs最终会被输送到平流层里。在那里,由于高空紫外线的强烈照射,CFCs分解出化学性质活泼的氯原子。一个氯原子可以连续不断地破坏大量臭氧分子,只有当氯原子遭遇到其他气体,例如甲烷,形成氯化氢(HCl)分子,才可能被降水带回地面。因此,如果人类停止使用CFCs,以及其他可能破坏高空臭氧的化学物质,那么臭氧层的破坏过程就可以慢慢停止下来,已经被破坏的臭氧层将会得到恢复。目前,人们还不能准确知道自己的活动对臭氧层破坏的程度和速度究竟有多大。

大气臭氧层破坏的概念主要包括臭氧层的臭氧分子的分解、臭氧密度的降低,或者臭氧层的厚度变薄等物理现象。世界气象组织根据最近的观测结果表明,地球上空的臭氧层正在继续变薄,2000年可能达到极限。1998年6月22日,世界气象组织和联合国环境署在日内瓦介绍《1998年度臭氧层科学观测评估报告》时宣称,根据在世界各地观测站的数据统计,北极臭氧层厚度比20世纪60年代的平均厚度减少了25～30%。

根据数学模式计算,2010～2019年期间,整个地球的臭氧层的损失将达到最高峰,其损失速度与20世纪90年代南极的情形相似。

### 大气臭氧层破坏的机制

大气平流层中的臭氧可以通过好几种机理进行

分解,其中最重要的是臭氧分子与氧的直接碰撞,发生反应形成氧分子:

$2O_3 + O_2 = 4O_2$

臭氧分子还可以与游离态的氧原子反应,生成氧分子:

$O_3 + O = 2O_2$

上述两种过程都能使臭氧分子减少。

超音速飞机在高温下燃烧喷气燃料,产生大量的NO,与$O_3$发生反应:

$O_3 + 2NO = 2NO_2$

因为超音速飞行(Supersonic transport aircraft, SST)高度达20公里,处于臭氧层的下部边缘,所以产生的NO与臭氧直接接触的机会很多。

近些年来,人们特别注意氯对于臭氧的破坏作用。这种反应的机理在1973年被发现时,未曾受到人们的重视。因为当时不知道在高层大气里出现的自由氯原子的来源。不到一年的时间,有人发现有两种卤代烷的衍生物,是大气中的氯原子的主要来源,这就是广泛用做冷冻剂和烟雾剂的$CFCl_3$和$CF_2Cl_2$,它们在受到0.200微米的紫外线照射时,发生分解并释放出氯原子:

$CFCl_3 = CFCl_2 + Cl$

$CF_2Cl_2 = CF_2Cl + Cl$

这个波长的紫外线在臭氧层的上部边缘是充分具备的,并且在这个高度上人们已经确认有相当数量的$CFCl_3$和$CF_2Cl_2$。$CFCl_3$和$CF_2Cl_2$的分解释放的氯原子将大量破坏臭氧分子,其反应过程如下:

$Cl + O_3 = ClO + O_2$

$ClO + O = Cl + O_2$

现在人们已经证实,氯氟烃(CFCs)和哈龙一类人造化学品进入大气层,是破坏臭氧层的最主要的因素。氯氟烃是20世纪30年代发明的一类化学制品,它们的化学性质十分稳定,在一般情况下,不与其他物质发生化学反应,也不能燃烧。人们一直认为它们是无毒、无害的物质。由于具有很高的化学稳定性,所以用它们制作成的工业材料的寿命特别长。这类物质被泄漏到大气里,将会在大气的对流和交换过程中,被输送到平流层。在平流层里,在太阳紫外线的强烈照射下,这种十分稳定的化学物质的化学键开始断裂,并释放出氯原子。氯原子具有很高的化学活性,极其容易与臭氧分子结合,发生反应。在这个反应过程里,氯原子没有遭到破坏,可以连续不断地参与破坏臭氧的反应。一个氯原子可以破坏数以千计的臭氧分子。此外,在太阳紫外线照射下,大气中的臭氧分子可以直接分解为氧分子和氧原子:

$O_3 = O_2 + O$

在高强度太阳紫外线照射下,一个自由氧原子可以与一个氧分子结合生成一个臭氧分子,一个氧原子也可以与一个臭氧分子生成两个氧分子。这一类反应都是在太阳紫外线照射下发生的,人们把它们称为"哈普曼反应"。

美国航空航天局的专家们认为,低温是促使臭氧分子分解的一个重要因素。南极是地球上气温最低的地区,在高空里经常出现冰晶微粒,氯氟烃在冰晶微粒表面的集聚,可以加速对臭氧分子的分解过程。臭氧能够吸收紫外线,使气温升高,而臭氧的损失则将会使气温更低,从而加速臭氧的分解过程。在南极地区上空平流层里存在冰晶微粒,因此极地上空的臭氧密度显著低于中低纬度区域。北极上空平流层里的气温,在最近几十年里一直在下降,臭氧数量也在减少。特别是1996年冬季,北极上空的臭氧密度降低特别显著。

## (六)臭氧洞的成因

地球两极地区上空的臭氧洞问题,近几年来已经引起科学界的关注和困惑。臭氧洞问题首先是英国学者根据南极观测站(HALLEY BAY)的观测资料分析结果提出来的。根据HALLEY BAY观测站提供的资料,1956~1976年的20年里,平均臭氧总量基本上无明显改变;而从1975~1986年,观测区域的平均臭氧总量大约下降了40%。1979年以后的卫星观测资料进一步证实,南极上空臭氧总量下降幅度已经达到40%。每年的9~11月,即南半球的春季,南极上空就出现大面积的臭氧洞。1998年8月下旬就开始出现臭氧层变薄的过程,说明臭氧洞已经提前出现。

所谓臭氧洞,实际上并不是意味着大气层出现一个空的洞口,也不是臭氧分子一个也不存在,而是指在一定的空间区域里,臭氧的密度已经大大低于周围空间的密度。如果臭氧层的臭氧密度低于220个多布森单位,则认为臭氧层出现了臭氧洞。臭氧洞的出现,将导致空洞下面的地面经受过量的紫外线辐射,有害于人体健康和动植物的正常生长发育。

1998年9月10日，日本气象厅公布的结果表明，南极上空的臭氧洞在继续扩大，9月初臭氧洞的面积相当于南极大陆面积的1.7倍（南极大陆面积为1 400万平方公里）。9月7日的臭氧洞面积达到2 304万平方公里，被破坏的臭氧数量达到9 134万吨，而1994年的破坏数量是8 504万吨。

1998年12月4日，世界气象组织在日内瓦宣称，当年九月南极上空的臭氧空洞面积已经达到2 500万公里。

根据《中国科学报》（1998年9月15日，第1版）报道，科学家在北极上空发现了另一个臭氧洞，它出现在每年的2月份，面积相当于南极臭氧洞的1/3。由于北极地区更接近欧洲和北美地区，而白种人更容易遭受紫外线的伤害，因此，北极臭氧洞问题引起了人们的特别关注。美国已经开始发布紫外线辐射指数的信息，目的在于提高人们在从事户外活动时的自我保护意识。根据同一个资料报道，我国青藏高原上空的臭氧密度也比周围地区相对较低。

1998年4月20日《中国科学报》报道，德国航天中心发现在欧洲上空也出现了一个小小的臭氧洞，它形成于大西洋上空，然后跨越英国和法国北部上空，移向欧洲中部和南部。由于这个臭氧洞的面积很小，对地面紫外线辐照量影响不大，不会对人体健康构成显著危害。

世界气象组织的专家们认为，臭氧洞形成的主要原因是人类对大气环境的污染。人们在空调制冷、塑料发泡、电子元件清洗、汽雾剂制造、农产品加工、烟草加工以及消防产品中，广泛使用氯氟烃类和哈龙类化学物质（ODS）。这一类物质在大气中的出现，将导致臭氧层里的臭氧分子的大量破坏和消亡。因此可以认为氯氟烃化合物，是臭氧层臭氧分子密度急剧降低的基本原因，而两极地区的极端低温则是产生臭氧洞的气象条件。

## （七）臭氧层的恢复和保护

臭氧层的破坏已经成为当今全球严重的环境问题之一。自70年代以来，就引起了世界各国科学家们的密切关注。依据联合国宪章和国际法准则，各个国家具有按照其环境政策开发其资源的主权，同时也负有责任，确保在它管辖或控制范围内的活动，不致对其他国家或其本国管辖范围以外地区的环境造成危害。为了实现这样的原则，为了保护全人类的生存环境，联合国环境规划署召开了一系列的国际会议，专门讨论研究恢复和保护大气臭氧层问题。

1985年，世界上一些国家在奥地利签署了《保护臭氧层维也纳公约》。1987年9月17日，又在加拿大蒙特利尔签署了《关于削减臭氧层物质议定书》，规定限制生产和使用对臭氧层有破坏作用的物质，并规定了终止使用的期限。1990年又对《议定书》进行了修订（《伦敦修正案》），并建立了实施《议定书》的多边基金。我国政府1989年签署了《保护臭氧层维也纳公约，1992年制订了《中国逐步淘汰消耗臭氧层的物质的国家方案》，要求在1999年将受控物质CFCs的生产和消费数量控制在1995～1998年的平均水平上，2005年淘汰50%，2010年淘汰100%。

世界气象组织观测网的最新数据表明，对流层内氟离子浓度增加速度减缓，氯离子的浓度在降低。而氟和氯是破坏臭氧层的两个最主要的元素。如果《保护臭氧层维也纳公约》和《蒙特利尔议定书》的条款，在各个国家得到认真实施，大约在20年后可以观测到臭氧层开始恢复的迹象；到21世纪中叶，臭氧层可望恢复到正常的自然水平。

世界气象组织和联合国环境署的专家们认为，目前对于臭氧层的保护工作，仍然不能掉以轻心，各个国家仍须要加强大气的观测和研究工作，同时采取措施减少破坏臭氧物质的排放。由200多名科学家参加撰写的《1998年度臭氧层科学观测评估报告》在1998年年底正式发表。

目前尽管人们对于臭氧洞的成因尚无定论，但是，保护高空臭氧层问题已经成为全人类的共识。为了保护地球上的万物生灵赖以生存的天然屏障，每年9月16日已经被定为“国际保护臭氧层日”。1998年“9.16”国际保护臭氧层纪念日活动的主题内容是，号召人们“为了地球上的生命，请购买有益臭氧的产品”。

## （八）臭氧层的观测和研究工作

由于臭氧层对于保护地球上的人类生存的重要性，人们很早以前就开始了对于臭氧的研究。对于大气臭氧最早的观测工作，开始于1880年。1920年，英国科学家道布森成功地研制出了完整的臭氧测定仪器。这就是今天我们仍在使用的道布森臭氧分光光度仪。这一仪器的工作原理是，通过测定穿过大气层到达地面的紫外线辐射强度，来推算地面上空的臭氧密度。虽然这些数据为人们提供了一些大气臭氧的分布和变化规律的实验依据，但是它却不能提供全球臭氧连续变化的整体图像，我们无法判断局部地区的臭氧密度的变化，究竟是由局部地区臭氧密度变化引起的，还是全球臭氧密度变化所引起的。从1966年起，地球人造卫星作为全球臭氧监测的一种新手段，为科学家们提供了全球臭氧密度分布和连续变化规律的全景图像。

早期对平流层臭氧的观测和研究，由于缺少统一的观测规范，各个观测站的资料可比性很差，利用价值很低。1957年世界气象组织（WMO）建立了观测网，制定了统一的观测规范。从那时起，世界范围的臭氧观测工作开始进入一个具有真正科学价值的阶段。1960年，在加拿大建立了全球臭氧观测数据资料中心，对全球的臭氧数据资料进行分析处理，编辑出版刊物，在世界各地公开发行。

近几年来，我国在大气臭氧层理论研究及探测技术方面取得了很大的进展。我国大气物理学家王庚辰教授领导的专家组，在对流层臭氧、平流层臭氧、臭氧总量以及大气层内臭氧密度的垂直分布等课题的理论研究和实验观测技术方面都取得了重要的成果。

关于臭氧层的破坏以及臭氧洞的成因，如同大气"温室效应"问题一样，目前仍存在着不同学术观点的争论。1987年2月，前苏联和美国的科学家们在莫斯科举行了关于南极上空臭氧层空洞问题的学术讨论会。一部分学者认为是人类活动排放的氟利昂破坏了臭氧层，造成了南极上空的臭氧洞；另外一些学者则认为，南极臭氧洞的出现是一种自然现象。

前苏联的专家们认为，即使南极上空出现的臭氧洞与人类排放的污染物有关系，人们也无需对这一现象感到恐慌。前苏联地球物理观测站站长络尔博士在《消息报》上发表文章指出，南极上空的臭氧层变薄的现象只是在每年10月，即在南极的每年春季才出现一次，而且大气中的臭氧总量并没有显著减少。因此，认为人类活动是造成南极臭氧洞的结论证据不足。南极臭氧洞的出现，主要是大气运动造成的，是一种自然现象，可能与太阳的活动周期有密切关系。根据观测的结果和对大气环流特征的分析表明，在南极地区，冬季盛行强大的环极气流，从4月到10月，环极气流控制着南极上空，使南极平流层的气温低到－84℃以下，致使南极上空经常出现极地平流层云。这种平流层云参与臭氧的破坏过程。由于极地冬季无太阳光辐射，臭氧的产量极少，以及极地环流阻止中低纬度上空臭氧向极地的输送等因素，致使极地上空大气中的臭氧密度大大降低。不言而喻，南极上空的臭氧空洞，素来有之。至于臭氧洞的年际波动和长时间的变换趋势，则可能与太阳的周期性活动，与极地环流强度和范围的变化有关系。北极地区的冬季，同样是臭氧产量低的季节，但是北极地区的环流强度比较小，持续时间比较短，中低纬度上空的臭氧不断地向极地输送，使极地上空的臭氧密度始终保持一个较高水平。

# 气候变暖问题

## （一）地球大气温度的演变

### 地球气温的历史变迁

从地球形成以来的46亿年间里，地球气候始终都在不停地变化着。最冷的时期称为冰河期，最暖的时期称为间冰期。全球冰河期平均气温约比现代低7～9℃，间冰期的平均气温约比现代高8～12℃。

冰河期迭次出现的极冷时段称为冰河时代。过去人们曾经认为，地球历史上曾经出现过3次冰河时代，但是资料证明，仅最近12亿年来就出现过6次冰河时代，平均约2亿年出现一次，每次持续千万年以上，最后一个冰河时代为地质学上的第四纪。

进入冰河时代，气候并不是持续不变的寒冷，其间会发生多次冰河期，每次持续时间约10～15万年。在每个冰河期里，每2万年出现一次极冷期，每次持续1万年。最近一次极冷期约在18000年前后，全球陆地约24%被冰层覆盖，平均冰厚2千米，还有20%的陆地为冰缘（长久性冻土）。

大约从16 500年前开始，地球气温波动式地回升，进入气候温暖期。但是从那时至今的一段时期仍属于冰河后期。冰河后期又分为三个暖期，即温暖期（16 500～9 500年前）、大温暖期（9 500～5 500年前）及晚温暖期（5 500年前至今天）。

大温暖期（9 500～5 500年前）是冰河后期里最温

暖的时期，最高平均气温比现在高 2～3℃；最低平均气温比现在高 0.5～1.0℃。在大温暖期，约距今 5 500～7 000 年前，气候温和适中，称为“气候最佳期”(climate optimum)，全球平均气温比现在高 2℃。

大约从5 500年前(晚温暖期)开始，气候又逐渐变冷，在此期间里，至少发生过 6 次气候波动，气温峰值和谷值一次比一次低，最后一次冷期约开始于 400 年前，这就是著名的“小冰河时期”(little ice age)。

公元 1000～1200 年之间，全球气温偏高，被称为“小气候最佳时期”(little climate optimum)。当时中纬度平均气温比现在高 1℃；海平面比现在高 0.5 米。

公元 1550～1850 年被视为小冰河时期。16 世纪气候开始变冷，陆地雪线下降，海上流冰期缩短。例如加拿大的巴芬岛雪线下降 200 米；冰岛和挪威的冰川平均前进 2 公里。20 世纪初，气候又开始逐渐回暖。从小冰河时期的冷期到 20 世纪 50 年代，气温大约升高 0.8～1.0℃。

## 20 世纪的气候变暖

### 气温的观测与研究

英国东安吉利亚大学气候研究中心的琼斯(Jones)等人在 20 世纪 80 年代建立了最完整的气温序列。他们采用了大约 2 000 个监测站的 1 亿个陆地观测数据和 6 千万个海洋观测数据，内插格点数值，按照纬度加权求出了两个半球以及全球的平均值，给出了 1861～1989 年之间，北半球、南半球以及全球的年平均气温距平曲线，距平为对 1950～1979 年的均值的偏差。

这个温度序列的特点是特别注意消除了城市热岛效应以及观测方法所带来的误差。由于热岛效应的作用，百万人口以上的大城市，年平均气温可能上升 1.0℃，千万人口以上的城市年均气温可能上升 2.6℃。全世界百万以上的城市在 1900 年仅有 13 个，1985 年有 247 个。显然，如果不排除这种影响，将造成虚假的增温现象。

琼斯(Jones)等人的研究结果证明，从 19 世纪末到 20 世纪 80 年代，气温上升了 0.6℃。平均每百年上升 0.5℃。而且南北两个半球气温上升幅度相近，所以可以认为全球具有相同的平均变暖率。此外，温升还具有如下的特点：高纬度温度上升比低纬度高，高纬度的温度年际变率也大；陆地的温升比海洋高；冬季温升比夏季高。

### 气候变暖的证据

1961 年密切尔(Mitchell)第一个给出了比较可靠的半球及全球的气温序列。之后曾经有 30 多位学者尝试建立全球气温序列。其中比较可靠的有三个序列，即前苏联的维尼科夫(Винников)，英国的琼斯(Jones)，美国的汉森(Hansen)等人。他们对温度序列的分析结果，都得到相同的结论：地球气候正在变暖。

根据英国《自然》(NATURE)(1999)杂志报道，在过去 30 年里，全球各地春季到来的时间每一年都有所提前，1999 年春天开始的时间比 30 年前提前 6 天；而夏季则有变长的趋势。

气候学上的季节变化，通常是由各地的实际气温确定的，规定以每候(5 天)平均气温在 10℃ 以下时为冬季；在 10～22℃ 之间时为春季或者秋季；在 22℃ 以上时为夏季。

德国慕尼黑大学的科学家在英国、爱尔兰、西班牙和斯堪的那维亚半岛共设立了 7 个实验站。经过数十年的观测和研究，他们发现这些地区的树木发芽和花期开始(日平均气温在 10℃ 以上)的时间，均比前一年提前 1/5 天，30 年间提前了 6 天。他们还发现，秋季到来的时间也一年比一年晚，1998 年秋季开始的时间比 1959 年推迟了 4.8 天。由于春季提前开始和秋季的推迟，无霜期时间增长，使得植物的生长期较之 60 年代初期延长了将近 11 天。由于春季提前，夏季也来得早；而秋天的推迟，意味着夏季的延长。至于冬季，不但时间比过去缩短，而且各地的平均气温也逐年增高，因此，严寒的时日减少，出现了明显的暖冬现象。

春早、夏长、秋迟、冬暖的现象虽然发现在欧洲，但是它却反映了全球气候变暖的趋势。1990 年以来，我国每年的冬季也都呈现暖冬现象。冬暖春来早已经成为我国目前气候变化的一个显著特点。

世界气象组织发表的公报指出，1997 年全球平均气温比基准时间(1961～1990)的平均值高出 0.43℃，1998 年比基准时间平均值高出 0.58℃，比 19 世纪末高出 0.7℃。

全球气候变暖的趋势将会继续发展，暖冬现象在今后 20～30 年内可能不会改变。科学家们对此结论，似乎没有太大的争议。但是，对于气候变暖的原因，却没有定论。目前有相当一部分人把全球气候变暖的原因归之于所谓温室气体引起的地球“温室效应”。

## (二)大气层的热效应

### 大气层的保温机制

火星上有一层薄薄的大气层,表面温度约在-47℃以下,比冰箱和冷冻室的温度还低得多。金星上有一层厚厚的大气层,表面气温高达450℃,比烘箱内的温度还高。地球大气层的厚度适中,于是才有了适合于人类和动植物繁衍生息的温度环境,科学家们将其称为“金发丽人现象”。

空气是热的不良导体,传导热辐射的能力很差。地球的大气层可以允许太阳的光辐射穿过,到达地球表面,使地面升温变热;但是对地面发出的属于长波光的热辐射,却没有良好的传导能力。白天地球以很快的速度吸收太阳的光辐射能量,夜间却以热辐射形式缓慢地释放热量。两种不同的热传导过程日夜不停地交换进行,并始终维持着一个动态的平衡,于是地球及其大气层可以有一个相对稳定的温度范围。这种现象被称为大气层的热效应。产生大气热效应的机制可以表示为下面的定量关系:

$$Q_{光}-Q_{热}=Q_{温}$$

式中,Q光——地球吸收的太阳光辐射热量;

$Q_{热}$——地球和大气损失的热辐射热量;

$Q_{温}$——维持大气温度的热量。

过去,有人把大气热效应常常称为“温室效应”。实际上,大气保温效应的机制与栽培蔬菜或者花卉的人工温室的保温机制并不完全相同。

### 人工温室的保温机制

“温室效应”,也叫做“花房效应”。生产实践证明,温室的透光覆盖物能够改善室内的小气候条件,使室内气温维持在一个较高的水平。栽培蔬菜或者花卉的人工温室有多种,保温性能和效果不完全一样。按照覆盖物材料的不同,可以分为玻璃温室、纸窗温室、塑料薄膜温室等。温室增温保暖的机制是:(1)太阳光辐射(短波光)大部分可以透过覆盖物,被温室内的地面和物体所吸收,而地面和物体发出的热辐射(长波光)则被覆盖物所阻隔,不易逸出;(2)覆盖空间内的空气,不能与外界大气发生对流,室内热量不能向覆盖物以外逸散;(3)覆盖空间的水汽遇冷凝结,同时放出热量;(4)室内空气中的污染物密度较高,吸收较多的热量。

影响人工温室增温保暖效果的主要因素是地面、空气和透光覆盖物,而透光覆盖物是其中最关键的因素。影响大气热效应的主要因素则只是地面和空气。所以处于封闭状态的温室的增温保暖效果,要比对外开放的大气的增温保暖效果高得多。

## (三)气候变暖问题的评述

采用经典物理学的方法能够准确的证明,如果没有大气层的存在,全球地表的平均气温,将会比现在实际观测到的全球平均气温降低33℃。作为一种正确而自然的推理,大气中的物质密度的增加,将会导致全球平均气温的升高,即人们目前所关心的全球气候变暖问题。

### 目前的研究成果

为了准确计算大气物质密度的增加与温度升高之间的定量关系,在过去30多年里,人们采用数值模拟的方法,已经对此进行了大量的研究工作。目前得到的主要结论是:(1)大气中的二氧化碳含量增加一倍,全球的平均气温将升高1.5~3.5℃。如果人类不采取任何有效的控制措施,那么到21世纪,全球气温的变化速率将是0.1~0.3℃/10年。(2)人类活动造成的大气气溶胶(主要是硫酸盐气溶胶)数量的增加,将会导致地表气温下降。(3)考虑到大气气溶胶的降温作用,在21世纪,由于人类活动导致的气温变化速率将是0.05~0.2℃/10年。

### 气候变暖的后果

对于气温很高、降水丰富的热带和亚热带地区,气温上升1~2℃,对农业,对整个生态系统可能不会有明显的影响。但是对于气温较低、降水较少的冷温带地区,气温的上升对农业和生态系统影响的总效果,将是比较显著的。

对于气温适中、降水偏少的暖温带地区,如果气温上升,伴随着降水量的增加,则气候变化对农业和整个生态系统是有益的。但是,如果气温上升,降水量不增加甚至减少,那么气候变化将会给农业和整个生态系统带来灾难性的后果。

此外,气候变暖,将导致雪线上升,冻土带向两极地区偏移。这将会使固有的生态环境发生突变,其后果将是难以预测的。另外,气候变暖还可能导致海洋水面的上升,某些较低的陆地,将会被水淹没。

## 科学上的不确定性问题

地球气候变暖几乎已经是人们无可争议的事实。但是对气候变暖的原因,人们却持有异议。例如,“温室效应”是否是气候变暖的主要原因?特别是目前有些人十分热中的二氧化碳对气候的影响问题,至今尚没有看到有足够的证据,能够说服人们相信关于这一结论是惟一的,是确定的。气候变暖的原因是一个很复杂的科学问题,继续研究是必要的,但作出问题的结论似乎尚需时日。全球的气候正在变暖,人类活动是气候变暖的主要因素,人们基本上可以接受这样的结论。但是与此有关的诸多问题的答案却不能令人满意,例如,

·进入21世纪,全球平均气温究竟上升多少?

·全球降水量将如何改变?是增加,还是减少?

·气候变率会发生突变吗?

·气候变化的区域分布如何?

·极端的气候变化事件会发生吗?

·大气气溶胶数量的增加,究竟能在多大程度上抵消气温的上升?

·气候系统自然变化与人类活动干扰之间的关系如何?

·大气中的二氧化碳增加肯定会影响气候变化吗?影响的程度如何?

很遗憾,根据目前的科学水平,人们对上述所有问题都无力作出确定无疑的回答。目前全球气候变化研究结果仅仅是建立在一系列假定条件基础上的对未来所谓温室气体浓度变化的一种“推测方案”。当前人们的通常做法是,依据假定的未来世界人口增长、经济发展以及社会变化的情景,建立未来的温室气体排放的“构想方案”。然后根据某种“构想方案”,利用一些简单的温室气体浓度变化模式,推算未来的温室气体浓度变化。在这里,存在两个严重的问题:

*关于未来“构想方案”问题* 人们对二氧化碳过去和现在的源与汇,基本上有了定量的认识,未来排放的“构想方案”也有一定的根据,例如,IPCC(Intergovernmental Panel of Climate Change)推荐的6种方案,据说都是可能实现的。问题在于这些方案之间的差别太大了。你能相信哪一个是正确的?至于温室气体,问题就更严重了。科学家们对当前的温室气体的认识尚且无定论,至于它们未来的排放构想那就更不会有什么实际意义了。

*温室气体浓度变化模式的局限性* 全球碳循环的模式,仅仅能够大致描述过去有记录以来的大气二氧化碳的浓度变化,至于在人类活动干扰下的碳储库对二氧化碳浓度变化的响应速率问题,尚且不能正确模拟。对于其他温室气体,由于对它们现在的源与汇尚不能准确定量描述,建立相应的模式也就没有科学的依据了。至于用它们去模拟未来变化的情况,当然也就更没有意义了。

目前,根据不同的“构想方案”,采用某种数值模式对温室气体浓度变化所引起的气候变暖问题的预测结果完全不同。更为严重的是,采用不同的数值模式计算出来的温度和降水的分布差别甚大。除此之外,目前的气候模式的一个缺陷在于都还没有正确解决反馈问题。例如,当地表温度上升后,地面蒸发量增大,如果高空气温略有下降,云量就会增加;云量的增加,将形成对地面温度的负反馈。其次,目前的气候模式对于引起较长期(10年以上)气候变化的影响因子,例如,太阳辐射变化、地球轨道变化、地球地壳的变化以及地球表面状况(水圈、生物圈、冰雪圈等)的变化等,尚未包括在内,或者未能准确描述。另外,模式对于气溶胶的辐射效应以及气溶胶本身的物理和化学性质的描述也远远不够。因此,严格说来,目前对于人类活动引起的全球气候变化的数值模拟结果,仅仅能够说明是对某种气候模式的一种测试结果,而绝不能认为是对未来气候变化的一种科学预测。影响未来气候变化的因子很多,人类活动造成的大气温室气体的增加,仅仅是诸多因子中的一个,而且现在还不能断言,它是最重要的因子。

地球气候是一个很复杂的系统,影响气候变化的因子很多。预测未来的气候变化是一个十分艰难的课题。如果仅仅局限于二氧化碳浓度问题,那将可能把一个复杂的科学问题过于简单化,从而违背科学研究的一般规律,当然也就不可能达到预期的结果。

根据迄今为止的科学发展水平只能认为,影响地球表面气温的主要因素是大气层的厚度,以及大气层内的物质成分的质量和数量的变化。其次,凡是与大气温度同步变化的自然因素和人为因素,都可能是影响气候变暖的因子。

## (四)IPCC及其对气候变化的评估

### IPCC 机构的建立和任务

国际政府间气候变化专门委员会(Intergovernmental Panel on Climate Change)是世界气象组织(WMO)和联合国环境规划署(UNEP)于1988年联合建立的一个政府间科学技术机构,现任主席是B.博林教授。所有联合国成员国和世界气象组织会员国家都是IPCC及其工作组成员。委员会专门从事气候和气候变化的研究。专门委员会下设三个工作组:

第一工作组,从事现有气候变化科学资料的评价工作;

第二工作组,从事气候变化对环境、经济和社会影响的评价工作;

第三工作组,从事制定气候变化的适应对策。

IPCC于1989年6月建立了一个发展中国家参与特别委员会,目的在于促进发展中国家参加IPCC的上述有关的工作和活动。

### IPCC 对气候变化的第一次评估报告

IPCC第一次气候变化评估报告完成于1990年8月,包括综述、IPCC科学评估、IPCC影响评估、IPCC适应对策以及IPCC专门委员会决策者概要。这个报告是全世界数百名专家研究与协调的成果,它已经成为气候变化及影响研究工作的一本标准参考书,为政府决策人员、科学家和其他有关专家们所使用。报告指出,在过去100多年里,全球平均气温已经上升了0.3～0.6℃,并且全球平均最暖的五个年份都出现在最近的80年代。与此同时全球海平面平均上升了10～20厘米。过去100年来气候变暖幅度与气候模式的预测值基本一致,而且与自然的气候变率也一致。报告认为,人类活动排放的大气污染物,正在使大气中的温室气体浓度显著增加。这些温室气体包括二氧化碳、甲烷、氯氟烃(CFCs)和一氧化二氮。它们使地球温室效应加强,气候变暖。主要温室气体——水汽,随着气候变暖,将会增加,从而加速全球气候变暖的进程。报告还认为,过去增强的温室效应有一半以上是二氧化碳的贡献,今后可能依然如此。

### IPCC 对气候变化的第一次评估报告的补充

1991年3月,受世界气象组织和联合国环境规划署管理机构的委托,政府间气候变化专门委员会要求下属的三个工作组修订其1990年的评估报告。1992年2月,完成了IPCC评估报告的补充篇。补充报告认为,人类活动排放的硫化物,在大气里形成硫酸盐气溶胶,由于它对阳光的折射作用,可能对北半球的气温起到冷却作用(南半球的效应可以忽略不计)。在晴天条件下,现在的自然排放造成的冷却效应,在北半球按照平均估算为1瓦/平方米;与此同时,人类活动造成的增温效应为2.5瓦/平方米。人为硫酸盐气溶胶的空间分布不均匀,在大气中持留时间较短,因此各个地区所表现的冷却效应差异很大。另外,硫酸盐气溶胶还可以通过对云的光学特性影响而改变阳光的热辐射平衡状态。

### IPCC 对气候变化的第二次评估报告

IPCC关于气候变化的第二次评估报告在IPCC第十一次会议(1995年12月11～15日,罗马)上通过。曾经有2 000多位专家参与了报告的起草和评审工作。第二次评估气候变化报告指出,自从1990年以来,由于获得了新的资料,在气候变化科学理论方面又取得了相当大的进展。

自工业革命(1750年)以来,大气中的二氧化碳($CO_2$)、甲烷($CH_4$)和一氧化二氮($N_2O$)的浓度已经增加了很多,$CO_2$约从280ppmv增加到360ppmv,$CH_4$从700ppbv增加到1720ppbv,$N_2O$从275ppbv增加到310ppbv。这种结果在很大程度上是由于人类活动造成的,这些活动主要包括矿物燃料的燃烧、土地的过度开发和不适当的农业作业等。人类活动产生的其它温室气体的浓度也在增加。

温室气体的直接辐射强迫(2.45瓦/平方厘米)主要是由于$CO_2$(1.56瓦/平方厘米),$CH_4$(0.47瓦/平方厘米)和$NO_2$(0.14瓦/平方厘米)(1992年的数值)的浓度的增加造成的。

此外,大气污染物在对流层内产生的气溶胶,已经导致负直接强迫,同时还可能产生同样大小的负间接强迫。尽管负强迫集中在某些区域以及次大陆地区,但它们对气候的影响范围却可能达到半个地球。在局部地区,气溶胶产生的负强迫,可能抵消温室气体产生的正强迫。与长寿命的温室气体相反,人类活动产生的气溶胶在大气中持留时间很短,因此其辐射强迫与污染物排放数量的变化密切相关。

报告中指出,在过去几十年里,能够反映人与地球气候之间关系的两个重要因素，已经变得很明确。第一，包括燃烧矿物燃料、土地利用和农业活动在内的人类活动，已经导致了大气温室气体浓度的增加（它可能使气候变暖）和某些地区的大气气溶胶的增加（它可能导致大气降温）。温室气体和气溶胶的增加，可能会改变一个区域甚至全球的气候以及与气候有关的参数，例如，温度、降水、土壤水分和海洋水面的高低等等。第二，一些人类群体对于因江河流域和沿海平原等敏感地区人口密度增加而产生的灾害，例如，风暴、洪水、干旱等问题，已经变得更加脆弱。由于上述两个因素的影响，地球上的某些地区可能会更多地出现极端高温、洪水、干旱，火灾、虫害事件，使包括初级生产力在内的生态系统的组成、结构和功能发生重大的变化。

19世纪末以来，全球地面平均温度上升了0.3～0.6℃。人类活动对地球气候系统已经产生了明显的影响。在过去的100年里，全球海平面上升了10～25厘米，并且与全球平均气温的上升有直接关系。

虽然有证据表明，在某些地区天气极值和气候变率指标已经发生了变化，但是，至今尚不可能确立这些变化与人类活动之间的准确定量关系。

报告指出，根据对全球地表温度和大气温度的地理、季节和垂直分布变化的综合分析，以及对大范围和长时期（几十年甚至更长时期）的气象资料和其他资料的分析证明，地球气候系统已经发生了明显的变化。特别是最近几年，几乎是自1860年以来最暖的时期，即使1991年皮纳图博火山造成的冷却效应也没有改变这一趋势。陆地上的昼夜平均气温明显升高，而且夜间气温一般比白天升高得多。另外，区域性气温变化也很明显，例如在中纬度的大陆地区气候明显变暖，而另一些地区，例如北大西洋地区则变冷。在北半球高纬度陆地地区，冬季降水明显增多。

### （五）厄尔尼诺现象

厄尔尼诺（El Nino）一词，在西班牙语中的意思是男孩。圣婴则是指在圣诞节前后诞生的男孩。19世纪末，航海家们发现在秘鲁沿岸有一支从北向南的暖洋流，它的产生时间在圣诞节前后。这种暖流在调节秘鲁的气候方面具有重要作用，并被称做厄尔尼诺暖流。但是在有的年份，这支暖流的温度会比通常年份高，并导致在沿岸地区发生暴雨、洪灾，使鱼类和鸟类大量死亡，生态平衡遭到破坏。20世纪60年代海洋学家发现，在厄尔尼诺暖流异常的年份里，表层的暖海水可以从秘鲁沿海岸向西，或者向北延伸几千公里，导致东太平洋大范围海水温度上升。在通常的年份里，热带太平洋上空，常年吹的是东北或者东南方向来的信风，于是在这种信风的驱动下，形成了向西的赤道暖洋流。赤道暖海水从东太平洋流向西太平洋，使高温海水在西太平洋不断累积，成为全球海水温度最高的海域，海水表面温度达到29℃，甚至超过30℃。在赤道东太平洋里，海水温度较低，一般为23～24℃，最高不超过26℃。由于暖洋流离开美洲大陆海岸向西运动，因此表层下的冷水上升，形成了大面积的冷水区域，这是正常的气候变化。但是有的年份，东南信风强度明显减弱，甚至改为西风，这样就会使东太平洋海面水温升高，出现了局部意义上的暖水区域。目前一般认为这一个区域位于0～10℃S（南纬度），180～90℃W（西经度）之间。

由于这一区域的海水温度升高，大气气团上升运动加强，气温升高，水汽含量加大。由于水的比热比空气约大4倍，密度约大1 000倍，因此海水温度的微小上升所释放的热量，足可以使海面上空的大气环流发生剧烈变化。根据计算，单位面积上100米深的海水温度变化0.1℃，它所释放的热量可以使其上空的5 000米内的大气层升温6℃。由于大气的热量和能量的交换和输送，热带大气的气温上升，将会影响到热带以外地区的气候变化，并导致全球大气环流的异常，因此，它对气候变化和严重自然灾害的影响，是全球性的。在海洋学上，这种现象被称为厄尔尼诺现象。因此，厄尔尼诺现象可以简单地被认为是地球赤道区域东太平洋大范围水温持续偏高而导致全球气候异常，并发生异常严重灾害的自然现象。近百年来，典型的厄尔尼诺年是：1891, 1898, 1925, 1939～1941, 1953, 1957～1958, 1965～1966, 1972～1976, 1982～1983, 1986～1987, 1991～1992年。

### （六）拉尼娜现象

拉尼娜（La Nina），在西班牙语中的意思是女孩。圣女婴则是在圣诞节前后诞生的女孩。拉尼娜现象又称反厄尔尼诺现象，它的基本特征是赤道东太平洋区域的水温异常偏低。它也是一种气候异常变化的自然现象，通常不会发生重大灾害。在过去15年里，已经出现过三次拉尼娜现象:1982～1983年度的厄尔尼诺现象之后是一次较弱的拉尼娜现象;1986～1987年度的厄尔尼诺现象属中等强度,随后的拉尼娜现象的强度则较大;1991～1992年度的厄尔尼诺现象是一次持久的气候反常变化,其后的拉尼娜现象较弱。拉尼娜现象发生时,瓦克环流圈的位置通常并不发生移动,只是强度加大。具体而言就是在拉尼娜现象发生的年份,仅仅是赤道西太平洋降水增多,东太平洋降水则减少而已。

气候交替变化的结果说明,拉尼娜现象是对厄尔尼诺现象造成的气候变化失衡的一种自然修正过程。

### (七)南方涛动

20世纪20年代,气象学家发现,在通常的年份里,热带西太平洋直到印度洋的水面上空气压较低,而赤道附近东南太平洋的水面上空气压却较高;但是在有的年份里,热带西太平洋直到印度洋的地面气压较高,而赤道附近东南太平洋的地面气压却较低。这种变化的形式犹如跷跷板那样的运动,气象学家把这种现象称之为"南方涛动"。实际上,在厄尔尼诺和拉尼娜年份里,太平洋海面的气压场也发生相应的变化,在厄尔尼诺年份里,东太平洋通常的高气压将会降低,西太平洋上的低气压会升高。而在正常年或者拉尼娜年份里,情况与此相反。伴随厄尔尼诺现象而出现的这种气压场的相应变化,构成了南方涛动。南方涛动现象中的气压场变化和厄尔尼诺的海水温度场的变化,具有密切的内在关系,因此,从80年代开始,将二者合称为恩索,即ENSO,其中的EN就是El Nino,SO就是Southern Oscillation,即南方涛动。通常厄尔尼诺与正常年或者拉尼娜年是交替出现的,因此,恩索又被称为恩索循环。

1990年以来持续发生的厄尔尼诺－南方涛动暖期,在过去的120年里是罕见的。由于它的出现,已经导致一些地区的严重干旱以及另外一些地区的洪水灾害。

# 世界环境保护管理概述

北京大学环境科学中心　贺翃燕

## 世界环境保护浪潮的兴起和环境管理的发展

产业革命以后,随着资本主义大工业的出现,社会生产力极大提高,人类对环境的影响广度和深度都不断增加,一些工业发达国家的环境问题日趋严重。从30年代到70年代初,先后爆发了震惊世界的"八大公害"事件,引发了公众的极大不满。1970年4月22日,美国的一些环境保护主义者和社会名流发起了一场声势空前的"地球日"活动,1万多所中小学、2 000所高等院校和许多社会团体,共2 000万人参加了这次活动,要求政府采取措施保护环境。从此拉开了人类环境保护运动的序幕。

1972年斯德哥尔摩联合国人类环境会议之前,环境问题基本上常常被看作一个由工农业发展而带来的污染问题。直到70年代初,解决环境问题的方法主要是运用工程技术措施去减少末端污染。环境保护工作被认为仅限于"三废"治理和噪声控制。环境保护被看作是一个应该遵守的技术条件,由法律和行政保证的技术问题。在60年代中末期,一些发达国家建立了环境保护机构,其主要工作范围是控制污染,对维护生态平衡、保护自然环境也逐渐开始重视。

1972年人类环境会议初步阐明了发展与环境的关系,指出环境问题不仅是一个技术问题,也是一个重要的社会经济问题,不能只用自然科学的方法去治理污染,还要用一种更完善的方法从发展过程中去解决环境问题。发展的情况不同,环境问题的类型也不相同。发展中国家的环境问题,常常是由于极端贫困和经济与社会发展不足造成的;发达国家已经出现的严重环境问题,则主要是缺乏全面规划和对自然价值认识不足造成的。1974 年,联合国环境规划署(UNEP)和联合国贸易与发展会议(UNCTAD)在墨西哥联合召开了资源利用、环境与发展战略方针的专题讨论会,提出了富有启发性的见解:第一,全人类的一切基本需求应该得到满足;第二,在不超过自然环境承载力的前提下,需要发展以满足基本需要;第三,协调这两个目标的方法是环境管理。

从此,环境保护管理这个新的广泛的概念逐渐被越来越多的人接受。人们意识到,环境问题不仅是污染问题,它涵盖了人与自然关系中各方面的冲突和不协调;解决环境问题,首先要鉴别一个社会的发展中存在的或潜在的主要环境问题,研究人类的社会活动(主要是经济活动)与环境相互作用关系;然后运用这些关系原理在经济发展过程的每一阶段对环境进行保护和管理,并且充分考虑社会组织结构中不同的机构、团体在社会发展中的地位和在环境保护中可能发挥的作用。

1992 年联合国环境与发展大会后,人类对环境与发展之间关系的认识有了一个质的飞跃,可持续发展成为各国发展经济和保护环境的行动指南。在《21 世纪议程》的基础上,各国纷纷推出了自己的环境行动计划,深化环境保护管理的实践。

## 全球各区域环境状况和趋势概况

根据联合国规划署发布的《全球环境展望》,全球各区域存在不同的环境问题。

在粮食安全和减缓贫困为优先事项的区域,如非洲、西欧以及亚太和拉丁美洲的部分地区,首要任务是土地利用、减轻土地退化以及土地和水的有效管理。岛屿国家和西亚地区受到可耕地面积的减少的困扰,发展中地区则面临旱地退化问题,而在高度工业化地区,改良土壤污染和克服酸化是优先事项。

在森林和生物多样性保护方面,发展中地区关注发展活动和农业新垦地对它们的影响,发达地区也给予了较多关注。1980~1990 年,世界森林和林地面积减少了 2%;工业化地区森林面积保持不变,而发展中地区面积减少了 8%。在欧洲,造成森林退化的主要原因有空气污染(主要是酸雨)、病虫害及森林火灾。生物多样性是拉丁美洲和加勒比地区和亚太地区犹为关注的事项。世界范围的生境损失和破碎、生物走廊的缺乏以及保护区外生物多样性的减少构成了对整个生物多样性的威胁。

地下水和地表水的污染或匮乏是全球性的问题。每天有 25 000 多人因不良水质而死亡,水传播疾病仍然是世界范围人类疾病和死亡的主要原因。大约世界1/3以上的人口尚未得到安全饮用水。估计到下世纪初,世界 1/4 的人口将遭受长期缺水之苦。水资源的开发和管理是西亚、非洲和亚太地区优先关注的事项。欧洲和北美洲注意保护水资源免受污染、酸化和副营养化。特大城市地区的水供应、越境水体的管理和水资源公平分配是世界水资源管理的热点。

海洋资源及海岸带地区的环境与资源亦深受人类活动的影响。世界 60%的人口居住在距海岸线 60 公里之内,30 多亿人口依赖沿海或海洋生境获取食物、建筑用地、交通运输、娱乐和废物处置。世界1/3的沿海地区处于由陆源污染和基础设施建设而导致的退化危险之中。欧洲海岸 80%受到退化威胁,70%亚太地区的海岸带受到影响。在拉丁美洲,50%的红树林受到林业和水产养殖业的影响。西亚和加勒比地区的海岸带受到石油污染的威胁,中小岛屿国家的海岸带主要受到旅游业的影响。60%的海洋鱼类资源被严重开采。

大气污染问题仍在加重。世界上所有较大城市都遭受城市空气质量不断恶化的困扰;东欧最严重的环境问题是空气污染。酸雨和跨国界的空气污染,侵袭着欧洲、北美洲、亚太地区和拉丁美洲的部分地区。在臭氧层保护问题上,国际社会取得了协调性行动,但由于平流层中存在大量历史积累的卤原子自由基,臭氧层破坏仍在继续。全球的大片地区处于气候变化危险中,所有区域都对气候变暖表示关注,但发展中国家经济发展导致常规能源消耗量的增加,必将加重问题的艰巨性。

目前消费和生产方式以及废弃物产生的环境影响,特别是对个人健康和福利的影响,是北美和西欧国家关注的问题。某些新兴国家,如东欧、东南亚,以及拉丁美洲和西亚的一些国家,面临迅速工业化伴生的环境问题。东欧仍然特别关注放射性废物的积累和过去放射性泄露的影响。

极地地区虽然人迹罕至,但受到远距离污染物传输和沉积的压力。极地地区在气候调节中的决定性作用及其动植物种群的脆弱性值得特别关注。

虽然贫困和不断增长的全球人口往往被认为是世界资源大量退化的罪魁祸首，但其他因素——如低效不合理地利用自然资源、废弃物大量产生、工业污染、浪费的消费方式，同样将我们推向环境污染和生态破坏的险境。表1中列出了区域或跨区域环境问题的相对重要性。

**表1　区域关注的事务：按照环境问题的相对重要性**

| | 非洲 | 亚太地区 | 欧洲与前苏联 | 拉美及加勒比地区 | 北美洲 | 西亚 | 极地地区 |
|---|---|---|---|---|---|---|---|
| 土地退化 | **** | **** | *** | **** | *** | **** | ** |
| 森林丧失退化 | **** | **** | *** | **** | ** | ** | * |
| 生物多样性减少 | *** | **** | **** | *** | *** | *** | *** |
| 淡水资源和污染 | **** | **** | **** | *** | **** | **** | ** |
| 海洋和沿海地区 | *** | **** | **** | *** | *** | **** | ** |
| 大气污染 | *** | **** | **** | **** | **** | *** | * |
| 城市与工业污染 | *** | **** | **** | **** | **** | **** | *** |

注：****表示至关重要；***表示重要；**表示较不重要；*表示可以忽视。

资料来源：《全球环境展望》，UNEP，1997。

## 环境保护管理中各类主体及其作用

不同层次的机构和团体，在社会生活和经济结构中的不同地位，决定了它们在世界环境保护和环境管理中，发挥着不同的作用。根据环境保护管理中主体的社会性质和涉及范围的大小，可以将主体分为四个层次：政府间组织、国家机构、工业企业、非政府组织和个人。

### （一）政府间组织

在解决全球环境问题上，政府间组织（包括联合国专门机构）推动着利益不同的地区、国家、利益集团就人类共同面临的问题进行谈判和对话，达成共识，采取共同行动，开展国际合作和交流。环境保护作为全世界关注的焦点之一，专门国际环境机构倾其全力为之服务，国际金融和专门经济组织也将环境作为工作的内容之一。这些国际环境机构，既有全球性的，也有区域性的。联合国环境规划署（UNEP）、全球环境基金（GEF）、经济合作与发展组织的环境政策委员会（EPOC）等政府间组织是环境保护的专门机构。世界银行、亚洲发展银行等金融组织，或通过增加环境项目贷款金额，或通过要求贷款项目不违背环境保护和可持续发展原则等方式，间接参与世界环境保护。其他专业化或区域一体化组织，如粮食及农业组织（FAO）、国际原子能机构（IAEA）、联合国开发计划署（UNDP）、欧洲联盟（EU）等，将相关的环境保护内容作为工作重点之一。

### （二）国家环境机构

从60年代到70年代，世界各国纷纷成立了国家级别的环境保护机构（如环境部、环境厅或专门的环境委员会），并设立了不同级别的地方环境保护部门，实现国家保证民众享有清洁、健康环境的职能。国家环境保护机构的职责一般包括：制定环境保护的方针、政策、法律、法规，制定行动规划，监督法律、法规、规章的实施，协同其他中央级部门，参与与环境保护相关的其他经济、社会政策的制定，组织对重大经济政策和项目的环境影响评估；拟订国家环境保护规划和计划，参与其他重要社会经济发展规划的制定，参与、组织自然资源的核算工作；制定并监督实施各种环境标准；制定各项环境管理政策措施并保证其有效实施，最终保证环境目标和可持续发展能够实现。

### （三）世界各国的环境机构环境管理职能实现的主要方式和措施：

**环境规划和计划**　环境规划是各国国民经济与社会发展规划的有机组成部分，是环境决策在时间、空间上的具体安排。这种规划是对一定时期内的环境目标和措施所作的规定，其目的是协调环境与经济的发展关系，在发展经济的同时保护环境，实现经济可持续发展(见专栏1)。此外,各国一般还通过环境保护行动计划来保证环境规划的实现。

**专栏1 日本的环境基本规划**

二战后,日本经济迅猛发展,但却伴随着环境的严重退化。其根本原因在于经济发展过程中未考虑到环境因素。为了解决环境问题,日本制定并实施了污染控制法和自然环境保护法,推行相应的污染控制和环境保护政策。在80年代中期以前,各项环境政策、民众及地方政府的努力、污染防治投资、技术开发等因素综合作用,使得日本的环境保护取得了相当瞩目的成功。

在这些年的经济发展过程中,大量生产产品、大量消费和大量产生废物已经成为日本社会经济生活的主要特征。最近,政府采取了广泛的行动和措施以保护环境,包括控制汽车尾气中氮氧化物、治理生活污水、保护野生生物和环境教育等等。

日本的环境基本法于1993年生效,为环境保护和各种政策措施提供了新的法律依据。1993年末,日本政府批准了《21世纪议程的国家行动规划》。1994年底,日本批准了环境基本规划,通过该规划来具体实现环境基本法中提出的原则和措施。规划中提出的长期目标包括:将人类干预自然循环的行为最小化;人与自然的和谐共生;人人参与环境保护;促进国际合作。

该规划强调环境负责行为,鼓励污染者付费原则,倡导自愿承诺行动。它指出,社会所有团体都必须根据其产生的环境负担、享受的环境收益和环境保护的行为能力承担相应的责任。它还预想在各种经济活动领域(包括商品的生产、销售、消费和处置,能源的供应和消费、交通运输等)进行环保行动的协调和合作。

认识到国际和区域合作的重要性,该规划指出,"保护地球是人类面临的共同问题,不可能通过单一国家的行动得以解决"。日本必须作出与其国际社会地位相称的贡献。为保护全球环境,日本应该与其他国家和国际组织共同努力。由于日本与亚太地区的其他国家在历史上和地理上都有唇齿相依的紧密联系,在促进相关环保举措的采纳和实施过程中,日本应该起到区域的领头作用。

另外,该规划还建议建立综合指标体系以检测环境目标的实施进展、确保环保举措的有效实施。日本政府期望通过该规划能够实现经济和环境协调发展的可持续发展之路。

资料来源:日本政府(1994),环境基本规划,东京。

从可持续发展战略和国家环保行动计划制定和实施过程中所获取的最主要经验就是:确定优先性、开发国家所有权、鼓励公众参与是最重要的方面。由于无论从经济还是从生态角度,资金和人力资源都是有限的,政府一次只能对某些需求作出反映,因此确定优先性是至关重要的。例如在哥斯达黎加的国家环境行动计划中,从最初设定的一打以上的需要采取行动的领域中,识别出5个优先领域。国家所有权对创造促进有效行动和政策变革的政治气氛也很重要。开发所有权和使公众及相关部门参与通常要花费很长时间,但是人们已经发现,如果没有所有权的界定和有关方面的参与,一个行动计划或战略通常会变成一纸束之高阁无人理睬的空文。

**环境政策手段** 综观目前世界各国正在实施或者拟议实施的环境政策,所采用的环境政策手段主要可以分为两大类:命令控制手段和经济刺激手段。除此之外,规劝、教育和自愿者协议也是采用较多的手段,但它们在很大程度上依赖于污染者或消费者的环境意识和主动性,政府扮演的角色较为次要,政府作用力度相对较小。

命令控制手段又称管制手段,指有关当局根据相关的法律、规章条例和标准等,直接规定活动者产生外部不经济性的允许数量和经济活动的技术标准和进行方式。主要包括环境基本法、涉及单一环境要素和资源的法律、法规、标准、各种规章制度等。由于命令控制手段具有确定性和有效性的特点,它们是各国政府主要采取的环境政策措施。标准、禁令、许可证和配额是管理者常用的几种命令控制手段。

经济激励手段可以分为利用市场手段和创建市场手段。

利用市场手段的出发点是价格激励,建立在价格改变的基础上,包括环境税收、收费、补贴、押金返还、罚款、执行保证金等,通过给环境资源使用者一定的价格或直接的货币刺激,使他们将他们对环境的影响纳入他们的生产函数或效用函数中,并且考虑如何采取措施以降低成本。

减少或取消补贴,通常会减少环境影响(通过减少被补贴要素的使用量)并节约国库开支(见专栏2)。最新的取消补贴的成功范例包括在许多国家进行的能源和水价格改革。在印尼和孟加拉减少了对农药和肥料的补贴,在巴西取消了导致土地大量闲置的补贴。取消补贴可以促进市场价格反映全部生产成本,而环境税可以进一步反映产品或服务的环境外部成本。在许多国家对能源、水等投入物和最终产品都征收了环境税(见专栏3)。

**专栏2 对主要补贴的估计**

如下表所示,90年代,发展中国家和经济转型国家对能源、道路、水和农业的补贴大约为每年2400亿美元。尽管同80年代相比已经有了极大改善,这些补贴依然导致资源的浪费性使用、对环境的过度损害和国库的枯竭。仅削减这些补贴的一半就会获得1000亿美元以上的资金,可以用于可持续发展,同时减少对环境的压力。

有害于环境的补贴(90年代中期) 10亿美元/年

| 部门/产品 | 发展中和经济转型国家 |
|---|---|
| 矿物燃料 | 48 |
| 电力 | 112 |
| 陆地运输 | 16 |
| 水 | 6 |
| 农业 | 10 |
| 合计 | 242 |

资料来源:Gandhi and others (1997)

**专栏3 瑞典的硫税**

在瑞典,对燃料中的硫含量课税是一个利用已有管理手段的范例。尽管减少硫排放的最好手段是排放税或可交易的排放许可证,但是这两种手段对于管理者来说都太过复杂——类似的经济手段可能很有效率,但是它们不能大幅度降低对监督和强制实施的需求。1990年在瑞典实施的政策是一个混和体:对燃料中的硫含量征收高额税收(每公斤硫超过4美元),但是税收同时返还给那些能够证明已削减了硫排放的排放大户(比如,通过脱硫措施等)。因此,对于排放大户来说,硫税的效果恰好等同于排放税;对于其他排放者来说,对燃料的硫含量课征的税收提供了使用低硫燃料和总体上削减能源使用的刺激作用。

因为燃料税能在整体水平上征收,故其实施相对简单。迄今为止,其管理成本小于税收收入的百分之一。对于任何实行燃料消费税制度的国家,硫含量税能直接加在现行管理制度上。

瑞典的硫税极其有效。全国硫排放的目标比原计划提前几年实现。硫税的采用带来了大范围的燃料转换和排放削减,结果导致硫税收入实际上低于计划目标。

资料来源:《里约后五年》,联合国环境规划署,1997。

通过对资源使用者收费,可以改善资源管理、提高资源维护水平,共享开发资源效益。例如,印度尼西亚、菲律宾、巴西和哥斯达黎加等不同国家,为了获取与森林经营有关的“经济租金”的一部分,对林业活动增收伐木费。借助提高公园和保护区的门票和颁发使用者许可证,管理者可以限制游客数量,并获取维护资源的必要资金。拥有火山、海滩和雨林的哥斯达黎加以及拥有大量狩猎业的部分东非国家正在积极利用使用费,以筹集额外收入并加强对保护区的管理。许多国家也提高了水供应和卫生设施的使用费,以改善服务水平并提高整体福利。

环境专项补贴有利于实现社会预期目标。尽管这些政策的实行有悖于取消补贴和政府不应该主动干预市场的一般趋势,但仍有实例证明这类补贴是正确的。例如,在哥斯达黎加的资源管理地区,专项补贴已被用于推动森林再造活动。专项补贴推动了巴西、印度和中国的污染控制、瑞典的工业能源节约以及许多国家消耗臭氧层物质的逐步淘汰。全球环境基金经常采用专项补贴这一方式。

创建市场是创建环境资源和服务市场的一条重要途径。它建立在科斯产权理论的基础上,通过明晰产权、创建产权交易市场的方式来实现资源的有效配置。明确产权、私有化和分散权利、建立可交易的许可证,以及创建国际补偿制度等都是在市场创建中的新范例。土地、水和伐木特许权的产权建立,对资源的有效管理提供了重要的刺激作用。私有化和权力分散促使许多环境管理工作从那些资金匮乏的政府部门转移到了商业化运作机构,这种转变不仅有利于产生环境管理的经济收益,同时还会刺激环境管理方面的私人投资。可交易的许可证促进了环境资源市场的建立、鼓励了资源的有效使用并促进对资源稀缺和资源价值的认识。新加坡消耗臭氧层物质交易许可证和美国二氧化硫交易许可证是广为人知的排放交易的典型。各种不同的国际补偿制度扩展了跨国界的环境资源市场的概念,允许厂商和其他组织在全球最便宜的地方购买削减信用额度,实现环境目标。专栏4强调了在哥斯达黎加实施的有关碳补偿方面的实用而新颖的方法。伯里兹、玻利维亚、洪都拉斯、尼加拉瓜与巴拿马都进行了“联合履约”方面的尝试。

**专栏4 哥斯达黎加的可转让的温室气体排放补偿**

高额的交易成本一直是实施碳排放国际补偿制度的典型障碍。许多早期的碳补偿案例中都涉及到厂商(通常是电厂),这些厂商必须在热带国家甄别出可以吸收给定碳量的小块私人土地;然后通过长期管理计划,与土地所有者签订保证碳吸收的协议。此后,土地所有者的这些保证必须由排放国证明其有效性。这里的每一步都增加了每单位碳的吸收成本。

哥斯达黎加在1995年启动了可证明和可转让的补偿计划,并在该年度与美国政府签署了协议。哥斯达黎加政府已征得大量的退化牧场地区,建立起了管理机构。这些管理机构将确保这些土地上新树林的生长及由此产生的森林储量的持续维护。在这些土地上,碳吸收量已被美国政府所证实,实行了被美国承认的可转让的补偿许可证。从购买许可证的企业的观点看,购买一个补偿许可证现在几乎就同在证券市场上购买股票一样简单。哥斯达黎加与挪威政府也进行了类似交易,并产生了总额达200万美元,总量达20万单位(以碳吨为单位)的可证明和可转让的补偿。

在发展中国家,有数百万公倾的边缘和退化农地,再造林规划大有可为之地,成为将来深入推广和使用可证明和可转让的补偿计划的基础。哥斯达黎加的这一项规划是发展中国家在全球重要事务问题上发挥领导作用的优秀范例。

资料来源:《里约后五年》,联合国环境规划署,1997。

**环境影响评价** 环境影响评价是指识别和预测人类活动对社会环境、自然环境及人体健康的影响并提出减缓措施和防治措施,从而达到经济、社会、环境协调发展,实现可持续发展的目标。

环境影响评价是实现事先预防策略的重要手段。1969年美国首先在《环境政策法》中明确提出环境影响评价后,该方法迅速地扩散到世界各地,加拿大、法国、日本等上百个国家和地区都采取了环境影响评价制度。中国也将环境影响评价载入《中华人民共和国环境保护法》,并将其规定为一切建设项目必须遵守的法律制度。甚至世界银行、亚洲开发银行等国际金融组织,都要求贷款项目提供环境影响评价报告书。环境影响评价已经成为决策方面不可缺少的内容之一。

按照开发建设活动的不同类型,环境影响评价可以分为四种类型:单个项目的影响评价、多个项目的影响评价、区域开发的影响评价、宏观活动(包括重大社会、经济政策)的影响评价。各国环境影响评价使用范围和适用项目的筛选原则有很大不同,制度的执行机构能力差距也非常大。美国的环境影响评价包括一切对环境可能产生重大影响的政策(包括法规)和经济建设活动,而中国的环境影响评价只针对建设项目。在许多发展中国家,需要进一步加强立法、管理和执行指南以支持和指导环境影响评价制度的实际操作。

### (三)企业

作为经济活动主体的企业,其生产决策和生产方式直接影响经济活动对环境的影响程度。企业作为政府政策的主要作用对象,过去,在环境保护中往往处于一种被动状态,只是遵守政府设定的各项硬性规定,如污染排放标准和生产流程工艺的技术要求。随着公众环境意识的提高和政府政策灵活性的改善,企业正在逐渐改变其被动角色,积极采取“双赢”策略,在保护环境的同时减少原料投入、提高资源利用效率,既树立了环境“好公民”的形象,又降低了生产成本。国际型企业或者许多发达国家的大中型企业,一般都设有专门的环境部门,负责企业的环境管理。一系列的企业环境管理的概念和操作程序,随着企业环境保护战略的改变,逐渐发展和应用起来。

**清洁生产** 联合国环境规划署于1989年首次提出“清洁生产”这一术语,将其定义为:清洁生产是对生产过程与产品采取整体预防性的环境策略,以减少其对人类及环境可能的危害;对生产过程而言,清洁生产包括节约原材料与能源,尽可能不用有毒原材料并在全部排放物和废物离开生产过程以前就减少它们的数量和毒性;对产品而言,则是凭借生命周期分析,使得从原材料取得至产品最终处置过程中,皆尽可能将对环境的影响减至最低;为实现清洁生产则必须靠专门技术、改进工艺流程或改变企业文化。

**环境管理的新体系 ISO14000** 1992年国际标准化组织(ISO)和国际电工委员会(IEC)成立了环境问题特别咨询组。在此基础上,1993年成立了

"ISO/TC207"国际环境委员会,正式开展环境管理及管理体系的标准化工作。为了保护全球环境,促进世界经济的持续发展,针对全球工业企业、商业、政府部门、非赢利性团体和其他团体,制定了系列环境管理标准 ISO14000。ISO14000 系列标准不是仅对个别技术、性能等作出的规定,而是要求各种组织将环境保护和资源节约的思想和行动渗透到生产的管理中去。ISO14000 目前包括 7 个 部分:环境管理体系、环境审核、环境标志、环境行为评价、生命周期评价、术语及定义、产品标准中的环境指标。

环境管理体系由 ISO14001 和 ISO14004 两部分组成,ISO14001 侧重于环境监测,是进行认证和注册的技术规范,主要用于第三者的认证和注册;ISO14004 则提供自我完善的要素、目标和管理程序。

美国、日本和西欧各国的企业都在研究和改进自己环境管理体系,以实现向 ISO14000 靠拢。在日本的大户头企业中,有一半企业的经营思想是把环境保护确定为企业的经营方针,60%的企业正在设计环境管理制度。中国也有一些有远见、有实力的企业正在加强自身的环境管理,积极申请 ISO14000 的认证。青岛海尔是中国第一家通过认证的企业,广东科龙集团、河南新飞电器等也通过了 ISO14000 的认证。

**产品的生命周期评价** 生命周期评价通过识别和评价不同环节投入的物料和向环境排泄废弃物来评价产品、工艺或活动的环境影响。这包含原材料的提取和加工、生产、运输、分配、使用和再使用、维修、再循环和最终处置诸多环节,即所谓从摇篮到坟墓的整个生命周期各阶段的总和。生命周期评价包括三项主要内容:一是"数据收集阶段",确定能源与原材料的投入即环境排放的数量;二是"影响分析阶段",评价环境排放的影响;三是"改善分析阶段",评估减轻已查明环境负担的机会。对生产者而言,生命周期评价是将环境因素融入产品及工艺设计的工具;对于政府,它是理解经济活动复杂环境影响的政策工具;对于消费者,生命周期评价结果则是考虑了环境因素后决定是否购买的依据。

生命周期评价仍然处于发展的初期阶段,在其实施过程中,还存在许多实际问题。例如:很难对产品的复杂多样的环境影响给出单一指标;在比较不同产品的环境影响时,存在困难;进行生命周期评价工作往往需要大量的资金投入等等。

**生态标志** 生态标志是贴在产品或包装之上的标志或封条,以使那些被认为对环境危害较小的消费品有别于其他功能类似产品。它以某种程度的生命周期评价为依据,表明产品周期中某一个环节的环境影响。生态标志旨在通过提高消费者产品环境影响意识来保护环境,进而改变其行为习惯,同时改变产品设计,使产品和技术朝着更有利于环境的方向发展。在消费者偏好绿色产品的市场中,标志充当着促销手段。生态标志一般由政府支持的机构管理,但制度是自愿性的,即由制造商决定是否使用生态标志。

当前,24 个 OECD 国家中有 22 个国家正在实行或者已经实行了生态标志计划,典型的生态标志计划如德国的"蓝天使"计划、北欧的"白天鹅"计划以及加拿大和澳大利亚的"环境选择"计划。一些非 OECD 国家也在进行这种计划,如新加坡、巴西、哥伦比亚、波兰和中国等。

一个存在的问题是生态标志制度有可能成为事实上的贸易壁垒。在原则上,生态标志对国内外的供应商是自愿和公开的。然而,国内供应商更容易影响国家生态标志计划的制定和执行。尺度和阈值的选择也可能仅局限于狭隘的国内政策和利益。

**环境审计** 环境审计是关于对环境的组织、管理系统和设备运行有效性进行系统的、有记录的、定期的和客观的评价的基础性管理工作。审计的目的是为了加强对环境保护工作的管理和控制,并帮助企业对其遵循企业既定的环境政策和政府管理部门的环境要求进行评价,环境审计应该被看作是绝大多数企业日常工作的一个组成部分。

过去十年中,环境审计得到了长足发展。大量正式和非正式的环境审计协会在北美和欧洲的很多公司间形成,以交流环境审计理论和实践方面的思想和信息。北美最大的协会之一是环境审计圆桌会议(EAR),它有数百成员,一套正式的细则和道德准则,每季度都要召开会议。在欧洲,代表性的相关协会如英国工业联合会、荷兰的 VNCI 和瑞典工业联盟。

### (五)公众

公众参与是环境保护的一项民主法则,其概念可以溯及政治学上的政治参与概念,它指公民自愿地通过各种合法形式参与政治生活的行为,包括投票、竞选、公民自发行为，组织政党、社团或利益集团等形式。随着六七十年代全球环境运动的兴起，公众参与逐渐确立为环境保护领域的民主管理形式。公众在环境保护中的作用和态度推动着政府采取环境措施的力度；公众作为社会产品的消费者，其环境消费意识和选择引导着企业的生产决策；公众在日常生活中的实际行动也在根本上影响着环境保护的进程。

**信息公开和其他手段** 这类手段使得消费者能够基于较充分的信息作出消费选择，并对有利于环境的产品和服务产生更大的需求。生态标志的应用正在日益增多，对金枪鱼和热带木材(如在印度尼西亚)之类的产品采用标志制度，以表明它们是以不影响环境安全的方式捕获或砍伐的。对于主要家庭用品和汽车的能源效率的指导则是信息公开的另一种特殊形式，例如在澳大利亚，能源效率标志使得消费者可以在低效率(但可能更便宜)用品和那些起初花费多但运行成本(以及相关的能源消耗减少带来的外部效益)低的用品之间作出选择。事实上，许多国家允许对公共能源事业采取税收减免的方式为消费者采用更高效率的设备或照明装置提供补贴。对污染排放的信息公开也使得公众能够监督单个厂商的行为以及他们对环境标准的遵守(或不遵守)的程度。这种措施已在日本和一些欧洲国家使用了一段时间，目前印度尼西亚(见专栏5)和菲律宾也将采取该项措施。

**公众参与决策过程或资源管理** 实践证明，一条极为有效的参与途径是在重大项目的环境评价中进行公众讨论。这种方法体现了公众对环境问题的认识，并向整个社会提供了开发过程将如何对其周围环境产生重大影响的有力信息。公众参与的方法也是对环境基础设施实施成功管理的关键。在墨西哥(参见专栏6)、印度尼西亚、肯尼亚、土耳其和阿根廷等国，其众所周知的用水者协会方式是资源管理中积极而又成功的公众参与的范例。

**专栏5 印度尼西亚：公开曝光计划**

由于缺乏信息、机构能力和资金，发展中国家在追求可持续发展的过程中遇到重重困难。在这些国家中，复杂手段如税收、排污收费和许可证交易制度等常常不能行之有效。所以有必要实行适合于这些国家的、新的、讲求费用——有效的环境保护政策和规划。印度尼西亚的公开曝光制度就是这样的一个例子。

面对严重的污染问题、环境保护资金短缺、环境保护法规的执法不力等现象，印度尼西亚政府对本国工厂的环境保护成绩试行评价分级和公开曝光计划，其目的是寻求一种投入少、效益好的方式，通过公众向工厂施加压力，促使工厂采用清洁生产工艺。通过公开曝光，政府、居民和市场向环境表现差的工厂施加了很大压力。

在世界银行的帮助下，1995年6月一项对污染治理、评价和分级(称为PROPER)的计划产生了。在政府对环境表现进行评价的基础上，PROPER计划将工厂分为各种颜色级别。兰色级别表示工厂符合国家的环境法规标准，金色给予环境保护达到国际水平的工厂，黑色给予那些不努力治理污染对环境造成严重破坏的工厂，绿色和红色介于两者之间。

在PROPER计划的试验阶段，对187家工厂进行了定级。115家工厂定为红色，6家为黑色。红色和黑色工厂被分别告之到1995年12月前改善各自的环境表现。该试验表明PROPER对工厂的环境表现产生了积极影响。到1995年12月(完全曝光的时间)，黑色工厂的数量已经从6家减至3家，红色工厂的数量从115家减至108家。

资料来源：Afsah , Laplante and Wheeler (1996)

**专栏6 墨西哥灌溉管理中的公共参与**

1989年，墨西哥政府在灌溉管理方面采用了公众参与政策。该政策的主要目的是把对灌溉区的管理责任从政府转移到用水者协会(WUAS)。1990年，第一个灌溉区的管理转移到了用户手中。至1995年，全国320万公顷灌溉网(分为80个灌溉区)的2/3以上已转移给了316个用水者协会。转移之后，农户由于失去政府补贴不得不面临收费更高的灌溉用水，但是他们获得了管理自主权和基于20年特许权的自主权。在WUA地区，运行和维护成本的平均回收率从1991年的51%上升至接近100%。水的使用效率、管理人员工作效率和环境效益也有所改善。

从政府方面来看，这种转移减轻和消除了政府的经济负担以及对提供、维护和修理灌溉系统的责任。它使得政府可以把稀缺的资金和人力资源集中用于最需要政府干预的部门。

资料来源：世界银行(1996)。

**非政府组织(NGOs)** 在环境问题的解决上,公民作为个人的能力和学识是很有限的。如果公众组织起来,成立民间环境保护社会团体,开展环境保护宣传、发动民众的环境运动、促进政府采取环境行动、监督企业环境行为、进行环境科学学术交流、推广环境保护科技成果等活动,将会有效地提高全民族(甚至全人类)的环境意识,并为政府行动提供驱动力。享有世界盛名的环境保护非政府组织有:东亚大气行动网络(AANEA)、气候行动网络(CAN)、地球理事会(Earth Council)、地球观察(Earth Watch)、环境联络中心国际组织(ELCI)、欧洲环境局(EEB)、地球之友国际组织(FOEI)、绿色和平国际组织(Green Peace)(见专栏7)、世界自然保护联盟(IUCN)、西拉俱乐部(Sierra Club)、水环境联合会(WEF)、世界自然基金(WWF)等。

**专栏7 绿色和平组织**

1971年成立,到1996年12月,在158个国家拥有290多万名支持者,在32个国家设有办事处,对联合国经济与社会委员会(ECOSOC)有咨询地位。

其主要目标包括:

* 阻止地球化学化、有毒废弃物和肮脏技术的交易;
* 保护地球海洋与陆地生物物种的多样性;
* 防止核武器、核武器试验、核力量及核废弃物的威胁;
* 保护地球大气层,使之免受臭氧层破坏和温室气体增加的危害,推动清洁和可替代能源及制冷技术的发展。

资料来源:《绿色全球年鉴》,1997。

## 世界环境保护管理的趋势

里约会议以来,各国政府和国际机构在世界范围内已经进行了各种尝试,通过采用经济的、行政的以及制度的手段更好地管理环境。里约会议5年之后,联合国环境规划署召开回顾会议,对这些尝试进行评估,并完成报告《里约后五年》。从这一过程中所吸取的经验教训可以被准确地定义为"新环境保护主义"(专栏8)。

**专栏8 新环境保护主义的特点**

可以从发展中国家在环境可持续发展方面的许多措施吸取经验和教训。这些经验和教训表现出"新环境保护主义"的特征,它有别于工业化国家所采用的传统政策(参见Steer,1996)。新环境保护主义更为实用,也更加认识到需要对经济和环境进行协调。它采用了较为平衡的措施来促使政策改变,该措施承认政府和社会所面临的各种制约。新环境保护主义最终将会比较成功地帮助各国解决它们所面临的严峻的环境管理的挑战。

新环境保护主义有许多明确的特征,它反映了从实践中获得的经验教训。这些特征包括谨慎地确定优先次序和寻求费用有效的解决办法。由于内部资金的短缺和外部资金来源的日趋减小,在确定需要优先解决的问题时必须具有战略眼光。这种方法还要求探询政策改革中的协同作用,在创造其他经济效益的同时将促进环境改善,对补贴政策的改革就是具有三重收益的经典案例。在这项改革中,减轻了对环境的压力、用于补贴的财政资源可以用于其他用途,同时由于减轻了价格扭曲现象使经济效率有所提高。

由于对直接管制措施成本的理解不断深入,便要求在可行场所尽量使用市场手段。在环境保护中重视市场也传递出这样一个信息:政府必须与私营部门合作而非对抗。承认现存机构的局限性,就要求节省这些甚感不足的行政与管理能力。

公众参与是政策开发和有效实施的重要组成部分,同时,在推动采取有效行动的政治愿望中,使市民(包括私营部门)广泛参与也是非常必要的。通过建立并投资于有效的伙伴关系,有可能创建一种旨在实现更好管理的责任分担意识,同时使得人们愿意接受为获得更大社会收益而增加的私人成本。尽管技术措施仍然有吸引力,值得强调的是:管理比技术更重要。但是,旨在改善环境管理的制度和人力开发则费时费钱。最后,新环境主义清楚地认识到,迈向改善环境的最为重要的步骤是从项目分析或宏观经济政策开发的初始阶段起就将环境考虑在内,而不是事后补救。

### (一)国际合作

具有全球特征的环境问题越来越引人注目,如气候变化、臭氧层保护、酸雨、生物多样性保护等等。这些环境问题的解决是人类共同的利益所在,因此,建立在发展中国家和发达国家进行对话、达成共识并承担相应责任的基础上,全球社会将会继续积极开展合作和交流，共同保护地球环境。

臭氧层保护方面，全球社会已经采取了迅速而有效的行动。自《蒙特利尔议定书》签署以来，发达国家的淘汰期限一再提前，并已经于1996年完成了约定的淘汰目标，现在国际社会的关注聚焦在发展中国家的淘汰上。在此国际行动中，国际社会普遍认同发达国家对臭氧层破坏具有不可推卸的责任，从经济和技术实力来看，它们也更有能力淘汰消耗臭氧层物质的使用。臭氧层保护行动中，不容忽视的是多边基金的资助和必要的技术援助在推动发展中国家采取行动中的关键作用。由此及彼，可以想见，在其他全球环境问题上，创建类似的机制并保证其有效发挥作用，将会带动发展中国家积极参与到全球环境的保护中来。在全球气候变化问题上，由于二氧化碳减排会极大地影响到社会经济生活的各个方面，经济有效、费用最小化的解决方式将会得到更加广泛的使用。如果不考虑国际政治因素，体现这一原则的联合履约、共同实施和清洁生产机制将会更普遍地得到应用。

## （二）国家政策措施

**国家可持续发展战略和行动计划** 为了实现环境和经济协调发展，建立环境经济综合决策体系，可以在制定国家发展计划或行动计划时就综合考虑环境、经济和社会因素。里约会议后，大约有100多个国家已经制定了本国的可持续发展战略或国家环境行动计划，以帮助指导对环境的管理（World Bank, 1997）。尽管这些环境战略在重大环境问题上通常都是有效的，但是，它们在识别优先行动次序和建立同政策变革的清晰联系方面有时却并不成功。未来国家环境行动计划的一种改善方向是利用费用-效益分析方法对不同的备选方案进行经济分析，把它当作识别优先行动的"过滤器"。公众和相关部门更多的参与也将有助于制定具有可操作型的可持续发展战略和行动计划。

**绿色国民收入核算体系** 将环境和资源价值纳入国民收入核算体系一直是环境经济学家的努力方向之一。联合国环境与经济核算综合系统（SEEA）迈出了将各种核算方法标准化的第一步。SEEA是传统国民核算体系的附属核算，附加于（而不是修正）核心账户之上。SEEA非常复杂，包括分解标准核算以突出环境联系，结合物理和货币核算、计算环境损失、扩展SNA的生产边界。象SEEA这样一个综合框架可以用来估计"绿色GNP"等国民累计核算，以反映资源的耗竭和环境污染的费用。而绿色NNP基本上度量了潜在的可持续收入，但它本身并不能回答节余率是否能够永远保持这一收入。人均国民收入的趋势（使用绿色或传统的度量）可能就短期的经济行为有所意义，人均财富的趋势则更清晰地体现了财富创造和人口增长如何共同影响未来人均收入的潜力。因此，财富变化率可以看作"真实节余"或资源消耗的净节余——例如，相应地进行自然资本和生产资本的折旧。可见，"真实节余"更能反映环境保护与经济发展之间的协调关系。

**"绿色"经济政策** 在经济决策中考虑环境影响是环境经济综合决策的一部分。许多宏观或部门经济政策，对环境有着重要的潜在影响。这样的部门政策如能源政策、农业政策、行业政策等，宏观经济政策则包括对整个经济生活都将产生重大影响的政策，如利率、汇率、税率等等。将经济政策绿色化的重要手段是对经济政策的环境影响进行评价，然后根据评价结果，综合可能的经济效果来判断是否采取该经济政策。评价结果如果是"双赢"的（即同时有利于环境保护和经济发展），此时可无任何后顾之忧，立即采取该政策；或者对环境有影响，但其经济效果更为重要，则可采取一些补充性措施，减缓环境影响；如果对环境可能产生重大的不可逆影响，则应放弃原定政策，重新进行经济政策设计。

**环境经济政策** 比较政府广泛采取的两类政策措施，命令控制手段成本相对过于高昂，可能是经济手段的几倍甚至几十倍。原因在于合理目标和规章的设定需要管理者掌握大量的关于污染源的资料；执行时需要大量的专业人员和设施进行环境监督，保证其强制实施；同时政策作用对象的反应不具备灵活性和动态性。而经济手段与市场经济的运行规律并行不悖，可以自发地调动厂商和个人在追求自身利益的同时实现预定的环境目标。因此，利用市场和创建市场的环境政策手段将更多地以各种不同的形式出现，并广泛运用于污染和资源管理。大量的发达国家和发展中国家正在应用这类手段解决问题。另外，除了一国内部使用经济手段外，在解决国际问题上，利用经济手段寻求费用最小方式也是未来的重要趋势。

## 重要国际环境会议

**1972年,瑞典斯德哥尔摩联合国人类环境会议《人类环境宣言》** 1972年6月5日,在瑞典斯德哥尔摩召开了联合国人类环境会议。会议的目的在于通过国际合作为从事保护和改善人类环境的政府和国际组织提供帮助,消除环境污染造成的损害。共有113个国家以及一些国际机构的1300多名代表参加了会议。会议达成了四项协议:(1)通过了《人类环境宣言》;(2)确定了扩大的国际环境保护行动计划;(3)在肯尼亚首都内罗毕设立常设的环境规划署;(4)设立一项1亿美元的环境基金,满足会后5年的环境保护工作需要。会议发布的《人类环境宣言》提出了7个共同观点、26项共同原则,呼吁各国政府和人民行动起来共同维护和改善人类环境,造福全体民众及子孙后代。

**1992年,巴西里约热内卢人类环境与发展大会《里约宣言》** 1992年6月,在巴西里约热内卢召开了联合国人类环境与发展大会。该大会是继人类环境会议后,规模最大、级别最高的一次国际会议,与会人数近千,全球180多个国家参加了这次历史盛会,还有来自世界各地的3500多个民间团体组织1万余名代表参加了环境论坛。这次会议被认为是人类迈向21世纪影响最为深远的一次世界性会议。里约会议将可持续发展作为讨论的中心问题,通过把环境问题和社会经济的发展结合起来,说明可持续发展这种全新的发展模式对人类社会的重要性和必然性。会议通过了一系列重要决议和条约,包括《里约环境与发展宣言》、《21世纪议程》、《气候变化与框架公约》、《生物多样性公约》和《关于森林问题的原则声明》。

**专栏9 有关世界环境和可持续发展战略的大事记**

18世纪 西方工业革命开始

19世纪 林木的"可持续产量"研究

1872年 英国史密斯在工业城市发现酸雨

20世纪初 渔业的"可持续产量研究"

20世纪30年代 氯氟烃(CFCs)合成

20世纪30～60年代 公害事件在欧、美、日出现

1962年 美国蕾彻尔·卡逊《寂静的春天》出版

1970年4月22日,美国2000多万人举行环境游行

1972年 罗马俱乐部《增长的极限》出版,联合国人类环境会议在斯德哥尔摩举行,联合国环境署(UNEP)成立

1974 联合国人类住宅会议在温哥华举行

1980年 IUCN/WWF发表《世界自然资源保护大纲》,美国政府《2000年的地球》出版

1981年 美国布朗《建设一个可持续发展的社会》出版

1984年 联合国成立"世界环境与发展委员会"(WCED)

1985年 UNEP缔结保护臭氧层的《维也纳公约》

1987年 WCED公布《我们共同的未来》,提出可持续发展的定义和一系列以此为中心的建议,UNEP通过保护臭氧层的《蒙特利尔议定书》

1988年 UNEP及WMO设置"政府间气候变化委员会"(IPCC)

1989年 69个国家的环境部长聚集荷兰,就大气污染和气候变化问题发表《诺德威克宣言》UNEP通过《巴塞尔公约》(1992年生效)

1990年 UNCED第一次实质性筹备会议在内罗毕召开

1991年 世界银行、UNEP、UNDP设立"全球环境基金"(GEF),《气候变化公约》、《生物多样性公约》开始第一次谈判,在北京召开发展中国家环境与发展部长级会议,发布《北京宣言》

1992年 UNCED在巴西里约热内卢召开,通过《里约宣言》、《21世纪议程》、《森林问题原则声明》、《气候变化框架公约》和《生物多样性》开始签字,中国环境与发展国际合作委员会成立,《中国环境与发展十大对策》发表

1993年 《巴塞尔公约》第一次缔约国会议,联合国可持续发展委员会(UNCSD)第一次年会,评议《21世纪议程》

1994年 《中国21世纪议程》发表,《生物多样性》第一次缔约方会议,《蒙特利尔议定书》第六次缔约方会议,中国成为1995年多边基金执委会成员

1995年 《气候变化框架公约》第一次缔约方会议

1996年 联合国第二次人类住宅会议在伊斯坦布尔召开,《巴塞尔公约》、《生物多样性公约》、《气候变化

框架公约》、《蒙特利尔议定书》,UNCSD 等继续召开会议

1997年　UNCSD 第 5 次年会,联大特别会议对《21 世纪议程》进行 5 年回顾,气候变化会议在日本京都召开,发布《京都议定书》

1998 年　欧洲 15 个国家的环境部长在葡萄牙辛特拉市签署旨在零排放的海洋保护协定;UNEP 在加拿大蒙特利尔召开会议,协商采取行动控制难降解有机物;气候变化框架会议第四次会议在布宜诺斯艾利斯召开,确定了执行京都议定书的严格时间表。

资料来源:选自《环境保护通论》,刘天齐主编,1997年。

## 主要国际环境保护公约

### (一)综合环境问题

**远程跨国界大气污染公约(LRTAP)** 1979 年 11 月 13 日于日内瓦正式通过。该公约面向联合国经济委员会成员国、欧洲联盟和其他与联合国经济委员会有协商地位的欧洲国家,主要应用于欧洲和北美洲。其目标在于保护人类及其环境不受大气污染,限制并尽可能减少和防止大气污染,尤其是远程跨国界的大气污染。

### (二)大气

1944 年芝加哥国际民航公约附件 16 第Ⅱ卷《环境保护:飞机引擎排放》1981 年 6 月 30 日于蒙特利尔正式通过。作用范围限于国际民航组织成员。其目标是通过发证程序,制定限制机场附近地区的飞机引擎排放的污染物国际标准;并保证更换的新式引擎采用现有的最佳减排技术。

**保护臭氧层的维也纳公约和蒙特利尔议定书** 1985 年 3 月 22 日于维也纳通过《维也纳公约》。1987 年 9 月 16 日,《蒙特利尔议定书》正式通过。臭氧层保护的国际公约面向全球所有国家和区域经济一体化组织。其目标在于:保护人类健康和环境,使其免受人类改变或可能改变臭氧层的活动所造成的或可能造成的有害影响;采取一致措施,控制已发现对臭氧层有破坏作用的人类活动;合作进行科学研究和系统观测;交流有关法律、科学和技术领域的信息。

**跨国界环境影响评价公约** 1991 年 2 月 25 日于埃斯波正式通过。该协议为区域性协议,面向联合国欧洲经济委员会(UN/ECE)成员国、欧洲联盟(EU),以及其他具有与联合国欧洲经济委员会协商地位的欧洲国家。目标在于加强环境影响评价的国际合作,支持、研究、制定预防性政策和措施,以预防、减轻和监测一般情况下,特别是跨国界重大不利环境影响,并促进相关决策过程中的公众传媒及公众参与。

**气候变化框架公约(FCCC)** 1992 年 5 月 9 日于纽约通过。该公约面向联合国或其专门机构的所有成员国、国际法院规约的签字国和区域经济一体

**专栏 10　气候变化框架公约的进程**

1979 年,第一届世界气候大会召开,气候变化首次引起世人关注。80 年代后期至 90 年代初,一系列国际政府间会议将讨论焦点置于气候变化,与会者谋求全球行动,减缓气候变化。1988 年,联合国环境规划署 UNEP 及世界气象组织(WMO)联合发起并组建政府间气候变化专业委员会(IPCC)。1990 年,IPCC 推出《评价报告(一)》,召开第二届世界气候大会,呼吁出台气候变化框架公约。1990 年 12 月,联合国大会同意开始公约的谈判。1991 年 2 月至 1992 年 5 月,政府间谈判委员会先后召开 5 次会议,最终于 1992 年 5 月 9 日在纽约通过公约文本。1992 年 6 月,154 个国家(包括欧盟)在里约热内卢签署了联合国气候变化框架公约。1994 年 3 月 21 日,公约开始生效。9 月 21 日,发达国家缔约方开始提交反映其气候变化战略的"国家信息"。与此同时,政府间谈判委员会召开了 6 次会议讨论承诺、财务机制、对发展中国家技术和财政支持等问题。1995 年 2 月,政府间谈判委员会在其第 11 次会议之后解散,缔约国大会(COP)继之成为公约的权威机构。1995 年 3 月 28 日至 4 月 7 日,缔约国大会第一次大会在柏林召开。与会者认为公约中发达国家的承诺不足,因而推出了《柏林授权书》以增加其承诺。1995 年 12 月,IPCC 通过了《评价报告(二)》,并于 1996 年 4 月出版。1996 年 6 月 8～19 日缔约国大会第二次会议在日内瓦举行。1997 年 12 月,第三次缔约国大会在京都召开,并推出了《京都议定书》。遵照该议定书,发达国家在 2008～2012 年期间,至少将六种主要温室气体减排到 1990 年水平的 5%。到 1999 年 3 月 16 日,已有 84 个国家在议定书上签字。缔约国大会正在最终确定议定书的主要细节,以使得议定书在 2000 年后开始生效时具有完全的可操作性。《京都议定书》中提出了三个实施机制:清洁发展机制、共同实施和联合履约。

化组织，作用于全球。其目标是：在一个足以使生态系统能够自然地适应气候变化的实践框架内，使大气中的气体浓度稳定在防止气候系统受到危险的人为干预水平上；确保粮食生产免受威胁；使经济发展以可持续的方式进行。

**专栏 12　臭氧层保护公约进程**

70 年代以来，根据世界各地地面观察站对大气臭氧总量的观测记录，发现 1958 年以来，全球臭氧有逐渐减少的趋势。特别是在 70 年代初，减少的趋势更是明显。经过近十多年的研究，科学家们普遍认为全氯氟代烷烃(CFC 或氟利昂)和溴氟烷(Halon，哈龙或卤代烷灭火剂)等是破坏臭氧层的主要祸首。因此，国际社会开始日益关注臭氧层保护问题，联合国环境署(UNEP)组织召开了一系列国际会议，并制定了《保护臭氧层维也纳公约》(1985 年 3 月，维也纳)、《关于消耗臭氧层物质的蒙特利尔议定书》(1987 年 9 月，蒙特利尔)。随后，联合国环境署又分别在赫尔辛基(1989 年 4 月)、伦敦(1990 年 6 月)、内罗毕(1991 年 6 月)和哥本哈根(1992 年 11 月)召开了四次缔约国会议。1987 年的《蒙特利尔议定书》中，列出了淘汰物质清单、淘汰措施和淘汰时间表，允许发达国家在 20 世纪末把 CFC 产量降至 1986 年的 50%。1990 年在伦敦召开的议定书缔约国会议上，提出 20 世纪末全部废除氯氟烃(人均消费量不足 0.3kg (ODP 值)的发展中国家可将期限推迟十年)。增加受控物质种类，要求各缔约国提供淘汰报告，增加了技术转让机制和财政机制的条款，包括建立多边基金以资助第五款国家的淘汰行动。两年后，哥本哈根缔约国会议上，将发达国家淘汰 CFC 限期提至 1996 年 1 月，同时确立了多边基金的财务安排。到目前为止，国际社会在臭氧层保护上的行动相当一致，发达国家已经实现了淘汰目标，发展中国家也正在积极地履行承诺的削减责任。可以说，《维也纳公约》和《蒙特利尔议定书》已经取得了很大成功。科学家已经观测到对流层中溴浓度增加速度减缓，氯浓度减低。只要能够有效地实施《议定书》中的有关条款，大约 20 年后，能观测到臭氧层恢复的迹象，到下一世纪中期臭氧层有望恢复到正常水平。

### (三)危险物质

**国际公路运输危险货物欧洲协议(ADR)**　1957 年 9 月 30 日于日内瓦正式通过。区域性公约，面向联合国的所有成员国，联合国欧洲经济委员会，其他欧洲国家和那些对该问题有特殊兴趣的其他成员国。其目的在于提高国际公路运输的安全性，制定危险货物的分类、包装、标签和检验的条款，使得与另外运输形式的其他要求相一致，列出有关危险货物公路运输车辆的制造、装备和操作条件。

**粮农组织农药销售和适用国际行为准则**　1985 年 11 月 19 日于罗马正式通过。全球性公约，限于粮农组织成员国和具准成员国性质的地区或地区集团，以及欧洲联盟。其目标在于明确所有从事或影响农药销售和使用的公共和私人实体，特别是那些没有或尚无完善的国家法律来管理农药的地区的实体责任，并且建立非强制性的实施标准。该准则特别强调：促进确保有效安全使用农药、同时减少对健康和环境的影响；建立可靠而易被普遍接受的贸易惯例；帮助一些未具备农药质量和适宜性管理体系的国家建立该体系。

**控制危险废弃物越境转移及其处置的公约(巴塞尔公约)**　1989 年 3 月 22 日于巴塞尔正式通过。面向全球所有国家和政治或区域经济一体化组织。其目标在于控制并把隶属于公约管辖的废弃物越境转移减少到最小程度；把产生的有害废弃物减少到最低程度，确保对它们实施有利于环境的管理，包括尽可能接近废弃物产生源进行处置和回收；帮助发展中国家和经济转轨国家对他们产生的有害废弃物和其他废弃物进行有利于环境的管理。

**公路、铁路和内河航运船舶运输危险货物损害民事责任公约(CRTD)**　1989 年 10 月 10 日于日内瓦正式通过。面向全球所有国家，但对经济一体化组织未作规定。其目的在于建立统一规则，以确保对公路、铁路和内河航运船舶运输危险货物引起的损害进行充分而快速的赔偿。

**禁止危险废气物输入非洲和控制危险废弃物在非洲内部越境转移及其管理公约(巴马科公约)**　1991 年 1 月 30 日于巴马科正式通过。仅作用于非洲统一组织成员国。该公约目标在于通过减少危险废弃物产生量来保护人类健康和环境。

**工业事故越境影响公约**　1992 年 3 月 17 日于赫尔辛基正式通过。为区域性公约，面向联合国经济委员会成员国，欧洲联盟和其他具有与联合国经济委员会协商地位的欧洲国家。其目标在于促进可能造成越境影响的工业事故的预防、准备和反应工作，通过互相帮助、研究和开发,以及交流关于一般工业事故的信息和技术,促进这些领域的国际合作,并为此目的努力使有关国家的政策和实践趋于一致。

**在南太平洋地区禁止危险和放射性废弃物输入论坛岛屿国家以及控制危险物越境转移和管理公约(瓦伊加尼公约)** 1995年9月16日于瓦伊加尼正式通过。仅面向所有南太平洋论坛的成员国,其他并非南太平洋论坛的成员国,但在公约地区有领土的国家,以及其他在公约地区内没有领土,但按照缔约方大会的决定可以加入的国家。

## (四)海洋全球性公约

**油类污染损害民事责任国际公约(1969CLC)** 1969年11月29日于布鲁塞尔正式通过。面向联合国、一些专门机构以及国际原子能机构(IAEA)的成员国或国际法庭规约的签字方。其目标是确保载货油轮持久泄漏石油的受害方得到充分的赔偿;统一在此类情况下确定责任问题和提供充分赔偿的国际规则和程序。

**干预公海油类污染事故国际公约(干预公约)** 1969年11月29日于布鲁塞尔正式通过。适用于全球海洋,面向联合国或任何专门机构或国际原子能机构(见政府间组织)的成员国,或国际法庭规约的签字国。目标在于保护各国人民的利益,避免重大海上事故造成海洋和海岸线遭到油类污染危险的严重后果,并认可为了保护这种利益在公海内采取特别措施是必要的,只要这些措施不妨碍公海自由的原则。

**设置赔偿油类污染损害国际基金的国际公约** 1971年12月18日于布鲁塞尔正式通过。面向油类污染损害民事责任国际公约(1969CLC)的缔约国。目标在于建立一个赔偿制度,作为1969CLC的补充。

**防止倾倒废弃物和其他物质引起的海洋污染公约** 1972年11月13日于伦敦正式通过。应用于全球海洋和沿海国家的领海。其目标是防止在海上任意处置对人体健康造成危害、危害生物资源和海洋生物、破坏舒适环境或有碍其他合法利用海洋的废弃物。本公约的基本原则是禁止向海洋倾倒某些特定的废弃物,在倾倒其他一些废弃物时要事先取得特别许可,其余的废弃物则需要一般许可。

**1973年防止船舶污染国际公约,经1978年有关议定书修订(MARPOL73/78)** 1973年11月2日于伦敦正式通过,1978年2月17日议定书正式通过。适用于全球海域,面向所有国家。目标在于消除在作业过程中可能排放石油、化学品或其他有害物质引起的海洋污染;尽可能减少包括固定或漂浮的钻井平台在内的船舶因碰撞或搁浅而意外泄漏的石油量;进一步加强预防和控制船舶特别是油轮引起的海洋污染。公约共包括了控制400余种液态有毒物质污染以及有污水和垃圾处置的专门条款。

**联合国海洋法公约(UNCLOS)** 1982年12月10日于牙买加蒙特哥贝正式通过。适用于全球海洋,面向所有国家、某些自治的半独立国家和地区。目标在于:建立一种综合性法律秩序,以便利国际交流、促进和平利用海洋、合理利用其资源;针对所有的海洋污染源,建立有关全球和地区的合作、技术援助、监测和环境评价,通过和实施国际规章和标准以及国家立法等方面的基本环境保护原则和规定;为海洋部门和国家的行动提供战略框架。

**油类污染准备、应急与合作国际公约(OPRC)** 1990年11月30日于伦敦正式通过。适用于全球海洋,面向所有国家。其目标是根据预防原则,特别是通过严格实施海上生物安全国际公约(SOLAS)和防止船舶污染国际公约(MARPOL73/78),防止油类污染海洋事故。一旦出现油类污染,提前采取适当的应急措施,为此目的在各国之间提供相互援助和合作。

**海上运输危险和有毒物质损害赔偿责任和赔偿国际公约(HNS)** 1996年5月3日于伦敦正式通过。面向全球所有国家。其目标在于确保遭受与海上运输危险和有毒物质(HNS)有关的事故所造成的损害的人员能够获得充分、迅速和有效的赔偿。

## (五)海洋生物资源

**国际捕鲸管制公约(ICRW)** 1942年12月2日于华盛顿正式通过。面向全球所有国家。目标在于建立养护和利用鲸类资源的规章,并且作为一个收集、分析和出版有关鲸类和捕鲸业科学信息的机构。

**保护大西洋金枪鱼国际公约(ICCAT)** 1966年5月14日于里约热内卢正式通过。区域性公约,适用于大西洋和邻近海域,面向联合国或其任一专门机构的成员国。其目标在于开展合作,保护大西洋和邻近海域金枪鱼和类似种的种群,使之保持在能够为适用和其他目的提供最大可持续捕获量的水平上。

**保护南极海洋生物资源公约(CCAMLR)** 1980年5月20日于堪培拉正式通过。该公约适用于南纬60度以南的区域,以及介于南纬60度与南极辐合带之间区域的南极海洋生物资源,面向所有国家和区域经济一体化组织。该公约目标在于保护和合理利用南极海洋生物资源。

### (六)自然保护和陆地生物资源

**南极条约** 1959年12月1日于华盛顿正式通过。该条约适用于南纬60度以南的地区,面向联合国的任何成员国,或经所有缔约方同意而被邀请参加本条约的其他国家。其目标在于保证南极洲仅用于和平目的,保护在南极洲进行科学考察的自由和科学考察中国际合作的连续性,同时不涉及领土主权争议。在此基础上通过的其他条约有:《保护南极海豹公约》(1972年6月1日)、《保护南极海洋生物资源公约》(CCAMLR, 1980年5月20日)、《管制南极矿产资源活动公约》(CRACRA,1988年6月2日)、《南极条约环境保护议定书》(马德里议定书,1991年10月4日)。

**关于特别是作为水禽栖息地的国际重要湿地公约(拉姆萨尔公约)** 1971年2月2日于拉姆萨尔正式通过。适用于全球范围,面向联合国的所有成员国或联合国专门机构及国际原子能机构的成员。其目的在于通过国家行动和国际合作保护和合理利用湿地,实现全世界可持续发展。

**保护世界文化和自然遗产条约(世界遗产公约)** 1972年11月16日于巴黎正式通过。适用于全球,面向所有国家和联合国教科文组织的成员国以及教科文组织大会邀请的其他国家。其目标在于:为集体保护具有突出普遍价值的文化和自然遗产,建立一个以现代科学方法制定的永久性制度;为具有突出的普遍价值的文化古迹、碑雕和碑面、建筑群、考古地址、自然面貌和动物与植物的生境提供紧急和长期的保护。

**濒危野生动植物物种国际贸易公约(CITES)** 1973年3月3日于华盛顿正式通过。适用于全球所有国家。其目标在于通过国际合作确保野生动植物物种,保证国际贸易不威胁相关物种,同时通过在科学主管机构的控制下由管理当局签发进出口许可证制度来保护某些濒危物种,避免过度开发利用。

**养护野生动物迁徙物种公约(CMS)** 1979年6月23日于波恩正式通过。面向全球所有国家和区域经济一体化组织。其目标在于通过制定并实施合作协议,禁止捕捉濒危物种,保护其生境及控制其他不良影响因素来保护那些越境或在国界外进行移栖的野生动物物种。

**粮农组织植物遗传资源国际承诺** 1983年11月23日于罗马正式通过。面向联合国粮农组织的所有成员国,以及其他联合国成员国和区域经济一体化组织。其目标在于确保植物遗传资源受到保护,并尽可能广泛地用于植物育种,重点放在植物的栽培品种、过去种植过的植物或变种、栽培植物的本原品种、这些植物的野生亲缘植物以及某些特殊遗传材料。

**生物多样性公约(CBD)** 1993年5月22日于内罗毕正式通过。面向全球所有国家和区域经济一体化组织。其目标在于确保生物多样性保护及其组成部分的可持续利用,并促进公平合理地分享、利用遗传资源,包括适当获取遗传资源、适当转让有关技术以及适当提供资金而产生的利益。

**1994年国际热带木材协议(ITTA, 1994)** 1994年1月26日于日内瓦正式通过。面向全球任何生产或消费热带木材的国家,以及负责谈判、缔结和实施国界协议的政府间组织。其目标在于为全体成员国之间涉及所有世界木材经济有关方面的协调、国际合作和政策制定提供一个有效框架,提供一个协商论坛以推动无歧视的木材贸易活动。

**防治荒漠化公约(CCD)** 全称为"联合国在遭受严重干旱和/或荒漠化国家,特别是非洲,防治荒漠化公约"。1994年6月17日于巴黎正式生效。作用于全球,面向联合国及其任一专门机构的所有成员国、国际法庭规约的签字方以及区域经济一体化组织。其目标在于通过在各级采取由国际合作或伙伴关系安排、支持的有效行动,在遭受严重干旱或荒漠化的国家,特别是非洲,防治荒漠化并减轻干旱的影响，以期帮助受影响地区实现可持续发展。公约包括非洲、亚洲、拉丁美洲和加勒比地区，以及地中海北部地区的区域性实施附件。

### (七)核安全

**核损害民事责任维也纳公约** 1963年5月21日于维也纳正式通过。面向联合国所有成员国、联合国专门机构或国际原子能机构的成员。其目标在于为和平利用核能造成的损害提供财务保障的低限标准。

**核事故或辐射紧急情况援助公约(援助公约)** 1986年9月26日于维也纳正式通过。面向全球所有国家、国际组织和区域一体化组织。其目标在于建立国际体制，在发生核事故或辐射紧急情况时，便利直接地在缔约国之间、通过或从国际原子能机构及从其他国际组织，迅速提供援助，最大程度地减轻后果，保护生命、财产和环境免受放射性物质的影响。

**核安全公约** 1994年6月7日于维也纳正式通过。面向全球所有国家和区域一体化组织。其目标在于通过加强国内措施和国际合作，包括在适当情况下有关安全的技术合作，在世界范围内实现和维持高水平的核安全，在核设施建立和维护有效的核辐射防御设施。

**核事故及早通报公约(通报公约)** 1986年9月26日于维也纳正式通过。面向所有国家、国际组织和区域一体化组织。其目标在于尽早提供可能产生跨国界国际影响的核事故有关情况，使环境、健康和经济影响减少到最低限度。

### (八)跨国界淡水

**保护和使用跨国界水道和国际湖泊公约** 1992年3月17日于赫尔辛基正式通过。为区域性公约，只面向联合国欧洲经济委员会成员国、欧洲联盟等国家。其目标在于对跨国界水体加强国家和国际的行动，防止、控制和减少有害、酸化和富营养化的物质排入水环境，促进相关决策过程中的信息公开和公众参与。

# 世界环境保护概览

中国国家图书馆　李跃进　编撰

过去100年里，我们在衡量人类发展的许多常用指标方面取得了空前的佳绩，目前，某些趋势似乎是积极的世界人口的增长速度似乎正在减缓；粮食产量仍然在增加；大多数人的寿命更长，身体更健康；人均收入和受教育水平有所提高；某些地区的环境质量正在改善。尽管如此，同一时期，随着人类活动的深度与广度的增加，人类对自然界的影响急剧上升。无休止地追求进步、舒适和安全，已经改变了大气，污染了地球的空气、水和土壤，结合自然生态系统和生命支持系统带来了巨大的损害。结果，地球上维系生命存在的环境正在发生着变化，其速度比以往任何时候都快。正如世界自然保护基金会在近期的一份报告①中所称，1970～1995年间，世界自然财富的1/3已遭人类破坏，人类消耗给环境造成的压力在过去25年增加了一倍，而且还在继续增大。人类的生产活动，对自然资源——如粮食、鱼类、木材和淡水的消耗，以及二氧化碳等污染物的排放，都给自然环境造成压力。

如今，在全世界范围内，人们越来越关注土地和

① 参见自然保护基金会《活的地球指数》，1998年10月1日。

海岸退化,空气和水污染,生物多样性丧失以及毁林。人口激增加上可供使用的土地有限,会造成城市的无计划增长,生活条件的进一步恶化,贫民窟的增多和各种疾病的蔓延就是证明。有些气候变化据认为至少部分是由于人类活动而造成的,例如,全球气候变暖和臭氧层的耗竭可能最终导致殃及地球行星上所有生命物种的生态危机。

尽管各个国家造成的环境压力不同,比如工业化国家的消费者对自然环境造成的压力相当于发展中国家的2.5倍,但所有国家都非故意地(由于不同原因)参与了这一过程。短期社会和经济利益常常是人类行为的主要推动因素,人们没有适当考虑对环境的损害和自然资源的可能耗减。人们普遍相信地球自然资源的供应以及吸收人类行为影响的能力是无限的。人们花了几代人的时间才了解到这些假设是无效的,即使对于占地球表面70%的海洋来说也是如此。

人类健康也是一个重要问题。科学家发现,世界40%的死亡人数是污染和其他环境因素造成的,而且气候的变化会使情况变得更糟。厄尔尼诺和拉尼娜现象对人类环境的破坏性影响、农业化肥、污染物和农药的排放,以及含有诸如汞等重金属的污染物,已导致世界许多地区出现危害健康的问题。

如今,面对新世纪的曙光,虽然人们的环境意识已有了很大提高,但为了扭转自毁家园的短期行为,为了创造一个生态、经济、文化协调发展的更美好的明天,为了按可持续发展的原则,根据科学观测和分析将环境因素纳入全面的长期规划中去,并正在导致全球性的强有力举措,取得了重大进展。

## 环境保护领域里的国际合作

目前,人们普遍认识到人类活动对地球可居住性的全面影响,以及各种环境的祸患的严重性。出于立即采取行动挽救地球免遭环境灾难的迫切需要,人们已认识到需要制定适当的措施,解决与人类活动有关的复杂而相互关联的全球问题,并广泛认识到增进这一领域国际合作的必要性。

### (一)全球合作

全球环境威胁,例如全球升温的问题,必须在世界范围内设法解决。现在已经有一些与全球环境有关的国际协定、监测和研究方案以及全球观测系统。例如,达成的协定包括1987年9月16日在蒙特利尔缔结的《关于消耗臭氧层物质的蒙特利尔议定书》、1992年《里约环境与发展宣言》、1992年《生物多样性公约》、1992年《关于所有种类森林管理、养护和可持续开发的无法律约束力的全球协商一致意见的权威性原则声明》、1994年《联合国国际气候变化框架公约》(A/AC 237/18/part Ⅱ/Add.1和Corr.1,附件一)和1994年《联合国在发生严重干旱和/或荒漠化的国家特别是非洲防治荒漠化的公约》(A/49/84/Add.2,附件,附录二)。国际监测和研究方案包括地球科学企业、国际地圈生物圈方案、世界气候研究方案、DIVERSITAS和全球环境变化对人类的影响国际方案,这些方案和其他国际方案通过多种多边和双边组织和安排在几个级别进行协调,包括科学家与科学家之间,机构与机构之间以及政府与政府之间。国际科学联合会理事会对许多重要方案的科学规划提供强有力的领导。通过来自150多个国家的数千名科学家参与在最近出版的科学文献上发表重要评论文章,在国际上对与科学地了解全球环境状况有关的问题进行了评估。最近的评估包括政府间气候变化问题小组关于下列问题的评估:有关气候系统包括由人类活动造成的可能变化的科学知识状况;全球变化的潜在影响、适应问题和减轻措施;交叉问题,包括气候变化和部分排放物情况对于经济的影响。应《联合国气候变化框架公约》缔约方会议的要求,政府间气候变化问题小组目前已经或正在编写四份专题报告:气候变化的区域影响(1997年);大气对航空的影响(1998年);技术转让(1999年);排放物情况(1999年)。

**全球在地球资源管理及空间环境领域的合作**

目前国际科学界正在开展若干合作项目,利用卫星数据评估和监测地球状况,其中包括最近研制的三套全球观测系统,它们是:全球气候观测系统(GCOS)和全球海洋观测系统(GOOS),二者均由联合国环境规划署、教科文组织政府间海洋学委员会、世界气象组织和国际科学联合会理事会开发;全球地面观测系统(GTOS)则由联合国环境规划署、粮农组织、教科文组织和国际科学联合会理事会研制。

GCOS的目标涉及气候系统监测，气候变化监测，气候影响和尤其是陆地生态系统的反应性监测，应用于国家经济发展的数据，为了更好地了解、模拟和预测气候系统而进行的研究。其科学范围包括大气、海洋、地表和生物圈及冰冻圈。该系统在1996年进入了实施阶段，目前正在检查从诸如世界天气监视网、全球大气监视网和实用水文方案获取数据的可能性。预计随着该系统的继续实施，各国不仅从气候预测改进中获益，而且也可从制定可持续发展计划和评估气候变化对农业和自然生态系统的影响方面受益。

GOOS以海洋状况的长期监测为基础，目的是促进海洋状况的预测，造福于沿海国家及国家和国际海洋使用者。该系统正分五个阶段实施，其高潮是1997年之后的执行和改进。最初它的重点是海岸气候、海洋生物资源和海洋健康。通过各国和各区域的努力，该系统已实施了近20项试验与方案。

GTOS的核心任务是通过把现有的网络和地面观测系统联系起来提供有关土地和水资源、生物多样性和污染影响的全面信息(或取得信息的手段)，以便使决策者、资源管理人员和研究人员能够得到所需的数据，以探测、量化、查找、了解和警告陆地生态系统，支持可持续发展的能力变化(特别是能力降低)。这是通过强调全球关注的五个问题而实现的：土地质量的变化；淡水资源的可获得性；生物多样性丧失；污染和毒性以及气候变化。

## 在生物多样性领域的合作

自1992年环发大会通过《生物多样性公约》，1993年12月29日公约正式生效以来，到1996年底缔约国已达到162个，使该公约成为促进在这一领域开展国际合作和采取实际行动的主要文书。

1994年12月在巴哈马拿骚举行的缔约国第一次会议设立了《公约》规定的有关机制。1995年11月在印度尼西亚雅加达举行的第二次会议通过了旨在为落实《公约》提供便利的各项实质性决定。1996年11月在布宜诺斯艾利斯举行的第三次会议重申它致力于实现《公约》的三个目标，即保护生物多样性、持久使用其组成部分和公平公正地分享由利用遗传资源产生的惠益，并审查了《公约》与《21世纪议程》有关章节的关联性。第三次会议还重点审议了农业生物多样性。

在第三次缔约国会议期间，四项有关公约的秘书处的代表各自简要介绍了其公约的目标和成就。《关于具有国际重要性、特别是作为水禽生境的湿地的公约》(拉姆萨尔公约)目前有94个缔约方并列有面积大约6 000万公顷的847个地点。1996年3月在澳大利亚举行的上一次会议上，缔约方通过了一个六年战略计划，表明缔约方决心与《生物多样性公约》密切合作，并促成两个秘书处1996年8月签署了一项合作备忘录。

《移栖物种公约》涉及保护和持久利用定期跨越国境迁移的8 000～10 000个物种——它们是生物多样性的一个很小但很重要的组成部分，《移栖物种公约》秘书处于1996年6月与《生物公约》秘书处签署了一项合作备忘录。敦促《生物公约》的缔约国也加入《移栖物种公约》以便加强这两个公约进行协调与合作的潜力。

1994年6月在巴黎签署的《联合国关于在发生严重干旱和/或荒漠化的国家特别是非洲防治荒漠化的公约》在有50多个国家予以批准后于1996年12月生效。荒漠化与生物多样性丧失具有相同的人类起因，因此需要采取协调行动。

1996年7月在日内瓦举行的《气候变化框架公约》缔约方大会第二次会议作出了一系列重要决定。会议特别决定于1997年12月1～12日在日本举行缔约方第三次会议，正是在这次会议上通过了削减温室气体的《京都议定书》。

目前里约的三项公约(生物多样性公约、防治荒漠化公约和气候变化框架公约)已开始利用它们之间的良好关系，合作开展科学工作。1998年5月4～15日《生物多样性公约》第四次缔约方会议在斯洛伐克的布拉迪斯拉发举行，这次会议是朝着使各项工作方案互相配合的目标迈进的一个重要步骤。

## 在淡水资源领域的合作

目前，在粮食生产与农村发展用水领域中，粮农组织负责大约100个技术合作项目。《水和可持续农业发展国际行动纲领》是粮农组织协助联合国会员国实施《21世纪议程》第18章中确定的可持续农业发展和管理水资源政策的主要工具。粮农组织的《粮食保障特别方案》的目的是，加强低收入缺粮国家的粮食生产能力；在该《纲领》中，水方面的目标是，协助政府,扩大低成本、中小型的灌溉工程。粮农组织在干旱和半干旱地区推广蓄水技术,以缓解在农作物方面,与补充灌溉技术有关的水资源匮乏的情况。粮农组织还实施了很多外地项目,推动向发展中国家的都市周边地区转让小型灌溉技术。

世界银行为发展中国家和经济转型期国家的灌溉和排水项目提供贷款和技术援助。开发计划署还为一些正在进行的项目提供资金,为农业用水加强水资源管理。开发计划署、世行、粮农组织和国际灌溉和排水问题委员会共同发起了国际技术研究促进灌溉和排水方案,该方案负责协助各国找到研究和发展方面的关键差距,拟定研究和发展项目,调动捐助国的支持。

作为供水和卫生机构间指导委员会的秘书处,世界卫生组织成为在联合国系统内促进在这个方案领域中进行合作的协调中心。该委员会把重点放在人类住区、基本服务、保健、水质和行为变化方面。卫生组织的以国家为基础的非洲2000年倡议的目的是,通过在各国之间以及与部分发展社区之间建立新的合作伙伴关系的方式,加速对该区域水供应和环境卫生的投资。

联合国人类住区中心(生境二)的筹备进程包括,于1996年3月在北京举办了关于大城市和城镇水资源管理问题的国际会议。这次会议通过的《宣言》强调进行更大的努力,以促进管理和提高用水效率的有效性,以及富有创新的筹资机制和建立使公共部门、私营部门和当地社区团结在一起的、基础广泛的伙伴关系的重要性,作为生境二的第一个主要后续行动,生境和开发计划署与非洲主要的非政府组织合作,于1997年12月在南非开普敦举办了一次关于非洲城市水部门合作伙伴关系的国际协商会议。会议讨论了需要建立基础广泛的合作伙伴关系的措施,以满足非洲城市中迅速增长的对水的需求。

其他组织进行的活动包括:世界气象组织和教科文组织关于城市水文学的倡议;环境规划署促进在城市周边地区对人类用水情况进行环境影响评估,推广以水需求为重点的环境技术;亚太经社会组织了几次加强水资源管理的讲习班。开发计划署和世行为几个水事项目提供了资金。

联合国工发组织现有方案和项目的重点是,设计和运用工业用水的基础设施和在工业加工过程中的水处理;提高工业用水效率,保护回收;以及减少工业污染。

全球环境监测系统的全球水质监测方案是由环境组织、环境规划署、气象组织和教科文组织共同设立的。这是联合国系统在水质监测方面的主要项目。曾经在全球和区域两极从事水质评估工作,包括对亚太地区的地下水和前苏联的水质进行评估。还为入海河流编制了一份全球名册,记录全世界400条以上的河流的污染物流量。设在加拿大和德国的两个相关机构为该方案的收集和分析水质工作提供了机构支助。

### 在洁净生产领域的合作

全世界日益关切"较干净生产"的办法,因为这样能够同时兼顾到经济和环境目标。多个国际机构制作了训练材料,协助联合国会员国实施较干净的生产办法。例如,国际商会、国际顾问工程师联合会和联合国环境规划署联合制作了关于环境管理制度的一套"训练培训员"材料,将用来协助推行国际标准化组织的14000标准。世界银行、环境规划署和中国政府联合执行了一个较干净生产项目,促成设立了中国国家较干净生产中心,形成了一个积极从事较干净生产的机构网络,并培养了150多名具有环境审核资格的专业人员。仅仅在27个企业每年就可获益290万美元,而连带的催化效应遍及全中国。

在工发组织和环境规划署的支助下,现已在巴西、中国、印度等国建立了8个国家较干净生产中心;另外有37个国家依靠自己或在双边组织的支助下也建立了43个类似中心,这些中心协调各种洁净生产方案,充当工业界、政府、大学和非政府组织之间的中间管道,以及培养各种获取和管理洁净技术所需的人才能力,从而在发展当地社区和全国性的洁净生产"文化"方面开始起着主要作用。所有这些中心目前构成了一个通过讲习班和通讯交流经验的世界性网络。

## (二)区域合作与国家间合作

资源退化和环境污染的许多问题包括越界酸雨、共同湖泊和海洋污染、共用流经几个国家的河水的问题。其中海洋污染最能有效地在区域一级设法解决。国际社会的经验表明,签定一项对各方都有好处的协定是确保有效区域合作的关键。这样做得到的不一定只是环境、社会或财政方面的好处,也可以是政治方面的好处,例如确保与其他受影响国家建立联盟,并促进政治稳定。这种区域性合作的实例很多,例如欧洲控制越界酸雨的协定、联合国环境规划署的区域性海洋方案和赞比西河流域计划。解决区域环境问题的一个良好的合作例子是北欧环境公司和北欧各国政府在波罗的海各国、俄联邦、东欧和中欧所做的工作。以及北美自由贸易协定成员国所设立的环境合作委员会。

关于国家间的合作问题,中日两国政府曾于1997年达成了"面向21世纪的日中环境合作"协议。在此基础上,日本政府将以"在中国的可持续性的环境保护合作"为课题,实施新的研究。其中包括在中国的大连、重庆、贵阳三城市共建"环境样板城市"。日本政府人士表示,随着中国经济的迅速发展,酸雨等环境得不到及时解决有可能影响周边地区,因此日本政府希望以此促进世界性公害和地球变暖问题的解决。为此日本政府会同日本有关企业决定对华提供防大气污染、水质污染、测定噪音以及应付环境恶化对策的有关技术。同时决定以提供日元贷款的方式向上述3个城市的煤炭水力发电站提供高效燃烧锅炉、脱硫装置以及回收硫磺生产肥料的设备。

此外,许多无害环境技术的转让和能力建设援助也是根据双边合作活动(常常在商业基础上)进行的。这方面的事例有:丹麦能源研究方案(其目的旨在使丹麦无害环境技术适应中、东欧以及发展中国家的具体需要和便利技术转让);法国与非洲和东南亚发展中国家的技术合作方案;联合王国旨在鼓励按商业条件向发展中国家转让技术和专门知识的技术伙伴关系倡议和澳大利亚与亚洲(亚太经社会)通过私人部门和政府促进以商业条件向亚洲转让环境管理能力方案的环境合作。

## (三)国际组织对环境保护的贡献

### 联合国环境规划署

联合国环境规划署是联合国在环境领域中的主要机构,其作用是成为全球环境领导机构,制订全球环境议程,促进在联合国系统内协调一致地处理可持续发展所涉及的环境问题,并成为具有权威性的全球环境的维护者。根据联合国环境规划署环境规划理事会1997年第19届会议的报告,恢复活力的联合国环境署的重点任务的核心内容为:(1)利用现有的最佳科学技术能力分析全球环境状况并评估全球和区域环境趋势,提供政策咨询意见并就各类环境威胁提供预先报警资料,推进和推动国际合作与行动;(2)促进制定其旨在实现可持续发展的国际环境法,其中包括在现有的国际公约之间建立协调一致的相互联系;(3)促进采用商定的国际准则和政策,监测并促进遵守环境原则和国际协定,促进采取合作行动以应付新出现的环境挑战;(4)利用环境署的相对优势和科技专长,加强它在协调联合国系统环境领域中的各项环境活动方面的作用,并加强它作为全球环境的执行机构的作用;(5)促使人们提高觉悟,为参与执行国际环境议程的社会各阶层和行动者之间进行有效合作提供便利,并在国家和国际科学界和决策者之间担任有效的联络人;(6)在体制建设的重要领域中为各国政府和其他有关机构提供政策和咨询服务。

环境署新的执行主任克劳斯·特普费尔博士在理事会第五届特别会议(1998年5月20~22日,内罗毕)中指出,环境署短期和中期内的活动将集中在以下四个领域:首先,应建立环境署对紧急情况作出反应的能力并加强其在作出早期报警和进行评估方面的职能,以便应付环境灾难和紧急情况。第二个领域是协调和拟定环境政策手段。它包括三个组成部分。第一部分是向各环境公约提供支助。第二个组成部分是化学品。在环境署的领导下,控制危险化学品的国际贸易的《事先知情同意公约》已于1998年9月通过并在鹿特丹外交会议上签字。环境署正在开展关于拟定一项有关持续存在有机污染物的具有全球性法律约束力的文书的谈判工作。第三个组成部分是制定执行各项国际环境协定的经济手段。该机构的第三个工作领域是淡水。第四个工作领域是工业和技术转让。

### 联合国开发计划署

联合国开发计划署是世界上最大的提供多边技术合作和投资前合作的渠道。根据开发署执行局1995年6月16日第95/23号决定,该机构已把用于全球、区域间和特别活动的资源合并为一个项目(1.3),并把开发计划署资源总额的4.2%拨给该项目。作出这项决定的同时,方案拟定安排和开发计划署的重点转移并调整到人的可持续发展这一首要主题。新的全球框架把环境的可持续性作为五个关注的领域之一,其余领域包括消除贫穷/可持续生计;男女平等;治理和防止新出现的交叉问题。

全球方案已为合作框架(1997~2000年)的四年期间从核心预算资源调拨目标项目1.3中拨出1.26亿美元的专用款项。近年来,该组织收到的核心捐款(来自联合国会员国和与之建立关系的机构)已从10.78亿美元降至1996年的8.48亿美元,但同期非核心总资源(UNDP经管的为支持指定用于特定用途而收到的资源)却从3.78亿美元增至12.95亿美元,1997年可望达到15亿美元。开发计划署是全球环境融资和《蒙特利尔议定书》的执行机构之一。所开展的一切活动均由全球环境融资理事会和《蒙特利尔议定书》执行委员会审查和核可。1996年,这两个基金的支出总额为7 740万美元。

开发署在环发会议后制定的21世纪能力方案经证明是支持可持续发展能力建设的有效催化工具以及学习机制。到1996年5月,通过信托基金及其他机制向21世纪能力方案提供的捐款总额已达到大约5 700万美元。1993年以来,这个方案已经帮助向40多个国家的项目提供经费。

根据开发署1998年第一届常会的报告,开发署方案编制用的所有资源的分配显示,31%用于消除贫穷和贫民生计,39%用于施政,24%用于环境,6%用于其他领域。

**世界银行**

自环发会议以来,世行已经采用了可持续发展概念,在贷款方案中平衡处理社会因素与环境因素。从1992年之前的有关环境问题的小的投资组合开始,世行对环境项目的贷款于1995年接近了100亿美元,1996年达到114.4亿美元(分别涵盖62个国家的137个项目和68个国家的153个项目),1997年环贷计划超过了116亿美元。因此,环发会议以来,世行贷款的大约36%或者是直接针对环境,或者是发生了某种积极的环境影响。此外,1995年,世行在过去四年内(1993~1996年)承诺的870亿美元,开始提供了"绿色会计"。

世行现已对环境的可持续性作出了广泛的承诺,其贷款业务中包括了减少污染,保护生态系统和建立环境管理能力的投资计划。世行1997年财政年度环境议程的重点是,设立一种更有战略性和综合性的方法,从而确保环境的可持续性成为经济发展的中心。其战略的重点包括:

*建设环境管理能力* 1997财政年度末,世行正帮助70个国家强化其环境管理能力,并帮助它们制定更加灵活和成本效益更好的环境政策,开发有新意且基于市场的工具,以提高环境的可持续性。

*将环境可持续性纳入发展计划* 世行在增加环境贷款的同时,已开始将环境和社会评价工作列入其资助的项目。1997年世行还在南部非洲,中美洲和南亚实施了经济全球化和可持续发展的计划。

*投资于积极的伙伴关系* 世行与许多国际组织、政府及非政府组织、私人机构及融资机构在环境领域展开了广泛的合作。

*造就和共享知识* 1997年世行为使用新型信息技术创建了一个知识管理系统。技术网络包括大约300名环境和社会可持续发展专业人士的网络,以利于形成和传播知识。

世行与联合国环境规划署和联合国开发计划署一道,分担了实施全球环境基金(GEF)活动的责任。世行目前负责GEF一份约为10亿美元的工作计划。在1997财政年度末,世行执行董事会已批准了50多个国家的69个项目,GEF赠款的总承诺额为6.75亿美元,还要经营另外28.48亿美元的贷款。

世行是蒙特利尔公约(MFMP)多边基金执行机构。去年,淘汰使用的臭氧消耗物质(ODS)超过了9 000吨,它大约是所有有资格获得蒙特利尔公约缓助的发展中国家ODS使用量的5%。这个淘汰量占所有该公约机构总淘汰量的75%,表明公约在保护全球环境方面取得了实际的和可以测算的成就。

关于国际开发协会的筹资,已在环发会议上就开发协会第10次补充资金和开发协会第11次补充资金的筹资问题达成协议。关于开发协会第11次补充资金的筹资协议是在1996年3月经过困难的谈判之后达成的。这项认捐加上开发协会其他资源,将使得今后三年期间开发协会能够资助145亿美元特别提款权的方案。这个数字低于估计所需资金的6%,也低于开发协会的160亿特别提款权。

## (四)环境筹资

在环发会议以来的这些年里,各个布雷登森林机构增加了它们对可持续发展的承诺，帮助提供资源给贫穷的发展中国家促进无害环境的经济和社会发展。世行对其在发展中国家内的项目的环境和社会影响的关心已经大大增加，环贷逐年上升。多边环境协定已成为规范各国按照可持续原则发展的准则。为帮助落实多边环境协定而设立的两个主要环境机制——多边基金和全球环境基金的作用越来越大。多边基金是《蒙特利尔协定书》的具体财务机制。该基金自 1991 年创立以来，截至 1996 年底，为转让无害臭氧技术向发展中国家提供了 5 亿美元。到 1997 年中期，议定捐款已达到约 6.95 亿美元。1997～1999 年期间通过的预算为 5.4 亿美元，其中 7 400 万美元将由 1994～1996 年期间的分配资金提供，需要为多边基金补充 4.66 亿美元。作为《蒙特利尔议定书》缔约国的每一个国家均在其国别方案内列出和估计了转让技术所需的资源。初步的估计总额为 70 亿美元。

全球环境基金（全环基金）是在 1991 作为一个试办方案发起的，以协助发展中国家和经济转型期国家争取在生物多样性、气候变化、国际水域和臭氧层消失等 4 个重点领域的全球利益。在试办阶段内，估计拨出了 7.3 亿美元作为一个包括 115 个全球性、区域性和国别项目的工作方案的经费。1994 年 3 月，就改组和补充这个融资设施达成了一项协定，使其成为全球环境筹资的一个主要来源。自 1991 年成立以来到 1997 年 6 月，为全环基金工作方案内项目认可资金的总额为 12.31 亿美元。共中，承诺的数额为 8.37 亿美元，支付的数额为 3.37 亿美元。

根据《生物多样性公约》缔约国第三次会议（1996 年 11 月 4～15 日，布宜诺斯艾利斯）的报告，全环基金被指定为《气候变化问题框架公约》和《生物多样性公约》的临时供资办法。全环基金现有 156 个成员国，并且在上一个财政年度核准了用于生物多样性项目的开支总计达 2 600 万美元，使有关生物多样性的开支总额达 9.6 亿美元。1998 年《生物多样性公约》信托基金预算共计 676.5208 万美元，减去东道国的捐助及由以前各年结余支付的项目，缔约国分摊的预算为 476.5208 万美元。此外，第三次缔约方会议决定设立两个特别信托基金：(1)供向用于《生物多样性公约》下已核准活动的核心预算提供额外自愿捐款的特别自愿信托基金；(2)供便利各缔约国参与《公约》工作的特别自愿信托基金，1998 年两个特别基金所拥有的资源分别为 75.9384 万美元和 172.5221 万美元。

根据《气候变化框架公约》缔约方第二次会议（1996 年 7 月 8～19 日，日内瓦）的报告，截至 1995 年 12 月，全环基金的气候变化工作方案（试行阶段和调整后的全环基金）列入了 62 个项目，总额为 3.28 亿美元，占重点领域拨款总额的 36%。到 1996 年中期，全环基金已累积用了 4.6659 亿美元，协助发展中国家查明其国内温室气体的来源并采取有效办法来防止排放量的增加。尽管气候变化只是全环基金资助的四个领域之一，气候变化项目在开支总额中所占比例估计今后会大幅度增加。

除了多边环境协定的具体财务机制外，促进可持续发展和全球环境问题需要其他资金来源，包括官方发展援助，例如，《生物多样性公约》除了创立财务机制外，宣布发达国家缔约方也可能通过双边、区域和多边渠道提供资金。但自环发大会以来，平均官方发展援助在绝对值以及在占 GNP 百分比方面均呈下降趋势。只有极少数国家达到了占 GNP0.7% 的指标。另一方面，直接用于以环境为重点的项目和方案的官方发展援助比例有限。1993 年，据报告新的官方发展援助承诺额只有 5% 专门用于环境目的。在这些承诺中，大部分针对城市和工业污染的治理，但是，自然资源管理的有关活动也在不断增加。官方发展援助的减少对于很少有机会拿到其他外部资金私人投资的最贫穷国家来说尤为严重。它大大地限制了大多数发展中国家政府社会和环境方面投资的能力。世行的减让性贷款部门——国际开发协会所提供的资金已获得补充，表明捐助者对减少贫穷、经济调整和增长及环境可持续性等方面继续承诺多边合作，但资金来源仍不够多。因此，国际社会只能通过别的机制来找寻新的和更多的筹资来源，特别是利用公营部门的资金促进和带动私营部门的资金。金融公司/全环基金合作执行的波兰有效照明项目和金融公司/全环基金联合执行的中小企业项目是这方面的两个事例。全环基金通过提供相对而言数目不大的风险资本基金得以从私营部门动员四五倍的集资，这反过来又可调动成倍的贷款筹措。这样做的可能办法包括：促进外国直接投资；债务—自然交换；促进国内资源的调动；减少补贴，充分考虑个别国家的具体条件和不同的发展水平；减少利用经济手段的障碍；探索创新财务机制。

创新财务机制包括国际环境基金和吸引外部资金的国家环境基金,尽管迄今为止仅筹集了数目不大的资源,但似乎代表了将来具有前途的资金来源。同时值得注意的是,作为世行集团一部分的国际金融公司与全环基金一起直接贷款给私人部门,包括发展中国家直接与环境有关的项目。例如金融公司规划的可再生能源和能源效率项目。类似的倡议是金融公司为拉丁美洲提议的生物多样性企业基金。金融公司也可在它给予贷款的公司拥有产权、针对私营部门的其他投资商发挥催化剂作用并努力开发发展中国家的资本市场。此外,世行与国际金融公司和全环基金一道,创建了私营部门风险资本基金,以利于对生物多样性和可再生能源的投资。

根据联合国环境规划署理事会第十九届会议通过的19/24号决定,下列信托基金的运作期限已被延长:

(1)《控制危险废物越境转移及其处置巴塞尔公约》信托基金,将延至2002年12月31日;

(2)《生物多样性公约》一般信托基金,将延至1999年12月31日;

(3)支助减少化学品风险政府指定专家组工作的一般信托基金,没有确定的终止日期;

(4)支助编制和谈判一项关于在国际贸易中对某些危险化学品和农药采用事先知情同意程序的具有法律约束力的国际文书的一般信托基金,没有确定的终止日期;

(5)非洲部长级环境会议一般信托基金,将延至2000年12月31日;

(6)执行加勒比环境方案行动计划区域信托基金,将延至1999年12月31日;

(7)东非地区区域海洋信托基金,将延至1999年12月31日;

(8)保护和开发巴林、伊朗、伊拉克、科威特、阿曼、卡塔尔、沙特阿拉伯和阿拉伯联合酋长国海洋环境和沿海地区的区域信托基金,将延至1999年12月31日;

(9)保护地中海免受污染信托基金,将延至1999年12月31日;

(10)《关于消耗臭氧物质的蒙特利尔议定书》信托基金,将延至2000年12月31日;

(11)《养护野生动物移栖物种公约》信托基金,将延至2000年12月31日;

(12)关于保护、管理和开发西北太平洋区域的沿海和海洋环境及资源的一般信托基金,将延至1999年12月31日;

(13)《关于保护臭氧层的维也纳公约》一般信托基金,将延至2000年12月31日;

(14)保护和开发西非和中非区域的海洋环境和沿海地区的信托基金,将延至1999年12月31日;

(15)发展中国家开展环境意识和环境机构活动的技术合作信托基金(德国政府提供资金),将延至1999年12月31日;

(16)环境署执行由环境贷款设施供资的活动的技术合作信托基金,将延至2001年6月30日;

(17)协助发展中国家实施《关于消耗臭氧层物质的蒙特利尔议定书》技术合作信托基金(瑞典政府供资),将延至1999年12月31日;

(18)支助环境问题活动的技术合作信托基金(日本政府提供资金),没有确定的终止日期;

(19)推动和协调执行对科威特与伊拉克之间冲突引起的环境损害后果进行调查、评估和处理计划的技术合作信托基金,将延至1999的12月31日;

(20)协助发展中国家根据《维也纳公约》和《蒙特利尔议定书》采取行动保护臭氧层的技术合作信托基金(芬兰政府提供资金),将延至1999年12月31日。

## 环境保护领域里的科技成果

在头脑中的知识与智慧成为真正资本的今天,知识更新的速度明显加快,科技发展日新月异,从陆地到海洋,从地球到外层空间,科学技术展示出巨大的威力,为扭转全球环境的不利影响奠定了坚实的基础。联合国环发大会以来,国际间各种多边协定的签定,各国环境执法力度的加强,人们环境意识的普遍提高,对全球环境可持续性的关注,这一切极大地促进了环境领域科学技术的创新与发展。环境保护已开始从"管道末端"的污染治理步入低废害技术开发时代,实用、清洁、方便、可持续的环境技术层出不穷,在各个领域不断涌现,如今这些利在当代,功在千秋的成果在各个领域起到了一种示范作用,表现出了勃勃生机。

## (一)空间技术在地球资源管理上的应用

目前,在地球轨道上有一系列空间系统定期提供地球资源管理中使用的大多数数据。美国国家海洋与大气层管理局的高级甚高分辨率辐射计系统被用来提供水文学、海洋学和气象学研究资料,同时这些数据也用于大气监测。LANDSAT 系统是首次在设计上定期提供地球表面全球覆盖面的卫星系统。当前的 LANDSAT 系统上携带有两套不同空间和频谱分辨率的多谱段遥感设备。法国观测卫星(SPOT)系统可以全色和多谱段方式获取数据,同时它还具有拍摄一对立体图象的能力。印度遥感卫星(IRS)系统-1C和-1D带有全色和多谱段传感器。Radarsat、日本地球资源卫星 JER-1 及地球资源卫星 ERS-1 和 ERS-2 号携带有雷达或微波遥感系统。除雷达成像仪器外,ERS 和 JERS 都还有其他感应器,而 Radarsat 则按不同地面分辨率具有若干个成象方式。

迄今在各有关国家政府支持下开发的遥感系统,重点是收集广阔谱段的中低分辨率数据,这些数据较适用于气候研究、环境监测和资源管理资讯工作。卫星图像的广阔视角可以使地质工作人员绘制从地面不容易观测到的细微的区域地质特点,从而为探测矿藏和地下水等发展的关键资源提供便利。在农业领域,在编制农业统计资料和确定可耕地面积时,遥感被用于补充常规的资料来源。使用高分辨率图像监测单个农场的作物,可有助于在作物开始明显呈现因为缺水、需要施肥或遭受病虫害而遇到困难之前及早发现处于这样状态的作物地区。这将有助于用水的最佳分配,从而可以实现节约和提高作物产量。这还有助于避免过度施肥。多重日期的作物卫星图像可与气象水和土壤数据等其他资料结合并用,制作收获前若干星期的产量预测模型,以利于及时安排农产品的储存、进、出口和有效的当地分配。可通过与正常年份的趋势相比较,分析从卫星获得的当年植被指数趋势,从而预测当年何时发生旱灾。

根据联合国第三次外空会议提供的资料,到 2000 年,如果目前所有的地球观测卫星计划都得到完成,则轨道上将同时有 31 颗卫星,能够提供 30 米或更高分辨率的数据。最高的系统空间分辨率计划为 0.8 米。其中许多系统还配有立体设施,所以将能提供高分辨率数字地形模型和绘制成别于土地平面图的土地使用状况。许多高分辨率卫星数据的主要市场包括作物精确管理、制图和地理信息系统的各种应用(例如与公共事业、城市规划、林业和灾害管理有关的应用)。

下一代地球观测卫星将空前详细和精确地监视大气结构和化学特性、海洋、地表和植被,从而促进对地球系统状况的全面评估和查明自然和人导致全球系统变化的性质和原因。

## (二)垃圾处理

随着公众环保意识的日益增强,废物填埋场的饱和以及对垃圾焚烧产生的二恶英的有害作用越来越关注,垃圾处理技术受到了城市居民和企事业单位的欢迎。特别是在日本,许多公司和研究单位都把目光投向了垃圾处理并发明了一些独创技术。三洋电机公司生产的"垃圾能手"处理器就是其中之一,它是一种体积与电视机相当的有机废物高温搅拌式处理器,其内部装有用微生物处理过的、可以加速垃圾分解的碎木片。进入处理器的垃圾几天以后就被转化成一种可以用作肥料的土状颗粒物质。松下电器公司生产的"厨房垃圾处理器"利用热空气风干压缩有机废物。这种处理器能在两个半小时内把废物的体积压缩到原来的 1/7。垃圾处理器进入家庭的势头很猛,日本 1997 年的销量达到了 10 万台,预计 1998 年的销量可增加一倍。除家庭外,目前在重视提高自身形象和注重加强环保工作的学校和饭店,工业规模的垃圾处理器已越来越受到欢迎。

此外,日本生命之光(LFL,即 Light for life)科学技术研究所发明了一种独创的"LFL 石技术"。使用这种技术可以使至今为止都是通过焚烧或掩埋来处理的氯乙烯、泡沫聚苯乙烯、多种金属、橡胶等经过无公害处理再生为资源。这种石头的制造过程是,将收集来的废弃物用粉碎机粉碎成 1~3 毫米的粉末,然后加入水、水泥、特殊粘合材料(以二氧化硅为主要成分的特殊制剂)搅拌,在常温和真空状态下使之凝固(成品被命名为 FLF 石)。

焚烧后产生二恶英的垃圾,使用 LFL 石技术就能成为无公害的再生资源,这项不可思议的事全依靠两项基础技术,一项是"无机常温结合法";另一项是"真空气压施工法”(都已取得专利权)。

## (三)新能源和可再生能源

据科学家估计,人类每年消耗的能源相当于80~90亿吨石油。按目前的增长速度,到2050年每年消耗的能源将达到相当于300亿吨石油的水平。考虑到能源,特别是矿物能源的使用是造成全球环境退化的一个主要因素,因此,提高能效、采用新的和可再生能源以及干净技术已成为许多国家可持续能源政策的重要组成部分。

### 现代生物能技术

目前正在发展某些可供立即应用的新的和改进的生物物质技术,例如供发电用的综合生物物质气化/燃气轮机;改进的生物物质收获、运输和储藏技术;诸如谷壳的谷物渣滓的气化;泥炭煤砖;以蒸汽暴发方法并于随后可能用生物或化学水解方法处理纤维物质来制作乙醇或其他燃料;余热发电技术,生物原油技术;共同燃烧技术;燃料电池技术;生物物质制造甲醇和氢气;改良能有效使用生物物质燃料的小型斯特林发动机。此外,生物气是最便宜的一种可再生资源,把动植物废料放在特殊的容器(生物浸煮器)里发酵就可以产生富含甲烷和一氧化碳的生物气,可用作照明、做饭和其他用途。

### 洁净煤技术

洁净煤技术是旨在减少污染和提高效率的煤炭加工、燃烧、转化和污染控制技术的总称。它包括煤炭使用各环节的净化和防治污染的技术。燃烧前清洗,即选煤技术是防治污染的第一步,它包括物理选煤和化学选煤;正在出现的第三类工艺是生物选煤。化学或生物选煤预计能清除煤炭中高达90%的硫。有些化学技术可清除90%的灰。在燃烧阶段,三个已被证明有效的燃煤技术是:(1)粉煤燃烧装置;(2)循环流化床燃烧法;(3)复合循环装置。目前正在出现的煤炭技术中最有希望的是一体化气化联合循环,将煤炭气化技术与联合循环电厂结合。在燃烧后清洗阶段,目前先进的涤气器能提供下列好处:(1)再生吸硫化学物;(2)清除二氧化硫和氧化氮;(3)产生对环境无害的干性废物;(4)精简操作。基本烟道气脱硫技术已经达到清除近95%的二氧化硫的能力。选择性催化还原系统可将氮的排放量减少50~80%。

另一个实现高效转换和低排放的方法是把煤和联合循环技术合并使用。实际上,大多数清洁的煤技术都是燃气轮机和煤基燃料的结合。清洁的煤技术除上文提到的清洗外,还包括煤的气化与合成煤气在联合循环燃气轮机里的燃烧;直接和间接燃煤轮机;燃气和纯氧气燃气轮机;磁流体发电机;含碳燃料电池;和把氢气从煤分离的过程(氢碳过程)。加压流化床燃烧和诸如综合气化联合循环技术一类综合系统不是已经运作便是迅速接近商业供应阶段。直接燃煤系统目前处于原型开发阶段。燃料电池也是如此,而磁流体发电机的开发和氢碳过程则处于概念证明阶段。

### 天然气和联合循环

在所有矿物能源之中,天然气对环境的影响最小,它的二氧化硫排放最低,氧化氮能受控制,并且在所有矿物燃料中有最低的二氧化碳排放量。今天最经济和无害环境的矿物燃料发电厂是天然气联合循环发电厂。目前市场上效率最高的机组实现95%的转换效率和52%的净效率。预期今后几年内将会取得几个百分点的效率改进。联合循环技术是一项对付未来环境政策优先次序不确定性的保值措施。

### 地热能与太阳能

目前,国际社会普遍认为,单独或结合使用现有的一系列广泛的技术选择是应付经济发展对能源的依赖,以及环境保护双重挑战的有效手段。在这些技术中,最重要的要算在能源的转换、运输、存储和最终用途等方面的潜力还很大,范围广泛的一系列传送能源(包括太阳能、风能、海洋热能、潮汐能、地热能、生物量能源和氢气)的新技术,这些技术已经过科学证明,技术上可行,可被社会接受,对环境的危害较轻。

地热能源所利用的地下热能随地层深度而不断增加(一台钻机最多可深入地下5 000米),地下水或蒸汽可推动涡轮机发电。另一种技术是把水注入岩缝隙,待自然加热后再把水抽出来。冰岛有85%的人口利用地热供暖。大约有20几个国家——其中大多是发展中国家——开发利用地热能,全球各地现有250座地热发电站在运转。

太阳能是一个巨大的可再生资源,相当于全球能源总需求量的1万倍。全球各地,太阳无处不在,只是强度变化不定。太阳能可以热能的形式直接利用,或是转化为电能。太阳能电池系统需要几块散热板,一个电池和一个把直流电变为交流电的装置。据世界观察研究所透露，一些公司正在生产新一代“薄膜”太阳能电池。在今后10年内，这种电池可能使太阳能的成本大幅下降。

下世纪很可能在科学技术上出现突破。安装了光电池的太阳能卫星群能够产生出50亿瓦的电能。这些电能将用微波形式传送回地面。核聚变的控制已经在实验室里取得成功，这将是解决能源问题的又一条途径。

## 环境工业

### (一)定义

一般说来，环境工业主要从事提供控制、减少污染，废物清理与处置设备和相关服务，以及日益增多的其他方面的环境服务活动。由于环境工业作为一个新兴部门，至今没有一个全球统一的定义，因此其界限显得模糊不清，其指标难于量化。比如，将污染和环境使用降至最低的“清洁技术”与工艺，以及较少破坏环境的低废害产品已变得越来越重要，但很难说清它们所占的比重。经合组织率先在政府间一级为该工业下定义并将其分类。根据该组织认为“环境工业是由一系列活动组成的，这些活动的衡量、预防、限制、减轻或矫正对水、空气和土壤造成的环境损害，以及为解决与废物、噪音和生态系统有关的问题，生产商品和提供服务。这些商品和服务包括可减轻环境风险、减少污染和资源使用的清洁技术、商品和服务，尽管目前还没有商定的方法可圆满地衡量这些技术、商品和服务能作出的贡献。”

### (二)环境市场

据估计，全球环境市场90年代初为2 500亿美元左右，环境商业国际曾预测到1998年这一市场规模可达4 260亿美元，国际机构对2000年的预测差距较大，从3 000亿美元到5 800亿美元不等(见表1)，其规模介于制药业与信息业之间，不包括多数清洁技术，并且正以每年5%的速度增长。但总的说来，环境市场的发展离不开整体经济的变化。尽管1996年环境产出呈现出良好势头，但经历了1997年以来的亚洲金融危机并波及全球许多国家以后，1998年下半年以来联合国对全球环境市场的增长预测已远不如危机前那样乐观。联合国的报告指出，根据私营部门的估计，1996年全世界的环境市场给私人公司和公共部门机构带来了约达4 520亿美元的收入。市场的一半为服务费，另一半中设备出售和诸如水、能源或回收材料等环境资源的出售约各占一半。总收入87%由美国、西欧和日本赚取，它们所占份额分别为38%、29.5%和19.3%；亚洲赚取了总收入的4.2%，拉丁美洲1.9%，中东国家1%，非洲国家0.5%。在各个区域市场带头的国家为，欧洲：德国、法国和联合王国；亚洲(不包括日本)：大韩民国、中国台湾省和中国；拉丁美洲：巴西、墨西哥和阿根廷。年增长预测(1998～2000年)对有些国家来说相当有限：美国1.8%、西欧2.8%、日本2.6%，但对其他一些国家则很乐观：亚洲和拉丁美洲12%、非洲10%、中欧和中东国家8%。全球年增长估计为3%。因此，环境工业市场在2000年可能会达5 140亿美元。

最近几年来，环境工业的主要趋势一直在变化，80年代后期，增长率达到高峰以后，发达国家的增长率下降到0～3%，有些方面能力开始过剩。目前在多数工业国家中，尤其是在美国，环境工业现已呈现成熟工业的征兆：增长缓慢、竞争激烈、消费者越来越老练、价格压力大、盈利率下降、兼并和收购活动频仍。在这些国家，基本上与实施和强制执行环境法规相连的迅速增长期看来已经结束了。在美国，这一部门的年增长率从1985～1990年的10～15%下降到1991～1996年的1～5%；西欧和日本的年增长率则分别从1980～1990年的6～12%下降到1991～1996年的0～5%。造成这种情况的主要原因是最大的污染者遵守现有规章，新的环境立法的执行受到限制以及强制执行不太严格。与此同时，许多发展中国家仍然有巨大的潜力，其环境工业的增长达到了5～25%，而且迫切需要环境服务来应付严重的环境问题，因此环境服务的出口尽管在收入总额中仍然仅占很小的比例，但相对来说，已经变得更为重要。这种现象加上水、电等公用设施私有化和统一各国环境标准及采用全球环境目标的趋势，正在使该行业更加面向出口，特别是在废物和水管理及空气污染控制这类较成熟的领域，同时外国公司参与的机会不断扩大。随着产业的成熟，产业联合与公司规模的扩大将加促国际化的步伐。

**表 1 全球环境市场**

（单位 10 亿美元）

| | 经合组织 | | 生态技术公司 | | | 环技发公司 | | 环境商业国际 | |
|---|---|---|---|---|---|---|---|---|---|
| | 1990 | 2000 | 1992 | 2000 | 2010 | 1990 | 2000 | 1992 | 1998 |
| 北美 | | | | | | | | | |
| 美国 | 78 | 113 | 85 | 125 | 200 | 115 | 185 | 134 | 180 |
| 加拿大 | 7 | 12 | 14 | 18 | 30 | 7 | 14 | 10 | 17 |
| 墨西哥 | – | – | 1 | 5 | 10 | 3 | 18 | 1 | 2 |
| 小计 | 85 | 125 | 100 | 147 | 240 | 125 | 217 | 145 | 199 |
| 拉丁美洲 | – | – | 2 | 5 | 15 | – | – | 6 | 10 |
| 欧洲 | | | | | | | | | |
| 法国 | 10 | 15 | | | | 10 | 30 | – | – |
| 德国 | 17 | 23 | 60① | 89① | 144① | 21 | 65 | 94① | 132① |
| 英国 | 7 | 11 | | | | 11 | 28 | – | – |
| 欧盟其他国家 | 12 | 20 | | | | 15 | 48 | – | – |
| 西欧其他国家 | 5 | 9 | | | | 6 | 17 | – | – |
| 东欧/新独立国家 | 15 | 21 | 5 | 9 | 23 | 15 | 25 | 14 | 27 |
| 小计 | 66 | 99 | 65 | 98 | 167 | 78 | 213 | 108 | 159 |
| 亚洲太平洋 | | | | | | | | | |
| 日本 | 24 | 39 | 30 | 44 | 72 | 24 | 65 | 21 | 31 |
| 澳大利亚/新西兰 | 2 | 3 | | | | 2 | 4 | 3 | 5 |
| 中国台北 | – | – | | | | 5 | 30 | – | – |
| 香港 | – | – | 5② | 12② | 50② | – | 3 | – | – |
| 南朝鲜 | – | – | | | | 1 | 8 | – | – |
| 亚太其他部分 | – | – | | | | 14 | 28 | 6 | 13 |
| 中国 | – | – | 2 | 5 | 20 | – | – | – | – |
| 印度 | – | – | 1 | 2 | 7 | – | – | – | – |
| 小计 | 26 | 42 | 38 | 63 | 149 | 46 | 138 | 30 | 49 |
| 世界其他部分 | 21 | 34 | | | | 6 | 12 | 6 | 9 |
| 世界共计 | 200 | 300 | 210 | 320 | 570 | 255 | 580 | 295 | 426 |

①全部西欧国家。

②东亚和东南亚。

资料来源：经合组织（OECD1992），不含“清洁”技术；生态技术公司（ECOTEC1994）不含“清洁”技术；环境技术发展公司（ETOC1994）只含替代“清洁”技术，不含所有新的“清洁工艺”、“清洁”和替代能源的生产，以及“清洁”产品；环境商业国际（EBI1994）含某些“清洁”技术，如可替代能源。

参见 OECD1996 年出版物《全球环境货品与服务业》，第 10 页。

世界主要机构均已注意到了发展中国家的市场潜力，因为这些国家人口激增、城市化步伐快、工业化蒸蒸日上，使环境商品和服务创造了极大的需求：发展中国家“迎头赶上”的阶段，并象发达国家过去几十年一样，正在应付最迫切的污染问题。尽管由于财政资源有限再加上其他方面的需求、缺少环境法规和强制执行手段、对环境问题可能引起的风险认识不足，这些国家的潜在需求会受到一定限制，但目前普遍认为未来最有希望的市场是亚洲、拉美、东欧和新兴工业化经济体。随着经济的增长以及公众及政界环境意识的增强，这些市场将经历大的扩充（见表 2）。据

**表 2 主要环境市场占世界市场的百分比**

| | 1992 | 2010 |
|---|---|---|
| 北美 | 48 | 42 |
| 西欧 | 29 | 25 |
| 日本 | 14 | 13 |
| 东亚和东南亚 | 4 | 14 |
| 南美 | 1 | 3 |
| 东欧/新独立国家 | 2 | 4 |
| 世界共计 | 100 | 100 |

资料来源：经合组织《全球环境货品与服务业》，1996 年。

经合组织估计，在未来几年内，亚洲国家对水和废水处理的需求将增加30～40%，对环境监测的需求将增加30%，并且多数设备将来自进口。拉美人口激增和城市化延伸意味着迫切需要为严重的空气、饮用水和废物问题寻求解决办法。因此，与污水处理和饮用水输送等基本设施有关的项目是主要的推动力。饮用水输送和污水处理市场扩展得特别快。同样在非洲也有着相同的需求，据非洲开发银行估计，水供应和下水道占市场73%，废物管理设备23%，污染控制设备13%。

环境工业有双重结构，占个别市场部分产出50%的少数大企业以及占余下50%市场份额的众多小公司。1995年，该工业全球最大50家公司占20%的市场份额，其中主要是美国和法国公司。该项名单上惟一一家来自发展中国家的公司是巴西一家从事饮水供应和污水处理业务的国有公司。为了满足繁多的多学科需求，环境工业的结构越来越多地出现合并、兼并和收购。该工业的目标也正在变化，从遵守规章转变成有效地利用资源。由于发展中国家和发达国家的供水、废料和能源部门的私有化，私营部门正在发挥越来越重要的作用。另一方面，一些公共部门机构正在向其他国家提供它们在这一方面取得的专业知识，从而与市场上的私营企业进行竞争。

## (三)环境工业分类

### 环境工业分类

环境工业包括生产货物的活动以及包括从“管道末端”设备的污染控制和清理技术到再循环与专业技术服务在内的各种服务。生态产品类别的清洁技术(如清洁轿车、高效能冰箱和洗衣机、生态降解肥皂)尽管在产业调整中很重要，但不易衡量。描绘环境产业的一种方法是把在不同领域提供的环保货物与服务包括进去，这种分类的结果是：

环境设备

·废水处理设备；

·废物管理及再循环设备；

·空气污染控制设备；

·减噪设备；

·监测仪器，科学研究与实验室设备；

·自然资源保护与城市便捷设施。

环境服务

·污水管理；

·废物处理与设施管理；

·空气污染控制服务；

·减噪服务；

·分析，监测与相关保护服务；

·技术与工程设计服务；

·环境研究与开发；

·环境培训与教育；

·核算与法律服务；

·咨询服务；

·其他环境商业服务；

·其他：生态旅游。

工业加工中的一体化环境技术与清洁产品(非强制性)：

·清洁生产设备；

·高效能源生产与保护设备；

·生态产品。

### 按活动领域划分的环境工业

环境货物与服务业可分为八大“核心”活动领域，它们是：

水与废水处理　该领域包括提供下水道污物清理，以及污染物与被污染的饮用水和工业废水提纯所用的产品、系统与服务。它提供与需求、设计、安装的分析和评估相关的设备与服务，目前正开始转向提供更完善的产品及供水与清洁系统。较清洁技术在清除污染物方面变得日益重要。该部门主要依靠公共开支(例如在意大利和葡萄牙公共开支占需求的70%)，但同时也需要企业遵守环境法规。这是最成熟的部门，拥有一些大的全球性公司，进入这一领域的障碍是有关的成本问题。尽管发达国家的水处理设施已足以应付需求，增长已非常有限，但据欧洲供水公用事业估计，为了遵守欧盟污水处理规则，到2005年一共需要投资约1 520亿美元。另一方面该领域很可能在发展中国家迅速扩展，因为多数发展中国家都把这一部门的工作视为当务之急。

废物管理和再循环　它提供与减少固体废料有关的产品、系统和服务，以及固体废物的收集、处理和处置；废物回收利用。该领域几乎是所有经合组织国家第二大环保部门。废物再循环技术与产品以及新的低废害技术与产品是该部门的一部分。预计未来几年,固体废物,特别是有害废物的处理以及再循环(纸、塑塑、包装)将以每年5%的速度增长。在中期内,它将受益于处置费的提高。在较长时期内,新的规章制度因支持预防污染和废物最小化战略,将改变其生产与服务结构。低废害技术将得到充实,并最终取代清理与再循环。

*空气污染管理* 它包括提供减少及清理污染性气体和粒子的产品、系统和服务的活动。在中期内,它将受益于旨在减少、稳定或取代造成空气污染或破坏大气层的气体的排放的国际公约(气候变化公约和蒙特利尔议定书)。该部门尚未成熟,几乎没有什么全球性公司,最初美国公司是这一领域的佼佼者,现在西欧国家和日本已在国际上处于领先地位。它们具有一个共同的特点,即都通过了严格的空气质量法规。该部门的服务对象通常是能源使用量大的工业,预计未来贸易、国际化和技术转让将加速增长。

*减噪* 它包括提供抑制噪音污染的产品、系统和服务的活动。其范围涉及从建筑企业生产的噪音屏障到工程和工业仪表公司生产的噪音和振动控制设备等多方面。噪音污染检测主要源于公众对环境立法的要求。汽车业参与了代价昂贵的研究与开发以及相关产品的生产与服务。减噪领域是环境产业中最不成熟的部分,并且相当脆弱。

*紧急反应/清理活动* 它被用于对特殊意外事故,包括生态灾难的紧急反应与治理、土地补救以及评定与设计。土地补救活动在除德国以外的欧洲相当落后,但在美国和澳大利亚却十分发达。工业结构(尤其是采矿和矿物冶炼)及环境法规是强有力的推动力,是导致巨大的市场规模差异的原因。补救措施通常由中型专业化公司提供,或由在市场其他部门经营的大公司提供。生物修复技术的应用有可能取代许多现行技术。在中长期内,预计此行业将出现适度增长,尤其是发展中国家,从长远看,为了提高目前被污染地区的经济价值,或由于发展需要和缺乏土地而必须把注意力转移到被污染的土地上。

*环境评估与监测* 它包括提供环境质量评估与监测的产品、系统和服务的活动。专业化软、硬件企业是主要的厂商,但在很多情况下,用于其他商业目的的传感器和监测器也被用于环境目的。

*环境服务* 它的服务范围涉及研究与开发和实验室活动;工程技术服务;教育与培训;环境核算;风险分析和咨询服务等多方面。自然保护和森林服务以及生态多样性和自然生态系统保护的服务也可列入其中。该领域由新兴的中小公司所主宰,在发达国家已在走下坡,但在发展中国家却增长很快。

*服务的提供往往伴随着商品的提供* 商品和服务构成了解决特定环境问题的综合措施,而服务往往起牵头作用。根据联合国的资料,1996年世界环境服务市场约占全球环境企业(估计为4 520亿美元)的65%,致使目前的需求量超过2 500亿美元。服务提供的焦点由管道终端清理,转向无害环境技术,并从管制性遵从转向资源生产率。1996年发展中国家创造了总收入的13%。

*能源及城市便捷设施* 它提供与能效、再生能源以及与私人取代公共运输相关的产品、系统和服务。该部门曾受到70年代第一次石油震荡的强劲推动,预计将继续发展,但由于含盖范围广泛,因此其满意程度很难衡量。需求常常依赖于工业和家庭对能效的要求,而不靠环境法规的强制。研究与开发能力和产品价格是重要的竞争因素。城市便捷设施市场的落后是发展的重要障碍。在再生能源方面(太阳能、生物量、风能),开发成本、资本成本和能源价格是增长的障碍。尽管如此,在长时期内,再生能源将能够替代许多现有的非再生能源。

## (四)国际竞争

环境工业的竞争优势主要来源于:

技术创新(据估计,未来15年内所使用的环境货品中有50%目前尚不存在);

质量与服务绩效(拥有采纳客户需求产品的能力,能够生产高效且易于管理的产品);

营销与出口战略(适应日益增加的市场全球化趋势和新的市场机会);

生产的灵活性(按照随时改变的条例要求,迅速、低成本地更换产品的可能性)。

其次较为重要的是传统的规模经济和成本。

不同国家在不同环境工业领域展开的公司间的竞争反映出了巨大的能力差异。国家特定的环境问题和法规使得业内公司得以在特定领域建立起竞争优势。表3以简化形式列出了不同国家的增长领域以及这些国家公司的潜在竞争优势。贸发会议的研究表明,服务的专门技术知识、价格、质量和可靠性是环境企业的关键竞争因素，然而，地理和文化邻近因素和提供多学科一揽子服务的能力也可增进公司竞争力。开拓或扩大商业机会的战略包括：(1)提供一项综合性的一揽子商品和服务，或多学科性服务；(2)提供专门化服务；(3)针对区域性市场；(4)与外国公司建立联系。

**表 3　增长前景①和潜在优势②**

| 国家或地区 | 高增长 | 适度增长 | 低增长 | 潜在优势 |
|---|---|---|---|---|
| 北欧 | 监测 | 土地补救 | 废物管理 | 监测 |
| 德国 | 高技术产品<br>再循环 | 空气污染 | 水处理<br>废物管理 | 废水<br>废物管理<br>土地补救<br>措施与分析 |
| 法国 | 废物管理 | 监测服务<br>噪音污染 | 空气污染 | 废水<br>再循环 |
| 英国 | 废水<br>土地补救<br>废物管理 | 监测 | 空气控制<br>废物管理 | 废水<br>废物管理 |
| 意大利 | 废物管理 | 空气污染 | 废水<br>土地补救 | 废物管理 |
| 南欧 | 水和废水 | 空气污染 | 废物管理 | 水质 |
| 美国 | 废物管理<br>土地补救 | 空气污染 | 水和废水 | 监测<br>补救：核子，矿场，农业，化学<br>生物技术<br>空气污染 |
| 加拿大 | 废水 | 空气污染 | 废物管理 | 有毒释放：工业和资源 |
| 日本 | 空气污染 | 废物管理 | 水和废水 | 空气污染：城市与工业 |
| 澳大利亚 | 矿场补救<br>咨询服务<br>水和废水 | 工业补救<br>清洁生产<br>空气监测 | 空气控制<br>固体废料<br>管理 | 矿场补救<br>咨询服务 |

①根据国家机会排列部门。

②根据国际市场的机会排列部门。

资料来源：经合组织《全球环境货品与服务业》，1996 年。

## (五)服贸总协定的承诺

环境服务是服贸总协定中比较新的一个主题，过去环境服务是由政府，特别是地方一级的政府提供。最近公用事业的变革和私有化开创了一些私营市场，并使这一部门接受国际竞争。目前的趋势是政府越来越多地发挥采购人和调节人的作用，而让私营部门发挥环境服务提供人的作用。

环境服务的提供形式一般是通过商业和自然人。然而，现在信息技术使我们能够利用跨界形式提供某些服务的一部分或全部(主要是支助服务)。

世界贸易组织中只有 1/3 成员国在《服贸总协定》的范围内作出有关环境服务的承诺，但其中包括了国际市场上的主要服务贸易国家(见表 4)。多数承诺是发达国家和东欧国家作出的(20 个)。只有两项承诺是由亚洲地区国家安排的，另两项是由拉美国家安排的。其余承诺是由非洲国家作出的。

# 环保领域的新趋势

传统上，环境规章的实施与执行是环境工业发展的强有力的促进因素，但现在在发达国家和一些发展中国家里，它们越来越依靠非规章机制，即通过经济的手段与直接管制相结合实现环境的改善。经济手段可以两种方式帮助资助可持续发展：作为对减少有害环境活动的奖励和作为用于可持续发展方案的收入来源。目前各国使用的经济手段可谓多种多样，例如，波兰实行空气污染税，中国征收污水排放税，荷兰、丹麦和韩国实行包装物押金/退款制度，印尼和巴西征收水域保护费，马来西亚和危地马拉实行碳抵消制度，中国和德国实执超额奖励记分，美国、德国、荷兰、联合王国、澳大利亚、加拿大和泰国实行可交易许可制，挪威、丹麦、瑞典实行矿物燃料税和一般能源税；还有的实行国内生态税，如芬兰和荷兰的碳税；几个东欧和亚洲国家的空气和水排放税；经合组织国家的农药和肥料税；实行津贴扣减的，例如减少几个经合组织国家有害环境的农田和煤碳生产的津贴。

**表 4 根据《服贸总协定》做出的有关环境服务的承诺①**

37 个国家作出的环境服务承诺共 118 项

(a)污水处理服务——29 项承诺；(b)垃圾处理服务——30 项承诺；(c)卫生和类似服务——31 项承诺；(d)其他服务——28 项承诺

| 服务提供形式 | 市场完全开放 | | | | 国家待遇没有限制 | | | | 在没有实行自由贸易情况下的贸易壁垒 |
|---|---|---|---|---|---|---|---|---|---|
| | (A) | (B) | (C) | (D) | (A) | (B) | (C) | (D) | |
| 跨界 | 8<br>(28%) | 8<br>(27%) | 10<br>(32%) | 12<br>(43%) | 10<br>(35%) | 10<br>(33%) | 11<br>(36%) | 11<br>(39%) | 技术上不可行 |
| 国外消费 | 25<br>(86%) | 26<br>(87%) | 26<br>(84%) | 24<br>(86%) | 26<br>(90%) | 28<br>(93%) | 27<br>(87%) | 25<br>(89%) | 无 |
| 商业存在 | 27<br>(93%) | 26<br>(87%) | 31<br>(100%) | 25<br>(89%) | 29<br>(100%) | 30<br>(100%) | 31<br>(100%) | 27<br>(96%) | 许可、授权、给予的有限许可；家庭需要；经济需要试验；垄断；外国股份限制为 49% |
| 自然人作为供应者的移动 | 1<br>(3%) | 1<br>(3%) | 2<br>(7%) | 1<br>(4%) | 3<br>(10%) | 6<br>(20%) | 7<br>(23%) | 8<br>(29%) | 许可；通过当地代表经营 |

①表 4 所示为按照《服贸总协定》的四种供应形式在环境服务方面的每一个分部门作出关于市场准入(前四栏)和国家待遇(后四栏)的承诺的国家数目。

经济手段提供了鼓励减少污染的措施或环境投资的资金来源，从而补充了管理手段。一些国家正在加强利用这种手段，推行新办法，使现行办法更有效，从而促使污染者的行为发生真正变化。

## (一)环境税

《联合国气候变化框架公约》要求减少各国二氧化碳排放量，所以签署国将长期鼓励节约能源。目前，一些国家已经出现用环境税部分取代收入税的做法。这种课税反过来会对制造业者施加压力，迫使它们改变生产和分销过程，从而减少他们对自然的破坏。瑞典自 1991 年起征收碳税，每吨碳约为 150 美元，这使石油、煤、天然气和汽油都受到影响。挪威的碳税约为每吨碳 120 美元。经合组织国家征收 0.2% 的矿物燃料消费税，估计每年可得税款 8.33 亿美元左右。如果一半用于抵付最有前途的发电技术(风力、太阳能、光电和生物物质能源)的费用，这些能源可在 10 年左右完全实现商业化。

## (二)生命周期和扩大制造商责任

生命周期综合办法强调生产和消费是一种多阶段程序，每一阶段都会造成某种形式的环境恶化。因此应将每一阶段都视为整个相关程序的组成部分，在一个阶段所做的改变会对另一个阶段产生影响。例如，规定制造商对产品生命周期结束后的处置问题的某些方面承担责任，可能会影响产品的设计和包装材料，从而将避免制造废物的因素纳入制造程序。生命周期分析的发展正在推动设法更有效地生产、限制使用原材料、水和能源的任务。许多大型企业使用生命周期评估方法来确定其生产程序、产品的环境影响和负担更多的责任。

这些有关的趋势鼓励人们关心“密闭式”工业流程和消费循环(材料和废品最大程度的回收利用),关心“重量轻”或“不使用材料”的产品以便减少后消费者阶段的废品量,关心改变产品构成以避免使用有害环境或人类健康的物质,从而有利于将产品打入需要接受环境和健康严密检查的国家。

扩大生产者责任。扩大生产者责任的目的是要推动将产品生命周期中的相关环境成本与产品的市场价格相结合。扩大生产者责任改变了以往制造商只对生产过程中产生的三废的负责,而把最后处理的职责推给市政当局的做法,因此可以说,扩大生产者责任是污染者付费原则的一个重大扩展。

扩大生产者责任的政策已从发达国家扩大到一些发展中国家。执行的两个主要基础是管理或谈判(自愿协议)。最单纯的扩大生产者责任取向只是设法影响进入废物流程中的废料数量,例如,对清除的产品征收差别税。其他的取向涉及产品回收与再利用和/或再循环。

## (三)可交易排放许可证

作为基于市场的一种经济手段,可交易的排放许可证要求规定全面的排放量限额并以国家排放总数为重点,1997年《气候公约》柏林授权特设小组进行谈判的提案规定,给每一附件一缔约方分配“排放预算”(即在若干年内可排放的温室气体总数)。随后,参与国可交换或储蓄经证实的超额排放许可/限额,确保它们拥有足够的排放配额。温室气体排放者将受到鼓励,使减少排放的成本低于排放许可价格的极限和对技术发展进行投资,以便在将来减少排放更便宜。排放许可买卖、储蓄和借贷被认为在履行守约义务方面给排放来源提供了灵活性。使用可交易的排放许可证作为一种手段来控制全球变暖的想法特别是在联合国贸发会议公布了对可交易的碳排放权利的全球制度进行的一项研究之后,获得了广泛接受。

该项研究认为,可交易的排放许可证不仅仅是控制 $CO_2$ 排放量的有效手段,而且还是向发展中国家和转型期国家转移财政资源,从而使它们能够参与减少温室气体排放的全球努力的有效机制。可交易的许可证还被作为国际技术转让的有效工具加以引用。根据美国到2000年将 $CO_2$ 排放量减少到1980年一半水平的新近经验,可交易的许可证证明是以低成本控制排放量的有效机制。

## (四)生态标签

为了对消费者对国内外市场的期望作出反应,企业开始将环境考虑纳入商业做法,以便获得“绿色”形象和有关的市场优势(高价、增加市场份额、作为供应者更受欢迎)。这种趋势导致出现了众所周知的“生态标签”现象。生态标签是一种用来提高公众环境意识、指导消费者购买选择,从而激发生产者供应对环境有利产品的有用工具。

根据联合国的报告,到1996年,全世界采用了30余种生态标签计划,其中历史最久的是德国的蓝天使计划,将近80种产品类别的4 000多种产品已加上了标签。许多国家计划是在从生到死的基础上评价产品,考虑到产品生命周期的所有各阶段的影响。1994年3月设立全球生态标签网以制定可比较的原则和方法,然后形成逐渐一致的标准。但并未打算就国际共同标准达成协议。

关于生态标签对贸易的影响,联合国的报告认为,如果生态标签产品属于适合市场带有附加价格的高质量产品,可能对发展中国家的出口不构成重大障碍,因为它们仍能在价格和其他属性上进行竞争。但如果这些产品不断扩大,取得很大的市场份额(例如,北欧一直使用的一种生态标签,即“北欧天鹅”在不同种类的纸张市场占有率已达30%,而瑞典市场中加有此种标志的去污剂所占份额1995年6月时已达到80%),那么非标签产品可能被挤出市场;对出口国的影响将十分严重。然而,标签产品日益增加的需求对发展中国家也有两方面的积极影响:第一,为这些国家有利于环境的产品提供了扩大出口的机会;第二,有利于促进更无害环境的生产实践。

## (五)商业自律

商业和工业组织正在通过制定和执行越来越多的自愿行为守则和环境管理系统来作出反应,帮助各种公司在既不需要直接管制也不需要以市场为基础的法律文书的情况下达到环境标准。目前“商业自律”的趋势正在扩大:更多的工业已在实施环境原则、标准和行为准则。此一趋势显然已超出了化学工业等传统的污染部门。1995年11月有将近50家从事保险业的公司签署了《环境承诺声明》;诸如国际商会等促进可持续发展的可信赖的组织的成员越来越多。仅1995年内就有十个主要的包括柯达、Monsanto、P&G在内的大公司参加了世界可持续发展商业委员会;工业化国家对新的环境管理系统——其中最重要的是欧盟环境管理和审计条例(EMAS)及国际标准化组织的ISO 14000系列——的反应非常积极。这些计划也被认为是为了要重新实施有关执行管理责任政策的要件。它也是加入诸如欧洲化学工业理事会和国际商会等工业协会的条件;更多的社区正在实行社区认知和紧急反应方案。

## (六)ISO 14000标准

由国际标准化组织(ISO)制定的环境管理标准14000系列共有20多项标准。其中五项标准与环管系统相关。环管系统核心标准是ISO 14001,一项可予审计的环管系统规定,以及ISO 14004,一份环管系统指导文件。此外,还有三项审记标准:ISO 14010(总原则)、ISO 14011(环管系统的审计)、ISO 14012(环境审计员资格),这三项标准供内部和外部各方确定所需的环管系统各组成部分是否都已具备,是否在一组织内切实运转。这些环管系统标准已被作为国际标准。ISO 14001和ISO 14004于1996年公布,三项审计标准于1996年10月公布。ISO 14000系列还包括环境标记、环境绩效评估、生命周期评估标准以及相关的术语和定义。

ISO 14001是一项国际通用的环管系统标准,旨在适用于各个类型、各种规模的组织。应当实施的核心内容包括:环境政策、环境规划、执行与合作、定期检查和纠正、管理情况审查等。获得相关的国际认证不但可给投资者带来好处(如增强投资者信心、改善获取资本的状况、优惠保险费等),还可以节约成本,例如,原料和能源使用效率的提高可使投资成本下降,有利于对付潜在的贸易壁垒等。因此,亚洲和拉美许多国家很关心ISO 14001标准。对日本做的一项研究表明,1997年7月参照ISO 14001环管系统登记注册的有300多家公司,到年底这个数字就增加了1倍。韩国标准协会、马来西亚标准和工业研究所、新加坡生产力和标准局、香港生产力理事会和中国国家环保局都发起执行了环管系统试验方案。对巴西的研究表明,ISO 14001日益受到对环境敏感的部门的跨国公司分公司的重视。这说明,全球性公司往往觉得应当重视全球环境问题以显示其在经济和道德方面的领导地位。

**参考文献:**

[1]联合国《第三次外空会议报告》1998年。

[2]联合国《无害环境和高效能矿物能源技术》1998年2月。

[3]联合国《联合国系统各组织在淡水资源领域的活动》1998年。

[4]联合国《联合国环发会议以来所取得的全面进展——秘书长的报告》1997年。

[5]联合国《与土地[包括矿物]资源和水资源的空间规划有关的问题》1998年。

[6]联合国《可再生能源、特别强调生物物质:进展和政策》1996年4月。

[7]亚太经社会《与环境与可持续发展委员会工作相关的某些问题:煤炭能源的环境方面及其更为有效的利用》1997年。

[8]亚太经社会《环境与可持续发展委员会第四届会议报告》1997年11月。

[9]联合国《生物多样性公约》缔约国第三次会议的报告1997年。

[10]联合国,审查《气候变化框架公约》和缔约方第一届会议的决定的执行情况,1996年6月。

[11]联合国《开发计划署:国家合作框架及有关事项,第一个全球国家合作框架[1997~2000年]》1997年8月。

[12]联合国《审查改革的政策影响和非核心资源的筹措》1997年11月。

[13]联合国《1972~1992年环境状况》,1992年,内罗毕。

[14]联合国《环境规划署理事会第十九届会议工作报告》1997年。

[15]联合国《环境规划理事会第五届特别会议记录》1998年6月23日。

[16]联合国贸发会议《环境管理标准,尤其是ISO 14000系列:对发展中国家的贸易和投资影响》1997年8月。

[17]联合国贸发会议《促进可持久发展的积极措施,尤其要实现多边环境协定的目标》1997年8月。

[18]联合国贸发会议《加强发展中国家开发环境服务部门的能力》1998年5月。

[19]联合国贸发会议《通过所有服贸总协定供应模式扩大发展中国家特定服务部门出口的可能,同时考虑到其相互

关系,信息技术的作用和新的商业作法》1998年7月。

[20]联合国贸发会议《加强发展中国家开发环境服务部门的能力专家会议的报告》1998年8月。

[21]经合组织《全球环境货物与服务产业》1996年。

[22]经合组织《环境绩效评估——韩国》1997年。

[23]经合组织《环境绩效评估——日本》1997年。

[24]经合组织《经合组织国家的环境绩效》1996年。

[25]经合组织《全球化与环境》1997年。

[26]经合组织《环境税和绿色税改革》1997年。

[27]经合组织《经合组织国家对环境立法进行的改革》1997年。

# 附件:交给联合国秘书长保存的多边环境条约(目录)

1. 远距离越境空气污染公约。1979年11月13日缔结于日内瓦。
   - ·1979年远距离越境空气污染公约关于监测和评价欧洲空气污染物远距离传播合作方案长期供资问题的议定书。1984年9月28日缔结于日内瓦。
   - ·1979年远距离越境空气污染公约关于将硫磺排放量或其越境流量至少降低30%的议定书。1985年7月8日缔结于赫尔辛基。
   - ·1979年远距离越境空气污染公约关于控制氧化氮排放量或其越境流量的议定书。1988年10月31日缔结于索非亚。
   - ·1979年远距离越境空气污染公约关于控制挥发性有机化合物排放量或其越境流量的议定书。1991年11月18日缔结于日内瓦。
   - ·1979年远距离越境空气污染公约关于进一步减少硫磺排放量议定书。1994年6月14日缔结于奥斯陆。
   - ·1979年远距离越境空气污染公约关于重金属的议定书。1998年6月24日通过于(丹麦)奥尔胡斯。
   - ·1979年远距离越境空气污染公约关于持久性有机污染物的议定书。1998年6月24日通过于(丹麦)奥尔胡斯。
2. 保护臭氧层维也纳公约。1985年3月22日缔结于维也纳。
   - ·关于消耗臭氧层的物质的蒙特利尔议定书。1987年9月16日缔结于蒙特利尔。
   - ·对关于消耗臭氧层的物质的蒙特利尔议定书的修正案。1990年6月29日伦敦缔约方第二次会议通过。
   - ·对关于消耗臭氧层的物质的蒙特利尔议定书的修正案。1992年11月25日哥本哈根缔约方第四次会议通过。
   - ·对关于消耗臭氧层的物质的蒙特利尔议定书的修正案。1997年11月15日至17日蒙特利尔缔约方第九次会议通过。
3. 控制危险废物越境转移及其处置巴塞尔公约。1989年3月22日缔结于巴塞尔。
   - ·对1989年3月22日缔结于巴塞尔的《控制危险废物越境转移及其处置巴塞尔公约》的修正案。1995年9月22日日内瓦缔约方第三次会议通过。
4. 越境环境影响评估公约。1991年2月25日缔结于(芬兰)埃斯波。
5. 保护与使用越境水道和国际湖泊公约。1992年3月17日缔结于赫尔辛基。
6. 关于工业事故越境影响的公约。1992年3月17日缔结于赫尔辛基。
7. 联合国气候变化框架公约。1992年5月9日缔结于纽约。

·1992年5月9日缔结于纽约的《联合国气候变化框架公约》京都议定书。1997年12月11日通过于(日本)京都。

8. 生物多样性公约。1992年6月5日于里约热内卢开放供签署。

9. 养护波罗的海和北海小鲸类协定。1992年3月17日于纽约开放供签署。

10. 联合国关于在发生严重干旱和/或荒漠化的国家特别是在非洲防治荒漠化的公约。1994年10月14日于巴黎开放供签署。

11. 禁止非法买卖野生动植物合作执法行动卢萨卡协定。1994年9月8日卢萨卡部长级会议通过。

12. 国际水道非航行使用法公约。1997年5月21日联合国大会通过。

13. 在环境事项上获得信息以及公众参与决策和诉诸法律的公约。1998年6月25日通过于(丹麦)奥尔胡斯。

14. 关于某些危险化学品和农药在国际贸易中事先知情的同意程序的公约。1998年9月10日通过于荷兰鹿特丹。

(李跃进　提供)

## 附:部分国家污染减轻与治理开支国际比较

| 国　家 | 总开支占GDP% | 总投资占国家投资% | 政府研发预算占政府研发预算总额% |
|---|---|---|---|
| 澳大利亚 | 0.9 | 1.8 | 2.7 |
| 加拿大 | 1.1 | 2.7 | 4.4 |
| 德国 | 1.4① | 2.7① | 3.7 |
| 日本 | 1.6 | 3.4 | 0.6 |
| 韩国 | 1.7 | 2.4 | … |
| 波兰 | 1.1② | 6.5 | … |
| 美国 | 1.6 | 3.5 | 0.7 |
| 捷克共和国 | 2.0 | 4.6 | … |
| 法国 | 1.4 | 2.0 | 2.0 |
| 匈牙利 | 0.6② | 2.8 | … |
| 意大利 | 0.9 | 2.2 | 2.4 |
| 墨西哥 | 0.8 | … | 0.7 |
| 西班牙 | 0.8 | 2.0 | 2.2 |
| 英国 | 1.0 | 1.2 | 2.2 |
| 中国 | 0.59 | 1.78 | … |

注:①仅为前西德;②仅为投资

资料来源:经合组织统计数字,1999年版。中国国家图书馆李跃进提供。

# 第 四 篇

# 现代教育与世界科技

# 当前国际教育改革的若干动向和趋势

国家教育发展研究中心　周满生

## 各国政府首脑重视教育优先发展教育

在世界范围内,教育的发展与改革都是各国政治家高度关心的问题。为什么要重视发展教育?教育是提高民族素质的基础,教育对振兴社会经济发展的重要作用,教育要迎接知识经济的挑战等都为人们所熟知。但政治家对教育的高度重视,又体现了鲜明的时代特色。教育关系到千家万户的直接利益,在西方,教育历来是各派政治力量进行角逐的重要领域,"教育平等,教育民主化"是各国政治家喊得最响的口号。因此,为了巩固和提高其在民众中的信誉和地位,并考虑到在竞选过程中对选民作出的承诺,不同党派领导人上台后必然要重视教育,对教育进行改革。克林顿1997年连任后,在首次国情咨文中提出"本届政府首要任务,要使全体美国人受到世界上最好的教育。"为此,他对全美教育提出了三大任务:(1)要使全美8岁儿童学会读写,12岁少年联机上网受到多媒体网络化教育;(2)使全美18岁青年能上大学,普及大学二年教育;(3)促使美国每个公民能够学习,受到终身教育。为了实现三大任务,联邦政府连续几个财政年度增拨教育经费,并要求各州各地政府也要增拨教育费用。他还对全美教育发展和改革提出了10点行动计划和落实措施。德国总统赫尔佐克也是个高度重视教育的总统,多次发表讲话全面论述教育改革。他强调教育是德国在下世纪知识社会中立足之本,教育应成为德国全国的"主题"。除了在教育改革方向和内容上提出具体要求外,面对德国教育存在的问题,特别是人们对教育改革方案长期议而不决的不满,他强烈呼吁社会各界要重视教育,要把发展教育作为全民族的核心话题,通过全民讨论推动教改,打破党派之争造成的改革"堵塞"局面。加拿大总理克雷蒂安近年来多次就教育问题专门发表讲话,强调发展教育科技的意义。他指出,一支受过高等教育、掌握先进技术的劳动大军是加拿大在下世纪保持繁荣的惟一可靠保证。为此,加拿大政府必须从战略高度出发,制定长期规划,采取多种形式加大投资,加快发展高等教育,并推动其科技发展及产学研合作水平的提高。加拿大的公共教育经费占国民生产总值的百分比是7.3%,是世界上最高的。加拿大高等教育的毛入学率(按照教科文组织的统计,占102.9%)和每10万人口中的大学生人数也是世界上最高的。教育这样发达,离不开政府的高度重视。因此可以说,举国上下关注教育,政治家高度重视教育,是有鲜明的时代特点的。

## 适应时代变化的挑战对人才培养模式提出了新的要求

世界变化如此迅速,为了迎接21世纪的挑战,世界诸国,包括发达国家和发展中国家,都在对培养目标进行调整,在人才培养模式上进行深刻变革。力求培养具有更高素质的适应现代化社会需要的大批有创造力和开拓精神的人才。联合国教科文组织十年前在北京召开了一次级别很高的国际教育研讨会,会议的主题就是研讨教育如何面对21世纪的挑战。会议提出的总报告指出"过去,世界各国的教育制度从来都是一次次追随时代,而不愿开创时代;现在,教育必须导致而不是回答时代变化,必须在帮助开创更为可取的21世纪方面起主导作用。"这就是说,教育要克服惰性,减少滞后性,调整自己的方向使其更具活力。许多国家在对目前的教育制度进行检讨反思和对未来社会进行预测的基础上,得出具有共识性的结论是:未来社会要求的现代人必须是具有综合素质的全面发展的人。他们在价值观和学习观、思维和生活方式、知识和能力、体魄和心理等方面的素质应达到新的水平。正如"北京宣言"所呼吁的"归根到底,21世纪最成功的劳动者将是最全面发展的人,是对新思想和新的机遇开放的人"。

与上述思想对应,针对21世纪的需要,许多国家在调整培养目标。韩国前任总统金泳三1994年成立教育改革委员会,三年多来通过5次总统报告提出了四个教育改革方案。在韩国政府公布的《为创造新韩国教育改革的方向与课题》报告中,提出21世纪的韩国人要具备的四项素质:(1)具有很高的道德水准和共同意识的"与众共生存的人";(2)具有创造新知识、新技术能力的"智慧的人";(3)能够主导国际化、世界化时代的"开放的人";(4)懂得劳动价值,具有脚踏实地精神的"实干的人"。泰国1996年底发表《全球化时代的泰国教育:洞察学习社会》的报告,指出:"当务之急是,泰国必须根本改善其教育和培训体系,并以此作为国家发展的基础。这些教育不仅要教给人们一般技能和职业技能,而且要让他们有足够的学习技能和敏锐的思想;对学习的热爱和学会如何学习的技能。"包括韩国、泰国在内的各国在调整培养目标时,都把德育放在突出的地位。为了适应未来社会的需要,在强调打好科学文化基础的同时,各国培养目标都特别强调创造能力和思考能力的培养,强调培养具有综合知识结构的人,重视科学方法、态度和科学知识的实际运用。

由前任欧盟主席雅克·得洛尔担任主任的国际21世纪教育委员会,1996年向教科文组织提交的报告《教育——财富蕴藏其中》,从全球范围审视教育问题,针对时代发展,提出了对教育的要求和预测,试图回答21世纪遇到的挑战和教育应当遵循的发展模式。该报告提出的"四个学会"的思想,受到全世界的推崇。报告指出:为了实现人的全面发展,教育就必须围绕四种基本的学习过程来重新设计,重新组织:(1)学知,即掌握认识世界的工具;(2)学做,即学会在一定的环境中工作,学会应用所学知识,学会职业技能,以适应未来工作;(3)学会共同生活,以培养在人类活动中的参与和合作精神;(4)学会生存,以适应和改革自己的环境。他们共同构成了人一生中学习的四个教育支柱。四个学会的思想在人才培养目标和人才培养方式上同传统教育相比,有了质的变化。

## 基础教育更加重视提高教育质量

发达国家和发展中国家都面临着提高教育质量的任务,不过情况有所区别。扫盲和普及初等教育仍是大多数发展中国家优先考虑的目标。1993年12月,世界九个人口大国的首脑在印度首都新德里签署"德里宣言"并通过了实施宣言的《行动纲领》。九国领导人承诺在2000年前普及基础教育、大量扫除文盲和减少男女之间受教育的差距。九国人口的总和在1993年为29.68亿,占世界总人口的一半以上;九国的成人文盲数占世界成人文盲总人数的70%以上;九国未入小学的儿童人数在7000万左右;其辍学人数也占到世界辍学总人数的一半以上。国际普遍认为,除非这些国家取得进步,否则整个世界的教育不会有实质的进步。近些年来,由于这些发展中国家人口的激增给教育带来巨大的压力,经费拮据,文盲率居高不下,初等教育质量和效益差(这表现在高留级率和高辍学率,师资质量不高),九个人口大国中的多数国家,像印度、孟加拉、巴基斯坦、尼日利亚等等,全民教育进程并不乐观。能否兑现2000年的承诺是一件棘手的事情。1998年4月,由联合国教科文组织、开发计划署、儿童基金会、人口基金和世界银行联合举办的《全民教育国际咨询论坛》通过决议,要开展"2000年全民教育评估"。2000年全民教育评估是一项重要的全球性的行动,它的目的是使各国对1990年宗迪恩会议和1993年德里会议以来,为实现全民教育目标取得的进展做综合分析,修订国家行动方案,加速满足基本学习需要的进程。

对于更多的国家,包括发达国家来说,提高基础教育质量有着更深、更广阔的含义。如何改进课程,如何提高师资质量,如何加强德育等等,这些都是永久性的课题。就拿如何加强小学生的读、写、算(简称"3R")能力的培养来说,仍旧是基础教育尚需解决的一个重要任务。现在知识界探讨的一个重要问题是读、写、算能力不高的人,能否适应多媒体网络化现代化教学手段的需要?美国经过大量实验证明:读、写、算的能力是运用多媒体网络化的前提条件。美国出现的一个突出问题是孩子读、写、算能力不如一些国家，而美国的电子计算机、电视机、电话机联网的程度却最发达，多媒体网络化教学的成效受到很大限制。因此，克林顿政府提出在全美动员100万校外辅导员（主要是在校大学生），来帮助40%的8岁孩子过好阅读关，使每一个8岁的儿童能独立地阅读，每一个12岁的儿童能借助国际互联网更好地学习，要对全国8年级的学生分别进行阅读和数学方面的测试，扎扎实实地解决好读、写、算的教学质量问题。英国工党政府1997年5月发表政府“白皮书”，把提高教育质量和学生成绩做为重点，在1999年前再次修订中小学教学大纲，并于2000年9月投入使用，新的教学大纲将加入公民意识、道德、个人和公共卫生等教育内容。

## 职业技术教育从观念到实践都发生很大变化

多年来，国际上对职业教育的概念和内涵一直争执不休。传统的提法是职业教育（VE）或职业技术教育（VTE），教科文组织70年代以来一直用技术职业教育（TVE），国际劳工组织的提法是职业教育与培训（TVET）的概念。1999年4月在韩国首都汉城举办的第二届国际技术职业教育大会上，教科文组织在正式文件中首次使用了TVET的提法，这绝不仅仅是字眼上的变换问题。随着世界范围内新的技术革命的深入发展和信息产业的迅猛崛起，对从业人员素质的要求不断提高，传统的以农业、工商业、家政业为主要内容的职业教育课程发生了很大变化，“传统职业已经让位于那些要求有更多专业资格的服务性活动”，技术教育占据了越来越重要的位置。另一个重要原因是许多国家加强了教育、培训与就业部门的密切协调与合作。长期以来学校职业技术教育由教育部负责，职前就业培训、在职培训由劳工部门负责，教育和培训相互隔绝的状况有了明显改观。如澳大利亚制定了《通向未来的桥梁——澳大利亚1998～2003年的国家职业教育和培训战略》。这个战略着眼点在于加强教育界和企业界的合作伙伴关系，努力创造一种适应学生和就业者需求和为终身技能培训打基础的职业教育和培训体制。再如韩国，在各类学校进行的职业培训受教育部领导，职业教育中心则由劳工部监管，管理体制上虽各有侧重，但两个部共同工作，卓有成效，培养了大批技术精湛的劳动力。在世界范围内，联合国教科文组织与国际劳工组织加强了协调与合作，职前教育和就业培训、在职培训被视为将构成一个统一的连续的过程。

国际技术职业教育实践中一个突出变化是强调培养“创业”能力。“创业”能力也被译为“自我谋职”的能力。当前由于人口激增，就业压力越来越大。国际劳工组织1998年就业报告估计：在全世界30亿劳动力中，有25～30%的人未完全就业，约有1.4亿人失业。1998年底又有1 000万人加入到失业大军中来，主要是由于东亚经济危机致使大规模劳动力失业的结果。在这种环境下，劳动力的质量成为企业、职工和经济竞争力及适应性的决定性因素。教科文组织总干事马约尔在第二届国际技术职业教育大会开幕词中说：“近年来我们目睹了人口大量从农村流向城市的现象，尤其在发展中国家。这些移民通常生活在难以接受的贫穷条件下，伴随着高失业率和犯罪。在农业地区的技术和职业教育通过提供农业技术和自我谋职技能的培训能够减少这种移民，提高农业生产力和促进小企业的建立。”大会主要工作文件指出：为了适应21世纪新的挑战和变革中的需求，革新教育和培训过程必须包括创业能力，这种能力无论对工资形式就业还是自我谋职都同等重要。创取工资就业的岗位，创业教育就更显重要。在发展中国家和市场经济转轨国家，自我谋职为绝大多数青年经济独立提供了最大的潜力。技术职业教育的举办者及其社会合作伙伴需要共同努力，制定政策，使创业教育成为所有教育课程计划的组成部分，使毕业生获取较高的自我就业能力。国际劳工组织归纳提高就业能力所需要的核心知识、技能和态度时，其中一项重要内容就是创业和自我谋职技能，具体包括培养工作中的创业态度，培养创造性和革新能力，把握和创造机会的能力，对承担风险进行计算，懂得一些基本的企业经营概念，如生产力、成本和自我谋职的技能。

特别值得关注的是国际教育界非常强调市场机制运行下职业指导和咨询的作用。第二届国际技术职业教育大会通过的《建议书》指出：职业指导和咨询对于教育培训制度的所有对象都是极端重要的，特别需要加强。职业指导应该适应企业和家庭双方面的需要，对每个学生的要求和实际状况作出敏锐的反应。它的作用应该扩展到为学生和成年人因在失业期间或非正式部门就业可能频繁地变换职业做出准备。本届大会上国际教育和职业指导协会提交的《21世纪职业指导的战略》的报告认为，职业指导的作用有许多方面，包括判别个人的才能、优点和弱点、家庭的期望和国家的需要，对个人的教育和职业选择作出判断；根据入学要求和达到顺利结业选择适当的教育和培训科目和适当的学习领域；使学生理解什么样的工作适合于他和所需的资格，得到工作的方式，工作状况和报酬状况；传递有关本人、教育机会和工作岗位的信息；掌握有效的求职程序；培养求职适应能力，能够把握机会；克服自卑行为，培养自信心和学习生活技能；不怕挫折，敢于面对失去工作，能够对再次就业作出积极的反应等等。指导绝非仅仅提供信息，它是自我发展与学习、吸取求职经验、提供教育和劳动市场信息的综合。发展自信心是求职的前提。通过个人咨询、自我准备、就业发展课程、计算机辅助指导和网络指导系统来实现职业指导的目标。该协会建议各国政府采取如下措施：为职业指导课程和服务提供资金；开发职业指导教材和提供方法；为职业指导的咨询人员和教师开设培训和继续教育课程；进行研究和开发，创造新的更加综合与更好的开展教育和职业指导的方法；立法规定职业指导的目标、提供服务的范围和保证一定的资金投入；为完成学业的学生和所有的劳动力提供咨询和就业安置服务；立法授权有关当局搜集、整理和发布劳动力市场信息，这种信息有利于促进经济发展、技术和职业培训项目以及教育与职业指导。该协会还建议各国采取如下政策：为所有学生开设指导课程；个别咨询的专业性很强，必须由具有合格能力的专业人员来做，明确学校校长、教师和咨询人员在指导方面的职责。

## 进一步构建终身教育体系

终身教育理论被认为"可与哥白尼学说带来的革命相比。是教育史上最惊人的事件之一"。它首次提出于1965年在法国巴黎召开的第三届教科文组织成人教育会议上，法国教育部长保罗·朗格郎提出"终身教育"的建议。1972年联合国教科文组织国际发展委员会发表的报告《学会生存》将其系统化。它强调教育所包含的深刻意义决不只是人类在某一阶段的事，而是贯彻于人的一生，是不断地积累日益发展的知识的长期连续的过程。该报告倡导"每一个人必须终身继续不断地学习。终身教育是现代化社会的基石……。我们建议把终身教育作为发达国家和发展中国家在今后若干年制定教育政策的主导思想。"这种教育观念随后已为不同社会制度，不同发展水平的许多国家所接受，成为许多国家教育改革的重要指导方针并以立法形式加以明确。日本于1990年6月制定了《终身学习振兴法》，美国、韩国、英国等许多国家都制定了有关终身教育的法律。1998年3月，中国的台湾地区发表了《迈向学习社会》的白皮书。台湾当局认为，进入21世纪之后，台湾将成为发达国家社会的一员，面临着竞争力急待提高、国际化的冲击等一系列问题。建立学习社会，代替以学校教育为惟一学习渠道的教育体制，是未来社会的必然发展趋势。在这份白皮书中，台湾当局把推展终身教育，建立学习化社会视为一项全面性及前瞻性的教育改革及社会改造工程向全社会推出，并为此制订了具体、详细的行动方案。"白皮书"提出了8项目标，作为努力的方向：(1)鼓励追求新知；(2)促成学校转型；(3)鼓励民间参与；(4)整合学校内外的教育体制；(5)培养国际观及地球村知能；(6)激发学习型组织的潜能；(7)保障全民学习权；(8)认可全民学习成就。

终身教育思想提出以来，许多国家的教育体系发生重大变化，成人教育形成体系，规模扩大，与正规教育体系沟通；正规教育体系变得越来越开放、灵活，高等学校中部分时间制学生越来越多。像丹麦、挪威、瑞典等国，经常采用灵活的半工半读制度、远距离学习或"三明治"课程等学习方式，过半数学生首次进入大学的年龄超过22岁，20岁以下的首次入学者的比例不到20%，然而，这些国家青年受高等教育的年限并不低。现在，社会中普遍存在的多种形式的专业和职业技能培训计划，远距离教育，开放大学以及种种社区教育都是终身教育思想在传统教育形式——学校教育之外的范围广泛的教育实践。终身教育思想倡导灵活多样，克服死板划一，重视个性，强调学习者的主动学习。终身教育思想本身也在变化，由"终身教育"演变成"终身学习"。

1999年4月在韩国汉城举办的第二届国际技术和职业教育大会的主题为"终身教育和培训：通向未

来的桥梁”。出席大会的130多个国家的代表通过的决议认为,由于技术的高度发展,势必要出现这样一种趋势,即无论各国的发展状况如何,一个全民继续学习的模式将取代那种有选择的、占主导地位的并集中在较为有限的一段学习时间的学习模式。学习是一种训练,一种终身培训。全部挑战在于把以下思想变成现实:继续培训的思想,以及对个人进行终身培训的思想,使他们掌握对自己的知识提出质疑的能力。学校不再是获取知识的惟一场所,入学学习阶段也不再是惟一的培训时期。大会提议各国要改进提供终身教育和培训的系统,制定灵活的接受终身职业技术教育的政策,建立教育和培训衔接的体系。这些思想和建议受到各国的高度重视。

## 高等教育的新使命和多样化趋势

高等教育担负着培养高级专门人才、发展科技文化和促进社会进步三大基本任务。研究、革新、教学和培训以及继续教育是高等教育的基本职能。在21世纪带给教育的诸多机遇和挑战中,一个十分重要的机遇就是大学在社会发展中发挥的作用胜过以往任何时候。随着“知识”和“人才”成为社会经济发展的主要动力,被广泛地誉为人才摇篮和知识创新的发动机的大学无疑在21世纪的发展中将发挥空前重要的作用。大学要开拓新知识,要解决社会发展中遇到的问题,要走在知识发展的前沿。英国牛津大学校长鲁卡斯1998年5月在北京大学校庆100周年召开的大学校长论坛中说:“大学在改进与获取新技能方面,必须站在社会的中心。作为新知识的提供者和新技能的传授者,大学必须推动社会进程。”这段话很有代表性。

最近几年大学的另一项职能即国际合作的职能日益突出。《教育——财富蕴藏其中》提出“高等教育机构拥有利用国际化来填补‘知识空白’和丰富各国人们之间和各种文化之间对话的很大优势”。固然,“教育国际化”的提法有待商榷,但大学广泛参与竞争与合作,发挥沟通不同社会不同文化的桥梁作用却不容忽视。国际互联网,国际技术交流和商业全球化,都在影响着大学,也离不开大学。大学杰出的学术人员在世界范围内流动,学生的招收也日益跨出国界。国际大学到处都可以运作,到处也都遇到竞争。

1998年10月在巴黎召开了世界高等教育会议。会议文件认为,在世界范围内各种高等教育制度和各类院校共面临着三种主要趋势:量的增长;学校结构、课程及学习形式的多样化;财政困难。

高等教育的规模迅速扩大,教育资源需求总量不断上升,高教投资增长速度趋缓,需求与供给之间的矛盾加剧。近20年来,全世界在高校注册的学生人数增加了一倍多,从1970年的2 800万人增至目前的6 000万人。由于教育规模的不断扩大和教育水平的上升,教育技术手段的不断更新,使高教的投入大幅度增加。虽然教育仍是各国政府与社会关注的主要领域之一,但相对于国家安全、基础产业与高新技术产业的发展、就业、医疗保健等急需解决的问题来说,高教经费在国家公共开支中所能占据的比例,毕竟是有限的。发达国家每一所著名大学的校长,无不为筹集经费在疲于奔命。解决经费来源的渠道一要靠政府增加投资,二要靠发展私立教育,实行成本分担的政策。经合组织(OECD)国家平均政府支出的13%用于教育。从整体上看,将公私立资源都考虑在内,OECD国家教育支出占国内生产总值的5.9%。数据显示,教育投入在几乎所有OECD国家受到高度的重视,公共教育经费是社会支出的重点,即使其他公共领域投入较少。政府支出仍旧是教育资金的主要来源,OECD国家国内生产总值的4.7%直接用于公立学校的经费支出,国家对家庭和私立学校的公共补贴还要占GDP的0.08%,但私立教育经费来源也是教育投入的一个重要来源。平均来说,私立来源对教育的投入占OECD国家国内生产总值的1.2%。也就是说,私立教育经费来源约占各国教育经费总投入的20%。它可以给我们提供一个比较重要的参考依据。但各国差异很大,从瑞典的1.8%、土耳其的2.2%到德国的22.3%、日本的22.7%和美国的25.5%,韩国是一个例外,私立教育经费来源占全部教育经费来源的40.6%。OECD报告指出,许多国家、家庭、企业和私立部门对教育的贡献日益突出,尤其在高等教育阶段,财政机制起着制约入学的杠杆作用。当前值得注意的一种倾向是中央或地方政府转移部分公共经费给私立院校,如在比利时和荷兰,近半数或更多的公共教育经费从政府转移给私立大中小学校,共同出资办学。

高等教育的多样化趋势也非常明显。高等教育在机构、办学形式、课程、学生成分、经费来源等方面进一步多样化。目前,大学已不是惟一的高等教育机构。各国的高等教育系统,都在发生变化,很难对其作出明确的分类。针对传统高等学府脱离社会、周期长、不能适应劳动市场日益变化的要求、不能适应非正规学习学生的要求等弱点,越来越多的国家采取灵活多样的办学形式、授课制度和学籍管理制度。如建立注册视听生制度、校外生学位授予制度、跨校学习制度、非选拔升学制度,开办开放大学、无墙大学、通讯大学等等。近年来随着电子通讯网络的普及和远距离视像教育技术的日臻完善,没有校园,学生通过计算机互联网进行学习的所谓"虚拟大学"正在形成。1997年,美国马里兰大学管理和技术研究生院有70余名学生通过互联网络攻读硕士学位,杜克大学商学院攻读虚拟硕士学位课程的首批学生已经毕业。通过信息技术成果的广泛应用,各种非传统的、"非大学型的"高等教育机构和教育形态将呈日益增多的发展趋势。

# 教育与文明

弗拉基米尔·G·基涅列夫[①]

## 自古以来

如果我们试图展望未来,勾勒出马不停蹄地向我们奔来的21世纪的教育和文明的主要面貌,我们就会日益深刻地认识到,下一个千年期的开始远远不止是世界日历上那个用红色标出的日子。它激励我们去认识过去,重新理解生活的意义,决定未来的蓝图,以及团结协作(这在当前尤为重要),为生活在这个美丽星球上的所有人开创一个更美好的未来。

命运已经赋予我们投身于这个重要事件的特权,也给予我们决定21世纪世界面貌的重大责任。这两种观点使我们反思过去,重读记载了人类求知过程的巨著,在这些书本中,有些篇章记载了人类理性的辉煌胜利,有些篇章则叙述着种种悲剧。我相信,每个人都会为这样一种思想激动不已:数千年编年史的大部分篇章仍能使我们满怀兴趣地去探寻人们几千年来追求不到、因而愈加渴慕的真理这个过程中出现的重大发现与灾难。其中一部最古老的书籍为人类许下了这样的诺言:"了解真理,它会使你自由。"

人们在求知之路上最初几步已经引起了诸如信息的积累、选择、系统化和传播等值得注意的问题。洞穴的石壁、亚述人的陶制刻字板、埃及人的纸莎草纸手稿和希腊人的羊皮纸是传递信息的第一代媒介。通过绘画、楔形文字和字母,我们的祖先在这些媒介上记录下了他们对周围世界的认识,并试图把自己的经历传递给后人。然而许多世纪过去了,人类肩负着世世代代积累下的知识重担,开始考虑知识选择和系统化的必要性,对未来的科学设想出一个不甚稳固但却十分重要的轮廓。

众所周知,科学作为对于自然现象和社会法则的有目的的研究,源于古希腊人。正如英国学者约翰·

① 弗拉基米尔·G.基涅列夫(Vladimir G. Kinelev),俄罗斯人。俄罗斯联邦普通和职业教育部部长。1968年毕业于莫斯科N.E.鲍曼技术大学,1984年获技术学博士学位,1987年任理论力学系教授,是飞机发动机研究领域的杰出学者,俄罗斯教育科学学院院士。

贝尔纳(1901～1971)所断言,古希腊人最初的思维和行为方式恰恰存在于被我们称之为科学的思维模式的生活侧面之中。贝尔纳在此并非指普通的知识或科学技术,而是指把可证实的事实与源自感情和传统的观点区分开来的能力。这位学者写道,根据这种思维方式,可区分两个不同的方面:理性的与现实的,即以论据来证实一个论点的能力和对观察体验的依赖。

从那时以来,科学已走过了充满困难与矛盾的道路。但是古人的经验可以告诉我们什么呢?他们重要遗产中的哪些部分是我们决不能忘却的?最重要的是,他们经常参照自然,他们对普遍生活准则的信仰,他们从周围世界的有机统一出发、不断发展其自身的决心。在古人看来,科学与艺术在创造和建构的共同过程中是平等的伙伴。例如,印度教《犁俱吠陀》中的某些颂歌把世界秩序的数字联系明确地比喻为音乐;在毕达哥拉斯及其追随者的学说中,和谐的本原是科学与音乐。

然而,科学与艺术的统一并非是先辈认知活动的惟一特点。他们积极地利用知识来解决许多复杂的现实问题。克莱奥斯特拉特人在小亚细亚的艾达山上建造的观测台不仅仅用来观测达达尼尔海峡中复杂的海潮,它主要是为保护米利都人的商业安全。从维甘挖掘出的萨莫斯的赫拉神庙废墟是闻名遐迩的建筑工程学艺术创造先驱。草草地一瞥就足以向游人证实,神庙的建筑师和建造者们具有渊博的工程学知识和精确的数学比例感。伟大的俄罗斯女诗人M.茨韦塔耶娃用形象的比喻赞颂了这种对现代人的想象力构成挑战的和谐:

> 我们沉睡着,但越过层层石板,
> 我们看到一位天堂来客,身着落满花瓣的长袍。
> 啊,世界,你有待理解!
> 在睡眠中,一位吟游诗人发现了
> 星辰的律法和生命的准则。

知识的积累以及精神和智力生活的出现与发展明显地改变了伦理和习俗。很明显,无论是谁掌握了知识的奥秘,都会积聚起神奇的力量,从而用来"统治一切"。教育问题不再仅仅吸引哲学家和学者,政治家也开始对此发生兴趣。教育呈现出庞大的规模,学校和学院如雨后春笋般出现。

古人的智慧值得后人景仰。在我看来,古人与我们当代人同样清晰地意识到,在公民中进行高水准的培养与教育对一个国家的命运具有重大影响,因为培养和教育可以塑造人的性格:民主教育为民主制度服务,并能产生其结构秩序,而鼓吹寡头政治的教育则会产生出同样无情的鼓吹寡头政治的后裔。时间已经证实了亚里士多德这句名言中的智慧:"杰出的教育维护杰出的秩序。"

草草浏览一番古代的文明框架,我们看到了什么?它由杰出的建筑师和工程师建造;教育和科学中所有最重要的因素从远古流传下来,至今仍保留着重要性。

随后的启蒙运动时期和文艺复兴时期当然也作出了贡献。领先的荣誉当属意大利——文艺复兴的故乡。俄罗斯哲学家A.洛谢夫显然出于充足的理由指出,意大利人称自己为"文艺复兴民族",对于其他国家发生的类似事件却一无所知。然而,如果文艺复兴被理解为一种新的社会秩序的觉醒,以及在这种新的社会秩序下,重新理解教育、科学和信息所固有的巨大潜力,那么学者们或许有理由指出,其他"文艺复兴"在不同背景下几乎在所有历史时期都曾经发生过,尽管无一能超越意大利文艺复兴时期的文化。

无论如何,欧洲的第一批大学正是在意大利兴起的,搞学术研究的研究院和世界文化中心也在那里诞生。在这片灿烂的天空下,米开朗基罗和利奥纳多·达芬奇创造出不朽的作品。佛罗伦萨的统治者之一——洛伦佐·美第奇修建了欧洲第一座公共图书馆;威尼斯共和国通过了人类历史上第一部专利法。我们要感谢意大利的人文主义者,他们留下的"古代手稿如降自天堂的金雨"滋润了随后岁月的土壤。

印刷是信息革命下一个、或许是最重要的阶段。古代手稿卷册显然不可能为大众教育的发展奠定基础。印刷术的发明把普通教育机构提升到前所未有的高度。宗教改革家路德翻译了《圣经》,并且要求当权者开放德国所有城镇的学校,以便使年轻人接受启蒙教育。著名的捷克教育家夸美纽斯[①] 在其著作《教

---

① 本文中提及的夸美纽斯、亚里士多德、弗洛伊德、洪堡、洛克、奥尔特加－加塞特和卢梭等数位教育家都见于中文版《教育展望》杂志《世界著名教育思想家》系列(四卷本,中国对外翻译出版公司,1994年至1996年)。

学宏论》中表达了希望“把一切教给所有人”的愿望，即，他从理论上证实了教育中的民主、百科全书式的知识和职业特性的原理。这些理论为未来教育的“丰收”播下了宝贵的种子。多年之后，伟大的德尼·狄德罗才以这样睿智的话语赞颂书籍和教育：“人们一旦停止读书也就停止了思考。”

所有这一切都为一个新时代——启蒙运动时期——的到来作好了准备。首先，这个时代与欧洲思想和文化界的精英们联系在一起：洛克、孟德斯鸠、笛卡尔、帕斯卡尔、伏尔泰、狄德罗、卢梭，等等。我们可以继续在这个星座中认出伟大的名字，然而对当代科学界作出最重要贡献的是弗朗西斯·培根。他写下了多部杰出的著作，阐释了“伟大的科学复兴”的概念。在我看来，这个概念为未来的科学、技术和信息革命奠定了基础。

人类知识的伟大传奇包含了奇特的篇章，我希望首先列举的是那些融汇了人类思想和技术潜力的范例。当然，工具、器械和机器长期以来被人类用于完成实际工作。然而新的时代需要新的机器。人类充分认识到，仅凭人类智力资源来进行建筑、开展科学研究和从事商业贸易是何等困难。此外，作为“数据库”的人类智力资源也极不可靠。死亡会打破生命的进程，把许多有价值的发现贬入哈得斯的地狱，致使古代大师的种种秘密被轻易地无可挽救地丧失殆尽。代达罗斯和亚历山大城的英雄试图设计出与生物有同样功能的机器，帕斯卡尔的同时代人把他制造的计算器称为“帕斯卡尔指环”，莱布尼茨制成了可以进行加法和乘法运算的计算器；也许正是从这些时刻起，人类蹒跚地迈向了现代的计算机世界。未来人类活动的全部历史都与信息的选择、贮存和传播手段的发展密不可分。打字机、电话、电报、收音机、录音电话、电视机、计算机，以及现代的跨越大陆和太空的通讯手段的发明都是信息时代非凡成就的组成阶段。人们会产生这样的想法，所有人都接受了诺伯特·威纳的论点，亦即过真正的生活就意味着生活和获取确切的信息。

## 技术时代

然而信息在今天意味着什么呢？

这关系到与信息的接收、贮存、处理、传送和使用有关的众多领域的科学知识。

正如大多数学科一样，在信息学中，可以确定两个主要方向：理论信息学和应用信息学。从非常传统的意义上讲，这种区分方法也是合理的（因为这涉及到同一客体，即信息的研究与应用）。

根据信息学结构的现代概念，作为数学学科的理论信息学广泛应用了数学模拟方法来处理、传送和利用信息，从而为整个信息处理的巨大工程奠定了基础。

应用信息学提供了计算机化方法的众多选择，其中包括信息技术、网络、通讯和电信系统、视听系统、多媒体系统、程序软件和信息媒体。人们通常认为应用信息学包含了项目、程序和系统的培训、设计和管理方面的信息技术。

现代计算机化方法的发展已使其可以大胆地进入教育和科学领域。我们正是把建设一种使人们可以自主选择教育途径的开放式体系的实际可能性同教育的计算机化联系了起来。这表明在计算机的重要教学性质的基础上，通过更有效地在教育过程中组织学生的认知活动，在学习个人化的同时有计划地保持其整体性，能动地调整自动制定的教育课程，都将使获取知识的技术产生根本性的变化。

容纳了全球电信网络和智能计算机系统的电讯技术已经为教师和学生开辟了全新的机遇。这些系统和网络的联合现在为一种新的全球基础设施——信息圈——提供了基础。

要过高地估计计算机对几乎所有学科的进程所产生的影响是困难的。计算机不仅仅使获取某一学科较全面知识的可能性成倍增长，而且还提出了制定新的科学研究基本原理的要求。

20世纪末正在出现的信息技术的大规模发展及其对塑造人类的现在和未来的日益重要的作用，都促使我们在即将结束的这个世纪中去寻找相似的例子。回首过去，评估20世纪所取得的所有成就，我想大胆地强调一个主要问题，即阿尔伯特·爱因斯坦、西格蒙德·弗洛伊德和卡尔·马克思分别在物质世界、精神世界和社会中阐述了相对性概念。他们的伟大洞察力使得人类得以认识到，世界并不像它表面上看起来的那样，我们不能信任有关空间和时间、好与坏、法律和正义以及人类社会行为本质的经验主义观点。他们使人类重新认识到这样一个事实，概念和法则不仅仅反映出物质世界的客观现实,它们也反映社会。托马斯·霍布斯早在17世纪就曾指出:“国家的全部社会法律都必须遵守同力学和几何学相同的规则。”违反任何一条原理都将无可避免地造成灾难。不幸的是,过去的一年中就有数起这样的例子,这些基本真理被忽视,对自然、生物世界和人类自身造成无法补救的损害。

两个千年期的交点日益临近。我们不久将把20世纪留在身后,这个世纪为世界展示出一个前所未有的新文明的特性。人类在外层空间取得了突破,潜入了大洋深处,设计出复杂的机器,利用了热核能源并被其左右,学会了以前所未有的规模利用自然财富,但在治愈对自然造成的创伤上却不太成功。

在人类发展过程中的这段技术文化时期正发生些什么呢?据古生物学家估计,从生命在地球上开始进化直到人类出现以前的全部时间中,大约有500种动植物完全灭绝。但是今天,这个数字是大约200万。仅砍伐森林这一项每年就使4 000到6 000种生物灭绝。这个速度大致是人类出现前的自然灭绝率的1万倍。与此同时,这个星球正在迅速沦为所谓“技术群体”成员的“殖民地”。今天,每年大约有1 500到2 000万种机器、技术工具、装置和设备来扩充这个“群体”的范围。

## 走向全球模式

人类并未能良好地适应文明发展中的这个新时期。这种情况不是今天才发生的,早在20世纪三四十年代就已开始表现出来。当时,即将到来的能源、空间和信息方面的科技革命的大致轮廓已崭露头角。西班牙哲学家奥尔特加-加塞特在1930年就此撰文指出:“现在,灾祸会降临到那些无法跟上文明步伐的人们头上。一个发展的文明无异于一个痛苦的问题。成就越大,文明就越危险。”

从那时以来,大约60年过去了,这种观点已无数次地得到证实。我们的知识正在变成一个“潘多拉的盒子”,许多罪恶从中逃到世界上来。新的农业技术已经造成了不大量施用化学物质就无法维持的“绿色革命”。现代人需求的增长促成了一个巨大的消费行业,这只巨兽不停顿地吞食着一切。自然资源正在可怕地被消耗、挖空、捕获和破坏。能源工业已成为发达国家不可或缺的伙伴,而它造成的许多灾难足以成为一场全球范围的灭顶之灾。科学家精英们的不懈努力已无法从艾滋病、传染病、酗酒和吸毒中拯救世界。

这些都证明,公众情绪、教育理论和工业技术实践的现状绝对无法让人满意。事实上,社会使自己安于“一维”人的存在,这种人只受训从事单一职业,世界观狭隘而倾斜。由科学进步理论断然宣称的分化与社会化事实上正在把世界推向灾难的边缘。文化或生态运动的个人代表在阻止人们追求舒适生活方式的本能上往往无能为力。

在这种情况下,有关世界、人类与社会的整个知识体系必须经历一次痛苦的重新评估。我们必然要重返(虽然是在螺旋式发展的更高层面上)一种完整的知识、哲学和宇宙的统一秩序。换言之,要在自然科学和人文科学的有机统一的基础上重返教育的基础化。当务之急是把全部的知识、宗教信仰、文化和技术统一成为世界和人类都不会反对的整体。明智的作法是开始制定一个普遍适用于和谐世界的模式。人类必须科学地、直观地、从物质上领悟自身同周围世界的相互关系。各民族的文化、生态学、计算机、对各国的研究、对宗教、数学、物理学、生物学和其他科目的研究为一个学识广博的人构成了知识课程,他的行为目标和意义将是获取弗拉基米尔·韦尔纳斯基在其著作中描绘的“广博的知识”和“完整的世界”。这个过程必须给予优先考虑,免得为时太晚。

以往任何时候可能都不会像今天这样必须实际完成有关生态的三重任务——“生态培养”、“生态启蒙”、“生态教育”。这三者的各个部分都密切相关;它们构成了培养人们生态世界观的基础,这一世界观的认识基础是有必要保护维持人类生命必不可少的环境(即整个地球的生物圈)。

任何一个国家,无论其经济何等现代化与发达,都无法单独解决这些全球性问题。因而有必要统一使用全世界的经济、智力和精神潜力。

我认为,这些问题可归为两大类。第一类涉及到人类文明发展过程中的全球性问题,目前的特点就是在经济、生态、能源和信息领域中存在着众多严重的危机,以及近年来许多地区的种族和社会冲突急剧恶化。通过达成共识来成功地解决这些危机和冲突的可能性,今天在很大程度上,而将来会在更大的程度上,主要将取决于每个社会所取得的教育和文化水平。事实上,在20世纪末的今天,我们的文明从根本上依赖于教育体系所培养的个人素质这一点已相当明显。这在很大程度上是由于这样一个事实,即现代人的思考潜力确实已经相当巨大,它包含了闻所未闻的机遇和前所未有的危险。真正的获胜者将在很大程度上取决于教育、学校和大学。这是一次冒险,但其中也有希望。

然而另一组理由则指出了教育基础化的必要性。决定这些理由的是这样一个事实,世界在最近几十年中的发展一直对个人在教育中的优先地位施加越来越大的压力。根据现代的概念,塑造一个接受过宽泛教育的人需要集中众多相互关联的任务。首先,必须使人们掌握一种可以熟悉周围世界和生物圈以及整个世界问题的自然科学方法,以此来和谐人和自然之间的关系。人们应当理解自己在自然界的位置,在此基础上解决生态问题,并且在更广泛的范围内解决心智层的问题。第二,有必要从人是具有社会性的动物这一假设出发,实现和谐的社会化进程,一个人必须通过学习历史、法律、文化、经济和哲学从而被现存的文化环境所接纳。第三,现代人生活在一个信息极度饱和的环境中,因而教育系统面临的任务之一就是教会人们如何在这种情况下生存,并且利用它来继续进行自我教育。第四,也是最后一点,人的个性应与其自身相符,这就需要了解一定的心理学和生理学知识并熟悉文学和艺术。女诗人德沃尼尔克曾有力地表达了现代人的这个概念:

*琐碎的世俗牵挂本是虚无,*
*人人都悲哀地挑起这付重担,*
*然而到何处去寻得肩负最沉重负担的力量?*
*那是我们自身的重担。*

## 基础教育

因此,解决人类面临的全球性问题和满足个人重要需求的必要性使我们想到了基础教育。

下面这个问题似乎是切题的:"这种基础化的基础必须是什么?"显然是科学的基本原理和教育的基本原理。这些概念互有异同,它们的相互关系在历史上一直变化不定。起初,威廉·冯·洪堡在19世纪初叶规定了基础教育的概念,这种教育的主题必须是基础学科正好在当时的新领域内所揭示的基础知识。而且,人们认为教育必须直接纳入科研工作。在随后的100多年中,这种理想的教育模式在全球的一流大学内得以实现。然而理想模式和现实之间的裂痕最终还是日益明显了。日益增加的大量知识必须在教育学科中得到正确的构筑和反映,最终把基础教育变成了人类智力活动的重要的独立领域。

因此,为了确保教育的重要性和完整性,首先必须在基础学科自身中完成这些目标,因为科学在20世纪的区分已相当严重,从原本是一个统一学科中分化出来的不同领域的专家经常无法理解对方。近来,这一情况的确正在改变,综合学科和跨学科的发展趋势日益显著。然而,距离最终解决这个问题还有很远的路要走。因此,科学家和教育家们现在面临着一个紧迫的任务:确定每一门基础学科的核心内容,再揭示整个自然科学和全部人文科学的核心内容,最终为综合基础教育制定出基本原理。

所有人都承认,在教育基础化的基础上向新教育方法的转变是一项紧迫的任务。然而,如何完成这次转变则需要讨论和理解。

在我看来,这一转变决不能被归结为单纯地扩大每一门自然科学和人文科学的范围:对现行课程和教学大纲进行的分析表明,扩展的潜力已近枯竭。现在必须为教育制定性质全新的目标,为知识的选择和系统化制定新的准则,编制有关每一传统的自然学科和人文学科领域的基础教育课程,它们之间相互调整就会为个人和社会获取一种新的教育性质。

这个教育发展新阶段的主要任务之一就是克服历史上形成的文化各组成部分——自然科学和人文科学——的分离,通过两者之间的相互补充和探索完整的文明化文化的基础,这个任务才能完成。把一般的自然学科纳入人文主义教育,反过来也一样,把一般的人文学科纳入自然科学和技术教育,必须成为这一过程的主要因素。

把自然科学知识的要素纳入人文科学的问题由于其新颖性而尤其复杂。毋庸赘言,这不应该是有关不同自然学科的不完整的、过于简单的信息的大杂烩。与之相反,它应该包含关于数学和自然科学的完整概念的课程,这些课程注重培养学生养成理性思考的要素,形成适应人文主义者心态的现代科学世界观的思想。

我认为，这种新的教育模式反映出即将进入21世纪的人类文明的要求。一种基础广泛的综合性教育可以满足个人在其一生中各领域活动的变化需要，在此基础上，民主和自由市场可以进一步发展，个人与社会之间可以和谐共处，同时尊重自然。全社会都认可的一般教育标准的进步，在教育心理学原理中消除片面的看法，将会使社会获得必要的稳定，民族间取得充分的宽容，并使每个人的思想和行动都具有真正的自由。西塞罗那句睿智而意义深远的话最终将成为现实："当我们保留了独立思考的能力，当必要性不再迫使我们去保卫那些强加给我们和为我们指定的思想时，我们才真的自由了。"

根据近几十年的社会和经济环境，人们已经为一直存在于基础教育和职业培训之间的矛盾找到了一个新的解决方法。注重狭窄的职业领域反映出为个人提供社会保障的需要。然而今天的情况正在改变。只有接受过广泛的教育，能够迅速地重新调整其行动方向和内容以跟上技术或市场需求变化的人，才能得到真正的社会保障。为某一特定活动进行的狭隘的职业培训必须逐渐从教育体系中清除，转交给生产领域和其他职业活动。

还有必要注意这样一个事实，即正在经历发展过程的人类、社会、世界和文明越来越清晰地显示出它们最根本的也可以说是最基础的性质和特征。在这种情况下，重要的是要建立这样一种教育体制和结构，能够确认和跟随有关这些基础性质的最新的科学知识，并将其纳入学生的成长环境。因此，不必精通所有知识(因为现阶段的知识增长和革新速度快得已无法使人全盘吸收，无论其多么希望)，而要注重掌握最基本、稳定和持久的知识，在外部空间、人类和社会、人类文明和发生在其间的全球性根本过程等领域所呈现出的当代科学画面的基础中就可找到这些知识。

这个教育体系的具体规划也应该以这样一个事实来明确地表达出来：这一教育不仅要使学生具备知识，而且，考虑到知识在我们这个时代的持续而快速的更新，应激发学生不断独立吸收知识的愿望，学会自我教育的技巧和习惯，这是个人终其一生学习知识的独立而具有创造性的方法。教育应最终成为这样一种社会机构：它能为个人提供多种教育服务模式，使人们得以继续学习，保证大部分人都可以得到大学后教育和进修。为此目标，必须使教育规划结构多样化，使每个人都有可能构建最适合自身教育和职业能力的教育途径。不该忘记的是，学习过程必须给人带来对世界、对生命的意义和对自身在世界中的位置获得全新理解的快乐。C. M. 德·塔列朗的断言是正确的："想让每个人都通过所有教育阶段是十足的疯狂，也是某种残忍的善心。"由此得到的结论是，在20世纪末和21世纪初的重大问题中，关键是要找到一种教育体制和教育机构的相关组织结构，以保障从"终生受教育"原则转变为"所有人的终生教育"原则。

## 教育内容

最后，保障这种现代科学世界观的观点需要对一个最重要的问题进行改革：教育的内容及其结构。在教育过程中，优先权应给予科学知识、教育手段、教育技术和方法、学科以及课程，它们可以反映出科学地综合和区分这一矛盾过程中的基本原理，利用从边缘学科中崛起的控制论、协作论和其他知识领域的成就，使人们可以达到系统学习现实的高度，观察并且利用现象和过程的自我组织、自我发展机制。

最优先考虑的应该是学科和跨学科课程，它们包含了为形成普通文化和职业文化提供基础的最基本的知识，以及对新的职业和专业的快速适应，这些都是应用研究和开发得以获得广泛发展的理论基础。因此，这种知识首先必须可以对现实世界及人类在其中的位置形成一种广泛、完整和百科全书式的观点；其次，它应克服各科目的分化和孤立。在18世纪，这种分化与孤立一度曾经是正常的，并且具有进步性，因为它使得人们可以掌握那时业已形成、但却彼此独立、相互间没有密切联系和渗透的学科的基本知识。现在，这种孤立已经成为一个更加难以逾越的障碍，阻止人们形成一种完整的科学的世界观和学习融合了人文科学与自然科学的文化的基本原理。

采纳跨学科教育课程和知识将使这种分化得到克服，在教育过程和科研领域的共同的创造性工作中联合自然、技术、人文学科的典型，使它们积极参与促使学生对现代世界上发生的现象与过程形成一个完整观点的工作。这些学科的联合产生了综合的知识，开辟了一条途径，使人们得以掌握一个共同形成的自然科学与人文科学原理融会贯通的人类文化的基本原理,都将使我们受益。

在20世纪末,使世界形成"地球村"的趋势,使世界各国从对抗、"热战"、"冷战"和紧张局势转向在许多全球、地区和民族事务上进行和解与合作的趋势正在日益显现。

国际社会的这些重要变化正在为全球教育界从各国疏远和自我孤立向相互影响与合作不断进步提供基础,也推动了迈向综合体的进程,考虑到了由各国的需要、利益和目标所决定的民族特性。

因此,需要我们共同努力,制定并实施职业教育规划,扩大学术交流,创建国家和地区的能够同全球数据库和知识资源建立联系的科学和教育方法信息库,并为这些信息库提供方便其进入全球电信网络的技术。

现代社会的发展还产生了另一个值得注意的极为重要的社会问题。社会进入后工业时代,受过教育且具有高度文化修养的个人的地位和作用大幅度提高,这种人在生产和非生产领域内都具有创造性。这一现象是由这样一个事实引发的:人类在20和21世纪之交拥有先进的技术,这些技术的高度生产性使用,更不用说它们的发明和完善,只有在拥有经过适当培训的技术精湛的工人的情况下才有可能。

因此,人们在今天尤为重视个人,重视其文化和教育,发展其创造性和技术,提供适当的环境,使生产和非生产领域民主化,使人类的整个生活方式文明化。在这种情况下,遵照人文主义和人道主义原则进行的现代教育发展正在成为其最重要的特征。

## 21世纪的教育

在即将迈进21世纪时,我们试图阐明将决定未来千年期内教育的主要特点。

21世纪的教育应是对所有人的教育。随着我们的文明不断前进,没有受过教育的人将失去使他们获得有尊严的生活的条件。因此,侵犯别人受教育的权力,包括无法让人满意的教育质量,都会导致个人的智力和文化的退化,这与平稳的发展是不相符的。

21世纪的教育应把伦理学作为其核心内容。这不仅仅需要教育未来几代人具有和平、相互理解和宽容的精神。在我看来,环境教育也同样紧迫,在广泛的范围内,应培养每个人的全球道德准则和全球责任意识,作为一种新的人文主义、一个新的统一完整的世界的基本标准。

人们呼吁21世纪的教育应具有创造性和革新性。在一个变化已不仅仅是科学技术进步的特征,也已成为大多数人生活方式的特点的世界上,学校和大学责无旁贷要把早期积累下的知识传递给下一代,并且为他们准备好解决个人和社会前所未遇的问题的方法。

21世纪的教育应建立在经过科学证实的知识之上。这是塑造能够掌握知识、进行理论和批判性思考的个人的独特条件。在科学臣服于意识形态、善于操纵的教学技术和狭隘实用主义的教育体系中,个人有可能被扭曲变形,成为一个有实际技术而无思考能力、因而不负责任的盲目的公务员。

最后,21世纪的教育应具备多种形式,满足人们的文化与种族多样性,满足社会、职业和宗教团体的全面要求,以及个人的精神需求。

在信息如滚雪球般大量增长的情况下,知识选择和系统化的原则极为重要。为此,我们必须寻找综合信息的新方法,也许要再次凭借百科全书式知识的伟大构想。这些问题的答案不可能是简单而明确的。讨论和理解这些问题都需要时间。

在21世纪的国际合作领域中,我希望价值紧迫性可以同创造共同教育空间的工作联系起来,C.M.德·塔列朗在近两个世纪前曾公正地断言:"事实上,教育是一种特殊的权力,任何人都无法决定其影响范围,甚至国家也无法对其加以限制:教育的影响范围是巨大的、无限的……"

今天,这种特殊的权力正在向世界展示其"国家"组织的大量例子,势不两立的冲突和狂热的情绪不能靠武力来平息,而要依靠智慧的力量。

**注释:**

①本文原载《教育展望》中文版1998年第3期(总字第55期)。本年鉴编辑部略经编辑加工。

②本文中提及的夸美纽斯、亚里士多德、弗洛伊德、洪堡、洛克、奥尔特加-加塞特和卢梭等数位教育家都见于中文版《教育展望》杂志《世界著名教育思想家》系列(4卷本,中国对外翻译出版公司,1994～1996年)。

# 部分国家教育部长谈教育改革

为了迎接21世纪知识经济时代的挑战，许多国家都在推行教育改革。这里摘选几个国家教育部的资深政府官员(现任或最近离任的部长或副部长)的文章，在这些文章里，谈到了他们任职期间的工作重点及这些重点的界定方法，与各教育变革部门(工会、政党、科研人员、信息媒体等)的关系以及他们取得的经验教训，从中可以看出当前国外教育改革的一些趋势及动态。从这些文章里我们还可以看出发达国家和发展中国家教育改革的优先事项不同。发展中国家的优先事项是实现基础教育普遍入学的目标，日益增多教育机会，减少留级和辍学情况。发达国家的优先事项是在教育与劳动力市场要求之间建立更密切的联系，使教育的提供方式适应现在终生变化的需要以及公民教育。此外，这两类国家都十分强调更新教学方法，推翻过时的课程和官僚管理方式。①

另外，还摘选了一个国家向第45届国际教育会议提交的国家报告(1996年，于日内瓦)，从中也可以看出教育发展的一些趋势和特点。

**本年鉴编辑部**

## 埃及：教育改革的对策②

据H·G·韦尔斯所说，在教育和灾难之间，正在进行一场竞赛。承担教育的责任确实是巨大的风险和重负。它需要希望和信念、目标和决心、艰巨的规划和有效的实施、支持和资源。

作为一项人类活动，教育是一个多元过程，也是整个社会特别乐于讨论的问题。在埃及如同在世界各国一样，正在进行一场大辩论，关于教育所涉及的对象，提供教育的方式，就应给教育多少公共和私人资金，如何把现代性与真实性结合起来，在不削弱传统的情况下应进行改革的幅度有多大。

在这场辩论的混乱之中，存在着一致的意见：教育能够且应该干出一些成就以赢得这场竞赛，避免灾难。为了做到这点，就必须进行变革。

### 变革的途径

艾德里安·弗斯普尔在研究教育变革的途径时，提出了四项改革对策，亦即：

**渐进的改革** 这个对策旨在实施许多连续的变革，每一次变革本身相当适中，经过一段时间累积效果就带来了相当大的变革。

**增量扩展** 这个对策适合于在越来越多的学校中实施有抱负的改革。

**各别的变革** 这指在数量有限的学校中实施

① 胡安·卡洛斯·特德斯科：《从决策者的角度看教育改革》，《教育展望》中文版，1998年第4期。

② 本节摘自《教育展望》中文版，1998年第4期。作者：艾哈迈德·法特希·苏鲁尔，1986～1990年任埃及教育部长。

一个适中的项目,但不包括更广泛的政策或总目标。

**长期的导向** 在实施这个对策的试验阶段就已看出,这是一个庞大的综合变革项目,将卓有成效、大有希望,但并未设法动用更广泛的应用所需的支持和资金。

尽管我们的对策和这四项中的任何一项不完全一样,但它符合那些范畴之一或超出它的范围。在我任教育部长时,我所采用的对策可谓是"高可靠性/高革新性对策。"它适合在激进革新的连续冲击波中实施有抱负而全面的变革。

在系统分析方法之后,我们的对策的首要步骤是诊断与教育体制相关的问题和障碍。通过国家和地方的会议、委员会和杂志及会议论文集发表的研究论文,已发现这个教育体制有许多弊病,其中最严重的是:

·缺乏明确的宗旨和全国统一的体制;

·不适应社会与市场的需要;

·课程不足,教师备课水平低,特别是小学教师;

·实现宪法规定全体儿童接受一到九年制基础教育的权利有障碍;

·校舍短缺;

·许多现存的校舍不足,设备匮乏;

·退学和低水平的基础教育产生了大量的文盲。

## 实施改革中的优先事项

在界定改革应优先考虑的事项之前,我们必须把它们置于指导我们工作的可接受且可靠的原则之上,并且将它们作为战略观点的基础。咨询了顾问委员会、资深顾问,并参考了教育文件中可采用的国际和本国经验之后,我们采纳如下的工作指导方针:

·教育是一项国家的事业,所有部门均应对教育的发展作出贡献;

·不同观点和思想的民主竞争、辩论和相互获益的交流是作出均衡决策的最佳途径;

·教育改革是一个综合系统,其中各个分支均须按照整体形势进行"前馈"和反馈;

·改革应保持一致并支持国家的经济,而非父母的负担,因此,在界定优先事项时,绝大多数人——而非只是象牙塔里的批评家们——的利益是应予以考虑的主要因素;

·教育改革应顺应研究人员、实地工作人员的直接建议和全球趋势;

·教师是任何教育改革的成功与可持续性的最有影响力的媒介;

·机构,而非个人,就切实可行的改革作出关键和可持续的决策;

·教育的实施和效果应符合市场对合格人才的需求。

## 一次全国性会议

我们召开了一次全国性会议以加速制订一个综合的策略。这个会议由埃及总统主持。社会各部门都有代表出席,其中包括各政党领袖、教育部前部长们、教师组织、高等院校最高委员会及教育部和师范院校的领导。先前的会议提出的建议、特邀撰稿和投稿都被提交给与会者。这次会议结束时以《埃及教育改革之对策》为题发表了本次会议提出的具体建议。

根据会议建议的对策制定了一个五年计划。这个计划着重于:(a)对策的总体框架;(b)教育部方案的实施;(c)高等教育方案的实施。

关于大学前教育,具体制定了如下几项优先考虑的问题:

教育的民主化;普通教育的现代化;扩大并更新技术/职业教育;提高教师的职前和在职能力培养。

对每一项优先考虑的问题又规定了具体的任务。

### 教育的民主化

给民主化以优先地位的详细规定如下:

·埃及所有年满六岁的儿童应进入初级义务学校,必须在那里一直接受基础教育直至预备阶段(初级中学)结束。那些不能继续在"普通"预备学校中学习常规课程的学生应接受职业教育;

·提供全体儿童所需的校舍,减轻课堂的过分拥挤;

·减少儿童每天在校时间3小时的二部制;

·使成人文盲受到教育,确保成绩不好和无积极性的儿童有正确而适当的抉择,防止辍学,从而扫除文盲;

·在常规的课程之外,坚决反对私人辅导但鼓励办补习班；

·寻求更多的资源以资助教育。

### 普通教育的现代化

·扩大四至六岁儿童上幼儿园的机会；

·建立新机构，配备能更新教科书内容、为学生编出有吸引力的教科书的合格的课程编制工作人员；

·在学校内普及计算机知识；

·改进评价学生的方式；

·加强中等教育普通合格证(GCS)的作用；

·交替使用初级阶段以上的教育形式。

### 中专教育

·更新中专教育专业；

·增加五年制中专学校的数量，增加新的技术专业；

·把中专教育与工业、农业和商业的有关产企业单位联系起来；

·根据国家大学生过剩的情况，为了保持学生从基础教育向中等教育的流动平衡，引导他们接受工业教育。

### 师范职业培训

·改进各个阶段的教师培训工作，尤其是小学和幼儿园教师的培训工作；

·提高在职培训的标准，并把教师晋级与那些经过进一步培训和取得职业进步的人挂上钩。

## 分　析

优先发展的事情通常由吸收了各方建议的特别委员会来规划。这些事项作为建议呈递给大学前教育的最高委员会，它支持并签署那些可能对普通公民需要有即时和实际效果的建议，那些支持机会均等的思想以及使学生进入到适当的可替代的教育形式中的建议。

## 与各种社会参与者的关系

我任部长期间，在一系列激烈的变革和重大的革新发生之中，有诸多相互作用、问题和冲突。相互影响存在于教育领域的各个部门，并且十分强烈。我必须提请人们注意，说服别人，征求各方的意见，筹集资金，要求捐赠以建立并装备学校，与国际间的和外国代理人谈判以获得奖学金和技术支持等等。与此同时，还有预算、招聘专科教师和课外活动问题，我还首次尝试在我们的学校中普及计算机知识。我应当承认，使教育不仅成为每个部门、而且成为每个公民的事业，一直就是我感兴趣的事。因此，我总是乐意知道支持或批评这个对策的评论。新的政策与许多人产生了冲突，比如那些惯于从过去的特权中获益的人们，特别是私人教科书出版商和语言学校。新政策也反对主观地评估学生的课堂作业，家庭个别指导，作弊，为进入高等院校而控制与埃及GCS证书竞争的外国合格证等错误作法，更不用说不公开的课程与压力集团了。

那时，传媒对教育的报道量多达四卷，包括1 307篇有关我的教育方针的新闻评论，其中有访谈录、评论、批评、法律条例、命令、控诉——也有表扬。最有争议的议题是关于五三制替代六三制的基础阶段重组。起初，这个建议来自人民议会，我把它接受下来并加以实施，作为解决仅有40张课桌的几个教室要容纳120名儿童每日上三节课的糟糕局面的一种方式。这种改动伴随着教学时数和教学周数从每年25周增加到32周的逐步增长，从而有时间完成小学阶段前六年所规定的相同教学大纲。在颁布这个修正案之前，曾就这个议题与教师协会、师范学校校长、高等院校最高委员会、国家研究中心、各政党代表和执政党教育委员会进行了讨论。大多数人都赞同这个条例，认为它是保证所有六岁儿童入学并避免辍学的有效解决办法，并由此堵住了文盲的主要根源。

令人瞩目的是——但可能并不是令人吃惊的——在我任职期间，一些似乎支持这个条例的顾问和委员会成员们在我离任之后改变了观点并反过来攻击这个条例。

我经过反复思考作出的政策是，教育研究中心应起到教育部"智囊团"的作用。因此，我一向把自己的建议送交这个中心去讨论，从而得到一种事前信息。如果这个建议已付诸实施，我就会再要求中心向我提供可评估的信息，作为"反馈"。教育部的资深管理人员出席了在决议作出之前就吸收了改革建议的主要会议。我还组建了一个负责考试和评估的高级理事会。在这个机构中，人们充分讨论了埃及GCS考试科目，按照每张试卷的评分样本，理事会可以就每道试题的得分分配提出修改意见。主考部门的管理人员、出题者、资深媒体编辑、家长协会、教育工作者和高等院校资深人员都有代表参加这个理事会。我曾经被"反对"党邀请去回答一些有关改革的问题或咨询。他们是否接受我的理论根据，通常取决于他们的政治倾向。我还在部里创立了"人民服务办公室"。各种人员和人士，特别是议会成员，往往为与学校教育相关的公共事业来与之接触。

## 吸取的教训

作为一个为约1 300万学生和约75万教师服务并要处理数十项（人们可能说成数吨）尖锐问题的教育部长，我学到了许多东西。我们吸取的教训包括如下内容：

·没有什么比开展更多的教育更能改善教育了。

·单项改革不值得去做；这往往造成假象，起到一种安慰作用，而使实质问题进一步恶化。

·改革需要勇气、持之以恒、汗水和泪水。

·教师在任何改革实施中都是最重要的因素，条件是他们理解并吸收改革成果，并靠它树立起信心而且——最重要的是——从改革中获益。

·有一些人，不管他们的地位如何，总是点头称是——谄媚者。他们遵循最简便易行的方式惟其主人是从。这些人从一开始就被认为是、并在作决议的过程中被当作是不可依靠的人。

·在机构、课程、管理规则和条例上均需要稳定性。因此，改革应该制度化，而且任何变革都应试验几年，不管在任或将上任的部长的意见如何。这种稳定性对课程和教科书显得尤其重要。

·民主作风始于学校。要确保民主，就必须借助教/学环境和相互作用的环境，权威等级制度中的灵活性和在其广泛而有利的实践中进行的权力下放（权力下放并非意味着把权力从教育部简单地转移到地方教育委员会）。作出适当决定的自由和机会应更多地给予学校、校长、教师或学生会。这个任务应与责任协同起来。

·扫除文盲不是一件容易或简单的任务。它需要国家进行全面的、有益于社会经济发展的努力。当务之需应予以研究。个人的基本需求是谋生和保证自身的安全，若文盲者认为识字没有帮他们满足这些基本而实际的需求，所有这些努力将会步入歧途。

·任何有意义的改革都必须从偏僻且处于不利地位的地区开始，遵循基层的解决方法，从初等教育入手。

·中专教育对发展中国家很重要。它必须通过教育、工业、农业和商业各部门间的协作加以促进。

·对于坚持改革运动，奖赏和认同比惩罚要强得多。

最后，教育部长不应指望或预期全面的改革在其任职期间内得以实施。如果我们真诚地希望教育一定能取得与灾难竞争的胜利，我们就应当把改革视为一项持续的事业，一个长期发展过程。

# 俄罗斯联邦：教育的人本主义化①

## 我们目前的位置

俄罗斯联邦是一个在政治、经济与社会形势方面变化迅速的国家。这一事实也反映在它的教育政策上。不过，如果人们今天回过头去看看最近几十年的情况，就可以肯定地说，与当代环境相比，主要目标更为根深蒂固。主要目标是由要体现教育的人本主义性质，即要为每一个孩子提供自我实现的机会，要激发孩子们的创造能力和调查研究能力这一意图和欲望决定的。几百年来，正是这一问题鼓舞了著名的哲学家、心理学家和教师。今天，它依然是使人们能够

① 本节摘自《教育展望》中文版，1998年第4期。作者：弗拉基米尔·德米特里耶维奇·沙德里科夫，1996年以来任普通与职业教育部第一副部长。

决定该如何去处理各不相同的教育政策的标准。

我作为参与制定教育政策和面对变化无常的生活的一名心理学家，相当长一段时间以来已经完全相信，教育过程确定无疑地应当是个人的过程，应当针对每一个人。不仅考虑到各人智力发育水准的差异，而且必须信赖其具有独特水准的能力、智力和天分。重要的不是你或多或少有些才能，而是作为一个个体，每一个人都是有才能的。然而，在这里应当指出，正是这一质的差异却多半为人们所忽略。在社会上，以及在教师和教育家们提供的评估中，有关能力的问题长期以来——至今依然故我——主要是作为一个量的问题(有关某人的智力程度)来对待的。

## 不满的原因

改革动力的主要根源，在于人们对学校及其社会和政治目标都各有其不断增长而又深刻的不满情绪。社会各不同阶层把罪责归咎于教育体制的不同方面。绝大多数人关心的是，他们的孩子可能无力去应付中学义务教育的教学课程设置。教育当局奉行死板的中学义务教育政策，但在使课程设置多样化或使教材和资源材料选择多样化方面却几乎不曾有任何作为。另一部分人则对无视个人的能力与兴趣以及影响学生学习外语的种种制约因素，而对把学生与教学都一刀切的这种主导倾向不满。提供常规教育的现有学校无法满足任何人希望更深入地去钻研学科和课程的意愿。

教师们则对强加在教学过程中的那些死板的制约和限制，对缺少学术自由，迫不得已地以一种主观的、不恰当的方式去评判学习成绩的做法表示不满。由此产生了一种行为准则:“我们写‘及格’，但知道那是‘不及格’”。也就是说，即便成绩很差也必须采用一种肯定的评价方式。

学校具有了更多的社会功能，且往往成了家长在养育子女方面的替身。学校延长时间，使孩子们可以在课后继续留校:就餐，做家庭作业，并且在那里消磨闲暇时间。

我们要重申，不同社会阶层都表达了他们对学校的不满，但孩子们则是由于紧张和过重的学习负担，由于他们没有机会表现自己，由于他们不得不忍受那种对孩子们的兴趣毫不关心的官方教学方式，而感受了更重的压力和更大的不幸。

政界领导们不可能没有注意到社会各界对学校的不满。举例说，1984年，就作出过一项政治决议，在有关普通和初级职业教育如何调整的主要指导原则方面作了修改。新的指导原则允许对教育课程设置略作变动，允许在对学童进行职业培训时不用标准教科书。在关注教育机构变化情况及普通教育目标的前苏联共产党高层领导中也有斗争。斗争很是激烈，以致到了1986年，在苏共莫斯科市委会议期间有人曾企图阻止开办和发展为特殊科目设置更明细课程的那类学校，尤其是专事教授外语的学校。

教育政策中依然十分清晰地反映出社会平等的思想。

## 苏维埃学校及其后果

调整普通教育的基础是相应的科学研究与科学发展吗？尽管我们认识到前苏联教育科学院在发展教、学方法方面曾起过的重要作用，但我们仍应指出，在教育学基本原理方面几乎没有开展任何研究，而有关教育理论的研究也多半局限于对杰出教师的著述分析与阐释。有关资本主义国家教育制度经验的分析研究则带有政治主观性。

前苏联学校教育制度的优势与弊端明显地表现在它的正式定义中:一体化的与全民的、职业的、工艺培训的、普通的。

一体化意味着不论收入、性别、年龄与民族，人人机会均等。全民意味着尊重每一民族文化的完整性，同时，作为一种共有的价值，维护文化的多样与变异。一体化同时也意味着，由于在国内不同地区的不同学校讲授的是普通适用的教育内容，所以学生在国内可以流动。因此在各教育阶段都具有连贯一致性——一体化是该教育制度最根本的特征。一体化意味着爱国主义和忠诚于国家。然而，一体化也意味着:

·只有一种思想;

·人人全都一样，要为上述完整性而牺牲变异与差异;

·教师的学术自由是有限的，因为一体化力求同一教育标准。

尽管如此，正式发布的全民与一体化的学校理论仍强行安排了允许在其间存在多样性的种种拟变异性背景。在一体化与全民教育制度的框架内,为小学设置安排了三类理论概念(我们能在别处找到任何可与之相匹敌的现象么?),一体化学校教育制度引发了形形色色的数学教学观念;被称之为革新者的数千名教师得以达到了自己一心追求的目标;教育课程广泛囊括了诸如世界历史、世界地理与世界文学之类的科目。50%以上的课时用以学习世界文化。显然,与各国学校课程设置相比,这是一个非常重要的指标。完整性与多样性的对峙为许多教育问题提出了解决办法,而这些问题对欧洲、南美洲以及其他一些国家的学校来说至今依然是一项重大的挑战。

职业的则意味着,该学校制度的基础是对生产劳动,主要是指物质生产领域的生产劳动的价值观的理解。这就表明,学校鼓励普通职业技能,并在学生表示愿意(有时即便并不愿意)获得某些职业资格和职业时向学生们提供针对这类目标的就业前培训。

职业的同时也意味着参与和介入社会公益劳动。职业学校制度使人联想到的不仅是参与劳动,而且是一种新的教育方向。它意味着发展感觉与运动技能和非语言性智力,以及功能思维。这是向着造就有全面教养的个人迈出的一步。

学校制度的职业成分为实现个人能力提供了一次机遇。对大多数学童而言,这是自我实现的一次机会。

职业的同时也是一体化的。但在现行种种财政限制和以地区为基础的就业模式下,这往往意味着学校学生所不感兴趣的工作。

该学校制度中的这一职业成分在某种程度上夸大了脑力劳动和体力劳动间的对立,它表明的是劳动与艺术间的冲突,是对古代世界崇高准则的一种背离,因为古代世界把任何手艺或行业的技能都视同艺术:陶工、军械工人、雕刻家、建筑师抑或武士都可能同时也是一名艺术家。

职业学校意味着移植一种共产主义的劳动态度。

工艺培训学校表明的是一种让学生们熟悉基本职业与技术,给他们提供一种展望现代生产与制造前景的制度。它意味着一种具有健全、鲜明的职业轮廓的制度,能使学生们预见到他/她个人的教育轨迹与人生道路,并且从长远的观点来看,也能保证其幸福安康。

## 向个性化发展

应当明确指出,教育的经验与实践尚未解决目前普通教育在世界各地面临的众多问题。只要举出在平衡完整性与多样化、基本的一体化的内容与个人的选择、不同的课程设置与它们的相似性,以及在普通教育课程与职业教育课程间的相互关系诸方面所进行的尝试,应当说就足够了。诸如在教育中培养各民族间的理解与信任的问题、传统伦理道德准则的削弱与瓦解的问题、民族主义与种族主义的问题,使年轻人得以在一种宽容、民主、多语言与多文化的环境中生活的问题,都越来越迫切地需要得到关注。1997年6月在挪威克里斯蒂安桑召开欧洲国家教育部长例会期间就曾讨论过这些问题以及其他许多问题。

而这许许多多问题却已在苏联的学校制度中获得成功解决。就此而言,可以把职业和技术学校引为教育机构的范例,它们提供:职业资格与中等教育;以职业培训中心为基地的职业教育与普通教育;各民族间的理解与信任;平等的受教育机会与权利,等等。

以上所述很好地证明了,俄罗斯有独一无二的教育制度,那是多轨而又系统的制度,作为一种文明的现象,理应引起世界其他地区的兴趣。对这一制度进行任何调整,都必须深刻理解其精髓所在与基本特征。否则,任何改革都可能会产生始料未及的消极影响。

在我看来,诚如业已指出的那样,人们应当强调突出苏联时期学校政策中的那些主要矛盾:力求教育平等,而同时又意识到需要因材施教,并创造条件,使学生得以充分发挥其潜在能力。

为教育平等所作的这一努力导致了单一标准的教科书、普遍适用的教育课程的观念以及在许多情况下标准教育方法的产生。在这样一些既定环境中,所有研究人员的努力全都集中在挑选学校教育的内容及教学进程的技术开发上。前苏联教育科学院诸研究机构都忙于大量的实地调查研究,以便评估全国各地各级各类学校掌握教育内容的情况,并根据具体、个别的段落或主题把这些材料提供到教科书中去。人们会信心十足地告诉你说,对教育进程的这一极为深刻的教学开发能获得高分和高产。但没有任何办法能使个人能力的差异拉平。只能提高普通教育水平,在其范围内使个人的差异得以展露。当然,情况就是这样。在这样的环境中,教师不得不把注意力集中在学习成绩差的学生身上,因为有一种行政管理机制在对付较差的成绩:占主导地位的原则是"教师应当教学生"。人们常说的一句话是:"没有不合格的学生,只有不合格的教师"。

应当说,承诺让每一个人都达到课程设置的要求,造成了一种在课内无所不包的教学生的制度,但在课外却显示了缓慢的进步。它引起了人们对教材以及发表有先进教学法研究信息的各种教学法刊物的兴趣。富有革新精神的教学经验广为传播。为每一科目出版教材与教学法材料,包括教科书、教师指南与手册,以及其他补充材料、参考书、读物、数学问题丛书等等,曾是推动普通教育的一个主要突破点。

作为对有利于"中等学生"的全面调整教学进程的一种补偿,是向有较高天赋的孩子提供众多的课外课程,使这些孩子有可能脱颖而出。对这一态势的一种更为彻底的反应则是开办超前学习某些特定科目如数学、物理、化学等的学校与年级。在国内各主要大学(莫斯科大学、新西伯利亚大学、第比利斯大学,等等)为有天赋的孩子开办了许多寄宿学校。为有天赋的孩子专门开设学校的制度,主要是在教育内容、教学方法和团体工作方面为如何对这一类型的孩子进行教育积累了独一无二的经验。这一经验,毫无疑义,不仅对俄罗斯教育制度,而且对国际教育制度都富有价值和重要意义。它形成了一个从学校到国家一级前后连贯的特定科目的奥林匹克学校系统,帮助发现了一批有才华的年轻人。多年来,国家队在国际奥林匹克科目竞赛中获得高分仅是凸显了这些活动的效果罢了。

然而,上面提及的所有这些措施不管已经证明了是多么有效和多么正确,却无法抵消那种面向普及和一体化课程设置为基础的教学的总的趋势,尽管这类课程设置提供了高质量的普通中等教育。同时要强调指出的是,专科学校涉及的多半是数学、自然科学以及外语。极少有学校跟人文学科沾边。意识形态的压力与标准化在这里是最明显不过的。因此,这是教师与教育家发挥首创精神的包袱。

似乎要求采取更具决定性意义的措施。1986年,新一代教科书有了竞争对手。在自然科学与数学教学大纲中每一门课程都有望至少有三套新教科书供人们选择。可以预料,学校将背弃某一类标准教科书。同年,教学计划草案编纂就绪并在《教师报》上发表。该草案首次对选修课时作了设想。作者们在草拟这一教学计划时针对的是大学教学计划的编纂方法,这表明了相当程度的学术自由。

1989年,普通教育学校基础教学计划制订完成并推行开来,以便在学校一级真正地和广泛地开始拉开档次,并贯彻执行有关教育内容的地区性原则。

在激励教师创造性活动的公开的学术自由以及背离本地入学原则的同时,确确实实出现了教学进程真正个性化的时机。

在前苏联学校中朝着教学进程个性化方向发展所走的最后一步,影响了学生在每一教育阶段的最低成绩限度的基本要求的拟定活动,以及用以衡量学生在特定水准上的成绩的手段。这些活动的目的在于为教学的学术自由开创一个基础。教师可以在国家规定的教育方向下,自由选择教育方法。对学生的惟一要求是必须达到与规定标准相当的成绩。1990年末,这一使命业已完成,但我们已经没有时间把测试及基本要求的图表拿到学校中去实践了。俄罗斯的学校制度已在一个全新的社会与政治环境中开始了一种全新的生活。

对1984～1991年间教学进程的个性化思想发展情况的这一概述同时也应当指出,这些活动曾受过社会平等原则的很大影响。这一新型人本主义的表现是,人皆有能力达到自我实现,人皆有平等权利去追求自由发展。人本主义确认每一个人都有作为人的价值,而不去对社会中的人与人作比较。个性化并没有演变为个人主义。

## 走向多样化

就教育走向个性化而言,1991～1997年俄罗斯的这一学校发展时期表现出了与前苏联时期的前后一致性。不过,自从以学科为基础的方法让位于学科概述原则以来,我们就注意到了在教科书方面的巨大差异与可选择性。在高年级,教学变得更具选择性,也更自由了,这有助于社会多元性与文化多元性以及知识特性的发展形成。教育内容方面的地区性变动也变得更为清晰可辨了。高等教育机构已与特定学校相结合,且在教育课程设置的多样化方面变得更具影响力。

有关教科书购置的统计数据清楚地证明了教育内容的多样性(表1)。

表1 教科书采购

| 学年 | 种数/单位 | 总定货量(百万册) | 特种定货(千册/单位) |
|---|---|---|---|
| 1995/1996 | 200 | 146 | 730 |
| 1996/1997 | 282 | 160 | 567 |
| 1997/1998 | 739 | 141 | 191 |

诚如我们可以根据上表作出的判断,尽管年购置量保持相对稳定,但在三年间购置的新种类数量增长了两倍以上。不过,这一增长主要发生在1997/1998学年之间。这证明,教育倾向是渐进的、累积的,过去10年的成就只是到了现在才显山露水,引人注目起来。

带有特定课程设置的公立中学和高级中学日益增加,同样也表明了普通中等教育真正的多样化。公立中学从1991年的191所增加到1997年的594所,同期,高级中学也从283所增到952所。甚至在这里我们也可以寻觅到某些与昔日相连的痕迹,因为这些高级中学和公立中学大多是在带有特定和明细课程设置的现有学校的基础上开办起来的。

## 取得的经验教训

综观过去六年来教育发展的经验,我们明显地感到了一种希望推广基础计划和法律规定的需要。这是主要的,只有选择,今日业已露出头来的负面倾向才得以有所减弱。

首先,基础计划需要十分全面的理论发展。一方面,用教育重点代替课程有助于教育的多样化,但是另一方面,鉴于安排用于学习特定教育重点的课时有限,某些学生可能会把颇为众多的科目/课程(达十个或十个以上)纳入每一特定教育重点中,而又没有任何国民教育标准,就会产生使公共教育空间解体的巨大危险。学生的校际流动将受到威胁,与大学课程的连贯性也将受到限制。

决定教育的目标、价值和活动的那些相互关联的社会进程在这里应当是一种应予优先考虑的事情。涉及到如何将其贯彻执行的技术工作应被视为次要的任务,尽管其复杂程度可能毫不逊色。显然,决策应当建立在如下基础之上:社会上进行过讨论的主要思想;不仅是国内的,而且还要有国外教育制度的某一特定问题的背景知识;不同国家处理这一问题的经验;社会学和政治学研究;由参与决策的专家们进行的调查研究,以及社会知名人士的观点和意见。我们业已陈述过,任何问题都要求有一个系统的方法。人们在作出教育决策时可能会面对的一个主要挑战,就是对正在考虑中的问题缺乏全面翔实的资料和信息,对教育进行的社会调查不完整,缺乏全面翔实和合理的统计数据,还有就是要寻找在感兴趣的范围内进行扎实可靠的科学研究的专家与专业人士。

# 瑞士:在一个变化着的世界上,学校也在逐渐发生变化①

在瑞士,义务教育权归属于组成联邦的26个州,从而使瑞士的教育体制井然有序。不过,就职业培训及确认高级中学毕业证书而论,联邦拥有最后决定权。瑞士不是只有一个"教育部长",而是26个,每一位教育部长都在其各自的州拥有全权。为便于协调,他们全都是名为"联邦各州公共教育主管协商会议"的一个州际协调机构的成员。显然,随后各章不可能对正在各州进行的所有改革活动给以详尽的报道。不过,它确实描述了属于联邦权限范围内并且正在国家一级贯彻执行的各个项目,以及正在日内瓦州推行的改革。

① 本节摘自《教育展望》中文版,1998年第4期。作者:马蒂娜·不伦瑞克·格拉夫,瑞士人,负责公共教育的联邦院议员、联邦政府和日内瓦州政府委员。受过经济师教育。曾任部长助理,后为副部长。

## 一个明确的教育目标：培养自由和负责的公民

瑞士和日内瓦与其他许多地方一样，20世纪90年代初以来发生的经济和社会变革，已经促使那些教育负责人提出了有关教育体制的未来以及需要使之适应正在进行的和未来的变革的问题。

### 终身学习需要

一个事实已变得越来越清晰：教育与培训在个人生活中正在起着日益稳定增长的重要作用。人们能断定自己“业已受过终身培训”的时代已经过去。今天在忙于基础培训的大多数年轻人有朝一日很可能会改变他们的职业，甚至在职期间还可能改变好几次。仍然在同一职业岗位任职的那些人将会看到，职业变动十分迅速。说得更透彻些，人们将需要掌握本领，去把挣工资变成一种独立的活动，把工作持有者的身份变成工作创造者。

因此，就跟必须学会某件事情一样，善于学习也开始成为必不可少的事情了。革新与创造、适应能力以及对新知识的好奇与渴求，都是一笔资产，跟掌握语言或掌握数学一样重要。此外，学校也并非是获得知识的惟一地方。传媒以及新信息技术全都构成了其他的知识来源，可以为那些能够认识并掌握它们的人所得到。

### 基础教育的根本改革

所有这些因素都被看作是最近几年在瑞士和日内瓦州的教育系统中进行改革的理由。最引人注目的努力是在基础教育上。尽管如此，更进一步的职业教育、高等教育，以及更通常的情况是在职培训，正在一个学无止境的社会里成为极为宝贵的财富。

我们因此受到国家和每一个州两方面的敦促，要求在包括职业教育在内的各级教育中彻底改革基础教育。我们设法澄清了，是哪些基础知识构成了其他教育类型的基础，并设法在教育系统内部以及在某些技能概念（自治、协同能力、适应及综合能力，等等）的评估过程中统一了认识。

此外，在国家一级，由于更强调一般修养，强调在学校与工作环境间发展合作，改革职业教育体制以使之适应经济背景的变化也变得必不可少了。

### 现实情况与为克服学习成绩不合格而进行的努力

除了这些一般性观察资料之外，日内瓦公共教育部的社会学研究所（1996年该所已改名为教育研究所）完成的一项研究，由于其对小学教育的影响，而对全面改革作出了有力的贡献。根据这一研究报告，用以克服学校中不合格现象（每班有少数几个学生，作辅助教学安排）的资源有相当大一部分没有产生预期的结果。研究表明，在15年的观察全过程中，举凡教育成绩受到关注的地方，社会不平等现象不是减少了，相反倒是增加了。

该研究报告引起了教育界的热烈争论，使认识有所提高，最终导致小学教育更新方案的几大要点：学习过程中对学生的区别对待；采用学习循环制，以及在对学生进行接连不断的教育评估中进一步强调教师的合作。这也许是一项教育研究的最引人注目的例子，通过它的发现，成为一场改革的促进因素，而这场改革的主要特征已经明确成为改变教学习惯这一倾向的一个组成部分。

## 全面改革

除了上面提到的重建小学教育之外，已为日内瓦未来几年的公共教育确定了许多优先项目：

重新界定义务制学校教育的学习目标：与之并行的是逐渐朝着有助于学生成长发展的评估方向推进，意在衡量怎么达到这些目标。这样一种行动是十分必要的，因为它接下来将决定整个教育制度的内聚力。

大学预科的教育改革：为每一科目的专业化深造引进循序渐进的选修制；1998年开始新的学年课程设置，到2002年时颁发新的“成熟”证书，以资鼓励。这一改革要废除形形色色的“成熟”，而代之以一张证书，表明学生依靠他们所选修的特设课程与补充课程，业已全神贯注于某些研究领域，尽管并不一定成为专家。

重新强调职业培训：改进职业教育的课程设置，采用与欧洲其他地方的高级中学和大学的教育实践相一致的毕业证书制。这是一次大规模的行动，要求与有关职业圈密切合作。

引进教育系统评估程序:很难描述造成不深入研究就采取这些改革措施的决策过程。

## 与形形色色的主人公的关系:研究在教育中的决定性作用

在日内瓦,教育研究是在长期形成的辩论和实验性教学革新的传统中进行的。公共教育部有其自己的教育研究司,它起着支撑性作用。正在进行中的改革也可以相应地以各种业已获得国内国际认可的研究项目的成果为根据。

### 从研究到实施:并非总是轻松的转变

必须承认,改革的引进产生了对研究人员的批评责难。在理论与实践之间存在着实实在在的紧张关系,而且我们已经意识到,没有哪项改革是可以仅仅用研究成果来证明其正确性的。我们同样也注意到,科学家们所用的语言未必就符合教育职业人员的胃口。

### 变革被说成了指责

彻底变革教育体制不是一个简单的过程,不可能没有反对意见或困难。譬如说,一些重要问题就是由那些关心改革本身的教师们提出来的。推行中的改革被顽固地看成是对现存惯例的含沙射影的非难,是对多年来取得的业绩的否认。因此,重要的是要解释清楚改革的目的和理由,并对过去所做的工作给予充分的承认。建立教育和培训体制常设评估程序会有助于这种做法的推广。

对改革的抵制同样也产生于任何公共机构都固有的一个问题:政治权威决定改革,而随后的改革却要由教育行家们去实施。这就让人们不禁要对那些全然不是出自行家之手的种种决定持怀疑态度。更通常的情况则是,我们看到人们不太乐意接受有关改革框架的释义,因为有关的改革不能仅仅被当作互不相关的地方主动精神的集合体来对待。而今则必须弄清中央行政管理机关与教育机构的各自作用,以便能促进已纳入整个战略部署的各学校计划的出台。

目标是把教育与培训体制所必需的凝聚力跟学校为使自己成为当之无愧的能动的、有积极性和创造力的学校而需要的那种不可或缺的回旋余地协调统一起来。

### 政党与财政资源

当我们把话题转向政党时,最重要的批评和异议也就朝向为使改革顺利进行而需要的财力了。一些人担心改革将需要额外的支出,另一些人则担心改革没有足够的资源作后盾;这些议题一而再、再而三地出现在政治论争中。瑞士政府当局,尤其是日内瓦的政府机构所津津乐道的那种长时期的繁荣富足在过去使人们把变革的想法与筹资的增加联系在了一起。而目前的财政危机倒使人们觉悟到,现在必须把可利用的资金用得更有成效,且必须想出办法来使公款用得更加合理。

此外,瑞士和日内瓦的民主制度的设计为议会一级的干预提供了众多机会。譬如说,在学校中推行的任何改革都有可能因有人提出请求而被列入议程,或因州议会议员提出议案,而遭到质疑。在改革进程中,随时都有可能发生这类事情,从而对改革的发展产生重大影响。

### 改革是令人心焦的

最后,也是比较茫然的是,我们发现,教育体制的任何重大变革都会遇到来自公众的一定数量的抵制。改革越彻底,就越是难以用三言两语把改革解释清楚。有点儿矛盾的是,尽管学校对所有的普通人来说都是熟悉而又亲近的地方,但大多数人却认为,学校与他们所熟悉亲近的东西根本不一样。因此,开发评价工具,使人们得以跟随学校的进步,并通过尽可能客观的信息去衡量其成绩,也就变得越来越有必要了。

## 成功推行改革的必要条件

瑞士和日内瓦州的教育体制的改革尚在初创阶段。因此,任何评说都无法被看作是对于一个完整过程的最后结果的恰当结论。不过,依然可以为成功推行改革而规定若干重要的条件:

**明确改革目标** 使这些目标为所有与之直接相关的人,包括政界人士和基层百姓,均能有所了解。诚然,这需要时间,需要所有与改革有关的行政管理专业人士作出奉献。我们认为把目标解释清楚是一个重要因素,反之它也要求有一个适当的交流政策。

**对教育和培训体制推行正规评估制度** 以便通过各种指标及其他方法尽可能客观地衡量上

述改革成果。日内瓦正在为自己提供全面评估的手段。此外,在小学教育领域,还有国际专家对改革进程进行监督,他们负责对改革作外部评价。公民个人对学校也都有各自的体验和想法。对于学校质量的评判也众说不一。因此,极为重要的是要收集客观的数据资料。这样才有可能对今后作出的结论和采取的步骤达成尽可能广泛的一致意见。到目前为止,瑞士的传统惯例不利于采用诸如此类的评估体制。日内瓦州跟其他州一样,目前正在向着通过类似的一种制度的目标迈进。鉴于有业已完成的国际研究,尤其是有经合组织提出的指标,完成日内瓦州的这一任务应当容易一些。

**家长们的合作** 任何变革都会导致焦虑。从改革进程刚一开始起,一个特别重要的问题就是要作出决断,如何才能听到家长们的声音,并使他们获得信息,以及决定在改革实施过程中可能要请他们担当的角色。教育课程设置和教学方法是有关学校考虑的问题,而家长需要的是能够对改革感到有信心。整个过程是一个需要加以微妙处理的问题。举例说,在我们推行小学教育改革时,我们便决定,要作出安排,让家长们在改革方案决策机构里有代表人选。但是,若不在基层一级开展真正的运动,这样的安排就其本身而言可能就无力胜任解释改革及其道理的任务。在教育这样一个就其基本方面而论未必就那么容易描述或解释清楚的领域里,这一任务很可能是极为复杂的。

**教师培训的适应** 现行改革若不涉及教师的工作,就不会对教育体制有任何影响。这促使我们去重新审视他们的培训问题,包括最初的师范教育和在职培训两个方面。重要的是要明白,改变入门方法的固有困难。因为许多人之所以选择教师职业,就是因为这一职业能为个人提供极大的行动自由,而事实上,改革却要求与他人有更多的默契与合作,这就意味着不可避免地产生某些摩擦与异议。因此,应当通过培训去支持这种转变,使转变变得容易些。

**教师参与改革实施** 改革不应是法定的,它需要所有相关人员的积极支持,尤其需要教师的支持。教师必须从头开始参与改革进程,与之结合在一起。这就需要拨给预算,并让他们有足够的参与时间。改革的推行同时也引发了那些必须参与改革实施的人们的隐性或显性支持的问题。从来就没有哪种改革会获得全体的一致支持,改革初期的情况尤其如此。因此,应当通过一项可借以逐步提高改革支持率的战略。

作为结论,我想强调具有教育体制那种渐变性质的时间因素的重要性。深刻的变革会给社会以影响,同样也必然会使学校发生变化。普通老百姓期盼着教育与培训能适合于短期和中期的社会、文化和经济的需要。但我们今天的改革却只会产生长期效应。这一实际情况可能会使改革难以应付社会对教育系统的正当期望。但是,我们不应忘记,日内瓦的年轻人从4岁起就开始上学,很少有人会在19或20岁以前完全中止任何形式的教育或培训。我们必须相信,这对每一位离开该系统的人都曾提供了尽可能好的职业、社会和文化的一体化的机会。这是我们的改革理应遇到的挑战。

如果我们必须用一句话来概括在教育和培训体制中进行的这种种渐进式改革的目的,我就想说,它应当是把年轻人培养成为自由和负责的成年人。

# 加拿大教育的四大趋势①

最近几年,加拿大教育发生了许多变化。下面扼要介绍加拿大教育的四个主要趋势。

**信息技术在各级教育中出现**

信息技术方兴未艾,遍及教育的各个方面,既是行政管理的工具,也是学习的工具。在这方面特别值得重视的技术发展是计算机教育和远程教育。

计算机和计算机联网已经迅猛占领教育舞台。通过以技术为依托的终身学习和远程教育,1990年代

① 摘自《世界教育报告》1998年。

受教育机会大大增加。教育的墙壁变得更容易通过了。

……

**精简和改革**

各级政府在20世纪90年代无不受到债务负担加重、预算赤字、岁入停滞的困扰,有人称之为"紧缩文化"出现。联邦政府在为维持财政状况正常运转的努力中,实行削减赤字的措施,鉴于需要庞大的支持,未能减免(向各省)转移的支出。各省最经常采取的反应就是取消或至少减少开支,在包括教育在内的社会服务类开支中尤为明显。

……

**重新界定责任结构**

若干省份(或领土)对以往由区一级学校管委会独自行使或分享的职能——包括确定标准、制订教学计划、制订考核办法等——实行了权力回收。它们还通过回收权力、压缩学校管委会预算的办法,削减了费用。

建立公务责任制的趋势普遍出现。责任制就是明确一个系统内所有各个参与者的角色,并建立机制来评估他们的职责是否得到了履行。这也意味着通过学校委员会或家长委员会使家长或社会成员有更大的发言权,这一事态发展在加拿大全境都可以看到。评估也为责任制服务。它要求实行一种更开放的办法来让家长和公众分享信息,让他们既能听到好消息,也能听到坏消息……

**尊重多样性和性别平等**

1990年以来,加拿大一直致力于保护扩大对多样性的尊重,尤其突出表现在各种语言的教学、教学计划的制订、拟订各种反对种族主义和促进文化多元化的计划……

通过多种喜人的正规和非正规课程使整整一代成年学习者扩大了受教育的机会;在学校、学院和大学以及私营部门普遍开设了职业培训、扫除文盲和一般课程。

性别平等在20世纪90年代加拿大的教育话语中一直是个重要话题。这一领域取得了巨大突破:中学、学院、大学的女性毕业生人数已多于男性(但研究生仍以男性为主)。在职业教育课程学习的女性显著增多,为她们从事高收入职业开辟了道路。

(以上材料均由本刊编辑部许红涛摘编)

# 教育专家谈成人教育

## 成人教育的必要性和重要性

对成人教育的需要是如此迫切,以致往往认为真正具有爆炸性,这种需要的迅猛增加经常为人们所强调。成人教育有多种形式,例如非正规的基础教育、高等教育中的非全日制入学,语言班(阅读扫盲),职业培训与进修,各种协会或工会开办的课程,开放性学习交流与远距离教学。在有些国家,例如瑞典和日本,约有50%的人现在正在接受成人教育,我们有充分理由认为,全世界成人教育的发展是一种强烈和持续的趋势,可能会使整个教育重新朝终身教育的方向发展。

对成人来说,基础教育和扫盲计划如果同获得与农业、手工业和其他经济活动形式有关的有益技能结合在一起,就会具有更大的吸引力。成人教育也为处理环境与健康问题、人口教育、了解不同价值观与文化的教育提供了大好的机会。利用传播媒介进行教育可以把人引入超越个人狭隘经验的世界,特别是引入充满现代世界但尚未被发展中国家的公民广泛获得的科学与技术。

社区参与教育,特别是参与基础教育,必须同国家的承诺及强有力行动一并进行,国家在确保所有社区的儿童都能有受到良好教育的机会,以及成人都能有与他们的工作和生活质量有关的学习机会方面发挥重要作用。

终身学习的思想并没有使委员会① 错误地忽视正规教育相对于非正规教育和非正式教育的重要性。相反,它认为正是在正规教育制度内个人才能获得他为了进行学习所需要的技术与才能。因此,正规和非正规教育的作用绝不是相互对立的,而是相互受益的。

(德洛尔等:《国际21世纪教育委员会向教科文组织提出的报告》,转引自《教育展望》中文版,1998年第2期,第29～30页。)

不应再将教育视为只有一次机会的事情。必须将它看作一个持续不断的过程,人们在一生中可获得多次学习机会。开展这种全民"终身"和"终生"教育,需要将体制结构多样化并进行扩展,需要将普通教育和职业教育更好地结合起来。这还意味着要开拓替代性教育机会,既发展正规的又发展非正规的知识传授体系。

(费德里科·马约尔:《理科教育与可持续发展》,《信使》中文版,1998年第2期。)

非正规和成人教育是继续教育和终身教育概念的一个组成部分;非正规和成人教育是可持续发展的基本要求之一;非正规和成人教育应有助于缩小社会各群体之间的差距,从而缩小他们之间的社会－经济差距。因此,对有关服务和设施的设计对处境不利的群体的影响应比对处境优越的群体的影响更大。结果,非正规和成人教育可以大大促进社会公平和民主。

(蒙齐尔·W·马斯里:《约旦:教育决策的能动性》,《教育展望》中文版,1998年第4期。)

年轻时学习一门手艺和一种职业,供一生受用的学习模式已经过时,现在,人的一生要数次变换工作,"职业"这一概念正变得越来越不确定。应该考虑多种技艺问题,每个人都对这些手艺有其独有的积累。此后,由人们在其一生中去维持和扩大其技艺积累。这种方法对传统的学习期和工作期(因为人总是在学习)以及作为个人经济与社会身份证明主要形式的职业概念之间的区分提出了质疑。

通过继续培训、工读交替式课程、在职培训计划、参加学会、工会等等,在培训期与职业和社会实践期之间正在形成一个整体系列。一切技能方法的获得(包括自学)在这一整体系列中都占有一席之地。

对于越来越多的人来说,工作不再是某项规定任务的重复操作,而是一项复杂的活动,其中,创造性地解决问题、协同工作和处理好人际关系都起着重要作用。信息与知识(知识的产生、学习、传播)的"相互作用"构成每一职业活动的组成部分。公司中的职业培训已包含在生产与工作之中。

(皮埃尔·莱维:《教育与培训:新技术和集体智慧》《教育展望》中文版,1998年第2期。)

## 教育新技术与成人教育

随着数量的极大增加,出现了对教育多样化和更加个人化的需求。教育只是人们所期望的职业、社会或文化生活、毕生活动的一部分。他们越来越无意于选修可能无法满足其实际需要的统一刻板的课程。针对需求增长而提供的大量教育(同样,以规模经济为目的)将是一种过时的"实业家"的反应方式,不适应人们现在需要的灵活性和多样性。

在浏览范示通过计算机空间已形成信息检索和协作学习方法之际,我们可以看到计算机新技术是怎样为大规模而且是个人化的知识获得指明道路的。

教育技术不应与在其他部门活动中通常采用的数字信息与通信技术区分开来。计算机空间在大学发展起来,用于科研和合作式学习。没有必要对其加以修改以适应教育需要,因为从一开始,它就是以传播知识为目的的。它是对终生学习的社会的出现而作出的反应,同时又推动这一运动的发展。随着开放式远距离学习的发展,越来越多的学生能够按自已的进度学习而没有必要非到学校去学习。专家们认识到面对面教育与远距离教育之间的区别将会变得越来越无足轻重,因为远程通信网络与交互式多媒体的应用正逐步融入到较传统的教育形式中去。

① 指国际21世纪教育委员会。

既然人们正在非正规环境中学到越来越多的东西，教育体制应制定程序认可在社会与职业生活中获取的知识与技能。为此，大量依赖多媒体技术（自动测试、考试或模拟）和交互网（具有参加考试的可能性或在线导师、辅导员及主考人员的帮助下使个人的成就得到认可的可能性）的公共服务能够帮助教师和传统教育机构摆脱考试和核准工作——一项没有教学生学习那么“崇高”，但同样十分必须的工作。通过这项认可和批准知识和技能的庞大的、开放式的、非权力集中的服务，各种类型的学习程序或计划，无论多么不正规，对于有关的人员来说都可以颁发资格证书。

（皮埃尔·莱维：《教育与培训：新技术和集体智慧》，《教育展望》中文版，1998年第2期。）

学会如何学习是未来最重要的资格之一，因为即使是成年人也需要独立获取新的知识。工商协会和职业学校提供的许多职业和普通教育机会和工业界制定并为其工人/学生提供的教学课程都是为这一目的服务的。最近的一个实例是由西门子公司和德国教育部及科学、研究与技术部联合开发的计算机辅助自学程序。“实践中边干边学”是为学员提供的一项独立学习课程，该课程向学员传授学习过程中的基本技能，而这些技能又可用在工作上。该程序完全以激光光盘存储器形式提供，可使第一类职业形成培训中的基本技能得以发展。值得注意的是，该课程不仅提供具体知识，而且在学员成功地完成培训后为其颁发证书。受训人员是否获得了全部的必要知识由计算机进行检查，待其完成培训之后，再由计算机制作证书。

另外一个例子显示了新的信息和通讯技术在成年人学习知识和技能中的多种用途。25年多来，公共广播、职业学校、大学以及教育部通力合作，共同为成年人通过更高一级的学校考试提供第二次机会。通过电视大学获得的学历在高等教育课程入学时已被各州当局所承认。广播电台和电视台每天播送几套与各类学校课程有关的教育节目。学生利用书面函授资料独立学习，（最近）还使用软件在家进行练习。在教育机构内大约每两周还举行一次扩大的个别指导，提出并研讨遗留问题。学生之间在因特网上联系提供了公开讨论的机会。在二年的学习过程中，对总计13门不同的获得资格所需要的普通及职业课程逐步进行考试。除了传统的职业培训外，还提供实验新技术的机会。已有五万人用这种方式提高了学历资格，进行深造。其中一些读完电视大学的人现已成了教师，教授新学生。

（海内茨维尔纳·珀尔肖：《新的信息技术：从德国的观点看国际合作》，《教育展望》中文版，1998年第3期。）

## 企业培训与成人教育

尽管普通教育提供了获得技能和新工作的基础和灵活性，还需要有相应的培训体制以提高质量和产品开发、生产与维修的效率。理想的做法是在良好的普通教育基础上，企业培训可以作为发展劳力技能的最行之有效的办法。它具有以下优点：

(1)雇主尽可能快捷地培训工人并将他们直接安排在运用其技能的工作岗位上。

(2)比职前培训成本低。

(3)大型企业通常拥有传统和新兴技能培训其工作人员的技术和专门知识。甚至在乡村和城市非正规部门的小企业也能够为现有的工作和生产实践提供所需要的培训。

(4)企业必须在市场中运转，必须很快适应新技术与加工的要求——所有这一切都转变为对培训内容的调整。

尽管有这么多的好处，将技能培养仅限于企业培训也是不现实的。私营企业培训的范围与质量受到经济性质和企业发展水平的限制。这些限制需要政府方面不断参与以确保充足的培训时间和质量。

（韦迪·D·哈达德：《经济全球化：对教育和技能培养的意义》，《教育展望》中文版，1998年第1期。）

跨国公司在开发人力资源方面的主要作用来自它们的多种形式对其工作人员提供的培训和其他学习机会。这种培训对发展中国家获得职业、技术和管理技能的机会很是有限的工人和其他人来说可能是宝贵的。跨国公司提供的培训与其他形式的学习是针对各类工人的，虽然主要的重点放在管理和技术人员身上。有证据表明，跨国公司的规模和范围使它们有能力向雇员提供正规和非正规的学习机会。再者，跨国公司提供的学习往往同新的和不同的生产与管理方法有关。在合适的条件下，跨国公司对它们雇员的知识、技能和管理才能的贡献可以更广泛地在所在国传播，并补充本国人力资源开发以促进增长和提高竞争能力。

（帕德马·马拉姆帕利：《跨国公司和人力资源开发》，《教育展望》中文版，1998年第1期。）

（本年鉴编辑部许红涛摘编）

# 附录

## 政府间文化政策促进发展行动计划[①]

（1998年4月2日斯德哥尔摩联合国政府间文化政策促进发展会议通过）

### 序　言

1998年3月30日至4月2日联合国教科文组织在斯德哥尔摩召开了政府间文化政策促进发展会议。

(1)重申1982年8月6日墨西哥世界文化政策会议通过的最后宣言中的各项基本原则，这项题为《墨西哥城文化政策宣言》强调指出，“从最广泛的意义讲，文化现在可以看成是由一个社会或社会集团的精神、物质、理智和感情等方面显著特点所构成的综合的整体，它不仅包括艺术和文学，也包括生活方式、人类的基本权利、价值体系、传统和信仰……”；

(2)忆及“世界文化发展十年”强调了承认发展的文化方面、确认和增强文化特性、扩大参与文化生活、促进国际文化合作的重要性；

(3)意识到必须作出必要努力，以应付像在世界文化与发展委员会的《我们富有创造力的多样性》报告所述的文化发展和保护文化多样性的各种挑战；

(4)强调既要注重普遍的价值又要注重承认文化多样性，既要考虑各国在协调本国文化政策方面的努力又要考虑保护基层文化行动多元化的要求，以便促进谅解和相互了解，促进有可能发生不和与冲突的个人之间和各民族之间的相互尊重与尊敬；

(5)承认在民主的环境中，公民社会将在文化领域占有日益重要的地位；

(6)认为文化政策的职能之一是确保为充分发展创造能力提供必要的空间；

(7)考虑到社会—经济、技术与文化变革的迅速发展进程和国家与国际一级现存的日益增大的差距，以及正视文化产业发展和文化产品交易所造成的各种危险与重大问题，尊重著作权和知识产权的重要性；

(8)认为教科文组织的活动和会员国的发展政策都应考虑到文化因素的作用；

(9)注意到1997年9月3～5日在麦德林（哥伦比亚）召开的不结盟运动文化部长会议的《宣言》，泛非文化政策磋商会议（洛美，多哥，1998年2月10～13日）的结论，1998年2月在突尼斯召开的阿拉伯教育、文化及科学组织的会议，由欧洲委员会主持编写的题为《内心世界的文化》的报告以及塞萨洛尼基《促进文化（Pro Cultura）》宪章（1997年6月）。

**赞同以下原则：**

(1)可持续发展和文化繁荣是相互依存的。

(2)人的发展的主要目的之一是使个人在社会和文化方面得到充分发展。

① 行动计划的这一最后文本以法文定本为根据，其中载有会员国在通过该计划时所提出的修正案，该文本已于1998年4月7日经总报告员批准。

(3)鉴于享受和参与文化生活是每个社区中所有人的一项固有权利,因此各国政府有义务创造一个有助于充分行使《世界人权宣言》第27条规定的这项权利的环境。

(4)文化政策的基本目的是确定目标,建立结构和争取得到适当的资源,以创造一个充分发展的人文环境。

(5)文化间的对话可视为现代世界的主要文化和政治挑战之一;它是和平共处的一个必不可少的前提。

(6)文化创造力是人类进步的源泉,文化多样性则是人类的的财富,因此对促进发展是一个不可或缺的因素。

(7)各种新趋向,特别是世界化可使各种文化之间建立比任何时候更为紧密的联系,并可进一步扩大文化之间的相互作用,但也可对我们富有创造力的多样性和文化的多元化产生不利影响;因而相互尊重已成为更加必不可少的需要。

(8)使文化与发展相协调,尊重文化特性,在多元民主价值观、社会经济公平合理及尊重领土统一和国家主权的范围内,对文化差异持宽容态度都是实现持久与公正和平的必要前提。

(9)接受文化多样性有助于确定和巩固那些与本国社会中不同社会文化群体有着共同价值观的社区之间的联系。

(10)社会的创造性有助于创作,而创作首先应是一项个人的承诺。这一承诺对我们未来财产的构成是至关重要的。因此必须保护和促进这种创作的条件,特别是在每个团体内享有创作的自由。

(11)维护那些受到世界流通文化威胁的地方和地区文化不应将受到这种影响的文化转变为失去发展动力的遗产。

(12)因此,我们必须促使所有的个人和所有的社区都能发挥各种的创造力,寻求和巩固共同相处的各种手段,从而促进人的真正的发展及向和平与非暴力文化的过渡。

**因此,会议确认:**

(1)文化政策是内源和可持续发展政策的一个主要组成部分,故应与其他社会领域相协调,采取综合方法加以实施。任何发展政策都应非常地关注文化本身。

(2)文化间对话应是各文化政策和在国家及国际一级贯彻这些政策之机构的一个基本目标;普遍享受表达自由和对这种相互作用和切实参与文化生活是必不可少的。

(3)下一世纪的文化政策必须有预见性,应适应持续存在的各种问题和新的需要。

(4)进入信息社会和个人掌握信息及传播技术是所有文化政策均应考虑的一个重要方面。

(5)文化政策应当促进一切形式的创造,这就意味着必须促进所有公民不分国籍、种族、性别、年龄和身心残疾均享有从事文化活动及实践的机会,增强每个人和每个社区的特性和归属感,并帮助他们为自己塑造一个真实而稳固的未来。

(6)文化政策应致力于这样一个目标,即促使国家成为民族统一框架内的一个多元的大家庭,有着能为大家所接受的共同的价值观,而且人人都能发挥自己的作用和表达自己的意见。

(7)文化政策还旨在以没有任何歧视的方式改善所有社会成员的社会融入和提高他们的生活质量。

(8)文化政策必须遵守男女平等的原则,充分肯定妇女的平等权利及表达自由,并确保她们有进入领导岗位的机会。

(9)各国政府和公民社会应努力进行更加紧密的合作,以制定和实施与发展战略融为一体的文化政策。

(10)在相互依存关系日益明显的世界中,应同时在地方、国家、地区和世界各级考虑重新调整文化政策。

(11)因此,各国应同心协力,建设一个以文化间的沟通、信息交流和相互理解为时尚,其文化价值、伦理认识和行为举止方面的多样性有助于真正实现和平文化的世界。

(12)文化政策尤其应当注意促进和加强旨在扩大各阶层居民参与文化生活的机会、反对排斥和边缘化现象以及拟定有助于文化民主化之进程的活动和方法。

(13)文化政策应当承认创作者对提高生活水平、倡导特性以及社会的文化发展所做的贡献。

(14)任何文化政策都应考虑到决定文化生活的所有因素:创作、遗产的保护和传播。应当寻求这些因素之间的平衡，以推行有效的文化政策，但是，不以有效的法律保护来保障人们的创作积极性，传播和文化生活的发展则是不可能的。

## (一)向会员国建议的行动目标

根据上述原则，会议建议会员国选定以下五个行动目标：

### 目标1：使文化政策成为发展战略的主要内容之一

(1)设计和制定文化政策或重新审查现有的文化政策，以使其成为内源发展和可持续发展的一项主要内容。

(2)为此，将文化政策纳入发展政策，尤其是与社会和经济政策联系起来。

(3)为教科文组织制定有助于拟定国际文化与发展研究和培训议程的指导方针做出贡献。

(4)对符合各国实际情况的国家文化政策有一种更广泛的看法，并付诸实践，努力鼓励公民社会及传媒的参与。

(5)确保创作者及其专业组织充分参与实现这种新的看法。

(6)鼓励制定和改进有助于部门间协调实施文化政策的程序。

(7)在国际和地区两级合作开展文化活动，迎接来自当前的城市化、世界化和技术变革的挑战。

(8)促进旨在向人民群众和决策机构宣传在可持续发展过程中重视文化因素具有重要意义的活动。

(9)促进个人之间、社区之间和民族之间在共同价值观的基础上进行交流和对话。

(10)必要时与教科文组织合作，尽力促使在下一个国际发展战略中考虑到文化这一个方面，并促成在经济及社会理事会和联合国大会内进行有关辩论。

### 目标2：促进创作和参与文化生活

(1)继续对国家的不同组成部分予以同等重视并提供充分发展的平等机会，优先考虑能够反映文化背景多样性的当地活动。

(2)通过城市和地区文化政策，确保具有创造性和参与性的地方文化生活的开展和多样性的多元化管理。

(3)努力使人们了解和认识文化和语言的多样性，尤其通过学习一种或数种其他语言，加强正规和非正规教育的文化内容。

(4)促进文化和教育系统之间的新关系，它有助于人们充分认识到文化和艺术是个人成长的基本方面，有助于发展艺术教育和激发各级教育计划的创造性。

(5)承认有必要特别重视实施人权方面的现有文件，例如：《世界人权宣言》、《经济、社会和文化权利国际公约》和《维也纳人权宣言》，并编制一份文化权利清单，同时评估与文化权利有关的业已存在的各种文件。

(6)促进各种文化政策、计划、法规和项目，以确保社会上的所有人在平等的条件下充分参与。

(7)更加重视文化在社会变革中的作用。

(8)承认妇女在文化与发展方面的成就，并确保她们参与各级文化政策的制定和实施。

(9)重新审查各种文化政策、法规和计划，以使有关权利，尤其是儿童的权利和那些在教育和文化方面有特殊需要的易受伤害群体的权利得到尊重，并注意到青年人的需要和愿望(尤其应支持青年人的新的文化实践)以及那些往往是被排斥在文化生活之外的老年人的愿望。

(10)为制定和实施文化政策所需要的培训、文化研究和宣传拨出适当资金。

### 目标3：加强保护和利用物质和非物质、可动和不动遗产及促进文化产业方面的政策和实践

(1)更新和加强会员国实施教科文组织有关保存可动和不动遗产、保护传统和民间文化、艺术家地位及相关问题的各项公约和建议的义务。

(2)通过对国家专家、行政人员和文化负责人的培训计划提高文化部门的效率和保障妇女在这些领域中享有同等的机会。

(3)更新遗产的传统定义，因遗产现在应系指遗传下来的或新创造的所有物质和非物质的自然和文化财产。各社会群体正是通过这些财产认识到自己的特性，认识到自己有义务使留给后代的遗产更加辉煌、更加丰富多彩。

(4)承认所出现的一些新的文化遗产类别，尤其是文化景观、工业遗产和文化旅游。

(5)加强对包括口头传说在内的遗产的研究、清

查、登记和编目工作，以便能够为实施传统和科学的保护政策制定适当而有效的文件。

(6)通过各种法律和外交手段鼓励将文化财产送回和归还原有国。

(7)将具有文化价值的建筑物、遗址、建筑群和景观列入城市和地区治理的政策、计划和规划中，并确保对其进行保护。

(8)使公民和地方社区直接参与遗产保护计划，并编制遗产政策方面的最好做法清单。

(9)确保旅游业尊重文化和环境，而且旅游业的收入也用于均衡地保护遗产资源和加强文化发展。

(10)优先建立有艺术家、文化项目与设备管理人员参加的国家、地区和国际网络，从质量和数量角度改善参与文化生活的条件。

(11)通过澄清、维护和改善创作人员的权利来帮助艺术、设计人员和手工艺人，并通过防止在商业上滥用这些权利来巩固其在当地和世界市场上的地位。

(12)宣传决不应像其他商品一样看待和对待文化财产和文化服务的思想。

(13)加强公共当局与企业和公民社会其他组织之间的文化合作，为企业和公民社会其它组织制订适当的规章制度。

14. 防止在世界范围内非法买卖文化财产，尤其应防止博物馆和私人收藏家购买来路不明的艺术品。

### 目标 4:在信息社会的范围内并为信息社会促进文化和语言的多样性

(1)提供能够满足公众文化与教育需要的包括广播、电视和信息技术在内的传播网络；鼓励电台、电视台、报刊和其它传媒积极报道促进地方、地区及民族文化和语言这类文化发展问题，积极报道保护濒危语言、开发和保护民族遗产以及促进文化传统的多样性及土著和民族文化特性等问题，同时确保公用传媒的编辑独立性。

(2)考虑利用公用电台和电视台，并增加用于社区和语言群体及其他少数人群体的时间，尤其是在地方一级，以宣传非暴力行为。

(3)开展或加强旨在鼓励传媒多元化和表达自由的国家的行动。

(4)采取措施，鼓励对儿童进行使用新的传媒技术的教育和培训，并同暴力和不宽容行为做斗争，尤其应促进儿童和影视暴力方面的信息交流中心或专门机构的活动。

(5)促进传播与信息新技术和新业务的发展和利用，强调以适中的价格利用信息服务和信息高速公路及均等使用语言的重要性，并鼓励公用部门使用新技术。

(6)促进有助于后代作为信息与内容使用者和制作者掌握和创造性使用新的信息技术的培训与教育，并优先进行公民价值观教育和对教师进行新技术培训。

(7)制订旨在保护和扩展，如有可能以数字化处理方式保护和扩展档案馆、博物馆、图书馆以及由政府和非政府机构生产和/或收集的其它信息的政策，以及建立便于接触这些内容的机制，包括将这些机构发展成信息、教育与终身教育中心。

(8)以新技术提供的虚拟手段促进对文化和自然遗产的了解。

(9)承认新的信息技术对创作人员工作的重要性以及艺术创作在建立信息社会方面的关键作用。

(10)在视听传媒领域，尤其是在培训和视听产品的开发与发行方面进行合作。

(11)鼓励文化合作，尤其是合办文化产业项目(生产、投资和权利转让)的文化合作。

(12)鼓励对文化及其在传媒和新的传播机构中传播的关系进行研究，并支持对衡量和评价传媒中的文化节目的方法进行协调乃至统一的工作。

### 目标 5:为文化发展调拨更多的人力和财力

(1)注意维持或加强国家一级为促进文化发展所做的财政努力，并在必要时，根据发展的目标、优先次序和总体规划，确定用于此目的的国家预算比例。

(2)请地方当局增加其对文化活动的资金投入，并鼓励它们加强其在文化发展方面的作用。

(3)为文化活动设计和制定税收范围，以鼓励企业界支持文化发展和建立一些机制，如公共基金会以及委托给文化机构和旅游与体育部门的创收项目。

(4)研究各种适当的措施，以确保政府的政策考虑到对另一个国家的文化发展进程的影响或可预见的影响。

(5)请联合国各基金和计划署，尤其是开发计划署、专门资助机构以及国家和地区资助机构增加对具有重要文化内容的发展项目的资助。

## (二)向教科文组织总干事提出的建议

**会议谨向教科文组织总干事建议如下工作重点:**

(1)在编制教科文组织计划时考虑到本行动计划。

(2)拟定具体落实本次会议精神的总体战略,包括应否举行一次文化与发展问题的世界首脑会议,并将此问题提交执行局。

(3)鼓励建立文化政策为发展服务方面的研究与信息网络,包括研究建立一个文化政策观察所的问题。

(4)将本行动计划提交联合国秘书长,并通过他提交联大,以便根据联大第52/197号决议的规定,向其第53届会议提交一份关于本次会议之成果的报告。

(5)将本行动计划转交联合国系统所有专门机构的秘书处首长以及其他国家和地区政府间组织,以使它们在与各会员国进行磋商并得到其批准的情况下,将文化行动目标纳入其所有的发展计划和活动中去。

(6)要始终把下一个国际发展战略中体现文化上的考虑作为一项目标,并请各专门机构为此对其发展实践和政策进行评估。

(7)向执行局建议一系列旨在促进思考、经验交流和拟定共同计划的项目,以便从人类可持续发展的角度促进文化政策。

(8)建议联合国秘书长将"消灭贫穷十年"(1997～2006年)中的一年时间用于探讨文化与发展及消灭贫穷之间的关系。

(9)教科文组织应根据地球首脑会议、地球+5首脑会议和环境Ⅱ会议的成果建立一些机制,以强调文化遗产对环境以及作为可持续发展之重要因素的至关重要的作用。

(10)鼓励各会员国向教科文组织提交其文化战略,以便于交流信息、观点和做法。

(11)制订政策,拟定计划,拨给和筹集预算外资金,以加强多边文化合作,改进对文化政策与发展方面国际合作的研究工作。

(12)研究发展教科文组织与其他国际组织合作的新方法。

(13)继续由教科文组织出版每两年一期的《世界文化报告》。

(14)促进语言政策观察所的建立。

(李跃进提供)

# 1998年世界科技发展综述

中科院成都文献情报中心 孙光成

## 世界科技发展的主要成就与趋势

### (一)1998年世界十大科技成就

1998年科技领域的许多研究开发都取得了非同寻常的重大进展,出现了一批极有价值的研究成果,特别是在信息技术、生物技术和航天技术等高新技术领域更是成绩斐然,其中较为突出的成就有以下几个:

获得月球上存有水的证据;

实施"阿尔法"国际空间站计划;

研制出速度最快的电脑 美国国际商用机器公司研制出一台世界上最快的电脑,它每秒能进行3.9

万亿次的运算,可用于模拟核武器爆炸试验;

*克隆技术新突破;*

*DNA测序技术取得突破* 美国珀金埃尔默公司宣布,一项脱氧核糖核酸(DNA)分析取得突破,最终很可能使人类基因组测序的巨大工程在3年内完成;

*阿尔法磁谱仪升空;*

*提出克服排异反应新方法*

*全环铱卫星通信系统投入运作;*

*哈勃望远镜探测到距地球最远的星系* 美国天文学家们利用安装在哈勃太空望远镜上的红外线摄像机观测到了10个距地球120亿光年之遥的星系,它们是迄今人类所观测到最远的星系;

*中微子具有静止质量* 日本科学家宣布他们有足够的实验证据说明中微子具有静止质量。美国哈佛大学理论学家谢尔登·格指出:"这是最近几十年来粒子物理领域最重要的发现之一。"

## (二)世界科技发展趋势

为了迎接世界复杂环境带来的挑战和知识经济的到来,在1998年许多国家始终不渝地执行科教兴国的战略,加大对科技和教育的投入,建立和健全国有创新体系,加快了高新技术的产业化进程,知识经济的研究进一步深化,对加快高新技术产业化和强化人才的教育培训形成了更广泛的共识。

### 知识经济研究进一步深化

自从经合组织在1996年首次提出知识经济的新概念以来,便在世界范围内形成了一股知识经济研究热,而且把研究的范围延伸到了社会和军事领域。

联合国教科文组织最近公布的《1998年世界科学报告》指出,科技界已经开始从"钻研学问"转向"创造财富"。这一重要的意识形态变化已经开始使一些国家作出将科研重点从基础研究向技术创新的相应转变。这并不是说基础研究不重要,而是诸如附加值、利润和效益的观念越来越受到重视。那种认为某个由公开发表的论文数量所体现出来的科研潜力与其创新能力没有直接联系的观点开始为人接受。40年前,韩国与加纳的人均国民收入基本相同,但到了90年代初韩国比加纳高出了6倍,造成这一差距的原因至少有一半以上是韩国在获取知识和利用知识方面更为成功。发展中国家面临的挑战就是承认知识差距,努力获取和利用知识,缩小与发达国家的差距。

### 高新技术及其产业保持强劲的发展势头

高新技术及其产业自80年代以来一直保持着强劲的发展势头,已经成为经济增长最重要的源泉。信息技术便是高新技术群中最为突出的一例。它的应用已经渗透到经济、社会和军事各个领域,引起了一次深刻的信息革命,大大加快了知识经济时代的到来。信息产业在美国已经取代建筑和汽车业上升为最大的产业,据经济学家估计,自1992年以来,美国的经济增长有1/3都是来自信息产业。近4年美国新增加的1 000万个就业岗位中,2/3都是来自高新技术,特别是中小企业。生物技术、新材料技术、智能自动化技术、微电子技术、航天技术、新能源技术等等都孕育着重要的突破,潜在着极其广阔的产业市场的前景。为了加快工业经济向知识经济的转变,许多国家普遍加大了科技投资的力度,重点发展高新技术及其产业,以求在未来的知识经济竞争中取得主动。

1997年7月开始刮起的亚洲金融风暴再次证实了通过高新技术产业来调整经济结构,摸索一种健康而安全的经济发展模式的重要性和紧迫性。1998年召开了亚洲圈地区科技合作会议、第二届国际工程院圆桌会议以及亚太经合组织第六次领导人非正式会议。会议的成果之一就是在依靠科技、加大发展高新技术产业的力度、加快经济结构调整、加快技能开发以及开展地区合作上取得了广泛的共识,并在第六次领导人非正式会议上通过了《走向21世纪的亚太经合组织科技议程》和《吉隆坡技能开发行动计划》两个极其重要的文件。事实上,韩国、新加坡、日本以及香港、台湾等亚洲国家和地区均已根据新的形势出台了发展高技术、鼓励创新的计划,把大力发展高新技术产业作为保证今后经济健康发展的一项重要措施。

### 全球兴起人才教育培训热

1994年诺贝尔奖获得者贝克尔最近指出,现代经济的前途在于知识经济,而发展经济的核心在于培育持续创新的人才。美国总统克林顿年初的一次讲话也指出,"我们迈向21世纪的知识经济,需要有新的战略,但实现教育领先的目标比以往任何时候都更为重要。"欧盟1997年发表的《2000年议程》和《走向知识化欧洲》两份重要报告明确要求把知识化放在最优先的地位，强调加强教育与培训是一种战略投资，是各成员国的立国之本。加强基础教育和职业技术培训已经成为各国21世纪的重大社会问题。

欧盟委员会提出了投资关于2000～2004年加强教育培训和青年培养的计划。美国1998财年的教育培训费比上一年增加了近20%，达到510亿美元，并计划到2002年再增加到600亿美元。日本文部省大学审议会公布的大学改革报告提出，到2009年实现"全员上大学"的目标，即希望上大学的高中毕业生都有上大学的机会，要将研究生的人数从目前的18万人增加到2010年的25万人。巴西提出要把教育经费在国内生产总值中所占的比例从1997年的4.6%提高到2007年的6%。南非1998～1999年度政府预算中教育经费所占的比例已升到28%，达到近90亿美元。新加坡第二个国家科技发展五年计划规定，人才培训费由3591万美元增加到1.79亿美元，而且要另拨1071万美元，专门用于中层管理人才和工程师的培训。瑞典在1997年启动了一项"提高知识水平"的计划，这是目前欧洲规模最大的一项成人教育计划，将持续到2002年，总投资高达200亿克朗(合16亿英磅)，培训人数将达到62.5万人。

发展网上教育是目前许多国家加强教育的一条重要举措，美国教育部提出的"面向21世纪的学校现代化计划"，其中的一个重要目标是所有的教室和图书馆到2000年都与因特网联通。英国首相布莱尔宣布，投资45亿美元在4年内让所有的学校都上因特网，法国政府也批准了一项总投资达150亿法郎把信息技术引入教育系统的三年计划，日本邮政省和文部省决定投资400亿日元在中小学建立大容量的光纤网，并与因特网联通。网上教育正在成为各国培养21世纪人才的重要手段。

## 世界主要发达国家科技政策的新特点

近几年来，面对科学技术的迅猛发展和激烈的市场竞争，世界主要发达国家在观念上对研究与发展工作采取了更为现实主义的态度，企业尤其是国际性大企业加大了对R&D的投资并走上了联盟和联合进行研究的道路。

### 欧美国家对研究与发展采取更为现实主义的态度

根据美国工业研究所1998对美国领导人进行的调查显示，美国领导人目前越来越关注R&D的投资效益，他们优先考虑的问题是：研究与发展工作如何适应企业的发展战略；短期R&D与长期R&D的平衡；新技术与社会发展战略的结合。欧洲多数国家领导人也对此持有相同的态度，他们指示研究机构要算好效益账。

### 政府对R&D的投入比重降低，企业投入增加，日本在投入比例方面领先世界各国

据经合组织(OECD)的统计，日本在1991年用于研究与发展费用曾达到占其国民生产总值的3%，1996年下降到2.83%。尽管如此日本仍然保持R&D占国民生产总值比例的世界最高地位。目前世界上只有少数几个国家能超过2.50%，以1996年为例，韩国为2.79%；瑞士为2.75%；美国为2.62%；芬兰为2.59%。美国最近几年减少了对军事R&D的公共投入，但企业增加了投资，因此其全国R&D占国民生产总值的比例基本上保持稳定。如1991年R&D占国民生产总值的比例为2.61%，1996年为2.62%，1997年为2.64%。德国在1991年曾与美国并驾齐驱为2.61%，但最近几年政府对R&D的投入大为减少。德国1996年对R&D投入占国民生产总值降到2.28%，1997年降到2.26%，而美国则一直保持2.60%以上水平。法国从1996年起领先德国为2.32%，但与1993年曾达到2.45%相比显然下降了不少。

### 美国仍保持世界科技领先地位

不论是在学术研究还是工业R&D方面，美国以占全世界48%的份量雄踞世界首位。1997年美国全国对R&D的总投入(包括公共和私人投资)达2 070亿美元。这个数字几乎等于法国1999年财政预算。美国总统克林顿和副总统科尔不放过每一个机会强调科学与技术的重要性，称这是政府为社会和企业服务的两个主要方面。虽然美国近几年军事研究费用有所减少，但民用研究费却一直保持相对稳定，尤其是卫生领域每年以10%的速度增长。同时，美国的企业增加了对R&D的投入。1997年美国企业投入R&D的费用为1 070亿美元，超过了联邦政府的约

1 000亿美元的公共 R&D 投资。

### 合作成为各国科技政策的重要组成部分和参与国际竞争的必要手段

欧洲联盟的科技合作政策成效显著　当今世界，面对 R&D 项目所需经费的爆炸性增长和剧烈的国际竞争，研究单位与企业之间的合作、企业与企业之间的合作、公共研究与私人研究之间的合作以及国际间的科技合作等已成为提高效益，减少研究投入的最佳途径。联合国教科文组织在一份报告中指出，欧盟最近5年来企业之间的科技合作发展势头迅猛。比如欧洲联盟所资助的尤里卡计划就是一个成功的合作范例。

在基础研究领域这种合作的趋势更为明显，比如天文学和核物理研究所必需的试验手段将迫使各国政府进行合作和分摊费用，欧洲核研究中心（CERN）在法一瑞边界正在兴建的粒子加速器项目已成为国际性的了。美国投了5亿美元，日本也投了资。其他项目如天文望远镜等也是同样情况。

美国公共实验室和私有企业之间的合作促进了美国经济的发展　据美国国家科学基金会的报告，美国目前已签有3 512个公共实验室与企业的合作协议，主要分布在能源（1 553个）和国防领域（1 000个），其他为贸易、卫生和农业领域等。最近，美国十几家单位和联邦实验室（包括 NASA）以环境保护为主题参与底特律几家汽车制造厂的新一代汽车发展计划。美国政府非常明确的强调：美国联邦实验室所拥有的宝贵技术不能只为联邦部门使用，它们也必须用来提高美国企业的竞争能力。与此同时，美国近期制定了一个先进技术发展计划，以促进那些在经济社会中应用范围广泛并有潜在应用前景的高风险技术的发展。美国目前的科技政策是优先资助公共实验室和企业之间联合进行的项目。

法国在企业—研究单位—企业的合作中取得了成功　据统计，从1995年起法国企业对 R&D 的投入超过了国家的公共投入，成为研究与发展的主力军。法国除积极参与欧洲联盟的科技发展计划外，还挑头组织法国自身企业之间以及与国际之间的科技合作。目前已有35家私有企业和公共实验室参加了该合作项目，其中也有美国和欧洲在法国的子公司。这项合作的具体成果是在不到3年时间内已开发了400个小麦基因标记，每个参加者拥有自己所开发成果的知识产权，并可以分享其他合作伙伴的成果。

## 部分国家和地区科技发展状况、政策与趋势

### 美国

#### 科技发展状况

R&D 支出占 GDP 比例为近六年来最高值　1998年美国用于研究与开发（R&D）的总支出达到2206亿美元，比1997年的2056亿美元增加7.3%，增长率为5.3%。在这2206亿美元中，绝大多数支出是用于开发，预计占总量的62.4%，有1364亿美元；用于基础研究的有344亿美元，占总量的15.2%；用于应用研究的有498亿美元，占总量的22.5%。

从经费的投入格局来看，工业界的 R&D 投入占绝大多数，达到1437亿美元，占全国 R&D 总支出的65.1%。联邦政府的 R&D 投入为666亿美元，占全国 R&D 总支出的30.2%。

R&D 总支出的其余部分来自高等院校和州以下各级政府的 R&D 投入，预计为103亿美元，比1997年实际增加3.4%。

虽然美国 R&D 占 GDP 的比值并不是世界第一，但是它经济规模大，研究与开发经费的绝对值仍然远远超过其他任何国家，甚至比日本、德国、法国、英国和意大利的总和还要多。

重视 R&D 预算中的基础研究　经国会审议和批准，美国政府1999财年研究与开发经费将首次超过800亿美元，预算总额为802亿美元，比上一年增加41亿美元，增加幅度为5.3%。

基础研究经费在联邦政府预算中继续受到重视，预计1999财年用于基础研究的经费将为175亿美元，增加18亿美元，增长率为11.3%。增加幅度最大的仍然是 NIH，预计其基础研究经费将增加11亿美元，增长率为14.6%，总额84亿美元，占整个联邦政府基础研究经费的48%。几个主要承担 R&D 工作部门的基础研究经费也得到显著增加，包括国家科学基金（NSF）增加10%，总额为24亿美元。

重视全球气候变化问题　作为世界上温室气体第一排放大国的美国，其排放量占世界总量的23%左

右。按照京都议定书的规定,美国要在2008～2012年间把其温室气体排放量减少到比1990年排放量低7%的水平。为此,克林顿提出了美国就削减温室气体排放实施税收刺激和研究开发的一揽子5年计划:克林顿建议实施63亿美元的税收鼓励和R&D计划,作为美国气候变化对策中的关键措施,并在1999财年预算中提出了5年总计36亿美元的税收鼓励措施和27亿美元的R&D投资。克林顿的计划还包括与工业界建立伙伴关系,制定计划削减温室气体排放;促进联邦采购政策的调整,刺激节能产品市场的发展与扩大等。

*可持续能源战略* 美国的能源战略包括了石油战略和可持续能源战略。美国继续在全球范围掠夺石油资源的同时,联邦政府根据1990年《清洁空气法》和1992年《能源政策法》继续采取与工业界合作投资、开发的可持续能源政策,积极支持清洁能源和可再生能源及电动汽车等领域的发展。

*面向21世纪的网络计划* 近两年美国政府加强了对计算机和信息技术的研究与开发活动的协调,经过调整和精炼后拟定了计算、通讯和信息技术R&D计划,以取代成果颇丰的高性能计算和通讯计划。目前该计划仍在协调和调整过程中,主要的R&D活动集中在高级计算和计算方法,大规模网络(包括下一代互联网计划),高可靠性系统,人类中心系统,教育、培训和人才培养等5个领域。

*人类基因组计划* 美国人类基因组5年计划(1993～1998年)的主要目标已经顺利完成,下一个5年计划(1998～2003年)已经制定,将目标集中在攻克人类DNA测序,在2003年前完成全部人类基因组DNA顺序的测定工作。未来5年人类基因计划有以下8个目标:人类DNA测序;测序技术;人类基因组顺序变异;功能基因组学技术;比较基因组学;伦理、法律和社会影响问题;生物信息学和计算生物学;培训。

*海洋政策与研究* 在1998年"国际海洋年",美国政府于6月中旬在加利福尼亚州蒙特雷市举行了全国海洋会议。美国总统克林顿和副总统戈尔均到会并发表了重要讲话。这次会议就保护海洋生态环境、促进海洋商务的发展、扩大海洋资源的开发与研究、保障海洋的自由与开放等方面达成了共识,确定了美国面向21世纪的海洋政策:保护海洋,不进行近海石油开采;建立持续海洋渔业;建设21世纪港口;促使国会批准加入海洋公约;保护珊瑚礁;加强海洋勘探;监视气候变化和全球变暖;促进军用数据和军事技术的民用化。

美国海洋大气局的预算自1994年大幅度增长以来,一直维持在19亿美元以上,1998年接近20亿美元,1999年将达到22亿美元,比1998年增长了10%。

### 科技发展政策

*科技发展的基本战略* 美国政府科学研究的国家目标是:建立一流的科研基础设施,吸引全世界最优秀人才,保持世界领先地位;培养最优秀的科学家和工程师;提高全民的科学素质;在政府、高等院校和工业界之间建立广泛的合作关系,高效利用各种资源;为国家目标服务。

美国的主要技术政策是:创造健康的鼓励竞争的商业环境,刺激技术创新;采取优惠的经济措施,创造良好的制度环境和贸易政策,引导和保护技术创新;鼓励人员流动,政府同企业分担新技术开发风险和成本;建立以高新技术特别是信息技术为基础的国家基础设施。

美国政府的教育目标是:培养高知识素质的劳动大军;造就世界最优秀的科学家和工程师;保证高质量的初等教育。

*鼓励技术创新的政策* 美国政府不仅使用常规的增加R&D投入和减少税收政策手段,还使用了多种政策工具,对技术创新给予鼓励并创造条件,这主要表现在以下三个方面:联邦政府对R&D直接投资,其特点是一方面对基础研究进行大力支持,另一方面还通过一系列技术伙伴计划,对民用技术开发、商业化和应用进行支持,分担新技术投资风险和成本;创造有利于技术创新的环境,主要包括刺激竞争和反托拉斯法的制定、知识产权保护、鼓励科技人员流动、鼓励创新的税收措施,以及实行政府采购制度等;为技术创新建立以高技术为基础的21世纪国家基础设施和条件,主要包括信息高速公路、智能交通系统计划、全球定位系统计划,以及开发包括开发计量、标准设置、数据测试和评估的先进方法等。

## 日本

### 日本科技政策与体制新特点

1998年的日本科技有以下八大特点:

当前,日本面临"变革的时代",提出了科技要从四个方面作努力来适应"变革时代"的需要 一是从宏观上认清内外的各种课题和国民与社会对科技的要求;二是创造出优秀的科学成果来;三是把研究成果转化到社会中去;四是加强对研究的评价工作。

继续重视科技,增加对科技的投入 1998年日本预算支出十多年来首次出现负增长1.3%,而科技总预算仍增长1%,为3兆19亿日元。

改革现行的行政体制 将科技厅与文部省合并为教育科技省,增加国务大臣人数,新设负责综合科学技术政策、经济财政政策、防灾的大臣,这将有利于加强和协调日本的科学研究,通盘考虑日本的全国科研战略,避免各省厅在研究课题上的重复。

日本政府将4万亿日元巨额资金投入到科学技术和信息通信上 企图通过科学技术和信息通信技术的新发展来摆脱当前持续低迷的经济困境。

改组原动力炉核燃料开发事业团(动燃),新成立特殊法人核燃料循环开发机构 新机构将建立开发的研究体制。

政府各省厅面对当前的经济低迷状况,积极采取多种措施,加速科技成果转化的速度。

科技厅1998年9月公布了年初进行的对民间企业研究开发的调查情况 结果表明企业普遍重视科技,1994~1997年研究开发费总体上增加8.1%,特别是1996、1997年两年对基础研究的投入增幅为19.6%,高于对应用研究和开发研究的投入。

日本国内高技术领域的专利纠纷出现增加势头 90年代初每年约300件,目前增加到每年500~600件。

### 科技发展趋势

政府将继续加大对科技的投入 为贯彻科学技术基本法,实现科技创造立国的目标,政府的科技经费始终保持着较高的增长速度,到2000年投入将达17万亿日元的目标。1999年的科技经费比1998年增加2.6%(科技厅的概算为7 618亿日元,比上年度增加3.5%)。

加强对基础研究和经济前沿领域的研究 科技投入支持基础研究方向比较明确,尤其是支持带有创造性的、与开拓新领域相关的、战略性的、基础的研究。从1998年通产省技术开发的政策重点可以看出,为达到经济发展目的,必须创造出一批新型的产业。他们预测的社会需求可能增长的15个领域,即医疗福利、生活文化、信息通信、新制造技术、流通、环境、业务支持、海洋、生物技术、城市环境治理、航空宇宙(民用)、新能源与节能、人才、国际化、住宅等领域,除政府支持与这些领域相关的研究开发外,还将引导企业界加大对这些领域的投入。

进一步改善科技发展的环境。为改善科技发展的内外环境,提高研究机构和大学的研究开发能力,日本将继续实施已经开始实行的一些措施,如打破研究公务员的终身制,引进任期制,增加研究人员的流动;允许兼职,加强产学官的联系;充实研究支援体制,增加研究辅助人员;增加博士生录用,年轻研究人员在国外进行研究;建立专利个人归属制度,调动个人的积极性等。此外,科技厅系统将从1999年起试验性地进行国立研究所独立法人化的改革,以自立和效率化为目的,放宽对研究经费和人事的限制,给研究所一定的自主权。

## 英国

发展科技的新措施如下:

### 加强领导,重建科技理事会

1998年,英国决定重新组建科技理事会。其主要任务是:为发展英国的科学技术,并使科技最大程度地创造国家财富和改善民众的生活质量;作为政府的最高的科技顾问机构,为首相就英国科技发展的框架和战略性的政策提供咨询;根据政府的需要,就国家的一些具体的重大战略问题提出咨询意见。

### 重视知识经济的研究

为了更好地利用知识经济所带来的发展机遇,英国政府近年来在科技和工业政策上有着明显的面向知识经济调整的趋势。第一,政府在贸工部内专设了"未来研究小组",负责研究在知识时代如何发展未来的工业和市场的政策;第二,政府加大科技投入,加强知识生产基础的设施建设,决定今后三年科学预算按不变价计算稳定增长15%以上,支持大学和科研机构的科学基础建设,以保持英国拥有世界一流的科研基地和科技实力,使英国发展成为欧洲知识经济时代的先驱;第三,促进信息技术发展,狠抓信息技术人才和技能的培训。

**着眼未来,启动"网络年"计划**

为造就一支符合下世纪国际竞争需要的劳动大军,政府启动了一项"网络年"的计划,加强对中小学生进行计算机教育,准备花5年时间将英国的3.2万所中小学全部联上因特网。"网络年"计划引人注目的是,充分调动社会各界的参与,特别是吸引企业提供技术和资金,使项目引入竞争机制,有意识地通过鼓励有关厂商之间的竞争,使参与该计划的学校从中获得最实惠和最经济的技术。

**争取主动,出台电子商务发展规划**

英国政府为了在信息化的经济竞争中占居主动,1998年10月上旬出台了《网络的利益:英国电子商务议程》,鼓励各行业充分利用信息,提高效率,开拓市场,增强竞争力。英国政府提出2000~2001年期间,要力争实现90%的日常货物采购电子化,另外还准备到2001年将25%的政府业务网络化。

**大力推动"技术预测计划"的实施**

英国工党自1997年执政以来,积极支持上届政府创立的"技术预测计划"项目。为此,英国政府贸工部拨出1 000万英镑,设立了"技术预测/联系奖"。该项举措不仅表明了英国新政府对"技术预测计划"的坚定性,同时也为了进一步鼓励更多的企业与科技界合作,并奖励旨在此"技术预测计划"优先领域脱颖而出,作出杰出成就的人士。

英国政府1998年3月公布了《白厅技术预测计划审计报告》以及主要的调查结果和建议,为今后政府部门促进"技术预测计划"的效率提供了评价标准。

英国的"技术预测计划"是英国本时期科学、工程和工商界的精华大荟萃,亦已成为振兴英国经济的一项重要计划,它对政府制定未来的科技发展规划将起着十分关键的影响作用。

**激励科技成果的转化**

科研与产业结合是推动和促进科研成果转化为生产力的必然途径,为此,英国政府近些年竭力鼓励科技界与企业合作,实施了一系列促进科研与产业合作的计划和奖励,例如,"技术预测计划"、"联系计划"、"教研公司计划"和"工业与学术界合作奖"、"技术转让奖"、"实现我们的潜力奖"、"小企业研究与技术开发奖励计划"和"小企业产品开发奖励计划"等。这些计划和奖励有力地推进了科技成果的转化,已取得了令人鼓舞的成就。

**成立生物科学网络**

生物技术是英国的强项,处于世界领先地位。但为了进一步协调好全国的有关科技力量,使英国在此领域处于不败之地,政府内成立了一个专门负责全国有科研实力的9个从事生命科学研究的研究所,成立了一个实力雄厚的生命科学网络。

该网络的主要任务是:集中英国政府从事生物科学和生物技术研究的精华,充分利用现有的各种专家和特殊的研究设备,开展长期的跨学科的基础研究、战略性研究和应用研究,并为政府部门、企业、其他研究机构和团体提供各种专长和咨询,制订战略性的研究计划,开展独立和合作研究项目,加强交流,互通信息,同时也注意开发科研成果等。

### 法国

法国是当今世界重要的科技大国之一。它拥有一流的研究人员、先进的科研设备和相当充足的科技投入。然而在技术创新和成果的转化方面明显落后于美国和日本,为此法国政府在全国范围内举办了一系列技术创新研讨会并制定了如下方向:

**确定国家今后研究开发工作的总目标**

在今后四年内,大幅度提高法国科学出版物在国际上的比重;增加法国专利在世界上的数量;创建400个高新技术企业。

**建立全国科学委员会** 该委员会的宗旨是向政府提出科技政策的方向和重点,委员会由30人组成,除科研机构和大学研究员外,其他1/3来自企业界,另1/3是聘请国外的专家学者。

**对公共研究机构进行改革** 改革的重点是国家科研中心和国家卫生与医学研究院。作为改革的第一步是对它们的目标要求进行量化。在今后4年中,政府与研究机构签订的新合同中必须规定研究人员平均年龄的降低、对外流动人员数和向企业转移的研究成果量。如达不到合同规定的要求,将导致政府预算拨款的减少。将传统的向实验室或研究所拨款改为向研究人员或研究小组拨款。另外压缩各种会议,让研究人员把时间和精力都放在实验室去。

**协调研究机构间的活动** 为减少和避免研究项目的重复和资金的浪费,如国家科研中心与原子能委员会在生物技术和宇宙科学方面建立各种协调委员会。为此新设立的技术研究基金和国家科学基金可作为协调的杠杆，将基础研究与应用研究结合起来，这一活动的重点是研究人员的培训和扶持多学科研究小组。

**鼓励研究人员创建企业，加速研究成果的转化** 拟采取的措施有：创建初期的一年半，研究人员可利用原所在实验室办公设备；研究人员在创业的头5年，按工作调动处理，一旦企业失败，仍应安置研究职位；研究人员所在的原机构有责任帮助企业的建立；大学和研究机构应成为新企业的孵化器，为它们提供场所、设备、技术信息。

### 德国

1998年，德国教研部推出了几份重要的政策报告：1月的《德国技术能力报告》；2月的《98年德尔斐研究报告》；6月的《98德国科研报告》。这三份报告详细阐述了德国的技术发展现状和未来，指出了当前德国在研究开发方面资助的重点和未来发展战略。

《德国技术能力报告》指出，德国尖端技术（研究开发费用占销售额的比例大于8.5%的产品和相关技术）已占工业生产的11.7%。德国是欧洲最大的技术出口国。另外，在德国每百万就业人口中就有新发明专利190项，而这个数字在美国是140，日本为180。德国作为只有8200万人口的小国，它创造着世界上10%的自然科学技术知识，处于世界领先地位。《98德尔斐研究报告》在广泛问答和调查的基础上对未来的某些科技发展趋势和技术成就做了评估，科学技术将改变不久的未来：

**企业的组织结构将有明显的改观** 未来型企业的产品、服务和内部运转将完全由用户的需求决定。中小型企业形成生产联盟。

**多媒体技术将成为日常技术** 知识社会的技术基础将日趋完善。对多媒体技术的需要将不断增加。网上购物和安排国外度假仅需操纵鼠标和采取“数字货币”支付就可以变为现实。

**一种新型的职业、成人教育体系和教育文化将产生** 虚拟的世界大学和人民高等学府教育越来越普及。按需提供多语言的多媒体信息服务成为可能。

**在2015年以后环保技术将能够修复被破坏的生态** 比如，热带雨林将重新恢复茂盛；沙漠化趋势将由此得到抑止。

**可再生能源的使用将扩大20倍，达到那时发电量的10%（而且其中不包括水力发电）** 在汽车和建筑方面的技术进步将减缓对生态的破坏，降低二氧化碳排放的斗争将取得明显的进展。

**2006年** 新一代国际互联网完成，信息将实现实时传播。电话服务和活动图像的传递将实现标准化。

**2007年** 由于采用柔性（灵活）建筑方式，房屋将可以随时改建拼装。

**2009年** 将可以利用生物特征（如指纹、脸型、皮肤结构等）全自动地在出入检查口对人进行真伪识别。

**2010年** 将出现新型的、可放在书包里的、柔韧结实并可以折叠的塑料显示器。

**2015年** 窗户玻璃可以产生电流，透明的高分子光电池将可以当作玻璃使用。

**2020年** 将出现存储能力比目前半导体芯片大千倍的生物芯片，并投入使用。

1998年9月，社会民主党与绿党签署了联盟条约并组成了新政府。新政府准备采取的措施是：

**新政府从1999年度联邦财政预算中继续加大对科学、研究与创新的资金投入** 扫除科学、研究与创新活动资助项目管理机制中的文牍作风；继续推动具有多种组织形态的德国科学体制的进一步改革与完善；明确科研机构职责，提高科研机构运作的透明度、灵活性和责任感。

**新政府特别强调加强对中小企业研究、开发与创新活动的政策倾斜** 支持高新技术企业的创建，力争在经济全球化带来的国际分工的重新定位过程中，尽快淘汰和转移低科技含量产品、高耗能产品和污染环境产品的加工和生产；要尽快占领资源消耗少、环境污染小、技术含量高、经济回报高的创新高技术产品市场，将德国变成一个主要依靠出口技术而较少依靠出口产品的国家。

**加强对具有战略指导意义的主导项目的资助，逐步取代以往一般性项目的资助方式** 广泛开展社会各界对话与协调，共同制定得到各方认可、涉及德国科研体制结构调整的现代化科技政策，将涉及社会问题、生态问题以及关键技术等具有战略意义的研究领域作为科研项目资助重点。加快使德国转化为高技术国家的进程。

## 意大利

1997年,意大利大学科学部向议会提交了《关于意大利科研体系改革大纲》,明确了意大利科研体系改革的思路和方向,在科研体系改革方面迈出了新的步伐。

改革的基本目标是:

科研体系改革的基本目标是建立一个全新的完整的国家研究与创新体系。它要具备下述几项功能:科研实体的开发和利用;评估;监测、预测;规划、计划;培训;科普;技术转让;国际化;信息交流。

改革要点如下:

### 建立高层科技决策体系

*建立新的战略指挥机构* 为把科研政策和国家其他重大战略决策(如国家安全、经济发展、政治关系)结合起来,必须建立新的战略指挥机构进行协调、规划和评估,于是1996年建立了由政府总理直接领导的"国家研究与创新政策部长委员会",成员包括大学科技部、外交部、计划部、工业部、卫生部和农林部的部长。

*建立经济计划部际委员会(CIPE)* 负责科研总体规划,制定经济政策,确定年度预算。它在科研方面将侧重重大决策和资源分配的功能,不审议和管理具体项目,它通过审批"国家研究与创新计划"来分配科技资源,协调各政府部门的科技预算。

*建立研究和技术委员会* 为辅助总理、大学科技部长和经济计划部际委员的工作,将成立研究和技术委员会(CRT)。其成员为科技界、经济界、社会界的专家(外国人也可进入),由总理任命,任期4~5年,可撤换。CRT将取代原来的国家科学技术委员会。

*建立国家科学咨询委员会(CNCS)* 作为国家科技咨询机构,对自上而下的科技决策过程起一个修正和完善的作用。CNCS按大的技术领域设立,由科技、经济和社会界专家组成,具体任务由大学科研部长决定。原来国家研究委员会所设立的15个学科的国家咨询委员会将被撤销。

*建立系统的运作* 为支持国家研究与创新框架计划,将在目前拨给各科研机构的经费的基础上追加经费,建立由CIPE分配的国家干预综合基金,推动科研为国家目标和重大项目服务。国家科研目标将反映在国家研究与创新框架计划中,其运作模式类似于欧盟的科研框架计划。政府各科研管理部依据框架计划,转化为实施计划,这样无论是资源分配还是项目内容,始终可以得到统一协调。各有关行政管理部门可以自主决定具体的行动计划、招标方式、基础设施建设和对各自下属机构的领导。在具体操作时,可聘用局外人对计划、项目进行预评估。

**改组大学科技部** 大学科技部在改革过程中将逐步减少直接管理科研的功能,发展对整个科研体系的支持功能。改革后,其主要任务是:为科研总体规划作技术性准备;对科研实体、科研计划进行监测和监督;对科研的影响进行分析和预测;对科研体系和科研规划进行评估;对高级科研人员进行持续的职业培训;普及科技文化;双边及多边科研合作关系;推动科技信息传播。

**改革科研拨款制度** 将现存的多层重叠的科研拨款机构和渠道,简化成三条主渠道:(1)*预算性拨款* 旨在保证公立科研机构的基本运转。(2)*选择性拨款* 对科研机构自下而上申报科研项目进行有选择的拨款,大学可自由选择科研项目;公立科研机构申报的项目必须符合科研管理部门确立的目标和规划;在符合指导方针的前提下,对中小企业的科研课题进行专项拨款。(3)*对国家级的多年框架计划项目的拨款* 这种拨款是在申报者之间进行竞争后,自上而下择优录取的。

**改组科研机构** 科研机构改革的基本宗旨是完善科研体系,提高科研效率;基本方针是"简政放权,加强集成"。主要任务是对各科研机构进行普查和评估,新界定各科研机构的目的、任务,通过合并和兼并,减少小型科研机构的数目。

### 推进企业科研

*改革传统资助方式* 意大利1982年设立的应用研究基金和技术创新基金,是专门支持企业科研的基金,前者由大学科技部管理。由于这两个基金的审批过程较长,影响了基金的使用效率。因此,大学科技部在1995年改进了基金管理程序,简化了审批手续。目前大学科技部和工业部正在研究进一步简化手续,将项目审批时间缩短到半年。今后改革的目标是逐

步统一两个基金的管理和审批程序,最终将两个基金合并。

*建立自动减税机制,制定科研减税政策* 这种减税机制是一种全面的、自动的和中性的支持方式,只要企业进行了科研活动,就可以自动地减税,收效快、灵活、有针对性。既能促进企业科研,又能提高国家资助科研项目的质量。

**建立合理的科研人员的管理、使用和流动机制** 科研人员的劳动和公共管理人员的劳动是完全不同的,应当建立专门的管理制度。基本思路是:力求使公立科研机构的编制更加灵活;允许公立科研机构引进有期限的用工合同制;在有关待遇的集体合同中,允许根据具体情况给予特殊待遇;允许科研人员分享额外的科研项目成果所创造的利润;允许大学和公立科研机构的科研人员临时性互换交流;对有专长的科研人员的使用年限、出国工作,制定宽松的政策。

## 欧盟

1998年是欧盟科技发展十分关键的一年。欧盟制定了跨世纪的第五个研究与技术开发和示范总体规划(简称第五个科技总体规划)。与前四个科技总体规划相比,第五个科技总体规划确定了欧盟水平上的优先研究领域,集中力量,有限目标,使研究更具战略性;规划注重解决社会、经济发展的重大问题,使研究更具有效性;规划将应用研究、基础研究、技术开发、技术示范、技术转移和推广融合在每一个专项计划中,使研究更具协调性;改革规划管理,简化管理程序,缩短决策周期,使规划的管理增加了灵活性。第五个科技总体规划的预算总经费为149.6亿欧元。

第五个科技总体规划的专项计划是详细描述总体规划五个行动的工作计划,它提出了总体规划的优先研究领域和优先项目。其主要内容如下:

**第一行动:包括四个主题计划** 生命资源管理和生活质量;友好的信息社会;竞争力增长和持续发展;生态系统保护。

**第二行动:欧盟研究国际地位的显示** 这一横向主题是第五个科技总体规划的国际科技合作专项计划,主要活动包括:(1)*与加入欧盟的候选成员国的合作* 包括10个东欧国家和塞浦路斯。(2)*与独联体国家和其他非入盟候选国的中东欧国家的合作* 合作的主要领域为物理、数学、生物学、化学、地学、农学、生物医学、材料科学、激光、信息社会、航天、运输、人文科学。(3)*与地中海伙伴国的合作* 合作集中于地中海沿海地区的集成管理;水资源管理;旅游事业发展中自然资源的可持续管理;文化遗产的修复和保存;现代经济—社会条件下的发展。(4)*研究服务于发展* 这是与发展中国家的合作专题,内容是:可持续发展的政策、经济—社会条件和机制;自然资源的持续利用和管理;健康的改善。(5)*与工业发达的国家和新兴经济国家的合作* 合作集中于专项计划的关键行动和基础研究。(6)*研究奖学金* 建立面向发展中国家、地中海地区国家、新兴经济国家具有相当于博士学历的年轻研究人员进入欧盟实验室进行总体规划项目研究的奖学金体系。此外建立提供少量欧洲青年研究人员进入专门的、高水平的、面向工业研究的实验室进行研究的奖学金体系。(7)*科技总体规划与欧洲其他研究计划的协调。*

**第三行动:促进创新和鼓励中小企业参加研究** 这一计划是为促进技术创新,增强企业竞争力,加强研究与企业结合,创造就业而设立的。主要内容包括:(1)*更好地应用欧洲研究成果* 建立项目周期内的阶段成果鉴定、知识产权保护、研究成果开发转让、私人资本进入成果应用的机制;组织信息交流;在创新组织中引入竞争机制。(2)*技术转让的新措施* 促进新技术的集成,分析这一过程中涉及技术、经济、组织和社会方面的问题;支持非主题计划研究成果的跨国转让和推广。(3)*研究和实践* 定期出版《欧洲创新通报》;组织资金寻找、企业建立、创新企业发展、知识产权保护、技术转让等实践的经验交流。(4)*鼓励中小企业参加研究。*(5)*鼓励创新* 建立泛欧技术创新网,促进技术转让,鼓励企业的跨国合作;建立技术交易市场;支持科技成果的开发和技术转让;设立电子信息服务和其他技术推广的方式;加强知识产权保护;鼓励私人资本进入创新;建立有利于创新企业建立和发展的机制,包括高技术企业的风险投资等。

**第四行动:改善研究人员潜能和社会—经济知识基础** 这一横向计划旨在支持研究人员的流动和工程技术人员的培训,增加和发展他们的知识潜能。主要内容为:支持培训和研究人员流动;改善社会－经济知识基础。

**直接行动:欧盟共同研究中心(CCR)的研究活动** 第五个科技总体规划赋予CCR的研究重点为:环境和公众保护;支持欧洲工业和欧盟政策的空间技术;支持欧盟的反舞弊法规;技术前景分析;受控热核聚变。

欧洲原子能共同体计划中,欧盟共同研究中心的原子能研究活动包括:受控热核聚变、核裂变安全、核安全和材料检查、核废料管理和核废料降级。

## 俄罗斯

### 科技发展现状与政策措施

1997年年中调整后科研的总投入为12.948万亿卢布。其中,对基础研究的拨款为4.327万亿卢布,对应用研究的拨款是8.621万亿卢布,远没有达到《科学和国家科技政策法》规定的要占预算支出总数4%的标准。

由于经费紧缺,造成科研人员工资待遇低下,纷纷跳槽,另谋出路。据有关资料统计,近年来流失的科研人员中40岁以下的占60%,其中12%有博士学位。5年来俄罗斯科研单位从4 646个减少到4 364个,科研人员几乎流失了一半,现在仅剩下50多万,结果造成了科研队伍年龄结构不断老化。由于科研机构资金缺乏,不能更新设备和仪器,无力购买实验材料、订购图书杂志和参加学术会议,新科技信息积累迅速降为原来的4%,计算机数量仅为发达国家的0.3%。

为了挽救俄罗斯的科学,俄联邦政府近年来制定了许多政策,采取了许多措施,1997年5月7日,俄联邦政府又作出了《关于加强国家对俄联邦科学支持的紧急措施的决议》。规定对民用科研和试验设计研究工作的拨款不应低于预算开支的4%,要求俄科技部、俄科学院和部门科学院向俄政府提交1997～1998年度科学机构调整方案,提高研究生、博士生和年轻学者的补助金等。1997年11月11日,俄联邦总统又颁布《关于促进科技发展的措施》的总统令。1997年8月4日,在莫斯科成立了"技术创新中心",各种小型企业在经过竞争获得许可证后可进驻该中心进行成果"孵化",该中心的成立,为发展科技提供了新的支撑点。

俄罗斯科技体制改革始于1991年,甚至更早一些。颁布《科学和国家科技政策法》,发表《俄罗斯科学发展的学说》,还有最近公布的《1997～2000年俄罗斯科技改革的构想》是俄罗斯科技体制改革的转折点。

### 科技体制改革构想

由俄罗斯科技部、教育部、卫生部、建设部、科学院、农科院、医科院、教育科学院、科研单位工会组织协调委员会等机构的专家和学者组成的小组拟定的科技体制改革构想内容包括:科学是俄罗斯经济起飞、精神升华的重要资源;强化国家科学技术政策;加强科学与社会的联系;科研单位的结构体系;科技界的人才保证;改善拨款和合理利用资源;增强地方科技潜力;提高创新积极性;发展信息保障系统;完善科学法规标准的基础。

"构想"涉及到的要害问题有两个:一是从现有的科研单位中挑选那些国家应继续支持的单位。二是从庞大的科研队伍中挑选那些最优秀的人,而其他人将得不到经费支持。

该构想重点强调了以下方面:

*"构想"对基础研究予以高度重视。*

*在应用研究方面* "构想"的想法是:赋予国家科学中心以新体制,一种能将应用科学研究力量联合起来的体制。必须将国家拨款的总数同它们按照国家订货完成的工作量密切结合起来。重大的实验基地应集中在科学中心。

*发展科研及试验设计研究工作* 主要是通过制定专项纲要的方法,其核心就是同科技发展优先领域紧密结合起来。

*实现科研、高教一体化* "国家支持1997～2000年基础研究和高等教育一体化"的总纲要是实现科研、高教一体化的重要步骤。

*强调科学与社会的联系。*

*对科研单位的机构进行调整,确定俄罗斯科学体系模式* 这一模式应充分考虑科学院、各分科学院、高校及分校的作用和发展前景;这一体系对年轻的科学商务活动家来说是完全开放的。还应预先规定出联邦科学中心、科学园区、科学城一体化的结构类型。

*强调向科技界提供干部保障* 发达的科技干部培养制度是俄罗斯科技潜力再生的基础。

*彻底改变科研经费拨款制度* 此项改革已成为

今天所有改革措施中最为迫切的改革措施，在稳定预算拨款的同时，必须将预算集中到于国家最有利的、集中到俄罗斯还能够或者还应该占据世界领先地位的优先领域上来。

*提高创新积极性* 首先应该通过税收激励政策营建良好的创新气氛。国家对创新政策的重新修订将有针对性地激励优先领域研究机构的创新积极性，影响科研单位的数量及其结构。

世界经验表明，要使创新活动活跃起来，建立创新分支机构具有决定性的意义。俄罗斯已建立了创新中心和技术园区。

## 加拿大

### 加拿大的科技投人

加拿大联邦政府1997～1998年度科技经费(S&T)和研究与发展经费(R&D)决算分别为54.49亿加元和31.94亿加元，1998～1999年度预算为54.81亿加元和33.22亿加元，分别略增不到1%和4%。1998～1999年度，环境部、国家研究理事会和自然科学与工程研究理事会是自然科学领域内S&T经费的主要大户。加拿大国家统计局是社会科学领域S&T经费的最大用户。多年以来，加拿大联邦政府在S&T上的投入一直在55亿加元左右，按目前加拿大全国3 000万人口粗略估算，人均S&T经费约183加元(122美元)。而根据1998年在一次OECD国家会议上由世界信息技术与服务联盟(WITSA)公布的报告显示，加拿大人均在科技上的花费高达697美元，仅次于美国的1 207美元，日本的854美元，居世界第三位。

### 主要科技领域的发展状况

*建设世界速度最快的国家光纤互联网* 1998年8月25日，加拿大联邦宣布：加联邦政府和企业界将为加拿大研究、工业和教育网络(CANARIE)建设世界上速度最快的国家光纤——CA*net3。该光纤网的部分结构于1998年10月建成并启用。建成CA*net3网将使加拿大的通讯领域继创世界第一条长途电话、第一个海底电缆、第一个越洋无线传输系统、第一颗通讯卫星及第一颗雷达成像卫星之后，再创一个世界第一。据称，加拿大在此网络技术上比美国要领先半年。CA*net3采用了一种新的DWDM光纤通讯技术，被认为是能极大提供传输速率的革命性突破。

目前CA*net3的投资约1.2亿加元，将由政府、财团和企业合资建成。CA*net3的主要用户将是大学、研究机构和企业的研究人员。

*签署京都议定书* 1998年4月29日，加拿大环境部长在纽约联合国总部签署气候变化京都议定书，承诺将在2008～2012年将温室气体的排放量在1990年的水平上减少6%。

为保证履约，加拿大正在拟订针对京都议定书的“国家实施战略”。该实施战略在1999年5月底前提出。为此，已进行了一系列有关的研究工作，这些研究工作将为实施报告中提出的行动计划提供依据。主要研究内容包括：分析和模拟研究；交通运输研究；电力研究；支持早期行动研究；农业研究。

*完成对电脑2000年问题的初步调查* 加拿大联邦政府于1997年9月成立了加拿大电脑2000年问题研究小组，该小组于1998年3月向联邦政府提交了研究报告。根据加拿大国家统计局的调查资料和进一步的研究分析，电脑2000年问题研究小组得出结论并警告：加拿大企业对电脑2000年问题的准备是不充分的，从现在开始要下大力气解决此问题。为此，该小组向联邦政府提出了建议。这些建议主要包括：各企业应立即制定针对电脑2000年问题的行动计划；各企业要公开其解决电脑2000年问题的行动计划，使与之有关的合作伙伴能了解进展情况；金融、保险、证券等机构要有应对措施；各级政府要积极参与此问题的解决等。

*对涉及人类研究的伦理问题进行研究* 加拿大医学研究理事会、自然科学与工程研究理事会及社会科学与人文研究理事会，1998年正式推出了题为《涉及人类研究的道德规范》——三个理事会的政策宣言。该研究报告对人类遗传物质的贮藏、使用，伦理道德标准的制定等进行了广泛的、跨学科的研究与探讨，提出了可供进一步探讨的原则意见。尽管该宣言并未试图完全解决所有涉及人类研究的问题，但其确定的基本原则和基础标准，提出的主要问题和研究方向等，对今后此领域的研究具有参考价值。

## 印度

1998年新政府的科技发展策略：

### 加强国防科技发展

印度人民党联合政府上台后，提出其科技发展策略是将科技与国防相结合。这是印度独立 50 年来第一次公开强调这一点。

印度进行核试验后,印政府更加强调军事科研机构与民用科研实验室和研究所相结合,并更加强调要集中力量进行军事技术的研究。1998 年印度对国防科技研究的拨款是 177.6 亿卢比(约合 4.44 亿美元),比上年的 129.8 亿卢比增加了 36.8%。印政府对军事科研的投入增加大大超过对民用科研的投入。

### 增加科研投人,更加强调自力更生

印度核试验后,不但经济上受到国际社会的制裁,与美国等工业发达国家的科技合作同样受到限制。

面对科技领域的制裁,印政府称早已有所准备。1998 年 6 月,印度人民党联合政府又重新通过新的政府预算,将开支总额提高到 26 810.7 亿卢比(约合 670 亿美元),其中科技部的开支预算提高到 138 亿卢比(约合 3.45 亿美元),比上年的修订预算提高 5.1%。在国际制裁和资金紧缺的压力下,科技部的经费预算仍在提高,表明印政府在核试验后就有准备应付科技制裁。

印政府现在比任何时候都更加强调自力更生发展科技。1998 年 9 月,印度政府成立了一个高级研究顾问委员会,就全球未来经济活动中的科技需求及发展方向为政府提供咨询。该机构将着手制定印度主要科技与经济领域中的研究与开发议程。

## 以色列

科技政策走向:

### 进一步扶持工业研究与开发

为了鼓励和扶持企业自身进行工业研究与开发,以色列政府早在 1984 年就制定了《工业 R&D 鼓励法》。依据《工业 R&D 鼓励法》,无论是大企业还是小公司都可向政府申请工业 R&D 项目资助,若项目获得政府批准,公司企业即可从政府获得整个工业 R&D 项目批准预算 30~60% 的经费资助。《工业 R&D 鼓励法》同时还规定:公司、企业在 R&D 项目获得成功,所研究开发的技术、产品进入市场并盈利后,公司、企业需按其年营业额的 2~5% 归还从政府所得的 R&D 经费资助。政府则将公司、企业所归还的经费纳入新的预算,扩大预算规模,以资助更多的工业 R&D 项目。若 R&D 项目失败,公司、企业则不必归还从政府所得经费。

近几年来,以色列政府对工业 R&D 的重视程度越来越高,扶持的力度不断加大,在继续实施《工业 R&D 鼓励法》的同时,还推出了旨在进一步加强工业 R&D 的计划,如"磁石"计划、"高技术孵化器"计划等,进一步加大扶持力度,以期推动高技术产业的进一步发展。政府用于支持工业 R&D 的经费预算也不断增加,1998 年已达到 4 亿多美元,约占政府 R&D 总预算的 40%。目前,以色列用于工业 R&D 的费用占全国 R&D 总投入的 47%,对工业 R&D 的较高投入使以色列整体工业 R&D 水平迅速提高,加速了高技术产业的发展,对其经济发展产生了巨大推动作用。

### 大力发展风险投资基金,促进高技术产业的发展

在大力吸收境外风险投资的同时,随着以色列工业研究与开发能力的不断增强,以色列本国的风险投资也得到了迅速发展,从发展初期的 1985~1997 年 13 年间增长了 120 倍。以色列人均高技术风险投资资金的占有量居世界首位。以色列风险投资协会的报告显示,仅 1998 年上半年,以色列的高技术风险投资就高达 2.76 亿美元,与 1997 年同期相比增加了 70%,高技术风险投资基金的快速发展,风险投资力度的不断增强,使以色列高技术产业迅速发展,高技术产业已成为以色列经济发展的支柱。目前高技术产品的出口已占以色列整个工业出口的 70%。

### 国际科技合作得到进一步加强

以色列政府十分重视国际科技合作,并采取了一系列措施鼓励科技界和企业界大力开展国际科技合作。经过不懈努力,以色列在国际科技合作事业中取得了巨大的成就,目前已同包括中国在内的 50 多个国家签订了科技合作协议,同美国、德国等十几个国家建立了双边科技合作基金。鼓励科技人员走出国门积极参与国际科技合作和科学交流是以色列政府促进国际科技合作的又一有效措施。以色列的科学家都可以从政府得到一笔用于参加国际学术会议、进行学术交流的专项费用,每六年便可以到国外做为期一年的访问学者,在此期间政府仍支付工资。

和国际科技界的广泛接触与合作使以色列获得巨大的利益。据统计,仅"以、美双边工业研究与开发基金"自 70 年代建立以来,就资助了近 500 个工业

R&D项目，到1996年所资助项目的累计直接销售额已达26亿美元。此外，以色列96%的科技论文是在国际刊物上发表，1/3的论文是与国外同行合作完成，这充发显示了以色列科学研究的高度国际化。可以说以色列正是通过与国际科技界的融合培养了自己的科技人员，扩展了研究领域，提高了整体科技水平，并以此为基础使以色列在一些技术领域如电子、生物、农业技术等跻身于世界先进行列，继而发展起了以这些先进技术为依托的高技术产业。

**加强高技术人才的培养**

在发展高技术产业中人是第一要素。以色列的高技术产业能够迅猛发展是与以色列拥有大量高素质的人才分不开的。1948年建国后，以色列政府便确立了“科技立国”的指导思想，以后各届政府都十分重视人才培养，不断加大对教育的投入，近几年来以色列对教育的投入一直保持在GNP的9%。

为了满足高技术产业对各类专业人才的需要，进一步促进高技术产业的发展，以色列政府采取了一系列措施加强对高技术产业所需人才的培养，除了进一步加强正规教育外，政府还推出了一系列专门为高技术产业培养人才的成人教育计划。如工贸部于1998年1月制定了年预算为3 000万谢克尔（约合850万美元）的专门用于为高技术企业培训各类所需人员的计划。按照该计划工贸部对小型高技术企业的人员培训提供80%的经费资助，对中型企业给予60%的经费资助，对大型企业提供40%的经费资助。此外，以色列劳动与社会福利部也于1998年初制定了一个为高技术产业培训人员的庞大计划。依据该计划劳动与社会福利部在今后三年内为高技术企业培训6 000名各类专业技术人员，培训期为一年，根据需要，其中2 000名技术人员将在大学接受计算机工程、软件、通讯和微电子领域的专业培训，2 000名技术人员在技术学院接受管理系统、信息系统等方面的专业培训，2 000名技术人员将在技工学校接受电子、电气等方面的技术培训。可以预计，这些人才培训计划的制定和实施将对以色列高技术产业的进一步发展产生巨大的推动作用。

### 韩国

**制定实施跨世纪的科技计划** 1997年4月韩国政府实施了《科学技术创新特别法》，年底科技部公布“科学技术创新五年计划”（1997年7月～2002年8月），其主要政策目标是，要大力发展科技，特别是要抓住技术薄弱环节和落后领域予以集中扶持，以尽快缩小同发达国家的差距，实现到21世纪初进入发达国家行列的目标。为此，创新计划提出了今后五年必须解决的十大核心问题，其中包括：逐年增加科研投入，把政府研究开发投入在预算中的比例由1997年的3.9%逐年提高到2002年的5%以上，五年内投资24万亿韩元（约合260亿美元），其中对创新计划投入8万亿韩元（约合88亿美元，将完成10个领域的94项国家级重点课题）；集中全国优势大力发展处于落后状态的基础研究，把基础研究预算在政府研究开发预算中所占份额由现在的14.8%提高到20%，把基础科研投入在科研开发总投入中所占份额由9.2%上调至12%，为理工大学的基础研究提供经费保障；狠抓科研队伍建设，力争在五年时间内培养19万余名科研人才，使每万人口中科技人才由现在的28名增加到40名；发展工程技术，如核心工艺、基本设计、计算机合成及综合事业技术等；开发军民两用技术，到1999年选定27个课题进行开发，2000年将制定《军民两用技术事业促进法》，并通过军民两用技术委员会选定项目等。

**强化基础研究** 1997年基础科研投资2.4亿美元，比1996年增加9%，大学教授开展的“核心专门研究”和“特定基础研究”单项课题费分别由上一年1.3万美元和5.3万美元增至1.68万美元和6.74万美元。在重点实施国家级基础科研课题的同时，鼓励大学接受企业委托课题开发，把基础科研也推向市场，继续扩大科学研究中心、工学研究中心及地区合作中心等优秀研究中心建设。1997年增建7家工学研究中心，使中心总数由38家增至45家，地区研究中心增至14家，科学财团对每一中心的资助额由100万美元增至112万美元，1998年又新建15家地区合作中心。

**加强高级人才培养** 人才培养要实现由量到质的转变，为此，将把韩科学技术院（KAIST）建成世界前十位的以研究为主的大学，把光州科学技术院发展成研究尖端科技的国际大学，同时，进一步提高“高等科学院”的基础研究和人才培养能力，研究学科由单一学科数学逐步扩大到物理、化学、生物等多学科。

研究人员增多，校址将在适当时候迁入大德科学园区内，继续增加博士后研修工作，年内向450名博士生提供800万美元，支持他们到国内外优秀研究机构进修和学习。在政府资助下，从国外招聘人才工作有新进展。研究机构和企业1997年聘用130名优秀人才，比上年增加51名。

**深化政府研究机构体制改革，提高研究效率** 继续补充、完善课题管理(即由课题带头人全面掌管课题选定、执行、管理及经费申请和使用、课题研究人员构成的课题带头负责制)，并逐步向政府其他科研院推广，以提高政府研究机构效率。《科学技术创新法》明确规定对科技人员予以优待，计划1998年起通过公开招聘办法，从包括外国认可在内的优秀科研人员中选聘政府研究机构负责人。

**加大对高新技术产业的开发力度** 通产部协同中小企业振兴厅、中小企业协调组合中央会等有关部门，建立高新技术综合服务体系。对高新技术企业从创业、人才培养、技术开发直至产品销售的全过程提供全方位服务。已从1996年年底起实施"技术担保贷款制度"和"技术保险制度"，以提供信用担保方式支持企业从新技术创业公司或其他金融机构获取贷款，用于创业及实现新技术商品化。在全国各著名大学和研究所内增设"新技术培育中心"，即高新技术孵化器，从项目入手，在资金、设备、人才方面支持掌握高附加值新技术的教授、研究员停职创业；决定在首都汉城附近建类似美国硅谷的高技术园区，吸引高新技术产业投资。

**强化对中小企业技术开发的支持** 一是资金保障。韩国综合技术金融开发资金比上年增14%，约16亿美元，科学技术振兴基金由1.26亿美元增至1.6亿美元；规定政府有关部门及科研机构拿出部分研究开发预算支持中小企业。二是技术支撑。政府提供匹配资金(研究经费的50%)鼓励国家科研机构接受企业委托研究，向中小企业提供技术和经营指导，无偿转让技术成果。1997年转让技术315项，超过过去平均每年116项的成果转让数。

## 新加坡

### 科技发展状况

*科技经费* 新加坡科技局在其制定五年框架计划时确定，1996～2000年科技经费预算为40亿新元，比上一个五年增加了1倍。据已公布的科技统计数字，1996年研究与发展经费总支出17.9亿新元，占GDP的1.35%，其中来自私营部门的比例为63%(约11亿新元)。科技经费充足一直是新加坡科技发展的一个特点。

*科技人员* 1996年从事研究与发展(R&D)的科学家和工程师总数达到10 143人，比1995年的8 340人增加了21.7%，显示了科研活动有较快扩展。目前，新加坡每万劳动人口中研究科学家和工程师为56人，超过英国1995年(56人)和接近德国1993年(58人)的水平。

*科研机构和重点研发领域* 属于国家科技局直接支持的研究院和技术中心已有15个，分别用以支持：先进制造技术、微电子技术、新材料、生物和药品、信息技术、环境等领域的研究与发展活动，这些领域都与新加坡产业密切相关，其中较有影响的机构有微电子研究院、GINTIC制造技术研究院、分子和细胞生物研究院、分子农业生物技术研究院、系统科学研究院、数据存储研究院、环境技术研究院等。

### 科学政策主要方向

新加坡科技政策近年主要方向表现在：一是总体上着眼于把新加坡建设成为区域科技中心；二是在科研活动方面强调面向产业应用；三是注重吸引科技人才。

*努力成为区域科技中心* 政府科技工作一方面着眼于本区域市场需求，另一方面着眼于国际科技发展的前沿动向。如数据存储研究院，在短短5年发展中，已先后与美国、欧洲的大学、研究所建立了合作关系，也在本地接受跨国公司委托的开发项目，这使他们有更多机会广泛了解本领域前沿技术的发展动向。这样的工作方式，使新加坡以高于其邻居国的发展眼光不断提高其研究开发水平，具备了作为区域科技中心的研发能力和发展潜力。

*促进研究开发产业应用* 国家科技局一直在促进研究院和中心面向产业界需要进行研究开发活动。一般来说，来自工业界研究经费份额应在总经费中占10～30%。具体做法是，国家科技局按照研究院的经费预算数额拨付约40%的经费，实际这笔费用已可应付主要研究项目。其余部分按照研究院从工业界获得的资助额1:1对等地拨付，即当研究院所从企业获

得相当于总预算额的30%的资助,科技局则给予另外的30%。这同时也意味着,如果研究院从工业界得到的资助少,则从科技局方面得到的经费也相应减少。这一措施促使研究院和中心多数设有专门与产业界联系的部门,以加强与企业界的接触和联络。

注重吸引科技人才　新加坡几乎没有自然资源,而人力资源是仅有的资源。国家竞争力的保持要靠高质量的各类人才包括管理人才、科技人才和技术员工。在科技方面,这一政策表现为吸引海外科技人才。

另外,创造条件使有用人才常留本地。根据政府的人才政策,当一些海外人才表现了工作才干和科研能力,而他们有意长期工作下去,便会在较短时间里取得长期居住身份(PR)。目前在大学和政府的科研机构工作的科技人才,最短可在3~6个月获得PR,无论其从欧美、印度、澳大利亚还是中国来。此外,一项大学生资助计划为来自邻国(包括中国)读大学的学生提供资助,他们毕业后将按合同在新加坡工作3~6年不等,这也成为新加坡吸引海外人才的一种重要形式。在该计划下,中国有120名大学新生来新加坡两所大学就读,并从1997年增加到200人。

# 从一些国家的科技政策看科技发展趋势

李政道

## 关于日本、美国的科技政策

基础跟应用、开发的关系,可以作这样的比喻,就像是水跟鱼,在鱼市场,没有水就没有鱼,没有鱼当然就不会有鱼市场。这是明摆着的。每个国家在这个方面都有不同的历史背景、有不同的发展。

首先让我们看一下日本是怎么做的。日本的早期是比较穷的。它早期的发展侧重基础科学研究与广泛制造廉价产品两个方面。广泛制造廉价产品这方面,我们小时候都知道,东洋货非常便宜但很不好,它靠廉价推销到亚洲的方法赚取外汇。早期日本注重基础科学的研究这一点,大家可能不很清楚。那时候,日本重要的一个研究机构是"理化学研究所",简称RIKEN。它成立于1917年。它的经费来自于皇家、政府与民间组织三个方面。他们把这些经费集中成立了一个民间科学基金。它实际上是政府的机构,但它的经费使用可以完全独立自主,这在1917年就开始了。

日本早期注重基础科学和他们后来科学上的成功以及工业上的发展有极大的关系。为什么在国家穷的时候注重基础科学的研究呢?那是因为支持基础科学的经费比较低一点。为什么在穷的时候制造廉价产品呢?也是因为比较便宜一点。二次大战的时候,麦克阿瑟将军反对RIKEN的发展,把理化所的回旋加速器沉入日本海,理化所也就此关门。直到1958年,RIKEN开始重建,初步规模很小,到1966年开始搬到东京附近的和光,便迅速发展起来。现在它有40个实验室,做各种的研究,核物理、固体物理、应用物理、基础工程、无机化学、有机化学、生物化学、微生物学等等都有。1984年在筑波成立了一个中心,有6个实验室做DNA等生物学的研究。在1986年又成立了Frontier Research Program。1990年在仙台成立了Photo Dynamics(光动力学)中心。1991年开始制造专用来产生同步辐射的高能加速器,加速器名为Spring-8,今年将可建成,是全世界最大的产生同步辐射的加速器,能量为8GeV,花了差不多8亿美元。1997年在美国成立了一个RIKEN-BNL RESERCH

CENTER，我是那个中心的主任。

我介绍这些情况是想说明：日本在早期比较穷困的时候，是注重基础研究的。正是因为重视基础研究，才有后来应用科技和企业科技的繁荣。中国国内有些报道以为日本是最近才开始重视基础研究的，这是一种误解。

理化所近年来的经费（以1994～1995年为例）90.9%是由日本政府的科学技术厅（STA）拨给的。因为RIKEN的历史比较久，有不少专利，8.6%的经费来自于专利收入，0.5%是来自民间。他们的研究主要分三类：基础、应用和开发。这三类经费开支比例，1980年是14.5%、25.4%、60%，1981年是13.9%、25.7%、60.4%，1987年是14.0%、24.3%、61.7%等。由此我们可以清楚地看到，日本基础研究方面的投资比例是相当高的，而且是持续稳定的。最近20年日本基础、应用和开发的投入基本上保持约15%、25%、60%的比例。

现在请看日本直属政府研究机构和大学科学研究的情况。政府研究机构和大学的总科研经费投入，从1987～1992年分别是（单位：亿日元）：8 799和11 437、8 680和11 792、9 147和12 404、9 305和13 251、10 015和13 740、11 156和14 759，可见二者是相当的。就是说，政府直属机构的科研经费基本上跟大学是差不多的，而且是很平稳的。近期日本政府科学技术厅的经费每年都在增加，比文部省（即教育部）还略快一些。整个加起来，基础研究15%，应用研究25%，开发60%，13年来基本分布上是均衡的。这里另外还有一些有意思的数据。国家的实验室跟大学在这三个方面个别的分布是不一样的。国家的实验室是17%为基础研究，27%是应用，56%是开发；在大学里是53%为基础，38%为应用，9%是开发。总之，我们应该有这样一个结论：日本在早期的时候，在20世纪初，它注重的是基础研究，而且非常成功。日本的科技人才几乎全部在日本接受训练，几乎全部在日本工作，也造就出了许多世界一流人才。

日本从1975～1992年的R&D经费占GNP的比例，纯自然科学占据GNP的2.77%，包括人文方面则占3%，美国是2.65%。

下面介绍一下美国。美国政府对基础科学的支持主要是在第二次世界大战之后。美国国家科学院的主要任务是咨询，是政府的顾问，所以每年国家科学院主要做顾问组织，这是针对每个事件的委员会，把报告写完，委员会就解散。它也有一些比较永久性的委员会，不过那些都是比较大的项目。比如，要研究水利问题就组织一个水利问题的委员会，或者其他某方面，如艾滋病。科学院或工程院等负责物色主持工作的人，这些科学家不一定是院士，主要是某个科技领域中最有成绩、最着力的人，有些是年轻人，当然，院士被选为主持咨询工作的可能性要大些。

美国基础研究经费的主要来源是能源部、国家科学基金会，这是物理科学的情况。美国自然科学基金1998年经费预算总数为33.67亿美元，其中研究项目支持占56%，研究设备占20%，教育和培训占20%，行政和管理占4%。能源部总的预算1996年是164亿美元，1997年是165亿美元。用在科技研究上的部分是25亿美元。这三年来基本上是平稳的，略有增减。

我常常看到中国国内的报道说，美国的基础研究都在大学。其实情况并非完全如此。从美国全部大学和前20所重要大学研究经费来源的分类表上看，能源部给所有大学的经费总数是6.16亿美元。也就是说能源部给大学的经费约6亿，而给政府直属的研究机构的约19亿美元，比大学多。自然科学基金每年的总数约33亿美元，其中大学占20亿美元，政府直属机构占13亿美元。把两个部门的加起来，大学是26亿美元，政府机构是32亿美元。所以说，美国大学的确是做基础研究，但是政府所属研究机构也做基础研究，而且经费数量都差不多。政府所属研究机构略高一些，这和日本的情况是差不多的。如进一步分析一下基础、应用和开发费用分配比例，美国和日本的情况也差不多，比例上基本也保持在15%、25%、60%。

美国和日本有很不同的历史和国情背景，因而科学技术的历史发展过程不一样，但也有其共同点。历史的差别是：日本早期注重基础，美国早期根本不注重基础。因为美国起步的时候，和西欧关系密切，工业技术已经有一定发展了。美国占了北美洲的一大部分，资源很丰富，加上西欧的知识支持，所以没费多大劲工业就发展起来了，对基础科学也就没有引起多大注意，一直到二次大战西欧受战争的损失，美国对基础科学才注意。可日本则不然，它要从封建的时代走向现代化，情况就不一样了，它必须要有一个发展战略。日本从明治维新时期就开始考虑。它的第一步就是注重基础研究和赚钱，一方面打基础，一方面把便宜的“东洋货”卖给人家赚钱。可是近期它和美国的情形差不多了。虽然它们的历史很不一样，但近期基础研究、应用和开发的经费基本上都保持在相同比例。大学、政府机构和工业间两国因国情不同有所分别，但总数是很相近的。基础研究经费在大学和政府机构约各一半。这也是很重要的。这个道理也是很清楚的，因为有很多大型的设备是没法放在大学里的，必须是政府所属研究机构才办得到。日、美从很不一样的科技发展过程演变成目前相似的措施是有道理的，R&D和GNP的比例都是2.5%以上也是自然的。这些情况可以供我们作参考。中国的历史和美国不一样，和日本也不一样。所以我觉得，应该走自己的路，要有中国特色的战略。也就是从中国的历史、中国的发展和中国的国情出发。可是美国和日本从完全不同的历史，发展到差不多样子，这里面也有一些共同的规律性的东西。我们可以把人家的经验借过来，加以研究，为我所用。这里关键的是要处理好基础、应用、开发这三方面研究的关系。

## 关于20世纪的科学发展

这里，让我们再从20世纪的发展来看基础、应用和开发这三类科学技术发展到底对后来产生什么影响。在19世纪末和20世纪初，物理科学中有两个相当重要的基础研究发现。一个是迈克尔逊－莫莱实验。这个实验证明，光顺着地球转动和逆着地球转动的速度是完全一样的。另外普朗克有个公式。热的东西放光时，会有不同的波长。普朗克对波长的分布公式提出一个猜测，与实验符合很好。这个问题用经典的方法是无法解决的。这两个发现，即光顺着地球转动和逆着地球转动的速度一样和热的东西发光的光谱，虽然都很稀奇，但当时它们同日常生活并没有什么关系。可是，从第一个发现产生了狭义相对论，第二个发现产生了量子力学。到1925年对这两个领域(即狭义相对论和量子力学)完全为人了解了，并且由此发展了原子构造、分子构造、核能、激光、半导体、超导体、X光、超级计算机，等等。假如没有狭义相对论和量子力学，这些都不会有。从1925年之后，几乎所有的20世纪的物质文明都是从这两个物理基础科学的发现衍生的。不光是应用，现在还在广泛地开发。

中国的国情和美国、日本都不一样。

极端的贫困容易使一部分人失去自尊、自信和希望。一个人要是没有自尊、自信和希望，也就不会有将来。不光是在第三世界，在发达的富国，也有部分人是在极端的贫困中生活，他们也是没有自尊、自信心和希望的。要摆脱贫困和实现人类的希望都离不开科学。

## 对21世纪科技发展前景的展望

接着我想讲一下21世纪物理科学的前景。我认为物理科学的发展前景是很好的。为什么呢？因为目前的处境正像20世纪初出现的情况。20世纪初的两个著名的科学发现，提出了两大科学疑问，即光顺地球转动和逆地球转动时的速度为什么一样？如何解释热的东西发光的光谱？我们现在同样也有两个疑问：第一，目前我们的物理理论都是对称的，而实验大大地破坏了这些对称性。第二，有一半基本粒子是永远独立不出来的。我们现在知道，所有的中子、质子、原子、分子都是由两类基本粒子组成的，一类是夸克，另一类是轻子。一共有六种夸克，六种轻子。可这六种夸克，每一个都不能单独自由行动，从来没有人观察到它们可以自由地存在。我们现在认为，理论上是对称的而实验上是破坏对称的这个疑问的解答，是因为这个破坏来自于真空。什么是真空？真空是没有物质的态，可它仍有作用，有作用就有能量的涨落。这能量的涨落是可以破坏对称的。为什么夸克走不出来呢？这和超导类似。超导是抗磁场的，假如有一块材料没变超导前有磁场通过，一变成超导，磁场就被排出来了。假如有一个圆圈，里面有磁场，没有超导前磁场可以任意进出，一旦变成超导，磁场就走不出来了。我们认为，在真空的涨落中，很可能单磁子和反单磁子，它们抗量子色动力学的电场。我们认为真空是物理的相对论的凝聚态，它虽然是没有物质的态，但是是有作用的，也是可以激发的。

相对论的重离子碰撞，通过高能量100GeV/N的金和金核相碰撞后，金的核可以相互穿过去，在二核中间产生新的真空，这里面夸克就可以自由行动。这个方面正在研究的对撞机在Brookhaven 1999年就可以造成，总投资约十亿美元。如果真空是可以被激发的，那么粒子的微观世界和宏观的真空就结合起来了。这将是一个新的发展。

在我们宇宙中，有一种叫作类星体(quasar)的东西，我们不知道它是什么，它不是普通的星。它的能量来源我们不知道，每个 quasar 的能量可以是太阳的 $10^{15}$倍，这是很大很大的。估计在我们的宇宙里约有一百万个 quasar，其中有一千个我们在仔细研究。这个能量绝对不是核能量，太阳就是核能量，它比太阳的能量大得多。宇宙中还有很大能量的来源我们是不知道的。

另一个在我们宇宙中的大问题是暗物质。从引力我们知道有暗物质存在，可是用光看不见，红外、紫外、X－光都看不见。宇宙里 90％以上是暗物质。这些暗物质是什么我们不知道。所以在我们的宇宙中有 90％以上的物质我们不知道，有极大的能量来源我们不知道。真空有可能被激发。我们研究这个问题的方法是想制造一个状态，它和当初宇宙开始大爆炸的情景相似。大爆炸开始就是一个激发的真空，制造出这个状态也许可以使我们测量出它的特征。

整整一百年前，汤姆森发现电子，从那以后影响了我们这世纪的物理思想，即大的是由小的组成的，小的是由更小的组成的，找到最基本的粒子就知道最大的构造。这个思想不仅是物理，还影响到本世纪生物的发展，要知道生命就应研究它的基因，知道基因就可能会知道生命。我们现在发现这并不然。小的粒子是在很广泛的真空里，而真空很复杂，是个凝聚态，是有构造的。也就是微观的粒子和宏观的真空是分不开的，二者必须同时处理。知道基本粒子就知道真空的观念是不对的。从这个简单化的观点出发不会有暗物质，也不会有类星体这类的东西。我觉得基因组也是这样，仅是基因并不能解生命之谜，生命是宏观的。20 世纪的文明是微观的。我认为 21 世纪微观和宏观会结合成一体。就如造计算机，是不是越小的集成电路就越好呢？我们可以把集成电路越造越小，小到氢原子，可是我们对氢原子完全懂，这里不可能再有什么信息。可能 21 世纪的计算机要的是较大的，是个凝聚态的单位，这里的信息才更多。20 世纪是越微小越好，我们觉得小的是操纵一切的，而我的猜测是 21 世纪是要把微观和宏观整体地联系起来。这不光是在物理，也许会影响到生物的发展。微观和宏观必须是结合起来的，这个结合对应用科技可能会有极大的影响。这些科学文化发明在 19 世纪末都是很难想象的！没有 20 世纪初基础科学的发展，本世纪的科技应用和开发也没法出来。21 世纪也许会有同样的发展。目前微观和宏观的冲突已经非常尖锐，靠一个不能解另一个，它们联起来会有一些突破。这个突破会影响我们的将来。

让我总结一下 21 世纪物理的前景。激发真空、微观和宏观的物理的结合，制造像宇宙开始的状态，了解暗物质，了解类星体的能源，了解 CP 不对称的原理。什么是 CP 不对称呢？粒子和反粒子，左和右不对称，就是 CP 不对称。因为 CP 不对称所以我们存在。我们都是质子和电子的，我们宇宙里没有很多的反质子和正电子。在大爆炸一开始它们应该是一样的，所以 CP 不对称也是一个很重要的问题。

（本文原载《中国科学报》1997 年 9 月 3 日，入选本书时，内容有所删节。作者系世界著名科学家、诺贝尔奖获得者。）

# 1997 年以来世界科技重大事件和主要成果

中国科学院文献情报中心　晓　高

近两年多来，为适应世界经济的飞速发展，各国科学家在众多的科技领域向新的目标发起进攻，取得了一系列丰硕成果。由于篇幅所限，现将引起大家关注的一些重大科技事件和一些领域有较重大影响的成果介绍如下：

# 生命科学领域成果辉煌

## 克隆技术

近两年来，在生命科学领域成果显著，好几项科学成就令世人瞩目。在众多成就中，最引人注目的就是克隆技术。1997年2月，英国科学家宣布，爱丁堡卢斯林研究所采用细胞克降（即无性繁殖）技术培育出世界首只绵羊“多莉”。此后，围绕多莉的出生议论纷纷，许多科学家认为克隆技术是生物科学史上的一个里程碑。但同时，很多人担心克隆技术可能产生复制人的机会，并由此带来伦理危机。于是，世界卫生组织和美国等众多国家下令禁止克隆技术应用于人类。尽管各国普遍反对克隆技术用于人类，但有些科学家认为应允许人体器官的克隆研究。在1998年初美国科学家席德不顾世界各国科学家的反对，提出克隆人计划，后来又宣称将进行克隆人实验，还宣称要从自己开始进行克隆人的试验。

关于“多莉”是否真是体细胞克隆出来的，争论了长达17个月之久，到1998年7月英国科学家证实多莉确实是成年体细胞克隆出来的，才结束了这场争论。多莉两年已产下几只可爱的小羊，证明了克隆羊有正常羊的生育能力。

去年一个国际科学家小组采用一种新克隆技术，用成年鼠的体细胞成功地培育出三代共50余只克隆鼠，基因构成上完全一致，这成为世界上首次用克隆动物再次克隆出克隆动物。

人们正在探索用克隆技术造福于人类。美国在克隆牛的同时通过基因转移改变牛的遗传特性，进而消除“疯牛病”；用牛胚胎细胞克隆出含有人类DNA的牛，让牛可能产出供病人治疗用的牛奶；又如把取自绵羊、猪、老鼠和猴子的基因植入牛的卵细胞里，成功地用克隆技术培育出这种动物的胚胎，克隆牛的技术取得了突破性进展。各国都在进行这方面的研究，日本、英国、新西兰、荷兰等国都成功地进行了克隆牛的实验，最近中国克隆牛也取得成功。就在今年，美国科学家成功地克隆出转基因山羊，并破天荒第一次通过山羊乳汁分泌出具有活性的人类蛋白质。

加拿大科学家今年克隆出三胞胎山羊，将蜘蛛基因注入羊细胞，使这只山羊能产出含蜘蛛丝蛋白的奶，从奶中抽取这些蛋白，并用其生产人造蜘蛛丝。这种丝被喻为“生物钢”，是一种又强又轻的材料，这种材料在医学、宇航工程等众多领域均可应用。

美国科学家利用鼠尾尖部体细胞克隆出三只雄鼠，其中一只成活并已至成年，这表明利用不同种类的成年动物的任何体细胞都能实现动物克隆。

然而，随着对克隆技术的深入研究，科学家发现了克隆技术操作的局限性和克隆动物存在的问题。英国科学家发现，只有3岁的克隆羊多莉已出现早衰症状，有的科学家揭示其体内的端粒比其他同龄动物的要短，可能意味着它易感染疾病。法国科学家在研究一克隆小牛死因时发现，克隆过程严重干扰正常基因功能。科学家们还发现，许多克隆动物都出现了基因缺陷。

经过对大量克隆动物的研究，科学家证明克隆动物产生畸胎、器官缺陷、猝死等等问题可能与遗传机理“印刻作用”受到破坏有关。所以有的科学家认为，克隆动物蕴藏着危害生命与健康的严重问题。

## 成功培植动物移植器官

培养移植器官一直是科技界热衷研究的一个课题，在1997年，美国哈佛大学两位医生利用动物自身的细胞培养要移植的器官，等这些器官长成后再将其移植到动物体内，从而解决了对外来组织有排斥反应的难题，成功地开辟了一条器官移植的新途径。他们已用此法成功地为一只羊移植了膀胱和支气管，为一只老鼠移植了肾脏，为一只兔子移植了腿部肌肉，并积极为人体器官移植作准备。

最近，美国科学家从成人骨髓中分离出干细胞，用干细胞培养人体组织的研究取得进展。经过20多代培养，用它培育出了100多万个这种细胞组成的细胞群，并有效地控制这些细胞发育成了骨组织、软组织或脂肪等。此项研究有望用于人造器官移植。

## 首次合成人体染色体——遗传学发展的又一个里程碑

在1997年，美国一个研究小组首次成功地进行了人工合成人体染色体试验。长期以来遗传学家们猜测，人体染色体是由3种基本类型的DNA组成：染色体的端粒（重复DNA长链）；负责编码可遗传信息的DNA；染色体的着丝点。该组用名为α随体DNA的许多碱基单位连接在一起，首次制成了人工着丝点。他们还证明人工染色体具有人体染色体的正常功能，并具有可遗传的特性。这项研究揭开了人工合成生命形式的序幕，有助于解释人体染色体的活动机制，并能提供一种安全的载体将DNA输送到接受基因治疗的病人体内。

**DNA测序技术获重大突破**

1998年10月，美国国家人类基因组研究所宣布，他们将比原计划提前两年即在2003年完成对人类大约10万个基因序列测定工作。几乎同时，美国密执根大学一个研究小组公布，他们成功地开发出了一种“芯片实验室”的芯片，比小孩拇指还要小，制造成本不足6美元，而检测更加可靠；以该芯片为核心部件，制成新式检测器进行DNA测序，原几天的工作量现在几分钟就可完成。该项计划，最终将破译绘制人类23对染色体内约10万个基因的全部遗传信息图，包括操纵人类生长、发育、衰老、遗传病变和疑难病症的基因，具有重大医疗、科学和商业价值。

**中国学者首次揭开核糖核酸催化机理奥秘**

中国杨静华博士1989年开始对核糖核酸(RNA)催化机理进行研究，取得重大突破。首次证实了催化核糖核酸不但可以催化切割RNA，而且还具有催化脱氧核糖核酸(DNA)的能力，同时脱氧核糖核酸和核糖核酸混合物也具有催化活性。并于1997年6月，在美国《国际生物化学》杂志上，首次提出“催化核酸”的概念，解决了困扰科学家们近10年的“核糖核酸如何具有催化作用”的难题，揭开了核糖核酸催化机理的奥秘。科技界称这项研究为人类生命科学研究揭开了新的一页。国际著名分子生物学家汤姆·迈尼特教授称赞这一重大发现是在分子生物学领域研究方面开辟了新的途径。

**哺乳动物进化研究获重要成果**

1997年，中国科学家发现了一件保存完好的罕见的中生代哺乳类动物骨架，是全世界发现的第一件对齿兽类骨架，也是目前已知兽类中最原始的骨架。

长期以来，哺乳类动物进化的研究一直是各国科学家研究的热点，对齿兽类是兽类哺乳动物中已灭绝的原始类群，它代表了哺乳动物进化的一个重要阶段。过去仅发现过这类动物的破碎颌骨和牙齿化石，几乎无法对这类动物的形体、生态习性等进行研究。这件骨架的发现，为世人展示了一幅此类动物的完整而清晰的图象，为对齿兽类起源和早期演化的研究提供了可靠的证据。中、美科学家共同研究了这件新发现的骨架，对原始兽类哺乳动物形态解剖特征、运动方式及其与其他哺乳动物类群的亲缘关系等提出了一系列新的见解。

## 光电子信息技术领域飞速发展

近年来光电子信息技术领域可以说是发展最快的领域。近两年来最引人注目的问题首屈一指的是“计算机2000年问题”。

**计算机2000年问题引起普遍关注**

在计算机几乎无处不在的今天，在2000年即将到来之际，信息界乃至整个社会都面临着一个十分棘手的问题——计算机2000年问题。不仅从2000年1月1日开始，凡2000年前后几年，当计算机处理与2000年日期有关的任务时，立刻会出现因计算机不能辨认新的千年期而出现故障。若对这个难题处理不当，可能出现以下几方面问题：计算错误、文件被错误删除、日期表示错误、新旧程序间的不兼容性、访问数据库时间延长等。正像中国计算机行业协会张琪会长所指出的，“计算机2000年问题事关重大，会影响计算机系统的正常运行，引发经济、军事、科学计算与人类社会生活中一系列连锁反应，导致更大错误，甚至给人类生活带来难以弥补的重大损失和造成整个社会生活的混乱。”

计算机2000年问题已成为各国政府乃至全社会关注的焦点。各国政府纷纷成立专门机构，拿出相当可观的经费来解决这个问题。

英国以欧盟主席国身份主持召开由欧盟各国计算机“千年炸弹”问题高级专家参加的专题会议，以制定战略，探求解决这个问题的途径。英国政府的“行动2000组织”同工业界密切合作，以求尽快解决计算机2000年问题。日本政府的“计算机2000年问题各部委联络会”指导各行业进行横向合作，加快解决千年问题的步伐，到1998年9月份全国395个行政信息系统已有38%解决了千年问题，其余也将于1999年内完成。美国成立的计算机“2000年转换委员会”领导和协调政府各部门攻克计算机“千年问题”。美国证券业已宣布计算机系统2000年问题已获解决，但金融界专家认为，真正完全解决这个难题还需大量的经费和人力，没有捷径可走。为防止出现灾难性后果，美国商会已经开始实施帮助俄国预防计算机千年问题计划。加拿大政府成立“千年问题局”，负责协调、督办政府各部门解决计算机千年问题，据统计到1998年8月，已有94%的大中型企业采取行动。中国政府对此问题也十分重视，最近报道有突破，“计算机2000年直通卡”已研制成功并通过部级鉴定。它设计独特、技术含量高、实用性强、性能稳定，为中国自主解决“计算机2000年问题”提供了强有力的手段。

计算机千年问题虽然已引起许多国家的重视，但据报道，美国中央情报局人士认为，多数国家对计算机千年问题准备不足，形势仍很严峻。在伦敦召开的“全球千年问题峰会”呼吁国际社会加强对话与合作，世界各国联手解决千年问题。

### 铱星通信正式启动运转

因空间运行卫星轨道有限，而各国卫星通信业务日趋繁忙，在市场需求推动下，摩托罗拉公司于1987年首先提出铱星系统的概念，并于1990年在北京、伦敦、墨尔本、纽约4地同时发布铱星系统新闻。该公司提出：通信卫星从高轨道运行降到中低轨道，以求得更多的空间实现全球通信；不依靠地面站，个人通过铱星直接与全球任何角落任何人实现拨号通信。

铱星系统共有66颗卫星，分别由中国、美国、俄罗斯三国发射。该系统卫星有6个轨道面，每个轨道面有11颗运行卫星，每一轨道面又放一颗备用卫星，共有72颗星。轨道高度为780公里，每个卫星重约670公斤，功率1 200瓦。经过一年多，共进行17次发射，79颗卫星被送入地球低轨道，其中72颗可用。中国长城工业公司为铱星系统总共发射16颗卫星。

铱卫星系统是由美国摩托罗拉等10家公司耗资3 000亿美元共同开发的国际合作项目。经过十余年的方案研究、试验、研制、卫星发射和商业运行，1998年11月1日，铱卫星通信正式启动运转，“通信运行情况非常顺利和良好。”待系统完全投入运转后，用户的移动电话可以在112个国家中通话和寻呼。此举把航天技术与现代通信技术结合在一起，开通一条“空间信息高速公路”，使信息技术推向新的境地，为人类进步作出巨大贡献。

### 新的电视时代开始

1998年8月初，经过十几年研制和激烈竞争，第一批日本松下公司北美子公司研制的数字式高清晰度电视机在美国面市。11月，美国1 576家电视台中的46家在洛杉矶等23个大城市正式播出数字式电视节目。10月1日，英国天空广播公司宣布正式开播卫星数字电视业务，英国开始向数字电视时代过渡。11月11日，日本NHK电视台和民间电视台联合组成的“东京数字电视广播实验协议会”通过东京电视发射塔首次播放了数字电视广播节目。中国自行研制的数字式电视功能样机也试制成功。1998年9月，中国中央电视台进行了高清晰度数字式电视试播。

数字式电视技术系采用全新的数字方式传输信号，与模拟电视相比，具有清晰度高、音响效果好、抗干扰能力强和占有频带资源少等优势。特别是，这种新的电视技术与现在的通信、计算机及因特网等技术相互兼容，可以进行交互式的信息传输。正像专家们所说，数字式电视技术不仅是1954年第一台彩色电视机问世以来电视技术领域的又一次革命，而且将带动整个电信工业的技术革命，并将在一定程度上改变人类社会的生活质量和方式。

### 人机大战

1997年5月11日，第二次国际象棋人机大战结果引人注目：美国IBM公司研制的名为“深蓝”的并行计算机以二胜三和一负的战绩击败了雄踞世界棋王宝座12年之久的卡斯帕罗夫。“深蓝”是一台具有32个微处理器的大规模并行计算机，每秒运算速度达2亿步，它能记住上千场以往比赛的资料，毫无畏惧，按部就班地“下棋”。“深蓝”的胜利标志着当代计算机的智能水平有很大提高，更反映了人类的智慧和潜力。

### 计算机芯片技术有众多新突破

1998年8月，美国IBM公司宣布，已成功地开发出一种新的半导体技术——“绝缘体上硅”，该技术是用绝缘氧化层形成一保护层，保护芯片上的数百万个晶体管，从而大大减少影响操作性能和浪费能耗的有害电效应。采用该技术可将微处理器的运算速度提高35%，电耗降低2/3，可谓是芯片制造技术上的一场革命。专家预计，该技术今后 10 年里可望在 50% 的半导体市场里得到应用。

1998 年 9 月 1 日，IBM 公司在纽约宣布，该公司生产的世界第一个铜导体芯片上市。与基于铝导体的芯片相比，铜芯片可以改善芯片性能、降低能耗和缩短模具尺寸。此种芯片可用于计算机和家用电器等众多电子产品中。

在 1997 年，Intel 公司在计算机芯片制造技术上取得重大突破，打破了计算机芯片设计的基本物理概念，开发出"闪光记忆"芯片，抛弃了计算机行业 30 余年所遵循的摩尔定律，使计算机换代周期从 18 个月缩短至 9 个月甚至更短。

日本研制出世界第一台人脑型计算机，该机打破了模仿人脑学习的工作原理，计算机只要接受"学习"命令，就会自动形成自己的思维方式，处理信息的速度相当于人脑的 100 万倍。

美德克隆斯仪器公司的研究人员开发出精细的芯片制造技术，能在指甲大小的芯片上集成 4 亿个晶体管，芯片时钟速度可高达 1 千兆赫。

芯片技术的快速发展及其在医学领域的应用，把医学研究带入一个新天地。专家预言，今后随着计算机芯片技术的深入发展和广泛应用，芯片技术将不断从电子领域转向生物医学领域和其他技术领域。

美国科学家为解除病人打针吃药带来的痛苦，正在研制一个"智能药片"，即将药物安放于硅芯片上众多的微型"储藏室"内，将硅芯片移植到皮下，根据预先编制的程序，在预定时间内陆续精确释放药物。实验结果表明，此法可行，下一步将是改进工艺。

英国雷丁大学控制论教授将芯片植入自己手臂，成为世界上第一个体内携带芯片的人。

智能芯片的制造可解除一些残疾人痛苦，如可置入耳内的微型助听器；置入体内的芯片可与医疗中心网络连通，可将人体健康信息随时送至医疗中心。

### 轰动实验：首次制造出原子激光

1997 年初，《科学》和《物理评论通讯》两刊同时报道，美国物理学家根据量子学原理，在人类科学史上首次用钠原子制造出与普通光子激光有某些相似特性的原子激光。其实验先是制造两滴各含 100 万个原子的钠原子冷凝液，然后使两滴原子液合并，当两滴独立的原子液相交时，产生了相干现象，与同相光波相交时产生的相干现象非常相似，一种特制的摄像设备拍下了这种相干现象。这一结果表明钠原子液实际处于"激光"状态。普通激光产生的是相干的光子，而原子激光产生的是相干的原子。这一实验在物理学界引起轰动，它除了具有重大的物理学意义外，还有很大的潜在应用价值，这种相干脉动原子束有望被用来制造毫微型线路、毫微结构和精细测量系统。

### IBM 公司在智能计算机设计方面获根本性突破

开发出新的书写系统，用一种特制的书写版，只须将稿纸放在其上，用一支特殊的墨水笔写出所要写的东西，便可进行数据处理和存储。

IBM 公司开发出用铜做集成电路导线的新工艺，可大大提高集成电路的电性能，线宽可缩小到0.12微米，集成度大大提高，功耗下降，有人称之为集成电路发展史上的又一个里程碑。

## 人类征服太空的新创举

### 人类太空科学研究开创新篇章

1998 年 1 月 29 日，来自美、俄、日、加和欧洲航天局的各成员国的政府代表在美正式签署"未来国际空间站的设计、开发、运作和使用"政府间协议。这标志着人类历史上规模最大、难度最高的国际科技合作项目已开始启动，人类太空科学研究掀开新的一页。国际空间站预计 2004 年建成，总共有 100 多个组件，耗资约 400 亿美元。建成后将取代超期服役的"和平"号轨道空间站，为全世界的科学家们提供先进的永久性低地球轨道微重力实验室，开创一个在地面上无法实现的有关引力、温度和压力的特殊环境。未来的空间站船身长约 80 米，两翼各长约 108 米，约重 450 吨，轨道高度 354 公里。拥有 5 个密封舱，最多可同时容纳 7 人同时工作与生活。重点研究领域为材料科学、通信技术、地球科学及生物医学，还可作为人类航天活动的中转站。

国际空间站的第一个太空舱——"曙光"号主体舱已在俄建成，并于 1998 年 11 月 20 日发射成功。其重量达 24.2 吨，装备了最现代化的仪器，可在不补充燃料的情况下连续飞行 430 昼夜。其任务是：在空间站上能改变状态和方向，以便使其他部件能与其实现对接或为其提供燃料，还可存放一些科学设备和仪器。12月4日，奋进号航天飞机将国际空间站的第二个组件——美国制造的“团结”舱带入太空，并已由奋进号的宇航员完成了“团结”舱与“曙光”舱的对接。

### 77岁老翁重返太空

1998年10月29日，77岁高龄的格林——26年前第一个进入太空环绕地球飞行的美国人乘“发现”号航天飞机重返太空，主要任务是参与完成有关太空对老年人影响的科学实验，其中包括人体太空失眠和老龄失眠的对比实验、导致宇航员和老年人肌肉及骨质发生变化的机理的研究。

本次“发现”号是执行其第25次宇航任务，行程580万公里，总共进行80多项实验，还发射并于两天后成功回收一颗人造卫星，以对太阳系进行研究。格林老人的宇宙之行，对医学研究和未来载人航天都具有明显的实用价值。约25万人前往肯尼迪宇航中心观看此次“发现”号升空，吸引了3 500多名新闻人士采访报道。

### 阿尔法磁谱仪首次宇宙探秘实验

阿尔法磁谱仪是一种新型太空粒子物理实验装置，目的是探测在宇宙中是否存在反物质和暗物质。该项目由美籍华人丁肇中教授主持，10多个国家和地区的科学家共同参与，其中我国科学家参加了该实验装置的关键部件永磁体、整个探测器的机械结构的设计与制造等项工作。该装置灵敏度很高，能够探测到来自其他星系宇宙线中极少量的反物质。

阿尔法磁谱仪于1998年6月2日由美国“发现”号航天飞机首次带入太空，经过近10天实验，其运行状态良好，不仅经受住了发射升空时的剧烈震动和太空工作环境的考验，而且捕捉到了多达2亿次的宇宙射线带电粒子的踪迹。经分析，阿尔法磁谱仪探测结果很好地绘出了质子与氦的质量分布，表明该仪器能够很好地区分不同宇宙粒子。因此可以说，其首次飞行结果令人满意。为了准备在阿尔法空间站上长期工作，将进一步改进其性能，增加新的探测器。预计将于2002年送入阿尔法国际空间站进行实验。

### “和平”号轨道空间站即将完成历史使命

俄国“和平”号轨道空间站是1986年2月发射升空的，是20世纪最大的航天工程，13年来该空间站接待了136名宇航员，完成了大量的空间科学任务，预计1999年8月即将完成历史使命。

1999年俄国完成国际空间站服务舱的建造，拟于8月发射升空。这是空间站第三个组件，其发射入轨，将使未来的国际空间站有能力接待宇航员，进行太空飞行。其他剩余舱体将在5～7年内相继建成。

### 惊人发现：宇宙中存在反物质源

现代物理理论认为，物质世界具有基本的对称性，每一个粒子均存在着相应的反粒子。继发现反电子、反质子等之后，1996年欧洲核子研究中心的科学家又在实验室首次制造出了9个反氢原子。60多年来科学家们只是在实验室里找到了反粒子存在的证据。但宇宙中是否存在反物质，一直是个未解的谜。1997年4月，在美国弗吉尼亚州威廉斯堡的学术研讨会上，科学家们公布，他们借助美国6年前发射的康普顿伽马射线观测卫星，探测到宇宙中由反物质形成的粒子云，该反物质源像是被煮了那样从银河系中心附近喷发出来，其巨大的粒子束流长达28 000万亿公里，正物质与反物质相遇而释放出来的强伽马射线辐射强度为普通光子能量的25万倍。对这一惊人的发现，科学家们认为不仅改变了人类对银河系已有的认识，而且对宇宙中其他行星的形成和演化的研究也将会产生重要影响。

### “火星探路者”飞船造访火星成功

美国航空航天局1996年12月4日发射的“火星探路者”飞船，历时7个月的飞行，于1997年7月4日在火星上成功着陆，开始了火星考察活动，这是人类航天史上的一次重要事件。

火星是太阳系九大行星之一，探测火星是人类由来已久的梦想，除了1976年美国“海盗”号飞船曾对火星进行过短暂的访问以外，这是时隔21年人类发射的探测器首次在火星着陆。

“火星探路者”飞船由着陆器和火星车“旅居者”两部分组成。着陆器的主要设备是彩色立体照相机和天气预报装置，前者可拍摄360度全景照片，后者可对火星地表及大气温度进行测定。火星车是一个有6个轮子的小机器人，其主要使命是探测和分析火星岩石和土壤的化学成分。配备的主要仪器为一台阿尔法质子X射线光谱仪、两部黑白照相机和一部彩色照相机，车上还有一个调制解调器，将其所得探测数据传到着陆器上,再由着陆器传回地球控制中心。

此次"火星探路者"飞船对火星的考察非常成功,飞船功能多但造价低,而且成果显著。它前后向地球发回了有关火星地貌、日出和日落9 669幅照片和12亿比特的数据。到11月4日,"火星探路者"飞船正式结束使命。虽然飞船电力耗尽,仪器设备停摆,但它发回的大量珍贵照片和数据,科学家们要用几年时间才能分析完。据《科学》杂志报道,美国研究人员对探测器在第一个月发回的大量数据进行分析后得出一个重要结论:火星地质构成在复杂性方面可与地球媲美,并指出此次考察成果主要体现在三个方面:发现火星上的岩石经过了较长期的演化阶段;发现了火星上曾有过水的证明;发现火星可能有与地球相似的铁核。相信随着时间的推移,科学家们将会得到更多的成果。

据报道,今后8年内,总共还将发射9艘火星探测飞船,其中5艘在火星轨道上绕行,4艘将登陆火星,最终将于2005年从火星取回岩石与土壤样品。美国航空航天局预计2010年以后,人类就有可能登上火星进行考察。

### "月球勘探者"号在月球找到冰态水

美国"月球勘探者"号无人驾驶探测器于1998年1月6日发射升空,11日进入月球轨道开始对月球进行勘测,发现在月球的北极和南极存在大量冰态水,其储量至少有10亿吨,分布在月球北极近5万平方公里和南极近2万平方公里的范围内。据测算,这些水冰能够供应1000户两口之家的居民社区享用一个多世纪,而且不需要循环使用。这一发现有可能使人类向月球移民的梦想成为现实。水冰中的氧和氢可作为探索宇宙的资源,将来月球可能作为"对火星及太阳系中其他它星球进行探测"的一个基地。

## 喜观天文奇景

近两年来,在信息技术、航天技术飞速发展的促进下,借助于先进的观测设备,人类有幸两次观测到罕见的天文奇景。

### 日全食与彗星同现的罕见天文奇景

1997年3月9日,在包括我国黑龙江省在内的北半球部分地区,有幸在白天日全食出现时同时看到了海尔—波普彗星。

海尔—波普彗星是美国天文爱好者阿伦·海尔和托马斯·波普于1995年7月23日同时独立发现的。自1400年有彗星亮度记载以来只有4颗亮度超过O星等,据格林威治天文台测定,这颗彗星是第3颗最明亮的彗星,又是本世纪惟一一颗亮度超过O星等的彗星。

地球上发生日食的次数并不少,但是日全食平均每4年才发生一次,而对某一个具体地点来说,平均300多年才能见到一次。20世纪中国看到了7次日全食,3月9日的日全食是本世纪最后一次。彗星出现次数较多,但比较亮的彗星一个世纪只能出现十来次,也就是说亮彗星十几年才能出现一次。300多年才能一见的日全食与十几年方能出现一次的亮彗星同时出现,确属难得的罕见天文奇观。有记载的日全食与彗星同现历史上也仅仅出现过3次。

全世界的天文学家、天文爱好者和许多热爱科学事业的人都很重视这次罕见的天文奇景,组织了各种类型的观测。中国天文学会和黑龙江省科协组织了"97中国黑龙江日全食和彗星观测活动",中国科学院和国家自然科学基金会也组织了16个项目的日全食观测。此次大规模的观测活动除对日全食的常规观测项目外,还观测了太阳射电辐射特性、地磁、电离层、光线和温度急剧下降时环境变化对生态的影响等,取得了丰硕的成果。

### 大规模观测流星雨

1998年11月18日凌晨,根据国际流星雨观察组织的推算,世界许多天文学家和天文爱好者云集亚洲东部地区观测点,观测33年才出现一次的狮子座流星雨。除用肉眼观测外,天文学家还动用了各种流星观测设备,如雷达、各种全天照相机、微米摄像机和流星光谱仪等。

为了防止流星雨对人造卫星等太空飞行体造成不测,各国纷纷采取措施,俄"和平"号宇航员作好撤离准备;"哈勃"望远镜调整了方向;在天空运行的数百颗国际商业和科研卫星都针对流星雨制定了改变运行路线方案,或调整位置和方向。

因流星雨预测难度较大,本次流星雨因预测有误,提前到北京时间17日中午出现爆发值,而最佳观测地在欧洲而不是亚洲。很多观测点虽然都观测到了流星雨、火流星,但未观测到预报的壮观景象。尽管如此,1998年的流星雨是“一次难得的研究彗星和陨星的机会,科学家们或许可以从这些研究中了解到生命起源的一些信息。”

中国组织了10多个科研院所和观测站进行光学、声学、无线电、激光等多学科的观测研究,发现“这次狮子座流星雨爆发的重要特点是亮流星多,尤其是火流星活动十分活跃。”科学家们取得的许多重要的天文信息,有待进一步分析研究。

## 保护地球环境调整能源结构

### 环境保护受到重视

1999年6月5日世界环境日,主题是“拯救地球就是拯救未来”。许多国家都已认识到保护我们生存的地球环境的重要性。我国今年精神文明建设活动主题是:保护生态环境,倡导文明新风。这两年把遏制污染提到重要的议事日程,科学家们在垃圾处理、水污染治理、工业污染的防治等方面都取得很大成绩。如中国农大教授以亚铵法造纸制浆黑液为原料,加上科学的生物技术处理,生产出优质高效的牛、羊饲料。

欧洲航天局于1999年6月7日正式启动名为“生命地球”的地球空间观测新计划,这是迄今最全面的地球观测计划,将通过一系列在空间展开的新项目从太空研究地球环境。该计划已选定英国科学家提出的北极冰盖研究为第一个观测项目。5年为一个阶段,1998~2002年为第一阶段。该计划项目的研究将获得有关地球大气、海洋和地表物理、化学和生物过程的重要观测数据,将帮助科学家加深对全球变暖、臭氧损耗和大气对流层污染等重大地球环境问题的了解。

对1999年西欧和北美15个国家二恶英等污染,国际环保界十分关注,几次召开会议,各国打算协商建立一种合法条约,以减少或消除包括二恶英在内的难降解的有机物污染。

由于以美国为首的北约对科索沃的狂轰烂炸和对南联盟的导弹袭击,造成了严重的环境污染,对居民健康造成严重威胁,使南斯拉夫及周边国家出现酸雨,并使整个欧洲臭氧层遭到破坏,带来了生态灾难。这一恶劣行径遭到世界人民的强烈遗责。

另据联合国报道,许多科学家认为,飞机是地球升温的祸首,随着世界航空业的发展,飞机将产生更多使全球气候变暖的“温室效应”气体。

1999年5月,日本内阁通过1999年《环境白皮书》,提出“环境立国”新战略,表示要将21世纪定位为“环境世纪”,首先必须将产业活动和产业结构向环保方面转变,开发和完善资源循环利用的技术和工艺,建立废弃资源的回收和供应体制,为资源循环利用创造条件。

在欧洲许多国家在垃圾的分类处理及变废为宝方面都取得很大成绩,如瑞士找到一种把垃圾变成建材的好方法,芬兰、法国、德国等国在垃圾治理方面也都有很大进展。

另外,近几年世界污水处理业迅速发展,污水处理厂在废水处理过程中产生大量的污泥,污泥的处置和再循环问题已成为全球城市市政管理所面临的一个重大问题。

### 能源结构在调整

可靠的能源保障是经济发展的基础,这已成为各国的共识。据美国世界观察研究所报告,1998年全球自然灾害异常严重,在环境恶化的巨大压力下,人类开始调整能源结构,增加使用可再生清洁能源。因此,从1998年世界能源结构出现向环保方向转变的明显趋势,许多国家加大了对可再生清洁能源,如风能和太阳能的开发力度。据美国世界观察研究所统计,1998年世界风能发电能力达9 600兆瓦,比1997年的7 600兆瓦增加26%。丹麦、德国、美国、日本、印度、中国和荷兰都在大力开发风能;1998年燃料电池的销售量增加21%,一些石油公司也开始建立生产燃料电池的工厂;太阳能发电能力年增长率到1998年达到16%,而石油还不到2%,煤炭消耗没有增加。

太阳能利用技术既简单又便宜,各国都有新技术出现,如只有小皮箱大小的太阳能炉灶,无需保养,价格不到70美元;一个功率仅为200瓦的太阳能水泵,就可供135人的日常用水。另外,利用沼气发电也很普遍,中国目前已有1 000万农户使用沼气发电技术。

在很长一段时间内,石油仍将是世界各国的主要燃料。因此这两年开采海底石油方面的研究和设计有突破性进展。如由瑞典和瑞士合资的世界最大技术装备供应商之一的ABB公司,将在北海海底装备一大型石油泵送系统，把石油从海水和岩石碎片中分离出来，直接送到海上石油钻井平台。

在开发其他新能源方面，各国也都在积极研究。如美国和日本科学家试验测出阳光照射下植物绿叶光电效应产生的微弱电流，他们正尝试着开发一种新的无公害能源——绿叶发电。又如美国麻省理工学院的科学家研制成功两种鞋内装置，可利用人体步行发电，以供手机和便携式电脑使用。

# 20 世纪人类重大科技成果汇集

## 1901 年

·瑞典皇家科学院诺贝尔奖金委员会设立诺贝尔奖，首次颁发物理、化学、生理学或医学、文学、和平 5 种奖项。

·德国物理学家伦琴获得第一届诺贝尔物理学奖。他因发现 X 射线而揭开了 20 世纪物理学革命的序幕，成为 20 世纪最伟大的物理学家之一。

·德国的考夫曼从镭辐射测得 β 射线在电场和磁场中的偏转，发现电子的质量随着速度的增加而增大。

·世界上第一台洗衣机问世。

·美国人丹·阿尔班发明了一种三轮拖拉机，在当时倍受瞩目。美国的伦巴德制成实用履带，为履带式拖拉机的实用化创造了必要的条件。

·德国的鲁默和英国的杜德尔同时发明了一种用照相方法在感光胶片上记录音响信号的方法。之后，鲁默发明了光学录音机。

·英国人霍尔登最先制造出大容量四缸摩托车。

·俄国物理学家列别捷夫用实验测定了光压，从而确认光波同无线电波、X 射线、γ 射线等都是电磁波。

·法国青年建筑师戛涅提出了“工业城市”的城市规划理论，探求大工业城市生产和居住布局的合理性。

·11 月 15 日，美国人米勒·里斯森发明了能够为耳聋的人放大声音的第一个电助听器。英国女王亚历山大在她的加冕典礼上第一个使用了这种助听器。

·美国人撒迪厄斯·卡希尔博士研制出第一台电动打字机。

·英国土木工程师塞西尔·布斯发明真空吸尘器。他取得专利并成立真空吸尘公司。

·奥地利病理学家卡尔·兰德斯坦纳发现了人的 ABO 血型系统。

·奥地利的休斯出版巨著《地球的面貌》，总结了迅速发展的近代地质学，书中出现了构造体系、大陆漂移等概念的雏型，预示着现代地质学的崛起。书中首次提出“生物圈”这一重要术语。

·德国细菌学家贝林由于对血清疗法特别是抗白喉血清疗法的研究及发现白喉抗毒素，获首届诺贝尔生理学或医学奖。

·日本的高峰让吉从肾上腺中分离出肾上腺素——第一个来自自然资源的激素。

·法国的福希埃和皮卡发明气焊。

·美国的卡其斯和埃马德在通用电气公司研究所研制出最初的汽轮发电机(600KW)。

·美国的韦勒姆最先采用沥青混凝土铺设道路。

## 1902 年

·英国伯明翰市枪炮工人赫拉克发明了自动沏茶壶。它靠闹钟上的旋转卷簧器带动杠杆和弹簧，自动划火柴，点燃酒精炉，把水烧开，然后倒入茶壶，最后敲响闹钟。

·自动割草机问世，这种机器专门用来给运动场的草坪剪草。

·英国的泰塞伦斯发现大气圈之平流层。英国的亥维塞和美国的肯内利从无线电绕地球弯曲通讯，提出大气圈有电离层存在。

·英国的卢瑟福和索迪提出“原子能”概念，并说明太阳能和地热的来源，从而解决了物理学家和地质学家的长期争论；提出放射元素的衰变假说，从而打破原子不可改变的观念。

·英国的布莱克特发明煤矿矿井用的传送带。

**1903 年**

·美国莱特兄弟自制 4 缸 12 马力的轻便内燃机，在人类航空史上首次实现了自主操纵飞行。

·被誉为火箭之父的俄国人齐奥尔科夫斯基发表《利用喷气工具研究宇宙空间》的论文，深入论证了喷气工具用于星际航行的可行性，从而推导出发射火箭运动必须遵循的“齐奥尔科夫斯基公式”，并奠定了液体燃料火箭发动机的理论基础。

·路标正式作为汽车行驶的指示标志出现在法国巴黎的街头。当时的路标为正方形，黑底白图，共有 9 种。

·第一种巴比妥类安眠药由德国拜耳化学公司推出。

·德国盖斯勒教授和鲍厄博士发明了制造肥皂粉的方法。他们把过热的肥皂水加压喷上塔顶，掉下时便凝固成颗粒。

·美国人贝德勒发明了照相复制技术，这是一种将底片感光后冲洗加印的快速复印方法。

·挪威人用电弧法固定空气中的氮制成硝酸，再用石灰中和制成硝酸钙氮肥。

·盖茨发明了泡沫发生器。

·英国的罗素发现集合论中的罗素悖论，引起了数学史上的所谓第三次数学危机。

·美国的霍尔特发明使用蒸汽动力的农用履带式拖拉机。

·德国的梅内发明金属的氧气切割法。

·德国的尤斯特和哈马克发明用钨制作灯丝的廉价方法。

**1904 年**

·意大利托斯卡纳的拉德瑞罗，最早利用地热进行发电。

·美国印刷工人卢贝尔发明了胶版印刷法。

·德国的科恩发明电传真技术。

·英国的惠特克出版《论质点和刚体的解析动力学，附三体问题引论》，该书是对经典动力学的划时代的总结。

·美国的霍尔出版《青春期》，提出有关心理发育按阶段进行的重要学说。

·英国人弗莱明制造出世界上第一只电子管，标志着世界从此进入了电子时代。

**1905 年**

·第一座室外公共收费电话亭出现在美国的辛辛那提。从此，公共投币电话成了人类生活中不可或缺的工具。

·德国的肖丁发现梅毒螺旋体。

·爱因斯坦提出了一惊天动地的质能转换公式，提出光量子学说，创立狭义相对论。

·烛台形电话机出现。

·日本建造世界上最早的巡洋舰。

**1906 年**

·国际云型分类法形成统一标准。

·德国制造出第一台电子电视图像接收机，采用布劳恩阴极射线管。

·12 月 24 日，人类首次进行试验性无线电广播。

·美国发明家福雷斯特研制出真空三极管，成为打开人类电子时代大门的最重要的事件，被称为“无线电之父”。

·法国科学家布容首次发现熔岩的天然剩余磁化方向与现代磁场方向恰好相反。

·美国发明家卡希尔最早尝试利用电子仪器产生音响，发明音乐电传机。

·英国的斯托克维尔和尤金·劳斯特第一次成功地把声音录在电影胶片上，并取得专利权，为有声电影的问世打下了基础。

·美国芝加哥人费歇设计了第一台电动洗衣机，用发动机驱动一个卧式转筒。

·比利时细菌学家和免疫学家鲍台和让古发现了急性传染病百日咳的病原菌。

·首届国际发射会议在德国柏林召开。

这次会议通过了无线电规则和国际公约，确定了各种无线电通信业务的频率划分，建立了登记无线电台的管理部门，通过了国际统一的呼救信号“SOS”。

·发明心电图的荷兰生理学家埃因托芬开始用心电图对心脏病人进行临床诊断。

·德国爱哈尔特公司研制出世界上第一门防空高射炮，专门用来对付飞艇。

·英国科学家贝特森把遗传与变异知识作为一门独立的学科——遗传学。

·国际地震协会在法国斯特拉斯城建立第一个地震观测站。

**1907 年**

·爱因斯坦提出著名公式 $E=mc^2$，为原子核物理学和粒子物理学打下理论基础。

·美国雷克蒂格拉夫公司生产出第一台照相复印机。

·世界上第一艘现代化客轮“毛里塔尼亚”号第一次横渡大西洋。

·美国的爱迪生发明混凝土的浇注方法。

·美国的贝尔兰用酚和甲醛合成酚醛树脂，为合成树脂工业奠定了基础。

**1908 年**

·美国汽车业巨头亨利·福特推出著名的 T 型车，采用了封闭车身，使汽车由敞篷式发展到封闭式，舒适性和安全性都有了很大提高。

·世界上第一个电动牙刷专利证颁发。

·日本东京大学的池田菊苗教授发明了味精。

·法国的埃米尔·库尔泰摄制的第一部 36 米长的动画电影《幻影》问世。

·奥地利的斯平德尔发明硅酸盐水泥。

·德国的格罗许开始用碘酒进行手术部位的消毒。

·荷兰的卡茂林一昂尼斯首次实现氦的液化。

·美国生物学家摩尔根开始用果蝇进行实验，从白眼突变的雄蝇中发现性连锁现象，从而相信倍染色体上带有分离的遗传单位。之后，他创立了系统的基因理论。

**1909 年**

·美国纽约州的通用电器公司推出面包电烤炉。

·美国病理学家劳斯从鸡身上发现肿瘤病毒。

·一架名为“蜻蜓”的飞机在法国诞生，它是世界上第一架轻型飞机，而且是世界上第一架“家庭制造的飞机”，它的主人叫桑托斯·杜蒙。

·美国的勒温发现核糖存在于某些核酸中，发现脱氧核糖，它存在于另一些核酸中，认识到核酸分为核糖核酸和脱氧核糖核酸两类。

·俄国的列别捷夫首次人工合成橡胶。

**1910 年**

·汤姆逊发现了同位素。

·法国在波尔多市的罗埃第一次进行了波能发电实验。

·巴黎华侨李雨台在世界上首先开发大豆食品，得到英国豆乳生产的专利权。

·德国的谢林公司合成樟脑，并投入工业生产。

·美国的邓伍迪和皮卡特发明了世界第一台矿石收音机。

**1911 年**

·英国物理学家卢瑟福根据 α 粒子散射实验，发现了原子核的存在，提出了原子结构的“卢瑟福模型”。

·德国人最早提出了用飞机喷撒化学药剂以控制森林害虫的计划。

·荷兰的卡麦林·翁纳斯发现金属低温超导现象。

**1912 年**

·德国物理学家劳厄、弗里德里希以及克尼平通过晶体衍射，认定 X 射线是最短的电磁波。

·德国在奥堡开始建立世界上第一个日产合成氨 30 吨的氨厂。这个氨厂还包括了把氨加工成硫酸铵的设备。

·英国的拉姆赛首次进行小型地下气化试验。

·德国气象学家和地质学家魏格纳首次向世人公布了大陆漂移学说，引起巨大轰动。

·德国设计建成世界上最早的一座潮汐能发电站——兴苏姆潮汐电站。

·法国的吉拉尔首先发明了人造棉，人造棉很快成为代替天然棉纱用于纺织业和服装业的原材料。

·第一块霓虹灯广告出现在法国巴黎大街上。从此，霓虹灯塑造出七彩绚丽的图画和广告招牌，迅速为世界各地添上缤纷色彩。

·俄国的涅缅斯基发明脑电图。

·英国生物化学家霍普金斯首先提出维生素学说。

·世界上第一台电传动的柴油机车在瑞士温特图尔市制成。

·弗洛伊德系统地阐明了潜意识的理论，认为一种想法被意识界所压抑时，仍存在于潜意识界之中，并可成为隐藏的动机。

**1913 年**

·丹麦物理学家玻尔提出“卢瑟福一玻尔模型”，为量子力学的建立奠定了可靠的基础。

·英国的布拉格父子创造出一种用以阐明晶体结构的 X 射线光谱学。

·美国女名流克罗斯比夫人发明了乳罩。

·世界上最早的汽车装配流水线在美国福特汽车制造厂建成。

·美国的江森和普兰德汉姆取得了“无线电扬声

器”的专利，这是第一个能在一定距离上收听音乐和语言的扬声器。

·爱因斯坦提出万有引力的度规场理论，在物理学中第一次使用了非欧几何。

·使用高真空管的电话增音机出现。自从使用增音机后，连接美国与欧洲大陆的越洋电话终于成为现实。

**1914 年**

·德国的古登堡发现古登堡间断面，使人们对地球的内部构造有了进一步的认识。

·德国人洛曼等首次制得了烧结金属陶瓷。

·德国人哈恩设计出了第一架现代滑翔机。它不仅可以作水平滑翔，还能凭借暖气流不断上升。

·电气启动的红绿灯在美国出现。

·俄国制造出了世界上第一门安装在卡车底盘上的不需外力牵引而自行运动的76毫米自行高射炮。

·美国的肯德尔首次获得甲状腺素结晶。

**1915 年**

·英国的坎贝尔和瓦格纳利用法拉第定律研制了第一个电磁或LC滤波器。

·美国电报电话公司成功地开通了第一条跨越大西洋的无线电通信线路。

·爱因斯坦完成广义相对论，提出了对于任何坐标变换都是协变的引力方程。

·俄国的博罗维克发明蒸汽流泵，它是真空技术最重要的仪器之一。

**1916 年**

·美国的门德尔出版《食物供应的改变及其与营养的关系》，发现维生素和蛋白质的营养价值，建立现代营养概念。

·德国的科塞尔首先按原子序数排列了化学元素周期表，是现代化学元素周期表的开端。

·爱因斯坦完成广义相对论的总结性论文《广义相对论的基础》。

**1917 年**

·美国招募士兵时，开始采用智商测验。

·法国的德雷尔独立地发现了侵染细菌和病毒——噬菌体，现代病毒学由此发端。

**1918 年**

·美国用飞机喷药防治牧草害虫取得成功。

·载波电话机问世，它特别适用于远距离通信，并可同时传送多个音频电话。

·艾布拉姆斯发表了著名的计算混凝土本身强度的水灰比理论，钢筋混凝土开始成为改变世界景观的重要材料。

**1919 年**

·6月，英国阿尔科克上尉和布朗中尉首次驾机飞越大西洋。

·英国物理学家卢瑟福在实验室里用α粒子第一次把原子核击碎。

·荷兰人科克设计了电子密码机并获得专利。

·第一座空调影院在美国芝加哥建成。

·英国人沃森—瓦特发明第一个雷达装置。

·美国的胡普斯制成纯铝。

·美国的海恩斯取得不锈钢专利。

**1920 年**

·法国细菌学家卡尔美和介林研制成功防止结核病疫苗，该疫苗被称为卡介苗。

·俄罗斯科学家铁耳明用两个无线电波振荡器产生电子音响，被称之为“铁耳明电子琴”。

·班廷和贝斯特提取出胰岛素。

·美国建成的世界上第一座无线电台——匹兹堡西屋电器公司的KDKA电台开始广播。

·美国的福雷设计电手术刀，命名为“无线电手术刀”，对脑外科、胸外科的进步起了很大作用。

**1921 年**

·短波被发现。从此，短波成为长距离和洲际通信的主要频段。

·苏联人特鲁塞维奇设计出了最早的机械式电传打字电报机。

该机使用五单位电码，可在键盘上直接发报。

·挪威人V·皮叶克尼斯提出著名的大气环流图案，对世界气象学事业做出了巨大贡献。

·瑞士的尼伦最早在显微镜下为耳硬化进行简单的内耳开窗手术，为显微外科开创了成功的先例。

**1922 年**

·合成尿素的第一个工厂在德国投产。

·德国化学家斯托丁杰发表论文，首先提出重要的巨分子聚合物学说。

·5月，美国的乔治·弗罗斯特发明了汽车收音机。

·美国生理学家厄兰格和加塞首次发表了一篇有关用阴极射线示波器记录神经动作电位的报告。

这是人类医学史上首次记录到不失真的神经电脉冲，从而开辟了神经电生理学的新纪元。

·英国的贝特森开始采用“遗传学”这一名词，并创立了现代遗传学的许多概念。

**1923年**

·瑞典工程师浦拉腾和孟德斯制成世界上第一台电冰箱。

·被誉为“电视机之父”的美国发明家斯福罗金制成世界上第一只电视发射管——光电摄像管。

·柯达彩色胶片诞生。

·美国的肖恩尔和莫特曼研制成功催眠剂阿米妥。

**1924年**

·英国的德福斯特风诺电影公司拍摄了第一部进行商业发行的有声故事片《爱情的甜歌》。

·法国物理学家路易·德布罗意提出物质波概念和理论。

·德国人鲁夫制出世界上第一块纯氧化铝制品。

·美国纽约的赫夫－达兰德公司设计出第一种专门的农用飞机，在农田上喷洒粉剂化肥。

·7月，农场拖拉机问世。它是拖拉机发展史上的一次变革，也是多用途拖拉机的原始型号。

·4月6日～9月28日，人类完成首次环球飞行，带动了科技领域航空技术市场化的进程。

·德国的MAN及戴姆勒公司研制成功世界上最早的汽车用柴油发动机。

·英国的阿普尔顿等人首次利用电磁波的反射特性测量海维赛层的高度，成为雷达技术的开端。

**1925年**

·德国科学家海森伯写出具有历史意义的论文《对于一些运动学和力学关系的量子论的重新解释》。

他与德国科学家玻恩、约尔丹等共同创立了量子力学的矩阵力学体系。

·第一部电唱机问世。

·美国的阿姆斯特朗首先发明了无线电的调频方法。

·美国电话公司的贝尔研究所研制出相片传真机。第二年，美国开放了横贯美国大陆的有线相片传真业务。

·德国的伯格尔第一次记录了人脑电的活动，并记录了人脑有损伤时的脑电图，从而为临床应用奠定了基础。

·奥地利的薛定谔提出物质波的概念，并建立量子力学的波动力学理论。

**1926年**

·11月，法国科学院首先建立了一个实验用的温差发电站。

·美国的戈达德拥有200多项火箭技术和航空方面的专利，被称为“火箭实验的创始者”。3月16日，他成功地发射了世界上第一枚液体燃料火箭。

**1927年**

·使用了加感技术的自动电话在法国巴黎出现。

·美国科学家穆勒利用X射线使果蝇发生大量突变，开了辐射改变物种遗传性质的先河。

·德国设立世界上最早的宇宙飞行协会。

**1928年**

·苏格兰发明家贝尔德展示自己发明的30线彩色电视的样机。

·英国地质学家、地球物理学家霍姆斯提出地幔对流说，成为20世纪最具影响力的地球物理理论之一。

·德国的弗里茨·普夫洛默首先制造出磁带，并于当年申请了专利。

·法国的弗列什涅发现了预应力，并获得了专利权。

·美国退休军官希克发明电动剃刀。

·美国明尼苏达矿务及制造公司的技术员德鲁研制成一种透明的胶纸带。

·英国科学家弗莱明发现青霉菌有杀菌作用，由此制成青霉素，是最早的抗生素。

·英国的哈特里最早研究电气通讯中的传送对象，将它命名为信息，成为现代通讯理论的基础。

**1929年**

·德国医学家福斯曼在自己的静脉中插入一根细细的橡皮管，拍下了人类第一张心脏导管的X光照片，从而发明了心脏导管术。

·第一批石英钟问世。

·德国化学家布泰南特首先发现并成功地提炼出了雌素酮，并在理论上对其形状、成因和化学反应过程进行了详尽的阐述。

·美国物理学家奥内斯特·洛伦斯建造了一部轰击原子核的回旋加速器。

**1930 年**

·英国物理学家狄拉克用数学方法描述电子运动规律时,发现电子的电荷可以是负电荷,也可以是正电荷的,从而预言正电子的存在。

·英国科学家考克罗夫特和瓦尔顿在剑桥大学建成第一座加速器,能够产生数十万伏特电压。

·布吕姆莱因获得最早的立体声唱片的专利权。

·传真机获得实际应用。

·美国工程师米德莱试制成功氟里昂。

·苏联科学家格拉西莫夫发明了面貌再造的技术。

·美国人埃德温·林克发明了第一个飞行仿真器。

·美国的布什研制出微分分析仪,即第一台电子模拟计算机。

**1931 年**

·英国物理学家狄拉克从电磁的对称性出发,预言了自然存在磁单极子的可能性。

·英国电子工程师布鲁莱恩解决了现代立体声播放的全部技术问题。

·世界上第一条微波通信电路在英国多佛和法国加莱之间建起。

·拉链开始在世界范围被人们广泛地使用。

·美国的卡罗瑟斯首次实现全人工合成的纤维,称为尼龙。

**1932 年**

·德国药物学家格哈德·多马克发明了人类第一种抑菌药物"百浪多息"(磺胺药)。

·美国心脏病专家海曼研制出临床用第一台有效的心脏起搏器。

·第一台电子显微镜问世,使人类观察微观世界的能力空前提高。

·美国科学家罗伯特·格拉夫研制成一台 150 万伏特的高压发生器。

·美国的沃尔特·迪斯尼摄制的动画片《花与树》的胶片是第一部用三基色色染印法拍摄的。

**1933 年**

·继"农业区位论"和"工业区位论"之后,德国地理学家克里斯泰勒提出"中心地点论",引起地理科学中在计量理论方面的重要革命。

·英国首先制造出立体声唱片。

·苏联发射最早的液体燃料火箭。

·苏联的菲拉托夫异体角膜移植成功,这是最早的器官移植。

·英国物理学家安德森发现了正电子。科学界对这个发现极其欢欣鼓舞,因为这一发现使许多物理现象变得容易理解了。

**1934 年**

·居里夫人的女儿和女婿——弗里德里克·约里奥和伊莲娜·居里夫妇发现了人工放射性,并由此开创了放射性应用的一系列学科。

·美籍意大利裔物理学家费米开始了史无前例的核反应试验。

·印度尼西亚科学家托伦纳利用 X 射线照射烟草,育成了烟草新品种,开创了农作物辐射育种的新纪元。

·英国的霍沃斯成功地合成维生素 C,这是人工制成的第一种维生素。

**1935 年**

·美国地震学家里克特里克特研究加利福尼亚地方性地震时,首次提出震级的标度。

·美国开始建立地热发电站。

·英国卜内门公司的弗塞特首先合成高压聚乙烯。

·日本理论物理学家汤川秀树提出介子理论。

·美国的奥尔巴克第一个发现化学诱发剂——芥子气,因而被人们称作"化学诱变之母"。

·美国林产资源研究所制造出世界上最早的胶合薄板。

·苏联大规模地下煤层气化试验成功。

**1936 年**

·英国广播公司开始播送全世界最早的高清晰度公共电视节目。

·奥地利人保·艾斯勒发明印刷电路,为后来集成电路的诞生提供了先决条件。同年,他制成世界上第一台使用印刷电路的收音机。

·美国研制成功第一台脉冲雷达装置。

·日本的中谷宇吉郎在北海道建成低温实验室,开始研究人工降雪。

·英国人图灵发表了著名的《论应用于决定问题的可计算数字》一文,提出思考实验原理计算机概念,成为现代计算机科学和数学的基础。

### 1937年

·英国人里夫斯提出脉码调制，从而推动了模拟信号数字化的进程。

·一般系统论的创立者美籍奥地利生物学家贝塔朗菲第一次提出一般系统论原理。

·美国物理学家瓦里安兄弟发明了速调管，为微波技术的形成与发展奠定了物质基础。

·德国人福克发明世界上第一架可操纵直升机。

·英国的雷伯建成世界上第一架射电望远镜，对射电天文学的早期发展起了极重要的作用。

·英国的惠特尔研制成功喷气发动机。

### 1938年

·德国科学家朱斯制成第一台二进制计算机——Z-1型计算机。

·现代信息论的创始人香农发表著名论文《继电器和开关电路的符号分析》，首次用布尔代数进行开关电路分析，成为开关电路理论的开端。

·德国科学家哈恩和斯特拉斯曼发现铀裂变现象，并且掌握了分裂原子核的基本方法。

·美国人切斯特·卡尔森发明光电复印法。

·美国的诺埃曼在通用电气公司制做出实用的日光灯，从此美国室内开始采用日光灯照明。

·匈牙利人比罗兄弟独立设计发明现代圆珠笔。

### 1939年

·美国理论物理学家阿塔纳索夫与贝利合作，设计并试制成功一台世界上最早的电子数字计算机的样机，称为“ABC机”。

·9月14日，世界上第一架实用型直升机诞生，它是美国工程师西科斯基研制成功的VS-300直升机。

### 1940年

·德国和英国研制出一批喷气飞机。

·美国开始播送彩色电视。

### 1941年

·英国科学家温菲尔德和狄克发明了涤纶。

·美国开始调频广播。

### 1942年

·美籍意大利裔物理学家费米领导了世界上第一座原子核反应堆的建设和实验工作，12月2日反应堆建成。

·日本首次培育成功三倍体无籽西瓜。

·美国的齐默尔曼和希契科克研制成世界上第一个工业化的有选择性的高效有机除草剂，成为20世纪农业的重大发明之一。

·7月27日，德国研制成功世界上第一架喷气式战斗机。

·美国的林德曼发表“食物链”和“金字塔营养基”研究报告，创立了生态系统物质循环和能量流动的“十分之一定律”。

### 1943年

·农药滴滴涕开始大量生产，首先在瑞士推广使用。

·美国微生物学家瓦克斯曼和助手分离出一株灰色的放线菌，由此发现了链霉素。

·荷兰医生科尔夫制成了第一个人工肾脏，首次以机器代替人体的重要器官。

·法国海军少校库斯陶和他的弟弟加格兰发明水中呼吸器。

### 1944年

·美国的艾肯发明哈佛马克Ⅰ型计算机，这是现代电子数字计算机的先驱。

·奥地利物理学家薛定谔出版《生命是什么?》，用热力学和量子力学理论论证基因的稳定性和变发生的可解性，为分子生物学的诞生作了理论上的准备。

·美国的德克雷尔发表电子管控制机械的理论和设计方案，使机械控制开始向电子控制方式转换。

### 1945年

·7月16日，人类第一颗原子弹在美国的新墨西哥州沙漠中爆炸成功。

·美国建立了“兰德公司”，由各方面专家组成，专门为美国国防部研究武器提出规划的方案。兰德公司应用数学分析方法研究复杂系统，创立了系统分析方法，为系统工程理论体系的形成和发展奠定了基础。

·中国地质学家黄汲清开始创立多旋加回构造运动学说，成为20世纪著名的地质学说之一。

·美国发射了第一枚研究性的气象火箭。

·中国地质学家李四光用地质归纳法及早期大陆漂移理论的一些基本概念和方法，在中国和东亚地质实践中，发展成一个完整的理论体系，创立了地质力学。

·英国的尼柯劳斯发表“曼彻斯特市规划”，成为战后新城市规划学的先驱。

**1946 年**

·2 月 15 日,世界上第一台通用电子数字计算机“埃尼阿克”(ENIAC)宣告研制成功,成为计算机发展史上的一座纪念碑,是人类在发展计算技术的历程中到达的一个新的起点。

·美国人沙佛发明人工降雨。

·美国在圣路易斯建立了公用汽车电话网。

·“六六六”开始大规模生产。

·核磁共振现象被发现。

·伽莫夫发表大爆炸理论,在此基础上形成的标准宇宙模型解释了众多观测事实。

·美国第一次用雷达探测目标。

**1947 年**

·10 月 14 日,美国著名试飞员查尔斯·耶格尔驾驶 X－1.型飞机实现了突破音障飞行。

·磁带录音机出现。

·美国贝尔实验室的巴丁、布拉顿和肖克莱组成的研究小组,研制出世界上第一只晶体管,成为人类微电子革命的先声,对电子计算机的进一步发展具有决定性意义。

·美国人埃德温·赫伯特·兰德发明一次成像的拍立得相机。

·美国科学家利比进行试验证实放射性碳可以测定地球上的物质生成的年代。

·雷声公司推出第一台商用微波炉,供饭店和机关使用。

**1948 年**

·伽柏创立了全息术。

·维纳创立了控制论。

·美国的香农提出通讯的数学理论——信息论。

·美国的博格贺斯特发现氯霉素。

·奥地利的贝塔朗菲创立系统论。

**1949 年**

·探索基本粒子的不断发现成为 20 世纪物理学研究中最激动人心的事情。费米与杨振宁提出 π 介子是由质子和中子组成的费尔—杨振宁模型。

·美国的 RCA 公司首次研制出世界上第一只3 枪3 束彩色显像管。

·有线电视在美国诞生。

·美国科学家肖克莱建立了 PN 结理论,为半导体器件奠定了科学基础。

·连续铸钢技术经过德国永汉斯和罗西的研究获得成功,并在实际应用中取得了规模效益。

·美国合成第一批除虫菊酯——丙烯除虫菊脂。

**1950 年**

·美国曼哈顿信贷专家麦克纳马拉发明了信用卡。

·气体打火机问世。

·一种安定药——氯丙嗪问世。

·人工智能主要是研究如何使机器具有认识问题和解决问题能力的一门学科。英国著名的数学家、计算机科学家图灵提出了机器能思维的观点。

·美国的芬雷发现土霉素。

·美国通用电气公司研制成最早的原子能发动机(用于潜水艇)。

·英国研制成功第一架涡轮螺旋浆喷气运输机“子爵”号,开辟了喷气式客机的第一条航线。

**1951 年**

·6 月,美国的莱明顿·兰德公司研制的“尤尼瓦克”Ⅰ型(UNIVAC－1)计算机交付使用。这是世界上第一台供出售的、程序内存的通用计算机。

·11 月,美国的克罗斯公司在马林的带领下,研制出第一台实用的磁带录相机。它是依据磁带录音的原理制作的,磁带以每秒 254 毫米的速度通过多磁迹磁头。

·德国的比尔曼通过对彗星尾的运动和电离性质的分析,发现太阳经常射出氢等离子体,即所谓“太阳风”。

·法国的拉尔芒发明电子望远镜的光电成像技术。

·美国在加利福尼亚海滨建成第一座试验性核电站。

·美国的毛尔思和金伯尔出版第一本以运筹学命名的《运筹学方法》。

**1952 年**

·美国人格拉泽发明探索微观世界的特殊仪器——泡沫室,它可以被用来探测原子内的各种粒子,还可以用来研究这些粒子跟原子核的反应。

·法国科学家特朗比把大量的军用探照灯的反射镜用在太阳熔炼炉上,建造了世界上第一台功率为 75 千瓦的大型太阳能冶炼炉。

厂长　董孝利

# 林源炼油厂

林源炼油厂地处黑龙江省大庆市大同区，是中国石油天然气集团公司直属企业，工厂占地15.6平方公里，职工6 133人，科技人员1 552人，固定资产净值9.5亿元。拥有10套生产装置：250万吨／年常减压、50万吨／年一套催化、85万吨／年二套催化、15万吨／年气体分馏、15万吨／年铂重整、40万吨／年柴油加氢、3万吨／年干气制乙苯、2万吨／年聚丙烯、5万吨／年酮苯脱蜡、6万吨/年分子筛脱蜡。年原油加工能力250万吨，实际加工量150万吨左右，产品以汽柴油为主有13个品种。系统配套的自备电站发电量260吨／小时，装机容量为2.4万千瓦。工厂兼营合资的大庆地毯有限公司，生产能力为70万平方米／年机织丙纶工艺美术提花地毯、1 800吨／年丙纶长丝(BCF)、600吨／年丙纶细旦丝(POY)；工厂下辖的毛纺分厂生产规模为5 124锭，毛线产量可达1 800吨／年；还组建了以对内工程承包为主的工程建筑安装公司及以厂内三产为主的龙源股份有限公司。从1971年建厂到现在，林源炼油厂已经发展形成以炼油工业为主体、辖化工、化纤、毛纺等独立生产系统的国家大型一档企业，跻身国家500强行列。工厂被黑龙江省授予"省级先进企业"、"省级特企"光荣称号，荣获全国"五一"劳动奖状，被评为全国先进企业。

图片说明

①全国首套用于工业生产的3万吨／年干气制乙苯装置

②50万吨／年同轴催化裂化装置DCS集散控制系统

③15万吨／年铂重整装置

④85万吨／年同轴催化裂化装置

# 林 源 炼 油 厂

LIN YUAN LIAN YOU CHANG

①

②

③

④

⑤

⑥

⑦

图片说明

①针织生产线
②编织袋生产线
③八色提花织机纱架
④平毛机
⑤毛线产品
⑥南湖公园一角
⑦职工住宅楼

# 中国石油天然气建设辉煌成就

①

图片说明

① 1998年冬林炼职工结束了住平房的历史，拆迁中的平房区
②生活区一角
③水泥厂厂房
④纯净水厂
⑤炼油生产装置区

②

③

④

LIN YUAN LIAN YOU CHANG

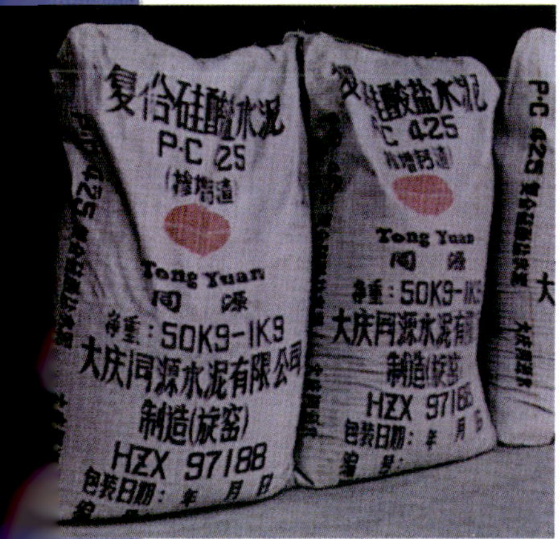

⑤

中共中央总书记、国家主席、中央军委主席江泽民同志到大庆石油化工总厂视察工作。

中共中央政治局常委、国务院总理朱镕基同志到大庆石油化工总厂视察工作。

大庆石油化工总厂党委书记贺荣芳同志

大庆石油化工总厂办公楼

大庆石油化工总厂厂长王昱同

大庆石油化工总厂是随着大庆油田的开发而诞生的企业。到1997年，原油加工能力600万吨，年产汽油、煤油、柴油、润滑油总量达311万吨，合成氨45万吨，尿素61万吨，乙烯36万吨，聚乙烯总量29万吨，腈纶丝6万吨，累计产品86种338个牌号。经过36年的建设，由单一的炼油型企业，发展成为以炼油、化肥、化纤、化工为一体的现代化联合企业。

# 大庆石油化工总厂

大庆石油化工总厂炼油厂外景

大庆石油化工总厂生产的1# 煤油荣获国家金牌奖

荣获国家金牌奖的高密聚乙烯 5000S

大庆牌尿素荣获西班牙马德里质量管理金杯奖

大庆石油化工总厂腈纶厂毛条生产线

大庆石油化工厂外景

Daqing Shiyou Huagong Zongchang

# Daqing Shihua

大庆石油化工总厂 35 万吨乙烯解解装置

1992 年 8 月，江泽民总书记视察兰化

朱镕基总理视察兰化

Zhongguo Shiyou Lanzhou Huaxue Gongye Gongsi

# 中国石油兰州化学工业公司

**中**国石油兰州化学工业公司是中国第一个五年计划期间从原苏联引进的156项重点工程中的两项（化肥厂和橡胶厂）基础上建设和发展起来的特大型石油化工联合企业。41 年来，兰化公司在荒原上创业，在困难中崛起，在改革和改造中不断发展壮大，最早走上化工与石油联姻之路，成为开拓中国石油化工技术的第一个基地。

兰化公司是中国石化产品品种较多的企业之一。41 年来，累计为国家提供各类石化产品 3 000 余万吨，有 76 种产品被评为省优、部优，其中 3 种产品获国家金质奖，6 种产品获国家银质奖，14 种产品被评为甘肃省名牌产品，ABS、SAN 获全国用户满意产品。累计实现工业总产值 310 多亿元，实现利税 50 多亿元。

兰化公司始终坚持科技兴企的方针，在乙烯技术、苯乙烯单体和催化剂生产技术、高分子聚合，加氢与脱氢催化剂、液体橡胶、橡胶系列产品、聚乙烯树脂助剂系列产品、塑料加工功能母粒科研开发，污水处理等技术领域以及工程施工技术等方面处于石化行业领先地位，形成了兰化独有的特色。先后开发了国内首创技术118 项，获省部级以上科研成果 329 项，获国家技术进步奖 11 项，国家专利授权 7 项；研制成功 26 种石油化工关键设备，为国内外设计了 60 多套石油化工装置，承建和援建了 130 多项较大的石化工程，其中有些已应用于航天工业和特大型石化企业的生产建设，被评为“全国工业技术开发实力百强企业”。

兰化公司产品远销全国各地，支援祖国的现代化建设

兰化公司烯烃生产装置鸟瞰

# 兰州化学工业公司

兰化公司经理朱廉宝

兰化公司大化肥生产装置

盛大的职工运动会

兰化公司大化肥生产装置夜景

兰化公司领导在研究远景规划

兰化公司 C4 装置

# 兰州炼油化工总厂

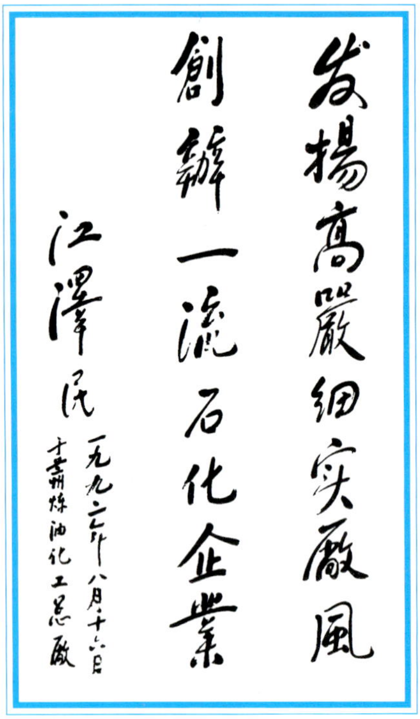


江泽民主席题词

厂长陈守杰

党委书记戴年

中国石油兰州炼油化工总厂于1958年建成投产。已由一个单一的炼油厂发展成为以炼油为主，既有催化剂、添加剂生产，又有机械、仪表压力容器制造，炼厂建筑安装及科研、设计的特大型综合性企业。目前全厂固定资产原值51.7亿元，原油一次加工能力由原设计的100万吨扩大到550万吨/年。炼油化工生产装置由原设计的16套增加到69套，石化产品由原来的16种扩大到能生产各种牌号的汽油、煤油、柴油、润滑油、沥青、润滑脂、石蜡、苯类、添加剂、催化剂、聚丙烯等360余种。是国内加工手段齐全、加工深度深、产品品种最全、原油资源利用最好的少数炼化企业之一，催化剂厂是国内三大催化剂生产基地之一，可生产3种类型多种牌号的产品，添加剂厂是国内两大添加剂生产基地之一，可生产12大类40余种单剂和复合剂。

兰炼厂区鸟瞰

# 中国石油天然气建设辉煌成就

具有国际先进水平的MGG、MIO新工

获国家质量管理奖

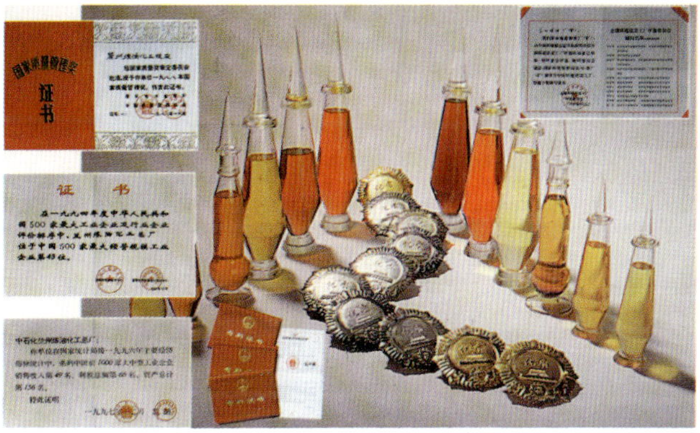


多次荣获国家各项奖励

40万吨/年润滑油高压加氢装置

兰州炼油化工总厂于1996年通过ISO9001质量体系认证

①

锦西炼油化工总厂是隶属于中国石油天然气集团公司的国家特大型企业。1943年建厂，企业现在拥有55套常减压、催化、重油焦化等现代化炼油化工装置，占地690万平方米，固定资产原值已达到44.7亿元。大庆、辽河原油直接管输到厂，企业年加工原油能力是550万吨，二次加工能力280万吨。能生产4大系列142种石化产品，其中30＃甲建筑沥青、300＃液体石蜡、-35＃坦克柴油和渤海牌石脑油荣获国家银质奖，另有26种产品获部、省级优质产品称号。企业产品广销国内各省、市、自治区以及日本、朝鲜、美国、东南亚等国家和地区。

# 中国石油锦西炼油化工总厂

ZHONG GUO SHI YOU JIN XI LIAN YOU HUA GONG ZONG CHANG

①第八届、九届全国人大代表、全国劳动模范、五一劳动奖章获得者、锦西炼油化工总厂厂长刘宝林
②企业荣获“全国优秀企业”(金马奖)
③锦西炼油化工总厂文化宫
④锦西炼油化工总厂渤海加油站
⑤锦西炼油化工总厂厂部办公大楼
⑥锦西炼油化工总厂体育馆

②

③

④

⑤

⑥

辽宁省煤炭工业局局长苑振铎

红阳三矿领导班子始终营造团结、和谐、民主、向上的氛围，以加强班子建设入手，努力造就一支讲政治、作风正、业务精、勤奋务实、清正廉洁的干部队伍，不断增强驾驭现代化大生产的能力。

# 辽宁省煤炭工业局

LIAO NING SHENG MEI TAN GONG YE JU

① 铁法矿务局40个月建成投产的小康矿外景

② 红阳三矿调度室坚持为生产建设服务，为展示现代化矿井的科学指挥，矿投资购买了16台监视器和6台彩电以及微机，强化了生产指挥，当好矿领导的参谋。

③ 抚顺矿务局龙凤矿提升井塔

④ 阜新艾友矿竖井

⑤ 第一批现代化样板矿铁法晓南矿

⑥ 阜新矿务局海州露天矿

# 青海纺织品公司

QING HAI FANG ZHI PIN GONG SI

荣获“保护消费者杯”奖杯

公司董事长王海明

公司办公大楼

公司零售商场纺织柜台

公司零售商场服装厅

·美国帕森斯公司试制成功世界上第一台由大型立式仿形铣床改装而成的三坐标数控铣床，为机械工业生产自动化开辟了新纪元。

·美国福特汽车公司在俄亥俄州建造了世界上第一个实现自动操作的汽车制造厂。

·11月，“尤尼瓦克”Ⅰ型计算机首次成功地进行了美国总统选举的预测工作，计算机的强大功能给人们留下了深刻印象。

·法国外科医生和生物学家亨利·拉博里首次使用氯丙嗪，从此揭开了精神病药理学的新纪元。

·美国的盖茨合成吗啡。

·美国的赫尔希和蔡斯实验证明脱氧核糖核酸(DNA)是遗传物质。

·美国的凯发明世界上第一块数字电压表。

·瑞典电力总公司建成世界上第一条420千伏的输电线路。

·11月1日，美国在太平洋上的马绍尔岛比基尼环礁上试爆成功世界上第一枚氢弹。这枚氢弹为1 040万吨梯恩梯当量，相当于投向日本广岛那颗原子弹威力的800倍，它在几百米高的钢架上起爆之后，整个小岛连同钢架都在巨大的爆炸声中沉入太平洋深处。

·美国开始放映立体电影。

·美国利利公司发明新抗生素——红霉素。

·美国的马克威思发明月球照相仪，精确测定月球的位置。

### 1953年

·第一部宽银幕电影《祭服》问世。

·美国的米勒通过水、氨、甲烷以及氢的放电作用，首次成功地合成了简单的氨基酸，为生命的化学起源提供了证据。

·詹姆斯·沃森和弗朗西斯·克里克制成世界上第一个DNA双螺旋模型。

·微波炉在美国首次销售，从1980年起开始普及。

### 1954年

·美国人格雷戈里·平卡斯发明了口服避孕丸，并进行了首批临床试验。

·法国人埃森和帕里发明了第一座原子钟。

·苏联建成并正式启用世界上第一座核电站。

·美国贝尔实验室研制成功第一台使用晶体管线路的计算机，取名“催迪克”(TRADIC)。

·美国的杜维格诺德合成了脑垂体激素，为此获1955年诺贝尔化学奖。

·意大利的纳塔发明了由三乙基铝与三氯化钛组成的催化剂体系，并用这种金属有机催化剂首次成功地合成聚丙烯，为此获1963年诺贝尔化学奖。

·美国的戴沃尔取得第一台工业机器人专利。

·美国乔治敦大学在IBM公司的协助下，用IBM－701计算机进行了第一次机器翻译试验，成功地把几个简单的俄语句子译成英语。

### 1955年

·美国物理学家张伯仑在高能加速器上用人工方法获得反质子。

·美国通用电气公司宣布人工合成金刚石成功。

·第一批晶体管收音机问世。

·美国无线电公司制成世界上最早的音乐合成器。

·美国海军设计建造的世界上第一艘核动力潜艇“鹦鹉螺”号进行海上试航，宣告了核潜艇时代的到来。

### 1956年

·美籍华人物理学家吴健雄等用实验证实了杨振宁、李政道提出的在弱相互作用中宇称不守恒，否定了宇称守恒定律，为基本粒子理论发展做出了贡献。

·美国杜邦公司在兰德公司的合作下，研究出一种协调庞大企业内部许多不同部门间工作的方法——“关键线路法”。

·杨振宁、李政道提出弱相互作用宇称不守恒的假设，并建议用极化钴60β衰变实验进行检验。

·中国学者陈国达发表论著，明确认定大地构造单元的第三种类型——地洼，并概括了地壳演化的一般规律，从而宣告目前在世界范围内具有较大影响的地洼学说诞生。

·英国人查德创立了模糊信息理论。

·世界上第一部专业录像机问世。

·美国制成世界上最早的晶体管计算机ETL－MARKⅢ。

·美国的麦卡锡、明斯基、罗彻斯坦和申农共同发起了人工智能研讨会，从此开始正式使用“人工智能”这一术语，并为人工智能研究创造了良好的开端。

·美国的卡斯特和奥尼尔首次提出对撞机原理。

·美国的科恩伯格人工合成脱氧核糖核酸(DNA),为此获1959年诺贝尔生理学医学奖。

**1957年**

·由于弱相互作用宇称不守恒理论的提出,杨振宁、李政道和吴健雄共同获得诺贝尔物理学奖。

·美国密执安大学的古德和麦克霍尔合著了《系统工程学》一书,对系统工程的理论与方法作了初步阐述。

·全玻壳彩色显像管问世。

·10月4日,苏联发射了世界上第一颗人造地球卫星。

·苏联制造出第一艘核动力破冰船——"列宁"号。

·美国的基尔比发明集成电路。

·美国的考尔夫等人研制出第一个人工心脏。

**1958年**

·苏联在第聂伯特殊钢厂建立了世界上第一座电渣炉,从此电渣冶金正式诞生。

·挪威科学家研制出第一台离心式播种机。

·晶体管步话机出现。

·美国研制成功世界上第一台加工中心,它在数控卧式镗铣床的基础上增加了自动换刀装置,从而实现了工件一次装夹后即可进行铣削、钻削、镗削和攻丝等多种工序的集中加工。

·法国科学家让·多塞教授发现"人体白细胞抗原",从而证明了白细胞血型的存在。

·日本的梅泽滨夫发现卡那霉素。

·中国科学院生物化学研究所最早进行了天然胰岛素的拆合工作,使人工合成胰岛素的工作简化到先行分别合成21肽和30肽。

·美国科学家肖洛和汤斯发现激光。

·中国科学院原子能研究所建成回旋加速器,建成亚洲最大的(1万千瓦)重水型原子反应堆。

**1959年**

·第一台干板光电复印机问世,它每分钟可以复印出9张纸。

·英国电子工程师科克雷尔研制成功世界上最早的气垫船。

·美国工程师英格伯格和德沃尔制造出世界上第一台工业机器人。此后,他们成立了"尤尼梅逊公司",兴办了世界上第一家机器人制造工厂。英格伯格因此被称为工业机器人之父。

**1960年**

·中国物理学家王淦昌在苏联杜布纳联合核子研究所加速器上发现了反西格马负超子。

·瑞士科学家奥古斯特·皮卡德发明的"的里雅斯特"号深潜器首次到达太平洋底。

·5月15日,美国加利福尼亚州休斯实验室的科学家梅曼,宣布获得了波长为0.6943微米的激光。7月7日,休斯公司宣布世界上第一台激光器诞生。

·4月1日,美国发射了世界上第一颗试验性气象卫星"泰罗斯1号"。

·美国的卡尔曼发表《控制系统的一般理论》,提出能控性、能观测性和最佳调节器概念,奠定了现代控制理论的基础。

**1961年**

·美国著名的海洋地质学家赫斯与美国学者曲茨共同提出海底扩张的理论,为大陆漂移说做出了新的解释。

·第一支电动牙刷出现。

·美国建造出世界上第一艘核动力航空母舰"企业"号。

·弗兰肯进行了二次谐波产生的实验,标志着非线性光学的诞生。

·7月10日,美国发射了第一颗商业通信卫星"电星"1号,成功地进行了横跨大西洋的美国与法国、英国的首次电视中继转播、照片传真和电话通信实验。

·5月25日,美国总统肯尼迪向国会宣布:"在这10年内,将把一个美国人送上月球,并使他重返地面"。这就是20世纪著名的"阿波罗"登月工程。

·4月12日,世界上第一艘载人宇宙飞船"东方"号在苏联发射升空。人类第一个太空人尤里·加加林驾驶飞船进行人类首次绕地球飞行。

·中国科学家宋健提出双参数最优随机系统理论。

·英国的柯晋发现甲状腺激素,并称为"降钙素"。

·美国开始调频立体声广播。

**1962年**

·美国物理学家盖尔曼在日内瓦首次提出了强子的子结构"夸克"这一名称。此后,他提出了"夸克"粒子模型。

·美国的伍德沃德成功地合成了6—去甲基—6

去氧四环素，为以后四环素抗生素的合成奠定了基础。

·瑞士研制成电子手表。

**1963 年**

·第一种盒式录音机问世。

·带频道选择键的电视接收机在柏林无线电展览会上展出。

·霍尼威公司研制成功世界上第一个实用的激光陀螺。

·人类第一个女宇航员苏联的捷列什科娃 6 月 16 日乘"东方"号宇宙飞船升空，从此开创了人类妇女航天的先例。

·德国的布吕克提出 APL 彩色电视制式，成为欧洲通用的彩色电视制式，与法国 SECAM 制、美国 NTSC 制一起成为世界三大彩色电视制式。

·苏联的巴索夫和中国的王淦昌分别提出用激光打靶的办法产生核聚变。

**1964 年**

·软隐形眼镜出现。

·4 月 7 日，美国 IBM 公司宣告世界上第一个采用集成电路的通用计算机系列 IBM360 系统研制成功。它开创了民用计算机使用集成电路的先例，计算机从此进入了集成电路时代。

·美国贝尔公司研制成世界最早的电视电话，将电话与电视技术结合起来。

·美国的盖尔曼与兹韦格根据重子的八重态提出了基本粒子的夸克理论。

·国际通信卫星组织成立，由 19 个国家创建，总部在美国华盛顿。该组织现有成员国 100 多个，是全球最大的国际卫星通信网。

·美国 IBM 公司制造出世界上第一台文字处理机。

·美国在盖脱威编组站建成了世界上第一个编组站自动化系统。

·8 月 19 日，美国发射"辛康"3 号通信卫星，这颗卫星成为第一颗静止轨道通信卫星，使通信卫星从实验阶段进入实用阶段。

·10 月 1 日，日本建成了世界上第一条现代高速铁路线——东京至大阪新干线，行车最高速度达每小时 210 公里。

·10 月 16 日，中国成功地爆炸了第一颗原子弹。

·美国德克萨斯仪器公司采用 He－Me 激光器研制成功世界上第一台激光显示机。

**1965 年**

·美国科学家莱德曼用反中子和反质子合成了"反氢"的同位素"反氘"核。

·中国科学家朱洪元、胡宁等人提出了层子模型。

·美国的麦克霍尔编写了《系统工程手册》，论述了系统工程的方法论，涉及了系统工程学的各个方面，使系统工程学构成一个比较完整的体系。

·美国贝尔实验室采用晶体管计算机开通了世界上第一个商用程控电话交换局。

·美国的库兹和凯梅尼研制出 BASIC 程序设计语言。

·中国科学家纽经义等人获得世界上第一个人工合成的牛胰岛素结晶，其结构、生物活性、物理化学性质、结晶形状均与天然牛胰岛素相同。

**1966 年**

·世界上第一台染料激光器问世。

·英籍华人高锟博士发表了一篇划时代的论文，他提出利用带有包层材料的石英玻璃光学纤维，能作为通信媒质，从而开创了光纤通信领域的研究工作。

·日本东芝电器公司研制成功世界上第一台手书邮件分拣机"TR－2"。

·苏联发射的"月球"10 号探测器成为第一颗月球卫星。

·美国发射世界上第一颗应用技术卫星（气象、通信、航行）。

·中国成功地进行了导弹核武器的试验。导弹飞行正常，核弹头在预定的距离精确命中目标，实现核爆炸。

**1967 年**

·美国的杰罗姆·弗里德曼和亨利·肯德尔以及加拿大的理查德·泰勒，首次验证了夸克的存在。

·英国莫林斯公司首次根据威廉森提出的柔性制造系统的基本概念，研制了"系统 24"，其目标是无人看管条件下实现昼夜 24 小时连续加工。同年，美国怀特·森斯特兰公司建成 1 号全程线系统。从此，柔性制造系统逐渐成为工厂自动化的核心。

·12 月 14 日，科恩伯格等宣布，世界首次体外合成病毒 DNA 获得成功。

·中国第一颗氢弹在西部地区上空爆炸成功。

·美国得克萨斯仪器公司生产出第一个桌上型电子计算器,成为70年代出现的应用微型集成电路技术的袖珍型电子计算器的前身。

·南非的巴纳德在世界上首次成功地进行了心脏移植手术,接受心脏移植的患者于手术18天后死亡。

**1968年**

·美国的J·摩根、法国的勒比雄和美国的麦肯齐等青年学者提出板块构造说,以简单的形式解释了一系列重大问题,因此被誉为"地球科学的革命"。

·美国开始实施历时15年的"深海钻探计划",为验证和发展板块构造学说做出了贡献,并重现了中生代以来古大洋环境的演变,从而创建了古海洋学等新学科。

·美国斯坦福研究所研制出世界上第一台智能机器人。

·日本开通仅以音响发出通知音和消息的模拟寻呼系统。

·日本建成最早的集装箱船(箱根丸)和最早的原子能船。

**1969年**

·日本索尼公司推出早期盒式录相带。

·7月20日,美国"阿波罗"11号飞船登月成功,美国宇航员阿姆斯特朗实现了人类首次登月。

·中国首次成功地进行了地下核试验。

·美国的梅里菲尔德、登克沃尔特等人首次人工合成含有124个氨基酸的核糖核酸酶A(蛋白质),并发明"固相合成"新方法。

**1970年**

·英国的代卡公司和西德的AEG德律风根公司宣布联合制成黑白激光视盘。

·日本国家广播公司最早开始研制高清晰度电视。

·法国在巴黎附近的拉尼翁开通世界上第一部程控数字电话交换机。

·美国人卡普伦制成世界上第一根低损耗光纤。

·印度血统的美籍学者科兰纳首次用化学方法人工合成了有77个核苷酸对的酵母丙氨酸的结构基因。

·中国发射第一颗人造地球卫星。

·苏联的巴索夫研制成功第一台准分子激光器。

·法国成功地为一个58岁的患者移植了世界上第一个原子能起搏器。

**1971年**

·美国人柴台系统地论述了模糊系统,并把其描述成状态方程形式。

·世界上第一台微型电子计算机问世,从此揭开了微型计算机发展的序幕。

·4月19日,苏联从拜科努尔航天中心用"质子"号火箭,将世界上第一座空间轨道站"礼炮"1号送入地球轨道。

**1972年**

·CT机宣告诞生,它震动了医学界,被称为自伦琴发现X射线以来,放射诊断学上最重要的成就。

·美国的基尔比、梅里曼和范塔塞尔研制成功世界上第一个袖珍电子计算器。

·英国的伯格成功地进行脱氧核糖核酸的重组。

**1973年**

·日本夏普公司首先在计算器中使用液晶显示屏。

·美国启用数字寻呼系统。

·世界上第一个光纤通信实验系统在美国贝尔实验室建成。光纤通信进入了实际应用阶段。

·中国科学家杨伟国提出"全球地震时序"。

·美国生物学家科恩将两种不同的基因拼接在一个质粒中,标志着基因工程的首次胜利。

·中国的科学家童第周和牛满江第一次通过动物实验证明细胞质里的信息核糖核酸对细胞的分化、个体发育和性状遗传有显著作用,对于医学和农业具有重要的实践意义。

**1974年**

·世界上第一台激光条形码扫描阅读器问世。

·墨西哥建成世界上第一家螺旋藻加工厂。

**1975年**

·中国首次将测量觇标立于珠穆朗玛峰之巅,测定其高程为8 848.13米。

·美国人威廉·米勒发明了电子游戏机。

·瑞士科学家乔治·克勒和英国科学家凯撒·米尔斯坦得到"单克隆抗体"。

·日本在长崎建成世界上最早的海上机场。

**1976年**

·荷兰的飞利浦公司和美国的MCA公司制定了第一个电视唱片标准。

·图文电视开始广播。

·美国海上移动通信开始使用微波频段和卫星通信技术。

·国际海事卫星系统建立起来,主要由跟踪和控制卫星的地面站、船舶地面站、海岸地面站、通信网管理局以及运动管理中心构成。

·美国犹他州大学的维艾尔等人制成了世界上第一台光纤陀螺仪。

·中国的卢衍豪通过对地球寒武纪和奥陶纪地层状况的研究,提出"生物—环境控制论"学说。

**1977年**

·世界上第一台自由电子激光器问世。

·美国在芝加哥相距7 000米的两个电话局之间,首次用多模光纤成功地进行了光纤通信试验。

·美国正式宣布研制出了中子弹,并开始正式投入生产和装备部队。

·美国的费根鲍姆提出研究以知识为基础的人工智能系统,即所谓"知识工程"。

·中国的戴文赛提出太阳系起源的新星云假说,认为整个太阳系是由同一个原始星云形成的,星云中心部分形成太阳,星云外部形成星云盘,行星和卫星在星云盘内形成,由星子集聚而形成行星和卫星。

·美国的海斯和富勒顿进行第一次航天飞机的载人飞行实验。

·美国的阿普尔公司出售最早的完整的个人计算机。

·日本的武田药品工业公司发明一种新的抗瘤抗菌素——安沙米托菌素,用以控制白血病和其他类型癌症。

·美国的多蒂等人研制出激光刀,用于治疗烧伤患者。

**1978年**

·日本京都大学工学院研制成功计算机语言识别系统。

·美国的伊太库拉用人工合成的人胰岛素基因掺入到无害的大肠杆菌实验菌株中,获得功能表达,从而实现了用细菌生产人胰岛素。

·日本大阪大学医学院研制成功世界上第一个轻便的人造胰,用以控制严重糖尿病人的胰岛素流量。

·7月25日23时47分,在英国的奥尔德姆市医院,诞生了世界上第一个在母体之外受孕的试管婴儿——路易斯·布朗。

**1979年**

·10月26日,世界卫生组织宣布:人类已经消灭了天花。这是有史以来,人类向疾病做斗争中第一个被消灭的疾病,成为20世纪医学史上划时代的大事。

·日本索尼公司最先制造出首架小型单放机——"索尼步行者"便携式立体声盒式磁带放音机。

·中国的史丰收研制成高位数字的速算法。

**1980年**

·美国的麦克里迪设计了第一架用太阳能做动力的蝉翼"企鹅"号飞机。

·日本在世界上首次研制成功64K超大规模集成电路存储器芯片。

·中国的范继淹、徐志敏研制成功一种人机可以直接用汉语进行书面对答的RJD－80型汉语人机对话系统。

**1981年**

·日本生产出第一台生物传感器。从此,世界各国竞相研究,由电脑控制的各种传感器不断涌现。

·6月5日,美国疾病控制中心首先向世界公布发现艾滋病,并把它命名为"获得性免疫缺乏综合症"。

·经过近20年的研究、试验,4月12日,美国第一次把航天飞机发射上天,使之成为自由往返于天地之间的航天器。

·丹麦高等技术学院的专家乌拉·劳德森发明了微型电子耳。

·日本理光公司推出世界第一部使用太阳能电池的照相机。

·日本首次在《计测与控制》杂志上采用了全息图。全息技术的优势在于三维表现,全息图由于形式新颖、色彩艳丽、立体感强、信息量大,被广告业首先选中。

·6月,一架名为"太阳先锋"号的只使用太阳能的飞机从巴黎飞往伦敦。

这是世界上第一次有人驾驶的太阳能飞机作远距离飞行。

**1982年**

·世界上第一次塑料人工心脏的首例移植手术获得成功。

·美国推出现代医药史上第一个投入使用的生物技术产品——rDNA人胰岛素。

·首次全球海洋环流国际合作调查活动——世界大洋环流实验计划被一些国际组织提出，并于1990年开始执行。

·2月14日，美国物理学家卡布勒拉发现磁单极子。

·数字式电视机由美国的数字电视公司研制成功，于1983年开始正式生产并投放市场。

**1983年**

·中国国防科技大学研制出运算速度为1亿次的巨型计算机——"银河"计算机。

·美国生物学家厄尔默首先提出"蛋白质工程"的概念。蛋白质工程是以蛋白质结构功能关系的知识为基础，通过周密的分子设计，把蛋白质改造为合乎人类需要的新的突变蛋白质。

·法国巴斯德研究所的一个研究组宣布发现了艾滋病病毒。

·第一个机器人投入服务，该机器人是德国沃尔夫斯堡大众汽车股份公司制造的。

·日本的尤其卡公司采用双轴延伸技术在世界上首次成功生产了厚度为0.5微米的超薄型聚脂薄膜。

**1984年**

·美国的约翰·施瓦兹和英国的米切尔·格罗斯创立超弦理论。该理论堪与量子理论相提并论，将导致人类对空间和时间的真实含义的重新认识，从而成为广义相对论问世以来最有戏剧性的新成就。

·英国苹果公司推出世界上第一台多媒体电脑。

**1985年**

·中国科学院水生所运用生物技术，获得世界上第一条转基因的鱼。

·世界第一例激光吻合手术获得成功。

·美国阿贡国家实验室研制出世界上第一台超导高频粒子线性加速器。

**1986年**

·国际地圈与生物圈计划在国际科学联盟理事会第21届全会上获得通过。

·日本东芝公司生产出世界上第一台彩色复印机。

·美国库克起搏器公司研制成世界上第一台血温传感心脏起搏器。

·日本平和电子工业公司研制成眼科用微波手术刀。

·英国剑桥动物生理研究所用无性繁殖法生产出三只"克隆羊"。

**1987年**

·日本科技厅金属材料研究所首次研制成由铌、铝、锗构成的高性能超导材料，它可把世界上最强磁场的超导磁石实用化。

·日本佐治吉郎等人研制出世界上第一条电磁推进船，下水试航获得成功。

·日本富士通公司首次研制成利用光通信的全光数字式有线电视系统。

**1988年**

·中国的第一座高能粒子加速器——北京正负电子对撞机首次对撞成功。

·连接美国与英法之间的第一条横跨大西洋海底光缆铺设成功。

·西德生产出世界上第一列高速磁悬浮列车，其速度为310英里/小时。

·英国伯明翰大学研制成世界上第一个超导通信器件，其超导材料用液氮冷却后电阻为零。

·英国牛津大学、美国波士顿马萨诸塞理工学院在世界上首次制作出逼真的全息图。

·中国启用"长征4号"运载火箭首次成功发射第一颗自行研制的"风云1号"试验性极地轨道气象卫星。

·苏联第一架航天飞机"暴风雪"号发射成功(无人驾驶)。

·日本松下电器公司研制出第一台可见光固体激光器。

·日本的藤本重义、桔川桂三研究出世界首创的癌免疫疗法——CTL疗法，并在晚期癌患者的临床试验中获得成功。

·澳大利亚的奥比托公司研制成二冲程发动机，这是对传统的四冲程发动机的最严重挑战。

·中国第一艘全气垫式汽船试航成功。

**1989年**

·Internet正式得名，当时联接在网上的计算机只有30万台左右。

·美国宇航局率先提出"地球使命"计划，对全球进行长期观测。

·苏联研制成世界上最大的消防飞机，它能携带72吨水，可以在任何高度抛撒液体。

·日本先锋电子公司、国际电信公司联合研制成世界上第一台激光磁盘录像机。

·美国发射第一颗工作型全球定位系统导航卫星。

**1990年**

·计算机环球网(万维网)问世,其软件系统是由日内瓦欧洲核子研究中心最初为满足研究中心的高能物理学家的信息需要而开发的。

·从11月开始,一颗卫星向全日本广播世界上第一个全国范围的数字无线电节目。

·美国贝尔实验室研制成功世界上第一台光子信息处理机。

·人类基因组工程开始实施,以美国科学家为首的科学家团体宣布,将在15年内,编绘出人类的全部基因图。

**1991年**

·日本住友电气工业公司展示世界上第一个超导磁体。

·日本JVC公司首创宽屏幕电视,将电视机屏幕从4:3的宽高比例扩宽到16:9。

·1月29日,美国国立癌症研究所研究人员首次临床实施癌症基因疗法。

·4月7日,美国“阿特兰蒂斯”号航天飞机成功地施放了一个重16吨的伽马射线天文台,其主要目的是揭示宇宙的未来。

·世界上最大的水电站——伊泰普水电站建成。

·位于英国牛津郡卡勒姆的联合欧洲核聚变实验环形装置的科学家们,成功地进行了受控核聚变反应实验。

·世界各国掀起对碳-60材料的研究热。

·英国科学家小组6月观察到比太阳亮300万亿倍的天体。

·在美国亚利桑那沙漠中建造的“生物圈2号”实验室9月26日开始启用。

·美国思维机公司10月底宣布研制成新型超并行超级计算机,每秒钟可进行一万亿次浮点运算。

·美国科学家用激光将铯原子冷却到低于百万分之一开的世界最低温度。

·中国科学家卢嘉锡与洪国藩主持的“生物固氮的分子基础及其化学模拟研究”,取得重大成果。

·法国研究人员研制出第一个“有机晶体管”,或称“软晶体管”。

·美国IBM公司艾格拉等人研制出只用一个原子启动的电开关,这在全世界尚属首次,从而标志着人类可以对原子一个一个地进行控制,将促进电子产品向更小型化发展。

·日本东京电力公司五井发电厂5月12日成功地实现11000千瓦世界最大功率燃料电池发电。

·日本电报及电话公司研究和开发出能播放出立体影像的彩色电视机。

·印度旁遮普农业大学马利克等人成功地培育出“试管棉纤维”,为“生物合成棉”的诞生和培育出更高产的遗传工程棉奠定了基础。

·法国建成世界上最大的模拟气候风洞。

**1992年**

·2月,建造在法国格雷诺布尔的欧洲电子同步加速器首次试验获得成功。

·中国科学院高能物理所4月26日宣布,中国获得$\tau$粒子质量测量数据,引起国际高能物理学界的极大反响。

·美国“奋进”号航天飞机的宇航员,5月14日晨手抓卫星成功。

·6月,由来自世界35个实验室的147名科学家成功地对生物组织中的三号染色体进行了世界上第一次全面分析。这一成果被称为与第一次登月同样重要的遗传工程上的重大突破。

·由日本三菱重工业神户造船厂建造的“大和一号”超导试验船6月16日首航成功。这是世界上第一艘不用螺旋桨推进器,而采用超导磁体推进系统的船舶。

·6月18日,美国进行世界首例狒狒肝脏人体移植手术。

·10月12日,美国国家航空航天局首次实施一项全面搜寻“地外生命”的计划。该计划为期10年。

·日本夏普公司推出世界上第一台双镜头摄录机。

·美国佛罗里达大学和孟山都公司的科学家首次用遗传方法改变了小麦性状。

·美国电话电报公司贝尔实验室的研究人员研制出当时世界上最小的固体激光器。

**1993年**

·1月28日,日本、美国和德国联合进行了自动翻译电话实验。

·2月4日，在俄罗斯“和平”号轨道站进行的“人造小月亮”实验获得成功。“人造小月亮”将可用来为极地地区提供照明和为宇宙飞船提供动力源。

·2月18日，英、日科学家宣布，他们率先造出单电子存贮元件。

·3月，中国学者徐志付与美国科学家穆尔共同合成了世界上最大的两个碳氢分子。

·6月，中国科学家探明，西峡盆地恐龙蛋化石分布达40余平方公里，埋藏量达数万枚，被认为是世界第九大奇迹。

·6月24日，英国数学家安德鲁·怀尔斯用反证法证明费马大定理完全可以成立。如果确实如此，这是首次用反证法解决重大数学难题。

·9月，美国使用全球导航定位系统导航民用飞机试验成功，标志着民用导航进入了一个新的技术时代。

·9月26日，在美国进行的“生物圈2号”首次试验结束。在与世隔绝的生物圈中生活了两年之久的8名科研人员，平安地走出了这一人造小世界。这是人类生存史上的奇迹。

**1994年**

·4月9日，世界最大的双发动机客机——波音777双引擎中型喷气式客机问世。

·4月26日，美国费米国家实验室宣布，找到夸克家族的最后一个成员——顶夸克存在的证据。

·5月6日，英法海底隧道通车。

·人类首次成功预报天体大碰撞现象——苏梅克—列维9号彗星与木星相撞。

·8月，机器人“但丁—2号”首次探测活火山口，从而证明利用机器人进行危险地带的探测是可行的。

·一个国际考古学家小组在埃塞俄比亚发现440万年前人类最早的遗骨化石，填补了人类与类人猿之间进化史上的空白。

·全球兴起信息高速公路热潮。

·10月18日，世界最长海底光缆在新加坡正式启用。这条海底光缆全长1.89万公里，连接东南亚、中东和西欧的13个国家。

·12月4日，当今世界最大的水利枢纽工程——长江三峡工程正式开工。

·中国科学家在原子级操纵和原子级加工领域取得重大进展，标志着中国纳米科技研究已居于国际科技前沿。

·中国科学家首次确认雅鲁藏布江大峡谷为世界第一大峡谷。

**1995年**

·美国费米国家实验室两个研究小组3月2日宣布，他们最终发现了标准模型预言的夸克家族中最后一个成员顶夸克。

·中国科学家培育成功世界首例抗大麦黄矮病毒的转基因小麦。

·美国科学家文特尔等人5月首次破译非寄生生物的完整基因图谱。

·美国博尔德天体物理所的科学家7月成功地获得了“超级原子”，从而证实了爱因斯坦的一项预言。

·10月6日，瑞士天文学家宣布，在银河系发现一颗行星。这是人类发现的太阳系以外的第一颗行星，被称为近10年中最重大的天文发现。

·11月15日，美国“阿特兰蒂斯”号航天飞机与俄罗斯“和平”号轨道站对接成功，美国、俄罗斯、加拿大、德国四国宇航员在航天器中首次聚会。

·韩国在世界上首先制成千兆位动态随机存储器。

·日本邮政省通信综合研究所的科学家，利用大型光学望远镜和俄罗斯的人造卫星，成功地实现了世界上精确度最高的一次激光测距。

**1996年**

·1月4日，欧洲核子研究中心宣布，在其“低能反质子环”中制造出9个反氢原子；11月22日，美国费米国家实验室宣布，利用对撞机又制造出7个反氢原子，标志着人工制造反物质原子的愿望得以实现。

·3月，英国罗斯林研究所的科学家培育出克隆绵羊。

·3月，多国科学家小组宣布绘制出一个迄今最完整的人类基因图谱。

·中国发掘的世界最大古人类石器制造场——内蒙古大窑文化遗址得到确认。

·中国科学家首次在世界上获得抗青枯病转基因马铃薯株系，为防治这种毁灭性病害开辟了道路。

·美国洛克菲勒大学艾滋病研究中心的科研主任何大一发明了治疗艾滋病的著名的“鸡尾酒疗法”。

·7月17日，中国科学家宋晓东及其英国同行保罗·理查兹宣布，他们发现地球内核的转动速度比地壳稍快。这一发现将有助于解决地磁场如何产生的问题。

·“爪哇”编程语言被信息产业界普遍接受。

·美国政府宣布投资1亿美元建设第二代计算机互联网。

**1997年**

·1月31日，中国科学家确认，中国首次在世界上发现太谷核不育小麦。

·美国麻省理工学院的物理学家根据量子理论，在科学史上首次用钠原子产生与普通光子激光相似的相干原子束。

·11月8日，中国长江三峡工程胜利实现大江截流。三峡工程是一场多学科的联合攻坚战，大江截流成功集中展现了中国现代工程、水文、气象、地质、水电等方面的实力和水平。

·2月24日，英国爱丁堡罗斯林研究所宣布，他们利用体细胞核移植技术克隆成功一只绵羊——“多莉”。“多莉”的诞生标志着生物技术的一大突破。

·5月上旬，在美国纽约，IBM超级计算机“深蓝”战胜国际象棋大师卡斯帕罗夫，创造了计算机首次击败世界冠军的记录。

·12月20日，中国建成亚洲最大跨声速风洞，标志着中国已拥有世界级的跨声速风洞。

·7月4日，美国“探路者”号火星探测飞船成功地在火星着陆。

**1998年**

·3月6日，美国国家航空航天局宣布，发现月球上有水。

·6月2日，阿尔法磁谱仪升空，开始为期10天的太空实验活动，从而揭开了从空间探测宇宙中反物质的序幕。

·英、美科学家发现细胞衰老的决定因素——染色体端粒的缩短。

·11月20日，国际空间站的第一个组件、由俄罗斯建造的“曙光”号主舱发射升空，并进入地球轨道。

国际空间站的实际建设从此开始。

·美国宣布IBM公司开发出了迄今世界上最快的超级计算机——“太平洋蓝”，每秒能进行3.9万亿次运算。

（原载《中国财经报》1999年5月4日、18日，6月15日）

## 附表1：部分国家科研经费国际比较（1996年）

| 国家（地区） | 国内研发总开支（GERD） | | | | 政府研发预算拨款 | |
|---|---|---|---|---|---|---|
| | BGDP% | 支助比例（%） | | 人均经费 | BGDP% | 其中国防研发% |
| | | 政府 | 工业 | （美元） | | |
| 澳大利亚 | 1.68 | 46.4 | 47.0 | 355 | 0.62 | 7.8 |
| 德国 | 2.29 | 37.2 | 60.7 | 485 | 0.85 | 9.6 |
| 日本 | 2.83 | 18.7 | 73.4 | 658 | 0.59 | 5.8 |
| 韩国 | 2.79 | 20.3 | 77.8 | 379 | … | … |
| 波兰 | 0.76 | 57.8 | 38.9 | 53 | 0.47 | … |
| 美国 | 2.62 | 33.6 | 62.5 | 730 | 0.91 | 55.0 |
| 西方七大国 | 2.40 | 31.7 | 61.9 | 572 | 0.80 | 36.3 |
| 欧盟15国 | 1.84 | 38.2 | 53.1 | 355 | 0.81 | 15.9 |
| 经合组织国家 | 2.17 | 32.3 | 61.3 | 420 | 0.70 | 32.0 |
| 加拿大 | 1.64 | 32.3 | 48.9 | 352 | 0.37 | 6.5 |
| 印度（1994） | 0.72 | 83.6 | 16.4 | 2.56 | … | … |
| 印尼（1994） | 0.064 | 15.8 | 76.4 | 0.82 | … | … |
| 马来西亚（1992） | 0.37 | 53.1 | 43.0 | 12.01 | … | … |
| 巴基斯坦（1987） | 0.98 | … | … | 3.12 | … | … |
| 菲律宾（1992） | 0.22 | 3.2 | 1.9 | 1.76 | … | … |
| 泰国（1995） | 0.12 | 79.7 | 12.2 | 3.57 | … | … |
| 中国（1995） | 0.49 | … | … | 2.82 | … | … |

资料来源：经合组织统计数字，1999年版。联合国教科文组织《统计年鉴》1998年版。 李跃进提供

## 附表2:公共教育经费国际比较

| 国家 | 年度 | 总额(百万) | 占GNP(%) | 占政府总开支(%) | 年均增长*(%) | 学生人均经费,1996年 小学占人均GNP(%) | 中学占人均GNP(%) | 大学占人均GNP(%) |
|---|---|---|---|---|---|---|---|---|
| 加拿大 | 1990 | 43 487 | 6.8 | 14.2 | | | | |
| (加元) | 1994 | 49 932 | 7.0 | 13.2 | 3.3 | … | 51.0 | 40.5 |
| 美国 | 1990 | 292 944 | 5.2 | 12.3 | | | | |
| (美元) | 1994 | 361 164 | 5.2 | 14.4 | 5.3 | 18.5 | 23.8 | 24.7 |
| 中国 | 1990 | 43 386 | 2.3 | 12.8 | | | | |
| (元) | 1996 | 155 611 | 2.3 | 11.9 | 8.3 | 6.5 | 15.0 | 65.9 |
| 印度 | 1990 | 207 590 | 3.9 | 12.2 | | | | |
| (卢比) | 1995 | 265 570 | 3.4 | 11.6 | 6.3 | 11.6 | … | 74.8 |
| 印度尼西亚 | 1990 | 2 089 319 | 1.0 | … | | | | |
| (卢比) | 1996 | 7 138 987 | 1.4 | 7.9 | … | … | 6.6 | 12.9 |
| 马来西亚 | 1990 | 6 033 | 5.6 | 18.3 | | | | |
| (林吉特) | 1996 | 12 278 | 5.2 | … | 6.5 | 11.4 | … | 78.8 |
| 巴基斯坦 | 1990 | 23 570 | 2.6 | … | | | | |
| (卢比) | 1996 | 64 426 | 3.0 | 8.1 | … | … | 127.4 | … |
| 韩国 | 1990 | 6 159 073 | 3.5 | … | | | | |
| (圆) | 1995 | 12 827 508 | 3.7 | 17.5 | 9.1 | 18.8 | 12.9 | 6.0 |
| 泰国 | 1990 | 77 420 | 3.6 | 20.0 | | | | |
| (铢) | 1995 | 169 561 | 4.1 | 20.1 | 11.5 | 16.0 | … | 30.7 |
| 日本 | 1992 | 16 975 655 | 3.6 | 10.4 | | | | |
| (元) | 1994 | 17 381 934 | 3.6 | 9.9 | … | 19.3 | 19.0 | 13.9 |
| 德国 | 1993 | 151 033 | 4.8 | 9.5 | | | | |
| (马克) | 1995 | 164 277 | 4.8 | 9.5 | … | … | 30.7 | 37.3 |
| 菲律宾 | 1990 | 31 067 | 2.9 | 10.1 | | | | |
| (比索) | 1995 | 42 365 | 2.2 | … | 10.0 | … | … | … |
| 波兰 | 1990 | … | … | … | | | | |
| (新兹罗提) | 1995 | 14 942 | 5.2 | … | 1.3 | 17.1 | 16.7 | 40.7 |
| 俄罗斯联邦 | 1990 | 22 237 | 3.5 | … | | | | |
| (卢布) | 1993 | 6 917 781 | 4.1 | 9.6 | -0.4 | … | … | … |
| 澳大利亚 | 1990 | 19 364 | 5.4 | 14.8 | | | | |
| (澳元) | 1994 | 23 895 | 5.6 | 12.9 | 3.0 | 17.4 | 18.8 | 30.4 |

注:*年增长率为1985~1995年平均数。

资料来源:联合国教科文组织《1998年统计年鉴》,《世界教育报告》1998年版。世界银行《世界发展指标》1999年版。

李跃进提供

# 第 五 篇

# 国际投资与财政金融文化

# 1998年国际金融综述

中国银行国际金融研究所　谭雅玲

## 内容提要

1998年世界经济发展呈现全面下调的趋势，全球经济增长由年初预测的4.2%下降到2.2%，比上年的4.1%下降一半左右，而国际金融市场则是造成世界经济下滑的主要干扰因素。1998年是国际金融领域风险最大的一年，是金融市场最为动荡的一年：1998年亚洲金融危机不仅没有缓解反而进一步恶化加剧，持续时间之长、危害程度之深、波及面之广已经远远超出市场的预测；日元汇率的大幅波动不仅进一步加深了亚洲金融危机缓解的难度，而且使得日本的金融改革和经济复苏更加艰难；俄罗斯金融危机的出现直接牵动美国经济增长的减慢和美国股市的动荡，并连带拉美金融动荡的加剧；美国长期资本管理公司的巨额亏损，使得国际金融风险的监控得到普遍重视，金融动荡趋势得以缓解；国际金融地位的引人注目和国际金融市场波动的此起彼伏进一步引发国际金融改革的呼吁日益高涨，进而表明国际金融领域发展的极不平衡。而经济全球化连动的加大，金融自由化速度的加快，政治因素对金融干扰的加重，则是1998年金融危机加剧的重要原因。

1998年全球经济一体化明显表现于资金效益的显著和资金流动的加快，因而使得国际金融的作用和地位处于上升的态势。区域和国别经济的发展明显受到金融动荡的冲击，全球经济也随国际金融动荡的加宽和加大而呈现下降的发展趋势，国际金融的发展已经明显影响到世界经济的增长。

1998年世界经济发展中的有利和不利状况较明显地直接作用于股市和汇市价格的急剧变动，并直接引起国别和区域经济的调整，进而引发人们对于全球经济衰退和金融危机的忧虑。但从目前整体状况看，这种忧虑为时过早，世界经济发展中有利因素明显大于不利因素。主要论据为三点：

**美欧经济稳定的支持**　美欧经济占世界经济整体水平的一半以上，其中美国经济约占27%，欧洲经济约占29%。1998年美国经济增长为3.9%，经济增长的推动力在于：公司竞争力的增强和产业结构调整的效益、高新技术的推动和宏观经济环境的良好。主要支持因素为：经济政策变化的支持、高新技术的支持、货币、财政和税收政策对经济政策的支持、贫富之间和东西部之间差异缩小的支持。而西欧经济在欧元出台效益的刺激下，经济增长中的亮点为：经济周期处于明显上升、宏观经济环境的改善、欧元即将成功的效益。除上述因素外，最为重要的是美欧区域的政局较为稳定，也是有别于目前国际金融动荡的有利因素之一，经济问题没有政治问题的干扰是经济稳定的重要保证。

**欧元即将启动的良好预期与影响的促进**　欧元的出台对于全球动荡的国际金融形势起到较大的影响。因为，欧元问世不仅仅是欧洲的大事，也是美国和世界经济中的重要事件，欧元出台将会引起美国经济金融地位的下降，将会引起全球经济金融的调整和重组，进一步减少汇率风险和资金交易风险，有利于金融市场的稳定发展，是世界经济平稳发展的稳定剂。加之，年底欧元区国家为使欧元出台后保持稳定，联合采取降息举动，对于欧元未来的稳定发展进一步奠定了较好的基础。

**美欧在世界经济金融领域的主导性**　美欧由于金融机制的完善和金融规则的健全，以及经济实力决定的在全球经济金融中主导地位，将会十分有利于世界经济的稳定和国际金融的发展。因为他们各自也有各自的经济问题和金融矛盾，全球动荡对于他们的影响已经明显表露出对经济发展的冲击。当然他们也不可忽视世界经济金融动荡中的不利因素，尤其是日本问题将是继续影响亚洲乃至全球的主要因素，其将是涉及面极广、影响较大但又难以解决的突出矛盾，相关的还有俄罗斯、拉美和游资的冲击。特别是亚洲金融危机进一步蔓延至俄罗斯金融市场乃至政局的巨大变化，从而也直接影响到美欧和世界经济总体增长水平的调整。世界经济金融发展的连动性已经引起美欧的高度重视。

1998年对世界总体经济增长进行了四次修正，远远低于1997年的4.1%，降至2.2%。相对而言，过去经济增长较快的国家和地区将会呈现低速增长，甚至是负增长，最突出的在于东亚大多数国家和地区表现的退后；美国继续保持健康稳定增长；西欧国家继续处于复苏中的低速增长状态；日本经济前景不容乐观，经济增长为－1.7%；非洲经济增长将会出现加速；拉美经济将会有所下降；俄罗斯经济将受到金融危机的牵制，并将直接影响东欧国家经济改革发展。总之，全球总体经济下滑将大于上升。

## 二

在世界经济大背景的直接作用下，1997年以来，国际金融市场的热点和焦点连续不断：第一季度集中于印尼汇率机制转变的争论，导致亚洲金融危机的更加恶化；第二季度集中于日元大幅贬值，导致亚洲金融危机缓解难度的加深；第三季度则以俄罗斯金融危机为表现，导致美股以及全球股市的大幅波动；第四季度则以拉美金融动荡为主，进一步牵动美国经济下调和世界经济增长的放慢。全年总体分析：国际金融危机蔓延的范围日渐扩大，程度逐步加深，危害日益加重。1998年国际金融市场倍受关注的焦点表现在7个方面：

**印尼由金融动荡导致政治不稳定和社会动荡**　1998年2月中旬，印尼提出将浮动汇率制改为与美元挂钩的联系汇率制，引起印尼与国际货币基金组织的争论和僵持。5月中旬，由于印尼金融问题的恶化，导致政局和社会骚乱，经济金融形势再度恶化，引起全球关注，并直接影响周边国家和地区的不稳定，加重了整个亚洲的经济金融危机，导致金融危机的恶性循环。而最终印尼放弃了该计划，接受了国际货币基金组织的援助条件。

**欧元即将启动的影响**　1998年3月25日，欧洲委员会公布了欧盟成员国达到马约标准进度的评估报告，以及1999年首批加入货币联盟的11个欧盟成员国的推荐报告。1998年5月2日，欧盟首脑会议召开，会议在三个方面取得重要进展：第一，会议接受了欧洲委员会和欧洲货币局的推荐，根据马约规定的主要条件，确定德国、法国、意大利、荷兰、比利时、卢森堡、爱尔兰、西班牙、葡萄牙、奥地利、芬兰11国为首批加入欧洲货币联盟的欧元创始国，从而标志着欧元区的正式形成。第二，确定了以欧洲汇率机制的中心汇率作为欧元汇率的定值基础，即在1999年1月1日加入货币联盟的各国货币，将以各国目前在欧洲货币机制内的双边汇率加入欧洲单一货币体制，而这一双边汇率就是过去一直使用的欧洲货币单位(ECU)的中心汇率。第三，确定了未来欧洲中央银行行长的人选。此次欧盟首脑会议在以上三个方面取得的重大进展为欧元的如期启动扫清了最后的障碍。

**日元汇率大幅贬值**　1998年6月8日，日元兑美元汇率跌破"140心理防线"，6月15日下跌至146.13:1，为8年来最低。至此日元汇率已经持续贬值9%；而从1995年4月中旬的最低点计算则下跌近80%。日元汇率持续下跌的走势对亚洲周边国家和地区金融市场有着直接的制约和牵制作用，是导致亚洲主要国家和地区再度动荡的主要因素。日元汇率下跌的具体原因在于：自身信心下降是日元走跌的主要因素；经济关系和政策导向是日元走跌的关键因素；日本与东南亚国家和地区的伙伴关系是日元走跌的连带因素；政治不稳定是日元走跌的辅助因素。

**俄罗斯金融危机** 1997年亚洲金融危机爆发之后，市场对新兴工业国家信心逐渐下降，并有继续扩大势头。俄罗斯在1997年11月遭受冲击之后，1998年市场状况再度一波三折，而进入第三季度市场波动的加大令政府难以驾驭，进而直接导致俄政局的不稳定，央行不得已于8月17日宣布将卢布的上限提高，变相使卢布贬值5成，但卢布继续接连大挫，俄政府最后被迫取消了“汇率走廊”。由于金融市场动荡的逐步加剧，国家政局出现更迭近两周后，市场基本趋于缓解，但卢布下跌、股市下滑的趋势难以改观，程度更愈见扩大，不仅国际货币基金组织的援助计划未能产生稳定作用，而且政府的债务重组计划进一步打击了市场信心。俄罗斯的表现与年初的印尼问题十分相似，金融问题的激化演化为政治问题，使得俄罗斯本来十分脆弱的经济转轨中的金融处于几乎崩溃的边缘。造成此次俄罗斯金融危机再现的原因既有国际大背景的影响，更有俄内部经济政策和财政金融难题的困扰。从内部原因分析为：政治与经济关系的高度关联；政府财政政策的严重受阻；“汇率走廊”机制被迫取消的恶性循环；政府债务膨胀的必然结果。

**美国股市暴跌** 在俄罗斯金融危机加剧的影响下，美股1998年8月底再度暴跌500余点，呈现出1987年以来第三次较大的下跌，道指一天之内溃跌512.61点，跌幅为6.37%，下跌幅度仅次于1997年10月单日554点的最高记录。随后虽有反弹，但下跌趋势仍然处于主导，恐慌心理一直作用于整个市场的运作。美股之所以出现多年以来一贯看好的逆反状况，最直接的表面原因在于俄罗斯的金融危机的逐步恶化，美俄两国的政治经济甚至军事利益的相互依赖与关联得以明显表露，并直接引发全球股市的全面下陷。造成美国股市出现动荡除俄罗斯因素之外，还在于美国内部经济金融乃至社会因素的影响，主要为3点：美国产业结构变化使得股市风险演变为社会风险；美股过于高涨的调整得到外界因素的接应；企业利润和资金流入影响股市投资信心下降。

**日元汇率明显反弹** 随着俄罗斯金融危机和美国问题的突出使得一直令市场关注的日元贬值得以扭转，日元汇率反弹较大，1998年10月16日上升至115.27兑1美元的水平，与年中日元下跌至146的水平相比，日元升值21%。对于这种汇率走势，目前呈现两种观点，一种认为是日元汇率回归于经济实力；而另一种则认为是美国问题过于集中，美国货币政策调整技术性需要，因为美国目前的经济增长已经明显受到国际环境的影响，而日本经济的实际状况则不容乐观。但这种暂时的调整趋势，使得金融市场的发展前景难以确定和预测。无论如何，日元汇率已经不仅仅是日本自身的问题，而是美日两国乃至全球经济金融中的大问题。从外汇市场的发展历史看，每一次日元的大幅波动都与美国经济和政治的变动密切相关。尤其是亚洲金融危机的持续性和深化度远远超出人们的预期，对美国的影响也逐步显现。因此，日元升值只是暂时现象，美日经济基本面并未发生根本性的转变，汇率走势的支撑应该还是经济基本状况。日元暂时升值的原因为：避险基金赎回技术性操作；资金信心进一步脆弱的表露；汇率的基本状况取决于经济基本面。

**拉美金融动荡** 随着俄罗斯问题造成美国问题的凸起，美国经济的负面因素日益暴露，进而直接连锁反应于拉美一些国家，导致金融市场出现较大的动荡，而且已经开始影响拉美经济的发展速度，股市和汇市下跌趋势加剧，资金外流明显加大。拉美金融市场经历了自亚洲金融危机以来第四次冲击，而且冲击的力度明显上升。其中受冲击最大的是巴西，在仅仅两个月的时间里资金外流达300亿美元，股市价格降至三年来的最低点。拉美其他国家也受到较大的影响，委内瑞拉、阿根廷和墨西哥等国的汇市和股市出现大幅波动。为此，巴西等拉美主要国家为保持金融稳定，被迫将银行利率提高、削减货币投入、采取财政双紧措施。由于全球金融动荡的连锁性日益强烈，从而引起全球对拉美金融危机可能发生的忧虑。但由于多种国内外因素的作用，拉美金融动荡逐渐在缓解，主要原因为：外部（美国）因素的主导性；内部基础的坚实有利；墨西哥金融危机的借鉴作用。

## 三

上述金融市场的7个焦点问题直接影响和作用于整体金融市场的发展，尤其是美股的变动直接影响着汇市、股市呈现明显反差的变动，银行业的发展略显不景气，金融自由化和金融监管面临重大改革与协调。国际金融市场的具体表现如下。

### (一)外汇市场——主要货币汇率调整导致波幅加大

外汇市场是各国经济发展和政策取向的晴雨表，各国国内因素和国际环境的转变，对于汇率市场的影响最为直接，汇率的反应十分迅速敏感。1998年美元兑日元和马克汇率分别从年初的1:132.37和1:1.80，下降至年末的1:116左右和1:1.67上下。美元汇率上半年一支独秀持续上扬局面发展至下半年有所逆转，美元兑日元和马克汇率呈现较大的波动。亚洲货币市场主要货币下跌的幅度有所遏制，波动减弱；拉美市场汇率波幅加大。

1998年外汇市场汇率变化的焦点仍是日元兑美元，而主导汇率变动的因素则与过去有着较大的差异，转变为汇率波动与宏观经济环境和经常账户状况相背离，而与资本账户的状况贴近，呈现50多年来资本账户状况决定汇率走势的态势，过去美国与日本贸易摩擦、政治分歧，经济差异主导汇率走势的状况有所改变。因而，日元兑美元汇率的变动以美国的把握为主，而日本则处于相对被动地位，不在于美国资本市场信心的支持和日本资本市场状况的萎缩。资本市场的变化不仅可以看出一国国际收支是否健康以及货币汇率的变动趋势，而且可以有效利用资金变动阻止国际资本异常流动对货币的冲击和影响。因此，汇率的变化已不取决于经常项目的变动，而取决于资本项目的变动。

日元兑美元汇率变化中宏观经济因素影响的弱化逐渐显现。1998年以来，美日经济随着全球经济的调整发生了较大的变化，主要特征是美国经济状况依然较好但增长减速、日本经济恶化加深，对汇率一直具有支持的经济因素并没有主导汇率按照经济状况运行。美元汇率1～6月持续坚挺时，美国经济发展呈现明显的变动，第一季度经济增长率为5.5%，而第二季度下降至1.6%，经济发展起伏较大，明显受到亚洲金融危机的冲击。而汇率坚挺的主要因素是美国货币政策的明确，即坚持美元强势，同时美国资本市场投资者信心日渐上升，资金流入加大，直接表现为股市连创新高，7月17日达到9 337.93点的历史最高记录。资本市场明显支持美元汇率的上扬趋势。而从俄罗斯金融危机之后，尽管美国第三季度的经济增长达到3.3%，但美国经济还是受到一定震荡，股市出现暴跌和大幅下调，加之拉美金融动荡的加剧，美国所面临的经济金融问题增多，政治麻烦也有发生，而对汇率影响最大的是美国股市的变化和调整，从而使美元汇率也呈现缓慢下调。整个汇率走势的变化一直受美国政策的左右。日本则一直处于比较被动的地位，其中最重要的原因就是日本资本流入的减少，资金信心的下降。回顾历史，1991～1995年，日本经济年均增长率为0.6%，是西方国家中增长率最低的国家，而此时日元汇率却连年升值，1995年4月19日达到79.75；而从1996年至今日本经济一直不景气，日元汇率处于疲软状态，1998年经济进一步恶化，其中下半年逐步加深，而日元汇率却呈现走强。如果用宏观经济因素解释已经不能说明问题，汇率的变化已经受到经济全球化资金快速流动效益和规模数量的影响，资本市场的发展直接影响到国家的国际竞争能力、利用外资和国际先进技术的能力，进而直接作用于汇率的发展趋势。从另一个角度看，日本与美国财政政策与货币政策协调的差异明显表露——较为注目的美国财政赤字难题今年得到根本改观。美国1992年的财政赤字为最高记录，达2 900亿美元，1997年的财政赤字已经降至23年的最低点为220亿美元，1998年9月30日结束的1998财年，美国出现29年来的首次联邦财政盈余，约630亿美元。而日本的财政赤字在泡沫经济时期(1985～1990年)由原来占GDP的5%左右降至0的超低水平，之后逐年回升，尤其是小渊政府为刺激经济的需要而加大财政扩张，不惜以巨额财政赤字作为财政资金的支柱，仅1998年度小渊政府计划发行的政府债券就达34万亿日元，政府财政预算中债券融资占39%，创历史记录，因而从1996年财政赤字占GDP的水平由3%逐渐上升至1998年的6.6%。日本政府以牺牲财政平衡换取经济复苏付出了巨大的代价，同时也加大了日元汇率波动的因素，失去了货币政策调整的余地，日元汇率的走势不能为自己所为。而政府财政预算融资的来源不足，将会加大财政危机爆发的可能，于日元汇率的平稳更为不利。

外汇市场上述状况的支持因素在于各国经济基本面的表现，但下半年国际货币汇率有违于经济表现的状况十分明显。日元的大幅贬值不利于日本经济复苏、降低了日元的国际信誉。同时也不可否认国际经济金融大背景的影响力，尤其是日元贬值加剧了亚洲国家金融危机的程度，使得国际经济环境更为恶化。而下半年的上扬也非正常，投机因素的作用较大。外汇市场发展状况的相关因素表现为美日德经济实际状况；美日政策协调的影响；国际协调作用的减弱；国际投机监管迫在眉睫。

## (二)资本市场——股市资金效益显著，风险明显表露

经济全球化的显著特点表现为资金在全球市场上跨越国界的大量快速流动，由此也就产生相应的负面作用，对金融市场和国别经济造成破坏性影响。1994 年底，墨西哥金融危机和 1997 年出现的东南亚金融危机，最为直接的原因都在于短期资金流动的失衡，从而造成对交易市场和经济基础的巨大冲击。

尤其是 1998 年下半年国际投机因素对于资本市场的干扰与破坏十分明显，俄罗斯金融危机直接引起美国股市出现历史上第二次暴跌，并影响从欧洲到新兴市场国家——亚洲、拉美和南非股市的下跌，致使全球资金交易的风险加大。9 月底由于投机操作，造成具有较大影响的美国长期投资管理公司达 40 亿美元的巨额亏损，该公司处于濒临破产的境地，对美国以及全球资金的流动产生较大的影响。尤其是目前国际金融机制的运作已经发生较大的变化，资金交易已经从银行体系向基金市场调整，加之各国政府继续减少管制以提高自由度的发展趋势的推动，资金大量抛空的投机导致市场心理恐慌、秩序混乱、危害极大。据统计，70 年代全球外汇交易中的 90% 发生于贸易和投资项目，只有 10% 为投机；而今，全球投机性外汇交易则超过了 90%，贸易和投资的比重则不足 10%，其中金融衍生工具的迅速发展以及电子技术的广泛应用和提高，对于这种明显的反差起到强劲的推动作用，致使金融衍生产品的种类达 1 200 余种，这使得交易者可以以较低的成本进行更为灵活的金融运作，同时也加大了风险程度。目前全球至少有 7.2 万亿美元的短期资本流动于世界资本市场，相当于全球国民生产总值的 20%，全球外汇市场上平均每天的交易额为 2 万亿美元，其中 90% 为短期资本。加之利差、信息技术和国际金融交易网络的迅速发展，更进一步加快了其流动的速度和数量，破坏性和影响力已经十分明显地表露于市场的动荡和危机的加剧。

1998 年尽管全球经济增长速度减慢以及地区和国别金融动荡加剧，但全球直接投资仍呈现上升势头，达到约 4 300 亿美元，主要支持因素是合并和购并资金流动的促进。而资金流动的方向主要集中于发达国家、拉美和东欧一些国家。其中对发展中国家的直接投资与 1997 年 1 490 亿美元相比有所下降，呈现出 1985 年以来的首次下滑。尤其是亚洲地区经济前景和经济信心的严重受挫，使得流入亚洲主要国家的资金大幅下降。而拉美的资金流入明显上升。1998 年国际资本流动的剧烈变动突出于股市的表现，其中美股从年初的 6 000 余点连续上升至年末的 9 000 余点，西欧主要股市在美股的影响下也出现较大的波动，德国股指从 4 300 余点上升至 5 500 点，年底下跌至 4 600 余点，跌幅为 21.2%；英国股指从5 200余点上升至 6 300 余点，年底下跌至 5 000 点，跌幅为 13.9%；法国股指从 2 900 余点上升至 4 200 余点，年底下跌至 3 300 点，跌幅为 21.6%。日本股市则有升有降，其中一季度跌幅为 7.4%；二季度升幅为 14.9%；三季度跌幅为 15%，年底基本稳定于 14 000 余点，经济衰退直接影响资金信心的动荡和下降。发展中国家股市更是难以抵挡下跌趋势，其中最为严重的是亚洲和拉美股市，具体表现为亚洲一季度下跌趋势强烈，拉美三季度和年底下跌动荡较大。拉美由于与美国经济金融贸易关系的密切，以及股市市场规模较小的限制，股市受到投机的狙击较大，平均下跌 10～20%之多，创下十几年的历史最低点，并直接影响经济增长的预期。极其严重的是巴西，不仅其利率已经提高至 50%，而且为稳定股市和捍卫本币已经出资 150 多亿美元，外汇储备急剧下降至 500 亿美元，资金外流已经达到 1 600 亿美元。亚洲股市虽然在危机继续中再度遭到冲击，但相对而言，日元汇率的回升对于资金信心的支撑有所上升，股市波幅相对较小。俄罗斯及东欧国家股市状况则更为糟糕，资金信心几乎丧失，股市跌势难以扭转。

全球股市发生普遍下跌趋势的世界性因素在于：经济全球化与金融作用显现的影响；金融监管欠缺与金融暴利的影响；资本流动调整与资金重组需要的影响。

而全球黄金市场则呈现相对稳定和疲软的发展趋势，黄金价格全球基本保持在290美元1盎司的水平。由于资金投机暴利的效益，黄金只限于保值的作用与资金获利相比明显处于弱势，因而黄金市场发展平稳。

从全球市场利率的发展变化看，1998年由于受到通货紧缩的威胁和金融动荡的影响，全球呈现普遍下调利率的趋势。尤其是美国金融监控透明度和尺度、力度的影响直接带动全球利率水平的下调。美联储1998年下半年在3个月内采取了三次降息举措，以稳定美国经济和金融市场。金融政策的实施主要作用于利率的调控，利率的变动将不可避免地影响宏观经济环境和金融市场运作的变化，尤其是对资本市场的影响最为直接。美国调整利率的三次过程，是以稳定经济为前提，利率下调的力度和尺度把握较为适宜，每次均以25个基本点为尺度，较好的控制了市场操作，没有因利率变动而导致市场呈现大起大落的局面。因为，依据国际金融近几年的发展趋势，特别是1998年来接连动荡不定的变化，金融市场的心理因素和资金信心越发引人深思，是十分敏感的驱动因素。美国降息的意义和影响主要体现在三个方面：美国稳定国内市场信心和全球经济的需要；美国商业银行下调利率、刺激消费和投资的需要；美国援助稳定拉美经济所必需流动资金的需要。在美国下调利率的带动下，其他一些国家也纷纷下调利率，尤其是欧元区11国达成一致，联合降息使得11国利率基本趋同，顺应了国际经济金融形势的需要，符合欧盟内部经济状况的要求，是欧元启动稳定的积极作用，这也是近期国际金融市场逐渐稳定的主要因素之一。与此同时世界其他国家也相继下调利率，十分有利于经济稳定和金融安全。全球普遍降低利率的主要原因在于：全球金融市场动荡对经济冲击调整的需要；新兴市场国家对发达国家经济影响调整的需要；资金信心对经济信心牵制调整的需要。

## (三)银行业——危机明显危害利润增长

进入1998年，随着全球金融一体化的快速发展，促进国际银行业的购并愈演愈烈，银行业的发展状况对一国经济金融发展的推动力愈加明显。经济发展愈好，银行购并效益愈强；反之，经济发展疲软，银行购并效益显弱。尤其是国际银行业在经历了东南亚金融动荡之后，呈现不平衡的发展趋势。其中欧美银行业通过购并改革，以全方位服务的大型机构占有市场、加强竞争，银行由传统垄断型的发展模式向依照市场需求求生存的方向发展。而广大的发展中国家家和地区则处于完善和调整的发展过程中，既要参照西方的发展模式，同时也要依据市场的实际需要。但亚洲金融危机确实使得银行的实力和效益爱到极大的冲击和伤害，明显表露出金融机制和监管的漏洞，恢复和完善需要时间和资金的支持。因此，全球银行业处于一种加速发展的不稳定状态中，发达国家与发展中国家在经营机制、管理、规模和效益上呈现极大的差异。发达国家由于银行业的历史悠久、金融机制的健全、金融机构的发达、金融监管的切实有效以及银行购并的推动，银行业的发展遥遥领先于发展中国家和地区。而广大的发展中国家和地区银行业发展的滞后以及受亚洲金融危机的影响，银行整体素质、规模和效益均不及发达国家。目前国际银行呈现购并效益与经营艰难并存，发展状况呈现较大的差异和不平衡。

**欧美银行及金融购并的高潮** 1998年上半年国际银行业的购并突出表现于欧美。而促成新一轮购并浪潮的外围因素是美国经济稳定增长的推动、欧洲经济复苏和欧元即将启动的作用、亚洲金融危机的影响以及国际金融市场全球化发展的促进。从欧美银行内部自身状况看则在于三个需要：扩大资产规模的需要；高科技发展的需要；传统银行业务重组的需要。尤其是美国银行业正是抓住了国际金融市场发展的机遇，积极占领主动地位，加快金融购并，扩大美国金融在全球的影响和加强在世界经济中的作用。同时，银行法规的逐步放宽，使得保险公司、商业银行和证券公司的业务界限逐渐在消除，实力竞争和业务拓展的需要推动银行购并步伐加快加大。第二季度银行购并的规模引起全球的关注，如花旗银行公司与旅行者公司合并为世界最大的金融服务公司；美国国民银行公司与美洲银行公司合并为美国最大的商业银行；第一银行公司与芝加哥第一公司合并为美国第五大银行。到目前为止,美国银行前六名的排名中有五家银行产生于合并的结果,其中三家银行是在4月购并产生的。1998年上半年美国银行业的购并数量为213起,金额达2 160亿美元。美国银行业的发展既得益于经济的发展,又促进了经济的发展,银行体系不仅规模庞大,而且运营机制健全,从而促进美国银行的资产效益显著。美国银行资产的扩大促进了经营效益的提高,业务的互补提高了服务的竞争力,业务的拓展改变了经济结构的布局,从而消除了重复的业务,实现了规模效益,提高了利润和经营效率。美国银行在1998年全球1 000家大银行的排名中有154家入围,比上一年增加6家,进入首10家的有3家;在60家盈利超过10亿美元的大银行中,美国占22家。而欧洲银行随着欧盟统一货币进程的加快,在1997年表现普遍较佳的基础上,1998年呈现出明显的起色,主要特点是加快了业务发展战略的调整、加快了传统银行业务注入新技术的改革、加快了金融机构的转型。基于欧洲银行数目的超多、竞争力的下降、经营成本的上升,各国银行十分注重银行规模效益问题,努力减少成本的投入和促进收益的增加。据统计,西欧15国加上冰岛、挪威和瑞士银行,由于近几年银行购并的效益,银行总数从1993年的9 770家减少到1996年的8 952家,银行的规模加大。而同期银行的收入却从11 740.42亿埃居上升到12 980.27亿埃居,银行效益上升。特别引起关注的是11月底,德国最大的商业银行——德意志银行宣布收购美国第八大银行——银行家信托,成为有史以来最大规模的外国公司收购美国金融公司的交易,而收购后的新机构将是全球最大的金融公司。西欧银行购并趋势不断加强的推动因素是银行数量和效益的比较,欧洲单一货币实施的推动力和欧洲整体经济环境的改善。欧洲地区在全球1 000大银行中共有414家银行入围,其中欧盟有325家、其他欧洲国家有89家,比上一年增加5家;其中英国的整体实力和规模效益最为显著,有9家银行进入首100家之列,盈利均超过10亿美元,在5家盈利超过50亿美元的银行中,有2家为英国银行,而汇丰控股更是连续3年为世界之最。

**日本与亚洲银行经营艰难衰退下滑** 日本银行经营艰难,包袱沉重,与西方国家购并的热潮形成明显反差的是银行金融机构倒闭破产的频多,即1995年引起世界注目的东京三菱银行的合并之后,1997年到1998年没有再出现购并案,但是却出现举世瞩目的大金融机构倒闭案的接连发生。日本金融业不仅自身问题难以解脱,而且受制于亚洲金融危机相关国家和地区债务拖欠的影响,面临经营危机,不景气的状况不仅不利于自身经济的发展,同时也为欧美金融介入打开了有利的空间。目前欧美金融机构已经在日本金融市场展开角逐,其中包括收购日本金融机构和购买日本银行和金融机构的不良债权。今年尤为突出的是美国旅行者集团参资日兴证券公司,成为美日之间最大的业务合作。具体是旅行者集团出资2 200亿日元,实现对日兴证券股份25%份额的持有,成为日兴证券公司的第一大股东。由于日本银行的发展陷入困境,银行的资本充足率受到冲击,日本政府因此要求各银行在1998年3月底达到巴塞尔委员会规定的8%的资本充足率的标准,否则将影响在国际资本市场的融资。为此,日本银行一方面严格控制信贷和资产增长,另一方面大量发行优先股和债券筹集资金;但也导致日本债券信用银行等金融机构计划关闭所有海外分行,以及信用级别的降低,从而进一步降低了投资者对日本金融机构的信任,打击了经济复苏和金融缓解。日本有118家银行入围世界1 000家大银行,在首10家中的座次呈下降,东京三菱银行由第二位降至第五;而且有38家为严重亏损,在全球100家亏损超过10亿美元的银行中,日本就有8家;但日本有1家银行的盈利超过10亿美元,即日本农林中央金库,其排位由第123位跃居至第24位。

从发展中国家和地区银行的状况看,亚洲国家和地区的银行遭受金融危机的重创之后,至今难以缓解,而大批金融机构的破产,严重制约了这些国家经济的发展。除日本外,亚洲共有179家银行进入全球1 000家大银行的行列,其中韩国有27家、印尼17家、马来西亚16家、泰国和菲律宾各13家。从数量上看较前几年有所增加,但从盈利能力上分析相对有所下降。1998年以来这些国家银行的状况仍然十分严峻,如泰国国家银行将7家经营困难的金融公司实行了政府接管,这是继关闭了56家金融机构之后,政府整顿金融业采取的又一个重要措施;韩国政府出资64万亿韩圆(约440亿美元)重整韩国银行业,其中25万亿用于银行冲销坏账;16万亿用于补充银行资本;9万亿用于支付客户存款;同时韩国金融监督委员会在对资本充足比例未达8%的12家不良银行的经营改善计划审查评议之后，宣布关闭5家商业银行——大东、东南、同和、京畿和忠清银行，并指定另外5家银行对其进行接收兼并，这5家银行为国民、住宅、新韩、韩美和哈那。东南亚乃至亚洲国家和地区银行的发展需要健全的金融机制的监控，大量资金的扶持以及业务拓展的支撑，其中金融信心是解决银行发展的关键因素。拉美和非洲区域的银行业处于不平衡和不稳定的发展中。

金融市场资金效益功能明显以及基金规模日益庞大，使得银行业面临改革调整的艰难局面，尤其是在1998年7月号英国《银行家》杂志对于全球1997年状况下降趋势的统计，更说明银行业的经营面临挑战。从总体状况看，国际银行业的基本状况，具体为三个下降：总资产的增幅下降、一级资本总值下降、税前利润下降。其中欧美银行领先地位继续保持，日本状况更为恶化，发展中国家状况不平衡，差异较大，主要影响因素在于四个方面：

**宏观经济环境的作用与影响**　突出表现为美国经济增长的良好态势、欧元即将启动的推动力以及亚洲经济增长下降的牵制和拖累。

**银行机制与法制的完善与制约**　美国和西欧银行法规和监管机制的健全与规范，使得银行业规模和信用日益增强；亚洲和诸多发展中国家的银行则由于银行法制的欠缺和运作的不规范，而导致危机风险的加大和扩散。

**银行购并浪潮与效益的推动**　发达国家表现为银行自身机构的规模和全能多方位的效益，并呈现跨区域和跨国别的超级强大；发展中国家则明显表现出外国银行业的介入兼并，依赖外资力量强化自身银行体系。

**不良贷款严重阻碍银行效益的提高**　由于各国在经济结构及产业结构存在着不合理性和对外开放不适度性等因素的影响，因而银行业面对大量不良资产问题，尤其是发展中的亚洲国家在金融危机之后更显严重；而日本则由于不良债权问题的日益严重，直接引起经济衰退和金融不景气；美欧虽然这一问题稍显缓和，但同样面临资产信贷的质量问题，进而直接导致全球银行业盈利的下滑和经营环境的艰难。

### (四)金融监管——国际协调呼声高涨，市场规则急待完善

由于全球金融动荡的加剧，各国政府乃至国际社会日益关注全球金融监管的重要性与规范化，原因在于发展中国家，尤其是新兴市场国家和地区金融危机的影响和波及已经超出人们的预期，所导致的破坏性已经危及到西方发达国家的经济利益，使得世界经济和金融市场处于前所未有的调整和动荡时期，不仅将影响世界经济的增长速度，而且将会使众多的国家陷入经济衰退。近期西方七国财长和央行行长已经开始这种意识的举动，提出七国在世界经济发展中发挥主导作用的重要性，尤其是加重了对日本经济责任的压力，并计划进一步加大协调，为稳定世界经济做出切实行动。同时，主要国家首脑和国际金融机构的要员也在利用各种场合表示，全球金融改革和市场规则健全的必要性和紧迫性。

但同时人们也看到国际金融市场动荡的背后，潜在金融体制和机制改革的紧迫性。改革现有的国际金融体系已经是刻不容缓的首要任务；打击投机活动，规范金融监管势在必行。为此主要工业国将准备出资150亿美元，以制止和防止金融危机的扩散。目前发达国家已经十分注意金融危机的严重性，并在采取相应的对策，应对于金融危机的扩散和恶化，这可以说是一个良好的开端，但更为重要的在于对于发展中国家和地区更为实际的资助，以及创造安全、平等、规范的金融环境，促进世界经济稳定增长。

纵观目前国际金融市场的整体状况，金融风险的传染性深化性已经明显加大，对于市场不稳定起到重要的心理和信心大干扰。由此看来，未来金融市场的发展将会受到较大的影响与牵制，市场的发展趋势将更加难以把握和评估。预计未来国际金融市场的波动幅度将会进一步加大，汇市和股市将继续是全球关注的焦点。但美国政府的政策把握将是主导市场发展的主要因素，日本问题将是市场正常运转的主要干扰因素。全球资金流动方向将会有所调整，流动数量和规模将会继续加大。国际银行业的发展将会出现调整，超级强大的购并趋势将会减弱。金融监管和国际协调将会加大，金融法制和法规的建设将会进一步受到重视和逐步完善。

在世界经济整体发展趋势的作用下，1999年的国

际金融市场发展状况由于受到经济增长相对减弱的影响，处于较大的调整与波动中。特别是欧元启动的有利影响将会引导市场相对稳定，对于欧洲市场的效果将会明显体现。各个市场的未来表现如下：

**主要汇率预测** 美元兑日元汇率将仍是国际金融市场关注的主要焦点，汇率波动幅度将会进一步加大。日本国内人士认为未来美元兑日元的汇率水平为1:120～150之间。而国际上的一些观点认为在1:120～150可能性较大，但波动幅度将会进一步加大到1:100～170的可能性也不排除。主要论据从日本自身看为4点：日本经济基本面未有实质性的改善；金融体系仍然处于严重衰退状态；政府政策确定与实施受阻严重；近期日元反弹是技术性的调整而非经济的支撑和政策的把握。从外围环境影响看为3点：美元挑战于欧元出台的强势需要；美国经济增长周期信心支持的需要；国际金融领域美元主导地位的需要。

美元兑马克将会保持稳定中疲软趋势，汇率水平将会平稳地由目前的1:1.69略升至1:1.80的较为合理水平。主要支持因素在于：欧元的出台不仅需要稳定安全的金融环境，而且需要相对稳定的汇率水平，使欧元平稳渡过于转换期；以德国为首的首批入围11国的经济表现继续看好，尤其是德国经济表现较为平稳，对于马克汇率以及欧元启动形成有力的信心支持。

亚洲货币市场将会直接受到日元汇率走势的影响，近期日元回升使得亚洲区内货币相对稳定已经得以验证，而日元汇率将会下跌的预期将会再度引起亚洲货币汇率水平的稳定，但波动幅度将会有所缓解，原因在于一些国家的经济调整以及国际货币基金组织援助的效应已经在逐步显现；拉美货币市场将会继续受到美国经济金融状况的影响，但因市场规模、数量的限制，使其回旋的余地较小，影响力不会超越东亚国家货币；俄罗斯和东欧国家的货币状况将会直接受到各自和相互影响的经济发展的制约，继续处于动荡不安之中；非洲货币市场难以与全球经济金融相联系，不足以构成影响。

**主要股市预测** 由于全球资金流动规模和速度的加大，并且直接明显体现在股市运作的涨跌点数，进而直接影响国别经济乃至世界经济的发展，因此，股市的发展状况日益引起国际金融界的关注，尤其是美国股市，具有全球股市晴雨表的作用，影响并带动全球股市的升降，美股的稳定至关重要。

美国股市未来仍具有稳定上扬的支持力，特别是经过近期的技术性和心理性的调整，将会对未来健康的发展形成新的推动。况且整体经济面表现依然良好，亚洲金融危机对于出口企业的效益虽然影响较大，但目前一些企业已经开始作出调整，将业务方向转向拉美和欧洲市场，企业调整后的效益将会继续促进股市的成长，目前的调整效益已经推动股市继续上扬至9 000点，更为乐观的估计乃至10 000点。然而，一些美国金融业的专家认为，美股将会保持7 000～8 000点的水平，重要的影响因素在于美国银行业受俄罗斯金融危机的债务拖累。

西欧股市将会相对步入极其良好的发展状态，股市将会持续高涨上扬，其中既有欧元启动效益的推动，也有国别经济基本面利好的支持。更为重要的是欧元出台面临与美元的激烈挑战，其中包括市场的占有率和影响度，为应战欧元，欧洲股市将会保持高涨的发展趋势；而且亚洲金融危机促使大批外国资本回流欧洲，美国资本也因欧洲股市潜力大而纷纷涌入欧洲；加之，欧元区国家利率的趋同，对于西欧资本市场的扩展十分有利，股市的上扬势头将会继续。预计西欧具有带动作用的德国股指的最低点为4 400点，最高点为5 800点；英国和法国股指的基本点将在5 200点和4 000点左右，最高点将会达到5 700点、5 400点和4 500点上下。

日本和亚洲股市的状况仍将是相互影响和作用，资金信心缺乏应有的支持，资金吸引力将会受到较大的干扰。尤其是日本金融改革难以按计划实施以及亚洲国家金融监管机制的欠完善，将会直接牵制股市的发展。预计日本股市的基本点在14 000点上下，但更为悲观的是，日本国内一些人士预测日经指数如果经济进一步恶化以及投机炒作的推波助澜将会下跌至7 000点。

拉美股市的发展将会受制于美国股市以及国内经济状况，但面临国际游资冲击的可能性极大，市场风险度较高，金融危机爆发的可能性较大，隐患最大的是巴西，但从目前发展趋势看，巴西的调整较为有力，加之美国的支持，金融动荡将会逐步缓解。非洲股市处于起步发展中，惟有南非股市发展将会加大波动并趋于完善。俄罗斯及东欧股市动荡在所难免。

**国际银行发展趋势**

目前的发展状况是全球银行业发展不平衡，其中既有发达国家与发展中国家在银行体制、机制和水平质量上的差异，也存在发达国家之间的程度不一。发达国家中，美国和英国为强势，西欧国家处于平均水平，而日本则存在巨大的困难。国际金融体系按照金融联合企业提供全方位服务的模式重组，并要求重新检查金融监管的结构，美国、英国、日本等国已经开始了这种调整，美国和日本银行已经减少了商业银行与投资银行之间的壁垒，法国和德国银行也开始考虑向国有银行提供援助和关注影响银行业竞争的有关问题。

而近期随着国际金融市场动荡的加剧，国际银行业处于平稳的调整阶段，银行业的购并趋势受到抑制，主要是受制于亚洲和俄罗斯金融危机的影响，其中美国、日本及亚洲新兴市场国家受到的影响较大。因此，未来国际银行业将会面临平衡调整阶段。

美国银行业由于受俄罗斯金融危机直接影响的显现将会使银行的盈利效果和购并趋势减弱，经营策略和方向将会有所改变，主要业务方向将面向欧洲，迎接欧元的挑战。

欧洲银行业改革重组的步伐将进一步加快，超级强大将是银行的发展方向，银行数量将进一步减少，但规模效益将会明显显现。但德国和瑞士银行由于受到俄罗斯金融危机的拖累，经营业绩将会下滑，信贷方向将会调整。

日本银行将面临更为严峻的考验，政府对于银行政策的导向将直接牵制银行改革的步伐和力度，银行资信和地位的下降将会继续体现，金融体制和不良债权问题将会困扰银行而使其继续处于瘫痪状态，并且将直接影响整个亚洲区域银行业的调整发展趋势。

发展中国家将继续处于体制的健全与完善中，金融法制和法规的健全将是主要内容，银行业经营艰难将继续困扰其发展步伐。

# 欧元的诞生及其影响

西南财经大学　冉棋文　武海亮

## 欧元的诞生

1989年6月，欧洲经济共同体首脑在马德里召开会议，通过了欧共体委员会主席德洛斯主持制定的《关于欧共体经济与货币联盟的报告》，即《德洛斯报告》(Delors Reports)。这标志着欧洲货币体系向欧洲货币联盟转变的开始。按照德洛斯报告，为了推进欧洲经济和货币一体化，欧共体将分三个阶段建立欧洲货币联盟。第一个阶段是巩固现行欧洲货币体系的汇率机制，所有成员国的货币均纳入欧洲货币体系的汇率机制，实行统一的汇率波动限制，消除私人使用欧洲货币单位的障碍，实现资本自由流动。第二阶段是逐步缩小可允许的汇率波动的幅度，适当集中成员国的部分外汇储备，组建欧洲中央银行体系，并由该体系负责制定统一的货币政策。第三阶段是确定各成员国货币转换为新的单一欧洲货币的比率，欧洲中央银行体系发行单一的欧洲货币并实行统一的货币政策。这意味着欧洲货币单位将转变为单一的欧洲货币，欧洲货币机构将转变为欧洲中央银行，即欧洲货币体系转变为欧洲货币联盟。

1990年7月1日，建立欧洲货币联盟的第一阶段计划开始启动。1991年12月，欧共体首脑在马斯特里赫特召开会议，通过了经济与货币联盟条约和政治联盟条约，即《马斯特里赫特条约》。1993年11月1日，《马斯特里赫特条约》正式生效，欧洲经济共同体改称为欧洲联盟，简称欧盟。

1994年1月1日，建立欧洲货币联盟第二阶段的计划如期启动，欧洲货币机构正式成立。1995年12月，欧盟首脑在马德里召开会议，确定未来的单一欧洲货币的名称为欧元(Euro)。随后欧洲货币机构经过招标来确定未来欧元的式样。

1996年12月，欧盟首脑在都柏林召开会议，正式决定1999年1月1日为实行欧洲货币联盟第三阶段的日子。1997年6月，欧盟首脑在阿姆斯特丹召开会议，消除了德国要求稳定未来的欧元而法国要求增加就业的矛盾，批准了《预算稳定和增长公约》、《欧元的法律地位》、《新的货币汇率机制》3份文件，并就新的欧洲联盟条约即《阿姆斯特丹条约》达成一致意见。此后，欧盟各国纷纷削减财政赤字，降低公共债务，为全面达到五项经济趋同指标作了巨大努力。1998年3月25日，欧盟委员会公布了欧盟成员国达到马约标准进度的评估报告，以及1999年首批加入货币联盟的11个欧盟成员国的推荐报告。

1998年5月2～4日，欧盟首脑会议在布鲁塞尔召开，会议在三个方面取得重要进展，从而为欧元的启动作了最后阶段的准备工作。(1)会议确定了首批加入货币联盟的11国名单。会议接受了欧盟委员会和欧洲货币局的推荐，确定德国、法国、意大利、荷兰、比利时、卢森堡、爱尔兰、西班牙、葡萄牙、奥地利、芬兰11国为首批加入欧洲货币联盟的欧元的创始国。欧盟其余的4个成员国中，英国、丹麦、瑞典暂时不愿加入，希腊未能达到马约规定的标准，没有成为首批欧元国家。(2)确定了以欧洲汇率机制的中心汇率作为欧元汇率的定值基础。此次欧盟首脑会议之后的欧盟财长会议决定，在1999年1月1日加入货币联盟的各国货币，将以各国目前在欧洲货币机制内的双边汇率加入欧洲单一货币机制，而这一双边汇率就是过去一直使用的欧洲货币单位的中心汇率。(3)确定了未来欧洲中央银行行长人选。欧洲中央银行将于1998年7月1日开始运行，其总部设在德国的法兰克福，职能机构将由行长、6名成员组成的董事会和11个欧元成员国的中央银行行长组成。未来的欧洲中央银行将具有很大的独立性，有权决定欧元的汇率和利率，对欧元的实行与推广具有至关重要的作用。德、法两国在首位行长的人选问题上发生分歧，双方僵持不下，后经多方斡旋，终于达成妥协，即先由德国支持的时任欧洲货币局局长的荷兰人杜伊林贝赫任行长，2002年7月1日起由法国中央银行行长特里希特继任。可以说，此次欧盟首脑会议在以上三个方面取得的重大进展为欧元的如期启动扫清了最后的障碍。

1999年1月1日，欧元如期启动。欧盟财长理事会于1998年12月31日确定了欧元对欧元区11国货币的兑换率：

1欧元等于40.3399比利时法郎

1欧元等于1.95583德国马克

1欧元等于166.386西班牙比塞塔

1欧元等于6.55957法国法郎

1欧元等于0.787564爱尔兰镑

1欧元等于1936.27意大利里拉

1欧元等于40.3399卢森堡法郎

1欧元等于2.20371荷兰盾

1欧元等于13.7603奥地利先令

1欧元等于200.482葡萄牙埃斯库多

1欧元等于5.94573芬兰马克

资料来源：新华社布鲁塞尔1998年12月31日电。

按照计划，从1999年1月1日起，欧元作为参加国非现金交易的“货币”，即以支票、信用卡、股票和债券等方式进行流通。自2002年1月起，欧盟11国将把总额约为700亿的欧元现金投入流通领域。到2002年7月1日后，11国各自的货币将终止流通，完全由欧元取代，参加国将按照其在欧洲汇率机制中的双边汇率加入单一货币机制。

## 欧元对欧元国经济的影响

欧元的实施大大深化了欧洲的经济联合，统一的市场和统一的货币相辅相成，无论是欧元国的经济依存度，还是生产要素流动的广度和深度，都将达到一个更高的水平。

### 欧元将会增加欧元国自身的经济实力

欧盟委员会发表的一份文件称，未来的欧元区将成为与美国相当的经济实体，其实力强于日本。据经合组织统计，近年来，欧盟各成员国的GDP总值占经合组织成员国GDP总值的38.3%，而美国和日本分别占32.5%和20.5%；1996年，欧盟15国的GDP为8.4万亿美元，高于美国的7.2万亿美元；在世界贸易中，欧盟对外贸易额(不包括欧盟成员国之间的贸易额)占世界贸易总额的20.9%，高于美国的19.6%和日本的10.5%。实力强大的欧盟在1993年初建立起统一大市场，实现商品、服务、资金和劳动力自由流动后，对成员国货币汇率的稳定性提出更高要求。而欧元在11国的实施，将直接降低统一大市场上各种要素流动的成本，优化欧元国内部的资源配置，增强各国的微观经济效益，提高竞争力。

**欧元的启动可以消除成员国货币之间的汇率风险，避免货币动荡对经济产生的不利影响**　欧盟是当今世界一体化程度最高的区域集团，但对国际金融市场动荡的冲击仍然缺乏抵御能力。1995年墨西哥比索危机、1996年日元危机都一度导致欧盟在两年内经济增长损失达2%，少创造150万个就业机会。事实证明，欧盟浮动汇率机制下各自为政的多国货币币值"软硬"不一，经常由于利率的差别、汇率的变动，引发欧盟内部金融秩序的混乱。欧元作为单一货币正式使用后，上述问题自然将大大得到缓解。据欧盟委员会估计，成立货币联盟，使用单一货币所节约的货币交易费用，约为欧盟各国国内生产总值的0.25～0.5%。当欧元取代成员国各自的货币后，成员国企业之间的贸易类似国内贸易，不存在汇率风险，每年节省汇率差价600亿马克。

**欧元的问世将在欧洲形成一个很大的统一的资本市场，有利于投资与融资**　欧元的诞生将首次出现全欧洲范围的资本市场，为跨边界借贷和投资提供巨大机会，使欧洲统一市场真正发挥自己的优势，加强资本的流动性，增加透明度，增加资本的利用率。在投资方面：对内将以全欧化为主，对外有一定的"投资转移效应"。随着单一欧洲货币的实施和一体化的进一步增强，欧盟内部的"国际"投资将变为"国内"投资。成员国不再需要为稳定本国的汇率采取对它国企业不利的政策法规，更重要的是由于不再承受汇率波动的风险（尤其是南欧落后国家的弱势货币）及换汇费用，导致风险的消除和投资成本降低，使得欧盟企业把投资的触角伸向全欧盟，尤其是对葡萄牙和希腊等落后国家。同时，由于伴随经济货币联盟的实施，欧盟采取一系列有利于区域内投资行为的政策，比如对投资于欧盟内部不发达地区的企业提供补贴。所有这些因素在短期内会扩大内部投资，并部分地减少欧盟企业对世界其他地区的投资。在融资方面：范围扩大、成本降低、效率提高。在欧盟没有完成金融市场一体化之前，各成员国的企业主要在本国进行融资，各成员国的金融市场相对分割，进入另一成员国金融市场的交易成本较高，融资者到它国融资限制多，从而导致主要资本市场的分割。欧元的出台将在以下几个方面影响企业的融资：(1)市场容量增大。随着欧元的启动，融资范围从本国延伸到整个欧盟，从而形成一个仅次于美国的全球第二大资本市场。(2)利率降低。欧元出台使这个金融市场的流动性增大，同时货币联盟有可能执行低利率政策，这样企业发行债券融资比以前更有效。(3)其他融资成本降低。资本市场的大幅度扩展使得企业在融资时获得规模经济，融资的直接成本和间接成本大大降低。所有这些因素均使得欧盟企业的融资效率提高。

**欧元国的贸易和商业竞争将加剧，导致企业大规模的兼并**　欧元的实施等于彻底消除了欧元各国的经济边界，但它同时也会导致欧洲内部贸易和商业竞争更趋激烈。当所有的商品和服务可以用欧元标价时，商业竞争就等于是在完全透明的状态下进行，统一的货币为企业创造了一个更加公平的自由竞争环境。欧元启动初期，欧元区内企业间的竞争将会加剧，导致新的一轮优胜劣汰浪潮，企业将在充分比较各成员国税收政策、劳动力价格、工作效率、规章制度、投资环境等因素的基础上，在欧元区范围内进行资产优化重组。企业大规模的兼并趋势日益明显，从牵涉的面看，不光大企业之间，中小企业之间也在寻机重组，从行业来看最厉害的将是金融银行业（商业银行、保险业、证券业）。很显然由于欧元的启动使得欧盟金融市场一体化、金融产品收益减少，促使金融银行业加强整合。其他服务业，如电信行业、零售业也在加紧重组。从深度和规模上来看，超级兼并即特大型公司和企业之间的重组很多。重组结果将使欧元国企业产生巨大变化，改变欧元区内部的企业分布格局，企业数目会大大减少，规模会有所增大。

总之，欧元的启动必定推动欧盟的经济一体化向纵深发展，增强欧盟的国际竞争力和国际地位。

## 欧元对国际金融形势的影响

欧元的如期启动是世界政治经济的一件大事，必将对国际金融格局产生重大影响。

**欧元对国际储备的影响**　欧洲货币联盟的建立将结束美元在国际储备货币中的的支配地位,欧元将成为与美元分庭抗礼的主要国际储备货币之一。世界各国对国际储备货币的选择主要取决于下述因素:第一,货币发行国的经济实力。一个国家的经济实力越强,各国对该国货币就越有信心,因而就越有可能选择该国货币作为国际储备货币。第二,货币发行国的进出口数额。一个国家的进出口数额越大,各国为了进行贸易结算所需要保留该国货币的数量就越多,因而就越有可能选择该国货币作为国际储备货币。第三,货币发行国的资金融通数量。一个国家参与国际资金融通的数量越大,各国为了进行金融活动所持有的该国货币的数量就越多,因而越有可能选择该国货币作为储备货币。第四,储备货币币值的稳定性。一种国际储备货币的币值越稳定,保留这种货币的风险越小,各国越愿持有这种储备货币。

欧元启动后,欧洲货币联盟的实力将大大增强,其在经济、贸易、金融方面相对地位的变化必将直接影响到国际储备货币的格局。对外汇储备结构的考察表明,在布雷顿森林体系解体不久,美元是占绝对地位的国际储备货币,它在1973年占外汇储备的84.6%(表1)。在70年代和80年代,美元的地位不断趋于下降,在1990年下降到50.1%。90年代美元在外汇储备中的比例略有上升。由表1可知,虽然美元储备在官方外汇储备中的地位下降,但在多种储备货币结构中美元仍一枝独秀,它在1996年所占比例高达58.9%,单极的国际储备货币格局并没有改变;欧元的出现将改变这一格局,随着欧盟各国相继加入欧洲货币联盟并考虑到欧洲货币联盟未来经济、贸易、金融的发展,欧元在国际货币储备中的份额将高于目前欧盟成员国货币在国际货币储备中份额之和;到2005年左右,欧元在外汇储备中的比例有可能上升到40%,美元所占比例则可能下降到50%,外汇储备将出现美元与欧元分庭抗礼的格局。

**表1　官方外汇储备结构的变化**

(单位:%)

| | 1973 | 1979 | 1985 | 1987 | 1990 | 1991 | 1992 | 1993 | 1994 | 1995 | 1996 |
|---|---|---|---|---|---|---|---|---|---|---|---|
| 美元 | 84.6 | 65.1 | 56.4 | 55.7 | 50.1 | 50.6 | 54.7 | 56.1 | 56.0 | 56.6 | 58.9 |
| 英镑 | 7.0 | 1.9 | 2.9 | 2.1 | 3.1 | 3.4 | 3.2 | 3.1 | 3.3 | 3.2 | 3.4 |
| 德国马克 | 5.8 | 10.7 | 14.2 | 13.3 | 17.3 | 15.9 | 13.7 | 14.2 | 14.3 | 13.7 | 13.6 |
| 法国法郎 | 1.0 | 0.9 | 1.1 | 0.8 | 2.3 | 2.8 | 2.5 | 2.2 | 2.1 | 2.0 | 1.6 |
| 瑞士法郎 | 1.2 | 2.8 | 1.0 | 1.8 | 1.3 | 1.2 | 1.0 | 1.1 | 0.9 | 0.8 | 0.7 |
| 荷兰盾 | 0.3 | 0.7 | 2.2 | 1.2 | 1.0 | 1.0 | 0.6 | 0.6 | 0.5 | 0.4 | 0.3 |
| 日元 | 0.0 | 3.3 | 7.0 | 6.9 | 8.1 | 8.7 | 7.7 | 7.1 | 7.9 | 6.5 | 6.0 |
| 欧洲货币单位 | 0.0 | 14.6 | 10.9 | 13.6 | 10.1 | 10.6 | 10.1 | 8.6 | 8.1 | 7.0 | 5.9 |
| 其他货币 | 0.1 | 0.0 | 4.3 | 4.6 | 6.7 | 5.7 | 6.3 | 6.3 | 6.9 | 9.8 | 9.5 |

资料来源:国际货币基金组织《年度报告》,1980,1986,1997。

欧元的诞生还将减少国际储备的总量。至1996年底,全世界外汇储备总额达1.4万亿美元左右,其中由欧盟各中央银行持有的储备占了约30%的比例。欧元产生后,这部分外汇储备将显著减少,因为欧盟各中央银行持有的全部外汇资产中,大约1/3的份额是欧共体经济与货币联盟成员国的货币。对于非欧盟国家而言,外汇储备中交易性储备即用于日常弥补赤字和干预外汇市场的储备将减少,因为统一货币后,对欧盟某些成员国的赤字可以用其余某些成员国的盈余来弥补。另外,按分散原理投资的基于不可预测的、突发的内外冲击的预防性储备,也将随着欧盟货币单一化、被投资主体的减少而减少。

**对国际金融市场的影响**　欧洲货币联盟的建立对各种类型的国际金融市场将会产生影响,从而导致国际金融市场结构和国际金融中心的变化。

欧元的启动对证券市场的影响较为明显。原来以各成员国货币表示的债券和股票转换为以欧元表示的债券和股票,在成员国债券和股票市场原来存在的币种限制和汇率风险将会消失,人们投资其他国家的债券和股票不需要承担兑换货币的成本,也不需要承担取得收益后因这些国家货币贬值而造成的风险。无论哪一个成员国发行债券和股票,都会成为全部成员国投资者选择的对象。这样,欧洲货币联盟将形成统一的证券市场,证券的流动性将会增强,证券市场的规模将会扩大。就债券市场而言,欧洲联盟内各国债券市场合并后可以相当于美元债券市场的 2/3(见表 2),这将吸引更多的外国债券发行者在欧洲债券市场发行债券;同时,在向货币联盟迈进的过程中,许多国家的利率水平在不断降低,这会吸引更多的投资者购买国债,促进国债市场的发展。就股票市场而言,欧元引入后将提高欧洲股票市场的吸引力,创造一个更深、更广阔的欧元股票市场。总之,欧元的启动将使欧洲货币联盟证券市场的份额和影响进一步提高和扩大。

**表 2 1995 年欧盟、北美及日本金融市场规模比较**

单位:10 亿美元

| | 不含黄金之外汇储备 | 股票市场市值 | 债券市场市值 | 银行资产 | 股票与债券市场及银行资产总值 | 股票与债券市场及银行资产总值占各经济体 GDP 比重(%) |
|---|---|---|---|---|---|---|
| 欧盟 15 国 | 376.3 | 3 778.5 | 8 673.0 | 14 818.0 | 27 269.5 | 323.60 |
| 欧盟 11 国 | 284.5 | 2 119.4 | 6 993.2 | 11 971.6 | 21 084.2 | 309.89 |
| 北美 | 106.7 | 7 314.7 | 11 744.1 | 5 652.4 | 24 711.1 | 306.38 |
| 加拿大 | 15.0 | 366.3 | 682.4 | 515.8 | 1 564.5 | 276.61 |
| 墨西哥 | 16.8 | 90.7 | 54.2 | 136.6 | 281.5 | 114.34 |
| 美国 | 74.8 | 6 857.6 | 11 007.5 | 5 000.0 | 22 865.1 | 315.22 |
| 日本 | 183.3 | 3 667.3 | 5 325.8 | 7 382.2 | 16 375.2 | 320.21 |

资料来源:普拉蒂和斯基安西(Prati and Schiansi),1997。

欧洲货币联盟的建立还会引起世界证券市场中心相对地位的变化。目前,在欧洲货币联盟内德国和法国的证券市场较为发达,德国马克是欧洲最稳定的货币,经营马克的德国金融机构具有一定的优势。但是,欧元投入使用后,不存在货币强弱的差别,德国在这方面的优势将会丧失。但由于欧洲中央银行设在法兰克福,这将对投资者的心理产生影响,使德国形成新的优势。不论法兰克福和巴黎哪一个地方成为欧洲货币联盟证券市场的中心,只要这个中心一旦形成,它就不仅是统一的欧洲货币联盟证券市场的中心,而且还会吸引世界各国来发行或投资证券,从而形成世界证券市场中心,并会对纽约证券市场的地位发起挑战。

欧元的启动对衍生金融市场也会产生影响。首先,就利率期货和期权市场来说,欧元实施后,因币种不同而造成的利率差别不再存在,资金的流动也使各成员国的利率趋于一致。但利率的波动是不可避免的,利率风险仍然存在。因此,利率期货和期权市场仍将存在和发展。其次,就股票或股票指数期货和期权市场来说,欧洲货币联盟建立以后,股票交易将随着证券市场的统一和证券流动性加强而扩大,因而股票或股票指数期货和期权市场不但不会受到不利影响,反而会有更广阔的发展前景。再次,就外汇以及外汇期货和期权市场来说,在欧洲货币联盟采用欧元后,成员国间的外汇交易将消失,成员国与非成员国的外汇交易仍将存在,因而即期外汇交易、远期外汇交易、外汇互换交易的规模会有一定程度的下降。另外,由于成员国之间不再有不同的货币,成员国之间的外汇期货和期权交易也不再存在,但成员国与非成员国仍存在外汇交易和汇率风险,外汇期货和期权的交易仍然存在和发展,但是交易规模会有所下降。

**对国际银行业的影响** 货币联盟建立之后无疑会对国际银行业产生很大影响。实行单一货币欧元之后,银行业将承担一定的损失。首先,银行将面临一笔永久性的收入损失,随着外汇交易的减少,世界各大国际性银行将丧失一笔外汇交易的手续费收入和套汇收入。其次,货币联盟内的各商业银行将承担相当大笔的转轨费用。这主要包括计算机系统、自动现金售货机、跨境资金转账系统的转换或改进费用、人员培训、咨询及宣传费用。据欧洲银行业联合会估算,转轨的规模是相当大的,商业银行所承担的直接成本将达 80～100 亿欧洲货币单位。对联盟外的银行而言,也要花费用研究欧洲货币联盟的有关金融法规,并加强人才培训。

欧元的使用也会给欧洲货币联盟内的各银行带来益处。首先,银行业将从欧洲金融市场的扩大和深化中受益,同时,欧洲金融市场的扩大和深化也有助于同美元市场抗衡。其次,货币统一后,汇率波动因此消失,联盟内各国之间的合作会进一步加强,欧洲的经济实力得以提高,作为金融中介的银行必将受益匪浅。

此外,欧元的实施将会使货币联盟内的竞争更加激烈,可能会引发相当数量的银行兼并,首先,以前多种货币的存在阻碍了银行业的竞争,当一家银行进入另一国从事银行业务时,需要进行货币兑换,从而提高进入成本,货币的统一使这一障碍不复存在。其次,客户将可以在联盟范围内寻求价格更低、功能更齐全的金融服务。因此银行业在价格和服务质量方面的竞争会更趋激烈,将会引发一轮银行业的兼并浪潮,改变全球商业银行的座次排名。

**对汇率制度选择的影响** 汇率制度又称为汇率安排,它是指在现行国际货币制度下的汇率浮动形式。在布雷顿森林体系解体、浮动汇率体系取代了钉住汇率体系后,出现了钉住单一货币、钉住一组货币、联合浮动、管理浮动、单独浮动等汇率制度。

1972 年 4 月,欧洲经济共同体 6 个成员国把相互之间货币汇率的波动幅度控制在 ± 1.125% 的幅度内,然后一起对其他货币浮动,创立了联合浮动的汇率制度。1979 年 3 月,在法、德的推动下,欧共体建立了欧洲货币体系,使联合浮动汇率制度得到进一步完善。到 1997 年,参与联合浮动的国家增加到 12 个。到目前为止,联合浮动汇率制度一直是只有欧洲联盟才采用的汇率制度。按照建立欧洲货币联盟的计划,欧洲联盟成员国将分期分批加入货币联盟。在欧洲货币联盟采用欧元后,欧元与未加入欧洲货币联盟的欧盟成员国货币仍实行联合浮动的汇率制度,因此联合浮动汇率制度仍然存在,但由于欧洲货币联盟成员国的货币被欧元取代,参与联合浮动的货币数目将会减少。然而,如果考虑到还有一些国家可能加入欧洲联盟,如目前申请加入欧盟的土耳其、马耳他、波兰、罗马尼亚、匈亚利、斯洛伐克、爱沙尼亚、拉脱维亚、立陶宛、保加利亚和捷克等国,那么联合浮动汇率制度的影响将会扩大,成为一种重要的汇率制度。

**表 3　汇率制度选择的变化**

| | 1990 | 1991 | 1992 | 1993 | 1994 | 1995 | 1996 |
|---|---|---|---|---|---|---|---|
| 钉住单一货币 | | | | | | | |
| 钉住美元 | 25 | 24 | 24 | 21 | 23 | 22 | 21 |
| 钉住法郎 | 14 | 14 | 14 | 14 | 14 | 14 | 15 |
| 钉住其他货币 | 5 | 4 | 12 | 12 | 8 | 8 | 9 |
| 钉住单一货币但可调整 | 4 | 10 | 4 | 4 | 4 | 4 | 4 |
| 钉住一组货币 | | | | | | | |
| 钉住特别提款权 | 6 | 6 | 5 | 4 | 4 | 3 | 2 |
| 钉住其他货币组合 | 35 | 33 | 29 | 26 | 21 | 19 | 18 |
| 联合浮动 | 9 | 10 | 2 | 9 | 9 | 10 | 12 |
| 按指标调整 | 3 | 5 | 3 | 4 | 3 | 2 | 0 |
| 管理浮动 | 23 | 27 | 23 | 29 | 33 | 44 | 48 |
| 单独浮动 | 25 | 29 | 44 | 56 | 58 | 54 | 52 |

资料来源:国际货币基金组织:《国际金融统计》,1996 年 9 月号和 1997 年 9 月号。

欧元的实行还会对其他汇率制度产生影响:(1)欧洲货币联盟的建立估计不会对钉住一组货币汇率制度的选择产生很大影响。因为不论是钉住特别提款权,还是其他货币组合,都包括美元和欧盟主要成员国的货币。欧元出现后,由于欧元不可能取代美元,尽管在货币篮子中欧元的比重会增大,但只要某个国家选择钉住一组货币的汇率制度,这组货币将同时包括美元和欧元。当然从趋势看,选择钉住一组货币汇率制度的国家在减少,这些国家有可能转向选择其他的汇率制度,其中包括钉住美元或钉住欧元的汇率制度。(2)对钉住单一货币汇率制度的影响。在1996年,选择钉住美元的有21个国家,选择钉住法国法郎、德国马克和意大利里拉的有18个国家。选择钉住单一货币汇率制度的原因主要有两个:第一,某些国家与某个国家存在密切的经济关系,钉住该国货币有利于巩固和发展这种经济关系。第二,某个国家经济实力较强,币值稳定,钉住该国货币有助于增强本国货币的信誉和稳定性。由于第一个原因选择钉住美元的国家一般不会改变它们的选择,由于第二个原因而选择钉住美元的部分国家有可能转向钉住欧元。

由此可见,欧元不仅会加强联合浮动汇率制度的作用和地位,而且还可能使一些中小国家转向钉住欧元的汇率制度。欧元在汇率制度中将扮演更加重要的角色。

## 欧元面前道路仍很崎岖

1998年以来,欧盟各国经济普遍复苏,有利于进一步降低财政赤字和债务比率。从总体上说,欧盟正处于一个较为有利的推动欧元的时期,但尽管如此,欧元实施后特别是实施初期能否保持稳定,仍然面临着一些实际困难。

**货币联盟缺乏必要的政治联盟作为基础必然存在利益之争和不稳定性** 欧元的发行与流通必须有稳定的超国家机构作为信用支撑,这个超国家政权的内部联系程度越高,所提供的信用程度越高,以其为支撑的货币也将稳定坚挺。虽然欧盟正在为实现政治一体化作出种种努力,但是由于欧洲历史上民族、宗教、地域等多方面的复杂原因,各国各自利益的长期存在,政治上的地方保护不可能消除。各国都有独立的政治法律制度和国家行政管理体系,将加入欧共体经济与货币联盟的各国主权统一成为一个超居于各国现行国家制度之上的政治与法律新体系的难度很大。德法两国就欧洲中央银行行长的人选之争,实际上反映了成员国之间政治上缺乏统一的基础,都想以自己的人选,为日后政策制定向本国倾斜做铺垫。政治上未真正统一,导致经济政策制定上的利己倾向,内部政治经济利益不均,将严重削弱欧洲央行和欧元的信誉,为欧元的稳定发展带来不利影响。

**统一的货币政策难以实施** 启动统一货币,建立独立的超国家的中央银行,意味着成员国经济的发展将受统一的货币政策调控。欧元的发行量、利息率、预期目标均由中央银行决定。在成员国未能实行政治统一的情况下,财政政策仍由各国自行决定。统一的货币政策与各自的财政政策之间的矛盾难以协调,统一货币政策的实施效果将大打折扣。比如美国中央银行若想增加货币供给,便购买美国政府债券,若想减少货币供给,便卖出美国政府债券。而独立的欧洲中央银行如果想增加货币供应量,它面对的是各国各自发行的本国政府债券,它所购买任何一国政府债券的行为都会给不同国家的经济造成不同的影响,而马约也规定欧洲中央银行不得向各国政府提供信贷,也不准直接购买各国政府债券,中央银行通过公开市场业务调节货币供应量的功能受到限制。成员国由于经济基础不同,利益所在不同,执行统一货币政策的损益结果不同,因此各国制定各自财政政策的权利将予以保留,短期内不会上交,货币政策的统一与财政政策各自为战之间的矛盾将长期存在,威胁到欧元的健康成长。

**成员国经济发展不平衡** 欧盟各国之间的经济发展不平衡早已存在,从初期的贸易经济一体化到现在的经济与货币联盟的发展都伴随着成员国经济利益的牺牲。先进国家要舍弃部分利益帮助相对落后的国家,而相对落后国家为达到共同标准也不得不以暂时减缓国内经济增长、增加失业率等为代价,遵循欧盟的游戏规则。部分入盟国家在争取单一货币资格达标时,曾依靠增加特殊项目收入或削减特殊项目支出的方法,令其财政赤字比率下调,从而埋下隐患。还有一些国债比率较高的国家也很难在短期内达到马约规定的60%的标准水平。欧洲货币局曾估计,意大利和比利时在1999～2007年间,每年需有占国内生产总值2.5%和2.7%的财政盈余才能令国债比率达标。根据规定,欲加入单一货币的成员国有必要对其财政进行严格控制。这种趋同是必要的,因为欧元区内所有国家都必须采取欧洲中央银行所确定的同一基本利率。按照条约,参加国的预算赤字若超过其国民生产总值3%者,就必须采取及时的纠正措施,否则将面临经济上的重罚。部分成员国家与欧共体经济与货币联盟要求的实际差距很难真正缩小,各国财政收支平稳或有节余的中期目标也不易达到,市场对欧元货币及其金融化资产的信心将承受压力。

**欧盟经济结构调整等深层次问题还有待进一步解决** 在改革经济结构、国有资产私有化、改革农业补贴制度和福利制度方面,在发展资本市场、劳动力市场以及更多地分享信息革命带来的好处方面,还有许多问题和矛盾需要解决。如果这些问题不解决,必然会影响到社会公众对货币联盟的信心。

欧元的诞生已成事实,但欧元的巩固与稳定要求一体化升级,欧元前面的道路仍很崎岖。但由于货币联盟的实施关系到成员国重大的经济利益和政治利益,各国将会尽一切努力以确保欧元的平稳运行。欧元的诞生既是欧洲跨世纪梦想的实现,同时也预示着欧洲新时代的来临。

# 1998年俄罗斯金融危机回顾及原因分析

西南财经大学 冉棋文 武海亮

## 危机回顾

从1997年10月末开始,作为新兴金融市场的俄罗斯一直在危机的边缘徘徊。由于受东亚、东南亚金融危机的影响,韩、日等国外资开始撤离俄罗斯金融市场,由此引发了外资撤离的浪潮,导致卢布汇率在短期内出现较大幅度下跌,一度曾跌破了俄罗斯央行原定的"汇率走廊"上限。后由于央行提高再贷款利率及动用外汇储备干预,汇市才得以回落并趋于稳定。随后由于外资不断撤离、政局不稳、财政状况日益恶化,加之俄央行的干预能力越来越受其外汇储备日渐微薄的限制,政府以往赖以稳定市场的手段遭到严峻挑战。1997年底至于1998年初,俄罗斯股市、债市连连告急。

1998年5月,危机终于爆发。这年5月27日举行的一次非例行的国债交易会上,短期国债的年收益率急剧提高到80%,引起美元汇率大幅度增长。当日下午,俄罗斯中央银行宣布将再贴现率从50%提高到150%,企图稳定汇率。

鉴于市场局势的危急,IMF(国际货币基金组织)除在1998年6月底拨给6.7亿美元贷款外,7月中旬又以停止短期国债发行和债务重组等为条件,允诺对俄提供紧急贷款援助。然而,在内外筹资渠道已越来越狭窄的情况下,面对庞大的偿债压力,IMF7月底到位的48亿美元贷款仅仅是杯水车薪。与此同时,有关俄政府无力偿债和卢布贬值的舆论日盛,加之国家杜马对政府的"稳定经济计划"未能表现出充分的合作态度,市场上开始弥漫一种"末日"气氛。到8月初,新一轮东南亚金融动荡充当了俄罗斯走向全面危机的"最后推动力"。8月中旬,金融市场又骤起波澜,汇市严重吃紧,至此,要阻止债市的崩溃和卢布的贬值,对于同属囊中羞涩的俄财政部和俄央行而言,都已是回天无力。

1998年8月17日,俄政府与俄央行被迫联合宣布放宽卢布"汇率走廊",卢布对美元的汇率由原来的在6.2的基础上上下浮动15%变为6.0～9.5,实质上大幅放宽了"汇率走廊"的上限。"8.17联合声明"还宣布“停止1999年底前到期国债的交易和偿付”，实际上标志着债市的崩溃。债市的崩溃不仅对投资者造成巨额损失，更直接引发了卢布资产的严重贬值，立刻在外资所占市场份额超过70%的股市上掀起一片抛售狂潮。为求保值，从债市、股市撤离的资金纷纷涌向汇市，造成外汇供求关系的严重失衡，致使莫斯科银行间外汇交易所卢布汇率直线下跌，多次出现跌破俄央行新规定的“汇率走廊”上限，使得俄央行被迫强制性停盘，宣布交易无效。

1998年9月2日，万般无奈的俄央行不得不宣布不再支持“汇率走廊”，这无疑是俄罗斯金融危机走向失控的一大标志。在不到1个月的时间里，卢布兑美元的官方牌价最高贬值幅度曾达到224%（由8月14日的6.43:1到9月8日的20.825:1）。

1998年9月，普里马科夫新政府上台。新政府在可操作空间极小的情况下采取了一系列措施，在一定程度上扼制了危机继续深化的势头，主要体现在：(1)通过强化结售汇管理等措施，危机初期卢布“自由降落”式的贬值受到抑制，截至1998年12月31日，卢布兑美元官方汇率为20.65:1，没有突破9月8日的年内最低水平；(2)针对银行体系，俄央行三次动用存款准备金对银行间及银行对外的支付拖欠进行清理，并有选择地向一些银行提供大量稳定贷款。此外，在债市处于关闭的情况下，通过发行“央行债券”向银行提供维持流动性的工具，在这些措施的作用下，银行的资金流动性有所提高，支付能力得到改善；(3)在从1998年10月中旬开始与内外投资者的数轮谈判后，已基本达成关于被冻结短期国债的重组方案，1999年1月15日债市二级市场重新恢复交易；(4)1998年12月末，俄国家杜马已一致通过1999年财政预算，这一力求最大限度缩小赤字的预算案若付诸实施，将有助于缓解严峻的财政危机。尽管如此，由于面对生产下滑、通胀复燃、国际收支状况恶化等严峻的经济形势，俄政府在克服危机的过程中遇到重重困难。

## 促使金融危机爆发的外因

**东南亚、东亚金融危机的波及** 东南亚、东亚金融危机是此次俄罗斯金融危机的诱发因素。东南亚、东亚金融危机促使国际投资者对投资风险进行了重大调整，高收益、高风险的俄罗斯新兴市场首先受到波及。1997年底，俄罗斯的债券利率为45%左右，美国的国债利率仅为6%左右，这就吸引了大量国际投机资本流入，成为俄罗斯金融不稳定的因素。东南亚、东亚金融危机引起的资金外流诱发了卢布贬值，债市崩溃、股市大跌。

**国际石油等原材料价格大幅下跌导致俄罗斯国际收支状况恶化** 俄罗斯出口的原料产品在其产量中占据很大的比重，1997年开采石油的42.7%、石油产品的34%、天然气的36.9%、矿肥的72%和纸浆的84.5%均供出口。近年来国际市场上石油和石油产品、煤、肥料、有色金属、铁合金等价格下降，尽管1997年头10个月俄罗斯出口量增长了2.3%，但价值指标在总体上却下降了2.7%。独立以来外贸连年盈余的俄罗斯，1997年首次出现了2%的外贸逆差。石油和天然气价格下降，对俄经济影响甚大，石油和天然气既是税收的重要来源，又能带来外汇收入，其出口的外汇收入占俄外汇总收入的近一半。石油价格的下降导致俄出口收入减少近200亿美元，使俄国际收支状况恶化，外汇储备下降。作为一个负有2 000多亿美元内外债的债务大国，俄罗斯的外汇储备仅保持在150亿美元左右的水平，这显然不足以捍卫卢布币值的稳定。事实上这场金融危机正是源于汇市不稳并殃及了整个金融市场。

## 俄罗斯金融危机爆发的内在原因

**政局和社会动荡** 政局和社会的稳定是经济发展和改革的前提，也是稳定金融和吸引外资的必要条件。1998年上半年，俄罗斯政局和社会动荡是导致金融危机的重要因素。从1998年3月23日叶利钦总统突然解散切尔诺梅尔金总理到5月8日基里延科政府组建完成，俄罗斯的政治危机持续了46天。叶利钦在国家杜马强行通过对基里延科提名的做法，大大激化了多年来一直存在的立法机关与执行权力机关的矛盾。“和睦政府”和“谅解合作”的希望破灭，议会与总统、政府之间的关系进一步恶化，甚至形成“处处作对”的局面。这次政治危机的负面影响不容忽视，一方面进一步加剧了各派政治力量的矛盾和斗争，动摇了外国投资者的信心；另一方面也不利于经济的恢复和发展，抗议拖欠工资而发生的矿工罢工、绝食和堵铁路事件接连发生。政治危机加剧了社会的动荡，对金融危机的爆发起到了推波助澜的作用。“8.17联合声明”后，形势继续恶化，议会趁机向叶利钦发难，要求叶利钦总统对此负责并自愿辞职。叶利钦为缓和社会不满情绪和争取战略主动权，8月23日解散了上台刚过百日的基里延科政府，任命前总理切尔诺梅尔金为临时代总理，并于次日提名切尔诺梅尔金为总理人选。新一轮政府危机和政治对抗又开始了，杜马与叶利钦围绕总理人选展开激烈斗争，杜马两次否决了对切尔诺梅尔金的提名，叶利钦只好提名普里马科夫为新总理。9月11日，俄杜马通过了对普里马科夫的提名，政府危机终于得到化解。在国家经济濒临崩溃的情况下，长达20天时间实际上处于“无政府”状态，任凭金融危机一步步恶化。可见，俄罗斯的金融危机与政府危机交织在一起，经济危机与政治危机相互促进，加剧社会动荡。

**预算亏空、债台高筑** 改革以来，俄罗斯财政状况一直处于严重的困境中，国家预算年年入不敷出，赤字剧增，债台高筑。最终，政府财政事实上破产，发生支付困难，严重的债务危机直接导致了证券市场剧烈动荡，引发金融恐慌。

*税收工作不力，导致财政赤字膨胀，收支失衡* 俄罗斯财政体制和税收体制几年来进行了不少改革，但基本的财政预算管理和税收征管制度，仍然沿用改革前的法规，有些甚至是前苏联时期的法规。直到1998年上半年才颁布新的《预算法典》，而多年来争论不休的《税法典》仍然没有完全通过，目前只颁布了第一部分。由于税收制度和征管手段不能适用急剧变化了的经济形势，没有一年能完成税收计划。一方面大量的税收收不上来，特别是“影子经济”横行，造成国家税款流失；另一方面企业税负沉重，大量拖欠税款。俄罗斯的税制事实上处于一种恶性循环之中：由于税制苛刻复杂、税率极高，大多数公民不愿纳税，特别是不愿缴纳所得税，而企业也发现如果按现行税率诚实纳税，企业就无法生存和发展，于是税款大量拖欠、遗漏；由于税收无法满足财政需要，税局便相应提高税率和增加税项，这就促使企业更加避税，甚至将生产活动转入地下。

税收收入的不足，导致预算入不敷出，赤字猛增（表1）。1994年前全国预算赤字占GDP的比重低于

**表1 预算赤字占GDP比重(%)**

| | 1992 | 1993 | 1994 | 1995 | 1996 | 1997 |
|---|---|---|---|---|---|---|
| 联邦预算赤字/GDP | 44.5 | 15.6 | 10.6 | 5.3 | 7.8 | 6.5 |
| 全国预算赤字/GDP | 40.3 | 15.1 | 9.2 | 6.0 | 8.8 | 7.5 |

资料来源：《财政研究》1999.1。

联邦预算赤字占GDP的比重，1994年后由于地方预算出现赤字，全国预算赤字占GDP的比重明显高于联邦预算赤字占GDP的比重。由于收入不足，政府支付危机不断，公务员工资、养老金欠账有增无减。

*内外债规模过大，结构不合理* 从1995年起国家预算赤字不再由中央银行贷款弥补，政府惟一的办法就是大量发债。首先，俄政府预算高度依赖对外借贷（见表2）。1997年初和1998年初，俄联邦预算赤字分别有58%和96%靠举借外债来弥补；外债也是俄社会、工业和基础设施建设领域投资的最主要资金来源。截至1998年9月，俄罗斯外债总额已达1 500亿美元，居世界第三位，外债已成了俄金融市场稳定与否的关键因素。

*内债的规模过大，期限结构也不合理* 如表2、表3所示，俄债务占GDP比重截至1997年已接近50%，尤为严重的是债务结构不合理，短期债务比重过大，如1998年1月1日，1年期以下短期国债占全部国债比重的72.2%；到7月1日，这一比重为70%。这样就使政府长期处于借新债还旧债、寅吃卯粮的局面，无法进行具有战略意义的长期投资，影响了国家的长远发展；同时，发债成本越来越高，国家预算收支陷入恶性循环.1998年5月底，俄政府总理基里延科在接受电视台采访时透露，预算收入的30%将用于支付债务的利息.他认为，再这样下去，几年后整个国家预算都得用来支付利息.日益高筑的债台迫使基里延科政府不得不宣布延期偿还国债、90天内不支付外债。政府支付危机进一步加剧了投资者恐慌心理，大量抛售国债和外资抽逃使本来就脆弱不稳的金融市场雪上加霜，直接引发了一场全面的金融危机。

表 2 俄罗斯的国债及其占 GDP 比重

| | | 1991 | 1992 | 1993 | 1994 | 1995 | 1996 | 1997 |
|---|---|---|---|---|---|---|---|---|
| 国债总额(万亿卢布) | | 15.3 | 47.7 | 140.1 | 490.6 | 749.9 | 1 059.9 | 1 232.8 |
| 国债占 GDP 比重(%) | | 98.0 | 60.8 | 28.4 | 38.4 | 38.2 | 44.6 | 45.1 |
| 其中 | 内债(万亿卢布) | 1.2 | 8.3 | 15.5 | 88.4 | 191.2 | 365.6 | 501.0 |
| | 内债占 GDP 比重(%) | 84.5 | 43.5 | 9.0 | 14.5 | 11.7 | 16.2 | 18.7 |
| | 外债(亿美元) | 836 | 950 | 999 | 1 102 | 1 204 | 1 250 | 1 225 |
| | 外债占 GDP 比重(%) | 13.5 | 17.3 | 19.4 | 23.9 | 26.5 | 28.4 | 26.4 |

表 3 俄罗斯国债期限结构(%)

| 日 期 \ 国债期限 | 90 天以下 | 90～180 天 | 180 天～1 年 | 1～2 年 | 2～5 年 | 5 年以上 |
|---|---|---|---|---|---|---|
| 1998.1.1 | 12 | 20.7 | 39.5 | 16.4 | 6.6 | 4.8 |
| 1998.7.1 | 0.9 | 6.7 | 62.4 | 13.5 | 12.4 | 4.1 |

资料来源:《财政研究》1999.1。

**银行体系不健全** 俄罗斯自改革以来就信奉西方推崇的货币主义政策,银行独立于政府之外,直接对议会负责,每年单独向议会报告国家的货币信贷政策,使得政府失去对货币政策与财政政策的协调能力。在一个弱政府下,中央银行高度独立,政府宏观调控政策必然无从协调,对银行监管也无能为力。由于实施金融自由主义政策,对商业银行的发展实际上失去控制。一夜之间,商业银行如雨后春笋般遍布全国各地,到 1996 年注册的商业银行达 2 600 多家,非银行金融机构 5 500 多家,许多小银行的注册资本甚至不足 10 万美元。1997 年对全国商业银行整顿后留下的 1 800 家银行中,资产超过 15 万美元的不到一半。大量商业银行既无力、也无意对企业生产贷款,为市场经济运作提供资金保障,而专事金融市场炒作。俄政府为了缓和财政危机,发行了大量短期国债,由于收益率高,商业银行争先购买,几年来曾动用 360 万亿卢布购买短期国债,然后再到金融市场投机。俄罗斯金融秩序混乱,银行违法事件屡屡发生。1992 年全国有 1 064 家商业银行破坏了经济法规,未按规定的方向和额度等发放贷款,甚至在首都莫斯科竟有 206 家商业银行(占该市总数的 56%)有违规行为,至于其他地区,银行破坏金融纪律的比例一般都高达 70～85%。有些经营不善或违法乱纪而应倒闭或受惩罚的银行,通过各种关系,改头换面又继续经营。

在俄罗斯金融业秩序混乱的情况下,金融市场的动荡直接威胁到银行业,而银行业危机又加剧了市场动荡。由于金融资产贬值,商业银行流动资产大幅减少,不得不加紧回收贷款,一些银行要求储户提前申请取款金额,这些直接打击了公众对银行的信心。储户一旦挤兑银行提款、抢购美元保值,银行将被迫抛售政府债券,给债券市场巨大压力,并影响到卢布稳定,形成这种互为因果、互相影响的恶性循环局面,加剧金融形势的动荡。

**金融自由化国际化步伐过快** 一个国家如果能够根据本国经济的发展水平科学地把握本国金融市场的开放程度并予以有效的适度管制,则能引导国际资本有序流入本国并发挥积极作用;反之,如果一国不顾本国经济的客观发展水平而过度开放其金融市场,则有可能导致国际投机资本大量自由出入本国,泛滥成灾,进而引发金融震荡。俄罗斯政府及其金融监管部门在决策思想上崇拜"金融自由主义",未能科学客观地评价其经济发展水平,不合时宜地全面放开了货币市场和资本市场。即使在十分严峻的经济形势下,俄政府仍对金融市场采取十分开放的态度，特别是在证券业务方面，俄在1993年5月才开始试做短期国债的拍卖，1994年2月便允许非居民经纪人进入短期国债市场，1996年便先后允许非居民投资者进入一级和二级市场，紧接着便取消了对非居民参与短期国债市场的全部限制。与此同时，在股市上，俄政府从私有化改革开始，便允许外资参与国内企业的私有化，只是对一些重要领域的企业在外资控股比例上有一定的限制。资本市场的过早放开，形成了俄证券市场高度依赖外资的局面。投入俄罗斯证券市场的外资基本上是短期投机资金，其追求的是高额利润，而不是俄罗斯经济的长远发展。这些投机资金大规模的频繁进出，使得俄证券市场经常承受着大幅波动的风险。另外，由于俄罗斯具有本币和外汇自由兑换的市场，有短期资本账户的开放，使投机者能够获得本币的来源，所以只要有机可乘，巨大的国际游资就会对俄罗斯卢布进行袭击。可见，在经济危机、巨大预算赤字和高通涨率并存的情况下，俄罗斯金融自由化步伐过快，过早地开放资本项目，为国际投机资本冲击本国金融市场提供了有利条件，是此次金融危机爆发并愈演愈烈的重要原因。

**长期经济滑坡和金融“泡沫”是产生金融危机的基础** 自改革以来，俄罗斯经济日渐走向衰退。1985年俄罗斯的GDP约占世界的4%，位于世界第6位；1995年只占1.96%，跌到第11位。1992年～1996年GDP下降40%以上，工业产值下降50%。1998年上半年GDP由1997年增长0.4%（改革以来首次出现GDP增长为正数）变为下降0.5%，工业生产由1997年增长1%变为下降1.3%，而且降幅逐月扩大，外贸出口大幅减少，投资锐减势头无法遏制，1998年上半年继续下降7%，三角债纠缠不清，大量拖欠工资造成工人罢工抗议，各类因素相互影响，形成恶性循环。经历近7年衰退、1997年刚刚出现稳定迹象的俄罗斯经济到了1998年又趋恶化。

尽管长期经济不振、生产下滑，俄罗斯金融市场却超速发展，形成毫不亚于“新兴工业国家”的金融泡沫。除有限的国内资金沉湎于金融市场专事炒作外，外资也大多流入证券市场。到1997年7月1日累计外国投资180亿美元，其中直接投资不到80亿美元，其余均为证券投资和短期资金。在实际经济负增长的情况下，俄罗斯证券市场异常活跃，金融资产价格猛涨。如1997年上半年实际经济增长为零，反映俄罗斯50种主要股票的“莫斯科时报指数”却上升了140%，一些股票市价上升5～10倍。最后，“泡沫”破灭，大大加剧了危机的严重性和破坏性。

# 东南亚金融危机的社会文化背景及经验教训

中央财经大学 韩复龄

东南亚金融危机首先是从泰国开始的。泰国在1995年后期就出现了金融动荡，到1997年2月开始爆发大规模的金融地震。国际投机机构大量抛售泰铢，引起泰铢大幅波动，仅3月5日、6日两天，储户就从10家有问题的财务公司提走了150亿铢，整个金融市场受到挤兑和抽逃的强烈冲击。5月14日，泰铢对美元汇率跌至10年来最低点，瞬间耗去泰国银行50亿美元，股市也作出强烈反应，从年初1200点跌至461.32点，为8年来最低点；7月2日，泰国银行不得不宣布实行浮动汇率制，并为此大规模动用外汇储备，外国开始削减和冻结对泰国的贷款。这次危机象瘟疫一样迅速蔓延到东南亚其余国家：7月11日菲律宾比索比价波动，几小时内贬值近7%；缅甸甸元对美元市场汇价降至最低点（240:1）；马来西亚将利率从

9%提高到50%;新加坡、印度尼西亚也受到重大冲击。这次危机不期爆发,顷刻之间,震动亚洲,波及欧美,危及全球金融市场乃至世界经济。

危机爆发后,理论界对此展开了激烈讨论,寻找根源。笔者认为,这次危机表面上是金融危机,实质上是危机发生国的经济危机。我们当然承认有许多外部因素在兴风作浪,但是我们决不能否认,在东亚经济高速增长,创造了举世瞩目的"东亚奇迹"的过程中,也积累了大量的问题。这次危机就是这些积累起来的一系列问题的总爆发。俗话说:"冰冻三尺非一日之寒",这场金融风暴的产生有其深刻的社会经济和文化背景。

## 社会大背景

### (一)危机的制度根源:现代金融经济的运行机制和经济全球化的趋势

金融危机有其制度根源,它是资本主义危机。但是不能认为,金融危机只是资本主义"制度病",它也会波及到社会主义国家,特别是实行市场体制的国家。应该说,金融危机的可能性孕育于市场体制,植根于自发性的货币交换,一旦经济的交换化、市场化大大发展,货币与资本中的矛盾也相应发展,借助于信用的融资和投资活动中的不能支付,以及由此引起的运行危机就难以避免。可见,金融危机的可能性存在于市场经济固有的自发性的货币信用机制,一旦金融活动失控,货币及资本借贷中的矛盾激化,金融危机就表现出来。金融活动本身就包孕着金融危机的可能性。

经济全球化和一体化是当代世界经济的一大特征,它主要表现为国际贸易大发展和金融活动全球化,金融市场全球一体化,国际投资机构大发展以及电子计算机应用于信贷投资和资金调动,使国际资本全球迅速流动。金融活动的全球化是当代资源在世界重新配置和经济落后国家与地区跃进式发展的重要原因。但国际信贷、投资大爆炸式地发展,其固有矛盾也大大加深,金融危机必然会在那些制度不健全的、最薄弱的环节爆发。由此可见,金融体制不健全,金融活动的失控是金融危机的内在要素。这也是这次东南亚金融危机的重要原因之一。在东南亚国家和地区,普遍存在着金融系统管理混乱的现象,不适当的银行监管,缺乏透明度,政府指令性贷款、政治压力贷款等问题,这些导致了东南亚区域银行的坏账多达6600亿美元。另外,政府还大量向外举债,而且多是短期债务,更为糟糕的是,这些资金大多被投入低效益企业或房地产和股市,形成了经济泡沫。泡沫破灭的那天就是危机发生的那天。

### (二)政治不稳定

在这次危机中,受难最深的三个国家:泰国、菲律宾和印度尼西亚,其政治局势都不甚稳定。IMF去年就曾向泰国提出警告,它那蓬勃的经济就快遇到麻烦了,并提出了一些建设性的意见,但泰国政府置之不理。在9月5日,泰国财长塔农曾指出,泰铢止跌回升的主导因素完全要看目前泰国的政治问题能否解决。一位泰国银行交易员也指出,泰国执政党和反对党之间的政治问题,是左右泰铢涨跌的关键。菲律宾在过去是以动乱频繁著称的,其经济发展一直存在着许多问题和困难。进入90年代以来,经济稍有起色,但政治动荡和自然灾害仍使其举步维艰。再看印尼,据推测,某些政治集团可能与外国投机商串谋共同制造了印尼盾危机。

### (三)政府决策失误

**盲目实行金融自由化,过早开放金融市场** 80年代末出现的一些有关金融自由化的新名词对东南亚地区产生了巨大的冲击。在此影响下,亚洲国家和世界其他地区一样变成了一个完全流动的大市场。但它并未像西方那样建立起一些"护拦",金融市场毫无防范地放弃了现代经济必需的一些制约,吸引投资成了惟一的目标。这种体制在东南亚运行了近8年,使这一区域成了投机的天堂,这也难怪"金融大鳄"索罗斯从中作怪了。

**僵硬的汇率政策** 东南亚国家和地区长期实行与美元挂钩的联系汇率制度。它在美元长期疲软时期成功地增强了东南亚出口竞争能力,对实施出口导向战略和经济高速增长作出了贡献。但进入90年代以来,美国经济持续高速增长,然而这些国家和地区的货币也跟随美元升值,严重阻碍了出口,刺激了进口,造成了经常项目长期巨额逆差。更有甚者,像泰国和菲律宾两国的中央银行为了支持汇率,不断在市场上抛售外汇,使得国内银根收紧,利率腾升。而外资虽受高利率吸引而流入,但在货币贬值迹象明显化以后,大举撤出,短期内反而加重了货币贬值的压力。由此可见,政府不当的货币金融政策,也是引起这场危机的一个重要原因。

### (四)美日贸易大战的牺牲品

日美贸易关系一直磨擦不断。在对美贸易中,日本一直存在着巨额贸易顺差,美国对此头痛已久。美日两国间的贸易摩擦对东南亚的经济有一定影响,这一影响主要是通过日美向东南亚转移投资,建立产业来间接实现的。他们转移的产业大多是劳动密集型工业、落后技术产业、装配部门、加工部门和高能耗高污染部门。他们的大量投资,一方面促进了这些地区的发展,另一方面,则把美日之间的经济磨擦及美元和日元的汇率风险也带入了东南亚各国的经济体和整个经济圈。美日在亚太地区的经济较量,汇率引起的种种风波,自然使东南亚国家成了牺牲品。

### (五)未能开展有效的区域经济合作

东南亚国家相互戒心较深,由于长期受殖民统治,相互隔绝,彼此了解不多,各国的社会文化传统也不尽相同。每个国家都担心他国借合作之名,在本国蒙受损失的情况下获利。因此,他们所进行的合作和建立的区域性组织在经济上的有效合作并不多。区域性经济和金融体系上的薄弱环节很多,易招受国际投机力量的狙击。

## 经济背景

我们前面已经说过,这场金融危机实质上是经济危机,根本原因在于东南亚国家的经济发展模式和产业结构的缺陷。

### (一)东亚模式

东亚模式曾在历史上写下了光辉的一页,从本质上说,它是一种赶超型发展模式。历史决定了东亚经济的发展不可避免要依靠三个轮子——政府主导、“夹生的”机制和制度工具、外向型经济。这些特点,使得东亚经济在其市场经济体系的培植、发展过程中出现了各种“不协调”或“扭曲”现象,而且金融领域中这些“扭曲”现象便可能成为金融风险的“风源”。具体看来:

第一,运用政府的力量,可以动员财政、金融的资源来服务于产业政策,可以加速经济发展,这是国家干预对国民经济发展的正面影响;但我们不得不看到,政府的作用也有负面影响,即它可能将某些经济关系“扭曲”。这种“扭曲”的程度过度或持续的时间过长,就容易出现金融风险。

第二,发展中国家要在短短几十年内“赶超”发达国家,不可能像发达国家过去那样通过市场经济的漫长发展过程让各类市场形式、机制、制度工具依序一一出台,而是在短短几年内几乎同时出台,这不能不带来程度不同的不成熟性——“夹生性”,其具体表现就是凡发达国家具有的即使目前条件不成熟也先引进,在实践中培育。这种“制度夹生”是“赶超型”经济所固有的弱点,其金融制度也是如此。

第三,东亚经济的起飞和发展与其对外经贸的发展是分不开的,甚至可以说是对外经贸的发展带动起来的。但从另一方面看,这也使得东亚国家的经济越来越受制于外部环境,而且本国的经济问题或政策失误,也容易被国际投机者所利用。

### (二)产业结构缺陷

众所周知,东南亚国家的产业结构偏重于劳动密集型的消费品的生产。这些劳动密集型产品,由于质量不好而成本又较高,在国际市场上缺乏竞争力,也不得不退出国际市场,形成国内产品过剩积压。企业发生亏损,不能收回美元,不能盈利,外国投资者特别是短期的投机资本,必然要大量抽走投资,就要大量抛售东南亚各国货币,致使这些货币大幅贬值,从而发生金融危机。

## 文化背景:亚洲价值观

东南亚地区加上日本、台湾、香港、新加坡、韩国、中国,这些地区构成了“儒家文化经济圈”的主要部分,而且儒家文化在这些地区所展示的经济意义很值得研究。儒家文化的传统与现代化适度调和的问题,也就是东方的文化文艺复兴,也是此次东亚金融危机值得探讨的焦点所在。

儒家文化的特色是中庸、理性、调和、平衡、正义等经济原则,这是亚洲价值的经济发展模式,其所呈现出的经济意义是适度的经济成长、平稳的物价水平、健全的财政收支、合理的所得分配、保守的外债和理想的外汇储备等。所以这次危机虽然强烈，但台湾、新加坡、香港等表现得相当不错，这似乎是儒家文化价值的免疫力所赐。相反，东南亚各国的表现并不理想，突出的是韩国和印尼。韩国在战后接受西化的程度强烈，产生了“外在文明冲突”，它并没有把儒家文化特色中的原则运用于经济当中，而是表现出分配不均、物价不稳、内外债不调和，特别是中长期外债比例过高等现象。在政治上也是如此，表现为缺乏长期的政治理想性和稳定性。印尼则受爪哇的盘查西拉文化的影响，加重了危机，表现得最令人失望。这表示这些国家和地区应该走自己的道路，否则挺不住外来经济的打击，产生文明冲突而影响其经济、政治或社会稳定。这也说明了对西方现代化的发展模式的引进必须审慎。形成文化的调和，才是经济现代化的动力所在。

## 经验教训

这场危机发生在与我国经济文化背景相似的亚洲邻国，同我们的经济联系密切。而且，东南亚各国有经济增长的骄人业绩，中国也着力采取了大致相似的经济发展战略，同时在经济转轨期间，也遇到了盲目投资导致的产品积压、房地产过热、政府指令信贷和金融监管不力造成银行坏账激增、政企不分及腐败等等相似的问题，因而这次危机的发生使我们增强了“危机意识”和“忧患意识”，无疑为我们提供了宝贵的经验和教训。

·追求经济高速增长要量力而行。超出本国承受能力的经济增长，必然产生对进口和外资的过分依赖，形成贸易逆差，酿成了金融危机。

·严格监控信贷资金流向，防止大规模流入房地产业和股市产生严重的泡沫经济。

·切实调整经济结构，促进产业结构升级，提高出口产品竞争力，实现出口多元化。

·积极利用外商直接投资，引导外商投资方向。

·审慎开放短期资本市场和实现资本项目自由化。开放是必然的，但开放是有条件的，在金融体制改革尚未到位，金融监管能力不够的情况下，不能贸然开放资本项目。

·加强金融监管，及时化解金融风险。要加快金融体制改革，建立现代金融体系；加强央行监管力度，依法治理金融，规范金融秩序；把国有商业银行办成真正的商业银行；建立央行金融风险预警机制和商业银行金融风险防范机制，及时发现并化解金融风险。

·加强经济协调，扩展经济合作。在世界经济日益一体化的今天，危机不再只是局限于某个国家和地区的问题，必须进一步加强与扩展国际经济合作，使经济领域以及其他方面的失调现象，在危机到来之前就找到避免导致危机的解决方法。

·要加快政府机构改革和职能转换，规范政府在市场经济中的作用。既充分发挥政府导向市场经济规范发展的作用，又消除政府对企业经营的干预。

·加大技术引进和技术改造投入，提高出口产品竞争力。

·发展中国家发展经济应主要依靠自己的资本积累，以自我积累为主，利用外资为辅，不能过分依赖外资。

# 亚洲金融危机爆发的内因和外因

对外经济贸易大学　贾保华

1997年夏季爆发的亚洲金融危机已经过去两年了。尽管现在有关消息已经不再是新闻报道的热点，但是，关于这场危机原因的探讨却一直没有停息。

在此期间，国内外的各种传媒发表了大量的关于亚洲金融危机的文章和评论。对此,笔者认为,如果忽略其细节差异,而着眼其主要内容的话,那么,它们反映的关于亚洲金融危机的原因的观点,大致可以分为三种:内因论,外因论,内因外因综合论。

人们之所以对同一个事件持有不同的看法,不仅是因为人们在进行观察时的角度不同,而且也是因为人们对于内因与外因的关系和作用的认识不同。因此,本文的目的主要有三点:首先,举例简要说明关于亚洲金融危机原因的三种主要观点;其次,指出它们各自提出的不同的政策主张;最后,谈谈应当如何看待内因与外因的辩证关系。

## 三种基本观点

### (一)内因论

这种观点主要流行于亚洲金融危机爆发的初期。它的提倡者主要是欧美发达国家的工商人士、专家学者、以及国际货币基金等国际经济机构的官员。顾名思义,所谓"内因论"着重强调的是,危机爆发的重要原因在于亚洲国家的内部经济结构和政治结构发生了问题,因此导致了金融危机的爆发。

比如,美国《时代》周刊的一篇文章指出:"对泰国人来说,这场崩溃不是一个虚构的金融故事,而是对他们的消费习惯、由他们自己选出的领导人和他们的政治体系的核心进行的谴责。"(1997 年 8 月 25 日)

读者可能会问:泰国在危机之前不是也出现了亚洲"经济奇迹"吗,泰国人不是也享受到了经济繁荣的果实吗?对此,《时代》周刊的这篇文章并不这么认为,因为它指出:"财富的突然逆转使得那些买空卖空的年份现在看来像不合理的经济奇迹,像是由政客、外国投资者和头脑灵活的商人参与的一场复杂的骗局。经济增长从未真正扩展到集中了 85% 泰国人口曼谷以外的地方,或为这个国家构筑一个切实可行的经济架构。"

类似的观点并非只此一家,别无分店。这些评论的中心思想是:泰国以及东亚地区,尽管在过去出现了引人注目的经济"奇迹",但是,它的内部的社会政治和经济等基本结构并没有发生相应的实质性的变化,而这一点,正是亚洲金融危机爆发的根本原因。

与此呼应,一位德国学者的分析表明,亚洲金融危机是由三个错误造成的:一是这些国家出现的"泡沫"经济;二是它们的出口下降和外债增加;三是它们没有建立起一种有坚实基础和有效监督的银行系统。(德国《国际政治》1997 年第 12 期)

另一位美国的金融专家则把亚洲金融危机的原因进一步分解为四个因素:一是国内政治的不稳定;二是银行和金融系统的问题;三是存在庞大的经常项目赤字;四是因为货币定值过高。(美国《商业日报》1997 年 8 月 6 日)

实际上,除了上述分析,我们还看到了其他一些专家学者继续补充"揭发",从而使得这张亚洲国家的内部错误"清单"增添了更多的内容。

不仅如此,"内因论"甚至还成为了某些亚洲国家内部不同党派斗争的武器。比如,1998 年 1 月韩国新当选的总统金大中对记者指出:"造成我国金融、外汇危机,进而使经济面临破产局面的根本原因,在于(前任)政府和执政党的政策失败、政策不落实以及政策实施不及时。"(韩国《新东亚》1998 年 1 月号)

至于在中国学术界和舆论界,普遍流行的观点也是"内因论"。许多读者可能都知道:在对亚洲金融危机爆发原因进行说明时,"苍蝇不叮无缝的蛋"这句形象的俗语,几乎成了许多专家学者惯用的口头禅。

### (二)外因论

与上述观点相反,"外因论"强调金融危机爆发的主要原因,不在于亚洲各国的内部问题,而在于外部因素,即大量的国际短期资本在很短的期间内急剧地流入和流出,结果导致了亚洲各国股市和汇市的突然高涨和猛然暴跌,也就是说导致了金融危机的爆发。

比如,《日本经济新闻》的一篇文章指出:"由于剩余资金的流入而导致的泡沫经济使亚洲产生了动摇。在很多国家,投机资金等流入了不动产和股票市场,导致资产价格上升。在泡沫经济崩溃的泰国,发生了金融动荡。"(1997 年 8 月 18 日)

在那些受到金融危机沉重打击的国家和地区,这种观点更加流行和深入人心,比如,香港《大公报》明确指出:"这是一场由'国际大鳄'——金融市场炒家——发动的亚洲狙击战。"(1997 年 12 月 8 日)

1997 年 7 月 26 日,马来西亚总理马哈蒂尔公开指出:美国金融大亨索罗斯是摧毁亚洲经济的"罪魁祸首"。他痛心地指出:"我们努力三四十年的经济成就,突然间被别人夹着数十亿美元,在短短的几个星期内摧毁了。”

同样,马来西亚原副总理安瓦尔在回答外国记者的提问——“你是否相信存在着摧毁亚洲经济的西方阴谋?”时,也指出:“我不能说西方本身有一种阴谋,但我肯定会认为,这种市场体制为不道德的邪恶的货币投机买卖活动留下了余地。强大的经济是可以承受得住这些活动的,但是建立在艰辛、劳累和眼泪基础上的发展中的小型经济是不能承受的。……你是不能抛开国际体制中存在着内在的弱点这一事实的。”(美国 1997 年 9 月 1 日)

最令人不可思议的是,一直被许多亚洲人称为“罪魁祸首”或“金融大鳄”的索罗斯本人,对“外因论”也持赞成态度。他在 1998 年底出版的《全球资本主义危机》(中译本,青海人民出版社)一书中谈到亚洲金融危机与亚洲经济模式的关系时,首先肯定地指出:虽然“我们可以指出亚洲模式在经济发展上的诸多过失,如银行体系的结构不良、企业的持有问题、官商勾结的本质、缺乏透明度和政治自由的不足,等等”,但是,需要注意的是,“这些过失尽管出现在许多遭受金融风暴席卷的国家,但是没有一个国家同时犯了上述所有过失。”同时,“这种亚洲模式在经济发展上是极为成功的策略,……使生活水平大幅度提高。”

随后,他继续指出:“经济发展如此成功的模式,为何顿时溃不成军,如果不考虑国际金融体系的缺陷,这个问题就无解。”另一个有力的证据是,“亚洲危机不只限于亚洲,而是已经蔓延到了俄罗斯、南非和巴西,同时,在它自然结束以前,所有新兴市场可能都难逃一劫,因此更证明造成不稳定的震中,其实是在国际金融体系本身。”(148~149 页)。

索罗斯认为,在国际资本的“锤球”般的巨大打击下,任何一个单独的国家都无力招架,只能像“多米诺”骨牌那样,一个接一个地倒下。这就是亚洲国家在 1997 年 7 月、俄罗斯在 1998 年 8 月、以及其他发展中国家和地区也相继遭受了金融风暴袭击的真正原因。至于中国没有倒下的原因,在索罗斯看来,主要是因为“人民币不能自由兑换,否则无论官方有多少外汇存底,都难保不被锤球击倒。”(158 页)

对于索罗斯的上述言论,我们应当把它看作是耸人听闻的不实之辞而置若罔闻,还是应当把它看作是鞭辟入里的肺腑之言而洗耳恭听呢?

## (三)内因和外因综合论

如果说“内因论”和“外因论”代表了两个对立观点的话,那么,“内因外因综合论”则是介于两者之间的一种观点。

这一观点的代表性例子是新加坡《联合早报》的一篇文章:“尽管西方的主流意见认为亚洲国家咎由自取,但是学术界指出,持国际金融资本兴风作浪观点的也大有人在。就当前负债越多的国家受创越烈的事实来看,内在原因自然无法排除,而另一个不争的事实是,如果没有国际金融资本的搅和,亚洲经济肯定不至于落到如此下场。”(1998 年 2 月 9 日)在这里,亚洲国家“咎由自取”的内因,加上国际金融资本“兴风作浪”的外因,共同构成了亚洲金融危机爆发的主要原因。

那么,如果读者“较真”地问一句:在亚洲金融危机的外因和内因之间,究竟哪一个更重要呢?该文作者虽然没有给予明确的回答,但是,似乎外因更加重要:“就后果方面,西方舆论大多批评亚洲国家缺少危机意识、疏于建立一套完整的社会保障制度和法律机制(包括人权保障、银行法规)。尽管这些问题的确存在,然而必须同时顾及的是,一方面国际资金绝不会鼓励在这方面进行投资,另一方面发展中国家‘重视硬件投资、轻视软件投资’,不仅是无可避免的偏差,也是欧美国家早期同样犯过的错误。因此,就东西之间的早期发展道路而言,惟一不同之处在于,欧美国家不曾受到庞大的金融资本的威胁,而目前发展中国家却任凭金融资本的宰割。举例言之,目前泰国股市的总价值仅仅相当于德国一家钢铁公司(Mannesmann)的总值;上海、印尼、菲律宾、泰国的股市资金总值不过 100 亿美元,远不及可口可乐公司的 1 650 亿美元的资产。比较之下,实力对比自是一目了然。”

另外,世界银行副行长斯蒂格利茨也认为,“东亚的金融危机可以理解为若干因素造成的。”比如,投资分配不当、资产与负债比率不当,等等。不过,尽管如此,“许多批评家在急匆匆地把责任完全归于这个地区的政府的时候忘记了这样一点,即每一笔贷款不仅要求有借方,而且还要求有贷方。对投资分配不当的借方与贷方共同负有责任。而贷方中有许多是国际商业银行,首先是这些国际商业银行提供了贷款。”(香港《亚洲华尔街日报》1998 年 2 月 2 日)

## 三种不同的政策主张

从表面来看，这三种观点之间似乎存在着深刻的分歧和差异，但是仔细观察，其实，并没有重大的本质的不同。这是因为：

·它们都从不同的侧面分析了亚洲金融危机爆发的原因；

·它们都从不同的角度说明了这场危机的本质特征；

·它们都在不同的程度上表明了人们对亚洲经济改革以及建立一个新的国际经济框架的关心。

但是，由于三种观点对于内因与外因的关系、及其在亚洲金融危机中的地位与作用的看法不同，因此，它们对于应当施行的改革方案也提出了以下不同的意见：

由于“内因论”者们主要是从亚洲国家的内部寻找金融危机爆发的原因，因此他们就把政策建议的重点放在了纠正亚洲国家的内部结构问题上面。比如，国际货币基金组织对泰国、韩国和印度尼西亚提出的改革方案就是一个典型。它的主要内容是，消除政府官员的贪污腐败，增加政府决策和银行贷款的透明度，加强对金融体系的监督管理，对那些效益低下的国有银行和企业实行私有化，等等。

与此相反，由于“外因论”者们着重强调外部因素是亚洲金融危机爆发的主要原因，因此他们就把政策建议的重点放在了克服现行国际经济和金融体系的结构问题上面。比如，有的学者提出了应当对国际短期流动资本“收税”，以便在一定的程度上增加它们自由流动的成本；有的学者提出应当成立统一的世界银行，发行统一的世界货币，从而彻底克服现行国际金融和汇率制度的弊病；还有的国家，比如马来西亚则对外国资本重新实行了管制。

与此同时，由于“内因外因综合论”者们既重视内因，也重视外因，因此，他们提出的政策建议综合了上述两派的建议内容，而没有单独提出与众不同的、引人注目的新建议。

## 内因与外因的辩证关系

最后，让我们来看看关于亚洲金融危机的三种观点，哪一个更加合理。

一般说来，绝大多数的读者可能会赞成“内因论”的观点，因为我们很早以前就听说过：外因是变化的条件，内因是变化的根据；我们也都明白在一定的温度下，鸡蛋可以变成小鸡，而石头不能变成小鸡的道理。显然，在温度与鸡蛋两者之间，温度是外因，而鸡蛋是内因。如果温度适当，而鸡蛋没有变成小鸡，那么原因只能从内部寻找，而且也往往很容易找到。

正是这种简单朴素的道理和实例，使得不少专家学者在亚洲金融危机爆发的之后，首先从亚洲国家的内部寻找其原因，而且也确实找到了许多尽人皆知的、证据确凿的原因。对此，我们应当公正地承认“内因论”是没有什么错误的。但是，如果我们沿着内因论的思路进一步思考的话，却会发现它的局限性。

比如，依然是温度与鸡蛋，即便鸡蛋的内部没有任何毛病，而温度却突然地升高或突然降低，那么，鸡蛋还能变成小鸡吗？当然不能。在这种情况下，我们还能把失败的主要原因归结为“内因”吗？当然也不能。因为在这种情况下，外因——即温度的突然变化，就成为了失败的主要原因。

为了进一步说明这一点，各位读者不妨想想生活中的许多其他例子：比如，有不少学生没有读完高中、或者没有考上大学，其原因并不是因为他(她)们的“内因”不好，而仅仅是因为“外因”不足——大学招生名额有限或者家庭经济困难等等。又比如，现在有不少职工“下岗”或失业，其原因也不是因为他们的“内因”出了问题，而仅仅是因为“外因”出了问题——企业领导不力、或者被其他企业欠债不还、或者被假冒伪劣产品挤出了市场，等等。再比如，亚洲金融危机以后，中国出口不断下降，其中纺织、钢铁、化纤等行业的大企业甚至出现了巨额亏损，其主要原因也不能归结为这些企业的“内功”不够，而仅仅是因为亚洲货币贬值导致了周围国家产品的竞争力的大幅度增强，以及该地区的市场萎缩、外需不足。显然，在诸如此类的事例中，如果我们只是一味地强调从“内因”上找原因，而忽视和低估外因的决定性作用，那么不仅在客观上无助于实现问题的解决，而且在主观上也必然发生颠倒主次混淆黑白的错误。

但是，承认“外因论”的正确性的时候，也需要防止走向另一个极端，即把所有的问题都一股脑归结到外部原因上面，从而逃避了内因应当承担的责任和人的主观能动性。比如,某些极端的外因论者可能会得出这样一个结论:一个国家的内部经济和金融结构无论如何健全,都是没有意义的,因为一个突如其来的强大的外部打击,会把这一切内部的秩序都统统打翻。如果我们对这一结论毫无怀疑的话,那么剩下的惟一选择就只能是无所作为、束手待毙。显然,这也是我们很难同意的。

相比之下,"内因外因综合论"则可以避免出现上述两种极端,因为它处于内因论和外因论的结合点上,属于一种比较公允或不偏不倚的观点。但是,这里依然有一个危险存在,即如果我们"较真"地问一句:在引起亚洲金融危机的内因与外因当中,究竟哪一个是主要原因的话,他们当中的许多人很可能会张口结舌、不知所措。因为这一貌似公允的观点,如果不经过我们的仔细思考的话,也很可能导致一种折中主义的出现:一方面也批评亚洲各国的内部缺陷,另一方面也批评国际资本的投机本性。这就是在日常生活中人们常见的所谓"各打五十大板",或者"公说公有理,婆说婆有理"的由来。显然,这种折中主义的立场,既不利于我们公正地和客观地认识亚洲金融危机的原因,也不利于我们制定有力的防范措施。

综上所述,笔者把对亚洲金融危机原因的观点归结如下:

第一,亚洲金融危机爆发的原因,既有内部的,也有外部的。总的说来,在两者之间,外部——即现行国际经济和金融体系——的原因负有更大的责任,而内部——即亚洲各国的政治、经济和金融等内部结构——的原因则负有相对较小的责任。换句话说,在亚洲金融危机的内部和外部的原因中,外因是主要原因,而内因是次要原因。

第二,在一般情况下,内因和外因的界限是清楚的,它们的位置是稳定的,但是,在一定的条件下,内因可以变成外因,而外因也可以变成内因。在亚洲金融危机当中,如果我们把观察的对象和范围局限在亚洲的话,那么,这些国家特有的社会、政治、经济和金融等内部结构的缺陷是一目了然的,它们对于危机的爆发是负有不可推卸的责任的。但是,如果我们把观察的对象和范围扩大到整个国际体系的话,那么,现行国际政治、经济和金融等结构的缺陷就进入了人们的视野,而且不论在哪个方面,这些国际因素都远比亚洲的国内因素强大得多。因此,现行国际经济结构的缺陷应当被认为是一种更加宏大的内因。

第三,作为政策建议,亚洲各国固然需要进行相应的内部改革和结构调整,但是,国际政治经济和金融体系也必须进行相应的改革和调整,否则,亚洲各国的内部改革不仅难以收到预期的效果,而且,人们也无法保证今后在亚洲或其他地方不会再次出现类似的危机。因此,亚洲的改革与国际体系的改革应当是相互联系和呼应的,而不应当是孤立进行和互不相关的。这样一来,从对亚洲金融危机的原因的分析当中,就得出了发达国家也应当负有相应责任的结论。因为现行国际体系及其运行规则,主要是发达国家建立和制定的。

综上所述,在亚洲金融危机爆发以后,许多专家学者都从不同的角度进行了分析和研究,并且对其爆发的内因和外因,提出了不同的见解。经过近两年来的争论,目前,人们的分歧已经减少,共同点越来越多。经常看报的读者会发现:最近一个时期,许多国外的专家学者,包括原先把亚洲金融危机的爆发归结为内因的国际货币基金的官员们也公开承认,这场金融危机的爆发固然不排除内因的作用,但是,外因,即国际经济和金融结构的问题,负有更大的责任。根据这一认识,他们已经提出了一些新的建议和计划:比如,增加国际流动资本的透明度、强化对国际货币和汇率体系的监督、改革有关国际借贷的方式、建立必要的国际金融危机的报警机制,等等。

如果这些计划能够顺利实施,并且达到预定目的的话,可以肯定的是,今后国际经济和金融体系的稳定性将会得到增强,亚洲金融危机式的突发灾难将会减少,发展中国家的面临的国际经济环境也将会得到一定程度的改善。笔者认为,这对所有关注亚洲金融危机、关心亚洲和世界经济发展的人们来说,都是一个值得高兴的好消息。

# 日本金融危机与改革评析

西南财经大学 武海亮 冉棋文

1997年夏天由国际货币投机商冲击金融市场而引发的始于泰国的金融危机，引发了一场覆盖整个东南亚的金融风暴，不仅重创了东南亚各国的经济，并祸及东亚的韩、日。

如果说东南亚各国和韩国以及之前的墨西哥等国金融危机的发生是因为他们都作为新兴的发展中国家，而具有某些诱发金融危机的共性的成因的话，那么日本作为西方发达国家的成员之一，经济金融化实力雄厚，其金融危机的发生便具有某些值得细致分析的“个性”了。

日本金融危机的根源始于80年代。80年代中期，日本由于大力推行金融自由化政策，放松了对金融化机构的监管，致使大量的资金通过各种渠道直接间接地投向房地产业和证券市场，导致“泡沫经济”大量催生。进入90年代，受到内外各种因素的影响，“泡沫经济”破灭，经济的发展陷入停滞状态，股市一落千丈，金融萧条，金融体系遭受了沉重的打击，银行的呆账、坏账成堆，令金融机构不堪重负，到1995年日本“住专”的倒闭对日本金融体系造成了最为剧烈的冲击，使整个银行体系为之震动，终于演变成了日本战后最为严重的金融危机。

1996年，日本发生了许多金融机构破产事件和违法丑闻。从年初开始，协合、安全、本津等7家信用组合先后破产，给日本银行从无倒闭之说划上了句号。8月，传出大和银行纽约分行违法经营和巨额亏损事件。进入1997年后，日本金融危机的状况没有丝毫好转的迹象。先是3月底的日本债券信用银行财务危机；接着4月份日本第一大证券公司野村证券因涉嫌受黑社会操纵进行违规交易，15名董事集体辞职。然后便是一连串的金融机构倒闭事件；4月，日产互助人寿保险公司被指令结业；5月，山一证券附属经纪行小川证券停业；10月，地区性的京都共荣银行倒闭。11月份更是日本金融业的“黑色月份”。11月3日，三洋证券公司破产，负债31亿美元，这是东京股票交易所第一类上市日本证券公司首宗倒闭事件；17日，日本十大商业银行之一的北海道拓殖银行倒闭，坏账贷款为9 374亿日元；24日，日本四大证券公司之一的山一证券公司宣布停业，债务为3.6万亿日元；26日，德阳城市银行破产，不良债券为588亿日元。这些大型金融机构接二连三地破产，致使金融动荡迅速扩大，一部分金融机构门前出现了挤兑风潮。对此，一些报刊、电视台评论说，“日本资本主义的城堡——大型证券公司的一角崩塌了”，“日本处在堪与30年代‘昭和金融恐慌’匹敌的‘平成金融恐慌’的前夜”。这几起金融机构倒闭事件不仅发生时间密集，而且都是涉及到一些很有影响的金融机构，从而把日本金融危机推到了二战后金融动荡的顶峰。

透过一系列金融机构倒闭事件，表明日本金融业现在已经危如累卵，但是，由于全球的视点多聚焦于东南亚金融风暴，日本的金融危机除了给世界金融业以一些“雪上加霜”的感觉，产生短暂的“震荡”之外，加之人们传统思维中日本作为发达的西方国家，有足够的实力和完善的措施来解决自身的问题，没有对日本金融危机加以足够的重视。诚然，作为发达国家的一员，经过百年的市场经济建设，日本应该与其他发达国家一样有完善的金融体系，但事实却与之相反，这就更值得我们进行深思。

## 证券市场“泡沫”的破灭<br>导致日本经济的衰退，<br>是日本金融危机发生的“温床”

自从1990年以来，日本经济陷入了持续低迷的状态。1990～1997年，日本经济的平均增长速度只有1%左右。1998年的第一季度和第二季度甚至出现了按年度计算的5%和3%的负增长,1998经济增长速度预计为-2.8%。至此,在经过了7年以后,日本的经济不但没有什么好转的迹象,反而进入了衰退之中。而在1997年和1998年度,其他的工业化发达国家,例如美国和英国,都取得了较高的经济增长速度。从这些工业发达国家之间紧密的经济联系与相近的经济运行特征来说,这种情况表明,日本目前所面临的经济问题已经远远不是一个一般意义上的经济周期问题。要对此作出一个全面的解释,就必须从日本经济的内部结构尤其是金融结构的角度来进行分析。

日本经济增长的迟缓,一个直接的原因是80年代末90年代初证券市场的崩溃。

在“泡沫”没有破灭以前,尤其是80年代后半期,日本经历了一个股票和房地产价格大幅上涨的阶段,各种有价证券价格的上涨,导致了一种“社会财富效应”的不断加强,这大大刺激了国内经济的消费需求和投资需求。许多大企业借助于不断上涨的股票价格,通过证券市场,筹集到了成本更低的资金。许多中小企业也借助于不断增值的房地产作为抵押,从银行借到了更多的资金,这其中很大一部分又重新投入到了房地产业。

证券市场的“泡沫”的破灭,对日本国内的消费和投资需求都产生了一定的影响,其中,又以对企业投资的影响最大。到1997年为止,日本企业的投资水平每年都是以2%的速度在负增长,这当中,只是1996年这一年情况稍好。

而在80年代后半期的经济繁荣时期,日本私人部门的总投资占GDP的比例由5%逐渐增长到1990年的25%,投资的增加对社会总需求的刺激作用也非常明显,从1985年到1990年,日本公司的利润平均上升了70%。但是,在这同时,企业投资的扩大,也使得整个社会的资本产出比率随着大幅度上升。许多的投资项目往往都是低收益的或者是高风险的。整个社会的投资水平呈现出了一种明显过度扩张的特征。在证券市场崩溃之后,随着银行信贷的紧缩,整个社会投资水平也出现了大幅度的减少,经济增长速度也随之下降。

## 巨额不良资产是大型金融机构相继倒闭的经营性原因

通常情况下,金融机构都会存在一定的不良资产,但若不良资产规模过大而超过金融机构的承受能力时就会诱发金融问题,轻则会导致金融机构的破产,重则会引起整个国家金融危机的爆发甚至整个金融体系的全面崩溃。此次日本金融危机的爆发,与金融机构在“泡沫经济”破灭后形成的巨额不良资产密切相关。可以说,日本金融动荡的成因,从根本上讲,是“泡沫经济”破灭留下的恶果。日本“泡沫经济”大约形成于80年代后期。自1985年五国财长“广场会议”之后,日元开始逐步升值。为给升值的日元寻找出路,日本采取了扩张型货币政策,通过连续调低利率(利率水平最低时仅为2.5%),使大量资金流入市场,正是这种过低的利率环境诱发了泡沫经济。其间,由于股票和房地产市场看好,于是大量资金流向了股票和房地产市场,使土地、股票等资产的价格飞涨,经济泡沫开始生成。经济泡沫一旦形成,较高的名义收益率又吸引了更多的资金流入,使泡沫不断膨

**图1 日本六大城市地价指数曲线**

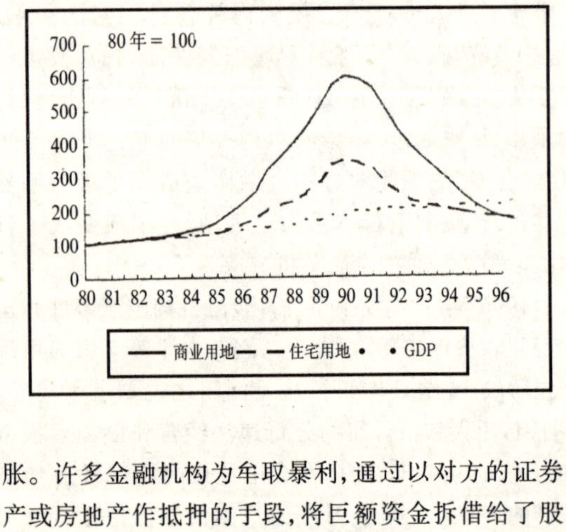


胀。许多金融机构为牟取暴利,通过以对方的证券资产或房地产作抵押的手段,将巨额资金拆借给了股票和房地产投资商,在很大程度上支持了这种带有相当投机行为的投资活动。随着经济泡沫的不断膨胀,通货膨胀越来越严重。在“泡沫经济”最严重时,土地和股票价格高得惊人,1985年日经股指为1.3万日元,1989年底接近3.5万日元,日本股市的平均市盈率从

5倍升至60倍,远远高出欧美平均20倍的水平。1989年地价总值高达15万亿美元,是面积比日本大25倍的美国地价总值的4倍,相当于当年名义GDP的5倍还多,单价为美国的100倍。难怪当时有人戏称,卖掉一个东京可以换回两个美国。日本六大城市的地价指数在80年代的10年内上涨了6倍之多,如图1所示。

不断膨胀的泡沫终于让日本政府警醒,从1989年6月开始,日本政府先后五次提高官方贴现率,收缩市场上的货币供应。金融紧缩导致股票和房地产市场急剧跌落,金融机构贷出的资金几乎全部被套牢。据估计,即使将抵押的证券资产和房地产全部出售,金融机构所得收入也不足其贷款的20%。据日本大藏省1995年所做的调查,日本最大的21家银行所拥有的不良资产约为12万亿日元,占贷款总额的4.5%;所有的金融机构所拥有的不良资产总额为37.4万亿日元。另据日本大藏省1996年9月份的统计,日本20家主要银行(包括10家城市银行、3家长期信贷银行、7家信托银行)的违约贷款,至1996年3月达21.8万亿日元,占其总贷款的比重约为6%,有4家银行的坏账贷款占其总贷款的比重高于10%;地方银行和合作金融机构对破产公司的坏账贷款占其总贷款的比重分别为3.4%和4.8%;所有金融机构的坏账贷款约为40万亿日元,占其总贷款的比重约为4.6%。这一结果被许多分析认为是保守的。有人估计,日本金融机构的不良资产至少为50~80万亿日元,这一规模已经超过金融机构的自有资本金和存款准备金之和,这对金融系统的安全运作形成了严重的威胁。有人估计,处理这些不良资产至少需要10~15年的时间。另外,由于日本在亚洲地区的对外投资和贷款较多,约占其全部对外投资和贷款的80%。在东南亚金融危机和韩国金融危机发生后,日本的不良资产又有所增加。1995年,日本银行对东南亚融资1090亿美元,1996年达1140亿美元,占日本全部对外贷款的60%左右;在泰国890亿美元的外债中,有50%以上来自日本;韩国1000多亿美元的外债中,来自日本的约为250亿美元。

在1997年日本金融机构的倒闭风潮中,不良资产的影响随处可见。"泡沫经济"破灭后,日本金融机构惨淡经营,尽管将绝大部分盈利用来处理不良资产,但仍不能弥补亏空,由此导致金融机构的接连破产。如山一证券公司1992~1993年连续两年经营亏损,经苦心经营,1994~1996年连续三年盈利,公司持盈利的近千亿日元用于处理不良资产,但由于不良资产太多,最终仍未逃脱破产的下场。不良资产的最大危害是"多米诺"骨牌效应。大的金融机构倒闭,必然引起与其有关的多家金融机构的信用危机,从而使更多的金融机构倒闭。山一证券公司倒闭后,下属的7家子公司立刻被挤兑,5家与山一有业务的证券公司也成为人们不信任的对象,3家与山一证券关系密切的日本大银行(富士、兴业、樱花)被信用评级机构降低等级。

## 过度保护的取消,是日本大型金融机构相继倒闭,引发金融危机的政策性原因

日本政府对大型金融机构由过度保护转向优胜劣汰,使一些在激烈的商场竞争中难以生存的大型金融机构最终走向破产,这是市场竞争机制,在日本金融领域发生作用的必然结果。

大型金融机构历来被看作是日本经济的血库。它的破产不仅会使储户个人遭受损失,也会对整个国民经济产生不利影响。所以,日本政府一向十分重视对其进行保护和扶植。日本大藏省曾多次声明,绝不让20家大银行和大型非银行金融机构倒闭,并向这些金融机构提供多种保护,一度创造了日本大型金融机构不倒的神话。但政府对大型金融机构的过度保护也产生了种种负面影响:

**经营方式上墨守成规** 大型金融机构凭着政府的保护,在经营方式上缺乏创新精神。一些大型金融机构规模虽然很大,但其经营方式滞后,不能适应新形势下的激烈竞争。

**违规操作和非法交易经常发生,金融丑闻不断出现** 如1995年,大和银行纽约分行的一名职员,连续10年在美国炒卖国债,造成10亿美元的巨额亏损,大和银行因此被赶出美国。1997年11月,大和证券公司因在1995年一年内共计68次将本公司交易所得的2亿多日元的利润存入嫌疑犯小池的两个户头,公司前副总经理共3人被东京地方检查院以违反《商法》和《证券交易法》的罪名逮捕。1997年7月,山一证券公司因被

发现多次涉嫌向具有黑社会背景的流氓股东非法提供好处，公司前主要领导人被捕。

**官商相互勾结** 过度的行政干预形成了官商相互勾结的局面。由于从利率水平到金融商品开发，均需大藏省等政府主管部门的审批认可，这些部门大大小小的官员在一定程度上对金融机构都具有相当大的权力。因此，各个金融机构莫不想方设法对这些政府机关的有关人员提供好处。官商相互勾结是违规操作和非法交易不断发生，金融丑闻经常出现的重要原因。

1997年11月发生的包括证券业四巨头之一的山一证券，银行业排行第十的北海道拓殖银行及证券业排行第七的三洋证券等一系列大型金融机构的破产事件说明，日本政府已加大了金融管理政策调整的力度，管理方式发生了深刻变化，由过去的"保驾护航"转向了加强监管，促进市场竞争，实现优胜劣汰。在山一证券公司倒闭的第二天，即11日25日，日本银行（日本中央银行）总裁松下康雄在众议院大藏委员会中表示，依据《日本银行法》第25条，日本银行将向山一证券提供8000亿日元的特别融资。松下还表示，日本银行对山一让券公司以及先前倒闭的北海道拓殖银行等金融机构所提供的特别融资，截至当天已达3.1万亿日元。国际金融界注意到，此次特别融资完全不同于以往的做法。大藏省一再强调，此次动用国库资金解决金融机构的破产问题，不是援助金融机构本身，而是保护储户和投资者的利益。

大藏省对1997年大型金融机构破产案的处理结果表明，日本政府已痛下决心，彻底取消对大型金融机构的过度保护，促进市场竞争，建立优胜劣汰的市场机制。对日本金融机构来说，一个由政府护航的安全时代将要结束，取而代之的将是优胜劣汰的竞争时代。

## 金融体制改革滞后是日本大型金融机构相继倒闭、金融危机爆发的体制性原因

二战以来，日本金融体制虽然根据经济发展情况在不断改革和完善，但迄今为止仍有一些深层次问题未能解决。

**图2 主银行制度下各个主体关系示意图**

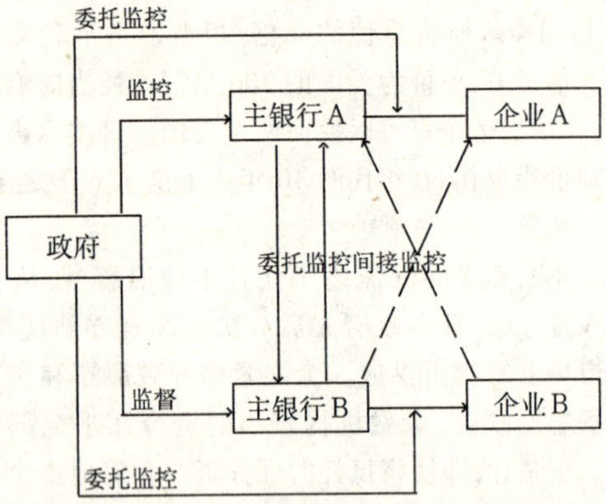


战后日本金融体系是一种"限制金融"体系，以限制银行存贷款利率、金融业务严格分工、金融市场封闭，政府对金融具有很大的干预性为特征（即主银行体制，表面上，主银行体制中起中心作用的是银行，实际上政府是这一体制的灵魂。政府对金融机构的业务领域和范围有严格的限制，对利率有严格的限制，对外汇实行严格管制等）。在战后日本经济的恢复与调整增长期，这种金融制度虽然具有限制性、封闭性与人为主观干预性，但由于其具有稳定性、保护性和便于政府运用货币金融手段对整体经济或产业结构进行干预的特性，符合日本"赶超型"经济发展的需要，对日本企业的稳定经营与日本经济的高速发展起了非常积极的推动作用。历史进入80年代以后，日本赖以生存的国际经济金融环境和国内经济金融市场发生了巨大的变化，迫使日本金融体制也做了一些时断时续的改革。但由于改革没有明确的目标和整体性的指导方针及"限制金融"体系的原有惯性，又由于80年代中期日本经济正处于"平成景气"阶段，原有金融制度的弊端未能及时暴露，这种体制的改革变迁要求并无很大的迫切性，使得日本金融制度失去了一次做巨大制度变迁的良好时机。90年代"泡沫经济"破灭后，由于日本金融机构在经济虚假繁荣阶段将许多资金投向了房地产和股票而造成大量呆账、坏账；而日本经济长期处于停滞状态，又使得日本金融机构难以提高利润率来弥补所受的损失和提高资本充足率；同时，由于日本政府一向采取咄咄逼人的、迅猛的国际化战略而导致日本出现"产业空心化"和"金融泡沫化"，这也更增大了日本金融和经济的脆弱性。

此外，由于世界经济的自由化和全球经济金融一体化的进一步提高，使日本金融机构面临着更加激烈的竞争环境和来自国际的更大的冲击。在这样一种内外交困的情况下，日本原有金融制度中所累积的矛盾充分暴露出来，战后建立的日本金融体制越来越不适应日本经济的发展了。于是，为了解决日本经济、金融存在的矛盾，改变日本僵化的金融体制，提高日本金融业的效率和国际竞争力，挽救日本金融业所处的岌岌可危的处境，为日本经济的进一步发展创造一个良好的金融环境，日本政府于1996年底以80年代中期英国金融改革为蓝本提出了一个金融改革计划，称为"日本版金融大爆炸"(Big Bang)，并于1997年6月13日出台了金融改革的实施计划。

日本金融大改革的基本内容是实现金融的自由化、公开化和国际化，其目的是要革除日本金融业内现有的弊端，促进日本金融业在高度透明、高效率的市场环境中竞争与运作，实现金融市场自由化。日本金融体制改革计划实施一年多时间来并未取得决定性进展，甚至在一定程度上是失败的。尽管从长远的角度看，日本金融改革的方向是正确的，但其在近期内所产生的效果却是不确定的。纠其原因主要有以下几方面：

**金融改革所选择的时机不当** 日本的金融体制是一种保护性、封闭性的金融体制，这种金融体制对日本的"泡沫经济"起到了引发和推波助澜的作用，而"泡沫经济"的爆发也使日本金融业的信用下降，经营陷入困境，这直接影响了日本金融业承受改革冲击的能力。日本政府在"泡沫经济"破灭后提出金融体制改革，正是日本经济持续疲弱，日本金融业因"泡沫经济"的破灭而造成不良资产的大幅增加，经营陷入困境的时候。而日本经济的持续疲弱，又使日本金融业难以提高自身的资本充足率，不得不收缩自己的资产规模与海外投资，确保自身资金的流动性与安全性。在此时日本政府提出了激进的金融体制改革，其一方面是期望日本经济会有好转，另一方面是认为日本的金融体系有能力承担改革带来的成本，并能逐步冲销坏账损失。但是事与愿违，尽管1997年上半年世界的大部分国家经济走势良好，但日本的经济却由于内需、外需都不足而难以恢复繁荣，导致金融业也难以提高自身的盈利来冲销已有的呆坏账。此外，1997年7月爆发的东南亚金融危机更是使日本经济雪上加霜。日本是东南亚国家最大的商品出口国和资金供给国，日本对东南亚的出口占其整个出口总量的46%；而且，由于近年来受亚洲新兴市场国家经济的高速增长和日本国内长期的超低利率的影响，日本在东南亚国家进行了大量投资。据1998年中期的数据，日本住友集团和三菱集团等7大贸易公司在印尼的未收回的贸易贷款高达1.5万亿日元，其中70%是没有抵押和担保的。东南亚金融危机必然影响到日本的出口和投资的回收，增加金融机构的不良债权，进一步降低金融机构承受改革冲击的能力。在当前世界经济、金融一体化程度愈来愈高的形势下，一个开放国家的经济能否改善并不仅仅取决于该国自己的经济、金融政策与发展措施，还必须考虑到国际的经济形势、国外的"回波效应"，并需对这种效应作出动态的及时反应。而日本对其金融体制改革所面临的严峻形势未能加以正确分析并及时针对变化的环境条件采取相应的对策，过高估计了其金融体系对金融改革成本的承受能力，在宏观经济环境相当不好的情况下实施了激进的金融改革，反而加剧了金融业的动荡，实际上降低了金融业的效率与稳定性，未能实现其改革的目的。

**政府未能为金融改革创造良好的经济环境** 良好的经济环境是实现低成本、小震荡的金融体制改革的一个重要条件。日本在"泡沫经济"崩溃后连续7年处于萧条，但却一直未能采取恰当的促进经济复苏的政策。日本政府一向不重视本国"内需"的作用，而通过各种政策促进出口，希望通过"外需"带动本国经济增长，而东南亚金融危机对世界经济的不利影响又使日本的出口增长乏力。此外，尽管日本政府实施了低利率的政策，但他却又执行了与其货币政策不相配合的财政政策，使国内消费需求进一步受到抑制。1997年4月，日本政府为削减财政赤字不合时宜地将消费税由3%提高到5%，极大地动摇了公众的消费信心；再加上1996年日本政府提高养老保险费和1997年7月提高医疗保险费中个人负担部分的这两个举措，降低了日本家庭的可支配收入，加大了对未来支出金额的预期。而日本老百姓没有超前消费的习惯，因而日本的个人消费受到了极大的抑制。外需的不足、消费的下降必然导致经济增长的停滞及企业利润的下降，这会导致金融业不良资产的增加和信贷的“紧缩”；信贷的“紧缩”进一步又“紧缩”经济，使经济落入“重复紧缩”的恶性循环。在这种经济萧条大环境中，金融业是难以提高盈利，冲销以往的呆坏账并补足资本充足率来承担金融改革成本的。正由于缺乏有效的宏观经济政策的配合，此时进行金融体制改革势必导致金融体系无力单独承担改革成本，提高了金融体系的系统风险而降低了其稳定性效率。

**金融监管的严重滞后与不力**　一般地说，一国金融制度越发达，金融的监管体系也应越发达。但是日本的情况却不是这样，尽管日本具有巨大规模的金融体系与金融资产，但是日本原有的金融监管却远远落后于其金融体系的发展。这种滞后的金融监管常表现为监管当局故意掩盖不利于监管当局的信息，体制上的腐败，金钱政治，隐瞒对黑社会的贷款行为等诸多方面。日本虽然规定了一系列的金融监管措施，如资本充足率限制、大额贷款限制和流动性资产比率限制等，但在实际运行中这些措施名存实亡。如在70年代，日本金融机构的自有资本率仅有6%左右，进入80年代，该比率进一步下降，1985年更降到了4%弱；对大额贷款限制的执行也是相当不力，约有40%的信用社违反这一规定。此外，日本大藏省高级官员退休后进入地方金融机构管理层的惯例使得金融监管机构与金融机构形成一种错综复杂的人事关系，势必也使金融监管机构无法有效实现对金融机构的监管，甚至形成商业性金融机构与监管机构的共谋，使金融监管名存实亡。此类的金融监管上的漏洞还有许多。这种弱化的监管体系所形成的恶性效果在商业性金融机构的业务顺利扩张时期还不易完全显现出来，而一旦在金融体系遭受重大冲击或重大损失时则暴露无遗。日本政府在决定进行以自由化、公开化、国际化为特征的金融体制改革时过高地估计了商业性金融机构对改革成本的承受能力，而未对这种金融改革中所潜在的风险加以正确估计和作出相应的准备，突出的一点就表现在改革中原有的相对弱化的金融监管体系未做好准备，更难以适应这种处于新旧两种体制之间的复杂多变的情况，此时的金融监管远远不能跟上形势的发展需要，无力及时采取有效措施处理大量呆坏账的暴露、对经营不善的金融机构的救援等严峻问题。由于监管机构相对地进一步弱化，在金融体制改革中原有金融体系所累积的矛盾的集中爆发极大地冲击了公众对金融业的信心，间接导致了日本金融机构的连锁倒闭。事实上，以日本的经济金融实力，是完全有能力运用一系列手段去尽力确保金融体制改革的方向、减少对整个金融体系的过分冲击的。但由于在改革中其金融监管体系面临着更大的不确定性，而日本政府又未对这种不确定性所可能导致的经济、社会的动荡和金融体制改革成本加以重视，忽视了加强监管能力以对金融体制改革过程进行调控的必要性，一定程度上导致了公众对金融体系的信心危机的蔓延，使其金融体制改革在一定程度上失效，出现了金融可持续发展的中断情况。

**对金融机构呆坏账的处理不善**　对金融机构因经营不善所造成的呆坏账的处理是否妥当是影响人们对金融体制改革成功的信心的一个重要因素。对银行呆坏账的处理无非有两种主要方式：一种是由金融体系依靠营业利润的提高，资产的重组与出售等方式进行消化；另一种是由政府出资来冲销金融机构的呆坏账，补充资本。由于对该问题处理方式往往还涉及到一些政治因素，更是金融体制改革中一个敏感的，难于解决的问题。90年代美国的金融改革之所以成功，很大程度上是因为1991～1994年美国的商业性金融机构的盈利水平有了很大提高，成功地冲销了其历史上的呆坏账，提高了金融机构对金融改革成本的承担能力，确保了金融体系在金融改革中未出现大的动荡。而日本在这次金融体制改革中对该问题的处理却由于缺乏正确的决策而使一个经济问题成为了一个政治问题，使金融改革的前景更是难以预料。在初期，一些小型金融机构即将倒闭时，日本政府未征求公众的意见就决定动用财政资金拯救这些即将倒闭的金融机构，结果招致在野党和公众的一致反对，这使得日本政府心存顾虑，在处理金融机构呆坏账的问题上受政治因素的困扰，一直难以拿出一个坚决的方案。而在金融业短期难以自我消化呆坏账的情况下，就极易形成金融机构的连锁倒闭，降低公众对金融机构的信心，进一步又加剧了金融体系的动荡，导致整个金融体系效率、稳定性与收益的降低和金融体制改革的失效。

# 东南亚金融危机对马来西亚经济的冲击及其对策

中国现代国际关系研究所 马燕冰

## 金融危机爆发前的经济概况

东亚金融危机爆发前，马来西亚在东盟国家中是经济发展最快的国家之一，被誉为未来的“亚洲第五小龙”。1988～1995年，马来西亚的国内生产总值年均增长率达9%左右，居东盟之首，在整个亚洲仅次于中国；人均产值从1986年的1 830美元，增加到1994年的3 406美元，在东盟国家中仅次于文莱和新加坡，是泰国的1.5倍和印尼的5倍；外汇储备从1986年的60亿美元增至1993年的272亿美元，同期外债则从219亿美元减至191亿美元。1996年，马经济增长仍高达8.2%，商品贸易顺差达19亿美元，与1995年的1亿美元的贸易顺差相比出现了一个大的飞跃。

在90年代初，基于国内经济持续高速增长的强劲势头，以及世界经济格局变化提供的宝贵机会，马来西亚总理马哈蒂尔提出了雄心勃勃的《2020构想》，欲在21世纪将马来西亚建设成为“全面发达工业国家”。其具体目标是：国内生产总值每10年翻一番；年均经济增长率达7%，30年后人均国民收入增长4倍，达到1.2万美元左右。为配合上述构想的中期和短期目标，马政府随后制定了《第二远景规划纲要》(1991～2000)和《第六个五年计划》(1991～1995)，并于1991年6月获国会批准。据此，制造业占国内生产总值的比例，于1995年和2000年分别达到32.4%和37.2%；制造业和原产业(初级产业，包括农业和矿业)吸收全部劳动力的比例，将由1990年的19.5%和28.4%分别变为23.9%和20.05%，从而使就业结构发生变化。

为实现《2020构想》，马哈蒂尔提出了一系列宏伟的工程计划。如1996年竣工的马来西亚国油双峰塔高达446米，比芝加哥的西尔斯大厦还高出3米，使吉隆坡成为拥有全球最高建筑的城市；尚未实现的著名计划“多媒体走廊”，将在吉隆坡郊外广达750平方公里的地区，兴建一座新的国际机场和新政府行政中心，并将其发展成为全球电子工业重镇和高度电脑化的服务业运营中心；政府还通过了建设一个“水上列城”的奇特计划，即在吉隆坡的盖郎河水中打桩，建造一个高10层、弯弯曲曲地延伸长达2公里的巨型水上建筑，里面有写字间、公寓和商业中心，建筑面积达90万平方公里，它将创下建筑物最长的世界记录。与这些工程配套的还有一条单轨架空车道，一个拥有1万个车位的停车场等。这些工程于1996年冬天开工，预计工期为20年。

## 1997年下半年的经济形势及其对策

1997年7月，正当马来西亚经济蓬勃发展时，一场罕见的金融风暴迅速席卷了东南亚。马来西亚的经济也受到了沉重的打击。主要表现为：

**货币大幅度贬值，外汇储备减少** 截止1997年11月，马币林吉特兑美元的汇价已贬值25%左右，吉隆坡股价比当年的高峰已挫跌46%。截止1997年12月15日，马外汇储备从11月底的613.14亿马元减少到598.14亿马元，只比警戒线3个月的进口额多10%；同期马总资产则从1 075.76亿马元增至1 086.75亿马元；中央政府存款从11月底的213亿马元减至123.3亿马元。因此，银行及金融界普遍紧缩银根，不少金融公司面对现金周转困难，银行同业间利率升高等问题。存款人纷纷把存款转移到外资金融机构，初步估计超过200亿马元，其中本土金融公司流失约90亿马元。市场对金融机构的信心越来越低。

**经济增长明显放慢，通货膨胀有上升之势** 中央银行公布的1997年第三季度经济增长率为7.4%，明显低于上一季度的8.4%；10月份消费物价指数受到进口物价上扬的影响，较去年同期攀升2.7%，高于9月份的2.3%。1997年全年的国内生产总值的增长约为7.6%，低于1996年的8.6%。

**破产案件暴增，失业人数增多** 从1997年1～11月，破产案件数目增加到6 578件，比上年同期的439件暴增14倍。大多数破产案件发生于1997年的8、10和11月间。绝大多数宣告破产的是商人以及个人或企业贷款的保证人。其他破产原因包括：股市投机失利、无力偿还新信用卡负债、赌博、还不起房屋或汽车贷款等。大批公司和企业的破产，造成大量人员被解雇，1997年内，已有1.2万至1.5万员工失业。

马来西亚受到地区金融危机影响的原因，马哈蒂尔认为主要是外部因素造成的，他严厉抨击了西方对发展中国家进行资金投机，是"新殖民主义"行径，认为美国大金融家索罗斯是"罪魁祸首"。他的论点得到国内外一些舆论的支持，但财经与投资界普遍认为，马币疲软的根本原因是其经济本身也存在不少弱点。主要有以下几个方面：

**经常账目赤字庞大** 长期以来，马国际收支经常账目赤字居高不下，1995年达218亿马元，占国民生产总值的9%。1996年虽减至130亿马元，但仍占国民生产总值的5.5%。1997年，经常账目赤字达150亿马元左右，占国内生产总值的5%。

**推行庞大的基建项目** 近年来，马政府大兴土木，正在筹划或兴建中的庞大基建项目有10多个，需耗资1 300亿马元，包括吉达州填土和兴建新国际机场、新首都必查灵达亚行政中心、巴库水坝、水上列城、吉隆坡新国际机场等。这使马出现经济过热现象，使国内储蓄不足以融资投资活动。马储蓄率目前占国民生产总值的38%，而投资率却占国民生产总值的45%，这意味着马部分投资是依赖举债进行，为经济增长带来危机阴影。

**银行贷款持续增长，过多资金贷给"非生产性"厂家** 在过去4年中，马银行贷款平均每年增加21%，产业和消费分别增加25%和30%。产业领域面对供应过剩问题，造成资金积压。

**经济过于依赖外国资金和市场** 据马工业发展局统计，过去10年中，外资占马总投资额的50～60%。另外，马经济增长主要依靠以出口为主的制造业，而推动出口的最主要的是电子产品，这个领域的大企业，大部分是美国和日本等国的跨国公司在马的子公司，随着其他生产成本更低廉的新兴市场的崛起，有些跨国公司已决定从马迁走工厂，这对马经济产生一定程度的打击。

当泰国、菲律宾、印尼等国纷纷向国际货币基金组织申请援助之时，马哈蒂尔认为国际货币基金组织援助附带条件太苛刻，决心不依靠国际货币基金组织的帮助处理当前的经济问题，以免加重人民的负担。从1997年7～12月，马来西亚应对金融危机的措施主要有以下内容：

**减少经常账目赤字，实行信贷紧缩政策** 马经常账目赤字近年增长倍受外界关注。为进一步提高外资信心，1997年9月10日，马副总理兼财政部长安瓦尔宣布了数项旨在减少经常账目赤字的重要措施，其中包括削减20%的政府开支、冻结新的私营化计划、只提供国产车给公务员，以及取消政府部门不必要的外国货进口、控制巨型机械进口、推动出口等，拟从经济的根本因素着手，促使经济健康发展。10月17日，在政府公布的1998年财政预算案中，进一步提出了一些节流开源的措施，其焦点是降低经常账目赤字和加强监管金融和银行体系。具体目标是把经常账目赤字从1997年的130亿马元、占国内生产总值的5%，减至112.9亿马元、占国内生产总值的4%。并宣布延缓6项有争议的大型基建工程，其中包括沙劳越的巴库水力发电计划、首都新行政中心第二期工程、吉隆坡水上列城、吉达州新国际机场、高原高速公路及横跨马六甲海峡的马印大桥等，估计可节约开支656亿马元。另外，还削减各政府部门开支2～3%，预计金额为9亿马元。

但此后的一个多月中，马币和股市继续下滑，没有歇止的迹象。因此，12月5日，政府又推出另一个信贷紧缩计划，包括削减1998年度财政预算案总支出18%、冻结大部分对房地产业的贷款等。具体措施有：正副部长减薪、高级官员冻结加薪、更多的大型建设项目暂停、除了中价和廉价房屋贷款之外，冻结大部分房地产业贷款，指示银行及金融公司更加严格地审批贷款等。舆论认为，这些措施有助于维持民众对金融体系的信心。

**加强监管银行和金融机构** 为避免发生类似泰、韩等国因金融系统不稳而导致货币贬值的危机，从1997年10月开始，政府开始加强对金融体系的监视。首先是避免呆账增加。政府将银行认定呆账期限由6个月缩短为3个月，1998年度的一般坏账准备金由从1%提高到1.5%；要求金融机构调降贷款增长目标，将信贷增长率从1997年的29%放慢到15%。尽管当时银行及金融机构的呆账比率仍相当低，仅约占贷款总额的3.6%，但财经界普遍欢迎政府“未雨绸缪”作法。他们认为严格控制呆账、提高银行管理的透明度，有利增强公众信心，也符合国际标准。

其次是积极促进银行和金融机构合并，使39家金融公司合并成为5至7家大型金融公司。为稳定金融系统，应付未来马来西亚加入世界贸易组织之后，银行及金融业逐步自由化、竞争更加激烈的趋势，中央银行早在90年代初就不断呼吁银行及金融公司自由选择伙伴进行合并，但成效不大。面对金融危机的威胁，马政府决定敦促本国银行和金融机构加快与外地、外国银行和金融机构的结盟，以使其具有更多的资金应付更大的风险。对本国60家规模不一的证券公司，给予它们一年的时间筹集资金及改善它们的风险程度；监督证券公司的现金周转及资金，以及修改保护投资者资产的条例，以使马证券公司能够符合国际标准，进而强化马金融服务业。为此，12月初，政府着手设立存款保险机构，保护存款人，同时指示吉隆坡证券交易所设立5亿马元的紧急疏困基金，应对证券公司资金不足的问题，防止证券业连锁破产。

## 1998年上半年的经济形势及其对策

1998年初，东南亚金融风暴越刮越猛，经济形势进一步恶化。泰国数十家金融公司面临倒闭，印尼众多银行被下令清盘，马来西亚政府采取的一系列痛苦、严厉的拯救经济措施，也没有制止住其经济进一步恶化，经济增长严重放慢，面临经济衰退的巨大威胁。

1998年第一季度，马经济增长从上年末季的7.6%陡降为负1.8%，出现13年来首次面临经济萎缩，引起国内各界的震惊与忧郁。其中工业指数和制造业指数分别下跌了1.1%和2.4%，是经济出现负增长的主要原因（制造业占国内生产总值约35%）。舆论认为，制造业和服务业是马国内生产总值的两个最大领域，占马国内生产总值的80%，由于二者的互动影响很大，在制造业增长继续下跌的情况下，服务业的增长也不会乐观。随着这两大领域表现有进一步恶化的迹象，1998年第二季度仍会面对负增长，而把马经济推入衰退期（经济增长连续2个季度下降被视为经济衰退）。

虽然根据马国家统计局宣布，第一季度的马贸易顺差高达124亿马元，4月份出口增长44.5%，进口则只增长7.1%，从马币汇率计算的数字看来出口表现良好，又有适度的进口，经济形势好像非常好，但实际并不如此。将马币转换为美元后，即会发现进出口都减低，进口比出口减得更多。进口急速放缓反映国内消费已锐减，耐用物品购买量大减，同时国内制造业生产也大大降低，进一步反映国内经济情况恶劣。

**经济的放缓和马币贬值，使破产公司进一步增多** 截止1998年3月31日，该财政年度公司的业绩都显示转盈为亏，或盈利大幅度降低，多家公司的盈利降幅超过100%，这是近年来难得一见的挂牌公司的差劲表现。主要原因是房地产和建筑业受金融风暴的影响较深，致使相关行业都受到较大打击，如建材贸易、采石业等；信贷紧缩和高昂的利率，使公司无法还债，以至公司为烂账做出庞大的准备金；经济不景气，使汽车和房地产的销售量显著降低，相关产业公司业绩大受影响等。据统计，自1997年7月1日到1998年6月30日，共有1 165家公司在指示下停止营业，其中250家公司遭法庭发出指示关闭。

**随着公司破产增多，失业人数急剧增多** 仅从1月份到5月初，各领域被1 369家公司裁退的雇员共28 890人，其中以制造业领域高居首位，已达16 943人，占被裁员总人数的51.8%。排名第二的是建筑业，该领域裁员3 494人，占被裁人数的12.1%。其他依次有批发、零售及餐馆酒店业、金融、保险及商业等。据有关部门预测，1998年的失业率将从上年的2.5%升至5.9%，有可能超过50万人。

**马币不断贬值，外汇流失严重，通货膨胀加剧，银行呆账坏账增多，都说明马经济到了危机四伏的状况** 从1997年7月到1998年6月，美元兑马币的汇率已上涨达55%，加之股市蒙受的打击，共损失400亿马元。新加坡的外资银行或岸外银行给予马币存户高达35～40%的利率，也导致320亿马元的流失，加剧了国内资金短缺，影响经济复苏；1998年2月，通货膨胀率达4.4%，这是过去5年来最高的通货膨胀率。预计1998年的全年通涨率将达5～6%，而1997年仅2.7%；银行呆账也从1997年底的4.7%提高到1998年5月的8.5%，

尽管如此，舆论认为马经济基础仍然坚固，局面尚未失控，暂时无需向国际货币基金组织求援。主要原因是：与同样爆发金融危机的泰国、韩国和印尼相比，马企业尽管也存在投资太多，举债过高的问题，但与泰、韩等国不同的是马企业受外债创伤较轻。90年代初期，趁世界利率偏低的良机，发达国家争相向发展中国家提供资金，各国企业以比当地利率低的优惠条件得到大量贷款。但马来西亚在这些年举债时还稍微有些节制，虽然在金融危机中它一样遭受冲击，外债的杀伤力也不小，可是，它的问题毕竟是局限于内部债务和资产的减值，不像泰、韩、印等国一样马上陷入瘫痪状态，没有外援无法振作起来。而且马政府可以做到让危机分散引爆，能控制引爆的时间和所产生的局势。

对于最初政府拯救方案失败的原因，马国内一些经济学家认为，高利率以及政府推迟或取消许多基建工程是导致经济负增长的主要原因。利率过高造成各行各业萎缩，尤其是推迟大型基建计划，使许多相关行业，包括建筑业、房地产业和制造业受到严重影响，进而直接打击国家经济。因此，许多学者认为，政府不应再继续采取紧缩货币政策，同时又削减开销的双重紧缩政策，这会扼杀整个经济活动。政府现在应抓紧机会，增加开销，刺激经济。在资金方面，由于公共外债仍处于低水平，目前应该可借贷外债，以便加强经济发展；不能再提高利率，因为目前的12%基本贷款利率已使私人企业界的工商活动受到困扰，如果再进一步上升至15%，国家经济将会陷入绝境；政府设法增加货币供应，放松银根，以免公司因资金周转不灵而倒闭。

总理马哈蒂尔一开始就不同意副总理安瓦尔推行的货币紧缩政策，主张降低利率，增加贷款，扩大政府开支，刺激经济增长。经济形势的恶化使他痛下决心，采取与以前相反的经济政策，刺激经济增长，以扭转经济衰退的局面。具体措施是：

**加快金融机构合并的步伐** 1998年1月，中央银行加紧进行落实银行及金融公司大合并的计划，宣布首批金融公司大合并必须在1998年3月底前完成。3月31日，酝酿已久的合并金融公司的方案终于出台。由政府指定的规模比较庞大、资金比较雄厚的马来亚、阿马、丰隆、大众等6家“核心金融公司”将39家公司合并为8家。为使这些金融公司的财务情况不被削弱，政府宣布将提供一年的保证期，使合并之后的金融公司不会出现资产贬值的现象。此外，规定中央银行将来给银行或金融公司挹注资金周转支援，将与普通货币政策周转管理分开，绝不会用来拯救无力还债而濒临破产的金融机构，这将迫使经营者更加注意法规和效益。

**降低银行利率** 自金融风暴发生以来，马金融机构大幅度提高利率，1998年初银行同业拆息率已由7.5%上升到11.5%。第一季度经济出现负增长后，是否降低利率成为有争议的话题。以马哈蒂尔为首的赞成派认为降低利率有助于国内的商业运作环境得以改善，使面对债务压力或融资问题的企业界松口气。但以安瓦尔为代表的反对派则认为，降低利率将引发通货膨胀，并使资金外流，加剧林吉特面对的压力。但1998年4月出现破产公司迅速增加的不利局势后，反对降低利率的一方有所妥协。为协助那些面对困境的企业公司，刺激经济活动，马政府在4月末开始考虑降低利率。到1998年6月，安瓦尔已与马哈蒂尔达成降低利率的一致协议，内阁会议决定把利率应维持在11%的水平。

**成立特别机构，接管银行烂账及资产** 为稳定金融体系，控制银行呆账烂账急剧上涨，5月20日，马政府宣布将成立一个由政府提供60%的融资的特别机构，专门接管和处理银行烂账及资产，强化金融体系的运作。该公司的目标是要重整借贷者业务，然后逐步以较高的价格把有关资产整体出售，以取得比拆散其资产后出售更好的价格。公司通过对金融机构的素质和它的恢复能力进行认真检讨之后，将接

管它们的呆账和其他资产。6月初该机构正式成立，政府估计该公司共需要250亿林吉特，该公司将通过发行国内和国际债券来筹集其中的100亿林吉特，财政部也将拨款5 000万林吉特给该公司。7月底该公司着手接管第一批多家金融机构的呆账工作。

**增加拨款，刺激经济活动** 为了挽回第一季度的经济劣势，6月中旬，政府决定增加拨款70.31亿林吉特作为今年的额外开销，以推行各种发展计划，提高国内生产总值，并解决经济和社会问题。马国际贸工部长拉菲达说，“我们将优先给多媒体走廊基本设施，接下来便是道路及码头设施的工程计划。此外，与人民有关的计划，如消除贫穷、推动产品生产力、提高农业及以资源为主的领域的计划，也将优先作出拨款。”这项措施获得国内外经济界人士的一致赞赏，认为这项反周期财政措施将帮助马摆脱经济衰退的恶性循环困境，通过增加公共发展开销，推动对经济发展步伐有利的基本建设与必须的公共计划，将可为低迷的经济注入一股动力，进而刺激国内需求，使马不至于陷入漫长的衰退困境。

**放宽贷款推动经济发展** 1998年7月初，政府宣布成立50亿林吉特的基建基金以援助正在进行中或被搁置的重要基建计划，主要包括水供、双轨火车工程、大道、港口和排污计划等。马哈蒂尔说，无论如何政府都会耗资推行建设计划，尤其是基本设施发展项目，“因为推行这些基建工程能够带动至少140种项目的工业领域，进而可刺激国家经济活动”。经济界多数人认为这是一项正面和正确的行动，他们认为如果没有消费和开支刺激增长，国家经济增长可能就此停顿，或陷入严重的不景气。

为推动贷款增长，刺激经济活动，国家银行宣布从7月1日起，金融机构法定储备率将由当时的10%再降低到8%。这是国行1998年以来第二次放松银根，2月份国行已将金融机构的法定储备率由13.5%降低到10%。经济界人士认为，随着借贷成本降低以及货币供应增加，将缓解目前市场紧缩的情况，进而使商业活动增加；这项措施使金融机构存放在国行的部分法定储备金变成可以赚取回筹的借贷资金，肯定可以降低金融机构的资金成本。同时，国行宣布商业银行的基本贷款利率减低0.21%，金融公司的基本贷款利率减低0.27%，这将减轻商家的高利率的沉重负担。

**积极向国外筹措资金** 为解决资金短缺问题，马政府积极向国内外筹措资金，包括向世界银行、亚洲发展银行、回教发展银行等世界金融机构贷款，以及向日本、加拿大等国资金市场融资。6月末，马要求日本提供3亿美元的贷款，以帮助马公司支付进口账单。这是马来西亚在贷款政策上的显著变化，近年来马都以美元贷款，但亚洲陷入金融危机后，亚洲货币，包括日元币值大幅度下降，造成林吉特兑日元汇率较英镑及美元低，因此马决定再次向日本借贷。截至1998年7月15日，马已经向世界银行贷款3亿美元，世界银行也支持马要筹措额外7亿美元的建议，这笔贷款可能在年底前发放。政府还计划再向国内融资60亿林吉特，向国外融资30亿美元，以进行复苏经济活动。

**鼓励外商到证券、电讯和贸易领域投资** 为吸引外资，3月政府颁布了放宽外资在3个领域的拥有权的限制，即电讯业从30%提高到49%，保险业51%，股票行49%；5月初再次宣布允许外资在电讯公司的股权由49%提高到61%，但条件是这只能维持5年。5年后再自动降低到49%。针对本地零售业消费低迷和资金短缺问题，政府7月22日开始允许外资在贸易领域，特别是在批发和零售业公司持有51%的股权，过去这些公司的外资股权限制是30%。此外，政府还将发出永久居民准证给一些带进巨额资金的投资者。对象主要是来自欧洲国家的投资者，但这些人必须至少投资500万林吉特或更多。

**允许华人收购马来人企业** 为挽救陷入困境的企业，1998年2月，马决定允许华人或外资收购目前由马来人控制的企业，包括银行与金融服务，以及交通与电讯服务业。马1971年推出的“新经济政策”，目的是加强马来人在经济领域的拥有权，当时规定马来人和其他本地民族在一家企业里至少须拥有30%的股权，促使马来人在各经济领域取得显著成就。但金融危机发生后，动摇了由马来人掌握的许多经济领域的成就。马币兑美元贬值约35%，因此，当年积极推动新经济政策的马领导人不得不采用这一方法挽救经济。为了避免引起马来人的疑虑，马哈蒂尔一再解释这是暂时的措施，不会忽略自1970年以来优惠马来人的政策。

## 货币管制措施出台及经济前景

1998年下半年,马经济形势继续恶化。尽管政府采取了一系列刺激经济增长的措施,增加公共支出虽可带动国内经济的发展,但马出口仍面对增长减速的窘境,1999年5月份出口较上年同期减少8.6%,也比4月减少2.5%;头5个月的工业生产比前一年同期下跌3%;通货膨胀率预料介于7~8%之间,与上年的2.7%相比增幅很大;今年的预算赤字也预料为100亿林吉特,而上年取得了66亿林吉特的预算盈余;1998年的预算案出现130亿马元的赤字,国际收支为20亿马元的盈余。全年银行坏账水平,预计也从当时的11~12%上升到16%到25%之间;1999年的坏账水平,将处于20~37.3%之间。

1998年8月初,继穆迪及标准普尔等国际评等机构上月调降马债信评等,把马国债券评级地位从原来的A2连降到BAA2,虽让它保住了投资级地位,但距离"垃圾债券"只差3级而已。并认为马政府的政策是:"对亚洲经济危机所作出的经济政策反应缺乏明确方向。在经济衰退更为严重时,经济政策将进一步受到社会紧张情绪日益上升的影响",引起马国内很大的震撼。之后,汤臣银行观察也因马经济增长趋缓,把马债信评等从A降到BBB。

此时马政府正准备到国外发行20亿美元的债券,信贷评级地位下跌,使马政府发行国债时所需支付利息就不得不大大提高,否则吸引不了投资者。更高的利率使马政府贷款成本更为昂贵,迫使马政府不得不暂时取消了前一时期决定向国外贷款的计划。致使急需600亿林吉特来解决经济和银行问题的马政府不得不另觅途径。这项计划一开始便面对阻力,使马政府力图自救的整体方案大受影响。同时,它企图引进资金以缓解银根紧张的策略也被搞砸。

**政府积极采取新的拯救措施** 鉴于以上情况,从1998年7月中旬起,政府就开始考虑通过新的基金及其他措施去刺激经济活动。如要求负责各项大型发展计划的政府机构必须尽快推行刺激经济的活动,使国家在一系列刺激经济措施下快速复苏过来,不再出现负增长;基于私人企业的盈利下降,通过各种渠道去削减税务、简化投资手续,以刺激经济增长;拟将1999年财政预算案制定为马1992年以来第一个"赤字预算案";规定合法外劳必须交付公积金,以增加公积金局的财务能力,并负担国家发展开销;指定一个委员会来加速重组企业界债务的工作,减少商家损失,避免公司倒闭和员工失业;由中央银行设立一个"特别机构",来为银行金融公司注入新的资金等。

7月23日,马来西亚政府又宣布一项国家振兴经济计划报告书,并获得内阁的通过。建议的行动有6大项目,包括稳定林吉特币值、恢复市场信心、维持金融市场稳定、加强经济基本因素、继续推行社会经济议程及吸引外资重整遭受严重影响的领域。报告书建议马政府发出总值200亿林吉特的长期债券让金融业获得融资。马已要求台湾进出口银行借出10亿美元给马进出口银行,以供出口融资用途。国家经济行动理事会已向政府建议,除了特定领域外,如水、电、港口及航空公司,所有马制造业的公司股权由即日起至1999年底全面开放外资参与。

8月5日,马宣布进一步放宽外商投资制造业。将开放外国人投资制造业公司可持有100%股权的期限,从原先拟定的1999年底延长到2020年。并且投资人不必遵守任何出口比率的规定。这项政策适用于所有1998年7月30日到2000年12月31日收到的申请案,以及因故搁置的申请案。以增进国内和国外投资人持有各类制造业股权的弹性。但仍有部分"马来人和马来公司已拥有能力和专门技术"的项目被排除在外。主要有:纸包装、塑料包装、金属冲压、金属成型和电镀、电线束装等项目。

**政府对本国经济问题有清醒的认识,果断采取措施** 早在7月中旬,马哈蒂尔就表示:如本国采取的一些措施仍不能解决经济中存在的问题,也许有一天我们不得不向国际货币基金组织低头,向国际货币基金组织求援。他的话表明,政府对马经济问题之严重有了新的认识。但他仍强调,马宁愿向国外借高利贷救经济,也不向国际货币基金组织"乞求",认为马政府能够控制本国经济。

8月26日,美国麻省理工学院教授、著名经济学家克鲁格曼在"亚洲商业预测"座谈会上,发表了他对解决亚洲经济危机的见解和应对办法。他认为国际货币基金组织的配套对亚洲萎靡不振的经济已失去效用,亚洲国家必须改变政策,重视外汇的控制。

……国际货币基金组织的策略不但无法解决问题，反而加重了亚洲经济的负荷，这个问题拖得太久了，现在是解决问题的时候了。他认为，经济问题出在货币方面，因此政府应实施扩张性的货币政策。他表示，亚洲国家必须暂时采取中国式的货币管制政策，这样一来，政府可以在避免影响汇率的情况下调低利率。……这是帮助亚洲国家渡过危机的最好办法了。

不知是美国学者的这篇讲话启发了马哈蒂尔，还是经济形势愈加严峻所逼迫，马哈蒂尔不得不铤而走险。9月1日，他断然宣布实施外汇管制，让马元不再成为国际流通货币。马来西亚中央银行也立即采取配合政策，公布具体措施：规定境外马元必须在一个月内汇回马来西亚，否则将成为废纸；9月2日又宣布将马元兑美元的汇率固定在3.8马元兑1美元；500元和1000元币值的大钞作废；外国人在马股市投资需持股一年以上。

马哈蒂尔指出："目前货币交易已被滥用，货币被当做是一种商品，其实，货币在外国是没有特定的价值的，它们只是根据西方的制度进行交易，但货币的投机活动，却破坏国家经济，导致经济倒退。马曾向国际组织建议管制货币交易，但他们没有兴趣，因此马只能做我们能做的，限制在国外的马币交易，只有在马境内的交易才是合法的。"他称货币管制是挽救马经济困境的最后办法，也不排除它将永久被实施。投机者被这突如其来的一招杀得遍体鳞伤，损失惨重。

**马采取货币管制措施的目的，是期待产生以下效果**：(1)滞留海外的200～300亿马币将大量回流，使马金融体制能够正常运作，本国的资金短缺将获得改善；(2)马币大量回流将使本国的银根松动，银行利率下调，有助于刺激经济活动，减轻企业的债务负担；(3)将马币与美元挂钩，暂定1美元兑换3.8马元，必要时再作调整，将使马币汇率波动幅度大减；(4)汇率稳定不仅有利于出口贸易，吸引新投资，而且也有助于外债问题的解决；(5)股票和房地产也将随着资金回流、利率下调，而逐渐回升；(6)该国的经济不再恶化，第四季度的负增长率将大减，甚至可能成为零增长或正增长。

**马实行货币管制，引起国际舆论的极大反响**　一些崇尚自由、开放经济观念的组织和学者认为这是"开倒车"。澳大利亚、英国等舆论称马货币管制政策可能危及外来投资，短期资本流入可能因管制而枯竭，并可能对马外来投资造成更长期的危害；美国政府所担忧的是这项政策在中、长期内对投资的影响，并担心其他亚洲国家进行效仿，使美长期推行的金融自由化政策受阻；国际金融家索罗斯批评马来西亚最近的金融管制作法，采取固定汇率制也许可暂时缓解压力，但这是全面脱离国际金融体系，对马经济会造成"灾难"，并拖累其他国家。

也有一些国家表示可以理解。新加坡舆论认为，这是马哈蒂尔孤注一掷的作法，是他在经济形势恶劣的情况下一种无可奈何的选择；美国有的经济学家认为，马外汇管制措施主要是为了防止资本短期内大量外流；法经济学家认为，管制外汇是为了有利于利率走低，为了既能降低利率又能保持马元稳定，当局只好实施外汇管制。但他们普遍希望，货币管制只能短期实施，是为政府争取振兴经济和为银行充实资金的时间。长期如此，外汇管制将不利于投资与贸易。泰国、印尼、菲律宾、香港都表示不会学习马来西亚进行货币管制。

**马实施资金管制之后，汇率趋稳、利率大幅度降低、经济略显生机**　9月12日马国家银行副总裁表示，马经济在第三季度可能也会缩减，但可能在1998年最后一季度复苏，而1999年预期会取得1%的增长。据马官方报道，截至1998年10月15日，中央银行的黄金、外汇及其他储备金增加至860.4亿林吉特。马在9月至10月22日的7个星期内，取得约108.4亿林吉特的净资金流入，成功地摆脱了资金外流的劣式格局。11月中旬，马哈蒂尔说马货币管制措施已取得效果，马储备金增加了约40亿美元，股市有起色，银行也开始复苏；此外，房屋及汽车的销售量也有增加。

**资金管制的副作用也逐渐显示**　最常见的是，马严重缺乏外汇外币现金，特别是美元，出现兑换美元困难的局面。准备利用假期出国的人很难在市面上换取外汇，货币兑换商和银行都无法为客户提供足够的外币转换，于是外汇黑市逐渐形成，人们无可奈何地以较高代价换取美金(4至4.2兑换1美元)，已变成金融系统的漏洞。此外，马采取固定汇率制以来，因马元对印尼盾等邻国的货币的汇价相对过高，造成出口竞争力下滑；经营者筹措海外资金困难，呆账无法处理，财政继续恶化，基本建设将因而受到阻滞，经济仍处于不景气的状态。马来西亚的外汇储备仅150亿美元，不到马来西亚三个月出口额，也是市场人士悲观的原因,显示马哈蒂尔的经济政策仍面临更多的考验。

人们普遍关心的是马来西亚何时结束资金管制 马国家银行副总裁曾说,金融市场一旦稳定,并且持续稳定,马将结束资金管制措施。马来西亚对金融自由化的承诺依然不变,而国家银行将会继续维持货币和金融的稳定,这项目标还是保持不变。但最近马哈蒂尔表示,马货币管制措施可能还要持续3至4年,以便和世界市场的"无政府状态"展开斗争。但新加坡分析师预测,马来西亚的固定汇率制无法维持半年以上,届时会因为丧失国际信誉而结束。印尼专业集团主席卡斯尔认为,马来西亚实行资本管制措施的成功率最多只是50%,它迫切需要抓紧时间改革银行业。

**继续出台新的经济措施** 9月1日之后,在短短2个月内,马中央银行不断有新的经济措施出台,其速度之快,令市场目不暇接。如:进一步调低干预利率,使商业银行流动资产比率,从占总负债的17%减少到15%;放宽购买房屋贷款将不受贷款总额20%的限制,法定储备率从6%减至4%;规定金融机构今年最低贷款增长率不得低于8%;放宽呆账期限和供购买股票和单位信托用途贷款的限制;撤消对15万、30万以上林吉特住宅房地产的60%贷款项目限制、调低保险公司资本及偿还能力按揭需求等。

特别引人注目的是,10月23日,政府宣布的1999/2000年度的财政预算案中,出现的赤字高达166.4亿林吉特,是马10年来第一次赤字预算案。并宣布采取激烈步骤,包括全面豁免1999年度所得税,以及其他多项免税措施,以刺激国内经济活动。马哈蒂尔希望激烈措施能使明年出现1%的增长率,从而摆脱经济衰退局面。此外,马还宣布了许多振兴经济的税务措施,有的是协助某些行业,如国际贸易公司将在明年获得70%的免税率、每年至少有1 200名游人次的国际旅行团的收入将豁免缴税、电子产品的某些产品也将无需缴国税。但香烟、酒和彩票的征税将提高。

关于马来西亚的经济前景,马哈蒂尔预料马1998年全年预料会萎缩4.8%,"然而,随着政府实行振兴经济新措施后,将能有效地扭转劣势,以致明年经济开始复苏,预料明年会取得1%的增长"。他深信1999年度的财政预算案建议实行的新财经及税务措施,能够有效地振兴国家经济。

10月23日,马经济研究院推出它对1998年度经济增长为负4.7%的预测,略比财政部的负4.8%强。但它认为马经济还存在以下潜在风险:(1)马出口可能会受到越来越不利的外在环境影响,主要是日本经济与亚洲经济可能不会向所假定的情况般复苏,而美国与欧洲经济可能比预期萎缩得更糟。这将使马出口增长遭受打击,对外贸易顺差会减少,这则使固定汇率制可能难以维持。(2)国际金融市场无法恢复稳定。如果日元及亚洲区域其他国家货币都纷纷下跌,如果马继续保持每美元兑换3.80林吉特汇率,则出口竞争力将受影响,最后同样会面对贸易失衡及固定汇率制难以维持的问题。但目前随着美国调低利率,日元与区域货币回升,减轻了这方面的压力。(3)银行呆账问题。国内资金可能不够注资予本地有问题的银行,特别是马信贷评级遭降级后,向外借贷的成本会很高。(4)国行调低利率后,仍无法激起国内需求,这是因为国内的信心缺乏情况可能比预期的严重。

# 泰国的经济发展道路及金融危机对其影响

中国现代国际关系研究所 马燕冰

## 泰国经济的基本概况

泰国全称泰王国,位于亚洲中南半岛的中心地带。它的东面与柬埔寨毗连,东北面与老挝交界,西北面与缅甸为邻,半岛南端与马来西亚接壤,东南面濒临泰国湾,西南面向印度洋的安达曼海。面积51.31万平方公里,在东南亚仅次于印度尼西亚和缅甸,居第三位。

泰国人口6 000万(1997年),有30多个民族,泰族占总人口的82%,华人占11%,马来人占4%。泰国劳动力较为充足,1995年总人口已接近6 000万,其中从事生产劳动的总人数3 000多万(在农业生产领域劳动的人口占55%,在工业领域从事劳动的人口占12%)。

泰国地处热带和亚热带,全国大部分地区属热带季风气候,气温较高而且湿润,适合各种农作物生长。主要农作物除稻米外,还有玉米、木薯、甘蔗、麻、橡胶、油棕等经济作物。中部湄南河三角洲地区,地势平缓,河流密布,是泰国最大的产稻区,素有“泰国粮仓”之称,此地生产的大米形状细长,晶莹洁白,举世闻名;北部山区森林资源丰富,水利设施较好,除水稻外还可种植棉花、烟草等;南部马来半岛终年湿热,适合橡胶、油棕、椰子等热带作物的生长,是重要的橡胶和油棕生产基地,泰国的橡胶产量居世界第一位。

泰国其他重要资源主要有森林、渔业、矿产等。森林面积1 440万公顷,占全国土地面积的28%,有2 000多个树种,其中被列为重要保护树种的有50多种,有名贵的柚木、央木等。海岸线长2 600多公里,水产资源十分丰富,主要渔场有暹罗湾渔场、安达曼海渔场,以及1 100多平方公里的淡水养殖面积。主要渔产品种类有鱿鱼、金枪鱼、沙丁鱼、对虾等。矿产资源主要有锡矿、石油、天然气和褐煤。锡是泰国最重要的矿产,储量150万吨,居世界之首。80年代以来,在泰国湾和内陆先后发现了天然气和石油,天然气最大的储量约为5 465亿立方米,石油的最大储量为1.64亿吨。煤炭主要是褐煤和烟煤,总储量15亿多吨,其中已证实的储量8.6亿吨。仅次于锡的重要矿产品还有钨、宝石等。

泰国优越的地理位置、丰富的自然资源和众多的廉价的劳动力为发展本国经济提供了优越的条件,但由于泰国历史上长期受封建、殖民主义的统治,经济发展迟缓。二战结束时,泰国是典型的殖民地经济结构,以大米生产和出口为主的单一农业经济在国民经济中占主导地位。从50年代中期,泰国开始发展民族工业,不断摸索本国经济的发展道路,逐渐找到一条适合于本国国情的经济发展道路,使经济得到稳定发展,取得了较大的成就。

目前,泰国已实施了8个发展经济五年计划,从60年代初到90年代中期,泰国的国内生产总值增加了60多倍,年均经济增长率在7.4%以上,经济发展速度在东南亚仅次于新加坡排第二位,人均收入也从90多美元增加到2 000多美元,在东南亚4 000万人口以上的国家中居首位。特别是自80年代后半期到90年代初,泰国经济以平均12.3%的速度增长,引起世界普遍注意,认为泰国是亚洲“第五小龙”。1995年,泰国经济增长仍排世界第7位,投资吸引力仅次于中国与越南排世界第3位,经济竞争潜力已超过韩国、印尼和菲律宾,排世界第22位。

1995年之后,泰国的经济增长开始放慢,1997年爆发了金融危机,进而扩大成为严重的经济危机。截止1998年底,泰国仍未摆脱经济危机的阴影,但由于泰国经济基础比较好,政府采取挽救经济衰退的措施较为得当,一些国内外权威人士认为,泰国经济当时已出现复苏迹象,预计在2到3年内,泰国将重新走上经济振兴之路。

## 泰国发展经济的主要措施

泰国经济成就的取得,首先得益于有利的外部经济环境。从50年代到70年代中期,美国把泰国作为其在东南亚的重要军事基地,对泰国提供的大量的军事和经济援助,客观上支援了泰国的经济发展;其次,亚太地区的国际分工格局的变化,对泰国的经济发展产生了重要的影响:60年代以前,亚太地区的工业大国美国和日本主要向包括泰国在内的不发达国家提供工业制成品,后者向前者提供初级产品;60年代以来,美、日等发达国家及新加坡、台湾、香港等新兴工业国家和地区调整产业结构,把劳动密集型产业向工资低廉的发展中国家转移,使泰国获得了大量的外资直接投资与技术,促进了泰国外向型经济的迅速发展。此外,泰国国内长期政局相对稳定,大政方针无大的变化,民族关系特别是泰人与华人的关系和谐,都对经济发展起到了促进作用。

但泰国经济成就的取得,主要是泰国政府能够结合本国国情,找到一条符合本国情况的经济发展道路,并不断总结经验教训,研究国内市场需求,及时修改和调整经济发展战略,使泰国的经济始终沿着较为正确的发展方向前进。

**政府制定了正确的工业发展战略** 泰国

50年代中期开始推行工业化进程。60年代到70年代,推行的是“进口替代型”工业发展计划。主要目标是建立和发展本国的制造业,用自己的日用消费工业产品代替进口日用消费产品,以减少外汇支出,保持国际收支平衡,使国家的工业化目标顺利实现。为此,1962年政府制定了“产业投资鼓励法”,利用减免生产资料和生产设备进口税优惠政策,促进本国的日用消费品工业迅速发展。政府的这一政策使泰国的工业增长率在60年代平均达到两位数,一批新兴进口替代工业纷纷建立,工业自给率有较大提高。70年代初,政府针对进口设备、中间产品及材料等外汇支出不断增加,外贸逆差日益严重等问题,开始实施“出口导向型”工业发展阶段。大力发展劳动密集型工业,扩大工业制成品的出口,积极推动农副加工产品的出口,通过出口的巨额增长来带动和促进基础工业和整个国民经济的发展。为此,政府于1977年10月颁布了“投资鼓励法案”,建立了出口加工区,建立了适应国际市场需要的集成电路、服装、玩具、家具制造、珠宝加工等工业。使泰国的工业化进程走上发展外向型经济、参与国际分工和竞争的道路的新时期。面向出口战略对国民经济起到了显著的促进作用,扩大就业人数、一定程度上缓解了贸易逆差。工业增长率和出口增长率均有较大提高,工业品出口值在出口总值的比重从1970年的4.5%提高到1980年的28.8%。80年代到90年代中期的十几年间,泰国政府采取了不是单纯追求以工业为主的经济增长,而是注重工业部门之间、工农业之间以及经济和社会之间均衡发展的经济发展新战略,进一步完善和巩固了泰国的经济发展成就。

到80年代中期,泰国的经济结构已发生了较大变化。农业产值从1961年在国内生产总值中占39.1%,下降到1986年的16.7%,工业产值从在国民生产总值中占19.3%上升到30.4%,其中制造业占20.6%。同时,工业产品在出口总额中的比重也发生了历史性的变化,从60年代占出口总额的4%上升到1985年的49.4%,1985年超过出口总额的一半以上。出口产品中除劳动密集型的轻纺工业产品种类增多,出口范围扩大,出口持续增长外,技术密集型的电子电器工业和汽车装配工业产品也逐步进入国际市场。农产品出口随着农业的长期稳定增长,以及渔业、畜牧业的迅速发展也不断增加。1968年,水产品产量首次突破100万吨,1990年已突破300万吨。随着冷冻业、罐头加工、鱼粉业等相关产品的发展,冻虾、鱿鱼、海产罐头等成为国家重要的出口商品。泰国的“农业－工业化”发展战略,把泰国的经济和社会发展推向了一个全新的历史阶段。使泰国从一个落后的农业国家发展成一个农业工业化国家,在国际市场上的竞争力不断增强,在区域经济合作中的地位逐渐提高。

**以农业支持工业化发展进程**　农业既是泰国传统的经济部门,也是现代经济的重要组成部分。二战前农业是泰国经济的主体,出口商品也以农副产品为主,如大米、橡胶、锡等,其中稻米的出口值占出口总值的60～65%。战后,在工业迅速发展的的同时,农业也实现了长期稳定的4～5%的年均增长率,超过人口年平均2～3%的高增长水平,而且进一步朝多样化方向发展,为战后泰国经济的现代化提供了有利的保障。这不仅为经济发展和出口商品多样化提供了物质基础,使国家增加了外汇收入,而且起到了为国家工业化发展积累资本、提供食品及原材料、输送廉价劳动力三大作用。泰国政府对农业生产及出口创汇农产品发展的重视,不仅因为泰国原来是一个农业国,有农业发展和农产品出口的悠久历史和雄厚基础,主要因为发展农业既不需要大量的资金和复杂的技术,而且有良好的自然条件和农村大量的劳动力,扩大农业生产较之发展工业容易得多,见效更快。同时,国外市场对农产品的需求的增加为泰国农业的发展开拓了广阔的前景,扩大农业出口可以多创外汇,增加机器设备的进口,促进工业的发展。农业生产的发展还可以改善占全国人口绝大多数的农民的生活。

泰国政府长期重视农业生产的发展,强调要发挥本国的自然资源优势,把农业作为工业积累资金的重要来源。早在60年代发展民族工业的初期,政府就提出要以农业来支持工业化进程,通过扩大农产品出口为发展工业提供充裕的资金,保持农业的持续增长,大力发展农业的多种经营。进入70年代后,泰国政府在大力发展“出口导向”型工业的同时,并没有忽视农业的发展,而是根据市场需求的变化,利用本国有利条件,使农产品继续朝多样化发展。主要措施有:积极发展创汇农业,鼓励向农产品出口加工业投资,在传统的水稻、橡胶和茶的基础上,又增加了木薯粉、甘蔗、菠萝等新的经济作物。进一步改造传统农业，加强农业机械化和化肥化，使农业保持良好发展势头。80年代以来，泰国政府重视农业的科技开发，培养农业技术人员，不断推出新品种，带动现代化农业的发展。在大力发展传统农业的同时，还大力发展畜牧业、渔业和水产养殖业，促进农副产品出口。水果和花卉的种植和出口也在70年代中后期逐渐发展起来，10多种热带水果和花卉经过先进技术栽培和保鲜后及时空运出口，成为泰国农业出口创汇的拳头产品。到80年代，泰国已从一个落后的农业国发展成为世界5大粮食出口国之一，其中大米和木薯产品出口量居世界第一位，玉米居第四位，橡胶居第三位，蔗糖居第五位。80年代中期以来的10多年中，虽然泰国的出口结构发生了重大变化，工业产品出口已占到产品出口总额的70%，但农副产品仍占20%左右，出口创汇额近70亿美元。

**大力发展劳动密集型产业**　泰国政府充分利用本国自然资源丰富，劳动力充足等特点，大力发展投资少、见效快，并能够利用本国资源的轻纺工业、食品加工业、玩具制造等劳动密集型产业，并很快见到成效。50年代以前，泰国的工业十分落后，工业门类单一，基础相当薄弱，仅有的工业部门主要由矿业和农产品加工业构成，主要有碾米、锯木、橡胶加工、酿酒、火柴、肥皂、皮革等手工作坊式工业。1951年，制造业在国内生产总值中所占的比例仅占10.3%。1954年泰国政府《鼓励工业发展法案》的公布，促使泰国加强了对纺织、钢铁、陶瓷等100多家国营工业企业的改造。从60年代到70年代的20年中，泰国的工业发展速度大大加快，取得了巨大的成果，建立了纺织、食品、印刷、金属、塑料制品、汽车摩托车装配等部门较为齐全的内需消费工业部门，以及适应国际市场需要的集成电路、服装、鞋类、家具制造、珠宝加工等面向出口的工业种类。由于泰国农产品价格和生活费用的低廉，而使劳动密集型产业的生产成本较低，因此泰国的纺织业、塑料制品、加工食品等劳动密集型工业迅速打开国际市场，出口持续并大幅度增长，带动了制造业和出口贸易的发展。80年代中期以后，随着外资的大量涌入，一些新兴工业迅速崛起，如汽车、集成电路、家电、纤维、化工等工业发展很快，并成为重要的出口产品。工业品在出口总值中的比重不断增加，1985年，制造业产品占出口总值的比重首次超过农产品而居于首位。

纺织服装业是泰国制造业中规模最大的部门，年产值居各工业部门之首，在对外贸易中也占重要地位，1981年，服装和纺织品的出口总值已达844.72亿铢，在外贸出口商品中居第一位。90年代初，泰国有12家汽车装配厂和3家小型货车引擎制造厂，年总生产能力约达30多万辆，有电子电器工厂300多家，年产值约300多亿铢。主要生产收音机、录音机、录像机、电冰箱、空调机、洗衣机等各种家用电器。电子电器工业中发展最快的是集成电路工业，集成电路成为泰国10大出口产品之一。目前，泰国的制造业中劳动密集型产品仍占主要地位，而一些汽车制造、电子电器工业等资本密集型和技术密集型产业，多数还停留在外国设计、进口配件在泰国组装的阶段。但由于泰国劳动密集型产业的竞争力正在下降，90年代以来，泰国政府为了向新兴工业化国家迈进，已注意引进高附加值的产业，加速从劳动密集型产业向技术密集型产业转型。

**以外贸为龙头，带动经济增长**　对外贸易是泰国经济中最有活力的部门，在国民经济中起着重大作用，进出口总额相当于国民生产总值的一半左右，泰国的经济结构的几次重大变化都是在外贸的牵动下发生的。泰国长期以来不断改进和健全促进出口的各种法规及管理制度，大力开拓市场，建立出口加工工业，对外贸易的发展速度很快。60年代中期以后，泰国的消费品工业开始逐步取代国内市场的进口消费品，并有部分出口。70年代初，泰国政府制订了发展面向出口的工业化发展战略，出口工业迅速发展。在这基础上，泰国政府制定了一些有利于出口工业的关税和投资政策，鼓励发展工业产品和出口，如压低关税、简化海关手续、加强出口服务、增加对贸易公司的支持、举办各种展销订货会等。同时还大力发展农业多样化生产，农产品的出口种类逐年增多，出口总值不断增加。泰国的出口产品主要是农产品和制造业产品，进口货物主要是原材料、燃料、零部件和技术装备等。

在各种有利于出口的政策的推动下，泰国对外贸易迅速发展。1987年出口总额突破100亿美元大关，1989年突破200亿美元大关。90年代以来泰国出口势头强劲,出口总值约占全国生产总值的30%,1994年出口创汇首次突破亿万铢(约400亿美元)大关,成为全球第22位出口大国,以及世界上纺织、稻米、木薯、橡胶、宝石、电子元件、冻虾等产品的出口大国。出口产品结构也发生了显著的变化,60年代初,农产品在出口中所占的比例为84.8%,制成品所占的比例为2.4%。到1989年,农产品所占比例下降到23%,制成品则上升为68.6%。出口种类中工业品从过去的2项增加到5项,即纺织品、集成电路板、珠宝首饰、罐头食品、白糖。1980年,泰国的八大传统出口商品(大米、橡胶、玉米、木薯、鲜虾、锡、糖和纺织品)占到商品出口总值的60%,其他产品仅占40%。到1989年,八大传统出口品所占的出口总值降为40%,而其他产品增加到60%,1994年工业品出口已占出口总额的70%,其中技术产品达37.1%。长期占据出口第一位的大米,先后被纺织和电子产品所取代,表明泰出口商品日趋多样化。1995年泰国出口势头良好,出口总额达到预定目标1.3万亿铢,增长率为24.5%,达历史最高水平。

**大力吸引外资发展民族工业** 泰国政府在发展民族工业的过程中一直比较注意利用外资,采取了一系列措施吸引外资,并收到了明显的效果。泰国政府1954年颁布了《产业投资法》,鼓励国内外投资者进行投资;1960年成立了"促进投资委员会",总理亲自担任主席,统管外国投资问题;1962年颁布了促进工业投资法案,对外国投资者提供较为优惠的投资条件,如拥有土地权,可从国外带专家、工程技术人员和家属,准许把原资本和利润汇出,享受进口机器设备、原材料的税收豁免权,豁免所得税3至8年,政府保证不设立同类工厂与之竞争,并不将其收归国有等;1972年颁布了《1972年投资奖励法案》,鼓励投资出口型产业,延长出口型企业的免税期限等。泰国政府在实施的过程中还多次对该法案进行修订,对不同的投资项目、不同的地区给予投资者不同的优惠待遇。为了让投资者有较好的投资场所,泰国先后建立了17个国营和民营工业区,对在工业区投资的厂商给予种种优惠待遇。1983年政府根据国家经济综合均衡发展的需要,又颁布《促进投资法》,规定了外资的投资范围和鼓励性投资项目,引导外资向石油化工、汽车零部件、农业和农林产品加工、橡胶工业和食品工业等部门发展。从而使投资符合于出口创汇、替代进口、扩大就业、发展利用资源、引进技术、保护环境的经济发展战略。90年代以来,政府提出优先发展外资工业的原则,要求外资工业与其他工业衔接,避免成为孤岛型的产业;使用国内原材料;高增值;产品有销路等。为适应产业结构的调整,发展高技术产业,1994年6月政府颁布了鼓励投资的20类工业,以吸引高科技产业的投资。近年来,泰国政府为抑制外资下降的趋势,1996年9月又取消外商在边远地区投资的限制,允许外资企业产品全部内销,外资可控制企业的大部分或全部股份。

由于政府的外资政策得当,加之自然资源丰富、劳动力价格低廉、市场广阔,泰国长期以来吸引外资取得了巨大成果。1961年,泰国吸引外资仅1.2亿铢,到1984年年底,泰国已获得直接外国投资1 803.1亿铢。90年代初期,外国资本约占泰国总注册资本的四分之一,30%的出口产品来自于靠外资建立的工业企业。1995年,泰国获得外资申请项目1 299项,金额8 481亿铢,比上年增加了一倍,达历史最高水平,其中大部分是中型投资计划,大型项目约有100多件,比上年几乎增加了一倍。大量外资的流入,不仅实现了"替代进口"和"出口导向"工业的发展目标,还为泰国建立了合成纤维、汽车工业、电器工业等一大批新兴工业,促进了经济的发展、经济结构的改变,增加了就业机会,增强了泰国的工业生产能力和出口商品的竞争力。在外国对泰国的投资中,日本最多,其他依次为台湾、香港、美国等国家和地区。

**充分利用旅游业发展经济** 泰国风景秀丽,历史遗迹众多,具有浓厚的异国风情,在旅游业上有得天独厚的条件。泰国政府在大力实施工业化的同时,抓住机遇,充分利用旅游资源上的优势,大力发展旅游业,收到了显著的成就。泰国的旅游业起步于60年代初,经过70年代的发展,80年代达到鼎盛时期。1986年到1989年间,泰国的旅游业发展迅速,来泰旅游人数从1985年的240万人次增加到1989年的480万人次,5年间递增了一倍,旅游的创汇收入也从1985年的317.68亿铢增至1989年的963.85亿铢,5年间增加了3倍,使泰国的人均旅游年收入约达70美元。90年代以来,泰国每年的旅游人数以20%的速度增长,1994年达到610万人,旅游收入达58亿美元。旅游业的发展,为国家赚取了大量的外汇,弥补了国家的贸易赤字,成为国民经济的重要组成部分,1982年泰国的旅游收入达238.78亿铢,第一次超过居10大出口产品之首的大米出口值,成为创汇最多的经济部门。此外,旅游业还为泰国提供了大量的就业机会,有利于人民生活的改善和社会的稳定,1994年从事旅游业的人员达390万人。再次,旅游业的发展还带动了建筑业、交通运输业、通讯业等一系列行业的发展。

为了稳定泰国旅游市场,保持创汇增长率,政府制定了发展旅游工业的计划,并采取一系列措施扶持旅游业:(1)设立专门机构规范旅游管理。1960年,泰国成立"促进旅游机构",为旅游业的规范化和深入发展创造了条件;(2)组织大规模的活动吸引游客。如举办大型民族传统旅游活动、国王生日庆典等活动招徕外国游客;(3)加强海外市场的宣传和促销。泰国在世界上12个国家设立了促进旅游工作的办事处,加强对外宣传和与国内进行信息联络、组织客源等方面的工作;(4)加强旅游设施建设。泰国政府将旅游业纳入国家经济发展计划之中,投资数百万铢用于服务和旅游景点的建设和保护;(5)加强对旅游人才的培养。泰国政府建立了旅游培训学院,各主要大学都设有旅游专业,为旅游业培养和输送了大量的专业人才;(6)重视旅游服务质量。旅游部门长期坚持为客人提供多层次、全方位的优质服务,并不断改进服务措施,提高服务水平。

**大力发展劳务输出业赚取外汇** 泰国劳动力丰富,为了解决部分劳动力就业问题,为国家赚取外汇,泰国政府鼓励劳务输出,并采取有效措施促进劳务业的发展。1972年,泰国政府颁布了劳务出口的若干规定,并设立了官方和民间的专门管理与协调机构。70年代中期,泰国开始向国际劳务市场进行有组织的劳务输出,1991年海湾战争之前,泰国的劳工主要集中在中东阿拉伯产油国,海湾战争后向"亚洲四小龙"、日本、文莱、马来西亚等地转移。劳务输出为国家赚取了大量的外汇,劳工每年从国外汇回的外汇收入仅次于旅游业的外汇收入,成为国家外汇的重要来源之一。90年代之前,泰国的劳务输出业逐年发展,1984年输出劳工38万人,创汇11.2亿美元,1987年创汇15.55亿美元,1988年创汇9.18亿美元,1989年创汇9.8亿美元。1993年泰国输出劳工13.79万人,其中到台湾的劳工最多,有6.68万人,其次为新加坡、文莱和中东地区,收入11.76亿美元。近几年随着亚洲国家经济增长的放慢,许多国家减少劳务进口,造成泰国劳务输出相对减少。

## 经济发展中的教训

随着80年代后期经济的高速发展,经济中存在的一些问题日益突出,严重影响了泰国经济的进一步发展。

**基础设施严重不足** 90年代初,泰国的电力、交通、通讯等设施已形成"瓶颈"状态。曼谷的交通阻塞日益严重,是令在曼谷投资的外商最为头疼的问题,据曼谷银行统计,泰国每年因交通阻塞造成的经济损失达130亿铢(5.2亿美元)。尽管泰国每一届政府都把它作为重要问题来抓,但由于车辆的不断增加而交通问题始终得不到解决,泰国全国的汽车约80%集中在曼谷地区。泰国的港口也严重不足,需要进出曼谷港的货轮需要在海上等待2～4天。用水、电力和通讯设施的不足,也使许多外商驻足不前。泰国每100人只有1.8部电话,要求安装电话的远远超过电话的拥有量。曼谷电力在高峰时期的使用量超过发电能力的85%以上。

**技术人员缺乏** 从80年代后期,泰国工业生产劳动力低廉、生产成本低的优势已逐渐减退,只有加强对高科技产品的开发,才能推动工业有更大发展,但泰国科技人员、技术工人缺乏已成为经济发展中的严重问题。泰国工人中约80%的人只有小学文化程度,大学培养的技术人员远远不能满足国家经济发展的需要,如1996年泰国需要增加1.6万工程师,但泰国的大学只能提供1.2万名工程师。这使泰国的科技人才远远落后于发达国家,就与一些周边的发展中国家相比也存在较大距离。按每千人计算,泰国有5名科技人员,马来西亚有6名,菲律宾16人,美国有31人,日本有47人。泰国科研经费缺少,低于周边多数国家,如泰国的科研经费仅占国内生产总值的0.17%,而新加坡占1.27%,马来西亚占0.8%,印尼占0.25%。这一状况使许多新建的企业招募不到技术人员和熟练工人,失业工人难以转入高技术企业,严重地影响了外资的进入，以及泰国产业结构的升级。

**自然资源被破坏，环境污染严重** 在过去几十年发展经济的过程中，农业生产大规模开垦土地导致森林资源被毁，破坏了生态平衡和自然环境，造成水土大量流失。从60年代到80年代初期，森林每年几乎以100万公顷的速度消失。1951年，泰国的森林覆盖率是60%，到1989年，泰国的森林面积只有25%。其主要原因是农村的大量过剩人口进入国家森林保护区毁林开荒造成的，同时他们涌入矿区非法开采，使矿藏资源受到很大破坏。工业的高速发展，沿河工厂大量的废水排放入河，也导致水源污染严重。1996年，泰国发展研究机构警告说，20世纪末泰国的工业污染会成倍增加，将居亚洲第二位，仅次于韩国的污染发展速度。

**地区发展不平衡，贫富差距拉大** 由于一半以上的工业都集中在曼谷及周围地区发展，造成泰国地区发展非常不平衡，收入差距进一步拉大。1989年，泰国人均国民收入1 200美元，但仅占全国人口的10%的曼谷地区年人均收入已达2 500美元，而一些边远地区人均收入只有300多美元。1995年泰国发展研究机构统计，泰国是世界上贫富差距最大的第六个国家，占全国人口40%的富有阶层拥有全国年收入的77%，其余60%的人仅拥有年收入的23.1%，最高工资和最低工资收入差距为8.7倍，农村和城市收入相差12倍，而这种趋势还在进一步扩大。1996年，泰国生活在贫困线以下的人有1 100万，每人每年收入不到200美元。因此，农民大量涌向城市，引发了严重的社会问题，如刑事犯罪剧增、色情服务泛滥、吸毒、艾滋病流行。

1996年，泰国政府提出了跨世纪的经济发展战略，强调将在1997年10月始实行的"第八个经济与社会发展规划"中，发展国家经济的综合实力，增强泰国商品在国际市场上的竞争力；增加对基础设施建设的投资；大力发展教育，提高人民的素质和生活水平；加强环境保护，促进经济和社会的全面发展，使泰国在20世纪末成为地区经济强国。泰国政府在该规划中，第一次把发展人的素质提高到前所未有的地位，尤其是改善农村人口的素质和经济发展环境，成为今后经济发展的重点。这是泰国经济发展战略的又一个转折点。表明泰国政府认为经济已有坚实的基础，社会问题和人口素质低下已成为经济发展的严重障碍，在继续保持经济稳定增长的同时，必须通过促进社会发展的方式，才能解决经济发展中存在的问题，促使工业向高科技产业转型，从而达到提高国家的综合能力的目的。

## 金融危机对经济的冲击和启示

1996年10月，正当泰国开始实施第八个经济与社会发展计划，雄心勃勃地迈向21世纪，争取成为地区经济强国之时，一场突然降临、并持续一年仍未平息的金融危机使泰国的经济受到了沉重打击。1997年7月2日，泰国政府宣布泰铢放弃已执行多年的泰铢与美元挂钩的汇率制度，改固定汇率为浮动制，从而导致泰铢对美元的汇率顷刻之间下跌了16%，引发了一场剧烈的金融动荡。泰国政府在解救这场金融危机中，显得措手不及、力不从心，使这场危机很快波及到东南亚其他国家及整个亚洲地区。

### （一）金融危机爆发的原因

泰国的金融形势不稳定开始于1996年5月，当时由于泰国商业银行的呆账烂账问题暴露，引起严重的挤兑风波，汇价下跌，股市低迷，泰国国家银行行长被迫辞职。1997年2月底，美国著名的信贷评估公司慕迪宣布降低泰国的债务信誉等级，再次引起泰国的金融动荡。与此同时，仅在3月的5、6日两天，储户就从10家银行提走150亿泰铢。5月份，国际货币投机者数次大量抛售泰铢，泰国股市和货币市场情况进一步恶化，泰中央银行不得不动用50亿美元的外汇干预市场。6月中旬，由于前财政部长安雷·威拉旺的辞职，引发市场对泰铢可能贬值的怀疑，引起泰铢兑美元猛跌。7月2日，在中央银行不惜动用大量外汇储备干预市场无效的情况下，终于决定让泰铢贬值。

泰国金融危机爆发的原因是多方面的，从表面上看是以美国金融家索罗斯为主的国际金融投机商人兴风作浪，但实质上泰国的金融动荡是泰国目前的经济体制不能适应经济高度发展的需要而引起的经济结构失调所致。主要原因有以下几个方面：

**出口产品单一，容易受到国际市场变化的制约** 出口业是泰国经济增长的动力，1991～1995

年间，泰国的出口平均增长率为18.7%，经济年平均增长率为9%．泰国出口产值占国内生产总值的40%，其中劳动密集型产品纺织品、服装，以及电子产品的出口占很大比重。但近年来泰国劳动密集型产业的生产成本随着房地产价格、工人工资的不断上涨而提高，而生产工艺落后，产品种类单一，致使产品优势逐渐丧失。此外，1996年世界电子产品需求减少，也对泰国的出口造成影响，使泰国的出口急剧下降。1996年泰国的出口年增长为零，经济增长也只有6.4%，大大低于5年间的平均水平。这时，缺乏规划的经济领域开始显露问题，特别是过热的不动产产业，泰国金融机构投资不动产的大量资金难以收回，形成大量呆账，使这些金融机构出现资金周转不灵的问题，造成人们对泰国偿还债务的能力、金融机构的稳定产生信心不足的问题，资金开始流出泰国。反映在泰国经济领域的是股市指标下滑、泰铢币值疲软，影响到金融市场的稳定。

**金融调控机制不健全** 1992年，泰国政府取消了延用几十年的保护资本市场的管制，成立了曼谷国际银行，使泰国公司较容易吸收海外资金。然而就在放宽金融管制的同时，泰国政府将泰铢的汇率与美元挂钩。为了保持这两种货币之间的汇率的稳定，泰国不得不让泰铢的贷款保持高利率。其结果是大量的以套利为目的的短期资金的流入，但泰国财政部和中央银行没有及时地加强金融宏观控制，反而在金融开放的政策下，放宽了对货币的供应量、利率、私营部门向外贷款、外来短期资金流向等金融政策。结果使国内通货膨胀的压力加剧，泰国债台高筑，经常账目赤字偏高。从1991～1995年，泰国的外债总额年增约20%。到1995年底，对外债务总额已达到出口总额的114.2%，占国内生产总值的49.3%。1997年泰国的经常账目赤字占国内生产总值的比率是8.1%，而正常情况下只有5%左右。这一切就使泰国经济埋下金融危机的隐患。一有风吹草动，大量外来资金就会抽走，导致金融动荡。

**投资导向有误，房地产投资出现盲目扩张的现象** 80年代以来泰国经济的蓬勃发展，吸引了大量的外国资金，带动了泰国投资和消费热潮。但政府未能制定相应政策，将资金引向基础设施建设方面，而是放任让资金流向价格暴涨的房地产市场。由于近年来泰国的经济发展减缓，房地产供大于求，造成85万套房屋积压。房地产业不振，导致房地产商资金周转不灵，银行呆账增加。1997年泰国的银行呆账已高达400多亿美元。金融业运作困难使得许多金融机构濒临破产。

### （二）泰国政府积极采取应对措施

为稳定金融市场，缓解泰国的经济危机，1997年9月，泰国政府成立了以总理差瓦立为主席的国家解决经济问题行动中心，处理国家最紧迫的经济问题。随后，又调整了第八个经社发展五年计划（1997～2001年）中的主要经济指标，将年经济增长率从原计划的8%下调为4.9%，经常账目赤字从年均占国内生产总值的3.4%调为3.6%，年均通货膨胀率从4.5%调整为5.6%。并采取了一系列挽救经济的措施：如对新的投资项目作出新规定，以减少外债和经常账目赤字，减轻经济不景气造成的失业率上升的问题。政府还强调促进出口是解决经济的根本方针，要求进出口银行向国外金融机构贷款10亿美元，在1997年内分三批向出口商提供贷款。泰国中央银行也出台了保持美元国内市场供求平衡，控制外汇投机的措施。在泰国政府的要求下，国际货币基金组织决定向泰国提供172亿美元的一揽子援助计划，但同时要求泰国进行严厉的金融改革措施，关闭56家有问题的金融机构。

1997年11月9日，川·立派领导的新政府上台之后，继续采取措施稳定金融局势，挽救泰国经济危机。1998年初，泰国股市和汇率出现大幅反弹，外汇储备有所增加，国外投资重新涌入泰国，使泰国经济危机出现缓解迹象。泰国舆论认为，川·立派政府上台后，为恢复投资者信心和保持市场稳定所作的努力已初见成效，国际货币基金组织援救泰国的方案开始发挥作用。

川·立派政府挽救经济危机的措施主要有以下几个方面：（1）*优先解决58家勒令停业的金融机构问题*。成立了由副总理素帕猜领导的金融重组委员会，让良好的金融机构立即重新营业，将一般的进行合并后营业，把较差的交由委员会管理。对58家以外的金融机构采取扶植政策，以保持金融系统的内部稳定。（2）*促进资金流通，增加经济活力*。鼓励国内储蓄；号召人民将手中的美元兑换成本国货币；加快资产转换成可转让证券进程；通过国家进出口银行和私人金融机构，增加对中小企业资金注入；鼓励私营企业投资国有企业，尤其是那些已经上市并在股市中拥有集资能力的国有企业。(3)推动出口产业的发展。减轻出口企业的关税和附加价值税负担；帮助出口企业解决资金短缺问题，以恢复生产；通过调整海关程序以减少运输费用，帮助企业降低成本，鼓励出口企业开展节约能源、反对浪费的行动，增加国际竞争力；与私营企业合作，以平衡国内生产和国际贸易之间的供求关系。(4)促进外商投资并加强管理。放松在某些领域对外商投资的严格限制；增加国际储备金，以恢复投资者的信心；改革政府的行政机构，使经济决策过程做到公正、透明，便于政策执行和民众监督；制定法规，监督外资在公共和私有部门中的运作。(5)增加外汇收入，控制外汇支出。开展“神奇泰国”旅游年等活动，吸引外国游客；鼓励国人在国内旅游，以节约外汇；支持石油、军火和通讯设备等重要部门的贸易进行实物贸易，减少美元支出；在全国范围内开展“爱国自救”运动，号召人民捐献黄金和美元以增加外汇收入。(6)解决失业问题，减轻人民生活疾苦。在预算中增加相关投入，创造就业机会；对失业职工进行技术培训，以补充急需技术的职位；采取措施加大对消费者的保护，保证生活用品供应充足。

## (三)泰国经济形势出现好转

到1998年第三季度，由于政府进一步调整经济策略，采取了宽松的货币政策，降低利率，促使通胀率下降，股、汇市转强，经济形势趋于好转。主要表现为：(1)通货膨胀得到控制。1998年6月泰通膨率高达11%，创17年来最高记录。下半年开始回落，到10月份已回落到5.9%。这不仅有利于经济的改善，更有利于维持社会稳定。今年泰通胀率预计可控制在3.5%以内。(2)泰铢币值趋于稳定。1997年7月泰政府宣布实行货币自由浮动制后，泰铢币值剧贬，1998年1月与美元汇率一度跌至56.5比1的历史最低水平。但6月后逐渐回升，12月9日升值到35.72兑1美元并保持稳定。1999年如无重大国际金融动荡，泰铢与美元汇率将在35至40比1之间浮动。(3)外汇储备增加。金融危机爆发时，泰外汇储备仅剩28亿美元，到1998年12月18日已回升到300亿美元，远远高于国际货币基金组织要求的250亿美元。外汇储备的回升增强了泰国应付金融市场可能再次出现动荡的能力。(4)经常账目出现盈余。1997年泰经常项目出现赤字30亿美元，而1998年经常项目出现12年来首次盈余，盈余额达150亿美元，相当于国内生产总值的14%。这对泰国际收支的改善非常有利。(5)外债减少。泰铢币值坚挺，政府加紧偿还外债，到1998年底，外债总额已由上年的934.2亿美元减少到847亿美元，短期外债由348亿美元，降为220亿美元，政府外债降为176亿美元，整体负债结构大为改善。(6)金融改革初见成效。政府去年初采取的接管银行、进行资产分类及与现有银行合并的策略已取得显著成效，暂时化解了其倒闭的危机，今后主要是如何处理及降低银行坏账呆账问题。

尽管泰国金融危机出现缓解的势头，但舆论普遍认为，目前泰国经济仍面临严峻考验。主要问题是：(1)金融危机的负面影响继续显露，经济衰退的势头没有得到遏制，经济增长率无明显回升。1998年的经济增长率比上年衰退－7.8～－8.2%之间，远比预期为高；(2)失业问题严重。由于采取货币紧缩和贷款高利率政策，许多企业贷不到款，运转更加困难，大批企业因资金紧缺而倒闭，主要产业持续降低生产及减少雇佣人数，使去年的失业人口增至200万以上，失业率达5.6%；(3)货币市场仍有问题。由于贷款利率下调速度缓慢、幅度较小；银行担心坏账问题，仍收紧放款额度，企业贷款仍有困难。据透露，从1998年7月后的12个月中，泰国急需261亿美元的资金来弥补流动资金的不足；(4)对亚洲出口普遍下降，拖了经济复苏的后腿。泰国原先期望依靠出口带动经济复苏，但泰币贬值并没有像原先预测的那样带来出口增长。统计数字显示，1998年泰国出口较上年衰退约6.4%，进口较上年衰退35.2%；(5)房地产市场严重萧条。因市场缺乏流动资金及买主，使持续数年的房地产业不景气进一步加深；(6)吸引外资不力。1998年的外资计划较上年下降了22%，投资金额减少39%。

## (四)从泰国发生金融危机中得到的启示

要保持经济高速增长的水平就必须加大经济结构调整的力度。在保持经济高速发展的同时，必须注意经济结构的调整。在调整中加快产业升级，实现经济从粗放型增长向效益型增长的转变。在调整过程中要注意技术开发和人才的培养，只有这样才能保持出口产品在国际市场上的优势，维持经济的持续增长。完善和加强金融调控机制，加快金融机制的改革，加速金融市场的发育，加强金融监控。这有利于创造一个稳定的金融环境，防止“泡沫经济”的发生。同时，还要注意国际收支平衡，防止产生币值不稳。加强对引进外资的宏观调控，制定优惠政策，引导外资对基础设施建设的中长期投资。建立健全的风险防范机制，加强国际金融合作，以应对国际金融投机商人的突然袭击。

# 新加坡经济在金融风暴中的表现及前景

中国现代国际关系研究所　马燕冰

1997年下半年，东南亚多数国家，以及韩国、日本等东亚国家都被卷入一场突如其来的金融风暴之中。泰国、菲律宾、马来西亚、印尼这些曾经创造了东亚经济奇迹的未来的“亚洲小龙”，一夜之间失去了昔日的威风。多数国家货币大幅度贬值，股市猛跌，物价飙涨，失业率急剧上升。相比之下，仅有646平方公里土地、300万人口的东南亚小国新加坡，不仅在这场金融风暴中免遭重创，其产业结构特别是金融体系，都可以说是经受了考验。虽然从1998年初，金融危机对新加坡的影响也开始显现，但这主要是外部因素造成的。新加坡政府一方面积极采取措施预防经济衰退，同时也充分利用这一时机提高本国经济的竞争力，争取在一旦地区经济复苏的情况下，新加坡仍将走在地区经济前列。

## 1997年下半年的新加坡经济形势

从1997年7月到12月底，印尼、泰国、马来西亚、菲律宾4国货币兑美元的跌幅平均为41.1%，股市指数跌幅平均为39.7%。其中印尼货币贬值多达50%，股市指数跌幅多达46%。尽管新元兑美元的汇率也大约下跌了14%，股市指数跌幅23%。但金融风暴似乎没有给新加坡造成多大影响。主要表现在：

**全年经济增长取得了7.6%的好成绩**　1996年受全球电子业不景气的影响，新加坡经济增长率明显下降，全年经济增长率从1995年的8.8%下滑至7%，是4年来的最低增长率。1997年初，新加坡经济出现继续放慢的迹象，第一季度的国内生产总值只增长4.1%，其中制造业衰退至6.7%，创12年来最大的单季降幅。但由于第二季度国内生产总值增长到8.2%，制造业出现复苏的迹象，其他产业也表现良好，因此，政府在8月8日修改了1997年的经济增长预测，使其从原先的5～6%提高到6～7%。新加坡副总理李显龙说，尽管制造业景气复苏迟缓，新加坡仍对经济增长目标深具信心，但由于制造业的核心产业电子业增长略显缓慢，政府在往上修改全年增长目标时仍保持审慎的态度。分析家认为，1997年实现了7.6%的经济增长率，总的来说是由于新加坡多元化的经济结构在一定程度上缓和了区域金融危机所带来的冲击，特别是全球电子需求增长，带动了新加坡制造业和服务业在下半年的增长。

**多数行业增长率升高**　除建筑业和商业的增长放慢外，其他行业1997年全年的增长率都比上年高。(1)建筑业1997年的增长率是13.3%，但其1996年的增幅是19.5%，增幅平缓。主要由于该行业在过去一两年所取得的合同减少的原故，但建筑业整体的表现还是健康的。公共部门的强劲需求，支持了建筑业1997年的增长。此外，在1996年5月房地产降温措施实施前推出的房地产项目，也使私人企业的建筑活动健康发展。(2)金融业与专业服务业1997年的增长率为11.0%，比1996年的7.8%高出3.2个百分点。其中,金融服务业猛增了15%,高出了上年的5.4%;而专业服务业的增幅则放缓,1997年的增长率为8.1%,低于1996年的9.6%。(3)交通与通讯业1997年增长了9.2%,高于1996年的8.1%,这可归功于区域经济和贸易在货币危机前的强劲增长。(4)制造业从1996年的3.0%增长到1997年的4.3%。电子业的复苏,以及化学和运输器材的表现良好,主要带动制造业下半年的增长。制造业1997年共争取到85亿新元额协议投资,较1996年多5%,其中大约70%来自海外,美国仍是最大的投资国,协议投资是24亿新元。制造业1997年争取到的协议投资集中在电子和化学工业领域,这些项目投产之后,将带来63亿新元的增值,以及约1.8万个就业机会。

**非石油国内出口有显著增长** 非石油国内出口只包括在新加坡制造的产品,是新加坡经济增长中的一个重要测量指标。1997年的非石油国内出口额增长了5.3%,增至916亿新元,比1996年2.7%的增长率有显著进步。主要因为下半年在全球电子需求复苏的推动下,非石油国内出口猛增了10.3%,达到485亿新元。增长来源主要集中在电子产品,如集成电路和印刷电路板装配产品等,占1997年非石油国内出口产品的70%,出口市场主要是美国、欧盟、马来西亚、日本、香港等国家和地区。非石油国内出口在美国和欧盟市场,分别较1996年同期增长了19.8%和19.7%,达到24.64万新元和18.3万新元,但在马来西亚市场只增长了1%,共9.89万新元。非石油转口1997年也增加了7.3%,达到778亿新元。1997年的外贸逆差是29亿新元,比1996年的89亿新元有明显减少。

**经济损失降到最小** 新加坡作为一个地区小国,不受金融风暴的影响是不可能的,但与东南亚其他国家相比,新加坡受到的损失要轻得多,基本未伤大局。不仅如此,新加坡政府还能在危机中审时度势,灵活变通,成功地使其损失降到最低程度。针对新加坡自然资源严重缺乏、极度依赖进口的现实,政府货币政策的基本原则是保持新元坚挺,以抵御进口性通货膨胀,抑制国内成本上涨。但在金融风波造成邻国货币纷纷贬值时,新元币值相对升高,更加不利于本国的出口。因此,新加坡金融管理局顺流而下,允许新元币值适当下滑。从1997年7月到12月,新元对美元汇率下跌了14%,股市指数下滑23%。这一币值使新加坡在金融风波中的损失降到了最小程度:即新加坡制造业产品在向国际市场出口时因新币对美元贬值而更具竞争力,而对邻国仍保持相对高的币值,所以当新加坡从邻国进口生活用品和产品时,又使进口物品相对便宜,从而达到减轻通货膨胀压力的目的。

新加坡1997年经济增长的实际情况比政府预期的表现要好,这说明随着全球电子业需求的复苏,新加坡经济增长将能够保持一定增长势头。同时,也说明历时半年的地区金融风暴没有对新加坡的经济发展造成严重伤害,新加坡经济基础牢固,金融市场相对成熟。新元在面对冲击时表现稳定,使新加坡作为地区金融中心的地位进一步得到巩固。

## 顶住金融风暴冲击的主要原因

在东南亚金融风暴中新加坡经济稳如泰山的主要原因,众说纷纭,归纳起来主要有以下几点:

**投资者对新加坡具有信心** 新加坡副总理李显龙认为,新加坡一直采取谨慎的财政政策,没有财政赤字,并且有良好的出口增长,因此它的货币不会被投机者选为进行投机炒卖的对象,投资者仍对新加坡的经济有信心,这股信心促使他们在新加坡继续投资。这显示了经济基础的重要性,以及经济基础对人们看待一国货币的币值时所产生的影响。一些经济学家解释说,"新加坡经济稳如泰山的主要因素是有现金和信心。新加坡没有外债,而且政府对金融业严格的管理措施也使投资人士放心。"巴克利斯资产集团的亚洲货币主管苏普莱说:"新加坡在管制金融业方面有很好的环境,在过去,人们批评新加坡政府在管制金融业上过于谨慎,不过现在发生的危机完全证明了他们的做法是正确的。"

**国家货币储备充足,金融体系稳固** 作为东南亚国家中的一个小国,新加坡随时都对邻国可能出现的麻烦保持警惕,为了应付逆境而储蓄是新加坡政府和人民最关心的事。新加坡的外汇储备达750亿美元,300万公民的储蓄率属于世界最高水平。新加坡银行监管机制严密,任何人要动用这笔钱是很难的,因此国家不至于在投机者在货币市场狙击时面临困境。1997年9月,美国投资公司高盛的一项调查显示,新加坡的银行在东南亚地区是最稳固的,该公司根据12个脆弱指标给东南亚的银行业打分,以总积分0分为最稳固、24分为最脆弱衡量,结果新加坡银行业在该项调查中获得了7分,泰国得到22分为最脆弱,马来西亚和印尼则是相当脆弱。金融危机发生后,香港怡富证券分析员也指出,亚洲的银行业"蜜月"已经结束,东南亚呆账坏账已急速增长到占银行未偿还债款总额的15%,惟一例外的是新加坡,其银行债务结构被各方面人士认为是东南亚地区最好、最安全的。

**财政没有经常项目逆差** 困扰着泰国、马来西亚和印尼三国的国际收支经常项目逆差,对其国家经济造成的严重损害,新加坡也得以避免。目前新加坡是世界上第六大资本输出国,其常年经常项目盈余达160亿美元。前几年,当东南亚许多国家大力发展庞大的建筑项目时,新加坡却坚持全神贯注地提高国家的生产效率,这个弹丸小国的电讯工业、海港、机场和运输,早就是东南亚最好的,但无论是好年头或坏年头,政府都集中力量改善这些基本系统。1997年8月,日本《产经新闻》在对东南亚各国的经商环境进行调查之后作出结论:在该地区的10个国家中,新加坡的经商环境最好,所得评分高居第一。在受访的34家日本公司中,据受访者对12个项目的评分,新加坡有11个项目都是"极好",这些领域包括交通、电讯、能源设施、人力资源、生活环境和行政管理等。

**政府能及时纠正经济发展中的问题**

1996年5月,当一些国家的政府放任房地产价格飞涨时,新加坡政府却及时采取了行动,下令减少房地产贷款,规定任何人购买房地产三年内出售须交纳100%的资本收益税,同时减少对私人发展商的土地供应。由于新加坡政府能在问题未发生前就采取主动措施,对症下药,因此新加坡没有出现房地产过热、投资失败、货币贬值、外资撤离等现象,虽然新加坡在金融风暴中也面临房地产萧条,却不像其他亚洲国家那样暴跌。

**大力发展高科技产品** 新加坡从80年代初开始放弃下游制造业(电视、盒式磁带录相机工业),转向"增值"更高的电子产品。近几年新加坡吸收的制造业投资,主要是以电子和化学工业为主的高增值工业产品,这使其出口业不会与周边国家的产品在区域和国际市场上"撞车"。因此,当东南亚金融危机发生后,东盟国家货币贬值使其出口产品的国际竞争力增强,虽影响了新加坡的出口竞争力,但并没有造成太大影响。反之,全球电子需求的稳健复苏,刺激了新加坡的制造业增长,因而带动了贸易服务业。此外,新加坡的区域贸易主要是跨国公司内的零件、配件和完成品在流动,而美国和欧盟对这些产品的需求仍然强稳,如1997年下半年,美国对新加坡制造的硅片、半导体和激光磁盘的需求开始活跃,使新加坡的贸易因而没有受区域货币危机的影响。

此外,工业多元化也是新加坡能够抵御区域金融危机的部分原因。除了占28%的国内生产总值的金融界与商界外,新加坡的商业、转口贸易、运输和通讯等领域,占生产总值的31%。只有26%的国内生产总值来自制造业,其中,超过一半来自出口大部分运往发达国家的电子或相关行业。该行业出口到本区域的产品以半成品为主。

## 东亚金融危机对新加坡的影响及对策

由于与地区经济关系密切,新加坡自然逃脱不了邻国金融危机的影响。新加坡银行在东南亚地区借出了大量的贷款,企业在本地区有大量的投资,泰国、印尼等邻国为实行国际货币基金组织的整顿经济计划,削减开支、紧控赤字,使其对新加坡的出口势必减少,并使新加坡的转口贸易也受牵连。1997年10月,设在香港的政治经济风险咨询机构认为,东南亚地区的金融危机势必影响新加坡的经济表现。虽然美国的电子需求增加将缓和金融危机的破坏,但是电子业的复苏并不是全面的,消费电子和印刷电路版面对激烈竞争,而半导体的供应却非常不稳定。因此,这家政经风险咨询机构把新加坡的风险评级从7月份的2.63级降低到8月份的2.73级。实际从1997年11月开始,由于韩国和东南亚地区经济情况恶化,地区经济危机对新加坡的影响已逐渐显露出来。

*首先是来新加坡旅游的人数减少* 新加坡的旅游业每年收入约112亿新元,占国内生产总值的10%。1997年新加坡旅游人数增长率则跌了1.3%,这是新加坡自1983年以来游客人数首次下降。主要

原因是来新加坡旅游的东盟国家旅客下降了0.4%，损失金额高达数百万新元。其中以马来西亚和泰国的旅客人数降幅最大。分别下滑了7.3%和28.7%，印尼和菲律宾到新加坡度假的人数，也深受货币危机的影响而减少。与旅游有关的行业几乎无一幸免，包括旅馆、旅游胜地、航空业、旅行社、会议代办业务、餐厅、酒吧、零售业等均损失惨重。

*其次，房地产价格继续疲软* 1997年对新加坡私人住宅市场来说是颇不平静的一年，市场在继续受到1997年5月起实施的降温措施的负面影响，价格下跌12.8%的情况之后，又受到供应过剩和区域货币和股市危机的双重打击。各类私人住宅价格在连续六年的高年增长率之后，在1997年开始出现负增长，前三个季度各类私人住宅价格已下跌8.7%。而且，面对不乐观的经济前景和未来几年的过量供应，很多买主缺乏信心，采取观望态度，导致需求相对疲软。1997年12月，房地产价格严重下挫相当于年初的约60%的水平，市场已由前几年的卖方市场变成买方市场。

新加坡总理吴作栋认为，虽然目前本地区的经济前景暗淡，但其中期前景还是乐观的，“只有本区域国家作出痛苦的但却必要的调整，两三年后应能够恢复强劲的增长，到时，这些国家将变得更加健全灵活、更具竞争力。”所以，新加坡必须利用这几年时间，巩固和加强本身的竞争力，以构筑金融危机后的优势地位。主要措施是：

**大力吸引外国科技人才** 新加坡长期存在人才短缺的问题，迫切需要工程技术、行政、电脑及会计专业人才和教师等。新加坡官方预计，如要保持经济增长，到2000年时新加坡必须有1.3万高素质的科研人才，3.5～4万一般科技人才。但截止到1997年，新加坡仅有科研人员1万多人，新加坡大学和海外大学毕业的新加坡人，大约只能供应新加坡所需人才的60%。因此，政府正采取放宽移民管制、提供廉价住宅等优惠政策吸引外国人才。1997年8月，新加坡总理吴柞栋宣布：“新加坡将放宽移民管制，一些不合适宜的法令都将加以修改，如规定在新加坡工作的女性不得将其丈夫带到新加坡定居等。此外，新加坡的房租非常贵，给在新加坡工作的外国人造成极大负担，政府计划兴建专门出租给外国人的廉价公寓。”此外，新政府还在悉尼、温哥华、伦敦、波士顿、洛杉矶等六个城市设立“接触新加坡”资料服务中心，为想来新加坡工作、学习和定居的人提供方便。

**促进金融机构改革** 新加坡银行一直受到政府较多保护，1965年以来不允许外国银行再在新加坡增开分行，致使银行效率低下，失去竞争力。此外，过去由于新加坡金融管理局严格监管在新境内设立营业点的各金融机构，也给新加坡带来“过度监管”的名声。针对这一情况，新加坡政府积极采取措施，减少政府对金融机构的保护，提高银行业的国际竞争力。1997年11月4日，副总理李显龙宣布了金融改革的八大原则，主要是将金融监管的重点从“管制”转移到“监督”；把注意力的焦点从对个别投资人、机构、项目的保护，转移到对整个金融体系的风险管理；监督个别机构是否遵守有关要求和条例，并确保机构内的管理健全。政府还呼吁金融界与政府之间建立起更密切的合作伙伴关系，其目的是进一步发展金融业，为使新加坡成为地区和世界金融中心之一作好准备，以面对来自全球的竞争与挑战，争取未来在世界金融领域发挥重要作用。

**采取措施进一步发展旅游业** 为减少东南亚金融危机给新加坡旅游业带来的损失，新加坡旅游促进局积极与东南亚其他国家的旅游局进行合作，展开损失管控计划。东盟国家的旅游局通过各国旅游局的海外网络，定期发表联合公报，驳斥部分海外媒体宣传烟雾已笼罩整个东南亚地区，以及印尼的森林大火可能会持续到1998年4月的不实报道。

**调整房地产政策，帮助商家度过难关。** 由于新加坡房地产市场持续疲软，1997年11月，新加坡政府宣布减少发售公地，让市场有时间消化过剩的房子供应量的政策。具体措施有：延长私人住宅的完成发展期限，不允许买家贷款超过楼价的80%等措施等，以缓和私人住宅价格持续下跌。目的是为了稳定市场，以期确保在中期和长期有稳定的土地供应量让私人发展商兴建房屋。但这次措施是一次预防性的中期措施，由于有许多新旧和将建未建的住宅需要消化，而且贷款和动用公积金的限制尚未解除，政府的新措施不可能使房地产市场立刻升温，但有可能使停滞的市场恢复运作。

**调整产业结构，发展化学工业** 为了减少工业对电子产业的依赖，进一步发展具有高经济增值的化学工业，1997年12月，政府宣布将以实际行动从三方面对化学工业给予支持：首先，政府将加强国家工人的整体技术和能力；其次是继续兴建基础设施，使世界级的综合性制造业活动能够在新加坡进行，政府也会为国内创造具有竞争力的商业环境。新加坡希望吸引到这些投资，特别是在石油化工方面。第三，增加重点大学中学习化学专业的人数，增加有关课程，到海外招聘专业人才。新加坡政府希望在2003年化工业完全发展后，把电子业占制造业的比重减低至50%以下或是约50%，把化工业提高到约30%，使新加坡经济保持更大的稳定性。

## 1998年受金融危机影响更加明显

1998年，东亚金融危机对新加坡的影响更加明显，主要表现在以下几个方面：

**金融市场继续动荡** 新加坡曾引以自豪的金融业也不容乐观，一年来新元对美元的汇率一直下跌，跌幅达15.4%，股市的市值已经下跌了45%。本地77个信托单位基金中，90%的基金价值明显下挫。银行贷款已大为放慢，银行和金融公司的贷款额月月下跌。从年初就不断减少的商业领域贷款出现了多年未有的负增长，制造业领域的贷款增长也很疲软，表明经济活动已受到很大影响。银行中存户转投资美元的数额大幅度增加，新加坡最大的外汇交易银行花旗银行的美元市场就有显著增长，1997年12月底比同年6月底美元存款增加了40%，其本国的发展银行和华侨银行也都表示美元存户有增加现象。为减缓区域金融风暴的冲击并吸引外资，新加坡银行纷纷调高利率。新加坡大华银行董事长说，在经济前景不明，银行同业拆款利率持续偏高，并且各银行彼此效仿的情况下，新加坡基本放款利率可能在1998年内涨到8.5%。信贷评级公司惠誉1998年7月24日发表文告说，新加坡银行将因经济状况恶化而受影响。它警告新加坡经济衰退可能为本地银行带来问题。截止1997年12月，新加坡的不良贷款比率是2～3%，1998年7月已增加到4%，惠誉公司预测在未来两年内，不良贷款的比率将增加到10%，银行的贷款损失可能高达60亿新元。

**经济增长继续放慢** 由于1997年新加坡在地区金融危机中表现良好，其国内一些经济学家原先预测其1998年的经济可增长5.2%。但随着地区经济危机的恶化，政府在年初将经济增长率向下修改为3.5%。6月底新加坡政府在宣布预算案外措施时，又将1998年的经济增长预测调低到0.5～1.5%。工商界普遍认为1998年第三季度的经济增长率会出现负数，一些学者也认为今年的经济则会出现1%或负1.67%的全年增长率，到1999年才有好转的可能。国外舆论也认为新加坡的经济在下半年会出现衰退。英国独立经济分析机构6月发布的一项报告中认为，最近所公布的货币供应数据显示，区域经济危机已使新加坡的多项行业受到损害，新加坡即将面对经济衰退的新货币危机。7月美国大使馆公布的报告说，新加坡今年下半年疲软的商业与制造业将使国家陷入经济衰退。原因是商业和制造业可能拉低第三季度的增长率，第四季度则进入衰退的范围(因为经济衰退的定义是连续两个季度收缩)。

**公司破产和失业人口增多** 新加坡行政和法务部门的公务员已被告知薪资可能会缩水，民间公司也表示要调整薪资，为未来的艰苦日子未雨绸缪。1998年上半年，宣告破产的人数已达700人，其中4成是因生意失败，共107家公司被法庭清盘，比1997年同期增加近一成。许多公司为避免财务压力而进行裁员，跨国公司包括希捷、康柏、西部电子和摩托罗拉都先后宣布裁人。新加坡共有190万人的工作队伍，1998年以来已有2万工人失业。新官方透露，如果区域经济形势和全球电子业需求继续恶化，年底新加坡的失业人数约多达3万人。但就业机会在同期下降了2成。因此，政府及时提醒商家，不应因对业务过度悲观而大幅度缩小规模，宜保留人才为经济复苏作准备。政府为此将拨款5 000万新元协助公司提高工人的技能，资助愿意提高技术的工人。

**全年外贸可能出现负增长** 1998年第一季度，新加坡外贸总额仍有4.2%的增长，可是在区域货币危机和全球主要电子产品供应过度的情况下，外贸情况急转直下。此外，由于主要贸易伙伴日本和马来西亚的进口需求大大减少，导致新加坡1998年5月份的贸易总额比上年同期下降了13.8%，对马来西亚的出口进一步下挫16.7%，为8亿多新元。主要由于当地市场货币变动而需求放缓，以及一些大型的跨国公司正将区域业务进行重新组合和巩固。第二季度的外贸总额增长率是负7.7%，以至上半年的外贸总额增长率是负2%。贸易发展局6月20日公布的数据表示，虽然到美国的和欧盟的非石油产品进口保持了适度的增长，但出口到泰国和韩国的产品分别下降了5.5%和30.8%，到香港和台湾的出口也有下降的趋势。贸易发展局7月下旬预测，在亚洲金融风暴的冲击下，新加坡上半年的外贸总额为1 777亿新元，下跌了2%，全年外贸总额增长约为负4.5%至负5.5%。

**电子产品出口前景堪忧** 尽管在金融风暴的沉重打击以及电子业萧条的影响下，新加坡电子业商家与亚太地区其他电子业者相比较表现还不错，但企业人士分析，新加坡电子业1999年第三季度无法如往常出现订单增多的现象。近一时期，来自美国的订单忽升忽降，整体经济形势不明。新加坡电子业受到多方面的冲击，包括预期1998年中期出现的磁碟机景气复苏现象并未出现；半导体价格持续下跌；新元对其他亚洲货币相对升值，以及电子零件需求剧减。

**旅游人数继续减少** 1998年上半年，新加坡的入境旅客比上年同期下降了17.2%，刚刚超过300万人次，全年看来很难达到预期的650万人次。其中台湾的下降最多为34.3%，为3.3万多人；印尼下降30.1%，为7.7万多人；日本下降25.6%，为6.5万多人；马来西亚也下降了26.1%，为4.36万多人，美国和泰国的下降也超过了15%以上。

**外资纷纷调整生产方向** 受邻国景气低迷和购买力减弱的影响，新加坡的外资制造业开始调整生产，企业以减产或转移市场应对亚洲经济危机。如欧洲意法半导体公司认为家电的通讯设备厂商的客户需求减少，决定延后新加坡新厂的开工日期；日本索尼在新加坡生产显像管的厂家，一半的产品销往泰国和印尼，因泰国和印尼显像管需求减少，决定部分生产线停工；松下冷机公司决定把泰国、印尼需求减少的部分转销欧洲和澳大利亚。一些施工公司也纷纷减少生产量。新加坡的台商也纷纷感叹新加坡的股市不断滑落带来的苦处。新加坡经济发展局认为，1998年新加坡的外资仍然稳定，但明后年的外来投资令人担心。金融因为金融危机影响是相当显著的，1999年不可能好转。

## 积极采取措施“等待黎明”

新加坡虽然幅员狭小，资源短缺，国内市场有限，与地区经济关系密切，但它经济基础良好，高储蓄，低通胀，财政和经常项目盈余，外汇储备雄厚，基本无外债，投资和贸易在经济中的比重大，所以经济不会出现特别严重的衰退和动荡，更不会使人民基本生活发生问题，只有极少数企业面临严重债务问题，不需要向外贷款来摆脱困境。

新加坡商界对1998年的经济形势展望显得很悲观，民众也因对经济前景悲观而普遍担心“钱不够用”，大幅度削减开支。他们认为新加坡这一次经济萎缩与1985年的经济衰退不同。1985年的经济衰退完全是国内因素引起的，通过调整工资和减少工商成本，一年后经济就完全恢复。但这次经济萎缩主要是由地区和外部因素引起的，难以利用国内资源和扩大国内需求来扭转经济颓势，刺激经济增长的回旋余地有限。地区经济危机一般估计要3～4年的时间。在区域经济未恢复的情况下，新加坡很难一枝独秀。新加坡政府也表示，“未来5年的日子仍很艰难”。

因此，新加坡政府一方面密切注视地区经济的发展变化，“静观其变”；另一方面积极采取措施，对本国的经济中出现的新问题不断进行补救和调整。主要措施是：

**出台审慎的财政预算案和预算外措施**

由于地区经济危机前景还不明朗，1998年2月末，政府公布了4月1日开始的新的财政年度预算案，拟实施比往年更加紧缩的经济政策。主要考虑到在区域经济危机下，国家收入将会减少，而政府又即将配合经济发展需求开展几项长期发展计划，因此在必要时将暂时缩小不紧要的计划的规模。中长期计划仍继续重点投资在教育、经济基础建设和国防上，以巩固国家的经济基础。6月末，为避免经济衰退和降低经济放缓的冲击程度，政府又及时推出了20亿新元的预算案以外的措施。这个预算案列有68项配套措施，包括商家关注的减少经营成本、加强员工培训和稳定房地产市场等，以协助工商界渡过目前的难关和刺激经济增长。

**进一步发展和开放金融市场，以金融带动经济发展** 新加坡认为目前经历的金融危机将导致各国在国际市场的竞争更加激烈，开放市场是新加坡这样的小国经济体的惟一选择，应趁本地各国忙于解决各自的经济危机之际，进一部发展和开放金融市场，推动新加坡成为区域金融中心。1998年6月8日，新加坡政府宣布了5项金融开放政策，包括5年内逐步开放金融业，允许更多的外国金融机构参与竞争；岸外银行的新元贷款上限将从目前的2亿新元提高到3亿新元；降低银行最低现金结存，从7月1日起银行最低现金结存从6%下调到3%等措施。与此同时，银行实行新的即时毛额结算制度，取代目前的日终净额结算制度；提高银行透明度，金融管理局将公布的透明标准包括公开银行的"隐藏储备"和不良贷款；发展强大的本国银行，鼓励本国银行合并，并支持外国银行参股；改革金融机构审核办法，使其分四年逐步完善落实。

**促进房地产市场复苏** 针对租屋转售价格节节上升，严重影响私人房地产价格的现象，政府在预算案外措施中做出在未来18个月内暂停售地，暂缓收费等规定，这将使住宅地供应量不会增加，并缓和目前的供过于求的严重现象，消化掉这些已建成但还卖不出去及潜在供应的单位，对处于困境的发展商似乎可产生及时雨的作用，但这些数目可观的私人住宅单位，估计要4～5年的时间才能消化掉。供过于求的现象一日不消除，房地产市场就难以回到平衡点（在新加坡，大多数新建私人公寓及有地住宅，是以那些有意提高居住条件的租屋房主为销售对象，而那些租屋房主能否拥有私人房屋，主要看他们能以怎样的价格将原有租屋出售，因此，租屋的转售必然影响私人房地产价格）。

**推行提高员工生产技术的计划，尽力减少失业** 针对工业生产中一方面所需高技能员工不足，另一方面普通员工过剩、企业裁员增多的现象，新加坡政府号召企业积极组织工人进行职业训练，以应付未来的新挑战。新加坡政府认为，整个区域的经济复苏后，其他国家的成本比新加坡更低、更具有竞争力，他们将分享新加坡市场，把投资吸引过去，更多的劳动密集型产业将从新加坡撤出，那时工人如不具备所需要的技术，要找到新工作将更加困难。政府正在考虑成立一个促进人力资源发展部门，把目前分散在各个部门和法定机构的工作集中起来，避免今后因产业不断升级，劳动密集型产业逐渐转移到国外而产生的"结构性失业"问题，以加强新加坡工人与邻国劳工的竞争力。

目前，新加坡媒体用"等待黎明"描绘目前的经济形势，政府也形容这次经济萎缩好像一个健康的人突患感冒，强调"由于这个人体质好，迟早会恢复健康"，号召人民作好思想准备渡过几年艰难时光。

# 国际社会关于控制和防范世界金融危机、保证世界经济安全与稳定的举措和动向

中央财经大学 韩复龄

金融危机是指由信用基础破坏而导致整个金融制度的动荡和混乱。需要指出的是，随着发达国家经济体制的被迫调整和自我完善，近20年来，这种起源于资本主义基本矛盾并蔓延于整个资本主义世界的旧式金融危机逐渐减少，而在发展中国家，特别是那些正在起飞的新型市场经济国家，则由于主观或客观原因积累着金融风险，并使金融危机有愈演愈烈之势。如80年代拉美国家的金融危机，90年代初墨西

哥金融危机和这次亚洲金融危机，都是新型金融危机的例证。

## 金融危机存在的必然性

人们不禁会问：为什么金融危机会频频发生呢？随着世界经济一体化的发展，国际金融市场也趋于一体化。一方面，国际资本流动速度加快，提高了全球资本配置的效率；另一方面，国际金融市场的一体化增加了国际金融市场的不稳定。种种迹象表明，80年代以来，特别是进入90年代后，全球金融体系潜伏着的危机开始显现。从这一点上说，金融危机有其存在的必然性。

### （一）世界游资规模越来越大

游资为追逐高额利润而经常在各金融市场之间移动，其趋利的本性难改。它是世界经济金融自由化、国际化的直接产物，而且现代电子技术的发展把全球金融市场连成一片，为游资迅速移动提供了极大便利。随着金融自由化的发展，衍生工具的广泛应用，国际资本的作用范围和乘数效应存在扩展的趋势，在宏观经济形势稳定时，它能有效地促进经济发展，一旦形势发生动荡，它的负面作用就将呈现出来，给经济以巨大的打击。

### （二）债务经济的发展

进入80年代以后，全球债务问题成为世界经济中的一大难题，拉美的债务危机产生了不小的震动，至今仍高居不下。我们可以想象，一旦经济出现问题，巨额债务问题所产生的冲击足以使国际金融市场陷入无序之中。

### （三）宏观经济政策中的不稳定因素

从战后西方各国看，宏观经济政策理论经历了从凯恩斯主义到新自由主义的演变。凯恩斯主义尽管给西方世界带来了20多年的繁荣，但最终还是将西方国家引入了“滞胀”。在新自由主义思想指导下，国家减少了对经济的干预，经济自由化推动了经济的开放和国际化。但是，经济的自由化并没有同有效的监管结合起来，在经济自由化、国际化的旗帜下，一些发展中国家也搭上了快车，奉行自由放任的经济政策，过早地开放了金融市场，而国内金融体系、金融监管制度、宏观调控手段则不尽完善，脆弱的经济金融体系极易受到外部冲击，潜在的危机随时都可能爆发。

### （四）金融改革步伐不同步

10多年来，世界金融业实际上已进行了重大的改革，也可以说是创新。问题的关键不是改革滞后，至少不全是，而是改革出现了巨大的结构性差异。近10年来商业金融机构为了追求利润，进行了多方面改革，适应了经济发展对金融的客观要求，但是，相比之下，中央银行则几乎没有进行什么改革。这种微观上充分自由而宏观上一成不变的做法显然有些不妥，也导致了中央银行对宏观经济形势的判断往往不准确，从而所采取的货币政策也不能达到预期的目的。

综上所述，国际金融市场不稳定的潜在因素依然存在，在以后的时间里，这些不稳的因素都将根据形势的变化而会有所表现，这也说明了我们仍将在很长一段时间内和金融危机做斗争。

## 防范金融危机已成为国际合作的重要内容

尽管金融危机的发生有其必然性，但我们也不能坐以待毙。经过我们的努力，任何风险和危机都会在一定程度和一定范围内得到有效的控制和防范。这就要求世界各国要根据各自的国情，检查各自的金融政策和金融体系，发现问题，进行改革，以求从内部消除发生金融危机的隐患。除此之外，因为在全球经济国际化发展的环境下，金融风险和危机在国家和地区之间相互转移、相互扩散的趋势不断增强，金融风险和金融危机已不再单纯是某一个国家的问题，控制和防范金融风险已成为世界范围的一个带共性的问题。防范金融风险、化解金融危机的国际合作变得日益重要和迫切，所以这就要求整个国际社会统一行动，为维护世界经济的安全与稳定作出应有的贡献。

### （一）各国金融监管当局普遍重视对金融风险的化解

当前，各国监管部门都把金融风险的防范和化解作为监管工作的重点，以维护本国和世界金融体系的稳定。

**金融监管呈现一体化趋势**　巴塞尔银行监管委员会发布了《有效银行监管的核心原则》的框架文件，旨在为各国银行监管确定一些必须遵守的基本内容，减少由于各国法律上的差异而产生的各国监管标准不一的缺陷。1996年西半球34国财政部长会议决定，由美洲开发银行制定强化金融市场监督的计划；日本政府1996年也宣布了金融市场监管五年计划，决定成立金融监管厅并建立一个包括七大工业国参加的全球金融监管系统等。

**重视对资本充足性的监管** 1993年以来，巴塞尔银行监管委员会一直在着手制定《资本协议修订案》，该修订案于1996年1月公布，补充了市场风险对银行资本金的要求，要求成员国于1997年年底实施。

**重视对金融危机的处置和救助** 各国均高度重视对那些已形成高风险的金融机构的处置和救助，以维护金融体系的稳定。如日本政府为了妥善处理拥有大量呆账、坏账的8家住宅金融信贷公司，专门设立了"住专处理机构"，由财政部投入1.3万亿日元，计划在今后的15年内全部购回"住专"债权。还有中国目前刚成立的信达资产管理公司（建行试点），探讨解决消除国有商业银行的巨额不良资产问题。

**重视反洗钱立法，加大打击洗钱活动的力度** 鉴于国际上不法分子利用种种金融手段，通过银行之间的交易，漂洗"脏钱"，使之合法化，一些国家已在制定有关惩治"洗钱"的法律。

## （二）国际金融业的监管与合作日益得到加强

随着全球经济朝一体化方向发展，金融国际化、现代化步伐的加快，金融业的国际合作与交流日益密切。出现了许多国际性和区域性的金融监管组织，如巴塞尔银行监管委员会、国际货币基金组织、七国首脑会议、国际证券委员会（IOSCO）、国际保险监督官协会等。

**巴塞尔银行监管委员会** 在全球统一监管的进程中，国际银行监管机构巴塞尔银行监管委员会发挥了重要作用。该委员会1975年通过了《对国外银行机构监督的原则》，1983年进行了修改；1988年颁布了《关于统一银行资本衡量和资本标准的协议》（即《巴塞尔协议》），该协议成为银行业国际监管的重要标准；1996年初，又公布了《巴塞尔资本金协议市场风险修正案》，制定了统一的估测、监管银行市场风险的标准等等。尽管它的建议在世界范围内不具有硬性的约束力，但由于其适应了全球银行监管的现实要求而得到了国际银行业和各国金融监管当局的普遍接受和应用。

**国际货币基金组织（IMF）** 该组织是在二战即将结束时召开的布雷顿森林会议上宣布成立的，其宗旨是为建立新的国际经济秩序，避免再次发生类似战前出现的经济混乱局面。目前该组织已把监管国际金融风险、防范金融危机作为重要的工作内容。1995年8月基金组织在关于资本市场的年度报告中，建议各国政府应该加强对金融交易的监管。此后1996年基金组织年会，又提出了十几项监督内容作为国际金融合作的指导性文件，要求各成员国建立稳健的财政货币政策，公开报告金融信息，强化对金融业的监管。

**七国首脑会议** 1985年9月成立的七国首脑会议，主要目的是协调工业大国之间的货币政策，以国际汇率为核心，稳定国际汇率，防止通过汇率波动转移国际间的财富、造成国际金融市场大动荡，从而产生金融危机，影响国际间经济贸易的正常发展。1995年6月，西方七国首脑会议提出了要大力加强国际货币基金组织对各国经济和财政金融状况实行监督的能力、建立全球范围内监视和控制金融市场风险体系的设想。

**地区金融合作组织的建立** 欧洲共同体的金融合作是最早且比较成熟的，以埃居（Eue）为单位的货币联盟，已运作多年，现在将成为一种独立的货币，在1999年实行欧元体制。建立欧元的目的有两个：一是稳定地区内货币，使汇率相对稳定，为地区的经济发展服务；二是抗衡区外的货币波动，特别是以美元为主的国际货币的波动，现在日元亦成为重要的国际货币，以集体抗衡美元、日元，稳定国际货币汇率，促进国际经济发展。

近几年来，亚洲地区的金融合作已初步形成，6个经济实体的金融合作会议，1997年已在东京召开首次会议。基于亚洲经济高速发展，金融业务量已占全球的1/3，储备占全球的40%，资本流量加大，各国金融管理机构尚不成熟，加强亚洲地区的金融合作，已成为地区和国际关注的重要动向。

在北美地区的金融合作中美国唱主角，并以美元为地区核心货币。墨西哥金融危机，曾使美国坐卧不安。墨西哥一度作为美国自由经济的示范区，发生这场严重的金融危机后，美国动用了自己的200多亿美元紧急救援，强迫货币基金组织拿出200多亿美元，才平息了这场危机。但是北美地区尚没有成立地区金融合作组织。

为防止金融风险和金融危机，国际间、地区间大都相应地建立了金融合作组织，以协调政策、互相支援、强化金融监管。其中较具影响的还有中东欧国家银行监管集团、阿拉伯国家银行业监管官员集团、东新澳中央银行行长会议、拉丁美洲和加勒比监督官委员会等。事实上，世界各国金融监管当局和监管人员之间的国际合作范围在不断扩大，信息交流日趋频繁，加速了全球金融体系朝着平稳、健康的方向发展，同时这些国际组织的一些监管意见和建议，对国际金融的影响也越来越大，在某种意义上甚至可以说是一种金融业的国际惯例。

### （三）国际金融业的监管模式发生变化

在新的国际经济金融环境下，传统的监管方式已显得难以应付，国际金融业结合新的情况，为提高国际金融业监管的有效性进行了广泛的探索。主要包括以下几个方面：

**进行全面风险管理**　长久以来，信用风险被认为是最重要的风险因素。但随着国际金融市场的蓬勃发展和银行业国际化趋势的增强，仅仅管理信用风险已很难满足有效监管的要求。对信用风险、市场风险、国家和转移风险、利率风险、流动性风险、操作风险、法律风险、声誉风险等各种风险实施全面管理，成为国际银行业监管的一个重要趋势。

**完善银行内部控制制度**　有效的银行监管，必须注重外在约束和自我约束的有机统一。国际金融界亏损倒闭事件频频发生，使得国际金融业和各国监管机构对银行内部控制制度的健全性、有效性越来越给予高度的重视。完善商业银行内部控制制度，提高银行自律管理水平，成为国际金融业有效监管的又一重要趋势。

对此，国际银行业监管的巴塞尔委员会和国际证券代理组织还发表了一项关于风险管理的联合报告，其中比较全面地概括了银行改善内部风险管理的七项重要因素：高级管理人员应参与银行的总体政策设计；明确管理风险和经营衍生业务的权力和责任；银行内部审计人员按照风险程度进行评估；重视资料的可靠性和及时性；在包括交易和非交易活动各项机构范围的基础上衡量和汇总风险；进行"压力测试"，包括对不利事件的识别和潜在可能性的检验；定期考察基本方法及其模型的假设。这些建议对各国商业银行建立健全内部控制制度具有重要的指导意义。

**改善信息披露制度**　准确、及时、全面地获取和处理各种信息，对于国际银行业的监管和风险管理至关重要，它是对银行业实施有效监管的一个基本前提。因此，完善信息披露制度也成为国际银行业加强监管的一个重要趋势。

**强调监管程序的规范化、全程化和监管的连续性**　为了实施严格有效的监管，国际银行界对金融监管方式作了进一步改进和规范，明确提出了对银行业的监管必须是持续监管。从逻辑上看，银行监管活动应该贯穿银行运行的全过程，对银行事前、事中、事后采取规范化的监管程序，也是国际银行监管的一个重要趋势。具体包括：

*预防性措施*　包括银行的开业登记、资本充足性、清偿力、业务活动范围、贷款集中程度等各方面的监管。

*援救性措施*　它是指对那些遇到清偿困难的银行提供紧急资金救援，帮助他们渡过难关，避免倒闭事件的发生。为了防止银行过度依赖行为的发生，负责监管当局的确切职能范围一般不公布。

*事后补救措施*　它的主要形式是存款保险制度，它是保护存款人利益、稳定金融体系的最后一道防线。但我们也必须看到这一制度不利的一面，即会在一定程度上促使银行更大胆地从事较高风险的资产业务，形成所谓"道德风险"。

综上所述，金融风险以及由此引致的金融危机不单是某一个国家所面临的，它危及整个世界经济的安全与稳定，全世界各个国家在管好本国事务的同时，必须联合起来，共同致力于金融危机的防范与控制，为整个国际经济健康有序地发展作出应有的贡献。

# 第 六 篇

# 世界贸易与跨国营销文化

# 90年代的世界贸易

对外经济贸易大学 赵宇辉

## 90年代世界贸易的发展

回顾80年代,在1979～1982年周期性危机后,1984年国际贸易的增长出现了一个高峰,到1988年出现了第二个高峰,以不变价格计的两个高峰的年增长率为8.1%和7.9%。进入90年代以来全球经济进入了缓慢而又深刻的大调整阶段,经济发展十分暗淡。原苏联、东欧国家政局动荡,经济持续滑坡;西方工业国相继步入经济衰退,世界经济一直处于增长缓慢和发展不平衡状况,全球经济平均增长率连续3年在1%左右低水平徘徊,1993年仅为1.1%。国际贸易随着发达国家相继陷入经济衰退而呈现出疲软势态,与此同时,世界贸易也一直是低速增长,世界贸易量年增长率1989年为7%,1990年减低为4.9%,1991年世界贸易量增长率从上年的4.9%降到3.7%,降幅高达24.5%;虽然1992年回升为4.5%,1993年又减低至2.5%。若与1989年增长率7%相比,只相当于该年增长率的36%。

1994年是90年代以来世界经济贸易发展的转折年。这一年,世界经济终于摆脱了绵延近4年之久的不景气,困扰有了明显好转,全球经济平均增长率达到3.1%,是90年代以来的最高速度,这表明世界经济已开始进人新一轮持续增长期。其中具有重大影响的是周期性经济复苏扩展到了所有西方国家。世界经济的复苏,扩大了世界市场的容量,使世界贸易在1994年实现了较有力的回升。根据世界贸易组织秘书处发表的《世界贸易发展报告》,1994年世界贸易总额首次超过了4万亿美元,增幅创18年来最高纪录。如果剔除价格因素,即从贸易量来看,世界贸易(或世界商品出口总量)实际增长率为9%;如果不剔除价格因素,即从贸易额来看,世界贸易(或世界商品出口总额)实际增长率为12%。

1995年随着世界贸易组织(WTO)正式启动运行,世界贸易继续高速增长,这既是1994年世界贸易超速增长的惯性延续,也是1995年全球经济持续扩张的反映。据世界贸易组织最近统计,世界商品贸易量继1994年增长10%后,1995年较上年再增8.5%,大大超过了过去10年年均增长的水平,创下了异常高的增长纪录;如按贸易值计,则继1994年增长12.7%后,1995年较上年再增19.2%,贸易额达到了48 750亿美元。同期,世界服务贸易额分别为10 800亿美元和12 300亿美元,即分别较上年增长8%和13.9%。1995年世界贸易(含商品和服务)总额已首次突破6万亿美元。

在1994年和1995年的国际贸易出现了战后以来罕见的高速增长。而1996年,由于占世界贸易总额约40%的欧盟国家受财政紧缩政策的影响,进出口贸易的增速明显放慢;加上世界半导体市场的不振,使以该类产品为出口拳头产品的一些亚洲国家,贸易额大幅度下降。1996年世界贸易增长率回落到1990～1993年的平均水平。据世界贸易组织(WTO)发表的1996年世界商品贸易及服务贸易统计报告,1996年世界贸易量增幅回落到较正常的水平,其中商品贸易增长了4%,服务贸易增长了5%。

1997年尽管发生了亚洲金融危机,但是在北美和拉美旺盛的需求和西欧经济复苏的推动下,世界贸易增长扭转了上年的放慢趋势,实现了高速增长。1997年世界商品贸易量增长率超过1996年,达到9.5%,是除了1994年以外,世界贸易在近20年来的第二个高增长年。若从贸易额来看,1997年世界贸易出口总额达到6.59万亿美元的新记录,其中货物贸易出口额为5.295万美元,服务贸易出口额为1.295万美元,二者分别比上年增长3%和2%。由于美元对世界其他主要货币的升值,加之低通货膨胀,使得1997年以美元计价的世界商品贸易额增长率比剔除价格因素影响而计算的世界贸易量增长率大大收缩。

1998年国际贸易增长率之所以下降为4.8%，其中一个重要原因是，从东亚经济危机国家（地区）到拉丁美洲国家乃至中东欧国家，世界许多国家为了克服或防范金融危机都在推行货币紧缩政策。

## 发展中国家在世界贸易中的总体地位上升，增长最富活力

目前，世界贸易格局维持了过去的主要格局，仍以经济发达国家为主，从占世界贸易总额的比重来看，目前，世界贸易格局中发达国家仍占主导地位。1998年在世界商品出口总额中，主要发达国家的商品出口占到70%左右，在世界服务出口和技术出口中发达国家更是占到92%左右。美国、德国和日本仍是世界上最大的三大贸易国。

美国是世界第一贸易大国。1998年美国在世界商品出口贸易颓中所占的比重为12.7%，领先于德国（10.0%）和日本（7.2%），是自1970年以来的最高水平。在进口方面，美国所占的比重为17.0%，也居领先地位，遥遥领先于德国（7.9%）和日本（5.0%），是自1987年以来的最高水平。此外美国是世界上最大的贸易逆差国，1994年商品贸易逆差从上年的1 380亿美元，增加到1 765亿美元，增幅高达29.4%。1998年亚洲金融危机影响了美国农场主和制造商在亚洲的产品销售，使美国的出口增长缓慢，贸易赤字进一步增大。根据世界贸易组织最新统计，1998年美国贸易逆差高达2 616亿美元。从发展趋势看，今后美国逆差还会增加，而日本和德国的贸易顺差国地位，还会得到加强。

欧盟贸易在世界贸易中占有举足轻重的地位。1998年欧盟商品贸易出口额为21 710亿美元，占世界贸易的41.6%；进口额占40%，达21 630亿美元。因而，世界贸易增长对欧盟的依赖程度很大。作为欧盟头号进出口大国的德国，其进出口额仅次于美国，一直居于世界第二位。1998年德国进口额为4 666亿美元，占世界贸易的8.49%；出口贸易额为5 397亿美元，占世界贸易的10%。

1998年日本商品出口额为3 880亿美元，占世界商品贸易出口总额的7.2%，居全球第三位。1998年日本商品进口额为2 805亿美元，占世界商品进口总额的5%，排在第五位。同时，日本是全球最大的贸易顺差国。1997年由于日元持续贬值，增强了日本出口商品的价格竞争力，推动了出口，1997年日本对外贸易的出超持续扩增，改变了近年来贸易顺差减少的趋势，尤其对美欧顺差都明显增加，再度加深了美欧日之间的经济矛盾与摩擦。1998年由于亚洲金融危机国家进口紧缩，再加上其本国经济不景气，内需严重不足，使1998年的进出口贸易均呈负增长状态。据世界贸易组织的最新统计，1998年日本的出口贸易额比1997年下降8%，进口额下降5%，贸易顺差继续大幅度攀升，达到719亿美元。

如果把美、德、日这3个贸易大国的进出口额加在一起计算，1998年它们在世界商品贸易总额中所占份额，进口占了30%，出口占了30%以上。由此可知，美、德、日3国的商品进出口额在世界商品贸易总额中占有将近1/3的份额，它们的进出口贸易的兴衰对国际贸易发展的快慢，仍然是个具有决定性的因素，不可等闲视之。

从占世界商品贸易总额的比重来看，目前世界贸易格局仍以经济发达国家为主，但近年来，占世界贸易出口额30%（1998年）的发展中国家经济的持续稳定发展，使其在世界贸易中的作用不断加强其成为世界贸易的新增长源。当前世界贸易中值得注意的一个重要趋势，即"北盛南衰"的传统格局已被打破。这一趋势在80年代后期就有迹象，到了90年代特别是1994年以来已为国际公认。

从增长速度来看，根据国际货币基金组织统计，1979～1988年发展中国家和地区的出口贸易额和进口贸易额增长率分别为2.8%和1.5%，低于发达国家同期的增长率（进口和出口贸易额增长率分别为5.3%和5.4%）。但在90年代初的经济衰退中，发展中国家的对外贸易没有受到发达国家经济衰退的明显影响，显示其富于活力的增长。1990～1998年，发展中国家的商品进口贸易额增长率为4.8%，5.9%，8.1%，9.6%，8.7%，7.2%，11.7%，8.0%和－9%，而同期发达国家的进口增长率为5.6%，3.3%，4.7%，1.6%，9.7%，8.9%，6.1%，8.0%和3%；1990～1998年，发展中国家的商品出口贸易额增长率为7.4%，3.8%，10.1%，7.0%，12.7%，12.3%，7.5%，9.6%和－6%。而同期发达国家的商品出口贸易增长率为6.2%，5.6%，4.8%，3.0%，9.5%，9.4%，5.6%，9.3%和0%。

从在世界货物贸易中的比重来看,1990～1998 年发达国家的比重由 75%降为 70%,发展中国家的比重则由 24%升至 30%。据联合国贸发会议 1996 年度报告,1965～1969 年,美、德、英、日和亚洲“四小龙”在世界制成品出口中的比重依次为:19.1%、17.1%、10.6%、8.5%和 2%,1991～1993 年为 13.0%、14.2%、5.9%、12.9%和 9%,亚洲“四小龙”的比重增大 4 倍,而且已为英国的 1.52 倍。如果“四小龙”加上东盟其他 4 国(印尼、马、泰、菲),高达 12.5%,为英国的 2.1 倍,与美国、日本不相上下。

从发展中国家在发达国家货物进口中的地位看,日本对发展中国家的出口占其出口总额的比重从 1986 年的 35.6%增加到 90 年代初的 41.3%,1995 年已增至 52.1%。美国对亚洲发展中国家的出口也超过了对欧盟的出口,美对韩国、中国台湾和新加坡的出口已分别超过了它对德国、法国和意大利的出口。1995 年美对发展中国家的出口占其出口总额的比重增至 49%。欧盟对亚洲发展中国家的出口在 1994 年几乎与对美出口持平。欧盟对发展中国家的出口占其出口总额的 47%。

据联合国贸发会议报告,亚洲“四小龙”加上印尼、马、泰、菲在经合组织国家进口中的比重,已由 1963 年不到 2%,上升到 1993 年的 9%,同期内拉美却从 7.8%退居 4.7%。30 年来前者输往经合组织国家的货物约有 3/4 属于不断增长的类别,拉美这一比重仅为 38%。1994 年美国对东亚和南亚(包括印度,不包括日本)的出口已超过它对欧盟的出口;欧盟对东亚和南亚的出口与其对美国的出口接近;日本对东亚和南亚的出口几乎等于它对美国和欧盟出口之和。近年来在推动全球贸易持续发展中,发展中国家特别是亚洲和拉美的一些国家和地区起到了重要作用,是世界贸易发展的新的增长源。阿根廷、中国、印度尼西亚、韩国、马来西亚、墨西哥、菲律宾、新加坡和泰国等 9 个国家在进出口贸易两方面都是增长最快的。

90 年代经济最具活力的仍然是亚洲,在亚洲又以东亚的发展最为突出,保持增长势头。90 年代正当欧洲专注于本身的单一市场、美国的重心仍摆在欧洲的时候,经济真正活跃的地区已悄悄转向亚太。自东京、上海、香港以至新加坡所围成的亚太边缘地带,已逐渐取代由纽约、巴黎、伦敦为代表的大西洋地带,成为全球经济的重心。美国与欧盟已是成熟的经济,成长空间有限;而亚洲的制造业实力强劲,带动市场欣欣向荣。亚洲的消费市场与欧美相比,也属于刚刚开放的处女地,增长是最快的。据国际货币基金组织统计,90 年代以来亚洲国家和地区国内生产总值平均增长率,远远超过经合组织欧洲成员国,而且也超过中美和南美。其中经济增长最快的有中国、新加坡、马来西亚、泰国以及韩国。亚洲国家和地区的经济持续高速发展,市场规模迅速扩大,为世界各国提供了日益增多的良好机遇,成为推动世界经济增长的重要力量,也为世界贸易增长作出了特别的贡献。90 年代亚洲经济和贸易增长速度领先于全球,在世界经贸格局的变动中发挥越来越大的作用。据世贸组织统计,1990～1995 年整个亚洲的出口以每年平均 10%的速度增长,仅 5 年就增加进口 60%以上,同期,出口年均增长率达到 7.5%,高于世界平均 6%的水平。到 1995 年,亚洲 10 个国家和地区的商品进口总额达 7 484亿美元,超过同年欧盟 15 国的 7 361 亿美元和日本的 3 359 亿美元,仅略低于美国同年的 7 708 亿美元,为世界四大贸易中心之一。与 1995 年高速增长相比,由于全球对办公通信设备和电子与半导体产品需求疲软以及美元升值的影响,1996 年亚洲的出口量增长率不仅低于其经济增长率,而且也是全球七个地区中最低的。亚洲的进口情况要好些,其增长率达到了世界平均水平,超出其出口增长率两个百分点。1997 年虽然日本以及遭受亚洲金融危机打击的国家的经济增长放慢,但随着世界电子市场的明显恢复,1997 年亚洲地区进出口贸易尤其是出口贸易增长扭转了上年放慢趋势,恢复了上升之势,出口量的增长(为 11.5%)自 90 年代以来首次超过进口量的增长(为 5.5%)。1997 年中国进出口贸易高速增长(达 12.1%),其中出口增长近 21%,居世界第一位,进口也维持在 2.5%,进出口贸易额达到 3 250 亿美元,首次跻身于全球 10 大贸易国(地区)行列。亚洲在世界贸易中的比重已由 1983 年的 19.1%上升到 1997 年的 25%,1997 年制成品出口占其出口总额的 82.2%,占世界制成品出口的 29.4%。而在 1998 年亚洲在世界贸易中的比重为 21%。

其次,拉美地区经济 90 年代一反 80 年代债务危机的沉闷局面,出口增长,外资流入增加,市场开放,经济活跃,成为亚洲地区之后又一经济前景被看好的发展中地区。经济最具潜力、贸易增长最快的亚洲、拉美地区现已成为欧美国家刻意争夺的新兴市场，这是国际贸易地区结构变动的一大新特点。

## 国际服务贸易迅猛发展 在世界贸易的份额不断扩大

经济全球化的发展推动了服务贸易的发展。跨国公司作为集货物贸易、服务贸易、对外投资和技术转让于一身的特殊主体，日益发挥着重要作用：国际直接投资越来越多地涉及服务业领域，国际服务市场需求迅速增长；国际间的技术转让、经济合作等也带来人才的国际流动和跨国业务的扩大。进入90年代以来，世界服务贸易以高于货物贸易的速度增长。服务贸易在国际贸易中的比重将继续提高。70年代世界服务贸易与货物贸易相比显得微不足道，到了80年代，后者的比例已由过去的1∶10变为1∶6甚至1∶5，进入90年代后变为1∶4。90年代以来，国际服务贸易发展速度一直大于货物贸易。1991年到1998年，世界服务贸易的年增长率分别为20%、4%、10%、2%、9%、14%、5%、2%和－4%；同期，世界商业性服务出口增长率分别为14%、2%、7%、0%、13%、19%、4%、3%和－3%。其结果，世界服务贸易额占世界贸易额的比重在不断上升，从1980年的15%上升到1998年的20%，这还是在服务贸易相对货物贸易尚不够开放的条件下取得的。

同货物贸易一样，发达国家是世界服务贸易的最大出口国和最大进口国。发达国家的服务贸易总额占世界服务贸易总额的比重大大高于发展中国家。发达国家在国际服务贸易中占有绝对重要的地位，1990年、1995年其服务贸易额分别为6 586.73亿美元和9 056.51亿美元，1996年达到9 351.28亿美元，分别占世界服务贸易额的70.1%、72.0%和70.3%。而同期发展中国家服务贸易额分别为2 062.47亿美元、3 503.33亿美元和3 944.02亿美元，分别占同期世界服务贸易额的29.9%、28%和29.7%。自70年代以来，世界服务贸易额排在前10位的国家和地区（特别是出口）没有发生太多变化，并且基本都是发达国家。1998年服务贸易出口排在世界前10位的国家和地区依次是：美国、英国、法国、德国、意大利、日本、荷兰、西班牙、比利时、卢森堡；进口排在前10位的国家和地区分别是美国、德国、日本、法国、意大利、英国、荷兰、比利时、卢森堡、中国香港。服务贸易前7位最大的出口国，也是前7位最大的进口国。除中国香港外，其余9个发达国家服务出口1996年、1997年和1998年分别占世界总额的57%、57%和58%。其中，排在第一位的美国分别占16.2%、7.8%和18.1%；欧盟合计服务贸易出口额1996年和1997年分别占世界总额的42.16%和41.56%。

发展中国家国际服务业虽然起步较晚，但自六七十年代以来也有了长足的发展，在产出和就业中的比重也呈上升的态势，特别是其中的新兴工业化国家、地区经济服务取得重大突破，服务业在其产出和就业中的比重均开始超过制造业成为最大的产业。发展中国家和地区在世界服务贸易中的地位趋于上升。进入90年代，发展中国家和地区的服务出口明显加快。1990～1995年，发展中国家服务贸易的年均增长速率为12.2%，大大高于发达国家6.5%的年均增长速度。在发展中国家里，亚洲（主要是东亚）服务贸易发展尤为迅速。亚洲在世界服务贸易出口中的比重由1990年的16.75%上升到1998年的22.75%，超过所有发展中国家和地区服务出口的一半。在发展中国家的服务贸易中，增长率最高的是保险及中介贸易的手续费等，年均增长率高达15.5%。由于亚洲及其他发展中国家有着广阔的服务贸易市场，随着国际服务贸易自由化程度的不断提高以及亚洲及其他发展中国家服务市场的进一步开放，可以预见，发展中国家特别是亚洲国家将在国际服务贸易中占有越来越重要的地位。

从服务贸易的构成上看，除一些传统的服务业如旅游、运输、建筑、劳务承包外，一些新兴的服务业如咨询、信息等越来越多地进入世界市场。其中，保险、银行和电信等技术和知识密集型服务不仅贸易量大，而且增长速度超过了旅游业的增幅。90年代，在世界服务贸易的构成中，运输服务及政府服务所占比重仍呈下降趋势。运输服务额从1990年的2 269.3亿美元增长到1997年的3 200亿美元，但占世界服务贸易的比重从26.2%下降为24.4%；政府服务额从1990年的514.2亿美元下降到1996年的490.0亿美元，占世界服务贸易的比重分别为5.9%和3.7%。旅游及其他服务呈上涨趋势，且其他服务增幅较大：旅游服务额从1990年的2 625.3亿美元增长到1997年的4 300亿美元，占世界服务贸易的比重分别为30.3%

和32.8%;其他服务额从1990年的3 251亿美元增长到1997年的5 600亿美元,占世界服务贸易的比重分别为37.5%和42.9%。

随着科学技术特别是信息和电信技术的发展,服务活动及其过程的可贸易性进一步增强,加之全球范围内产业结构的调整和各国服务市场的进一步开放,世界服务贸易将日益增长和扩大。服务贸易在国际贸易中的地位日益重要。服务贸易是无形贸易的主体,这种"无形胜有形"的新局面,改变了国际贸易的传统概念。预计到本世纪末,服务贸易将占全球贸易总额的1/3。

## 高新技术产品和"绿色"环保产品贸易发展迅速、成绩斐然

市场国际化进程的加快和国际竞争的加剧,使世界出口商品结构发生了很大变化。世界出口商品结构的变化,总的说来,是工业制成品贸易不断发展和扩大,其在世界贸易中的比重不断增加,而初级产品贸易虽也有所扩大,但增长速度相对较慢,其在世界贸易中的比重则有所下降。进入90年代以来,从贸易的商品构成看,农产品的出口比重由12.2%下降至11.8%;矿产品的比重由14.1%下降至10.5%;而工业制成品贸易的比重由70.5%上升到74.4%,根据世界银行预测,到2002年,制成品的比重将上升到79.5%。制成品在世界商品贸易中比重的上升,反映了国际分工的新形式的"产业内分工"正在加深,而制造业是这种国际分工形成最发达的行业。但各大类制成品之间的发展很不平衡。新能源、新材料、电子技术、通讯技术、生物工程、海洋工程和宇航工程等高技术产业的日益发展,新技术的性质及其使用方法在商品生产内容、形式和组织方面不断引发深刻的变革,并在重新确定世界贸易发展的方式。国际生产和贸易的发展已愈来愈多地与新技术联系在一起,生产和贸易本身的原料密度和粗放特征大为减少,向技术、技能和知识密集型发展。世界经济一体化和世界市场多样化,使电讯业日益成为各国、各种企业进行竞争的基础,在某些行业,如银行、保险、旅店、航空等,电子数据网络成为国际交易的基础条件。所以,在制成品贸易中,技术密集型产品的增长速度和所占比重又高于劳动密集型产品,在全球科技产品的浪潮中,信息技术产品的出口势头十分强劲,已替代了以往的汽车、化工、纺织品等出口主导产品,成为推动制成品贸易,乃至世界贸易的重要因素。信息技术产品是指微电子、电子计算机、软件、通信网络等诸多技术,几乎涉及经济发展的所有领域。信息化时代的到来,促使各国政府、各企业不断整备自己的情报信息网络,以图能在日益激烈的世界市场竞争中立于不败之地。因此,该类产品的需求日趋增大,他们对世界贸易的影响也日见显著。有人预言,信息产品所产生的影响可能超过18世纪的工业革命。80年代上半期,现代办公和电讯设备在世界贸易中的比重为5%,仅相当于农产品贸易的1/3。现在这类商品已成为制成品贸易中最畅销的商品。1994年现代办公和电讯设备出口增幅高达22%,1995年其出口增幅更提高至25%,在世界贸易中的比重已上升到12%,高于农产品的比重;根据统计,进入90年代后,该产品的出口以年均14.8%的速度增长,贸易额从1990年的2 982亿美元上升到1995年的5 948亿美元。由于这类产品价格下降很快,特别是电子计算机和半导体,价格平均每年下降幅度估计为15~25%,所以出口量的增长更快。

西方发达国家是世界市场上新产品的主要供应者(占70%以上),特别是美国和日本。但自80年代中期以来,出现了新产品的出口生产由发达国家向发展中国家转移的趋势。发展中国家(地区)新产品出口的65%集中在东南亚的韩国、新加坡、中国台湾、马来西亚、泰国和中国香港。特别是韩国已成为半导体芯片出口大户,中国台湾在电子计算机生产方面也占有一席之地。亚洲已成为世界信息产品的重要供给基地。亚洲(含日本)的出口占世界总出口的比重由1990年的45.6%上升到1995年的51.2%,其中33%出口北美,19.7%出口西欧,42.8%面向亚洲。日本对此作出了极大的贡献,尽管日本企业日益增多的海外生产,以使该产品的进出口额呈逐年下降之势。仅从1995年看,该类产品的出口总额达1 066亿美元,占亚洲地区出口总额(3 046亿美元)的1/3强。北美地区的出口占世界总出口的比重则由1990年的19.3%下降至1995年的18.4%;西欧由43.6%下降至33.9%。

正在兴起的信息技术革命,加快了经济全球化的步伐,为世界贸易的发展带来了新的生机和活力,同时也为国家贸易的发展提供了前所未有的机遇和挑

战。信息技术的重要性，已受到世界各国的重视。各国已自觉不自觉地卷入信息革命的浪潮。取消关税，降低信息产品成本，促进信息技术产品贸易自由化符合各国经济发展的要求。《信息技术协议》的达成正是这种要求的具体体现。信息产品贸易将以此为契机得到更长足的发展。因此，信息技术产品贸易将继续充当世界贸易发展的引擎。

其次，随着全球消费者的环境保护意识的不断强化，世界市场上"环境标志"产品或"绿色产品"盛行走俏，经济发展和环境保护两者间的关系变得越来越密切，环保投资、环保技术、环保产业已经成为经济发展的重要热点部门，发展环保产品，扩大出口市场已成为西方大国综合国力竞争的重要内容。"绿色设计"、"绿色产品"、"绿色进口"、"绿色 GNP"的要求正在越来越多的国家逐步贯彻实行。据经济合作与发展组织预测，1990 年到 2 000 年世界环保产品和劳务市场将从 2 000 亿美元增加到 3 000 亿美元。

## 世界贸易<br>区域集团化趋势加强

进入 90 年代，在多边贸易体制另一侧发展起来的区域经济合作以降低贸易壁垒、推进贸易自由为中心，区域贸易自由正成为全球现象。近年，经济全球化趋势日益加强，跨区域的联合及贸易自由化趋势也越来越引人注目。区域贸易自由与全球贸易自由化并行发展，这已成为当今世界贸易发展的一个重要特征。根据日本贸易振兴会的推测，截止 1996 年 7 月，世界经济区域合作组织已达 101 个，其中 69 个是 1990 年以后组建的。美洲最多，达 40 个；其次是欧洲，39 个；亚洲地区最少有 3 个。在这些经济区域组织中，北美自由贸易区、欧洲联盟和亚太经合组织，三大集团成为鼎足之势。这样，世界贸易组织、三大集团以及其他交叉组合体和众多的小区域性经合组织就奠定了未来数年乃至数十年国际贸易的基本格局。

迄今区域经济和贸易合作组织主要有以下几种：(1)已经发展为区域集团，实现了一体化，如欧共体自 1993 年 1 月 1 日已建成没有"国界"限制的统一大市场，基本上实现了商品、资金、服务和人员的自由流动；(2)在期限内建成自由贸易区，如北美自由贸易协定，自 1994 年伊始生效，协定规定在 15 年内逐步取消关税和非关税壁垒，建成北美自由贸易区。东盟国家决定在 2003 年将关税降至 5%以下，简称东盟自由贸易区；(3)在期限内实现自由、开放的贸易和投资，如亚太经济合作组织宣布，在其 18 个成员中，发达国家不迟于 2010 年，发展中国家和地区不迟于 2020 年实现贸易和投资自由化。与此同时，加强经济与技术合作，并坚持开放性原则；(4)起步较早，但还没有具体目标、具体措施的松散性地区组织，如加勒比共同体等；(5)有争议但实际上区域经济和贸易合作不断加强，如围绕建立"东亚经济核心论坛"之争。此外，被称为"经济增长三角"的小多边经济合作方兴未艾。

1991 年 5 月，美国、加拿大和墨西哥举行关于建立北美自由贸易区的正式谈判，于 1992 年 8 月 2 日达成《北美自由贸易协定》。《北美自由贸易协定》的签署，打破了传统的一体理论，宣告了社会经济基础和发展水平不同的国家可以形成经济集团。《北美自由贸易协定》自 1994 年 1 月 1 日起正式生效，该协议规定在 15 年内逐步建立北美自由贸易区，旨在消除彼此间的关税壁垒，以贸易促进经济增长。该协定包括 3.7 亿人口，年国民生产总值达 6.6 万亿美元，成为与欧共体鼎足而立，相互抗衡的又一世界规模最大的贸易集团。

1992 年 1 月 1 日欧共体统一大市场开始运作。经过多年酝酿，欧共体于 1993 年初基本建成内部统一大市场，初步实现了成员国之间的商品、人员、资本和服务的自由流通。1993 年 11 月 1 日《马斯特里赫特条约》的付诸实施，标志着欧洲经济货币联盟取得突破性进展，一个拥有 3.8 亿人口，占据世界贸易总额 43%的世界上最大的自由贸易区正式形成。1995 年欧洲联盟实现了第四次扩大，奥地利、瑞典和芬兰三国自 1995 年 1 月 1 日起正式加入欧盟，欧盟由 12 国扩大至 15 国。经济已处于相对顺利发展的状态。1996 年欧盟在一体化广度和深度方面取得了实质性的进展。12 月中旬欧盟都柏林首脑会议签署了《欧洲单一货币最后期限公告》，规定 1999 年 1 月为欧洲货币联盟起始日期，届时，欧盟统一货币——欧元将投入使用。首脑会议确认了欧元的样币，标志欧元正式诞生。从 2002 年 1 月 1 日起，欧元现金将开始流通。从 7 月 1 日起将成为惟一的流通货币。都柏林首脑会议使欧盟一体化跨出了新的非常重要的一步。最令人瞩目的是欧洲联盟在几经波折之后，终于在 1999

年1月1日开始实行单一币(欧元)。

近年,经济全球化趋势日益加强,跨区域的联合及贸易自由化趋势也越来越引人注目。1989年11月,亚太地区主要发达国家以及韩国和东盟6国的外交、经贸部长聚会堪培拉,讨论如何加强这一地区的经济合作。以此为标志,亚太经合组织宣告成立。此后,特别是自1993年11月在西雅图会议加速了APEC的发展进程上,会议发表的《贸易和投资框架宣言》和《经济展望声明》,强调开放的贸易与投资自由化,开放的多边贸易体系是APEC存在和发展的基石,初步形成了APEC作为一个松散的大家庭式的协商体的共识,确定亚太经济共同体的理想。1994年11月15日,在印尼茂物举行了亚太经合组织第二次领导人非正式会议,在茂物会议发表了《亚太经合组织领导人共同决心宣言》,规定了亚太地区贸易和投资自由化的原则以及因经济发展水平不同而异的实施时间表,提出要在2020年在亚太地区实现自由、开放的贸易和投资的目标,揭开了APEC贸易与投资的序幕。1995、1996年亚太经合组织又相会在日本大阪和菲律宾的苏比克,就有关贸易投资自由化的行动议程和经济技术合作问题,进行了两次富有成效的会晤和磋商,最终通过了《大阪行动议程》与各成员的单边行动计划,并决定从1997年1月起付诸实施。亚太经合组织从1994年茂物会议宣言到1995年大阪会议制订行动纲领,贸易和投资自由化的蓝图已初成轮廓。地区贸易集团良性健康的发展将为世界贸易的发展增加新的推动力。一个拥有18个成员、国内生产总值占世界48%、贸易额占世界46%的亚太经合组织,近几年经贸合作进展很快,多边贸易迅速发展,1997年11月会议又制定《走向21世纪的科技产业合作议程》。

不断兴起的区域性贸易是近年来全球贸易自由化的推动力。世界经济区域集团化的发展大大推动了区域集团内贸易的迅速增长。目前全球区域内部贸易额占全球贸易额的比重已达50%,为世界贸易发展增加了新的推动力。根据统计,1995年亚太经合组织的内部贸易占其贸易总额的73%;北美自由贸易区为46.2%,欧盟为62%。1990~1995年世界区域内出口贸易的年均增长率为7.9%。区域内贸易的发展,无疑对世界贸易的增长起了极大的推动作用。欧盟15国是迄今世界上最大的地区性经济集团,其商品进出口总额占世界贸易总额的40%。欧盟成员国之间的贸易往来占其外贸总额的比重已从1985年的61%迅速上升到1996年的68%;1996年北美自由贸易协定国家间的出口贸易增长了10%以上,而对其他国家的出口仅增长了5%,1996年北美自由贸易区区域内的出口额达到4 800亿美元,约占世界贸易总额的9%,占成员国对外贸易总额的48%,接近1994年墨西哥比索危机前的水平。在进口方面,北美自由贸易区区域内的贸易约占其进口总额的近40%,这一水平不仅对北美自由贸易区整体,而且对该集团的3个成员都是创纪录的水平,1996年北美自由贸易区从其他国家的进口增长了4%。目前区域内贸易占美国对外贸易的近30%,占加拿大对外贸易的约70%,占墨西哥对外贸易的近90%。

区域集团由于以扩大内部贸易取代部分与集团外国家的贸易,这种排斥性使其具有潜在的地区保护主义危险。但这种排它性是相对的,不是绝对地缩小同集团外国家地区的贸易,只是增长率会相对慢于集团内部贸易的增长。从目前情况看,区域集团的贸易创造效应即发展区域内贸易及投资的优势已显现出来,而区域集团化的贸易转移效应还不很明显。在世界经济全球一体的大趋势下,由于世贸组织的制约作用和各国经济相互依赖的加强,区域贸易集团内部的贸易自由化将与多边贸易体制下的贸易自由化并行发展,世界经济区域集团化的发展已构成当今世界经贸发展的重要内容,它的深入发展使世界经贸新格局正在形成。这要求各国不仅必须提高适应本地区一体化的竞争能力,而且还要提高打入其他区域集团的竞争水平。这为各国发展经济既提供了机遇,也带来了挑战。

## 世界贸易组织启动运转,贸易和投资自由化程度进一步发展,管理贸易趋势加强

自1995年1月1日,关贸总协定为世界贸易组织所取代,世界多边贸易体制进入一个新的时代。从国际贸易的体制结构来看,乌拉圭回合协议的实施及世界贸易组织的建立是世界贸易自由化过程中的重大里程碑,标志着多边体制下全球管理贸易新时代的到来。世贸组织自1995年1月1日成立已运转了4年,它在坚持全球贸易的秩序化和法制化方面作出了可贵的努力。世贸组织是当今多边贸易体系的法律基

础和组织基础，世贸组织协调领域的拓宽、法律与规则的加严和职能作用的强化，使其已成为名副其实"经济联合国"。从世贸组织4年来的运转效果及对今后世界经贸发展可能产生的影响看，较之关贸总协定，它在强化和完善多边贸易体制职能作用，规范国际贸易竞争规则，促进世界贸易增长中将会发挥越来越重要的作用。表现在：

第一，目前世界贸易组织成员已从开始生效时的76个增至132个，包括了主要的贸易国家和集团，占了世界贸易的90%以上。世界贸易组织正使世界贸易在更高水平、更大范围上自由化，在更严格意义上纪律化和法律化。该组织已把它的触角伸展到世界经济的每一角落，其制定的原则和规则得到了世界多数国家和地区自愿和广泛的接受与执行。

第二，世界贸易自由化的领域扩大，贸易壁垒大幅度减少。1997年全球贸易谈判取得重大进展，在世界贸易组织的主持下先后达成了三项重要协议，标志着世界贸易自由领域正从货物贸易加快向服务贸易领域延伸。

1997年2月15日达成了全球基础电信协议。该协议涉及语音电话、数据传输、电传、电报、文件、专线、移动电话、移动数据传输和个人通信等诸方面的短途、长途和国际电信服务。全球基础电信协议的主要内容是要求各成员国在未来几年内向外国公司开放其电信市场并结束在国内电信市场上的垄断行为。参加基础电信谈判的69个成员占全球电信市场份额的3%以上。协议于1998年1月1日正式生效。专家预测，在今后10年内，世界电信贸易额将在1995年6 000亿美元的基础上增加2～3倍。

1997年3月26日达成了信息技术协议。该协议涉及的产品范围包括电脑、电脑软件、半导体、半导体制造设备、电讯设备及科学仪器等约200多项信息技术产品。协议参加成员为43个，占全球信息技术贸易总额的93%。ITA要求在1997年7月1日、1998年1月1日、1999年1月1日和不迟于2000年1月1日分四个阶段降低信息技术产品的关税，每一阶段以25%减幅调整，将关税降为零。1996年办公和电讯设备产品的世界贸易额为6 260亿美元，约占世界商品贸易总额的12.2%。信息技术产品在国际贸易中的地位正在进一步提高，与信息技术相关的服务贸易也在不断增加。

1997年12月13日达成了金融服务贸易协议。新协议涉及全球95%的金融服务贸易领域，参加成员同意对外开放银行、证券、保险和金融信息市场。主要内容包括：允许外国公司在国内建立金融服务公司并按竞争原则运行；外国公司享有同国内公司同等的进入国内市场的权利；取消跨边界服务的限制；允许国外资本在投资项目中所占比例超过50%。该协议将在1999年初最后签字，并不迟于1999年2月生效。参加谈判的约70个国家和地区占全球金融服务贸易的95%，目前有56个参加方提出时常开放承诺单。

## 科技发展和海外直接投资的扩大推动了贸易的发展

80年代以来，科技发展和海外直接投资的扩大对世界贸易发展影响愈来愈大。国际投资的增长比国际贸易的增长更为迅速。据世界贸易组织的统计，从1986年到1995年的10年间，全球对外投资增长了4.25倍，年均增长率达18%，比国际贸易增长率高1倍多，比世界GDP增长率高3倍多。在这些对外投资中，来源于发达国家的资本占90%以上，其中约80%来自这些国家的跨国公司，近50%流入发展中国家。1997年仅国际直接投资已达3 940亿美元，比1996年增长了近10%。1998年，由于投资者更加注重目标市场的规模与增长速度等长期因素，国际投资仍呈上升趋势。技术革命和海外直接投资的发展，导致经济活动国际化，推动了贸易的发展。

作为直接投资主体的跨国公司迅猛发展。据联合国贸易与发展委员会秘书处的统计，目前全世界大约有4万家跨国公司母公司和25万余家设在世界各国的子公司，其生产总值占世界国内生产总值的25%，最重要的工业(汽车、电子、航空等)和最重要的服务(金融、保险等)都已纳入跨国公司的一体化国际生产和服务网络系统。到1995年底，全球跨国直接投资累计总额约为2.6万亿美元。跨国公司在外国的子公司的销售额在5万亿美元以上，约占世界销售总额的25万亿美元的20%、跨国公司带动的贸易已成为当今世界进出口贸易的一个重要因素。一家跨国公司内部的国际生产一体化体系实际上已构成一个商品与劳务贸易的内部市场。目前，跨国公司内部贸易在世界贸易总额中的比重已超过60%。美国的贸易至少有80%与跨国公司有关,其中跨国公司内部贸易就占1/3。日本的对外贸易约有一半是由九大商社控制的。世界商品和服务贸易中大约1/3是在各跨国公司内部进行的,不同跨国公司之间进行的贸易也占世界贸易总额的1/3。由此看来,跨国公司推动了生产国际化,加深了各国之间在经济上的互相依存,带动了全球商品和服务的流动,构成了推动国际贸易发展的一股大力量。跨国公司的发展已成为世界经济一体化发展的重要助推器。

由于"产业内分工"在当代国际分工模式中日益占主导地位,近几年来,加工贸易在一些发展中国家迅速发展,并成为推动世界贸易发展的重要因素。墨西哥的加工贸易出口1990年占其出口总额的1/3,到1995年这一比例已升到40%,进口占其总进口的比重也由1990年的25%左右上升到1995年的35%。在中国,1998年加工贸易出口占总出口的57%,加工贸易进口占总进口的50%。在一些较小的国家,加工贸易占其对外贸易的比例更高,突尼斯作为北非出口发展最快的国家,其加工贸易占其对外贸易的比重已超过60%。近两年来,东欧各国的出口增长也得益于加工贸易的迅速增长。加工贸易已变得越来越重要,其在国际贸易中的比重将越来越大。

随着世界经济的复苏,跨国公司日趋活跃。今后跨国公司将主宰世界贸易,特别在高科技工业方面。下述因素将有力地推进由跨国公司驱动的国际贸易:跨国公司越来越多地采用复合式一体化战略和网络式组织结构;开创出比贸易一体化更深一个层次的国际生产一体化体系;跨国公司之间纷纷缔结国际性战略联盟,跨国研究开发和技术优势互补加速了新产品的孕育、新行业的诞生和新市场的进入;跨国公司兼并高潮迭起,规模经济的聚合与垄断权力的强化,将使大型跨国公司更具实力称霸于国际市场;乌拉圭回合通过了与贸易有关的投资措施(Trims)协议,将有助于矫正世界贸易与投资中现存的扭曲现象,从而为跨国公司发展提供了更多的机遇和保证。

## 电子商务将<br>挑战传统贸易方式

在信息技术贸易得到迅猛发展的同时,一种利用诸多信息技术,通过电子方式进行的商业交易——电子商务正在悄然兴起,并以其高效率、低支付、高收益和全球性等特点迅速为世界各国所认同,成为"一股绝对不可阻挡的力量"。其自身所具有的强大优势实在是现行交易方式所无法与之相比的。它不仅能使产品在世界范围内进行交易,从而解除了传统贸易方式中时间和空间的限制,而且也免除了商务旅行及大量文书工作。总之,电子商务将大大促进供求双方的经济生活,极大地减少纸张的消费和交通运输的负担。它能提高企业的国际竞争力,繁荣商贸,促进世界贸易的发展。

正因为如此,电子商务的发展不仅正在改变传统的交易方式,也创造了新的交易渠道,EDI技术广泛应用,大大降低贸易成本,增加贸易机会;电子钞票将最终取代现金和信用卡,既可节省费用,又可以使结算更快速、安全;各种远程服务贸易将不断涌现;直接贸易将成为主要贸易方式。生产者和消费者可以在网络上进行商务洽谈,达成交易,传统贸易中的中间商,代理业务将会减少。

# 跨国并购——国际直接投资的主流

对外经济贸易大学　赵京霞

伴随着经济全球化的迅速发展,90年代的后几年中,世界经济领域中最引人注目的事项之一就是全球企业的兼并和收购。据《98世界投资报告》称:1997年跨国并购达3 420亿美元,同时,由世界最大跨国公司参与的超大型并购活动数目也在上升。

并购活动占据了主要发达国家之间的对外直接投资的重要部分。报告表明：总部设在这些国家的跨国公司1997年对外投资输出量为3 590亿美元，而向这些国家的直接投资输入量则为2 330亿美元。

《98世界投资报告》表明：主要跨国公司之间的并购不仅形成了规模更大的跨国公司，而且似乎还推动了其他主要跨国公司重组或与另外的跨国公司进行类似的并购活动。在全球范围内，一些巨型企业占据了整个行业的重要地位。例如：制药、汽车、电信和金融业。报告指出：大型汽车制造商的数目到2000年之前会比目前的15个下降5～10个。在制药业里，少数公司目前控制了许多市场，其中7家公司的销售额超过100亿美元，占到了总额为3 000亿美元市场的大约1/4。

1998年，尽管亚洲和俄罗斯爆发了金融危机以及全球经济增长速度放慢，但据联合国贸发会议的一份报告显示，全球跨国公司在扩大海外经营方面的投资仍有可能达到4 300亿～4 400亿美元的水平。跨国企业之间兼并、购并热潮继续风起云涌，并且日益表现为现代经济金融环境的一种主要力量。另据美国专业服务公司毕马威公司1998年11月公布的一项调查报告显示，1998年头三个季度全球企业合并涉及的总额达3 830亿美元，比上一年同期增长67%。年终岁末，以德国德意志银行收购美国信孚银行和美国埃克森与美孚两大石油集团合并为标志的跨国和国内特大型企业兼并，为1998年的企业兼并画上了圆满的句号，从而使1998年跨国并购总额达到了5 440亿美元，比1997年并购额增长了57%。正如联合国贸发会议首席经济学家卡尔·萨万特所说，跨国公司"对于对外投资和这些投资的盈利率都具有长远的目光"，他们并没有像传统的国际投资者通常所做的那样，在经济形势不好时放缓投资，或在坏消息刚刚传来时就逃之夭夭，而是"日益寻求能够提供人为优势的投资地点"。可以说，跨国公司的发展已经成为经济活动全球化的主要推动力量和活动条件，而且，跨国公司之间的兼并和收购正在成为国际直接投资发展的主流。

据毕马威公司公布的另一项调查显示，1999年第一季度全球跨国公司并购总额已达1 180亿美元，比1998年同期增长40%。这意味着，1999年又将成为跨国并购破记录的一年。

## 跨国并购发展态势与特点

企业兼并、收购与重组是由来已久的经济现象。西方发达国家早在19世纪上半叶就已出现了企业并购现象。作为国内企业并购延伸的跨国并购，则主要是在第二次世界大战后伴随着跨国直接投资的发展而逐渐形成和发展的。进入本世纪90年代，跨国并购经过1991年和1992年的低潮后，从1993年开始回升，1994年以后逐渐进入了迅猛的增长期。据统计，世界跨国兼并与收购总额在1995年达到2 293亿美元，比1988年增长了1倍多，而仅仅过了3年，1997年的跨国并购额又翻了一番多。到1998年，世界跨国并购总额达到5 440亿美元，是10年前的4.8倍。另一个重要标志是，跨国并购正在成为促进世界经济和对外直接投资增长的发动机，成为经济全球化的一个主要标志。1998年世界投资报告中公布的数据表明，1997年跨国并购额2 360亿美元，不仅比上年增长了45.2%，而且并购额占世界对外直接投资总额的比重达到58%，1996年这一比重低于50%。这一趋势表明，跨国并购业已成为跨国公司扩大投资、占领市场的一个主要形式。

**表1 1996年和1997年主要发达国家直接投资情况**

（单位：百万美元）

| 地区 | 输出 | | 输入 | |
|---|---|---|---|---|
| | 1996 | 1997 | 1996 | 1997 |
| 全部发达国家 | 283 476 | 359 236 | 195 393 | 233 115 |
| 西欧 | 168 459 | 195 600 | 99 954 | 114 857 |
| 北美 | 83 348 | 127 511 | 82 851 | 98 994 |
| 日本 | 23 428 | 25 993 | 228 | 3 224 |

资料来源：《98世界投资报告》。

**表 2 近五年全球与美国企业兼并情况一览表**

（单位：亿美元）

| 年份 | 1994 | 1995 | 1996 | | 1997 | | 1998 | | |
|---|---|---|---|---|---|---|---|---|---|
| | 金额 | 金额 | 件数 | 金额 | 件数 | 金额(%) | 件数 | 金额 | % |
| 美国 | 2 954 | 3 870 | 5 816 | 9 400 | 8 234 | 58.8% | 11 500 | 15 000 | 62.5% |
| 其他国家 | 1 729 | 3 542 | 3 651 | 11 600 | 5 799 | 41.2% | 12 500 | 9 000 | 37.5% |
| 全球 | 4 683 | 7 412 | 9 467 | 21 000 | 14 033 | 100% | 24 000 | 24 000 | 100% |

资料来源：美国证券资料公司，原载《经济日报》1998 年 12 月 24 日。

注：截止 1998 年 12 月 4 日。

## (一)强强并购，超大型并购迭起不息

并购规模越来越大是当前并购浪潮的一个突出特点。1997 年联合国贸发会议记录在案的有 58 宗超过 10 亿美元的并购，其总价值达到 1 610 亿美元，其中最大的单笔成交的并购是由瑞士的苏黎世 Versicherungs GmbH 兼并英国的 BAT Industries PLC - Financial，总价值达 184 亿美元；其次是瑞士的洛奇公司收购了价值达 102 亿美元的制药公司——总部设在百慕大的 Corange 有限公司。而 1998 年全球企业最大的 10 宗并购案，最小的为 391.3 亿美元(美国家庭用品公司与孟山都公司合并，1998 年 6 月 1 日)，最大的达到 836 亿美元(美国埃克森公司与美国美孚公司合并，1998 年 2 月 1 日)。另以欧洲企业的跨国交易为例，1994 年超过 10 亿美元的跨国并购交易为 9 起，金额达 150 亿美元；1995 年 24 起，金额为 460 亿美元；1996 年为 26 起，金额为 720 亿美元。1999 年 4 月德国和意大利两大电信公司合并，涉及金额更是高达 906 亿美元，合并后的公司以 2 150 亿美元的总资产成为欧洲第一、世界第二的超大型电信集团，这也是迄今为止欧洲最大的跨国并购案。

跨国并购的规模不断扩大，反映了跨国公司的实力水平越来越高，在垄断竞争的条件下，不仅大的企业兼并小的企业，企业走向集中和垄断，而且由于技术进步的加快，大企业之间也需要结成同盟，以实现在竞争中的合作和优势互补。从另一方面来说，过度竞争会给跨国公司带来许多不利影响，跨国公司不再选择两败俱伤的做法，而日益趋向于通过合作和生产国际化过程中的专业协作推动世界经济的发展和保持自身的竞争优势。

**表 3 截止 1998 年的全球企业十大兼并案**

| 并购方 | 行业 | 时间 | 价值(亿美元) |
|---|---|---|---|
| 美国埃克森公司/美国美孚公司 exxon/mobil | 石油业 | 98.12.1 | 863 |
| 花旗银行/旅行者集团 citicorp/travelers corp. | 银行业 | 98.4.6 | 820 |
| 美国科技公司/西南贝尔通讯公司 ameritech/sbc communications | 电信业 | 98.5.11 | 732.6 |
| 国民银行/美洲银行 nationsbank/bankamerica | 银行业 | 98.4.13 | 616.3 |
| 贝尔大西洋公司/通用电话电子公司 bell atlantic/gte | 电信业 | 98.7.28 | 529 |
| 英国石油公司/美国阿莫科石油公司 british petroleum/amcco corp | 石油业 | 98.8.11 | 480 |
| 美国电信公司/美国电话电报公司 tele - communications/at&t | 电信业 | 98.6.24 | 452.7 |
| 世界通讯公司/美国微波通讯公司 worldcom/mci communications | 电信业 | 97.10.1 | 433.5 |
| 戴姆勒 - 奔驰/克莱斯勒 Diamler - benz ag/chrysler | 汽车业 | 98.5.7 | 395 |
| 美国家庭用品公司/孟山都公司 | 化工业 | 98.6.1 | 391.3 |

资料来源：《国际商报》1999 年 1 月 7 日。

## (二)地区集中,发达国家成为并购的主要地区

从企业并购的地区结构分析,世界并购额的90%是由发达国家的企业完成的,其主要国家是美国及其以英国、德国、法国、瑞士、意大利为主的欧洲国家以及日本。

美国企业参与的并购占世界并购额的60%左右(见表2)。也就是说,近2/3的世界范围内的企业并购和美国企业有关。美国企业自1994年至1998年的并购额分别为2 954亿、3 870亿、5 816亿、8 234亿和15 000亿美元。1998年以来的世界金额最高的10大并购案,就有8宗发生在美国与美国企业之间,或美国与欧洲企业之间。

美国自确立其债权国地位以来,几乎一直是世界上最大的资本输出国(个别年份除外),也是最大的资本输入国。90年代美国经济的持续景气和股市的繁荣,以及欧洲区域经济一体化产生的巨大的“投资创造效应”都使美国企业的集中、调整和兼并步伐加快。一方面,美国企业之间的兼并、购买和重组叠出不绝;另一方面,美国企业大举进军欧洲,展开了一场并购欧洲企业的攻坚战。仅在1996年,美国企业就并购欧洲企业501家,总交易额达到357亿美元,其对欧洲企业的跨国并购数和并购交易额分别占欧洲跨国并购总数和总额的27.3%和31.3%。

在美国企业并购欧洲企业的同时,欧洲主要发达国家的企业也掀起了并购美国企业的热潮。如1996年,仅英国、法国、德国、荷兰、瑞士五国,就并购美国公司285家,占美国并购总数的45.5%;并购交易额为457亿美元,占美国被并购企业交易额的65.4%。亚洲金融危机和全球性金融动荡发生后,美国经济继续保持低通涨,高增长,欧洲企业更加积极地寻找与美国企业并购的机会。1997年,外国投资者购买美国企业的总金额为650亿美元,但1998年却猛增到1840亿美元,其增幅近3倍。其中,德国的戴姆勒－奔驰公司收购美国克莱斯勒公司的一笔交易就达650亿美元。1999年头两个月外国投资商购并美国企业的总金额已达945亿美元,是上一年同期的近10倍,被并购的美国公司的数量也从161家增加到211家,与上一年相比增长幅度达32%。其中,欧洲企业充当了生力军,在10笔最大的交易中,有8笔是由欧洲企业完成的。

## (三)范围广泛而集中,行业内的并购成为主要形式

90年代后半期的全球企业大兼并,涉及的产业部门十分广泛,既包括石油、汽车、纸业、医药、化工这样的基础产业和传统工业部门,也包括金融、电信、媒体、零售等服务业和信息技术等高科技产业。

在新一轮的兼并潮中,几乎所有的兼并案都发生在相同行业中生产或经营同类产品的企业之间,因此这场并购风潮在很大程度上属于一种水平式并购。同行业之间的并购是这次并购的主旋律。同行业之间企业的兼并和收购,目的必然是组建规模更大的企业,并使其产品在市场上占有垄断地位。从下述几个典型的并购案中,我们可以看出,虽然跨国公司并购的领域很广泛,但是,重要的大的兼并却集中在发达国家的银行、汽车、电信和医药等产业中。

**金融业** 金融业是跨国并购最突出的领域。1996年4月,日本东京、三菱银行合并,成为当时世界上最大的商业银行。随后,美国的大通银行和化学银行合并,成为全美最大的银行。这两宗合并案都曾经轰动一时。1997年银行业兼并再掀高潮,最大的一宗是12月8日的瑞士银行和瑞士联合银行的合并案。由这两家银行合并而成的新的瑞士联合银行总资产接近6 000亿美元,成为世界第二大商业银行。与此同时,两家银行的基金管理和私人银行业务合并后,成为世界最大的基金经理,管理资产共计9 154亿美元,超过管理6 000亿美元的美国富达公司。德国两家总行皆在慕尼黑的巴伐利亚联合银行和抵押银行1997年7月21日宣布合并,合并后的Bayerbche Hypotheken and Verein Bank成为仅次于德意志银行的德国第二大银行,总资产达到7 400多亿马克,德累斯顿银行被迫退居第三。1997年美国也有两宗大的银行兼并案,一是美国第一联合银行与核心洲金融公司合并,合并金额高达166亿美元,合并后的第一联合银行成为美国排名第6位的大银行;二是美国国民银行与巴涅特银行的合并,合并金额为150亿美元。

1998年年初,瑞士银行界排名第二的瑞士信贷银行与瑞士最大的保险公司之一——丰泰保险公司合并,组成年营业额为7 000亿瑞士法郎的银行保险集团。2月18日,日本东邦生命保险公司与美国通用电

子公司下属的资本公司宣布合资成立寿险公司。4月份，美国旅行者集团与花旗银行合并。一周后，世界金融中心纽约又爆出两起大的银行合并案：一是美国国民银行以616亿美元兼并美洲银行，组成美国第一大银行，合并后的银行总资产达5 700亿美元；二是美国第一银行与第一芝加哥银行联姻，成为美国第五大银行和第二大信用卡发行公司。5月13日，日本兴业银行和野村证券决定共同建立投资公司，经营投资基金和新型企业年金业务。10月1日，日本第一劝业银行宣布与美国摩根银行联手。11月6日，第一劝业银行、富士银行、安田信托银行业出人意料地宣布合作。11月23日，德意志银行又以90亿美元价格收购了美国排名第八的信孚银行。

**汽车业** 自1998年5月起，德国汽车工业领先掀起国际汽车业兼并浪潮，奔驰、宝马、大众三大公司各显身手，在世界汽车工业兼并史上写下了新的一页。德国戴姆勒－奔驰公司以400亿美元兼并美国第三大汽车制造商克莱斯勒，奔驰公司和克莱斯勒公司的资本市价总值高达1 660亿马克。戴姆勒－奔驰与克莱斯勒的“联姻”使其位居第五，排在通用、福特、丰田、大众之后。7月28日，宝马公司和大众公司兼并英国劳斯莱斯汽车工业公司的争夺战激烈曲折，颇具戏剧性。经过调节协商，宝马与大众达成最终协议：从2003年起，宝马接收劳斯莱斯品牌权，大众的劳斯莱斯汽车公司改称本特利汽车公司。除了上述兼并案外，德国汽车工业还有几起企业兼并。例如：大众公司兼并了意大利兰宝吉尼汽车制造公司；以生产汽车轮胎著称的德国大陆公司也在11月份先后兼并了墨西哥和南非的两家大型轮胎公司。

世界汽车业的兼并、收购方兴未艾，世界主要汽车公司的并购计划正在继续不断披露出来。据报道，手头攒有200多亿美元现金的美国福特公司准备并购瑞典的沃尔沃或德国的宝马。追逐沃尔沃的据说还有德国的大众汽车公司和意大利的菲亚特。沃尔沃公司的并购传闻使其股票价格猛涨，自1998年12月以来已上升到40%。此外，新成立的戴姆勒－克莱斯勒公司还有意并购日本尼桑公司的重型卡车分部。

**电信业** 以邮电通信为代表的高科技企业的兼并称为这次并购风潮的先导。1993年发生的3起大的企业兼并，其中两起就发生在电信业。1993年全球主要产业部门跨国兼并中，电信业兼并的金额是1992年的6.5倍，达170.62亿美元，远远高于全部产业部门1.3倍的水平。1998年5月，美国西南贝尔电信公司宣布以620亿美元的价格收购美国科技公司后，曾经依法被强迫从美国电话电报公司（AT&T）分离出去。该公司是7个贝尔兄弟公司之一。随后，大西洋贝尔公司以256亿美元买下了纽新公司，西南贝尔又以167亿美元和44亿美元分别收购了太平洋电信和新英格兰公司，AT&T则以129亿美元购买纽约的讯港通讯集团，6月份又以317亿美元价格兼并了有线电视巨头电信公司（TCI）。7月26日，英国电信公司与美国电话电报公司合并，是迄今为止全球最大的电信业兼并案。7月份，加拿大北方电信公司以91亿美元收购了海湾网络公司。

**信息技术产业** 由于该产业发展快，市场前景诱人，兼并活动十分错综复杂。康柏公司出资96亿美元购买数字设备公司（DEC）后成为仅次于IBM和惠普的全能型行业巨人，并使Cisco－康柏－英特尔－微软的结盟若隐若现。电信业的强者向信息技术产业的渗透同样引人注目：法国阿尔卡特以44亿美元收购美国电信设备制造商DSC公司，以期借此染指网络。

**石油业** 1998年8月份，英国石油公司出资500亿美元收购美国阿莫科公司。11月27日，石油行业在上述跨国兼并的推动下，美国最大的石油公司埃克森石油公司以770亿美元兼并了美孚石油公司是有史以来最大的一宗工业兼并案。

**医药业及其他行业** 1998年年初，瑞士著名的医药化工公司山多士公司与瑞士另一家医药化工公司汽巴嘉基公司合并组成了一个名为“诺华”的新公司，这一举动，被瑞士经济界称为“世纪之姻”。11月9日，瑞士汽车特种化工公司和克拉里昂特种化工公司宣布合并，组成了世界上最大的特种化工集团。12月初，英国英格兰电气集团电力公司和美国公用事业集团太平洋公司合并。近日又传来英国捷利康与瑞典阿斯特拉两大医药集团合并的消息。

## 跨国并购迅猛发展的原因

跨国并购作为世界经济发展的一个重要趋势正

在逐步、迅速加强,世界新一轮的跨国并购,有着其深刻的背景和原因。

**是企业适应经济全球化的挑战,提高经济竞争力的需要** 经济全球化、一体化是人类结束本世纪迈向新世纪的一大创举,也是国际分工格局新的表现形式。世界经济全球化以生产资本加速向全球扩张为突出特点,它打破了世界垂直分工的模式,以进行水平分工为根本内容,以实现生产要素在全球范围内的优化组合和资源的优化配置为主要标志。90年代以后,世界性市场经济发展的大潮,信息革命和信息经济的大潮,是加速国际化和全球化进程的重要因素。

全球化给企业带来的并不全是利益,在世界经济进入全面调整,经济增速减缓,金融动荡加剧、全球性生产过剩等种种不利因素的冲击下,跨国公司的利润增长普遍放缓。据美国《财富》杂志8月所载的一篇文章披露:世界最大的500家跨国公司的总收入1997年仅比上一年增长0.2%,低于1996年0.5%的水平。全球500家公司中总部设在美国的175家公司1997年的利润仅比上一年增长13.8%,大大低于前一年36.8%的水平。

跨国公司是当代国际经济活动的主体,作为全球资源配置主力的跨国公司,对世界经济环境的发展和变化自然最为敏感,反应最快。经济全球化过程中竞争的激化必然推动企业应战挑战。跨国公司要继续保持在竞争中的优势地位,就必须结盟开辟市场,以削减成本,提高效率。跨国公司实行购并后,都通过增加技术投资,裁员增效,追求规模经济效益来提高自身的竞争能力。这种带有“进攻”性质的主动兼并往往可以取得令人满意的结果。如:英美石油公司合并,预测合并后可以节约成本20亿马克;戴姆勒-克莱斯勒预计,合并后几年内公司利润将达到50亿马克;合并后的瑞士联合银行仅在其国内零售业务方面就计划裁员4 000～5 000人,同时计划实现私人银行业务年增10%的目标,到2002年,盈利贡献计划达到45亿瑞士法郎;美国银行业购并规模效益已经显现,1997年税前利润超过10亿美元的银行就有16家之多。

**是放松管制和经济持续增长的必然结果** 1997年有三项全球性的放松管制的协议达成:全球多边投资协议、全球金融自由化协议和全球放宽电信业管制协议。上述多个全球性的协议的达成,无疑对世界投资和相关产业的发展起到了重要的推动作用。与此同时,各国政府也分别采取了放松管制的措施,如美联储放松了对银行参与证券业务的限制;日本的金融改革放宽了居民对股票后购的限制等。此外,美国长达8年的新经济增长和欧洲平稳的宏观经济状况也为企业提供了稳定的基础,尤其是牛气冲天的美国股市为企业兼并提供了绝好的时机和手段。

美国商业银行业大举进军投资银行业的事例是美国放松管制的最好例证,其中最重要的几笔交易是:国民银行收购蒙马特利证券公司(Mortgomry Securities),纽约银行家信托银行(Bank Trust New York)兼并艾利斯·布朗投资公司(Alex Brown),美洲银行兼并逻伯逊·斯蒂芬基金管理公司。企业并购有利于跨国公司在行业内的特定领域赢得竞争优势,有利于企业资产的多元化和业务的多样性,使其拥有更强的应变能力,更多的竞争优势。

**是企业追求技术进步、实现技术创新的选择** 一方面,技术和信息管理日益成为企业的核心能力,企业必须为维护和提高这种能力支付巨额费用,企业并购可以通过企业间的结盟分摊技术成本;另一方面,通过兼并扩大规模经营能力能够有效地降低单位产品的成本,特别是利用规模经济的好处早日收回技术成本,并为新的技术研究与开发准备条件。需要指出的是:技术的发展进程的不断加快,以及信息技术革命的作用,使得传统意义的企业生存空间缩小,不是所有的企业都有能力支付技术开发费用,也不是所有的企业都能在竞争中继续生存,即使是大型的跨国公司,也不能在行业内的各个领域都长期地保持竞争优势,因此,在威胁变得过大,甚至不可控制时,这些企业往往主动选择以与其他企业进行合并来求得继续生存。从其性质而言,这种兼并往往是被迫进行的,但是,在现代经济活动中,却经常地以主动的形式出现。

**受新型企业观念作用的影响** 竞争的加剧使获得竞争优势地位变得更加困难,麦肯西公司认为:“把精力集中在创造价值的某些环节、个别产品或者劳务的重点部门上,将是今后十年大型企业康采恩的特点”。即使某个企业已经占据了有利地位,也必须不断寻找新的业务领域，有些企业为了提高企业的价值，自愿被兼并和收购，以放弃固有的核心业务转向有发展前途的领域。这种主动剥离资产、争取全球竞争优势的观念已经被越来越多的企业接受，如德国软件巨人SAP的成功经验就表明它的决策是明智的。

相互购并的目的在于利用优势互补、聚合效应和名牌效应来实现新的企业扩张，而不是谁吃掉谁，这一观念已深入人心，因此，我们经常看到的是，合并后给并购双方都带来了新的市场机遇和份额。而且，这种并购往往是跨国公司未雨绸缪，缓解竞争压力，进行战略调整的重要步骤。例如，过去大众汽车公司产品的档次不高，品种覆盖面有限，通过兼并与扩张则提高了其在品牌、品种、档次、技术等各个方面的竞争力。克莱斯勒参与合并后可借助奔驰的品牌和销售网络，有效地扩大其产品在欧洲的销量。据估计，合并的聚合效应可以使新公司1999年节省开支25亿马克，2001年起每年节省50亿马克。

**欧元的诞生和欧元区的建立是发达国家企业兼并的重要驱动力量之一** 欧元的诞生，标志着欧洲经济一体化发展到了一个新的阶段和水平，也标志着欧洲经济的整体性大大提高和加强。实行单一货币后，区内汇率风险将消除，由于由欧洲中央银行执行统一的货币政策，各国利率水平将趋于一致，资本的流动性将进一步增强，企业筹资也将更为便利。同时，欧洲经济作为一个整体，它的竞争能力、经济的周期性出现了新的整合趋势和同步发展，欧洲经济的稳定具有了更加坚实的基础。更为重要的是，欧元区内市场的一体化会达到前所未有的水平，对企业而言，“投资创造效应”将十分明显。这些变化促进了跨国企业加速进驻欧洲，而且许多企业选择了跨国并购的方式。

反映在跨国并购中，欧洲的企业成为并购热点。欧洲企业与欧洲企业之间的并购，外国企业对欧洲企业的并购都异常活跃。正如摩根·斯坦利在伦敦负责银行事务的一名高级研究人员所说的“在欧洲，几乎每一个银行都在重新审视自己的战略规划，换句话说，几乎每一家银行都在准备着兼并他人或被他人兼并”。这一论断，实际上也同样适用于其他行业的企业。

## 跨国并购的趋势与影响

跨国并购作为跨世纪跨国企业战略调整的一个重要方面，还将持续下去。跨国并购方兴未艾，并将影响国际经济活动方方面面，使世界经济的发展出现新的特点和趋势。

**国际直接投资将继续发展，成为推动世界经济的主要力量** 进入90年代以来，国际直接投资一直以快于国际贸易的增长速度增长，由于经济全球化已经成为未来新世纪世界经济的主要特点和发展趋势，国际直接投资还将继续扩大，发达国家在相当长的时间内仍然是国际直接投资的主体。同时由于跨国并购已经成为国际直接投资的一个主要方式，跨国并购必将进一步加强国际直接投资的扩大和发展，生产的国际化将达到新的水平。

**跨国公司在国际经济中的主体作用将进一步加强** 据统计，伴随着跨国公司的规模不断扩大，它们在世界经济中的作用不断增强。目前世界生产的1/3、贸易额的2/3、对外直接投资的70%、技术转让的80%，均为跨国公司所拥有。跨国并购将通过跨国企业之间的竞争、联盟、重组和调整使跨国公司的集中和垄断趋势加强。这场兼并风潮之后，世界生产和市场分布可能会在某种程度上由发达国家形成的新的大型跨国公司来组织和确立，也就是说，游戏规则要由这些大型跨国公司来制订。

**产业内贸易将得到加速发展** 产业内贸易是水平式国际分工在贸易领域的表现。跨国并购说到底是国际分工在企业组织形式和活动行为以及市场结构上的反映，跨国并购将会使公司内部贸易进一步发展，而公司内贸易是产业内贸易的基础。因此，跨国并购将通过加强产业内贸易进一步推动国际贸易的发生和发展。特别是服务业跨国企业的并购会对世界服务贸易的扩大和发展产生重要作用。

**跨国公司集中程度进一步提高** 跨国并购将通过加强企业联盟在一定程度上影响各个产业内企业竞争态势，表现为联合和竞争两种趋势并存，并根据世界经济形势的变化，这两种趋势交替发挥主导作用。但是，总的来看，跨国公司之间的竞争不会是恶性竞争，尽管由于竞争，某些产业的集中程度将达到前所未有的水平，一些产业如汽车、石油、航空、电信将出现由几个或十几个超大型企业共同垄断和竞争的局面。随着企业数量的减少和企业规模的扩大，产业的发展将在极大程度上取决于产业内部大型企业技术革新能力和它们之间的协作状况。

**跨国并购给发展中国家带来新的挑战**

当代跨国并购的新的特点之一是强强并购。广大发展中国家的企业由于缺乏资金和技术，无法与之竞争。因此，发展中国家的企业将面临更为严峻的竞争形势，一方面，跨国公司的集中和进驻可能对有关产业造成垄断；另一方面，一些发展中国家自己的企业可能会因为实力较弱而被迫退出竞争。为了变被动为主动，广大发展中国家的企业要积极迎接挑战，看清世界经济的总的趋势，在积极有效利用外资的总的原则下，加强与跨国公司的合作，最大限度地吸收其资金、技术及管理经验，发展和壮大自己的跨国企业，并争取在世界市场上占有一席之地。同时，在世界新的游戏规则的制订和完善过程中，积极争取发言权，力争规则的公正和合理。

# 世界部分国家对外贸易概述

## 美　国

### 市场概况

进入90年代，当西方工业大国经济相继陷入低速增长或衰退之际，美国经济却呈现出战后少有的持续增长状态。迄今，美国经济已进入第九个连续增长年头。据IMF估计，1998年美国内生产总值实际增长率略高于3%，虽比去年的3.9%有所下降，但仍不失为一个较高的增长年份。同时，目前通货膨胀率为1.6%，失业率为4.4%，均处在较低水平。

美国经济的顺利发展，其主要原因：一是政府加强宏观经济调控，逐步平衡预算，抑制通货膨胀，为经济发展营造了一个稳定增长环境；二是企业适应经济全球化的新形势，改革经营管理，提高竞争能力，向全球市场扩展。进入90年代以来，美国跨国公司大肆向外扩张，从1990年以来，美国私人对外直接投资已达4 610亿美元，仅1997年即达850亿美元。美国现在占世界对外直接投资总额的1/4，比德国和日本加起来还多40%。这种投资主要是利用海外的低生产成本，加工转销，部分返销美国，所以既扩大了美国的出口，也扩大了美国的进口。

### 美国国际贸易地位

在当今世界贸易中，虽然美国的贸易逆差不断扩大，但因其仍然是世界头号贸易大国，它在世界贸易中具有举足轻重的地位。根据美国商业部统计，1998年，美国进出口贸易总额达20 711亿美元，出口金额为9 585亿美元，进口金额为11 126亿美元，逆差1 541亿美元，其中商品出口金额为6 803亿美元，进口金额为9 347亿美元，逆差2 544亿美元，劳务出口2 782亿美元，进口1 179亿美元，顺差1 603亿美元。美国进出口贸易值占世界贸易总值的1/7左右，对外贸易额居世界首位。

美国在世界贸易中的地位，是与美国强大的经济实力分不开的。90年代以来，美国的GNP一直占世界总值的1/4左右，居世界首位。美国工业发达，制成品占世界的1/5，是世界最大的市场，美国农业也很发达，主要农产品占世界农产品生产总值的比重非常大，农产品出口占世界的一半以上。

值得指出的是：虽然美国1998年逆差达到1 541亿美元的新高峰，但目前美国贸易逆差只占国内生产总值的1.8%左右，比80年代后期曾经达到过的3%已大大降低。而且美国贸易逆差的扩大主要是由于美国跨国公司为利用海外廉价资源而将生产转向海外，进口的相当部分是跨国公司的内部贸易，跨国公司从中得到的利益要远大于美国本土工业的进出口贸易。

## 贸易地区分布

美国的进出口市场极为广泛，按国别地区划分，1998年美国前十大贸易伙伴依次排序为：加拿大、日本、墨西哥、中国、德国、英国、中国台湾、法国、韩国和新加坡，贸易额见表1。

**表1　1998年美国与其前十大贸易伙伴国(地区)商品贸易额**

（亿美元）

| 国　别 | |
|---|---|
| 加拿大 | 3 290 |
| 日本 | 1 798.7 |
| 墨西哥 | 1 737.2 |
| 中国 | 854.1 |
| 德国 | 764.7 |
| 英国 | 738.6 |
| 中国台湾 | 512.8 |
| 法国 | 418.1 |
| 韩国 | 404.7 |
| 新加坡 | 340.4 |

资料来源：国际互联网美国商业部统计。

### 美加贸易

在美国对外贸易的地区分布中，最引人注目的是美加贸易往来。近年来，加拿大一直是美国的第一大贸易伙伴，1998年美国与加拿大商品贸易额约占美国商品贸易额20%。加拿大与美国贸易关系的密切，是其他国家和地区所无法比拟的。即使不考虑两个国家在当今世界共同的政治经济利益，仅从地缘、历史和经济结构的互补等因素来看，美加特殊贸易关系也是必然的。1989年1月，美加自由贸易协定生效，这就为业已存在的美加特殊贸易关系提供了更为可靠的保障。

### 美日贸易

日本是美国的主要贸易伙伴，然而他们之间的贸易磨擦也由来已久。60年代以前，美国对日本贸易一直是顺差，但从60年代中期起，美国贸易开始由顺差变为逆差。整个70年代，美国对日贸易一直是逆差，进入80年代后，美国对日贸易逆差急剧上升，1996年已达470亿美元，目前美对日贸易逆差居美国与其贸易伙伴国的逆差之首。美对日贸易逆差的原因是多方面的，其根本原因是美国的劳动生产率低于日本，这就使美国在对日贸易中处于不利地位，其次是美对日本商品出口小于进口，从而使美国对日贸易逆差加大，再次是日本政府一向重视出口，使其成为刺激日本经济发展的一个重要手段，这也助长了美国逆差的增长。

### 美国与西欧的贸易

第二次世界大战后在相当长的时期内，西欧一直是美国最大的产品销售市场，对西欧的出口占美国出口总额的比重为1/4～1/3，随着西欧经济一体化的实现，美国产品在西欧市场的份额迅速降低，80年代只占大约7%。从1983年起，美国对欧共体贸易由顺差转为逆差，该年逆差为16亿美元，此后，这一数字不断攀升，到90年代后已达300亿美元以上，美欧贸易磨擦也日益加剧，主要集中在两个方面：

*农产品贸易磨擦*　80年代以前，西欧曾是美国重要的农产品出口市场，最高时占到美国农产品出口量的30%左右。但欧盟前身欧共体实行共同的农业政策后，不仅达到了自给自足，而且还成为美国在农产品出口方面的重要竞争者。美欧在农产品出口补贴上存在很大分歧，双方经过多年谈判，终于在1993年达成初步协议。欧盟承诺从1994年起6年内，把受补贴的粮食出口量削减21%，油料作物播种面积减少15%，美国在欧盟库存农产品的销售、市场开放及减少农产品补贴的参考年度问题上也作出了让步。

*制成品方面的磨擦*　欧美双方在60年代末就出现了钢铁贸易的磨擦，当时美国以“自愿”限制钢铁出口阻挡了欧共体的钢铁大举进入美国市场。80年代初，欧共体成员国用相当于钢铁价格的33%的政府补贴来推动钢铁出口，这一举措增加了欧洲钢材在世界市场上的竞争力，也扩大了对美国的出口，使美国钢铁工业损失严重。在美国钢铁公司的一致要求下，美国政府对欧钢进口实行抵销关税，使欧钢在价格上得不到便宜。欧洲共同体各国对美国此举深表不满，并

采取一些报复行为，由此引发了欧美之间包括钢材、化肥、油脂、油光纸等产品在内的一系列贸易磨擦和冲突。

**表 2 美国商品进出口结构一览表**

(10 亿美元)

| | 1991 年 | 1997 年 | 1998 年 |
|---|---|---|---|
| 出口货物 | 423.1 | 688.3 | 680.3 |
| 食品、饲料和饮料 | 35.7 | 51.5 | 45.8 |
| 工业供应品 | 106.4 | 152.5 | 142.7 |
| 用品 | 37.2 | 55.1 | 53.9 |
| 非耐用品 | 69.2 | 97.5 | 88.9 |
| 资本货物(不含汽车) | 167.0 | 295.3 | 301.0 |
| 民用飞机、发动机和零件 | 36.4 | 41.4 | 54.6 |
| 计算机、附件和零件 | 27.3 | 24.0 | 24.5 |
| 其他 | 103.3 | 204.6 | 201.0 |
| 汽车、发动机和零件 | 40.0 | 74.0 | 72.6 |
| 消费用物品(不含汽车) | 45.9 | 77.4 | 79.6 |
| 耐用品 | 22.2 | 39.9 | 40.8 |
| 非耐用品 | 22.2 | 7.6 | 38.8 |
| 其他 | 27.9 | 37.5 | 38.6 |
| 耐用品 | 13.9 | 18.8 | 19.3 |
| 非耐用品 | 13.9 | 18.8 | 19.3 |
| 进口货物 | 499.9 | 888.3 | 934.7 |
| 食品、饲料和饮料 | 26.5 | 39.7 | 41.1 |
| 工业供应品(不含石油及其产品) | 75.6 | 135.4 | 143.3 |
| 耐用品 | 36.3 | 69.3 | 76.4 |
| 非耐用品 | 39.2 | 66.2 | 66.9 |
| 石油及其产品 | 51.2 | 71.8 | 51.6 |
| 资本货物(不含汽车) | 120.7 | 254.2 | 271.4 |
| 民用飞机、发动机和零件 | 11.7 | 16.6 | 21.7 |
| 计算机、附件和零件 | 26.1 | 70.2 | 72.8 |
| 其他 | 82.9 | 167.4 | 176.9 |
| 汽车、发动机和零件 | 92.3 | 140.8 | 150.3 |
| 消费用物品(不含汽车) | 106.0 | 193.0 | 215.9 |
| 耐用品 | 56.8 | 98.5 | 110.7 |
| 非耐用品 | 51.2 | 94.5 | 105.3 |
| 其他 | 33.0 | 53.4 | 61.1 |
| 耐用品 | 16.5 | 26.7 | 30.5 |
| 非耐用品 | 16.5 | 26.7 | 30.5 |
| 附录 | | | |
| 农产品出口 | 40.1 | 58.4 | 52.5 |
| 非农产品出口 | 382.9 | 629.9 | 627.8 |
| 非石油产品进口 | 432.4 | 816.6 | 883.1 |

资料来源：美国商业部统计，1992 年和 1999 年 2 月。

### 美国与发展中国家和地区的贸易

美国对亚洲地区的贸易集中于东亚市场,1998年美国的前十大贸易伙伴中有4个在该地区,即新加坡、韩国、中国和中国台湾。70年代,美国对东亚的贸易一直是顺差,80年代以来,美国对东亚市场的贸易发生了逆转,由过去的顺差变为逆差。

拉美不仅是美国工业原料的供应地,也是美国工业制成品的大市场。90年代以来,拉美各国的对外贸易仍维持着传统的贸易格局,即主要贸易伙伴均为本地区以外的发达工业国家,其中50%左右的出口是面向美国市场,同时50%以上的进口也来自美国。墨西哥是美国在拉美的最重要伙伴国,同时也是美国的第三大贸易伙伴国。1987年9月,美国与墨西哥达成了美—墨投资与贸易框架协定,这一协定的签订,使双边贸易发展到了一个新的阶段。

## 进出口商品结构

90年代以来,美国的外贸进出口结构发生了较大变化,见表2。

在产品的出口构成中,农产品的出口额增长有限,而非农产品,特别是制造业产品出口额则有比较大的增长。而在制成品出口中,高技术产品出口增长速度又超过了非高技术产品出口的速度。主要出口产品有:飞机和飞机零部件、汽车和汽车零部件、办公和通讯设备、自动数据处理机、半导体、机电产品、塑料聚合剂和玉米、小麦、大豆等等。

进入90年代后,美国进口贸易不仅继续大幅度增加,而且商品的构成也发生了较大变化。农产品以及石油、矿产品进口相对减少,而非石油产品,尤其是制造业产品增长得比较多。增长最快的是与信息技术密切相关的办公机器和自动数据处理器(计算机及零部件属于此类),以及其他机电设备,这与美国国内新技术的发展和应用,私人设备投资迅速增长是一致的。

## 对外贸易的管理

### 进口管理

美国拥有一整套严格的旨在保护其国内生产商利益的进口管理体制,主要有:

*关税保护*:美国自1989年起实行国际上统一的协调税制。该税制包括9 121项税目,其中约17%为免税税目,其余多数征从价税,少数征从量税或混合税。从量税主要适用于农产品,混合税适用于工业品。美国的关税税率分为三种:第一种为普通税率,即最惠国税率,多数国家享受税率;第二种是特别税,适用于享受美国普惠制优惠的一些发展中国家和地区以及与美签有自由贸易协定或安排的国家;第三种税适用于与美国没有最惠国待遇安排的国家和地区。

*关税配额*:为控制进口数量,保护国内生产商利益,对部分农产品实行关税配额。在一定数量内,进口享受免税或低税关税,而对超出配额数量的进口商品适用高关税。农业部长每年对关税配额水平进行调整,并公布于众。

*绝对配额*:美对一些较敏感行业的产品实行绝对配额管理,即每年均规定了允许进口的数量,不得超量。主要适用于一些农产品和来自一些国家的纺织品。

*自动限量协议*:美国利用其实力地位,与其贸易伙伴谈判,要贸易伙伴自动限制其某商品对美的出口,并与美签署协议,从而达到限制进口,保护国内生产商利益的目的。

*进口许可证及准许证*:美国对以下产品实行进口许可证及准许证制度:奶酪、牛奶、黄油、奶油、活畜、家禽、鸡蛋、哺乳动物及其制品、生物制品、武器、弹药、天然气、鱼及野生动物、植物及植物制品、放射性物质及核设备等。

*有秩序销售协议*:美1974年贸易法第406款规定,如果美国国际贸易委员会议定,来自某非市场经济国家产品的大量进口对美市场造成扰乱,总统就有权采取补救措施,即以贸易报复相威胁,迫使出口国与美签订所谓有“秩序销售协议”,控制出口数量。

*反倾销*:反倾销是美国用来保护其国内生产商不受不公平竞争损害的最为有效的一种方法。美国的反倾销法从理论上讲是公平的、透明的。但在实际的应用过程中却存在很大的不可预测性和不公正性,特别是在针对所谓“非市场经济国家”的反倾销时,在对中国产品的反倾销中,美国将中国视为“非市场经济国”,因而采用所谓“替代国”的做法来衡量中国产品的公平价格,但第三替代国的选择却往往是任意的。因此,其结果是中国产品被判构成大幅度倾销并被征

收高额反倾销税。迄今为止，美国共对中国发起了60多起反倾销调查，除极少数胜诉外，有两项与美达成了中止反倾销调查协议，而多数产品被征高额反倾销税，不得不退出美国市场。

反补贴：美国还利用对进口产品发起反补贴调查并征收反补贴的方法来避免不公平竞争对其国内造成损害。反补贴在一次案件审理中被判为不适用于非市场经济国家，因此也不适用于中国，原因是在非市场经济国家难以测算出是否补贴和补贴的幅度。

技术性强制管理措施：美国对进口产品在安全、卫生方面有严格的进口检验及认证制度。所有进口产品在安全、卫生方面有严格的进口检验及认证制度，所有进口产品都必须满足其规定的标准。如电器必须经美国非盈利的独立机构UL的认证，才能进入美市场；食品和药品必须通过美国食品药物检验局(FDA)的检验，而在农产品进口方面则必须满足美国农业部动植物检疫局近乎苛刻的检疫条件。

行政命令：有时，美国总统根据其贸易法的授权，有权发布行政命令，对来自某国的某种产品实施禁令。1994年，美国总统克林顿以行政命令的方式宣布禁止进口来自中国的民用枪支弹药。

### 出口管理

美国政府对出口实行两种管理，一是对出口采取鼓励和支持措施，二是从安全利益出发对高技术产品实施严格的出口管制。支持出口的措施有：为出口商提供政府优惠信贷，如美国进出口银行贷款，为美出口商在海外进行项目可行性研究提供资助，如美国贸易开发署(TDA)项目等等。在出口管制项下，美出口商必须事先就某项目技术或产品的出口提出申请，经商务部、国务院和国防部审查批准，方能出口。

在政府支持出口方面值得一提的是美国的1974年贸易法的"301"条款。"301"分普通、特殊和超级"301"，均旨在通过贸易谈判和贸易报复的威胁，迫使贸易伙伴减少贸易壁垒，对美产品和服务开放市场。其程序是：美国贸易代表每年向政府提交"外国针对美国的市场壁垒报告"，并对被列为重点国家的国家发起为期半年或一年的调查。在调查期间双方将进行谈判，如该国仍未作改善，美国将宣布对该国实行贸易报复并公布一份贸易报复的商品清单，为期一个月，如仍未达成协议，美方将实施报复。普通"301"是针对一国对美国产品和服务存在的总的市场壁垒，特殊"301"针对一国对美国知识产权产品的保护状况。美国曾在1991年对中国发起上述两个"301"调查。超级"301"则是针对某国在某个行业存在的对美的壁垒。美国曾对日本启用过该条款。1996年，美以中国在农产品方面存在限制美农产品的壁垒为由而将中国列入超级"301"重点观察国家名单。

## 美国市场的基本特点

### 市场容量大

美国是世界上最大的消费市场。美国8万多亿美元的国内生产总值中2/3是消费。由于美国劳动密集型的消费品生产多已转移到其他国家和地区，因此，对日用消费品的需求量大，以服装、鞋类和日用小家电等为最。东南亚一些国家和地区是中国的主要竞争者。东南亚金融危机后，有些国家和地区竞相进行货币贬值，对中国对美出口构成直接威胁。

### 市场的接纳性很强

美国是多民族的移民国家，各民族的商品都可在美国找到市场。同时，由于美国贫富差别较大，高中低收入阶层均是相当可观的消费群体。因此，来自世界各地的各种档次的产品在美国均有需求。

### 美国市场对商品的质量和安全标准要求高

美国市场容量大，外国及本国商品都力图占得一席之地，因而导致市场竞争异常激烈，加上美国科技发达，生活水准高，因此对各类产品的质量要求甚严。提高产品质量是赢得美国市场的基本条件之一。美国有一些私人专业机构对数以千计的产品进行检验，并负责公布检验结果，对同类产品进行比较排名。联邦和州政府也都设有专门机构负责保护消费者的利益，如联邦贸易委员会的消费者保护局、联邦政府的食品和药物管理局等。

美国政府还制定了一系列旨在保护消费者健康和福利的法律和条例。对食品、医药、酒类、化妆品、玩具等各类产品的成分介绍、包装标签、说明、广告等方面都有具体的规定；各州和许多城市及县也都设有处理消费者投诉的机构。进入美国市场的商品要事先了解美国联邦政府和州政府对该产品的技术要求，即有关安全标准、商品检验和广告宣传等方面的要求。

**美国市场商品销售季节性强**

感恩节、圣诞节期间销售额占全年总销售额的1/3。进口商进口定货均根据其国内销售季节来组织，因此，如错过销售季节，则意味着这一年度暂时退出美国市场，甚至长时间被排除在美国市场之外。

## 中美经贸关系

自1979年中美两国建交以来，两国经贸关系在近20年的风雨历程中，不断发展和进步。特别是进入90年代后期以来，中美经贸关系更加成为两国关系中日益重要和日益活跃的组成部分。

据中国海关统计，1990～1997年，中美贸易额年平均增长速度22.6%，远远高于同期中国外贸15.9%的增长速度。1998年，中美双边贸易额达549.37亿美元，比1997年又增长了12.1%。其中中国从美进口169.61亿美元，增长4%。对美出口379.8亿美元，增长16.1%，中美贸易在中国对外贸易中所占的比重持续攀升，到1998年已占17%；其中，对美出口占中国当年出口总额的20.7%。美国是中国的第二大贸易伙伴，中国则是美国的第四大贸易伙伴。

随着中美双边贸易额的不断增长，进出口商品也朝着多元化的方向发展。中国对美出口的主要商品有：纺织品、轻工产品、土特产品、金属制品、化工产品、医药产品、鞋类、玩具、粮油食品、原油、成品油和机电产品等。近年来，中国对美国出口商品结构大大改善，机电产品已取代纺织品成为中国对美出口的第一大商品，但鞋类、纺织品、玩具在中国对美出口中仍占重要地位。1998年中国对美出口的主要商品有：机电产品（104.7亿美元）、玩具及家具（61.8亿美元）、鞋类（49.3亿美元）、纺织品（38.2亿美元）、金属制品（24.2亿美元）、塑料及橡胶制品（17亿美元）、光学仪器和医疗仪器及钟表（15.5亿美元）、化工产品（13.3亿美元）、皮革及箱包（13亿美元）、车辆等运输设备（12亿美元）。

中国从美国进口的商品主要是：成套设备及技术、飞机、汽车、仪器、五金矿产品、石油化工品、小麦、木材等。80年代中期以来，从美国进口的技术密集型产品迅速增长。1998年中国自美进口的商品主要有：机电产品（65.7亿美元）、化工产品（24亿美元）、航空品与车船等交通工具（17.2亿美元）、光学仪器与钟表（9.4亿美元）、纸及纸制品与木浆（8.7亿美元）、塑料与橡胶制品（8.3亿美元）、金属及其制品（6.9亿美元）、植物产品与谷物（6.3亿美元）。

中美贸易的兴盛还带动了两国在其他领域的交流与合作。就双边投资而言，随着中国经济建设速度的加快和投资环境的改善，美国企业对华直接投资的规模逐年扩大，领域不断拓宽。美国是中国改革开放以来对华投资最早的国家之一。1982～1992年10年间，美国在华直接投资的实际金额不足5亿美元，从1992年起，美商对华投资开始大幅度上升。在对华投资的170多个国家和地区中，不论资金投入数量、技术水平，还是资本运营规模，美国均居重要地位。截至1998年底，美对华投资项目累计26 581个，协议美资金额462.8亿美元，实际投入美资金额214.1亿美元。

美国在华投资企业分布在中国20多个省、自治区、直辖市、计划单列市和经济特区。美国对华投资领域十分广泛，包括机械、冶金、石油、电子、通讯、化工、能源、食品、纺织、医药、饭店、房地产等。随着中国开放程度的不断深入，美国对华投资领域将扩大到包括金融、保险、外贸、会计、货运代理等所有的试点行业。美国有影响的会计师事务所、律师事务所和金融机构进入中国市场，为推进美国企业对华投资发挥了作用。

中国企业在美国投资办企业始于70年代末，截至1998年底，经批准的中国在美国投资举办的海外贸易型和非贸易型企业共计555家，协议投资总额约7.15亿美元，中方投资总额约4.98亿美元。涉及的行业有工业、科技、承包、服装、农业、餐馆、食品、旅游、金融、保险、运输等等。

中美两国作为世界上最大的发展中国家和最大的发达国家，双方在资源结构、产业结构及消费水平等方面的差异决定了两国经济上具有很强的互补性。发展中美贸易和经济合作拥有得天独厚的条件和广阔的前景。

（国际贸易研究所 王榕平）

# 加拿大

## 加拿大国际贸易地位

加拿大以贸易立国，出口是加拿大的生命线，约1/4的就业人口直接与出口有关。自70年代以来，加拿大出口以每年10%以上的速度增长，贸易总额也稳步增长，到1989年，加拿大已成为世界上第七贸易大国。1997年，加拿大进出口总额为4 153.08亿美元，其中出口为2 144.28亿美元，进口为2 008.80亿美元，占世界贸易总额的3.83%。1998年1～9月份，加拿大进出口总额为3 073.80亿美元，其中出口为1 585.47亿美元，进口为1 488.33亿美元，占同期世界贸易总额的3.87%。由于加拿大人口与世界比重仅为0.5%，所以，按人口平均计算，加拿大是世界上贸易额最高的国家。

## 贸易地区分布

### 与美国的贸易关系

美国是加拿大最大的贸易伙伴，对美国出口约占加拿大出口的80%左右。美国经济的盛衰也直接影响到加拿大的进出口贸易。80年代以来，加拿大对美国出口增长迅猛，超过了美国对加拿大出口增长的速度，使美国在对加贸易中的逆差越来越大。为了减少对加逆差，美国曾单方面宣布对加拿大的红杉木材征收35%的进口关税，引起加拿大的报复行动，对美国的某些书刊、计算机部件和半导体设备进口征收高额关税。此后，两国间的贸易磨擦不断。两国为共同的经济利益进行了艰难的贸易谈判。双方终于在1988年1月2日达成了美加自由贸易协定，并于1989年1月2日起生效执行。该协定的签订为双边经贸关系的进一步发展奠定了基础。目前两国日双边贸易额超过10亿加元，创世界上两国间双边贸易之最。

### 与亚洲地区的贸易

亚洲是加拿大的第二大出口市场，目前加拿大对亚洲的出口占其出口约10%的比重，其中日本约占加出口份额的5%，其他一些亚洲国家占加出口份额的5%。90年代中期以前，加拿大对亚洲地区的出口稳步增长，但自亚洲爆发金融危机特别是1998年以来，加拿大对日本和亚洲其他一些国家的出口大幅度下降，这是因为亚洲金融危机导致日本市场和其他一些亚洲国家进口需求下降，使加拿大一些传统出口商品如能源产品、林木产品和工业产品对亚洲地区的出口比过去几年大为减少。但可以预料，一旦亚洲经济恢复元气，加拿大对亚洲的出口还将回升。

### 与欧盟的贸易

80年代初加拿大对欧盟的前身欧洲经济共同体的出口占其出口的12%左右，但此后，加拿大对欧盟的出口比重逐年下降，目前仅占5%左右。目前欧盟是加拿大的第三大出口市场。开拓欧盟市场是加拿大的一大贸易战略，也是加拿大欲加强合作和扩大双边贸易往来但效果并不十分明显的一个市场。加拿大统计局的资料表明，1988～1994年间，欧盟进口额以年均5%的速度增长，而加拿大对这一地区的出口仅仅只增长了0.9%。加拿大对欧盟的出口显然没能与欧盟进口市场保持同步增长的速度。为了打开欧洲的通道，加拿大于1998年6月份宣布同欧洲自由贸易联盟(EFTA)的4个成员国开展自由贸易谈判。

### 与拉美国家的贸易

拉美市场是加拿大重要的出口市场之一，占加出口份额约2%。拉美市场所占比重虽小，但潜力很大。近年来，加拿大十分重视开拓拉美市场。加拿大于1996年11月与智利签署了双边自由贸易协定，并欲以此作为进入拉美市场的跳板。1997年4月，加拿大在巴西总统卡多佐访加时表达了加入南方共同市场的愿望，1999年6月加与南方共同市场达成了贸易和投资保护框架性协议，为加企业进入拉美市场开辟了道路，在巴西陷入金融困境后，加拿大和其他七国集团成员参加了援助巴西的计划。最近，加拿大的一家大型建筑企业不顾美国对古巴的制裁，在古巴开发房地产和旅游业务，体现了加拿大开展经济外交、与美国竞争拉美市场的不同手段。

## 进出口商品结构

加拿大主要出口商品有：汽车及零部件、机械设备、原油、天然气、石油制品、化学制品、木材、纸浆、新闻纸、小麦及鱼产品等。加拿大是世界上第四大矿产品出口国，是世界上铀的主要出口国，是世界上木材、纸浆和新闻纸的最大出口国。纸张和纸浆的出口约占其出口总额的20%。小麦产量的2/3供出口，出口量仅次于美国，居世界第二位。加拿大还是世界上最大的鱼产品出口国，出口量占其产量的75%。90年代以来，加拿大制成品的出口增长较快，已超过食品、林产品和原材料的出口。

主要进口商品有钢铁制品、机械、仪器、电子产品及计算机、通讯设备、汽车及零部件、煤、化学制品和肉类等。加拿大国内所需的机械设备70%以上靠进口，随着投资项目的迅速发展，机械进口在整个进口中的比例上升最快。

## 对外贸易管理

### 健全的法规

加拿大政府利用各种法律、条例控制进口商，保护本国人民的安全和利益。如：对食品和土特产品制定《食品药物法》，机电产品有《加拿大标准法》，还有《商标法》、《危险法》等。对危险商品如油漆、清漆，加拿大禁止进口，不许使用。对容易引起火灾的商品，如烟花、爆竹，加拿大政府规定须先寄来样品及有关材料，经检验合格后才允许进口。

按加拿大规定，进口到加拿大的货物40%～50%要进行检查。初次向加拿大出口的商品几乎全部要受到检查。食品必须提供质量证明书，鱼类产品必须提供纯净度证明书，经加拿大农业部核对，证明书与样品不符的拒绝放关。

加拿大对商品的商标要求十分严格，全部商标必须用英、法两种文字注明，必须列出商品的名称、产地、净重、批发和制造厂商的名字和地址。食品要列出人造调味品、维生素和矿物质等附加物的含量。

此外，加拿大在《特别进口措施法》中规定，如果进口商品的倾销对加拿大工业已经造成损失或者有可能造成损失，则征收反倾销税。

### 进出口管制

加拿大对农产品、畜产品、服装、纺织品和鞋袜等产品的进口通常需要许可证，进口其他产品通常不需要许可证。加拿大同少数生产成本较低的国家和地区（如韩国、中国、中国台湾、中国香港等）签有协议，对从这些国家和地区进口的服装和纺织品有配额限制。对外贸易部出口管制局审查出口商及发放出口许可证。某些具有战略意义或文化意义的物品的出口，需要获得许可证，如电力、石油、铀、某些文物和艺术品。

### 关税保护

加拿大对进入其市场的外国产品设置了2 000多个课税项目，归纳起来，共有以下几类：

**最惠国关税**：它用于世贸组织成员国和与加拿大签有贸易协定的非英联邦国家。该税率高于英联邦国家，但低于普通关税税率。

**普通关税**：为帮助发展中国家扩大出口，增加外汇收入，加拿大于1974年给予164个国家和地区以普遍优惠制关税待遇。1980年加拿大也给予中国此种待遇。这种关税税率是目前加拿大关税中最低的一种。但大部分农产品、纺织品以及工艺品不属受惠之内，另外，若受惠商品对加拿大的同业制造商造成威胁或损害，加拿大可部分或全部取消其普惠制待遇。加拿大已取消了不少项目商品普遍优惠制关税待遇。

**联邦销售税**：它是按进口的完税值而征收的，即按进口商品价值加上关税总额征收。目前，加拿大征收的进口商品销售税税率一般为进口商品完税值的12%，有的商品（如建筑材料）则为8%。还有些商品可以免征此税，如用于制造和加工的机器设备、农、林业设备，某些种类的服装和鞋，重型卡车及食品等，可以免征联邦销售税。

## 中国与加拿大经贸关系

### 双边贸易

中加两国自1954年起就开始了民间贸易往来，但贸易额很小，1955年贸易额仅为326万美元，当年中国首次从加拿大进口了9 600吨小麦。正式贸易关系始于1961年中加小麦协定，自1961年起，每年贸易额均超过1亿美元。1970年10月，中加两国正式建立外交关系，奠定了两国经贸关系的基础，1973年中加两国政府签订了贸易协定，这一年贸易额已达4.46亿美元。从1980年起，加拿大对中国的出口商品提供普惠制待遇，为扩大中国对加拿大出口提供了有利条件,使中加贸易更加迅速地发展,1988年,双边贸易额已增至18.25亿美元。90年代后,中加双边贸易年年迈上新台阶,1994年已突破30亿美元,1998年又突破了40亿美元大关,达43.65亿美元,其中中国出口21.28亿美元,进口22.37亿美元。

中国从加拿大进口的主要商品是:机电产品、谷物、纸浆、化肥、纸及纸板等。中国对加出口的主要商品是机电产品、服装、纺织品、鞋类、塑料制品、旅行用品和箱包、玩具等,近年来,机电产品已占中国对加拿大出口的第一位。

**中加经济技术合作**

1979年10月,中加两国政府签订了经济合作议定书,为两国经济合作的开展奠定了基础。加拿大对华投资始于1980年,截止到1997年底,已批准加拿大在中国直接投资项目3 568项,协议外资金额54.19亿美元,加方实际投入4.18亿美元,投资领域主要是石油开发、机械、电子、通讯、化工、轻工、食品、纺织、农业、水产、养殖、房地产、旅游服务等,生产性项目约占总数的80%。

截止到1997年底,经批准的中国在加拿大投资举办的贸易和非贸易性企业共118家,中方协议投资总额为3 000万美元,涉及的行业有:资源开发、工业生产、建筑承包、农牧渔业、餐饮业、科技文化交流、交通运输、咨询服务等。

**对华援助**

1981年加拿大国际发展署代表加拿大政府开始向中国提供无偿援助,1983年中加两国政府签署《中国和加拿大政府关于发展合作协定》,10多年来,双方已进行了两个周期的合作,1995年开始了第三周期(1995~1999年)的项目安排,双方合作涉及到农业、林业、能源、交通、通讯、环保、人才开发、扶贫等多个领域。在中加双方的共同努力下,发展合作顺利,合作成果显著。加拿大政府在发展合作政策上对中国友好,现保持对中国每年援助3 500万美元的水平。中加发展合作项目为中国培养了大批有用人才,加方通过技术转让、咨询提供关键设备等方式使中国许多项目部门在技术和管理水平上都有了不同程度的提高,取得了良好的社会效益和经济效益。

**贷款合作**

随着中国扩大改革开放,加拿大政府积极通过各种渠道帮助加企业进军中国市场,其中最有力的措施是加拿大国际发展总署(CIDA)和加政府对华提供的优惠贷款。

自1986年至今,加政府通过其出口发展公司(EDC)共对华提供五批优惠混合贷款,总计承诺金额22.6亿美元,项目主要集中在邮电通讯、水电、能源、石化、纸浆、造纸、轻工建材、城市建设等项目。双方在这些领域的合作卓有成效。加拿大政府的优惠贷款有力地提高了加拿大电信、水电、石化和纸浆造纸行业在中国市场的竞争力和知名度,事实证明,加政府的优惠贷款对促进和扩大加拿大技术、机械和设备的对华出口起了积极的推动作用。

**中加经贸合作前景**

中加两国都是幅员辽阔、资源丰富的大国,经济方面有较强的互补性。加拿大在水电、电信、石化、航天航空、粮食储运、环保、交通运输等领域有很强的优势,而中国价廉物美的各种消费品又大都是加拿大需要进口的,发展中加贸易有较好的客观基础,就两国的市场潜力和经济实力而言,开展经济合作的潜力还很大,只要两国在平等互利、互通有无的原则基础上不断探索和努力,中加经贸合作一定会更上一层楼。

(国际贸易研究所　王榕平)

# 日　本

## 日本经济概况

日本位于亚洲东部,是一个由4个大岛及3 900多个小岛组成的群岛国家。总面积约37 380平方公里。日本人口约1.3亿,占世界总人口的2.5%,居第7位。日本除水资源、森林资源以外,矿产能源资源较为贫乏。

战后日本经济经过10年恢复时期,到1955年,各项经济指标均达到或超过战前最高水平。此后日本经济开始进入高速增长时期，到1972年，日本经济以扩大国内设备投资和出口为主导，实现了年均增长率高达10%的持续增长，经济实力增强。

1973年和1978年发生的两次“石油危机”，使日本经济遭到沉重打击，引起物价上涨，国际收支赤字和经济增长率下降以至出现负增长。为此，日本政府和企业采取了节省能源，调整产业结构和经营战略等措施，从而使经济较快摆脱了困境，走上了经济稳定增长的轨道。进入80年代，日本经济实力越来越雄厚，已成为仅次于美国的世界超级经济大国。然而，由于日本企业把扩大出口作为克服内需不足的主要手段，使日本的对外贸易出现了严重的不平衡，进一步加剧了与美欧发达国家的贸易磨擦。从80年代中期起，以克服对外贸易不平衡为主要目的的结构调整，成为日本经济的重要课题。由于1985年“广场合议”后，日元大幅升值，加上原油价格下跌，利率水平下降，使日本经济在80年代后半期实现了“内需主导型”的经济增长。进入90年代后，由于生产设备过剩，民间投资不振，个人消费疲软，金融系统实力下降等原因，日木经济出现滑坡现象。近两年，日本经济更是雪上加霜，企业、银行出现倒闭，消费极度不振。1997年和1998年两个年度连续出现经济负增长，出现了自战后以来最严重的经济倒退，日本经济怎样才能走出谷底，何时才能重新复兴，这是进入世纪之交的日本经济的最大课题。

**表1 日本商品进出口总额**

单位：亿日元

| 项目＼年份 | 1992 | 1993 | 1994 | 1995 | 1996 | 1997 |
|---|---|---|---|---|---|---|
| 出口总额 | 430 123 | 402 025 | 404 976 | 415 309 | 447 313 | 509 380 |
| 进口总额 | 295 274 | 268 264 | 281 043 | 315 488 | 379 934 | 409 562 |

资料来源：日本《东洋经济》1998年版《经济统计年鉴》。

## 日本的对外贸易规模

战后，日本从本国的实际条件出发，实行“加工贸易”型经济发展战略，对外贸易的发展十分引人注目。1950～1993年间，日本的进出口总额增长195倍，年均增长率达13.3%，其中出口平均增长率为15.5%，进口为11.5%。特别是在1955～1973年的“高速增长”时期，日本的出口额年均增长率高达17.5%，相当于同期世界出口总额增速的1.65倍。1950年，日本的出口额在世界总出口额中的比重仅为1.4%，80年代中期以后则升为10%以上。在汽车、钢铁和家电等领域，日本的出口居世界领先地位。1997年，日本的出口、进口额分别达4 290亿美元和3 387亿美元。

**表2 日本主要进口商品结构表**

单位：亿日元

| 项目＼年份 | 1987 | 1993 | 1994 | 1995 | 1996 | 1997 |
|---|---|---|---|---|---|---|
| 食品 | 32 541 | 43 779 | 47 709 | 47 838 | 55 234 | 55 789 |
| 原料 | 32 019 | 30 376 | 29 269 | 30 843 | 33 037 | 35 572 |
| 燃料 | 57 062 | 54 742 | 48 904 | 50 229 | 65 877 | 75 425 |
| 化学制品 | 17 243 | 20 049 | 20 682 | 23 092 | 25 356 | 28 409 |
| 纤维制品 | 11 087 | 18 331 | 20 794 | 23 128 | 27 885 | 27 084 |
| 机械 | 27 766 | 51 937 | 60 980 | 79 970 | 104 610 | 114 763 |
| 精密仪器 | 2 700 | 5 253 | 6 366 | 6 601 | 9 135 | 10 567 |
| 制成品进口额 | 95 748 | 139 366 | 155 161 | 186 577 | 225 786 | 242 777 |
| 制成品进口比率(%) | 44.0 | 52.0 | 55.2 | 59.1 | 59.4 | 59.3 |

资料来源：日本《东洋经济》1998年版《经济统计年鉴》。

## 进出口商品结构

日本是一个资源贫乏的国家,所需工业原料及相当数量的粮食包括饲料,必须依赖进口。为此,日本的进口商品结构以初级产品比重高为主要特点。但是不同时期的初级产品进口构成也有变化。60年代,纺织原料所占比重明显下降。石油等矿物燃料一直是日本的主要进口商品。制成品进口在日本进口总额中所占比重长期处于低水平,但以数量来看,自第一次石油冲击以来,一直保持增加的趋势,在日元大幅升值时期,制成品所占比重便有明显提高。

战后的日本出口商品结构变化的总趋势是,由劳动密集型产品向资本密集型产品、进而向技术和知识密集型产品发展。50年代,日本的出口产品主要为劳动密集型的轻纺工业品,1955年,上述产品在日本出口总额中占一半以上,重化学工业品只占38%。自60年代中期以后,资本密集型的重化学工业品所占比重急剧提高,1970年为72.4%,1980年升到84.4%,1992年达90%以上。第一次石油冲击促进了日本出口商品结构的变化,即在重化学工业产品内部,知识技术密集型的机械产品所占比重提高,而附加值相对较低的钢铁和化工产品所占比重趋于下降,1973～1992年间,日本的机械产品出口猛增10.6倍,在出口总额中所占比重由1973年的55.1%猛升至1992年的71.5%。1997年,占日本出口商品前三位的仍是机械、电子、汽车。

**表3 日本主要出口商品结构表**

单位:亿日元

| 项目＼年份 | 1987 | 1993 | 1994 | 1995 | 1996 | 1997 |
|---|---|---|---|---|---|---|
| 纤维及其制品 | 10 050 | 9 163 | 8 574 | 8 361 | 9 302 | 10 028 |
| 化学制品 | 16 955 | 22 495 | 24 218 | 28 293 | 31 386 | 36 232 |
| 金属及其制品 | 26 174 | 25 512 | 24 811 | 26 991 | 27 789 | 32 465 |
| 机械 | 234 051 | 305 762 | 308 008 | 310 256 | 331 619 | 375 667 |
| 电子制品 | 59 392 | 93 898 | 99 445 | 106 466 | 108 795 | 120 406 |
| 汽车 | 93 115 | 101 233 | 94 961 | 84 277 | 91 379 | 109 692 |
| 精密仪器 | 16 607 | 18 527 | 18 514 | 19 416 | 20 946 | 24 269 |

资料来源:日本《东洋经济》1998年版《经济统计年鉴》。

## 对外贸易的地理分布

日本进口商品的地区结构最大特点是偏重于各种资源的供应国。为此,作为上述资源主要出口国的美国、加拿大、澳大利亚、中东以及东南亚,一直是日本进口贸易的主要伙伴。战后初期,日本的进口对美国的依赖程度很高。其后东南亚、中东等地区的比重提高。第一次石油冲击后,由于石油价格猛涨,中东在日本进口地区构成中的比重急剧扩大。80年代以后,特别是日元大幅升值以后,随着日本制成品进口的增加和石油进口额的相对减少,日本的进口地区构成又出现了新的变化,即亚洲新兴工业国、东盟及东南亚国家和地区所占比重提高,而中东产油国所占比重下降。与其他发达国家相比,日本从发展中国家和地区进口所占比重较高。

日本出口地区结构的特点是,偏重于北美和东南亚。由于历史和地理上的原因,东南亚一直是日本的重要出口市场。50年代中期,东南亚在日本的出口地区构成中曾约占一半。后来由于日本推进出口市场多元化,东南亚所占比重有所下降,1980年降至23.8%。80年代后半期以来,随着日本从东南亚地区工业制成品进口的增加,东南亚的上述比重又有所提高。90年代初占30%左右,1997年达到40%左右。从战后初期起,日本就严重依赖北美市场,对北美出口曾占日本出口总额的1/3。1988年上述比重降至25.14%,但后来又有上升,1992年升至30.27%,1997年为29%。除东南亚与北美以外,西欧国家也越来越成为日本的重要出口市场,1992年西欧国家在日本出口地区构成中占21.2%。

**表 4 日本商品进口主要国别地区一览表**

单位:亿日元

| 项目 \ 年份 | 1987 | 1993 | 1994 | 1995 | 1996 | 1997 |
|---|---|---|---|---|---|---|
| 进口总额 | 217 369 | 268 264 | 281 043 | 315 488 | 379 934 | 409 562 |
| 北美 | 54 649 | 70 645 | 73 366 | 80 881 | 97 315 | 103 339 |
| 西欧 | 33 033 | 41 048 | 44 094 | 50 755 | 58 882 | 60 228 |
| 东南亚 | 55 753 | 67 897 | 70 457 | 83 214 | 101 425 | 103 149 |
| 中近东 | 29 429 | 30 516 | 28 652 | 29 869 | 38 461 | 46 563 |

资料来源:日本《东洋经济》1998 年版《经济统计年鉴》。

**表 5 日本商品出口主要国别地区一览表**

单位:亿日元

| 项目 \ 年份 | 1987 | 1993 | 1994 | 1995 | 1996 | 1997 |
|---|---|---|---|---|---|---|
| 出口总额 | 333 152 | 402 025 | 404 976 | 415 309 | 447 313 | 509 380 |
| 北美 | 129 648 | 124 401 | 126 412 | 118 787 | 127 345 | 149 070 |
| 西欧 | 66 297 | 72 704 | 67 225 | 69 080 | 71 919 | 83 638 |
| 东南亚 | 79 763 | 144 460 | 157 339 | 176 316 | 189 921 | 206 732 |
| 中近东 | 13 339 | 14 828 | 11 326 | 9 528 | 11 899 | 14 475 |

资料来源:日本《东洋经济》1998 年版《经济统计年鉴》。

## 对外贸易政策及措施

为提高出口企业与产品的国际竞争力,日本政府综合运用金融、税收、保险等多种经济手段,大力扶植出口产业和出口产品。第一,实行出口优惠金融制度。对出口企业在信贷、担保票据贴现等方面提供最为优惠的政策。第二,实行减息出口税制。据统计,截止 1997 年,日本企业享受免税待遇的各种基金共 26 种,日本企业靠减免出口税而增加的收入相当于全日本公司所得税总额的 17%,优惠的减免税制度使日本的出口产品更富有竞争力。第三,实行出口特别折旧制度。第四,实行出口保险制度。

此外,日本政府通过成立一系列相互配套的扶植出口产业的机构,积极参加国际经贸组织,积极开展海外市场调查研究等方法,直接为出口产业提供便利和服务,以此来推动产品出口。

战后日本在进口政策方面主要采取了进口限额制(进口配额制)、保护关税制、海关估价制及苛刻的技术标准、卫生检疫、包装和标签的规定等非关税壁垒措施。近年来随着贸易磨擦加剧,日本政府开始把降低外贸顺差占国民生产总值的比率,作为贸易政策的目标,采取了确定自由进口商品制度、调整汇率及要求国内公司尽量扩大进口,增加国内机电产品中的零部件、中间产品等的海外采购量等措施。

## 日本的对外投资

据统计,1951～1997 年度,日本海外投资总额为 896 444 亿日元,投资项目为 85 360 项。从年均对外直接投资额看,60 年代不足 10 亿美元。70 年代约 30 亿美元,80 年代近 100 亿美元。从资本流向的地区分布看,重点集中在北美、亚洲、欧洲、大洋洲 4 个区域。

日本对外直接投资的特点是,由资源开发业向制造业转移;由劳动密集型的低技术产业向资本密集型的高技术产业转移;由有形产业向金融、保险等服务行业转移;中小企业对外投资的比例逐年上升;投资流向有所变化,对发达国家投资增加,对发展中国家投资下降。虽然对发展中国家投资减少,但投在亚洲国家的比重却相应有所增加。

## 日本与中国的经贸关系

自1972年中日关系正常化以来,特别是1979年中国实行改革开放以来,中日贸易获得迅速发展。据统计,1972年中日贸易额为10.39亿美元,1981年达99.78亿美元,1994年达478.93亿美元,1998年达579亿美元,是1972年的55倍多。自70年代以来,日本一直是中国最大的贸易伙伴。在日本的对外贸易中,中国仅次于美国,是日本的第二大贸易伙伴。

双边贸易结构也发生了变化。长期以来,中日贸易的商品结构有巨大差异。中国出口日本的多为食品类、原料、轻纺及初级产品等低附加值的商品。而中国从日本进口的主要是:成套设备及技术、汽车、电子等高附加值的商品。近年来,随着中国产品质量的提高和“三资”企业产品出口的增加,纺织、家电等制成品的出口迅速增加,原材料和矿物质燃料的比重不断下降。

在对华投资方面,日本海外投资在1989年达到高峰后一直下降。1992年日本对美国、欧洲和亚洲新兴工业国的直接投资分别下降23.3%、24.7%和12.8%;但对中国投资则剧增84.7%,达到10.7亿美元。到1995年则达到43.19亿美元,虽然1996、1997年有所下降,但仍维持在30亿美元左右。

日本对华投资具有资金到位快、成功率高、项目平均规模趋向扩大等特点。而且,越来越多的日本企业有向中国中西部地区投资的意向,中日投资合作呈现良好的发展前景。

(国际贸易研究所　郑建成)

# 德　国

德国是一个高度发达的工业国,其经济综合实力在世界上居第三位(次于美国和日本)。其主要工业部门有汽车、机械、化学、电气、服装、食品、采矿和航空航天等。工业是德国经济的基础和支柱。

德国的农业也很发达,农业机械化程度高,因此生产效率也高。德国在欧盟15国中是牛肉、小牛肉、猪肉、牛奶、马铃薯和油菜的最大生产国;是谷物、甜菜、水果和蛋类的第二大生产国。德国森林茂盛,是世界上最大的木材出口国之一。

德国实行的是社会市场经济制度。其基本特征是市场原则和社会均衡原则相结合。整个经济秩序以市场为中心,以竞争推动经济运转,而国家对经济不实行直接干预,只是一方面管理和监督市场的竞争,另一方面消除在市场竞争中的不良现象,促使社会均衡,实行社会保障政策,以利人民生活水平的提高。在市场竞争中不涉及农业和交通业。农业服从于欧共体农业市场的有关规定。铁路和邮政属公共财产,不能只顾获取利润,而必须提供价格合理的服务,尤其要为偏僻农村服务。

## 德国市场特点

**消费水平高,物价基本稳定,居民购买力强**　德国早已是现代工业社会,居民的收入都很高,绝大部分家庭都有小汽车;有不少家庭中不只一辆;几乎家家户户都有冰箱、洗衣机、电视机和电脑。没有劳动能力的失业者,因有社会保障享有失业救济金、养老金和退休金,也具购买力。

**商品极大丰富**　本国产品和来自世界各地的商品竞相争妍,消费者购物有充分的选择余地。德国居民在食品消费方面对马铃薯、粮食制品、豆类和牛奶的需求明显下降,而对水果、蔬菜、奶酪、蛋和肉的需求大大增加。

**消费者利益受法律保护**　如食品法、药品法、器具安全法和消费品的法案一应俱全。产品包装上必须一目了然地标明其制造商、品质、重量、保存期、环保标准和安全标准等。商店橱窗或货架上必须有明码标价,消费者以此鉴别真伪商品。就连旅游服务产品也要依据旅游合同法行事。

**工业原料奇缺**　尤其是矿物原料(如铜、铝、铬、钼、钨等)均需从国外进口;能源(原油)在很大程度上也依赖进口。此外,制造核能所需的浓缩铀全部依靠进口。

## 德国对外贸易

德国目前是世界上第二贸易大国(仅次于美国)。

对外贸易在德国国民经济中起决定性作用，是其经济增长的最大推动力。德国经济早就融入世界经济一体化之中，它奉行减免关税和其他贸易限制的自由贸易政策，在欧盟成员国中属开放程度最高的国家之一。

90年代以来，德国对外贸易一直处于顺差，详见下表：

**德国进出口贸易差额表(1990～1997)**

单位：亿美元

| | 1990年 | 1991年 | 1992年 | 1993年 | 1994年 | 1995年 | 1996年 | 1997年 |
|---|---|---|---|---|---|---|---|---|
| 进口 | 3 450.32 | 3 904.23 | 4 032.68 | 3 461.30 | 3 847.46 | 4 445.54 | 4 588.10 | 4 455.56 |
| 出口 | 4 099.58 | 4 029.82 | 4 227.06 | 3 826.31 | 4 290.75 | 5 083.98 | 5 242.28 | 5 125.02 |
| 总值 | 7 549.90 | 7 934.05 | 8 259.74 | 7 287.61 | 8 138.21 | 9 529.52 | 9 830.38 | 9 580.58 |
| 差额 | 649.26 | 125.58 | 194.38 | 365.01 | 443.29 | 638.44 | 654.18 | 669.46 |

资料来源：根据联合国统计月报1999年3月计算、整理。

德国1998年1～9月对外贸易总额为7 306.97亿美元，其中进口3 371.98亿美元，出口3 934.99亿美元，顺差563.01亿美元。德国的巨额贸易顺差往往遭到国际上的批评。可按照德国人的说法，它也存在逆差，如他们去国外度假的花费，外籍雇员往其国内家属的汇款以及德国需向欧盟缴纳的费用等，贸易顺差用来弥补这些逆差。

德国有1/4的就业人员直接为出口业工作，他们以高技术、高教育水平的优势用来发展对外出口产业以支付进口食品、原料、能源以及在其他国家能价廉物美地生产的工业品的费用。

## 进出口商品结构

德国主要出口商品有汽车、机械、化工产品和电器、食品、原料、中间产品等；主要进口商品有农产品、食品、矿物原料、原油、生产资料、纺织品、机动车、机器和电动产品等。近年来，进出口商品结构有所变化：进口商品中矿产品的比重明显下降，而制成品比重则持续上升；出口商品中食品、原料和中间产品的比重逐步下降，而制成品比重迅速上升。其机械产品，尤其是重型机械、运输机械以及化工产品的出口在世界总出口中均居第三位。

## 贸易地理分布

德国的进出口贸易主要在欧盟国家内进行，最大的贸易伙伴是法国和荷兰，其次是意大利和英国等。德国与美国、加拿大以及日本的双边贸易增长也较为迅速。同亚太国家及地区的贸易近年来有所增长，而同非洲和拉丁美洲地区的贸易增长较缓慢。

## 对外贸易政策

德国的经济发展及工业增长均依赖于对外贸易，因此政府非常重视对外贸易政策的制定。德国是欧盟主要成员国之一，其对外贸易规则的制订必须符合欧盟的共同利益。德国遵循欧盟的共同关税，共同农业政策和共同外贸政策。德国政府特别提倡“贸易自由”政策，主张无条件地实行最惠国待遇，自由兑换货币，无商品进口限额，汇价必须合理。通过签订国际协议，遏制外国的关税壁垒和其他贸易障碍，不断增加出口。由此，德国政府制定的出口措施有：实行优惠税率或免税，给予出口津贴、发放出口信贷、延长偿债期限、建立国家担保的出口贷款制度等。此外，通过在国外广泛建立销售网络，畅通销售渠道；改善出口商品结构，提高出口商品质量，做到按期交货，加强售后服务等措施来扩大出口。

德国政府对外国资本一般采取不加限制的政策，如对外资企业股息的汇回不加限制，对外汇也不实行管制；对外国人的资产或产权的购置接管或再投资均不设置任何政策限制等。只是在德国境内开办企业的外国人(持居住许可证者)必须向市政当局报告其业务的始末及其变化；开业后三周内务必通知当地的财政税务机构。

在德国资本市场上,发行外国或国际性债券不必经官方的批准,且证券均自由输入或输出。非居民在德国境内直接投资、购买个人使用房地产和购买德国或外国股权,也不必经官方批准。此外,输出入黄金不受限制,也无须持许可证,但必须向海关申报。

就总体而言,德国奉行自由贸易原则,但以下情况除外:

根据国际协定或履行欧盟的共同关税义务;

为保障国家利益或保障对外利益;

对进口清单上未规定的商品或从欧盟以外的国家进口商品;

为防止马克贬值或为调整国际收支平衡而实行保金贸易规则。

在上述情况下进行贸易须依法取得德国政府的许可。

对于进口商品也有法律明文规定的限制:

对进口清单上写明准予进口商品的限制,即具备一定条件方可进口;

对进口清单上未写明准予进口商品的限制,分一般性限制进口,为维护公共秩序而限制进口,为保护环境而限制进口和为保证健康而限制进口几种。此外,德国还限制进口10多种动物和5种植物;

对进口数量加以限制的商品共9种:土豆、土豆粉、土豆制品、咖啡提炼物、黄麻、磁器、陶器和绝缘材料。除磁器、陶器只对日本限制外,其余商品的数量限制适用于所有国家和地区;

其他限制,如部分包装或装入罐头的食品、化学品和纤维制品等须用德文写明进口的原产地国。

对出口商品的限制主要有:

对战略物资及适用于欧盟规定的农产品出口,必须取得许可证;

对部分前苏联、东欧国家的技术输出;

对危险性物质(如核材料)。

## 贸易渠道

进入德国市场有各种各样的渠道,如通过设在德国境内的分支机构或办事处,经德国当局批准的特许专营,通过进口商行、进口批发商和其他销售商,通过厂商代理人、中间商或其他推销代理商等。但对于大型设备或金额巨大的设备,德国用户一般采取直接向外商订购或派员出国采购的方式。

德国的批发零售渠道则通过百货公司、超级市场、连锁商店和销售合作社等销售网络。

## 德国与中国的贸易关系

德国是中国在欧洲最大的贸易伙伴,而中国是德国在亚洲的第二大贸易伙伴。1993年以来,德国政府认识到亚洲与中国在世界经济中的重要作用,制订了"新亚洲政策",其经贸合作格局逐渐转向亚洲和中国。1993年德国总理科尔访华大大促进了德厂商在中国的经贸活动,双边贸易额首次突破100亿美元大关。1998年双边贸易上升为143.48亿美元,其中德国对中国出口69.94亿美元,德国自中国进口73.54亿美元,中德双边贸易在中国与欧盟贸易中居第一位,占中国对欧盟15国贸易总额的29.36%。

进出口商品结构方面,德国对中国出口商品主要有核反应堆、锅炉、机械器具、电机、电气、音像设备、车辆、航空器、船舶、汽车、摩托车、动力设备、运输设备、化工产品、贱金属及其制品、光学仪器、医疗仪器、钟表、乐器、塑料及其制品和橡胶及其制品等技术密集型产品。而德国自中国主要进口商品是机电、音像设备及零附件、纺织原料及纺织制品、化工产品、家具、灯具、玩具、车辆、航空器、船舶和运输设备等。近年来,进口中国农副产品、轻工产品等传统商品结构有所改善,但还很不够。

在经济技术合作方面,自1978年以来,在中欧贸易和经济合作协定项目下,以及中德两国政府签订的财政协定、技术合作协定、投资保护协定和避免双重征税协定等的实施,尤其是近10多年来,中国的改革开放取得了世人瞩目的成就,德国加强了对华投资。据统计,截止1998年底,中国已累计批准德企业在华直接投资项目1 932个,协议外资金额83.97亿美元,实际使用外资34.39亿美元。其中,1998年1～9月,中国共批准德商在华直接投资项目156个,协议外资金额20.48亿美元,实际使用外资6.14亿美元。德国在华直接投资金额居世界各国及地区在华投资总额的第7位。中德双方技术合作领域不断扩大,由工业、农业、科技扩展到环保、教育、航空、核能、交通、通讯、卫生、金融、电子、食品饮料和水产养殖等。德国是中国引进技术最多的国家之一。据统计,截止1998年9月底,中国共批准从德国引进技术合同2 928个,合同金额达143.90亿美元,占中国同期引进总额的15.7%。

在两国政府的推动和支持下,德国中小企业也加强与中国的合作。双方于1994年和1996年分别在波恩和北京举行了中小企业合作会议。

中德经贸关系从总体看一直在高水平上保持了全面、快速和健康的发展势头。但双边贸易额在中国对外贸易伙伴中仅占第6位,而且还存在一些问题,如对中国产品实行反倾销制裁、实施歧视性数量限制和将塑料、橡胶等污染程度高的行业生产转移到中国等,严重影响了中德两国经贸关系的进一步发展。当然,从中方来讲,在商品质量、档次、花色品种以及投资软硬环境方面也存在不足。故此,中德双方均需努力,认真解决两国经贸关系中现有问题,促使双边经贸关系更上一层楼。 (国际贸易研究所 马国芝)

# 英 国

英国是一个工业、农业、交通运输业、通讯业和金融保险业都很发达的国家。早在19世纪中期,英国的工业制造能力和产值就已占世界1/3以上,被称为“日不落帝国”。现今,它的制造业在经合组织国家中仍居第5位。它的机器制造业具有世界先进水平,如拖拉机、内燃机、纺织机、建筑设备(挖土机、铲车等)、医疗设备、采矿设备和运输设备等。其中,拖拉机和机床是世界上生产大国之一;运输、起重和传输等自动化设备是世界上重要生产国之一。英国的航空航天工业在世界上居第三位,次于美国和法国,著名的罗尔斯——罗伊斯公司是世界三大飞机发动机制造商之一。英国航空公司是国际上最大的定期航班公司。英国的化学工业也很发达,是欧洲第三大化学工业国,帝国化学工业公司在世界化学工业部门中排行第六;蒂赛特地区是欧洲最大的化学工业基地。英国的汽车工业也是制造业的重要部门。能源工业的发展使英国成为西欧最大的能源生产国,核动力工业也随之发展。英国钢铁工业在世界上也位于前列,是世界上高技术特种合金重要生产国之一,英国钢铁公司在世界钢铁公司中名列第四。电讯业也是英国发展最快的部门之一,拥有世界上最新式的电讯网络。英国的金融业高度发达更是有目共睹,伦敦是世界上最大的国际金融中心,拥有世界上最大的外汇、货币、资本和保险市场。

英国的农业从业人员虽然很少,但农业实现机械化较早,集约化水平较高,并且在机械化基础上全面完成了现代化,包括农业专业化、社会化、工厂化和科学化。

## 英国市场特点

第一,英国是西方国家中贫富最悬殊的国家,即两极分化最为严重。与其他欧洲国家相比,英国人的工资较低,而其饮食费用开支较大,煤气费价位也较高,租房(尤其是短期的)价格昂贵。尽管如此,英国人的购买力还是很强,居世界前列。2/3以上的家庭拥有小汽车;90%以上的家庭拥有电话;几乎每个家庭都有冰箱和冰柜。英国政府通过财政、信贷手段刺激扩大社会消费需求。

第二,英国人不喜欢外国人称其为“英格兰人”,而要称之为“不列颠人”,因为英国人是由英格兰人、苏格兰人、威尔士人和北爱尔兰人4种人组成。若只称英格兰人,其余3种人则认为是漠视他们。

第三,英国政府强调发挥市场经济的作用,鼓励私人投资,积极推行私有化政策,促进相互竞争,防止垄断。如对电信、煤炭、电力、供水等行业都是由政府组建的管理机构加以监督。

第四,英国政府大力兴办科学园区,以调整工业部署与结构,改变落后地区的面貌。外资若投向英国较落后地区,将受到英当局高度重视。

## 对外贸易

对外贸易在英国国民经济中占有极其重要的地位,但商品贸易长期以来存在巨额逆差,详见下表:

英国进出口贸易差额表(1991~1998)

单位:亿美元

| | 1991年 | 1992年 | 1993年 | 1994年 | 1995年 | 1996年 | 1997年 | 1998年1-9月 |
|---|---|---|---|---|---|---|---|---|
| 进口 | 2 098.64 | 2 216.38 | 2 063.21 | 2 261.72 | 2 653.21 | 2 875.37 | 3 065.91 | 2 345.19 |
| 出口 | 1 853.06 | 1 905.42 | 1 815.59 | 2 040.09 | 2 420.36 | 2 620.04 | 2 810.82 | 2 009.36 |
| 总值 | 3 951.70 | 4 121.80 | 3 878.80 | 4 301.81 | 5 073.57 | 5 495.41 | 5 876.73 | 4 354.55 |
| 差额 | −245.57 | −310.96 | −247.61 | −221.63 | −232.85 | −255.33 | −255.09 | −355.84 |

资料来源:根据联合国统计月报1999年3月计算合成。

目前英国是世界上第四贸易大国(位居美国、德国和日本之后)。按人均对外贸易而言,英国居世界之首(超过美国和日本),但存在巨额贸易逆差。英国的无形贸易是其国际收支的重要组成部分,如运输、保险、邮政通讯、船舶修理、国际旅游、国际工程服务等均有较大的贸易盈余,起着平衡对外贸易逆差的作用。

## 进出口商品结构

英国出口商品主要有航空航天设备、电气、电子设备、仪器、化工产品、石油产品、机械设备、农产品、农业机械、食品、拖拉机、机床、医药品、汽车、钢材、建材、电讯设备、船舶、纺织品和服装等。

英国进口商品主要有工业原料、食品、木材、制成品、化工产品、机械和运输设备等。近年来,进出口商品有所变化。原料、矿物燃料和制成品等的进口有所下降,而机械设备、食品和化工产品等的进口有所上升。出口方面,原料和矿物燃料等的出口有所下降,食品、饮料、化工产品和运输设备等的出口有所上升。

## 贸易地理分布

英国出口商品主要发往德国、美国、法国、荷兰、意大利、爱尔兰、比利时/卢森堡、西班牙、瑞典和日本;其次发往沙特阿拉伯、瑞士、香港地区、加拿大、丹麦、挪威、澳大利亚、新加坡和南非等。

英国进口商品主要来自德国、美国、法国、荷兰、日本、意大利、比/卢、爱尔兰、瑞士、挪威、瑞典、葡萄牙、香港地区和丹麦等。

英国对发达国家的贸易比重一直很高,对德、美、法、荷和意5国的出口差不多占其出口总额的一半,而对其余30多国的出口才占一半。自德、美、法、荷和日本5国的进口将近占其进口总额的一半,而其余30多国的进口仅占一半。90年代以来,中国已取代美国成为英国最大的贸易伙伴,美国则退居第2位。

## 对外贸易政策

英国虽未加入欧洲货币联盟,但它仍是欧盟主要成员国之一,其贸易规则的制订必须符合欧盟的共同利益,且必须遵循欧盟的共同关税、共同农业政策和共同对外贸易政策。英国奉行扩大出口政策,以促进其国民经济的增长,一方面因其许多产品在国际市场上具有较强的竞争力;另一方面,因其国内市场容量十分有限,必然对世界市场具有较强的依赖性。英国对外贸易政策致力于开放多边贸易制和世界贸易自由化。但它的市场开放程度不如德国高。英国对欧洲自由区、洛美协定国家、地中海沿岸国家和其他世界贸易组织成员国的进口关税实行减免,配额实行优惠;而对于中国等少数国家的进口则有一套严格的管制措施以及反倾销措施。

英国对农产品的进出口管理是在欧盟共同农业政策指导下进行的,即遵循欧盟取消对农产品出口补贴的做法,取消对部分农产品进口征收提成税和有关杂税的做法而改为征收统一的进口关税,对谷物粮食进口关税税率随时进行调整和对牛肉等农产品的进口关税的详细规定。英国在进出口贸易原则上是自由的,不受限制的。但如进口象牙、龟甲和羽衣等必须经有关部门发放进口许可证;进口美元地区的一类商品需申请许可证；进口原苏联的一类商品、国家贸易地区的八类及其他商品也需申请许可证等。英国贸易与工业部负责管理实施许可证条例。

某些商品需申请特殊进口许可证的则按双边协议或全球配额限量执行。

出口方面，凡对国家安全、动物保护、国有传统资产构成威胁的产品则控制出口。此外，出口50年以上的资料照片、艺术品或贵重的文件、手写稿、古董或酒精、麻醉药物和毒品等均属受限之列。

英国对资本的输入没有限制和管制要求。英国欢迎外国对其进行直接投资或证券投资，特别欢迎那些对重点发展地区和新型工业区的投资。对能扩大就业和具有最新技术能力的企业的投资，如英格兰北部地区、苏格兰和威尔士，尤其是北爱尔兰，外商享有奖励、工资加成等待遇。外商在英国投资设厂享有英国的国民待遇，当然也须受当地法律的管辖。一般说来，英国政府只限制外资进入铁路和电力等公用事业。此外，如果投资涉及到兼并英国的重要公司时，则须根据1973年颁布的《公平贸易法》和1975年颁布的《工业法》的规定办理。英国对外商收益汇回本国没有任何限制。投资当年享有100%的免税，以后企业纳税额也较低。英国对合资经营企业也无任何限制。

英国政府为平衡国际收支、抑制国内消费，实施输入保证金办法，即规定除原油、食物、原料、特定飞机和船舶外，其他所有商品的进口都需缴纳50%的输入保证金。

## 贸易渠道

外国产品进入英国市场的渠道很多，如通过外商设在英国的分支机构或代表处、进口商行、销售代理商、佣金代理商、专业进口商、经纪商和进口销售商等。此外还可以通过从事成本计算、仓储、分销和进口代理业务的公司。政府采购也是贸易渠道之一。

## 英国与中国的经贸关系

近几年，中英高层官员互访频繁。1995年5月，英国贸工大臣贝克特女士访华；1996年中国副总理李岚清率中国政府代表团和外经贸部长吴仪率中国经贸代表团访英；英国副首赫塞尔迁率领270名工商界人士来华访问；1997年英国财政大臣鲁宾逊访华；1998年4月中国新任总理朱镕基出访英国；同年10月，英国新任首相布莱尔来华访问。一度紧张的中英双边关系得以改善。尤其是香港的顺利回归，在“一国两制”方针指引下，该地区继续保持繁荣稳定，对中英经贸关系的正常发展起到了很大的促进作用。1998年以来，两国政府首脑的会晤，加上英国把1998年定为“中国年”，这就进一步打开了中英关系的新篇章。1998年中英双边贸易总额达65.9亿美元，同比增长13.6%。在中国与欧盟成员国贸易中，英国跃升为第2位，仅次于德国。但中国对英国出口为46.32亿美元，同比增长21.4%，占欧盟国家中第3位（居德国、荷兰之后）；中国自英国进口19.52亿美元，同比增长－1.3%，占欧盟国家中第5位（居德国、法国、意大利和瑞典之后）。

近年来，中英进出口商品结构有所改善。80年代，中国出口到英国的商品以纺织品、服装、粮油食品、土畜和轻工等产品为主，只有少量家用电器、金属切削机床和电讯设备。而到了90年代，尤其是近几年，中国输往英国的初级产品和原料性产品有所减少，而船舶、集装箱、汽车及零配件、电线电缆等工业制成品则有所增加。中国自英国进口的商品仍以成套设备及技术引进、机械设备、金属制品、有色金属和化工产品为主。

在经济技术合作方面，据统计，截止1998年底，中国已累计批准英国在华直接投资项目2 302个，协议外资金额为139.59亿美元，实际使用外资65.40亿美元。英国已成为欧盟国家中在中国的最大投资国。在世界各国对华直接投资中居第8位。

自1978年以来，中英两国签订了一系列重要协定，包括避免双重征税和防止偷漏税协定、空间合作谅解备忘录、第二个经济技术合作协定、核能合作协定、促进和互相保护投资协定、关于优惠贷款安排的备忘录、中英大气科技合作交流计划、新的卫生合作协议、关于香港新机场建设及有关问题的谅解备忘录等。中英两国在石油、煤炭、航空、能源、化工、机械、电信、金融、电子和建材等众多领域的经济合作取得了可喜的成绩。具体项目如中英石油公司合作勘探开发石油、中英煤炭部门签订了唐山煤矿技术改造合作协议和中英电力公司在广东大亚湾核电站的合作

在其国民经济发展中占有极其重要的地位,目前是世界上第6贸易大国,位于美国、德国、日本、英国和法国之后。90年代以来,意大利对外贸易头三年均为逆差,自1993年至1998年上半年均为顺差。详见下表:

**意大利进出口商品贸易差额表(1990~1998)**

单位:亿美元

| 年份 | 1990 | 1991 | 1992 | 1993 | 1994 | 1995 | 1996 | 1997 | 1998.1-9 |
|---|---|---|---|---|---|---|---|---|---|
| 进口 | 1 819.83 | 1 827.50 | 1 884.56 | 1 483.08 | 1 691.79 | 2 060.25 | 2 081.16 | 2 082.86 | 1 592.91 |
| 出口 | 1 703.83 | 1 695.36 | 1 781.64 | 1 677.46 | 1 914.31 | 2 339.80 | 2 504.56 | 2 383.06 | 1 795.91 |
| 总值 | 3 523.66 | 3 522.86 | 3 666.20 | 3 160.54 | 3 606.10 | 4 400.05 | 4 585.72 | 4 465.92 | 3 388.50 |
| 差额 | -116.00 | -132.14 | -102.91 | 194.38 | 222.52 | 279.55 | 423.40 | 300.20 | 202.68 |

资料来源:根据联合国统计月报1993年3月计算整理。

## 贸易地理分布

意大利主要进口国有德国、法国、比/卢、英国、美国、瑞士、西班牙和荷兰等;主要出口国是德国、法国、美国、英国、西班牙、瑞士、荷兰、比/卢和日本等。

贸易地区构成以1996年为例,意大利对外出口总额为2 504.56亿美元。对发达国家出口1 772.82亿美元,占总额的70.8%,其中德国占17.4%;法国占12.5%;美国占7.4%;英国占6.4%、西班牙占5%等。对发展中国家和地区出口比对发达国家少1倍多,金额为721.51亿美元,占意出口总额的28.7%,其中欧洲占9.9%;亚洲占7.8%;中东占4.7%;拉丁美洲占4%;非洲占2.3%。

1996年意大利进口总额为2 081.16亿美元。自发达国家进口1 531.67亿美元,占总额的74%。其中德国占18.5%;法国占13.4%;英国占6.6%;荷兰占6%;美国占4.9%;比/卢占4.8%;瑞士占4.3%和西班牙占4.1%等。自发展中国家和地区进口534.45亿美元,占总额的25.8%。其中欧洲占7.8%;亚洲占5.6%;中东占5.3%;非洲占4.6%;拉丁美洲占2.4%。

## 进出口商品

意大利主要进口商品有机械制品、化工产品、运输设备、能源、金属矿产品、纺织品原料、纺织品、服装、皮革制品、食品、酒、烟草、农林渔业产品、非金属矿产品、石材和电子设备等;主要出口商品有机械制品、纺织品、服装、皮革制品、运输设备、化工产品、食品、酒、烟草、矿产品、农林渔业产品、能源、板材、电子设备、汽车、鞋类和非金属矿产品等。

## 贸易渠道

同意大利厂商进行贸易往来,对于原材料、半制成品和大制造商需要的资本货物主要通过代理商和代理经销商,也可采取直接认购方式。对于消费品之类,则可雇用信誉好的经销商,由他们与小型工业公司、批发商或零售商进行交易。

## 对外贸易政策

意大利实行的是自由市场经济,与西方国家关系极为密切。其对外贸易采取按三类国家区别对待的政策:第一类是欧盟成员国、欧盟海外领地、洛美协定国家、原小自由贸易区国家(埃及、阿尔及利亚和以色列等)、大部分亚洲和拉丁美洲国家、部分非洲国家和地区、美国、加拿大、南斯拉夫、中国香港、澳门和台湾地区;第二类国家是中国、原苏联和东欧国家、蒙古、朝鲜和越南;第三类是日本。

对第一类国家和地区的工业制成品进入意大利,无数量限制,不征关税,只须按进口值计征增值税;对洛美协定国家,绝大部分制成品可自由输入意大利;纺织品和敏感商品除外。对第二类国家的进口,意大利则实行配额管理制度(欧盟配额和意大利自主配额);纺织品贸易须执行双边和多边贸易协定。对第三类国家,即日本,在进口汽车方面,意大利不仅在数量上对其加以严格限制，而且同法国等几个生产汽车的国家合作生产出具有电控、节油和低污染等优点的新型汽车与日本展开竞争，以抵制日货倾销。

意大利对外汇的管制很严格。在进口贸易中，凡是向国外汇出外汇，都必须有经海关盖章确认的发票和收据才行。

在进口某些商品如药物时有严格的入关要求。尤其是进口动植物药品，必须有出口国提供的动物卫生证明书、植物检疫证、保健品安全证明以及药理证明和临床证明等。而对进口肉类，则要求提供病毒检验证明、微生物检验证明和化学检验证明，并要用意、英两种文字书写。意大利实施的是欧盟的共同对外关税，对来自联合国和有特殊协定国家的进口例外。关税率分两栏：自主关税和协定关税。协定关税为低税率，适用于来自关贸总协定成员国的进口商品和与欧盟签有最惠国待遇协定国的进口商品。而没有标明协定关税的均采用自主关税税率。

## 意大利与中国的经贸关系

90年代初期，意大利对中国实行经济制裁，大大影响了中意经贸关系的发展。1990年双边贸易额为12.36亿美元，比上年下降27%。当年10月，欧共体外长理事会通过决议，部分取消对中国的制裁后，中意经贸关系得到一定恢复。1991年，意大利政府恢复了向中国提供优惠贷款，双边贸易额为23.9亿美元，比上年增长25.8%。1998年，中意双边贸易额达48.54亿美元，其中中国对意出口25.77亿美元，中国自意进口22.77亿美元，在中欧贸易中居第5位(在德国、英国、法国和荷兰之后)；在世界与中国贸易中居第13位。

在经济合作方面，自1991年5月中意两国政府签订了新的为期10年的“经济合作协定”以来，双方在工业、技术、财政、农业、卫生、能源、交通运输、通讯、冶金和石油化工等领域开展了广泛的合作并卓有成效。在财政合作上，截止1997年底，意大利政府对华提供了21亿美元的软贷款，其中16.54亿美元已生效，用于无缝钢管、轻型卡车、电站、化肥、石油开发和石油化工等项目。此外，意大利政府还向意企业提供出口信贷，以鼓励对华出口，对发展中意经贸关系起到了促进作用。近些年，意大利企业在华投资也有较大增长。截止1998年底，中国共批准意企业协议投资项目1 256个，协议外资金额21.64亿美元，实际使用外资14.36亿美元，在欧盟国家中居第4位；在世界各国对华直接投资中居第22位。中意合资企业涉及主要有服装、纺织、鞋类、皮革、首饰、机电、仪表、航空和租赁业等。在技术引进方面，中意两国合作成果较显著。自1981年至1998年6月，中意两国共签订技术协议项目1 093个，协议金额74.24亿美元，在欧盟中仅次于德国，居第2位。

中意进出口商品结构大致如下：中国对意出口商品主要有纺织原料及纺织制品、机电、音像设备及其零附件、化工及其相关工业产品、家具、灯具、玩具、皮革、毛皮及制品、箱包、肠线制品和贱金属及其制品等；中国自意进口商品主要有机电、化工产品、皮革及皮革制品和毛皮及其制品等。

目前中意经贸关系正常，合作气氛良好，但还有很大潜力可挖。从1991～1996年，意大利在中欧贸易中一直处于第2位。而1997年和1998年双边贸易额分别为46.87亿美元和48.54亿美元，意大利降为中欧贸易中的第5位，落在荷兰之后，这与两国友好关系不甚相称。从两国经济发展状况看，中国经济的快速增长急需大量资金、技术及先进产品，在中国重点发展的能源、交通、通信、机械、电子、石化、汽车和建筑业等领域，意大利均具有优势。这说明两国间的经贸合作互补性强，潜力大，发展前景广阔。为推动中意经贸关系进一步向前发展，我们认为，中国领导人为意大利企业家指明的两个注意(选好项目和选好对象)、三个投向(参与开发中国中西部地区、参加中国国有大中型企业的技术改造和投入农业、水利、交通、能源、电子、石油和机械等十大领域)和五个方面(在技术、质量、价格、售后服务和融资条件五个方面要具有竞争力)十分清楚，十分明确。只要意大利企业家认真考虑并实施上述做法，进入中国市场会成功的。

从中方来讲，可考虑从以下几个方面去努力：

第一，大力改善投资环境，健全法制，吸引更多的意大利企业向中国中西部地区投资，参与该地区的开发项目和基础设施建设。

第二，加速中国大中型企业的体制改革，利用意大利的先进设备、技术及管理经验对大中型企业进行技术改造，意大利的埃尼石油集团和伊利工业集团在企业改造方面有许多成功的经验可以借鉴。

第三，意大利的中小企业在其经济中占有重要地位，占全国企业总数的95%以上。中小企业王国之称名副其实。意大利的中小企业技术先进，产品质量过硬，价格合理和经营方式灵活，深受德国和美国进口商的青睐。目前，意大利中小企业的产品在德国市场上占有率不断提高，竞争能力极强。中国拥有众多中小企业，但在资金、技术、实力和管理经验各方面都很薄弱。加强与意大利中小企业的合作则有利于中国中小企业的发展。根据中国目前中小企业的现状，可以通过意大利专营国际商务的贸易公司或大型连锁商店或通过专门经营进口的企业把中国中小企业的产品打入意大利或欧盟市场，从而增加中国对意或欧盟的出口。等条件成熟后，可考虑直接去意投资办厂，这样既可避开贸易保护主义，又能多盈利。

通过两国政府和双方企业的共同努力，中意经贸合作关系会向更高层次发展。

(国际贸易研究所　马国芝)

# 中国香港

## 香港市场概况及其特点

香港地域狭小，自然资源相对贫乏。但由于香港具有优越的地理位置和天然良港，使其成为东西方之间货物的集散地，成为国际资金、人员、市场信息的交汇点和衔接区。香港凭借其自由港的独特优势，采取一系列自由开放的政策，几十年来保持较高的经济增长速度，并成为国际金融、贸易、航运、旅游和信息中心。自中国内地改革开放以来，在中国内地经济高速增长的带动下，香港经济也持续稳定增长。随着香港经济结构的调整，大批香港制造厂商北上内地投资设厂，加工生产的工业制成品又返销香港市场或经香港转销至其他地区，因而在香港市场上来自中国内地的商品不再限于传统的农副产品。两地货物、人员的密切往来更促进了香港市场的繁荣。1997年7月1日香港回归祖国，实行“一国两制”“港人治港”，繁荣稳定的香港市场更为世人所看好。

在1997年亚洲金融风暴的冲击下，香港这个国际化大都市也不可避免地遭受损失。1998年是香港经历的相当艰难的一年。1998年香港经济增长速度出现了13年以来的第一次负增长，香港本地生产总值实质下降5.1%，表明香港经济陷入衰退。香港的市场需求也随之明显萎缩。1998年首季私人消费开支有大约4%的负增长；6月份零售量和零售值均下跌16%以上，饮食业也较为萧条。面对香港历史上罕见的经济困境，香港特区政府采取一系列挽救和振兴香港经济的重大措施，使香港经济逐步从低谷爬升。国际权威人士认为，香港将是亚洲地区最快摆脱危机影响的地方。1998年底《世界自由经济》发表的报告指出，在119个国家和地区的逐项评比中，香港名列自由经济指数榜的榜首。这是香港继1990年和1995年之后第三次获得经济最自由地区的称号。高度自由的经济政策和较为完善的市场体系是保持香港市场繁荣的基础，香港有能力走出市场萧条的阴影。

香港市场的特点之一是商品十分丰富。尽管香港自然资源较为稀缺，制造业也逐年萎缩，本地生产的产品有限，但香港市场供应的商品却应有尽有，在香港市场上几乎可以买到世界各国的产品。香港市场上一半商品来自境外100多个国家和地区，另一半则大多来自中国内地。香港作为各国企业在远东地区的竞销地之一，成为国际销售中心和国际购物中心，因而香港市场上不乏国际先进产品，商品也能紧随国际市场潮流千变万化。

香港作为自由港，其市场的商品价格与国际大城市相比，一直具有相当的竞争力，素有“购物天堂”之称。据从1992年开始的一项调查显示，从全球11个主要旅游胜地取15项旅游商品做比较，香港商品的价格比平均售价约低15%。

香港人均生产总值超过1万美元，居民购买力较强。加上进口商品免税，使得香港市场上的进口商品价格相对较低。此外，每年还有世界各国商人在香港采购，以及1 000多万来自世界各地的旅游者成为香港市场的大客源。因而无论是新颖时髦的商品，还是质优价高的货物，在香港市场均销路通畅。

香港本地600万人口中绝大多数为华人，华人中又以广东人居多，因而香港居民的消费习惯与特点大体未脱离中华民族的传统。但因香港是开放的自由港,也受到西方文化的一些影响,消费品味也有追随欧美时尚的倾向。在中青年消费群中,这种倾向较为明显。香港人不仅要求商品质优,而且对其外包装也有较高的要求。从传统消费习惯来看,物美价廉的商品仍有较大竞争力。

## 对外贸易规模

香港基础设施和服务设施完善,对外贸易十分发达,转口贸易占有重要地位。对外贸易在国民经济中举足轻重,起着带动经济增长的龙头作用。1985～1992年,香港对外贸易总值平均增长率为22.1%,其中转口贸易的同期年均增长率更高,达30.8%。1993年香港进出口贸易总值首次突破2万亿港元,达21 188.48亿港元。1997年受金融危机影响,香港贸易总额为27 767.4亿港元,比1997年下降9.6%,这是长期以来出现的衰退现象。

自90年代以来,香港多年跻身于世界贸易排名的前10位之列。1991年、1992年香港在世界贸易中连续排名第十位,1993年上升为第八位。1993年香港进口总值为1 386.58亿美元,在世界排名第七位;出口总值为1352.48亿美元,在世界排名第八位;进出口总值为2 739.06亿美元。即使在对外贸易表现不佳的1998年,香港仍然在世界贸易排名中位于进口商品贸易的第八位和出口商品贸易的第十位。

## 进出口商品结构

香港的生活资料高度依赖进口,工业制成品主要销往海外。从进出口商品结构分析,香港的进口商品主要包括各种消费品、工业用各种原料及半成品、机器及生产设备、食品等。1997年1～3季度香港供消费和生产的留用进口商品增长强劲,带动整个1997年香港进口增长较快。但自1997年第4季度起,香港因受亚洲金融风暴影响,留用进口商品的增长明显放缓。

香港本地产品出口的主要商品有:纺织和成衣、电子制品、钟表、塑胶制品、首饰和金银器、金属制品、印刷品、玩具和洋娃娃、电器等9类。按用途类别分析,1997年消费品和原料及半制成品依然是香港出口货物中最大的两个类别,分别占1997年出口货物总值的48%及29%,其次为资本货物(占两成)。转口贸易的主要商品有:杂类制品、成衣、纺织品、电器产品与设备、电动机械及用具、鞋类等。按主要商品类别分析,1997年在海运离港转运货物中,制成品继续占最大比例。在1997年首3季,以重量计算占44%,其次是化学品及有关产品(18%)、未加工原料(13%)、机器及运输设备(12%),以及食品(11%)。

## 对外贸易地理分布

香港的出口市场主要有中国内地、美国、欧盟、东盟和日本等地。1997年香港本地产品对中国内地和美国出口比1996年分别增长了3.6%和2.3%,对英国出口也有所增长。而对日本和德国的出口则持续下降。1998年受金融危机影响,前4个月对东南亚的出口大幅缩减,下跌了18%,但对美国和英国的出口分别增长了5%和7%。转口贸易方面,中国内地是香港最大的转口市场和转口来源地。此外,美国和日本、中国台湾也分别是香港的主要转口市场及转口来源地。香港进口商品的主要供应地有中国内地、日本、美国、中国台湾、韩国、东盟等。1997年中国内地仍是香港进口商品的最大来源地,占1997年进口商品总额的36%,其次是日本(14%)、美国(8.2%)和中国台湾(7.7%)。

## 对外贸易特点

**香港历来是个自由贸易港** 1997年香港回归祖国后,香港的对外贸易依然拥有充分自主权,根据香港特区《基本法》的规定,香港特区作为单独的关税地区,可以“中国香港”的名义参加世界贸易组织等国际组织、国际贸易协定和关于国际纺织品贸易的安排。

**转口贸易在香港对外贸易中占很大比重** 特别是中国内地改革开放以后,随着香港制造业企业大批北上迁往内地,两地形成“前店后厂”的格局,内地加工企业所需的原材料通过香港转往至内地,在内地加工后的制成品或半成品又通过香港转口至海外市场,从而有力地促进了香港转口贸易的发展。转口贸易在香港总出口贸易中所占的比重不断上升。1988年香港转口贸易占其总出口贸易的51%,首次超过港产品出口;1996年和1997年转口贸易占香港总出口的比重均为85%。

**香港对外贸易中的中国内地因素日益重要** 香港回归祖国后,双方的贸易合作更加紧密,香港对外贸易中的中国内地因素将在以往的基础上发挥新作用,即对香港技术贸易和服务贸易的促进。

**香港进口市场的潜力巨大** 随着香港经济的转型,今后服务业将占有更为重要的地位,制造业仍会继续收缩,因而香港围绕与服务业有关的机械、仪器、设备和消费品将更多地依靠进口来满足。香港的消费需求将更趋现代化、高档化、娱乐化、便利化,因而进口商品也要 适应这种需求变化。香港作为中国这个大市场的大门,外国投资将首先通过香港再进入中国内地,在外资的带动和内地经济稳定增长的推动下,香港经济仍会有较好的发展空间,进口市场将有较大的需求增长。

## 对外贸易政策与措施

香港一向实行自由贸易政策,在进口货物方面几乎没有限制,只对碳氢化合物、酒和烟等征收一定的关税。根据香港进出口法例(第60章)、储备物品法例(第296章)、保护臭氧层条例及其附属法例的规定,若干货品的进口和出口,由香港贸易署长签发进口或出口证,这是为了履行一些特定的国际义务并出于卫生和安全原因而对若干物品实行的管制。凡需领取进口或出口证的物品,被称为"管制品"。必须有出口证的物品包括:战略物品、储备物品、农业用杀虫剂、药用物品及药物、纺织品、经加工及制造的食品、以交流电发动的电器用品。由于香港的转口贸易在贸易中占很大比重,根据国外海关的有关规定,香港建立了产地来源证制度。产地来源证通称为"C.O.",用以证明有关货物的产地为香港。

根据多种纤维协定,香港纺织品出口到奥地利、加拿大、欧盟和美国时,均受到双边协议限制,因此,香港贸易署要对纺织品出口发布许可证或配额证明。其他产品的出口则要服从《关税及贸易总协定》的规定。香港制定的多项对外经贸政策,目的在于推进自由开放而又稳健的多边贸易制度,促进世界性自由市场的形成。

## 对外投资与香港的外资情况

香港的对外直接投资居世界前列。1996年香港对外直接投资270亿美元,比1995年增长8%,占全球对外直接投资总流量的8%,居全球对外直接投资第4位,位于美国、英国、德国三个经济发达国家之后。香港对中国内地直接投资居其对外直接投资的第一位。

香港的外来投资包括制造业和非制造业两大类,而以对非制造业的投资为主,属于非制造业的外来投资大约占90%以上。主要的外来投资有英国、中国内地、日本和美国。香港欢迎外来投资,虽未规定任何税收优惠,但政府坚持最低限度干预政策。香港没有外汇管制,资金可自由流动,利润可以自由汇出。香港的利润税税率在亚洲是最低者之一。香港也没有关于内资和外资在公司或经营中所有权比例的规定。

## 与中国内地的贸易经济合作

中国内地改革开放以来,香港与中国内地的经贸合作快速发展。据统计,1978～1996年,香港与中国内地贸易总值年均递增30%,大大超过同期香港对外贸易的总体增长速度。自1985年起,中国内地取代美国成为香港第一大贸易伙伴,是香港最大的进口来源地和最大的转口贸易市场。自1993年起,内地又成为香港本地产品出口的第一大市场。双方的贸易形式早已由单纯的商品贸易发展为由投资带动的工商结合的贸易,特别是香港向内地迁移工厂和随之兴起的外加工贸易,促进了两地转口贸易的大幅度增长。目前,香港转口货值中有九成与内地有关。1997年香港转口内地商品7 234.16亿港元,比1996年增长5.8%,占香港转口来源地货值的58.1%;海外经香港转口至内地的商品4438.52亿港元,比1996年增长6.3%,占香港转口目的地货值的35.7%。1998年香港与内地间的贸易也受金融危机影响而有所下降,但双方仍是最密切的贸易伙伴。香港与内地的转口贸易所包括的商品多为轻纺类及机械仪器类,如纺织布料、服装、鞋类、玩具、通讯与录音及音响器材、电动机械和电器用品等。由于内地经济保持以较快速度增长,内地将继续作为香港最大的外销市场和转口市场，香港也可凭借内地产品经港转口而获益。

香港与内地互为重要投资合作伙伴。自内地改革开放、利用外资以来，港资一直是内地吸引外来投资的主体，并且位居内地外来投资的首位。1998 年香港对内地投资 7 805 项，占内地外资项目总数的 39.42%；合同外资 176 亿美元，占 33.81%；实际投资 185 亿美元，占 40.71%。截至 1998 年，香港在内地投资累计178 922项，占内地外资项目的 55.12%；合同外资累计 2 976 亿多美元，占 51.99%；实际投资累计 1 384 亿多美元，占 51.79%。香港在内地投资的区域和领域不断扩大，投资格局、规模和层次也出现许多变化，尤其是包括房地产和零售业在内的服务领域以及科技领域的合作有了长足进展。香港企业与内地部门已共同建立了一批高新技术研究开发基地和商品化产业开发区，双方在环境保护、医学科学、自动化技术、无线电技术等方面的科技合作有着广阔的发展前景。同样重要的是，内地已成为香港第二大外来投资者。据不完全统计，至 1996 年底，中国内地在香港直接投资的累计金额超过 1 000 亿港元；驻港中资企业的总资产超过 15 000 亿港元，净资产超过 1 600 亿港元。十几年间，中资总资产翻了 3 番多。中国内地在香港投资的领域也由传统的进出口贸易、批发零售业、银行业、仓储运输业扩展至房地产、酒店业、制造业、金融服务和基础设施建设。香港回归祖国给两地间的投资合作带来了新机遇。未来香港与内地在科技和高技术产业方面的投资合作将成为两地新的经济增长点。

从香港产业向以服务业为主转型、制造业萎缩、工厂继续向内地迁移、香港经济在内地经济高速增长的带动下将保持稳定增长等多方面因素分析，今后内地仍将是香港最大的进口来源地。从商品来看，香港的食用水、食品、饮料、烟草等生活必需品和消费品仍主要由内地供应。其他日用消费品和资本货物，随着香港对内陆外发加工以及香港厂商到内地投资设厂的继续增加，其产品对香港的返销会增加。这些产品不仅借香港的生产技术而获得质量提高和外观的改善，并且在内地生产降低了产品成本，因而在香港市场会更具竞争力。此外，香港企业与内地科技、产业部门已共同建立了一批高技术研究开发基地和商品化产业开发区，内地高新技术产品进入香港市场有良好的发展前景。

（国际贸易研究所　高　巍）

# 中国台湾

## 台湾市场概况及其特点

中国台湾省地少人多，除林业资源丰富外，其余资源有限。台湾根据自己岛内的特点，抓住国际经济发展的机遇，几十年来经济发展保持较高增长速度。台湾人均收入现已超过 1 万美元。但限于资源不足，台湾经济存在着严重的对外依赖性。出口占 GNP 的比率 1980～1983 年间大约为 52%，1986～1987 年为 56%，至 1988 年出口占 GNP 比率才逐渐下降。80 年代中期以来，台湾制造业的结构不断有所改善，先是重工业占制造业生产净值的比重不断上升。1994 年至今，制造业固定投资增长年均高达 13%。1992 年，电子工业、电机业在制造业中跃居第一位。自 90 年代起，资讯、电子业均有强劲增长，1994 年增长 12%，1995 年为 16%，1997 年达 18%。台湾的资本和技术密集型产业已逐渐取代了传统的纺织、食品等劳动密集型产业的主导地位，产业转换升级取得较好发展。

与台湾产业结构转型相适应，台湾的对外贸易结构和岛内市场结构也随之发生变化。台湾原有的劳动密集型产业纷纷转向东南亚各国和中国大陆等劳动成本较低的地方继续发展，使得台湾岛内市场更加依赖国际市场。

台湾的产业升级对台湾经济增长有较强的带动，使得 90 年代中后期台湾经济增长较为稳定。即使在亚洲金融危机进一步扩散的影响下，1998 年台湾经济增长率仍达 5% 左右，比较亚洲其他开放市场出现大幅度负增长而言，这一增长率是相当可观的。台湾的民间消费也呈现稳定增长，台湾经济研究院估计 1998 年有 6% 左右的增长率。1998 年台湾的通货膨胀率仍控制在 2% 以下。台湾岛内投资较为活跃，有利于刺激市场消费，有利于进口市场的发展。

## 对外贸易规模

对外贸易是台湾经济增长的支柱。台湾对外贸易在经历了70年代年均增长14%的高速发展后，自1985～1986年起，贸易顺差也连年大幅增加，导致外汇储备激增，新台币大幅升值，其结果影响了出口商品的竞争力，使出口增长减缓。但长期以来，台湾的对外贸易都是出口大于进口，呈贸易顺差态势。1997年台湾进出口贸易总额为2 365.06亿美元，比1996年的2 183.12亿美元增长8.3%，占1997年台湾"GNP"2853亿美元的82.9%，较1996年的77.7%增加了5.2个百分点。其中出口1 220.81亿美元，比1996年的1 159.42亿美元增长5.3%，进口1 144.25亿美元，比1996年的1 023.70亿美元增长11.8%，全年贸易顺差76.56亿美元，比1996年的135.72亿美元下降43.59%。1998年台湾进出口贸易逐渐显现出亚洲金融危机的负面影响而出现大幅衰退。1998年台湾对外贸易总额2 153亿美元，比1997年下降8.9%，为40多年来进出口贸易衰退最严重的一年。其中出口为1 106亿美元，比1997年下降9.4%，增长幅度为1955年以来的新低；进口为1 047亿美元，比1997年下降8.5%，是1983年以来的新低。1998年的贸易顺差仅有59亿美元，比1997年减少22.9%，是15年以来的新低。

## 进出口商品结构

台湾的进出口商品结构随着岛内的产业升级而不断优化。在台湾的出口商品中，工业制成品占绝对优势，居主位的是纺织品、电子产品、电脑、通讯产品、机械、化学及其制品等。特别是80年代后期以来，重化工业产品和新兴工业产品的出口比重有所上升。1997年台湾出口商品结构与1996年相比，农产品和农产加工品出口大幅度减少，而重化工业产品和非重化工业产品出口都有所增加。1997年台湾出口商品金额列前三位的分别是机械电机设备、纺织品和基本金属制品，分别占全年出口总额的48.34%、13.65%和9.45%；出口增长幅度最大的前三位商品分别是基本金属制品、机械电机设备和水泥陶瓷玻璃，与1996年相比分别增长12.51%、9.80%和9.29%。

台湾进口商品结构以农工原料为主，占70%左右，其中又以工业用原料所占比重为大；近年来资本设备进口占进口的比重在15%以上；此外，进口构成中消费品比重也呈上升趋势。1997年台湾进口商品结构变化不大，但进口增幅都较大。其中资本设备进口217.35亿美元，占进口总值的18.99%，比1996年的183.55亿美元增加33.80亿美元；农工原料进口771.32亿美元，占进口总值的67.41%，比1996年的706.36亿美元增加64.96亿美元；消费品进口155.58亿美元，占进口总值的13.60%，比1996年的133.79亿美元增加21.79亿美元。1997年台湾进口商品金额列前三位的分别是机械电机设备、基本金属制品和化学品，占全年进口总额的35.94%、10.20%和10%；进口增长幅度最大的前三位商品分别是精密仪器、运输工具和机械电机设备，与1996年相比分别增长19.62%、17.67%和14.32%。

台湾对外贸易长期大量顺差，迫于美欧等国家对其开放市场的压力，也为改变整体贸易不平衡，从发展趋向看，台湾会进一步放宽进口限制，特别是为加入世界贸易组织，农产品等进口市场终将有所开放。况且台湾农业萎缩，农产品成本不断上升，岛内需求会趋于对进口农产品的依赖。随着台湾劳动密集型产业大量外移，岛内对劳动密集型成品和半成品的进口将扩大，为发展资本和技术密集型产业所需的零部件和半成品的进口也会增加。由于台湾消费者环境保护意识、卫生健康意识的增强，对保健型、娱乐型、绿色无污染型的商品需求将趋热。对于进入台湾市场的商品，在卫生检疫等方面将有新的更高要求。

## 对外贸易地理分布

台湾的对外贸易过度集中于少数国家和地区，并且与美国、日本的贸易严重失衡，对美贸易长期顺差，而对日贸易长期逆差。台湾近年努力分散市场、平衡贸易，对美国市场的依赖大为减弱。1985～1987年，台湾对美国市场的依赖超过40%，1995～1997年，这一比重已下降至23～24%。对香港及祖国大陆的出口依赖度则由不到10%增加至23～24%。美国仍是台湾最大的出口地区，1998年台湾对美国出口持平，但占台湾出口市场的比重则由1997年的24.2%提高到26.6%。台湾对香港和祖国大陆出口占台湾出口市场的1/5以上,但1998年则减少了13.4%。对东盟5国出口也衰退了29.7%,使其占台湾出口市场的比重由1997年的12.5%下降到1998年的9.5%。1998年受金融危机影响,对亚洲市场出口均有所下降。由于欧美经济在1998年仍能维持2~3%的增长率,1998年台湾对欧洲出口增长了6.7%,对欧洲出口占台湾出口市场的比重由1997年的15.09%提高到17.8%。1998年进口市场地区结构也出现了变化,较为突出的是欧洲取代美国成为台湾第二大进口来源地。而1997年台湾的主要进口国家和地区为日本、美国、欧洲、东南亚5国和韩国,进口金额分别占台湾全年进口总额的25.36%、20.31%、18.88%、11.24%和4.39%,顺序与1996年也相同,而从香港的进口只占台湾全年进口的1.75%。

## 对外贸易特点

**台湾贸易长期处于顺差状态** 90年代以前台湾贸易顺差主要来自美国。而90年代以来,随着台商赴祖国大陆投资设厂的迅速发展,以及台湾经香港转口至大陆的贸易不断增长,祖国大陆和香港也成为台湾贸易顺差的最大来源地。1997年台湾对香港和美国的贸易顺差分别达到267.1亿美元和63.2亿美元。1998年台湾对祖国大陆的贸易顺差虽比1997年下降了13.9%,但仍达127.6亿美元。

**台湾由对美国市场的单独依赖(40%以上)转变为对美国和祖国大陆(包括香港)市场的并头依赖(各占23~24%)。**

**台湾贸易的结构转型与其产业结构转型相互呼应** 其结果是,在过去10年里,台湾出口商品中电脑、资讯、电子产品所占的比重增加了8%,而同期传统劳动密集型产品出口比重明显下降。

**台湾对日本的贸易长期处于巨额逆差状态** 1997年来自日本的贸易逆差达173.2亿美元。

## 对外贸易政策与措施

台湾的进口政策法规长期以来有明显的贸易保护主义色彩,近年来虽陆续采取降低关税、减少非关税壁垒、开放市场、外汇的自由化以及解除对社会主义国家的某些贸易限制等措施,但仍存在着歧视性的贸易限制措施。在关税制度方面,对于不歧视台湾产品的国家和地区的商品给予优惠关税,而对其他国家和地区的商品征收非优惠的一般关税。台湾的进口关税原则是,对于台湾生产所需的原材料、基本品、半成品给予减、免税,而不鼓励进口奢侈品或与台湾所保护的工业相竞争的产品。台湾自1986年4月1日起实行增值税制度。1984年,台湾颁布了征收反倾销关税的规定。此外还有附加费和间接税。

在非关税制度方面,台湾将进口商品分为禁止进口商品、许可进口商品和自由进口商品。禁止进口的商品种类越来越少,主要禁止毒品、某些奢侈品和一些来自大陆的商品。对于许可进口的商品一般需要有进口许可证,有效期为6个月。为简化进口手续,台湾自1994年3月起将"免除签发输入许可证"的商品金额由10万美元以下提高为20万美元以下。

在出口贸易方面,台湾对于某些金属制品、化学品、动物脂肪实行出口管制;纺织品、罐装蘑菇和芦笋的出口有配额;禁止出口某些谷物、烟叶、酒、木材和矿石。

台湾于1970年12月24日公布实施《外汇管理条例》,这是贸易外汇管理的基本法。1987年7月15日台湾公布修改《外汇管理条例》,停止其部分条款的实施。新条例规定:商品及劳务出口所得外汇可自由持有与使用;商品及劳务支出所需外汇可自由结汇,不需任何证明文件;一年内自由汇出外汇以500万美元为限,而汇入款以5万美元为限,但出口商汇出的外汇金额不受限制。目前台湾对外汇交易管制较少,允许自由买卖外汇。

## 台湾的对外投资

台湾的对外投资(不含祖国大陆)主要面对东南亚各国、美国、香港等地。台商对外投资最多的行业是制造业、金融保险业和商业。1997年经台湾"经济部"核准的对外投资金额(不含到祖国大陆投资)为28.94亿美元,比1996年增长33.64%。1997年台商投资金额列前5名的是美国、新加坡、香港、菲律宾和越南。目前香港是台湾第三大岛外投资地,台商在香港累计投资总额逾50亿美元,在香港有业务活动的台资企业逾3 000家。台商认为香港的投资环境好,其银行业、航空业、证券业等市场空间大,因而在香港积极拓展金融业务等。台湾对东南亚扩大投资的重点在于制造业,既是为了利用当地的资源与劳动力,同时也带动了生产技术和管理技术。由于1997年亚洲地区大范围地受到金融风暴冲击,使1998年台商对外投资受到影响,对亚洲地区投资大幅下降,其中对日本投资下降25%,对马来西亚投资下降73.8%。这场金融危机将大大抑制台湾推行的"南向"投资政策的实施。

## 与祖国大陆的贸易经济合作

自80年代以来,台湾与大陆的经贸往来日益频繁,经贸合作迅速发展,海峡两岸经香港转口的贸易总额由1979年的7 700多万美元增至1998年的204.99亿美元。90年代以来,两岸贸易基本上保持两位数的增长,但大陆方面始终处于逆差状态。根据祖国大陆的统计,1998年大陆对台湾出口38.7亿美元,比1997年增长13.9%;大陆从台湾进口166.3亿美元,比1997年增长1.1%。尽管大陆对台湾出口增长速度远高于从台湾进口增长速度,但台湾对大陆贸易顺差仍有127.6亿美元之巨,祖国大陆仍是台湾总体外贸最大顺差来源地。

两岸贸易的商品结构已与初期相比有很大变化,双方的贸易互补性有所提高。大陆对台湾出口的商品已由1987年以前的以原料及土特产品为主,转向以农工原料及半成品或零部件为主。目前大陆对台湾出口的主要商品有机电产品、金属及非金属矿产品、有机化学品、服装纺织品、杂项制品等。大陆从台湾进口的商品早已由1985年以前的以消费品为主,转向以工业原材料、半成品及机器设备为主。包括机电产品、塑料及制品、化学纤维等。

台商对大陆的投资始于80年代初,90年代得到迅速发展。据台湾"经济部"公布的统计,至1997年底,台商对大陆投资累计为20 362项,核准投资金额为112.07亿美元。而据祖国大陆的统计,至1997年底,大陆共批准台商投资项目38 485项,协议投资金额381.22亿美元,分别是台湾统计的1.9倍和3.4倍。1998年受亚洲地区金融危机的影响,台商对大陆投资也呈下降态势。据台"经济部"公布的数字,1998年核准台商对大陆投资641项,投资金额15.19亿美元,分别比1997年下降11.95%和5.9%。据大陆统计,1998年新批准的台资企业2 937家,比1997年下降2.55%,但协议台资金额31.07亿美元,比1997年增长10.38%,实际利用台资30.45亿美元,比1997年下降7.43%。台商在大陆的投资领域已由以出口加工型的中小企业为主逐渐趋于多元化,特别是台湾的大企业、大财团纷纷涉足基础建设,如交通、能源、港口码头等长期性项目以及金融、房地产等第三产业。台商对电子信息业、水泥与石化业、证券业、现代农业和批发零售业的投资已成为在祖国大陆的新投资热点,投资领域不断拓宽。

然而,两岸经贸发展仍受到不少人为阻力,最主要的障碍是两岸迄今未实现直接"三通",因而两岸贸易仍采取经香港转口的间接贸易方式,投资也处于间接、单向投资状态。台湾当局如能顺应民意,尽早实现两岸"三通",则两岸的经济贸易可互补互利,达到"双赢"的目的。随着台湾企业不断向大陆转移,与台商投资有关的原材料、半成品、零部件、机器设备及成品反销将带动两岸贸易蓬勃发展,将促进两岸工贸结合更加紧密。 (国际贸易研究所 高巍)

# 新加坡

## 新加坡市场概况及其特点

新加坡是亚洲"四小龙"之一,经济比较发达。60～70年代,新加坡经济年均增长率达9%。70～80年代仍保持同样高的增长率。1996、1997年经济增长率分别为7.5%和8%。新加坡经济在高速增长的同时,也保持了较低的通货膨胀率(见表1)。

**表1 新加坡经济增长与通货膨胀率**

%

| 年份 | 1960～1970 | 1970～1980 | 1980～1990 | 1990～1998 |
|---|---|---|---|---|
| 经济增长 | 9.2 | 9.0 | 7.3 | 7.8 |
| 通货膨胀 | 1.2 | 6.5 | 2.2 | 2.0 |

资料来源:新加坡统计局。

据新加坡贸工部发表的1998年经济运行结果显示,1998年新加坡经济增长1.5%,大大低于1997年的增长率。1998年国内生产总值1 412.16亿新元(约830.68亿美元),人均GDP36 532新元(见表2)。

表2 新加坡国内生产指数

| 年份 | 1996 | 1997 | 1998 |
|---|---|---|---|
| 国内生产总值(按当前市场价格)(百万新元) | 128 973.5 | 141 261.9 | 141 216.2 |
| 人均国内生产总值(新元) | 35 707 | 37 804 | 36 532 |

注:1998年数字为初步统计。

资料来源:新加坡统计局。

新加坡虽然缺少资源,但利用自身的地理位置和港口优势以及邻国廉价的资源,发展交通运输、电讯、炼油、金融、旅游等多元化经济,并较早地走上了发展高附加值、高科技产业的道路,在努力生产高档次的石化产品的同时,大力发展电子工业和微电子工业,很快成为电子计算机工业的先进国家。从1992年开始,新加坡又着手进行第四次经济结构转变,其经济策略是"经济区域化",在邻国的繁荣中发展本国经济,继续保持其经济竞争力的领先地位。1997年和1998年新加坡连续稳居全球国际竞争力排行榜的第2位。

新加坡人均国民生产总值2.8万美元,在亚太地区仅次于日本居第2位。该国就业率较高,人民生活水平高,购买力强。由于新加坡地理位置特殊,处于东南亚海上交通十字路口,港口繁忙,加之花园式的岛国风光,吸引了世界各地的商旅客人,使得新加坡市场上不仅商品丰富,货源充足,而且购物的客源不断,促进了新加坡的市场繁荣。新加坡是高度文明的国家,消费水准也接近发达国家,因而对进口消费品和资本设备等商品的品质要求很严。另外,新加坡的华侨较多,偏好红、绿、蓝等色彩,禁忌黑、白、黄色。新加坡反对在商品上使用如来佛的形象,也禁止在商用标志上使用宗教词句或象征性标志。

## 新加坡对外贸易规模

新加坡是一个以贸易立国的国家,对外贸易是其经济的重要支柱之一。1992年新加坡出口贸易在国内生产总值中占174%,这一比重不仅高于亚洲另一个自由贸易港——香港(同期比重为144%),而且也居于世界各国之首。1993年新加坡出口总额740亿美元,在世界排名第14位;进口总额850亿美元,居世界第12位。1997年新加坡出口总额1 250亿美元,进口总额1 324亿美元,在全球出口和进口的排名中均居第13位。1998年新加坡对外贸易萎缩了7.5%,转口贸易和进口锐减,主要是由于国内外市场不振,来新加坡旅游的人数减少,国内居民消费更加谨慎,给对外贸易造成负面影响(见表3)。

表3 新加坡对外贸易(按当前市场价格)

单位:百万新加坡元

| 年份 | 1996 | 1997 | 1998 |
|---|---|---|---|
| 进出口总值 | 361 455.3 | 382 217.7 | 353 626.8 |
| 出口 | 176 271.9 | 185 612.5 | 183 763.3 |
| 进口 | 185 183.4 | 196 605.2 | 169 863.5 |

注:1998年数字为初步统计。

资料来源:新加坡统计局。

## 进出口商品结构

新加坡政府十分重视发展制造业。随着工业化程度的不断加深,新加坡制成品出口占其总出口的份额稳步上升,由1965年的34.2%上升至1980年的53.9%,1995年又上升至86.1%。经过20余年的发展,新加坡政府又适时调整了出口策略,鼓励制造业加速向资本技术密集型产品转移。在出口制成品中,劳动密集型产品所占份额由1980年的8.2%下降到1995年的不足5%;而同期资本技术密集型产品所占份额则由36.6%上升至78.3%。新加坡主要出口石化产品、电子电器、纺织品等。电子业产品出口占新加坡制成品出口的77%(见表4)。

新加坡进口商品主要有原油、机械设备、工业原料和食品等(见表5)。新加坡的粮食全部靠进口,蔬菜、水果也有95%依赖进口。粮食和食品今后仍主要依靠进口,只是对进口该类产品中的农药、添加剂的含量等有严格要求。今后新加坡较大的进口市场仍是石油等资源性产品、工业原料和农副产品等初级产品。

表 4 新加坡主要出口商品

单位:百万新加坡元

| 年份 | 1992 | 1996 | 1997 |
|---|---|---|---|
| 石油 | 11 097 | 13 575 | 12 720 |
| 纺织品 | 1 304 | 1 214 | 1 133 |
| 发动机 | 3 347 | 5 727 | 5 984 |
| 办公机械设备 | 21 114 | 46 637 | 50 680 |
| 工业机械 | 1 440 | 2 831 | 2 916 |
| 电信设备 | 9 673 | 14 117 | 13 062 |
| 汽车 | 1 151 | 1 754 | 1 883 |
| 服装 | 2 948 | 1 972 | 2 215 |
| 科学仪器、光学仪器 | 2 351 | 3 758 | 4 165 |

资料来源:新加坡统计局。

表 5 新加坡主要进口商品

单位:百万新加坡元

| 年份 | 1992 | 1996 | 1997 |
|---|---|---|---|
| 原油 | 10 323 | 11 256 | 11 925 |
| 石油产品 | 4 647 | 6 048 | 6 700 |
| 发动机 | 6 186 | 8 630 | 8 864 |
| 工业机械 | 2 618 | 4 661 | 4 798 |
| 电信设备 | 7 276 | 10 152 | 10 461 |
| 办公机械设备 | 9 116 | 21 594 | 24 750 |
| 汽车 | 2 678 | 3 589 | 3 587 |
| 船、艇和油轮 | 2 014 | 3 622 | 3 294 |
| 科学仪器、光学仪器 | 3 413 | 5 563 | 6 461 |

资料来源:新加坡统计局。

## 对外贸易地理分布

新加坡的贸易伙伴主要有美国、日本、马来西亚、泰国、香港地区、中国台湾省、韩国、德国、英国、沙特阿拉伯等国家和地区。新加坡的出口市场中美国、东盟、欧盟居重要地位。1997 年新加坡出口市场居前 5 位的分别是:美国(341 亿美元)、马来西亚(324 亿美元)、欧盟(286 亿美元)、香港(178 亿美元)和日本(131 亿美元)。

新加坡进口市场的主要货源地有日本、马来西亚、泰国等国家和地区。根据新加坡的"经济区域化"的新的经济策略,新加坡今后将侧重于发展与东盟国家和亚太地区国家的经贸往来,中国、东盟等发展中国家将有较多进入新加坡市场的机遇。

## 对外贸易特点

**新加坡由于地理位置和经济结构的特殊,因而转口贸易是其对外贸易中一个相当重要的部分** 建国初期以转口贸易为主,1960 年转口额占其出口额的 93.8%。从 1960 年开始经历了五个阶段:出口替代式、出口导向型、技术密集型、高科技型和建立大都市运营中心。虽然新加坡希望通过发展制造业(主要是高科技的电子产品)成为一个高附加值的出口主导经济国家,但转口贸易所占比重仍然很大,1996 年转口贸易占其总出口的 41.2%,1997 年为 42.1%,1998 年约为 43%。转口贸易的主要商品有橡胶、木材、石油钻探设备等。

**新加坡对外贸易长期处于逆差状态,而且逆差不断扩大** 据新加坡方面统计,1960 年贸易逆差为 6 亿新元、1970 年为 27.8 亿新元、1980 年为 98.9 亿新元、1990 年为 146 亿新元。而 1998 年因新加坡国内市场需求不振,进口锐减,所以 1998 年对外贸易顺差达 139 亿新元。

## 对外贸易政策与措施

新加坡是自由贸易港,政府对贸易保持最低限度的管制。其进出口管制措施有:

**税则** 新加坡采用的是国际上通用的"协调商品分类和编码系统"作为本国的税则目录。税率有从价税、从量税、选择税和混合税 4 种。新加坡关税为二栏税率。对大多数国家产品按安全税率栏征收关税,对东盟成员国的产品按优惠税率征收。

**减免税** 货物税款不足 20 美元可免予征收,除此之外不得减免关税。

**进出口非关税管理措施** 新加坡政府执行巴黎统筹委员会的决定,对进出新加坡的战略物资实行许可证管理。有少数商品受到健康、安全和治安等原因的限制,需要获得特别许可证才能进入新加坡。大米进口需特别许可证。此外,大多数商品可获得一般许可证,自由进出新加坡。进口许可证一般有效期为 6 个月,经批准后可延期。进口由新加坡贸工部的贸易发展局管理。进口支付没有外汇管制。动植物进口要有出口国的检验证明。食品、药物应根据1986年食物规定(修正案),实行标记规定。电缆只允许使用国际颜色惯例。电器设备必须带有相应标签。玩具应符合《新加坡规格标准223/1979》和《玩具安全法规》。新加坡是"便利商业用样品与广告材料入境国际公约"的缔约国,相关的专业设备、商业样品等可带入新加坡,并在限定期内出境。广告材料中,只对酒精饮料和烟草征税。对烟草的广告有许多规定。自1994年4月起,销往新加坡的蔬菜、水果,一律必须加贴标签。

## 对外投资及其吸收外资情况

新加坡积极发展在海外的投资,截至1993年,对外投资总额达190亿美元,其中54%集中在亚洲。1995年新加坡对外直接投资居前5位的国家和地区是:马来西亚(73.05亿新元)、香港(50.89亿新元)、印度尼西亚(34.48亿新元)、中国(24.45亿新元)和英国(24.35亿新元)。新加坡对外投资的领域主要是金融业、制造业、贸易、房地产和商业服务等方面(见表6)。

**表6 新加坡对外投资**

单位:百万新元

| 年份 | 1993 | 1994 | 1995 |
|---|---|---|---|
| 总投资 | 27 952 | 37 065 | 48 498 |
| 对外直接投资 | 22 181 | 29 765 | 36 866 |
| 制造业 | 4 550 | 7 042 | 9 424 |
| 建筑业 | 187 | 236 | 320 |
| 贸易 | 2 285 | 2 800 | 3 289 |
| 仓储和运输 | 546 | 893 | 861 |
| 金融 | 12 225 | 15 473 | 18 997 |
| 房地产 | 1 420 | 1 989 | 2 535 |
| 商业服务 | 766 | 1 005 | 1 084 |
| 其他 | 202 | 329 | 356 |
| 对外有价证券投资 | 5 770 | 7 300 | 11 632 |

注:包括海外子公司及合伙人的储备金。

资料来源:新加坡统计局。

新加坡长期致力于吸引外资,并且少借外债,鼓励外商直接投资,为的是避免以贷款形式引进外资而背上沉重的外债包袱。通过外商直接投资的形式,还可以把先进的技术设备和好的管理经验带进新加坡,生产出具有国际竞争力的产品。1993～1995年,外国在新加坡的投资总额分别达732.85亿新元、868.12亿新元和992.16亿新元,其中外国直接投资分别为627.67亿新元、746.05亿新元和842.67亿新元。外商投资主要投在制造业、金融服务业和贸易等领域。制造业中的外资又主要投向了电子、化工等部门。据瑞士商业环境风险评估公司的报告显示,在1999年全球"投资环境风险安全评比"中,新加坡名列第二位,属于低风险的安全投资区。

## 与中国的贸易经济合作

中国与新加坡在建交以前就一直保持着民间贸易往来。80年代后期,中新贸易有了较快发展。1990年10月3日新加坡与中国正式建立了外交关系,从此中新贸易取得了长足发展。1990年双边贸易总额为28.32亿美元,比上年增长38.54%。根据中国方面统计,1996年中新贸易总值达73.51亿美元,其中中国对新加坡出口37.49亿美元,中国从新加坡进口36.01亿美元。1997年中新贸易总值增长到87.84亿美元,其中中国对新加坡出口43.19亿美元,中国从新加坡进口44.65亿美元。中国对新加坡出口的主要商品有原油、成品油、纺织品、粮油食品、饲料、轻工产品、五金矿产品和土畜产品,中国从新加坡进口的商品有机电仪器、化工产品、橡胶、动植物油等。

新加坡对华投资时间不长,但发展较快。至1991年底,新加坡在中国投资项目为669项,协议金额为9.65亿美元。到1998年,新加坡在中国投资项目累计7997项,协议金额为310.91亿美元,实际投资121.77亿美元,居外商对华投资的第5位。1998年,新加坡对华投资566项,协议金额为30.02亿美元,实际投资34.04亿美元,列当年外商对华投资的第4位(按实际使用外资金额排序)。新加坡在中国的投资主要集中在饭店、旅馆和制造业方面。中新两国政府间相继签订了关于促进投资保护协定,关于旅游、民航及展览合作的协定和关于避免双重征税及防止偷漏税协定,为两国间的经济合作提供了法律保障。

(国际贸易研究所 高巍)

# 韩 国

## 韩国市场概况及其特点

韩国幅员狭小,自然资源贫乏,但由于政府对经济发展实行强有力的指导,在过去30多年里,韩国经济取得了为世人瞩目的好成绩,创造出“汉江奇迹”,跻身亚洲“四小龙”之列。1962～1986年,韩国执行了5个经济开发五年计划,其间,除1980年出现经济负增长外,一直保持了较高的经济增长速度。在1987～1991年的第6个经济开发五年计划期间,经济仍取得了年均9.74%的高速增长。第7个经济开发5年计划(1992～1996年)经济年均增长率有所下降,但1996年增长率仍高达7.7%。1997年在亚洲金融风暴冲击下,经济增长有所减退,为4.9%,1998年经济出现负增长,为-6.2%。韩国的国民生产总值由1961年的21亿美元增加到1996年的4870亿美元,人均达10763美元。受金融危机影响,韩国经济各项指标都有所缩减。1997年GNP为9 511亿美元,1998年为6 321亿美元,比1997年下降33.5%。韩国在全球国际竞争力排行榜中,1997年排行第35位,1998年下降到第38位。韩国的投资率1996年为38.2%,1997年为35%。韩国一直是个高储蓄率国家,1994～1997年分别为35.3%、36%、34.2%和34%。韩国的消费率1994～1997年分别为64.7%、64%、65.8%和66%。1998年韩国的私人消费开支下降了9.6%。1999年以来,韩国经济形势开始好转,第1季度经济增长率达3.1%,成为亚洲金融危机后该地区率先走出经济谷底的国家。1999年3月份的工业生产持续上升1.8%,是连续第五个月上升,也是4年以来最大的升幅,主要是由汽车、半导体和电子产量急升所带动。工厂的设备使用率也由2月份的69.7%,上升至3月份的74.6%,是自1997年12月以来的最高水平。同时,企业存货在3月份下跌18.7%,显示市场对产品需求强劲,厂商需要继续增加生产,应付需求。还有,首季的汽车销售增加了56.6%,达到24.48万辆,显示内部的消费意欲大增。1999年初,韩国的外汇储备由1997年底的不足236亿美元大幅回升至545亿美元。在韩国国内资本投资和消费持续复苏的带动下,1999年韩国进口市场有望恢复活力。据韩国一个研究组织“KIET”的预测,1999年韩国进口将从1998年的933亿美元增至1 084亿美元。

在亚洲“四小龙”中,韩国的产业结构是比较完善的。韩国仅用25年的时间,就实现了从农业国向工业国的转变。韩国已建立起多元化的产业结构,既有劳动密集型的纺织、制鞋等轻工业,也有技术密集型的汽车、造船、电子等产业。韩国的主要支柱产业包括钢铁、机械、造船、纤维、电子、汽车等。韩国还十分重视发展高科技产业,制定并公布了“发展尖端产业五年计划”(1990～1994年),精选出微电子、电子机械、新材料、精密化学、仿生学、光学和航空等7种有发展前途的工业项目,给予优惠政策,多方支持,大力促进其优先发展。韩国工业较发达,但因资源贫乏,所以其市场对外依赖程度较高,主要进口原材料和机械设备,用以大力发展重化工业和出口。韩国市场以往对美国和日本的依赖很大,近年韩国正努力改变这种局面。据韩国方面的统计,韩国的进口来源正加快转向发展中国家。1993年,韩国从发展中国家进口的比重上升了33.7%。从韩国的进口商品变化趋势来看,成衣、鞋类、纺织品、钢铁等消费品和原料的来源地已从美国、日本、欧洲联盟等国转为中国和东南亚国家等。由于中国和东南亚国家的工业快速发展,其产品价格也具有竞争力,使得韩国从上述国家的进口迅速扩大。非耐用性消费品、谷物和原料从发展中国家进口的比重大幅上升。

## 韩国对外贸易规模

由于韩国资源贫乏,国内市场狭小,对外依赖程度较大,决定了对外贸易在韩国经济发展中的重要地位和作用。60年代以来,韩国在“贸易立国”方针的指引下,对外贸易取得了惊人的成绩,特别是商品贸易额急剧增长。进出口总额已由1962年的4.76亿美元猛增到1993年的1 662亿美元,增长了349倍。其中出口额由 5 480 万美元增至 1993 年的 824.51 亿美元，增长 1 504.6 倍；进口额由 4.212 亿美元增至 1993 年的 837.48 亿美元，增长 199 倍。1997 年韩国出口额 1361.67 亿美元，比 1996 年增长 5%，占世界出口额的2.5%，列世界出口贸易的第 12 位；1997 年进口额 144.6 亿美元，比 1996 年下降 4%，占世界进口额的2.6%，列世界进口贸易的第 11 位。1998 年韩国进出口贸易总值居世界第 13 位。在金融危机前，韩国的进出口贸易均呈稳步增长态势（见表 1）。1998 年韩国出口出现自 1958 年韩国开始实现国家统计以来的首次下降，降至 1323 亿美元，比上年减少了 2.2%。尽管出口下降，但 1998 年韩国外贸顺差仍达创纪录的 390 亿美元，原因在于韩国国内需求疲软，进口锐减了 35.4%，降至 933 亿美元。

**表 1　韩国进出口贸易**

单位：10 亿美元

| 年份 | 1994 | 1995 | 1996 | 1997 | 1998 |
|---|---|---|---|---|---|
| 出口额 | 96.013 | 125.058 | 129.715 | 136.167 | 132.313 |
| 进口额 | 102.348 | 135.119 | 150.339 | 144.616 | 93.282 |
| 进出口总额 | 198.361 | 260.177 | 280.054 | 280.783 | 225.595 |

资料来源：《国际金融统计》1999 年 4 月。

## 进出口商品结构

韩国的出口商品中工业品占 90%以上，其中电子和重化工业品占一半以上。该类产品在工业品出口中所占的比重自 1982 年首次超过轻纺工业品的 50.8%，1988 年占到 54.2%，90 年代以来继续保持所占比重的优势。随着韩国工业化程度的不断加强，农产品和石油矿产品在其出口中所占比重由 1965 年的 35.6%下降至 1995 年的 5.2%；而制成品出口在其出口中的份额由 1965 年的占 59.4%上升至 1995 年的占 93.4%。制成品出口中劳动密集型产品的比重由 1975 年的 49.2%降至 1995 年的 22.3%，并且这种下降趋势还在继续。目前，韩国 10 大主要出口商品包括：电子电器产品、纤维制品、钢铁制品、船舶、鞋类、汽车、化工产品、一般机械、水产品和塑料制品。1998 年因金融危机的影响进一步扩散，世界市场普遍不振，致使韩国出口下降，出口商品中半导体、计算机和汽车的出口负增长尤其显著。

韩国的进口商品中原材料和机器设备占 90%左右，原材料居第 1 位；机械设备居第 2 位；其他依次为原油、消费品等。消费品主要是农产品和食品，只占8.5%左右。主要进口商品包括：通用机械、矿物燃料（原油、煤炭及焦煤）、废钢铁、石油制品、木材、原棉、原毛、天然橡胶、电子零部件、金属矿砂、纸浆、粮食和糖等。

## 对外贸易地理分布

韩国几乎同世界上所有的国家和地区都有贸易关系，其中主要贸易伙伴是美国和日本。对美、日的贸易额一直占韩国进出口贸易的一半左右。中韩建交以来，双边贸易额迅速增长，目前中国已成为韩国第 3 大贸易伙伴。其他重要贸易对象还有香港地区、德国、英国、加拿大、澳大利亚、沙特阿拉伯、新加坡、印度尼西亚、中国台湾省、泰国等国家和地区。韩国的出口市场第一位是美国，第二位是日本。韩国从 1987 年开始推行市场多元化政策，将其出口市场逐渐移向西太平洋地区，扩大了对西欧、中东、东南亚等地区的出口，并积极开辟前苏联、东欧国家和中国市场。从占韩国总出口的份额来看，亚太市场比欧洲和拉美市场要重要得多。1995 年韩国出口到亚太地区的份额占 67.5%，而出口到欧共体（现欧盟）的份额则为 12.3%。韩国进口商品的来源地第一位是日本，第二位是美国。1996 年韩国对日本的贸易逆差超过 150 亿美元，对美国贸易逆差达 100 亿美元左右。韩国银行发表的报告指出，韩国自 1989 年起从发展中国家进口的比重大幅度上升，1986～1988 年平均增长 25.9%，1993 年增幅达 33.7%。

## 对外贸易政策与措施

韩国的外贸政策主要是鼓励出口，放宽进口。在鼓励出口方面，主要是国家为企业提供一切优惠条件扩大出口。包括：在金融税收等方面的全力支援扶植政策；建立出口工业基地和出口加工区；不断完善外贸管理制度和法律；不断调整出口产品结构；采取灵活政策开辟海外市场；在扩大进口的同时注意保护本国工业及其产品等。在放宽进口方面，主要实行进口自由化政策。为此而采取的措施是：放宽进口限制，简化进口手续和降低关税等。1980 年以来，韩国一直为放宽进口限制做出不懈的努力，自动特许核准系统准予进口的商品项目大幅度增加，实际上现在所有的工业制品(99.5%)均可通过自动核准进口，整个自由化的比率 1992 年已高达 98.1%，接近许多发达国家的水平。到目前为止，韩国进口自由化的比率已提高到 98%以上，其余进口受限品也仅剩 150 种。韩国对外贸易遵循的法规依据于韩国《对外贸易法》。主要制度有贸易许可证、进出口代理商的注册、进出口批准程序及进出口公告等。

韩国的进口关税包括一般税率、临时税率和关贸总协定税率，也有优惠关税税率。韩国政府通过实施阶段关税减免，将关税从 1988 年的 18%降至 1993 年的 7%左右。涉及与外国投资项目有关的资本货物和原材料的进口不付进口关税。用于出口产品生产的原材料的进口也经常免除关税。用于计划工业项目中的某些机械、材料和零部件可以免除或减少关税。此外，对于不同的进口货物，有的要征收附加税或非直接税。

在非关税管制方面，韩国正努力放宽进口限制，逐步以进口登记制度代替进口许可证制度，即允许进口商在进口之后简单地登记货物。船运进口的药品、医疗仪器、卫生材料和化妆品等，必须有出口国的有关检验证明。进口家禽、猫、狗和其他宠物，要有出口国有关部门出具的检疫证明。所有植物和蔬菜产品的船运，要有健康和卫生证明。根据韩国船运法的规定，自 1979 年起，进出韩国的货船必须悬挂韩国国旗。

## 对外投资及其吸收外资情况

韩国的资本流动量较大。韩国对外投资一方面是投向发展中国家，为了降低生产成本，以利于占领国际市场。另一方面是投向发达国家，为了获取先进技术。1996 年韩国对外直接投资 41.88 亿美元，比 1995 年增长 19%，占全球对外直接投资总流量的 1.2%，居全球对外直接投资的第 7 位。

韩国在 60 年代转向实施外向型经济发展战略后，借助外资保持了高投资率，从而使经济得到高速增长。韩国在 1962～1982 年间经济平均增长率为8.2%，其中 3.3%是靠外资实现的。但韩国长期以来为保护和发展民族工业，对外国直接投资基本上采取拒绝和排斥的政策，引进的主要是国外短期资金，导致外债高筑，尤其是巨额短期债务的积累，在金融风波中出现了国际债务偿还危机。韩国在金融危机发生后，对吸引海外直接投资采取了积极的政策。1998 年韩国的外来直接投资为 89 亿美元，创历年来最高水平，占 1962～1997 年间全部外来直接投资(246 亿美元)的 36%。

## 与中国的贸易经济合作

中韩贸易自 1979 年通过间接贸易开始，到了 80 年代后半期，随着中国改革开放步伐的加快，中韩经贸往来开始频繁起来，韩国民间企业在中国建立和发展分公司，扩大了直接贸易。1992 年 8 月，两国建交后，中韩贸易走上了健康发展的轨道，双边贸易发展迅猛，贸易额剧增。据中国方面统计，1992 年，两国贸易额为 82.2 亿美元，1996 年增加到 199.9 亿美元，比 1992 年增长了 2.4 倍。中国成为韩国第三大贸易伙伴，韩国成为中国第五大贸易伙伴。1997 年中韩贸易总值达 240.45 亿美元，其中韩国对中国出口 149.29 亿美元，韩国自中国进口 91.16 亿美元。

中韩建交以后，韩国在中国投资急速增长。韩国在华投资的项目数和协议投资金额由 1992 年的 650 项和 4.2 亿美元分别增至 1996 年的 1 896 项和 43.55 亿美元，分别增长了 2.9 倍和 10.4 倍。至 1998 年底，中国官方已批准韩国来华投资 11 179 项，协议金额 148.37 亿美元，实际使用 75.62 亿美元，居外商对华投资的第六位(按实际使用外资金额排序)。中国已成为韩国第一大投资对象国。1997年受国际环境影响，中国吸收韩国资本22.43亿美元，其中直接投资21.42亿美元。韩国在中国投资主要集中于第二产业。截止1996年底，有91.1%的韩资企业集中投资于中国的第二产业，只有5.4%的韩资企业投资于中国的第三产业。韩资企业在华主要投资于轻纺工业和食品工业，而且投资规模较小。

从长远看，中韩经贸合作前景广阔。中韩双方产品结构具有互补性，贸易发展有着坚实的基础。一方面韩国可从中国进口大量农产品、煤炭和原材料，以解决韩国粮食、原材料等短缺问题；另一方面韩国可向中国出口钢材、机械设备、电子、化工产品等。据分析预测，中国将成为韩国农产品的主要供应国。主要原因在于，中国农产品价格低廉，而且中国的大米与韩国米口味相似，在运输方面也具有省时等优势。目前，中国已取代美国而成为韩国玉米、芝麻的主要供货国，并有实力与美国、泰国的大米相竞争。韩国于1995年起开发14种基础农产品市场，其中有7种产品韩国的价格分别相当于中国产品价格的2～25倍，这为中国农产品进入韩国提供了更多的机遇。在消费品方面，由于中国许多生产企业引进外资和先进的生产技术，对产品的质量和外观有所改善，同时价格仍具有竞争力，因而有望进入韩国市场。据市场预测，中国的合资企业生产的自行车将进入韩国市场。韩国在中国投资的企业的产品对韩国的返销也将有所增加，如纺织品、电子产品和食品等。由于地理位置邻近，中韩各自可以发挥在资源、资金、技术、加工、管理等方面的优势，并可在科技等更为广泛的领域里建立面向未来的互补性的合作关系。

（国际贸易研究所　高巍）

# 澳大利亚

## 澳大利亚市场概况

澳大利亚是仅次于俄罗斯、加拿大、中国、美国和巴西的世界上第六个陆地面积最大的国家。但它拥有的人口却较少。

澳大利亚联邦由6个州和两个地区组成。内陆的边界大部分是沿着经纬线划定的。西澳大利亚是最大的一个州，其面积与整个西欧一样大。

澳大利亚的国民生产总值对于一个人口不到2 000万的国家来说是相当大的。90年代初期，澳大利亚的国民生产总值大约是中国大陆（人口11.9亿）的一半，与韩国（人口4 400万）和墨西哥（人口9 200万）持平。1997/1998年度，澳大利亚国内生产总值达到5 400多亿澳元，人均产值达2.8万多澳元。

澳大利亚拥有丰富的自然资源。19世纪以来，澳大利亚人一直享有很高的生活水平。澳大利亚在社会基础设施方面包括教育、培训、卫生和交通等投入的资金相对比较多。

在国际贸易方面，物质商品的价值同先进的制造业和知识产权的价值相比，有下降的趋势。澳大利亚的经济正顺应这种趋势进行调整。它现在越来越侧重于向具有高价值的制造业和服务业方向发展。以出口为导向的经济活动正在以高于澳大利亚一般经济增长率2倍多的速度迅速发展。这有助于平衡由于持续地对新的、生产性固定资产大规模的投资造成的部分国际收支逆差。

北美、欧洲和亚洲的公司都把澳大利亚作为其业务经营基地。澳大利亚对于其贸易伙伴来说，还是一个对外资具有吸引力的地方。以澳大利亚为基地的跨国公司从事重要的业务活动。

## 对外贸易发展迅速

根据澳大利亚统计局统计，1997/1998年度澳大利亚出进口额分别达到877.66亿澳元和906.80亿澳元，比70年代初的出进口额分别高出约13倍和22倍，外贸发展速度不仅大大高于其经济增长速度，而且还高于同期世界贸易发展速度。

### 出口结构变化情况

初级产品出口呈下降趋势，但在出口总额中仍占有较重要的地位。澳大利亚的产业结构与其他工业发达国家相比存有较大差异，突出地表现为第一产业在其国民经济发展中占有很重要的地位。初级产品出口是澳大利亚出口的主要产品。根据统计，1950/1951年度，澳大利亚初级产品(这里主要指农产品和矿产品)在其出口总额中的比重曾达到92%。此后随着澳大利亚经济结构的调整和国际市场初级产品供需的变化，初级产品在澳大利亚出口中的比重呈下降趋势，但这并未从根本上改变初级产品在澳大利亚出口中的主导地位。1997/1998年度，澳大利亚初级产品出口额达507.12亿澳元，在出口总额中的比重仍达57.28%。

*初级产品发展不平衡，其内部结构变化较大。*主要表现为农产品在初级产品出口中的比重大幅度下降，矿产品在初级产品中的地位上升。1950/1951年度，澳大利亚农产品在其初级产品出口总额中的比重曾达到93.47%，1970/1971年度，这一比重下降到61%，到1997/1998年度，农产品在初级产品出口总额中的比重进一步下降到26.20%。相反，自70年代开始，澳大利亚抓住日本矿产品市场并努力进行开发，加之70年代国际市场石油价格两次猛涨，澳大利亚矿产品出口得到了很大的发展。根据统计，50年代初澳大利亚矿产品出口在其初级产品出口总额中的比重大约只占8.4%，1970/1971年度，这一比重上升到38.88%，到1997/1998年度，这一比重下降为30.37%。

*制成品在澳大利亚出口中的比重呈上升势头。*比如，1950/1951年度，澳大利亚制成品在出口总额中的比重只有约3%，到80年代初，这一比重上升到11%，1997/1998年度，制成品出口进一步扩大，在出口总额中的比重达42.22%。

*服务在澳大利亚出口总额中的地位稳步上升。*1950/1951年度，澳大利亚服务出口只占商品出口总额的约5%，到1980/1981年度，这一比重上升到大约16%，再到1996/1997年度，澳大利亚服务出口进一步扩大，达到244.26亿澳元，占商品出口总额的比重达到30.94%。

### 进口结构变化情况

与出口结构变化相比，澳大利亚的进口结构变化相对平衡。其结构和结构变化情况主要反映在以下几个方面。

*制成品进口在澳大利亚进口贸易中一直处于主导地位，且这种地位还呈增强趋势。*比如，1950/1951年度澳大利亚制成品进口在进口总额中的比重为62%，1970/1971年度为64%，1992/1993年度为66%，到1997/1998年度，澳大利亚制成品进口金额为803.72亿澳元，在其进口总额中的比重则达88.63%。

*制成品进口内部结构发生了很大变化。*主要表现为对机械和运输设备的进口增幅较大，对其他制成品的进口则呈下降趋势。根据统计资料计算，1950/1951年度，澳大利亚对机械和运输设备的进口在制成品进口总额中的比重只有35.48%，1992/1993年度，这一比重上升到50%，到1997/1998年度，澳大利亚对机械和运输设备的进口额达到419.26亿澳元，在制成品进口总额中的比重进一步上升到52.16%。相反，其他制成品在制成品进口总额中的比重由1950/1951年度的64.52%下降到1997/1998年度的47.83%。

*初级产品进口相对减少，在进口总额中的比重呈下降趋势。*1950/1951年度，初级产品在澳大利亚进口总额中的比重大约是22%，1980/1981年度，这一比重下降到18%，到1997/1998年度，初级产品在澳大利亚进口总额中的比重进一步下降，只占约11.37%，进口金额仅为103.08亿澳元。

### 进口结构与出口结构形成巨大反差

从上述对进口结构与出口结构的分析中可以看出，澳大利亚出口贸易中一直以初级产品为主，50年代，初级产品在澳大利亚出口总额中的比重曾达到90%以上。制成品出口的地位虽在近10年内有所上升，但仍处在次要地位。进口结构与出口结构形成鲜明对比。进口贸易中一直以制成品为主，从50年代到90年代，制成品进口在澳大利亚进口中的比重一直都处在60～90%之间。对初级产品的进口则相对有限。

与世界其他国家和地区进出口平均构成相比，澳大利亚进出口结构有其自身的特色。主要表现为以下两个方面。第一，澳大利亚出口对初级产品的依赖程度大大高于世界其他国家和地区的平均水平，进口则明显低于世界平均水平。第二，澳大利亚对制成品的进口需求程度远远高于世界其他国家和地区对制成品需求的平均程度，出口则大大低于世界平均水平。这在某程度上亦反映出澳大利亚的产业构成情况和工业发展水平。

### 进口来源与出口市场均发生了很大的变化

在过去几十年里,澳大利亚贸易流向像其贸易构成一样发生了巨大而深刻的变化。50年代前,澳大利亚的贸易伙伴主要是一些欧洲国家,其中英国是澳大利亚最主要的出口市场和进口来源地。相比之下,北美和日本等其他国家和地区在澳大利亚对外贸易中则处于次要地位。比如,1951~1955年,澳大利亚对欧洲国家的出进口在其出进口总额中的比重分别达到63%和60%,其中对英国的出进口在其出进口总额中的比重分别为36%和45%。同期,对北美和日本的出进口分别只占18%和17%。到60年代,澳大利亚的贸易流向开始发生重大变化。主要表现为北美在澳大利亚对外贸易中的地位进一步上升;日本的地位迅速提高,一跃成为澳大利亚最主要的贸易伙伴;同时,亚洲一些发展中国家在澳大利亚对外贸易中的地位不同程度地得到了巩固和提高。相比之下,欧洲一些国家特别是英国在澳大利亚对外贸易中的支配地位急剧下降。比如,1968~1972年,北美、日本和东亚发展中国家在澳大利亚出口中的市场份额从1951~1955年的10%、8%和6%分别提高到16%、26%和12%,而英国和欧洲其他国家在澳大利亚出口市场中的份额则分别从36%和27%下降到11%和16%。同期,澳大利亚从北美和日本的进口比重分别从15%和2%上升到27%和13%,从英国进口的比重则从45%下降到21%。进入80年代以后,欧洲特别是其中的英国在澳大利亚对外贸易中的地位进一步下降;北美和日本继续保持在澳大利亚对外贸易中的主要地位;发展中国家特别是亚太地区的发展中国家在澳大利亚对外贸易中的地位进一步提高。目前澳大利亚的贸易流向已经形成以亚太地区市场为主,欧洲市场次之的局面。比如,1997/1998年度,澳大利亚对欧洲的出进口分别只占其出进口总额的11.65%(其中英国3.46%)和24.07%(其中英国6.17%),而对亚太地区的出进口分别由50年代初的28%和25%上升到72.46%(其中对日本和北美的出口分别占20.03%和10.34%)和68.21%(其中从北美和日本的进口分别占23.47%和13.96%)。这种情况也反映出澳大利亚出进口市场正在向多元化方向发展。

与商品贸易市场变化相似,澳大利亚服务贸易市场也发生了很大变化。主要表现为亚太地区已成为澳大利亚开展服务贸易的主要市场。比如,1996/1997年澳大利亚对日本、美国、新加坡、新西兰、韩国、中国香港和印尼的服务出口额分别达到36.55亿澳元,32.03亿澳元,13.64亿澳元,15.41亿澳元,10.98亿澳元,11.86亿澳元,10.4亿澳元,合计金额达到130.87亿澳元,占澳大利亚服务出口总额的53.57%。

## 对外投资与利用外资

根据澳大利亚统计局统计,截止1998年6月30日,澳大利亚对外投资总额达到2 380亿澳元,比1997年同期上升了20%。其中对外直接投资净增141亿澳元,证券投资净增113亿澳元,其他资产投资净增112亿澳元,储备资产净增27亿澳元(详见表1)。

**表1 1993~1998年澳大利亚对外投资情况**

单位:百万澳元

| 年份 | 1993 | 1994 | 1995 | 1996 | 1997 | 1998 |
|---|---|---|---|---|---|---|
| 对外投资总额 | 123 253 | 149 977 | 159 552 | 171 031 | 198 663 | 237 951 |
| 对外直接投资 | 47 969 | 48 671 | 54 156 | 57 569 | 67 776 | 81 915 |
| 证券投资 | 39 818 | 52 949 | 56 322 | 57 516 | 69 441 | 80 711 |
| 其他投资资产 | 23 643 | 27 697 | 28 890 | 36 887 | 38 656 | 49 878 |
| 储备资产 | 20 823 | 20 661 | 20 184 | 19 059 | 22 790 | 25 447 |

在对外投资继续保持增长的情况下,澳大利亚十分注意引进外资。截止1998年6月30日,澳大利亚引进外资总额达到5 623亿澳元,比1997年同期上升了10%。其中直接投资增加了116亿澳元,证券投资增加317亿澳元,其他投资增加86亿澳元(详见表2)。

表2 1993～1998年澳大利亚引进外资情况

单位:百万澳元

| 年份 | 1993 | 1994 | 1995 | 1996 | 1997 | 1998 |
|---|---|---|---|---|---|---|
| 引进外资总额 | 357 321 | 392 332 | 422 750 | 458 951 | 510 305 | 562 252 |
| 直接投资 | 114 297 | 119 306 | 123 409 | 136 834 | 151 125 | 162 734 |
| 证券投资 | 180 168 | 209 043 | 236 290 | 262 287 | 295 816 | 327 531 |
| 其他投资 | 62 856 | 63 983 | 63 051 | 59 830 | 63 363 | 71 988 |

## 外经贸政策变化情况

上述情况表明,在过去几十年里,澳大利亚进出口的商品结构、贸易流向及对外投资与利用外资均发生了急剧变化。毫无疑问,影响这些变化的因素是多方面的。作者在此仅就澳大利亚国内外的一些主要政策性因素对其外经贸发展产生的影响作些粗浅分析。

### 工业国家对农产品普遍实行的保护政策对澳大利亚农产品出口产生了严重的负面影响

从50年代开始欧共体国家对农产品普遍实行价格支持的农业政策,一方面保护其农民的利益,另一方面大大提高了其农产品的竞争力,致使其他国家的农产品不易进入欧共体。1973年,英国加入欧共体后,采取了与欧共体其他国家一致的农业保护政策。自此,英国对英联邦国家实行的优惠贸易政策被较高的农产品贸易壁垒所取代。这使澳大利亚对欧洲的农产品出口面临更大的困难。同时,相对制成品而言,工业化国家对农产品实行的价格保护政策在很大程度上促使国际市场上农产品价格的下降。澳大利亚出口一直以农产品为主,农产品出口在出口总额中的比重曾一度达到80%以上。在这种情况下,不论是工业化国家实施的农产品保护政策,还是国际市场上农产品价格的下降,澳大利亚遭受的打击是最重的。

### 石油输出国组织限产提价的政策措施对澳大利亚矿产品的出口产生了较为积极的影响

早在70年代初,由于石油输出国组织决定减少石油产量,致使国际市场上石油价格在1973～1974年和1979～1980年两次猛涨。澳大利亚矿产资源十分丰富,在国际市场能源价格上涨的拉动下,其石油、矿产品的出口急剧增长,并在70年代初就一跃成为澳大利亚出口的主要产品。到70年代末澳大利亚矿产品出口完全取代了农产品在初级产品出口中的主要地位。

### 澳大利亚本国制定的贸易政策及采取的相关措施对其外经贸发展产生了决定性的影响

在澳大利亚各种贸易政策及相关措施中最具影响力的是其关税政策。澳大利亚实施的关税政策大致可以分为关税增长和关税下调两个阶段。第一阶段从本世纪初到70年代初为关税增长阶段。在本世纪初,澳大利亚进口的平均关税与其他工业化国家相比是比较低的。比如,1902年澳大利亚制成品的平均进口关税只有6%,而当时美国、法国、意大利、德国、瑞典相应产品的平均进口关税分别为73%、34%、27%、25%和23%。由于当时国际海洋运输成本较高,澳大利亚地处南半球,远离其他工业国家。尽管澳大利亚关税较低,但其制造业在某种程度上还是受到了天然屏障的保护。在随后的几十年里,其他工业化国家均在不同程度上不断地调低其工业制成品的进口关税,相反,澳大利亚则不断提高一些工业制成品的进口关税。到1970年,除新西兰的平均关税水平与澳大利亚持平以外,其他工业化国家制成品的平均进口关税均低于澳大利亚。

澳大利亚在长达半个世纪里一直实行贸易保护政策。其目的是使国内制造业免受制成品进口的冲击,以确保充分就业和国际收支平衡。历史的发展表明,实施贸易保护政策并未使澳大利亚工业得到较快的发展。相反,其制造业一直落后于一些工业化国家。不仅如此,其贸易在国民经济中的地位与作用也明显下降。根据统计,1870 年澳大利亚进出口额在其国内生产总值中的比重约为 60%,大大高于其他一些工业国家,如日本、美国、英国、法国、意大利、瑞典、加拿大、德国和丹麦等。一百多年后,到 1975 年,澳大利亚进出口额在国内生产总值中的比重下降到 20%,明显低于当时的比利时、爱尔兰、荷兰、挪威、丹麦、瑞士、英国、德国、加拿大、法国、意大利、芬兰、奥地利和新西兰等工业国家。

第二阶段从 70 年代到 90 年代为澳大利亚调低关税、开放国内市场和调整经济结构的阶段。澳大利亚采取的一些主要政策措施表现为几个方面。

降低关税水平和减少对制造业的保护并开放国内市场。1973 年,澳大利亚政府一次削减关税 25%。之后,澳大利亚曾多次对进口(特别是制成品进口)关税进行下调。1985 年,政府还对汽车和纺织服装取消了进口配额保护。政府计划在 2000 年前将所有制成品关税由 80 年代末的 19%下调到 5%左右,使其关税总水平接近其他工业国家的平均关税水平。降低关税与取消有关进口配额有力地促进了澳大利亚对外贸易的发展。对外贸易在其国民经济中的地位得到了相应的提高。根据统计计算,1997/1998 年度,澳大利亚进出口贸易在其国内生产总值中的比重已从 1975 年的 20%上升到 42.69%。

调整产业结构,重视制造业的发展,实现由资源出口型为主向制成品出口型为主的转变。在经济结构调整中,澳大利亚推行了产业振兴计划。根据这一计划,政府对主要行业的大型骨干企业实行倾斜政策,扶持大企业发展具有比较优势,面向世界市场的资源深加工产业。同时,利用比较优势,调整效益低下的产业,减少企业的非效益行为。比如,对效益低下的汽车制造业,政府一方面取消一批型号的生产许可和取消汽车进口配额,另一方面又为其引进技术和进口零部件等提供信贷担保,以利于进行技术改造和提高竞争能力。经过调整,澳大利亚制造业得到了一定的发展,效率也有了一定的提高,工业制成品的出口有所增加,在出口总额(包括服务出口)中的比重由 80 年代初 11%提高到 1997/1998 年度的 42.22%。

放开金融市场管制,实行汇率自由浮动和货币自由流动政策。从 1983 年 12 月起,澳大利亚放开澳元官方定价,允许澳元由市场确定其汇率,自由浮动。同时允许资金在境内外自由流动。1985 年,澳大利亚政府批准了包括中国银行在内的 16 家外国银行在澳设立分行或分支机构,这些分行或分支机构可在平等的条件下参与同当地银行的竞争。通过对金融市场的开放,澳大利亚密切了与国际金融市场的联系。这为澳大利亚对外贸易的发展提供了更加便利的金融环境。

简化投资手续,鼓励外商直接投资。1985 年,澳大利亚对外资政策做了实质性修改,取消了大多数投资项目意向书和建议书需经批准的规定,简化了投资手续。之后,澳政府还不断放宽对外资的行业限制。1992 年,澳政府取消了在矿业项目利用外资澳方需占 50%股份的规定。1993 年又放宽了对外资的利润部分用于再投资的限制,取消了外资利润在城市不动产投资项目中澳方应占 50%股份的规定,以鼓励外商将利润部分用于再投资。较为有利的投资环境吸引不少外商前往投资。目前外资在发展澳大利亚经济,提高国际竞争力以及增加就业等方面发挥着积极作用。

## 中国与澳大利亚经贸关系

1972 年 12 月中澳两国正式建交。之前,中澳之间早已开始民间贸易往来,到 1970 年中澳两国贸易额达到了 1.62 亿美元。1978 年,澳大利亚政府同意给予中国以发展中国家的普惠制待遇。1979 年,澳大利亚政府通过金融保险公司向中国提供 5 000 万澳元贷款,用于购买澳方的基建设备和支付有关服务费用。1981 年 10 月中澳两国政府正式签署《中澳技术合作促进发展计划协定》。1984 年,中澳两国政府签订钢铁工业经济技术合作协定,并建立武汉钢铁培训中心。1985 年,中国银行获准在澳大利亚设立分行,中国银行悉尼分行于 1986 年开始营业,金融业的介入使得双边经贸关系逐步走上稳定的发展轨道。澳大利亚对中国出口的主要商品依次有小麦、羊毛、铁矿砂、原糖、有色金属、牛羊油脂、纸张和纸浆等;中国对澳大利亚出口的主要商品依次有纺织品、服装、鞋类,此外还有轻工产品、化工产品、土畜产品、粮油食品、工艺品和机械设备等。80 年代后期,中国对澳大利亚出口的制成品包括机械产品逐渐增加。1987 年,中国首次向澳大利亚出口船舶和家用电器(如洗衣机、小型空调器等)。1989 年,中澳双边贸易额达到 18.9 亿美元,比 1972 年建交时增长了 20 多倍。

进入90年代以来，中澳双边贸易发展迅速。据中国海关统计，自1991年以来，中澳双边贸易连续7年持续增长，1997年两国贸易额达到53.03亿美元，比上一年增长3.8%，其中中国对澳大利亚出口为20.55亿美元，比上年增长22.8%，中国从澳大利亚进口32.48亿美元，比上年下降5.4%。进口下降的主要原因是因为中国国内粮食丰收，对澳大利亚谷物，特别是小麦的需求减少。澳大利亚仍然是中国的第九大贸易伙伴。1998年，受东南亚金融危机的影响，中澳双边贸易额有所减少，为50.29亿美元，与上年相比，下降了5.2%，其中，中国对澳大利亚出口为23.42亿美元，比上年增长13.9%，中国从澳大利亚进口25.88亿美元，比上年下降17.35%。

从两国商品贸易结构来看，中国对澳大利亚的出口商品结构有所改进，其主要表现为机电产品所占比重增加。1997年，中国对澳大利亚主要大宗出口商品有：机电产品、服装、纺织品、鞋类、塑料制品、玩具、旅游用品及箱包、自行车、电视机等。1997年3月，澳大利亚政府承认中国为从计划经济向市场经济转型的国家，这将有利于中国进一步扩大对澳大利亚的出口。中国从澳大利亚进口大多数为原料性商品，主要有：铁矿砂、羊毛、氧化铝、机电产品、原棉、铝、煤、钢材、猛矿砂、食糖等。

在双边贸易不断发展的同时，中澳两国相互投资活动日趋活跃。据统计，1978～1987年，澳大利亚在华投资协议金额为2.5亿美元，投资领域包括海洋石油勘探开发、铝制品生产、机械设备生产、家用电器生产、农牧业、旅馆建设与管理等。同期，中国在澳大利亚投资金额为1.3亿美元，主要投资项目有维多利亚州的波兰特铝厂和西澳大利亚州的恰那铁矿。1988年3月，中澳两国政府签署了澳大利亚向中国提供优惠贷款的备忘录。进入90年代以来，中澳双向在经济技术合作方面有新的发展。1997年，中国在澳大利亚新设了15个投资项目，但金额不大。据统计，截至到1997年底，中国在澳大利亚设立的各种贸易机构和生产性企业共计155家，双方协议投资总额12.6亿美元，其中中方协议投资额为3.5亿美元。澳大利亚已经成为中国在海外投资最多的国家之一。1997年，中国新批澳大利亚在华投资项目324个，协议澳资6.13亿美元，实际投入约3.12亿美元。截至到1997年底，中国累计批准澳在华直接投资项目3229个，澳方协议投资额49.2亿美元，实际投入超过15亿美元。投资主要分布在农业、建材、纺织、电子等领域。几十年来，中澳双方合作领域不断拓宽，已涉及农业、林业、牧业、能源、矿业、交通、纺织、建材、教育、卫生、审计、城市改造等方面。（国际贸易研究所　汤传锋）

# 俄罗斯

## 对外贸易的特点

### 外贸总额稳步增长

俄对外贸易在改革的最初两年（1992～1993）受整个经济环境的影响曾有过下降，但降幅较小，只有1.4%。自1994年起，俄对外贸易开始迅猛回升，并成为国民经济中惟一出现增长的领域。1994～1995年增幅曾高达15%。1996～1997年，由于受种种因素制约，增速有所放慢，但仍保持了增长的态势。1998年，受国际能源市场行情波动及8月金融危机的影响，俄外贸首次出现下降，其中出口缩减了16%，仅为725亿美元；进口缩减了18%，仅为441亿美元。据俄有关专家预测，1999年如果俄罗斯的经济状况出现根本好转的话，俄罗斯的对外贸易将重新恢复增长，增幅将达到1%～4%。

### 连年保持高额贸易顺差

俄外贸发展的另一显著特点是长期保持高额贸易顺差。在1992～1996的5年里顺差增长幅度达到300%，年均增速高达40%以上。仅1996年顺差额就比1995年增加83亿美元，达到416亿美元，在国内生产总值中所占比重已接近10%。1997年和1998年，俄外贸顺差相应为328亿美元和284亿美元。

### 主要贸易伙伴

随着苏联的解体和经互会的解散，俄罗斯同原苏联其他共和国及经互会国家的贸易额骤然减少，同非独联体国家特别是工业发达国家的经贸关系发展十分迅速。在独联体以外的贸易伙伴中，德国是俄最大的贸易伙伴，其次是美国、意大利、荷兰、中国、英国、法国、日本、瑞士等。

### 进出口商品结构

俄罗斯进口商品结构单一，带有明显的消费特性，日用品和食品在俄的进口总额中所占比重高达60%，机械设备的进口长期停滞不前；出口商品结构同样具有单一的弊端，主要表现在出口商品长期以能源原料性商品和初级加工产品为主，在俄出口总额中，这类产品约占到一半的比重，工业制成品所占份额很小。

## 进出口贸易相关措施

### 商检

俄对进口商品的检验要求一要符合俄联邦国家标准，确保产品对生态环境、人的生命健康和财产的安全无害；二要粘贴合格标记予以标准确认；三要保证产品的质量达到必要的标准指标，并得到国家的认证。

商检包括强制性检验和自愿检验两种。

俄对进口商品的包装和标记有统一要求：对食品、非食品类商品均要求加俄文说明；进口烟酒类必须粘贴印花税票，并具备防伪标志。

### 关税制度

俄对进口关税调节的基本法律是《海关法典》和《关税法》。《海关法典》确定海关关系业务、制度和机构组成、海关工作人员权利义务；《关税法》则规定俄采取关税措施的一般原则和条例、编制税号、税种、海关估价和原产地确认基本程序、实行反倾销和补偿关税程序及给予关税优惠等事宜。

俄总体关税水平在13.5%～14.5%之间。

进口关税在俄有最惠国待遇和非最惠国待遇的区别，俄对152个国家给予最惠国待遇，其中发展中国家105个，最不发达国家47个，最惠国待遇每5年修订一次；普惠制关税税率由非最惠国关税税率的一半改为1/4，享受普惠制国家的条件是凭商品原产地证书。

在独联体内的前苏联国家免征关税，关税同盟内的国家互免关税。

外商企业投资一年后，作为对法定资本投资进口的物资商品免征进口关税和其他税，各消费税商品一律征缴，消费税不予免征。但国际货运、交通工具、国际人道主义物资和个人使用非商业目的的携带物品、居民1 000美元以内和50公斤以下者免缴关税。

如俄认为进口商品对其国内厂家利益有冲击和损害，作为保护可实施反倾销关税：价格过低，低于出口国内正常价格；补偿关税：对享有出口或生产补贴的商品；特别关税：数量或交易条件明显会使俄遭受重大损失或对贸易歧视实行报复者。

俄海关税费（手续费）一般为发货价值的0.15%，其中0.1%缴卢布，0.05%交结算货币。除关税外，凡进口到俄的商品还必须缴纳20%的增值税（食品、儿童用品及粮食税率为10%），此外，一些商品还应缴纳消费税。

俄目前已设保税仓库和自由区，保税仓库有两种形式：一种是临时性保管仓库；一种是保税仓库。

货物运抵俄境但未办完海关手续者可放置在临时保税仓库内，存放最长期限为两个月，凡清关者不能超过3个昼夜。

自由仓库和保税仓库的区别在于保税仓库内只能对其加工、处理从事售前准备工作，而自由仓库可以从事除零售以外的全部生产和商业活动，自由仓库出入俄境商品如无产地证明则可被视为俄产商品，以增加国内税收。

### 结算

俄目前法律规定的支付方式有：付款委托书、信用证、支票、期票和现金5种，支票又可分为定期支付、提前支付和延期支付3种。

外国公司与俄公司之间的结算可按国际惯例结算方式进行，最常用的是跟单信用证和跟单托收银行汇票，支票很少使用。

银行须经俄中央银行许可授权才能办理外汇业务，此类许可证被称为总许可证或独立外汇业务许可证。

信用证包括付款（委托）或未付款（担保）信用证。可撤销或不可撤销的信用证。

受理跟单托收要求买方账户上须有足够的存金。为加快结算，可采用电报托收方式。

担保方式可采取银行担保，银行提供的担保有：付款担保和契约担保。

**运输及保险**

运输方式有海河运输、铁路运输、公路运输和空运等方式，海运十分便捷。俄罗斯汽运收费低于西方国家。

货物保险既可委托俄保险公司，也可委托外国保险公司办理。俄最大保险公司是INSTRAX。俄国际保险公司投保货物预计利润通常为合同金额的15～20%，INSTRAX收取保险费通常为货值的0.5～0.75%，老主顾享受20%的折扣优惠。

保险赔偿金的币种与付投保币种相同，最低保险金额通常为货物价值的110%。

**出口管理的许可证、配额和合同登记制度**

**合资企业产品出口**

外资在合资企业中超过30%，其产品出口不受许可证限制，也不受配额限制，出口证书由俄工商会颁发。

**专利和商标注册**

俄专利法颁布于1992年，旨在对知识产权给予法律保护并防止侵权行为。专利包括创造发明、外观设计和实用新型3种。商标注册也在知识产权保护之列。商标作为公司信誉标志象征拥有身份，它可以成为买卖的对象。

侵犯专利权要受法律追究：强制取缔；赔偿侵权造成的利润损失；抵偿亏损；承担刑事责任；赔偿精神损失。

## 国家在支持出口方面的措施

**国家对出口商给予财政支持**

自1996年起，俄政府每年在制订俄联邦预算时都要为支持出口单独列出开支，主要用于为俄进口银行及其他授权银行所吸引的贷款提供抵押担保，以增加出口商的流动资金，也用于对出口信贷提供担保和保险，使出口商避免商业(银行)风险和政治风险。提供该贷款须具备两个条件：仅向机电产品出口商提供；贷款期限只限于当年财政年度。

**为增强国家出口潜力，国家优先支持以出口为目标的投资计划**

俄联邦国家积极参与有经济效益的投资计划，尤其是关系到增强国家出口潜力的投资计划。投资计划及国家参与份额分为以下四类：以生产世界上独一无二的产品(服务)为目的者，国家参与50%；以出口符合国际优质标准的加工工业产品(服务)为目的者，国家参与40%；以生产价格较低的进口替代产品(服务)为目的者，国家参与30%；以满足国内有支付能力需求为目的者，国家参与20%。

**鼓励、扶持机电产品出口的关税、税收措施**

为鼓励机电产品出口，对出口商实行关税优惠。如产品能按规定期限实现出口，则出口商可以在产品生产和外销所需的一定期限内缓期缴纳关税和其他税费，或者免缴海关规费及延期纳税的利息。

**鼓励出口的特殊措施**

通过国家拨款由俄外经贸部组建现代外贸信息系统，以便向出口商及时提供促进出口的信息；

驻外商务代表处以满足出口商需要为目的提供有关的信息咨询服务；

国家支持建立出口厂商行业协会，帮助其扩展业务，发挥行业出口协调职能；

政府对出口商提供产品营销方面的支持和帮助。

**其他经济措施**

俄总统在《关于支持出口商的首要措施》的命令中要求政府修订自然垄断部门的定价办法，使自然垄断部门产品和服务价格的月平均上涨率低于工业产品价格指数的月平均上涨率，以降低出口厂商的成本和费用；

自1995年下半年起，俄交通部为完善运费体系和提高运费的灵活性，建立了按货物种类划分运费的新体系，对原材料和其他大宗货物按其运输里程，在现行费率的基础上给予折扣；对制成品则提高费率。

## 俄罗斯的外汇管理制度

**卢布的可兑换性**

卢布作为俄联邦法定使用的货币目前已成为部分可兑换货币。1992年以前，卢布与硬通货之间不能进行自由兑换。之后，随着向市场经济的过渡，俄联邦政府确定了“逐步使卢布内部可自由兑换”的方针。为实现上述目标，俄政府采取了一系列措施：

首先，加强对外汇收入的管理，确保国家有稳定的外汇来源；

其次，实行统一汇率和“外汇走廊”（俄在1998年9月金融危机后被迫放弃了“外汇走廊”）制度；

第三，逐步使卢布成为国内流通领域惟一合法的支付手段。

在采取了上述一些措施之后，1996年5月16日俄总统签发了《关于确保卢布成为可兑换货币的措施》总统令，宣布俄将承担国际货币基金组织章程第八章所规定的义务，这意味着卢布已成为部分可兑换货币。

### 卢布的携带出境和汇出

俄央行董事会批准的《俄联邦货币携带和汇款办法》，对卢布现金的携带和汇款程序作了详细规定。对自然人，不论是居民还是非居民，携入和携出卢布现金的额度为最低工资的500倍。对于法人，规定提供了更大的自由。所有得到授权的银行，即得到外汇业务许可的银行，均有权将卢布汇入或汇出。

### 外汇的携带和汇出

俄罗斯承担了国际货币基金组织章程第八章义务之后，外汇的汇出得到进一步的保证。对外贸易的支付、贷款利息的支付、投资收益的汇出、个人及家庭所需的汇款已不受任何限制。当然，外汇的汇出要受到合理的监督和管理，如利润的汇出需提供完税证明；个人及家庭所需汇款，也需提供收入来源证明等。

对于自然人（居民和非居民）携带外汇现金出境，俄央行专门作了规定，俄国家海关也作了相应的规定。

## 俄罗斯改善外商投资环境的措施和立法

### 吸引外资的立法规定

1995年俄政府向国家杜马提交了有关国际投资合作的下列基本法案：

《关于对＜俄联邦外国投资法＞的修改补充》法案，这实际上是一部符合市场经济要求的新法；

《自由经济区法》、《俄罗斯与外国投资者签订的租让合同法》、与该二法有关的其他法案，如《对＜增值税法＞、＜关税法＞、＜企业和单位利润税法＞的修改补充》法案；

《产品分配协议法》，该法已于1995年底通过，目前其实施机制部分的法规文件正在进行最后制定和修正。

### 《关于对＜俄联邦外国投资法＞的修改补充》法案

该法案的重要规定有：

对外国投资者及商业组织的投资活动给予国民待遇；

只有在通过新联邦法的基础上方可允许对国民待遇实行例外；

如上述例外使欲进行的投资活动条件恶化，则该例外推迟5年实行，但为保障民族利益和国防能力的法律所规定的例外除外；

加强对外国投资者的担保机制（收入可自由使用，利润可自由输出境外）；

除联邦法律直接禁止的以外，允许外资经济实体从事其他一切形式的活动；

实行国家调节外资流入手段，即实行投资重点部门及业务种类清单并为其引进外资规定相应优惠制度，其他情况则采用国民待遇。

### 对外国投资者的鼓励办法

在对《增值税法》、《关税法》、《企业和单位利润税法》（它们与＜外国投资法＞同属一揽子法）的修改补充中，规定提供以下优惠：

免缴进口关税和增值税的对象：在创始文件规定的建立法定资本期限内，作为外国投资者对商业组织法定资本投入的固定资产组成部分；

符合投资重点清单的商业组织用于自身物质生产的商品，但只在投资回收期内免税，最长不超过5年；

产品分配协议、租让合同所规定的自产商品免缴进口关税；

外国法人对法定资本投资额不少于1 000万美元及实施投资1亿美元或1亿美元以上的大型项目进口商品时，规定进口关税减半，为期5年；

在最长不超过5年的投资回收期内，前两年可免缴利润税，此后可按现行税率减半缴纳利润税，但此项优惠只适用于投资重点清单范围内的外资经济实体。

### 关于《自由经济区法》草案

该法案将自由经济区分为保税区、贸易型和生产型保税仓库、出口加工区等几类，确定了其经营活动制度，并规定了在上述各类自由经济区内实行保税区制度。《海关法典》已对该制度作出规定，其含意为：自由经济区与国际市场的商品交换免征关税、税费。

俄罗斯与外国商业组织、其他经济实体及个体业主均可成为自由经济区参与者。在出口加工区内，为鼓励自产品出口（其出口不少于出口总额的50%），规定可免缴利润税5年；对扩大生产或生产现代化再投资部分的利润税，免税期满后，按现行税率70%征收利润税和增值税。

**关于《俄罗斯与外国投资者签订的租让合同法》草案**

该法案于1996年4月3日在国家杜马一审通过，为国家与私人业主、投资者签订租让合同、产品分配协议、服务合同等提供了法律依据。该法案的特点在于国家和投资者是签约的平等双方。

为鼓励私人投资，规定租让合同的条款在整个有效期内始终具有效力。

**为鼓励国内外对俄矿物资源开发进行投资，通过了《产品分配协议法》**

产品分配协议具有征税程序特殊的特点：除利润税和资源使用费外，其他税费均以国家与投资者之间进行产品分配的方式代之；国家保证协议全部有效期内商业条款稳定不变。

该法对签约、获取资源使用许可证、纳税、产品分配等程序作出了规定。

**进一步完善税制**

俄从1997年1月1日起通过并开始实施《俄联邦税收法典》，对减轻税赋、保护纳税人权益、提高税收监督机关责任、保证及时如数纳税的有关税法及法规文件进行了修改补充。

新的《税收法典》作出如下规定：

在设备列入买方资产负债表后，即偿还全部投资增值税；

偿还全部建筑安装工程费用增值税，且在该费用支付之日起即行偿还，而不延至较晚日期偿还；偿还时应采用当时银行利率；

在计算应税利润时，将扣除一切通常必要和合理的业务费用，包括外国贷款利息、广告费、培训费、代表机构费、差旅费等。

**进一步完善海关制度**

要进一步使进口关税尤其是机器设备的税率拉开档次，减轻俄尚未生产或产量明显不足的机械产品的进口关税。同时，对那些能积极参加提高俄工业生产潜力的本国机器制造业部门也要实行适度的贸易保护政策。

## 中俄经贸关系

**中俄经贸关系发展的法律基础**

中俄两国政府在经贸领域签有一系列法律文件，主要有：《鼓励和相互保护投资协定》、《避免双重征税和防止偷税、漏税协定》、《保护知识产权协定》、《进出口商品合格评定协定》等。

**中俄经贸关系发展的协调机制**

1996年4月俄罗斯总统叶利钦访问中国时，中俄两国领导人就定期会晤达成原则一致。同年12月26～28日，李鹏总理对俄罗斯进行工作访问，双方决定建立中俄总理定期会晤机制。为协调这一机制的工作，设立了政府首脑定期会晤委员会。在该委员会框架内常设经贸和科技合作分委会、能源合作分委会和运输合作分委会。这次会晤标志着中俄两国总理定期会晤机制正式启动。从建立定期会晤机制之日起至今，中俄两国总理已经进行了四次定期会晤并取得了重大的成果。双方签署的主要协议有：《连云港核电站框架合同原则协议》、《中国人民银行与俄罗斯联邦中央银行合作协议》、《中俄两国政府1997－2000年贸易协定》、《中俄两国政府铁路合作协定》、《中俄两国关于组织实施石油天然气领域合作项目的协议》以及《中俄两国政府关于铺设从伊尔库茨克州科维克京斯克气田到中国的输气管道的技术经济依据总协定》等。

**中俄经贸往来的主要形式**

随着中俄两国经济体制转轨，两国企业界直接经贸联系代替了苏联时期中苏两国政府间协定记账贸易方式。本着平等互利、积极发展的原则，两国政府一级及地方、边境省区的外贸企业开展了多种形式的经贸合作业务。在贸易形式上，既有政府间的专项贸易，也有边境地方贸易；现汇贸易、易货贸易、补偿贸易、对销贸易、边民互市和旅游购物等等。结算方式灵活多样，有寄售、委托代理，用卢布、人民币以及第三国硬通货支付。除商品贸易外，经济合作项目、劳务承包、合资企业也逐渐增多。

### 双边贸易规模

俄罗斯独立以来，中俄两国贸易额始终保持在50亿～70亿美元之间，中国一直是俄较大的贸易伙伴。在俄各年度的外贸总额中，中国一直占第四或第五位。据俄罗斯贸易部统计，1998年，俄中贸易额约占俄罗斯整个贸易额的5%，中国仅次于德国和美国，是俄罗斯第三大贸易伙伴。俄罗斯在中国外贸总额中所占比重相对较小，为中国第八大贸易伙伴。1998年，中俄贸易额为54.8亿美元，在中国3239.3亿美元的外贸总额中所占比重仅为1.6%，俄是中国的第十一大贸易伙伴。

### 进出口商品结构

中俄两国的进出口商品结构变化不大。中国向俄罗斯出口的主要商品有：纺织原料和纺织制品、革、毛皮及制品、箱包、鞋、帽、羽绒制品、动物产品、机电产品、音像设备及零附件、杂项制品等；

从俄罗斯进口的主要商品是：贱金属及其制品、化学工业及其相关工业产品、机电产品及零附件、车辆、航空器、船舶及运输设备、纸浆及纸制品、木材及制品、矿产品、塑料、橡胶及制品、光学和医疗仪器等。

### 经济技术合作

在经济技术领域的合作：铺设伊尔库茨克—中国天然气管道；铺设伊尔库茨克—中国2 500公里输电线路，规模为每年供电150亿～200亿度电能，2002年完成；两国共同开发天然气。

在航空航天领域的合作：俄向中国提供了苏－27战斗机、导弹发射装置和“基洛”级潜艇；签订了向中国提供军、民用飞机（Tu－204.I1－114）、军事装备及雷达设备协定；协助中国清除日军在东北遗留的化学武器。

在交通运输领域的合作：改造边境铁路、公路、河港、海港及设施。

在水电技术领域的合作：三峡水电枢纽工程涡轮机机组等。

### 现存问题

中俄经贸合作中存在的问题主要表现在：双边经贸关系的发展不稳定；两国的进出口商品结构单一；两国贸易不平衡问题严重；相互投资规模不大。

（国际贸易研究所　韩立华）

## 附表：

**表1　欧盟、亚洲、中国在世界市场占有率（%）**

单位：百万美元

| 年份 | 国别 | 欧　盟① | 亚　洲② | 中　国③ |
|---|---|---|---|---|
| 1991 | 进口 | 1 567 500 | 640 844 | 63 791 |
| | 出口 | 1 475 153 | 631 655 | 71 910 |
| | 占世界份额 | 43.10 | 18.46 | 2.10 |
| 1992 | 进口 | 1 636 492 | 745 863 | 80 585 |
| | 出口 | 1 562 500 | 711 514 | 84 940 |
| | 占世界份额 | 42.65 | 19.42 | 2.32 |
| 1993 | 进口 | 1 415 630 | 833 063 | 103 088 |
| | 出口 | 1 451 141 | 770804 | 90 970 |
| | 占世界份额 | 39.72 | 21.10 | 2.49 |
| 1994 | 进口 | 1 600 047 | 943 868 | 115 681 |
| | 出口 | 1 656 026 | 902 434 | 121047 |
| | 占世界份额 | 39.70 | 21.63 | 2.90 |
| 1995 | 进口 | 1 923 257 | 1 154 612 | 129 113 |
| | 出口 | 2 021 228 | 1 089 096 | 148 797 |
| | 占世界份额 | 40.64 | 21.90 | 2.99 |
| 1996 | 进口 | 1 985 226 | 1 231 098 | 138 944 |
| | 出口 | 2 093 440 | 1 139 860 | 151 197 |
| | 占世界份额 | 40.49 | 22.05 | 2.92 |
| 1997 | 进口 | 1 982 524 | 1 131 858 | 142 377 |
| | 出口 | 2 091 567 | 1 050 810 | 182 690 |
| | 占世界份额 | 40.30 | 20.25 | 3.52 |
| 1998 | 进口 | 2 064 719 | 1 020 229 | 64 287④ |
| | 出口 | 2 079 459 | 1 026 553 | 86 560④ |
| | 占世界份额 | 40.93 | 20.21 | 1.70 |

注：①1993年以前为欧共体12国，以后为欧盟15国。②亚洲发展中国家。③不包括香港、澳门和台湾。④1998年1～6月数字。

资料来源：根据联合国统计月报1999年4月计算合成。

（马国芝）

**表 2　世界部分国家及地区商品贸易额**

单位:亿美元

| 年份 | | 1991 | 1992 | 1993 | 1994 | 1995 | 1996 | 1997 | 1998.1～9 |
|---|---|---|---|---|---|---|---|---|---|
| 世界 | 进口 | 35 405.38 | 37 948.988 | 37 349.51 | 42 620.82 | 50 474.50 | 53 171.83 | 54 916.60 | 40 170.55 |
| | 出口 | 34 180.34 | 36 611.64 | 36 518.15 | 41 690.76 | 49 722.77 | 51 697.78 | 53 500.89 | 39 155.73 |
| | 总值 | 69 585.72 | 74 560.52 | 73 867.66 | 84 311.26 | 100 197.59 | 104 869.61 | 108 417.49 | 79 326.28 |
| | 差额 | －1 225.05 | －1 337.24 | －831.36 | －929.74 | －752.05 | －1 474.05 | －1 415.71 | －1 014.82 |
| | 占世界份额 | 100% | 100% | 100% | 100% | 100% | 100% | 100% | 100% |
| 美国 | 进口 | 5 083.63 | 5 539.23 | 6 034.38 | 6 892.15 | 7 708.52 | 8 220.25 | 8 990.19 | 6 977.60 |
| | 出口 | 4 217.30 | 4 481.63 | 4 647.73 | 5 126.27 | 5 847.43 | 6 250.73 | 6 886.97 | 5 040.71 |
| | 总值 | 9 300.93 | 10 020.86 | 10 682.11 | 12 018.42 | 13 555.95 | 14 470.98 | 15 877.16 | 12 018.31 |
| | 差额 | －866.33 | －1 057.60 | －1 386.65 | －1 765.88 | －1 861.09 | －1 969.52 | －2 103.22 | －1 936.89 |
| | 占世界份额 | 13.37% | 13.44% | 14.46% | 14.25% | 13.53% | 13.80% | 14.64% | 15.15% |
| 日本 | 进口 | 2 372.89 | 2 332.65 | 2 416.52 | 2 752.68 | 3 359.91 | 3 491.76 | 3 388.29 | 2 095.09 |
| | 出口 | 3 151.63 | 3 399.11 | 3 622.86 | 3 970.48 | 4 432.65 | 4 109.28 | 4 210.51 | 2 862.60 |
| | 总值 | 5 524.52 | 5 731.76 | 6 039.38 | 6 723.16 | 7 792.56 | 7 601.04 | 7 598.80 | 4 957.69 |
| | 差额 | 778.74 | 1 066.46 | 1 206.35 | 1 217.80 | 1 072.74 | 617.52 | 822.22 | 767.51 |
| | 占世界份额 | 7.94% | 7.69% | 8.18% | 7.97% | 7.78% | 7.25% | 7.01% | 6.25% |
| 德国 | 进口 | 3 904.23 | 4 032.68 | 3 461.30 | 3 847.46 | 4 445.54 | 4 588.10 | 4 455.56 | 3 371.98 |
| | 出口 | 4 029.82 | 4 227.06 | 3 826.31 | 4 290.75 | 5 083.98 | 5 254.28 | 5 125.02 | 3 934.99 |
| | 总值 | 7 934.05 | 8 259.74 | 7 287.61 | 8 138.21 | 9 529.52 | 9 830.38 | 9 580.58 | 7 306.97 |
| | 差额 | 649.26 | 194.38 | 365.01 | 443.29 | 638.44 | 654.18 | 669.46 | 563.01 |
| | 占世界份额 | 11.40% | 11.08% | 9.87% | 9.65% | 9.51% | 9.37% | 8.84% | 9.21% |
| 英国 | 进口 | 2 098.64 | 2 216.38 | 2 063.21 | 2 261.72 | 2 653.21 | 2 875.37 | 3 065.91 | 2 345.19 |
| | 出口 | 1 853.06 | 1 905.42 | 1 815.59 | 2 040.09 | 2 420.36 | 2 620.04 | 2 810.82 | 2 009.36 |
| | 总值 | 3 951.70 | 4 121.80 | 3 878.80 | 4 301.81 | 5 073.57 | 5 495.41 | 5 876.73 | 4 354.55 |
| | 差额 | －245.57 | －310.96 | －247.61 | －221.63 | －232.85 | －255.33 | －255.09 | －335.84 |
| | 占世界份额 | 5.68% | 5.53% | 5.25% | 5.10% | 5.06% | 5.24% | 5.42% | 5.49% |
| 法国 | 进口 | 2 308.32 | 2 388.75 | 2 007.50 | 2 306.39 | 2 769.81 | 2 804.36 | 2 705.54 | 2 088.52 |
| | 出口 | 2 134.41 | 2 319.13 | 2 062.31 | 2 360.72 | 2 873.34 | 2 886.58 | 2 904.08 | 2 220.43 |
| | 总值 | 4 442.73 | 4 707.88 | 4 069.81 | 4 667.11 | 5 643.15 | 5 690.94 | 5 609.62 | 4 308.95 |
| | 差额 | －173.92 | －69.62 | 54.81 | 54.34 | 103.53 | 82.22 | 198.54 | 131.91 |
| | 占世界份额 | 6.38% | 6.31% | 5.51% | 5.54% | 5.63% | 5.43% | 5.17% | 5.43% |
| 意大利 | 进口 | 1 827.50 | 1 884.56 | 1 483.08 | 1 691.79 | 2 060.25 | 2 081.16 | 2 082.86 | 1 592.91 |
| | 出口 | 1 695.36 | 1 781.64 | 1 677.46 | 1 914.31 | 2 339.80 | 2 504.56 | 2 383.06 | 1 795.59 |
| | 总值 | 3 522.86 | 3 666.20 | 3 160.54 | 3 606.10 | 4 400.05 | 4 585.72 | 4 465.92 | 3 388.50 |
| | 差额 | －132.14 | －102.91 | 194.38 | 222.52 | 279.55 | 423.40 | 300.20 | 202.68 |
| | 占世界份额 | 5.06% | 4.92% | 4.28% | 4.28% | 4.39% | 4.37% | 4.12% | 4.27% |

续表

| 年份 | | 1991 | 1992 | 1993 | 1994 | 1995 | 1996 | 1997 | 1998.1～9 |
|---|---|---|---|---|---|---|---|---|---|
| 加拿大 | 进口 | 1 247.82 | 1 292.68 | 1 390.39 | 1 550.76 | 1 680.53 | 1 749.62 | 2 008.80 | 1 488.33 |
| | 出口 | 1 271.63 | 1 344.41 | 1 451.82 | 1 653.80 | 1 922.04 | 2 016.36 | 2 144.28 | 1 585.47 |
| | 总值 | 2 519.45 | 2 637.09 | 2 842.21 | 3 204.56 | 3 602.57 | 3 765.98 | 4 153.08 | 3 073.80 |
| | 差额 | 23.81 | 51.73 | 61.44 | 103.05 | 241.51 | 266.74 | 135.48 | 97.14 |
| | 占世界份额 | 3.62% | 3.54% | 3.85% | 3.80% | 3.59% | 3.59% | 3.83% | 3.87% |
| 中国香港 | 进口 | 1 002.40 | 1 234.07 | 1 386.50 | 1 618.41 | 1 927.51 | 1 985.50 | 2 086.14 | 1 397.45 |
| | 出口 | 985.77 | 1 194.87 | 1 352.44 | 1 513.99 | 1 737.50 | 1 807.50 | 1 880.59 | 1 302.80 |
| | 总值 | 1 988.17 | 2 428.94 | 2 738.94 | 3 132.40 | 3 665.01 | 3 793.00 | 3 966.73 | 2 700.25 |
| | 差额 | −16.63 | −39.20 | −34.06 | −104.42 | −190.01 | −178.00 | −205.55 | −94.65 |
| | 占世界份额 | 2.86% | 3.26% | 3.71% | 3.72% | 3.66% | 3.62% | 3.66% | 3.40% |
| 韩国 | 进口 | 814.96 | 817.94 | 838.00 | 1 023.48 | 1 351.19 | 1 506.76 | 1 446.00 | – |
| | 出口 | 717.36 | 765.75 | 822.36 | 960.13 | 1 250.58 | 1 303.46 | 1 336.00 | – |
| | 总值 | 1 532.32 | 1 583.69 | 1 660.36 | 1 983.61 | 2 601.77 | 2 810.22 | 2 782.00 | – |
| | 差额 | −97.60 | −52.19 | −15.64 | −63.35 | −100.61 | −203.30 | −110.00 | – |
| | 占世界份额 | 2.20% | 2.12% | 2.25% | 2.35% | 2.60% | 2.68% | 2.57% | – |
| 新加坡 | 进口 | 660.93 | 721.32 | 852.29 | 1 026.70 | 1 245.02 | 1 313.40 | 1 324.42 | 798.14 |
| | 出口 | 589.64 | 634.35 | 740.08 | 968.25 | 1 182.63 | 1 250.40 | 1 249.90 | 826.43 |
| | 总值 | 1 250.57 | 1 355.67 | 1 592.37 | 1 994.95 | 2 427.65 | 2 563.56 | 2 574.32 | 1 624.57 |
| | 差额 | −71.29 | −86.97 | −112.22 | −58.45 | −62.39 | −63.24 | −74.52 | 28.29 |
| | 占世界份额 | 1.80% | 1.82% | 2.16% | 2.37% | 2.42% | 2.44% | 2.37% | 2.05% |
| 中国台湾 | 进口 | 628.61 | 720.07 | 770.61 | 853.49 | 1035.50 | 1023.70 | 1144.25 | – |
| | 出口 | 761.78 | 814.70 | 850.91 | 930.49 | 1 116.59 | 1 159.42 | 1 220.81 | – |
| | 总值 | 1 390.39 | 1 534.77 | 1 621.52 | 1 784.98 | 2 152.09 | 2 183.12 | 2 365.06 | – |
| | 差额 | 133.17 | 94.63 | 80.30 | 77.00 | 81.09 | 135.72 | 76.56 | – |
| | 占世界份额 | 2.00% | 2.06% | 2.20% | 2.12% | 2.15% | 2.08% | 2.18% | – |
| 澳大利亚 | 进口 | 416.51 | 438.08 | 454.78 | 534.25 | 603.17 | 654.28 | 658.00 | – |
| | 出口 | 418.55 | 428.39 | 427.04 | 475.25 | 530.97 | 602.99 | 632.00 | – |
| | 总值 | 835.06 | 866.39 | 881.82 | 1 009.50 | 1 134.14 | 1 257.27 | 1 290.00 | – |
| | 差额 | 2.04 | −9.69 | −27.74 | −59.00 | −72.20 | −51.29 | −26.00 | – |
| | 占世界份额 | 1.20% | 1.16% | 1.19% | 1.20% | 1.13% | 1.20% | 1.19% | – |
| 俄罗斯 | 进口 | – | 369.84 | 268.07 | 505.18 | 609.16 | 611.47 | 480.00 | – |
| | 出口 | – | 423.76 | 442.97 | 676.42 | 811.37 | 887.03 | 657.00 | – |
| | 总值 | – | 793.60 | 711.04 | 1 181.60 | 1 420.53 | 1 498.50 | 1 137.00 | – |
| | 差额 | – | 53.92 | 174.90 | 171.24 | 202.21 | 275.56 | 177.00 | – |
| | 占世界份额 | – | 1.06% | 0.96% | 1.40 | 1.42% | 1.43% | 1.05% | – |

资料来源：联合国统计月报 1999 年 3 月；台湾省统计月报“世界贸易组织”；中国外经贸部；《世界经济年鉴》1998 年第 165～166 页；英国经济学家情报部《国家概况——意大利》1998/1999 年度。

（马国芝）

**表3 中国与欧盟及其主要成员国进出口贸易统计**

单位:万美元

| | 中欧 | 中德 | | | 中英 | | | 中法 | | | 中意 | | |
|---|---|---|---|---|---|---|---|---|---|---|---|---|---|
| | 总额 | 总额 | 出口 | 进口 | 总额 | 出口 | 进口 | 总额 | 出口 | 进口 | 总额 | 出口 | 进口 |
| 1950年 | 14 633 | 1 943 | 875 | 1 067 | 7 351 | 3 260 | 4 091 | 591 | 208 | 383 | 1 040 | 904 | 136 |
| 1960年 | 50 043 | 11 369 | 1 951 | 9 418 | 18 647 | 8 196 | 10 451 | 5 991 | 1 842 | 4 149 | 4 565 | 816 | 3 749 |
| 1970年 | 113 963 | 27 502 | 6 948 | 20 554 | 48 951 | 10 389 | 38 562 | 17 283 | 6 332 | 10 951 | 10 183 | 4 672 | 5 511 |
| 1980年 | 500 764 | 204 334 | 71 052 | 133 282 | 76 343 | 35 394 | 41 040 | 65 322 | 34 014 | 31 308 | 60 001 | 35 112 | 24 889 |
| 1990年 | 990 100 | 454 095 | 185 706 | 268 389 | 202 697 | 64 304 | 138 389 | 230 843 | 64 540 | 166 303 | 123 630 | 70 662 | 52 968 |
| 1998年 | 4 886 332 | 1 434 755 | 735 392 | 699 363 | 658 406 | 463 219 | 195 187 | 602 749 | 282 276 | 320 473 | 485 437 | 257 734 | 227 703 |

资料来源:《中国对外经济贸易年鉴》、外经贸部欧洲司、中国海关有关数字计算、整理。

(马国芝)

**表4 外商对华直接投资位次(1998年1～12月)**

单位:万美元

| | | 合同外资金额 | % | 实际使用外资金额 | % |
|---|---|---|---|---|---|
| 位 次 | 总 额 | 5 210 205 | 100 | 4 546 275 | 100 |
| 1 | 香港特别行政区 | 1 761 328 | 33.81 | 1 850 836 | 40.71 |
| 2 | 美国 | 648 373 | 12.44 | 389 844 | 8.58 |
| 3 | 维尔京群岛 | 613 613 | 11.78 | 403 134 | 8.87 |
| 4 | 新加坡 | 300 152 | 5.76 | 340 397 | 7.49 |
| 5 | 台湾省 | 298 168 | 5.72 | 291 521 | 6.41 |
| 6 | 日本 | 274 899 | 5.28 | 340 036 | 7.48 |
| 7 | 德国 | 237 467 | 4.56 | 73 673 | 1.62 |
| 8 | 英国 | 168 159 | 3.23 | 117 486 | 2.58 |
| 9 | 韩国 | 164 085 | 3.15 | 180 320 | 3.97 |
| 10 | 加拿大 | 94 679 | 1.82 | 31 652 | 0.70 |
| 11 | 凯曼群岛 | 79 286 | 1.52 | 32 423 | 0.71 |
| 12 | 澳大利亚 | 69 899 | 1.34 | 27 197 | 0.60 |
| 13 | 荷兰 | 56 268 | 1.08 | 71 882 | 1.58 |
| 14 | 法国 | 48 884 | 0.94 | 71 489 | 1.57 |
| 15 | 西萨摩亚 | 40 201 | 0.77 | 12 641 | 0.28 |
| 16 | 马来西亚 | 32 591 | 0.63 | 34 049 | 0.75 |
| 17 | 澳门 | 30 718 | 0.59 | 42 157 | 0.93 |
| 18 | 泰国 | 28 023 | 0.54 | 20 538 | 0.45 |
| 19 | 瑞士 | 26 177 | 0.50 | 22 882 | 0.50 |
| 20 | 毛里求斯 | 23 081 | 0.44 | 10 050 | 0.22 |
| 21 | 芬兰 | 19 331 | 0.37 | 3 930 | 0.09 |
| 22 | 意大利 | 19 177 | 0.36 | 27 457 | 0.60 |
| 23 | 菲律宾 | 14 437 | 0.28 | 17 927 | 0.39 |
| 24 | 西班牙 | 14 098 | 0.27 | 5 383 | 0.12 |
| 25 | 百慕大 | 12 144 | 0.23 | 11 447 | 0.25 |

资料来源:根据《中国对外经济贸易年鉴》1998/1999年度计算、合成。

(马国芝)

# 90 年代国际市场综述

江西财经大学　胡振华　付建喜

## 1998 年国际市场环境的基本特征

### (一)大多数国家经济发展趋缓,世界 GDP 的增长明显下滑

1998 年初,国际货币基金组织、经合组织等均认为,1998 年世界经济增长率将高于上年。据国际货币基金组织年初的预测,1998 年世界 GDP 增长率将高达 4.2%,年中下调为 3.1%。

**占世界 GDP70%左右的发达国家,经济增长率低于上年**　美国 1997 年 GDP 的增长率为 3.8%,达到了近 10 年来的最高点。1998 年第一季度又创下了 5.4%的新纪录,但第二季度下滑到了 1.6%。8 月份以后,由于受俄罗斯金融危机的冲击,股市、汇市大动荡。后来,尽管政府通过降低利率等办法大力刺激,情况有所好转,但全年 GDP 增长率仅为 3%左右。欧盟大多数国家前半年 GDP 增长率与 1997 年同期持平或略有上升,但下半年特别是 8 月份之后,由于受俄罗斯金融危机的冲击和美国经济走势的影响,增长率也有所放慢。该地区 1998 年 GDP 维持在 1997 年 2.6%的水平上或略高。日本 GDP1997 年已下降了 0.7%,1998 年第一季度又剧降了5.3%,第二季度又比前一季度下降 0.8%。官方 10 月末的预测全年 GDP 将下降 2.6%。其他发达国家 GDP 增长率也低于 1997 年。发达国家 1998 年 GDP 增长率为 2.5%左右,低于 1997 年 3.1%的水平。

**亚洲 GDP 平均增长率大幅度下滑**　东亚金融危机国家经济大滑坡,估计这些国家 GDP 降幅在 2~16%之间;中东国家由于石油价格急剧下降等因素,GDP 增长率也明显下降;南亚国家由于印巴核试验和国际制裁等因素,其 GDP 增长率也略低于 1997 年。这样,包括中国在内,亚洲 GDP 增长率估计仅为 2%左右,而 1997 年则是 6.7%。

**拉美和前苏联、东欧地区的 GDP 增长率也将明显下降**　拉美国家 1997 年增长率为 5%,1998 年为 3%。这是因为,巴西、墨西哥等拉美大国因受金融危机的影响和原料国际价格下跌等因素的影响,GDP 增长率明显下降。由于受俄罗斯金融危机的影响,大多数国家 GDP 增长率有较大的下滑。俄罗斯 1997 年 GDP 增长了 0.4%,1998 年为负增长 6~8%。中东欧国家前半年形势不错,后半年由于受俄罗斯金融危机以及西方国家经济形势变化的影响,增长也有所放慢,这些国家的增长率低于 1997 年 3.1%。

**1998 年世界 GDP 增长率及其与前两年的对比(%)**

| 国家和地区 | 1996 年(实际) | 1997 年(实际) | 1998 年(实际) |
|---|---|---|---|
| 世界总计 | 3.8 | 4.1 | 约 2.5 |
| 发达国家 | 2.5 | 3.1 | 2.5 |
| 美国 | 2.4 | 3.8 | 3.0 |
| 日本 | 3.6 | -0.7 | -2.6 |
| 欧盟 | 1.6 | 2.6 | 2.7 |
| 亚洲国家 | 8.2 | 6.7 | 2.0 |
| 拉美国家 | 3.5 | 5.0 | 3.0 |
| 非洲国家 | 5.0 | 3.2 | 3.5 |
| 中东欧国家 | 1.6 | 3.1 | 3.0 |
| 俄罗斯 | -6.0 | 0.4 | -7.0 |

资料来源:1996 年和 1997 年数据均来自(国际货币基金)1997 年和 1998 年的《世界经济展望》年报。

**非洲大陆的GDP增长率很可能高于1997年** 1997年该地区GDP增长率为3.2%,1998年估计为3.5~4%。这是因为:这一地区受世界金融危机和震荡的冲击最小;一些国家的改革开放初见成效;发达国家为争夺世界上这惟一尚未开发地区竞相增加投入,等等。

综上所述,1998年世界GDP增长率不会超过2.5%,而1997年则为4.1%,将明显低于上年(见图表)。

## (二)企业购并风潮依然强劲,就业问题更为突出

大体自90年代中期以来,世界上首先是发达国家形成了一股企业购并风潮。世界企业购并总额1989年只有5 500亿美元,到1997年已突增至1.1万亿美元,比上年增加了70%多。1998年上半年,仅美国公司的购并额已达9455亿美元,仅5月份美联社公布的发达国家200亿美元以上的11个大购并案总交易额就达4311亿美元,估计1998年全年世界企业购并总额超过2万亿美元,比1997年增长1倍左右。

跨国公司的发展以及全球经济一体化,固然是这种购并风的基本成因,但金融危机和动荡、国际竞争的加剧,则是这种风潮强劲的直接原因。

金融危机,需求不振,市场疲软,竞争加剧,企业倒闭,使得世界范围内就业问题更加突出。过去,西欧和某些拉美国家的增长率比较高,颇为人们关注。近年来情况有了新的发展:一向维持高就业率的日本、东亚国家,由于金融危机转化为全面的经济危机,失业率骤然上升;俄罗斯、中东欧国家、拉美国家、某些中东和非洲国家以及澳大利亚、新西兰的失业率也在上升。上半年,美国和某些西欧国家失业率有所下降,但自8月份以来,由于金融危机的冲击等因素,失业率又在上升。据国际劳工组织1998年初发表的世界就业问题研究报告,全球失业和半失业人数已近10亿,占可劳动人口的近30%。1998年全球失业和半失业者估计将超过10亿,达到可劳动人口的1/3左右。

## (三)东亚金融危机加深和扩大、蔓延,引发世界金融震荡

1998年世界经济形势动荡的总体性原因之一是,东亚国家的金融危机不仅没有像人们预料的那样有所缓解,反而进一步加深并扩大蔓延,由局部、地区性危机演变为世界性金融震荡。1994年末墨西哥的金融危机基本上没有跨出国门;1997年7月泰国的金融危机也只是首先在与之关系密切的其他东盟国家蔓延,数月后才传染到了韩国,在相当长的时期内,发达国家并未受到多大冲击,他们甚至可以指手画脚,隔岸观火;而这次俄罗斯的金融危机不仅立即殃及其近邻,而且立即冲击到了几乎所有西欧国家、大洋彼岸的美国、遥远的拉丁美洲、大洋洲,变成了名副其实的世界性金融震荡。

不久以前,人们还着重就某一国的经济状况孤立地、就事论事地解释金融危机的原因。现在看来,金融危机的这种世界性蔓延和全球性反应,具有比个别国家、具体原因更为深刻的世界性总体原因。自1998年初以来,特别是俄罗斯金融危机爆发之后,世界上越来越多的人从更为广泛的角度,从现行国际经济秩序,特别是货币金融体制上寻求各国出现金融危机及其国际扩散的根源。西方的一些研究者指出,世界货币金融体制上的深刻矛盾,国际金融资本的恶性膨胀,投机活动猖獗,是导致世界性金融危机和震荡的总体性原因。金融危机虽然多出现在发展中国家,但其病源是在发达国家。

## (四)世界市场疲软,商品价格下跌,国际贸易和投资增长放慢

大体自80年代末以来,世界经济发展中一个突出的现象是,国际贸易和投资超速增长,它们的增长率比世界GDP增长率高1倍乃至数倍。据国际货币基金组织的统计,在1979~1988年10年间,国际贸易年均增长率为4.3%,世界GDP增长率只有2.9%,1990年相应的数据为5.5%和2.7%,1997年相应的数据为9.7%和4.1%,前者比后者高1.37倍。国际投资增长更快。据世界贸易组织的统计,在1986~1995年的10年间,全球对外投资年均增长率高达18%。

国际贸易和投资相对世界GDP的这种大幅度超前增长,一方面是推动世界经济加速发展的积极因素;另一方面也反映出,各国特别是发达国家国内市场已相对狭小,内需不足,生产能力相对过剩,需要向国外扩张;反映出各国经济发展对国际市场的依赖性增强。如果国际市场无限大,那么国际贸易和投资这

种超前增长就会完全是积极的，而且将长期保持。但这是不可能的。因为国际市场归根到底是各国国内市场的总和，各国国内市场需求不足，生产能力相对过剩，必然引起国际市场的相应变化。

从实际情况来看，近年来国际市场疲软现象日趋突出。这表现为，商品特别是原料和初级产品的国际价格下降，国际竞争加剧。据英国《经济学家》的资料，世界商品（不包括石油）价格指数 1995 年下降 5.2%，1996 年下降 6.6%，1997 年略有回升（只比上年上涨了 0.5%左右）。1998 年初以来，由于金融危机的影响，加之各国相当普遍地推行货币紧缩政策，国际价格进一步大幅度下跌。到 8 月份，非石油类初级产品的价格已下降了 20%以上，石油价格已下降近 50%。许多制造业产品也明显过剩，价格也在下跌。如小汽车的生产能力约比市场容量多 20～30%，国际价格已下跌 15～20%。由于国际市场疲软，商品价格下跌，国际贸易增长率 1998 年将大幅度下降，据世界贸易组织 10 月 15 日的预计，全年只能增长 4%左右，比 1997 年的 9.7%下滑一半多，预计 1999 年增幅将进一步下滑为 3%。国际投资总体上虽然仍在增长，但增长率也在明显放慢，而且许多发展中国家特别是金融危机和震荡中国家的外资在抽走，一些国家外资的抽走额已超过了流入额。所有这些也都是世界特别是一些新兴市场国家 1998 年 GDP 增长率大幅下降的重要原因。世界经济不可能长期依靠国际贸易和国际投资市场的增长，扩大内需和国内市场仍是经济增长的基本的和最可靠的保障。

## 1998 年国际商品市场价格概述

1998 年国际商品市场需求低迷，竞争加剧，价格继 1997 年下半年的下跌后，续有大幅下泻。据英国《经济学家》周刊编发的“世界商品价格指数”（不含石油），按美元计算，继 1997 年下半年下降 12.7%，1998 年基本上仍逐月下降，至 11 月，较上年 12 月再降 16.6%。

### （一）需求低迷，价格续有下降

如就各类主要商品分别来看，则尤以粮谷、油籽等食品饮料类商品价格跌幅为大，1998 年 11 月较上年 12 月下跌 18.8%（按美元计算，下同）；其次为原料类商品，价格下跌 12.2%。在各主要商品中，以原油、羊毛、镍和糖等价格下跌尤烈，同期跌幅各在 30%以上。

除初级产品外，1998 年许多工业制成品的价格也普见下跌。英国工业制成品的出口平均单价 1998 年 8 月较上年 12 月下降 3.7%。1998 年 6 月日本出口的机电产品价格，较上年 12 月也跌 5.3%。

1998 年国际市场许多商品价格续呈下跌或转跌，原因是多方面的。

其一，受世界金融动荡、特别是亚洲金融危机继续蔓延和加深的影响，市场需求低迷。如据报道，在亚洲金融危机影响下，以亚洲为主的不锈钢消费严重减缩，美国政府在市场竞争十分激烈的情况下，又对不锈钢进口实行反倾销，致使世界不锈钢生产急剧下降，钢材价格大幅下降。由于经济衰退，世界羊毛进口大国日本的许多毛纺织企业目前已几乎处于停产状态，其对羊毛的需求量极低，继 1997 年下半年减少 12.4%后，1998 年头 7 个月日本进口羊毛，较上年同期再减 36%；同期，韩国对羊毛的需求也有明显减少。

其二，一些商品的产量增长或设备能力继续过剩，市场供应（含潜在供应）充裕。据最近预计，继上年度分别增长 8.4%和 6.2%后，1997/1998 年度世界小麦和大豆的产量将分别再增 4.8%和 18.1%，将分别创达 6.12 亿吨和 1.56 亿吨的历史最高记录。茶叶的产量较上年同期回增 10.9%。世界石油产量头三个季度日过剩量据估计仍达 190 万桶（1997 年为 70 万桶）。

其三，在经济困难加重、市场前景看淡情况下，市场的竞争和投机性抛售更见普遍和加剧。

### （二）1999 年——形势依然严峻

展望未来，国际商品市场将仍有一些有利的因素。如据国际货币基金组织等一些国际机构最近预计，继 1997 年增长 4.1%后，1998 年世界经济将仍有 2%的增长，1999 年还将略升 1～1.5%；在此影响下，世界商品贸易预计也将仍有一定增长。但与此同时，也需看到还有许多不利的方面，1998 年和 1999 年世界经济的增长率将较前明显减缓，特别是一些主要工业国家，如美国、欧盟等经济增长将普遍放慢，日本经济最近更已陷入衰退；不少商品如原油、天然橡胶等产量和供应仍大，供过于求的情况短期内还难以改变；一些商品如有色金属、钢材和许多化工品等需求短期内也仍难会有很大的起色等。

各类主要商品市场的情况各有不同，但多数商品市场还将继续趋于疲软。分述如下：

**粮谷** 1997/1998年度世界粮谷的消费有所增长，但产量仍大于消费，库存续升，价格下跌。1998/1999年度世界粮谷的消费预计还将增长，但小麦产量将减少约1 540万吨，可减少2.5%，将出现产不敷消达750万吨，价格可望逐渐有所稳定或转坚；大米由于产量减少，消费增长，价格似将继续保持在较高水平。

**植物油籽及油品** 1997/1998年度世界一些主要植物油籽的产量剧增9.6%，期末库存回增3.5%，价格普见下跌。特别是大豆和花生等价格更有剧降，1998年11月较上年12月分别下跌17.7%和27%。1998/1999年度世界植物油籽和油品的产量将分别再增0.9%和2.8%，油籽价格看来仍将走软；但油品、特别是棕榈油等，由于库存率仍低，供应仍紧，价格似仍将保持坚挺态势。

**饮料及糖** 由于产量增长，供应转趋充裕或过剩进一步有所加深，1998年世界糖、茶叶和可可等价格普见回落。至1998年11月，价格较上年12月分别下跌32.7%、27.5%和7.4%。咖啡，由于受10月末席卷中美洲的"米奇"飓风影响，产量受损，价格在11月较上年12月剧升14.7%。预计，1999年世界茶叶和可可供应仍多，价格看来还将续落。

**纺织纤维及织品** 由于需求缩减，1998年世界羊毛、棉花和有关织品等价格普呈下跌。预计1998/1999年度世界羊毛的消费和需求仍疲，供应仍将大量过剩，但8月份澳大利亚政府宣布将暂停其库存仍销售一年，价格在短期内或可逐渐有所转稳。棉花，由于受一些主要产地、特别是美国减产21.8%的影响，世界产量预计将减少6.6%，价格可望转稳或趋坚。棉纱、棉布等，由于需求难望明显好转，价格则仍将难能改观。

**木材及纸浆** 由于需求低迷、特别是主要进口国日本因建筑业不振，进口需求剧降，世界木材价格续有下跌。纸浆，由于生产过剩，价格也有大幅下跌。

**天然橡胶** 在需求疲软，供应仍见充裕下，1998年11月世界天然橡胶的价格较上年12月再跌4.7%。据预计，1999年世界天然橡胶的消费和需求仍疲，特别是主要消费国家美国和日本最近已大大减少了进口量，而产量仍在增长，特别是库存目前仍保持在约140万吨的较高水平，对市场仍有很大压力，国际天然橡胶组织因资金有限，也难能继续大量吸纳。因此，天然橡胶的价格预计还将续软。

**有色金属** 由于受亚洲金融危机的影响，需求萎缩，加之市场前景看淡，投机性抛售不时有所加剧，1998年世界有色金属的价格普见下跌。预计，1999年世界铜、铝等供应将分别过剩30万吨和141.5万吨。因此，价格短期内似仍将难有起色。

**石油** 1998年在亚洲金融危机的持续发展和影响下，市场需求增长续有放慢，尽管一些主要生产国家已先后两轮达成协议，实行减产（共减产260万桶/日），但生产过剩仍未改观。预计1999年市场对原油的需求增长还将进一步有所减缓，价格预计还将走软。

**钢材** 1998年在美国和欧盟等钢材需求续有增加下，1～8月世界钢产量较上年同期仍增0.4%。但由于受亚洲金融危机的影响，东亚和东南亚一些国家需求剧减，产量在近月来较上年同期已逐月有所减少，市场竞争日趋加剧，特别是日本、韩国等产品大量涌入美国和西欧市场，导致价格迅速转降。预计美国、西欧等一些主要国家今后对钢材的需求仍将增长，但在亚洲和俄罗斯金融危机影响下，市场竞争将十分激烈，价格预计仍将难有好转。

**机电产品** 1998年世界一些主要国家和地区机电产品市场的发展极不平衡。预计除亚洲地区、包括日本外，世界机电产品市场的需求仍将有所增长，但在经济增长减缓的影响下，市场竞争将进一步加剧，不少产品的价格预计实际上也还将有所趋软。

## 全球涌起EDI浪潮

### （一）EDI简介

EDI的概念正逐渐被中国经贸界人士所熟悉。所谓EDI即电子数据交换（Electronic Data Interchange），是一种计算机应用技术，应用这种技术的贸易伙伴根据事先达成的协议，对经济信息按照一定的标准进行格式化处理，并把这些数据通过计算机网络，在它们的电子计算机应用系统之间进行交换和自动处理。贸易伙伴可以通过EDI发出订单询问有关商品信息、接受订单、办理货物运输和银行结算等事项，即是说，和贸易有关的手续都可以在不使用纸质单证的情况下完成，所以，EDI也被普遍地称为无纸贸易。

EDI是现代高科技和经济管理相结合的一个例证，它极大地改变了传统的贸易手段和管理手段，不仅使商业业务的操作方式根本改观，而且也影响了企业的行为和效率，它的广泛应用，将使市场结构、国民经济的运行等都将产生根本性的变化。

EDI最早仅在铁路、公路、海运和空运等个别行业中得到应用，80年代后逐渐扩大到全行业或多个行业，80年代末90年代初，EDI被应用于处理国际贸易业务。1992年，在哥伦比亚卡塔纳召开的联合国贸易发展会议上首次提出发展电子数据交换，提高国际贸易效率的计划——"TE2000贸易效率计划"，并在19个国家的港口城市进行实验。该计划在1994年10月美国俄亥俄州哥伦比亚举行的贸发会上得到确认，国际上迅速掀起应用和推广EDI的浪潮：欧洲、亚太国家和地区应用EDI服务涉及政府决策、贸易及贸易政策、管理、金融、通讯、运输、保险、制造、医疗保健、石油化工、汽车、航空、电子、钢铁、咨询和劳务等许多领域；现已成立EDI国际组织和亚太EDI组织。

美国是EDI发源地之一，但是，也只是到1989年，美国政府才开始推行EDI。1992年，在美国最大的100家企业中，已有97家采用EDI；全国约有1.5万家大企业采用了EDI的供应商和销售商建立信息关系。由于某些大零售公司对不使用EDI的供应商采取制裁措施，迫使它们建立EDI联机系统，加上其他因素的促进，使得全国90%以上的商品出厂都是通过EDI交易。美国一家著名零售商WOL-MART公司使用EDI技术与3 000多家供应商、连锁店、采购代理人联系起来，建立起覆盖全国的产-供-销信息网络。据美国权威机构估计，美国国内EDI用户正以100%速度增长。

1989年2月，美国商务部和海关总署宣布，对以EDI方式报关的客户给予优先处理。其后，美国和欧共体均表示：从1992年开始，将全面采用EDI方式处理海关通关业务，对不采用该方式的客户，不但海关手续将被延迟，而且还面临将被提高收费，甚至不被选择为贸易伙伴的危险。目前，欧盟国家也纷纷应用EDI办理海关手续，法国约50%的海关手续，英国约90%的海关手续都由EDI系统或其他电子系统完成。

日本零售商在80年代开始利用通讯网络与供应商异地电子订货，为日本开展EDI奠定了基础。据日本有关部门调查，1993年，日本各行业EDI的年均使用率达到40%以上，其中，批发零售业约为70%～80%，制造业约10%～15%，全国使用的EDI系统90%以上与商业流通有关。目前，日本大约拥有5万家EDI用户，500个增值网(VAN)。

新加坡早在1986年就宣布国家贸易网络开发计划，作为国家信息调整公路建设的一部分，在国家贸易发展委员会支持下，贸易发展局大力开发EDI系统，并于1989年1月开通。该系统由贸易网络、制造业网络、零售网络、交通运输业网络和金融网络等分支系统组成，仅国内SNS网络上的用户就超过1万家。1990年，新加坡政府规定全国开始使用EDI办理和申报外贸业务，1991年全面投入使用。新加坡海关与美国海关联网，直接向美国海关传送产地证；与荷兰鹿特丹港联网，直接办理货运和结汇。80年代末以来，新加坡港务局实施一项新的管理措施，对不以EDI方式提供船图的船舶，处以100～500新元的罚款。目前，新加坡进出口清关手续的EDI处理普及率已达到95%。

韩国EDI用户大约有3 000家，政府颁布贸易自动化法令，制定贸易伙伴交换协议标准等法规。韩国政府工商部及国家电脑局计划在1995年建成无纸贸易的总体环境。政府投资5.8亿美元，建立联通全国贸易、运输、海关、银行、保险等部门的电子数据联网。该网络于1993年投入初期运作，计划在1996年前后与国际EDI系统联网，预计该网络仅在商业文件方面就可以为国家节省15%的费用。

马来西亚政府于1991年推出国家电子数据联通网络计划，并在1994年1月完成plcs航运系统。政府计划在1995年底以前完成国家EDI环境建设工程，该工程涉及海洋、航空和陆路运输、金融保险银行业、制造业、零售批发业的各方面活动。

此外，印度政府也积极投入EDI规划和建设，建立专业性协调小组，以及EDI事务会和协会，并在孟买海关和马达拉斯港口试点应用和推广EDI技术。

## (二)EDI对国际贸易的影响

EDI不仅影响到外贸、海关、银行、商检、运输、税务、外汇管理、贸促会(商会)等组织机构的管理形式和操作效率,而且对国际贸易发展本身具有重要影响。这些影响可概括为4个方面:

### 提高国际贸易业务效率,降低贸易成本

传统进出口业务中"单证相符,单单相符"导致大量繁琐的单证活动,严重影响了国际贸易的业务效率。据联合国贸发会议估计,如果全球国际贸易活动中生产的贸易单证及其相应行政文件得到删减(不是完全取消),每年可以带来大约1 000亿美元的收益。由于国际贸易成本大约占贸易总额的7%~10%,如果贸易各国采取EDI方式交易,不仅可以减少人为单证错误延误时间导致的40%的损失,而且全球可节省25%的纸张处理费用和人力资源投资;全球文件及文件处理成本则可以分别降低44%和38%。贸发会议将EDI誉为"提高世界贸易效率的革新方法"。

的确,在提高国家对外贸易业务效率上,EDI的作用相当显著。以中国海关为例,1988年的进出口货物为482万批,1993年增加到1 158万批,增长2.4倍,在各大进出口口岸,报关厅往往人满为患,顾客意见频频。显然,无论海关,还是进出口报关单位,都不可能仅以增加人员、扩大场所为对策,因此,只有一条道路,就是应用EDI技术,配合完善管理体制,才有可能适应国家贸易规模的发展。采用EDI技术,不仅提高海关等国家贸易管理机构的业务效率,而且极大地提高外贸公司的业务效率。通过EDI,外贸企业在2个小时或数小时内就能解决报关、融资、保险、商检和运输等业务问题,而不再需要几天、甚至几周时间。据联合国贸发会议估计,采用EDI,总体上可使全球商业文件传递速度提高81%。某个国家内部获得的这种效率更为可观,例如,新加坡海关在使用EDI前清关手续一般需3~4天,采用EDI后则只需30分钟。

EDI也同样提高国际运输企业的效率,并使这些企业从中获得直接经济效益。例如,中国远洋运输(集团)公司实施"货运单证EDI计划"后,中远公司的美国代理公司在船离开上海后,就能获得出口舱单的电子数据,代理公司即可利用该数据以EDI方式处理各种手续,大大缩短了货物压港、仓储、转运周期,提高了业务效率。而且,仅上海到日本中转航次上,中远公司就可以因此节省近70万美元资金。

### 增加国际贸易的机会,促进国际资本的全球流动

由于EDI将全球各地的贸易公司、企业、经济团体等组织联系起来,双方通过电子系统,使有货待售的卖主比较快地与需要货物的买主取得联系,或从电子网络的查询子系统或数据库中获得贸易信息,从而增加国际贸易的机会。例如,中国抽纱山东进出口公司开通EDI系统后,仅第一个月就收到并处理600多份贸易客户传输来的电子订单,累计2 000多万美元。

通过EDI,也可以在一定程度上打击国际贸易犯罪活动,维护国家的贸易利益和国际声誉。例如,某些国际经济犯罪集团利用种种手段,伪造、假冒中国纺织品许可证、占用中方配额,然而纺织品进口一旦超过配额,美国、加拿大、欧盟等进口国就将卡关。为此,中国外经贸部建立EDI系统后,与美、加、欧盟等协议国确定,建立双重核查制度,即中方将所发证书的电子数据传输到协议国相关部门,对方据此对书面许可证进行核查。自1993年4月与美国商务部和海关建立纺织品数据EDI核查系统(ELVIS)后,中国就避免了对美纺织品出口因假证造成的数千万美元的损失。

国际贸易机会的增加,必然促进国际资本的流动。尽管贸易机会并不等于贸易利润,但是,贸易机会往往预算着利润存在。这样,有关贸易机会及其利润的信息通过EDI比通过其他信息传播工具将能够更快、更准确地被投资者了解,从而刺激国际资本的流动。可目前许多国际上著名的跨国公司,特别是美国的一些大公司处在应用EDI的初始阶段,即刚开始选择少量的供应商和客户作为应用EDI的试验。一旦这些公司对试验结果表示满意,他们就会很快扩大EDI应用的范围。

应用EDI的行业会增多。EDI应用增长的第二个原因是新的行业进入EDI应用领域。尽管有些行业开发应用EDI起步较早,例如汽车、零售、运输业等,应用EDI在这些行业也初具规模,但在其他一些行业,例如石油业,EDI开发研究的起步较晚,大约在80年代末。还有一些行业则处在探索阶段,一旦这些EDI应用的潜在行业正式进入实施EDI阶段,那么可

以预见将使EDI应用的范围大大扩大。

应用EDI的国家会增多。EDI应用迅速增长的第三个原因是EDI应用国际化的迅速形成。从国际范围看，美国目前在EDI应用方面处于领先地位。但世界其他地区和国家也不甘落后，特别是加拿大、西欧诸国、太平洋周边国家和地区、前苏东各国都已程度不等地认识到应用EDI的重要性，包括政府在内的各种机构、企业、厂商都在积极参与EDI的开发研究，大有后来居上之势。按照目前这种发展态势，EDI应用的国际化进程将显著加快。

**应用业务范围扩大**

目前，商业活动中采用EDI格式和EDI网络主要是为了传送有一定格式的标准商业文件，大量非标准的商业文件和其他商业信息的传递并不能转换成EDI标准来进行传送。

电子信函，声像以及电视文本等手段都是目前在商业通信中得到一定程度应用的通信方式，人们希望EDI应用技术最终能扩大到替代和兼容上述几种通信方式。

在EDI发展的现阶段，还没有在技术上达到完全能兼容上述通信技术的程度，但这方面的研究工作已在开始进行。例如，在美国已有研究单位在研究如何将电子信箱X400标准纳入EDI通信系统；还有一类研究工作的方向是准备将EDI应用的范畴扩展到以自由格式传递信息。这些研究的应用前景十分诱人，也展示了EDI的巨大潜能，随着技术上的不断进步，EDI将应用于更多新的业务领域。

**与其他信息传送技术和系统的一体化**

当EDI应用部门已熟悉并能完全轻松自如地使用EDI时，这些部门或公司就会寻求各种创新方式将EDI与现有的其他通信技术和信息传递系统进行综合。在这方面，我们可以看到许多公司和行业已经着手将EDI技术融合进其他技术和系统中，这种一体化的进程已远远超出贸易伙伴之间传递文件信息的程度。两个最具代表性的行业是汽车制造业和零售行业。EDI在汽车制造业得到应用的一个主要原因是它可以改善“即时供货系统”的运行。由于即时供货系统要求经常而迅速地发货，因此它离不开快速而准确的通信技术，EDI恰好可以满足这种需要。零售业EDI和条形码结合起来组成一个新型的信息传送系统——“快速反应系统”，通过这一系统，零售商可以及时调整高速库存，并迅速向制造厂家传送所需商品的信息，为制造厂家及时供货提供了时间保证。

由于EDI很容易与其他管理技术和管理系统融为一体，并能带来巨大的经济效益，而且从技术角度看，EDI也不是一种孤立的单一功能的技术，它与其他技术的相容性和广泛的适用性，均表明EDI应用将会快速增长。

## 环境管理
## 国际标准势不可挡

自从1992年里约热内卢世界环发大会以来，环境保护的浪潮一浪高过一浪，环保法规不断增多，环保标准越来越高，绿色消费风起云涌，很多环保法规和标准含有贸易条款，以此来推动环境保护，环境保护将成为国际经贸合作的重要内容。新生的世界贸易组织（WTO）成立贸易和环境委员会专门处理这一问题，作为非政府组织的国际标准化组织（ISO）也成立专门的技术委员会来制定环境管理国际标准。

### （一）ISO14000的产生与发展

环境管理国际标准即ISO14000的出现并在全球迅速升温有其深刻的时代背景：

**各类环境标准层出不穷**

面对环境污染和生态恶化，各国纷纷制定有关法规和采取措施，由此出现了各类环境标准，这些环境标准大都分散在国别和区域层次，缺乏统一性和透明度。由于缺乏统一性和透明度，这些标准将对国际贸易和投资产生扭曲作用，世贸组织的贸易与环境委员会也力图制定全球的环境标准，而作为非政府组织的国际标准组织也想在此有所作为，从而萌发制定环境管理国际标准的想法。

**绿色消费运动方兴未艾**

随着环保意识的提高，人们的思维方式、价值观念起了很大的变化，崇尚自然、追求健康成为人们选择商品的潮流，绿色消费风起云涌。绿色消费是指消费者在考虑购物时，不仅考虑商品质量和售价，而且考虑该产品在生产、消费过程是否对环境有污染。绿色消费运动的兴起对传统的生产方式提出了严峻的挑战，ISO 14000的出现也成为必然。

### 绿色营销蓬勃发展

绿色营销以常规营销为基础，强调把消费者的需求和企业的经济效益和环境效益三者有机地结合起来。越来越多的企业投入到这一运动中去，以此来提高企业的知名度和社会形象，提高产品的竞争力。而ISO 14000是实现绿色营销的有力手段，ISO 14000在绿色营销中起着举足轻重的作用，可见ISO 14000将成为企业开拓市场的重要营销手段。

### ISO 9000在全球的成功推广

自从ISO 9000系列质量管理体系在全球范围内推广以来，新的管理标准开始成为组织经营战略一体化管理的核心。在环境领域，建立管理体系的考虑使国际标准化组织意识到有必要放弃传统的事后管理的作法，而采取事先预防的措施，即建立环境管理体系。国际标准化组织在推出ISO 9000质量管理体系后，又推出了另一类一体化管理标准，即ISO 14000环境管理国际标准。

世界各国对ISO 14000反应十分强烈，其中以贸易型的国家及欧盟国家最为积极。欧洲早在ISO 14000推出前就有欧盟的EMAS及英国的BS7750两套环境管理系统存在，而认为在ISO 9000中吃了亏的美国和日本都投入了极大的精力，积极争取主导ISO 14000的制定。澳大利亚和新西兰则在ISO 9000认证基础上积极推广ISO 14000，其进度十分之快。亚洲国家和地区中的韩国、新加坡、台湾、香港的脚步也十分迅速，均建立了相应的机构，积极主动实施。到目前为止，ISO 14000系列标准还有许多争议之处。欧盟国家目前对实施何种环境管理标准（EMAS、BS7750、ISL14000）还有不同的看法，如英国和其他欧盟国家就有很大的差异，而美国的看法也与欧盟有相当程度的不同，同时广大发展中国家对ISO14000非常谨慎，他们担心ISO 14000会成为新贸易保护主义的借口。所以要统一各国的意见，尚需时日。

中国虽然目前实施ISO 14000的难度较大，但也在加快与国际标准接轨的步伐，积极跟踪ISO14000的制定过程，国家环保总局和技术监督局联合组建了“国家环境管理体系认证国家委员会”，开始制定中国环境管理体系认证的管理办法。与此同时，国家环保总局环境管理体系审核中心也于1996年初成立，作为国家环保总局实施ISO 14000的辅助机构，将举办各类ISO 14000的讲座和培训，并开展认证审核和试点工作。目前已有越来越多家企业通过认证，取得进入国际市场的“绿色通行证”。

## （二）ISO14000的主要内容

ISO 14000要求首先在企业内部建立和保持一个符合要求的环境管理体系，通过不断地审核、评价活动，推动这个体系有效地运行。这个体系包括环境目标和政策、规划、实施、测量和评价、评审和改进5个基本要素构成。这5个基本要素基本上描述了环境管理体系的建立过程、体系建立后如何通过有计划的评审和持续改进的循环保持组织内部环境管理体系的完善和提高的全过程。通过实施ISO 14000系列标准，让组织自身主动制定环境方针、环境目标和环境计划，并通过第三方认证的审核制度，建立企业环境行为的有效约束机制。

ISO 14000环境管理体系是一体化国际标准，包括环境管理体系、环境审计、环境行为评价、环境标志、产品生命周期、术语与定义等方面，旨在减少人类活动对环境造成的污染和破坏，实现可持续发展。ISO 14000是管理标准，所以它基本上不涉及污染监测技术及排放标准，也不解决绝对值的问题，只要求通过建立一套环境管理体系，通过持续的审评和改进，改进组织的环境影响。

ISO 14000在推行过程中必须考虑发展中国家在国际贸易体系中的特殊情况。由于经济发展水平的不同，发达国家的环境标准应该高些，执行也应严格些，而发展中国家的环境标准则应适当放宽，执行时间也可延缓或分阶段执行。环境保护水平的提高是一个渐进的过程，不能以牺牲经贸利益来换取环境标准的提高与整齐划一。当然，如果某些发展中国家确实存在着资源消耗过速、环境污染过重，或是对濒危物种生存、国际共享资源产生威胁破坏的情况，从而影响到其持续发展，那么，按照多边贸易体制制定的适合于发展中的环境标准对其进行生产和贸易干预是必要的，即使这些国家因此而蒙受经济利益损失也无可厚非。所以ISO 14000在以后的制定和推行过程中必须充分考虑到发展中国家的经济基础以及在国际经贸中的地位。同时要坚持推行ISO 14000和经济技术援助相结合的原则，帮助发展中国家提高环境标准和环境管理水平。否则，ISO 14000将很难在促进全球可持续发展上有所作为，而结果和愿望可能会背道而驰。

### (三)ISO14000 对国际贸易发展的影响

环境对贸易的影响越来越大，许多用传统方法生产的破坏生态环境的产品将受到消费者的强有力的抵制。消费者将更青睐无公害、无污染的产品，同时拥有良好环境绩效公司的产品在国际市场上更具竞争力。这迫使企业自觉采取措施，建立环境管理体系，持续改进环境的质量。美国、欧盟、日本将要求所有发展中国家遵守环境管理规则，ISO 14000 在未来几年内对世界贸易的影响将是十分巨大的，这种冲击不仅影响到公司之间的贸易，亦会影响到国家之间的贸易。例如，在 A 国的汽车配件供应工厂没有拿到 ISO 14000 认证证书，则他们的生意便会被 B 国已经拿到 ISO 14000 的工厂所代替。但是，由于标准本身的问题或是由于实施操作中的问题，ISO 14000 也会对国际贸易产生负面的影响。

## 国际服务贸易高速发展

### (一)世界服务贸易发展情况及特点

世界服务贸易发展是国际分工深化和产业结构调整的必然结果。进入 90 年代以来，世界服务贸易继续以高于世界货物贸易的速度向前发展。90 年代世界服务贸易发展有以下特点：

**发达国家在世界服务贸易中仍占有主导地位** 世界服务贸易一直是以发达国家为中心而发展的。1996 年在全球近 200 个国家和地区中，在世界服务贸易中位居前 25 名的国家和地区服务贸易额占世界服务贸易份额高达 80%，而这前 25 名的国家和地区主要是发达国家。1990 年发达国家服务出口额 6 399 亿美元，占世界服务出口的比重为 79.2%；1994 年，发达国家服务出口额占世界服务出口额总值的比重有所下降，但仍达 75%，比其在货物贸易中的比重高 5.5 个百分点。

1994 年，世界服务贸易排在前 10 位的国家有 9 个是发达国家，仅有香港跻身第 10 位。排在前 9 位的发达国家服务出口占 1994 年世界服务出口的 60%。其中，排在第一位的美国占 17%，欧盟合计占 45.7%。发达国家在世界服务贸易中的主导地位主要表现在民间服务，尤其是知识产权方面更为明显。美国在世界服务贸易中尤其占有领先地位，服务业是当代美国经济中最为庞大、发展最快的部门。美国十大服务输出行业是旅游、运输、金融、教育培训、商业服务、通讯、设备安装维修、娱乐业、信息和医疗保健，均在世界居领先地位。

**发展中国家、地区在世界服务贸易中的地位趋于上升** 进入 90 年代，发展中国家服务出口增长明显加快。1996 年拉丁美洲服务贸易出口与前一年持平，为 8%。亚洲各国继续保持良好发展势头，增速与拉丁美洲相同。北美各国增长率在 6%～7% 之间，西欧各国则有所下滑，为全球增长率的一半。1990 年至 1994 年，发展中国家、地区服务出口年均增长 12%，高于发达国家年均增速 1 倍以上，在世界服务出口中的比重由 1990 年的 20.7% 上升到 1994 年的 25%。

在发展中国家里，亚洲(主要是东亚)服务贸易发展尤为迅速。亚洲在世界服务出口中所占比重已从 1990 年的 9.6% 上升到 1994 年的 13.8%，已经超过所有发展中国家、地区服务出口的一半。在亚洲服务出口中，海上运输业发展强劲。发展中国家、地区还在旅游、劳务出口方面取得了显著成绩。

**除运输、旅游以外的其他民间服务贸易发展迅速** 其他民间服务贸易包括通信、建设、金融、保险、信息、专利权等的使用费、文化经营咨询等。1996 年全球运输服务业增长率 2%，旅游业增长了 6%，而金融服务、电信服务及专利服务的增长率则达到 7%。1990～1994 年，其他民间服务平均增长率为 8.2%。近年其他民间服务平均增长率均高于世界服务贸易总增长率，其占世界服务出口的比重由 1990 年的 43.4% 提高到 1994 年的 45.6%，成为世界服务贸易最大的项目。

**专利等使用费增长迅速，表明国际间知识产权交易日益繁荣** 美国在该领域仍具有绝对优势。其他国家除英国和瑞典有少量顺差外，无一例外地都呈逆差状态。这表明国际知识产权交易发展很不平衡。

**技术、知识密集化趋势明显** 世界服务贸易以高新技术为载体，服务产业与高新技术产业在当今世界经济中的作用越来越重要。在过去10年中,许多新兴服务行业从制造业分离出来,形成独立的服务经营行业,其中技术、信息、知识密集型服务行业发展最快。其他如金融、运输、贸易、管理咨询等服务行业,由于运用了先进的技术手段,也很快在全世界范围内扩大。

## (二)世界服务贸易迅速发展的原因

世界服务贸易以高于货物贸易的速度发展是新技术革命引起世界产业结构深刻变化的必然结果,具体原因是多方面的:

**世界产业结构服务促进了服务贸易的发展** 第二次世界大战结束以来,世界经济结构调整步伐加快,传统制造业比重相对下降,服务业迅速发展导致其在发达国家经济中的地位不断提高。目前,美国服务业占其国民总产出和就业的比重都达到了70%左右,其他发达国家这一比重也大体保持在60%左右。发展中国家国际服务业虽然起步较晚,但自六七十年代以来也有了长足的发展,在产出和就业中的比重也呈上升的态势,特别是其中的新兴工业化国家和地区、服务业在其产出和就业中的比重均开始超过制造业成为最大的产业。在一体化和区域集团化的世界经济和区域经济环境下,经济服务化有力推动了世界服务贸易的发展。

**世界经济和货物贸易的迅速发展是构成世界服务贸易发展的重要动力** 世界服务贸易首先是伴随世界商品贸易的发展而发展起来的。随着世界商品贸易的发展,与其相关的国际服务业,特别是运输业也同时发展起来了。1994年,以海运业为主,包括铁路运输业、公路运输业、航空运输业等在内,世界各国国际运输业的年收入已超过2 600亿美元,约占世界服务出口额的1/4。

**科学技术的进步也推动世界服务贸易的发展** 科技进步极大地提高了交通、通讯和信息处理能力,为信息、咨询和以技术服务为核心的各类专业服务领域提供了新的服务手段,使原来不可贸易的许多服务领域现在可以进行跨国贸易。世界服务贸易的核心是技术服务贸易,这与国际间的技术、产品和产业梯度扩散紧密相关。新技术不仅为追加服务提供了新的贸易机会,而且使核心服务特别是高新技术跨国服务的贸易得到了更快的发展。

**跨国公司成为世界服务贸易的主体** 跨国公司国际化经营活动的开展带来了资本、技术、人才的国际性流动,与其相关或为其服务的世界服务贸易也随之迅速发展。生产性服务的发展就是一个明显的例子。生产性服务指的是被作为生产要素投入到商品生产或其他服务生产过程中的服务。

生产性服务在过去一直是由生产部门在生产过程中通过“内在化”方式自行解决。近10年来,出现了一个引人注目的生产性服务“外在化”趋势,跨国公司母公司日益成为产品开发和经营咨询服务的中心,有的还分化出越来越多的提供各种服务的服务专业公司。

**发展中国家采取开放政策,积极参与世界服务贸易** 发展中国家为了发展经济,普遍采取了开放的政策,积极地从发达国家引进资金和技术。与此同时,为增加外汇收入,实现本国现代化,发展中国家在积极参加国际运输的基础上,不仅大力发展旅游业,千方百计吸引外国游客,而且还积极扩大劳务出口,从而推动了世界服务贸易的发展。

## (三)世界服务贸易发展趋势预测

根据世界银行和其他国际组织预测,未来5~15年世界服务贸易将继续保持较快增长,增长速度继续高于货物贸易。预计,未来10年世界服务贸易年增长率将保持在10%上下,到本世纪末世界服务贸易额接近2万亿美元,占全球货物贸易的比重达到1/3。

**世界经济、贸易仍将保持一定增长** 90年代下半期乃至下世纪头10年,世界经济仍将保持稳定的增长势头,年均增长率预计为3%左右。世界货物贸易在今后15年间将保持较快的增长,预计年均增长率可达6%左右,2000年世界货物贸易总额可望达5.6万亿美元,2010年可达10万亿美元,世界经济和货物贸易保持较快增长将构成服务贸易发展的基本动力。

**世界产业结构信息化进一步刺激世界服务贸易的发展** 在全球科技产业化浪潮中信息技术的飞速发展增强了服务活动及其过程的可贸易性,产生了大量新的服务贸易门类,刺激了整个世界服务贸易的发展;同时也将使世界服务结构进一步朝着技术、知识密集型的方向发展,与信息高速公路等高新技术有关的服务业和以高新技术为手段的服务贸易将会得到更为迅速的发展。

**跨国投资继续刺激相关服务贸易的发展**

随着世界经济一体化进程的加速，世界范围的产业结构调整和转移进一步升级，导致跨国直接投资继续以高于世界经济和货物贸易的速度增长。1995年全球对外直接投资额已达2 350亿美元；预计未来5～15年，仍将保持这种势头，到2010年全球对外直接投资总存量预计将达到5万亿美元，继续成为推动生产国际化和全球贸易发展的火车头，与跨国投资和经营活动相关的国际金融、保险、运输、通信、信息咨询、经营服务以及专利权等知识产权的世界服务贸易将会得到迅速发展。与生产集中化的趋势相适应，大型跨国公司在世界贸易中也将越来越占有支配地位。

**随着世贸组织《服务贸易总协定》(GATS)的实施，世界各国服务市场的开放将进一步扩大，成为刺激世界服务贸易发展的新动力。**

**美国等发达国家将继续保持优势，发展中国家和地区整体地位将继续趋于上升，一些新兴工业化国家和地区将向服务贸易大国、大地区跃进** 在未来5～15年中，美国在世界服务业的绝对优势不大可能被动摇，在知识产权和其他民间服务贸易领域竞争力近期有上升的势头，在中长期也有较强的国际竞争力；另一方面发达国家间服务贸易显著不平衡的状况可能会有一定改观，德、日等服务贸易逆差大国在不少领域竞争力会有显著增强。在未来世界服务贸易格局中，发展中国家和地区在旅游、运输等传统服务贸易领域和其他新的服务贸易领域所占份额会有所增加，但在知识产权等新的服务贸易领域仍将处于比较劣势，并在整体上处于逆差的状态；发展中国家和地区服务贸易不平衡会进一步加剧，亚洲"四小龙"和其他新兴工业化国家、地区会继续呈强劲增长，地位明显上升，将出现一批新的服务贸易大国和地区。

预计，2010年世界服务贸易占全球货物贸易的比重将可能达到1/2，世界服务贸易额接近5万亿美元，2000至2010年间世界服务贸易年均增长将接近9.6%。

## 世纪末国际贸易政策趋向

迄今为止，世界各国的对外贸易政策五花八门，但其基本形式有两种：自由贸易和保护贸易。从整体上看，世界性的对外贸易政策趋势随着时间的推移，似乎经历了"保护贸易——自由贸易——保护贸易——自由贸易"这样一个交替变化的历程。从有代表性的社会经济发展阶段的技术经济的发展周期来观察这种交替的变化，也可以大致地看到，国际上采用自由贸易或保护贸易政策的趋势，同当时的社会经济发展阶段及技术经济发展周期有明显的吻合。

20世纪特别是第二次世界大战以来，社会经济发展水平较高的发达国家之间的贸易纷争，发展中国家为生存和发展，竭力保护自己的民族工业，社会主义国家的普遍自我封闭，形成了本世纪保护贸易的基本色调。但战后20多年的自由贸易及其带来的大发展令人难以忘怀。随着新世纪的临近，代表不同社会经济发展阶段的地区经济格局已趋形成，新的一轮技术经济发展势头日益明显，目前奉行已久的保护贸易政策已开始走向反面，而自由贸易政策在世界范围内得到进一步的确认和采纳，本世纪末及下世纪初将出现一个具有世纪特色的向自由贸易进一步发展的局面。

### (一)区域性的自由贸易倾向趋于形成

进入90年代以来，以地理位置及利益关系为显著标志而划分的经济实体进一步形成和发展，各种类型的经济组织达二三十个，参加国达150个。欧共体、北美自由贸易、太平洋经济圈、西非共同市场等近年来得到进一步的完善和发展。一般来说，区域(集团)内部往往具有相近的社会经济发展水平及共同的利益。在世界性的自由贸易难以实行的情况下，这种区域(集团)内部的自由贸易可以看成是对保护贸易抗争的一种有效形式。虽然区域(集团)外往往实行不同程度的贸易保护，但对世界经济推动及贸易自由发展而言，区域(集团)内的进步作用比其障碍作用要大得多。

大多数发展中国家以及过去一直闭关自守的社会主义国家，进入80～90年代以来都明智地把发展商品经济作为社会经济发展的目标，并且他们一般都已经历了发展初期的积累、保护，具备了更加开放及参与到世界经济大家庭的实力。一方面他们将加入到不同的区域(集团)经济中，成为具有共同发展水平、共同利益的自由贸易伙伴，使区域(集团)性的自由集团得到进一步的完善和发展。另一方面，这些国家随着应保护产业的减少以及发展经济的需要，必将进一步削减贸易壁垒，并成为自由贸易政策的得益者。

### (二)技术经济出现进一步发展的态势

进入70年代以来虽然新的贸易保护主义有所加强，但与此同时，全球性的以微电子技术及高新技术产业群为标志的第三次工业技术革命，正在不断地取得进展。世界经济不断地由资本密集型向信息及技术密集型转变，整个经济变得前所未有的相互依赖和相互促进。新技术革命涌现出来的生物技术、空间技术、新材料技术、通信技术、遗传工程、海洋工程……已成为世界上新的经济增长点，大有推动世界经济重新起飞的势头。同时经济的知识化、信息化，使各国的距离缩得很短，技术及经济上的取长补短变得更加容易，这些发展往往使许多贸易保护政策显得笨拙可笑及短命。

另一方面，发展中国家不懈地发展民族经济，社会主义国家进入全面的改革开放，发展商品经济，已经造就了新的世界经济格局。这些国家在改革开放的过程中不断放弃调剂有无及进口替代的贸易政策，努力与世界市场接轨，逐渐把对外贸易看成是刺激及推动国内经济增长的有效手段。实际上包括东方大国中国在内的发展中国家，近年来已经变成了世界经济的热点。这些国家在经济的不断增长过程中增加了在世界经济及贸易中的分量，并反过来推动国际贸易更加开放和自由。

### (三)新世纪自由贸易的特点

如果说未来5～10年世界各国将以更自由的贸易政策迎接新世纪的到来，那么这样的自由贸易将与资本主义初期以及第二次世界大战后英美所推行的带有强权性质的自由贸易有很大区别。在新世纪的国际自由贸易中，附同于超级大国的情形难以再现，英镑与美元不再能主宰世界；区域(集团)将更多地影响世界贸易，区域的分割及成员国的吸收将趋于完成；高关税难以再实行，贸易保护主义不得人心，恶性的贸易战往往只有两败俱伤；多数的区域(集团)及国家都标榜贸易自由，区域(集团)内的自由政策必得到进一步实行，这种区域(集团)内的贸易自由将成为新世纪自由贸易的显著特征。

在区域(集团)内实行贸易自由的同时，区域(集团)间的贸易保护同样仍是不可避免的。发达国家的区域(集团)仍要为自己的某些资源、产业及市场进行适当的保护。一般情况下，区域(集团)的经济与技术承受力、政治平衡力等方面，要比单一国家强得多，其所制定的保护政策应该比单一国家平和得多。各个国家及区域(集团)间的贸易保护政策只要不是恶性的以及单方面自利的，就不能都斥之为贸易保护主义。另外，基于人类共同利益准则上的保护及限制，只要不被不适当的夸大和利用，也不能视之为非关税壁垒。在承认区域(集团)间以及在人类共同准则上必须进行适当保护的情况下，新世纪的自由贸易将具有公平贸易的特点。互惠互利、公平贸易将成为各国及区域(集团)间贸易往来所追求的长远目标。

# 国际营销与文化环境

江西财经大学 吴易明
江西师范大学 方 红

长期以来，国际营销只被定义为与商品劳务交换有关的经济活动。只是到了近几十年，社会文化对营销行为的重要影响作用才得到认可。换言之，营销活动既是经济现象，也属文化现象。

第二次世界大战以后，国际市场营销领域的一个重要发展，即为将行为科学应用到市场营销的实践中。如今，越来越多的人认识到，人们的需求和购买行为不仅与个人收入有关，而且要受到社会文化环境的重要影响。比如，两个经济发展水平一致的国家，虽然收入水平基本相同，但其消费格局却有差异，主要的原因是社会文化环境造成的影响不同。往更深层阐述，我们可以说，只有非经济因素才能解释为什么两个收入水平一致的国家具有不同的消费模式。事实上，市场营销的各个方面，包括市场营销观念，市场营销策略的制定，产品设计，款式和包装，产品的定价，促销和分销渠道，无不受到社会文化环境的重要影响。国与国之间文化价值观念的差异，会导致各种文化中商业习惯方面的不同。在国际营销中，我们千万不可忽视错综复杂的社会文化环境对消费者行为和国际企业营销活动的影响。

## 国际营销中的文化概念

文化是一个概念非常广泛和复杂的复合体，它既包括人们的价值观念，也包括人们创造的用来表现人类行为的有意义的符号，还包括具有历史继承性的人类行为模式。相信“人之初，性本善”是一种文化，吃牛排喝咖啡是一种文化，圣诞节是一种文化，奥林匹克是一种文化，君主制是一种文化，人均拥有 2.3 辆汽车也是一种文化。关于文化的定义有数百种，但万变不离其宗，国际营销学认为，文化是“人们通过学习获得的区别于其它群体行为特征的集合”，它通常具备如下特点：(1)规范性，即文化决定了一个人该干些什么，不该干什么；(2)共享性，文化是某个社会或集团中成员共同创造，共同享有，一致奉行的；(3)不同社会的文化具有差异性；(4)文化是学而知之的，而不是通过生理遗传的方式继承的；(5)积累性，即文化是人们在数百上千年的时间里，通过成员关系，一代一代传递下去的，每一代都会增加一些新东西，也会抛弃一些旧东西；(6)文化是交流的基础。

但在国际营销活动中，需要特别注意的文化特征是文化的差异性、稳定性和变革性。

### (一)文化的差异也即文化的主观性

文化背景相异的人们对同一件事情的看法也许会截然不同。社会文化因素的差异性会直接或间接地影响产品的设计，包装，产品被接受程度，信息的传递方法，分销与推广措施等。虽然人类文化也有其共性的一面，比如各种文化背景的人们都喜欢音乐，需要娱乐，而这恰恰是超越民族、宗教和国界的，但不能否认文化的差异性仍然是主流。总之，在国际营销中，必须特别强调文化的差异性：(1)不同文化造成的消费需求，消费口味，消费习惯差异是国际营销的主要障碍；(2)文化的差异性有时也是国际营销的机会所在，正因为各国人民也许都会对其他文化感兴趣，才会导致在消费行为中出现对带有异国文化特征的商品格外垂青的现象。

### (二)文化的稳定性

社会文化是全体社会成员在长期的历史实践中积累形成的，一旦形成就会深入到政治、经济、教育、科技、生活等各个方面，代代相传，而不会因外界因素而轻易改变。特别是对于诸如价值观、审美观等属深层文化因素的内容，更是难以改变。但那些既能满足人们迫切的需求，又不与其文化传统相冲突的外来文化观念则较容易被接受。

### (三)文化的变革性

文化不可能是一成不变的，而是随着时代的发展不断发展演变的，文化演变的方式通常是社会自然发展的结果，无法人为干预。但一个特例是由国家出面干预文化演变的方向和速度。日本自明治维新以来，为了国家的强盛，主动引进西方的科技和文化，终于率先成为亚州强国。第二次世界大战以后，更是全面西化，上自政治制度，下至语言饮食，从某种意义上来说是脱胎，当然其中有自愿的，也有被迫的，但终于使经济强盛至世界第二。

文化演变的过程历来是非常缓慢的，特别是核心文化部分，是在漫长的历史长河中，慢慢地积累起来的。但从短期而言，文化的演变主要来自不同文化之间的相互吸收和借鉴。以美国为例，这是一个“没有历史的国家”，300 年来，来自欧洲，亚洲，非洲，美洲各个国家的移民带来了他们各自的文化，但是他们在短时间里融合而形成了自己独特的、优秀的文化体系。同时，也确有一些国家，文化根基本来不深，在外来文化的冲击下丧失立足之处，老的文化丢失了，新的文化体系又没有建立起来，造成社会混乱，经济和国力随之衰退。

近 100 年来，不同文化间的相互影响主要表现为西方强势文化对其他民族文化的渗透。国际企业及其国际营销起到非常重要的作用。可口可乐、万宝路、麦当劳,无不带有强烈的美国文化色彩。巴黎香水、人头马XO、皮尔卡丹时装,则充满法国文化色彩。世界上最成功的“文化推销商”也许当数美国好莱坞的明星们,以至于许多国家出于文化与商业的双重利益考虑,公开限制美国电影进口。

## 文化环境与国际营销

毋庸置疑,文化在国际营销中有着重要的作用,就国际营销的主体而言,文化影响到企业营销策略的方方面面。从客观效果来说,文化对消费者行为影响最为深远。

### (一)文化环境与市场细分

市场细分是美国市场学家温德尔·史密斯教授于1956年在美国的《市场学杂志》上发表的文章中首次提出的一个概念。它是指企业依据某些标准将某类产品的市场划分成各个子市场,使每个子市场内部的消费者需求差异较小到可以忽略,而使每个子市场之间的需求差异十分明显。市场细分是企业实行目标营销的基础。企业进行市场细分旨在了解不同消费群体对产品的要求,并在最大限度地满足消费者需求的过程中,求得最大的经济效益。

在激烈的国际市场竞争中,市场细分受到了越来越多的企业的重视,成为企业制定市场营销规划的重要组成部分。

市场细分有助于发掘市场机会。比如在西方国家,汽车旅馆业比较发达,它们设备齐全,服务完善,但收费也较高。有些旅馆业主通过市场细分发现老年旅客、自负旅费的营销人员以及收入不高的青年夫妇,只希望有个清洁和安静的住所,能够过夜即可,对别的额外设施和服务则没有要求。店主们因而瞄准了这一细分市场,取消了其他的额外设施与服务,结果住店费用降低了50%,获得较大的成功。

市场细分能帮助企业认清市场上不同消费者群对企业产品的要求,企业再根据自身的能力,选择目标客户,使有限的资源发挥最大的效益。有些中小企业在市场竞争中能够站稳脚跟,求得较大的发展,就是因为它们能够抓住机遇,扬长避短。

北京汇源果汁饮料集团是一家私营企业,成立之初正值中国饮料业风雨摇曳之时。企业创始人认识到,对饮料行业来说,只有根据自己的国情,研制和开发出本国人喜爱的饮料,才能对抗外来品牌和碳酸饮料的猛烈攻势。他们抓住绿色食品正在世界各地兴起的机遇,开发出汇源牌果汁饮料。短短几年间,汇源集团成绩斐然,率先通过ISO 9000质量认证,目前产品共有8大系列90多个品种,不但满足国内市场,而且还远销到世界上十几个国家和地区。

### (二)文化环境与产品市场定位

所谓市场定位,是指企业在选定的目标市场上,根据自身的特点和竞争对手的情况,为本企业产品确定一个位子,或者说为本企业产品在消费者心中树立一种形象,以期实现企业的既定营销目标。1998年,在著名的北京秀水东街上,一种生产于广州被叫作“比妮娃娃”的绒布小动物卖得特别火爆,购买者竟大部分是美国人。据说在美国,一只比妮娃娃至少在5到7美元之间,而在秀水东街,这种动物玩偶只要2美元左右。这种比妮情结不仅限于孩子,美国许多成年人也热衷于收藏这些小动物玩具,上至政府官员、大公司董事,下至平民百姓,到中国一趟,总要买上一些,或收藏,或馈赠亲友。对美国人来说,中国市场上的比妮娃娃最大的魅力是价格低廉。而比妮娃娃的生产厂家与秀水东街的摊主们,也成功地将产品定位为来华观光与从事商务活动的美国人,结果使厂家与商家同时受益。

### (三)文化环境与分销渠道

分销渠道是指产品从生产者向消费者转移的过程中,各个买卖环节联接起来所形成的通道。就分销渠道而言,不同文化会导致消费者在选择商品时不同的行为方式。

例如,在有些国家,化妆品是由药房或杂货铺出售,但在另外一些国家,上门向妇女推销化妆品则是最好的分销方式。而在中国,某外商投资企业派员上门推销化妆品时,有的推销员竟被居民误当作坏人,送往居委会或派出所。美国的罐头制造商狄尔忙脱公司,向法国、德国、西班牙等国出口罐头食品时,使用的是经销商;向挪威和中东国家出口,则选用食品经纪人;向瑞士出口,则通过超级市场。

### (四)文化环境与广告策略

具有不同文化背景的人,在面对同一广告及其所推介的产品时,其反应和感受必定是有差异的。中国一著名品牌"蝙蝠"电扇被选中参加国际博览会,但一营销专家却提出异议。他指出,用"蝙蝠"做品牌并不会好销,因为尽管"蝙蝠"在国内有"福"之寓意,但其英文译名 BAT 在国外却有"三等妓女"之含意。用这种令人恶心的名词作商标,产品是不可能受到消费者的欢迎的。企业接受了专家的劝告,将品牌改为 MAJIALO(美佳乐)后,极受欢迎。类似的例子在商标、品牌名中还有很多。比如,"白象"在国外有"沉重包袱"之解释;美丽的孔雀在一些国家却被视为"祸鸟"与"淫鸟"。

事实上,消费的文化特征一直是营销人员制定广告主题所参考的主要依据。有创意的广告制作者总是更多地利用文化环境特征来渲染广告主题,从更深层次去影响消费者。现在让我们来分析创维电视广告片的文化意蕴。

"风在吼,马在叫,黄河在咆哮,河西山岗万丈高……"雄浑、激昂的乐曲与蓝天、白云、沟壑、军人、骏马组成了万马奔腾的战场,随着一匹骏马直冲电视屏幕,道出创维电视集团"创维情,中国心"的文化内涵。这部由著名导演冯小宁执导的创维电视《奔马篇》广告片是中国民族企业中能够比较扎实地体现民族精神的一部优秀广告片。目前,此片在中央电视台和各地电视台播出后,立即引起众多企业界、广告界、新闻界人士的关注。整个广告片以《黄河大合唱》乐曲贯穿始终,所有镜头的组成和广告语的搭配都在辽阔的大草原中展开,无疑能给观众增添几分由战场到商场的联想。在粗犷中显现的雄浑,在勇猛中升腾的浩气,在商战中织入的情意,形成了一股强大的战无不胜的民族力量。在弘扬民族精神,倡导发展民族工业的今天,此广告片无疑会引导消费者的购买行为。

## (五)文化环境与媒介选择

广告的信息总是要通过一定的媒介来传播的。常用的广告媒介有电视、广播、报纸、杂志、幻灯、电影、邮政、广告牌、户外张贴、霓虹灯、车船、地铁、飞机、样本、商品目录、橱窗等。从世界范围来看,广告媒体使用最多的是报纸、杂志,其次为电视,再次为广播。企业的营销人员应注意到,具有不同文化背景的消费者在媒介选择方面有明显的差异。比如,美国和加拿大的消费者偏爱印刷媒体和电视,而拉美国家的消费者则更多地使用广播媒体。非洲许多国家的文盲多,采用印刷文字的广告效果就不如电视和广播媒介的效果好。在海地,文盲率高,而且收音机和电视机的占有率低,采用带有高频扬声器的卡车进行卡车宣传,是一种有效的方法。有时,即使是同一媒体,不同社会阶层所关注的内容也不相同。以电视为例,美国社会的中上层较关心时事新闻、事件评述和戏剧节目,而中下层更多感兴趣的是肥皂剧、智力竞赛和滑稽小品等。这些媒介行为对国际营销企业合理安排营销刺激,使企业的媒体选择同目标市场保持一致有一定的指导意义。

## (六)文化环境与消费者行为

不同的文化对消费者的行为也会产生不同的影响。可以说,在制约消费者购买行为的因素中,文化是最重要的一种。就拿饮食来说,香港人喜欢喝茶,待客或在酒店里吃饭都少不了茶,每日耗茶 3 万公斤,对大陆出产的普洱、铁观音都特别喜欢。通常,西方人多饮咖啡,但英国人却又特别喜欢喝茶,喝的多半是红茶,加奶加糖称为"英式茶",阿拉伯人也喝茶,但要加薄荷和盐,西藏人喝砖茶,新疆人喝奶茶。亚洲人主食是米,西方人似乎无主食与副食之分,吃米很少,而是以麦面制成面包,非洲有的地区却是以木薯为主食。

一般来说,文化对消费者行为的影响是通过其心理的影响实现的。具体来说,文化对消费者的购买心理的影响主要体现在以下三方面:消费者心理动机,购买的心理基准和社会时尚。

处在不同文化背景下的消费者,其消费心理动机受到约束的一个典型形式即为风俗习惯对消费者行为的约束。一个社会,一个民族的婚丧嫁娶,饮食起居,劳动分工,社团活动等都与人们的文化素养和传统习俗分不开,并对其消费嗜好、消费方式起到非常重要的作用。比如,中国的抽纱工艺在意大利很畅销,就是同该国的风俗有关。在意大利,一个女婴降生,她的双亲就着手为她准备嫁妆,看到漂亮的台布、床罩、袖套、枕套之类的抽纱制品就买上一两件,积攒到女儿出嫁时,一般就有几十套抽纱品作为陪嫁了。英国的烟草商 John Player 曾试图把它的 Fiasco 牌香烟推进香港。当时香港市场占有率最高的是万宝路,John Player 为了突出特点,包装以黑底金线为主,因为黑色正是国际流行色,香港也不例外。John Player

决定在春节时正式推出，因为这是香港的最大消费旺季。公司组织了声势浩大的推广活动，印制大量宣传招贴，提供大量免费样品给零售商，但结果却是灾难性的：不但商品没有卖出去，零售商们还把免费样品扔进仓库里去，把其他品牌的商品换上柜台。显然，John player 没有意识到：黑色在中国文化中是最不吉利的颜色，春节时尤其不能使用，尽管黑色是国际流行色，也不能与当地主流文化相对抗。

文化同样会影响消费者购买的心理基准，即消费者作出购买选择的原则。由于购买心理基准的建立受到社会经验和外界所提供的信息资料的影响，并且消费者购买心理基准的形成与调整也是在一定的社会文化环境中进行的，所以说，消费者购买的心理基准是受到社会文化的影响和制约的。比如，消费者对产品的知觉往往受文化的影响，因为文化赋予产品不同的意义，由此影响了个人的经验与看法，从而对其购买选择产生影响。一般来说，某些产品(包括娱乐方面的产品，省力的设备及方便食品)的消费，在许多国家传播的很快，反之，在有的社会里，这些产品的推广则困难重重。因为这些产品的使用和原来的文化形态冲突，于是，个人在使用这些产品时，会产生罪恶感。

另外，社会文化时尚也会影响消费者心理。时尚是社会文化的产物，是社会阶层中广泛传播的崇尚或潮流。社会文化时尚在消费者身上则体现为追赶消费时尚，对崇尚事物的追求等。曾经有这么一件事，因主演《佐罗》而风靡全世界的法国电影明星阿兰德隆首次到日本访问，这引起了日本洛腾口香糖公司经理辛格浩的高度重视，此时，正赶上该产品销售疲软，资金周转不灵。辛格浩经过一番努力，将阿兰德隆请至工厂参观。在辛格浩的精心安排下，五六个怀揣微型录音机的职员充当接待人员，不离左右，同时还聘请了录相师将参观全过程拍了下来。在包装车间，阿兰德隆尝了一块巧克力口香糖并随口说了一句："我没想到日本也会有这么棒的口香糖……"这出于客套的话却被欣喜万分的职员录了下来，就从当天晚上起，电视上天天出现一则很惹人注目的广告：阿兰德隆笑咪咪地尝了一块巧克力口香糖，说道："我没想到日本也有这么棒的口香糖……"这则广告立即像磁铁一样吸引了日本成千上万的阿兰德隆迷。大家都争先恐后地购买这种巧克力口香糖。很快，所有商店的洛腾口香糖都脱销了，库存也一扫而光。

一个国家或地区人们的生活方式，思维习惯，企望满足的需求和欲望以及他们满足需求和欲望的方式，都是以特有的文化为基础的。因此，任何一个从事国际市场营销的人员，都必须使其营销活动中的任何一部分，比如设计一种产品，推行一项促销措施的步骤，能被当地的文化接受。毫无疑问，企业的营销努力与社会文化相互作用的结果——被接受，阻挠或拒绝——决定着营销努力成功与失败的程度。成功的跨国营销总是以成功地跨越各国文化差异为前提的。事实上，众多跨国营销的失败，不是产品技术的失败，而是文化认识上的失败，有时候，这种失败甚至于相当惨重。

近几十年来，在国际商战中，美国企业屡有败绩，而日本企业却节节胜利，重要原因之一是美国企业在适应各国文化方面做得不如日本，不少美国企业误认为在美国市场上畅销的产品拿到外国自然会畅销。如美国的金宝牌浓缩罐头汤，在美国十分畅销，其销售量占同类产品的 90%，但产品投放英国市场后，几年也没得到英国消费者的认可，使该公司在几年中损失了 3 000 万美元。直至最近，美国企业在经历了无数次失败后，才认识到适应异国文化在国际市场营销中的重要性。一位美国专家告诫说："国外经营的成败，取决于国际企业管理人员对文化差异的认识和理解……"特别是近 10 年来，随着冷战的结束和国际交往的日趋密切，美国教育界的有识之士开始清楚地认识到：要培养下一代成为 21 世纪的栋梁之材，就必须让他们对异国文化有全面、深入而又准确的了解。从幼儿园、小学、中学直至大学，跨国文化教育已成为各个教育层次的一个重要项目。

## 文化适应与文化变迁

### (一)文化适应

前面已经说过，虽然文化有其共性的一面，但差异性仍然是主流。对从事国际营销活动的企业来说，必须了解有关"文化适应"的概念。

所谓文化适应是指企业的决策要适应社会文化的不同特点。对跨国经营的企业而言，文化适应就是要求企业在制定进入目标市场的策略时，充分考虑当地市场的文化特点，避免在实施决策过程中触犯该地的文化传统、生活习俗、宗教禁忌等，比竞争对手更能满足消费者需求，取得竞争优势。

由于历史和文化背景不同，各国人民对一些图案和色彩具有不同的心理、习惯和爱好。对进出口企业来说，若总是以我为主，闭门造车，往往就会事与愿违。例如，中国一向以红色为大吉大利，而西欧国家的人们则视红色为凶兆；我国人民历来视荷花出污泥而不染，象征清洁高雅，而日本人则视荷花为不吉。无怪乎中国在有些商品上刻上荷花图案后在日本就无人问津。

还曾经有这样一个案例：中国向海湾某国家出口冻鸭一批，合同规定按伊斯兰教方法屠宰。但中国在加工时采用科学的“钳杀法”。货到国外后遭对方拒收。原因很简单，“钳杀”不是伊斯兰教的屠宰方法。

其实，文化适应的重要性已为世人所公认，但在实践中要真正做到这一点又不是那么容易。造成困难的原因之一是从事国际营销的人员，在目标市场上推销其产品时，会“无意识地参照自已的文化价值观”。他们一遇到具体问题，就用自己的价值观作为尺度来衡量和处理这些问题。上文提到的案例就属这类。

### (二)文化变迁

前文已谈到，各国的社会文化环境同世界上其他任何事物一样，是处于经常不断的变化之中的。随着时间的推移，各个国家的语言文化，道德规范，受教育程度，社会组织，审美观念，价值观念和生活习惯等等，都会发生变化，这种变化就叫文化变迁。

造成文化变迁的原因有很多，但主要是由于社会经济的发展和科学技术的进步促进了文化的发展，各国之间的文化借鉴和文化吸收也对文化变迁起了重要作用。

文化变迁一方面要求企业为变化了的文化环境提供新的产品，以满足新的市场需求，这就是所谓的“文化适应”；另一方面，也有可能把本企业适应时代需要的有价值的产品介绍和渗透到各进口国去，并被各进口国接受。

随着世界经济的发展，一场绿色变革浪潮正在席卷全球。这无疑给众多企业带来无限的商机。人们对“绿色产品”表现出前所未有的热情。据美国国际环保商业公司统计，1990年新产品中约有5%的“绿色产品”，到1997年，该比重已提高到80%。另据有关资料统计，77%的美国人表示，企业的绿色形象会影响他们的购买欲，94%的意大利人表示在选购商品时会考虑绿色因素。在欧洲市场上，40%的人更喜欢购买绿色商品，那些贴有绿色标志的商品在市场上更受青睐。在亚洲，挑剔成癖的日本消费者更胜一筹，对普通的饮用水和空气都以“绿色”为标准，罐装水和纯净的氧气成为市场的抢手货；韩国和香港的消费者，争先购买那些几乎绝迹的茶籽，作为天然的洗发剂。在这一绿色浪潮的冲击下，善于审时度势的商家们已积极行动起来，引进绿色观念，推出绿色产品，开发绿色市场，制定绿色价格，开辟绿色渠道，实施绿色公关，树立绿色形象，形成了一整套的绿色营销体系。

因此，国际企业不仅要善于满足需求，而且要创造需求。也就是说，国际企业在进行营销活动时，不仅要善于适应目标市场的文化特点，而且要善于促进目标市场的文化发生变化，使其加速接受企业的创新。

## 国际营销中的文化因素

文化由多因素构成，其中，与国际营销决策关系较为密切的主要有语言、教育、宗教、美学观念、价值观念、生活习惯、礼仪习俗等。

### (一)语言

语言是思想、文化、感情和信息交流的工具，也是一个国家或地区社会文化发展的缩影。有人把语言比喻为“文化的镜子”，这是很有道理的。因为语言反映了一种文化的实质与价值观。各国语言的差异往往代表着文化的差异，因此，企业在开展国际市场营销活动时，应充分重视语言的差异对顾客购买行为产生的影响。国际营销者如果能够熟练地掌握当地语言，就容易与中间商和顾客交流，促成交易。语言文字的重要不仅在于表达意识，更在于表现一种亲切感。如果不能克服语言障碍，即使有完善的营销策略，也无济于事。总之，语言差异对国际营销决策的影响主要表现在信息沟通和翻译两个方面。

**信息沟通问题**

语言的一个重要功能是沟通信息。对于外国营销者来说，所有必须学习的文化因素中，语言也许是最难掌握的。英语是世界最主要的商用语言，中国90%以上的学校都开设了英语课程，许多企业，尤其是涉外企业在招聘员工时对英语都有较高要求。许多大学毕业生虽然学英语的历史都有十几年，但与所要求的听说读写运用自如的要求还相差甚远。即使是在英美这些使用英语的国家里，语言的差异也会造成歧义。

为克服语言沟通的障碍难以要求经理们掌握所有海外市场所使用的语言的问题，许多著名的跨国公司正在逐步实现海外公司人员本地化的目标。

**翻译**

如何准确地使用外国语言，还有一个翻译的问题。

英语里有句话，IF YOU WANT OT KILL A MESSGE, TRANSLATE IT. 但对中国人来说，翻译能做到严复先生提出的“信、达、雅”，这又是何其难啊。我国文学翻译家傅雷在谈到“中国艺术家对世界文化应尽的责任”时说：“惟有不同种族的艺术家，在不损害一种特殊艺术的完整性的条件下，能灌输一部分新的血液进去，世界的文化才能愈来愈丰富，愈来愈完满，愈来愈光辉灿烂。”傅雷先生的观点对从事国际营销的人员来说，也是有深刻启发意义的。

在国际营销活动中，如广告、产品目录和说明书、合同、牌子等，都会遇到翻译的问题。两种文化的交流，很容易出现误解而对工作造成损害。所以，要想深入一个外国市场，不仅要学会其基本语言，还应掌握其隐喻、俗语、忌讳等。在这方面有一个经典案例。美国通用汽车公司生产的“NOVA”牌汽车。“NOVA”在英文中是神枪手。这种汽车在美国很畅销，但在销往拉美国家时一度无人问津。原来，许多拉美国家曾经是西班牙的殖民地，而在西班牙语中，NOVA 意为“跑不动”，于是美国的 NOVA 牌汽车在拉美国家成为“跑不动”牌汽车了。显而易见，这种牌子无法唤起消费者的兴趣。与此对照的是，美国 FORD 汽车公司与江西江铃集团合资生产的一种面包车取名为“TRANSIT”，中文译为“全顺”，在中国市场和国外市场都卖得特别好，就是因为该车名的中英文意思都非常符合汽车购买者的口味。

许多外国商品在进入中国市场时都非常重视产品名的翻译问题。比如，美国的饮料 COCA－COLA 被译成“可口可乐”，而 PEPSIE－KOLA 被译成“百事可乐”，SEVEN－UPS 被译成“七喜”，这些译名都非常迎合消费者的心理，因而销售才能长盛不衰。

上述情况表明，在翻译品牌和商标时，必须注意了解各种文字在表达上的特点、忌讳、隐喻等。如果忽视这一点，很可能在翻译中造成误会，给产品的销售带来麻烦。为避免外销翻译中可能出现的问题，可以借鉴以下几点：产品的目标市场在哪，就请通晓该国语言的人做翻译；如必要时，可请两个翻译，即先由中方的一名翻译将中文译成外文，再由外方翻译将外文还原为中文，看是否符合原来中文的含义；译文由我方翻译，再拿到所在国请人审核，审核人应对产品很熟悉，显然经销商、代理商是最好的人选；在翻译时，避免使用生硬的成语和俚语；使公司的名称和产品品牌用各种文字都能发音，但无具体含义。

**形体语言**

世界上大多数民族喜欢翘起大拇指称“好”，西方人还用拇指朝下表示“坏”或“差”。但日本人常用大拇指表示“老爷子”，用小拇指表示“情人”。英国人翘起大拇指，是在拦车时要求乘车的手势。英美人士一般以大拇指朝下来表示反对或者不接受；两个大拇指不停地有规律地相绕是表示自己目前无事可做，闲极无聊的意思。

西方人把拇指和中指连接成一个圆形，表示非常满意，而在日本，这种手势是指钱。在谈判中，日本人做出这种“O”形的手势，你若点头同意，对方就会认为你将答应给他一笔现金。如对巴西人用这种手势，对方如系女性，便会认为你在引诱她，而男性则会认为你在侮辱他。

在东南亚国家，谈交易的时候不要翘二郎腿，假如不知不觉把一只脚颠来颠去，以致于鞋底朝向对方，这笔买卖就吹了。

## （二）教育

文化是通过后天学习而获得的，是通过系统或非系统的教育而世代相传的，教育在一个国家的文化延续和发展中起到极为重要的作用。各个国家由于发展水平不同和对教育的重视程度不同，国民受教育的程度也有很大的差别。对国际营销企业来说，必须做到的一点是其产品品种、档次以及营销方法都须适应目标市场国的国民教育水平。说明一个国家或地区教育水平的最基本的指标是识字率。各国识字的差异很大，一般来说，经济愈发达，识字率愈高。据统计，加拿大、美国、日本等发达国家，识字率均为99%以上，而低收入国家的识字率普遍较低，阿富汗为12%，埃塞俄比亚仅为10%。

各国受教育程度的差异，对国际市场的营销工作会产生重要的影响。这主要表现在文化程度不同的消费者对产品的需求和爱好是大不一样的。

教育的差异对国际营销活动的影响，主要体现在以下几个方面：

**教育普及程度是市场细分的标准之一** 受过良好教育的消费者，一般具有较高的艺术鉴赏能力，他们不仅需要购买电脑、电动打字机等高档文化用品，而且还要购买各种艺术品和钢琴一类的高档乐器。而在受教育程度较低的国家，这类产品的市场需求就很少。另外，生产资料（特别是各种现代化设备）的销售，更与国民的受教育程度息息相关。中国造的手扶拖拉机、饲料粉碎机在越南、非洲等国家和地区卖得很好，其主要原因在于落后的农业国对现代化的农机不适应，反而是中国生产的小农机易于掌握，便于维修，最受欢迎。

**教育水平对市场营销调研有一定的影响** 在文化水平低的地区进行市场调研往往受到很大限制，因为识字的人少，在当地很难找到合格的市场调查人员。同时，访问与被访问之间沟通困难，常常使问卷回收率低，或者由于文字理解能力低而所答非所问。

**教育水平对营销组合决策的影响** 在一个国民受教育程度较高的国家，报纸、杂志等各种广告媒体都可以使用。而在一个文盲较多的国家里，就不宜做各种文字广告，而只能通过电视、广播或各种示范表演及多配图案说明来达到促销的目的。

**教育水平对招募培训员工有较大影响** 教育水平较低的国家缺乏国际公司所需的合格工人及技术管理人员。因此，许多公司不得不花大量的时间与金钱对员工进行培训。

**企业自身因营销人员的受教育程度也影响到国际营销策略** 随着对外开放的不断发展，中国有越来越多的企业走向国际舞台从事海外直接投资。但中国的工商管理教育还难以适应企业国际化的要求，导致精通管理、法律的人才缺乏，从而影响了企业国际化的进程。

## （三）宗教

宗教是文化要素之一，它是通过数千年的演变而流传下来，并深入到社会生活的各个方面。世界上的三大宗教是基督教、伊斯兰教和佛教。基督教又分为天主教、东正教和新教三个派别。各种不同的宗教，都有自己主要的流行地区，如基督教（新教）主要流行于北美，北欧和大洋洲；天主教主要流行于西欧和南美；中东和北非大体属于伊斯兰教的势力范围；而亚洲许多国家则主要信仰佛教等。当然，这只是大概的划分，其实宗教的地区分布实际是极其复杂的，即使在一个国家里也会有许多宗教组织同时存在。另外一个不可忽略的事实是，当今世界的人口已达60亿，其中宗教信徒就达30亿之多，占世界人口总数的1/2以上。

宗教对国际市场营销的影响主要表现在以下几个方面：

**宗教与需求** 各种不同的宗教，都有自己的清规戒律和文化倾向，从而影响人们的意识形态、价值观念和行为准则。比如，佛教的核心思想是宣扬人生充满苦难，人们只有步入佛门，才能得到解脱，进入极乐世界。也就是说，要解脱人类的苦难，就必须抛弃一切欲望，达到所谓“涅槃”的境地，而这与追求富裕与成功的思想是格格不入的。企业要在这类国家经营高档消费品需小心为妙。伊斯兰教的主要经典是《古兰经》，并将其神圣化，凡是《古兰经》上不允许作的事情，虔诚的穆斯林教徒坚决不做。假设营销人员的营销策略能与《古兰经》不谋而合，那么，必将收到事半功倍的效果。伊斯兰教徒禁食猪肉和禁止饮酒，因此，向上述地区出口猪肉类及酒类食品是万万不行的。基督教中的新教则主张人们通过努力工作来愉乐上帝，而成就是努力工作的证明。这对企业的经营作风有很大的影响。

由于不同宗教对同一事物会有截然不同的态度，从而导致不同的需求和消费模式，这必将对国际企业的营销行为产生深远的影响。

**宗教节日** 各种宗教都有自己的节日。在以基督教为主的国家里，周日是最典型的假日，而圣诞节则为最主要的节日。而在穆斯林国家里，人们对星期日和圣诞节并不那么重视，人们往往以开斋节为主要节日，节前又有斋期。对他们来说，斋月的一个月实际上都是宗教的节日。在斋月里，一切工作都要减慢，尤其是做生意，无论多么重要的生意，在斋月里是绝对不可以作的。

宗教节日是商家推销商品的绝好机会。在许多以基督教为主的国家里，圣诞节一个月的零售额往往要高出其他月份的好几倍。这是因为，圣诞节前，人们除购买食物外，还大量购买其他生活用品，如家具、服装、装饰品、礼品和节日特殊用品等。在中东国家，朝圣季节是消费品生意的黄金时期，因为当地人习惯于在前往麦加朝圣时，购买家庭用品和衣物等。

**宗教要求与禁忌**　各种宗教都有其独特的要求和禁忌，而这会直接影响到人们的消费行为。比如印度教徒对牛肉及牛制品很忌讳，而穆斯林和犹太人对猪肉和烈性酒非常反感。作为国际营销人员，要尽量避免犯忌。许多印度人是食素主义者，所以牛奶制品在那里大受欢迎；由于穆斯林教徒对酒精饮料的禁忌，所以不含酒精的“可口可乐”在当地十分畅销。

**宗教组织**　各种宗教组织对经济事务起到相当大的作用。他们的消费观点往往对教徒们的购买选择起到关键的作用。一般来说，如果一个国家的主要宗教组织认为某种新产品或新技术的引进会对其构成威胁，那就会限制其使用；反之，如果宗教组织认为某种新产品或新技术的使用对他们有利，它就会号召教徒们购买和使用。

**妇女在宗教事务中的地位与作用**　在宗教国家中，妇女的地位大不相同，从而导致了她们在经济事务中的不同作用。比如，在伊斯兰教国家里，妇女的地位远远低于男子，因而，在家庭购买中，她们的决策与影响能力就十分有限。在印度，女人的地位更为低下，她们甚至连做调查的权利都被剥夺。另外，在一些妇女被歧视的国家里，公司是不能雇佣女经理或女职员的。因此，企业在进行国际市场营销时，必须根据各进口国妇女的地位高低和作用大小，适当调整自己的市场营销策略。

**政治风险**　不同宗教及同一宗教的不同派别之间各种各样的冲突所导致的政治风险，是国际营销企业最常遇到的政治风险。在印度，存在着印度教与穆斯林之间的冲突；在黎巴嫩，存在着基督教与穆斯林的斗争；在北爱尔兰，存在着天主教与新教的对立。在荷兰，天主教集团与新教集团同样存在着分歧。由宗教引起的矛盾往往会给国际企业的营销活动和人事管理带来困难。因此，企业应根据不同的具体情况制定不同的市场策略。

## (四)社会组织

社会组织又称社会结构，是人们建立起来的相互联系的方式。它确定了人们在社会上所扮演的角色及人们的权责模式，是人类行为的基础之一。许多人类学家把社会组织概括为亲属关系和社会群体两大类，其中亲属关系主要是家庭，社会群体包括年龄群体、性别群体和共同利益群体等。每一种社会组织对营销活动都有一定的影响，因为它们影响着人们的行为，价值观念乃至整个生活方式。

**亲属关系**　社会组织中，最基本的关系是亲属关系，而亲属关系的基本单位是家庭。可以说，家庭是社会的细胞。家庭的形式有两种：核心家庭和扩大家庭。核心家庭通常包括一对夫妻和若干未婚子女；扩大家庭包括父母亲、祖(外祖)父母亲、姑叔、姨舅、堂兄妹、表兄妹等。一般来说，经济发展水平越高，家庭规模越小，如欧美等国，而大多数发展中国家多是扩大家庭。

家庭大小的不同，对国际市场营销具有重要的影响。

首先，在人口总量一定的条件下，家庭规模越小，家庭数目就越多，以家庭为购买单位的消费品市场潜力也就越大。反之，市场潜力就小。比如，中国目前正从扩大型家庭向核心型家庭过渡，消费品，特别是耐用消费品的巨大市场潜力吸引着世界诸多企业竞相开发中国市场。近几年，美国1口人或3口人的家庭正在增长，市场上小包装的商品愈来愈多。出口商如果能在本国内就将大包装的商品改为小包装，不仅会受到国外客户的欢迎，而且能卖好价钱。

其次，在扩大家庭中，由于家庭成员多，可以形成较大的集合购买力。近年来，中国城乡家庭彩电普及率不断攀升即为一典型例子。

第三，家庭结构不同，其购买决策人是不同的。如在扩大家庭中一些贵重物品的购买决策者往往是一家之长，而在核心家庭中，一般是夫妻双方共同决策大件物品的购买。因此，企业在做促销决策时，必须针对不同的家庭情况，选择不同的促销方法。

**社会群体** 人类学家把家庭以外的社会形式概括为社会群体，包括年龄群体、性别群体和共同利益群体。各种群体对营销活动都存在一定的影响，并被证明为一种非常有效的市场细分标准。

*年龄群体是按照不同年龄组织起来的团体，如各种青年团体和老年团体* 青年人和老年人在价值观和生活方式上往往存在着很大的差异，也即我们通常所说的“代沟”，即他们分属不同的亚文化，具有不同的需求，可视为不同的市场细分。

*性别群体是按照性别形成的团体，如各种妇女组织等* 它与妇女在社会上的地位和作用有密切的关系。在社会主义国家、欧美各国，妇女享受着与男人同等的地位。而在中东地区，印度等南亚国家，妇女地位就十分低下。因此，企业在进行市场营销时，必须根据各进口国妇女的地位高低和作用大小，适当调整自己的市场营销策略。

*共同利益群体是按照一定利益组成的集团* 它们可以是政治性的，也可以是宗教性的，还可以是职业性的或娱乐性的。这些共同利益集团，对企业的国际市场营销会产生极大的影响。随着人们要求改善生存环境质量的呼声的不断提高，价值观念尤其在发达国家里发生了很大的变化，由重视物质价值转向以强调非物质价值为特点的绿色价值观。消费者绿色消费心理的形成，对绿色产品的偏好与需求，进一步促进了国际商品贸易中对绿色产品、环保产品的崇尚，同时也为企业提供了一种开拓绿色市场的机遇。

*阶层群体主要是依据职业、收入和财产、血缘和社会关系、教育程度、价值观念等五大因素来划分的* 一旦确定了社会阶层，则有相应的消费需求和购买习惯。这就要求企业必须精心为一国市场的不同阶层设计广告和产品，选择各阶层都愿意接受的销售渠道。在美国人看来，日本产品是社会中低层人士消费的，中国等发展中国家的产品多由社会下层人士购买，而本国产品则无阶层之分，都可以消费。

### (五)美学观念

美学包括艺术、民俗、音乐、戏曲和舞蹈等。是把人和外界相互紧密交织起来的一种文化。美学对理解某一特定文化中美的标准、色彩及其艺术的不同表现方式极为重要。如果对一个社会的美的标准缺乏文化上的正确理解，产品的式样、包装和广告的设计就不会受欢迎。

**审美情趣** 不同国家和地区的人审美情趣很不相同。东方人把“窈窕淑女”作为美丽女子的标准，而汤加等国，却以“肥”为美。按照东方人的审美情趣，女子以“含蓄”为美，而西方却以“开放”为美。

**数字偏好** 不同文化的人们对数字的喜恶程度差别很大。比如，包括中国在内的一些亚洲国家及部分非洲国家喜欢“双数”，在中国南方，人们喜欢使用“8”与“6”，它们代表发达，顺利。日本人一般不喜欢“4”与“9”，因为在日文发音中，“4”字音近“死”，“9”则近“老”。信仰天主教和基督教的国家忌讳“13”和“星期五”。日本传统以“5”为一套，而西方人习惯以“打”为计量单位。

**色彩偏好** 色彩在不同文化中的的象征意义不同。中国人以红色代表喜庆，而欧洲人则认为红色表示凶兆；欧美许多国家都以黑色为丧礼的颜色；蒙古人也忌黑色，他们认为黑色象征着敌人、丧事和一切反面的事物，蒙古人的服饰、器具、住所均不能以黑色为装饰色；巴西人认为人死好比黄叶落下，所以忌讳棕黄色。中国内地某省拟出口一种营养品到欧洲某国，由于包装盒子是一色大红，尽管商品的质量很好但也无法对外推销。因此，企业在产品外观、包装色彩的运用上，要特别注意各进口国对颜色的爱好。

**花卉与图形** 由于历史和文化的不同，各国人民对一些花卉与图案具有不同的心理、习惯和爱好。国际上将三角形作为警惕性标志，所以忌用三角形作为出口商品图案；法国人忌用核桃花；英国人忌用人物肖像；北美大多数国家忌用狗；澳大利亚人不喜欢别国用袋鼠和树熊作商标图案，他们认为这两种图案是对他们特权的侵犯。意大利人忌用“菊花”作为商品的商标，因为菊花只有在参加葬礼时才使用。

**产品设计** 产品设计是美学观念中的重要组成部分。技术美学的观点已被国际上很多大企业用于推动产品的设计。因为科学和美观的设计能给产品带来高附加值，所以国际企业产品的设计必须紧紧跟上消费者审美情趣和消费心理的变化，使产品的设计同时具有实用和欣赏的功能，达到内容与形式的统一。

## (六)价值观念

价值观念是指人们对各种事物进行评价和所持的态度。它对人们的消费行为和消费方式都会产生重要的影响。

**对时间观念所持的态度** 价值观念的一个重要组成部分即为时间观念。在不同的文化背景中,人们所持的时间观念是很不相同的,了解时间观念在各国之间的差异,对于企业制定国际市场营销策略具有重要的参考价值。一般来说,美、日、欧等国和地区的人们具有较强的时间观念,他们推崇"时间就是金钱"的口号。节省时间的食品,如汉堡包、热狗、家乡鸡、麦当劳及速溶咖啡等大受消费者的欢迎。而在拉美和中东一些国家,时间观念就差得很多,家庭主妇们宁愿购买普通咖啡而不是速溶咖啡,宁愿餐餐自己加工而不进快餐店,因为在这些国家里,时间不值钱。时间观念往往于办事效率联系在一起,在经济发达的国家和地区,竞争激烈,必须及时捕捉商机,否则,营销机会稍纵即逝。而在时间观念差、办事效率不高的国家,营销人员就需有打"持久战"的准备。

**对新事物所持的态度** 美国人对任何新事物都抱有一种好奇的心理,新产品上市,他们都很愿意试一试。而有些国家则比较注重传统,喜欢沿袭祖宗的生产和消费方式,比如,德国人较为保守,法国人不轻易相信广告。所以,在德、法等国家宣传新产品,不应过分强调产品"新"在何处,而应该把它与传统产品联系起来,使新产品不至于受到当地宗教领袖和社会舆论的反对。

**对财富所持的态度** 各个国家对财富所持的态度往往不尽相同。以美国人为代表,一些发达国家的人们把财富的多寡与一个人的能力大小紧密地联系起来。在某种程度上,社会往往是"笑贫不笑娼",没有财富就会被人瞧不起。而在一些受儒家文化影响较大的国家,则可能鄙视财富。用儒家的话来说,就是"君子喻于义,小人喻于利"。所以,在不同的国家进行推销时,要因地制宜。

**对风险和创新的态度** 一个顾客,无论他购买何种产品,都要冒一定的风险,而不同文化背景的人对接受新产品的态度并不一样。有些国家的冒险精神较强,敢于购买进口产品,而有些国家的冒险意识较淡,他们对购买外国产品往往犹豫不决。在冒险意识很强的市场上进行新产品销售时,必须宣传得当,才能利市百倍;反之,在保守的欧洲市场上,必须强调产品的品牌与质量。不同年龄层次的人们对风险和创新的意识也不一样。一般来说,年轻人爱冒险,对新事物接受得快,而老年人则比较保守,不轻易改变原有的消费习惯。推销人员的销售策略还需因人而异。

## (七)生活习惯

生活习惯无非与人们的衣食住行等方面有关。虽然在当今世界,各国人民的生活习惯相互影响很深,但彼此之间仍具有其独特的一面。

**服饰** 穿着方面日趋"一致化"。这也许是生活习惯里国际化程度最高的一方面了。目前,世界各个国家都已接受发源于欧洲的西服。而起源于美国西部的牛仔裤更是风靡全世界,上自国家元首,下至平民百姓,统统可以接受。这既是对传统市场的冲击,更是一个大的机会。当今世界的人们,总是在不停地追求流行的、突出个性的服饰。与此同时,各国衣着习惯仍有很大的区别,许多国家的传统服饰还是占有很大的比重。比如,日本的"和服",蒙古的"蒙古袍",东南亚国家的"沙龙",阿拉伯的"大袍"等。

**饮食** 世界各国的饮食习惯千差万别,口味各异。有人把"世界美食三大国"的桂冠戴在中国、法国和土耳其的头上,这是名副其实的,它们都以讲究厨艺而闻名。即使在中国之内,也有川、鲁、京、粤、淮"五大菜系",各有特点。从世界的角度来讲,西方人食物中高蛋白、高脂肪,而东方人蔬菜多;东亚人主食以稻米为主,而欧美国家以面包为主,非洲一些地区甚至以木薯为主食。同样是饮茶,中国人爱喝清茶,阿拉伯人爱喝加盐和薄荷的绿茶,西方人喜喝红茶并加糖和奶。

**住房** 居住条件主要是建立在其经济发展水平的基础上的,其次,也要根据各国的自然环境来考虑。欧美国家的上层人士的住房多向郊区发展,以带花园、草坪、泳池的独立住宅为荣耀。而香港人多地少,商业繁荣,交通拥挤,大多数人仍喜欢住在闹市区。日本住宅虽然从外观上都已西化,但内部装饰仍保留着民族风格的拉门和"塌塌米"铺底。

**交通** 随着科技的进步,经济的发展,世界各国的交通状况都在迅速改善。在欧美等发达国家,汽车是人们主要的交通工具,铁路、航空事业也很发达。中国是“自行车王国”,不论城乡,自行车都是主要的代步工具。在欧洲,为了迎合人们环保意识日益增强的趋势,“绿色汽车”应运而生,同时,为减少对环境的污染,有不少人自愿放弃小轿车而改乘公共交通或骑自行车,甚至步行。

生活习惯的不同,可为企业提供开拓国际市场的机会。比如,欧洲国家的许多家庭非常讲究室内摆设,各种印花装饰布的需求数量非常大。甚至微不足道的毛巾,各国要求也不尽相同。有大有小,有长有短,有的要短绒,有的要厚毛。

总而言之,面对错综复杂、情况各异的国际市场,营销人员必须深刻认识并认真对待其差别,制定正确的营销策略,才能使自己的商品适销对路。

### (八)礼仪习俗

正如我们所知,每一种文化都有与众不同的习俗和礼仪。一种文化中被认为是粗俗,令人反感的行为,可能在另一种文化中是完全正常的。比如,在欧洲,许多人包括成年人吃完糕点后,习惯将手指上的点心碎渣舔干净,这在东方文化中,被看做是没有文化修养的行为。在美国,直率和坦诚被当作美德,而在日本,人们的行为举止却十分含蓄。因此,外销员要善于与具有不同国民性格和礼仪习俗的人们打交道。尽管在国际市场营销的道路上布满荆棘,但是了解商业文化,经营态度,民情风俗等,却有助于排除许多障碍。

## 世界文化的分区与特点

### (一)亚洲文化区

亚洲位于东半球的东北部,东濒北冰洋,南靠印度洋,西靠大西洋的属海地中海和黑海。面积 4 400 万平方公里,约占世界总面积的 29.4%,为世界第一大洲。

亚洲共有 49 个国家和地区。地理上习惯分为东亚、东南亚、南亚、西亚、中亚和北亚,总人口31.19 亿,约占世界总人口的 60%。

亚洲语言分别属于汉藏语系、南亚语系、阿尔泰语系、朝鲜语系、日本语系、马来-波利尼亚语系、达罗吡荼语系、闪米特含米特语系和印欧语系。

亚洲是佛教、伊斯兰教和基督教三大宗教的发源地。中南半岛各国居民多信仰佛教;马来半岛和马来群岛上的居民主要信仰伊斯兰教,部分居民信仰天主教和佛教;南亚各国居民主要信仰印度教、伊斯兰教和佛教;西亚各国居民主要信仰伊斯兰教。亚洲文化区中又有东亚、东南亚、南亚和伊斯兰文化区之分。

#### 韩国

韩国,又称南朝鲜,位于亚洲东北部朝鲜半岛南部,面积 9.89 万平方公里。人口 4 230 万,35.3% 的居民信仰佛教。1976 年宣布佛诞为国家节日。朝鲜语为官方语。

韩国是一个礼仪之邦,有许多传统的礼俗。按照韩国的商务礼俗,应穿着式样保守的西装。商务活动、拜访须先约会。韩国人与外国人打交道时非常准时。商界人士多通晓英语,老人多通晓汉语。

“四”字在朝鲜认为是不吉祥的,因而,楼房没有四号楼,旅馆不称第四层,宴会里没有第四桌,军队里没有四师四团,吃东西不吃四盘四碗,喝酒绝不肯喝第四杯。韩国有李姓,但绝不能说“十八子”李,因在朝鲜语中“十八子”与一个淫荡词接近,绝不能在女子面前说此话,否则会被认为有意污辱人。中国某出口公司向韩国出口中药片剂、膏丸,其包装为每合四个或四片,用量为每日四次,或每次四片,结果在韩国大受冷落,究其原因,自然是该出口公司没有做到“入乡随俗”。

韩国人重视对交易对象的印象,从事商业谈判的时候,如能遵守他们的生活方式,他们就会对你的好感倍增。韩国人以其文化悠久为荣。相处时,宜少谈论政治,多谈南朝鲜文化艺术。如 11 世纪的灰绿色陶瓷器,13 世纪的活动贴模,大邱保存的珍贵全套大藏经桃木原版等。

#### 日本

日本国位于亚洲的东部,面积 37.33 万平方公里,人口 1.236 亿,主要宗教有佛教、神道教、基督教。日语为国语,部分中老年人懂汉语,大部分商人会英语。日本人的文化受中国文化影响很深,儒家思想文化、道德观念已深深印在日本人的内心深处,并在此基础上,创造出其特有的文化。日本人的慎重、规矩、礼貌、耐心、自信、刻苦、有进取心、事业心等都是举世公认的,具体表现在办事计划性强,事前的准备工作充分,对任何一次会谈的时间、内容都会列出详尽的计划表,一丝不苟地执行。

与日本人交往,首先得学会日本人的基本礼仪,如递名片、握手、打招呼等。日本人极爱“面子”,因此,与日本人相处,应时刻记住给对方面子。日本人讲道义,重恩情,在他们看来,“一个人永远报答不了万分之一的恩情”。知恩图报,对他们而言是普通而又相当重要的事情。

日本人的时间观念极强,生活节奏快,这是由日本人的生活充满竞争造成的。但同时工作又非常勤勉。日本人在谈判中有时不能坦率、明确地表态,有时报价中水分极大,常使对方产生含糊不清,模棱两可的印象甚至误会。在签订合同之前,日本人一般很谨慎,但一旦作出决定,就会重视合同的履约,履约率一般很高。

日本人很重视在商务活动中建立一种和谐的人际关系。这样,往往在商务谈判中,有相当一部分精力和时间是花在人际关系中。所以,与日本人打交道必须要有耐心,并在谈判前对对手要有所了解,这对后面的谈判是有好处的。

除了社会交往外,另一个同日本商人搞好关系的独特之处是送礼的习俗。送礼是向客人致意或是巩固已有良好关系的一种方式。送礼同其他事情一样,必须注意等级,按照级别来划分礼品。同时,不要给日本人送有动物形象的礼品。另外,商标牌号对日本人来说至关重要,所以,在会见日本客人时,最好还是弄清楚他们现在最喜欢甚么。

在日本,黑色被用于丧事,红色被用于举行成人节和庆祝60大寿的仪式。习惯上,红色被当作是吉庆的颜色,如红小豆饭,红白年糕,或系在礼品上的红白硬纸绳。日本人不喜欢在礼品包装上系蝴蝶结。用红色的彩带包扎礼品象征身体健康。

日本认为“四”是不吉利的数,忌讳“四”。美国有家高尔夫制造厂,将四个球装成一组卖到日本,结果,商品的销路很差。在数字方面,日本人喜爱9、49,而禁忌1、3、5、7。商界的广告图案要注意,日本喜爱的图案是松、竹、梅、鸭子、乌龟,而禁忌菊花、荷花。

## 新加坡

新加坡共和国,简称新加坡,位于东南亚马来半岛的南端,是一个集国家、首都、城市、岛屿为一体的城市型岛国,由53个岛屿、7座礁滩组成。地处太平洋与印度洋之间航运要道马六甲海峡的出入口,为世界海运交通中心之一。

新加坡面积640平方公里,人口270万,马来语为国语,汉语、泰米尔语和英语为官方语言,英语为行政语言。

新加坡是“华裔之国”,许多华人的乡土意识极强。同甘共苦,不畏强暴是他们世代相传的民族风格,但却很顾面子,所以,在商谈中,“面子”对谈判的技巧起决定性的作用。同时,他们在签订合同以后,为了不耻于人,总是坚守信誉,认真履约。因而在国外商人眼里,新加坡籍商人一向有勤奋、诚实、谦虚、可靠的美德。

与新加坡人谈判,不仅必须以诚相待,更重要的是考虑给对方面子,不妨多说几句“多多指教”,“多多关照”的谦语。另外,与海外华人进行交易,采用方言洽谈,有时可以起到一种独特的作用,

新加坡居民中华侨多,他们对色彩的想象力很丰富,一般红、绿、蓝很受欢迎,视紫色、黑色为不吉利,黑、白、黄为禁忌色。在商业上反对使用如来佛的形态和侧面像。在标志上,禁止使用宗教词句和象征性标志。喜欢红双喜、大象、蝙蝠图案。数字禁忌是4、7、8、13、37和69。

## 泰国

泰王国,简称泰国,位于中南半岛中南部,面积51.4万平方公里,人口5620万,95%的居民信仰佛教,佛教为国教,国王是佛教的最高赞助人,通行佛历。

泰国人民的礼仪都沿用佛教的礼仪。泰语为国语。首都曼谷。泰国人喜欢红、黄色,禁忌褐色。他们习惯用颜色表示不同日期,星期日为红色,星期一为黄色,星期三为绿色,星期四为橙色,星期五为淡蓝色,星期六为紫红色。群众常按不同日期,穿着不同色彩的服装。

历史上,泰国人经商一般不喜欢冒险,小心谨慎,宁可依靠自己的力量,积少成多地发展,也不愿大刀阔斧,大数额的贷款,大范围的投资。由于过分谨慎,不轻易相信别人,故很多企业都带有浓重的家族色彩。泰国商人十分重视人际关系。对于商品,他们重视质量甚于牌子,只要商品货真价实,即使是名不见经传的产品,也能获得认可。另外,泰国商人也很考

虑面子，十分重视别人对自己的外观看法，与外人交谈，总显得小心翼翼，担心造次。在谈判中，如能让对方获得心理上的满足，无疑可以使洽谈在十分融洽的气氛中进行。

### 越南

越南社会主义共和国简称越南，位于亚洲东南部。面积32.9万平方公里。人口6927万，89%是越族（京族），华人约200多万。主要宗教为佛教、天主教。官方语言为越南语。首都河内。

越南人讲礼貌，重感情，注意小节。由于越南是一个多种宗教并存的国家，商务活动中必须了解其宗教礼仪，否则往往会影响生意的成功。

越南商人注重信用，往往一次言而无信，对方就会拒绝进一步交往。越南人在谈生意时，喜欢试探对方的底牌，而自己的底牌却不轻易亮出，因此，客商一定要小心。

越南人禁忌非常多，不要随意摸别人的头，包括小孩。当村寨路口悬挂有绿色树枝时，是禁入的标志，外人不得进入。南部高棉人忌用左手行礼、进食、送物和接物。

### 印度

印度共和国位于南亚次大陆南部的印度半岛上，面积297.47万平方公里，人口10亿。

印度官方语言为印地语和英语。居民中83%信奉印度教，11%信奉伊斯兰教，2.6%信奉基督教，2%信奉锡克教。

种姓制度是印度社会特有的现象。印度教的种姓制度把人分为四个等级。除了四大种姓以外，还有一种人为"不可接触者"，也称"贱民"或"哈里真"。他们社会地位最低，最受歧视，世世代代永不更改。

印度人对礼仪非常重视，他们认为，礼仪可以使人消灾避难，获得幸福。

印度商人善于钻营，急功近利，贸易中图方便，喜欢凭样交易。与他们做生意应多出示样品，广为介绍经济实惠的品种。印度商人中，许多人在英美受过教育，颇健谈，常喜询问你的家庭情况，因为这是表示关心友好的方式。再有，印度人爱狡辩，出了问题总是千方百计找借口来推脱责任。同时，他们疑心重，在无利害关系时可以相安无事，一旦有了利害关系，他们就会变得判若两人，事事猜疑，处处小心。印度具有悠久的文化，相应人们也趋于保守。印度的企业家，技术人员都不愿意把自己的技术和知识传授给人，这种保守心理，大大地限制了技术性企业的发展。

印度人喜爱3，7，9数字，他们认为红色表示生命、活力、朝气和热烈，蓝色表示真诚。阳光似的黄色表示光辉壮丽，绿色表示和平、希望。紫色表示心境宁静。印度人在生活和服装色彩方面喜欢红、黄、绿、蓝、橙色及其他鲜艳的颜色。不喜欢玫瑰花。

### 埃及

阿拉伯埃及共和国，地跨亚非两洲，面积100.2万平方公里。埃及，在希腊语中为黑色或辽阔的国家，有"金字塔之国"、"尼罗河的礼物"、"棉花之国"、"长棉绒之国"、"文明之国"的美称。埃及人口5 400万，阿拉伯人占总人口的87%，原科普特人占11.8%。阿拉伯人、科普特人几乎全部信奉伊斯兰教；科普特人还信奉基督教。阿拉伯人的官方语言为阿拉伯语，通用英语、法语。

埃及人的宗教思想根深蒂固，90%以上的埃及人信奉伊斯兰教，而且受宗教影响非常深。在商业活动中要注意不要违反宗教禁忌。另外，埃及人待客特别热情，从清晨6点到中午12点以前见面时要问好。送别时要馈赠客人礼物。

埃及人禁食猪肉，即使是对其他动物的肉，不颂古兰经，不经过阿訇宰杀的动物的肉他们也不吃。埃及人一般都遵守伊斯兰教教规，忌讳饮酒。埃及人习惯用右手就餐，忌用左手与他人接触和给别人递送食物以及其他物品。他们忌讳黑色与蓝色，不穿有星星图案的衣服，此种图案的包装纸也不受欢迎。埃及人还忌猪、狗、猫、熊。他们忌讳13，认为它是消极的。

### 沙特阿拉伯

沙特阿拉伯王国简称沙特阿拉伯，位于亚洲的西南部的阿拉伯半岛上，面积14万平方公里，占半岛总面积的75%。全国大部分地区属热带沙漠气候，因此，有"沙漠王国"之称。沙特阿拉伯以丰富的石油资源闻名世界，有"石油王国"、"沙漠超级富国"之美誉。沙特阿拉伯的人口估计在800万到1 200万左右。伊斯兰教为国教，《古兰经》是法律的依据，没有另立的法和立法机构，王室控制着国家的政治、经济、军事大权。官方语言为阿拉伯语，企业中的重要人物通常会讲英语。

沙特阿拉伯各地由于人文地理位置的原因，他们的风俗习惯有许多共同之处。该国严格实行政教合一，外贸工作者需要特别了解伊斯兰教的一些习俗与规定，否则会给工作带来不利。比如，如向该国出口冻鸡，不能由机械宰杀，更不能有血迹，否则有可能导致退货。原因是卖方对鸡的加工法违反了古兰经的规定：只能人工宰杀，不可用机器，只许男人屠宰，不准女人动手。鸡体及包装不得有一点血污，否则就认为是不吉利。

沙特阿拉伯人崇尚白色（纯洁）、绿色（生命），而忌用黄色（死亡）。国王身穿土黄色长袍，象征着神圣和高贵。绿色对穆斯林国家来说是吉祥的颜色，该国国旗就是一面长方形的绿色旗。

沙特人不相信谈判代表，总要求与制造商直接谈判。法律限定该国商业必须由本国商人经营。

在沙特，无酒、无电影、无夜总会，市面上虽有香烟出售，但不能在公共场合、街上及主人宴会上抽烟。不得随便进入清真寺。忌用鞋底后跟面对人，忌用脚踩桌椅板凳，因为这被认为是污辱人的表示。沙特戒律很严，因此，这个国家几乎无犯罪。

#### 伊朗

伊朗伊斯兰共和国位于西南亚伊朗高原，素有“欧洲路桥”、“东方空中走廊”、“雅利安人之国”之称，面积 164.8 万平方公里。伊朗人口为5 500多万。波斯人占 6%，阿塞拜疆人占 22%，库尔德人占 9%。国语为波斯语。居民中 95%以上信奉伊斯兰教，其中什叶派占 90%以上。伊朗是个政教合一的国家，奉《古兰经》为最高法律。伊朗人天性乐观，善感，但缺乏灵活性，所以与他们做生意，并非易事。此外，他们还带有很强的虚荣心和自尊心，喜欢装腔做势，不易变通。

根据当地商业习惯，进行商谈时，首先彼此提出所希望的价格、条件，然后相互洽谈达成交易。与伊朗人相处，不要伤害他们的自尊心，不能有不尊重伊斯兰教的言行。

伊朗人不食猪肉，禁止饮酒，他们的禁忌大多与伊斯兰教规有关。

### （二）非洲文化区

#### 加蓬

加蓬共和国简称加蓬，位于非洲西部大西洋沿岸，赤道线横穿国境。面积 26.7 万平方公里，国土大部分覆盖着茂密的森林，被称为“生灵之国”、“绿色金子国”或“木柴之国”。森林面积达 2 200 万公顷，占全国面积的 85%。

加蓬的得名，来源于葡萄牙语。相传 1473 年，葡萄牙殖民者在加蓬沿海登陆时，发现了沿海的科莫河宽阔的河口，这个河口狭长而且深入大陆，中间形状好像当时葡萄牙水手穿的一种叫“卡膀”的服装，于是称此河口为“卡膀”。后来渐渐由“卡膀”转化为“加蓬”，由河口名演化成国名。

加蓬人口 106 万，是个人口稀少的国家。法语为官方语言。大部分居民信奉天主教、基督教和原始宗教。

#### 赞比亚

赞比亚共和国简称赞比亚，地处非洲中南部陆地。面积 75 万平方公里，人口 756 万。赞比亚人多数信基督教，教徒占总人口的 72%，农村居民中多信奉原始宗教。官方语言为英语。

赞比亚盛产铜，故有“铜矿之国”的美称。

赞比亚人朴素而亲切，日常生活非常优雅。

在赞比亚，除了旅游观光以外，不要拍摄照片。若对女人、小孩等拍照，赞比亚人会认为是莫大的耻辱。另外，总统官邸、政府建筑物、邮政局、缉拿观察署、桥梁、机场等，都被列入重要的军事设施，禁止拍摄。

### （三）西方文化区

#### 美国

美利坚合众国：United states of America 地处北美洲南部，东临大西洋，西临太平洋，北靠加拿大，南接墨西哥。所属阿拉斯加州位于北美洲西北部，夏威夷州位于中太平洋，南太平洋北部。总面积 9 372 614 平方公里。

美国人口 24 963 万，白人占 80%以上，多为欧洲移民后裔；黑人占 12.1%，华人 80 多万，其他还有墨西哥人、阿拉伯人、波多黎各人、印地安人等。官方语言为英语，但一些少数民族也保留着自己的语言。居民中 57%信奉新教，28%信奉天主教，2%信奉犹太教，其他各种宗教占 4%，还有 9%不属于任何教派。

美国人随和友好，易于接近，讲礼貌而无繁文缛节。熟人与朋友之间常用 Hello, Hi, 表示问候。称呼上常喜欢直呼其名，虽然很随便，但礼貌却不可少，美国人常把“请”、“谢谢”挂在嘴边。

美国人的独立精神很强,充满自信。他们大多雄心勃勃,认准目标就会全力以赴地追求。他们经常更换工作以求创造成功的机会。在生活中占主导地位的就是敢于追求独立生活。孩子成人后大多离开父母自己闯天下,并以依靠父母为耻。

美国人追求新奇,爱好变革。美国人从不满足于自己的生活环境,他们总是喜新厌旧,不墨守成规。比如美国家庭好迁徙,交朋友也是喜新厌旧,才交的朋友,一周后说不定已忘得干干净净。

美国人自满而傲慢。由于美国是个强者的社会,美国人崇尚强者,不同情弱者,对自己他们也是从来不说自谦之词,不说自己不行。

美国文化可以概括为:崇尚自由,个人奋斗,敢于竞争,善于冒险,勇于开拓。

文化价值观渗透到企业管理上,也形成了特有的企业文化。比如企业崇尚自由竞争,对干预企业抱有敌意。企业家追求事业的成功和崇高的社会地位与威望,当然也追求丰厚的物质利益。他们敢于冒险,锐意创新,在管理上强调自己特殊的能力和风格,不怕失败,积极壮大实力和提高声誉,善于开发新产品、新技术和新市场。

美国文化中的自由主义是形成自由企业制度的基础,个人主义推动着经济主体凭实力参与市场竞争,利己主义又成为企业、个人乃至整个国家发展的动力。但是,美国文化过分强调个人独立,缺乏凝聚力,在企业管理中已暴露出它的弊端。因此,美国许多先进企业在进行改革时,都试图引进东方管理方法,培养集体主义精神,提倡奉献精神,在强调企业利润最大化的时候,也重视企业长远发展和社会效益。

**德国**

德意志联邦共和国位于中欧西部,北临北海和波罗的海,面积356545平方公里。

德国人口8 000万,绝大多数是德意志人,另外少数为丹麦人和吉普赛人。通用语言为德语,居民中47.2%信奉基督教,35.9%信奉天主教,0.8%信奉东正教,1.9%信奉伊斯兰教,0.1%信奉犹太教,无神论者占13.4%。

德意志民族是一个古老的民族。在长期的历史发展中,德意志民族创造出灿烂的文化,形成了许多好的民族传统和习俗。德国经济现代化水平高,为当今世界第三经济大国。

德国人纪律严明,时间观念很强。他们对人对己都很严格,在商务谈判或其他约会时,如果迟到,就会引起他们对你的不信任,甚至是冷漠与厌恶。交谈时,他们不喜欢漫无边际的闲聊,而愿意单刀直入。德国人以讲究效率而著称。

德国人勤劳实干,他们都是靠自己本领做生意,而不是依赖于公司。

德国人在待人接物方面严肃拘谨,但态度诚实可靠。如果你想与一个初次见面的德国人谈笑风生,似乎不大可能。但如果你向他问路,他会不厌其烦地帮助你。如果他自己也不知道,那么他会替你去问别人,甚至陪你走上一段路。德国人对自己有着坚强的自信,往往坚持己见,缺乏通融性。

德国人非常好客,邻里之间相互帮忙,关系融洽。他们家庭观念浓厚,视亲人团聚为最幸福的时刻,群体观念也非常强。

德国人遵守契约,讲究信誉。他们在签定合同后,就要绝对依约履行。德国人的交易大多是以信用交易为多。德国人在谈判时,还精于讨价还价。

**英国**

大不列颠及北爱尔兰联合王国,位于欧洲西部,大西洋中的大不列颠群岛上,面积24.41万平方公里。

英国人口5 707.7万,其中英格兰人占83%,其次为苏格兰人、威尔士人、爱尔兰人等。通用英语,居民中多信奉新教,其次为天主教,另外,还有伊斯兰教、犹太教等。

英国是古典经济学的发源地,自由竞争的经济思想也是英国文化的一种反映,这一思想推动了英国市场经济的发展。但由于市场经济体制推行得不彻底,流行的价值观还有许多是封建时代产生并一直延续下来的。

重门第、讲等级是英国封建社会和现实观念的一个表现。安于现状,不求变革是英国文化价值观的另一特点。

英国文化在企业运行中也得到充分体现。英国的企业家往往不是用优异的管理来证明自己的社会价值,而是千方百计地使自己加入贵族社会,以此来确定自己的社会地位和威望。他们把经营企业视为追求和维持贵族社会地位的一种途径和手段，不是以冒险去获得企业利润，扩大生产，开辟市场，而偏重于维护企业平安，确保企业长期稳定。英国企业里也存在着明显的等级差异，企业管理墨守成规，不求改进创新，不重视采用新的管理方法和科学技术。英国企业崇尚个人主义，企业内严格划分权责，事事以个人为中心，凡事按合同契约条款办。

英国人谨慎，感情不外露，孤芳自赏。他们往往给人一种严肃刻板，神情冷淡，不苟言笑的印象。他们性格内向，不爱表白自己的感情。他们倾向于克制自己而不喜欢夸夸其谈。在人际关系方面，他们开始时总是保持一定的距离，而后才慢慢接近。但他们为人和善，友好，乐于交往并让人感到愉快。

英国人孤芳自赏，用他们自己的话来说就是“我是英国人，你离我远点，我愿意孤傲独处。”这种性格是高度自信的表现。

英国人很保守，他们对新事物很审慎。从不轻易改变原有的生活方式和传统习俗。英国还保留着世袭头衔，到处是“百年老店”。他们墨守成规，崇尚古物，并以此炫耀于人。

英国人讲文明，重礼节。他们在任何时候都是彬彬有礼。他们强调容忍，不与他人作无谓的争论，很少发脾气，尊重妇女是英国的文明传统。

### 法国

法兰西共和国位于欧洲西部，面积551 602平方公里。

法国人口5780万，其中法兰西人口约90%。通用法语，居民中76.4%信奉天主教。

法兰西民族有灿烂的传统文化，历史上曾经涌现出众多的文学家、艺术家、哲学家和科学家。法兰西民族也有自己独特的传统风俗，这至今仍然是法国人的骄傲。

法国人爱好自由，他们喜欢轻松友好的交际气氛。与法国人约会，必须事先约定时间，准时赴约，但他们迟到却是习以为常的事。

法国人爽朗热情，幽默诙谐。他们喜欢高谈阔论，且爱打手势，善于雄辩。萍水相逢，也能亲热交谈。他们乐于助人，但邻里之间却很少往来，也很少请人到家里做客。

法国人的“幸福观”是享受生活，追求生活的乐趣。他们讲究穿着，爱虚荣，购物时，只追求“物美”而不是“价廉”，以免给人留下“爱买便宜货”的印象。

### 意大利

意大利共和国位于欧洲南部亚平宁半岛，还包括地中海的西西里岛和撒丁岛屿，面积301 263平方公里。

意大利人口5 747.6万，98.8%为意大利人，官方语言为意大利语。居民中83.3%信奉天主教。

意大利人国家意识较淡薄。如有些商人不习惯提国名，而总是提故乡的名字。

意大利人情绪多变，喜怒无常，办事效率不高，组织性不强。他们看起来匆匆忙忙，但却普遍不守时。

意大利商人崇尚时髦，他们总是衣冠楚楚，风度潇洒。比起德国人，他们少了一些刻板；比起法国人，却多了一些热情。

意大利人很注意个人之间的关系，交易上虽然是公司对公司，但都是以个人对个人的关系为基础的。因此，同对方处理好个人关系是成功的决定因素之一。

### 俄罗斯联邦

俄罗斯联邦位于欧亚大陆桥的北部，领土包括欧洲的东部和亚洲的北部，总面积1707.54万平方公里，占原苏联领土的76.2%，相当于欧洲总面积的0.7倍，为世界领土面积最大的国家。俄罗斯人口为14 810万，居世界第五位，共有100多个民族，其中俄罗斯民族占82%。

俄罗斯人信仰东正教，俄语为主要语言。在俄罗斯英语普及率极低，即使受过中、高等教育者，也极少会英语，而德语和法语在知识界普及较快。

俄罗斯人感情外露，不善掩饰，不像东方人那样遇事不动声色。他们注意礼貌，热情好客。在公共场合大多遵守公共秩序，举止文雅，衣着得体，并普遍保持着尊重女士的良好风尚。俄罗斯人工作节奏慢，无论干什么事总是不急不忙。

# 国际贸易中营销文化的走势

江西财经大学 熊 焰 胡振华 付建喜

## 文化营销悄然兴起

作为一种有着文明意识和文明要求的理性动物，人类除了依靠实践活动来维持自己的生存和改造周围环境以外，总是企图把简单的生存活动上升到一种至真、至善、至美的境界，总是希望在满足生理需求的同时，能获得心理上的愉悦。这种升华过程的两端便维系着经济和文化。经济和文化二者不可分割，并在人类社会发展的各阶段、各层次、各项活动中互相渗透、互相影响和互相作用。前商业部部长胡平指出："在现代经济活动中，存在两只看不见的手，一只手是市场经济，一只手是文化，经济和文化双向推进，实现一体化，这是世界性的潮流"。人们重视对产品的物质需求，更注重它们的情感性、审美性、象征性、符号性等文化价值。

文化营销理论，有着其深刻的时代背景。现代化的技术力量和激烈的市场竞争，使得同类产品的性能十分接近，消费者对它们进行性能上的区分意义越来越小。虽然某些产品可能因为拥有先进的使用性能而风靡一时，但这种优势往往是十分短暂的。在超额利润的驱动下，竞争者将纷纷加入竞争行列，同类产品竞相投入市场。随着市场竞争日趋剧烈，同类产品的物质性差异将愈来愈小。有人做过这样的实验：把可口可乐和百事可乐的标识除去，然后让消费者品尝、分辨和评价，结果发现消费者对这两种产品的区分能力其实非常弱小；但一旦加上商标，更多消费者会觉得可口可乐味略胜一筹。耐用高档消费品也不例外，通用和福特在各个档次均有相应的竞争品牌，其技术性能、质量的差异只有技术专家才会去计较，对于消费者而言，是无足轻重且极难分辨的。这是因为产品竞争的一个重要前提是同类产品之间存在着消费者可识别的差异性。为竞争在技术、成本、质量、服务等物质因素上费尽心机，且数番轮回再难有大的突破时，一种非物质的因素就引入了市场竞争。其次是，消费者消费观的变化。营销是为了满足人们的需要。人们的需要包括两个方面：一是生理需要，二是心理需要。马斯洛需求层次理论告诉我们，需要是有层次的。随着经济的发展，人们的基本生理需求得到大致满足后，心理需求所占比重便会大大增加，这种高层次的需求，大都折射出某种文化的成分。如昂贵的名牌手表，其产品实体所提供的依旧是准确的计时，但使用者的购买动因是他的角色认同、社会识别等文化需求。

随着生活水平的提高，消费者的消费行为越来越具有"文化性"。他们看重的不再仅仅是商品的使月价值，还有文化价值。选购商品时特别重视商品造型、包装、色彩等外观美，注重商品式样是否流行、是否有个性、有品味等文化内涵。据美国最大的化学工业公司的一项调查表明，63％的消费者是根据包装来选择商品的。消费者对购物日益趋于"理智"，他们凭着自己的品味、情趣、情感来消费商品，他们对商品的情感性、夸耀性、符号性等文化价值的需求日益超过了商品的物质使用价值。山东曲阜酒厂生产的"曲阜老酒"，质量的确不错，但销路长时间不景气，后来改名为"孔府家酒"，并配以古朴典雅的装潢，给产品注入了浓厚的文化情愫，结果深受消费者欢迎，销路随之大开。酒还是那种酒，市场却发生了变化，从中不难体会出文化价值在消费者心目中的地位。甚至有学者认为："消费者所购买的商品并不一定是要买的东西，而是一种能与消费者心理需求引起共鸣的心理商品"。

智者之为，相时而动。文化营销既迎合了"上帝"心理的变化，又解决了产品均质化的矛盾，是对传统营销理论的一次突破，必将成为新时代企业开拓市场的锐器。

## 文化对国际营销的影响

### (一)文化对思维方式的影响

社会学家指出，文化“告诉人们他们是谁，属于哪个群体，应该做什么，应该怎样做。”社会文化决定着人们的所思、所信、所言、所行。一个人的文化观念是通过后天教育获得的，一旦接受之后就形成了某种习惯的思维模式，对任何事物的认识判断都基于这个思维模式中的价值观、审美观、道德观等，这个思维模式是其社会成员所共有的，是一股很强的社会力量。正因为如此，人们在看待外国文化现象时，也总是自觉地把自身的文化作为惟一的参照标准，这种现象称为“自我参照准则”(SELF－REFERENCECTITERION，简称为 SRC)，也是国际营销人员最常遇到的问题。中国和日本商人在接触新客户时，通常不会开门见山地谈生意，而是先拉家常，建立个人感情和信任。但许多西方人不理解，往往以为这是不积极的表示，从而怀疑对方的交易态度。中国人向客人敬烟是很常见的礼貌，但对外国人却行不通，因为许多外国人是反对吸烟的，向这类人敬烟反而是不礼貌的。在埃及，商人们做生意习惯于仅凭口头协议，因为按伊斯兰教，真主要求人们必须遵守自己的诺言。所以他们多不理解为何西方人做生意要签书面合同，甚至觉得对方的这种要求是对他们人格的侮辱。

美国学者 JAMESA. LEE 提出了所谓“四步骤法”，用以克服国际营销中的 SRC 倾向：第一步，先按照本国文化的特点、习俗和规范来确定工作目标和方法；第二步，再根据外国文化的特点、习俗和规范来确定工作目标和方法；第三步，比较第一和第二步的不同，把 SRC 因素孤立出来，研究它的影响；第四步，在没有 SRC 因素的影响下确定工作目标和方法。

比“自我参照准则”更糟糕的是民族优越感。每个民族都会认为自己的文化是独特的，优秀的，但如果认为自己的文化是最优秀的，从而忽视或蔑视其他文化，就成了民族优越感，或称民族歧视，这对国际营销的危害更大。美国学者 LEED. DAHRINGER 承认，民族优越感在 60～70 年代的美国商人身上表现得最为突出。因为当时美国国力极为强大，经济和科技都领先全球，所以错误地认为他们的文化也可以领导世界各国。这种过度的自豪，使他们在国际市场上的作为受到很大限制，形象受到很大损害。

美国人认为自己的社会是开放的，市场也是开放的，为外国商品进入美国提供了极大便利，同时抱怨许多外国市场，特别是日本的市场过于封闭，从而造成美国的巨额贸易逆差。但日本人却指出，日本人在美国的成功主要应归功于他们主动去适应美国人的需求，可美国人从来没有努力去适应日本人的消费文化。多数日本商人都会操流利英语，而 70％以上的美国商人承认花在学习日语上的时间太少。英语是世界比较通用的语言，这是英美人的优势，但同时又造就了他们的劣势，因为他们不愿或不屑于学习其他语言和文化。因此，作为一个国际营销人员，对待其他不同文化必须认真克服“自我参照准则”和民族优越感的影响，正确态度是首先尊重，其次理解，最终适应。

### (二)文化对企业营销组合的影响

文化对于企业营销组合的影响方式主要有两种：首先文化是一种企业不可控制的外在环境力量，影响着消费者的需求和购买行为，国际企业要想成功就必须使自己的营销组合适应目标市场的文化；其次一个国家或地区的商业习惯和作风是其文化的组成部分，所以企业营销组合必然直接受文化的影响。

美国著名学者、《第三次浪潮》的作者阿尔温·托夫勒，在他 1994 年的新作《日美利坚》中指出，文化背景与一个国家的经济发展模式有着直接逻辑关系，他认为亚太地区的高速增长中包含着东方式的“十大原则”：

(1)经济发展比其他发展更重要；

(2)出口产品的生产比国内消费的产品生产更重要；

(3)国家比企业重要；

(4)公司比个人重要；

(5)大公司比小公司重要；

(6)产品的质量比生活的质量重要；

(7)生产者比消费者重要；

(8)单一型的大规模生产比多样化的小规模生产重要；

(9)服从性比创造性重要;

(10)男性比女性重要。

托夫勒认为这十大原则既推动了经济增长,又潜藏着危机,只有与西方式的文化准则相融合,形成所谓"日美文化",才是经济发展的最佳环境。

"文化要素战略"是国际企业取得经营成功的重要战略之一,也就是说国际企业要充分考虑影响消费者需求购买行为的各种文化因素,相应地改变营销策略,适应它并利用它。这被称为文化要素战略。企业在分析一个目标市场时需要对各种文化要素进行全面的考察,有些是决定性的,有些是次要的、间接的影响因素;有些是根深蒂固难以改变的,有些是可能去调节改变的。应分别采取对策。

对文化因素的分析判断直接影响着企业的标准化或差异化策略。企业在国际营销中是否采用标准化策略,标准化程度应达到多高为宜,通常是基于对市场同质性或异质性程度的判断,其中主要是考虑文化的同质或异质性。英美两国差异较小,所以两国的产品多数可以被对方接受,出口产商一般不必对产品作大的修改。中国出口到越南、泰国的自行车基本与内销的相同,而出口到美国、欧洲的自行车则由于文化的差异,必须在款式、功能和质量上作大的修改,因为自行车在中国、越南、泰国主要是实用的交通工具,而在欧美却主要是用来娱乐健身。

文化因素的影响还不仅仅在于企业的标准化或差异化策略,而且体现在企业营销组合的全部决策之中。比如:

**促销受语言的影响很大** 广告用语必须根据语言环境而调整,因为一句促销口号,原来的积极意义换了一种语言环境之后,意思可能完全相反。美国派克公司的圆珠笔世界闻名,在进入拉美市场时,他们发现西班牙语的 BOLA 在有些国家是圆珠(BALL)的意思,在另一些国家里却表示"革命"或"说谎",所以不得不改变促销口号。

**一个社会的价值观,道德规范影响着产品的被接受程度** 有几种美国流行的电脑游戏在德国市场被禁止出售给儿童,理由是它令人觉得是在颂扬战争。美国的肯德基炸鸡 70 年代试图进入香港市场时遇到了困难,原因是香港人传统上认为,油炸鸡的味道一定不好。

**定价决策也常受到目标市场社会文化环境的影响** 在妇女地位较低的国家或地区,零售商采用可变价格较多,相反则采用固定价格较多。原因是妇女地位较低则绝大多数妇女不参加工作,把大量的时间花来逛街购物,哪怕很小的东西也喜欢讨价还价,所以现代商业常用的固定价格就很难流行开来。相反在妇女普遍就业的社会里,职业妇女没有时间为小东西讨价还价,所以固定价格就流行了。

**分销渠道受到社会结构的影响** 如有不少亚洲和阿拉伯国家,商人同顾客的关系是主要建立在血缘关系之上的,而不是看距离的远近。在中国,低收入者往往在装修很差的街道小店里买东西,而高收入者则常在超级市场,友谊商店购物,等级差别很明显。

### (三)企业营销对文化的反影响

在国际营销的大多数情况下,应该按照国外市场的文化环境要求来设计产品,制定营销策略,这被称为文化适应。但事实上企业的营销活动不仅仅是被动地受国际文化环境的制约,它同时也对所在的文化环境具有反作用力。如前所述,国际企业在推销一种产品时,也必然是在推销一种文化,所以说在现代国际间文化交流和融合的过程中,在当代文化发展演变的过程中,国际企业的作用特别重要。

当国际企业试图把一种创新(无论是新产品、新技术,还是新思想)介绍到某一社会时,必然会引起传统文化的抵触,如伊斯兰原教旨主义者就拒绝购买任何《古兰经》中没有提到过的产品。在此情况下有两种对策,一是等待,二是促变。事实上从来没有哪个企业是甘于等待的,他们总是利用各种方式去宣传说服人们。只是有些企业手段高明或实力强大,所以成功了;另一些尽管失败了,也或多或少地影响了人们的观念。

## 国际营销中的文化策略

文化的需求是无形的,但这种无形的需求也要通过有形的产品来实现。即特定产品与特定文化需求之间形成了一种联系:"产品——文化需求"联系。在你消费该产品的同时,也满足了某种特定的精神、文化上的需求。譬如,肯德基炸鸡在中国大为走红,平心而论,其口味实属一般,但当人们坐在那简洁明快、异国情调的餐厅,不仅是在品尝实物,同时也是在领略一种美国文化。即在大众心目中存在着“肯德基——美国文化”联系。营销文化策略的核心就是去发现这种联系、利用这种联系、创造这种联系。

## (一)市场调研

文化营销以满足大众文化需求为目标,因而市场调研的主题是消费者情感体验、价值认同、社会识别等文化需求,并密切关注消费时尚、消费方式的变化趋势。某国糖果商想来中国做糖果生意,他来华后并没有考察中国的糖果市场,而是潜心研究中国文化及中国人的情感特点,经过研究后认为,多数中国人都具有三大特点:一是爱露富,二是过于宠爱子女,三是爱攀比,尤其盛于中小学生中。于是,他将本来十分平常的糖果加上“洋味”十足的包装,再以同产品数倍的价格投向中国市场,结果无数个中国儿童都成了这种洋糖果的感情俘虏。以上三点是否正确有待商榷,但他对中国人文化需求的把握和对“洋味+高价+攀比+显富+宠爱子女”这一联系的成功利用,无疑是他成功的关键因素。

## (二)市场定位

文化营销市场定位的要点在于明确自己的产品满足消费者什么样的文化需求,在满足这种需求上与竞争对手有什么文化层面上的区别,从而才能在竞争中脱颖而出、独树一帜。60年代,百事可乐针对几乎所有老年人都喜欢可口可乐的特点,成功利用青年一代追求新奇,力求摆脱老一代生活方式的叛逆心理,把百事可乐重新定位为新生代观念的饮料,吸引了众多青少年顾客及高龄老年人群中仍想保持青春活力的分子,一举攻占了可口可乐的半壁江山。百事可乐定位于“百事可乐——新生代观念”这样一种联系,是其成功的关键。

## (三)产品策略

在文化营销的视野中,产品不仅要能满足用户的物质需求,更要能满足用户的文化需求。其价值也随之包含两个部分:使用价值和文化价值。日本“经营之神”松下幸之助就明确指出:“在今天的时代,光靠使用价值,已不行了,还必须依靠审美等文化价值,才能赢得消费者”。

因此,国际营销十分重视产品的包装、命名、造型及品牌中的文化品味。比如,绍兴黄酒,在经过文化包装后诞生了“贵妃出浴”、“太白醉酒”、“武松打虎”、“八仙过海”等100多种艺术形象,使一坛(1 000克)价值不足10元的黄酒经过艺术升华,在香港标价650港元,在日本则标价1万日元。被外商称之为“东方酒文化的瑰宝”,中国名酒“茅台”也仅仅因为改进了包装设计,在国外售价便提高数倍,获得客户的青睐。更有学者指出:“当人们发现‘万宝路’和‘可口可乐’两个商标分别价值310亿美元和244亿美元,人们的视线早已超过了这两种产品本身,而注目于其所代表的一种文化!”。

文化营销认为,尽管产品本身并无情感可言,但可通过别具一格的文化内涵设计赋予产品浓郁的文化气息和情感氛围,使之与消费者心理需求相吻合,从而建立起“产品——文化需求”联系,形成消费者的品牌偏好。美国的一家鞋厂就是在这种思路的启发下,先后推出女性情感、男性情感、精炼感、年轻感、优雅感、轻盈感、稳重感等各式各样具有不同心理效果和文化品味的鞋子,取得了意想不到的销售效果。

## (四)价格策略

顾客购买的是整体消费利益,商品定价应以顾客获得的总价值为准线。不要忘记,产品提供的价值,既包括使用价值,也包括文化价值。同是茅台酒,仅因包装不同,价格便提高数倍,超值部分可以认为是商品中的文化价值。文化价值是顾客的一种心理体验,其价值大小的确定应以顾客的认知为基准。

商品定价应与高层定位相适合,即与商品所满足的文化需求一致,否则,势必破坏所希望形成的“商品——需求”联系。1985年参加巴黎博览会的中国成套瓷器,就因为标价只有300法郎,使许多本想买去作家庭陈设的顾客欲购又止,因为这个价格不足以满足消费者对于夸耀性、角色认同、社会识别等需求。而美国宝洁公司将“海飞丝”打入中国市场时,在同类产品中售价最高反而畅销。

## (五)促销策略

与传统促销相比,文化营销十分注重促销活动中的文化内涵,并把这种文化内涵赋予商品之中,创造出商品的文化价值。“喝孔府宴酒,做天下文章”,既蕴含了“李白斗酒诗百篇”的豪情,落脚点又符合当代人追求事业成功的心态,给孔府宴酒注入了浓浓的文化气息和文化价值。许多借助名人做的广告,相比之下就等而下之了。

促销策略的另外一个主要目标是通过赋予商品文化内涵创造"产品——文化需求"联系,"唤醒"顾客的心理需求。诞生于1924年的万宝路香烟,起初只是妇女的消遣品,销路也一直平平。针对这种状况,一个广告公司提出了一个大胆的设想:让万宝路成为一个世界闻名的具有男子汉气概的香烟,于是设计了一个硬铮铮的美国牛仔广告形象,这牛仔上马的姿势,坐在马上的神态,无不显示男子汉的阳刚之美。万宝路借助于牛仔广告形象,使它一举成为世界名牌。由此可见,万宝路香烟的真正魅力在于它的广告建立的"万宝路——男子汉"联系。

不破不立。如果目前消费者心目中"产品——需求"联系不利于产品的市场开发,则必须运用各种促销手段,破除这种联系,并使之朝有利于自己的方向转化。在60年代的台湾人的观念中,葡萄干只是孩子们的一种零食,而不是成人的食品。美国加州葡萄干公司为了改变观念,打开市场,采取了一系列促销策略,编印精美的葡萄干食谱,分发《美国加州葡萄干介绍手册》,赠送小盒包装。结果,几种促销策略的巧妙组合,尤其是食谱的宣传,在台湾诱导出一种新的消费观念。为今后长久的市场开发,奠定了坚实的文化和心理基础。

文化营销十分重视在促销活动中针对消费者心理进行情感诉求,从而建立消费者对产品的认同感。美国广告大师罗宾丝基说:"我坚信一流的情感,才能组成一流的广告,所以每次我都在广告中注入强烈的感情,让消费者看后忘不了丢不开"。广东太阳神集团的企业形象塑造,根据中国人社会心理的特点,定位于情感诉求上:"当太阳升起的时候,我们的爱天长地久"。这切合了中国人重感情、重友谊的心态。

不同的文化群体,有着不同的文化心态和思维方式。因此,企业必须针对不同的文化前景设计不同的广告内容、公关策略等。万宝路在香港的广告形象不再是美国西部纹身牛仔,而是年轻、洒脱、在事业上有所成就的农场主,在日本的广告则是一个日本牧童,远离都市和现代文明,过着一种田园诗般的生活,均取得了良好的效果。

### (六)文化造势策略

法国商业部长良歌说过:"文化是明天的经济"。在经济与文化的互动关系中,文化经常扮演开路先锋的角色。通过文化来争夺市场,在现代商战中,屡试不爽。其中最成功的无疑是迪斯尼。迪斯尼创作的系列卡通人物——如米老鼠、唐老鸭等,以其独特的魔力风靡全球。这些全世界的儿童耳熟能详的卡通人物开创出了一个不可估量的大市场。有关资料表明,1995年迪斯尼授权的消费品零售额超过40亿美元,1996年达46亿美元,1997年突破50亿美元。《孙子势篇》有云:"激水之疾,致于漂石者,势也",并指出:"故善战者,求之以势"。在营销活动中企业必须学会运用文化造势,创造出新的需求,建立起新的"产品——文化需求"联系,方能"如转园石于千仞之山者",以雷霆万钧之势开拓市场。

## 附:1999年诺贝尔经济学奖得主——芒德尔经济思想介绍

瑞典皇家科学院10月13日宣布,将1999年诺贝尔经济学奖授予美国哥伦比亚大学加拿大籍教授罗伯特·芒德尔,以表彰他对"不同汇率体制下的货币与财政政策"以及对"最佳货币区域"所进行的分析。

芒德尔的研究解答了关于货币与财政政策如何影响国际资本市场的融合、内外部平衡等问题。他认为货币与财政政策如何影响取决于有关国家是否实行固定汇率,或是否允许其货币自由浮动,或有关国家是否有自己的货币。他在几十年前的研究已成为今天我们制订宏观经济政策的理论基础,并构成了国际宏观经济学教材的核心部分。下面,我们具体介绍芒德尔的主要学术成就。

(1)芒德尔——弗莱明模型(开放条件下宏观稳定政策的理论)

芒德尔在一篇开拓性的文章中阐述了开放经济条件下货币和财政政策的短期效应。这篇文章的分析是简炼的，但其结论是深远和有影响力的。芒德尔将外贸和资本流动引进封闭条件下的 IS－LM 模型(最初是由 1972 年的诺贝尔经济学奖获得者希克斯建立的)，分析得出稳定政策的效果是国际资本的流动程度紧密相联的。而且，他论证了汇率制度的重要性，即在浮动汇率下，货币政策效果明显，财政政策软弱无力，而在固定汇率下，结果与此相反。芒德尔——弗莱明模型的结论也可以概括为“在固定汇率和资本完全流动条件下，一国无法实行独立的货币政策，或者说单独的货币政策基本上是无效的。”

芒德尔——弗莱明模型的政策涵义十分明确：在固定汇率和资本完全流动条件下，由于利率和汇率保持相对稳定，货币政策的传递机制，即通过利率变动影响投资，进而影响产出水平的机制，其功能自然会遭到比较严重的削弱，从而货币政策无效；同样道理，利率稳定即可以基本消除财政引起的挤出效应，从而实现财政政策的最佳效果。因此，当一国面临的外部冲击，主要是国际金融和货币因素的冲击时，则固定汇率制应该是较为理想的汇率制度。毕竟在固定汇率制下，国际资本套利活动可以自发化解货币因素的外部冲击，并且使财政政策纠正经济失衡的效果达到最优。

(2)最佳货币区域

芒德尔早在 60 年代初就提出了在当时被视为“激进的”“最佳货币区域”分析理论。他分析了在一定区域内取消货币主权而使用统一货币的利与弊，进而对实行统一货币表示肯定。目前，研究人员正是根据他的理论来分析欧洲经济货币联盟及欧元的利与弊。

芒德尔的文章简要阐述了共同货币的优势，如降低了贸易中货币结算的交易成本，消除了相关价格的不确定性；同时他也详细分析了共同货币的劣势，最大的不足在于：当需求的改变或遇到其他不对称冲击要求某一特定地区的实际工资下降时，很难保持充分就业。芒德尔强调了劳动力高度流动性的重要性，只有劳动力高度流动性，才能弥补以上不足。

芒德尔将最优货币区定义成这样一系列地区：当其中一个地区面对不对称冲击时，劳动力迁移的偏好足以确保充分就业。其他学者在其研究的基础上扩展了其理论，加入了其他标准，像资本流动、地区专业和共同的税收交易体系。可以说芒德尔最初提出的问题引起了一代又一代经济学家的研究兴趣。

实际上，芒德尔观点中的关键因素是一国各地区之间或各国之间的要素流动程度。如果要素流动性很低，那么汇率不应是固定的，可能意味着中止现存的货币同盟。为说明这一点，假设在一个大国中，需求由 A 地区生产的商品转向 B 地区生产的商品。于是，A 地区出现超额供给，B 地区出现超额需求。如果劳动力具有高度流动性，那么劳动力会从 A 地区移往 B 地区；失业不会成为问题。但是，如果要素缺乏地理上的流动性，则需要这两个地区间出现实际汇率的变动。

为消除 A 地区超额供给和 B 地区出现超额需求，如果价格是柔性的，这可通过 A 地区价格水平下降和 B 地区价格水平上升来完成。但是，如果价格是非柔性的(可能产生于该国工资谈判、长期合同或难对付的通货膨胀预期)，那么非均衡将持续下去。人们不应等待衰退来降低 A 地区的价格水平，而应当中止货币同盟，让两个地区之间的名义汇率下降。

芒德尔几十年前考虑的这个问题与我们今天高度相关。随着经济金融全球化的发展，由于资本的流动性提高，暂时固定却可调整的汇率制度已变得更加脆弱。芒德尔文章讨论的货币联盟或浮动汇率制度在经济金融全球化的今天，一国必择其一。芒德尔的分析更是与欧洲货币联盟密切相关，许多学者已采用他的最佳货币区域理论分析欧洲货币联盟的优势和劣势。

(3)货币动态变化的理论研究及其他贡献

芒德尔的研究并没有停留在芒德尔—弗莱明模型的短期分析上。在他的几篇有重要意义的文章中，货币的动态变化是其研究的核心主题，他强调了商品和资本市场调整速度的不同。后来，芒德尔的这个观点被多恩布什用以分析调节汇率过程中出现的暂时超调现象。

芒德尔对宏观经济理论还作出了其他贡献。他发现高通货膨胀将导致投资者降低现金，有利于提高实际资本的形成，因此，即使预期通货膨胀也可能对实际经济有影响——这被称作芒德尔——托宾效应。芒德尔还对国际贸易理论作出了贡献。他拓展了赫克希尔——俄林——萨谬尔森模型的结论。他认为即使存在贸易障碍，国际间劳动和资本的流动最终也会使各国商品之间的价格均等化。

(徐忠 陈建华)

# 第　七　篇

# 世界社会消费与消费文化

# 世界社会消费的新趋势

长沙铁道学院　　尹清非

## 消费结构的新趋势

随着经济的发展和人们收入水平的提高,世界的消费结构是不断变化的,其变化主要呈现如下趋势:一是恩格尔系数将会不断下降。经济发展水平越高,其恩格尔系数就越小,经济发展水平越低,则恩格尔系数越高,经济发展速度越快,恩格尔系数下降越快,发展越慢,恩格尔系数下降越慢。二是不仅吃的比重(恩格尔系数)会下降,而且穿、用、住的比重也会越来越小,但在发展中国家,住的比重可能会先上升然后才下降。三是原来在消费结构中占较小比重的交通通信、娱乐文化教育,其比重将会提高较快。以上变化趋势反映了人们较低层次的基本需要(吃穿住)得到满足后,消费需要向更高层次(交通通信、娱乐文化教育)发展,反映了消费结构的层次和质量的提高,也反映了当代高新科学技术对人们的消费生活的渗透力越来越强。美国麻省理工学院教授尼葛洛庞帝在描述数字化时代的特征时曾说道:我们将"越来越少地使用原子,越来越多地使用比特"。这种特征反映在消费领域,就是人们的物质消费比重越来越少,而信息消费的比重越来越多,90年代世界消费的现实证明了尼教授的这一论断,今后,世界消费的这一趋势将更加明显。四是原来在消费结构中占较大比重的物质生活消费,其比重将会逐渐减小,而原来占比重较小的精神文化消费,比重将会提高。五是消费结构改善的程度和速度,主要取决于经济的发展,经济发展水平越高,消费结构改善就快,消费质量、消费层次的提高就快,反过来,消费层次、消费结构的提高,又会促进经济的发展,从而形成一种良性循环。

## 食物消费的新趋势

据1998年巴黎国际食品博览会的预测,未来食品消费的主要趋势是:天然食品,保健食品,方便食品。

天然食品包括有机农业产品和没有施化肥的蔬菜瓜果、不加任何防腐剂的罐头,在食品加工过程中,减少营养成分破坏的灭菌方法及保鲜保味的包装等,它在许多国家已成为热销食品,例如,1996年,法国天然食品市场的销售额是40亿法郎,预计到2000年将达到150亿法郎。1997年,法国的大中型市场经销的天然食品量占市场的38%,专营店占市场的29%,面包店、直销和街市销售各约占17%。法国的各大食品销售集团都看好这一市场,纷纷将开发"天然食品"作为今后的一个重要发展方向。

保健食品是未来食品消费发展的又一个重要趋势。例如,现在美国市场上销售的形形色色的植物保健品已达上百种之多。据美国卫生部的官员估计,1997年至少有1.3亿美国人服用了植物保健品,其销售额超过了50亿美元。在即将到来的21世纪中,植物营养保健品将继续成为热销的保健食品。现在,一些食品厂商都在研究把中药补品加入食品中的可能性,他们对人参、当归、冬虫夏草等中药材及姜、大蒜、绿茶等东方食品有浓厚的兴趣。近年来葡萄皮的黄酮类提取物引起美国消费者的极大兴趣。医学专家认为,常吃含葡萄皮黄酮的保健食品可以预防心肌梗塞或中风。

方便食品也是未来食品消费发展的一个趋势。

现在,全世界方便食品已达1 500多种,包括方便面、方便米饭、大豆蛋白方便食品、膨化玉米方便食品等。日本是这方面的先行者,其方便食品年增长率达到40%,美国的快餐食品已发展成为一个年产值几千亿美元的大产业。冷冻食品发展也很迅速,在很多国家,冷冻食品从六七十年代起就一直保持增长势头,90年代更有加速的趋势。在意大利,1997年的冷冻食品比1996年增长4%,销售量达60万吨,其中速食餐和快餐增长最快,达11%。在德国,冷冻食品消费的年增长也达到5%。为了方便,罐头食品在很多国家也深受欢迎,成为食品消费中发展最快的部分之一。例如意大利,1997年肉罐头的消费增长了近10%。在外就餐在各国也呈迅速增长的趋势,在美国,在外就餐的比例已占食物消费支出的近40%,在日本也近20%,韩国在外就餐的比例已超过30%,而香港居民这一比例高达50%。追求食品消费的方便化,反映了越来越多的人希望节约做饭的时间以得到更多的闲暇时间从事其他活动,这反映了人们生活方式的变化,是人们消费水平提高、消费层次上升的一个重要标志。

此外,在许多西方国家,由于食物消费结构不尽合理,高脂肪、高热量的动物性食品太多,出现"营养过剩"的现象,并由此产生了许多"富贵病"。现在,西方国家已开始改变这一状况。例如,以面包和肉类为主食的美国人,近年来掀起了吃米饭热。目前,美国每周至少吃一餐米饭的家庭已占七成,比起60年代增加1倍多。此外,在英、法、荷等国,食米饭者的比例也呈上升趋势。西方人热衷于吃米饭,除换口味外,更多的是出于健康的考虑。美国营养学家研究发现,米饭所含的蛋白是由独特的氨基酸组成,有明显降低血液中胆固醇浓度之效。米饭含有丰富的维生素、铁质、粗纤维等,是人体必不可少的。米饭的热量低于面食,还有间接减肥的功效。因此,增加植物性食品的消费,是许多西方国家食物消费的一个趋势。在发达国家处于营养过剩的同时,发展中国家却有许多人处于营养不良状态,因此,发展中国家食物消费将出现和发达国家相反的趋势,植物性食品的比重将下降,而动物性食品的比重将上升。

21世纪将是生物工程技术的鼎盛时期,生物工程技术的发展,将极大地改变传统的农业和畜牧业,开发出许多新型食品。日本有许多的蔬菜、水果用温室栽培,其中大量运用生物工程技术,成为名副其实的"植物工厂"。随着生物工程技术的发展,在不久的将来,这种植物工厂可栽培出5公斤一棵的大芹菜、高甜度的水果、食用花卉等植物。利用生物工程技术独特的"杂交魔术",将使畜牧业出现奇迹,可以将大型动物的优秀生长基因引入到体型较小的动物体内,如将大象和鲸的生长激素注入到牛或猪的胚胎中,从而使牛和猪长得像大象那么大。据美国科学家预测,在今后10～20年内,这种人工培育的巨型动物将可能大量出现。科学家还在探索将猪、牛、羊培育成可以装到大菜盘里的微型牲畜,可使人们在餐桌上品尝整只猪、牛、羊的味道。利用基因工程技术,科学家可以把细菌和病毒的抗原基因裁下来,再接到植物中去,改变植物的基因组成,被人食用后,人体内可以产生相应的抗体,达到预防疾病的目的。

随着人口的不断增长,人类面临着严重的蛋白质短缺。单细胞蛋白作为食品和饲料添加剂,可补充日益匮乏的蛋白质资源。微生物繁殖迅速,一个世代时间只有几十分钟,如此快速的繁殖速度是任何高等生物所望尘莫及的。粮食每年只收一次或二次,体重为250千克的牛,每小时可增长200克,而200克细菌,在理想条件下,24小时可增长800公斤甚至250吨。因此,生产单细胞蛋白能收获大量蛋白质,是解决人类蛋白质营养的一条重要途径。

## 服装消费的新趋势

从服装的面料来看,追求舒适是未来服装面料发展的一个基本趋势,织物的风格以温暖、柔软、膨松为主,因此,膨松、绒面、磨毛、刷毛织物类面料将成为流行面料,如平绒、灯心绒、磨毛斜纹、人造兽皮、法兰绒、缩绒毛织物、减绒、植绒、天鹅绒、仿麂皮织物等。此外,牛仔布将仍是继续流行的面料,卡其布将有上升的趋势,它是中性面料,既可以上班穿,也可以休闲穿,比牛仔更轻便,适应范围更广。粘胶纤维(人棉、人丝、醋纤)面料由于其手感柔软、悬垂性好、吸湿透气,也是深受消费者喜爱的服装面料。

天然是服装面料发展的另一个趋势,纯天然纤维仍然会受到消费者的喜爱,如全棉织物、毛纺织物和丝织物等。对织物的品质要求也越来越高,如要求制作条干均匀,手感光滑,光泽鲜亮,品质高档等。

从款式上看，一是强调休闲，这不仅表现在款式上，而且表现在织物风格上的随意性，围绕着织物的舒适性、个性化来设计。二是强调自然风貌，回归大自然。

从色彩上看，将会趋于中性化，强调明亮、纯净，以中性色为主展开色调变化，在此基础上注重色块重叠后的丰富变化。

科学技术的发展，也将改变人们的服装消费。科学家已研制出一种微型包膜技术，即把一种活性产品包装在微粒子胶囊中，再织进纤物的纤维内，胶囊在与皮肤接触时便会爆裂开来，散发出香气、防菌剂、防火剂等。利用这一技术，可生产出许多新奇的服装，如具有除汗功能的衣服，浸了安眠药的床单，减肥内衣等。法国最近利用这一技术生产出了不会沾上汗渍的领带、能调节温度的夹克、能除臭的袜子、带有香味的内裤等产品，下一步则是向具有治疗作用的衣料大举进攻。目前这类新款纺织品在四个方面尤为看好，即不起皱，防紫外线，抗微生霉素，抗螨虫。

## 住房消费的新趋势

**智能化住宅**　随着电视、电话的普及，电脑进入家庭以及因特网连接千家万户，智能住宅和智能小区的发展便成为必然的趋势。比尔·盖茨曾对这种智能化的住宅作出了具体的描述：这种全面采用电脑化现代高科技的住宅，可以通过一个电子饰针识别主人的身份，以后甚至可以通过具有视觉识别功能的摄相系统识别主人身份，然后，便将主人和住宅内的各种电子服务连通，它可以根据家中每个人的不同需要，提供优质服务。例如，自动照明系统可以在主人进入时自动产生一条照明光带，自动随着主人移动，各房间的温度也根据各人的情况自动调节，在寒冷的早晨，起床前会将室内的温度调得暖烘烘的，为了节省能源，夜里室温自动下降。音乐也因人而异，不论你在房间里怎样移动，都能从临近的扩音器中听到你所喜欢的音乐。如果你打开遥控器的开关，你可以告诉房子里的监控器，让它显示出你所想要的东西，你可以从数千张图片、录音、电影、电视节目中任意选择，还可以选择许多其他信息。在室内的墙壁上，还挂有电子影集，里面保存有大量的家庭生活照片供人查阅。如果你计划访问香港，还可以让房间里的屏幕显示出这个城市的图片。

**绿色住宅**　德国已把低能耗的住宅开发视为21世纪的支柱产业之一，德国政府规定：1995年后兴建的建筑物暖气用能消耗量要比现在削减30%；对现有的建筑物，要在2005年以前达到这一耗能指标。例如，下萨克森州政府在1991～1994年就投资2.5亿马克建造风力发电、雨水利用系统、水质净化系统及太阳能发电系统等。这种低能耗的建筑物，朝南的大窗户和桅顶灯可充分吸收太阳照射的热能。从屋顶下来的雨水在贮水池中净化后再重新利用。这种低能耗的房屋为提高双层断热效果采取了许多措施，例如在房顶上铺上沙石和泥土，然后在上面栽种耐干旱的花草，夏天可以防晒，冬天还可以防寒。在德国的雷纳市成立了一个“环保技术中心”，该中心最有特点的是它的采暖系统。在中心的南面建造了一个采光、通风都很好的巨大温室。在温室中心，有一个空心塑料柱直通天井，将太阳照射的热能吸入到温室中，再送入地下，储存的热量可向整个建筑物供热。在建筑物的圆形大厅周围建了许多房间，每个房间都有两面窗户。冬天打开面向大厅侧的窗户进行换气，并通过计算机将室内的热气吸到柱子里，用于采暖系统。在一楼的大厅栽种可释放大量氧气的植物，用于净化各个房间排出的污浊空气。

英国政府顾问已经考虑采取积极行动，除一些特殊情况外，禁止在一切新建的建筑物内安装人工空调设备，以实现英国制定的减少二氧化碳排放的目标。在伦敦建筑基金会的一次展览会上，展出的“绿色建筑”十分引人注目，这种绿色建筑不仅解决了节能方面的问题，而且看上去就像一个造型优美的太空飞船安放在支架上，十分美观，它状如鸡蛋，表面光滑，有助于空气的自然流通，只要打开楼下的大门和楼上的窗户，就能把建筑内顶部的污浊空气排出去，并从底部引入新鲜空气，从而获得通风管效应。

在都柏林有一种“绿色楼房”，这种楼房的能源设计比最好的常规楼房少90%，产生的二氧化碳少73%，造价低87%，有关专家认为，这种楼房将成为解决全球变暖问题的能源专家的旗舰，并将为爱尔兰和欧洲联盟的开发者和设计者提供一个实例，证明这些技术是可行的。

# 耐用消费品的新趋势

## 电视机

电视机是世界上普及率最高的家用电器之一，它的发展变化对人们的消费生活影响十分巨大。据世界电子学会分析，未来的电视机将会向以下几个方向发展：

壁型化　这种电视机可以像装饰品一样挂在墙上，现在日本的NEC、松下、三菱、SONY等公司已开发出50.2～109厘米的壁型化电视机的样机，厚度仅为几个厘米，有液晶显示、场致发光和等离子体型几种。

投影化　投影电视是利用光学系统将电视图像放大呈现在屏幕上的一种显示方式，它是目前实现大屏幕显示的主要手段。已使用化的品种主要有CRT投影电视、液晶光阀投影电视和油膜光阀投影电视。

立体化　这种电视不是依靠视觉假象，而是让图像随着观察角度的不同而变化，使观众从任何角度看都是立体的，且不需戴任何立体眼镜。日本三洋公司还开发出了一种把电视、录像、微机等二维画面转换成三维立体画面的仪器——小型2D/3D转换器，这种仪器使用了三洋公司独自开发的专用LSI、微处理器、存储器等，把电视、录像等动态画面以及数字相机、因特网等静止画面转换成三维立体画面。该公司称，开发的这一产品可望在不久的将来实现立体电视机的商业化。

双向化　电视观众不仅能收、听、看，还可以直接参与荧屏上的活动。美国ACTV公司已将该项技术用于蒙特利尔有线电视。

彩管液晶化　这一技术在80年代已付诸实用，实现高速响应。液晶彩电的耗电量只有同等规模显像管彩电耗电量的1/3。

多功能、组合化　随着技术的发展和人们生活水平的提高，电视机已不仅仅被当作收看节目的工具，它还可以承担更多的功能，一种集电视、电脑、电话于一体的网络电视将大行其道。

高智能化　未来电视智能程度将进一步提高，它将自动显示出一天内的节目，并能对话，还可以在家里进行电视购物、听课、听诊等。

多节目化　在一只显像管上可以显示多套电视节目，即“画中画”电视，如不愿意收看主画面的节目，戴上耳机就可以听和看副画面的节目，且不会影响收看主画面的节目。

高清晰度化　随着电子电路设计和频谱兼容系统的改进，电视画面的质量将进一步提高。高清晰度电视比现有的电视清晰度可提高一倍，光线柔和，色彩逼真，使人有身临其境的感觉。

数字化　数字化将是以后电视发展的一个重要方向，美国已率先将数字化电视推向消费者，在美国公布电视数字化日程表后，西欧和日本也明显加快了电视数字化进程。

## 电话机

电脑型可视电话：可视电话是一种在普通电话上同时传送声音和活动影像的通讯装置，使身处两地的人们也能面对面地交谈。英特尔公司最近开发出一种新型电脑摄像机，体积只有一个鼠标器那么大，由于配有一套专用软件，因此，既可以利用它通过普通电话线路打可视电话，又可以利用它通过电子邮件发送图像，或者在因特网的网址上发布图像。这种摄像机及其软件有极强的编辑功能，用户可以对图像随心所欲地进行编辑。

智能型移动电话　因特网的一个重要发展方向就是能够随时随地使用户进入网络访问。诺基亚公司研制出一种诺基亚9000系列手机，与普通手机大小相仿，具有多种功能。它不但可以用来打移动电话，而且可以用于移动数据通信，例如收发无线传真，随时随地接入因特网，收发无线电子邮件，还能无线接入办公室中的电脑。日本的松下、东芝等公司研制出的基于个人数字助理(PDA)的移动电话，既能用来打移动电话，又可无线访问因特网，精工电子公司在PDA里还装配了调制解调器和因特网浏览软件，能够与因特网相连，十分方便。

多媒体移动电话　多媒体移动通信的发展有着极其重要的意义，将成为21世纪的主要通信手段之一。通过它，人们可以随时随地打可视电话，或者参加电视会议。目前许多国家都在致力于多媒体移动通信的开发。最近，日本一家公司的科研人员发明了一种移动可视电话设备，上面装有一个小型液晶显示屏和一个微型摄像机，它可以每秒钟传送两幅黑白画面，还能与因特网无线连接，收发电子邮件，调阅因特网上的信息。

*环球网电话* 环球网电话有两种，固定式和移动式，它外面装有一个小型液晶显示屏和一个小键盘，内装调制解调器以及因特网浏览器等软件。这种电话除了能像智能型移动电话那样收发电子邮件外，还可以浏览环球网的内容，进行简单的因特网访问操作。法国阿尔卡特公司不久前推出一种环球网可视电话，可以用来浏览环球网网页，收发电子邮件，进行在线交易，只要按一下键盘就可以进入因特网，十分便利。它为用户提供的电子邮箱可以储存语音邮件、电子邮件和传真件，另外还带有一个智能卡读取装置，以便妥善地处理有公共密钥和其他认证信息的智能卡，实现安全支付功能。

*微型移动电话* 三星电子推出了一种结合网络技术和PDA(个人数字助理)技术的多功能移动电话，该产品的外观仅为118mm×50mm×25mm，重量158克，该产品采用了先进的PDA技术，具备通讯、上网收发信息功能，并设定多种内置信息功能，配备了大型LCD触摸屏(30mm×70mm)，触摸式邮件功能可发送文本和图像资料，具有电子笔记本、PC数字界面、声音/数字识别系统和无线传真等功能。其内存可同时存储2 000个地址、一年计划及100个备忘录。

此外，因特网电话将会迅速推广，因为它的话费只相当于普通电话的20%～30%。1997年，因特网电话在全球长途电话中的比重仅为0.1%，1998年上升到0.8%，到2002年将提高为13%，因特网电话的营业额将从1997年的1.1亿美元增长为2002年的约12亿美元。到2005年美国IP电话市场将达到290亿美元，西欧将达到135亿美元的规模，全球将达到600亿美元。一些大的电话公司已采取相应的措施，加快IP电话的进程。例如，AT&T公司和TCI合并后，将把它的基于本地电话服务的有线网络向包交换的IP靠拢，把语音邮件、传呼信号以及传真和基于IP的呼叫服务集成为统一的系统，因特网电话有可能成为与有线电话、移动电话三足鼎立的通信渠道。

## 照相机

数码相机是今后相机发展的重点。Olympus, Epson和Agfa等公司都宣布，它们的低价位数码相机可以提供多于100万像素分辨率的清晰图像，高质量的数码相机正日益成为主流产品，价格现已降到了500美元以下。Olympus最近推出的D—340R相机具有1.3兆像素的分辨率，售价仅为499美元。Agfa公司也推出了其初级数码相机ePhoto CL30，售价仅399美元，其分辨率可达1.5兆像素。据美国Semicc的调研报告称，2002年数码相机将从1999年的600万台增至2 600万台。①

## 电脑

家用电脑在90年代的家庭消费中大出风头，在未来的新世纪中，家用电脑依然会雄风不减，但其功能会更加全面，操作会更加简单，具体地讲，未来的家用电脑会向以下方向发展：

*智能电脑* 今后的电脑，智能化程度将会越来越高，电脑可以直接接收、识别人脑发出的信号，并服从其指令。苏格兰爱丁堡大学的一个教授在自己的左臂内植入了一个微型芯片，使自己成为人和电脑的混合体，也就是“电子人”。手臂中的这个芯片可以实现开门、打开电视或电脑、启动报警系统、转接电话等工作，甚至可以为他烧好浴室的热水，所有这些都无需明确的指令，只需他本人在场即可。而在不久以后，这种人体内的微型芯片将能够储存身份登记、银行账户、医疗健康和税务方面的数据资料，从而可以从事家庭和办公室内许多复杂的活动、事情。这项新技术叫做“人机界面”，或叫做“湿件”(Wetware)，即由软件(software)和硬件(hardware)这两个单词的词尾加上“Wet”组合而成的一个新词。Wet是潮湿、湿润的意思，意指人的大脑是潮湿、湿润的。其工作原理是，人的每一个思维，每一次感情波动，每一个行动，在大脑中都有相应的电波信号，这种信号由千百万神经元协调发出，在大脑内传播。通过适当的设备可以放大这种电波活动，其中最常见的就是医院里使用的脑电图扫描仪。这种电波也可以被电脑芯片识别，有了这种高度智能化的芯片，人们操作电脑将告别鼠标和键盘，不需动手，只需“动脑”就行了。更进一步的研究是让人的大脑和电脑直接交流。南加利福尼亚大学的研究人员已成功地将一个脑细胞神经元和一个微

① 《因特网世界》1999年第3期第13页。

型芯片连接了起来,他们研制出带有裸露导体区的微型芯片,然后使之接近神经元,从而使它们之间能够交换电子信号。以后的电脑,不仅没有鼠标和键盘,而且还会没有显示器,取而代之的是一种特制的眼镜,通过这种眼镜人们可以看到电脑的图像。索尼公司已研制出这样的"眼镜式"显示器,这种"眼镜"的镜片是两个液晶体模片,戴上它后,给人造成一种幻觉,好像在前面 1.5 米远的地方有一个 52 英寸的大屏幕。

生物电脑　现在科研人员正在研制一种借助生物工程技术的蛋白质分子制成生物晶片,从而使电脑成为生物电脑。通过其生物晶片,信息以波的形式传播,同时,生物晶片还有巨大的存储能力,一个蛋白质分子就是存储体,且阻抗低,能耗小,可以有效地解决散热问题。

声控电脑　现在,已研制出具有语音识别能力的电脑,IBM 公司推出了用声音指挥电脑的 4 种语音识别技术产品,可以同时记录 8 名用户的口述指令。微软公司也推出了"音窗"(Windows Sound),可为普通个人电脑用户提供许多方便。

光子电脑　科学家正在研究一种光子电脑,它以光子代替目前电脑中的电子,用光互连代替导线互连,用光硬件代替电子硬件,光运算式代替电运算,其运算速度比现在普通电脑快 1 000 倍。

## 汽车

智能汽车　随着数字化信息时代的到来,汽车的功能会越来越多,结构也将越来越复杂,成为信息超级汽车。这种汽车有自己的信息高速公路,其中包括尖端的诊断设备、智能信息系统、高度集成的发动机控制、光电子显示器和其他能提高性能和安全性的先进产品。车内有娱乐、导航、数据通信和发动机及环境控制等。采用最新的信息技术装备汽车已成为未来汽车的基本趋势。最近,Clarion 公司就推出了一款汽车用电脑 AutoPC。它安装在汽车的仪表板上,取代收音机的位置,将原来的收音机变为一个通讯系统。有了这个通讯系统,驾驶员可以手不离方向盘,眼不离路面,通过声音控制查看电子邮件,查询电话号码、拨号、调整收音机效果以及寻找最靠近的加油站、餐馆、宾馆或银行。它还可以读取电子邮件,对电台节目或电话交谈进行录音,提供导向服务。

电动汽车　电动汽车是未来绿色汽车的主要代表。1997 年 8 月,奔驰公司和美国巴拉德动力系统公司合作,组建合资企业,开发燃料电池汽车发动机市场。同年 12 月,福特公司也不甘落后,组建两家合资公司,旨在尽快将燃料电池汽车商业化。丰田公司也于 1997 年法兰克福汽车展上推出了它的多用途燃料电池汽车,该车具有再生发电制动功能。通用汽车、马自达、克莱斯勒、雷诺等许多汽车厂商都推出了自己的燃料电池汽车。这种燃料电池汽车的工作原理是:它一边接收液态氢,另一边通入空气,动力产生系统使空气中的氧与氢原子相互作用产生电流,电流驱动发动机。它的优点主要有:一是低排放。燃料电池通过电化学的方法,将氢和氧结合,直接产生电和热,排出水,而不污染环境;二是燃料多样化。燃料电池所使用的氢可取自天然气、丙烷、甲醇、汽油、柴油、煤及再生能源;三是高效率及高性能。由于燃料电池汽车没有活塞或涡轮等机械部件及中间环节,其效率约为内燃机的 2～3 倍。燃料电池汽车的成本和整体性能上也明显优于其他电池的电动汽车。1999 年 4 月,戴姆勒—克莱斯勒公司、美国伏特汽车公司、加利福尼亚州政府联合宣布,将对以燃料电池微动力的50 辆轿车和 20 辆公共汽车进行测试,科学家戴维斯说,测试的真正目的并不是看它们是否能行使,而是看它们能否每天都行使,以及尾气排放量是否像预测的那么低。

丰田汽车公司生产了一种复合式动力汽车,这种车内部装有两套动力系统——一套汽油引擎和一套电动马达,在交通拥挤的城区中,以电作为行车的动力,与此同时,另一套引擎则使蓄电池完成充电和放电的循环过程,这种称为"前导"的复合式动力汽车大大降低了环境污染的程度,向低污染的电动汽车前进了一大步。现在,本田、尼桑、富士等厂家也都积极推出新型绿色汽车。本田公司研制出一种双座铝合金车身的 VV 小型车,它的燃料引擎一直保持运转,而电动马达则居于次要地位,其重量比丰田的"前导"轻 1 000 磅,故比它更省油,更少污染,也更具有价格优势,它的尾气排放量达到了加利福尼亚州严格的"超低尾气排放量车辆"的标准。

太阳能汽车　日本早在 80 年代初就开始了太阳能汽车的研制和开发,所以,它在这一领域处于世界领先地位。本田公司在 1996 年澳大利亚举行的第三届世界太阳能汽车拉力赛中，推出了新一代太阳能汽车“梦幻”号，它以3 010公里全程无故障、140公里的时速夺取了拉力赛的第一名，它向世人充分展示了太阳能汽车的无穷魅力。

## 信息消费的新趋势

### 信息家电

21世纪的消费，将超越现在的电脑消费，进入数字化消费的新时代，有人称之为“后PC时代”。家电的发展趋势将是和电脑芯片的结合，或者说，电脑发展的一个重要方向，就是向家用电器靠拢。届时，数字化消费品将不会再受到大型计算机、微型电脑或个人电脑的束缚，而是针对日常生活中各种不同的要求而设计，只完成几种特定功能，既简单又方便。一种能够上网进行双向交流、具备信息处理、视听功能、且操作像普通家电那样简单的家用电器——信息家电便应运而生，并将成为家电消费的主流。这种新型的信息家电将部分取代传统家电和个人电脑，为消费者提供多媒体和信息双向交流服务。世界信息产业的巨头已清楚地看到了家电向信息家电发展这一方向以及由此带来的巨大市场，他们知道，未来的发展不能完全靠电脑，尽管在90年代，他们依靠电脑得到了空前的发展。

世界首富比尔·盖茨曾经将微软公司的使命确定为“让每一个家庭，每一张桌子上都有一台计算机”，①但由于信息家电的出现，盖茨的这一梦想将会成为历史。他本人就说过，在未来10年内，与因特网连接的将不是主要靠电脑，而是比电脑更便宜、更方便的信息家电产品。国际数据公司认为，现在有94%的人通过个人电脑上网，但到2002年，由于机顶盒、网络电话和掌上电脑的发展，这个数字将会降到64%，到2002年，出售给消费者的信息家电的数目将超过个人电脑。② 这些都表明，一个信息家电的新时代正在到来。为迎接信息家电的新时代，微软公司正在及时调整其发展战略，推出了为机顶盒等信息家电设计的新的WIN－CE操作系统、汽车仪表板、电子管理器等一系列产品。英特尔公司也在设计定位于信息家电的Easy PC以及为此类PC设计的新型芯片。诺基亚、摩托罗拉等公司正在开发网络电话，而太阳微系统、惠普、IBM、索尼等公司都在准备推出大量奇特的新产品，从专为厨房设计的、既能当电视又能当CD播放机的网络浏览器到健康保健机构让慢性病患者随身携带、医生能在线检查维持生命的数据小装置。

不仅这些信息家电产品将会迅速普及，许多家庭都有的日常产品也将更加智能化，照相机、电视机、移动电话都将数字化，以便以后增加一些包括上网在内的新功能。

信息产品的家庭化，将是今后信息产业发展的一个方向，这将大大推动家庭消费的信息化。

### 因特网

90年代末期，因特网已显露出其发展势头和巨大的潜力。在未来的信息时代，因特网将成为人们生活的一个十分重要的组成部分，可以说，未来的消费生活将离不开因特网，因特网的出现，开创了人类信息时代的新纪元。生活的网络化将会成为下个世纪的新的生活方式。据朱比特通讯公司预测，到2002年，将会有56%美国家庭上网，远高于目前的30%的比例。因特网的用户目前以每年15%以上的速度增加，网上的信息交流以每年40%以上的速度激增。

但是，目前的因特网已越来越不适应目前这种对网上需求的增长了，问题主要是带宽太窄，使得网上交通变得越来越拥挤不堪，传输速度变慢，时常出现堵塞，有鉴于此，有人将“环球网”（WWW—World Wide Web）戏称为“环球等待”（World Wide Wait），因特网的提速、更新换代已迫在眉睫。为了改进目前的因特网，美国政府在1996年开始兴建Internet 2高速网，以便为大学和科研学术机构提供一条能够避过当今因特网拥挤与低速的快车道，从而使网络又回归为Internet纯学术研究的本源。该网已于1999年2月正式投入运行，在Internt2上，美国的教学和科研人员能拥有前所未有的速度用来教学和研究，速度可达每秒2.4GB，比56K的拨号调制解调器快8.5万倍。美国的政府、公司和私营部门都在建设更新更快的

① 比尔·盖茨：《未来之路》，第5页，北京大学出版社1996年1月出版。

② 《超越个人电脑》，《商业周刊》1999年第5期。

Internet,美国政府已在着手建设"下一代因特网",其上网速度比现在的因特网快 1 000 倍。有了这些更快、带宽更宽的新一代因特网,人们就可以通过这种网络顺利地传输声音、图像等多媒体信息,届时,目前的电话网、有线电视网、因特网三大独立网络就会"合三而一",形成一个"三位一体"的新的信息网络。这种三合一的新型网络,将成为今后因特网发展的一个方向,为了抓住这一大好机会,AT&T 于 1998 年 6 月购买了电信通信公司 TCI,以开发出把电话、有线电视和因特网访问合为一体的新型信息服务,除了 AT&T 外,还有 GTE 和大西洋贝尔公司、SBC 和 Ameritech、WorldCom 和 MCI 等都进行了合并,以在这个潜力巨大的市场中争得一席之地。这种三合一的网络建成后,电视、电话的功能都将数字化,即数据、文字、声音、图像和影视信息都将采用数字化的形式,用同一个网络传输,这会进一步催生出新一代"电脑、电视、电话三合一"的新型家用电器。除此以外,各国还在合作加速海底因特网的建设。由于因特网用户呈爆炸性增长,远远超过原先的估计,而空中因特网费用太贵,故人们把目光投向海底光缆。1997 年动工、1998 年开通的名为"大西洋一号"的海底光缆,东起德国北部叙尔特岛,经英国、荷兰,最后到达纽约,全长 1.4 万公里,是迄今世界上容量最大的海底光缆工程。另一条横跨大西洋、穿越地中海,途经红海、印度洋,由马六甲海峡进入太平洋的"氧气工程"也在加紧铺设之中。这个耗资 140 亿美元、由 30 个国际电信组织参加、连接 175 个国家和地区、全长近 32 万公里的浩大工程,是本世纪通信领域最宏伟的壮举。①

# 90 年代世界的消费水平、消费结构、消费文化

长沙铁道学院 尹清非

## 消费水平

90 年代,是世界经济发展较快的年代,也是世界消费水平发展较快的年代。世界部分国家消费的增长如下表所示:

从以上资料可以明显看出,90 年代世界消费水平增长的基本格局是:欧美发达国家消费增长速度不高,但较平稳;亚洲新兴发展中国家呈现快速增长的势头;贫穷的发展中国家消费波动较大,增长较慢,甚至是负增长;而转轨期国家则普遍出现负增长,甚至较大的负增长。

在发达国家中,美国、日本、澳大利亚保持了较为强劲的增长,而英国、法国、德国、意大利等西欧国家则增长较为缓慢,在这些国家,90 年代都遇到了较为严重的失业的困扰,这和它们各自国家的经济发展状况相吻合。

90 年代,美国的经济在西方发达国家中独树一帜,保持强劲的增长,经济快速增长,带动了消费的快速增长。1990 年美国个人消费支出为 3.84 万亿美元,而到 1996 年则增长到 5.21 万亿美元,增加了 1/3 以上,平均年增长率达 4.5%,和美国同期经济增长率基本同步。这表明,美国的消费水平和经济增长水平已步入较为协调、互相促进的良性循环的轨道。

① 霍爱华:《无处不在的因特网》,《经济世界》1999 年第 4 期。

**个人消费支出及人均个人消费支出增长率**

| | 个人消费支出(百万美元) | | 个人消费支出年均增长率 | | 人均个人消费支出年均增长率 | |
|---|---|---|---|---|---|---|
| | 1980年 | 1996年 | 1980～1990年 | 1990～1996年 | 1980～1990年 | 1990～1996年 |
| 世界总计 | 6 359 077 | 17 480 772 | 3.1 | 2.5 | 1.4 | 1.0 |
| 泰国 | 21 175 | 100 112 | 5.9 | 7.9 | 4.1 | 6.6 |
| 韩国 | 40 534 | 267 434 | 8.1 | 7.2 | 6.9 | 6.1 |
| 俄罗斯 | | 279 314 | | 5.6 | | 5.7 |
| 印度尼西亚 | 40 821 | 131 695 | 5.6 | 7.3 | 3.7 | 5.5 |
| 新加坡 | 6 030 | 38 252 | 5.8 | 7.2 | 4.1 | 5.1 |
| 马来西亚 | 12 378 | 46 507 | 3.7 | 7.3 | 1.0 | 4.8 |
| 斯里兰卡 | 3 230 | 10 302 | 3.8 | 6.0 | 2.4 | 4.7 |
| 波兰 | 38 182 | 86 502 | 1.1 | 4.9 | 0.4 | 4.6 |
| 以色列 | 11 397 | 53 387 | 5.3 | 7.7 | 3.5 | 4.2 |
| 巴基斯坦 | 19 688 | 47 628 | 4.7 | 6.1 | 1.6 | 3.1 |
| 巴西 | 163 832 | 492 282 | 1.6 | 4.4 | −0.4 | 2.9 |
| 印度 | 125 809 | 233 232 | 4.6 | 4.7 | 2.5 | 2.8 |
| 澳大利亚 | 94 360 | 224 020 | 3.0 | 3.5 | 1.5 | 2.3 |
| 埃及 | 15 848 | 51 192 | 4.1 | 4.2 | 1.5 | 2.1 |
| 菲律宾 | 20 910 | 66 998 | 2.6 | 4.2 | 0.0 | 1.8 |
| 日本 | 623 286 | 3 080 624 | 3.7 | 2.0 | 3.2 | 1.7 |
| 新西兰 | 13 801 | 36 867 | 2.1 | 3.0 | 1.3 | 1.6 |
| 土耳其 | 42 067 | 122 590 | −4.1 | 3.4 | −6.3 | 1.5 |
| 美国 | 1 720 600 | 4 780 301 | 3.4 | 2.5 | 2.5 | 1.5 |
| 捷克共和国 | | 27 821 | | 1.4 | | 1.4 |
| 荷兰 | 104 571 | 236 978 | 1.7 | 2.1 | 1.2 | 1.4 |
| 罗马尼亚 | | 24 917 | | 1.0 | | 1.4 |
| 英国 | 320 290 | 701 563 | 4.1 | 1.5 | 3.8 | 1.1 |
| 保加利亚 | 11 089 | 6 777 | 2.5 | 0.1 | 2.6 | 0.8 |
| 法国 | 391 263 | 925 063 | 2.6 | 1.3 | 2.1 | 0.8 |
| 西班牙 | 139 348 | 346 651 | 2.7 | 0.9 | 2.4 | 0.7 |
| 加拿大 | 145 745 | 334 215 | 3.5 | 1.5 | 2.3 | 0.3 |
| 尼日利亚 | 36 258 | 20 557 | −2.6 | 3.2 | −5.5 | 0.2 |
| 意大利 | 273 819 | 667 582 | 3.0 | 0.3 | 2.9 | 0.1 |
| 南非 | 39 543 | 76 867 | 2.3 | 1.6 | 0.1 | −0.1 |
| 伊朗 | 48 854 | | 2.8 | 2.2 | −0.4 | −0.4 |
| 孟加拉国 | 11 857 | 25 178 | 4.1 | 0.8 | 1.5 | −0.8 |
| 委内瑞拉 | 38 066 | 44 308 | 1.3 | 1.4 | −1.4 | −0.8 |
| 墨西哥 | 126 745 | 222 549 | 1.0 | 0.3 | −1.3 | −1.5 |
| 白俄罗斯 | | 11 462 | | −7.8 | | −7.9 |

资料来源:《国际统计年鉴'98》第523页,中国统计出版社1998年出版。

美国个人消费支出(1990～1996)

单位:10亿美元

| 年份 | 1990 | 1994 | 1995 | 1996 |
|---|---|---|---|---|
| 总支出 | 3 839.3 | 4 717.0 | 4 957.7 | 5 207.6 |
| 1 食物和烟草 | 672.5 | 761.7 | 783.8 | 805.7 |
| 2 服装鞋类珠宝 | 262.7 | 312.7 | 323.4 | 336.3 |
| 3 住房 | 586.3 | 712.7 | 750.3 | 787.2 |
| 4 家具家庭用品 | 436.2 | 535.0 | 562.8 | 591.9 |
| 5 医疗保健 | 615.6 | 826.1 | 871.6 | 912.8 |
| 6 交通 | 463.3 | 542.2 | 572.3 | 602.2 |
| 7 娱乐文化教育 | 362.3 | 474.9 | 514.7 | 550.7 |
| 8 其他 | 440.4 | 551.7 | 578.8 | 620.8 |

资料来源:《美国统计摘要》1998 第457页。

耐用消费品普及率是衡量消费水平的一个重要指标,因此,我们可以从这一指标分析发达国家消费水平的状况。

在发达国家,许多传统的耐用消费品普及率已经很高,如彩电、冰箱、洗衣机、照相机、吸尘器、小汽车等。因此,这一类耐用消费品的普及率已无多大增长潜力,变化不大。例如,小汽车普及率,日本1990年为79.5%,1996年为82.6%;荷兰1990年为64%,1995年为68%;英国1990年为66.8%,1997年为69%。彩色电视机的普及率,日本1990年为99.3%,1996年为99.2%;荷兰1990年为94%,1995年为97%。这反映了发达国家消费水平较高,在这些方面消费需要满足的程度较高,已达到或接近饱和状态。另一方面,一些新兴的耐用消费则呈现出大幅增长、普及率快速上升的态势,这类耐用消费品有CD唱机、微波炉、摄像机、家用电脑等。例如,90年代,发达国家CD唱机和摄像机的消费增长较快,普及率大大提高。日本1990年CD唱机的普及率为41%,1996年上升到57.9%;荷兰1990年普及率为38%,1995年上升到75%,短短5年普及率提高一倍。摄像机日本1990年普及率为23.7%,1996年为33.6%,6年上升10个百分点;荷兰1990年为5%,1995年为16%。CD唱机和摄像机主要用于满足人们精神文化消费的需要,发达国家这两种耐用消费品的普及率迅速提高,说明这些国家精神文化消费的满足程度提高较快,消费水平达到一个新的更高的层次。家用电脑是90年代开始大规模进入家庭的一种新兴耐用消费品,主要用于满足人们发展的需要。发达国家在这方面更是遥遥领先,例如,以1996年为例,美国的家用电脑普及率已达36%,澳大利亚为31%,德国23%,英国为19%,远远超过发展中国家,而由于电脑的发展是呈指数式的,现在的数字则要比以上高得多。这说明发达国家不仅生存需要、享受需要的满足程度很高,而且发展需要的满足程度也比较高。

## 消费结构

### (一)发达国家的消费结构

发达国家消费结构层次高,消费结构相对较为合理,代表着当代消费结构发展的方向和走势。

恩格尔系数最能说明消费结构的层次性,在发达国家的消费结构中,作为最基本的物质生活资料的食物,往往只占很小比重,一般在20%以下。例如,美国1996年的恩格尔系数为15.47%,英国1994年恩格尔系数为20.26%,法国1993年为18.33%,德国1994年为19.78%,不少国家食物消费支出已由第一位下降为第二位或接近第二位。例如,美国1996年的医疗保健支出为17.53%,超过了食物支出的比重15.47%;法国1993年的住房支出比重为20.84%,超过了食物支出的比重18.33%;德国1994年住房支出的比重为22.92%,超过食物支出的19.78%。发达国家消费结构中衣着支出的比重也很小,一般不到7%,家庭用品支出的比重一般不到10%,在发达国家的消费结构中,不仅吃的比重很低,而且穿的比重也很低,用的比重不高,住房是一种既重要又昂贵且十分耐用的消费品,它的数量和质量最能反映物质生活的丰裕程度。在发达国家,大多数人住房都比较宽敞,许多人还有别墅式私人住宅,因此住房支出比重较大,一般占15%～20%,表明人们的住房需求已得到较好的满足,物质消费水平已达到较高水平。最发达国家的医疗保健支出比重较高,一般在10%以上,美国更是高达17.53%,表明人们的生活质量较高,同时,也反映了这些国家人口老龄化的趋势,导致对医疗保健的需求较大。交通通信和娱乐文化教育消费支出是衡量生活现代化程度的一个重要标志,是现代高科技对消费生活渗透的主要领域,发达国家这两项支出的比重都比较高,表明生活现代化程度较高。

在发达国家中,美国和日本代表着西方和东方两种类型的消费结构,有必要对它们进一步分析。

## 美国

美国消费结构(%)

| 年份 | 1990 | 1994 | 1995 | 1996 |
|---|---|---|---|---|
| 1 食物和烟草 | 17.52 | 16.15 | 15.81 | 15.47 |
| 2 服装鞋类珠宝 | 6.84 | 6.63 | 6.52 | 6.46 |
| 3 住房 | 15.27 | 15.11 | 15.13 | 15.12 |
| 4 家具家庭用品 | 11.36 | 11.34 | 11.35 | 11.37 |
| 5 医疗保健 | 16.03 | 17.51 | 17.58 | 17.53 |
| 6 交通 | 12.07 | 11.49 | 11.54 | 11.56 |
| 7 娱乐文化教育 | 9.44 | 10.07 | 10.38 | 10.57 |
| 8 其他 | 11.47 | 11.70 | 11.67 | 11.92 |

资料来源:根据《美国统计摘要》1998第457页计算。

90年代美国消费结构的变化之一就是吃穿住三大项生活必需品的地位进一步下降,家庭用品和交通等两项非必需品基本变化不大,而医疗保健和娱乐文化教育则明显上升,特别是,消费结构中一个重要变化就是食物消费的地位从传统的第一位下降为第二位,而医疗保健支出上升为第一位,这反映出美国的消费结构层次进一步上升。此外,值得注意的是,据《商业周刊》和美国商务部提供的数据,美国居民1997年用于购买汽车、食品、服装和家庭日用品的支出分别比上一年只增加0.3%、0.6%、3%和1.1%,平均增长率为0.9%,而用于家庭电脑、金融服务、有线电视、电话服务和娱乐服务的支出则分别增长18.1%、15.6%、13.4%、8.8%和12.4%,平均增长率为12.5%。① 由此可见,美国在90年代,特别是90年代后期,消费生活的现代化步伐加快,处于世界前列,领导着世界高科技消费、特别是信息消费的新潮流。

## 日本

日本消费结构(%)

| 年份 | 1990 | 1991 | 1992 | 1993 | 1994 | 1995 | 1996 | 1997 |
|---|---|---|---|---|---|---|---|---|
| 食物 | 25.37 | 25.11 | 24.69 | 24.33 | 24.13 | 23.67 | 23.43 | 23.49 |
| 服装鞋类 | 7.38 | 7.28 | 7.00 | 6.65 | 6.35 | 6.15 | 5.90 | 5.80 |
| 住房燃料电力 | 10.27 | 10.61 | 11.02 | 11.26 | 11.99 | 12.54 | 12.93 | 13.01 |
| 家具家庭用品 | 3.98 | 4.10 | 3.92 | 3.75 | 3.87 | 3.81 | 3.72 | 3.64 |
| 医疗保健 | 2.85 | 2.76 | 2.79 | 2.94 | 2.91 | 2.99 | 3.12 | 3.23 |
| 交通通信 | 9.47 | 9.33 | 9.32 | 9.88 | 9.79 | 10.02 | 10.60 | 10.42 |
| 娱乐文化教育 | 14.33 | 13.96 | 14.45 | 14.53 | 14.60 | 14.26 | 14.19 | 14.43 |
| 其他 | 26.34 | 26.86 | 26.82 | 26.66 | 26.37 | 26.56 | 26.10 | 25.97 |

资料来源:根据《日本统计年鉴》1998第566~567页计算。

在90年代,日本消费结构各项的地位并无相对变化,在三大项基本生活必需品中,吃穿呈下降趋势,但住房支出比重却有显著上升,用品消费和娱乐文化教育消费基本保持不变,交通通信略有上升。

日本和美国都是世界上最富裕的国家,但消费结构有较大的区别,造成这种差别的主要原因,除了收入、相对价格等因素以外,还有诸如文化、习惯等方面的因素。例如,日本的恩格尔系数明显高于美国,实际上,这正反映出东西方消费文化的差异,美国作为西方国家,消费文化中对吃并不很讲究,主要注重营养、实惠,而对烹调、味道则不太在乎。而日本则不然,有着东方民族的消费文化。和中国一样,日本也是世界上最讲究吃的国家之一,它有着悠久和丰富的饮食文化,历来将吃放在十分重要的地位,不仅注重食物的营养,还注重食物的色香味,对烹调艺术非常讲究,这是日本的恩格尔系数一直保持较高的重要原

① 陆俊:《重建巴比塔—文化视野中的网络》第112页,北京出版社1999年1月出版。

因之一。日本人是世界上人均寿命最长的国家，这主要也应归功于日本人对吃的重视和讲究，对营养和饮食深入细致的研究。日本和美国在消费结构上的另一个重要区别是，日本的娱乐文化教育比重并没有明显上升，而美国则有大幅上升。这其实也反映了东西方消费文化的差异。美国人讲究人的个性发展，注重娱乐和享受，美国人是世界公认的最会玩的民族之一，享乐主义较有市场，因此美国的娱乐支出上升较快，而日本人则更强调集体精神，强调努力工作，取得事业成功，却不太注重个人生活中的娱乐和享受，因此，尽管日本已发展成为世界上最富裕的国家，但在消费结构中，娱乐消费的比重并无显著上升，这是造成日本和美国消费结构中"娱乐文化教育"消费项目差异的重要原因。

## (二)新兴发展中国家的消费结构

90年代经济最活跃、发展最迅速的地区当属亚洲，特别是东亚和东南亚地区，这些地区经济高速成长，消费结构变化较快，成为发展中国家经济发展的楷模。我们以新加坡、韩国、泰国为例，来考察它们消费结构的变化情况。

### 新加坡

新加坡消费结构(%)

| 年份 | 1990 | 1991 | 1992 | 1993 | 1994 |
|---|---|---|---|---|---|
| 1 食品饮料烟草 | 16.92 | 17.48 | 16.81 | 15.64 | 14.76 |
| 2 服装鞋类 | 7.12 | 6.78 | 6.30 | 6.00 | 5.70 |
| 3 房租燃料电力 | 11.96 | 12.60 | 12.69 | 12.16 | 11.95 |
| 4 家具家庭设备用品 | 7.95 | 8.00 | 7.97 | 7.56 | 7.47 |
| 5 医疗保健 | 4.17 | 4.33 | 4.52 | 4.26 | 4.17 |
| 6 交通通信 | 15.29 | 15.23 | 16.70 | 18.35 | 19.40 |
| 7 娱乐文化教育 | 16.33 | 16.58 | 15.31 | 15.11 | 14.57 |
| 8 杂项商品和服务 | 20.26 | 19.00 | 19.70 | 20.92 | 21.98 |

资料来源：联合国《国民核算统计年鉴》1994 第 1532～1533 页。

新加坡是亚洲"四小龙"之一，是世界上发展最快的发展中国家，随着该国经济的发展，其消费结构发生了根本性变化。90年代，新加坡消费结构的变化情况是，恩格尔系数继续下降，1990年为16.92%，1994年下降到14.76%；服装消费支出的比重下降较多，1990年为7.12%，1994年下降到5.70%；住房变化不大，总的来看，吃穿住三大项支出的比重从1990年的36%下降到1994年的32.4%，下降的速度是较快的。家庭用品和医疗保健支出的比重基本维持不变，交通通信支出的比重则有较大幅度的上升，从1990年的15.29%增加到1994年的19.40%，这种情况表明，新加坡的消费结构的层次上升较快。

### 韩国

韩国消费结构(%)

| 年份 | 1991 | 1995 | 1997 |
|---|---|---|---|
| 食品饮料烟草 | 31.57 | 29.95 | 30.02 |
| 服装鞋类 | 7.60 | 7.46 | 6.25 |
| 住房燃料水电 | 9.18 | 7.29 | 7.58 |
| 家具家庭用品 | 5.83 | 4.67 | 4.54 |
| 医疗保健 | 5.24 | 5.06 | 4.45 |
| 娱乐文化教育 | 13.65 | 16.06 | 16.62 |
| 交通通信 | 8.79 | 10.89 | 12.03 |
| 其他 | 18.82 | 19.33 | 19.34 |

资料来源：根据韩国《都市家计年报》1991年第61～63页；1995年第67～69页；1997年第63～65页计算。

90年代韩国消费结构的特点是：第一，不仅吃穿住等基本物质消费资料均呈下降之势，而且用品和医疗保健也呈下降之势，但1997年恩格尔系数略有反弹，这估计是1997年亚洲金融危机的影响所致。第二，在消费结构中，交通通信支出的比重上升最快，从8.8%上升到12.3%，这反映了韩国居民消费现代化水平较高。第三，娱乐文化教育支出的比重上升较快，在消费支出中的比重高达16.62%，进一步的分析发现，这主要是教育支出增加所致，例如，1991年教育支出的比重为8.5%，而1997年上升到11.0，增加了2.5个百分点，而娱乐文化支出的比重1991年为4.8%，1997年上升到5.6%，只增加了0.8个百分点。在韩国居民消费中，对教育消费越来越重视，据世界银行的资料显示，韩国是世界上教育消费支出占居民消费支出比重最高的国家。[①] 据笔者前不久在汉城期间的所见所闻，也深感韩国国民素质之高，在亚洲国家中是不多见的(恐怕只有新加坡能与之相比)，由此我们也可以看到，近 20 年韩国经济的高速发展，是有着教育的优先发展，国民素质的普遍提高为基础的。

**泰国**

**泰国消费结构(%)**

| 年份 | 1989 | 1990 | 1991 | 1992 | 1993 | 1994 |
|---|---|---|---|---|---|---|
| 食品饮料烟草 | 33.07 | 31.24 | 31.17 | 30.60 | 28.61 | 28.49 |
| 服装鞋类 | 11.05 | 11.62 | 12.09 | 12.26 | 12.46 | 12.87 |
| 房租燃料电力 | 9.07 | 8.51 | 8.28 | 8.02 | 7.93 | 7.74 |
| 家具家庭用品 | 9.00 | 9.42 | 9.75 | 9.99 | 10.24 | 10.21 |
| 医疗保健 | 7.49 | 7.40 | 7.28 | 7.18 | 7.51 | 7.36 |
| 交通通信 | 12.24 | 13.44 | 13.15 | 14.07 | 15.32 | 15.04 |
| 娱乐文化教育 | 4.44 | 4.69 | 4.65 | 4.70 | 4.79 | 5.01 |
| 杂项商品和服务 | 13.63 | 13.67 | 13.63 | 13.18 | 13.13 | 13.29 |

资料来源：根据联合国《国民核算统计年鉴》1994 第 1708 页计算。

泰国的消费结构中，恩格尔系数稳步下降，1990 年为 31.24%，1992 年为 30.60%，1994 年为28.49%，服装鞋类呈逐年上升的态势，所占比重也较大，超过 10%，住房消费的比重有所下降，所占比重较低，家庭用品、交通通信的消费支出比重上升幅度较大，其中，交通通信的比重增加最快，1990 年为 12.24%，1994 年为 15.04%，医疗保健基本维持不变，娱乐文化教育的比重略有上升，但比重较低，才只有 5%左右。这种情况表明，泰国消费结构的层次还不高，基本物质生活需要还未得到较好满足，精神文化生活需要的满足程度还不高，但随着本国经济的发展，泰国的消费结构有加速上升的趋势。

## (三)欠发达国家消费结构

**印度**

印度属低收入国家，收入水平低，消费结构层次不高，恩格尔系数高，印度的消费结构变化主要情况是：恩格尔系数居高不下，印度的恩格尔系数 1980 年为 57.88%，1990 年为 52.84%，1991 年为 54.08%，1993 年为 51.02%，服装消费支出约占 10%左右，也比较高，这两项占了全部消费支出的 60%以上，房租燃料电力等支出的比重略有上升，医疗保健和娱乐文化教育支出增长缓慢。这表明，印度的消费结构层次还比较低，基本还只是维持温饱的水平，而且，消费结构的改善速度也较缓慢，整个消费结构变化不大，远小于其他许多国家，说明印度经济发展缓慢，严重影响了人民生活水平的提高。

**印度消费结构(%)**

| 年份 | 1990 | 1991 | 1992 | 1993 |
|---|---|---|---|---|
| 1 食品饮料烟草 | 52.84 | 54.08 | 51.91 | 51.02 |
| 2 服装鞋类 | 10.66 | 9.99 | 10.58 | 11.26 |
| 3 房租燃料电力 | 10.79 | 9.83 | 11.99 | 11.97 |
| 4 家具家庭设备用品 | 4.59 | 4.30 | 4.76 | 4.71 |
| 5 医疗保健 | 2.45 | 2.32 | 2.38 | 2.33 |
| 6 交通通信 | 10.63 | 11.49 | 9.79 | 10.10 |
| 7 娱乐文化教育 | 3.77 | 3.77 | 3.76 | 3.73 |
| 8 杂项商品和服务 | 4.27 | 4.23 | 4.84 | 4.89 |

# 消费文化

**网络消费文化**

90 年代后期，网络消费迅速崛起，成为消费领域中最灿烂的一颗新星。由此产生了一种新的文化，可

① 《亚洲消费者与家庭经济学会第三次会议论文集》第 91 页。

以称之为“网络文化”。

网络创造了全新的生活方式和人与人之间的交往方式。在网上，人们以光速在进行信息交换，传统的地理界线消失了，人与人之间变得没有了距离，世界成了一个没有距离的世界，许多现实生活中的障碍都没有了，人们的交流活动范围大大扩展了，这极大地促进了人与人之间的交流。在因特网的交往中，人与人之间是平等的，没有人比别人有更多的特权，即使是美国总统，在因特网上也只和一个小学生一样，是一个普通的网络公民，在这里，权力、金钱、社会地位、宗教信仰、肤色、种族等等构成传统交流方式障碍的人与人之间的差别都消失了，这使得人们可以完全不必考虑自己和其他人的差别，而进行一些相对比较单纯的、非功利性的精神交流，交流的双方都不会产生心理上的负担，而且，人们互相之间也不必知道对方的性别、年龄、职业，国籍，“在因特网上，没人知道你是一只狗”，在这种可以隐瞒自己真实身份的状态下，人们会以一种比面对面接触更加亲密的方式交谈，这会促进人们之间心灵的交流和沟通，改善人与人之间的关系，使之更加和谐。电子邮件这种新型的交流方式，以其方便、快捷、廉价而迅速获得消费者的青睐，目前上网的人中间有90%以上都使用电子邮件进行交流。例如，美国华盛顿邮报作的一次专项调查发现，在美国900万高中生中，有77%的人已养成了使用电子邮件的习惯。[①] 比尔·盖茨认为，在10年以内，绝大多数成年人都会使用电子邮件。网络社区也是因特网发展最快的领域之一，在因特网上有成千上万的聊天室、电子公告板和新闻组，每天，来自世界各地不同国家、不同民族但志趣相投的人聚在一起，讨论大家共同感兴趣的问题，交流思想，这将开拓人类生活的新纪元，使人们跨越至今仍掣肘我们的物质界限，使人与人之间更加易于接触，使人类的生活更加丰富多彩。通过因特网还可以表达各种情感和人际交往的礼仪。例如，现在逢年过节，生日喜庆等场合，许多人都选择了通过因特网发一封电子贺卡表示祝贺。美国已有专门经营网上电子贺卡的公司，消费者可以自己设计贺卡的图案，也可以从公司庞大的图片库中选择自己喜爱的图案，键入收卡人的姓名地址及寄出贺卡的时间，贺卡公司就会在指定的时间向收件人寄出贺卡。这样，消费者可以提前订购多张贺卡，指定贺卡公司在不同的时间寄出，从而不会错过亲朋好友的生日和各种纪念日。通过因特网交流是传统的交往方式和传统的电话、信件等交往方式所不可比拟的，特别是随着多媒体传输的改善，人们远隔万里却可以闻其声、见其人，使人有“虽然远在天边，却似近在眼前”之感，这将促使通过因特网交往成为人类交流的主要方式之一。

因特网也创造了网上的新文化。1996年2月8日，即美国总统克林顿在白宫签署“96电信法案”的第二天，因特网上就出现了一份新时代的独立宣言，声称：“我们正在创造一个所有人都可以自由进入的新世界，不会由于种族、经济实力、军事力量或者出生地的不同而产生任何特权或偏见。”“在这个独立的电脑网络空间中，任何人在任何地点都可以自由地表达其观点，无论这种观点是多么的奇异，都不必受到压制而被迫保持一致。”[②] 这种自由精神，就是网络新文化的核心。实际上，因特网本身就是非常自由的，它没有任何的主管部门，不隶属于任何国家，任何机构，任何个人，也没有任何形式的围墙或疆界。进入因特网也是自由的，只要相应的上网设备，如一台计算机，一个调制解调器，一条普通电话线，然后再申请一个网上账号便可以了。网上的信息也是自由的，你可以到任何地方，查询任何信息，和任何人建立通讯联系。发表自己的思想、观点也是自由的，每一个人都可以在世界范围内自由地发表自己的看法，宣传自己的观点，并影响其他人。例如，在现实的世界中，一个人的作品要想公开传播必须借助于各种媒体，在很多情况下，还必须经过一系列的审查程序，甚至还需要得到某些权威人士的批准。而在因特网上，你大可不必顾虑这些，因为，在因特网上传播你的作品只需用食指轻轻点一下鼠标就行了，而且，如果你希望隐匿姓名的话，无人会知道这些作品的作者是谁，也不知道他在什么地方。因此，在因特网上，传统的权威消失了，取而代之的是个人的自由和个人的尊严，个人的价值被充分体现，个人的自由得到了充分保证，“思想自

① 陆俊：《重建巴比塔—文化视野中的网络》第113页，北京出版社1999年1月出版。

② 刘吉、金吾伦等著：《千年警醒：信息化与知识经济》第278～279页，社会科学文献出版社1998年10月出版。

由、言论自由、出版自由、结社自由”在因特网上才得到了最充分的贯彻。在因特网上可以完全真实地表现自己的思想，进入一种在现实中无法比拟的自由世界中，这将极大地提升人的自我价值，促进人的自由发展，正如尼葛洛庞帝教授所说的，象征权威的沙皇退位，而个人则会抬头。其实，这一点恰是西方文化价值的核心，而这，恐怕就是网络新文化将给这个世界带来的最重大、最深刻、最深远的影响吧？在因特网上使用的语言，有90%以上是英语，不懂英语的人在因特网上就很难和别人交流，因此，要上网就必须懂得英语。英语是一种国际通用语言，但其普及程度并不高，语言的障碍还是人们在世界范围内交往的一个主要障碍，随着因特网的迅速发展，将大大加速英语的普及程度，英语在因特网上才真正成为了一种人类的共同语言。因特网创造了自己特有语言和表达方式，例如，:-)是最基本的笑容，表示玩笑或幽默；:-(表示苦笑，心情沮丧；:-Q表示作者在抽烟；:-@表示作者在叫；%-)表示在屏幕前坐了很久，两眼发花，等等许多简洁幽默的因特网特殊表达方式。人们交往过程中常用的表示礼仪的方式，如握手、敬礼、干杯等，在因特网上也都可以通过特定的符号来表达，随着因特网迅速深入人类生活，这些“新象形文字”越来越以“新兴国际语言”的姿态在人们中间流行。尼葛洛庞帝教授在《数字化生存》一书中就曾预言，由于网络具有分散权力、全球化、追求和谐和赋予权力四个特质，网络将会带来最后的胜利，届时，将会诞生一种前所未有的共同语言，人们因此跨越国界，互相了解。①

在这种新的网络文化下，塑造出了在网络的数字化生存背景下成长起来的一代新人。由于网络空间的高度自由，不受管束，这就使在网络生存方式下成长起来的人容易具有强烈的自由意志和随心所欲、放荡不羁的精神。过去，地理位置相近是友谊、合作、游戏和邻里关系等一切的基础，而现在的孩子们则完全不受地理的束缚。他们的思维，他们的眼界，他们的生活方式和行为方式将和上一代很不相同，正因如此，尼葛洛庞帝教授在《数字化生存》讲到，数字化生活方式带来的真正文化差距并不在穷人和富人之间，不在第一世界和第三世界之间，而在两代人之间，“当一个成年人说他最近发现了光盘的新天地时，则可以猜出他家有一个5到10岁的孩子；当一位女士说她知道了美国在线公司（America Online），也许她家的孩子正值花季。在今天的孩童眼中，光盘和网络就好象成人眼中的空气一般平常。”② 这就是网络新文化对下一代的影响，以及它所产生的新的代沟。

随着因特网的迅速扩展，越来越多的人成为网络公民，他们形成一个新的意义上的社会，在这个社会中，实行的是一种新的生活方式，人们以一种新的方式来看待和处理他们与外部自然、社会和他人的关系，一种崭新的文化已经从传统的文化中脱颖而出。我们相信，未来的世界就是网络的世界，网络的数字化生存方式将会是人类新的生活方式，网络文化将会成为人类社会的主流文化。

### 可持续消费文化

消费问题，在很大程度上是一个文化问题、价值观的问题。自50年代以来，在西方发达国家逐渐兴起一种“消费主义”的思潮，它代表了第二次世界大战后成长起来的年轻人的一种价值观，这种消费价值观崇尚物质消费，追求享乐主义，实行浪费性消费，奢侈性消费，炫耀性消费，这种消费观给社会造成了十分严重的后果：为了满足人们极度膨胀的物欲，厂商必须大量地生产，使宝贵的不可再生的资源过度消耗，导致资源枯竭；由于实行浪费性消费，许多东西用过就扔，厂商也不用考虑产品的质量和耐用性，造成资源大量被浪费；由于大量使用一次性商品，非耐用的消费品以及用完就扔的消费习惯，产生了堆积如山的废弃物，这是现代主要的污染源之一；由于过分追求物质享受，人们只知道大量地购买，尽可能多地消费，许多人的消费远远超过了一般舒适生活所需的数量，造成过度消费。

1992年联合国第二届环发大会正式提出可持续消费的概念，标志着人类消费的价值观进入一个新的发展阶段，现在，这种新的、可持续的消费价值观正被全世界，特别是一些发达国家的消费者广为接受，逐渐成为人们共同的消费价值观。

① 尼葛洛庞帝：《数字化生存》第269～271页，海南出版社1997年出版。
② 尼葛洛庞帝《数字化生存》第15页，海南出版社1997年出版。

这种新的消费价值观的主要特征是：以知识和智慧的价值代替物质主义的价值；以适度消费代替过量消费；以简朴的生活代替奢侈和浪费的生活；消费生活从崇尚物质转向崇尚精神，从一种追求个人满足的生活方式转向追求生态保护和对社会有责任感的生活方式。

这种新的消费价值观遵循一种“5R”原则，即节约资源、减少污染(Reduce)；绿色消费、环保购物(reevaluate)；重复使用、多次利用(Reuse)；分类回收、循环再生(Recycle)；保护自然、万物共存(Rescue)。

这种消费观的变革已经引起了人们消费方式的变革，例如，在美国就有越来越多的人自愿转向简朴的生活，在德国和法国，也有越来越广泛的舆论指出，享乐主义的生活造成巨大的负担，正在危及地球和人类的生存，因而倡导不损害地球的节俭的生活，推崇亚洲的传统饮食。为了反对消费主义不可持续的消费观念和消费行为，1992 年，一些西方国家的消费者在加拿大开展了第一次“国际无购买日”活动，在这一天，大家拒绝购买任何商品，并向广大消费者宣传保护环境、减少浪费、实行可持续消费的观念。此后，每年都要开展一次这种活动，现在，这一活动已发展到美国、法国、德国、澳大利亚等十几个发达国家。

在许多发达国家，人们崇尚简朴的生活，反对奢侈浪费。在美国，许多人的消费观已在改变，“先买后付钱”的“奢侈的 80 年代”已经让位于“避免负债”的“紧张的 90 年代”。现在，每 4 个消费者中就有 3 个人声称他们决不再像以前那样花钱了。美国的富豪很多，但在 90 年代，富裕的价值已回归到其传统的含义，富裕的消费者已从“招摇”的消费转向了“开明”的消费，质量和价值成为他们主要考虑的因素。美国的中产阶级有许多人甚至放弃城市里的豪宅，到乡下去住自己钉的木板房，尽可能少地使用电气，自愿将消费水平降到最低水平，回归大自然，去充分享受大自然中的空气和阳光。瑞士是世界上最富裕的国家之一，有不少人是亿万富翁，但没有人为了表现自己有钱而摆阔气，不少有身份的有钱人都在闲暇时间和节假日自己动手修整庭院，打扫卫生。瑞士的汽车普及率很高，但在马路上随处可见甲壳虫汽车，高档豪华车并不多见。瑞士是钟表王国，但许多瑞士人只戴普通手表，年轻人则戴便宜的塑料表。瑞士人的家庭住宅讲究方便实用，不追求豪华，不搞高档装修。日本人是节俭的典范，许多家庭主妇善于量入为出，精打细算，很多家庭都备有专门的“家计簿”，内有日期，发工资日，工资预算、开销计划以及各类支出情况等栏目，是家庭主妇勤俭持家的好帮手，以致于这种“家计簿”在很多地方成了抢手的畅销货。

# 90 年代世界社会消费的主要特征

长沙铁道学院 尹清非

世界的消费和世界的经济发展密切相关，相辅相成。90 年代，世界经济发生了重大的变化，世界消费也随之出现了一系列重大的变化，这主要表现在：第一，由于世界各国经济出现全球化的趋势，世界各国的消费也变得越来越开放，越来越相互依赖，世界的消费正在走向全球化；第二，可持续发展已成为世界各国的共识，全世界都在深刻反思过去牺牲环境，只顾目前发展所造成的严重问题。走可持续消费的道路，已成为世界许多国家消费的新模式；第三，以计算机技术为中心的信息技术以惊人的速度发展，这使得信息消费成为消费领域中发展最快的部分，世界的消费正在步入一个信息化的新时代；第四，消费和文化互相渗透，互相促进，形成消费和文化一体化的新趋势。

## 消费全球化初露端倪

现代社会的发展，使得我们生活的世界越来越连为一个整体，人们之间的交往越来越容易，越来越方便，人与人之间的距离不再遥远，虽然远隔重洋，却有近在咫尺之感，地球正在变得越来越小，面积为 5 亿多平方公里的偌大一个地球，如今已变成了一个“鸡犬之声相闻”的村落——地球村。据专家估计，在近 100 年的时间里，由于现代交通工具和电信技术的发展，已使地球“缩小”了 99%。著名未来学家奈斯比特在《2000 年世界十大趋势》一书中，对这种现象作了生动的描述：“今天，随着世界经济的繁荣和全球电信、旅游事业的发展，欧洲、北美和环太平洋地区正以前所未有的速度进行着交流。在发展中国家市镇中心，国际青年的文化表现得淋漓尽致。人们兴致勃勃地买卖食品、音乐磁带和时装，新的全球生活方式在大阪、马德里和西雅图盛行”，① 这种新的生活方式以光速在世界普及着，辐射到每个角落。

这种新的全球生活方式，使得世界的消费出现了全球化的新趋势：消费品已不再局限于本地区、本国的产品，而是来自世界各地，消费品在全球化；消费活动也不限于本地区或本国的范围，而是在全球的范围，消费活动在全球化；消费者也不是以往的消费者，他们的观念、知识都在全球化，他们正在变成崭新的全球化消费者。

国际贸易的迅速发展，是消费全球化的基础，也是它的一个重要指标。近几十年来，国际贸易的发展一直快于经济的发展，进入 90 年代以来，这种趋势更加明显。在国际贸易中，有相当一部分是消费品的贸易。例如，1998 年，国际贸易总额已达 6.5 万亿美元，② 其中食品、服装、家用电器、小轿车、化妆品等消费品就占了很大比例。其中仅食品贸易每年就达 2 000多亿美元。有人统计，现在日本人平均每人每年约花 600 美元买美国商品，美国人则平均每人每年花 300 美元买日本商品。美国和日本每年的相互贸易已分别超过 600 亿美元和 1100 亿美元，其中很大一部分是消费品。③ 现在，人们不出国门，就可以消费到世界各地丰富多彩的消费品。

### 食品消费全球化

各国的食品早已不是以前那种“自给自足”的模式，有很多都是从国外进口的，同时，许多国家生产的食品也大量出口到其他国家，人们每天都可以吃到来自世界各地的食品。“在哈罗兹公司的货架上，有法国的蜜桃，荷兰的小萝卜，英国的草莓，加利福尼亚的芦笋，俄国的小蘑菇和东非的柠檬草”，“在美国，制作异国风味食品是餐馆行业中最热门的业务之一。在美国中部地区，过去到外面吃饭的就意味着吃牛排和土豆，现在则是光顾墨西哥、中国、阿富汗和埃塞俄比亚的风味餐馆了。”美国的麦当劳是世界上最大的快餐企业，它在全世界的分店达 1.9 万多家，每天接待的顾客近 3000 万人；美国的可口可乐更是占领了全世界饮料市场的近 50%，在世界上几乎任何国家都可以买到可口可乐的饮料，该公司销售收入的 2/3、利润的 80% 都来自国外，可口可乐已成为一种典型的全球化食品。可口可乐公司甚至在公司内禁止使用“国内”和“国外”这两个词，以表明自己是一个全球化的公司，其产品是全球化的产品。在美国洛杉矶市，有一家日本人开设的久留米饭店，它的特色菜是久留米鸡，由东方式的鸡块和青豆加意大利式海员调味酱烹制而成，与之配套吃的有意大利面条、日本白菜沙拉、得克萨斯烤面包和路易斯安那塔巴斯科酸辣汁，这种吃法已是融合了多国风味的国际套餐，反映了当今世界的生活方式和食品消费走向全球化的新特点。意大利的比萨饼，瑞士的雀巢咖啡，也都是在世界各地都可以吃到的全球化食品。食品消费的全球化大大丰富了人们的饮食，极大地改变了人们的饮食习惯。

当然，全球化并不是全球的同一化，而是具有各地方特色的全球化。麦当劳公司在全球经营提出的口号就是“不同的口味吃不同的口味”，以迎合世界各地不同消费者的需求。为此，麦当劳在其快餐中配以不同的食品，例如，在法国和德国添加葡萄酒和啤酒，在意大利添加各种面食，在巴西添加咖啡豆软饮料，在马来西亚、新加坡、泰国添加榴莲果汁等等。肯德基快餐店也是如此，在不同的国家用不同的方法销售其产品，例如在日本就用炸土豆条代替土豆泥。可口可乐软饮料之所以畅销全球，也是因为其甜味剂含量

---

① 约翰·奈斯比特、帕特里夏·阿伯迪尼：《2000 年大趋势》第 146～152 页，中共中央党校出版社 1990 年出版。

② 国际货币基金组织：《统计资料》1999 年第一季度。

③ 王怀宁：《经济信息化的新时代》第 64 页，中国社会科学出版社 1997 年出版。

在不同的市场都不同。可口可乐公司还推出了和传统的可口可乐不同的新型"可乐2号",很受消费者的欢迎。

### 服装消费全球化

服装消费也在走向全球化。现在,仅从服饰上已看不出是哪国人了,意大利青年偏爱在美国电影、电视和广告中看到的牛仔裤,美国商人却喜欢意大利西服。现在,牛仔裤和西服是全世界最普及的服装,是典型的全球化服装。世界著名的意大利贝尼顿服装公司是世界上最大的羊毛衫生产厂家,其经营的宗旨就是"拥有世界上所有的色彩",为此,它在全世界100多个国家开设有7 000多家时装店,经营着成千上万种款式的服装,创造了其他任何服装店都无法比拟的国际风格。

### 耐用品消费全球化

耐用消费品更是全球化了。德国的"奔驰",日本的"丰田",美国的"福特"等牌子的轿车每天奔驰在世界各大城市的街道上,德国的奔驰轿车以其高质量赢得了世界许多消费者的青睐,目前,奔驰轿车年产量的60%以上都是出口到其他国家的。日本的汽车,也在许多国家打开了市场,在"汽车王国"美国占据了很大的市场份额。日本是世界家用电器的生产和出口大国,索尼、松下、东芝等公司生产的消费品遍布世界。德国是西欧最大的家用电器生产国,出口持续增长,到1997年,出口已占其全部产量的48%,与此同时,德国的国内家电市场上,进口商品的比例也在稳步上升,1990年进口占国内消费的35%,而到1997年,上升到41%。法国的情况也是如此,1990年法国家用电器的出口占其产量的55%,到1997年上升到70%,1997年法国生产的洗衣机有40%用于出口,达62.5万台,生产的真空吸尘器和微波炉有80%都用于出口,分别达到190万台和200万台。1990年法国进口商品占其国内家用电器消费的64%,到1997年则达到70%,这就是说,法国居民购买的家用电器有2/3以上都是进口货。耐用消费品进出口比重的同时增长,使得许多国家消费的耐用消费品越来越多地来自其他国家,这充分反映了90年代耐用消费品的全球化这一特征。家用电脑是新兴的耐用消费品,它从生产到销售都是全球化了,一台电脑可能会在美国设计,芯片来自美国,外壳来自中国台湾,在马来西亚组装,在欧洲销售。因此,从一台电脑本身来看,现在也许已很难说它是哪一国的产品了。家用电脑这种新兴的高科技产品早已打破了国家的界限,成为全球化程度最高的耐用消费品。例如,1997年意大利居民购买的家用电脑及其相关硬件有90%左右是进口的,而该国家用电脑的生产也有近90%用于出口。

### 文化消费全球化

不仅物质产品全球化,精神文化产品也全球化了。美国是这种文化产品的出口大国。据统计,娱乐业是美国仅次于宇航工业的第二大出口产业,娱乐业为美国净得80亿美元的贸易顺差,美国还出口所谓"经过包装的文化产品",例如,迪斯尼乐园是美国娱乐业的代表,它早已走向全世界,成为世界娱乐业的霸主。日本东京的迪斯尼乐园每年的游客人数高达1500多万,而在法国巴黎的迪斯尼乐园,每年参观的人数近1000万。最近,迪斯尼公司又准备在中国香港兴建另一座迪斯尼乐园,将美国的娱乐业进一步推向全世界。电影是美国文化产业出口的重点,已出口到世界许多国家,1993年全世界(主要在西方国家)放映率最高的100部外国影片中有84部是美国电影,其中前27部全部由美国电影占据。据1991年的一项调查表明,在日本上映的影片中最受欢迎的莫过于美国片《终结者2》,其票房收入为日本影片中票房收入最高者的5倍。1998年轰动全球的美国大片《泰坦尼克号》在50多个国家创下了票房价值的新记录,其海外票房超过10亿美元,是它以前此记录的保持者《侏罗纪公园》的两倍。香港素有"东方好莱坞"之称,是世界上最大的影视制作中心之一,人均电影产量居世界第一。香港电影生产的主要市场在国外,1995年香港本地的港产片票房收入为5.47亿港元,而同期出口值却达17亿港元。日本是世界上最大的动画片出口国,1992年出口电视动画节目达2.3万小时,成为世界动画片市场的霸主。美国的爵士乐和摇滚乐也受到世界许多国家消费者的喜欢,成为世界流行的音乐。文化产品的全球化,虽然遭到当地文化的强烈抵抗,例如,欧洲就强烈反对美国文化产品在欧洲的传播,认为是一种"文化侵略",但它仍以不可阻挡的势头蓬勃发展。

### 旅游消费全球化

现代化的超音速民航客机使人们从世界的一地

到另一地的时间最多也不过十几个小时，而即将投入使用的特超音速飞机将从纽约到东京的时间缩短到3小时。英法合建的英吉利海峡隧道将英国和欧洲大陆连为一体，横跨丹麦北部的“大海峡路”以及连接瑞典、丹麦、德国的桥梁与隧道工程也将于2000年完成，连接泰国和马来半岛的全长180公里的跨泰大陆桥、连接欧洲和非洲的直布罗陀桥、连接意大利本土和西西里岛的墨西那桥、连接埃及和沙特阿拉伯的红河桥等等，都使地球上各地之间的联系更加方便，人们之间的交往更加密切。交通和通信的发展，促进了旅游消费的全球化，1990年，全世界国际旅游的人数为4.59亿，国际旅游收入2647.08亿美元，而到了1996年，国际旅游人数上升到5.92亿，国际旅游收入4231.16亿美元。美国每年的外国游客达到4500多万人，法国每年接待外国游客6 000多万人，超过本国人口总数，西班牙每年接待的外国游客也超过6 000万人，远远超过本国人口，新加坡更是每年接待外国游客700多万人，超过本国人口1倍多。1998年，全世界境外旅游人数达到6.25亿，据世界旅游组织预测，到2000年，全世界境外旅游人数将达到6.73亿人次，2010年可达10亿人次，① 走出国门，去看看外面的世界，已成为世界消费的新时尚，国际旅游已经成为世界消费的一个新的热点。

因特网的发展，更是加快了这种全球化的进程，在因特网上传递的信息没有国界的限制，也没有距离的区别，因特网已成为全世界公民共同的空间，在因特网上，人们才真正感受到全世界已连成一个统一的“地球村”。“网络以全新的方式建立起与同事、朋友和家庭的联系，来自世界各地的人们可以按兴趣结社，网络使人们能够购物、听新闻、互访、娱乐，或以各种方式闲谈。因特网正在变成未来地球村的街心广场”。②在因特网上，国家、民族、地区等概念将越来越淡化，全球、统一、和谐等概念将会越来越深入人心，这将是人类社会的一次深刻变革，是人类对自身关系的一次新的飞跃。尼葛洛庞帝教授对此早有预见：“数字世界全球化的特质将会逐渐腐蚀过去的边界。有人感到深受威胁，而我则欢欣鼓舞。”③

## 绿色消费方兴未艾

自工业化以来，人类社会得到了前所未有的发展，但人类在享受工业化带来的巨大利益的同时，也带来了诸多的弊端，环境污染就是工业化产生的最为严重的问题之一，但人类在这种对他们赖以生存的地球环境的破坏，却显得过于反应迟缓。以至到本世纪后半叶，接二连三地发生震惊世界的严重的环境污染事件。但这种状况在80年代末有了转机，其重要标志就是1987年联合国世界环境与发展委员会发表《我们共同的未来》的报告，正式提出“可持续发展”的概念。1992年，世界第二届环境与发展大会进一步将可持续发展作为世界发展的战略，并提出可持续消费模式，这极大地影响了人们的消费行为，人们开始自觉反对并抛弃以前过于重视物质生活、追求物质享受、却破坏了环境的生活方式，一场席卷全球的环境保护运动，或称之为“绿色革命”正在蓬勃兴起。

各国政府已经在行动。例如，美国副总统戈尔从就职之日起就许诺要制订一项“绿色”工业政策，促进创新环境技术的发展与采用。美国总统科学顾问吉本斯提出：“我们的目标是长期的经济增长，在创造就业机会的同时改善并保护环境”。1994年7月，美国环保局长布朗纳提出了一项新的环保计划——共识计划，“共识计划与以往的环境保护计划根本不同，取代过去治理逐个污染物质的办法。各级政府官员、环境保护主义者和工业界人士将共聚一堂来制订战略，采用更加清洁、花钱较少和更加聪明的办法来保护我国人民的健康和我们大家共享的资源。”美国国家环保局制定了一个“33/50计划”，即要求参加这一计划的企业在1992年降低污染排放33%，1995年降低50%。而加利福尼亚州政府更是制定了严格的环境标准，要求到1998年时本州销售的新车2%要达到“零排放”，到2003年这个指标至少要达到10%。④

消费者更是在行动。现在，我们只有一个地球的

① 《国际经济合作》1999年第5期第33页。
② 比尔·盖茨：《未来时速》，第123～124页，北京大学出版社1999年出版。
③ 尼葛洛庞帝：《数字化生存》第279页，海南出版社1997年出版。
④ 弗兰克？费瑟：《未来消费者》第128页，辽宁教育出版社1999年出版。

全球环境意识日益深入人心，消费者对环境的关注已成为一种潮流，全世界的消费者正在发生变化，正在变绿，成为"绿色消费者"。

## 绿色消费者

绿色消费者崇尚的是一种"可持续消费"的新消费观，即以一种"可持续的和承担社会责任的方式进行消费"，这种消费方式在满足人类的基本需求，提高生活质量的同时，使自然资源的消耗最少，消费过程中产生的废弃物和污染物最少，从而使消费的结果不致危及人类后代的需求。

据有关民意调查显示，在发达国家，有85%的公民将环境问题列为关注的首要问题。这些消费者在选购商品时，不仅考虑消费品的价格和质量等传统因素，还要考虑是否有利于保护环境：他们想知道罐头盒里的金枪鱼是不是在大西洋被拖网捕获的；他们想知道谷类食物的包装盒是不是用经过氯漂白的纸浆制造的；他们想知道要买的商品耗费了多少能源，能使用多久，是否可以回收再利用。越来越多的人强烈地关注地球的未来，他们愿意为保护这颗行星而改变其日常生活习惯。据纽约一家公司对1000名消费者的调查表明，89%的消费者购物时会对产品是否污染环境认真考虑；有90%以上的美国消费者在购物时都关心自己所买到的产品是否绿色产品，同时他们表示，企业的环保形象会影响他们的购买；66%的英国人愿意支付更高的价格购买绿色产品；在加拿大的民意测验中也显示，80%的公众宁愿多付10%的钱购买对环境危害较小的产品；在日本，有73%的消费者愿意购买价格更高的绿色产品，有69%的人认为环境保护比商品的使用更重要。在奥地利、瑞典等国的民意测验中也有类似的反映。

最近，美国洛杉矶市准备推行一项"绿色能源计划"，大力推广利用风能、太阳能、水力发电等对环境的负面影响很小甚至没有影响的能源。该计划将动员每个市民在其总的能源消费中放弃20%的传统能源，改用绿色能源，该市的一项调查表明，有越来越多的市民支持政府的这一计划，愿意使用清洁的绿色能源，即使其价格要更贵一些。

现在，许多国家的消费者都深刻地认识到过多使用私人小汽车所造成的严重的环境污染，他们提倡使用自行车、公共汽车和火车，而不是用小汽车作为主要的交通工具。在瑞典，人们正在推行步行、骑自行车以及在冬季通过滑雪作为交通工具，而尽量少使用汽车。1991年9月，德国汉堡的消费者将该市的130条主要街道堵塞，以这种方式抗议因小汽车造成的污染和城市交通问题，鼓励在城市步行、骑自行车或乘公共汽车。在美国这个"汽车王国"，使用自行车的人数逐年上升，美国已成为世界第四大自行车消费国，许多人都骑自行车上班、上学，甚至警察也用自行车作为日常执行公务的交通工具。在美国俄勒冈州的波特兰市，当地社区积极鼓励人们把自行车作为日常交通工具，政府还采取一些措施来吸引人们骑车。该市政府搞了一个"社区自行车计划"，在市区的街道放置一些自行车，供人们免费使用，任何人在街上看到这种没有上锁的自行车都可以骑走，只要你用完后将它放到一条主要街道上就可以了。在德国的许多城市，骑自行车的人并不比开小汽车的人少，越来越多的人都改骑自行车上班。到了周末或节假日，就有全家老小穿上休闲服，每人骑上一辆自行车，去野外健身度假。有时即使开车，也在车顶上放几辆自行车备用。今天，在8000万德国人中，拥有自行车6000多万辆，德国已成为欧洲最大的自行车消费市场。为了鼓励人们骑自行车，德国政府还计划将目前4000公里自行车道增加到1.6万公里，从而超过高速公路的长度。

## 绿色消费品

消费者的这种变化，必然导致消费品市场的变化，使消费品也在变绿，绿色消费品正在成为一种时尚。所谓绿色消费品主要指能够节约能源的使用，节约资源的消耗，减少废弃物和污染，不危及人体健康与安全，能经久耐用，可重复使用，可再生等性能的产品。绿色消费品要求它的生产、使用、直至回收的整个过程都符合特定的环保要求，90年代以来，这种绿色消费品逐渐成为一种新时尚，使绿色消费品的消费量大幅上升。

*绿色食品*　由于废水、废气、废弃物的大量排放，农药、化肥、添加剂、色素的滥用，使我们的食品大量受到污染，已严重威胁到人类的健康甚至生命安全。为了改变这种状况，许多国家都针对食品生产、加工、销售制订了严格的绿色标准，并颁发了绿色食品标志，这种没有受到环境污染、也不污染环境的具有绿

色标志的绿色食品大受消费者的欢迎，即使它们的价格比普通食品高出许多，也成为许多人购买的首选目标。在这方面，德国走在世界的前面，早在 1972 年，德国就成立了“有机农业国际联盟”，并开始组织生产、监制无污染、无公害的绿色食品。到 90 年代，该联盟已发展了 300 多个成员组织，分布在世界 60 多个国家和地区，拥有绿色食品生产企业近 2 万家。①许多消费者在选购食品时，对所购食品是否绿色食品表示极大的关注，在美国已有许多专门经营绿色食品的食品店，很受消费者的欢迎。为了满足消费者对环境的这种需求，显示自己的环保形象，美国麦当劳公司在 1990 年加入了保护环境基金会，参加“减少、再利用和回收”废弃物的行动，并在其经营过程中减少使用包装物，少用氯漂白纸张，并使用更小的餐巾纸，用可重复使用的周转箱装运番茄酱和其他配菜。

绿色服装　绿色服装代表了 90 年代时装发展的一种新趋势。德国《生态检测》杂志在 1993 年 12 月对不同的牛仔服进行了分析，发现了大量的化学物质，有杀虫剂、重金属、甲醛等。他们对 T 恤衫的检测结果也是如此。这种服装穿在身上会影响消费者的身体健康，产生湿疹性红斑、神经性皮炎等皮肤病。于是，一种有利身体健康、注重保护环境的绿色服装便应运而生，这种服装面料大多采用天然织物，如棉、麻、毛、丝等，很少使用化学纤维，采用有机种植的方法生产出来的棉花，以减少有害物质的残留量，尽量采用对环境影响小的配件。德国的有关机构已制订了绿色纺织品的行业标准，用于生产有利于消费者身体健康的“绿色服装”，例如，用天然的红甘蓝或靛蓝印染加工服装，而不是用有害的化学物质。

绿色家电　节能是绿色家电的主要目标之一，瑞士已研制出一种不用电能的冰箱，没有电动机和压缩机，利用氨气进行工作。英国制造出一种太阳能冰箱，装有 9 片面积为 3×2 英尺的光电极，在太阳光的照射下可产生 12 伏 2 安培的电流，供冰箱制冷。美国研制出一种声波制冷冰箱，利用热声学冷却原理制冷。② 1993 年美国惠尼普尼公司生产一种不含氟利昂的冰箱，荣获 1993 年美国设计大赛奖。这种冰箱的能耗比美国政府规定的能耗标准还低 30%，其主要特点是，使用模糊逻辑计算机控制，冰箱的门具有特殊的隔热功能，采用不会影响大气臭氧层的制冷剂。中国青岛海尔集团也于 1994 年推出超级节能无氟冰箱，节能效果达 42%以上。

绿色电脑　绿色电脑主要是指能够节省能源、可回收、使用可腐化或再生材料作包装、制作过程不使用 CFC、操作安静、以环保为目标的电脑。1992 年，美国环保局宣布实施一项节能制度，它规定在通上电源但不工作时能节省电力 30%以上的电脑及其监视器、打印机，都可以贴上美国环保局监制的“能源之星”标志。克林顿总统随之签发命令，要求联邦政府以后采购的电脑产品必须拥有美国环保局核准的“能源之星”标志，据统计，美国办公室的耗电量大部分用于电脑，但电脑真正使用的时间只占 20%，因此，采用省电的具有“能源之星”标志的电脑，特别是采用具有睡眠功能的绿色电脑，在未使用时自动进入睡眠状态，则每年可因此节省 10 亿美元以上的电费，且由于发电厂的含硫排烟也会减少，亦可减少酸雨的危害。绿色电脑不仅要求其本身具有节电等功能，而且要求其配套的外围设备如打印机、显示器、显示卡等也必须导入省电技术才能与绿色电脑匹配。IBM 公司已生产出一种节能的绿色台式个人计算机，它由再生塑料制成，耗电量只有普通个人计算机的 1/4。中国台湾宏基公司生产的几种电脑，其耗电量在 20 瓦以内，超过了美国环保局规定的技术要求。

由于电脑的更新换代速度不断加快，全世界每年要报废大量的电脑。据统计，仅个人电脑和工作站就要报废 1000 多万台，如果没有妥善的处理方法，将造成严重的污染。因此，许多厂商尽量采用可回收的材料制造电脑、周边设备及其包装材料。在设计方面，则尽量使电脑易于拆卸，使用单一品种的塑料，以便回收。

绿色汽车　据联合国环境规划署的一份统计报告表明，目前工业废气的排放已将城市人口的一半置于碳、氮氧化合物含量超标的大气环境中，而城市中这种污染物的 80%来自汽车的尾气。因此，世界各国都在寻求用“绿色汽车”代替现有的燃油汽车的计划。

① 清水岩：《干预未来》第 288 页，煤炭工业出版社 1997 年出版。

② 臧立著：《绿色浪潮》第 48 页，广东人民出版社 1998 年 9 月出版。

所谓“绿色汽车”主要是指以下几个方面：使用无污染或只有很少污染的能源，如电池、太阳能或其他气体燃料；车身零件绝大部分可以循环再利用；使用催化转换器，减少排出废气中一氧化碳成分；汽车空调减少使用CFC等。

为了减少汽车尾气引起的大气污染，许多国家都将汽油改为天然气体或石油气一类较清洁的燃料作为能源动力。在日本、荷兰、澳大利亚、新西兰等国家，较普遍地采用了石油气作为汽车燃料。美国是汽车消费大国，平均每人有一辆汽车，占全世界汽车总量的一半，因此，美国环境保护的一个重点是减少汽车尾气的排放。90年代初，美国开始实施“新一代汽车计划”，其主要方向就是降低汽车对环境的污染，其代表作是各种燃料电池汽车。香港环保署已作出规定，自1993年1月以后的进口车需配备三元催化转变器，以减少废气的排放。法国政府正在洛切尔市(La Rochelle)进行一项电动车普及试验，包括在路面增设充电补给站，在停车场、加油站及家庭住宅增设充电设备及其他维修服务。

1999年，美国政府又提出了一项“绿色汽车计划”，该计划对在美国使用的各种汽车，尤其是体育赛车和轻型货车的尾气排放及使用汽油的标准有了更严格的要求。这一计划的实施，将使体育赛车和轻型货车尾气中的污染物减少95%，美国人的寿命会进一步延长，呼吸系统疾病患者会进一步减少。为了使这一计划获得国会批准，美国环保组织准备发动志愿者去动员公众支持，希望得到至少13.5万人的签名，然后再寄给联邦法律官员。美国副总统戈尔已明确表示支持这一计划。①

## 信息消费异军突起

90年代，世界上发展最快的产业莫过于信息产业了，据美国商务部1998年4月的一份报告显示：信息产业在经济中的份额，在1990年为6.3%，1993年为6.4%，到了1998年，则增长到8.2%，而信息产业在总的名义GDP的份额几乎达到15%，信息产业给经济增长的贡献高达25%。② 而在高速发展的信息产业中，90年代最引人注目的发展就是电脑开始大量涌入家庭以及因特网的广泛应用。特别是1993年美国提出建立信息高速公路并在全球立即产生信息高速公路热，大大加速了消费领域的信息化过程。这种变化，不仅使信息产业的发展成为经济增长的重要源泉，而且极大地改变了人们的生活方式和相互交往方式，引起了消费领域的信息革命。以往的工业革命，影响的主要是生产领域，对消费的影响是间接的和相当滞后的。即使是本世纪40年代出现的计算机革命，在相当长时间内，也只是少数科学家的事，和广大消费者还相距十万八千里。而由个人电脑和因特网引发的这场信息革命，则和千百万消费者的消费生活息息相关，密切相连，并立即引发消费领域的连锁反应，使现代科技领域的最新成果很快就可以运用在人们的消费生活中，例如，英特尔公司刚刚推出PIII微处理器，很快就用在成千上万消费者家中的电脑上了。这就是90年代信息革命的一个重要特点。这种状况使消费者能够及时充分享受到信息领域高科技发展的最新成果，同时，也正因如此，才使信息产业的高速发展有了根本的和持久的动力。

### 家用电脑

90年代以前，电脑还只是少数科学家、商人和政府官员使用的东西，许多人只有在实验室和办公室才能见到电脑。对许多普通消费者来讲，拥有一台家用电脑，似乎只是一个美丽的梦想。

电脑进入普通百姓家庭的最大障碍，一是价格太贵，二是操作困难。在90年代，计算机行业的发展，使得这两个障碍都得到了解决。首先是价格，80年代末的主流产品286个人电脑价格高达2000～3000美元，这是一般家庭难以承受的，特别是发展中国家，这个价格令人望而生畏，它相当于一个家庭几年的收入。而到了90年代，电脑的价格每年都大幅下降，90年代初流行的386电脑约2000美元，而现在，一台奔腾II的电脑只需不到1000美元，许多厂家甚至推出了500美元以下的电脑。电脑的价格大幅下降，性能却成倍提高，286的电脑芯片上集成了十几万个晶体管，而奔腾电脑的芯片上集成了300多万个晶体

---

① 美国：《绿色汽车计划掀起一波狂澜》，《中国环境报》1999年6月12日。

② 美国商务部：《浮现中的数字经济》，第7页，中国人民大学出版社1998年出版。

管,新推出的奔腾 III 处理器上面更是集成了 550 万个晶体管,运算速度达到每秒 300MIPS(MIPS 是英文 Millions of Instruction Per Second 的缩写,即每秒百万条指令,这是衡量计算机运算速度的一个主要指标)。

以前,用户要使用计算机必须记住大量的操作口令,这使得计算机只有专业人员或经过专业培训的人才会使用。计算机要为普通消费者接受,简单化是关键问题之一。微软公司总裁比尔·盖茨正是看中了这一点,微软公司开发出的 Windows 计算机操作系统,是计算机操作系统的一场革命,它用友好的图形界面使计算机用户摆脱了各种烦琐的命令,只需用鼠标轻轻一点,便可向计算机发出各种操作命令了,这使得计算机的操作变得相当简单,现在,一个普通消费者只需简单学习就可以操作自如了。

正因为解决了计算机进入家庭的以上两个障碍,90 年代以来,电脑以异常迅猛的速度进入家庭。其发展之快是以往任何家用电器所无法比拟的。

## 通信

电信是世界经济发展最快的部门之一,根据国际电信联盟的统计,1996 年全球电信行业总收入达到 6202 亿美元,占全球 GDP 总值的 2.1%。电信业的高速发展,为消费的发展创造了条件。90 年代,居民消费中电信消费增长十分迅速,从消费支出中就可以看出,90 年代交通通信是许多国家的居民消费支出中增长最快的部分之一。

**电话** 90 年代,世界电话业取得了长足的发展,到 1996 年,全世界共有本地固定电话用户 7.4 亿,主线普及率为 12.88%,从 1990 年到 1996 年平均增长率将达 6.1%,1997 年主线普及率为 13.7%,预计到 2000 年,全世界将有 10 亿条电话主线,届时,主线普及率达到 16.5%。世界的电话发展很快,但并不平衡。据国际电信联盟统计,高收入国家的固定电话用户为 4.9 亿户,有 90%以上的家庭安装了电话,主线普及率高达 54.06%,占世界人口不到 15%的 23 个发达国家占据了世界电话主线的 62%。低收入国家固定电话用户总数为 7969 万户,主线普及率 2.45%,其中 80%的电话集中在城市。按地区来看,大洋洲的主线普及率最高,为 40.39%,欧洲和美洲分别为34.6%和 30.38%,亚洲为 6.02%,非洲最低为1.85%。

世界上固定电话最多的国家是美国,达 1.7 亿户,其主线普及率为 63.99%。主线普及率最低的国家是柬埔寨,为 0.07%。中国在 1996 年时固定电话用户总数排在第三位,为 5496 万户,主线普及率为 4.46%,到 1998 年则上升到 7984 万户,超过日本而成为世界第二大公用电话网。从 1990 年到 1997 年,中国新增电话主线占同期世界新增总数 3 亿线的 20%,电话主线普及率从 1%迅速上升到 10%。[①]

**移动通信** 90 年代是移动通信大发展的年代,1992 年,全世界移动电话拥有量还只有 2300 万台,[②]而到 1998 年底,移动电话的用户已达 2.7 亿之多,其增长速度远远超过固定电话。预计到 2000 年将达到 5 亿,到 2010 年将达到 10 亿户。[③] 特别是 90 年代初出现的 SGM(全球移动通信系统)蜂窝通信技术,从根本上改变了世界电信的面貌。现在,全世界 GSM 用户已超过 1 亿,范围遍及 100 多个国家。[④]

**卫星通信** 蜂窝移动电话虽然方便,但这种移动电话的使用者只有在移动电话的"信元"内才能联系上,许多国家的蜂窝网络没有提供"地毯式"的覆盖,有些地方就不能使用。而采用卫星通信系统,就能够解决上述问题,使用户无论在世界上哪个地方,在任何时候都能联系上。1998 年 11 月 2 日,由美国摩托罗拉公司牵头、耗资 50 亿美元的"铱星系统"投入使用,标志着卫星通信革命的开始,这个由 6 个不同轨道平面上的 66 颗低地轨道卫星形成了一张覆盖全球的精密网络,可以提供任何两点间的全球无缝通信。从此,任何人在任何时候都可以跨越高山大海用电话或寻呼机进行联系。不论他在何处,均可找到他,并与之通话或交换数据、文字、图形、图像信息,实现个人多媒体通信。

利用通信卫星,还可以将电视节目直接传送到用户家里,用户只需一个小型天线即可接收,这样,普通

---

① 李信忠:《90 年代全球电信发展回顾与展望》,《通讯世界》1999 年第 5 期。

② 《现代信息经济》1996 年第 9 期第 59 页。

③ 《市场与消费》1999 年第 2 期第 12 页。

④ 《通讯世界》1999 年第 6 期第 50 页。

消费者在家里便可收看到世界各地的电视节目，这将大大丰富人们的文化生活。

## 因特网

在90年代后期，全世界社会生活中最引人注目的发展就要数因特网了：自1993年美国宣布兴建信息高速公路、因特网向公众开放以来，因特网呈几何级数增长，而这种"几何级数"的增长方式是十分惊人的，被盖茨称为"即使被解释清楚了也显得像一个骗术"。请看：1994年还只有300万人使用因特网，[①] 1996年全世界使用因特网的人数就达到了4000万，1997年底则超过了1亿，1998年，上网人数增长到1.2亿，现在，上网人数已达1.8亿。各发达国家在网上消费的新潮流中已遥遥领先：美国使用因特网的人数到1997年已达6 200万人；[②] 日本到1999年1月因特网用户已超过1 400万，上网人口占全国人口的11.1%；加拿大的上网人数也接近1 000万。[③]

据美国商务部1998年出版的《浮现中的数字经济》中预计，到2000年，全球因特网用户将达到3.27亿，到2005年则会超过10亿。[④] 而不到一年以后，1999年1月，美国麻省理工学院教授、《数字化生存》的作者尼葛洛庞帝先生访问中国时就将这一数字大大刷新了，他预计到2000年底因特网的用户就会达到10亿人，由此足见因特网发展速度之快，是任何人都难以预料的。近几年因特网的惊人发展，使得描述计算机发展的"摩尔定律"（即计算机的硬件速度每18个月翻一番）都不适用了，于是有人用一个"新摩尔定律"来描述因特网的发展：因特网每6个月就会翻一番。因特网以前所未有的速度发展，使所有在此之前的技术黯然失色：收音机在达到5 000万用户时，用了38年时间，电视达到同样记录花了13年，第一台个人电脑出现6年后就有5000万用户使用它，而一旦向公众开放，因特网只用了4年就达到了这一水平。人们之所以竞相上网，是因为上网给人们带来的巨大好处，它向人们打开了一扇新世界的大门，人们可以足不出户就全知天下事，可以在网上购物、娱乐、交友、获取所需的各种信息，在网上可以做很多事情，因特网已形成一个无处不在的电脑空间，一个全新的信息社会，它向世人表示：一个新的网络时代正在到来。

**购物**　利用网上购物，打破了空间和时间的限制，人们可以坐在家里在跨越地区、国家、甚至根本就不存在的"虚拟"商店里购物，可以在任何时候去商店而不必考虑商店的营业时间，而且，人们是用鼠标，而不是双腿逛商店，所花时间很少。在网上购物，消费者有了更大得多的选择余地，网上商店的数目，远远超过任何人口最稠密的商业闹市区的商店数目，消费者可以尽情选择物美价廉的商品，通过一只小小的鼠标，便可"逛遍"世界各地的网上商店。许多无形商品，如电脑软件、音像制品、报刊杂志、新闻广播、股市行情、机票信息、旅游服务信息等在网上销售具有明显的优势，它们可以在网上以电子形式传送，所以，这类商品的网上购物发展十分迅速。例如，网上书店发展很快，1996年，第一家因特网书店亚马逊书店（amazon.com）的销售额还不到1600万美元，而到1997年，则达到1.48亿美元，1998年更是达到了5.4亿美元，超过世界上最大的连锁书店Barnes & Noble一倍，且图书的种类也是遥遥领先：Barnes & Noble公司只有17万种书籍，而网上最大的亚马逊书店则有310万种书籍可供选择。网上买书不仅品种多，而且查找方便，顾客只需在连网的电脑上输入有关信息，如书名、作者名、关键词等，就可找到所需书籍。在网上的音乐商店购买CD，顾客不仅可以买到在普通商店一样的CD，而且可以从许多数字音响产品中制作自己精选的CD。不仅无形商品的网上购物因其明显的优势而发展很快，而且有形商品也在许多方面也有着许多优势，其发展也十分迅速。在网上购物，消费者可以方便快捷地获得更多的有关商品的信息，网上商店提供了商品的电子目录、图片、详细介绍等。网上购物还会使顾客感到十分方便，顾客只要在所选中的商品上用鼠标轻轻一点，并拖放至虚拟的"购物筐"内，结账时输入自己的有关信用卡信息即可，随后很快就会

---

① 美国商务部：《浮现中的数字经济》第11页，中国人民大学出版社1998年出版。
② 美国商务部：《浮现中的数字经济》第16页，中国人民大学出版社1998年出版。
③ 《网络与信息》1999年第5期第4页。
④ 美国商务部：《浮现中的数字经济》第11页，中国人民大学出版社1998年出版。

有人将你所购买的商品送到家里。在网上购买家具，消费者可以通过鼠标的“拖”和“放”的功能，将选择的家具三维图像放进模拟的顾客家中，这一优点大大帮助了顾客选择合适的家具尺寸、颜色和件数。在网上购买服装，消费者可以通过网上商店的“试穿”功能，将所选服装用鼠标拖至顾客本人的三维图像上，立刻就可以看到自己穿上该服装后的效果。在网上购买汽车，顾客不仅可以在网上的“虚拟汽车展销大厅”里详尽参观、了解汽车的构造，而且可以“步入”汽车公司的产品开发基地和生产车间，直接同设计师、推销员、乃至总经理交谈，或讨价还价，或提出要求。这些优点都是传统商店无法比拟的，正因为网上购物有这么多优点，许多人纷纷通过因特网购买商品。据 1997 年秋冬季的一份研究报告显示，在美国和加拿大有 1 000 万的网络用户曾通过网络购物，占当时北美因特网用户的 60%，另据维萨公司对因特网用户的一次调查，仅 1998 年秋季就有近一半的人计划上网购物。而有更多的人则是通过网络进行挑选，然后通过电话或到商店完成交易。虽然，目前通过网上购物的比例还很小，但不难预料，网上购物将会成为人们最重要的购物方式之一，这一点，从网上商店的迅速发展及人们对网上商店的预期便可窥知：亚马逊网上商店创立于 1995 年，1997 年 5 月该公司股票上市时每股价格 9 美元，一年以后升值为 124 美元，1998 年最高时竟超过了 500 美元。这表明人们已纷纷看好网上商店未来的发展前途。网上商店的迅速崛起，将引起一场零售业的革命，传统商店的优势——有形规模、大众媒体品牌宣传以及在商店里购物的感官吸引力，已不足以确保它们在网络经济的新时代立于不败之地，它已遇到来自网上商店的强有力的竞争。

网上金融　据美国 Cyber Dialog 公司最近统计，1998 年美国 39% 的网上购物消费者曾通过因特网比较银行之间的利率高低，其中每月至少使用一次信用卡进行网上购物，为获取更优惠的利率或年费而增加新卡者的比例达 44%，高于非网络群体的 33%。目前，已有超过 370 万人在因特网上申请了信用卡。网络消费群体中有 460 万人曾通过因特网申请贷款，且有 1 190 万人计划在未来 12 个月内在因特网上申请贷款。[①]

信息服务　据估计，在美国有 90% 的人上网是为了阅读新闻、获取信息。[②] 现在，在因特网上可以免费读到来自世界各地的新闻，全世界有近 3 000 家报社提供网上新闻。在网上阅读书籍，还有普通书籍所没有的音响效果、附图和背景知识介绍。人们要外出旅游，可以通过网上查到旅游目的地的地图、天气状况等信息，人们还可以通过网上预定饭店的房间、旅行的机票、安排游览日程等。据美国旅游协会 1997 年的一项调查显示，有 630 万美国人通过因特网进行旅游预订，1996 年，上述在线预订的方式带来了 2.76 亿美元的收入，而 1997 年，则上升到了 8.16 亿美元，预计到 2000 年将达到 50 亿美元，相当于全美航空运输业客运收入的 7%。通过因特网制定旅游计划的旅游者人数 1997 年为 1 170 万人，1998 年猛增到3 380万人。美国已有些航空公司用“无票乘机”的办法在网上销售机位。这种办法是指乘客无需事先购买机票，可以直接持信用卡到机场办理登机手续。

交流　因特网的迅速普及，极大地改变了人们之间相互交往的方式，现在，通过因特网交流已成为一种人际交往的重要方式。通过因特网收发电子邮件，既迅速又便宜，一封邮件只需几秒钟就可到达收件人手中，其速度是普通邮件不可比拟的，费用却十分低廉，只有国际长途电话的几十分之一。因此，通过因特网的电子邮件建立联系这一交流方式迅速为人们接受并迅速在网民中间普及，收发电子邮件成为许多人上网的最重要的目的。通过因特网交流，可以超越国家和地区的空间限制，这大大缩短了人们之间的距离，扩大了人们交往的范围，人们可以不分国家、种族、年龄而根据各自的兴趣爱好在网上组织起来，形成网上虚拟社区。据有关人士分析，网上社区已是近年因特网发展最快的领域，因特网的这一应用，使人们更加感受到社会生活的全球化，真正体会到“天涯若比邻”。

娱乐　在因特网上，人们可以欣赏各种各样的娱乐节目，在网上听 CD，玩游戏早已不是新鲜事，桥牌爱好者可以在因特网上和远隔千山万水的牌友打桥

① 《网络与信息》1999 年第 2 期第 17 页。

② 美国商务部：《浮现中的数字经济》第 45 页，中国人民大学出版社 1998 年出版。

牌，人们还可以根据自己的爱好，通过VCD系统在网上点播所喜爱的娱乐节目和电影。最近，微软公司和索尼音乐娱乐公司宣布在因特网上合作推广音像制品。有传媒认为，此项合作不但可以为两家公司打开一个共通的市场，还会引发一系列的视听观念的革命，索尼音乐公司认为，因特网是一种极好的推销产品的工具，越来越多的音乐迷希望在网上看到、听到他们最喜爱的明星的消息和作品。微软公司则表示，与索尼音乐合作可以为音乐和艺人提供一个新的舞台。可以预见，通过因特网欣赏音乐将为越来越多的人所喜爱。

媒体　只短短几年的时间，因特网已迅速发展成为一种家喻户晓的媒体，现在，已占据了十分重要的位置，成为继报纸、广播、电视之后迅速崛起的第四大媒体，并且正在以其特有的优势迅速扩展。1994年，因特网还主要只是科学家、教授使用的工具，连知道它的人都不多，到了1997年，它就已成为许多人获取信息的重要来源了。世界上许多重大事件的报道，都可以从因特网上发出并迅速传播。例如，1997年5月，国际象棋冠军卡斯帕罗夫和IBM深蓝计算机的世纪大战，就有7 800万人通过因特网观看了比赛。1997年7月，当火星探测器登陆火星之后，全球有数以亿计的人访问了有关火星的网站。1998年法国世界杯，也是借助因特网而使成千上万的观众能一睹这本世纪最后一次精彩的足球比赛。而1998年美国政府关于克林顿总统和莱温斯基丑闻调查报告，更是首先在因特网上公之于众的，因特网以其特有的“交互性”首次压倒了报刊、广播、电视等传统媒体，由此足见因特网的影响力越来越大，它作为“第四媒体”的地位已经确立，而且，随着因特网的普及，它的地位还将上升，将会超过其他媒体。

值得注意的是，有数据显示，在现代信息消费的发展方面，发达国家明显要远远超过发展中国家，例如，全世界目前有因特网用户约1.3亿人，发展中国家的用户总共只有1 000多万，占世界全部用户的7.8%，而发达国家的用户有1.2亿，占92.2%。在人口比例上的差距就更大了：欧盟、美国、日本、加拿大、澳大利亚、新西兰、挪威、瑞士等国的人口只占世界人口的17%，而他们的因特网用户则占了总用户的82%，在发达国家，每6.8人中就有一个因特网用户，而在发展中国家，每440人中才有一个因特网用户。这种状况会使发展中国家处于更加不利的地位，使他们在信息社会中和发达国家的差距越来越大，使之不仅成为物质穷国，更成为信息穷国。

## 文化消费无处不在

什么是文化？胡适先生曾经说过：文化是一种文明所形成的生活的方式。按照这种对文化的解释，消费是生活方式的一个基本方面，许多消费活动本身就同时也是一种文化活动，无不包含文化色彩，吃有吃的文化，穿有穿的文化，住有住的文化，用有用的文化，行有行的文化，玩有玩的文化。在当代，消费越来越具有文化味，消费和文化结合得越来越密切，人们的日常消费生活，已表现出越来越强烈的文化味。人们在选购商品时，越来越看重的不是商品本身，而是它所反映的文化。人们在进行消费时，也越来越看重消费的文化层面。许多商品，其品牌的价值远远超过其商品本身的价值，正反映了消费者的这种文化价值取向。因此，有人说：我们推销的不是什么产品，而是文化。

### 吃的文化

现在，消费者在吃的方面追求的不仅仅是吃得有营养，吃得有味道，而且还要吃得有文化，有品位。可口可乐之所以在全世界的范围内如此受欢迎，除了它本身的口味外，一个十分重要的原因就在于它是“世界第一名牌”，“来自美国”、甚至具有一种“美国精神”这样一些它所携带的文化信息，这种文化信息成为支撑品牌的强大支柱，使可口可乐的品牌对消费者具有特别的感召力和满足感，这时，它给消费者带来的，也不再仅仅是生理上的满足，更有品牌文化带来的心理满足，因此，当人们在喝可口可乐时，他会感到不仅是在喝一种饮料，而且是在喝一种“美国文化”。麦当劳快餐在世界各地大受欢迎，除了它的味道好以外，更因为人们在麦当劳快餐厅消费，可以感受到里面优雅、清洁的环境，彬彬有礼的服务和新奇的异国情调。在这些文化含义上，可口可乐、麦当劳这两种食品，已成为了美国文化的象征，正是这种文化含义，使它们在全世界都得到消费者的喜爱。

### 穿的文化

人们穿衣主要并不是为了“御寒蔽体”，而是为了装饰自己，因此，服装从来就和美联系在一起而成为了一种文化，甚至成为了一种文化的象征。世界各个不同的民族，有自己特有的民族服装，表达不同的文化含义。巴黎是世界著名的时装之都，每年都有世界时装大师在这里展示自己的优秀作品，形成了一种时装文化。巴黎的高级女装在世界上享有盛誉，一直处于世界前列，这主要就得益于它的深厚的文化背景和高雅的文化内涵上。巴黎的女子中有大量艺术素养很高的时装消费群体，她们高雅的趣味、挑剔的眼光、高超的鉴赏力是巴黎时装领先于世的社会基础，同时这也给时装设计师提供了最理想的创作环境，成为时装设计师不断追求完美的动力。纽约时装具有轻便、洒脱、简洁、实用的特点，现代感极强，这正反映了美国文化的特征，即美国人的豪爽、无拘无束、生气勃勃、喜欢标新立异。对美国人来讲，巴黎时装过于贵族化，因此，纽约时装设计的方向是“向大众化、平民化的目标进军”，以便装为主。纽约街头的时装，也体现了美国文化大融合及时装多元化、个性化的特点。① 东京时装不像巴黎和纽约那样有着较长的历史，东京时装业的大规模发展是在 70 年代才开始的，但却有一种后来居上的势头，成为世界时装的另一个中心。日本时装的一个重要特点就是深受日本传统的和服文化影响，具有强烈的传统东方文化色彩，但又不失现代气息。日本著名时装设计师君岛一郎就说过：不同的国家、不同的地区和民族，都有它们自己的风格，如果抛弃它，时装设计就失去了根；完全沿袭，就会停滞不前。东京时装的成功正是在于时装设计大师们对民族文化中的精品进行改造，使之现代化，成为古典和现代、东方和西方时装结合的成功典范。

**因特网文化**

90 年代迅速发展起来的因特网，更是充满了文化。文化消费主要满足人们的精神文化需要，因此，和物质消费比起来，因特网是一种更适合精神文化消费传播的方式，或者说，因特网为精神文化消费提供了更加广阔的空间。如今，许多文化消费活动都可以通过因特网实现。人们可以通过因特网欣赏音乐、电影，观看演出和体育比赛，参观博物馆、展览，阅读书籍和报刊杂志等等。例如，现在，很多国家和大学的图书馆都上了网，仅美国就有数以千计的大学图书馆上了网，人们可以通过因特网浏览在线的电子文献，也可以检索到这些图书馆的藏书文献信息，还可以到世界上最大的美国国会图书馆去浏览一番，在那里可以看到美国第一届总统华盛顿的亲笔信，林肯总统的《解放奴隶宣言》第一草案书等大量的珍贵文物图片。在因特网上，还有着成千上万的虚拟图书馆，供人们阅读、搜索信息。为了方便人们阅读、收集信息，因特网上还有专门的信息服务机构将网上的文献信息进行加工、分类，例如，网上的“古典文学作品库”中就有哥白尼、亚里士多德、荷马等名家作品，还有诸如《莎士比亚全集》等世界名著。② 因特网已经成为了一个知识的海洋。在因特网上，世界上许多著名的艺术博物馆都有自己的主页，人们可以在因特网上参观法国的卢浮宫，欣赏到蒙娜丽莎神秘的微笑；可以去美国的自然博物馆，考察人类起源的历史，可以参观大都会艺术博物馆，领略异国艺术的魅力。在因特网上，人们还可以“乘着鼠标的航船”，进入因特网的虚拟世界，去游览世界各地的大好风光，可以欣赏巴黎的夜景，游览塞纳河风光，参观美国的国会大厦，还可以进入中国的故宫，饱览中国的传统艺术珍宝。在因特网上，人们可以接受教育，还可以攻读学位。基于因特网的远程教育将改变世界的传统教育方式，人们可以通过家庭学校、电脑大学、跨国课堂、全球学习网等新的教育网点学习知识，目前美国已有 100 万儿童在家接收教育，这种接受教育的方式，还可以使由于生病、残疾、气候恶劣而无法上学的孩子接受教育。1995 年，全球教室计划把全美 11 个州和 9 个其他国家的 20 所学校从 5 年级到 8 年级的学生连到了一起，他们一块学习航天、能源、废物处理和天气变化等课程。美国副总统戈尔还宣布了另一项计划——GLOBE（通过观测促进环境保护的全球学习），设想将地球上的每一所学校通过因特网、卫星及其他工具连接起来。美国目前已有 80 多所大学和数百所中学可以通过因特网获得学位或文凭。因特网已成为一个全新的、几乎无所不包的文化消费的场所。

① 熊晓萍：《现代服饰文化》第 206 – 215 页，江西人民出版社 1993 年出版。
② 陆俊：《重建巴比塔—文化视野中的网络》第 2 页，北京出版社 1999 年 1 月出版。

# 跨世纪中国消费需求的几个问题

国家内贸局副局长 丁俊发

1998年12月7日召开的中央经济工作会议在消费问题上解决了三大问题：第一，明确中国这样一个大国，经济的发展主要靠扩大内需，特别是消费需求的增长。第二，扩大消费需求，主要是“鼓励和引导城乡居民增加消费支出”。第三，鼓励消费一要增加居民收入；二要生产适销对路产品；三要引导消费，不断培育消费热点；四要对影响消费支出的改革把握好出台时机，不要过于集中；五要启动与扩大消费信贷；六要为消费创造外部环境。这对今后经济的健康发展将产生重大影响。

## 关于影响居民消费的主要因素

体制因素　从计划经济体制向社会主义市场经济体制转变，社会保障体系由单一形式正在逐步转变为国家、企业、个人相结合的多元体系，导致国家的消费体制与消费政策发生变化。

经济因素　我国已告别了短缺经济时代，由供给约束转变为市场约束，买方市场初步形成，给消费提供了物质基础。

收入因素　农村居民家庭人均纯收入由1978年的133.6元提高到1997年的2090元，扣除价格因素，实际增长3.4倍，年平均增长8.1%，城镇居民家庭人均可支配收入由1978年的343.4元，提高到1997年的5160.3元，扣除价格因素，实际增长2.1倍，年均增长6.2%。人民生活正从温饱型消费向小康型消费迈进。

市场因素　商品市场与要素市场体系加速发展，实物消费与服务消费的各种业态不断完善与更新，路、水、电、讯等消费环境得到改善，这为居民消费提供了必要的外部环境。

法制因素　由于民法、商法建设的加强，商品所有者交易关系以及消费者权益得到重视。

这五大因素推动着我国城乡居民消费水平的提高，但也正是这五大因素的不完善，又制约着消费水平的进一步提高。

第一，改革开放以来，在各种体制的改革中，消费体制改革滞后，低工资下的福利型消费体制阻碍了消费的发展，许多限制消费的政策影响消费的启动。重生产信贷，轻消费信贷，使生产力扩张与居民收入增长相差过大，在反对“高消费”、“超前消费”中，一定程度上抑制了合理消费，引导消费不力。重城市消费，轻农村消费等等，特别是涉及个人消费支出的改革比较多，使消费预期不明确，许多即期消费变成了中远期消费。所以必须大力改革消费体制，调整消费政策，对涉及个人支出的各项改革政策出台不要过于集中。

第二，中国形成的买方市场是一种低水平的不完整的买方市场，供给相对过剩与有效供给相对不足并存，企业结构、产品结构性矛盾进一步突出。由于人民群众的收入水平所限，购买力还不高。从1997年10月开始又出现了连续一年以上的通货紧缩，加剧了居民的“惜购”心理。

第三，近几年，城乡居民收入增幅明显减缓。1997、1998年城镇居民可支配收入增幅分别为6.6%和6.5%，农村居民人均纯收入增幅分别为4.6%和4%。据调查，1997年全国城镇居民家庭减收面为39%，比1996年增加三个百分点，1998年也是这个情况。1998年在许多省，农民人均纯收入增幅是最近几年以来的最低点。从而影响了城乡居民即期购买力的提高。

第四,市场在发育过程中,由于法制还不健全,新的流通体系还没形成,商品不能货畅其流,流通秩序比较混乱,制售假冒伪劣商品屡禁不止,同样影响了城乡居民的消费热情。

## 关于消费周期

改革开放以来,中国只经历过一次消费周期,即80年代,大约延续了10年左右,到80年代中期进入高峰。这个周期有两个明显特点,一是在城市普及家用电器和家用电器开始进入农村家庭为主要标志。二是排浪式消费。进入90年代,中国开始进入居民消费积累期,根据国外经验,从电视机、电冰箱、洗衣机到轿车、电脑、住房消费需要7~10年积累期,积累期无非是为消费升级作准备,即城镇消费从千元级向万元级、10万元级消费发展,农村从百元级向千元级、万元级消费发展。中国城乡居民的储蓄加上手持现金已超过6万亿元,到2000年,中国人民生活将基本实现小康。可以这样说,中国已基本完成这一积累期,将逐步进入新一轮消费周期。这一轮消费周期,以家电在农村普及以及城镇进入住房、轿车、电脑消费为主要标志,大约要经历10年左右。但这一消费周期,由于收入水平的差异将形成多元化、多层次化、多样化的格局,消费热点在时间与品种上将相对分散。

## 关于跨世纪居民消费的特点与趋势

### (一)生存型消费加速向质量型消费过渡

**恩格尔系数明显降低** 人们为了生存,为了实现劳动力本身的再生产,必须有一个必要的生存型消费,即以食品类消费为主。但随着经济的发展,这一情况正在改变。城镇居民的恩格尔系数1978年为57.4%,1997年为46.4%;农村居民的恩格尔系数1978年为67.7%,1997年为55.1%。虽然农村还有相当一部分贫困人口没有摆脱生存型消费,但从生存型消费向质量型消费发展的趋势是不可阻挡的。在城乡非食品类消费,特别是服务性消费支出的比重正在逐步增加。江苏苏州农民说,他们的消费主要是四"子",即"盖房子、讨娘子、学生子(教育)、开方子(看病)"。看农民的生活水平,"一看住房,二看家当,三看健康"。

**居民消费从数量型向质量型转变** 开始追求商品与服务品牌、名牌。在大的商场已从大类销售转向品牌销售。服务消费更追求服务质量与文化气氛。

### (二)居民消费多层次化格局日益明显

改革开放以来,城乡居民收入从平均增长逐步拉开差距,这种收入差距还有进一步扩大的趋势。从而出现了在计划经济时期与改革开放初期从来没有过的消费层次化。

**实物消费与服务消费都出现了高、中、低三个档次** 以收入水平的高低(有的地方还以权力的大小)分别进入三个档次。别墅、高档商场、高档娱乐场所是工薪阶层与低收入者望尘莫及的。为广大工薪阶层服务的仓储式商场、便民店、消费合作社应运而生,大大小小综合性、专业性批发市场越发红火。各种零售业态,如购物中心、大型商场、超市、便民连锁店、专卖店等等五花八门,以适应消费者需求;美容美发店、夜总会、洗浴中心、保龄球馆、名特小吃、搬家公司等等五彩缤纷。人们自己去寻找消费支出的位置。

**出现了高收入者消费饱和或缺少消费与中低收入者有消费需求但无力消费并存的局面** 富有者有房有车,家里装备一应俱全;而中低收入者想进入万元级、10万元级消费还没实力,从而推动了信用消费、租赁消费的发展。

### (三)城乡居民消费支出中将逐步形成一些新的消费热点

消费需求,从消费的主体来看,可以区分为个人消费与政府消费(集团消费);从消费的对象来分,可以区分为实物性消费与服务性消费(也可称为文化消费或精神消费)。按老百姓的通常划分,也可以区分为衣、食、住、行、乐。今后10年,将逐步形成一些新的消费热点。

#### 城镇居民

**商品住房** 人均住房面积1978年为3.5平方

米,到1997年为8.8平方米,按“九五”计划,到2000年要达到9平方米。目前,城镇居民的商品化率不到30%,要实现居民住房私有化还有很大差距。随着住房改革的推进,特别是银行商品房抵押贷款规模的扩大,商品房成本价的降低,以及商品房二级市场的形成,商品住房(包括装饰业)必然成为消费热点与新的经济增长点。1997年,全国私人购房已占出售商品住房的58.7%,随着住房私有化,厨房设备、卫生洁具以及室内装修将有飞速发展。仅室内装饰年产值已超过1000亿元。

小轿车 目前,中国汽车的普及在全世界处于较低水平,据统计,全世界平均每3人拥有一辆汽车,而中国则平均109人才拥有一辆汽车。平均拥有一辆轿车的人数美国为1.5人,日本为3.5人,阿根廷为8～16人,阿尔及利亚为10～30人,而中国是900人。1979～1996年的18年中,中国汽车产量每年递增13.6%,1997年汽车生产能力已达到230万辆,其中轿车为80万辆。据统计,1982年中国私人汽车拥有量为100万辆,1994年达到200万辆,1996年突破300万辆。私人汽车保有量年均增长28%。最近5年,中国私人购车的需求量年均增长28.1%,而同期公家购车只有6.8%,在全国汽车销售量中私人购车比重1995年为37.5%,1997年增长到48.9%,1998年超过50%,在北京达到80%以上。随着四大商业银行启动汽车按揭业务,进一步降低汽车销价,道路建设投入加大,公务员用车制度改革、强制性汽车更新,费改税的出台等等,小轿车消费将逐步进入家庭,但在近几年还不可能成为热点,据国家信息中心预测,到2000年中国具备购车能力的家庭将达到700万户,到2005年,将达到4 260万户。

电子信息产品 包括彩电、冰箱、洗衣机的更新换代,空调、电脑、通讯设备等等,在前2年以及今后几年,仍将是城市消费的主要拉动力。

服务消费 一是教育消费,二是医疗保健消费,三是旅游消费,四是家政服务消费,五是饮食消费。计划生育政策是中国的基本国策,独生子女教育支出以及为提高自身业务竞争能力的培训支出将增加。医疗保健进一步受到重视,有个好身体将是每个人的追求。旅游将成为所有人的新时尚,看一看外面的世界,其乐无穷。国内旅游已进入产业化发展最快、最好的时期。1997年旅游收入增长25.14%,到2000年国内旅游收入将达到2 500亿元,必将成为中国新的经济增长点。家政服务是一个新兴产业,小时工、家庭病房、送菜服务、上门修理、家教、孩子接送等等必然蓬勃发展。餐饮业的营业额以年平均15%～20%的速度上升,并以个人消费为主,1998年的营业额已突破5 000亿元。

新型食品 减轻厨房烦杂劳动的各种新型食品将大受欢迎。“主食工程”、“早点工程”、速冻食品将快速发展。

### 农村居民

住房 1978年农村人均住房面积为8.1平方米,1997年为22.5平方米。农民的住房一般分为三个阶段,第一阶段是土房变瓦房,第二阶段是平房变成楼房,第三阶段是楼房装饰,讲究环境。由于农民收入水平不同,进入了不同的阶段。真正完成三个阶段的是少数。目前全国农村年盖新房与翻修率在10～20%。随着小城镇建设的启动,住房消费将进一步成为消费热点与消费重点。

家电普及 未来的10年,家电将在全国农村普及,农民盖房以后的第二大消费追求的是家电,特别是彩电。

农用车、摩托车消费 全国260万辆农用运输车与千万辆摩托车的95%,为农民私人购买。在未来的10年内这种状况不会改变。

## 关于提高消费率问题

国民经济的增长靠消费需求、投资需求与出口需求来拉动。在国外,消费率(消费占GDP的比重)比较高,一般在70～80%之间。据国际货币基金组织与世界银行统计,1991～1995年之间,世界平均消费率水平为78～79%,美国为83.7%,印度也有78%,而中国一直在60%上下波动。据统计,中国“六五”期间的消费率为66.5%,“七五”为62.4%,“八五”为59%,1997年为59.9%。消费率明显偏低,这说明两个问题:一是中国一直用高投资率来支撑经济的增长(为了增加就业率而采取必要的财政政策加大投入是可以的,但不能持久),往往形成低效益的经济增长;二是中国单位劳动成果中,可供社会公众消费(享用)的部分较少,而转化为投资的部分较多。这种高投资、低消费就形成了中国经济运行中的突出矛盾。今后应着重于提高消费率，如果消费率每年上升一个百分点，经过 10～20 年的努力，就可以达到国际平均水平。

扩大内需，要防止一个误解，认为就是扩大投资。其实不然，扩大内需，主要功夫要下在扩大消费需求上，这才牵住了扩大内需的牛鼻子。

扩大消费需求，也要防止另一个误解，就是居民消费与政府(集团)消费双扩张。扩大消费需求，主要是扩大城乡居民的消费支出。据统计，中国居民消费与政府消费的比例大致为 4∶1，“六五”时期为 78.9∶21.1，“七五”时期为 80.4∶19.6，“八五”时期为 78.8∶21.2，从 1995 年以来，政府消费的比例一直低于 20%。根据中国的国情，政府消费不能提高而应该下落。下降的办法，是实行政府机构改革，从人治走向法治。

要深信，只要全国上下一起努力，改革消费体制，调整消费政策，拓展消费领域，扩大消费需求，就一定能把中国的消费率稳定提高，为国民经济的发展作出贡献。在这里特别想强调，必须启动与积极推行四项消费政策：

信用消费政策　允许明天的钱可以今天花，并出台配套的政策与法规。

服务消费政策　物质消费与服务消费双启动，并改善有关政策、法规，国家标准与行业标准。

租赁消费政策　消费不一定必须拥有商品的所有权，而只拥有一定时期的使用权。

农村人口城市化政策　积极推进小城镇建设，发展乡镇企业，并鼓励中小城市适当扩容，缓解城乡二元结构。

# 90 年代中国消费水平的发展变化和主要特征

湖南省社会科学院经济研究所　尹向东

## 90 年代中国消费水平发展变化情况

90 年代，中国消费水平产生了质的变化，实现了温饱跨入小康这个历史性的转变，到 1998 年，全国城镇居民中大约已有 85% 以上达到小康水平的标准，农村居民中大约 50% 以上达到小康水平的标准。实现小康水平是中国现代化建设第二步战略目标。

消费水平不仅包括按人口平均的消费品(包括劳务)的数量和质量，而且包括消费质量在内，它反映人们物质文化需要实际满足的程度。

### 消费水平总体发展变化情况

从 80 年代到 1998 年，消费水平提高非常迅速，“六五”时期全国居民消费水平平均增长 9.4%，其中农村居民为 11.0%，城镇居民为 5.7%；“七五”时期全国居民消费水平平均增长 4.0%，其中农村居民为 2.5%，城镇居民为 6.1%；“八五”时期全国居民消费水平平均增长 8.9%，其中农村居民为 7.7%，城镇居民 8.7%。1996～1998 年，城乡居民消费水平增长速度放慢，1996 年全国居民消费水平比上年增长9.0%，其中农村居民比上年增长 13.5%，城镇居民比上年增长 2.8%；1997 年，全国居民消费水平比上年增长 3.2%，其中农村居民比上年增长 3.4%，城镇居民比上年增长 1.3%；1998 年则增长速度继续放慢。虽然消费水平提高速度放慢，但消费水平仍呈继续提高的趋势，1996 年全国居民消费水平为 2 726 元，1997 年为 2 944 元，1998 年为 3 094 元。(详见表 1)

**表 1 居民消费水平及指数**

| 年 份 | 绝对数(元) | | | 指数(1978 年=100) | | |
|---|---|---|---|---|---|---|
| | 全国居民 | 农村居民 | 城镇居民 | 全国居民 | 农村居民 | 城镇居民 |
| 1978 | 184 | 138 | 405 | 100.0 | 100.0 | 100.0 |
| 1980 | 236 | 178 | 496 | 115.8 | 115.5 | 111.9 |
| 1990 | 803 | 571 | 16 86 | 221.0 | 219.5 | 198.1 |
| 1991 | 896 | 621 | 1 925 | 239.4 | 234.2 | 216.6 |
| 1992 | 1 070 | 718 | 2 356 | 270.3 | 257.2 | 249.9 |
| 1993 | 1 331 | 855 | 3 027 | 292.2 | 272.8 | 272.1 |
| 1994 | 1 781 | 1 138 | 3 979 | 311.2 | 290.6 | 283.3 |
| 1995 | 2 311 | 1 479 | 5 044 | 338.8 | 318.6 | 300.0 |
| 1996 | 2 726 | 1 816 | 5 634 | 369.3 | 361.6 | 308.4 |
| 1997 | 2 944 | 1 937 | 6 062 | 387.7 | 375.8 | 322.2 |
| 1998 | 3 094 | 1 945 | 6 528 | 408.3 | 377.2 | 350.7 |
| “六五”时期平均增长 | | | | 9.4 | 11.0 | 5.7 |
| “七五”时期平均增长 | | | | 4.0 | 2.5 | 6.1 |
| “八五”时期平均增长 | | | | 8.9 | 7.7 | 8.7 |

注:本表绝对数按当年价格计算,指数按可比价格计算。

资料来源:《中国统计年鉴摘要》(1999)。

进入 90 年代以来,消费水平的提高还表现在居民储蓄额的大幅提高,这说明许多农村居民消费水平已达到一定的高度,已满足了基本需要,该购买的主要消费品都已拥有,已有较多的消费结余,这种储蓄是形成消费水平下一个高速增长的基础。这种储蓄倾向在 1996~1998 年更为明显。1990~1998 年居民储蓄存款年底余额和年增长额可以充分说明以上论断。(详见表 2)

**表 2 全国城乡居民储蓄存款年底余额和人均存款**

| 项目 \ 年份 | 1990 | 1993 | 1995 | 1996 | 1997 | 1998 |
|---|---|---|---|---|---|---|
| 年底储蓄存款余额(亿元) | 7 034.2 | 15 203.5 | 29 662.3 | 38 520.8 | 46 279.8 | 53 408 |
| 人均储蓄存款余额(元) | 615.24 | 1 282.81 | 2 448.98 | 3 163.80 | 3 763.6 | 4 279.1 |

资料来源:《中国统计年鉴》(1995、1997、1998)。

## 食物消费的发展变化情况

食物消费数量的增加和质量的提高,是反映消费水平发展变化的一个重要方面。全国城乡居民食物消费发展状况见下两表:

从表 3 可以看出,从 1994 年到 1998 年,城镇居民,人均食品消费支出从 1 422 元上升到 1 926 元,粮食、油脂类、肉禽及制品、蛋类等上升并不大,而上升幅度最大的是在外用餐,从 119.88 元上升到227.01 元;其次是水产品类,从 95.79 元上升到 142.46 元;再次是干鲜瓜果,从 89.20 元上升到 120.73 元。这都表明进入 90 年代中后期,城镇居民食物消费质量不再是数量增加,而是以质量提高为主,这反映消费水平有了质量性提高。

从表 4 可以看出,从 1990 年到 1998 年,农村居民粮食消费量略有减少,蔬菜消费量则有较大减少,从 1990 年的 134 公斤减为 1998 年的 109 公斤。而人均消费量上升幅度较大的是家禽、蛋类、水产品等,分别从 1990 年的 1.26 公斤、2.41 公斤、2.13 公斤上升到 1998 年的 2.33 公斤、4.11 公斤、3.66 公斤。这反映了 90 年代农村居民消费水平和质量都有大幅提高。

表 3 城镇居民家庭人均食物消费支出 (单位:元)

| 指标 | 1994 年 | 1995 年 | 1996 年 | 1997 年 | 1998 年 |
|---|---|---|---|---|---|
| 消费性支出 | 2 851.34 | 3 537.57 | 3 919.47 | 4 185.64 | 4 331.61 |
| 食品 | 1 422.49 | 1 766.02 | 1 904.71 | 1 942.59 | 1 926.89 |
| 粮食 | 201.97 | 260.53 | 271.54 | 238.11 | 226.79 |
| 油脂类 | 68.24 | 72.95 | 69.03 | 70.68 | 75.26 |
| 肉禽及制品 | 335.17 | 416.27 | 438.76 | 459.56 | 431.23 |
| 蛋类 | 57.92 | 69.58 | 78.73 | 73.55 | 67.06 |
| 水产品类 | 95.79 | 120.64 | 131.91 | 140.98 | 142.46 |
| 菜类 | 152.46 | 189.77 | 206.65 | 203.89 | 197.02 |
| 烟草类 | 70.89 | 76.87 | 83.89 | 92.20 | 93.56 |
| 酒和饮料 | 66.29 | 78.29 | 84.97 | 91.04 | 91.57 |
| 干鲜瓜果 | 89.20 | 112.10 | 117.69 | 127.03 | 120.73 |
| 在外用餐 | 119.88 | 160.66 | 186.21 | 203.44 | 227.01 |

表 4 农村居民平均每人主要食品消费量

| 项目 | 单位 | 1985 年 | 1990 年 | 1995 年 | 1997 年 | 1998 年 |
|---|---|---|---|---|---|---|
| 粮食(原料) | 公斤 | 257 | 262 | 259 | 251 | 249 |
| 细食 | 公斤 | 209 | 215 | 211 | 209 | 205 |
| 蔬菜 | 公斤 | 131 | 134 | 105 | 107 | 109 |
| 食油 | 公斤 | 4.04 | 5.17 | 5.80 | 6.16 | 6.13 |
| 猪、牛、羊肉 | 公斤 | 10.97 | 11.34 | 11.29 | 12.72 | 13.20 |
| 家禽 | 公斤 | 1.03 | 1.26 | 1.83 | 2.36 | 2.33 |
| 蛋类 | 公斤 | 2.05 | 2.41 | 3.22 | 4.08 | 4.11 |
| 水产品 | 公斤 | 1.64 | 2.13 | 3.06 | 3.75 | 3.66 |
| 食糖 | 公斤 | 1.46 | 1.50 | 1.28 | 1.35 | 1.40 |
| 酒 | 公斤 | 4.37 | 6.14 | 6.53 | 7.13 | 6.98 |

表 3、表 4 资料来源:《中国统计年鉴》(1999)。

## 耐用消费品的发展变化情况

改革开放以来,最能体现消费水平和消费质量的提高的是耐用消费品消费的发展变化。进入 90 年代中后期,全国城镇居民家庭平均每百户主要耐用消费品拥有量如表 5 所示。

从表 5 可以看出,城镇居民平均每百户拥有彩电从 1994 年 86 台增加到 1998 年的 105 台,空调器从 1994 年的 5 台增加到 1998 年的 20 台,电冰箱从 1994 年的 62 台增加到 1998 年的 76 台。而从 1989 年到 1993 年,城镇居民彩电拥有量从 51 台增加到 79 台,电冰箱拥有量从 36 台增加到 56 台。这充分说明,90 年代全国城镇居民彩电、冰箱、洗衣机、组合音响等主要耐用消费品均呈持续高速增长的态势。空调器、微波炉、移动电话、家用电脑、影碟机从 1997 年开始,进入高速增长和发展时期。彩电、冰箱等高速增长,其原因是正在更新换代,进入高档次,新兴的耐用消费品(如家用电脑、移动电话等)高速增长,说明其正在成为新的消费热点。这些都充分说明,城镇居民消费水平的层次和消费质量均有较大幅度提高。

90 年代全国农村居民平均每百户耐用消费品拥有量如表 6 所示。

**表 5 城镇居民家庭平均每百户耐用消费品年底拥有量**

| 品　名 | 单位 | 1994 年 | 1995 年 | 1996 年 | 1997 年 | 1998 年 |
|---|---|---|---|---|---|---|
| 摩托车 | 辆 | 5.26 | 6.29 | 7.94 | 11.60 | 13.22 |
| 洗衣机 | 台 | 87.29 | 88.97 | 90.06 | 89.12 | 90.57 |
| 电冰箱 | 台 | 62.10 | 66.22 | 69.67 | 72.98 | 76.08 |
| 彩色电视机 | 台 | 86.21 | 89.79 | 93.50 | 100.48 | 105.43 |
| 影碟机 | 台 | – | – | – | 7.87 | 16.02 |
| 录放像机 | 台 | 15.96 | 18.19 | 20.15 | 21.32 | 21.66 |
| 家用电脑 | 台 | – | – | – | 2.60 | 3.78 |
| 组合音响 | 台 | 8.68 | 10.52 | 12.20 | 15.32 | 17.51 |
| 微波炉 | 台 | – | – | – | 5.40 | 8.49 |
| 空调器 | 台 | 5.00 | 8.09 | 11.61 | 16.29 | 20.01 |
| 移动电话 | 台 | – | – | – | 1.70 | 3.26 |

资料来源:《中国统计年鉴》(1995～1999)。

**表 6 农村居民平均每百户耐用消费品年底拥有量**

| 项　目 | 单位 | 1985 年 | 1990 年 | 1995 年 | 1997 年 | 1998 年 |
|---|---|---|---|---|---|---|
| 自行车 | 辆 | 80.64 | 118.33 | 148.80 | 414.95 | 137.15 |
| 缝纫机 | 架 | 43.21 | 55.19 | 65.74 | 63.97 | 65.82 |
| 电视机 | 台 | 11.74 | 44.44 | 80.73 | 92.44 | 96.16 |
| 彩电 | 台 | 0.80 | 4.72 | 16.92 | 27.32 | 32.59 |
| 电冰箱 | 台 | 0.06 | 1.22 | 5.15 | 8.49 | 9.25 |
| 收录机 | 台 | 4.33 | 17.83 | 30.87 | 32.02 | 32.36 |
| 摩托车 | 辆 | | 0.89 | 4.88 | 10.89 | 13.52 |
| 大型家具 | 件 | 217..53 | 298.34 | 695.41 | 729.15 | 741.53 |
| 洗衣机 | 台 | 1.90 | 9.12 | 16.81 | 21.87 | 22.81 |
| 照相机 | 架 | | | 1.42 | 2.06 | 2.22 |
| 录像机 | 台 | | | 1.12 | 1.79 | 2.09 |

资料来源:《中国统计年鉴》(1991、1996、1998、1999)。

从表 6 可以看出,90 年代我国农村居民自行车、缝纫机、电视机、收录机等均呈持续增长的态势,彩电、电冰箱、摩托车、洗衣机等更呈高速成倍增长的态势,这也说明了 90 年代农村居民消费水平提高极为迅速,层次大幅提高,许多家庭已从温饱跨入小康,消费质量和档次提高迅速。

## 医疗保健、交通、通讯和娱乐教育文化服务的发展变化情况

90 年代,全国城镇居民医疗保健、交通通讯、娱乐教育文化服务的消费发展状况是:1990 年城镇居民人均文化娱乐教育服务支出为 79.08 元,1994 年为 250.75元,1998 年为 499.39 元;1990 年城镇居民人均医疗保健消费支出为 19.44 元,1994 年为 82.89 元,1998 年为 205.16 元,上升幅度呈各项消费之首;1994 年城镇居民人均交通通讯消费支出为 132.68 元,1996 年为 199.12 元,1998 年为 257.15 元。

90 年代全国农村居民医疗保健、交通运输、文化教育、娱乐用品及服务的消费发展状况是:1990 年农村居民人均医疗保健支出为 19.02 元,1995 年为 42.48元,1998 年为 68.13 元,上升幅度也是很大的;1990 年农村居民人均交通运输消费支出为 8.42 元,1995 年为 33.76 元,1998 年为 60.68 元,上升幅度巨大,居各项消费支出增幅之首位;1990 年农村居民人均文化教育娱乐用品及服务消费支出为 31.38 元,1995 年为 102.39 元,1998 年为 159.41 元。

90 年代,全国城乡居民消费结构的优化和升级,反映了消费质量和消费层次的提高,消费模式的优

化，这充分体现了城乡居民消费水平正在发生一个质的飞跃，即消费正在产生一个根本性的转变：从以满足生存需要为主，转为以满足发展和享受需要为主，从注重基本生存需要的满足转为注重健康、娱乐、文化的消费需要方向转化，从重物质消费转向物质消费与精神文化消费并重的方向转化。

## 90年代中国消费水平发展变化的主要特征

90年代，中国消费水平变化的总趋势是由温饱向小康水平过渡。这种总趋势都表现在多种多样的具体表象之中。其主要特征：

### 消费商品化、市场化、智能化程度不断提高

市场经济的发展，使消费品和劳务日益丰富；消费领域不断扩大，通过市场，更大地满足人们丰富多彩的消费需求；通过高科技，进一步提高消费的科技含量、知识含量，求新、求异的消费心理和消费的国际化、多元化，都使消费生活呈现智能化、商品化、市场化倾向。

*农民商品性消费已逐步成为主体。*1978年农民家庭平均每人生活消费支出中，商品性消费支出为44.84元，占生活消费支出的39.7%。1990年商品性消费支出为374.74元，占64.1%。1995年为859.43元，占65.6%。1996年为1 076.22元，占68.5%。1997年为1 126.28元，占69.6%。这表明：90年代，农村居民消费商品化、市场化不断增长。

*城市居民中，过去虽然自给性较少，但仍有一定数量的非商品化、非市场化消费，这主要通过福利性消费反映出来。*福利性消费主要体现在住房、文化教育、医疗卫生、各种津贴、物价补贴以及单位发放的实物等方面。它既有长期性，也有临时性；既有公开形式提供的，也有隐蔽形式提供的；既有“明补”的，也有“暗补”的；既有免费提供的，也有优惠价提供的，形式复杂，名目繁多，数额庞大。据有人估计，过去有段时期，各种福利、补贴大约占工资总额的90%左右。这些福利、补贴大多属于非商品化、非市场化的消费。近几年，正在进行的城镇住房体制改革、工资改革、分配体制改革、财税体制改革、社会保障体制改革等，将大大缩小福利性消费比重，从而大大加快城市居民消费商品化、市场化进程。目前，城市居民消费商品化、市场化的比重已高达90%以上。

*以信息技术、网络技术、通信技术、计算机技术为主导的技术革命，对人类的生产、消费产生了极大的冲击，将人类带入知识经济的时代。*知识经济时代的来临，给消费的商品化、市场化赋予了新的含义。消费商品化、市场化的发展，不仅数量上大大增加，而且大大延伸，特别是“5W”的出现：即任何人（Whoever）在任何时间（Whenever）任何地点（Wherever）任何方式（Whatever）都可以与任何人（Whomever）进行各种信息传递。这样，消费者的购买方式多样化，传统的购物方式得到扩展，新兴的电子商务、网上购物、电子货币，使传统的购物方式被打破。消费商品化、市场化的发展，还有一个更重要的体现是知识、信息消费也走向商品化、市场化，知识产权、信息消费得到社会的充分重视。信息技术、网络技术、通信技术、计算机技术的迅速发展和在生产领域、消费领域的广泛应用，使得消费品本身的科技含量大大提高和消费过程中对消费者技能的要求大大提高，这使得对消费者的素质提出了更高的要求，从而使消费品、消费过程、消费者都走向智能化。

### 消费水平的层次逐步提高

随着社会主义市场经济的迅速发展，由于收入水平的层次性，导致消费水平在迅速提高的同时，也具有层次差异，且比较明显。在90年代，消费水平的层次逐步提高主要表现在：

*由温饱向小康水平递进速度快。*这种递进存在三个特征：一是小康水平与比较富裕的消费水平发展迅速。1985年达到小康水平的仅2%，1992年达到27%左右，1998年已超过60%；达到比较富裕消费水平的居民1985年极少，1992年已占全国7%左右，1998年已超过15%。二是在消费水平层次递进速度上，城市快于农村。1985年城市居民达到小康水平的仅为4%，1992年超过30%，1998年已超过80%；1985年农村居民达到小康水平的不超过2%，1992年为20%左右，1998年在40%～50%。达到比较富裕消费水平的城市居民1990年为5%，1992年为10%，1998年为25%左右；农村居民1990年为2.11%，1992年为4%左右，1998年为8%左右。

*享受资料、发展资料消费发展较快。*生存资料、享受资料、发展资料消费发展状况,是体现消费质量高低的一个重要方面。如果我们将消费水平的层次划分为高、中、低三个层次,并从三种资料结构变化来考察,其结论是:低层次消费水平是以追求生存资料消费为主;中层次消费水平是在生存资料消费较好满足后,以追求发展消费资料为主;高层次消费水平是在生存资料和发展资料消费较好满足后,以追求享受资料消费为主。

人们首先追求的是以满足生存需要为主的消费,这时,在消费结构中生存资料所占比重很大。当生存需要基本满足后,人们又注重追求发展需要和享受需要的满足,并以追求发展需要的满足为主,这是消费水平层次的一次质的飞跃。90年代,正是实现这个飞跃的历史时期。当人们的生存需要、发展需要得到较好的满足之后,人们以追求享受需要的满足为主,这是消费水平的又一次质的腾飞。生存资料、发展资料、享受资料消费比重的变化,体现消费质量的提高,从而反映消费水平层次的变化。

### 消费由数量扩张型转为质量提高型

消费者消费从追求数量扩张向注重质量提高转变,这是消费层次提高的一个重大变化和质的飞跃。低层次和较低层次的消费水平,居民消费首先追求的是数量,是以满足生存需要为主,以吃饱、穿暖为主。随着消费水平的迅速提高,人们消费追求的是吃好、穿好、住好、行好、玩好,人们不再是以满足生存需要为主,而是以满足发展需要和享受需要为主。消费产生这种变化的主要原因是:

第一,居民消费水平迅速提高。1978年全国居民消费水平为184元,1988年居民消费水平为635元,1998年为3 094元。这就是说,从1978年到1988年,居民消费水平增长451元,从1988年到1998年,居民消费水平增长2 459元。如果以1978年为100,消费水平指数1988年为214.9,1998年为408.3。这说明:90年代消费水平提高速度比80年代更为迅速,这为居民消费从数量扩张型向质量提高型转变提供了经济基础。

第二,随着社会主义市场经济的发展,消费品不断丰富,花色、品种不断增加,消费品质量不断提高,消费的选择性不断增强。这表明消费质量在迅速提高。同时,消费品的日益丰富,消费品质量的迅速提高,这为消费由数量扩张型转向质量提高型创造了物质基础。

消费由数量扩张型转向质量提高型,表现最突出的是食品、耐用消费品、精神文化消费、消费主体和消费环境质量的提高四个方面:

*食物消费* 吃不再是仅仅为了吃饱,为了生存,而更重要的是追求吃得有营养,追求发展资料、享受资料的消费。于是,吃的档次几乎成跳跃式提高。城镇居民人均食品消费支出1985年为351.72元,1988年为567.01元,1990年为693.77元,1992年为884.82元,1995年为1 766元,1998年为1 926元。由此可见,城镇居民食物消费支出增长速度之快,档次、质量提高之快,超过了其他任何国家。近年来保健食品、营养食品十分畅销,鸡、鱼、肉、鸭等已成为城乡居民一般性消费品,山珍海味已不再是可望不可及。如此种种表现,都深刻地表明,营养水平迅速提高。

*耐用消费品* 10年前,人们只要有一台20寸彩电和一台双缸洗衣机已心满意足了,如今彩电要大屏幕(29寸或34寸),冰箱要三门,洗衣机是全自动,空调、电话、VCD家庭影院广泛进入城市居民家庭,消费热点经历了黑白电视机、单缸洗衣机、录音机——彩电、冰箱、双缸洗衣机——空调、电话、VCD家庭影院、多功能大屏幕彩电等三个阶段。城镇居民抽样调查表明,1988年平均每百户拥有彩电43.93台、冰箱28.07台,1992年平均每百户拥有彩电74.87台、冰箱52.60台、空调器1.19台,1994年分别为86.21台、62.10台和5.00台,1998年分别为105.43台、76.08台和20.01台。由此可见,耐用消费品消费质量提高极为迅速,消费者购买主要注意质量和满意程度。

*精神文化教育消费* 消费质量不仅是物质消费品的增加,更重要的是精神文化教育消费比重的提高,这是90年代消费发展的一个大方向。1990年城镇居民人均文娱用品支出为68.04元,书报杂志支出为11.04元,文化娱乐费为4.68元,学杂费28.33元,这四项合计占生活费支出的8.77%;1998年娱乐教育文化服务支出为499.39元,占消费支出的11.53%,其中,增长最快的是教育消费支出。高层次的精神文化消费比重提高,就像马克思所说的:能"放射出人类崇高的精神之光",培养人们高尚的品德、高雅的情操,提高人的整体素质,促进人的身心健康和

全面发展。

消费主体与消费环境　在 90 年代，消费质量的提高不仅是表现在消费品（消费客体）质量的提高，更为重要的是表现在消费主体和消费环境质量的提高，形成消费主体、消费客体、消费环境质量的同步提高和三者之间的良性循环。现代消费生活中，消费者素质和能力，消费环境质量，是十分重要的问题。我们以考察住房消费质量为例，主要考虑：第一，人们考虑的是住房质量，这不仅包括住房面积，更主要的要追求住房高质量，如房屋结构合理、适用、建筑、装修质量高，供水、供电、供气、供暖、排水、处理垃圾、门窗、凉台等系统齐备且质量好。第二，人们考虑的是住宅环境质量，人们追求的是环境优雅，装饰豪华，交通便利，空气新鲜，生活方便，附近有学校、商场、娱乐场所、休息场所、治安状况和社会秩序好，等等。第三，不同素质的消费者，消费能力有差别，对住宅质量和环境质量的要求也不尽相同，这样，其满足程度也会有差异。

## 消费水平进一步呈现多样化、多层次化

随着市场经济发展和生产力水平提高，中国消费已呈现出多样化、多层次化。

中国目前正在进行所有制改革，股份经济、集体经济、私营经济和个体经济迅速发展，形成不同分配方式、不同收入水平、不同消费水平　因此，在消费水平普遍提高的基础上，消费和消费水平的差异将逐步扩大。这种收入分配格局，形成了多样化、多层次化的消费水平。1997 年国有经济单位职工平均工资为 6 747 元，城镇集体经济单位职工平均工资为 4 512 元，其他经济单位职工平均工资为 8 789 元，三种类型单位工资差别相当大。1997 年农、林、牧、渔业职工平均工资为 4311 元，制造业为 5 933 元，电力、煤气及水的生产和供应业为 9 649 元，金融、保险业为 9 734 元，批发零售贸易业为 4 845 元，国家机关干部为 6 981元，这种不同行业的工资收入差别也是很大的。不同类型城市其消费支出也有较大的差异，1997 年特大城市人均年消费支出为 5 475.73 元，大城市为 4 251.91元，中等城市为 3 956.73 元，县城为 3 457.39 元。

随着工资改革和企业走向市场，真正实行自负盈亏，工资档次将拉开，差距将扩大　今后 10 年工资高低差距将由目前的 3 倍左右，扩大到 4～5 倍，效益好的企业工资奖金收入将比严重亏损、破产企业的职工和下岗职工生活费收入高出多倍，这也将进一步导致不同收入阶层消费水平差距扩大。1990 年不同收入层次的城镇居民人均年消费支出情况，最低收入户为 782.28 元，中等收入户为 1 275.12 元，最高收入户为 2 039.76 元。1997 年最低收入户为 2 333 元，中等收入户为 4 064.55 元，最高收入户为 7 314.81 元。

由于全国收入水平地区差异显著，形成消费水平地区间和民族间的巨大差异，这也是消费水平多样化、多层次化的一个重要原因　1990 年北京消费水平为 1 435 元，上海为 2 009 元，江苏为 903 元，贵州为 463 元，云南为 731 元，甘肃为 590 元；1995 年北京消费水平为 3 519 元，上海为 6 712 元，江苏为 2 557 元，贵州为 1 258 元，云南为 1 484 元，甘肃为 1 172 元；1998 年北京消费水平为 4 557 元，上海为 8 699 元，江苏为 3 382 元，贵州为 1 479 元，云南为 1 982 元，甘肃为 1 629 元。这几年，不同地区消费水平的差距正在扩大。

面对不同地区、行业、阶层的收入差异、消费水平差异呈现扩大的趋势，但党中央正在采取各种有效的措施和制定有关政策，大力发展中、西部地区经济，建立健全社会保障制度，逐步缩小地区、行业、阶层的收入差异、消费水平差异，实现共同富裕。

## 精神文化教育消费得到广泛重视

小康型消费，应该是合理的、较高层次的消费水平，这是区别于温饱型消费的重要标志之一，是精神文化教育消费比重迅速提高，精神文化消费与物质消费同步发展，形成物质文明建设与 精神文明建设之间的良性循环。知识经济时代，消费的最重要的特征是：精神文化教育消费成为最重要的消费，人们追求的不仅是物质消费，而且更重视精神文化教育消费，它将成为拉动消费需求增长的主要动力和 21 世纪消费的主导。这是由精神文化教育消费的重要作用所决定的。这种作用主要表现在：

重视精神文化教育消费，是社会经济发展的客观要求　精神文化需要，主要是享受资料、发展资料的需要，一般是高层次的需要。当人们从温饱迈向小康时，不仅要求满足物质需要，更重要的是要求满足精神文化需要，这才能实现消费合理化，提高消费结构

层次和消费质量,提高享受资料、发展资料在消费结构中的比重,提高精神文化消费在消费结构中的比重。

重视精神文化教育消费,有利于提高劳动力素质 精神文化教育消费的一个重要特点是它对人的发展和素质的直接影响。这表现在:一方面发展健康的精神文化消费,能培养人们高尚的品德,正确的人生观和文明健康的消费方式,从而引导消费结构走向合理化;另一方面,大力发展健康的精神文化消费,能提高人的智力和消费力,促进人的全面发展,促进人的素质的提高,从而促进生产力水平的提高。

重视精神文化教育消费,大大有利于促进两个文明建设 精神文明建设与物质文明建设是相互促进的,发展精神文化教育消费,就能提高整个消费力水平,促进物质消费力发展,形成物质消费力与精神消费力的全面提高。精神文化是人类文化的核心,发展精神文化教育消费,有利于提高消费的文明程度,促进社会进步和社会文明,从而大大促进社会主义精神文明建设。发展精神文化教育消费,能扩大消费领域,开拓消费市场,提高人的素质,提高知识密集型产品比重,开拓新产品、新产业,也有利于促进物质文明的发展。因此,消费是两个文明的结合点,发展精神文化消费,正是两个文明相互促进、协调发展的关键所在。

# 中国90年代消费结构的主要问题与发展状况

湖南省社会科学院 经济研究所 尹向东

## 90年代中国消费结构的主要问题

中国90年代年以来,由于城乡居民收入水平的提高,消费水平大大提高,消费结构大大改善。人们不再满足于吃饱穿暖的基本需要,而是追求较高层次的消费。吃要讲求营养方便,穿要漂亮名牌,用要高档多样,住要舒适优美,已成为很多人的消费目标。这说明:消费者的需求层次在不断提高,消费结构进一步走向合理化。但消费结构仍然存在不少问题,主要是:

### (一)恩格尔系数居高不下,食物消费结构不合理

40年来,中国城乡居民的恩格尔系数,一直居高不下。城镇居民的恩格尔系数:1957年为58.4%,1964年为59.2%,1978年为57.5%,1985年为52.25%,1990年为54.24%,1993年为50%,1995年为49.7%,1997年为46.4%,1998年为44.5%。40年来,收入翻了几番,但恩格尔系数仅下降14%,而且还出现过几次反弹。农村居民恩格尔系数:1957年为65.8%,1964年为67.1%,1978年为67.7%,1985年为57.4%,1990年为55.6%,1993年为58%,1995年为58.6%,1997年为55.1%,1998年为53.4%。不仅偏高,也出现过反弹。恩格尔系数是衡量消费水平,甚至经济发展水平的重要指标。恩格尔系数过大,必然影响其他消费支出,影响享受资料、发展资料的增加,使消费结构劣化,影响消费层次和消费质量的提高。

食物消费的内部结构,也有不合理现象。例如烟酒的消费在消费结构中的比重越来越大。中国平均每人消费的酒,1957年为1.37公斤,1978年为2.57公斤,1985年为7.61公斤,1990年为11.63公斤,1992年为12.94公斤,1995年农村居民人均消费酒6.53公斤,城镇居民为9.93公斤,1997年农村居民人均消费酒7.13公斤,城镇居民为9.55公斤。1992年跟1957年相比增长近9倍;平均每人消费的卷烟,1957年为16.9盒,1978年为30.82盒,1985年为60.61盒,1990年为71.49盒,1992年为70.02盒,跟

1957年相比增长3倍多。从烟的消费支出来看，1992年城镇居民人均消费54.28元，1994年为70.89元，1997年为92.20元。烟酒消费比重大，就会大大影响其他方面的消费，影响消费结构的优化。据有人统计，中国每年进口粮食1500万吨，主要用于酿酒，耗费了大量的外汇。而烟酒并不是营养品，特别是烟，对身体很有影响。

## （二）城镇居民住房消费比重过低

住房是最基本的而又最昂贵的消费资料，在西方国家，住房支出在消费结构中的比重一般占15～20%，有的高达25%以上。过去，中国把住房作为福利，不作为商品，在实行住宅商品化以前，房租在消费结构中一般只占1%，甚至低于1%。不仅无法收回住房投资，甚至无法维持住房的维修费用。实行城市住宅商品化以来，房租逐步有所提高。但在消费结构中的比重仍然很低。如1993年还只占2.5%，1995年只占3%，1997年只占3.55%，1998年只占3.99%。这说明，还必须进一步推进城市住宅体制改革。

目前，城镇居民住房消费水平仍然较低，大多数人只能说达到了一般的生理标准，满足了生存需要。但是应该看到，住房不仅是基本的生存资料，也是重要的享受资料和发展资料。居住消费，仅满足生理标准、满足生存需要是远远不够的，还必须满足享受和发展的需要。根据德国统计学家修瓦彭（H·Sehwabe）揭示的“修瓦彭定律”：家庭收入越高，其住宅支出就越多，但住宅支出在家庭全部支出中所占的比重却越低。很多国家的实际情况也是如此。日本1965～1975年居民消费水平有显著的提高，在耐用消费品比较普及的同时，就转向住宅建设，有50%的家庭在10年之内换了新房。美国居民住房开支占个人消费支出中的比重：1946年为9.87%，1983年提高到16.85%；其他一些发达国家也大致如此。从中国情况看，现在的差距还较大，因此，中国当前城镇居民最迫切的需要是进一步改善住房条件。

## （三）精神文化消费比重过低

精神文化是人类文化的本质和核心，是文化的最高层次，高层次的精神文化消费像马克思所说的：会“放射出人类崇高的精神之光”，对人的发展、对社会经济的发展、对社会文明、对社会全面进步，关系很大。但中国目前有些人重物质消费，轻精神文化消费。在居民消费结构中，精神文化消费的比重还偏低。城镇居民家庭平均每人全年生活消费支出：1994年为2 851.34元，其中“娱乐教育文化服务支出”为250.75元，仅占8.73%；1996年平均每人全年生活消费支出为3 919.47元，其中“娱乐教育文化服务支出”为374.95元，仅占9.6%；1998年平均每人全年生活消费支出为4 331.61元，其中“娱乐教育文化服务支出”为499.39元，仅占11.5%。1994年农村居民平均每人生活消费支出为1 016.81元，其中“文化教育娱乐用品及服务支出”为75.11元，仅占7.3%；1996年农村居民生活消费支出为1 572.08元，其中“文教娱乐用品及服务支出”为132.46元，仅占8.4%；1998年农村居民生活消费支出为1 590.33元，其中“文化教育娱乐用品及服务支出”为159.41元，仅占10%。而一些发达国家早在80年代，精神文化消费在消费结构中的比重就已达到34～40%。精神文化消费比重低，是消费层次低、消费质量低的重要表现之一。

## （四）精神文化消费内部结构失衡

不少人重视娱乐性、消遣性消费，忽视智力性、发展性消费。“扑克热”、“麻将热”到处可见，但“读书热”还“热”不起来。有的人去卡拉OK厅、去夜总会花几百元甚至几千元在所不惜，但买书的人不多。在城镇居民的消费支出中，文艺用品的支出比书报杂志的支出高5～8倍，在农村居民的消费支出中，文化娱乐用品的支出也高4～6倍。1992年中国图书总印数为63.4亿册、杂志为23.6亿册、报纸为189.1亿份，1995年图书总印数为63.2亿册、杂志为23.4亿册、报纸为178.9亿份，1997年图书总印数为73.1亿册、杂志为24.4亿册、报纸为186.5亿份。

近年来大中城市，甚至小城镇，舞厅、卡拉OK厅、夜总会到处都是，发展之快，超过西方国家几十年的时间。但有些智力型、发展型的精神文化设施，如图书馆、博物馆、文化馆、艺术馆等，却很不发达。还有些人精神文化消费格调不高，甚至出现愚昧消费。有的人愿意欣赏低层次的精神文化产品和低俗的演唱，却不愿欣赏高雅音乐、高雅艺术、高雅文艺作品。有的甚至热衷于封建迷信活动，请巫婆、拜法师、求神问卦，大搞愚昧活动。据有关部门统计：全国算命先生有500万人之多，相当于全国科技队伍的1/2，大有平分天下之势。制作花圈、冥纸的“白色产业”生意兴隆，据有人估计，全国一年烧掉的花圈、冥纸及纸制的豪华家电用品、纸房等大约达500亿元。某省有个市，一年的丧葬消费，将近财政支出的一半。有的人大修坟墓，甚至人还活着，坟已修好。据民政部统计：南方六省的“活人墓”已有40余万座。有些人甚至出现畸形消费、腐朽性消费，如有的人大摆阔气，追求“豪华”，欣赏“皇家气派”、“贵族享受”，大肆挥霍。还有极少数人大搞“灰色消费”、“黄色消费”，有的沉溺于赌博，有的沉酒于声色犬马，甚至陷入淫秽之中，为寻找精神刺激，不能自拔；有的大搞荣耀性消费，甚至比阔斗富，大肆挥霍浪费。这些虽然只是少数人的行为，但败坏社会风气，破坏社会主义精神文明，反映出消费结构极不合理，极不文明。

### （五）城乡消费结构差异相当大，而且有进一步扩大的趋势

产生城乡消费结构差异的主要原因有：城乡生产力发展水平的差异和二元经济结构，导致90年代城市居民消费水平提高速度仍快于农村，消费档次和质量仍高于农村；自然地理条件和生活环境差异；城市社会经济文化发展基础好，呈加速发展，农村则基础较差；城市人口素质相对较高，农村相对较低。

城乡消费结构差异的状况及其发展趋势：

**城乡居民恩格尔系数差距进一步加大**

城镇居民恩格尔系数下降速度大于农村居民，表明城镇居民消费水平提高速度快于农村。1990年城镇居民恩格尔系数为0.54，1994年为0.50，1998年为0.445；1990年农村居民恩格尔系数为0.588，1994年为0.558，1998年为0.534。

**城镇居民消费结构的序列有新变化**

1990年消费结构序列为吃、穿、用、文化教育、住房，1994年消费结构的序列仍为吃、穿、用、文化教育、住房，1998年则变为吃、文化教育娱乐、用、穿、医疗保健、行、住房。1990年农村居民消费结构的序列为吃、住、用、穿、医疗保健、行，1994年仍为吃、住、用、穿、医疗保健、行，1998年则变为吃、用、住、穿、医疗保健、行，用品消费支出为241.33元，居住消费支出为239.62元。

**城乡居民家庭耐用消费品消费发展对比情况**　由于城镇居民消费水平比农村居民高一个档次，其耐用消费品消费也明显高一个层次。90年代初至90年代中期，城镇居民耐用消费品消费热点主要集中在“超级四大件”——多功能大屏幕彩电、空调器、电话机、住房。90年代中、后期，耐用消费品热点走向多元化，“超级四大件”进一步发展，如彩电已从25寸走向34寸、37寸，走向数字化彩电、家用电脑、家庭影院，小轿车也开始逐步成为热点。但农村居民家庭消费热点主要集中在中档彩电、冰箱、洗衣机、电话以及家庭影院等，空调、电脑则是刚刚起步，热点“前峰”刚刚到来。农村居民家庭耐用消费品消费之所以较为落后，除了收入水平、消费水平差异外，与城乡消费环境不同有很大关系，部分农村缺电、缺水，导致耐用消费品使用率和效果均较低。随着农村能源、交通基础设施的发展，这种状况将会逐步得到改善。

## 中国90年代消费结构的发展变化

消费可分为实物消费和劳务消费两大类。实物消费是人们生活消费的最重要、最基本的消费，是人类赖以生存和发展的基础，是影响消费结构最直接、最重要的因素。90年代中国实物消费发展趋势是：实物消费在消费结构中的比重不断下降，而且下降速度在进一步加快，但实物消费质量和层次迅速提高。在实物消费总体比重下降的同时，在一定时期内，某些方面（如住房）消费比重将大幅上升。在消费结构中，实物消费总体比重不断下降，劳务消费总体比重不断上升，这是实物消费具有有限性，而劳务消费具有无限性特征的反映，这是消费结构发展的大趋势，也是迈向信息社会发展的必然。

### （一）食物消费结构发展变化

食物消费，从古至今都是排在第一位的消费，它是人们维持生命、生长发育、繁衍后代以及人们从事各种社会活动的物质基础，是人类生存的基础。

**恩格尔系数的变化趋势**

恩格尔系数是指家庭食物支出与家庭总支出的比率。它是反映消费水平高低和消费结构层次的主要标志，联合国对国家贫富的划分就是依据恩格尔系数，凡恩格尔系数在59%以上者为绝对贫困；50～59%为勉强度日；40～50%为小康水平，30～40%为富裕；30%以下为最富裕。

中国90年代恩格尔系数变化的主要特征是：城乡居民食品消费支出稳步上升，食物消费质量迅速提高，但恩格尔系数有所下降；城市居民恩格尔系数下降幅度和波动幅度大于农村居民；恩格尔定律背反情况时有发生。

90年代恩格尔系数变化情况

90年代，中国城乡居民消费结构已基本完成从温饱型，迈向小康型这个历史性的转变。这种类型变化最主要的标志之一，就是恩格尔系数的变化。90年代中国居民恩格尔系数变化情况如下表：

**90年代中国城乡居民恩格尔系数变化情况(%)**

| 年份 | 1990 | 1992 | 1994 | 1995 | 1996 | 1997 | 1998 |
|---|---|---|---|---|---|---|---|
| 城镇 | 54.3 | 52.9 | 50 | 49.9 | 48.6 | 46.4 | 44.48 |
| 农村 | 58.8 | 57.6 | 58.9 | 58.6 | 56.3 | 55.1 | 53.43 |

资料来源：《中国统计年鉴(1990—1998)》。

中国农村居民恩格尔系数发展变化评价

从农民收入与消费支出、食物消费支出基本同步增长看：1990～1998年农村人均纯收入由686.31元上升到2 161.98元，提高2.15倍。1990～1998年农民消费支出从584.63元上升到1 590.33元，提高1.72倍。1990～1998年农民食物消费支出从343.76元升到849.64元，提高1.47倍。这表明食物消费支出上升幅度虽小于收入增长和消费支出增长的幅度，但差别不很大，从而导致农村居民恩格尔系数下降较为缓慢。

农村恩格尔系数下降缓慢的原因是多方面的，我国农村居民仍处在较低的消费水平，在现有的收人中，用于吃饱、吃好仍是第一位的。农民食物消费自给性比重仍较高，传统的消费观念、消费习惯、消费行为也是影响恩格尔系数下降的重要原因之一。

恩格尔系数的地区差异十分明显。1985年北京农村居民恩格尔系数为47.04%，上海为43.87%，广东为60.36%，江苏为52.16%，河南为55.97%，四川为62.93%，陕西为57.39%。1998年北京农村居民恩格尔系数为42.29%，上海为42.19%，广东为51.08%，江苏为47.80%，河南为56.50%，四川为60.51%，陕西为49.50%。上海、北京等地比四川、陕西等地的恩格尔系数低15～20%，其地区差异之大很明显。这种差异是由于经济发展、消费水平的差异而造成的。

1985～1998年恩格尔系数曲线波动较大，由1985年的57.7%，下降至1988年的53.41%，1990年上升到58.8%，1992年为57.6%，1995年又上升为58.6%，1996年又降为56.3%，1998年又降为53.43%。这种波动主要是因为近几年工农业剪刀差扩大，农民实际收入增幅下降，1988、1993年两段时间通货膨胀严重，食品价格上涨幅度较大，农民在商品性食物支出上付出较多所致。

现阶段全国城镇居民恩格尔系数发展变化评价

近年来，全国城镇居民恩格尔系数有较大的下降，从1990年的54.3%下降至1998年的44.48%，标志着城镇居民消费结构已从温饱迈进小康。但是，从城镇居民家庭收入水平和恩格尔系数的变化情况看，恩格尔系数的下降还是相对滞后，1990年人均消费支出为1 278.89元，1998年为4 331.61元。1998年相比1990年，城镇居民家庭人均消费支出增长3 052.72元，而恩格尔系数仅下降9.8%。

从人均年消费支出占人均年收入的比重和恩格尔系数的变化情况来看，两者变化几乎相背离，1990年人均年消费支出占人均年收入的比重为83.98%，恩格尔系数为54.3%；1994年两者分别为81.41%、50%；1996年分别为80.90%、48.6%；1998年分别为79.36%、44.48%。这种人均消费支出在人均年收入中所占比重增加或减少时，食物消费支出在人均消费支出所占比重却降低或增加的现象反映出：当人们在解决温饱问题之后，消费支出在收入中相对大幅增加，食物消费支出却没有相对大幅增加，其比重反而相对减少，其原因是人们此时增加的消费支出更多地用于其他方向。

城镇居民恩格尔系数变化呈一定的波动性，1985年和1988年两次恩格尔系数的突然下降，并非收人大幅增长，而是抢购风引起的。1983年、1989年、1990年恩格尔系数上升，则是食品价格大幅上升所致。

## 食物消费内部结构的变化及其评价

随着城乡居民消费水平的大幅提高及消费结构的不断改善，食物消费内部结构开始发生了重大的变化,这对食物消费水平提高及生活质量提高产生了重大影响。

主副食比重发生重大变化

进入80年代以来,城镇居民主食消费支出在全部食品支出中所占比重逐年下降,但近两年有反弹,其原因是城镇居民主食消费质量大大提高,购买的大多是优质大米、优质面粉。主食所占比重:1985年为15%,1987年为14.2%,1993年为12.3%,1995年为14.8%。1997年为12.26%。城镇居民副食消费支出则成逐步上升的趋势。其原因是城镇居民消费质量进一步提高,相当一部分居民开始进入小康水平。例如,城镇居民人均每年油脂类消费支出1993年为41.29元,1997年为70.68元;肉禽及制品1993年支出为250.36元,1997年支出为459.56元;水产品类支出1993年为71.35元,1997年为140.98元;菜类支出1993年为117.67元,1997年为203.89元。

农村居民主食消费支出在食物消费支出中所占的比重逐年大幅下降,副食支出比重逐年大幅上升。1984年主食由1983年的51%下降为47.4%,历史性地下降到了50%以下,1987年主食比重为39.8%,副食为42%,从此开始副食消费支出年年超过主食消费支出,并且是越超越多。从主副食消费量来看,1985年人均消费粮食257公斤,1997年为250公斤,减少7公斤;1985年食油人均消费4.04公斤,1997年为6.16公斤,增加2.12公斤;猪、牛、羊肉1985年人均消费10.97公斤,1997年为12.72公斤;家禽1985年人均消费1.03公斤,1997年为2.63公斤;蛋类1985年人均消费为2.05公斤,1997年为4.08公斤;鱼虾1985年人均消费为1.64公斤,1997年为3.75公斤。这表明农民食物消费内部结构变化十分显著,农民主食消费下降快,副食消费上升快,食用油、家禽、蛋类、鱼虾消费大幅上升,表明农民消费水平大幅提高后,人们首先注重提高食物消费质量,增加副食开支和消费量,大幅增加食用油、家禽、蛋类、鱼虾的消费量。

动植物食物消费与营养平衡

在迈向小康型膳食结构中,中国食物结构和营养现状是:热量满足需要,而蛋白质不满足,尤其是优质蛋白质明显偏低;谷物消费量大,豆类和动物食品不足;多种矿物质、维生素摄入量已达到营养标准,而钙、核黄素、维生素A等仍然偏少。这种食物结构和营养现状,对动植物消费数量和质量提出了新的要求:一是对植物性食物消费,要加强粮食的加工,使主食消费进一步向优质化、营养化方向发展,大力增加大豆和豆制品消费量,大力增加蔬菜、水果消费量;二是在增加动物性食物消费量的同时,更要调整动物性食物消费结构,减少猪肉等高脂肪食物的消费量,增加牛、羊、鱼、兔、蛋类食物消费量;三是坚持以植物性食物为主,动物性食物为辅的方针,在增加营养的同时,更要注重保持营养平衡。

从国外情况来说,1988～1990年每人每天食物蛋白质含量情况:尼日利亚来自植物类食物为36.8克,来自动物类食物为5.6克;印度分别为47.1克和8.3克;法国则为39.9克和73克;日本为42.1克和53克。1988～1990年每人每天食物脂肪含量,尼日利亚来自植物类食物为10.3克,来自动物类为3.4克;印度分别为27.5克和10.3克;法国则为55.2克和111.9克;日本为43克和36.2克。从上面数字可以看出:尼日利亚、印度等国不仅植物类食物的蛋白质、脂肪过少,而且来自动物类食物的蛋白质、脂肪更少;法国等欧美发达国家则来自动物类食物蛋白质、脂肪过多;日本则比较合理,不仅蛋白质、脂肪含量较高,而且来自动植物食物大体参半,容易实现营养平衡,这就使得日本国民平均寿命是世界上最高的,1990年平均期望寿命为76岁(男)和82岁(女),大大高于尼日利亚的49岁(男)和54岁(女)的平均期望寿命。因此,日本的膳食结构值得我们借鉴。中国营养学会新修订了＜中国居民膳食指南＞,提出膳食的8条建议:

·食物多样,谷类为主;
·多吃蔬菜、水果和薯类;
·每天吃奶类、豆类或其制品;
·经常吃适量鱼、禽、蛋、瘦肉,少吃肥肉和荤油;
·食量与体力活动要平衡,保持适宜体重;
·吃清淡少盐的膳食;
·饮酒应限量;
·吃清洁卫生、不变质的食物。

这8条建议对于提高生活质量,增强健康,实现食物消费结构合理化具有十分重大的指导意义。

## (二)衣着消费结构发展变化

衣着消费,是一种对于人类生存和发展极为重要的消费。人们常说,衣食住行,衣曾居于生活消费之首。近年来,衣着消费发展的趋势是:质量大幅提高,花色品种更为丰富,追求新颖、美观、上档次。但近年来衣着消费在消费结构中所占比重比较稳定甚至略呈下降趋势。

## 衣着消费比重呈下降趋势,质量大幅提高

衣着消费支出大幅增加,服装日益丰富多彩,但在人们衣着消费已得到基本满足之后,其比重就呈下降态势。在发达国家,这种下降趋势更为明显,美国1980年衣着消费支出在消费结构中所占比重为7.54%,1991年则为6.77%。英国1983年为6.53%,1993年则为5.75%。日本1980年为7.88%,1993年则为6.6%。加拿大1980年为6.88%,1991年则为5.37%。日本1980年衣着消费支出为17 914日元,1994年为21 963日元;英国1980年平均每周衣着消费支出为8.99英镑,1994年为17.13英镑。在中国,衣着消费支出变化情况是:

*衣着消费支出比重是先上升而后下降*,但城市居民下降并不十分明显,而农村居民下降却十分明显。1957年城市居民衣着消费支出比重为12%,1964年为11%,1981年为14.8%,1985年为15.3%,1990年为13.3%,1992年为14.4%,1993年为14.2%,1994年为14.0%,1995年为14.0%,1996年为13.4%,1997年为12.45%,1998年为11.1%;我国农村居民衣着消费支出比重变化为:1978年12.7%,1980年12.3%,1985年9.7%,1990年为7.7%,1992年为8.0%,1993年为7.2%,1994年为6.9%,1995年为6.85%,1996年为6.2%,1997年为6.76%,1998年为6.16%。

*城乡居民衣着消费支出额大幅上升,近年上升更加迅速*。1980年城镇居民人均年衣着消费支出仅98.04元,1990年为170.90元,1992年为240.60元,1994年为390.38元,1996年为527.93元,1998年为480.86元。1980年农村居民年衣着消费支出仅19.99元,1985年为30.86元,1990年为45.44元,1992年为52.51元,1994年为70.32元,1996年为113.77元,1998年为98.06元。

衣着消费比重降低、地位变化的主要原因是:①生活水平、消费水平大幅提高,人们已解决温饱,迈向小康,衣着消费的基本需要已得到较好的满足;②人们消费观念发生了变化,衣着消费已有相当的水平,人们更加注重劳务消费,特别是精神文化消费比重的提高,追求吃好、玩好、用好;③购买布料和成衣十分容易,选择性大,化纤布料价格已大幅降低;④衣服已不再是个人身份的标志,衣着消费趋向方便、实用和个性化。衣着消费支出额的绝对数大幅上升。1990年城镇居民人均年购买棉布1.33米、化纤布1.46米、呢绒0.26米、绸缎0.41米、皮鞋0.61双。1997年人均年购买棉布0.5米、化纤布0.85米、呢绒0.13米、绸缎0.09米、皮鞋0.77双,布鞋0.25双、毛线0.23公斤、其他鞋1.47双。1997年与1990年相比,购买棉布下降0.83米、化纤布下降0.61米、呢绒下降0.13米、绸缎下降0.32米。由于物价上升,特别是棉衣、成衣、高档时装价格大幅上升,虽然衣着消费支出成倍上升,但购买数量都大幅降低;居民生活质量大幅提高,衣着消费趋向于成衣化、高档化、时装化。服装质量、档次大幅提高,反映消费水平、消费层次的提高。

## 不同居民集团在衣着消费上的差异

衣着消费的不同收入阶层差异和城乡差异、地区差异都相当大,这种差异随着经济发展差距扩大和收入水平差距扩大而进一步拉开,这种差异最主要地表现在衣着消费支出多少和购物档次的差异。差异的存在,形成衣着消费梯度和需求梯度,形成消费的示范效应和消费层次提高的拉力。因而,保持合理的消费梯度,在生产力发展水平不平衡的中国,也是必然的。

*不同收入阶层衣着消费的差异*

表1和表2对比分析表明:

**表1 1990年城镇居民人均衣着消费支出**

| 项　目 | 总平均 | 最低收入户 | 低收入户 | 中等偏下户 | 中等收入户 | 中等偏上户 | 高收入户 | 最高收入户 |
|---|---|---|---|---|---|---|---|---|
| 消费支出(元) | 1 278.89 | 782.28 | 960.72 | 1 097.76 | 1 275.12 | 1 456.68 | 1 685.28 | 2 039.76 |
| 衣着消费(元) | 170.88 | 90.16 | 119.91 | 144.73 | 174.53 | 203.4 | 231.88 | 271.23 |
| 占生活费支出的% | 13.36 | 11.53 | 12.48 | 13.18 | 13.69 | 13.96 | 13.76 | 13.3 |

资料来源:《中国统计年鉴》(1990)。

表 2 1997 年城镇居民人均衣着消费支出

| 项 目 | 总平均 | 最低收入户 | 低收入户 | 中等偏下户 | 中等收入户 | 中等偏上户 | 高收入户 | 最高收入户 |
|---|---|---|---|---|---|---|---|---|
| 消费支出(元) | 4 185 | 2 333 | 2 895 | 3 427 | 4 064 | 4 822 | 5 709 | 7 314 |
| 衣着消费(元) | 520.9 | 220.7 | 310.7 | 470.5 | 528.2 | 641.89 | 757.21 | 912.47 |
| 占生活费支出的% | 12.45 | 9.46 | 10.73 | 13.73 | 12.99 | 13.31 | 13.26 | 12.47 |

资料来源:《中国统计年鉴》(1998)。

1997 年比 1990 年各个收入阶层的衣着消费支出和生活费支出都有很大的提高,但在消费结构中所占比重却全面降低,其中,下降幅度最大的为低收入户,1997 年比 1990 年下降 1.75 个百分点,其次是最低收入户,下降 0.91 个百分点,下降最少的是高收入户,仅下降 0.3 个百分点。

最低收入户一直保持衣着支出占生活费支出的百分比最低的趋势,高收入户和中等偏上收入户一直保持百分比最高的趋势。这表明最低收入户和低收入户收入增长首先是满足食物消费和用品消费,而中等收入户以上收入增长首先是满足用品和衣着消费。

地区间衣着消费的差异

中国不同地区农民家庭的衣着消费水平差异相当大。1990 年,全国农民人均年衣着消费支出为45.06 元,低于这平均水平的有内蒙古、云南、四川、江西、广西等 16 个省区,最低的为广西,年均为每人 26.17 元。其他各省市均高于这个平均水平,其中上海最高,为 107.04 元。1997 年,全国农民人均年衣着消费支出为 109.41 元,低于这个平均水平的有河北、内蒙古、安徽、福建、江西、海南、贵州、甘肃和广西等 18 个省区,其中最低的为广西和甘肃,仅为 54.94 元和 58.44 元。高于全国平均水平的有 12 个省区,其中最高的为上海 267.11 元和北京 239.20 元。从衣着消费占消费支出的比例来看,1990 年,全国为 8.4%,新疆为 15.9%、青海为 14.4%、内蒙古为 8.9%、宁夏为10.6%、广西为 6.4%、甘肃为 9.7%、上海为8.5%、广东为 4.6%。1997 年,全国为 6.8%,新疆为10.6%、青海为 8.6%、内蒙古为 8.0%、宁夏为8.3%、广西为 4.0%、甘肃为 6.0%、上海为 6.3%、广东为4.0%。

从 1990 年和 1997 年衣着消费支出的金额同衣着支出所占的比重来分析,一是衣着消费支出低于全国水平的从 1990 年的 16 个省区增加到 18 个省区,各省区的格局基本未变。二是衣着消费的开支金额很高的,如上海、浙江等,其所占比重都比平均比重高一点,但支出金额相对要大得多,说明这些省市农民家庭的消费水平和衣着消费水平都相当高。

城乡间衣着消费的差异

衣着消费的城乡差异较大。城市,特别是沿海地区大中城市,衣着水平高,衣着在消费结构中所占比重较大。农村,特别是偏远农村,衣着水平还很低,有的甚至还没有改变“新三年,旧三年,缝缝补补又三年”的格局。这种差距不仅在全国范围内很明显,在一个地区、一个省区之内,也较为明显。

不同年龄群体衣着消费的需求差异

年龄因素是产生衣着消费需求差异的主要因素之一,不同年龄层对衣着的款式、色彩、质料都有不同要求。

儿童对衣着消费既要体现活泼、天真、可爱的天性,又要适应体型变化快、服装更新快和挺腹、无腰、窄肩的特点,对于面料质量要求不高,但要细软、透气性好。

青年对衣着消费追求色彩鲜艳、款式新颖甚至标新立异,从而充分体现青年人的朝气。青年人的服装正朝着选料高档化、款式时新化、装饰多样化和方便化方向发展,追求清新、优雅、柔和、明快、奔放、舒适、多变等特色。青年人衣着消费趋热性强,易赶时髦,西装热、茄克热、T 恤热、羽绒服热、运动衫热、羊毛衫热等等,热点一年一个样,年年有新样。

中年人对衣着消费的需求既具有青年人的部分特点,又具有老年人部分特点,只是更加注意实用性、成熟美,不追求奇异、花哨,注意大方、华丽、简便、明快。西装、风衣、茄克在中年人中最为流行和实用。

老年人对衣着消费希望穿着合体,以显其风度,在颜色上已跳出灰、蓝、黑的老框框,老年人衣着已走向款式化,其款式应具有时代感,要简洁、明快、实用,对面料和式样要求宽松舒适、柔软轻便。

## (三)用品消费结构发展变化

在人们的消费生活中,用品消费范围最广、最复杂,涉及行业最多,主要包括日用生活消费品、耐用消费品和文化、娱乐、音乐、体育等文娱用品。用品在消费结构中占有十分重要的地位,用品是反映现代消费内容的一个极为重要的方面,发展变化又快。

## 用品消费结构的发展变化

城镇居民用品消费结构的发展变化

在消费结构中,用品消费支出在消费结构中的比重呈下降趋势,但用品消费支出金额是上升的,用品消费质量提高极为迅速。

城镇居民人均生活费支出

| 项目\年份 | 1990 | 1992 | 1994 | 1996 | 1998 |
|---|---|---|---|---|---|
| 消费总支出(元) | 1 278.9 | 1 671.7 | 2 851.3 | 3 919.5 | 4 331.6 |
| 日用品支出(元) | 129.66 | 161.98 | 335.49 | 468.6 | 553.78 |
| 文娱用品支出(元) | 68.25 | 74.04 | 84.44 | 89.8 | 125.99 |

资料来源:《中国统计年鉴》(1991、1993、1995、1997、1999)。

1994年耐用消费品支出为150.14元,占消费支出的5.27%,1998年耐用消费品支出为201.27元,占消费支出的4.65%。文娱用品呈单边下跌之势,从1990年的5.34%跌至1998年的2.9%,降幅较大的为文娱用品。

农村居民用品消费结构的发展变化

农村居民用品消费发展变化虽然不及城市居民那么迅速,其质量和档次提高速度、支出增长速度也都不及城市居民。

从1990年到1996年,用品消费支出上升迅速,1990年日用品为30.90元,文娱用品为31.38元,1996年日用品为84.22元,文娱用品为132.46元。1990年到1996年,日用品支出在消费总支出中的比重从5.29%上升为5.36%,而同期文娱用品支出在消费总支出中的比重从5.37%上升为8.43%,其上升幅度之大,不仅是农民食物、衣着、居住消费远远不及的,也是城市居民所远远不及的。其主要原因是农民在进入温饱向小康迈进的过程中,食物的基本需要已得到满足,住房已基本解决,建房热已开始降温。文娱用品(特别是文娱耐用消费品)大幅上升,也是近年来城市居民文娱用品发展迅速,城乡居民消费档次已拉开,在城市居民消费示范作用下所引发的农村居民“文娱用品”消费热。

日用品消费支出相对于消费总支出和文娱用品而言,上升幅度不大,其支出在消费总支出中的比重由上升转为下降,转折点是1993年,1992年为5.56%,1993年为5.8%,1994年为5.45%,1995年为5.23%,1996年为5.36%。其原因是日用品价格上升幅度较小,价格比较平衡,一部分还呈下降趋势。

以文娱用品大幅度增长为主导的用品消费支出大幅增长,大有改变农村居民长期形成的“吃、住、穿、用、烧”的实物消费序列为“吃、用、住、穿、烧”之势。用品消费在消费结构中的比重由1985年的9.04%上升为1996年的13%多,居住消费由1985年的18.24%下降为1996年的13.93%,衣着消费由1985年的9.72%下降为1996年的7.24%。消费结构序列的变化,标志着消费结构从温饱转向小康,从数量扩张型转向质量提高型,用品(特别是耐用消费品)消费层次递进速度快、消费质量提高快。

## 不同居民集团用品消费的差异

中国城镇居民不同收入阶层一般日用品消费差异不很大,而耐用消费品、文娱用耐用消费品支出、耐用消费品拥有量差异相当大。

从最低收入户到最高收入户耐用消费品支出和文娱用耐用消费品支出增长极快。以1996年为例,耐用消费品支出最低收入户为46.04元,中等收入户为133.64元,最高收入户为460.41元;文娱用耐用消费品支出最低收入户为14.58元,中等收入户为69.29元,最高收入户为307.95元,最低收入户与最高收入户的差距为414.37元和293.37元。从两者占消费支出的比重来看,耐用消费品支出占消费支出比重最低收入户为1.98%,最高收入户为7.10%;文娱用耐用消费品支出占消费支出比重最低收入户为0.63%,最高收入户为4.75%。

从年人均用品消费支出及其构成来看。最高收入户大大高于最低收入户,说明最低收入户与最高收入户以及各个不同收入阶层之间用品消费支出差异很大,并且这种差异还有进一步扩大的趋势。不同收入阶层耐用消费品消费差异明显大于食品、衣着、住宅消费,这种差异是不同收入阶层居民收入消费差异最突出、最重要的表现。

从主要耐用消费品百户拥有量来分析。同样以1996年为例,最低收入户与最高收入户差距最大的为空调器和组合音响,前者差距为20.04台,后者差距为13.45套,差距最小的是电冰箱和彩电。这是由于冰箱和彩电普及率最高,几乎成为现代家庭的必需品,而空调和组合音响收入弹性大,因而两者差距也就大。

我国城乡之间、地区之间居民用品消费差异更大,这是生产力发展水平、消费水平、收入差异和生活习惯、环境所造成。

## (四)住房消费结构发展变化

住房是人类的基本生活资料,好的住房也是人们的高级享受资料和发展资料。中国城镇居民住房消费在消费结构中仍处于一种长期滞后状态,而住房消费又是国民经济新的增长点,房地产将成为国民经济的主导产业。因而,研究住房消费中存在的问题和发展趋势,对于实现消费结构合理化、促进整个国民经济发展具有十分重大的意义。

### 城镇居民住房消费分析

改革开放以来,经过住宅体制的改革和大力发展房地产产业,人们住房条件已得到明显的改善,从1979年到1995年,城镇住宅投资总额已达1万多亿元,竣工住宅面积达25.5亿平方米,投资量和竣工面积分别是前30年总和的14倍和4倍,住宅消费质量和人均居住面积都有很大提高,但住宅消费在消费结构中的比重仍然很低(见下表)。

**中国城镇居民住房消费支出情况**

| 项目＼年份 | 1985 | 1990 | 1992 | 1994 |
|---|---|---|---|---|
| 人均消费支出(元) | 673 | 1 279 | 1 672 | 2 851 |
| 房租(元) | 6.48 | 9.43 | 14.23 | 28.79 |
| 房租所占比重(%) | 0.96 | 0.47 | 0.85 | 1.01 |

资料来源:《中国统计年鉴》(1986、1990、1995)。

从上表可以看出,中国城市居民住房租金长期过低,在消费结构中一直处于一种极不合理状态,因此,加快实现住宅商品化,改善长期以来福利分房的格局,势在必行。

从不同收入阶层来看,不论最低收入户,还是最高收入户,虽然他们之间居住支出金额差别十分大,但在消费结构中所占比重基本相同。以1994年为例,最低收入户为7.4%,最高收入户为7.0%,而住房支出在消费结构中占比重却随收入层次的提高而提高,1994年最低收入户为2.0%,低收入户为2.3%,高收入户为3.2%,最高收入户为4.0%。这表明居住收入弹性比住房收入弹性要小。1994年不同收入阶层住房边际消费倾向依次为:最低收入户1.88%,低收入户3.57%,中等偏下户2.67%,中等收入户3.06%,中等偏上户3.63%,高收入户3.90%,最高收入户5.08%。值得注意的是,1994年低收入户住房消费倾向高达3.57%,远远高出中等偏下户和中等收入户,说明低收入户对住房消费的需求远远高于最低收入户和中等偏下收入户、中等收入户,其原因是:最低收入户水平很低,其支出主要满足基本生活需要,无力对住宅消费提出高一点的要求,中等偏下收入户和中等收入户大多最基本的住宅需求已得到满足,而低收入户恰好处于正在解决基本住宅需求的时刻,不得不采取压低其他支出,以保证住宅支出的办法以求解决好住宅问题,所以,这是导致低收入户消费倾向异常高的原因。

### 农村居民住房消费分析

*农村居民消费结构序列的变化*

在农村居民消费结构序列中,住宅消费支出一直处于第二位,其序列为“吃、住、用、穿、烧”。近年来,住宅消费发展速度减缓,但质量在提高。农村居民居住消费支出绝对数呈大幅上升趋势,1978年为11.95元,1985年为57.90元,1994年为142.34元,1996年为219.06元,1998年239.62元。农民居住消费支出所占比重变化是由低变高,再由高变低,1978年为10.30%,1980年为13.85%,1985年达到18.24%,1992年为15.92%,1996年为13.93%,1998年为15.07%。这说明80年代中期住宅消费成为农民的主要消费热点,建房热在全国范围内兴起,而进入90年代之后,住宅消费支出比重有了一定的下降,其原因是房屋已经建好,但房屋质量一般都不高,用品(特别是耐用消费品）拥有量和档次明显低于城市居民，农民消费投向重点开始从住房转向高档耐用消费品，以提高生活质量。因此，90年代以来用品消费支出开始大幅增长，1995年已十分接近住宅支出。但1998年住房消费支出在消费结构中所占的比重升为15.07%，说明农村居民居住消费开始由注重面积转变为追求质量。

从1996年开始，用成为第二大消费支出项目，消费支出序列由"吃、住、用、穿、烧"变为"吃、用、住、穿、烧"。但是，从长远来看，当农村居民解决了耐用消费品消费"相对滞后"以后，农民将重新将消费投向重点放在居住上，这不是以扩大居住面积为目的，而是以装修为主，以提高住房质量，追求美的享受和舒适的环境为目的的消费支出。因此，从长远发展趋势来看，实物消费中消费支出投入增长重点将是住宅和用品两项并驾齐驱。

不同地区农民住宅消费的差异

农村居民住宅消费地区差异相当大，这种差异是消费差异性的重要表现。产生这种差异的主要原因有：

一是生产力发展水平的地区差异，这种差异决定了收入的地区差异和消费水平的地区差异，这是形成农民住宅消费差异最根本的经济因素；

二是地理环境的差异，山区与平原、南方与北方、东部与中西部地理环境和气候的差异；这是形成农民住宅形式和设计差异的一个重要因素；

三是民族差异，不同民族有其不同的住宅消费习惯，各民族间在住宅的形式、设计、式样、图案、色彩上都有其特色，住宅消费的民族差异也是产生地区差异的重要原因。

部分地区住宅消费发展速度较快，部分地区相对较慢。在发达地区，1985年到1990年，北京住宅消费发展极为迅速，人均消费支出由88.22元上升到142.62元，上升54.4元。与此同时，上海却只从238.06元上升到256.33元，仅上升18.27元。1990年到1997年，北京人均住宅消费支出仅上升200.94元，上海却上升664.2元，上升幅度之大是少有的。在落后地区，西藏住宅消费支出发展最为迅速。

从区域来看，东部、中部、西部差异十分明显，东部地区住宅消费水平明显高于中、西部，中部地区和西部地区发展速度较快，但要改变这种差距还相当困难，因此短期内这种差距仍在扩大。

农村居民住宅消费的发展目标

"九五"时期，农村居民住宅消费发展目标为达到小康所要求的住宅标准。农村居民住宅小康标准为：砖木结构和钢筋混凝土结构（即钢木结构）住房面积占全部住房面积的比重应在80%以上。1980年，钢木结构比重为48%，1990年为62%，提高14个百分点，1990年到2000年再提高18个百分点，达到钢木结构比重为80%是完全有可能的。

我们再从农民住房的房屋价值来看，当年新建房的房屋价值变化情况是：1985年每间747.43元，1990年为每间1 906.95元，1992年为每间2 268.39元，1994年为每间2 976.03元，这除了建筑材料价格大幅上升引起造价增加之外，新房的质量和要求大幅提高，更是导致造价大幅上升的主要原因。这就是说，农村居民已从扩大居住面积、改善居住条件为主导转为以提高住房质量、提高生活水平为主导的建房和住房装修。

## 在住宅消费领域实现小康水平的主要对策

中国目前城镇居民住房消费在消费结构中的"滞后"状态仍未改变，住房消费支出在消费结构中比重十分低，预计到2000年也只能达到10%。为改变这种落后状况，满足城乡居民的住房消费需要，实现小康，这就应当：

大力加快住房制度改革，实行住宅商品化，变"暗补"为"明补"。要针对90年代中期以来房地产市场出现的商品房大量积压的局面，要求：一是尽可能的减少一些税费，取消一些不合理的收费，以降低房价；二是提高城乡居民收入水平，大量推广消费信贷，提高城乡居民的购房能力；三是大力开发一般住房，特别是安居工程，大力控制高档、豪华住宅和宾馆；四是进一步简化购房手续和消费信贷，方便广大购房者。

要以消费需求为导向，规划好居民区建设，注重与住房配套的基础性设施的建设，使之与住房配套，如搞好居民区的供水、供电、供气、排水、处理垃圾、交通、绿化、菜市场、学校、幼儿园、医院等基础性设施建设和发展，使居民住得舒适、方便。

要注重室内装饰业发展，以满足消费者住房美观、舒适的要求。近几年来，室内装饰开始成为人们消费的新热点之一，室内装饰消费支出比重迅速提高，许多居民少则花上万元，多则3万～5万元来装修住房，于是对各种室内装饰材料需求量很大，许多新型室内装饰材料应运而生，装饰服务业十分兴旺。

要完善售房服务，发展、完善按揭个人住房市场。这样，通过银行按揭和贷款，促进和鼓励住房消费，从而将大大增加居民购买商品房的支付能力。要完善商品房的售后服务和小区管理，以保证居民买得放心、住得安心和舒心。

推行和完善住房公积金制度。

## (五)劳务消费结构发展变化

劳务消费在消费结构中的比重不断提高，这是发展的必然趋势。在发达国家，早在1979年，劳务消费占个人消费支出的比重：美国为40%，日本为36.2%，西德为30.6%，法国为30.6%，英国为33.2%。劳务消费成为国民经济一个重要组成部分，它在消费结构中的比重高低成为反映现代经济社会发展水平一个重要的标志。

劳务和劳务消费可以按人们需要的层次进行分类。马克思曾经把劳务分为“相当必要的”，“不太必要的”，“确实必要的”，“看起来是必要的”，可以是“给我提供享受的服务”，也可以“是训练、保持劳动能力，使劳动能力改变形态”，“使劳动能力具有专门性的服务”等等(见《剩余价值理论》第1册第436页、第159页，人民出版社1975年版)。这些类型，概括起来，也就是生存消费、享受消费和发展消费。马克思这里说的“相当必要的”，“确实必要的”服务，可以说是生存消费；“看起来是必要的”，“不太必要的”服务以及“提供享受的服务”，就不仅包括生存消费的劳务，还包括享受和发展的劳务；而“训练、保持劳动能力，使劳动能力改变形态”以及“使劳动能力具有专门性”的服务，主要属于发展性的劳务。美国著名经济学家丹尼尔·贝尔认为，在后工业社会里，同时存在四个层次的服务性行业。第一个层次是为个人服务的，如商店、洗衣店、美容店、汽车修理业等；第二个层次是企业性的，如银行业和金融业、房地产和保险业；第三个层次是运输、通讯和公用事业；第四个层次是迅速增长和扩大的保健、教育和管理行业。这四个层次的服务性行业所提供的各种劳务，我们还可以按生存、享受、发展三个层次进行划分，像实物消费一样，劳务消费中生存性劳务在消费结构中所占比重将逐步下降，享受性劳务和发展性劳务在消费结构中的比重将不断上升，特别是发展性劳务所占比重将增长更快，这是发展的必然趋势。从发达国家的情况来看，例如日本近30年来家庭每月平均消费支出，1965年为49 335日元，1994年为353 116日元，增长7.15倍，其中医疗保健：1965年为1 221日元，1994年为9 474日元，增长7.9倍；交通和通讯：1965年为1 739日元，1994年为37 301日元，增长23.7倍；教育：1965年为1 947日元，1994年为18 988日元，增长9.7倍；阅读与娱乐：1965年为3 483日元，1994年为34 549日元，增长近10倍。在英国的家庭消费结构中，交通消费所占比重：1980年为14.6%，1985年为15.11%；服务消费：1980年为10.81%，1985年为11.99%；休闲服务：1987年为9.6%，1992年为10.14%，1994年为11%，不仅比重较高，而且在不断增长。在一些发达国家及新兴国家，医疗保健、交通通讯在消费结构中的比重较大，教育、休闲与娱乐在消费结构中的比重也较大。如美国1992年医疗保健支出占17.5%，交通和通讯支出占13.6%，教育、休闲与娱乐占10.2%。荷兰1992年医疗保健支出为13.1%，交通和通讯为13.4%，教育、休闲与娱乐为10.1%。加拿大1992年医疗保健支出为4.7%，交通和通讯为14.4%，教育、休闲与娱乐占11.1%。新兴国家如韩国1994年医疗保健支出为6.3%，交通和通讯为13.2%，教育、休闲与娱乐为12.5%。新加坡1992年医疗保健支出为4.6%，交通和通讯为14.5%，教育、休闲与娱乐为14.5%。

特别是当代科学技术迅猛发展，因而科学文化、教育以及信息、咨询服务等智力型、发展型的劳务消费，会有很快的发展，在人们的消费结构中的比重将不断上升；另外，随着文化艺术事业的发展，人们追求生活的美化、艺术化，一些高层次的文化艺术的享受在消费结构中的比重也将不断提高，这是劳务消费内部结构发展的必然趋势。

### 信息消费问题

信息消费对社会发展起着极重要的作用。恩格斯早就指出：在社会主义下“……生活资料、享受资料、发展和表现一切体力和智力所需的资料，都将同等地、愈益充分地交归社会全体成员支配”。这里说的“发展和表现一切体力和智力所需的资料”，当然包括信息消费资料在内。未来社会是信息社会，越来越多的人从事信息工作。有人估计：到2000年美国劳动大军中至少有1/3从事信息产业，信息产业的产值在国民生产总值中的比重将占50%以上。1995年世界信息产业的销售额约达到8 500亿美元，1996年进一步增至1万亿美元，信息产业将超过汽车工业和钢铁工业。信息不仅对生产、流通起着越来越大的作用，还不断渗透于消费领域，丰富消费内容，甚至使消费方式发生根本性变革。现代信息技术的发展，计算机联网使生活超越了过去时空的障碍。正如有些人所说的：今天一切经济活动、消费活动离不开信息，我们生活在世界信息的海洋中。

正因为信息在生产和生活中作用越来越大，因而信息产业、特别是信息咨询服务业，发展很快。美国早在1993年底已有12 388个电子信息网络，用户已从军事领域扩展到商业、教育、科研和公共服务领域。短途电话公司的电话线路已进入99%的家庭，有线电视同轴电缆线已进入90%的用户，长途电话公司到1992年铺设的光缆达15万多公里，全美1/3的家庭已至少拥有1台个人电脑，多媒体电脑也部分进入家庭，9%的家庭已成为接受电子告示或其他信息服务的订户。英国截至1993年底，电子信息网络已有1 063个，长途网络大部分实现光缆化，并已着手视频点播试验。德国1993年底电子信息网络已达934个，已着手世界最先进的交互式电子产品的试验。很多发达国家，都在大力发展信息产业，扩展信息消费。目前全世界咨询与信息服务业年营业额已达数千亿美元，咨询营业额的年增长率超过10%。

《中共中央关于制定国民经济和社会发展"九五"计划和2010年远景目标的建议》中指出：要着重开发电子信息等方面的技术，积极发展信息咨询等新兴产业；还提出"要丰富消费内容，改善消费结构……扩大服务性消费，使生活质量有较大改善"。我们相信，随着信息科学和信息产业不断发展，信息更多地作用于生产领域，也将更多地渗透于消费领域，信息消费将有一个大发展，在消费结构中的比重将不断提高，这是发展的必然趋势。

## 精神文化消费问题

### 精神文化消费的作用

精神文化是人类文化的本质和核心，是文化的最高层次。健康的精神文化消费，就像马克思所说的：能"放射出人类崇高的精神之光"，培养人们高尚的品德、高雅的情操，提高人的整体素质，促进人的身心健康和全面发展。精神文化消费不仅有巨大的文化功能，而且有巨大的经济功能。高层次的精神文化需要得到满足后，就会形成一种强大的激励机制，调动劳动者的积极性，提高生产力水平，促进社会经济的发展。不仅如此，经济文化一体化，是当代社会发展的大趋势。"文化是发展的摇篮"，经济的发展，必须发挥文化引路的作用，通过高层次的精神文化消费，构建起适应社会主义市场经济发展要求的观念形式、价值体系、知识体系、生活方式，才能使市场经济走上健康发展的道路。特别应该看到精神文化消费还有巨大的社会功能。健康的精神文化消费，有利于提高消费的文明程度，提高全社会的文明程度；有利于净化社会环境，树立良好的社会风尚，促进社会主义精神文明。提高精神文化消费的质量，是社会主义精神文明建设一个重要的组成部分，是社会全面进步的重要标志。我们如何通过高层次的精神文化消费，把人从"物化"的关系、从物欲中解放出来，提高人的文化意识，培养优良的社会机体，来促进市场经济的健康发展，是我们当前一项极重要的任务。

### 要不断开拓精神文化消费领域，提高精神文化消费在消费结构中的比重

中国现在，精神文化消费领域还很狭窄，还有很广阔的领域可以开拓、发展，包括一些艺术享受型消费、智力型消费、高层次的娱乐健身型消费以及审美、观赏型消费等等。例如，在人们的消费生活中，美化、艺术化的倾向越来越强烈。美国著名经济学家约·肯·加尔布雷斯早就指出："经过一个较长时间，艺术和反映艺术成就的产品，在经济发展中将越来越占到重要的地位。"我们没有理由主观地假定，科学和工程上的成就是人类享乐的最终限界。消费发展到某一限度时，凌驾一切的兴趣也许在于美感。这一转变将大大变更经济体系的性质和结构。在发达国家，艺术已成一大产业。在英国，艺术业早已是一个规模达170亿美元的大行业，相当于英国的汽车工业。发展精神文化消费，决不止于发展一般的夜总会、舞厅、卡拉OK厅等，还应该发展一些高层次的精神文化场所和精神文化消费活动，很多发展型、享受型的精神文化消费的广阔领域还需要我们去开发。

高层次的精神文化消费领域扩大了，发展性、智力性消费在消费结构中的比重提高了，就会大大提高消费层次和质量，促进人的身心健康和全面发展。

在不断开拓精神文化消费领域的基础上，要不断提高精神文化消费的比重。要把物欲型、享乐型消费逐步转化为知识型、科技型消费，加大文化含量和知识含量，弘扬主旋律，强调高质量。全国的精神文化消费在消费结构中比重一直较低。以城镇居民而言，1997年平均每人消费性支出为3 919.47元，精神文化消费仅347.95元，占9.5%；农村居民1996年生活消费支出为1 572.08元，精神文化消费为132.46元，占8.4%。精神文化消费比重低，特别是发展性、智力性消费比重低，是消费水平低、消费质量低、经济不发达的重要表现。1996年中共十四届六中全会通过了《关于加强社会主义精神文明建设若干重要问题的决议》，现在人们越来越重视发展、提高精神文化消费。今后，精神文化消费在消费结构中的比重将不断提高。有人预计：到本世纪末，精神文化消费在消费结构中的比重，城镇将上升到15%左右，农村将上升为10%左右，这是可能达到的。

**关键在于提高精神消费力**

精神消费力就是消费者为了满足自己的精神文化需要而消费精神文化消费品的能力。健康的精神文化消费，是精神消费力提高的结果，它反转来又会促进精神消费力的提高。精神文化需要，主要是享受资料、发展资料的需要，一般是高层次的需要，精神消费力提高了，享受资料、发展资料在消费结构中的比重提高了，就提高了消费层次和消费质量，从根本上体现社会主义生产目的。不仅如此，提高精神消费力，还能扩大高层次的消费领域，使更多的人能享受古今中外优秀的、丰硕的精神文化成果，从而有利于提高消费的文明程度，有利于净化社会环境，树立良好的社会风尚，促进社会文明和社会进步。这里牵涉一个带根本性的问题即如何从根本上提高全民族的素质，这是发展社会经济、促进社会文明的关键。传统的发展战略，实质上只是一种经济增长的战略，它把社会的发展仅仅看作是一种经济现象。现代社会的发展战略，应该是以人的发展为中心的经济社会文化的协调发展。特别是当代科学技术迅猛发展，并渗透于消费领域。消费者必须有现代的科学文化知识和艺术修养，才能享受现代科学文化和艺术的丰硕成果。

# 第八篇

# 世界旅游经济文化

# 1998年全球国际旅游发展状况分析

南开大学旅游学系 张伯山

1998年,世界旅游继续面临严重考验。1997年夏季爆发于东南亚的金融危机逐渐蔓延到东亚、俄罗斯乃至拉丁美洲,并且对西欧和北美许多国家产生了明显不利的影响。除此之外,世界一些局部地区和国家分别存在政局动荡、战乱不息、自然灾害迭起等现象,针对外国旅游者的暴力事件也仍时有发生,这些都不可避免地妨碍了国际旅游的顺利发展。

尽管受到上述各种不利因素的干扰,特别是受到了亚洲金融危机严重影响,世界旅游的发展步伐却未因此而停滞。正如有的世界旅游界权威人士所指出的,实践表明,旅游业虽有易受经济和政治因素影响的脆弱一面,但多次世界危机均表明,旅游业具有强大的生命力。这种强大生命力存在的原因,一是由于旅游已经成为20世纪末世界文化不可分割的一部分,人们不会因为发生危机而断然放弃旅游;二是由于旅游活动和旅游业的构成具有地理分布广泛性、综合性和多样性等特点,因而其发展常常是此消彼长,回旋余地很大,局部问题很难对全局造成全面影响。因此,亚洲金融危机等不利因素的出现与存在,并没有如人们所预想的那样给国际旅游带来灾难性后果。所以,1998年全球国际旅游人数仍然保持着一定增长势头,国际旅游收入虽然多年来首次出现负增长,但下降幅度较小。根据世界旅游组织初步统计,1998年全球国际旅游者接待量达6.25236亿人次,比1997年净增853.1万人次,增长率为1.38%;不包括国际间航空交通费在内的旅游外汇收入达4 447.41亿美元,比1997年减少35.24亿美元,下降率为0.79%。这一年,旅游业总产出约占世界各国国民生产总值的10%,全球国际旅游者人均支出为711.32美元,比1997年的726.87美元减少15.55美元,下降率为2.14%。随着金融危机而出现的世界金融市场捉摸不定的情况,使世界旅游市场需求发生一些变化,旅游者直到最后一刻才决定预订出国旅游的情况增加,旅游者在度假期间的花费则减少。从表1可以看出,1998年全球国际旅游发展的总体特点是:南亚、非洲和中东仍然快速增长,欧洲继续平稳增长,而亚太和美洲略有下降。此外,世界6大旅游区的国际旅游接待人数和旅游收入在全球旅游市场所占比重在1998年也有了明显变化,非洲、中东和南亚3个地区两项均有所增加,美洲和欧洲地区有升有降,东亚太地区则全面下降。

1998年南亚地区的国际旅游获得了少有的高速发展,共接待入境旅游者507.1万人次,比1997年净增51.8万人次,增长幅度高达11.37%,增长速度在世界6大旅游区中名列第一,是世界平均增幅的8倍多;旅游外汇收入为44亿美元,比1997年净增2.84亿美元,增长率为6.9%,增幅在世界6大旅游区中名列第二,比世界平均增长率高出7.7个百分点。印度接待的国际旅游者几乎占该地区接待量的50%,由于欧洲游客有所增加,1998年印度接待的入境旅游者共增长1%。伊朗1998年的国际旅游可说是飞速发展,所接待的入境旅游者人次增长了21%,旅游外汇收入增长了22%,但由于原有的基数很低,这二项的绝对数量仍然较小。斯里兰卡的入境旅游者人次1998年增长了4%,旅游外汇收入增长10%,其中来自德国的入境旅游者比1997年增长了20%。马尔代夫已成为南亚的一个重要旅游目的地,1998年接待的入境旅游者人次增长了10%。巴基斯坦毗邻中亚和西亚,旅游资源丰富,旅游业发展也已经具备一定基础。但是,由于宣传推销力度不够,服务水平较低,该国的旅游业同其他一些国家相比还有很大的差距。1997年至1998年度,赴巴的外国游客不到40万人次,旅游创汇1.7亿美元,客源主要来自欧洲和海湾地区。为了改变旅游业的落后现状,该国政府已经着手采取措施,挖掘优势,力争尽快改变面貌。

**表1 1997～1998年全球国际旅游发展状况**

| 地区 | 接待人次(万) | | 增长率(%) | | 旅游收入(亿美元) | | 增长率(%) | |
|---|---|---|---|---|---|---|---|---|
| | 1997 | 1998 | 96/97 | 97/98 | 1997 | 1998 | 96/97 | 97/98 |
| 非洲 | 2 318.8 | 2 490.3 | 7.7 | 7.4 | 87.10 | 95.51 | 4.5 | 9.7 |
| 美洲 | 12 276.6 | 12 019.0 | 5.4 | -2.1 | 1 192.29 | 1 212.25 | 5.8 | 1.7 |
| 东亚太 | 8 833.4 | 8 692.7 | 1.0 | -1.6 | 821.31 | 737.39 | 1.1 | -10.2 |
| 欧洲 | 36 291.7 | 37 252.3 | 3.6 | 2.6 | 2 255.30 | 2 261.04 | 2.0 | 0.3 |
| 中东 | 1 494.7 | 1 562.2 | 6.1 | 4.5 | 85.49 | 92.22 | 10.5 | 13.7 |
| 南亚 | 455.3 | 507.1 | 5.1 | 11.4 | 41.16 | 44.00 | 6.5 | 6.9 |
| 全球 | 61 670.5 | 62 523.6 | 3.8 | 1.4 | 4 482.65 | 4 447.41 | 3.0 | -0.8 |

资料来源:根据《旅游市场快讯》1998年2月第2期(总第150期)第4页、《旅游市场信息专辑》1999年第2期第6页、《中国旅游报》1999年2月23日第4版公布数字整理。

**表2 1990～1998年世界各旅游区在全球旅游市场所占份额(%)**

| 年份 | 类别 | 世界 | 非洲 | 美洲 | 东亚太 | 欧洲 | 中东 | 南亚 |
|---|---|---|---|---|---|---|---|---|
| 1990 | 接待人次 | 100.0 | 3.43 | 18.81 | 11.44 | 63.68 | 1.90 | 0.72 |
| | 旅游收入 | 100.0 | 1.88 | 26.09 | 14.39 | 54.90 | 1.94 | 0.77 |
| 1995 | 接待人次 | 100.0 | 3.32 | 19.74 | 14.75 | 59.47 | 1.95 | 0.77 |
| | 旅游收入 | 100.0 | 1.86 | 25.62 | 18.66 | 51.07 | 1.79 | 1.00 |
| 1998 | 接待人次 | 100.0 | 4.00 | 19.22 | 13.90 | 59.58 | 2.50 | 0.81 |
| | 旅游收入 | 100.0 | 2.15 | 27.26 | 16.58 | 50.84 | 2.19 | 0.99 |

资料来源:根据《旅游市场快讯》1995年5月5日第9期2～3页、《旅游市场》1996年9月第5期13页及《旅游调研》1997年第3期第47页、《旅游市场快讯》1998年2月第2期(总第150期)第4页、《旅游市场信息专辑》1999年第2期第6页、《中国旅游报》1999年2月23日第4版公布资料整理。

非洲1998年的国际旅游增长也很快,共接待国际旅游者2 490.3万人次,比1997年净增171.5万人次,增长率为7.4%,增幅在世界6大旅游区中排名第二,是世界平均增幅的5倍多;旅游外汇收入达95.51亿美元,比1997年净增8.41亿美元,增长率为9.66%,增幅在世界6大旅游区中的排名也是第二,比世界平均增长率高10.5个百分点。非洲旅游业异军突起,主要应归功于南部和北部非洲国家。1998年,南部非洲国家以独具特色的国家野生动物公园和旖旎的自然风光取胜,生态旅游快速增长,北非国家则凭借海滩这张王牌,吸引了大批欧洲度假旅游者。其中南非接待的入境旅游者达到598.1万人次,比上一年增长了10%。据报道,世界上仅有7个国家在过去3年中旅游业发展速度保持在10%以上,南非是其中之一。1998年南非旅游外汇收入为532亿兰特,约合8.87亿美元,占该国当年国内生产总值的8.2%。目前南非从事旅游服务业的人员已达73.8万人,占全国就业人口的7%。过去3年中,旅游业为南非创造了18.7万个就业机会。当前限制南非旅游业发展的主要问题是投资不足和犯罪率高,政府已为此开始采取措施。突尼斯继续保持非洲名列前茅的旅游大国地位,1998年共接待国际旅游者470万人次,比

1997年增长10.3%。北非的另一个旅游强国摩洛哥也保持了良好的势头，1998年接待的国际旅游者为324.1万人次，比1997年增长了5.5%。此外，赞比亚接待的国际旅游者增长了12%，津巴布韦接待的国际旅游者增长了7.8%，马达加斯加接待的国际旅游者增长了32%，均大大高于世界平均增长率。非洲旅游业发展迅速，主要是因为越来越多的非洲国家认识到旅游在国民经济中的重要地位，相继调整了旅游政策，采取了鼓励发展旅游的措施。

中东地区1998年的国际旅游增长速度也大大高于世界平均数，国际旅游者总数达1 562.2万人次，比1997年净增67.5万人次，增长率为4.52%，增幅在世界6大旅游区中名列第三，为世界平均增长速度的3倍；该地区的旅游外汇收入增长速度更为突出，1998年的旅游外汇收入总额达到97.22亿美元，比1997年净增11.73亿美元，增长率高达13.72%，在世界6大旅游区中名列榜首，比世界平均增长率高14.5个百分点。埃及旅游业在经历了几年的萧条之后，1998年终于走出阴影，共接待国际旅游者376.6万人次，比1997年增长3%。除了埃及之外，约旦、黎巴嫩和巴林的国际旅游发展也取得了良好的成绩，所接待的国际旅游者人次分别增长了12%、18%和4%。

1998年欧洲地区的国际旅游发展形势也很不错，国际旅游者人数达3.72523亿人次，比1997年净增960.6万人次，增长幅度为2.64%，在世界6大旅游区中的排名虽然不如南亚、非洲和中东地区，但却好于东亚太和美洲地区；这一年，欧洲的旅游外汇收入几乎没什么增长，收入总额为2261.04亿美元，仅比1997年净增5.74亿美元，增长率只有0.3%，但却是多年来首次超过世界平均水平。法国举办世界杯足球赛和葡萄牙举办里斯本世界博览会对1998年欧洲旅游增长起到了积极的作用。

据法国旅游局公布的1998年初步旅游统计数字，1998年法国的旅游业不仅继续居接待人数的冠军宝座，而且旅游外汇收入也迈上了一个新台阶，由1997年的第三位上升到第二位。1998年法国共接待国际旅游者7 000万人次，比1997年净增320万人次，增长率为4.79%；旅游外汇收入为297亿美元，比1997年净增17.53亿美元，增长率为6.27%。1998年法国成功地举办'98世界杯足球赛，是其旅游业当年大获收益的最重要原因之一，而且其影响不仅停留于当年的旅游经济收益上，更为重要的是，这次世界杯足球赛实际上成了法国一次在全球范围内持续一个多月的旅游促销，其影响将会在今后法国若干年的旅游产品销售市场上表现出来。法国的巴黎埃菲尔铁塔一直是全球最受欢迎的景点，来巴黎游览的人很少有不登塔俯瞰巴黎美景的。该塔每年登塔人数以百万计，接待量位居美国纽约的帝国大厦和日本的东京塔之前。1998年年底，埃菲尔铁塔曾因员工罢工而关闭5天，但全年仍有600万人次的游客登塔观景，远超出该国的卢浮宫(300万人次)和凡尔塞宫(230万人次)的接待人数，再次创造旅游景点年接待游客最新记录。

近年来，旅游业一直是英国增长最快的行业。然而，由于英镑坚挺和东欧以及亚洲国家的经济困境，英国旅游业在1998年受到一定冲击，使得过去几年来持续增长的国际旅游者接待人数开始出现下降。1997年曾有2 600万国际旅游者到英国旅游，但是1998年1～9月份，该国接待的国际旅游者数字已经出现轻微下降。据英国旅游局原先估计，1998年全年英国国际旅游者接待人数增长率只能达到1～4%，不过由于英镑持续增值，国际旅游者在英国的花费有望增长4～7%。实际上，1998年该国接待的国际旅游者总共只有2 547.5万人次，比1997年下降了2.2%，旅游外汇收入为212.95亿美元，比1997年增长7.14%。

作为法国和葡萄牙的邻国，西班牙的国际旅游业从'98世界杯足球赛和里斯本世博会大得其利，加上英镑对西班牙比塞塔坚挺促使英国游客增加，使得西班牙1998年的国际旅游接待人数和旅游外汇收入再获双丰收。这一年，西班牙共接待外国旅游者7 000万人次，其中4 774.3万人次为过夜旅游者，再次创下历史新记录，比1997年增长10%，增长率是全球国际旅游接待人数平均增长率的7倍多，大大超过原来预计增长6%的目标；全年旅游外汇收入达295.85亿美元，比1997年增长5.1%。西班牙旅游业在1998年取得长足发展的最主要原因是西班牙实现了去年初提出的提高服务质量、增加旅游品种的战略目标，并采取了各种有效的措施。这些措施赢得了大量的回头客。据有关统计数字，在1998年西班牙接待的7 000万外国旅游者中，83%以上是回头客，其中有52%的外国旅游者访问西班牙在4次以上，15.2%的人来过3次，15%的人来过2次，第一次来西班牙的旅游人数只占总数的17.4%。

里斯本世博会使1998年成为葡萄牙旅游业的大丰收年，国际旅游者接待量达到1 180万人次，比1997年增长16.83%；旅游外汇收入达到47.72亿美元，比1997年增长11.6%。意大利1998年接待国内外游客所获的旅游收入总共为131万亿里拉(约771亿美元)，占其国民生产总值的6.7%；其中国际旅游者接待量为3 482.9万人次，比1997年增长2.18%，旅游外汇收入304.27亿美元，仅次于美国而居世界第二位，比1997年增长1.42%，这说明该国是外国游客最喜爱的旅游目的地之一。1998年欧洲地区国际旅游接待增长情况较好的国家还有许多，其中希腊接待的国际旅游者人次增长10%，塞浦路斯增长7%，克罗地亚增长9.5%，爱尔兰增长9.3%，丹麦增长15%，奥地利增长4.27%，德国增长4.2%，俄罗斯增长3%，瑞士增长4%，罗马尼亚增长4%。但也有不少欧洲国家出现了负增长，除了英国之外，荷兰接待的国际旅游者下降7.5%，波兰下降了3.78%，捷克下降了3%，匈牙利下降了15%。

1998年东亚太地区受金融危机影响最为严重，所以国际旅游发展也明显下滑，全年共接待国际旅游者8 692.7万人次，比1997年下降1.59%；旅游外汇收入737.39亿美元，比1997年下降10.2%。由于亚洲外汇市场动荡和该地区一些国家政局不稳，1998年赴东亚太地区商务旅行人数大幅度下降，休闲旅游人数急转直下。据报道，1998年乘飞机到该地区的人数从预计的7.7%下降到4.4%。作为本地区第一旅游客源国的日本出现经济衰退，出国旅游人数大幅减少，使该地区许多旅游目的国的国际旅游接待受到冲击，但是由于东亚太地区物价和旅游综合服务价格下降，来自欧洲和北美地区的旅游人数增加，弥补了该地区大部分国家日本游客下降的损失。另据报道，在整个远东地区，饭店的平均价格比1997年低6%，而节假日的打折旅游也便宜了10%到12%。由于东亚太地区1998年区内旅游人数大幅度减少，造成以接待本地区区域旅游者为主的国家国际旅游接待人次下降最多。其中澳大利亚下降7.1%，新西兰下降3.1%，印度尼西亚下降5.5%，日本下降2.8%，香港下降7.7%，新加坡下降14.3%。过去以接待远距离旅游者为主的国家国际旅游接待情况仍然不错，其中泰国接待的国际旅游人次增长最为突出；韩国由于1998年物价低廉成了“购物天堂”，使得其接待的国际旅游者人次和旅游外汇收入均大幅增长；中国的国际旅游接待人次几乎占该地区1/3，并高度依赖本区域内的旅游客源，亚洲金融危机和夏季的洪水泛滥给中国的国际旅游业带来了相当大的影响。然而，具有灿烂文化和5 000多年文明史的中国对于许多外国旅游者产生的极大吸引力是很难被某些暂时现象所动摇的，加上中国政府在亚洲金融危机中采取负责任的态度，保证了中国经济的稳定局面，使得1998年赴中国旅游的远距离旅游者人次明显增加，其中来自美国的旅游者人次增长10%，加上来自欧洲各国的游客普遍增长，特别是英国旅游者增长近7%，法国旅游者增长5.5%，西班牙旅游者增长18%，所以1998年全年中国接待的过夜国际旅游者数量仍高达2 400万人次，比1997年增长了0.97%；旅游外汇收入达125亿美元，比1997年增长3.53%。

相比之下，东南亚地区旅游业遭受亚洲金融风暴冲击非常严重。据世界旅游理事会估计，1998年东南亚国际旅游收入为700亿美元，比原计划的770亿美元少70亿美元；旅游业创造的就业机会也只达2 000万个，比原先的预计减少了200万个。据原先估计，1998年到访马来西亚的国际旅游者可达1 070万人次，但因为亚洲金融风暴的冲击和国内一连串的街头示威活动等不利因素的影响，1998年马来西亚接待的国际旅游者只有685.6万人次，然而却仍然比1997年增长10.4%，旅游外汇收入也增长了24.6%，总共达到33.69亿美元。1998年泰国共接待国际旅游者772万人次，比1997年增长6.29%，旅游外汇收入为63.92亿美元(其中仅因举办第13届亚运会就净获290万美元)，比1997年减少26.53%。从客源上看，1998年泰国接待的东亚旅游者减少3.25%，而欧洲旅游者却增加23.3%，美国旅游者增加14.67%，大洋洲旅游者增加21.76%，非洲旅游者增加41.85%。泰铢的贬值、曼谷主办的第13届亚运会以及泰国旅游局推出的“神奇泰国旅游年”宣传活动，是泰国国际旅游业在1998年维持发展的主要因素。另外，由于印尼政局不稳，使许多原计划前往印尼巴厘岛度假的游客转而选择泰国南部的苏梅岛和普吉岛，也是原因之一。

据香港旅游协会最新发布的消息，尽管全年入境旅游者人次有所下降,但是香港旅游业1998年度还是以喜人的成绩结尾。1998年12月,共有93.6914万人次的国际旅游者访问香港,比1997年12月增长了11.1%,并且是该地区旅游入境人数自1997年5月份以来的最高点。这使得1998年到港访问的国际旅游者达到了960万人次,仅比1997年减少8.87%,而且1998年7~12月比1997年同期增加了7.5%;旅游外汇收入为71.14亿美元,比1997年减少26.17%。

据报道,1998年中国台湾地区接待的国际旅游者达到237.2万人次,这一数字与1997年的235.8万人次基本持平,增长率只有0.59%,旅游外汇收入也仅为32.31亿美元,比1997年下降5%。1998年,台湾地区旅游业的最大动力来自岛内旅游,这主要由于台湾地区制定了新的工作规定。根据这一规定,人们每月有两个星期六不用工作。另外,亚洲经济危机以来,许多台湾人不愿意出岛旅行,而赴台湾旅游的外国人却没有受到太大的影响。

据统计,1998年日本出国旅游者总数为1 580.6万人次,比上年减少5.9%;同期访问日本的外国人总数是409.9万人次,比上年减少2.8%,旅游外汇收入为41.54亿美元,比1997年减少4%。经济形势动荡,使得韩国1998年出境旅游发展受到影响,出境旅游人次严重下滑,只有1997年的一半,而入境的国际旅游者则达到425万人次,比1997年增长8.8%。但有些客源国的赴韩旅游者人次1998年却大幅度下跌,其中德国旅游者下降幅度达到14%,主要原因是经济危机的影响,德国的商务客人减少较多。1998年韩国的旅游外汇收入为57亿美元,比1997年增长11.4%。

1998年大洋洲的主要旅游接待国的国际旅游接待状况均不够理想。其中澳大利亚接待的国际旅游者为401.2万人次,比1997年减少7.1%,旅游外汇收入为85.75亿美元,比1997年下降3.65%。据新西兰官方统计机构公布的数字,新西兰1998年共接待了148.5万人次的观光旅游者,尽管这一数字较1997年减少1%,但有人认为鉴于亚洲金融危机导致亚洲观光客锐减,新西兰旅游业1998年取得的这一成绩还是相当不错的。此外,新西兰全国人口不足380万,1998年出国观光旅游者却达到116.7万人次,比1997年增加3.5万人次,增长率为3.09%。

美洲地区1998年的国际旅游者接待量为1.0219亿人次,比1997年下降2.1%,增速在世界6大旅游区中排名倒数第一;旅游外汇收入为1 212.25亿美元,只比1997年增长1.7%,在世界6大旅游区中排名倒数第三。美洲国际旅游接待人数下降的最主要原因,是因为国际旅游接待人次占该地区3/4的美国所接待的国际旅游者人数有所下降。由于来自亚洲及邻国墨西哥和加拿大的旅游者减少,美国接待的国际旅游者人次1998年下降3.78%,总数为4 712.7万人次,但仍排名世界第一;旅游外汇收入为742.4亿美元,排名世界第一,但比1997年减少1.09%。据调查,1998年美国各主题公园的游客人数也大幅下降,饭店客房的价格明显上升。由于加元疲软,使得加拿大接待的国际旅游者在1998年增长了6.28%,总数为1 865.9万人次;旅游外汇收入则增长3.49%,总数达到91.33亿美元。墨西哥1998年接待的国际旅游者数量比1997年大幅下降,总共为1 930万人次,下降率达14.98%;但旅游外汇收入情况较好,总数达78.5亿美元,比1997年增长了7.43%。从旅游收入看,南美国家首次超过加勒比国家。其中阿根廷1998年接待的国际旅游者数量为485.9万人次,比1997年增长7%,旅游外汇收入达53.63亿美元,比1997年增长5.8%。巴西1998年接待国际旅游者313.5万人次,比1997年增长10%,旅游外汇收入为27.76亿美元,比1997年增长7%。此外玻利维亚和秘鲁的国际旅游接待人次均增长9%。另据报道,1998年巴西旅游部门的生产总值高达176亿美元,与1997年相比增长了14%以上,这一佳绩和巴西经济总体增长乏力的势态形成鲜明的对比。巴西政府官员和经济界人士一致认为,旅游业的蓬勃发展,将成为巴西增加就业机会、摆脱经济衰退的有力保障。中美洲国家1998年接待的国际旅游者人次增长更快,其中萨尔瓦多增长37%,巴拿马增长9.2%,洪都拉斯增长18%。这一年加勒比地区接待的国际旅游者数量只增长1.7%,同上述国家形成了明显反差。

1998年世界各国在国际旅游发展上的名次又有新变化。在旅游者接待人数上,匈牙利由于国际旅游者接待人次大幅下跌而被挤出前10名,奥地利则由1997年的第12名上升为第10名;在旅游收入上,中国香港特别行政区由于旅游外汇收入下降23%而从1997年的第9名下滑到第15名,加拿大和澳大利亚则由1997年的第13名和第12名上升为第9名和第10名。可见1998年发展中国家和地区的国际旅游业发展情况不如1997年。

**表3 1998年全球国际旅游接待人数最多的前10个旅游目的地排名**

| 排名 | | 目的地 | 接待人次(万) | | 97/98增长率(%) | 占全球总数份额(%) | |
|---|---|---|---|---|---|---|---|
| 1997 | 1998 | | 1997 | 1998 | | 1997 | 1998 |
| 1 | 1 | 法国 | 6 680.0 | 7 000.0 | 4.79 | 10.83 | 11.2 |
| 3 | 2 | 西班牙 | 4 340.3 | 4 774.3 | 10.00 | 7.04 | 7.6 |
| 2 | 3 | 美国 | 4 897.7 | 4 712.7 | -3.78 | 7.94 | 7.5 |
| 4 | 4 | 意大利 | 3 408.7 | 3 482.9 | 2.18 | 5.53 | 5.6 |
| 5 | 5 | 英国 | 2 605.2 | 2 547.5 | -0.22 | 4.22 | 4.1 |
| 6 | 6 | 中国 | 2 377.0 | 2 400.0 | 0.97 | 3.85 | 3.8 |
| 7 | 7 | 墨西哥 | 2 270.0 | 1 930.0 | -14.98 | 3.68 | 3.1 |
| 8 | 8 | 波兰 | 1 956.0 | 1 882.0 | -3.78 | 3.17 | 3.0 |
| 10 | 9 | 加拿大 | 1 755.6 | 1 865.9 | 6.28 | 2.85 | 3.0 |
| 12 | 10 | 奥地利 | 1 657.5 | 1 728.2 | 4.27 | 2.69 | 2.8 |

资料来源:根据《旅游市场快讯》1998年2月第2期(总第150期)第1~2页、《旅游市场信息专辑》1999年第2期第3~4页公布数字整理。

**表4 1998年全球国际旅游收入最多的前10个旅游目的地排名**

| 排名 | | 目的地 | 国际旅游收入(亿美元) | | 97/98增长率(%) | 占全球总数份额(%) | |
|---|---|---|---|---|---|---|---|
| 1997 | 1998 | | 1997 | 1998 | | 1997 | 1998 |
| 1 | 1 | 美国 | 750.56 | 742.40 | -1.1 | 16.74 | 16.7 |
| 2 | 2 | 意大利 | 300.00 | 304.27 | 1.4 | 6.69 | 6.8 |
| 4 | 3 | 法国 | 279.47 | 297.00 | 6.3 | 6.23 | 6.7 |
| 3 | 4 | 西班牙 | 281.47 | 295.85 | 5.1 | 6.28 | 6.7 |
| 5 | 5 | 英国 | 198.75 | 212.95 | 7.1 | 4.43 | 4.8 |
| 6 | 6 | 德国 | 189.89 | 168.40 | 11.3 | 4.24 | 3.8 |
| 8 | 7 | 中国 | 120.74 | 125.00 | 3.5 | 2.69 | 2.8 |
| 7 | 8 | 奥地利 | 123.93 | 121.64 | -1.8 | 2.76 | 2.7 |
| 13 | 9 | 加拿大 | 88.25 | 91.33 | 3.5 | 1.97 | 2.1 |
| 12 | 10 | 澳大利亚 | 89.00 | 85.75 | -3.7 | 1.99 | 1.9 |

资料来源:根据《旅游市场快讯》1998年2月第2期(总第150期)第3~4页、《旅游市场信息专辑》1999年第2期第5页公布数字整理。

# 世界部分国家与地区旅游业发展概况

南开大学旅游学系　姚延波
北京中信国安宾馆　顾叶秋

据世界旅游组织有关资料显示，受亚洲金融危机的影响，1997年世界旅游业发展缓慢。全世界旅游入境过夜总人数6.16亿人次，比上年增长3.8%，低于上年的增长率（1996年比1995年增长5.5%）；1997年世界旅游外汇收入4 483亿美元，比上年增长3%，大大低于上年的增长率（1996年比1995年增长7.8%）。1997年，东亚太地区是旅游增长最慢的地区，入境人数仅增长1%，外汇收入仅增长1.1%，远低于世界平均水平。而非洲和加勒比地区则成为旅游发展最快的地区。1998年世界旅游入境过夜旅游者人数达6.25亿人次，比1997年增长2.4%；旅游外汇收入4 447亿美元，比1997年增长-0.8%。非洲是1998年世界旅游增长最快的地区，中东的旅游增长速度也大大高于世界旅游平均增长速度，南亚与欧洲旅游也有不同程度增长。而东亚太地区和美洲的旅游则有不同程度的下降，尤其是东亚太地区区内旅游人数大幅度下降。

就单个国家与地区来说，与1996年相比，1997年和1998年世界入境过夜旅游者最多的20个国家与地区在排序上无大的变动，法国、美国、西班牙、意大利和英国仍位居前5名，中国位居第六（见表1）。1997年世界国际旅游外汇收入最多的20个国家与地区，与1996年相比，前10名的排序无大的变化，美国、意大利、西班牙、法国与英国仍位居前5名，中国位居第八。但在11名至20名的排序上则有较大的变动，尤其是波兰、加拿大和土耳其等国变化较大（见表2）。1998年，美国、意大利、法国、西班牙和英国国际旅游外汇收入再次荣居前5名，中国排名第七，上升了一个位次，而中国香港特别行政区则由1997年的第9位下降为第15位。此外，加拿大、土耳其、瑞士、泰国以及韩国等国，在次位上也有不同程度的变动（见表2）。上述国家与地区对世界旅游业的发展起着举足轻重的作用，1997年和1998年，表1和表2中的国家与地区的旅游入境人数和国际旅游收入分别占世界入境总人数和世界国际旅游总收入的70%以上。

需要指出的是：任何国家与地区旅游业的发展，都要受到国际环境和地区环境的影响，并与其经济发展状况有着密切的联系。上述20多个国家与地区旅游业的发展就充分说明了这一点。本文从中选择了5个国家并对其旅游业的发展作了分析与研究，以图部分地反映世界旅游业发展状况。

## 加拿大

加拿大是世界第二大国，也是世界第七大经济强国。加国幅员辽阔，从北至南3000英里，大多数人口居住在距美国150英里的东西带状区域上。

加拿大的旅游业多年以来一直位居世界前列。从表1中可以看出，加拿大的国际旅游入境人数自1990年起就位于世界第10位左右，1997年旅游入境人数为1 755.6万人次，比1996年增加了1.57%，占世界份额的2.85%，仍位居第10位。1998年旅游入境人数达1 865.9万人次，比1997年增长7.9%，占世界份额的3%，上升为世界第9位。从表2中可以看出，加拿大的旅游外汇收入在世界各国中的排序却不断下降，从1990年的第9位下降到1995年的第12位和1996年的第11位，1997年加拿大的旅游外汇收入为88.25亿美元，比1996年下降0.48%，位居世界第13位，1998年，其旅游外汇收入直线上升，达91.33亿美元，比1997年增长4.1%，占世界份额的2.1%，跃居世界第9位。

在加拿大的入境旅游者中,美国旅游者占了绝大多数,约为77%,其他旅游者大多来自日本、英国、法国和德国。加拿大的出境旅游较为发达,居民的国际旅游花费一直居世界前列,以1995年为例,其居民人均出国花费达120美元,居世界第7位。因此,降低旅游赤字一直是加拿大政府关心的大事。加拿大人出国旅游的首选目的地是美国,每个加拿大游客在美国停留的时间平均为10.2夜,其他目的地分别为英国、墨西哥、法国、德国、意大利和亚洲。其中到法国、英国去的多为度假或探亲访友,到日本和香港的多为商务。

加拿大的旅游业与其经济发展及旅游政策有着密切联系。1997年是加拿大建国130周年,也是经济获得长足发展的1年。1997年,魁北克分离主义分子的威胁在逐渐减弱,经济开始从货币与财政政策中获益,出口贸易自1989年美加自由贸易协定生效起开始起飞,两国之间的贸易总额居世界第一。但是1997年第四季度以来,受国际金融波动的影响,出现了加元贬值,使加拿大的旅游业受到一定程度的影响。加元的贬值使加拿大的出境旅游人数减少,再加上1997年加拿大失业率一直在9%左右,尤其是年轻人的失业率较高,使其出境旅游受到很大影响,这种影响突出地表现在加拿大赴美国的旅游者身上。多年以来,加国赴美旅游人数与加元对美元的汇率间有密切关系。加元升值时,赴美旅游人数增加,加元贬值时,赴美旅游人数减少,这个规律对其他旅游目的地也同样适用。1997年底,加元对美元的比率以跌破1:0.7,为10年来的最低点,使加拿大赴美旅游者受到影响。1998年,加元对美元的汇率仍一路下跌,尽管联邦政府在年初一度干预,中央银行也曾大量抛售美元支持加元汇率,但1998年末的几个月,加元对美元的比率仍在1:0.65左右。

**表1 1997年和1998年前20名国家与地区旅游入境人数及排序**

| 国家和地区 | 国际旅游者人数(千人) | | 与上年比(%) | | 排序 | | | | |
|---|---|---|---|---|---|---|---|---|---|
| | 1997 | 1998 | 97/96 | 98/97 | 1990 | 1995 | 1996 | 1997 | 1998 |
| 法国 | 66 800 | 70 000 | 7.04 | 4.7 | 1 | 1 | 1 | 1 | 1 |
| 美国 | 48 977 | 47 127 | 5.72 | −1.3 | 2 | 2 | 2 | 2 | 3 |
| 西班牙 | 43 403 | 47 743 | 7.06 | 10.0 | 3 | 3 | 3 | 3 | 2 |
| 意大利 | 34 087 | 34 829 | 3.76 | 2.2 | 4 | 4 | 4 | 4 | 4 |
| 英国 | 26 052 | 25 475 | 3.00 | −0.2 | 7 | 5 | 5 | 5 | 5 |
| 中国 | 23 770 | 24 000 | 4.41 | 1.0 | 12 | 8 | 6 | 6 | 6 |
| 墨西哥 | 22 700 | 19 300 | 6.05 | −0.3 | 8 | 7 | 7 | 7 | 7 |
| 波兰 | 19 560 | 18 820 | 0.77 | −3.6 | 27 | 9 | 9 | 8 | 8 |
| 匈牙利 | 19 478 | 14 660 | −5.79 | −15 | 5 | 6 | 8 | 9 | 14 |
| 加拿大 | 17 556 | 18 659 | 1.57 | 7.9 | 10 | 11 | 10 | 10 | 9 |
| 捷克共和国 | 17 400 | 16 325 | 2.35 | −3.0 | 16 | 12 | 12 | 11 | 12 |
| 奥地利 | 16 575 | 17 282 | −3.01 | 3.8 | 6 | 10 | 11 | 12 | 10 |
| 德国 | 15 828 | 16 504 | 4.10 | 4.2 | 9 | 13 | 13 | 13 | 11 |
| 俄罗斯 | 15 000 | 15 810 | 2.83 | 3.0 | … | 18 | 14 | 14 | 13 |
| 瑞士 | 11 077 | 11 025 | 4.50 | 4.0 | 11 | 14 | 16 | 15 | 17 |
| 中国香港 | 10 534 | 9 600 | −9.99 | −7.7 | 19 | 15 | 15 | 16 | 18 |
| 希腊 | 10 126 | 11 017 | 9.67 | 10.0 | 13 | 16 | 18 | 17 | 16 |
| 葡萄牙 | 10 100 | 11 800 | 3.80 | 16.0 | 14 | 17 | 17 | 18 | 15 |
| 土耳其 | 9 040 | 9 200 | 13.48 | 1.8 | 24 | 20 | 19 | 19 | 19 |
| 泰国 | 7 263 | 7 720 | 0.99 | 6.9 | 21 | 21 | 20 | 20 | 20 |

注:…表示缺少数据。

资料来源:根据世界旅游组织有关资料整理。

**表 2 1997 年和 1998 年前 20 名国家与地区旅游外汇收入及排序**

| 国家和地区 | 国际旅游收入（百万美元） | | 与上年比（%） | | 排 序 | | | | |
|---|---|---|---|---|---|---|---|---|---|
| | 1997 | 1998 | 97/96 | 98/97 | 1990 | 1995 | 1996 | 1997 | 1998 |
| 美国 | 75 056 | 74 240 | 7.36 | 1.3 | 1 | 1 | 1 | 1 | 1 |
| 意大利 | 30 000 | 30 427 | −0.06 | 2.4 | 3 | 2 | 2 | 2 | 2 |
| 西班牙 | 28 147 | 29 585 | 2.67 | 11.0 | 4 | 4 | 4 | 3 | 4 |
| 法国 | 27 947 | 29 700 | −1.45 | 6.0 | 2 | 3 | 3 | 4 | 3 |
| 英国 | 19 875 | 21 295 | 3.00 | 6.3 | 5 | 5 | 5 | 5 | 5 |
| 德国 | 18 989 | 16 840 | 8.09 | 2.0 | 6 | 6 | 6 | 6 | 6 |
| 奥地利 | 12 393 | 12 164 | −11.42 | −1.8 | 7 | 7 | 7 | 7 | 8 |
| 中国 | 12 074 | 12 500 | 18.37 | 3.5 | 25 | 10 | 9 | 8 | 7 |
| 中国香港 | 9 635 | 7 114 | −11.08 | −23.0 | 11 | 8 | 8 | 9 | 15 |
| 瑞士 | 9 015 | 8 208 | 1.39 | 3.9 | 8 | 9 | 10 | 10 | 13 |
| 波兰 | 9 000 | 8 400 | 7.14 | −3.2 | 65 | 15 | 14 | 11 | 11 |
| 澳大利亚 | 8 900 | 8 575 | 2.26 | −5.0 | 14 | 14 | 12 | 12 | 10 |
| 加拿大 | 8 825 | 9 133 | −0.48 | 4.1 | 9 | 12 | 11 | 13 | 9 |
| 泰国 | 8 700 | 6 392 | 0.42 | −9.3 | 13 | 13 | 13 | 14 | 18 |
| 新加坡 | 7 950 | 6 501 | 0.43 | −5.0 | 12 | 11 | 15 | 15 | 17 |
| 俄罗斯 | 7 318 | 7 107 | 6.44 | 3.0 | … | 23 | 17 | 16 | 16 |
| 墨西哥 | 7 307 | 7 850 | 5.38 | 3.4 | 10 | 16 | 16 | 17 | 14 |
| 土耳其 | 7 000 | 8 300 | 17.41 | 2.6 | 21 | 21 | 20 | 18 | 12 |
| 荷兰 | 6 597 | 5 749 | 5.45 | −7.6 | 16 | 17 | 18 | 19 | 19 |
| 比利时 | 5 997 | 5 375 | 1.76 | 1.9 | 15 | 18 | 21 | 20 | 21 |

注：1998 年韩国的旅游外汇收入位居世界第 20 位。

资料来源：根据世界旅游组织有关资料整理。

在旅游政策方面，加拿大政府一直致力于减少旅游赤字及招揽国际游客。1995 年，联邦政府撤消原加拿大旅游局，成立加拿大旅游委员会。这个由 26 个成员组成的委员会，代表了联邦政府、各省政府和私人企业的利益。旅委会成立后，大力招徕海外游客，降低旅游赤字，成立的当年就使旅游赤字降低为 35 亿加元，比上年降低了 16%，1996 年旅游赤字减少为 30 亿加元。为了扩大海外市场，旅委会 1995 年的海外促销预算就达到4 000万加元，1996 年则高达 1.3 亿加元。

美国是加拿大的第一大海外市场，为了使更多的美国人到加拿大旅游，加拿大政府采取了两大措施：一项措施是引入赌博业（Casino）。1994 年，与底特律隔河相望的温索尔已率先引入了第一家赌场，其他赌场将被开设在美加边界附近，既方便美国游客光顾，又是对加拿大边境商店流失的加元的补充；第二项措施是与美国签定了开放领空的航空协议（Open－skies aviation pact）。这是一项美加两国互惠的航空协议，随着两国之间贸易往来和旅游往来的不断深入，两国政府于 1995 年 2 月签定了此项协议，允许两国的航空公司选择任何航线来提供航空服务（包括固定航班和包机服务）。这项协议的意义在于，它通过市场需求来决定两国之间的航空目的地和运载力问题，而不是通过政府指令来决定。协议生效的当年，两国之间的航空业务就增长了 15%，极大地促进了两国的旅游业。

## 德　国

德国 1997 年面临着严重的经济困难，1997 年前期的失业率已达到 12.2%，为二战以来的最高记录，东部地区则高达 18.3%。此外，德国统一后实施“复兴计划”，投入了数千亿马克对东部地区进行全面改造，加之准备迁都和维持高福利社会体制，使德国政府承担着巨大的压力。统一后的德国在欧共体中成为继法国和西班牙之后的第三大国,人口在欧共体中居第一位,达8 100万人,这使得德国政府每年需投入1 000亿美元,用于东部的失业救济等公共事业方面,成为政府的一大负担。1998年德国经济有所好转,通货膨胀率由1997年的1.8%下降为1998年的1.1%,经济增长率上升为3%,是"两德"统一以来经济增长率最高的一年。

近年来德国经济发展缓慢,1995年经济增长率为1.9%,1996年为1.4%。1997年有所增长,约为2.5%,这主要得益于德国出口贸易的增长。1997年德国出口贸易增长了11.6%,总金额达16 400亿马克,贸易顺差1 300亿马克,东南亚金融危机没有对德国外贸经济产生什么影响,但潜在的风险仍然存在。

德国政府非常重视旅游业的发展,旅游业已成为其国民经济的支柱产业。年营业收入2 000多亿马克,占国民收入的6%,仅次于汽车工业、机器制造业和食品工业之后。从业人员240多万,占全国劳动人口的7%,超过了汽车和机器制造业的从业人口。由于政府对旅游业的重视,德国居民的旅游意识非常强,旅游已成为德国居民不可缺少的消费。德国居民的带薪假期之多在世界上是名列前茅的,工薪阶层每年享有6周的带薪假期,同时还享有相当于工资额50%的旅游补贴。德国居民出境旅游的人均消费比任何国家居民的此项消费都要高,在外出度假的德国居民中有70%是出境度假,只有30%在境内度假。1994年,美国人均海外旅游消费165美元,英国为310美元,而德国为515美元。出境度假的有87%在欧洲范围内,主要目的地依次为西班牙、意大利、奥地利、法国、希腊、土耳其、荷兰、瑞士等,有13%赴欧洲以外的远程目的地,且远程旅游成为一种趋势。据德国《远程旅游杂志》调查,1996年德国远程旅游达613万人次,比1995年增加了6.8%,1997年比1996年又增加了2.4%。该杂志还列出了59个受德国人欢迎的远程目的地,前10名分别为美国、加拿大、多米尼加、泰国、香港、南非、新加坡、墨西哥、中国和印尼。德国的出境旅游拥有极大的发展潜力,据英国旅游情报所发表的"到2010年世界旅游发展展望"的研究报告预测,到2010年,德国将成为世界最大的客源市场,当年将有1.22亿人次出国旅游,占全球总出国游客量的12.7%。

德国入境旅游自1990年以来衰而复兴。1990年两德统一的盛举吸引了大量游客,入境人数达1 704万人次,创下历史最高记录,之后每况愈下。1995年下降为1 480万人次,5年共下降13%。自1995年起缓慢回升,1996年入境人数达1 520万人次,比1995年增加1.4%,1997年和1998年分别达1 582万和1 650万人次,但仍未超过1990年的最高记录。入境人数的缓慢回升,与申根协议带来的便利条件和马克贬值有密切关系。同时,为了吸引国际游客,也为了发展国内旅游,德国政府一方面加强旅游促销,另一方面加强旅游基础设施的建设。1996年,德国政府在东德的来比锡建立起一个耗资9.02亿美元的综合贸易娱乐中心,该设施集展览厅、会议中心、体育和娱乐场所于一身,对商务客人有极大的吸引力。由于德出境旅游发达,居民出境旅游的花费大于入境旅游的收入,使德国旅游业连续40年出现旅游赤字。仅从1990年至今,旅游赤字就增加了73%。为此,德国政府作出种种努力来发展国内旅游业,以使更多的德国人在德国境内度假。在1997年召开的全国旅游会议和旅游行业协会会议上,提出振兴国内旅游的方针。德国联邦经济部长亲自出面呼吁,必须加强国内旅游业,因为它是服务行业中最重要的部门之一。并指出,德国必须打破条块分割的组织结构才能有利于国内旅游的发展。

## 澳大利亚

澳大利亚是一个国土辽阔的大国,人口稀少,资源丰富。据世界银行的一项调查表明,按照人均拥有的财产如土地、水域、矿产、黄金等计算,澳大利亚是世界上最富有的国家。按其拥有的人力资源及其创造的财富计算,结论也是如此。澳国的经济规模与荷兰相当,其重要财富是土地和矿产。它是世界上最大的羊毛出口国,也是最大的铝土和煤的出口国之一。锌和黄金的产量分别居世界第二和第三。

经过3年的经济衰退,澳大利亚从1993年起经济开始复苏。1993年经济增长率为2.7%,1994年为2.8%,1995年则达到3%,通货膨胀率为4.6%。1996～1997年度,澳大利亚国内生产总值为4 446.4亿澳元,比上年增长2.5%,处于低速增长的势头。1996年,澳大利亚劳动党在执政13年之后,被联盟党取代。1997年是联盟党执政的第二年,政府在控制赤字、利率和通货膨胀率方面做了很多努力,但事实上,澳大利亚的经济增长率离政府年初所期望的还相差一段距离,特别是下半年比上半年的增长速度慢得多,经济增长指数从年初的4%降到年末的3.5%。澳大利亚政府的一大困扰就是失业率居高不下,政府虽在就业问题上对公众许诺要有大的改善,但失业率还是从1995年和1996年的8%上升到1997年的8.7%。1997年末,受东南亚金融危机的影响,澳元开始贬值,从年初澳元兑美元1:0.8的历史最高记录,跌到年末的1:0.65。1998年澳大利亚联盟党蝉联执政,雄心勃勃地宣称将继续发展经济,要将澳大利亚建成"亚洲金融中心",并随时地灵活地调整政策,使澳在世界经济动荡的形势中,相对稳定地发展本国经济。

澳大利亚政府早已意识到旅游业在国民经济中的重要性,希望通过发展旅游业拓宽经济发展渠道,加强出口贸易的发展,并希望旅游业为其带来就业机会,降低失业率。1995年至1996年度,澳国政府用于海外旅游促销的财政支出就达8 000万澳元,私人企业又投入了3 500万澳元。目前旅游业在澳国经济中已占有重要地位,1997年国际旅游收入89亿美元,居世界第12位,占澳大利亚外汇收入的13.5;1998年其国际旅游收入为85.75亿美元,比上年降低了5%,但在世界排名却上升为第10。旅游业也带给澳国大量就业机会,旅游从业人员占劳动就业人口的6%。澳大利亚是世界上人均出国率最高的国家,共有1 800万,平均每65人中就有一人出国旅行。澳大利亚居民出国旅游的10大目的地为新西兰、美国、英国、印尼、香港、新加坡、马来西亚、泰国、斐济和中国。1998年澳大利亚旅游出境人数为313.8万人次,赴以上10个目的地的人数为111.81万。近年来越来越多的澳大利亚旅游者到中国旅游,这主要得益于中澳间航班频率的增加和国际机票价格的优惠条件。1997年,中澳间已有5家航空公司提供直航服务,仅澳大利亚航空公司从1997年8月起,就额外增加两次中澳间的航班,成为开通两地间直航班机最多的航空公司。此外,由于中国国内政局稳定,旅游设施和服务不断加强,以及对澳促销投入的加大,使得澳国旅行商也增强了销售旅华产品的积极性。1998年,在全澳有最大销售网点的"龙头"旅行商"快达假期"首次推出了12页的中国旅游专册,在澳国全面推广。

从1985年至1993年,由于澳国政府投入大量资金用于海外旅游促销,8年间入境旅游者从110万人次增加到280万人次,年增长率为12.4%。其中日本游客增长率最高,达25.7%,英国游客增长率为9%,美国为4.5%,德国为14%。日本一直是澳大利亚最大的客源国,但最近4年来,日本游客占入澳游客总数的比例开始下降,1994年为21.5%,1995年为21%,1996年为19.5%,1997年则为18.4%。为了挽救这种日益下降的局面,新上任的澳大利亚体育和旅游部部长安得鲁·汤姆森(Andrew Thomson)宣布了一项吸引日本游客的电视广告宣传计划,并责成澳旅委会(ATC)具体实施这项耗资1 300万澳元的市场推广计划。

澳大利亚的旅游业预计在本世纪末将会达到一个新的高峰,因为2000年的奥运会将在悉尼举行。目前一座新的奥林匹克馆正在悉尼建成,此次体育盛会将在1995~2004年10年间,为澳国的经济注入58亿美元的收入,并创造15万多个就业机会。

## 新加坡

新加坡是一个城市国家,人口310万,人均收入属世界高水平行列,其经济发展之迅猛令世人瞩目。新加坡的面积还不及纽约大,人口是纽约的三分之一,但其通货膨胀率低、货币坚挺、无外债、有财政剩余,失业率只有1.4%,还拥有强有力的出口市场。政府外汇储备达600亿美元,按人均额计算,居世界第一位。

新加坡的经济发展迅猛,1993年经济增长率为9.9%,1994年10%,1995年8.8%,1996年经济增长速度有所下降,仅为6.5%。1997年,东南亚各国由于区域爆发的金融危机,经济均遭到不同程度的影响。新加坡尽管及时采取了措施,但新加坡元还是下跌了14%,是5年来的最低点。股市指数也下滑了23%,房地产业也出现了不景气的局面。但由于新加坡是一个工业多元化国家,因此对区域金融危机有一定的抵挡力,1997年经济持续增长,增长率为7.6%,比实际预测的6.5%高出1个百分点,与世界经济平均增长速度相比,属较高行列。

世界各国的旅游者之所以被吸引到这个距赤道

仅85英里的现代化繁荣国家,基于以下几个主要原因:一是加坡拥有世界顶尖的酒店;二是极少有犯罪和毒品问题;三是新加坡是一个购物天堂,并以可以讨价还价的价格著称。此外,那些提供美食的餐馆、美丽的热带花园、以及多次被旅游杂志评为世界最佳的 Changi 机场,都对各国游客形成巨大的吸引力。

新加坡政府力图把这个花园之国建成亚洲的艺术中心,因此大力发展"文化旅游",目前已投资7亿多美元建造各种艺术设施。1996年新加坡艺术博物馆已建成,另3座类似博物馆也在建造中。另外,1座耗资4.73亿的集影剧院、演播室和音乐厅于一体的综合艺术中心将于2001年建成并投入使用。

由于新加坡政府在旅游方面所做的努力和新加坡自身的旅游吸引力,使新加坡这个小小的城市之国成为旅游强国,其国际旅游收入多年来列入世界20强国(见表2),年接待入境人数远远多于本国人口。1995年是新加坡国际旅游发展的鼎盛之年,入境人数达730万人次(不包括由公路入境的马来西亚游客),比上年增加3.5%。国际旅游收入位于世界第11位,酒店平均住宿率达84%。1996年新加坡国际旅游入境人数比1995年增加了2.2%,低于政府预期的3%至5%的增长率。1997年,由于区域内金融危机和印尼森林大火烟雾的不利影响,使新加坡的国际入境旅游受到影响,全年入境人数720万人次,比1996年的729万人次下降了1.3%。仅1997年10月,来新加坡观光的游客就比去年同期下降18.6%,印尼森林大火使许多航班取消,使许多国际旅游者取消了来新度假的计划。尤其是来自马来西亚、印尼和泰国的游客明显减少,其中马来西亚游客减少9.5%,印尼游客减少7.7%,而泰国游客则减少了48%。1997年新加坡国际旅游收入79.5亿美元,仅比1996年的79.16亿美元增加0.43%,仍名列世界第15位。正如新加坡旅游局总裁杨启龙预计的那样,1998年是新加坡旅游业最艰难的一年,金融危机持续影响访新的东南亚游客人数及亚洲其他游客,1998年新加坡入境游客数量仅为560万人次,比1997年减少14.3%,位居世界第26名;而国际旅游收入为65.01亿美元,比1997年降低5%,退居世界第17位。

为此,新加坡旅游局调整有关促销策略,重点展开对中国、韩国、印度和台湾地区的促销,并将加强欧洲、北美及大洋洲的促销活动,实行把东盟作为一个旅游点的促销策略。新加坡政府还加强改善航空服务质量,要求机场提供高效优质的服务,海关和整个机场要分别在8分钟和25分钟内出清90%的旅客;在耗资150万美元的"微笑新加坡"活动中,机场移民入境办事处的官员人手一面小镜子,用来矫正面部表情;新加坡也是亚洲第一个与美国签订开放领空协议的国家,协议规定,两国航空公司可以自由选择航线与航班的次数在两国间自由飞行。

## 波兰

波兰位于德国和原苏联之间,人口3 900万。近3年来,波兰的经济持续而稳定地发展,以平均每年6～7%的速度增长。波兰在由计划经济向市场经济快速转型的过程中,经历了种种阵痛,突出表现是物价飞涨,通货膨胀率高达500%。为了减轻这种阵痛,波兰政府引入了失业救济制度。至1995年通货膨胀率已减至25%,经济开始进入一个良性循环状态,市场日渐繁荣。自1990年以来,已有250万个经济实体新建起来,金融、旅游、闲暇及保健等服务性行业,使波兰的就业机会有了爆炸性的增长。随着私人经济已占全部经济的60%,一个富有的企业家阶层已形成。同时更多的波兰人开始有足够的能力进行海外旅行、购买名贵的汽车或到昂贵的餐馆用餐。还有一部分人利用免除签证的有利条件,来往于西欧与波兰间经营小规模的贸易。

波兰政府认为旅游业是能快速带来外汇收入的重要手段,因此予以大力开发。自1990年以来,波兰旅游业发展迅猛。1990年,波兰接待旅游入境游客仅340万人次,国际旅游收入30.58亿美元,分别位于世界第27位和第65位。1996年,波兰旅游入境人数猛增到1 941万人次,国际旅游收入84亿美元,分别名列世界第9名和第14名。1997年波兰旅游业再创佳绩,旅游入境人数达1 956人次,比上年增加0.77%,国际旅游收入达90亿美元,比上年增加7.14%,名次分别提高到第8位和第11位。1998年波兰的旅游入境人数和旅游外汇收入仍分别居世界第8位和第11位,但旅游入境人数比上年减少3.6%,为1 882万人次,旅游外汇收入比上年减少3.2%,为84亿美元。上述官方统计数字,尚未包括访波的一日游游客。事实上,这些游客的数量远远超过过夜游客的数量。以

1995年为例，访波的过夜游客为1 920万人次，但如果包括当日往返的游客，则入境人数达到8 200万人次。其中，4 700万来自统一后的德国，1 900万来自原捷克斯洛伐克，980万来自原苏联，另外20多万来自美国。大部分来自东欧的游客是来此进行贸易活动，以换取较为坚挺的波兰货币兹罗提。为了有足够的能力接待外国游客，自1989年以来，波兰已新建了23家四星级和五星级酒店，增加了约7 000间客房，房价在230～300美元之间。但如果入境旅游者人数持续增长，大量需要的将是价格较为便宜的三星级酒店。

随着波兰人生活水平的提高，波兰的出境旅游业也蓬勃发展起来。1992年，德国、英国、比利时、卢森堡、法国、荷兰和意大利等国允许波兰人免签入境的举动，更是极大地促进了波兰人出国旅游的热情。目前，最受波兰欢迎的目的地是美国、德国(西部)和瑞典。为了发展国际旅游，波兰国家航空公司新购入一架波音飞机，提供往来于大西洋的航空服务。同时美国和波兰之间还签订了有关的航空协议，使两国之间的航空服务更加自由与便利。

# 美国旅游业主要部门发展概况

南开大学旅游学系　姚延波
天津市旅游总公司　左　坚

始于1997年的亚洲金融危机1998年虽然也波及到美国，但其经济并未受到很大影响，增长仍然稳定，1998年国内生产总值增长率为3.6%，失业率也达到了28年来的最低点。在这种经济形势下，美国的旅游业也保持平稳发展。1997年美国旅游业快速增长，旅游入境人数达4 897.7万人次，比1996年增长5.72%，名列世界第2位；旅游外汇收入为750.56亿美元，比1996年增长7.36%，居世界第1位。1998年美国旅游入境人数比1997年下降1.3%，居世界第3位。主要原因是占美国入境市场1/3的亚洲客源不断下滑；又由于加元贬值，加拿大赴美游客比上年减少了7.8%。但1998年美国旅游外汇收入比1997年增加了1.3%，占世界份额的16.7%，仍居世界第1位。近两年，美国出境旅游直线上升，1997年美国出国旅游人数达5 273万，比1996年增长0.8%。1998年美国公民海外旅游持续增长，尤其以赴欧洲远途旅游增长最快。在上述情况下，美国旅游业各部门也呈现出不同的发展态势，本文将对美国旅游业几个主要部门的发展状况做一简要概述。

## 旅行代理商和旅游经营商

随着世界经济的快速发展，旅游服务的供给需要越来越多的旅行代理商做为其产品的销售渠道。1992年，世界上共有6.7万家旅行代理商被国际航空运输协会(IATA)和国际航空公司旅行代理商网络(I-ATAN)认可，为航空公司销售机票并从中获取佣金。1997年发展到79 743家。

近年来，美国旅行代理商的数量变化不大，到1996年末，美国共有33 715家全职旅行代理商，比1995年增加了0.4%，其中，美国中西部和西部地区发展最快。1998年，美国旅行代理商的数量减少了2%，但机票费普遍呈上升趋势。美国旅行代理商的主要收入来源，是为交通运输部门销售票据。据美国《旅行周刊》最近一次的调查表明，美国的航空公司61%的收入来自旅行代理商为其销售机票收入，而游船公司14%的收入也来自于同一渠道。1996年，美国旅行代理商为146家航空公司和3家铁路公司代理的票务额达637亿美元，共得佣金64亿美元。

1997年和1998年，美国游船市场不断扩大，游船游客从1997年的510万增加到1998年的540万，旅行代理商从游船公司获得的佣金也随之增长。

目前，美国旅行代理商业的发展面临两大不利条件：一是1995年美国德尔塔航空公司带头将每张机票的佣金降到10%，随后联合航空公司和其他一些公司进一步将佣金降到8%，而在这以前旅行社可以拿到15%的佣金；二是一些游船公司决定自1997年起，将游船的票价从机票的票价中分离出来，以使游船的直观票价降低一些。这样一来，旅行社的佣金又会受到一些损失。上述情况使许多旅行代理商开始寻求一条与其他旅行社合并的道路，同时大量裁减正式职员，雇佣更多的合同工。1997年初开始，美国西海岸许多旅行代理商开始向顾客增收手续费，这将使一些旅游者直接向航空公司买票。《旅行周刊》的调查还表明，自航空公司给予的佣金下降后，美国旅行代理商对航空公司的满意度由83%下降到65%。

除交通运输部门外，与旅行代理商联系最为密切的就要算旅游经营商了。旅游经营商可以是一个独立的旅行社，或者是航空公司的一个部门，也可以是某个旅游项目的专门经营者。近10年来，美国的旅游经营商发展很快，目前全美共有2 000多家旅游经营商。大部分旅游经营商都是把交通、住宿、游览等旅游服务组装在一起，成为一个包价旅游产品。一些旅游经营商直接面对旅游者销售其产品，一些则通过旅游代理商进行销售。1998年美国包价旅游增长迅速，专项旅游日趋流行，自1995年以来上升了14%，游客年龄呈年轻化。

旅行代理商在选择旅游经营商时，通常会有一定的风险。因为旅游经营商是一个不易规范的行业，旅游者交付了费用后被搁浅在国外某一城市的情况时有发生。因此，据调查，美国84%的旅行代理商在选择旅游经营商时，都非常慎重，只选择他们熟悉和信任的经营商。在过去几年中，已有9家著名的旅游代理商破产，给与其有关的旅行代理商、旅馆和旅游者带来巨大损失。为此，美国旅游经营商协会(USTOA)决定修改保证金制度，以提高旅游经营商的信誉和保护其合作伙伴及旅游者的利益。现在凡是这个协会的会员，都必须交纳100万美元的保证金。1996年，协会中的两家经营商破产，由于协会扣除了其保证金作为赔偿费，使与其合作的旅行代理及旅游者均未遭到损失。这使得众多的旅行代理商乐于与此协会内的经营商合作，协会的成员也从43家增加到51家，国内及赴欧旅游的销售额增加了25%。据有关专家估计，今后几年内，美国旅游经营商与旅行代理商的合作将会越来越密切，因为，航空公司佣金封顶的做法，将使越来越多的旅行代理商转向经营包价旅游业务。

## 餐饮业

在美国，餐饮费在旅游花费中占有很大的比例。据美国国家饭店(餐馆)协会调查，1996年美国住宿设施内的餐饮收入为178亿美元，交通设施内的餐饮收入则达28亿美元。而全美餐饮业的营业额高达3 130亿美元，占美国国内生产总值的4%。该协会的调查还表明，到目前为止，全美共有77.3万个餐饮销售点，从业人员为900万，预计到2005年将会达到1 100万人。餐饮业是美国最大的零售业，但大部分餐馆规模较小。

自70年代以来，快餐业发展迅猛，其在餐饮业中的份额快速增长，从1970年的28.6%增长到1996年的47.8%，年销售额可达1 002亿元。到目前为止，最大的快餐联号仍为麦当劳快餐店，它在世界各地拥有21 022家分店，在亚洲、东欧的发展中国家发展尤为迅速。设在波兰的7家分店中的一家，至今保持着开业第一天接待量的最高记录，当天接待了3.3万位顾客。

麦当劳的最大竞争者是另外两个快餐联号——汉堡王(Burger King)和百事可乐比萨饼屋(Pepsi Cola's Pizza Hut)。1996年，麦当劳在美国的销售额是164亿美元，占汉堡包行业42%的份额，但其在整个快餐业中的份额却由1995年的17.8%降至1996年的16.1%。1996年，在汉堡王的营业额增长了2.6%的同时，麦当劳的营业额却下降了3.3%。为了挽回失去的份额，麦当劳采取了果断的措施，如果顾客在购买巨无霸汉堡包的同时，再购买一份薯条和饮料，则只须付55美分就能买到价值2美元的巨无霸汉堡。但由于此举引起了其众多特许权承受者的不满，此促销计划只得搁浅。

## 住宿业

1997年世界住宿业发展兴旺。其中，世界各地的经济等和中等价格的特许经营旅馆联号发展速度最快，这种现象尤其体现在印度、中国、马来西亚、泰国以及拉丁美洲的一些国家中。目前，这两种类型的旅馆占全世界旅馆总数的 1/3，总部大多设在美国，同时，美国也是世界上海外特许经营旅馆联号数量最多的国家，通过这些设在世界各地的旅馆的预定系统，美国又额外获得了许多访美的旅游者。据统计，世界上 71%的旅馆分布在欧洲和美国，12.7%分布在东亚太地区。

美国的旅馆业从 1986 年至 1992 年间，由于税法的原因，使人们在旅馆建设上过度投资，致使供大于求，6 年间损失了 140 亿美元。其中仅 1990 年一年，就损失了 57 亿美元。1994 年是美国旅馆业自 1980 年以来最为盈利的一年，获利 55 亿美元。接下来的几年，美国旅馆业持续稳定地增长，1996 年美国旅馆业的住宿率达 65.7%，为 1980 年以来的最高记录，获利 115 亿美元。1996 年全美共拥有客房 10.2 万间，其中 6.5 万间为经济等。美国旅馆的客人，有 35%属闲暇旅游，25%出于商务目的，26%为会议旅游，9%是出于家庭及个人事务，1%出于工作或居住迁移，另 4%属政府或军事事务需要。1998 年 1～7 月，美国客房出租率比 1997 年同期平均上升 3%，旅馆供应比 1997 年增加了 3.8%，净利 200 亿美元。

近年来，世界各地的旅馆价格上涨很快。一项有关旅馆价格的调查发现，在被调查的 26 个国家中，有 22 个国家的旅馆房价有所提高。其中，日本几年来平均提高了 26%，波兰、瑞典和意大利分别提高了 16.8%、12.9%和 11.2%。5 个旅馆房价最贵的国家与地区依次为俄罗斯、香港、瑞士、日本和捷克，美国名列第 18 位。调查表明，美国的旅馆房价也在不断增长，其中旅馆房价最高的几个城市及其价格上涨率分别为：纽约，价格上涨 10.7%，平均每夜价格为 150.26 美元；夏威夷的奥胡岛，5.8%，107.11 美元；旧金山，9.6%，106.47 美元；波士顿，7.5%，105.51 美元。1998 年美国旅馆房价仍呈上升趋势，比 1997 年增长了 4.9%。

1997 年和 1998 年美国旅馆业持续发展，营业额和利润都有所提高，在一些城市中甚至出现了供不应求的局面，最为突出的是纽约，其次为波士顿、华盛顿、旧金山、芝加哥和奥兰多。目前，美国旅馆业面临的一大困扰是从业人员的短缺，特别是客房服务人员、厨房服务人员和洗衣房的服务人员尤为短缺。而像游船、快餐店、主题公园、旅游商店等设施的就业机会却竞争极为激烈，为了解决从业人员短缺的困扰，也为了提高旅馆从业人员的素质，一些旅馆联号建立起自己的教育体系。例如，著名的马里奥特旅馆联号，每年有 5 万个职位需要具有各种技能的合格人员来从事，因此建立起自己的教育体系并使其不断壮大。

# 旅游者人均支出水平的地区差异

## ——预漏损现象的发现及其分析

南开大学旅游学系　余书炜

### 前　　言

对旅游者人均支出水平的研究是为了阐明旅游者的消费行为对旅游地的经济影响。研究旅游者人均支出水平的地区差异是试图从这一点着手来探讨造成旅游经济影响地区差异现象的根源及其产生的内在机制。

对旅游经济影响的研究长期以来是旅游理论研

究的重点领域之一,对旅游经济影响地区差异现象产生的原因及内在机制的探讨则是目前在该研究领域中的热点问题。国外在旅游经济影响研究领域中所取得的成就主要是两个理论:旅游乘数理论和漏损理论。

漏损理论的形成实际上是证明旅游业对经济的促进作用在某些地区会被削弱。这样的地区往往是小国或经济欠发达地区,然而它们同时往往又是需要借助旅游业来发展经济的,因此近年来国外有学者提出了如何使旅游经济影响最优化的课题。

寻找实现旅游经济影响最优化的措施应该是以正确解释旅游经济影响地区差异现象的原因及内部机制为基础的。这就需要研究旅游收入的形成及其流动扩散过程。

这个过程可以划分为两个阶段:第一阶段,旅游者的消费支出形成旅游地的旅游收入;第二阶段,旅游收入在旅游地经济中的流动扩散。导致旅游经济影响地区差异现象的原因因素必定是发生在这两个阶段的某一个环节中。

已有的对这一地区差异现象所做研究的注意力都集中在第二阶段,在已取得成果中,最主要的是发现了"漏损"现象。漏损概念是指旅游收入在流动扩散过程中流出旅游地经济的现象。漏损现象的严重程度是已找到的解释旅游经济影响地区差异现象的一个主要原因,其他的因素,如经济的多元化程度、接待地/国的经济规模等,都是通过解释漏损现象来解释旅游经济影响地区差异现象的。

本文则拟从第一阶段着手来探讨旅游经济影响地区差异现象的原因。本文的研究将以旅游者人均天花费这一因素为中心,通过解释旅游收入大小的地区差异来解释旅游经济影响地区差异现象产生的可能原因与内在机制。

## 旅游者人均天花费地区差异现象

### 一种相关关系

在不同的旅游地,旅游者的人均天花费毫无疑问会存有差异,那么这种差异的存在是纯属偶然,还是偶然性中有着某种规律?

先看一组统计数据,见表1(这里是选用人均国内生产总值指标来代表经济发展水平)。

**表1 1994年海外过夜旅游者在华各地区的人均天花费与各地区的经济发展水平(当年价格)**

| | 人均天花费(美元/人天) | 人均GDP(元/人) | | 人均天花费(美元/人天) | 人均GDP(元/人) |
|---|---|---|---|---|---|
| 青海 | 76.7 | 2 910 | 湖南 | 124.1 | 2 701 |
| 宁夏 | 86.2 | 2 685 | 湖北 | 125.1 | 3 341 |
| 西藏 | 93.8 | 1 984 | 江西 | 137.0 | 2 376 |
| 甘肃 | 99.5 | 1 925 | 广东 | 116.3 | 6 380 |
| 新疆 | 103.8 | 3 953 | 广西 | 118.0 | 2 772 |
| 贵州 | 115.4 | 1 553 | 吉林 | 120.8 | 3 703 |
| 陕西 | 116.9 | 2 344 | 福建 | 138.1 | 5 386 |
| 云南 | 121.8 | 2 490 | 江苏 | 140.9 | 5 785 |
| 四川 | 128.5 | 2 516 | 浙江 | 142.6 | 6 149 |
| 内蒙古 | 100.4 | 3 013 | 山东 | 144.5 | 4 473 |
| 山西 | 108.7 | 2 819 | 天津 | 146.9 | 8 164 |
| 安徽 | 116.5 | 2 521 | 海南 | 166.0 | 4 820 |
| 黑龙江 | 120.8 | 4 427 | 上海 | 166.0 | 15 204 |
| 河北 | 121.6 | 3 376 | 辽宁 | 175.5 | 6 103 |
| 河南 | 123.8 | 2 475 | 北京 | 183.3 | 10 265 |

资料来源:1.《94年来华旅游者抽样调查资料》;2.《中国统计年鉴1996》。

据表 1,画散点图,得图一。

从图 1 中不难观察到:随人均 GDP 的增加,海外过夜旅游者的人均天花费也有增大的趋势。对表 1 的两组数据求相关系数,得 P1 = 0.7076。

**图 1 1994 年海外过夜旅游者在华各地区的人均天花费与各地区的人均 GDP 散点图**

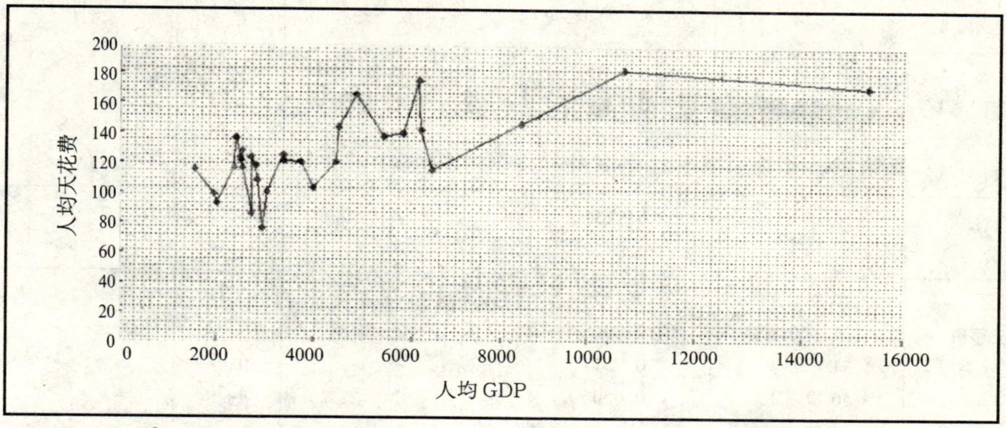


对该相关系数值的显著性作检验:

(1)P—检验:查相关系数临界值表得 P0.01,28 = 0.4630

P1 > P0.01,28

所以在 a = 0.01 的显著性水平下,人均 GDP 与海外过夜旅游者的人均天花费有显著的相关性。

(2)t—检验:

$$计算统计量\ t = \frac{\sqrt{n-2\rho_1}}{\sqrt{1-\rho_1^2}} = \frac{\sqrt{30-2\times 0.7076}}{\sqrt{1-0.7076^2}} = 5.2989$$

查 t—分布双位数表得临界值 t0.01,28 = 2.76

t > t0.01,28

所以在 α = 0.01 水平上,人均 GDP 与海外过夜旅游者在各地区的人均天花费之间有显著的正相关关系。

## 两个疑问及其检查

疑问之一 造成这种相关关系的会不会是因为各地区接待的海外过夜旅游者类型不同,从而消费能力与消费行为不同,进而造成在各地区的人均天花费额的差异,而这种差异刚好与各地区的经济发展水平差异相符?

为了回答这一疑问,就必须深入研究各地区接待的海外过夜旅游者的类型结构。根据《94 年来华旅游者抽样调查资料》上的有关部门数据资料,分别对各种不同类型的旅游者在各地区的人均天花费额与各地区的人均 GDP 求相关系数,计算结果见表 2。

据表 2 可知,1994 年在 α = 0.01 水平上只有 20 岁以下与职业为学生的海外过夜旅游者在各地区的人均天花费与各地区的人均 GDP 之间的相关关系不显著,其他相关系数值经检验均显著。

这说明,除了 20 岁以下以及职业为学生的海外过夜旅游者之外,其他类型的海外过夜旅游者在华各地区的花费与各地区的人均 GDP 显著相关。

如果把表 2 中的各相关系数值与 1994 年各类海外过夜旅游者在华的总计人均天花费情况对照起来观察(见表 3),可以进一步发现另一种规律性。

**表 2　1994 年各类海外过夜旅游者在各地区的人均天花费与各地区人均 GDP 之间的相关系数**

| 海外旅游者类型 | | 与人均 GDP 之间的相关系数 ρ | 与临界值 ρ(0.01,28)=0.4630 之间的关系 | t 值 | t 值与临界值 t(0.01,28)=2.76 之间的关系 |
|---|---|---|---|---|---|
| 按国籍、地区分类 | 港澳同胞 | 0.4945 | > | 3.01 | > |
| | 台湾同胞 | 0.5367 | > | 3.37 | > |
| | 华侨 | 0.5469 | > | 3.46 | > |
| | 外国人 | 0.7067 | > | 5.29 | > |
| 按性别分类 | 男 | 0.7237 | > | 5.55 | > |
| | 女 | 0.6427 | > | 4.44 | > |
| 按年龄分类 | 20 岁以下 | 0.4556 | < | 2.71 | < |
| | 21～30 岁 | 0.6045 | > | 4.02 | > |
| | 31～50 岁 | 0.7511 | > | 6.02 | > |
| | 50 岁以上 | 0.6306 | > | 4.30 | > |
| 按职业分类 | 政府职员 | 0.5710 | > | 3.68 | > |
| | 商人 | 0.7914 | > | 6.85 | > |
| | 科技人员 | 0.5592 | > | 3.51 | > |
| | 教师 | 0.6304 | > | 4.30 | > |
| | 医生、律师 | 0.5316 | > | 3.32 | > |
| | 家庭主妇 | 0.5026 | > | 3.08 | > |
| | 退休人员 | 0.5096 | > | 3.13 | > |
| | 学生 | 0.3458 | < | 1.95 | < |
| | 其他 | 0.5930 | > | 3.90 | > |

从表 3 中不难观察到：在四组类型划分中，相关系数值最大的旅游者类型也同时是在华总计人均天花费最高的；两个不显著的相关系数值也同时是其所在组中在华总计人均天花费最低的旅游者。

基于此，对表 3 中的两组值再直接求相关，得相关系数值 $\rho_2=0.6080$。对 $\rho_2$ 的值作相关检验：

(1)P—检验：$\rho_2>\rho0.01,28$；

(2)t—检验：$t=\dfrac{\sqrt{n-2}\rho_2}{\sqrt{1-\rho_2^2}}$

$$=\frac{\sqrt{30-2}\times0.6080}{\sqrt{1-0.6080^2}}$$

$$=4.05>t_{0.01,28}$$

所以在 α＝0.01 水平上，表 3 的两组值有显著的相关关系。从而消费能力越高的旅游者在一个地区的人均天花费与当地的人均 GDP 的相关关系越强，反之则弱。

这意味着：消费能力高的旅游者在经济发达地区的人均天花费额要高，在经济不发达地区的人均天花费额要低；消费能力低的旅游者在各类地区的人均天花费额与经济发达水平并不相关。这一点如果用旅游消费层次论是解释得通的：消费能力低的旅游者只能进行基本旅游消费，因此与旅游地的经济发展水平无关；消费能力高的旅游者除了进行基本旅游消费外，还愿意进行高档消费，而高档消费品一般只有在经济发达地区才能提供，所以他们在经济发达地区的人均天花费额要高于在经济不发达地区的花费。

**表 3 1994 年各类海外过夜旅游者在各地区的人均天花费与各地区人均 GDP 之间的相关系数以及他们在华的总计人均花费情况**

| 海外旅游者类型 | | 与人均 GDP 之间的相关系数 ρ | 在华总计人均天花费（美元/人天） |
|---|---|---|---|
| 按国籍、地区分类 | 港澳同胞 | 0.4945 | 95.8 |
| | 台湾同胞 | 0.5367 | 103.9 |
| | 华侨 | 0.5469 | 111.5 |
| | 外国人 | 0.7067 | 142.0 |
| 按性别分类 | 男 | 0.7237 | 130.7 |
| | 女 | 0.6427 | 106.3 |
| 按年龄分类 | 20 岁以下 | 0.4556 | 98.1 |
| | 21～30 岁 | 0.6045 | 102.8 |
| | 31～50 岁 | 0.7511 | 130.8 |
| | 50 岁以上 | 0.6306 | 135.1 |
| 按职业分类 | 政府职员 | 0.5710 | 131.4 |
| | 商人 | 0.7914 | 144.1 |
| | 科技人员 | 0.5592 | 109.3 |
| | 教师 | 0.6304 | 120.8 |
| | 医生、律师 | 0.5316 | 122.3 |
| | 家庭主妇 | 0.5026 | 88.7 |
| | 退休人员 | 0.5096 | 109.5 |
| | 学生 | 0.3458 | 80.3 |
| | 其他 | 0.5930 | 109.8 |

资料来源：《94 海外旅游者在华花费情况抽样调查资料》。

至此，通过一系列的实际检验，已经可以得出这样两条结论：

(1)结论一：在 1994 年的中国，各地区的人均 GDP 与海外过夜旅游者在各地区的人均天花费之间有显著的正相关关系。从而疑问一不成立。

(2)结论二：结论一中的正相关关系的强弱又与旅游者的消费能力成正相关关系。

疑问之二　上述结论只是对中国在 1994 年一年的情况进行检验得出的。那么它们会不会只是 1994 年一年才存在的特例？

为此就必须对中国各年的情况再作进一步的检验。限于资料原因，这里只能检验中国 1991～1995 年的情况。分别计算 1991～1995 年各年海外旅游者在各地区的人均天花费与各地区的人均 GDP 之间的相关系数，计算结果见表 4。

**表 4 相关系数值**

| | 1991 年 | 1992 年 | 1993 年 | 1995 年 |
|---|---|---|---|---|
| 相关系数值 ρ | 0.4362 | 0.5495 | 0.6449 | 0.6303 |
| 与 ρ(0.01,28) = 0.463 的关系 | < | > | > | < |
| t 值 | 2.57 | 4.17 | 5.84 | 5.57 |
| 与 t(0.01,28) = 2.76 的关系 | < | > | > | > |

表 4 可表明：在 α = 0.01 水平上，除 1991 年外我国各年各地区的人均 GDP 值与旅游者的人均天花费

值之间有显著的相关关系。

## 检验后的结论：是一种规律

通过第二部分的检验，对于在第一部分中发现的相关关系，即地区的人均国民生产总值与海外旅游者的人均天花费之间的正相关关系很难说是一种偶然的现象。因为对第一个疑问的检验表明在1994年的中国，各类旅游者在各地区的人均天花费均与各地区的人均国民生产总值有显著的相关关系，而且还表明了这种相关关系的强弱与旅游者的消费能力呈显著正相关；对第二个疑问的检验则表明从1991～1995年的5年里，除1991年外，这一正相关关系仍然显著。由此有理由推断这是一种具有规律的现象。其必然性还可由下述定理来证明。

## 一个定理

假设有两个旅游地：经济较发达的A和经济欠发达的B，它们同时接待了一批数量为N、停留期为T天、特征完全相同的旅游者。为简便起见，不妨假设旅游地A和B对旅游消费品1的供给函数分别为

$Q=SA(P),Q=SB(P)$

旅游者的需求函数为

$Q=D(P)$

其中Q、P分别表示旅游消费品的数量与价格。在达到供求均衡后，两地的旅游收入(TR)分别为：

$TRA=PA^{*}\cdot QA^{*}=PA^{*}\cdot SA(PA^{*})=PA^{*}\cdot D(PA^{*})$

$TRB=PB^{*}\cdot QB^{*}=PB^{*}\cdot SB(PB^{*})=PB^{*}\cdot D(PB^{*})$

其中$P^{*}$、$Q^{*}$分别表示对旅游消费品的均衡供求价格和数量。

对此，存在有如下定理：

如果①旅游者对旅游消费品的需求富于价格的弹性，即$Ed>1$；

②A地对旅游消费品的供给能力强于B地，即当$PA=PB=P$时，$SA(P)>SB(P)1$，也即当$SA(PA)=SB(PB)$时，$PA<PB2$。

那么，在A、B两地实现供求均衡后，有$TRA>TRB$。

证明如下：

①A地实现供求均衡意味着：$D(PA^{*})=SA(PA^{*})$

假设B地现在的市场价格水平等于A地的均衡价格，即$PB=PA^{*}$，则$SA(PA^{*})>SB(PB)$

又因为两地接待的是完全相同的旅游者，所以如果$PB=PA^{*}$，则有$D(PB)=D(PA^{*})$

$\Rightarrow SB(PB)<D(PB)\Rightarrow PB\uparrow$。

{B地在达到市场供求均衡后的价格$PB^{*}>PA^{*}$。

②$TR=P\cdot Q=P\cdot D(P)$

对TR求一阶导数得

$TR'=Q+P\cdot dQ/dP=Q(1+P/Q\cdot dQ/dP)=Q(1-Ed)$

因为$Ed>1$，所以$TR'=Q(1-Ed)<0$，TR函数为一单调递减函数。

③因为$PB^{*}>PA^{*}$，而且TR函数为一单调递减函数，所以$TRA>TRB$命题得证。

因为这里是假设A、B两地同时接待了一批数量均为N、平均停留期均为T天的旅游者，所以$TRA>TRB$也意味着$TRA/(N\cdot T)>TRB/(N\cdot T)$，意即旅游者在A地的人均天花费要高于他们在B地的人均天花费；而且因为这些旅游者的特征完全相同，所以$TRA/(N\cdot T)>TRB/(N\cdot T)$也意味着同一旅游者在经济发达的地区(A地)的平均天花费要高于他在经济欠发达的地区(B地)的平均天花费。

通过以上分析，可以得出以下若干结论：

假定同一旅游者在经济发达的地区的平均天花费为X，在经济欠发达的地区的平均天花费为Y，据上可知X>Y。对于经济欠发达地区来说，差额(X—Y)是有可能得到而实际上没有得到的旅游者支出部分。也就是说，旅游者到经济欠发达地区去旅游，是有能力也愿意花费X的，但实际上却只是花费了Y，(X—Y)部分在旅游者离开时又带了回去。因为(X—Y)部分曾进入过经济欠发达地区，但最后又被旅游者带出，所以可以视为是在经济欠发达地区的一种旅游收入漏损，尽管这部分旅游收入并没有实际发生。由于它发生在旅游收入漏损(Leakage)之前，所以可以命名为旅游收入的预漏损(Pre -leakage)，预漏损额即(X—Y)。

预漏损现象存在于旅游收入的形成过程中，表现为旅游者的低平均花费水平；漏损现象存在于旅游收入在旅游地的流动扩散过程中，表现为从外地输入商品、资本、劳务等。两者的发生一前一后，但都是以在经济欠发达地区为突出。

从上述分析中可以看出，预漏损额实际上是过剩需求量，是旅游地不能以产品供给来消化吸收的需求量，预漏损现象必然向漏损现象转化。这是两种相伴生的现象：漏损现象严重的旅游地必定有着(至少是曾经有着)严重的预漏损现象；存在严重预漏损现象的旅

游地也必然会出现严重的漏损现象。

至此已经可以清楚地看到,通过对统计数据的分析发现的旅游者的人均天花费与旅游地的人均国内生产总值呈显著正相关关系是有必然性的:由于对旅游消费品的供给能力的大小差异以及旅游者对旅游消费品的需求具有弹性,必然造成在经济发达地区旅游者的人均天花费高于他们在经济欠发达地区的人均天花费。

那么,对于经济欠发达地区来说,由于其供给能力的不足使得旅游者的一部分需求未能得到满足。与这一部分需求相对应的收入部分,一方面最终以预漏损的形式依旧被旅游者带离,另一方面又在旅游地内推动着旅游消费品价格,进而生产要素价格的高涨。价格的高涨会刺激对旅游消费品供给的增加,但这种增加的实现是需要从其他地区输入资金、技术乃至产品本身的,于是导致了漏损现象的发生,从而再一次证明了,在经济发达地区与经济欠发达地区之间存在着旅游经济影响差异是有必然性的。

接下来,很自然地就需要讨论在经济欠发达地区如何使旅游经济影响最优化。根据上述结论,经济欠发达地区首先应该采取的措施很自然地是努力提高本地区对各种旅游消费品的供给能力。

但是实现供给能力的提高有两种途径:完全依靠本地区自身的力量与利用外地的资金、技术要素。如果是采用前一种途径,可能出现如下结果:该地区原有的行业结构发生变动;该地区出现地域性通货膨胀;该地区接待的旅游者人数将最终减少。

这些结果的存在会造成种种矛盾,如当地居民与外来旅游者之间的矛盾。矛盾的激化加上利润的诱迫,最后还是被迫要走向第二条途径(除非当地政府采取异常坚决的封闭政策以及同时控制旅游者的接待量)。但这也会有一种危险,即外来资金、技术有可能占据主导地位,并排挤本地的旅游厂商,从而很可能会激起本地居民的地区主义倾向与排外情绪,由此也可能最终导致被迫采取封闭政策而走上第一条途径,这是一个两难选择。

因此,经济欠发达地区在发展旅游业时究竟应该怎么办,显然是一个非常值得研究的课题。预漏损现象不仅会向漏损现象转化,而且还伴生着较严重的社会问题。要解释旅游的社会文化影响,不能就事论事,也需要在经济方面寻找原因。

# 世界旅游组织关于全球旅游区的划分方法和旅游统计标准的规定

南开大学旅游学系　张伯山

近年来,旅游业已经跃居世界第一大产业地位,而且今后仍然具有巨大的增长潜力,在世界经济中日益起着举足轻重的作用。与此同时,人们对于各方面旅游统计资料的需要也在不断增大,除了各国旅游行政管理机构之外,各个旅游企业及其他有关行业的企业部门、各类行业组织、区域性组织、各种学术研究与教育机构乃至从事旅游研究的个人,也都需要不断获得各类旅游统计资料。这些需求者对于旅游业各个部门、各国政府旅游管理机构和国际性旅游组织提供的旅游统计资料的共同要求是:及时、准确、相互之间具有可比性。这就要求有关国际组织、各国政府旅游主管部门及旅游行业中的各个企业在提供、收集和整理各类旅游数据资料时使用共同的统计语言和标准。因此,旅游统计的标准统一化和准确性日益成为世界旅游界有关人士格外关注的重要问题之一。

为了达到这一要求,世界旅游组织对全球进行了旅游区划分,并提出了一整套旅游统计概念和标准。随着中国旅游业的不断发展,国际旅游业在中国的经济建设中日益发挥着重要作用，中国的旅游统计工作也要与世界旅游市场接轨，要按照国际惯例办事，采用国际上通用的统计定义、统计标准和统计语言。因此，我国旅游业各个部门应当对于世界旅游组织关于世界旅游区的划分方法和制定的统计标准给予足够重视。从事旅游市场调研和旅游学术研究的人士对此也应清楚了解，以保证其研究结果的准确性和科学性。

## 关于世界旅游区的划分

旅游区的划分主要是为了便于进行全球范围的旅游数据资料加总统计及了解和比较全球以及世界不同地区旅游业的发展情况。世界旅游组织将全球划分为6大旅游区，这6大旅游区分别是非洲地区、美洲地区、东亚与太平洋地区、欧洲地区、中东地区和南亚地区。6大旅游区各自包括的范围基本上与习惯上的地理区域划分方法相一致，但对个别国家的区域归属根据世界旅游业的实际情况进行了一些调整，这与过去习惯上的地理划分方法有所不同，值得引起注意，否则在使用与此有关的旅游统计数据时会造成一定混乱。对于较大的旅游区，世界旅游组织又将其进一步划分为若干较小区域。

非洲地区之内划分为5个地区，这5个地区分别为：

(1)东非地区　包括英属印度洋岛屿、布隆迪、科摩罗、吉布提、埃塞俄比亚、肯尼亚、马达加斯加、马拉维、毛里求斯、莫桑比克、留尼汪、卢旺达、塞舌尔、索马里、乌干达、坦桑尼亚、赞比亚、津巴布韦；

(2)中部非洲地区　包括安哥拉、喀麦隆、中非共和国、乍得、刚果(布)、刚果(民)、赤道几内亚、加蓬、圣多美和普林西比；

(3)北非地区　包括阿尔及利亚、摩洛哥、苏丹、突尼斯、西撒哈拉；

(4)南部非洲地区　包括博茨瓦纳、莱索托、纳米比亚、南非共和国、斯威士兰；

(5)西非地区　包括贝宁、布基纳法索、佛得角、象牙海岸、冈比亚加纳、几内亚、几内亚比绍、利比里亚、马里、毛里塔尼亚、尼日尔、尼日利亚、圣赫勒拿岛、塞内加尔、塞拉利昂、多哥。

美洲地区之内划分为4个地区：

(1)加勒比地区　包括安圭拉岛、安提瓜和巴布达、阿鲁巴、巴哈马、巴巴多斯、百慕大、英属维尔京群岛、开曼群岛、古巴、多米尼加、多米尼加共和国、格林纳达、瓜德罗普岛、海地、牙买加、马提尼克岛、蒙塞拉特岛、荷属安的列斯群岛(包括博奈尔岛、库拉索岛、萨巴岛、圣尤斯特歇斯岛和圣马丁岛)、波多黎各、圣基茨和尼维新、圣卢西亚岛、圣文森特和格林纳丁斯、特立尼达和多巴哥、特克斯和凯科斯群岛、美属维尔京群岛；

(2)中美洲地区　包括伯利兹、哥斯达黎加、萨尔瓦多、危地马拉、洪都拉斯、尼加拉瓜、巴拿马；

(3)北美地区　包括加拿大、格陵兰岛、夏威夷群岛(美国)、墨西哥、圣皮埃尔岛和密克隆岛、美国；

(4)南美地区　包括阿根延、玻利维亚、巴西、智利、哥伦比亚、厄瓜多尔、福克兰群岛(马尔维纳斯群岛)、法属圭亚那、圭亚那、巴拉圭、秘鲁、苏里南、乌拉圭、委内瑞拉。

东亚与太平洋地区之内划分为6个地区：

(1)东北亚地区　包括中国、中国香港特区、日本、朝鲜、韩国、澳门地区、蒙古、中国台湾省；

(2)东南亚地区　包括文莱达鲁萨兰、柬埔寨、东帝汶、印度尼西亚、老挝、马来西亚、菲律宾、新加坡、泰国、越南；

(3)澳大拉西亚地区　包括澳大利亚、新西兰；

(4)美拉尼西亚地区　包括斐济、新喀里多尼亚、诺福克群岛、巴布亚新几内亚、所罗门群岛、瓦努阿图；

(5)密克罗尼西亚地区　包括圣诞群岛、科科斯群岛、关岛、约翰斯顿群岛、基里巴斯、马绍尔群岛、密克罗尼西亚群岛(包括库塞埃岛、波翰培岛、特鲁克岛、雅浦岛)、中途岛、瑙鲁、北马里亚纳群岛、帕劳群岛、威克群岛；

(6)波利尼西亚地区　包括美属萨摩亚、库克群岛、法属波利尼西亚、纽埃岛、皮特凯恩岛、萨摩亚、托克劳群岛、汤加、图瓦卢、瓦利斯群岛和富图纳群岛。

上述后4个地区可统称为大洋洲地区。

欧洲地区之下划分为5个地区：

(1)中、东欧地区　包括保加利亚、捷克、斯洛伐克、匈牙利、波兰、罗马尼亚、前苏联地区(包括亚美尼亚、阿塞拜疆、贝拉鲁斯、爱沙尼亚、格鲁吉亚、哈萨克斯坦、吉尔吉斯斯坦、拉托维亚、立陶宛、摩尔多瓦共和国、俄罗斯联邦、塔吉克斯坦、土库曼斯坦、乌克兰、乌

兹别克斯坦);

(2)北欧地区　包括海峡群岛、丹麦、法罗群岛、芬兰、冰岛、爱尔兰、马恩岛、挪威、斯瓦尔巴群岛、瑞典、英国;

(3)南欧地区　包括阿尔巴尼亚、安道尔、直布罗陀、希腊、梵蒂冈、意大利、巴耳他、葡萄牙、圣马力诺、西班牙、前南斯拉夫地区(包括波斯尼亚－黑塞哥维那、克罗地亚、斯洛文尼亚、巴其顿、南斯拉夫);

(4)西欧地区　包括奥地利、比利时、法国、德国、列支敦士登、卢森堡、摩纳哥、荷兰、瑞士;

(5)地中海东部地区　包括塞浦路斯、以色列、土耳其。

中东地区之内未再划分,这一地区包括巴林、埃及、伊拉克、约旦、科威特、黎巴嫩、利比亚、阿曼、巴勒斯坦、卡塔尔、沙特阿拉伯、叙利亚、阿拉伯联合酋长国(包括阿布扎比、迪拜、沙迦)、也门。

南亚地区之内也未再划分,这一地区包括阿富汗、孟加拉、不丹、印度、伊朗、马尔代夫、缅甸、尼泊尔、巴基斯坦、斯里兰卡。

## 关于旅游统计标准的规定

为了解决全球旅游统计口径统一问题,世界旅游组织于 1991 年 6 月在渥太华与加拿大政府联合召开了“国际旅游统计工作会议”,会上提出了一整套关于旅游统计口径与标准的建议。这套建议受到了联合国统计委员会的重视,该委员会于 1993 年 3 月正式决定在联合国的统计工作中采纳这一建议中提出的统计口径与标准。世界旅游组织认为,各国政府、各种有关组织机构和旅游业各个企业部门统一采用这一建议中提出的各种有关概念定义、统计标准和统计语言,将会大大提高不同国家、不同组织机构和不同企业所提供的旅游统计数据之间的可比性,从而大大改善旅游统计数据的准确性。因此,这一建议的提出和采纳被称为全球旅游统计工作的一个里程碑。

这套建议的主要内容分为旅游的概念与形式、旅游统计计算的基本单位、旅游需求的类别划分、旅游收支的构成、旅游供给的类别、国际游客的详细类别划分等 6 个部分。

### (一)旅游的概念与形式

**旅游的概念**

旅游是指“人们为了消闲、公商务和其他目的而动身前往和停留于自己通常居住环境以外地点期间进行的延续时间不超过 1 年的各种活动。”

**旅游的形式**

就一个国家而言,可将旅游划分为以下几种形式:

(1)国内旅游　指某个国家的居民只在该国境内进行的旅游活动;

(2)入境旅游　指非某个国家的居民在该国进行的旅游活动;

(3)出境旅游　指某个国家的居民在其他国家进行的旅游活动。

旅游的这三种基本形式还可以按照图 1 示意的方式进行多种组合,进而形成如下几种旅游类型:

(1)境内旅游　由国内旅游和入境旅游构成;

(2)国民旅游　由国内旅游和出境旅游构成;

(3)国际旅游　由入境旅游和出境旅游构成。

在上述概念中,也可以用“地区”一词代替“国家”一词来表述各种旅游形式。在这种情况下,旅游的形式便不再是指一个国家的旅游形式,而是指一个地区的旅游形式。“地区”一词既可指一个国家之内的某个地区,也可指若干国家组成的某个区域。

**图 1　旅游的形式(从需求角度划分)**

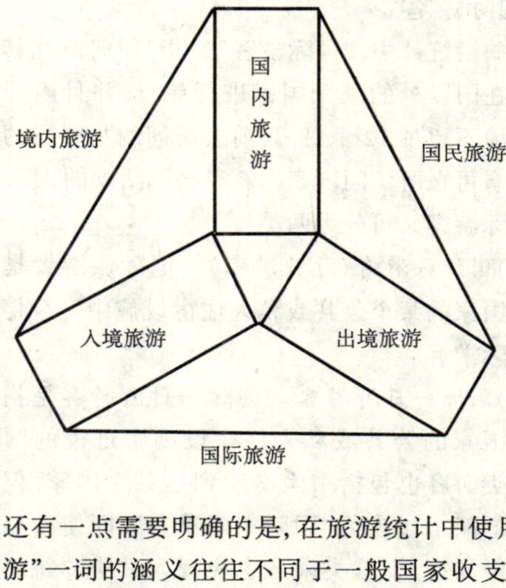


还有一点需要明确的是,在旅游统计中使用的“国内旅游”一词的涵义往往不同于一般国家收支账户统

计计算中使用的“国内旅游”一词。在旅游统计中,“国内旅游”一词保留了其在市场营销学上的原有涵义,即仅指某国居民在本国境内进行的旅游。而在一般国家收支账户统计计算中,“国内旅游”一词是指本国居民和非本国居民这二者在该国境内旅游时的各种活动与支出,即包括国内旅游和入境旅游两方面的内容。

## (二)旅游统计计算的基本单位

出外旅行者中各类从事旅游活动的人统称为游客,并以“游客”一词做为旅游统计总体系中的基本概念和计算单位。游客又可以进一步划分为旅游者(过夜游客)和一日游游客两类(见图2)。

图2 游客的构成

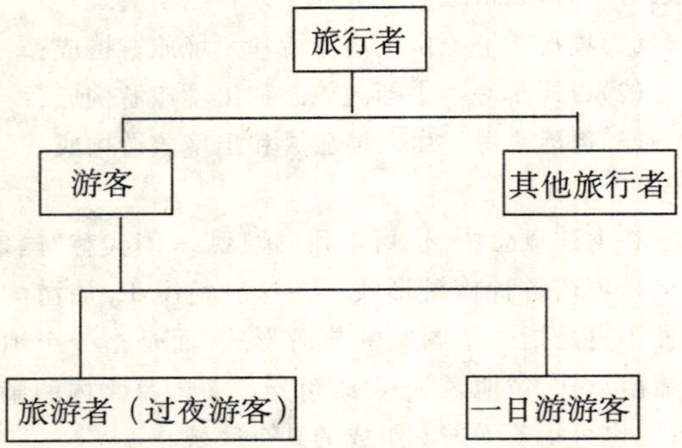


为了便于进行旅游统计以及与旅游的形式相对应,还可将游客进行如下划分:

### 国际游客

在旅游统计中,“国际游客”是指“任何前往其常住居所所在国以外的某个国家进行旅行,并且离开自己常住环境不超过12个月,其前去访问的主要目的不是为了从事可在所访问国家内获得报酬活动的人”。

国际游客又可分为两类:

(1)国际旅游者(过夜游客) 国际旅游者是指在所访问国家的某个公共或私人住宿设施中至少停留一夜的国际游客。

(2)国际一日游游客 国际一日游游客是指未在所访问国家的公共或私人住宿设施中过夜的国际游客。这类游客也包括乘坐游船到达某个国家,但每晚都回到游船上过夜的“国际游船乘客”,即使游船在该国港口停靠多天,这类乘客也应规入此类。将此定义进行延伸,国际一日游游客还应包括各种进行国际航行的游艇的船主或乘客以及参加国际团体旅游并在火车上住宿的火车乘客。

### 国内游客

在旅游统计中,“国内游客”一词是指“任何前往位于其常住国之内,但在自己环境以外的某个地点进行为期不超过12个月的旅行,其到该地点进行访问的主要目的不是为了从事可在该地获得报酬活动的人”。

国内旅游者也可再分两类:

(1)国内旅游者(过夜国内游客) 国内旅游者是指在所访问的地点的某个公共或私人住宿设施中至少停留一夜的国内游客。

(2)国内一日游游客 国内一日游游客是指未在所访问地点的公共或私人住宿设施中过夜的国内游客。

## (三)旅游需求的类别划分

### 旅游目的

入境、出境和国内旅游的目的可分为以下几种类别:消闲、娱乐与度假;探亲访友;公商务活动和专业性活动;医疗保健;宗教/朝圣;其他。

### 停留时间

游客在旅游目的地的停留时间(过夜数)可分为以下几种类别:一日游游客:0夜;旅游者(过夜游客):1～3夜、4～7夜、8～28夜、29～91夜、92～365夜。

### 客源地和目的地

旅游客源地和旅游目的地一般按照地理区域划分,其中旅游客源地的划分对于旅游统计具有非常重要的意义。根据前述有关游客的定义,在国际旅游统计中,特别是在入境旅游统计中,客源地应当按照国际游客的常住国而非按照其国籍来分类;在国内旅游统计中,客源地应当按照游客在国内的常住地来分类,但有时也需按照旅游目的地对游客进行分类。在旅游市场营销和旅游研究实践中,人们往往更需要获得较小区域层次的旅游统计数据,为了便于进行这方面的旅游统计,各个国家都应当针对本国各个重要旅游目的地城市或旅游胜区以及本国各个地理区域或行政区域制定相应的分类方法。

### 交通工具

游客外出旅游所使用的交通工具可以划分为以下几种类型:

航空客运　可进一步分为定期航班、不定期航班、其他航空客运服务；

水路客运　可进一步分为客运班轮及渡运轮船、游船、其他船只；

陆路客运　可进一步分为客运火车、长途旅游大客车或公共汽车以及其他公路公共交通工具、私人汽车(载客量最多为 8 人)、自行驾驶租用的汽车、其他陆路交通工具。

### 住宿设施

游客外出旅游所使用的住宿设施可分为以下几种类别：

公共旅游住宿设施　饭店及类似住宿设施，可进一步分为各种饭店和各种类似住宿设施二类；专门用途设施，可进一步分为医疗机构的住宿设施、工作与度假营地、公共交通工具、会议中心；其他公共住宿设施，可进一步分为各种度假寓所、野营旅游露营营地、其他各类公共住宿设施；

私人住宿设施　属于个人所有的寓所；家庭住宅中的出租房间；从私人或专门机构租用的寓所；亲朋好友无偿提供的住宿设施；其他私人住宿设施。

## (四)旅游收支的构成

### 旅游支出的定义

旅游支出是指“游客或者以游客的名义为了实现在旅游目的地进行旅游和停留以及在旅游目的地进行这些旅游和停留期间所支付的全部消费性支出”。

### 国际旅游收支的构成

(1)入境旅游收入　入境旅游收入可分为以下两类：

国际旅游收入　国际旅游收入是指包括为国际间交通而向有关国家的交通客运企业支付的费用在内的入境国际游客支出，此外也应包括国际游客为了在旅游目的国享受各种利益和服务而预先支付的各种费用。实际上国际旅游收入还应包括从国际一日游游客所得到的各种收入，除非这类收入异常重要，有充分理由将其单列一类。此外，为了与国际货币基金组织关于国际收支平衡统计的有关标准规定相一致，世界旅游组织建议将国际间交通费用收入单列一类。

国际间交通费用收入　国际间交通费用收入是指属于非统计资料汇编国居民身分的游客向在该国注册登记的有关交通运输企业支付的任何应付款项的总额，而且无论该游客是否前往该国旅行都应归入此类。这一收入类别与国际货币基金组织的标准报表中的“交通运输、客运服务，贷方项”相对应。

(2)出境旅游支出　出境旅游支出可分为以下两类：

国际旅游支出　国际旅游支出是指出境游客在其他国家的支出，其中包括他们为国际间交通而向外国交通运输业支付的各种费用。实际上国际旅游支出也应包括本国居民做为一日游游客在国外旅游时的支出，除非这类支出异常重要，有充分理由将其单列一类。此外，为了与国际货币基金组织收支平衡统计的有关标准规定相一致，世界旅游组织建议将国际间交通费用支出单列一类。

国际间交通费用支出　国际间交通费用支出是指身分属于统计资料汇编国常住居民的任何游客向在国外注册登记的有关交通运输企业支付的任何费用。这一支出类别与国际货币基金组织标准报表中的“交通运输、客运服务、借方项”相对应。

### 旅游支出的类别

旅游支出可以分为以下几种类别　包价旅行、包价度假和包价游览费用支出；住宿费用支出；食品和饮料费用支出；交通费用支出；参加娱乐、文化和体育活动费用支出；购物费用支出；其他费用支出。

## (五)旅游供给的类别

为了反映和确定旅游业与其他经济部门的关系及旅游业本身对于其他相关部门的重要性，大多数国家的经济统计中有关旅游的内容都是从供给的角度进行统计计算的。为了使这方面的旅游统计也实现统一标准化，世界旅游组织不但从需求的角度提出了旅游的分类标准，而且也从供给角度明确阐述了旅游经济活动的概念和结构，并且制定了一套“旅游行业国际标准分类法”(SICTA)，1993 年 3 月，联合国统计委员会决定将该分类法做为暂行分类标准草案。由于篇幅所限，这里不能将这一分类法逐一列出，详细内容请见联合国统计署与世界旅游组织联合印发公布的“关于旅游统计的若干建议”报告全文。

世界旅游组织制定该分类法主要出于以下几个目的：对旅游统计的有关概念和标准进行更加全面的表述；指导各国在报告本国旅游发展状况的国家账户统计资料中对旅游经济活动情况进行更加准确和更有意

义的分类;为使一国或多国旅游统计资料的口径更具一致性提供一种基本标准尺度;为了向各类旅游专业人士提供有关旅游产品、旅游服务和旅游行业状况的更加准确的信息资料;使供给方面的统计内容(旅游业所提供的各种服务、旅游经营收入、旅游经营成本等)与旅游需求方面的统计内容(旅游支出、旅游需求、旅游口味偏好等)之间建立起相互对应的关系;使有关人士能够更加准确地分析评价国际旅游收支平衡状况以及旅游业对于国际贸易流量的贡献。

## (六)国际游客的详细类别划分

为了对国际游客的情况进行更加细致的分类统计,世界旅游组织还对国际游客规定了更加详细具体的分类方法和标准,具体划分类别及说明见图 3 及其注释。

**图 3　国际游客详细分类示意图**

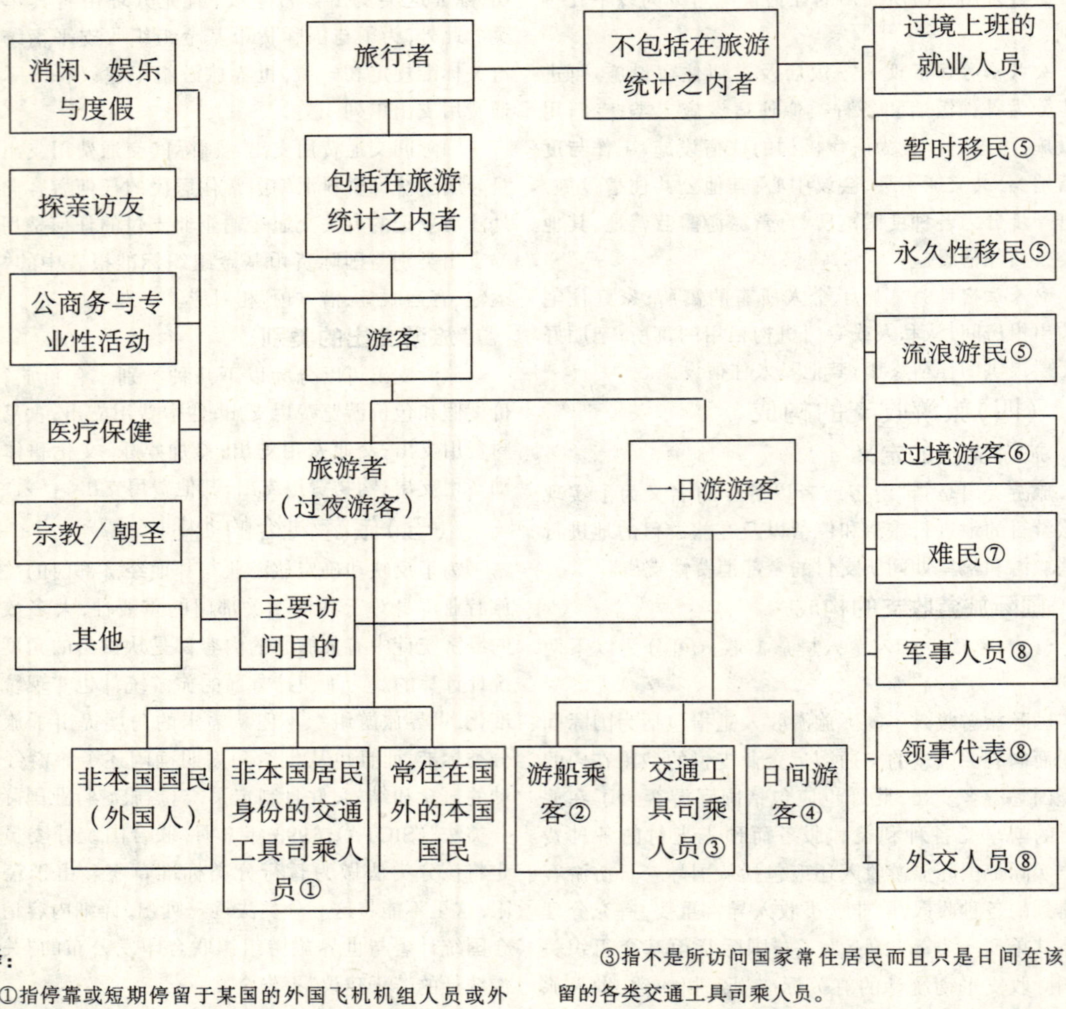


**注释:**

①指停靠或短期停留于某国的外国飞机机组人员或外国轮船船员中在所访问国家租用住宿设施者。

②指乘坐游船抵达某个国家的乘客(据国际海事组织1965年定义),这类乘客虽然可能会在日间上岸进行一至数日的游览访问,但每晚都回到游船上过夜。

③指不是所访问国家常住居民而且只是日间在该国停留的各类交通工具司乘人员。

④指为了如下目的而到达旅游目的地并于当天离去的游客:消闲、娱乐与度假;探亲访友;公商务和专业性活动;医疗保健;宗教/朝圣;其他旅游目的。这类游客也包括正在前往其他旅游目的国或正在从其他旅游目的国返回途中的日

间过境游客。

⑤根据联合国1980年“关于国际移民统计的若干建议”中的定义。

⑥指不离开同一机场或港口的中转区的乘客，但也包括转换不同机场或港口的乘客。

⑦根据联合国难民事务高级专署1967年提出的定义。

⑧指这类人员中为了从启程国前往自己的任职驻地以及从任职驻地返回而进行旅行的人(包括其家庭仆役人员及与其相陪同或结伴同行的受赡养人)。

# 旅游经济运动周期类型及其特点

南开大学旅游学系　张伯山

旅游经济运动周期是指旅游经济活动因受到各种相关因素的影响而在一定时期内发生的规律性起伏运动周期。掌握这种周期性规律，对于旅游规划与开发、旅游预测、旅游市场营销及旅游经营管理具有重要意义。

旅游经济运动周期按照特点不同可分为短周期、中周期和长周期3种。

## 短　周　期

顾名思义，短周期是指旅游经济活动的起伏变化持续时间较短的周期，其持续时间一般在1个年度之内。在这种短周期之内，旅游经济活动的变化在较短时期内即表现得非常明显，一般也易于预测。这种短周期变化的最典型例子是旅游的季节性，其表现形式为：人们的旅游活动在1个年度之内并非均匀分布，而是时多时少，差别很大，从而形成旅游旺季、淡季和平季的区别。

旅游季节性的形成原因主要有两个，一是自然因素特别是气候因素的影响，二是社会文化习俗因素的影响。这两类因素促使大量旅游者在几乎相同的时期内集中拥向相同的旅游目的地，而过了这一时期，前往这些旅游目的地的旅游者人数则急剧下降甚至达到寥寥无几的程度。

旅游的季节性给旅游业的发展带来一定问题。首先是对旅游行业内的各个企业的经营活动造成相当不利的影响，其中最为突出的便是旅游服务设施的使用极不均衡，往往是旺季时旅游者人满为患，供不应求，而到了淡季时这些设施又无人问津，大多被闲置一旁。这种现象使得旅游设施的利用率没有保证，势必影响旅游企业的营业收入。为了维持经营，保证全年的营业收入水平，许多旅游企业只好依靠价格手段调节供求关系，在旺季时提高旅游价格，到淡季时又削价经营，造成旅游价格起伏不稳。旅游的季节性特点还会影响旅游业人力资源的合理使用。在淡季时节，会有大批受过正规训练的旅游专业人员被闲置起来无事可做，而到了旺季时，一些旅游企业又不得不临时雇佣大量未受过旅游专业训练的人员参与经营，这在一定程度上会严重影响旅游企业的服务质量，从而形成提高旅游企业经营效果的障碍。

衡量旅游业旅游季节经营效果，可以使用负载比指标，其公式为：

$$负载比=\frac{年平均负载率}{年最高负载率}\times 100\%$$

例如，一个地区的饭店年平均客房出租率(即饭店客房设施的负载率)为40%，年最高客房出租率为69%，则其负载比=40/69=66.7%。这一比率说明该地区旅游饭店的季节经营效率只有2/3左右。这一指标可用于衡量一个旅游企业、一个旅游行业部门或一个旅游目的地地区的旅游季节经营效率。值得注意的是，在同一个旅游目的地区城内，不同类型的旅游企业的旅游季节经营效率也会有所差别。例如在有的地区，高档旅游饭店的旅游季节经营效益率最高(即其经营受到旅游季节性影响的程度最小)，中档旅游饭店次之，低档旅游饭店则最低。

旅游季节性不仅给旅游企业部门的经营造成影响，也给整个旅游目的地带来一系列社会、经济、环境和其他各种问题。由于旅游目的地的各类基础设施一般是按照当地人口规模和需要而规划建造的，在旅游旺季，大批旅游者做为外来暂住人口拥入，不仅使旅游目的地到处人满为患，而且也使当地的交通客运、物资供应、商业网点、社会治安、医疗卫生、停车场地、环境保护等等部门都承受巨大的压力，从而造成旅游目的地的物价上涨，当地居民应得到的公共服务水准下降。有的甚至出现犯罪率上升以及当地在物理、生态环境和社会心理容量等方面发生超载问题。这些问题的出现，势必影响旅游目的地的形象，使其旅游景观和生态平衡遭到破坏，进而影响到当地旅游业的可持续发展。到了旅游淡季，旅游目的地游客稀少，不仅影响了旅游企业的经营效果，还会使旅游企业为了维持经营而不得不采取以减少雇员来降低开支的措施，这样又会造成当地失业率上升，从而对当地的经济和社会发展形成不利影响。旅游季节性问题还会导致社会投资流向不稳和旅游业在旺季时与其他经济部门争夺生产要素等等问题。上述种种弊端，往往引起旅游目的地社会舆论的谴责。

但是，从旅游目的地存在的承受超负荷压力问题角度来看，旅游的季节性对旅游目的地经济发展也具有一定有利之处。如果旅游者人数全年都保持在旺季的水平，会使旅游目的地的旅游资源和生态环境、旅游企业部门的设施设备乃至当地居民的心理常年承受游客爆满的巨大压力，其后果无疑会是灾难性的，这样承载重压的时间过长，没有缓冲、调节和休整的时机，必然会对旅游业的发展产生极大的破坏性。从这一点上说，正是旅游的季节性才使得上述诸种压力得到缓冲，例如，旅游从业人员的心理紧张和体力消耗在旅游淡季期间可以得到松弛补充，并有时间参加各种业务培训，从而不断提高专业知识水平和服务技能；旅游企业部门的各种服务设施、各种人文旅游景观以及一些自然旅游景观有机会得到维修养护和恢复生机；当地居民之中由于游客大量拥入带来的负面效应而对发展旅游业产生的不满情绪也能得到暂时缓解；当地自然生态环境也会获得休养生息的时间。这些对于维护和提高旅游服务质量，改善旅游产品和旅游目的地的声誉无疑是非常有利的。

旅游经济活动的短周期变化是客观存在现象，对于如何缩小旅游淡、旺季需求之间的差距，提高淡季时期旅游设施的利用率和经济效益及减轻旅游旺季时的超常压力，国外已有许多人士进行了多种研究，其代表人物主要有巴伦、雅库米斯、萨克利夫、辛克莱、赫斯本兹等。他们使用的研究方法主要有结合运用吉尼系数的洛伦兹曲线法、时间序列分析法、标准离差分析法、调和分析法以及信息论中的某些方法。他们中的一些人曾试图将有关旅游目的地地区的季节性波动问题进行数量化研究，以求更加准确地考察和预测旅游需求的季节性变化程度。但是由于影响旅游需求变化的因素极其复杂，要想准确将季节因素与其他因素的影响区别开来难度较大，所以这类研究的结果在准确性上往往存在一定问题，值得引起今后从事这方面研究的人士注意。

## 中　周　期

旅游经济活动的中周期是指因各种情况而引起旅游经济活动发生持续时间在一至数年之内的变化周期。这种周期性变化的诱发原因是多种多样的，主要来自自然、社会、经济和政治等方面，例如客源市场人口结构变化、旅游者偏好的变化、自然及人文景观发生变化、客源国或地区经济状况的变化以及旅游目的地或其他有关地区发生传染性疾病流行、政局动荡变化、局部地区出现国际局势紧张、石油价格大幅度上涨、恐怖主义活动、各类重大交通或其他事故，等等。这些变化因素的影响范围有的限于某个旅游目的地，有的则波及世界局部地区或涉及全球性的旅游活动，这些因素的出现大多没有规律可循，往往带有突发性或偶然性，对于旅游活动的影响也多为暂时性的，但其持续时间则长于季节性的影响，一般在一至数年不等。从全球角度来看，自60年代至今对世界旅游产生重大影响的事件主要有石油价格暴涨和其他原因引起的世界性经济衰退、局部地区战争爆发和恐怖主义活动流行等。其中以70年代以来的两次石油危机和1985～1986年频繁发生的恐怖主义活动对世界旅游的不利影响最为严重，每次影响的时间都持续在两年以上；1979年的第二次石油危机影响则长达4年之久。国家政局变化、汇率或币值变化、局部地区战争、传染病流行等方面的事件一般只对某些国家或地区的旅游业产生影响，例如80年代后期艾滋病大范围流行对肯尼亚的国际旅游业一度曾产生严重后果；1989年中国发生的政治风波造成了中国国际旅游业的大滑坡，并对香港的国际旅游业也造成相当大的冲击。近年来，中东地区、巴尔干地区和前苏联的某些地区军事冲突不断，战争频繁，对这些地区的旅游业造成了巨大的破坏，等等。自然灾害、某些旅游企业部门发生的重大安全事故、自然及人文景观特点减退造成的旅游资源吸引力下降等因素的影响范围要更小一些，往往只限于某个旅游目的地、某个旅游景点、某些旅游行业部门乃至某个具体旅游企业。这类事件中影响较大的有1981年美国堪萨斯市凯悦饭店坍塌事故、1986年和1989年墨西哥和美国旧金山分别发生大地震、1986年美国泛美、夏威夷等航空公司的客机毁坏事故、1986年美国黄石国家公园的特大森林火灾、90年代埃及、巴西、中国等旅游目的地发生针对旅游者的刑事案件和恐怖主义活动等等。虽然这些事件持续时间一般很短，但对有关旅游目的地或旅游企业的影响却往往延续相当长时间，其原因是由于在信息社会的今天，这类事件发生的消息会通过各种传播媒介迅速流传开来，因而不仅会在事件发生时使旅游目的地或旅游企业的旅游经济受到一定损失，而且也会使其在旅游者心中的形象严重受损，这种影响是难以在很短的时间内消除掉的，要想重新树立良好的形象往往需要花费相当长的时间和努力。同时，由于旅游产品的购买多以预定方式为主，要想吸引大量游客重返一个旅游目的地也需要一定的时间过程。

人口结构和旅游者偏好的变化虽然有时也会对某个旅游目的地的整个旅游接待产生影响，但更多的情况是这种变化只对某种旅游产品或旅游项目的需求产生影响。同其他突发事件相比较，这种变化造成的影响是一个渐进的过程，因为人口结构和旅游者偏好只能逐渐发生变化，旅游目的地或旅游企业调整发展战略、设计组合新的旅游产品或开发新的旅游项目乃至更新原有形象，都要逐步进行，因而引起旅游经济运转变化的周期也要比季节性引起的周期性变化长。

除去少数可对旅游需求产生有利影响（如一国的货币贬值会使入境游客增多）以外，上述因素多数不利于旅游业的发展，从而造成游客人数急剧下降。由于这类不利因素往往无法事先预料，只有在事情发生之后，设法尽量缩短其影响周期，因此旅游接待一方必须随时做好应付紧急情况的各种准备，以便在事故发生之后能够及时采取措施使旅游接待业务恢复正常运转。同时，更应注意及时开展在旅游者心目中重新树立良好形象的工作，这往往需要在旅游市场营销、旅游宣传和旅游公关等多方面作出极大努力。近几年来，一些旅游目的地游客人身不安全事件的一再发生对旅游业的影响日益严重，因而在世界上普遍引起了关注，一些国际组织和国家纷纷召开会议或采取专门措施研究和解决旅游安全问题。

## 长 周 期

长周期是相对于前两种周期而言，持续时间更长的运动周期，一般是指一定区域范围内的旅游经济活动发展的整个时间周期。有的人士根据一般产品生命周期的概念，对旅游经济活动的长周期进行定义。基本概念是：旅游产品的发展同各种生物体的成长过程相类似，也要经过不同的发展和成长阶段。与一般产品生命周期概念不同的是，旅游产品生命周期概念中是以旅游接待人数来代替产品销售数量做为划分和衡量产品生命周期不同阶段的标准之一。这一产品生命周期概念可用于研究某个旅游企业（如旅游饭店）或某个旅游景点的发展变化规律。在此后，又有人将这一概念加以扩展，提出了旅游目的地或旅游区域发展生命周期的概念，其研究对象则是包括各种旅游企业和旅游景点在内的特定旅游目的地区域内的旅游经济活动发展的周期性规律。

虽然早在1939年国外就曾有人提出过类似概念，但这方面的研究到70年代末、80年代初时才在一定范围内受到较为普遍的重视，其中以R.W.巴特勒的研究最具代表性。目前关于旅游产品的生命周期，人们普遍接受“开创、发展、成熟、衰落”四阶段划分法（见图1），对于旅游区的发展生命周期，人们则普遍接受巴特勒提出的看法。他认为一个旅游区发展生命周期的最一般形式是一条呈现S形的曲线，并可划分为“试探、初创、发展、巩固、滞缓、衰落（或更新）”6个阶段（见图2）。

由于生命周期理论分析了旅游产品或旅游区不同发展阶段在接待人数、游客类型、现金流量、利润以及市场竞争状况等方面的不同特点，因而对于制定旅游计划与开发策略、旅游市场营销策略以及旅游经营管理措施上均有较强的实用价值。

旅游产品生命周期在不同阶段的特点见表1。

旅游区发展周期不同阶段的特点比较复杂，除了具有某些与旅游产品生命周期不同阶段相类似的特点之外，还有其他许多独有的特点（见表2）。

**图1 旅游产品生命周期曲线**

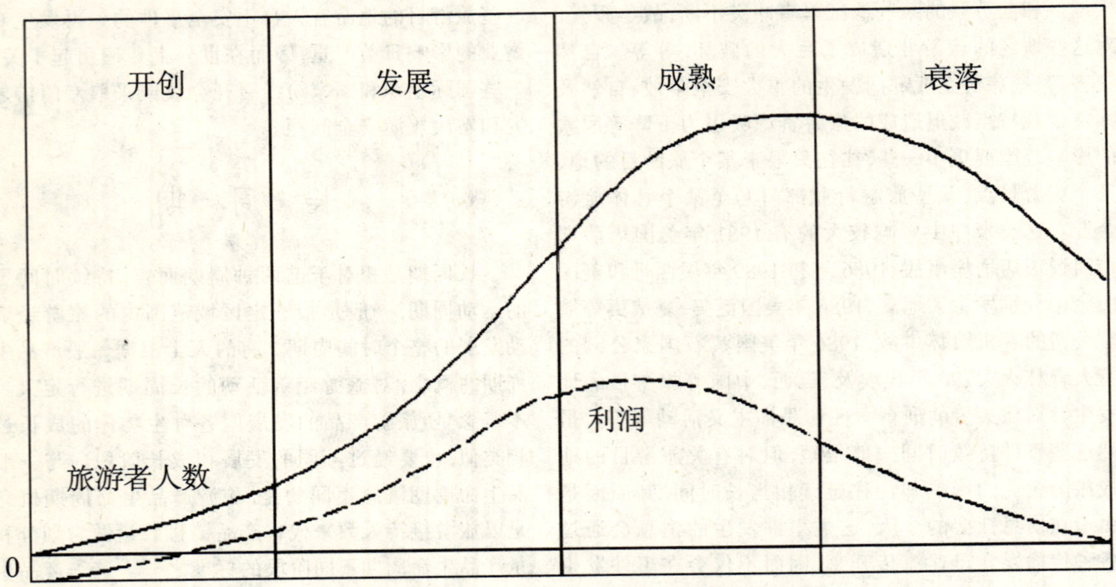


**图2 旅游区发展生命周期曲线**

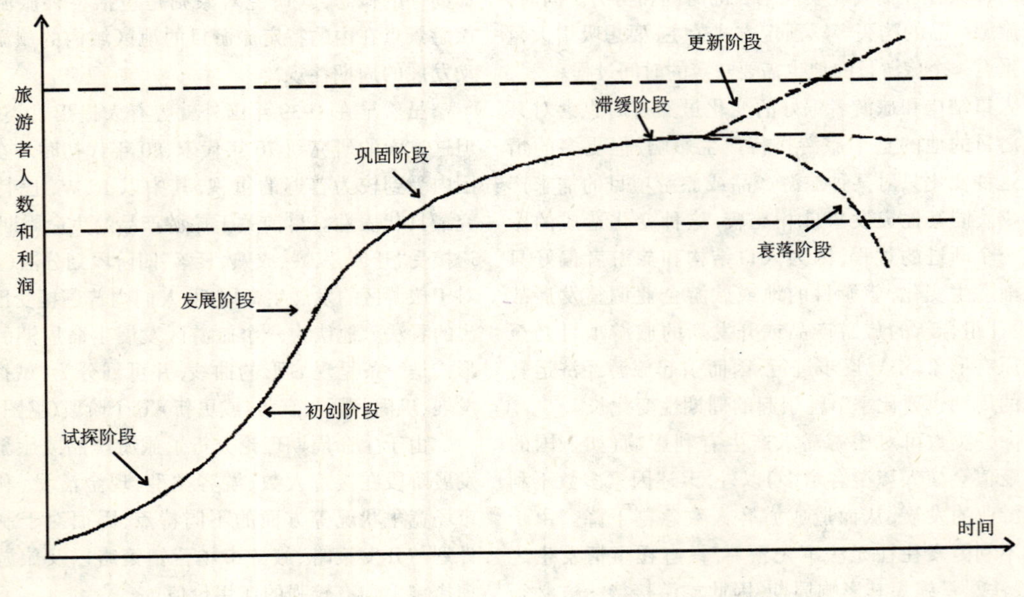

**表 1 旅游产品生命周期各阶段特点**

| 类别 \ 特点 \ 阶段 | 初创 | 增长 | 成熟 | 衰退 |
|---|---|---|---|---|
| 销售数量 | 较低 | 迅速增长 | 缓慢增长 | 下降 |
| 利润 | 微乎其微 | 达到顶峰 | 开始下降 | 很低或者为零 |
| 现金流量 | 为负数 | 中等 | 较高 | 较低 |
| 消费者类型 | 喜好新奇 | 大众市场 | 大众市场 | 求稳保守型(落伍者) |
| 竞争对手状况 | 很少 | 增加 | 很多 | 数量较少 |

以上是旅游经济运动长周期的一般形态,但是并非每种旅游产品或每个旅游区的发展都会完全按照标准的S形曲线发展。不同旅游区或不同旅游产品的发展周期会表现出各不相同的变异形态。目前世界上主要旅游目的地的发展周期曲线形态的几种主要变化形式见图3。

划分不同生命周期阶段的方法有许多,主要可通过比较以下各种指标来确定:销售量或游客接待人数增长率变化(一般是在坐标图上描出其曲线变化轨迹);市场占有率或游客接待人数同市场需求潜力的比率变化;首次购买或者首次来访游客占全部游客接待人数的百分比;竞争对手的数量;价格和利润水平的变化;广告宣传、促销活动和价格变动等引起的需求弹性变化;符合市场需求的旅游产品创新情况;游客在本旅游区消费支出的变化情况;本地区接待的旅游者类型变化情况。

不同旅游产品或旅游区发展生命周期及其各不同阶段的长短也各不相同,墨西哥的坎昆和世界上某些分时共享旅游度假地几乎在开发之后马上就进入了发展和巩固阶段,并且长时间维持在这一阶段,而英国的斯卡维勒从试探阶段发展到更新阶段,整整经历了350多年。旅游企业或旅游区都希望自己的发展生命周期愈长愈好,尤其是该周期中发展速度较快、利润率较高的阶段维持愈久愈好。通过采取相应的策略和措施,可在一定程度上达到上述目的。

表3显示了在不同生命周期阶段可采取的相应措施,可供各有关旅游业部门参考选择。此外,还可以从以下几方面考虑制定相应的策略:设法使旅游者增加在本地区的游览时间和频率;对旅游产品进行深层次开发,将社会、文化、自然等方面的资源进行相互交融式的立体开发;转移开发方向,进行产品改革、更新或替换现有的过时旅游服务设施,开发新的旅游产品和项目,以吸引新的客源市场;进行市场转移,在原有旅游产品基础上寻找新市场。改进本地区旅游信息服务系统和旅游标志物,吸引不同类型的游客前来游览;对于自己和竞争对手的产品质量、形象、市场销售、价格等方面的情况进行详细了解,以便采取相应的竞争策略;联合本地区多方力量,由政府和民间联合进行旅游投资,加强开发和改进本地区旅游业的薄弱环节,合理改善和控制本地区旅游发展的进程和格局。

用产品生命周期理论分析制定旅游产品的开发和经营管理策略虽然具有相当的价值和作用,但其本身也存在各种不足之处。例如不同的旅游产品或旅游区发展的生命周期以及所经历的各个阶段时间长短不一,各个阶段的曲线模型也各不相同,没有固定规律可循,必须经过相当长时间的观察和具备相当完备的历史数据资料,才能较准确地预测,这两个条件缺一不可,否则所制定的开发规划和经营策略将带有一定的盲目性,从而使开发风险增大。此外,同一企业的不同旅游产品,同一旅游区的不同旅游企业或不同旅游吸引物、同一客源市场的不同类型旅游需求者或同一旅游目的地或旅游吸引物的物理、心理及生态环境容量都会有所不同,从这些不同的角度进行观察,生命周期便会显示出不同的特点,所以用从一个方面或角度观察得出的结果去指导全局性旅游规划开发或旅游市场营销工作,也很有可能得出不正确的结论或导致决策失败。因而在使用生命周期理论进行情况分析时,必须对这些问题给予足够重视。

**表2 旅游区发展生命周期各阶段特点**

| 阶段＼特点＼类别 | 旅游者 | 旅游资源 | 旅游业发展 |
|---|---|---|---|
| 试探阶段 | 少数喜爱冒险、不喜欢追随大众化旅游方式的旅游者首先到来,与当地人直接接触的程度很高。 | 当地自然美景的幽静气氛和原始状态或强烈的地方文化特色均未受到外来影响,对首次前来的旅游者吸引力很大。 | 旅游业尚未开始发展,各种旅游服务设施和基础设施均不足,可进入性较差,给前来旅游的游客造成诸多不便,游客人数受到限制。 |
| 初创阶段 | 游客人数开始稳定增加,形成一定规模的季节性旅游流量和客源市场区域。 | 处于早期开发利用阶段。 | 有关方面为了满足游客需要和增加经济收入,开始进行各种旅游设施的初步建设,并通过各种途径宣传推销本地旅游吸引物和旅游服务设施。但基础服务设施可能仍然不足,对当地政府或公营部门造成压力。 |
| 发展阶段 | 游客人数大量增加,在高峰期几乎等于或超过当地永久性居民人口数量,并主要通过事先预定、参加团体旅游等大众化旅游方式前往这一地区。 | 旅游区及各种旅游资源的原有外貌因旅游服务设施的大量修建而改变,随着游客人数大量增加而造成承载力饱和甚至超载现象,使一些旅游景点吸引力下降,一些旅游资源开始受到破坏,成为日后该地区旅游业衰落的根源。 | 旅游业的运作方式开始变化,各种外来商业机构大批进入该地区,提供各种新式旅游服务设施和其他服务设施,旅游业发展控制权已经不在当地原有旅游企业手中。在这一阶段有必要从区域和全国角度对该地区旅游发展进行规划和宏观调控,以便改善该地区旅游业形象,有效对外进行旅游市场营销。 |
| 巩固阶段 | 游客人数仍然保持增长并超过当地永久性居民人数,但增加速度开始放缓。 | 原有旅游资源大多已经开发利用,遭到各种破坏和吸引力下降的程度继续加大。 | 旅游业已充分发展,成为整个国家旅游业的重要组成部分之一,所有著名特许经营旅游企业和连锁企业都在这一地区开办分支企业,形成一个旅游娱乐业集中的区域。 |
| 滞缓阶段 | 游客人数达到高峰,其中有相当部分是回头客。 | 原有旅游景点对旅游者已不具有最初的新奇时髦感,热门程度大减,整个旅游区可能在环境、社会和经济上出现各种问题。 | 旅游业主要依赖回头客和向其他商业服务机构出租其数量繁多的服务设施维持经营,各个旅游企业要用很大努力才能维持游客接待数量。 |
| 衰退或更新阶段 | 大量游客转向其他新的旅游目的地,前往该地区的主要是进行一日游和周末游览的旅游者及属于保守型的旅游者。 | 现有旅游资源对大众旅游市场已无多大吸引力,有的被严重破坏,甚至无法再恢复原貌。有些旅游区的有关部门能够及时认识到这一问题,采取措施加强旅游资源保护与维修,改造原有旅游吸引物,或开发新的旅游资源。 | 旅游业开始走下坡路,客源大量减少,有些旅游服务设施损坏严重,旅游服务质量下降。旅游企业资产转手率很高,住宿设施和其他许多旅游服务设施被转做他用。有些旅游区地方权力当局及其他有关部门开始重视旅游业健康发展问题,为了重振当地旅游业而实施多种扶植政策和改进措施,使这一旅游区得到更新。 |

**图3 各类旅游区发展生命周期曲线的几种主要变化形式**

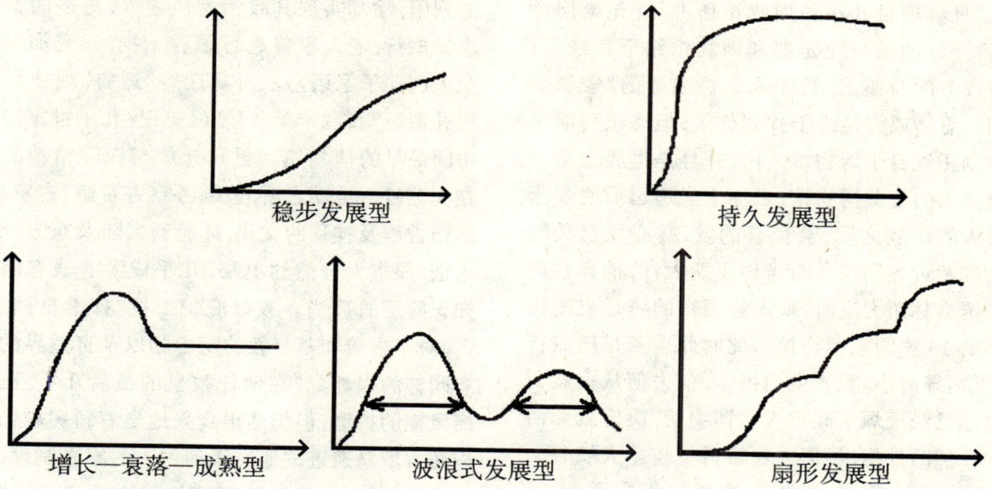


**表3 旅游产品生命周期不同阶段应采取的对策**

| 类别 \ 对策 \ 阶段 | 初创 | 增长 | 成熟 | 衰退 |
| --- | --- | --- | --- | --- |
| 经营战略重点 | 开辟和扩大市场 | 市场渗透 | 维持市场份额 | 维持和提高生产率 |
| 市场营销费用 | 高投入 | 高投入(但比前一阶段下降) | 减少 | 维持低水平 |
| 市场营销活动重点 | 提高产品知名度 | 使消费者对自己产品产生偏爱 | 使消费者对自己产品树立信任感 | 根据实际情况而定 |
| 推销方法 | 零星推销 | 密集推销 | 密集推销 | 有选择地推销 |
| 价格 | 定高价 | 降低 | 降到最低 | 提高 |
| 产品生产 | 基本产品 | 产品改进 | 多样化 | 合理化 |

# 旅游与博物馆

南开大学历史系　黄春雨

关注自己休闲时光如何渡过的人们，大概很容易将旅游式参观博物馆作为选择，旅游与博物馆在人类日常生活中似乎早已不再陌生。但很少有人去考虑二者之间存在的联系及彼此的影响。

博物馆与旅游之间的联系，实际上已经明朗化。当你以旅游者的身分踏上英伦三岛时，导游手册上的一日游、二日游项目几乎被博物馆所占尽，无论愿意与否，即将开始的旅程注定要和博物馆结下良缘了；当你拖着疲劳的身躯，注目于永远微笑着的“蒙娜丽莎”，瞬间的思绪或许是终于找到你了，但您很可能早已忘了此刻正置身于博物馆之内，并且是世界上第一座真正意义上的公共博物馆；当你千里迢迢后漫步于世界上最大的广场之际，会惊喜的发现，心仪已久的故宫博物院竟近在咫尺。而当你飞跃大洋，徜徉在美国华盛顿国会林荫大道时，映入你眼帘的将是史密松学会所属的13座国家博物馆。此时此地若是随旅行社而来，无需导游小姐、先生们提示，何去何从已然明了。如果您已经厌烦了此类人文博物馆，决定就此回身投入大自然的怀抱，尽情去领略科罗拉多大峡谷之雄奇，黄山云、石、雾、松之秀美，陶然怡得之际，若就在此刻猛然看到了国际博物馆协会关于博物馆的定义时，旅游与博物馆如影相随、难分难离之感，恐怕就会由此产生。

## 历史的渊源

博物馆与旅游的联系远不是这般的简单与感性，甚至可追溯到他们最初的产生与发展。研究旅游发展史的学者往往以19世纪为界，之前称之为旅行，之后则被视为旅游。此与博物馆的产生与发展有着许多相似之处，乃至二者在遥远的过去就已然情缘难了。

博物馆的发展是以卢浮宫的向社会全面开放作为其划时代的标志，时在1793年法兰西资产阶级大革命胜利之际，以此为界之前视为前博物馆，之后称之近现代博物馆，划分的依据和旅游基本一致即社会性和普及性。

前博物馆时期，封闭性的王室、寺庙、个人收藏构成了其最显著的特点。获得收藏品的一个很重要的途径就是有钱有闲阶层的求知旅行。被誉为博物馆之父的汉斯·斯隆曾三赴牙买加收集动植物标本，大英博物馆的建成正是源出于他在世界各地的收藏。与此相应，这类求知旅行其足迹所至、目的所在又往往以人类文明遗产及异域文化艺术为对象。孔子周游列国，除却实现其政治抱负之外，更多的似乎就是求知旅行，老人家曾赴晋国后士祠，研究那里所藏的金人(《孔子家语》)。司马迁曾“适鲁，观仲尼庙堂车服礼器”·“衣冠琴车书”。(《史记·孔子世家》)孔庙是中国最早的博物馆。更具开放与探险精神的欧洲人在文艺复兴运动之后，追缅考察古希腊、古罗马遗迹，踏访古埃及神秘的文化，体验新大陆及东方社会风土人情，探求大自然的奥秘，几乎成了有钱有闲及精英知识阶层的风尚。教皇庇护二世“探索自然，搜奇访古，对于古典和基督教的纪念物以及自然界的珍奇抱有同样的兴趣”，“在他任教皇的最后几年，虽然受着痛风症的折磨，但仍然很高兴地坐着轿舆翻山越岭”，探访古罗马遗迹，“他们谈到古人的军事制度，特别是特洛伊战争，欢乐地消磨掉他们的时间。”[①] “曾经向西吉斯蒙多皇帝说明罗马纪念物的安科纳的奇亚科不仅走遍了意大利，而且也旅行到旧世界的其他各国、希腊、爱琴海群岛中的岛屿，甚至于到亚洲和非洲的一部分，并且带回来无数的碑文和略图。”[①]关心考古学，古人类与古生物学、人类学、地质学、自然史等科学发生发展历史的人，很容易发现他们都和求知旅行有着密切的联系，而我们今天所看到的欧洲多数与此类科学相关的博物馆，实际上大多都遵循着这样的轨迹：求知旅行—搜集研究—博物馆。而博物馆一旦建立开放，又很快变成人类旅行的又一目标或对象。

历史进入19世纪后，博物馆开展了自己社会化、多样化、机构化、专业化的进程，告别了以往束之高阁，秘藏斗室，只供同道、同好彼此煊耀，互相欣赏的形象，成为了公共的事业，大众化的社会文化科学教育机构。昔日王侯宅堂燕，飞入寻常百姓家。往日被视为禁区的庶民百姓可望而不可及的欧洲王室收藏、动植物园，此时也大多向社会开放了，社会大众拥有了共享人类文明与自然遗产的权力。旅行此时也在很多方面开始具有了今天意义上的旅游的特点，19世纪中叶更是取得了突破性的进展。尽管研究旅游发展史的学者极少或并未将博物馆在19世纪所发生的变化做为影响旅游发展的一个因素来考虑，但有一点

① 雅各布·布克哈特著《意大利文艺复兴埋藏的文化》，商务印书馆出版，1979年。

似乎可以认为,即现代旅游以稍晚于现代博物馆在19世纪时出现,表明或至少可以认为近现代博物馆的诞生对于现代旅游业的开端与发展有着极其微妙而积极的影响。旅游毕竟是有动机目的的,特别是文化旅游。德国学者和旅行家温克尔曼(Winiklman)1760年访问英国。对其封闭藏品的做法进行了抨击:"这些野蛮的英国人收购了所有的东西,在他们的家园里,除了他们自己,谁也不让看"。19世纪的博物馆如果仍然如此,情况又会怎样。

二次大战后,随着世界经济的迅速发展,60年代后的欧美发达国家的博物馆又一次进入了发展高潮。以美国为例,60～70年代10年间就建立了1 132个博物馆,平均每3天半就有一个博物馆拔地而起。恰与迅速普及于世界各地的社会化大众旅游相一致。中国亦然。从1985年到1987年,中国的旅游业进入了大发展时期,此时的中国博物馆也以平均每5天就有一座博物馆的速度迅猛发展。

博物馆在当代迅速发展的原因诸多,但业内人士共同承认的一个因素就是日益兴旺的旅游业。旅游推动了博物馆的发展,为博物馆注入了新的活力。博物馆也以自己特有的优势,丰富了旅游资源,提高了旅游行为的品味,在多方面满足了旅游的需求。

## 内在的情缘

旅游与博物馆的这种渊源已久的联系,源自于他们天然而内在的情缘。即旅游与参观博物馆动机的相近相似性,特别是求知和文化旅游。其中求知与精神追求扮演了最为重要的角色。"求知是人类的天性。我们乐于使用我们的感觉就是一个说明,即使并无实用,人们总爱好感觉,而在诸 感觉中,尤重视觉。无论我们将有所作为,或者是无所作为,较之其他感觉,我们都特爱观看。理由是,能使我们识知事物,并观察事物之间的许多差别,此于五官之中,以得之于视觉者为多。"[①] 现代世界随着科学技术的进步越来越专门化,虽然将人类的物质文明推进到了前所未有的高度,但他的负面影响同样的深刻,正严重影响着人类作为一个社会动物的全面发展。利用闲暇时间,追求精神的享受,至少从古希腊起就引起了人们的注意,"犹太人的安息日和基督教的礼拜日的社会作用,就是为了让一个生物,在为了生活劳碌奔走而变成为鼠目寸光的人6天以后,可以在第七天想想他的造物主,重新过一个具有完整灵魂的人的生活"。[②] 即将进入信息时代的人类,当然更渴望通过各种途径实现这一目标,何况我们拥有了双休日和带薪休假。

作为人类文化与自然遗产宝库、终身教育大学、消遣娱乐场所的博物馆,以其直观性、形象性、不受年龄、学历限制的特有方式,使观者不仅可以获得知识,激发灵感,同时也是美的享受,性情的陶冶,身心的松弛。当代的博物馆已经渗透扩展到了人类生活的各个角落,日益影响着人们的精神文化生活。从展示人类卓越创造能力、征服宇宙、壮观森严的航天博物馆到表现人类酷爱艺术的火花博物馆,从庞大雄壮的恐龙博物馆到小巧美妙的蝴蝶博物馆,真可谓琳琅满目,不可胜数,博物馆已成为一个国家民族文化和精神的象征。自然她也就成为人类求知与追求精神文化享受的选择,当然也由此被纳入了旅游的主要资源,成为旅游的重要项目。80年代中期纽约市政府发表了一个关于发展旅游事业方面的报告。报告表明,由于在大都会博物馆举办了图腾、卡门展览,使得这个城市的旅游收入达到了10几亿美元。报告还表明,60%的游客到纽约来是为了享受文化设施,20%的游客是为了经济和文化两个目的。[③]

## 旅游与博物馆的合作

尽管旅游与博物馆有着这样或那样的联系,但毕竟她们属于两个独立的领域。仅就动机行为而言,较之博物馆的支持与热心者,多数旅游者则往往呈现出浮光掠影,走马观花或是漫不经心,对于他们而言只不过是假期消遣的一个项目,而不是一种意识较强的学习活动,虽然也抱有求知的愿望,但往往模糊不清,

① 亚里斯多德著《形而上学》,商务印书馆出版,1981年。
② 汤因比著《历史研究》,上海人民出版社,1997年。
③ 中国博物馆通讯:《当今世界博物馆发展中的若干问题》,1985年6月。

他们的乐趣和享受完全取决于能否在展览中看到那些他们熟悉的或是世界闻名的东西，如蒙娜丽莎画像、古希腊大理石石雕等等。同时还伴有朝圣或为了得到社会的认同的虚荣倾向，由于顾及他人是否参观过某某著名博物馆或某某极其珍贵罕有的藏品的询问，旅游者会拖着疲惫的脚步穿过卢浮宫并在《蒙娜丽莎》画前拍张照片或买件纪念品。

旅游为博物馆的发展提供了难得的发展机遇，同时也给博物馆带来了新的问题，她再也不能将自己视为文化的守护神，无视旅游者的需求，一味地扳起面孔来教训人，适应旅游势在必行。当然博物馆也决不是旅游的附庸，博物馆自身目标、价值不能抛弃。如何兼顾娱乐、精神收益和社会收益，是博物馆急需解决的问题。

80年代以来国际国内已有不少博物馆作了许多有效的尝试：鼓励参与、寓教于乐、周到完善的服务、高科技的手段，被认为是最佳选择。北京大葆台西汉墓博物馆，在北京市文物局和旅游局的支持下推出了《模拟考古》活动项目，按照田野考古发掘的程序，人为地复原一处考古工地，让游客自己动手在娱乐中揭开考古这一奥密。模拟考古发掘完毕后，游客可以优惠价买走自己亲手发掘的文物复制品，同时得到一张模拟考古鉴定证书，做为永久性纪念。新墨西哥州自然历史博物馆，让观众通过亲自摸触或感受，及至通过实验的趣味性来受到教育。该馆运用可视听系统、电子技术、光导纤维通讯等现代科技手段，把遥远的史前世界表现得生机勃勃，恐龙骨骼观众可自由触摸，骨架模型也可随意拆装。鼓励游客仔细了解其解剖结构。故宫博物馆和一家美国公司合办了录音导游服务业务，共有英、法、日、德、俄、意大利、西班牙、普通话、广东话、闽南话10个语种，依靠一导游单放机和耳机，便可使游客真正了解故宫。

博物馆正在努力适应着旅游的需要，同时又承受巨大的压力，特别是拥有世界级人类文化与自然遗产物的著名博物馆就更为严峻。汹涌的旅游大军络绎不绝，给博物馆藏品的安全、保护及博物馆的环境带来很大的危害。梵蒂冈博物院游人年均1 800万、故宫博物院1 100万、尔未塔什博物馆350万、英博物馆和卢浮宫300万、埃及国家博物馆250万、兵马俑博物馆250万……看到这样的数字，旅游业内人士肯定会由衷的高兴，而博物馆界则报以苦涩的微笑。故宫必须年复一年的从神武门修复到午门，从午门再返回神武门才能保证其寿命之久远。梵蒂冈与故宫的形情几乎相同，尽管他们都拥有世界博物馆中最大的游客群，但文物保护，古建修缮耗资甚巨，仍然入不敷出。而开罗埃及博物馆不得不关闭部分陈列室，以换取喘气之机。博物馆是一个不追求盈利为社会和社会发展服务的公共机构，国家的法律、社会的舆论都不容许她利用属于全人类的遗产牟取与之公益事业不相符的利益，仅仅依靠博物馆自身或政府的部分拨款、社会的赞助，来实现其将人类文化及自然遗产存之久远的目标实在太过于艰巨。

旅游业发展与兴旺有赖于旅游资源这一根本基础，作为旅游资源重要组成部分的博物馆，其藏品具有不可再生产的特性，与人造景观，主题公园有着本质的不同。因此旅游业的管理者和决策者应该高瞻远瞩。至少出于保护旅游与开发旅游资源的本身利益，也应给深受经费困挠的博物馆以支持，在合作中共同而又可持续的发展。事实上英国人早在20年前就已经着手实施了。1969年颁发的旅游发展条例的第四条规定，博物馆可以向地区旅游局要款或贷款。凡有利于旅游事业发展的，丰富参观内容等计划，都可以得到至少20万英镑的经济援助。80年代中期有议员甚至提出要为博物馆、旅游业、遗产、艺术等专业设立综合性的政府管理部门。尽管这一要求没有得到英国政府和国会的同意，但是随着21世纪新的休闲时代的到来，旅游与博物馆的联系将日益广泛与密切，博物馆与旅游的合作问题该是认真研究的时候了。

## 中国的博物馆与旅游

中国的博物馆与旅游一样的年轻，至今不足百年，多数省份基本上市市都有博物馆。自80年代中期以后投资亿元或以上的大型现代化博物馆不断出现，陕西历史博物馆、抗日战争纪念馆、辽沈战役纪念馆、河姆渡遗址博物馆等成为了新的旅游点，当地的新的经济增长点；投资亿元以上改修扩建的博物馆也不时以新的面貌出现在游客的面前；现代化了的上海博物馆、河南省博物馆等更具吸引力，造型新颖、建筑独特、内容丰富、展示先进等特点使之日益受到旅游者的欢迎。其他富有特色的专题博物馆如山西洪洞苏三监狱博物馆、洛阳古墓博物馆等也层出不穷。截止1997年底全国博物馆总数达到了1 900多座，其中文物系统也就是国家文物局所属博物馆1 274座，自然和科学技术馆300余座，军事、体育、邮电等各行业馆300余座。涉及到了历史、艺术、自然、科技、综合、纪念馆、特殊博物馆多种类型。由于中国博物馆对于博物馆认定标准与国际博协及其他欧美国家不同，历史考古遗迹、古建筑、动植物园、自然公园等并没有纳入博物馆的范畴，相对于其他国家和地区，中国的博物馆更为传统。

80年代中期以来是中国博物馆大发展的时期。除却各种与博物馆发展最直接的一些因素之外，如藏品的积累、文物保护之必需等，旅游业的影响也是不可忽视的。甚至有些博物馆的建立正是由于当地政府认识到了旅游与博物馆将会产生的经济效益才下定决心进行投入。山东省淄博市投资4 000万元新建了市博物馆，投资800万元建成了古车博物馆，建成和待建博物馆有17座，一个"以张店市博物馆为中心，以五区三县城市发展为依托，自然景点和文物景点相结合，形成文物旅游四线七中心"的规划正在实施。① 据国家文物局统计，1985年后文物系统博物馆年观众人数基本上保持在8 000～9 000万人次的水平，国外游客400～600万人次。1997年全国文物系统博物馆观众人数达9 208.7万人次，其中外宾608.9万人次。1997年全国国内旅游人数达6.44亿人次，经旅行社承办的国内城镇游客人数为1 528.10万人次；来华过夜旅游者人数2 377.00万人次，经旅行社接待的过夜海外旅游者650.13万人次。② 尽管我们不能简单地将两者进行比较，但有一点是十分清楚的，即海外游客参观博物馆的比例相当高。与来华过夜旅游者之比为1比6，与旅行社接待的过夜海外游客之比几乎是1比1。而国内游客光顾博物馆的数字在处理中就不那么容易了，因为我们很难将博物馆所在地的观众与游客区分出来。不过通过各种方式还是能够从中发现这样的现象：1996年北京市百余个博物馆的参观人数3 000万人次，③ 这其中也包括非文物系统博物馆，这些博物馆的观众数字由于没有权威部门的统计，具体情况不甚清楚，如果按《中国部分自然科学类博物馆、科技馆建筑面积、展厅面积，近年接待观众量数据统计》④ 推算，大致在150万～250万人次左右。当地观众量即使我们以每4人就有1人参观过博物馆这样乐观的统计为250万人次，那么是年参观北京市文物系统博物馆的游客人数当有2 500万人次。1996年全国文物系统博物馆的参观人数为8 265.1万人次，其中外宾407.3万人次，也就是说仅北京市一地博物馆的游客人数就占了文物系统全国博物馆观众总数的31%。毫无疑问，旅游之于我国博物馆的影响，博物馆对于我国旅游业的作用同样的巨大。同时也应该清醒地认识到，旅游热只惠泽于为数不多而又声名远播的某些博物馆身上，大多数中小型博物馆仍然门前冷落。造成这种状况的原因究其主要，一方面是有关部门在旅游资源的开发中对博物馆重视的不够，沟通、合作不够，致使耗资以数十亿元之巨的多数人造景观等旅游设施因缺乏对游客的吸引力而纷纷倒闭，相反一些极具旅游价值的博物馆却只因经费的严重不足，而只能待嫁闺中，空守寂莫。当然最主要的还是博物馆自身的问题。

其一，大多数博物馆藏品的数量、类别、质量差强人意，难以组织起有特点、有吸引力、既有知识内涵又有趣味性、娱乐性的展览，即使是富有特色的博物馆也多有名不符实之嫌。1997年全国文物系统博物馆藏品为9 013 401件，其中故宫博物馆就占有96万件，这意味着除去10多个藏品在10万件以上的大馆，全国博物馆藏品的平均数不足1万。观念上的厚古薄今，又导致了类别上的单一，单调，被游人称之为千馆一面。

其二，多数博物馆的陈列展览无论是陈列设备、陈列形式，还是内容的编排，都呈现出陈旧落伍不合时宜的状态，难以调动观众在感官上的特殊作用。

---

① 张光照：《建立淄博市博物馆网络和文物旅游中心的设想》，《中国博物馆》，1995年4月。

② 中国旅游报：《1997年中国旅游业统计公报》，1998年6月18日。

③ 毛享：《北京市博物馆建设再现高潮》，《中国博物馆通讯》，1997年4月。

④ 朱幼文：《中国部分自然科学类博物馆、科技馆建筑面积、展厅面积、近年接待观众量数据统计》，《中国博物馆通讯》，1997年1月。

# 世界重大经济活动

## 1998 年 1～12 月

**中巴投资研讨会举行** 2月12日，正在此间访问的巴基斯坦总理纳瓦兹·谢里夫和国务院副总理吴邦国出席了由中国贸促会和巴基斯坦政府共同在京举办的中巴投资研讨会并讲话。中巴双方300多人参加了研讨会。

吴邦国说，中巴建交47年来，双方在文化、科技、经贸等领域进行了卓有成效的合作，巴基斯坦已成为中国在南亚的重要贸易合作伙伴，两国贸易额保持逐年增长势头。中方对此表示满意。他指出，目前两国经济合作的水平同两国经济实力和政治关系的发展步伐相比，无论从深度和广度都还远远不够。他表示相信，在中巴两国政府和人民的共同努力下，两国面向21世纪的全面合作伙伴关系将得到进一步巩固和发展。他指出，中国政府将继续积极鼓励中国公司和企业拓宽与巴的经贸合作。

谢里夫说，巴中两国目前都在致力于发展本国经济。巴基斯坦政府欢迎中国工商界参与巴基斯坦的经济建设，以促进两国之间经过岁月考验的友好关系的发展。他表示相信，这次研讨会将使双方确定互利合作领域，进一步加强巴中良好的政治关系。

**中国最有价值品牌揭晓** '96中国最有价值的品牌2月18日在北京揭晓。按照国际通常采用的品牌内在价值比较方法，北京名牌资产评估研究所对市场上有较大影响的12个行业60个品牌进行了调查。

在外国名牌纷纷进入并占领中国市场的今天，这项研究不仅可以指导中国企业按照名牌内涵发展规律创立世界名牌，而且还能激起国人使用中国名牌产品的热情。

'96中国最有价值品牌前19名是：红塔山332.00亿元，长虹122.08亿元，海尔77.36亿元，一汽69.96亿元，春兰65.54亿元，云烟52.05亿元，KONKA 42.38亿元，九九九36.24亿元，五粮液35.85亿元，联想35.74亿元，青岛啤酒33.42亿元，TCL32.50亿元，嘉陵27.30亿元，贵州茅台26.99亿元，科龙26.78亿元，美的26.54亿元，小天鹅23.28亿元，古井贡22.72亿元，华北制药22.56亿元。

**中国进入世界十大商标注册国行列** 从国家工商局召开的《商标法》实施15周年座谈会上了解到，自从1983年3月1日《商标法》实施以来，中国商标注册申请和有效商标注册量逐年大幅度增长，经过15年的努力，中国已进入世界十大商标注册国行列。

中国商标法制建设的日臻完善和全社会商标意识的不断提高，带动了商标注册申请和有效商标注册量逐年大幅度增长。1982年，全国有效注册商标仅为8万多件，至1997年，全国有效注册商标已达86万多件，增长了10倍多。1983年，商标年申请量仅为2万多件，1997年各类商标年申请量已近21万件，也增长了10倍多，1997年我国各类商标申请量在世界名列前茅。《商标法》实施前，来中国注册商标的国家和地区仅有26个，注册商标共计1万多件，到1997年底，已增加到92个国家和地区，注册商标累计达到15万多件。中国进入世界十大商标注册国行列。

**七国集团财长会议声明要点** 七国集团财政部长和中央银行行长会议2月21日闭幕。会议后发表了声明。

部长们指出，最近的事件突出说明世界各国经济之间的相互依赖越来越紧密，要成功地应对目前和将来的挑战"要求各国当局越来越紧密地合作"。

会议讨论了在建立欧盟经济与货币联盟方面取得的进展及其对七国集团的影响。在金融市场方面，七国集团重申汇率应当反映经济基本因素，过分动荡和严重背离基本因素的情况是不可取的。七国集团强调指出，避免过分贬值是重要的，因为过分贬值可能使对外巨额收支不平衡的情况恶化。七国集团同意监视汇率方面的发展，并进行适当的合作。

关于亚洲发展情况，声明说，受影响的国家只有通过采纳和强有力地实施重大而影响深远的改革才最能打下复苏的基础，而且这种改革要得到国际货币基金组织和其他金融机构的临时援助，“并要私人部门发挥重要作用”。

七国集团强调支持国际货币基金组织提出的亚洲经济改革计划并承认保护人道主义及社会开支的重要性。

**中国国务院颁布《外商投资产业指导目录》** 《人民日报》1998 年 2 月 23 日第十二版公布了中国政府《外商投资产业指导目录》。该目录 1997 年 12 月修订，于 1997 年 12 月 29 日经国务院批准，自 1998 年 1 月 1 日起施行。目录共分三大部分：鼓励外商投资产业目录、限制外商投资产业目录、禁止外商投资产业目录。

**世界经济论坛年会在达沃斯闭幕** 总部设在日内瓦的世界经济论坛 2 月 3 日结束了为期 6 天的年会。1998 年年会的主题是“21 世纪优先考虑的议题”，其中包括东南亚金融危机的影响、明年启用欧元后将对美元和日元产生的影响、发展经济的国际环境与可持续的关系等。

中国国务院副总理李岚清应世界经济论坛主席施瓦布的邀请参加了这次年会，并在会上发表了题为《中国经济稳步前进》的演讲，向世界宣布中国保持人民币稳定，为亚洲金融危机作出贡献，受到世界各国的高度赞扬。外电认为，在亚洲金融危机中中国是“惟一的稳定极”。

**世界经济论坛发表报告，非洲经济发展能力趋势** 世界经济论坛 3 月 4 日提供的《1998 年非洲竞争能力报告》显示，非洲国家经济发展能力趋于加强。

世界经济论坛日前根据各国的开放性、政府运作能力、财政状况、劳动力状况、基础设施状况等 6 项指标，对非洲 23 个国家经济发展的竞争能力进行了综合评估。结果显示：毛里求斯、突尼斯和博茨瓦纳名列前三位。排四至十位的国家为纳米比亚、摩洛哥、埃及、南非、斯威士兰、加纳和莱索托。

据介绍，西印度洋上的岛国毛里求斯的年经济增长率平均为 6%；北部非洲的突尼斯在过去 10 年里经济增长率平均达到 4.5%，国内生产总值将近 140 亿美元。位于非洲南部的博茨瓦纳曾被视为贫困国家，如今不仅摆脱了贫困，而且被世界银行列为中等收入国家。

报告指出，虽然南非目前的经济增长率不特别高，竞争力排在第七位，但却是非洲大陆最具经济实力的国家，而且在废除种族隔离制度向民主化过渡中保持了国家稳定。

世界经济论坛 1971 年创建于日内瓦，是研究和探讨世界经济领域各种问题，并促进国家间经济合作与交流的国际性组织。

**美洲国家部长会议** 第四次美洲国家部长会议 3 月 19 日在哥斯达黎加首都圣何塞闭幕。会议通过的《圣何塞声明》确立了美洲自由贸易区谈判的原则和目标。

来自美洲 34 个国家的贸易或外交部长、美洲国家组织、美洲开发银行和联合国拉美经委会的代表参加了今天的会议。他们通过的《圣何塞声明》将递交到 4 月在智利首都圣地亚哥举行的第二次美洲国家首脑会议上讨论。

声明规定，建立美洲自由贸易区的谈判应遵循以下原则：谈判决议需经各国协商达成；谈判应保持高透明度；美洲自由贸易区协议应遵循世界贸易组织的原则；谈判在所有领域同时开始等。

根据声明，建立美洲自由贸易区谈判的总目标是通过加强美洲国家间的经济一体化和自由贸易，具体目标是在 2005 年谈判结束前，就如何取消贸易和投资障碍，开放市场，制定关于海关程序、动植物检疫、补贴、反倾销和赔偿、知识产权等方面的政策达成协议。

**南亚合作联盟经济会议** 南亚区域合作联盟第二次经济会议 3 月 19 日在伊斯兰堡闭幕，并就“各成员国为在 2001 年实现南亚自由贸易区而加紧努力”达成一致。

这次会议于 3 月 18 日召开，来自孟加拉国、不丹、马尔代夫、斯里兰卡、尼泊尔、印度和巴基斯坦的 100 多名政府官员和经贸界人士出席了会议。他们就扩大地区贸易、保护和促进投资、发展旅游、加强商务信息交流和开发人才资源等问题进行了广泛探讨。南亚区域合作联盟第一次经济会议曾于1996年11月在印度召开。

**第四届中法经济研讨会举行** 由中国国际贸易促进委员会和法国法中委员会联合举办的第四届中法经济研讨会，3月19日～20日在北京举行。李岚清副总理向大会发来书面致词。

受李岚清副总理委托，中国贸促会会长俞晓松代读了他发来的书面致词。

法国法中委员会主席让—皮埃尔·德乔治先生和中国贸促会会长俞晓松在开幕式上先后致词。法国前总理巴尔先生就中国的经济结构的调整与改革、企业资金如何筹措等发表了热情洋溢的讲话。巴尔特别称赞中国在东南亚金融危机中的出色表现，称中国对本地区经济稳定的重要作用相当于轮船之锚。

中法两国经贸、工业、金融和科技界的同行们就跨国企业的人力资源、国有企业的重组、信息技术、民用核能等问题进行了热烈的探讨，两国同行对这些问题的最新发展及两国在这些领域的合作潜力有了更进一步的共识。一些法国企业负责人还与中国的合作伙伴就具体项目进行了洽谈。

**首次"中国国际名牌战略会议"** 由国家经贸委、国家技术监督局和中国贸促会联合主办的"中国国际名牌战略会议"3月31日在京开幕。

海尔、长虹、联想、健力宝和小天鹅等150家国内著名品牌的公司领导，以及宝洁、杜邦、摩托罗拉、波音和AT&T等50家国际知名公司的代表应邀出席大会。与会者就企业品牌策略的制订与完善交流经验和看法，希望通过这次会议使国内企业对国际知名品牌的创造策略方面的经验有所借鉴，配合国企改革步伐，推动名牌战略的实施，让越来越多的中国品牌走向世界，参与国际竞争。

**第三届亚洲报业大会暨博览会** 第三届亚洲报业大会暨博览会于3月30日在马来西亚吉隆坡太子世界贸易中心开幕。来自亚洲一些国家和地区的新闻媒体、国际知名多媒体、信息、印刷、制版等相关生产厂商在博览会上设立了展台，近150名代表出席了大会和专题技术报告会。

人民日报、中国日报、新民晚报、今晚报、深圳特区报、深圳商报和中国报业协会参加了博览会并设立展台。

**"东亚经济的回顾与展望"研讨会** 由中国国际文化交流中心主办的"东亚经济的回顾与展望"研讨会4月1日在北京大学光华管理学院举行。

本次研讨会围绕东亚经济的回顾与展望、21世纪中日经济关系等问题展开。与会的中日学者们在认真回顾和总结东亚经济发展的基础上，从各个不同的角度对21世纪中日经济合作的意义及其发展前景进行了深入有益的探讨，并提出了许多建设性的设想。

**中国——欧盟领导人会晤联合声明** 1998年4月2日，中国总理朱镕基同欧洲联盟主席英国首相布莱尔和欧洲联盟委员会主席桑特在伦敦举行了首次中国——欧盟领导人会晤。双方在友好的气氛中就进一步发展中欧关系及共同关心的国际问题深入交换了意见，达成了广泛的共识。

双方表示希望在中国和欧盟之间建立面向21世纪的长期稳定的建设性伙伴关系。

双方强调，进一步加强经贸关系是中欧关系不断发展的重要基础。

双方将加强在国际金融货币领域的交流与合作。欧盟愿意提供有助于中国建立健全的金融体系的一揽子具体援助。

**第二届亚欧会议** 第二届亚欧会议4月4日中午在英国女王伊丽莎白二世会议中心闭幕。会议通过的主席声明强调，在一个相互依赖性很高的世界中，亚欧会议对于增进亚欧两大洲在政治、经济、文化及其他领域的合作发挥着重要的作用。

主席声明全面评估了亚欧两大洲的形势，强调双方要加强政治对话，增进在经济、社会、文化领域以及全球事务中的合作。声明还就进一步推动亚欧会议进程提出了一系列重要的原则和建议。

声明说，与会领导人认为，亚欧会议进程必须以"平等伙伴、相互尊重和互利"为基础；采取"公开和渐进"的形式；要通过对话增强相互了解；要在促进政治对话、增强经济合作、扩大其他领域合作等"三个关键方面"同时努力；此外，亚欧会议作为一种"非正式的进程"，不需要实行机构化。

与会领导人在声明中指出，加强以开放的市场和国际准则为基础的贸易和投资，将对早日恢复亚洲地区的全面经济增长作出"重要贡献"。声明强调，亚欧会议参与国全面加入世界贸易组织将会强化这个组织的作用;与会领导人将为此加强努力。

本届会议还讨论了亚洲的经济和金融形势。与会者对亚洲地区经济恢复增长势头充满信心,同时对这一地区的金融改革和经济改革提出了建议。会议决定在世界银行设立一项亚欧会议信托基金,以促进亚洲地区金融结构和经济结构的调整。

在本届会议上,与会各国领导人通过了"贸易便利行动计划"和"投资促进行动计划";同时通过了"亚欧合作框架",以指导并协调亚欧会议参与国在政治、经济、金融和其他领域开展对话和各种活动。会议还决定成立一个"亚欧展望小组",对亚欧合作进程作出中、长期预测。

本届会议还制定了一系列后续行动计划。会议再次确定,第三届亚欧会议将于2000年在韩国举行,第四届亚欧会议将在欧洲举行。

本届会议东道国英国首相布莱尔和下届会议东道国韩国总统金大中先后在闭幕式上发表了讲话。

中国国务院总理朱镕基同来自欧盟、东盟和日本、韩国以及欧盟委员会的25位领导人出席了为期两天的会议。

**联合国亚太经社会发表年度报告** 联合国亚太经社会1998年年度报告显示,1996年至1997年,世界经济增长保持强势,平均增长速度在3%以上。同时也伴随着股票市场和外汇市场的动荡。贸易额的下降和资本流入的减少是影响本地区经济增长和导致部分国家发生危机的主要因素。

**22国(地区)集团讨论国际金融问题** 由22个国家和地区组成的集团在华盛顿举行会议,讨论了目前国际金融领域面临的主要问题。会后发表的主席声明宣布将成立三个工作组,以推动国际金融领域的交流,加强国际金融体系。

声明说,与会的财政官员和中央银行行长们一致认为,经济的融合和全球化使经济发展具有优势,但也带来了新的危险,加强国际金融体系对于各国从经济全球化中获益"至关重要"。为此,会议决定成立工作组,分别负责以下三个方面的工作:增加各国政策透明度和强化信息披露工作;强化金融体系和市场机制;在危机发生时让政府和私人部门适当分担责任。

22国(地区)集团是1998年年初在华盛顿形成的,包括世界主要发达国家及发展中国家和地区,它们是阿根廷、澳大利亚、巴西、加拿大、中国、法国、德国、中国香港特别行政区、印度、印度尼西亚、意大利、日本、韩国、马来西亚、墨西哥、波兰、俄罗斯、新加坡、南非、泰国、英国和美国。中国财政部部长项怀诚参加了本次会议。

**世行和IMF发委会会议** 第五十七届世界银行和国际货币基金组织(IMF)联合发展委员会会议4月17日在华盛顿闭幕。会议结束后发表的公报呼吁世行支持受金融危机冲击的亚洲国家加强结构改革,避免今后再次发生类似的危机。

公报说,各国部长表示支持世行采取行动,帮助受危机冲击的国家解决贫困加剧问题,提高社会服务质量。

中国财政部部长项怀诚在书面发言中强调,促进经济全球化的健康发展是国际社会的共同责任。

**联合国举行金融一体化讨论会** 联合国经社理事会4月18日首次在联合国总部召开关于金融一体化的讨论会,研究如何在分享世界金融一体化带来的好处的同时避免它可能带来的风险。

联合国秘书长安南在会上致词中呼吁联合国与国际货币基金组织和世界银行等密切合作,以消除金融危机对发展中国家的不利影响。

出席这次会议的有经社理事会成员国的财长和中央银行行长,国际货币基金组织和世界银行负责人,以及77国集团、不结盟组织、24国集团主席国代表和经合组织代表等。与会者集中讨论了有关建立健康的宏观经济和金融环境以利国际金融资本流入和避免风险以及寻求不损害长期发展前景的克服金融危机的方法等问题。

与会者还就加强全球金融结构框架以及对金融危机须以预防为主等问题取得了一致。

**美洲国家首脑会议** 第二届美洲国家首脑会议在经过两天的讨论后,4月19日在智利首都圣地亚哥落下帷幕。34个美洲国家的元首或政府首脑在闭幕式上签署了《圣地亚哥宣言》和《行动计划》,宣布正式启动关于建立美洲自由贸易区的谈判。

《宣言》肯定了自1994年在美国迈阿密召开首届美洲国家首脑会议以来,美洲国家在经贸合作方面的成果。与会各国首脑在《宣言》中表示,将继续迈阿密会议后开始的对话，进一步加强合作。

《宣言》说，与会各国首脑当天授权本国的贸易部长，就建立美洲自由贸易区一事开始谈判，并决定谈判应在20世纪末取得明显进展，并最迟于2005年结束。《宣言》强调，美洲自由贸易区应建立在平等、广泛、符合世界贸易组织原则的基础上。谈判进程应具有高透明度，兼顾各国不同的发展水平和经济规模，使美洲所有国家都能得到全面参与的机会。

1994年12月，美国在首届美洲34国首脑会议上提出，在2005年前建立一个包括7.5亿人口、各国国内生产总值之和达9万亿美元的美洲自由贸易区。

**亚太经社会年会** 联合国亚太经社会委员会第五十四届年会在曼谷联合国会议中心开幕。50多个亚太国家和地区的部长和一些国际组织的代表出席了开幕式。

联合国秘书长安南向大会发来贺电。本届亚太经社会年会的主题是“面向21世纪的亚洲与太平洋：社会发展前景”。会议期间，代表们讨论了本地区的经济合作和社会发展等问题。

中国代表团团长、外交部副部长杨洁篪4月20日上午在亚太经社会委员会第五十四届年会上发言，强调中国对亚太地区社会发展充满信心，将一如既往地加强同亚太经社会及其成员国的合作，并为之作出力所能及的贡献。

**地中海论坛部长级会议举行** 地中海国家高级官员4月20日在西班牙巴利阿里自治区首府帕尔马市举行会晤，讨论加强地区安全与合作问题。

来自地中海沿岸的欧盟成员国西班牙、法国、希腊、意大利和葡萄牙以及阿尔及利亚、埃及、摩洛哥、突尼斯和土耳其等10国的外交部长或代表出席了这次为期两天的会议。

西班牙外交大臣马图特斯主持了会议开幕式并发表了讲话。

地中海论坛成立于1994年，是一个非正式的、以对话和交换意见为主的组织，每年召开一次部长级会议。

**中国企业高峰会议** 1998年中国企业高峰会议于4月21日在北京举行。中国国务院副总理李岚清出席会议并发言。他说：中国对确保今年8%的经济增长速度、小于3%的通货膨胀率和人民币汇率保持稳定充满信心。今后3年，中国预计将在基本建设方面投入超过7 500亿美元，市场潜力十分巨大。

据悉，这次会议是中国企协和世界经济论坛在中国召开的第17次会议，与以往不同的是，中国企业高级领导人与外国企业领导人在8场大会和28场平行会上就优先发展产业的政策、前景、法律和市场等问题同台共论、互惠互利。组织者希望中外企业领导人能够就企业发展环境、实施措施、法规建设、政策实施、企业管理和提高国家和企业应付危机能力等方面向新一届政府提出具体意见和建议。中外40个国家的450位企业领导人出席了本次高峰会。

**46国和地区竞争力年报最新排名** 4月21日，瑞士洛桑一家国际管理发展研究院发表的一项调查表明，经济陷于困境的日本在世界最有竞争力的国家和地区的排名直线下降，由1997年的第9名降至1998年的第18名，而美国仍居首位。

世界各国和地区竞争力年报是由设在洛桑的国际管理发展研究院发表的。这份研究报告对46个国家和地区的竞争力进行了评比，其衡量标准是经济实力、对国际贸易的开放程度、政府政策、金融服务、基础设施、管理、科学技术、教育和培训。报告把国家和地区竞争力定义为一个国家和地区帮助工商企业保持竞争的能力。调查报告说，新加坡和香港与1997年一样位居第2和第3。中国从第27位跃居第24位。

爱尔兰从第15位迅速升至第11位，而英国则从第11名降到第12名。德国和1997年一样居第14位。瑞士仍排名第7。

法国的名次下降了两位，从第19名降至第21名。荷兰从第6名上升到第4名，其邻国卢森堡则从第12名上升到了第9名。俄罗斯仍是第46名，排在最后。

**联合国举办高级研讨会** 据4月21日新华社报道，日前联合国在纽约总部召开了一次高级别研讨会，着重探讨与全球金融一体化进程密切相关的重大问题，包括一体化对世界各国提出的严峻挑战、全球金融结构的调整以及规避金融风险和危机。这是联合国首次就全球金融一体化进程问题举行高级别研讨会，表明联合国已开始重视这一问题。

发展中国家的代表普遍认为，全球金融一体化不可避免地影响世界各国经济的发展，涉及国际大家庭每个成员国的切身利益，有关这一进程的问题特别是全球金融新体制的建立，不能只由少数西方发达国家说了算，否则广大发展中国家的长远利益就难以得到保证。

联合国秘书长安南最近就联合国推进全球金融一体化进程分别提出了一些设想和建议。

安南提醒世界各国特别是发展中国家既要看到在全球金融一体化的大趋势下，国际资金流动为经济和社会的发展所作出的积极贡献，更要看到这些资金的流动将会形成挑战和引起巨大风波。他希望世界各国特别是正在融入国际金融市场的国家，一定要从东南亚国家最近十多年来在融入国际金融市场过程中的惨痛经历中吸取教训。

联合国经社理事会以及77国集团、不结盟运动和经合组织的官员在日前举行的高级别研讨会上发言时，对世界各国特别是发展中国家如何面对全球金融一体化的挑战提出了一些忠告和建议：融入全球金融市场要讲究有效性而切忌表面性，有效融入全球金融市场必须具有健全的宏观经济环境和健全的国内金融部门；在对有关国家进行投资或接受外来流动资金时，要及时、广泛、全面和准确地掌握必要的经济数据，不可盲动；要借助多边机构，对影响国际资本流动的所有国家的经济政策进行严格的监控，必要时要建立区域性或国际性的合作监督机制；要对国际间可能发生的金融风险有充分的心理和资金准备，要加大救援资金的数额，防止金融危机造成社会的长期混乱。

**中国国际服装服饰博览会** 中国国际服装服饰博览会4月25日在北京降下帷幕。其中最受关注的第六届“兄弟杯”国际青年服装设计师作品大赛揭晓，北京的高巍向人们展现了西藏文化的神秘感觉与绚丽色彩，夺得金奖。大赛选手来自36个国家，参赛作品959件。

**世界银行公布全球经济实力排名** 新华社华盛顿4月27日报道，世界银行最近发布了1998年全球经济发展指数报告，列出了世界129个国家和地区的经济规模排名表。

报告说，按照1996年的国民生产总值计算，美国以总产值74 335亿美元位居世界首位，日本的总产值为51 492亿美元，居第二位。

被世界银行排在第三位的是德国，总产值为23 646亿美元。

法国居第四位，总产值为15 336亿美元。名列第五和第六位的是英国和意大利，总产值分别为11 521亿美元和11 405亿美元。

中国的国民生产总值列世界第七位。名列第八至第十位的是巴西、加拿大和西班牙，它们的国民生产总值分别为7 096亿美元、5 699亿美元和5 632亿美元。

中国香港特别行政区的总产值为1 533亿美元，名列世界第二十六位。

据世界银行的另一项统计，世界各国中人均国民产值最高的是瑞士，为44 350美元。排在前十名的其他国家依次为日本、挪威、丹麦、新加坡、德国、奥地利、美国、比利时和法国。

世界银行的报告还显示，从1965年到1996年的31年里，博茨瓦纳的人均国民产值年增长率平均为9.2%，是全球增长最快的国家。韩国的年均增幅为7.3%，中国为6.7%，分别为第二和第三位。其他发展最快的国家和地区依次还有新加坡、中国香港特别行政区、泰国、阿曼、印度尼西亚、马来西亚、埃及、毛里求斯和日本等。

**联合国粮农组织向江泽民颁发农民奖章**

联合国粮食及农业组织4月28日上午在人民大会堂向江泽民主席颁发农民奖章，以表彰他对发展世界农业和促进全球粮食安全所作出的贡献。

联合国粮食及农业组织是联合国系统最大、最有影响的粮农专门机构，现有175个成员国和1个成员组织。这个组织于1977年设立农民奖章，以表彰在增加粮食生产、消除贫困与饥饿方面发挥巨大作用的当代杰出的国家元首。联合国粮农组织将农民奖章颁发给中国国家主席，这在历史上是第一次。粮农组织现任总干事雅克·迪乌夫博士这次专程来华向江泽民主席颁奖。

**欧洲议会同意首批欧元国名单** 欧洲议会在4月30日举行的全体会议上以402票赞成、79票反对和27票弃权的表决结果，同意欧盟委员会提出的首批流通欧洲单一货币欧元的11国名单。

这11个国家是：法国、德国、意大利、西班牙、比利时、荷兰、卢森堡、葡萄牙、奥地利、芬兰和爱尔兰。它们将在1999年1月1日搭上欧元“头班车”，启用欧元。

**亚行第31届年会** 为期三天的亚洲开发银行第31届年会5月1日在日内瓦国际会议中心闭幕。亚行多数成员认为,受亚洲金融危机影响的部分国家的经济可望于1999年开始恢复。

亚行行长佐藤光夫在会议结束时发表的总结发言中说,与会成员认为,尽管亚洲地区目前面临着许多困难,然而在过去30年里推动亚洲取得突出成就的经济基础大多完好无损。

**亚洲经济协会** 5月6日至8日,亚洲经济协会在香港会议中心举办经济会议,集中讨论亚洲金融风暴对区内及世界经济的影响,共有近千人参加,其中包括3位国家和地区领导人、6位各国部长级官员及20多名集团领导人。巴基斯坦总理谢里夫、香港特区行政长官董建华、越南副总理阮孟琴和中国外经贸部副部长龙永图等出席了会议,并为主讲嘉宾。

大会还发表了一份名为《亚洲在十字路口——前路去向》的报告书。这是由6位香港、日本和美国的商界知名人士和学者多次聚会探讨亚洲经济危机对亚洲地区的政治、社会及政策的长远影响得出的结果。

**西方七国首脑发表经济声明** 出席八国集团首脑会议的西方七国首脑和欧盟委员会主席桑特5月15日发表经济声明,表示将共同努力,以实现可持续、无通胀的经济增长。声明认为,正确的宏观经济政策、开放的市场和持续的结构性改革,对所有国家经济的长期稳定都是不可或缺的,并强调,目前稳定增长显得比以往任何时候都更加重要。

声明指出,在亚洲金融危机发生之后,有必要采取紧迫的行动继续加强和改革国际金融体制,减少再次爆发金融危机所造成的损失,并建立起一种可以对危机作出更加强有力反应的机制。声明认为,国际金融机构应当在稳定全球金融市场方面发挥中心作用。

声明对即将启动的欧洲单一货币表示欢迎,希望一个成功的欧洲统一货币有利于国际货币体系的稳定。

声明对西方七国财长关于加强全球金融监管的建议表示赞同,并认为增加各国财政、货币政策的透明度、对资本流动实行有效的监督、进一步完善国际性的规范和准则以及建立对各国金融制度的多边监管体系,具有特别的重要性。

**国际航空货运协会向中国颁发政府奖** 5月19日报道,在近日于巴黎举行的第19届国际航空货运论坛及博览会上,国际航空货运协会除对10家企业进行表彰外,特别决定向中国颁发惟一的政府奖,以表彰中国政府对国际航空货运业做出的特殊贡献。

据了解,在颁奖仪式上,大会主持人C·曼纽先生高度赞扬了中国政府为保持亚太地区经济稳定,避免地区经济恶化所采取的负责任的措施,并称赞中国政府对香港航空基础设施建设的支持,特别是对香港新机场建设项目的支持,得到了世界航空货运界的高度评价。

据中国民航总局有关人士介绍,近年来中国航空货运量持续增长。1997年,全行业货邮运输量达到124.7万吨,比1996年增长8.4%。

**'98世界博览会** 5月22日9时,'98世界博览会在里斯本隆重开幕,并于9月30日闭幕。代表全球人口91%的146个国家和地区及14个组织参展。

1998年是国际海洋年。为了增进人类对海洋及其资源的认识,保障地球生态平衡,今年世博会的主题定为"海洋:人类未来的财富"。葡萄牙经过数年的艰苦努力,斥资2.2亿美元,建成了占地840公顷的展览公园及附属设施。

在葡方的盛情邀请下,中国国际贸促会组织的中国馆参加了本届世博会,中国国际贸促会、国际商会副会长崔玉山被任命为中国馆政府代表。这是自1982年起,中国国际贸促会受中国政府的委托代表中国参加的第九次世博会。占地1 620平方米的中国馆构思精巧,装修简洁,展品珍贵,深受观众的好评。

**太平洋地区经济理事会大会** 为期3天的第31届太平洋地区经济理事会大会5月25日在智利首都圣地亚哥开幕。

智利总统弗雷在开幕式讲话中指出,当今世界正面临着一个复杂的经贸自由化进程。尽管亚洲金融危机使得当地的一些国家暂时遇到经济困难,但亚太地区仍是世界上经济发展最具活力的地区之一。他说,目前出现的问题不能抹煞该地区在经济建设方面取得的巨大成就。

与会的500名企业家将就促进太平洋地区国家和地区间的贸易及投资，减少关税壁垒以及亚洲金融危机的影响和防范措施等问题展开讨论。

由中国国际贸促会会长俞晓松率领的中国企业家代表团参加了大会。

**全球竞争力年度排名** 世界经济论坛6月2日说，尽管亚洲出现金融动荡，新加坡和中国香港地区1998年继续被列为世界最有竞争力的国家和地区。

由于其长期经济增长潜力没有受到亚洲金融危机的影响，新加坡和香港在全球竞争力年度排名中继续名列前两名。

排在新加坡和香港之后的是美国和英国——英国从1997年的排名第七跃居第四。

英国经济的增长同政府支出在经济中的比重下降和储蓄率上升有关。同欧洲大陆的国家相比，英国劳动力市场的灵活性更大。

竞争力下降比较明显的是印度尼西亚，它从1997年的排名第15位下跌到第31位。

以下是全球最有竞争力的10个国家和地区的排名，括弧内是1997年的排名。

| 国家和地区 | 排名 |
|---|---|
| 新加坡 | 1(1) |
| 中国香港 | 2(2) |
| 美　国 | 3(3) |
| 英　国 | 4(7) |
| 加拿大 | 5(4) |
| 中国台湾 | 6(8) |
| 荷　兰 | 7(12) |
| 瑞　士 | 8(6) |
| 挪　威 | 9(10) |
| 卢森堡 | 10(11) |

**第34届非统首脑会议** 第34届非统首脑会议6月10日闭幕。会议通过了《瓦加杜古宣言》和关于非洲经济共同体的决议，决定加强团结，努力维护和平，发展经济。

为期三天的首脑会议审议批准了此前召开的第68次非统组织部长理事会会议提出的全部31项决议，对非洲目前的政治、经济和社会发展等问题进行了广泛讨论，并就如何进一步在非洲实现和维护和平、推动本大陆经济一体化和社会发展等问题达成了共识。

会议认为，尽管随着冷战的结束，冲突在减少，但非洲内部的不安定因素、殖民主义残余和外国干预并未消失，现实和潜在的冲突依然存在，并严重阻碍非洲的发展。会议对非洲在国际经贸中份额的持续下跌、债务增加和外来投资下降的状况深表忧虑，对非洲各国在教科文及妇女儿童等方面的问题进行了评估。

**中美首脑北京会晤** 应江泽民主席邀请，美国总统克林顿6月25日至7月3日对我国进行了国事访问，这是继江主席1997年访美之后中美关系中的又一件大事。历时9天，克林顿总统访问了西安、北京、上海、桂林和香港特别行政区，同江泽民主席举行了会谈，双方就中美关系和重大的国际与地区问题深入地交换了意见，达成了广泛而重要的共识。中美首脑北京会晤，有利于双方加深了解，增进友谊，扩大共识，发展合作，为建立面向21世纪中美建设性战略伙伴关系迈出了坚实的一步。

中美首脑北京会晤，是积极的、建设性的和富有成果的。

两国领导人在重大国际问题上进行了有成效的磋商。会晤中，双方决定互不将各自控制下的战略核武器瞄准对方。这向全世界表明，中美两国是合作伙伴，而不是对手。两国领导人还就保持亚洲地区稳定，制止南亚核军备竞赛，维护朝鲜半岛的和平与稳定，防止核武器扩散，以及打击国际犯罪、毒品走私、恐怖主义活动等问题交换了意见，取得了积极成果，双方就南亚问题、生物武器公约议定书和杀伤人员地雷问题发表了三个联合声明。此次首脑会晤还讨论了亚洲金融危机问题，美方高度评价中国在缓解亚洲金融危机中所发挥的重要作用，双方同意进一步加强在经济和金融领域的战略对话，为促进世界经济和国际金融的良性发展做出积极贡献。

中美首脑北京会晤，为两国经贸合作注入了新的活力。这次随克林顿总统来华访问的美国企业家、工商界人士对加强同中国的经贸关系表现出浓厚兴趣。克林顿总统访华前后，中美两国有关公司和机构共签署了总金额约30亿美元的12个重要经贸合作项目。两国政府还签署了中美和平利用核技术合作协定。

此外，中美还决定在环保、科学、教育、法律等方面加强交流与合作。

台湾问题是中美首脑会谈中的重要议题。江泽民主席强调，台湾问题是中美关系中最重要、最敏感的核心问题。克林顿总统公开重申美国坚持一个中国的政策，恪守中美三个联合公报的原则，不支持台湾独立，不支持"一中一台"、"两个中国"，不支持台湾加入任何必须由主权国家才能参加的国际组织。

### 全球1000家大公司前20名排行榜

| 1998年名次 | 1997年名次 | 公司名称 | 所属国家 | 市场价值（单位：10亿美元） |
|---|---|---|---|---|
| 1 | 1 | 通用电气公司 | 美国 | 271.64 |
| 2 | 5 | 微软公司 | 美国 | 208.98 |
| 3 | 3 | 荷兰皇家壳牌石油集团 | 荷兰/英国 | 195.68 |
| 4 | 2 | 可口可乐公司 | 美国 | 193.53 |
| 5 | 6 | 埃克森公司 | 美国 | 172.50 |
| 6 | 9 | 默克公司 | 美国 | 139.85 |
| 7 | 22 | 辉瑞公司 | 美国 | 133.03 |
| 8 | 4 | 日本电信电话公司 | 日本 | 130.91 |
| 9 | 20 | 沃尔－马特公司 | 美国 | 123.47 |
| 10 | 7 | 英特尔公司 | 美国 | 121.16 |
| 11 | 11 | 诺华公司 | 瑞士 | 116.17 |
| 12 | 12 | 宝洁公司 | 美国 | 112.47 |
| 13 | 13 | 国际商用机器公司 | 美国 | 110.79 |
| 14 | 18 | 百时美施贵宝公司 | 美国 | 106.99 |
| 15 | 14 | 洛奇控股公司 | 瑞士 | 98.90 |
| 16 | 26 | 美国电话电报公司 | 美国 | 98.87 |
| 17 | 19 | 葛兰素—宝威公司 | 英国 | 96.07 |
| 18 | 8 | 丰田汽车公司 | 日本 | 94.34 |
| 19 | 56 | 朗讯科技公司 | 美国 | 93.07 |
| 20 | 17 | 强生公司 | 美国 | 92.87 |

资料来源：美国《商业周刊》。

**网上"中国商品交易市场"开幕** 我国对外经贸方式的一大飞跃——网上"中国商品交易市场"7月8日在京开幕，外经贸部部长石广生说，这是中国实施现代化国际贸易中的一件大事。

网上"中国商品交易市场"被称作"永不落幕的商品交易会"，为适应世界经济发展新趋势，进一步扩大对外贸易，外经贸部决定建立网上"中国商品交易市场"，并于7月1日上网试运行，引起海内外各界高度关注，当天访问量就达6万多人次。石广生说，这一市场是我国首次由政府组织的大规模电子商务实践，是目前国际互联网上最大的中国商品采购基地，采用现代网络信息技术与国际贸易相结合方式，有组织、高效益地把我国出口商品推向国际市场，从而极大地提高中国企业和产品在全球范围的知名度和国际竞争力，增加贸易机会，减少环节，降低成本。

据介绍，任何一个外商只要在联网电脑上键入"中国商品交易市场"的网址，就能够轻松地查阅中国制造的优质产品信息，随时可以和生产企业或经销商取得联系，并可以进入网上加密的贸易洽谈室和企业进行实质谈判。

**中国全国打击走私会议** 1998年7月13日～15日，全国打击走私工作会议在京举行。这是党中央、国务院1998年以来召开的又一次重要会议。会议深入分析了当前反走私斗争的形势，在统一思想的基础上，部署了下一阶段反走私工作，要求迅速地在全国范围内开展一次大规模反走私联合行动和专项斗争。江泽民总书记接见了全体会议代表并作重要指示，朱镕基总理作了重要讲话。各级党委和政府要积极行动起来，按照党中央、国务院的要求，提高认识，加强领导，统一部署，统一行动，打好这场声势浩大的反走私斗争。

**国际清算银行行长例会** 国际清算银行行长例会7月13日在东京举行。会议重点讨论了亚洲金融危机爆发后亚洲国家和地区面临的挑战及应对措施。

**中国决定军队武警部队和政治机关不再从事经商活动** 7月21日～22日，解放军四总部联合召开贯彻落实打击走私工作会议。在会上江泽民主席指出，为了集中精力搞好军队的全面建设，包括进一步搞好党风廉政建设，中央决定，军队和武警部队对所属单位办的各种经营性公司要认真进行清理，今后一律不再从事经商活动。中央同时决定，地方各政法部门对所属单位办的各种经营性公司也要认真进行清理，今后也一律不再从事经商活动。军队和武警部队要坚决贯彻中央的决策，尽快落实其所属单位不再从事经商活动的要求。

**中华学人在沪研讨知识经济** 由上海海外联谊会、上海市欧美同学会联合举办、上海市科学技术协会协办的“’98中华学人与21世纪上海发展”国际研讨会7月27日在上海华亭宾馆开幕。本次研讨会的主题是“知识经济和高新技术产业化”。会上主要研讨发展知识经济与促进科技成果的转化，特别是在信息技术、生物技术及新材料等高新技术领域的产业化及其管理。来自美国、加拿大、法国、日本和香港、台湾的嘉宾、代表等共180余人参加研讨。

**最新全球500家最大企业名次排定** 最新出版的美国《财富》杂志，公布了根据1997年全年销售额排名的全球500家最大工业服务业公司。美国通用汽车公司以销售额1781.7亿美元排名榜首；第500家是美国的SUN电脑公司，销售额为89.68亿美元。

与往年相比，500家大公司中前50名基本没有什么太大的变化。最引人注目的是刚刚闯入前50名的波音公司。在成功地兼并麦道公司后，1997年波音公司全年销售额达到458亿美元，排名也从原来的第144位升至第39位。

**英美两石油巨头结盟** 英国石油公司8月11日宣布出资500亿美元(303亿英镑)购买美国阿莫科公司，同时承担其债务。据认为，这是世界上迄今为止最大的一次工业兼并行为。

合并后的公司取名为英国阿莫科石油公司，总部设在伦敦。它将拥有1 100亿美元的股票市值和10万雇员，成为英国最大的公司和排名仅次于英荷壳牌石油公司和美国埃克森石油公司之后的世界第三大石油公司。英国石油公司总裁约翰·布朗将担任新公司的总裁。阿莫科的持股者将拥有新公司40%的股份，其余60%为英国石油公司的股东所有。合并还有待于这两家公司的股东大会正式批准。

英国石油公司总裁布朗承认，世界石油市场上油价的不断下跌是推动这一兼并的因素之一。

目前英国石油公司供应石油和天然气，在16个国家开采并在11个国家进行生产。阿莫科是北美最大的天然气厂家。合并将使这两个石油公司进入世界石油巨头的前列，油气总储量为148亿桶，日产原油约300万桶。此间分析家认为，此举将刺激其他石油业集团的兼并，并将对改善石油业的经营起到推动作用。

**联合国公布’98《人文发展报告》** 9月9日联合国公开发表的一份报告说，一名1998年在美国、法国或英国出生的婴儿在一生中的消费、浪费和造成的污染将超过在发展中国家出生的50名婴儿。

据1998年度的《人文发展报告》说，不包括在消费社会以内的那些人——在全世界大约为10亿人——却在环境破坏中首当其冲，因为他们往往燃烧的是传统燃料、使用的是含铅汽油或者居住在工厂和垃圾堆附近。

在对富裕国家的必要的以及铺张的消费进行了调查之后，联合国开发计划署发表的这份报告并不认为世界可以达到公平分配商品的程度，但是它提倡世界应该减少不平衡。

全球商品和服务的消费量1998年将达到24万亿美元，是1975年的6倍，原因是人们消费的食品和能源，使用的交通工具和通信器材以及娱乐设施比以往任何时候都多。人们的寿命也比以往任何时候都长。同时，他们所得到的医疗保健条件更好，所受的教育也更加良好。

全世界的人口中有20%生活在高收入国家，这些人现在消费着全世界86%的商品、45%的肉和鱼、74%的电话线路和84%的纸张。由于燃烧矿物燃料所产生的二氧化碳人均排放量在美国每年为21吨，而在中国每年只有3吨。

正如前几年的报告一样，今年的这份报告也从人的估计寿命、享受到的公共医疗保健和受教育情况的角度，而不只是从经济增长率的角度，来衡量人的富裕和贫穷水平。

加拿大、法国、挪威和美国像1997年一样，人文发展指数在174个国家中居于领先地位。

**中共十五届三中全会** 中国共产党第十五届中央委员会第三次全体会议，于1998年10月12日至14日在北京举行。

全会认为，农业、农村和农民问题是关系我国改革开放和现代化建设全局的重大问题。完成十五大确定的我国跨世纪发展的宏伟任务，必须进一步加强农业的基础地位，保持农业和农村经济的持续发展，保持农民收入的稳定增长，保持农村社会的稳定。中国改革率先从农村突破，在改革开放二十周年之际，面对亚洲金融危机的冲击和经济全球化的挑战，这次会议集中研究农业和农村问题是适时和必要的。会议审议通过了《中共中央关于农业和农村工作若干重大问题的决定》。

**“迈向21世纪的中日关系”国际研讨会** 为纪念中日和平友好条约缔结20周年，由中国国际友好联络会、日本日中和平友好联络会共同主办的“迈向21世纪的中日关系”国际研讨会9月15日在东京开幕。前国务院副总理兼外长、中国国际友好联络会会长黄华，日本日中和平友好联络会会长、前众议员园田天光光女士到会祝贺并致词。

黄华在致词中说，20年前，他作为中国政府的代表在《中日和平友好条约》上庄严地签下了自己的名字。条约缔结20年来，在两国政府和各界人士的不懈努力下，中日关系取得了举世瞩目的发展，不仅给中日两国和两国人民带来了巨大的实际利益，而且为亚太地区乃至整个世界的和平与稳定作出了积极的贡献。

**世界知识产权组织第33届系列会议** 世界知识产权组织第33届系列会议9月16日在日内瓦闭幕。会议讨论并审议了该组织未来的发展政策、财务预算、组织机构改革以及人事等方面的议题。国家知识产权局局长姜颖率领中国政府代表团出席了大会。

会议期间，世界知识产权组织新任总干事依德里斯博士会见了中国代表团团长姜颖。他说，在国际知识产权制度的发展过程中，中国发挥着重要的作用。世界知识产权组织高度赞赏中国近年来在知识产权保护方面取得的成就，并将加强同中国在完善与评价知识产权法律、产权全球化保护以及与发展中国家合作等领域的合作。

**联大举行全球化问题高级别对话会** 第53届联大国际经济合作问题高级别会议及部长级圆桌会议于9月18日晚在联合国总部落下帷幕。50多个国家的代表就全球化趋势下如何加强国际经济合作等问题进行了认真的讨论。

此次会议达成了如下共识：一是全球化是无法避免的发展大趋势，而不是一种政策选择。全球化意味着国际资本流动的加速、信息传播的跨国界、生产资料分配的优化及社会生产力的高效化。许多新兴国家因此受益匪浅。二是全球化不是罪恶，但有时是一股盲目的力量。各国由于发展水平不同，在防止全球化负面影响的抵抗力方面还有很大差异。一国的力量有时显得束手无策，需要国际社会予以必要的援助。三是旧有的国际金融体制已证明无法适应全球化加速发展的需要，迫切需要制定新的“游戏规则”，遏制资本市场的投机性，加强市场监控，从而最终实现在全球化进程中各国福利最大化、风险最小化的理想目标。

**展示中国20年巨变的有关数据首次公布** 9月18日，国家统计局编写的《成就辉煌的20年》一书出版，该书全面总结了20年来我国改革开放和社会主义现代化建设事业取得的伟大成就，公布了展示我国改革开放以来历史性伟大变化的有关数据，其中一些数据是国家统计局首次公布。

这本书是国家统计局为纪念党的十一届三中全会召开20周年而组织编写的，由中国统计出版社出版，是新闻出版署确定的30种重点图书之一。该书资料翔实可靠，可比性强，包括文字综述、统计资料和大事记三部分。

通过书中数据，可以看到20年来巨变的主要方面：

——国民经济高速发展，综合国力迅速增强。20年来，我国经济总量实际增长了4.9倍。1997年我国粮食产量比1978年增长62.1%，棉花产量增长112.4%，油料产量增长3倍，奶、蛋产量分别比80年代初增长4.5和2.7倍。1997年原煤产量比1978年增长1.2倍，原油产量增长0.6倍，发电量增长3.4倍，钢产量增长2.4倍。

——固定资产投资规模不断扩大，投资结构明显改善。1981年至1997年累计完成全社会固定资产投资14多万亿元。1997年全社会固定资产投资相当于1981年的26倍。

——国内市场供应充足。1997年社会消费品零售额比1978年增长20多倍。

——对外贸易经济迅速发展。1978年到1997年，海关进出口总额平均每年增长15.6%。

——人民生活水平显著提高，生活质量明显改善。扣除价格因素，城镇居民家庭人均可支配收入，从1978年到1997年平均每年增长6.2%;农村居民人均纯收入,由1978年到1997年平均每年增长8.1%。到1997年底,城乡居民储蓄存款余额比1978年增长218倍多。此外,城乡居民还拥有400多亿美元的外币存款,8 000多亿元的手持现金,4 000多亿元的各种债券,2500多亿元股票,以及1 000多亿元的内部职工股票,金融资产总额超过6万亿元。

**中法发表经济合作声明** 国务院总理朱镕基和法国总理利昂内尔·若斯潘9月24日在人民大会堂举行了会谈。两国政府决定发表关于加强金融合作和成立农业及农业食品合作委员会的联合声明。

**第七届世界经济发展大会** 为期3天的第七届世界经济发展大会10月2日在华盛顿闭幕。会议期间,来自世界80多个国家的1 000余名政府高级官员和企业高级经理人员就推动世界基础设施建设进行了广泛和深入的讨论。

这次大会是在亚洲金融危机之后全球金融市场面临新的压力的情况下举行的。会议讨论的重点是在亚洲金融危机发生后重新考虑在发展中国家实施的发展战略以及加强投资者与开发者之间的联系等问题。

中国财政部部长项怀诚在会议召开的中国专题会议上发言。联合国秘书长安南和国际货币基金组织、世界银行等国际组织的高级官员参加了这次会议。

**西方七国协调行动　遏制全球经济颓势** 西方七国财长和中央银行行长10月3日在华盛顿举行了6个小时的会议。会后发表的声明表示,七国将采取协调行动,遏制亚洲金融危机进一步扩散,阻止全球性的经济衰退。会议集中讨论了日本经济、俄罗斯形势以及如何遏制金融危机进一步扩散等问题。

由美、日、德、法、英、意和加拿大组成的七国集团认为,世界许多国家的金融市场条件已经恶化,经济增长的前景进一步黯淡,世界经济的主要风险已从过去的通货膨胀转向经济收缩。为此,与会者强调七国应采取更为大胆的步骤,为促进经济复苏和金融稳定发挥作用。与会者要求日本迅速采取行动,刺激经济回升。

**中国签署《公民权利和政治权利国际公约》** 中国常驻联合国代表秦华孙大使10月5日上午在联合国总部代表中国政府签署了《公民权利和政治权利国际公约》。签字仪式结束后,秦华孙向记者发表了谈话。

秦华孙说,实现人权是全人类的共同理想,也是中国政府长期为之努力的目标。我们认为,人权的普遍性原则应当得到尊重;而普遍性原则一旦与各国具体情况相结合,就能得到更好的体现。

联合国大会于1966年12月16日通过了该公约,1976年3月23日正式生效。至1997年底,共有140个国家成为该公约的缔约国。

**中英发表联合声明** 10月6日中华人民共和国国务院总理朱镕基与大不列颠及北爱尔兰联合王国首相托尼·布莱尔在北京举行了会谈。双方在友好的气氛中就双边关系和共同关心的国际问题交换了意见,并发表联合声明。声明说:中英作为联合国安理会常任理事国,在世界上有着广泛的共同利益和责任。两国将在双边和多边领域包括在联合国框架内加强合作,以维护世界和平与安全。

声明指出,中英两国不断发展的经贸关系不仅对双方有利,而且可以促进全面合作与理解。双方一致认为需要进一步促进商贸活动,改善市场准入条件,为双方的经贸关系注入新的活力,使之与两国经济的优势和需求相符合。双方同意采取积极措施扩大双边贸易和投资。双方满意地注意到英国重新组建中英贸易协会并持续在华进行大量投资。

双方同意,声明应成为增强全面的中英伙伴关系的框架。双方期待着充分扩大这一伙伴关系所提供的契机,共同努力,迎接共同面临的新世纪的挑战。

**贸发会议发表报告呼吁　帮助最不发达国家融入世界经济** 联合国贸易和发展会议(简称贸发会议)10月14日在日内瓦发表《1998年最不发达国家报告》,呼吁国际社会帮助最不发达国家增强参与多边贸易体制的能力,使其融入经济全球化进程。

贸发会议秘书长鲁本斯·里库佩罗在介绍这一报告时说,去年全球48个最不发达国家的平均经济增长率为4.8%,其中25个国家人均国民收入已连续三年以上保持增长,成绩可喜。但由于储蓄和投资普遍不足、经济缺乏多样性、政策不稳定、地区冲突和自然灾害等因素,最不发达国家的经济增长前景并不很乐观。

报告指出，世界收入分配在全球化进程中变得越来越不公平，许多最不发达国家被进一步排除在世界经济主流之外，最不发达国家在世界贸易中所占的份额急剧下降。这些国家的经济受到全球化趋势的影响，却往往不能利用经济全球化所带来的机会。因此，国际社会有责任帮助它们更公平地分享全球化进程的利益。

报告强调，贸易是促进经济持续增长和发展的重要手段，国际社会应协助那些还不是成员的国家加入世贸组织。各国加入世界多边贸易体制，可以在一个较为透明和稳定的环境下制定发展战略和贸易政策，通过有效参与多边贸易谈判来维护自身的利益。

**“面向21世纪的世界人权”国际研讨会** 由中国人权研究会和中国联合国协会联合举办的“面向21世纪的世界人权”国际研讨会，10月20日上午在北京国际会议中心开幕。在为期两天的会议中，来自五大洲26个国家的近百名人权研究专家和学者围绕《世界人权宣言》的地位和作用、人权与发展、21世纪世界人权的机遇和挑战等三个议题展开讨论。

这是中国学术界举办的第一次多边国际人权会议，也是一次规模较大的纪念《世界人权宣言》通过50周年的重要学术会议，受到了中国政府的重视。

国务院副总理钱其琛出席研讨会开幕式并发表了讲话。中国人权研究会会长朱穆之主持开幕式。

中国高度重视在人权领域的交流与合作。中国政府继已经正式签署17个国际人权文书后，于1997年10月签署了《经济、社会及文化权利国际公约》，不久前又签署了《公民权利和政治权利国际公约》。近年来，中国在人权理论研究方面也取得了重大进展。此次研讨会是在国际人权领域以对抗为主转向对话的新形势下举行的。

**第二届非洲开发会议** 来自非洲、亚洲、欧美80多个国家和40个国际机构的代表参加的第二届非洲开发会议10月19日～21日在东京举行。

会议通过了《面向21世纪非洲开发东京行动计划》，提出要在2015年以前实现非洲国家贫困人口比率减半、非洲经济纳入世界经济轨道等目标，并希望非洲国家的国内生产总值年均增长率达到5%以上。

这一行动计划从内容上进一步充实了1993年首届非洲开发会议通过的《东京宣言》，强调非洲国家的开发要以自力更生为基础，提供援助的国家要以平等的关系给予合作。

行动计划指出，在社会开发领域，非洲国家要注重人才的开发，增加教育投入，在2015年以前使所有非洲儿童能够接受初级教育。在经济开发领域，非洲国家要重视扶持民间企业，为国内企业的发展创造有利环境。援助国也要为非洲的产品进入世界市场创造条件。在开发保障方面，非洲国家要推进民主化进程，谋求政治稳定，强化非洲统一组织的职能，防止和平息战乱。

**中美合作培养MBA计划正式启动** 北京大学光华管理学院和美国西北大学凯洛格商学院共同培养MBA(工商管理硕士)合作项目10月25日在京正式启动。13家跨国公司联袂出资210万美元资助该项目的实施。

在启动仪式上，中美合作双方正式签署了合作协议。根据协议，北大光华管理学院将选派教师赴凯洛格商学院进行期限不同的访问、学习、研究等交流活动，凯洛格商学院也将派教师来光华管理学院讲学、研究、交流，双方MBA学生进行短期互访和学习，双方共同开展合作项目研究，光华管理学院派优秀毕业生赴凯洛格攻读学位。

资助这一项目的13家著名跨国公司包括美国国际集团、巴斯夫、可口可乐、德勤、福陆尔、通用汽车公司、霍尼韦尔、宝洁等。

**中国停办外汇调剂业务** 1998年10月28日，中国人民银行和国家外汇管理局联合下发了《关于停办外汇调剂业务的通知》，决定自1998年12月1日起，在全国范围内取消外商投资企业外汇调剂业务，外商投资企业的外汇买卖均纳入银行结售汇体系。

通知指出，随着中国外汇体制改革的深入，尤其是1996年外商投资企业外汇买卖可通过银行结售汇体系进行后，境内机构的外汇买卖绝大部分均通过银行结售汇体系办理。因此，中国人民银行、国家外汇管理局决定将外商投资企业外汇调剂业务全部统一纳入银行结售汇体系。

通知要求，外商投资企业外汇调剂业务取消后，各地外汇调剂中心要按下列方案进行调整：(一)已同中国外汇交易中心联网的全国外汇调剂中心更名为中国外汇交易中心北京分中心,已联网的其他35家外汇调剂中心更名为中国外汇交易中心的当地分中心,负责银行间外汇市场和金融机构人民币同业拆借市场运作,在业务和技术上受中国外汇交易中心的指导;(二)其余各地外汇调剂中心一律关闭;(三)上海市外汇调剂中心关闭后,当地银行间外汇市场和金融机构人民币同业拆借市场业务均在中国外汇交易中心进行;北京市外汇调剂中心关闭后,当地银行间外汇市场和金融机构人民币同业拆借市场业务均在中国外汇交易中心北京分中心进行,北京分中心继续保留备份中心功能,属国家外汇管理局的事业单位。

**亚太区域组织领导人磋商会议** 为期两天的东盟、南盟、中西亚经济合作组织、南太平洋论坛和联合国亚太经社会等区域组织领导人磋商会议10月27日在加德满都结束。会议表示,要协调行动,加强具体领域的合作,以促进亚太地区经济的持续发展。

会后发表的联合公报重申,要通过加强区域合作和经济一体化,促进亚太地区的持续发展。会议已确定了各区域组织的合作重点。

这次会议是在亚洲,特别是东亚国家遭受金融风暴袭击,经济陷入困境之时召开的。与会的亚太经社会执行秘书阿德里亚努斯·穆伊说,据保守的估计,受13个月前开始的金融风暴冲击最严重的国家,如印尼、韩国、泰国、马来西亚和菲律宾,其损失总计达6 000亿美元以上,占危机前这些国家国内生产总值总和的60%。它们的国内生产总值增长率1998年将为负增长3%至15%,失业率将达3.5%至17%不等,进出口也都将大幅下降。随着世界经济一体化的发展,这场风暴的影响在南亚、中亚和西亚乃至太平洋地区都可明显感觉到。

这次磋商会议与前三届不同,它开始走向采取具体行动。会议确定要采取统一战略,协调行动,促进贸易自由化,促进在投资、发展基础设施、消除贫困和开发人力资源等重要领域中的合作。会议主席纳依姆·哈桑在会后的记者招待会上说:“东盟侧重于贸易,中西亚经济合作组织侧重交通,占世界贫困人口1/3的南亚联盟则把消除贫困置于优先地位。”

**中国人民银行管理体制实施改革:撤销省级分行,跨省区设置九家分行** 据人民日报11月15日报道,党中央、国务院最近作出决定,对中国人民银行管理体制实行改革,撤销省级分行,跨省(自治区、直辖市)设置九家分行。

中国人民银行新设立的九个跨省区市分行分别是:天津分行(管辖天津、河北、山西、内蒙古);沈阳分行(管辖辽宁、吉林、黑龙江);上海分行(管辖上海、浙江、福建);南京分行(管辖江苏、安徽);济南分行(管辖山东、河南);武汉分行(管辖江西、湖北、湖南);广州分行(管辖广东、广西、海南);成都分行(管辖四川、贵州、云南、西藏);西安分行(管辖陕西、甘肃、青海、宁夏、新疆)。撤销北京分行和重庆分行,由总行营业管理部履行所在地中央银行职责。

为贯彻党中央、国务院的决定,中国人民银行在京召开全国分行行长会议。中共中央政治局委员、国务院副总理温家宝到会并作重要讲话。温家宝说,根据党中央、国务院的部署,中国人民银行管理体制改革的工作开始全面启动。撤销人民银行省级分行,跨行政区设置分行,是党中央、国务院作出的重要决策,是我国金融体制的一项重大改革,对于建立现代金融体制具有深远的历史意义。

撤销人民银行省级分行,成立跨省、自治区、直辖市分行,将使中国货币政策决策和实施进一步统一,从而进一步增加金融宏观调控的有效性。同时,有利于保证中央银行依法独立、公正地履行其金融监管职责,有利于在跨省范围内统一调度监管力量,有利于摆脱各方面的干预,严肃查处违规的金融机构和责任人,从而提高金融监管的效率。

**亚太工商咨询理事会** 11月17日,在吉隆坡出席亚太经合组织第六次领导人非正式会议的领导人在金马宫饭店皇家宴会厅与亚太工商咨询理事会的63位工商界代表进行了对话。江泽民主席在对话会上发表讲话,就经济技术合作问题阐述了三点看法。其他成员领导人也相继发言。亚太经合组织工商咨询理事会成立于1995年11月,现由63名工商企业界的代表组成,即每个成员向该机构派出3名工商界人士。

**亚太经合组织领导人非正式会议举行** 亚太经合组织第六次领导人非正式会议于1998年11月18日上午在吉隆坡电子风景旅馆举行。中国国家主席江泽民同其他成员领导人一道出席了今天的会议。会议由马来西亚总理马哈蒂尔主持。

上午8时30分，各成员领导人陆续来到会议大厅，受到东道主马来西亚总理马哈蒂尔的迎接。8时40分，当江泽民主席来到会议厅时，马哈蒂尔总理迎上前去同江主席热烈握手。会议开始前，与会领导人在旅馆后院的绿色草坪上合影留念。上午9时20分，马哈蒂尔总理宣布会议开始。

这次会议是在经济全球化趋势加快，东南亚金融危机扩大和深化的背景下召开的。会议的主要议题是：加强国际合作，制止危机蔓延，改革和完善国际金融体制，恢复经济增长，进一步推进地区贸易投资自由化和加强经济技术合作。

在会议上，江泽民主席就金融危机产生的背景，克服危机的根本出路以及促进成员之间的经济技术合作等问题发表了重要讲话。江泽民说，亚洲一些国家发生的金融危机是在经济全球化趋势加速发展的国际背景下发生的。经济全球化趋势是当今世界经济和科技发展的产物，给世界各国带来发展的机遇，同时也带来严峻的挑战和风险。

他说，经济全球化趋势是在不公正、不合理的国际经济旧秩序没有根本改变的情况下发生和发展的，根本的出路在于努力推动建立公正合理的国际经济新秩序。

为尽快克服这场危机的影响、防止世界经济衰退、促进国际金融稳定发展和建立国际金融新秩序，江泽民主席提出了加强国际合作、制止危机蔓延，改革和完善国际金融体制，尊重有关国家和地区为克服金融危机自主作出的选择三点主张。

江主席在谈到促进成员之间经济技术合作问题时指出，当今世界，科技进步日新月异，知识经济正在兴起，只有加大发展高新技术的力度，加快经济结构的调整，才能促进各成员的经济长期稳定发展。江主席在会议上郑重宣布：中国政府决定设立1 000万美元的中国亚太经合组织科技产业合作基金，并成立了亚太经合组织中国企业联席会议。

在为期一天的会议上，其他一些成员的领导人也就金融危机，国际金融体制的改革和完善以及地区贸易投资自由化、经济技术合作等问题发表了意见和看法。

会议通过了《走向21世纪的科技产业合作议程》，这个文件是根据江主席在1997年温哥华会议上提出的建议而制定的；会议还通过了《技能开发行动计划》以及《吉隆坡宣言》。本次会议于当天下午5时闭幕。

会议决定，20世纪最后一次亚太经合组织领导人非正式会议1999年将在新西兰举行。

**德意志银行购并美国信孚** 德国最大的商业银行德意志银行和美国信孚银行11月23日下午联合发表新闻公报，宣布前者以90亿美元(约合165亿马克)的价格收购后者。两家银行的营业额总计为8 200亿美元，德国的《法兰克福汇报》报道说，德意志银行将因此一跃而成为世界最大的商业银行。这也是美国银行史上最大的一宗外国收购事件。德意志银行董事会发言人罗尔夫—恩斯特·布罗伊尔说，通过收购“产生了一个真正提供全球性金融服务的企业”。美国信孚银行总裁弗朗克·纽曼说，该银行高度评价两行业务合并。

信孚银行是一家专门从事投资业务的银行，在美国排名第八，雇员1.5万人。德意志银行雇员7.6万人。据报道，收购后，德意志银行在资产管理方面将从第七位跃至第四位，管理的资产总额将从3 320亿美元增加到6 320亿美元，在股票交易方面将改善其地位。

此间舆论认为，德意志银行此举主要在于进入美国投资银行业务市场。

**英报评出世界声望最佳公司** 英国《金融时报》11月30日评选的世界声望最佳公司中，美国赢得了绝大多数的荣耀。在榜上有名的前40家公司中，美国公司占23家，欧洲公司占13家，日本公司占4家。世界其他地区的公司均榜上无名。

**亚洲地区声望最佳公司**

| 名次 | 公司 | 国家 | 门类 |
|---|---|---|---|
| 1 | 丰田 | 日本 | 工程技术 |
| 2 | 索尼 | 日本 | 电气/信息技术/电信 |
| 3 | 花王 | 日本 | 消费品 |
| 4 | 本田 | 日本 | 工程技术 |
| 5 | 佳能 | 日本 | 电气/信息技术/消费品 |
| 5 | 富士胶卷 | 日本 | 传媒/休闲产业 |
| 7 | 海尔 | 中国 | 电气/信息技术/电信 |
| 8 | 三星 | 韩国 | 电气/信息技术/电信 |
| 9 | 东日本铁路 | 日本 | 交通运输 |
| 10 | 松下电器 | 日本 | 电气/信息技术/电信 |

## 世界声望最佳公司

| 名次 | 公司 | 国别 | 门类 |
|---|---|---|---|
| 1 | 通用电气 | 美国 | 电气/信息技术/电信 |
| 2 | 微软 | 美国 | 电气/信息技术/电信 |
| 3 | 可口可乐 | 美国 | 食品/饮料/消费品 |
| 4 | IBM | 美国 | 电气/信息技术/电信 |
| 5 | 丰田 | 日本 | 工程技术 |
| 6 | 戴姆勒—奔驰 | 德国 | 工程技术 |
| 7 | ABB | 瑞士/瑞典 | 工程技术 |
| 7 | 雀巢 | 瑞士 | 食品/饮料/消费品 |
| 9 | 福特汽车 | 美国 | 工程技术 |
| 9 | 英特尔 | 美国 | 电气/信息技术/电信 |
| 11 | 通用汽车 | 美国 | 工程技术 |
| 12 | 英荷壳牌石油 | 荷兰/英国 | 能源/化工 |
| 13 | 宝马 | 德国 | 工程技术 |
| 14 | 惠普 | 美国 | 电气/信息技术/电信 |
| 14 | 宝洁 | 美国 | 食品/饮料/消费品 |
| 16 | 菲利普·莫里斯 | 美国 | 食品/饮料/消费品 |
| 17 | 阿尔斯通 | 法国/英国 | 工程技术 |
| 17 | 嘉吉 | 美国 | 食品/饮料/消费品 |
| 17 | 科尔盖特—帕尔莫利夫 | 美国 | 食品/饮料/消费品 |
| 17 | 强生 | 美国 | 医疗保健 |
| 17 | 麦当劳 | 美国 | 传媒/娱乐 |
| 17 | 服务有限合作公司 | 美国 | 医疗保健 |
| 17 | 沃尔—马特 | 美国 | 零售 |
| 24 | 3M | 美国 | 食品/饮料/消费品 |
| 24 | 美孚石油 | 美国 | 能源/化工 |
| 24 | 索尼 | 日本 | 电气/信息技术/电信 |
| 27 | 车身制造国际公司 | 英国 | 零售 |
| 27 | 德尔 | 美国 | 电气/信息技术/电信 |
| 27 | 本田 | 日本 | 机械制造 |
| 27 | 东日本铁路公司 | 日本 | 交通 |
| 27 | 威利父子公司 | 美国 | 传媒/娱乐 |
| 32 | 贝内顿服装公司 | 意大利 | 零售 |
| 32 | 摩托罗拉 | 美国 | 电气/信息技术/电信 |
| 32 | 瑞士再保险公司 | 瑞士 | 金融 |
| 35 | 波音 | 美国 | 工程技术 |
| 35 | 英国航空公司 | 英国 | 交通 |
| 35 | 杜邦 | 美国 | 能源/化工 |
| 35 | 马克斯－斯潘塞 | 英国 | 零售 |
| 35 | 诺基亚 | 芬兰 | 电气/信息技术/电信 |
| 35 | 联合利华 | 荷兰/英国 | 食品/饮料/消费品 |

(以所有答卷为依据,获提名最多的前 40 家公司)

**中国出口额跨入前十名** 世界贸易组织 12 月3 日在日内瓦公布了 1997 年世界贸易进出口排名。中国货物贸易出口额达 1 827 亿美元,比 1996 年增长 21%,并从 1996 年的世界排名第 11 位升至第 10 位。中国货物贸易进口额为 1 424 亿美元,比 1997 年增长 3%,依然处在第 12 位。

货物贸易出口额排名前 15 名的国家和地区是:美国、德国、日本、法国、英国、意大利、加拿大、荷兰、中国香港、中国、比利时—卢森堡、韩国、新加坡、中国台北、墨西哥。

货物贸易进口额排名前 15 名的国家和地区是:美国、德国、日本、英国、法国、中国香港、意大利、加拿大、荷兰、比利时—卢森堡、韩国、中国、新加坡、西班牙、墨西哥。

服务贸易出口排名前 15 名的国家和地区是:美国、英国、法国、德国、意大利、日本、荷兰、西班牙、中国香港、比利时—卢森堡、新加坡、加拿大、奥地利、瑞士、韩国。中国位居第 16 位。

服务贸易出口排名前 15 名的国家和地区是:美国、英国、法国、德国、意大利、日本、荷兰、西班牙、中国香港、比利时—卢森堡、新加坡、加拿大、奥地利、瑞士、韩国。中国位居第 16 位。

服务贸易进口排名前 15 名的国家和地区是:美国、日本、德国、意大利、英国、法国、荷兰、加拿大、比利时—卢森堡、中国、韩国、奥地利、西班牙、中国台北、中国香港。

**中央经济工作会议确定 1999 年经济工作总体要求** 12 月 7 日至 9 日,中共中央、国务院召开中央经济工作会议,会议确定 1999 年经济工作总体要求是:高举邓小平理论伟大旗帜,深入贯彻落实党的十五大和十五届三中全会精神,继续推进改革开放,把扩大国内需求作为促进经济增长的主要措施,稳定和加强农业,深化国有企业改革,调整经济结构,努力开拓城乡市场,千方百计扩大出口,防范和化解金融风险,整顿经济秩序,保持国民经济持续快速健康发展和社会全面进步,迎接建国五十周年。

**海合会首脑会议** 海湾合作委员会第 19 届首脑会议 12 月 7 日在阿联酋首都阿布扎比洲际旅馆会议大厅隆重开幕,6 个成员国领导人面对世界原油价格低迷、石油收益锐减的逆境,决心加强相互协调,迎接新世纪的挑战。

首脑会议18年来第一次邀请成员国以外的贵宾联合国秘书长安南、阿拉伯联盟秘书长马吉德、伊斯兰会议组织秘书长拉腊基和南非总统曼德拉出席开幕式。本届会议为期3天。

这次会议的主要议题,涉及目前石油价格、海湾安全、阿拉伯团结以及海湾一体化等问题。

本届首脑会议召开之际,世界原油价格降至12年来的最低点。

**联合国纪念人权宣言50周年**　纽约联合国总部举行一系列活动,隆重纪念《世界人权宣言》发表50周年。

第53届联大12月10日举行纪念大会,大会由本届联大主席奥佩蒂主持,联合国秘书长安南以及联合国人权事务高级专员罗宾逊夫人在会上发表了讲话。

包括中国在内的许多国家的代表以及一些国际组织的代表,也先后在纪念会上讲了话。

同一天,安南还向美国前总统卡特等6人颁发了1998年度联合国人权奖。

同一天,第53届联合国大会以协商一致的方式通过决议,主张一切人权都是不可分割和相互依存的,"国际社会必须站在同样的地位上,用同样的眼光,以公平和平等的态度全面看待人权"。

这份由本届联大主席奥佩蒂提交联大审议通过的决议认为,必须充分保证妇女和儿童的人权,并将其作为实现所有人权不可分割的一部分。

**欧盟首脑会议**　为期两天的欧洲联盟首脑维也纳会议在通过题为《主席结论》的文件后,于12月12日下午结束。

文件说,首脑们一致同意《维也纳欧洲战略》。这个战略包括4个方面的内容,即促进就业、经济增长和稳定;改善安全和生活质量;欧盟机构改革以及促进欧洲及世界的稳定和繁荣。根据这4个方面的内容,欧盟首脑将在赫尔辛基会议上发表一项"千年声明",就未来的任务提出目标。

**中国共产党十一届三中全会20周年纪念大会**　12月18日是中国共产党十一届三中全会20周年纪念日,当天中共中央在人民大会堂举行隆重纪念大会,中央领导和首都各界6 000多人出席。江泽民总书记发表重要讲话,总结了二十年来的主要历史经验:一、必须坚持党的马克思主义的思想路线。二、必须全面、正确、积极地贯彻执行党在社会主义初级阶段的基本路线。三、必须把集中力量发展社会生产力摆在首要地位。四、必须坚定不移地推进改革开放。五、必须建立和完善适应生产力发展要求的经济制度和经济体制。六、必须坚持建设有中国特色社会主义民主政治。七、必须坚持物质文明与精神文明的共同进步。八、必须维护和保持安定团结的社会政治局面。九、必须为我国改革开放和社会主义现代化建设争取一个长期的和平国际环境。十、必须把实现和维护最广大人民群众的利益作为改革和建设的根本出发点。十一、必须坚持、加强和改善党的领导。这是我们的事业胜利前进的根本保证。

**《中华人民共和国证券法》公布实施**　该法于1998年12月29日第九届全国人大常委会第六次会议上通过。国家主席江泽民于同日以中华人民共和国主席令第12号公布。《证券法》自1999年7月1日起施行,共12章214条。

**1998年中国10大经济新闻**　由经济参考报社和中国郑州商品交易所联合主办,18家新闻单位的总编辑、副总编辑联合评选的1998年中国十大经济新闻,12月29日在北京揭晓。

(1)中国努力克服亚洲金融危机的影响,战胜严重的洪涝灾害,保持了国民经济的持续增长。(2)10月12日至14日在北京举行的中共十五届三中全会全通过了《中共中央关于农业和农村工作若干重大问题的决定》。(3)国家实行积极的财政政策,扩大国内需求,增发1 000亿元长期国债,银行配套安排1 000亿元贷款,进一步加大基础设施建设投资力度。(4)再就业工作受到党和政府的高度重视。(5)粮食流通体制改革取得新的成效。(6)国务院发出关于进一步深化城镇住房制度改革加快住房建设的通知,从下半年开始,全国城镇停止住房实物分配,实行住房分配货币化。(7)中国人民银行管理体制实行改革,撤销省级分行,成立九家跨省(自治区、直辖市)分行。(8)全国军队、武警部队所办的经营性企业,12月15日起与军队、武警部队彻底脱钩。中央党政机关与所办经济实体和管理的直属企业,以及政法机关与所属经营性企业,也于年底彻底脱钩。(9)从1998年下半年起,一场大规模的反走私联合行动和专项斗争在全国范围内展开，并取得明显成效。(10)《中华人民共和国证券法》于12月29日在第九届全国人大常委会第六次会议上通过。

**中国实施《基本农田保护条例》**　中国国务院1998年12月24日第12次常务会议通过《基本农田保护条例》。自1999年1月1日起实施，条例共六章36条。

**中国国务院通过《中华人民共和国土地法实施条例》**　该条例于1998年12月24日中国国务院第12次常务会议通过并于1999年1月1日起施行。这个条例共八章46条。

**中国全国人大通过《全国人民代表大会常务委员会关于惩治骗购外汇、逃汇和非法买卖外汇犯罪的决定》**　中华人民共和国主席江泽民1998年12月29日发布第十四号令，予以公布，并从即日起开始实施。决定共有九条。

**中国评出1998年十大国际新闻**　人民日报、中国国际广播电台、中央电视台联合评出1998年十大国际新闻，它们是：(1)中美元首互访成功，两国关系继续发展；(2)江泽民主席访俄日，和平外交史写新篇；(3)印巴相继试验核武器，国际社会强烈谴责；(4)武器核查风波迭起，美英擅自对伊动武；(5)巴以签署和平协议，中东和平进程艰难；(6)亚洲金融危机蔓延，人民币顶压不贬值；(7)美国两党政治较量，克林顿遭众院弹劾；(8)北爱签署和平协议，卅年干戈化解有望；(9)刚果爆发武器冲突，周边国家先后卷入；(10)欧元启动准备就绪，十一国为首批成员。

**1998年国内国际十件经济大事**　经济日报1999年1月7日报道：由经济日报社、中央电视台主办，国家计委、国家经贸委、财政部、对外贸易经济合作部、中国人民银行、国家统计局支持，中央电视台经济部、经济日报社评论部、卡斯特经济评价中心承办，成都凯撒铁业有限公司协办的'98国内、国际各十件经济大事评选揭晓：

国内：(1)党的十五届三中全会召开；(2)国民经济持续稳定增长；(3)国家实施积极财政对策；(4)机构改革取得重大成果；(5)粮食流通改革初显成效；(6)再就业工程实施力度大；(7)《证券法》出台；(8)反走私取得明显成效；(9)中央银行改革管理体制；(10)城镇住房停止实物分配。

国际：(1)国际金融体制面临重大转折；(2)人民币汇率保持坚挺；(3)欧元启动准备就绪；(4)世界经济贸易增长放慢；(5)信息产业发展迅速；(6)日本、俄罗斯经济严重衰退；(7)道琼斯股票指数大幅振荡；(8)原油价格创十二年最低纪录；(9)美国降息引发全球"降息风"；(10)全球企业并购规模空前。

**1998年农业十大新闻评选揭晓**　由中国农业新闻工作者协会组织，首都主要新闻单位参加评选的1998年中国农业十大新闻，近日揭晓：

(1)农业战胜特大洪涝灾害夺得好收成；(2)党的十五届三中全会在北京召开；(3)江泽民总书记先后考察安徽、江苏、上海、浙江农业和农村工作；(4)江泽民主席获联合国粮农组织颁发的农民奖；(5)国务院对全国粮食流通体制做出重大改革；(6)国务院决定深化棉花流通体制改革；(7)《中华人民共和国村民委员会组织法》正式实施；(8)国务院发出《关于保护森林资源，制止毁林开垦和乱占林地的通知》；(9)我国两系法亚种间杂交中稻选育研究获得重大突破；(10)乡镇企业克服亚洲金融危机和市场需求拉动减弱带来的严重困难，实现平稳增长。

(郭钟义　编撰)

# 1999年1～6月

**巴西金融动荡波及世界股市**　1月3日，世界第八经济大国巴西宣布将本国货币雷亚尔对美元的汇率贬值8%，以期促进本国出口和防止资金外流。消息传出，拉美股市率先大跌，有的跌幅超过10%，其中巴西股市跌破10%，墨西哥下跌4.6%，委内瑞拉下跌3.01%，哥伦比亚下跌3.43%，秘鲁下跌5.45%，智利下跌4.97%，阿根廷下跌10.37%。欧美股市也全线下泻，其中美国13日下跌3.87%，伦敦下跌3%，法兰克福4.1%，巴黎3.46%，苏黎世4.7%，米兰4.08%，阿姆斯特丹跌幅最高达5.4%。13日亚洲股市也出现下跌，印尼下跌3.9%，印尼盾对美元汇率下跌了7%，韩国股市综合指数跌到604.42点，比上个交易日下跌了28.61点。

**世界经济论坛年会** 为期6天的世界经济论坛第29届年会2月2日在瑞士东部山城达沃斯闭幕。来自世界各地的2 000名与会者就“负责任的全球化”这一主题发表了各自的见解。

本届年会就全球化达成的基本共识是：全球化已成为世界经济发展的大趋势。发生在亚洲、俄罗斯和拉美等地的金融危机的迅速蔓延及其对世界的影响说明，就经济而言，国界已经显得不太重要。与此同时，不能忽视由全球化带来的政治和社会等方面的问题。

与会者也注意到，由于各国政治制度、文化背景及所处的经济发展阶段不同，一个国家不能简单照搬别国的经验，发达国家也不应把自己的模式强加于别国。一个国家只有顺应全球化的趋势，找出与本国发展现状相适应的发展道路，才能在世界性的经济浪潮中保持竞争力。

与会者认为，在知识经济时代，加大教育投资、提高国民科技知识水平是确保经济可持续发展和保持发展后劲的必由之路。

大多数与会的政界和企业界决策人物对亚洲经济近期内复苏充满信心，对欧元的成功启动表示赞赏。他们同时认为，由于最近欧元兑美元的比价大跌，欧元今后的发展方向有待进一步观察。

1971年创立的世界经济论坛是一个非官方机构，其宗旨是研究和探讨世界经济问题并促进国际经济界的交流与合作。

**金融服务贸易协议生效** 2月15日由世界贸易组织主持达成的金融服务贸易协议的52个参加方15日在日内瓦达成一致意见，同意以开放银行、保险、证券和金融信息市场为主要内容的协议从1999年3月1日起生效。

但是，在这项协议的70个参加方中，仍有18个尚未批准该协议。为此，对协议表示赞同的52个参加方决定，允许另外18个参加方把批准该协议的最后期限推迟至1999年6月15日。

世贸组织总干事鲁杰罗对金融服务贸易协议多数参加方的上述决定表示欢迎，认为该协议的实施将有助于稳定国际金融市场，这对于发展中国家来说尤为重要。他说，在全球金融市场处于不稳定的时候，金融服务贸易协议将为改善金融操作方式、扩大企业和用户可利用的资金来源、增加世界金融业运作的透明度等提供坚实的基础。他同时敦促另外18个参加方尽快批准该项协议。

此项金融服务贸易协议是1997年12月，占全球金融服务市场份额90%以上的国家和地区共同达成的。当时各方曾规定：1999年1月29日为批准该协议的最后期限，协议应不晚于1999年3月1日正式生效。但是，为应付亚洲金融危机带来的问题而放慢了批准该协议的进度。

**世行为中国灾区重建提供贷款** 世界银行于2月9日批准向中国提供8 000万美元贷款(包括4 000万美元软贷款和4 000万美元硬贷款)，用于湖北、湖南、江西三省遭受洪灾破坏的地区重建学校、道路、供水系统、医院等设施，以恢复基本服务。

**中越发表联合声明** 应中共中央总书记、国家主席江泽民的邀请，越南共产党中央委员会总书记黎可漂于2月25日起对中国进行正式友好访问。中越双方在北京发表联合声明。

双方对近年来两国在扩大贸易往来，发展经济、科技合作等方面取得的进展表示满意。双方认为进一步扩大两国间经贸、科技等领域的合作具有很大的潜力和广阔前景。双方决心共同努力，以平等互利、注重效益、讲求质量、形式多样、共同发展为原则，进一步发挥大公司主渠道的作用，扩大大宗商品贸易，鼓励和支持双方企业开展大型项目合作，为双方企业相互投资创造有利条件，推动两国边境贸易健康有序地发展。双方将积极探索继续扩大和深化经贸、科技等领域合作的新途径和新方法，把这种合作关系发展到一个新的水平。

双方签署了两国政府间的经济技术合作协定。

**中、非经贸合作研讨会** ’99中国—非洲经贸投资合作研讨会于3月17日至18日在北京西藏大厦举行。出席会议的嘉宾有来自联合国及30多个非洲驻华使馆的商务官员及其国内企业代表；外经贸部、外交部、科技部、海关总署等国家部委负责非洲与科技事务的政府官员；中国社会科学院、国际问题研究所、北京大学等单位的业内专家与学者及国家进出口银行和中国非洲投资贸易开发中心代表。议题涉及国家对非贸易投资与援非政策;中小企业赴非贸易投资程序、途径及政府优惠贴息贷款申请方法;北京、上海等地传统产业技术转让与设备转移非洲市场成功经验交流。30余个非洲国家驻华使馆官员介绍本国市场特点、投资环境及优惠政策和商务礼仪与习俗。项目洽谈涉及农业、食品加工、基础设施、交通通讯、纺织服装、机电、轻工、医疗保健、化工、旅游等10余个领域逾千个贸易与投资合作项目。

**外资兼并日本企业创纪录** 3月1日据日本一家外资投资服务公司最近进行的一项调查说,1998年外国资本共兼并61家日本大中型企业,比1997年增加了20%,创历史最高纪录。

从外资国别来看,有60%的日本企业被美国企业兼并;从收购金额来看,前10家企业的收购价总额高达13 490亿日元,是1997年头10家公司收购价的14倍。

调查结果显示,外国企业除了收购兼并日本企业外,还有许多美国公司以巨资参股的形式控制日本企业。例如,美国花旗银行集团出资2 170亿日元收购日兴证券公司的股票,成为该公司最大股东。美国资本集团以700亿日元的价格收购了日本东邦生命保险公司的营业权。

近年来,日本一些综合性企业出现严重亏损,被迫进行整顿,收缩战线。特别是一些金融机构,为了尽快处理不良债权,将某些重要部门分割出来,出售给外国企业。其中,日本租赁公司以8 000亿日元的价格将其最有前途的租赁部门出售给了世界上最大的非银行金融机构——美国通用资本集团。1998年,日本共有18家金融机构被外国资本兼并或控股。

**中意经济技术合作混合委员会会议举行** 外经贸部部长石广生和来访的意大利外贸部长皮耶罗·法西诺3月4日在北京主持了中意经济技术合作混合委员会第五次会议。

石广生说,中国欢迎意大利企业家来华投资,通过技术转让进行合资合作生产。他同意意方提出的在混合委员会下建立知识产权工作组的建议,希望双方在此领域加强合作,同时也建议建立司局级磋商机制,每年一次轮流在北京、罗马举行会议。

会后,双方签署了会谈纪要和1999年度工业技术合作计划协议。

**中东欧国家评出百强企业** 总部设在布拉格的"德罗伊特·图斯"信用公司近日公布了1997年中东欧国家100强企业排名。根据1997年的营业收入额,波兰电力公司以35.81亿美元排名100强之首,排名第二的是罗马尼亚国家石油公司,年收入35.75亿美元,波兰石油化工公司以35.51亿美元排名第三,第4名是匈牙利石油化工公司,年收入为31.30亿美元。

**中国全国政协九届二次会议** 本次会议从3月3日开幕,历时9天。3月11日下午在人民大会堂闭幕。会议号召人民政协各参加单位、各级组织和全体委员,高举邓小平理论伟大旗帜,在以江泽民同志为核心的中共中央领导下,坚持和完善中国共产党领导的多党合作和政治协商制度,紧密团结,坚定信心,群策群力,为实现社会主义现代化建设的宏伟目标,为完成祖国统一大业而努力奋斗。

全国政协主席李瑞环在闭幕会上发表了重要讲话。

根据议程,会议经过表决增选卢荣景为政协九届全国委员会常务委员。会议还通过了政协九届全国委员会第二次会议政治决议、政协九届全国委员会第二次会议关于常务委员会工作报告的决议、政协九届全国委员会提案委员会关于政协九届二次会议提案审查情况的报告。

会议期间,委员们听取和审议了叶选平副主席代表常务委员会所作的工作报告,列席了第九届全国人民代表大会第二次会议,听取并讨论了朱镕基总理所作的政府工作报告和其他重要报告,讨论了宪法修改的有关问题。委员们认真履行职责,就国家经济、政治、社会生活中的重大问题和政协工作,提出了许多很好的意见和建议。

**九届全国人大二次会议** 第九届全国人民代表大会第二次会议在完成预定议程,通过中华人民共和国宪法修正案,批准政府工作报告,表决通过其他议案后,3月15日下午在人民大会堂闭幕。

会议号召全国各族人民高举邓小平理论伟大旗帜,在以江泽民同志为核心的党中央领导下,统一思想、坚定信心,抓住机遇、知难而进,团结一致、艰苦奋斗,把建设有中国特色社会主义的伟大事业胜利推向21世纪。

2 866名代表出席了会议。主席团常务主席、大会执行主席李鹏主持闭幕大会。

# 建设深圳美好明天

中共广东省委副书记
深圳市委书记 张高丽

深圳是邓小平同志亲自倡导建立的经济特区。19年来，从一个贫穷落后的边陲小镇发展成为一座初具规模的现代化城市，两个文明建设取得了令人瞩目的成就。随着改革开放和现代化建设的深入推进，深圳的投资环境不断改善，已成为外商投资的热点地区，成为内地同国际经济联系的重要桥梁。深圳的综合经济实力已跃居全国大中城市前列。深圳的经济体制和运行机制比较灵活。目前，已初步建立社会主义市场经济体制的基本框架。同时，坚持向国际惯例靠拢，大胆引进外资、先进技术和管理经验，着力建立外向型经济发展格局。深圳的城市基础设施日趋完善，法治环境良好，政府运作高效廉洁，社会治安较为稳定，城市环境优美整洁。

世纪之交，深圳经济特区发展面临着新的机遇和挑战。党的十五大要求经济特区在体制创新、扩大开放、企业升级等方面，继续走在全国的前面。为抓住机遇，迎接挑战，顺利完成中央和省里赋予深圳的光荣使命，我们将继续高举邓小平理论伟大旗帜、紧密团结在以江泽民同志为核心的党中央周围、全面贯彻党的十五大和省八次党代会精神，以“增创新优势，更上一层楼”的优异成绩庆祝建国50周年，庆祝澳门回归祖国和新世纪的到来。

# 改革开放中的北京市朝阳区

朝阳区委书记蒋效愚

朝阳区，位于首都东部，是北京市面积最大、人口最多、城乡结合的近郊区。自古便有京畿腹地之称，有着悠久的历史文化，日坛、元大都遗址、东岳庙、西黄寺等历史文明的痕迹体现着古代人民的智慧。1958年正式定名为朝阳区，现下辖22个街道，24个乡。全境面积470.8平方公里，常住人口176万。全区除汉族外，还有回、满、蒙、壮、朝鲜、苗、藏、维吾尔等42个少数民族。建区41年特别是改革开放以来，朝阳区城市化进程加快，环境优美，交通便利，市政条件好，具有得天独厚的区位环境优势，是北京市城市发展的主要开发、建设区。涉外资源丰富，投资环境优越，现代商务活动发达，是首都对外交往、对外开放的“窗口区”。经济发展迅速，国民生产总值和地方财政收入位居北京市前列。朝阳区正在建成为首都北京最具现代风格的城区。

气势壮观的公园大门

风之广场

入夜迎宾线

团结湖公园

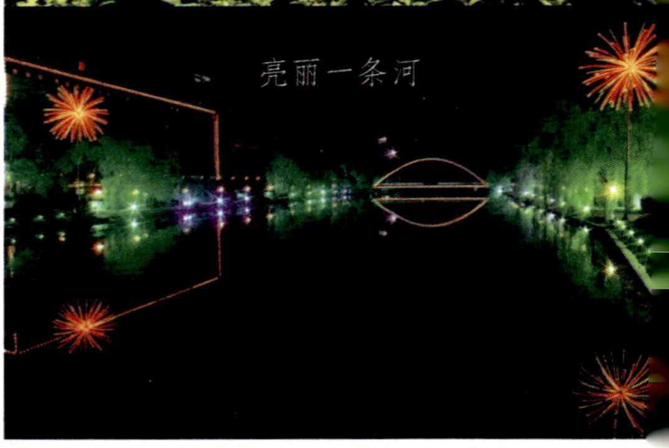

亮丽一条河

邓小平题词“开发区大有希望”碑

开发区管理委员会主任李勇

# 跨入新世纪的天津经济技术开发区

天津经济技术开发区（简称“泰达”即TEDA）是于1984年12月6日经国务院批准建设，享有沿海经济技术开发区优惠政策的经济区域。经过15年的开发建设，天津开发区已从昔日的盐碱荒滩变成了今天的现代化工业新城区。

15年来，天津开发区累计批准外商投资企业3 200多家，合同外资额98.12亿美元，实际利用外资57.23亿美元。天津开发区聚集了一大批代表世界最先进生产力的跨国公司投资企业。美国《财富》杂志最新公布的全球500强企业中，已有28家跨国公司在天津开发区投资48个项目。天津开发区迅速崛起了电子通信、食品饮料、生物医药、机械制造四大支柱产业群，其中许多产品在国内市场上具有很高的市场占有率，许多企业已经成为天津市乃至全国相关行业的“排头兵企业”。

天津开发区已经成为全国高新技术产业的重要生产基地和电子通信产业的最大生产基地。1998年，天津开发区高新技术产业工业总产值达到了325.48亿元，其中电子通信产业为237亿元，分别占全区工业总产值的60.99%和43.9%。

美国霍尼韦尔有限公司生产线

摩托罗拉车间

生活小区泰丰公园

保税区管委会办公楼

# 天津港保税区管委会

TIAN JIN GANG BAO SHUI QU GUAN WEI HUI

保税区门区标志

1991年5月12日，中国北方第一个保税区——天津港保税区经国务院批准成立，同年10月11日在人民大会堂向世界宣布正式招商运作。刚刚起步的保税区就迎来了一个难得的发展机遇，以1992年邓小平同志南巡谈话和党的十四大为标志，我国进入了一个全方位、多层次、宽领域对外开放崭新的历史阶段。天津港保税区抓住有利机遇，高速启动，艰苦创业，抢上了加快发展、走向世界的快车道。几年来，江泽民、李鹏、朱镕基、李瑞环、胡锦涛、尉建行、李岚清等党和国家领导人都视察过天津港保税区，对保税区的发展作了重要指示，给保税区的建设者们以极大的鼓舞。

保税区东兴国际汽车市场

保税区国际商品展销中心

世界著名的美国加德士石油公司在保税区投资3 0
美元建立的现代化润滑油调配厂，可年产润滑油3.5

天津新技术产业园区管委主任　庞金华

天津新技术产业园区于1988年3月经市人民政府批准建立，1991年3月经国务院批准为国家高新技术产业开发区，总面积21.85平方公里。园区由三部分组成：华苑产业区，是天津园区的发展重点，位于市区西南部，可开发面积10平方公里，外环线以内2平方公里基础设施建设基本就绪。外环线以外8平方公里起步区开发建设的准备工作已全面展开，华苑产业区有良好的区域优势。政策区位于本市智力密集区，是园区的基础和起步区，已建有包括创业中心在内的科研基地、科贸街、南开工业园和天津市高新技术成果、信息产业、技术交易的最大集散地。辐射区，已建有武清开发区、北辰科技工业园和塘沽海洋科技工业园。随着战略的发展，用布点连线的方法，将建成一条京津塘高科技走廊。1992年7月，经市委、市政府批准成立天津新技术产业园区管委会。

# 天津新技术产业园区

TIAN JIN XIN JI SHU CHAN YE YUAN QU

坐落在天津新技术产业园区华苑产业区的国际创业中心

座落在华苑产业区的天津大学天财股份有限公司

天津和平海湾电源集团有限公司是中国最大的镍氢电池生产基地，集科研、开发、生产、销售于一体，总投资额4亿人民币

新技术产业园区华苑产业区的环岛喷泉

# 中国东南沿海对外开放的重要工业、商贸、港口城市

## ——温州

温州位于中国黄金海岸线的中部，交通通信事业发达。温州机场已开辟42条国内航线，并开通了与香港、澳门的地区航线。旅客列车可直达北京、上海、南京、杭州等国内主要城市。温州市700多万人民热忱欢迎海内外各界来温州观光旅游、投资置业，共铸21世纪新的辉煌。

**图片说明**：

①温州市城开大桥
②温州市人民路鸟瞰
③温州大桥
④温州市貌

（温州市人民政府办公室供稿）

# 湖北省十堰市

HU BEI SHENG SHI YAN SHI

十堰市委书记闫增福（左二）、市长马荣华（左一）亲切接见《爱的奉献》演出人员。

整装待发

十堰市是中国中西部的结合部，与鄂、豫、川、陕、渝五省市交界。是中国实施“中西部战略”的战略要塞、支点城市。辖六县（市）三区，总面积23 658平方公里，总人口360万。十堰是因车而建，因车而兴，因车而发展的新型现代化工业城市。

武当夜色

人民广场

# 湖北省十堰市园林局

HU BEI SHENG SHI YAN SHI YUAN LIN JU

十堰市，地处鄂西北。大自然赋予了这座城市秀丽的山川、丰富的植被，市委、市政府为了使这座城市更具特色，展现山林景色的英姿，确定了创建山林风景型园林城市的城市绿化目标。经城市建设者多年的努力，使这座建市仅二十余载的原山区小镇，今天不仅已成为鄂、豫、川、陕毗邻地区的一座政治、经济、文化、交通的中心城市，而且是一座生态城、旅游城、汽车城。

十堰山多，形成了该城市独特的自然风貌。市政府结合该市的实情和确定的目标，提出了"山上森林覆盖，山下疏林草地、三季有花、四季常绿"的园林绿化指导思想。经全市人民共同奋斗，园林绿化从无到有，从俗到精，截止1997年，城市人均公共绿地已达8.3平方米，绿化覆盖率达41.1%，绿地率达35%。现已是重山叠翠，森林覆盖、绿草如茵、花团锦簇，生态平衡、环境优美、风景如画的独特山林风景型园林城市。一座城在山中，房在林中的山区城市，尤如一颗绚丽的明珠、镶嵌在鄂西北崇山峻岭之中。

湖北省省长蒋祝平同志视察十堰市园林城市建设工作

迎宾广场

厂区绿化

盘山公路绿化

道路绿化

◀缤纷伞艺

▲ 局长马龙书

◀百二河绿化

街头绿化

# 湖北十堰市交通局

HU BEI SHI YAN SHI JIAO TONG JU

十堰市交通局现有职工11 909人，其中工人10 152人，占职工总数的85.2%；干部1767人，占职工总数的14.8%。各类专业技术人员632人，占职工总数的5%。

全市公路通车里程7 611.89公里，其中列入年报通车里程4 313.49公里。国道2条497.46公里，省道12条1 001.10公里，县道86条2 432.42公里，乡道3 020.39公里，专用公路660.52公里。等级路3 453.39公里，占通车总里程的46.1%。其中一级公路23.27公里，二级公路193.67公里，三级公路272.45公里，四级公路2 964.00公里。等外公路4 043.03公里，占通车总里程的53.9%。桥梁962座33 649.85延米，汽车渡口3处，过水路堤98处，隧道7处1 163米。全市每平方公里拥有公路0.317公里，每万人公里22.32公里。基本形成以十堰城区为中心，以国省道为骨架，县乡道为干线，内通外联，"三纵三横"的公路交通网络。

梁吉祥局长

盘山公路

亚洲第一大单跨斜拉桥汉江大桥

JI LIN SHENG WU JIA JIAN CHA SUO

# 吉林省物价检查所

图片说明:

1. 检查药品行业明码标价情况
2. 领导班子成员（中为所长刘俊营）
3. 人民群众的认可是对该所全体工作人员的最好回报
4. 认真处理群众的每一次举报
5. 一个新的工作方案又要形成了

◀ 1999年5月28日下午，中共中央总书记、国家主席、中央军委主席江泽民来到中国武汉劳动力市场，了解武汉市就业、再就业工作及劳动力市场建设和管理情况。图为江总书记在劳动力市场详细了解下岗职工求职情况。

# 湖北省劳动厅

▼ 湖北省劳动厅在武昌街头宣传社会保险政策。图为副省长周坚卫（左），省劳动厅厅长曾宪武（中）向一位下岗女工询问参加社会保险的情况，并向她宣讲社保政策的有关内容

▼ 湖北省劳动厅在武昌街头设立社会保险政策咨询台，向过往群众发放社保宣传品。图为仲裁处处长张赤心向一位国企女职工宣传生育保险知识。

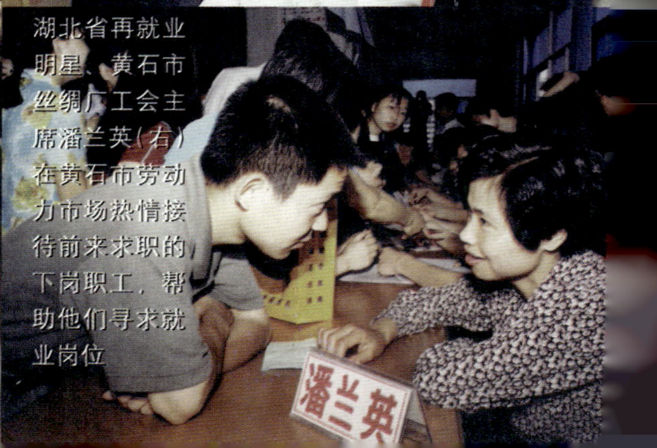



湖北省再就业明星、黄石市丝绸厂工会主席潘兰英（右）在黄石市劳动力市场热情接待前来求职的下岗职工，帮助他们寻求就业岗位

'98湖北金秋大型劳务洽谈会上，省委书记贾志杰(左)、省长蒋祝平(右)在省劳动厅厅长曾宪武(中)的陪同下，来到洽谈会现场。图为他们在一家招聘摊位上与下岗女工亲切交谈，并询问她求职的情况。▶

改革开放特别是党的十四大以来，湖北省各级劳动部门面对由计划经济体制向市场经济体制转轨的新形势，高举邓小平理论伟大旗帜，以贯彻实施《劳动法》为统领，以培育和发展劳动力市场、建立新型劳动制度为目标，正确认识和处理放权与管理、服务与监察、破与立的关系，抓重点、攻难点、办试点，圆满完成了各项劳动工作任务，促进了劳动事业的全面发展，得到湖北省委、省政府和劳动部的充分肯定。近4年多来先后有80多个方面的单项业务工作或个人分别获省级以上的表彰和奖励。1996年，在国家劳动部组织的全国劳动系统首次评选表彰活动中，湖北省劳动厅被评为全国劳动系统先进集体。

# 湖北省劳动厅

HU BEI SHENG LAO DONG TING

▲湖北省劳动厅干部职工在积极开展社会保险"两个条例"宣传活动。图为省劳动厅副厅长文国运(中)向一名前来咨询的女职工发放宣传资料，并解答有关问题。

◀湖北省赤壁市在社会保险扩面征缴工作中，市社会保险局局长王文龙(右)带领职工为私营企业上门办理养老保险手册。

# 南京燕子矶镇

愿您熟悉和
热爱这片土地

南京燕子矶素有"万里长江第一矶"的美称，它以其临江俯视的气势和康熙、乾隆以及历代诗仙、画圣所留题作等人文景观而名扬海内外。如今，燕子矶镇6万勤劳的人民在这32平方公里的富饶土地上秉力耕耘、休养生息，尽享着硕果盈园的甜醇。

东风吹来满眼春，千年古镇展新貌。镇内水陆交通发达：南京长江二桥南引线与绕城公路、沪宁高速公路相连接可直达禄禄国际机场纬一路、太新路等4条高等级主干道，疏密有致、

1. 原中央军委办公厅主任程建宁视察镇兴建的星级标准敬老院
2. 燕子矶镇党委书记朱巧林（右）和镇长王家华
3. "全国双拥共建社会主义精神文明先进单位"—燕子矶镇
4. 镇办企业隆燕化工有限公司

5. 镇静港康乐园中50道保龄球馆
6. 群众文艺演出水平在市、区均名列前茅
7. 镇政府投资盖建的教师公寓
8. 燕子矶沿江风光带
9. 镇办企业胜柏印刷包装公司
10. 成绩卓越的群众健身运动

⑤

⑥

⑦

⑧

贯穿全镇。镇北铁路环线与沪宁铁路联网通向全国。中国内河最大的江海换装港——新生圩港辐射世界许多港口。镇内有10多家国有大中型企业、5所知名院校和多所科研机构，这些都是燕子矶镇可以依托的科技优势和人才优势。南京第二热电厂和50万吨城北水厂又是“近水楼台”，为全镇发展经济提供了有力的保障。

作为“南京市10强乡镇”的燕子矶镇，已形成化工、电子、机械、建材、仓储、运输、房地产、宾馆、娱乐、旅游和特禽养殖等多门类产业结构。作为东道主，燕子矶镇参与联合开发“南京经济技术开发区”，已有包括荷兰飞利浦、日本夏普、德国赫司特、泰国正大、台湾华新丽华等国际著名企业在内的400多家中外企业在此共图发展大业。现在，全镇已构成全方位、大发展、大开放的崭新格局。

舒适优美的江滨生态环境，得天独厚的区位优势，配套齐全的现代化设施，日臻完善的服务功能，无疑使燕子矶镇成为海内外有识之士投资兴业的一方宝地。

⑨

⑩

# 南京佛教文化胜地——古鸡鸣寺

古鸡鸣寺创建于东晋永康元年（公元300年），南朝时梁武帝曾三次“舍身”于此，并常到寺设会讲经，为“南朝四百八十寺”之首。清光绪间，张之洞在观音楼之右为戊戌六君子之一的杨锐筑豁蒙楼。民国初年增建景阳楼。1984年，寺内安奉泰国赠送的重5吨的释迦牟尼佛和观音菩萨铜像。1989年重建44.8米高的药师佛塔，成为金陵一大景观。寺内还有志公台，胭脂井等古迹名胜。寺后慈航桥可通台城、玄武湖、小九华山。改革开放二十年来，无论是寺院内部的恢复、重建工程，还是僧团的自身建设、对外友好往来以及社会公益慈善事业等方面，古鸡鸣寺都取得了令人瞩目的成就。

**图片说明：**

①古鸡鸣寺全景　②贵宾厅　③志公台　④古鸡鸣寺夜景
⑤慈航桥　⑥南京古鸡鸣寺主持　莲华　⑦释迦牟尼铜佛像
⑧古胭脂井　⑨佛事　⑩法轮石阶　　摄影：乐有康

1999年12月11～13日，中石器文化及有关问题国际学术研讨会在英德市召开

1999年12月16～17日，广东省历史文化名城第二次研讨会在英德市召开

# 崛起的粤北新城市——英德市

英德市，地处广东省东北部，农业发达、资源丰富、人文景观众多、自然景观美不胜收。英石是全国四大园林名石之一；英德红茶享誉海内外；享有“岭南第一洞”之称的宝晶宫和“南天第一峰林走廊”的英德峰林闻名遐迩。进入90年代中期，英德市提出了城市主导与产业重构的思路，下决心改善以交通为主的基础设施建设状况，建设中心城区和各专业城镇功能齐全的城镇体系，进行产业重构、发展特色经济。全市经济实力明显加强，各项经济指标增长指数和各项改革措施走在全省山区县（市）的前列，同时，英德市以英茶文化、英石文化为主题加强文化建设，开展地区形象设计与建设，产生了良好效果，得到广泛好评。英德人民正意气风发地跨入新世纪。

安居工程仙泉花园

新开辟的宽80米长5 000多米的市区南北中轴线——英州大道

1999年基本建成的市区防洪大堤

# 山东临沂
# 技术监督局稽查大队

“质量卫士”——杜秉礼

严格执法，保护消费者合法权益

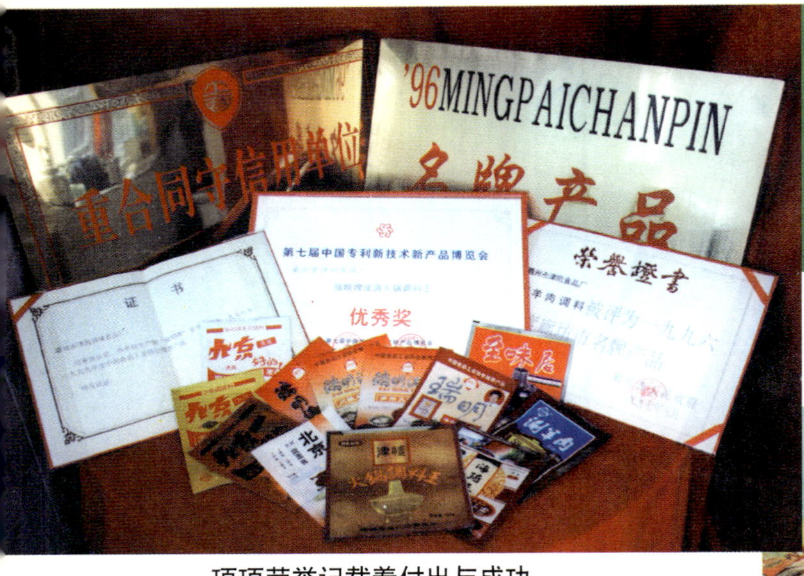


一项项荣誉记载着付出与成功

# 河北霸州
# 津恺食品厂

瑞明牌系列产品

按照大会通过的表决议案办法，会议对《中华人民共和国宪法修正案(草案)》进行投票表决。下午5时整，会议公布了投票表决结果：赞成2 811票，反对21票，弃权24票，赞成票超过全国人民代表大会全体代表的2/3以上。随后，李鹏委员长宣布：通过中华人民共和国宪法修正案。

根据这一修正案，邓小平理论的指导思想地位、依法治国的基本方略、国家现阶段的基本经济制度和分配制度以及非公有制经济的重要作用等被写进中华人民共和国宪法。

闭幕大会首先表决通过了关于政府工作报告的决议。

经过表决，会议通过了关于1998年国民经济和社会发展计划执行情况与1999年国民经济和社会发展计划的决议，决定批准国务院提出的1999年国民经济和社会发展计划，批准曾培炎受国务院委托所作的报告；通过了关于1998年中央和地方预算执行情况及1999年中央和地方预算的决议，决定批准国务院提出的1999年中央预算，同意项怀诚受国务院委托所作的报告。

会议表决通过了《中华人民共和国合同法》。合同法分为总则、分则、附则，共23章、428条，将自1999年10月1日起施行，《经济合同法》、《涉外经济合同法》、《技术合同法》将同时废止。

会议表决通过了《中华人民共和国澳门特别行政区第九届全国人民代表大会代表的产生办法》。根据这一办法，澳门回归后，将产生澳门特别行政区九届全国人大代表12名。

经过表决，会议还分别通过了关于全国人民代表大会常务委员会工作报告的决议、关于最高人民法院工作报告的决议、关于最高人民检察院工作报告的决议。

大会各项议程完成后，李鹏委员长发表了讲话。

**就中国加入世界贸易组织问题朱镕基克林顿发表联合声明** 中国国务院总理朱镕基和美国总统克林顿4月10日在华盛顿就中国加入世界贸易组织问题发表了联合声明，全文如下：

朱镕基总理和威廉·杰斐逊·克林顿总统的联合声明

一九九九年四月十日

值此中美农业合作协议签署之际，朱镕基总理和威廉·杰斐逊·克林顿总统重申，中华人民共和国与美国已经大大推进了中国加入世界贸易组织的共同目标。上述协议及在广泛的市场准入和议定书问题上所取得的重要共识进一步推动了这一目标的实现。朱镕基总理和克林顿总统欢迎这一重大进展。美国坚定地支持中华人民共和国于1999年加入世界贸易组织。为此，朱镕基总理和克林顿总统指示各自的贸易部长，继续进行双边谈判，以便满意地解决余留的重要问题，并尽快在强有力的商业条件下达成协议。

**中国驻南使馆遭北约导弹袭击，中国政府提出强烈抗议** 5月8日，以美国为首的北约，使用五枚导弹袭击了中国驻南斯拉夫大使馆。中国新闻工作人员邵云环、许杏虎、朱颖不幸殉职，20多名使馆工作人员受伤，馆舍严重破坏。中国政府当即发表声明，提出了最强烈的抗议，要求以美国为首的北约必须对这一事件承担全部责任，必须对中国政府提出的要求作出全面交待。这一事件立即引起了中国各族人民和海外华人华侨的极大愤怒，纷纷采取各种形式表示强烈抗议。世界许多国家的政府、政党和社会团体及一切爱好和平的人民也纷纷对北约的暴行进行谴责，声援中国人民的正义斗争。

**联合国安理会通过科索沃问题决议** 联合国安理会于北京时间6月11日凌晨1时30分，以14票赞成，1票弃权的表决结果通过了由西方七国和俄罗斯共同提交的科索沃问题决议草案，中国投了弃权票。

决议要求南联盟从科索沃撤出一切军警力量，当地安全及停火由联合国维和部队负责。允许部分南联盟武装力量重返科索沃，保护文物，排雷及执行边防检查任务。科索沃阿族武装实行非军事化。南联盟必须保证阿族难民安全重返家园。由联合国牵头在科索沃建立临时行政机构，通过组织选举，实行权力过渡，以解决科索沃未来的地位。

科索沃战争起于3月24日，这天以美国为首的北约开始空袭南斯拉夫联盟共和国，经过79天的狂轰滥炸之后，于6月10日以美国为首的北约正式宣布暂停轰炸。

这次以美国为首的北约对南联盟的空袭共投下2万多枚炸弹，给南联盟经济造成了数千亿美元的损失，大批民用设施被毁，死伤1万余人，百万难民逃离家园。这次战争还产生了巨大的、持久的灾难冲击波。它使周边国家水运交通中断,数百艘满载货物的船只被滞留河道,仅罗马尼亚一月之内就损失7.3亿美元;周边国家的年内国民生产总值下降数个百分点。在这场战争中以美国为首的北约使用了有放射性的贫铀弹和国际公约禁用的集束炸弹,同时由于猛烈轰炸南联盟的工业设施,导致大量有毒物质泄漏,这将给欧洲的生态环境造成长期的灾难性的后果。

**西方七国首脑声明** 西方七国首脑在6月18日晚通过的《七国声明》中强调,西方国家应该寻求平衡的宏观经济政策以刺激需求和投资。同时认为,维护国际经济形势稳定需要各国的共同努力。

号称"富国俱乐部"的西方七国集团在6月18日召开的首脑会议上就减免世界最贫穷国家债务问题达成共识。这无疑是本次首脑会议发出的一个具有积极意义的信号。

近年来,随着经济全球化加速发展,世界穷国和富国之间各方面的差距不减反增,贫穷国家负债累累。据联合国公布的数字,20世纪90年代末,仅占世界人口1/6的工业发达国家在世界经济中所占比例超过50%,而占世界人口3/4的发展中国家仅占39%。发展中国家约有13亿人每天的收入不足1美元,世界1/4的人口生活在贫困之中。在世界86个低收入国家中,有43个在非洲地区。1997年的统计数字显示,160个发展中国家的总债务高达2.5万亿美元。

西方七国首脑们在18日批准了会前七国财长一致达成的关于"科隆债务倡议"的报告。根据这项倡议,七国集团将取消36个最贫穷国家的债务700亿美元,并表示要大大加速减免贫穷国家债务的程序。

**八国集团首脑会议呼吁,携手面对全球化挑战** 西方七国与俄罗斯领导人6月20日在科隆结束为期三天的首脑会议时发表最后声明和公报,对地区性热点问题表达了一致意见,同时呼吁各国携手面对全球化的挑战。

八国领导人在最后公报中说,他们讨论了世界在进入新的千年时面临的机遇和挑战。公报表示,全球化是一个复杂的进程,它使世界在多方面受益,也给全球许多行业带来风险。八国首脑在公报中"呼吁各国政府和国际机构、商界和劳工、民间团体和个人共同努力迎接这项挑战"。他们呼吁保持世界经济持续增长、建立有效的国际贸易体制、采取广泛就业的政策、在教育中注重对个人投资、加强社会保障、深化富国与穷国之间的关系,进一步削减发展中国家债务、加倍努力保护环境、促进核不扩散和军控与裁军,以及设法解决其他棘手的全球性问题。

**全球富豪排名** 据美国《福布斯环球商业与金融》杂志报道,富人正在变得更富,但是,身价达900亿美元的微软公司老板比尔·盖茨仍是世界上最富有的人。

该杂志在7月5日一期(提前出版)中说,世界上最富的200名亿万富翁的身价加在一起超过了10 000亿美元,比10年前多一倍还多。

截至1999年4月30日(《福布斯》杂志为该名单确定的截止期),世界上最富的7个人是美国人,其次是沙特阿拉伯的阿勒瓦利德·本·塔拉勒王子(150亿美元)、德国的阿尔布雷希特家族(136亿美元)和香港的李嘉诚(127亿美元)。

仅居盖茨之后的美国人是沃伦·巴菲特(360亿美元)、保罗·艾伦(300亿美元)、史蒂夫·巴尔梅(195亿美元)、菲利普·安许茨(165亿美元)、迈克尔·戴尔(165亿美元)和罗布森·沃尔顿(158亿美元)。

《福布斯》还列出了那些继承遗产或靠投资发财的亿万富翁的名单。在这类亿万富翁中,最富的有瑞士的欧埃里·霍夫曼和扎赫尔家族(170亿美元)、法国的利利亚纳·贝当古(139亿美元)、德国的哈尼尔家族(124亿美元)、居住在百慕大的美国人库尔特·恩格尔霍恩家族(120亿美元)。

出人意外的情况之一是,荷兰女王贝娅特丽克丝的财产被估定为52亿美元,这是由于她进行了一系列精明的投资的缘故。这使她在"国王、女王和独裁者"名单上居于第7位。

又据美国《资本家》杂志最新调查:目前亚洲最富有的6大亿万富豪,分别是香港的李嘉诚、李兆基、郭炳湘和日本的武井保雄、佐治敬三和孙正义。其中,李嘉诚以资产净额127亿美元排名首位,同时也荣膺世界10大富豪。另一名地产商李兆基,以资产净额111亿美元,排名亚洲第二。紧跟其后的是,香港新鸿基地产集团的郭炳湘兄弟家族,资产净额为99亿美元。

至于台湾富豪、国泰人寿董事长蔡万霖,仍以资产净值59亿美元,再次荣登台湾首富宝座,但他在全球的排名,已从去年的第26名下滑到第48名,在亚洲的排名也由去年的第2名跌到第7名。82岁的王永庆,以资产净值58亿美元,排名全球第51名。

**世界品牌价值前20名排名榜** 国际品牌咨询公司研究出一种评估过去12年世界2 000多个品牌的价值的方法,此法为许多国家的审计人员、税务当局以及股票交易所认同。

该公司的方法是将品牌看作这些年来源源不断创造出可识别收入的一种无形资产。对每一种品牌,这家公司均利用公开的财务数据来估计采用这种品牌的产品,今后5年内可能产生的营业利润,最后得出一个称为经济收入的数字。

然后,再对这个收入数字用一种"品牌效应"指数来估算品牌在这些收入中所起的作用。"品牌效应"指数是根据品牌对不同产品以及对地理概念上的市场产生的作用进行分析后确定的。

最后,再对这些收入进行打折,从中反映出风险含量。例如,对市场根基牢固、地域分布很广的老品牌打的折扣要比迅速兴起的领域中规模不大的新品牌的折扣低。

最后一个因素解释了为什么尽管对于因特网有着种种夸张的说法,但是新技术股的品牌地位依然相对较低,而这种地位未能正确反映出其相对较高的股市价值的原因。

**欧盟—拉美首脑、拉美南共市—欧盟首脑会议** 拉美南方共同市场和欧盟国家的首脑6月28日在里约热内卢举行会议,讨论建立两个地区集团间自由贸易区的有关问题。南共市成员国阿根廷、巴西、乌拉圭、巴拉圭、联系国智利以及除英国之外的欧盟14国的政府首脑出席了会议。

巴西总统卡多佐在会议开始时致词说,南共市发展与欧盟的关系具有长远的战略意义,它将使南共市国家得以保持外交政策的平衡和多元化。他认为,此次会议使两个地区集团之间的关系翻开了新的篇章。

欧盟—拉美首脑会议28日下午在此间正式开幕,来自拉美33个国家、欧盟15个成员国的政府首脑及他们的代表讨论了如何加强两大洲之间政治、经济、文化关系及合作。参加会议的各国首脑在29日共同签署了两个文件:《里约热内卢声明》和《共同优先行动计划》。

南共市与欧盟1995年12月签署了建立两个集团之间自由贸易的框架协议。

**世界品牌价值前20名排行榜**

| 品牌 | 国家 | 行业 | 价值（百万美元） |
|---|---|---|---|
| 1. 可口可乐 | 美国 | 饮料 | 83 845 |
| 2. 微软 | 美国 | 软件 | 56 654 |
| 3. IBM | 美国 | 计算机 | 43 781 |
| 4. 通用电气 | 美国 | 多种经营 | 33 502 |
| 5. 福特 | 美国 | 汽车 | 33 197 |
| 6. 迪斯尼 | 美国 | 娱乐 | 32 275 |
| 7. 英特尔 | 美国 | 计算机 | 30 021 |
| 8. 麦当劳 | 美国 | 食品 | 26 231 |
| 9. AT&T | 美国 | 电信 | 24 181 |
| 10. 万宝路 | 美国 | 烟草 | 21 048 |
| 11. 诺基亚 | 芬兰 | 电信 | 20 694 |
| 12. 奔驰 | 德国 | 汽车 | 17 781 |
| 13. 雀巢 | 瑞士 | 饮料 | 17 595 |
| 14. 惠普 | 美国 | 计算机 | 17 132 |
| 15. 吉利 | 美国 | 私人物品 | 15 894 |
| 16. 柯达 | 美国 | 映像 | 14 830 |
| 17. 爱立信 | 瑞典 | 电信 | 14 766 |
| 18. 索尼 | 日本 | 电子 | 14 231 |
| 19. 美国证券所 | 美国 | 金融业 | 12 550 |
| 20. 丰田 | 日本 | 汽车 | 12 310 |

(郭钟义　许红涛　编撰)

# 教育科技文化活动

## 1998 年 1～12 月

**联合国举行文化政策促进发展会**　主题为"文化力量"的联合国教科文组织文化政策促进发展政府间会议 3 月 30 日上午在瑞典斯德哥尔摩开幕。

开幕式由瑞典教育大臣卡尔·塔姆主持，教科文组织总干事马约尔出席开幕式并致词。

共有 120 多个国家的近千名代表参加了这次为期 4 天的会议。会议的主要议题是讨论各国文化政策发展状况，并就教科文组织就本次会议拟就的《行动计划》草案进行讨论和修改。《行动计划》于 4 月 2 日正式通过并发表。

**办公和信息技术博览会**　办公和信息技术博览会于 1998 年 4 月在德国汉诺威举行，历时 7 天。这次世界信息技术界的最高盛会，吸引了 60 个国家和地区的 7 250 家公司。尽管汉诺威博览会有展厅 37.1 万平方米，比去年增加了近 2 万平方米，但还是有 350 家公司，因展厅爆满而被拒之门外。参展公司之踊跃，展览规模之大，都堪称世界之最。

本届博览会主席施蒂洛夫估计，国际信息和电信技术市场约为 22 400 亿马克，目前该市场的年增长速度为 2 000 亿马克。巨大的市场前景，激励着企业将大量资金投入科研和新产品开发。

**中国发布第 7 号科技白皮书**　国家科学技术部 4 月 7 日在京发布《科学技术白皮书 7 号——中国科学技术指南》，全面记录和阐明了过去两年来制定的科技发展和科技政策执行情况。

自 1995 年第 6 号科技白皮书发布以来，中国科技队伍不断壮大。到 1997 年底，理、工、农、医、卫、教等各类自然科学专业人员达 1900 余万人，其中从事科技活动的人员 262 万人，包括从事研究与开发的人员 78 万人，其中科学家与工程师 57 万人，仅次于美、俄，但万名劳动力中从事研究与开发活动的科学家和工程师只相当于发达国家的 1/5～1/10。《指南》自 1986 年以来定期发布，分为"科技与发展"、"科技体制改革"、"政策法规与环境条件"、"科技统计指标"四篇。全国政协副主席宋健、国家科学技术部部长朱丽兰分别撰写了前言和序。

**高技术产业化研讨会**　研讨会于 16 日和 17 日在北京召开。中国科技界、工程技术界、经济技术界、企业界的专家和学者以及政府官员等共 200 多人参加了研讨会。其中有香港特别行政区的代表 50 多人。研讨会以高技术产业化为主题。

研讨会认为，高技术产业化有可能成为香港和内地今后加强合作，推动中国经济稳步增长的重要领域之一。同时，信息技术、生物技术和新材料技术应该作为双方今后合作的重点选择对象。香港与内地进行高产业化的合作，内容十分广阔，形式也可以多种多样。两个工程院将从本次会议提出的建议中，选择一两个项目进一步探讨，推进实施。他们商定，于 2000 年在香港联合举办下一次学术研讨会。中国工程院和香港工程科学院还准备建立一种常设联络机制，进一步加强交流，更好地发挥桥梁作用，为共同推进两地在高技术产业化的合作作出努力。

中共中央政治局常委、国务院副总理李岚清会见了与会代表。

**21 世纪专利合作条约制度国际研讨会**

由国家知识产权局（原中国专利局）和世界知识产权组织联合举办的 21 世纪专利合作条约（PCT）制度国际研讨会自 4 月 15 日起在北京举行，15 日上午在刚建成启用的中国知识产权培训中心教学科研楼举行了隆重的研讨会开幕式。

在这次国际研讨会上，国内外知识产权界围绕专利合作条约制度有 13 个专题发言，交流各成员国实施这一条约制度的经验，探讨如何更好地发挥其在21世纪世界科技经济发展中的重要作用。据了解，中国于1994年1月1日正式成为专利合作条约(PCT)成员国，当时的中国专利局同时成为PCT受理局、国际检索单位和国际初步审查单位，中文成为国际公布语言之一。PCT为便利外国高新技术在中国得到保护铺平了道路，也有利于中国的先进技术在外国得到保护。

正是为了适应加强知识产权保护工作的需要，经中国政府批准于1996年4月1日成立中国知识产权培训中心，这一中心是中国政府直接创办的第一个培训中国在职知识产权专门人才的国家级教育培训机构，在世界知识产权组织的帮助下将争取成为该组织在亚太地区的培训基地。

**国家863项目又一成果通过专家鉴定**
国家863项目“实用的、以中文为主的中英文自动摘要系统”4月30日在上海经专家组鉴定获得通过。

在上海交大网络中心演示室，记者看到，使用这一系统，将已装在Windows版面内的一篇原文为8 000字的文章，根据需要和指定侧重内容的要求，仅在5秒钟内就可作出准确的2000字的摘要，并通过声音输出系统将摘要结果朗诵出来。

**21世纪高等教育——大学校长论坛**
1998年5月2日，来自世界各国和地区的60余所著名大学的校长、国内30余所著名大学的校长今天在北京聚集一堂，举行面向21世纪的高等教育——大学校长论坛。

举办这次大学校长论坛是北京大学百年庆典活动中的重要部分，在中国教育史上尚属首次。论坛会期两天，大学校长们共同探讨21世纪人类高等教育发展趋势，就大学的地位和作用、教学战略、大学与社会的联系、管理与财政事务等问题发表意见。

中共中央政治局常委、国务院副总理李岚清出席了开幕式并发表了热情洋溢的讲话。

**北大百年校庆**　庆祝北京大学建校100周年大会5月4日上午在北京人民大会堂举行。党和国家领导人江泽民、李鹏、朱镕基、李瑞环、李岚清等出席大会。

北京大学初名京师大学堂，成立于1898年，1912年改为现名，是清朝末年戊戌变法的产物，是中国近现代历史上第一所国立综合性大学。它是中国新文化运动的中心，五四爱国运动的发祥地，是中国传播马克思主义和民主科学思想的最初基地，是中国共产党早期活动的重要场所，也是中国推进现代化建设的重要教育中心和科学研究中心。

江泽民在讲话中说，北大在长期发展和斗争历程中形成的爱国、进步、民主、科学的光荣传统，显示的不断钻研、求实、创新、向上的优良学风，生动地体现了中国人民自强不息、开拓进取的民族精神，也是北大永葆生机的重要动力。这种优良传统和精神动力，要永远发扬光大。

庆祝大会上，北京大学校长陈佳洱，教育部部长陈至立，北京市副市长林文漪，清华大学校长王大中，牛津大学校长卢卡斯，北大学友代表于敏，北大校友代表叶建第先后发言和致贺辞；联合国秘书长特使、秘书长外事办公室主任环纳宣读了安南秘书长的贺信。庆祝大会由北京大学党委书记任彦申主持。各界人士8 000多人参加了庆祝大会。

**汉学研究国际会议在京举行**　日前，由北大中国传统文化研究中心主办的汉学研究国际会议5月上旬在北京香山举行。来自160多个国家的近300位著名学者出席了会议。这是建国以来在汉学研究领域层次最高、规模最大的一次国际性学术盛会。

本次大会的宗旨是：站在时代的高度，以开放的态度，把中国传统文化放到世界各民族文化大格局中加以研究，努力运用新的成果，为弘扬和发展中华文化服务。与会专家学者围绕着“我与汉学研究”这一主题，回顾近百年汉学研究成就，展望21世纪汉学研究前景。

**知识经济时代企业技术创新论坛**　方正、海尔、联想等一批企业曾经凭借技术创新成为中国企业界闪亮的新星。5月11日，面对知识经济时代带来的共同挑战与机遇，这些企业集团的总裁们与来自中国科协、中科院、中国工程院的科学家在中国科技会堂展开对话，探讨如何在新时期再作企业技术创新的先锋。

企业管理者和科学家通过对话达成共识：技术创新要围绕企业经济效益这个中心，以市场实现程度为检验技术创新成败的最终标准。为了适应知识经济时代的要求，企业在开展技术创新时必须注意实现三个转变，即实现从传统的产品“一次性创新”向企业产品“持续创新”转变，从“个别产品创新”向“系列产品创新”转变，从“个别专家创新”向“集体（全员）创新”转变。

**第51届世界卫生大会** 第51届世界卫生大会5月11日在联合国万国宫开幕。190多个世界卫生组织成员国的卫生部长和政府代表、联合国其他机构及非政府组织的代表出席本届卫生大会。卫生部部长张文康率中国代表团出席本届会议。江泽民主席致电祝贺。

会议期间，各成员国代表讨论财政预算、1998年世界卫生报告、世界卫生组织改革和工作方法以及制定世界卫生组织21世纪的工作框架。会议还将根据议题分成不同区域组深入讨论改善发展中国家间技术合作，环境与健康，预防暴力，国际互联网跨国界宣传、推销和销售医药产品，克隆问题的伦理、科学和社会影响，婴幼儿营养和妇女保健，疾病的预防和控制等涉及人类健康领域的各种问题。

本届世界卫生大会适逢世界卫生组织成立50周年大典。5月14日，万国宫将举办国家元首或政府首脑论坛。世界艺术组织在日内瓦举办题为“深化认识”的国际现代艺术巡回展，通过绘画和雕塑展示世界卫生组织半个世纪的活动以及在国际大家庭中的作用。本届世界卫生大会于5月16日闭幕。会议通过了《世界卫生组织宣言》和一系列促进全球卫生与保健事业的决议和决定。

**北京举办高新技术产业国际周活动** 中国第一个以高新技术为主题的大型活动“北京高新技术产业国际周”，5月11日在北京农业展览馆开幕。

来自美国、日本、法国、德国、中国等20多个国家的政府代表团、专业代表团和世界著名高科技企业家、金融家参加了国际周活动。国际周由北京市政府和国家科技部共同举办。50多个城市的副市长、外国使馆部分官员等中外各界人士参加了开幕式。

**中国“长征三号乙”火箭三送卫星升空** 5月30日18时整，中国研制生产的“长征三号乙”大推力捆绑式运载火箭在西昌卫星发射中心，成功地将2 984公斤重的“中卫—1号”通信卫星送入预定轨道。

此次发射是长征系列运载火箭第52次飞行，也是自1996年10月以来，长征系列运载火箭连续10次发射成功。

用于发射的“长征三号乙”运载火箭，是由中国运载火箭技术研究院研制的三级液体捆绑式运载火箭。它可将5 000公斤的有效载荷送入地球同步转移轨道，并可进行双星或多星发射，是目前中国把卫星发射到地球同步转移轨道运载能力最大的火箭。在此之前，“长征三号乙”火箭成功地发射了“马部海”和“亚太2R”卫星。

**中国科技竞争力国际排名上升** 瑞士洛桑国际管理开发研究院最新公布的《国际竞争力报告》显示，中国科技竞争力已从1997年的第20位，上升到1998年的第13位，成为推动中国国际竞争力提高的重要因素之一。

近年来，纳入《国际竞争力报告》的国家和地区保持在46个。1998年中国国际竞争力排名从1997年的第27位上升到第24位。国际竞争力是一个国家或地区帮助企业保持竞争力的能力，取决于国内经济、国际化程度、政府政策、金融环境、基础设施、企业管理、科学技术和国民素质8个要素。每个要素又包括几十个指标。

在1998年的8个要素中，中国国内经济、政府政策和科学技术这3项的排名比较靠前。和1997年比较，国内经济和国际化程度均上升了9位，科学技术和国民素质均提高了7位，金融环境的排名则下降了2位。

**阿尔法磁谱仪首次进入太空** 美国“发现号”航天飞机在美国东部时间6月2日18时06分（北京时间3日清晨6时06分）从佛罗里达州卡纳维拉尔角的肯尼迪航天中心顺利发射升空。由中国科学院研制的阿尔法磁谱仪AMS也随之进入太空。

“发现号”航天飞机此次飞行的主要任务是进行一系列科学实验和空间探测，并于当月4日与俄罗斯“和平号”轨道空间站实现第九次也是最后一次太空对接。

阿尔法磁谱仪实验是这次“发现号”太空之行的重点项目之一。它是由美籍华人、诺贝尔奖获得者丁肇中领导的一个国际空间科学实验项目。科学家们首次利用这个粒子探测装置来证实宇宙中是否存在由正电子和负质子等组成的“反物质”和用光学手段无法探测到的“暗物质”。

阿尔法磁谱仪随"发现号"升空后，中国科学院院长路甬祥向丁肇中以及在"发现号"发射现场的中国科学院代表团分别发了贺电。

**两院院士大会** 中国科学院第九次院士大会、中国工程院第四次院士大会，顺利完成5天的各项议程，6月5日在北京闭幕。

在这次两院院士大会上，江泽民、李岚清分别在开幕式和闭幕式上作了重要讲话。两院院长作了工作报告，总结回顾了上次院士大会以来的工作，提出了今后的工作任务，展望了两院跨世纪发展的战略目标。两院院士大会分别修订通过了《中国科学院院士章程》和《中国工程院章程》。中国工程院选举产生了新一届的院长、副院长和主席团。宋健被选为中国工程院院长，副院长是王淀佐、朱高峰、沈国舫、侯云德、潘家铮，朱光亚任主席团荣誉主席。两院各学部的常务委员会进行了换届选举。两院经过认真推荐提名，按照严格程序，分别选举产生了中国科学院第三批外籍院士8名：美国的伯奇费尔、朱棣文、葛守仁、黎念之、马库斯，法国的利翁斯，奥地利的莫里茨和英国的辛克维奇；中国工程院第二批外籍院士5名：俄罗斯籍航天动力学专家弗·尼·巴丘卡耶夫，美国籍微电子科学技术与半导体器件物理学家施敏、美国籍矿物加工、胶体与界面专家萨马桑达兰，英国籍植物基因组及分子标记专家迈克·盖尔，法国籍分子生物学和乙型肝炎专家比·蒂奥莱。

会上，两院分别宣布了首批资深院士名单。中国科学院首批资深院士有145人，中国工程院首批资深院士30人，其中两院双重资深院士11人，他们都是科技界德高望重、功勋卓著的老一辈科技专家。当天的会议还向8位科技专家颁发了第七届陈嘉庚奖，向14位科技专家颁发了第二届中国工程科技奖。

周光召、钱伟长、卢嘉锡、宋健、钱正英出席了今天的闭幕式，朱光亚主持会议，路甬祥致闭幕辞。

**科学家提出21世纪百道科学难题** 人民日报6月11日报道，118位中国科学家经过长期研究和思考，最近系统地提出了100道21世纪需要解决的科学难题。当天，汇集了这些难题内容的《21世纪100个科学难题》一书在京举行了首发式。

据介绍，这100道科学难题选自最基本的富有深远意义的门类科学和学科，如数学、物理学、心理学、认知科学、信息科学等，乃至与哲学、经济学相关的交叉科学和学科，包括"超级计算理论"、"引力波探测"、"外地文明与太空移居"、"智力的起源"等。

周光召院士指出，科学发展就是不断地始于问题和终于问题的过程。科学问题，特别是科学难题的提出、确认和解决，构成了科学自身发展的内在动力。在世纪之交的历史转折时期，为使中国科学尽早进入世界前列，更应提倡中国科学家提出和解决尚未被提出和解决的重大科学问题和难题，并在解决难题中开创新理论，丰富科学宝库，以及应用它们去解决中国社会和经济发展中遇到的重大问题。

**第七届陈嘉庚奖和第二届中国工程科技奖颁发** 第七届陈嘉庚奖和第二届中国工程科技奖6月5日同时在京颁发。

获得陈嘉庚奖的8位科学家是从47名侯选人中评选出来的。他们分别是数理科学奖获得者杨乐教授、化学科学奖获得者黄维垣教授、生命科学奖获得者沈善炯教授、农业科学奖获得者娄成后教授、医药科学奖获得者陆道培教授、地球科学奖获得者王之卓教授、信息科学奖获得者李志坚教授和技术科学奖获得者钱令希教授。

陈嘉庚基金会自1988年成立以来，每两年评选颁奖一次。1992年起，这项奖励由原来的奖励科技成果改为奖励科学家个人。

获得第二届中国工程科技奖的14位科学家分别是飞行器总体设计专家王兴治、船舶设计专家张炳炎、红外技术专家苏君红、雷达工程专家张直中、钢铁冶金专家邵象华、分子筛制造工程专家舒兴田、水文工程地质专家张宗祜、桥梁工程专家王序森、建筑设计专家陈植、小麦育种与农业发展战略专家卢良恕、蔬菜育种专家侯锋、老年医学专家牟善初、医学病毒专家宋干和系统工程专家王寿云。中国工程科学技术奖每两年颁发一次。

**中国"网民"已达117.5万** 设在中国科学院的中国互联网络信息中心7月10日按国际惯例首次正规发布了上半年中国Internet发展状况统计报告。报告显示，截止到6月30日，中国上网机数达54.2万台，"网民"已达117.5万，较1997年11月发布时的29.9万台和62万分别翻了近一番。网络正在以"特快"速度进入居民的生活。

数据表明，经济和文化的发展状况对 Internet 发展起决定性作用。北京占 25.3%；其次是广东，占 11.5%；再次是上海，占 7.8%；此后是江苏、辽宁等经济相对较发达地区。用户中专以下学历的仅占 6.9%，而有中专、大专、本科学历的共占 83.8%。

**国际抗高血压研究取得突破性成果**　国际高血压协会 7 月下旬在北京举行的国际高血压研讨会上，公布了高血压最佳治疗（HOT）研究的结果：这项研究找到了将病人的血压控制在最适当的降压水平的准确数据。这一研究成果，意味着人类有望在 21 世纪解除心血管病的威胁。

据会上专家们介绍，心血管疾病是目前人类健康的主要杀手之一。在全球大约有 6～9 亿高血压患者，每年约有 290 万人死于高血压。

HOT 研究是迄今为止世界上最大规模的高血压研究项目，也是中国参加的第一个国际性多中心研究。这项研究的目的是寻找到一个最适当的降压水平，从而把心血管疾病的危险性降到最低水平。

在包括中国在内的 26 个国家进行的全球性研究中，共有 18 790 名患者和 1 700 名医生参与了这项研究，平均随访期达 3.8 年。其结果显示：收缩压降至 138mm/Hg，舒张压降至 83mm/Hg，可使高血压病人的心血管病发生率降低 30%。同时研究还发现，在亚洲病人中，使用“波依定”和“倍他乐克”药联合治疗的病人占一半以上。这两种抗高血压药物的联合，不仅疗效好，而且副作用少。研究还显示：在高血压病人中使用小剂量药物“巴米尔”（乙酰水杨酸）可使致命和非致命的心肌梗塞的发生率降低 36%。由于 HOT 研究肯定了以“波依定”为主的药物对心血管疾病的治疗效果，使用“波依定”和“倍他乐克”的联合疗法将成为治疗高血压的主要方法。

**中国近 30 万人出国留学**　改革开放 20 年来，中国先后有近 30 万人到国外留学，分布在 100 多个国家和地区，人数之多，规模之大，为中国留学史上前所未有。目前，学成回国的留学人员已达 10 万。这是 8 月 4 日在兰州召开的全国出国留学工作研究会年会上公布的。此次会议的主题是，纪念邓小平同志关于扩大派遣留学生指示发表 20 周年，深入贯彻党的十五大会议精神，开创出国留学工作的新局面。

这次会议由国家教育部召开、兰州大学承办。

**亚洲第一届“数字图书馆研讨会”**　亚洲第一届“数字图书馆研讨会”于 1998 年 8 月 6 日～7 日在香港大学、美国卡耐基梅隆大学、广州华南理工大学及北京邮电大学等四个会场举行，通过由 VTEL 美国视讯公司提供的数字视频通信产品 Radiance 和 TC2000，就数字图书馆领域的新技术和新观点进行探讨和交流。由于采用 VTEL 在 ATM 网上的现代高科技会议电视技术和设备，四地人员将在相距数千里之遥轻松地讨论有关问题。本次北京邮电大学会场使用的数字视讯设备是 VTEL 公司 1997 年捐赠给该所大学用于远程教育及科研的。

**第 18 届国际遗传学大会**　由国际遗传学联合会主办、中国科学院和中国遗传学会承办的第 18 届国际遗传学大会 8 月 10 日在北京国际会议中心开幕。中共中央政治局常委、国务院副总理李岚清致词并表示祝贺。大会主席、中国科学家谈家桢院士对大会作主报告。

第 18 届国际遗传学大会是自 1899 年第一次大会召开以来 20 世纪国际遗传学界的最后一次盛会，也是遗传学经历了近一个世纪的发展，第一次在中国召开的国际大会。本届大会的主题是：遗传学——为民造福。

据介绍，从 20 世纪初揭示遗传学的基本规律开始，遗传学研究开拓了一个从基础理论与实际应用相结合的新方向。展望 21 世纪的遗传学，基因仍然是遗传学研究的中心，而基因组则是国际生物学界最热门的研究领域。专家们认为，遗传学研究的成果将会更广泛地见诸于新药研制、基因治疗、良种繁育、工业发酵、环境保护和能源开发等各个领域。

中国科学院、中国科协、科技部、教育部、国家自然科学基金委员会、北京市等有关单位的领导和54个国家的 2 000 多位学者出席了开幕式。本届大会除学术演讲外，另有数十个专题研讨会，还有与遗传学相关的工业展览。大会于当月 15 日闭幕。

**第四届中国国际民间艺术节**　北京首都体育馆 8 月 14 日晚上成了歌台舞榭，第四届中国国际民间艺术节在这里徐徐拉开帷幕，来自五大洲 16 个国家的民间歌舞艺术团汇聚一堂。

第四届中国国际民间艺术节的主题是发展民间艺术，促进友谊和平。

开幕式上，埃及国家民间舞蹈团演出舞蹈《烛台舞》。国际著名的墨西哥响板舞大师索妮亚·阿梅利奥演出组演奏了世界名曲《马刀舞曲》。日本鬼太谷座鼓舞团表演了鼓乐《富士百景》。韩国、意大利、新西兰、俄罗斯、南非等国家民间歌舞艺术家也先后登台献艺，观众掌声阵阵。

参加本届艺术节的各国艺术家们在京演出3场，之后，分两路赴上海、江苏、天津、广东等地演出。这次中国国际民间艺术节由中国文联和北京新世界中心联合主办，于8月28日结束。

组委会有关负责同志告诉记者，开幕式演出的全部收入和当晚在首都体育馆周围分设的4个募捐点所得捐款，将全部捐献给灾区人民。

**康复国际亚太区大会** 康复国际第十一届亚太区大会暨亚太残疾人十年(1993～2002年)九八推广大会8月23日在香港开幕。中国残疾人联合会主席邓朴方在开幕式上宣读了中国国家主席江泽民的贺辞。

香港特别行政区行政长官董建华、政务司司长陈方安生出席了开幕式。董建华在开幕式上致词。

开幕式由大会会长方心让主持。来自世界各地的1 500名康复界代表出席了开幕式。

**高等师范教育改革国际研讨会** 由教育部师范司主办、北京师范大学承办的“面向21世纪高等师范教育改革国际研讨会”9月初在京举行。来自国内外的130多位专家学者参加了会议。

此次高等师范教育改革国际研讨会是在中国实施“可持续发展”战略和“科教兴国”战略的大背景下，由教育行政部门召开的首次关于师范教育改革和发展的国际研讨会。会议总结了中国高等师范教育改革的新经验，研究了师范教育面临的新情况和新问题，探讨了如何借鉴国外发展师范教育的成功经验，转变教育思想和教育观念，进一步推进中国“高师教学改革计划”的实施，开创中国21世纪高等师范教育的新局面等一系列问题。

与会代表围绕21世纪中小学师资素质和培养模式，未来高等师范教育的课程体系、专业结构、专业培养目标，教学观念、教学内容、手段及方法的改革，高等师范教育的评价与质量保证机制和高等师范教育体制的改革等五个方面，进行了深入研讨和广泛交流。教育部师范司司长马立在会上作了题为《把一个充满生机与活力的师范教育体系带入21世纪》的主题报告，中国科学院院士、复旦大学校长杨福家作了《知识经济与人才培养》的专题报告。美国卡耐基教学促进基金会主席舒尔曼及来自美国、日本、法国和香港地区的代表出席了会议。一向对中国师范教育事业非常关心的香港实业家田家炳作为特邀代表出席了研讨会。

**月球上面找到水** 美国科学家在9月4日出版的《科学》杂志上撰文说，“月球勘探者”探测器发回的最新数据再次表明，月球两极存在着冰冻状态的水，数量可能多达100亿吨。

“月球勘探者”是今年1月6日发射上天的，它的主要任务是探测月球上是否存在着水，并绘制月球表面的引力图。3月5日，美国宇航局的科学家宣布，他们首次利用“月球勘探者”传回的数据发现了月球上存在水的证据，估计月球两极存在1 100万吨至3.3亿吨的水冰。

科学家说，最新数据再次为月球上有水提供了佐证，并把月球上的水含量提高了数十倍。这样多的水将使人类建立月球基地、空间飞行器月球燃料供应站等变得更加容易。

**中国版权保护中心在京成立** 经中央编制委员会办公室批准，中国版权保护中心9月22日在京宣告成立。

自中国实施《著作权法》并加入版权保护国际公约以来，广大公民尤其是著作权利人的著作权意识日益增强，版权司法与行政保护体制逐渐完善，版权产业也成为中国正在兴起的知识经济的重要支柱。为适应形势的发展，中国版权保护中心将以维护著作权人以及相关权利者的权益为中心，帮助他们正确地行使自己的权利，促进版权在社会文化和经济生活中发挥作用，推动中国版权产业健康而迅速地发展。

中国版权保护中心是国家设立的综合性的著作权社会管理和社会服务机构，根据经国务院批准的新闻出版署(国家版权局)改革机构方案，行使部分原来由国家版权局行使的职能。中国版权保护中心荟萃了一批精通著作权法律理论与实务的高素质专业人员，其主要业务范围有：版权代理，开展各类作品的版权许可使用和转让业务；组织国内外的版权贸易洽谈与合作出版活动；为作者和作品使用者在国内外宣传推广作品；为作者和作品的使用者提供版权咨询；负责计算机软件版权登记；外国和港澳台作品的版权登记；版权质押合同登记；涉外版权认证工作；涉外音像、电子出版物的出版合同登记；汇总全国的作品自愿登记信息，编制出版、发布作品登记信息公报和合同登记文献；为权利人和作品使用者提供各方面的法律服务，开展版权咨询；调解版权纠纷，代理版权诉讼；向出版单位、广播电视台、表演团体等单位提供常年法律服务等。

中国惟一的综合性著作权专业刊物《著作权》也将由该中心编辑出版。

**"面向知识经济的国家创新体系"研讨会**

9月27日至28日，100多名专家、学者聚集在北京中国科技会堂，共同研讨"面向知识经济的国家创新体系"这一新课题。

中共中央政治局委员、中国社会科学院院长李铁映在会上作了重要讲话。他指出，社会科学要与自然科学携手合作，迎接知识经济时代。路甬祥作了题为"我们的时代和科学技术的未来"的主题报告。社科院副院长刘吉、《经济日报》总编辑艾丰、中国科学院院士何祚庥、朱清时等作了大会发言。研讨会的议题有：知识经济与国家创新体系；知识创新、技术创新、管理创新和制度创新；国家创新体系的理论和方法等。

研讨会由中国社会科学院研究生院、中国科学院研究生院与《经济日报》社联合举办。

**萨拉马戈荣获诺贝尔文学奖**　瑞典文学院10月9日宣布，葡萄牙诗人、小说家若泽·萨拉马戈荣获1998年度诺贝尔文学奖。

瑞典文学院在推荐书中说："萨拉马戈以其充满想像力、富于同情心和讽喻魅力的寓言让我们能对梦幻般的现实加深理解。"

今年76岁的萨拉马戈在60岁以前一直都默默无闻，直到1982年出版了小说《修道院的记忆》后，他才引起人们的注意。

附：80年代以来诺贝尔文学奖获得者

1997　达里奥·福(Dario Fo)　意大利　剧作家、演员

1996　维斯瓦娃·申博尔斯卡(女)　波兰　诗人、文学评论家

1995　谢默斯·希尼(Seamus Heaney)　爱尔兰　诗人、散文作家

1994　大江健三郎(Kenzaburo Oe)　日本　作家

1993　托妮·莫里森(女)(Toni Morrison)　美国　作家

1992　德雷克·沃尔科特(Derek Walcott)　圣卢西亚　诗人

1991　内丁·戈迪默(女)(Nadine Gordimer)　南非　作家

1990　奥克塔维奥·帕斯(Octavio Paz)　墨西哥　作家、诗人

1989　卡米洛·何塞·塞拉　西班牙　小说家

1988　纳吉布·马赫福兹　埃及

1987　约瑟夫·布罗茨基　美国/原苏联　诗人

1986　沃莱·索因卡　尼日利亚　作家

1985　克劳德·西蒙　法国　小说家

1984　雅罗斯拉夫·塞弗尔特　捷克斯洛伐克　诗人

1983　威廉·戈尔丁　英国　小说家

1982　加夫列尔·加西亚·马克斯　哥伦比亚　小说家、新闻工作者

1981　埃利亚斯·卡内蒂　英国/保加利亚　小说家、小品文作家

1980　切斯瓦夫·米沃什　美国/波兰　诗人

**1998年诺贝尔医学奖评出**　10月13日上午负责颁发每年诺贝尔生理学或医学奖的瑞典皇家卡罗林医学院昨天宣布，将1998年的这个奖项授予罗伯特·弗奇戈特、路易斯·伊格纳罗、弗里德·默拉德这三名美国科学家，以表彰他们对氮氧化物在心血管系统中传递信号功能的发现。他们将平分760万瑞典克郎(约100万美元)的奖金。据悉，这三位科学家发现的原理使20世纪制造出治疗阳痿的"伟哥"。

在这三名科学家的发现之后，科学家陆续发现一氧化氮在血压控制、血液流量控制和抵抗感染等方面

起着重要作用。这一系列发现为治疗心脏病、中风、肺病、癌症和阳痿等提供了参考。

截至目前,诺贝尔医学或生理学奖已经评选了88届。其中,美国共有79人获奖,其次是英国22人,德国15人,法国8人,瑞典7人,瑞士6人。

**华裔科学家崔琦等获诺贝尔物理学奖** 10月13日,瑞典皇家科学院公布了1998年诺贝尔物理学奖和化学奖的得主名单,德国人斯托尔默、美籍华人崔琦和美国人劳克林因在量子物理学研究方面做出的重大贡献而获得今年诺贝尔物理学奖,美国人科恩和英国人波普尔则由于在量子化学领域做出开创性贡献而分享了今年诺贝尔化学奖。

1998年诺贝尔物理学奖三位获奖者之一的崔琦,是继李政道、杨振宁、丁肇中、李远哲和朱棣文之后,第六位获诺贝尔奖的华人科学家。

崔琦,1939年生于中国河南省,1958年赴美深造,并于1967年获芝加哥大学物理学博士学位,此后到贝尔实验室工作,1982年至今任美国普林斯顿大学电子工程系教授。今年4月,他曾获得美国著名的富兰克林奖。目前他从事电子材料基本性质等领域的研究。崔琦的妻子是美国人,他们有两个女儿。

得知崔琦获诺贝尔奖的消息,新华社记者立即通过越洋电话向普林斯顿大学新闻办公室和崔琦教授的秘书了解了崔琦的基本情况。崔琦在因特网自己开设的网址上称,他的主要学术兴趣是研究金属和半导体中电子的性质。他的这些研究将可应用于研制功能更强大的计算机和更先进的通信设备。瑞典皇家科学院的新闻公报说,崔琦和斯托尔默1982年开始对在强磁场和超低温实验条件下的电子进行了研究。他们发现,在这种条件下大量相互作用的电子可以形成一种新的量子流体,这种量子流体具有一些特异性质。一年之后,劳克林教授对他们的实验结果做出了解释。这一成果是量子物理学领域内的重大突破,它为现代物理学许多分支中新的理论发展做出了重要贡献。

附:获诺贝尔奖的华裔科学家

崔琦因在量子物理学研究方面做出的重大贡献而成为第六位获得诺贝尔奖的华裔科学家。

1997年,朱棣文因发明了用激光冷却和俘获原子的方法荣获诺贝尔物理学奖。

1986年,李远哲因发明了交叉分子束方法,使详细了解化学反应的过程成为可能,为研究化学新领域——反应动力学作出贡献而获得诺贝尔化学奖。

1976年,丁肇中因发现一类新的基本粒子而获得诺贝尔物理学奖。

1957年,李政道和杨振宁因发现宇称原理的破坏而被授予诺贝尔物理学奖。

**北京国际音乐节** '98北京国际音乐节10月13日在人民大会堂拉开帷幕。李岚清、贾庆林、吴仪、何鲁丽等领导人与6 000余观众参加了开幕式。'98北京国际音乐节从13日起至25日,由来自德国、澳大利亚、英国、法国、俄罗斯、美国、日本、西班牙、韩国、波兰等国著名的音乐团体、音乐家与中国国内一流的乐团一起,为北京市民和海内外来宾上演了21套精彩的音乐会节目。

**印籍教授捧诺贝尔经济学奖** 瑞典皇家科学院10月14日宣布,将1998年诺贝尔经济学奖授予英国剑桥大学印度籍教授阿马蒂亚·森,以表彰他在福利经济学方面所作出的杰出贡献。

皇家科学院发表的新闻公报说,阿马蒂亚·森在福利经济学基本问题的研究上作出了几项重要贡献,其中包括社会选择理论、社会福利定义、贫困指数以及对饥荒的调查研究等。

阿马蒂亚·森1933年生于印度,1959年在英国剑桥大学获博士学位,并先后在印度、英国和美国任教。1998年早些时候,森离开供职的美国哈佛大学,出任英国剑桥大学三一学院院长。

他的主要著作包括《集体选择与社会福利》、《经济不平等》及《贫困与饥荒》等。森的学说认为,粮食短缺是造成饥荒最主要原因的看法是不正确的。他在考察了自20世纪40年代以来印度、孟加拉国及撒哈拉地区发生的饥荒后,发现其他一些因素才是导致饥荒发生的至关重要的原因。为了证明自己的学说,森举例说明当某些地区发生饥荒时,那里的粮食供应并不短缺,甚至有些地区在发生饥荒的同时还出口粮食。

**第六届亚洲民间艺术节** 第6届亚洲民间艺术节10月16日在昆明开幕。来自亚洲、大洋洲和欧洲的10个国家和地区的文艺表演团体参加了开幕式。

第六届艺术节是中国1993年加入国际民间艺术节组织理事会后，承办的第一个洲际艺术节。国际民间艺术节组织理事会是一个国际性的民间社团组织，现有成员国和地区74个。开幕式前，来自中国、韩国、马亚西亚、新西兰、俄罗斯、泰国以及中国台北的2 700名艺术家在昆明主要街道进行了热烈的街头巡演。开幕式后，艺术家们还进行了一场题为《五洲神韵——相约在春城》的文艺演出。

**亚洲艺术节** 为期12天的亚洲艺术节10月26日在观众对北京京剧院演出的压轴戏《风雨同仁堂》报以的热烈掌声中落下帷幕。

亚洲艺术节期间，来自日本、朝鲜、韩国、越南、缅甸、老挝、斯里兰卡、中国的10个艺术团体在北京演出了13场，上万名各界观众观看了演出；参演国家的驻华使节和文化官员均出席了本国艺术团体的首演式；各国艺术家之间进行了演出观摩和学术交流。至此，艺术节很好地达到了增进亚洲各国之间的友好往来和相互了解的预期效果。

据悉，亚洲艺术节前后，一些外国参演艺术团体在中国各地进行了巡回演出。

**世界民防大会通过《北京宣言》** 10月26日至28日，由国际民防组织主办的第十一届世界民防大会在北京举行，其主题是制定21世纪世界民防发展行动规划，同时进行经验交流，选举国际民防组织新的主席、副主席。据悉，这是世界民防大会首次在中国举行。国务委员司马义·艾买提出席大会并致词。

大会通过了旨在“面对21世纪的灾害，为各国人民提供保护和帮助”的《北京宣言》。

《北京宣言》中指出，在遭受自然和人为灾害时提供保护和帮助，如同保护生命和健康一样，“是基本的人权”。《北京宣言》决定通过一项发展民事防护结构的世界行动计划，这一行动计划建议制定国家民事防护结构的基本理论；制定有关国际合作和互助的框架公约；呼吁建立标准化的应急管理程序；在普遍承认和接受的价值观念的基础上建立民事防护的基本原则；制定一项推动和宣传有关民事防护的国际人道法的计划。

来自79个国家、国际组织的代表，驻华使节及中国有关部委、省市的代表200余人出席了本次大会。

成立于1931年的国际民防组织，现有49个成员国和10个观察员国，宗旨是推动世界各国防止、减少和平时期自然灾害或者战争对平民造成的伤害，改善和发展救助组织方法、技术，开展民防、救灾、消防领域的国际合作。

**面向21世纪知识产权保护研讨会** 由中国知识产权研究会和美国知识产权法律协会共同主办的面向21世纪知识产权保护制度国际研讨会，10月28日在北京开幕。

中国国家知识产权局局长姜颖做了题为《中国知识产权制度的现状和展望》的主题报告。姜颖从中国知识产权法律体系基本完善和知识产权执法机制日趋完备两个方面介绍了中国知识产权保护的现状，同时强调了中国积极承担保护知识产权的国际义务。在谈到对中国知识产权工作的展望时，她说，知识产权制度既是激励知识生产、传播和应用的机制，又是有效保护人类最新、最活跃的知识成果，特别是高技术成果的重要制度。知识经济的发展将越来越依靠知识产权制度。

美国知识产权法律协会执行理事克·柯克先生在开幕式上说中国已成为一个主要的专利申请国，中国国家知识产权局正在逐步扩大并获得全世界的尊敬。

本次研讨会将涉及“知识产权保护与21世纪经济发展的关系”、“世界经济自由化、全球化与知识产权制度国际化”，“高新技术的发展对知识产权制度的挑战”和“知识产权执法的强化和实践的发展”4个主题。

中外代表180多人参加了会议。

**'98中等教育国际研讨会** 10月28日，'98中等教育国际研讨会在北京科技会堂隆重召开。会议由中国教育国际交流协会、中国教育学会主办，全国高级中学校长委员会承办。会议的主旨是交流和借鉴国内外中等教育的有益经验，共同探讨面向21世纪的中等教育问题，宣传中国中等教育的成绩，扩大中国中等教育与世界同行间的交往，促进中国中等教育的进步和发展。

研讨会围绕“21世纪的中等教育问题”的四个问题：21世纪中等教育的目标和评价；中等教育与国家现代化进程的关系；21世纪教育对中学校长的要求；现代化信息技术的发展对中等教育的影响，进行了热烈讨论。国内外120多位教育界人士参加了此次研讨会。教育部、北京市等有关方面的领导同志出席了会议。

**教科文组织首次发表《世界文化报告》**

联合国教科文组织11月4日在其巴黎总部发表了《世界文化报告》。这是该组织第一次就世界各国文化趋势和文化与发展的关系进行全面调查和分析后所发表的报告。

这部长达500多页的报告共分7个部分:文化与经济发展、世界社会文化的形成、创造性、市场和文化政策、公众舆论和普遍道德、建立文化指南以及对政治的干预,报告的最后是统计数字表。

教科文组织总干事马约尔在当天召开的记者招待会上说,两年前教科文组织注意到经济全球化在文化领域的反映,注意到当今世界的许多问题都同文化有这样或那样的联系。因此,教科文组织决定在新的经济形势下,对世界文化进行一次深入的、科学性的分析,阐明文化与发展的关系,为各国政府制定文化与发展的政策提供根据和基础。

马约尔还指出,《世界文化报告》的调查分析和起草工作是一项巨大的工程,由来自五大洲的40位不同学科的专家共同完成,历时两年。今后将每两年对文化报告进行一次修改和补充。

**英投入巨资在学校普及信息通讯技术**

英政府1998年11月初宣布追加预算7亿英镑,将未来4年内在全英学校普及信息及交互网络通讯技术的总投资增加到10亿英镑,以使该国更好地应付新世纪的挑战。

英国目前已在世界各国个人电脑拥有率排名中名列前茅。英首相布莱尔宣布的这项政府最新计划,将使得全英所有大、中、小学校在2002年之前,与全球电脑交互网络相联接,使每个教师和学生都掌握必要的电脑和网络通讯技能,可以在网上进入那些世界著名的图书馆和博物馆等知识信息资源库。

**《中华文化通志》出版发行** 共101卷、4 000余万字的《中华文化通志》,经过8年筹划、编撰,已由上海人民出版社全部出齐。1998年11月9日,中共中央总书记、国家主席江泽民在人民大会堂会见中华炎黄文化研究会会长、《中华文化通志》编委会主任肖克时,衷心祝贺这套书的出版。他说,中华文明源远流长,博大精深,不仅是中华民族的巨大宝库,也是人类社会的宝贵财富。

《中华文化通志》是中华民族历史上第一部系统、全面的文化通志,分为序卷和十典百志。十典是:历史文化沿革典、地域文化典、民族文化典、制度文化典、教化与礼仪典、学术典、科学技术典、艺术典、宗教与民俗典、中外文化交流典。该书贯通古今5 000年历史,涵盖十大文化领域,包括56个民族文化,涉及文史哲经等十个主要学科,阐述详尽,内容丰富。

江泽民说,肖克同志戎马一生,年逾九旬,率领大家协同作战,合力攻关,出色地完成了任务。这套书为后代研究中华5 000年文化留下了珍贵的成果。

江泽民强调,我们应该继承和发展中华文明的优秀传统,同时积极吸取世界各国人民创造的优秀文化成果,更好地为我们从事的伟大事业服务。

**颐和园天坛列入世界文化遗产** 12月2日上午东京时间12时20分,联合国教科文第二十二次世界文化遗产全委会最终表决通过颐和园和天坛列入世界文化遗产。1998年2月,联合国教科文组织派员来京,对中国政府向联合国教科文组织申请将北京皇家园林颐和园和皇家祭坛天坛列入《世界遗产名录》进行评估考察。

**中国世界遗产总数达21处** 随着北京颐和园和天坛被正式列入《世界文化遗产名录》,中国的世界遗产总数已达21处,在数量上与印度并列世界第四位。

根据1972年通过的《保护世界文化和自然遗产公约》规定:凡列入《世界遗产名录》者,都有"世界遗产精粹"价值。截至1997年,世界共有112个国家的552项遗产列入《世界遗产名录》。

中国遗产列入《世界遗产名录》自1987年开始,首批是长城、明清故宫、敦煌莫高窟、秦始皇陵及兵马俑坑、周口店北京人遗址和泰山6项。其后,黄山、武陵源、九寨沟、黄龙、承德避暑山庄及周围寺庙、曲阜孔庙孔林孔府、武当山古建筑群、拉萨布达拉宫以及苏州古典园林、平遥古城、丽江古城等相继进入《世界遗产名录》。至此,中国世界遗产总数已达21处,其中文化遗产15处,自然遗产3处,文化和自然双重遗产3处。

联合国教科文组织于1972年在法国巴黎通过了《保护世界文化和自然遗产公约》,确定将国际公认的具有突出意义和普遍价值的文物古迹与自然景观列入《世界遗产名录》,使国际社会将其作为人类的共同遗产加以保护。按照《公约》的规定,列入名录的世界遗产的保护、保存、展出和遗传后代,仍主要是所在国的责任,但在必要时可以获得财政、艺术、科学及技术等方面的国际援助与合作,同时还享有参加有关培训及相关的国际文化交流活动等权利。

中国于1985年加入公约,1987年开始遗产申报工作。目前,湖北大冶铜绿山古矿冶遗址等也在积极申报过程中。

能够被列入世界遗产很不容易,不仅其本身要具有突出的历史、科学和文化价值,还要有完善的保护条件措施,而且世界上许多国家对申报世界遗产十分重视,在申报中竞争也非常激烈。

**中华文化与21世纪国际学术研讨会** 中华炎黄文化研究会、香港中文大学及香港中华文化促进中心共同主办的"中华文化与21世纪"国际学术研讨会12月14日在香港大会堂开幕。出席研讨会的有来自国内外的学者百余人。香港特别行政区行政长官董建华和新华社香港分社社长姜恩柱作为主礼嘉宾出席了开幕典礼。

大会主席、香港中文大学教授饶宗颐致词。他说,从国内外不同地区远道踊跃前来参加的学者专家们和香港当地学人欢聚一堂,这说明香港当前在天时、地利、人和结合的条件下已能够充分发挥它的巨大的文化凝聚力。中华炎黄文化研究会会长费孝通教授致词:"中华文化是世界文化的重要组成部分,中华文化建设和发展,必将丰富人类的文化宝库,为创建21世纪的世界文化,为世界的和平与发展作出重大贡献。"姜恩柱对会议的召开表示祝贺,他说:"我们必须更进一步弘扬优秀的中华文化传统,牢固地树立起民族自信心和自尊心,并且要在全社会普及科学知识、科学态度、科学方法和科学精神。只有这样,我们才能不断地开拓创新,才能自立于世界民族之林。"

**美《科学》杂志评出1998年十大科技突破** 12月18日出版的美国《科学》杂志刊登了它评选的1998年十大科技突破。它们依次是:

(1)一个国际天文学家小组通过对超新星的研究发现:宇宙中存在着一种反引力,正是这种力与引力相抗衡使得宇宙不断地加速膨胀。这种观点不同于某些天文学家提出的理论,即宇宙是从"大爆炸"中诞生的,最终会走向"大收缩"。

(2)科学家发现果蝇、老鼠和细菌具有类似人体生物钟的守时基因,也许正是这种基因决定了许多有机体包括人类为什么能在白天醒来晚上入睡。

(3)科学家发现神经系统里有能够使化学信号以每秒100个离子的速度从一个神经元流向另一个神经元的结构。这一发现有助于人们从根本上理解神经系统如何工作。

(4)日本进行的实验表明中微子具有质量,这一发现与传统的理论相悖。天文学家认为夹杂在宇宙射线里来到地球上的中微子,在构成宇宙的质量中可能占有一定的比例。

(5)科学家完成了对一种小线虫以及一些微生物包括梅毒、肺结核和斑症伤寒病毒的全部基因的测定。

(6)美英科学家发现一种粒子的量子信息能够从一个原子远距离传输到另一个原子。这一发现有可能会导致最终研制出高速度的量子计算机。

(7)科学家在研究生物芯片和微型机器方面取得进展。这种微型机器能够代替人类进行复杂的工作,比如验血查癌和从样品里提取脱氧核糖核酸。生物芯片最终将用于普查遗传性疾病和进行复杂的实验室测试。

(8)科学家在化学领域里取得的进展使得对数百万组化合物的普查和测试能在很短的时间里完成。这种被称为组合化学的技术将会大大加快药物的研制。

(9)科学家发现能够预防癌症或以新的方式抵抗这种疾病的药物。

(10)科学家发现一些免疫系统疾病,比如风湿性关节炎等可能是人体在抗击细菌或病毒入侵时引起的。

**光明日报评出1998年十大国际科技新闻**

(1)发现月球上有水 3月6日,美国国家航空航天局宣布,美国于1月6日发射的月球探测者号发现,在月球两极陨石坑内有以冰的形式存在的水,总储量可能达10～100亿吨。这为实现永久性月球基地建设的设想创造了极为有利的条件。

(2)"曙光"号被送入轨道 国际空间站的第一个

组件、由俄罗斯建造的"曙光"号主舱，于1998年11月20日在哈萨克斯坦拜科努尔由质子K火箭发射升空，并进入地球轨道。"曙光"舱重24.2吨，造价2.5亿美元，设计使用寿命为15年，国际空间站实际建设从此开始。国际空间站是一项国际合作的航天工程项目，有16个国家参加，美俄两国唱主角，原定2002年全部建成。由于费用远远超出原计划，项目被一再推迟实施。空间站总重量将达500吨，需要进行数十次发射才能将全部组件送入轨道，预计2004年全部建成。

(3)*阿尔法磁谱仪升空* 6月2日，阿尔法磁谱仪搭乘美国"发现"号航天飞机升空，开始进行为期10天的太空实验活动，从而揭开了从空间探测宇宙中反物质的序幕。根据大爆炸理论，在形成宇宙的大爆炸瞬间，物质和反物质的量应当是相等的，但人类至今未在自然界发现过反物质。我们目前所能观测到的宇宙范围全是由物质构成的。迄今科学家用光学方法在地面探测宇宙，有很多局限性。阿尔法磁谱仪用磁学方法并将其置于地球轨道上。它此次搭乘航天飞机有两大目标：一是检验仪器本身，确保它以后在国际空间站上正常工作三年；二是寻找反氦核和反碳核，测定反质子能谱。阿尔法磁谱仪是10多个国家和地区37个研究机构的合作项目，领导者是丁肇中，其关键部件钕铁硼永磁铁是中国制造的。

(4)*早期多细胞动物研究有突破* 中国科学家在贵州瓮安地区所采集的样品中发现大量微型多细胞动物及其胚胎化石，以此推断动物起源时间要前推5 000万年，动物起源于"寒武纪大爆发"的理论可能会被推翻。一个国际科学家小组则在印度中部的乔哈特村的岸石中发现了十亿年前类似于蠕虫之类动物留下的痕迹化石，也说明地球上复杂的多细胞动物出现的时间可能比人们原先认为的距今大约5.4亿年前的寒武纪要早。

(5)*克隆技术得到确认* 多莉被证实确是用成年绵羊体细胞克隆出来的，而且多莉已产下一子。由美英日意等国家科学家组成的研究小组用成年鼠体细胞连续克隆出了两代克隆鼠共50多只，祖母孙三代的基因结构完全一致，克隆成功率达2%。日本用成年牛体细胞克隆出了孪生牛犊。这说明体细胞克隆技术可以重复，是可行的，并可以应用于多种动物。

(6)*科学家探测到大量反质子* 美日科学家宣布，他们在过去五年里共探测到471例反质子。他们认为，这些粒子大多是银河内宇宙线与星际间气体碰撞的产物。根据粒子物理学，对应于质子和电子等基本粒子，自然界应有与其相以的负质子和正电子，但我们周围世界中反粒子极少，只能靠高能加速器来产生。

(7)*IBM发明"绝缘体上的硅"* IBM公司宣布，它开发出了制造高速晶体管的突破性的工艺。这项新技术称为"绝缘体上的硅"(Silicon－on－insulator)，用之可制造出性能更高的芯片，使计算机和通信工具性能提高35%。这项工艺用绝缘氧化层保护芯片上的晶体管，减弱电效应，耗电量少，可提高芯片性能。IBM计划1999年开始用这种工艺制造芯片。

(8)*厄尔尼诺现象肆虐* 厄尔尼诺是指中东太平洋广大赤道洋面上升温的现象。据测，1997年开始至1999年的这次厄尔尼诺是百多年来最强烈的一次。由于海水温度升高，致使海洋生物大量死亡，渔业严重减产，气候异常。科学家们认为，今年东亚各地的严重干旱和洪水、印尼的森林火灾等都与强烈的厄尔尼诺相关。而且，科学家们已将这次超强的厄尔尼诺与人类活动造成的地球温度升高联系起来，促使各国更加重视全球变化研究和环境保护。

(9)*发现细胞衰老决定因素* 人体细胞染色体末端存在一种叫做端粒的结构，随着细胞的每一次分裂，它的长度都会缩短，从其长度的多少可以衡量细胞寿命的长短。英国佩特森癌症研究所的科学家最近发现，染色体端粒变短之后，染色体的稳定性下降，更容易产生突变，因此，接受骨髓移植患者更容易患白血病及其他血液疾病，老年人中患某些癌症的比率较高。另外，美国得克萨斯大学的赖特等人进一步证实，染色体端粒的缩短是人体细胞衰老的决定因素，而且他们还发现人体生殖细胞产生的一种酶能使染色体端粒缩短过程减慢。这个发现不仅可以为癌症等疾病的基因治疗提供新方法，也给人们设法延年益寿带来了一种可能。

(10)*世界最快的计算机问世* IBM公司开发出了迄今世界上最快的超级计算机。这台计算机称为"太平洋蓝"，每秒能进行3.9万亿次运算。据称，它可进行极复杂的运算，用于核爆炸模拟可保持核武库的可靠性，而不必进行核爆炸试验。此外，它也可提供更准确的气候预测和用于改进飞机设计等。

**1998年国际十大体育新闻** 由中国体育报、中央电视台和苏州钢铁集团公司联合评出'98国际十大体育新闻。

这十大国际体育新闻是:法国队世界杯首次夺冠;长野冬奥会中国选手依然未实现金牌零的突破;布拉特竞选国际足联主席成功;因劳资纠纷,NBA新赛季比赛一推再推;友好运动会上,美、俄、中分列奖牌榜前三名;环法自行车出现兴奋剂丑闻;美国短跑明星格里菲斯去世;泰森重获内华达州运动管理委员会的拳击执照;凯泽斯劳滕队夺得德国甲级联赛桂冠,创下欧洲五大联赛史上升入甲级队后第一年即夺冠的纪录;默多克以6.25亿英镑收购曼联队。

**'98中国和世界十大科技进展** 全国政协副主席、中国工程院院长宋健在京宣布,由587位中国科学院院士、中国工程院院士参加投票评选的1998年中国十大科技进展新闻和世界十大科技进展新闻已经揭晓。

1998年中国十大科技进展以得票多少排序如下:

(1)国家水稻工程难题攻关取得突破性成果;(2)科考队徒步穿越雅鲁藏布大峡谷考察获丰硕成果;(3)我国转基因羊研究获重大突破;(4)全国一比二十五万大型地形图数据库建成;(5)我国第一根铋系高温超导输电电缆研制成功;(6)我国20世纪建成投产的最大水电工程二滩水电站头两台机组发电,标志我国水电建设已进入国际先进行列;(7)我国人类基因组研究获重大进展;(8)我国在国际上首次把氮化镓制备成一维纳米晶体;(9)我国研制成功基因重组人胰岛素;(10)数字高清晰度电视系统研制成功。

1998年世界十大科技进展如下:

(1)美国科学家获得月球上存在水的证据;(2)阿尔法国际空间站计划正式开始实施;(3)美研制出世界上运算速度最快的电脑;(4)克隆技术取得一系列突破;(5)DNA测序技术取得突破;(6)阿尔法磁谱仪升空并进行科学探测;(7)美国科学家提出克服排异反应新方法;(8)全球铱卫星系统完成发射任务,并开始商业运作;(9)哈勃望远镜探测到距地球最远的星系;(10)日科学家宣称中微子具有静止质量。本次评选活动是由科学时报和中国科学院学部联合办公室、中国工程院学部工程部联合主办,联想集团协办的。

(郭钟义 编撰)

# 1999年1～6月

**中国基础研究十大新闻揭晓** 由科技部组织的1998年中国基础研究十大新闻评选1月20日揭晓。这是中国首次对基础科学研究进行的十大新闻评选活动。

这十大科技新闻是:中国科学家成功克隆出神经性耳聋疾病基因;中国发现迄今为止最古老的动物化石群和世界最早的被子植物;中国科学家关于夸克质量比的研究国际领先;中国人工晶体研究获突破性进展;喜马拉雅和青藏高原综合研究获重大突破,获得青藏高原海拔4 500米以上树木年轮资料;中国科学家碳纳米管研究取得创新成果,制成氮化镓一维纳米晶体;中国两种抑制肿瘤血管生长的基因工程抗癌药物研究获得突破;中国国际论文数排名首次进入世界前十名;中国大气科学研究开展四大科学试验;中国天文学家提出活动星系核新模型。

其中,湖南医科大学夏家辉教授克隆的耳聋疾病基因,不仅是国内首次,也是国际上首次;中国大气科学研究开展的四大科学试验,是国际上第一次以中国为主进行的大规模野外试验研究,共有包括美国、日本、韩国等十余个国家的千余名科学家投身于这一研究。这一研究从理论上搞清了1998年中国发生特大洪水的原因。

**中国研制成功渗水地膜对农业发展具有重要意义** 一种可取代普通地膜的新型渗水地膜由山西省农科院综考所副研究员姚建民等人研制成功,经山西省及周边省份多点试验和大面积应用示范,渗水地膜可比普通地膜覆盖的农作物增产20%以上。1月上旬,该成果被评选为山西省十大科技新闻之一。经中国著名农业专家、中国工程院副院长卢良恕院士等专家鉴定认为：该项研究首次提出了“小雨资源有效化利用”的概念，大大丰富了旱地农业的栽培学理论与技术；首次研制出的渗水地膜是普通地膜产品的创新和更新换代产品；该项研究立题新颖，科技水平高，在同类研究中达到国际先进水平。渗水地膜的问世对推动中国旱地农业及节水农业发展有重大意义。

中国半干旱地区小于10毫米的降水发生频率在70%以上，普通地膜因不具有通透性，膜上的降雨积水完全被蒸发，渗水地膜接纳的雨水则可渐渐渗入膜下土壤中，使小雨资源得到高效利用。据测定，在地膜覆盖条件下，0～100厘米土壤层的含水量，渗水地膜比普通地膜高出两个百分点。到农作物生长后期，渗水地膜还会自然形成许多不规则的小孔，既有利于秋季大雨的入渗，又有利于作物根系呼吸，还便于地膜回收。

经国际联机查新检索，世界上目前还没有这种以聚乙烯为原料的“可渗水聚乙烯吹塑农田覆盖薄膜”。新研制的渗水地膜及其加工工艺已申报了国家发明专利，并制定了产品企业标准，不久将进入产业化开发，在生产上大面积推广应用。

**中国科技投入增长10.7%** 国家统计局2月26日在北京发布的《中华人民共和国1998年国民经济和社会发展统计公报》显示，1998年中国国内生产总值达到79 553亿元，比上半年增长7.8%；国民经济总体运行势态良好，改革和发展的各项目标基本实现。

据国家统计局局长刘洪介绍，1998年，针对亚洲金融危机和严重洪涝灾害等影响，国家采取措施，扩大国内需求，实行积极的财政政策，加快基础设施建设，拉动国民经济逐步回升。1998年，中国工农业生产稳步发展，全社会固定资产投资增长速度加快，比上年增长14.1%；截止12月末，国家外汇储备为1 450亿美元，比上年末增加51亿美元；市场销售平稳增长；城乡居民收入稳定增长；金融平稳运行。

1998年，全年中国科技活动经费支出总额为1 177亿元，比上年增长10.7%。其中，研究与发展经费支出526亿元，增长9.2%。全年国家用于基础研究投入了37亿元，比上年增长26%。组织了一批技术创新项目和新产品试产，完成了15项重大技术装备的研制与鉴定验收。企业、高校、研究机构之间的合作进一步加强。技术市场更加活跃，技术合同成交金额430亿元，比上年增长22.8%。科技含量高、附加值大的电子、信息通迅产品等生产增长较快。

刘洪指出，当前在经济和社会发展中还存在不少困难和问题，主要是：由于多年重复建设，大多数行业生产能力偏大，产品供过于求，经济结构矛盾突出；部分国有企业经营困难，经济效益不好；农民收入增长缓慢，下岗职工基本生活保障和社会就业压力较大；市场特别是农村市场销售不旺；多年积累的金融风险不容忽视。

**雪域明珠——中国西藏文化展** 为纪念西藏废除封建农奴制、实行民主改革40周年，“雪域明珠——中国西藏文化展”3月8日在北京展览馆开展。党和国家领导人江泽民、朱镕基、李瑞环、胡锦涛、尉健行、李岚清等参观了展览。

这次展览是建国以来以西藏为主题的、规模最大的展览，展出了大量的珍贵文物和重要档案。展览通过“西藏四十年建设成就”、“西藏历代档案及珍宝”、“西藏民间收藏品”、“当代西藏绘画作品”、“西藏服饰及时装”、“现代工艺唐卡”等内容，从不同角度、不同侧面展示了西藏自民主改革以来，在党中央、国务院的关怀下，在中国各地的大力支援下，通过西藏各族干部群众的团结奋进发生的翻天覆地的变化，展示了西藏是中国不可分割的一部分的历史事实，展示了西藏各族人民在长期生产活动和广泛交往中创造的丰富文化，展示了今日西藏各族人民在改革开放和现代化建设中团结向上、开拓前进的精神风貌。

这个展览由国务院新闻办公室、西藏自治区人民政府主办，国家民委、国家文物局、国家档案局、北京市人民政府、中国服装集团总公司、中国国际友好联络会协办。

**中国'99昆明世界园艺博览会正式开园**

5月1日位于春城昆明金殿风景区的世博园，百花吐艳，生机盎然，中国'99昆明世界园艺博览会正式开园。中华人民共和国主席江泽民和来自世界各地的贵宾出席开园仪式。

上午8时许，江泽民主席，柬埔寨国王西哈努克和王后，津巴布韦总统穆加贝，吉布提总理哈马杜，泰国总理川·立派，国务院副总理、世博会组委会主任李岚清和夫人章素贞，先后来到世博园。在欢快的迎宾乐曲声中，他们乘电瓶车，沿着花园大道，驶向各展馆和展园。在云南省委书记令狐安、省长李嘉延等陪同下，江泽民、李岚清与外国贵宾分别参观了室内展馆和室外展区。

10时30分，开园仪式开始举行。世博会组委会副主任、国务院副秘书长徐荣凯主持仪式。他邀请江泽民主席、西哈努克国王、穆加贝总统、哈马杜总理、川·立派总理、李岚清副总理和国际展览局菲利普森主席、国际园艺生产者协会柯什主席、李嘉延省长，一起为世博园开园剪彩。此时，1万余只和平鸽和数千只彩色气球腾空而起，世博园世纪广场一片沸腾。

随后，参加剪彩的中外领导人和夫人来到世纪广场附近的常青园，挥锨铲土，种植纪念树。

中午12时，世博园对中外游客正式开放。占地218公顷的世博园，有国际馆、中国馆、科技馆、大温室、人与自然馆5个室内展馆；有树木园、竹园、盆景园、蔬菜瓜果园、药草园、茶园6个专题展园；还有国际、国内、企业三个室外展区。世博园移栽植物2 000多种，其中乔木6万多株、灌木32万多株、藤本植物6万多丛、草本植物85万多株（丛），珍稀和濒危植物110多种。园内还培植草坪43万平方米，种育花卉150多万盆。

**中国242家科研机构向企业化转制** 5月26日《人民日报》报道：中国科技领域一项重大改革方案日前已经国务院批准，即将付诸实施。根据这项方案，在6月30日之前，国家经贸委管理的10个国家局所属的242家科研机构，要按照实现产业化的具体要求，从实际情况出发，自主选择改革方式，包括转变成科技型企业、整体或部分进入企业和转为技术服务与中介机构等，被批准继续保留事业单位性质的少数科研机构，也要引进科技型企业运行机制。转制科研机构从7月1日起按新的管理体制运行。

根据国务院领导同志的指示，科技部、国家经贸委5月26日共同在京举行座谈会，国家经贸委管理的10个国家局所属的242个科研机构的负责人出席会议。会议的主要目的是推动242家科研机构顺利完成转制，实现平稳过渡，加速产业化进程。

为确保242家科研机构顺利转制，国家除制定了周详的实施方案外，还出台了一系列配套优惠政策。科研机构转制后，原有的正常事业费继续拨付，主要用于解决转制前已经离退休人员的社会保障问题。转制科研机构从1999年起，5年内免征企业所得税、技术转让收入的营业税、科研开发自用土地的城镇土地使用税。转制科研机构还将享有自营进出口权，享受国家支持科技型企业的待遇，参加国家科研课题和项目的申请、竞标，享有与其他科研机构同等的权利。

**中国政府和联合国共同举办自然灾害管理国际研讨会** 由中国政府和联合国共同举办的自然灾害管理国际研讨会，6月10日在北京召开。国家主席江泽民给研讨会发来贺信。

本次研讨会的目的是介绍和分享中国政府在1998年抗洪救灾中所取得的成功经验，讨论预防和减轻自然灾害的有效途径，交流发展中国家在救灾、减灾和灾害管理方面的经验，探讨如何充分利用联合国的运作机制对自然灾害进行预防并作出反应。来自40多个国家政府、联合国有关组织、国际组织和社会团体的120多位专家、学者和官员出席了研讨会。

在开幕式上，民政部部长、中国国际减灾十年委员会副主任多吉才让代表中国政府致开幕词，联合国人道主义事务协调办公室副主任哥华德·普特曼·克瑞默先生代表联合国副秘书长德迈罗致词。国家防汛抗旱总指挥部、中国国际减灾十年委员会和民政部分别介绍了中国政府在1998防汛抗洪、救灾和减灾等方面所取得的成功经验和伟大成就。

会议期间，越南、孟加拉国、洪都拉斯、肯尼亚、加拿大、荷兰等10个国家的代表介绍了本国在减轻自然灾害、特别是水灾和暴风雨灾害等方面所取得的成功经验，联合国代表介绍了联合国有关组织灾害管理的运作机制。

会议于6月12日结束。

**中国全国教育工作会议在京开幕** 中共中央、国务院召开的全国教育工作会议6月15日在北京开幕。中共中央总书记、国家主席江泽民在会上发表重要讲话。他强调，国运兴衰，系于教育；教育振兴，全民有责。我们必须全面贯彻党的教育方针，坚持教育为社会主义为人民服务，坚持教育与社会实践相结合，以提高国民素质为根本宗旨，以培养学生的创新精神和实践能力为重点，努力造就“有理想、有道德、有文化、有纪律”的，德育、智育、体育、美育等全面发展的社会主义事业建设者和接班人。

这次会议是改革开放以来党中央、国务院召开的第三次全国教育工作会议。会议的主题是，动员全党同志和全国人民，以提高民族素质和创新能力为重点，深化教育体制和结构改革，全面推进素质教育，振兴教育事业，实施科教兴国战略，为实现党的十五大确定的社会主义现代化建设的宏伟目标而奋斗。

在15日大会上，中共中央政治局常委、国务院副总理李岚清代表党中央、国务院作了题为《深化教育改革，全面推进素质教育，为实现中华民族的伟大复兴而奋斗》的报告。报告强调，全面推进素质教育，是当前中国现代化建设的一项紧迫任务，是中国教育事业的一场深刻变革，是教育思想和人才培养模式的重大进步，必须采取重大举措加快教育的改革和发展，全党全社会要共同努力，为全面推进素质教育创造良好条件。

**第20届世界建筑师大会**　世界建筑界的奥林匹克盛会——国际建筑师协会（UIA）第20届世界建筑师大会，6月23日上午在北京人民大会堂隆重开幕，为人类设计建筑物的世界各地建筑师代表6 000余人参加了大会。这是世界建筑师大会首次在中国、也是首次在亚太地区举行。本届大会组委会名誉主席、全国政协主席李瑞环出席开幕式并讲话。

以“21世纪的建筑学”为主题的本届大会，深入探讨了建筑学跨世纪发展面临的许多重大问题，深刻认识未来社会发展与建筑的关系，推进建筑业向更高层次发展，为人类营造更加美好、和谐的生存环境。会议期间通过了作为21世纪国际建筑界纲领性文件的《北京宪章》。

按大会学术主题，设有建筑与环境、建筑与城市、建筑与技术、建筑与文化、建筑学与职业精神、建筑教育与青年建筑师等6个分题。大会还在北京国际会议中心的数十个会场内，组织了120多场专题学术研讨会和讲座；举行了以“21世纪的城市住区”为题的国际建筑专业学生设计竞赛；出版了《20世纪建筑精品集》（大会期间有4～5卷正式出版）；为配合学术主题，会议期间还举行了《大会主题展》、《中国建筑展》、《中国古代建筑展》、《当代中国建筑艺术展》、《中国建筑画展》以及大学生联欢会等丰富多彩的活动。

大会前后还举行了国际建协第21次代表大会和理事会，并在会上选定2005年世界建筑师大会的承办国。

在23日的大会上，国际建筑师协会主席莎拉以及本次大会主席、建设部部长俞正声都发了言，中国的吴良镛和美国的肯尼斯·弗莱普顿分别作了题为《世纪之交展望建筑学的未来》和《千年七题：一个不适时的宣言》的大会主题报告。

国际建筑师协会于1948年在瑞士洛桑成立，它是全球惟一的建筑师组织。

本届大会在完成了预定日程后于26日闭幕。

**首届世界科学大会**　2 000多名科学家6月26日聚会布达佩斯，参加首届世界科学大会，以求共同对付全球未来面临的挑战。

与国际科学协会理事会共同主持召开此次大会的联合国教科文组织总干事费德里科·马约尔说：“我们的目的是为科学描绘一个新的未来。”以中国科学院院长路甬祥为团长的中国政府代表团出席了开幕式。

此次世界科学大会以“走向21世纪的科学——新的承诺”为主题，聚集了世界各国的科学技术部长、教授以及包括诺贝尔奖得主沃纳·阿伯、舍伍德·罗兰和约瑟夫·罗特布拉特爵士在内的科学家。

与会代表正式通过两份文件，一份是《科学与科学知识的应用宣言》，另一份是《科学议程：行动框架》。

代表们详细讨论了有关科学取得的成果、存在的不足和面临的挑战，以及科技发达国家的承诺等问题。

与会代表来自联合国教科文组织150个成员国，国际科学协会的大多数成员，还有一些非政府组织和一些政府间团体。这些组织包括联合国世界卫生组织、世界粮农组织、世界银行、世界知识产权组织、经济合作与发展组织、欧洲委员会和欧洲联盟委员会。

此次大会于7月1日结束。

（郭钟义　许红涛　编撰）

# 人口、资源与环境保护活动

## 1998年1～12月

**中国国务院批准酸雨和二氧化硫两个控制区目标** 1998年2月12日国家环保局局长解振华在国务院新闻办举行的中外记者招待会上宣布，国务院批准了国家环保局《酸雨控制区和二氧化硫污染控制区划分方案》，确定了中国治理酸雨和二氧化硫污染的目标和措施，中国空气质量有望得到明显改善。

解振华介绍说，国务院批准的酸雨控制区和二氧化硫控制区的目标为：到2000年，中国排放二氧化硫的工业污染源都要达标排放，并实行二氧化硫排放总量控制；有关直辖市、省会城市、经济特区城市、沿海开放城市及重点旅游城市环境空气二氧化硫浓度达到国家环境质量标准，酸雨控制区酸雨恶化的趋势得到缓解。到2010年，二氧化硫排放总量控制在2000年排放水平内；城市环境空气二氧化硫浓度达到国家环境质量标准，酸雨控制区降水酸碱度PH值小于4.5的面积比2000年有明显减少。

为了实现这一目标，将采取一系列措施治理二氧化硫污染和酸雨，如限制高硫煤的开采，在“两控区”内的所有火电厂安装脱硫装置，化工、冶金、建材、有色等污染严重的企业，必须建设工艺废气处理设施，治理汽车尾气的污染等。还要结合产业和产品结构的调整，大力推行清洁生产，加强技术改造，促进资源节约和综合利用，切实降低二氧化硫排放水平。积极并采取相应的经济政策和产业政策支持治理。

1998年中国的环保工作将继续积极实施《污染物排放总量控制计划》和《跨世纪绿色工程计划》，强化执法监督，扎实推进“三湖”、“三河”、“两区”的污染防治工作，切实加强生态保护，为实现“九五”环保目标奠定基础。还将进一步扩大向社会发布城市空气质量周报的范围，争取在部分有条件的重点城市发布日报。

**联合国专家呼吁切实加强水资源保护** 《光明日报》1998年2月21日报导，联合国一些专家日前紧急呼吁，合理开发和利用地球水资源刻不容缓。

联合国气象、水利和卫生专家在不久前做出的一份联合调查结果证实，淡水只占地球总水量的2.5%，而能够直接为人类所利用的河流、湖泊和水库中的淡水则仅为淡水储量总量的0.26%。世界每年因缺水或水污染而死亡的人数为2 500万，10亿人缺水，28亿人缺少洁净的饮用水，世界140个发生战争和冲突的地区与争夺水资源有关。专家认为，在人类目前开发的水资源中，50%的淡水被浪费掉。

**欧美兴起生态工业园区** 据新华社华盛顿3月3日报道，一种互相利用工业废物的工业园区近年来在欧美国家兴起，这种既有利于保护生态环境又节约资源的生态工业园区，正以崭新的生产方式受到瞩目。

在这种生态工业园区里，公司或工厂根据合作互利的原则，利用对方生产过程中所产生的废物作为自己加工的原材料或能源。例如发电厂利用造纸厂的废物作为燃料，又把自己生产过程中排出的多余蒸气供造纸厂使用。

丹麦凯隆堡的生态工业园区可以说是实施这种新型生产方式的一个典范。在这里，各个工厂或公司之间的相互协调关系得到了充分体现。发电厂所用的燃料是炼油厂排出的废气，炼油厂和其他公司又分享发电厂排出的热水，单这一项就使水资源的消耗减少了25%。发电厂产生的废渣是水泥和公路材料厂的原料，排出的热水可用于养鱼或给居民区供暖。

美国北卡罗来纳州的诺瓦·诺迪斯克医药工厂也在实施生态工业园区的原则，它排放出的一种富含营养物的淤渣，正好是制作农用化肥的原料。

生态工业园区还是一个新名词。但这种可持续发展生产模式，正在逐渐推广开来。

**发展中国家毁林现象严重** 据马来西亚《新海峡时报》报道，尽管近几年来人们反复告诫不要耗尽地球上无法再生的资源，但是发展中国家对环境破坏的程度却越来越严重。

联合国粮农组织警告说，毁坏森林的现象还在继续，并且速度惊人，从1990年至1995年地球上每年损失1 170万公顷的森林。

虽然发达国家在增加森林覆盖面积方面取得了很大的进步，但是发展中国家的情况却正好相反。就1990年至1995年这段时期而言，北半球森林覆盖面积增加了900万公顷，而南半球却减少了6 500万公顷。联合国粮农组织估计，到2010年，第三世界国家还将失去5 000万公顷的森林。

粮农组织的一位研究林木贸易的高级分析家伯克博士说，毁掉森林的目的是为了生产粮食，但目前粮食产量每年只增加1.8%。

虫害、森林大火、过度砍伐薪材、过度放牧、过度伐木、砍伐手段落后和空气污染都只会进一步破坏发展中国家的森林资源。

预计，为出口而采伐森林的压力将会继续存在。伯克预言全球的林木消费将会增加，尽管增速将大大低于过去。

世界银行主管全球林业的吉姆·道格拉斯认为，鉴于亚洲目前的经济局势，三种主要出口产品——热带木材、橡胶和大米将会减产。

同伯克一样，他认为，环保方面的压力将决定热带木材贸易的方向。对供应全球市场需要的热带林木采伐必须确保其可持续性。但是国际热带木材组织在1997年公布的一份研究报告中指出，要想使热带雨林长期得到管理需要大笔的资金。

**"水和可持续发展"国际会议** "水和可持续发展"国际会议1998年3月19日在巴黎联合国教科文组织总部开幕。来自84个国家的几十位部长和有关方面负责人及50多个非政府组织的代表出席会议。

法国总统希拉克出席大会，并发表了讲话。他说，水是生命的源泉，但这一源泉正在日益枯竭。为了地球的未来，为了下一代人的福祉，国际社会，特别是在南北方之间，应当建立新的伙伴关系。

出席会议的中国代表团团长、水利部副部长朱登铨在大会上发了言。他指出，中国政府十分重视水资源的可持续利用。在1992年联合国环境与发展大会之后，中国政府制定了《中国21世纪议程》，将水资源可持续利用列为中国环境保护与可持续发展的最重要的一个问题，并采取了一系列法律、行政、经济、技术与宣传教育等措施，以实现水资源开发、利用和保护的协调发展。这主要体现在加快水利基础设施建设和加强水资源综合管理两个方面。

这次在巴黎召开的"水和可持续发展"国际会议是法国总统希拉克去年6月倡议举行的，会期3天，分为专家级会议和部长级会议两部分。法国总理若斯潘出席闭幕式并发表讲话。

**专家认为：黄河上游生态恶化 青海出境水量锐减** 青海，是黄河的发源地，也是黄河的主要水源涵养区，黄河在青海出境水量占黄河总流量的49.2%，举足轻重。《人民日报》3月31日报道：一项最新水文资料显示，黄河青海段出境水量呈逐年下降趋势，比9年前正常年份锐减了23.2%，眼下，龙羊峡、刘家峡水库的蓄水量已降至建库以来的历史最低点。

专家们指出，黄河上游地区水源日趋枯竭，水量大幅减少，祸因在于该地区生态的不断恶化。青海黄河流域平均海拔3 000米以上，自然条件严酷、生态环境脆弱、灾害频繁，一旦遭受破坏，便很难恢复。多年来，因生态建设投入严重不足，人们环境保护意识薄弱，加之掠夺式的盲目开发及过量放牧等，导致大范围的水土流失、草原退化、土地荒漠化，水源涵养能力持续下降。

青海省环保局负责人透露：目前，青海黄河流域水土流失面积达7.5万平方公里，占流域内总面积的51%；每年进入龙羊峡水库流沙量达384万立方米，对水库运行构成了严重威胁。流域内高寒草原和草甸因乱采乱挖等各种人为因素，导致草地退化速度明显加快，中度以上退化草场面积已达423万公顷，荒漠化草地超过110万公顷；此外，黄河上游地区沙漠化面积每年正以4万公顷的速度扩展，流动沙丘掩埋公路、水渠等频频发生。

3月17日，青海省政府在京邀请有关专家学者座谈黄河源头地区生态环境治理等问题，商讨遏制这一态势继续恶化的对策与措施。会上，青海省省长白恩培疾呼：目前生态治理能力不及生态恶化速度，亟须得到国家扶持和全流域人民的大力支持。

**凶猛的赤潮席卷广大沿海** 3月下旬，深圳大鹏湾南澳海域警报频频，一股凶猛的赤潮席卷而来，所到之处，海水网箱养鱼遭受灭顶之灾。蓝绿色的海面上，不时漂来大片淡褐色藻潮，大批大批的成鱼和鱼苗横尸大海。

随后，珠海海域出现赤潮，迅速波及万山岛、桂山岛、外伶仃岛等海域。惠东、阳江等地也在劫难逃，近3 000平方公里的海域赤潮翻涌。在短短的10多天里，深圳网箱养鱼死亡150吨，均为红鲉、石斑、鲷科等高中档鱼类，损失达2 000万元。珠海的万山群岛死鱼最严重，鱼类死亡120吨，占网箱养殖存量的30%，另有黄花鱼苗210万尾，直接经济损失1 500多万元。桂山镇仅4月15日一天网箱养殖鱼死亡达四五十吨，黄花鱼苗死亡200多万尾。惠东仅港口镇死亡海鱼60吨，损失500万元。阳江东平渔港内2万多平方米网箱里的鱼苗和成鱼大部分死亡，损失约500万元。

有资料表明，近年来广东海域赤潮愈加频繁，且每次发生的赤潮面积都有增大的趋势，主要原因是广东沿海尤其是珠江口沿海陆源污染物向海洋过度排放，大量含有氮、磷等营养元素的污水改变海洋水质，使海水富营养化，加上气候等原因为赤潮生物创造了快速繁殖的条件。

**南极冰架发生融化崩裂** 据报道，一座长约40公里、宽约5公里的巨大冰山，正漂浮于南极洲洋面。它是由南极冰架的融化崩裂造成的。

英国南极署于两个月前准确预测了这次崩裂。专家们比较了美国海洋大气署近期拍摄的卫星照片之后确认，南极洲北部半岛面积约1.2万多平方公里的“拉森B”冰架东端现已缺失了约200平方公里。科学家们分析说，全球气候变暖是这一冰架半岛融化崩塌的主要原因。该地气温自20世纪40年代以后已上升了2.5摄氏度。此次崩塌有可能是整个“拉森”冰架消失的开始，其2/3的面积现已处于进一步崩裂的危险之中。面积约1 700多平方公里的“拉森A”冰架早已于1995年初坍塌消失了。

专家们担心，全球变暖趋势会在未来500年内使南极冰架完全消失，并将给全球带来更大的灾难性后果。

**中国生态系统研究网络启动** 4月20日，全国农田生态系统监测技术培训班传出喜讯，经过10年的努力，中国生态系统研究网络建成全面启动，这标志着中国在这方面的工作达到世界一流水平。

中国生态系统研究网络的长期目标是以地面网络式观测、试验为主，结合遥感、地理信息系统和数学模型等现代化研究手段，实现对各主要类型生态系统进行长期和全面的研究，以改善全国的生态环境，保证农、林、牧、渔业的可持续发展。据介绍，中国生态系统研究网络主要从事5个方面的工作：一是按照统一的规程进行长期监测；二是全面深入地研究生态系统的结构、功能和可持续利用的途径；三是为各生态站所在地区提供高产、优化的示范样板；四是为国家和区域资源、环境方面的重大决策提供科学依据；五是积极参与国际合作研究，认识并解决全球性重大资源环境问题。

1987年，以中国科学院副院长孙鸿烈院士为首的一批专家高瞻远瞩，提出建立中国生态系统研究网络。从1988年开始，中科院从已有的定位研究站中选出了农田、森林、草原、湖泊和海洋生态系统方面的、条件较好的29个站作为定位研究站，并新建起了水分、土壤、大气、生物4个学科分中心和一个综合研究中心。目前，网络已配置了各种国际、国内先进的试验仪器，建成一批一流的试验观测场，制定了一系列网络监测的标准与规则，初步建立起的网络信息系统，为数据的国际、国内共享打下了良好的基础。整个网络已有150多名年轻的科研人员到国外接受过培训，1 700多人在国内受到严格的培训，形成了一支高素质、高水平的研究队伍，为网络的全面启动提供了可靠的保证。

**中日实施“万里长城森林复苏计划”** 日中两国正在合作实施“万里长城森林复苏计划”。这一合作项目将使世界文化遗产“万里长城”周边复生绿色。这一合作项目计划利用3年时间，在因树木被采伐而荒芜的山麓种植39万棵树苗。第一次种植将于7月进行，估计日中两国将有2 000名志愿者参加，目前日本已有700人报名。

种树建议是环境财团理事长冈田卓也在1995年举行的日中环境问题国际研讨会上提出的。这个建议得到了北京市人民政府和日本环境财团的赞成。

迄今为止，在万里长城周边进行了种植松树和日本扁柏的试验，但都没有成功。因此，决定采用国际生态学会会长宫协昭提出的栽培方法，在长城周边地区高密度地种植本来就生长在这个地区的多种树苗，使植物竞相生长。这种方法已经在日本国内外的600多个地方取得了成功。

长城的山麓原来有很多枹树，但在修筑长城烧砖时采取了大量的树木用作燃料，因此使长城周边地区成为只有灌木和草的荒地。

以宫协先生为团长的森林复苏计划调查团在山麓的四个地方发现了曾作为燃料而被破坏了的枹树自然林。中国方面在1996年秋收集到了这种自然林的大量种籽，并把这种籽培植成树苗。90%以上的种籽发了芽，生长良好。

**世界上濒临灭绝的树种超过7 000种** 由世界各国的300多名科学家协同进行的首次全球森林普查发现，目前地球上濒临灭绝的稀有树种超过7 000种，约占全部树种的1/12。

由位于英国剑桥的“世界资源保护监测中心”负责协调实施的这项调查计划，在全球共确认了约10万个树种，由于人类的农业垦植、木材砍伐、都市化发展等因素，已造成了约1/12的树种处于灭绝的边缘，其中以生长在拉美和非洲地区的一些橡树、桐树等树种，以及生长在中国浙江省境内的一些针叶树种等最为危险。专家们说，此次普查并非详尽无遗，世界上还有许多树种没有被确认，特别是那些生长在非洲中部、新几亚岛和亚马逊地区与世隔绝森林中的稀有树种，其中一些在人类知晓它们存在之前就已经消失了。

**世界卫生组织发表全球健康状况年度报告** 世界卫生组织1998年5月11日说，成千上万的新生儿将能迎接22世纪的到来。

世界卫生组织说，90年代末出生的人中将有成千上万人能见到22世纪的曙光。

据世界卫生组织今天发表的全球健康状况的年度报告说，到2025年，全球的人均寿命将由目前的66岁提高到73岁，而有26个国家的人均寿命将达到80岁。

预计，出生在爱尔兰、意大利、日本和瑞典的人平均能活到82岁。

这个总部设在日内瓦的组织预测说，澳大利亚、加拿大、法国、西班牙和瑞士的人均寿命将提高到81岁；德国、英国和美国的人均寿命将能达到80岁。

以法国为例，预计到2050年，它将会有15万百岁老人，而在1950年它只有200位百岁老人。

到2025年，中国人一般都能活到75岁，俄罗斯人能活到72岁，印度人为71岁。

平均寿命短的国家主要是非洲国家：到2025年，几内亚比绍的人均寿命将为56岁，塞拉利昂为51岁。

该报告说，在今后25年中，65岁以上的人的数量每月可能增加100万左右，人数将由目前的3.9亿人增加到8亿，也就是说到2025年，这个年龄段的人将占人口的10%。

拉丁美洲和亚洲人口老龄化的速度将特别快。

所有这一切意味着，人数减少的就业年龄段的人将必须赡养人数不断增加的老龄人口，不仅将通过直接援助的方式，而且还将通过纳税为他们提供社会保健服务、社会服务和社会保障。

该报告着重谈到的其他一些趋势有以下几点：

* 世界人口将由1997年的58亿增加到80亿，平均每位妇女将生育2.3个孩子，而1995年为2.9个。

* 约有59%的人将生活在城市，只有41%的人将生活在农村，而1995年两者的比例分别为45%和55%。

* 在工业化国家中，心脏病、中风和癌症仍将是导致死亡的主要原因，虽然到2025年，癌症的发病率将保持不变，或有所下降。

* 在几乎所有国家中，死于肺癌的妇女的人数都将增加。

* 在发展中国家，不传染疾病如癌症发病率将越来越高，这主要是由于这些国家采取了“西方”的生活方式和由此而产生的一些危险因素：吸烟、高脂肪食物和缺乏锻炼带来的结果。

* 全球范围内患糖尿病的成年人的人数将增加一倍以上，到2025年将由1997年的1.43亿增加到3亿，这在很大程度上是由于饮食习惯和其他一些生活方式造成的。

* 死于传染性疾病和营养不良的婴幼儿的人数将减少，但每年仍将有大约500万5岁以下的儿童因此而丧命，而1995年有1 100万。

**柴达木盆地发现巨厚侏罗系生油层** 1998年5月12日从青海石油管理局传来消息证实，在柴达木盆地西北部的冷湖地区完钻的一口科学探索井——冷科一井，成功地探明了这一区域有着1 727米厚的优质生油烃原岩。专家称，这一生油层的发现，是中国石油勘探获得的一项重大突破。

位于青藏高原北部的柴达木盆地是中国大型内陆沉积盆地之一，这里沉积岩厚，具有较好的生油、储油条件。

据青海石油管理局负责人介绍，为了确认柴达木盆地侏罗系生油层和原生油气藏的存在，原中国石油天然气总公司把冷科一井的勘探列为20世纪末的重点。通过广大石油地质科技工作者整整两年的艰苦努力，最终在5 200米处成功完钻。他们通过对冷科一井的综合研究证实，在这一区域，侏罗系生油烃原岩集中连片稳定分布的范围为近2.3万平方公里，其中厚度超过1 000米的分布面积达6 000平方公里，厚度超过800米的分布面积达1.36万平方公里。这一重大发现，不但使西北的石油勘探发生质的飞跃，还为中国21世纪石油工业的发展奠定了坚实的资源基础。

**中国有14个生物圈保护区** 在5月26日举行的中国人与生物圈国家委员会成立20周年纪念大会上，联合国教科文组织驻北京代表宣布：中国又有4个新的生物圈保护区得到联合国教科文组织的认定。至此，中国已有14个生物圈保护区。

14个生物圈保护区各有特色，它们是：拥有中国最深高山湖泊“天池”的长白山、北回归线上的绿洲鼎湖山、举世闻名的“大熊猫之乡”卧龙、有“世界独生子”之称的黔金丝猴产地梵净山、“昆虫世界”武夷山、欧亚大陆典型草原锡林郭勒、浓缩了从高山冰雪带至绿洲等垂直带系列的博格达峰、有“白化动物”之谜的神农架、被誉为“鹤乡”的盐城、生物多样性的热带之乡西双版纳、“喀斯特森林明珠”茂兰、被誉为“大树王国”的天目山、原始红松林的丰林、美妙奇幻的九寨沟。在这里所有的生物都得到切实的保护。

中国人与生物圈国家委员会代表说：中国委员会成立于1978年，根据国际人与生物圈计划的要求，开展了大量的活动，对推动中国自然资源的合理开发利用、生物圈保护区的建设、生态学的发展以及人员培训发挥了积极作用。

另据悉，截至1997年底，中国共建立各类自然保护区932个(未包括港澳台地区)，约占陆域国土面积的7.69%，其中列入国家级的有124个。

**《中国海洋事业的发展》白皮书发表** 5月28日国务院新闻办公室发表了《中国海洋事业的发展》白皮书。

这份中国政府首次发表的关于海洋方面的白皮书指出，中国是一个发展中的沿海大国。中国高度重视海洋的全面开发和保护，把发展海洋事业作为国家发展战略。

这份1.2万余字的白皮书共分六个部分：海洋可持续发展战略；合理开发利用海洋资源；保护和保全海洋环境；发展海洋科学技术和教育；实施海洋综合管理；海洋事务的国际合作。

白皮书说，1998年是联合国确定的国际海洋年，即将到来的21世纪是人类开发利用海洋的新世纪。中国将积极参与联合国系统的海洋事务，推进国家间和地区性海洋领域的合作，并认真履行自己承担的义务，为全球海洋开发和保护事业作出应有的贡献。

**里斯本'98世界博览会** 本届世界博览会从5月22日正式向公众开放到9月30日闭幕，历时132天。共有146个国家、14个区域和国际组织参展。会展新城位于里斯本东郊特茹河北岸，长5公里，占地340公顷，耗资20亿美元，集展览、办公、餐饮、娱乐及其他辅助设施为一体。此间有评论认为，与以往历届世界博览会相比，本届里斯本世界博览会无论建筑规模、参展数量还是管理水平，均是最高的。

联合国确定1998年为“国际海洋年”，因此，本届世界博览会以“海洋——人类未来财富”为主题。葡方围绕这一主题设计的会展新城的整体造型像一只航船漂荡在海面上。会展城内最具代表性的建筑是海洋馆，以4大组山石和超大型玻璃房相连，象征世界四大洋。周围以海浪、海鸥、帆船桅杆等造型物相衬托，又仿佛是一只停泊在港湾里的帆船。海洋馆里展出200多种海洋生物，是目前欧洲最大的水族馆。海洋馆的建筑设计和展出内容意在提醒观众要保护海洋，维持地球生态平衡。

会展城国际展区分南北两大部分，各国展馆均以海洋为主题，展示在生态环境和开发、利用、保护海洋方面的科技成果。中国馆位于北展区,属5家最大的展馆之一,面积1 600多平方米。馆内悬挂巨型长城贝雕画,摆有郑和下西洋帆船群雕,显得气势恢宏。

整个展览期间会展城接待游客850多万,其中一半以上为外国人。

**亚太地区能源与环保合作研讨会**　以“亚太地区能源与环保合作”为主题的国际研讨会7月6日在日本宫城县藏王町开幕。

该研讨会是日本国际研修交流协会从1985年开始举办的,今年已是第十二届。日本、中国、美国、俄罗斯、加拿大等7个国家的60多名政府有关官员、专家学者应邀参加本届为期4天的会议,就亚太地区的能源开发与利用、环境保护等关系到人类社会可持续发展的重要问题交换意见,探讨合作的途径。

日本国际研修交流协会理事长明间辉行在开幕式上致词说,能源消费正在增加,而能源资源却是有限的。全球性环境保护问题正在成为全人类共同的紧要课题,而能源问题与环保问题既密不可分,又相互矛盾,希望与会者就解决这些问题认真而踊跃地交换意见。

中国教育国际交流协会会长李滔在开幕式上致词说,千百年以来,发展问题始终是人类执著追求的最基本、最崇高、最普遍的目标。时至今日,人们才从以往的过失中认识到,合理利用和开发能源与保护环境对人类的生存和可持续发展的重要性和紧迫性。他说,生态破坏是人类社会发展过程中过度开发资源、忽略环境保护所带来的恶果,也是大自然对人类忽略与大自然协调发展的报复。

李滔说,中国人的祖先在几千年以前就提出了“天人合一”的思想,主张人与自然和谐。人类必须重视研究和开发地球资源的再生能力和环境的自净能力,并采取有效措施,使人类与自然和睦、平等、协调地发展。

**世界环保产业前景广阔**　德国《商报》7月7日报道,到20世纪90年代中期,德国在世界环保产品贸易中所占的份额达到了18.7%,超过美国(18.5%)和日本(14.5%),名列世界榜首。经合组织认为,到2000年,环保产品市场的营业额可达到4 800亿马克,1990年营业额是3 200亿马克。

**世界人口1999年将达60亿**　联合国人口基金组织7月9日发布的新闻公报说,世界人口1999年将达到60亿。

人口基金组织已把1999年6月16日定为“60亿人口日”。

世界人口增长速度不断加快。1800年为10亿,1930年为20亿,1960年为30亿,1974年为40亿,1987年达到50亿。目前全球每秒净增约3人,每天净增22.2万人,每年净增8 100万人。预计2050年为94亿,2100年为104亿,2150年为108亿,2200年为110亿。

联合国从1988年起将每年的7月11日定为“世界人口日”。

**《未来学家》预言:人类生活三项突破**　美国《未来学家》杂志在8～9月一期上撰文预言,人类未来有可能在下面三方面取得突破,从而对人们的生活产生重大影响。

文章说,以后餐桌上可能会出现具有肉类营养特征的植物。培养这种奇妙的植物依靠的不是一般的水和肥料,而是人造血液。预计这种介于植物与动物之间的食物会受到素食者和心血管疾病患者的青睐。

人造子宫可能使妇女在怀孕与分娩时所受的痛苦成为历史,一位日本科学家已研制成一种人造子宫,可为只有三个星期大的山羊胚胎提供营养,容纳其发育直到降生。如果能制造出可以容纳人类胚胎的人造子宫,今后夫妻只要提供精子和卵子就可生儿育女,用不着忍受怀孕与分娩之苦。

文章还预言,将来可能造出能控制大脑各部位具体机能的装置,当身体某些器官停止运转时,该装置能够使大脑向该器官发出强制启动的信号激发人体潜能,从而延长人类生命。

**中国人口出生率持续下降**　国家计划生育委员会1998年7月12日公布了《全国人口与生殖健康抽样调查结果公报》。公报显示:1990年以来全国人口出生率水平持续下降,1991年以来全国总和生育率稳定在更替水平以下,妇女的平均初婚年龄1997年为23.4岁,较1990年提高了1.5岁。

调查结果披露,1997年已婚育龄妇女避孕率为83.8%,多年来保持在一个较高的水平上。当前使用避孕药具的已婚育龄妇女中,62.5%的人从计划生育部门免费获得,28.6%的人在商店等销售网点购买,其他途径占 8.9%。本次调查的育龄妇女平均初潮年龄为 15.2 岁,城市为 14.5 岁,农村为 15.4 岁;平均绝经年龄全国为 44.8 岁,城市为 45.2 岁,农村为 44.7 岁。

引人注目的是,1990 年至 1996 年出生的孩子中,有 92.6%接受过完全母乳喂养,其中完全母乳喂养时间超过半年的占 58.5%,表明母婴健康水平的显著提高。75%有配偶的已婚育龄妇女对自己的性生活表示满意或比较满意,育龄妇女中听说过性病或性传播疾病的占 57.3%,听说过艾滋病的占 63.5%。

**联合国世界卫生组织公布世界艾滋病数字** 该组织的统计资料表明,自发现艾滋病 20 年来,已有 1170 万人死于该病,其中儿童 270 万,妇女 390 万,成年男子 510 万。目前全世界约有 3 060 万艾滋病患者和艾滋病感染者,其中北美 86 万,西欧 48 万,东欧及中亚 19 万,加勒比地区 31 万,拉美 130 万,北非及中东 21 万,撒哈拉以南非洲 2 100 万,东亚及太平洋地区 42 万,南亚及东南亚 580 万,澳大利亚新西兰 12 万。传播途径为异性传播占 70.75%,同性传播 5.10%,静脉毒品注射传播 5.10%,输血 3.6%,其他 0.17%。

**中国 160 万人参观禁毒展创下全国展览史之最** 从 5 月 30 日开始的这次全国禁毒展览历时两个月,来自全国各地的 160 余万人,前往北京军事博物馆参观展览。

据介绍,禁毒展览参观群众踊跃,不少人从黑龙江、海南、新疆、西藏远道赶来参观。平均每天接纳观众 2.6 万人,高峰时,一天观众达 4.3 万人。展览期间共安排讲解 1 800 场,有 3 万余名观众参观展览后,留言写下了自己的感受。在近一米厚的留言纸上,广大观众留下了共同的心声:珍爱生命,拒绝毒品。此次展览开展以来,共收到观众自发捐款近 12 万元。据悉,展览结束后,展品将妥为保存,在北京即将建立的禁毒展览场馆中长期展出。

**环保专家指出"厄尔尼诺"是大自然对人类的报复** 曾周游全球 166 个国家考察环境问题的土耳其著名环保专家库拉勒博士 8 月 18 日指出,造成全球洪水泛滥、干旱不断的"厄尔尼诺(圣婴)"现象,实际上就是人类长期破坏地球自然环境造成的恶果。

"圣婴"(EL NINO)现象,因为经常发生在 12 月圣诞节前后,因此以"圣婴"名之,以往是每隔 3 至 7 年出现一次,出现时常造成世界各地气候反常变化,但近年出现的频次与严重性显然有增强趋势,对人类及自然界造成不少伤害。

库拉勒博士今天在安卡拉民营基金银行举行的一个环保座谈会上表示,由于人类的贪婪心理与永不满足的欲望,不断破坏自然环境以赚取更多的金钱,导致地球自然生态环境遭到破坏,气候出现反常和激烈的变化,这一切都是人类咎由自取,并且祸害至无辜的下一代。

针对最近全球各地气候出现反常炎热的同时,却又到处发生严重洪水甚至出现罕见的海啸现象,库拉勒博士表示,人类为了自己的舒适向大自然索取得太多,导致生态环境改变,天灾不断,但最后受到损失的还是人类自己,包括庞大的经济与生命损失,情形有如恼怒的大自然正在对人类进行报复。

库拉勒博士表示,其实大自然的生态均衡极为微妙而且敏感,即使移动一棵树也会影响当地的生态环境,何况人类大肆砍伐及破坏森林、燃烧石油煤炭的废气以及大量使用化学原料生成的废料污染整个环境,当然引发无可避免的灾难,例如造成全球温度逐年升高的"温室效应",主因就是大气中二氧化碳的含量已累积到危险边缘。

甚至都市中的汽车所排放的废气,都可能促使大自然借由各种疾病向都市居民报复。库拉勒博士警告说,如果人类破坏大自然的趋势不停止,将会造成全球气温逐年升高,南北两极冰雪融化,海平面水位上升,逐步淹没土地,终有一日地球上的大部分陆地都将被淹没在水面下,即使露出水面的部分也将遭到烈日高温的灼晒,所有农作物都将枯萎,人类的生存也将面临绝境。

**联合国官员谈 21 世纪人类的五大挑战** 8 月 15 日,联合国世界统计委员会主席哈尔克在墨西哥举行的一次研讨会上说,21 世纪人类将面临社会、经济、生态、科技和家庭等五方面的严峻挑战。

这位联合国官员指出,在社会方面,尽管近年来取得了令人鼓舞的发展,但目前世界上仍有 13 亿人处于极端贫困状态,13.5 亿人是文盲,有一些地区人均寿命不足 35 岁。

他说,目前世界经济正在向全球化过渡,各国的经济联系将更加密切。从宏观角度来看,所有的企业都面临着结构改革,以提高在市场上的竞争力。

他还说,人类在自然环境、资源和生态系统方面也面临着严重问题,世界各国应共同努力来保护人类共有的家园。

哈尔克指出,在科技方面,人类在原子能、微型外科、生物工程、外层空间探测和信息技术等领域取得了辉煌的成就,但应避免新技术的发展破坏人际关系和对人类生活产生负面影响。

在家庭方面,他认为,家庭数量减少,单人家庭增加,结婚年龄延后,离婚率增高等现象到21世纪将更为普遍。

哈尔克告诫说,面对21世纪世界将发生的深刻变化,人们应该发现并及时了解和驾驭它们,为人类造福。

**中国长江、嫩江、松花江发生特大洪水** 从6月份起中国一些地区遭受严重洪涝灾害,特别是长江发生了自1994年以来的又一次全流域性大洪水,松花江、嫩江也出现了超历史记录的特大洪水。由于洪水量极大,涉及范围广,持续时间长,洪涝灾害非常严重,截至8月22日初步统计,全国共有29个省(区、市)遭受了不同程度的洪涝灾害,受灾面积3.18亿亩,成灾面积1.96亿亩,受灾人口2.33亿人,死亡3 004人(其中长江流域1 320人),倒塌房屋497万间,各地估报直接经济损失1 666亿元。江西、湖南、湖北、黑龙江、内蒙古和吉林等省(区)受灾最为严重。

在党中央、国务院直接领导下,全国军民与罕见特大洪水进行了殊死的斗争,截止8月23日已投入解放军、武警部队人力433.22万人,组织民兵预备役部队500多万,直接参加抗洪抢险的干部群众800多万,动用车辆23.68万台次,舟艇3.57万艘次,飞机、直升飞机1 289架次。经过三个月的斗争,终于取得了抗洪抢险的伟大胜利。

**21世纪城市水资源国际学术研讨会** 由北京市科学技术协会主办的“21世纪城市水资源国际学术研讨会”8月25日上午在京召开。此次研讨会选择城市水资源为主题,以北京市为主、其他地区、城市为辅,进行水资源的新动态、新理论和新方法的学术交流。出席这次研讨会的代表有来自日本、韩国、加拿大、澳大利亚、德国、印尼、美国及香港特别行政区的专家学者,共收到论文69篇。

**康复国际第11届亚太区大会** 康复国际第11届亚太区大会暨“亚太残疾人十年”’98推广大会8月27日下午在香港闭幕。会议通过了国际康复事业50年来的第一个宣言——《香港宣言》。

与会千余名代表一致通过的《香港宣言》发出呼吁,国际上所有行动和服务必须考虑到残疾人的利益,希望所有世界性和地区间的康复组织建立密切的伙伴关系,保证实现1992年联合国亚太经社会在北京提出的“亚太残疾人十年”(1993-2002)的目标。

宣言肯定了近年来亚太地区康复事业在各个领域的进展,但同时指出,这种进展不平衡,残疾人受益的范围很有限。

宣言指出,即使在经济处于困难时期,也不应使残疾人康复事业停滞不前。

连日来,与会代表分成儿童及青少年组、成年组和长者组,分别就亚太残疾人各个年龄段康复事业面临的挑战及对策进行了专题讨论,达成了多项共识。

**欧洲签署海洋环保协定** 12个国家的环境部长9月在葡萄牙辛特拉市举行了为期两天的海洋环境保护会议,会议达成了一项有关减少东北大西洋海域污染的协定。

**联合国人口基金警告说50年内人口爆炸危险依旧** 联合国人口基金会9月12日警告说,全球的人口爆炸尚未结束,世界人口在未来50年内的增长速度可能与过去50年一样快。

在一份题为《世界人口现状》的年度报告中,联合国人口基金说,过去的高出生率意味着更多的年轻人正在进入生育年龄。

尽管平均人口出生率已下降了一半(平均每个妇女生育的孩子由6个下降到3个)世界人口仍在以每年8 000万的速度增长。联合国的预测表明,世界人口在1999年年中超过60亿大关后,2050年将达到77亿至111亿,据认为“可能性最大”的预测是将达到94亿。

报告说:“这意味着未来50年内人口的增加速度将与过去50年一样快,甚至可能更快。”1950年世界总人口为25亿,而现在发展中国家仅20岁以下的人口就有20亿。

即使人口出生率眼下就下降到置换水平(指使人口总数保持原水平的出生率),每对夫妇平均只生两个孩子,到2050年世界人口也会达到大约85亿。

然而,人口增长在不同地区间却存在很大差异。在低出生率已持续一段时间的欧洲,据认为目前的人口水平已达到最高峰,今后50年将不断下降。

预计北美和东亚的人口大约在2020年后将保持稳定。但在世界其他地区,预计人口将继续迅速增长,其中增长最可观的将是非洲的撒哈拉以南地区,这一地区现在不足7亿人,预计到2050年将达到17亿。

大约51个国家的人口出生率为每对夫妇生育两个或少于两个孩子,其中包括大多数富裕的工业国,中国和其他几个正在迅速实行工业化的国家,如泰国等。这51个国家的人口占世界总人口的44%。

**亚太议员环发大会第六届年会签署《桂林宣言》**　亚太地区议员环境与发展大会第六届年会1998年10月15日～18日在中国桂林举行。本届年会的主题是"环境和资源保护与旅游业的可持续发展"。大会通过了《桂林宣言》,就所面临的挑战及有关的战略行动,达成了一系列重要的共识。

《桂林宣言》指出,亚太各国在合理开发资源,加强生态和环境保护方面,有着长远的共同目标,也有着广泛的共同利益。里约环发大会所确立的可持续发展原则和国际环发合作精神,特别是发达国家切实履行里约环发大会承诺,向发展中国家提供新的额外的资金和以优惠条件转让环境技术,是本地区实现可持续发展的保证。

宣言认为:"本地区丰富多样的自然资源和文化遗产是本地区各国人民子孙后代的宝贵财富。我们对它们所遭受的威胁,包括森林植被被破坏、土地侵蚀与退化、生物多样性减少、水域和海洋污染、空气质量恶化等,表示忧虑和关注。"

宣言说,旅游业的发展与环保是可以相互支持相互促进的。健全的法律是合理利用自然资源、有效保护环境、推动旅游业可持续发展的重要保证。

宣言呼吁和敦促:各国议会和政府通过双边和多边合作,促进本地区的可持续发展;各国政府积极制定和实施旅游业可持续发展的战略和政策;加强对本国自然资源和环境以及文化遗产的保护,为旅游业提供可持续发展的坚实基础;各国议会加强对自然资源和环境以及文化遗产有效保护的立法,并采取措施保证有关法律的有效实施。

宣言还呼吁各国政府根据本国具体情况加强自然资源和环保的宣传教育;各国旅游业经营者选择有利于环保的开发和经营模式及旅游模式;旅游经营者和旅游者自觉遵守所到国家与地区的自然资源和环保等方面的法律;各国旅游管理部门和经营者加强本地区旅游业发展方面的合作与交流,增强各国发展可持续旅游业的能力。

本届年会主席、中国全国人大环境与资源保护委员会主任委员曲格平在闭幕致辞中说,本届年会完成了预定议程和目标,取得圆满成功。通过交流与对话,各国议员增进了了解,加深了友谊,增强了推进本地区环发合作的信心。

大会宣言起草委员会主席吕聪敏在通报起草宣言情况时说,亚太地区所有的国家应利用各自优势以促进环保和旅游业的发展,创造更多就业机会,进一步促进经济发展。进一步促进各国的相互合作对环保和旅游业可持续发展至关重要。

李鹏委员长曾出席本届年会的开幕式并发表重要讲话。中国有关方面负责人参加了会议。

与会的有亚太地区29个国家和国际组织的200多名代表,包括6名议长、5名副议长。这是这个组织成立以来,参加人数最多、规格最高的一次年会。

根据大会执委会的决定,第七届年会将于1999年12月第二周在泰国清迈举行,会议将集中讨论防止城市污染,特别是日益严重的城市垃圾及其有效处理问题。

**联合国宣布1999年为国际老人年**　联合国秘书长安南于10月1日宣布1999年是国际老人年。活动的主题是建立一个不分年龄、人人共享的社会。这是人类历史上第一个国际老人年。

卫生和营养条件的改善使人均寿命延长,不少国家实行计划生育导致人口出生率良性下降,这些因素导致世界人口中青少年人比例减少,老年人数增加。在未来30年里,一些发达国家将会有1/3的人口达到联合国规定的老年人的界线,即60岁以上。

人口老龄化会给个人、家庭、社区和国家带来影响。联合国把"建立一个不分年龄、人人共享的社会"定为国际老人年的主题,目的就是倡导这样的观念:一个老年人问题解决得不好的社会,不是一个健全的社会。对青年人来说，正确对待老人有利于形成良好的社会风气，自己晚年也会受益。

1991年，联合国把自立、参与、关怀、尊严和成就定为解决老年人问题的“五项原则”，并把每年的10月1日定为国际老年人日。

**老龄化问题成为英国科研新热点** 与老龄化相关的各项研究正在成为英国科研的一个新热点。英国政府下属的生物技术和生物科学研究理事会在9月11日结束的英国科学节上指出，它将把每年不足10万英镑的衰老领域研究资金大幅度提高。根据科学节上宣布的“衰老科学”研究资助计划，政府将首期投资500万英镑，对英国的29家衰老科学研究单位进行资助。

英国政府其他有关部门也开始加强老龄化研究。英国经济和社会研究理事会目前就在研究如何提高老龄人口的生活质量，英国社会保险部也在对老龄人口的经济活动进行分析，而英国卫生部则在牵头组织调研如何更好地满足老龄人口对医疗保健的需求。

老龄化研究在英国受到重视，与英国人口平均寿命不断升高有很大关系。英国曼彻斯特大学老龄化问题专家福格森教授在科学节上介绍说，预测表明，到2015年，英国60岁以上人口将超过18岁以下的人口。

福格森认为，老龄化问题既是挑战，也是巨大的机遇。而相关的研究也将产生很大的经济和社会效益。根据测算，如果英国目前与衰老有关的慢性疾病发病率能保持每年下降1%，到2030年，英国每年需要为此提供的社会医疗保障费用将减少30%，其经济效益相当于63亿英镑。

**联合国气候大会通过《布宜诺斯艾利斯行动计划》** 《联合国气候变化框架公约》第四次缔约方大会，1998年11月4日上午通过《布宜诺斯艾利斯行动计划》后宣布闭幕。

会议通过的《布宜诺斯艾利斯行动计划》就技术转让、财政机制、气候变化对发展中国家的不利影响、建立执行《京都议定书》机制的工作计划等6个方面作出了决议，还通过了大会主席、阿根廷自然资源保护和发展国务秘书阿尔索加赖所作的总结报告，确定了落实《京都议定书》的工作计划。由于一些发达国家不愿履行其承诺的责任，因而会议开到14日早晨才结束。

大会斗争很激烈，一些发达国家的代表企图让发展中国家承担新的减排温室气体的义务，由于遭到发展中国家的坚决反对而未得逞。

此次会议于11月2日在布宜诺斯艾利斯开幕，有180个国家的代表出席了会议。

阿根廷自然资源和可持续发展国务秘书胡利娅·阿尔索加赖主持会议。

她在讲话中强调，应该落实1997年底在日本京都召开的第三次会议确定的目标，应该采取具体措施，考虑环境问题。她说：“工业化国家对世界气候的不良变化负有很大责任。我们相信，发展中国家有条件也有义务面对各种能够保证可持续发展的社会、经济和技术进步模式。”

在会议辩论中，一些代表指出，需要重新考虑现有经济结构和人类的生活方式问题，目的是保护人类的生存环境。

他们说，厄尔尼诺现象造成的破坏表明发展中国家的脆弱性。同时还呼吁，多边信贷机构应更多地资助各种环境保护计划。

1997年的会议曾决定，发达国家在2008年至2012年期间应减少5%的温室效应气体排放量。但是这一目标并没有得到切实执行，因为很多国家特别是美国并没有真正重视这个问题。

**太阳能是发展最快的能源** 设在美国华盛顿的世界观察研究所在其最新一项研究报告中指出，利用太阳能获取电力已成为全世界发展速度最快的能量补给方式。该研究所的学者透露，在西方发达国家中，日本是太阳能使用量最大的国家，仅去年一年就有9 400户人家安装了屋顶太阳能装置，今年的用户预计将达1.38万家。按照荷兰皇家壳牌石油公司最近得出的研究结果，21世纪中，太阳能及其他可再生能源所提供的电力将占世界能源需求量的一半。为加强太阳能在国家能源工业中的作用，美国和欧盟目前已拟定了一项长远计划，在2010年前安装100万套太阳能屋顶发电系统。

**世界饥饿人口有所增加** 11月26日，联合国粮农组织年度报告公布的新的估计数字表明，自20世纪90年代初以来，处于半饥饿状态的世界人口数量有所增加，主要原因是在减少贫困现象方面取得的进步不大。

1998年粮农组织报告指出，处于饥饿状态的人口有所增加，尽管在几个发展中地区，饥饿和营养不良人口大幅度减少。

报告说，“据估计，从1994年到1996年，发展中国家长期处于半饥饿状态的人口总数达到8.28亿”，1990年到1992年的数字是8.22亿。

粮农组织报告警告说，全球金融危机现在威胁到早些时候取得的经济利益，包括很多亚洲和拉丁美洲国家在粮食保障方面取得的进步。金融危机在家庭收入、就业、农业生产和贸易方面产生的不良影响可能使上亿人口的粮食短缺情况更加严重。

粮农组织干事韦尔库埃尔说：“在东亚和东南亚有2.2亿人忍饥挨饿。在南亚，从1994年到1996年有2.54亿人处于半饥饿状态，而1990年到1992年为2.37亿人。在撒哈拉以南非洲地区，饥饿人口数量已经从1990年到1992年的1.96亿增加到1994年至1996年的2.1亿。”

从全球来看，面临粮食危机的国家从1997年中期的29个增加到1998年中期的36个，这主要是厄尔尼诺气候现象造成的。在报告发表之际，面临粮食危机的国家的数量已经增加到40个。

**1998年全球自然灾害损失巨大** 据美国世界观察研究所11月27日发表的一份报告，前11个月，与气候有关的自然灾害给全世界造成的经济损失初步估计达890亿美元，比整个20世纪80年代自然灾害造成的经济损失总和还高出340亿美元。今年在自然灾害中丧生的人数已达到3.2万人，3亿人被迫逃离家园。

报告认为，这些自然灾害的发生大都与人类有关。具有蓄水和保湿作用的森林和沼泽地不断减少，使洪水能肆无忌惮地冲毁田地和房屋，带走宝贵的表土；滥伐山坡上的树林，引发了洪水并造成泥石流，将道路、农田、桥梁和渔场冲毁。与此同时，森林和沼泽地的减少使土壤干燥得更快，加剧了旱情，并且使干旱的森林一旦遇上火种便形成燎原大火，无法控制，1997年和1998年印度尼西亚和巴西的热带森林大火就是这样发生的。报告警告说，如果受灾国不坚持走可持续发展的道路，不重视和保持健康的生态系统，如果人类不能减少导致温室效应的废气排放，那么今后几十年的气候变化将会加剧，将会在更多的地区导致更加严重的风暴、水灾和干旱，使人们在未来面临更严重的非自然灾害。

**联合国《国际防治荒漠化公约》成员国第二届部长级会议** 联合国《国际防治荒漠化公约》成员国的第二届部长级会议于12月8日在塞内加尔首都达喀尔召开，约有150个国家的2 000名代表与会。联合国《国际防治荒漠化公约》是为发展而制定的一个公约。

该公约是1994年6月17日在巴黎通过的，此后有140个国家加入该公约，并于1996年12月26日生效，1997年10月在罗马召开了首届会议。

世界银行认为这个公约是一个真正的“为了发展和消灭贫困的公约”。

实际上，所有非洲国家及西欧国家、加拿大、亚洲国家和拉美国家都参加了达喀尔会议。99%的非洲国家和95%的南美国家加入了该公约。

1977年在内罗毕，为制定这个公约而进行的首次尝试没有获得成功。非洲萨赫勒地区大饥荒（1968至1974年）饿死了20万人，接着又发生了大迁移，全球才意识到这个问题的严重性。

1991年，非洲的环境部长们呼吁搞一个国际契约。1992年6月份在里约热内卢，第一届地球首脑会议建议起草了一个公约。

荒漠化在100多个国家危及全球1/4的陆地，52亿公顷可耕旱地2/3已经被毁，2.5亿人受到直接影响，10亿人受到威胁。

第二届部长级会议是在西方国家与第三世界存在分歧的情况下召开的。世界决定向沙漠开战。这场战斗在塞内加尔首都带有南北冲突的色彩，穷国指责富国不履行其1997年在罗马所作出的关于为防治荒漠行动提供经费的承诺。

**1998年全球气温创新高** 12月16日世界气象组织说，1998年全球的平均气温将是自1860年开始保存完整气象记录以来最高的一年。

该联合国下设机构在关于全球气候的年度报告中指出，1998年地球表面的平均气温将比1961～1990年间基准时期的平均气温高0.58摄氏度。

1997年年底以前最热年度的平均气温比该基准时期的平均气温高0.43摄氏度。

世界气象组织说，在21世纪即将来临之际，全球的气温比19世纪末高将近0.7摄氏度。

世界气象组织说，该计算结果是以世界多数国家气象测到的气温为依据的。该组织拒绝提供全球平均气温的绝对值，认为这是毫无意义的。

这项报告还说，1998年将是全球表面气温超出正常值的连续第20个年度。

世界气象组织说，10个最热的年度全都在1983年以后，其中7个年度在1990年以后。截止到1998年10月底，前18个月中每个月的平均气温都创新高。

## 美国《时代》周刊评出1998年环境领域十大事件

人间天堂　有着一望无际雨林的苏里南是地球上遭受破坏最少的地方之一。在华盛顿“自然保护国际”组织的敦促下，苏里南留出了国土面积的大约10%不予开发。

各国重视全球变暖　防止全球变暖事业取得进展。在11月召开的布宜诺斯艾利斯后续会议上，排放二氧化碳及其他温室气体最多的美国终于签署了京都议定书，阿根廷和哈萨克斯坦则成为最先承诺减少含碳废气排放的发展中国家。

中国停止砍伐森林　今年中国的水患使3 000多人丧生，其严重程度是出乎意料的。其原因是伐木和土地开发已经使得长江流域的森林减少了85%。受此教训，一些沿岸省份已严禁在某些区域伐木，开始了植树造林。

德国绿党入阁　欧洲的绿党人士知道怎样以反对党人的身份向政府施压。德国绿党现在进入了联合政府，我们将看到他们是否能在政府内助环保事业一臂之力。

抵制食箭鱼运动　北大西洋箭鱼历来被过度捕捞，不过它们的困境有了一点改善。在自然保护活动者的督促下，200多名美国厨师、3个游轮公司以及至少一家饭店连锁企业从菜谱上除去了箭鱼。

全球气候异常　一些地方十分干旱，甚至出现了火灾，如印度尼西亚和墨西哥。与此截然相反的是，中国、加勒比地区和中美洲惨遭暴雨蹂躏。

西班牙有毒废料泄漏　5月份，500万立方米的有毒污泥从西班牙塞维利亚的一个矿井中喷出。内含镉、汞、砷及其他重金属的污泥顺瓜达尔基维尔河流向加的斯湾，所到之处，鱼类死亡，农田被毁。

英国水貂在被放生后丧生　9月7日，环保活动分子打开了英格兰一水貂养殖场的围栏，让7 000多只水貂自己决定去留。有2 000多只水貂走出围栏进入野外，其中大多数被农民射杀，或死于饥饿。

鲸搁浅　11月份，在新西兰的斯图尔特岛沿岸，288头巨头鲸集体冲上海滩，250头死去。鲸搁浅的原因仍是个谜，但科学家认为，鲸常常会被风暴推向近海，之后如果领头的鲸迷失方向，鲸群便会游上海滩。

环保的代价　企图拯救加州红杉森林的抗议分子损失惨重。在他们进行和平示威时，有些人眼睛里被执法人员涂抹了胡椒粉，24岁的钱恩由于拒绝离开森林伐木现场而被倒下的树木砸死。

**国际生物多样性日纪念大会**　中国国家环保总局12月28日在人民大会堂举行纪念大会，纪念“国际生物多样性日”。全国人大常委会副委员长邹家华、全国政协副主席宋健，中国生物多样性履约组成员单位代表，在京专家学者以及有关国际机构驻华代表、有关国家驻华使节出席了会议。

生物多样性就是地球上所有生物——植物、动物和微生物及其生态环境构成的综合体。生物多样性提供了地球生命的基础和人类生存的基础，保护生物多样性就是保护人类自己。为了保护全球的生物多样性，1992年在巴西首都里约热内卢召开的联合国环境与发展大会上，153个国家签署了《生物多样性公约》。同年11月，全国七届人大第28次会议审议批准了此项公约，使中国成为这个公约的最早缔约国之一。从1995年起，联合国将每年的12月29日确定为“国际生物多样性日”。

邹家华、宋健等在讲话中指出，中国国土辽阔，气候多样，地理条件复杂，是世界上生物多样性最为丰富的国家之一。中国是世界农作物起源地之一，栽培植物和家养动物及其野生近缘种的丰富度，均超过世界其他国家。中国十分重视生物多样性的保护工作，相继制定和颁布了《环境保护法》、《森林法》等法律、法规；制定了生物多样性保护的国家战略和行动计划；加强了各级各类自然保护区建设，同时大力开展生物多样性方面的科研、宣传教育工作，积极承担国际义务，广泛开展国际合作。

但是由于中国人口众多，经济发展过快和全球气候变化等原因,中国的生态环境形势十分严峻,生物多样性还面临破坏的威胁。因此中国的生物多样性保护任重而道远。

**'98 十大绿色新闻** 12 月 30 日评出的'98 中国十大绿色新闻以一个崭新的角度反映了中国 1998 年的生态危机加剧,绿色步伐加大。

这十大绿色新闻是:(1)中国科学院、中国工程院 151 位院士呼吁:行动起来,拯救黄河;(2)新森林法颁布实施;(3)天然林保护工程启动;(4)中国领导批示根治北京大气污染,加快京津及周围地区的绿化步伐;(5)国务院批准实施全国性生态环境建设规划;(6)朱总理赞扬马永顺由伐木英雄变为植树模范;(7)南北大洪灾引起全国人民对生态环境建设的高度重视;(8)国务院发出"保护森林资源,制止毁林开垦和乱占林地"紧急通知,跨世纪保护绿色行动启动;(9)北方频遭沙尘暴,泥雨降临北京城;(10)濒危动物藏羚羊的保护引起国内外广泛关注。

(郭钟义 编撰)

# 1999 年 1～6 月

**英未来十年内已婚成年人将占少数** 1 月 9 日据英政府社会保障统计部门的一项最新预测,按目前的趋势,英国的已婚成年人将在未来 10 年内成为少数,未婚和独居的成年人将在总人口中占居多数。

这将是自 1801 年该国开始有人口普查记录以来,首次出现同居、离婚、丧偶和从未结过婚的成人数量超过已婚人口的情况。统计预测说,到 2011 年之前,成年人口中已婚者的比例将由目前的 55% 下降至 48%,到 2020 年之前进一步下降至 45%;同期 30 岁以下成年人结婚的比例,将继续维持 20 世纪 70 年代以来迅速下降的趋势;从未结过婚的男性比例将由目前的 32% 上升至 41%,女性由 24% 上升至 33%;至 2021 年,30 至 44 岁的男性中将有一半维持单身。据估计,尽管同居者的数量将在未来 25 年之内,由目前的 150 万对再几乎翻上一番,但仍不能弥补婚姻迅速减少的趋势。

英国社会目前每 5 对婚姻中就有 2 对注定要破裂,首次婚姻的数量已降至 20 世纪以来的最低点,并在过去不到 30 年的期间中少了一半。单是自 1986 年以来,结婚家庭的数量就减少了 12%。权威专家分析说,这一婚姻家庭状况反映了英社会变迁的重大趋势,在现代世界颇具代表性。不婚、离婚、未婚先育、同居、单身独居等的增加和成家生育年龄的提高,给这个国家带来了深层的社会经济后果,严重影响了该国的文明时尚、伦理世风和社会态度,以及政府的教育、社会保障和住房建设政策等。

**世界十大污染城中国有八** 世界卫生组织每年都对世界主要城市的大气质量污染情况进行监测评比,沈阳作为一个老污染城市历来"榜上有名",1988 年还曾进入到世界十大污染城市第二位。在 1999 年这次评比中,世界卫生组织通过对 53 个国家 272 个城市大气中的总悬浮颗粒物、二氧化硫、二氧化氮 3 种完全污染物的浓度进行了测定,并重新推出全球十大污染城市,其中包括中国的北京、兰州等 8 个城市。

沈阳市属以煤烟型大气污染为主的城市,全市每年燃煤量达 1 000 万吨,这些煤炭的 60% 都是在冬季取暖中烧掉的。为了使沈阳冬季大气污染严重的情况得到明显改善,沈阳环保部门从 1998 年初始对各种锅炉、窑炉进行治理,取缔了一批严重冒黑烟的炉窑。

近年来,沈阳改造了一大批居民棚户住宅区,供暖方式由过去一家一户烧散煤转变为集中供热、联片供暖,使各种烟尘污染物的排放量大大降低。此外,对扰民企业进行了大量搬迁、城市绿化面积不断增加也是沈阳大气环境质量改善的重要原因。

**俄找到控制"白色污染"新途径** 据 1999 年 1 月 24 日《北京晚报》报道:俄罗斯科学家最近研制出能在阳光下降解的聚乙烯塑料,从而为解决这一"白色污染"问题开辟了新途径。

为解决聚乙烯塑料降解问题,俄罗斯中央化学科学研究所进行了一系列分析和研究,结果得到一种制造聚乙烯的特殊添加物。聚乙烯里加入这种物质后,添加物可在阳光下逐渐分解,并同时产生一种催化剂,这种催化剂可使聚乙烯氧化过程加快万倍,从而使塑料及时分解。

该科研所的专家们指出,加入这种添加物的聚乙烯塑料在3至3个半月期限内仍保持原有特性,此后便很快分解为易被土壤微生物吞噬的物质。

据报道,经在田园里试用,用上述新塑料制成的覆盖物还可提高蔬菜产量和加速苗木生长。

**《环境保护知识读本》首发式举行**　记者赵永新报道:由全国人大常委会委员长李鹏作序、全国人大环资委组织编写、红旗出版社出版的《环境保护知识读本》首发式2月1日在人民大会堂举行。

由全国人大环资委主任委员曲格平主编的这本书旨在向全社会特别是领导干部普及环境保护知识,宣传环境保护法律,提高可持续发展的意识。该书融知识性、政策性、科学性与普及性于一体,全面回顾了世界环境保护的发展历程,透彻分析了我国乃至全球在环境问题上所面临的挑战和对策,具体阐明了我国在环境保护方面的基本立场、基本法律和政策措施。

**亚马逊热带雨林破坏严重**　据巴西全国空间调查局2月13日公布的材料,1998年巴西亚马逊热带雨林的毁林面积达1.68万平方公里,比上一年增加了27%。据统计,自1978年以来,巴西热带雨林的被毁面积累计已达55万平方公里,占其境内热带雨林总面积的10%以上。这一情况已引起巴西各界和国际社会的关注。巴西环保部长萨尔内日前宣布了一系列保护亚马逊热带雨林的果断措施。

**联合国一份报告说:亚洲自然灾害最为严重**　2月23日在曼谷召开的地区灾害预言会议的组织者们说,亚洲每年的自然灾害比世界其他任何地区都多。

国际减灾十年委员会主席菲利普·布勒在会上代表联合国负责人道主义事务的副秘书长赛尔焦·德梅洛说,过去八年亚太地区平均每年约有215起自然灾害。这一数字表明全球大部分自然灾害发生在亚洲。

据联合国亚太经社会的一份报告说,去年全球十大自然灾害中有六起发生在亚洲,导致2.7万人丧生,财产损失高达382亿美元。一位联合国官员说:“减灾将成为亚洲国家在21世纪面临的重大挑战之一。”1998年中国和孟加拉国遭受了洪涝灾害;印尼发生森林大火,这场大火产生的“烟雾”波及到印尼的几个邻国。

**中央人口、资源、环境工作座谈会举行**

中共中央3月13日在人民大会堂举行中央人口、资源、环境工作座谈会。中共中央总书记、国家主席江泽民主持座谈会并发表重要讲话。他指出,促进中国经济和社会的可持续发展,必须在保持经济增长的同时,控制人口增长,保护自然资源,保持良好的生态环境。这是根据中国国情和长远发展的战略目标而确定的基本国策。

党和国家领导人李鹏、朱镕基、李瑞环、胡锦涛、尉健行、李岚清等出席座谈会。

江泽民在讲话中说,实现中国经济和社会跨世纪发展目标,必须始终注意处理好经济建设同人口、资源、环境的关系。

江泽民指出,实行计划生育,控制人口增长,是一项涉及面广、难度很大的工作,只能加强,不能削弱。

江泽民说,我们对国土资源的保护和管理必须严而又严。

江泽民指出,要抓住调整产业结构、加强基础设施建设的机遇,使环保工作有一个大的进展。2000年,要力争使环境污染和生态破坏加剧的趋势得到基本控制,部分城市和地区的环境质量有所改善。到2010年,要基本改变生态环境恶化的状况,城乡环境质量普遍有比较明显的改善,建成一批经济快速发展、环境清洁优美、生态良性循环的城市和地区。

江泽民强调,人口、资源、环境这三方面的工作,是一个具有内在联系的系统工程。各级党委和政府要加强领导,协调各有关部门,动员全社会的力量,搞好这项系统工程。中央多次强调,对这三项工作,各级党政一把手要负总责、亲自抓。这三项工作搞得如何,成效怎样,要拿一把手是问,任期内要逐年考核,离任时要作出交代,工作失职的要追究责任。

朱镕基总理在座谈会上就如何学习、贯彻、落实江泽民总书记的讲话精神作了部署。

座谈会上,国家计生委主任张维庆汇报了当前人口形势和计划生育工作情况,国家环保总局局长解振华汇报了环境保护工作情况,国土资源部部长周永康汇报了土地资源保护和利用工作情况,水利部部长汪恕诚汇报了水资源保护和利用工作情况。吉林省委书记王云坤、内蒙古自治区政府主席云布龙、北京市市长刘淇、江苏省委书记陈焕友、甘肃省委书记孙英先后发了言。

各省、自治区、直辖市党委和政府的主要负责同志,中央、国家机关有关部门和解放军、武警部队的负责同志等出席了会议。

**第四届全国环保产业、第六届国际环保展览暨会议** 中国第四届全国环保产业、第六届国际环保展览暨会议于6月12日结束。5天来,参展人数达到了4.6万人次,意向交易额21.8亿元。法国、日本和韩国等国家都派出了参展团。有专家指出,此次展览会创同类展览中规模最大、精品最多、层次最高的记录,展示了中国现阶段环保产业的最高水平,被誉为中国环保界的盛会。同时,这次展览会又集学术报告、技术交流、信息发布、市场交易为一体,显示出环境保护的强劲势头,绿色事业正向21世纪挺进。

本次展览是在中国年环保投资首次达到800亿元,约占国民生产总产值(GNP)1%的情况下举办的。因此,本次展览会显示出异常的活力:国内420家、国外63家企业参展,展出的内容除了常规的环保设备之外,比以往又增添了绿色城市、生态保护系统、绿色产品、节能产品、清洁产品等内容;其中脱硫技术、"白色污染"治理技术、污水处理技术等已经达到国际先进水平。同时,展览会还组织了环保产业国产化研讨会、12场专题报告会、19场技术交流会,国家环保总局联合国家计委和科技部举办了国际技术装备研讨会。这些活动,一方面可以使企业了解中国环境保护的总体规则,了解一个时期政府要解决的重点环境问题,了解中国环保产业发展的趋势,了解国外技术发展动态与市场变化动态;另一方面,为政府制定环保产业政策,尽快解决管理体制、环保投入、质量与服务、技术开发研制和科技成果转化以及信息服务等问题提供了依据。

**比利时发生食品二恶英污染,引发世界各国全面禁销** 6月9日,国家卫生部发出全国一律封存、全面清查比利时、荷兰、法国、德国4国自1999年1月15日后生产的畜禽类和乳制品的急电,因为里面可能含有二恶英。此前,比利时宣布销毁1月15日以后生产的禽、蛋及其加工制品,欧盟下令禁止销售并销毁比利时所有可能受污染的鸡、鸡蛋和家禽家品,理由:可能有二恶英。

二恶英属于氯化三环芳烃类化合物,它的毒性以LD50表示,专业术语叫"半数致死量",比氢化钾要毒50到100倍。1997年,世界卫生组织国际癌症研究中心把它从致癌名单的二级致癌物提升为一级致癌物(对人肯定致癌物)。1995年,美国环境保护局评价它还有生殖毒性、内分泌毒性和抑制免疫功能。特别是可能使男性雌性化,影响小孩的生长发育。

**1998年全球自然灾害空前严重** 国际红十字会和红新月会联合会6月24日发表的关于世界自然灾害的报告说,1998年全球自然灾害的规模史无前例,而且由于地球变暖和环境恶化,今后发生自然灾害的频率和数量还可能有所增加。

报告说,1998年全球的自然灾害共造成6万人死亡,2 500万人无家可归,经济损失达900亿美元,其中"厄尔尼诺"和"拉尼娜"引起的自然灾害,导致2.1万人死亡,"米奇"飓风造成1万人死亡和70亿美元的物质损失。报告说到1998年中国遭受的特大水灾,而印度尼西亚则经历了50年来最大的旱灾。

报告呼吁各国政府进一步加强预防自然灾害的措施,并举例说中国为治理洪灾,几十年间投入巨资,取得了好的成效。

**比利时查出二恶英污染来源** 比利时有关当局22日宣布,导致比利时饲养业遭受致癌物质二恶英污染的原因已基本查清。

比利时官方称,福格拉公司以收集家畜肥油和废植物油为主,然后将其提供给油脂加工厂,油脂加工后,再出售给饲料公司生产禽畜饲料。比利时官方公布的数字表明,比全国共有1 400家饲养场使用了受到二恶英污染的饲料。调查人员指控福格拉公司未对装载废油的油罐进行检查,以至让某些人在原本是装废植物油的一些油罐里注入了大量废机油,与动物油和废植物油混合加热产生了有害物质。

二恶英事件使比利时蒙受了巨大的经济损失,据比利时农业工会统计,这一事件造成的直接损失达3.55亿欧元(1欧元约合1.03美元),如果加上与此关联的食品工业,损失已超过10亿欧元。

(郭钟义　许红涛　编撰)

# 消费和旅游文化活动

## 1998年1～12月

**10景区成为首批中国文明风景旅游区示范点** 中央精神文明建设指导委员会办公室、建设部、国家旅游局7月初下发通知，确定10个景区为首批全国文明风景旅游区示范点。

这10个景区是：安徽黄山风景区、江西庐山风景区、四川峨嵋山风景区、山东泰山风景区、广西桂林漓江（叠彩山至阳朔）风景游览线、广东肇庆星湖风景区、浙江杭州西湖风景区环湖景区、北京颐和园、河北承德避暑山庄、江苏苏州园林虎丘山风景区。

通知说，党的十四届六中全会以来，各地组织开展了多种形式的创建文明风景旅游区活动，有力地推动了旅游环境的改善和服务质量、管理水平的提高，涌现出一批两个文明建设成绩突出的风景旅游区。这次确定的10个示范点，是在创建文明风景旅游区活动中走在前列的先进单位。他们坚持“两手抓，两手都要硬”的方针，把精神文明创建活动与风景旅游区的保护、开发、建设、经营、管理紧密结合起来，促进了景区文明水平和旅游服务质量的全面提高。

通知要求，各地文明办和建设、旅游主管部门要认真推广示范点的先进经验，促进风景旅游区两个文明建设协调发展。

**上半年中国国际旅游业仍保持增势** 来自国家旅游局的统计表明，面对亚洲金融危机的冲击，1998年上半年中国国际旅游业仍保持了增势。据悉，1至6月，来华旅游入境者达3 017.64万人次，比1997年同期增长13.2%，国际旅游外汇收入测算数为59.63亿美元，比1997年同期增长8.81%。

1998年上半年累计，来华旅游外国人数与1997年同期相比，除亚洲游客下降8.11%外，其他各洲游客均有所增长。在15个主要客源国中，澳大利亚、哈萨克斯坦有20%以上的大幅增长；泰国、马来西亚、韩国有较大幅度下降，其中泰国降幅达34.16%；其他国家中，除日本、菲律宾来华人数略有下降外，均有不同程度的增长。

从1998年上半年旅游外汇收入累计测算情况看，过夜旅游者在华花费为51.56亿美元，一日游游客在华花费为8.07亿美元，分别占全国国际旅游创汇的86.46%和13.54%。

另外，1至6月，入境旅游的港澳同胞和华侨人次各比1997年同期增长16.19%和21.53%，其在华花费同比各增44.28%和9.25%，外国游客1998年上半年在人次和花费上同比各下降2.44%和8.88%。6月份，受本国金融风波影响，俄罗斯来华游客出现近两年来的首次下降，同比降幅为5.72%。

**旅游大国排行榜** 据世界旅游组织、世界旅游理事会统计资料表明，随着人们更富裕，飞机票更便宜，以及各国开放边界，旅游业已经成为世界上最大的“工业”。1997年位居前列的旅游大国是：

| 国别 | 游客（百万人） |
|---|---|
| 法国 | 66.9 |
| 美国 | 48.4 |
| 西班牙 | 43.4 |
| 意大利 | 34.1 |
| 英国 | 25.9 |
| 中国 | 23.7 |
| 波兰 | 19.5 |
| 墨西哥 | 19.4 |
| 加拿大 | 17.6 |

**联合国开发署发布《人类发展报告1998》** 9月9日北京时间9时，联合国开发计划署在海牙和100多个国家的首都同时发布了《人类发展报告

1998》。报告提供的数字表明，在世界上最富有的国家中，尚有1亿多人在贫困线下挣扎，有3 700万人失业，1亿人无家可归。一些发达国家中，青年失业问题尤其严重。如法国，青年男女的失业率分别为22%和32%；在意大利，是30%和39%；在西班牙，则达到36%和49%。

报告指出，急速增长的消费扩大了富人与穷人之间的差距，并存在着许多缺陷和不平等。1998年的商品和服务的全球消费量超过24万亿美元，为1975年的6倍。然而，在令人瞩目的消费繁荣背后是突出的消费机会不平等——世界上20%的富人的个人消费就占去了全球个人消费总量的86%。而20%的赤贫者的消费支出仅占1.3%。在发展中国家的44亿人口中，60%居住在缺少基本卫生设施的社区中，30%喝不上安全饮用水，25%缺少像样的住房，享受不到现代卫生服务，20%的儿童无法读完小学，营养不良。有资料显示，即使在最富裕的国家，贫困人口也在增加。

随着全球的市场化，人们对奢侈品和舒适服务的需求在激增。如中国，有线电视安装户自1990年的1 100万户增至1995年的3 500万户，广告预算增加了1 000%，烟草消费量增加了200%。报告显示，在国民的全面发展方面，加拿大连续5年排全球首位，法国和挪威1998年排第二和第三位。中国在174个国家中排106位（1997年，中国在175个国家中排第108位）。尽管许多国家的人均收入提高，消费激增，但仍有十几亿穷人没有机会享受最基本的生活消费品，却要承受富人过度消费侵蚀资源、污染环境的恶果。报告认为，要求发展中国家抑制消费是不公平的，但改变以往的消费模式以减少对环境的损害，保护自然资源，促进人类未来发展应是发展中国家正确的战略选择。

**全球生活消费水平最新排名　中国消费最贵**　前不久，总部设在瑞士日内瓦的一个研究机构公布了一项全球150个大城市消费状况的调查报告，结果显示，北京在150座大城市生活指数排行榜上，位列第三名。香港则取代了1997年名列榜首的东京，成为全世界生活费用最高的城市。此外，中国的上海、广州和大连也在前10名之列，这样，中国就成为全球生活消费水平最高的国家。

据悉，这项衡量生活消费水平的调查选取了各国日常生活各个方面的200多种产品和服务的价格来计算生活指数，包括食品、住房、家庭日用品、服装、汽车和娱乐支出，并以纽约市的物价指数为基数100来衡量全球的150个城市的物价水平。结果显示：香港排名第一，生活指数为157.4。

在前10名中有5个城市在中国，报告说，这与亚洲金融危机有直接关系。因为日元和其他亚洲货币都在贬值，而中国一直坚持货币不贬值，因而使得包括北京在内的各大城市物价指数相对较高。与此同时，日本和亚洲其他国家大城市的排名次序呈现出大幅下降的趋势。

**欧盟制定发展旅游业统一纲领**　随着旅游业在世界范围内的迅猛发展，欧洲旅游业已成为该地区规模最大，就业人口最多的行业。

据世界旅游组织（WTO）的统计表明：1997年欧洲旅游业发展顺利，共接待3.63亿人次，增长3.6%；旅游收入2 255.3亿美元，增长2%；欧洲旅游提供的直接就业人数已达900万，占欧盟国家人口的6%。在未来10年中，旅游业就业人数还将增长10%以上。这充分反映了旅游业已经成为经济发展中的一个新的经济增长点，也是一个国家增加社会就业的推进器和重要渠道。

为了充分挖掘蕴藏在旅游业中的巨大就业潜力，使欧洲旅游业真正成为新的就业的最大的生产机器，欧盟各国旅游部门和企业于1997年卢森堡会议共同制定了统一的行动纲领：

首先要求各国政府大力支持旅游业的发展，加大对旅游业的投入，希望到1999年能增加两倍，特别是与旅游业紧密相关的行业，如交通运输业，以及饭店和旅游的基本建设等方面给予大力支持和通力合作。

建议各国旅游管理部门积极协调欧盟各国国营和私营企业之间的合作关系，不断开发新的旅游项目，建立统一的欧洲旅游市场，保持欧洲的经济稳定和货币的有效流通，以期进一步扩大就业市场，降低失业率。

建立、健全统一的旅游质量保证体系，完善以提高旅游服务质量为中心的竞争市场。

旅游业发展的实践证明，城市一日游和乡村旅游具有巨大的就业潜力，应投入大量精力和物力。

1999年欧盟各国将取消旅游商品免税的规定，该项决定已在1997年9月24日布鲁塞尔会议上通过。

1998年年初，欧洲旅游委员会提议，由欧盟成员国18人组成高水平的旅游专家队伍，就如何最大限度地利用旅游活动所创造的就业机会起草一份提案，在1998年10月底之前递交给欧洲旅游委员会。

1998年年初在柏林旅游博览会上，欧洲旅游特派员克里斯多·巴波西斯宣布高水平的专家队伍成立，并表示："就业目前已成为欧洲第一位关心的问题"。因此，共同纲领的实施，无疑将对提高欧洲旅游业的服务质量和竞争能力起到积极的推动作用，并将有力地促进欧洲旅游业的发展，对旅游就业也将产生深远的影响。

**'98北京国际旅游文化节** 9月28日是世界旅游日，做为北京纪念这个日子的最重要的活动——'98北京国际旅游文化节于今天落幕。上午10点，在亚运村约2公里长的公路上，来自亚、欧、美等五大洲和国内的50多个表演团体2 000多人的盛装行进表演，把历时5天的国际旅游文化节推向高潮。

据了解，这次文化节期间，约有10万游客参加了旅游咨询、文化夜市等活动。

北京市旅游局局长吴统慧介绍说，1997年全市共接待海外旅游者229.8万人次，旅游外汇收入22.5亿美元，国内游客8 221万人次，旅游收入391.3亿元人民币，旅游业的总收入已占全市国内生产总值的12%以上。

**中国国际旅游交易会** '98中国国际旅游交易会1998年10月29日～11月1日在上海举行。

此次交易会由国家旅游局、上海市政府、中国民航总局主办，历时4天，是我国首次举办的大型国际性旅交会。旅交会设标准展台945个，展览总面积1.9万多平方米。来自38个国家和地区的上万名客商参加了此次旅交会。整个交易会期间，到会的业内人士达1.5万多人，其中海外旅行商4 000多人。参展单位1 300个，据抽样统计，每个参展单位平均约见买家60人次，平均达成意向性协议18个。参观交易会的公众近4万人。另据介绍，中国旅游业经过20年发展已取得较大进步。1997年，我国全年接待海外旅游者5 758万人次，居世界第六；旅游创汇120亿美元，名列世界第八。1998年1至8月，全国旅游入境人数近4 133万人次，外汇收入近82亿美元。

**中国生态旅游走廊初步形成** 随着"国际生态旅游年"的临近，中国生态旅游走廊已初步形成。这条生态旅游走廊北起内蒙古大草原，经北岳恒山、道教名山武当山、长江三峡、神农架、张家界武陵源、桂林等风景区，一直通到广西北海海滨和中越边境。据悉，这条走廊的两个亮点——湖南张家界和四川九寨沟已被国家定为生态旅游年的重点旅游区。

据张家界市旅游界人士介绍，这条生态旅游走廊将对中国原有的两大旅游带形成挑战，但它也是中国发展为旅游大国的强力补充。

据统计，这条生态旅游走廊上有30个全国历史文化名城，32个国家级风景区和锡林郭勒、神农架、梵净山、桃花源等多处国家级自然保护区和国家森林公园。同时，这条旅游线包括了北方的名胜古迹和南方的奇山异水，北疆的草原风光和中南部的田园风光，内地的名山大川和广西的海滨风光。

京广线(北京—广州)、太焦和焦柳线(太原—焦作—柳州)、陇海线(连云港—兰州)等铁路干线将这些景区联结在一起，加上呼和浩特、宜昌、张家界、桂林等机场及长江沿岸港口已形成立体交通网络。这条旅游线所在中西部地区近年来也致力于旅游基础设施的建设，旅游条件大为改观。

对于这条生态走廊的建设，专家希望各景区不要搞太多的人工景点开发，尽可能保护自然风貌，符合国际潮流。

**全国旅游工作会议** 中国全国旅游工作会议于4月上旬召开，围绕如何调整市场开发战略、"抓重点市场，促新兴市场"的议题，各省市旅游局局长们开动脑筋，各抒己见，频频出"招"。

乐观的预测是：东方不亮西方亮。东南亚、日本、韩国的客人即使来的少了，俄罗斯、印度、北美、欧洲、澳洲的市场通过开拓，也可弥补东南亚经济危机造成的损失。

俄罗斯是近几年来华市场发展最快的一个客源国。在主要客源国排列中，逐年上升，1997年又增加46.4%，送客量超过80万人次，成为中国的第二客源国。在黑龙江省，俄罗斯已跃居该省第一境外客源市场。1997年该省接待俄罗斯客人32万多人次，占全国接待俄罗斯游客总数的29%,占俄远东地区出境旅游人数的50%左右。

据黑龙江省旅游局局长宁士敏介绍,该省开发了一批适合俄罗斯游客需求的购物市场和旅游产品,哈尔滨、黑河、绥芬河、抚远、逊克、东宁等口岸市县都建设了针对俄游客购物的批发市场,并形成了购物、运装、通关等一整套服务;黑河、五大连池开发了疗养游;哈尔滨、绥芬河、黑河利用哈洽会、灯节等经贸节庆活动开展了商务旅游;镜泊湖、亚布力等地还开发了观光避暑、冰雪风光、学生夏令营等旅游项目,满足了不同层次俄罗斯游客的需求。

广州1997年接待的境外游客是294万人次,其中港澳客人占一半,东南亚游客占1/4强,1997年金融危机已使泰国去广州的人数下降30%。在'98广州国际旅游展销会期间,广州市旅游局召开了市场动向和对策研讨会,该市旅游局局长刘平分析说,经济发展良好,币值稳定的周边国家或地区会成为重要的客源市场,如越南、台湾等国家和地区,人们出游势头旺盛。近两年,越南人的消费能力达到了广东人的一般水平,广州目前有许多旅行社都接待过越南团,越南游客先到广西、广东再到香港。

桂林山水作为国际市场上的中国名牌产品之一,吸引了600多万境外游客到此观光。但受东南亚金融危机的影响,东南亚、日韩来桂林的观光客源市场受阻,因国际间货币汇率变化使欧美客源市场也暂时部分流失。桂林市旅游管理委员会副主任钟新民说,现阶段桂林旅游市场开发,主要是抓时机,变不利为有利,如设计一系列精短旅游线路,加强商务、研修、文化等多元化旅游专项市场的开发,有目的地开拓台湾市场以及其他海外市场。

在经济危机造成市场下滑的情况下,旅游战线上的广大职工没有气馁,而是寻找新的增长点,开辟新的市场,迎接挑战。正如国家旅游局局长何光時在工作报告中要求的:第一,争取日本这个传统的第一大客源市场保持稳定,利用两国间通航城市明显增加的机会,加强同航空公司合作,增加对路产品,形成新的吸引出游的热点。对北美、欧洲、澳洲等增长潜力稳定的客源市场,提高产品质量。台湾客源市场有可能继续增长,要加强调研,有计划、有针对性地组织促销。第二,对具有较大增长潜力的俄罗斯和新兴的印度市场展开强大促销攻势,程文栋副局长1998年上半年出访印度,改变中印多年不相往来的局面。第三,对东南亚市场绝对不能放弃,要根据变化了的市场情况开发有针对性的产品,要保持相当规模的促销声势和力度。

10月将在上海举行的'98中国国际旅游交易会,是20世纪内在中国举行的规模最大的一次国际旅游交易会,会成为亚太地区乃至世界上都有影响的旅游交易会之一。（郭钟义 编撰）

# 1999年1~6月

**中国旅游创汇升至世界第七位** 2月2日,国家旅游局新闻发言人魏小安在新闻发布会上说,据世界旅游组织统计,1998年中国旅游外汇收入在世界上的排名由1997年的第八位上升到第七位。

魏小安说,1998年中国旅游业在艰难的国际市场环境下继续增长,入境旅游稳中有升,全年入境人数达6 347.84万人次,旅游创汇126亿多美元,分别比1997年增长10.23%和4.37%;国内旅游持续发展,尽管遭受了历史罕见的洪涝灾害,但出游总人数仍达6.94亿人次,回笼货币2 391.18亿元人民币,分别比1997年增长7.8%和13.2%。全年旅游总收入合3 438.64亿元人民币,比1997年增长10.5%。1997年出国(境)旅游市场进一步拓宽,国务院批准增加韩国为中国公民自费出国旅游目的地国家,并扩大了内地居民赴港澳旅游的渠道。

**1998年中国消费投诉呈四大热点** 据中消协负责人介绍,1998年中国30个省、自治区、直辖市消费者协会(委员会)共受理消费者投诉信件66.7万余件,比1997年同期上升6.8%,解决率为96.7%,为消费者挽回经济损失50 691万余元。

质量问题仍居投诉首位,占投诉总量的67.3%,与1997年相比基本持平。农资类的投诉上升最快,

1998年各大类商品投诉中假冒商品投诉下降，但投诉农资类的假冒商品（农药、种子、化肥、饲料），却比1997年增长了30.1%。

服务类投诉居第二位，消费者反映餐饮业质次价高，美容业事故多，中介公司坑人骗人，邮电电信行业不尽如人意，修理、装修业需要行业自律。

医疗纠纷投诉居第三位，消费者反映个别医护人员责任心不强，医疗器械质量无保证，专业技术不精导致错诊、误诊，医疗事故难于认定。

商品房和物业管理投诉居第四位，1998年同比增长了50.7%，主要是面积“缺斤少量”，质量低劣，价格不符，合同不清，拖期延期交房、产权不明，物业管理混乱等。

“三包”投诉居第五位，消费者对“三包”不落实、范围窄有意见，有47.3%的消费者认为修理环节存在问题多，消费者还希望将“三包”范围尽早扩大到商品房、电脑、汽车、移动电话等商品上。

1998年大案件比1997年增长16.7%，其中伤1 214人，残70人，亡3人，财产损失约1 433万余元，瓶装啤酒瓶爆炸已成为严重损害消费者人身安全的第一杀手，占重大案件统计总量的59.6%，电视机着火爆炸占第二位，其后是伪劣机动车、食物中毒、燃气热水器事故等。

**世界大城市消费水平排名**　美国默瑟管理咨询公司3月16日发布了对150多座城市的调查报告。根据这份报告，世界消费水平最高的五大城市在亚洲。这些城市是东京、香港、北京、大阪和上海。

排在第六位的是莫斯科。自从前一次类似的调查以来，强劲的英镑使伦敦上升了两位，成为消费水平位居世界第八的城市。这份报告是在1998年秋调查得出的结果。这项研究根据包括衣、食、住、行和娱乐在内的一系列商品和服务的价格对各个城市的生活费用进行排名。

此前在1998年春进行的一项调查将香港排在第一位，东京名列第二。这两座城市都处在几十年来最严重的经济衰退之中。

这家咨询公司说，尽管中国通胀率不增反降，中国城市的生活费用却变得更加昂贵。消费水平最高和最低城市之间的差距进一步拉大。东京的生活费用是消费水平最低的津巴布韦首都哈拉雷的6.63倍。

由于美元较欧洲货币坚挺，大多数欧洲城市的生活费用比消费水平居第16位的纽约低。然而，除了纽约，对于企业和政府雇主来说，美国城市的生活费用依然较低。芝加哥降至第50位，其后是迈阿密（第51位）、旧金山（第52位）、洛杉矶（第54位）和檀香山（第55位）。下面是消费水平居于世界前20位的城市：东京、香港、北京、大阪、上海、莫斯科、广州、伦敦、深圳、汉城、日内瓦、苏黎世、新加坡、圣彼得堡、台北、纽约、奥斯陆、哥本哈根、维也纳、巴黎。

（郭钟义　编撰）

# 理论研讨活动

## 1998年1～12月

### 中国海峡两岸21世纪教育发展与经贸交流学术研讨会

由浙江教育学院主办、台湾《远见》杂志社、杭州大学金融与经贸学院等单位协办的海峡两岸21世纪教育发展与经贸交流学术研讨会，于1998年3月31日至4月3日在杭州召开，来自海峡两岸的专家学者、实业界人士等共计65人出席了会议。会议研讨的主要内容如下。

## 教育现代化与社会发展

教育作为促进社会经济发展的重要基点，正面临着现代化的严峻挑战。与会代表指出，当前社会的迫切任务是将传统的学历教育向素质教育与终身教育转化，素质教育是目标，终身教育是方式。教育现代化包含三个层面内涵：教育物质条件的现代化与教育数量指标的现代化；教育制度的现代化；教育思想与教育观念的现代化。后者是教育现代化的核心问题，是教育现代化的本质体现和最深层次的内容，其中最能体现现代特征的重要观念便是“大教育观”、“现代人”的教育观、“以人为中心”的主体教育价值观。这需要改变过去过分强调教育的政治价值与经济价值以及“以知识为中心”的教育观念。现代社会“知识大爆炸”的现象已使学习上的“仓库理论”显得不合时宜，现代化的教育不仅要教给学生必要的基础知识与有关资料，而且要更加重视教给学生收集与掌握各种新知识的方法，为了适应职业知识变化的需要，人们必须学会怎样摒弃旧思想，如何获取和在什么时候获取新的思想。

在论及教育现代化与社会发展的其他层面如经济增长、政治现代化、文化发展的相互关系时，代表们认为，现代社会的整体推进，已难以分辨出教育、政治、经济与文化发展孰先孰后的明确关系。不同社会的现代化起点提供给教育现代化的是不同性质的初始条件与推动力，不可单一而论，妄断优劣。关于教育现代化的终级目标，代表们认为至少要实现下列要求：受教育者的广泛性与平等性，教育的终身性与全时空性，教育的生产性与社会性，教育 的个性化与多样性，教育的法制化与开放性以及教育的科学性。因此需要继续推进教学、科研与生产的一体化，要在科学决策的基础上而非凭经验推进教育体制改革，以培养大量具有个性的，有创造能力和开拓精神的高级人才。

此外，有代表在分析了中国20世纪教育收费制度的演变历程后指出，教育收费的产生与变革是社会政治和经济结构变化的反映，教育收费的历史是充满矛盾和调整的历史。在世纪之交的今天，使教育收费模式从传统走向现代，需要教育收费观念的转型：一方面要明确、合理、有序地推进教育收费改革，以增加教育投入；另一方面，又要防止教育收费越位，增加公共教育经费的投入，提升教育收费的重心，分阶段实现免费的义务教育。

## 人力资源开发与经济发展

代表们认为，由于人力资本具有很大的正的外部性，可改善其他生产要素的组合，并提高其使用效率和生产力，因而人力资本投资对促进中国经济发展具有重要意义。有代表还认为，目前发达资本主义国家已经到了资本雇佣劳动的社会经济制度向劳动支配资本（即人力资本支配物质资本）的制度转化阶段，理解这点对加快中国经济结构的调整和增长方式的转变很有指导意义。

在谈及中国近20年的经济持续增长时，与会代表指出，这很大程度得益于人力资本存量在1978年后的逐步释放，今后的关键在于调整人力资本流量，应从需求与供给两个方面寻求解决思路，仅从需求管理一面思考问题是不够的。有代表认为，中国人力资源开发的现状既有经费投入总量不足，又有局部教育数量型膨胀造成与经济不相符合的结构性问题，症结在于劳动力市场发育滞后和政府“科教兴国”的战略尚未得到彻底贯彻。以劳动力市场结构性供给过度为特征的低素质劳动力过早地进入劳动力市场，一方面加大了政府的就业压力，另一方面导致许多劳动力无法承担较高文化和职业技能要求的工作岗位，这是年轻人旺盛求知欲和学习能力的巨大浪费。代表们认为通过人力资源开发来缓解就业压力的关键是教育和就业的有效衔接。运行良好的劳动力市场，能向青少年和失业人员提供竞争压力和利益驱动，提供各种职业相对稀缺的准确信息。政府作为人力资源开发的重要投资主体，作为公共部门的人力资源使用者，以及作为社会经济发展的协调者在改善人力资源供给结构上将大有作为，且责无旁贷。由于低素质劳动力参与劳动率太高，有必要引导一些年青人退出劳动力供给市场，用就学代替就业，这要求加强三方面工作：加大基础教学力度、大力发展职业教育与鼓励高等教育发展。

“科教兴国”方略要落实到实处就是要求作为最重要的经济主体企业在长期中建立起一种人力资本投资和积累机制。有代表认为，虽然渐进式的中国国有企业内部管理改革，已经很大程度上克服了劳动者和管理者的偷懒问题，即大多数国有企业有了静态效率，但还没有长期的动态效率，剩余索取权由单位到个人的转换并没有完全实现，经济学方法论上属于长期范畴的人力资本积累机制尚未很好解决。高级人力资源相对于总体经济发展水平而言十分稀缺已成为众所皆知的事实，因此如何解决高级人力资源不仅是问题而且已是当务之急。为使教育现代化与社会发展相和谐，解决中国高级人力资源不足问题，台湾中央大学宋铠博士从信息科技的迅猛发展所带来的社会组织大变革视角提出了一个建立宏观人力资源分时系统（Human Resource Time -Sharing Unit）的解决方案，建议借助信息网络技术的协助，由政府出面来组织广大民间的力量，结集一大批具有设计、规划专长的高级人力资源，充分发挥信息网络的分时协调决策、可无限反复使用以及突破时间与空间限制的优点，以共同迎接即将来临的21世纪信息化社会脑力竞争的挑战。有代表认为，人力资源的自我开发（包括由民间组织开发）比起由政府开发在未来更为有力，更为有效。

## 两岸经贸发展的现状与前景

两岸经贸往来素有良好的传统，1997年两岸实现贸易额为200亿美元，其中大陆向台湾出口33.9亿美元，由台湾进口164亿美元，同时台湾也是大陆吸引外资的主要来源地之一；但与台湾在东亚、南亚等其他国家（地区）的投资比较，台湾在大陆投资的规模偏小。代表们认为，两岸经贸合作近年来总体上呈现出台商在大陆投资加快、投资产业结构趋向合理、市场导向型投资日益扩展、技术含量高的大型集团化投资增多的显著特点，但也面临一些问题和严峻的挑战：大陆对台贸易的巨额逆差；台商在大陆投资呈不稳定曲折发展过程，平均投资规模仍偏小，与大陆引资规模化的政策取向不适应；台湾当局偏重东南亚地区发展而力图改变依托大陆腹地发展的“亚太营运中心”计划的实施，不利于两岸经贸长期自由健康发展；大陆劳动力成本攀升以及“三通”推行的困难制约了两岸经贸交流的进一步深化等。来自台湾学术界、实业界的一些代表在研讨会上明确表达了两岸今后加强文化、学术、经贸交流不应受当局严格制约的强烈愿望。有代表指出，目前两岸经贸交往的信息传递尚不够快捷高效，双方在信息服务业上均应加速发展，以进一步促进两岸优势的充分发挥与相互利用，迎接21世纪信息时代的挑战。

会上还重点就台湾与上海、福建、浙江的经贸区域合作进行了讨论。上海复旦大学博士生导师伍柏麟教授建议：沪、港、台三地应加强在科学技术研究及成果产业化、市场化方面的合作，形成多元化、多层次垂直分工和水平分工结合的分工体系，并着重开展三者间的互补性贸易。他指出，台湾对大陆的130亿美元的贸易顺差不应成为两岸经贸加强合作的政策障碍。有的代表分析了厦门与台湾经济合作的特点，建议应采取以下措施：对台商投资区实行政策倾斜；建立厦门离岸金融市场；设立大陆对台贸易商品市场；办好厦门对台出口商品交易会及中国投资洽谈会；加强基础设施条件；加强产业引导；设立厦台合资贸易公司；扩大厦门市场辐射能力等。来自杭州大学的一位代表认为，海峡两岸经贸合作日益密切将有助于产业结构的调整和升级，随着两岸经贸发展日趋成熟，各自应继续发挥其优势，尽早解决台湾的“来紧去松”的单项原则所造成的贸易失衡现象，大陆方面投资政策调整后，应将利用外资从优惠政策转化为领先市场和投资环境。

## 面向21世纪的终身教育

终身教育是未来教育发展的世界潮流，是社会、经济、科技发展的必然要求，已经受到了世界各国的普遍重视。代表们认为，终身教育与传统教育的本质区别在于前者的整合性特征，具体表现为教育在时间上即贯穿于人的一生的整合，教育在空间上即学校、家庭、社会等一切学习场所的整合，以及教育内部因素与外部因素的多元立体整合。终身教育作为一种新的教育哲学，要求不能仅片面地从经济发展的需要看待教育，而应从人的全面发展，以造就具有新的生存价值和生存能力、能够解决新的生存问题的人（即学会生存）为目的，从全新高度来理解教育。确立终身教育的重大社会意义在于将人们的视野从传统的狭隘的学校教育的桎梏中解放出来，大大拓展了教育的外延与范围，使得包括大量非正规教育、非正式教育在内的社会大教育的潜能得以充分发挥，形成了以教育内容的丰富性、教育对象的广泛性、施教范围的社会性、价值判断标准的多元性以及学习形式的个别化、多样性为主要内涵的未来教育的全新模式。学前教育、成人教育、老年教育以及各种形式的职后培训，都是终身教育的不同表现形式。

会上还提出了许多新的观点，比如“教育不能只针对少数精英”、“创造力不是少数人才有的”、“不能把教育看作万能的”、“企业家才能是否是教育所能培养出来的”等，引人思考。

（孙福国　肖　文）

# 面向21世纪的高等教育——大学校长论坛

这是一次国际高教界跨世纪的盛会,这是一次世界著名大学校长的权威论坛。

5月2日,60余所海外著名大学和30余所国内著名大学的百余位校长云集北京中国大饭店,对21世纪高等教育的发展进行研讨和展望。中共中央政治局常委、国务院副总理李岚清出席论坛开幕式并发表热情洋溢的讲话。

"世界著名大学校长论坛"是由历来开风气之先的北京大学发起的。作为北大百年庆典系列活动的重头戏,其规模之大、层次之高,在中国教育史上尚属首次。

论坛以美国哈佛大学校长陆登廷教授3月25日在北大的演讲拉开帷幕,随之得到国内外高等教育界的热烈响应。在论坛上,北京大学校长陈佳洱作为大会主席首先发表演讲:"在新世纪到来之际,高等学校面临的机遇和挑战,如同一枚硬币的正反面一样,是相互依存的。"陈校长精彩的话语,博得一阵阵热烈掌声。

英国牛津大学、美国斯坦福大学、伯克利加州大学、奥地利维也纳大学、日本东京大学、德国慕尼黑大学、俄罗斯莫斯科大学等世界著名大学的校长们纷纷走上讲坛,围绕着"21世纪大学的地位和作用","21世纪的教学战略","21世纪大学与社会的联系"和"21世纪大学的管理与财政事务"这四个主要议题各抒己见,畅所欲言。

校长们说,在这世纪之交,人类比任何时期都更加关心自身的教育和文明,高等教育问题无疑已成为世界性的话题。尽管大学起源于欧洲中世纪,但大学这朵人类的智慧之花并没有随着中世纪的结束而凋谢,反而历经沧桑,汲取了人类各民族文化传统营养,更显芳姿和青春活力,已成为影响人类生存、促进社会进步的最值得人类重视的力量。

校长们说,大学是古老的机构,波洛尼亚、巴黎或牛津学者们所创立的传统,至今仍依稀尚存。无论从古老的校园建筑,还是从学者们所遵循的学术规则,我们都不难捕捉到那种令人肃然起敬的古老传统;大学又是年轻的机构,它不为传统所囿,不断创新,使自己跟上了时代的步伐,始终处于知识革新的前沿,完成了时代赋予的使命。

校长们说,现代科学技术正朝着既不断分化又不断综合的方向发展,新知识的生长点往往出现在学科的边缘和学科之间的交叉处。未来经济将更加注重发展的可持续性。如人口问题、环境问题、生态问题、能源问题、空间问题等等,将日益成为人们关注的热点。大学必须研究这些问题,解决这些问题,为社会贡献自己的力量。大学在整合传统与现实、历史与未来、科学与人文、理论与经验、个人与社会之间的关系中,将起着十分重要的作用。

论坛组委会主席、北京大学常务副校长闵维方教授欣慰地对记者说,此次论坛体现了北京大学"弘扬传统,繁荣学术,面向未来,促进发展"的校庆宗旨,它的成功举办,必将对21世纪的高等教育产生广泛而深远的影响,也必将有利于推动北京大学在下一个百年迈入世界一流大学的行列。

(袁新文　汪大勇)

# 智力资本与教育观念的转变研讨会

为了深入贯彻党的十五大精神,推动教育体制改革和教育观念的转变,人民日报教科文部和中国青年政治学院于1998年5月6日至7日在京联合召开"智力资本与教育观念的转变"研讨会。全国十几所高等学校的校长、专家、学者参加了研讨。全国人大常委会副委员长丁石孙出席会议并讲话。

研讨会的主题是智力资本与教育观念的转变。与会者从教育产业化发展、高等教育的职能与智力资本的生产、终身教育以及人才观念等几个方面展开了研讨。

大家认为,转变教育观念是教育改革的重要内容,是实施科教兴国战略的重要前提。当今世界有两大特点,一是科学技术发展速度大大加快;二是人们之间的联系更加紧密。世界范围内信息技术革命和信息产业的发展,使得知识在经济、社会发展中的重大作用空前地显现出来,出现了被称为"知识经济"的经济增长方式。智力正被不少国家作为最重要的资本投入经济运行,并取得巨大成功。教育怎样为未来培养人才?我们面临着严峻的挑战,教育必须进行深刻的变革,首先是转变教育观念。

专家们认为,转变教育观念是一个复杂和深刻的过程,涉及许多理论和实际问题。邓小平理论中包含着丰富而深刻的教育思想,为转变教育观念提供了理论基础。

谈到高等教育的职能,有的专家认为,传统高等教育的"传道、授业、解惑"的职能,已不再适应现代社会的发展。现代意义的高等教育不仅要传授知识,还要生产知识,也就是加强科学研究工作,对知识进行物化,搞产品开发。能否生产知识、物化知识,是现代大学和传统大学的分水岭。

有的专家认为,转变教育观念的关键是转变教育管理思想,教育如果不能从管理体制上有所变化,那么转变教育观念就有可能流于形式。在谈到教育投入时,有的认为,如果将教育经费投入到没有改革好的学校,这种投入是低效益的投入。加大教育投入很重要,投向何处需要慎重考虑。

与会专家还就如何利用高科技手段发展现代教育等问题,展开了热烈的研讨。他们强调,教育要适应新时代的发展,转变教育观念是一个紧迫的、尚需系统深入研究的课题,这不仅是中国教育界面临的课题,也是世界面临的挑战。希望这次研讨会能起到抛砖引玉的作用,引起大家的关注。

(温红彦　董洪亮)

# "世纪之交的攻坚"学术研讨会

由北京市经济学总会、清华大学经济管理学院和清华大学中国经济研究中心联合主办的"世纪之交的攻坚"学术研讨会,于1998年5月16日在清华大学经济管理学院召开。来自首都有关单位的40余位专家学者参加了会议。会议围绕朱镕基总理提出的"一个确保、三个到位、五项改革"的有关问题进行了深入研讨。

## 关于确保8%的经济增长速度

与会学者分析了影响中国经济增长的各种主要因素。有的学者认为1998年的经济增长在很大程度上要依靠投资来拉动。1997年中国国内生产总值达到8.8%的增长速度,其主要拉动力是消费总额的平稳增长和相当高的出口增长速度,前者拉动国内生产总值增长约3.5个百分点,而净出口额达403亿美元,比1996年增长229.6%,拉动国内生产总值增长2.7个百分点。亚洲金融危机使得日本、韩国、东南亚国家和地区经济衰退,1998年将出现低增长、零增长,甚至负增长。而中国的出口额中60%是面向这些国家与地区的,这将成为影响1998年中国出口的主要因素。第一季度出口统计显示,对日本、韩国、东盟9国的出口分别比1997年同期下降2.5%、24.5%和7.8%。预计1998年全年净出口将难以高于1997年的403亿美元,净出口对经济增长的拉动将大大下降。关于外商直接投资,亚洲金融风暴对外资的最大影响在于信心的丧失,使投资环境趋坏,估计全年利用外资的形势也不容乐观。出口和外商直接投资对经济增长的拉动作用减少之后,就必须扩张国内需求。由于居民收入增长速度的降低以及没有形成新的消费热点等因素的影响,居民消费在近期不可能有大的扩张。那么,经济增长只能靠投资来拉动。而在目前经济结构问题没有得到很好解决,投资效益还很低的情况下,在投资方向、项目选择上要严格控制,谨防又一轮重复建设,造成新的资源浪费。

与会者认为中国目前处于一种多元经济共存的发展时期,地区、行业发展很不平衡,先进与落后并存,居民的收入差距较大。因此,对于新的经济增长点的选择,要综合考虑,不可一概而论。有的学者根据世界发展规律和目前不同经济发展水平国家的再生产循环差异,认为社会再生产存在着三级循环圈:第一级再生产循环是以吃穿用为主要消费对象;第二级是以住房和汽车为主要消费对象;第三级是以信息产品和信息服务为主要消费对象。为使中国经济持续快速发展和再上新台阶,必须使社会再生产循环向新的更高层次升级,一方面提高第一级循环的质量和效率,另一方面扩大第二、三级循环的规模,并创造条件早日实现中国经济增长的重点从以第一级循环为主向以第二、三级循环为主的过渡。从全局、战略角度考虑应把住房建设、汽车生产和信息产业作为新的经济增长点,同时发展。

有的学者认为,中国的乡镇企业在改革开放以来取得了较快的发展速度,对中国经济的高速增长做出了很大贡献。为了确保今年8%的经济增长速度,乡镇企业必须保证18%的高速增长。最新统计资料表明,1998年以来乡镇企业的发展情况不容乐观,增幅明显回落。与会者认为,乡镇企业要实现持续稳定的高速增长,必须加强如下五个方面的创新:观念创新、制度创新、管理创新、技术创新、服务创新。

## 关于经济体制改革

*关于金融监管* 与会者认为,亚洲金融危机给了我们一个很好的教训。中国的金融长期立足在一个缺乏自我约束机制的微观金融基础上,金融主体风险约束能力明显不足,造成中央银行监管不力。企业预算的软约束,严重影响了银行信贷资产质量,形成企业对银行的严重拖欠。目前中国银行的不良资产比例较大,潜在的金融风险很大。与会者认为,中国的金融系统必须尽快深化改革,防范和化解金融风险,建立一个切合中国实际的银行业监管有效系统,大家提出的对策建议如下:改革现行的金融监管体系,成立跨省的一级分行,提高中央银行监管的独立性和专业水平;设置一套科学的监管指标体系;实行新的贷款分类制度,采用新的贷款分类标准,即由金融监管当局将信贷资产划分为正常、关注、次级、可疑、损失五类;健全金融法律体系;完善金融机构的内控制度;慎重处理冲销银行坏账;建立存款保险制度。

*关于粮食流通体制改革* 与会者认为中国现有粮食流通体制存在很大的问题。粮食企业亏损严重,国家不堪重负,1997年国家用于粮食流通储备的费用和利息达170亿元,风险基金40亿元,财政补贴80亿元。粮食企业经营机制转换滞后,人员普遍过多,管理不善,经营费用高,难以继续运转。而当前的经济环境,为深化粮食流通体制改革提供了前所未有的机遇,粮食流通体制改革要切实落实"四分开、一完善"原则(即政企分开,储备和经营分开,中央与地方责任分开,新老财务挂账分开,完善粮食价格机制),并且分析了改革中有可能出现的问题和解决的办法。

*关于费改税的问题* 目前中国税费并存,税费并重,费挤税,甚至税费倒挂的现象十分严重,社会分配格局紊乱无序,企业和居民不堪重负。与会者认为,目前的各种收费,问题不是出在政府要不要有收费,而是各级政府在依法设立的规范费之外巧立名目、擅自出台不规范、不透明的各种收费,随意分割国民收入,扰乱了国家的分配秩序。"费改税"与"规范费"要同时并举,对那些具有税收性质(名为"费"实为"税")且宜于纳入税内管理的收入项目,可以通过"费改税"的办法,尽可能纳入税收的轨道,或扩大现有税种的税基,将其并入现行有关税种统一征收,或根据其性质,改设新的税种另外征收。对那些未纳入税 收轨道的收费项目,则须通过"规范费"的办法,按照规范化政府收费的内涵和外延,分别归入"规费"和"使用费"系列,并相应进行规范化的管理。进一步完善1994年以来的税制改革,例如将一些税种由中央税改为共享税等。

*关于投融资体制改革* 长期以来,中国投融资领域存在着固定资产投资规模不断膨胀,投资结构不合理,重复建设和盲目建设严重,投资管理不善,损失浪费大,投资效益低下,经济增长粗放等痼疾。与会者认为,这些问题的根源在于计划投资方式没有彻底改变,决策机制未能实现由行政为主体向企业为主体转变,宏观调控未能由直接调控向间接调控转变,现行体制不能适应建立社会主义市场经济体制的需要,不能适应提高政府驾驭经济、实施有效的宏观调控的要求。投融资体制的改革要从根本上实现投资决策机制由政府为主体向企业为主体的转变,并以此为基础在宏观

上实现由审批项目为手段的直接调控向运用财政、货币政策为手段的间接调控的转变，从而提高投资效益和提高政府调控经济的水平。

（李子奈　盛仕斌）

# 国际可持续发展理论综述

20世纪五六十年代起，人类创造了前所未有的物质财富，极大地推动了文明的进步。然而，在这文明的背后，却隐藏着深刻的忧患与不安：资源短缺、环境污染、生态破坏、臭氧层锐减、温室效应、人口剧增等严重问题。面对这些问题，人们不得不对产业革命以来工业化发展道路、经济增长方式进行重新的审视，试图寻找一种不同于传统工业化发展方式的新的发展模式，确立一种全新的社会观念，这就是80年代所提出的可持续发展概念和理论。本文对国际可持续发展理论研究的若干重要领域：定义、资源的最优利用和可持续利用、环境保护和可持续性、可持续发展指标和评价方法作一综述。

## 可持续发展的定义论争

可持续发展问题的定义有100多种，其中，最有代表性，也是影响较大的可持续发展的定义，可概括为以下几类：

*可持续发展的目标是发展，保证人类生存*　在持续发展思想孕育的早期，许多经济和生态学家持这一观点。戴利认为，持续发展的基本目标是在尽可能长的人类生存时间内，保证最多数人的生活，达到目标的途径是零人口增长和对不可再生资源使用速度和人均消费的控制（Daly, 1980）。乔治斯库·罗金（Georgescou·Roegen）依据热力学原理判断，世界人口和经济发展的规模太大，难以保证人类最长的生存时间，因此，达到目标的方法是缩小人口与经济规模，使人类的生活和生存仅依靠可再生资源就能维持。巴伯在其著作中，把可持续发展定义为“在保护自然资源的质量和其所提供的服务的前提下，使经济发展的净利益增加到最大限度，以保证维持最多人数的生存”（Barbier, 1989）。

*可持续发展的本质是寻求经济与环境生态之间的动态平衡*　雷德利夫特（Redelift, 1987）指出，当由于经济行为导致的环境污染使生态差异量和种类量减少，环境质量下降时，生产和经济系统在遭受环境和其他条件恶化影响下的恢复性就低，这样，从长期来看，系统就难以保持持续发展。因此，持续发展的本质在于维持生产和经济系统的恢复性，即寻求经济与环境之间的动态平衡。一些生态学家和经济学家将可持续发展明确定义为“保护和加强环境系统的生产和更新能力”，即可持续发展是不超越环境系统再生能力的发展，是寻求一种最佳的生态系统以支持生态的完整性和人类愿望的实现，使人类的生存环境得以持续。

*可持续发展的核心在于公平性，维持几代人经济福利*　布伦特兰在她提交给联合国世界环境与发展委员会（WCED）《我们共同的未来》报告中，把可持续发展定义为：既满足当代人的需要，又不对后代人满足其需要的能力构成危害的发展（Brundland, 1987）。这个定义在国际社会得到普遍认同和广泛引用。蒂坦伯格（Tietenberg, 1988）指出，可持续发展的核心在于公平性，使后代的经济福利至少不低于现一代，即现一代在利用环境资源时，不使后代的生活标准低于现一代。经济学家皮尔斯等认为：“可持续发展是追求代际公平（inter-generational equlity）的问题，当发展能够保证当代人的福利增加时，也不会使后代人的福利减少”（D. Pearce, 1989）。世界银行负责环境与可持续发展的副行长塞拉杰尔汀（Serageldin, 1995）指出，可持续发展就是给子孙后代和我们一样多的甚至更多的人均财富。

## 资源的最优利用和可持续利用

资源经济学把自然资源分成两大类来研究。一类是“可再生资源”，诸如土地、空气、森林；另一类是“可耗竭资源”，例如矿产。霍特林于1931年在美国《政治经济学》刊物上发表了“可耗竭资源的经济学”一文，他第一个提出完全竞争条件下矿产资源（或一般可耗竭资源）在开采成本不变时，租（资源产品的市场价格和开采成本之差）的增长率等于利息率的变动关系，也称为“霍特林规则”（Hotelling Rule）。霍特林认为，可耗竭资源的价格及相等问题可以视为再生资源问题的一个特例,即再生率等于零时的情况。因此,霍特林规则也同样可以用来描述可再生资源的最优开采问题。即当给定资源的自然再生率和社会对此资源的随时间变化的需求曲线时,求解各年的开采量,使后世永续利用中的贴现收入为极大。

关于资源的可持续利用问题,达斯格普塔认为,实现资源的可持续利用或可持续消费,取决于生产中不变资本与资源量之间的替代弹性值(即不变资本替代资源流量或消耗量的比例)。如果固定资产或不变资本增加1%,所替代的资源流量大于1%,则资源可持续利用,否则将至枯竭。他还指出,可以通过技术进步与创新,逐步减少对枯竭性资源的依赖。

在探讨自然资源的开采利用和生物多样性保护过程中,美国经济学家西里阿希·旺特卢普(Ciracy Wantrup, 1952)在《资源保护:经济学与政策》一书中,提出了最安全标准法的思路。他指出,生态环境破坏的后果具有不确定性,可能造成无法弥补的损失,产生不可逆转的影响。为了防止这一点,就有必要采用最低安全标准。其基本思路是以当代人道德规范,为当代人和后代人设计某种代际间的社会合约。若将人类活动对自然系统的损害用费用大小和不可逆性的程度两个变量来表示,则当代人应把人类行为对自然系统的影响控制在一定的损失和不可逆性界限(最低安全标准)以内,在此前提下再考虑自然资源的开采和利用问题。在西里阿希·旺特卢普的研究基础上,托曼考虑了最低安全标准与传统的费用——效益分析方法之间的关系,他提出了建立自然资源开发利用标准的两种方法:一种是通过确立最低安全标准来要求当代人承担某种道德责任;另一种是通过费用——效益分析来权衡利弊得失。前一种方法适用于人类决策对自然资源和环境的影响不能确定,但可能相当大和不可逆转的场合;后一种方法则适用于人类决策对自然资源和环境的影响可以确定,但相对较小和可以逆转的场合(Toman, 1992)。

对自然资源的可持续利用问题研究中,佩基、霍华思等人是有贡献的。佩基是"代际公平"概念最早提出者之一,他把代际公平定义为:假定当前决策的后果将影响好几代人的利益,那么,应该如何在有关的各代人之间对自然资源进行公平分配?怎样才能做到代际公平呢?佩基提出了"代际多数规则",即如果某项决策事关子孙万代的利益,那么,不管当代人(或者再加上其若干代子孙)对此持何种态度,都必须按照子孙世代的选择去办(Page, 1988)。世界银行的资源经济学家赫尔曼·戴利则提出最低安全标准的三条具体规定:社会使用可再生资源的速度,不得超过可再生资源的更新速度;社会使用不可再生资源的速度,不得超过作为其替代品、可持续利用的可再生资源的开发速度;社会排放污染的速度,不得超过环境对污染的吸收能力(H. Daly, 1989)。

## 环境保护和可持续分析

英国经济学家博尔丁将系统方法应用于经济与环境相关性的分析,他认为,由于有限的原材料和能源以及对于生产和消费废物的有限储存量,经济系统是一闭环系统,他倡导建立既不会使资源枯竭,又不会造成环境污染和生态破坏的、能循环利用各种物质的"循环式"经济体系来替代过去的"单程式"经济(Boulding, 1966)。

戴利(Daly, 1971)将古典经济学的"稀缺"概念延伸到更为广义的环境,并提出了稳态经济(Stationary Economy)的构想。戴利相信具有克服环境资源稀缺的能力,但不主张人类应用这种能力去征服自然,开发利用所有的自然资源。他倡导自然环境、人类和财富均应保持在一个"静止"稳定的水平,而且这一水平要远离自然资源的极限水平,以确保不可再生资源的低速消耗,防止环境的破坏和自然美的大量消失。

乔治斯库·罗金运用热力学原理,对环境资源稀缺问题进行了深入分析,结果表明:自然资源的稀缺和环境污染状态可以通过新资源的开采、废物再循环和污染控制技术的应用等得到改善。他指出,戴利的"稳态经济"和舒马赫的"小型化经济"并非是从根本上解决问题的方法。在他看来,解决经济与环境矛盾的根本出路在于:生产具有良好耐用性的商品;鼓励太阳能技术的开发应用。

20世纪70年代后期,美国环境经济学家佩奇研究了技术进步的环境效应,在《环境保护与经济效率》一书中提出了"技术进步的非对称性"的概念,即资源开发技术和环境保护技术的不对称性。研究结果显示,资源开发利用技术的进步是市场自身力量推动的结果,多方位多触角,反应快,周期短,投入产出比高;环境保护的进步是政府干预的结果,非市场经济的自然产物,往往反应慢,时间滞后,周期长,市场效益低。因此技术进步，在客观上可能促进环境资源的开发利用，不利于环境的保护与持续(Page, 1977)。

进入80年代，酸雨和温室效应已成为全球性问题，环境污染不仅加剧资源的短缺，而且污染物累积量已经直接威胁到人类的生存和发展。因此，污染物累积量与环境吸收废物容量间的关系，成为国际社会的研究焦点。西伯特(Siebert, 1987)研究表明环境对于污染物的容纳能力是常量，这构成了经济增长的极限，而另一些研究者则认为，环境的纳污能力与污染物的积累量之间存在两种关系：第一，环境吸收和降低污染的能力是随污染的积累量增加而增加；第二，环境吸收污染物的能力是污染物的积累量的严格凹函数。当第一种关系成立时，污染物积累量不构成对经济发展的威胁，而当出现第二种关系时，仅当污染物积累量超过某一阀值时，才可能制约经济发展。

受到西伯特等人研究的启发，英国经济学家达斯格普塔(Dasgupta, 1993)对环境退化率和经济发展水平(人均收入)之间关系进行长期研究，结果表明，环境退化率和经济发展水平存在一种倒"U"形关系。这种倒"U"形函数曲线在经济学上称之为环境库兹涅茨曲线(Environmental Kuznets Curves)。环境库兹涅茨曲线的存在表明：(1)沿着一个国家的发展轨迹，尤其是工业化的起飞阶段，不可避免地会出现一定程度的环境恶化；(2)随着发展进程，在经济发展到一定水平以后，经济增长便从环境的敌人转为环境的朋友。

## 可持续发展指标和评价方法研究

可持续发展指标和评价方法的研究是可持续发展研究的重要领域之一，受到国际社会的高度重视。

*修正传统GNP反映环境资源状况* 可持续发展理论是建立在批判单纯追求经济增长的传统发展模式基础上的。因此很自然地，可持续发展指标的一部分研究工作集中在如何以可持续发展的原则来修正传统的GNP指标，以反映环境资源的损耗状况，更真实地测度社会经济发展水平。针对GNP指标的缺陷，萨缪尔森提出了纯经济福利(NEW)的概念，用以替代传统的GNP指标。NEW是经过对GNP以下两方面的修正得到的：从传统的GNP中减去那些有碍国民福利增长的损失费用或折合的价值，如环境污染损失、城市交通拥挤、噪声等；在传统的GNP中加进一些非市场价值体现的物品和劳务价值，如家庭主妇的劳动与闲暇价值等。

*利弗曼确定的可持续发展的8项基本标准* 利弗曼(D. M. Liveman)等在总结过去可持续发展指标和评价方法研究的基础上，提出了确定可持续发展指标的8项基本标准，这些标准强调了指标的时空性、可预测性、价值性、可逆性或可控性、整合性、公平性以及可获得性和可用性。

*世界银行的国家财富方法* 世界银行于1995年9月提出了以"国家财富"为依据来测度各国发展的可持续性方法。世界银行认为一个国家的财富除了自然资本、人造资本和人力资本之外，还应包括社会资本，即社会赖以正常运转的制度、组织、文化内聚力和共有信息等。世界银行除了提出社会资本的概念之外，其真正贡献在于通过了一整套资产评估和计算方法及自然资源、人力资本和人造资本的构成比例20∶16∶64，为90个国家和地区建立了25年的时间序列，以动态分析这些国家或地区的财富变化的趋势。

*荷兰国际城市环境研究所(IIUE)的城市评价模型* IIUE建立了一套以环境健康、绿地、资源使用效率、开放空间与可入性、经济及社会文化活力、社区参与、社会公平性、居民生活福利等10个指标组成的评价模型，用以评价城市的可持续性。

*联合国可持续性发展委员会(CSD)的可持续发展指标体系* 该指标体系试图适应不同国家的国情背景和发展条件以及未来不断发展变化的需要，采用了开放的菜单形式，使得各国在实际应用中，既可保持指标概念、定义、分类的标准化，维护一定的国际可比性，同时，指标选择又具有较大的灵活性和通用性。该指标菜单分为社会、经济、资源环境和机制制度等方面，共包含147条指标。

*中国的可持续发展指标体系* 中国国家统计局科学研究所和中国21世纪议程管理中心依据中国国情，于1997年5月提出了中国国家级的可持续发展统计指标体系。指标体系分为经济、社会、人口、资源、环境和科技六大子系统，对中国可持续发展状况实施全方位的统计描述、监测和评价，为中国可持续发展的宏观管理和决策提供依据。

(范柏乃　马庆国)

# 对外经济关系跨世纪发展研讨会

由人民日报海外版、国际贸易经济合作研究院、湖南省市场经济研究会、中共郴州市委和郴州市政府、湖南省市场经济研究中心联合主办的对外经济关系跨世纪发展研讨会,1998年8月中旬在湖南省郴州召开,来自北京、上海、天津、广东等地的专家学者共70余人参加了会议。会议围绕提高中国对外开放水平,中国对外经济关系跨世纪发展战略、策略以及相关政策措施等问题,进行了深入探讨。

## 对外经济关系跨世纪发展面临的新形势

与会代表认为,以经济建设为中心,对外开放和实现两个根本转变,构成了中国社会主义市场经济跨世纪发展的重要内容。因此,要正确认识世纪之交对外经济关系发展面临的新形势。这种新形势,主要表现在两个方面:

**经济全球化趋势深入发展** 与会代表指出,经济全球化是正在走向21世纪的世界经济的重要特征。进入20世纪90年代以来,伴随着生产国际化和资本国际化程度不断提高,各国越来越深地卷入国际经济联系之中,呈现出诸多新的特点:世界各国间的经济关联性和依存性不断加深;经济全球化与经济区域化并行发展;经济全球化的后果不是惟一的,它既传导经济增长,也传导经济波动。同时,经济全球化与科技全球化相伴随,科技实力尤其是高科技发展水平的竞争使国际竞争更为激烈。在中国经济愈益与国际联系的情况下,经济全球化既会带来机遇,也会带来挑战。

**亚洲金融危机影响加大** 1997年下半年爆发的亚洲金融危机,迄今一年有余,负面影响正波及全球,业已影响到中国对外经济关系的发展,主要表现在对出口增长形成压力,影响外资流入,从而对中国经济发展产生冲击。许多代表指出,亚洲金融危机对中国对外经济发展的影响是双重的,既是冲击也是机遇,中国也面临着开拓新的贸易渠道,对外偿债及增加进口的有利时机,关键在于密切关注金融危机的发展动向,及时发现和抓住机遇,主动迎接挑战。

## 对外经济关系跨世纪发展的对策

与会代表一致认为,面对世界经济、科技发展的大趋势和亚洲金融危机的影响,要认真总结经验,适应新的形势,在坚持对外开放、发展开放型经济的基础上,努力提高对外开放水平。

**调整、完善对外开放的战略、策略和政策性措施**

与会代表认为,开放战略的核心是不断提高开放的质量和水平,最基本的要求就是着眼于增强综合国力和提高国际竞争力,充分发挥中国经济的比较优势和后发优势。主要包括:调整产业结构,从全球和战略的高度,促进产业结构朝“优、强、高、外”的方向发展;调整发展对外经济关系的战略部署,既要坚持打开国门,开放国内市场,又要开拓国际市场,发展具有中国比较优势的对外投资;在对外开放的目标格局上,既要突出重点,又要实现多元化,增加回旋余地,保持主动地位。

**努力提高对外开放的质量和效益** 与会代表认为,增加出口创汇和积极合理有效地利用外资,是对外开放的两个重点,应注重提高其质量和效益。在扩大出口创汇上,应着力优化出口商品结构,特别是增加机电产品、成套设备、轻纺产品和高新技术产品的出口,增加服务贸易,提高出口商品质量和附加值,增强出口竞争力。同时,还应实行市场多元化战略,减少对单一市场的过分依赖。在利用外资上,既要以积极的态度扩大利用外资规模,更要优化利用外资结构,合理引导外资投向。应当从资金吸纳为主转向以技术传播为重点,以增加国内供给为主转为面向提高国际竞争能力,围绕产业结构升级这一中心来进行,同时坚持以合资或合作方式为主以及外商投资多样化的原则。

**建立健全面向新世纪的对外经济关系的体制和机制** 应该按照社会主义市场经济体制的性质与要求,深化经济体制改革,提高中国经济与国际经济的兼容性和自主性,并建立健全对国际经济风险的防范机制。针对国际经济风险加大的特点,在中国对外经济关系的发展中,应高度重视对国际经济动态的调查、监测、分析,尽快建立健全对国际经济风险的防范机制,尤应从以下几个方面努力:建立现代金融体系;加强中央银行的监管;强化外债管理;加强金融法治,依法管理金融;加强区域经济合作,建立金融基金协调制度,发挥国际金融协调与合作机制的防范监督作用。 (方向新)

# 全球化与人文科学的未来国际研讨会

近几年来,关于全球化问题的讨论已成了当今世界人们普遍关注的又一个热门话题。不管我们喜欢与否,全球化都是一个不以人们的意志为转移的客观存在,它已经以不同的形式渗入到了我们的经济建设、文化建设、人文社会科学的教学研究以及人们的日常生活中。全球化究竟会对人文社会科学产生何种影响,未来的人文科学研究究竟有无存在的价值?在走向21世纪的今天,东西方文化究竟能否进行交流和对话?这一系列问题都需要从事人文社会科学的学者去回答。由北京语言文化大学牵头,与澳大利亚墨朵大学、美国杜克大学以及中国社会科学院等单位联合发起主办的“全球化与人文科学的未来”国际研讨会于1998年8月18日至20日在北京语言文化大学举行。杨庆华校长、崔永华副校长以及北京语言文化大学有关部门的领导出席了会议,杨庆华校长代表东道主致了欢迎词。出席研讨会的来自亚洲、欧洲、北美和澳洲十多个国家的60余名专家学者分别就下列议题进行了讨论:(1)全球化给当代社会带来的积极和消极后果;(2)“文化研究”及其对文学研究和知识分子生活的影响;(3)全球化资本时代的后现代性和后殖民性的不同表现形式;(4)“文化研究”的重要理论家及其理论研究;(5)全球化与本土化的对立和对话;(6)后殖民主义和第三世界批评的策略;(7)全球化语境下的文化非殖民化;(8)面临全球化挑战下的人文科学的未来;(9)下一个千年的文学的未来前景;(10)中西方文化学术对话的可能性探讨。会议由北京语言文化大学比较文学研究所所长王宁教授主持,王宁教授还和美国杜克大学教授阿瑞夫·德里克、澳大利亚墨朵大学教授霍斯特·鲁斯洛夫、荷兰乌德勒支大学教授杜威·佛克马等国际著名学者作了主题发言。

就全球化的本质特征及其对人文社会科学所产生的后果,王宁指出,就人文科学研究领域而言,全球化现象实际上是国际性的后现代主义论争而导致的一个结果,由于后现代主义消解了一切假想的等级制度和人为的界限,甚至在某种程度上打破了国家和民族的界线(例如欧洲国家的一体化进程),实际上为一种新的全球化(现代主义的“整体化”的变种)现象的出现铺平了道路。经济全球化的一个直接后果就是文化全球化,在全球化大潮的冲击下,原先被压抑在边缘的当代消费文化呈现出了各种形态,这对精英文化构成了有力的挑战。无疑,文化全球化给我们带来的是两方面的后果:积极的(使我们的文化生产和学术研究受到市场经济规律的制约,这样便使得经济建设和文化建设的关系更为密切了)和消极的(使一部分精英文化或非市场化的文化产品的生产受阻,因而造成了新的等级对立)。当前有两种危险的倾向值得警惕:以文化全球化来取代本土化只能导致中国文化特征的丧失;反之,过分强调文化的本土化,一味排斥外来文化的影响,也容易滋长另一种形式的文化民族主义情绪,其结果必然使我们的对外文化学术交流停滞甚至倒退,进而给我们的和平稳定的外部环境蒙上一层阴影。面对文化全球化的潮流,我们的对策应首先是顺应它,同时在不损害本民族文化的前提下利用它来扩大中国文化在全世界的影响,通过与国际社会的交流和对话使得中国的文化研究真正与国际(而不是西方)接轨。我们所需要的是既超越陕隘的民族主义局限,同时又不受制于全球化的作用,正确的态度是顺应国际潮流,与之沟通对话而非对立。毫无疑问,21世纪世界文化发展的新格局是不同文化之间经过相互碰撞后达到对话和某种程度的共融,而不是像美国学者塞缪尔·亨廷顿所声称的“文化冲突”。张炯(中国社会科学院文学研究所)指出,经济全球化的倾向以及随之而产生的政治和文化全球化的趋向足以引起人们的关注。这与巨型跨国公司的组建和发展,高科技带来的资本配置和信息交流的迅速,以及各国各民族区域性政治和经济集团的建立等都有着密切的联系。毫无疑问,全球化趋向已经并将继续给人类生活的各个领域带来深远的影响,也必将对自然科学、社会科学和人文科学的未来发展带来深远的影响。在一个硕大的“地球村”里,人类各个方面都赖于彼此更紧密的协调,更紧密的合作和交流,并建立更合理而有力的制度架构,以实现各国各民族的人民群众的物质生活日益富裕和精神生活质量的不断提高。在这个意义上，全球化不仅仅是个需要迫切加以研究的学术论题，它也是现实存在的历史生活向前发展的律动。吴元迈(中国社会科学院外国文学研究所)在回顾了全球化现象在西方经济界、金融界的源起以及目前对中国的经济和文化建设所产生的深远影响后也指出，我们对全球化要作辩证的分析，绝对不可盲从，要对之作出我们自己的选择，使全球化不致于破坏中国的文化特征。查尔斯·洛克(丹麦哥本哈根大学)指出，全球化仅是帝国主义的美称。当前一致默契的是全球化并非帝国主义，将这两者的混为一谈导致了在当今时刻，不同于以往任何时代的此时此刻的意义的丧失。全球化包括我们所有的人，同时又排除我们其中任何一个人的责任：我们大家均为臣民。我们无法在我们之中示意指出任何一个领导，一个中心，一个起源，或者任何一个主权。我们也无法验证权利的出处，无法找寻出责任的归咎或怨愤的起因。政治和经济语言传统上担当的角色——国家，公司(作为人的合法虚构的组织)——已不复有效：跨国公司不拥有总部、中心或边界。人文学者目前的主要任务之一就是探讨我们与经济学所共有的东西，探讨全球化的话语在比喻层面上，而非概念上的意义。“全球化”一词本身甚为奇特，就其“全球”(globe)喻意整个地球或行星而言，该词不甚精确。该词首先是于1961年收入韦式大词典中，进而于次年收入牛津英语词典中。人们难免惊异于牛津词典收录此词一举，“全球化实在是一个令人棘手的概念”。令人惊异甚至慌乱的是随着全球化而来的地理位置意义的失落。位置是流动所位移的固定。疆界不再有效：货币不再受辖制或控制，也不再受到某个中心权威基于某项规范而进行的管理或测定。针对跨国资本的无限扩张和全球化的风靡，应当正视这一现象，即隐于全球化之表象背后的帝国主义霸权及其在各地的代理人的操纵。全球化无疑可以使一部分地区的一部分人先富起来，但却会导致更多的人更加贫穷，因而会造成新的贫富等级差别。因此，对全球化这个现象不要匆忙做出肯定的价值判断，有些问题需要经过一定的时间考验。

也有些严肃的欧美学者对全球化及其相关的理论课题作了探讨，阿瑞夫·德里克在对全球化作出基于后殖民理论视角的批判的同时，也抨击了欧洲中心主义，他认为，欧洲中心主义批判这一特色弥漫于我们当今各种对权力的批判当中：从女权主义批判到种族主义批判，不一而足。有时，似乎是不管怎样，如果我们能摆脱欧洲中心主义，那么世界上的所有问题都会迎刃而解。这种想法不仅与欧洲中心主义相去甚远，对世界的其他部分忽略得就更多，尤其未被注意到的是，过去位于欧美的代表机构也许是欧洲中心主义的推动者，但现在它们已经不是惟一的推动者，也许可能也不再是最重要的推动者，欧洲中心主义也许并非是全球的归宿，但是它却在认真考虑全球归宿时必需面对的一个问题。对欧洲中心的各种回应中影响最大的是全球主义和后殖民主义：如果说全球主义通过把结构的要求变成科学的真理而当成了这些结构的推进方式，那么后殖民主义则因为不肯承认它们的存在而成了它们推托的借口。与此同时，史学家们还在撰写历史，仿佛是否达到了发展的目标曾经是衡量的尺度，可以用来评价过去，也可以证明我们的时代仍旧被包含在资本持续的霸权中，对早期过去的否定不过是它的伪装罢了。杜威·佛克马则在详细阐发多元文化主义的不同含义和在不同语境下的表现时指出，在一个受到经济全球化和信息技术日益趋同化所产生的后果威胁的世界上，为多元文化主义辩解可得到广泛的响应。当然，作为一种与把一切拉平的表层全球化相对立的潮流，强调差异倒是颇有必要。他在对一种新的世界主义进行建构时强调，这种新世界主义在某些方面也与现代主义的遗产有所关联，人们的头脑总是向着新的经验开放；认知的和情感的自我正期待着新的发展。这些新的经验并非仅受制于自己族群的文化，而应当包括与其他文化的接触。所有文化本身都是可以修正的，它们设计了东方主义的概念和西方主义的概念，如果恰当的话，我们也可以尝试着建构新世界主义概念。因为设计一种新的世界主义的创意就首先应当出于对政治圈子以外的人们的考虑，也即应考虑所谓的知识分子。宋宪琳(澳大利亚墨朵大学)则结合中国当代文化和文学中出现的一种西方主义思潮作了理论分析，并对那种将西方理论话语滥用于中国文学批评实践的作法提出了批评。西蒙·杜林(澳大利亚墨尔本大学)探讨了全球化与后殖民主义的关系，在他看来，全球化源起于传播媒介和社会科学，尤其是经济学、社会学和传媒研究。就文化所能涉及的，全球化首先意味着，金钱成了文化无所不在的氧气。其推论是，我们所有的人在今天都是物质主义者；其次，全球化意味着所有文化现在都是潜在的跨国联盟和对手；第三，全球化也意味着文化形成越来越失去固定空间的限制，并很难集合为整体和传统。与其说金钱、输送和信息流是文化的基础，不如说它们是文化的媒介，因此，文化和经济及带有经济倾向的政治利益的关系是前所未有的清晰。作为这些进程的后果，文化逐渐地撤出人类学意义上的“分享”，并缓慢地退出为了质询和区别身份所长期建构起的技巧。全球化与后殖民主义也不无关系，在实践上，殖民主义、后殖民主义和全球化是为强力抽象地而且是经常内在地分割开的术语，它们实际上是彼此相互作用，现在是这样，过去长时间地也是这样；而且更重要的是，当代的世界一体化在其自身的想象里现实地改造了过去并且在保留旧的过去的同时革新殖民斗争。全球化代表的不是种族和殖民主义斗争的终止，而代表的是这样一种力量，通过它，这些斗争持续地重新组合和配置；通过它，殖民者/被殖民者、中心/本土的关系变迁不断地得到证明。麦永雄（广西师范大学）认为，在当今全球化的背景和语境下回顾前现代时期，东西方文明呈现出丰富多彩、特色鲜明的历史发展。世界各主要文明基本上是遵循着自身的发展逻辑和路线而进化的，互相之间的影响与互动较为微小且具有偶然的性质。我们在最大的两个文明系统，即东方与西方文明之间偶然的接触中仍然可以发现许多似是而非的误读和误解，拉康所谓之的“镜像”中的“他者”成了一种虚假的投影。应该说西方对东方的误读比东方对西方的误读更甚。西方人喜欢将东方的愚昧、落后、肮脏、过时、神秘的一面作为欣赏的对象，满足其猎奇心理，而颇有媚外嫌疑的“张艺谋现象”之所以招致广泛的批评，其原因就在于其表现了东西方文明之间的这种文化误读和虚假的“他者”之镜像。在东方主义与西方主义的概念中，更是充满了误读。全球化的钟声已清晰可闻，但是真正意义上的文化全球化仍是一个梦想或幽灵。西方文明自文艺复兴后迅速崛起，挟其科技之威主导世界潮流已达数百年，其影响如水银泄地无孔不入。在当今的后殖民时代语境下它显然处于强势话语的地位而凌驾于弱势的话语东方之上，而用历史的眼光来看，东方与西方却分属两个自成体系的文明模式。全球化在很大程度上是一种“西化”，即使将来全球化实现了，还会产生新的分化，因为人类精神发展的本质在于统一性和丰富多彩的歧异性的辩证互渗。

会议上一些海外和国内工作的中国学者还就全球化与中国当代文化状况、中国的知识状况以及中西文化学术的对话等问题作了发言，金惠敏（中国社会科学院中外人文思想研究中心）在发言中指出，中国的主要家底就是儒学和“马克思主义”。如果以民族文化来抵御“全球化”和“文化帝国主义”，实际上就是要求回到儒学和“马克思主义”。因此“全球化”和“文化帝国主义”在中国的批判者要么不清楚或不愿意清楚自己所坚持的民族性、文化传统是什么，因为如果知道了他们现在所坚持的正是数年前他们以“后现代主义”武器所批判的，则此就会陷入困境之中。张颐武（北京大学）就中国当代大众文化的崛起及其对传统的挑战阐发了全球化的作用，并剖析了不少中国人对全球化和美国的日益强大所抱有的种种不切实际的幻想，通过分析进而对隐于幕后的文化帝国主义霸权进行了批判。鲁晓鹏（美国匹茨堡大学）结合自己在国外讲授中国当代文化和电影的经验，具体分析了一些具有后殖民性和东方主义倾向的电视连续剧文本中所蕴含的多层意义。史安斌（美国宾州州立大学）的发言则阐述了目前在中国的大众文化中隐含的一种对精英文化构成有力挑战的大众文化的霸权，认为这种实践若被推到极端，有可能造成新的等级对立。陶东风（首都师范大学）则以后现代主义和后殖民主义在西方的本来面目以及其在中国的变形对全球化与文化认同问题作了分析。

（聂　晶）

# 第二届中国人学学术研讨会

由中国人学学会、中央党校哲学部、山东省委政研室决策咨询中心和河北省人学研究会等单位发起、山东力源集团承办的第二届全国人学学术研讨会，于8月21日至23日在山东招远举行，来自全国各地的60

多位专家学者就人学研究的有关问题展开了广泛而深入的研讨。

## 中国人学兴起的原因和意义

有的学者认为，人学在中国兴起有其国际和国内背景。从国际背景来说，现代科技革命和社会化大生产迅猛发展，使人开始由自然的奴隶转变为主宰自己命运的主人，同时又产生一系列关系到人类能否生存发展下去的全球性问题，迫使人们重新对人自身的生活、实践进行反思。人学兴起的国内背景有两点值得注意，一是对“文化大革命”这场灾难以及粉碎“四人帮”后发生的关于人道主义问题的讨论和认识；二是改革开放和社会主义市场经济的发展提出了一系列关于人的理论和实践问题。

与会者认为，改革开放和社会主义市场经济的发展呼唤着人学的建立。改革开放是思想解放的结果，又是促进思想进一步解放的原因，人的积极性、主动性、创造性被极大地调动起来了。市场经济更需要具有高度文化素质和极强主体性、创造性思维和应变能力的人。但改革开放和市场经济以及随之而来的物质生活水平的提高和富裕程度之间差距的拉大也刺激了人们的贪欲，各种腐败现象如以权谋私、行贿受贿、生活腐化、道德败坏等时有发生，有的甚至演变成违法乱纪，触犯刑律。形势一方面要求进一步激发人们积极性、主动性、创造性的理论，另一方面也要求进一步规范人们思想和行动的理论。人学的兴起正适应了这种需要。它把人作为一个整体来研究，而不是仅仅研究人的一个方面；它把关于人的各种学科综合起来，形成一门学科，但不是关于人的各种学科的机械集合；它为关于人的各种学科提供关于人的一般性原理，作为这些学科的理论前提。

## 知识经济呼唤人的现代化

人作为社会认识和实践主体，无论在哪个时代，都是处于主体地位的。这无论在农业经济时代，还是在工业经济时代，以及在知识经济时代，无不如此。因为与物相比，人在生产过程中始终处于主导和支配地位。知识经济的兴起，不仅改变着世界经济的结构和发展格局，而且改变着社会的结构和人类的生活方式和劳动方式。中国作为一个从农业文明向工业文明转变的发展中的社会主义国家，既面临着工业化和知识化的双重挑战，又面临着良好的历史机遇，它要求我们必须实现人的现代化，即把人的素质和能力提高到最突出和最重要的位置。而人的素质包括人的思想道德素质、知识业务素质、心理人格素质、政治法律素质、作风纪律素质等，其中最基本的是思想道德素质、知识文化素质、智慧才能素质和身体生理素质。这三大素质在人们实践活动中的体现、运用，便是人的三大能力。人的现代化，就是把人的素质和能力提高到适应当代社会发展的水平。

## 可持续发展与人的素质

有的学者认为，可持续发展，从人学的视角来看，就是人与自然、人与社会以及人们彼此之间的互利共生，和谐发展。可持续发展涉及到人与人之间的关系，主要有两方面：一是体现未来取向的代际平等，二是体现整体观念的代内平等；它特别强调公平性和协调性。而正视中国现实国情，消灭贫困，防止和克服两极分化，逐步实现共同富裕；控制人口，全面提高国民素质，营造和重建当代中国良好的人文精神，是促进可持续发展的现实保证。还有学者进一步对人的素质的内涵作了探讨，认为人的素质是人在先天遗传基础上，经过后天的活动而形成的主体活动的自身条件，它是一个综合的整体性的概念。人的素质问题，不仅对中国现代化进程具有特殊的重要性，而且直接关系到中国实现可持续发展战略目标的成败。

## 企业管理要贯彻以人为本的思想

与会者认为，以人为本思想是相对于以物为本或以制度为本而言的，企业管理的首要任务是对作为企业主体的职工的管理。所谓管理就是把职工对企业工作的主体性、主动性和创造性充分调动起来，使企业创造最大的社会效益和经济效益。人的因素是企业管理最根本的因素，因为物归根到底是由人去使用、改进和创造，制度归根到底靠人来执行、推动和制订。如果一个企业真正把以人为本思想贯彻到企业管理之中，这个企业必然会日益兴旺发达，不但能获得越来越多的经济效益，也会对社会对国家作出越来越大的贡献。与会者对山东力源集团在企业管理中积极贯彻以人为本思想给予了充分肯定和高度评价，认为这是它不断发展壮大的根本原因之一。

（李亚彬　任学忠）

# “面向21世纪：中外文化的冲突与融合”学术研讨会

由北京语言文化大学和《中国文化报》联合主办，“面向21世纪：中外文化的冲突与融合”学术研讨会，1998年8月23至25日在北京语言文化大学举行。北京大学张岱年教授，清华大学张岂之教授，中国社会科学院李学勤教授，国际比较文学学会主席、荷兰佛克玛教授，北京语言文化大学校长杨庆华教授，副校长崔永华教授，《中国文化报》党委书记隗永魁，副总编辑阎焕东、郑琅，来自全国19个城市36所大学、研究所、出版社、编辑部的70余位学者出席了会议。他们中有研究文学、语言、艺术、历史、哲学、美学、社会学、新闻学、宗教学以及外国语言文学和比较文学与文化等各方面的专家学者，有博士29人，教授26人，绝大部分是三四十岁的中青年学者，有不少是近几年来学术界的活跃人物。因健康原因未能与会的北京大学季羡林教授发来了贺信。

代表们从各自不同的专业、学科对“中外文化的冲突与融合”这个中心议题进行了热烈的讨论，从历史或现实，宏观或微观，中国人或外国人的不同角度，探讨了中外文化的冲突与融合的历史表现、当今困惑和未来走向，对一些前沿问题发表了很有价值的意见。其中有一些见解的学术能量和潜力今后将会显示出来。与会学者认为，“中外文化的冲突与融合”是当今中国面临的一个极其重大的问题。当代中国社会的政治、经济、教育和一般意义上的文化，都在“中外文化的冲突与融合”面前经受着严峻的考验。改革开放以来我们取得的巨大成绩，在相当程度上正是由于我们在这个问题上处理得比较好，而我们现在有些难题和困惑，在某种程度上也是因为还没能把中外文化更好地融合起来。事实上，中国现在以这样一个面貌出现在世界上，正是100多年来中外文化不断冲突与融合的结果。中国在21世纪的走向和前途，也在很大程度上取决于我们如何正确处理中外文化的冲突与融合。学者们对此取得共识：5000年中华文明史的一个重要经验教训就是，凡是中原文化和外来文化、中国文化和外国文化的冲突与融合的问题处理得好的时期，就国力强盛，经济文化高度繁荣，反之就国弱民贫。一些学者强调指出，对“中外文化的冲突与融合”应抱有健康的心态，对于我们自己的文化既不能认为这也不是，那也落后，采取民族虚无主义；也不能认为这些年经济发展迅速，中华文化就将成为21世纪世界的主导文化，采取文化沙文主义。对外国文化既不应认为一切皆好，“全盘西化”，要坚持以本民族优秀文化为基础，也不能只停留在学习外国先进技术的层面，应当汲取一切对我有用的东西。

与会学者一致认为，随着全球经济一体化的加速，文化将继续在不断冲突、交流、融合的过程中保持多元化的格局。中国和外国彼此都不很了解，尤其是外国人对中国所知很少，有些冲突就是由于文化差异造成或扩大的。因此必须加强中外文化交流，通过交流增进沟通与融合。一些学者指出，人类各种主要文化在一些基本问题上有许多相似之处，因此完全可能通过交流求大同存小异，甚至是求大同存大异。我们中国学人既要进一步努力做好将中国文化介绍到国外去的工作，帮助外国人全面了解我们，也要将更多的外国优秀文化吸收进来，为我们的两个文明的现代化建设服务。

一些学者还对美国哈佛大学教授亨廷顿(Samuel P. Huntington)关于“文明的冲突”的一系列观点提出了不同意见。他们认为，既然存在着文化(文明)的差异，就不免产生冲突。但冲突程度与文明差异的大小并不成正比。文明冲突从一定意义上来说，正是不同文明互相学习促进自身发展的契机。关键是应当建立理性冲突观：加强对异文化(文明)的理解，尊重其他国家的合理利益，以理性控制矛盾冲突。亨廷顿先生错误地将中国定性为“儒家文明”，并以此为出发点得出中国将与伊斯兰文明联合成为西方的主要危险的结论。“中国文明”是一个动态的概念，19世纪末以来已经发生了多次极其深刻的裂变、重组，吐故纳新，形成了新的文化传统。当代中国文化包含着三种基本成分：以儒道佛为基本内容的古代文化，西方基督教文化，马克思主义文化。中国文明绝不可能再回到“儒家文明”去。西方学者只要认真研究就会发现，随着中国改革开放的不断深化，中国文明和西方文明之间在不断靠拢,而不是更加排斥。

“中外文化的冲突与融合”是一个将在历史上长期存在的现象,是个永远说不尽的话题。“中外文化的冲突与融合”也为各自的研究领域提供了一个新的视角,有助于人们在本专业内发现新的课题,并开拓一些边缘性或跨专业的研究。大家都觉得很有启发。一些长期从事某一专门领域研究的学者,对这种宏观研究所开拓的视野感到格外受益。

主办单位之所以对此次学术会议突出“面向21世纪”,不仅是因为正确处理文化的冲突与融合,对21世纪的中国来说至关重要,而且是由于21世纪是年青人的世纪。如果说20世纪的几代年青人主要解决了中国的民族解放也就是“积弱”的问题,刚刚开始根治“积贫”的痼疾,那么,21世纪的年青人——也需要好几代——则不仅要彻底改变中国的“积贫”面貌,而且要从精神和文化上彻底根除造成中国长期“积弱积贫”的病根。21世纪的中国年轻学人应当具备扎实的中国功底,具有世界眼光、开放胸怀和对外国文化的广泛了解。这样才能够在中外文化的冲突中保持清醒的头脑、主动精神和主体意识,将对于创造高度发达的中国的两个文明建设有用的东西“拿来”,融合进我们固有的文化中去,使伟大的中国文明更加辉煌。

（周思源）

## 关于人口与可持续发展研究的综述

可持续发展的实质是协调发展。健康的长期的发展应当是系统运行协调性和持续性的完美统一,而且以人的全面发展为最终目标。

就人口增长与可持续发展的关系来说,一般的观点认为:人口增长的挑战是巨大的。人口增长对资源的压力体现在人均资源的相对不足上。对国际上颇为关注的中国的人口增长与粮食供求前景问题,人口学者坚信21世纪的中国人完全有能力养活自己。一些学者指出,不能将人口增长效应仅仅理解为“分母效应”,“人均指标”的解释力量相当有限,使用时应当慎重。

人口增长对环境的影响是大家所关心的。人口学者认为,人口增长并不是环境恶化的“罪魁祸首”。环境问题最好在经济学的框架中进行讨论。但中国人口增长与贫困并不是简单的因果决定关系。关于就业问题,多数学者认为,伴随着人口增长而来的就业压力问题是中国现代化进程中一个跨世纪的难题。

就计划生育与可持续发展关系来看,人口学者对计划生育的宗旨有了新的认识,即计划生育是为了实现经济社会的可持续发展,为中国的现代化事业创造良好的人口环境——保持适度的人口总量,优良的人口质量,合理的人口结构,从而促进人口与资源、环境和经济社会的协调发展和可持续发展。认识上的突破体现在两个方面:一是可持续发展理论构成了世纪之交中国计划生育一个新的理论基础;二是确立了“大人口观”,摒弃了人口问题就是人口数量问题,就是生育问题的狭隘认识。

人口过多与资源紧缺是中国经济发展的一个基本矛盾。有关研究指出,解决这一矛盾的关键在于:在积极控制人口的同时,努力改善人口质量,用人力资本替代自然资本。中国人力资源丰富,但质量不高,如何改变这一现状是不少有识之士所关心的。事实上,在对贫困问题的研究中,已有学者指出,人口的素质过低比之人口的数量过剩可能对经济发展的制约作用更大。所以,发展教育,大力实施科教兴国战略,是脱贫致富的基础工程。

（穆光宗）

## 知识经济与全球化学术研讨会

由中国社会科学院研究生院、中国社会科学院社会发展研究中心、中国改革报社联合主办的“知识经济与全球化学术研讨会”1998年10月初在京召开。朱厚泽、何祚庥、李慎之、金吾伦、吴元梁、孙廷祐等专家学者出席会议。

与会者认为,知识经济是科技进步的产物,但知识的涵义不仅仅包括自然科学知识，还应包括管理科学与人文社会科学知识。目前“知识经济热”的原因有三：(1)知识的涵义与过去相比发生了很大的变化。中国儒家把知识仅仅理解为学问，理解为书本知识，如今，知识的涵义主要指应变能力和创新能力；传统社会主要把知识应用于生产产品、生产工具和生产过程，引起的是生产力革命，如今，知识被应用于知识本身，引起的是管理革命；(2)知识经济已由理论预言变为社会现实。如果说贝尔、托夫勒、奈斯比特等对未来社会的预言还停留在理论猜想上的话，目前扑面而来的知识经济浪潮已把这种猜想转化为活生生的现实；(3)知识经济带来传统经济学理论的革新，知识要素由外生变量转化为内生变量。与会学者还指出，随着社会生活向网络化、虚拟化、个性化方向发展，以及由此引起的生产与管理方式的变化，大部分人将变为知识劳动者，主要从事知识性工作，人们的文化和精神生活的需要将会越来越强，必须高度重视创新在知识经济中的作用。与会学者还对目前知识经济讨论中的难点问题，如知识度量与知识管理，显知识与隐知识的相互转化等相互交流了看法。

关于全球化问题，与会者认为，全球化是一个漫长的历史过程，有其深远的历史根源，同时也是发生在我们身边的现实。全球化的动因是知识和信息网络的发展，其背景是全球性的放松管制，具体表现为：高科技特别是信息化带来了时空“压缩”，地球日益“变小”；市场、生产、资源、企业结构均已发生重大变化；知识流动和配置的深度及广度也达到前所未有的程度。

面对知识经济与全球化的浪潮，与会者认为，我们目前的总体战略应当是：大力发展国家创新系统；共建知识基础设施；实施“科教兴国”战略，把教育真正作为产业来办，并提倡终身教育。同时，也要采取措施加强知识产权保护、开发智力资源等。 （谢爱华）

## 面向 21 世纪国际经济发展和金融风险防范研讨会

由《经济学家》杂志社、北京大学外国经济学说研究中心和台湾《亚洲与世界》社共同发起的“面向 21 世纪国际经济发展和国际金融风险防范”研讨会在无锡市召开。中国海协会会长汪道涵教授到会作了重要讲话，经济学家刘诗白、宋涛、陶大镛、胡代光以及台湾的专家学者余传韬、魏萼、吴荣义等 50 余名学者参加了会议，与会者着重就亚洲金融危机与中国经济发展进行了讨论。

历时一年的亚洲金融危机余波未尽，迄今仍在发展之中。而中国在本轮亚洲金融危机中经受住了考验，社会经济稳定，并继续保持适度的经济增长。与会者认为，这是因为：(1)1993 年中期开始的以治理金融秩序为重点的宏观调控，清除了不少投资热流中泛起的房地产开发和股票市场上的泡沫成分，有效地控制了货币供应量，银行体制改革迈出了重要步伐，外贸出口增幅加大，外资引进规模和结构进一步得到改善。中国经常账户有盈余，外汇储备厚实，并且谨慎地控制外资额度，外资直接投资比例高，短期负债额少，偿债信誉良好。中国尚未实现人民币资本项目下的可兑换，外汇资本不能轻易流动，避免了在金融体系尚不健全的情况下贸然开放资本市场而铸成大错。(2)中国经济总体规模庞大，单一的金融因素不足以改变经济发展形势。(3)中国政府从政策到策略全力支撑人民币使其不贬值，负起了一个大国对区域经济和世界经济承担的责任，稳定了国内政治经济局势，增强了人们的信心。

当然与会者也认为，我们不可因此而掉以轻心，应该看到：危机给中国经济发展带来了一定程度的负面影响，它使中国对外贸易和利用外资减少，并间接加大了国内就业的压力；随着中国市场经济的不断发展，中国经济同世界经济的相互联系日益加强，必然会越来越多地受到外界突发性因素的冲击和干扰；经济文化背景相似的亚洲邻国与中国经济联系密切，中国采取了与其大体相似的经济发展战略，因此，当前迫切需要加深对国际国内经济形势的认识，树立风险意识，寻求相应的对策措施，防范和化解金融风险，促进中国经济持续稳定发展。

关于具体的应对策略，与会者提出：(1)采取各种有效措施，确保经济增长，特别是提高经济增长质量，实现国民经济的良性循环，切忌搞泡沫经济。在经济增长中，必须实现效益增长高于经济增长。目前，为扩大内需，拉动经济增长，应启动财政政策，以基础设施建设为突破口，进一步加大投资力度。(2)加大经济结构调整力度，调整和优化产业结构和产品结构。产业政策以追求当代知识经济为目标，致力于提高整体经济竞争力，积极鼓励产业升级和技术革新。要处理好发展高新科技与发展传统产业的关系，经济结构调整，要看市场能不能接受，能不能扩大内需；要调整进出口政策和结构，注重出口产品结构升级，实现出口产品多样化，提高产品的国际竞争力。(3)保持外债适度规模和合理结构，加强政府对外债的统一管理，逐步形成全国统一的外债管理机制。与此同时，还要注重外债的使用效益，坚决制止外债非生产性借入和债务消费化倾向。深化国企改革，使其真正成为适应市场经济要求的，具有强的风险约束能力的市场竞争主体。(4)审慎开放资本市场和实行资本项目下的人民币自由兑换。开放资本市场，实行资本项目下的人民币自由兑换，是对外开放发展的必然结果，中国不能因为有风险便永远拒绝开放资本市场，但是，如何开放、开放到什么程度，都值得认真研究。在中国资本市场的国际化和对外开放问题上必须慎重、稳妥。首先完善经常项目下的可兑换，在企业改革、银行改革及金融市场基础建设取得重要进展的条件下，实施资本项目下的可兑换，逐步实现国际金融市场化。(5)尽快建立现代金融制度，特别是加快国有商业银行向真正商业银行转变的进程。一方面，通过国有企业改革从根本上提高资金的使用效率，建立有效的债权约束机制；另一方面，加快国有银行的商业化、股份化改革，提高商业银行经营的独立性，建立市场风险约束机制。同时，国有商业银行的改革，转机建制还必须与充实资本金结合起来。注重消除金融机构特别是银行的不良资产，消除不良资产，要有机构运作，如考虑建立消除不良金融资产的中介机构。(6)加强金融监管，及时化解金融风险。中国人民银行应采取有力措施加强金融监管的力度，依法治理规范金融秩序，建立中央银行金融风险预警机制和商业银行金融风险防范机制，以便及时发现并化解金融风险。(7)加强政府机构改革和职能转换，防范金融风险要市场力量与政府力量并重。既充分发挥政府引导市场经济规范发展的重要作用，又要避免政府对企业经营的行政干预。(8)进一步加强与扩展国际间的经济协作，与其他国家和地区建立国际间金融安全防范机制，相互合作，联手动作，共同抵御危机。

(刘家新　谭晓梅)

# “东亚经济发展与展望”国际经济研讨会

10月17～19日，来自中国、日本、韩国、菲律宾、俄罗斯、美国等国家和地区的一批经济学者相聚于上海复旦大学，召开了“东亚经济发展与展望”国际经济研讨会。与会者从多方面探讨了东亚经济问题，并提出了各种看法，现综述如下。

## 进一步探究东亚模式

南开大学谷书堂教授认为，东亚经济模式的特点可概括为：在政府主导型的市场经济框架下，通过国外直接投资和发展出口产品拉动经济快速增长的经济模式。东亚模式使东亚国家和地区在20～30年间的时间内实现了8%～10%高速增长，但也暴露出来一系列弱点：(1)政府的过度干预限制了市场机制作用的发挥，形成了投资的浪费和低效率、官商勾结、贪污腐化等现象；(2)引进外资发展外贸，对外负债脱离了本国的基础和经济实力，一旦国际环境发生变化，本国经济适应不了时，便会发生危机；(3)产业结构不合理，技术力量不足，在国际市场上总是处于低档次的劣势产品，从而国际竞争力日渐削减；(4)金融制度不完善，法制体系不健全，金融管理和监督不力也是一大问题。

上海财经大学裘逸娟教授认为：东亚模式是东亚国家(地区)的必然选择，其原因是：(1)东亚国家(地区)资本积累能力很弱，经济结构单一，投资环境差，这要求政府在经济活动中发挥主导和组织功能；(2)东亚国家(地区)要实现“后发效应”，必须借助国家力量引进西方发达国家的资金和技术；(3)政府推动经济的模式也比较符合东亚地区的儒家的文化传统，较易为大众接受。裘教授认为，东亚经济再振兴，仍需东亚模式继续更好发挥作用,东亚政府仍应居主导作用,但作用范围、方式、手段需要适应国际国内环境而不断变化、完善、发展。

## 对东亚国家(地区)的经济分析

韩国汉城大学经商学部金尚祚分析了韩国经济危机和金融重组。金尚祚对IMF和韩国政府所采取的措施提出了批评,他认为:(1)IMF和韩国政府只注意内部因素,特别是韩国政府的道德风险、财阀家族集团和银行,而置由跨国金融垄断者所引发的国际金融市场的不稳定性于不顾;(2)IMF和韩国政府强迫管理不善的财阀大企业和银行退出市场,这意味着重组成本主要由这些企业和银行的股东、经营者和雇员承担;(3)IMF和韩国政府注重外国资本的流入,由此导致许多财阀大企业的核心部门和银行面临被海外兼并的压力。金尚祚认为上述政策的真正结果加深了韩国的经济危机,也就是把外部金融危机转为内部信贷危机,转移了危机的性质。对此,金尚祚提出应采取扩张的宏观经济政策和革新微观经济政策相结合的方法来解决问题。对于金融重组,金尚祚认为政府应该为银行提供足够的补助资金,以减轻银行的非运行资本和资本充足率带来的压力。国有银行应该首先通过债权置换和债务重组来启动对财阀大企业的改革方案。

复旦大学张晖明教授分析了韩国政府发展大企业集团的经验教训,指出其运行中存在的问题:(1)公司治理结构上存在着缺陷,企业集团内部系列企业的交叉持股限制了外部收购的可能性,公司创立者家庭对集团公司内部的控制形成了强内部人、弱外部人态势,并且管理状况、财务状况、交叉担保债务等方面也缺乏透明度;(2)企业有着巨大的投资冲动,呈现非相关性扩张的资源配置效果往往不合理;(3)企业集团大量举债,形成了银行放贷的倒逼机制,陷入恶性循环;(4)企业集团对技术、人才资本投资不够,限制了进一步发展;(5)政府的干预和特惠扭曲了市场结构和市场价格。

日本大阪经济法科大学东乡久分析了日本大藏省改革的意义。1998年6月,金融监督厅成立,它同大藏省完全分开。由于日本原有的金融监管机制不能适应日本经济发展的形势,所以金融监督厅的设立会提高对金融部门的监督能力,但是东乡久认为,这一做法的意义是相当有限的。为使金融部门的监管厅更有效力,进一步需要做的是把现在留在大藏省的监督权力转让给金融监督厅,并且对金融监督厅的人事结构进行足够的调整。

此外,与会学者对余波未平的东亚金融危机也进行了探讨。复旦大学华民教授认为东亚货币金融危机实际上是一种发展的危机,这种发展的危机根源于东亚经济结构的结构刚性,而造成东亚经济结构刚性的主要原因是政府对经济的不当干预。目前摆在东亚面前的根本任务是进行结构调整,这种调整不仅包括经济结构调整,而且也包括政府结构的调整。

中国人民银行上海市分行马强研究员认为,东亚金融危机的根源在于银行风险控制薄弱并且经营效率低下,这种情况与东亚各国或地区的中央银行独立性与权威性、监管效率不高紧密相关。因此,东亚银行改革应从央行改革入手,以商业银行改革为中心,进而构建新的国际金融体制。

## 与中国相关的讨论

复旦大学殷醒民教授探析了中国制造业内部结构升级中的外资因素,通过对制造业内部结构变动现状的实证分析表明:(1)20世纪80年代初外资的流入多数集中在劳动密集型制造业,不仅扩大了制造业的生产能力,增加了就业机会,而且形成了以劳动力密集型为主的出口结构,这就不同于70年代末农产品和初级产品占50%的出口结构;(2)90年代外资流入方向是增加了对资本品工业的投资,增加了技术密集型制造业间的产业联系,在资本品工业生产能力扩大和技术升级的前提下提高了技术产品的出口比重。(3)在外资流入提升制造业结构的前提下,应该加快资本品工业引进外资的速度,这样不仅可以扩大技术部门的生产规模,而且可以提高技术密集型产业的国际竞争力。支持制造部门继续引进外资和技术的原因应在于此。

俄罗斯联邦远东国立大学的库丘克·奥列卡比较了俄罗斯和中国过渡经济时期的小企业。她认为过渡时期的小企业在形成市场结构、产生劳动关系、积累经营知识中起着很大作用。她指出:两国的小企业都是在20世纪80年代开始形成的,两国都从法律角度确定了企业的地位,俄罗斯政府在物质技术、信息资源等方面对小企业实行了优惠政策;两国的小企业部门结构有明显的非生产倾向;两国的小企业在取得银行贷款方面都比较困难;俄罗斯的小企业对建立子公司不感兴趣,部分原因是为了享有专门为小企业提供的优惠政策,而中国小企业的家族性阻碍其向中型发展;两国小企业经济活动中都存在着严重的隐形经济问题。

利比大学的希盖基·阿贝和夏威夷大学的李丘恩分析了中国经济的发展及其对日本的影响。他们的主要观点是:(1)中国将为日本资本品、消费品和中间品提供更大的市场,它也是日本寻找廉价劳动力的直接投资场所;(2)中国主要集中在劳动密集型制造业,但它在人力资本密集产品和技术密集产品的市场份额也在逐渐上升;(3)日本的直接投资对中国出口的扩张起了一定作用;(4)21世纪,日本将仍处于东亚雁行发展模式的排头兵,中国如果真正成为一个开放的经济体,将和日本一起,成为亚洲经济一体化和繁荣的发动机。

台湾大学的陈波奇教授用实证方法分析了中国出口对亚洲其他国家的替代。他认为中国出口结构正慢慢从高劳动力密集或缺乏人力资本密集产品中转移出来。在20世纪90年代,中国获得的市场份额主要来自亚洲四小龙,而不是东亚发展中国家。然而,中国的出口结构仍然相当集中于高劳动力密集产品或缺乏人力资本密集产品,而在这些方面,发展中国家有比较优势。中国和东南亚发展中国家出口结构相似性高于中国和日本或韩国的相似性。中国出口相对份额增长10%,可能导致东南亚发展中国家出口降低1%。如果假定东亚国家内部的替代性是有限的,那么,中国相对份额增长10%,将会导致东南亚发展中国家的出口减少2%。因此,中国出口扩张对其他东亚发展中国家是有较大影响的,这些发展中国家通过货币贬值将能够取代中国出口份额的一部分。

(冯莹　林本初　华伟)

# 东亚经济发展与社会伦理研讨会

由中国社科院哲学所、应用伦理研究中心主办,日本国社团法人伦理研究所协办的东亚经济发展与社会伦理研讨会,于1998年10月17日至19日在北京举行。来自日本、韩国、新加坡及中国内地、香港、台湾的40多位专家学者参加了会议。与会者就东亚经济发展与社会伦理的有关问题展开了广泛而深入的研讨。

## 研究东方文化的现实意义

与会者认为,近二三十年来,东亚经济迅速崛起,创造了有别于西方的现代化模式。作为其文化背景的东方文化的价值,尤其是东方伦理传统的现实意义,受到世界各国各地区学者的广泛关注。1997年以来爆发且不断蔓延的亚洲金融危机又引发了关于东方文化与伦理价值的新一轮探讨。这不仅增添了世纪之交东方文化反思的内容,也增添了这一反思的现实意义。

## 传统伦理与经济发展

与会者认为,儒家伦理是中国传统伦理的主体,也是东亚地区伦理的核心,它对东亚经济发展所起的积极作用在于:以义导利的思想有助于克服市场经济的负面效应,促进市场经济的健康发展;爱群利群的观念,有助于人们正确处理群己关系,走共同富裕之路;以和为贵的思想,有助于加强组织的凝聚力,团结协作,推动经济发展;诚实守信的精神与现代市场经济的客观要求相吻合,有助于规范市场经济秩序。其消极作用主要在于:重义轻利的倾向使经济发展缺乏利益驱动;尊卑等级观念不利于平等竞争;轻视科技的思想,窒息了人们探索自然奥秘的热情,使经济发展缺乏科技的支持;因循守旧思想,扼杀了人们的开拓创新意识;德主刑辅的思想适应的是自然经济条件下的人治需要,而与现代市场经济的法治要求不适应。因此,对传统伦理进行认真的分析,积极的改造,发扬其对经济发展的积极因素,克服其消极因素,从而促进经济的持续发展,具有重要的意义。

## 东亚奇迹、金融危机与亚洲价值

与会者认为,把东亚经济迅速崛起的奇迹归功于亚洲价值与把金融危机归因于亚洲价值一样,都是片面的。所谓亚洲价值是这样一些观念:亚洲国家在政治上要自立、自强,把亚洲看成是亚洲人的亚洲,不应从属于或依附于西方;在伦理上,重视家庭和集体,主张社会第一,个人第二,反对奢侈浪费,提倡勤劳节俭,反对个人中心主义和追求享乐的风尚;在经济上主张在对外开放的同时保护本国民族经济利益等。东亚经济奇迹的出现固然有其特定的文化背景，即儒家文化，但文化的影响不能背离市场经济发展的一般规律，即尊重个体的利益驱动。在市场经济中，个人、企业追求自身利益的最大化构成了经济发展的内驱力，优胜劣汰的竞争则构成了经济发展的外在压力，二者的结合构成了市场经济发展的一般动力。与这种个体利益驱动相反的"重义轻利"的儒家价值观难以构成经济起飞的动力。亚洲金融危机的罪魁祸首决不是亚洲价值，它是一个经济现象，因而其原因也必然是经济的，而不应是文化的、哲学的。其内因在于东亚经济长期高速增长过程中积累起来的深层次问题和矛盾，如片面追求经济高速增长而过度投资导致信贷膨胀与泡沫经济；国内投资比例失调，结构不合理，造成呆账死账大量增加；银行过量投资于证券业抬高了资本市场价格，为投机者的炒卖提供了可乘之机，过早推进金融自由化，大量举借外债，短期债务过多，外资结构及流向不合理，而国家又未能及时建立有效的金融监管体系及危机防范机制等。国际货币投机者的投机活动构成了亚洲金融危机的导火线。与会者认为，偏重于整体主义的亚洲价值，作为寻找自己现代化道路的东亚国家对19世纪以来西方工业文明派生物的个体主义价值观的文化抗争，固然有其优点，但其最大局限是缺乏原创力，无法适应已经到来的知识经济时代，因为知识经济时代需要有个性、有创造力的个人。所以必须超越亚洲价值，适应知识经济的要求。（木　子）

# 知识经济与管理研讨会

10月19～20日，由西北大学中德企业管理研究所主办的全国"知识经济与管理"研讨会在西安西北大学召开。会上研讨的主要观点如下。

## 关于对知识经济的认识

*知识经济与知识经济时代*　黑龙江大学熊映梧教授从生产力的角度分析认为："知识经济"是电子时代(或信息时代)的产物，是当前正展开的世界新技术革命最重要的成果。知识经济时代是区别于农业社会、工商社会的新的经济时代。它以知识产业为主导产业，以无形资产为主要财产形式。

吉林大学纪玉山教授则主张将生产关系和生产力两方面结合起来认识知识经济。认为知识经济是一个复合型经济，应从宏观、中观、微观等多层次去理解其内涵。从宏观角度看，知识化、智能化、经济运行网络化是其具体内容；从中观角度看，主要指产业结构高新化，即生物、新能源、新材料等高新产业群的崛起；从微观角度看，表现为生产和消费两个方面的知识化。生产方面指生产者的知识化、投入要素的智能化，生产产品的多品种、少批量以及以创新为主的经营理念；消费方面指消费者的知识化、消费方式的网络化以及消费内容的无形化等。

西北大学安立仁博士则主张分别从要素、制度、产品三个角度去分析知识经济成分在社会经济中所占的比例，从而以判断该社会经济是否为知识经济。认为知识经济成分与知识经济并非一回事，包含知识经济成分并不等于进入知识经济时代。

西北大学张富昌教授提出将知识、经验和信息加以区分。知识经济时代将以前人们不能外显、外化的经验通过数字化技术外显出来，从而扩展了知识的范围。从心理学角度来讲，知识还包括人的精神享受和多层次精神追求的外显。他认为知识可以创造需求，从而改变传统的供求关系，因此应当重视效用曲线的深入研究。

*知识经济的"冷"思考*　中国社科院经济所副编审李仁贵主张，应从理论科学的角度去认识知识经济，而不应盲目炒作。认为知识经济给经济学理论带来了严峻的挑战，如美国经济出现的"一高两低"现象，即经济高增长率与低通胀率和低失业率同存现象，其中低通胀率与低失业率长期并存局面与传统的菲利浦斯曲线相矛盾；知识经济时代所出现的边际收益递增规律也与传统的边际收益递减规律相矛盾。如何认识传统经济学的基本规律，重建知识经济的新经济学是经济学家的紧迫任务。

暨南大学龚维平博士对"知识经济"作为一个科学的经济范畴及"知识经济"作为一种独立的社会经济形态提出置疑。(1)目前实际上并不存在所谓的知识经济。人们所谈论的知识经济，只是根据现代经济发展趋势作出的预测、猜想。因此，“知识经济”很大程度上属于未来学的范畴，而非严格的经济学范畴；(2)古往今来，经济都以知识为基础。将知识经济解释为以知识的生产、传播及应用为基础的经济是不能自圆其说的；(3)知识的涵义过于宽泛，与经济组合而生成的“知识经济”，概念的外延必然模糊不清；(4)软件产业和信息化不能脱离物质生产，知识经济不能替代工业经济。高呼知识经济来临是对社会的一种误导。

陕西社科院胡义成研究员则从经济哲学的角度出发，进一步提出要警惕“知识乌托邦”。他认为知识经济并不尽然是一种追求人与自然协同发展的美好经济形式：在知识经济给人们带来新福利的同时，也将给人类套上新的枷锁；在知识经济社会作为第一生产要素知识的生产交换将不遵守市场规律，不仅没有为全社会提供平等关系的经济支撑，还会强化社会的不平等；发展中国家试图靠知识和信息的共享性等特征，以缩短与发达国家的差距是过于盲目乐观的想法。

**知识与中国经济发展** 20世纪90年代以来，西方发达国家知识产业已初显峥嵘，产值已占到GDP50%以上，成为经济增长的支柱产业。而中国知识产业的年产值仅占GDP12～13%。在国际竞争日趋激烈，产业升级不断加速的世界经济一体化进程中，中国的经济发展将面临更多的挑战。熊映梧指出，目前的中国是落后与先进并存，工业化与知识化也应并举。在补“市场化”、“工业化”这一课的同时，应量力发展知识产业，加大人力资本开发，提高国民素质，以迎接知识经济挑战。

西北大学郭立宏博士立足于中国目前的二元经济结构，提出工业化仍是当前的中心任务，但对知识经济所带来的机遇与挑战不能置之不理。认为中国的理性选择应当是在以传统农业为主的农村实施工业化；在现代工业集结的城镇，完善工业化的同时，应逐步发展高新技术产业，向知识经济迈进。

西南财经大学纪尽善教授从中西部区域经济发展的角度指出，知识经济已经是一个现实，如果中西部在这一发展潮流中再次落后于发达地区，将会进一步加大差距。他认为加快传统产业科技改造，加速产业结构升级，并发展新兴科技产业，中西部将凭借知识产业的推动尽快缩小与发达地区的差距。但西北大学马海霞博士则对此持不同观点。认为知识经济也给不发达地区带来了不利因素，如资源优势的消失，科技水平差距的加大，失业问题的日益严重等，凭借知识经济以发展落后地区是不可能的。

## 知识经济与管理

**知识经济与宏观管理** 知识经济将改变整个经济运行，宏观经济的网络化、信息化必然导致宏观管理手段、方式的变革。西北大学何炼成教授认为知识经济对宏观管理提出了新的要求：(1)宏观上重视对知识、知识劳动与人力资本的管理；(2)实现知识经济时代的制度创新，包括基本经济制度的创新和体制的创新；(3)重新看待知识产权，界定产权的范围；(4)建立新的推动知识创新的激励监督机制；(5)在宏观管理与微观管理紧密结合的基础上，采用新的科技手段，定性和定量相结合的方法，研究总供求的平衡，总价值与价格的决定等。

**知识经济与产业发展** 陕西财经学院文启湘教授认为必须将迎接知识经济作为商业企业经济改革和发展的战略重心，以实现商业经营管理的全面创新。他认为网络贸易在全球的加速发展使商业管理模式不断创新，而我国目前商业经济领域知识技术含量却很低，为数众多的小型商业企业仍处在手工操作的传统管理阶段，必须加快商业经营向知识经济的转移。

西北大学陈希敏副教授从融资角度探讨了高科技的产业化问题。认为高新产业的发展需要风险资本和风险投资者的支持，建立风险投资机制和发展创业基金是实现科技成果转化和发展高新技术的必然选择。

**知识经济与企业管理** 西安交通大学副校长席酉民教授认为知识经济给管理带来众多难题和新的特点：(1)知识与知识主体的不可分性以及主体行为的不可察和不可度量使得对人力资本、对知识的管理变得愈来愈困难，往往造成分配不公的现象；(2)企业组织结构向分散化、虚拟化、智能化方向发展，对这种组织形式的管理愈加困难；(3)随着分散活动的增加，管理向协调化、合作化发展，管理的概念与对象都有了变化；(4)领导的行为方式发生了根本变化，其对组织的贡献在于远景的设计、目标的确定、员工行为方式的确定;(5)企业发展战略向柔性发展等。

中德企业管理研究所所长李鼎新教授指出知识经济下的企业将发生以下新变化:(1)企业的界限模糊,科斯的交易成本理论不能再继续解释企业的边界问题;(2)企业成为虚拟化、网络化的学习型组织,学习成为其生存的前提,创新成为其发展的第一要素;(3)企业采取以知识为基础的分配方式;(4)企业管理模式以知识管理为核心,发展模式以跃进式、突发式为主;(5)企业在原始积累的同时进行知识积累。

知识公司的治理结构　暨南大学朱义坤博士认为知识公司是以获取和利用知识作为竞争优势的公司,是一种充分利用人力资本的组织机制。其治理模式特点体现在三个方面:(1)以人为本,即赋予知识员工充分的剩余索取权和控制权,并使其承担相应的风险和责任;(2)凸现核心竞争力,即通过剥离辅助业务和机构,精干主体,削减普通工人实现公司组织的精捷灵便,以凸现其核心竞争力(core competence);(3)公司间结成各种知识联盟以促进知识流动,公司边界模糊,虚拟化、网络化成为必然选择。知识公司的治理结构实行联邦制,一方面,保持分散、分权和差异,知识员工自我治理,从而形成主动且敏捷的反应和创造能力;另一方面,实行严格的集中管理,由核心机关协调各个单位。

知识管理与知识产权　复旦大学石磊博士提出新市场、新技术与新技能将是未来知识发展的新趋势,这些知识在企业管理中将起到更重要的作用。他认为,知识总是短缺的,总是掌握在少数人手里,因此,其配置的有效与否非常重要,其配置效率将影响到知识的创新与传播。

郑友德认为用知识产权来保护知识有利于知识创新,知识经济时代知识产权保护应该越来越严格。当知识产权界定给知识所有者时,知识才能获得剩余索取权,从而刺激知识的供给与创新。安立仁认为,产权的激励保护以专利权为主,关于基础知识与知识产品的产权保护,其实施则较为困难;并且对知识实施产权保护必然影响到知识的传播,进而影响到知识产业的扩张。这种二律背反现象蕴含了一个深刻的问题,即对知识如何实施产权保护存在一个程度问题。

此外,与会代表还就适合知识创新、高新技术产业化的企业类型、经济史变迁中的知识经济等问题作了讨论。　(张红芳　蒲忠华)

# 世界高等教育大会

参加世界高等教育大会的代表们就一些现代社会特有的问题展开了讨论。这些问题包括:全世界高校学生人数从1970年的1 300万猛增到了目前的8 000万;各国政府无力支付如此迅速的扩张所需的经费;信息技术的突然出现以及新的教育观念的出现——这种新观念认为,教育必须成为一个贯穿终身的过程,以便应付工作和社会不断变化的需求。

最具激情的改革呼吁来自联合国教科文组织总干事、西班牙的费德里科·马约尔。他说:"在人类历史上,还从来没有出现过这样的情况:所有地方的社会、所有地方不计其数的人们,给教育赋予了如此重要的意义和价值。我们需要一个'学习的世界'来与'信息社会'相匹配。人们正迫切需要一个名副其实的学习的世界,一个人人都有机会实现自己潜力的世界。"

联合国教科文组织在巴黎举办此次会议前,分别在哈瓦纳、达喀尔、东京、巴勒莫和贝鲁特举行了5次预备会议。

会议发表的《世界21世纪高等教育宣言》提出了一些对于世界上有些地方来说颇为超前的建议——例如,在接受高等教育方面妇女应该与男子享有同等权利,能否进入大学应取决于本人的品行而不是优越的社会地位,大学应该具有学术自由,应向终身教育开放。

同时发表的《优先行动框架文件》强调指出,学生应该被看作是"高等教育的主要管理者之一",他们应该参与"决定政策和组织管理制度"的工作。

此次会议的最终文件对于美国以及其他发达国家日益增多的公司以及工作场所内提供专业化高等教育的做法只字未提。在一些专家看来,这样的做法是对传统的大学概念的挑战。各国部长们认为,高等教育仍然是国家的责任所在。

法国总理利昂内尔·若斯潘说，国家对于确保教育上的机会均等仍然是必不可少的。若斯潘说，高等教育必须适应市场经济，“但高等教育肯定不是由市场来决定的”。

这一最后文件也没有谈到信息技术的潜在发展可能会打破传统的由国家管理大学的模式，从而创造出新的跨国、跨文化的高等教育形式。教育部长们哀叹新技术层出不穷的北方与贫穷的南方之间所存在的差距。他们说：“应该最大限度地普及新技术的使用。”教育部长们强调，高等教育在帮助学生进行就业准备方面必须做得更好——目的是培养能够创造就业机会的人。

他们还强调了大学在促进文明和人类价值观方面的作用。部长们说，大学必须“利用它们的学术地位和声望来保卫和传播人类普遍接受的价值观，诸如和平、公正、自由、平等和团结等”，应该在享有学术自由的同时“对社会负起责任”。

这项最终宣言对于发展中国家连续不断的人才外流现象深表遗憾。这样的人才外流使发展中国家失去了“对于它们的社会、经济进步来说不可或缺的高层次专门技术”。

教育部长们呼吁为鼓励侨居国外的大学教师返回自己的国家大造声势，并且创造一种新的制度，以便使退休的或者刚刚获得资格的大学教师志愿前往发展中国家从事教学或研究工作。

## 经济增长与企业改革研讨会

首都经济贸易大学建校40周年之际，举办了“经济增长与企业改革”理论研讨会。与会者认为，经济增长速度是中国经济发展中的一个重要问题。它的意义在于以下几个方面：第一，经济增长速度问题关系到中国2010年和2050年的发展战略问题；第二，经济增长速度问题关系到充分利用国有企业的生产潜力，解决企业开工不足的问题；第三，经济增长速度问题关系到下岗职工的多少及再就业问题；第四，经济增长速度问题关系到可以多增加社会财富，增强国家经济实力，增强国际竞争力的问题；第五，保持适度的快速增长是保持稳定、凝聚全国力量，振兴民族精神，取得改革成功的重要因素。

经济增长有两种方式：外延式是依靠要素的投入增加来实现的经济增长；内涵式是依靠要素生产率的提高实现的经济增长。它们不可分开，共同发挥作用。只不过某个国家某段时间主要采取哪种不同的形式罢了。在经济增长的同时，我国要解决其投资主体是谁的问题。政府作为投资主体，应转变为企业是投资主体，企业作为投资主体，企业要改革。当前是各类企业都要改革，但重点是国有企业改革，而且，改革要解决的是制度改革而不是某些做法的改革。

有同志指出，对增长的理解应更加全面，除了注意增长的速度，还要注重增长的质量，即结构的改革、结构的升级。增长的速度、结构、质量的合理依赖于增长的方式和增长的源泉。中国的经济增长方式正从粗放型向集约型转变。增长源泉有三个：资本投入、劳动投入、科技进步。当前，经济增长方式的转变要依靠科技进步，这种转化不是孤立完成的，要采取多种措施，发展高科技，改变传统工业。更重要的是知识的创新、技术的创新，要依靠制度的创新，增长方式的转变以及计划经济向市场经济的转变相配合才能够实现。两个转变是不能够分开的，光有科学创新不够，必须要有制度创新、管理创新、组织创新来保证。两个创新要并行，也就是通过改革开放来支持经济增长，改革与增长是不可分的。

就国有企业改革问题，有学者认为，国企改革有三步棋。一是把大量的中小国有企业放开转制；二是把一些扭亏无望的企业进行破产或兼并；三是对剩下的约有1 000家或稍微多一点的国有大型企业进行规范的公司改革。只有这三步棋都走活，国有企业改革才是有希望的。

（徐　坤　编撰）

# 全国可持续发展研讨会述要

由中国生态经济学会、江苏省委党校、江苏省环保局等单位共同举办的“中国生态经济学会四届二次会议暨全国可持续发展研讨会”，于 1998 年 12 月 23～25 日在南京举行。著名经济学家、中国生态经济学会会长刘国光向大会提交并委托代表宣读了论文——《中国生态经济协调可持续发展的理论、对策的思考》，国家环境保护总局副局长王玉庆、全国政协常委兼经济委员会副主任刘广运、中国生态经济学会副会长石山、王耕今、王松霈、何乃维、刘思华等专家学者及新闻界人士 60 余人与会。会议研讨的主要观点如下。

## 关于可持续发展的基础理论研究

刘国光先生认为，为了落实可持续发展战略，首先要提高各级干部和广大群众的认识，完善可持续发展的经济理论以更新观念：(1)社会生产力理论需要完善。传统的生产力理论常解释生产力是人们控制与征服自然的能力，将人与自然处于对立斗争的状态。其实生产力是人类利用自然、改造自然、创造财富的能力。因为对自然的改造、利用首先要认识自然规律，不认识自然甚至违背自然规律去征服自然必会造成严重后果。也不能认为凡是自然的都要保护不动，人类总要不断地改造、利用自然，以供自身的生存和发展。(2)社会主义市场经济体制的进一步完善为解决生态环境问题带来了良机。以往的理论强调生态环境问题的根源是“市场失灵”，因而主张生态环境问题的解决就当由政府进行强干预，但对利用市场经济体制来解决生态环境问题的重要性认识不足。其实，只有强化市场经济体制才能有能力开展广泛而艰巨的生态环境建设任务，况且很多生态环境问题发生的重要原因之一是自然资源和环境的市场价格被扭曲，从而造成滥用浪费资源和破坏环境的后果。所以解决环境问题完全依赖市场是不行的，但背离市场也是万万不能的。(3)现代社会的市场经济，商品与服务同等重要。传统经济学往往只重视物质生产部门，认为物质生产才创造财富，而不重视“服务”。现代社会人们的需求已从解决温饱问题的生存需求发展到物质享受需求进而又到了今天的生态需求，而保护生态环境方面大部分属于“服务”，重视“服务”是社会发展的必然要求。

中南财经大学刘思华教授在马克思的社会再生产理论基础上，提出了“四种生产论”理论，即社会再生产不仅是物质资料的生产与再生产，而且是人口生产、物质生产、精神生产和生态生产相互适应与协调发展的社会生产理论模式，这不仅是生态经济学的一条原理，而且是可持续发展经济的基本理论。推进单一的物质再生产模式向四种再生产模式转变，实现四种再生产相互适应与协调发展，是建构可持续经济发展模式的客观要求和基本内容。

浙江大学沈满洪副教授针对市场失灵论指出，导致环境问题或环境危机的根源，既有来自“市场失灵”(环境污染的负外部性、环境保护的正外部性、环境资源的公共属性等)方面的；又有来自“政府失灵”(环境政策失灵与环境管理失灵)方面的。因此，解决环境问题不能单靠行政管制手段，还要充分利用经济手段，既利用侧重于政府干预的“庇古手段”，又运用侧重于市场机制的“科斯手段”。科斯理论并不是彻底否定庇古理论，而是对庇古理论绝对化解释的一种批判，是对庇古理论的补充。何时采用庇古手段，何时采用科斯手段，何时组合运用，这取决于各自的成本收益比较，要具体问题具体分析。

山东省社科院经济所所长马传栋指出，可持续发展思想对传统经济学提出了一系列挑战：(1)可持续发展思想对“经济人”假定理论的挑战。经济人假定只重视经济当事人和当代人的经济利益最大化，而对同一代人组成的社会利益，对在此过程中耗费自然资源和导致环境污染及生态破坏的种种问题、对子孙后代的利益基本不予考虑；(2)可持续发展思想分析资源配置效率的着眼点在于各类不可再生或有限再生的自然生态资源在当代人与后多少代人之间如何进行有效分配，而“帕累托最优”理论的资源配置效率的着眼点在于同一代人的不同当事人之间的资源与福利的有效分配，使得“帕累托最优”理论难以全面适应可持续发展思想的要求;(3)可持续发展思想是对传统发展观的挑战。传统发展观以追求GNP的增长为国家经济发展的惟一目标和动力,带来了危害当代人和后代人利益的生态环境问题。而可持续发展思想是对传统发展观的一种扬弃,是人类发展思想史上的一场革命。

## 关于可持续发展的专题问题研究

南京农业大学土地管理学院刘书楷教授认为,人口问题的实质是人与自然的关系问题,表现为三个层次:作为主体的人与作为客体的自然的关系,即人如何配置自然资源的问题;人在利用自然资源过程中所形成的人与人的关系,具体表现为经济制度和经济政策;人在利用自然资源过程中产生的“地”与“地”之间的关系,如各种用地的协调和合理分配等。因此,研究人口问题,必须把人和人口视为人和人为因素的综合,把它纳入人与自然关系的二元性实质内涵的双重对应关系的整体系统,置于可持续发展的理论导向和战略目标之下。这样才能保证人口的可持续发展和人口、资源、环境与经济、社会的总体可持续发展。

江苏省委党校经济社会发展研究所彭安玉副教授就“地大物博”之说作了客观的分析。中国自然资源正面临着严峻的挑战:人均资源量偏低,资源质量不高;资源利用率低下,资源浪费惊人;资源枯竭已现端倪,资源压力有增无减;资源开发水平不高,在某些方面与西方发达国家的差距还在进一步拉大。正确的选择是切实保护生态环境,拓展资源节约之路,合理开发海洋资源,大力发展知识经济。

国家环境保护总局副局长王玉庆指出,“环境保护工作形势很好,全国环境状况非常严峻”。就全国环境质量状况而言,局部有所改善,整体还在恶化,趋势令人担忧。例如,七大江河一半以上受到严重污染,城市河段超三类水体已达78%,近海水质超三类水体达54%,$SO_2$超标城市北方达52%、南方达37.5%,酸雨已跨过长江、逼近黄河。南京农业大学邵绘春先生把我国生态环境问题概括为:(1)大气污染居高不下;(2)水资源持续短缺与水质污染明显加重;(3)工业废渣与日俱增,噪音污染日益扩大;(4)耕地面积锐减,土地退化严重;(5)森林减少,草原退化,水土流失加剧,沙化面积扩展。基于上述严峻现状,今后的环保工作要“明确目标,突出重点,健全制度”。刘书楷认为,可持续发展的首要目标和核心问题是要满足人类的基本需要,所以农业的可持续发展与经济社会的全面持续发展是同时并存并受世人瞩目的一个焦点。可持续农业的实质就在于运用可持续发展的原理和方法寻求农业生物与其环境的最适关系,建立相应的农业技术体系和农业资源综合管理战略,以提高农业的综合生产力、稳定性和持续性,实现农业可持续发展。中国科学院长沙农业现代化研究所彭廷柏研究员等认为,建立水土协调机制是确保农业可持续发展的基础。中南财经大学农经系严立冬教授认为,减灾防灾应作为农业与农村经济可持续发展的战略重点。

原林业部副部长刘广运就森林保护提出对策:坚决停止采伐天然林;狠抓防护林工程建设,建议组建中国林业建设兵团;下决心退耕还林,加快山区综合治理;增加扶持力度,建立森林生态效益补偿基金制度。中国社科院农发所王松霈研究员分析了'98大江水灾的成因,指出大江是一个生态经济系统,治理大江灾害要正确处理好生态与经济的关系、林与水的关系和上中下游的关系,而保护森林是治理大江水患之本。国家林业局经济发展研究中心孔繁文研究员认为,减缓洪水灾害,不仅要兴修水利工程,而且要建设生物工程。发展环境林业是减缓洪水灾害的重要生物措施。福建林学院院长张建国认为,林业可持续发展的重要途径是森林可持续经营,包括森林生态系统经营、近自然林业和综合森林经营。

中国农科院安晓宁先生说,海洋是富饶而未充分开发的资源宝库,大规模海洋开发正在形成“蓝色革命”。1970年世界海洋经济产值1 100亿美元,1980年为3 400亿美元,1990年为6 700亿美元,预计2000年可能达到15 000亿美元,大体上10年左右翻一番。海洋是地球环境中极其重要的组成部分,是人类生命支持系统的一部分,是保证可持续发展的重要财富来源。因此,海洋开发必须以海洋的可持续利用为重要基础。

此外,会上对关于可持续发展的实际应用研究进行了介绍。江西省山江湖开发治理委员会办公室主任吴国琛向大会介绍了江西省山江湖工程的具体做法和成功经验;湖南省农科院农经区划研究所所长段正吾分析了波罗的海地区的农业可持续发展问题;中国生态经济学副会长石山先生向大会作了题为“从大地园林化到山川秀美——兼谈生态经济理论在我国的发展”的报告。与会代表认为，有了国内外实施可持续发展战略的经验教训可供借鉴，山川秀美和江河清澈的伟大理想一定能够实现。

（浙江大学研究生院 沈满洪 编撰）

# 1999 年 1～6 月

## 世界现代化进程研究观点概述

200 多年前，主要资本主义国家开始了工业革命，逐步完成了现代化进程，第二次世界大战后，亚洲、拉美及南欧一些国家和地区也先后开始步入现代工业社会。当前，我国正在进行社会主义现代化建设，需要借鉴现代化国家和地区的历史经验。于是，世界史工作者把研究目光投向了向现代化过渡的世界历史经验。

### 主要资本主义国家现代化进程中的几个问题

18 世纪 60 年代从英国开始的工业革命，使世界主要资本主义国家先后完成了工业化，进而实现了现代化。在研究这些国家向现代化过渡的历史中，学者们关注的问题主要有以下几个方面。

#### 工业革命与现代化

*科学技术和教育对工业革命的推动。*工业革命是沿着科学和科学指引下的技术所开拓的方向前进，并得益于教育进步。科学教育一经与生产结合便对生产力发展产生巨大推动，正如马克思精辟指出的那样，工业革命中的机车、铁路、电报、走锭精纺机等等……是物化的知识力量。任何一个国家要实现现代化，首先要提高民族的素质，并为经济发展创造一个不断产生活力的环境。而提高民族素质最重要的办法是发展科技教育事业。

*开放体制与工业革命。*只有在社会开放的条件下，工业革命才能顺利完成。主要资本主义国家正是通过对外开放，彼此提供了各自所需要的原料、矿藏资源、粮食、机器；靠引进外资弥补了工业革命资金的不足。对外开放不仅是引进技术的问题，重要的是善于创新和发展。美国和德国在引进国外技术后，创造了先进的流水线生产法和管理方法，最早实现了机器和产品零部件的标准化。

*工业革命带来的城市化问题。*城市化是社会经济发展到一定阶段的必然产物。世界高度城市化国家的经验证明，城市化要经历发生、发展、成熟三个阶段。初期城市人口增长缓慢，过 10% 后逐渐加快；当城市人口比重超过 20% 时进入第二阶段，城市化进程出现加快的趋势，这种趋势一直要持续到城市人口超过 70% 以后才能减缓；此后为第三阶段，城市化进程出现停滞或略有下降的趋势。在克服城市化所带来的社会问题时，“大都市区化”开始成为城市发展的主导趋势，即不是人为控制大中城市居多的局面，而是以这些城市为依托，在其周围发展小城镇，充分发挥大城市的功能和效益。与“大都市区化”并行的是郊区的长足发展。美国中西部人口大量向郊区迁移时，城市化比例在 50% 左右。

#### 社会控制与社会管理

*防止市场的无序竞争。*企业的合并、大企业乃至托拉斯的出现，虽是工业化进程的必然产物，但为保障社会公正，防止垄断组织的“非法竞争”，必须驾驭托拉斯，对其进行监督和引导。1929 年资本主义经济危机后，一些资本主义国家为了走出困境，一反自由竞争时代政府对经济活动自由放任的传统做法，纷纷利用国家政权的力量，强制性地对生产关系和经济体制的某些环节进行改革和调整，使之适应新的生产力发展的需要。

*防止社会贫富过于分化，缓解社会矛盾。*统治阶级为维护现存社会政治经济秩序，对解决社会两极分化尖锐矛盾的社会控制一般采取两种方法：一方面严格禁止乞讨，要求身体健康的穷人不分年龄、性别必

须参加劳动，对有劳动能力而不参加劳动者予以处罚；另一方面对纳税人进行财产估价后强制征收济贫税以帮助穷人，拒绝为穷人贡献捐资的人将受到制裁。

*健全社会保障制度*。消除贫困、保障居民的基本生活条件应是国家的责任；同时实行社会保障也是由传统农业社会向现代工业社会转型过程中的必然产物。资本主义各国的社会保障体系一般涉及政府实施劳动高就业率，确定资方对劳动者的最低工资，完善职工的疾病保险、意外事故保险、养老和伤残保险等。但其中值得注意的是：第一，社会保障力图实行"社会公正"，而资本主义生产的准则是追求利润，这两者的不协调性是产生种种矛盾的根源；第二，随着福利开支和社会保障资金支出的增大以及福利机构的臃肿，国家已越来越不能承担庞大福利财政支出，资本主义各国正探索新的解决办法。

*控制人口合理流动*。工业革命的深入和城市化的发展，使大量农村剩余劳动力涌向城市。这些流动人口在促进了城市繁荣的同时，也带来一系列社会问题。英、法、德、美等国这方面的教训证明：城市人口数量、质量、性别、年龄、职业等因素都和城市命运密切相关。而人口的流动必将引起上述诸因素的变化，进而影响城市发展。合理的劳动力技术构成有助于城市发展，而同一层次的劳动力过多势必造成某些社区、某些部门的就业危机；高质量人口流入城市能改变人口知识结构，使城市对市场应变能力增强，促进技术革新和产品换代，增强城市经济活力，反之将制约城市发展。

## 政治改革与社会稳定

改革与现代化是近代开端以来世界历史发展的两大潮流。在从农业社会向工业社会转型时期必不可免带来政治腐败、社会两极分化、劳工冲突等问题。不同利益集团之间的斗争是影响社会稳定最主要的因素。欧美各国现代化的经验表明：实行政治民主化和法制化，以及对立法、行政、司法部门的分权制衡是政治改革的主要内容。资本主义各国通过一系列改革调整社会各阶级之间的关系，力图使社会稳定，促进生产力的发展。

改变政治腐败的一个重要措施是实行文官制。把工业化时代的竞争机制引入文官的选择和管理，废除由党派利益决定文官任免的分赃制，代之以凭个人能力升迁的制度。公开竞争和业绩考核是文官制的核心内容。所谓公开竞争，即指文官的选择通过公开考试，择优录取，打破论资排辈界限，任何公民都有权力申请参加考试；同时文官的升迁必须经过业绩考核，防止文官录用上的终身制。

## 发展中国家向现代化过渡的经验教训

第二次世界大战以后，东亚、拉丁美洲、南欧的一系列国家和地区开始步入现代工业社会并发展成为"新兴工业化国家和地区"。总结他们现代化的经验教训也是学者们关注的重点。落后国家向现代化过渡尽管可以借鉴先行现代化国家的经验，但毕竟由于时代的变化和自身条件的不同，他们面临一些共同的难题。首先，先行发达国家几乎都是以无情摧毁和破坏落后国家原工业结构、掠夺落后国家的资源和资金的方式实现现代化，而发展中国家不能以同样的方式圆自己的工业化梦想；其次，欧美各国的现代化道路是以对资源特别是非再生资源的高消耗，以及以对生活资料的高消费来刺激经济的高速增长，这种现代化发展模式，总体是不适合广大发展中国家的。所以，资金短缺、技术落后、因国内市场容量太小而难以使工业化顺利进行是广大发展中国家实现现代化面临的共同问题。新兴工业化国家和地区在解决这些问题上提供了一些有益的经验：

*善于利用世界经济全球化的国际形势*　二战后科学技术的迅猛发展，不仅改变了人类的经济生活、社会生活和思想观念，科技进步以及由此而来的现代经济的发展，还使得世界各地区间的政治、经济和文化联系空前加强。可以说，世界经济全球化是20世纪世界历史发展的一个突出趋向。作为世界经济全球化的重要表现是形成世界经济区域集团化趋势和跨国公司的发展。世界经济结构的基础单位不断由单个国家转变为地区或国际集团，并日益成为决定世界经济发展的重要因素，从而使投资、生产、贸易、技术和人员交流等扩展到国际经济活动领域。这就为发展中国家实施多层次化的经济发展战略和多边贸易战略创造了有利条件；

*经济全球化也造成国际间的大规模资本流动*　二战后各资本主义国家都企图通过资本输出以获取

最大限度的超额利润,因此竞相向发展中国家输出资本。尽管这当中也有为了加强其在发展中国家的经济政治地位的目的,以及为了保持和昔日殖民统治的藕断丝连,但新兴工业化国家和地区利用这个有利时机趋利避害,解决了在工业化初始阶段和发展阶段靠自身力量难以克服的"资金瓶颈"困难;

**抓住经济全球化下国际分工与合作不断深化和拓展的机遇,进行经济结构调整和产业升级** 二战后科技革命的迅猛发展加快了发达国家的产业结构调整步伐,促使发达国家将一部分产业向发展中国家转移。新兴工业化国家如韩国、新加坡等国都曾抓住这一有利时机发展经济,扩大出口,进行经济结构调整和产业升级,从而促进了这些国家的工业化进程。

总结落后国家向现代化过渡的世界历史经验,一个重要结论是,在实现工业化的过程中,必须依靠政府强有力的干预,保持社会的稳定,才能保证经济的持续增长。

(吴恩远)

# 《世界经济论坛》第29届年会

1月28日至2月2日,"世界经济论坛"在瑞士达沃斯召开了第29届年会。这是20世纪最后一次有关世界经济的大型国际研讨会。会议主题是"负责任的全球化",涉及到21世纪人类社会的发展方向,因而受到世界各国政界、企业界、金融界和新闻界的普遍关注。在200多名来自五大洲的与会者中,不乏重量级人物,其中有联合国秘书长安南以及德国总统、南非总统、美国副总统等40多位国家元首。在六天的会议期间,围绕经济全球化及其对政治和社会的影响问题,在一个主会场和30个分会场共举行了上百场不同议题的讨论。

与会者普遍认为,经济全球化进程如今已经到了不可逆转的程度,是当今世界发展的客观进程。信息科学的高速发展,促进了全球范围内的资本流动和技术转移。生产要素的跨国配置,增强了全球分工体系的相互依赖性,使南北关系出现了较强的互补性,促成一批新兴国家的崛起。从1990年至1997年,流入发展中国家的国际资本比80年代增长了5倍,年平均流量为2650亿美元。这些资金加速了东亚和拉美一些国家的发展,推动了国际贸易的高速增长,给近十年世界经济的上升带来了巨大的活力。

然而,经济全球化也带来了不少负面影响和问题,需要国际社会密切注意,协同合作予以解决。经济全球化是一把"双刃剑",它既加快世界经济的发展,推动国际贸易高速增长,促成新兴资本市场的崛起,同时也在全球范围内扩大了贫富差距。国际资本的巨额流动和国际金融投机活动使主权国家的经济安全受到空前的巨大压力,尤其是对发展中国家的影响更为严重。全球化进程也暴露出现行国际经济秩序中的一些不公正及不合理之处。埃及总统穆巴拉克在会上说,由于经济全球化中的不公正待遇,发展中国家一个又一个地被金融危机压垮,使它们多年艰苦奋斗的积蓄毁于一旦,经济陷入困境,走上贫困化的边缘,引起社会动荡和政府更迭。国际社会应团结协作,帮助发展中国家融入开放的世界经济之中,尤其是非洲国家。

经济全球化进程过快,导致市场破坏力的膨胀,特别是国际资本巨额流动和国际金融投机活动加剧引起严重后果。在不到两年的时间里,接连发生了东南亚、俄罗斯和巴西三次金融危机,致使这些新兴市场国家和经济调整中的国家蒙受了巨大的损失。"国际货币基金组织"的援救计划均告失败,人们担心更大的金融风暴正在形成。对此,许多发展中国家认为,加强国际金融监管势在必行,要抑制国际资本的过度投机和金融市场的剧烈波动,防止新一轮的金融危机发生。而美国则主张自由放任,对建立危机预防和处理机制的要求采取消极态度。欧洲主张实行"有控制的弹性汇率",在主要货币间确定浮动的"剪刀差"。这说明对全球金融具有重大影响的发达国家还没能充分认识到它们在经济全球化中应负的责任。

事实上,全球化已使各国经济互相渗透,互相依存,趋于一体。发展中国家经济陷入困境,也将强烈地冲击发达国家的经济增长,最终使整个世界经济下滑。会上,专家们认为,目前"地球村"上有三个"黑点”，首先是美国，美国经济在连续8年持续增长后，已出现下滑趋势。人们担心，美国3 000亿美元的高预算赤字和3 500亿美元的高外贸赤字还能维持多久？刺激美国人超前消费的美国金融泡沫一旦破灭，不仅会给美国经济带来危机，而且将殃及全球。其次是日本，日本清理银行坏账和减税等措施收效甚微，经济负增长，这使它很难发挥过去那种亚洲经济“发动机”的作用。最后是巴西，现在谁也不敢说巴西的危机已经过去，拉美经济的萎缩是最令人担心的。此外，当然还有俄罗斯经济滑坡和东欧经济不景气的问题。

严峻的现实表明，对经济全球化的健康发展，各国都负有责任，应因势利导，兴利除弊，建立公正合理的国际经济新秩序。发达国家更有责任采取主动行动，帮助发展中国家克服困难，避免出现新的危机。发展中国家经济好转，也有利于发达国家获得更广阔的市场。只有这样，才能符合世界各国的长远利益。

（李肇东）

## 来自达沃斯的反思

数年前，世界经济界的巨头曾云集瑞士达沃斯，在世界经济论坛年会上大声倡导全球化的实现。如今，全球化对世界经济的影响是如此深刻而多方面，特别是当大范围的金融危机持续了一年半以后，人们由衷地感到，需要对自由贸易和资本流动的负面影响加以控制。于是，“负责任的全球化”顺理成章地成为1999年达沃斯会议的主题。

关于“全球化”，人们曾经下过许多不同的定义。在经济方面，一种被广泛接受的定义是，全球化是指资本、商品、服务、劳动以及信息超越市场和国界进行扩散的现象。就像美国未来学家托夫勒夫妇在一本论著中所指出的，全球化曾在人们的理想中展示了这样一幅蓝图：每个国家都拥有开放的市场，在全球经济之下，共同走向新的繁荣。诚然，全球化给世界经济的发展带来了机遇，但现实中的人们还看到，全球化导致大量游资流入小规模的新兴市场，顷刻之间陷入困境的投资家又将其纷纷撤走，致使一些经济持续增长的国家陷入空前的危机。于是，数亿人的生活被打乱，令人恐惧的“金融病”在世界范围内蔓延。

已经发生的金融动荡固然令人头痛，但人们最为担心的还是这些动荡的不可预见性。比如，国际货币基金组织曾希望通过对巴西的预防性援助，避免其出现大的金融动荡，但是并没有成功。全球化带来的一个不可回避的现实是，投资者可以选择到他们愿意去的国家投资，也可以随时抽逃资金。于是，金融市场的运作具有一种突发的不稳定性。世界经济论坛主席莫里森坦言，既然“任何一个国家都不可能自认为可以免受资本无常变化的影响”。那么，世界金融形势也就只能受那么一小部分无节制的投机家左右。在达沃斯论坛上，人们普遍强调，资本流动过快不利于发展中国家，解决经济危机的关键是恢复信心。

《国际先驱论坛报》最近发表的文章非常形象地提出这样的设问：怎样避免车祸，究竟是修整道路还是严管司机？这也正是达沃斯论坛争论的一个焦点。金融危机爆发之初，人们的目光或是盯在受灾国本身存在的缺陷上，或是斥责过度的投机行为。也就是说，人们觉得是司机开得不好，车子也坏了。随着金融危机波及面不断的扩展，人们越来越认识到根本问题存在于全球金融体系，该修的首先是道路。正如联合国秘书长安南在达沃斯会议上的发言所说，我们的社会和政治体制已无力对市场的扩张进行调节，只能任其发展。

当前，人们有改革国际金融体制的共同愿望，却难产生可以共同接受的改革措施。二战以后导致签署布雷顿森林协议的那种背景条件已不复存在；给流动资本课税的方法亦非放之四海而皆准的上策。人们正在期待着一条新的思路，一套能够制定出良好行为准则的国际标准。然而，在180多个国家组成的世界上要想建立一套全新的国际体制的确难乎其难。在本届年会上，英国财政大臣布朗主张迅速建立一个新的全球性常设委员会，负责金融市场的控制和系统监管。在1999年夏季之前，应当建立起早期预警机制。但是，美国财政部的代表萨马斯意见则相反，他认为，应采取步骤减少金融体系的风险，特别是让投资者进行更好的风险管理。美国副总统戈尔强调加强透明度。马来西亚总理马哈蒂尔指出,最应该透明的是对冲基金在各国的行为。

达沃斯上空的思辨之声转瞬而过。七国集团的争论将在2月20日的财长会议上继续进行,也许真能像法国财长所说的那样,他们那时会决定什么是真正需要做的事。然而,世界经济的大计是否将一如既往地由七国俱乐部所主宰,已成为人们心中考虑的问题。从达沃斯还传递出来这样的信息,人们期待着听到更多的来自中国、巴西等新兴国家的声音。

(吴绮敏)

# 东北亚环境与社会协调发展学术研讨会

由辽宁社会科学院发起并主办的东北亚环境与社会协调发展学术研讨会于1998年12月1日至3日在沈阳市召开。与会的中外专家学者围绕会议主题,进行了热烈的讨论和交流。

## 提高国民综合素质是实现可持续发展的重要保障

代表们普遍认为,在中国,人口增长和自然资源缺乏是一个尖锐的矛盾。解决这一矛盾的关键,除了合理开发与节约自然资源之外,重要的是在于提高国民综合素质,在控制人口数量的同时,提高人口质量,用人力资本代替自然资本。这样,不仅能实现对"增长极限"的突破,而且能在一定程度上替代并保护自然资源。在提高国民综合素质的过程中,要特别注意提高人民群众的环境意识,并大力推动公众参与环境保护的活动。代表们认为,公众参与环境保护,不仅是一种行动,也应成为一种制度。

## 把环境保护和经济结构调整结合起来,进一步改善城乡生态环境质量

与会代表认为,经济结构的调整,是为了在更深层次上合理配置和利用资源,降低物耗、能耗,减少污染物排放量,提高经济效益。从这个意义上看,经济结构调整与环境保护的目的是一致的。同时也要看到,环境产业已逐渐发展成为一个新的产业,成为新的经济增长点。环保产业的发展,可以提高我们区域发展过程中的产业层次,增强市场竞争力,进一步推动环境保护与经济发展的有机结合。在寻求环境保护与经济发展的最佳结合点时,一定要同时注意进一步改善城乡环境质量。当前,改善乡村环境质量的一个重要举措是发展生态农业;改善城市环境质量的一个重要举措是发展清洁生产,建设生态城市。

## 现代人类面对的重要危机是工业文明带来的危机

代表们指出,可持续发展道路和模式,并不是原有的工业文明和发展道路的延续,而是人类在生存方式和价值观上的一场革命。如果我们不从根本上改变在工业文明中形成的那种发展道路及其肯定这条道路的价值观,我们的发展就是不可持续的。无限摄取、占有、挥霍财富的价值追求不仅浪费了资源,污染了环境,同人类的可持续生存相冲突,而且不利于人类的健康,同人的生命原理相冲突。工业文明的价值追求无论是对外部自然界,还是对人本身的生命来说,都是相冲突的,因而是不可持续的。现代人类面对的危机,在很大程度上是工业文明所带来的危机。

(洪　敏)

## 弘扬中华文化，促进国际交流

## 世界华人庆祝中华人民共和国建国50周年

# 第三届“世界华人艺术大会”香港大型艺术展闭幕

旨在“弘扬中华文化、促进国际交流”的第三届“世界华人艺术大会”香港大型艺术展，于国庆前夕在香港大会堂隆重开幕。来自世界各地的华人艺术家及嘉宾300多人饱含对祖国50华诞的喜悦之情，精心创作最佳作品参加本次展览。报名参选的作品汇集了国画、书法、油画、木雕、石砚、微雕、根艺等万余件。其中来自中国内地的近百名艺术家代表的作品获得广泛好评，吸引了众多不同肤色、不同国籍的艺术家和艺术爱好者流连忘返，对多姿多彩、独具五千年文化神韵的中华艺术赞不绝口。真正体现了中华艺术的巨大魅力。世界华人交流协会常务主席、中国国际交流出版社总编辑周建主持本次开幕典礼，世界文化艺术研究中心总干事陆parallel、世界艺术家协会副会长王戈情代表大会的主办单位剪彩并发言，与来自中国内地、美国、加拿大、泰国、日本、韩国以及欧洲、澳洲和东南亚、香港、澳门等地区的艺术家，总结了近一个世纪中华艺术的发展历程，探讨了21世纪中华艺术走向国际市场、创造经济价值的新途径。

担任开幕剪彩嘉宾的还有美国海外艺术家协会主席陈其旋、香港美术会主席丁志仁、香港美术研究会主席赵世光、澳门美术研究会主席伍志杰、澳门美术研究会会长黎少卿等。原民政部副部长(正部级)、中国社团研究会会长史怀璧，中国文联副主席吕厚民，中国书法家协会代主席沈鹏，中国老年书画研究会副会长许静，中国齐白石研究会主席齐良芷、中国剪纸学会会长仉凤皋，文化部振兴京剧指导委员会副主任、中国京剧艺术基金会副主任马少波，文化部文化专员、中国少数民族文化基金会常务副会长牟耕，北京民间文艺协会主席、北京市文联副主席段宝林，不列颠百科全书国际中文版主编徐慰曾，香港东方艺术研究院副院长张首涛等予以题辞祝贺。本次活动得到了中国经贸集团、中国国际出版集团、世界华人集团、泰国华夏发展有限公司的赞助和支持，故免收报名费、会务费、评选费和展览费，受泰国华夏国际交流中心主任陈瑞珍邀请，中国大陆代表团一行60多人参观了泰国中华艺术陈列馆。

“世界华人艺术大会”是由中国国际交流出版社牵头举办，世界文化艺术研究中心和世界艺术家协会联合海内外有关艺术团体和单位共同主办的具有国际影响的大型常设性艺术盛会，每年一届；办事处常设于香港英皇道14号侨兴大厦16/F楼F座，活动包括展览、评选、交流会、出版等多个项目，是世界华人艺术家共同的节日。本次香港大型艺术展是继第二届“世界华人艺术大奖”曼谷大型艺术展后的又一次世界性的华人艺术盛会。随着中华艺术在国外的影响日趋扩大，具有多次大型国际性活动组织和策划经验的世界文化艺术研究中心和世界艺术家协会倍受国际社会称赞，信誉卓著，是中国文化走向世界、世界人民了解中国文化的桥梁，是世界各国艺术家共同的家。在即将到来的21世纪，世界文化艺术研究中心和世界艺术家协会将肩负起在世界范围内宣扬中华文化艺术的历史使命，组织中国艺术家代表团亲赴世界各国访问办展，把中华艺术之光传遍世界。

世界文化艺术研究中心和香港中国国际交流出版社，是世界第一套中文版《世界名人录》的编辑出版单位，至今已出版六卷，在海内外引起重大反响；中央领导予以题辞鼓励，中国国家图书馆予以专柜展示，这是海外中文出版界的惟一殊荣。

# 第　十　篇

# 中国经济文化专题介绍

# 迎接战略转折,大力发展高技术产业

宋　健

中华人民共和国建国50周年的历程雄辩地说明了那种在列强面前缺乏并驾齐驱和竞争勇气的庸人的沉疴陋习,绝不是中国人的民族精神。50多年的实践向世人表明,外国人能做到的,中国人必能做到,我们有权利为50年的伟大成就自豪,但是我们没有资格骄傲。因为,目前我们的生产力水平,50个人干不过一个瑞士人,40个人还干不过一个日本人,使我们感到任重道远。

实现工业化是现代化的前提,一个没有强大制造能力的国家,永远成不了经济强国,发展高科技、实现产业化,在新中国的历史上将是一次伟大的战役,是决定中国未来世界上地位的一场战斗。

全国人民刚刚热烈庆祝了人民共和国成立50周年,人们至今还沉浸在节日的喜悦之中。回忆50年前,在中国这片曾经为人类社会做出过不朽贡献的广阔大地上,科学技术比西方落后了200年,工业、农业、商业、交通运输业等都极不发达,连年战争留下满目疮痍,生产力遭到严重破坏,市场萧条,物价飞涨,民不聊生,百废待兴。如今,经过短短半个世纪,新中国走过了西方200年的路,昔日贫穷落后的旧中国已经彻底成为历史,中华大地发生了翻天覆地的变化,为中华民族长卷史诗新添了辉煌的一页,为近代史增写了最灿烂的一章。特别是党的十一届三中全会以后,中华民族焕发了前所未有的朝气和活力。前30年我们也有过不少经验教训,但是道路曲折不足以蚀其光辉,迷雾云烟不能蔽其璀璨。一句话,新中国的50年是中华民族勇敢探索、艰苦奋进的50年,是炎黄子孙排除重重艰难险阻,挺起胸膛,改天换地的50年。

在50年成就的基础上,面对新世纪的机遇与挑战,党中央、国务院高瞻远瞩,正确地指出:中国已进入了一个全新的发展阶段,正处于新的战略转折点。下世纪初中国发展的重大战略方针是"加强技术创新,发展高科技,实现产业化"。这是根据中国国情和世界形势作出的科学判断,对我们确定新时期的发展任务与措施具有关键性的指导意义。

## 统一思想,树立信心,努力实现中华民族21世纪的伟大战略目标

今天,中国的经济已从总体上告别了短缺经济时代,基本上克服了贫困,绝大部分地区已达到了小康,许多初等的、但是重要的工农业产品的产量已跃居世界前列。如,主要农业产品中,谷物、肉类、棉花、花生、油菜籽、水果等的产量已列世界第一位;茶叶、大豆、甘蔗居第三位;主要工业产品中,钢、煤、水泥、化肥、电视机产量居世界第一位;发电量、棉布、化学纤维居第二位;糖和原油产量分居第四、五位;其他主要产品产量的世界排名位次也明显前移。与此同时,我国95%以上的工农业产品出现相对过剩的情况,粗钢、水泥、玻璃、纺织品、日用品等生活必需品的传统生产能力也已超过需求。最值得高兴的是,中国已建立了坚实的基础工业体系,充满活力的国家科技创新

体系已经开始建立。这些都为下世纪的持续发展奠定了可靠的基础。

回顾50年的成就,站在新的战略转折点上,下一步路向何方?继续攀登,再上一层楼,跻身于世界民族之林?还是信守“小康即安”、“知足者常乐”之遗风?这一历史的抉择再一次摆到了中国人民面前。

如果按中国古代小康即安的传统标准,我们可以高枕无忧地睡大觉了。早在80年代中期,一个刊物上就曾刊登过一位农民写的短文,标题是《胜似神仙》:“傍水依山,瓦房几间,朝也安然,暮也安然。耕种几亩责任田,种也由俺,管也由俺,丰收靠人不靠天。大米白面日三餐,早也香甜,晚也香甜。晚归妻子儿女话灯前,古也交谈,今也交谈,不是神仙,胜似神仙。”这篇短文,一方面生动地反映出改革开放使我国农民生活得到提高,精神面貌得到改善,另一方面也深刻地反映着中国几千年所传下来的“小康即安”的观念和心态。

英国数学家、思想家、作家、诺贝尔文学奖获得者罗素(1872~1970)在观察中国人的心态后曾指出,在本世纪初中国人的毛病在于小康即安的心态,这是发展大工业的思想障碍。这个批评有点道理,因为这种来源久远的遗风今日在部分人中仍可见其痕迹。但是,这绝不是中国共产党人和中国一切先进分子的思想状态。

从孙中山到毛泽东、邓小平,都表达过中国人民的笃志夙愿:中国人民必须努力奋斗,以求屹立于世界民族之林。中国人有义务也有能力为人类的文明进步做出自己的贡献。党的十五大决定,中国到下个世纪中叶,要基本实现现代化,达到中等发达国家水平。这充分体现以江泽民同志为核心的第三代中央领导集体,高举邓小平理论伟大旗帜,带领全中国人民奋发图强的决心和气魄。

今年,中央召开了全国教育工作会议,全国技术创新大会和中共中央十五届四中全会,先后作出了《中共中央、国务院关于深化教育改革,全面推进素质教育的决定》、《中共中央、国务院关于加强技术创新,发展高科技,实现产业化的决定》和《中共中央关于国有企业改革和发展若干问题的决定》。这三次会议和三个决定都非常重要,内容彼此关联,相辅相成,都围绕实现党的十五大提出的跨世纪奋斗目标,作出了迎接新的战略转折的重大决策。认真贯彻落实这三次会议精神和三个决定,全面建立科技创新体系、振兴国有企业、更多地培养高素质人才,将决定中国下世纪的命运和前途。

我们有权利为50年的伟大成就自豪,但是我们没有资格骄傲。我们必须记住,达到小康仅仅是实现振兴中华的必要条件。我们还处于工业化的初级阶段,面临的压力还很大,今后的任务还很艰巨。

最近公布的世界各国发展状况表明,瑞士等几个国家人均国民生产总值已过4万美元,日本、新加坡等已过了3万美元;美国、德国、奥地利等都超过2.8万美元;比利时2.7万美元。欧共体最低的中等发达国家,如希腊、葡萄牙也都在1万美元以上。中国1998年是750美元,是他们的1/50到1/40,是中等发达国家的1/13。1998年中国国民生产总值79 000亿元中,高技术产品只占18%。这表明,目前我们的生产力水平,50个人干不过一个瑞士人,40个人还干不过一个日本人。

目前,我国绝大多数产品相对过剩,这与过去短缺经济相比毫无疑问是一大进步。但是,这些大多是初级产品,是建立在落后工艺基础上的,能耗高,物耗高,缺乏竞争力。这里蕴涵着产业结构的落后,结构问题的背后是产业水平和企业技术水平低下。一方面传统低档产品过剩,另一方面,技术含量高的高档产品又大量进口。我国传统纺织品生产能力过剩,国家不得不强制淘汰传统织机,但是每年进口高档纺织面料都在60亿美元以上。粗钢产量1.1亿吨,传统产品卖不出去,而高档钢材不能供应,每年进口1 000多万吨。不锈钢80%要靠进口。中国自己生产700万吨塑料(折合乙烯),而家用电器等需要的塑料要进口800万吨。

最近一位外国朋友、俄罗斯科学院经济所所长阿尔巴金先生指出:希望中国朋友居安思危。中国的商品饱和是出现在较低层次上的,即使在国际市场上较好的消费品,同美国等发达国家的高科技产品占领世界市场的情况相比,中国只是赚小钱。留恋轻松的蝇头小利,很难改变产业结构。中国应该艰苦奋斗,完成产业的升级换代,发展后工业社会的技术和工艺,才能在世界上起更大的作用。这位朋友的话是语重心长的。

目前我国粮价总体已高于世界平均水平。在对外开放的形势下,用提高农产品价格去提高农民收入已成为不切实际的幻想。传统农业劳动和手工业、传统工业和高技术产业的劳动生产率的比例是1:10:100。在小块土地上靠手工劳动，人均收入很难全面超过1 000美元，更不可能普遍提高到人均收入1万美元的水平。目前，全国农村人口占70%，要达到中等发达国家水平，必须成十倍成百倍地提高农村的劳动生产率。要达到这个目标，只能靠提高农业科技水平，加强科研，采用高新技术，培育优质高产新品种，提高单产，还要努力完成农业机械化、自动化，即建设现代化农业。在农业问题上，必须丢掉幻想，任何指望"天赐良机"一蹴而就，全然是幻想。

改革开放以来，全国各地建立了上千万个新的乡镇企业。据农业部统计，1997年乡镇企业总数已过2 000万个，职工1.3亿人，当年经济增加值2万亿元，占国内生产总值的27%。有的省市已是半壁江山。小平同志说，这是异军突起，事前未曾想到的。乡镇企业的兴起，对农业、农村经济和全国经济的发展，对小城镇的建设都起到了巨大的推动作用。但是，目前乡镇企业也遇到了困难。市场的激烈竞争迫使他们提高科技水平，开发新产品。只有这样，才能生存和发展下去。

可以预言，下世纪乡镇企业对广大农村走向工业化，农业现代化，剩余劳动力进一步向工业、商业、服务业的转移，仍将发挥重要作用。对乡镇企业持悲观态度是没有根据的。乡镇企业的前途光明，是农村经济实现工业化和现代化的希望所在。据1997年统计，全国乡镇企业中，已发展成大中企业的有6 336家，企业集团1 039个，都已经有相当的技术水平和经济实力，具有发展高科技的潜力和雄心壮志。我们的方针应该是满腔热情地支持和帮助他们提升到新的水平。动员和鼓励大学生、研究生和科技人员到乡镇企业工作。农业和农村经济的振兴和大发展是中国经济全面振兴的重要保证。中国农村人口这么多，全靠城市或大中企业带动，那是拉不动的。因此，以科教兴农的精神和干劲，继续支持乡镇企业的升级，仍是各级政府特别是科技界、工业界一项长期的任务。

我们还应看到，与发达国家高技术产业经济相比，我国的教育水平和科技水平还比较落后，国民整体素质还普遍较低，科技转化为现实生产力的能力还很薄弱。大多数企业，包括相当一批国家重点企业，缺乏有自主知识产权的产品和技术储备。全国大中型企业中，一半以上还没有真正建立起自己的技术开发机构，没有自己的技术开发活动，仍然仅仅是一个大的生产车间。一些影响经济发展和产业升级的重大关键技术，源头仍在国外。这是西方有的发达国家有恃无恐地推行强权政治，实施技术封锁的主要因素。

迎接新的战略转折，实现中华民族21世纪的伟大战略目标，最重要的是树立信心。今年9月18日，党中央、国务院、中央军委召开了表彰为研制"两弹一星"作出突出贡献的科学家和工程专家大会，授予23位科学家功勋奖章。五六十年代"两弹一星"研制成功所产生的剧烈冲击波和巨大影响力，彻底改变了中国人在世界上"东亚病夫"的形象，涤荡了中国人自己在列强面前沮丧萎靡和畏难怯懦的心态，结束了150多年来充满犹豫、裹足不前的关于发展道路的争论。

那种在列强面前缺乏并驾齐驱和争先勇气的是庸人的沉疴陋习，绝不是中国人的民族精神。50多年的实践向世人表明，外国人能做到的，中国人必能做到。关键在于有正确的方针政策，树立起逼近科学前沿的自信心和敢于攻克尖端的勇气。在这方面，决策研制"两弹一星"的老一代革命家和主持这一艰巨事业的老一代科学家，给我们和后来人做出了光辉的榜样。这段历史鲜明地表现了中国人的灵魂，指示了中国未来的命运，对现代人重要，对后来人更为重要。年轻人应该记住这段历史，面对新的机遇与挑战，背负起历史的责任，树立信心，鼓起勇气，挺起胸膛，勇于创新，发展高科技，实现产业化，为祖国创造出更大的辉煌。

## 实现工业化是现代化的前提

全世界经济学家一致认为，一个国家，特别是发展中国家，实现现代化的前提是工业化。实现工业化，是18世纪英国产业革命以后世界各国奋斗追求的目标，一些发达国家奋斗了200年，才得以实现。所以现在各发达国家自称为后工业化社会，他们不叫现代化。发达国家实现工业化的主要特征是一切重体力劳动和手工生产劳动，特别是社会基础产业，农业、工业、加工制造、建筑、运输、分销供应和各种服务业都实现了用机械代替体力劳动。工业化的另一个特征是大规模经营，或叫产业化、社会化经营。由于工业化极大地提高了全社会的劳动生产率，提高了全社会创造财富的能力，因而人民的收入大幅度提高，极大地提高了人民的生活水平。

发达国家在200多年的工业化进程中，创造了科学飞速进步和技术创新不断涌现的新时代。实现工业化的主要功劳在于科学技术的进步和创新。现在市场上可以看到千百万种大小机械，在一切可能的地方都由机械代替了人工劳动。从厨房的器械，家用电器，到大生产线上的机械人。这是靠十余代人的发明创造和生产制造所积累起来的现代物质文明。

20世纪后半期，传统工业又有所提高。这就是已经部分实现了和正在蓬勃发展着的社会生产全面自动化的强大潮流。各式各样的自动化生产线已成为普通的装备。实现工业化的主力军是制造业。制造业，即把原材料做成机械装备和社会需求的产品，是实现工业化的保障，是向现代化即后工业化前进的基础。制造业是实现工业化的水之源、木之本，是实现现代化的原动力，是国家实力的支柱，是支持共和国大厦的基石。对这一点绝不能有丝毫的忽视和误解。

美国总统说，制造业始终是美国经济实力的脊梁。据美国人统计，美国服务业对国民经济的贡献虽然很高，但是制造业对国民生产总值的直接贡献始终大于20%，拉动其他产业30%，拉高增长率40%。制造业执行研究开发的70%，拉动全国科技进步的40%。近10年来，美国保持了较高的经济增长，主要也是靠制造业（包括微电子、计算机、通讯、航空、航天、医药等）的复兴拉动的。

工业装备，农业机械，交通运输，飞机，兵舰，航天，导弹，微电子，计算机，武器装备等都靠的是制造业。

中国50年所取得的成就是伟大的，但工业化的进程还仅是初级阶段。要完成工业化，还需要几十年。

中国每年进口1 400亿美元，其中70%即10 000亿人民币是买外国的生产线和各种工农业、服务业的机械化、自动化装备。精密的自动化生产装备，精密机床，仪器仪表，电视发射机和摄像机，移动通讯，精细化工生产设备，生物工程科学试验和生产设备大部分或几乎全部依赖进口。

中国每年出口1 800亿美元，数得上高技术的产品只占10%左右，90%以上是原材料和初级产品。

有人说，在现代化社会，人类将抛弃物质的生产，只生产软件就行了。对这种说法要当心，不要全信。因为物质的生产，食品的安全，人民生活日用品的供应是人类生存发展须臾不能缺少的东西。生产和消费，生存与发展是人类社会最根本的实践活动，是决定一切其他活动的东西。这就是历史唯物论。提高农业和制造业的水平，实现农业机械化和现代化，发展先进的制造业是人类社会永恒的主题，一万年以后仍将如此。一个没有强大制造能力的国家，永远成不了经济强国。这一点千万不能有任何犹豫。

信息产业的发展是本世纪后半叶科学技术的重大成就，极大地改变着人类社会的生产方式和生活方式。它使物质财富的生产方式起到了革命性变化，进入全自动化生产阶段。由于信息产业和计算机技术的飞速进步，实现了体力劳动和脑力劳动的机械化、自动化和智能化，为在科学研究、产品开发、医疗卫生和服务业等各行各业中实现全自动化成为可能，大大延伸和增强了人的脑力劳动效率，增强了人们的创新能力，提高了劳动效率。包括软件在内的信息产业之所以发展迅速，正是由于它对人类物质生产，特别是农业、制造业和服务业的技术进步产生了革命性影响，仍拿美国为例，制造业是采用以计算机为中心的信息技术最积极、最活跃的部门，每年花在这方面的资金超过1 500亿美元，比中国每年的全部财政收入还要多。从经济学的观点看，软件生产也是制造业的一部分。软件产品是脑力劳动的成果，为人类生产、消费和社会生活提供的自动化工具。信息产业今后对服务业的影响也是无法估量的。软件生产越来越成为信息产业的关键。但是，无论如何，对中国这样的发展中国家来说，推动农业、工业、制造业的升级和改造，大力推动生产自动化，发展先进制造技术，是信息产业和软件产业的中心任务之一。

中国的制造业是今后实现工业化的源头，是实现现代化的主力军、野战军，目前主要集中在国有大中型企业中。振兴大中企业，提升大中企业的技术水平和经济效益将决定中国工业化、现代化建设的进程，对实现下世纪的宏伟目标具有决定性的意义。如果不注意科技进步，一个国家或地区的制造业可能长期落后，在市场上处于被动。我们绝不能在城市一天天漂亮起来的时候，让中国的制造业衰落，否则靠谁来装备中国的农业、工业和服务业？从全局来看，制造业永远不会衰亡，不会消失。它一定会随着科学技术的进步和社会需求的变化而继续发展，向新的目标提高，前进。

十五届四中全会《决定》指出，国有企业是我国国民经济的支柱，50年来，为中国的社会主义建设做出了不可磨灭的重大贡献。但是目前面临着一场广泛而深刻的变革。体制转换和结构调整进入了攻坚阶段，这关系到整个经济体制改革的成败。要充分认识国有企业改革和发展的重要性和紧迫性，又要清醒地看到这项工作的艰巨性和长期性。要锲而不舍地努力，不断取得新突破。

建立现代企业管理制度和建立技术创新机制，推动科技进步，是大中企业生存和发展的生命线。在社会主义市场经济制度下，没有这两条，无论是哪个企业，早晚都要垮台，谁都不要有侥幸心理。

企业技术进步和产业升级的主要方向和重点是：面向市场开发新产品，增加品种，提高质量，提高效益；加强技术改造，采用先进工艺和装备，提高劳动生产率，提高产品技术含量；要敢于开拓新产业，甚至建立新的生产领域。

所有大中企业要建立自己的技术创新体系，大大加强自主创新能力，开发新产品，掌握新技术的核心，掌握知识产权，提高在国内外市场上的竞争力，加强开拓市场能力。要吸引科研机构、大专院校和社会上的科技力量进入企业，实现产学研结合，加速科研成果向生产力的转化。

全国目前每年经省部级鉴定的新成果有3万多项，专利有7万到10万项，真正用于企业生产的比例很低，不到30%，潜力很大。

如果我们在世界市场上进行调查，与国内情况进行对比，就会发现，还有大量的社会需求的工业产品我们没有人做或不会做。重大的技术装备，自动化、机械化的工业设备，高档微电子芯片，精密仪器、仪表，移动通讯，电视摄像机，高档纺织品等等，或者是空白，全靠引进，或者是开发能力极弱，国产供应很少。造船业取得了很大成就，但配套的装船设备自给率只有40%。甚至连社会急需的快餐机械，什么包饺子机、炸油条机都没有批量供应。农产品的产后加工设备主要靠引进。现在全国各地大力发展畜牧业，奶制品配套生产设备几乎是空白。例如，割草机和挤奶机就没有物美价廉的产品。现有的很贵，品种少，养牛户买不起。

十五届四中全会《决定》中指出，中国由一个贫穷落后的农业国，发展成为即将进入小康社会，向工业化和现代化目标大步迈进的社会主义国家。现在，中国的工业化进程还远未完成。大中小企业的发展空间很大，市场需求还会日益增长。

实现中国的工业化要靠大中小企业并举。从产业革命以来200多年间，中小企业一直是世界各国实现工业化的重要力量，对众多领域的工业化起到了决定性作用。20年来，我国的中小企业，特别是乡镇企业蓬勃发展，成为工业化建设和科技成果转化推广、扩散的一支生力军。中国中小企业有1 000万户，每年产值占全国工业总产值的60%，利税的40%，出口的60%，吸纳城镇就业人口的75%。从1997～1998年这两年吸收下岗职工再就业650万人，今年上半年吸收了70万人。

世界上很多大型高科技企业是从小企业发展起来的。世界闻名的通用汽车公司，现在有75万职工，年销售额1 500亿美元，就是从小企业发展壮大的。荷兰的菲利浦、德国的西门子等跨国公司都是从小作坊里诞生和发展壮大的。现在的比尔·盖茨也是白手起家的，奋斗20年，个人资产已过500亿美元。

过去50年，我们已为中国的工业化奠定了巩固的基础，但是全面实现工业化尚需几十年的时间。50年的成就很大，那还仅仅是拉开了序幕。现在，全国固定资产存量约8万亿元，而今年一年的全社会固定资产投资就达3万亿，占国民生产总值的1/3。可以预见，中国的大规模工业化建设将在下世纪展开，高潮还在后面。

中央最近提出，有些部门和产业应该实行跨越式发展。就是说，有些当代技术前沿的工业、产业和服务业，不应等到工业化实现了再去做。应该在实现工业化进程中，不断吸收和开发高技术，应用新技术，使中国的工业建设更快地达到世界发达国家的水平。这是完全可能的。“发展高科技，实现产业化”这个新战略方针的实施，就是大力争取实现跨越发展的一个积极而重大的举措。

## 大力发展高技术产业

今年8月，在中央召开的全国技术创新大会上，江泽民同志作了重要讲话。他说:"全面实施科教兴国战略,大力推动科技进步,加强科技创新,是事关祖国富强和民族振兴的大事"。"抓住机遇,努力在科技进步与创新上取得突破性进展,赋予全面推进建设有中国特色的社会主义事业以更大动力,是全国广大科技工作者和各条战线上的同志们的一个伟大战略性任务,大家要切实担负起这个历史责任,在党和政府领导下,团结一致向新科技革命进军。"

中央在"关于加强技术创新,发展高科技,实现产业化的决定"中指出了发展高技术产业的具体目标。首先在农业方面,要在动植物基因工程,农用化工,农业机械,生物资源开发,种质改良,节水农业,病虫害控制与预防,环境保护等方面有新的突破。大力发展信息产业、通讯、网络、计算机软件、硬件及先进制造技术。发展生物技术在医药卫生领域的应用。属于重点开发领域的还有新材料、新能源、航空航天、海洋资源开发等。

发展高技术产业对建立新的经济增长点,武装大中企业和提高技术水平,提高农业生产和产后加工的能力,加强国防装备的实力都有决定性意义。这是贯彻执行科教兴国战略的中心内容。有了自己的高技术产业,就能推动我国整体实力的全面提高,使社会生产力、综合国力和国际竞争力大幅度增强。

其实,在我国国民经济的各个领域,在工农业和服务业等各行各业中,都有自己的高技术市场需求,都有自己的科学技术前沿。发展高科技是各行各业的事业,不仅仅是一部分人的事。各行业中的科技工作者和广大职工在这一场新的技术革命中都应该调查研究,了解自己领域中世界科技最新成就,本行业国内外市场对高技术产品的需求,从而确定自己的主攻目标。每个行业都有很多机会,都有很大的发展空间。

在今后10年到20年的时间内实现"发展高科技,实现产业化"的目标,在新中国的历史上将是一次伟大战役,是决定中国未来在世界上地位的一场战斗,是中国发展道路上一次革命性战略转折。这有如革命战争年代从游击战转向战略进攻,由内线防御转向外向外线作战。发展高技术产业,面对的是世界各发达国家强大对手的激烈竞争。但是,对外开放的环境和形势,也给我们提供了极好的学习机会。我们能够在竞争中发挥自己的优势,寻找取胜的机会,确立自己的发展战略,从而逐步取得胜利。近5年,中国程控交换机行业所取得的成就,把外国垄断的中国市场夺回了50%,而且开始向亚非拉各大洲出口。他们给我们做出了榜样,树立了信心。他们能做到的,各行各业都应该能做到。

中央和国务院提出了希望,在今后若干年中,要使高技术产品在国民生产总值中的比例提高到30%以上。外经贸部提出,今后10年左右,要把高技术产品在出口总额中所占比例从现在8%提高到30%以上。要大幅度提高自动化生产装备的国产率,使每年进口的1 000亿美元设备中的相当部分能够国产化,以产顶进。现在各级政府部门都在积极准备,认真研究各种措施,以便从"十五"计划开始实施。

今年8月中央、国务院发布的决定中,已采取了一系列新的方针政策和具体措施,以保证这一战略任务的实现。教育部制定了"教育振兴行动计划"。在普九和加强素质教育的同时,加速高等和中等教育改革和发展,为社会培养越来越多的各类人才,特别是经营管理人才。把全国4 000多个技术开发型科研院所大部分转变成科技型企业,改编成为发展高科技产业的野战军、主力军,进入市场。国家仍然加大投入,稳住基础研究和高技术前沿研究这一头,保持不断向企业和市场第一线传送知识和技术。所有大企业都要限期建立自己的技术和新产品研究开发中心。还要为中小企业建立行业性或地区性的技术研究和开发服务机构,加强对他们的技术支持。全国高等院校,都要参与产学研联合,大力开展与企业的合作,加速新产品开发和新技术的推广。有技术实力的院校应该派出力量建立和发展校办产业。要培养学生在市场上的战斗力和企业家精神。这应该看成是有中国特色的教育事业的新特征。要进一步办好高新技术产业开发区、科技园区和大学科技园。要更大规模地办好一批企业孵化器。为高等学校毕业生、硕士生、博士生、留学回国学子们创办高技术产业创造更好的环境支撑条件。大力发展科技中介机构,为科技企业的发展、大专院校的成果转化提供更好服务。过去10年建立的53个高新技术产业开发区大多已有了很大发展,已有180万人进区,一半以上是大学生、研究生,还有一部分留学生。1998年销售收入4 839亿,出口85亿美元,年增长43%和32%。现在仅53个高新技术产业开发区的出口即相当于1978年左右的全国年出口总额。高新技术产业开发区具有很强的活力，真正成了发展高新技术产业基地和对外开放的窗口。大学科技园已办了30多个。今年教育部决定再办10个试点园。放开各种所有制的民营科技企业的发展。过去20年的经验证明，放开发展民营企业是发展高新技术产业的成功之路。全国现有7万家科技型企业，形成了有400万职工的民营企业群体。他们资本需求小，负担轻，机制灵活，管理成本低，适应市场能力强，70%的产品具有自己的知识产权，经济实力和规模发展很快。1998年技工贸收入已超过6 000亿元，交税260亿元，当年出口100亿美元，超过1978年全国出口总额。很多民营科技企业为建立社会主义市场经济体制探索了道路，创造了经验，有远大的前途。

调动和发挥科技、教育、经济、工业各界人员的积极性，在政府的产业政策指导下，面向市场，投入到发展高技术产业中，保持高新技术产业高速发展，是中央和国务院坚定不移的战略决心。20年的实践证明，建立社会主义市场经济体制为高技术产业的发展创造了良好的条件，与过去计划经济时代相比，已发生了根本的变化。过去20年中，中国的粮食、肉蛋、畜牧和水产品的产量大幅度增长，家用电器、彩电、个人计算机、程控交换机、软件产品、生物制品等大发展，出口增长很快，很少是由政府部门计划出来的。大部分都是在市场经济环境中，包括科技人员在内的广大人民群众的伟大创造，经自发奋斗而取得的成就。

此外，中央决定进一步放宽发展高技术产业的各项政策，进一步完善了关于发展科技产业的方针。包括：

以公有制为主体，各种所有制的企业共同发展。鼓励个人、集体企业转变成股份制或股份合作制，以扩大资金来源和实行民主决策，从而加强企业的科学管理，增强企业的发展活力。鼓励个人、集体和事业单位分流人才，创办高技术企业，允许和鼓励大学教授、教师到企业兼职。知识、发明、创造可以转化成股份，进入企业，参与分配。可以设立企业职工股，实行按劳分配为主的多种分配制度。允许和鼓励技术管理等生产要素参与收益分配；

科研事业单位有产权的科研成果，一年内不能实施而变成产业者，成果完成人有权向主管单位申请，自己带着成果去创办企业，开发成产品，允许分享经济效益，并给予奖励；

转成企业的原政府直属科研院所，可以保留名称，带去资产，离退休人员的费用仍由政府承担；

对高新技术产业实行优惠的税收和金融政策。降低软件产业的增值税率到6%；高新技术产品出口实行增值税零税率；鼓励各金融机构向科技型企业放贷，重要项目由国家贴息；鼓励设立风险投资基金，等等。

要大力培养、爱护和保护科技企业家。在市场经济中需要成千上万有战略思想、能统帅大企业驰骋于市场的职业企业家。要像战争年代党中央培养和爱护有能力指挥大战役的军事指挥员一样培养和爱护他们。世界经济界公认，成功的企业家应该也只能在市场上锻炼成长。这和打仗一样，要在战争中学习指挥战争。青年企业家，在初期实践中，不可能没有缺点，不犯错误。各级政府部门，社会各界都应该给予爱护、支持和帮助，以利于他们成长。有的经济学家统计，在一个产业或行业中，优秀的经营管理者给企业和社会创造的价值平均是科技人员的5～10倍，一个大企业的主要领导人的贡献就更大；

对企业领导人实行年薪制，逐步实行责任和工资挂钩，鼓励企业家领导企业发展成为大规模生产，占领更大的国内外市场份额的大公司或企业集团。

上述各项政策的制定和实施，体现了国家和社会对发展高技术产业的急迫需求。

经过50年的奋斗，中国的发展已达到了一个新的阶段。内不愁物资匮乏，外不怕列强扰患，实行战略性调整和转折，已是水到渠成，顺理成章。“加强技术创新，发展高科技，实现产业化”是今后中国提高国家经济实力、国防实力、科技实力、社会生产力和人民生活水平，从而缩小与发达国家差距的光明大道。可以预计，发展高技术产业将成为中国经济建设的主战场。这将是下世纪上半叶的最后一个大战役，中国必须有勇气迎接这个挑战。这就像打决定解放战争命运的三大战役那样，只能成功，不能失败。只要这个战役取得成功，我们就能出线到世界前沿，耸立于世界民族之林。

# 1998/1999 年度中国教育发展与改革述评

国家教育发展研究中心 周满生

刚刚过去的 1998－1999 两年，拥有世界最大教育人口的中国，在党和政府的高度重视和直接领导下，通过教育战线全体师生干部职工的共同奋斗，教育发展与改革有了重大突破，教育事业取得了令人瞩目的成就。

## 落实科教兴国战略，制定面向 21 世纪的宏观教育政策

**制定《面向 21 世纪教育振兴行动计划》，全面规划今后三至五年教育工作的奋斗目标和任务。**

江泽民同志代表党中央所作的十五大报告中明确指出："培养同现代化要求相适应的数以亿计高素质的劳动者和数以亿计的专门人才，发挥我国巨大人力资源的优势，关系 21 世纪社会主义事业的全局。"国务院郑重地宣布把实施科教兴国战略作为本届政府最大的任务，并组成了国家科教领导小组，全面领导科技和教育工作。这一切使教育事业面临着前所未有的机遇，也肩负着崭新的任务。在充分考虑到我国处于社会主义初级阶段的国情，考虑到这一时期教育发展与改革的迫切性和复杂性的基础上，在国家科技领导小组的部署下，教育部制定了《面向 21 世纪教育振兴行动计划》，并于 1999 年 1 月 13 日经国务院批转实施。

《面向 21 世纪教育振兴行动计划》是在贯彻落实《教育法》及《中国教育改革及发展纲要》的基础上提出的跨世纪教育改革和发展的施工蓝图，共有 12 部分 50 条。提出的主要目标是：到 2000 年全国基本普及九年义务教育，基本扫除青壮年文盲，大力推进素质教育；完善职业教育培训和继续教育制度，城乡新增劳动力和在职人员能够普遍接受各种层次和形式的教育与培训；积极稳步发展高等教育，高等教育入学率达到 11％左右；瞄准国家创新体系的目标，培养造就一批高水平的具有创新能力的人才；加强科学研究，并使高校高新技术产业为培育经济发展新的增长点作贡献；深化改革，建立起教育新体制的基本框架，主动适应经济社会发展。到 2010 年，在全面实现"两基"的基础上，城市和经济发达地区有步骤地普及高中阶段教育，全国人口受教育年限达到发展中国家先进水平；高等教育规模有较大扩展，入学率接近 15％，若干所高校和一批重点学科进入或接近世界一流水平；基本建立起终身学习体系，为国家知识创新体系以及现代化建设提供充足的人才支持和知识贡献。

为实现上述目标，《面向 21 世纪教育振兴行动计划》提出了将采取的主要措施。包括：实施"跨世纪素质教育工程"，提高国民素质；实施"跨世纪园丁工程"，大力提高教师队伍素质；实施"高层次创造性人才工程"，加强高等学校科研工作，积极参与国家创新体系建设；积极并加快进行"211 工程"建设，大力提高高等学校的知识创新能力；创建若干所具有世界先进水平的一流大学和一批一流学科；实施"现代远程教育工程"，形成开放式教育网络，构建终身学习体系；实施"高校高新技术产业化工程"，带动国家高新技术产业的发展，为培育经济新的增长点做贡献；贯彻《高等教育法》，积极稳步发展高等教育，加快高等教育改革步伐，提高教育质量和办学效益；积极发展职业教育和成人教育，培育大批高素质劳动者和初中级人才，尤其要加大教育为农业和农村工作服务的力度；

深化办学体制改革，调动各方面发展教育事业的积极性；依法保障教育经费的“三个增长”，切实增加教育的有效投入；高举邓小平理论的伟大旗帜，加强高等学校党的建设和思想政治工作，把高等学校建设成为社会主义精神文明建设的重要阵地。

在批转教育部实施的《面向21世纪教育振兴行动计划的通知》中，国务院强调：“根据党中央关于21世纪社会主义现代化建设特别是实施科教兴国战略的重大部署，全社会都要高度重视教育，要使科教兴国真正成为全民族的广泛共识和实际行动。各级人民政府和各有关部门要切实把教育摆在优先发展的战略地位，充分认识全面振兴教育事业的重要性，认真实施《面向21世纪教育振兴行动计划》，把生机勃勃的中国教育带入21世纪。”《面向21世纪教育振兴行动计划》的实施，必将使教育更加主动为社会主义现代化建设服务，真正担当起科教兴国的重任，培养同现代化要求相适应的数以亿计高素质的劳动者和数以千万计的专门人才，全面提高民族素质和创新能力。

**召开了改革开放以来第三次全国教育工作会议，颁布了《中共中央，国务院关于深化教育改革全面推进素质教育的决定》。**

根据中共中央的决定，1999年6月召开了改革开放以来的第三次教育工作会议，颁布了《中共中央，国务院关于深化教育改革全面推进素质教育的决定》，研究和部署我国迈入21世纪的一系列教育改革与发展的重大决策。

这次全教会在进一步解放思想和深化改革方面有实质性的突破：强调素质教育就是要在新的形势下全面贯彻党的教育方针，以提高国民素质为根本宗旨，以培养学生的创新精神和能力为重点，倡导尊重学生身心发展特点和教育规律，使学生生动活泼、积极主动地得到发展。强调要把邓小平同志提出的“三个面向”和中央提出的“四个统一”作为实施素质教育的根本指导思想。强调加强德育，培养学生正确的世界观、人生观和价值观，树立爱国主义、集体主义、社会主义思想是素质教育的灵魂，并使德育、智育、体育、美育、劳动技术教育和社会诸方面相互渗透，相互促进，贯穿于教育的各个环节和阶段；通过多种形式积极发展高等教育，使我国适龄人口高等教育入学率从现在的9%上升到2010年的15%左右，即普通高等学校在校生由1998年的630万扩大到近1 700万；在大力发展普通高等学校的同时，积极鼓励和支持社会力量举办各种类型的学校，以满足日益增长的教育需求，并给予各种优惠政策；进一步简政放权，国家要把高等教育的招生计划权和办学的审批权交给省级人民政府，由省级人民政府管理高等学校；构建新的教育教学体制。

江泽民等中央领导同志在会上作了重要讲话。江泽民在讲话中深刻分析了国际形势及新形势下教育的先导性、全局性和基础性地位，对全面推进素质教育提出了明确的指导思想和要求。李岚清副总理在报告中全面阐述了推进素质教育的战略意义，明确提出深化教育改革，全面推进素质教育的重要措施。会议闭幕时，朱镕基总理作了重要讲话，深刻分析了我国当前的经济形势，要求抓住难得机遇，加快教育的改革和发展。

《中共中央，国务院关于深化教育改革全面推进素质教育的决定》，主题鲜明，重点突出，是一个求真务实、锐意进取的纲领性文件。它反映了我国现代化建设和时代进步对教育的新要求，反映了教育理论和实践的新发展，对素质教育的认识提高到了一个崭新水平。第三次全国教育工作会议的胜利召开，充分体现了以江泽民同志为核心的党中央对教育工作的高度重视和实施科教兴国战略的坚强决心。标志着跨世纪我国的教育事业将进入深化教育改革、全面推进素质教育的新阶段。这次会议对进一步动员全国各族人民，努力实施科教兴国战略，把国民素质提高到一个新的水平，将具有十分重要和深远的意义。

## 1998/1999 年度<br>中国教育发展概况

**完成“两基”工作的年度目标，加大了教育扶贫力度** 1998年底，通过“两基”验收的县(市、区)总数达到2 242个，人口覆盖率达到73%。小学学龄儿童入学率达到98.93%，初中阶段毛入学率达到87.3%，超过了同期发展中国家的平均水平。1998年扫除青壮年文盲320万人。青壮年文盲率由1978年的18.5%下降到5.5%以下。同时，启动“贫困地区义务教育工程”“三片”地区(不发达地区)的工程建设。加大对少数民族地区和边远贫困地区的教育扶贫力度,加强了教育援藏工作。普通高中在校生达到938万人,中等职业学校在校生达到1 467.87万人,高中阶段教育得到了快速持续发展。

**职业教育和成人教育健康发展** 职业教育体系的建设有了较大进展,初步形成了与普通教育相互沟通的职业教育体系。中等职业教育在校生占高中阶段在校生总数的比例,已由1978年的7.6%提高到60%以上。建设了一批具有示范性的职业技术学校,到2000年底,全国将逐步建成约2 000所重点职业学校或培训中心,同大量形式多样的短期培训机构相结合,形成职业教育的网络。1999～2000两年主要依托普通高等学校和高等职业学校,在全国重点建设50个中等职业教育专业教师和实习指导教师培养培训基地。成人教育广泛开展岗位培训、继续教育、社会教育和再就业培训工作,取得了良好的社会效益。全国已有80%以上的乡镇和40%以上的行政村建立了成人文化技术学校,初步形成了县、乡、村三级农村成人教育培训网络。

**学前和特殊教育顺利发展** 1998年,全国有幼儿园18.14万所,在园(班)幼儿2 403.03万人,全国学前3年入园(班)率达42%左右。多种形式的特殊教育正在不断扩大,全国特殊教育学校1998年达1 535所,在校人数为35.84万人。在普通学校随班就学的残疾儿童占特殊教育招生总数的55.7%。少数民族教育也得到了前所未有的发展,1998年,各级各类普通学校中少数民族在校生1 853.22万人。各级政府正在逐步增加少数民族的教育经费,对有特殊困难的少数民族地区采取倾斜政策和措施。教育为加速民族地区经济和社会发展作出了重要贡献。

**高等学校招生规模扩大,高等教育发展势头良好** 1998年,全国高等学校共1 984所,其中普通高等学校1 022所,成人高等学校962所,在校生总数为642万人。普通高校适龄人口大学毛入学率已从1978年的1.4%提高到1998年的9.07%。办学效益有了一定程度的提高,初步形成多种层次、多种形式、学科门类基本齐全的高等教育体系。高校成为我国科技事业的生力军,建立了100个国家重点实验室,27个国家工程(技术)中心,250所高校进入"中国教育科研计算机网",并同国际互联网连接,开展各级各类科研课题43万项,科技成果转化取得显著的经济和社会效益。

1999年全国高中阶段教育和高等学校招生规模均有较大扩大。在第三次全国教育工作会议上,党中央、国务院作出决策:在确保基本普及九年义务教育和基本扫除青壮年文盲目标的实现并继续巩固提高的基础上,及时调整我国教育的宏观体系结构,加快高中阶段教育和高等教育的发展步伐。6月24日,国家计委、教育部联合宣布,在年初扩大招生的基础上进一步扩大高校招生计划。1999年普通高校招生从1998年的108万人扩大到156万人。增加44%的名额。同时,成人高等学校招生从100万扩大到114万人,加上电大普通班和民办高等学校招生,实际招生的总规模将接近270万。此外,研究生再增招4 000人左右。这样,1999年高等教育招生数量的增加及增幅之大,在中国教育史上是少有的。

**努力提高教师队伍的整体素质,改进教师待遇** 1995年国务院颁布了《教师资格条例》,开始实行教师资格证书制度。教师学历合格率逐年提高,小学、初中和高中的教师学历合格率分别由1992年的83%、56%、49%提高到1998年的94.6%、83.4%、63.49%。1998年,全国在职中小学教师951万人。专门设立的师资培训机构包括229所教育学院、2 142所教师进修学校以及在师范院校内设置的教师培训机构。目前,中小学教师培训已形成了省－地－县－乡－校五级培训网络。全国民办教师已由1993年的230万人减少到目前的85万人左右,并将于2000年前后妥善解决我国中小学教师中公、民办教师并存的局面。全国中小学校长培训工作取得了成效。近百万中小学校长经过岗位培训做到了持证上岗。

改革开放以来,我国教师的待遇有了较大的提高,从1978年的年人均收入559元增长到1998年的近7 000元,处于国民经济各行业平均收入中等以上水平。各级党委和政府积极为教师办实事,依法实行教师比照公务员工薪待遇的制度,健全教师内部奖励机制,加强解决民办教师问题的力度。启动"安居工程",落实教职工住房优先和优惠的政策,为稳定教师队伍创造了条件。1998年底,全国教职工家庭人均居住面积已达8.74平方米,比1981年的3.8平方米增加了4.94平方米。1998年,中央部委所属普通高等学校筒子楼改造工作取得了进展。由学校、主管部门、国家计委和财政部共同承担的 40 亿元资金已及时到位，300 余所高等学校约 1 000 余栋 200 多万平方米的筒子楼改造工程已按计划进行。1998 年底，已竣工 300 余栋。

**扩大对外开放，教育的国际交流与合作进一步加强** 留学生工作力度进一步加大。圆满完成了 1998～1999 年度公费留学人员的选拔录取工作，数量有所增加，层次明显提高。同时，广泛动员留学人员利用多种形式回国和为国服务。截止到 1998 年底，我国与 154 个国家和地区建立了教育交流和合作关系，向 103 个国家和地区派遣了近 30 万名留学人员，接受了来自 152 个国家和地区的外国留学生 25 万多人，留学回国人员达到 9 万人。1998 年，召开了全国来华留学生工作会议。在北京大学百年校庆中，成功地举办了“世界著名大学校长论坛”。内地与港澳台地区的教育交流与合作有了显著的加强。

## 深化各项教育改革

加快发展教育事业，重要的是选择一条什么样的途径。1998/1999 年度在解放思想，实事求是的思想路线指导下，在前几年改革的基础上，进一步深化了改革，实施了许多重大改革举措。

**统一思想，提高认识，全面推进素质教育**

过去两年来，教育领域的一个重大事件就是开展教育思想的大讨论，国家开始全面实施素质教育。素质教育从本质上来说，就是以提高国民素质为目标的教育。改革开放 20 年以来，我国教育无论在数量上还是质量上都取得了举世瞩目的成绩。但是，面对 21 世纪综合国力激烈竞争的挑战，我国教育的总体水平还存在明显的不适应。主要表现在：教育思想、教育观念落后，重视智育，忽视德育、体育和美育，即使智育也有偏颇，如忽视学生主动学习和创新精神、创新能力的培养；教学内容偏深偏难、陈旧重复，脱离学生生活和社会实践；重视少数学生，忽视了大多数学生的发展；教育结构不合理，造成激烈的升学竞争；考试过多过频，考试内容偏重知识记忆；教育评价单纯以分数作为依据；人才培养单一，没有形成人才培养的“立交桥”；办学规模和质量不适应经济社会发展的变化，也无法满足人民群众日益增长的教育需求，教育存在的种种弊端已经严重影响我国创新高层次人才和高素质的劳动者的培养。如果我们不加快改革，全面实施素质教育，现在在校的和即将入学的数以亿计的中小学生就很难在下世纪的激烈竞争中承担中华民族复兴的伟大使命，也会影响人民群众的家庭幸福与生活质量的提高。

1999 年 6 月党中央、国务院作出的《关于深化改革全面推进素质教育的决定》全面阐述了素质教育的思想，并且作出了一系列重大决策。实施素质教育，不仅包括基础教育的课程教材、教学方法、教育模式、评价制度和招生制度等方面的改革，而且涉及国家的教育目标、教育体系、人才选拔、教师队伍以及社会观念、社会用人制度、社会环境等一系列变革。因此，实施素质教育，已成为关系千家万户切身利益的一件大事，成为关系教育改革和发展的一件大事，成为全党全社会的一件大事。

强调素质教育，并不是教育的方向有所改变，更不是否定考试，而是对教育提出了更高的要求；决不是否定过去的成绩，而恰恰是教育所取得的成绩为全面实施素质教育奠定了良好的基础。近十多年来，各级政府、教育行政部门，广大教师和教育科研工作者，在实施素质教育理论与实践方面进行了坚持不懈地探索，涌现出一大批很好的典型，积累了比较丰富的经验。素质教育的观念正在深入人心。面对提高人才素质的迫切要求与挑战，必须将素质教育由点到面，整体推进。

实施素质教育，要着重解决好：(1)要倡导为学生的全面发展创造良好宽松的条件，克服那种只重视智育，轻视德育、体育和美育，在智育中又只重视知识传授、忽视能力培养的倾向。(2)坚持面向全体学生，依法保障义务教育阶段适龄儿童和青少年学习发展的基本权利，努力开发每个学生的特长和潜能，改变那种只重视升学有望的学生的做法。(3)鼓励创新和实践，促进教育与经济社会的实际紧密结合，改变那种只重书本知识、忽视创新精神和实践能力培养的现象。(4)素质教育要贯穿于人才培养全过程，要改变那种素质教育仅仅是基础教育或是学校教育任务的观念。

全面推进素质教育，特别要重视：(1)着力调整宏观教育结构，拓宽人才成长的道路，减轻升学竞争的压力，加快非义务教育的发展，构建有利于实施素质教育的人才成长的“立交桥”，满足人民日益增长的教育需求。(2)加快考试和评价制度改革的步伐，建立符合素质教育要求的高质量的教师队伍。(3)大力提高教育技术手段现代化水平和教育信息化程度。(4)促进教育与经济、科技和社会发展密切结合，使教育在科技兴国中发挥更大作用。为此，党中央和国务院在《面向21世纪教育振兴行动计划》和《关于深化教育改革全面推进素质教育的决定》作了全面的部署。

全国各地在推进实施素质教育方面都有很多新的举措。以上海为例，从1999学年起，全市基本实现小学起始年级编班人数控制在40人以内，推进“小班化”教育试点及区域推广研究，重点研究进入中年级后小班教学模式及评价。通过启动和建立100所以义务教育阶段为重点的素质教育实验学校，扶植一批初中教育改革的领头学校，促进初中办学水平的均衡提高；启动对初中学校办学水平评估的研究，深入进行“九年一贯制学校”办学试点研究；通过现代化寄宿制高中和实验性示范性普通高中建设，以及综合高中办学模式的实验，带动全市高中阶段办学改革，启动实验性、示范性高中规范评审，引导形成办学特色，推进素质教育，1999年内完成10所左右实验性、示范性高中的规划评审；高中扩大学分制试点，探索试行优秀应届初、高中毕业生由校长直接推荐进入高一层次学校的办法；进一步改革高中会考制度，完善保送生、推荐生制度。

## 高教管理体制改革取得重大进展

高等教育管理体制改革是针对原有体制中高校条块分割、重复设置、布局结构不合理、科类单一的学校过多、不适应社会主义市场经济体制和区域经济的发展等弊端进行的。《面向21世纪教育振兴行动计划》确定的高等教育管理体制改革的目标是：用3～5年的时间，基本建立起中央和省级政府两级管理、分工负责，在国家宏观政策指导下以省级政府统筹为主，条块有机结合的新体制。增加综合性和多科性院校、地方管理或以地方管理为主的院校，减少单科性院校、中央部委所属院校、地方业务厅局所属院校；增加职业技术学院、民办高校，减少成人高校；增加本科师范院校，减少专科师范院校。

1992年第四次全国高教工作会议以后，高教管理体制改革迅速展开、逐步深入，改革涉及到31个省市50多个部委的600多所普通高校和400余所成人高校。经过7年多的时间，高教管理体制改革已迈出了重要步伐，取得了明显进展，积累了宝贵经验，并在某些方面取得了突破性成就。一是探索出一条变条块分割为条块有机结合，在宏观政策指导下加强省级政府统筹力度的改革基本思路。这个思路符合建立市场经济体制的走向，适应现代化建设、改革开放对高等教育的要求，符合高等教育自身发展的规律，并能解决计划经济体制下的条块分割、重复建设等弊端。同时，也有助于扩大高校的办学自主权。二是找到了以“共建、调整、合作、合并”八字方针为主要内容的改革机制和途径。三是转变了观念。经过几年的实践，人们原有的部门所有、地方所有、条块分割的思维模式有了很大改变。

到1998年底，全国普通高校数量已从1994年最多时的1 080所减少到1 022所，减少了58所；成人高校已从最多时的1 321所减少到940所，减少了381所，通过合并调整，一些地区高校重复设置、单科性学校过多，办学规模过小的状况开始改善，不少学校合并以后发挥了优势互补、资源共享的优势，办学条件得到改善，综合实力明显增强，办学质量和办学效益显著提高。通过合并组建了一些文、理、工、农、医等各大学科门类比较齐全、规模较大、影响较好的综合性大学。自1992年以来，全国有251所普通高校经合并调整为135所，净减116所。同时还有87所成人高校并入普通高校。有177所高校实行共建。其中教育部所属高校43所，其他部委所属高校44所，地方所属高校90所。共建形式有省部共建、市部共建、省市部共建、部部共建和省市共建等。全国有168所中央部门所属高校划转地方管理，8所省属高校由省内业务厅局划转地方管理。同时，有317所高校开展校际合作办学，形成227个合作办学实体。有241所高校与5 218家企事业单位开展多种形式的协作办学，加强了社会的联系，增强了学校与社会的联系，增强了高校的办学实力。通过共建、调整、合作、合并等方式的高等学校办学体制改革，我国高校布局趋向合理，办学质量和办学效益进一步提高。普通高等学校全日制在校学生平均规模已由1992年的2 074人提高到1998年的3 335人。独立设置的成人高校平均规模已由1992年的680人提高到1998年的1 256

人,生师比由9.16:1提高到12.5:1。高校为经济和社会发展服务的功能得到加强,开始打破长期条块分割的体制,逐步走向条块有机结合。高教管理体制向着适应社会主义市场经济体制方向迈出了重要步伐。

上海是全国高校比较集中的地区之一,也是"条块分割"一度非常突出的地区之一。90年代初,这里有50多所普通高校,但分别属于20个中央部委和14个市属委办局,校均规模仅仅有2 600人。原国家教委将上海确定为全国高教管理体制改革试点试验区,经过几年实践,通过共建、合并、划转、调整、合作等多项改革,上海普通高校调整到目前的38所,校均规模增加到4 300人。上海市与9所中央部委在沪高校实行了"共建共管"的体制,在原投资渠道基本不变的情况下,上海对共建院校实行政策性补贴,共建院校加强面向地方服务的功能。目前上海市正在规划新一轮高校布局结构调整和管理体制改革,新一轮改革的总体设想是:以历史的、发展的、改革的观点探索具有地方色彩和整体优势的高校布局;以学科建设为龙头,打破围墙,推进高等教育与经济、科研部门合作,促进社会和经济的发展,实行体制、机制、投资一体化改革,形成结构合理、功能互补、机制灵活、对外开放的上海高等教育体系,基本形成中央与省级政府两级管理、分工负责,在国家宏观政策指导下,以上海市政府统筹为主的条块有机结合的新体制,目前已着手将现有的普通高校和40所成人高校调整合并到60所以内。

浙江省把促进高校的合理布局作为高教改革的重要内容,到去年为止,撤并普通高校12所,重组8所,校数减少4所,成人高校减少10所,普通高校生师比例提高到9.6:1,校均规模从原有的1 778人提高到了3 548人。原浙江大学、杭州大学、浙江农业大学和浙江医科大学合并,组建了全国规模最大、学科门类最齐全的综合性大学——新的浙江大学。

当前,为了配合国务院机构改革,把解决高教管理体制中"条块分割"问题作为紧迫需要研究和解决的问题是必要的。但是从长远和全局的观点来看,高等教育的全面合理布局需要给予足够的重视,并且早做调查研究、全面规划、分步实施。目前,全国1 000多所普通高等学校,主要集中在大城市。如北京、上海、武汉、西安、沈阳、成都等6个城市就集中了200多所普通高校,占高校总数的20%以上。全国的重点大学大都设立在大城市。大城市是经济、政治、文化、教育中心,交通和信息比较便利,高等学校适当集中是必要的。问题在于我国的中西部地区和沿海的欠发达地区以及中等城市,普通高校分布过少,不能满足当地建设的需要。

中国的国情,地区情况差别较大。国家要达到共同富裕,就要共同发展,减小差别。在我国中部地区和沿海地区的中小城镇,每年输送大批优秀高中毕业生到全国各高等学校。由于当地没有或只有很少的大学,绝大部分学生要进入大城市所在的重点大学求学,毕业以后能够再回到本地工作的为数很少。在当前社会主义市场经济条件下,就业市场实行双向选择,每个毕业生都有很大的选择余地,只靠思想工作是不可能完全解决这个问题的。因此,普通高等学校的合理布局,应该在高等教育体制改革中引起足够的重视。如果能够合理布局,因地制宜地建立为当地服务的高等学校,培养留得下、用得上的人才,就可以为这些地区的发展准备智力资源,这是对中国西部地区和中小城市最有力的支持。

## 高等学校扩大招生和发展教育产业

在1999年6月18日闭幕的全国教育工作会议上,国务院总理朱镕基在讲话中就为什么要扩招阐述了观点。他说:"目前我国劳动者受教育水平普遍较低,而城乡居民对教育的需求日益旺盛。加快发展教育,既可以减缓升学压力,为素质教育创造良好环境,满足广大学生和家长对教育的需求,提高国民素质和社会文明程度,又可以扩大教育消费,拉动内需,促进经济持续增长,还可以减缓目前的就业压力。7月15日,朱总理在党中央国务院召开的省部长经济工作座谈会上要求着力抓好五个方面的工作,其中包括大力发展教育事业。强调按照科教兴国的战略要求,在切实保证义务教育健康发展的同时,大力发展高中、职业学校和大学等非义务教育。

当前,我国非义务阶段教育发展不足是一个突出矛盾,也是制约素质教育实施的关键因素。经过20年改革开放,我国的高等教育有了很大发展,但同世界其他许多国家相比,还有不小的距离。美国、日本、欧洲乃至韩国,大学生人数已占到适龄人(18~25岁)的35%~50%,而我国仅为9%。这些国家的高等教育已转入大众化教育阶段,我国的高等教育仍处于精英教育阶段,高考竞争白热化。同时,数目惊人的教育消费资金流向国外。

现在全国就业劳动力有7.6亿,其中本科毕业以上800万,只占1.1%。这种状况,远远不能满足"两个转变"的需求。教育已成为中国社会需求短缺的部门,高等教育更是一个"供不应求"的巨大市场。在一些国家,教育产业已成为国家的支柱产业之一,教育消费成了国民收入的一部分。而在我国,全国人大、全国政协年年为增加教育经费而呼吁,与此同时是家长持币为孩子上好学校、上大学而奔波。我国的人口规模很大,决定了教育市场有相当潜力,可拓展空间很大。我国自80年代初实行计划生育政策,目前独生子女已进入高考年龄段,对于每个家庭仅有的一个孩子,父母大多希望他们接受高等教育。据有关部门调查,目前城市居民消费支出中增长最快的项目是教育。年均增长速度达20%左右,人均支出为250元,北京等大城市的人均支出已高达300元。随着我国人均GDP水平的提高,家庭对高等教育支付能力正在开始形成。教育消费颇具潜力。我国的高等教育从"适度发展"到"积极发展"的转变,就是从"英才教育"向大众化教育的过渡,它不仅对当前拉动内需会有重要作用,对于整个民族素质的提高,以及我国科技、经济的发展更是具有长远影响。较高层次的教育包括高等教育的发展,对于国家经济和社会的发展将起着巨大的推动作用,对提高整个社会的知识化程度,积累和储备更多的知识和人才,迎接新技术革命和知识经济时代的挑战,增强国家综合实力具有战略意义。

不少专家认为,中国的高等教育发展还是比较缓慢,面对广大的生源,一个大众化的教育时代应该尽快到来。目前我国的高等教育入学率非常之低,如果要在2010年达到15%,必须扩大招生。

北大经济学院对教育拉动经济的作用做了估算:现在普通高校在校生500万左右,每人每年消费5 000元,一年就是250亿,可拉动1 000亿元的社会投资和最终消费;从就业来看,我国一直实行高就业,18～19岁青年的就业比例高达73%,如果让其中的一半去读书,至少可以腾出几百万甚至上千万的就业岗位,就业的压力将大大减轻。当前,对人力资本的要求将超过任何经济资本的要求,而扩招加快培养具有创新能力的人才,恰恰是促使我国经济增长方式转向主要依靠人力资本、实现经济腾飞和繁荣的关键所在。

目前我国高校的师生比约1:10,教师的工作量每周只有3至5节课,效率比较低。专家们认为,依靠大学现有的教师力量,继续扩招有潜力也有必要。许多高校已准备充分利用扩招来深化学校改革,比如今后将根据学生的人数来为各系、所定编,拨款,这种改革将进一步优化教师结构,提高师资质量。

针对1999年扩招增幅大的情况,各高等学校都采取了一些具体措施:如北京大学按照国家要求,扩招的名额除在京招收部分走读生外,重点向中西部倾斜。四川大学的扩招计划指标也主要投向中西部地区的省份,并特别安排了法律、计算机、电子信息、通信、建筑、市场营销等社会急需专业类的扩招计划。为保证学生正常的学习环境,华中理工大学通过院系公用房改革,压缩非教学用房,尽力腾出充足的教学楼和实验室,充分利用计算机网络等现代化教学手段,提高现有资源使用效率。扩招的最大阻力是宿舍问题。为解决这一难题,许多省市采取学校与投资商、开发商合作建学生公寓,利用社会资源,走社会化道路的新思路、新办法。

对于扩招对未来毕业生带来的影响,有人认为,未来就业压力必然会越来越大。面对压力,逼迫大学去培养"创造就业机会的人",培养有创新能力有特长的大学毕业生。清华大学的一个新举措是允许优秀学生保留学籍中断学业去创业,学生可以自己创业办公司。这样不仅可以减少国家安排就业名额,而且还能吸纳别人就业。

1999年,全社会开展了一场关于开发教育产业的大讨论。许多人认为,开发教育产业,对于经济发展来说,既是现实的需要,又是历史发展的必然。发展教育产业不仅是经济发展的要求,而且是教育改革和发展的要求,其意义远远不是启动消费可以概括的。

针对社会上不少人主张教育产业化,一种观点认为,目前教育产业化理论还不完善。但是,无论从扩大内需还是扩大教育供给的角度,非义务教育产业化已经到了该进行尝试的时候了。义务教育阶段,教育服务的主体活动不能产业化,但可以开发为义务教育服务的边缘产业,如教材,教学用书,声像制品,各种发展学生兴趣,爱好,特长的培训等。而教育机构利用它的智力优势兴办的产业,即校办产业,随着产学研合作政策的实施和“孵化基地”和“科技园区”的建设,将形成一个拉动我国经济增长的不可忽视的为教育服务的产业。我国各级各类普通和成人学历教育在校生已达3亿多人,为这样一个庞大人群的教育活动服务是一个巨大市场。它是涉及千家万户的巨大产业。尽管这种产业是微利的,但由于服务对象群巨大,“薄利多销“,利润是可观的。它是可持续发展的“朝阳产业”,会随着人民的富裕和社会的进步越来越发达。

**社会力量办学成为教育发展新的增长点**

充分发挥社会力量办学的优势,形成以政府办学为主体,社会各界共同参与,公办学校和民办学校共同发展的办学新体制是我国发展教育的既定方针。第三次全国教育工作会议提出,凡符合国家法律,法规的办学形式,均可大胆试验。国家还要实行各种优惠政策,加强对社会力量办学的扶持,管理和引导,努力形成公办学校与民办学校共同发展的新格局。绝大多数民办学校没要国家财政一分钱,是从社会多渠道筹措办学资金,采取举办者投入,境外捐助,收取学费,校办产业及服务收入等方式,充分挖掘和利用非国家财政性教育经费举办的。民办高校改变了政府办大学的单一办学体制,积极推动教育投资主体多元化,使高等教育改革和发展朝着多种所有制、多种办学形式的现代化方向迈进。民办高校以大教育产业的态势拉动着内需。它靠培养高素质的就业者,增加和提高人力资源的数量和质量,对经济起推动作用,同时成为地方经济的一个新增长点。民办高校使高等教育初步形成“买方市场”,让众多的公民都可以自由选择自己投资上大学,改变了由国家通过考试用分数选拔少数人享有高等教育的状况,是面向社会,运用市场经济的手段解决高等教育严重短缺矛盾的一种有效措施。积极发展民办高等教育确实加快了地方高等教育大众化的步伐,不断满足着人们日益增长的对高等教育的迫切需求,为“学者有其校”提供了一条很好的渠道。

据统计,1998年,我国民办的小学、普通中学、职业中学、大学在校生共有250万人,民办幼儿园170万人,另外还有高等学历文凭考试试点学校在校生近10万人,不具有颁发学历文凭资格的教育机构在校生100余万人。目前,社会力量办学已成为教育发展新的增长点,办学范围从幼儿教育,成人教育扩大到基础教育、职业教育和高等教育各个领域,办学主体,办学形式日趋多样化。

1999年10月,教育部又批准设置具有颁发学历文凭资格的11所民办高校,加上1998年以前批准设置的26所,具有颁发学历文凭资格的民办高校达到37所。

**改革高等学校招生考试制度,实行多种人才培养模式**

1998年12月24日教育部正式公布高考改革方案,1999年2月13日发布了《关于进一步深化普通高等学校招生制度改革的意见》,使高考改革步入了快车道。高考改革总的指导思想是“有助于高等学校选拔人才,有助于中小学实施素质教育,有助于高等学校扩大办学自主权”。具体包括:改革考试科目设置、考试内容、考试形式、录取方式,用3年左右的时间基本建成有中国特色的招生考试制度。改革方案向社会公布以后,立即在社会各界产生了很大反响。由于这个方案经过了长期广泛的调研、论证、听取了各方面的意见,因此方案公布后得到了普遍认可和赞同。

改革考试科目是高考改革的重要内容。1999年全国普通高校招生工作会议宣布,在广东省施行“3+X”科目改革试点的基础上,2000年又有山西、江苏、浙江、吉林4个省将参加高考科目改革试点。这4个试点省将采用“3+综合科目”模式,“3”是语文、数学、外语。综合科目包括文科综合(政治、历史、地理的综合)、理科综合(物理、化学、生物的综合)、文理科综合(政治、历史、地理、物理、化学、生物的综合)以及专科层次学校所需要的专科综合。

改革考试形式是为了保持考试秩序的稳定和录取工作的公平。教育部已经请天津、上海对高考一年考几次的问题进行论证,并尽快进行试点。同时,也正在探讨考试试卷多样化、主客观题分卷、限时考试、继续进行题型功能和题型改革等多方面的研究和试验。

高考内容改革不仅是高考改革的核心,也是重点、难点,它对于引导素质教育具有重要的意义。内容改革的总原则是:总体上更加注重能力和素质的考察,以克服中学教学中死记硬背的不良倾向;命题范围要遵循教学大纲,又不完全拘泥于教学大纲,强调对已经学过的知识的理解和运用,包括跨学科的灵活运用;加大应用性和能力型题目的分量。具体到各科内容的改革是:语文考试将更加注重语言操作的实用性,扩充语言运用的考核项目。在材料选择方面,力求更能反映时代特点。适当减少题量,增加考生的思考时间,以利于更好地体现对思维能力和表达能力的考查。数学考试将改变文理分卷考试的办法,文理两卷合一,按统一标准命题。外语考试将注重加强外语交际能力的考查。改变过去重语法轻交际的倾向。以英语为试点,增加听力考查部分。广东省在前两年开展听力测试的基础上,1999 年首次采用了含听力测试部分的高考英语试卷。

1999 年有 9 个省市进行网上录取的试点工作。教育部专门选取了 12 所学校对 7 个省市进行全部的网上录取。网上录取不仅经济、快捷,同时也能提供更大的公平。

高等教育招生制度的改革还有很多其他方面的工作,如招生计划体制的改革,指令性计划和指导性计划问题等。教育部选择了直属的和其他中央部委所属的进入"211"工程的 78 所学校,给了 2% 的自主调节权。根据学校的办学条件、生源状况,学校在 2% 的范围内,招生数量可自行增减。

## 进一步改革财政性教育经费使用办法,完善实行教育经费分担机制和教育储蓄、贷款、奖学金补助等办法

在过去的一年里,政府在增加教育经费,改革财政性教育经费使用办法方面采取了一系列措施。决定从 1998 年起到 2002 年的 5 年中,把中央本级财政支出中教育经费所占比例连续每年提高 1 个百分点。政府的教育投入主要用于保证义务教育的实施和承担国家举办的普通高等教育的大部分经费。改变政府对非义务教育阶段办学包得过多的财政拨款体制,适当增加非义务教育阶段学费在培养成本中的比例,逐步建立符合社会主义市场经济体制和政府公共财政体制的教育经费分担机制。同时抓紧实行教育储蓄、学生贷款制度,奖学金,勤工助学,学生困难补助制度,使学生不因经济原因而辍学。在国家财政十分困难的情况下,自 1994 年以来,中央财政采取多种办法包括运用总理预备金,先后 8 次拨款 7.5 亿元,专门用于支持高校中的经济困难学生。各地各有关部门为建立健全对经济困难学生的资助机制也作出不懈努力,已初步建立起以奖学金、学生贷款、勤工助学基金、特殊困难补助和学费减免为主体的资助政策体系。

设立国家助学贷款,是为解决经济困难的家庭子女在接受高等教育时无力支付学费和生活费而发放的财政贴息贷款。1999 年 6 月 28 日,教育部、财政部、中国人民银行、中国保险监督管理委员会、中国工商银行在北京宣布,国务院办公厅已正式批转了中国人民银行、教育部、财政部等部门《关于国家助学贷款管理的暂行规定(试行)》,从 1999 年 9 月 1 日起,在全国部分城市的普通高等学校中将开始新的国家助学贷款制度试点,由中国人民银行指定中国工商银行负责实施。在国家确定的贷款额度内,学校根据在校学生困难情况,对申请国家助学贷款学生进行资格初审,学生个人向银行提出贷款申请,经办银行审核批准后,与学生个人签订贷款合同。家庭经济特别困难而又无法提供担保的学生,可以申请特困生贷款,由学校报请学生贷款管理部门批准后,经办银行按规定办理贷款手续。贷款本息需在学生毕业后 4 年内还清,国家将对贷款学生就承担的利息给予 50% 的贴息。

为积极稳妥地推进新的国家助学贷款制度的实施,国务院决定,先在北京、上海、天津、重庆、武汉、沈阳、西安、南京等省市进行试点,并根据试点情况,总结经验,逐步推行。同时,为积极推进利用金融手段支持教育事业的发展,通过优惠的储蓄和保险方式,增加对贫困家庭的教育资助,由中国工商银行制定的教育储蓄办法已经中国人民银行批准执行;由中国保险监督管理委员会制定的教育保险办法也已下发执行。

国家助学贷款制度和教育储蓄,教育保险办法,既是整个资助政策体系的重要组成部分,也是在改革开放条件下充分发挥金融对教育支持作用的一种实践和尝试。随着这些政策的贯彻落实,将会进一步解决高校经济困难学生学习和生活所需费用的问题,保证实现"确保没有一名学生因经济困难而辍学"的工作目标,更好地维护高校与社会稳定的大局,为加快教育事业的改革和发展创造一个更加宽松的外部环境。

多家银行推出助学贷款业务。建设银行北京分

行7月8日正式推出个人助学贷款业务,贷款对象不局限于特困生,而是面向各种经济条件的在校学生。广大学生表示出对助学贷款的强烈渴望。1999年7月1日,北京"浦东发展银行"推出留学贷款。

**改革学校内部管理体制,加快后勤社会化步伐**

1999年5月,教育部召开了全国高校内部管理体制改革会议。会议的主题是,积极贯彻党的十五大精神和《面向21世纪教育振兴行动计划》,大力推进新一轮以人事分配制度为重点的高校内部管理体制改革,不断提高学校的内在活力、教育质量和办学效益。

新一轮高校内部管理体制改革的基本思路是,以学科建设为龙头,遵循高等教育规律,适应社会主义市场经济要求,在改革学校内部管理模式的基础上,精简和调整学校内部党政管理机构,改革和调整教学、科研组织方式,促进教育资源的合理配置,强化岗位,打破"铁饭碗"和平均主义"大锅饭"。破除职务"终身制"和人才"单位所有制",努力创造有利于优秀人才脱颖而出和发挥才干的制度环境,建设高素质教师队伍和管理队伍,全面提高学校的办学效益和整体水平。

长期以来,高校的组织机构设置都是按党政机关的模式,造成机构臃肿,效率低下。学校管理机构政府化倾向严重,机构重叠,非教学人员比例过大,冗员过多,人浮于事;用人效益不高。1998年全国普通高校学生与教职工比和生师比分别为5:1和11:1,低于世界平均水平;优秀人才和中青年教师待遇偏低,教师工作积极性没有得到充分发挥;学校办社会,大量应当由社会负担的工作没有从学校分离出去,过多地占用了学校编制和经费。当前,相当一批学校首先从精简校部机关机构入手,调整或重组教学科研组织,理顺校院关系。这一工作已取得突破性进展。一些学校从最初的院系并存的管理体制逐步过渡到以学院(或系)为实体,实行校院或校系的两级管理体制,减少教学科研行政管理工作的层次。如中国人民大学率先启动校部机关改革,通过采取撤销、合并、合署办公、重新组建等措施,精简校部党政机构和人员近1/3,有30名处级干部转岗,一批干部分流,处级干部实行选拔聘任制,竞争上岗。建立起运转灵活、办事高效的管理体制,完善干部任用制度,逐步建立管理、经营、服务相区分,小机关、大服务的运行机制。

提高行政部门的工作效率,分流只是一个应急之策,对于分流人员,目前各学校都是以校内消化为主,从长远看,需要有一个制度保证使它不过度膨胀。此外,要限制行政机关的职能,该下放的权利要下放,扩大院系的自主权,只有简政放权,才能真正巩固精简机构的成果。

后勤服务向社会化过渡也取得积极的进展。当前制约高等学校加快发展的主要问题是学校后勤工作。尤其学生宿舍过于紧张这一难题长期以来难以解决。上海以推行高校后勤社会化改革为突破口,强调打破旧体制,冲破"一家一户"自办后勤的格局,建立符合高校特点的新型的后勤社会化的服务体系。1998年,在全国率先成立了"高校后勤服务有限公司",在"学校出土地,建筑商贷款,学生出租金偿还"的方案下,从1998年6月到1999年8月新学年开始前,14个月里建成学生公寓32万平方米,到2000年底将建成50万平方米的学生公寓。同时还在建设青年教师公寓、食堂联办、团体采购、教育超市等方面创出了一条新路子。既减轻了学校的负担,又产生了显著的社会效益和经济效益。今年上海将有10所高校进入后勤社会化改革的队伍中,到2000年,上海的所有高校都将走后勤社会化的道路。北京出台优惠政策,鼓励房地产商与高校合作在学校附近投资兴建学生公寓,由开发商、物业公司和学校共同管理。目前,几所高等学校正计划与朝阳区连手兴建"东方大学城",由政府出地皮,多方出资建学生公寓,尝试建立大学生宿舍开发管理的新办法。湖南、辽宁、陕西等省按照市场法则和教育规律,通过由政府主导、教育主管部门组织实施、吸引社会参与、学校联合的模式,建立符合高校特点的新型的学校后勤服务体系。将过去一校一户办后勤、校校后勤办社会的旧格局,转变为集约化联办后勤和社会化后勤相结合的新格局。

通过后勤企业化、产业化、专业化、集约化的路子,高等学校后勤工作逐步融入社会第三产业,形成"事企分开、两权分离、市场驱动、集约管理"的运行机制。预计3~5年后,高校后勤工作将实现社会化。

## 构建充满生机活力的<br>教育教学科研创新体系

创新是民族进步的灵魂,是国家兴旺发达的动力。世纪之交，创新体系的建设正成为我国实施科教兴国战略的一个重要而又紧迫的任务。教育在国家创新体系的建设中具有特殊地位，负有重要的历史使命。培育创新人才，发展高科技产业，积极投入国家知识创新工程，构建充满生机活力的教育教学科研创新体系是教育面临的重要而紧迫的任务。

## 高质量实施新一轮教学计划

高起点修订，高质量实施新一轮教学计划，是我国高等教育教学改革具有跨时代意义的重要环节，直接关系到21世纪我国高等学校的人才培养质量。1998年7月，教育部正式颁布了新的《普通高等学校本科专业目录》，不仅在本科专业总数上由原来的504种调减到249种，而且对各专业的内涵进行了重大调整和改革，切实拓宽了专业口径。本科专业的拓宽，必须有相应的教学计划与之配套。一年来，在教育部的积极推动和倡导下，全国普通高校基本同步地、大规模地进行了教学计划修订工作，一批体现现代教育思想和观念、教学内容和课程体系有较大更新、符合教育规律的教学计划即将诞生并实施，这将是21世纪中国高等教育第一批教学计划。

新一轮教学计划具有以下显著特点：它以先进的教育思想和观念为指导，适应时代的要求，符合教学改革的方向；在人才培养模式上显现多元化，充分反映各学校的办学思想和特色。即使是同一专业名称，不同学校的专业内涵和特点也不尽相同；文化素质教育得到加强，自然科学和人文社会科学知识相互融合，第一课堂和第二课堂相结合，将文化素质教育贯穿于专业教育的始终；提高了基础知识、基本理论、基本技能所占比例，同类专业打通培养，增强毕业生的适应能力；在不降低学业要求的基础上，理论课教学的时间普遍减少，为学生留出更多的时间和空间，去探索未知，发展个性，养成创新精神和意识；加强了学习实践教学环节，提高学生动手能力，鼓励学生尽早参与科研活动。

## 实行弹性的学习制度，为学生全面发展创造宽松的环境

根据经济社会的迅速发展和科学技术不断进步，建立调整、改革课程体系和更新教学内容的机制。在这方面各校有各自不同的做法。一些学校制定了学分制指导性教学计划，实施学分制管理。学分制的主要优点是给了学生较多的自主权。根据学分制教学计划的要求，在导师的指导下，学生可以自行确定学习负荷、选读课程、安排学习进度等。有的学校还取消补考，实行重修制。考试不合格累积超过规定学分者退学。实行学分制，打破了学年制的限制，允许学生在大类范围内选择教师听课，按大类选择专业方向，跨大类自选专业方向。如上海交大在1999年初启动了“三年建设与发展行动计划”，构建创新人才培养体系。在机械系率先试点开设科学创造学系列课程、建立创造性科学实验基地的基础上，计划在4个学院扩大试点，寻求培养模式的多元化。学校努力营造有利于创新人才成长的良好环境，使拔尖人才能够脱颖而出。为此，学校要求不同专业的学生必须将重要的课外科技、社会实践活动落实在培养计划中，有计划有组织地推行本科生及早参与实践和研究，提高学生的综合能力和素质。清华大学在工科类专业有步骤地实施“本科—硕士研究生统筹培养计划”。同时，理科、人文和经济管理学科也逐步调整为“4年本科加2年硕士研究生”的培养模式。到今年秋季学期开学，理、工、人文和经济管理学科将全部完成过渡。实行“本科—硕士研究生统筹培养”后，有70%以上的学生将通过6年时间获得学士和硕士学位，在三年级末，每人都有选择和细分专业的机会，缩短并优化了培养过程。

## 进一步加强产学研结合，充分发挥高等学校在科技创新中的生力军作用

在《面向21世纪教育振兴行动计划》中，把加强高校科技工作，实施高层次创造性人才工程、高新技术产业化工程和现代远程教育工程放在十分重要的位置，这些政策的实施，为加强高校产学研结合，发展高校科技工作既带来了好的政策、环境和发展机遇，同时也提出了新的要求和挑战。1999年是国家实施重点基础研究发展规划实施的第二年，作为国家基础研究的主力军之一，教育部要求高等学校围绕国家经济建设中的重大科学问题，充分发挥创新思想和创新人才的优势，组织优势明显的学科群体，争取承担更多的重点基础研究发展规划项目。同时要求高校科技工作加强为地区经济社会发展服务功能，鼓励高校与地方建立长期稳定、全面的合作关系。大力发展多种形式的产学研合作，在广泛开展项目合作的同时，

逐步建立一批相对稳定的合作基地。

国家确定了大学科技园发展战略。近年来,我国在推进大学科技园建设方面进行了大量有益的探索,目前各种形式的大学科技园已发展到 30 多个。国家决定把建设大学科技园作为加快高新技术产业发展、深化科技和教育体制改革的一项重要措施纳入火炬计划,打算在"十五"期间,分期分批确定 100 个国家火炬计划大学科技园,通过大学科技园,为高校科技人员创新创业提供一个良好的环境,培育出一大批科技企业,形成一批有影响的高科技大企业,培养一批科技型企业家,力争在"十五"末期使国家大学科技园实现技工贸收入 1000 亿元以上。同时,还将利用国家对高新区的政策,营造良好发展环境,推进大学科技园的发展。在同等条件下,国家 863 计划、攻关计划、火炬计划适度向大学科技园倾斜,拓宽大学科技园发展的融资渠道,积极推荐有条件的企业上市。

高校校办产业近年来稳步增长,科技企业创造利润比重逐年加大。1998 年高校校办产业生产经营持续发展,科技产业在高校校办产业中占了主导地位。1998 年全国高校校办产业销售收入 315.62 亿元,其中科技型企业销售收入 218.26 亿元,占总额的 69.15%,比 1997 年增加了 19.72 亿元,增长率为 6.67%;销售收入排在前五位的为:北大方正、清华企业集团、东大阿尔派、石油大学、西南交大新技术开发公司,共计销售收入 214.26 亿元,占全国高等学校校办产业总销售收入的 67.89%。1998 年校办产业实现利润总额为 25.89 亿元,其中科技型企业利润总额为 18.25 亿元,占总额的 70.49%;净利润为 22.62 亿元,其中科技型企业为 15.84 亿元,占总额的 70.03%。利润总额突破亿元的有 6 个省市。

另据统计,1998 年全国高校校办产业上交学校利润为 10 亿元,其中科技型企业为 5.36 亿元,占 53.60%,上交税金 13.49 亿元,其中科技型企业为 8.44 亿元,占总额的62.57%。另外,1998 年全国高校校办产业返还学校的各项费用 5.04 亿元,其中工资返还 3.16 亿元。校办产业对学校总的回报为 15.04 亿元。

开展了大学生创业计划竞赛。清华大学首先发起了中国大学生的创业计划竞赛。1998 年 5 月,清华大学的一个学生社团——清华科技创业者协会受到美国大学商业计划竞赛的启发,创办了中国大学生的第一个创业计划大赛。这次大赛历时 5 个多月,320 名学生组成的 98 个竞赛小组递交了 144 份预赛作品。继清华之后,各地多所大学纷纷酝酿自己的创业计划竞赛。1999 年 3 月,由共青团中央、中国科协、全国学联主办、清华大学承办的"挑战杯"中国大学生创业计划竞赛掀起了大学校园里的创业浪潮,20 多个省市分别组织了实施创业计划竞赛。

### 大力发展现代远程教育,形成社会化、开放式的教育网络,为适应多层次、多形式的教育需求开辟更宽阔的途径,逐渐完善终身教育体系

1999 年 6 月,教育部召开全国教育信息化工作会议,会议旨在启动现代远程教育工程,推进素质教育。会议提出在未来 3 年中,中央政府集中投入资金,并广泛吸取地方、企业、个人的资金和力量,共同完成现代远程教育的构建。教育信息化建设是国家信息化建设的重要组成部分,是刺激需求、带动经济增长的重要领域,是落实"三个面向"的具体体现。

教育信息化要完成四个方面的任务:一是发展现代远程教育,逐步构建终身教育体系。二是推动教育的改革和发展,实现教育的现代化。三是培养信息化人才,为国家各行各业的信息化和信息安全服务。四是发展信息产业,建立新的经济增长点。高等学校要在推动信息产业发展、培育国家经济发展新的增长点上贡献自己的力量。

改革开放以来,教育信息化的发展对扩大教育规模、提高教学质量、加快人才培养发挥了巨大作用。作为中国四大互联网之一的中国科研网目前已建成了全国主干网,同时结合"211"工程,省教育科研网建设正在加紧进行。卫星电视教育已成为我国教育事业的重要组成部分。截止 1998 年底,共拥有 3 个卫星频道、104 个省市教育电视台、上万个卫星地面接收站,形成了一个覆盖全国的、世界上最大的远程教育网络。全国开展计算机教育的中小学已经达 7 万所,装备各类计算机 80 万台,装机已由单机向网络化、多媒体发展,基本掌握计算机操作技术的中小学学生超过千万人。

根据我国社会经济发展不平衡的特点,推进教育信息化工作将分为三个层次;第一是以多媒体计算机技术为核心的教育技术在学校的普及和运用;第二是

网络的普及和应用，利用网上资源提高教学质量；第三是开办现代远程教育体系，建设并提供大量的网络资源，不断满足社会日益增长的终身教育需求。

80年代中期，为了建设一支高素质的高校教师队伍，我国成立了全国高等学校师资培训中心。目前，全国已有两个国家级高等学校教师培训中心、6个大区培训中心和31个省级培训中心，基本上形成了全国性的三级师资培训网络体系。自培训中心成立至今，已为全国高等学校培训教师18.2万人。高等学校师资培训工作已由补偿学历培训转变到培训学科带头人和骨干教师为主。全国高等学校师资培训网络的形成，对提高我国高等学校师资的整体素质起到了重要作用。1999年7月，教育部召开全国高等学校师资培训中心网络评估工作汇报会，会上授予北京中心等10个单位"全国高校师资培训中心网络先进单位"，天津中心等8个单位受到表扬。这次评估，促进了各级培训中心的建设和发展。

# 1998年中国科技事业

国家科技部办公厅　吴飞鸣

1998年是科教兴国战略取得实质性进展的一年。以江泽民同志为核心的党中央，领导全国人民战胜了历史罕见的洪涝灾害，顶住了亚洲金融危机的冲击，保持了政治稳定和经济社会持续发展。这一时期我国经济由高速增长转入相对稳定增长阶段，国民经济和社会发展对科学技术提出了更高的要求。为增强我国的综合国力和国际竞争力，迎接知识经济的挑战，新一届政府高度重视科技工作。在第九届全国人民代表大会一次会议上，国务院总理朱镕基指出，实施"科教兴国"战略是本届政府极其重要的任务，并决心把科教兴国方针贯彻到底。

## 重大决策

**成立国家科教领导小组**　为了更好地落实科教兴国战略，推动科技事业的发展，1998年6月9日，中国政府决定正式成立"国家科教领导小组"。由朱镕基总理任组长、李岚清副总理任副组长，成员有曾培炎、盛华仁、陈至立、朱丽兰、刘积斌、项怀诚、陈耀邦、路甬祥、宋健、徐荣凯同志。其主要职责是：研究、审议国家科技和教育发展战略及重大政策；讨论、审议科技和教育重要任务及项目；协调国务院各部门及部门与地方之间涉及科技或教育的重大事项。科教领导小组的成立，推动了科技和教育两大系统的结合，实现了科教兴国战略宏观指导层次上的统一。

**建设国家创新体系**　在党中央和十五大精神的指导下，1998年国家科教领导小组围绕实施科教兴国战略作出了几项重大战略部署。在6月9日召开的国家科教领导小组第一次会议上，明确提出要建设国家创新体系。这一部署为我国今后的科技工作指明了方向。

**启动知识创新工程**　国家科教领导小组第一次会议审议通过，于1998年启动"知识创新工程"试点工作。计划3年内拨款48亿元，旨在形成符合社会主义市场经济和科技发展规律的、具有支撑国民经济可持续发展能力的、高效运行的国家知识创新系统及运行机制，建设一批国际知名的知识创新基地，不断取得重大科学研究成果，培养和造就大批具有创新意识和创新能力的高素质科技人才，为大幅度提高我国的创新能力奠定基础。

**筹备全国技术创新大会**　1998年12月31日，国家科教领导小组第三次会议决定，在1999年召开全国技术创新大会。从国家经济和社会面向21世纪长期稳定发展的战略高度，推动国家创新体系建设，形成新的技术创新环境，加快科学技术向现实生产力转化，促进科技产业化，切实推动经济发展。

**设立科技型中小企业基金** 1998年国家拨款10亿元、贷款20亿元建立“科技型中小企业基金”，探索建立风险投资机制，支持科技成果转化，支持科技人员创办科技型企业，使一批科技含量高、有自主知识产权、有市场前景的中小企业快速发展，成为国民经济的新增长点。

## 科技体制改革

1998年召开的全国地方科技体制改革现场会，进一步明确了今后科研院所改革的基本走向。即逐步实现运营企业化、成果商品化、资源配置市场化、福利分配货币化、社会保障社会化，促使大多数院所实现自我发展、自我约束，成为具有较大自主权的独立社会法人和市场竞争主体。除稳住并加强少数重点科研机构外，大多数科研机构要进入市场，以进入企业、转制等各种途径实现与经济的紧密结合。院所的定位要坚持面向市场、面向经济建设和社会发展、面向社会需求，切实增强科技创新能力和成果转化能力。

**加快中央部门所属科研机构改革步伐** 1998年组织实施了国务院原36个部门提出的科研机构分流调整的总体规划和方案。同时，配合国务院机构改革，由科学技术部具体操作，拟定了对国家经贸委管理的10个国家局所属的242个研究院所改革的初步方案，通过转成企业、进入企业、成为行业（或区域）技术开发中心、中介机构和组建国家科技创新基地等五种途径，推动应用型科研院所转制为科技型企业，切实加强科技与经济的紧密结合。

通过实施中科院的知识创新工程试点工作，加大了对相关科研院所的改革力度，优化了资源配置和内部管理，从而提高科研机构的创新能力和效率，强化科研院所进行知识传播和扩散的作用，促进科研院所和企业之间的技术交流。

**进一步推动企业成为科技产业化的主力军** 结合国家创新体系建设，1998年国家继续采取措施，增强企业的创新能力，促使企业成为技术创新的主体，加大技术开发力度，推动高科技成果迅速转化为现实生产力，加快科技产业化进程。

## 科技事业基本进展情况

**科技队伍稳步发展** 1998年末国有企事业单位共有各类专业技术人员2 918万人，比上年末增长2.0%。全国县级以上国有独立研究与开发机构、高等院校办科研机构、大中型工业企业办科研机构19 918个；从事科技活动人员达286万人，其中科学家和工程师167万人。

**科技投入持续增长** 1998年全国科技机构、高等院校、大中型工业和建筑企业等单位用于科技活动的经费支出为1 177亿元，比上年增长10.7%。全国R&D经费支出526亿元，较上年增长9.2%，占当年国内生产总值的0.66%。

**科技成果层出不穷** 全年全国共取得省部级以上重大科技成果2.8万项，其中基础理论成果2 500项，应用技术成果2.4万项，软科学成果1 500项；达到国际先进水平的科技成果4 700项，获国家奖励的成果543项。组织了一批技术创新项目和新产品试产，完成15项重大技术装备的研制及鉴定验收。1998年受理国内外专利12.2万件，授权专利6.8万件，分别比1998年增长6.8%和33.1%。

**基础研究不断加强** 1998年我国基础研究领域的改革和发展继续深化。基础研究投入得到增加，全年投入37亿元，比上年增长26%。着手组织编制和实施引起国内外科技界普遍关注的、强调服务我国国家目标的《国家重点基础研究发展规划》（下简称《规划》），并成立了以周光召同志为组长的19人专家顾问组。《规划》首批15个项目于当年开始实施。中国科学院知识创新工程的12项试点工作开始启动。国家重大科学工程建设继续取得进展，已批准立项的6个项目实施顺利，其中“中国地壳运动观测网络”工程基准网第一次联网成功。同时，还开展了农业方面重大工程项目和“大陆钻探”项目立项论证等工作。

经数百位两院院士和著名科学家认真评选，产生了1998年我国十大基础科学研究成果：

(1)成功克隆出神经性耳聋疾病基因；

(2)发现迄今最古老的动物化石群——贵州省瓮安地区的前寒武纪含磷地层中微型多细胞动物及其胚胎化石，并发现了世界最早的被子植物——辽宁古果；

(3)关于夸克质量比的研究被国际粒子物理权威评价机构——粒子物理数据组(PDG)认为是20年来轻夸克质量比研究中的最新成果；

(4)人工准晶体研究获突破性进展，《科学》周刊认为我国科学家的研究"代表了一个全新的研究方向"；

(5)喜马拉雅和青藏高原综合研究获重大突破，获得青藏高原海拔4 500米以上树木年轮资料；

(6)碳纳米管研究取得创新成果，在国际上首次制成了氮化镓—维纳米晶体；

(7)两种抑制肿瘤血管生长的基因工程抗癌药物研究获得突破；

(8)国际论文数排名首次进入世界前10名；

(9)大气科学研究开展第二次青藏高原大气科学试验、南海季风试验、华南暴雨试验(海峡两岸及邻近地区暴雨试验)和淮河流域能量与水分循环试验等四大试验，共有千余名中国科学家、两万余名气象工作者及400多位外国科学家携手合作；

(10)天文学家提出活动星系核新模型，得到国际同行的高度重视和好评。

**科技救灾成绩显著**　在1998年抵御长江流域、松花江和嫩江流域特大洪涝灾害战斗中，全国科技界以及广大科技工作者在气象和水利水文预测预报、排险抢险、服务决策等方面做出了突出贡献。据有关部门统计，仅水文测报减灾效益就达700亿元。科学技术部对1998年抗洪救灾中表现突出和取得显著成绩的水利部水利信息中心等60个先进集体、湖北省洪湖分蓄洪区工程管理局曾祥培等119名先进个人予以表彰。

**国际科技合作与交流全面推进**　1998年国际科技合作战略地位得到进一步提高。确立了服务国内经济建设和科技进步的目标，通过实施一批对经济建设和科技进步有较大影响的合作项目，推动了科技与经济的结合。全面推进了与欧盟在科技领域的实质性合作，12月22日中国与欧共体正式签定了《中欧科技合作协定》。该协定的签定，使中国能够作为平等的合作伙伴，全面参与世界上规模最大、科研投入达170多亿美元的欧盟《第五个科研总体计划》(1998～2002年)，中国科技界能够有计划、有重点地组织科技人员以官方名义参与生物、能源、航空、航天、电信、农业等多个领域与欧盟的合作。在11月召开的亚太经合组织第六次领导人非正式会议上通过了由中国起草制定的《走向21世纪的亚太经合组织(APEC)科技产业合作议程》，江泽民在会议上郑重宣布：中国政府决定设立1 000万美元的中国亚太经合组织加强科技产业合作基金，以促进成员之间的经济技术合作。此外，同美国、俄罗斯、德国、法国、英国和意大利等国的科技合作得到深化和加强。

**技术市场空前活跃**　1998年技术市场在全国经济经受了亚洲金融危机和国内特大洪灾的冲击，经济增长速度有所减慢的情况下，保持了稳定增长态势。全年技术交易规模和水平不断提高。全国共签订国内技术合同28.17万项，成交技术合同总金额435.82亿元，与1997年相比，技术合同项目数增加了12.48%，成交金额增长了24.03%，平均单项合同成交额也从14.04万元提高到15.47万元，这是继1994年以来成交额增长幅度第一次超过20%。

自1998年我国设立第一个技术市场至今，全国技术市场已经过了10年的发展。它在推动科研机构深入改革，促进科研生产与经济发展紧密结合等方面发挥了重要作用。技术市场自身体系建设初具规模，市场法律体系、覆盖全国的管理监督体系逐步形成，技术商品流通渠道进一步通畅。中介组织及技术经纪业和技术经纪人队伍得到发展。

## 主要科技计划进展情况

**火炬计划**　至1998年我国火炬计划走过了10年的历程。经过10年的努力，火炬计划在探索科技成果转化、实现高新技术产业化的伟大实践中，发挥了引导、示范和推动作用，成为我国发展高新技术产业的一面旗帜，取得了以下主要成就：

有效地推动了我国高新技术产业的发展。1997年,火炬计划项目实现产值1 256亿元,出口创汇17.7亿美元。与1989年首批项目形成的经济效益相比,上述经济指标的年平均增长分别达到73.5%和56.2%。自1991年以来陆续成立的53个国家高新区,其技工贸总收入从87.3亿元增长到3 388亿元,出口创汇从1.8亿美元增长到65亿美元。7年间上述指标年平均增长速度分别达到84%和82%。

促进了科技与经济的结合,加速了科技成果转化和高新技术产业化。10年来,火炬计划项目累积立项12 599项,其中技术来源于自有技术和国内技术的项目占立项总数的90%以上,来源于各级攻关计划、"863"计划等的科技成果转化项目约占40%,形成了一大批具有国内外领先水平和自主知识产权的高新技术产品,如曙光1000高性能计算机等。

探索了我国高新技术产业发展所必需的体制和机制,促进了传统产业的改造和产业结构的优化升级。

引导科技人员直接进入经济建设主战场,造就了一批高新技术产业化所需的复合型人才。国家高新区内由大学、院所的科技人员兴办的企业达2 192家;在140余万从业人员中,大专以上人员约占1/3,硕士生达2.2万人,博士生共2 758人,吸引留学归国人员2 981人。

1998年全国52个国家级高新区(杨凌示范区未统计在内)区内高新技术企业达15 935家,产值上亿元企业达678家,实现技工贸总收入4 839.6亿元,工业总产值4 333.6亿元,出口创汇85.3亿美元。当年实施的7 679项国家级、地方级火炬计划项目,共实现工业产值1 445亿元,项目年销售收入1 284亿元,年出口创汇21亿美元。

**攻关计划** "九五"攻关计划项目实行滚动安排,至1998年底,共安排重点项目238项,其中农业领域20项,工业高新技术领域174项,社会发展领域44项。为引导和支持地方抓好重大科技攻关项目,1998年共遴选134项地方重大科技项目列入国家科技攻关计划。全年实际安排攻关项目拨款10.37亿元,其中农业领域1.07亿元,工业高新技术领域6.87亿元,社会发展领域2.13亿元,其他0.3亿元。据不完全统计,至1998年,科技攻关项目共取得成果3 515项,发表论文12 195篇,鉴定成果766项,转让成果161项,转让收入达0.58亿元,推广应用成果1 398项,获综合经济效益344.3亿元。1998年,按照政府机构职能调整的要求,完成了将原国家计委分管的部分攻关计划项目全部划转科学技术部统一管理的工作。

**高技术研究和发展计划(863计划)** 863计划自1998年开始进入最后冲刺阶段。为了圆满、高质量地完成863计划预定任务,明确到2000年各项工作的目标,召开了863计划工作会议,研究部署了2000年前863计划各领域的重点工作任务。

1998年度863计划项目按重大项目和专题项目两个层次,共安排27个重大项目和88个专题项目。取得了一批重大高技术成果,主要包括:(1)生物技术领域,成功选育了完善、高效的两系法杂交稻新组合;克隆了国际上首例神经性耳聋疾病基因;抗虫转基因棉基本成熟,与国外形成竞争态势。(2)信息技术领域,研制成功了"曙光2000-I超级服务器";圆满完成了星载SAR模样机研制。(3)自动化领域,研制完成面向CIMS并行工程集成框架关键技术。(4)能源领域,超导螺旋式电磁流体推进试验船试航成功。(5)新材料领域,镍氢电池产业化开发形成规模;高性能片式电子元件及材料突破多项关键技术。此外,各领域关键技术研究也取得了可喜进展。

**星火计划** 1998年全国星火工作的一个突出特点是依靠科技优势,积极、主动参与解决经济社会发展中出现的热点和难点问题。加强了星火密集区和支柱产业建设,深入推进了星火西进工作,由科学技术部批准的四个星火西进示范县全面启动,星火国际合作逐步向纵深发展。1998年全国新列星火项目9 736项,比上年增加5.6%。全年共投入资金340亿元,完成并验收项目达4 003项,完成产值2 990.3亿元,总计实现利税480.7亿元,共创外汇60亿美元。

(审稿人 王葆青)

# 附：　1998 年中国科技经费投入情况

1998 年，我国科技经费投入在科技体制改革逐步深化的过程中平稳增长，中央财政对科技活动的资金扶持力度进一步加大，企业自主投资意识有所增强，用于新产品开发的经费投入增加，但地方财政科技支出的增长幅度较上年有所下降，研究与发展(R&D)经费的支出增幅减缓。

## 科技经费筹集

1998 年全国共筹集科技活动经费 1 289.8 亿元，比上年增加 107.9 亿元，增长 9.1%。按总人口计算的全国人均科技活动经费筹集额 103.3 元，比上年增加 7.7 元。

从经费来源看，各执行单位自筹资金增长较快，占经费筹集总额的比重达 50.8%，比上年上升了 6.2 个百分点；政府资金和银行贷款占筹集总额的比重分别为 27.4%和 13.3%，与上年基本持平。

初步统计，1998 年国家财政科技拨款额达 466.5 亿元，比上年增加 57.6 亿元，增长 14.1%，科技拨款占国家财政支出的比重为 4.3%，与上年基本持平。在国家财政科技拨款中，中央财政的拨款增长较快，占中央财政支出的比重为 10.2%；地方财政的拨款增势减缓，占地方财政支出的比重为 1.9%。

## 科技经费使用

1998 年科技活动经费支出总额为 1 128.5 亿元，比上年增长 63.3 亿元，增长 5.9%。按从事科技活动人员计算的人均科技经费使用额为 4.4 万元，比上年增加 0.4 万元。

分执行部门看，企业支出 532.3 亿元，增长 8.2%；研究与开发机构支出 484.9 亿元，增长 2.7%；高等院校支出 73.2 亿元，增长 16.1%。各执行部门支出占全部科技经费支出的比重分别为 47.2%、43%和 6.5%。

作为科技投入主体之一的大中型工业企业，科技经费支出保持稳定增长，全年技术开发经费支出 478.7亿元，比上年增加 40.3 亿元，增长 9.2%。其中用于新产品开发支出 245.2 亿元，比上年增加21.2 亿元，增长 9.5%。

从支出用途看，科技活动人员的劳务费支出增长较快，占支出总额的比重比上年略有上升；科技活动业务费和固定资产购建费的支出增长幅度下降，但在支出总额中仍占有较大份额。

## 研究与发展(R&D)经费支出

1998 年全国研究与发展(R&D)经费支出额为 551.1 亿元，比上年增加 41.9 亿元，增长8.2%，占国内生产总值(GDP)的比重为 0.69%，比上年略有提高；按研究与发展(R&D)人员(全时工作量)计算的人均研究与发展(R&D)经费支出为 7.3 万元，比上年增加 1.2 万元。

分执行部门看，企业研究与发展(R&D)经费支出为 247 亿元，增长 5.3%；研究与开发机构支出 234.5 亿元，增长 13.5%；高等院校支出 57.3 亿元，减少0.7%。各执行部门研究与发展(R&D)经费支出占研究与发展(R&D)经费总支出的比重分别为 44.8%、42.6%和 10.4%。

分研究类型看，用于基础研究的支出增长减缓，用于应用研究的支出比上年减少，用于发展的支出增加。

(国家统计局　科学技术部)

# 研究与发展(R&D)活动的国际比较

研究与发展(R&D)经费是反映一个国家科技实力的重要指标，又是提高国家综合国力和竞争力的重要基础。近几年，各国都非常重视加大对 R&D 投入的力度。我们根据最新统计数据将我国的 R&D 投入状况与世界各国进行比较，供科技管理工作者参考。

**我国R&D经费增长较快，但投入强度过低**　1998年我国R&D经费支出总额达551亿元人民币，与上年同期相比增长8.6%，占国内生产总值(GDP)的比重为0.69%；美国R&D经费达2 279.3亿美元，占GDP的比重为2.79%；德国R&D经费达到875.4亿德国马克，占GDP的比重为2.33%。若折合美元进行比较，我国的R&D经费支出额不及美国的1/30，德国的1/7。与周边国家相比，1997年日本的R&D经费占GDP的比重为2.92%、韩国为2.89%、新加坡为1.47%，我国的R&D经费支出额约是日本的1/18、韩国的1/2、是新加坡的4.9倍。

**我国企业在R&D活动中地位逐渐上升**　在发达国家，R&D活动一般以企业为主体，企业的R&D经费占绝大部分。1997年美国和瑞典企业的R&D经费均占到74%以上、日本为72.7%、瑞士为70.7%。1998年我国的R&D经费中，企业占44.8%、研究机构占42.6%、高等院校占10.4%。从近几年的数据看，我国企业R&D经费所占比重不断上升。

**我国基础研究比重偏低**　从R&D经费的活动类型看，我国基础研究经费所占比重与其他国家相比明显偏低，1998年为5.3%，比上年略有下降，而试验发展经费所占比重较大，占72.1%。在OECD成员国中，法国、澳大利亚、意大利、瑞士等基础研究经费的比重在22%以上，美国为16.2%。

**我国R&D人力资源相对规模很低**　在R&D的人力资源方面，1998年我国从事R&D活动人员为75.5万人年，比上年下降9%，日本1997年为84.6万人年，德国为45.9万人年。从事R&D的科学家与工程师美国最多，为96.5万人年；其次是日本，57.8万人年；我国为48.6万人年。

我国科学家与工程师数占R&D活动人员的比重为64.4%、日本为68.3%、澳大利亚为67.3%、加拿大为62%。每万人劳动力中从事R&D活动人员数是瑞典最高，为154人、日本和法国均是125人、德国116人、丹麦110人，而我国仅有11人。每万劳动力中从事R&D活动的科学家工程师数，瑞典和日本分别是86人和85人、美国74人、澳大利亚为66人，我国只有7人。可见，在绝对数值的比较上，我国与发达国家的数量相当，但在相对量的比较上，我国与一些国家相差甚远。

1998年我国从事R&D活动人员中，企业所占比重为41%，研究机构占30%，高等院校占22%。企业所占比重较高的是日本为69.2%、瑞士为68.5%、瑞典为67%、德国和美国均在61%左右。

（科技部发展计划司）

# 中国改革开放20年来社会科学发展述评①

卢继传

在改革开放“20年”来的时期里，我们每个社会科学工作者都抓住有利时机，发挥各学科及其大协作的优势，坚持双百方针，开展创造性的研究工作，使社会科学研究取得了显著成绩，呈现出一派繁荣与发展的景象。江泽民同志指出：“党的十一届三中全会以来，我国社会主义现代化建设事业取得了举世瞩目的成就。在这些成就中也有广大社会科学工作者的劳绩。”（1996年12月5日《人民日报》9版）这是对我国社会科学工作者辛勤劳动的高度评价。

## 中国社会科学繁荣与发展的历程

改革开放和社会主义现代化建设每前进一步，即伴随着社会科学的突破与发展。邓小平理论这一当

① 本文是作者为中国经济出版社出版的《中国新时期社会科学成果荟萃》撰写的前言。本年鉴转载时，有适当删节。

代中国的马克思主义的形成与发展，是中国社会科学最为灿烂的丰碑。改革开放和社会主义现代化建设的实践，为我国社会科学研究提供了良好的社会环境。我国社会科学工作者以马克思主义、毛泽东思想和邓小平理论为指导，紧跟党的战略部署，从当代中国和世界的实际出发，以巨大的理论勇气，认真研究和探索有中国特色社会主义的发展规律，取得了重大研究成果。

**1.20年前，我们党在全国开展了一场关于实践是检验真理惟一标准问题的大讨论。**这场讨论，冲破了“两个凡是”的严重束缚，推动了全国性的马克思主义思想解放运动，为具有划时代意义的党的十一届三中全会作了重要的思想准备，在党和国家的历史进程中产生了重大而深远的影响。

这场讨论是在邓小平等老一辈无产阶级革命家的领导和支持下开展起来的。当时，由于受到了“两个凡是”严重阻碍，党的事业在前进中出现徘徊的局面。针对这种状况，邓小平首先旗帜鲜明地指出“两个凡是”不符合马克思主义。这为我们党实现思想路线的拨乱反正指明了方向，使广大社会科学工作者受到巨大的鼓舞。1978年5月10日，中央党校内部刊物《理论动态》首先发表经胡耀邦同志审定的《实践是检验真理的惟一标准》一文，5月11日，《光明日报》以特约评论员名义，公开发表了这篇文章，新华社也向全国转发。一场规模宏大、内涵丰富、影响深远的关于真理标准问题的大讨论，在全国轰轰烈烈地展开。广大社会科学工作者以巨大的理论勇气和政治热情参与这场讨论，对怎样正确看待马克思列宁主义、毛泽东思想作了深刻而精辟的阐述，尖锐地批评了那种违背实事求是，搞“照抄照搬”的唯心主义和形而上学观点，并从不同角度提出要恢复和发扬党的实事求是的优良作风，正确认识与把握理论和实践的关系，把实践作为检验真理的标准。

真理标准问题的大讨论，是十一届三中全会实现新中国建立以来我党历史上具有深远意义的伟大转折的思想先导，是20年改革开放历程的思想先导，为我们党重新确立马克思主义的思想路线、政治路线和组织路线奠定了理论基础。邓小平同志在1978年12月13日中央工作会议上所作的《解放思想，实事求是，团结一致向前看》的讲话中，高度评价了这场讨论的伟大意义。他说：“目前进行的关于实践是检验真理的惟一标准问题的讨论，实际上也是要不要解放思想的争论。大家认为进行这个争论很有必要，意义很大。从争论的情况来看，越看越重要。一个党，一个国家，一个民族，如果一切从本本出发，思想僵化，迷信盛行，那它就不能前进，它的生机就停止了，就要亡党亡国。这是毛泽东同志在整风运动中反复讲过的。只有解放思想，坚持实事求是，一切从实际出发，理论联系实际，我们的社会主义现代建设才能顺利进行，我们党的马列主义、毛泽东思想的理论也才能顺利发展。从这个意义上说，关于真理标准问题的争论，的确是个思想路线问题，是个政治问题，是个关系到党和国家的前途和命运的问题。”（《邓小平文选》第二卷第143页）邓小平同志的这篇重要讲话，成为十一届三中全会的主题报告，是在“文化大革命”结束以后，中国面临向何处去的重大历史关头，冲破“两个凡是”的禁锢，开辟新时期新道路，开创建设有中国特色社会主义新理论的宣言书。

**2.十一届三中全会以后，党掌握了拨乱反正的主动权。**为了顺利地把工作重心转移到社会主义现代化建设上来，党对在经济建设和阶级斗争关系问题上的“左”倾错误思想进行了认真的清理，党中央重新对社会主义社会的主要矛盾作出了正确的阐述，停止使用“以阶级斗争为纲”的口号。

在拨乱反正的过程中，我国社会科学工作者从过去一个时期内盛行的个人崇拜和教条主义的精神枷锁中解脱出来，思想活跃，呈现了努力研究新情况和新问题的生动景象。在这段时期里，党中央领导人民勇敢地迈开了改革开放的步伐，即经济体制改革，首先在农村取得突破性的进展。由于农民群众的主动性和创造性的发挥，人民公社原有的一些经营管理制度逐步被突破，各种形式的农业生产责任制迅速发展起来。开始时，在部分地方实行的是联产到组责任制，随后，许多地方又逐步将联产到组发展到联产到人，并进一步发展到包产到户、包干到户。

对于这种形式，当时党内外不少干部存在着相当大的疑虑，担心这样做会不会偏离社会主义轨道。在这个问题上，中央的认识也有一个发展过程。我国社会科学工作者尤其是农村经济工作者深入农村调查、研究，肯定了农民的创造，并对农民创立的新的集体经济进行了总结,发表了极具价值的调研报告。调研报告阐明:农村家庭联产承包责任制,是社会主义集体经济的生产责任制。它把集体所有的土地长期包给各家农户使用。农业生产基本上变为分户经营、自负盈亏,农民生产的东西,“保证国家的,留足集体的,剩下都是自己的”。这种责任制使农民获得生产和分配的自主权,把农民责、权、利紧密结合起来,不仅克服了以往分配中的平均主义、“吃大锅饭”等弊病,而且纠正了管理过分集中、经营方式过分单一等缺点。这种责任制是建立在土地公有制基础上的,集体和农户保持着发包和承包关系。集体统一管理使用大型农机具和水利设施,有一定的公共提留,统一安排烈军属、五保户、困难户的生活,有的还统一规划农田基本建设。所以,这种家庭联产承包制,不同于农业合作化以前的小私有经济,它没有否定合作化以来集体经济的优越性,而是做到有统有分,统分结合,既发挥集体经济的优越性,又发挥农民家庭经营的积极性,促进了农业生产的发展。社会科学工作者尤其农村经济工作者的调查研究报告和论述,为中央拨乱反正提供思想理论依据,提供决策参考。1980年9月,中央下发文件,肯定了这种新的农村集体经济,推动了农村经济发展。于是,农村经济学、农业经济学、农村产业经营学等也由此发展起来。

**3**.1982年9月1日,党的十二大召开,大会制定开创社会主义现代化建设新局面纲领。邓小平同志提出的关于建设有中国特色的社会主义的思想,是十二大的指导思想,也是整个新的历史时期改革开放和现代化建设的指导思想。我国的改革开放和现代化建设,就是在这个思想指导下取得巨大成功的。

十二大以后,经济体制改革迅速地在全国范围内全面展开,改革重点由农村逐步转向城市,城市经济改革由试点发展到全面铺开。主要是:多种经济成分得到发展,单一公有制结构有很大改变;改变了统收统支的国有企业经营方式,扩大了企业的生产经营自主权,改革计划管理体制,国家宏观调控的范围和方式得到调整与改进。此外,在财政、税收、价格、金融、商业、劳动工资等方面也进行了不同程度的改革。这个时期,我国广大社会科学工作者尤其经济学界研究人员围绕以上经济改革领域进行了探讨,使经济学包括宏观经济学、管理经济学、生产力经济学、国民经济学、会计学、城市经济学、商业经济学、货币银行学、保险学等学科逐步繁荣与发展起来。

1985年5月,中共中央作出《关于教育体制改革的决定》,提出改革同社会主义现代化不相适应的教育思想、教育内容和教育方法。《决定》的贯彻,推动了教育科学研究的拓进,教育学原理、德育原理、教育经济学成为探讨的热门。

十二大以后,在对外开放方面,也迈开步伐。1983年4月,中共中央和国务院对海南实行经济特区的某些政策,后列为经济特区。1984年4月,进一步开放天津、上海等14个沿海港口城市。1985年2月,又把长江三角洲、珠江三角洲和闽南厦门、泉州、漳州三角地区开辟为沿海经济开发区。从而使我国形成了“经济特区—沿海开放城市—沿海经济开放区—内地”这样一个多层次、有重点、点面结合的对外开放格局。扩大对外开放的步骤,有效地促进了世界经济学、国际贸易学、国际金融学、国际投资学、区域经济学等学科的研究,造就了这些新研究领域的一大批人才。

根据党的十二大的决定,1983年10月党的十二届二中全会作出关于整党的决定,开始全面整党。鉴于1986年学潮的教训,1987年1月22日第六届全国人大常委会作出《关于加强法制教育维护安定团结的决定》,1987年1月28日中共中央发出《关于当前反对资产阶级自由化若干问题的通知》。广大社会科学工作者配合思想战线的斗争,宣传党的基本理论与党的基本路线,从而促进了科学社会主义、政治学、社会学、马克思主义新闻理论和法学等学科的研究与传播,为反对精神污染,即反对资产阶级自由化的斗争,加强社会主义民主、法制、纪律教育提供理论依据。

**4**.改革开放和社会主义现代化的发展十分迅速,为保证其健康、稳定的发展,务必要求科学决策。于是,决策的民主化、科学化成为研究的热点问题。1985年8月15日《人民日报》在头版发表了万里在全国软科学研究工作座谈会上的讲话(1985年7月31日)——《决策民主化和科学化是政治体制改革的一个重要课题》。这样,软科学研究应运而生,引起社会广泛的重视。软科学研究的根本目的,是为各级各类决策提供科学依据,是为领导决策服务的。从这个意义上说,软科学研究就是决策研究,就是把科学引入决策过程中，利用现代科学技术手段，采用民主和科学的方法，把决策变成集思广益的、有科学依据的、有制度保证的过程，从而实现决策的民主化、科学化和制度化，以加快我国的现代化建设。还涉及在我国社会主义建设中解决组织、管理等问题，为领导提供咨询意见。所谓软科学研究涉及自然科学和社会科学的诸多领域，是一种多学科、跨部门的综合性研究。现在，比较一致的看法是，软科学是现代科学技术体系中一个大部门——系统科学的应用，它包括直接改造客观世界的技术——各种系统工程和系统工程直接有关系的基础理论（或叫应用科学），如运筹学、控制论、信息论等，都包含在其中。所以，软科学不仅是科学，还包含许多技术性工作，实际上是软科学技术。软科学又是社会科学的应用，所以也可以称社会技术。这就是软科学的性质。随着我国现代化建设的全面展开，随着开放和改革政策的深入实施，各部门各地区在实践中提出大量的新问题，需要采取的各种重大科技、经济和社会决策越来越多，对软科学研究的需要也越来越迫切。在软科学兴起的背景下，与其相关的管理科学、科学学、人才学、潜科学、交叉科学、思维科学、信息科学等等新学科及其人才也逐步的崛起与成长。可以断言，今后我国软科学研究工作必将有一个大的发展。

**5**. *1987年10月25日至11月1日，党的十三大在北京召开。*党的十三大系统地阐明了关于社会主义初级阶段的理论，为我们理解建国以来的成功和失误提供了一把钥匙，也为实行改革开放、建设有中国特色的社会主义提供了有力的理论武器。这是在十一届三中全会以后，中国共产党人在总结新中国建立30多年来正反两方面经验的基础上，在研究国际经验和世界形势的基础上，开始找到一条建设有中国特色的社会主义的道路。

党在社会主义初级阶段的基本路线，简称为“一个中心、两个基本点”，即以经济建设为中心，坚持四项基本原则，坚持改革开放。十三大的中心任务是加快和深化改革，主要是进一步加强经济体制改革。大会提出，经济体制改革要围绕转变企业经营机制这个中心环节，分阶段地进行计划、投资、物资、财政、金融、外贸等方面体制的配套改革，逐步建立起有计划商品经济新体制的基本框架。这是对科学社会主义的重要贡献。沿着这条道路前进，是把我们的事业引向胜利的根本保证。

但是，1989年爆发了政治风波，少数人步当时东欧一些社会主义国家中“民主社会主义”思潮之后尘，打着民主的旗号，破坏民主法制，反对党的基本路线，制造思想、理论混乱。那么，党的十一届三中全会以来的路线还要不要继续坚持？党的十三大概括的“一个中心、两个基本点”还要不要坚持？这是政治风波过后，全党、全国人民必须冷静思考的问题，也是全世界密切关注的问题。对此，党的十三届四中全会旗帜鲜明地作出回答：“要继续坚决执行党的十一届三中全会以来的路线、方针和政策，继续坚持执行党的十三大确定的‘一个中心、两个基本点’的基本路线。四项基本原则是立国之本，必须毫不动摇、始终一贯地加以坚持；改革开放是强国之路，必须坚定不移、一如既往地贯彻执行，绝不回到闭关锁国的老路上去。”

党的十三届四中全会以后，党中央抓紧党的自身建设，加强思想政治工作。1989年7月，中央发出《关于加强宣传、思想工作的通知》，要求全党清醒地认识到，我们的改革开放和现代化建设是在复杂的国际环境中进行的。西方国家的敌对势力正通过各种方式进行政治、思想渗透，极力宣杨虚伪的“民主”、“自由”、“人权”，煽动和支持我国的资产阶级自由化思潮。《通知》强调必须旗帜鲜明地同这种“和平演变”的图谋和行动作长期的、坚决的斗争。各级党组织都十分重视和大力加强对宣传、思想工作的领导，切实反对资产阶级的自由化，真正让社会主义思想占领意识形态阵地，并对发生政治方向问题的一些新闻出版单位、社会科学研究机构和文学艺术团体，有领导地实行了思想整顿和组织整顿。

在这一段不寻常的日子里，广大社会科学工作者受到了深刻的政治教育，经受了严峻的立场考验，得到了很大的思想升华，社会科学研究以及理论思想宣传发生了一系列积极的变化，社会科学工作者比较自觉地坚持党的基本理论和基本路线，把握了正确舆论导向。同时，中央认真贯彻百花齐放、百家争鸣的方针，一手抓整顿、一手抓繁荣，在哲学社会科学和文学艺术领域中产生了一批比较好的著作和作品。在这个时期里，在党的十一届三中全会以来的路线的指引下，广大社会科学工作者积极传播马列主义、毛泽东思想和邓小平理论尤其社会主义发展阶段理论，从而推动了科学社会主义、社会学、政治学、新闻学等各学科的研究。

从1990年到1991年上半年，在全国党政干部和广大人民群众中广泛开展了社会主义的思想教育，推动了中国近现代史及国情研究工作的开展。不少学者发表了一批有说服力的宣传社会主义、批判资产阶级自由化思潮的论著，促进政治经济学、哲学、历史学、法学、文学理论等社会科学逐步地繁荣与发展起来。

**6.十三届四中全会以后，党中央在下大力气抓政治稳定的同时，认真抓治理整顿，实现社会经济的稳定与发展。**1990年12月举行的党的十三届七中全会，审议并通过了《中共中央关于制定国民经济社会发展十年规划和“八五”计划的建议》，其主要精神是：第一，强调以经济建设为中心，把经济发展作为改善人民生活和促进社会进步的基础。第二，强调继续深化经济体制改革和扩大对外开放，加强社会主义精神文明和民主建设。全会还确定了实施的基本方针：坚定不移地走建设有中国特色的社会主义道路；坚定不移地推进改革开放；坚定不移地执行国民经济持续、稳定、协调发展的方针；坚定不移地执行独立自主、自力更生、艰苦奋斗、勤俭建国的方针；坚定不移地执行物质文明和精神文明一起抓的方针。全会指出，全党和全国各族人民一定要巩固和发展安定团结的政治局面，集中力量搞好经济建设和改革开放，使我们伟大的祖国更加生机蓬勃，兴旺发达。

“七五”计划的胜利完成，十年规划和“八五”计划纲要的制定和实施，标志着我们社会主义现代化建设已经从1989年以来的困境中走出来，进入了一个新的发展阶段。我国社会科学也由此进入新的发展阶段，其主要标志是，我们广大社会科学工作者在建设有中国特色的社会主义理论的指引下，围绕十一届三中全会以来，党在对社会主义再认识的过程中，在哲学、政治经济学和科学社会主义等方面，对所发挥和发展了的一系列科学理论观点开展研究。这一系列科学理论观点包括：关于解放思想，实事求是，以实践作为检验真理的惟一标准的观点；关于建设社会主义必须根据本国国情，走自己的路的观点；关于在经济文化落后的条件下，建设社会主义必须经历一个相当长的初级阶段的观点；关于社会主义社会的根本任务是发展生产力，集中力量实现现代化的观点；关于社会主义经济是有计划的商品经济的观点；关于改革是社会主义社会发展重要动力，对外开放是实现社会主义现代化的必要条件的观点；关于社会主义民主政治和社会主义精神文明是社会主义重要动力，对外开放是实现社会主义现代化的必要条件的观点；关于社会主义民主政治和社会主义精神文明是社会主义重要特征的观点；关于坚持四项基本原则同坚持改革开放的总方针这两个基本点相互结合、缺一不可的观点；关于用“一个国家、两种制度”来实现国家统一的观点；关于执政党的党风关系到党的生死存亡的观点；关于按照独立自主、完全平等、互相尊重、互不干涉内部事务的原则，发展同外国共产党的关系的观点等。这些成了建设有中国特色的社会主义理论的轮廓，初步回答了我国社会主义建设的阶段、任务、动力、条件、布局和国际环境等基本问题，规划了我们前进的科学轨道。通过对这一系列问题的研究，进一步拓展了社会科学研究的领域，使社会科学出现了百花齐放、百家争鸣的大好形势。

**7.十一届三中全会以来的新时期，党继承了以前时期在对外关系方面由实践证明是正确的方针与措施，同时根据国际的新情况和社会主义建设需要又进行了必要的调整和加以充实。**尤其在中美建交以后，由于中国在坚持改革的同时，坚持独立自主的和平外交政策，中国同美国和所有的西方国家之间的经济、文化、科学、教育各方面的来往和合作都有发展。这个趋势促进了世界经济学、国际政治学、国际法学、图书馆学、情报学与文献学等社会科学的繁荣与发展。

我国在80年代已经开拓的建设有中国特色社会主义道路，为实现第二步战略目标提供了根本保证。1990年12月党的十三届七中全会通过的《关于制定国民经济和社会发展十年规划和“八五”计划的建议》把建设有中国特色社会主义概括为十二条。江泽民在庆祝党成立70周年的讲话中指出：“党的基本路线和这十二条原则，总起来说，就是要通过社会主义制度的自我完善和发展，建设有中国特色社会主义的经济、政治、文化，以适应和促进社会生产力的不断发展和社会的全面进步，实现社会主义现代化。”这十二条基本原则，把“一个中心、两个基本点”的基本路线进一步具体化了，清楚地勾画出了建设有中国特色的社会主义道路的基本轮廓。如果说在十多年以前，我们对于什么是有中国特色的社会主义和怎样建设有中国特色的社会主义还不甚了解，那么现在就比较清楚了。在这种情况下，社会科学工作者通过学习，也开始比较透彻地掌握了建设有中国特色社会主义理论，并比较自觉地把这一科学理论作为社会科学研究与行动的指南。

**8.但是，在建设有中国特色的社会主义的征途中，传统的思想观念束缚住人的手脚，存在一手比较硬、一手比较软、发展不快等问题。在这关键的时刻，邓小平同志到武昌、深圳、珠海、上海等地考察，发表了著名的1992年南方谈话。**邓小平尖锐地指出："改革开放迈不开步子，不敢闯，说来说去就是怕资本主义的东西多了，走了资本主义道路。要害是姓'资'还是'社'的问题。"(《邓小平文选》第三卷第372页)他强调：坚持"一个中心，两个基本点"不动摇；坚持"三个有利于"的标准不动摇；坚持社会主义本质不动摇；坚持社会主义与市场经济相结合的原则不动摇；坚持有右反右，有"左"反"左"，警惕右主要防止"左"的原则不动摇；坚持发展是硬道理不动摇；坚持"两手抓，两手都要硬"不动摇；坚持搞好党的建设不动摇；坚持实事求是的思想路线不动摇；坚持马克思主义不动摇。邓小平南方谈话是他长期从事革命实践活动，尤其是对改革开放和社会主义现代化建设经验教训的一次理论新概括、新总结。这次谈话消除了长期困扰人们思想的一些疑惑，为全党、全国各族人民在以江泽民为核心的党中央领导下，沿着邓小平为我们开创的建设有中国特色的社会主义现代化道路继续前进扫清了思想上、实践上的障碍。

这次谈话，深受广大社会科学工作者的拥护和称赞，他们认为，邓小平南方谈话具有划时代的意义：南方谈话，深刻地总结了改革开放以来的实践经验，又深刻地从经验中揭示了社会主义的本质和建设有中国特色社会主义的根本规律；南方谈话，鲜明地回答了经常困扰和束缚我们思想的许多重大认识问题，提出了抓住时机，发展自己的战略思想，同时阐明了精神文明在建设有中国特色社会主义事业中的重要地位；南方谈话，有力地推动了思想解放，在思想解放中进一步统一了人们的思想，南方谈话像一枝火炬，照耀着我们前进，为我国建立社会主义市场经济体制扫清了思想、实践上的障碍，为党召开十四大奠定了思想基础。邓小平南方谈话发表以后，党中央政治局在1992年3月召开会议，在江泽民同志主持下，就如何贯彻落实邓小平南方谈话作了部署。

**9.由于经济体制改革的目标是建立社会主义市场经济体制，创立与之相应的管理方法、管理方式成为必须解决的问题。**邓小平同志在1992年南方谈话中强调指出："社会主义要赢得与资本主义相比较的优势，就必须大胆吸收和借鉴人类社会创造的一切文明成果，吸收和借鉴当今世界各国包括资本主义发达国家的一切反映现代社会化生产规律的先进经营方式、管理方法。"(《邓小平文选》第三卷第373页)。由于历史的原因，我国的管理尤其现代化的管理比较落后，管理人才也较缺乏。邓小平早在1987年的国务院一次会议上提出，有两件事情如果搞不好，就会拖四个现代化建设的"后腿"：一件事是管理，一件事是农业。在邓小平一而再的提示、启发下，随着我国改革开放和现代化建设的发展，管理科学的研究者日益增多，尤其引起中央领导的高度重视。近20年来，党和国家为了搞好管理工作，在经济体制改革过程中，已经采取了许多卓有成效的政策措施，来改善和加强管理，特别是近几年中央采取的一系列宏观调控措施，从全局上保证了我国的经济健康发展，避免了可能出现的大起大落，为推进改革开放创造了良好条件，达到了宏观管理的预期效果。这是我国经济管理上的一大成功。

但是，从微观上(和中观上)看，真正管理得好的还为数不多，不少大中型企业尽管用世界先进的技术设备重新武装起来，由于管理老套，在理论上、实践上缺乏创新，以致产品的质量仍然落后于发达国家，缺乏国际市场竞争力。今天，国有企业的改革进程，现代企业制度的建立，经济增长方式的转变还步履艰难。而且还要看到，本世纪以来出现了许多重要的情况，诸如经济文化一体化、世界经济全球化、知识经济等，将深刻地影响着管理科学的发展趋势。如网络化正在深刻地影响和改变人们的生产方式、工作方式、生活方式以及管理思想、管理方法。如果管理落后的状况长期不能得到较好的解决，可能真的要拖现代化的"后腿"了。所以，中央领导都意识到，大力解决企业的科学管理,以及社会经济发展的科学管理问题,已成为深化改革和发展的当务之急。江泽民同志在十五大报告中明确指出:"要加强科学管理,探索符合市场经济规律和我国国情的企业领导体制和组织管理制度,建立决策、执行和监督体系,形成有效的激励和制约机制。"这个讲话引起了全党全国的重视。对于管理的重要性,国务院总理朱镕基指出,管理科学和管理教育也是兴国之道。邓小平、江泽民等中央领导的精辟论述,使社会科学工作者深受鼓舞,都以发展管理科学和推进管理现代化为己任,对国内外管理思想、管理组织、管理方法都做了大量的研究工作,不断发表了大量的论著,提出了新的管理理论、管理思想和管理方法。一支拥有一定规模的、具有相当实力的管理科学队伍也由此而得以形成。这对振兴中国的管理科学,促进管理的创新,奠定了良好的基础。

**10**.邓小平同志关于科学技术的一系列论述是建设有中国特色社会主义理论的重要组成部分。1978年3月,邓小平在全国科学大会上的讲话中,强调科学技术是生产力,是实现四个现代化的关键。1988年9月15日、12日,邓小平在与外宾谈话时,提出了"科学技术是第一生产力"的科学论断。邓小平在1992年南方谈话中又发出告诫:"经济发展得快一点,必须依靠科技和教育。"广大社会科学工作者与科学技术工作者一致认为,"科学技术是第一生产力"的思想是科学技术力量在认识论上的一个新的飞跃,丰富和发展了马克思主义生产力学说,为实施科教兴国战略提供了最重要的思想准备与理论依据。

1995年5月6日,中共中央、国务院作出了《关于加速科学技术进步的决定》,于1995年5月22日在《人民日报》发布。《决定》全面总结了新中国建立以后特别是改革开放以来中国科学技术发展的实践经验,提出了科教兴国的伟大战略,把邓小平"科学技术是第一生产力"的思想真正变成国家发展战略,使科学技术生产力有一个新的解放和大的发展。继后,中央又发布了《中国教育改革和发展纲要》,强调充分发挥高等教育及其他教育在培养科技人才方面的主渠道作用,造就大批德才兼备的科技后备力量。广大社会科学工作者认真学习、贯彻《决定》和《纲要》精神,掀起了研究与宣传新的生产力理论、科学技术和教育的社会功能、人才学理论、经济与科技发展一体化理论、战略学理论的热潮。

**11**.党的十四大于1992年10月7日至10日在北京举行。十四大科学地总结了十一届三中全会以来党的正确路线方针和改革实践经验,确立了邓小平建设有中国特色社会主义理论在全党的指导地位,明确要求在建立社会主义市场经济体制的同时把精神文明建设提高到新水平。

邓小平同志南方谈话和党的十四大召开,开辟了我国改革开放和社会主义现代化建设的新阶段。这个阶段主要特征是:第一,这是经济体制改革以明确建立社会主义市场经济体制为目标的新阶段;第二,这是在改革开放推动下国民经济持续、快速、健康发展的新阶段;第三,这是在物质文明发展的同时,精神文明建设出现积极、健康、向上发展态势的新阶段。

十四大以来,在以江泽民同志为核心的党中央领导下,坚持用邓小平建设有中国特色社会主义理论武装全党,深入宣传贯彻党的基本路线和基本方针;强调讲学习、讲政治、讲正气,全心全意为人民服务;实施科教兴国战略,促进科技和教育事业发展;坚持正确舆论导向,繁荣社会主义文化和社会科学;弘扬主旋律,广泛进行爱国主义、集体主义、社会主义教育;加强党风廉政建设和民主法制教育,加大反腐败的力度。精神文明建设取得积极进展和明显效果,对促进改革、发展、稳定起了重要作用。十四大以后,党中央做出的一系列重大部署和取得的一切成就都是以江泽民同志为核心的党中央全面贯彻落实南方谈话和高举邓小平理论旗帜的结果。

党的十四大为社会科学发展指明了方向。党的十四大充分肯定了发展社会科学的重大意义,强调发展文学艺术、新闻出版等文化事业,满足人民群众日益增长的精神文化需求,对于提高民族素质,促进经济发展和社会全面进步,具有重要作用。这时,改革开放和社会主义现代化建设的伟大实践,为文化建设注入新的活力,同时迫切要求文化事业有一个大的提高和发展。只有深深植根于人民群众的历史创造活动,继承发扬民族优秀文化和革命文化传统,积极吸收世界文化优秀成果,我们的文化事业才能健康发展,愈益繁荣。我们广大社会科学工作者受到巨大的鼓舞,形成了一个比较一致的共识,即社会科学工作者是在思想理论战线上进行理论研究和宣传工作的,是社会主义精神文明建设的一支重要的力量，要积极紧跟党的战略部署，以这个纲领为思想武器，把全面、正确地坚持和宣传马克思列宁主义、毛泽东思想，特别是用邓小平建设有中国特色社会主义理论武装人，教育干部和群众，看成是我们理论工作者的一项重大的历史使命。这正如1983年10月12日邓小平在《党在组织战线和思想战线上的迫切任务》一文中所指出的："思想战线上的战士，都应当是人类灵魂的工程师。在当前这个转变时期，在社会主义精神文明建设和整个社会主义建设事业中，他们在思想教育方面责任尤其重大。"(《邓小平文选》第三卷第40页)

要担起党赋予社会科学工作者的历史使命，就要牢固地树立起为党的战略部署服务的意识。这时，社会科学工作者无论是学术理论研究，还是理论宣传，都以十四大精神为指针，坚持以邓小平建设有中国特色社会主义理论和党的基本理论和基本路线为指导，即大力弘扬爱国主义、集体主义、社会主义的主旋律，培育有理想、有道德、有文化、有纪律的社会主义公民，以把我国建设成为一个富强、民主、文明的社会主义现代化国家为己任，为党和政府决策服务，为两个文明建设服务。同时，根据十四大精神，坚持"双百"方针，提倡科学严谨的学风，鼓励不同学术观点相互切磋，注意区分学术问题和政治问题。对思想认识问题加以积极引导，对事关政治方向、事关重大原则的问题，旗帜鲜明，分清是非，保证了社会科学研究沿着正确的方向发展。

**12**.1997年7月1日，我国收回香港，恢复行使主权。香港回归，彻底洗雪了中国人民蒙受的百余年的民族耻辱，全世界的炎黄子孙感到扬眉吐气、欢欣鼓舞，提高了整个中华民族的自豪感、自尊心和自信心，增强了全世界炎黄子孙完成祖国统一大业的民族凝聚力。显然，香港回归，有利于香港的稳定、繁荣和发展，有利于中国的改革开放和社会主义现代化建设。

香港的回归，是邓小平同志的"一国两制"伟大思想的实践结晶，不仅为早日完成祖国统一大业提供了有益经验和光辉范例，而且也为解决国际争端，进而稳定国际局势、维护世界和平提供了新的尝试。"一国两制"的战略构想，香港回归的具体实践，推动了社会科学工作者积极探讨社会主义初级阶段统一战线、"一国两制"、国际争端、香港历史、国际法等理论问题，丰富和发展了社会科学研究领域。

**13**.1997年9月12日，党的十五大在北京召开。这是在我国改革开放和现代化事业承前启后，继往开来的重要时期召开的重要会议，是把建设有中国特色社会主义宏伟事业向新世纪全面推进的历史性会议。党的十五大的主题是：高举邓小平理论伟大旗帜，把建设有中国特色社会主义事业全面推向21世纪。

5年的实践证明，党的十四大作出的决策是正确的。总的来看，5年来是改革和发展都比较好的时期。我们党的领导集体顺利实现了新老交替，保持了路线、方针、政策的连续性和全国社会政治稳定的局面，妥善处理了国内和对外关系中的一系列重大问题；巩固和发展了十一届三中全会以来的大好形势，全国人民高兴，也获得国际舆论的普遍好评。但是，在前进道路上还有不少矛盾和困难，工作中也有缺点和不足。主要是：国民经济整体素质和效益不高，经济结构不合理的矛盾仍然比较突出，特别是部分国有企业活力不强；党风、政风、社会风气和社会治安的状况人民群众还不满意，贪污腐化、奢侈浪费等现象仍然在蔓延滋长，官僚主义、形式主义、弄虚作假的问题较为严重；收入分配关系尚未理顺，地区发展差距还明显存在，城乡部分群众生活比较困难；人口增长、经济发展给资源和环境带来巨大的压力等等。根据党的十五大精神，把我们的事业全面推向21世纪，就是要抓住机遇而不可丧失机遇，开拓进取而不可因循守旧，围绕经济建设这个中心，经济体制改革要有新的突破，政治体制改革要继续深入，精神文明建设要切实加强，各个方面相互配合，实现经济发展和社会全面进步。

对此，党的十五大指出："在社会主义改革开放和现代化建设的新时期，在跨越世纪的新征途上，一定要高举邓小平理论的伟大旗帜，用邓小平理论来指导我们整个事业和各项工作。这是党从历史和现实中得出的不可动摇的结论"。众所周知，马克思列宁主义同中国实际相结合有两次历史性飞跃，产生了两大理论成果：第一次飞跃的理论成果是被实践证明了关于中国革命和建设的正确的理论原则和经验总结，它的主要创立者是毛泽东，我们党把它称为毛泽东思想；第二次飞跃的理论成果是建设有中国特色社会主义理论,它的主要创立者是邓小平,我们党把它称为邓小平理论。

我们党从诞生之日起,就把马克思列宁主义确立为自己的指导思想。现在,在十一届三中全会和十二大、十三大、特别是十四大的基础上,中央建议十五大在党章中把邓小平理论确立为党的指导思想,明确规定:中国共产党以马克思列宁主义、毛泽东思想、邓小平理论作为自己的行动指南。实践证明,作为毛泽东思想的继承和发展的邓小平理论,是指导中国人民在改革开放中胜利实现社会主义现代化的正确理论。在当代中国,只有把马克思主义同当代中国实践和时代特征结合起来的邓小平理论,而没有别的理论能够解决社会主义的前途和命运问题。邓小平理论是当代中国的马克思主义,是马克思主义在中国发展的新阶段。这是我们党经过20年改革开放和社会主义现代化建设的成功实践作出的历史性决策。党的十五大作出这个决策,表明中央领导集体和全党把邓小平开创的建设有中国特色社会主义事业全面推向新世纪的决心和信念,也反映了全国人民的共识和心愿。

那么,有什么样的理论上的新贡献,使邓小平理论能够成为马克思主义在中国发展的新阶段呢?邓小平理论的新贡献,归根结底是围绕什么是社会主义、怎样建设社会主义这个首要的基本理论问题,提出了一系列的新理论、新观点。包括实践标准和“三个有利于”标准的确立,社会主义本质论、社会主义初级阶段论、社会主义改革开放论、社会主义市场经济论、社会主义民主政治论、社会主义精神文明论等等理论,第一次比较系统地回答了中国社会主义的发展道路、发展阶段、根本任务、发展动力、外部条件、政治保证、战略步骤、党的领导和依靠力量以及祖国统一等九项主要内容的基本问题,形成了一系列相互联系的基本观点,构成了邓小平理论的科学体系,指导我们党制定了在社会主义初级阶段的基本路线。它是贯通哲学、政治经济学、科学社会主义等马克思主义理论的各个领域,涵盖经济、政治、科技、教育、文化、民族、军事、外交、统一战线、党的建设等方面比较完备的科学体系。

旗帜问题至关紧要。旗帜就是方向,旗帜就是形象。坚持十一届三中全会以来的路线不动摇,就是高举邓小平理论的旗帜不动摇。在十五大精神指引下,全党全国兴起了一个学习马列主义、毛泽东思想特别是邓小平理论的高潮。在这个旗帜问题上,广大社会科学工作者表现了高度的自觉性和坚定性。他们把宣传、研究和发展邓小平理论及其科学体系作为中心任务,发表和出版大量的文章和著作,为广大干部群众学习科学社会主义和建设有中国特色社会主义理论提供有益的参考读物。在这种情况下,社会科学尤其马克思主义科学社会主义在中国得到充分发展。对马克思主义、科学社会主义等社会科学都有创造性的精辟见解。这些见解主要是:马克思主义是科学的,它始终以客观事实为根据。马克思列宁主义、毛泽东思想不能丢,丢了就丢失了根本。同时一定要着眼于马克思主义理论的运用,着眼于实际问题的理论思考,着眼于新的实践和新的发展。离开本国实际和时代发展来谈马克思主义,没有任何意义。所以,对待马克思主义,有个学风问题,究竟是从本本出发,还是坚持马克思主义立场,用马克思主义的观点、方法来研究和解决中国的现实问题。在党纲中明确提出社会主义初级阶段理论,对社会主义发展的现阶段进行了科学概括,这在马克思主义历史上是第一次。科学社会主义的确立,破除了离开生产力抽象谈论社会主义的历史唯心主义观念,从根本上划清了科学社会主义同种种空想社会主义的界限,为把建设有中国特色社会主义事业全面推向21世纪提供了有力的理论依据和思想保证。

**14**. *在短短的一年多时间,有关知识经济的文献如雨后春笋般涌现出来,令人目不暇接。*这表明,不仅在国外,而且在国内,由于当代科学技术日新月异的发展,极大地推动了经济发展和社会进步,人们深刻地感受到科学技术的巨大威力,对知识经济迅速作出反应。

在我国,不仅新闻界、经济界、科学技术界和理论界作出有力反应,大力传播知识经济的信息和知识,而且党政界也作出积极反应。今年2月4日,中共中央总书记、国家主席江泽民对中国科学院《迎接知识经济时代,建设国家创新体系》的研究报告作了重要批示,在5月4日庆祝北京大学建校一百周年大会上,在6月1日“两院”院士大会上,又畅论知识经济。6月9日,国务院总理、国家科技教育领导小组组长朱镕基在主持召开国家科技教育领导小组第一次会议上指出,我们要认真学江泽民同志关于知识经济和建立创新体系重要批示精神。这次会议审议并原则通过了中国科学院关于开展“知识创新工程”试点汇报提纲。他说，知识创新非常重要，要结合国民经济发展的需要和已经具备的条件进行整体规划，集中力量，重点突破。国家要在财力上支持知识创新工程的试点，要加大对科技和教育的投入。其他的中央领导同志也在一些重要场合谈论知识经济。这展示了中国改革开放的新形象、新姿态，也表明了中国人的观念的飞跃，那就是坚持改革开放，紧跟世界的发展步伐。这对中国的发展将是至关重要的。当代国际关系越来越密切，任何国家都不可能在封闭状态下求得发展。众所周知，从公元3世纪到13世纪，即从汉朝到明朝，中国戴着强者桂冠长达近千年，保持了西方望尘莫及的科学技术水平。但是，从15世纪下半叶开始，直到20世纪中叶新中国成立之前，由于历史的原因，中国社会闭关自守，未能跻身第一、二、三、四次世界科学革命的行列，失去了分享科技成果的好时机。70年代，发达国家发动了新的世界技术革命。后来，我们才知道世界发生的大事。然而，我们又再一次耽误了几年的时间。这就是说，在近代科学技术发展阶段，中国科学技术与西方国家的差距是很大的，从而使我国长期处于贫穷、落后的状态。历史的经验证明，一个国家、一个民族在科学技术上落后就要处于被动、挨打的地位。人们要记住邓小平的告诫：“不要关起门来，我们最大的经验就是不要脱离世界，否则就会信息不灵，睡大觉，世界技术革命却在蓬勃发展。”（《邓小平文选》第三卷第290页）。今天，经历了改革开放洗礼的中国人，思想观念是崭新的，人们洞察世界发展动态，紧跟世界前进步伐，努力探索社会发展的客观规律，因而当知识经济初见端倪时，就意识到它将为我们带来新的机遇和提出新的挑战，意识到我们必须更好地承担“实施科教兴国战略”的历史重任。

## 广大干部是社会科学研究队伍的重要组成部分

中国社会科学的研究队伍是一支包括广大社会科学工作者和广大干部构成的队伍。前者是一支从事理论研究和理论宣传的专业队伍，是主力军，后者运用马克思主义、毛泽东思想和邓小平理论指导改革开放和社会主义建设实践，他们对社会科学的研究和发展起了积极推动的作用，是社会科学研究队伍的组成部分。这是由中国国情决定的。

马克思主义经典作家历来重视理论的力量。马克思在《黑格尔法哲学批判》导言中强调指出：“哲学把无产阶级当作自己的物质武器，同样地，无产阶级也把哲学当作自己的精神武器”。（《马克思恩格斯选集》第一卷第15页）。我们党也历来重视倡导学习理论。毛泽东同志讲过，指导一个伟大革命运动的政党，如果没有革命理论，要取得胜利是不可能的。党的十五大之后，全党重视学习、善于学习，兴起一个学习马列主义、毛泽东思想特别是邓小平理论的新高潮。中央采取了有效的措施，组织各级领导干部尤其几百名中央委员、几千名省部级干部首先带头学好邓小平理论，在准确把握理论的科学体系上下功夫，在掌握理论的基本观点和基本精神上下功夫，在掌握理论的立场、观点、方法并用以指导实践上下功夫，还在县以上领导干部中深入进行以讲学习、讲政治、讲正气为主要内容的党性党风教育。

改革开放20年来，广大干部努力学理论、学历史、学经济、学科学技术、学法律，学习一切需要学习的知识，努力加深思想理论根底和知识功底，在全党造成认真学习的风气，积极探索的风气，求真务实、学以致用的风气。在这种学习高潮中，广大干部在马克思主义、毛泽东思想和邓小平理论、科学社会主义理论、党的建设理论、政治学、经济学、管理学、领导学等社会科学的繁荣与发展中，做出了极为重要的贡献。

## 社会科学面临的机遇与挑战

**1.要提高对社会科学重要性的认识。**当今世界科学技术已全面进入经济建设的主战场，发展经济成为我们的中心任务，工程技术发挥着第一生产力的主导作用，引起了广泛的重视，但有相当一部分同志对社会科学不加重视甚至轻视，认为社会科学对经济建设可有可无。这种认识是十分片面的，十分有害的，到了应当改变的时候了。

毛泽东同志对什么是知识曾作过这样精辟论述：“什么是知识？自从有阶级的社会存在以来，世界上的知识只有两门，一门叫作生产斗争知识，一门叫做阶级斗争知识。自然科学，社会科学，就是这两门知识的结晶，哲学则是关于自然知识和社会知识的概括和总结。此外还有什么知识呢？没有了。”(《毛泽东选集》五卷本第773～774页)。现代科学发展史也表明，自然科学与社会科学相互融合，相互渗透，不少现代科学技术已不再是单纯的自然科学范畴，已出现一些自然科学与社会科学相互渗透的交叉学科，事实上，世界的经济与社会的发展，都包容着自然科学与社会科学的贡献。社会作为一个整体，全面进步和可持续发展离不开自然科学与社会科学的协力配合。当代，各国综合国力的竞争集中体现在科技实力的较量上，自然科学、工程技术水平代表着一个国家的基本实力，社会科学则反映出一个民族理性思维的发展路径，孕育、陶冶、训练着人们的思维素质，成为衡量该民族理论思维水平和文化素质高低的重要尺度。正如恩格斯所说的：“一个民族想要站在科学的最高峰，就一刻也不能没有理论思维。”(《马克思恩格斯选集》第三卷第467页)。尤其是在当代，经济问题、社会问题、人口问题、环境问题日显突出，社会科学以其广泛地参与显示出巨大的社会功效。以自然科学和社会科学互融而派生的决策科学，由于直接参与国家和地区发展方向、发展重点的选择，进而影响着一个国家和一个地区发展进程。社会化大生产，社会活动复杂化，社会各个子系统联系的日益紧密，决策的多目标，使社会科学日益担当着“智囊团”、“思想库”的功能。在当代社会科学功能的意义上讲，不少专家学者认为，社会科学也是生产力。

**2.时代对社会科学提出的挑战表明，社会愈是进步，赋予社会科学的使命愈是繁重。**在建设有中国特色社会主义的过程中，时代赋予社会科学重大的历史责任和新的发展机遇，同时也遇到了挑战。江泽民同志在党的十五大报告中强调指出：“积极发展哲学社会科学，这对于坚持马克思主义在我国意识形态领域的指导地位，对于探索有中国特色社会主义的发展规律，增强我们认识世界、改造世界的能力，有着重要意义。”改革开放20年来的实践已经证明，这一论断是完全正确的。广大社会科学工作者应当认真学习，深刻领会，把十五大关于积极发展社会科学的重大决策落到实处。

同自然科学一样，社会科学是科学，但是它又具有鲜明的党性原则。一般来说，社会科学属于社会的上层建筑，是意识形态的重要组成部分。有不同的世界观，就会对社会产生不同的看法；有不同的价值观，就会对事物产生不同的判断。因此，以科学、正确的思想为指导，人们就会科学、正确地认识世界和改造世界，促进人类社会的进步，同时也会促进社会科学的发展和繁荣。马克思主义是科学的世界观和方法论，能够帮助人们发现事物的本质和内在的联系。揭示事物的发展规律。因此，不论是从事社会学科研究，还是从事人文学科研究；不论是从事应用研究，还是从事基础研究，只有努力掌握并运用马克思主义的立场、观点、方法，才能取得优秀的科研成果，促进哲学社会科学的繁荣发展。如果动摇或者放弃了马克思主义对社会科学的指导，我们的思想和实践就会失去正确的方向，那就不可能达到社会主义现代化的预定目标。

**3.现阶段，社会科学工作者要高举邓小平理论的伟大旗帜，坚持邓小平理论指导科学研究工作和理论宣传工作。**马克思主义的生命力在于不断地发展，只有随着人类历史的前进和社会实践的发展，不断用新观点、新理论来充实自己，纠正被实践证明已经过时的某些具体结论，才能永远具有生命力、战斗力，才能掌握群众，成为亿万人民认识世界、改造世界的精神武器。不久前，党中央发出《关于在全党深入学习邓小平理论的通知》，是全党思想政治建设的一件大事。在新的形势下深入、持久、扎实地学习邓小平理论具有极大的重要性和紧迫性。目前，国际格局多样化、经济全球化、科技发展高速化，知识经济已见端倪。在这个知识不断创新，新事物、新业绩不断涌现的时代背景下，我国改革进入攻坚阶段，发展处于关键时期，更需要科学理论的指导。《通知》是把建设有中国特色社会主义事业全面推向21世纪的需要，也是坚持和发展邓小平理论的需要。社会科学工作者要以强烈的历史责任感和紧迫感，进一步深入学习、宣传、研究和发展邓小平理论。

**4.广大社会科学工作者要坚持和发扬理论联系实际的优良学风，勇于迎接时代的挑战，回答现实中的问题。**目前，我国正在积极推进经济体制和经济增长方式的根本性转变，即经济体制从计划经济向社会主义市场经济体制转变，经济增长方式从粗放型向集约型转变，以建立比较完善的社会主义市场经济体制，保持国民经济持续快速健康发展。这是必须解决好的两大课题。在国际上我们除了面临和平和发展两大主要问题之外，还面临着国际霸权主义问题、人口问题、粮食问题、环境问题、国际恐怖主义问题、世界资源短缺问题、世界生态平衡问题、世界毒品问题等，这一系列全球性的问题都是社会科学工作者需要抓紧研究的重大问题。这种研究包括对国际形势总体的分析及其发展变化的预测，对国际经济的发展变化的跟踪分析等，准确把握国际政治经济、思想文化的状况及其发展趋势，更好地为党和政府的科学决策服务，为创造有利于我国社会主义现代化建设的国际环境服务。

社会科学要为我国的社会主义现代化建设作出更大的贡献，关键在于人，其选题、研究、实施，最终要靠人实现。当今世界政治、经济、社会问题交织在一起，信息快速增长，要求我们打破科学界限，抛弃门户之见，进行多学科，跨领域的协同作战，发挥社会科学的整体优势，要集中优势学科、优秀人才，进行重大课题的联合攻关。

现代社会科学研究对各类社会科学人才提出了新的更高的要求，要求人才技能专门型，知识结构复合型，社会科学也应当创建知识、人才创新体系工程。同时，自然科学需要有社会科学的加盟，社会科学同样也有赖于自然科学的支持。自然科学不仅为社会科学的进步提供科学实证和研究工具，而且，自然科学与社会科学相辅相成。还有，社会的进步已经把我们带入了信息化时代，信息的采集与处理，对科研人员研究手段的更新提出了新的要求，而新知识、新手段、新信息的注入又激发着学者们新的学术创见。正是从这个意义上说，科学手段的运用是衡量社会科学研究水平的重要尺度。这是社会科学研究现代化必须解决的课题。还应强调，加快社会科学研究现代化的进程，有待于国家逐步增加科研投入。

**5.社会是社会科学赖以生存的土壤，科研成果的转化是社会科学生命力的体现。**从这个意义上讲，社会科学是一种面向社会、服务社会的科学。为此，一方面要求社会科学工作者奉献给党和政府高质量的研究产品，并通过党和政府的决策转化为广大人民群众的具体行动。另一方面也要求社会科学工作者注意社会科学知识的普及与宣传，注意把最新的理论成果用喜闻乐见的形式普及到人民群众中去，提高他们的科学文化水平，同时也提高他们对社会科学的认识。能否做好服务工作，决定于社会科学工作者的人生价值，及其特有的素质和魅力。为此，江泽民同志寄予知识分子厚望："知识分子要加强学习，提高自己，努力成为先进思想的传播者、科学技术的开拓者、'四有'公民培育和优秀精神产品的生产者，同广大工人、农民一起，为了中华民族的振兴建功立业。"社会科学工作者肩负着历史的责任，要牢牢把握住这一历史机遇，社会科学工作者要不断研究新情况、新矛盾，揭示建设有中国特色社会主义经济、政治、文化的发展规律，为推进跨世纪宏伟纲领的进程提供理论、思想支持，提高人们社会实践的预见性和自觉性。

（作者系中国管理科学研究院副院长兼该院学术委员会常务副主任，《人民日报》理论部原副主任、高级编辑）

# 对我国经济形势与宏观调控一些问题的看法

刘国光

## 我国近期经济形势分析

大家知道，我国经济增长是在波浪起伏中前进的。上一次经济过热的高峰是在1992～1993年。从1993年夏天开始加强和完善宏观调控，主要是实行适度从紧和灵活微调相结合的政策措施，使经济逐渐降温。国内生产总值增长幅度，从1992年14％的峰值，

1993年降为13.2%,1994年降为12.6%,1995年降为10.5%,1996降到9.7%;物价上涨幅度也从1994年21.7%的峰值,回落到1996年的6%。这样,经济过热和通货膨胀得到了有效的控制,中国的经济成功地实现了“软着陆”。到此为止,人们认为经济增长速度的几年持续下降是正常的。进入1997年,人们起初以为“软着陆”成功后,我国经济运行已经到了谷底,经济增长率下降的趋势应该稳住了,或者应该重新回升。可是1997年经济增长率却逐季一路走低,全年降为增长8.8%,比上年又跌落了将近1个百分点。这一下降趋势进入1998年仍未止住。1998年一季度GDP增长7.2%,二季度增长6.8%,1998年上半年算下来增长7%。为什么“软着陆”成功后1年多,中国经济增长仍在逐季放慢?去年此时在一个研讨会上我初步分析了四个原因:一是前几年“软着陆”过程中,经济增长降速有一个惯性,不能一下子刹住;二是近年来经济改革和结构调整的力度加大,虽然这最终会有利于提高效率和促进增长,但近期的企业重组和职工下岗,却带来暂时抑制增长的因素;三是东南亚金融风波对我国外贸出口和引进外资的负面影响逐渐显露;四是针对上述问题采取的对策措施,还没有来得及跟上、到位、发挥作用。现在看来,这几条分析仍不错,但不够,还要加上几条:(1)由于改革开放以来经济体制机制转换和经济发展战略转换的效果,我国长期的短期经济逐渐被买方市场所代替,开始出现供大于求的局面,现在正好处在这个转变的节骨眼上;(2)由于传统经济体制和增长方式的缺陷仍未消除,造成低技术层次低质量水平的盲目投资、重复建设,带来生产能力和产品供应的结构性过剩现象,又缺乏优胜劣汰的机制加以消解。此外,还有人指出,“软着陆”过程中,投资增长率大幅下降后,一向偏低的投入产出率未曾提高,结构调整过程中,新的经济增长点远远未能形成等,都使得经济增长率难以止住下降。这些都可以解释为什么“软着陆”成功后GDP增长速度仍继续下降。

针对“软着陆”成功后,经济运行出现的问题,宏观调控当局陆续采取了一些放松金融的措施,包括几次降低存贷款利率,取消银行贷款的额度管理限制,调低银行存款储备金率等。1997年第四季以来,随着对于境外经济风波影响和境内经济收缩走势认识的加深,金融松动的措施一步步强化。但近年的实践证明,在目前情况下主要依靠银行贷款等金融手段来刺激经济的做法,已不如过去那样有效,例如1997年以来连续几次降低存贷款利率,市场反应并不明显,正是说明了目前用货币政策刺激经济增长的局限性。原因何在呢?(1)银行在商业化改革中因防范金融风波,更加重视贷款质量,这是对的,但出现了“惜贷”现象;(2)企业在改革中自我约束有所加强,投资决策趋于谨慎;(3)过去几次利率下调的幅度低于物价下降的幅度,致使实际利率提高,企业盈利前景不佳;(4)去年扩大内需首先从扩大基础设施建设投资着手,而基础设施建设有许多项目属于公共产品或准公共产品,具有明显的外部性特点(即有社会经济效益但投资者不能得到直接回报),这部分投资很难通过降低利率扩大信贷的方式来刺激,而宜于由政府投资来进行。所以在运用货币政策的同时,更要偏重财政政策刺激需求来启动经济。去年年中推出的所谓“积极的财政政策”,实际上就是扩张性财政政策,其主要内容是采取适当增发国债的办法,从银行和社会吸收资金来支持对基础设施的投资,并配合以适当松动的(又叫稳健的)货币政策来启动经济。去年年中我们指出,随着这一系列松动的宏观调控政策的落实,1998年下半年我国经济增长将扭降回升,1999年上半年也可以保持稳定势头。实际结果是,GDP增长速度由1997年的8.8%,1998年一季度的7.2 %,二季度的6.8%,从这个低点回升,第三季度上升为7.8 %,第四季度上升为9%,全年达到增长7.8%。这个速度是在国际金融危机对我国负面影响加深和发生了特大洪涝灾害的情况下实现的成绩,实在是得来不易。

在1998年增加财政投资、扩大国内需求一系列政策措施发挥惯性作用的影响下,进入1999年,国民经济在整体上仍然保持平衡发展的态势。第一季度GDP同比增长8.3%,比上年同期增幅大了1.1个百分点,应该说是一个不低的速度。然而如果与上年第四季度增速9%相比,则有所减缓。第二季度GDP增幅进一步下降,为同比增长7.1%,上半年算下来同比增长7.6%。增长放缓的直接原因是工业和第三产业增速下降,尤其是工业生产上年第四季同比增长10.9%,今年第一季度降为10.1%,第二季度为9%,呈明显逐步回落趋势。这个一路下降的发展态势值得我们注意。今年三四月份以来国际国内形势又发生一些新的变化,国内经济发展中的一些问题更加明显地表现出来，有效需求不足问题尤为突出，外贸出口和外商直接投资下降，消费需求持续不振，价格总水平继续下降，对于这些问题必须引起高度重视，及时加以解决。由于今年拉动经济增长的三大需求都不太好，特别是三四月份以来固定资产投资增长幅度下降较大的影响，再考虑去年经济前低后高的走势，今年下半年同比经济增长基数增大，全年要达到原预计7%的困难加大。因此 必须采取有效措施，进一步刺激三大需求，促进经济增长。

近年来人们对增长速度的认识逐渐冷静，去年年底经济工作会议已把经济增长速度作为预测性和指导性指标。目前出现的速度趋缓，本身不值得大惊小怪。但我国目前处于就业压力加大时期，增长速度过低不利于缓解就业压力。同时，经济增长速度去年下半年刚刚回升，今年如一路回降，表明我们一年多来启动经济的措施未能遏制住下滑惯性，这种情况需要认真研究对付。

## 积极财政政策的效应与持续时间

去年我国为应对国际金融动荡、国内经济运行变化和体制转换所引起的需求不足，采取了扩大内需的方针，特别是在适当的货币政策配合下，着力推出积极的财政政策。这些政策措施对去年下半年经济增长速度扭降转升和推动今年上半年继续快速稳定增长起到了积极作用。同时应当看到，迄今扩张性的财政政策所启动的主要是政府的公共投资，一些相关的投资品产业的市场情况也有所改善，但对于非政府的社会民间投资和居民消费需求的拉动则不很明显。比如去年国有单位固定资产投资增长幅度19.6%，集体单位投资下降3.5%，而个体投资仅增长6.1%，非国有经济投资合计仅增长8%；1980～1998年19年间非国有经济投资年均增长27.3%，比国有经济投资年均增幅高9个百分点，而1998年却出现非国有经济投资增幅低于国有11.6个百分点的大转折。目前内需不足对经济增长的制约作用仍然存在，主要表现在商品零售价格和居民消费价格指数负增长的趋势尚未根本扭转，零售物价指数已连续下降20个月，生产资料价格指数下降明显增长，通货紧缩的迹象仍在加深，失业和下岗情况未见缓和。

大家知道，过去我国中央政府在经济低谷时采取财政投资启动经济是很有效的，往往很快就把地方和部门的投资以及居民消费需求带动起来。当时有个经验的说法，就是相当于固定资产投资的40%转化为消费需求，“乘数”效应很明显。为什么这次增加政府投资对启动社会总需求的效应不如过去那样全面而迅猛呢？

从投资需求方面看，经过20年的体制改革，我国投资主体趋于多元化，投资行为趋于市场化，投资风险机制逐渐强化，企业、银行的财务约束逐渐硬化。所有这一切使中央政府的投资决策，不能像过去计划经济时代那样容易启动地方、部门和企业的投资行为，再加上前述原因形成的当前供大于求、最终需求拉动不足以及物价持续走低的市场情势，影响了投资收入预期和投资者的投资意愿，导致了社会投资启动过程缓慢。

从消费需求看，经过20年的改革，我国居民从过去被动的配给对象转变为自主的消费者，居民消费行为逐渐理性化，预期因素在消费行为中起着越来越重要的作用。在传统的“低收入、低工资、低消费”观念仍然主导着经济决策的条件下，随着住房、医疗、教育、养老等社会保障制度的改革，原有实物性、供给性、集团性、福利性的消费逐渐减少，原有体制内居民市场性支出逐渐增加，而货币性收入却没有随着经济发展相应同步提高。减收增支的预期、下岗失业的阴影、收入差距的拉大，都导致了居民可支配收入的边际消费倾向下降，边际储蓄倾向上升。由于现行积极的财政政策不触及收入分配关系的调整，消费需求也不可能对扩大内需的宏观调控作出迅速反应。

总之，由于投资需求和消费需求机制上的变化，政府财政公共投资的“乘数”效应有所减弱。再加上供给方面的激励机制(特别是企业家的激励机制)迟迟未能形成，国有企业一般缺乏必要的创新动力，供给结构不能迅速调整以适应新的需求格局，更加限制了现行积极财政政策拉动社会投资和消费需求的实际效果。此外，还需指出，去年以来实行积极财政政策过程中，未能始终一致地坚持扩张性方向，如财政收入方面在增发1000亿元国债的同时，增加税收约1000亿元，尽管从加强税收征管本身来说是必要的，但在时机上却使增发国债的扩张性效应在很大程度上被紧缩性的税收政策所抵消，而对于非国有经济企业来说，紧缩性效应甚至大于扩张性效应。还有增加的政府投资局限于产业链条较短的基础设施项目，国债投资支出结构与方式没有很好地同启动民间投资和居民消费结合起来。这些都减弱了积极财政政策的实际启动效果。

正是基于财政投资"乘数"效应减弱的判断，前些时我国理论界一些人士认为，依靠政府投资拉动经济的作用，只能持续到今年上半年。今年下半年和明年再用这个办法将要失灵，主张要出"新招"，寻找新的启动手段，主要是更多依靠增加货币和信贷的供应，着力于直接启动民间投资和消费，这样来弥补和接替积极的财政政策效应减弱后的经济增长动力。

我以为，在目前社会投资和居民消费相对于政府投资来说启动比较缓慢的情况下，强调直接鼓励民间投资和消费，并增加金融支持的力度，这是正确的和必要的。事实上，今年的经济工作在这些方面已安排了不少积极措施。一季度以来，货币供应量增幅比上年同期明显上升。今年6月份又进行了1995年以来第七次降低存贷款利息率，并采取了活跃股市的措施等。当然这些都是在继续发挥积极财政政策主导作用的同时进行的。去年增发国债用于加快基础设施建设投资的相当大部分，结转到今年上半年继续支用；今年上半年又几次增发国债用于增加今年赤字预算投资。今年人大通过的预算，赤字由去年960亿元增到今年的1 503亿元。今年发行国债3 415亿元，略低于去年，发债速度也低于去年。那么，从今年下半年起，积极的财政政策是不是将不再作为启动经济的主要支撑了呢？我以为，这样的判断恐怕还嫌早了一点，实践的发展也否定了这一判断。

**启动社会投资和居民消费也需要有一个过程，而不是一蹴而就的** 社会投资主要制约因素是资金和市场。从资金方面看，在目前社会储蓄大于投资，金融系统存大于贷差额颇大的情况下，宏观上来说资金问题不大，微观上主要是储蓄转化为投资的机制障碍有待消除，需要建立通畅的金融通道。目前问题更大的是市场不振，归根结底要害仍在于居民的最终消费需求不足。各方面提出来的启动居民消费的招数颇多，但大多不易立竿见影。就拿当前人们议论最多的"消费信贷"来说，这的确是促进消费的一个好办法，从长期来看是个发展方向，不仅汽车、住房，而且其他一些耐用消费品、房屋装修、教育费用等均可实行。然而从近期来看，遇到居民消费观念不习惯于寅吃卯粮，收入水平低不敢问津，信用担保难保证，手续繁琐，贷者却步，障碍甚多，进展的步伐并不尽如人意，出现了所谓"叫好不叫座"的现象。那么，降低利率、搞热股市能否刺激消费呢？在居民储蓄动机主要是为了保障未来生活而不是为了赚取现时利息情况下，降低利率并不能明显起到刺激消费降低储蓄的作用。上海人行一份储户调查显示，储蓄动机中除日常生活费用外，子女教育费占16.3%，购房占16%，养老占13%，抱这些动机的居民是不会因利率调低而改变其储蓄安排的。何况一般工薪阶层平民百姓区区存款难以产生食利奢望，利率高一点低一点对他们影响不大。至于股市与消费的关系，不少人士鉴于一些发达市场经济国家和地区的现象，认为炒热股市可以通过股票升值、财富放大的效应，使人们心理上产生一种富裕感，从而刺激他们花钱购物。但我国目前股市市值总数只占GDP的1/4，其中流通股只占7～8%，远低于发达国家和地区(1994年美国为71%，日本为70%，香港450%)，至于股民或个人投资者占居民比重，号称4 000万股市投资者，除去机构投资者和重复登记者外，股民占居民不到3%，而美国此比重为40%，日本为22%。总之，我国股市虽然发展很快，重要性在增加，但在国民经济中比重仍不大，实体经济的主体部分仍在股市之外，基本不受影响，倒是股市反过来要受大市(宏观经济总体)的影响。中国股民多数是中小个人投资者，赚了一笔钱主要是重新投入股市，很少大撒手花钱消费。当然这次降息幅度较大，股市牛劲也不小，吸引了部分储蓄转入证券市场。这对松动部分企业上市融资，减轻银行存大于贷的利息负担，促进间接融资向直接融资的转化是有积极作用的，这应予肯定，但能否激起广大企业的投资意欲还很难说，因为这要依存于市场需求和企业盈利指标能否上去。因而降息和股市升温对市场消费需求的影响，目前还不能期望过大。总之，在居民最终需求和社会投资尚未有效启动成功以前，以政府投资为主导的积极财政政策看来还不能放弃。

**1998年以来由积极财政政策开启的基础设施建设项目，工期长规模大的，需要继续投**

**资才能建成** 近期项目建成以后，还要有后续项目来接替，才能保持增长势头，否则会发生建设投资的断层现象，造成损失，影响增长波动幅度。这个判断是1999年4月我在中国社科院春季形势分析座谈会上讲的，接着果然出现了断层的迹象。1999年4月以来，国有及其他经济类型固定资产投资增幅比一季度急剧下降（一季度同比增幅22.7%，4月份为11.3%，1～4月为18.19%，1～5月为17.6%），其中一个重要原因就是去年7月份开始的国债投资集中期已经基本过去，国家特别国债支持的一些重点工程特别是赶在汛期到来之前完成的水利工程项目陆续完工投产，实际投资工作量相应减少。为防止投资增长和经济增长断层现象的加深就更需要继续增发国债注入必要的政府投资，继续实施积极的财政政策。

**政府投资"乘数"效应的减弱，并不意味政策失效** 这里有一个时滞问题，有产业链条短问题，有配套资金不到位问题等。只要政策实施力度和时间足够，配套资金足额到位，后继投入及时续上，行程中不发生断层现象，其推动经济增长后续作用的增强，是不容忽视的。所以，春季形势分析座谈会时我就提出，在直接启动民间投资和消费的措施尚未发挥足够有效作用以前，以及在出口需求不振的局面尚未扭转的情况下，为了支撑必要的经济增长幅度，今年下半年以至明年上半年，继续坚持积极的财政政策还是必要的。

## 继续坚持积极财政政策的能力空间分析

积极的扩张性财政政策是一项特殊情况下实行的特殊政策，作为防范和治理通货紧缩的短期手段，不宜长期实行。从中长期来说还是要坚持适度从紧、动态平衡的财政政策，我们较早地指出了这一点，这也是我国许多有识之士的共同看法。由于前述原因，现在看来，这个特殊的短期政策延续的时间可能要比人们的设想还要长一点。问题在于人们当心今后一段时间我国经济有没有支撑财政赤字继续扩大的能力空间。这个支撑能力空间可以从以下几个层次分析。

**国债余额和财政赤字占财政支出的比率** 我国财政支出对国债和赤字的依存度相当高，据测算1998年国债余额占当年财政支出的比率为76.7%，大大高于国际公认的警戒线（25～30%）；赤字占当年财政支出的比率达15%，相当于1990～1995年期间美、加、英等国的平均水平。这表明，如果单纯从财政能力的角度来把握扩张财政政策的空间，那么，由于目前我国财政收入占GDP的比重较低，因此除非提高这一比重以扩大政府的财政能力，否则，以国债或赤字方式支持的政府投资进一步扩张的空间有限。但我们不能单纯地就财政论财政，而要把财政作为政府调控经济的手段和工具，考察国债、赤字同GDP的关系。

**国债余额和赤字占GDP的比重** 这是更全面更综合地反映一国举债能力和赤字负担潜力的指标。我国以国债或赤字方式动员的社会资源比率并不高。据测算，1998、1999年国债余额占当年GDP比重约为10%，赤字占当年GDP比重分别为2.2%、1.7%，债务和赤字的相对规模均低于国际标准，如《马约》对加入欧元体系国家的控制线分别为60%和30%。因此，如果从全社会可动员资源的角度综合考虑，那么财政政策进一步扩大的空间还是比较乐观的。

**国家综合负债指数** 国家实际负担的债务规模除国家预算公布的赤字债务外，还有银行不良贷款、政府担保的外债等。据一项测算，中国国家综合债务占GDP的比率，1998年约为50%左右，低于许多国家。这表明我国仍然有相当大的发债余地。

**从整个国民经济储蓄与投资的关系来看，我国储蓄率较高，应该是有利于经济增长的** 但当前居民储蓄增长过快，而且在继续加快，则反映了消费需求的疲软和资源的闲置。近年来虽然银行利率多次下降，每年储蓄仍以七八千亿元的幅度迅速增长，光是今年前5个月就增长了5 599亿元，储蓄余额近6万亿元。这么大的储蓄额中相当一部分未能转化为有效投资。统计显示，全部金融机构今年5月末各项存款余额（不只居民储蓄存款，还包括企业存款等）约10万亿元，各项贷款余额约9万亿元，存大于贷12 543亿元，这说明进一步实施扩张性财政政策，扩大利用国债进行政府投资，还有很大的空间。

综上所述，进一步实施扩张性的积极财政政策，在目前既是形势发展的迫切需要，也有实际可能。现在的问题是，在进一步实施扩张性积极财政政策时，如何把握好扩大内需的机遇，结合好适当松动稳健的货币政策，合理安排政府投资方向和调整财政收支结构，以提高财政货币政策的绩效，直接引导、启动社会投资和居民消费，通过加快发展和深化改革来提高国家财政能力。只要国家财政能力能够随着国家经济实力的增强而提高，偿还国债、削减赤字，中长期平衡国家预算，是可以做到的。

## 调整财政收支结构和政府投资方向

近年来我国宏观调控的实践证明，单纯依靠政府投资未能很快启动非政府的社会投资和居民消费，除前面所述原因外，这里还有财政收支结构和投资导向问题。去年以来为扩大内需而增发的国债，限用于基础设施建设，而不用于加工业及其他方面，其目的在于克服国民经济中的短线瓶颈，增强发展的后劲，并避免再蹈重复建设覆辙，这一决策无疑是正确而有效的。但在扩张性财政政策安排的投资中，一般比较偏重于资本密集、规模较大、并由政府全资包揽的重点建设项目，而对劳动密集的、中小规模的、以及吸纳社会民间资本参与的生产建设项目，则较少考虑。至于将增发的国债用于消费性的转移支付如支持社会保障和教育等方面的支出，则碍于预算制度，更欠考虑。以上种种原因，再加上金融体制和信贷政策的配合上存在的问题，导致了去年以来实施的扩张性财政政策难以取得迅速带动民间投资和消费的成效。今年进一步实施积极的财政政策，增发国债，扩大政府支出，我以为需要考虑调整财政收支结构和政府投资方向，使之有利于民间投资和最终消费的启动。

**要在坚持基础设施为主的投资方向的同时，继续加强对一些薄弱环节设施建设** 如在农村电网、城市公用设施等建设的同时，大力加强对传统产业特别是装备工业的技术改造投资和新兴高科技产业的风险投资，以促进我国产业结构的升级和国际竞争能力的提高；在继续兴办资本密集规模较大的工程项目的同时，要较多地考虑劳动密集而技术含量也不太低的中小型生产建设项目，以便更广泛地调动地方和企业的投资意愿，并较好地解决就业问题。

**要创造条件，允许非国有经济参与基础设施项目和非竞争性行业的建设与生产** 不可再迷信固守那种基础性、非竞争性行业由政府办，非基础性、竞争性行业由民间办的传统分工观念。从发达国家的实践经验来看，只要制度安排得当，非国有经济也会积极而有效地参与基础设施建设和非竞争性行业如交通、电讯业等的投资。因此，除少数特殊例外，要废除政府全资独家包揽的做法，要广泛运用财政贴息、政府控股或参股、财政担保等手段，来充分调动、吸纳社会资金参与基础设施、基础产业、高新技术、传统产业的技术改造等方面的投入。我很欣赏人们用“四两拨千斤”形容这种财政政策的效果。在目前社会储蓄资源较为丰富，银行可贷资金较为充裕的条件下，从有限的国家财政投资中拿出相当的比重起这种杠杆或带动作用，肯定能比政府独家包揽的直接投资收到更好的效果。不仅非竞争性领域的增量投资采取这个办法，包括竞争性领域在内的存量资产也可以结合国有资产的战略重组，通过国有资产的逐步退出，拓宽非国有经济的投资空间。总之要改革长期以来形成的限制民间投资范围的歧视性投资体制和政策，使非国有经济能够进入更广泛的投资领域。当然实行这些重大举措，既需要财政政策的启动，也需要货币信贷政策的配合。财政政策方面，要考虑必要的税收减免，对国家鼓励投资的领域实行税收的抵免，加速折旧等扶持措施，对高附加值产业适当降低增值税率，对机电产品等出口继续提高出口退税率，等等。货币信贷政策方面，关键是要建立和完善中小企业和投资者的融资安排，解决非国有企业筹资困难、投资成本过高问题，以有效地支持和引导社会民间投资。这个问题已引起广泛注意，但还有大量工作要做。

**扩张性财政政策的政府支出，理论上和实践上都可以不限于建设性投资，也可以包含直接增加公共消费和影响居民收入与消费的财政支出** 比如当前为了启动居民消费，可以考虑适当增加提高职工工资的支出，完善居民服务的支出，支持社会保障制度的支出等。大家知道，财政对国民经济有三条最基本的功能：一是发挥社会稳定器的作用；二是调节收入分配的功能；三是资源配置功能，其中最直接的是财政投资。最近媒体讨论中有人提出这三个功能中，一、二比三更应优先考虑，认为即使从纯粹影响需求的角度分析，优先考虑财政的稳定和再分配功能也是合理的，举例说假如不是把1000亿元国债用于投资支出，而是用于对贫困阶层的救济，对下岗职工的补贴，对失学儿童的资助，建立各种保障基金或者用于对农民贷款的贴息等，其对需求的作用也许会更大，因为这些人口边际消费仍然是相当高的。我看作者的原意并不是否定财政的投资功能，而是强调财政（包括国债手段）的直接影响收入分配和消费倾向的功能，这是有一定道理的。与此相关的一些问题，下面再讲。

## 调整收入分配关系启动最终消费

近年来出现的最终消费需求不足的问题，从现象上看是由于居民消费结构进入升级换代期，收入预期下降，支出预期上升等原因造成的。但深层次的原因，却在于分配体制上的缺陷，收入分配关系没有及时调整以适应经济发展和体制变革的要求。

**随着经济体制逐步改革，原有体制内居民消费的实物化、集团化和福利化程度降低、货币化、工资化程度提高** 但总的来讲，原有体制内的分配决策仍然受到“低工资、低收入、低消费”观念的制约，致使居民可支配收入和消费的增长，除个别短暂时期外，总是持续滞后于国民生产总值的增长。在改革开放初期国民收入分配一度向个人倾斜，居民收入特别是农民收入经过一段快速增长以后，1986～1998年期间，城乡居民收入增长呈下降趋势，人均收入的年均增长率比同期GDP的年均增长率少4个百分点。比同期人均GDP的年均增长率少2.6个百分点。居民可支配收入增长相对于国内生产总值增长的持续下降，导致了居民消费增长率及消费率下降。据一项研究测算，1996年我国消费率已降到56.09%，远低于处在大体类似发展阶段的1975年的韩国（81.53%）、马来西亚（74.17%）和泰国（77.88%）的消费率。国民收入分配中居民可支配收入比率下降，从而消费率下降，则形成目前我国最终消费需求不足的一个重要原因和背景。

**在居民人均可支配收入增长趋缓的同时，社会居民中不同阶层之间收入水平差距拉大** 最近统计表明，我国城镇高收入户人均月收入为10 962元，低收入户为247元，前者是后者的44倍（这是分组平均数，实际个体差距更大），从今年一季度看，高收入户收入增长6.9%，低收入户增长1.9%，收入差距仍在扩大。高收入家庭生活必需品消费需求早已满足，住、行消费需求也基本饱和，他们钱多花不出去，边际消费倾向较低。低收入家庭是多数，他们的潜在消费需求是有的，但因收入增幅下降而难以转化为现实消费需求，这就使得总体边际消费倾向下降。由于绝大多数靠工资收入的消费能力不足，再由于农业农村生产结构调整滞后，农民生产的农产品卖不出好价格，导致农民收入和消费不足，城乡居民收入水平差距拉大，使得农村消费市场发展迟滞。此外，东中西部地区经济水平差距拉大，也造成地区间消费市场发展出现不平衡。

**随着住房、医疗、教育等改革使居民消费支出市场化程度提高，原有体制内居民不得不在工资结构没有根本改变的情况下运用即期收入和长期储蓄进行支付** 传统计划经济体制遗留的“低工资、低收入”的决策思路如果失去了实物性和福利性收入的支持，已经不再适应现阶段经济发展和改革的要求，人们越来越把未来生活的保障和改善寄托于增加储蓄和开拓体制外的收入。体制外企业和居民的收入与支出都由市场决定，其与体制内低收入低消费的反差很大。1991～1997年居民消费中来自制度性工资收入总额每年增长只6.1%，而来自非制度性（偶得性）的收入每年平均增长两位数以上。收入分配中这些问题由于所得税未能发挥再分配杠杆功能，财政转移支出又受制于国家财力，因而难以得到有效的调节。

调整收入分配关系问题，现在越来越引起人们的关注。这不仅涉及公平与效益的关系，涉及廉政建设与社会稳定，而且与当前解决需求不振和市场萎靡有很大的关系。如何从调整收入分配关系入手，提高居民整体的消费和购买倾向，以启动最终消费，这个问题涉及经济体制和经济政策的方方面面，这里仅就有关财政政策方面来说，我认为目前要强调以下几点：(1)要从思想上摆脱过去计划经济体制遗留下来的对体制内人员仍实行“低工资、低收入”传统决策观念的束缚。我国生产力发展水平低，当然不能同发达国家居民的收入消费水平相比，但以发展阶段相似的国家和地区作为考虑，特别是用我国自己体制外由市场决定的收入消费标准作为参考，来调整体制内人员收入水平和分配关系，是可以的。(2)要结合原有实物化、福利化、集团化和供给制的消费体制的改革，大力提高体制内在职人员的制度性工资收入，适度提高离退休人员、下岗职工以及其他低收入生活困难层的收入和补贴。要进一步结合以职工收入与企业效益挂钩，建立企业家年薪制等，使之与其承担的责任与风险相适应。(3)通过改革和规范费税征收制度，认真落实对企业和农民的减负政策，为提高企业职工和农民的收入、购买力创造有利条件。实行必要的有利于刺激有效需求和增加有效供给的税收减免。(4)对住房、医疗、教育和就业制度需要财政支持的改革，要实行反周期操作，当前要结合扩大内需对居民支付的改革费用进行适当的货币化补偿，以稳定居民的支出预期。(5)提高个人所得税的起征点和累进税率，开征遗产税、财产税等，以缓解收入差距拉大的矛盾，抑制总体消费倾向的下降。

以上各项调整收入水平和分配关系的政策措施，都会带来增支或减收的财政后果和刺激需求的效应。但这些财政措施不是直接的政府投资并以启动民间投资为目的，而直接的公共消费或以启动居民最终消费为目的，因而其支出性质就不属于建设性财政预算(账户)，而属于经常性预算(账户)范围。我国财政预算制度规定，经常性预算是不能借债打赤字的。那么为了弥补减收增支造成的收支差额，应如何筹措财政资金？当然在实行扩张性财政政策时，我们不能大手大脚挥霍花钱，而仍然要首先依靠努力增收节支和优化收支结构来解决收支差。其次要结合国有经济的重组，有效利用存量资产的出售转让来解决。如果仍然解决不了，则不应排除增发国债扩大赤字的方式，作为一种反周期财政手段来用。当然安排这种国债和赤字时，需要在经常性账户和建设性账户的关系上作一些必要的调整和灵活处理。总起来讲，无论是直接启动消费还是启动投资的减支增支，我以为都应属于扩张性财政政策的范围，都是将现时过量的储蓄和存款转化为消费和投资的有效手段，是今后继续实施积极的财政政策时可以同时考虑的选择。

## 恰当调整扩张性财政货币政策的实施力度和持续时间，避免重蹈严重通胀覆辙

以上我着重讲了在当前我国经济回升乏力的形势下，为坚持扩大内需启动经济，有必要进一步实行扩张性的财政政策，并将这一政策的运用同启动社会民间投资和最终消费需求紧密结合起来。1999年已过去半年，目前除股市火爆了一阵还在波动外，其他如固定资产投资、工业生产、商品销售、物价指数等指标的走向都不很理想。时间非常紧迫，为使1999年下半年和2000年上半年经济增长保持良好势头，宜早下决心尽快推出新的决策措施，增大扩张性财政政策的力度，调整财政投资方向和政府支出结构。如果延缓不决或力度不够，有可能丧失时机，造成经济增长的损失。当然，继续实行扩张性财政政策并适当加大其力度，并不排除其他扩大内需启动经济的重要政策手段，如进一步松动货币信贷供应，适当活跃资本市场，大力扶持民间中小企业，发展消费信贷，等等。如把进一步实施扩张性财政政策与这些方面的政策措施结合起来综合考虑实施。现在有些对目前我国经济回升乏力着急的人士，主张采用强通货膨胀的手段(如发大票)来对付通货紧缩。我不赞成这种观点。如前所述，我们现在有每年近万亿元的新增储蓄，有超过万亿元剩余存款，足够用于适当加大扩张性财政政策和适当放松货币信贷政策的力度，而不致引发严重的通货膨胀。物价水平长期下降，固然不好，实行物价基本稳定的政策总要比物价不断上涨能够创造出更为健康的心理预期。所以进一步实施扩张性的财政货币政策仍要注意适时适度，要根据外需变动和内需启动的情况，恰当调整实施扩张性财政货币政策的力度和持续的时间。其界限仍为前述的过量剩余储蓄和剩余存款，及其反映的实物经济中的增长潜力(过剩的生产能力，富余的物资库存等)，要谨慎防止越过这一临界线，避免重蹈经济过热和严重通胀的覆辙。

(原载《经济学动态》1999年10月)

# 从经济发展、体制转轨、对外开放的变化，看我国国有大企业的成长

国务院发展中心管理世界杂志社、国家统计局工交司、综合司联合课题组

## 宏观环境发生三方面明显变化

在目前经济全球化不断深入、国际竞争日益激烈的形势下，富有竞争力的大型企业对于一个国家的经济发展具有特殊重要的意义。从国际上来看，在一国的国民收入增长、宏观经济稳定、技术发明与创新以及参与国际竞争等方面，大型企业尤其具有很重要的作用。

与一般国家的大型工业企业不同，改革开放以来中国大型工业企业面临着十分独特的环境，即同时受到经济发展（由不发达走向发达）、体制转轨（由计划经济转向社会主义市场经济）和对外开放（由封闭经济变为开放经济）的三重影响。本报告将以经济发展、体制转轨和对外开放为宏观背景，专门考察1994～1998年中国大型工业企业的成长轨迹与今后的发展趋势。而在这一时期中国的经济发展、体制转轨和对外开放均发生了剧烈变动，具有很重要的典型意义。这主要表现在：

**在经济发展方面，过去短缺型的经济开始被相对过剩型的经济所取代**　1994～1998年中国经济增长过猛，国内生产总值由46 759.4亿元上升到79 552.8亿元，年均增长率达到了9.2%。工业总产值由70 176.6亿元上升到119 693.4亿元，年均增长率为15.2%。由于受到亚洲金融危机的影响，1998年的经济增长速度有所减慢，但在世界上仍然属于较快的经济增长。随着经济的快速增长，经济结构变动明显，尤其是在1997年中国由低收入国家跃升为中下等收入国家，实现了历史性突破。

**在体制转轨方面，社会主义市场经济的基本框架已初步建立起来**　自1994年起，中国开始按照中共十四届三中全会作出的《关于建立社会主义市场经济体制若干问题的决定》，从宏观到微观进行全面经济改革。按照《决定》的要求，国家计划体制完成了由指令性计划为主的体制向指导性计划为主的体制的转变，在国民经济的绝大多数领域；市场作为资源配置基础的地位得到了确立。1994年，国家制定了《关于进一步深化投资体制改革的实施方案》，还组建了国家开发银行，国家投资体制发生了根本性变化。从1994年起，以分税制为核心的新财税体制顺利实施，初步建立了与市场经济发展相适应的财税体制。在微观方面，所有制结构改革在指导思想上获得了重大突破，明确了公有制可以有多种实现形式，对国有企业开始实行战略性改组，私营经济作为社会主义市场经济的重要组成部分被写入了《宪法》，所有制结构进一步多元化，确立了以公有制为主体、多种经济成分共同发展的格局。经过以上宏观和微观方面的改革，社会主义市场经济的基本框架已经基本建立起来。

**在对外开放方面，国际经济依存度大大提高**　这一时期以连续大幅度削减贸易壁垒和实行人民币经常项目下的自由兑换为主要标志，中国经济开始全面参与经济全球化。1994～1997年，国家多次降低关税，算术平均关税水平由37%降至17%。与此同时，非关税壁垒也大幅度削减。1994年，人民币汇率实现了并轨，1996年实现了经常项目下的自由兑

换。1994～1998年中国进出口总额由2 366.2亿美元增至3 239.3亿美元，其中出口由1 210.1亿美元增至1 838.6亿美元，进口由1 156.1亿美元增至1 401.7亿美元。这一时期，中国实际利用外资累计达2 691.15亿美元，外汇储备由516.2亿美元增至1 450亿美元。

## 大型工业企业发展呈现五个特征

经济发展、体制转轨和对外开放的三方面的变化，不仅影响到大型工业企业的规模扩张，而且也导致结构上的变化。1994～1998年，大型工业企业的部门结构、地区结构、所有制结构以及国际依存度都发生了不同程度的变化。从其发展轨迹分析，具有如下特点：

**大型工业企业发展较快，在国民经济中的地位增强** 1994～1998年中国工业继续呈现出高速增长的特征，从总体上讲，同期大型工业企业取得了与国民经济基本一致的较高的发展速度，保持了其在工业部门的主体地位，继续占有中国工业总资产、销售收入、增加值和利润50%以上的比重，并且在上述指标中，大型工业企业的比重都有不同程度的提高。这说明，1994～1998年大型工业企业的发展速度要快于其他工业企业。

需要指出的是，同期大型工业企业在工业就业中的贡献也得到了大幅度提高。1994～1998年，大型工业企业的职工人数占全部工业职工人数的比重持续上升，4年里上升了10多个百分点。

**大型工业企业的效率状况好于其他工业企业，但水平有待提高** 首先，大型工业企业的经济效率要高于其他工业企业。这主要表现在：1994～1997年，大型工业企业的利润占全部工业利润的比重都在65%以上，甚至达到了72.9%，而同期大型工业企业总资产占全部工业总资产的比重只有50%左右，两者相差十几到二十几个百分点。1998年，大型工业企业利润占全部工业利润的比重降至59%，但仍然比其当年占工业总资产的比重高出5.4个百分点，仍然是我国工业利润的主要来源。不过，今后如何通过技术创新来提高效率，应该成为我国大型工业企业要克服的最主要的问题。

**超大型企业尚未脱颖而出，产业组织结构有待调整** 尽管在1994～1998年间，中国大型工业企业的平均规模和最大规模均有所提高，在少数市场竞争性强的行业（如家用电器行业）还出现了个别寡头型的超大型企业。但是，从总体上讲，特别是与世界水平比较，中国超大型工业企业的数量偏少，规模偏小，并由此导致产业组织结构过度分散。按照“贝恩分类法”，1994～1998年，除极少数行业的集中度提高较大外，大多数行业的集中度并没有发生明显的变化，个别行业的集中度还发生了较大幅度的下降。

大型工业企业产业组织结构尚不合理的原因主要有以下几点：其一，作为大型企业主体的国有大型企业的历史包袱较重；其二，资本市场发育度低，各类企业均缺乏比较完善的融资渠道，妨碍了企业的扩张；其三，大型企业分属于不同的部门或地区，导致企业难以联合或兼并的形式实现迅速扩张；其四，企业的进入和退出机制不健全，如某些工业部门存在的行政垄断阻碍了企业的进入和扩张，而社会保障体系等退出机制不完善也妨碍了市场的集中。

**市场成为主导性机制，大型工业企业适应市场的能力有所增强** 其一，市场竞争成为大型工业企业扩张的主要手段。其二，市场作用的结果直接导致了大型工业企业所有制结构的剧烈变动。其三，1994～1998年，我国大型工业企业之所以高度集中于东部地区尤其是东部地区的少数省市，根本原因在于其经济体制改革特别是企业改革进程快，竞争意识强，对市场的适应力较好。同时对外开放程度高，利用外资等国外资源便利，并积极参与国际分工和交换，国际竞争的能力也很强。

**大型工业企业的国际经济依存度有较大提高，但总体水平尚低** 1994年以来，中国对外开放的步伐明显加快，大型工业企业通过“请进来”和“打出去”，积极利用国外资源和参与国际竞争，国际经济依存度不断提高。1998年“三资”企业的数量占大型工业企业的比重由1994年的11.0%猛增到17.9%，占总资产的比重由10.39%上升至14.15%，占销售收入的比重由11.41%上升至17.84%，“三资”企业已经成为我国大型工业企业中仅次于国有企业的第二大经济类型。与此同时大型工业企业积极小企业实行资金扶持,创造宽松环境是振兴中小企业的先决条件。

当前,随着我国社会主义市场经济体系的不断完善,资金供求已成为制约企业生存发展的一个极其重要的因素。现在,许多中小企业取得资金的主要渠道是职工入股、集资和城乡信用社借贷,在三种获取资金的形式中,股金、集资款是一个定量,而借贷资金是一个变量。由于银行借贷资金一般利率较高,企业借贷后支付的负担较重。因此,资金紧张是当前困扰部分中小企业生存发展的一个重要的问题。如何解决这一矛盾?我们认为,从现在开始,国家应加强对中小企业的资金扶持。一是充分发挥商业银行之间的协作优势,积极帮助清理外欠债务,解开企业之间的债务链,使企业步入良性循环的轨道;对产品市场看好、有发展前途的中小企业,应帮助其考察市场并给予必要的贷款扶持,使之通过技术改造尽快强大起来。二是做好企业债务安排工作。为了防止银行因企业转制而减少贷款安排或加速催收到期贷款甚至提高贷款利率等现象的发生,国家应出台相关政策,允许改制企业在一定限期内使用原有贷款额度和维持原有贷款利率,并适当增加一些贷款。同时实行一定期限内的零所得税政策,规定免税金额只能用于清还专业银行过去的贷款本息,给改制的中小企业以休养生息的机会。此外,可以根据企业过去上缴国家利税与现有企业净资产的比重,对其所欠的贷款给予适当减免,以降低转制企业过高的资产负债率。三是建立企业改革与发展基金。国家应规定各级政府在有条件的情况下,建立国有企业改革与发展基金。基金来源主要是国有企业产权变动收入、资产收益、政府拨款等。基金应用于国有资本的再投入、国有企业改革的成本、急需的短期周转资金、自救项目的补助、富余人员再就业以及培训等。

## 联合化、现代化是中小企业发展的必由之路

### 中小企业发展到一定阶段都面临着技术转型

每一个国家和地区,从农业社会发展为工业社会的最初过程中,大量存在着中小企业,并以劳动密集型产业为主,这是不可避免的正常现象。但是工业化发展到一定阶段之后,随着社会经济水平的提高,产业结构就由劳动密集型为主发展为资本与技术密集为主。台湾经济目前正处于这个转型过程中。在此,台湾中小企业所遇到的困境及其寻找出路的经验教训,很值得我们思考。

我国实行改革开放以来,小企业得到了迅速发展,对繁荣经济、解决劳动力就业和提高人民生活起了很大的作用。但是正如上所述,这些中小企业发展到一定程度之后,国内经济环境发生了变化,如原材料因紧缺会促使价格上升,劳动力价格和地价也上升,生产和生活水平的提高对产品质量要求更加严格,对防治环境污染的要求也会更严格等等,要求企业生产技术层次更高,经营管理更加科学化、制度化、法制化,我国小企业也面临着技术转型,国内小企业发展现状也证实了这一点。

### 中小企业发展离不开与外商合资经营或技术合作

台湾中小企业与外商合资经营或技术合作,既增加了资金,又提高了生产技术,还可以利用外商打通外销渠道,这非常值得借鉴。内地中小企业在引进外资和技术时,也要特别注意利用外资把商品销往国外。但是在台湾中小企业引进外资和技术时,企业的关键性生产技术、外销渠道完全控制在外商手中,使台湾中小企业无法提高技术水平和竞争能力,这是内地应该引以为戒的。

### 中小企业走联合化道路是其成功的关键

参考发达国家地区和中小企业发展的经验,联合化是其成功的关键。我国中小企业也必须在联合化方面有所突破,才能使小企业具有无限的生命力。联合既可以是同行业的纵向联合,也可以是不同行业的横向联合。联合的形式既可以是股份制,也可以是合作制,还可以是股份合作制;在所有权和经营权方面,既可以实行所有权不变而经营权统一的办法,也可以实行所有权和经营权都相对独立的合作形式;从所有制形式来看,既可以是公有制和私有制联合,也可以是私有制之间的联合。因此,经济联合非常适合我国中小企业实际情况,它是我国小企业发展的出路之一。

## 国际化是中小企业发展的必由之路

当前,不论是大企业还是中小企业,如果安于现状,闭关自守,缺乏面向世界的远见,都是难以生存和发展的。80年代后期,日本中小企业加快了国际化的步伐,中小企业对外直接投资占日本对外投资总金额的1/2。最近十几年来,在国内劳动力不足的压力下,日本中小企业把建立国外生产基地作为维持生存的主要措施。日本政府也加强了对中小企业国际化的政策扶持。中小企业家,为分散风险,果断地参加政府的海外开发援助项目(ODA)。实践证明,这是中小企业走向海外,走向国际的良策,其做法很值得我们借鉴。今后日本中小企业将会更多地向我国关注的投资热点地区投资,加速其国际化的进程。我国有关部门应高瞻远瞩,抓住机遇,在政策上予以引导。特别是我国中小企业也应抓住机遇,要作出不懈的努力,走中小企业国际化之路。

## 专业化协作是中小企业提高生产效率和竞争能力的重要手段

日本中小企业通过分包制密切了与大企业的合作,走出了专业化协作的发展道路,增强了中小企业在日本经济中的地位以及在国际市场上的竞争能力。

日本工业的分包制是由多层次的分包网络组成的,一般来说,层次越低,分包企业的规模越小。分包企业的共同特点是专业程度高,是这个专业的“单向冠军”。日本分包小企业与其所服务的大企业之间关系有以下特点:

**大企业向分包小企业作出长期承诺** 使分包小企业对承担的任务在人力和生产设备的投入上做长远打算。

**双方在相互高度信任基础上建立合作关系** 双方重视的不是如何切开一块“蛋糕”,而是共同努力把“蛋糕”做得更大。例如,分包小企业应用价值工程经常向大企业提出改进产品设计的建议,以降低生产成本。

**在大企业的发起下,建立分包协会** 在分包网络中树立社会团体意识,加强大小企业之间的联系。

**分包小企业在技术引进和人员培训上主要依靠大企业** 例如,大企业帮助分包小企业掌握新设备的操作和调整技术;大企业派工程师到小企业指导,解决产品质量问题;大企业为小企业培训干部和工人;大企业将有经验的退休人员转到小企业工作;大企业通过分包企业协会对小企业给予各方面的支持。

**大企业直接向它的分包小企业提供贷款** 帮助小企业扩大生产能力,或解决暂时的资金周转困难,近来大企业与分包小企业之间共同举办合资经营企业的日益增加。

分包制可充分发挥中小企业的一技之长,为大企业提供各种必要的零部件和服务,既节省开支,又提高效率,是中小企业走专业化协作的最好形式,日本的做法值得我国在调整产业结构和组织专业化协作中借鉴,这对我国中小企业提高产品质量,增强竞争能力等都是十分有意义的。

## 积极采用和借鉴美国中小企业进出口促进措施

美国政府在实施国家出口战略时,非常注意中小企业出口工作,美国贸易促进协调委员会(TPCC)的措施可概括为:从资金、信息、咨询、培训四方面着手,集中协调政府各部门的工作,联合向中小企业提供统一的服务,避免各自为政和相互交叉;充分调动私营部门和地方机构的积极性,让公私双方的协助最大限度地传达到所有中小企业。具体来说,TPCC的措施主要有如下几个方面:

**对中小出口商提供贸易融资** 通过对中小企业出口融资性质、范围等的调查和认识,弄清目前中小企业在商品和劳务出口中如何融资;中小企业在哪些领域最需要资金,以及何种方式融资最有效等,然后推出一系列扶持中小企业融资措施,通过实施简化的一条龙的融资服务,使中小企业出口商获得出口前的流动资金。

**政府与私营部门密切结合** 在政府财力有限的情况下,TPCC意识到需要寻求更多的办法去筹集资金来促进中小企业出口,尤其是应该与私营部门密切配合。

**理顺和优化美国驻外使馆的出口协助功能** 美国现有的64个驻外使馆是其世界范围的出口促进网

间，他了解到一种跨学科的新技术，即“虚拟现实”技术，它是一个可以创建和体验“虚拟世界”的计算机系统。同时也获悉，美国、日本等国家在此项技术启发下，为了减少投资、降低成本、节约人力物力的投入，正在进行跨行业、跨部门组建“虚拟企业”、“虚拟公司”。受这种技术思路的启发，他作出了以下的思考和判断：从企业发展的角度看，新项目要上马，新产品要扩大规模，都需要增加新的厂房、设备、技术、工艺、人才，而不景气的企业中这些生产要素却在闲置浪费，不能发挥效用，或者稍加改造就完全能为其所用，为什么都要重复新建呢？从企业改革的角度看，立即改变产权，进行跨行业、跨所有制、跨区域实质联合，既受到现实制度条件下各种“分割”界限的制约，又有可能造成较大的社会震荡，能不能不求名份，用“虚拟”的方式联合，使存量资产在投入少量增量的情况下得以盘活。从发展地方经济、调整经济结构、培育新的经济增长点的角度看，不新增投资或稍增一点投资，既可以扩大有市场产品的增量和有前景企业的发展，又盘活了闲置的存量，还绕开了眼下难以克服的种种障碍，又缩短了新产品上市周期，借“虚”生“实”一举数得，何不试一试呢？以这种思路联合起来的“企业”，张奎教授给它起了个名字，就叫“虚拟联合体”。

## “虚拟联合体”的实践

从1996年底开始，张奎教授关于“虚拟联合体”有了初步成型的思路，就陆陆续续写了几篇文章作了介绍。邹家华副总理1998年1月8日致函中共山西省委书记胡富国、山西省省长孙文盛，对省计委主任张奎关于解决国有大中型企业困境问题的建议作出批示，认为该建议“颇有道理，可以一试”。邹家华副总理在信中强调指出，组建“虚拟联合体”有几点要把握好，一是一定要以适销对路的产品为龙头，或者是以成功的科研成果、预测市场好的产品为龙头；二是要有一个龙头公司（或者是中介组织）来牵头组织；三是还要有一个热心的领导班子；四是需要必要的政策来扶持。他希望山西的高层领导能够重视和研究张奎的这一建议。

近两年来，山西省内已有多家企业自发尝试组建“虚拟联合体”，使张奎原来关于组建“虚拟联合体”的思路有了进一步的发展和完善。下面介绍四家把“虚拟联合体”付诸实践的情况：

**第一家是山西寿阳县安装公司** 它创建于1992年5月，迄今已成为一家集锅炉与辅机安装、修理、制作、科研、新产品开发五位一体的新型企业。1997年，公司引进国家专利，试制成功了两大系列7个品种的锅炉产品，这些产品投放市场后很快受到省内外用户的青睐。到1997年底至1998年初，公司已同用户签订了常压、静压锅炉50台、家用锅炉2 000多台的供货合同。但是面对这么多的用户，公司却犯难了，因为凭借当时公司发展资金、技术人才、机械设备实力甚至厂房场地，即使开足马力，歇人不歇机地生产，到年底也仅仅能完成订货合同的1/10。这时，张奎提出的“虚拟联合体”的思路，使他们茅塞顿开。他们以本公司为核心单位，吸纳同属机械制造加工业的国有矿机厂、二轻五金厂和城关镇私营碳素厂（实为机械加工修理）三户企业，组建了跨行业、跨部门、跨所有制的“虚拟联合体”，这主要是解决资金设备、技术、厂房场地而组建的“虚拟联合体”；此外，又同省地县三级科委、环保以及清华大学等科研、环保、高校之间组成“虚拟联合体”，这主要是解决新产品的技术含量，开发并储备更新换代的高科技产品。经过两年时间的实际运作，收到了意想不到的效果。以1997年为例，仅仅联合了7个月时间，除本公司生产实力得以壮大外，还救活了三户已经关闭的企业，盘活了三户企业350余万元资金，安排了300余名职工上岗就业。当年生产各种锅炉及辅件1 000多台，新增产值210万元，比联合前的1996年增加了7倍。1998年以来，安装公司又实施了联合范围扩张和品牌产品扩张的战略决策。据初步估计，如果生产资金能得到保证，贷款回收又比较理想，1999年的产值即可达到1 000万元以上，实现利税150万元以上。它的成功之路，就是有了订单却犯愁，企业太小造不出，而“虚拟联合”让公司快速长大。

**第二家是晋城钢岭地稀土金属公司** 它经历了从承包制到公司制、再到“虚拟联合体”的发展历程。它是集科研、生产、经营稀贵金属产品于一体，跨地区、跨行业、跨所有制的高科技、外向型企业集团。1996年，国际国内市场稀土金属产品的需求量越来越大，公司作出了迅速扩大生产规模的决策。1997年8月，公司在各自法人地位不变、产权不动、债权债务关系不变的前提下，以稀土金属产品为龙头，以稀土金属有限公司为核心企业联合7家国有、乡镇企业组成了“虚拟联合体”。除稀土金属有限公司外，拴驴泉水电站为经营亏损企业，其余5家为停产亏损的乡镇企业，闲置或无效资产总额达1.2亿元。目前，核心企业为国家上缴利润近3 000万元，经济指标稳定增长；其他成员企业也都恢复生产，经济效益较好。

**第三家是山西鼎泽洲环保产业（集团）有限公司**　它的前身是榆次液压站厂。早在1994年，当时的厂长、现任集团董事长王永昌便发现山西的工业固体废料排放量在全国领先，于是决心致力环保和墙改事业。他借助企业自身在液压自动控制设备开发方面的强项，大胆引进德国海斯公司生产砌块成型机的技术，成功研制出鼎仑牌砌块成型机组。从1998年以来，随着国家环保政策和新型墙体建筑材料政策的推动，砌块成型机市场迅速看好，但该公司却只有近乎手工业作坊的生产能力，连广告都不敢打，怕用户盈门做不出设备而违约受罚。1999年1月，公司组织了以副总经理为首的网络营销队伍，至4月底共计收回有效定单1 615万元，收到预付定金36家210万元，全部设备的交货期从3月底到6月底。为解决有产品、有市场与无设备、无厂房的矛盾，迅速扩大生产满足市场需求，该公司从4月25日至5月10日，仅半月时间，采用公开招标形式组建“虚拟联合体”，选择设备定点加工单位和原材料定点供应商，并确立太原重型机械（集团）有限公司设计研究院为“虚拟联合体”砌块成型机科研基地。在中标的加工单位中，大多数是省内外的大型国有机械制造企业。总结该公司“虚拟联合体”的基本做法是，一个龙头，二个定点，三个体系。即：以拥有适销对路产品及品牌的核心企业为龙头，组织定点加工、定点采供，组建完善的市场营销网络体系，市场信息反馈、科研开发体系及资本运营体系，以资本的快速重组扩张推动市场的扩展和企业资本的进一步裂变膨胀，为企业增更多效益，为国家创更多税收。

**第四家是山西洁世实业有限公司**　它于1996年4月注册成立，是一家从事环保产品研究与开发的高科技民营企业，其自制研制的主导产品汽车尾气净化器、柴油车尾气净化器，经权威部门认定，达到国际同类产品的先进水平。目前，公司已自筹资金900多万元建成年产150套汽车尾气净化器的核心部分生产线。尽管已接到国内外有关厂商近70万套的订货意向及合同，但由于资金短缺，经济基础有限，无法在短期内形成规模，而争取国家大块投资也不可能。鉴于这种情况，洁世公司有选择地对长治市的明星乡镇企业潞宝焦化集团和设备、人力资源基础较好的长丰工业公司进行了考察，了解到潞宝焦化集团拥有9 000多万元资产，是长治市的纳税大户，急待进行产业结构调整，从粗放型向高科技集约型转化；长丰工业公司是省骨干企业，也是长治市重点扶持的亏损大户，目前处于停产半停产状态，闲置国有资产1亿多元。如果与这两个企业共同构建“虚拟联合体”，可节省政府投资、缩短建设周期、盘活国有企业闲置设备、技术、劳动力，实现优势互补，资源合理配置。这样，洁世、潞宝、长丰围绕“汽车尾气净化器”三方构建“虚拟联合体”，有三方面积极效应：一是最大限度节省投资，盘活存量设备、技术、资源、劳动力。经测算：新建一个年设计能力达150万套汽车尾气净化器的企业，全部投入约需1.2639亿元，而采用“虚拟联合体”的方式，共可节约投资5 000多万元。二是最大限度缩短建设周期。按一般新建项目建设周期，该项目从征地、基建、购买、安装设备、调试、人员培训、试产到最终正常运转，最短大约需2年时间，而利用“虚拟联合体”方式，年内就可形成50万套产品投入市场能力。三是国企解困与产业提升。组建“虚拟联合体”，不仅可在最少投资、最短时间内使洁世高科技环保企业的优势产品迅速走向市场，而且可使潞宝这样一家以洗煤、炼焦为主导产品的乡镇企业增加了“高科技”、“环保”等新的要素，使企业产业结构升级。同时，还可以解决潞宝的煤矸石污染，随着规模不断扩大，可充分利用长治地区乃至山西省的煤矸资源，达到清洁环境、变废为宝的目的。对长丰而言，其一部分闲置设备、厂房、技术及目前处于下岗状态的熟练管理、操作人员有了新岗位，避免了国企走上破产或兼并可能带来的巨大阵痛。一句话，无米下锅的国有亏损企业有了产品，苦于无钱的民营高科技企业有了资金，急于调整结构的乡镇企业找到了出路。

之管理体制的低效运作，西部经济增长常受制于与自身实际状况不同步的指令性计划，市场体系发育不全，第三产业发展滞后，区域基础设施建设缓慢，尤其是交通运输和邮电通讯的落后，已成为对外开放和区域经济发展的突出制约因素。

从经济运行的角度考察，尽管经济体制改革将市场机制引入了经济运行过程，但以计划调控为主的经济运行体系并未发生根本性的转变，生产资料市场有所发展却很不健全，尤其是有组织的劳动力市场发展较慢。在全国起步较早的西部对外劳务输出，由于观念落后，交通不便，渠道不畅，资金缺乏，企业机制不活，劳动力素质低下等原因，近几年已明显落后于福建、广东、上海等东部沿海省区。同时，经济运行“软环境”建设进展较慢，与东部发达地区相比，在思想解放、观念更新、扩大开放的进程中反应迟钝，政府某些部门往往以传统的思维定式把企业作为附属物，习惯用行政手段把企业推到市场主体的位置上，政府在强调服务企业的同时，又往往混淆政府行为和企业行为，甚至直接从事市场活动参与市场竞争。在对外开放的格局上，开放的主体十分单一，主要是政府出面通过招商吸收外资，谈判立项，企业、民间机构没有真正独立的权力，而主要以民间贸易为主，规模狭小。在产业开放上存在禁区，第三产业尤其是运输、金融、房地产、科教文卫等领域基本上未对外开放。尽管西部地区深居内陆，与东部地区相距遥远，却有近2万公里的边境线，与俄罗斯、蒙古、塔吉克斯坦、巴基斯坦、印度、阿富汗、越南、缅甸等十多个国家接壤，但由于历史原因，西部各边境省区与各邻国的经济技术和科学文化交流甚少，而这些国家与西部地区接壤的地区又多为不发达地区，又在很大程度上影响和制约了西部地区同这些国家的经济文化交流。加之国际政治和外交政策上的冲突和差异，使西方国家对我国多次否决最惠国待遇、行使外贸附加条件，关税和贸易总协定(GATT)谈判失败、知识产权和保护条约的敌视排斥行为等等，都极大地制约了西部地区向西实施开放的吸纳能力。

再从对外开放发展的历史考察，自1978年起始的经济新发展战略的基本格局是一个统一市场下的局部对外开放，其重点是东部沿海地区，从1979年7月中央决定在深圳、珠海、汕头、厦门建立经济特区，到1984年开放大连、天津、烟台、连云港、上海、广州、宁波、北海等14个沿海港口城市，再到1990年9月开放、开发上海浦东新区的整个历史过程来看，对外开放模式以区域性开放为主，即主要以沿海地区为战略重点，分阶段、分层次逐步向内陆地区推进。到90年代初，已基本上形成了经济特区—沿海开放城市—沿海经济开放区—内地，包括不同开放层次，具有不同开放功能的梯度推进格局，但在这一战略的指导下，我国并未形成全方位、多元化的大开放格局，对外出口和引进外商投资的80%仍集中在沿海经济发达地区，对外开放的领域也比较有限。对外开放的发展所导致的区外资金的大量输入不仅改变了沿海地区的生产关系和产业结构，而且对东部地区的经济增长和人均收入水平都产生了极为显著的影响，西部地区由于其自身地理环境因素的制约及新发展战略的负面效应，使西部地区在国民经济对外开放梯度中处于最低层次。

尽管不能说西部地区经济是一个与外部区域完全不发生交换关系的封闭系统，但由于其独特的地理环境因素和体制因素，其开放程度应该说是很低的，是一个缺乏弹性的经济系统，这个系统的主要特点就是自然资源要素极为富集，资本要素极为短缺，而地区经济发展本身又少有对要素重新配置与调整的要求，经济系统内部还没有形成自我发展以自动引起短缺要素输入的机制，资源转换能力即凭借市场机制的作用实现生产要素的流动和资源互补的能力微弱。这种独特的经济矛盾成为制约西部地区资源开发、经济发展和社会进步的主要困难与障碍，因而也构成资源配置市场化条件下西部地区全方位扩大对外开放的主要动因和客观要求。

## 二

地域的开放与发展是一个历史的过程。17世纪英国经济学家威廉·配弟(William. Petty)在其名著《政治算术》中指出：制造业比农业，进而商业比制造业能够得到更多的收入，由于这种不同产业之间的相对收入上的差异，就会促使劳动力向能够获得更多收入的部门移动。在此基础上，英国经济学家克拉克(C.C.Clark)根据若干国家在时间的推移中劳动力在第一次、第二次、第三次产业之间移动的资料，对产业结构演变的规律进行了探讨，他得出结论说，随着区域的发展即随着国民收入水平的提高，区域内的第一次产业（农业）就业人口的相对份额下降，而第二次产业（工业）、第三次产业（服务业）就业人口相对份额则上升。1949年胡佛（Hoover）与费雪（Fisher）在区位研究的基础上提出了区域发展阶段理论，在《区域经济增长研究》一文中全面分析了区域发展的历史过程，认为它一般要经历五个不同的阶段：第一，自给自足阶段；第二，乡村工业的崛起阶段；第三，农村生产结构变动阶段；第四，工业化阶段；第五，服务阶段。而最后一个阶段的主要特征即是资本、技术以及专业服务的输出。这样，胡佛与费雪提出了区域工业化与最后走向输出开放是一个一定的有序过程。英国古典政治经济学家大卫·李嘉图（David. Ricardo）在1817年出版的《政治经济学及赋税原理》一书中指出：由于生产要素在国内能自由流动，因此各种商品均集中在所费劳动最少的地方生产，因而，一国内部的交换比例是在生产成本绝对优势的基础上确定的。但是支配一国之中商品相对价值的法则不能支配两个或更多国家之间相互交换的相对价值。原因是生产要素在国际间的不流动性使它们不能转换到劳动成本最低的地方去，从而使各国劳动生产率、工资率和利润率不能趋于一致。国际间产品的相对价格不同来源于生产同种产品所需劳动力的不同，国际贸易正是由于各国劳动生产率的差异而产生的，不论任何国家都有其相对有利的生产条件，如果各国都把劳动用在最有利于本国的用途上，生产和出口相对有利的商品，进口相对不利的商品，这将使各国资源得到最有效的利用，使贸易双方获得比较利益。在李嘉图的比较成本比较利益理论的基础上，瑞典经济学家贝特尔·俄林（Bertil. Olin）在《地区间贸易和国家贸易》一书中，继承和发展了赫克歇尔（E. Heckscher）的论点形成了要素禀赋论，该理论把国家贸易与生产三要素（土地、资本、劳动）联系起来，认为不同国家有不同的生产要素禀赋，不同的要素禀赋造成产品的相对价格不同，国际贸易产生的原因是各国各地生产要素禀赋的差异，而不像古典政治经济学家认为是由劳动生产率的差异所造成的，一个国家或地区出口的是那些在生产中密集地使用这个地区或国家格外丰富的要素商品，因为它具有比较优势，进口的是那些在生产中密集地使用本地格外感到缺乏的要素的商品，如果各国利用自己相对丰富的生产要素进行商品生产和交换，可以从中获得利益。

区域经济学认为，一定区域承载的经济元素量是有限的，仅仅依赖本区域的市场、资金、技术、劳动力虽然可能取得一定的增长，但其增长的势头难以持久，一定区域的发展是建立在诸多经济元素量的组合的基础之上的，由于生产要素的自然禀赋和充裕程度不同，要素配置的初始格局不能满足区域经济的发展要求，在共同利益的驱动下，各个区域要得到全面均衡的发展，必然寻求外部要素注入与输出格局的相互调整，由短缺和充裕所形成的，发展利益所驱动的要素注入与输出就形成区域要素配置格局的主要力量。从部门层次上讲，越是高级的产业部门，需要的经济元素量越多、越复杂，而低级部门需要的经济元素则简单得多。这样在动态的过程中，一定的行政地域和不断发展的新型部门产生供求矛盾，为了弥补地域经济元素对于相对发展新部门的不足，这样同其他地域的合作便成为必然，于是经济发展超越行政地域，而每个行政地域在同其他地域的合作中便有了自己的经济空间，其地域的开放程度及经济运行流程的范围也随之扩大，经济发展水平也迅速提高。按照耗散结构理论，一个国家或地区的经济作为一个系统，只有处在与外界不断进行物质、能量和信息交换的开放环境中，才可能从原有的混沌无序的混乱状态，转变为一种在时间上、空间上或功能的有序状态，引导系统由简单结构向复杂结构，由低级向高级进化发展，进而实现最佳的运行目标，从世界工业化国家的现代化进程尤其是亚洲"四小龙"在70年代经济的高速增长过程考察，其经济发展的重要原因即在于通过开放充分利用外来的资金、技术及资源等，并使自己的地域优势得到最大限度的发挥，使其在不太长的历史时期中创造出令人惊异的繁荣。经济体制改革以来，我国经济建设和对外开放的重点放在地理条件优越的东部沿海地区，先后建立了深圳、珠海、汕头、厦门和海南5个经济特区，大连、秦皇岛、天津、上海等14个沿海开放城市以及36个市、205个县（市）组成的沿海开放区，出于增长和效率方面的考虑，中央同时对这些对外开放地区的地方政府在外贸、财政、金融等方面赋予较大的自主权，并给予相应的特殊优惠政策，东部地区1981年到1986年人均工农业产值的增长额为560元，人均工业产值的增长额为455元，而同期围和力度的时候,我们不能不面对一个必须回答的问题,那就是经济技术水平较低的西部地区各省区将如何有效地克服回流效应的影响,进而实现与东部地区经济的协调发展?

许多发展经济学家都非常重视分析地区间经济发展差距产生的原因及后果,并对如何有效地克服或缩小这些差距进行了广泛的研究。1958年,美国著名发展经济学家阿·赫希曼(A.O.Hershman)认为,区域差异是经济发展的伴生产物,是经济增长的条件,他独立提出与缪尔达尔回流效应和扩大效应的相对的,存在于不发达区域与发达区域相互作用之中的“极化效应”(Polerized effect)和“淋下效应”(Trickling down effects)。在经济发展初始阶段,极化效应居于主导地位,因而区域差异会逐步扩大;但从长期来看,淋下效应将使区域差异逐渐缩小,这是因为,“通过淋下效应与极化效应显示的市场力量,如果导致极化的暂时优势,周密的经济决策将应运而生,以改变这一状态。实际上,经济决策在整个过程中都将发挥重要的影响。”① 在缪尔达尔与赫希曼的理论中,都明确认为必须借助政府的力量来缩短区域发展的差异,主要差别在于对政府干预的处理上,在赫希曼的理论模式中,作为促进淋下效应的、审慎的政府政策的干预是一个必要的组成部分;但在缪尔达尔的模式中,政府的干预不是一个必要的组成部分,而是一个外生因素,然而缪尔达尔也认为,除非政府干预,否则经济发展过程中的循环累积因果原理将足以引起区域差异的不断扩大。很明显,缪尔达尔排斥政府干预的观点是指实际的差异将产生于经济增长过程之中,赫希曼指出的是在区域问题的压力下,旨在增加扩散效应或淋下效应的政府干预的必然性,而缪尔达尔也认为,随着国家繁荣和区域差异扩大,国家干预是必要的。可见,在缪尔达尔与赫希曼理论之间没有本质的分歧,在他们看来,随着经济增长,区域差异扩大是必然的,在这一过程中,政府的干预也是必然的或是必要的。经济发展的历史表明,区域间资本要素的流入或输出,其直接的内在动因来自资本边际效率的大小,即增加一笔投资的预期的利润率,然而对于中国西部这样的经济社会发展相对落后的地区,要形成足以吸收外部投资的利润水平,需要一个过程,尽管西部地区资源富集、地域辽阔且市场潜力相当广大,但由于整体经济技术水平的低下,传统体制的制约在很大程度上影响了区外资金在区内的投资形成重要的发展极点,由于资金利润率的影响,区域资金在农业、能源、交通、通讯、教育等领域的投资所占比例甚小,扩散或淋下效应非常微弱。另一方面,区域内的生产要素在市场机制的作用下以各种方式和渠道向东部沿海地区流动的速度却在加快,这种生产要素的回流,不仅主要导源于发达地区优惠的政策和宽松的环境所产生的良好投资诱导和高额的投资回报,而且也可能因为本地区复杂的项目审批,极低的办事效率以及因“寻租”而产生的腐败对投资行为的制约。尽管对外投资也是对外开放的一种重要形式,但从区域经济发展的角度出发,审慎的、强有力的政府干预是非常必要的。西部各省区地方政府必须清楚的是,在资源配置市场化的条件下,全方位对外开放与发展在某些方面完全可能产生与决策者愿望相左的结果,如缪尔达尔所说的:“市场力量的作用通常是倾向增加而不是减少区域间的差异。”② 由于西部地区经济自我组织功能微弱,其区域经济发展对非经济手段有更大的依赖性,尤其是市场经济发展的初期,因为技术、管理特别是政策等“软要素”配置是市场机制无能为力的,因而必须通过非经济手段弥补市场机制在区域要件的改善和制度创新,诱发和加强扩散效应,尽力弱化回流效应。其主要内容是正确制定一系列有利于区域经济发展的各项方针、政策、措施和对外开放的统一规划,主要包括对外开放的目标导向、基本格局、组织建设、工作程序、政策体系和法律体系,通过科学规划,增强对外开放的自觉性和预见性,指导和协调本区域的对外开放行为。根据本区域经济实力和社会心理基础,正确确定对外开放中利用区外资金的规模及其占各种资金总和比例及配套能力,加快生产要素市场和消费品市场的建立和完善,加强对各种市场的调节、管理、监督功能。很多发展经济学家认为,发展中国家和落后地区的经济发展不仅需要物质的和资本的积累以及人力资源素质的提高,而且需要技术和

① A.O.:《经济发展战略》,经济科学出版社,1992年版第172页。
② J.C.缪尔达尔:《经济理论与不发达区域》,伦敦,克沃斯1975年版第126页。

管理等要素的引进吸收及适当配套的政策投入，更为重要的是注重自身经济政治制度的变革与创新。因此，在对外开放和引进市场机制的过程中，政府必须在调控方式上，坚决地把过去以指令性计划和行政手段为主的直接管理切实地转到以经济、法律手段为主的间接管理上来，按照精简与效能统一的原则，切实转换政府职能，把政府的指导思想和工作重点转到引导、服务、协调、监督上来，使政府各项工作制度化和规范化，政府作为区域经济的管理者，凭借其超脱于各利益实体之上的地位和权威，利用经济、法律及行政手段调控经济运行，其基本行为取向是实现非经济手段与市场机制的有机结合，最终实现区域资源要素的优化配置。

# 中国人口发展与计划生育

国家计划生育委员会办公厅　张汉湘

## 中国人口发展状况和趋势

根据国家统计局1998年人口变动抽样调查初步分析结果，1998年，全国共出生人口1 991万，死亡人口807万，净增人口1 184万，人口出生率为16.03‰，人口自然增长率为9.53‰，人口死亡率为6.5‰，全国人口总数已达124 810万(不含香港人口)。

中国人口发展经历了漫长的过程。新中国成立前的几千年，生产力低下，战乱频繁，人口增长缓慢。奴隶社会时期，总人口一直在1 000万左右徘徊。进入封建社会，人口增长速度有所加快。西汉人口总数为5 959万，北宋时期(960～1127年)突破1亿。清朝乾隆6年(1741年)达1.43亿，乾隆59年(1794年)达3.13亿，1840年达4.1亿。此后的100年间，外国列强入侵，国内军阀混战，饥荒瘟疫不断，到1949年，中国总人口为5.12亿。

新中国成立后的50年，社会稳定，生产迅速恢复和发展，人民安居乐业，生活水平提高，医疗卫生条件改善，人口死亡率大幅度下降，中国人口进入快速增长期。50年代出现建国以来第一次人口出生高峰，1953年，包括台湾、港澳、国外华侨和留学生在内的全国人口总数达到60 193万。60年代初开始，在经历3年经济困难时期后，出现大量补偿性生育，导致建国以来的第二次人口出生高峰，1969年，全国总人口达80 671万。受第二次人口生育高峰影响，80年代后期开始，中国人口生育又进入第三次高峰期，1997年全国总人口达124 300万。

此间，中国人口再生产类型发生了两次重大转变。一是50年代至70年代初，人口再生产类型由建国前的高出生、高死亡的转变前期阶段进入了高出生、较低死亡、人口快速增长的前期转变阶段。人口死亡率由1949年的20‰降至1970年的7.6‰，人口平均预期寿命逐步提高，妇女生育水平一直居高不下。二是自70年代初至今，人口再生产类型在经历后期转变阶段后迅速进入转变完成阶段。这一阶段的人口死亡率一直处于较低水平，平均预期寿命已提高到近70岁，人口出生率由60年代的35‰降至90年代前7年的8.41‰，妇女总和生育率由1970年的5.8降至1995年的2.0，达到更替水平。

中国人口的特点，一是基数大、增长快。中国是人口最多的发展中国家，总人口约占世界人口的1/5，等于全世界发达国家人口的总和。从1949年到1964年的15年间，中国人口由5亿增加到7亿，平均每增加1亿人只用了7年半的时间；从1964年到1974年村基层计划生育工作，又组织力量对河南平舆县两个村人口失控的情况进行专题调查，并将调查发现的问题通报全国。中央电视台和《中国人口报》对安徽白庙村计划生育工作放任自流的现象予以曝光，并在全国范围内组织对“白庙现象”的大讨论。各级计生委也大兴调查研究之风，广泛开展对本地区人口与计划生育情况的清查清理工作，认真分析人口形势，正视工作中的问题和困难，讲真话、查实情、报实数，向全社会再次敲了人口形势不容乐观的警钟。

根据党的十五大提出的依法治国方略和江总书记关于“抓紧计划生育的立法和有关行政、地方条例的修订工作”的指示精神，国家计生委全面启动计划生育国家立法工作，积极协调配合有关方面起草和修改法律草案，进行立法调研和立法论证，全国人大常委会将人口与计划生育法列入了人大立法规划。1998年9月，国家计生委颁布了经国务院批准的《流动人口计划生育工作管理办法》，并在全国广泛开展了计划生育法制宣传教育活动。

计划生育的宣传教育围绕增强全民人口意识，转变生育观念，通过开展“婚育新风进万家”活动，创建社会主义的生育文化，并与科技、文化、卫生“三下乡”活动和群众性精神文明创建活动紧密结合起来，面向家庭，进村入户，利用各级人口学校、婚育学校以及各种宣传工具，多渠道、多形式普及计划生育、避孕节育、优生优育、生殖保健的科学知识，满足群众对知识和信息的需求，促进了社区和家庭文明程度的提高。

计划生育的科研与技术服务面向庞大育龄人群和广阔的生殖健康市场，不断拓展其领域，加快重大科技项目的联合攻关和新成果、新技术的市场转化。避孕药具、优生技术研究等4个科研项目被列入国家重点科研项目，早产儿高胆红素血症对神经系统的远期影响和早期干预研究等16项科研成果被授予国家计生委科技进步奖。为满足广大育龄群众日益增长的生殖健康需求，各级计划生育服务网络围绕生育、节育、不孕，在指导育龄群众避孕节育，加强孕情访视和医学监护的同时，提供生殖健康、防病治病的技术咨询和服务，进一步提高了避孕节育的有效率、及时率。国务院办公厅召开专题会议，深入研究和部署加强计划生育技术服务和提高出生人口素质的工作。卫生和计划生育部门在广大农村积极推进育龄妇女增补叶酸和婴幼儿补碘工作，防止出生缺陷和因缺碘导致的智力低下。国家计生委在12个县市开展的计划生育优质服务试点，以科学的管理和高质量的生殖保健服务，以及试行避孕节育措施的知情选择受到群众欢迎，这一试点迅速扩大到全国300多个县市。

在人口与计划生育领域的国际交流与合作有了新的进展。联合国人口基金第四周期生殖健康与计划生育项目在32个县正式启动。香港回归后，其家庭计划生育协会在国际计生联的合法地位得以确认。与美国、日本、瑞典、泰国等国家和地区间的双边合作项目取得积极成果。通过参与计划生育领域的国际人权对话，同美国共同组织计划生育的高官培训，进一步扩大了计划生育的国际交流和对外宣传。

## 中国人口发展的经济文化背景

人口发展是一个国家或地区经济社会发展多种因素综合作用的结果。人口的发展归根结底取决于生产力和生产方式所形成的人口需求机制。生产力发展水平和生产社会化程度对人口发展和人口再生产类型的转变具有重要影响。马克思指出：“实际上，不仅出生和死亡的数量，而且家庭人口的绝对数量同工资的水平，即各类工人所支配的生活资料量成反比。”“贫困会产生人口”。从根本上揭示了人口生产与经济发展的辨证关系。中国几千年的封建、半封建、半殖民地社会是以私有制的自给自足的农业自然经济为基础，生产力水平和社会化程度很低，手工劳动和小农经济占统治地位，人们为了生存，改变贫困的处境，惟一途径是靠增加劳动力特别是男劳力，来维持和扩大再生产，因此自然产生对生殖繁衍的崇拜和对男性的偏爱。加上连绵不断的战乱和饥荒，历代统治者出于扩大领土和财富的需要，一直采取鼓励人口增殖的政策，从周武王及后继的周公旦重民生、减苛税，到隋文帝重视人口增长，继承汉初统治者对农民的宽容政策，再至唐太宗明确提出奖励人口，提倡早婚早育，使唐朝创立了封建王朝的鼎盛时期。李唐盛世的出现是在吸收隋朝盛衰经验教训的基础上发展而成的，以至宋、元、明、清历代开国之君无不重视人口增长，从而逐渐形成中国人口的高生育率趋势。

新中国成立后，改变了原有的生产关系和社会制度，经过40多年特别是近20年的发展，生产力有了很大提高，各项事业有了很大进步。然而总的说来，生产力不发达的状况没有根本改变。由于经济增长的方式落后，生产力和生产方式对人口的需求机制并没有发生根本变化，农村以家庭为生产单位的经营方式，在某种程度上强化了孩子特别是男孩在生产中的作用；社会消费的总体水平低，对未成年人口的抚养费用也比较低，多生孩子的成本远远低于孩子成年后所带来的经济效益，使得生儿育女给家庭的经济压力并不十分明显；加之社会保障体系不完备，家庭"养儿防老"还有其存在的客观基础，这些都在一定程度上影响人们的生育意愿，促使人们特别是农民想多生孩子。而社会稳定，生活水平提高，医疗卫生条件改善，人口死亡率大幅度下降，又加快了中国人口快速增长的进程。可见，生产力水平和社会化程度低，往往会刺激人们对劳动力的需求，导致人口快速增长，相反，生产力水平和社会化程度越高，越是接近现代文明，发展生产主要靠提高劳动生产率和劳动力素质，子女对家庭的生产性作用和养老职能降低，生育子女的成本提高，则会使人们倾向于晚婚晚育、少生优育，导致人口按照经济社会的发展而适度增长。但是，一般情况下，经济发展并不会马上带来生育观念转变和生育率的下降。经济发展需要达到一个临界点之后，才足以影响人们对生育子女数量的选择。在这一过程中，社会发展、文化教育和政策引导显得尤为重要。

一定的人口规模是社会生产力发展的重要前提，但人口过多、增长过快，使人口与经济发展的比例关系失调，也会影响和制约经济的发展。中国作为人口最多的发展中国家，人口多、耕地少、底子薄、资源相对缺乏，已逐渐成为制约经济发展的一个重要因素。在现代化建设进程中，人口与发展的矛盾更为突出。首先，过快增长的人口使新增国民生产总值有相当一部分被新增的人口所消耗，国民生产总值的人均占有水平难以提高，从而直接影响综合国力。其次，人口多、增长快给教育、卫生、社会保障、劳动就业、消除贫困、妇女解放以及交通、住宅等社会事业带来巨大压力。第三，人口的过快增长还给本来就十分脆弱的自然资源、生态环境造成巨大的破坏，直接影响经济持续增长和可持续发展。此外，家庭人口多，特别是抚养孩子的负担过重，也直接影响家庭生活水平的提高。与此同时，随着经济发展和现代化程度的提高，生产力对人口也逐渐形成一种新的需求机制，即：不是主要靠增加劳动力，而是靠提高劳动者素质来提高劳动生产力，从而对人口生产的规模和质量产生新的影响。随着高死亡率的下降，经济社会发展，人们生活福利改善，许多家庭逐步意识到，他们用不着储备许多孩子。相反，由于绝大部分孩子都能存活下来，生得太多反而会成为很大负担。这些都是促使中国人口再生产类型转变的重要原因。

中国人口发展的文化背景深厚而凝重。由于高生育率对古代社会的延续和发展具有重要意义，加上当时人们无法解释生命现象，因此，同其他许多国家一样，中国古代社会十分崇拜生命，祈求添人进口，人丁兴旺。许多原始歌舞、巫术傩仪、图腾崇拜都反映了人们对子孙繁衍的顶礼膜拜。屈原《九歌》中的生命之神"大命司"和爱情之神"少命司"，佛教中的"送子观音"、"送子娘娘"、"催生娘娘"、"寿生娘娘"，都寄托着人们对生命的期望。在民间，至今仍有不少地方保存着对生殖器崇拜的痕迹。从传统文化的角度看，繁衍子孙后代是人类神圣崇高的使命和责任。

这种由使命和责任积淀而成的生育观念，在社会发展过程中被许多其他文化因素包装起来，形成比较完整的价值观念和伦理道德体系。由于对劳动力特别是男劳动力的需求，中国的农村，长时期内将多生孩子，特别是多生儿子看作是祖上积德的好报；而不生儿子就被叫作"断子绝孙"，被视为做了"缺德"的事情。随着母系社会转变到父系社会，私有财产产生，家庭需要男性子嗣来继承财产。这种观念不仅存在于男性之中，也成为女性的一种责任。中国传统社会对妇女有所谓"七出"之条，妇女如果触犯了七种"罪行"之一，丈夫就可以无条件地抛弃妻子，将其"休"回娘家。这"七出"之一就是"无后"。有"后"才以继承财产，延续部落或家族的发展，才能在自己年老时享用下一代的剩余产品。与古人迷信鬼神联系在一起的使祖先享受祭祀，衣食万年，可以看成是育儿养老观念的延伸。

古代文明的发展进一步把许多实际的需要上升为道德规范，成为社会认同的价值观念和道德准则。儒家将多生孩子的观念提升为"不孝有三，无后为大"，有儿子才是有"后"，历代封建统治者推崇的"男尊女卑"、"三从四德"，都对传统生育观念的形成起了重要的作用。因此，公公婆婆在媳妇一过门就年年盼着抱孙子，认为"儿孙满堂"才是最大福分，是前世修德之果,有儿孙才是尽了"孝道",才不负"苍天列祖",而没有儿子就是最大的不孝,作为妇女和公公婆婆也会受到社会舆论的压力。为了早日抱上孙子,许多老人甘愿受苦受累。繁衍后代、增加劳力、继承财产、养儿防老的实际需要,与伦理道德结合在一起,就大大强化了多生多育的观念。

传统文化中的宗法观念是种族繁衍和家族财产继承的延伸。宗法观念与"传宗接代"、"男尊女卑"、"无后为大"的价值取向相融合,强化了传统生育文化中的消极因素。以"家族文化"、"姓氏文化"为特征的宗法观念,不仅把物质资料生产和人口生产局限在家庭或家族这样一个狭小的范围内,形成地域板块式的封闭格局,而且更加突出男性地位,阻碍了经济社会发展和妇女生产力的解放。一些童婚早育、"部落婚姻"、"家族婚姻"、"近亲婚姻"、"宗教内婚"、"门当户对"等陈规陋习,还使婚姻圈逐渐缩小,出生人口素质下降。

社会科学文明的程度,尤其是育龄夫妇的文化水平和职业结构对生育意愿的转变起着重要作用。一般来说,育龄夫妇的文化水平愈高,愈倾向于少生和优育;文化教育程度低,则倾向于早育多生。1981 年全国文盲和半文盲妇女的多孩生育率为 40.34%,小学文化程度的为 26.91%,初中文化程度为 9.29%,高中文化程度为 3.38%,大学文化程度为 1.69%。1982 年全国 1% 人口生育率调查的结果表明,文盲妇女平均一生生育 5.86 个孩子,小学文化程度的妇女平均一生生育 4.8 个孩子,初中文化程度的妇女平均一生生育 3.74 个孩子,高中文化程度的妇女平均一生生育 2.85 个孩子,大学文化程度的妇女平均一生生育 2.05 个孩子。

自 70 年代特别是改革开放以来,随着经济发展、社会进步和计划生育工作的全面开展,中国人民的生育观念发生了巨大变化,在城市和一些经济社会发展较快的地区,这种变化更为明显。绝大多数城市妇女走出家门,参加工作和社会活动,有了自己的收入,经济上独立,政治上平等,不再成为丈夫的附属品。这些妇女通过接受教育,参与社会活动,较多地接受了新的观念、新的知识。参加工作后,她们没有精力来照顾一大堆孩子。于是从 60 年代起,城市人口出生率迅速降低。由于城市对男性劳动力的期望远低于农村,而且家庭内当家的往往是妇女,女儿自幼习惯于母亲的生活方式,许多城市老年人更愿意与女儿生活在一起。女儿被不少城市居民称为"小棉袄",能暖父母心。这样,重男轻女的观念在城市较快地得以消除。在不少农村地区,农民的生育观念也在发生变化。老年人不再那么坚持让儿媳多生孩子,也逐渐懂得近亲结婚的危害;妇女地位的提高,使得农村中歧视妇女、遗弃女婴的现象大大减少;随着家庭生活水平和社会文明程度的提高,公公婆婆也希望儿媳生育健康、聪明的孩子。尽管在部分地区封建宗教观念有抬头的趋向,但从总体上看,随着社会进步,家庭规模缩小,特别是经济体制和经济增长方式的转变,宗族观念的影响力将逐渐减弱。

农村中比较年轻的育龄夫妇特别是男女青年生长在全面实行计划生育的时期,从小受到基本国情教育,懂得实行计划生育的道理。他们有知识、有文化,容易接受新事物,强烈地希望改变农村落后的面貌。因此许多人渴求知识和技术,积极从事各种经济活动,为了发展生产,脱贫致富,许多人一再推迟婚期,或者结婚后暂时不生孩子。这些人中有相当一部分只愿生育一个孩子,不想因为生育孩子而影响家庭发展和个人的生活质量。90 年代初在全国农村兴起的"三结合"(即计划生育与发展经济、帮助农民勤劳致富奔小康、建设文明幸福家庭相结合)的活动,以及在贫困地区开展的计划生育与扶贫开发相结合的活动,使一大批农民从多子女的困扰中摆脱出来,在各级政府和有关部门的扶持下,走上了少生快富的道路。近年来,人们对生命质量和生活质量的要求越来越高,计划生育、优生优育、和生殖保健方面的需求迅速增长,各级政府和有关部门在一些工作条件较好的地方开展计划生育优质服务的试点,向广大育龄群众普及生命科学的知识,提供高质量的避孕节育和生殖保健服务,有步骤地指导育龄群众知情选择避孕节育方法,开展生理、心理和性健康的咨询服务,受到普遍欢迎。可以预见,在中国人口再生产类型发生两次重大转变之后,其人口发展将更加趋于稳定,人口的质量和结构将进一步改善,从而同经济社会的发展更趋协调,适应可持续发展的要求。

# 中国关于人口问题的政策与举措

中国人口信息研究中心　林晓红

随着改革开放的进一步深化，虽然中国面临的人口形势依然十分严峻，但由于中国各级政府的高度重视和积极努力，采取了强有力的政策与举措，使中国的人口控制工作取得了令人瞩目的成就，人口自然增长率已降至10‰左右，妇女总和生育率已降至更替水平以下。与此同时，在提高人口素质、加强流动人口计生管理及解决劳动就业与人口老龄化问题等方面，均取得了明显的成效。

## 严格控制人口数量的计划生育政策

由于中国是世界上人口最多的国家，而且增长速度很快，庞大的人口基数以及快速的人口增长，使巨大的社会需求与社会总供给之间矛盾日趋尖锐，直接影响经济和社会的发展。为了更好地控制人口数量，促进经济、社会的协调发展，中国政府制定了全国范围内的计划生育政策。

十一届三中全会以后，在总结了建国以来控制人口问题的经验与教训的同时，中国于1980年9月25日发出了《关于控制我国人口增长问题致全体共产党员、共青团员的公开信》，并从中国国情出发，号召一对夫妇只生育一个孩子，同时指出："某些群众确有符合政策规定的实际困难，可以同意他们生育两个孩子，但是不能生三个孩子。"1982年，明确提出了"控制人口数量，提高人口素质"的人口政策。在党的十二大上，把实行计划生育定为中国的一项基本国策。

经过多年的实践，中国的计划生育政策逐步完善。1991年5月，《关于加强计划生育工作严格控制人口增长的决定》指出，中国现行的计划生育政策："提倡晚婚晚育，少生优生；提倡一对夫妇只生一个孩子。国家干部和职工、城镇居民除特殊情况经过批准外，一对夫妇只生育一个孩子。农村也要提倡一对夫妇只生育一个孩子，某些群众确有实际困难，经过批准可以间隔几年后生第二个孩子。在少数民族地区也要实行计划生育，具体要求和做法由各自治区或所在省决定"。

少数民族地区根据国家计划生育政策中关于"为了提高少数民族地区的经济文化水平和民族素质，在少数民族地区也要实行计划生育，具体要求和做法由各自治区或所在省决定"的要求，较普遍地规定了少数民族可以生育两个孩子；一些省、自治区规定，在符合相应的条件下，少数民族农、牧民夫妻可以生育三个孩子；个别地区规定某些条件具备的少数民族农、牧民夫妻可以生育第四个孩子；对人口特别稀少的少数民族和西藏边远农牧区，没有生育数量上的限制规定。

各地对再婚者普遍规定了再婚夫妻再婚前一方只生育过一个孩子，另一方未生育过的可以再生育一个孩子；一部分地区规定再婚夫妻一方未生育过子女，另一方有两个以下子女的丧偶者，可以再生育一个孩子；少数地区规定再婚夫妻再婚前双方均生育过，新组合家庭无子女的可以再生育一个孩子等。

## 计划生育工作方针与工作思路

为进一步增强控制人口过快增长的能力，更好地完成控制人口增长的计划，国家计生委于80年代在全国范围内开始推广实行"三为主"工作方针，即在计划生育工作中，宣传教育与行政、经济措施，以宣传教育为主；避孕与孕后补救，以避孕为主；经常工作与突击活动，以经常工作为主。这不仅反映了计划生育工作中三个主要环节上三组工作的主次关系，而且还在优生优育、提高人口素质及帮助独生子女家庭致富等方面做了大量的工作，在认真落实“三为主”的地区，有效地控制了人口增长。目前，在社会主义市场经济条件下，实行计划生育利益导向机制，必须遵循“三为主”方针。

进入90年代以后，中国农村计生工作在深化改革中形成了新形势下进一步做好计生工作及促进人口与经济、社会协调发展和可持续发展的工作思路与具体实现途径：在广大农村，将计划生育工作与发展经济相结合，与帮助农民勤劳致富奔小康相结合，与建设文明幸福家庭相结合（简称计划生育工作“三结合”或“三结合”）；在贫困地区，将计划生育与扶贫开发相结合，从而调动了农村广大干部、群众参与计划生育的积极性。

在1994年国际人口与发展大会和1995年世界妇女大会召开以后，中国确立了计划生育工作要实现工作思路和工作方法“两个转变”的工作方针，即：由仅就计划生育抓计划生育向经济社会发展紧密结合，采取综合措施解决人口问题转变；由以社会制约机制为主向逐步建立利益导向和社会制约相结合，宣传教育、综合服务、科学管理相统一的机制转变。在计划生育基层工作的实践中要实现这“两个转变”，也就是要实现由过去强调人口指标为主向以服务对象为中心的方向转变，从过去提供单一的避孕节育服务向与生殖健康和妇女权益目标相结合的方向转变。同时，坚持“三个不变”，即：现行计划生育政策不变，既定的人口控制目标不变和各级党政一把手亲自抓、负总责不变，始终把工作重点放在农村特别是中西部人口大省和边远贫困地区，实行分类指导。在狠抓后进转化的同时，认真总结推广先进经验，促进计划生育工作平衡发展。在部分工作基础好的地区，加强妇女“生殖保健”服务，积极开展“优质服务”。

## 实行计划生育的行政组织措施及奖励与处罚措施

目前，中国实行计划生育的行政组织措施主要有：一是严密的组织系统。除计划生育自上而下的组织系统外，还有横向联系和协作系统，国家计生委与中宣部、卫生部、民政部、公安部、计委、财政部、工商局及工、青、妇等群团组织，中国人民解放军、中国人民武装警察及中国计划生育协会、中国人口学会等组织密切联系，齐抓共管，分工协作，共同为控制人口增长及提高人口素质服务。二是两种生产一起抓的管理措施，主要是将人口和物质生产两种指标一起下达，一起承包，一起评比检查。三是团结协作的社会措施，主要是从有利于控制人口数量及提高人口素质出发，采取各项社会措施如教育制度、各种经济制度及社会福利制度等。

实行计划生育奖励措施主要有：对响应国家号召只生育一个孩子的家庭，在政治上发给荣誉证书，授予荣誉称号；在经济上发给奖励现金，农村实行承包责任制可多分承包田，多分自留地，也可少交提留金；在生活上给独生子女母亲延长产假，帮助独生子女家庭致富，在入托、入学、就医、招工、招生、分房（或房基地）等方面，优先照顾独生子女家庭。同时，实行计划生育利益导向机制，如实行计划生育养老保险及给予各种优惠、奖励。对既能严格执行生育政策，有效控制人口增长，又能增强社会效益的单位，给予政治、经济两方面的奖励。对从事计划生育并做出贡献的工作人员，给予政治、经济、行政等方面的奖励。

目前，实行计划生育处罚的主要措施：对早婚者处罚的主要形式是罚金，数量根据各地情况而定；对计划外生育夫妇的处罚有三种形式，即：罚款、少包产或多上交提留、取消其按合理生育应享受的福利待遇，党、团员或干部、职工，还要受到行政或组织处分；对完不成人口计划的单位及单位领导处罚的形式以罚款为主；对弄虚作假的干部及计划生育工作人员的处罚形式以财政或组织处分为主。

## 提高人口素质的措施与途径

虽然建国以来，中国的文化教育事业有了很大的发展，人口文化素质有了明显的提高，但对迅速发展的中国经济而言，目前的人口素质特别是人口文化素质仍然偏低，难以适应客观形势的需要。同时，在农村大部分地区严重存在着“同村恋”、“圈里转”的封闭式婚姻，狭小的通婚圈造成了全国约500万痴呆傻人口。为改变这一状况，《婚姻法》规定了防止近亲结婚的条款，党和政府还作出了患遗传疾病者禁止结婚或生育的规定。

目前，中国人口政策从总体上可以概括为“控制人口数量，提高人口素质”，为了使其真正落实到实处，各级政府把开展宣传教育放在首位：一是开展国情、国策的宣传教育，使人们深刻地认识到当前的国情、县情、乡情，加深对计划生育基本国策的理解；二是开展爱国主义教育，使人们在生育问题上正确处理国家利益和个人利益、长远利益和眼前利益的关系；三是在城乡普遍开设人口学校，开展人口与计划生育基础知识教育，用科学知识启发和引导广大群众转变生育观念，提高对计划生育、优生优育的理解和接受能力。对在校生也开展人口与计划生育知识教育，培养青少年树立良好的人口意识和正确的婚恋与生育观念。

为进一步提高中国人口的文化素质，中国政府大力发展教育事业，普及九年制义务教育，通过希望工程、捐赠办学等措施，提高入学率及巩固率，积极发展成人教育、职业教育，从而不断提高劳动者的文化素质。今后政府将增加教育投资的比例，挖掘现有的潜力，加强基础教育，破除教育的自我封闭模式，建立灵活、多层次的梯级教育结构，建立激励人们受教育的分配机制，发展多层次、多形式的就业技术教育，制止人才外流，开发外来劳动力职业培训与再教育。

## 防止婴儿性别比偏高的举措

中国出生婴儿性别比从80年代初期开始上升，并超出正常范围，到目前为止，出生婴儿性别比仍在继续上升。多数地区的一孩出生性别比处于正常范围，出生婴儿性别比大大超过正常数值的现象主要发生在二孩及多孩，并且呈明显的地区差异。导致近年来中国出生婴儿性别比升高的主要原因是出生统计中的瞒报、漏报，选择人流、引产，溺弃女婴。对此，各级政府因地制宜，采取有效措施，积极探索防止出生人口性别比异常的有效途径。

首先，在全国范围内深入开展了新形婚育观念的教育，大力宣传男女平等及生男生女都一样的社会风尚，认真贯彻《婚姻法》、《妇女权益保障法》，保障妇女和儿童的合法权益，严禁进行胎儿性别预测，建立并健全对B超设备的购置、使用和管理的审批制度与检查制度，加强孕情管理服务，防止选择性终止妊娠，坚决制止遗弃婴儿的违法行为。

其次，各地公安、统计与计划生育部门通力合作，进一步改进和加强了人口出生统计工作，逐步完善统计制度，严格遵守统计法律、法规及出生申报制度，防止出生婴儿的瞒报、漏报和性别错误。

同时，确立了以利益导向为主的计划生育新思路，完善奖励优待政策，使独女户、双女户获得更多的实际利益，优化政策环境，大力提高妇女的家庭地位和社会地位。今后，有关部门将加强出生性别比问题的调查和研究，从而为解决这一问题提供更多的科学依据，正确宣传现行的生育政策，强化人们的性别比意识，进一步搞好B超管理和统计立法工作，切实加强计划生育管理。

## 解决人口老龄化问题的对策

中国是世界上老年人口最多的国家，随着生育率的急剧下降，中国人口老化速度加快，60岁及以上老年人口居世界第一位，约占世界老年人口总数的1/5；80岁及以上的高龄老人以年均5%左右的速度增长，到2000年将超过1000万人。同时，人口老龄化的地区发展不平衡，农村人口老龄化问题更加突出。

为解决老年人的后顾之忧，中国在50年代初建立了企业职工的养老保险制度，并于1958年、1978年进行了修改，允许不同地区、不同企业之间存在一定的差别。随着经济的发展，逐步建立起基本养老保险与企业补充养老保险和职工个人储蓄性养老保险相结合的制度，改变养老保险完全由国家、企业包下来的办法，实行国家、企业、个人三方共同负担，职工个人也要缴纳一定的费用；基本养老保险基金由政府根据支付费用的实际需要及企业、职工的承受能力，按照以支定收、略有节余、留有部分积累的原则统一筹集，具体的提取比例和积累率，由省、自治区、直辖市人民政府经实际测算后确定，并报国务院备案；企业缴纳的基本养老保险费，按本企业职工工资总额和当地政府规定的比例在税前提取，由企业开户银行按月代为扣缴。企业逾期不缴，要按规定加收滞纳金，并入基本养老保险基金。职工个人缴纳基本养老保险费，在调整工资的基础上逐步实行，缴费标准开始时可不超过本人标准工资的3%，以后随着经济的发展和职工工资的调整再逐步提高。企业和职工个人缴纳的基本养老保险费转入社会保险管理机构在银行

# 中国环境保护事业

国家环保总局局长 解振华

从70年代中国环境保护事业的开端起至今，中国的环境保护机构经历了一个逐步发展的过程。1974年，中国环境保护历史上第一个环境保护机构——国务院环境保护领导小组成立；1982年5月，国家建委、国家城建总局、建工总局、国家测绘总局、国务院环境保护领导小组办公室合并，组建城乡建设环境保护部，部内设环境保护局；1984年12月，城乡建设环境保护部环境保护局改为国家环境保护局，仍归城乡建设环境保护部领导，同时也是国务院环境保护委员会的办事机构；1988年10月，国家环境保护局成立，作为国务院的直属机构；1998年3月，国务院机构改革，国家环境保护局升格为国家环境保护总局。

国家环境保护总局是国务院主管环境保护工作的直属机构，依照法律规定对全国环境保护工作实施统一监督管理。国家环境保护总局的主要职责是：负责拟定国家环境保护的方针、政策和法规，制定行政规章；受国务院委托对重大经济和技术政策、发展规划以及重大经济开发计划进行环境影响评价；拟定国家环境保护规划；指导、协调和监督全国污染防治和生态环境保护工作；发布国家环境状况公报；制定和组织实施各项环境管理制度；组织环境保护科技发展、重大科学研究和技术示范工程；负责环境监测、统计和信息工作；组织、指导、协调全国环境保护宣传教育；负责核安全、辐射环境、放射性废物管理工作；拟定国家关于全球环境问题的基本原则，参与国际环境合作和交流等。

根据以上职责，国家环境保护总局设了10个职能司(厅)：办公厅(宣传教育司)、规划与财务司、政策与法规司、行政体制与人事司、科技标准司、污染控制司、自然生态保护司、核安全与辐射环境管理司(国家核安全局)、监督管理司、国际合作司。国家环境保护总局直属单位有：中国环境科学研究院、中国环境监测总站、中国环境报社、中国环境科学出版社、中日友好环境保护中心、中国环境管理干部学院、南京环境科学研究所、华南环境科学研究所、国家环境保护总局环境保护对外合作中心、中华环境保护基金会等。

20多年以来，在党和国家的重视下，环境保护部门大胆改革，励精图治，既脚踏实地从中国的具体国情出发，又放眼世界，积极借鉴发达国家的先进经验，努力在开拓中前进，在前进中创新，努力探索适合国情的环境保护道路。

## 初步形成适合国情的环境政策与法律体系

1984年，国家将环境保护确定为一项基本国策，确立了环境保护在社会经济发展中的重要战略地位；制定了经济建设、城乡建设和环境建设同步规划、同步实施、同步发展，实现经济效益、社会效益与环境效益相统一的指导方针。1992年联合国环境与发展大会后，中国政府于1994年3月率先制定了《中国21世纪议程——中国21世纪人口、环境与发展白皮书》，提出了中国可持续发展的总体战略、对策以及行动方案。经过多年的实践，国家制定了“预防为主、防治结合，谁污染谁治理，强化环境管理”为核心的环境保护三项政策；确定了环境影响评价、“三同时”(防治环境污染和破坏的设施与生产主体工程同时设计、同时施工、同时投产使用)、排污收费、环境保护目标责任制、城市环境综合整治定量考核、污染物总量控制、排污许可证、污染集中控制、限期治理、强制淘汰、危险废物处置行政代执行等有效的环境管理制度。

环境法律初步形成体系，全国环境保护工作基本做到有法可依、有章可循。国家颁布了《环境保护法》、《水污染防治法》、《大气污染防治法》、《海洋环境保护法》、《噪声污染环境防治法》等6部环境法律和《森林法》等9部相关资源法律；修改后的《刑法》增加了破坏环境资源保护罪的规定，实现了国家立法中有关环境刑事犯罪规定的重大突破；国务院发布了29件环境保护法规，环保部门发布了70余件环境规章，地方性环境法规达900余件；国家环境标准395项。

环境执法得到加强。1993～1996年，连续开展了全国环境保护执法检查，依法查处了6 000多件环境违法案件；关停、取缔了65 000多家严重污染环境的15类小型企业；对非法进口“洋垃圾”行为进行了坚决打击，将企图向我国转移“洋垃圾”的200多艘船只拒于国门之外。1996年8月，国务院发布《关于环境保护若干问题的决定》后，国家环保总局和监察部连续三年对各省、自治区、直辖市贯彻国务院《决定》的情况进行监察和检查。山西运城地区司法机关依照修改后《刑法》，对全国第一起环境犯罪案进行审判，依法对环境犯罪分子进行了严惩。

## 污染防治工作不断深化

多年来，污染防治工作发生了巨大变化。一是从点源治理向面源和流域、区域治理发展。70～80年代，污染防治以企业治理“三废”为主，只在小范围内开展了区域环境治理。进入90年代以来，在加强企业防治污染的同时，着手开展农村面源污染防治，大规模开展重点流域和区域环境治理，全面实施了《跨世纪绿色工程规划》，一些流域和区域的污染治理已经初见成效：白洋淀水质、本溪市大气质量获得明显好转。国家确定的三河（淮河、辽河、海河）、三湖（太湖、滇池、巢湖）水污染防治、两区（酸雨和二氧化碳控制区）大气污染防治、北京市和渤海的污染防治全面展开。通过治理，淮河、太湖、滇池流域的重点污染源排放已经达标，淮河干流水质有所好转；二是从末端治理向源头和全过程控制过渡。近年来，通过加强企业环境监督管理，推行清洁生产，实行ISO14000认证，推动企业污染防治由末端向前推移。到1997年，全国建设项目环境影响评价率和“三同时”执行率分别达到85.4%和95%，开展排污水申报登记城市有687个，企业27万家，发放排污许可证的城市有368个，企业4.7万家，发证5.1万份。三是从浓度控制向浓度和总量控制相结合发展。在严格控制污染物浓度排放的同时，实施《污染物总量控制计划》，遏制全国环境恶化加剧的趋势，将2000年污染物排放总量控制在“八五”末期的水平，确保国家环境安全；四是由单纯治理向调整产业、产品结构和合理布局转变。近年来，结合产业结构调整和经济增长方式由粗放型向集约型转变，淘汰了一些能源资源消耗高、污染严重的工艺和设备，关闭了一批污染严重的企业，调整了一批企业的布局，完成了一批污染限期治理项目，降低了单位国民生产总值的废水排放量和万元国内生产总值能源消耗量。从1978年到1997年，国家下达的两批459项限期治理项目及地方安排的24.79万项限期治理项目已基本完成。万元国内生产总值工业废水排放量由1985年195.9吨下降到1998年的47.7吨，万元国内生产总值能耗由1990年的5.3吨标准煤下降到1997年的3.55吨标准煤。根据统计，全国工业废水排放总量出现稳中有降的趋势，低于“八五”末期的水平。1998年，全国工业废水处理率和排放达标率分别达到87.4%和65.3%，工业废气消烟除尘率达到88.6%。

从总体上看，90年代中期，在经济快速增长的条件下，全国一些主要污染物排放总量呈现下降或持平的趋势，污染物处理率和达标率保持增长的势头，全国环境质量总体保持稳定，部分城市和地区环境质量有所改善，基本避免了环境质量急剧恶化的局面。

## 城市环境保护工作全面加强

城市环境综合整治逐步深化。一是城市基础设施建设得到加强。1998年，城市供水总量达471亿立方米，集中供热面积达8 619亿平方米，居民用水普及率达96.1%，污水处理率达29.99%，燃气普及率达78.9%，人均绿化面积6.1平方米，垃圾粪便无害化处理率为58.5%。二是建设烟尘控制区、噪声达标区，加强机动车尾气管理，推广无铅汽油。1997年，全国建成烟尘控制区2 360个，面积达14 504平方公里，环境噪声达标区1 828个，面积达7 681平方公里。直辖市、省会城市和一批大、中城市实现了车用汽油无铅化，开展了空气质量周报和日报；三是结合产业结构和城市地域结构调整，改善能源结构，优化城市功能区布局；四是通过开展城市环境综合整治和创建环保模范城市活动，促进城市环境保护向纵深发展。国家对47座重点城市（直辖市、各省省会城市和国家旅游城市）的环境综合整治进行定量考核，并对获得考核的前10名城市予以表彰。天津、海口、苏州、大连、北京、深圳、广州、杭州、南京、石家庄等城市被评为1992～1994年全国城市环境综合整治十佳城市。在全国668座城市中，有510座城市开展了环境综合整治和定量考核工作。张家港、大连、深圳、厦门、珠海、威海、烟台、荣城、莱州、昆山、中山共11座城市，在经济快速增长情况下，环境质量保持稳定并有明显改善，基本实现环境与经济协调发展，被评为国家环境保护模范城市。

## 生态环境保护领域不断开拓

生态环境保护工作正在向建设和保护并重发展。一是在物种特别丰富地区建立自然保护区，加强珍稀濒危物种的保护；二是加强生态示范区和农业生态县建设，促进生态系统良性循环；三是加强水土保持、荒漠化防治等；四是长江特大洪灾后，国务院决定，全面停止长江、黄河上中游天然林采伐，对东北等林业基地的天然林实行限采或禁采，禁止毁林开荒、围湖造田，有计划、有步骤地退耕、还林、还草等。

经过多年努力，植树种草工作在全国广泛持续开展。“三北”防护林等7大防护林体系建设初见成效，有700多个平原县（市）实现了绿化，12个省区基本消灭了宜林荒山，全国森林覆盖率达到13.92%，扭转了长期以来森林覆盖率和蓄积量持续下降的局面。全国综合治理水土流失面积达7 000多万公顷，10%的沙漠化土地得到控制，一些破坏严重的生态环境正在恢复。建立生态农业试点县160个，50个生态农业试点县取得明显的综合效益，有7处生态农业试点被联合国环境署授予“全球500佳”称号，105个生态示范区建设已经初见成效。到1998年底，全国建立了各类自然保护区938处，国家级自然保护区136个，有一个自然保护区被联合国教科文组织批准列为国际人与生物圈保护区网络成员，我国的生物圈保护区已达15个。

## 环境科技、投入、宣传教育取得丰硕成果

科技对环境保护的支撑能力逐步增强。“八五”期间获科技成果2 000多项，其中获国家科技进步奖27项。环境科技队伍的自身实力不断增强，已有包括中国环境科学研究院等一批国家级研究院、所在内的近400个研究机构开展了环境科学研究，拥有科技人员2万多人，初步具备了支撑环保事业和参与国际竞争的能力。从1991年起，国家环保局组织开展了环保最佳实用技术筛选、评价和推广，“八五”期间，全国共推荐1 316项实用技术，筛选出438项最佳实用技术，其中385项在14万个单位得到应用，取得了显著的环境效益和经济效益。环保产业迅速成为一个初具规模的新兴产业，到1998年，全国从事环保产业的企事业单位9 807个，职工182万人，环保产业产值510亿元，环保产业正成为我国经济发展的一个新的经济增长点。

国家对环保投资的总量逐步增加，80年代初期，全国环保投资总额每年为25～30亿元，约占同期GDP的0.53%；到80年代末，投资总额超过100亿元，占同期GDP的0.63%左右；到90年代中期，“八五”期间全国环保投入又有较大增长，占同期GDP的0.73%。1998年，结合扩大内需，全国环境污染治理投资达721.8亿元，其中，城市环境基础设施建设投资456亿元，比上年增加了77.7%，占GDP比率接近1%。

环境宣传日益社会化。全国成立了80个环境宣教中心和55个信息中心；每年的“世界环境日”、“地球日”等，全国各地都组织大规模的宣传活动；围绕1992年联合国环境与发展大会的召开和连续开展五年的“中华环保世纪行”活动，环境宣传工作提高到了一个新水平；围绕淮河’97达标、太湖’98达标，新华社、人民日报和中央电视台等新闻单位组织了声势浩大的宣传活动；80年代初期，创办了全球第一家国家级环境保护报《中国环境报》，成立了中国环境科学出版社，全国现有30多家地方环境报和数百种环境专业期刊；环境保护已纳入9年义务教育，全国有北京大学、清华大学、中国人民大学等140所高校设置了环境类系或专业，共有本科专业点206个，硕士学位授

予单位223个,博士学位授予单位77个和若干个博士后流动站;40多所中等专业学校和上百所职业高中开设了环保专业,各级党校和行政院校增加了环保内容;清华大学等一些学校开展了创建绿色学校的活动。

## 环保机构队伍建设和自身能力建设得到强化

全国省级政府基本上都设立了依法独立行使职权的环境管理机构,绝大多数地市和近2/3的县设立了独立的环境管理机构。全国环境监理机构2 142个,形成了一支2万多人的执法队伍;建立监测站2 138个,监测人员达37万,先后建立了由200个站组成的国家环境质量监测网,环保部门会同有关部门组建国家环境监测网,还分别组建了长江暨三峡生态环境监测网、淮河流域监测网、太湖流域监测网和近岸海域环境监测网。环保系统各级监测站每年上报有效监测数据3 000万个,为环境决策和污染治理提供了重要依据。

## 国际环境合作取得重要进展

中国积极参加全球环境问题的协商和谈判,签署和加入了《保护臭氧层的维也纳公约》、《关于消耗臭氧层物质的蒙特利尔议定书》和《生物多样性公约》等18项国际环境公约;制定了《中国环境保护21世纪议程》,《中国生物多样性保护行动计划》等10多项履约方案和规定;同27个国家签署了双边环境合作协定或备忘录,与世界银行、亚洲开发银行、全球环境基金、《蒙特利尔议定书》多边基金、联合国有关机构以及区域、政府双边发展援助机构开展了广泛的经济技术合作,积极引进外资、先进科学技术和现代化管理,开发了一批国际合作项目,"九五"期间国家环保局组织的项目已获得贷款22.8亿美元,赠款4.1亿美元。截至1998年底,中国申请并获得《蒙特利尔议定书》多边基金项目262个,总额达2.9亿美元,实现ODS淘汰量23 898(ODP值)吨。1992年成立了中国环境与发展国际合作委员会,为中国的环境与发展做出了建设性的贡献。

## 跨世纪的环境保护目标和本世纪的环境保护任务

今后十五年是中国环境保护的关键时期。《中华人民共和国国民经济和社会发展"九五"计划和2010年远景目标纲要》提出了中国"九五"期间和2010年的环境保护目标:到2000年,力争使环境污染和生态破坏加剧的趋势得到基本控制,部分城市和地区的环境质量有所改善。到2010年,基本改变生态环境恶化的状况,城乡环境质量有比较明显的改善,建成一批经济快速发展、环境清洁优美、生态良性循环的城市和地区。

《国务院关于环境保护若干问题的决定》(1996年颁布)对实现"九五"环保目标提出了更加具体的要求:到2000年,全国工业污染源排放污染物达到国家和地方规定的标准:各省、自治区、直辖市要使本辖区主要污染物排放总量控制在规定的指标内;直辖市、省会城市等重点城市的大气、水环境质量达到国家规定的标准;重点流域的水质有所改善。

为实现上述目标,国务院批准实施《污染物排放总量控制计划》和《中国跨世纪绿色工程规划》两大举措。《污染物排放总量控制计划》是控制环境状况恶化加剧趋势的重要措施。根据符合国情、突出重点、区别对待、量力而行的原则,"九五"期间首先对那些环境危害大、经采取措施可以有效控制的重点污染物进行总量控制,规定了2000年12种主要污染物全国排放总量的限额;到2000年,废水中重金属等有毒有害污染物和工业废物排放量要低于"八五"期末的水平,废水中COD排放总量、废气中烟尘和工业粉尘排放总量要控制到"八五"期末水平,酸雨和$SO_2$控制区内废气中$SO_2$排放量力争控制到"八五"期末水平。根据经济发展水平和环境状况,对各省、自治区和直辖市也提出了12种污染物排放总量的控制要求,要求到2000年各地方对这12种污染物排放量必须控制在国家和地方规定的排放总量以内。

《跨世纪绿色工程规划》是针对一些重点地区、重点流域和重大环境问题以及履行国际环境公约的要求,集中财力、物力,实施一系列工程措施,打几个大战役,带动全局,向环境污染和生态破坏宣战,以求在本世纪末基本控制环境污染和生态破坏加剧的趋势,

平,但福建西部的武夷山和云南、贵州西部的部分地区有所好转,降水年均PH值5.6。青岛和图门是北方两个较为稳定的酸雨污染局部地区。

1998年,工业废气中燃烧废气消烟除尘率和工艺废气净化处理率分别达到89.4%和77.1%,比上年分别提高了1.0个和0.2个百分点。

国家批准并公布了《酸雨控制区和二氧化硫污染控制区划分方案》。

中国通过履行《保护臭氧层的蒙特利尔协定书》,控制了消耗臭氧层物质的生产和消费的增长势头。1998年共有30个项目获《保护臭氧层的蒙特利尔协定书》多边基金的资助,截止到1998年底,获多边基金资助项目262个,总金额2.9亿美元。其中,已有23个项目验收合格,实现消耗臭氧层物质淘汰量23 898吨。

## 城市大气环境

1998年,我国城市空气质量总体比1997年有所改善,但仍处于较重的污染水平。部分大中城市出现煤烟与机动车尾气混合型污染,一些城市人体可吸入尘污染问题突出。

常规监测指出,在322个省控以上城市中,总悬浮颗粒物、二氧化硫、氮氧化物均达到国家《环境空气质量标准》二级标准的仅有89个城市,占统计城市数的27.6%,至少有一项超过国家二级标准的达233个,占统计城市数的72.4%。有140个城市空气质量超过国家三级标准,占统计城市数的43.5%。

## 工业固体废物排放及利用

1998年,工业固体废物的产生量为8亿吨,工业固体废物排放量为7 034万吨。危险废物的产生量为974万吨。

1998年,工业固体废物的综合利用率为47%。国家环境保护总局等四部委联合颁布了《国家危险废物名录》,共列出49类危险废物。

## 环境污染治理投资和《中国跨世纪绿色工程规划》实施情况

1998年,全国环境污染治理投资为721.8亿元,比上年增长43.7%。其中,城市环境基础设施投资456亿元,比上年增加了77.7%;老污染源治理投资中,安排了123.8亿元,比上年增加了6.3%。其中,安排了废水治理投资73.3亿元,废气治理投资32.5亿元;新建项目"三同时"环保投资142亿元,比上年增加10.2%。

《中国跨世纪绿色工程规划》自1997年开始实施,到1998年,已竣工438个,占项目总数的30%。

## 环境保护产业可望成为我国新的经济增长点

我国环境保护产业,经过20年的发展,到1998年底,全国已有8 700家。从业人员有110万人,年产值仅占全球环保产业的1%,年经营额300亿元人民币,不到国民生产总值的1%,我国环保机械制造业从总体水平上看,只相当于国际上70年代中期的水平,具有国际当代水平的产品不到4%。

1991年到1995年环保投资为800亿元,1996年至2000年可达4 500亿元。随着人民生活水平的提高,经济的发展和城市化进展加快,对环境质量的要求越来越高,同时,城市基础设施建设和环境建设投资的增大,为环境保护产业的发展提供了新的机会,根据实际需要和可能,环境保护产业可望成为我国新的经济增长点。

1998年各省、自治区、直辖市及计划单列市为了争取进入国家1998、1999年2 000亿元的国债和银行贷款的基本建设投资盘子,总计向国家申报了1 647个城市环保和市政基础设施项目,总投资需要4 112亿元人民币,国务院审批了260个项目,总投资达500亿元人民币。

发展我国环境保护产业,还需要克服许多不利因素:政策体系不健全;产业制度陈旧;市场秩序混乱;技术落后。那么出路何在呢?建议如下:

(1)建立与社会主义市场经济相适应的环境保护产业新机制。实现环境保护产业、环境污染治理的投资社会化。集约化治污、集约化开拓环保产业,实现产权股份化。同时实行环保设施运行市场化。

(2)确立环保产业的发展战略

我国的环保产业尚未形成规模,低水平重复投资现象严重。例如,上海市56%的环保企业从事大气、水污染治理设备的生产,其产值占全市环保产业总产值的70%以上,而一些技术含量高、开发前景好的环保产品却为空白。

环境污染治理技术和产品的研究开发、生产,清洁生产工艺和节能技术,废水、废气和废渣资源的循环再生和综合利用,环境污染治理工程和生态保护工程建设以上四方面应成为环保产业的发展战略重点。

(3)建立风险投资机制,推动技术创新。

(4)制定发展环保产业的优惠政策。

# 中国环境保护管理的发展形势和前景

北京大学环境科学中心 贺翊燕

## 中国环境保护事业的历程

### (一)奠基(1973~1974)

1973年8月第一次全国环境保护会议召开,标志着环境保护这项造福子孙后代的千秋大业在中国的奠基。会议反映和审视了中国环境污染和生态破坏的情况,指明了环境的严重性。会议产生了三项主要成果:一是环境问题"现在就抓,为时不晚"的结论;二是审议通过了"全面规划、合理布局、综合利用、化害为利、依靠群众、大家动手、保护环境、造福人民"的环境保护工作方针;三是会议审议通过了中国第一个环境保护文件《关于保护和改善环境的若干规定》,由国务院批转全国。

国家计委和各水系保护小组在70年代早期发挥着环境管理职能,但是这种代办式的非专业机构组织难以适应环境保护工作的需要。1974年10月25日,由计划、工业、农业、交通、水利、卫生等有关部委领导人组成的国务院环境保护领导小组正式成立。领导小组下设办公室,负责日常工作。国务院领导小组的主要职责是:负责制定环境保护的方针、政策和规定,审定全国环境保护规划,组织协调和督促检查各地区、各部门的环境保护工作。

### (二)创业(1975~1978)

第一次全国环境保护会议后,特别是国务院领导小组成立之后,各省、自治区、直辖市和国务院有关部门陆续建立起环境管理机构和环保科研、监测机构。环境保护工作者的队伍不断发展壮大起来。

此阶段,主要进行了以下几项工作:

**全国重点区域的污染源调查及污染防治**

包括北京西郊环境质量评价研究、蓟运河污染和白洋淀污染调查、湖北鸭二湖和渤海、黄海污染调查。

**制定规划和计划** 包括《环境保护规划要点》、《关于环境保护的10年规划意见》、《关于编制环境保护长远规划的通知》。

**以"三废"治理和综合利用为特色的污染防治** 鼓励综合利用"三废",并于1973年颁布了《工业"三废"排放试行标准》(浓度标准)。

**"三同时"制度的形成和执行** "三同时"制度是要求一切企业、事业单位在进行新建、改建和扩建工程时,对其中防治污染和其他公害的设施,必须与主体工程同时设计、同时施工、同时投产的一项环境保护制度。"三同时"制度是在基本建设项目和技术改造项目中严格控制新污染的根本措施。1972年6月,在国务院转批的《国家计委、国家建委关于官厅水库污染情况和解决意见的报告》中首次提出"三同时"的概念,在1973年国务院转批的《关于保护和改善环境的若干规定》中明确作出了规定。然而,由于资金短缺、环境保护机构不健全、配套法规不完善,当时大中型项目的"三同时"执行率不足44%。直至1979年以法律形式确立之后,又颁布了《基本建设项目环境保护管理办法》,这项制度才具体化,充分得以发挥作用。

**第一批限期治理项目** "文革"后,国家计委、国家经委、国务院环境保护领导小组提出了一批严重污染环境的重点工矿企业名单，并于1978年10月17日下达限期治理通知。这批限期治理的项目包括冶金、石油、轻工、纺织、建材和五机部等7个部门、167个企业、227个重点项目。重点是解决重金属、酚、氰、油、高浓度有机物污染。其完成有早有晚，到1985年为止，除了少数撤消项目，大部分已经完成，完成投资近10亿元，重金属、酚、氰等污染得到明显控制。在此期间，各省市自治区也相继下达了多批地方级限期治理项目，总数达12万个之多。

**环境保护纳入《宪法》** 1978年2月，第5届全国人民代表大会第1次会议通过了《中华人民共和国宪法》，其中规定："国家保护环境和自然资源，防治污染和其他公害"。这是新中国历史上第一次在宪法中对环境保护作出明确规定。这为中国环境法制建设和环保事业的开展奠定坚实基础。

### （三）发展（1979～）

**环境保护基本国策和同步发展战略指导方针** 党的十一届三中全会之后，党和国家对环境保护工作给予了高度重视，明确提出环境保护是社会主义现代化建设的一个重要组成部分，作出了一系列指示和决定。在第二次全国环境保护会议上，当时担任副总理的李鹏代表国务院宣布，环境保护是中国现代化建设中的一项战略任务，是一项基本国策。在此次会议上，李鹏副总理还进一步提出了"三同步"和"三统一"的战略思想，即经济建设、城乡建设和环境建设要同步规划、同步实施、同步发展，做到经济效益、社会效益、环境效益的统一。"三同步"和"三统一"是中国第一次在战略高度上确定环境保护工作的指导方针，为处理发展与环境的关系指明了正确方向，标志着中国环境保护从单纯治理开始转入和经济与社会协调发展时期。从此，环境保护基本国策和同步发展战略方针逐步成为中国经济社会发展的一项重要准则，逐渐深入到国民经济和社会的各个方面。

**三大管理政策**

改革开放以来，中国的发展战略开始强调向持续、稳定、协调发展的模式转变。伴随着转变，总结以往的经验教训，中国逐步形成了"预防为主、防治结合"、"谁污染谁治理"和"强化环境管理"三大环境政策体系。

"预防为主、防治结合"是中国环境政策的基本出发点，其主要措施是：将环境保护纳入国民经济与社会发展计划和年度计划，在工农业发展中防治环境污染和生态破坏；对各级政府和有关单位实行环境保护目标责任制；实行城市环境综合整治考核制度；环境影响评价制度和"三同时"制度；逐步推行排污申报登记和排污许可证制度；制定环境时限制标准，对工业企业实行超前管理。

"谁污染谁治理"政策是从70年代OECD国家的"污染者付费"原则引申而来的，是中国环境经济政策的基础。具体措施是：企业技术改造的7%必须用于污染防治；对浪费资源或污染严重的企业实行限期治理或关停并转；实行排污收费制度；征收生态环境补偿费和环境税。

1979年国务院环境保护领导小组在成都召开了全国环境保护工作会议，就"治理"和"管理"进行了充分讨论，认识到了加强环境管理的重要性，提出了"加强全面管理，以管促治"的战略。1982年建设部设立环保局时，环境管理部门的职务和责任得到了明确。1983年第二次全国环境保护会议明确提出要把环境管理作为环保工作的中心环节。强化环境管理的主要措施包括：制定国家和地方的法规和标准，使环境管理有法可依；建立健全各级环境管理机构，强化环境监督管理；吸收国外先进经验，总结国内成功实践，大力推行多项行之有效的管理制度和措施。

**环境保护基本法律体系** 从1973年至今，中国已经制定了为数众多的环境保护法律文件，其表现形式多样，内容和任务各不相同，其制定机关以及法律效力也不尽一致。从整体上看，它们共同构成了一个相互联系、比较协调的环境保护法律体系。它是由宪法关于环境保护的规定、环境保护基本法、其他以保护自然资源和防治环境污染为宗旨的一系列单行法律、法规、规章、标准以及国际条约组成的一个完整又相对独立的法律体系。

**环境标准体系** 中国环境标准体系主体结构由环境质量标准和污染物排放标准组成，并按照环境要素分为水环境标准、大气环境标准、土壤和固体废弃物标准，噪声和振动环境标准、电磁辐射和放射性标准等类。各类系统由不同级别和不同种类的环境标准所组成。环境质量标准是为了保障人体健康、维护生态系统良性循环和经济社会持续发展，对环境系统中有害物质和因素所作的限制性规定，是环境管理、规划和评价的依据，也是国家环境规划目标和技术经济政策的具体体现。污染物排放标准可分为综合排放标准和行业排放标准。环境质量标准和污染物排放标准是主体标准，而方法标准、样品标准和基础标准是主体标准的支持系统。环境标准可以分为国家和地方两级，地方标准不得低于国家标准。

**“三个转变”与清洁生产试点** 90年代初，中国工业污染防治开始实行“三个转变”，即从“末端治理”向全过程控制转变，从单纯浓度控制向浓度与总量控制相结合转变，从分散治理向分散与集中治理相结合转变，并利用世界银行贷款开始了清洁生产的试点。

**专栏1 中国关于环境与发展问题的十大对策**

联合国环境与发展大会后，国家环保局结合中国20多年来环境保护工作的实践和经济快速发展的形式，对中国到本世纪末和21世纪的环境和发展问题，提出了十条基本对策：

(1)实行持续战略；

(2)采取有效措施，防治工业污染；

(3)深入开展城市环境综合整治，认真治理城市“四害”；

(4)提高能源利用效率，改善能源结构；

(5)推广生态农业，坚持不懈地植树造林，切实加强生物多样性保护；

(6)大力推进科技进步，加强环境科学研究，积极发展环保产业；

(7)运用经济手段保护环境；

(8)加强环境教育，不断提高全民族环境意识；

(9)健全环境法制，强化环境管理；

(10)参照环发大会精神，制定我国行动计划。

**加强重点流域、区域的污染综合防治与环境基础设施的建设** 90年代中期，不少省、自治区、直辖市纷纷提出本地区的蓝天计划和碧水计划，城市污水处理厂和垃圾处理、处置场的建设也日益受到重视。

**跨世纪的新发展** 里约环境与发展大会后，中国发布了《环境与发展十大对策》(1993)，《中国21世纪议程——中国21世纪人口、环境与发展白皮书》(1994)。1996年3月，八届人大四次会议审议通过的《关于国民经济和社会发展“九五”计划和2010年远景目标纲要》，确定了跨世纪的环境保护目标，强调了科教兴国战略和可持续发展战略，把“加强环境、生态保护，合理开发利用资源”提高到战略高度。在1996年第四次全国环境保护会议上，提出了《“九五”期间全国主要污染物排放总量控制计划》和《跨世纪绿色工程规划》两大举措，为环境管理跨世纪的新发展指明了方向。

## 近些年的重大行动举例

**污染物排放总量控制计划和跨世纪绿色工程规划** 为了实现到2000年基本控制住环境污染和生态破坏加剧的目标，根据《全国主要污染物排放总量控制计划》，国家对12种主要污染物实行总量控制，即：要使这些污染物在2000年的排放量基本控制在1995年水平。政府计划在1996年至2000年投资4500亿人民币用于污染控制，其中一半用于空气污染控制，40%用于减少污水排放。

针对一些重大环境问题，中国制定了《中国跨世纪绿色工程规划》，计划在1996年到2000年的5年内，实施1500多个项目，重点是三河(淮河、辽河、海河)、三湖(太湖、滇池、巢湖)、两区(酸雨控制区和二氧化硫控制区)、一市(北京市)和一海(渤海)，投资需求为1 800亿元。

**专栏2 《中国跨世纪绿色工程规划》实施情况**

《中国跨世纪绿色工程规划》(以下简称《绿色工程规划》)自1997年实施以来，规划中各类项目的实施取得了阶段性成果。截止到1998年，《绿色工程规划》项目已竣工438个，占项目总数的30%，完成投资额230亿元，包括利用外资2亿美元；在建项目474个，占项目总数的33%，计划投资额1 082亿元，其中计划利用外资22.5亿美元；据不完全统计，在建项目已完成投资337亿元。竣工和在建项目个数占《绿色工程规划》项目总数的63%，累计完成投资额567亿元，占《绿色工程规划》计划投资总额的31.5%。

**淮河流域工业企业基本实现达标排放** 淮河水污染引起了全国的高度重视。1996年6月30日之前，国务院制定了第一部针对流域的法规——《淮河流域水污染防治暂行条例》。在国务院领导下，经过沿淮四省政府的共同努力，淮河治污初战告捷。

**太湖零点行动** 按照国务院的要求，太湖流域工业企业及集约化畜禽养殖场、沿湖宾馆饭店等排污单位排放的废水，必须在1998年底前达到国家或地方规定的污染物排放标准。在江苏、浙江、上海等两省一市人民政府高度重视下，在国务院各有关部门大力支持下，太湖流域水污染防治工作已取得阶段性进展。截至1998年12月31日，太湖流域排污单位基本实现达标排放。

**其他水治理项目** 《滇池流域水污染防治规划》已经国务院批准。到1999年1月底，滇池已经疏挖草海底泥350万立方米，占一期工程量的87.5%，已建成4座城市污水处理厂和2项截污工程，昆明的城市污水处理率达到58%，草海水质有所改善。巢湖流域重点排污单位1999年达标排放计划已经制定并开始实施；辽河、海河流域的水污染防治规划已上报国务院，各项污染防治工作全面启动。

**渤海碧海行动** 《渤海碧海行动计划》重点在于渤海的重点控制海域、重点河口和重点控制的污染物先行突破。重点海域是莱州湾、渤海湾、辽东湾以及13个重点城市的毗邻海区；重点河口是辽河、海河、黄河、小清河、五里河等河口；重点控制的污染物是氮、磷、COD、石油类。渤海近岸海域的环境保护分三个阶段推进：

到2000年，工业污染源达标排放，海上船舶和石油平台污染源达标排放；到2005年，深入开展沿海及入海河流沿岸地区工业污染源达标排放工作，建设、改造完成一批市政污水处理工程和设施，有效削减入海河流、直排口、城市混合排放口污染物入海总量，使其达到国家规定的要求；渤海近岸海域环境的严重污染的趋势减缓，岸边生态破坏的趋势得到初步控制，沿海防护林体系全面建成。

到2010年，近岸海域环境质量和生态系统得到改善；COD实施总量控制；并控制住氮、磷和石油的污染增长趋势，近岸海域水质基本达到环境功能区划保护目标。建成一批生态环境示范区。

到2030年，近岸海域环境质量和生态系统明显好转；COD、氮、磷、石油类等项控制指标要全面达到总量控制要求；近岸海域水质全面达到环境功能区划保护目标；生态基本实现良性循环，完成一批重点海域的环境综合整治。

**酸雨和二氧化硫两控区** 国务院批准了国家环境保护总局《酸雨控制区和二氧化硫污染控制区划分方案》，划定“两控区”的总面积约为109万平方公里，占国土面积的11.4%，其中酸雨控制区面积约为80万平方公里，占国土面积的8.4%；二氧化硫污染控制区面积约为29万平方公里，占国土面积的3%。在“两控区”内，禁止新建煤层含硫份大于3%的矿井，对建成的生产煤层含硫份大于3%的矿井，逐步实行限产或关停。禁止在大中城市城区及近郊区新建燃煤火电厂。新建、改造燃煤含硫量大于1%的电厂，必须建设脱硫设施。《酸雨控制区和二氧化硫污染控制区规划》正在编制中。

**一控双达标** 1998年，“一控双达标”工作取得新进展，全国二氧化硫、烟尘和化学需氧量排放总量低于“九五”计划规定的控制指标。31个省中，有19个省政府已批准或颁布了工业企业到2000年达标排放的“实施方案”。47个环保重点城市中，有12个市政府已批准或颁布了到2000年环境质量达标的“实施方案”。

**北京市城市大气环境污染控制** 北京被列为世界十大污染城市之一，其煤烟和汽车尾气混合型大气污染尤其严重。中国政府对北京市的环境保护工作非常重视，把北京确定为全国环境污染重点治理区域之一。1998年12月17日，北京市召开贯彻落实控制大气污染紧急措施动员大会。强调要从控制煤烟型污染、控制机动车污染、控制扬尘污染、坚决取缔露天烧烤等四个方面防治大气污染，使市区空气质量在1999年有所改善，2000年明显改善，2002年基本达到国家二级标准。随后，市政府下发了《关于采取果断措施控制北京大气污染的紧急通知》，并与各区县政府和有关部门签订责任书，明确责任单位、具体任务要求、完成时限和奖罚办法。

**生态防护** 1998年，国务院制定了《全国生态建设规划》，并下发了《关于保护森林资源制止毁林开荒和乱占林地的通知》，国土资源部、水利部、林业局等部门出台了加强耕地保护、森林保护和水土保持等措施,国家环保总局组织编制了《全国生态环境保护纲要》并计划开展全国生态调查,划定“特殊生态保护区”,开展“生态示范区”建设,加强农村生态环境保护,努力遏制住生态破坏加剧的趋势。各地抓紧实施天然林保护、退田还湖、退耕还林等工程,加强长江、黄河中上游地区生态环境保护,全面停止砍伐天然林,计划用3年时间,将鄱阳湖湖面恢复到目前的两倍,停止垦殖三江平原未开垦的湿地。100多个国家级生态示范区建设试点已经初见成效。中国自然保护区面积占国土面积的比率超过世界平均水平。

### 专栏3 全国生态环境建设规划

1998年11月,国务院发布了《全国生态环境建设规划》。中国生态环境建设的总体目标是:用大约50年左右的时间,动员和组织全国人民,依靠科学技术,加强对现有天然林及野生动植物资源的保护,大力开展植树种草,治理水土流失,防治荒漠化,建设生态农业,改善生产和生活条件,加强综合治理力度,完成一批对改善全国生态环境有重要影响的工程,扭转生态环境恶化的势头。力争到下个世纪中叶,使全国适宜治理的水土流失地区基本得到整治,适宜绿化的土地植树种草,“三化”草地基本得到恢复,建立起比较完善的生态环境预防监测和保护体系,大部分地区生态环境明显改善,建立起基本适应可持续发展的良性生态系统。

**保护臭氧层** 中国通过履行《保护臭氧层的蒙特利尔议定书》,控制了消耗臭氧层物质(ODS)的生产和消费的增长势头。1998年共有30个项目获《保护臭氧层的蒙特利尔议定书》多边基金的资助。截止到1998年底,获多边基金资助项目262个,总金额2.9亿美元。其中,已有23个项目验收合格,实现ODS淘汰量23 898吨ODP。1998年,对多边基金项目的申报方式和实施方式进一步创新,以逐渐形成根据行业和ODS生产和消费特点的单个项目、伞型项目和行业淘汰方式相结合的淘汰方式,不仅保证了ODS淘汰的效果,同时也提高了多边基金的使用效率。

### 专栏4 1999年中国环境保护工作重点

*“3321”工程* 5月1日前,滇池流域工业污染企业排放的废水要全部达到国家标准,城市污水要大部分得到处理;外海、草海水体旅游景观要有明显改善,其中253家重点企业需实现达标排放;要基本完成6座污水处理厂和三项管网的建设工程,6项湖内工程和水源污染控制工程;草湖低泥疏挖工程于3月份全部完成。年底以前巢湖流域要实现工业污染源达标排放。

*“两控区”* 2月以前验收“两控区”174个地区二氧化硫污染控制规划;5月底前完成北京、山西扬尘污染控制试点工作,国家区域酸雨控制污染计划由国务院批准后公布实施;8月对已实行无铅汽油的城市进行检查,对2000年全国实行无铅汽油的相关行业、部门的准备工作进行检查;9月拟召开二氧化硫污染治理项目国际洽谈会;10月拟召开全国机动车污染防治工作会议。

*北京* 国庆前,北京的环境状况,特别是空气环境质量,要有较大的变化。国家环境保护总局于春节前后组织检查了对北京市空气污染治理紧急措施的实施情况。

*“一控双达标”* 2000年底,全国所有的工业污染源排放污染物达到国家或地方规定的标准;直辖市及省会城市、经济特区市、沿海开放城市和重点旅游城市的环境空气及地面水环境,按功能区分别达到国家环境质量标准。1999年要进行摸清底数的工作,并明确任务和标准,采取得力措施,组织检查和验收。

*生态保护* 1999年“渤海碧海行动计划”全面启动,3月份前进行渤海环境质量专项调查,编制计划;1999年自然保护区和生态示范区的质量和数量都应该有一个较大的提高;农村环境保护工作要有新局面。1999年启动黄河、长江源头特殊生态功能保护区保护工作;开展农村环境管理试点工作;监督落实秸秆禁烧和综合利用与畜禽养殖污染防治工作,在西南地区开展流域开发规划的环境影响评价试点。

*白色污染* 一年内解决长江、太湖及铁路沿线的白色污染、脏乱和无序问题,停止使用一次性发泡塑料餐具。1999年7月1日起,国家要用一到两年时间淘汰一次性发泡塑料餐具和超薄塑料袋,启动其替代品的生产;国家将出台一次性餐具和一次性餐具购物袋环境保护控制标准。

*环保设施和环保产业* 上半年出台有关实施环保设施建设招标制度的规定;环保设施运营资质认可暂行管理办法;发布1998年环境产业状况白皮书,进行设施运营试点单位的检查、验收和推广。

**参考文献:**

[1]世界银行经济发展所:《发展中国家城市和工业管理——从日本经验中取得教益》,1998年7月。

[2]沃福德、穆纳辛何、克鲁兹著:《绿色经济政策改革》,世界银行,1997年2月。

[3]亚太经济社会委员会、亚洲开发银行、联合国:《亚太地区环境状况1995》,1995年。

[4]皮尔斯、沃福德著,张世秋译:《世界无末日——经济、环境和可持续发展》,牛津大学出版社,1993年1月。

[5]经济合作与发展组织:《生命周期管理和贸易》,中国环境科学出版社,1996年。

[6]联合国环境规划署:《里约后五年》,中国环境科学出版社,1997年。

[7]联合国环境规划署:《全球环境展望》,中国环境科学出版社,1997年。

[8]刘天齐主编:《环境保护通论》,中国环境科学出版社,1997年。

[9]挪威南森研究所:《绿色全球年鉴1997》,中国环境科学出版社,1998年。

[10]中国国家环保局:《中国环境保护二十年》,中国环境科学出版社,1993年。

[11]中国国家环保总局等:《环境质量公报1998》,中国环境科学出版社,1999年。

[12]《中国环境管理》杂志,1993～1999年。

# 试论中国城市市容环境卫生管理

中国城市环境卫生协会　刘京媛

党中央、国务院十分重视城市市容环境卫生工作。早在八十年代,就将其列入城市政府工作议程,并作为市长管理城市的考核目标内容之一。1994年又将其列入《中国世纪议程》的国家综合发展战略框架文件中,说明环卫事业的发展再也不能重复过去的以过度消耗资源为特征的旧发展模式,必须走可持续发展的道路。1996年,十四届六中全会关于加强社会主义精神文明建设若干重要问题的决议中,又将其列为重要内容之一。1997年十五届一中全会又将优美环境作为创建现代化文明城市的重要内容。1998年国务院在加强城市基础设施建设,加大资金投入时,又将环卫基础设施建设作为重点来考虑。总之,党和政府已经将市容环卫工作摆到了一定的位置,给予了高度重视,形势喜人。

## 现　状

为了加强对市容环卫工作的领导和管理,国家在"八五"期间就加强了对市容环卫工作的立法工作,并对市容环卫的体制和机构进行了规范。1992年,国务院总理李鹏签发了101号令《城市市容和环境卫生管理条例》(以下简称《条例》),这是我国历史上第一部由国务院颁发的市容环卫法规,为市容环卫工作提供了有力的法律依据。各地按条例要求,又制定了本省、市的具体管理办法,实行依法行政,严格执行,使市容环卫工作能够健康地发展。

### (一)城市市容环卫工作的现行体制和机构

根据《条例》第四条规定:国务院城市建设行政主管部门主管全国城市市容和环境卫生工作。省、自治区人民政府城市建设行政主管部门负责本行政区域的城市市容和环境卫生管理工作。城市人民政府市容环境卫生行政主管部门负责本行政区域的城市市容和环境卫生管理工作。建设部城建司下设市容环境处,具体负责全国城市环境卫生管理工作。各省、自治区、直辖市、建委(建设厅)城建处负责本省、自治区、直辖市环境卫生管理工作。各城市在建委(城建局)下设环境卫生管理局(处)代表市政府具体管理全市的环境卫生工作。按照《条例》第三条规定"城市市容和环境卫生工作实行统一领导、分区负责、专业人员管理与群众管理相结合的原则",经过多年实践,总结经验,形成了今天的市、区、街道三级管理体制。目前全国设局的城市有30多个,主要是直辖市,省会城市和计划单列市,其他一些地级城市,也有设立环卫局的,但绝大多数城市设环境卫生管理处;极少数城市和一些县城设环境卫生管理科(所),归口城建行政主管部门。

## (二)全国城市市容环境卫生基本情况

### 行业状况

城市市容环境卫生工作从1979年由卫生部移交城建部门归口管理以来,就纳入了城市建设的工作内容。二十年来,在各级领导的重视和支持下,全国城市市容环境卫生事业发展很快,取得了显著的成绩。具体表现在:职工队伍不断发展壮大,目前正式职工已突破45万,包括季节工、临时工在内已达70万人;国家用于环境卫生行业的经费也是逐年成倍增加;城市环境卫生设施不断完善;环境卫生机械增长较快;城市道路的清扫,垃圾、粪便的清运能力大大加强,城市垃圾、粪便的无害化处理率大幅度提高。为美化城市、改善城市环境,创建现代化文明城市做出了贡献。

### "八五"期间所取得的成就

(1)有计划、有步骤地制定了各类配套法规,已逐渐形成体系

自1992年国务院颁布了《城市市容环境卫生管理条例》以后,建设部相继制定了《城市生活垃圾管理办法》、《城市公厕管理办法》、《城市专用车辆管理办法》、《城市道路、公共场所清扫、保洁管理办法》、《城市建筑垃圾管理办法》、《城市霓虹灯、广告管理办法》及《进城车辆清洗管理办法》、《城建监察规定》等一系列部颁管理办法和规定。今年全国人大又颁发了《固体废物污染防治法》,这些法律法规的出台都为城市市容环卫工作提供了法律依据,为依法管理城市市容和环境卫生,行使政府职能起到了保证作用。并不定期进行检查,总结经验,不断促进法规的贯彻落实。

(2)重视环卫专业教育,促进科技事业发展

早在"七五"初期,为了填补环卫行业没有自己的学科,没有自己的教材的空白,建设部经国家教委批准在武汉城建学院增设了环卫大专班,并相继在该校设立了环卫技术干部培训部。1987年,上海市环卫局成立了第一所全日制的环卫中专学校,经协商可跨省招生、双向培养,同时将环卫管理干部培训基地设在该校。目前,这两所学校培养出来的毕业生都被分配在全国各地,并成为环卫行业的骨干,不少同志已担任领导职务。为了更好地适应发展的需要,在各地的强烈要求下,1995年又经国家教委批准,将武汉城建学院环卫大专班改为本科四年制,使环卫专业真正进入学科行列。历经三年的努力,于1998年完成了环卫中专全套教材。从此结束了环卫没有自己的专业,没有自己的教材的历史悲剧,为环卫科学的发展和技术进步奠定了基础。

另外,随着城市文明水平的提高和形势发展对环卫工作的要求,环卫事业得到了各级领导的高度重视和社会各界的青睐,使不少相关专业的大学本科毕业生、研究生甚至博士生和博士后应聘至环卫行业搞垃圾处理工作。并不时举办一些高级研讨会、学术活动和专业培训班,使他们深深体会到垃圾处理是一项高科技工作,没有一定的专业水平是无法进行这项工作的,从而提高了认识,屏弃了环卫行业社会地位低的世俗偏见,献身环卫工作。垃圾进行处理虽然有了十多年的历史,但严格说来真正纳入工作日程还是在"八五"期间。因此说,垃圾处理还是一项刚起步的工作,需要大量的科技人才。他们在这个岗位上大有用武之地的潜在优势,负有振兴环卫事业的重大责任,是一项明显体现出人生价值的有意义的工作。同时,由于他们的加入,改变了环卫职工队伍的构成成分,提高了素质,促进了环卫科技的发展。

(3)加强行业管理,提高对城市生活垃圾处理的认识

在调查研究的基础上,1992年,建设部等部门又在1986年国办发57号文件《关于处理城市垃圾、改善环境卫生面貌的报告》的基础上向国务院提出了《关于解决我国城市生活垃圾问题几点意见的通知》。国务院以国发[1992]39号文转发,明确指出城市垃圾已成为社会一大公害,成为世界各国环境的突出问题之一,要求各地要把城市垃圾处理工作纳入城市建设总体规划,并要作为建设"两个文明"和综合整治城市环境的主要内容来抓;要大力加强城市垃圾、粪便无

害化处理等科学研究工作，在实行垃圾分类收集的基础上，逐步开展资源再生、综合利用工作，变害为利，造福于民。

为探索适合我国国情的垃圾处理的新途径，积极开展了垃圾处理的试验研究。早在1985年，国家科委的蓝皮书《中国技术政策》中就对城市垃圾、粪便的处理提出了基本对策。十多年来一直围绕以城市垃圾处理为中心，提出了全国城市环卫行业的发展目标和垃圾处理的技术方针，并通过实践总结经验，不断修改适合国情的技术政策，指导全国城市环卫部门的垃圾处理工作的发展。

为加强行业管理，总结经验，表彰先进，深化行业改革，建设部于1995年召开了"全国城市市容环卫工作会议"，这也是中国历史上第一次召开环卫工作会议。不仅总结交流了加强城市环卫管理，深化改革，搞好城市垃圾处理，提高环卫工人生活福利待遇方面的经验，同时表彰了先进集体和先进个人，大大激发了广大环卫职工的积极性，促进了全国环卫工作的进一步发展。

1996年召开了部分城市参加的环卫科技改革座谈会，专题讨论了环卫科技改革的思路，与会者一致认为：要实现环卫事业的可持续发展，从根本上改变环卫仍然落后的状况，提高环卫的社会地位，真正使发展和环境成为一个有机整体，互相促进，就必须致力于发展环卫科学技术。同年7月，又召开了部分环卫局(处)长座谈会，专门讨论了环卫体制改革的问题。来自全国各个城市的局(处)长根据自己的实际工作情况，提出了许多意见。总的来说环卫需要改革，不改革没有出路，但同时也提出，环卫毕竟是社会公益事业，不能全部推向社会。要按各地实际情况，实行政企分开，开展社会化服务，增强环卫的自身活力发展环卫事业。

组织开展"使世界清洁起来"的全国性活动，走出了一条城市市容环境卫生工作与国际接轨的路子。"使世界清洁起来"是由澳大利亚"使世界清洁起来"总部提出并经联合国环境署赞成的一项全球性活动。我国从1993～1998年已经参加了在100多个国家同时开展的六次全球性活动，由于我国各项活动开展得不错，"使世界清洁起来"总部和联合国环境署共同发给奖状给予了表彰。

尽管国家很重视环卫工作，加强了领导和管理，加大了投入，使环卫工作有了较快发展，但和其他行业相比，它还是一个落后的行业。底子薄，欠账多，困难较多，问题不少，和当前城市的发展形势很不适应。还需进一步努力。

## 对　策

### (一)重视宣传教育，提高公民素质

城市市容环境卫生是城市建设的重要内容之一，垃圾问题又是城市环境的主要问题。要想抓好城市的环境卫生，只强调各级领导的重视和法规建设还不够，还必须加强宣传教育，提高公民的环境意识。尊重环卫工人的劳动，服从执法人员的管理。环境卫生的教育要从小学、中学抓起，在幼小的心灵里就扎下讲卫生的良好习惯，提高全民的环境卫生意识，形成一个人人爱清洁，个个讲卫生的良好社会氛围。

### (二)健全法制建设，严格行业管理

要维护和建设优美、清洁、文明的现代化城市，健全法制，加强管理十分重要。新加坡等国家依靠法律手段，严格管理城市已有很多成熟的经验。国内也有不少城市依靠国家和地方法规，在多年的工作实践中建立起了一支城市市容环卫监察队伍。进行严格执法，对维护城市市容和环境卫生收到了明显的效果。随着管理范围拓宽和任务量的加大，不少城市在市容环卫监察的基础上，成立了一支对规划、市政工程、公用事业、市容环卫、园林绿化五大内容综合执法的城建监察队伍，为加强城市的建设管理作出贡献。

为了统一建制，统一名称，加强对这支队伍的领导和管理，建设部于1996年10月在成都召开城建监察工作会议。会上，李振东副部长指出：城建行政执法只能设立一支"城建监察"队伍，大城市的规划、市政、公用、市容环卫、园林绿化等行业可根据工作需要，设立专业大队或中队，归口城建行政主管部门统一管理，这样才不偏离城建监察的总的轨道。

### (三)切实把环境卫生基础设施建设纳入城市建设规划和社会经济发展计划

城市环境卫生既然是城市建设的组成部分，各级政府要在过去开展城市环境综合整治和创建卫生城市，加大投入，取得可喜成绩的基础上，进一步将环卫基础设施建设纳入城市建设规划和社会经济发展计

划。在新区开发和旧城改造时，要注意将配套设施纳入项目概算，并逐年安排基建投资，切实保障其计划的实施。

## (四)加强与有关部门的协调，共同制订有关垃圾处理的政策

城市垃圾处理是一个系统工程，涉及到许多学科，只靠哪一个部门是解决不好的。目前不少单位和企业都在关心城市垃圾处理工作，许多科研、设计部门都在研究垃圾处理技术和设计垃圾处理工程及生产处理设备，形势确实很好。但由于协调不够，重复研究、重复设计、重复生产的问题时有发生，浪费了人力、物力。今后，要加强这方面的协调工作。选定目标，共同攻关，做到有的放矢，节约人力、物力，以最小投入，争取最大成效。尤其要加强同有关部门的协调，争取支持，互相配合，制定有关垃圾处理方面的优惠政策，进一步促进城市垃圾处理工作。

垃圾处理是一项社会公益事业，基本是靠政府投入。国外的经验是国家对地方采取支持、补助的方法。如英国环境部对垃圾处理项目以科研的形式补助20%的经费鼓励地方政府及专业公司积极抓好这项工作。当前，我国要解决好城市垃圾处理的资金来源问题，仍然是：一靠国家投入，逐步提高环卫基础设施建设和维护费用在城市建设维护费中的比例。大力加强环卫基础设施的建设。二是制订政策，实行垃圾收费制度。根据城市建设设施有偿使用的原则，应大力开展环卫设施的有偿使用。通过生活垃圾的排污收费，开辟一条环卫基础设施建设的资金渠道，并促进排放单位或个人提高“垃圾产生者对垃圾处理承担责任”的认识，引起全社会的重视，加强对排放垃圾处理和治理，从源头减少垃圾的产生量。更要主动争取有关部门的支持，早日制定扶持地方开展城市垃圾处理和综合利用方面的优惠政策，开辟优惠贷款、补助和引进外资的资金渠道来解决垃圾的处理资金。若单纯靠地方财力来解决城市的垃圾处理问题是很困难的。

## (五)加强科学技术研究，探索适合国情的垃圾处理新途径

目前世界上处理垃圾的方法有好多种。其中应用最广泛的是垃圾填埋、高温堆肥和垃圾焚烧这三种主要处理垃圾的方法，但因地理环境、垃圾产量及构成、经济水平等因素的不同而有所区别。我国因城市生活垃圾中无机物含量较高，可燃物较少，因此焚烧的办法，目前还只是在有条件的城市进行。随着国民经济的发展和人民生活水平的提高，我国城市垃圾的成分也开始有所变化。经预测，到2000年，我国城市垃圾的填埋率将占60～70%，堆肥将占15～20%，焚烧将占10%，其他将占5～10%。但是也应看到，我国是一个发展中国家，人均国民生产总值只为发达国家的1/30至1/40，所以我国城市垃圾的处理不可能像发达国家那样采用高度机械化、自动化的技术去实现，因此，必须认真探索适合我国具体情况的新途径，如深圳市第三台焚烧炉的试制成功，就是我国垃圾焚烧处理迈入国产化的第一步。因此，根据各地实际情况，合理选择垃圾的处理方法，是最科学的态度，可以取得事半功倍的成效。

为解决好我国城市生活垃圾处理问题，国家早有这方面的措施：

**从根本上减少城市生活垃圾的产生量**

一是，严格控制城市规模和人口增长。这是国策，是减少垃圾产生量的一种潜在的效益。

二是，实行清洁生产，减少商品包装。前置性减少垃圾量。

三是，积极发展城市燃气和集中供热。这是减少煤渣、煤灰等无机垃圾的成分和含量。

四是，大力提倡蔬菜加工，实行净菜进城。

五是，搞好分类收集，加强物资回收和综合利用。此举中国城市环境卫生协会早在1994年就和农业部、国内贸易部联合发文《关于开展净菜进城，加强废旧物资加收工作，减少城市生活垃圾的通知》，不仅强调了净菜进城，还强调了废旧物资回收利用。

六是，扩大城市绿化面积，提高绿化覆盖率。这一举措，一方面是绿化、美化城市的需要，同时也是防止黄土露天，刮风一身土，下雨一脚泥的环境污染。

**采取垃圾分类收集、分类运输、分类处理的方法，形成垃圾从产生到处理一条龙的管理系统** 这将是我国今后环境卫生工作的发展方向，当前一些有条件的城市，如上海、北京已在着手进行。

**大力开展适合我国国情的垃圾处理技术的研究和应用** 在研究我国城市垃圾特性的基础上，认真总结我国城市垃圾传统处理方法的经验，吸

收国外成熟技术，研究和开发具有中国特点的、合理的、设备简单的、投资省、效益大的工艺技术，先搞试点，取得经验再全面推广。同时大力开展与垃圾处理系统相适应的垃圾收集、运输机械设备的配套工作。并要注意远近结合、处理和利用相结合，积极慎重，因地制宜，使我国城市垃圾处理水平不断提高。

### （六）加强行业管理，深化行业改革

近几年来，全国城市环境卫生事业发展很快，但与城市的发展、改革开放的要求还很不适应。今后要进一步加强行业管理，认真落实行业政策和法规，加强职工队伍建设。要总结这几年来各地在改革中开展有偿服务、有偿使用，实行各种形式的承包责任制等方面的经验。总之，我国的环卫事业虽然有所前进，有所发展，但和发达国家相比，差距还很大，我们必须尽最大努力，以改革统揽全局，加速城市环卫事业的发展，为创建现代化的文明城市做出新的贡献。

# 中国妇女儿童事业发展状况综述

全国妇联妇女研究所　胡新颖

妇女是创造人类文明和推动社会发展的一支伟大力量。妇女的发展水平是社会发展的重要指标，也是衡量社会进步的尺度。儿童的生存、保护和发展是提高人口素质的基础，是人类未来发展的先决条件。新中国成立50年来，我国妇女儿童事业取得了举世瞩目的成就。现在，全党全社会基本形成了关心和支持妇女儿童工作的局面。我国已形成以《宪法》为依据，以《妇女权益保障法》、《未成年人保护法》为主体，以《婚姻法》、《继承法》、《劳动法》、《母婴保健法》、《女职工劳动保护规定》等专门法相配套的较为完备的维护妇女和儿童合法权益的法律体系，建立健全了与之相配套的保障妇女儿童权益的组织机构，有效地推动了妇女儿童事业的发展。但由于中国是发展中国家，受经济和社会发展水平的制约及男尊女卑、重男轻女等旧观念的影响，妇女儿童的发展仍存在着不少困难和亟待解决的问题。因此，我国妇女儿童事业的发展仍然是任重而道远。

## 建国50年来中国<br>妇女儿童事业发展回顾

在党中央和国务院的关怀和领导下，我国的妇女儿童事业50年来获得了极大发展。

**妇女的历史性解放**　中华人民共和国的成立，结束了中国妇女百年来受封建社会压迫、奴役和受外国侵略者宰割、欺凌的历史，获得了历史性解放。1949年第一届中国人民政治协商会议召开，占全体代表10.4%的69名妇女出席了会议，与男代表一起共商建国大计。会议通过的具有临时宪法性质的《共同纲领》明确宣告“废除束缚妇女的封建制度”，规定妇女在政治、经济、文化教育和社会生活各个方面均享有与男子平等的权利。此后，通过全国范围内的大规模群众运动，使妇女的社会地位和状况发生了根本变化：土地改革，使农村妇女与男子一样分得了土地，从根本上改变了男女经济不平等的状态。普选运动，使妇女有与男子同等的选举权和被选举权。1953年《中华人民共和国选举法》颁布后，首次在全国范围内举行的基层选举中，有90%以上的妇女踊跃投票，当选基层人民代表的妇女占代表总数的17%。在此后选举出的全国人民代表大会代表中，女代表占12%，其中少数民族女代表占少数民族代表总数的11%。妇女走出家门参加社会生产，彻底改变了旧中国将妇女排斥在社会生产劳动之外的状况，使妇女有了独立的

经济来源。1957年，全国有70%的农村妇女参加了农业生产；城市女职工达到328.6万人，比1949年增加了4.5倍。扫盲运动，使中国妇女愚昧落后的状况得以初步改善。新中国先后于1952年、1956年和1958年掀起三次扫盲高潮。到1958年，有1600万妇女摆脱了文盲状态。宣传和贯彻婚姻法运动，使这部新中国的第一部法律迅速深入人心，从根本上打碎了几千年来封建婚姻制度强加于妇女的枷锁，基本实现了婚姻自由。禁娼运动，使这种在旧中国屡禁不止、严重摧残妇女身心和侮辱妇女人格的社会痼疾短时间内绝迹，社会面貌为之一新。

**妇女参政议政水平有了历史性提高** 党和政府，把妇女参政议政作为中国民主建设的一项重要内容，曾多次专门就培养选拔女干部工作发出文件，召开会议，并制定了培养选拔女干部的规划，规定了妇女参政的目标。自1953年第一次基层人民代表选举开始，历次换届中妇女参选比例都在90%以上。1998年召开第九届全国人民代表大会时，女代表有650人，占代表总数21.8%，比1954年第一届全国人民代表大会时增加9.8%。一届全国人大有4名女常委，占常委总数的5%，到九届全国人大时已有16名女常委，占常委总数的11.9%。1954年到1998年，先后有10位妇女担任全国人大常委会副委员长。九届全国政协中有女委员341人，女常委29人，分别占委员总数15.5%和常委总数的9%。7位女性曾分别担任过全国政协主席副主席。近年来的换届选举中，各级人大女代表、政协女委员的比例都有所增加，她们充分履行参与和监督的职能，积极围绕改革和建设的重大问题提出意见、反映民意，在立法和决策中发挥了重要作用。建国以来，已有一位女性担任过国家副主席、名誉主席，有两位女性担任过国务院副总理，三位女性担任过国务委员。截至1997年底，31个省、自治区、直辖市党政领导班子已全部配备了1名以上女干部；全国市、地、州、盟（直辖市的区）党政领导班子有90.4%配备了1名以上女干部；县、市、区、旗党政领导班子有91.8%配备了1名以上女干部。广大女干部以出色的成绩、廉洁的作风和勤勉敬业的精神，赢得了社会的尊重和赞誉。

**妇女全面参与经济发展** 妇女经济地位的提高，是实现男女平等的最重要基础。50年来，我国在改善和提高妇女经济地位方面作出了卓有成效的努力。一是就业人数大幅度上升。到1997年底，女性从业人员已占社会总从业人员的46.5%左右，高于世界34.5%的平均比例。其中城镇女职工人数已由1949年的60万人增加到5 687万人，占全国职工总数的比例也由7.5%提高到38.8%，农村劳动力中妇女劳动力占60%以上，乡镇企业女性从业人员已占40%。二是就业领域大大拓宽。重体力劳动中，女性比例在下降，技术含量较高的职业如制造业、金融业及文化教育业，女性比例在上升。农村妇女也由单一从事种植业向农、林、牧、副、渔、工、商、运输服务等行业全面发展。三是男女同工同酬原则已基本得到实行，改善了妇女的收入状况及经济地位。据1990年调查，城市男女职工平均月收入分别为193.15元和149.60元，农村男女年平均收入分别为1 518元和1 235元。四是女职工享受全面的劳动保护。除规定享有三或六个月的带薪产假外，许多企业对孕期和哺乳期的女职工还减少工作量和工作时间，女职工较多的国有企业大都建立了女职工卫生室、孕妇休息室、哺乳室、托儿所、幼儿园等设施。1989年和1991年由全国妇联首倡，得到政府有关部委支持，在我国城乡普遍开展的声势浩大的“双学双比”（学文化、学技术、比成绩、比贡献）和“巾帼建功”（发扬“自尊、自信、自立、自强”精神，为实现国民经济发展十年规划和“八五”计划建功立业）竞赛活动，显示了中国妇女在经济建设中的“半边天”作用。到目前为止，全国有1.2亿农村妇女参加了“双学双比”活动，近亿名妇女掌握了一至两门实用技术，1 000多万妇女脱盲。有3 700万城镇妇女参加了“巾帼建功”活动，各级妇联帮助48万名下岗女职工实现了再就业。近5年，共有17万城乡妇女获得县以上“三八红旗手”及“双学双比”女能手、“巾帼建功”标兵荣誉称号。

**妇女在社会生活领域中的作用充分发挥** 中国政府大力发展妇女教育事业，在正规教育中，采取措施提高女性入学率、在学率和升学率；在部分边远、贫困和少数民族地区，采取开办女童班和女校，实行免费上学等办法，努力消除女性受教育的障碍。1997年，中国女童入学率由建国前的不足20%提高到98.8%；中学生、大学生及研究生中的女性比例分别达45.5%、37.3%和30.3%。从1982年至今，中国有了4 000多名女博士。政府还特别注意发展妇女成人教育、职业教育和扫盲教育。新中国成立50多年以来,女性文盲比例从1949年的90%下降到1997年的23%。在女科技人员的培养方面,国家致力于改善她们的工作和生活条件,鼓励和扶持她们进行科学研究。女科技人员队伍不断壮大,一部分女科技工作者跻身于高科技领域和新兴产业中,为推动科技进步发挥了重要作用。目前,中国已有65名妇女荣任两院院士,占院士总数的6%,200多名女性成为国家级有突出贡献的专家。在文化艺术领域,女性作家、表演艺术家、画家、导演和音乐家不断涌现。改革开放以来,中国文坛上女作家群的出现,给文学创作带来了前所未有的繁荣。1980年以来的芭蕾舞、钢琴、小提琴、声乐等国际艺术比赛中,女性获奖者占中国获奖者的一半以上。中国女运动员与男子一样有参加各种体育训练和国际比赛的机会,从新中国成立到1997年,中国运动员共获世界冠军987个,其中女子冠军620个,占总数的62.9%;打破和超过世界记录706次,其中女运动员547次,占总次数的77.5%。在妇幼卫生方面,覆盖全国城乡的妇幼保健网初步形成,目前全国已有1 240个市、县实行了生育保险费用社会统筹,有2 484.9万人参加了生育保险。

**妇女在婚姻家庭中的平等地位有了很大提高**　建国50年来,中国自主婚姻的程度大大提高。抽样调查显示,目前男女双方自己决定或与父母共同商定的婚姻占74%,40岁以下的已婚妇女自主婚姻率为80%。妇女离婚和再婚的权利也得到了应有的保障,并与男子一样拥有了家庭财产的所有权和继承权。家务劳动的社会化进程大大加快,多种形式、多种项目的家务劳动服务设施在城乡的迅速发展,使就业妇女的家务劳动时间普遍降低。城市职业妇女家务劳动日均3.75小时,已接近发达国家妇女家务劳动的平均时间。妇女的生育自主权也得到了应有的保障。目前,已婚育龄妇女的节育率已达90.95%。1997年中国人口出生率为16.57‰,人口自然增长率为10.06‰,分别比1970年下降50.4%和55.1%,总和生育率也由1970年的5.81降至2.0左右。妇女的生殖健康受到国家的保护,各级政府都设有妇幼卫生管理职能部门,城乡逐级建立了妇幼保健院所。到1997年底,中国已有妇幼保健院所3 180所,早孕建卡、产前检查、高危管理、住院分娩、产后访视等一整套孕产妇系统保健和围产保健工作,已逐步成为妇幼保健机构的常规服务内容,保护了母婴安全。1997年全国孕产妇住院分娩率为63.5‰,产儿死亡率为15.1‰。一些威胁妇女健康的常见病、多发病得到有效防治,妇女的平均预期寿命从旧中国的36.7岁提高到73.2岁,比男性高出4.5岁,比联合国提出的到2000年世界妇女平均预期寿命65岁的目标高出8岁。

**积极参加国际妇女活动**　自1971年联合国恢复中国的合法席位之后,中国就积极参与了联合国系统妇女领域的活动,先后五次当选为联合国妇女地位委员会成员国,连续四次被选为联合国消除对妇女歧视委员会委员。中国妇女积极发展同世界各国妇女组织及妇女人士的交往,促进和平与友谊。目前,全国妇联已同140多个国家和地区近550个政府和民间妇女、儿童组织建立了友好联系,并与联合国儿童基金会、联合国妇女基金等机构合作,开展合作项目700多个,培训30多万人,合作项目遍及中国30个省、自治区和直辖市。内容涉及农村妇女扫盲和实用技术培训、城市女青年就业培训、学前教育师资培训、普及妇幼和家庭教育知识等。其中,“帮助青年就业项目”荣获联合国妇女基金特别奖。1980年以来,中国已向50个国家的妇女、儿童组织提供了100多批实物援助,多次派出人员去发展中国家传授技术。

**母亲和儿童的健康、营养和环境卫生状况大为改观**　新中国建立以来,党和政府十分重视儿童工作,一直把关心儿童健康成长作为社会主义建设的根本大计,积极为儿童事业的发展创造良好的社会环境。党的十一届三中全会以后,儿童工作进一步走上社会化、科学化、法制化的轨道,全国人大先后通过并颁布了《义务教育法》、《未成年人保护法》等法律和法规。国务院和各省、自治区、直辖市及大部分地、县政府都成立了儿童工作协调机构,逐步形成全社会齐抓共管的局面。国家还制定了《九十年代中国儿童发展规划纲要》。“爱护儿童,教育儿童,为儿童做表率,为儿童办实事”正在成为我国公民的自觉行动。

婴儿死亡率由1949年的200‰左右下降到1997年的33.1‰;5岁以下儿童死亡率由1991年的61.0‰下降为1997年的42.3‰。